Curso de DIREITO PROCESSUAL DO TRABALHO

José Cairo Jr.

Curso de DIREITO PROCESSUAL DO TRABALHO

14ª Edição

revista
atualizada
ampliada

2021

EDITORA *Jus*PODIVM
www.editorajuspodivm.com.br

EDITORA *Jus*PODIVM
www.editorajuspodivm.com.br

Rua Território Rio Branco, 87 – Pituba – CEP: 41830-530 – Salvador – Bahia
Tel: (71) 3045.9051
• Contato: https://www.editorajuspodivm.com.br/sac

Diagramação: Ideia Impressa *(ideiaimpressadesign@gmail.com)*

Capa: Ana Caquetti

C136c Cairo Jr., José
Curso de direito processual do trabalho / José Cairo Jr. – 14. ed. rev., atual. e ampl. – Salvador : Juspodivm, 2021.
1.440 p.

Bibliografia.
ISBN 978-85-442-3347-4

1. Direito processual do trabalho. I. Título.

CDD 342.68

Dedico esta obra
aos meus queridos irmãos,
Bira e Nayra.

Agradeço

a Deus,
aos meus pais, aos meus filhos,
à minha esposa, Manuela Mendonça Lima,
às minhas colaboradoras Larissa Lübe, Jessica Pires,
Emilli Dórea e Luanne Vieira.

NOTA DE ATUALIZAÇÃO À 14ª EDIÇÃO

O principal motivo para a confecção desta 14ª edição foi e continua sendo a edição da Lei nº 13.467/17, conhecida como Lei da Reforma Trabalhista, e suas repercussões na doutrina e na jurisprudência.

Trata-se da maior revolução no Direito do Processual do Trabalho brasileiro desde a edição da CLT em 1943.

Além disso, diversas normas processuais trabalhistas ou com efeitos no Direito Processual do Trabalho entraram em vigor durante o ano de 2019, como por exemplo a Lei nº 13.876/19, que estabeleceu a base de cálculo mínima para incidência das contribuições previdenciárias; a Lei nº 13.806/19, que conferiu legitimidade às cooperativas para atuar como substituto processual de seus associados; e a Lei nº 13.793/19, que assegurou aos advogados o exame e a obtenção de cópias de atos e documentos dos processos. Além disso o CSJT editou a Resolução nº 241/2019, alterando a Resolução nº 185/2017, que disciplina o processo judicial eletrônico; e a CGJT editou Provimento nº 01/2019, disciplinando o procedimento do IDPJ.

Em razão da pandemia da COVID-19, houve alteração temporária na legislação laboral no ano de 2020. Todavia, essas alterações não atingiram as regras de processo do trabalho, uma vez que tais mudanças foram implementadas inicialmente por meio de medida provisória que não podem ter como objeto o direito processual, conforme vedação contida no art. 62, I, "b" da Constituição Federal.

No final do mês de dezembro de 2019 o Tribunal Superior do Trabalho aprovou a nova consolidação dos provimentos da Corregedoria Geral da Justiça do Trabalho, que também foi utilizada para atualizar a presente obra.

Por conta dessas alterações legais várias questões de concursos foram adequadas, suprimidas ou substituídas, para contribuir nos estudos do leitor, notadamente aquele voltado à participação em concurso público ou prova da OAB, o mesmo ocorrendo em relação às perguntas baseadas no Código de Processo Civil de 1973, substituído pelo Diploma aprovado pela Lei nº 13.105/2015.

No âmbito jurisprudencial, aguarda-se o TST efetivar as devidas adaptações em suas Súmulas e OJs de direito processual do trabalho afetadas pela vigência da Lei nº 13.467/2017, nem que seja para modular os seus efeitos.

Todavia, até o fechamento desta edição, o TST ainda não havia promovido qualquer mudança na redação dos seus verbetes em decorrência da vigência da Lei nº 13.467/2017, diante das dificuldades impostas por essa norma, mais precisamente pela nova redação atribuída a alínea "f", art. 702 da CLT, objeto da ADC nº 62.

De qualquer forma, já começa a se formar uma jurisprudência dominante na mais alta corte trabalhista nacional no que diz respeito a interpretação das alterações legislativas promovidas pela lei da reforma trabalhista.

Os informativos do TST foram atualizados até o nº 225 de 28.09 de 2020.

Por fim, para ressaltar a importância dos precedentes judiciais, em linha com o que determina o CPC de 2015, foram introduzidas as Súmulas, OJ's e teses jurídicas prevalecentes dos Tribunais Regionais do Trabalho.

APRESENTAÇÃO

Pede-me José Cairo para escrever uma apresentação para o seu belo curso de Processo do Trabalho.

Fiquei muito feliz pelo convite.

Dando continuidade ao seu curso sobre as ciências jurídicas trabalhistas, que se iniciara com a parte sobre o direito material (individual e coletivo), Cairo agora apresenta o volume dedicado ao processo trabalhista, escrito já em conformidade com as reformas processuais que se iniciaram no já longínquo 1994 e perduram até os dias atuais.

O livro, muito bem dividido, certamente terá sucesso semelhante ou mesmo maior de que a parte sobre o direito material.

Para nós, baianos, é sempre muito gratificante ver que a produção científica da Bahia na área jurídica segue passo firme em busca de sua reafirmação.

Este curso junta-se a outras obras didáticas lançadas recentemente por autores baianos (Valton Pessoa, Paulo Bezerra, Dirley da Cunha Jr., Rômulo Moreira, Manoel Jorge e Silva Neto, Rodolfo Pamplona Filho, Pablo Stolze, Cristiano Chaves de Farias e eu mesmo), ajudando-se a "marcar o território" na produção de conhecimento na área do Direito.

Parabéns, meu amigo Cairo.

Salvador, em setembro de 2007.

Fredie Didier Jr.

SUMÁRIO

CAPÍTULO II
JURISDIÇÃO E AÇÃO TRABALHISTA 115

CAPÍTULO VII

CAPÍTULO VIII

PARTE III
DOS PROCESSOS NOS TRIBUNAIS E RECURSOS

CAPÍTULO I

PARTE IV
PROCESSO DE EXECUÇÃO

CAPÍTULO II

CAPÍTULO V

PARTE V
PROCESSO COLETIVO DO TRABALHO E MANDADO DE SEGURANÇA

LISTA DE SIGLAS

ACC	–	Ação civil coletiva
ACP	–	Ação civil pública
AG	–	Agravo
AI	–	Agravo de instrumento
AP	–	Agravo de Petição
AR	–	Aviso de Recebimento
BACEN	–	Banco Central do Brasil
CC	–	Conflito de Competência
CCP	–	Comissão de Conciliação Prévia
CGJT	–	Corregedoria Geral da Justiça do Trabalho
CNJ	–	Conselho Nacional de Justiça
CNPJ	–	Cadastro Nacional de Pessoas Jurídicas
CPC	–	Código de Processo Civil
CPF	–	Cadastro de Pessoa Física
CP	–	Código Penal
CPP	–	Código de Processo Penal
CSJT	–	Conselho Superior da Justiça do Trabalho
CTN	–	Código Tributário Nacional
CTPS	–	Carteira de Trabalho e Previdência Social
DARF	–	Documento de Arrecadação de Receitas Federais
DJ	–	Diário da Justiça
DJe	–	Diário da Justiça Eletrônico
DEJT	–	Diário Eletrônico da Justiça do Trabalho
DJU	–	Diário da Justiça da União
DO	–	Diário Oficial
DOU	–	Diário Oficial da União
E	–	Embargos
ED	–	Embargos Declaratórios
EOAB	–	Estatuto da Ordem dos Advogados do Brasil
ENAMAT	–	Escola Nacional de Formação e Aperfeiçoamento de magistrados do Trabalho
EPI	–	Equipamento de Proteção Individual
GRU	–	Guia de Recolhimento da União
HC	–	*Habeas corpus*

IN	–	Instrução Normativa
INSS	–	Instituto Nacional de Seguridade Social
LC	–	Lei Complementar
LEF	–	Lei de Execuções Fiscais
LICC	–	Lei de Introdução ao Código Civil
LOMAN	–	Lei Orgânica da Magistratura Nacional
MPT	–	Ministério Público do Trabalho
MS	–	Mandado de Segurança
OAB	–	Ordem dos Advogados do Brasil
PJe	–	Processo Judicial Eletrônico
PJe-JT	–	Processo Judicial Eletrônico da Justiça do Trabalho
R	–	Região
REG	–	Regimental
RGPS	–	Regulamento Geral da Previdência Social
RITST	–	Regulamento Interno do Tribunal Superior do Trabalho
RO	–	Recurso Ordinário
RR	–	Recurso de Revista
SDI	–	Sessão de Dissídios Individuais
STF	–	Supremo Tribunal Federal
STJ	–	Superior Tribunal de Justiça
SRF	–	Secretaria da Receita Federal
T	–	Turma
TAC	–	Termo de Ajustamento de Conduta
TJ	–	Tribunal de Justiça
TRF	–	Tribunal Regional Federal
TRT	–	Tribunal Regional do Trabalho
TST	–	Tribunal Superior do Trabalho
v.g	–	*verbi gratia*

Parte I

Noções Fundamentais

CAPÍTULO I

INTRODUÇÃO AO DIREITO PROCESSUAL DO TRABALHO

1. CONCEITO DE DIREITO PROCESSUAL

Para que o Estado preste a tutela jurisdicional e exercite o seu Poder/Dever de dizer o direito (*dicere ius*), é necessário, em regra, que haja uma provocação pelo interessado.

A partir dessa provocação, que decorre do exercício do direito de ação, nasce o processo judicial, que é formado por uma série de atos pré-ordenados, praticados pelas partes, pelo juiz, pelos auxiliares, por terceiros e pelo representante do Ministério Público. Tem como objetivo efetivar as regras de direito material e, consequentemente, solucionar o litígio.

Assim, o Direito Processual nada mais é do que o **ramo do Direito Público,** formado pelo conjunto de regras de natureza processual, somadas aos princípios que lhe são peculiares, **destinados a regular as relações existentes entre o juiz e as partes, bem como em relação àqueles que, de qualquer forma, intervêm no processo,** no sentido de criá-las, modificá-las ou extingui-las, para possibilitar a prestação da tutela jurisdicional.

1.1. Especialização do direito processual

A depender da espécie de conflito, de acordo com o bem da vida disputado ou a categoria de pessoas dissidentes, incidem regras processuais distintas. Quando estão envolvidas em um conflito o empregado e o empregador, e em alguns casos do trabalhador e do respectivo tomador dos serviços, devem ser observadas as regras contidas no Direito Processual do Trabalho.[1]

O Direito Processual divide-se, primeiramente, em dois grandes grupos: o Direito Processual Civil e o Direito Processual Penal. Em relação a este último, justifica-se a existência de um ramo autônomo do Direito Processual, uma vez que a violação do Direito não atinge apenas as pessoas envolvidas no conflito, mas também a própria sociedade. Assim, há necessidade da existência de um conjunto de regras processuais para que se aplique a sanção penal àquele que praticou os atos considerados como antijurídicos.

Com o Direito Processual do Trabalho ocorre idêntico fenômeno. O legislador, ao perceber a importância da proteção conferida pelo Direito Material do Trabalho a certas espécies de trabalhadores, instituiu um conjunto de normas destinadas a promover, de forma mais eficiente, a sua tutela jurisdicional.

Conclui-se, assim, que o Direito Processual do Trabalho representa uma especialização da jurisdição não-penal.

1.2. Direito material e processual do trabalho

As regras de Direito Processual são necessárias para regulamentar a atividade dos juízes, dos seus auxiliares, das partes e dos terceiros que intervêm no processo, quando uma pretensão resistida é deduzida em juízo.

A simples existência dessas espécies de normas, com aplicabilidade em potencial, já inibe a ação daqueles que pretendem violar as regras de Direito material, circunstância que revela o caráter coercitivo do próprio Direito.

O ideal seria que todos respeitassem os preceitos contidos nas regras de Direito material. Mas, como isso não acontece, tanto pela própria natureza contestatória e conflituosa do ser humano, quanto pela possibilidade de imprimirem-se várias interpretações para a mesma norma, é imperioso estabelecer um sistema composto por regras e princípios destinado a fazer prevalecer a vontade do direito objetivo, por meio do exercício do direito público e subjetivo de ação, que se materializa mediante o processo judicial.

O Direito material do trabalho, em seu aspecto objetivo e individual, **é formado por normas destinadas a reger as relações entre o prestador de serviços subordinados (empregado) e o empregador.**[2]

Já o Direito Processual do Trabalho é composto por regras e princípios que regulam a atividade de todos aqueles que participam de uma relação jurídico-processual específica e tem como objetivo a prestação da tutela jurisdicional com a aplicação, ao caso concreto, das normas de Direito material trabalhista.

1. Para os demais conflitos de natureza civil, que derivam da relação de trabalho, são aplicadas as normas do processo civil.
2. Ressalte-se, entretanto, que o Direito material do trabalho, progressivamente, caminha no sentido de abarcar determinadas relações de trabalho, caracterizada pela ausência de uma subordinação completa do empregado. São denominadas de relações parassubordinadas, como já acontece na Itália ou caracterizadas pela subordinação estrutural.

Percebe-se, assim, que o processo judicial faz criar uma relação jurídica entre as partes (empregado e empregador)[3] e entre esses e o Estado-juiz, diversa da relação jurídica de Direito material que deu origem ao conflito de interesse. Essa relação tem natureza complexa e atribui aos seus sujeitos poderes, direitos, faculdades, deveres, obrigações, sujeições e ônus, tudo regulado pelo Direito processual do trabalho.

Basicamente, **são duas as características que revelam a distinção entre a relação jurídica processual e a relação jurídica substancial trabalhista**. A primeira é encontrada nos sujeitos principais das referidas relações. Na relação processual são três, em regra: o juiz, o reclamante e o reclamado,[4] enquanto que na relação de Direito material do trabalho, ordinariamente, são duas: o credor e o devedor da obrigação (empregado ou empregador). A segunda diz respeito ao objeto. Na relação processual, o objeto é a prestação jurisdicional, ao passo que na relação de direito material, é o bem da vida pretendido pelo interessado.

2. CLASSIFICAÇÃO DOS PROCESSOS TRABALHISTAS

Os processos da competência da Justiça do Trabalho são divididos em dois grandes grupos: processo de **dissídio individual** do trabalho e processo de **dissídio coletivo** do trabalho.

Nos processos de dissídios individuais, o juiz aplica a norma ao caso concreto (subsunção), em uma ação proposta por uma ou várias pessoas individualmente consideradas. A sentença que reconhece ou não a pretensão do reclamante corresponde ao tradicional processo individual regulado pelo Direito processual civil.

O processo de dissídio coletivo nada mais é do que um processo judicial, no qual as entidades sindicais representativas dos empregados e dos empregadores (ou uma ou várias empresas) figuram no polo ativo e passivo da relação processual.

O processo de dissídio coletivo pode ser de duas espécies: processo de dissídio coletivo de **natureza econômica** e processo de dissídio coletivo de **natureza jurídica**. No primeiro caso, o conflito nasce em decorrência da divergência entre os interessados durante as negociações coletivas, necessárias à conclusão de uma convenção ou acordo coletivo. A segunda espécie é representada pela desavença acerca da interpretação jurídica de uma regra pré-existente inserida em um instrumento normativo negociado ou em sentença normativa.

Acrescente-se ainda, uma terceira categoria de dissídio coletivo, admitido pela doutrina processual trabalhista clássica. Trata-se do **dissídio coletivo de greve**, que consiste em uma espécie do dissídio coletivo de natureza jurídica, utilizado pelo interessado para obter a declaração de abusividade do movimento paredista.

3. O TST entende de forma diversa, conforme se observa do teor da Instrução Normativa nº 27, de 16.02.2005, que determina a aplicação das normas processuais trabalhistas para todo e qualquer conflito derivado da relação de trabalho e não apenas da relação de emprego (art. 1º As ações ajuizadas na Justiça do Trabalho tramitarão pelo rito ordinário ou sumaríssimo, conforme previsto na Consolidação das Leis do Trabalho, excepcionando-se, apenas, as que, por disciplina legal expressa, estejam sujeitas a rito especial, tais como o Mandado de Segurança, *Habeas Corpus, Habeas Data,* Ação Rescisória, Ação Cautelar e Ação de Consignação).
4. ***Iudicium est actum trium personarum: iudicis, actoris et rei.***

As diferenças entre os dois institutos encontram-se resumidas na seguinte transcrição:

> O típico dissídio coletivo é aquele de natureza econômica, ou seja, quando não há consenso entre os interessados sobre as novas condições de trabalho a serem implantadas no âmbito das relações individuais de labor. Nesse caso, devido a sua importância e por ser sui generis, a lei exige que haja uma autorização expressa dos empregados envolvidos no conflito, através de uma assembleia geral especialmente convocada para esse fim. O dissídio coletivo de natureza jurídica se assemelha a uma ação judicial clássica, ou seja, nele se pretende adequar os fatos a uma norma jurídica profissional pré-existente. Nesta hipótese existem dúvidas quanto à aplicação e ao alcance de um acordo coletivo, convenção coletiva ou mesmo de uma sentença normativa.[5]

O CNJ instituiu uma tabela processual unificada na qual inseriu, de forma sistematizada, todas as classes processuais dos diversos ramos do Poder Judiciário.

No processo trabalhista estão previstas, de forma específica, a seguintes classes com os respectivos códigos: ação trabalhista rito ordinário (985), ação trabalhista rito sumaríssimo (1125), ação trabalhista rito sumário – alçada (1126), dissídio coletivo (987), dissídio coletivo de greve (988), inquérito para apuração de falta grave (986), reclamação (1202), ação anulatória de cláusulas convencionais (976), ação de cumprimento (980), execução de certidão de crédito judicial (993), execução de termo de ajuste de conduta (991), execução de termo de conciliação de CCP (992), execução de título extrajudicial (990), execução provisória em autos suplementares (994), conflito de competência (1145), pedido de revisão do valor da causa (1072).

3. AUTONOMIA

A doutrina não é pacífica quando se trata de determinar a autonomia do Direito processual do trabalho ou mesmo do Direito processual civil. Assim, há adeptos tanto da **teoria monista,** também denominada de unitarista, quanto da **teoria dualista.**

Segundo Renato Saraiva:

> A teoria monista, minoritária, preconiza que o direito processual é unitário, formado por normas que não diferem substancialmente a ponto de justificar a divisão e autonomia do direito processual do trabalho, no direito processual civil e do direito processual penal. [...]
> A teoria dualista, significativamente majoritária, sustenta a autonomia do direito processual do trabalho perante o direito processual comum, uma vez que o direito instrumental laboral possui regulamentação própria na Consolidação das Leis do Trabalho, sendo inclusive dotados de princípios e peculiaridades que o diferenciam, substancialmente, do processo civil. [6]

Para que determinado ramo do direito adquira o *status* de "autônomo" é necessário, dentre outros requisitos, que possua princípios próprios ou que sejam aplicados com maior ou menor intensidade.

Além da necessidade de princípios próprios, deve-se verificar existência de uma autonomia legislativa, judicial e científica.

5. CAIRO JR. José. **Direito do Trabalho: relações coletivas de trabalho.** Salvador: JusPODIVM, 2006. p. 30-31.
6. SARAIVA, Renato. **Curso de direito processual do trabalho**. 4 ed. São Paulo: Método, 2008. p. 28.

Como será analisado a seguir, o grau de dependência do processo do trabalho em relação ao processo civil, em diversos aspectos, é muito intenso, razão pela qual não há como reconhecer a sua plena autonomia.

3.1. Autonomia legislativa

A fonte formal do Direito diz respeito ao modo como as regras exteriorizam-se e materializam-se de forma obrigatória e coercitiva. **A Consolidação das Leis do Trabalho é a principal fonte formal** do Direito processual do trabalho.

Trata-se de um Diploma misto, pois contém regras de Direito material, Direito processual e Direito administrativo do trabalho. No que se refere ao Processo do trabalho *lato sensu*, a Consolidação das Leis do Trabalho reserva três títulos, do total de onze, a saber: Título VIII – Da Justiça do Trabalho; Título IX – Do Ministério Público do Trabalho; e Título X – Do Processo Judiciário do Trabalho, este último considerado no seu caráter estrito, de acordo com o disposto no art. 763 da norma consolidada.[7]

Em caso de omissão da norma consolidada, aplica-se **subsidiariamente** s regras contidas no Código de Processo Civil, no que se refere ao processo de conhecimento, **desde que não contrarie os princípios do processo laboral**, de acordo com o que determina o art. 769 da Consolidação das Leis do Trabalho: "Nos casos omissos, o direito processual comum será fonte subsidiária do direito processual do trabalho, exceto naquilo em que for incompatível com as normas deste Título".

O CPC também possui regra semelhante. Trata-se do art. 15: "Na ausência de normas que regulem processos eleitorais, trabalhistas ou administrativos, as disposições deste Código lhes serão aplicadas supletiva e subsidiariamente".

Observe que a regra do CPC é mais ampla do que aquela prevista pela CLT, pois a primeira fala em aplicação **supletiva e subsidiária**, enquanto que a segunda só faz referência ao uso **subsidiário** da norma processual comum.

Isso significa que o CPC é aplicável ao processo do trabalho **de forma supletiva, ainda que a CLT não seja totalmente omissa**, principalmente nos casos em que os dispositivos celetistas são mais genéricos e simplistas, como ocorre por exemplo com as hipóteses de suspeição e impedimento do juiz. A inaplicabilidade das regras do processo comum só se efetiva nos casos em que as duas normas são **expressamente antagônicas**.

No mesmo sentido, o art. 1º da Instrução Normativa nº 39/16 do TST:

> **Art. 1º** Aplica-se o Código de Processo Civil, subsidiária e supletivamente, ao Processo do Trabalho, em caso de omissão e desde que haja compatibilidade com as normas e princípios do Direito Processual do Trabalho, na forma dos arts. 769 e 889 da CLT e do art. 15 da Lei nº 13.105, de 17.03.2015.

Inclusive, a IN nº 39/16 foi toda elaborada tendo como norte a aplicabilidade **subsidiaria e supletiva** do CPC de 2015, mas somente nos casos de **inexistir incompatibilidade** com os princípios do processo laboral, conforme se observa de sua breve exposição de motivos:

7. CLT. Art. 763. O processo da Justiça do Trabalho, no que concerne aos dissídios individuais e coletivos e à aplicação de penalidades, reger-se-á, em todo o território nacional, pelas normas estabelecidas neste Título.

> Daí que a tônica central e fio condutor da Instrução Normativa é somente permitir a invocação subsidiária ou supletiva do NCPC caso haja omissão e também compatibilidade com as normas e princípios do Direito Processual do Trabalho. Entendemos que a norma do art. 15 do NCPC não constitui sinal verde para a transposição de qualquer instituto do processo civil para o processo do trabalho, ante a mera constatação de omissão, sob pena de desfigurar-se todo o especial arcabouço principiológico e axiológico que norteia e fundamenta o Direito Processual do Trabalho.

Já no caso do **processo de execução**, a norma processual subsidiária a ser utilizada em caso de omissão da CLT é aquela que rege a execução fiscal, qual seja, **a Lei nº 6.830/1980**, conforme preceito contido no art. 889:

> **Art. 889**. Aos trâmites e incidentes do processo da execução são aplicáveis, naquilo em que não contravierem ao presente Título, os preceitos que regem o processo dos executivos fiscais para a cobrança judicial da dívida ativa da Fazenda Pública Federal.

O socorro às regras sobre execução contidas no CPC só é possível quando a referida lei de executivos fiscais for omissa.

Por fim, essa espécie de autonomia não é comum a todo ordenamento jurídico. Na Itália, por exemplo, o processo trabalhista encontra-se inserido no Código de Processo Civil, no seu Título IV.[8]

3.2. Autonomia judicial

O Brasil faz parte do seleto grupo de países do mundo que possui uma **Justiça Especializada** em solução de conflitos sociais, mais precisamente, de conflitos trabalhistas, na qual se aplica, com maior incidência, o processo do trabalho.

A Justiça do Trabalho originou-se com a criação das Juntas de Conciliação e Julgamento, em 1932. **Eram órgãos colegiados e de natureza administrativa** formados por dois Juízes Classistas, um representante do empregado e outro do empregador, e um Juiz Presidente.

Paralelamente, foram criadas as Comissões Mistas de Conciliação, às quais competia solucionar os conflitos coletivos de trabalho, já que as Juntas de Conciliação e Julgamento tinham competência limitada aos conflitos individuais do trabalho **provocados por trabalhadores sindicalizados**.

Como esses órgãos encontravam-se destituídos de caráter judicial, os seus integrantes não gozavam das prerrogativas atribuídas aos magistrados. O Juiz Presidente não ingressava por meio de concurso público, mas sim por indicação do Ministro do Trabalho, dentre advogados, magistrados ou funcionários públicos e eram destituídos a qualquer momento e sem necessidade de qualquer justificativa. Além disso, a qualquer momento as demandas sob sua jurisdição poderiam ser avocadas por ato do Ministro do Trabalho.

Somente na Constituição Federal de 1934 foi que primeiro se fez referência à Justiça do Trabalho, mas ainda atrelada ao Poder Executivo, fato que se repetiu na Constituição Federal de 1937.

8. *Titolo IV: Norme per le Controversie in Materia di Lavoro.*

Finalmente, em 1939 a estrutura da Justiça do Trabalho foi disciplinada por meio do Decreto-lei nº 1.237. Já com a edição da CLT, em 1943, as Juntas de Conciliação e Julgamento passaram a ter competência para executar suas decisões, que até então eram executadas pela Justiça Comum.

Contudo, **somente a Constituição Federal de 1946 inseriu a Justiça do Trabalho no âmbito do Poder Judiciário brasileiro**, o que se efetivou por meio do Decreto-Lei nº 9.797/46.

Atualmente, a Justiça do Trabalho é toda estruturada de forma a permitir que a parte inconformada com a decisão de primeiro grau provoque um novo julgamento pelo Tribunal Regional do Trabalho. Inclusive, em determinadas situações, é possível que a demanda seja novamente examinada pelo Tribunal Superior do Trabalho, desde que preenchidos os requisitos legais.[9]

Observe-se, contudo, que a Justiça do Trabalho, após a EC nº 45/2004, deixou de ter a competência exclusiva para solucionar os litígios derivados da relação de emprego. Passou a abarcar, também, a competência para apreciar os dissídios decorrentes das relações de trabalho, dentre outros.

Exemplo de questão sobre o tema

(TRT 15 – Juiz do Trabalho Substituto 15ª região/ 2013) Sobre a história da Justiça do trabalho é incorreto dizer:

a) em 1932, foram criadas as Juntas de Conciliação e Julgamento, voltadas aos conflitos individuais, e as Comissões Mistas de Conciliação, direcionadas aos conflitos coletivos, como órgãos administrativos. Apenas os trabalhadores sindicalizados podiam pleitear perante as Juntas de Conciliação e julgamento. Os demais deviam se socorrer da Justiça Comum;

b) os juízes presidentes das Juntas de Conciliação e Julgamento eram nomeados pelo Ministro do Trabalho, dentre advogados, magistrados ou funcionários públicos; não gozavam de independência, vez que eram demissíveis "ad nutum" e qualquer processo poderia ser subtraído ao conhecimento das Juntas pelo Ministro do Trabalho, que chamava para si a função decisória, através de cartas chamadas "avocatórias";

c) somente em 1943, com a publicação da CLT, as Juntas de Conciliação e Julgamento passaram a ter competência para executar suas próprias decisões, mantendo-se a possibilidade de "avocatórias", que foram extintas com a Constituição de 1946;

d) somente a partir da Constituição de 1946, a Justiça do Trabalho foi integrada, de forma inconteste, aos órgãos do Poder Judiciário, com organização da carreira de Juiz do Trabalho e ingresso mediante concurso público de provas e títulos, promoções pelos critérios de antiguidade e merecimento e as garantias inerentes à magistratura;

e) fora do âmbito da 1ª e da 2ª Regiões, o Suplente de Presidente de Junta, até alteração havida em 1984, era nomeado pelo Presidente da República, dentre advogados militantes no foro trabalhista, para substituírem' os Presidentes em seus afastamentos e impedimentos, para um mandato com tempo determinado, e se fossem reconduzidos eram integrados ao quadro de magistrados de forma definitiva, mesmo sem concurso público.

Resposta: C

9. A organização da Justiça do Trabalho será objeto de análise do item 2, capítulo II, parte I, desta obra.

3.3. Autonomia científica e didática

A autonomia científica é representada pela existência de um número considerável de obras de pesquisa científica que tenham o mesmo objeto de determinado ramo do Direito. Nesse particular, a autonomia do processo do trabalho é inegável, pois o Brasil conta com um grande acervo de manuais e trabalhos monográficos que tratam da matéria.

Grande parte dos cursos de graduação em Direito também reservam uma ou duas cadeiras para o estudo do processo do trabalho. Isso sem falar no crescente número de cursos de pós-graduação *lato sensu,* que se dedicam, estritamente, a esse ramo do Direito.

As diretrizes curriculares nacionais para o curso de Direito, aprovadas pelo CES/CNE do Ministério da Educação, só incluem o Direito material do trabalho como matéria obrigatória do eixo de formação técnico-jurídica. Entretanto, admite-se o desdobramento da referida matéria em uma ou mais disciplinas, inclusive o processo do trabalho, na forma como dispuser o PPC – projeto pedagógico do curso.

4. PRINCÍPIOS

Os princípios, em Direito, têm **quatro funções básicas**. A primeira seria no sentido de o princípio funcionar como norma de conduta, denominado de **princípio-regra**. Servem, também, **para orientar** a atuação do legislador ordinário, no processo de criação da norma jurídica. **Funcionam como guia** para o intérprete e aplicador da norma ao caso concreto e, por fim, é considerado um **meio de integração das lacunas** legais. Em relação à segunda função, é fácil perceber que os princípios revelam de forma clara a fonte material de determinado ramo do Direito.

A seguir serão examinados alguns dos princípios comuns ao processo civil e ao processo laboral e aqueles que são aplicados com maior intensidade nesse último.[10]

A Consolidação das Leis do Trabalho não explicita quais os princípios aplicáveis ao processo do trabalho. Mas, a simples leitura de alguns dos seus dispositivos deixa clara a intenção do legislador de orientar a atuação do intérprete e do aplicador do direito.

Tal omissão não ocorre em alguns Diplomas processuais alienígenas, a exemplo da Lei de Procedimento Laboral da Espanha, que relaciona os princípios informadores do processo do trabalho naquele país: "Art. 74.1. Os juízes e tribunais da ordem jurisdicional social interpretarão e aplicarão as normas reguladoras do processo laboral ordinário, segundo os princípios de imediação, oralidade, concentração e celeridade".

Todos os princípios processuais que adiante serão analisados[11] também se aplicam, em menor ou maior intensidade, ao processo civil, salvo aquele relativo à jurisdição normativa,

10. Quando o princípio é aplicado tanto ao processo civil quanto ao processo do trabalho, mas com diferenças de intensidade, os doutrinadores classificam como peculiaridades do processo laboral.

11. Alguns dos princípios analisados são classificados pela doutrina e jurisprudência como peculiaridades, princípios peculiares ou técnicas do direito processual do trabalho.

que foi **severamente limitado** após a promulgação da EC nº 45/04, com a exigência do mútuo consentimento para o ajuizamento do dissídio coletivo.[12]

Ressalte-se que as experiências bem-sucedidas do processo do trabalho foram incorporadas ao processo civil, principalmente no que diz respeito à simplificação dos procedimentos e à celeridade.

Tal circunstância, aliada a inexistência de autonomia legislativa plena, conforme foi analisado no item 3.1, induz à conclusão de que **o processo do trabalho não representa um ramo autônomo do direito processual**, mas apenas uma de suas especializações, vinculado a uma teoria geral do processo única.

O Quadro doutrinário seguinte revela a preferência dos doutrinadores pela teoria monista ou dualista, com predomínio dessa última:

Quadro Doutrinário – Autonomia do processo laboral		
Teorias	**Doutrinadores**	**Exemplo**
Dualista	Coqueijo Costa, Rodrigues Pinto, Délio Maranhão, Renato Saraiva, Sérgio Pinto Martins, Wagner Giglio, Tostes Malta, Amauri Mascaro e Mozart. Russomano	[...] Embora seja verdade que a legislação instrumental trabalhista ainda é modesta, carecendo de um Código de Processo do trabalho, definindo mais detalhadamente os contornos do processo laboral, não há dúvida que o Direito Processual do Trabalho é autônomo em relação ao processo civil, uma vez que possui matéria legislativa específica regulamentada na Consolidação das Leis do Trabalho, sendo dotado de institutos, princípios e peculiaridades próprios, além de independência didática e jurisdicional (Renato Saraiva).*
Monista	Francisco Neto e Jouberto Cavalcante; e Valentin Carrion	Conclui-se, portanto, que o direito processual do trabalho, didaticamente, é um ramo do Direito Processual, contudo, pertence à teoria geral do direito processual, como reflexo instrumental dos princípios e normas para o exercício da jurisdição, atuando na solução dos conflitos individuais, coletivos e difusos do trabalho (Francisco Neto e Jouberto Cavalcante).**
*.SARAIVA, Renato. **Curso de direito processual do trabalho**. 4 ed. São Paulo: Método, 2008. p. 28 **. JORGE NETO, Francisco Ferreira e CAVALCANTE, Jouberto de Quadros Pessoa. **Direito processual do trabalho**. 3 ed. Rio de Janeiro: Lumen Juris. p. 38		

Antes de passar à análise dos princípios aplicáveis ao processo comum e do trabalho, é necessário tecer ligeiras considerações sobre os princípios constitucionais do processo, sem a profundidade que o tema exige, em face dos objetivos desta obra:

4.1. Princípios constitucionais do processo

A) *Princípio da igualdade de tratamento (isonomia) versus princípio protetivo ou tutelar*

O princípio constitucional da igualdade ou isonomia encontra-se insculpido no *caput* art. 5º da Constituição Federal de 1988.

12. CF/88. Art. 114. § 2º Recusando-se qualquer das partes à negociação coletiva ou à arbitragem, é facultado às mesmas, de comum acordo, ajuizar dissídio coletivo de natureza econômica, podendo a Justiça do Trabalho decidir o conflito, respeitadas as disposições mínimas legais de proteção ao trabalho, bem como as convencionadas anteriormente.

A maioria dos processualistas consideram que o processo do trabalho é norteado pelo **princípio protetivo ou tutelar**, em relação ao empregado hipossuficiente, quando se encontra em litígio com seu empregador ou ex-empregador.

Não há como comungar com esse entendimento. Com efeito, o que existe no processo do trabalho são **instrumentos que facilitam o acesso à Justiça** ao trabalhador de forma mais ampla do que aquele conferido ao empregador.

Isso ocorre porque se leva em consideração a hipossuficiência econômica (e não jurídica como ocorre com o direito do material do trabalho) do obreiro, o que implica o reconhecimento da regra do tratamento igual para os iguais e do tratamento desigual para os desiguais (igualdade material).[13]

De mesma forma, o processo civil confere tratamento desigual às partes com insuficiência de recursos (hipossuficientes economicamente), concedendo-lhes o benefício da gratuidade da justiça, procedimento disciplinado pelos arts. 98 e seguintes do CPC.

O tratamento diferenciado também é dispensado em relação às entidades públicas que não exploram atividade econômica, tanto no processo civil quanto no processo do trabalho, tendo em vista que o legislador reconheceu as dificuldades existentes na administração pública para o exercício de sua defesa em juízo. Nem por isso pode-se afirmar que o referido tratamento diferenciado constatado no processo comum representa uma proteção de índole estritamente processual aos Entes públicos.

Alexandre Câmara comenta o tratamento desigual que também é observado no processo civil:

> Em outras palavras, o princípio da isonomia só estará sendo adequadamente respeitado no momento em que se garantir aos sujeitos do processo que estes ingressarão no mesmo em igualdade de armas, ou seja, em condições equilibradas. Este o verdadeiro sentido da expressão *par conditio*, condições paritárias.[14]

No CPC esse princípio encontra-se albergado no art. 7º: "É assegurada às partes paridade de tratamento em relação ao exercício de direitos e faculdades processuais, aos meios de defesa, aos ônus, aos deveres e à aplicação de sanções processuais, competindo ao juiz zelar pelo efetivo contraditório".

Ora, o empregado já recebe uma proteção da legislação material para compensar uma desigualdade com o empregador existente no plano fático. **Atribuir outra proteção decorrente da aplicação da legislação processual do trabalho ao obreiro é, sem dúvida, criar uma desigualdade e, consequentemente, uma injustiça.**

Na verdade, os privilégios processuais garantidos aos trabalhadores são considerados **características da jurisdição laboral e não do processo em sentido estrito.**

13. Por conta dessa e de outras características é que se entende não ser possível aplicar as regras do processo do trabalho para solucionar as lides derivadas da relação de trabalho autônomo, ao contrário do posicionamento adotado pelo TST por meio da citada Instrução Normativa nº 27/2005.
14. CÂMARA, Alexandre de Freitas. **Lições de Direito Processual Civil**. 13. ed. Rio de Janeiro: Lúmen Juris, 2005. p. 40/41.

Prova disso é que ninguém defende a **aplicação da regra mais benéfica no processo do trabalho**, pois esse ramo pertence ao Direito Público, no qual sempre vai prevalecer a regra constitucional e não aquela de grau inferior que favoreça o trabalhador como parte de um litígio.

Destacam-se, a seguir, os argumentos utilizados por aqueles que defendem a utilização do princípio protetivo no processo laboral, acompanhada da consequente refutação:

– *Obrigatoriedade do depósito recursal somente para os empregadores*

Essa assertiva é falsa, uma vez que a gratuidade também é devida aos empregadores que comprovem falta de condições financeiras para arcar com as despesas processuais, na forma prevista pelo § 4º, art. 790 da CLT, introduzido pela Lei nº 13.467/17.

A **dispensa do depósito recursal** para os trabalhadores é regra somente para aqueles que percebam até 40% (quarenta por cento) do limite máximo dos benefícios do Regime Geral de Previdência Social (§ 3º, art. 790 da CLT).

Como para o Direito do trabalho o empregador é a empresa, a existência de capital é condição indispensável para a sua sobrevivência. Mas caso o empregador não desenvolva atividade econômica, como ocorre com a família, entidades filantrópicas e beneficentes, **a gratuidade da justiça também pode ser conferida a essas entidades. Inclusive, as entidades filantrópicas são isentas de efetuar o depósito recursal (§ 10, art. 899 da CLT, introduzido pela Lei nº 13.467/17),** sendo reduzido pela metade para entidades sem fins lucrativos, empregadores domésticos, microempreendedores individuais, microempresas e empresas de pequeno porte (§ 9º, art. 899 da CLT, introduzido pela Lei nº 13.467/17).

– *Fixação da competência em razão do lugar no local da prestação de serviço*

Não se observa qualquer benefício ao empregado nesse particular. Isso porque o local da prestação de serviço, regra para definição da competência em razão do lugar no processo laboral, é justamente onde fica situado o estabelecimento da empresa.

O domicílio do trabalhador só excepcionalmente é usado como critério para definição dessa espécie de competência, conforme se observa do conteúdo do art. 651, parágrafo 1º, da CLT.

– *Aplicação da regra do in dubio pro operario em matéria probatória*

O Juiz do trabalho deve proferir sua decisão com base na sua persuasão racional e dispensar às partes igualdade de tratamento (princípio da igualdade). Na dúvida quanto à prova produzida, deve ser verificado, em cada caso concreto, a qual parte cabe o ônus da prova.

Assim, não há que se falar **em prova dividida.** Os meios de prova formam ou não o convencimento do magistrado. Se o convencimento é incompleto, não se aplica o princípio do *in dubio pro operario*, mas sim as regras da distribuição do ônus da prova.

O que pode ocorrer é uma inversão do ônus da prova, mas seguindo as mesmas regras do processo civil que também foram inseridas na CLT pelo legislador reformista.

– *Arquivamento pelo não comparecimento do trabalhador*

Outro argumento a favor da aplicação do princípio da proteção consistiria na regra de arquivamento da ação, para o caso de não comparecimento do empregado à audiência e de revelia para a hipótese de ausência do empregador.

Essa **conclusão também parte de uma premissa falsa de que o empregado sempre é o autor da ação trabalhista.** O fato é que se o empregador ocupar o polo ativo da relação processual trabalhista e não comparecer à primeira **audiência, a sua demanda também será arquivada.**

– *Conclusão*

Não se pode negar, entretanto, que o caráter protetivo do Direito material do trabalho reflete-se no Direito processual, mesmo porque este último tem como escopo conferir efetividade às regras que compõem o primeiro.

Assim, **o juiz deve observar as regras decorrentes da aplicação do princípio constitucional da igualdade de tratamento das partes, salvo quando a lei dispor de forma contrária.**

Nesse caso, aplica-se o preceito contido no art. 1º do CPC, que ressalta a necessidade de se observar os princípios constitucionais: "O processo civil será ordenado, disciplinado e interpretado conforme os valores e as normas fundamentais estabelecidos na Constituição da República Federativa do Brasil, observando-se as disposições deste Código".

Contudo, a maioria dos doutrinadores defende a utilização do princípio tutelar no processo do trabalho:

Quadro Doutrinário – Aplicação do princípio protetivo		
Posicionamento	**Doutrinadores**	**Exemplo**
A favor	Bezerra Leite, Wagner Giglio, Coqueijo Costa, Sérgio Pinto, Renato Saraiva, Jouberto Cavalcante e Francisco Neto.	O verdadeiro princípio do processo do trabalho é o da proteção. Assim como no Direito do trabalho, as regras são interpretadas mais favoravelmente ao empregado, em caso de dúvida, no processo do trabalho também vale o princípio protecionista, porém analisado sob o aspecto do direito instrumental [...] Assim temos como exemplo: a gratuidade do processo, com a dispensa do pagamento das custas (§ 3º do art. 790 da CLT), beneficiando o empregado, nunca o empregador. Da mesma forma, a assistência judiciária gratuita é concedida apenas ao empregado pelo sindicato e não ao empregador (Sérgio Pinto Martins).*
Contra	Rodrigues Pinto	[...] pela regra processual, o benefício conferido ao empregado o é também ao empregador. Tal ponto de equilíbrio é rompido sempre que o órgão jurisdicional se investe, indevidamente, na função de tutor do empregado, aplicando, por exemplo, a regra do in dúbio pro misero, extensiva do princípio da proteção, quando aprecia as consequências processuais da divisão do ônus da prova (José Augusto Rodrigues Pinto).**
*. MARTINS, Sérgio Pinto. **Direito Processual do Trabalho**. 25. ed. São Paulo: Atlas. 2006. p. 41. **. PINTO, José Augusto Rodrigues. **Processo trabalhista de conhecimento.** 6 ed. São Paulo: LTr. p. 54.		

B) *Princípio do devido processo legal*

O princípio do devido processo legal (*due process of law*) é acolhido por preceito constitucional.[15] Dele decorrem os princípios do contraditório, do juiz natural,[16] da motivação das decisões judiciais e da inafastabilidade do controle jurisdicional e é aplicável a qualquer espécie de processo, seja ele penal, civil, trabalhista etc.

No CPC, a referência ao uso do devido processo legal está inserida no art. 3º, que destaca também a exceção feita à utilização da arbitragem, no respectivo § 1º: "Art. 3º Não se excluirá da apreciação jurisdicional ameaça ou lesão a direito. § 1º É permitida a arbitragem, na forma da lei".

Humberto Theodoro Júnior explica que:

> A justa composição da lide só pode ser alcançada quando prestada a tutela jurisdicional dentro das normas processuais traçadas pelo Direito Processual Civil, das quais não é dado ao Estado declinar perante nenhuma causa [...] É no conjunto dessas normas do direito processual que se consagram os princípios informativos que inspiram o processo moderno e que propiciam às partes a plena defesa de seus interesses e ao juiz os instrumentos necessários para a busca da verdade real, sem lesão dos direitos individuais dos litigantes.[17]

Esse princípio tem como **objetivo fundamental obstar a prática de procedimentos arbitrários pelo próprio Estado**, que se encontra em posição de superioridade em relação aos seus súditos (autor e réu), no exercício do poder da jurisdição.

– *Princípio do contraditório e ampla defesa*

A atual Carta Magna, a CLT e as leis processuais esparsas, norteados pelo princípio da igualdade, garantem àquele contra quem foi proposta uma demanda, individual ou coletiva, o direito de pronunciar-se antes que o juiz profira uma decisão interlocutória ou uma sentença terminativa ou definitiva,[18] traduzindo-se no direito ao contraditório.

Como reflexo do acolhimento do princípio do contraditório, no processo do trabalho, concede-se **vinte minutos,** durante a audiência, para o reclamado apresentar sua defesa; **dez minutos** para cada litigante aduzir razões finais; manifestação sobre os documentos inseridos aos autos pela parte contrária; vistas dos recursos interpostos; pronunciamento sobre cálculos efetuados pelo servidor ou apresentados pela parte etc.

---

15. CF de 1998. Art. 5º. LV – aos litigantes, em processo judicial ou administrativo, e aos acusados em geral são assegurados o **contraditório** e ampla defesa, com os meios e recursos a ela inerentes (grifou-se).
16. Bezerra Leite ainda acrescenta o princípio do promotor natural, que assegura a todo o cidadão ser processado pela autoridade competente, previamente escolhida, incluindo o Promotor ou Procurador (LEITE, Carlos Henrique Bezerra. **Curso de direito processual do trabalho**. 8 ed. São Paulo: Ltr, 2010. p. 61).
17. THEODORO JÚNIOR, Humberto. **Curso de Direito Processual Civil**. 22. ed. Rio de Janeiro: Forense. Rio de Janeiro, 1997. v. I, p. 27.
18. Esse princípio não é de aplicação absoluta. Em determinadas situações excepcionais, o juiz sequer ouve a parte contrária, como ocorre com a improcedência liminar do pedido, previsto no art. 332 do CPC: "Nas causas que dispensem a fase instrutória, o juiz, independentemente da citação do réu, julgará liminarmente improcedente o pedido que contrariar [...]".

Ressalte-se, porém, que em determinadas situações, como na tutela de urgência, **o contraditório é postergado para uma fase processual posterior.** Nesse caso, denomina-se de **contraditório diferido.**

O CPC de 2015 fortaleceu o princípio do contraditório ao vedar a decisão surpresa, ou seja, aquela que acolhe fundamento sob o qual as partes não tiveram oportunidade de oferecer manifestação, na forma prevista pelos arts. 9º e 10:

> **Art. 9º** Não se proferirá decisão contra uma das partes sem que ela seja previamente ouvida. Parágrafo único. O disposto no caput não se aplica: I – à tutela provisória de urgência II – às hipóteses de tutela da evidência previstas no art. 311, incisos II e III; III – à decisão prevista no art. 701.
>
> **Art. 10.** O juiz não pode decidir, em grau algum de jurisdição, com base em fundamento a respeito do qual não se tenha dado às partes oportunidade de se manifestar, ainda que se trate de matéria sobre a qual deva decidir de ofício.

A Instrução Normativa nº 39/2016 do TST, em seu art. 4º, reconhece a aplicabilidade do instituto da **vedação da decisão surpresa** no processo do trabalho, além de apresentar o seu conceito e hipótese de não incidência:

> **Art. 4º § 1º** Entende-se por "decisão surpresa" a que, no julgamento final do mérito da causa, em qualquer grau de jurisdição, aplicar fundamento jurídico ou embasar-se em fato não submetido à audiência prévia de uma ou de ambas as partes. **§ 2º** Não se considera "decisão surpresa" a que, à luz do ordenamento jurídico nacional e dos princípios que informam o Direito Processual do Trabalho, as partes tinham obrigação de prever, concernente às condições da ação, aos pressupostos de admissibilidade de recurso e aos pressupostos processuais, salvo disposição legal expressa em contrário.

Já a **ampla defesa** consiste no direito que a parte tem de utilizar de todos os meios necessários para demonstrar a sua **comprovar a sua versão do fato**, seja em relação ao juiz que primeiro examina a demanda, **por meio das provas**, seja pela possibilidade de reexame da primeira decisão, **por meio dos recursos.**

– *Princípio da inafastabilidade do controle jurisdicional*

Por aplicação desse princípio, veda-se a prática de qualquer ato normativo, judicial, administrativo ou contratual que impeça o exercício do direito de ação, necessário ao controle jurisdicional dos atos jurídicos, consagrado pelo art. 5º, XXXV da Constituição Federal de 1988: "a lei não excluirá da apreciação do Poder Judiciário lesão ou ameaça a direito".

Esse princípio decorre da circunstância de o Estado ter atraído para si o monopólio da jurisdição. Retirou-se do particular o exercício da autotutela, mas em compensação, garantiu-se o exercício pleno do direito de ação sempre que o cidadão entender que foi lesado ou que teve seu direito ameaçado. Isso porque foi imposto ao legislador infraconstitucional uma limitação no sentido de impedi-lo de estabelecer qualquer tipo de óbice com vista a restringir o referido direito.

Situação diversa é aquela na qual a norma impõe um ônus financeiro para o exercício do direito de ação, a exemplo do depósito prévio exigido para o ajuizamento de ações que tenham por objeto discutir dívidas do contribuinte perante o INSS.

O STF pronunciou-se sobre essa questão por meio do julgamento da ADI nº 1.074,[19] ajuizada pela Confederação Nacional da Indústria – CNI. O referido Tribunal **considerou inconstitucional o art. 19 da Lei nº 8.870/94,**[20] sob o argumento de que o procedimento representava cerceamento de acesso ao Poder Judiciário.

Contudo, a própria CF/88, em seu art. 217, § 1º, abre uma exceção à regra geral, quando limita a atuação do Poder Judiciário, **nas ações relativas às competições desportivas,**[21] pois condiciona o seu conhecimento à passagem prévia em todas as instâncias da Justiça Desportiva.[22]

ATENÇÃO! A limitação à atuação do Poder Judiciário em questões desportivas limita-se às ações que tenham como mérito "à disciplina e às competições desportivas". Logo, quando se trata de pretensões formuladas por atleta de futebol profissional não é necessário recorrer à referida instância. Basta ajuizar a demanda diretamente da Justiça do Trabalho.

– *Princípio do Juiz natural*

A Constituição Federal de 1988 garante o direito a qualquer pessoa de ser processada e julgada pela autoridade competente, conforme reza o art. 5º. LIII: "ninguém será processado nem sentenciado senão pela autoridade competente".[23]

Essa garantia significa que, antes de ocorrer o fato que origina a demanda, já existe um juiz ou tribunal para o qual foi atribuída a competência, por intermédio da Constituição, de dirimir essa espécie de litígio.

Evita-se, assim, que a lei ou o ato de qualquer autoridade designe um juiz ou tribunal para apreciar um ou alguns casos particulares depois do fato concreto que deu causa ao litígio. **Veda-se, portanto, os tribunais de exceção ou de juízos *ad hoc*.**

---

19. STF. ADI nº 1074. Rel. Ministro Eros Grau. DOU de 10.04.2007: "O Tribunal, por unanimidade, julgou procedente a ação direta para declarar a inconstitucionalidade do ***caput*** do artigo 19 da Lei nº 8.870, de 15 de abril de 1994, nos termos do voto do Relator. Votou o Presidente. Falou pela requerente a Dra. Sílvia Lorena. Licenciada a Senhora Ministra Ellen Gracie (Presidente). **Presidiu o julgamento o Senhor Ministro Gilmar Mendes (Vice--Presidente). Plenário, 28.03.2007".**
20. Lei nº 8.870/94. Art. 19. As ações judiciais, inclusive cautelares, que tenham por objeto a discussão de débito para com o INSS serão obrigatoriamente, precedidas do depósito preparatório do valor do mesmo, monetariamente corrigido até a data de efetivação, acrescido dos juros, multa de mora e demais encargos.
21. Essa limitação não alcança as reclamações trabalhistas. Nesse sentido é a decisão proferida pela 7ª Turma do TST, nos autos do processo nº AIRR-6250/2006-001-09-40.9.
22. CF de 1988. Art. 217. § 1º. O Poder Judiciário só admitirá ações relativas à disciplina e às competições desportivas após esgotarem-se as instâncias da justiça desportiva, regulada em lei. Lei nº 9.615/98. Art. 50. A organização, o funcionamento e as atribuições da Justiça Desportiva, limitadas ao processo e julgamento das infrações disciplinares e às competições desportivas, serão definidas em códigos desportivos, facultando-se às ligas constituir seus próprios órgãos judicantes desportivos, com atuação restrita às suas competições.
23. STF. Súmula nº 704. Não viola as garantias do juiz natural, da ampla defesa e do devido processo legal a atração por continência ou conexão do processo do co-réu ao foro por prerrogativa de função de um dos denunciados.

– *Princípio da motivação das decisões judiciais*

Esse princípio deriva, também, da adoção do sistema da livre apreciação das provas ou princípio do livre convencimento motivado. Desse modo, o juiz é livre para decidir sem apego a qualquer hierarquia quanto aos meios de provas. Entretanto, **o magistrado deve deixar expresso, na sentença, como formou o seu convencimento.**

O princípio da motivação das decisões judiciais encontra-se albergado na atual Constituição Federal, mais precisamente em seu art. 93, inciso IX:

> **Art. 93. IX** – todos os julgamentos dos órgãos do Poder Judiciário serão públicos, e fundamentadas todas as decisões, sob pena de nulidade, podendo a lei limitar a presença, em determinados atos, às próprias partes e a seus advogados, ou somente a estes, em casos nos quais a preservação do direito à intimidade do interessado no sigilo não prejudique o interesse público à informação.

Assim, ainda que o juiz julgue de acordo com a equidade, com a permissão concedida pelos arts. 8º e 852-I, § 1º da CLT, **deve fundamentar sua decisão** informando a utilização desse meio de integração da lacuna da lei ou como forma de abrandar o rigor legal, quando necessário.

4.2. Princípios do processo civil e do trabalho

A) *Princípio da conciliação*

A conciliação constitui um dos objetivos primeiros do processo do trabalho, porque com ela pode-se obter mais facilmente a paz social, tão necessária para a eliminação ou diminuição dos conflitos entre capital e trabalho.

O CPC tem regra explícita nesse sentido, representado pelo art. 139, V: "Art. 139. O juiz dirigirá o processo conforme as disposições deste Código, incumbindo-lhe: V – promover, a qualquer tempo, a autocomposição, preferencialmente com auxílio de conciliadores e mediadores judiciais".

Segundo dispõe o art. 3º, III, da Instrução Normativa nº 39/2016 do TST, **não se aplica ao Juiz do Trabalho a parte final do V, uma vez que inexiste a figura do conciliador ou do mediador nessa Justiça Especializada:** "Art. 3º Sem prejuízo de outros, aplicam-se ao Processo do Trabalho, em face de omissão e compatibilidade, os preceitos do Código de Processo Civil que regulam os seguintes temas: III – art. 139, exceto a parte final do inciso V (poderes, deveres e responsabilidades do juiz)".

Inclusive, esse Diploma processual insere a figura do mediador e do conciliador no rol dos "Auxiliares da Justiça", conforme se observa da redação do seu art. 149, parte final:

> **Art. 149.** São auxiliares da Justiça, além de outros cujas atribuições sejam determinadas pelas normas de organização judiciária, o escrivão, o chefe de secretaria, o oficial de justiça, o perito, o depositário, o administrador, o intérprete, o tradutor, **o mediador, o conciliador judicial**, o partidor, o distribuidor, o contabilista e o regulador de avarias (grifou-se).

Além disso, o CPC disciplinou nos arts. 165 a 175 todo o procedimento relativo à conciliação e a mediação.

O TST entende que esse dispositovo é inaplicável ao processo do trabalho no que diz respeito aos dissídios individuais, conforme art. 14 da IN nº 39/16: "Não se aplica ao Processo do Trabalho o art. 165 do CPC, salvo nos conflitos coletivos de natureza econômica (Constituição Federal, art. 114, §§ 1º e 2º)".

Apesar de não ser obrigatória a aplicação do referido art. 165 do CPC na Justiça do Trabalho, todos os Tribunais Trabalhistas já instituíram seus Núcleos Permanentes de Métodos Consensuais de Solução de Disputas – NUPEMEC-JT e/ou Centros Judiciários de Métodos Consensuais de Solução de Disputas – CEJUSC-JT, conforme regulamentação instituída pela Resolução nº 174/2016, do Conselho Superior da Justiça do Trabalho – CSJT.

O processo do trabalho também é norteado pelo princípio da conciliação. Assim, **a qualquer momento e em qualquer grau de jurisdição deve ser incentivada a solução dos conflitos por meio da composição mediada pelo magistrado, desde que não se trate de direitos absolutamente indisponíveis.**

> **OJ4T Nº 97 do TRT9.** RETORNO DO PROCESSO AO PRIMEIRO GRAU. TRANSAÇÃO. Noticiada a qualquer tempo a celebração de acordo entre as partes, uma vez conferidos os poderes dos advogados subscritores da petição, determina-se o retorno dos autos à Vara do Trabalho de origem para homologação, a teor do art. 764, § 3º, da CLT.

Destaca-se que os órgãos de primeira instância, antes da extinção da representação classista, denominavam-se de Juntas de Conciliação e Julgamento.

O referido princípio encontra-se transformado em regra em vários dispositivos da CLT, a exemplo dos seus arts. 764 e 852-E:

> **Art. 764.** Os dissídios individuais ou coletivos submetidos à apreciação da Justiça do Trabalho serão sempre sujeitos à conciliação. § 1º Para os efeitos deste artigo, os juízes e Tribunais do Trabalho empregarão sempre os seus bons ofícios e persuasão no sentido de uma solução conciliatória dos conflitos. § 2º Não havendo acordo, o juízo conciliatório converter-se-á obrigatoriamente em arbitral, proferindo decisão na forma prescrita neste Título. § 3º É lícito às partes celebrar acordo que ponha termo ao processo, ainda mesmo depois de encerrado o juízo conciliatório.
>
> **Art. 852-E.** Aberta a sessão, o juiz esclarecerá as partes presentes sobre as vantagens da conciliação e usará os meios adequados de persuasão para a solução conciliatória do litígio, em qualquer fase da audiência.

Inclusive, o curso de formação inicial de magistrados, ministrado pela ENAMAT, abrange o conteúdo de técnica de juízo conciliatório, com o estudo dos procedimentos, posturas, condutas e mecanismos aptos a obterem a solução conciliada dos conflitos trabalhistas, na forma prevista pelo art. 24, VI da Resolução Administrativa nº 1.158/06 do Tribunal Pleno do TST.[24]

À primeira vista poderia parecer contraditória a possibilidade de conciliação de direitos trabalhistas que se caracterizam pela **irrenunciabilidade**. Deve-se frisar, entretanto, que a conciliação que normalmente ocorre durante a tramitação do processo trabalhista diz respeito a **direitos de créditos**. São direitos que já se incorporaram ao patrimônio do trabalhador e, por esse motivo, podem ser transacionados ou renunciados.

24. Disponível em <http://www.enamat.gov.br/?page_id=27>. Acesso em 02.11.2015.

O juiz deve conduzir o procedimento de conciliação com muita cautela para que, caso não obtenha êxito, não interfira direta ou indiretamente no julgamento da lide. A relevância da exigência de tentativa de conciliação, nos processos de dissídios individuais, é tão elevada que **a sua ausência implica nulidade processual.**

Discute-se a possibilidade da segunda tentativa de conciliação suprir a omissão do juiz em relação à primeira proposta de acordo. Entende-se perfeitamente admissível a convalidação da irregularidade mencionada, uma vez que não se observa a presença de qualquer **prejuízo** para os litigantes, requisito esse necessário para a declaração da nulidade do ato processual (princípio do prejuízo).

Observe-se que algumas normas do processo civil têm a sua aplicação obstada ou mesmo adaptada ao processo do trabalho, uma vez que não atendem ao princípio da conciliação. Por conta disso é que o juiz trabalhista, em regra, não examina a petição inicial logo após o momento do seu protocolamento, o que possibilitaria o seu indeferimento, justamente para permitir que as partes fiquem frente a frente na audiência e possam, assim, conciliar.

A prevalência desse princípio não significa que o juiz tem por dever de ofício homologar toda e qualquer conciliação. A recusa é admitida desde que devidamente fundamentada, principalmente quando a hipótese for de conluio entre as partes, quando envolver direitos absolutamente indisponíveis ou no caso de nulidade.

Nesse sentido, a Súmula nº 418 do TST:

> **SÚMULA Nº 418.** MANDADO DE SEGURANÇA VISANDO À HOMOLOGAÇÃO DE ACORDO (nova redação em decorrência do CPC de 2015) – Res. 217/2017 – DEJT divulgado em 20, 24 e 25.04.2017. A homologação de acordo constitui faculdade do juiz, inexistindo direito líquido e certo tutelável pela via do mandado de segurança.

Exemplos de questões sobre o tema

(TRT 2 – Juiz do Trabalho Substituto 2ª região/ 2013) Em relação aos dissídios individuais e coletivos submetidos à apreciação da Justiça do Trabalho, segundo a CLT, é correto dizer que:

a) É lícito às partes celebrar acordo, somente durante o juízo conciliatório.

b) Não é obrigatória a tentativa de acordo antes do oferecimento da defesa.

c) Não havendo acordo, o juízo conciliatório converter-se-á obrigatoriamente em arbitral.

d) Não havendo acordo, o juízo conciliatório converter-se-á facultativamente em arbitral.

e) A conciliação é permitida, apenas, até o encerramento da instrução processual.

Resposta: C

(TRT 15 – Juiz do Trabalho Substituto 15ª região/ 2013) A reclamante, Maria José, e o reclamado, José Maria, nos autos de uma reclamação trabalhista, antes da prolação da sentença, formalizam um acordo. Submetida a respectiva petição ao juiz, este recusa homologá-lo, sob os fundamentos que expressou na respectiva decisão interlocutória, baseados na preservação da autoridade do interesse público. Sobre a hipótese, considerando entendimento sumulado do TST, é correto dizer:

a) cumpre ao juiz homologar o acordo, por se tratar de negócio jurídico amparado pelo preceito da livre manifestação da vontade;

b) a homologação do acordo constitui faculdade do juiz, não existindo direito líquido e certo para as partes tutelável pela via do mandado de segurança para a hipótese;

c) em função da não homologação, as partes podem discutir os fundamentos apresentados pelo juiz por intermédio de correição parcial;

d) a decisão do juiz, não sendo, passível de impugnação via agravo de instrumento, desafia a interposição, no prazo de 08 (dias), da sua ciência, de recurso ordinário;
e) a homologação do acordo constitui faculdade do juiz, cumprindo-lhe, no entanto, homologar o acordo caso o reclamante ratifique, pessoalmente, os seus termos.

Resposta: B

(Magistratura do Trabalho – TRT 21ª – 2010) Numa determinada audiência trabalhista, a parte ré apresenta uma proposta de acordo, que recebe a aquiescência do autor. Examinando a proposta, decide o juiz não homologá-la, por entender insuficiente para por fim, de maneira razoável, ao litígio, além de ser prejudicial ao próprio demandante. A decisão causou insatisfação às partes, pois havia a expectativa de homologação. Colocada a questão nesses termos, marque a resposta correta:

a) praticou o juiz ato contrário à ordem jurídica, que pode ser atacado por agravo de instrumento;
b) praticou o juiz ato contrário a direito processual das partes, que pode ser atacado pela via do mandado de segurança;
c) praticou o juiz ato contrário a uma faculdade das partes, que pode ser objeto de nulidade processual quando do exame de recurso ordinário;
d) exerceu o juiz uma faculdade que lhe é assegurada pela ordem jurídica;
e) exerceu o juiz uma faculdade, mas que somente é possível após a fase de conhecimento.

Resposta: D

O negócio jurídico consiste no ajuste feito pelos interessados no sentido de fixar as consequências de uma relação jurídica, no exercício amplo de suas respectivas autonomias de vontade. No **negócio jurídico processual**, o pacto respectivo seria sobre o procedimento a ser adotado para reger a relação processual.

Apesar da conciliação ser a tônica do processo laboral, não se admite a possibilidade de as partes ajustarem um negócio jurídico para estabelecer regras processuais quando ainda em vigor a relação de emprego, na forma prevista pelo art. 190, *caput* e parágrafo único do CPC:

> **Art. 190.** Versando o processo sobre direitos que admitam autocomposição, é lícito às partes plenamente capazes estipular mudanças no procedimento para ajustá-lo às especificidades da causa e convencionar sobre os seus ônus, poderes, faculdades e deveres processuais, antes ou durante o processo.
>
> **Parágrafo único.** De ofício ou a requerimento, o juiz controlará a validade das convenções previstas neste artigo, recusando-lhes aplicação somente nos casos de nulidade ou de inserção abusiva em contrato de adesão ou em que alguma parte se encontre em manifesta situação de vulnerabilidade.

Uma vez extinto o contrato de trabalho, os direitos trabalhistas passam a fazer parte da categoria dos direitos disponíveis, não havendo qualquer impedimento para a aplicação subsidiária do referido preceito contido no CPC.

Entretanto, **esse não é o posicionamento do TST**, conforme dispõe o art. 2º, II, da Instrução Normativa nº 39/16:

> **Art. 2º** Sem prejuízo de outros, não se aplicam ao Processo do Trabalho, em razão de inexistência de omissão ou por incompatibilidade, os seguintes preceitos do Código de Processo Civil: II – art. 190 e parágrafo único (negociação processual).

Em sentido contrário, a decisão a seguir transcrita que validou o negócio processual atípico:

Conflito negativo de competência. Reclamação trabalhista ajuizada no foro da prestação de serviços. Exceção de incompetência territorial. Indicação do foro de domicílio do autor e do réu. Anuência do reclamante. Modificação da competência relativa por convenção das partes. Possibilidade. Negócio jurídico processual atípico. O litígio entre as partes a propósito do foro competente para apreciação da causa constitui pressuposto necessário para que o Juízo declinado suscite o conflito de competência. No caso, a reclamação trabalhista foi proposta no foro da prestação dos serviços (Hortolândia/SP) e o reclamante, no bojo da exceção de incompetência territorial oposta pelo reclamado, concordou com a declinação do foro para uma das Varas do domicílio de ambos os litigantes (São Paulo/SP), em uma espécie de negócio jurídico processual superveniente e anômalo que encontra respaldo no art. 190 do CPC de 2015. O Juízo de Hortolândia, então, acolhendo a exceção de competência, determinou o envio dos autos a uma das Varas da capital paulista que, por sua vez, suscitou o conflito de competência. Todavia, havendo ajuste entre as partes, e sendo a competência territorial de natureza relativa e, portanto, prorrogável, não há espaço para a recusa do curso do feito no Juízo para o qual direcionada a causa, nem necessidade de analisar de ofício o acerto ou não da decisão declinatória proferida pelo Juízo suscitante, a quem compete instruir e julgar a reclamação trabalhista. Sob esses fundamentos, a SBDI-II, por unanimidade, admitiu o conflito negativo de competência e, por maioria, declarou competente a 12ª Vara do Trabalho de São Paulo/SP. Vencidos os Ministros Dezena da Silva, relator, Evandro Pereira Valadão e Renato de Lacerda Paiva (TST-CC-7301-46.2018.5.00.0000, SBDI-II, rel. Min. Luiz José Dezena da Silva, red. p/ acórdão Min. Douglas Alencar Rodrigues, 17.12.2019).

Durante o período da pandemia da COVID-19 (2020) foi muito comum a pactuação de negocio jurídico processual com o objetivo de definir os parâmetros para realização de audiência telepresencial.

Por fim, ainda que se admita a legalidade da referida Instrução Normativa do TST, ela não se aplicaria às demandas nas quais sejam parte o **empregado hipersuficiente**, diante da maior autonomia da vontade conferida a essa categoria pela Lei nº 13.467/17.

B) Princípio da imediatidade

Por esse princípio, o juiz deve se aproximar das partes e dos meios de provas por elas produzidos, a fim de que consiga extrair, pela sua percepção imediata, a verdade das alegações e, consequentemente, facilitar o julgamento.

A carga de imediatidade contida no processo do trabalho é bem maior do que no processo civil. Veja, por exemplo, que a defesa pode ser apresentada em audiência no processo com autos físicos, inclusive sob a forma oral, enquanto que no processo comum é protocolada no cartório.

Ainda que no PJe seja exigido o envio da defesa escrita antes da audiência, a parte ré tem a faculdade de apresenta-la oralmente durante a audiência, conforme determina o parágrafo único do art. 22, parte final, da Resolução nº 185/17 do CSJT:

> **Art. 22.** A contestação, reconvenção, exceção e documentos deverão ser protocolados no PJe até a realização da proposta conciliatória infrutífera, com a utilização de equipamento próprio, sendo automaticamente juntados, facultada a apresentação de defesa oral, na forma do art. 847, da CLT.

Revela-se a importância do princípio da imediatidade quando da instrução processual. Em muitos casos, somente a observação direta das partes, das testemunhas, peritos etc., permite ao juiz formar o seu convencimento o mais perto possível da verdade real.

Prova disso é a dificuldade que os magistrados de segunda instância têm para reavaliar a prova oral produzida no juízo *a quo*, já que, em tais casos, não há o contato direto com as partes e os demais meios de prova utilizados em primeira instância, limitando-se à simples transcrições de textos nos autos.

Relativiza-se esse princípio quando as provas são produzidas em outro juízo, o que ocorre, por exemplo, com aquelas obtidas por meio de carta precatória.

C) Princípio da oralidade e da escrituração

O ordenamento jurídico processual privilegia a prática de atos orais em detrimento dos atos escritos, característica do processo arcaico.

A oralidade é a tônica do processo do trabalho. Está presente em várias fases e atos processuais, mormente no que diz respeito à possibilidade de apresentação da reclamação trabalhista de forma verbal, inclusive no PJe;[25] defesa oral em vinte minutos;[26] e razões finais orais em dez minutos.[27]

De qualquer maneira, todos os atos que são praticados oralmente devem ser reduzidos a termo, para que fiquem documentados nos autos.

Há necessidade de registro do ato processual em meios físicos, eletrônicos ou virtuais, para que sejam referenciados pelos interessados naquilo que lhe for conveniente, **denominado de princípio da escrituração ou da documentação**.

Inclusive, o registro do depoimento das partes, testemunhas, peritos etc., podem ser feitos por gravação audiovisual, na forma prevista pelo art. 2º, da Resolução nº 105/2010 do CNJ: "Os depoimentos documentados por meio audiovisual não precisam de transcrição". Assim, documentar o ato processual não significa transcrever, literalmente, o que foi dito pelas testemunhas, partes, peritos etc.

Encontra-se uma exceção a esse princípio da escrituração no processo do trabalho. Diz respeito aos procedimentos de alçada exclusiva das Varas do Trabalho, regidos pela Lei nº 5.584/70. Como só se admite recurso em face de matéria constitucional, afigura-se desnecessário o registro dos atos probatórios praticados oralmente pelas partes, testemunhas e peritos.

25. CLT. Art. 840. § 2º Se verbal, a reclamação será reduzida a termo, em duas vias datadas e assinadas pelo escrivão ou secretário, observado, no que couber, o disposto no § 1º deste artigo (redação dada pela Lei nº 13.467/17).

26. CLT. Art. 847. Não havendo acordo, o reclamado terá vinte minutos para aduzir sua defesa, após a leitura da reclamação, quando esta não for dispensada por ambas as partes. Parágrafo único. A parte poderá apresentar defesa escrita pelo sistema de processo judicial eletrônico até a audiência.

27. CLT. Art. 850. Terminada a instrução, poderão as partes aduzir razões finais, em prazo não excedente de dez minutos para cada uma. Em seguida, o juiz ou presidente renovará a proposta de conciliação, e não se realizando esta, será proferida a decisão.

A doutrina considera que do princípio da oralidade derivam os seguintes subprincípios: a) da imediatidade, b) da concentração, c) da identidade física do juiz (inexistente no CPC de 2015): e d) da irrecorribilidade das interlocutórias.

D) Princípio da publicidade

A publicidade dos atos judiciais segue a regra geral, derivada da aplicação do princípio da publicidade na Administração Pública de todos os Entes da Federação e em todos os Poderes, ao lado da legalidade, impessoalidade, moralidade e eficiência.[28]

A Constituição Federal vigente consagra, também, o princípio da publicidade dos atos judiciais, em seu art. 93, IX:

> **Art. 93**. Lei complementar, de iniciativa do Supremo Tribunal Federal, disporá sobre o Estatuto da Magistratura, observados os seguintes princípios: IX – todos os julgamentos dos órgãos do Poder Judiciário serão públicos, e fundamentadas todas as decisões, sob pena de nulidade, podendo a lei limitar a presença, em determinados atos, às próprias partes e a seus advogados, ou somente a estes, em casos nos quais a preservação do direito à intimidade do interessado no sigilo não prejudique o interesse público à informação.

Excepcionalmente, o juiz pode determinar que o processo corra em segredo de justiça[29], de conformidade com os preceitos contidos no art. 189 do CPC e no art. 5º, LX, da atual Carta Magna: "a lei só poderá restringir a publicidade dos atos processuais quando a defesa da intimidade ou o interesse social o exigirem".

QUADRO COMPARATIVO – PRINCÍPIO DA PUBLICIDADE		
CPC DE 1973	**CPC DE 2015**	**CLT**
Art. 155. Os atos processuais são públicos. Correm, todavia, em segredo de justiça os processos: I – em que o exigir o interesse público; II – que dizem respeito a casamento, filiação, separação dos cônjuges, conversão desta em divórcio, alimentos e guarda de menores.	**Art. 189**. Os atos processuais são públicos, todavia tramitam em segredo de justiça os processos: I – em que o exija o interesse público ou social; II – que versem sobre casamento, separação de corpos, divórcio, separação, união estável, filiação, alimentos e guarda de crianças e adolescentes; III – em que constem dados protegidos pelo direito constitucional à intimidade; IV – que versem sobre arbitragem, inclusive sobre cumprimento de carta arbitral, desde que a confidencialidade estipulada na arbitragem seja comprovada perante o juízo.	**Art. 770.** Os atos processuais serão públicos, salvo quando o contrário determinar o interesse social, e realizar-se-ão nos dias úteis das 6 às 20 horas.

28. CF de 1988. Art. 37. A administração pública direta e indireta de qualquer dos Poderes da União, dos Estados, do Distrito Federal e dos Municípios obedecerá aos princípios de legalidade, impessoalidade, moralidade, publicidade e eficiência e, também, ao seguinte.

29. Consolidação dos Provimentos da Corregedoria-Geral da Justiça do Trabalho (versão 2019). **Art. 61. A tramitação do processo em segredo de justiça será feita por decisão fundamentada, e mediante o registro da restrição no sistema PJe.**

QUADRO COMPARATIVO – PRINCÍPIO DA PUBLICIDADE		
CPC DE 1973	**CPC DE 2015**	**CLT**
Aplicabilidade do CPC ao processo do trabalho	Aplica-se o CPC, ao processo do trabalho, supletiva e subsidiariamente diante da inexistência de incompatibilidade. Isso porque a regra do CPC é bem mais detalhada do que aquela que consta na CLT. Nesse caso, o art. 189 do CPC complementa a determinação contida no art. 770 consolidado.	
Diferença entre o CPC de 2015 e o CPC de 1973	A redação dos incisos I e II dos dois Códigos são semelhantes. A diferença fica por contra do texto dos incisos III e IV, que tratam das informações protegidas pelo Direito à intimidade e que versem sobre a arbitragem.	

Nesses casos, os serventuários só podem emitir certidões com a autorização expressa do juiz, conforme dispõe o parágrafo único do art. 781 da CLT: "As certidões dos processos que correrem em segredo de justiça dependerão de despacho do juiz ou presidente".

No processo judicial eletrônico há uma **flexibilização desse princípio**, diante da potencialidade de se expor os detalhes do processo judicial a qualquer pessoa e em qualquer lugar.

Por conta disso, o acesso pela rede externa (*internet)* de todas as informações e atos do PJe só é conferido às partes, aos advogados, independente de procuração nos autos, e aos integrantes do Ministério Público na forma prevista pelo art. 11, § 6º da Lei nº 11.419/06:

> **Art. 11. § 6º** Os documentos digitalizados juntados em processo eletrônico estarão disponíveis para acesso por meio da rede externa pelas respectivas partes processuais, pelos advogados, independentemente de procuração nos autos, pelos membros do Ministério Público e pelos magistrados, sem prejuízo da possibilidade de visualização nas secretarias dos órgãos julgadores, à exceção daqueles que tramitarem em segredo de justiça.

A consulta pública pela rede mundial de computadores fica limitada, portanto, ao **tramite processual e aos atos processuais praticados pelo juízes e servidores.**

Porém, desde que demonstrem legítimo interesse o advogado poderá ter acesso a informações de processos que não esteja patrocinando, na forma prevista pelo § 7º, art. 11, da Lei 11.419/06, introduzido pela Lei nº 13.797/19:

> **Art. 11. § 7º** Os sistemas de informações pertinentes a processos eletrônicos devem possibilitar que advogados, procuradores e membros do Ministério Público cadastrados, mas não vinculados a processo previamente identificado, acessem automaticamente todos os atos e documentos processuais armazenados em meio eletrônico, desde que demonstrado interesse para fins apenas de registro, salvo nos casos de processos em segredo de justiça.

Não se pode confundir o **segredo de justiça** com o **sigilo**. O primeiro diz respeito à vedação do acesso externo a todas as informações inseridas em um determinado processo judicial. Já o sigilo consiste na qualidade de determinada informação contida em uma ou algumas peças processuais ou mesmo em documentos que, por sua própria natureza ou por conta da pessoa que a detém, não pode se tornar pública.

Na regulamentação do PJe, feita pelo CSJT, havia e há a possibilidade de a parte restringir o acesso a determinada informação contida em sua peça ou nos documentos, **para vedar**

o acesso da parte contrária ao respectivo conteúdo, o que se convencionou denominar de **sigilo-ocultação**.

Importante frisar que, tanto no segredo de justiça quanto no sigilo da lei processual, a vedação de acesso se restringe ao público externo; os atores processuais internos, em um ou outro caso, têm pleno acesso às peças e documentos.

Já a funcionalidade do **sigilo-ocultação** prevista no PJe tem caraterística diversa, pois ele se dirige também à parte contrária e não apenas ao público externo, visando ocultar peças e documentos. Por exemplo, uma peça qualificada como sigilosa pelo reclamado não pode ser vista pelo reclamante. Todavia, essa indisponibilidade é temporária, ou seja, em determinado momento processual o sigilo deve ser retirado pela própria parte que atribuiu essa qualidade ou pelo juiz.

> **SÚMULA Nº 56 do TRT1.** PROCESSO JUDICIAL ELETRÔNICO (PJE). RECURSO COM IMPRÓPRIA UTILIZAÇÃO DE SIGILO. A marcação da funcionalidade "sigilo" na interposição de qualquer recurso no sistema PJe não constitui óbice ao seu processamento, cumprindo ao magistrado que o analisa torná-lo visível para possibilitar o contraditório.

Deve ocorrer alguma modificação no PJe, pois de acordo com o § 3º do art. 841 da CLT (introduzido pela Lei nº 13.467/17), oferecida a contestação **o reclamante não poderá mais desistir da sua pretensão sem o consentimento do reclamado**. Contudo, se a defesa estiver marcada com sigilo, o reclamante não terá conhecimento desse impedimento.

Causou espécie, contudo, a publicou da Resolução nº 241/2019 do CSJT, que promoveu alterações na Resolução 185/2017, restringindo demasiadamente o publicidade dos atos processuais em autos eletrônicos.

E) *Princípio da concentração dos atos processuais*

Esse é um dos princípios do processo do trabalho que se destaca por sua importância.

Na medida do possível, **os atos processuais devem ser concentrados em um único momento ou ato-complexo, representado pela audiência**. E a previsão da legislação trabalhista é nesse sentido quando estabelece, por exemplo, a possibilidade das três fases do processo (postulatória, instrutória e decisória) acontecer sucessivamente e sem solução de continuidade durante a sessão de audiência, principalmente quando se trata de processo sujeito ao rito sumaríssimo ou sumário (alçada).

É na audiência que, em regra, o juiz fica ciente da pretensão do autor e da defesa do reclamado, conduz a instrução processual, propõe a conciliação e profere a sentença. Se isso não ocorre na prática, é por excesso de processos na pauta diária de audiência ou diante da complexidade do caso.

Nos processos submetidos ao rito sumaríssimo trabalhista, a concentração dos atos processuais é mais intensa. Só em último caso a sessão de audiência pode ser adiada, conforme preceito contido no art. 852-C da Consolidação das Leis do Trabalho:

> **Art. 852-C.** As demandas sujeitas a rito sumaríssimo serão instruídas e julgadas em audiência única, sob a direção de juiz presidente ou substituto, que poderá ser convocado para atuar simultaneamente com o titular.

No PJe a defesa e até mesmo a réplica podem ser apresentadas antes da audiência, mas essa circunstância não diminui a importância da audiência no processo do trabalho, pois é durante a sua realização que o autor confirma a sua pretensão em juízo.

F) Princípio da identidade física do juiz

O CPC de 2015, ao contrário do anterior, **não contém qualquer dispositivo que estabeleça a vinculação do juiz que conduziu a instrução processual ao julgamento da demanda respectiva.**

Como a CLT não trata da matéria, o princípio da identidade física do juiz também não mais subsiste no âmbito do processo do trabalho.

G) Princípio da celeridade – duração razoável do processo

A existência de um conflito objeto de uma lide desestabiliza, de certa forma, a sociedade, tendo em vista que pode representar um descumprimento à ordem legal por ela imposta. Além disso, o detentor do direito subjetivo lesado tem interesse no retorno do *status quo ante* no menor espaço de tempo possível, da prestação jurisdicional reparatória, ou de evitar a lesão, nas demandas preventivas.

Por isso que o princípio da celeridade, também denominado princípio da duração razoável do processo, permeia não só o processo do trabalho, como também o processo civil, com mais intensidade no primeiro caso, pois o trabalhador tem, na maioria das vezes, o salário como fonte única do seu sustento e de sua família.

Observa-se, de forma objetiva, a presença desse princípio no processo laboral, na dicção do art. 765 da CLT:

> **Art. 765.** Os juízos e Tribunais do Trabalho terão ampla liberdade na direção do processo e velarão pelo andamento rápido das causas, podendo determinar qualquer diligência necessária ao esclarecimento delas.

Os prazos, no processo do trabalho, também são mais curtos do que aqueles previstos no Código de Processo Civil. Por exemplo, o prazo para recorrer é de oito dias no processo laboral, em regra, ao passo que o recurso de apelação deve ser manejado no prazo máximo de quinze dias.

A celeridade, na Justiça do Trabalho, é constatada não só pela existência de prazos mais exíguos nos seus procedimentos, mas também pela sua própria dimensão e a existência de recursos humanos e materiais suficientes para conferir efetividade ao comando sentencial.

Acrescente-se ainda a atuação constante das Corregedorias Regionais do Trabalho, na cobrança da rápida solução dos litígios e cumprimento dos prazos processuais, inclusive daqueles relativos aos juízes.

Contudo, **o princípio da duração razoável** do processo conflita com o princípio da segurança jurídica ou princípio do contraditório e da ampla defesa. **Eles são inversamente**

proporcionais. Quanto maior a dose do princípio da celeridade, menor será a aplicação do princípio da segurança jurídica.

A variação segue o critério do bem da vida protegido. No caso do Direito Penal, prevalece o princípio da segurança em detrimento do princípio da celeridade.[30] O mesmo não ocorre com o direito processual do trabalho, pois o objeto protegido pelo correspondente direito material tem, na sua maioria, caráter econômico.

Ressalte-se, entretanto, que os estudiosos da ciência processual têm buscado maximizar a eficiência do processo, por meio da adoção de técnicas e implementação de institutos que cumpram a função jurisdicional de forma segura e, ao mesmo tempo, célere. Os resultados obtidos inspiraram projetos legislativos, que, convertidos em lei, alteraram as regras do processo penal, civil, trabalhista etc.

O princípio da celeridade foi elevado ao nível de direito fundamental constitucional pela EC nº 45/2004 que acrescentou o inciso LXXVIII ao artigo 5º da CF/88, nos seguintes termos: "A todos, no âmbito judicial e administrativo, são assegurados a razoável duração do processo e os meios que garantam a celeridade de sua tramitação".

O CPC trata desse princípio em seus arts. 4º, 6º e 139, inciso II:

> **Art. 4º** As partes têm o direito de obter em prazo razoável a solução integral do mérito, incluída a atividade satisfativa.
>
> **Art. 6º** Todos os sujeitos do processo devem cooperar entre si para que se obtenha, em tempo razoável, decisão de mérito justa e efetiva.
>
> **Art. 139.** O juiz dirigirá o processo conforme as disposições deste Código, incumbindo-lhe:
> II – velar pela duração razoável do processo.

Não basta apenas a lei fixar o prazo para a duração de determinada espécie de demanda. É necessário, também, que sejam oferecidas as ferramentas para que esse objetivo seja alcançado. Maior número de juízes, servidores, recursos materiais etc.

Inclusive, a adoção do processo judicial eletrônico incrementa maior celeridade a esse procedimento, pois elimina a necessidade de prática de atos de movimentação e a contagem manual de prazos, que é denominado de "tempo morto" do processo.

Frise-se que não basta que a sentença seja proferida em **prazo razoável**. Essa necessidade deve ser estendida à efetividade do comando decisório, seja ele denominado de cumprimento de sentença, provisório ou definitivo, seja nominado de processo de execução. O art. 4º do CPC já destaca essa extensão: "As partes têm o direito de obter em prazo razoável a solução integral do mérito, incluída a atividade satisfativa."

H) Princípio da ultrapetição

A regra geral aplicada no processo civil, no que diz respeito a um dos aspectos da atuação do juiz, é de que ele deve prestar a tutela jurisdicional nos limites da *res in iudicio deducta*, na forma prevista pelo art. 141 do CPC.

30. Apesar de a norma processual penal prever a existência do rito sumário (art. 531 e seguintes do CPP), **ainda assim, o seu equivalente, no processo civil, desfruta de maior celeridade.**

QUADRO COMPARATIVO – ULTRAPETIÇÃO		
CPC DE 1973	**CPC DE 2015**	**CLT**
Art. 128. O juiz decidirá **a lide** nos limites em que foi proposta, sendo-lhe defeso conhecer de questões, não suscitadas, a cujo respeito a lei exige a iniciativa da parte	**Art. 141.** O juiz decidirá **o mérito** nos limites propostos pelas partes, sendo-lhe vedado conhecer de questões não suscitadas a cujo respeito a lei exige iniciativa da parte.	Sem similar.
Aplicabilidade do CPC ao processo do trabalho	A regra que veda o julgamento *ultrapetita* também é aplicada ao processo do trabalho, salvo nos casos em que a CLT admite de forma expressa.	
Diferença entre o CPC de 2015 e o de 1973	O preceito contido no CPC de 2015 faz referencia à decisão do mérito e não à decisão da lide como constava no CPC de 1973. No mais, a redação é bastante semelhante.	

Essa regra sofre algumas exceções específicas no processo do trabalho. Nesse passo, **em alguns casos, o juiz pode solucionar a lide de uma forma que não foi proposta pelo autor da demanda.**

O exemplo clássico repousa na faculdade que o magistrado trabalhista tem de converter o pedido de reintegração de empregado estável em indenização compensatória, conforme previsão constante no art. 496 da Consolidação das Leis do Trabalho:

> **Art. 496**. Quando a reintegração do empregado estável for desaconselhável, dado o grau de incompatibilidade resultante do dissídio, especialmente quando for o empregador pessoa física, o Tribunal do trabalho poderá converter aquela obrigação em indenização devida nos termos do artigo seguinte.

Outro caso é o da penalidade imposta pelo juiz ao empregador que deixa de pagar as verbas rescisórias incontroversas na primeira audiência, de acordo com o disposto no art. 467 da Consolidação das Leis do Trabalho:

> **Art. 467**. Em caso de rescisão de contrato de trabalho, havendo controvérsia sobre o montante das verbas rescisórias, o empregador é obrigado a pagar ao trabalhador, à data do comparecimento à Justiça do Trabalho, a parte incontroversa dessas verbas, sob pena de pagá-las acrescidas de cinquenta por cento.

A ultrapetição não é exclusividade do processo do trabalho. No processo civil é conhecido como pedidos implícitos. Por exemplo, admite-se a condenação do réu no pagamento de juros de mora e correção monetária, mesmo na hipótese de omissão na petição inicial.

O TST, inclusive, editou a Súmula nº 211, cuidando da matéria:

> **SÚMULA Nº 211.** JUROS DE MORA E CORREÇÃO MONETÁRIA. INDEPENDÊNCIA DO PEDIDO INICIAL E DO TÍTULO EXECUTIVO JUDICIAL. Os juros de mora e a correção monetária incluem-se na liquidação, ainda que omisso o pedido inicial ou a condenação.

De forma semelhante é a orientação contida nas Súmulas nºs 254 e 256 do STF: "254. Incluem-se os juros moratórios na liquidação, embora omisso o pedido inicial ou a condenação. 256. É dispensável pedido expresso para condenação do réu em honorários, com fundamento nos arts. 63 ou 64 do Código de Processo Civil".

l) Princípio do impulso oficial ou inquisitivo e o princípio dispositivo

O processo tradicional é, eminentemente, dispositivo, mas com certa carga de inquisitividade. Por conta disso, o juiz depende da provocação das partes para instaurar o processo (*ne procedat iudex ex officio*). Mas, em alguns casos, o magistrado pode impulsionar o processo de ofício.

QUADRO COMPARATIVO – PRINCÍPIO INQUISITIVO E DISPOSITIVO		
CPC DE 1973	**CPC DE 2015**	**CLT**
Art. 2º. Nenhum juiz prestará a tutela jurisdicional senão quando a parte ou o interessado a requerer, nos casos e forma legais. **Art. 262.** O processo civil começa por iniciativa da parte, mas se desenvolve por impulso oficial.	**Art. 2º.** O processo começa por iniciativa da parte e se desenvolve por impulso oficial, **salvo as exceções previstas em lei.**	Sem similar.
Aplicabilidade do CPC ao processo do trabalho	O processo do trabalho também começa por iniciativa da parte (ressalvada a hipótese prevista no art. 39 da CLT) e se desenvolve por impulso oficial. Todavia, as exceções à essa regra são bem mais numerosas no processo civil do que no processo do trabalho.	
Diferença entre o CPC de 2015 e o de 1973	O preceito contido no art. 2º do CPC de 2015 destaca que não se aplica o princípio inquisitivo, para o desenvolvimento do processo, nos casos expressamente previstos por lei.	

O grau do caráter inquisitivo do processo do trabalho é bem mais elevado do que aquele presente no processo civil.

Por exemplo, a Lei nº 5.584/70, que dispõe sobre normas de Direito processual do trabalho, em seu art. 4º, prevê que nas ações de alçada exclusiva das Juntas (atualmente denominadas Varas do Trabalho) e naquelas em que os empregados ou empregadores reclamarem pessoalmente (no exercício do *ius postulandi*), o processo **pode ser impulsionado de ofício pelo juiz.**

De igual forma, a execução pode ser promovida de ofício quando as partes estiverem no exercício do *ius postulandi* (art. 878 da CLT).

Também é possível ao Juiz do trabalho, de ofício, conceder os benefícios da justiça gratuita (art. 790, § 3º da CLT), corrigir erros materiais,[31] determinar intimação de testemunhas que não comparecerem espontaneamente à audiência,[32] proceder ao interrogatório das partes[33] etc.

31. CLT. Art. 833. Existindo na decisão evidentes erros ou enganos de escrita, de datilografia ou de cálculo, poderão os mesmos, antes da execução, ser corrigidos, **ex-officio**, ou a requerimento dos interessados ou da Procuradoria da Justiça do Trabalho. Art. 897-A. § 1º.. Os erros materiais poderão ser corrigidos **de ofício** ou a requerimento de qualquer das partes. (grifou-se).

32. CLT. Art. 825. As testemunhas comparecerão à audiência independentemente de notificação ou intimação. Parágrafo único. As que não comparecerem serão intimadas, **ex-officio**, ou a requerimento da parte, ficando sujeitas à condução coercitiva, além das penalidades do artigo 730, caso sem motivo justificado, não atendam à intimação (grifou-se).

33. CLT. Art. 848. Terminada a defesa, seguir-se-á a instrução do processo, podendo o presidente, **ex-officio** ou a requerimento de qualquer juiz temporário, interrogar os litigantes. (grifou-se).

Observe-se que no procedimento administrativo relativo às anotações na CTPS do empregado, perante as Agências Regionais do Trabalho, quando o empregador nega a existência do vínculo empregatício, o processo respectivo é enviado para a Justiça do Trabalho.[34] Nesse caso, há necessidade de impulso oficial do Juiz, já que a formação do processo não se deu pelo exercício da vontade do trabalhador prejudicado, mas sim por meio de Órgão do Poder Executivo.

Em relação às provas, não se exige do reclamante que requeira, em sua petição inicial, a realização dos meios probatórios que entender necessários para demonstrar a veracidade dos fatos alegados (art. 840, § 1º, da CLT). Essa circunstância permite ao magistrado do trabalho determinar a produção das provas que entender necessária à solução do litígio, para atender ao princípio da busca da verdade real.

Para arrematar e espancar de vez qualquer dúvida sobre o caráter inquisitivo do processo laboral, a Constituição Federal de 1988, em seu art. 114, VIII (com redação oriunda da EC nº 45/2004),[35] combinado com o parágrafo único do art. 876 da CLT, obriga ao Juiz **executar, de ofício**, os valores relativos às contribuições sociais decorrentes das sentenças por ele proferidas.

Exemplo de questão sobre o tema

(TRT 15 – Juiz do Trabalho Substituto 15ª região/ 2013) Sobre a aplicação do princípio dispositivo no processo do trabalho, é correto afirmar:

a) o princípio não se aplica aos dissídios coletivos, em razão do que dispõe o artigo 856 da CLT (pelo qual a instância poderá ser instaurada por iniciativa do presidente do tribunal do trabalho);

b) o princípio tem plena aplicação ao processo do trabalho, na mesma intensidade em que historicamente se aplicou ao processo civil;

c) o princípio tem maior aplicação na execução trabalhista;

d) o processo civil se aproximou do processo do trabalho, no que diz respeito ao princípio dispositivo e às possibilidades de impulso oficial, a partir da adoção legislativa do: chamado processo civil sincrético;

e) o princípio não se aplica aos dissídios individuais, em face da previsão do exercício pessoal do "*ius postulandi*" pelas partes processuais.

Resposta: D

J) Princípio do duplo grau de jurisdição

Os doutrinadores do processo civil e do processo constitucional divergem sobre a existência ou não de um princípio constitucional e infraconstitucional do duplo grau de jurisdição. A Constituição Federal de 1988 não dispõe, expressamente, sobre esse princípio ou esse direito. Apenas menciona a existência de um Poder Judiciário hierarquizado, o que, para uns, induz à declaração implícita de um duplo grau de jurisdição.

---

34. CLT. Art. 39. Verificando-se que as alegações feitas pelo reclamado versam sôbre a não existência de relação de emprêgo ou sendo impossível verificar essa condição pelos meios administrativos, será o processo encaminhado a Justiça do Trabalho ficando, nesse caso, sobrestado o julgamento do auto de infração que houver sido lavrado.

35. CF de 1988. Art. 114. Compete à Justiça do Trabalho processar e julgar: VIII – a execução, de ofício, das contribuições sociais previstas no art. 195, I, a, e II, e seus acréscimos legais, decorrentes das sentenças que proferir.

Na verdade, a lei garante ao sucumbente o direito de ver a sua pretensão analisada por outro órgão julgador, na maioria das vezes de grau superior e formado por um colegiado. Mas existem exceções a essa regra. Por exemplo, **uma decisão proferida em uma ação de competência originária do Supremo Tribunal Federal é irrecorrível.**

Existem leis ordinárias que vedam a possibilidade de recurso de determinadas decisões. No processo do trabalho, citam-se as sentenças proferidas em processos cujo valor atribuído à causa não supere dois salários mínimos são irrecorríveis, salvo se ofenderem algum dispositivo constitucional.

Conclui-se, portanto, que o duplo grau de jurisdição não é absoluto, pois o próprio ordenamento jurídico prevê uma série de exceções, conforme restou demonstrado acima.

K) *Princípio da lealdade processual*

As leis processuais criam deveres para as partes e para seus procuradores, bem como para aqueles que, de qualquer forma, participem do processo. A CLT não tinha **dispositivo estabelecendo obrigações específicas para os litigantes e seus respectivos causídicos** até a edição da Lei nº 13.467/17, que introduziu, no Título II, o Capítulo II-A denominado “Da responsabilidade por dano processual”.

Os principais deveres estão descritos no art. 5º e 77 do CPC e art. 793-A da CLT, conforme se observa do seguinte quadro comparativo:

QUADRO COMPARATIVO – DEVERES DAS PARTES		
CPC DE 1973	**CPC DE 2015**	**CLT**
Art. 14. São deveres das partes e de todos aqueles que de qualquer forma participam do processo: I – expor os fatos em juízo conforme a verdade; II – proceder com lealdade e boa-fé; III – não formular pretensões, nem alegar defesa, cientes de que são destituídas de fundamento;	**Art. 5º** Aquele que de qualquer forma participa do processo deve comportar-se de acordo com a boa-fé. **Art. 77.** Além de outros previstos neste Código, são deveres das partes, de seus procuradores e de todos aqueles que de qualquer forma participem do processo: I – expor os fatos em juízo conforme a verdade;	**Art. 793-A.** Responde por perdas e danos aquele que litigar de má-fé como reclamante, reclamado ou interveniente.
IV – não produzir provas, nem praticar atos inúteis ou desnecessários à declaração ou defesa de direito. V – cumprir com exatidão os **provimentos mandamentais** e não criar embaraços à efetivação de provimentos judiciais, de natureza antecipatória ou final.	II – não formular pretensão ou de apresentar defesa quando cientes de que são destituídas de fundamento; III – não produzir provas e não praticar atos inúteis ou desnecessários à declaração ou à defesa do direito; IV – cumprir com exatidão as decisões jurisdicionais, de natureza provisória ou final, e não criar embaraços à sua efetivação; V – **declinar, no primeiro momento que lhes couber falar nos autos, o endereço residencial ou profissional onde receberão intimações, atualizando essa informação sempre que ocorrer qualquer modificação temporária ou definitiva;**	

QUADRO COMPARATIVO – DEVERES DAS PARTES		
CPC DE 1973	CPC DE 2015	CLT
	VI – **não praticar inovação ilegal no estado de fato de bem ou direito litigioso.**	
Aplicabilidade do CPC ao processo do trabalho	Entende-se ser totalmente aplicável ao processo do trabalho as regras relativas às obrigações das partes. Há corrente minoritária que defende uma flexibilização desse comando em face do princípio do *ius postulandi*, mas que deve sucumbir em face do suprimento da lacuna na CLT pela Lei nº 13.467/17.	
Diferença entre o CPC de 2015 e o de 1973	Passam a ser classificados como dever processual: • declinar, no primeiro momento que lhes couber falar nos autos, o endereço residencial ou profissional onde receberão intimações, atualizando essa informação sempre que ocorrer qualquer modificação temporária ou definitiva; • não praticar inovação ilegal no estado de fato de bem ou direito litigioso.	

As partes que obedecem ao comando legal litigam com lealdade e boa-fé e atendem ao princípio que leva a mesma denominação.

Já a litigância de má-fé manifesta-se pela prática de determinado ato pelas partes, em flagrante desrespeito às obrigações instituídas pela regra processual. Tem como consequência a produção de um dano processual à parte *ex adversa* e/ou ao Estado.[36]

L) Princípio da jurisdição normativa

A peculiaridade no processo do trabalho reside na possibilidade de um órgão jurisdicional criar uma norma genérica e abstrata, por intermédio de uma sentença normativa, que se incorpora aos contratos de trabalho dos integrantes da categoria econômica e profissional em litígio.

Isso porque a Justiça do Trabalho é competente para dirimir não só os conflitos individuais de trabalho, mas também aqueles denominados de dissídios coletivos. Os sindicatos de empregados ou de empregadores, podem ajuizar essa espécie de demanda,[37] que pode ter natureza econômica ou jurídica.

A sentença proferida nos aludidos processos coletivos de natureza econômica assume natureza de norma jurídica, com os respectivos caracteres de **generalidade, abstratividade e coercibilidade**. É aplicável a todos os integrantes da categoria profissional ou econômica, representada pelos sindicatos que fizeram parte do processo, e não somente aos seus associados, pelo prazo máximo de quatro anos.

Contudo, essa jurisdição normativa não é absoluta. Encontra seus limites nas normas constitucionais e infraconstitucionais que tenham caráter proibitivo, a exemplo do que ocorre com os instrumentos normativos negociados.

36. As questões relativas aos deveres processuais das partes serão estudadas no item 5, capítulo, III, parte I, desta obra.

37. O MPT tem legitimidade para ajuizar o dissídio coletivo nos casos de greve em serviços essenciais, conforme autorização contida no art. 114, § 3º "Em caso de greve em atividade essencial, com possibilidade de lesão do interesse público, o Ministério Público do Trabalho poderá ajuizar dissídio coletivo, competindo à Justiça do Trabalho decidir o conflito".

Devem observar, inclusive, as condições mínimas fixadas pela legislação estatal, mormente no que diz respeito às normas de medicina, saúde e segurança do trabalho. Essa vedação representa um **óbice ao retrocesso social por meio de sentenças normativas**.

A EC nº 45/2004 alterou a redação do art. 114, § 2º,[38] da Carta Maior de 1988, que **limitou bastante o exercício desse direito de ação, pois a demanda só é conhecida quando as partes, de comum acordo**, provocarem o Poder Judiciário Trabalhista.

Em face dessa exigência constitucional a jurisdição Estatal foi transformada em uma **arbitragem pública**, método de solução de conflitos que exige a concordância de todos os envolvidos para que a escolha tenha validade.[39]

Exemplo de questão sobre o tema

(TRT 3 – Juiz do Trabalho Substituto 3ª região/ 2013) Em relação ao processo do trabalho, leia as afirmações abaixo e, em seguida, assinale a alternativa correta:

I. A autocomposição, como expressão do poder reconhecido à vontade dos interessados para a tutela dos seus interesses, encontra limites no caráter autárquico do direito do trabalho.

II. A aplicação do direito processual comum como fonte subsidiária do direito processual do trabalho pressupõe a omissão do direito processual do trabalho e a compatibilidade da norma a ser importada do direito processual comum com as suas regras e princípios.

III. Ao Poder Judiciário é vedado, ao julgar dissídios coletivos de natureza econômica, promover retrocesso na condição social dos trabalhadores.

IV. Na solução de questões surgidas na execução, o juiz deverá se valer das normas de direito processual do trabalho e, constatada a sua omissão, recorrer, para supri-la, ao direito processual comum e à Lei de Execução Fiscal, nesta ordem, necessariamente.

a) Somente as afirmativas I e II estão corretas.

b) Somente as afirmativas II, III e IV estão corretas.

c) Somente as afirmativas I, II e III estão corretas.

d) Somente as afirmativas II e III estão corretas.

e) Todas as afirmativas estão corretas.

Resposta: C

M) Princípio da informalidade ou da instrumentalidade das formas

Aparentemente, parece contraditório admitir que em um sistema pré-ordenado de atos, característica do processo judicial, possa se falar em informalidade.

Segundo o Dicionário Aurélio Eletrônico,[40] formal é tudo aquilo que não é espontâneo; que se atém às fórmulas estabelecidas; convencional. Informal é, justamente, o contrário. É algo espontâneo, que não se apega a fórmulas estabelecidas antecipadamente etc.

38. CF de 1988. Art. 114. § 2º Recusando-se qualquer das partes à negociação coletiva ou à arbitragem, é facultado às mesmas, de comum acordo, ajuizar dissídio coletivo de natureza econômica, podendo a Justiça do Trabalho decidir o conflito, respeitadas as disposições mínimas legais de proteção ao trabalho, bem como as convencionadas anteriormente.

39. CAIRO JR. José. **Direito do Trabalho: relações coletivas de trabalho**. Salvador: Juspodivm, 2006. p. 32.

40. Novo Dicionário Aurélio da Língua Portuguesa correspondente à 3ª ed., 1ª impressão da Editora Positivo, revista e atualizada do Aurélio Século XXI, O Dicionário da Língua Portuguesa, contendo 435 mil verbetes, locuções e definições. Disponível em: <http://aurelio.ig.com.br/>. Acesso em: 07.09.2006.

Percebe-se que a intenção do legislador foi imprimir maior informalidade aos atos processuais do processo civil, conforme se observa da redação do art. 188 do CPC.

QUADRO COMPARATIVO – INFORMALIDADE		
CPC DE 1973	**CPC DE 2015**	**CLT**
Art. 154. Os atos e termos processuais não dependem de forma determinada senão quando a lei expressamente a exigir, reputando-se válidos os que, realizados de outro modo, lhe preencheram a finalidade essencial.	**Art. 188**. Os atos e os termos processuais independem de forma determinada, salvo quando a lei expressamente a exigir, considerando-se válidos os que, realizados de outro modo, lhe preencham a finalidade essencial.	**Art. 794**. Nos processos sujeitos à apreciação da Justiça do Trabalho só haverá nulidade quando resultar dos atos inquinados manifesto prejuízo às partes litigantes.
Aplicabilidade do CPC ao processo do trabalho	O preceito contido no CPC é perfeitamente aplicado supletivamente ao processo do trabalho, que tem dispositivos próprios mas não incompatíveis, representados pelos arts. 794 a 798 da CLT.	
Diferença entre o CPC de 2015 e o de 1973	Apesar de não ser idêntica, a redação do art. 188 do CPC de 2015 é bastante semelhante ao do art. 154 do CPC de 1973.	

Na verdade, o significado do princípio do informalismo, também denominado de instrumentalidade das formas, diz respeito à existência de uma carga menor de requisitos de validade de um ato processual ou mesmo a possibilidade de convalidação de um ato defeituoso, desde que não prejudique as partes e que sejam atingidos os objetivos fixados na lei.

Constata-se um nível maior de informalidade no processo do trabalho por vários motivos. O mais importante deles reside no fato de serem relativamente escassos os dispositivos processuais inseridos na CLT, mesmo com a possibilidade do recurso ao Código de Processo Civil de forma subsidiária.

Essa omissão voluntária do legislador permite uma maior maleabilidade na prática dos atos processuais, principalmente pelas partes. Prova disso é que se admite a reclamação trabalhista apresentada de forma verbal e, posteriormente, reduzida a termo pelo serventuário (art. 840 da CLT).

A existência do *ius postulandi* das partes, no processo laboral, também justifica a sua maior informalidade. Com efeito, não se pode exigir do empregador e, muito menos do empregado que litiga em juízo sem o acompanhamento de um advogado, o conhecimento das regras necessárias à prática de um ato judicial, como ocorre no processo civil.

N) Princípio da eventualidade

O princípio da eventualidade está intimamente relacionado ao exercício do direito de defesa pelo reclamado, ao princípio da concentração dos atos processuais e com os prazos preclusivos para a sua prática.

Por esse princípio, a parte, que tem o ônus de se defender, deve utilizar todos os argumentos possíveis, sucessivamente, de forma que, se o juiz, eventualmente, não acolher sua pretensão pelo primeiro fundamento, passe a analisar os subsequentes.

Esse procedimento é de grande valia para o reclamado, uma vez que evita a preclusão. Desse modo, na contestação devem ser arguidas, pela ordem, as questões relativas às preliminares (defesa processual), prejudiciais de mérito, mérito indireto e mérito direto.

Imagine-se a hipótese em que a empresa pretenda negar a existência de um vínculo empregatício. Ela poderia inserir na sua defesa somente a impugnação à condição de empregado do trabalhador, confiante de que essa prejudicial de mérito será acolhida. Agora, se durante a instrução processual, o juiz é convencido do contrário e reconhece a existência do vínculo empregatício, acolherá também a pretensão do reclamante em relação aos eventuais pedidos imediatos, como horas extras, férias, 13º salário, FGTS etc., tendo em vista a ausência de impugnação específica do mérito propriamente dito.

O) *Princípio da concisão*

Pelo princípio da concisão, as partes e até mesmo o julgador **devem ser sucintos, evitar a prolixidade** em suas manifestações orais e principalmente escritas. Deriva do princípio do informalismo e da economia processual e tornou-se autônomo por conta da facilidade proporcionada pelos recursos da informática para confeccionar peças processuais gigantescas.

A inobservância do princípio da concisão na prática dos atos processuais escritos dificulta e em determinados casos até mesmo impossibilita, tanto o exercício do direito de ação ou de defesa, quanto à própria prestação jurisdicional.

Com efeito, tem-se observado na prática forense casos em que os atos processuais das partes e do próprio juiz ultrapassam, em seu aspecto quantitativo, os limites da razoabilidade, inclusive em processos submetidos ao rito sumaríssimo.[41]

Tal fato decorre do uso do procedimento popularmente conhecido como *"cola-copia"*, presente em qualquer *software* de edição de texto, que permite ao usuário com um simples comando transformar sua petição em uma obra doutrinária, recheada de decisões judiciais.

Inclusive, a preocupação em face das peças processuais gigantescas aumenta bastante com a adoção do processo judicial eletrônico, uma vez que esse sistema não exige a impressão da peça.

Essa patente facilidade para a construção de peças processuais é inversamente proporcional à dificuldade por ela criada para a oposição da parte contrária ou para o juiz quando da prestação da tutela jurisdicional, uma vez que ambos devem manifestar, de forma específica, sobre cada item da argumentação.

Como consequência da adoção do princípio da concisão o juiz pode, por exemplo, devolver ao reclamado a contestação, para que promova a sua redução ao nível compatível com a complexidade da questão debatida em juízo.

Exemplos de questões sobre o tema

(TRT 8 – Juiz do Trabalho Substituto 8ª região/ 2013) Sobre princípios do Direito Processual do Trabalho é CORRETO afirmar que:

41. O Tribunal de Justiça do Rio Grande do Sul adotou, em 24.11.2010, o projeto "Petição 10, Sentença 10". Esse projeto recomenda que juízes e advogados façam sentenças e petições de, no máximo, dez páginas. Além disso, especifica espaçamentos para melhor aproveitamento do papel e recomenda até o uso de uma fonte ecológica, que reduz em 20% o consumo de tinta na impressão. Em dezembro de 2013 o Tribunal de Justiça do Estado de São Paulo também adotou o mesmo projeto. Nos EUA, o código de processo civil federal estabelece em sua regra 8 que as petições devem ser simples e breves (***plain and short***).

a) O princípio do impulso oficial expressa a possibilidade de o juiz substituir as partes, no que atine a atos que deveriam ser por estas praticados, em decorrência dos interesses que defendem na causa e do correspondente ônus da prova que lhes incumbe.

b) O princípio de irrecorribilidade das decisões interlocutórias constitui uma das características do processo do trabalho e não permite exceções em face do princípio da celeridade processual.

c) De acordo com o entendimento sumulado do Tribunal Superior do Trabalho "os empregados e os empregadores poderão reclamar pessoalmente perante a Justiça do Trabalho e acompanhar as suas reclamações até o final". Todavia, em caso de eventual recurso extraordinário para o Supremo Tribunal Federal, deve ser subscrito por advogado, sob pena de não conhecimento.

d) O princípio da imediatidade se entrelaça com o da oralidade, pois traduz a necessidade de o juiz estar em contato direto com as partes, designadamente na audiência, permitindo-lhe proceder à acareação da parte com a testemunha ou de uma testemunha com outra e, quando for o caso, indeferir diligências inúteis ou protelatórias requeridas pelos litigantes, além de tentar conduzi-los a uma solução consensual do litígio, escopo fundamental da Justiça do Trabalho.

e) O arcaico princípio da preservação da empresa foi superado pelo princípio da proteção do trabalhador, em razão da busca incessante da Justiça Social.

Resposta: D

P) Princípio da cooperação

Pelo princípio da cooperação, também conhecido como princípio da colaboração, o processo passa a ser considerado como o resultado da atuação do juiz, do autor e do réu, com a participação ativa das partes.

Essa **atuação conjunta** seria no sentido de conferir maior efetividade e celeridade à prestação jurisdicional adequada e pode ser entendido também não como um objetivo, mas sim como um meio de desenvolvimento do processo com o estimulo à ação cooperativa triangular.

O CPC trata expressamente desse princípio em seu art. 6º: "Todos os sujeitos do processo devem cooperar entre si para que se obtenha, em tempo razoável, decisão de mérito justa e efetiva".

Em decorrência da aplicação desse princípio no processo, inclusive do trabalho, é imperativo que se estabeleçam deveres para os seus participantes, quais sejam, o dever de consulta, de esclarecimento, de prevenção, de auxílio e de correção e urbanidade.

O **dever de esclarecimento** foi acolhido pelo CPC em seu art. 10: "O juiz não pode decidir, em grau algum de jurisdição, com base em fundamento a respeito do qual não se tenha dado às partes oportunidade de se manifestar, ainda que se trate de matéria sobre a qual deva decidir de ofício".

Quando ao **dever de prevenção**, o CPC exorta ao juiz conferir à parte a possibilidade de sanar vícios, antes de proferir sentença que não aprecia o mérito, conforme se observa da redação do art. 139, IX: "O juiz dirigirá o processo conforme as disposições deste Código, incumbindo-lhe: IX – determinar o suprimento de pressupostos processuais e o saneamento de outros vícios processuais".

Um exemplo do **dever de auxílio** encontra-se representado pela faculdade atribuída ao juiz de distribuir, dinamicamente, o ônus da prova, por meio do art. 373, § 1º do CPC:

> **Art. 373. § 1º** Nos casos previstos em lei ou diante de peculiaridades da causa relacionadas à impossibilidade ou à excessiva dificuldade de cumprir o encargo nos termos do *caput* ou à maior facilidade de obtenção da prova do fato contrário, poderá o juiz atribuir o ônus da prova de modo diverso, desde que o faça por decisão fundamentada, caso em que deverá dar à parte a oportunidade de se desincumbir do ônus que lhe foi atribuído.

5. NATUREZA JURÍDICA DO DIREITO PROCESSUAL DO TRABALHO

Procura-se, aqui, identificar a qual ramo do Direito pertence o Direito processual do trabalho, no sentido definir a posição enciclopédica. Sem adentrar na polêmica sobre a discussão do que seria Direito público e Direito privado, pode-se afirmar que o Direito processual do trabalho faz parte do primeiro grupo, seja pela presença de considerável número de normas de ordem pública, seja porque cuida das relações existentes entre particulares e o Estado investido do *ius imperii*.

Com efeito, quando o Direito processual do trabalho trata do direito público e subjetivo da ação, regula uma relação entre o Estado e o particular. Da mesma forma, ainda quando impõe regras a serem observadas pelas partes atuarem no processo, disciplina uma relação que se estabelece entre o reclamante e o Estado, representado pelo Poder Judiciário Trabalhista, ou entre este e o reclamado.

6. FONTES

As fontes formais dizem respeito à maneira como o Direito Processual manifesta-se, exterioriza-se ou instrumentaliza-se.[42] Assim, o direito positivo revela-se por intermédio de normas ou por meios alternativos, assim considerados aqueles que não são impostos pelo Estado. Por seu caráter coercitivo, as regras processuais devem ser obedecidas pelos sujeitos que integram a relação jurídica processual, ou seja, o juiz, o autor e o réu.

No primeiro caso, estão inclusas as leis de natureza constitucional e infraconstitucional, além das normas de caráter internacional, que ingressam no ordenamento jurídico interno mediante atos complexos de ratificação.

Ao contrário do que ocorre no Direito material do trabalho, **no âmbito do processo não há espaço para aplicação da regra mais benéfica para o empregado**. Sempre vai prevalecer a hierarquia clássica das normas jurídicas, que culmina com as regras constitucionais.

6.1. Constituição

A Constituição é o Diploma Legal que contém regras e princípios concebidos para a consecução de diversos objetivos, principalmente aqueles relativos à limitação do poder dos governantes, com a sua respectiva repartição de competência, e à garantia dos direitos fundamentais dos cidadãos que formam e integram o Estado.

42. As fontes materiais do Direito são os fatos sociais, econômicos, políticos, religiosos etc., que provocam o surgimento das normas jurídicas.

Diversas normas processuais estão contidas na Constituição, inclusive de natureza laboral. São preceitos e princípios que dizem respeito ao processo, à jurisdição e à ação.

A título ilustrativo, **o direito de ação e o contraditório** estão agasalhados pelo preceito contido no art. 5º, LV, da Carta de 1988: "aos litigantes, em processo judicial ou administrativo, e aos acusados em geral são assegurados o contraditório e a ampla defesa, com os meios e recursos a ela inerentes".

Já **o princípio da inafastabilidade** do controle jurisdicional dos atos jurídicos, foi albergado pelo preceito inserido no art. 5º, inciso XXXV: "a lei não excluirá da apreciação do Poder Judiciário lesão ou ameaça a direito". Pode-se citar ainda o respeito à coisa julgada (art. 5º, inciso XXXVI) e a vedação de provas obtidas por meios ilícitos (art. 5º, inciso LVI).

Em outro plano, a Constituição Federal prevê ações de índole constitucional, como o **mandado de segurança individual** (art. 5º, LXIX) e **coletivo** (art. 5º, LXX), o **mandado de injunção** (art. 5º, LXXI), o *habeas corpus* (art. 5º, LXVIII), o *habeas data* (art. 5º, LXXII), o **recurso extraordinário** (art. 102, III) etc.

A estruturação e divisão do Poder Judiciário é, também, matéria de ordem constitucional, conforme se observa do Capítulo III, da Constituição Federal de 1988, que dispensa especial atenção à Justiça do Trabalho, na sua seção VI: "*Dos Tribunais e Juízes do Trabalho*"[43] *e* delimita a sua competência em razão da matéria em seu complexo art. 114.

Desse modo, são considerados como dispositivos constitucionais, em primeiro lugar, todos aqueles que compõem originariamente a Carta Magna, bem como aqueles que constam das emendas constitucionais, decorrentes do exercício do poder constituinte derivado.

Inclusive, o CPC, em seu art. 1º, destaca a incidência e prevalência das normas processuais constitucionais no âmbito do processo civil, que se aplica, por óbvio, ao processo do trabalho:

> **Art. 1º** O processo civil será ordenado, disciplinado e interpretado conforme os valores e as normas fundamentais estabelecidos na Constituição da República Federativa do Brasil, observando-se as disposições deste Código.

6.2. Leis

Logo abaixo da Constituição, as leis, em sentido amplo, ocupam lugar de relevância no quadro geral das fontes do Direito processual do trabalho. Engloba as seguintes espécies: leis complementares, leis ordinárias, leis delegadas, decreto-legislativo e medidas provisórias.

A principal lei infraconstitucional integrante do Direito processual do trabalho no Brasil é a CLT, aprovada por um Decreto-lei de nº 5.452/43, que sofreu profundas mudanças com a edição da Lei nº 13.467/17. É um Diploma Legal de natureza mista, pois agasalha preceitos relativos ao Direito material, ao Direito processual e ao Direito administrativo do trabalho.

Existem várias propostas de criação de um Código de Processo do Trabalho em tramitação no Congresso Nacional, mas sem qualquer perspectiva de aprovação a curto e médio prazo, em virtude de ausência de vontade política nesse sentido.

43. CF de 1988. Art. 111. São órgãos da Justiça do Trabalho: I – o TST; II – os Tribunais Regionais do Trabalho; III – Juízes do Trabalho.

A CLT reserva o Título X para cuidar das regras relativas ao Processo Judicial do Trabalho, que contém normas do processo em geral, preceitos aplicáveis ao processo (dissídio) individual e coletivo do trabalho, execução, recursos e penalidades.

Na omissão da CLT, o aplicador do direito deve utilizar o CPC, subsidiariamente desde que não contrarie os princípios do Direito processual do trabalho, na forma prevista pelo art. 769 celetista: "Nos casos omissos, o direito processual comum será fonte subsidiária do direito processual do trabalho, exceto naquilo em que for incompatível com as normas deste Título".

O novo CPC possui dispositivo semelhante e acrescenta a hipótese de sua utilização de forma **supletiva**: "Na ausência de normas que regulem processos eleitorais, trabalhistas ou administrativos, as disposições deste Código lhes serão aplicadas supletiva e subsidiariamente".

Quando há omissão, usa-se o CPC de forma **subsidiária**. Caso o Diploma Processual Civil seja utilizado para complementar preceitos demasiadamente simples da CLT, a hipótese será de utilização **supletiva.**

O TST manifesta-se sobre esta temática na forma prevista pelo art. 1º da Instrução Normativa nº 39/16:

> **Art. 1º** Aplica-se o Código de Processo Civil, subsidiária e supletivamente, ao Processo do Trabalho, em caso de omissão e desde que haja compatibilidade com as normas e princípios do Direito Processual do Trabalho, na forma dos arts. 769 e 889 da CLT e do art. 15 da Lei nº 13.105, de 17.03.2015.

Essa Normativa do TST, que na verdade deve ser entendida como uma recomendação, separou as regras do CPC em três grandes grupos:

a) aplicáveis ao processo do trabalho;

b) inaplicáveis ao processo do trabalho; e

c) aplicáveis com adaptações.

Já no processo de execução trabalhista **a primeira fonte subsidiária é a Lei de Execução Fiscal nº 6.830/80**. Em caso de omissão, recorre-se novamente ao Código de Processo Civil, por força do quanto disposto no art. 889 da CLT: "Aos trâmites e incidentes do processo da execução são aplicáveis, naquilo em que não contravierem ao presente Título, os preceitos que regem o processo dos executivos fiscais para a cobrança judicial da dívida ativa da Fazenda Pública Federal".

Existem, também, normas esparsas de conteúdo processual laboral, representadas por leis, decretos-lei, medidas provisórias etc., como a **Lei nº 5.584/70**, que estabelece regras de Direito processual do trabalho, altera dispositivos da Consolidação das Leis do Trabalho, disciplina a concessão e prestação de assistência judiciária na Justiça do Trabalho.

Cita-se também a **Lei nº 7.701/88**, dispõe sobre a especialização de Turmas dos Tribunais do Trabalho em processos coletivos e institui as Turmas e Seções especializadas para a conciliação e julgamento de dissídios coletivos de natureza econômica ou jurídica.

De igual importância, a **Lei nº 11.419/06** (regulamentada no âmbito da Justiça do Trabalho pela Resolução nº 185/17 do CSJT), que trata da informatização do processo judicial, inclusive o trabalhista, conforme previsão expressa contida no § 1º, art. 1º, da mencionada normal legal: "Aplica-se o disposto nesta Lei, indistintamente, aos processos civil, penal e trabalhista, bem como aos juizados especiais, em qualquer grau de jurisdição".

Por fim, a **Lei nº 12.440/11**, que disciplina a emissão da certidão negativa de débitos trabalhistas – CNDT para comprovar a inexistência de débitos inadimplidos perante a Justiça do Trabalho.

6.3. Decretos e portarias

O decreto representa um ato jurídico administrativo de caráter normativo, expedido pelo chefe do Poder Executivo. Tem como objetivo regulamentar a lei, na forma prevista pelo art. 84, IV, da CF de 1988.[44]

Desse modo, o decreto de natureza regulamentar não deve apresentar inovações legislativas, pois deve observar sempre os limites estabelecidos pela norma legal que autorizou a sua expedição.

O decreto pode ter por objeto questões individuais, como ocorre com o decreto de nomeação, aposentadoria etc., nesse caso considerado como decreto autônomo, ou pode ser destinado a regulamentar a lei, quando assume as características de generalidade e abstratividade.

As portarias são instruções expedidas pelos auxiliares do chefe do Poder Executivo, no âmbito de sua respectiva competência, destinadas a executar lei, decretos e regulamentos.

As normas processuais trabalhistas, bem como aquelas do processo civil, aplicadas subsidiariamente ao processo laboral, **não são regulamentadas por meio de decretos, uma vez que essa atribuição é exercida pelos Tribunais**. Isso é feito por meio da expedição de atos normativos, principalmente na forma de resoluções, como será analisado logo a seguir.

Os decretos presidenciais são fontes do direito processual do trabalho, na medida em que aprovam, no âmbito interno, as normas internacionais, como ocorre com as Convenções da Organização Internacional do Trabalho e podem ter valoração constitucional ou supralegal.

Arnaldo Süssekind explica como se efetiva o procedimento de aprovação e ratificação dos tratados internacionais no Brasil:

> Incumbe ao Presidente da República submeter o tratado ao Congresso Nacional. Se este aprovar ou referendar, o fará por meio de decreto legislativo, habilitando o Poder Executivo a proceder a troca das ratificações ou, se for o caso, de ratificação ou adesão. Em seguida, o Poder Executivo expedirá o Decreto de promulgação, em virtude do qual torna público que o tratado foi ratificado, registra quando entrará em vigor para o Brasil e determina que suas disposições sejam respeitadas em todo o território nacional.[45]

44. CF de 1988. Art. 84. Compete privativamente ao Presidente da República: IV – sancionar, promulgar e fazer publicar as leis, bem como expedir decretos e regulamentos para sua fiel execução.
45. SÜSSEKIND, Arnaldo. **Direito Internacional do Trabalho**. 3 ed. atual. e com novos textos. São Paulo: LTr, 2000. p. 47.

Já a movimentação de pessoal e demais atos de natureza administrativa são praticados pelos presidentes dos Tribunais e recebem a denominação de portaria ou simplesmente de atos.

6.4. Atos normativos dos tribunais e dos juízes

Os atos normativos dos Tribunais, Juízes do Trabalho, do Conselho Superior da Justiça do Trabalho,[46] da Corregedoria-Geral da Justiça do Trabalho e das Corregedorias dos Tribunais Regionais do Trabalho também constituem fonte do Direito processual do trabalho, naquilo que não contrariem as disposições de ordem legal e, principalmente, quando a própria norma autoriza a sua complementação por meio desses atos.

Os regulamentos,[47] atos e as instruções normativas do Tribunal Superior do Trabalho são as principais fontes dessa natureza. Há, inclusive, previsão de recursos inexistentes na legislação processual trabalhista.

Diversas instruções normativas aprovadas pelo TST, mediante resoluções, tratam de matéria processual, principalmente com o objetivo de interpretar as normas estatais.

A Instrução Normativa nº 116/2003 do TST, por exemplo, uniformiza o procedimento relativo aos dissídios coletivos de natureza econômica na Justiça do Trabalho. Contem dispositivos que tratam de legitimidade, instauração da instância mediante representação do Ministério Público do Trabalho etc.

Já a Resolução de nº 27/05, do TST, dispõe sobre normas procedimentais aplicáveis ao processo do trabalho em decorrência da ampliação da competência da Justiça do Trabalho pela Emenda Constitucional nº 45/04. Pelo teor dos preceitos contidos na referida Resolução, todas as ações que tramitam na Justiça Laboral devem obedecer aos ditames contidos na CLT, salvo se houver procedimento específico previsto em lei, como nos casos de mandado de segurança, *habeas corpus*, *habeas data*, ação rescisória, ação cautelar, ação de consignação em pagamento etc.[48]

A Instrução Normativa nº 41/2018 do TST trata da aplicabilidade das regras processuais introduzidas na CLT por meio da Lei nº 13.467/17, notadamente a sua vigência no tempo.

O Conselho Superior da Justiça do Trabalho regulamentou o procedimento eletrônico no âmbito desse ramo do Poder Judiciário, por meio da Resolução nº 185/2017.

A Corregedoria-Geral da Justiça do Trabalho também expede os denominados *provimentos*, que se destinam a disciplinar os procedimentos a serem observados no âmbito da Justiça do Trabalho. O mais importante deles é representado pela Consolidação dos Provimentos da referida Corregedoria.

46. A Resolução Administrativa do TST de nº 1.407/10, aprovou o atual regimento interno do CSJT.
47. O regimento interno do TST (RITST) **foi aprovado pela RA de nº 1.937/2017.**
48. Acredita-se que o TST editou essa Resolução com o objetivo de imprimir celeridade e eficiência às pretensões relativas à relação de trabalho autônomo, uma vez que, teórica e dogmaticamente, não há como aceitar esse posicionamento de aplicar as regras específicas do processo do trabalho para todo e qualquer tipo de conflito decorrente de prestação de serviço.

6.5. Costume

O costume processual é representado por atos processuais praticados pelas partes e pelo juiz sem que haja qualquer previsão legal, mas que são observados tendo em vista a sua aceitação geral.

São atos costumeiros que, em seu conjunto, denominam-se de praxe forense e constituem fonte do Direito processual do trabalho, desde que não contrariem os preceitos normativos de natureza cogente (costume *contra legem*).[49]

Assim, é derivada do costume forense a praxe de o reclamante e seu patrono sentarem-se à esquerda do juiz e o reclamado à direita; a necessidade do advogado utilizar vestimentas formais, inclusive gravata; a substituição da defesa oral pela forma escrita; a exigência de carta de preposição, para habilitar o preposto a representar o empregador em audiência; divisão da audiência una em várias sessões, em virtude do acúmulo de serviço; pedido de reconsideração de despacho etc.

Como são costumes não escritos, dificilmente o interessado tem a sua ciência plena, uma vez que os doutrinadores, geralmente, não lhe fazem qualquer referência.

Às vezes, a regra costumeira tem avultada a sua importância de tal forma que o próprio legislador, a exemplo do que ocorre com a jurisprudência, procede à sua incorporação à legislação. Isso aconteceu, por exemplo, com a prática que os juízes adotaram de antecipar a proposta de conciliação, que, anteriormente à edição da Lei nº 9.022/95, era feita após a apresentação da defesa.

O esquema a seguir lista as diversas fontes formais do direito processual do trabalho:

Fontes formais	
	• Constituição
	• Leis
	• Atos regulamentares (decretos e portarias)
	• Atos normativos dos tribunais
	• Costumes

6.6. Jurisprudência

A jurisprudência exerce um papel de grande importância no preenchimento do vazio processual trabalhista, para eliminar as dúvidas existentes em relação à interpretação dos dispositivos legais.

Em alguns casos, a jurisprudência inspira o legislador de forma a constituir fato propulsor da alteração legislativa para se adaptar à interpretação conferida pelos Tribunais.

As normas jurídicas, por serem gerais e abstratas, não conseguem antever todas as situações que podem acontecer no plano fático. A adaptação da norma a cada caso concreto efetiva-se pela aplicação do Direito feita pelos órgãos do Poder Judiciário.

49. Alexandre Câmara entende que o costume é fonte material do direito processual (CÂMARA, Alexandre de Freitas. **Lições de Direito Processual Civil**. 13. ed. Rio de Janeiro: Lúmen Juris, 2005. p.20).

A) Precedente judicial

O **precedente judicial**, nada mais é do que uma decisão específica na qual se adota uma tese jurídica (*ratio decidendi*) sobre uma questão de direito e, de certa forma, pode vincular ou direcionar a atividade do julgador em demandas futuras.

Em sentido estrito, precedente seria a própria tese jurídica (*ratio decidendi*) na qual se funda uma decisão. Em sentido amplo o precedente judicial seria composto da tese jurídica (*ratio decidendi*) e da situação fática na qual se embasa o litígio. O precedente judicial sempre decorre da aplicação da norma geral a um caso concreto posto para julgamento.

O precedente judicial contido nas decisões proferidas pelos Tribunais Superiores em incidente de assunção de competência – IAC ou de resolução de demandas repetitivas – IRDR deve ser obrigatoriamente observado, segundo dispõe o art. 927, III, do CPC:

> **Art. 927.** Os juízes e os tribunais observarão: III – os acórdãos em incidente de assunção de competência ou de resolução de demandas repetitivas e em julgamento de recursos extraordinário e especial repetitivos.

Inclusive o art. 15, I, da Instrução Normativa nº 39/16 do TST considera como precedente apenas:

> a) acórdão proferido pelo Supremo Tribunal Federal ou pelo Tribunal Superior do Trabalho em julgamento de recursos repetitivos (CLT, art. 896-B; CPC, art. 1046, § 4º);
>
> b) entendimento firmado em incidente de resolução de demandas repetitivas ou de assunção de competência;
>
> c) decisão do Supremo Tribunal Federal em controle concentrado de constitucionalidade;
>
> d) tese jurídica prevalecente em Tribunal Regional do Trabalho e não conflitante com súmula ou orientação jurisprudencial do Tribunal Superior do Trabalho (CLT, art. 896, § 6º);
>
> e) decisão do plenário, do órgão especial ou de seção especializada competente para uniformizar a jurisprudência do tribunal a que o juiz estiver vinculado ou do Tribunal Superior do Trabalho.

B) Jurisprudência

A reunião de decisões que se pronunciam em um determinado sentido (precedentes) é que se denomina de jurisprudência, que pode ser **notória, reiterativa ou dominante quando boa parte das decisões que a compõem adota o idêntico entendimento.**

C) Súmula e Orientação Jurisprudencial

Súmula representa o resumo da jurisprudência, quando as questões muito debatidas já se encontram, de certa forma, pacificadas. Para cada assunto, o Tribunal cria um texto, denominado de extrato normativo, que representa o seu posicionamento sobre determinada matéria, denominado de enunciado ou ementa de súmula. Inclusive, o art. 926, § 2º do CPC determina que os Tribunais, ao editar enunciados de súmula, devem ater-se às circunstâncias fáticas dos precedentes que motivaram sua criação.

Com efeito, **uma das funções dos tribunais superiores é de uniformizar a sua jurisprudência ou de tribunais inferiores**, o que se perfaz principalmente por intermédio da edição de Súmulas.[50] Inclusive, quando o TST edita uma Súmula ele publica os precedentes que serviram de base para a sua confecção.

O Tribunal Superior do Trabalho edita, ainda, as chamadas **Orientações Jurisprudenciais**, ou simplesmente OJs, que representam o posicionamento jurídico predominante das suas Seções Especializadas em Dissídios Individuais I e II (SEDI-I e SEDI-II).

Os operadores do Direito do Trabalho, dentre eles os advogados, juízes e membros do Ministério Público do Trabalho utilizam, corriqueiramente, das Súmulas do Tribunal Superior do Trabalho para fundamentar suas petições, decisões e pareceres.

O quadro a seguir relaciona as diversas espécies de verbetes jurisprudenciais com os Órgãos do TST dos quais se originam:

Verbete	Órgão
Súmulas	**TST**
Orientações jurisprudenciais do Pleno	Tribunal Pleno
Orientações jurisprudenciais da SDI-1	Subseção I – Especializada em Dissídios Individuais
Orientações jurisprudenciais da SDI-2	Subseção II – Especializada em Dissídios Individuais
Orientações jurisprudenciais transitórias da SDI-1	Subseção I – Especializada em Dissídios Individuais
Precedentes normativos da SDC	Seção – Especializada em Dissídios Coletivos

A seguir, o posicionamento da doutrina no que diz respeito à classificação da jurisprudência como fonte ou como meio de integração do direito:

Amauri Mascaro do Nascimento	A jurisprudência pode ser fonte do Direito do Trabalho, se a análise for além da teoria clássica, para quem o juiz apenas e um escravo da lei, não podendo criar normas para ordenar a sociedade.*
Godinho Delgado	Essas orientações jurisprudenciais – e dezenas de outras –, embora não filiadas ao princípio estrito da reserva legal (se interpretado rigidamente esse princípio, é claro), têm inquestionável força jurídica (e jurígena). Note-se que no Direito do Trabalho a própria legislação já cuidou de enfatizar a jurisprudência como fonte normativa – ao menos supletiva, é verdade (art. 8, CLT). Não obstante seu papel vá além de simples fonte subsidiária do Direito, houve, de qualquer modo, neste ramo jurídico, um acolhimento expresso – ainda que parcial – de tese classificatória proposta pela vertente moderna.**
Sérgio Pinto Martins	A jurisprudência não pode ser fonte do Direito do Trabalho, visto que ela apenas indica o caminho e não vincula o magistrado.***

50. No STF a edição, revisão e cancelamento de Súmulas encontram-se disciplinados pela Resolução nº 388/08. Dispõe em seu art. 1º: Recebendo proposta de edição, revisão ou cancelamento de súmula, vinculante ou não, a Secretaria Judiciária a registrará e autuará, publicando edital no sítio do Tribunal e no Diário da Justiça Eletrônico, para ciência e manifestação de interessados no prazo de 5 (cinco) **dias, encaminhando a seguir os autos à Comissão de Jurisprudência, para apreciação dos integrantes, no prazo sucessivo de 5 (cinco) dias, quanto à adequação formal da proposta.**

Roberto Leite	As súmulas no Direito do trabalho não são fontes como a lei, devido a impossibilidade de seu efeito vinculante, porém admite-se que as súmulas têm um poder de coação, próprio das normas jurídicas.****

(*) NASCIMENTO, Amauri. **Curso de Direito do Trabalho**. 24 ed. São Paulo: Saraiva, 2009.

(**) DELGADO, Maurício Godinho. **Curso de Direito do Trabalho**. 13 ed. São Paulo: LTr, 2014.

(***) MARTINS, Sérgio Pinto. **Direito do Trabalho**. 21 ed. São Paulo: Atlas, 2004.

(****) LEITE, Roberto Basiloni. **Direito Sumular do Trabalho**. In: Curso de Direito do trabalho org. Jackson Chaves de Azevedo. São Paulo: LTr, 2001.

D) *Súmula vinculante*

Até a promulgação da Emenda Constitucional nº 45, denominada de Emenda de Reforma do Poder Judiciário, inexistia no ordenamento jurídico pátrio o instituto da **súmula vinculante.**

A referida Emenda Constitucional nº 45 incluiu o art. 103-A na Carta Política de 1988, com a seguinte redação:

> **Art. 103-A.** O Supremo Tribunal Federal poderá, de ofício ou por provocação, mediante decisão de dois terços dos seus membros, após reiteradas decisões sobre a matéria, aprovar súmula que, a partir de sua publicação na imprensa oficial, terá efeito vinculante em relação aos demais órgãos do Poder Judiciário e à administração pública direta e indireta, nas esferas federal, estadual e municipal, bem como proceder à sua revisão ou cancelamento, na forma estabelecida em lei.

A Lei nº 11.417/06, regulamentou o aludido dispositivo constitucional e alterou a Lei nº 9.784/99, ao disciplinar a edição, a revisão e o cancelamento de enunciado de súmula vinculante pelo Supremo Tribunal Federal.

Uma vez aprovada, por no mínimo 2/3 dos integrantes do STF, **a súmula dessa natureza vincula todos os órgãos do Poder Judiciário, bem como a administração pública** direta e indireta dos três níveis (municipal, estadual e federal).

A proposta de edição, revisão ou cancelamento de Súmulas poderá ser feita pelos legitimados que constam do art. 3º da referida Lei nº 11.417/06, inclusive pelo Tribunal Superior do Trabalho e pelos Tribunais Regionais do Trabalho.

6.7. Hierarquia das fontes

Ao contrário do que ocorre com o Direito individual do trabalho, **não há que se falar em aplicação do princípio da regra mais favorável ao empregado no Direito processual do trabalho**. Consequentemente, deve ser observada a hierarquia clássica das normas do ordenamento jurídico, em face ao caráter público desse ramo do Direito, cujo ápice é ocupado pelos dispositivos de caráter constitucional.

Portanto, devem ser observadas, na seguinte ordem: as normas constitucionais, as leis (complementares, ordinárias, delegadas, medidas provisórias, decretos-lei etc.), atos normativos expedidos pelo Poder Executivo (decretos, portarias etc.) e os atos regulamentares dos Tribunais (regimento interno, instruções normativas, resoluções etc.).

7. INTERPRETAÇÃO, APLICAÇÃO E INTEGRAÇÃO DAS NORMAS PROCESSUAIS TRABALHISTAS

7.1. Interpretação

Inicialmente, o juiz deve identificar a situação processual e submetê-la à previsão legal. Para isso, utiliza do processo de **interpretação** para definir o sentido e o alcance do regramento jurídico.

Para compreender o real sentido das regras jurídicas, os intérpretes utilizam-se de diversos métodos, na maioria das vezes em conjunto, tais como o gramatical, o sistemático, o histórico, o teleológico, o evolutivo etc., para obter uma interpretação que atenda aos objetivos e princípios de cada ramo do Direito, seja ele declarativo, restritivo ou extensivo.

Essa interpretação da norma processual deve ser feita à luz da Constituição Federal, na forma prevista pelo art. 1º do CPC:

> **Art. 1º.** O processo civil será ordenado, disciplinado e interpretado conforme os valores e as normas fundamentais estabelecidos na Constituição da República Federativa do Brasil, observando-se as disposições deste Código.

A interpretação das normas processuais trabalhistas segue as mesmas regras relativas ao do processo civil, com algumas características próprias, diante do seu caráter instrumental de realização do Direito material do trabalho. Essas características próprias, quanto à interpretação, decorrem da existência de princípios ou peculiaridades que norteiam o processo laboral, os quais já foram analisados.

Consequentemente, os dispositivos processuais são interpretados sempre tendo em vista: **a maior celeridade**, já que, em grande parte dos casos, o objeto da pretensão deduzida em juízo tem caráter alimentar; a maior **concentração** dos atos processuais, com a reunião desses atos em audiência; **maior nível de informalidade**, diante da existência de alguns requisitos para a validade do ato processual, desde que não provoque prejuízos às partes e atinja o objetivo pretendido; **necessidade de tentativas de conciliação**, o que afasta a incidência de normas que não permitem esse desiderato, etc.

Ressalte-se, entretanto, que **a aplicação do princípio do *in dubio pro operario*, no processo do trabalho, não deve atingir as regras relativas ao ônus da prova.** Admite-se a escolha pela interpretação que beneficie o trabalhador **somente nos casos em que o conteúdo da norma processual seja relativo ao acesso à justiça**, como aquelas que dispõem sobre o pagamento de custas, fixação de competência em razão do lugar etc., uma vez que, nesse caso, há necessidade de minimizar as diferenças existentes no plano fático entre o capital e o trabalho.

7.2. Aplicação

Em face da generalidade e abstratividade da norma processual, é necessário utilizar o procedimento da **aplicação do Direito** para adaptá-la a uma demanda concreta.

No exercício dessa atividade, o juiz, como Órgão do Estado, deve ater-se aos princípios constitucionais e aqueles que regem a administração pública, na forma prevista pelo art. 8º do CPC: "Ao aplicar o ordenamento jurídico, o juiz atenderá aos fins sociais e às exigências do bem comum, resguardando e promovendo a dignidade da pessoa humana e observando a proporcionalidade, a razoabilidade, a legalidade, a publicidade e a eficiência".

7.3. Integração

O ordenamento jurídico não pode ter lacunas (**princípio da completude**), de forma que o juiz deve utilizar determinadas técnicas para suprir a omissão da norma jurídica, uma vez que ele não pode se escusar de julgar fundado nessa circunstância, conforme o disposto no art. 140 do CPC.

QUADRO COMPARATIVO – PRINCÍPIO DA COMPLETUDE		
CPC DE 1973	**CPC DE 2015**	**CLT**
Art. 126. O juiz não se exime de sentenciar ou despachar alegando lacuna ou obscuridade da lei. No julgamento da lide caber-lhe-á aplicar as normas legais; não as havendo, recorrerá à analogia, aos costumes e aos princípios gerais de direito.	**Art. 140.** O juiz não se exime de decidir sob a alegação de lacuna ou obscuridade do ordenamento jurídico. Parágrafo único. **O juiz só decidirá por equidade nos casos previstos em lei.**	**Art. 8º.** As autoridades administrativas e a Justiça do Trabalho, na falta de disposições legais ou contratuais, decidirão, conforme o caso, pela jurisprudência, por analogia, por equidade e outros princípios e normas gerais de direito, principalmente do direito do trabalho e, ainda, de acordo com os usos e costumes, o direito comparado, mas sempre de maneira que nenhum interesse de classe ou particular prevaleça sobre o interesse público. **§ 1º** O direito comum será fonte subsidiária do direito do trabalho. **§ 2º** Súmulas e outros enunciados de jurisprudência editados pelo Tribunal Superior do Trabalho e pelos Tribunais Regionais do Trabalho não poderão restringir direitos legalmente previstos nem criar obrigações que não estejam previstas em lei. **§ 3º** No exame de convenção coletiva ou acordo coletivo de trabalho, a Justiça do Trabalho analisará exclusivamente a conformidade dos elementos essenciais do negócio jurídico, respeitado o disposto no art. 104 da Lei nº 10.406, de 10 de janeiro de 2002 (Código Civil), e balizará sua atuação pelo princípio da intervenção mínima na autonomia da vontade coletiva. **Art. 852-I, § 1º**: "O juízo adotará em cada caso a decisão que reputar mais justa e equânime, atendendo aos fins sociais da lei e as exigências do bem comum. **Art. 766.** Nos dissídios sobre estipulação de salários, serão estabelecidas condições que, assegurando justo salário aos trabalhadores, permitam também justa retribuição às empresas interessadas.
Aplicabilidade do CPC ao processo do trabalho	O *caput* do art. 140 é aplicável ao processo do trabalho, uma vez que veda ao juiz deixar de decidir alegando lacuna ou obscuridade no ordenamento jurídico. Entretanto, o juiz do trabalho pode usar da equidade independentemente de previsão legal expressa, pois a CLT possui regra admitindo seu uso sem essa particularidade.	
Diferença entre o CPC de 2015 e o de 1973	O art. 126 do CPC de 1973, ao contrário do art. 140 do CPC de 2015, não fazia referência expressa ao uso da equidade nos casos previstos em lei.	

A integração do Direito nada mais é do que o conjunto de técnicas usadas por seu aplicador, para preencher os vazios existentes nas regras jurídicas, em face da impossibilidade de previsão de todas as hipóteses-fáticas no seu bojo.

No processo do trabalho, a regra principal de integração **encontra-se estabelecida no citado art. 8º da CLT.**[51]

Da análise desse preceito legal, percebe-se que a jurisprudência, a analogia, a equidade, os princípios e as normas gerais do Direito e o Direito comparado **não são fontes primarias do Direito material e processual do trabalho**, mas servem para auxiliar a tarefa do aplicador do Direito, principalmente do juiz, nos casos em que a norma processual for omissa.

A jurisprudência assume um papel de relevo no Direito processual do trabalho, independentemente de ser classificada como fonte ou mero mecanismo de integração do Direito.

As Súmulas do STF em matéria trabalhista, bem como as Súmulas e Orientações Jurisprudenciais do TST, formam o núcleo mais importante da jurisprudência trabalhista e funcionam, inclusive, como critério para admissão de diversos recursos em sede laboral.

A inexistência de um Código de Processo do Trabalho e a escassez de dispositivos processuais na CLT são fatores que contribuem para avultar a significância das mencionadas súmulas e OJ's, que refletem o entendimento dos Tribunais em matéria processual trabalhista.

As OJ's da SDI-II, por exemplo, tratam, exclusivamente de questões processuais, especialmente aquelas relacionadas à ação rescisória, mandado de segurança e *habeas corpus*.[52]

Já a Súmula vinculante, instituída no ordenamento jurídico pátrio por meio da EC nº 45/04,[53] foi regulamentada pela Lei nº 11.417/06.[54] A aludida Súmula aproxima-se das demais fontes formais do direito, uma vez que tem efeito vinculante em relação aos demais órgãos do Poder Judiciário e à Administração pública direta e indireta.

Eis algumas Súmulas Vinculantes em matéria processual, inclusive trabalhista:

> **SÚMULA VINCULANTE Nº 4.** Salvo nos casos previstos na Constituição, o salário mínimo não pode ser usado como indexador de base de cálculo de vantagem de servidor público ou de empregado, nem ser substituído por decisão judicial.
>
> **SÚMULA VINCULANTE Nº 10.** Viola a cláusula de reserva de plenário (CF, artigo 97) a decisão de órgão fracionário de tribunal que, embora não declare expressamente a inconstitucionalidade de lei ou ato normativo do poder público, afasta sua incidência, no todo ou em parte.
>
> **SÚMULA VINCULANTE Nº 17.** Durante o período previsto no parágrafo 1º do artigo 100 da Constituição, não incidem juros de mora sobre os precatórios que nele sejam pagos.

51. A LINDB possui regra semelhante: "Art. 4º. Quando a lei for omissa, o juiz decidirá o caso de acordo com a analogia, os costumes e os princípios gerais de direito".
52. As regras necessárias para a inserção de determinado tema nas Orientações Jurisprudenciais do TST, encontram-se listadas na Instrução Normativa nº 19, aprovada pela Resolução n° 94/2000 – DJ 09-05-2000.
53. CF de 1988. Art. 103-A. O STF poderá, de ofício ou por provocação, mediante decisão de dois terços dos seus membros, após reiteradas decisões sobre matéria constitucional, aprovar súmula que, a partir de sua publicação na imprensa oficial, terá efeito vinculante em relação aos demais órgãos do Poder Judiciário e à administração pública direta e indireta, nas esferas federal, estadual e municipal, bem como proceder à sua revisão ou cancelamento, na forma estabelecida em lei.
54. No STF a edição, revisão e cancelamento de Súmulas encontram-se disciplinados pela Resolução nº 388/08, dispondo em seu art. 1º: Recebendo proposta de edição, revisão ou cancelamento de súmula, vinculante ou não, a Secretaria Judiciária a registrará e autuará, publicando edital no sítio do Tribunal e no Diário da Justiça Eletrônico, para ciência e manifestação de interessados no prazo de 5 (cinco) **dias, encaminhando a seguir os autos à Comissão de Jurisprudência, para apreciação dos integrantes, no prazo sucessivo de 5 (cinco) dias, quanto à adequação formal da proposta.**

SÚMULA VINCULANTE Nº 22. A Justiça do Trabalho é competente para processar e julgar as ações de indenização por danos morais e patrimoniais decorrentes de acidente de trabalho propostas por empregado contra empregador, inclusive aquelas que ainda não possuíam sentença de mérito em primeiro grau quando da promulgação da Emenda Constitucional nº 45/04.

SÚMULA VINCULANTE Nº 23. A Justiça do Trabalho é competente para processar e julgar ação possessória ajuizada em decorrência do exercício do direito de greve pelos trabalhadores da iniciativa privada.

SÚMULA VINCULANTE Nº 25. É ilícita a prisão civil de depositário infiel, qualquer que seja a modalidade do depósito.

SÚMULA VINCULANTE Nº 53. A competência da Justiça do Trabalho prevista no art. 114, VIII, da Constituição Federal alcança a execução de ofício das contribuições previdenciárias relativas ao objeto da condenação constante das sentenças que proferir e acordos por ela homologados.

Em relação à **equidade**, a CLT possui alguns dispositivos admitindo seu uso, como o próprio art. 8º, art. 852-I, § 1º, específico para as demandas submetidas ao rito sumaríssimo; e o art. 766, que trata da estipulação de salário.

A analogia consiste na utilização de uma regra específica, que se aplica a determinada hipótese prevista pelo legislador, a um caso concreto semelhante, na hipótese de não existir qualquer disciplinamento legal.

A analogia é bastante utilizada no processo do trabalho, uma vez que são escassos os dispositivos processuais que integram a CLT. Assim, recorre-se, frequentemente, aos dispositivos processuais que estão previstos no CPC, além daqueles que constam do Código de Defesa do Consumidor, da Lei da Ação Civil Pública etc.

Exemplo de questão sobre o tema

(TRT 8 – Juiz do Trabalho Substituto 8ª região/2014) Em relação às Súmulas Vinculantes do Supremo Tribunal Federal em matéria que afeta o ramo trabalhista, assinale a alternativa INCORRETA:

a) Salvo nos casos previstos na Constituição, o salário mínimo não pode ser usado como indexador de base de cálculo de vantagem de servidor público ou de empregado, nem ser substituído por decisão judicial.

b) A Justiça do Trabalho é competente para processar e julgar ação possessória ajuizada em decorrência do exercício do direito de greve pelos trabalhadores da iniciativa privada.

c) É ilícita a prisão civil de depositário infiel, qualquer que seja a modalidade do depósito.

d) Durante o período previsto no § 1º do artigo 100 da Constituição, incidem juros de mora sobre os precatórios que nele sejam pagos.

e) Aplicam-se ao servidor público, no que couber, as regras do regime geral da previdência social sobre aposentadoria especial de que trata o artigo 40, § 4º, inciso III da Constituição Federal, até a edição de lei complementar específica.

Resposta: D

7.4. Vigência no tempo

As normas processuais, assim como as demais regras jurídicas, passam a vigorar **quarenta e cinco dias após a sua publicação**, salvo se houver disposição expressa em sentido contrário, de acordo com o disposto no art. 1º da Lei nº 4.657/42, **agora denominada de Lei de Introdução às Normas do Direito Brasileiro.**[55]

A CLT, por exemplo, foi aprovada pelo Decreto-Lei nº 5.452, de 01 de maio de 1943 e, por disposição expressa contida no seu art. 911, entrou em vigor no dia 01.11.1943.

Esse período existente entre a publicação e a vigência da lei é denominado de *vacatio legis* e é destinado a divulgação prévia para que a população tenha um amplo conhecimento do seu conteúdo. Assim, deve haver proporcionalidade entre a complexidade da matéria e a sua duração.

A regra para contagem do prazo da *vacatio legis* está contida no art. 8º, § 1º, da Lei Complementar nº 95/98:

> **Art. 8º. § 1º.** A contagem do prazo para entrada em vigor das leis que estabeleçam período de vacância far-se-á com a inclusão da data da publicação e do último dia do prazo, entrando em vigor no dia subsequente à sua consumação integral.

Entretanto, ao contrário do que ocorre com as normas de Direito material, as leis processuais produzem efeitos imediatos. Incide, nesse caso, nesse caso, a regra *tempus regit actum* e a nova norma passa a ser aplicada nos processos em andamento e não somente aqueles que se iniciarem a partir da vigência da nova lei, de acordo com a **teoria do isolamento dos atos processuais.**

O CPC trata da matéria em seu art. 14, parte final e art. 1.046:

> **Art. 14.** A norma processual não retroagirá e será aplicável imediatamente aos processos em curso, respeitados os atos processuais praticados e as situações jurídicas consolidadas sob a vigência da norma revogada.
>
> **Art. 1.046.** Ao entrar em vigor este Código, suas disposições se aplicarão desde logo aos processos pendentes, ficando revogada a Lei no 5.869, de 11 de janeiro de 1973.

Se, por exemplo, a lei nova diminuir o prazo para recurso ordinário, de oito para cinco dias, e na data de sua vigência o prazo se encontrar no seu sexto dia, há de ser respeitada a regra anterior. Essa é a inteligência do art. 915 da CLT: "Não serão prejudicados os recursos interpostos com apoio em dispositivos alterados ou cujo prazo para interposição esteja em curso à data da vigência desta Consolidação".

No caso dos **honorários de sucumbência** o marco temporal a ser utilizado **é a sentença**, conforme jurisprudência pacífica no STJ:

> PROCESSUAL CIVIL. AGRAVO INTERNO NO RECURSO ESPECIAL. ENUNCIADO ADMINISTRATIVO Nº 3/STJ. HONORÁRIOS ADVOCATÍCIOS. MARCO TEMPORAL PARA A APLICAÇÃO DO CPC/2015. PROLAÇÃO DA SENTENÇA. PRECEDENTE. IMPUGNAÇÃO DO VALOR FIXADO A TÍTULO DE VERBA HONORÁRIA. MAJORAÇÃO. ÓBICE DA SÚMULA 7/STJ. AGRAVO NÃO PROVIDO. 1. O recorrente alega que não há falar em direito adquirido a fim de conclamar incida o Novo Código de Processo Civil apenas às demandas ajuizadas após a sua entrada

55. Lei nº 4.657/42. Art. 1º. Salvo disposição contrária, a lei começa a vigorar em todo o país quarenta e cinco dias depois de oficialmente publicada.

em vigor (conforme decidido pelo Tribunal a quo), porquanto, consoante estabelecido no artigo 14 do NCPC, o novel diploma normativo processual incidirá imediatamente aos processos em curso. 2. A jurisprudência desta Corte tem entendido que o marco temporal que deve ser utilizado para determinar o regramento jurídico aplicável para fixar os honorários advocatícios é a data da prolação da sentença, que, no caso, foi na vigência do Código de Processo Civil de 1973. Precedente: REsp 1.636.124/AL, Rel. Ministro HERMAN BENJAMIN, SEGUNDA TURMA, julgado em 06/12/2016, DJe 27/04/2017 (AgInt no REsp 1657177 / PE AGRAVO INTERNO NO RECURSO ESPECIAL 2017/0045286-7. Ministro MAURO CAMPBELL MARQUES (1141). 2A. TURMA. DJe 23/08/2017.

No mesmo sentido a Súmula nº 509 do STF: "A Lei nº 4.632, de 18.5.65, que alterou o art. 64 do Código de Processo Civil, aplica-se aos processos em andamento, nas instâncias ordinárias".

A referida Lei nº 4.632/65 estabeleceu os honorários pela simples sucumbência no CPC de 1939, pois em sua redação original só admitia honorários quando a ação resultasse de dolo ou culpa.

Em sentido contrário o Enunciado nº 98 aprovado na 2ª Jornada de Direito Material de Processual do Trabalho:

ENUNCIADO Nº 98. HONORÁRIOS DE SUCUMBÊNCIA. INAPLICABILIDADE AOS PROCESSOS EM CURSO

Em razão da natureza híbrida das normas que regem honorários advocatícios (material e processual), a condenação à verba sucumbencial só poderá ser imposta nos processos iniciados após a entrada em vigor da Lei 13.467/2017, haja vista a garantia de não surpresa, bem como em razão do princípio da causalidade, uma vez que a expectativa de custos e riscos é aferida no momento da propositura da ação.

Inclusive, a primeira sentença aplicando imediatamente as regras processuais contidas na Lei nº 13.467/17 foi proferida pelo autor desta obra nos autos da reclamação trabalhista nº 000242.76.2017.5.05.0493 no primeiro dia de sua vigência (11.11.2017), utilizando os argumentos já mencionados.

Foi afastado o argumento da **decisão surpresa** com a intimação das partes para se manifestarem sobre a possibilidade ou não da aplicação da nova regra processual ao caso concreto.

Além disso, não há que se falar em surpresa quando o próprio reclamante, em sua petição inicial, pede a condenação do reclamado em honorários advocatícios, sem estar assistido pelo sindicato de sua categoria profissional.

De qualquer forma, o fato é que o direito aos honorários de sucumbência não nasce com o ajuizamento da ação ou com a apresentação da defesa, pois nesse momento processual a parte não sabe se vai obter êxito na demanda. O direito aos honorários só se origina com a sentença e se ela for proferida na vigência da lei nova aos seus ditames deve se submeter, segundo a **teoria do isolamento dos atos processuais.**

Contudo, o TST entendeu de forma diversa, conforme se observa do art. 6º, da Instrução Normativa nº 41/2018:

Art. 6º Na Justiça do Trabalho, a condenação em honorários advocatícios sucumbenciais, prevista no art. 791-A, e parágrafos, da CLT, será aplicável apenas às ações propostas após 11 de novembro de 2017 (Lei nº 13.467/2017). Nas ações propostas anteriormente, subsistem as diretrizes do art. 14 da Lei nº 5.584/1970 e das Súmulas nºs 219 e 329 do TST.

7.5. Irretroatividade

Ordinariamente, a lei não tem efeitos retroativos. Passa a reger as situações presentes e futuras a partir da data em que entra em vigor.

Desse modo, a nova lei não poderá prejudicar **o direito adquirido, o ato jurídico perfeito e a coisa julgada**. Essa assertiva constitui princípio constitucional agasalhado pelo art. 5º, XXXVI, da CF/88,[56] bem como pelo art. 6º da LIDB.[57]

A **coisa julgada** representa a decisão judicial da qual não caiba mais qualquer espécie de recurso, conforme regulação contida no art. 502 do CPC.

QUADRO COMPARATIVO – COISA JULGADA		
CPC DE 1973	**CPC DE 2015**	**CLT**
Art. 467. Denomina-se coisa julgada material a eficácia, que torna imutável e indiscutível a sentença, não mais sujeita a recurso ordinário ou extraordinário.	**Art. 502.** Denomina-se coisa julgada material a autoridade que torna imutável e indiscutível a decisão de mérito não mais sujeita a recurso.	**Art. 836.** É vedado aos órgãos da Justiça do Trabalho conhecer de questões já decididas, excetuados os casos expressamente previstos neste Título e a ação rescisória, que será admitida na forma do disposto no Capítulo IV do Título IX da Lei no 5.869, de 11 de janeiro de 1973 – Código de Processo Civil, sujeita ao depósito prévio de 20% (vinte por cento) do valor da causa, salvo prova de miserabilidade jurídica do autor.
Aplicabilidade do CPC ao processo do trabalho	As regras do CPC e da CLT se complementam por serem totalmente compatíveis entre si.	
Diferença entre o CPC de 2015 e o de 1973	No CPC de 2015 utiliza-se a expressão "decisão de mérito", em substituição à expressão "sentença" que constava no art. 467 da CLT. No mais, os dois dispositivos são bastante semelhante.	

A exceção a essa regra fica por conta da coisa julgada inconstitucional, albergada pela CLT no seu art. 884, § 5º:

> **Art. 884. § 5º.** Considera-se inexigível o título judicial fundado em lei ou ato normativo declarados inconstitucionais pelo Supremo Tribunal Federal ou em aplicação ou interpretação tidas por incompatíveis com a Constituição Federal.

Admite-se a retroatividade da lei em alguns casos excepcionais, como aquele previsto pelo art. 2º, parágrafo único, do Código Penal: "A lei posterior, que de qualquer modo favorecer o agente, aplica-se aos fatos anteriores, ainda que decididos por sentença condenatória transitada em julgado".

Já as Súmulas, Orientações Judiciais e os Precedentes tem efeito retroativo, salvo no caso de modulação em sentido contrário, como deixa claro o verbete transcrito a seguir, do TRT18:

> **SÚMULA Nº 30 do TRT18.** SÚMULAS E ORIENTAÇÕES JURISPRUDENCIAIS. APLICAÇÃO RETROATIVA. O princípio da irretroatividade é aplicável às leis e não às interpretações consolidadas, razão pela qual a nova súmula ou orientação jurisprudencial incide sobre os fatos ocorridos antes da sua edição, desde que no período de vigência dos dispositivos legais interpretados.

56. CF/88. Art. 5º, XXXVI – a lei não prejudicará o direito adquirido, o ato jurídico perfeito e a coisa julgada.
57. Decreto-Lei nº 4.657/42 (LIDB). **Art. 6º. A lei em vigor terá efeito imediato e geral, respeitados o ato jurídico perfeito, o direito adquirido e a coisa julgada.**

Na seara processual trabalhista o instituto da modulação está previsto no art. 896-C da CLT:

> **Art. 896-C. § 17.** Caberá revisão da decisão firmada em julgamento de recursos repetitivos quando se alterar a situação econômica, social ou jurídica, caso em que será respeitada a segurança jurídica das relações firmadas sob a égide da decisão anterior, podendo o Tribunal Superior do Trabalho modular os efeitos da decisão que a tenha alterado.

Já CPC trata do tema no seu art. 927, § 3º:

> **Art. 927, § 3º.** Na hipótese de alteração de jurisprudência dominante do Supremo Tribunal Federal e dos tribunais superiores ou daquela oriunda de julgamento de casos repetitivos, pode haver modulação dos efeitos da alteração no interesse social e no da segurança jurídica.

7.6. Vigência no espaço

A vigência da norma no espaço delimita o âmbito territorial no qual a regra jurídica produz efeitos, com força obrigatória a todos aqueles que ali estejam situados.

A competência para legislar sobre o Direito processual, que inclui normas de processo do trabalho, **é exclusiva da União**, na forma prevista pelo art. 22, I, da CF de 1988.[58]

A mesma Carta Magna, em seu art. 24, XI, **atribui aos Estados, de forma concorrente, a competência para legislar sobre procedimentos em matéria processual.** Apesar de o referido dispositivo Constitucional ser omisso, **as Leis Estaduais que regulam os procedimentos processuais, só serão válidas no âmbito da Justiça Estadual,** uma vez que a Justiça do Trabalho e a Justiça Federal são reguladas por normas procedimentais provenientes da União.

Em razão disso, as normas processuais trabalhistas vigem em todo o território nacional, de acordo com o disposto no art. 16 do CPC: "A jurisdição civil é exercida pelos juízes em todo o território nacional, conforme as disposições deste Código".

8. INFORMATIVOS DO TST SOBRE A MATÉRIA

Acórdão recorrido publicado um dia antes da vigência da Lei nº 13.467/2017. Contagem de prazo em dias úteis. Inaplicabilidade.

No caso em que o acórdão recorrido foi publicado em 10.11.2017, ou seja, um dia antes da entrada em vigor da Lei nº 13.467/2017 (Reforma Trabalhista), a contagem do prazo para a interposição de recurso segue a regra do art. 775 da CLT vigente à época da publicação do acórdão, ou seja, dias corridos. Não é possível contar o prazo em dias úteis, conforme estipulado pela Lei da Reforma Trabalhista, pois embora as normas de natureza processual tenham aplicação imediata em relação aos processos em curso, não operam efeito retroativo, tendo em vista o princípio tempus regit actum. Sob esse fundamento, a SBDI-I, por unanimidade, conheceu do agravo interno e, no mérito, negou-lhes provimento. TST-Ag-E-ED-ED-ED-RR-62700-66.2008.5.05.0131, SBDI-I, rel. Min. Alberto Luiz Bresciani de Fontan Pereira, 8.11.2018 (TST. Info nº 186).

58. CF de 1988. Art. 22. Compete privativamente à União legislar sobre: I – direito civil, comercial, penal, **processual**, eleitoral, agrário, marítimo, aeronáutico, espacial e do trabalho. (grifou-se).

Negativa de prestação jurisdicional. Preliminar acolhida. Retorno dos autos ao Tribunal Regional. Exame dos temas remanescentes do recurso de revista anteriormente interposto, julgados prejudicados. Ratificação das razões recursais. Possibilidade. Princípio da instrumentalidade das formas.

Quando acolhida a preliminar de negativa de prestação jurisdicional, com determinação de retorno dos autos ao Regional e prejudicialidade dos temas remanescentes, pode a parte recorrente apenas ratificar as razões recursais anteriores, desde que observado o prazo recursal e não tenha havido alteração da situação jurídica. A mera reiteração das insurgências já expostas no recurso de revista é suficiente para demonstrar o interesse no julgamento do apelo quanto aos temas remanescentes, admitindo-se, portanto, a aplicação do princípio da instrumentalidade das formas, nos termos do art. 277 do CPC de 2015. Ademais, no caso concreto, o excesso de formalismo implicaria violação dos princípios do contraditório e da ampla defesa, consagrados no art. 5º, LV, da CF, além de caracterizar a insuficiente prestação jurisdicional. Sob esses fundamentos, a SBDI-I, por unanimidade, conheceu dos embargos do reclamante, por divergência jurisprudencial, e, no mérito, negou-lhes provimento. TST-E-ED-RR-241900-80.2006.5.04.0341, SBDI-I, rel. Min. José Roberto Freire Pimenta, 6.9.2018 (TST. Info nº 183).

Participação nos lucros e resultados. Arbitragem de ofertas finais. Não apresentação de propostas definitivas pelas partes. Atuação do TRT para solucionar o litígio. Impossibilidade. Extrapolação dos limites do poder normativo fixados pelos interessados.

A jurisprudência do TST, alicerçada no art. 4º, II, § 1º, da Lei nº 10.101/2000, permite à Justiça do Trabalho decidir a respeito de participação nos lucros e resultados por meio do sistema da arbitragem de ofertas finais, quando as partes assim pactuarem. Tal sistema, todavia, não comporta a atuação do TRT, ainda que com a finalidade de pacificar o conflito, pois o árbitro deve ater-se a escolher uma das ofertas definitivas apresentadas pelos demandantes. Assim, na hipótese em que a Corte Regional, ante a ausência de propostas das partes, desempenhou o papel de mediador do conflito e arbitrou valor para cada trabalhador a título de participação nos lucros e resultados, verifica-se que houve extrapolamento da expressa delimitação fixada pelos interessados para a atuação do poder normativo. Sob esse entendimento, a SDC, por unanimidade, conheceu do recurso ordinário e, no mérito, deu-lhe provimento para excluir a condenação relativa ao pagamento de participação nos lucros e resultados no valor de R$ 2.000,00 (dois mil reais) para cada trabalhador da Duratex S.A., resguardadas as situações fáticas já estabelecidas. TST-RO-5902-33.2016.5.15.0000, SDC, rel. Min. Kátia Magalhães Arruda, 11.6.2018 (TST. Info nº 180).

Prescrição. Arguição na instância ordinária. Juntada de documento pela parte contrária em sede de recurso ordinário. Comprovação da inexistência da prescrição. Possibilidade.

Se, nos termos da Súmula nº 153 do TST, é possível ao reclamado arguir a prescrição até a fase ordinária, pode o reclamante comprovar a inexistência de prescrição por meio de documento juntado a seu recurso ordinário. Diante da arguição de prescrição, deve ser garantido a outra parte o direito constitucional de se defender, ou seja, demonstrar, também na fase ordinária, a não ocorrência da prejudicial de mérito arguida. Não há falar, portanto, em juntada de documento novo, permitida pela Súmula nº 8 do TST apenas em caso de justo impedimento ou quando referente a fato posterior à sentença. Ademais, se assim não fosse, haveria privilégio à parte que tem a possibilidade de arguir, até a fase ordinária, questão meritória capaz de ensejar a extinção do processo, com apreciação de mérito, em detrimento daquela que deveria defender o próprio direito pleiteado. Com esses fundamentos, e não vislumbrando contrariedade à Súmula nº 8 do TST ou divergência específica, a SBDI-I, por maioria, não conheceu dos embargos interpostos pelo reclamado. Vencido o Ministro Brito Pereira. TST-E-RR-69000-55.1999.5.16.0001, SBDI-I, rel. Min. Luiz Philippe Vieira de Mello Filho, 13.11.2014 (TST. Info nº 95).

Prevenção. Caracterização. Existência de julgamento anterior por Turma diversa. Art. 98 e seguintes do RITST. Observância do princípio do juiz natural. Art. 5º, XXXVII e LIII da CF.

Segundo inteligência dos arts. 98 e seguintes do RITST, a Turma do TST que conhecer do feito ou de algum incidente terá jurisdição preventa para o julgamento de todos os recursos posteriores interpostos no mesmo processo. Assim, a 8ª Turma, ao julgar o agravo de instrumento e, consequentemente, o

recurso de revista do reclamado, deixou de observar a prevenção da 1ª Turma desta Corte – que já havia examinado o processo em duas oportunidades anteriores –, contrariando, portanto, a previsão do RITST e afrontando o princípio constitucional do juiz natural, inserto nos incisos XXXVII e LIII, do art. 5º, da CF. Com esse entendimento, a SBDI-I decidiu conhecer dos embargos do sindicato reclamante, por divergência jurisprudencial, e, no mérito, por maioria, dar-lhe provimento para, em face da incompetência da 8ª Turma do TST para julgar o agravo de instrumento e o recurso de revista do banco reclamado, anular a decisão proferida pelo referido órgão fracionário, determinando o encaminhamento dos autos à 1ª Turma desta Corte, preventa para o julgamento do feito, a fim de que aprecie o apelo interposto, como entender de direito. Vencidos os Ministros Brito Pereira, Aloysio Corrêa da Veiga, Dora Maria da Costa, Augusto César Leite de Carvalho e Alexandre de Souza Agra Belmonte. TST-E-ED-RR-11140-45.2005.04.0252, SBDI-I, rel. Min. Ives Gandra da Silva Martins Filho, 3.10.2013 (TST. Info nº 61).

9. QUADRO SINÓPTICO

Capítulo I – Introdução ao Direito Processual do Trabalho		
Instituto	**Conteúdo**	**Item**
Conceito	É o conjunto de regras e princípios que regulam a atividade de todos aqueles que participam de uma relação jurídico-processual específica, com o objetivo de prestar a tutela jurisdicional com a aplicação, ao caso concreto, das normas de Direito material trabalhista.	1.2
	Princípios do processo do trabalho	
Protetivo *versus* isonomia	O processo do trabalho é norteado por instrumentos que facilitam o acesso à justiça ao empregado de forma mais ampla do que aquele desfrutado pelo empregador, justamente por conta da, em regra, hipossuficiência do primeiro, o que implica o reconhecimento da regra do tratamento igual para os iguais e do tratamento desigual, para os desiguais.	4.1 "a"
Devido processo legal	O princípio do devido processo legal (*due process of law*) – que envolve os princípios do contraditório, do juiz natural, da motivação das decisões judiciais e da inafastabilidade do controle jurisdicional – é aplicável a qualquer espécie de processo, seja ele penal, civil, trabalhista etc., pois é acolhido por preceito constitucional. Tem como objetivo fundamental obstar a prática de procedimentos arbitrários pelo próprio Estado, que se encontra em posição de superioridade em relação aos seus súditos (autor e réu), no exercício do poder da jurisdição.	
Contraditório e ampla defesa	O Direito Processual Trabalhista, norteado pelo princípio da igualdade, garante àquele contra quem foi proposta uma demanda, individual ou coletiva, o direito de pronunciar-se antes que o juiz profira uma decisão interlocutória, uma sentença terminativa ou definitiva (contraditório). A ampla defesa consiste no direito que a parte tem de utilizar de todos os meios necessários para demonstrar a sua versão do fato, seja em relação ao juiz que primeiro examina a demanda, por meio das provas, seja pela possibilidade de reexame da primeira decisão, por meio dos recursos.	4.1 "b"
Inafastabilidade do controle jurisdicional	Por aplicação desse princípio, veda-se a prática de qualquer ato normativo, judicial, administrativo ou contratual que impeça o exercício do direito de ação, necessário ao controle jurisdicional dos atos jurídicos, consagrado pelo art. 5º XXXV da Carta Maior de 1988.	
Juiz natural	Antes de ocorrer o fato que origina a demanda, já existe um juiz ou tribunal para o qual foi atribuída a competência para dirimir essa espécie de litígio.	4.1 "b"
Motivação das decisões judiciais	O juiz é livre para decidir sem apego a qualquer hierarquia quanto aos meios de provas. Entretanto, deve deixar expresso, na sentença, como formou o seu convencimento.	

Capítulo I – Introdução ao Direito Processual do Trabalho			
Princípios do Direito Processual do Trabalho	**Conciliação**	O processo do trabalho é norteado pelo princípio da conciliação, ou seja, a qualquer momento e em qualquer grau de jurisdição deve ser incentivada a solução dos conflitos por meio da composição mediada pelo magistrado. Entretanto, não se aplica ao Processo do Trabalho o art. 165 do CPC, salvo nos conflitos coletivos de natureza econômica (art. 14 da IN nº 39/16 do TST).	4.2 "a"
	Imediatidade	O juiz deve se aproximar das partes e dos meios de provas por elas produzidos, a fim de que consiga extrair, pela sua percepção imediata, a verdade dos fatos alegados e, consequentemente, facilitar o julgamento.	4.2 "b"
	Oralidade	A oralidade é a tônica do processo do trabalho. Está presente em várias fases e atos processuais, mormente no que diz respeito à possibilidade de: apresentação da reclamação trabalhista de forma verbal; defesa oral em vinte minutos; e razões finais orais em dez minutos.	4.2 "c"
	Publicidade	Os atos processuais serão públicos, salvo quando o contrário determinar o interesse social, e realizar-se-ão nos dias úteis das 6 às 20 horas (art. 770 da CLT) nos autos de processos físicos. Nos autos de processos eletrônicos, não há limitação de horário.	4.2 "d"
	Concentração	Na medida do possível, os atos processuais devem se concentrar em um único momento ou ato-complexo, qual seja, durante a audiência. E a previsão da legislação trabalhista é nesse sentido, quando prevê a possibilidade das três fases do processo (postulatória, instrutória e decisória) acontecerem sucessivamente e sem solução de continuidade durante a sessão de audiência.	4.2 "e"
	Celeridade	O detentor do direito subjetivo lesado tem interesse no retorno do *status quo ante* no menor espaço de tempo possível, por intermédio da entrega da prestação jurisdicional. A intensidade do princípio da celeridade é maior no processo do trabalho, uma vez que o trabalhador tem, na maioria das vezes, o salário como fonte única do seu sustento e de sua família.	4.2 "g"
	Ultrapetição	Em alguns casos expressamente previstos em lei, o juiz pode solucionar a lide de uma forma que não foi proposta pelo autor da demanda. O exemplo clássico repousa na faculdade que o magistrado trabalhista tem de converter o pedido de reintegração de empregado estável em indenização compensatória, conforme previsão constante no art. 496 da Consolidação das Leis do Trabalho.	4.2 "h"
	Impulso oficial	O juiz depende da provocação das partes para instaurar o processo (*ne procedat iudex ex officio*), mas, em alguns casos, pode impulsioná-lo de ofício. A Lei nº 5.584/70, que dispõe sobre normas de Direito Processual do Trabalho, em seu art. 4º, preceitua que nos dissídios de alçada exclusiva das Juntas (hoje Vara do Trabalho) e naqueles em que os empregados ou empregadores reclamarem pessoalmente (no exercício do *ius postulandi*), o processo pode ser impulsionado de ofício pelo juiz. Outro exemplo é a obrigação do Juiz do Trabalho executar, de ofício, as contribuições previdenciárias decorrentes das sentenças que proferir.	4.2 "i"

<table>
<tr><th colspan="4">Capítulo I – Introdução ao Direito Processual do Trabalho</th></tr>
<tr><td rowspan="6">Princípios do Direito Processual do Trabalho</td><td>Duplo grau de jurisdição</td><td>A Constituição Federal de 1988 não dispõe, expressamente, sobre esse princípio ou esse direito. Apenas menciona a existência de um poder judiciário hierarquizado, o que para uns, induz a declaração implícita de um duplo grau de jurisdição. No processo do trabalho, as sentenças proferidas em processos cujo valor atribuído à causa não supere dois salários mínimos são irrecorríveis, salvo se ofenderem algum dispositivo constitucional.</td><td>4.2 “j”</td></tr>
<tr><td>Lealdade processual</td><td>As leis processuais criam deveres para as partes e para seus procuradores, bem como para aqueles que, de qualquer forma, participem do processo. As partes que obedecem ao comando legal litigam com lealdade e boa fé, para atenderem ao princípio que leva a mesma denominação.
Já a litigância de má-fé manifesta-se pela prática de determinado ato pelas partes, em flagrante desrespeito às obrigações instituídas pela regra processual, tendo como consequência a produção de um dano processual à parte contrária ou ao Estado.</td><td>4.2 “k”</td></tr>
<tr><td>Jurisdição normativa</td><td>A peculiaridade no processo do trabalho reside na possibilidade de um órgão jurisdicional criar uma norma genérica e abstrata, por meio de uma sentença normativa, que se incorpora, automaticamente, aos contratos de trabalho dos integrantes da categoria econômica e profissional em litígio. A EC nº 45 de 2004 alterou a redação do art. 114, § 2º, da Carta Maior de 1988 para limitar o exercício desse direito de ação, no sentido de admiti-lo somente quando as partes, de comum acordo, provocarem o Poder Judiciário Trabalhista.</td><td>4.2 “l”</td></tr>
<tr><td>Informalidade</td><td>É representado pela existência de uma carga menor de requisitos de validade de um ato processual ou mesmo a possibilidade de convalidação de um ato defeituoso, desde que não prejudique as partes e que sejam atingidos os objetivos fixados na lei.</td><td>4.2 “m”</td></tr>
<tr><td>Eventualidade</td><td>Por esse princípio, a parte, que tem o ônus de defender-se, deve utilizar de todos os argumentos possíveis, sucessivamente, de forma que, se o juiz não acolher sua pretensão pelo primeiro fundamento passe a analisar, automaticamente, os subsequentes.</td><td>4.2 “n”</td></tr>
<tr><td>Concisão</td><td>As partes e até mesmo o julgador devem evitar a prolixidade e buscar ser breve em suas manifestações orais e principalmente escritas.</td><td>4.2 “o”</td></tr>
<tr><td>Natureza jurídica do Direito Processual do Trabalho</td><td colspan="2">O Direito Processual do Trabalho é um ramo do Direito Público, seja pela presença de um número considerável de normas de ordem pública, seja porque cuida das relações existentes entre particulares e o Estado investido do ius imperii.</td><td>5</td></tr>
<tr><td>Fontes formais</td><td colspan="2">Constituição, leis, decretos, portarias, atos normativos dos Tribunais e Juízes e costume.</td><td>6</td></tr>
<tr><th colspan="4">Aplicação das normas processuais trabalhistas</th></tr>
<tr><td>Interpretação</td><td colspan="2">A interpretação das normas processuais trabalhistas segue as mesmas regras relativas às do processo civil, com algumas peculiaridades, considerado o seu caráter instrumental, ou seja, de realização do Direito material do trabalho.</td><td>7.1</td></tr>
</table>

Capítulo I – Introdução ao Direito Processual do Trabalho		
Aplicação	Em face da generalidade e abstratividade da norma processual, é necessário utilizar o procedimento da aplicação do Direito para adaptá-la a uma demanda concreta.	7.2
Integração	As autoridades administrativas e a Justiça do Trabalho, na falta de disposições legais ou contratuais, decidirão, conforme o caso, pela jurisprudência, por analogia, por equidade e outros princípios e normas gerais de direito, principalmente do direito do trabalho e, ainda, de acordo com os usos e costumes, o direito comparado, mas sempre de maneira que nenhum interesse de classe ou particular prevaleça sobre o interesse público (art. 8º da CLT).	7.3
Vigência no tempo	As normas processuais, assim como as demais regras jurídicas, passam a vigorar quarenta e cinco dias após a sua publicação, salvo se houver disposição expressa em sentido contrário, na forma do disposto no art. 1º da LIDB.	7.4
Vigência no espaço	A competência para legislar sobre o Direito Processual, inclusive de normas de processo do trabalho, é exclusiva da União, conforme disposto no art. 22, I, da CF de 1988. As normas processuais trabalhistas vigem em todo o território nacional, por intermédio da aplicação do quanto disposto no art. 1º do CPC.	7.6

10. QUESTÕES

10.1. Questões objetivas

01. (Magistratura do Trabalho. 8ª R. 2009. ADAPTADA) As ações ajuizadas na Justiça do Trabalho tramitarão pelo rito ordinário ou sumaríssimo, conforme previsto na Consolidação das Leis do Trabalho, excepcionando-se, apenas, as que, por disciplina legal expressa, estejam sujeitas a rito especial, tais como o Mandado de Segurança, *Habeas Corpus*, *Habeas Data*, Ação Rescisória, Ação Cautelar e Ação de Consignação em Pagamento.

02. (FCC – 2012 – TRT – 11ª Região (AM) – Juiz do Trabalho) No que diz respeito aos princípios no Direito Processual do Trabalho, é correto afirmar:

a) A Consolidação das Leis do Trabalho é norma lacunosa em relação ao princípio da probidade no processo do trabalho, razão pela qual é incompatível a sua aplicação.

b) A Consolidação das Leis do Trabalho encerra algumas hipóteses que operacionalizam o princípio inquisitivo no direito processual do trabalho.

c) O princípio dispositivo, também chamado princípio da demanda ou da inércia da jurisdição, não tem aplicação no processo do trabalho.

d) O princípio da instrumentalidade é aquele segundo o qual, quando a lei prescrever ao ato determinada forma, cominando nulidade, o juiz considerará válido o ato se, realizado de outro modo, alcançar a finalidade, de modo que não é aplicável ao processo do trabalho.

e) O princípio da concentração decorre da aplicação conjunta de vários princípios procedimentais destinados a regulamentar e orientar a apuração de provas e a decisão judicial em uma única audiência, e se aplica ao direito processual do trabalho, apesar da disposição prevista na Consolidação das Leis do Trabalho ter sido revogada.

03. (FCC – 2012 – TST – Analista Judiciário – Área Judiciária – ADAPTADA) Nos casos omissos, o direito processual comum será fonte subsidiária do direito processual do trabalho, exceto naquilo em que for incompatível com as normas do Processo Judiciário do Trabalho previstas na CLT.

04. (INCADE – Advogado/2011) Mirto, juiz de direito, indignado com determinadas situações que estão ocorrendo na empresa Z, gostaria de instaurar reclamação plúrima trabalhista. Porém, há um princípio que impede que o magistrado instaure de ofício o processo trabalhista. Trata-se especificamente do princípio

a) da imparcialidade do juiz.

b) do devido processo legal.

c) do contraditório.

d) dispositivo.

e) inquisitório.

05. (TRT 14ª R. Técnico judiciário/área administrativa/2011) De acordo com a Consolidação das Leis do Trabalho, o Direito Processual Comum é fonte do Direito Processual do Trabalho. Neste caso, está sendo aplicado especificamente o princípio

a) da informalidade.

b) da celeridade.

c) da simplicidade.

d) da subsidiariedade.

e) do protecionismo ao trabalhador.

06. (TRT 24ª. Técnico judiciário /área administrativa/2011) De acordo com a Consolidação das Leis do Trabalho, os Juízos e Tribunais do Trabalho terão ampla liberdade na direção do processo e velarão pelo andamento rápido das causas, podendo determinar qualquer diligência necessária ao esclarecimento delas. Este dispositivo retrata especificamente o princípio

a) da instrumentalidade.

b) dispositivo.

c) da estabilidade da lide.

d) inquisitivo.

e) da *perpetuatio jurisdictionis.*

07. (FCC – 2012 – TST – Analista Judiciário – Área Judiciária – ADAPTADA) Os atos processuais serão públicos salvo quando o contrário determinar o interesse social, e realizar-se-ão nos dias úteis das 8 às 20 horas.

08. (MPT – Procurador do Trabalho/2009) É certo afirmar que ao se aplicar o princípio da utilidade aproveitam-se os atos válidos praticados no processo, eis que a nulidade do ato não prejudicará senão os posteriores que dele dependam ou sejam consequência.

09. (FCC – Analista Judiciário – Área Judiciária – TRT 4/2015) A empresa Sinais dos Tempos, na qualidade de reclamada em dissídio individual trabalhista, pretende utilizar em sua defesa um instituto jurídico previsto apenas na legislação processual civil. Tal situação

a) será sempre possível tão somente diante da lacuna da legislação processual trabalhista.

b) não será possível em nenhuma hipótese diante da inflexibilidade das normas processuais trabalhistas.

c) será possível apenas em caso de expressa concordância da parte contrária.

d) será possível somente se fosse utilizada pelo empregado em razão do princípio da norma mais favorável ao trabalhador.

e) será possível nos casos omissos, em que o direito processual comum será fonte subsidiária do direito processual do trabalho, exceto naquilo em que for incompatível com as normas do sistema trabalhista.

10. (Cespe – Técnico Judiciário – Área Administrativa – TRT 8/2016) Assinale a opção correta a respeito dos princípios gerais do processo trabalhista.

a) Dado o princípio da oralidade aplicável ao processo laboral, o juiz deverá propor a conciliação antes da abertura da audiência.

b) O devido processo legal é princípio aplicável ao processo trabalhista e garante a celeridade no andamento do processo.

c) Configura hipótese de aplicação do princípio da proteção no processo do trabalho a regra de que o não comparecimento do reclamante à audiência importa no arquivamento da reclamação.

d) Caracteriza o princípio da simplificação de procedimentos a norma que permite aos empregadores reclamar pessoalmente perante a justiça do trabalho e acompanhar as suas reclamações durante todo o processo, inclusive interpor recursos no Tribunal Superior do Trabalho (TST), independentemente de advogado.

e) Decorre do princípio da adstrição ou congruência, aplicável ao processo do trabalho, o fato de o juiz poder determinar o pagamento de indenização a empregado estável que tiver pedido apenas reintegração, se houver incompatibilidade de retorno ao serviço.

11. (FCC – Procurador do Estado – MT/2016) No estudo da Teoria Geral do Direito Processual do Trabalho com enfoque nos princípios, fontes, hermenêutica e nos métodos de solução dos conflitos trabalhistas,

a) a autocomposição é uma técnica de solução dos conflitos que consiste na solução direta entre os litigantes diante da imposição de interesses de um sobre o outro, sendo exemplos desta modalidade permitida pela legislação que regula a ordem trabalhista a greve, o locaute, o poder disciplinar do empregador e a autotutela sindical.

b) por força do princípio da subsidiariedade previsto expressamente no texto consolidado, o direito processual comum será aplicado na Justiça do Trabalho exclusivamente pelo critério da omissão da lei processual trabalhista.

c) os dissídios individuais ou coletivos submetidos à apreciação da Justiça do Trabalho serão sempre sujeitos à conciliação e, não havendo acordo, o juízo conciliatório converter-se-á, obrigatoriamente, em arbitral; sendo lícito às partes celebrar acordo que ponha termo ao processo, mesmo depois de encerrado o juízo conciliatório.

d) os costumes, a jurisprudência, a analogia e a autonomia privada coletiva são consideradas fontes materiais do direito processual do trabalho, conforme previsão expressa contida na Consolidação das Leis do Trabalho.

e) os princípios da irrecorribilidade das decisões interlocutórias e da execução *ex officio* das sentenças se restringem aos processos que tramitam pelo rito sumaríssimo na Justiça do Trabalho.

12. (Vunesp – Procurador Jurídico – Pref. de Bauru – SP/2018) Em conformidade com o texto expresso na Consolidação das Leis do Trabalho (CLT), é correto afirmar que

a) a compensação, ou retenção, poderá ser arguida em qualquer momento processual.

b) os Juízos e Tribunais do Trabalho terão ampla liberdade na direção do processo e velarão pelo andamento rápido das causas, podendo determinar qualquer diligência necessária ao esclarecimento delas.

c) é ilícito às partes celebrar acordo que ponha termo ao processo, antes de encerrado o juízo conciliatório.

d) não havendo acordo, é facultado ao juiz converter o processo em juízo arbitral.

e) o direito processual comum não será fonte subsidiária do direito processual do trabalho.

13. (FCC – Técnico Judiciário – Área Administrativa – TRT 6/2018) O advogado Hermes pretende utilizar uma medida processual que não está prevista na Consolidação das Leis do Trabalho para defender os interesses da empresa reclamada em uma reclamação trabalhista. Nessa situação,

a) não poderá utilizar desta medida porque a Consolidação das Leis do Trabalho apresenta todas as regras do processo do trabalho.

b) somente poderia se valer de medida processual estranha à Consolidação das Leis do Trabalho se estivesse na defesa dos interesses do empregado, em face do princípio da proteção ao trabalhador.

c) poderia utilizar de medida processual prevista no Código de Processo Civil apenas na fase de execução da sentença, porque na fase de conhecimento deve se valer apenas das regras contidas na lei processual trabalhista.
d) nos casos omissos, o direito processual comum será fonte subsidiária do direito processual do trabalho, exceto naquilo em que for incompatível com as normas do processo judiciário do trabalho.
e) poderá utilizar de qualquer regra do direito processual comum, porque este tem preferência em sua aplicação sobre as normas processuais trabalhistas, por serem normas de maior amplitude.

14. (FCC – Procurador do Estado – TO/2018) O princípio da oralidade é próprio do Direito Processual Civil, embora no Processo do Trabalho ele tenha maior destaque. A doutrina NÃO considera subprincípio derivado da oralidade o princípio da

a) identidade física do juiz.
b) concentração dos atos processuais em audiência.
c) perpetuatio jurisdictionis.
d) imediatidade do juiz na colheita da prova.
e) irrecorribilidade das decisões interlocutórias.

10.2. Questões discursivas

1. (TRT18 – Juiz do Trabalho – 2012) À luz da equidade (julgamento equânime), é permitido ao Juiz do Trabalho deixar de aplicar o direito legislado literalmente e dar a solução que lhe pareça mais justa e condizente com os fins sociais a que a lei se dirige e às exigências do bem com um, por exemplo, em circunstâncias específicas, absolvendo um empregador hipossuficiente, em face de um empregado técnico de alto nível de formação profissional?

2. (TRT2 – Juiz do Trabalho – 2016) Precedente, jurisprudência e enunciado de Súmula. Conceitos, utilidades e diferenças. Análise científica e crítica para o sistema processual.

11. GABARITO

11.1. Gabarito das questões objetivas

Gab.		Fundamentação legal e jurisprudencial	Tópico do livro	Obs. eventual
1	C	TST. Instrução Normativa nº 27/05. Art. 1º	Item 1.2	
2	B	a) Não há previsão legal, mas aplica-se subsidiariamente o princípio da probidade no processo laboral	a) Item 4.2	
		b) CLT. Art. 765	b) Item 4.2, alínea "g"	
		c) Doutrina	c) Item 4.2, alínea "i"	
		d) CLT. Art. 794	d) Item 4.2, alínea "n"	
		e) CLT. Art. 852-C	e) Item 4.2, alínea "e"	
3	C	CLT. Art. 769	Item 6.2	–

Gab.		Fundamentação legal e jurisprudencial	Tópico do livro	Obs. eventual
4	D	Sem previsão legal	Item 4.2, alínea "i"	–
5	D	CLT. Art. 769	Item 6.2	–
6	D	CLT. Art. 765	Item 4.2, alínea "g"	–
7	C	CLT. Art. 770, *caput*	Item 4.2, alínea "d"	–
8	C	CLT. Art. 798	Item 4.2, alínea "n"	–
9	E	a) CLT. Art. 769	a) Item 3.1	
		b) CLT. Art. 769	b) Item 3.1	
		c) CLT. Art. 769	c) Item 3.1	
		d) CLT. Art. 769	d) Item 3.1	
		e) CLT. Art. 769	e) Item 3.1	
10	C	a) CLT. Arts. 764 e 852-E	a) Item 4.2, alínea "a"	
		b) CLT. Art. 765	b) Item 4.2, alínea "g"	
		c) CLT. Art. 844, *caput*	c) Item 4.1, alínea "a"	
		d) TST. Súmula nº 425	d) Parte I, Capítulo III, Item 3.1	
		e) TST. Súmula nº 396, II	e) Parte II, Capítulo VII, Item 6.3	
11	C	a) CF. Art. 114, § 2º	a) Item 1.6	
		b) Art. 769	b) Item 6.2	
		c) CLT. Art. 764, § 2º e § 3º	c) Item 4.2, alínea "a"	
		d) CLT. Art. 8º, *caput*	d) Item 7.2	
		e) CLT. Art. 893, § 1º	e) Parte III, Capítulo II, Item 3.4	
12	B	a) CLT. Art. 767	a) Parte II, Capítulo II, Item 7.1	
		b) CLT. Art. 765	b) Item 4.2, "g"	
		c) CLT. Art. 764 § 3º	c) Item 4.2, "a"	
		d) CLT. Art. 764 § 2º	d) Item 4.2, "a"	
		e) CLT. Art. 769	e) Item 3.1	
13	D	a) CLT. Art. 769	a) Item 3.1	
		b) CLT. Art. 769	b) Item 3.1	
		c) CLT. Art. 769	c) Item 3.1	
		d) CLT. Art. 769	d) Item 3.1	
		e) CLT. Art. 769	e) Item 3.1	
14	C	a) Doutrina	a) Item 4.2. alínea "c"	
		b) Doutrina	b) Item 4.2. alínea "c"	
		c) Doutrina	c) Item 4.2. alínea "c"	
		d) Doutrina	d) Item 4.2. alínea "c"	
		e) Doutrina	e) Item 4.2. alínea "c"	

11.2. Gabarito das questões discursivas

Item	Fundamentação legal, jurisprudencial ou doutrinária	Onde encontro no livro
1	O ordenamento jurídico brasileiro, inclusive o trabalhista, é eminentemente positivista. Assim, o uso da equidade, pelo juiz, só é permitido quando a lei é omissa. Segundo seus defensores, o positivismo jurídico confere mais segurança ao jurisdicionado, diante da maior previsibilidade das consequências pela inobservância das regras jurídicas. Por outro lado, esse mesmo positivismo jurídico limita a liberdade de julgamento do magistrado. O art. 8º da CLT estabelece que em caso de omissão o juiz pode recorrer a outros meios de integração das lacunas legais, inclusive com o uso da equidade. Já o CPC de 2015, no art. 140, parágrafo único, determina que o juiz só use a equidade nos casos expressamente previstos em lei. Além de sua função integrativa, entende-se que a equidade consiste na disposição de agir com justiça. É saber a justa medida de todas as coisas. Dessa forma, a equidade guarda estreita relação com o sentimento de justiça e depende de um critério subjetivo para a sua aplicação, mas que tem como escopo principal abrandar o rigor e formalismo da lei. Usada nesse sentido, a equidade poderia ser utilizada no caso citado pela pergunta, mas não de forma a absolver o empregador, mas sim com o efeito de amoldar a aplicação da norma ao caso concreto. Inclusive essa orientação está contida no art. 852-I , § 1º da CLT, que trata do rito sumaríssimo, mas que pode ser aplicada também nas demandas sujeita ao rito ordinário: "art. 852-I. § 1º: O juízo adotará em cada caso a decisão que reputar mais justa e equânime, atendendo aos fins sociais da lei e as exigências do bem comum".	Item 4.1
2	**Precedente**: consiste em uma decisão específica na qual se adota uma tese jurídica (*ratio decidendi*) sobre uma questão de direito e, de certa forma, pode vincular ou direcionar a atividade do julgador em demandas futuras. Em sentido estrito, precedente seria a própria tese jurídica (*ratio decidendi*) na qual se funda uma decisão. Lato senso, o precedente judicial é composto da tese jurídica (*ratio decidendi*) e da situação fática na qual se embasa o litígio. O precedente judicial sempre decorre da aplicação da norma geral a um caso concreto posto para julgamento. Entretanto, nem precedente vincula, mas somente aqueles contidos nas seguintes decisões (art. 15, I, da Instrução Normativa nº 39/16 do TST): Inclusive o art. 15, I, da Instrução Normativa nº 39/16 do TST considera como precedente apenas: a) acórdão proferido pelo Supremo Tribunal Federal ou pelo Tribunal Superior do Trabalho em julgamento de recursos repetitivos (CLT, art. 896-B; CPC, art. 1046, § 4º); b) entendimento firmado em incidente de resolução de demandas repetitivas ou de assunção de competência; c) decisão do Supremo Tribunal Federal em controle concentrado de constitucionalidade; d) tese jurídica prevalecente em Tribunal Regional do Trabalho e não conflitante com súmula ou orientação jurisprudencial do Tribunal Superior do Trabalho (CLT, art. 896, § 6º); e) decisão do plenário, do órgão especial ou de seção especializada competente para uniformizar a jurisprudência do tribunal a que o juiz estiver vinculado ou do Tribunal Superior do Trabalho. **Jurisprudência**: é reunião de decisões que se pronunciam em um determinado sentido (precedentes), que pode ser notória, reiterativa ou dominante quando boa parte das decisões que a compõem adota o idêntico entendimento. **Súmula**: representa o resumo da jurisprudência, quando as questões muito debatidas já se encontram, de certa forma, pacificadas. Para cada assunto, o Tribunal cria um texto, denominado de extrato normativo, que representa o seu posicionamento sobre determinada matéria, denominado de enunciado ou ementa de súmula. Inclusive, o art. 926, § 2º do CPC de 2015 determina que os Tribunais, ao editar enunciados de súmula, devem ater-se às circunstâncias fáticas dos precedentes que motivaram sua criação. **Semelhanças**: A jurisprudência, a súmula e o precedente judicial são produzidos exclusivamente por órgãos colegiados do Poder judiciário.	Item 6.6

Item	Fundamentação legal, jurisprudencial ou doutrinária	Onde encontro no livro
2	**Diferenças:** O precedente sempre decorre de um caso concreto posto para decisão, enquanto que a jurisprudência corresponde a um conjunto de decisões. Já a súmula não tem vinculação direta com qualquer decisão, destacando-se pela sua natureza abstrata. **Utilidade**: Constitui um dos requisitos de admissibilidade do recurso de revista a circunstância da decisão do Tribunal Regional conferir interpretação diversa daquela que consta da Súmula de jurisprudência uniforme do Tribunal Superior do Trabalho, conforme preleciona o art. 896, "a", da Consolidação das Leis do Trabalho.	Item 6.6

CAPÍTULO II

JURISDIÇÃO E AÇÃO TRABALHISTA

SUMÁRIO • 1. Formas de solução dos conflitos trabalhistas: 1.1. Autotutela; 1.2. Autocomposição; 1.3. Arbitragem; 1.4. Mediação; 1.5. Comissões de conciliação prévia; 1.6. Jurisdição: A. Conceito; B. Características e princípios; C. Jurisdição contenciosa e voluntária – 2. Organização da Justiça do Trabalho: 2.1. Tribunal Superior do Trabalho: A. ENAMAT; B. Conselho Superior da Justiça do Trabalho; C. Conselho Nacional de Justiça. 2.2. Tribunais Regionais do Trabalho; 2.3. Varas do Trabalho; 2.4. Juiz do trabalho: A. Investidura na primeira instância; B. Concurso público; C. Juiz Titular de Vara do Trabalho; D. Desembargadores dos Tribunais Regionais do Trabalho; E. Ministros do TST; F. Garantias dos magistrados; G. Prerrogativas; H. Deveres; I. Proibições; J. Impedimento e suspeição do juiz; 2.5. Ministério Público do Trabalho: A. Organização; B. Atribuições; C. Prerrogativas; D. Conselho Nacional do Ministério Público e Conselho Superior do Ministério Público do Trabalho. 2.6. Juízes de Direito; 2.7. Serviços Auxiliares da Justiça do Trabalho: A. Secretarias das Varas do Trabalho; B. Secretaria dos Tribunais; C. Serviço de distribuição de feitos; D. Oficiais de Justiça Avaliadores; E. Órgãos auxiliares eventuais – 3. Competência: 3.1. Competência internacional; 3.2. Competência absoluta: A. Competência em razão da matéria; B. Competência funcional; 3.3. Competência relativa: A. Competência em razão do lugar; B. Competência em razão do valor da causa; C. Modificação da competência; 3.4. Competência normativa; 3.5. Conflito de competência – 4. A ação trabalhista: 4.1. Conceito e natureza jurídica; 4.2. Condições da ação trabalhista; 4.3. Classificação das ações trabalhistas: A. Reclamação meramente declaratória; B. Reclamação condenatória; C. Reclamação constitutiva; D. Reclamação executiva *lato sensu*; E. Reclamação mandamental – 5. Principais diferenças entre o processo civil e o processo do trabalho – 6. Informativos do TST sobre a matéria – 7. Quadro sinóptico – 8. Questões: 8.1. Questões objetivas; 8.2. Questões discursivas. 9. Gabarito: 9.1. Gabarito das questões objetivas; 9.2. Gabarito das questões discursivas.

1. FORMAS DE SOLUÇÃO DOS CONFLITOS TRABALHISTAS

Os conflitos que surgem em decorrência da incidência de uma norma pré-estabelecida pelo Direito material em cada caso concreto, podem ser solucionados por diversos métodos.

As formas de resolver tais conflitos integram dois grandes grupos, denominados de **meios autônomos ou heterônomos** de solução de conflitos. No primeiro caso, os próprios interessados extinguem o dissenso. No segundo, cabe a um terceiro ofertar uma sugestão ou solucionar, diretamente, o conflito de interesses.

Visto sob outro ângulo, os meios de solução de conflitos podem ser classificados, também, em **adversariais e não adversariais**. No primeiro grupo estaria incluída a jurisdição, que é caracterizada pela presença de sujeitos com interesses opostos e, portanto, **adversários** na batalha judicial. Já no segundo grupo, situam-se os demais, como a mediação e a conciliação, também denominados de meios alternativos de solução de conflitos, nos quais se busca a pacificação social por meio da negociação e não da imposição.

Inclusive, como forma de estabelecer um critério de igualdade entre todos essas possibilidades, é preferível utilizar a expressão "meios adequados de solução de conflitos" ao invés de "meios alternativos de solução de conflitos".

1.1. Autotutela

Na antiguidade, bem como nas sociedades primitivas, predominava o princípio da **vingança privada**, pelo qual o ofendido, com os seus próprios esforços, fazia prevalecer o seu interesse ao impor a sua vontade sobre a pessoa com quem estivesse em conflito. Tal procedimento representava a forma de solução de conflito denominado de autotutela.

As sociedades modernas, nas quais prevalece o Estado democrático de direito, vedam, em regra, a prática da defesa do direito pelo próprio interessado, que constitui uma espécie autônoma de solução de conflitos.

No Brasil, por exemplo, se alguém tenta impor a sua vontade que se encontra em conflito com o interesse de outra pessoa, sua ação é enquadrada como crime de exercício arbitrário das próprias razões, tipificado pelo Código Penal, art. 345:

> **Exercício arbitrário das próprias razões**
>
> **Art. 345**. Fazer justiça pelas próprias mãos, para satisfazer pretensão, embora legítima, salvo quando a lei o permite: Pena – detenção, de 15 (quinze) dias a 1 (um) mês, ou multa, além da pena correspondente à violência.

Excepcionalmente, admite-se a autotutela, na hipótese do **desforço imediato, do direito de retenção, do desconto no salário decorrente de prejuízo** etc.

O Direito Coletivo do trabalho agasalha uma espécie de autotutela, muito conhecida pela denominação de **greve**. Com o uso desse instrumento, os trabalhadores, por meio de uma manifestação conjunta no sentido de paralisar as atividades da empresa, pressionam os empregadores a aceitarem sua proposta de melhoria nas condições de trabalho.

1.2. Autocomposição

Na autocomposição, as próprias pessoas que estão em conflito chegam a uma solução **sem a necessidade de intervenção de um terceiro**, por intermédio de um processo de negociação pelo qual cada participante despoja-se de uma parcela do seu direito.

No ordenamento jurídico brasileiro, a solução de um conflito individual decorrente de uma relação de emprego com a utilização do método da autocomposição extrajudicial sem intervenção posterior do Poder Judiciário só é possível quando se tratar de **empregado hipersuficiente** ou quando o vínculo empregatício do trabalhador hipossuficiente já tenha sido dissolvido.[1]

O óbice reside nos efeitos do princípio protetivo do direito laboral. Com efeito, o empregador pode, antes ou durante a execução do contrato de trabalho, exercer o seu poder diretivo sobre o trabalhador hipossuficiente e obrigá-lo, direta ou indiretamente, a escolher essa forma de solução de conflitos, sem que essa opção represente a verdadeira vontade do obreiro.

1. Ainda assim, a aceitação da validade do instrumento que põe fim ao conflito é visto com bastante reserva, uma vez que a quitação pode ter sido obtida pelo empregador em plena vigência do pacto laboral, para ser utilizado, de forma abusiva, após a extinção do referido contrato.

Em relação ao **trabalhador hipersuficiente**, apesar da omissão específica da CLT mesmo após a implementação da Reforma Trabalhista, admite-se a autocomposição **desde que não implique renuncia ou transação aos direitos descritos no art. 611-B da CLT**, que basicamente são aqueles listados no art. 7º da Constituição Federal de 1988.

É possível também chegar a uma autocomposição na seara trabalhista e submetê-la a homologação do Poder Judiciário para produzir efeitos pretendidos pelos interessados, na forma prevista pelo art. 855-B da CLT, introduzido pela Lei nº 13.467/17: "O processo de homologação de acordo extrajudicial terá início por petição conjunta, sendo obrigatória a representação das partes por advogado".

Ressalte-se, por fim, que a Constituição Federal de 1988 prevê, expressamente, o recurso à autocomposição **para solucionar os conflitos coletivos**. Inclusive, esse procedimento prévio constitui pressuposto processual para o conhecimento da ação de dissídio coletivo.[2]

1.3. Arbitragem

A arbitragem é o meio de solução de conflitos pelo qual os interessados **atribuem a um terceiro** a tarefa de pôr fim ao dissídio, de forma prévia ou após a sua instalação, além de **obrigarem-se a cumprir o que ficar decidido no laudo arbitral**.

A arbitragem sempre teve previsão no ordenamento jurídico nacional. Todavia, somente com o advento da Lei nº 9.307/96, posteriormente modificada pela Lei nº 13.129/15, foi que houve uma maior publicidade e incentivo para a sua adoção.

QUADRO COMPARATIVO – ARBITRAGEM		
CPC DE 1973	**CPC DE 2015**	**CLT**
Art. 86. As causas cíveis serão processadas e decididas, ou simplesmente decididas, pelos órgãos jurisdicionais, nos limites de sua competência, ressalvadas às partes a faculdade de instituírem juízo arbitral.	**Art. 42.** As causas cíveis serão processadas e decididas pelos órgãos jurisdicionais nos limites de sua competência, ressalvada às partes a faculdade de instituir juízo arbitral, **na forma da lei.**	**Art. 507-A.** Nos contratos individuais de trabalho cuja remuneração seja superior a duas vezes o limite máximo estabelecido para os benefícios do Regime Geral de Previdência Social, poderá ser pactuada cláusula compromissória de arbitragem, desde que por iniciativa do empregado ou mediante a sua concordância expressa, nos termos previstos na Lei nº 9.307, de 23 de setembro de 1996.
Aplicabilidade do CPC ao processo do trabalho	Admitida, expressamente, pela CF/88 para solução de conflitos coletivos. Quanto aos dissídios individuais trabalhistas, pode ser utilizada quando o empregado for hipersuficiente. Em relação aos empregados hipossuficientes há divergência na doutrina e na jurisprudência quanto a possibilidade de sua utilização.	
Diferença entre o CPC de 2015 e o de 1973	A redação dos dois dispositivos é semelhante. Entretanto, no CPC de 2015 há remessa expressa à regulamentação do procedimento arbitral feita por intermédio de outra lei.	

A possibilidade de escolha dessa via alternativa para a composição de divergências encontra-se limitada de forma subjetiva e objetiva. Somente as pessoas **maiores e capazes,**

2. CF de 1988. Art. 114. § 2º Recusando-se qualquer das partes à negociação coletiva ou à arbitragem, é facultado às mesmas, de comum acordo, ajuizar dissídio coletivo de natureza econômica, podendo a Justiça do Trabalho decidir o conflito, respeitadas as disposições mínimas legais de proteção ao trabalho, bem como as convencionadas anteriormente.

inclusive a administração pública, podem utilizar da arbitragem, conforme disposto no art. 1º da referida Lei nº 9.307/96: "As pessoas capazes de contratar poderão valer-se da arbitragem para dirimir litígios relativos a direitos patrimoniais disponíveis. § 1º A administração pública direta e indireta poderá utilizar-se da arbitragem para dirimir conflitos relativos a direitos patrimoniais disponíveis".

Objetivamente, a matéria posta à apreciação do árbitro deve versar sobre **direitos patrimoniais disponíveis**, assim representados pela categoria de direito cujo titular pode livremente dele despojar, transacionar, renunciar etc. Portanto, encontram-se fora do raio de aplicabilidade da arbitragem os conflitos que tratam de direitos indisponíveis, como as questões de Direito de família e outros de ordem pública.

O juízo arbitral pode ser sigiloso, ao contrário do que acontece com a jurisdição, que, em regra, é pública. Na convenção da arbitragem pode ficar estabelecido que o árbitro fará uso da equidade, hipótese em que não ficará limitado pelas determinações legais. Entretanto, se for no âmbito da administração pública, a arbitragem só poderá ser de direito.

O árbitro é de escolha livre das partes. A lei não impõe qualquer limitação, salvo em relação à capacidade, conforme foi ressaltado.

Uma inovação muito importante, criada pela mencionada Lei nº 9.307/96, diz respeito à **desnecessidade de homologação da sentença arbitral pelo Poder Judiciário**. Assim, proferido a sentença arbitral, o litigante vencido deve cumprir a obrigação ali contida, sob pena de iniciar-se o processo de execução, esse sim perante o Judiciário.

Com o emprego da arbitragem, observam-se as seguintes **vantagens: rapidez**, em face da ausência de acumulo de serviço, tão comum no Poder Judiciário; a **especialização dos árbitros**, que, na maioria das vezes, compõem as denominadas câmaras de arbitragem, circunstância que implica decisão mais justa dos litígios; **irrecorribilidade das decisões**, se assim for ajustado pelas partes; e, finalmente, a constituição de um **título executivo**,[3] que legitima a propositura da ação de execução forçada.

A principal **desvantagem** da arbitragem diz respeito à **ausência de garantias quanto à imparcialidade dos árbitros**, visto que não gozam das prerrogativas conferidas aos magistrados, como irredutibilidade salarial, inamovibilidade e vitaliciedade.

A arbitragem pode ser **judicial ou extrajudicial**. Ocorre a primeira quando, no curso de demanda judicial, resolvem os litigantes optarem por essa forma de solução do conflito. É extrajudicial a arbitragem quando inexiste ação proposta perante a Justiça.

A arbitragem também pode ser classificada como **prévia ou incidente**, conforme ela seja pactuada antes ou depois de surgir o conflito, seja na forma de cláusula compromissória, inserida no corpo do contrato, ou na forma de compromisso arbitral, respectivamente.

O Código de Defesa do Consumidor, em seu art. 51, inciso VII, diz que **são nulas**, de pleno direito, as cláusulas contratuais relativas ao fornecimento de produtos e serviços que instituam a arbitragem obrigatória.

3. Apesar de ser decorrente da atuação extrajudicial para composição de conflitos, **o laudo arbitral é classificado como título executivo judicial,** conforme determinação contida no art. 515, item VII do CPC.

Os dissídios coletivos do trabalho **podem ser solucionados pela via arbitral**, de acordo com o preceito contido no art. 114, § 1º, da Carta Magna de 1988: "Frustrada a negociação coletiva, as partes poderão eleger árbitros".

Apesar da mudança da CLT, com a introdução do citado art. 507-A à CLT, por meio da Lei nº 13.467/17, passando a admitir a arbitragem para solução de conflitos de empregados hipersuficientes, ainda permanece a dúvida sobre a possibilidade de optar por essa via quando se tratar de litígio decorrente da relação de emprego com **empregado hipossuficiente**. A doutrina e jurisprudência reconhecem que os direitos trabalhistas dessa espécie de empregado são irrenunciáveis durante a formação e a execução do contrato de trabalho.

Contudo, uma vez extinto o pacto laboral não estaria mais o trabalhador submetido ao poder diretivo do seu patrão, o que faria desaparecer a presunção de vício na sua manifestação de vontade. Nesse momento, o recurso à arbitragem seria possível para o hipossuficiente, apesar de não ser tradição no direito brasileiro.

Nesse sentido:

> AGRAVO DE INSTRUMENTO EM RECURSO DE REVISTA. JUÍZO ARBITRAL. COISA JULGADA. LEI Nº 9.307/96. CONSTITUCIONALIDADE. O art. 5º, XXXV, da Constituição Federal dispõe sobre a garantia constitucional da universalidade da jurisdição, a qual, por definir que nenhuma lesão ou ameaça a direito pode ser excluída da apreciação do Poder Judiciário, não se incompatibiliza com o compromisso arbitral e os efeitos de coisa julgada de que trata a Lei nº 9.307/96. É que a arbitragem se caracteriza como forma alternativa de prevenção ou solução de conflitos à qual as partes aderem, por força de suas próprias vontades, e o inciso XXXV do art. 5º da Constituição Federal não impõe o direito à ação como um dever, no sentido de que todo e qualquer litígio deve ser submetido ao Poder Judiciário. Dessa forma, as partes, ao adotarem a arbitragem, tão-só por isso, não praticam ato de lesão ou ameaça à direito. Assim, reconhecido pela Corte Regional que a sentença arbitral foi proferida nos termos da lei e que não há vício na decisão proferida pelo juízo arbitral, não se há de falar em afronta ao mencionado dispositivo constitucional ou em inconstitucionalidade da Lei nº 9.307/96. Despicienda a discussão em torno dos arts. 940 do Código Civil e 477 da CLT ou de que o termo de arbitragem não é válido por falta de juntada de documentos, haja vista que reconhecido pelo Tribunal Regional que a sentença arbitral observou os termos da Lei nº 9.307/96 – a qual não exige a observação daqueles dispositivos legais e não tratou da necessidade de apresentação de documentos (aplicação das Súmulas nºs 126 e 422 do TST). Os arestos apresentados para confronto de teses são inservíveis, a teor da alínea a do artigo 896 da CLT e da Súmula nº 296 desta Corte. Agravo de instrumento a que se nega provimento.[4]
>
> **OJ SDC Nº 08 do TRT15. PLR. ARBITRAGEM PELA JUSTIÇA DO TRABALHO. POSSIBILIDADE.** Havendo o comum acordo, o artigo 4º da Lei nº 10.101 de 2000 possibilita a arbitragem de ofertas finais pela Justiça do Trabalho.

Note-se, entretanto, que a questão ainda não é pacífica no próprio TST, que tem decisões em sentido contrário (AIRR 00415.2005.039.02.04.00. 6ª T. Rel. Min. Horácio Senna Pires. DJ 26.06.2009).

Na doutrina colhida antes da edição da Lei da Reforma Trabalhista, o tema não era pacífico:

4. TST. AIRR 1475/2000-193-05-00. 7ª T. Rel. Min. Pedro Paulo Manus. DJ 17.10.2008.

Quadro Doutrinário – Arbitragem e conflitos trabalhistas		
Posicionamento	**Doutrinadores**	**Exemplo**
A favor	**Amauri Mascaro Nascimento**	[...] o que mostra que sua finalidade não é trabalhista, porque visa atender a questões de comércio, especialmente tendo em vista o Mercosul. Nada impede, no entanto, a sua aplicação nas relações de trabalho (Amauri Mascaro Nascimento).*
Contra	**Bezerra Leite, Alice Monteiro de Barros e Maurício Godinho Delgado**	Há forte resistência quanto à compatibilidade da arbitragem com o Direito Individual do Trabalho. Afinal, neste ramo prevalece a noção de indisponibilidade de direitos trabalhistas, não se compreendendo como poderia ter validade certa decisão de árbitro particular que suprimisse direitos indisponíveis do trabalhador (Maurício Godinho Delgado).**
*.NASCIMENTO. Amauri Mascaro. **Curso de direito processual do trabalho.** 21 ed. São Paulo: Saraiva, 2002 P. 18. **.DELGADO, Maurício Godinho. **Curso de direito do trabalho.** 10 ed. Ltr: São Paulo, 2011. P. 165.		

1.4. Mediação

A mediação é uma espécie **heterônoma** de solução de divergências intersubjetivas. Quando se opta por esse sistema, escolhe-se, por mútuo acordo, uma **terceira pessoa** estranha ao conflito, que utiliza de diversas técnicas de mediação, elimina paulatinamente os pontos principais do dissenso, e aproxima os interesses à categoria de convergência.

Nesse caso, o mediador oferece uma proposta de solução do conflito, que pode ser aceita ou não pelos interessados. No âmbito do Direito do trabalho, as autoridades administrativas em matéria trabalhista e os integrantes do MPT também assumem o papel de mediadores, sobretudo em questões envolvendo direitos difusos e coletivos.

A mediação é disciplinada pela Lei nº 13.140/15, que no seu art. 2º lista os seus princípios fundamentais, quais sejam: "imparcialidade do mediador; isonomia entre as partes; oralidade; informalidade; autonomia da vontade das partes; busca do consenso; confidencialidade; e boa-fé".

Pode ser objeto de mediação o conflito que verse sobre direitos disponíveis ou sobre direitos indisponíveis que admitam transação (art. 3º da Lei nº 13.140). Sendo assim, é possível adotar a transação como meio de solução de conflito individual do trabalho quando já extinto o contrato de trabalho.

Saliente-se, todavia, que **não há consenso quanto à natureza jurídica da mediação.** Há autores, a exemplo de Bezerra Leite,[5] que classificam a mediação como forma de autocomposição.

Todavia, entende-se que o simples fato de a solução para o litígio ser facultativa, não implica reconhecer o caráter autônomo desse meio de resolução de conflitos. Isso porque, se a proposta oferecida é aceita, houve, de fato, a intervenção de um terceiro para por fim ao litígio e a hipótese será de heterocomposição.

No que se refere ao Direito individual do trabalho, a função de mediador é desempenhada, também, pelos integrantes das comissões de conciliação prévia, que serão estudadas a seguir.

5. LEITE, Carlos Henrique Bezerra. **Curso de direito processual do trabalho**. 8 ed. São Paulo: Ltr, 2010. p. 111.

1.5. Comissões de conciliação prévia

As comissões de conciliação prévia foram introduzidas no ordenamento jurídico laboral por intermédio da Lei nº 9.958/2000, que acrescentou o Título VI-A na CLT.

As CCP são **organismos paritários,** formados por representantes de empregados e empregadores, destinados a promover a transação extrajudicial entre esses atores sociais.[6]

Exige-se, nesse caso, que a transação seja relativa a direitos patrimoniais privados, para que o termo respectivo produza os efeitos legais.

O STF, por meio de decisão plenária proferida nos autos das ADIs nº 2.139 e 2.160,[7] conferiu ao art. 625-D da CLT, **interpretação conforme a Constituição Federal, para declarar o caráter facultativo** da passagem dos litígios trabalhistas pelas comissões de conciliação prévia.

> **ATENÇÃO!** O que o STF considerou inconstitucional não foi o dispositivo legal que criou as Comissões de Conciliação Prévia, mas sim a interpretação do referido artigo que exige a submissão da demanda à Comissão de Conciliação Prévia antes do ajuizamento da ação trabalhista.

Em 2009 o TST uniformizou a jurisprudência da Corte ao decidir que a submissão de conflitos à comissão de conciliação prévia não constitui pressuposto processual nem condição da ação.

Em sentido semelhante, a OJ nº 391 da SDI-1 do TST aplicável ao âmbito portuário:

> **OJ Nº 391.** PORTUÁRIOS. SUBMISSÃO PRÉVIA DE DEMANDA A COMISSÃO PARITÁRIA. LEI Nº 8.630, DE 25.02.1993. INEXIGIBILIDADE. (DEJT divulgado em 09, 10 e 11.06.2010) A submissão prévia de demanda a comissão paritária, constituída nos termos do art. 23 da Lei nº 8.630, de 25.02.1993 (Lei dos Portos), não é pressuposto de constituição e desenvolvimento válido e regular do processo, ante a ausência de previsão em lei.[8]

Proposta e aceita a conciliação perante a Comissão de Conciliação, é lavrado um termo que vincula as partes, com eficácia liberatória geral, exceto em relação às parcelas expressamente ressalvadas. Esse termo adquire a qualidade de **título executivo extrajudicial, executável na Justiça do Trabalho.**

---

6. CLT. Art. 625-A. As empresas e os sindicatos podem instituir Comissões de Conciliação Prévia, de composição paritária, com representantes dos empregados e dos empregadores, com a atribuição de tentar conciliar os conflitos individuais do trabalho.
7. O Tribunal, por unanimidade e nos termos do voto da Relatora, Ministra Cármen Lúcia (Presidente), **julgou parcialmente procedentes os pedidos, para dar interpretação conforme a Constituição ao art. 625-D, § 1º a § 4º, da Consolidação das Leis do Trabalho, assentando que a Comissão de Conciliação Prévia constitui meio legítimo, mas não obrigatório, de solução de conflitos, permanecendo o acesso à Justiça resguardado para todos os que venham a ajuizar demanda diretamente ao órgão judiciário competente, e para manter hígido o inciso II do art. 852-B da CLT, no sentido de se considerar legítima a citação nos termos estabelecidos na norma. Impedido o Ministro Gilmar Mendes. Ausente, justificadamente, o Ministro Celso de Mello (STF. Plenário, 01.08.2018).**
8. A referida Lei n° 8.630/93 foi revogada expressamente pela Lei nº 12.815/13.

O TST posiciona-se nesse sentido:

> TERMO DE CONCILIAÇÃO FIRMADO PERANTE A COMISSÃO DE CONCILIAÇÃO PRÉVIA. AUSÊNCIA DE RESSALVAS. EFEITOS. QUITAÇÃO GERAL DO CONTRATO DE TRABALHO. A Dt. SBDI-1 do TST pacificou entendimento quanto ao caráter geral da quitação dada nas Comissões de Conciliação Prévia. Para a SBDI-1, nos termos do parágrafo único do art. 625-E da CLT, – o termo de conciliação é título executivo extrajudicial e terá eficácia liberatória geral, exceto quanto às parcelas expressamente ressalvadas. Sendo evidenciada a existência de norma especial, não há de se aplicar o art. 477, § 2º, consolidado ou mesmo a Súmula Nº 330 desta Corte, de forma a se conferir eficácia apenas às parcelas constantes do termo de conciliação e desde que inexistente ressalva. Assim, ausente ressalva expressa no termo de conciliação firmado perante a Comissão de Conciliação Prévia, o título em questão possui eficácia liberatória geral, com quitação ampla do extinto contrato de trabalho. Ressalva-se o entendimento deste Relator, mas confere-se efetividade à jurisprudência dominante da Corte. Recurso de revista conhecido e provido.[9]

1.6. Jurisdição

Etimologicamente, o termo jurisdição tem origem no latim *iuris dictio e* significa *dicção do direito*. Com o surgimento e o fortalecimento do Estado, retirou-se do particular a possibilidade de *fazer justiça com as próprias mãos*, com algumas exceções expressamente previstas na lei.

A partir de então, o Estado criou para si um dever, qual seja, o exercício da jurisdição e ao mesmo tempo conferiu ao cidadão o direito de exigir a prestação da atividade jurisdicional, denominado de direito de petição. Em outras palavras, o Estado, ao atrair para si o monopólio da jurisdição, tornou-se devedor da prestação jurisdicional.

Com a adoção da tradicional teoria da tríplice divisão dos poderes, formulada por *Montesquieu*, a jurisdição passou a ser desempenhada, de forma típica, pelo Poder Judiciário, ao lado da função administrativa, exercida pelo Poder Executivo, e da função legislativa, cumprida pelo Poder Legislativo.

A jurisdição relativa aos conflitos de natureza laboral é exercida, no Brasil, pela Justiça do Trabalho, cuja composição, estrutura e limites de competência encontram-se fixados pela atual Carta Magna e serão analisados mais adiante.

A) Conceito

Jurisdição nada mais é do que **o poder** e, ao mesmo tempo, **o dever** que o Estado tem de *dizer* (*iuris dictio*), na solução do conflito de interesses caracterizado pela pretensão resistida (interesse individual), quando nesse sentido for provocado, com o objetivo final de realizar a pacificação social (interesse coletivo).

O Estado exerce esse poder/dever, também denominado de função ou atividade estatal, mediante a aplicação das regras hipotéticas definidas pelo Direito material ao caso concreto. No caso de litígios de natureza trabalhista também são utilizadas as normas de caráter profissional, ou seja, de regras estabelecidas pelos próprios interessados.

9. TST. RR 106400-24.2007.5.23.0003. 6ª. T. Rel. Min. Maurício Godinho Delgado. DJET 07.10.2011.

No âmbito do processo judicial, o Estado é representado pelo juiz, investido do *ius imperii,* que assume uma posição de superioridade na relação que trava com o autor e com o réu, já que deve decidir, com imparcialidade, o litígio existente entre ambos.

B) Características e princípios

A função jurisdicional faz parte do poder soberano do Estado, que é uno e indivisível por natureza, mas preserva seu caráter autônomo em face de suas características e princípios próprios.

Deve-se ressaltar, entretanto, que os três Poderes, Executivo, Legislativo e Judiciário, por serem harmônicos e independentes entre si, segundo determina o art. 2º da CF/88,[10] eventualmente exercem as demais funções que não lhes são típicas.

Assim, verifica-se o exercício da função legislativa quando o Presidente da República edita as denominadas medidas provisórias, nos casos de relevância e urgência;[11] ou quando os Tribunais aprovam resoluções com caráter normativo, para regulamentar as leis processuais (art. 96, I, *"a"*, da CF/88).

O Poder Legislativo, por sua vez, exerce a função administrativa quando aprova os decretos-legislativos[12] e quando o Senado julga o Presidente da República e demais autoridades que constam do art. 52, I e II da CF/88,[13] exerce a função Jurisdicional.

Já o Poder Judiciário exerce função administrativa quando, por exemplo, elabora propostas orçamentárias ou quando pratica atos relacionados com os servidores a ele vinculados.[14]

Entretanto, no exercício de sua função típica, o Poder Judiciário exerce a jurisdição, que se diferencia das demais funções estatais por conta do seu caráter substitutivo, pelo princípio da inércia, pela imutabilidade do provimento jurisdicional, pela aplicação do princípio do juiz natural e pela inevitabilidade das decisões judiciais.

Em face do seu **caráter substitutivo**, o Estado, por intermédio do Poder Judiciário, substitui a atuação das partes, que se encontram impedidas de solucionar o conflito de forma direta, uma vez que lhes foi retirada essa possibilidade pelo próprio Estado. Excepcionalmente, contudo, admite-se o exercício legal das próprias razões.

---

10. CF de 1988. Art. 2º. São Poderes da União, independentes e harmônicos entre si, o Legislativo, o Executivo e o Judiciário.
11. CF de 1988. Art. 62. Em caso de relevância e urgência, o Presidente da República poderá adotar medidas provisórias, com força de lei, devendo submetê-las de imediato ao Congresso Nacional.
12. CF de 1988. Art. 62. § 3º As medidas provisórias, ressalvado o disposto nos §§ 11 e 12 perderão eficácia, desde a edição, se não forem convertidas em lei no prazo de sessenta dias, prorrogável, nos termos do § 7º, uma vez por igual período, devendo o Congresso Nacional disciplinar, por decreto legislativo, as relações jurídicas delas decorrentes.
13. CF de 1988. Art. 52. Compete privativamente ao Senado Federal: I – processar e julgar o Presidente e o Vice-Presidente da República nos crimes de responsabilidade, bem como os Ministros de Estado e os Comandantes da Marinha, do Exército e da Aeronáutica nos crimes da mesma natureza conexos com aqueles; II – processar e julgar os Ministros do STF, os membros do Conselho Nacional de Justiça e do Conselho Nacional do Ministério Público, o Procurador-Geral da República e o Advogado-Geral da União nos crimes de responsabilidade.
14. CF de 1988. Art. 99. Ao Poder Judiciário é assegurada autonomia administrativa e financeira. CLT. Art. 707. Compete ao presidente do Tribunal: **g) determinar as alterações que se fizerem necessárias na lotação de pessoal da Justiça do Trabalho, fazendo remoções *ex-officio* de servidores entre os Tribunais Regionais, Juntas de Conciliação e Julgamento e outros órgãos, bem como conceder as requeridas que julgar convenientes ao serviço, respeitada a lotação de cada órgão.**

Desse modo, quando há uma divergência entre empregado e empregador, a solução não pode ser imposta por nenhum desses atores sociais, mas sim pelo do Poder Judiciário Trabalhista.

No Direito do trabalho, admite-se a autotutela mediante o exercício regular do **direito de greve.** Por meio do exercício desse direito permite-se a paralisação coletiva e temporária da prestação de serviço como forma de pressionar o empregador ou o sindicato respectivo a atender aos interesses dos trabalhadores.

Pelo **princípio da inércia**, condiciona-se a manifestação do Poder Judiciário à provocação do interessado. No exercício da jurisdição, o juiz é acionado para pôr fim à lide deduzida em juízo pelo autor da ação, mas segundo o princípio do *nemo judex sine actore* ou *nec procedat judex ex officio*, previsto pelo art. 2º do CPC: "O processo começa por iniciativa da parte e se desenvolve por impulso oficial, salvo as exceções previstas em lei".

Justifica-se a adoção desse procedimento, tendo em vista que se fosse possível ao juiz iniciar o processo judicial, haveria sério risco de ofensa ao princípio da imparcialidade, já que a tendência seria o julgamento procedente da pretensão respectiva.

A **imutabilidade** constitui característica dos provimentos jurisdicionais, na hipótese em que o juiz se pronuncia sobre o mérito da lide. Essa imutabilidade é garantida, inclusive, pela Carta Magna vigente, em seu art. 5º, XXXVI: "a lei não prejudicará o direito adquirido, o ato jurídico perfeito e a *coisa julgada*".

Na seara trabalhista, os efeitos da imutabilidade das sentenças de mérito com trânsito em julgado também são previstos pela CLT:

> **Art. 836**. É vedado aos órgãos da Justiça do Trabalho conhecer de questões já decididas, excetuados os casos expressamente previstos neste Título e a ação rescisória, que será admitida na forma do disposto no Capítulo IV do Título IX da Lei nº 5.869, de 11 de janeiro de 1973 – Código de Processo Civil, sujeita ao depósito prévio de 20% (vinte por cento) do valor da causa, salvo prova de miserabilidade jurídica do autor.

O princípio do **juiz natural** obsta que se personifique a pessoa do julgador. Os juízes e os Tribunais são os órgãos do Poder Judiciário incumbidos de eliminar a resistência presente nas lides que lhes são postas, originalmente ou em nível de recurso, por meio da prestação da tutela jurisdicional.

Assim, não são permitidos procedimentos que impliquem escolha de determinado juiz ou Tribunal e a instituição de Tribunais de exceção, pois as normas constitucionais e infraconstitucionais devem estabelecer, previamente, uma estrutura judicial que atenda à demanda de todos os jurisdicionados, de acordo com a competência, *in abstrato*, de cada um dos órgãos do Poder Judiciário.[15]

Por fim, o **princípio da inevitabilidade das decisões judiciais**. Como o exercício da jurisdição constitui a principal função do Poder Judiciário, que juntamente com os demais Poderes Executivo e Legislativo formam o Estado moderno, os atos jurisdicionais de natureza decisória representam, em última análise, o exercício pleno de sua **soberania**.

15. Na CF de 1988 essa garantia encontra-se insculpida no art. 5º, XXXVII: "não haverá juízo ou Tribunal de exceção".

Por conta disso, uma vez transitado em julgado tais provimentos jurisdicionais, os interessados não podem apresentar qualquer resistência ao seu conteúdo ou ao seu cumprimento, sob pena de serem-lhes aplicadas as sanções previstas no ordenamento jurídico.[16]

O esquema a seguir resume as principais características da jurisdição:

Jurisdição	• Substitutiva • Inerte • Imutabilidade e inevitabilidade das decisões judiciais • Aplicação do princípio do juiz natural

C) *Jurisdição contenciosa e voluntária*

Apesar do seu caráter unitário, parte da doutrina divide a jurisdição, para fins didáticos, em dois grandes grupos: jurisdição contenciosa e jurisdição voluntária. Inclusive, o CPC dedica o Capítulo XV, do Título II, ao disciplinamento dos procedimentos submetidos à jurisdição voluntária.

A jurisdição contenciosa representa a verdadeira jurisdição, porque é por meio dela que o juiz oferece o provimento acerca de um conflito que lhe foi posto para a solução e conta com a presença das figuras do autor e do réu.

Já a jurisdição voluntária, também denominada de jurisdição graciosa, não passa de uma formalidade necessária para a validade de um negócio jurídico, considerada apenas a sua importância pelo ordenamento jurídico. Nesse caso, não há divergência alguma entre seus sujeitos, não há lide, nem autor ou réu, mas apenas interessados.

Por conta dessas características, a jurisdição voluntária também é denominada de **administração pública de interesses privados** e é considerada como uma espécie de jurisdição atípica, em face da ausência de suas características e princípios.

Havia uma única hipótese de exercício de jurisdição voluntária no processo do trabalho admitida pela legislação trabalhista de forma expressa. Tratava-se da possibilidade de **homologação da opção retroativa pelo sistema do FGTS,** procedimento que se encontra em fase de extinção.

A Lei nº 13.467/17 introduziu a alínea "F" ao art. 652 da CLT prevendo expressamente mais uma forma de **jurisdição voluntária** na Justiça Laboral, incluindo no rol da competência das Varas do Trabalho a prerrogativa de **homologar de acordo extrajudicial:** "Art. 652. Compete às Varas do Trabalho: [...] f) decidir quanto à homologação de acordo extrajudicial em matéria de competência da Justiça do Trabalho".

A seguir, o resumo das formas de solução de conflitos:

Formas de solução de conflitos	• Autônoma	• Autotutela • Autocomposição
	• Heterônoma	• Jurisdição • Mediação* • Arbitragem
* Como foi dito, há autores que classificam a mediação como forma autônoma de solução de conflitos.		

16. Ressalvam-se os casos da denominada coisa julgada inconstitucional.

2. ORGANIZAÇÃO DA JUSTIÇA DO TRABALHO

A estrutura do Poder Judiciário é determinada pela atual Carta Magna, Título IV – Da Organização dos Poderes, Capítulo III – Do Poder Judiciário.

São órgãos do Poder Judiciário brasileiro: o Supremo Tribunal Federal; o Conselho Nacional de Justiça; o Superior Tribunal de Justiça; os Tribunais Regionais Federais e Juízes Federais; os Tribunais e Juízes do Trabalho; os Tribunais e Juízes Eleitorais; os Tribunais e Juízes Militares; os Tribunais e Juízes dos Estados e do Distrito Federal e Territórios.

Já o Judiciário Trabalhista[17] é composto pelos seguintes órgãos: Tribunal Superior do Trabalho, Tribunais Regionais do Trabalho e Juízes do Trabalho.[18]

2.1. Tribunal Superior do Trabalho

O Tribunal Superior do Trabalho é composto por **27 Ministros Togados**[19] e é o órgão de cúpula do Poder Judiciário do Trabalho, com sede em Brasília e jurisdição em todo o território nacional. Inclusive, sanando um equívoco sistemático-legal, a EC nº 92/2016, incluiu o TST como Órgão do Poder Judiciário, ao introduzir o inciso II-A ao art. 92 da CF/88.

O preenchimento de 4/5 dos cargos de Ministro do TST efetiva-se mediante procedimento complexo. O próprio Tribunal, em sua composição plena e votação secreta, escolhe, por maioria absoluta, três nomes dentre os Desembargadores Federais do Trabalho **de carreira**, integrantes dos TRTs, com mais de 35 e menos de 65 anos, de notável saber jurídico e reputação ilibada. A nomeação é feita pelo Presidente da República, após a aprovação pelo Senado Federal.

Um quinto das vagas do TST é destinado aos advogados com **mais de 10 anos de atividade profissional e aos membros do Ministério Público do Trabalho com mais de dez anos de efetivo exercício.**

Declarada a vaga, o Presidente do TST oficia à Procuradoria-Geral do Trabalho ou ao Conselho Federal da OAB para que se proceda à elaboração de uma lista sêxtupla. Dentre os seis nomes, o TST escolhe três e envia a lista respectiva ao Presidente da República, que procede à nomeação, após a aprovação do Senado Federal.

Observe-se, no gráfico a seguir, a composição por origem do quadro de Ministros do TST:

17. CF de 1988. Art. 111. São órgãos da Justiça do Trabalho: I – o TST; II – os Tribunais Regionais do Trabalho; III – Juízes do Trabalho. CLT. Art. 644. São órgãos da Justiça do Trabalho: **a) o TST; b) os Tribunais Regionais do Trabalho; c) as Juntas de Conciliação e Julgamento ou os Juízos de Direito.**
18. Atualmente todos os municípios brasileiros encontram-se jurisdicionados pelas Varas do Trabalho.
19. Com o fim dos juízes classistas (E.C nº 24/99), **o TST teve seu quadro diminuído de 27 para 17 Ministros. Havia cinco juízes Classistas representantes dos empregadores e cinco representantes dos empregados. A EC nº 45/04, restabeleceu o número originário de vinte e sete Ministros, todos togados.**

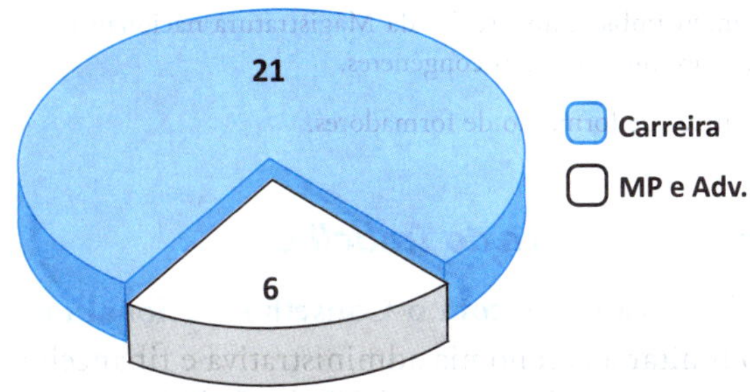

O TST é composto pelo Tribunal Pleno, Órgão especial, Seção Especializada em Dissídio Coletivo – SDC, Seção Especializada em Dissídios Individuais (subseção I e II) e, ainda, por oito Turmas.

Os órgãos diretivos do TST são representados pela Presidência, a Vice-Presidência e a Corregedoria-Geral. Os cargos respectivos são preenchidos mediante eleição, a ela concorrendo os Ministros mais antigos da Corte, para um mandato de dois anos, mediante escrutínio secreto e pelo voto da maioria absoluta, em sessão extraordinária do Tribunal Pleno realizada nos sessenta dias antecedentes ao término dos mandatos anteriores. Todavia, veda-se a reeleição.

A) ENAMAT

A Escola Nacional da Magistratura foi criada pela Emenda Constitucional nº 45 e tem como objetivo principal centralizar as políticas de formação e aperfeiçoamento dos magistrados brasileiros.

A referida instituição recebeu a denominação de Escola Nacional de Formação e Aperfeiçoamento de magistrados do Trabalho – ENAMAT e funciona junto ao Tribunal Superior do Trabalho. Compete-lhe, principalmente, regulamentar os cursos oficiais para o ingresso e promoção na carreira.

A ENAMAT foi instituída no âmbito do Tribunal Superior do Trabalho, por meio da Resolução Administrativa nº 1.140/06 do Tribunal Pleno, que estabeleceu os seguintes objetivos específicos:

> I – Implantar o concurso público de ingresso na magistratura trabalhista de âmbito nacional;
>
> II – Organizar, em âmbito nacional, curso de formação inicial para os Juízes do Trabalho aprovados em concurso, com a finalidade de lhes dar o conhecimento teórico e prático para o exercício da magistratura, e coordenar os cursos complementares ministrados pelas Escolas Regionais da Magistratura do Trabalho com finalidade similar;
>
> III – Regulamentar e coordenar os cursos de formação continuada e aperfeiçoamento de magistrados, com vistas ao vitaliciamento e à promoção na carreira, ministrados pelas Escolas Regionais;
>
> IV – Promover seminários, encontros regionais, nacionais e internacionais para debate das questões mais relevantes para o exercício da magistratura;
>
> V – Promover o estudo e a pesquisa no campo do Direito e do Processo do Trabalho, visando ao aperfeiçoamento da prestação jurisdicional;

VI – Propiciar o intercâmbio com Escolas da Magistratura nacionais e estrangeiras, bem como com instituições internacionais congêneres.

VII – Organizar cursos de formação de formadores.

B) Conselho Superior da Justiça do Trabalho

A criação do CSJT, juntamente com o Conselho Nacional de Justiça, pela EC nº 45, teve como objetivo limitar a autonomia administrativa e financeira dos Tribunais, após calorosas discussões sobre o controle externo do Poder Judiciário.

O Conselho Superior da Justiça do Trabalho – CSJT também é vinculado ao Tribunal Superior do Trabalho. Esse órgão tem como função, dentre outras, exercer a supervisão administrativa, orçamentária, financeira e patrimonial da Justiça do Trabalho de primeiro e segundo graus, como órgão de emissão de estratégia central desse ramo do Poder Judiciário, cujas decisões terão efeito vinculante.

A Resolução Administrativa nº 1.549/12, do TST, aprovou o regimento interno do Conselho Superior da Justiça do Trabalho. O referido Órgão é composto pelo Presidente, Vice-Presidente e o Corregedor-Geral do Tribunal Superior do Trabalho, como membros natos; três Ministros do TST, eleitos pelo Tribunal Pleno e cinco Presidentes de Tribunais Regionais do Trabalho, eleitos, cada um deles, por região geográfica do País.[20]

Compete ao Plenário do CSJT:

I – dar posse aos membros do Conselho;

II – expedir normas gerais de procedimento relacionadas aos sistemas de tecnologia da informação, gestão de pessoas, planejamento e orçamento, administração financeira, material e patrimônio, controle interno e preservação da memória da Justiça do Trabalho de primeiro e segundo graus, ou normas que se refiram a sistemas relativos a outras atividades auxiliares comuns que necessitem de coordenação central;

III – supervisionar e fiscalizar os serviços responsáveis pelas atividades de tecnologia da informação, gestão de pessoas, planejamento e orçamento, administração financeira, material e patrimônio, controle interno, planejamento estratégico e preservação da memória da Justiça do Trabalho de primeiro e segundo graus, além de outros serviços encarregados de atividades comuns sob coordenação do órgão central;

IV – exercer, de ofício ou a requerimento de qualquer interessado, o controle de legalidade de ato administrativo praticado por Tribunal Regional do Trabalho, cujos efeitos extrapolem interesses meramente individuais, quando contrariadas normas legais ou constitucionais, ou decisões de caráter normativo do Conselho Superior da Justiça do Trabalho e do Conselho Nacional de Justiça;

V – decidir sobre consulta, em tese, formulada a respeito de dúvida suscitada na aplicação de dispositivos legais e regulamentares concernentes à matéria de sua competência, na forma estabelecida neste Regimento;

VI – examinar, de ofício ou a requerimento de qualquer interessado, a legalidade das nomeações para os cargos efetivos e em comissão e para as funções comissionadas dos Órgãos da Justiça do Trabalho de primeiro e segundo graus;

20. Como visto, a regulamentação pecou por não incluir na composição do CSJT os juízes de primeiro grau.

VII – editar ato normativo, com eficácia vinculante para os Órgãos da Justiça do Trabalho de primeiro e segundo graus, quando a matéria, em razão de sua relevância e alcance, exigir tratamento uniforme;

VIII – aprovar o plano plurianual, as propostas orçamentárias e os pedidos de créditos adicionais dos Tribunais Regionais do Trabalho;

IX – apreciar os relatórios de auditoria nos sistemas contábil, financeiro, patrimonial, de execução orçamentária, de pessoal e demais sistemas administrativos dos Órgãos da Justiça do Trabalho de primeiro e segundo graus, determinando o cumprimento das medidas necessárias para a regularização de eventuais irregularidades;

X – encaminhar ao Tribunal Superior do Trabalho, após exame e aprovação:

a) propostas de criação ou extinção de Tribunais Regionais do Trabalho e de alteração do número de seus membros;

b) propostas de criação ou extinção de Varas do Trabalho;

c) propostas de criação ou extinção de cargos efetivos e em comissão e de funções comissionadas das Secretarias dos Tribunais Regionais do Trabalho;

d) propostas de alteração da legislação relativa às matérias de competência da Justiça do Trabalho;

e) propostas de alteração do Regimento Interno do Conselho;

f) o plano plurianual, as propostas orçamentárias e os pedidos de créditos adicionais dos Tribunais Regionais do Trabalho;

XI – definir e fixar o planejamento estratégico, os planos de metas e os programas de avaliação institucional do Conselho e da Justiça do Trabalho de primeiro e segundo graus, visando ao aumento da eficiência, da racionalização e da produtividade do sistema, bem como maior acesso à Justiça, facultada a prévia manifestação dos Órgãos que integram a Justiça do Trabalho;

XII – fixar prazos para que se adotem as providências necessárias ao exato cumprimento da lei ou dos atos do Conselho;

XIII – deliberar, na condição de instância revisora, sobre o recurso administrativo previsto neste Regimento;

XIV – julgar as exceções de impedimento e de suspeição;

XV – deliberar sobre as demais matérias administrativas apresentadas pelo Presidente;

XVI – apreciar processo administrativo disciplinar envolvendo servidor da Justiça do Trabalho de primeiro e segundo graus, exclusivamente no caso de ausência de quórum no Tribunal Regional do Trabalho originariamente competente para julgar a matéria.

C) Conselho Nacional de Justiça

O Conselho Nacional de Justiça é um dos órgãos do Poder Judiciário, na forma prevista pelo art. 92, I-A, da Constituição Federal de 1988, introduzido pela Emenda Constitucional nº 45/2004 e instalado efetivamente em 14.06.2005.

A composição do referido órgão encontra-se estabelecida no art. 103-B da CF/88:

Art. 103-B. O Conselho Nacional de Justiça compõe-se de 15 (quinze) membros com mandato de 2 (dois) anos, admitida 1 (uma) recondução, sendo:

> I – o Presidente do Supremo Tribunal Federal;
>
> II – um Ministro do Superior Tribunal de Justiça, indicado pelo respectivo tribunal;
>
> III – um Ministro do Tribunal Superior do Trabalho, indicado pelo respectivo tribunal;
>
> IV – um desembargador de Tribunal de Justiça, indicado pelo Supremo Tribunal Federal;
>
> V – um juiz estadual, indicado pelo Supremo Tribunal Federal;
>
> VI – um juiz de Tribunal Regional Federal, indicado pelo Superior Tribunal de Justiça;
>
> VII – um juiz federal, indicado pelo Superior Tribunal de Justiça;
>
> VIII – um juiz de Tribunal Regional do Trabalho, indicado pelo Tribunal Superior do Trabalho;
>
> IX – um juiz do trabalho, indicado pelo Tribunal Superior do Trabalho;
>
> X – um membro do Ministério Público da União, indicado pelo Procurador-Geral da República;
>
> XI um membro do Ministério Público estadual, escolhido pelo Procurador-Geral da República dentre os nomes indicados pelo órgão competente de cada instituição estadual;
>
> XII – dois advogados, indicados pelo Conselho Federal da Ordem dos Advogados do Brasil;
>
> XIII – dois cidadãos, de notável saber jurídico e reputação ilibada, indicados um pela Câmara dos Deputados e outro pelo Senado Federal.

O CNJ atua em todo o território nacional e suas atribuições estão listadas no § 4º, art. 103-B, da CF/88:

> § 4º Compete ao Conselho o controle da atuação administrativa e financeira do Poder Judiciário e do cumprimento dos deveres funcionais dos juízes, cabendo-lhe, além de outras atribuições que lhe forem conferidas pelo Estatuto da Magistratura:
>
> I – zelar pela autonomia do Poder Judiciário e pelo cumprimento do Estatuto da Magistratura, podendo expedir atos regulamentares, no âmbito de sua competência, ou recomendar providências;
>
> II – zelar pela observância do art. 37 e apreciar, de ofício ou mediante provocação, a legalidade dos atos administrativos praticados por membros ou órgãos do Poder Judiciário, podendo desconstituí-los, revê-los ou fixar prazo para que se adotem as providências necessárias ao exato cumprimento da lei, sem prejuízo da competência do Tribunal de Contas da União;
>
> III – receber e conhecer das reclamações contra membros ou órgãos do Poder Judiciário, inclusive contra seus serviços auxiliares, serventias e órgãos prestadores de serviços notariais e de registro que atuem por delegação do poder público ou oficializados, sem prejuízo da competência disciplinar e correicional dos tribunais, podendo avocar processos disciplinares em curso e determinar a remoção, a disponibilidade ou a aposentadoria com subsídios ou proventos proporcionais ao tempo de serviço e aplicar outras sanções administrativas, assegurada ampla defesa;
>
> IV – representar ao Ministério Público, no caso de crime contra a administração pública ou de abuso de autoridade;
>
> V – rever, de ofício ou mediante provocação, os processos disciplinares de juízes e membros de tribunais julgados há menos de um ano;
>
> VI – elaborar semestralmente relatório estatístico sobre processos e sentenças prolatadas, por unidade da Federação, nos diferentes órgãos do Poder Judiciário;

VII – elaborar relatório anual, propondo as providências que julgar necessárias, sobre a situação do Poder Judiciário no País e as atividades do Conselho, o qual deve integrar mensagem do Presidente do Supremo Tribunal Federal a ser remetida ao Congresso Nacional, por ocasião da abertura da sessão legislativa.

2.2. Tribunais Regionais do Trabalho

Os Tribunais Regionais do Trabalho compõem a segunda instância da Justiça do Trabalho e gozam de autonomia financeira e administrativa,[21] assim como os demais Tribunais da Justiça Comum, na forma e nos limites preceituados pelo art. 96 da Constituição Federal de 1988.

Atualmente, o Brasil conta com **vinte e quatro Tribunais Regionais do Trabalho.**[22] O número de juízes, também denominados de Desembargadores Federais do Trabalho, integrantes dos mencionados Tribunais, varia de acordo com cada Região[23] e é definido por meio do art. 670 da Consolidação das Leis do Trabalho, **composto por sete integrantes no mínimo**,[24] *conforme* disposto no art. 115 da Lei Maior vigente.[25]

Os Tribunais Regionais do Trabalho podem criar um Órgão Especial, para o julgamento de determinados processos administrativos e jurisdicionais, desde que possuam mais de 25 membros, de acordo com a previsão contida no art. 93, XI, da atual Carta Magna:

> **Art. 93. XI –** nos tribunais com número superior a vinte e cinco julgadores, poderá ser constituído órgão especial, com o mínimo de onze e o máximo de vinte e cinco membros, para o exercício das atribuições administrativas e jurisdicionais delegadas da competência do Tribunal pleno, provendo-se metade das vagas por antiguidade e a outra metade por eleição pelo Tribunal pleno;

A EC nº 45/04 introduziu dispositivo na Constituição Federal de 1988 (§ 1º, art. 115) para permitir que os Tribunais Regionais do Trabalho criem **varas itinerantes**, com a realização de audiências e demais funções de atividade jurisdicional nos limites territoriais da respectiva jurisdição com o uso de equipamentos públicos e comunitários.

Alguns TRT's, além da sua composição plena, **são divididos em Turmas e Seções**, nos mesmos moldes daqueles pertinentes ao TST, com atribuições e competências definidas pelos seus regimentos internos.[26]

---

21. CF de 1988. Art. 99. Ao Poder Judiciário é assegurada autonomia administrativa e financeira.
22. Um TRT para cada Estado federado, salvo Acre, Roraima, Amapá e Tocantins, que são jurisdicionados pelos TRTs com sede em Rondônia, Amazonas, Pará e Distrito Federal, respectivamente. O Estado de São Paulo tem dois Tribunais Regionais do Trabalho, um com sede em São Paulo (2ª Região) **e outro com sede em Campinas (15ª Região).**
23. Com o fim da representação classista na Justiça do Trabalho, as vagas existentes nos Tribunais Regionais do Trabalho foram substituídas por vagas de juízes Togados.
24. O TRT da 5ª. Região, que tem jurisdição sobre todo o Estado da Bahia, conta com 29 juízes, sendo seis oriundos do quinto constitucional, qual seja, do Ministério Público do Trabalho **(03) e da advocacia (03).**
25. CF de 1988. Art. 115. Os Tribunais Regionais do Trabalho compõem-se de, no mínimo, sete juízes, recrutados, quando possível, na respectiva região, e nomeados pelo Presidente da República dentre brasileiros com mais de trinta e menos de sessenta e cinco anos, sendo: I – um quinto dentre advogados com mais de dez anos de efetiva atividade profissional e membros do Ministério Público do Trabalho com mais de dez anos de efetivo exercício, observado o disposto no art. 94; II – os demais, mediante promoção de Juízes do Trabalho por antiguidade e merecimento, alternadamente.
26. A Resolução do CSJT nº 32/07, permite que os Tribunais compostos por oito membros dividam-se em Turmas de três magistrados. O referido conselho considerou ultrapassado, por força da EC nº 24/99, o § 8º, do art. 670 da

O TRT da 2ª Região, com sede em São Paulo, por exemplo, é composto pelo Tribunal Pleno (com algumas atribuições delegadas ao Órgão Especial), pela Seção Especializada em Dissídio Coletivo – SDC, pelas Seções Especializadas em Dissídios Individuais de competência originária – SDI e pelas Turmas. As Seções são formadas por dez juízes e as turmas por cinco juízes, cada uma.

Exemplo de questão sobre o tema

(Magistratura do Trabalho – TRT 21ª – 2010 – ADAPTADA) Leia as assertivas abaixo e marque a resposta correta sobre a Organização da Justiça do Trabalho no Brasil:

v. A Emenda Constitucional nº 45/2004 inovou em relação à estrutura da Justiça do Trabalho, ampliando a composição do Tribunal Superior do Trabalho, instituindo o Conselho Superior da Justiça do Trabalho e a Escola Nacional de Formação e Aperfeiçoamento de Magistrados do Trabalho, bem como fixando em oito membros a composição mínima dos tribunais regionais a serem instalados em todo o país.

Resposta: Item errado

2.3. Varas do Trabalho

As Varas do Trabalho são os órgãos de primeira instância da Justiça do Trabalho, cujo exercício se efetiva por meio de um juiz singular, na forma prevista pelo art. 116 da CF/88: "Nas Varas do Trabalho, a jurisdição será exercida por um juiz singular".

Antes da extinção da representação classista, que se efetivou por intermédio da promulgação da Emenda Constitucional nº 24/99, esses órgãos eram denominados de Junta de Conciliação e Julgamento, onde atuavam, além do juiz presidente (togado), dois juízes classistas, um representante dos empregados e um representante dos empregadores, com mandato de três anos.

Segundo determina o art. 650 da CLT, a jurisdição de cada Vara do Trabalho abrange todo o território da Comarca em que tem sede e só pode ser estendida ou restringida por lei federal.

Já a CF/88, art. 112, dispõe que: "A lei criará varas da Justiça do Trabalho, podendo, nas comarcas não abrangidas por sua jurisdição, atribuí-la aos juízes de direito, com recurso para o respectivo Tribunal Regional do Trabalho".[27]

Se determinado município não está compreendido pelo raio de atuação de uma Vara do Trabalho, **os processos da competência da Justiça do Trabalho são solucionados pelos juízes de Direito.** Todavia, os recursos devem ser remetidos ao Tribunal do Trabalho do Estado onde se encontra situada a comarca.

Inclusive em alguns Tribunais há Varas do Trabalho especializadas em acidentes do trabalho e execuções fiscais, possibilidade que foi criada com a alteração do art. 9º da Resolução nº 63/2010 do CSJT, em 23.03.2012.

CLT: "Os Tribunais Regionais da 1ª e 2ª Regiões dividir-se-ão em Turmas, facultada essa divisão aos constituídos de, pelo menos, doze juízes. Cada turma se comporá de três juízes togados e dois classistas, um representante dos empregados e outro dos empregadores".

27. Lei nº 10.770/03. Art. 28. Cabe a cada Tribunal Regional do Trabalho, no âmbito de sua Região, mediante ato próprio, alterar e estabelecer a jurisdição das Varas do Trabalho, bem como transferir-lhes a sede de um Município para outro, de acordo com a necessidade de agilização da prestação jurisdicional trabalhista.

A seguir, o diagrama que representa a estrutura da Justiça do Trabalho no Brasil:

2.4. Juiz do trabalho

O cargo inicial na carreira da magistratura do trabalho[28] corresponde ao de Juiz do Trabalho Substituto, que é designado pelo juiz presidente do Tribunal ao qual estiver vinculado para atuar nas Varas do Trabalho vagas ou nas ausências do juiz titular.

A movimentação do Juiz do Trabalho Substituto é disciplinada pelo art. 656 da CLT e seus respectivos parágrafos:

> **Art. 656**. O Juiz do Trabalho Substituto, sempre que não estiver substituindo o juiz-Presidente de Junta, poderá ser designado para atuar nas juntas de Conciliação e Julgamento.
>
> **§ 1º** Para o fim mencionado no *caput* deste artigo, o território da Região poderá ser dividido em zonas, compreendendo a jurisdição de uma ou mais juntas, a juízo do Tribunal Regional do Trabalho respectivo.
>
> **§ 2º** A designação referida no *caput* deste artigo será de atribuição do juiz-Presidente do Tribunal Regional do Trabalho ou, não havendo disposição regimental específica, de quem este indicar.
>
> **§ 3º** Os juízes do Trabalho Substitutos, quando designados ou estiverem substituindo os juízes Presidentes de Juntas, perceberão os vencimentos destes.
>
> **§ 4º** O juiz Presidente do Tribunal Regional do Trabalho ou, não havendo disposição regimental específica, que este indicar, fará a lotação e a movimentação dos juízes Substitutos entre as diferentes zonas da Região na hipótese de terem sido criadas na forma do § 1º deste artigo.

Compete, **privativamente**, ao juiz do trabalho, segundo as regras contidas no art. 659 da CLT adaptadas à nova ordem constitucional que extinguiu a representação classista (Emenda Constitucional nº 24/99):

> I – presidir às audiências da Vara do Trabalho onde atua;
>
> II – executar as suas próprias decisões e aquelas cuja execução lhes for deprecada;
>
> III – despachar os recursos interpostos pelas partes, fundamentando a decisão recorrida antes da remessa ao Tribunal Regional;
>
> IV – conceder medida liminar, até decisão final do processo, em reclamações trabalhistas que visem a tornar sem efeito transferência disciplinada pelos parágrafos do artigo 469 desta Consolidação.
>
> V – conceder medida liminar, até decisão final do processo, em reclamações trabalhistas que visem reintegrar no emprego dirigente sindical afastado, suspenso ou dispensado pelo empregador.

28. O Código de Ética da Magistratura foi instituído por intermédio da Resolução nº 60, de 19.09.2008.

A) *Investidura na primeira instância*

O ingresso na primeira instância da magistratura do trabalho é feito, exclusivamente, por meio de concurso de provas e títulos para o cargo de Juiz do Trabalho Substituto.

A Constituição Federal de 1988 possui dispositivo que trata da investidura no aludido cargo:

> Art. 93. I – ingresso na carreira, cujo cargo inicial será o de juiz substituto, mediante concurso público de provas e títulos, com a participação da Ordem dos Advogados do Brasil em todas as fases, exigindo-se do bacharel em direito, no mínimo, três anos de atividade jurídica e obedecendo-se, nas nomeações, à ordem de classificação.

Já o art. 654 da Consolidação das Leis do Trabalho dispõe que: "O ingresso na magistratura do trabalho far-se-á para o cargo de Juiz do Trabalho Substituto. As nomeações subsequentes por promoção, alternadamente, por antiguidade e merecimento".

O CSJT declarou, pela Resolução de nº 26/06, que o mencionado dispositivo legal encontra-se em vigor e deve ser observado por todos os órgãos da Justiça do Trabalho.

B) *Concurso público*

O concurso público representa um dos procedimentos utilizados pela administração pública para selecionar os candidatos mais aptos a desempenharem as funções públicas, salvo nos casos daquelas inerentes aos cargos de provimento em comissão, de livre nomeação e exoneração.

De acordo com os ensinamentos de Cretella Jr., o concurso público pode ser definido como:

> Série complexa de procedimentos para apurar as aptidões pessoais apresentadas por um ou vários candidatos que se empenham na obtenção de uma ou mais vagas e que submetem voluntariamente seus trabalhos e atividades a julgamento de comissão examinadora.[29]

No que diz respeito à seleção de magistrados, o concurso público de provas e títulos deve ser promovido pelo Tribunal,[30] para o preenchimento dos cargos iniciais que forem declarados vagos.

Contudo, como visto anteriormente, constitui um dos objetivos da ENAMAT a instituição de um concurso em nível nacional para o provimento de todos os cargos de Juiz Substituto do Trabalho. Por conta disso, é necessário alterar a redação do art. 654, § 3º da CLT.[31]

29. CRETELLA JÚNIOR, José. **Curso de direito administrativo.** 10 ed. rev. e atual. Rio de Janeiro: Forense, 1989. p. 460.
30. CF de 1988. Art. 96. Compete privativamente: I – aos tribunais: **c) prover, na forma prevista nesta Constituição, os cargos de Juiz de carreira da respectiva jurisdição.**
31. CLT. art. 654, § 3º. Os juízes Substitutos serão nomeados após aprovação em concurso público de provas e títulos realizado perante o TRT da Região, válido por dois anos e prorrogável, a critério do mesmo órgão, por igual período, uma só vez, e organizado de acordo com as instruções expedidas pelo TST.

A LOMAN disciplina a matéria, em seu art. 78:

> **Art. 78.** O ingresso na magistratura de carreira dar-se-á mediante nomeação, após concurso público de provas e títulos, organizado e realizado com a participação do Conselho Seccional da Ordem dos Advogados do Brasil.

Encontram-se habilitados a prestarem o mencionado concurso público, **os bacharéis em direito que possuam tempo mínimo de três anos de atividade jurídica** na data da inscrição definitiva, inovação introduzida pela EC nº 45/2004.

A Resolução do CNJ de nº 75/2009, considera atividade jurídica: a) aquela exercida com exclusividade por bacharel em Direito; b) o efetivo exercício de advocacia, inclusive voluntária, mediante a participação anual mínima em 5 (cinco) atos privativos de advogado (Lei nº 8.906/94, art. 1º) em causas ou questões distintas; c) o exercício de cargos, empregos ou funções, inclusive de magistério superior, que exija a utilização preponderante de conhecimento jurídico; d) o exercício da função de conciliador junto a tribunais judiciais, juizados especiais, varas especiais, anexos de juizados especiais ou de varas judiciais, no mínimo por 16 (dezesseis) horas mensais e durante (um) ano; e) o exercício da atividade de mediação ou de arbitragem na composição de litígios.[32]

A referida resolução do CNJ veda a contagem do estágio acadêmico ou qualquer outra atividade anterior à obtenção do grau de bacharel em Direito, para efeito de comprovação da atividade jurídica.

C) Juiz Titular de Vara do Trabalho

Declarada a vaga do cargo de Juiz Titular de Vara do Trabalho, o seu preenchimento é feito, inicialmente, pelo procedimento da **remoção**, por um Juiz Titular de outra unidade jurisdicional de primeira instância. Deve ser observado o prazo máximo de quinze dias, bem como o critério de antiguidade, na hipótese de haver mais de um candidato à vaga.

Na ausência de requerimento de remoção, o preenchimento do cargo é feito por meio de **promoção** de Juiz Substituto para Juiz Titular, **por antiguidade e por merecimento, de forma alternada.**

Na promoção por antiguidade, observa-se, unicamente, o requisito do tempo de serviço. Quem for o juiz mais antigo é promovido, **salvo deliberação fundamentada tomada por dois terços dos membros do Tribunal** ao qual o juiz estiver vinculado e de acordo com o procedimento previamente estabelecido com a garantia do contraditório e da ampla defesa.

A retenção injustificada de autos para sentença ou despacho, além do prazo previsto para a respectiva prolação, também impedem a promoção, tanto por antiguidade quanto por merecimento.

32. A comprovação do tempo de atividade jurídica relativamente a cargos, empregos ou funções não privativos de bacharel em Direito será realizada mediante certidão circunstanciada, expedida pelo órgão competente, indicando as respectivas atribuições e a prática reiterada de atos que exijam a utilização preponderante de conhecimento jurídico, cabendo à Comissão de Concurso, em decisão fundamentada, analisar a validade do documento (CNJ. Resolução nº 75/2009. Art. 59, § 2º).

Na promoção por merecimento, leva-se em consideração o desempenho do magistrado, os critérios objetivos de produtividade e presteza no exercício da jurisdição e a frequência e aproveitamento em cursos oficiais ou reconhecidos de aperfeiçoamento (art. 93, II, c da Constituição Federal de 1988), além de ter que integrar a primeira quinta parte da lista de antiguidade dos seus pares (art. 93, II, *b*, parte final, da CF/88).

O Tribunal Regional do Trabalho reúne-se em sessão pública para a escolha aberta e fundamentada de três nomes, que serão incluídos em um rol denominado de lista tríplice.

Se o juiz figurar por três vezes consecutivas ou cinco alternadas, na lista de merecimento, **a sua promoção por este último critério é obrigatória**, segundo o art. 93, II, *"a"*, da atual Carta Magna.

A Justiça do Trabalho **não está dividida em entrâncias**. Por isso, para promoção por merecimento do Juiz Substituto para o cargo de Juiz Titular, não é necessário que ele tenha dois anos de exercício na localidade onde desempenha as suas funções, como exige o art. 93, II, *"b"*, da atual Carta Maior,[33] para os magistrados da Justiça Comum ordinária.

A Resolução do CNJ de nº 106/10, cuida, especificamente, dos critérios para a promoção do magistrado por merecimento. Segundo o conteúdo da referida Resolução, devem ser observados os seguintes critérios para ascensão meritória: a) desempenho (aspecto qualitativo da prestação jurisdicional); b) produtividade (aspecto quantitativo da prestação jurisdicional); c) presteza no exercício das funções; d) aperfeiçoamento técnico; e) adequação da conduta ao Código de Ética da Magistratura Nacional (2008).

Eventualmente, os Juízes Titulares podem ser convocados para substituir os Desembargadores Federais do Trabalho, desde que haja necessidade de serviço e em caráter excepcional, quando recebem a denominação de juízes Convocados.

D) Desembargadores dos Tribunais Regionais do Trabalho

O provimento de quatro quintos dos cargos de juiz dos Tribunais Regionais do Trabalho, também denominados de Desembargadores Federais do Trabalho, é feito por intermédio de **promoção por antiguidade e merecimento**, alternadamente, dentre aqueles ocupantes dos cargos de Juiz Titular de Vara do Trabalho.

Na promoção por merecimento, o Tribunal faz a escolha de três juízes titulares de Vara do Trabalho, dentre aqueles com **mais de trinta e menos de sessenta e cinco anos**. A respectiva lista tríplice é encaminhada ao Presidente da República, a quem cabe proceder à nomeação.

Um quinto do número de cargos de Desembargador Federal do Trabalho de cada TRT deve ser preenchido por advogados, com mais de dez anos de efetiva atividade profissional, e membros do Ministério Público do Trabalho com mais de dez anos de efetivo exercício, de forma alternada.

33. CF de 1988. Art. 93. II. **b) a promoção por merecimento pressupõe dois anos de exercício na respectiva entrância e integrar o juiz a primeira quinta parte da lista de antiguidade desta, salvo se não houver com tais requisitos quem aceite o lugar vago.**

E) Ministros do TST

Os Ministros do TST são nomeados pelo Presidente da República, após lista tríplice elaborada pelo próprio Tribunal e aprovação pela maioria absoluta do Senado Federal (art. 4º do RITST).

Quatro quintos desses cargos são destinados aos Desembargadores **de carreira** dos Tribunais Regionais do Trabalho com mais de trinta e cinco e menos de sessenta e cinco anos.

Um quinto dos cargos de Ministro do TST deve ser provido por advogados e membros do Ministério Público do Trabalho, desde que possuam mais de dez anos de atividade profissional ou de efetivo serviço no cargo, respectivamente. Também devem ser observados os limites mínimo e máximo de idade mencionados no parágrafo anterior.

A antiguidade dos ministros do TST é definida pelos seguintes critérios:

> I – pela posse; II – pela nomeação; III – pelo tempo de investidura na Magistratura da Justiça do Trabalho; IV – pelo tempo de serviço público federal; e V – pela idade, quando houver empate pelos demais critérios.

Nas ausências temporárias, por período superior a trinta dias, e nos afastamentos definitivos, os Ministros são substituídos por Desembargadores do Trabalho, escolhidos pelo Órgão Especial, mediante escrutínio secreto e pelo voto da maioria absoluta dos seus membros (art. 17 do Regimento Interno do TST).

F) Garantias dos magistrados

Os magistrados são, na verdade, órgãos do Poder Judiciário, que exercem a função jurisdicional. Há necessidade, portanto, de serem oferecidas determinadas garantias necessárias ao desempenho dessa atividade judicante, que exige imparcialidade e independência, necessárias à solução mais justa para o litígio.

As garantias dos juízes encontram-se previstas no art. 25 da LOMAN e art. 95 da Constituição Federal de 1988, quais sejam, a vitaliciedade, a inamovibilidade e a irredutibilidade de vencimentos.

– *Vitaliciedade*

O adjetivo vitalício serve para expressar algo que dura por toda a vida. Assim, cargos vitalícios, como o de magistrado, são ocupados durante toda vida, salvo algumas exceções expressamente previstas em lei.

Nem mesmo a aposentadoria interfere na vitaliciedade, uma vez que a sua concessão tem como efeito apenas o fim do exercício das atividades, mas mantidas as garantias, prerrogativas e privilégios do cargo respectivo.

Os Ministros do TST e os Desembargadores Federais do Trabalho adquirem a vitaliciedade com a simples posse nos cargos respectivos. Os demais, Juízes Substitutos e

Titulares de Vara, somente após dois anos de efetivo serviço, quando ultrapassam o período do estágio probatório.[34]

Essa garantia está prevista pelo art. 95, I, da Constituição Federal de 1988, que menciona, também, os casos de perda do cargo:

> **Art. 95.** I – vitaliciedade, que, no primeiro grau, só será adquirida após dois anos de exercício, dependendo a perda do cargo, nesse período, de deliberação do Tribunal a que o juiz estiver vinculado, e, nos demais casos, de sentença judicial transitada em julgado.

A LOMAN é mais específica, ao apontar os casos em que os magistrados podem perder o cargo:

> **Art. 26.** O magistrado vitalício somente perderá o cargo (VETADO): I – em ação penal por crime comum ou de responsabilidade; II – em procedimento administrativo para a perda do cargo nas hipóteses seguintes: a) exercício, ainda que em disponibilidade, de qualquer outra função, salvo um cargo de magistério superior, público ou particular; b) recebimento a qualquer título e sob qualquer pretexto, de percentagens ou custas nos processos sujeitos a seu despacho e julgamento; c) exercício de atividade político-partidária.

ATENÇÃO! A vitaliciedade dos integrantes do quinto constitucional efetiva-se imediatamente no ato da posse e não após dois anos de exercício, regra aplicada apenas aos juízes de primeiro grau. Inteligência do art. 95, I, da CF/88.

– Inamovibilidade

A inamovibilidade representa o direito que todo magistrado tem de não ser transferido do local de exercício de sua atividade jurisdicional.[35] A exceção fica por conta da previsão contida no art. 45, I, da LOMAN, combinado com o disposto no art. 93, VIII, da CF de 1988, ou seja, na hipótese de aplicação de penalidade de remoção compulsória, decidida pela maioria absoluta dos membros do Tribunal a qual o juiz estiver vinculado, seu órgão especial ou Conselho Nacional de Justiça, assegurada a ampla defesa e o contraditório.[36]

No caso de alteração da localização da sede da Unidade Jurisdicional, fica facultado ao juiz **pedir remoção para esse novo local, ser transferido para outra Vara do Trabalho que esteja vaga ou ficar em disponibilidade remunerada** com percepção de subsídios integrais.

– Irredutibilidade de subsídios

A retribuição pecuniária percebida pelos magistrados recebe o nome de **subsídio**, que representa um valor único pago também aos demais membros de Poder, aos detentores de

34. CF de 1988. Art. 93. IV – previsão de cursos oficiais de preparação, aperfeiçoamento e promoção de magistrados, constituindo etapa obrigatória do processo de vitaliciamento a participação em curso oficial ou reconhecido por escola nacional de formação e aperfeiçoamento de magistrados.
35. CF de 1988. Art. 95. II – inamovibilidade, salvo por motivo de interesse público, na forma do artigo 93, VIII.
36. Lei Complementar nº 35/79. Art. 45. O Tribunal ou seu órgão especial poderá determinar, por motivo de interesse público, em escrutínio secreto e pelo voto de dois terços de seus membros efetivos: I – a remoção de juiz de instância inferior. CF de 1988. Art. 93. VIII – o ato de remoção, disponibilidade e aposentadoria do magistrado, por interesse público, fundar-se-á em decisão por voto da maioria absoluta do respectivo Tribunal ou do Conselho Nacional de Justiça, assegurada ampla defesa.

mandato eletivo, aos Ministros de Estado e aos Secretários Estaduais e Municipais, em parcela única, sem o acréscimo de qualquer outra verba (gratificação, adicional, abono, prêmio, verba de representação etc.).

O art. 93, V, da Constituição Federal de 1988, fixa os parâmetros dos subsídios para todos os integrantes da magistratura nacional:

> **Art. 93**. V – o subsídio dos Ministros dos Tribunais Superiores corresponderá a noventa e cinco por cento do subsídio mensal fixado para os Ministros do Supremo Tribunal Federal e os subsídios dos demais magistrados serão fixados em lei e escalonados, em nível federal e estadual, conforme as respectivas categorias da estrutura judiciária nacional, não podendo a diferença entre uma e outra ser superior a dez por cento ou inferior a cinco por cento, nem exceder a noventa e cinco por cento do subsídio mensal dos Ministros dos Tribunais Superiores, obedecido, em qualquer caso, o disposto nos artigos 37, XI, e 39, § 4º;[37]

A irredutibilidade dos subsídios é garantida pelo art. 95, III, da atual Carta Magna[38] e pelo art. 32 da LOMAN:

> **Art. 32**. Os vencimentos dos magistrados são irredutíveis, sujeitos, entretanto, aos impostos gerais, inclusive o de renda, e aos impostos extraordinários. Parágrafo único. A irredutibilidade dos vencimentos dos magistrados não impede os descontos fixados em lei, em base igual à estabelecida para os servidores públicos, para fins previdenciários.

G) Prerrogativas

Em virtude da importância do cargo que ocupa, a lei confere ao magistrado determinadas prerrogativas, que o distingue das demais pessoas e dos servidores públicos em geral.

As principais prerrogativas estão previstas no art. 33 da LOMAN:[39]

> I – ser ouvido como testemunha em dia, hora e local previamente ajustados com a autoridade ou juiz de instância igual ou inferior; II – não ser preso senão por ordem escrita do Tribunal ou do órgão especial competente para o julgamento, salvo em flagrante de crime inafiançável, caso em que a autoridade fará imediata comunicação e apresentação do magistrado ao presidente do Tribunal a que esteja vinculado; III – ser recolhido a prisão especial, ou a sala especial de Estado-Maior, por ordem e à disposição do Tribunal ou do órgão especial competente, quando sujeito à prisão antes do julgamento final; IV – não estar sujeito à notificação ou à intimação para comparecimento, salvo se expedida por autoridade judicial; V – portar arma de defesa pessoal.

H) Deveres

A LOMAN, em seu art. 35, fixa os seguintes deveres para os magistrados:

37. O referido preceito constitucional foi regulamentado pela Lei nº 11.143/05, que fixou o teto remuneratório no serviço público, equivalente ao subsídio do Ministro do STF, valor que foi atualizado por intermédio da Lei nº 12.041/09.
38. CF de 1988. Art. 95. III – irredutibilidade de subsídio, ressalvado o disposto nos artigos 37, X e XI, 39, § 4º, 150, II, 153, III, e 153, § 2º, I.
39. Lei Complementar nº 35/79. Art. 33. Parágrafo único. Quando, no curso de investigação, houver indício da prática de crime por parte do magistrado, a autoridade policial, civil ou militar, remeterá os respectivos autos ao Tribunal ou órgão especial competente para o julgamento, a fim de que prossiga na investigação.

> I – cumprir e fazer cumprir, com independência, serenidade e exatidão, as disposições legais e atos de ofício;
>
> II – não exceder injustificadamente os prazos para sentenciar ou despachar;
>
> III – determinar as providências necessárias para que os atos processuais se realizem nos prazos legais;
>
> IV – tratar com urbanidade as partes, os membros do Ministério Público, os advogados, as testemunhas, os funcionários e auxiliares da Justiça, e atender aos que o procurarem, a qualquer momento, quando se trate de providência que reclame e possibilite solução de urgência;
>
> V – residir na sede da comarca, salvo autorização do órgão disciplinar a que estiver subordinado;
>
> VI – comparecer pontualmente à hora de iniciar-se o expediente ou sessão, e não se ausentar injustificadamente antes de seu término;
>
> VII – exercer assídua fiscalização sobre os subordinados, especialmente no que se refere à cobrança de custas e emolumentos, embora não haja reclamação das partes;
>
> VIII – manter conduta irrepreensível na vida pública e particular.

Já a CLT lista os deveres do Juiz do trabalho de primeira instância, em seu art. 658:

> I – manter perfeita conduta pública e privada; II – abster-se de atender a solicitações ou recomendações relativamente aos feitos que hajam sido ou tenham de ser submetidos à sua apreciação; III – residir dentro dos limites de sua jurisdição, não podendo ausentar-se sem licença do Presidente do Tribunal Regional; IV – despachar e praticar todos os atos decorrentes de suas funções, dentro dos prazos estabelecidos, sujeitando-se ao desconto correspondente a um dia de vencimento para cada dia de retardamento.

O CPC, em seu art. 139, também estabelece deveres a serem observados pelo magistrado:

> **Art. 139.** O juiz dirigirá o processo conforme as disposições deste Código, incumbindo-lhe: I – assegurar às partes igualdade de tratamento; II – velar pela duração razoável do processo; III – prevenir ou reprimir qualquer ato contrário à dignidade da justiça e indeferir postulações meramente protelatórias; IV – determinar todas as medidas indutivas, coercitivas, mandamentais ou sub-rogatórias necessárias para assegurar o cumprimento de ordem judicial, inclusive nas ações que tenham por objeto prestação pecuniária; V – promover, a qualquer tempo, a autocomposição, preferencialmente com auxílio de conciliadores e mediadores judiciais; VI – dilatar os prazos processuais e alterar a ordem de produção dos meios de prova, adequando-os às necessidades do conflito de modo a conferir maior efetividade à tutela do direito; VII – exercer o poder de polícia, requisitando, quando necessário, força policial, além da segurança interna dos fóruns e tribunais; VIII – determinar, a qualquer tempo, o comparecimento pessoal das partes, para inquiri-las sobre os fatos da causa, hipótese em que não incidirá a pena de confesso; IX – determinar o suprimento de pressupostos processuais e o saneamento de outros vícios processuais; X – quando se deparar com diversas demandas individuais repetitivas, oficiar o Ministério Público, a Defensoria Pública e, na medida do possível, outros legitimados a que se referem o art. 5º da Lei nº 7.347, de 24 de julho de 1985, e o art. 82 da Lei nº 8.078, de 11 de setembro de 1990, para, se for o caso, promover a propositura da ação coletiva respectiva.
>
> **Parágrafo único.** A dilação de prazos prevista no inciso VI somente pode ser determinada antes de encerrado o prazo regular.

Segundo dispõe o art. 3º, III, da Instrução Normativa nº 39/2016 do TST, não se aplica ao Juiz do Trabalho a parte final do inciso V, uma vez que inexiste a figura do conciliador ou do mediador nessa Justiça Especializada:

> **Art. 3º** Sem prejuízo de outros, aplicam-se ao Processo do Trabalho, em face de omissão e compatibilidade, os preceitos do Código de Processo Civil que regulam os seguintes temas:
> III – art. 139, exceto a parte final do inciso V (poderes, deveres e responsabilidades do juiz).

I) Proibições

As proibições impostas pelas normas constitucionais e infraconstitucionais têm como objetivo principal propiciar aos magistrados **condições de imparcialidade necessárias para exercer o seu** munus e encontram-se listadas no art. 95, parágrafo único, da atual Constituição Federal:

> I – exercer, ainda que em disponibilidade, outro cargo ou função, salvo uma de magistério;
>
> II – receber, a qualquer título ou pretexto, custas ou participação em processo;
>
> III – dedicar-se à atividade político-partidária;
>
> IV – receber, a qualquer título ou pretexto, auxílios ou contribuições de pessoas físicas, entidades públicas ou privadas, ressalvadas as exceções previstas em lei;
>
> V – exercer a advocacia no juízo ou Tribunal do qual se afastou, antes de decorridos três anos do afastamento do cargo por aposentadoria ou exoneração.

A LOMAN, em seu art. 36, acresce ao rol supramencionado as seguintes vedações:

> I – exercer o comércio ou participar de sociedade comercial, inclusive de economia mista, exceto como acionista ou quotista;
>
> II – exercer cargo de direção ou técnico de sociedade civil, associação ou fundação, de qualquer natureza ou finalidade, salvo de associação de classe, e sem remuneração;
>
> III – manifestar, por qualquer meio de comunicação, opinião sobre processo pendente de julgamento, seu ou de outrem, ou juízo depreciativo sobre despachos, votos ou sentenças, de órgãos judiciais, ressalvada a crítica nos autos e em obras técnicas ou no exercício do magistério.

J) Impedimento e suspeição do juiz

O afastamento do juiz para processar e julgar determinada lide é obrigatório nos casos listados pelo art. 144 do CPC, **classificados como motivo de impedimento:**

QUADRO COMPARATIVO – CASOS DE IMPEDIMENTO		
CPC DE 1973	**CPC DE 2015**	**CLT**
Art. 134. É defeso ao juiz exercer as suas funções no processo contencioso ou voluntário: I – de que for parte; II – em que interveio como mandatário da parte, oficiou como perito, funcionou como órgão do Ministério Público, ou prestou depoimento como testemunha; III – que conheceu em primeiro grau de jurisdição, tendo-lhe proferido sentença ou decisão;	**Art. 144.** Há impedimento do juiz, sendo-lhe vedado exercer suas funções no processo: I – em que interveio como mandatário da parte, oficiou como perito, funcionou como membro do Ministério Público ou prestou depoimento como testemunha; II – de que conheceu em outro grau de jurisdição, tendo proferido decisão;	Sem similar

QUADRO COMPARATIVO – CASOS DE IMPEDIMENTO		
CPC DE 1973	**CPC DE 2015**	**CLT**
IV – quando nele estiver postulando, como advogado da parte, o seu cônjuge ou qualquer parente seu, consanguíneo ou afim, em linha reta; ou na linha colateral até o segundo grau; V – quando cônjuge, parente, consanguíneo ou afim, de alguma das partes, em linha reta ou, na colateral, até o terceiro grau; VI – quando for órgão de direção ou de administração de pessoa jurídica, parte na causa.	III – quando nele estiver postulando, como **defensor público,** advogado ou **membro do Ministério Público**, seu cônjuge ou **companheiro,** ou qualquer parente, consanguíneo ou afim, em linha reta ou colateral, até o terceiro grau, **inclusive;** IV – quando for parte no processo ele próprio, seu cônjuge ou **companheiro**, ou parente, consanguíneo ou afim, em linha reta ou colateral, até o terceiro grau, **inclusive**; V – quando for sócio ou membro de direção ou de administração de pessoa jurídica parte no processo; VI – **quando for herdeiro presuntivo, donatário ou empregador de qualquer das partes;** VII – **em que figure como parte instituição de ensino com a qual tenha relação de emprego ou decorrente de contrato de prestação de serviços;** VIII – **em que figure como parte cliente do escritório de advocacia de seu cônjuge, companheiro ou parente, consanguíneo ou afim, em linha reta ou colateral, até o terceiro grau, inclusive, mesmo que patrocinado por advogado de outro escritório;** IX – **quando promover ação contra a parte ou seu advogado.**	Sem similar
Aplicabilidade do CPC ao processo do trabalho	Diante da omissão da CLT, aplica-se essa regra ao processo do trabalho, em face da ausência de incompatibilidade.	
Diferença entre o CPC de 2015 e o de 1973	• O impedimento do advogado que é cônjuge, companheiro ou parente do juiz se estende, de forma expressa no CPC de 2015, ao advogado público e ao membro do Ministério Público. • O parentesco, que provoca o impedimento, vai até o terceiro grau. No CPC de 1973 só ocorria o impedimento nos casos de parentesco até o segundo grau. • Também foram criados novos casos expressos de impedimento: a) Quando a instituição de ensino a qual o magistrado estiver vinculado, for parte; b) quando for herdeiro presuntivo, donatário ou empregador de qualquer das partes (caso de suspeição no CPC de 1973); c) Quando for parte cliente do escritório de advocacia do seu cônjuge, companheiro ou parente; e d) Quando promover ação contra a parte ou seu advogado.	

A atuação do magistrado no processo sem observar essa previsão normativa, implica nulidade dos atos por ele praticados, inclusive da sentença, que pode ser objeto de ação rescisória, conforme previsão contida no art. 966, II, do CPC.

O § 1º do art. 144 do CPC ressalva que só há impedimento quando o juiz passa a atuar no processo no qual o advogado, defensor ou membro do Ministério Público já esteja constituído, **uma vez que não se admite o ingresso dessas pessoas no processo com o objetivo de provocar o impedimento.**

Já o § 3º do mesmo dispositivo legal citado estende o impedimento previsto no inciso III **a todos os integrantes do escritório no qual atue o advogado** que provoque impedimento do juízo:

> **Art. 144. § 3º** O impedimento previsto no inciso III também se verifica no caso de mandato conferido a membro de escritório de advocacia que tenha em seus quadros advogado que individualmente ostente a condição nele prevista, mesmo que não intervenha diretamente no processo.

Os casos de suspeição estão previstos no art. 145 do CPC e art. 801 da CLT:

QUADRO COMPARATIVO – SUSPEIÇÃO		
CPC DE 1973	**CPC DE 2015**	**CLT**
Art. 135. Reputa-se fundada a suspeição de parcialidade do juiz, quando I – amigo íntimo ou inimigo capital de qualquer das partes; II – alguma das partes for credora ou devedora do juiz, de seu cônjuge ou de parentes destes, em linha reta ou na colateral até o terceiro grau; **III – herdeiro presuntivo, donatário ou empregador de alguma das partes;** IV – receber dádivas antes ou depois de iniciado o processo; aconselhar alguma das partes acerca do objeto da causa, ou subministrar meios para atender às despesas do litígio; V – interessado no julgamento da causa em favor de uma das partes.	**Art. 145**. Há suspeição do juiz: I – amigo íntimo ou inimigo de qualquer das partes ou de seus advogados; II – que receber presentes de pessoas que tiverem interesse na causa antes ou depois de iniciado o processo, que aconselhar alguma das partes acerca do objeto da causa ou que subministrar meios para atender às despesas do litígio; III – quando qualquer das partes for sua credora ou devedora, de seu cônjuge ou **companheiro** ou de parentes destes, em linha reta até o terceiro grau, **inclusive**; IV – interessado no julgamento do processo em favor de qualquer das partes.	**Art. 801**. O juiz, presidente ou juiz classista, é obrigado a dar-se por suspeito, e pode ser recusado, por alguns dos seguintes motivos, em relação à pessoa dos litigantes: a) inimizade pessoal; b) amizade íntima; c) parentesco por consanguinidade ou afinidade até o terceiro grau civil; d) interesse particular na causa.
Aplicabilidade do CPC ao processo do trabalho	Como a norma do CPC é mais completa, é aplicada ao processo do trabalho diante da ausência de incompatibilidade. Note-se, entretanto, que a hipótese de parentesco prevista na alínea "c" do art. 801 da CLT é classificada como de suspeição, enquanto que no CPC é causa de impedimento.	
Diferença entre o CPC de 2015 e o de 1973	• A amizade intima ou inimizade é estendida para os advogados e não apenas à parte, no CPC de 2015; • A hipótese de o juiz ser herdeiro presuntivo, donatário ou empregador de alguma das partes foi transformada em causa de impedimento no CPC de 2015.	

Ao contrário do que ocorre com o impedimento, **nos casos de suspeição há necessidade de arguição pela parte interessada**, no prazo para a contestação, por meio da exceção de suspeição, ou a qualquer momento, desde que no prazo de quinze dias após o conhecimento pela parte da circunstância que provoque a suspeição, sob pena de preclusão.

Contudo, o juiz pode se declarar suspeito **por motivo de foro íntimo** (art. 145, § 1º, do CPC) sem a necessidade de explicitá-lo.[40]

A CLT, em seu art. 801, **não faz distinção entre causas de impedimento e causas de suspeição**, de forma semelhante ao que fazia o CPC de 1939.

Como a CLT inspirou-se no art. 185 do CPC de 1939,[41] nada impede que se utilize, de forma supletiva e subsidiariamente, as regras instituídas pelos citados 144 e 145 do CPC de 2015 inclusive sobre os efeitos da preclusão, nos casos relativos aos motivos de suspeição.

Inclusive, a própria CLT destaca os efeitos da **preclusão lógica e temporal**, no art. 801, parágrafo único:

> **Art. 801. Parágrafo único.** Se o recusante houver praticado algum ato pelo qual haja consentido na pessoa do juiz, não mais poderá alegar exceção de suspeição, salvo sobrevindo novo motivo. A suspeição não será também admitida, se do processo constar que o recusante deixou de alegá-la anteriormente, quando já a conhecia, ou que, depois de conhecida, aceitou o juiz recusado ou, finalmente, se procurou de propósito o motivo de que ela se originou.

2.5. Ministério Público do Trabalho

O Ministério Público do Trabalho, criado pela Lei nº 1.341/51, é parte integrante do Ministério Público da União, conforme reconhecimento feito pela atual Carta Maior em seu art. 128,[42] que estabeleceu a sua organização, funções e prerrogativas, inseridas no capítulo denominado "das funções essenciais à Justiça".

Pelas regras contidas na Constituição Federal de 1969, **o Ministério Público estava vinculado ao Poder Executivo**. Atualmente, não tem qualquer vinculação com o Poder Executivo ou Judiciário e exerce suas atribuições perante a Justiça do Trabalho em todos os seus graus de jurisdição.

O Ministério Público **é instituição permanente, essencial à função jurisdicional do Estado**. Incumbe-lhe a defesa da ordem jurídica, do regime democrático e dos interesses sociais e individuais indisponíveis, regido pelos princípios da unidade, da indivisibilidade e da independência funcional.

O CPC disciplina a atividade do Ministério Público nos arts. 176 a 181. Destaque-se a alteração feita em relação ao prazo para contestar, art. 180, que passa a ser em dobro para

40. A Resolução nº 82/09 do CNJ obrigava o juiz a informar, sigilosamente, ao corregedor o motivo da suspeição. Todavia, com o advento do CPC de 2015, foi cancelada em agosto de 2016. A ANAMATRA, AJUFE e AMB ingressaram com uma ADI no STF, que recebeu o número 4260, para requerer a declaração da inconstitucionalidade do ato normativo mencionado. A referida ação foi extinta sem resolução do mérito por conta da revogação da citada Resolução do CNJ.
41. CPC de 1939. Art. 185. Considerar-se-á fundada a suspeita de parcialidade do juiz quando: I – parente, consanguíneo ou afim, de alguma das partes, ou de seus procuradores, até o terceiro grau; II – amigo íntimo ou inimigo capital de qualquer das partes; III – particularmente interessado na decisão da causa: IV – ele, ou qualquer de seus parentes, consanguíneos ou afins até o terceiro grau, tiver interesse direto em transação em que haja intervindo, ou esteja para intervir, alguma das partes.
42. CF de 1988. Art. 128. O Ministério Público abrange: I – O Ministério Público da União, que compreende: **a) o Ministério Público Federal; b) o Ministério Público do Trabalho; c) o Ministério Público Militar; d) o Ministério Público do Distrito Federal e Territórios.**

prática de todos os atos processuais, inclusive contestar, e não em quádruplo, como previa o art. 188 do CPC de 1973.

QUADRO COMPARATIVO – PRAZO EM DOBRO PARA O MP		
CPC DE 1973	**CPC DE 2015**	**CLT**
Art. 188. Computar-se-á em **quádruplo** o prazo para contestar e em **dobro** para recorrer quando a parte for a Fazenda Pública ou o Ministério Público.	**Art. 180.** O Ministério Público gozará de **prazo em dobro para manifestar-se nos autos**, que terá início a partir de sua intimação pessoal, nos termos do art. 183, § 1º. § 1º Findo o prazo para manifestação do Ministério Público sem o oferecimento de parecer, o juiz requisitará os autos e dará andamento ao processo. § 2º Não se aplica o benefício da contagem em dobro quando a lei estabelecer, de forma expressa, prazo próprio para o Ministério Público.	Sem similar.
Aplicabilidade do CPC ao processo do trabalho	Diante da omissão na CLT e nas demais leis trabalhistas, o prazo em dobro para o MPT passa a ser aplicado no processo laboral.	
Diferença entre o CPC de 2015 e o de 1973	O preceito contido no CPC de 2015 é bem mais completo do que o art. 188 do CPC de 1973, pois fixa as consequências da omissão do MP e deixa claro que o prazo em dobro não se aplica quando a lei, de forma expressa, estabelecer outro.	

A) Organização

O Ministério Público do Trabalho é composto de uma Procuradoria-Geral, que atua perante o TST, e de **vinte e quatro Procuradorias Regionais**, que oficiam perante os Tribunais Regionais do Trabalho.

O ingresso na carreira do Ministério Público do Trabalho efetiva-se, de forma exclusiva, após a aprovação em concurso público de provas e títulos para o cargo de Procurador do Trabalho, com promoções para os cargos de Procurador Regional do Trabalho e de Subprocurador-Geral do Trabalho.

O Procurador do Trabalho funciona perante os Tribunais Regionais do Trabalho e nos litígios laborais que envolvam, especialmente, os direitos de incapazes e de interesse público.[43]

Os Procuradores Regionais do Trabalho também funcionam junto aos TRT's e podem substituir o Subprocurador-Geral do Trabalho, desde que o afastamento deste último seja por prazo superior a trinta dias.

Os Subprocuradores-Gerais do Trabalho são designados para oficiar junto ao Tribunal Superior do Trabalho e nos ofícios da Câmara de Coordenação e Revisão.

43. Com a aprovação da Lei nº 10.771/03, interiorizaram-se os ofícios no âmbito do Ministério Público do Trabalho, permitindo a atuação dos procuradores do trabalho nas localidades fora da capital de cada Estado.

Por fim, o Procurador-Geral do Trabalho é o chefe do Ministério Público do Trabalho, conforme preceitua o art. 87 da LC nº 75/93. Compete-lhe exercer as funções atribuídas ao MPT perante o plenário do TST, inclusive propor as ações cabíveis e manifestar nos processos de sua competência.

A escolha do Procurador-Geral do MPT está disciplinada pelo art. 88 da referida LC nº 75/93:

> **Art. 88.** O Procurador-Geral do Trabalho será nomeado pelo Procurador-Geral da República, dentre integrantes da Instituição, com mais de trinta e cinco anos de idade e de cinco anos na carreira, integrantes de lista tríplice escolhida mediante voto plurinominal, facultativo e secreto, pelo Colégio de Procuradores para um mandato de dois anos, permitida uma recondução, observado o mesmo processo. Caso não haja número suficiente de candidatos com mais de cinco anos na carreira, poderá concorrer à lista tríplice quem contar mais de dois anos na carreira.

B) *Atribuições*

A Carta Magna de 1988, em seu art. 129, III, estabelece como **função institucional** do Ministério Público, dentre outras, "promover o inquérito civil e a ação civil pública, para a proteção do patrimônio público e social, do meio ambiente e de outros interesses difusos e coletivos".

A Lei Complementar nº 75/93, em seu art. 83, traça os contornos específicos das atribuições do MPT perante os órgãos da Justiça do Trabalho, de forma genérica e principal, quais sejam, a defesa dos interesses dos trabalhadores, menores e incapazes, derivados da relação de trabalho, nos limites da competência absoluta da Justiça do Trabalho, estabelecido pelo art. 114 da atual Constituição Federal.

De forma específica, **são as seguintes atribuições do MPT:**

> I – promover as ações que lhe sejam atribuídas pela Constituição Federal e pelas leis trabalhistas;
>
> II – manifestar-se em qualquer fase do processo trabalhista, acolhendo solicitação do juiz ou por sua iniciativa, quando entender existente interesse público que justifique a intervenção;
>
> III – promover a ação civil pública no âmbito da Justiça do Trabalho, para defesa de interesses coletivos, quando desrespeitados os direitos sociais constitucionalmente garantidos;
>
> IV – propor as ações cabíveis para declaração de nulidade de cláusula de contrato, acordo coletivo ou convenção coletiva que viole as liberdades individuais ou coletivas ou os direitos individuais indisponíveis dos trabalhadores;
>
> V – propor as ações necessárias à defesa dos direitos e interesses dos menores, incapazes e índios, decorrentes das relações de trabalho;
>
> VI – recorrer das decisões da Justiça do Trabalho, quando entender necessário, tanto nos processos em que for parte, como naqueles em que oficiar como fiscal da lei, bem como pedir revisão dos Enunciados da Súmula de Jurisprudência do Tribunal Superior do Trabalho;
>
> VII – funcionar nas sessões dos Tribunais Trabalhistas, manifestando-se verbalmente sobre a matéria em debate, sempre que entender necessário, sendo-lhe assegurado o direito de

vista dos processos em julgamento, podendo solicitar as requisições e diligências que julgar convenientes;

VIII – instaurar instância em caso de greve, quando a defesa da ordem jurídica ou o interesse público assim o exigir;

IX – promover ou participar da instrução e conciliação em dissídios decorrentes da paralisação de serviços de qualquer natureza, oficiando obrigatoriamente nos processos, manifestando sua concordância ou discordância, em eventuais acordos firmados antes da homologação, resguardado o direito de recorrer em caso de violação à lei e à Constituição Federal;

X – promover mandado de injunção, quando a competência for da Justiça do Trabalho;

XI – atuar como árbitro, se assim for solicitado pelas partes, nos dissídios de competência da Justiça do Trabalho;

XII – requerer as diligências que julgar convenientes para o correto andamento dos processos e para a melhor solução das lides trabalhistas;

XIII – intervir obrigatoriamente em todos os feitos nos segundo e terceiro graus de jurisdição da Justiça do Trabalho, quando a parte for pessoa jurídica de Direito Público, Estado estrangeiro ou organismo internacional.

Conforme se observa do texto legal transcrito, **o Ministério Público, na Justiça do Trabalho, somente funciona de forma habitual nas sessões dos Tribunais do Trabalho.**

Além disso, conforme preceitua o art. 178 do CPC, compete ao Ministério Público **intervir, no prazo de 30 dias após sua intimação, como fiscal da ordem jurídica** nos processos que envolvam:[44]

I – interesse público ou social;

II – interesse de incapaz;

III – litígios coletivos pela posse de terra rural ou urbana.

Essa espécie de atuação efetiva-se por intermédio das Procuradorias Regionais do Trabalho (que oficiam perante o Tribunal Regional do Trabalho) e da Procuradoria-Geral do Trabalho (que oficia junto ao Tribunal Superior do Trabalho), por intermédio da emissão de parecer, requisição de produção de provas, interposição de recursos etc.

Como fiscal da lei, o representante do MPT: tem vista nos autos depois das partes, é intimado pessoalmente de todos os atos do processo, poderá produzir provas, requerer as medidas processuais pertinentes e recorrer (art. 179 CPC).

Como órgão agente, atua na defesa dos interesses difusos, coletivos e individuais homogêneos dos trabalhadores, nos limites da competência material da Justiça Laboral, principalmente por meio do ajuizamento da ação civil pública. No processo civil, o Ministério Público exercerá o direito de ação em conformidade com suas atribuições constitucionais (art. 177 do CPC).

---

44. TST. SDI-1. OJ nº 350. MINISTÉRIO PÚBLICO DO TRABALHO. NULIDADE DO CONTRATO DE TRABALHO NÃO SUSCITADA PELO ENTE PÚBLICO NO MOMENTO DA DEFESA. ARGUIÇÃO EM PARECER. POSSIBILIDADE. O Ministério Público do Trabalho pode arguir, em parecer, na primeira vez que tenha de se manifestar no processo, a nulidade do contrato de trabalho em favor de ente público, ainda que a parte não a tenha suscitado, a qual será apreciada, sendo vedada, no entanto, qualquer dilação probatória.

O TST possui alguns verbetes que tratam da legitimidade do Ministério Público do Trabalho:

> **SÚMULA Nº 407.** AÇÃO RESCISÓRIA. MINISTÉRIO PÚBLICO. LEGITIMIDADE "AD CAUSAM" PREVISTA NO ART. 967, III, "A", "B" E "C" DO CPC DE 2015. ART. 487, III, "A" E "B", DO CPC DE 1973. HIPÓTESES MERAMENTE EXEMPLIFICATIVAS (nova redação em decorrência do CPC de 2015) – Res. 208/2016, DEJT divulgado em 22, 25 e 26.04.2016. A legitimidade "ad causam" do Ministério Público para propor ação rescisória, ainda que não tenha sido parte no processo que deu origem à decisão rescindenda, não está limitada às alíneas "a", "b" e "c" do inciso III do art. 967 do CPC de 2015 (art. 487, III, "a" e "b", do CPC de 1973), uma vez que traduzem hipóteses meramente exemplificativas (ex-OJ nº 83 da SBDI-2 – inserida em 13.03.2002)
>
> **OJ Nº 130.** SDI1. PRESCRIÇÃO. MINISTÉRIO PÚBLICO. ARGUIÇÃO. "CUSTOS LEGIS". ILEGITIMIDADE (atualizada em decorrência do CPC de 2015) – Res. 209/2016, DEJT divulgado em 01, 02 e 03.06.2016. Ao exarar o parecer na remessa de ofício, na qualidade de "custos legis", o Ministério Público não tem legitimidade para arguir a prescrição em favor de entidade de direito público, em matéria de direito patrimonial.
>
> **OJ Nº 237.** SDI1. MINISTÉRIO PÚBLICO DO TRABALHO. LEGITIMIDADE PARA RECORRER. SOCIEDADE DE ECONOMIA MISTA. EMPRESA PÚBLICA (incorporada a Orientação Jurisprudencial nº 338 da SBDI-I) – Res. 210/2016, DEJT divulgado em 30.06.2016 e 01 e 04.07.2016 I – O Ministério Público do Trabalho não tem legitimidade para recorrer na defesa de interesse patrimonial privado, ainda que de empresas públicas e sociedades de economia mista. II – Há legitimidade do Ministério Público do Trabalho para recorrer de decisão que declara a existência de vínculo empregatício com sociedade de economia mista ou empresa pública, após a Constituição Federal de 1988, sem a prévia aprovação em concurso público, pois é matéria de ordem pública.

Exemplo de questão sobre o tema

(Magistratura do Trabalho – TRT 21ª – 2010) Sobre as atribuições do Ministério Público do Trabalho junto aos órgãos da Justiça do Trabalho, conforme previsto em lei, examine as assertivas abaixo e marque, em seguida, a alternativa correta:

I. propor as ações cabíveis para declaração de nulidade de cláusula de contrato, acordo coletivo ou convenção coletiva que viole as liberdades individuais ou coletivas ou os direitos individuais indisponíveis dos trabalhadores;

II. propor as ações necessárias à defesa dos direitos e interesses de crianças, incapazes e índios, decorrentes das relações de trabalho;

III. funcionar nas sessões dos Tribunais Trabalhistas, manifestando-se verbalmente sobre a matéria em debate, sempre que entender necessário, sendo-lhe assegurado o direito de vista dos processos em julgamento, podendo solicitar as requisições e diligências que julgar convenientes;

IV. promover mandado de injunção, quando a competência for da Justiça do Trabalho;

V. atuar como árbitro, se assim for solicitado pelas partes, nos dissídios de competência da Justiça do Trabalho.

a) apenas as assertivas II e III estão corretas;

b) apenas as assertivas II, III e IV estão corretas;

c) apenas as assertivas I, III e IV estão corretas;

d) apenas as assertivas I, II, III e V estão corretas;

e) todas as assertivas estão corretas.

Resposta: E

C) Prerrogativas

Segundo o art. 18, I, da referida Lei Complementar nº 75/93, **são prerrogativas institucionais dos membros do MPU:**

a) sentar-se no mesmo plano e imediatamente à direita dos juízes singulares ou presidentes dos órgãos judiciários perante os quais oficiem;

b) usar vestes talares;

c) ter ingresso e trânsito livres, em razão de serviço, em qualquer recinto público ou privado, respeitada a garantia constitucional da inviolabilidade do domicílio;

d) a prioridade em qualquer serviço de transporte ou comunicação, público ou privado, no Território Nacional, quando em serviço de caráter urgente;

e) o porte de arma, independentemente de autorização;

f) carteira de identidade especial, de acordo com modelo aprovado pelo Procurador-Geral da República e por ele expedida.

O Conselho Superior da Justiça do Trabalho, por meio da Resolução de nº 7/05, regulamentou a questão relativa à prerrogativa que o representante do MPT tem de **sentar no mesmo plano e imediatamente à direita dos juízes do trabalho** e dos presidentes dos órgãos judiciários, quando oficiam como *custos legis* ou como parte.

Já as **prerrogativas processuais** são as seguintes:

a) do membro do Ministério Público da União que oficie perante Tribunais, ser processado e julgado, nos crimes comuns e de responsabilidade, pelo Superior Tribunal de Justiça;

b) do membro do Ministério Público da União que oficie perante juízos de primeira instância, ser processado e julgado, nos crimes comuns e de responsabilidade, pelos Tribunais Regionais Federais, ressalvada a competência da Justiça Eleitoral;

c) ser preso ou detido somente por ordem escrita do Tribunal competente ou em razão de flagrante de crime inafiançável, caso em que a autoridade fará imediata comunicação àquele Tribunal e ao Procurador-Geral da República, sob pena de responsabilidade;

d) ser recolhido à prisão especial ou à sala especial de Estado-Maior, com direito à privacidade e à disposição do Tribunal competente para o julgamento, quando sujeito à prisão antes da decisão final; e à dependência separada no estabelecimento em que tiver de ser cumprida a pena;

e) não ser indiciado em inquérito policial;[45]

f) ser ouvido, como testemunha, em dia, hora e local previamente ajustados com o magistrado ou a autoridade competente;

g) receber intimação pessoalmente nos autos em qualquer processo e grau de jurisdição nos feitos em que tiver que oficiar.

45. LC nº 75/93. Art. 18. Parágrafo único. Quando, no curso de investigação, houver indício da prática de infração penal por membro do Ministério Público da União, a autoridade policial, civil ou militar, remeterá imediatamente os autos ao Procurador-Geral da República, que designará membro do Ministério Público para prosseguimento da apuração do fato.

D) Conselho Nacional do Ministério Público e o Conselho Superior do Ministério Público do Trabalho

O Conselho Nacional do Ministério Público, assim como o CNJ, foi criado pela Emenda Constitucional nº 45/2004.

A sua composição também é fixada por norma constitucional:

> **Art. 130-A.** O Conselho Nacional do Ministério Público compõe-se de quatorze membros nomeados pelo Presidente da República, depois de aprovada a escolha pela maioria absoluta do Senado Federal, para um mandato de dois anos, admitida uma recondução, sendo: (Incluído pela Emenda Constitucional nº 45, de 2004)
>
> I – o Procurador-Geral da República, que o preside;
>
> II – quatro membros do Ministério Público da União, assegurada a representação de cada uma de suas carreiras;
>
> III – três membros do Ministério Público dos Estados;
>
> IV – dois juízes, indicados um pelo Supremo Tribunal Federal e outro pelo Superior Tribunal de Justiça;
>
> V – dois advogados, indicados pelo Conselho Federal da Ordem dos Advogados do Brasil;
>
> VI – dois cidadãos de notável saber jurídico e reputação ilibada, indicados um pela Câmara dos Deputados e outro pelo Senado Federal.

Já o Conselho Superior do Ministério Público do Trabalho, órgão do Ministério Público do Trabalho, teve seu disciplinamento legal estabelecido por norma infraconstitucional, mais precisamente, pela Lei Complementar nº 75/1993.

A presidência do referido órgão é exercida pelo Procurador-Geral do Trabalho e é composto pelos seguintes membros, segundo dispõe o art. 95 da referida LC nº 75/93:

> I – o Procurador-Geral do Trabalho e o Vice-Procurador-Geral do Trabalho, que o integram como membros natos;
>
> II – quatro Subprocuradores-Gerais do Trabalho, eleitos para um mandato de dois anos, pelo Colégio de Procuradores do Trabalho, mediante voto plurinominal, facultativo e secreto, permitida uma reeleição;
>
> III – quatro Subprocuradores-Gerais do Trabalho, eleitos para um mandato de dois anos, por seus pares, mediante voto plurinominal, facultativo e secreto, permitida uma reeleição.

As atribuições do Conselho Superior do Ministério Público do Trabalho encontram-se definidas pelo art. 98 da Lei Complementar nº 75/93:

Compete ao Conselho Superior do Ministério Público do Trabalho:

> I – exercer o poder normativo no âmbito do Ministério Público do Trabalho, observados os princípios desta lei complementar, especialmente para elaborar e aprovar:
>
> a) o seu Regimento Interno, o do Colégio de Procuradores do Trabalho e o da Câmara de Coordenação e Revisão do Ministério Público do Trabalho;
>
> b) as normas e as instruções para o concurso de ingresso na carreira;
>
> c) as normas sobre as designações para os diferentes ofícios do Ministério Público do Trabalho;

d) os critérios para distribuição de procedimentos administrativos e quaisquer outros feitos, no Ministério Público do Trabalho;

e) os critérios de promoção por merecimento na carreira;

f) o procedimento para avaliar o cumprimento das condições do estágio probatório;

II – indicar os integrantes da Câmara de Coordenação e Revisão do Ministério Público do Trabalho;

III – propor a exoneração do Procurador-Geral do Trabalho;

IV – destituir, por iniciativa do Procurador-Geral do Trabalho e pelo voto de dois terços de seus membros, antes do término do mandato, o Corregedor-Geral;

V – elaborar a lista tríplice destinada à promoção por merecimento;

VI – elaborar a lista tríplice para Corregedor-Geral do Ministério Público do Trabalho;

VII – aprovar a lista de antiguidade do Ministério Público do Trabalho e decidir sobre as reclamações a ela concernentes;

VIII – indicar o membro do Ministério Público do Trabalho para promoção por antiguidade, observado o disposto no art. 93, II, alínea d, da Constituição Federal;

IX – opinar sobre a designação de membro do Ministério Público do Trabalho para:

a) funcionar nos órgãos em que a participação da Instituição seja legalmente prevista;

b) integrar comissões técnicas ou científicas relacionadas às funções da Instituição;

X – opinar sobre o afastamento temporário de membro do Ministério Público do Trabalho;

XI – autorizar a designação, em caráter excepcional, de membros do Ministério Público do Trabalho, para exercício de atribuições processuais perante juízos, tribunais ou ofícios diferentes dos estabelecidos para cada categoria;

XII – determinar a realização de correições e sindicâncias e apreciar os relatórios correspondentes;

XIII – determinar a instauração de processos administrativos em que o acusado seja membro do Ministério Público do Trabalho, apreciar seus relatórios e propor as medidas cabíveis;

XIV – determinar o afastamento do exercício de suas funções, de membro do Ministério Público do Trabalho, indiciado ou acusado em processo disciplinar, e o seu retorno;

XV – designar a comissão de processo administrativo em que o acusado seja membro do Ministério Público do Trabalho;

XVI – decidir sobre o cumprimento do estágio probatório por membro do Ministério Público do Trabalho, encaminhando cópia da decisão ao Procurador-Geral da República, quando for o caso, para ser efetivada sua exoneração;

XVII – decidir sobre remoção e disponibilidade de membro do Ministério Público do Trabalho, por motivo de interesse público;

XVIII – autorizar, pela maioria absoluta de seus membros, que o Procurador-Geral da República ajuíze a ação de perda de cargo contra membro vitalício do Ministério Público do Trabalho, nos casos previstos em lei;

XIX – opinar sobre os pedidos de reversão de membro da carreira;

XX – aprovar a proposta de lei para o aumento do número de cargos da carreira e dos ofícios;

XXI – deliberar sobre a realização de concurso para o ingresso na carreira, designar os membros da Comissão de Concurso e opinar sobre a homologação dos resultados;

XXII – aprovar a proposta orçamentária que integrará o projeto de orçamento do Ministério Público da União;

XXIII – exercer outras funções atribuídas em lei.

Exemplos de questões sobre o tema

(TRT 2 – Juiz do Trabalho Substituto 2ª região/2016) Em relação à atuação do Ministério Público do Trabalho junto aos órgãos da Justiça do Trabalho analise as seguintes proposições:

I. Compete ao Ministério Público do Trabalho intervir em todos os feitos no segundo e no terceiro graus de jurisdição da Justiça do Trabalho, quando a parte for pessoa jurídica de direito público.

II. Compete ao Ministério Público do Trabalho intervir em todos os feitos no primeiro, no segundo e no terceiro graus de jurisdição da Justiça do Trabalho, quando a parte for Estado estrangeiro ou organismo internacional.

III. Compete ao Ministério Público do Trabalho manifestar-se em qualquer fase do processo trabalhista, acolhendo solicitação do juiz ou por sua iniciativa, quando entender existente interesse público que justifique a intervenção.

IV. Compete ao Ministério Público do Trabalho atuar como árbitro, se assim for solicitado pelas partes, nos dissídios de competência da Justiça do Trabalho.

V. Compete ao Ministério Público do Trabalho, com exclusividade, propor em juízo todas as ações necessárias à defesa dos direitos e interesses dos índios, decorrentes das relações de trabalho.

Responda:

a) Somente as proposições I, II e V estão corretas.

b) Somente as proposições I, III e IV estão corretas.

c) Somente as proposições II, III e IV estão corretas.

d) Somente as proposições III, IV e V estão corretas.

e) Todas as proposições estão corretas.

Resposta: B

(FCC – Juiz do Trabalho Substituto 6ª região/2015) Segundo a Lei Complementar no 75/1993, o Conselho Superior do Ministério Público do Trabalho, presidido pelo Procurador-Geral do Trabalho, tem a seguinte composição:

a) o Procurador-Geral do Trabalho, o Vice-Procurador- Geral do Trabalho e o Corregedor-Geral do Ministério Público do Trabalho, que o integram como membros natos; quatro Subprocuradores-Gerais do Trabalho, eleitos para um mandato de um ano, pelo Colégio de Procuradores do Trabalho, mediante voto plurinominal, facultativo e secreto, permitida uma recondução; e quatro Subprocuradores-Gerais do Trabalho, eleitos para um mandato de um ano, por seus pares, mediante voto plurinominal, facultativo e secreto, permitida uma recondução.

b) o Procurador-Geral do Trabalho, que o integra como membro nato; três Subprocuradores-Gerais do Trabalho, eleitos para um mandato de um ano, pelo Colégio de Procuradores do Trabalho, mediante voto plurinominal, obrigatório e secreto, permitida uma recondução; e quatro Subprocuradores-Gerais do Trabalho, eleitos para um mandato de um ano, por seus pares, mediante voto plurinominal, obrigatório e secreto, permitida uma recondução.

c) o Procurador-Geral do Trabalho, o Vice-Procurador- Geral do Trabalho e o Corregedor-Geral do Ministério Público do Trabalho, que o integram como membros natos; três Subprocuradores-Gerais do Trabalho, eleitos para um mandato de dois anos, pelo Colégio de Procuradores do Trabalho, mediante voto plurinominal, facultativo e secreto, permitida uma reeleição; e três Subprocuradores-Gerais do Trabalho, eleitos para um mandato de dois anos, por seus pares, mediante voto plurinominal, facultativo e secreto, permitida uma reeleição.

d) o Procurador-Geral do Trabalho, que o integra como membro nato; quatro Subprocuradores-Gerais do Trabalho, eleitos para um mandato de dois anos, pelo Colégio de Procuradores do Trabalho, mediante voto plurinominal, facultativo e secreto, não permitida a reeleição; e quatro Subprocuradores-Gerais do Trabalho, eleitos para um mandato de dois anos, por seus pares, mediante voto plurinominal, facultativo e secreto, não permitida a reeleição.

e) o Procurador-Geral do Trabalho e o Vice-Procurador-Geral do Trabalho, que o integram como membros natos; quatro Subprocuradores-Gerais do Trabalho, eleitos para um mandato de dois anos, pelo Colégio de Procuradores do Trabalho, mediante voto plurinominal, facultativo e secreto, permitida uma reeleição; e quatro Subprocuradores-Gerais do Trabalho, eleitos para um mandato de dois anos, por seus pares, mediante voto plurinominal, facultativo e secreto, permitida uma reeleição.

Resposta: E

(TRT 8 – Juiz do Trabalho Substituto 8ª região/ 2013) Sobre o Ministério Público do Trabalho (organização, competência, atribuições e Lei Complementar n° 75/93) é CORRETO afirmar que:

a) Estão entre as atribuições do Procurador-Geral do Trabalho: I – integrar, como membro nato, e presidir o Colégio de Procuradores do Trabalho, o Conselho Superior do Ministério Público do Trabalho e a Comissão de Concurso; II – designar, observados os critérios da lei e os estabelecidos pelo Conselho Superior, os ofícios em que exercerão suas funções os membros do Ministério Público do Trabalho; III – decidir, em grau de recurso, os conflitos de atribuição entre os órgãos do Ministério Público do Trabalho; IV – determinar a abertura de correição, sindicância ou inquérito administrativo; V – decidir processo disciplinar contra membro da carreira ou servidor dos serviços auxiliares, ouvido o Conselho Superior, aplicando as sanções que sejam de sua competência; VI – autorizar o afastamento de todos os membros do Ministério Público, nos casos previstos em lei.

b) Entre as prerrogativas de natureza institucional, os membros do Ministério Público do Trabalho têm assento à esquerda e no mesmo plano dos juízes singulares ou presidentes dos órgãos judiciários perante os quais oficiem (como parte ou fiscal da lei).

c) A partir da Constituição Federal de 1988, o Ministério Público do Trabalho possui relevância de longo alcance, como instituição permanente que ocupa o núcleo intangível de formatação do Estado, imunizado quanto a eventual propósito legislativo voltado para a sua extinção ou redução das respectivas atribuições, autonomia, órgãos, garantias, princípios ou prerrogativas, por meio de iniciativa sob a forma de Emenda Constitucional.

d) O Procurador-Geral do Trabalho será nomeado pelo Procurador-Geral da República, dentre integrantes da instituição, com mais de trinta e cinco anos de idade e de dez anos na carreira, integrante de lista tríplice escolhida mediante voto plurinominal, facultativo e secreto, pelo Colégio de Procuradores para um mandato de dois anos, permitida uma recondução, observado o mesmo processo. Caso não haja número suficiente de candidatos com mais de dez anos na carreira, poderá concorrer à lista tríplice quem contar mais de cinco anos na carreira.

e) O Ministério Público do Trabalho atua como órgão interveniente, como custos legis, participando e manifestando-se nas sessões dos Tribunais Regionais do Trabalho e Tribunal Superior do Trabalho, e elaborando pareceres na defesa de interesse público evidenciado, bem como pode atuar junto às Varas do Trabalho, inclusive com competência para recorrer, na defesa de interesse patrimonial de empresas públicas e sociedades de economia mista.

Resposta: C

2.6. Juízes de Direito

Os Juízes de Direito da Justiça Ordinária Estadual encontram-se investidos da jurisdição laboral naquelas localidades não abrangidas territorialmente pelas Varas do Trabalho.

A Constituição Federal de 1988 dispõe sobre a matéria em seu art. 112, a LOMAN no art. 14, § 1º, e a CLT no art. 668:

CF/88. Art. 112	LOMAN. Art. 14. § 1º	CLT Art. 668
A lei criará varas da Justiça do Trabalho, podendo, nas comarcas não abrangidas por sua jurisdição, atribuí-la aos juízes de direito, com recurso para o respectivo Tribunal Regional do Trabalho.	Nas comarcas onde não for instituída Junta de Conciliação e Julgamento, poderá a lei atribuir as suas funções aos juízes de direito.	Nas localidades não compreendidas na jurisdição das Juntas de Conciliação e Julgamento, os Juízos de Direito são os órgãos de administração da Justiça do Trabalho, com a jurisdição que lhes for determinada pela lei de organização judiciária local.

Entretanto, **as Varas do Trabalho, atualmente, atendem a todos os municípios brasileiros.**

Quando havia esses casos, o juiz de direito exercia a jurisdição trabalhista, com a utilização do Direito material e processual do trabalho, inclusive em relação à competência em razão da matéria.

2.7. Serviços Auxiliares da Justiça do Trabalho

Os Tribunais e os juízos singulares constituem os órgãos principais do Poder Judiciário. De forma específica, o Tribunal Superior do Trabalho, os Tribunais Regionais do Trabalho e Juízes do trabalho representam os órgãos principais do Poder Judiciário Trabalhista.

Para a completa eficiência na execução das funções típicas e atípicas do Poder Judiciário, necessitam-se de outros órgãos denominados de auxiliares, que são encarregados de dar cumprimento às decisões e demais determinações emanadas dos integrantes dos órgãos principais.

Esses serviços auxiliares podem ser de natureza permanente, quando os respectivos cargos fazem parte do quadro de pessoal do Poder Judiciário, ou podem ser requisitados, eventualmente, por determinação do juiz ou Tribunal, de ofício ou a requerimento das partes.

Pelas regras contidas na CLT, são considerados como auxiliares permanentes a secretaria da Vara do Trabalho, o serviço de distribuição de feitos, a secretaria dos Tribunais Regionais e os oficiais de justiça avaliadores.

As demais funções são exercidas pelos auxiliares eventuais, como o perito judicial, o intérprete, o administrador, o depositário etc., salvo se o regimento interno de cada Tribunal instituir cargos para o exercício permanente de tais funções.

Os atos processuais praticados pelos integrantes dos órgãos auxiliares da justiça **caracterizam-se pela sua fé pública**, ou seja, estão impregnados da presunção *iuris tantum* de veracidade em relação ao seu conteúdo.

A) Secretarias das Varas do Trabalho

A secretaria das Varas do Trabalho é um órgão auxiliar e permanente da Justiça do Trabalho. O serviço burocrático na primeira instância é exercido pelos servidores lotados nessas secretarias, que ocupam cargo de provimento efetivo ou em comissão, função semelhante àquelas exercidas pelos serventuários dos cartórios da Justiça Ordinária.

A chefia da secretaria é exercida por um diretor, com funções análogas ao do escrivão da Justiça Comum, em conformidade com o preceito contido no art. 710 da CLT:

> **Art. 710.** Cada Junta terá uma secretaria, sob a direção do funcionário que o presidente do Tribunal Regional do Trabalho designar para exercer a função de diretor da secretaria, e que receberá, além dos vencimentos correspondentes ao seu padrão, a gratificação de função fixada em lei.

Os servidores da Justiça do Trabalho **podem praticar atos processuais de natureza ordinatória**, desde que devidamente autorizados por ato do juiz ao qual estiverem vinculados, de acordo com o art. 93, inciso XIV, da Constituição Federal de 1988: "os servidores receberão delegação para a prática de atos de administração e atos de mero expediente sem caráter decisório".

São atribuições da secretaria da Vara do Trabalho, de acordo com o art. 711 da CLT:

> a) o recebimento, a autuação, o andamento, a guarda e a conservação dos processos e outros papéis que lhe forem encaminhados;
>
> b) a manutenção do protocolo de entrada e saída dos processos e demais papéis;
>
> c) o registro das decisões;
>
> d) a informação, às partes interessadas e seus procuradores, do andamento dos respectivos processos, cuja consulta lhes facilitará;
>
> e) a abertura de vista dos processos às partes, na própria secretaria;
>
> f) a contagem das custas devidas pelas partes, nos respectivos processos;
>
> g) o fornecimento de certidões sobre o que constar dos livros ou do arquivamento da secretaria;
>
> h) a realização das penhoras e demais diligências processuais;
>
> i) o desempenho dos demais trabalhos que lhe forem cometidos pelo presidente da Junta, para melhor execução dos serviços que lhe estão afetos.

Quando a jurisdição laboral é exercida por um Juiz de Direito, os cartórios respectivos ficam encarregados das mesmas atribuições das secretarias das Varas do Trabalho e os escrivães das mesmas tarefas e obrigações que eram conferidas ao diretor de secretaria.

B) Secretaria dos Tribunais

Os Tribunais Regionais do Trabalho e o Tribunal Superior do Trabalho são auxiliados pelos servidores de suas respectivas secretarias.

Com o crescimento dos Tribunais e sua divisão em órgãos menores, foi necessário criar, também, as secretarias para a execução dos atos processuais e movimentação processual de suas competências.

Assim, a depender da dimensão do Tribunal, pode haver diversos órgãos auxiliares, como a secretaria do Tribunal Pleno, secretaria do Órgão Especial, secretaria das Seções Especializadas em Dissídios Coletivos, secretaria das Seções Especializadas em Dissídios Individuais, secretaria das Turmas, secretaria geral da Presidência, secretaria da Vice-Presidência, secretaria da Corregedoria Regional, gabinete dos Desembargadores ou dos Ministros etc.

As atribuições e obrigações dessas secretarias e, consequentemente, dos servidores que compõem o seu quadro de pessoal, constam dos respectivos regimentos internos, que devem observar as diretrizes fixadas pelo art. 719 da CLT:

> **Art. 719.** Competem à secretaria dos Tribunais, além das atribuições estabelecidas no artigo 711, para a secretaria das Juntas, mais as seguintes:
>
> a) a conclusão dos processos ao presidente e sua remessa, depois de despachados, aos respectivos relatores;
>
> b) a organização e a manutenção de um fichário de jurisprudência do Tribunal, para consulta dos interessados.

C) Serviço de distribuição de feitos

Quando em uma localidade houver **mais de uma Vara do Trabalho e não existir o sistema de processo eletrônico**, as petições iniciais serão protocoladas no **setor de distribuição de feitos** do fórum, onde serão submetidas à distribuição pela ordem rigorosa de sua apresentação.

A CF/88, em seu art. 93, XV, determina que: "a distribuição de processos será imediata, em todos os graus de jurisdição".

São atribuições do setor de distribuição, segundo o art. 714 da CLT:

> a) a distribuição, pela ordem rigorosa de entrada, e sucessivamente a cada Junta, dos feitos que, para esse fim, lhe forem apresentados pelos interessados;
>
> b) o fornecimento, aos interessados, do recibo correspondente a cada feito distribuído;
>
> c) a manutenção de dois fichários dos feitos distribuídos, sendo um organizado pelos nomes dos reclamantes e o outro dos reclamados, ambos por ordem alfabética;
>
> d) o fornecimento a qualquer pessoa que o solicite, verbalmente ou por certidão, de informações sobre os feitos distribuídos;
>
> e) a baixa na distribuição dos feitos, quando isto lhe for determinado pelos presidentes das Juntas, formando, com as fichas correspondentes, fichários à parte, cujos dados poderão ser consultados pelos interessados, mas não serão mencionados em certidões.

Nas localidades com mais de uma unidade judiciária e que contam com o sistema do PJe a distribuição das demandas **é feita automaticamente**, o que torna desnecessária a manutenção de um setor físico para executar essa atribuição.

D) Oficiais de Justiça Avaliadores

O oficial de justiça é um serventuário ao qual incumbe a execução de diligências **fora dos limites da sede da unidade jurisdicional**. Funciona como uma *longa manus* do juiz, na execução de mandados e outras determinações judiciais, como citações, intimações, notificações, penhora, arresto, sequestro, busca e apreensão etc.

Na Justiça do Trabalho, os oficiais de justiça, além de exercerem as tarefas inerentes ao seu cargo, acumulam a função de **avaliar os bens** que sofrem constrição judicial e, por conta disso, recebem a denominação de oficiais de justiça avaliadores.

Pela regra contida no art. 721 da CLT, incumbem aos oficiais de justiça avaliadores da Justiça do Trabalho: "a realização dos atos decorrentes da execução dos julgados das Juntas de Conciliação e Julgamento e dos Tribunais Regionais do Trabalho, que lhes forem cometidos pelos respectivos presidentes".

Os demais parágrafos do art. 721 da CLT definem outras atribuições dos Oficiais de Justiça:

> **§ 1º** Para efeito de distribuição dos referidos atos, cada Oficial de Justiça ou Oficial de Justiça Avaliador funcionará perante uma Junta de Conciliação e Julgamento, salvo quando da existência, nos Tribunais Regionais do Trabalho, de órgão específico, destinado à distribuição de mandados judiciais.
>
> **§ 2º** Nas localidades onde houver mais de uma Junta, respeitado o disposto no parágrafo anterior, a atribuição para o cumprimento do ato deprecado ao Oficial de Justiça ou Oficial de Justiça Avaliador será transferida a outro Oficial, sempre que, após o decurso de 9 (nove) dias, sem razões que o justifiquem, não tiver sido cumprido o ato, sujeitando-se o serventuário às penalidades da lei.
>
> **§ 3º** No caso de avaliação, terá o Oficial de Justiça Avaliador, para cumprimento da ato, o prazo previsto no art. 888.
>
> **§ 4º** É facultado aos Presidentes dos Tribunais Regionais do Trabalho cometer a qualquer Oficial de Justiça ou Oficial de Justiça Avaliador a realização dos atos de execução das decisões dêsses Tribunais.
>
> **§ 5º** Na falta ou impedimento do Oficial de Justiça ou Oficial de Justiça Avaliador, o Presidente da Junta poderá atribuir a realização do ato a qualquer serventuário.

Inclusive, vale registrar que houve revogação tácita do art. 887 da CLT, por meio da Lei nº 5.442/68, que atribuía a tarefa de avaliação a uma pessoa escolhida de comum acordo entre as partes: "A avaliação dos bens penhorados em virtude da execução de decisão condenatória, será feita por avaliador escolhido de comum acordo pelas partes, que perceberá as custas arbitradas pelo juiz, ou presidente do tribunal trabalhista, de conformidade com a tabela a ser expedida pelo Tribunal Superior do Trabalho".

O CPC delimita as incumbências do oficial de justiça em seu art. 154:

> **Art. 154.** Incumbe ao oficial de justiça:
>
> I – fazer pessoalmente citações, prisões, penhoras, arrestos e demais diligências próprias do seu ofício, sempre que possível na presença de 2 (duas) testemunhas, certificando no mandado o ocorrido, com menção ao lugar, ao dia e à hora;
>
> II – executar as ordens do juiz a que estiver subordinado;
>
> III – entregar o mandado em cartório após seu cumprimento;
>
> IV – auxiliar o juiz na manutenção da ordem;
>
> V – efetuar avaliações, quando for o caso;
>
> VI – certificar, em mandado, proposta de autocomposição apresentada por qualquer das partes, na ocasião de realização de ato de comunicação que lhe couber.

Na hipótese de inexistir na localidade servidor ocupante do cargo de oficial de justiça avaliador, as suas funções poderão ser atribuídas a qualquer outro serventuário, quando recebem a denominação de **oficial de justiça *ad hoc*.**

E) Órgãos auxiliares eventuais

Para que se obtenha a completa satisfação da prestação jurisdicional, é necessário recorrer, de forma eventual, a determinados profissionais que não fazem parte do quadro de servidores do Poder Judiciário.

A atividade dessas pessoas, traduzida na prática de atos processuais, é considerada como serviço auxiliar do Poder Judiciário, uma vez que ajuda o magistrado na solução da lide.

O perito judicial constitui um exemplo típico de auxiliar eventual da Justiça. Ele é convocado pelo juiz quando se precisa de alguém com conhecimento técnico ou científico em determinada área.

O perito deve cumprir com zelo e diligência o ofício para o qual foi designado pelo juiz, salvo se apresentar motivo justificado para a recusa.

Na hipótese de inexistir, no âmbito do Tribunal respectivo, os cargos de **depositário e de administrador judicial**, suas funções são exercidas por particulares designados pelo juiz, observadas as regras contidas no art. 159 do CPC.[46]

O juiz recorre, também, aos conhecimentos de um **intérprete** sempre que algum documento for inserido nos autos em língua estrangeira ou quando do interrogatório das partes e testemunhas que não saibam o idioma nacional.

3. COMPETÊNCIA

Conceito clássico e simples, mas muito criticado pela doutrina por contrariar o princípio da unidade da jurisdição, diz que **a competência é a medida da jurisdição.**

Para o exercício da função jurisdicional, com maior eficiência, segurança e rapidez, é necessário que se efetive uma divisão de atribuições de acordo com diversos critérios usados para limitar a atuação de cada órgão jurisdicional. Esse processo de divisão e de limitação recebe a denominação de competência jurisdicional.

A depender do critério utilizado para separar e distribuir as diversas atribuições derivadas da jurisdição plena, a competência pode ser classificada em **internacional e interna, originária e recursal, absoluta e relativa.**

A seguir serão analisadas as hipóteses de competência internacional, absoluta e relativa, no âmbito da Justiça do Trabalho, bem como os institutos da conexão e da continência no processo laboral.

3.1. Competência internacional

No processo civil, as questões relativas à competência internacional encontram-se disciplinadas pelos arts. 21 a 25 do CPC.[47] Na verdade, não se trata de definir qual o órgão

---

46. CPC. Art. 159. A guarda e a conservação de bens penhorados, arrestados, sequestrados ou arrecadados serão confiadas a depositário ou a administrador, não dispondo a lei de outro modo.
47. CPC. Art. 21. Compete à autoridade judiciária brasileira processar e julgar as ações em que: I – o réu, qualquer que seja a sua nacionalidade, estiver domiciliado no Brasil; II – no Brasil tiver de ser cumprida a obrigação; III – o

judicial competente, no âmbito interno, para apreciar determinado litígio, mas de identificar a qual Estado soberano caberá exercer a jurisdição respectiva e o consequente cumprimento do provimento jurisdicional.

De acordo com as regras que constam do referido art. 21 do CPC a Justiça do Trabalho brasileira é competente nos casos em que **a prestação de serviço é executada no território nacional, mesmo que o contrato tenha sido firmado no exterior.**

Trata-se de **competência concorrente** da Justiça brasileira, pois é admitida a possibilidade de solução do conflito laboral por outro Estado soberano, com a execução da sentença respectiva em território nacional após a sua homologação pelo STJ.[48]

Em tais situações, não há que se falar em litispendência entre a ação proposta no estrangeiro e aquela ajuizada perante os Tribunais Trabalhistas brasileiros, conforme regra contida no art. 24 do CPC. [49]

Na hipótese de o trabalhador brasileiro prestar serviços no exterior para uma agência ou filial de uma empresa estabelecida no Brasil, a competência jurisdicional é da Justiça do Trabalho brasileira, também de acordo com o domicílio do obreiro, conforme disposto no art. 651, § 2º, da Consolidação das Leis do Trabalho:

> **Art. 651, § 2º.** A competência das Juntas de Conciliação e Julgamento, estabelecida neste artigo, estende-se aos dissídios ocorridos em agência ou filial no estrangeiro, desde que o empregado seja brasileiro e não haja convenção internacional dispondo em contrário.

Mesmo que o empregado trabalhe em território brasileiro, para embaixada ou consulado estrangeiro, é aplicada a legislação nacional e a Justiça do Trabalho é competente para dirimir eventual conflito, conforme disposição expressa contida no art. 114, I, da Constituição Federal de 1988.

A competência da Justiça Laboral brasileira limita-se, contudo, ao processo de conhecimento, em face da impossibilidade de se penhorar o patrimônio do Estado estrangeiro, mesmo que esteja situado em território nacional, uma vez que gozam dos mesmos privilégios conferidos à Fazenda Pública.

Assim, a execução de uma sentença proferida contra ente público estrangeiro teria que ser feita pela via diplomática, com a expedição de **carta rogatória**.

---

fundamento seja fato ocorrido ou ato praticado no Brasil. Parágrafo único. Para o fim do disposto no inciso I, considera-se domiciliada no Brasil a pessoa jurídica estrangeira que nele tiver agência, filial ou sucursal.

48. A competência exclusiva da Justiça brasileira, prevista pelo art. 23 do CPC é de rara aplicação prática no processo laboral: "Art. 23. Compete à autoridade judiciária brasileira, com exclusão de qualquer outra: I – conhecer de ações relativas a imóveis situados no Brasil; II – em matéria de sucessão hereditária, proceder à confirmação de testamento particular e ao inventário e à partilha de bens situados no Brasil, ainda que o autor da herança seja de nacionalidade estrangeira ou tenha domicílio fora do território nacional; III – em divórcio, separação judicial ou dissolução de união estável, proceder à partilha de bens situados no Brasil, ainda que o titular seja de nacionalidade estrangeira ou tenha domicílio fora do território nacional".

49. CPC. Art. 24: A ação proposta perante tribunal estrangeiro não induz litispendência e não obsta a que a autoridade judiciária brasileira conheça da mesma causa e das que lhe são conexas, ressalvadas as disposições em contrário de tratados internacionais e acordos bilaterais em vigor no Brasil. Parágrafo único. A pendência de causa perante a jurisdição brasileira não impede a homologação de sentença judicial estrangeira quando exigida para produzir efeitos no Brasil.

Já se o empregado acionou a Justiça do Trabalho de outro País e pretende executar a decisão no Brasil, a competência para tanto, **após obtido o *exequatur***, é da **Justiça Federal de primeira instância**, na forma prevista pelo art. 109, X, da CF/88:

> **Art. 109.** Aos juízes federais compete processar e julgar: X – os crimes de ingresso ou permanência irregular de estrangeiro, a execução de carta rogatória, após o "exequatur", e de sentença estrangeira, após a homologação, as causas referentes à nacionalidade, inclusive a respectiva opção, e à naturalização.

Não se pode alegar a **imunidade de jurisdição absoluta** com base Convenção de Viena sobre Relações Diplomáticas – CVRD, de 18.04.1961,[50] uma vez que essa própria Norma, em seu art. 31 não assegura esse privilégio para os agentes diplomáticos, conforme se observa da redação do referido dispositivo legal:

> 1. O agente diplomático gozará da imunidade de jurisdição penal do Estado acreditado. Gozará também da imunidade de jurisdição civil e administrativa, a não ser que se trate de:
>
> a) uma ação sobre imóvel privado situado no território do Estado acreditado, salvo se o agente diplomático o possuir por conta do Estado acreditante para os fins da missão;
>
> b) uma ação sucessória na qual o agente diplomático figure, a título privado e não em nome do Estado, como executor testamentário, administrador, herdeiro ou legatário;
>
> c) uma ação referente a qualquer profissão liberal ou atividade comercial exercida pelo agente diplomático no Estado acreditado fora de suas funções oficiais.

Sobre a imunidade de jurisdição, o TST manifesta-se por meio da OJ nº 416, da SDI-1:

> **OJ Nº 416.** Imunidade de jurisdição. Organização ou organismo internacional. (Divulgada no DeJT 14/02/2012). As organizações ou organismos internacionais gozam de imunidade absoluta de jurisdição quando amparados por norma internacional incorporada ao ordenamento jurídico brasileiro, não se lhes aplicando a regra do Direito Consuetudinário relativa à natureza dos atos praticados. Excepcionalmente, prevalecerá a jurisdição brasileira na hipótese de renúncia expressa à cláusula de imunidade jurisdicional.

O posicionamento majoritário do STF também é no mesmo sentido, conforme se pode observar da decisão monocrática seguir transcrita:

> Trata-se de execução fiscal contra a Embaixada Americana do Brasil, em que juiz Federal de São Paulo declinou da competência e remeteu os autos ao STF (art. 102, I, e, da Constituição Federal). O Estado Estrangeiro goza de imunidade de jurisdição, salvo no tocante às causas trabalhistas. O Supremo Tribunal Federal decidiu nos dois sentidos (Apelação Cível 9.705, Min. MOREIRA ALVES e Apelação Cível nº 9.696, Min. SYDNEY SANCHES). Diante disso, julgo extinto o processo, com base no art. 267, VI, do CPC. Intime-se.[51]

Deve-se registrar, entretanto, que **a tese de imunidade absoluta dos Organismos Internacionais (e não dos Estados estrangeiros) começa a ser adotada tanto pelo STF (RE 578543)52 quanto pelo TST**:

50. A referida convenção foi aprovada, no Brasil, Decreto Legislativo nº 103, de 1964, e promulgada pelo Decreto nº 56.435, de 8 de junho de 1965. Apesar de fazer referência expressa aos agentes diplomáticos e não aos Estados estrangeiros, essa normativa é constantemente citada para afastar a imunidade absoluta da jurisdição nacional em relação e estes últimos.
51. STF. Ação Civil Originária nº 527. Rel. Ministro Nelson Jobim. 26.03.1998.
52. Transcreve-se o trecho final do voto da Min. Ellen Grace: "Por essa razão, conheço em parte, pelo art. 102, III, a, da Carta Magna, dos recursos extraordinários interpostos pela ONU/PNUD e pela União, e, nessa parte, a eles

ORGANISMO INTERNACIONAL. IMUNIDADE DE JURISDIÇÃO. PNUD. Esta Corte firmou o entendimento, em sessão realizada em 3/9/2009 (E-ED-RR-RR – 90000-49.2004.5.10.0019), no sentido de que os organismos internacionais têm imunidade de jurisdição absoluta, quando assegurada por norma internacional ratificada pelo Brasil. Diante da literalidade da Convenção sobre Privilégios e Imunidades das Nações Unidas, devidamente ratificada pelo Brasil por meio do Decreto 27.784/50, é forçoso reconhecer que o Programa das Nações Unidas para o Desenvolvimento – PNUD, órgão diretamente ligado à ONU, goza de tal imunidade. Recurso de embargos conhecido e provido.

Trata-se da defesa da tese da **imunidade absoluta** em relação às Agências Especializadas das Nações Unidas, por conta da promulgação, pelo Brasil, da Convenção que trata da matéria, por intermédio do Decreto nº 52.288/63.

Assim dispõe o art. 3º, seção 4ª, da aludida Convenção:

> As agências especializadas, seus bens e ativo, onde estiverem localizados e qualquer que seja o seu depositário, gozarão de imunidade de todas as formas de processo legal, exceto na medida em que, em qualquer caso determinado houver expressamente renunciado à sua imunidade. Fica entendido, porém, que nenhuma renúncia de imunidade se estenderá a qualquer medida de execução.

Exemplo de questão sobre o tema

(TRT 1 – Juiz do Trabalho Substituto 1ª região/2016) Um trabalhador foi contratado, no Rio de Janeiro, por uma empresa italiana, com filial na mencionada cidade, para prestar serviços em Milão. Tendo prestado serviços por três anos e não tendo recebido seus créditos, ingressou com uma ação na Justiça Italiana, na qual obteve decisão a si favorável, por sentença devidamente transitada em julgado. Retornando ao Brasil, e fixando domicílio em São Paulo, promoveu a homologação da sentença italiana e pretende agora executá-la. Para tanto, é competente

a) a Vara Cível do Rio de Janeiro, a quem for distribuída a execução.
b) a Vara do Trabalho do Rio de Janeiro, a quem for distribuída a execução.
c) o juízo de Milão, que foi o prolator da sentença.
d) a Vara do Trabalho de São Paulo, a quem for distribuída a execução.
e) a Vara Cível de São Paulo, a quem for distribuída a execução.

Resposta: A

(MPT – Procurador do Trabalho/2013) Em relação aos trabalhadores brasileiros contratados no Brasil por Estados estrangeiros ou Organizações Internacionais, para aqui prestarem serviço, é CORRETO afirmar que:

a) Em virtude do reconhecimento de imunidade relativa às representações diplomáticas, é competente originariamente o Tribunal Regional do Trabalho do local onde celebrado o contrato, para demanda ajuizada pelo trabalhador em face da mesma.
b) A imunidade de jurisdição das representações diplomáticas se restringe aos atos de gestão, os quais pertencem à soberania de cada Estado em particular, não abrangendo os atos de império.
c) Em virtude do reconhecimento de imunidade absoluta das representações diplomáticas de Estados estrangeiros, é competente uma das Varas Federais da capital da República Federativa do Brasil.

dou provimento para, reconhecendo a violação, nos termos no art. 485, V, do CPC, à literal disposição contida na Seção 2 da Convenção sobre Privilégios e Imunidades das Nações Unidas, julgar procedente o pedido **rescisório formulado, ficando desconstituído o acórdão do Tribunal Regional do Trabalho da 23ª Região (fls. 202-211) e reconhecida a imunidade de jurisdição e de execução da ONU/PNUD".**

d) Consoante jurisprudência atual do STF organização internacional integrante do sistema das Nações Unidas goza de imunidade absoluta de jurisdição, pois amparada em norma internacional incorporada ao ordenamento jurídico brasileiro.

e) Não respondida.

Resposta: D

3.2. Competência absoluta

Existem normas processuais de ordem pública que fixam a competência interna do juízo e que, por esse motivo, não podem ser derrogadas pela vontade das partes. Devem ser conhecidas de ofício pelo juiz,[53] circunstância que obsta a prorrogação da competência.[54]

São espécies de competência absoluta aquela **em razão da matéria, da pessoa e da função**, conforme preceitua o art. 62 do CPC:

QUADRO COMPARATIVO – COMPETÊNCIA ABSOLUTA		
CPC DE 1973	**CPC DE 2015**	**CLT**
Art. 111. A competência em razão da matéria e da hierarquia é inderrogável por convenção das partes; mas estas podem modificar a competência em razão do valor e do território, elegendo foro onde serão propostas as ações oriundas de direitos e obrigações	**Art. 62.** A competência determinada em razão da matéria, **da pessoa** ou da função é inderrogável por convenção das partes.	Sem similar.
Aplicabilidade do CPC ao processo do trabalho	Como a CLT é omissa, aplica-se esse preceito do CPC ao processo laboral, em face da ausência de incompatibilidade com seus princípios.	
Diferença entre o CPC de 2015 e o de 1973	No dispositivo do CPC de 2015 a competência em razão da pessoa é classificada, de forma expressa, como absoluta.	

Uma vez acolhida a arguição de incompetência absoluta, por provocação ou de ofício, os autos são remetidos para o juízo competente (art. 64, § 3º, do CPC). Caso tenha sido proferida alguma decisão pelo juízo incompetente, deverá ser conservado o seu efeito até que outra seja proferida pelo juízo competente (art. 64, § 4º, do CPC).

A) Competência em razão da matéria

A atual Carta Magna reparte, entre os diversos órgãos do Poder Judiciário, a competência para o exercício da Jurisdição.

Anteriormente à edição da Emenda Constitucional nº 45/2004, a competência da Justiça do Trabalho restringia-se, basicamente, à análise e julgamento dos conflitos entre empregados e empregadores, conforme se observa da antiga redação do art. 114:

---

53. CPC. Art. 64. § 1º A incompetência absoluta pode ser alegada em qualquer tempo e grau de jurisdição e deve ser declarada de ofício.

54. CPC. Art. 43. Determina-se a competência no momento do registro ou da distribuição da petição inicial, sendo irrelevantes as modificações do estado de fato ou de direito ocorridas posteriormente, salvo quando suprimirem órgão judiciário ou alterarem a competência absoluta.

Art. 114. Compete à Justiça do Trabalho conciliar e julgar os dissídios individuais e coletivos entre trabalhadores e empregadores, abrangidos os entes de direito público externo e da administração pública direta e indireta dos Municípios, do Distrito Federal, dos Estados e da União, e, na forma da lei, outras controvérsias decorrentes da relação de trabalho, bem como os litígios que tenham origem no cumprimento de suas próprias sentenças, inclusive coletivas.

Excepcionalmente, a Justiça Especializada Laboral poderia julgar litígios decorrentes da relação de trabalho. Entretanto, dependia de norma expressa para lhe atribuir a competência específica, o que já acontecia, por exemplo, em relação aos litígios envolvendo casos de pequena empreitada e nos conflitos entre sindicatos:

CLT. Art. 643. Os dissídios oriundos das relações entre empregados e empregadores, bem como de trabalhadores avulsos e seus tomadores de serviços em atividades reguladas na legislação social, serão dirimidos pela Justiça do Trabalho, de acordo com o presente título e na forma estabelecida pelo processo judiciário do trabalho.

Lei nº 8.984. Art. 1º. Compete à Justiça do Trabalho conciliar e julgar os dissídios que tenham origem no cumprimento de convenções coletivas de trabalho ou acordos coletivos de trabalho, mesmo quando ocorram entre sindicatos ou entre sindicato de trabalhadores e empregador.

A jurisprudência também desempenhou um importante papel ao delimitar a competência da Justiça do Trabalho, principalmente pelas Súmulas do STF, Tribunais Superiores e Tribunais Regionais:

SÚMULA Nº 736 DO STF. Compete à Justiça do Trabalho julgar as ações que tenham como causa de pedir o descumprimento de normas trabalhistas relativas à segurança, higiene e saúde dos trabalhadores.

SÚMULA Nº 97 DO STJ. Compete à Justiça do Trabalho processar e julgar reclamação de servidor público relativamente a vantagens trabalhistas anteriores à instituição do regime jurídico único.

SÚMULA Nº 137 DO STJ. Compete à Justiça Comum Estadual processar e julgar ação de servidor público municipal, pleiteando direitos relativos ao vínculo estatutário.

SÚMULA Nº 222 DO STJ. Compete à Justiça Comum processar e julgar as ações relativas à contribuição sindical prevista no art. 578 da CLT.

SÚMULA Nº 19 DO TST. QUADRO DE CARREIRA. A Justiça do Trabalho é competente para apreciar reclamação de empregado que tenha por objeto direito fundado em quadro de carreira

SÚMULA Nº 189 DO TST. GREVE. COMPETÊNCIA DA JUSTIÇA DO TRABALHO. ABUSIVIDADE – NOVA REDAÇÃO. A Justiça do Trabalho é competente para declarar a abusividade, ou não, da greve.

SÚMULA Nº 300 DO TST. COMPETÊNCIA DA JUSTIÇA DO TRABALHO. CADASTRAMENTO NO PIS. Compete à Justiça do Trabalho processar e julgar ações ajuizadas por empregados em face de empregadores relativas ao cadastramento no Programa de Integração Social /PIS.

SÚMULA Nº 368 DO TST. DESCONTOS PREVIDENCIÁRIOS. IMPOSTO DE RENDA. COMPETÊNCIA. RESPONSABILIDADE PELO RECOLHIMENTO. FORMA DE CÁLCULO. FATO GERADOR (aglutinada a parte final da Orientação

Jurisprudencial nº 363 da SBDI-I à redação do item II e incluídos os itens IV, V e VI em sessão do Tribunal Pleno realizada em 26.06.2017) – Res. 219/2017, DEJT divulgado em 28, 29 e 30.06.2017.I – A Justiça do Trabalho é competente para determinar o recolhimento das contribuições fiscais. A competência da Justiça do Trabalho, quanto à execução das contribuições previdenciárias, limita-se às sentenças condenatórias em pecúnia que proferir e aos valores, objeto de acordo homologado, que integrem o salário de contribuição. (ex-OJ nº 141 da SBDI-1 – inserida em 27.11.1998).

SÚMULA Nº 389 DO TST. SEGURO-DESEMPREGO. COMPETÊNCIA DA JUSTIÇA DO TRABALHO. DIREITO À INDENIZAÇÃO POR NÃO LIBERAÇÃO DE GUIAS. (CONVERSÃO DAS ORIENTAÇÕES JURISPRUDENCIAIS Nºs 210 E 211 DA SDI-1). I – Inscreve-se na competência material da Justiça do Trabalho a lide entre empregado e empregador tendo por objeto indenização pelo não-fornecimento das guias do seguro-desemprego.

SÚMULA Nº 392 DO TST. RELAÇÃO DE TRABALHO. COMPETÊNCIA DA JUSTIÇA DO TRABALHO (nova redação. 27.10.2015). Nos termos do art. 114, inc. VI, da Constituição da República, a Justiça do Trabalho é competente para processar e julgar ações de indenização por dano moral e material decorrentes da relação de trabalho, inclusive as oriundas de acidente de trabalho e doenças a ele equiparadas, ainda que propostas pelos dependentes ou sucessores do trabalhador falecido.

SÚMULA Nº 10 do TRT5. Compete à Justiça do Trabalho processar e julgar o pedido de imissão na posse decorrente de suas próprias decisões.

OJ4T Nº 88 do TRT9. COMPETÊNCIA MATERIAL DA JUSTIÇA DO TRABALHO. I – É da competência material da Justiça do Trabalho julgar demandas em que se pleiteia o reconhecimento de vínculo de emprego ou parcelas tipicamente trabalhistas. Presente hipótese de contratação temporária sob relação jurídico-administrativa, não se insere na competência dessa Justiça, inclusive demanda em que se busque declaração de inaplicabilidade da norma não celetista. II – Não é da competência da Justiça do Trabalho executar as contribuições previdenciárias incidentes sobre as verbas salariais pagas em caso de reconhecimento de vínculo. III – Competência da Justiça do Trabalho. Honorários profissionais. Artigo 114 da Constituição Federal com nova redação dada pela EC 45/2004. É incompetente a Justiça do Trabalho para análise e julgamento de casos em que o tomador é o usuário final dos serviços prestados (por exemplo, cliente de um consultório de odontologia ou de um cirurgião plástico), ressalvada hipóteses específicas, que a lei atribui, voltada à pessoa do contratado, como se dá no caso do pequeno empreiteiro – art. 652, III da CLT-, ou mesmo na particular situação em que o advogado postula seus honorários, na ação trabalhista por ele patrocinada – art. 24, § 1º da Lei nº 8.906/94. IV – Competência da Justiça do Trabalho. Sucessão na falência ou recuperação judicial. Compete à Justiça do trabalho – e não à Justiça Comum Estadual – dirimir controvérsia acerca da existência de sucessão entre o falido ou o recuperando e a entidade que adquira total ou parcialmente suas unidades de produção (Tribunal Regional do Trabalho da 9ª Região, OJ nº 88 da 4ª Turma).

Após a promulgação da **Emenda Constitucional nº 45/2004,** que alterou a estrutura do Poder Judiciário, a competência da Justiça do Trabalho foi ampliada, no sentido de abranger não só os litígios derivados da relação de emprego, **mas todos aqueles derivados da relação de trabalho, sem necessidade de autorização expressa da lei**.

Também passou a ser atribuição da Justiça Laboral, solucionar litígios decorrentes da aplicação de penalidades pelo cumprimento da legislação trabalhista, aqueles derivados do exercício do direito de greve, dentre outros.

Esta é a atual redação do art. 114 da Constituição Federal de 1988:

> **Art. 114**. Compete à Justiça do Trabalho processar e julgar:
>
> I – as ações oriundas da relação de trabalho, abrangidos os entes de direito público externo e da administração pública direta e indireta da União, dos Estados, do Distrito Federal e dos Municípios;
>
> II – as ações que envolvam exercício do direito de greve;
>
> III – as ações sobre representação sindical, entre sindicatos, entre sindicatos e trabalhadores, e entre sindicatos e empregadores;
>
> IV – os mandados de segurança, *habeas corpus* e *habeas data*, quando o ato questionado envolver matéria sujeita à sua jurisdição;
>
> V – os conflitos de competência entre órgãos com jurisdição trabalhista, ressalvado o disposto no art. 102, I, o;
>
> VI as ações de indenização por dano moral ou patrimonial, decorrentes da relação de trabalho;
>
> VII – as ações relativas às penalidades administrativas impostas aos empregadores pelos órgãos de fiscalização das relações de trabalho;
>
> VIII – a execução, de ofício, das contribuições sociais previstas no art. 195, I, a, e II, e seus acréscimos legais, decorrentes das sentenças que proferir;
>
> IX – outras controvérsias decorrentes da relação de trabalho, na forma da lei.
>
> **§ 1º** Frustrada a negociação coletiva, as partes poderão eleger árbitros.
>
> **§ 2º** Recusando-se qualquer das partes à negociação coletiva ou à arbitragem, é facultado às mesmas, de comum acordo, ajuizar dissídio coletivo de natureza econômica, podendo a Justiça do Trabalho decidir o conflito, respeitadas as disposições mínimas legais de proteção ao trabalho, bem como as convencionadas anteriormente.
>
> **§ 3º** Em caso de greve em atividade essencial, com possibilidade de lesão do interesse público, o Ministério Público do Trabalho poderá ajuizar dissídio coletivo, competindo à Justiça do Trabalho decidir o conflito.

– *Fase pré-contratual*

A competência da Justiça do Trabalho se estenderia aos **litígios ocorridos na fase pré-contratual**, desde que se pretenda estabelecer uma relação de emprego ou de trabalho. Com efeito, para a teoria contratualista da relação empregatícia, a pré-contratação corresponde à fase anterior ao início da execução do contrato de emprego, representando o momento que antecede a formação contratual, quando há uma proposta feita por parte do trabalhador ou do empresário, com ou sem uma discussão sobre as cláusulas do futuro contrato.

A proposta de emprego obriga o futuro empregador e o futuro empregado a concluírem o negócio jurídico, mais precisamente, o contrato de trabalho. A exceção fica por conta da existência de disposição expressa em sentido contrário ou das circunstâncias de cada caso.

O proponente que não cumpre sua promessa **responde por perdas e danos**, desde que presentes os elementos caracterizadores da responsabilidade civil subjetiva. Nesse caso, o trabalhador terá direito a uma **indenização** pelos danos sofridos em decorrência da não conclusão do negócio jurídico que havia sido proposto.

A competência em razão da matéria para solucionar demanda contendo postulação da referida indenização **é da Justiça do Trabalho**. Com efeito, a Justiça do Trabalho, antes da promulgação da reforma do Poder Judiciário, já tinha competência para solucionar os litígios entre empregados e empregadores e as demais relações de trabalho, por expressa previsão legal.

Em face da inexistência de um mecanismo que assegure a estabilidade no emprego no Brasil, a maioria das reclamações trabalhistas são propostas, justamente, após a extinção do vínculo empregatício, sem nenhum questionamento quanto à competência da Justiça do Trabalho nesses casos.

Ora, se a Justiça Laboral é competente para analisar um conflito **após a extinção do liame que lhe deu causa, também o é quando o litígio surge antes mesmo da referida relação ser criada.**

Nesse sentido:

> **SÚMULA Nº 58 do TRT3.** CAIXA ECONÔMICA FEDERAL. CONCURSO PÚBLICO. CADASTRO RESERVA. EDITAL N.1/2014. DIREITO SUBJETIVO À NOMEAÇÃO. FASE PRÉ-CONTRATUAL. COMPETÊNCIA DA JUSTIÇA DO TRABALHO. Compete à Justiça do Trabalho examinar e julgar litígio originado na fase pré-contratual, relacionado à suposta preterição na nomeação de candidato aprovado no concurso público para cadastro de reserva da CEF, oriundo do Edital n. 1/2014.

Contudo, o STF entendeu de forma contrária, pelo menos no que diz respeito a fase pré-contratual promovida pela Administração Pública direta e indireta. A decisão com repercussão geral reconhecida (tema nº 992) foi proferida, nos autos do Recurso Extraordinário nº 960429, tendo como Relator o Ministro Gilmar Mendes:

> RECURSO EXTRAORDINÁRIO REPRESENTATIVO DA CONTROVÉRSIA. TEMA 992. DIREITO DO TRABALHO. DIREITO ADMINISTRATIVO. DISCUSSÃO SOBRE COMPETÊNCIA. ART. 114, INCISO I, DA CF/88. FASE PRÉ-CONTRATUAL. 1. Inexistência de relação de trabalho na chamada fase pré-contratual a atrair a competência da Justiça do Trabalho. 2. Prevalência do caráter público. Concurso público como ato de natureza administrativa. 3. Fixação da tese: Compete à Justiça comum processar e julgar controvérsias relacionadas à fase pré-contratual de seleção e de admissão de pessoal e eventual nulidade do certame em face da Administração Pública, direta e indireta, nas hipóteses em que adotado o regime celetista de contratação de pessoal. Recurso extraordinário não provido.

Apesar do efeito vinculante só se aplicar às demandas envolvendo à Administração Pública a *ratio decidendi* foi no sentido de reconhecer a inexistência da relação de trabalho na fase pré-contratual apta a atrair a competência da Justiça do Trabalho.

– *Servidor público*

A Justiça Comum, estadual ou federal, **é competente para dirimir conflitos entre o servidor público estatutário e a administração pública**, por interpretação conferida ao aludido preceito constitucional, na forma da ADI nº 3.395:[55]

55. STF. ADI nº 3395. Origem: DF. Relator: Min. Cezar Peluso. Reqte.(s): **Associação dos juízes Federais do Brasil – BRASIL. Reqte.(s): Associação Nacional dos magistrados Estaduais – ANAMAGES. Reqdo.(a/s): Congresso**

INCONSTITUCIONALIDADE. Ação direta. Competência. Justiça do Trabalho. Incompetência reconhecida. Causas entre o Poder Público e seus servidores estatutários. Ações que não se reputam oriundas de relação de trabalho. Conceito estrito desta relação. Feitos da competência da Justiça Comum. Interpretação do art. 114, inc. I, da CF, introduzido pela EC 45/2004. Precedentes. Liminar deferida para excluir outra interpretação. O disposto no art. 114, I, da Constituição da República, não abrange as causas instauradas entre o Poder Público e servidor que lhe seja vinculado por relação jurídico-estatutária.

A competência da Justiça do Trabalho fica reservada para os **conflitos entre os servidores celetistas e a administração pública, bem como entre os empregados das sociedades de economia mista e das empresas públicas.**

A adoção, pelo Ente Federado, do regime jurídico único estatutário, para reger as relações jurídicas com os seus servidores, implica extinção do vínculo empregatício.

Esse fato dá **início ao prazo prescricional para o ajuizamento da reclamação trabalhista perante a Justiça do Trabalho**, em face de sua competência residual.

Essa é a orientação jurisprudencial do TST, contida na OJ nº 138 da SDI-1:

OJ Nº 138. COMPETÊNCIA RESIDUAL. REGIME JURÍDICO ÚNICO. LIMITAÇÃO DA EXECUÇÃO. (nova redação em decorrência da incorporação da Orientação Jurisprudencial nº 249 da SBDI-1, DJ 20.04.2005). Compete à Justiça do Trabalho julgar pedidos de direitos e vantagens previstos na legislação trabalhista referente a período anterior à Lei nº 8.112/90, mesmo que a ação tenha sido ajuizada após a edição da referida lei. A superveniência de regime estatutário em substituição ao celetista, mesmo após a sentença, limita a execução ao período celetista (1ª parte – ex-OJ Nº 138 da SBDI-1 – inserida em 27.11.98; 2ª parte – ex-OJ Nº 249 – inserida em 13.03.02)

Contudo, recente decisão do STF (19.12.2019), proferida nos autos do conflito de competência nº 8018 entendeu pela competência da Justiça Comum nesses casos, ainda que o pedido seja de verbas eminentemente celetistas postuladas por servidor admitido após prévia aprovação em concurso público e de período anterior a implantação do regime jurídico único estatutário:

Em caso de contratação sem concurso público, a Justiça Laboral é competente para apreciar e julgar o feito, inclusive para declaração da nulidade e os seus efeitos relativos à indenização devida ao obreiro.

Nesse sentido, a decisão do STF a seguir transcrita e o precedente judicial do TRT6:

CONSTITUCIONAL. TRABALHISTA. COMPETÊNCIA. SERVIDOR PÚBLICO ADMITIDO SEM CONCURSO PÚBLICO, PELO REGIME DA CLT, ANTES DO ADVENTO DA CONSTITUIÇÃO DE 1988. DEMANDA VISANDO OBTER PRESTAÇÕES DECORRENTES DA RELAÇÃO DE TRABALHO. COMPETÊNCIA DA JUSTIÇA DO TRABALHO. REPERCUSSÃO GERAL CONFIGURADA. REAFIRMAÇÃO DE JURISPRUDÊNCIA. 1. Em regime de repercussão geral, fica reafirmada a jurisprudência do Supremo Tribunal Federal no sentido de ser da competência da Justiça do Trabalho processar e julgar demandas visando a obter prestações de natureza trabalhista, ajuizadas contra órgãos da Administração Pública por servidores que ingressaram em seus quadros, sem concurso público, antes do advento da CF/88, sob regime da Consolidação das Leis do

---

Nacional. Matéria: processo trabalhista – competência – servidor estatutário – art. 1º EC 45/04. 05.04.2006. DJU 10.11.2006 (Não houve julgamento definitivo da mencionada ADI nº 3.395).

Trabalho – CLT. Inaplicabilidade, em casos tais, dos precedentes formados na ADI 3.395-MC (Rel. Min. CEZAR PELUSO, DJ de 10/11/2006) e no RE 573.202 (Rel. Min. RICARDO LEWANDOWSKI, DJe de 5/12/2008, Tema 43) (STF. Plenário. RE nº 906.491. 02.10.2015).

SÚMULA Nº 01 do TRT16. JUSTIÇA DO TRABALHO. COMPETÊNCIA. CONTRATO NULO. A Justiça do Trabalho é competente para apreciar e julgar as ações em que se discute a nulidade do contrato de trabalho firmado com a Administração Pública, face a não observância do disposto no art. 37, II, da Constituição Federal de 1988.

Essa competência é mantida também nos casos de **contratação sem concurso público antes do advento da CF/88 e posterior adoção de regime estatutário pelo Ente público**. Nessa hipótese, como inexistiu concurso público, o servidor continua regido pela CLT e a competência para dirimir eventuais conflitos é da Justiça do Trabalho (STF. ARE 906491. Rel. Min. Teori Zavascki. 16.10.2015).

Na hipótese de contratação por tempo determinado, para atender a necessidade temporária de excepcional interesse público, na forma prevista pelo art. 37, IX da Constituição Federal vigente,[56] **a competência permanece com a Justiça Ordinária**, em face do caráter administrativo do vínculo.

O STF, em diversas decisões monocráticas proferidas em sede de reclamações constitucionais, atribui a referida competência à Justiça Comum, com fundamento na liminar proferida pelo Min. Jobim, nos autos da ADI nº 3395:

> A não inclusão do enunciado acrescido pelo STF em nada altera a proposição jurídica contida na regra. (...) não há que se entender que a Justiça Trabalhista, a partir do texto promulgado, possa analisar questões relativas aos servidores públicos. Essas demandas vinculadas a questões funcionais a eles pertinentes, regidos que são pela lei 8112/90 e pelo direito administrativo, são diversas dos contratos de trabalho regidos pela CLT. (...) em face dos princípios da proporcionalidade e da razoabilidade e ausência de prejuízo, concedo a liminar, com efeito 'ex tunc', dou interpretação conforme ao inc. I do art. 114 da CF, na redação da EC nº 45/04. suspendo, ad referendum, toda e qualquer interpretação dada ao inc. I do art. 114 da CF, na redação dada pela EC 45/04, que inclua, na competência da justiça do trabalho, a "...apreciação... de causas que... sejam instauradas entre o poder público e seus servidores, a ele vinculados por típica relação de ordem".[57]

No mesmo sentido a jurisprudência dos Tribunais Regionais:

SÚMULA Nº 14 do TRT11. COMPETÊNCIA DA JUSTIÇA DO TRABALHO. DEMANDAS ENVOLVENDO ENTE DE DIREITO PÚBLICO E SERVIDOR PÚBLICO. A competência para julgar demandas envolvendo trabalhadores temporários da administração pública é da Justiça Comum, e não da Justiça do Trabalho.

SÚMULA Nº 38 do TRT12. INCOMPETÊNCIA DA JUSTIÇA DO TRABALHO. CONTRATO POR TEMPO DETERMINADO. ART. 37, IX, DA CF. Dado o caráter eminentemente administrativo do contrato temporário firmado com a Administração Pública para atender necessidade temporária de excepcional interesse público, a Justiça do Trabalho é incompetente para dirimir os litígios dele derivados.

56. Na administração Pública Federal a contratação temporária foi regulamentada pela Lei nº 8.745/93 e Decreto nº 2.424/97.
57. STF. ADI nº 3.395. Relator Min. Cezar Peluso. DJ 04.02.2005 (a liminar foi referendada pelo Pleno em 05/04/2006).

Por isso, ainda que o empregado discuta a justificativa da contratação, ao afirmar que não houve necessidade temporária de excepcional interesse público ou a extrapolação do prazo previamente fixado, **a Justiça Laboral é incompetente para dirimir o litígio**, conforme jurisprudência do STF:

> RECLAMAÇÃO. CONTRATO TEMPORÁRIO. REGIME JURÍDICO ADMINISTRATIVO. DESCUMPRIMENTO DA AÇÃO DIRETA DE INCONSTITUCIONALIDADE nº 3.395/DF. COMPETÊNCIA DA JUSTIÇA COMUM ESTADUAL. 1. Contrato firmado entre o Reclamante e o Interessado tem natureza jurídica administrativa, duração temporária e submete-se a regime específico, estabelecido pela Lei sergipana nº 2.781/1990, regulamentada pelo Decreto 11.203/1990. 2. Incompetência da Justiça Trabalhista para o processamento e o julgamento das causas que envolvam o Poder Público e servidores que sejam vinculados a ele por relação jurídico-administrativa. Precedentes. 3. Reclamação julgada procedente.[58]

> AGRAVO REGIMENTAL. CONTRATO TEMPORÁRIO. REGIME JURÍDICO ADMINISTRATIVO. AUSÊNCIA DE ARGUMENTOS CAPAZES DE MODIFICAR A DECISÃO AGRAVADA. AGRAVO REGIMENTAL NÃO PROVIDO. 1. Competência da Justiça comum para processar e julgar as causas envolvendo o Poder Público e servidores que sejam vinculados a ele por relação jurídico-administrativa. 2. Prorrogação do prazo de vigência do contrato temporário não altera a natureza jurídica de cunho que se estabelece originalmente. 3. Agravo regimental desprovido.[59]

Em razão do posicionamento do STF, o Tribunal Superior do Trabalho **cancelou** a OJ nº 205 da SDI-1, que tinha a seguinte redação:

> **OJ Nº 205.** COMPETÊNCIA MATERIAL. JUSTIÇA DO TRABALHO. ENTE PÚBLICO. CONTRATAÇÃO IRREGULAR. REGIME ESPECIAL. DESVIRTUAMENTO. (nova redação, DJ 20.04.2005). I – Inscreve-se na competência material da Justiça do Trabalho dirimir dissídio individual entre trabalhador e ente público se há controvérsia acerca do vínculo empregatício. II – A simples presença de lei que disciplina a contratação por tempo determinado para atender a necessidade temporária de excepcional interesse público (art. 37, inciso IX, da CF/1988) não é o bastante para deslocar a competência da Justiça do Trabalho se se alega desvirtuamento em tal contratação, mediante a prestação de serviços à Administração para atendimento de necessidade permanente e não para acudir a situação transitória e emergencial.

Observe-se que os agentes comunitários de saúde e os agentes de combate às endemias são regidos pela CLT, conforme determinação contida no art. 8º da Lei nº 11.350/06, que regulamentou o art. 198, § 5º, da CF/88, **salvo se, no caso dos Estados, do Distrito Federal e dos Municípios, lei local dispuser de forma diversa**. Consequentemente, a Justiça do Trabalho é competente para dirimir o litígio existente entre essa espécie de servidor público e a administração pública, exceto nos casos mencionados.

Da mesma forma os servidores dos Consórcios Públicos instituídos pela União, Estados, Distrito Federal e Municípios, por conta da disposição expressa contida no § 2º, art. 6º da Lei nº 11.107, com redação dada pela Lei nº 13.822/19:

58. STF. Reclamação 4.904/SE. Rel. Min. Cármen Lúcia. DJ 17.10.2008.
59. STF. AG. REG. na Reclamação 7.109-0/MG. Rel, Min. Menezes Direito. DJ 07.08.2009.

> **Art. 6º. § 2º** O consórcio público, com personalidade jurídica de direito público ou privado, observará as normas de direito público no que concerne à realização de licitação, à celebração de contratos, à prestação de contas e à admissão de pessoal, que será regido pela Consolidação das Leis do Trabalho (CLT), aprovada pelo Decreto-Lei nº 5.452, de 1º de maio de 1943.

> **SÚMULA Nº 37 do TRT22. AGENTES COMUNITÁRIOS DE SAÚDE E AGENTES DE COMBATE A ENDEMIAS. AUSÊNCIA DE LEI INSTITUIDORA DE REGIME JURÍDICO-ADMINISTRATIVO. COMPETÊNCIA DA JUSTIÇA DO TRABALHO.** A Justiça do Trabalho é competente para julgar os litígios oriundos das relações jurídicas entre o Poder Público e os Agentes Comunitários de Saúde e Agentes de Combate às Endemias contratados sob a égide da Lei nº 11.350/2006, salvo se houver lei local instituindo e vinculando expressamente os trabalhadores a regime jurídico-administrativo.

Saliente-se que o servidor público contratado **sem concurso público**, antes da promulgação da atual CF/88, **jamais pode ter a sua relação transformada em vínculo de natureza administrativa**, por meio da instituição de regime jurídico único. Em tal situação, a competência para dirimir eventual conflito é da Justiça do Trabalho:

> **SÚMULA Nº 07 do TRT22.** TRANSMUDAÇÃO DE REGIME SEM CONCURSO PÚBLICO. IMPOSSIBILIDADE. COMPETÊNCIA DA JUSTIÇA DO TRABALHO. O trabalhador investido em cargo público sem observância do requisito constitucional da aprovação prévia em concurso público (art. 37, II, da CF/88) enquadra-se na regra geral do regime celetista, situação que não se altera em virtude de lei da unidade federada que institui regime estatutário no ente público. Competência da Justiça do Trabalho.

Contudo, a última decisão Plenária do STF proferida em agosto de 2017 é em sentido contrário **(Rcl-AgR 8.909), na forma do voto-vista do Min. Dias Toffoli:**

> Uma vez que a competência da Justiça comum não é desvirtuada ante a existência de debate relacionado a verbas trabalhistas (vide item c do capítulo III.2 desta decisão), a fixação da esfera jurisdicional competente para conhecer de lide envolvendo o Poder Público está pautada na natureza do vínculo existente com o trabalhador.

A Lei que institui o regime jurídico único **não precisa, necessariamente, ser publicada em órgão oficial**. Para atender ao princípio da publicidade, basta que seja afixada em local que possibilite a ampla divulgação, principalmente quando o Ente público for o município.

Nesse sentido, a decisão a seguir transcrita:

> RECURSO DE REVISTA. MUNICÍPIO DE ARACOIABA. LEI MUNICIPAL INSTITUIDORA DE REGIME JURÍDICO ESTATUTÁRIO. PUBLICAÇÃO NO ÁTRIO OU LOCAL PÚBLICO SIMILAR DA PREFEITURA OU DA CÂMARA DE VEREADORES DA MUNICIPALIDADE. REQUISITO CONSTITUCIONAL (PUBLICIDADE) ATENDIDO. A vigência e eficácia da norma jurídica atrela-se à sua publicação, conforme dispõem os arts. 1º da LICC e art. 37, *caput*, da CF. No caso da lei municipal, a publicação se dá no órgão oficial do Município, se houver. Porém, inexistente este, aceita-se a divulgação da lei, para conhecimento da sociedade, por sua afixação no átrio ou local público similar da Prefeitura ou Câmara de Vereadores da municipalidade. Isso porque a publicação em diário oficial é mecanismo usualmente restrito à União, Estados, DF e grandes Municípios. Portanto tem-se como legítima a publicação da lei municipal realizada mediante afixação em prédio central da municipalidade, procedimento que atende à finalidade de divulgação da norma jurídica, inclusive para plena eficácia perante terceiros. Considera-se oficial essa modalidade de publicidade, restando atendida a regra contida na Constituição

e Lei de Introdução ao Código Civil. Exigir-se aos Municípios que publiquem suas leis no Diário Oficial do Estado é não só afrontar a autonomia expressamente resguardada pela Constituição (art. 18, *caput*, CF), como descumprir a determinação constitucional enfática de ser proibido aos entes estatais, inclusive o Judiciário, recusar fé aos documentos públicos (art. 19, II, CF), instituindo-se, além de tudo, requisito formalístico desproporcional, não só em face das reduzidas dimensões do poder e comunidades locais, como do próprio objetivo de publicidade no Município correspondente. A transposição do regime jurídico de celetista para estatutário implica extinção do contrato de trabalho, fluindo a prescrição bienal a partir da mudança de regime (OJ 128 da SDI-1). Recurso de revista conhecido e provido[60].

Ressalte-se, por fim, que a Justiça do Trabalho também é competente para dirimir conflitos entre os **titulares de cartórios não oficializados e os seus auxiliares**, uma vez que essa relação é regida pela CLT.

A seguir, o quadro contendo o resumo sobre a competência jurisdicional para apreciar as causas relativas aos servidores públicos, conforme a lei, a doutrina e a jurisprudência:

Justiça do Trabalho	Justiça Comum Estadual	Justiça Federal
Servidores públicos contratados pelo regime da CLT, após aprovação em concurso público (na hipótese do Ente da federação ainda não ter adotado o regime jurídico único estatutário).	Servidores públicos municipais e estaduais da administração pública direta, autárquica e fundacional, nomeados para cargos públicos previstos em lei, após aprovação em concurso público.	Servidores públicos federais nomeados para cargos públicos da administração direta, autárquica e fundacional, ainda que por tempo determinado para atender à necessidade temporária de excepcional interesse público.
Trabalhadores contratados pela administração pública sem a observância da prévia aprovação em concurso público.	Trabalhadores admitidos pela administração pública municipal ou estadual, por tempo determinado, ainda que não tenham sido observadas as prescrições legais (art. 37, IX, da CF/88).	Ocupantes de cargos em comissão (federal).
Empregados de sociedade de economia mista e empresas públicas (federal, estadual ou municipal).	Ocupantes de cargos em comissão (estadual e municipal).	–

Exemplos de questões sobre o tema:

(FCC – Juiz do Trabalho Substituto 24ª região/2015) A Constituição Federal do Brasil e a Consolidação das Leis do Trabalho possuem normas que disciplinam a competência da Justiça do Trabalho. À luz destas regras é correto afirmar que

a) compete à Justiça Comum dirimir conflitos de representação sindical envolvendo sindicatos.

b) a Justiça do Trabalho não tem competência para julgar habeas corpus e habeas data.

c) as ações anulatórias de multas administrativas impostas por agente fiscal da Delegacia Regional do Trabalho serão processadas e julgadas na Justiça Federal.

d) a competência dos Juízos de Direito, quando investidos na Administração da Justiça do Trabalho é mais restrita em relação do que aquela atribuída às Varas do Trabalho.

e) compete às Varas do Trabalho julgar a ação envolvendo trabalhador portuário e o Órgão Gestor de Mão de Obra – OGMO decorrente da relação de trabalho.

Resposta: E

60. TST. RR 491/2005-021-07-40.9. 6ª T. Rel. Min. Maurício Godinho Delgado. DJ 21.11.2008.

(TRT 3 – Juiz do Trabalho Substituto 3ª região/2014) Um servidor público admitido sob o regime da CLT em 03.10.1980, teve seu vínculo transformado para o regime estatutário, por força da Lei nº 8.112, de 11.12.1990. Ingressou com ação perante a Justiça do Trabalho em 19.12.1993, com vínculo ainda vigente, reivindicando horas extras de todo o período. Nos exatos termos das súmulas e orientações jurisprudenciais da SBDI-1 do TST, é correto afirmar:

a) A Justiça do Trabalho é incompetente para examinar o feito.

b) A Justiça do Trabalho é competente para examinar o feito quanto às parcelas do período regido pela CLT, operando-se a prescrição total.

c) A Justiça do Trabalho é competente para examinar as pretensões de todo o período, operando-se a prescrição apenas das verbas anteriores a 19.12.1988.

d) A Justiça do Trabalho é competente para examinar as parcelas do período regido pela CLT, operando-se a prescrição apenas das verbas anteriores a 19.12.1988.

e) A Justiça do Trabalho é competente para examinar as pretensões de todo o período, não se operando qualquer prescrição.

Resposta: B

– *Relação de trabalho*

Com a entrada em vigor da Emenda Constitucional nº 45/04, surgiram várias dúvidas acerca do alcance da expressão "relação de trabalho", já que a competência material da Justiça do Trabalho foi ampliada para apreciar e julgar os dissídios decorrentes desse tipo de relação e não somente daqueles derivados da relação de emprego, conforme atual redação do art. 114, inciso I, da Lei Maior de 1988:

> **Art. 114**. Compete à Justiça do Trabalho processar e julgar: I – as ações oriundas da relação de trabalho, abrangidos os entes de direito público externo e da administração pública direta e indireta da União, dos Estados, do Distrito Federal e dos Municípios.

A relação de trabalho que delimita a competência da Justiça do Trabalho, nos moldes do art. 114, I, da Constituição Federal de 1988, é a relação jurídica derivada de um acordo de vontades, por meio do qual um dos contratantes (trabalhador pessoa física) obriga-se a prestar serviços mediante retribuição paga pelo outro contratante.

Nesse passo, todos os contratos que tenha como objeto a prestação de obrigações de fazer, representado pelo desprendimento de energia humana, constituem fonte de uma relação de trabalho, mesmo que simultaneamente à relação de trabalho exista uma relação de consumo, derivadas de um mesmo negócio jurídico.

Sempre que a prestação de serviços feita por um trabalhador for dirigida a uma pessoa física ou jurídica como destinatário final, essa relação será preponderantemente de **consumo, sujeita às normas do Código de Defesa de Consumidor e à jurisdição da Justiça Comum, independentemente de o prestador de serviços ser hipossuficiente economicamente, como ocorre com o caso da "diarista".**

Andréa Presas apresenta a seguinte conclusão em relação à matéria:

> Portanto, haverá relação de trabalho, e não de consumo, a atrair a competência da Justiça do Trabalho, sempre que o prestador, pessoa física, fornecer o seu trabalho (prestação de serviços) ao tomador, ainda que este seja o destinatário final do resultado do trabalho (produto).[61]

61. ROCHA, Andréa Presas. **Manual de competências da Justiça do Trabalho.** Rio de Janeiro: Elsevier, 2008. p. 104.

Quando a relação de trabalho estabelece-se entre o prestador de serviço e uma pessoa física ou jurídica, não como destinatário final, **a relação será preponderantemente de trabalho, com a competência da Justiça Laboral Especializada.**

Tal situação ocorre, por exemplo, quando um dentista é contratado por uma empresa para prestar, com autonomia, serviços odontológicos. Assim, a relação existente entre o trabalhador e a empresa é predominantemente de trabalho e não de consumo.

Chega-se a idêntica conclusão quando se retira a subordinação do rol de elementos da relação de emprego, o que a transforma em uma relação de trabalho em sentido estrito.

Portanto, essa espécie de relação é caracterizada pela onerosidade, pessoalidade e não eventualidade. Com a utilização desse critério pode-se, facilmente, diferenciar a relação de trabalho da relação de consumo de serviços.

Assim, lentamente a jurisprudência encarrega-se de fixar os limites da competência da Justiça do Trabalho ao definir os contornos da expressão *relação de trabalho*:

> SISTEMA DE TUTELA DE PESSOAS APRISIONADAS. RELAÇÃO DE TRABALHO NÃO CONFIGURADA. JUSTIÇA DO TRABALHO. INCOMPETÊNCIA. No sistema de tutela das pessoas aprisionadas se tem o Juiz das Execuções Penais como seu guardião, cabendo-lhe, como previsto pela Lei nº 7210/84 (LEP), exercer as competências arroladas nos artigos 65 e 66 do referido diploma legal. Conclui-se, portanto, ser da competência do Juízo das Execuções Penais acompanhar o cumprimento das penas, correicionar e fiscalizar o sistema prisional, decidir sobre todas as questões delas decorrentes. O trabalho do apenado não constitui aspecto apartado do cumprimento da pena. Se este trabalho está visceralmente vinculado à diminuição e possível extinção da pena aplicada, somente o Juiz das Execuções Penais poderia apreciar a pretensão de recebimento de contraprestação pecuniária.[62]

Contudo, a lei pode atribuir à Justiça do Trabalho a competência para apreciar e julgar demanda envolvendo relação predominantemente de consumo específica, como ocorre com aquela decorrente da celebração do contrato de empreitada na qual o empreiteiro seja operário ou artífice, prevista pelo art. 652, "a", III da CLT.

A seguir, o resumo com a delimitação da competência no que diz respeito à relação de trabalho.

Justiça Comum	**Relação de trabalho caracterizada como consumo de serviço.**
Justiça do Trabalho	**Relação de trabalho empregatícia.**
	Relação de trabalho autônoma, excluída aquela relativa ao consumo de serviço.

É necessário destacar, contudo, que as últimas decisões do STF têm sido no sentido de limitar a competência da Justiça do Trabalho ao interpretar a expressão "relação de trabalho", restringindo à relação de emprego.

Foi o que aconteceu, por exemplo, no julgamento do RE 606303. O Ministro Barroso abriu divergência do voto do Relator, Ministro Marco Aurélio, ao propor que a relação existente entre o representante comercial e a empresa é de trabalho e a competência para dirimir

62. TRT 6ª R. RO 01283/2007-022-06-00-6 Rel. Des. Zeneide Gomes da Costa. DJ 02.07.2008.

eventual conflito é da Justiça Comum, sendo acompanhado pelos Ministros Alexandre de Moraes, Ricardo Lewandowski, Cármen Lúcia, Dias Toffoli e Luiz Fux.

Ao transcrever o art. 1º da Lei nº 4.886/65 em seu voto, o Min. Barroso ressaltou que não há vinculo de emprego entre o representante e o representando.

Em seguida faz uma análise dos requisitos da relação de emprego que constam no art. 3º da CLT, ressaltando que na relação de representação comercial não existe subordinação.

Em várias passagens do seu voto, o Min. Barroso atribui ao representante comercial a característica de autonomia no desenvolvimento de suas atividades e a respectiva competência da Justiça Comum para apreciar o litígio, conforme se pode observar dos seguintes trechos:

Nesse contexto, na atividade de representação comercial autônoma inexiste entre as partes vínculo de emprego ou relação de trabalho, mas relação comercial regida por legislação especial, qual seja, a Lei nº 4.886 /65. Por conseguinte, a situação não foi afetada pelas alterações introduzidas pela EC nº 45/2004, que versa sobre hipótese distinta ao tratar da relação de trabalho no art. 114 da Constituição.

Ademais, a competência material é definida em função do pedido e da causa de pedir. Conforme decidiu esta Suprema Corte, a definição da competência decorre da ação ajuizada. Tendo como causa de pedir relação jurídica regida pela CLT e pleito de reconhecimento do direito a verbas nela previstas, cabe à Justiça do Trabalho julgá-la; do contrário, a competência é da Justiça Comum (CC 7.950, rel. min. Marco Aurélio, j. 14-9- 2016, P, DJE de 1º-8-2017).

Em resumo, o STF entendeu que a expressão "relação de trabalho" que consta do inciso I, do art. 114 da CF/88 equivale a expressão "relação de emprego", reduzindo bastante a competência da Justiça do Trabalho.

Foi aprovada a seguinte tese com repercussão geral reconhecida:

> "Preenchidos os requisitos dispostos na Lei 4.886/65, compete à Justiça Comum o julgamento de processos envolvendo relação jurídica entre representante e representada comerciais, uma vez que não há relação de trabalho entre as partes".

– *Relação cliente x advogado*

A relação entre cliente e advogado **é regida por legislação especial (Lei nº 8.906/94) e não pelo Código de Defesa do Consumidor**. Por conta disso, deve merecer tratamento diferenciado.

O TST reconheceu a competência da Justiça Laboral para dirimir tais conflitos, conforme se observa da ementa a seguir transcrita:

> HONORÁRIOS ADVOCATÍCIOS. AÇÃO DE COBRANÇA. EC 45/2004. ART. 114, IX, DA CF – RELAÇÃO DE TRABALHO. COMPETÊNCIA DA JUSTIÇA DO TRABALHO. Ampliada pela Emenda Constitucional 45/2004, que conferiu nova redação ao art. 114 da Constituição Federal, a atual competência da Justiça do Trabalho abrange as controvérsias relativas ao pagamento de honorários advocatícios decorrentes da atuação

do advogado em juízo, por se tratar de ação oriunda de relação de trabalho estrita, que não se confunde com relação de consumo. Nesta última, o consumidor pleiteia a prestação do serviço. Na ação trabalhista, o causídico é que postula o recebimento dos honorários pelo trabalho desenvolvido.[63]

Contudo, a questão não é pacífica e esse mesmo Tribunal já entendeu de forma diversa:

> RECURSO DE REVISTA. INCOMPETÊNCIA DA JUSTIÇA DO TRABALHO AÇÃO DE COBRANÇA HONORÁRIOS ADVOCATÍCIOS. PRECEDENTES DO STJ BAIXADOS NA CONFORMIDADE DO ART. 105, INCISO I, ALÍNEA D, DA CONSTITUIÇÃO, DOS QUAIS RESULTOU A EDIÇÃO DA SÚMULA Nº 363 DAQUELA CORTE. I – A competência da Justiça do Trabalho, embora tenha sido ampliada com o advento da Emenda Constitucional 45/2004, que deu nova redação ao art. 114 da Carta Magna, não abrange as ações em que a lide consiste na cobrança de honorários advocatícios contratuais, mesmo que esses tenham sido acertados no âmbito do Processo do Trabalho. II – É que a relação jurídica entre o mandatário e o mandante não traz subjacente a pretendida relação de trabalho, e sim a de delegação de poderes para a prática de atos ou administração de interesses. Ou, como dispõe o artigo 653 do Código Civil de 2002, Opera-se o mandato quando alguém recebe de outrem poderes para, em seu nome, praticar atos ou administrar interesses. III – O artigo 667 daquele código, a seu turno, dispõe que o mandatário é obrigado a aplicar toda sua inteligência habitual na execução do mandato, e a indenizar qualquer prejuízo causado por culpa sua ou daquele a quem substabelecer, sem autorização, poderes que devia exercer pessoalmente. IV – Tendo por norte a norma do artigo 692 do Código Civil de 2002, de que se aplicam ao mandato judicial, supletivamente, as normas contempladas naquele código, extrai-se a conclusão de que, quer se trate de procuração ad negotia, quer de procuração ad judicia, sabendo-se que a procuração, a teor do artigo 653 do mesmo código, é o instrumento do mandato, não se divisa o pressuposto da relação de trabalho de que trata o inciso I do artigo 114 da Constituição, identificando-se a relação jurídica como sendo estritamente de natureza civil. V – Nesse sentido tem-se orientado a jurisprudência do Superior Tribunal de Justiça, no julgamento de conflitos de competência envolvendo o objeto deste recurso, dela resultando a edição da Súmula Nº 363 daquela Corte. VI – Recurso de Revista conhecido e desprovido.[64]

No mesmo sentido, a Súmula nº 4 do TRT12 e a Súmula nº 5 do TRT23:

> **SÚMULA Nº 4 do TRT12.** HONORÁRIOS ADVOCATÍCIOS CONTRATUAIS. INCOMPETÊNCIA DA JUSTIÇA DO TRABALHO. A Justiça do Trabalho é incompetente para julgar as ações de cobrança de honorários advocatícios contratuais.
>
> **SÚMULA Nº 5 do TRT23.** COBRANÇA DE HONORÁRIOS PROFISSIONAIS ADVOCATÍCIOS. RELAÇÃO JURÍDICA AUTÔNOMA DE DIREITO CIVIL. A Justiça do Trabalho é materialmente incompetente para conhecer e julgar ação que verse sobre cobrança de honorários decorrentes da prestação de serviços autônomos.

A 1ª Jornada de Direito Material e Processual do Trabalho aprovou o Enunciado nº 23, contendo o seguinte entendimento:

> **ENUNCIADO Nº 23**. COMPETÊNCIA DA JUSTIÇA DO TRABALHO. AÇÃO DE COBRANÇA DE HONORÁRIOS ADVOCATÍCIOS. AUSÊNCIA DE RELAÇÃO DE CONSUMO. A Justiça do Trabalho é competente para julgar ações de cobrança de honorários advocatícios, desde que ajuizada por advogado na condição de pessoa natural,

63. TST. RR 1280/2006-451-04-00. Rel. Min. Ives Gandra. DJ 07.12.2007.
64. TST. RR. 117700-21.2008.5.15.0051. 4ª T. Rel. Min. Antônio José de Barros Levenhagen. DEJT 21.05.2010.

eis que o labor do advogado não é prestado em relação de consumo, em virtude de lei e de particularidades próprias, e ainda que o fosse, porque a relação consumerista não afasta, por si só, o conceito de trabalho abarcado pelo artigo 114 da CF.

O STJ, que segue uma linha conservadora e de limitação à ampliação da competência da Justiça do Trabalho mesmo após a promulgação da EC nº 45/04, editou a Súmula nº 363: "Compete à Justiça estadual processar e julgar a ação de cobrança ajuizada por profissional liberal contra cliente".

– *Competência em matéria de greve*

A redação anterior do art. 114 da Carta Magna vigente não contemplava, expressamente, a competência para julgar litígios decorrentes do exercício do direito de greve.

Apesar da greve ser um direito do trabalhador, exercido por intermédio da entidade sindical, algumas decisões concluíam pela competência da Justiça Comum para apreciar conflitos dessa natureza, mormente quando envolvia o pedido de declaração de abuso de direito.

O Tribunal Superior do Trabalho, entretanto, já se posicionava em favor da competência da Justiça Especializada, conforme se observa da redação da Súmula nº 189:

> **SÚMULA Nº 189.** GREVE. COMPETÊNCIA DA JUSTIÇA DO TRABALHO. ABUSIVIDADE – Nova redação – Res. 121/2003, DJ 21.11.2003. A Justiça do Trabalho é competente para declarar a abusividade, ou não, da greve.

A EC nº 45/04 afastou qualquer dúvida interpretativa, ao incluir o inciso II ao art. 114, que trata especificamente do exercício do direito de greve.

De acordo com o art. 15 da Lei nº 7.783/89 (Lei de Greve): "A responsabilidade pelos atos praticados, ilícitos ou crimes cometidos, no curso da greve, será apurada, conforme o caso, segundo a legislação trabalhista, civil ou penal".

Da mesma forma, as ações preventivas possessórias propostas pelos empregadores com o objetivo de proteger seu patrimônio, mais precisamente, **a ação de interdito proibitório**,[65] passa a ser processada perante a Justiça Laboral.

O STF pacificou a matéria **com a edição da Súmula Vinculante nº 23**, com o seguinte teor:

> **Súmula Vinculante nº 23.** A Justiça do Trabalho é competente para processar e julgar ação possessória ajuizada em decorrência do exercício do direito de greve pelos trabalhadores da iniciativa privada.

65. CPC. Art. 567. O possuidor direto ou indireto que tenha justo receio de ser molestado na posse poderá requerer ao juiz que o segure da turbação ou esbulho iminente, mediante mandado proibitório em que se comine ao réu determinada pena pecuniária caso transgrida o preceito.

Percebe-se, da leitura do trecho final do mencionado verbete, que o STF posiciona-se no sentido de reconhecer a competência da Justiça Comum quando a greve for deflagrada por **servidores públicos.**[66]

Tal entendimento foi confirmado pela decisão proferida no RE nº 846854, com repercussão geral declarada, **inclusive em relação aos servidores públicos celetistas,** como deixa clara a seguinte tese aprovada: "A Justiça comum, Federal e estadual, é competente para julgar a abusividade de greve de servidores públicos celetistas da administração direta, autarquias e fundações públicas".

– *Conflitos relacionados com sindicatos*

Antes da aprovação da reforma do Poder Judiciário, a competência da Justiça do Trabalho, no que se refere à matéria de conflitos entre sindicatos, era regulamentada pelo art. 1º da Lei nº 8.984/95:

> **Art. 1º.** Compete à Justiça do Trabalho conciliar e julgar os dissídios que tenham origem no cumprimento de convenções coletivas de trabalho ou acordos coletivos de trabalho, mesmo quando ocorram entre sindicatos ou entre sindicato de trabalhadores e empregador.

A simples leitura do dispositivo acima transcrito revela a limitação da competência da Justiça Laboral.

A Seção de Dissídios Coletivos do Tribunal Superior do Trabalho editou a Orientação Jurisprudencial nº 4, com a seguinte redação antes da sua revogação:

> **OJ Nº 4.** DISPUTA POR TITULARIDADE DE REPRESENTAÇÃO. INCOMPETÊNCIA DA JUSTIÇA DO TRABALHO. Inserida em 27.03.1998. A disputa intersindical pela representatividade de certa categoria refoge ao âmbito da competência material da Justiça do Trabalho.

No mesmo sentido, a Súmula nº 4 do Superior Tribunal de Justiça: "Compete à Justiça Estadual julgar causa decorrente do processo eleitoral sindical".

Atualmente, qualquer controvérsia existente entre sindicatos e seus integrantes, sejam eles empregados ou empregadores, de sindicatos entre si e no que se refere à representação sindical, **é de competência da Justiça Laboral.**

Assim, fica afastada a aplicação do entendimento constante da referida OJ nº 4 da SDC do Tribunal Superior do Trabalho e das Súmulas ns 4 e 222[67] do STJ, em face da nova ordem constitucional.[68]

A competência estende-se, inclusive, **para os casos de cobrança da contribuição sindical:**

66. STF. Reclamação nº 6568. Rel. Min. Eros Grau. Decisão liminar mantida pelo Plenário, cuja publicação ocorreu em 01.06.2009.

67. STJ. Súmula nº 222. Compete à Justiça Comum processar e julgar as ações relativas à contribuição sindical prevista no art. 578 da CLT.

68. O ato de cancelamento da referida OJ nº 4 da SDC foi publicado no DJU do dia 18.10.2006.

> CONFLITO NEGATIVO DE COMPETÊNCIA. AÇÃO DE COBRANÇA. ENTIDADE SINDICAL. CONTRIBUIÇÃO SINDICAL. ARTIGO 114, INCISO III, DA CF. ALTERAÇÃO INTRODUZIDA PELA EC Nº 45/2004. DECISÃO DE MÉRITO ANTERIOR AO NOVO TEXTO CONSTITUCIONAL. COMPETÊNCIA DA JUSTIÇA ESTADUAL. 1. Com a promulgação da Emenda Constitucional nº 45, de 8.12.2004, que acrescentou o inciso III no artigo 114 da Carta vigente, a Justiça do Trabalho passou a deter a competência para processar e julgar "as ações sobre representação sindical, entre sindicatos, entre sindicatos e trabalhadores, e entre sindicatos e empregadores". 2. Devem ser processadas pela Justiça laboral as demandas relativas à cobrança da contribuição sindical prevista nos arts. 578 e seguintes da CLT propostas pelos sindicatos, federações ou confederações de empregadores contra os integrantes da correspondente categoria. 3. O novo texto constitucional produz efeitos imediatos, porém não alcança as ações em curso que tenham sido objeto de sentença de mérito, validamente proferida pela Justiça Estadual em data anterior à modificação introduzida pela EC nº 45/2004, como in casu. Assim, além de subsistir a competência do respectivo Tribunal para a apreciação de eventuais recursos, caberá ao juízo que decidiu a causa em primeiro grau de jurisdição processar a ulterior execução do título judicial, ex vi do art. 575, II, do Código de Processo Civil. Precedentes. 4. Conflito conhecido para declarar competente o Tribunal de Justiça do Estado de São Paulo.[69]

Contudo, o STJ excluiu a competência da Justiça do Trabalho **na hipótese de os sindicatos representarem servidores públicos estatutários:**

> CONFLITO POSITIVO DE COMPETÊNCIA. JUSTIÇA ESTADUAL E JUSTIÇA DO TRABALHO. AÇÕES DE RITO ORDINÁRIO MOVIDAS POR SINDICALIZADOS REGIDOS POR REGIME ESTATUTÁRIO CONTRA SINDICATO DE SERVIDORES PÚBLICOS MUNICIPAIS. ELEIÇÃO DE REPRESENTANTES SINDICAIS. CONEXÃO. REUNIÃO DOS PROCESSOS NA JUSTIÇA ESTADUAL. INEXISTÊNCIA DE RELAÇÃO DE TRABALHO. 1. No caso dos autos, entre as duas ações em comento há inquestionável laço de conexão, determinado pela identidade de objeto, pois ambas as ações – de pedidos antagônicos – versam sobre a regularidade ou não de um mesmo processo eleitoral de entidade sindical. Impõe-se, portanto, a reunião dos processos, a fim de evitar julgamento conflitante (CPC, art. 105). 2. O STF, ao apreciar medida cautelar na ADIn nº 3.395 (Min.Cézar Peluso, DJ de 10.11.06), referendou medida liminar que, interpretando o inciso I do art. 114 da CF/88, excluiu da competência da Justiça do Trabalho as causas envolvendo entidades de Direito Público e seus respectivos servidores, submetidos a regime estatutário. 3. A mesma orientação deve ser adotada na interpretação do inciso III do art. 114 da CF, que atribui à Justiça do Trabalho competência para processar e julgar as demandas "entre sindicatos, entre sindicatos e empregadores e entre sindicatos e trabalhadores". Tal norma de competência não se aplica a demandas entre sindicato e seus sindicalizados, quando estes são regidos por normas estatutárias de direito administrativo. 4. Conflito conhecido e declarada a competência do Juízo de Direito da 3ª Vara Cível da Comarca de Campos dos Goytacazes – RJ para ambas as ações.[70]

No mesmo sentido a Súmula nº 7 do TRT23:

> **SÚMULA Nº 07 do TRT23.** INCOMPETÊNCIA DA JUSTIÇA DO TRABALHO. LIDE ENVOLVENDO REPRESENTAÇÃO SINDICAL DE SERVIDORES PÚBLICOS ESTATUTÁRIOS. Estão excluídas da competência da Justiça do Trabalho, por força da

69. STJ. CC 91.419. Rel. Ministro Carlos Fernando Mathias. DJ 24.03.2008.
70. STJ. CC 95868/RJ. Rel. Min. Teori Albino Zavascki. 1ª S. DJ 01.09.2008.

decisão proferida pelo excelso STF nos autos da ADI 3395-DF com efeito erga omnes, as causas que envolvam interesses de servidores públicos sujeitos ao regime estatutário e seus entes representativos.

– *Mandado de segurança, habeas corpus e habeas data*

Havia controvérsia doutrinária e jurisprudencial sobre a competência para apreciar e julgar mandado de segurança, *habeas corpus*[71] e *habeas data* em sede trabalhista.

De forma geral, cabia mandado de segurança somente para impugnar atos judiciais, quando a autoridade coatora fosse o juiz de primeira instância ou magistrados integrantes dos Tribunais do Trabalho.

O *habeas corpus* era comumente impetrado para livrar o paciente da prisão civil decorrente da declaração de depositário infiel. Contudo, esses entendimentos não eram pacíficos e, vez por outra, a Justiça Federal declarava-se competente, mormente em caso de *habeas corpus*.

Mais uma vez, a EC nº 45/04 afastou qualquer dúvida interpretativa sobre a competência da Justiça do Trabalho para apreciar pedidos relativos ao mandado de segurança, *habeas corpus* e *habeas data*, com a redação conferida ao inciso IV do art. 114, **desde que o ato lesivo envolva as demais matérias de sua competência.**

Observe-se, por exemplo, que o juiz ou Tribunal não é a única autoridade coatora nos casos de mandado de segurança, como ocorria antes da alteração constitucional. Atos das autoridades administrativas, representados, principalmente, pelos auditores fiscais da Secretaria Especial de Previdência e Trabalho do Ministério da Econômia, e mesmo pelos membros do Ministério Público do Trabalho, agora podem ser questionados na Justiça do Trabalho.[72]

Por fim, o *habeas data*, que está previsto pelo art. 5º LXXII, da CF/88, pode ser impetrado nos seguintes casos:

a) para assegurar o conhecimento de informações relativas à pessoa do impetrante, constantes de registros ou bancos de dados de entidades governamentais ou de caráter público;

b) para a retificação de dados, quando não se prefira fazê-lo por processo sigiloso, judicial ou administrativo.

A Lei nº 9.507/97, disciplinou o manejo do *habeas data*, ou seja, do direito que todo cidadão tem de ter acesso às suas informações de caráter pessoal, desde que estejam

71. TST. SDI-2. OJ nº 156. "HABEAS CORPUS" ORIGINÁRIO NO TST. SUBSTITUTIVO DE RECURSO ORDINÁRIO EM "HABEAS CORPUS". CABIMENTO CONTRA DECISÃO DEFINITIVA PROFERIDA por TRIBUNAL REGIONAL DO TRABALHO. (DEJT divulgado em 09, 10 e 11.06.2010). **É cabível ajuizamento de "habeas corpus" originário no Tribunal Superior do Trabalho, em substituição de recurso ordinário em "habeas corpus", de decisão definitiva proferida por Tribunal Regional do Trabalho, uma vez que o órgão colegiado passa a ser a autoridade coatora no momento em que examina o mérito do "habeas corpus" impetrado no âmbito da Corte local.**

72. Neste último caso há divergência se a competência funcional seria do juízo trabalhista de primeiro ou de segundo grau.

registradas em bancos de dados de entidades governamentais ou de caráter público, na hipótese de recusa em fornecê-las.

A mencionada lei acrescentou ao rol das possibilidades constitucionais de *habeas data*, em seu art. 7º, III, os casos em que o impetrante pretende "a anotação nos assentamentos do interessado, de contestação ou explicação sobre dado verdadeiro mas justificável e que esteja sob pendência judicial ou amigável".

Insere-se, no âmbito da competência da Justiça Laboral, o *habeas data* que tiver como impetrante o empregado ou o trabalhador que mantenha relação de trabalho com o detentor das informações, desde que tenham caráter público.

Isso pode acontecer, por exemplo, quando a relação travada entre o prestador de serviços e o Estado for de natureza celetista e não administrativa ou quando o trabalhador ou empregador necessite de informações relativas ao FGTS existente na Caixa Econômica Federal.

– *Conflitos de competência*

O art. 114, V, da atual CF atribui competência à Justiça Laboral para decidir de conflitos de competência "entre órgãos com jurisdição trabalhista, ressalvado o disposto no art. 102, I, "o".[73]

Desnecessária a ressalva aposta pelo legislador constituinte derivado, uma vez que se trata de conflito de competência a ser solucionado pelo Supremo Tribunal Federal.

Desse modo, conflitos de competência entre Vara do Trabalho e Tribunal do Trabalho ou entre Tribunais do Trabalho **são solucionados no próprio âmbito da Justiça Laboral.**[74]

Saliente-se que, tecnicamente, não há falar-se em conflito de competência entre um órgão superior e outro inferior hierarquicamente considerado, *na forma do* entendimento constante da Súmula nº 420 do Tribunal Superior do Trabalho:

> **SÚMULA Nº 420.** COMPETÊNCIA FUNCIONAL. CONFLITO NEGATIVO. TRT E VARA DO TRABALHO DE IDÊNTICA REGIÃO. NÃO CONFIGURAÇÃO. (conversão da Orientação Jurisprudencial nº 115 da SBDI-II – Res. 137/2005 – DJ 22.08.2005). Não se configura conflito de competência entre Tribunal Regional do Trabalho e Vara do Trabalho a ele vinculada. (ex-OJ Nº 115 da SDI-1 – DJ 11.08.2003).

Quando o conflito estabelece-se entre órgão da Justiça do Trabalho e órgão da Justiça Comum, seja ela federal ou estadual, a competência para dirimi-lo é do STJ.[75]

Caso o juiz da Justiça Estadual esteja investido de jurisdição trabalhista, a competência para dirimir eventual conflito estabelecido em face de Vara do Trabalho **é da Justiça**

73. CF de 1988. Art. 102. Compete ao STF, precipuamente, a guarda da Constituição, cabendo-lhe: I – processar e julgar, originariamente: **o) os conflitos de competência entre o Superior Tribunal de Justiça e quaisquer tribunais, entre Tribunais Superiores, ou entre eles e qualquer outro Tribunal.**
74. A questão relativa ao conflito de competência, na Justiça do Trabalho, será analisada mais adiante, no item 3.5.
75. CF de 1988. Art. 105. Compete ao Superior Tribunal de Justiça: **I – processar e julgar, originariamente: d) os conflitos de competência entre quaisquer tribunais, ressalvado o disposto no artigo 102, I, o, bem como entre Tribunal e juízes a ele não vinculados e entre juízes vinculados a tribunais diversos.**

Laboral, conforme entendimento consolidado pelo STJ por meio da Súmula nº 180: "Na lide trabalhista, compete ao Tribunal Regional do Trabalho dirimir conflito de competência verificado, na respectiva região, entre juiz estadual e junta de conciliação e julgamento".

Compete ao STF solucionar os conflitos de competência entre o TST e os demais Tribunais Superiores, na forma prevista pelo art. 102, I, "*o*" da CF de 1988.

O resumo a seguir relaciona a espécie de conflito de competência com o Órgão Judicial encarregado de solucioná-lo:

Órgão competente	Espécie de conflito
TRT	Varas do Trabalho vinculadas a um mesmo Tribunal Trabalhista.
TST	Varas do Trabalho vinculadas a Tribunais Trabalhistas diversos.
STJ	Conflito entre Vara do Trabalho e Vara da Justiça Federal ou da Justiça Estadual.
STF	Conflito entre o TST e o STJ.

– *Indenização por danos morais*

Mais uma vez, o constituinte derivado acrescentou um inciso ao art. 114,[76] com o objetivo de não deixar qualquer dúvida sobre a competência da Justiça do Trabalho para apreciar e julgar ações envolvendo indenização por danos morais.

Pela redação anterior do *caput* do referido dispositivo constitucional, já era possível concluir pela competência da Justiça Laboral. Contudo, a maioria das decisões do STJ eram conservadoras e restritivas, nessa interpretação. Curvava-se somente quando o Supremo Tribunal Federal manifestava-se em sentido contrário.

– *Acidente do trabalho e questões relativas à saúde do trabalhador*

Além do processo de ampliação da competência, conseguida por alteração legislativa, a Justiça do Trabalho foi agraciada, também, com a competência para julgar ações envolvendo acidente do trabalho.

Entretanto, **o referido alargamento de competência efetivou-se em decorrência da interpretação que o Supremo Tribunal Federal fez da nova ordem constitucional,** conforme se observa da decisão proferida em processo de conflito de competência nº 7.204-1 entre o TST e o Tribunal de Alçada de Minas Gerais.

Essa competência transitória também foi reconhecida pelo STJ em sua Súmula nº 367: "A competência estabelecida pela EC nº 45/2004 não alcança os processos já sentenciados".

Portanto, deveriam ser remetidos para a Justiça do Trabalho todos os processos que não estivessem sentenciados ou com sentença terminativa até a data da promulgação da referida emenda constitucional.

76. CF de 1988. Art. 114. VI – as ações de indenização por dano moral ou patrimonial, decorrentes da relação de trabalho.

Nesse sentido é a orientação da Súmula Vinculante nº 22 do STF:

> **SÚMULA VINCULANTE Nº 22.** COMPETÊNCIA. PROCESSO E JULGAMENTO. INDENIZAÇÃO POR DANOS MORAIS E PATRIMONIAIS DECORRENTES DE ACIDENTE DE TRABALHO. A Justiça do Trabalho é competente para processar e julgar as ações de indenização por danos morais e patrimoniais decorrentes de acidente de trabalho propostas por empregado contra empregador, inclusive aquelas que ainda não possuíam sentença de mérito em primeiro grau quando da promulgação da Emenda Constitucional nº 45/04.

Quando o titular da pretensão ou da obrigação não for o trabalhador ou o empregador, ainda assim admite-se a competência da Justiça Obreira quando o litígio for oriundo da relação de emprego ou de trabalho. Inclui-se, consequentemente, a hipótese pela qual o **herdeiro do empregado postula indenização por danos materiais e morais** decorrentes de acidente do trabalho.

Inclusive, a Súmula nº 366 do STJ que continha entendimento em sentido contrário, **foi revogada.**

Sobre o tema, manifesta-se o TST por meio da Súmula nº 392, recentemente alterada:

> **SÚMULA Nº 392.** DANO MORAL E MATERIAL. RELAÇÃO DE TRABALHO. COMPETÊNCIA DA JUSTIÇA DO TRABALHO (redação alterada em sessão do Tribunal Pleno realizada em 27.10.2015) – Res. 200/2015, DEJT divulgado em 29.10.2015 e 03 e 04.11.2015. Nos termos do art. 114, inc. VI, da Constituição da República, a Justiça do Trabalho é competente para processar e julgar ações de indenização por dano moral e material, decorrentes da relação de trabalho, inclusive as oriundas de acidente de trabalho e doenças a ele equiparadas, ainda que propostas pelos dependentes ou sucessores do trabalhador falecido.

Em relação à competência jurisdicional para julgamento de pretensões decorrentes de acidente do trabalho, apresenta-se o seguinte resumo:

Ramo do Poder Judiciário	Conteúdo da pretensão
Justiça do Trabalho	Ação acidentária proposta contra o empregador
Justiça Ordinária Estadual	Ação acidentária proposta contra o INSS

Excepcionalmente, admite-se a **competência da Justiça do Trabalho** para dirimir conflito entre a Administração Pública e os seus respectivos servidores **regidos por estatuto próprio**, quando a matéria envolver medicina, higiene e segurança no trabalho, apesar desse aspecto não ter sido mencionado expressamente no texto da Súmula nº 736 do STF:

> **SÚMULA Nº 736.** Compete à Justiça do Trabalho julgar as ações que tenham como causa de pedir o descumprimento de normas trabalhistas relativas à segurança, higiene e saúde dos trabalhadores.

Nesse sentido a decisão proferida nos autos do Agravo Regimental na Reclamação nº 20744, que teve como Relator o Ministro Roberto Barroso, impetrado pelo Estado de Santa Catarina:

RECLAMAÇÃO. COMPETÊNCIA DA JUSTIÇA DO TRABALHO. ADI 3.395. AÇÃO CIVIL PÚBLICA. CUMPRIMENTO DE NORMAS DE SAÚDE, SEGURANÇA E HIGIENE NO TRABALHO. 1. Não há identidade estrita com o decidido na ADI 3.395-MC o debate sobre a competência da Justiça do Trabalho para julgar ação civil pública, cujo objetivo é impor a ente público o cumprimento de normas relativas ao meio ambiente do trabalho (no caso, hospital público no qual trabalham não apenas servidores estatutários, mas também funcionários terceirizados, submetidos à CLT). 2. Agravo regimental desprovido (DJe 23.02.2016).

Exemplo de questão sobre o tema:

(TRT 4 – Juiz do Trabalho Substituto 4ª região/2016) Considere as assertivas abaixo sobre competência em casos de acidente de trabalho.

I. Compete à Justiça do Trabalho julgar as ações que tenham como causa de pedir o descumprimento de normas trabalhistas relativas à segurança, higiene e saúde dos trabalhadores.

II. A ação indenizatória proposta pelos sucessores do trabalhador vítima de acidente de trabalho fatal é de competência da Justiça Estadual, já que se trata de questão de direito civil.

III. A ação indenizatória proposta por servidor público estatutário em razão de acidente de trabalho será de competência da Justiça do Trabalho.

Quais são corretas?

a) Apenas I

b) Apenas II

c) Apenas III

d) Apenas I e II

e) I, II e III

Resposta: A

– *Penalidade administrativa*

Atualmente, a Justiça do Trabalho possui competência para julgar "as ações relativas às penalidades administrativas impostas aos empregadores pelos órgãos de fiscalização das relações de trabalho", **salvo aquelas concernentes à execução fiscal das contribuições para o FGTS**, na forma do entendimento cristalizado pela Súmula nº 349 do STJ: "Compete à Justiça Federal ou aos juízes com competência delegada o julgamento das execuções fiscais de contribuições devidas pelo empregador ao FGTS".

Assim, a Justiça do Trabalho, que já era encarregada de analisar reclamações trabalhistas fundadas em inadimplemento contratual, passou a ser competente para julgar as ações derivadas da aplicação de penalidades administrativas decorrentes do mesmo fato.

Com efeito, as regras contidas na CLT e em outras leis esparsas da mesma natureza têm **caráter dúplice**. Primeiro, estabelecem regras a serem observadas pelos atores sociais, principalmente pelos empregadores, as quais se incorporam ao contrato de trabalho em forma de **cláusulas contratuais**. Segundo, impõe deveres aos empregadores na condição de súditos e a sua inobservância implica **infração administrativa**, pois sua relação se trava diretamente com o Estado.

Uma vez constatada essa infração administrativa, de acordo com o processo previsto no Título VII – *Processo de multas administrativas*, art. 626 e seguintes da CLT,[77] a autoridade competente deve aplicar as penalidades previstas pela legislação laboral.

Portanto, a solução dos eventuais conflitos decorrentes da aplicação dessas penalidades, inclusive a execução da multa pecuniária incorporada à dívida ativa da União, ou mandado de segurança contra ato da referida autoridade, **é da competência da Justiça Laboral.**

> **SÚMULA Nº 15 do TRT22.** MATÉRIA DE FISCALIZAÇÃO ADMINISTRATIVA. COMPETÊNCIA DA JUSTIÇA DO TRABALHO. A Justiça do Trabalho é competente para processar e julgar questões relativas a penalidades administrativas impostas pelos órgãos de fiscalização das relações de trabalho, conforme dicção do inciso VII do art. 114 da CF, acrescentado pela EC 45/2004.

– Contribuições sociais

Antes da promulgação da EC nº 45/04, a competência da Justiça do Trabalho para execução de contribuições sociais decorrentes de suas sentenças encontrava-se inserida no parágrafo 3º do art. 114, da CF/88. Assim, não houve nenhuma alteração substancial no que se refere a esse aspecto.

O art. 43, da Lei nº 8.212/91, já continha um dispositivo semelhante, que conferia ao juiz poderes para determinar o recolhimento das contribuições previdenciárias:

> **Art. 43.** Nas ações trabalhistas de que resultar o pagamento de direitos sujeitos à incidência de contribuição previdenciária, o juiz, sob pena de responsabilidade, determinará o imediato recolhimento das importâncias devidas à Seguridade Social. (Redação dada ao "*caput*" pela Lei 8.620, de 05.01.1993).

Inclusive, essa competência abrange a cobrança do seguro acidente do trabalho – SAT, conforme entendimento do TST sedimentado por meio da Súmula nº 454:

> **SÚMULA Nº 454.** COMPETÊNCIA DA JUSTIÇA DO TRABALHO. EXECUÇÃO DE OFÍCIO. CONTRIBUIÇÃO SOCIAL REFERENTE AO SEGURO DE ACIDENTE DE TRABALHO (SAT). ARTS. 114, VIII, E 195, I, "A", DA CONSTITUIÇÃO DA REPÚBLICA. (conversão da Orientação Jurisprudencial nº 414 da SBDI-1) Compete à Justiça do Trabalho a execução, de ofício, da contribuição referente ao Seguro de Acidente de Trabalho (SAT), que tem natureza de contribuição para a seguridade social (arts. 114, VIII, e 195, I, "a", da CF), pois se destina ao financiamento de benefícios relativos à incapacidade do empregado decorrente de infortúnio no trabalho (arts. 11 e 22 da Lei nº 8.212/1991).

Proferida a sentença, cabe ao juiz de ofício determinar o pagamento das contribuições sociais devidas pelo empregado e pelo empregador. Em caso de recusa de recolhimento espontâneo, segue-se o processo de execução forçada.

O TST expõe a sua posição acerca da competência para proceder ao recolhimento das contribuições previdenciárias, por intermédio da Súmula nº 368, inciso I:

77. **CLT. Art. 626. Incumbe às autoridades competentes do Ministério do Trabalho, Industria e Comercio, ou àquelas que exerçam funções delegadas, a fiscalização do fiel cumprimento das normas de proteção ao trabalho.**

> **SÚMULA Nº 368.** DESCONTOS PREVIDENCIÁRIOS. IMPOSTO DE RENDA. COMPETÊNCIA. RESPONSABILIDADE PELO RECOLHIMENTO. FORMA DE CÁLCULO. FATO GERADOR (aglutinada a parte final da Orientação Jurisprudencial nº 363 da SBDI-I à redação do item II e incluídos os itens IV, V e VI em sessão do Tribunal Pleno realizada em 26.06.2017) – Res. 219/2017, DEJT divulgado em 28, 29 e 30.06.2017.I – A Justiça do Trabalho é competente para determinar o recolhimento das contribuições fiscais. A competência da Justiça do Trabalho, quanto à execução das contribuições previdenciárias, limita-se às sentenças condenatórias em pecúnia que proferir e aos valores, objeto de acordo homologado, que integrem o salário de contribuição. (ex-OJ nº 141 da SBDI-1 – inserida em 27.11.1998).

A Lei nº 13.467/17 alterou a redação do parágrafo único do art. 876 da CLT para deixar claro que a execução das contribuições sociais previstas no art. 195, I, "a" e II da CF/88 **se estende aos seus acréscimos legais:**

> **Art. 876. Parágrafo único.** A Justiça do Trabalho executará, de ofício, as contribuições sociais previstas na alínea a do inciso I e no inciso II do caput do art. 195 da Constituição Federal, e seus acréscimos legais, relativas ao objeto da condenação constante das sentenças que proferir e dos acordos que homologar.

O STF, por meio da Súmula Vinculante nº 53, considerou que a cobrança das contribuições previdenciárias, pela Justiça do Trabalho, **somente poderia incidir sobre o valor pecuniário já definido em condenação trabalhista ou em acordo,** entendimento que coincide com aquele constante da Súmula do TST já transcrita:

> **SÚMULA VINCULANTE Nº 53.** A competência da Justiça do Trabalho prevista no artigo 114, inciso VIII, da Constituição Federal alcança a execução de ofício das contribuições previdenciárias relativas ao objeto da condenação constante das sentenças que proferir e acordos por ela homologados.

De igual forma e como consequência desse entendimento, a Justiça do Trabalho não teria competência para determinar ao INSS a incorporação do tempo de serviço reconhecido por sentença, para efeito de concessão de benefícios previdenciários:

> RECURSO DE REVISTA. INCOMPETÊNCIA DA JUSTIÇA DO TRABALHO. AVERBAÇÃO DE TEMPO DE SERVIÇO DE PERÍODO DE TRABALHO RECONHECIDO EM JUÍZO PARA EFEITOS PREVIDENCIÁRIOS. É da competência da Justiça Federal, nos termos do artigo 109, I e § 3º, da CF, a averbação do tempo de serviço relativo a vínculo empregatício reconhecido em juízo, para fins previdenciários, visto que tal competência não se encontra taxativamente prevista no artigo 114 da CF, tampouco existe legislação em vigor que fixe a competência desta Justiça Especializada para determinar tal averbação. Recurso de Revista conhecido e provido.[78]

Registre-se, por fim, que a competência da Justiça do Trabalho **não se estende à cobrança das contribuições sociais devidas a terceiros do sistema "S"** (SESI, SESC, SENAI, SENAR etc.), pois a sua titularidade não pertence à União:

78. TST. RR 227/2007-043-15-00. 8ª T. Rel. Min. Dora Maria da Costa. DEJT 04.09.2009.

SÚMULA Nº 14 do TRT20. JUSTIÇA DO TRABALHO. CONTRIBUIÇÕES DE TERCEIROS. INCOMPETÊNCIA. Atentando-se para a prescrição do artigo 195, inciso I, alínea "a", e inciso II, da Constituição Federal, expressamente citado no artigo 114, inciso VIII, do mesmo diploma, chega-se à ilação de que a competência da Justiça do Trabalho se limita à execução das quotas das contribuições previdenciárias devidas pelo empregado e pelo empregador, não alcançando as contribuições de terceiros.

SÚMULA Nº 27 do TRT8. CONTRIBUIÇÕES SOCIAIS DE TERCEIROS. INCOMPETÊNCIA DA JUSTIÇA DO TRABALHO. A Justiça do Trabalho é incompetente para julgar a execução de contribuições sociais devidas ao sistema S.

SÚMULA Nº 15 do TRT11. CONTRIBUIÇÃO PARA TERCEIROS. COMPETÊNCIA DA JUSTIÇA DO TRABALHO. A Justiça do Trabalho não é competente para executar as contribuições sociais devidas a terceiros, por ausência de amparo legal.

ATENÇÃO! Não se aplicam os índices de atualização das verbas trabalhistas para corrigir os créditos devidos a título de contribuições sociais, já que nesse caso incidem os índices previstos pela legislação tributária (SELIC). Essa informação, eventualmente, é cobrada em concursos públicos.

– *Outras controvérsias*

O preceito contido no inciso IX, do art. 114, da atual Carta Magna é obsoleto, pois prevê a competência para julgamento de "outras controvérsias decorrentes da relação de trabalho", uma vez que o inciso I do mesmo artigo já é bastante amplo.

Talvez o legislador constituinte tenha reservado ao legislador ordinário a tarefa de atribuir outras competências que não constam expressamente no referido art. 114, como por exemplo, a competência penal.

O referido dispositivo constitucional foi interpretado pelo STF, que afastou a competência penal imediata, ou seja, sem a edição de lei ordinária expressa nesse sentido:

> COMPETÊNCIA CRIMINAL. Justiça do Trabalho. Ações penais. Processo e julgamento. Jurisdição penal genérica. Inexistência. Interpretação conforme dada ao art. 114, incs. I, IV e IX, da CF, acrescidos pela EC nº 45/2004. Ação direta de inconstitucionalidade. Liminar deferida com efeito ex tunc. O disposto no art. 114, incs. I, IV e IX, da Constituição da República, acrescidos pela Emenda Constitucional nº 45, não atribui à Justiça do Trabalho competência para processar e julgar ações penais.[79]

– *Complementação de aposentadoria*

O empregador, no exercício do seu poder diretivo, pode instituir condições mais benéficas de trabalho para os seus empregados, inclusive um sistema de complementação de aposentadoria, já que o benefício previdenciário relativo à aposentadoria, pago pelo INSS, tem um valor-teto limite estabelecido pela lei.

Para a concessão dessa complementação de aposentadoria, o empregador pode optar em criar uma entidade responsável por gerir a arrecadação das contribuições privadas e o pagamento do benefício respectivo.

79. STF. MC em ADI 3684. Tribunal Pleno. Rel. Min. Cesar Peluzo. DJU 01.02.2007.

O TST posicionava-se no sentido de reconher a competência da Justiça do Trabalho para apreciar e julgar demandas que objetivassem a complementação de aposentadoria, mesmo que a entidade criada não fosse o empregador direto do trabalhador, pois o vínculo empregatício seria a causa primeira do conflito de interesses.

> **OJ Nº 26 da SDI-1** COMPETÊNCIA DA JUSTIÇA DO TRABALHO. COMPLEMENTAÇÃO DE PENSÃO REQUERIDA POR VIÚVA DE EX-EMPREGADO. Inserida em 01.02.95 (inserido dispositivo, DJ 20.04.2005). A Justiça do Trabalho é competente para apreciar pedido de complementação de pensão postulada por viúva de ex-empregado, por se tratar de pedido que deriva do contrato de trabalho.

Todavia, a jurisprudência dominante do STJ era em sentido contrário:

> CONFLITO DE COMPETÊNCIA. JUSTIÇA COMUM E JUSTIÇA TRABALHISTA. VÍNCULO DE NATUREZA PREVIDENCIÁRIA. ENTIDADE DE PREVIDÊNCIA PRIVADA. PEDIDO DE COMPLEMENTAÇÃO DE APOSENTADORIA. AUSENTE A DISCUSSÃO ACERCA DO EXTINTO CONTRATO DE TRABALHO. COMPETÊNCIA DA JUSTIÇA COMUM. 1. Consoante jurisprudência remansosa deste Superior Tribunal de Justiça, é competente a Justiça Estadual para processar e julgar ação em que o pedido e a causa de pedir decorram de pacto firmado com instituição de previdência privada, tendo em vista a natureza civil da contratação, envolvendo tão-somente de maneira indireta os aspectos da relação laboral, entendimento que não foi alterado com a promulgação da Emenda Constitucional nº 45/2004. 2. Conflito conhecido para declarar a competência do Juízo de Direito da 5ª Vara Cível de Santos/SP.[80]

Em 2013 o STF manifestou-se no sentido de reconhecer a **incompetência da Justiça do Trabalho** para apreciar e julgar pleitos dessa natureza, em decisão proferida em sede de recurso extraordinário com repercussão geral, o que deve levar o TST a cancelar a referida OJ nº 26 da SDI-1.

O referido Tribunal ainda modulou os efeitos da decisão para reconhecer a competência da Justiça do Trabalhista em relação às demandas dessa espécie que tenham sido sentenciadas até o dia 20.02.2013 (RE 586453):

> Recurso extraordinário – Direito Previdenciário e Processual Civil – Repercussão geral reconhecida – Competência para o processamento de ação ajuizada contra entidade de previdência privada e com o fito de obter complementação de aposentadoria – Afirmação da autonomia do Direito Previdenciário em relação ao Direito do Trabalho – Litígio de natureza eminentemente constitucional, cuja solução deve buscar trazer maior efetividade e racionalidade ao sistema – Recurso provido para afirmar a competência da Justiça comum para o processamento da demanda – Modulação dos efeitos do julgamento, para manter, na Justiça Federal do Trabalho, até final execução, todos os processos dessa espécie em que já tenha sido proferida sentença de mérito, até o dia da conclusão do julgamento do recurso (20/2/13). 1. **A competência para o processamento de ações ajuizadas contra entidades privadas de previdência complementar é da Justiça comum,** dada a autonomia do Direito Previdenciário em relação ao Direito do Trabalho. Inteligência do art. 202, § 2º, da Constituição Federal a excepcionar, na análise desse tipo de matéria, a norma do art. 114, inciso IX, da Magna Carta. 2. Quando, como ocorre no presente caso, o intérprete está diante de controvérsia em que há fundamentos constitucionais para se adotar mais de uma solução possível, deve ele

80. STJ. CC 116.228 – SP (2011/0051757-2). Rel. Ministro Luis Felipe Salomão. DJe de 03.10.2011.

> optar por aquela que efetivamente trará maior efetividade e racionalidade ao sistema. 3. Recurso extraordinário de que se conhece e ao qual se dá provimento para firmar a competência da Justiça comum para o processamento de demandas ajuizadas contra entidades privadas de previdência buscando-se o complemento de aposentadoria. 4. Modulação dos efeitos da decisão para reconhecer a competência da Justiça Federal do Trabalho para processar e julgar, até o trânsito em julgado e a correspondente execução, todas as causas da espécie em que houver sido proferida sentença de mérito até a data da conclusão, pelo Plenário do Supremo Tribunal Federal, do julgamento do presente recurso (20/2/2013). 5. Reconhecimento, ainda, da inexistência de repercussão geral quanto ao alcance da prescrição de ação tendente a questionar as parcelas referentes à aludida complementação, bem como quanto à extensão de vantagem a aposentados que tenham obtido a complementação de aposentadoria por entidade de previdência privada sem que tenha havido o respectivo custeio (grifou-se)[81]

Exemplo de questão sobre o tema

(TRT 8 – Juiz do Trabalho Substituto 8ª região/ 2013) Sobre composição, funcionamento, jurisdição e competência da Justiça do Trabalho, a partir da EC 45/04, é CORRETO afirmar que:

a) O dissídio coletivo transformou-se em autêntico exercício de juízo arbitral e o Ministério Público do Trabalho assumiu o *dominus litis* do dissídio de greve, para defesa do interesse público em serviços essenciais.

b) A Emenda Constitucional 45/2004 estabeleceu o critério objetivo na caracterização das relações de trabalho, relativamente ao polo passivo, permanecendo o critério subjetivo para caracterizar o polo ativo.

c) De acordo com jurisprudência do Supremo Tribunal Federal, a Justiça do Trabalho é competente para julgar questões sobre planos de previdência complementar privada fechada, instituídos por empresas patrocinadoras tendo como beneficiários seus empregados, por serem originários da relação de emprego.

d) Conforme a doutrina dominante, a exigência de comum acordo das partes para o ajuizamento de dissídio coletivo não prejudica a extensão e a revisão das decisões pelos Tribunais do Trabalho.

e) O Conselho Superior da Justiça do Trabalho (CSJT) exerce a supervisão administrativa, orçamentária, financeira e patrimonial da Justiça do Trabalho, relativamente aos órgãos de primeiro e segundo graus, como órgão central do sistema, cujas decisões não têm efeito vinculante.

Resposta: A

– Seguro-desemprego

A obrigação de pagar as cotas do seguro-desemprego é do Estado, por intermédio do Governo Federal, com recursos do FAT. Assim, o seguro-desemprego é um **benefício previdenciário** devido ao empregado despedido sem justa causa e que preencha os requisitos estabelecidos pela Lei nº 7.998/90.

Cabe ao empregador apenas comunicar a despedida à autoridade competente e entregar a comprovação dessa comunicação ao empregado para que possa perceber o benefício do seguro-desemprego.

A omissão do empregador, que não cumpre a sua obrigação de fazer, pode provocar um dano (lucro cessante) ao trabalhador, que deixa de receber o citado benefício. Nasce dessa omissão a responsabilidade do empregador e a competência da Justiça do Trabalho para processar e julgar pedidos de indenização.

81. STF. RE 586453/SE. Plenário. Red. Min. Dias Toffoli. DOU 20.02.2013.

O TST editou a Súmula nº 389 e consolidou o seu entendimento em torno da matéria:

> **SÚMULA Nº 389.** SEGURO-DESEMPREGO. COMPETÊNCIA DA JUSTIÇA DO TRABALHO. DIREITO À INDENIZAÇÃO POR NÃO LIBERAÇÃO DE GUIAS. (conversão das Orientações Jurisprudenciais nºs 210 e 211 da SDI-1) – Res. 129/2005 – DJ 20.04.2005. I – Inscreve-se na competência material da Justiça do Trabalho a lide entre empregado e empregador tendo por objeto indenização pelo não-fornecimento das guias do seguro-desemprego. (ex-OJ Nº 210 – Inserida em 08.11.2000). II – O não-fornecimento pelo empregador da guia necessária para o recebimento do seguro-desemprego dá origem ao direito à indenização. (ex-OJ Nº 211 – Inserida em 08.11.2000).

Obviamente que se a demanda não é proposta contra o empregador, mas sim em face da União, que se recusa e liberar o referido benefício, a competência passa a ser da Justiça Federal.

De igual forma, o Juiz do Trabalho **não tem competência para determinar a liberação do seguro-desemprego por meio de alvará**, como ocorre com o FGTS por exemplo, por lhe faltar competência material para tanto, diante da natureza previdenciária dessa verba, conforme art. 201, III, da CF/88.

– *Liberação de FGTS*

Há controvérsia sobre a competência da Justiça do Trabalho para apreciar pedido de expedição de alvará para liberação de FGTS quando há recusa da Caixa Econômica Federal, que é o agente operador desse fundo.

Como o conflito decorre da relação de emprego, conclui-se pela competência da Justiça do Trabalho, na forma prevista pelo caput do art. 114 da Constituição Federal.

Nesse sentido, a decisão da 8ª Turma do TST:

> RECURSO DE REVISTA. COMPETÊNCIA DA JUSTIÇA DO TRABALHO. O Regional manteve a sentença, a qual concluiu pela incompetência material desta Especializada para conhecer do pedido de levantamento da conta do FGTS, formulado pelo cônjuge em razão do falecimento do de cujus, e julgá-lo. No entanto, a Súmula nº 176 do TST, cuja redação preconizava que "A Justiça do Trabalho só tem competência para autorizar o levantamento do depósito do Fundo de Garantia do Tempo de Serviço na ocorrência de dissídio entre empregado e empregador", foi cancelada pelo Tribunal Pleno desta Corte. Logo, a competência material para apreciar o pedido de expedição de alvará judicial para fins de saque dos depósitos do FGTS na CEF, decorrente da relação de emprego havida entre ex-empregado e empregador, como na hipótese, pertence à Justiça do Trabalho, como decorrência do disposto no art. 114, I e IX, da CF/88 (com redação dada pela EC nº 45/04) (TST. 8ª Turma. RR 1001421-93.2017.5.02.0078. 24.05.2019).

– *Falência e recuperação judicial*

A recuperação judicial consiste em um procedimento utilizado para evitar que seja declarada a falência de uma empresa. Tanto o processo da recuperação judicial quanto da falência são regulamentados pela Lei nº 11.101/05.

A decretação da falência ou da recuperação judicial do empregador gera polêmica em relação à necessidade de habilitação dos créditos trabalhistas no juízo cível onde tramitam tais processos.

A jurisprudência dominante no STJ é no sentido de **reconhecer a necessidade da habilitação do crédito trabalhista no juízo falimentar ou no da recuperação judicial,** mesmo no caso de crédito privilegiado:

Em relação à recuperação judicial, todavia, o juízo universal fica limitado aos bens que compõe o plano de recuperação judicial, conforme se observa da Súmula nº 480 do STJ:

> **SÚMULA Nº 480.** O juízo da recuperação judicial não é competente para decidir sobre a constrição de bens não abrangidos pelo plano de recuperação da empresa

Dessa forma, tornada líquida a sentença, se não foi proferida com essa qualidade no processo de conhecimento, deve o empregado providenciar **a habilitação do seu crédito** perante o juízo universal da falência ou da recuperação judicial na Justiça Comum.

Nesse sentido, o art. 6º, *caput* e respectivos parágrafos, da Lei nº 11.101/05:

> **Art. 6º** A decretação da falência ou o deferimento do processamento da recuperação judicial suspende o curso da prescrição e de todas as ações e execuções em face do devedor, inclusive aquelas dos credores particulares do sócio solidário (grifou-se).
>
> **§ 1º** Terá prosseguimento no juízo no qual estiver se processando a ação que demandar quantia ilíquida.
>
> **§ 2º** É permitido pleitear, perante o administrador judicial, habilitação, exclusão ou modificação de créditos derivados da relação de trabalho, mas as ações de natureza trabalhista, inclusive as impugnações a que se refere o art. 8º desta Lei, serão processadas perante a justiça especializada até a apuração do respectivo crédito, que será inscrito no quadro-geral de credores pelo valor determinado em sentença.
>
> **§ 3º** O juiz competente para as ações referidas nos §§ 1º e 2º deste artigo poderá determinar a reserva da importância que estimar devida na recuperação judicial ou na falência, e, uma vez reconhecido líquido o direito, será o crédito incluído na classe própria.
>
> **§ 4º** Na recuperação judicial, a suspensão de que trata o caput deste artigo em hipótese nenhuma excederá o prazo improrrogável de 180 (cento e oitenta) dias contado do deferimento do processamento da recuperação, restabelecendo-se, após o decurso do prazo, o direito dos credores de iniciar ou continuar suas ações e execuções, independentemente de pronunciamento judicial.
>
> **§ 5º** Aplica-se o disposto no § 2º deste artigo à recuperação judicial durante o período de suspensão de que trata o § 4º deste artigo, mas, após o fim da suspensão, as execuções trabalhistas poderão ser normalmente concluídas, ainda que o crédito já esteja inscrito no quadro-geral de credores.
>
> **§ 6º** Independentemente da verificação periódica perante os cartórios de distribuição, as ações que venham a ser propostas contra o devedor deverão ser comunicadas ao juízo da falência ou da recuperação judicial:
>
> I – pelo juiz competente, quando do recebimento da petição inicial;
>
> II – pelo devedor, imediatamente após a citação.
>
> **§ 7º** As execuções de natureza fiscal não são suspensas pelo deferimento da recuperação judicial, ressalvada a concessão de parcelamento nos termos do Código Tributário Nacional e da legislação ordinária específica.
>
> **§ 8º** A distribuição do pedido de falência ou de recuperação judicial previne a jurisdição para qualquer outro pedido de recuperação judicial ou de falência, relativo ao mesmo devedor.

Inclusive o STJ tem flexibilizado o preceito legal que determina a retomada das execuções após o transcurso do prazo **de 180 dias**, conforme se observa da decisão a seguir transcrita, em seu item 4:

> CONFLITO POSITIVO DE COMPETÊNCIA. COMERCIAL. LEI 11.101/05. RECUPERAÇÃO JUDICIAL. PROCESSAMENTO DEFERIDO. 1. a decisão liminar da justiça trabalhista que determinou a indisponibilidade dos bens da empresa em recuperação judicial, assim também dos seus sócios, não pode prevalecer, sob pena de se quebrar o princípio nuclear da recuperação, que é a possibilidade de soerguimento da empresa, ferindo também o princípio da "par conditio creditorum". 2. é competente o juízo da recuperação judicial para decidir acerca do patrimônio da empresa recuperanda, também da eventual extensão dos efeitos e responsabilidades aos sócios, especialmente após aprovado o plano de recuperação. 3. os créditos apurados deverão ser satisfeitos na forma estabelecida pelo plano, aprovado de conformidade com o art. 45 da lei 11.101/2005. 4. não se mostra plausível a retomada das execuções individuais após o mero decurso do prazo legal de 180 dias. Conflito conhecido para declarar a competência do juízo da 3ª vara de Matão/SP.[82]

Já a jurisprudência dos Tribunais do Trabalho é justamente em sentido oposto, utilizando-se de interpretação gramatical, pois o § 4º, art. 6º, a Lei nº 11.101/05 diz que o referido prazo é **improrrogável**.

Por fim, ressalte-se que a suspensão mencionada não atinge as execuções fiscais, ou seja, não há suspensão da execução trabalhista em relação aos créditos fiscais e previdenciários, conforme preceito contido no § 7º do citado art. 6º da Lei nº 11.101/05.

Exemplos de questões sobre o tema

(FCC – Juiz do Trabalho/2017) Em relação à competência da Justiça do Trabalho, em conformidade com a Emenda Constitucional nº 45 de 2004, considere:

I. Compete-lhe a execução, de ofício, da contribuição referente ao Seguro de Acidente de Trabalho, pois se destina ao financiamento de benefícios relativos à incapacidade do empregado decorrente de infortúnio no trabalho.

II. Não lhe compete apreciar pedido de complementação de pensão postulada por viúva de ex-empregado, ainda que se trate de pedido que deriva do contrato de trabalho.

III. Compete-lhe processar e julgar ação de interdito proibitório proposta por instituição financeira privada contra o Sindicato dos Trabalhadores da respectiva categoria, por meio da qual se busca garantir o livre acesso de empregados e de clientes à sua agência bancária em decorrência de movimento grevista.

IV. Não lhe compete processar e julgar ação ajuizada contra o ex-empregador, pela esposa de empregado que faleceu em decorrência de acidente do trabalho, postulando dano moral ocasionado pela morte do trabalhador.

Está correto o que se afirma APENAS em

(A) II e IV.

(B) I e III.

(C) I, II e IV.

(D) II, III e IV.

(E) III.

Resposta: B

82. STJ. CC 68.173 – SP. Rel. Min. Luis Felipe Salomão. DJ 04.12.2008.

(TRT 2 – Juiz do Trabalho Substituto 2ª região/2016) Em relação à competência da Justiça do Trabalho, segundo a Constituição da República, a atual jurisprudência do Supremo Tribunal Federal e as Súmulas da Jurisprudência Uniforme do Tribunal Superior do Trabalho, para as ações que atualmente venham a ser ajuizadas, analise as seguintes proposições:

I. A Justiça do Trabalho é competente para processar e julgar ação possessória ajuizada em decorrência do exercício do direito de greve pelos trabalhadores da iniciativa privada.

II. A Justiça do Trabalho é competente para processar e julgar ação ajuizada por empregado em face de empregador relativa ao cadastramento no Programa de Integração Social.

III. A Justiça do Trabalho é competente para processar e julgar as ações que tenham como causa de pedir o descumprimento de normas trabalhistas relativas à segurança, higiene e saúde dos trabalhadores.

IV. A Justiça do Trabalho é competente para processar e julgar ação sobre representação sindical, entre sindicatos, entre sindicatos e trabalhadores, e entre sindicatos e empregadores.

V. A Justiça do Trabalho não é competente para processar e julgar as ações ajuizadas contra entidades privadas de previdência buscando-se o complemento de aposentadoria.

Responda:

a) Somente as proposições I, II e III estão corretas.

b) Somente as proposições I, II e V estão corretas.

c) Somente as proposições II, III e IV estão corretas

d) Somente as proposições II, III e V estão corretas.

e) Todas as proposições estão corretas.

Resposta: E

(TRT 4 – Juiz do Trabalho Substituto 4ª região/2016) Considere as assertivas abaixo sobre competência da Justiça do Trabalho.

I. É competente a Justiça do Trabalho para processar e julgar mandado de segurança contra ato do Delegado Regional do Trabalho que negou a liberação de parcelas de seguro-desemprego de empregado incluído em programa de demissão voluntária.

II. É competente a Justiça do Trabalho para processar e julgar ação movida por servidor admitido mediante contrato administrativo por tempo determinado para atender necessidade temporária de excepcional interesse público quando houver alegação de desvirtuamento da contratação.

III. É competente a Justiça do Trabalho para executar, de ofício, as contribuições previdenciárias destinadas ao "Sistema S" incidentes sobre os valores acordados perante a Comissão de Conciliação Prévia.

Quais são incorretas?

a) Apenas I

b) Apenas II

c) Apenas III

d) Apenas I e II

e) I, II e III

Resposta: E

(FCC – Juiz do Trabalho Substituto 6ª região/2015) Sobre competência, considere:

I. Inscreve-se na competência material da Justiça do Trabalho a lide entre empregado e empregador tendo por objeto indenização pelo não fornecimento das guias do seguro-desemprego, sendo que o não fornecimento dá origem ao direito à indenização.

II. Compete à Justiça do Trabalho a execução, de ofício, da contribuição referente ao Seguro de Acidente de Trabalho – SAT, que tem natureza de contribuição para a seguridade social (arts. 114, VIII, e 195, I, "a", da CF), pois se destina ao financiamento de benefícios relativos à incapacidade do empregado decorrente de infortúnio no trabalho (arts. 11 e 22 da Lei nº 8.212/1991).

III. Compete à Justiça do Trabalho processar e julgar ações ajuizadas por empregados em face de empregadores relativas ao cadastramento no Programa de Integração Social – PIS.

Está correto o que consta em

a) I, II e III.
b) I e III, apenas.
c) II e III, apenas.
d) I, apenas.
e) II, apenas.

Resposta: A

(TRT 8 – Juiz do Trabalho Substituto 8ª região/2014) NÃO compete às Varas do Trabalho:

a) Conciliar e julgar os dissídios em que se pretenda o reconhecimento da estabilidade de empregado.
b) Processar e julgar os inquéritos para apuração de falta grave.
c) Julgar os embargos de declaração opostos às suas próprias decisões.
d) As ações entre trabalhadores portuários e os operadores portuários ou o Órgão Gestor de Mão-de-Obra – OGMO decorrentes da relação de trabalho.
e) Julgar as suspeições arguidas contra os seus juízes titulares ou substitutos.

Resposta: E

(TRT 3 – Juiz do Trabalho Substituto 3ª região/2014) Em matéria de competência, a partir das súmulas dos Tribunais Superiores (TST e STJ), NÃO é correto afirmar que:

a) Na execução por carta precatória, os embargos de terceiro serão oferecidos no juízo deprecante ou no juízo deprecado, mas a competência para julgá-los é do juízo deprecante, salvo se versarem, unicamente, sobre vícios ou irregularidades da penhora, avaliação ou alienação dos bens, praticados pelo juízo deprecado, em que a competência será deste último.
b) A competência para processar e julgar as demandas que tem por objeto obrigações decorrentes dos planos de previdência privada firmados com a Fundação Rede Ferroviária de Seguridade Social – REFER é da Justiça Federal.
c) Nos termos do art. 114, inc. VI, da Constituição da República, a Justiça do Trabalho é competente para processar e julgar ações de indenização por dano moral e material, decorrentes da relação de trabalho, inclusive as oriundas de acidente de trabalho e doenças a ele equiparadas.
d) Compete à Justiça do Trabalho processar e julgar ações ajuizadas por empregados em face de empregadores relativas ao cadastramento no Programa de Integração Social (PIS).
e) Compete à Justiça estadual processar e julgar a ação de cobrança ajuizada por profissional liberal contra cliente.

Resposta: B

(TRT 2 – Juiz do Trabalho Substituto 2ª região/2014) O trabalhador "x" ingressa com ação trabalhista em face do seu ex-empregador pleiteando declaração de vínculo de emprego e verbas consequentes, dentre elas indenização por dano e seguro desemprego. Diz que em razão da dispensa não pode honrar negócio jurídico de compra de apartamento, com perda do sinal dado como garantia do negócio. A empresa contesta todos os pedidos além de arguir a incompetência da Justiça do Trabalho, pois o autor da ação era diretor estatutário da empresa, cuja natureza jurídica é de sociedade anônima. Alega também incompetência material para apreciação do pedido de indenização de seguro desemprego e indenização por dano moral. Aponte a alternativa correta:

a) A competência para decidir e julgar todos os pedidos é da Justiça do Trabalho, devendo ser rejeitada a exceção e determinada a abertura da instrução processual. O ônus da prova é do autor.

b) A competência para decidir e julgar todos os pedidos é da Justiça do Trabalho, devendo ser rejeitada a exceção e determinada a abertura da instrução processual. O ônus da prova é da ré, à exceção do pedido de indenização por dano moral pela quebra do contrato de natureza civil.

c) A Justiça do Trabalho é incompetente para julgar a relação entre o diretor e a sociedade anônima. O juiz deverá declinar de sua competência e determinar a remessa dos autos ao juízo civil. Não se discutirá sobre o ônus da prova.

d) A Justiça do Trabalho é incompetente para julgar a relação entre o diretor e a sociedade anônima. O juiz deverá declinar de sua competência sentenciando o feito com extinção sem julgamento de mérito por ausência de pressuposto processual.

e) Não cabe à Justiça do Trabalho julgar os pedidos de indenizações do seguro desemprego e dano moral, embora tenha competência para conhecer e julgar dos pedidos de declaração de vínculo de emprego e verbas rescisórias. Sendo assim, deverá rejeitar a exceção quanto àquele primeiro fundamento e no que concerne aos pedidos de indenizações, extinguir o feito sem julgamento de mérito ante a inconveniência de fracionamento do processo.

Resposta: B

(TRT 2 – Juiz do Trabalho Substituto 2ª região/2014) Há dentre as alternativas abaixo uma que contém ação incabível na Justiça do Trabalho. Aponte a alternativa correta:

a) Ação de consignação em pagamento e mandado de segurança.

b) Ação anulatória e ação de despejo por falta de pagamento.

c) Mandado de segurança e anulatória.

d) Ação monitoria e ação de consignação em pagamento.

e) Anulatória de cláusula convencional e interdito proibitório.

Resposta: B

(TRT 8 – Juiz do Trabalho Substituto 8ª região/ 2013) Ainda sobre competência da Justiça do Trabalho (em razão da matéria, das pessoas e funcional) e Conflitos de Competência, é CORRETO afirmar que:

a) Conforme decisão plenária do Supremo Tribunal Federal, compete à Justiça do Trabalho processar e julgar as ações oriundas da relação de trabalho, abrangidos os entes de direito público externo, considerando que o estado estrangeiro não dispõe de imunidade de jurisdição perante o Poder Judiciário brasileiro, desde que o trabalho seja produzido e incorporado ao produto por um processo de alienação mercantil.

b) Compete à Justiça do Trabalho processar e julgar: I – as ações oriundas da relação de trabalho, abrangidos os entes de direito público externo e da administração pública direta e indireta da União, dos Estados, do Distrito Federal e dos Municípios; II – as ações que envolvam exercício do direito de greve; III – as ações sobre representação sindical, entre sindicatos, entre sindicatos e trabalhadores, e entre sindicatos e empregadores; IV – todos os conflitos de competência entre órgãos com jurisdição trabalhista; V – as ações de indenização por dano moral ou patrimonial, decorrentes da relação de trabalho; VI – as ações relativas às penalidades administrativas impostas aos empregadores pelos órgãos de fiscalização das relações de trabalho.

c) De acordo com decisão do Supremo Tribunal Federal, a Justiça do Trabalho é competente para apreciar e julgar ações envolvendo trabalhador e titulares de cartórios não oficializados (extrajudiciais), sendo a atuação da Corregedoria dos Tribunais de Justiça meramente fiscalizatória e disciplinar.

d) Conforme a jurisprudência sumulada do Tribunal Superior do Trabalho, "Compete à Justiça do Trabalho processar e julgar a ação de cobrança ajuizada por profissional liberal contra o cliente".

e) No caso de jurisdição graciosa, é competente a Justiça do Trabalho para autorizar a expedição de alvará para saque do FGTS, dirimindo a controvérsia entre o trabalhador, titular da conta, e a Caixa Econômica Federal.

Resposta: C

(TRT 15 – Juiz do Trabalho Substituto 15ª região/ 2013) Assinale dentre as alternativas abaixo aquela em que todos os tipos de ações relacionados estejam fora da competência da Justiça do Trabalho, de acordo com a jurisprudência dominante do Supremo Tribunal Federal e do Superior Tribunal de Justiça:

a) ações de cobrança de honorários de profissionais liberais, ações relativas à previdência complementar decorrente de contratos de trabalho e ações relativas a servidores públicos estatutários;
b) ações relativas a servidores públicos estatutários, ações penais condenatórias em matéria penal-laboral e ações liberatórias (*habeas corpus*);
c) ações relativas a tutelas inibitórias em Sede de labor-ambiental (meio ambiente do trabalho) e ações em que se pede a nulidade ou a anulação de eleições sindicais;
d) ações relativas a servidores públicos estatutários, ações penais condenatórias em matéria penal-laboral e ações de indenização por danos morais ou materiais ajuizadas pelo cônjuge supérstite em caso de acidente de trabalho fatal;
e) ações relativas a tutelas inibitórias em sede labor-ambiental (meio ambiente do trabalho), ações de consignação em pagamento e ações de indenização por danos morais e materiais ajuizadas pelo cônjuge supérstite em caso de acidente de trabalho fatal.

Resposta: A

(TRT 22 – Juiz do Trabalho Substituto 22ª região/ 2013) Com relação à competência da justiça do trabalho, analise as proposições:

I. Compete ao TRT o julgamento do conflito de competência envolvendo juízes do trabalho e juízes de direito investidos na jurisdição trabalhista na mesma região. Quando, todavia, o conflito for suscitado entre o próprio TRT e juiz do trabalho a ele subordinado, a competência para julgamento é do TST.
II. A justiça do trabalho é competente para determinar o recolhimento das contribuições fiscais. Quanto à execução das contribuições previdenciárias, sua competência limita-se às sentenças condenatórias em pecúnia que proferir e aos valores, objeto de acordo homologado, mesmo após o trânsito em julgado da sentença e, neste caso, sempre calculadas sobre as verbas salariais definidas no acordo, que integrem o salário contribuição.
III. A justiça do Trabalho tem competência para julgar o crime de falsa anotação na carteira de trabalho e previdência social, atribuído à empresa privada. Contudo, não goza de competência para julgar crimes contra a organização do trabalho quando a ofensa atingir uma coletividade de trabalhadores, os quais serão decididos pela Justiça Federal.
IV. Quando for parte no dissídio agente ou viajante comercial, a competência sempre será do juízo da localidade em que a empresa tenha agência ou filial e a esta o empregado esteja subordinado.
V. É de competência funcional do juízo trabalhista do local onde ocorreu a lesão ou ameaça a interesses ou direitos metaindividuais processar e julgar ação civil pública movida pelo Ministério Público do Trabalho ou por Associação Sindical.

Assinale a alternativa CORRETA:

a) as alternativas I a V são falsas;
b) todas as alternativas são corretas;
c) as alternativas II, IV e V são falsas;
d) a alternativa V é verdadeira;
e) a alternativa III é verdadeira.

Resposta: D

B) Competência funcional

A competência funcional, também denominada de hierárquica, é aquela inerente aos diversos órgãos que compõem a estrutura organizacional do Poder Judiciário e está prevista no art. 44 do CPC.

QUADRO COMPARATIVO – COMPETÊNCIA FUNCIONAL		
CPC DE 1973	**CPC DE 2015**	**CLT**
Art. 93. Regem a competência dos tribunais as normas da Constituição da República e de organização judiciária. A competência funcional dos juízes de primeiro grau é disciplinada neste Código.	**Art. 44.** Obedecidos os limites estabelecidos pela Constituição Federal, a competência é determinada pelas normas previstas neste Código ou em **legislação especial,** pelas normas de organização judiciária e, ainda, no que couber, **pelas constituições dos Estados.**	**Art. 652.** Compete às Varas do Trabalho [...]. **Art. 653.** Compete, ainda, às Juntas de Conciliação e Julgamento: [...]. **Art. 678.** Aos Tribunais Regionais, quando divididos em Turmas, compete: [...]. **Art. 702.** Ao Tribunal Pleno compete: [...].
Aplicabilidade do CPC ao processo do trabalho	A competência funcional dos órgãos da Justiça do Trabalho encontra-se definida pela Constituição Federal, pelas CLT e por normas trabalhistas esparsas. Portanto, esse preceito legal não se aplica ao processo do trabalho.	
Diferença entre o CPC de 2015 e o de 1973	O preceito contido no CPC de 2015 destaca que a competência funcional também pode ser estabelecida pela legislação especial e pelas constituições dos Estados.	

Assim, na Justiça do Trabalho há uma distribuição de competência dentro dos seus diversos órgãos hierarquicamente sobrepostos.

– Varas do Trabalho

Compete às Varas do Trabalho processar e julgar toda espécie de litígio individual do trabalho cuja competência não seja atribuída, expressamente, aos Tribunais Regionais ou ao TST, dentro dos limites estabelecidos pelo art. 114, da Constituição Federal de 1988. Nesse caso, trata-se de **competência funcional residual**, ou seja, toda demanda que não for de competência expressa do TRT ou do TST será da Vara do Trabalho.

A CLT fixa a competência do órgão de primeira instância da Justiça do Trabalho em seus arts. 652 e 653, **mas de forma meramente exemplificativa,** diante da evolução legislativa que ampliou, sensivelmente, a competência desse ramo do Poder Judiciário:

> **Art. 652.** Compete às Varas do Trabalho:
>
> a) conciliar e julgar:
>
> I – Os dissídios em que se pretenda o reconhecimento da estabilidade de empregado;
>
> II – os dissídios concernentes a remuneração, férias e indenizações por motivo de rescisão do contrato individual de trabalho;
>
> III – os dissídios resultantes de contratos de empreitadas em que o empreiteiro seja operário ou artífice;
>
> IV – os demais dissídios concernentes ao contrato individual de trabalho.
>
> b) processar e julgar os inquéritos para apuração de falta grave;
>
> c) julgar os embargos opostos às suas próprias decisões;
>
> d) impor multas e demais penalidades relativas aos atos de sua competência.
>
> f) decidir quanto à homologação de acordo extrajudicial em matéria de competência da Justiça do Trabalho.
>
> V – as ações entre trabalhadores portuários e os operadores portuários ou o Órgão Gestor de Mão-de-Obra – OGMO decorrentes da relação de trabalho;

Parágrafo único. Terão preferência para julgamento os dissídios sobre pagamento de salário e aqueles que derivarem da falência do empregador, podendo o presidente da Junta, a pedido do interessado, constituir processo em separado, sempre que a reclamação também versar sobre outros assuntos.

Art. 653. Compete, ainda, às Juntas de Conciliação e Julgamento:

a) requisitar às autoridades competentes a realização das diligências necessárias ao esclarecimento dos feitos sob sua apreciação, representando contra aquelas que não atenderem a tais requisições;

b) realizar as diligências e praticar os atos processuais ordenados pelos Tribunais Regionais do Trabalho ou pelo Tribunal Superior do Trabalho;

c) julgar as suspeições arguidas contra os seus membros;

d) julgar as exceções de incompetência que lhes forem opostas;

e) expedir precatórias e cumprir as que lhes forem deprecadas;

f) exercer, em geral, no interesse da Justiça do Trabalho, quaisquer outras atribuições que decorram da sua jurisdição.

Uma simples leitura do referido preceito legal revela que **a competência normativa** foi excluída dos órgãos **de primeira instância,** pois é exclusiva dos Tribunais trabalhistas.

– *Tribunal Regional do Trabalho*

O Tribunal Regional do Trabalho é a instância originária para o ajuizamento de diversas ações, como o dissídio coletivo de natureza jurídica e econômica, ação rescisória; conflito de competência entre as Varas do Trabalho sob a sua jurisdição etc.

A CLT possui dispositivo específico, porém limitado, que trata da competência dos Tribunais Regionais do Trabalho. Trata-se do art. 678:

Art. 678. Aos Tribunais Regionais, quando divididos em Turmas, compete:

I – ao Tribunal Pleno, especialmente:

a) processar, conciliar e julgar originariamente os dissídios coletivos;

b) processar e julgar originariamente:

1) as revisões de sentenças normativas;

2) a extensão das decisões proferidas em dissídios coletivos;

3) os mandados de segurança;

4) as impugnações à investidura de vogais e seus suplentes nas Juntas de Conciliação e Julgamento;

c) processar e julgar em última instância:

1) os recursos das multas impostas pelas Turmas;

2) as ações rescisórias das decisões das Juntas de Conciliação e Julgamento, dos juízes de direito investidos na jurisdição trabalhista, das Turmas e de seus próprios acórdãos;

3) os conflitos de jurisdição entre as suas Turmas, os juízes de direito investidos na jurisdição trabalhista, as Juntas de Conciliação e Julgamento, ou entre aqueles e estas;

d) julgar em única ou última instâncias:

1) os processos e os recursos de natureza administrativa atinentes aos seus serviços auxiliares e respectivos servidores;

2) as reclamações contra atos administrativos de seu presidente ou de qualquer de seus membros, assim como dos juízes de primeira instância e de seus funcionários.

II – às Turmas:

a) julgar os recursos ordinários previstos no art. 895, alínea a ;

b) julgar os agravos de petição e de instrumento, estes de decisões denegatórias de recursos de sua alçada;

c) impor multas e demais penalidades relativas e atos de sua competência jurisdicional, e julgar os recursos interpostos das decisões das Juntas dos juízes de direito que as impuserem.

Existem controvérsias acerca da competência dos Tribunais para solucionar conflitos que dizem respeito ao direito de greve. Ainda que se trate de direito coletivo desvinculado do exercício do Poder normativo, a competência deve ser do juízo de primeiro grau.

Entretanto, esse não é o posicionamento do TST, conforme se observa do precedente normativo nº 29:

> **PN Nº 29.** GREVE COMPETÊNCIA DOS TRIBUNAIS PARA DECLARÁ-LA ABUSIVA (positivo). Compete aos Tribunais do Trabalho decidir sobre o abuso do direito de greve.

– *Tribunal Superior do Trabalho*

A competência do Tribunal Superior do Trabalho é definida pelo art. 74 do seu Regimento Interno:

> **Art. 74**. Compete ao Tribunal Superior do Trabalho processar, conciliar e julgar, na forma da lei, em grau originário ou recursal ordinário ou extraordinário, as demandas individuais e os dissídios coletivos que excedam a jurisdição dos Tribunais Regionais, os conflitos de direito sindical, assim como outras controvérsias decorrentes de relação de trabalho, e os litígios relativos ao cumprimento de suas próprias decisões, de laudos arbitrais e de convenções e acordos coletivos.

A competência originária do TST abrange as ações de: dissídios coletivos, quando a representatividade das categorias econômicas ou profissionais ultrapassarem a jurisdição de um Tribunal Regional do Trabalho; ações rescisórias contra suas próprias decisões; conflitos de competência entre os TRT's; processar e julgar as ações em matéria de greve, quando o conflito exceder a jurisdição de Tribunal Regional do Trabalho.

Exemplos de questões sobre o tema

(TRT 8 – Juiz do Trabalho Substituto 8ª região/2015) Acerca da competência das Varas do Trabalho, conforme a Constituição da República Federativa do Brasil de 1988, e a Consolidação das Leis do Trabalho, é VERDADEIRO afirmar que:

a) Quando for parte de dissídio agente ou viajante comercial, a competência será da Vara do Trabalho da localidade em que a empresa tenha agência ou filial, ainda que a esta o empregado não esteja subordinado, e, na falta, será competente a Vara da localização em que o empregado tenha domicílio ou a localidade mais próxima da sede da empresa.

b) A competência das Varas do Trabalho, estabelecida no art. 651 da CLT, estende-se aos dissídios ocorridos em agência ou filial no estrangeiro, desde que o empregado seja brasileiro, independente de convenção internacional dispondo em contrário.

c) Em se tratando de empregador que promova realização de atividades fora do lugar do contrato de trabalho, é assegurado ao empregado apresentar reclamação no foro da celebração do contrato ou na localidade de seu domicílio.

d) Terão preferência para julgamento os dissídios sobre pagamento de salário e aqueles que derivarem da recuperação judicial e da falência do empregador, devendo o Juiz da Vara competente, a pedido do interessado, constituir processo em separado, sempre que a reclamação também versar sobre outros assuntos.

e) Conforme o art. 653, alíneas "a" e "b" da CLT, compete às Varas do Trabalho requisitar às autoridades competentes a realização das diligências necessárias ao esclarecimento dos feitos sob sua apreciação, representando contra aquelas que não atenderem a tais requisições; realizar as diligências e praticar os atos processuais ordenados pelos Tribunais Regionais do Trabalho, pelo Tribunal Superior do Trabalho.

Resposta: E

(FCC – Juiz do Trabalho Substituto 1ª região/2015) É INCORRETO afirmar que compete à Justiça do Trabalho

a) executar as contribuições previdenciárias decorrentes das sentenças declaratórias, condenatórias e dos acordos homologados em juízo.

b) processar e julgar as ações que envolvam o exercício do direito de greve.

c) executar a contribuição referente ao Seguro de Acidente do Trabalho – SAT.

d) processar e julgar as ações relativas às penalidades administrativas impostas aos empregadores pelos órgãos de fiscalização das relações de trabalho.

e) processar e julgar outras controvérsias decorrentes da relação de trabalho, na forma da lei.

Resposta: A

(Juiz do Trabalho Substituto – TRT 3ª região – 2012) Assinale a opção correta, após a análise das afirmativas abaixo:

I. A competência da Justiça do Trabalho após a EC 45, de 2004, inclui o julgamento de penalidades administrativas impostas aos tomadores de serviço pelos órgãos de fiscalização das relações de trabalho.

II. Em caso de greve em atividade essencial, com possibilidade de lesão do interesse público, o Ministério Público do Trabalho poderá ajuizar dissídio coletivo, competindo à Justiça do Trabalho decidir o conflito.

III. Recusando – se quaisquer das partes à negociação coletiva e à arbitragem, lhes é facultado, de comum acordo, ajuizar dissídio coletivo de natureza econômica, podendo a Justiça do Trabalho decidir o conflito, respeitadas as disposições mínimas legais de proteção ao trabalho, bem como as convencionadas anteriormente.

IV. A competência da Justiça do Trabalho inclui, após a EC 45-2004, a execução, de ofício, das contribuições sociais previstas no art. 195, I, "a", e II, da CF-88 e seus acréscimos legais, decorrentes das decisões que proferir.

V. Os Tribunais Regionais do Trabalho compõem-se de, no mínimo, sete juízes, recrutados, quando possível, na respectiva região, e nomeados pelo Presidente da República dentre brasileiros com mais de trinta e menos de sessenta e cinco anos.

a) Somente as afirmativas I e II estão corretas;

b) Somente as afirmativas II e III estão corretas.

c) Somente as afirmativas III e IV estão corretas.
d) Somente as afirmativas IV e V estão corretas.
e) Somente as afirmativas II e V estão corretas.

Resposta: E

3.3. Competência relativa

A competência relativa é aquela instituída pelo legislador, que leva em consideração os interesses particulares e, por conta disso, pode ser prorrogada.

Desse modo, o juízo que era originariamente incompetente, por força da aplicação de regras legais, passa a ser competente diante da inércia do reclamado em arguir essa objeção ou nos casos de conexão ou continência (art. 54 do CPC).[83]

Como consequência dessa prorrogabilidade, **a incompetência relativa não pode ser declarada de ofício pelo juiz.** É necessária a provocação promovida pela parte.[84]

O art. 63 do CPC trata da prorrogação da competência relativa:

QUADRO COMPARATIVO – MODIFICAÇÃO DA COMPETÊNCIA		
CPC DE 1973	**CPC DE 2015**	**CLT**
Art. 111. A competência em razão da matéria e da hierarquia é inderrogável por convenção das partes; mas estas podem modificar a competência em razão do valor e do território, elegendo foro onde serão propostas as ações oriundas de direitos e obrigações. § 1º O acordo, porém, só produz efeito, quando constar de **contrato escrito** e aludir expressamente a determinado negócio jurídico. § 2º O foro contratual obriga os herdeiros e sucessores das partes. Art. 112. Parágrafo único. A **nulidade** da cláusula de eleição de foro, em contrato de adesão, pode ser declarada de ofício pelo juiz, que declinará de competência para o juízo de domicílio do réu.	**Art. 63.** As partes podem modificar a competência em razão do valor e do território, elegendo foro onde será proposta ação oriunda de direitos e obrigações. § 1º A eleição de foro só produz efeito quando constar de **instrumento escrito** e aludir expressamente a determinado negócio jurídico. § 2º O foro contratual obriga os herdeiros e sucessores das partes. § 3º Antes da citação, a cláusula de eleição de foro, se abusiva, pode ser reputada **ineficaz** de ofício pelo juiz, que determinará a remessa dos autos ao juízo do foro de domicílio do réu. § 4º **Citado, incumbe ao réu alegar a abusividade da cláusula de eleição de foro na contestação, sob pena de preclusão.**	Sem similar.
Aplicabilidade do CPC ao processo do trabalho	Como os direitos trabalhistas dos empregados hipossuficientes são irrenunciáveis quando da formação do contrato de trabalho, cláusula de eleição de foro nesse sentido também ofenderia o caráter protetivo do Direito Laboral. Portanto, apesar da CLT ser omissa, esse dispositivo não se aplica ao processo do trabalho, salvo em relação ao empregado hipersuficiente.	

83. CPC. Art. 54. A competência relativa poderá modificar-se pela conexão ou pela continência, observado o disposto nesta Seção.

84. CPC. Art. 65. Prorrogar-se-á a competência relativa se o réu não alegar a incompetência em preliminar de contestação.

QUADRO COMPARATIVO – MODIFICAÇÃO DA COMPETÊNCIA		
CPC DE 1973	**CPC DE 2015**	**CLT**
Diferença entre o CPC de 2015 e o de 1973	Os §§ 3º e 4º do art. 63 do CPC tratam da abusividade da cláusula de eleição, inclusive da alegação do réu quando citado, sob pena de preclusão. O CPC de 1973 só admitia a declaração de nulidade dessa cláusula, pelo juiz, no caso de contrato de adesão.	

É inaplicável, ao processo do trabalho, a regra da modificação prévia da competência, pela manifestação de vontade dos litigantes (eleição de foro), em face da incidência do princípio da irrenunciabilidade que norteia o Direito Material do Trabalho **quando o empregado for hipossuficiente**.

Com efeito, o empregador não teria qualquer dificuldade para obter a manifestação de vontade do empregado hipossuficiente, quando da formação do vínculo contratual, no sentido de eleger o foro da conveniência da empresa. Isso implicaria renúncia ao direito do empregado de promover a sua reclamação trabalhista no local da prestação de serviço.

Dessa forma, eventual cláusula contida em um contrato de trabalho que fixa o foro de eleição em local diverso daquele determinado pela lei, é nula de pleno direito.

Inclusive, essa nulidade pode ser declarada de ofício pelo juiz, com base no que determina o transcrito art. 63, § 3º do CPC.

Excetua-se dessa regra quando a cláusula de eleição de foro é ajustada com o **empregado hipersuficiente**, já que o legislador lhe conferiu maior eficácia a autonomia de sua vontade.

A) Competência em razão do lugar

A competência em razão do lugar das Varas do Trabalho é definida pelo *caput* do art. 651 da Consolidação das Leis do Trabalho:

> **Art. 651.** A competência das Juntas de Conciliação e Julgamento é determinada pela localidade onde o empregado, reclamante ou reclamado, prestar serviços ao empregador, ainda que tenha sido contratado noutro local ou no estrangeiro.

Observa-se, desse modo, que a competência *ratione loci*, em regra, é estabelecida **pelo local da prestação dos serviços** e não pelo domicílio do réu, como ocorre com o processo civil.[85]

– Omissão da norma

A regra geral, como visto, é a da fixação da competência em razão do local da prestação dos serviços. Observe-se, porém, que a norma celetista acima citada foi elaborada levando em consideração o fato de o empregado poder ajuizar uma ação trabalhista durante a

85. 1ª Jornada de Direito Material e Processual do Trabalho. Enunciado nº 7. ACESSO À JUSTIÇA. CLT, Art. 651, § 3º. INTERPRETAÇÃO CONFORME A CONSTITUIÇÃO. Art. 5º, INC. XXXV, DA CONSTITUIÇÃO DA REPÚBLICA. Em se tratando de empregador que arregimente empregado domiciliado em outro município ou outro Estado da federação, poderá o trabalhador optar por ingressar com a reclamatória na Vara do Trabalho de seu domicílio, na do local da contratação ou na do local da prestação dos serviços.

execução do contrato de trabalho, o que é muito raro hoje em dia, em face da ausência de um instituto jurídico que proteja o empregado da despedida arbitrária.

Como a lei é omissa quando se trata de fixar um critério de competência em razão do lugar após a extinção da relação empregatícia, deve-se utilizar dos outros meios de integração do ordenamento jurídico para apresentar uma solução.

No caso de sucessivos locais de trabalho, a jurisprudência **inclina-se pela fixação da competência pelo último lugar da prestação de serviços.**

Esse entendimento é o que mais se ajusta aos princípios que norteiam o processo laboral, especialmente a necessidade de facilitar o exercício do direito de ação pelo trabalhador hipossuficiente.

Entretanto, o mencionado critério só deve ser aplicado quando a transferência implicar mudança da residência do empregado, isso é, na hipótese de transferência definitiva.

Na doutrina, o entendimento de fixação da competência em razão do lugar pelo último local de prestação de serviços também é predominante:

Quadro Doutrinário – Competência em razão do último local de trabalho		
Posicionamento	**Doutrinadores**	**Exemplo**
Último local trabalhado	**Sérgio Pinto, José Cairo, Bezerra Leite, Valentin Carrion, Renato Saraiva, Jouberto Cavalcante e Francisco Neto**	Havendo vários locais de trabalho, a competência é dada à última localidade onde o empregado trabalhou (Sérgio Pinto Martins).*
Domicílio do empregado	**Valton Pessoa**	Se o labor não foi simultâneo, a solução que tem prevalecido na jurisprudência é que o foro competente seria o último local da prestação do serviço. Assim, se o empregado, contratado em Salvador, foi transferido para Recife e depois para São Paulo, deve a ação ser apresentada na capital paulista. Não pensamos assim. Se a norma é lacunosa, a melhor forma de interpretá-la é em favor do empregado, aplicando-se, nesse caso, o princípio da proteção, que, mesmo com as ressalvas apresentadas, também se aplica no processo do trabalho (Valton Pessoa).**
Em qualquer local trabalhado	**Mauro Shiavi**	[...] se o reclamante trabalhou em vários locais, pensamos que a competência das Varas do Trabalho de cada local trabalhado é concorrente, já que todas as Varas são competentes, cabendo a escolha do local de propositura da ação ao reclamante, uma vez que a competência em razão do lugar se fixa tendo por escopo facilitar o acesso do trabalhador à Justiça. ***
. MARTINS, Sérgio Pinto. Direito Processual do Trabalho. 25. ed. São Paulo: Atlas. 2006. p. 41.** *. PINTO, José Augusto Rodrigues. Processo trabalhista de conhecimento. 6 ed. São Paulo: LTr. p. 54** *****. SCHIAVI, Mauro. Manual de direito processual do trabalho. 4 ed. São Paulo: LTr, 2011. p. 264.**		

– *Agente ou viajante comercial*

A primeira exceção à regra geral que estabelece a competência em razão do lugar, diz respeito à hipótese do empregado exercer a função de agente ou viajante comercial, ou seja, aquele empregado que normalmente desempenha a sua atividade fora do estabelecimento da empresa, seja no agenciamento, intermediação ou conclusão de negócios em nome do empregador.

Se, além de uma sede, a empresa possui filial, a competência da Justiça do Trabalho é determinada pelo local daquela à qual o empregado esteja vinculado, conforme se observa da redação do § 1º, art. 651 da Consolidação das Leis do Trabalho:

> **Art. 651. § 1º** Quando for parte no dissídio agente ou viajante comercial, a competência será da Junta da localidade em que a empresa tenha agência ou filial e a esta o empregado esteja subordinado e, na falta, será competente a Junta da localização em que o empregado tenha domicílio ou a localidade mais próxima.

Se a empresa é formada por um único estabelecimento-sede ou, no caso de existirem filiais, o empregado não seja subordinado diretamente a nenhuma delas, a competência é firmada pela **localidade do domicílio do empregado, ou, na sua ausência, pela mais próxima.**

– *Empregado brasileiro trabalhando no estrangeiro*

Caso uma empresa, sediada no Brasil, possua agência ou filial no estrangeiro e contrate trabalhadores brasileiros para prestar serviços em tais estabelecimentos, a competência para dirimir eventuais conflitos decorrentes da execução e extinção do contrato de trabalho, segundo determina o art. 651, § 2º, da CLT,[86] **é da Justiça do Trabalho Brasileira,** salvo se houver tratado ou convenção internacional dispondo em sentido contrário.

Quanto à Vara do Trabalho competente para apreciar essa espécie de litígio, há divergência na doutrina e na jurisprudência quanto ao critério definidor, podendo ser:

a) o local da sede ou da filial da empresa no Brasil;

b) o local da contratação; ou

c) o domicílio do trabalhador.

Diante da omissão legislativa, a situação de cada caso deverá ser observada para efeito de fixação da competência em razão do lugar, com preferência para o último critério apontado em razão da necessidade se facilitar o acesso ao Poder Judiciário nos casos de empregados hipossuficientes.

– *Natureza da atividade empresarial*

Certas empresas, por sua própria natureza, desenvolvem suas atividades em diversos locais, pois não possuem uma unidade econômica estabelecida com certo grau de definitividade, como acontece, por exemplo, com as atividades circenses.

Em tais situações, faculta-se ao empregado ajuizar a reclamação trabalhista:

a) no local onde foi contratado; ou

b) no lugar da prestação de serviço.

---

86. CLT. Art. 651. § 2º. A competência das Juntas de Conciliação e Julgamento, estabelecida neste artigo, estende-se aos dissídios ocorridos em agência ou filial no estrangeiro, desde que o empregado seja brasileiro e não haja convenção internacional dispondo em contrário.

Essa é a determinação contida no § 3º, art. 651 da Consolidação das Leis do Trabalho:

> **Art. 651. § 3º** Em se tratando de empregador que promova realização de atividades fora do lugar do contrato de trabalho, é assegurado ao empregado apresentar reclamação no foro da celebração do contrato ou no da prestação dos respectivos serviços.

O mesmo se diga quando o empregador **arregimenta seus trabalhadores em outras localidades** nas quais não desenvolva suas atividades econômicas:

> **OJ4T Nº 112 do TRT9.** ACESSO À JUSTIÇA. CLT, ART. 651, § 3º. INTERPRETAÇÃO CONFORME A CONSTITUIÇÃO. ART. 5º, INC. XXXV, DA CONSTITUIÇÃO DA REPÚBLICA. Em se tratando de empregador que arregimente empregado domiciliado em outro município ou outro Estado da federação, poderá o trabalhador optar por ingressar com a reclamatória na Vara do Trabalho de seu domicílio, na do local da contratação ou na do local da prestação dos serviços.

Na verdade, há uma tendência de flexibilização da norma que fixa a competência em razão do lugar para facilitar o acesso ao Poder Judiciário:

> **SÚMULA Nº 42 do TRT18. COMPETÊNCIA TERRITORIAL. ART. 651 DA CLT. FLEXIBILIZAÇÃO.** Excepcionalmente, admite-se a flexibilização das regras de competência territorial fixadas no art. 651 da CLT, a fim de permitir o ajuizamento de reclamação trabalhista no foro do domicílio do empregado, desde que não seja prejudicado o acesso do réu/empregador a uma ordem jurídica justa e efetiva.
>
> **SÚMULA Nº 19 do TRT22. COMPETÊNCIA TERRITORIAL.** ART. 651 DA CLT. PRINCÍPIOS DA INAFASTABILIDADE DA JURISDIÇÃO E DA PROTEÇÃO AO HIPOSSUFICIENTE. A determinação da competência territorial prevista no art. 651 da CLT há que se coadunar com o princípio constitucional da inafastabilidade da jurisdição e da proteção ao hipossuficiente, de modo a permitir-lhe que ajuíze a sua ação na localidade que tenha melhores condições de demandar.

Em resumo, são as seguintes regras a serem observadas em relação à competência da Justiça do Trabalho em razão do lugar:

Critério	Vara competente
Regra geral.	Vara do local da prestação de serviços.
Prestação de serviços em várias localidades sucessivas.	Vara do local da última prestação de serviços.
Agente ou viajante.	Vara da localidade onde a empresa tenha agência ou filial e a esta o empregado esteja subordinado.
Agente ou viajante.	Vara do local onde o empregado tenha domicílio no caso da empresa não possuir agência ou filial.
Empregador que promova realização de atividades fora do lugar do contrato de trabalho.	Vara do local da contratação ou da prestação de serviços.
Conflitos havidos em agência ou filial no estrangeiro com empregado brasileiro.	Competência da Justiça do Trabalho do Brasil, desde que não haja convenção internacional dispondo em contrário.

Exemplos de questões sobre o tema

(FCC – Juiz do Trabalho/2017) Sobre a competência da Justiça do Trabalho, a Consolidação das Leis do Trabalho e as Súmulas do Tribunal Superior do Trabalho estabelecem:

a) A competência territorial das Varas do Trabalho é determinada pela localidade onde o empregado prestar serviços ao empregador, ainda que tenha sido contratado noutro local ou no estrangeiro, desde que seja o autor da ação.

b) Quando for parte de dissídio agente ou viajante comercial, a competência será da Vara da localidade em que a empresa tenha agência ou filial e a esta o empregado esteja subordinado e, na falta, será competente a Vara do domicílio do empregado ou a da localidade mais próxima.

c) Se o empregado for brasileiro, a Justiça do Trabalho brasileira têm competência para processar e julgar os dissídios ocorridos em agência ou filial no estrangeiro, ainda que haja convenção internacional dispondo em contrário.

d) A Justiça do Trabalho é competente para determinar o recolhimento das contribuições previdenciárias, em relação às sentenças condenatórias em pecúnia que proferir e aos valores, objeto de acordo homologado, que integram o salário de contribuição, inclusive, no caso de reconhecimento de vínculo empregatício, quanto aos salários pagos durante a contratualidade.

e) A Justiça do Trabalho é competente para processar e julgar as ações de indenização por danos morais e materiais decorrentes da relação de trabalho, inclusive as oriundas de acidente de trabalho e doenças a ele equiparados, ainda que propostas pelos dependentes, desde que habilitados no Instituto Nacional do Seguro Social ou sucessores do trabalhador falecido.

Resposta: B

(FCC – Juiz do Trabalho Substituto 24ª região/2015) Túlio, domiciliado em Dourados, celebrou contrato de trabalho com a empresa Sigma Metalúrgica em sua sede localizada no município de Campo Grande. O local do trabalho, previsto em contrato, foi a filial na cidade de Aquidauana. Após três meses de labor, o empregado sofreu acidente de trabalho, afastando-se por cinco meses para tratamento com percepção de benefício previdenciário. Uma semana após a sua alta junto ao INSS o trabalhador foi dispensado. Túlio consultou um advogado para ajuizar ação trabalhista pretendendo receber da empresa indenizações por danos materiais e morais em razão de cirurgia e de sequelas decorrentes do acidente de trabalho. A competência territorial para a propositura da ação é da Vara do Trabalho de

a) Dourados, em razão de ser o domicílio do autor e em atenção ao princípio da tutela do trabalhador.

b) Campo Grande, uma vez que havendo conflito de jurisdição a comarca da Capital do Estado é aquela que prevalece.

c) Campo Grande, porque foi o local onde está localizada a sede da empresa e foi firmado o contrato de trabalho, ou seja, prevalece o local da contratação.

d) Aquidauana, por ter sido o local da prestação de serviços conforme determinação expressa da Consolidação das Leis do Trabalho.

e) Dourados, Aquidauana ou Campo Grande, visto que em razão do pedido de indenização por reparação de danos, cabe ao trabalhador escolher entre o foro do seu domicílio, da celebração do contrato ou da prestação dos serviços.

Resposta: D

(TRT 3 – Juiz do Trabalho Substituto 3ª região/ 2013) Em relação ao processo do trabalho, leia as afirmações abaixo e, em seguida, assinale a alternativa correta:

I. O Tribunal Superior do Trabalho compõe-se de vinte e sete ministros, togados e vitalícios, que são escolhidos entre brasileiros, de notável saber jurídico e reputação ilibada, com mais de trinta anos e menos de sessenta anos de idade, e nomeados pelo Presidente da República, após a aprovação da escolha pela maioria absoluta do Senado Federal.

II. Os órgãos fracionários dos Tribunais submeterão ao plenário, ou ao órgão especial, a arguição de inconstitucionalidade, mesmo quando já houver pronunciamento destes, ou do plenário do Supremo Tribunal Federal, sobre a questão.

III. A competência das Varas do Trabalho é determinada, em regra, pelo local da prestação dos serviços.

IV. Não há interesse do Ministério Público do Trabalho para recorrer contra decisão que declara a existência de vínculo de emprego com sociedade de economia mista, após a Constituição da República de 1988, sem a prévia aprovação em concurso público.

a) Todas as afirmativas estão corretas.

b) Somente as afirmativas I e II estão corretas.

c) Somente as afirmativas III e IV estão corretas.

d) Somente a afirmativa III está correta.

e) Todas as afirmativas estão incorretas.

Resposta: D

– *Relação de trabalho*

As regras do processo do trabalho, por conta dos seus princípios, características e peculiaridades, não podem ser aplicadas para solucionar os litígios decorrentes da relação de trabalho caracterizada pela inexistência de subordinação.

Desse modo, quando um trabalhador não empregado ocupar o polo passivo da relação processual, a definição da competência em razão do lugar será feita pela regra geral estabelecida pelo **critério do domicílio do réu**, previsto pelo art. 46 do CPC.

De fato, se a relação existente entre os litigantes é de coordenação e não de subordinação, não há qualquer razão para o uso do processo do trabalho, que foi forjado com vistas a solucionar lides das quais o hipossuficiente fizesse parte.

Entretanto, enquanto estiver em vigor a Instrução Normativa nº 27/2005 do TST, **as disposições processuais contidas na CLT regerão todos os processos que tramitam da Justiça do Trabalho.**

B) *Competência em razão do valor da causa*

O ordenamento jurídico processual pode atribuir competência a determinado órgão judicial, a depender do valor atribuído à causa, como acontece, por exemplo, com as ações sujeitas à apreciação dos Juizados Especiais Cíveis, cujo valor não pode exceder a quarenta salários mínimos (art. 3º, I, da Lei nº 9.099/95).

No processo do trabalho, não se define essa espécie de competência de forma que, em primeira instância, as Varas do Trabalho são competentes para analisar qualquer tipo de litígio independente do valor atribuído à causa.

Exemplo de questão sobre o tema:

(FCC – Juiz do Trabalho Substituto 18ª região/2014) Com relação à competência no Processo do Trabalho:

a) É de competência funcional dos Tribunais Regionais ou suas Turmas, dentre outras, julgar as suspeições arguidas contra seus membros e fiscalizar o cumprimento de suas próprias decisões.

b) Havendo competência da Justiça do Trabalho brasileira para julgar os dissídios havidos entre empregados brasileiros e estrangeiros transferidos para prestarem serviços no exterior, a legislação aplicável à relação jurídica trabalhista será regida pelas leis vigentes no país da prestação de serviço e não por aquelas do local da contratação.

c) Não é de competência funcional, hierárquica ou interna das Varas do Trabalho, impor multas e demais penalidades relativas aos atos de sua competência.

d) É de competência funcional dos Tribunais Regionais do Trabalho não divididos em Turmas, entre outras, processar e julgar em única ou última instância a extensão das decisões proferidas em dissídios coletivos e as ações rescisórias das decisões das Varas do Trabalho.

e) A Justiça do Trabalho brasileira possui competência para dirimir controvérsias decorrentes da relação de trabalho quando o empregado seja estrangeiro ou brasileiro e trabalhe para empresa brasileira no exterior, desde que não haja convenção internacional dispondo em contrário.

Resposta: A

C) Modificação da competência

O juiz que primeiro conhecer da lide deve conduzir o seu processamento, com a apresentação da tutela jurisdicional, o que caracteriza o princípio da *perpetuatio iurisdictiones* albergado no ordenamento jurídico pátrio pelo art. 43 do CPC, que destacam a exceção relativa à **supressão de Órgão Judiciário ou alteração da competência absoluta**:

> **Art. 43.** Determina-se a competência no momento do registro ou da distribuição da petição inicial, sendo irrelevantes as modificações do estado de fato ou de direito ocorridas posteriormente, salvo quando suprimirem órgão judiciário ou alterarem a competência absoluta.

Entretanto, como já foi dito, a competência relativa pode ser modificada: pela vontade das partes, hipótese que não se aplica ao processo do trabalho no entendimento do TST; **pela continência**; **pela conexão; e pela inércia do reclamado.**

Nos casos de **conexão ou continência** entre duas ou mais reclamações em curso em juízos que tenham a mesma competência territorial, deve-se determinar qual é o **prevento**, que é aquele para o qual foi primeiramente distribuída ou registrada a petição inicial, na forma prevista pelos arts. 58 e 59 do CPC.

QUADRO COMPARATIVO – PREVENÇÃO		
CPC DE 1973	**CPC DE 2015**	**CLT**
Art. 106. Correndo em separado ações conexas perante juízes que têm a mesma competência territorial, considera-se prevento **aquele que despachou em primeiro lugar.**	**Art. 58.** A reunião das ações propostas em separado far-se-á no juízo prevento, onde serão decididas simultaneamente. **Art. 59. O registro ou a distribuição** da petição inicial torna prevento o juízo.	Sem similar
Aplicabilidade do CPC ao processo do trabalho	O art. 106 do CPC de 1973 não era aplicado ao processo do trabalho, pois o juiz não despachava a petição inicial. Com a redação do art. 58 do CPC de 2015 esse dispositivo adapta-se completamente ao processo laboral.	
Diferença entre o CPC de 2015 e o de 1973	Pelo CPC de 2015 torna-se prevento o juízo para o qual foi distribuída ou registrada a petição inicial.	

O CPC de 2015 abandonou o critério da citação e passou a usar o **ato de distribuição ou de registro** como fator definidor da prevenção, igualando ao processo laboral.

Segundo o art. 55, *caput*, do CPC, são consideradas conexas duas ou mais ações quando seja **comum o pedido ou a causa de pedir.**[87]

87. CPC. Art. 55. Reputam-se conexas 2 **(duas) ou mais ações quando lhes for comum o pedido ou a causa de pedir.**

Percebe-se, portanto, que **não está presente a tríplice identidade,** que caracteriza a litispendência ou a coisa julgada, pois a coincidência só diz respeito ao pedido e/ou a causa de pedir.

Na **continência**, que é considerada uma espécie de conexão, exige-se a identidade de partes e de *causa petendi*. Entretanto, o objeto de uma reclamação trabalhista, por ser mais amplo, abrange o das demais, conforme disposto no art. 56 do CPC:

> **Art. 56.** Dá-se a continência entre 2 (duas) ou mais ações quando houver identidade quanto às partes e à causa de pedir, mas o pedido de uma, por ser mais amplo, abrange o das demais".

Em caso de reclamações trabalhistas conexas ou continentes o juiz **deve reuni-las para evitar decisões contraditórias sobre o mesmo fato ou relação jurídica.** Em caso de continência, não há necessidade de reunião quando a ação continente for ajuizada antes da ação contida. Nessa hipótese, na **ação contida será proferida sentença sem resolução do mérito** (art. 57 do CPC).

Pela regra inserida no § 3º, art. 55 do CPC, **a necessidade de reunião** estende-se há outras demandas não conexas ou não continentes, **desde que haja risco de que sejam proferidas decisões conflitantes ou contraditórias.**

QUADRO COMPARATIVO – REUNIÃO DE PROCESSOS		
CPC DE 1973	**CPC DE 2015**	**CLT**
Art. 105. Havendo conexão ou continência, o juiz, de ofício ou a requerimento de qualquer das partes, **pode** ordenar a reunião de ações propostas em separado, a fim de que sejam decididas simultaneamente. Parágrafo único. O Ministério Público será ouvido em todos os conflitos de competência; mas terá qualidade de parte naqueles que suscitar.	**Art. 55.** § 1º Os processos de ações conexas **serão** reunidos para decisão conjunta, salvo se um deles já houver sido sentenciado. § 2º Aplica-se o disposto no *caput*: I – à execução de título extrajudicial e à ação de conhecimento relativa ao mesmo ato jurídico; II – às execuções fundadas no mesmo título executivo. § 3º Serão reunidos para julgamento conjunto os processos que possam gerar risco de prolação de decisões conflitantes ou contraditórias caso decididos separadamente, mesmo sem conexão entre eles. **Art. 57.** Quando houver continência e a ação continente tiver sido proposta anteriormente, no processo relativo à ação contida será proferida sentença sem resolução de mérito, caso contrário, as ações serão necessariamente reunidas.	Sem similar.
Aplicabilidade do CPC ao processo do trabalho	Em face da omissão da CLT, aplicam-se essas regras ao processo do trabalho, pois não há incompatibilidade com seus princípios.	
Diferença entre o CPC de 2015 e o de 1973	No sistema processual anterior, a reunião das ações era uma faculdade do juiz. Pelo CPC de 2015 a reunião passa a ser obrigatória. No que diz respeito à continência, o art. 57 introduz uma novidade quando se tratar de continência. Caso a ação continente seja ajuizada primeiro, a ação contida não será reunida, mas sim extinta sem a apreciação do mérito.	

3.4. Competência normativa

A competência normativa da Justiça do Trabalho é aquela que diz respeito a sua tarefa de solucionar os conflitos coletivos de natureza econômica, por meio de uma decisão que tem as mesmas características da lei, como a abstratividade, imperatividade e generalidade.

Todavia, o alcance subjetivo da sentença normativa limita-se aos integrantes das categorias profissionais e econômicas das entidades sindicais que representam seus interesses.[88]

A competência normativa da Justiça do Trabalho **sofreu severa limitação** em decorrência da nova ordem constitucional, após a promulgação da Emenda Constitucional nº 45/2004, que impôs a necessidade do **mútuo consentimento para o ajuizamento do dissídio coletivo.**

Antes da referida alteração constitucional, o dissídio coletivo de natureza econômica poderia ser suscitado tanto pelas entidades sindicais representativas dos empregados quanto por aquelas que representam os empregadores e, em alguns casos, de ofício pelo Ministério Público do Trabalho.

3.5. Conflito de competência

Como visto, toda a estrutura do Poder Judiciário foi criada e seccionada em órgãos judiciais, de várias instâncias, com atribuições e competências distintas.

Contudo, pode ocorrer que dois ou mais órgãos declarem-se competentes ou incompetentes para apreciar e julgar um mesmo litígio. Trata-se do conflito positivo ou negativo de competência, respectivamente.

Existem regras para a solução desse incidente processual, inseridas entre os artigos 951 a 959 do CPC e pelo art. 803 e seguintes da CLT, que de forma equivocada utiliza a expressão "*conflito de jurisdição*".[89]

O mencionado art. 805 da CLT descreve os legitimados a suscitar o conflito de competência. Pode ser o juiz ou Tribunal do Trabalho, o representante do MPT e a parte interessada.

Quanto à **competência** para apreciar e julgar o conflito, devem ser seguidas as seguintes regras:

> **CF de 1988. Art. 114.** Compete à Justiça do Trabalho processar e julgar: V – os conflitos de competência entre órgãos com jurisdição trabalhista, ressalvado o disposto no art. 102, I, "o".
>
> **CF de 1988. Art. 102.** Compete ao STF, precipuamente, a guarda da Constituição, cabendo-lhe: I – processar e julgar, originariamente: o) os conflitos de competência entre o Superior Tribunal de Justiça e quaisquer tribunais, entre Tribunais Superiores, ou entre eles e qualquer outro Tribunal;

---

88. TST. Súmula nº 190. PODER NORMATIVO DO TST. CONDIÇÕES DE TRABALHO. INCONSTITUCIONALIDADE. DECISÕES CONTRÁRIAS AO STF. Ao julgar ou homologar ação coletiva ou acordo nela havido, o TST exerce o poder normativo constitucional, não podendo criar ou homologar condições de trabalho que o STF julgue iterativamente inconstitucionais.

89. CLT. Art. 805. Os **conflitos de jurisdição** podem ser suscitados: **a) pelos juízes e Tribunais do Trabalho; b) pelo procurador geral e pelos procuradores regionais da Justiça do Trabalho; c) pela parte interessada, ou o seu representante (grifou-se).**

CLT. Art. 678. Aos Tribunais Regionais, quando divididos em Turmas, compete: I – ao Tribunal Pleno, especialmente: c) processar e julgar em última instância: 3) os conflitos de jurisdição entre as suas Turmas, os juízes de direito investidos na jurisdição trabalhista, as Juntas de Conciliação e Julgamento, ou entre aqueles e estas;

STF. Súmula nº 433: É competente o Tribunal Regional do Trabalho para julgar mandado de segurança contra ato de seu presidente em execução de sentença trabalhista.

STJ. Súmula nº 236: Não compete ao Superior Tribunal de Justiça dirimir conflitos de competência entre juízes trabalhistas vinculados a Tribunais Regionais do Trabalho diversos.

TST. RITST. Art. 78. À Seção Especializada em Dissídios Individuais, em composição plena ou dividida em duas Subseções, compete: III - à Subseção II: b) em única instância: II - julgar os conflitos de competência entre Tribunais Regionais e os que envolvam Desembargadores dos Tribunais de Justiça, quando investidos da jurisdição trabalhista, e Juízes do Trabalho em processos de dissídios individuais.

Suscitado o conflito, de ofício ou a requerimento da parte ou do representante do MPT, o juiz determina que se faça a extração de cópia dos autos que revelam a existência do desacordo quanto à competência, no caso de autos físicos. Em seguida, o instrumento respectivo é remetido para o TRT, no qual é distribuído para algum de seus integrantes. No caso de processo judicial eletrônico, devido as suas características, não é necessário a formação de instrumento.

O relator pode solicitar informações dos órgãos em conflito e, depois de ouvido o representante do MPT, submete o processo para julgamento, informa o resultado às autoridades interessadas, e determina o prosseguimento do feito no órgão judicial declarado como competente.

Observe-se, também, que **o juiz relator,** de ofício ou a requerimento de qualquer um dos suscitantes, **pode determinar a suspensão dos processos, na hipótese de conflito positivo.**

Em caso de necessidade de decidir sobre **medidas de caráter emergencial**, o juiz relator, mesmo no caso de conflito negativo, designa um dos juízes para apreciá-la, uma vez que a Instrução Normativa nº 17 do TST, I, reconhece a aplicabilidade do parágrafo único, do art. 120 do CPC de 1973,[90] ao processo do trabalho:[91]

I. Aplica-se ao processo do trabalho o disposto no parágrafo único do art. 120 do Código de Processo Civil, segundo a redação dada pela Lei nº 9.756/98, relativo ao conflito de competência, nos seguintes termos: Havendo jurisprudência dominante no Tribunal sobre a questão suscitada, o relator poderá decidir, de plano, o conflito de competência, cabendo agravo, no prazo de oito dias, contado da intimação às partes, para o órgão recursal competente.

No CPC de 2015, o dispositivo equivalente a ser considerado é o art. 955:

Art. 955. O relator poderá, de ofício ou a requerimento de qualquer das partes, determinar, quando o conflito for positivo, o sobrestamento do processo e, nesse caso, bem como no de conflito negativo, designará um dos juízes para resolver, em caráter provisório, as medidas urgentes.

90. CPC de 1973. Art. 120. Poderá o relator, de ofício, ou a requerimento de qualquer das partes, determinar, quando o conflito for positivo, seja sobrestado o processo, mas, neste caso, bem como no conflito negativo, designará um dos juízes para resolver, em caráter provisório, as medidas urgentes.

91. TST. Anexo à resolução nº 131/2005.

Note-se que **a parte que arguiu a incompetência relativa não pode suscitar o conflito de competência**, conforme preceito contido no art. 952 do CPC.

Por fim, a Súmula nº 420 do TST[92] esclarece que **não há conflito de competência entre um TRT e uma Vara do Trabalho a ele vinculada**, diante da existência de hierarquia funcional. Nesse caso, a decisão final caberá ao órgão superior, o que afasta a possibilidade de arguir-se o conflito de competência em tais situações.

Exemplos de questões sobre o tema

(TRT 2 – Juiz do Trabalho Substituto 2ª região/2016) Em relação à competência dos órgãos da Justiça do Trabalho, segundo a Constituição da República, a Consolidação das Leis do Trabalho, a atual jurisprudência do Supremo Tribunal Federal e do Superior Tribunal de Justiça e as Súmulas da Jurisprudência Uniforme do Tribunal Superior do Trabalho, analise as seguintes proposições:

I. Não se configura conflito de competência entre Tribunal Regional do Trabalho e Vara do Trabalho a ele vinculada.

II. Compete ao próprio Tribunal Regional do Trabalho dirimir o conflito de competência entre juízes trabalhistas vinculados ao mesmo Tribunal Regional do Trabalho; no entanto, tratando-se de conflito de competência entre juízes trabalhistas vinculados a Tribunais Regionais do Trabalho distintos, compete ao Superior Tribunal de Justiça dirimir o conflito de competência.

III. Na lide trabalhista, compete ao Tribunal Regional do Trabalho dirimir o conflito de competência entre juiz trabalhista e juiz estadual investido de jurisdição trabalhista na mesma Região.

IV. Na Justiça do Trabalho, a decisão interlocutória que acolhe exceção de incompetência territorial, com a remessa dos autos para outra Vara do Trabalho, vinculada ao mesmo Tribunal Regional do Trabalho a que se vincula o juízo excepcionado, enseja recurso imediato.

V. E competente o Tribunal Regional do Trabalho para julgar mandado de segurança contra ato de seu presidente em execução de sentença trabalhista.

Responda:

a) Somente as proposições I, II e III estão corretas.

b) Somente as proposições I, III e V estão corretas.

c) Somente as proposições II, III e IV estão corretas.

d) Somente as proposições II,III e V estão corretas.

e) Todas as proposições estão corretas.

Resposta: B

(FCC – Juiz do Trabalho Substituto 18ª região/2014) Com relação aos conflitos de competência no Processo do Trabalho:

a) Não ocorrem entre Varas do Trabalho e Juízes de Direito investidos na jurisdição da Justiça do Trabalho.

b) Não se configura conflito de competência entre Tribunal Regional do Trabalho e Vara do Trabalho a ele vinculada.

c) É admitido à parte interessada suscitar conflitos de jurisdição, ainda que já tenha oposto na causa exceção de incompetência.

d) Os conflitos de competência suscitados entre os Tribunais Regionais do Trabalho, ou entre Varas do Trabalho e Juízes de Direito sujeitos à jurisdição de Tribunais Regionais diferentes, serão resolvidos pelo Superior Tribunal de Justiça.

92. TST. Súmula nº 420. COMPETÊNCIA FUNCIONAL. CONFLITO NEGATIVO. TRT E VARA DO TRABALHO DE IDÊNTICA REGIÃO. NÃO CONFIGURAÇÃO. (conversão da Orientação Jurisprudencial nº 115 da SDI-II). **Não se configura conflito de competência entre TRT e Vara do Trabalho a ele vinculada. (ex-OJ nº 115 – DJ 11.08.2003).**

e) Compete ao Superior Tribunal de Justiça julgar os conflitos de competência entre o Tribunal Superior do Trabalho e qualquer outro tribunal, exceto se o conflito se der com outro Tribunal Superior.

Resposta: B

(TRT 8 – Juiz do Trabalho Substituto 8ª região/2014) Em relação aos conflitos de jurisdição, assinale a alternativa INCORRETA:

a) Os conflitos de jurisdição podem ocorrer entre Tribunais Regionais do Trabalho.

b) Ocorre quando ambas as autoridades se considerarem competentes ou quando ambas as autoridades se considerarem incompetentes.

c) É vedado à parte interessada suscitar conflitos de jurisdição quando já houver oposto na causa exceção de incompetência.

d) Nos conflitos de jurisdição entre as Varas do Trabalho e os Juízos de Direito, os mesmos serão dirimidos pelo Supremo Tribunal Federal, de acordo com o artigo 808 da CLT.

e) Os conflitos de jurisdição podem ser suscitados pelos Juízes e Tribunais do Trabalho.

Resposta: D

(TRT 3 – Juiz do Trabalho Substituto 3ª região/ 2013) Em relação ao processo do trabalho, leia as afirmações abaixo e, em seguida, assinale a alternativa correta:

I. No processo de conhecimento, as custas devem ser pagas pelo vencido, sempre após o trânsito em julgado da decisão.

II. Nas lides trabalhistas, compete ao Tribunal Regional do Trabalho dirimir conflito de competência verificado, na respectiva região, entre Juiz Estadual e Vara do Trabalho.

III. Compete à Justiça do Trabalho julgar ação de reparação de danos morais, proposta pela empregada contra o seu empregador, decorrentes de assédio sexual praticado contra empregada doméstica em seu ambiente de trabalho, ainda que por parte de familiar que nesse não residia, mas que praticou o ilícito somente porque a ele teve livre acesso.

IV. É admissível reconvenção na ação declaratória.

a) Somente as afirmativas II, III e IV estão corretas.

b) Somente as afirmativas II e III estão corretas.

c) Somente as afirmativas I e II estão corretas.

d) Somente as afirmativas II e IV estão corretas.

e) Todas as afirmativas estão corretas.

Resposta: A

(TRT 15 – Juiz do Trabalho Substituto 15ª região/ 2013) Nos conflitos de jurisdição estabelecidos entre Vara do Trabalho e Juízo de Direito com jurisdição trabalhista no mesmo Estado, entre Varas do Trabalho vinculadas a tribunais diversos e entre Vara do Trabalho e Vara Federal, são respectivamente competentes:

a) o Superior Tribunal de Justiça, o Tribunal Superior do Trabalho e o Supremo Tribunal Federal;

b) o Superior Tribunal de Justiça, o Tribunal Regional do Trabalho prevento e o Superior Tribunal de Justiça;

c) o Tribunal Regional do Trabalho, o Tribunal Superior do Trabalho e o Supremo Tribunal Federal;

d) o Tribunal Regional do Trabalho, o Tribunal Superior do Trabalho e o Superior Tribunal de Justiça;

e) o Tribunal de Justiça do Estado, o Tribunal Superior do Trabalho e o Superior Tribunal de Justiça.

Resposta: D

4. A AÇÃO TRABALHISTA

Como foi analisado anteriormente, o Estado retirou dos seus súditos a faculdade da autotutela, salvo em casos excepcionais, e atraiu para si a função de aplicar o direito objetivo ao caso concreto, exercendo a Jurisdição.

Entretanto, o exercício da referida atividade jurisdicional não constitui apenas um poder do Estado, mas também um dever de efetivar essa atribuição, sempre que for solicitado por quem se sentir lesado em seu direito subjetivo, por meio do exercício do direito de ação.

4.1. Conceito e natureza jurídica

A ação judicial é o direito subjetivo que todo cidadão tem de solicitar ao Estado o exercício de sua função jurisdicional, em determinado litígio concreto, tendo em vista que a inércia representa uma de suas características.

São três as teorias mais importantes que tentam explicar a natureza jurídica da ação:

a) a teoria civilista da ação;

b) a teoria da ação como direito concreto; e

c) a teoria da ação como direito abstrato de agir.

Pela teoria civilista, também denominada de escola clássica ou imanentista, a ação é um direito que só pode ser exercido pelo titular do direito material invocado. Assim, para cada direito subjetivo haveria uma espécie de ação para tutelá-lo.[93]

Entretanto, os adeptos dessa corrente, que hoje encontra-se superada, não conseguiam explicar os casos em que a parte exercia o direito de ação, mas o seu pedido era julgado improcedente justamente pelo fato de o autor não ser o titular do direito subjetivo que originou o litígio.

A referida teoria também não dá respostas ao exercício do direito de ação meramente declaratória de natureza negativa, cujo conteúdo não se refere a existência de direito material violado.

Já a teoria da ação como direito concreto, admite que o direito de ação independe do direito material. Entretanto, só existiria o direito de ação na hipótese da sentença reconhecer o direito material ao autor, ou seja, quando a decisão fosse favorável ao autor. Em resumo, para essa teoria, o direito de ação é um direito público, subjetivo e concreto.[94]

Essa teoria consegue explicar a existência das ações meramente declaratórias, nas quais inexiste alegação de um direito material violado, tarefa difícil para os adeptos da teoria civilista da ação. Todavia, não oferece respostas quanto à natureza jurídica dos atos praticados quando a ação é julgada improcedente, uma vez que defende não ter havido o exercício do direito de ação nesse caso específico.

93. O Código Civil de 1916 continha dispositivo nesse sentido: "Art. 75. A todo o direito corresponde uma ação, que o assegura".

94. A teoria do direito potestativo de agir, criada por Chiovenda, é considerada como uma variação da teoria concreta da ação.

Para a teoria da ação como direito abstrato de agir, qualquer cidadão, independentemente de ser ou não o titular do direito material, tem o direito de solicitar ao Estado que exerça a sua função jurisdicional, sem qualquer espécie de limitação.

O direito de ação passa a ser considerado como um direito público, abstrato e subjetivo, tendo em vista que representa uma proteção ao indivíduo em face do Estado. Esse direito independe do direito material e é subjetivo, pois o cidadão pode exigir uma conduta por parte do Estado. Dessa forma, mesmo quando a sentença não acolhe a pretensão do autor, o direito de ação foi exercido em sua plenitude, uma vez que o Estado foi acionado e prestou a tutela jurisdicional.

4.2. Condições da ação trabalhista

O estabelecimento das denominadas *condições da ação* foi fruto da introdução, no ordenamento jurídico nacional da teoria defendida pelo italiano Enrico Túlio Liebman. Ele defendia a natureza abstrata do direito de ação, mas sujeita à presença de algumas condições.

Para Liebman, só existiria o direito de ação quando o juiz proferisse uma sentença definitiva, com a consequente extinção do processo com a resolução do mérito.

Em síntese, para o referido jurista, **a ação seria o direito público, subjetivo e abstrato a uma sentença de mérito, que acolhe ou não a pretensão do autor.**

Para obter a aludida sentença de mérito, o autor deveria atender alguns requisitos, denominados de *condições da ação*, que seriam: a legitimidade *ad causam*, o interesse de agir e a possibilidade jurídica do pedido.

As condições da ação estariam situadas entre as questões puramente formais (processuais) e as questões meritórias.

O CPC de 1973 adotava a teoria das condições da ação, de forma expressa, conforme dispunha seu art. 267, dentre outros: “Extingue-se o processo, sem resolução de mérito: VI – quando não concorrer qualquer das condições da ação, como a possibilidade jurídica, a legitimidade das partes e o interesse processual”.

O CPC de 2015 **não faz qualquer menção, de forma deliberada, às condições da ação**. Desse modo, **a sentença não pode mais declarar o autor carecedor do direito de ação**. No caso de ausência de interesse ou legitimidade processual, processo deve ser extinto sem a resolução do mérito, pela ausência de pressuposto processual (art. 485, VI).

Não mais se admite a extinção do processo sem a resolução do mérito por **falta de possibilidade jurídica do pedido**, em face da omissão eloquente do CPC de 2015 em relação a esse instituto. Por conta disso, se a demanda proposta pelo autor é vedada expressamente pelo ordenamento jurídico, a hipótese será de **improcedência do pedido e extinção do processo com a resolução do mérito**.

4.3. Classificação das ações trabalhistas

A ação judicial recebe uma denominação especial quando se trata de pedidos imediatos para o cumprimento de obrigações derivadas de um contrato de trabalho. Trata-se da **reclamação trabalhista**.

Tradicionalmente, as ações de conhecimento classificam-se, segundo a espécie de tutela jurisdicional, em declaratórias, condenatórias e constitutivas (**teoria trinária**). Modernamente, acrescentou-se ao referido grupo as ações mandamentais e executivas *lato sensu* (**teoria quinária**).

A depender da carga de eficácia preponderante no provimento jurisdicional que a parte postula em sua petição inicial, as ações também podem ser classificadas em meramente declaratórias, condenatórias, constitutivas, executivas e mandamentais e podem estar presentes no processo de conhecimento, de execução ou cautelar.

A) Reclamação meramente declaratória

O reclamante pretende, com o ajuizamento de uma reclamação trabalhista meramente declaratória, que o juiz declare ser ele o titular do direito material, sendo que o interesse processual fica por conta da necessidade de eliminar a incerteza de possíveis interpretações dúbias de dispositivos legais aplicados ao caso concreto.

Pode ocorrer, entretanto, que o pronunciamento do juiz seja exatamente no sentido contrário, ou seja, afirmar que o reclamante não é o titular do direito material invocado. Nesse caso, a hipótese é de sentença declaratória negativa.

O CPC trata, expressamente, do cabimento da ação declaratória autônoma, em seu art. 19:

> **Art. 19.** O interesse do autor pode limitar-se à declaração: I – da existência, da inexistência ou do modo de ser de uma relação jurídica; II – da autenticidade ou da falsidade de documento.

Como visto, a ação de conteúdo meramente declaratório pode servir não só para declarar a incidência da norma a um caso concreto, mas também para demonstrar a veracidade ou não de um fato, representado por um documento.

De igual forma, há previsão legal para a declaração incidental, conforme art. 503, § 1º:

> **Art. 503.** A decisão que julgar total ou parcialmente o mérito tem força de lei nos limites da questão principal expressamente decidida. § 1º O disposto no *caput* aplica-se à resolução de questão prejudicial, decidida expressa e incidentemente no processo, se: I – dessa resolução depender o julgamento do mérito; II – a seu respeito tiver havido contraditório prévio e efetivo, não se aplicando no caso de revelia; III – o juízo tiver competência em razão da matéria e da pessoa para resolvê-la como questão principal.

Desse modo, quando se trata de declaração incidente, a decisão respectiva só produz a qualidade da coisa julgada quando:

a) Sua resolução for necessária para o julgamento do mérito;

b) Pré-existência de contraditório prévio; e

c) Competência do Juiz em razão da matéria e da pessoa para solucioná-la como questão principal.

Se não concorrerem esses requisitos, a matéria pode ser rediscutida em outra reclamação trabalhista.

O exemplo mais comum de ações declaratórias no processo do trabalho é aquele representado pelo requerimento de **declaração, autônoma ou incidental, da existência da relação de emprego.**

Uma das principais características desse tipo de ação é o seu **efeito *ex tunc* e a sua imprescritibilidade**. Nesse caso, a qualquer tempo o interessado pode ingressar em juízo para solicitar esse tipo de provimento jurisdicional, sem qualquer limitação temporal.

B) Ação condenatória

Pode acontecer que o interesse do reclamante não se limite à declaração de existência ou inexistência de uma relação jurídica ou de um estado, mas que agregue, também, o pedido de condenação da parte contrária no sentido de dar, fazer ou não fazer. Nessa hipótese, a sentença terá efeito preponderantemente condenatório.

Essa espécie de ação **é a que mais comumente se observa entre as lides trabalhistas.** Trata-se de ação pela qual o reclamante postula o cumprimento das diversas obrigações derivadas do contrato de trabalho, sejam elas de dar, como pagamento de salários, 13º salário, adicionais, gratificações e demais parcelas salariais; de fazer, como fornecimento de EPIs, assinatura de CTPS; e não fazer, como abster-se o empregador de exigir trabalho superior às forças físicas do empregado etc.

Nas reclamações condenatórias, além do juiz pronunciar-se sobre a violação da regra de direito material, impõe uma obrigação ao reclamado, que pode ser de dar, fazer ou não fazer.

Se não há cumprimento voluntário da sentença, há necessidade de ser iniciado o processo ou fase de execução do título judicial nos termos do art. 878 da CLT.

A característica das reclamações condenatórias é representada pelo fato de produzirem **efeitos *ex tunc*, com a pretensão respectiva sujeita ao prazo de prescrição**, admitindo, consequentemente, a **suspensão e a interrupção**.

C) Ação constitutiva

Diferentemente do que acontece com a sentença proferida nas ações condenatórias, na ação constitutiva o reclamante requer que o provimento jurisdicional crie, modifique ou faça extinguir uma relação jurídica. A sentença, nesse caso, produz **efeitos *ex nunc*, e sujeita-se a prazo de decadência.**

Nas ações declaratórias e condenatórias, já existe uma situação jurídica pré-existente ao fato do ajuizamento da ação. Cabe ao juiz apenas declarar o direito, enquanto que nas reclamações constitutivas estabelece-se uma nova situação que cria, extingue ou altera uma relação jurídica. Os efeitos das sentenças são produzidos a partir do trânsito em julgado da decisão respectiva e não há necessidade de iniciar um processo de execução.

O exemplo clássico da reclamação trabalhista de conteúdo constitutivo é aquela que diz respeito à necessidade da intervenção judicial para a **decretação da extinção do contrato de trabalho** realizado com empregado estável, previsto no art. 853 da CLT.[95]

95. CLT. Art. 853. Para a instauração de inquérito para apuração de falta grave contra empregado garantido com estabilidade, o empregador apresentará reclamação por escrito à Junta ou Juízo de Direito, dentro de 30 dias, contados da data da suspensão do empregado.

Nesse caso, a sentença é necessária para extinguir uma relação trabalhista estabelecida pelos litigantes e sujeita ao **prazo de decadência de trinta dias** após a suspensão do empregado, na forma do entendimento do STF, constante da Súmula nº 403: "É de decadência o prazo de trinta dias para instauração do inquérito judicial, a contar da suspensão, por falta grave, do empregado estável".[96]

Esclareça-se, por fim, que a sentença proferida no inquérito para apuração de falta grave tem carga predominantemente constitutiva, mas que, em alguns casos, pode ter conteúdo **condenatório**. Isso ocorre, por exemplo, quando não se reconhece a prática do ilícito laboral e **determina-se o pagamento dos salários relativos ao período da suspensão**, como manda o art. 495 da CLT: "Reconhecida a inexistência de falta grave praticada pelo empregado, fica o empregador obrigado a readmiti-lo no serviço e a pagar-lhe os salários a que teria direito no período da suspensão".

D) *Ação executiva lato sensu*

Como visto, as reclamações condenatórias requerem um novo processo judicial para as hipóteses em que não haja cumprimento voluntário da respectiva sentença, nos sistemas processuais que adotam a divisão do processo em conhecimento e execução.

Essa dicotomia, existente entre processo de conhecimento e processo de execução, foi abolida do processo civil pela Lei nº 11.232/2005 e mantida pelo CPC de 2015. Entretanto, permanece mitigada no processo do trabalho. Isso porque a CLT não é omissa nesse particular,[97] **pois exige a citação do devedor para que se inicie a execução.**

Algumas ações previstas pelo Código de Processo Civil, que podem ser ajuizadas perante a Justiça do Trabalho, não possuem a característica mencionada. Nessa hipótese, o provimento jurisdicional solicitado pelo reclamante dispensa o processo de execução por título judicial, uma vez que já está impregnada por um conteúdo executivo, sendo denominadas de ações executivas *lato sensu*.

Nessas espécies de demandas, além da condenação, já existe a determinação do juiz para que outra pessoa (um particular ou o próprio Estado) efetive o comando sentencial, em um procedimento de sub-rogação, sem a participação do reclamado, sem a necessidade de um processo autônomo de execução.

Tal ocorre, por exemplo, em uma ação de despejo requerida pelo empregador em face do seu empregado, que, apesar de despedido, ainda continua ocupando imóvel de sua propriedade. A sentença, se acolhida a pretensão, não se limitará a condenar o empregado a sair do imóvel, mas também determinará que cumpra essa obrigação de fazer, sob pena de efetivar-se por intermédio do oficial de justiça com reforço policial, se necessário.

96. TST. Súmula nº 62. ABANDONO DE EMPREGO. O prazo de decadência do direito do empregador de ajuizar inquérito em face do empregado que incorre em abandono de emprego é contado a partir do momento em que o empregado pretendeu seu retorno ao serviço.

97. CLT. Art. 880. O juiz ou presidente do tribunal, requerida a execução, mandará expedir **mandado de citação ao executado**, a fim de que cumpra a decisão ou o acordo no prazo, pelo modo e sob as cominações estabelecidas, ou, em se tratando de pagamento em dinheiro, incluídas as contribuições sociais devidas ao INSS, para que pague em quarenta e oito horas, ou garanta a execução, sob pena de penhora (grifou-se).

E) Ação mandamental

Nas ações mandamentais, o autor requer ao juiz a emissão de uma ordem dirigida ao reclamado para que este faça ou deixe de fazer alguma coisa, em cooperação com o Poder Judiciário. Nesse caso, utiliza-se de meios indiretos para cumprir a obrigação contida no comando sentencial e sem a necessidade de um processo de execução independente.

O mandado de segurança é exemplo clássico dessa espécie de ação. Entretanto, quando a administração pública assume a qualidade de empregador, despe-se do *ius imperii* que lhe é peculiar **e não pode, desse modo, ser considerada como autoridade coatora.** Nessa situação, é incabível o mandado de segurança.

O mandado de segurança fica reservado para impugnar decisões judiciais de caráter irrecorrível e nas hipóteses da ampliação da competência promovida pela EC nº 45,[98] que alterou a redação do art. 114 da Constituição Federal de 1988.[99]

Nesse sentido é a Súmula nº 414 do TST:

> **SÚMULA Nº 414.** MANDADO DE SEGURANÇA. TUTELA PROVISÓRIA CONCEDIDA ANTES OU NA SENTENÇA (nova redação em decorrência do CPC de 2015) – Res. 217/2017 – DEJT divulgado em 20, 24 e 25.04.2017 I – A tutela provisória concedida na sentença não comporta impugnação pela via do mandado de segurança, por ser impugnável mediante recurso ordinário. É admissível a obtenção de efeito suspensivo ao recurso ordinário mediante requerimento dirigido ao tribunal, ao relator ou ao presidente ou ao vice-presidente do tribunal recorrido, por aplicação subsidiária ao processo do trabalho do artigo 1.029, § 5º, do CPC de 2015. II – No caso de a tutela provisória haver sido concedida ou indeferida antes da sentença, cabe mandado de segurança, em face da inexistência de recurso próprio. III – A superveniência da sentença, nos autos originários, faz perder o objeto do mandado de segurança que impugnava a concessão ou o indeferimento da tutela provisória.

A prisão civil[100] e a multa coercitiva, também denominada de astreintes, são exemplos dos referidos meios indiretos de que o juiz dispõe para obrigar o reclamado a cumprir a decisão.

As medidas de apoio para a efetividade da tutela serão estudadas com mais profundidade na parte II, capítulo VII, item 8.4, desta obra.

---

98. Essa mesma ampliação da competência afastou qualquer dúvida quanto a atribuição do juiz do trabalho para apreciar ações de interdito proibitório, que também é uma espécie de ação mandamental, ao lado dos embargos de terceiros, largamente utilizado no processo laboral.

99. CF de 1988. Art. 114. Compete à Justiça do Trabalho processar e julgar: IV – os mandados de segurança, *habeas corpus* e *habeas data*, quando o ato questionado envolver matéria sujeita à sua jurisdição.

100. A ratificação, pelo Brasil, do Pacto Internacional dos Direitos Civis e Políticos e da Convenção Americana sobre Direitos Humanos (Pacto de San José da Costa Rica) **obsta a determinação da prisão civil por dívida (Nesse sentido é a decisão do STF no processo de Habeas Corpus nº 90.172.7 – SP. Rel. Ministro Gilmar Mendes. 05.06.2007).**

5. PRINCIPAIS DIFERENÇAS ENTRE O PROCESSO CIVIL E O PROCESSO DO TRABALHO

Instituto	Processo Civil	Processo do Trabalho
Competência relativa: modificação pela vontade das partes	É possível a modificação da competência em razão do valor e do território pela vontade das partes (art. 63 do CPC).	Não é possível a modificação da competência relativa pela vontade das partes, em face do princípio da irrenunciabilidade.
Competência em razão do lugar	Define-se pelo local do domicílio do réu, em regra.	Define-se pelo local da prestação de serviço, em regra.
Competência em razão do valor da causa	Espécie de competência relativa definida pelo art. 63 do CPC.	Não se utiliza esse critério para definir a competência no processo do trabalho.
Processo de conhecimento X processo de execução	Processo sincrético (não há mais o processo de conhecimento e de execução por título judicial).	Manutenção do processo de conhecimento e de execução, com a necessidade de citação do executado para pagar ou nomear bens à penhora.

6. INFORMATIVOS DO TST SOBRE A MATÉRIA

Mandado de segurança. Excepcional cabimento. Ato coator que acolheu exceção de incompetência territorial e determinou a remessa dos autos a uma das Varas do local da prestação de serviços. Empresa com atuação na cidade em que proposta a reclamatória. Ausência de óbice ao exercício da ampla defesa e do contraditório. Empregado impossibilitado de se locomover até o local da prestação de serviços. Ordem concedida para manter o foro do domicílio do reclamante.

A decisão de acolhimento de exceção de incompetência territorial, com determinação de remessa do feito a Vara do Trabalho integrante da jurisdição do mesmo TRT a que vinculado o Juízo excepcionado, detém natureza jurídica interlocutória e não enseja a interposição de recurso imediato. Todavia, ante a aptidão para gerar danos manifestos, admite-se, de forma excepcional, o ajuizamento de mandado de segurança, afastando-se a incidência da Orientação Jurisprudencial nº 92 da SBDI-II. De outra sorte, na hipótese em que a empresa reclamada atua em local situado na mesma região geográfica da residência do empregado, é possível o ajuizamento da ação no foro do domicílio do reclamante, e não no local da contratação e prestação de serviços, pois não há óbice ao exercício da ampla defesa e do contraditório. No caso concreto, o reclamante prestou serviços na cidade de Valença/BA, mas ajuizou a reclamatória em Salvador/BA, local de seu domicílio. Tal circunstância não causou qualquer prejuízo à reclamada, pois se trata de empresa baiana, sediada em Salvador/BA, com filiais em outras cidades do Estado e em outras unidades da federação. Ademais, o empregado, por meio de relatório médico, comprovou sua impossibilidade de deslocamento até o município em que os serviços foram prestados, o que reforça a desnecessidade de retificação do foro eleito, sob pena de ofensa ao art. 5º, XXXV, da CF. Sob esses fundamentos, a SBDI-II, por unanimidade, conheceu do recurso ordinário e, no mérito, deu-lhe provimento para, concedendo a segurança pleiteada, cassar a decisão que acolhera a exceção de incompetência territorial para ordenar a remessa dos autos a uma das Varas do Trabalho de Valença/BA, e determinar o prosseguimento do feito perante o Juízo da 21ª Vara do Trabalho de Salvador/BA, domicílio do reclamante. TST-RO-679-10.2018.5.05.0000, SBDI-II, rel. Min. Douglas Alencar Rodrigues, 24.9.2019 (TST. Info nº 206).

Competência da Justiça do Trabalho. Ação civil pública. Contratação temporária por ente público. Termo de Ajustamento de Conduta. Execução.

Nos termos do art. 876 da CLT, a Justiça do Trabalho é competente para a execução de multa, em razão do inadimplemento, por ente público, de obrigação prevista em Termo de Ajustamento de Conduta (TAC) firmado perante o Ministério Público do Trabalho. No caso, o Município de Votuporanga/SP descumpriu o compromisso de contratar por tempo determinado somente para atender a necessidade temporária de excepcional interesse público, mediante prévia aprovação em processo seletivo. Segundo a jurisprudência do STF, a execução de TAC não se confunde com o decidido na ADI 3395-MC, que afastou a competência da Justiça do Trabalho para processar e julgar causas instauradas entre o Poder Público e o servidor vinculado a ele por relação jurídico-administrativa. Assim, a SBDI-I, por unanimidade, conheceu dos embargos, por divergência jurisprudencial, e, no mérito, por maioria, deu-lhes provimento para determinar o retorno dos autos ao TRT de origem para que, superada a arguição de incompetência, julgue os agravos de petição das partes como entender de direito. Vencidos os Ministros Aloysio Corrêa da Veiga, relator, Breno Medeiros, Alexandre Luiz Ramos, Renato de Lacerda Paiva e Brito Pereira. TST-E-ED-RR-1156-17.2011.5.15.0027, rel. Min. Aloysio Corrêa da Veiga, red. p/ acórdão Min. Augusto César Leite de Carvalho, 5.9.2019 (TST. Info nº 204).

Dissídio coletivo de greve. Abusividade do movimento paredista. Servidores celetistas de autarquia estadual. Incompetência da Justiça do Trabalho.

Conforme decidido pelo STF, em sede de repercussão geral, "a Justiça Comum Federal ou Estadual é competente para julgar a abusividade de greve de servidores públicos celetistas da administração direta, autarquias e fundações de direito público" (Tema 544 - RE nº 846854/SP). Assim, a Justiça do Trabalho é incompetente para apreciar dissídio coletivo de greve em que se discute a abusividade do movimento paredista deflagrado por servidores celetistas do Hospital das Clínicas da Faculdade de Medicina de Ribeirão Preto da Universidade de São Paulo, autarquia estadual. No caso, registrou-se que, embora a decisão recorrida seja anterior à publicação do acórdão da repercussão geral, a tese fixada é aplicável ex tunc porque não houve modulação dos efeitos. Sob esses fundamentos, a SDC, por maioria, acolheu a preliminar de incompetência absoluta da Justiça do Trabalho e determinou a remessa dos autos à Justiça Comum Estadual. Vencidos os Ministros Mauricio Godinho Delgado e Lelio Bentes Corrêa. TST-ReeNec e RO-6371-79.2016.5.15.0000, SDC, rel. Min. Ives Gandra da Silva Martins Filho, 12.8.2019 (TST. Info nº 202).

Competência territorial. Domicílio do reclamante. Possibilidade. Desnecessidade de coincidir com o local da prestação de serviços ou com o da contratação ou arregimentação. Empresa de atuação nacional. Aplicação ampliativa do art. 651, caput e § 3º, da CLT.

É possível reconhecer a competência territorial do foro do domicílio do reclamante quando a empresa contratante tiver atuação em âmbito nacional, não havendo necessidade de coincidir o domicílio do empregado com o local da prestação de serviço ou com o da contratação ou arregimentação. Trata-se de interpretação ampliativa dos critérios objetivos do art. 651, caput, e § 3º, da CLT, de modo a garantir o acesso amplo à Justiça sem prejuízo do direito de defesa. No caso, restou consignado que a contratação do reclamante pela Petrobras, empresa notoriamente de atuação nacional, se deu em Salvador/BA, com prestação de serviços no Estado da Bahia e em Macaé/RJ, mas a ação foi ajuizada no domicílio do empregado, em Aracaju/SE, onde também se localiza uma das sedes da empresa reclamada. Sob esse entendimento, a SBDI-I, por unanimidade, conheceu dos embargos, por divergência jurisprudencial, e, no mérito, por maioria, negou-lhes provimento. Vencidos os Ministros Márcio Eurico Vitral Amaro, relator, Walmir Oliveira da Costa e Alexandre Luiz Ramos. TST-E-ED-RR-278-87.2015.5.20.0003, SBDI-I, rel. Min. Márcio Eurico Vitral Amaro, red. p/ acórdão Min. Breno Medeiros, 6.6.2019 (TST. Info nº 198).

Honorários advocatícios. Advogados empregados do Banco do Brasil S.A. Ação ajuizada em face da Associação dos Advogados do Banco do Brasil (ASABB). Cobrança da cota parte não recebida durante o gozo de licença-saúde. Competência da Justiça do Trabalho.

A Justiça do Trabalho é competente para processar e julgar ação em que advogados empregados do Banco do Brasil S.A. pleiteiam a cota parte dos honorários sucumbenciais relativa ao período em que estiveram em gozo de licença-saúde, não repassada pela entidade responsável por gerir o fundo comum dos honorários sucumbenciais recebidos pelo banco empregador (Associação dos Advogados do Banco do Brasil - Asabb). Na hipótese, prevaleceu o entendimento de que, independentemente de ter havido intermediação da Associação, a competência é da Justiça do Trabalho porque a controvérsia em torno do direito ou não ao recebimento da verba pleiteada está alicerçada na situação funcional dos reclamantes perante o Banco, que é o responsável pelo repasse dos recursos a serem geridos pela Asabb, e concede as informações a respeito do desempenho dos associados em seus respectivos contratos de trabalho. Sob esse fundamento, a SBDI-I, por unanimidade, conheceu dos embargos, por divergência jurisprudencial, e, no mérito, por maioria, deu-lhes provimento para firmar a competência da Justiça do Trabalho. Vencidos os Ministros Guilherme Augusto Caputo Bastos, relator, Márcio Eurico Vitral Amaro, Hugo Carlos Scheuermann, Breno Medeiros, Maria Cristina Irigoyen Peduzzi e Brito Pereira. TST-E-RR-159700-88.2010.5.16.0002, SBDI-I, rel. Min. Guilherme Augusto Caputo Bastos, red. p/ acórdão Min. Augusto César Leite de Carvalho, 28.3.2019 (TST. Info nº 193).

Ação civil pública. Adequação do meio ambiente do trabalho. Servidores estaduais estatutários. Competência da Justiça do Trabalho. Súmula nº 736 do STF.

Conforme entendimento consagrado pelo Supremo Tribunal Federal nos autos do processo STF-Rcl 3303/PI, a restrição da competência da Justiça do Trabalho para julgar as causas de interesse de servidores públicos, resultante do decidido na ADI 3395/DF-MC, não alcança as ações civis públicas propostas pelo Ministério Público do Trabalho cuja causa de pedir seja o descumprimento de normas de segurança, saúde e higiene dos trabalhadores. No caso, aplica-se a Súmula nº 736 do STF, pois a ação se volta à tutela da higidez do local de trabalho e não do indivíduo em si, de modo que é irrelevante o tipo de vínculo jurídico existente entre os servidores e o ente público. Sob esse fundamento, a SBDI-I, por unanimidade, conheceu dos embargos, por divergência jurisprudencial, e, no mérito, deu-lhes provimento para declarar a competência da Justiça do Trabalho, decretar a nulidade dos atos decisórios e determinar o retorno dos autos à Vara do Trabalho de origem, a fim de que prossiga no julgamento como entender de direito. TST-E-ED-RR-60000-40.2009.5.09.0659, SBDI-I, rel. Min. Walmir Oliveira da Costa, 22.11.2018 (TST. Info nº 188).

Ação rescisória. Art. 485, II, do CPC de 1973. Contrato de parceria rural. Incompetência da Justiça do Trabalho.

A Justiça do Trabalho é manifestamente incompetente para julgar pedido de indenização por perdas e danos decorrentes da rescisão de contrato de parceria rural, em que ajustado o fornecimento de animais, alimentos e medicamentos pela empresa contratante, cabendo aos contratados responsabilizarem-se pela criação e engorda de aves, sendo remunerados de acordo com os resultados alcançados. Tal modalidade contratual possui características societárias, que a distancia da relação de trabalho, a qual exige, por exemplo, a obrigação de remunerar o empregado, independentemente de haver lucros. Sob esse entendimento, a SBDI-II, por unanimidade, deu provimento ao recurso ordinário para desconstituir o acórdão do Tribunal Regional, em razão da incompetência absoluta da Justiça do Trabalho (art. 485, II, do CPC de 1973), anulando todos os atos decisórios e determinando o envio dos autos à Justiça comum. TST-RO-7648-78.2012.5.04.0000, SBDI-I, rel. Min. Douglas Alencar Rodrigues. 30.10.2018 (TST. Info nº 186).

Ação rescisória. Advogado. Prestador de serviço autônomo. Relação de emprego não configurada. Manifesta incompetência da Justiça do Trabalho. Art. 114 da CF. Art. 485, II, do CPC de 1973.

A SBDI-II, por unanimidade, admitiu a ação rescisória, e, no mérito, julgou-a procedente para rescindir acórdão proferido pela 1ª Turma do TST, declarar a incompetência absoluta da Justiça do Trabalho para processar e julgar causa em que se discute situações advindas de contrato de prestação de serviços advocatícios, e, ante a anulação de todo o feito, determinar a remessa dos autos à Justiça comum para que aprecie, inclusive, o pedido de indenização por danos morais. No caso concreto, não obstante a turma tenha aplicado a Súmula nº 126 do TST, a decisão rescindenda evidenciou os fatos que levaram o TRT de origem a concluir que não houve relação de emprego entre as empresas autoras e o advogado contratado, pois consignada a atuação do causídico como prestador de serviço autônomo, com alto padrão remuneratório e sem qualquer subordinação jurídica ou a presença dos demais requisitos dos arts. 2º e 3º da CLT. Assim, ante a patente natureza civil do vínculo estabelecido entre as partes, revela-se manifesta a incompetência absoluta da Justiça do Trabalho, nos moldes do art.

114 da CF e do art. 485, II, do CPC de 1973, cabendo à Justiça comum apreciar e dirimir o feito. TST--AR-11702-25.2017.5.00.0000, SBDI-II, rel. Min. Alexandre Agra Belmonte, 16.10.2018 (TST. Info nº 185).

Competência territorial. Término das atividades da filial da empresa na localidade da contratação e da prestação dos serviços. Reclamação trabalhista ajuizada no foro do domicílio da reclamante. Possibilidade. Garantia de acesso à justiça. Preservação do direito de defesa.

É possível reconhecer a competência territorial do foro do domicílio da reclamante quando a atribuição da competência ao juízo do Trabalho da contratação ou da prestação dos serviços inviabilizar a garantia do exercício do direito de ação. As regras do art. 651 da CLT não devem ser interpretadas de forma literal, mas sistematicamente, de modo a concretizar os direitos e garantias fundamentais insculpidos na Constituição da República. Na hipótese, a autora foi contratada e prestou serviços em Altamira/PA, mas ajuizou a ação na cidade de Uberlândia/MG, local para onde se mudou após a dispensa. Além disso, a filial da empresa, na cidade de Altamira/PA, encerrou suas atividades, mantendo-as apenas na cidade do Rio de Janeiro/RJ. Assim, para a autora, o processamento do feito no município em que reside atualmente garante-lhe o acesso à justiça, sem causar prejuízo ao direito de defesa da ré, pois o deslocamento do Rio de Janeiro até Uberlândia é mais viável que até Altamira, principalmente porque suas atividades nesta cidade foram encerradas, pressuposto que legitimava a competência deste local. Sob esses fundamentos, a SBDI-I, por unanimidade, conheceu dos embargos interpostos pela reclamante, por divergência jurisprudencial, e, no mérito, por maioria, deu-lhes provimento para declarar a competência territorial de uma das Varas do Trabalho de Uberlândia/MG e determinar a remessa dos autos para essa localidade, a fim de que julgue os pedidos como entender de direito. Vencidos os Ministros Guilherme Augusto Caputo Bastos, Maria Cristina Irigoyen Peduzzi, Alberto Luiz Bresciani de Fontan Pereira e Márcio Eurico Vitral Amaro. TST-E-RR-11727-90.2015.5.03.0043, SBDI-I, rel. Min. Cláudio Mascarenhas Brandão, 18.10.2018 (TST. Info nº 185).

Incompetência da Justiça do Trabalho. Admissão sem concurso público após a Constituição de 1988. Lei do respectivo ente público estabelecendo o regime estatutário.

A competência para processar e julgar ação movida por servidor público contratado na vigência da Constituição de 1988, sem prévia aprovação em concurso público, depende da natureza do regime jurídico adotado pelo ente público para seus servidores. Se de natureza administrativa ou estatutária, a competência é da Justiça comum. De outra sorte, se o vínculo for regido pelas disposições da CLT, a competência é da Justiça do Trabalho. Sob esse entendimento, a SBDI-I, por unanimidade, conheceu dos embargos do Município de Boa Vista do Tupim/BA, e, no mérito, por maioria, deu-lhes provimento para declarar a incompetência da Justiça do Trabalho para processar e julgar a lide, determinando a remessa dos autos à Justiça comum, nos termos do art. 64, § 3º, do CPC de 2015, visto que registrado na decisão embargada que o regime jurídico adotado pelo Município é o estatutário. Vencidos os Ministros Cláudio Mascarenhas Brandão, relator, e José Roberto Freire Pimenta. TST-E--ED-RR-1114-36.2013.5.05.0201, SBDI-I, rel. Min. Cláudio Mascarenhas Brandão, red. p/ acórdão Min. Márcio Eurico Vitral Amaro, 12.4.2018 (TST. Info nº 176).

Empregado aposentado. Reajuste de mensalidade de plano de saúde. Benefício decorrente da relação de emprego. Competência da Justiça do Trabalho.

Conforme preceitua o art. 114, IX, da CF, a Justiça do Trabalho é competente para processar e julgar ação que verse sobre reajuste de mensalidade de plano de saúde de empregado aposentado, na hipótese em que o benefício teve origem na relação de emprego. Sob esse fundamento, a SBDI-I, por unanimidade, conheceu do recurso de embargos, por divergência jurisprudencial, e, no mérito, deu-lhe provimento para restabelecer a sentença quanto à competência da Justiça do Trabalho e determinar o retorno dos autos ao Tribunal de origem para que prossiga no exame dos recursos ordinários dos reclamados como entender de direito. TST- E-ED-RR-10583-96.2015.5.03.0038, SBDI-I, rel. Min. Hugo Carlos Scheuermann, 21.9.2017 (TST. Info nº 165).

Ação de prestação de contas entre sindicato e trabalhador a ele filiado. Retenção de honorários advocatícios em crédito trabalhista deferido em juízo. Competência da Justiça do Trabalho. Art. 114, III, da CF.

A Justiça do Trabalho é competente para processar e julgar ação proposta por trabalhador em face do sindicato a que é filiado, em que se postula a prestação de contas acerca de valores retidos a título de honorários advocatícios em crédito trabalhista decorrente de ação ajuizada anteriormente pela entidade sindical na condição de substituta processual. A relação entre empregado de determinada categoria e o respectivo sindicato decorre do enquadramento sindical e irradia o principal efeito da defesa dos direitos e interesses da categoria, nos termos do art. 8º, III, da CF e do art. 513, "a", da CLT, inserindo-se, portanto, na expressão contida no art. 114, III, da Constituição, que se refere às ações sobre representação sindical entre sindicatos e trabalhadores. Sob esse fundamento, a SBDI-I, por unanimidade, conheceu dos embargos, por divergência jurisprudencial, e, no mérito, por maioria, negou-lhes provimento. Vencidos os Ministros Augusto César Leite de Carvalho, Walmir Oliveira da Costa e Brito Pereira, os quais entendiam que, se compete à Justiça comum julgar cobrança de honorários advocatícios, inclusive nas hipóteses em que tais verbas são reclamadas por sindicato, não se pode alterar a competência somente em razão de a ação ter sido ajuizada por quem se beneficiou dos serviços contra o prestador. TST-E-ED-RR-128300-64.2008.5.03.0042, SBDI-I, rel. Min. Marcio Eurico Vitral Amaro, 17.8.2017 (TST. Info nº 162).

Competência territorial. Domicílio do reclamante. Possibilidade. Coincidência com o local da contratação ou da prestação de serviços. Empresa de atuação nacional. Aplicação ampliativa do art. 651, § 3º, da CLT.

Admite-se o ajuizamento de reclamação trabalhista no foro de domicílio do empregado apenas quando a contratação ou a arregimentação tenha ocorrido naquela localidade e a empresa contrate e preste serviços em diferentes partes do território brasileiro, ou seja, possua atuação nacional. Trata-se de aplicação ampliativa do art. 651, § 3º, da CLT que não é possível ocorrer quando se alega tão somente a hipossuficiência econômica do trabalhador e a garantia de acesso à justiça. Sob esses argumentos, a SBDI-I, por unanimidade, conheceu dos embargos, por divergência jurisprudencial, e, no mérito, por maioria, deu-lhes provimento para, restabelecendo o acórdão do Regional, reconhecer a incompetência da Vara do Trabalho de Estância/SE – domicílio do reclamante – e declarar a competência de uma das Varas do Trabalho de Itabuna/BA – local da contratação e da prestação dos serviços – para processar e julgar a reclamação trabalhista. Vencidos os Ministros José Roberto Freire Pimenta e Brito Pereira. TST-E-RR-73-36.2012.5.20.0012, SBDI-I, rel. Min. Cláudio Mascarenhas Brandão, 30.3.2017 (TST. Info nº 156).

Conflito negativo de competência. Competência territorial. Art. 651, caput e § 3º, da CLT. Pretensão deduzida por candidata aprovada em concurso público. Fase pré-contratual. Terceirização dos serviços no prazo de validade do concurso na região em que foi aprovada.

Questões alusivas à competência territorial devem ser resolvidas com base nas regras inscritas no art. 651, caput e § 3º, da CLT, segundo as quais deve ser observado o foro da prestação de serviços ou o foro da contratação. No caso concreto, busca a reclamante ser admitida nos quadros do Banco do Brasil em virtude de ter logrado aprovação em concurso público, alegando ter havido preterição na ordem de convocação dos candidatos aprovados, em face da contratação de trabalhadores temporários e terceirizados em atividade fim do banco. Não obstante a discussão anteceda a própria constituição do vínculo laboral, a solução que se impõe é a de considerar competente, por extensão, o foro do local em que os serviços deveriam ser prestados ou, sucessivamente, do local em que iniciadas as medidas para a contratação, com a inscrição no concurso público, já que figura no polo passivo instituição financeira com atuação em âmbito nacional. De outra sorte, ainda que se afaste a incidência do art. 651 da CLT, permanece a competência do local da sede da agência em que a trabalhadora poderá vir a ser lotada, nos termos do art. 100, IV, "b", do CPC de 1973. Com esses fundamentos, a SBDI-II, por unanimidade, admitiu o conflito negativo de competência para declarar a competência da Vara do Trabalho de Votuporanga/SP, local sede da microrregião de habilitação da reclamante no certame. TST--CC-328-55.2016.5.10.0004, SBDI-II, rel. Min. Douglas Alencar Rodrigues, 8.11.2016 (TST. Info nº 149).

Conflito de competência. Competência territorial. Ajuizamento de reclamação trabalhista no foro do domicílio do reclamante. Local diverso da contratação e da prestação de serviços. Empresa de âmbito nacional. Possibilidade.

Admite-se o ajuizamento da reclamação trabalhista no domicílio do reclamante quando a reclamada for empresa de grande porte e prestar serviços em âmbito nacional. Trata-se de interpretação ampliativa do art. 651, caput e § 3º da CLT, em observância ao princípio constitucional do amplo acesso à jurisdição e ao princípio protetivo do trabalhador. No caso, a ação fora ajuizada em Ipiaú/BA, domicílio do reclamante, embora a contratação e a prestação de serviços tenham ocorrido em Porto Velho/RO. Sob esses fundamentos, a SBDI-II, por maioria, acolheu o conflito negativo de competência e declarou competente para processar e julgar a ação a Vara de Ipiaú/BA, domicílio do reclamante. Vencidos os Ministros Alberto Luiz Bresciani de Fontan Pereira, relator, Emmanoel Pereira e Ives Gandra da Silva Martins Filho. TST-CC-54-74.2016.5.14.0006, SBDI-II, rel. Min. Alberto Luiz Bresciani de Fontan Pereira, red. p/ acórdão Min. Luiz Philippe Vieira de Mello Filho, 27.9.2016 (TST. Info nº 146).

Mandado de segurança. Licença para o exercício de comércio ambulante em local público municipal administrado por concessionária de rodovia estadual. Incompetência absoluta da Justiça do Trabalho. Declaração de ofício.

A controvérsia em torno do direito de uso do espaço público municipal localizado em rodovia estadual administrada por concessionária, para o exercício de comércio ambulante, foge à competência da Justiça do Trabalho, especialmente na hipótese em que a insurgência é dirigida contra atos do Município, que negou a licença para o comércio, e da concessionária, que teria colocado pedras do local onde a atividade vinha se desenvolvendo, e não contra o empregador ou o tomador dos serviços. Sob esses fundamentos, a SBDI-II, por unanimidade, negou provimento ao recurso ordinário e, de ofício, declarou a incompetência absoluta da Justiça do Trabalho para o exame da pretensão mandamental, determinando o retorno dos autos à Corte de origem, a fim de que seja providenciada a remessa do feito ao setor de distribuição das Varas do Tribunal de Justiça de São Paulo em Cubatão/SP, na forma do art. 12, § 2º, da Lei nº 11.419/2006 c/c art. 64, § 3º, do CPC de 2015. TST-RO-1000407-85.2015.5.02.0000, SBDI-II, rel. Min. Douglas Alencar Rodrigues, 20.9.2016 (TST. Info nº 145).

Conflito de competência. Competência em razão do lugar. Músico componente de banda. Prestação de serviços em diversas localidades, mas de forma transitória. Não enquadramento na exceção prevista no art. 651, § 3º, da CLT. Competência do local da contratação.

A SBDI-II, por unanimidade, acolheu conflito de competência para declarar que compete a uma das Varas do Trabalho de São Paulo/SP, local da contratação, processar e julgar reclamação em que baixista pretende o reconhecimento de vínculo de emprego com conjunto musical que realizava turnê em várias regiões do país. Na espécie, restou consignado que embora o reclamante resida em Florianópolis/SC e a sede da banda seja em Juiz de Fora/MG (local do ajuizamento da ação), a reunião dos músicos para a formação da trupe ocorreu na cidade de São Paulo/SP, domicílio do reclamante à época. Ressaltou-se, ademais, que embora o empregado tenha prestado serviço em diversas localidades, isso se deu de forma meramente transitória, não se equiparando à prestação regular e habitual de atividades a que se refere a exceção prevista no § 3º do art. 651 da CLT. TST-CC-10745-33.2016.5.03.0143, SBDI-II, rel. Min. Luiz Philippe Vieira de Mello Filho, 13.9.2016 (TST. Info nº 144).

Ação rescisória. Art. 485, II, do CPC de 1973. Competência da Justiça do Trabalho. Aprovação em concurso público. Preterição. Contratação de terceirizados. Fase pré-contratual. Art. 114, I, da CF.

A pretensão de rescisão de julgados com fundamento no art. 485, II, do CPC de 1973 apenas se viabiliza quando a incompetência da Justiça do Trabalho é evidenciada de forma fácil e objetiva. Não é o que ocorre na hipótese em que a lide envolve a legalidade da preterição de advogados aprovados em concurso público e concomitante terceirização de serviços jurídicos por empresa pública. À luz do art. 114, I, da CF, a Justiça do Trabalho é competente para processar e julgar pleitos relacionados a fatos ocorridos antes do nascimento do vínculo, durante ou após a sua cessação, pois a competência se estabelece em razão de o pacto laboral ser causa próxima ou remota do dissenso instaurado. Assim, não afastam a natureza trabalhista da demanda o fato de a fase pré-contratual do certame ser antecedente à efetiva formalização da relação empregatícia e de o concurso público ter natureza administrativa. Sob esse entendimento, a SBDI-II, por unanimidade, conheceu e negou provimento ao recurso ordinário, mantendo, portanto, a decisão do Regional que julgou improcedente o pleito

rescisório. TST-RO-206-59.2013.5.10.0000, SBDI-II, rel. Min. Douglas Alencar Rodrigues, 30.8.2016 (TST. Info nº 143).

Competência da Justiça do Trabalho. Ação civil pública. Caminhoneiro. Ausência de relação de emprego ou de trabalho com a empresa que mantém terminais de carga e descarga. Questões de saúde, segurança e higiene do trabalho. Tutela de direitos trabalhistas coletivos.

Em se tratando de controvérsia envolvendo questões de saúde, segurança e higiene do trabalho, subsiste a competência da Justiça do Trabalho e o interesse de atuação do Ministério Público do Trabalho, ainda que o pedido e a causa de pedir não decorram de contrato de emprego ou de trabalho, mas envolvam a tutela de direitos trabalhistas coletivos de motoristas autônomos (caminhoneiros) que prestam serviço junto a terminais de carga e descargas de grãos mantidos por empresa de logística. Sob esse fundamento, a SBDI-II, por unanimidade, conheceu do recurso ordinário e, no mérito, negou-lhe provimento, mantendo, portanto, a decisão do TRT que julgara improcedente a ação rescisória, fundada em violação do art. 114, I, VI e IX, da CF, por meio da qual se pretendia desconstituir acordão prolatado pela 2ª Vara do Trabalho de Rondonópolis/MT nos autos de ação civil pública. TST-RO-327-27.2013.5.23.0000, SBDI-II, rel. Min. Alberto Luiz Bresciani de Fontan Pereira, 2.8.2016 (TST. Info nº 141).

Incompetência da Justiça do Trabalho. Ação civil pública. Reajuste dos honorários repassados pelas operadoras de plano de saúde aos médicos credenciados. Relação de trabalho não configurada.

A Justiça do Trabalho é incompetente para processar e julgar ação civil pública na qual se postula o reajuste dos honorários repassados pelas operadoras de plano de saúde aos médicos credenciados, pois a relação entre eles não possui natureza trabalhista. As operadoras de plano de saúde, ligadas à chamada autogestão, atuam como intermediadoras entre os interesses dos usuários e dos prestadores de serviço, ao passo que os médicos credenciados não prestam serviço diretamente às operadoras, mas aos beneficiários/usuários, não havendo falar, portanto, em relação de trabalho nos moldes do art. 114, I, da CF. Sob esses fundamentos, a SBDI-I, por unanimidade, não conheceu do recurso de embargos da Conab, mas conheceu dos recursos de embargos interpostos pela Cassi, Geap, Petrobras e Embratel, e, no mérito, deu-lhes provimento para restabelecer o acórdão do Regional que manteve a sentença que julgou extinto o processo, sem resolução de mérito, por incompetência da Justiça do Trabalho para apreciar o pedido de correção de honorários médicos de profissionais vinculados às gestoras de plano de saúde. TST-E-ED-RR-1485-76.2010.5.09.0012, SBDI-I, rel. Min. Guilherme Augusto Caputo Bastos, 30.6.2016 (TST. Info nº 140).

Conflito negativo de competência. Execução por carta precatória. Penhora do bem imóvel situado fora dos limites territoriais do juízo onde tramita a execução. Competência do juízo deprecado.

Nas hipóteses em que existirem bens do executado em outro foro, os atos de penhora, avaliação e alienação deverão ser praticados perante o juízo deprecado (arts. 658 e 747 do CPC). No caso, o Juízo da 6ª Vara do Trabalho de Guarulhos/SP, deprecante, suscitou conflito negativo de competência em face da devolução da carta precatória executória pelo Juízo da Vara do Trabalho de Itanhaém/SP, o qual entendera que sua atuação se limitava à avaliação do imóvel, depois de penhorado pela origem, cabendo a esta os atos posteriores, inclusive a designação e a realização de hasta pública. Assim, a SBDI-II, por unanimidade, admitiu o conflito de competência para declarar a competência da Vara do Trabalho de Itanhaém/SP, deprecado, para onde serão remetidos os autos. TST-CC-167600-14.2008.5.02.0316, SBDI-II, rel. Min. Alberto Luiz Bresciani de Fontan Pereira, 16.2.2016 (TST. Info-execução nº 22).

Incompetência da Justiça do Trabalho. Mandado de segurança. Ato do Superintendente Regional do Trabalho. Seguro-desemprego. Não concessão. Matéria de natureza administrativa.

A Justiça do Trabalho é incompetente para processar e julgar mandado de segurança contra ato do Superintendente Regional do Trabalho que obstou a concessão de seguro-desemprego. No caso, a pretensão ao pagamento de parcelas do benefício em questão tem natureza administrativa, pois não decorre de vínculo de emprego com o Estado, nem se caracteriza como obrigação atribuída ao empregador. Assim, não se trata de matéria sujeita à jurisdição da Justiça do Trabalho, nos termos do art. 114, IV, da CF. Sob esse fundamento, a SBDI-I, por unanimidade, conheceu dos embargos, por divergência jurisprudencial, e, no mérito, deu-lhes provimento para declarar a incompetência absoluta

da Justiça do Trabalho para apreciar o mandado de segurança e, com fundamento no art. 64, § 4º, do CPC de 2015, anular todos os atos decisórios praticados até então e determinar a remessa dos autos a uma das Varas da Justiça Federal – Seção Judiciária de São Paulo. TST-E-RR-144740-36.2008.5.02.0084, SBDI-I, rel. Min. João Oreste Dalazen, 5.5.2016 (TST. Info nº 135).

Conflito de competência. Ação proposta no domicílio do advogado. Incompetência. Remessa ao juízo do local da prestação dos serviços. Prejuízo à defesa do autor. Competência da Vara do Trabalho que tem jurisdição sob o local da contratação.

Para a fixação da competência territorial devem prevalecer os critérios objetivos estabelecidos no art. 651, caput e § 3º, da CLT, admitindo-se o ajuizamento da reclamação trabalhista no domicílio do reclamante apenas se este coincidir com o local da prestação dos serviços ou da contratação. Assim, na hipótese em que o autor foi contratado na cidade de Alvorada do Norte/GO, e posteriormente transferido para Porto Velho/RO, local da extinção do pacto laboral, não atende ao comando legal o ajuizamento da reclamação em Brasília/DF, domicílio do advogado que patrocina a reclamação. De outra sorte, o declínio da competência em favor de uma das varas do trabalho de Porto Velho/RO também não se mostra adequado, eis que impediria a defesa dos direitos do autor, domiciliado no Estado de Goiás. Sob esses fundamentos, a SBDI-II, por unanimidade, admitiu conflito negativo de competência instaurado entre a 6ª Vara do Trabalho de Porto Velho/RO (suscitante) e a 18ª Vara do Trabalho de Brasília/DF (suscitado) para declarar a competência do Juízo da Vara do Trabalho de Posse/GO, que tem jurisdição sob a cidade de Alvorada do Norte/GO, local da contratação e domicílio do reclamante. TST-CC-1-64.2014.5.14.0006, SBDI-II, rel. Min Douglas Alencar Rodrigues, 12.4.2016 (TST. Info nº 132).

Incompetência da Justiça do Trabalho. Demanda envolvendo a administração pública e servidor. Admissão sem concurso público. Relação jurídico-administrativa. Competência da Justiça comum.

A Justiça do Trabalho é incompetente para processar e julgar demanda na qual resultou caracterizada a admissão de servidor, após a Constituição da República de 1988, sem prévia submissão a concurso público. Com efeito, consoante decidido pelo STF, no julgamento do AgReg nº 7.217/MG, cabe à Justiça comum o prévio exame acerca da existência, da validade e da eficácia do vínculo jurídico-administrativo existente entre servidor e Administração Pública, eis que, para o reconhecimento do liame trabalhista, deverá o julgador, anteriormente, averiguar a presença, ou não, de eventual vício a macular a relação administrativa. Sob esse fundamento, a SBDI-I, por maioria, conheceu dos embargos interpostos pela reclamante, por divergência jurisprudencial, e, no mérito, negou-lhes provimento. Vencidos os Ministros João Oreste Dalazen, Brito Pereira, Márcio Eurico Vitral Amaro, Alexandre de Souza Agra Belmonte e Cláudio Mascarenhas Brandão, que davam provimento aos embargos para, reformulando a decisão recorrida, reconhecer a competência da Justiça do Trabalho para processar e julgar a lide. TST-E-ED-RR-629-39.2011.5.22.0102, SBDI-I, rel. Min. Renato de Lacerda Paiva, 31.3.2016 (TST. Info nº 131).

Incompetência da Justiça do Trabalho. Contrato de estágio. Entes da administração pública.

As relações de trabalho decorrentes de estágio se inserem na competência da Justiça do Trabalho, exceto quando a contratação envolve entes da administração pública. Incidência, por analogia, do entendimento firmando na ADI nº 3395. Assim, compete à Justiça comum processar e julgar ação civil pública que tem como objeto denúncia contra o Centro de Ensino Integrado Empresa e Escola (CIEE), em face do descumprimento do art. 37 da CF, pois não vem observando os princípios da publicidade e da impessoalidade na execução dos contratos para preenchimento de vagas destinadas a estágio em instituições públicas. Com base nessas premissas, a SBDI-I, por unanimidade, conheceu do recurso de embargos interpostos pelo Ministério Público do Trabalho, por divergência jurisprudencial, e, no mérito, por maioria, negou-lhe provimento. Vencidos os Ministros Lelio Bentes Corrêa, José Roberto Freire Pimenta e Hugo Carlos Scheuermann. TST-E-RR-5500-47.2010.5.13.0022, SBDI-I, rel. Min. Aloysio Corrêa da Veiga, 31.3.2016 (TST. Info nº 131).

Acidente de trabalho. Falecimento do empregado. Ação movida por viúva e filhos menores. Pretensão deduzida em nome próprio. Competência territorial. Local do domicílio dos reclamantes. Ausência de

disciplina legal específica na CLT. Aplicação analógica do disposto no art. 147, I, do ECA.

Na hipótese de julgamento de dissídio individual movido por viúva e filhos menores de ex-empregado falecido em decorrência de acidente de trabalho, na defesa de direito próprio, admite-se excepcionalmente a fixação da competência territorial pelo foro do local do domicílio dos reclamantes. Aplicação analógica do disposto no art. 147, I, do Estatuto da Criança e do Adolescente (ECA), diante da ausência de disciplina legal específica na CLT. No caso, ressaltou-se que por se tratar de situação excepcional, a qual refoge à regra do caput do art. 651 e parágrafos, da CLT — em que a competência territorial define-se pelo local da prestação dos serviços do empregado, e, excepcionalmente, pela localidade da contratação —, cumpre ao órgão jurisdicional colmatar a lacuna mediante a aplicação de norma compatível com o princípio da acessibilidade. Sob esse entendimento, a SBDI-I, por unanimidade, conheceu dos embargos, por divergência jurisprudencial e, no mérito, por maioria, deu-lhes provimento para reconhecer a competência da Vara do Trabalho de Manaus, local do domicílio dos reclamantes. Vencidos os Ministros Aloysio Corrêa da Veiga, relator, Guilherme Augusto Caputo Bastos e Márcio Eurico Vitral Amaro. TST-E--RR-86700-15.2009.5.11.0007, SBDI-I, rel. Min. Aloysio Corrêa da Veiga, red. p/ acórdão Min. João Oreste Dalazen, 12.11.2015 (TST. Info nº 123).

Competência territorial. Dissídio individual típico. Critérios objetivos de fixação. Art. 651 da CLT. Domicílio do empregado.

A Vara do Trabalho do domicílio do empregado, quando não coincidente com a localidade da celebração do contrato ou da prestação dos serviços, normalmente não é competente para o julgamento de dissídio individual típico resultante do contrato de emprego. A determinação da competência territorial, em regra, define-se pelo local da prestação dos serviços do empregado, seja ele reclamante ou reclamado (art. 651, caput, da CLT). Cuida-se de norma de cunho protecionista e ditada pela observância do princípio constitucional da acessibilidade (art. 5º, XXXV). Excepcionalmente, nos termos do art. 651, § 3º, da CLT, toma-se em conta o juízo da localidade da contratação do empregado. Sob esse entendimento, a SBDI-1, por unanimidade, conheceu dos embargos, por divergência jurisprudencial e, no mérito, pelo voto prevalente da Presidência, negou-lhes provimento. Vencidos, totalmente, os Ministros Walmir Oliveira da Costa e Hugo Carlos Scheuermann e, parcialmente, os Ministros Renato de Lacerda Paiva, Aloysio Corrêa da Veiga, Guilherme Augusto Caputo Bastos, Augusto César Leite de Carvalho e Cláudio Mascarenhas Brandão, que divergiam quanto à fundamentação. TST- E-RR 775-66.2013.5.07.0025, SBDI-I, rel. Min. João Oreste Dalazen, 29.10.2015 (TST. Info nº 121).

Incompetência da Justiça do Trabalho. Execução de contribuição previdenciária. Salário pago "por fora".

A competência da Justiça do Trabalho, no que diz respeito à execução de contribuições previdenciárias, limita-se às sentenças condenatórias em pecúnia que proferir e aos valores, objeto de acordo homologado, que integrem o salário de contribuição. Inteligência do item I da Súmula nº 368 do TST. Sob esse posicionamento, e não vislumbrando a incidência do mencionado verbete ao caso concreto, a SBDI-I, à unanimidade, conheceu dos embargos, por divergência jurisprudencial, e, no mérito, deu-lhes provimento para declarar a incompetência da Justiça do Trabalho para conhecer do debate acerca do recolhimento das contribuições previdenciárias relativas ao salário extrafolha recebido pelo trabalhador durante o vínculo de emprego, e que não foi objeto de condenação pecuniária na presente ação. TST--E-ED-RR-3039600-98.2009.5.09.0029, SBDI-I, rel. Min. Augusto César Leite de Carvalho, 7.5.2015 (TST. Info-execução nº 16).

Honorários advocatícios contratuais. Substituição processual. Lide entre advogados originada após a expedição de alvarás aos substituídos. Retenção em nome do advogado contratado pelo sindicato. Incompetência da justiça do trabalho.

A Justiça do Trabalho é incompetente para decidir sobre honorários advocatícios contratuais, decorrentes de contrato de prestação de serviços firmado entre sindicato de classe e advogado para a defesa de direitos da categoria, conforme a Súmula nº 363 do STJ. Assim, disputa por honorários advocatícios contratuais entre o advogado que conduziu o processo por 24 anos e novos advogados que ingressaram no feito após a expedição de alvarás em nome dos substituídos credores preferenciais refoge à competência da Justiça do Trabalho. Sob esses fundamentos, o Órgão Especial do Tribunal Superior

do Trabalho, por unanimidade, conheceu do recurso ordinário, e no mérito, negou-lhe provimento. Divergência de fundamentação dos Ministros Ives Gandra Martins Filho e Delaíde Miranda Arantes. TST-RO-157800-13.1991.5.17.0001, OE, rel. Min. Hugo Carlos Scheuermann, 14.09.2015 (TST. Info nº 118).

Conflito positivo de competência. Admissibilidade. Execução por carta precatória. Embargos à execução. Sentença já prolatada pelo juízo deprecado. Ausência de trânsito em julgado.

Configurado o dissenso entre órgãos jurisdicionais trabalhistas a respeito da competência para o julgamento de embargos à execução, é possível admitir o conflito positivo de competência, desde que não transitada em julgado a sentença prolatada por um dos juízos vinculados à questão (arts. 113 e 115 do CPC), devendo haver a suspensão do processo até a resolução do incidente (arts. 120 e 265, VI, do CPC). Na espécie, o juízo da 33ª Vara do Trabalho de Belo Horizonte/MG processou a execução em conformidade com a carta precatória para penhora e avaliação de bens. Penhorados um notebook e uma esteira, a executada opôs embargos à execução questionando a impenhorabilidade dos objetos constritos (Lei nº 8.009/90), tendo os referidos embargos sido julgados pelo próprio juízo deprecado. Ao tomar conhecimento desse julgamento, o juízo deprecante exarou decisão solicitando ao juízo deprecado que informasse se anularia a sentença proferida nos embargos à execução, pois caso prosseguisse processando o agravo de petição posteriormente interposto, suscitaria o conflito positivo de competência. Mantida a sentença, o juízo deprecado determinou a remessa dos autos ao TRT da 3ª Região que os encaminhou ao TST. Nesse contexto, a SBDI-II, por unanimidade, admitiu o conflito positivo de competência e, dirimindo o incidente, declarou a competência da 33ª Vara do Trabalho de Belo Horizonte/MG, ora suscitada, pois, nos termos do art. 747 do CPC c/c a Súmula nº 419 do TST, compete ao juízo deprecado processar e julgar os embargos à execução que versem, exclusivamente, sobre vícios ou irregularidades na penhora, avaliação ou alienação de bens por ele mesmo praticados. TST-CC-1318-76.2014.5.03.0112, SBDI-II, rel. Min. Douglas Alencar Rodrigues, 28.4.2015 (TST. Info-execução nº 15).

Competência da justiça do trabalho. Estado do Piauí. Empregada admitida antes da Constituição de 1988. Transposição automática do regime celetista para o estatutário. Impossibilidade. Ausência de concurso público.

A Justiça do Trabalho é competente para examinar pedido de empregado público admitido antes da promulgação da Constituição de 1988, sob regime celetista, e sem concurso público, não obstante a superveniência de legislação estadual que institui regime jurídico único. Na hipótese, consoante entendimento já consagrado pelo Supremo Tribunal Federal no julgamento da ADI 1.150-2, entendeu-se que o fato de o Estado do Piauí instituir regime jurídico único, por meio da Lei Complementar Estadual nº 13, de 3.1.1994, não convola em vínculo estatutário, de forma automática, o contrato trabalhista anterior, sobretudo em decorrência da ausência de concurso público, na forma do art. 37, II, § 2º, da Constituição. Desse modo, tem-se que a reclamante permaneceu na condição de empregada, mesmo após a edição da norma estadual, porque embora estável, nos termos do art. 19 do ADCT, não se submeteu a concurso público. Sob esse fundamento, a SBDI-I, à unanimidade, conheceu dos embargos interpostos pelo reclamado, por divergência jurisprudencial, e, no mérito, por maioria, negou-lhes provimento, vencido os Ministros Luiz Philippe Vieira de Mello Filho, Walmir Oliveira da Costa, José Roberto Freire Pimenta e Hugo Carlos Scheuermann. TST-E-RR-846-13.2010.5.22.0104, SBDI-I, rel. Min. Augusto César Leite e Carvalho, 18.6.2015 (TST. Info nº 111).

Exceção de incompetência em razão do lugar. Ajuizamento de reclamação trabalhista no foro do domicílio do empregado. Aplicação ampliativa do § 3º do art. 651 da CLT. Impossibilidade.

Não demonstração de que a empresa demandada presta serviços em diferentes localidades do país. Em observância ao princípio constitucional do amplo acesso à jurisdição (art. 5º, XXXV, da CF), é possível o ajuizamento de demanda trabalhista no foro do domicílio do empregado, desde que seja mais favorável que a regra do art. 651 da CLT e que fique demonstrado que a empresa reclamada regularmente presta serviços em diversas localidades do território nacional. No caso, o reclamante foi contratado e prestou serviços na cidade de Brusque/SC, local diverso do seu atual domicílio, Pelotas/RS, onde ajuizou a reclamatória. Contudo, não há notícia nos autos de que a empresa demandada preste serviços em diferentes localidades do país, razão pela qual não há cogitar em aplicação ampliativa do § 3º do art. 651 da CLT, prevalecendo, portanto, a regra geral que estabelece a competência da vara do trabalho do local da prestação dos serviços. Com esse entendimento, a SBDI-I, por unanimidade, conheceu dos embargos interpostos pelo reclamante, por divergência jurisprudencial, e, no mérito, por maioria, negou-lhes provimento. Vencidos os Ministros José Roberto Freire Pimenta, Lelio Bentes Corrêa, Hugo Carlos Scheuermann e Cláudio Mascarenhas Brandão. TST-E-RR-420-37.2012.5.04.0102, SBDI-I, rel. Min. Renato de Lacerda Paiva, 19.2.2015 (TST. Info nº 100).

Conflito negativo de competência. Ação de execução fiscal. Foro competente. Domicílio fiscal da empresa. Art. 578, parágrafo único, do CPC.

Nos termos do parágrafo único do art. 578 do CPC, o foro competente para processar e julgar ação de execução fiscal por meio da qual se busca a satisfação de créditos oriundos de multas administrativas aplicadas em razão do descumprimento da legislação trabalhista é o domicílio fiscal da empresa. Tal foro permanece inclusive diante do redirecionamento da execução ao sócio da empresa executada (art. 135, III, do CTN), que tem domicílio em localidade diversa, em razão do disposto no art. 87 do CPC. Com base nesses fundamentos, a SBDI-II, por unanimidade, conheceu do conflito negativo de competência e, no mérito, julgou-o procedente para declarar que a competência para apreciar e julgar a ação de execução fiscal é da Vara do Trabalho de Redenção/PA, local em que, à época do ajuizamento da ação, a empresa executada possuía endereço, conforme registrado no Cadastro Geral de Contribuintes. TST-CC-1044 – 78.2013.5.00.0000, SBDI-II, rel. Min. Delaíde Miranda Arantes, 11.11.2014 (TST. Info-Execução nº 8).

Competência da Justiça do Trabalho. Contribuição previdenciária. Contribuição social do empregador ao SAT. Acordo extrajudicial firmado perante a Comissão de Conciliação Prévia.

A Justiça do Trabalho é competente para executar, de ofício, tanto as contribuições previdenciárias quanto as contribuições sociais ao Seguro Acidente do Trabalho – SAT incidentes sobre valor fixado em acordo extrajudicial firmado perante Comissão de Conciliação Prévia – CCP. Com efeito, a competência da Justiça do Trabalho foi ampliada por meio da Emenda Constitucional nº 45, que inseriu o inciso IX ao art. 114 da CF, atribuindo competência para o julgamento de "outras controvérsias decorrentes da relação de trabalho, na forma da lei." Ademais, o art. 876 da CLT determina que os termos de conciliação firmados perante as CCP sejam executados na forma da execução trabalhista e o art. 877-A, também da CLT, estabelece que o juiz do processo de conhecimento é competente para executar o título executivo extrajudicial. De outra sorte, o art. 43, § 6º, da Lei nº 8.212/91, inserido pela Lei nº 11.941/09, em atenção ao disposto no art. 114, IX, da CF, é claro ao assegurar o recolhimento de contribuição previdenciária sobre valores pagos na Comissão de Conciliação Prévia, o que é atribuição inequívoca do Juiz do Trabalho. Por fim, ressalte-se que, sendo a Justiça especializada competente para executar o principal (crédito reconhecido em acordo perante CCP), logicamente decorre a competência para executar o acessório (contribuições incidentes sobre o crédito). Com base nesses fundamentos, a SBDI-I, por unanimidade, conheceu do recurso de embargos interpostos pela União, por divergência jurisprudencial, e, no mérito, deu-lhe provimento para restabelecer a decisão do Regional que reconheceu a competência da Justiça do Trabalho para executar, de ofício, as contribuições previdenciárias e a contribuição social referente ao SAT concernente ao valor fixado no termo de conciliação da Comissão de Conciliação Prévia, e determinar o retorno dos autos à Turma de origem para julgar os temas remanescentes julgados prejudicados. TST-E-RR-22200-18.2009.5.09.0096, SBDI-I, rel. Min. José Roberto Freire Pimenta, 16.10.2014 (TST. Info-Execução nº 7).

Competência da Justiça do Trabalho. Execução de contribuição previdenciária. Acordo firmado perante Comissão de Conciliação Prévia. Art. 114, IX, da CF c/c art. 43, § 6º, Lei nº 8.212/90.

Nos termos do art. 114, IX, da CF c/c o art. 43, § 6º, da Lei nº 8.212/91, compete à Justiça do Trabalho executar de ofício as contribuições previdenciárias decorrentes do termo de conciliação firmado perante Comissão de Conciliação Prévia – CCP. Entendeu-se, na hipótese, que o dispositivo constitucional que assegura a competência desta Justiça Especializada para processar e julgar "outras controvérsias decorrentes da relação de trabalho" abarca o termo firmado perante a CCP, por se tratar de título executivo extrajudicial decorrente da relação de trabalho. Ademais, não há falar em incidência do item I da Súmula nº 368 do TST, editado em 2005, por não alcançar a controvérsia trazida nos autos, que remonta à regra vigente a partir de 2009, com a introdução do § 6º no art. 43 da Lei nº 8.212/91

pela Lei nº 11.491/2009. Com esse posicionamento, a SBDI-I, à unanimidade, conheceu dos embargos, por divergência jurisprudencial, e, no mérito, deu-lhes provimento para reformar o acórdão turmário que declarara a incompetência da Justiça do Trabalho para executar as contribuições previdenciárias advindas de termo conciliatório firmado perante a CCP. TST-E-RR-41300-56.2009.5.09.0096, SBDI-I, rel. Min. Luiz Philippe Vieira de Mello Filho, 8.5.2014 (TST. Info-Execução nº 1).

Ação de ressarcimento por danos materiais cumulada com obrigação de fazer. Hipótese não prevista no art. 70, I, do RITST. Incompetência funcional da SDC.

A SDC não tem competência funcional para o julgamento de ação de ressarcimento por danos materiais, cumulada com obrigação de fazer, ajuizada pelo Sindicato dos Trabalhadores no Combate às Endemias e Saúde Preventiva no Estado do Rio de Janeiro contra a Fundação Nacional de Saúde – Funasa, pois o que se pretende é o pagamento de verbas trabalhistas decorrentes do descumprimento de normas legais e constitucionais, e não o pronunciamento do Poder Judiciário acerca do estabelecimento de normas para regulamentar as condições de trabalho da categoria profissional. Assim, afastando-se o caso concreto de qualquer das hipóteses descritas no art. 70, I, do RITST, e não sendo possível a remessa dos autos ao juízo competente, em razão da aplicação analógica do item II da Orientação Jurisprudencial nº 130 da SBDI-II, a SDC, por unanimidade, extinguiu o processo, sem resolução de mérito, nos termos do art. 113 c/c 267, IV, do CPC. TST-RTOrd-553-37.2014.5.00.0000, SDC, rel. Min. Mauricio Godinho Delgado, 8.4.2014 (TST. Info nº 79).

Complementação de aposentadoria. Competência. STF-RE nº 586.453. Sentença prolatada antes de 20.02.2013 que decidiu pela incompetência da Justiça do Trabalho. Ausência de decisão de mérito. Competência da Justiça comum.

O STF, nos autos do processo RE nº 586.453, decidiu que as demandas relativas à complementação de aposentadoria são da competência da Justiça comum, mas determinou que os efeitos dessa decisão, com repercussão geral, fossem modulados a fim de se manter a competência da Justiça do Trabalho nas situações em que já houvesse sido proferida decisão de mérito até a data daquele julgamento (20.2.2013). Assim, tendo em conta que a sentença, mantida pelo TRT, que declarou a incompetência da Justiça do Trabalho para o julgamento de reclamatória relativa a diferenças de complementação de aposentadoria não pode ser considerada decisão de mérito, a SBDI-I, por unanimidade, conheceu dos embargos interpostos pela reclamada, por divergência jurisprudencial, e, no mérito, por maioria, deu-lhes provimento para restabelecer a referida sentença e determinar a remessa dos autos à Justiça comum. Vencidos os Ministros João Oreste Dalazen, Luiz Philippe Vieira de Mello Filho, Delaíde Miranda Arantes e Brito Pereira, os quais negavam provimento aos embargos por entenderem que a decisão da Suprema Corte limitou a competência residual da Justiça do Trabalho aos casos em que houver sentença proferida até 20.2.2013, seja ela de mérito ou não. TST-E-ED-ED-ED-RR-1011-92.2011.5.03.0059, SBDI-I, rel. Min. Renato de Lacerda Paiva, 3.4.2014 (TST. Info nº 78).

Empregado público admitido antes da Constituição Federal de 1988. Ausência de submissão a concurso público. Lei municipal instituidora de Regime Jurídico Único. Impossibilidade de alteração automática do regime celetista para o estatutário. Art. 37, II, da CF. Violação. Competência material da Justiça do Trabalho.

A existência de lei municipal instituidora de Regime Jurídico Único, de natureza administrativa, por si só, não transmuda automaticamente o vínculo jurídico estabelecido entre as partes, de celetista para estatutário, na hipótese de o empregado, admitido antes do advento da Constituição Federal de 1988, não ter se submetido a concurso público. Entendimento em sentido contrário afronta o disposto no art. 37, II, da CF. Com esses fundamentos, e citando a jurisprudência da Corte e do STF, a SBDI-I, à unanimidade, conheceu dos embargos do reclamado, por divergência jurisprudencial e, no mérito, negou-lhes provimento, mantendo a decisão turmária que conheceu do recurso de revista da reclamante por violação do inciso II do art. 37 da Constituição e, no mérito, deu-lhe provimento para, em razão da permanência da reclamante no regime da CLT, reconhecer a competência material da Justiça do Trabalho para julgar o feito e determinar o retorno dos autos ao Regional a fim de que julgue o recurso ordinário do reclamado como entender de direito. TST-E-RR-300-25.2010.5.13.0001, SBDI-I, rel. Min. João Oreste Dalazen, 28.11.2013 (TST. Info nº 68).

Ação rescisória. Contrato de parceria rural. Produção avícola. Incompetência da Justiça do Trabalho. Rescindibilidade prevista no art. 485, II, do CPC.

O contrato de parceira rural, no qual uma das partes fornece os animais e a outra os aloja e cria, com a final partilha dos resultados ou outra espécie de pagamento previamente ajustado, constitui relação de natureza civil que afasta de forma absoluta a competência da Justiça do Trabalho definida no art. 114, I, da CF e permite a rescisão do julgado nos termos do art. 485, II, do CPC. Com esse posicionamento, a SBDI-II, por unanimidade, invocando precedentes da Corte e do STJ, conheceu do recurso ordinário e, no mérito, deu-lhe provimento para julgar procedente a ação rescisória, a fim de desconstituir o acórdão do Regional proferido nos autos da ação ordinária em que se pleiteava indenização por lucros cessantes e dano moral em virtude da ruptura antecipada do contrato de parceria para produção avícola, e, em juízo rescisório, reconhecendo a incompetência da Justiça do Trabalho para processar e julgar a ação, declarar a nulidade de todos os atos decisórios do processo e encaminhá-lo à Justiça comum do Estado do Rio Grande do Sul, nos moldes do art. 113, § 2º, do CPC. TST-RO-7444-68.2011.5.04.0000, SBDI-II, rel. Min. Alberto Luiz Bresciani de Fontan Pereira, 6.8.2013 (TST. Info nº 54).

Ação civil pública ajuizada em vara do trabalho da sede do TRT. Dano de abrangência nacional. Limitação da coisa julgada à área de jurisdição do Tribunal Regional. Contrariedade ao item III da Orientação Jurisprudencial nº 130 da SBDI-II. Configuração.

No caso em que o objetivo da ação civil pública é coibir conduta ilícita da empresa que tem atividade em todo o território nacional, e não só nos estabelecimentos localizados na área de jurisdição da 90ª Vara do Trabalho da Capital do Estado de São Paulo, em que ajuizada a ação, contraria o item III da Orientação Jurisprudencial nº 130 da SBDI-II a decisão que define como limite territorial dos efeitos da coisa julgada a área de jurisdição do TRT da 2ª Região. Com esse entendimento, a SBDI-I, por unanimidade, conheceu dos embargos, por divergência jurisprudencial, e, no mérito, deu-lhes provimento para estender a todo o território nacional os efeitos da decisão proferida na ação civil pública. TST-E-ED-RR-129600-12.2006.5.02.0090, SBDI-I, rel. Min. Brito Pereira, 4.4.2013 (TST. Info nº 40).

Ação declaratória. Inexigibilidade de cláusula de norma coletiva de trabalho. Discussão acerca da legitimidade de entidade sindical. Competência funcional da Vara do Trabalho.

Na hipótese em que o interesse dos autores não diz respeito à declaração de nulidade de convenção coletiva de trabalho, mas à inaplicabilidade do instrumento coletivo em razão da ilegitimidade do Sindicato do Comércio Varejista de Gêneros Alimentícios da Cidade do Salvador para representar os supermercados e atacados de autosserviço no Estado da Bahia, em face de cisão operada na categoria econômica, compete à Vara do Trabalho, e não ao TRT, processar e julgar ação declaratória de inexigibilidade do cumprimento das obrigações contraídas em convenção coletiva de trabalho. Com esse entendimento, a SDC, por maioria, deu provimento ao recurso ordinário para, declarando a incompetência do TRT da 5ª Região, na forma do art. 795, § 2º, da CLT, decretar a nulidade dos atos processuais e determinar o retorno dos autos à Vara de Trabalho de origem, para que prossiga no exame da lide, como entender de direito. Vencida a Ministra Maria de Assis Calsing, relatora. TST-RO-997-71.2010.5.05.0000, SDC, rel. Ministra Maria de Assis Calsing, red. p/ acórdão Min. Walmir Oliveira da Costa, 11.3.2013 (TST. Info nº 39).

Nulidade de cláusulas de norma coletiva reconhecida pelo Juízo de primeiro grau. Incompetência. Não configuração. Pedido mediato.

A SBDI-II, por unanimidade, conheceu do recurso ordinário, e, no mérito, por maioria, negou-lhe provimento, mantendo a decisão do TRT, que denegou a segurança por entender incabível, em sede de mandado de segurança, a arguição de incompetência da autoridade coatora (Juiz da 5ª Vara do Trabalho de Niterói-RJ), que, nos autos da reclamação trabalhista, antecipou os efeitos da tutela para, reconhecendo a nulidade de cláusulas de norma coletiva, determinar o retorno dos trabalhadores à antiga jornada e o pagamento das horas extraordinárias, com os devidos reflexos. Prevaleceu o entendimento de que, no caso, a anulação das cláusulas do acordo coletivo é pedido mediato, incidental, não havendo falar, portanto, em competência do Tribunal Regional, pois o pleito imediato é o pagamento de horas extraordinárias e o retorno à jornada anterior, os quais estão afetos à cognição do juízo de primeiro grau. A competência seria do TRT apenas se a discussão em torno da legalidade, ou não, das cláusulas impugnadas fosse genérica, de efeitos abstratos, sem a concretude da pretensão de horas extraordinárias formulada em ação individual. Vencido o Ministro Guilherme Augusto Caputo Bastos, relator. TST-RO-566700-68.2008.5.01.0000, SBDI-II, rel. Min. Guilherme Augusto Caputo Bastos, red. p/ acórdão Min. Luiz Philippe Vieira de Mello Filho, 30.10.2012 (TST. Info nº 28).

CC. Ação coletiva. Decisão com efeitos erga omnes. Execução individual. Art. 877 da CLT. Não incidência.

O art. 877 da CLT – segundo o qual é competente para a execução das decisões o Juiz ou o Presidente do Tribunal que tiver conciliado ou julgado originariamente o dissídio – não é aplicável à execução individual das decisões proferidas em ação coletiva, porquanto possui procedimento específico e regulamentado na Lei de Ação Civil Pública, combinada com o Código de Defesa do Consumidor, ambos plenamente compatíveis com o Processo do Trabalho. Assim, na hipótese em que a exequente, domiciliada em Fortaleza/CE, aforou execução individualizada, dizendo-se beneficiada pelos efeitos erga omnes da coisa julgada produzida em ação coletiva que tramitou na Vara do Trabalho de Araucária/PR, a SBDI-II, por unanimidade, julgou procedente o conflito negativo de competência para declarar competente a Vara do Trabalho de Fortaleza/CE. Ressaltou o Ministro relator que entendimento em sentido contrário imporia aos beneficiários da ação coletiva um ônus processual desarrazoado, o que tornaria ineficaz o pleno, rápido e garantido acesso à jurisdição e violaria a garantia constitucional do Devido Processo Legal Substancial. TST-CC-1421-83.2012.5.00.0000, SBDI-II, rel. Min. Alexandre Agra Belmonte, 28.8.2012 (TST. Info nº 20).

Honorários advocatícios. Ação de cobrança. Natureza civil. Incompetência da Justiça do Trabalho.

A Justiça do Trabalho não é competente para julgar ação de cobrança de honorários advocatícios, pois se refere a contrato de prestação de serviços, relação de índole eminentemente civil, não guardando nenhuma pertinência com a relação de trabalho de que trata o art. 114, I, da CF. Com esse entendimento, a SBDI-I, por unanimidade, conheceu dos embargos por divergência jurisprudencial e, no mérito, por maioria, deu-lhes provimento para restabelecer a decisão proferida pelo TRT, mediante a qual se acolhera a preliminar de incompetência material desta Justiça do Trabalho, e, anulando os atos decisórios praticados no processo, determinar a remessa dos autos à Justiça Comum Estadual, para que prossiga no feito como entender de direito. Na espécie, ressaltou o Ministro relator ser razoável "cometer a Justiça comum a tarefa de dirimir controvérsia relativa à prestação de serviços levada a cabo por profissional autônomo que, senhor dos meios e das condições da prestação contratada, coloca-se em patamar de igualdade (senão de vantagem) em relação àquele que o contrata. Tal seria o caso típico dos profissionais da engenharia, advocacia, arquitetura e medicina que exercem seus misteres de forma autônoma, mediante utilização de meios próprios e em seu próprio favor." Vencidos os Ministros Ives Gandra Martins Filho e Delaíde Miranda Arantes. TST-E-RR-48900-38.2008.5.15.0051, SBDI-I, rel. Min. Lelio Bentes Corrêa, 30.8.2012 (TST. Info nº 20).

7. QUADRO SINÓPTICO

Capítulo II – Jurisdição e ação trabalhista		
Instituto	**Conteúdo**	**item**
	Formas de solução dos conflitos trabalhistas	
Autotutela	Ocorre quando o ofendido, com os seus próprios esforços, faz prevalecer o seu interesse e impõe a sua vontade sobre outra pessoa com quem se encontra em conflito.	1.1
Autocomposição	Na autocomposição, as próprias pessoas que estão em conflito chegam a uma solução sem a necessidade de intervenção de um terceiro, por meio de um de processo de negociação pelo qual cada participante despoja-se de uma parcela do seu direito.	1.2

<table>
<tr><th colspan="5">Capítulo II – Jurisdição e ação trabalhista</th></tr>
<tr><th>Instituto</th><th colspan="3">Conteúdo</th><th>item</th></tr>
<tr><td>Arbitragem</td><td colspan="3">É o meio de solução de conflitos pelo qual os interessados atribuem a um terceiro a tarefa de pôr fim ao dissídio, de forma prévia ou após a sua instalação, com a obrigação de cumprir o que ficar decidido.</td><td>1.3</td></tr>
<tr><td>Mediação</td><td colspan="3">A mediação é uma espécie heterônoma (ou autônoma para alguns autores) de solução de divergências intersubjetivas. Quando se opta por esse sistema, escolhe-se uma terceira pessoa estranha ao conflito, que, por meio do uso de diversas técnicas de mediação, elimina os pontos principais do dissenso e aproxima os interesses à categoria de convergência. O resultado consiste em uma proposta de saída para o impasse, que pode ser aceita ou não pelos interessados.</td><td>1.4</td></tr>
<tr><td>Comissões de conciliação prévia</td><td colspan="3">As CCP são organismos paritários, formados por representantes de empregados e empregadores, destinados a promover a transação extrajudicial entre esses atores sociais.</td><td>1.5</td></tr>
<tr><td>Jurisdição</td><td colspan="3">Jurisdição nada mais é do que o poder e, ao mesmo tempo, o dever que o Estado tem de dizer o direito (iuris dictio), no sentido de solucionar um conflito de interesses caracterizado pela pretensão resistida (interesse individual), quando nesse sentido for provocado, e com o objetivo de realizar a pacificação social (interesse coletivo).</td><td>1.6 "a"</td></tr>
<tr><th colspan="5">Organização da Justiça do Trabalho</th></tr>
<tr><td rowspan="3">Cúpula</td><td colspan="2">TST</td><td>O Tribunal Superior do Trabalho é composto por 27 Ministros Togados. É o órgão de cúpula do Poder Judiciário do Trabalho, com sede em Brasília e jurisdição em todo o território nacional.</td><td>2.1</td></tr>
<tr><td colspan="2">ENAMAT</td><td>A Escola Nacional de Formação e Aperfeiçoamento de magistrados do Trabalho – ENAMAT funciona junto ao Tribunal Superior do Trabalho. Compete-lhe, principalmente, regulamentar os cursos oficiais para o ingresso e promoção na carreira.</td><td>2.1 "a"</td></tr>
<tr><td colspan="2">CSJT</td><td>O Conselho Superior da Justiça do Trabalho – CSJT, também vinculado ao Tribunal Superior do Trabalho, tem como função, dentre outras, exercer a supervisão administrativa, orçamentária, financeira e patrimonial da Justiça do Trabalho de primeiro e segundo graus, como órgão de emissão de estratégia central desse ramo do Poder Judiciário, cujas decisões terão efeito vinculante.</td><td>2.1 "b"</td></tr>
<tr><td>Segunda instância</td><td colspan="3">Os Tribunais Regionais do Trabalho, em número de vinte e quatro, compõem a segunda instância da Justiça do Trabalho e gozam de autonomia financeira e administrativa.</td><td>2.2</td></tr>
<tr><td>Primeira instância</td><td colspan="3">As Varas do Trabalho são os órgãos de primeira instância da Justiça do Trabalho. Os Juízos de Direito, da Justiça Ordinária Estadual, encontram-se investidos da jurisdição laboral naquelas localidades não abrangidas, territorialmente, pelas Varas do Trabalho, na forma definida por lei.</td><td>2.3 e 2.6</td></tr>
<tr><td rowspan="3">Magistratura do Trabalho</td><td colspan="2">Investidura</td><td>O ingresso na primeira instância da magistratura do trabalho é feito exclusivamente por meio de concurso de provas e títulos para o cargo de juiz do trabalho substituto.</td><td>2.4 "a"</td></tr>
<tr><td colspan="2">Concurso</td><td>Somente estão habilitados a prestar o concurso público para o cargo de Juiz do Trabalho Substituto os bacharéis em Direito que possuam tempo mínimo de três anos de atividade jurídica, na data da inscrição.</td><td>2.4 "b"</td></tr>
<tr><td>Juiz Titular</td><td>Remoção</td><td>Inicialmente, o preenchimento é feito pelo do procedimento da remoção, feito por juiz Titular de outra unidade jurisdicional de primeira instância, no prazo máximo de quinze dias. Deve-se observar o critério da antiguidade, na hipótese de haver mais de um candidato à vaga.</td><td>2.4 "c"</td></tr>
</table>

Capítulo II – Jurisdição e ação trabalhista				
Instituto	**Conteúdo**			**item**
Magistratura do Trabalho	**Juiz Titular**	**Promoção**	Em caso de ausência de requerimento de remoção, o preenchimento do cargo é feito por meio de promoção de Juiz Substituto para Juiz Titular, por antiguidade e por merecimento, de forma alternada.	2.4 “c”
	Desembargadores	**De carreira**	O provimento de quatro quintos dos cargos de juiz dos Tribunais Regionais do Trabalho, também denominados de Desembargadores Federais do Trabalho, é feito pela promoção por antiguidade e merecimento, alternadamente, dentre aqueles ocupantes dos cargos de juiz Titular de Vara do Trabalho.	2.4 “d”
		Quinto constitucional	Um quinto do número de cargos de Desembargador Federal do Trabalho de cada TRT deve ser preenchido por advogados, com mais de dez anos de efetiva atividade profissional, e membros do Ministério Público do Trabalho com mais de dez anos de efetivo exercício, alternadamente.	
	Ministros	**De carreira**	Os ministros do TST são nomeados pelo presidente da república, após lista elaborada pelo próprio Tribunal e aprovação pela maioria absoluta do Senado Federal. Quatro quintos desses cargos são destinados aos Desembargadores dos Tribunais Regionais do Trabalho com mais de trinta e cinco e menos de sessenta e cinco anos.	2.4 “e”
		Quinto constitucional	Um quinto dos cargos de Ministro do TST são providos por advogados e membros do Ministério Público do Trabalho, desde que possuam mais de 10 anos de atividade profissional ou de efetivo serviço no cargo, respectivamente, com observância dos limites de idade previstos para os juízes de Carreira.	
	Garantias	Vitaliciedade, inamovibilidade e irredutibilidade de vencimentos.		2.4 “f”
	Prerrogativas	• ser ouvido como testemunha em dia, hora e local previamente ajustados com a autoridade ou juiz de instância igual ou inferior; • não ser preso senão por ordem escrita do Tribunal ou do órgão especial competente para o julgamento, salvo em flagrante de crime inafiançável, caso em que a autoridade fará imediata comunicação e apresentação do magistrado ao presidente do Tribunal a que esteja vinculado; • ser recolhido a prisão especial, ou a sala especial de Estado-Maior, por ordem e à disposição do Tribunal ou do órgão especial competente, quando sujeito à prisão antes do julgamento final; • não estar sujeito à notificação ou à intimação para comparecimento, salvo se expedida por autoridade judicial; • portar arma de defesa pessoal.		2.4 “g”

Capítulo II – Jurisdição e ação trabalhista			
Instituto		**Conteúdo**	**item**
Magistratura do Trabalho	**Deveres**	• cumprir e fazer cumprir, com independência, serenidade e exatidão, as disposições legais e atos de ofício; • não exceder injustificadamente os prazos para sentenciar ou despachar; • determinar as providências necessárias para que os atos processuais se realizem nos prazos legais; • tratar com urbanidade as partes, os membros do Ministério Público, os advogados, as testemunhas, os funcionários e auxiliares da Justiça, e atender aos que o procurarem, a qualquer momento, quando se trate de providência que reclame e possibilite solução de urgência; • residir na sede da comarca, salvo autorização do órgão disciplinar a que estiver subordinado; • comparecer pontualmente à hora de iniciar-se o expediente ou sessão, e não se ausentar injustificadamente antes de seu término; • exercer assídua fiscalização sobre os subordinados, especialmente no que se refere à cobrança de custas e emolumentos, embora não haja reclamação das partes; • manter conduta irrepreensível na vida pública e particular.	2.4 "h"
	Proibições	• exercer, ainda que em disponibilidade, outro cargo ou função, salvo uma de magistério; • receber, a qualquer título ou pretexto, custas ou participação em processo; • dedicar-se à atividade político-partidária; • receber, a qualquer título ou pretexto, auxílios ou contribuições de pessoas físicas, entidades públicas ou privadas, ressalvadas as exceções previstas em lei; • exercer a advocacia no juízo ou Tribunal do qual se afastou, antes de decorridos três anos do afastamento do cargo por aposentadoria ou exoneração.	2.4 "i"
	Proibições	• exercer o comércio ou participar de sociedade comercial, inclusive de economia mista, exceto como acionista ou quotista; • exercer cargo de direção ou técnico de sociedade civil, associação ou fundação, de qualquer natureza ou finalidade, salvo de associação de classe, e sem remuneração; • manifestar, por qualquer meio de comunicação, opinião sobre processo pendente de julgamento, seu ou de outrem, ou juízo depreciativo sobre despachos, votos ou sentenças, de órgãos judiciais, ressalvada a crítica nos autos e em obras técnicas ou no exercício do magistério.	2.4 "i"
	Suspeição (CLT)	• inimizade pessoal; • amizade íntima; • parentesco por consanguinidade ou afinidade até o terceiro grau civil; • interesse particular na causa.	2.4 "j"

<table>
<tr><th colspan="4">Capítulo II – Jurisdição e ação trabalhista</th></tr>
<tr><th>Instituto</th><th colspan="2">Conteúdo</th><th>item</th></tr>
<tr><td>Magistratura do Trabalho</td><td>Impedimento (CPC)</td><td>É vedado ao juiz exercer suas funções no processo:
• em que interveio como mandatário da parte, oficiou como perito, funcionou como membro do Ministério Público ou prestou depoimento como testemunha;
• de que conheceu em outro grau de jurisdição, tendo proferido decisão;
• quando nele estiver postulando, como defensor público, advogado ou membro do Ministério Público, seu cônjuge ou companheiro, ou qualquer parente, consanguíneo ou afim, em linha reta ou colateral, até o terceiro grau, inclusive;
• quando for parte no processo ele próprio, seu cônjuge ou companheiro, ou parente, consanguíneo ou afim, em linha reta ou colateral, até o terceiro grau, inclusive;
• quando for sócio ou membro de direção ou de administração de pessoa jurídica parte no processo;
• quando for herdeiro presuntivo, donatário ou empregador de qualquer das partes;
• em que figure como parte instituição de ensino com a qual tenha relação de emprego ou decorrente de contrato de prestação de serviços;
• em que figure como parte cliente do escritório de advocacia de seu cônjuge, companheiro ou parente, consanguíneo ou afim, em linha reta ou colateral, até o terceiro grau, inclusive, mesmo que patrocinado por advogado de outro escritório;
• quando promover ação contra a parte ou seu advogado.</td><td>2.4 “j”</td></tr>
<tr><td rowspan="3">Ministério Público</td><td>Organização</td><td>O Ministério Público do Trabalho é composto de uma Procuradoria-Geral, que atua perante o TST e vinte e quatro Procuradorias Regionais, que atuam perante os Tribunais Regionais do Trabalho.</td><td rowspan="2">2.5 “a”</td></tr>
<tr><td>Ingresso</td><td>O ingresso na carreira do Ministério Público do Trabalho efetiva-se, de forma exclusiva, após a aprovação em concurso público de provas e títulos para o cargo de Procurador do Trabalho, com promoções para os cargos de Procurador Regional do Trabalho e de Subprocurador-Geral do Trabalho.</td></tr>
<tr><td>Atribuições principais</td><td>• promover o inquérito civil e a ação civil pública, para a proteção do patrimônio público e social, do meio ambiente e de outros interesses difusos e coletivos;
• promover as ações que lhe sejam atribuídas pela Constituição Federal e pelas leis trabalhistas;
• manifestar-se em qualquer fase do processo trabalhista, acolhendo solicitação do juiz ou por sua iniciativa, quando entender existente interesse público que justifique a intervenção;
• propor as ações necessárias à defesa dos direitos e interesses dos menores, incapazes e índios, decorrentes das relações de trabalho;
• instaurar instância em caso de greve, quando a defesa da ordem jurídica ou o interesse público assim o exigir;
• intervir obrigatoriamente em todos os feitos nos segundo e terceiro graus de jurisdição da Justiça do Trabalho, quando a parte for pessoa jurídica de Direito Público, Estado estrangeiro ou organismo internacional.</td><td>2.5 “b”</td></tr>
</table>

Capítulo II – Jurisdição e ação trabalhista			
Instituto	**Conteúdo**		**item**
Ministério Público	**Prerrogativas**	• sentar-se no mesmo plano e imediatamente à direita dos juízes singulares ou presidentes dos órgãos judiciários perante os quais oficiem; • usar vestes talares; • ter ingresso e trânsito livres, em razão de serviço, em qualquer recinto público ou privado, respeitada a garantia constitucional da inviolabilidade do domicílio; • prioridade em qualquer serviço de transporte ou comunicação, público ou privado, no Território Nacional, quando em serviço de caráter urgente; • porte de arma, independentemente de autorização, conforme Resolução Conjunta CNJ/CNMP nº 4/14; • carteira de identidade especial, de acordo com modelo aprovado pelo Procurador-Geral da República e por ele expedida.	2.5 "c"
Serviços auxiliares	**Secretaria das Varas**	A secretaria das Varas do Trabalho é um órgão auxiliar e permanente da Justiça do Trabalho. O serviço burocrático na primeira instância é exercido pelos servidores lotados nessas secretarias, que ocupam cargo de provimento efetivo ou em comissão, função semelhante àquelas exercidas pelos serventuários dos cartórios da Justiça Ordinária.	2.7 "a"
	Secretaria dos Tribunais	Os Tribunais Regionais do Trabalho e o Tribunal Superior do Trabalho são auxiliados pelos servidores de suas respectivas secretarias.	2.7 "b"
	Serviço de Distribuição de feitos	Quando em uma localidade houver mais de uma Vara do Trabalho a petição inicial de processo físico é previamente submetida ao setor de distribuição de feitos do fórum, onde é distribuída pela ordem rigorosa de sua apresentação. No PJe-JT a distribuição é feita automaticamente pelo sistema, quando a parte ou o seu patrono ajuíza a reclamação pela *internet*.	2.7 "c"
	Oficial de Justiça	O oficial de justiça é um serventuário ao qual incumbe a execução de diligências fora dos limites do estabelecimento da unidade jurisdicional. Na Justiça do Trabalho, o oficial de justiça, além de exercer as tarefas inerentes ao seu cargo, acumula a função de avaliar os bens que sofrem constrição judicial.	2.7 "d"
Serviços auxiliares	**Órgãos auxiliares eventuais**	Para que se obtenha a completa satisfação da prestação jurisdicional, é necessário recorrer, de forma eventual, a pessoas que não fazem parte do quadro de servidores do Poder Judiciário. Assim, são auxiliares eventuais do Poder Judiciário o perito, o depositário, o administrador o intérprete etc.	2.7 "e"
Competência			
Conceito	Para o exercício da função jurisdicional, com maior eficiência, segurança e rapidez, é necessário que se faça uma divisão de atribuições, observados os critérios respectivos para traçar limitações a cada órgão jurisdicional. Esse processo de divisão e de limitação recebe a denominação de competência jurisdicional.		3
Competência Internacional	De acordo com as regras que constam do art. 21 do CPC, principalmente aquela constante do inciso II, a Justiça do Trabalho brasileira é competente nos casos em que a prestação de serviço tiver que ser cumprida no território nacional, mesmo que o contrato tenha sido firmado no exterior.		3.1

Capítulo II – Jurisdição e ação trabalhista				
Instituto	**Conteúdo**			**item**
Absoluta	**Em razão da matéria**	• as ações oriundas da relação de trabalho, abrangidos os entes de direito público externo e da administração pública direta e indireta da União, dos Estados, do Distrito Federal e dos Municípios; • as ações que envolvam exercício do direito de greve; • as ações sobre representação sindical, entre sindicatos, entre sindicatos e trabalhadores, e entre sindicatos e empregadores; • os mandados de segurança, *habeas corpus* e *habeas data*, quando o ato questionado envolver matéria sujeita à sua jurisdição; • os conflitos de competência entre órgãos com jurisdição trabalhista, ressalvado o disposto no art. 102, I, "o" da CF/88; • as ações de indenização por dano moral ou patrimonial, decorrentes da relação de trabalho; • as ações relativas às penalidades administrativas impostas aos empregadores pelos órgãos de fiscalização das relações de trabalho; • a execução, de ofício, das contribuições sociais previstas no art. 195, I, "a", e II, da CF/88 e seus acréscimos legais, decorrentes das sentenças que proferir; • outras controvérsias decorrentes da relação de trabalho, na forma da lei.		3.2
	Funcional ou hierárquica	**Vara**	Compete processar e julgar toda espécie de litígio individual do trabalho cuja competência não seja atribuída, expressamente, aos Tribunais Regionais ou ao TST, dentro dos limites estabelecidos pelo art. 114, da Constituição Federal de 1988.	3.2
		TRT	O Tribunal Regional do Trabalho é a instância originária para o ajuizamento de diversas ações, como o dissídio coletivo de natureza jurídica e econômica, *habeas corpus, habeas data,* mandado de segurança contra ato de juiz de primeira instância, ação rescisória; conflito de competência entre as Varas do Trabalho sob a sua jurisdição, etc.	
		TST	Processar, conciliar e julgar, na forma da lei, em grau originário ou recursal ordinário ou extraordinário, as demandas individuais e os dissídios coletivos entre trabalhadores e empregadores que excedam a jurisdição dos Tribunais Regionais, os conflitos de direito sindical, bem assim outras controvérsias decorrentes de relação de trabalho e os litígios relativos ao cumprimento de suas próprias decisões, de laudos arbitrais e de convenções e acordos coletivos.	3.2

<table>
<tr><th colspan="5">Capítulo II – Jurisdição e ação trabalhista</th></tr>
<tr><th>Instituto</th><th colspan="3">Conteúdo</th><th>item</th></tr>
<tr><td rowspan="6">Relativa</td><td rowspan="4">Em razão do lugar</td><td>Regra Geral</td><td>A competência das Varas do Trabalho é determinada pela localidade onde o empregado, reclamante ou reclamado, prestar serviços ao empregador, ainda que tenha sido contratado noutro local ou no estrangeiro.</td><td rowspan="6">3.3</td></tr>
<tr><td>Agente ou viajante</td><td>Quando for parte no dissídio agente ou viajante comercial, a competência é da Vara do Trabalho da localidade em que a empresa tenha agência ou filial e a esta o empregado esteja subordinado e, na falta, é competente a Vara do Trabalho da localização em que o empregado tenha domicílio ou a localidade mais próxima.</td></tr>
<tr><td>Brasileiro trabalhando no estrangeiro</td><td>A competência das Varas do Trabalho estende-se aos dissídios ocorridos em agência ou filial no estrangeiro, desde que o empregado seja brasileiro e não haja convenção internacional dispondo em contrário.</td></tr>
<tr><td>Natureza da atividade empresarial</td><td>Em se tratando de empregador que promova realização de atividades fora do lugar do contrato de trabalho, é assegurado ao empregado apresentar reclamação no foro da celebração do contrato ou no da prestação dos respectivos serviços.</td></tr>
<tr><td>Valor da causa</td><td colspan="2">No processo do trabalho, não existe o estabelecimento de competência em razão do valor da causa.</td></tr>
<tr><td>Modificação da competência</td><td colspan="2">A competência relativa pode ser modificada pela vontade das partes, hipótese que não se aplica ao processo do trabalho, pela continência, pela conexão e pela inércia do reclamado.</td></tr>
<tr><td>Normativa</td><td colspan="3">A competência normativa da Justiça do Trabalho é aquela que diz respeito a sua tarefa de solucionar os conflitos coletivos de natureza econômica, por meio de uma decisão que tem as mesmas características da lei, como a abstratividade, generalidade e coercibilidade. Todavia, tem aplicabilidade limitada aos integrantes das categorias profissionais e econômicas das entidades sindicais que representam seus interesses.</td><td>3.4</td></tr>
<tr><td>Conflito de competência</td><td colspan="3">Ocorre quando dois ou mais órgãos declararem-se competentes ou incompetentes para apreciar e julgar um mesmo litígio. Trata-se do conflito positivo ou negativo de competência, respectivamente.</td><td>3.5</td></tr>
<tr><th colspan="5">A ação trabalhista</th></tr>
<tr><td>Conceito</td><td colspan="3">É o direito subjetivo que todo cidadão tem de solicitar ao Estado, em regra, por meio do Poder Judiciário, que exerça a sua função jurisdicional, em determinado caso de litígio concreto, tendo em vista que a inércia representa uma de suas características.</td><td>4.1</td></tr>
<tr><td rowspan="3">Teorias sobre a ação</td><td>Civilista</td><td colspan="2">A ação é um direito que só pode ser exercido pelo titular do direito material invocado.</td><td rowspan="3">4.1</td></tr>
<tr><td>Direito concreto</td><td colspan="2">Admite que o direito de ação independe do direito material. Entretanto, só existiria o direito de ação na hipótese da sentença reconhecer o direito material ao autor, ou seja, quando a decisão fosse-lhe favorável.</td></tr>
<tr><td>Direito abstrato</td><td colspan="2">Qualquer cidadão, independentemente de ser ou não o titular do direito material, tem o direito de solicitar ao Estado que exerça a sua função jurisdicional, sem qualquer espécie de limitação.</td></tr>
</table>

Capítulo II – Jurisdição e ação trabalhista			
Instituto	**Conteúdo**		**item**
Classificação Das ações	**Declaratória**	Tem como postulação o provimento judicial que declare ser o autor o titular do direito material, sendo que o interesse processual fica por conta da necessidade de eliminar a incerteza de possíveis interpretações dúbias de dispositivos legais aplicados ao caso concreto.	4.3
	Condenatória	Ocorre quando o interesse do reclamante não se limita à declaração de existência ou inexistência de uma relação jurídica ou de um estado, mas que agregue, também, o pedido de condenação da parte contrária no sentido de dar, fazer ou não fazer, característica de uma sentença de efeito preponderantemente condenatório.	
	Constitutiva	O reclamante requer que o provimento jurisdicional crie, modifique ou extinga uma relação jurídica, com produção de efeitos *ex nunc*.	
	Executiva	Nas reclamações executivas, além da condenação, já existe a determinação do juiz para que outra pessoa (um particular ou o próprio Estado), efetive o comando sentencial, em um procedimento de sub-rogação, sem a participação do reclamado e dispensado o início de um processo autônomo de execução.	
	Mandamental	Nas reclamações mandamentais, o autor requer ao juiz a emissão de uma ordem dirigida ao reclamado para que este faça ou deixe de fazer alguma coisa, em cooperação com o Poder Judiciário, com a utilização de meios indiretos para cumprir a obrigação contida no comando sentencial e sem a necessidade de um processo de execução independente.	

8. QUESTÕES

8.1. Questões objetivas

1. (TRT 2 – Juiz do Trabalho Substituto 2ª região/ 2012) Analise as proposições quanto à competência territorial da Justiça do Trabalho, nos termos da Consolidação das Leis do Trabalho.

I. A competência das Varas é determinada pela localidade onde o empregado, reclamante ou reclamado, prestar serviços ao empregador, salvo se contratado noutro local ou no estrangeiro.

II. Quando for parte no dissídio agente ou viajante comercial, a competência será da Vara da localidade em que a empresa tenha agência ou filial e a esta o empregado esteja subordinado.

III. Quando for parte no dissídio agente ou viajante comercial, a competência será da Vara da localidade em que o empregado tenha domicílio ou a localidade mais próxima, se não houver agência ou filial a que o empregado esteja subordinado.

IV. A competência das Varas do Trabalho estende-se aos dissídios ocorridos em agência ou filial no estrangeiro, desde que o empregado seja brasileiro e não haja convenção internacional dispondo em contrário.

V. Em se tratando de empregador que promova realização de atividades fora do lugar do contrato de trabalho, o empregado deverá apresentar reclamação no local de execução de suas atividades.

Estão corretas apenas as proposições:

a) I, II e III.

b) I, III e IV.

c) II, III e IV.
d) I, III e V.
e) II, IV e V.

2. (Porto de Santos – Especialista portuário II/Advogado/2011) Celebrado e descumprido acordo perante a Comissão de Conciliação Prévia, sua execução deverá ser promovida perante

a) a Comissão de Execução Trabalhista.
b) o Ministério do Trabalho e Emprego (Obs: O Ministério do Trabalho foi extinto e suas atribuições foram transferidas para a Secretaria Especial de Previdência de Trabalho do Ministério da Economia).
c) a Superintendência Regional do Trabalho.
d) a Justiça do Trabalho.
e) a Justiça Estadual.

3. (PGE/RO – Procurador do Estado Substituto/2011) Compete à Justiça do Trabalho processar e julgar, EXCETO:

a) as ações possessórias que decorram do exercício do direito de greve.
b) as ações indenizatórias decorrentes de acidente do trabalho que decorram da relação de trabalho contra o empregador e/ou Instituto Nacional do Seguro Social (INSS).
c) os dissídios resultantes de contratos de empreitadas em que o empreiteiro seja operário ou artífice.
d) as ações sobre representação sindical, entre sindicatos, entre sindicatos e trabalhadores, e entre sindicatos e empregadores.
e) as ações relativas às penalidades administrativas impostas aos empregadores pelos órgãos de fiscalização das relações de trabalho.

4. (Instituto de Pesquisas Tecnológicas – Advogado/2011) Nos termos da Constituição Federal de 1988, a Justiça do Trabalho é competente para processar e julgar

a) acidente de trabalho, na ação em que se pleiteia benefício previdenciário.
b) honorários de profissional liberal.
c) servidor público estatutário.
d) servidor público temporário.
e) conflitos que decorram do direito de greve.

5. (Porto de Santos – Especialista portuário II/Advogado/2011) Nos termos da Constituição Federal, são órgãos da Justiça do Trabalho:

a) Tribunal Superior do Trabalho, Tribunal Regional do Trabalho e Juiz do Trabalho.
b) Superior Tribunal de Justiça, Tribunal Superior do Trabalho, Tribunal Regional do Trabalho e Juiz do Trabalho.
c) Tribunal Superior do Trabalho, Tribunal Regional do Trabalho e Junta de Conciliação e Julgamento.
d) Tribunal Superior do Trabalho, Tribunal Regional do Trabalho, Juiz do Trabalho e Delegacia Regional do Trabalho.
e) Tribunal Superior do Trabalho, Tribunal Regional do Trabalho, Juiz do Trabalho e Ministério do Trabalho e Emprego (Obs: O Ministério do Trabalho foi extinto e suas atribuições foram transferidas para a Secretaria Especial de Previdência de Trabalho do Ministério da Economia).

6. (MPT – Procurador do Trabalho. 2006) No que diz respeito à organização da Justiça do Trabalho:

I. Na composição do Tribunal Superior do Trabalho (TST), devem constar Ministros que tenham sido Juízes de Tribunais Regionais do Trabalho, livremente indicados em lista tríplice elaborada pelo próprio Tribunal Superior e nomeados pelo Presidente da República, após aprovação pela maioria absoluta do Senado Federal.

II. Um quinto dos Ministros do TST devem ser escolhidos dentre advogados com mais de dez anos de efetiva atividade profissional, notório saber jurídico e reputação ilibada, indicados em lista sêxtupla pelo órgão de representação de sua classe.

III. Ao Conselho Superior da Justiça do Trabalho cabe exercer, na forma da lei, a supervisão administrativa, orçamentária, financeira e patrimonial da Justiça do Trabalho de primeiro e segundo graus.

IV. Os Tribunais Regionais do Trabalho instalarão a Justiça Itinerante, com a realização de audiências e demais funções de atividade jurisdicional, nos limites territoriais da respectiva jurisdição, servindo-se de equipamentos públicos e comunitários.

De acordo com as assertivas acima, pode-se afirmar que:

a) apenas as alternativas I e IV estão corretas;

b) apenas a alternativa II está errada;

c) apenas as alternativas III e IV estão corretas;

d) apenas as alternativas II e IV estão corretas;

e) não respondida.

7. (FCC – Procurador do Estado – MT/ 2011) Em relação à competência territorial da Justiça do Trabalho, é correto afirmar:

a) A competência é determinada pela localidade onde o empregado prestar serviços ou pela cláusula do foro de eleição.

b) Quando for parte de dissídio agente ou viajante comercial, a competência será da Vara do Trabalho da localidade em que a empresa tenha sede.

c) Quando for parte de dissídio trabalhador avulso, a competência será da Vara do Trabalho da localidade em que a empresa tenha agência ou filial e a esta o empregado esteja subordinado e, na falta, será competente a Junta da localização em que o empregado tenha domicílio ou a localidade mais próxima.

d) A competência das Varas do Trabalho estende-se aos dissídios ocorridos em agência ou filial no estrangeiro, desde que o empregado seja brasileiro e não haja convenção internacional dispondo em contrário.

e) Em se tratando de empregador que promova realização de atividades fora do lugar do contrato de trabalho, é assegurado ao empregado apresentar reclamação no foro da extinção do contrato de trabalho.

8. (FCC – Procurador do Estado – AM / 2010) Compete à Justiça do Trabalho processar e julgar:

a) ações penais decorrentes das relações de trabalho, a partir do advento da Emenda Constitucional nº 45, de 2004.

b) os mandados de segurança, individuais ou coletivos, *habeas corpus*, *habeas data*, quando o ato questionado envolver matéria relacionada às relações de trabalho, inclusive de servidores públicos estatutários.

c) ações de indenização por dano moral ou patrimonial, ainda que não decorrentes diretamente das relações de trabalho.

d) ações relativas às penalidades administrativas impostas aos empregadores pelos órgãos de fiscalização das relações de trabalho.

e) ações postulando cobrança de honorários advocatícios.

9. (TST/Analista/2008) A competência do Tribunal Superior do Trabalho é prevista em lei complementar, à qual cabe regular, ainda, o funcionamento do Conselho Superior da Justiça do Trabalho e da Escola Nacional de Formação e Aperfeiçoamento de Magistrados do Trabalho.

10. (CREMESP – Advogado/2011) Em relação ao Tribunal Superior do Trabalho e nos termos da Constituição Federal, é correto afirmar que

a) o TST compor-se-á de vinte e sete Ministros, escolhidos dentre brasileiros natos com mais de trinta e cinco e menos de sessenta anos, nomeados pelo Presidente da República após aprovação pela maioria absoluta do Senado Federal.

b) na composição do TST, haverá um quinto dentre advogados com mais de dez anos de efetiva atividade profissional e membros do Ministério Público do Trabalho com mais de dez anos de efetivo exercício e os demais dentre juízes dos Tribunais Regionais do Trabalho, oriundos da magistratura da carreira, indicados pelo Presidente da República.

c) funcionará junto ao Tribunal Superior do Trabalho a Escola Nacional de Formação e Aperfeiçoamento de Magistrados do Trabalho, e o Conselho Superior da Justiça do Trabalho funcionará junto ao CNJ – Conselho Nacional de Justiça.

d) cabe à Escola Nacional de Formação e Aperfeiçoamento de Magistrados do Trabalho regulamentar os cursos oficiais para o ingresso na carreira, não podendo ser critério para promoção.

e) cabe ao Conselho Superior da Justiça do Trabalho exercer, na forma da lei, a supervisão administrativa, orçamentária, financeira e patrimonial da Justiça do Trabalho de primeiro e segundo graus, como órgão central do sistema, cujas decisões terão efeito vinculante.

11. (CREMESP – Advogado/2011) É competência da Justiça do Trabalho processar e julgar matérias que envolvam

a) acidente de trabalho contra o INSS.

b) cobrança de honorários de profissionais liberais.

c) complementação de pensão postulada por viúva de ex-empregado, por derivar do contrato de trabalho.

d) imposto de renda incidente no salário pago aos trabalhadores no decorrer da prestação do serviço.

e) servidor público temporário, vinculados ao Estado por relação jurídico-administrativa.

12. (CREMESP – Advogado/2011) Assinale a alternativa correta.

a) A competência da Justiça do Trabalho, quanto à execução das contribuições previdenciárias, limita-se às sentenças condenatórias em pecúnia que proferir e aos valores, objeto de acordo homologado, que integrem o salário de benefício.

b) É do empregado a responsabilidade pelo recolhimento das contribuições previdenciárias e fiscais, resultante de seu crédito oriundo de condenação judicial.

c) A contribuição do empregado, no caso de ações trabalhistas, deve ser calculada mês a mês, observado o limite máximo do salário de benefício.

d) A competência da Justiça do Trabalho, quanto à execução das contribuições previdenciárias, limita-se às sentenças condenatórias em pecúnia que proferir e aos valores, objeto de acordo homologado, que integrem o salário de contribuição.

e) A contribuição do empregado, no caso de ações trabalhistas, deve ser calculada sobre o valor total da condenação, aplicando-se as alíquotas previstas em lei, observado o limite máximo do salário de contribuição.

13. (Magistratura Trabalhista 8ª R. 2008) Assinale a alternativa em que, à luz da CLT, não constitui matéria que conduza o juiz do trabalho, titular ou substituto, a se dar por suspeito ou ser recusado para instruir ou julgar os feitos, em relação à pessoa dos litigantes:

a) amizade íntima;

b) parentesco por consanguinidade ou afinidade de segundo grau civil;

c) interesse particular na causa alegada pelo recusante no momento do depoimento pessoal das partes, em razão de desconhecimento anterior;

d) inimizade pessoal por parte do recusante;

e) sobrevindo novo motivo, no caso em que o recusante praticou algum ato pelo qual haja consentido na pessoa do juiz.

14. (Magistratura Trabalhista 3ª R. 2009) Leia as afirmações abaixo e, em seguida, assinale a alternativa correta:

I. As súmulas e orientações jurisprudenciais emanadas do Tribunal Superior do Trabalho têm aplicação apenas após sua edição, pois estão sujeitas às regras para resolução dos conflitos intertemporais de normas jurídicas.

II. Alguns doutrinadores reconhecem ser o princípio da proteção peculiar ao processo do trabalho, em virtude, por exemplo, da assistência judiciária gratuita, que é fornecida, desde que preenchidas as condições legais, ao empregado, mas não ao empregador.

III. Em virtude de liminar do Presidente do Supremo Tribunal Federal, foi suspensa toda e qualquer interpretação que inclua, na competência da Justiça do Trabalho, a apreciação de causas que sejam instauradas entre o Poder Público e seus servidores, a ele vinculados por típica relação de ordem estatutária ou de caráter jurídico-administrativo.

IV. Nos termos da jurisprudência sumulada do Tribunal Superior do Trabalho, caso o Ministério do Trabalho não proceda ao cadastramento do trabalhador no PIS, este poderá ajuizar ação perante a Justiça do Trabalho.

V. A Consolidação das Leis do Trabalho tem regra explícita sobre a competência da Justiça do Trabalho para julgar ações oriundas da relação de trabalho avulso

a) Somente uma afirmativa está correta.

b) Somente duas afirmativas estão corretas.

c) Somente três afirmativas estão corretas.

d) Somente quatro afirmativas estão corretas.

e) Todas as afirmativas estão corretas

15. (Magistratura Trabalhista 3ª R. 2009) Sobre a forma de resolução dos conflitos coletivos, leia as afirmações abaixo e, em seguida, assinale a alternativa correta:

I. A autocomposição ocorre quando as partes coletivas contrapostas ajustam suas divergências de modo autônomo, diretamente, por força e atuação próprias, celebrando o diploma coletivo negociado, ainda que recebam certos estímulos como a greve ou a mediação.

II. A heterocomposição ocorre quando um terceiro tem o encargo da resolução do conflito, como nos casos do dissídio coletivo.

III. A arbitragem, no Direito coletivo trabalhista brasileiro, pode ser obrigatória, dependendo de prévia estipulação nesse sentido, imposta pelas mesmas partes, e somente pode abranger litígios relativos a direitos patrimoniais disponíveis.

IV. A mediação, sempre voluntária no Direito coletivo trabalhista, é realizada por agente externo às partes, necessariamente oficial, com o objetivo de instigar a resolução pacífica da controvérsia.

V. A Constituição da República faz referência expressa tanto à mediação quanto à arbitragem como forma de solução dos conflitos coletivos trabalhistas.

a) Somente uma afirmativa está correta.

b) Somente duas afirmativas estão corretas.

c) Somente três afirmativas estão corretas.

d) Somente quatro afirmativas estão corretas.

e) Todas as afirmativas estão corretas.

16. (PUC – Procurador do Estado – PR/2015) O Constituinte prevê a possibilidade de contratação de servidores por tempo determinado para atender à necessidade temporária de excepcional interesse público, observando os parâmetros da lei (art. 37, IX, CF). Em vários casos concretos, o Administrador Público Estadual tem optado em fazer essa contratação pelo regime previsto na Consolidação das Leis do Trabalho (CLT). Caso o sindicato dos servidores públicos promova uma ação judicial questionando a violação de direitos trabalhistas dos servidores temporários (regidos pela CLT), na visão do Supremo Tribunal Federal, a competência para essa ação será da:

a) Justiça Federal.
b) Justiça Estadual.
c) Justiça do Trabalho.
d) Justiça do Trabalho e da Justiça Federal, simultaneamente.
e) Justiça Estadual e da Justiça do Trabalho, concorrentemente.

17. (FCC – Analista Judiciário – Área Judiciária – TRT 3/2015) Em relação à competência material da Justiça do Trabalho:

a) As ações relativas às penalidades administrativas impostas aos empregadores pelos órgãos de fiscalização das relações de trabalho devem ser julgadas pela Justiça Federal, nos termos do artigo 109 da CF/88.
b) Desde a promulgação da CF/88, a Justiça do Trabalho é competente para julgar ações impostas pelos órgãos de fiscalização, em matéria trabalhista, aos empregadores.
c) A Emenda Constitucional nº 45/04, deu nova redação ao artigo 114 da CF/88, estabelecendo que cabe à Justiça do Trabalho processar e julgar as ações relativas às penalidades administrativas impostas aos empregadores pelos órgãos de fiscalização das relações de trabalho.
d) Impõe multas administrativas ao empregador em processos trabalhistas, nos quais foi constatada a ocorrência de infração aos dispositivos da CLT.
e) Não é competente, de ofício, para executar as contribuições previdenciárias das sentenças que proferir.

18. (FCC – Analista Judiciário – Área Judiciária – TRT 3/2015) Em relação às Varas do Trabalho e aos Tribunais Regionais do Trabalho,

a) a lei criará Varas da Justiça do Trabalho, podendo, nas comarcas não abrangidas por sua jurisdição, atribuí-la aos Juízes de Direito, com Recurso para o respectivo Tribunal Regional do Trabalho.
b) a lei criará Varas da Justiça do Trabalho, não podendo, nas comarcas não abrangidas por sua jurisdição, atribuí-la aos Juízes de Direito, com Recurso para o respectivo Tribunal Regional do Trabalho.
c) a lei criará Varas da Justiça do Trabalho, podendo, nas comarcas não abrangidas por sua jurisdição, atribuí-la aos Juízes de Direito, com Recurso para o respectivo Tribunal de Justiça.
d) há, atualmente, no Brasil, 22 Tribunais Regionais do Trabalho, sendo um em cada Estado, exceto no Estado de São Paulo que possui dois Tribunais Regionais do Trabalho.
e) compete aos Tribunais Regionais do Trabalho, julgar os recursos ordinários interpostos em face das decisões das Varas e também, originariamente, as ações envolvendo relação de trabalho.

19. (FCC – Analista Judiciário – Oficial de Justiça Avaliador – TRT 3/2015) Quanto à organização da Justiça do Trabalho, o Tribunal Superior do Trabalho compor-se-á de

a) 27 (vinte e sete) Ministros, escolhidos dentre brasileiros com mais de 35 (trinta e cinco) e menos de 65 (sessenta e cinco) anos, nomeados pelo Presidente da República após aprovação pela maioria absoluta do Senado Federal, sendo um quinto dentre advogados com mais de dez anos de efetiva atividade profissional e membros do Ministério Público do Trabalho com mais de dez anos de efetivo exercício, sendo os demais dentre juízes dos Tribunais Regionais do Trabalho oriundos da magistratura de carreira, indicados pelo próprio Tribunal Superior.
b) 25 (vinte e cinco) Ministros, escolhidos dentre brasileiros natos ou naturalizados com mais de 30 (trinta) e menos de 60 (sessenta) anos, nomeados pelo Presidente da República após aprovação pela maioria simples do Senado Federal, sendo um terço dentre advogados com mais de quinze anos de efetiva atividade profissional e membros do Ministério Público do Trabalho com mais de dez anos de efetivo exercício, sendo os demais dentre juízes dos Tribunais Regionais do Trabalho oriundos da magistratura de carreira, indicados pelo próprio Tribunal Superior.
c) 27 (vinte e sete) Ministros, escolhidos dentre brasileiros natos ou naturalizados com mais de 35 (trinta e cinco) e menos de 75 (setenta e cinco) anos, nomeados pelo Presidente da República após aprovação pela maioria absoluta do Senado Federal e da Câmara dos Deputados, sendo um terço dentre

advogados com mais de cinco anos de efetiva atividade profissional e membros do Ministério Público do Trabalho com mais de cinco anos de efetivo exercício, sendo os demais dentre juízes dos Tribunais Regionais do Trabalho oriundos da magistratura de carreira, indicados pelos Tribunais Regionais.

d) 25 (vinte e cinco) Ministros, escolhidos dentre brasileiros com mais de 35 (trinta e cinco) e menos de 65 (sessenta e cinco) anos, nomeados pelo Presidente da República após aprovação pela maioria absoluta do Senado Federal e da Câmara dos Deputados, sendo um quinto dentre advogados com mais de dez anos de efetiva atividade profissional e membros do Ministério Público do Trabalho com mais de dez anos de efetivo exercício, sendo os demais dentre juízes dos Tribunais Regionais do Trabalho oriundos da magistratura de carreira, indicados pelo próprio Tribunal Superior.

e) 20 (vinte) Ministros, escolhidos dentre brasileiros natos com mais de 30 (trinta) e menos de 60 (sessenta) anos, nomeados pelo Presidente da República após aprovação pela maioria simples do Senado Federal, sendo metade dentre advogados com mais de dez anos de efetiva atividade profissional e membros do Ministério Público do Trabalho com mais de dez anos de efetivo exercício, e a outra metade dentre juízes dos Tribunais Regionais do Trabalho oriundos da magistratura de carreira, indicados pelos Tribunais Regionais.

20. (FCC – Analista Judiciário – Oficial de Justiça Avaliador – TRT 3/2015) O Chefe do Ministério Público do Trabalho é o Procurador-Geral do Trabalho, nomeado pelo

a) Presidente da República, dentre integrantes da instituição, com mais de trinta anos de idade e de dez anos na carreira, integrante de lista tríplice escolhida mediante voto nominal, obrigatório e secreto, pelo Colégio dos Procuradores para um mandato de três anos, permitida uma recondução.

b) Procurador-Geral da República, dentre integrantes da instituição, com mais de trinta e cinco anos de idade e de cinco anos na carreira, integrante de lista tríplice escolhida mediante voto plurinominal, facultativo e secreto, pelo Colégio dos Procuradores para um mandato de dois anos, permitida uma recondução.

c) Procurador-Geral da República, dentre integrantes da instituição, com mais de trinta anos de idade e de cinco anos na carreira, integrante de lista tríplice escolhida mediante voto nominal, obrigatório e aberto, pelos Subprocuradores para um mandato de quatro anos, sem direito à recondução.

d) Presidente da República, dentre integrantes da instituição, com mais de trinta e cinco anos de idade e de dez anos na carreira, integrante de lista tríplice escolhida mediante voto plurinominal, obrigatório e secreto, pelos Subprocuradores para um mandato de quatro anos, permitida uma recondução.

e) Colégio de Procuradores da República, dentre integrantes da instituição, com mais de trinta e cinco anos de idade e de dez anos na carreira, integrante de lista tríplice escolhida mediante voto nominal, facultativo e aberto, pelos Subprocuradores para um mandato de dois anos, permitidas duas reconduções.

21. (FCC – Analista Judiciário – Área Judiciária – TRT 3/2015) Em relação à competência e às formas de atuação, compete ao Ministério Público do Trabalho

a) promover ação civil pública no âmbito da Justiça do Trabalho, para defesa de interesses individuais e coletivos, quando desrespeitados os direitos sociais constitucionalmente garantidos.

b) promover ação civil pública no âmbito da Justiça do Trabalho, para defesa de interesses coletivos, quando desrespeitados os direitos sociais constitucionalmente garantidos.

c) promover ação civil pública no âmbito da Justiça Comum, para defesa de interesses coletivos, quando desrespeitados os direitos sociais constitucional- mente garantidos.

d) promover ação civil pública no âmbito da Justiça do Trabalho, para defesa de interesses individuais e coletivos, quando desrespeitadas os normas previstas na Consolidação das Leis do Trabalho.

e) instaurar instância em caso de greve, desde que provocado pelo sindicato patronal.

22. (FCC – Analista Judiciário – Oficial de Justiça Avaliador – TRT 3/2015) É competente para julgar a reclamação trabalhista a Vara da localidade

a) eleita pelas partes interessadas no contrato de trabalho.

b) em que o empregado foi contratado.

c) em que o empregado tem seu domicílio.

d) em que o empregado presta serviços.

e) em que a empresa está localizada.

23. (FCC – Analista Judiciário – Área Judiciária – TRT 4/2015) A competência em razão da matéria dos órgãos da Justiça do Trabalho abrange

a) dissídios envolvendo revisão de pensão por morte de segurado do Instituto Nacional de Seguridade Social.

b) ação coletiva objetivando indenização por danos coletivos, envolvendo servidor público estatutário e o município.

c) ações relativas à penalidade administrativa imposta por agente de fiscalização das relações de trabalho ao empregador.

d) lides relativas a acidentes de trabalho envolvendo o trabalhador e o Instituto Nacional de Seguridade Social.

e) litígios relativos à recuperação judicial ou falência de empresas privadas ou sociedades de economia mista.

24. (FCC – Analista Judiciário – Área Judiciária – TRT 4/2015) Fênix, residente em Curitiba, participou de processo seletivo em uma agência de empregos situada no município de Caxias do Sul, local onde firmou contrato de trabalho para o cargo de secretária junto à empresa pública Atlas. Durante o contrato de trabalho somente prestou serviços na sede da empregadora na cidade de Carlos Barbosa. Após dois anos foi dispensada sem receber verbas contratuais e rescisórias. Segundo regra estabelecida pela Consolidação das Leis do Trabalho, será territorialmente competente para processar e julgar a ação trabalhista movida por Fênix em face da empresa Atlas a Vara do Trabalho do município de

a) Curitiba, local da residência da autora.

b) Porto Alegre, capital do Estado, por se tratar de empresa pública.

c) Caxias do Sul, local da contratação.

d) Carlos Barbosa, local da prestação dos serviços.

e) Porto Alegre ou Curitiba, sendo opção legal conferida à trabalhadora.

25. (FCC – Analista Judiciário – Oficial de Justiça Avaliador – TRT 4/2015) A Constituição Federal do Brasil elenca normas relativas à competência material dos diversos órgãos do Poder Judiciário. O artigo 114, com redação determinada pela Emenda Constitucional nº 45/2004 aumentou as hipóteses originalmente previstas para a Justiça do Trabalho. Entretanto, mesmo com essa ampliação, NÃO estão abrangidas as ações

a) oriundas das relações de trabalho, abrangidos entes de direito público externo.

b) relativas a benefício previdenciário do trabalhador previsto no Regime Geral da Previdência Social.

c) indenizações por danos morais e patrimoniais, decorrentes da relação de trabalho.

d) sobre representação sindical entre sindicatos e empregadores.

e) de execução, de ofício, de contribuições sociais previdenciárias decorrentes das condenações dos dissídios individuais trabalhistas.

26. (FCC – Analista Judiciário – Oficial de Justiça Avaliador – TRT 4/2015) Hades, residente em Florianópolis, foi contratado pela empresa de bebidas Cachaça Real em sua sede na cidade de São Paulo, para trabalhar como viajante comercial. Durante o contrato esteve subordinado a filial sul da empresa, situada no município de Gramado, laborando em vários municípios da Serra Gaúcha. Para reivindicar direitos trabalhistas inadimplidos pela empregadora, será competente a Vara de Trabalho

a) somente em Florianópolis, foro de domicílio do autor.

b) em qualquer município da Serra Gaúcha, onde laborou ou em São Paulo, local da contratação.

c) em uma das Capitais dos três estados envolvidos: Santa Catarina, São Paulo e Rio Grande do Sul.

d) apenas em São Paulo, local da contratação.

e) somente em Gramado, local em que a empregadora tem filial e o empregado esteve subordinado.

27. (Cespe – Defensor Público – DPU/ 2015 – ADAPTADA) Julgue os itens subsequentes, relativos à competência e à prescrição no processo trabalhista e aos princípios gerais que norteiam esse processo.

I. A justiça do trabalho é competente para julgar as demandas instauradas entre pessoas jurídicas de direito privado integrantes da administração pública indireta e seus empregados, cuja relação é regida pela CLT, independentemente de a ação ser relativa ao período pré-contratual.

II. Amplamente admitido no direito material do trabalho, o princípio da busca da verdade real não se aplica ao direito processual do trabalho, uma vez que a finalidade do processo é a justa e igualitária composição do litígio com mesmos direitos ao contraditório e à ampla defesa.

28. (Cespe – Técnico Judiciário – Área Administrativa – TRT 8/2016) Com relação à organização e à competência da justiça do trabalho, assinale a opção correta.

a) Compete à justiça do trabalho julgar demandas relacionadas à contratação de pessoal temporário para atender à necessidade temporária de excepcional interesse público.

b) A competência da vara trabalhista é determinada pela localidade onde o empregado foi contratado, não importando se este prestou serviços ao empregador em outro local.

c) Nas varas do trabalho, exercem a jurisdição um juiz presidente e um juiz auxiliar.

d) Assim como ocorre na justiça comum, na justiça do trabalho há varas especializadas.

e) Os oficiais de justiça desempenham atos determinados pelo juiz da vara, devendo os mandados judiciais ser cumpridos em até nove dias.

29. (QUESTÃO SOBRE A REFORMA TRABALHISTA ELABORADA PELO AUTOR). A legislação laboral só prevê a hipótese de recurso à arbitragem como meio de solução de conflitos trabalhistas quando o empregado perceber remuneração superior a duas vezes o limite máximo estabelecido para os benefícios do Regime Geral de Previdência Social.

30. (Vunesp – Procurador – IPSM/2018) Compete à Justiça do Trabalho processar e julgar as ações

a) oriundas de relações de trabalho, inclusive aquelas que decorrem de uma relação de natureza estatutária dos servidores públicos, apenas ficando excepcionadas as demandas que competem à Justiça Federal comum.

b) oriundas de relações de trabalho, abrangidos os entes de direito público externo e da Administração Pública direta e indireta da União, dos Estados, do Distrito Federal e dos Municípios.

c) que envolvam o exercício do direito de greve, inclusive dos servidores públicos civis e militares da União, dos Estados, do Distrito Federal e dos Municípios.

d) sobre representação sindical, entre sindicatos e entre sindicatos e empregadores, ficando excepcionadas as ações entre sindicatos e trabalhadores.

e) que envolvem os crimes contra a organização do trabalho, ficando apenas excepcionados os agentes públicos.

31. (FCC – Procurador do Estado – TO/2018) O Direito Processual do Trabalho brasileiro se apropria de determinados métodos de solução de conflitos interindividuais e sociais, como a autodefesa, a autocomposição e a heterocomposição, podendo ser identificados como exemplos práticos destas, respectivamente:

a) greve – transação – jurisdição.

b) renúncia – jurisdição – convenção coletiva de trabalho.

c) greve – renúncia – transação extrajudicial.

d) jurisdição – *lockout* – arbitragem.

e) *lockout* – greve – transação.

32. (FCC – Procurador do Estado – TO/2018) Em relação à organização e competência da Justiça do Trabalho no Brasil, com fulcro na legislação pertinente,

a) é competência das Varas do Trabalho processar e julgar os dissídios resultantes de contratos de empreitadas em que o empreiteiro seja operário ou artífice.

b) compete ao Supremo Tribunal Federal processar e julgar originalmente a reclamação para preservação da competência do Tribunal Superior do Trabalho e garantia da autoridade das decisões desta corte.

c) compete à Justiça do Trabalho processar e julgar as ações oriundas da relação de trabalho, exceto quando se trata de entes de direito público externo.

d) as ações relativas às penalidades administrativas impostas aos empregadores pelos órgãos de fiscalização das relações de trabalho não são da competência da Justiça do Trabalho, mas sim da Justiça Federal, por se tratar de modalidade tributária.

e) sendo o empregado viajante é competente a Vara do Trabalho da localidade onde houve a contratação, salvo se ele estiver imediatamente subordinado à uma filial, caso em que será competente a Vara em cuja jurisdição estiver situada a mesma filial ou o foro do domicílio do empregado.

33. (FCC – Analista Judiciário – Área Judiciária – TRT 6/2018) Em relação à competência material da Justiça do Trabalho, esta

a) é competente para processar e julgar ações de indenização por dano moral e material, decorrentes da relação de trabalho, inclusive as oriundas de acidente de trabalho e doenças a ele equiparadas, mas não para as propostas pelos dependentes ou sucessores do trabalhador falecido.

b) não é competente para a execução, de ofício, da contribuição referente ao Seguro de Acidente de Trabalho (SAT), que tem natureza de contribuição para a seguridade social, ainda que se destine ao financiamento de benefícios relativos à incapacidade do empregado decorrente de infortúnio no trabalho.

c) é competente para processar e julgar ação possessória ajuizada em decorrência do exercício do direito de greve pelos trabalhadores da iniciativa privada.

d) não é competente para processar e julgar ações ajuizadas por empregados em face de empregadores relativas ao cadastramento no Programa de Integração Social (PIS).

e) não é competente para determinar o recolhimento das contribuições fiscais.

34. (FCC – Técnico Judiciário – Área Administrativa – TRT 6/2018) Conforme previsão constitucional, o Tribunal Superior do Trabalho será composto por,

a) 17 ministros, com mais de 35 anos e menos de 65 anos, sendo 1/5 dentre advogados com mais de 10 anos de efetiva atividade profissional e membros do Ministério Público do Trabalho com mais de 10 anos de efetivo exercício.

b) 27 ministros, com mais de 35 anos e menos de 65 anos, sendo 1/5 dentre advogados com mais de 10 anos de efetiva atividade profissional e membros do Ministério Público do Trabalho com mais de 10 anos de efetivo exercício.

c) 11 ministros, com mais de 30 anos e menos de 70 anos, sendo 1/3 dentre advogados com mais de 5 anos de efetiva atividade profissional e membros do Ministério Público do Trabalho com mais de 5 anos de efetivo exercício.

d) 27 ministros, com mais de 30 anos e menos de 65 anos, sendo 1/5 dentre advogados com mais de 5 anos de efetiva atividade profissional e membros do Ministério Público do Trabalho com mais de 5 anos de efetivo exercício.

e) 27 ministros, com mais de 35 anos e menos de 70 anos, sendo 1/3 dentre advogados com mais de 10 anos de efetiva atividade profissional e membros do Ministério Público do Trabalho com mais de 10 anos de efetivo exercício.

35. (FCC – Técnico Judiciário – Área Administrativa – TRT 6/2018) Conforme previsões legais sobre a organização, jurisdição, competência das Varas do Trabalho e os serviços auxiliares da Justiça do Trabalho,

a) como regra geral, a competência das Varas do Trabalho é determinada pela localidade onde o empregado, reclamante ou reclamado, prestar serviços ao empregador, ainda que tenha sido contratado noutro local ou no estrangeiro.

b) cada Vara do Trabalho será composta por um juiz do trabalho, que será seu Presidente, e dois juízes classistas, sendo um representante dos empregadores e outro dos empregados.

c) não compete à Vara do Trabalho o julgamento dos dissídios resultantes de contratos de empreitadas em que o empreiteiro seja operário ou artífice.

d) nas localidades em que existir mais de uma Vara do Trabalho, haverá um distribuidor, designado pelo juiz mais antigo do Fórum, exclusivamente dentre o quadro de oficiais de justiça do Tribunal Regional.

e) a lei criará Varas da Justiça do Trabalho, podendo, nas comarcas não abrangidas por sua jurisdição, atribuí-la aos juízes de direito, cabendo recurso de suas decisões para o respectivo Tribunal de Justiça.

36. (FCC – Analista Judiciário – Oficial de Justiça Avaliador – TRT 6/2018) De acordo com nova disciplina na Consolidação das Leis do Trabalho, responde por perdas e danos aquele que litigar de má-fé como reclamante, reclamado ou interveniente. Verificada a sua ocorrência

a) desde que requerida pela parte lesada, o juízo condenará o litigante de má-fé a pagar multa, que deverá ser superior a 1% e inferior a 10% do valor corrigido da causa, a indenizar a parte contrária pelos prejuízos que esta sofreu e a arcar com os honorários advocatícios e com todas as despesas que efetuou, podendo ainda ser extensiva à testemunha que provocou incidente manifestamente infundado.

b) de ofício ou por requerimento pela parte lesada, o juízo condenará o litigante de má-fé a pagar multa, que deverá ser superior a 1% e inferior a 10% do valor corrigido da causa, a indenizar a parte contrária pelos prejuízos que esta sofreu e a arcar com os honorários advocatícios e com todas as despesas que efetuou, podendo ainda ser extensiva à testemunha que intencionalmente alterar a verdade dos fatos ou omitir fatos essenciais ao julgamento da causa.

c) desde que requerida pela parte lesada, o juízo condenará o litigante de má-fé a pagar multa, que deverá ser superior a 1% e inferior a 15% do valor corrigido da causa, a indenizar a parte contrária pelos prejuízos que esta sofreu e a arcar com os honorários advocatícios e com todas as despesas que efetuou, podendo ainda ser extensiva à testemunha que intencionalmente alterar a verdade dos fatos ou omitir fatos essenciais ao julgamento da causa.

d) de ofício ou por requerimento pela parte lesada, o juízo condenará o litigante de má-fé a pagar multa, que deverá ser superior a 1% e inferior a 10% do valor corrigido da causa, a indenizar a parte contrária pelos prejuízos que esta sofreu e a arcar com os honorários advocatícios e com todas as despesas que efetuou, não podendo ser extensiva à testemunha que provocou incidente manifestamente infundado.

e) de ofício ou por requerimento pela parte lesada, o juízo condenará o litigante de má-fé a pagar multa, que deverá ser superior a 1% e inferior a 15% do valor corrigido da causa, a indenizar a parte contrária pelos prejuízos que esta sofreu e a arcar com os honorários advocatícios e com todas as despesas que efetuou, podendo ainda ser extensiva à testemunha que intencionalmente alterar a verdade dos fatos ou omitir fatos essenciais ao julgamento da causa.

37. (FCC – Analista Judiciário – Área Judiciária – TRT 2/2018) No tocante à competência da Justiça do Trabalho, considere:

I. É competente a Justiça do Trabalho para processar e julgar ações possessórias, incluindo o interdito proibitório, ainda que essas ações sejam decorrentes do exercício de greve dos trabalhadores da iniciativa privada.

II. A Justiça do Trabalho é competente para julgar mandando de segurança e habeas corpus quando o ato questionado envolver matéria de sua jurisdição, o que não ocorre com o habeas data envolvendo a mesma matéria, cuja competência é da Justiça comum.

III. Segundo entendimento sumulado do Tribunal Superior do Trabalho, é competente a Justiça do Trabalho para processar e julgar ações de indenização por dano moral e material, decorrentes da relação de trabalho, inclusive as oriundas de acidente de trabalho e doenças a ele equiparadas, ainda que propostas pelos dependentes ou sucessores do trabalhador falecido.

Está correto o que se afirma APENAS em

a) I e III
b) I e II.
c) II e III.
d) III.
e) I.

38. (AOCP – Técnico Judiciário – Área Administrativa – TRT 1/2018) João tem domicílio na cidade do Rio de Janeiro/RJ e foi chamado para uma entrevista de emprego pela empresa Colchões Ortopédicos Ltda., com sede na cidade de Campinas/SP, ocasião em que foi contratado no próprio local. Já no momento da contratação, a empresa informou ao novo empregado que o mesmo iria trabalhar na filial da empresa na cidade de São José do Rio Preto/ SP. Depois de três anos de trabalho na empresa em questão, João foi dispensado sem justa causa, não recebendo as verbas rescisórias, dentre outros pleitos que considera devidos, razão pela qual almeja buscar a efetivação de seus direitos na Justiça do Trabalho. Nesse seguimento, João deve pleitear seus direitos

a) em Campinas/SP, pois é o local da sede da empresa, pressupondo, assim, o dever de ingressar com ação nesta localidade.
b) em qualquer uma das cidades mencionadas, pois o foro de ingresso da ação trabalhista é opcional ao empregado.
c) no Rio de Janeiro/RJ, pois é a cidade de seu domicílio, oferecendo maiores facilidades ao empregado.
d) em São José do Rio Preto/SP, pois é o local da prestação de serviços.
e) em Campinas/SP, pois é o local em que o empregado foi contratado.

39. (AOCP – Técnico Judiciário – Área Administrativa – TRT 1/2018) Tendo como base a estrutura, a organização e a competência (EC 45/2004) da Justiça do Trabalho, assinale a alternativa correta.

a) Compete à Justiça do Trabalho processar e julgar ações que envolvam crimes contra a organização do trabalho, como o trabalho escravo.
b) O Tribunal Superior do Trabalho compor-se-á de vinte e sete Ministros, escolhidos dentre brasileiros com mais de trinta e cinco anos e menos de sessenta e cinco anos, de notável saber jurídico e reputação ilibada, nomeados pelo Presidente da República após aprovação de 2/3 (dois terços) do Senado Federal.
c) O Tribunal Superior do Trabalho é composto por um quinto dentre advogados com mais de quinze anos de efetiva atividade profissional e membros do Ministério Público do Trabalho com mais de quinze anos de efetivo exercício, indicados em lista sêxtupla pelos órgãos de representação das respectivas classes.
d) A lei criará Varas da Justiça do Trabalho, podendo, nas comarcas não abrangidas por sua jurisdição, atribuí-la aos juízes de direito, com recurso para o respectivo Tribunal Regional do Trabalho.
e) Os Tribunais Regionais do Trabalho compõem-se de, no mínimo, nove juízes, recrutados, quando possível, na respectiva região, e nomeados pelo Presidente da República dentre brasileiros com mais de trinta e menos de sessenta e cinco anos.

40. (AOCP – Analista Judiciário – Área Administrativa – TRT 1/2018) Em relação à competência da Justiça do Trabalho, assinale a alternativa INCORRETA.

a) A Constituição federal ampliou a competência da Justiça do Trabalho, atribuindo a esta poderes para dirimir conflitos decorrentes das relações de trabalho e não somente relações de emprego.
b) À Justiça do Trabalho compete processar e julgar as ações que envolvam representação sindical entre sindicatos, entre sindicatos e trabalhadores e entre sindicatos e empregadores.

c) A Justiça do Trabalho é competente para processar e julgar mandados de segurança, habeas corpus e habeas data quando o ato questionado envolver matéria sujeita à sua jurisdição.

d) A Justiça do Trabalho é competente para processar e julgar ações de indenização por dano moral ou patrimonial, decorrentes da relação de trabalho.

e) À Justiça do Trabalho compete processar e julgar as ações que envolvam representação sindical entre sindicatos, entre sindicatos e trabalhadores, entre sindicatos e empregadores e demandas de qualquer natureza entre empregadores que façam parte de um mesmo sindicato patronal.

41. (AOCP – Analista Judiciário – Área Judiciária – TRT 1/2018) Lucas, residente na cidade de Nova Iguaçu (RJ), foi contratado na cidade de Petrópolis (RJ) pela empresa Brasa Quente para trabalhar como Gerente na cidade de Teresópolis (RJ). Observa-se que Duque de Caxias (RJ) é o domicílio eleitoral de Lucas, onde reside toda a sua família, sendo que, aos finais de semana, aproveita para visitá-los. Sabe-se, ainda, que a sede da empresa é na cidade de Barretos (SP) local onde Lucas recebeu todos os treinamentos para o exercício de sua função. Considerando a possibilidade de ingressar com uma ação trabalhista e valendo-se da regra geral prevista na Consolidação das Leis do Trabalho, assinale a alternativa correta.

a) Lucas deverá propor a ação na cidade de Petropólis (RJ), pois a competência territorial é fixada pelo local onde foi realizada a contratação.

b) Lucas deverá propor a ação na cidade de São Paulo, pois a competência territorial é fixada pela capital do Estado no qual a matriz da empresa estiver localizada.

c) Lucas deverá propor a ação na cidade de Teresópolis (RJ), pois a competência territorial é fixada pelo local onde o empregado prestar serviços ao empregador.

d) Lucas deverá propor a ação na cidade de Duque de Caxias (RJ), pois a, competência territorial é fixada pelo domicilio eleitoral do empregado.

e) Lucas deverá propor a ação na cidade de Nova Iguaçu (RJ), pois a competência territorial é fixada pelo domicílio civil do empregador.

42. (Vunesp – Procurador Autárquico – PauliPrev – SP/2018) No que diz respeito a acidentes do trabalho e moléstias ocupacionais, assinale a alternativa correta.

a) Compete à Justiça Estadual processar e julgar ação previdenciária que tenha por causa acidente de trabalho, estando abrangida nesse contexto tanto a lide que tem por objeto a concessão de benefício em razão de acidente de trabalho como também as relações daí decorrentes.

b) A caracterização do acidente do trabalho impõe que o evento tenha ocorrido no exercício de atividade laborativa, de modo que, acidentes de trajeto e os sofridos em trabalhos externos não se enquadram na categoria.

c) Não se considera acidente do trabalho o ocorrido no local e no horário de trabalho por agressão ou terrorismo praticado por outrem ou companheiro de trabalho, bem como ofensa física intencional motivada por disputa relacionada com o trabalho.

d) A legislação brasileira não exige que uma moléstia, para ser considerada como ocupacional, decorra sempre do trabalho. Pode ser considerada como moléstia ocupacional a doença degenerativa causada por agentes endógenos.

e) É considerada agravação ou complicação de acidente do trabalho a lesão que, resultante de acidente de outra origem, se associe ou se superponha às consequências do anterior.

43. (UFPR – Procurador – Pref. de Curitiba – PR/2019) O cumprimento da tutela (execução de título judicial) constitui um dos pontos mais delicados no processo do trabalho, ante a falta de sistematização, pois a CLT tem apenas dezessete artigos, sendo que um deles remete à Lei de Executivos Fiscais (Lei nº 6.830/80), com 40 artigos, e esta remete subsidiariamente ao CPC. Considerando as peculiaridades do processo do trabalho, assinale a alternativa correta.

a) Nos casos de execução de sentença contra pessoa jurídica de direito público, os juros e a correção monetária serão calculados até o pagamento do valor principal da condenação.

b) De acordo com o art. 114, VIII, da Constituição da República, a Justiça do Trabalho é competente para processar e julgar as execuções fiscais cujos fatos geradores decorram de suas decisões, especialmente o imposto sobre a renda.

c) Segundo o entendimento do TST, a Justiça do Trabalho é materialmente incompetente para processar e julgar pedidos de direitos e vantagens previstos na legislação trabalhista referente a período anterior à Lei nº 8.112/90, mesmo que a ação tenha sido ajuizada após a edição da referida lei.

d) Tratando-se de reclamações trabalhistas plúrimas, a aferição do que vem a ser obrigação de pequeno valor, para efeito de dispensa de formação de precatório e aplicação do disposto no § 3º do art. 100 da CF/88, deve ser realizada considerando-se a soma dos créditos de cada reclamante, e não o seu valor individualizado.

e) Na execução por carta precatória, os embargos de terceiro serão oferecidos no juízo deprecado, salvo se indicado pelo juízo deprecante o bem constrito ou se já devolvida a carta, conforme o art. 676, parágrafo único, do CPC de 2015.

44. (IAUPE – Advogado – UPE – 2019) João foi admitido nos quadros funcionais da empresa X Ltda. em 08.12.2017, para exercer a função de operador de produção, tendo sua CTPS assinada no prazo previsto pela legislação trabalhista, além de a empresa ter obedecido aos demais comandos legais para que João se tornasse beneficiário da Previdência Social. No dia 05.04.2019, João sofreu acidente de trabalho ao operar uma máquina por ausência de manutenção por parte de sua empregadora. João ficou com o seu braço direito sequelado. Imediatamente, ajuizou reclamação trabalhista junto a uma das varas do trabalho do local da prestação de serviços, postulando indenização por danos morais em desfavor da empresa X Ltda. Sobre esse caso, assinale a alternativa CORRETA.

a) A Justiça do Trabalho é incompetente para processar e julgar a demanda, pois a teor do § 3º c/c o inciso I do Art. 109 da Constituição Federal, compete à Justiça Comum estadual apreciar e julgar as ações de natureza acidentária.

b) A Justiça do Trabalho é incompetente para processar e julgar a demanda, pois a teor do § 3º c/c o inciso I do Art. 109 da Constituição Federal, compete à Justiça Comum Federal apreciar e julgar as ações de natureza acidentária.

c) A Justiça do Trabalho é incompetente para processar e julgar a demanda, pois a Súmula Vinculante 22, oriunda do Supremo Tribunal Federal, confere competência à Justiça Comum Estadual para processar e julgar demandas dessa natureza.

d) A Justiça do Trabalho é competente para processar e julgar a demanda, ainda que houvesse pedido cumulado de danos morais com o de benefício previdenciário, pois ambos eram decorrentes de relação jurídica de emprego.

e) A Justiça do Trabalho é competente para processar e julgar a demanda somente em relação ao pedido de danos morais, por força do que dispõe a Súmula Vinculante 22, oriunda do Supremo Tribunal Federal.

8.2. Questões discursivas

1. (MPT – Procurador do Trabalho/16º Concurso) É correto afirmar, à vista da Súmula Vinculante n° 22 do E. Supremo Tribunal Federal, que a Justiça do Trabalho é incompetente para processar e julgar ações de indenização por danos morais e patrimoniais decorrentes de acidente de trabalho propostas contra empregador, pelos sucessores do empregado falecido? Justifique.

2. (TRT 21 – Juiz do Trabalho – 2015) Considerando a legislação e a jurisprudência mais atualizada no que toca ao instituto da Recuperação Judicial, discorra acerca da (in)competência da Justiça do Trabalho na execução trabalhista, inclusive quanto aos créditos previdenciários e fiscais decorrentes.

3. (TRT 1 – Juiz do Trabalho – 2016 – ADAPTADA) Responda justificadamente a que órgão do Judiciário brasileiro compete julgar eventual ação de cobrança movida por uma prostituta de 13 (treze) anos de idade, representada por sua mãe, contra seu cliente, de 25 (vinte cinco) anos de idade para obter o pagamento do valor combinado pelos serviços sexuais que lhe foram prestados em três oportunidade, bem como uma indenização por danos morais, por se sentir ofendida em sua honra.

4. (TRT 1 – Juiz do Trabalho – 2016 – ADAPTADA) Olegário era empregado da empresa ZZZ LTDA., cumprindo jornada de trabalho extensa, inclusive com sobreaviso diário, sendo exageradamente cobrado pelo chefe, com metas abusivas, e sofrendo constantes ameaças de seu supervisor, o que levou a fazer uso de medicamente tarja preta e a recorrer à terapia semanal, vivendo frequentes crises de ansiedade e choro, quadro que culminou em sintomas de síndrome do pânico.

Matheus, seu filho, tinha 11 anos de idade quando Olegário veio a falecer, em 15/02/2006, vitima de inequívoco acidente de trabalho, por falha nos procedimentos de segurança, além da ausência de fornecimento de EPIs (Equipamentos de Proteção Individual) e de treinamento por parte da empregadora.

Olegário não registrou seu nome na certidão de nascimento de Matheus, pois era casado na época com outra mulher, e não quis oficialmente formalizar essa paternidade, nem confessar que vivia em uma relação amorosa paralela com a mãe de Matheus. Não obstante, esteve presente em toda a infância do garoto, o que é demonstrado por fotos, documentos, cartas e testemunhas de vizinhos e até de professores da escola, onde frequentava reuniões de pais e festinhas comemorativas.

Assim que Matheus completou 18 anos de idade (02/02/2013), contratou um advogado trabalhista e, 6 (seis) meses depois de seu aniversário ajuizou, em 02/08.2013, uma ação contra a ex-empregadora de seu pai, postulando (i) indenização por danos morais em razão da sua dor pela perda do ente querido (pai); (ii) indenização pelos danos morais sofridos pelo pai falecido, em decorrência do grave assédio moral de que foi vitima na empresa, e (iii) pensionamento material até que completasse 25 anos de idade.

A empresa se defendeu no mérito, mas, preliminarmente, suscitou a ilegitimidade ativa do reclamante, porque ele não fez prova de que era filho de Olegário, invocando ainda a incompetência absoluta da Justiça do Trabalho para decidir a esse respeito, pelo fato de um juiz trabalhista não poder reconhecer paternidade de um empregado falecido, e se a mãe do autor vivia ou não uma união estável com homem casado, ou mesmo se a mãe e o filho eram dependentes econômicos do falecido, enfim, todos esses temas que seriam afetos exclusivamente a uma vara de família e sucessões, até porque, do rol de pessoas beneficiadas com o pagamento das verbas rescisórias do falecido, na época, não constava o demandante Matheus, nem sua mãe, que nunca reclamaram acerca da rescisão.

A ré também sustentou que, ainda que esse óbice anterior fosse ultrapassado o reclamante Matheus não teria legitimidade para cobrar indenização pelos danos morais alegadamente sofridos pelo falecido. Ademais, a demandada arguiu a prescrição do direito de ação.

Nesse cenário, responda sobre os três primeiros temas levantados pela empresa em sua contestação (incompetência, ilegitimidade e prescrição), apresentando os fundamentos legais e jurisprudenciais pertinentes e abordando as várias teses possíveis sobre as questões, posicionando-se objetivamente ao final quanto ao caso concreto.

5. (TRT 2 – Juiz do Trabalho – 2016) Sentença arbitral condenatória em matéria trabalhista. O candidato deverá fazer uma análise científica e prática sobre essa sentença arbitral condenatória, compreendendo a aplicação, ou não, no direito do Trabalho. Numa situação concreta, em que o empregador deixou de cumprir a sentença arbitral, justifique, fundamentadamente, qual é a medida judicial cabível.

6. (TRT 3 – Juiz do Trabalho – 2016 – ADAPTADA) Setembrino, brasileiro, foi contratado em março de 2014, em Porto Alegre, por empresa brasileira para prestar serviços em Sidney/Austrália, onde permaneceu até abril de 2016. Realizou treinamento em São Paulo e embarcou no Rio de Janeiro. A empresa na qual o trabalhador prestou serviços é estrangeira e pertencente ao mesmo grupo econômico da contratante.

Responda, justificadamente, aos questionamentos:

Qual o Foro competente para apreciar e julgar eventual conflito decorrente do contrato de trabalho?

9. GABARITO

9.1. Gabarito das questões objetivas

Gab.		Fundamentação legal e jurisprudencial	Tópico do livro	Obs. eventual
1	C	I. CLT. Art. 651, caput	I. Item 3.3, alínea "a"	–
		II. CLT. Art. 651, § 1º	II. Item 3.3, alínea "a"	
		III. CLT. Art. 651, § 1º	III. Item 3.3, alínea "a"	
		IV. CLT. Art. 651, § 2º	IV. Item 3.3, alínea "a"	
		V. CLT. Art. 651, § 3º	V. Item 3.3, alínea "a"	
2	D	CLT. Art. 876	Item 1.5	1. O termo respectivo é considerado título executivo extrajudicial. 2. O Ministério do Trabalho e Emprego foi extinto em 2019 e suas atribuições foram transferidas para a Secretaria Especial de Previdência e Trabalho do Ministério da Economia.
3	B	a) CF/88. Art. 114, II	a) Item 3.2, alínea "a"	–
		b) STF. Súmula nº 501	b) Item 3.2, alínea "a"	
		c) CLT. Art. 652, III	c) Item 3.2, alínea "b"	
		d) CF/88. Art. 114, III	d) Item 3.2, alínea "a"	
		e) CF/88. Art. 114, VII	e) item 3.2, alínea "a"	
4	E	a) STF. Súmula nº 501	a) Item 3.2, alínea "a"	–
		b) STJ. Súmula nº 363.	b) item 3.2, alínea "a"	
		c) STF. ADI nº 3.395-6	c) item 3.2, alínea "a"	
		d) STF. Reclamação 4.904/SE	d) item 3.2, alínea "a"	
		e) CF/88. Art. 114, II	e) item 3.2, alínea "a"	
5	A	CF/88. Art. 111, I ao III	Item 2	O Ministério do Trabalho e Emprego foi extinto em 2019 e suas atribuições foram transferidas para a Secretaria Especial de Previdência e Trabalho do Ministério da Economia.
6	C	I. RITST. Art. 4º	i) Item 2.4, alínea "e"	–
		II. CF/88. Art. 111-A, I	II. Item 2.4, alínea "e"	
		III. CF/88. Art. 111-A, § 2º, II	III. Item 2.1, alínea "b"	
		IV. CF/88 Art. 115, 1º	IV. Item 2.2	
7	D	a) CLT. Art. 651, caput	a) Item 3.3, alínea "a"	–
		b) CLT. Art. 651, § 1º	b) Item 3.3, alínea "a"	
		c) CLT. Art. 651, § 1º	c) Item 3.3, alínea "a"	
		d) CLT. Art. 651, § 2º	d) Item 3.3, alínea "a"	
		e) CLT. Art. 651, § 3º	e) Item 3.3, alínea "a"	

Gab.		Fundamentação legal e jurisprudencial	Tópico do livro	Obs. eventual
8	D	a) STF. MC em ADI nº 3.684-0	a) Item 3.3, alínea "a"	–
		b) CF/88. Art. 114, IV; STF. ADI nº 3.395	b) Item 3.3, alínea "a"	
		c) CF/88. Art. 114, VI	c) Item 3.3, alínea "a"	
		d) CF/88. Art. 114, VII	d) Item 3.3, alínea "a"	
		e) STJ. Súmula nº 363	e) Item 3.3, alínea "a"	
9	E	CF/88. Art. 111-A, §§ 1º e 2º	Item 2.1, alínea "b"	–
10	E	a) CF/88. Art. 111-A, *caput*	a) Item 2.1	–
		b) CF/88. Art. 111-A, II	b) Item 2.1	
		c) CF/88. Art. 111-A, § 2ª, II	c) Item 2.1, alínea "b"	
		d) CF/88. Art. 111-A, § 2ª, I	d) Item 2.1, alínea "a"	
		e) CF/88. Art. 111-A, § 2ª, II	e) Item 2.1, alínea "b"	
11	C	a) STF. Súmula nº 501	a) Item 3.2, alínea "a"	–
		b) STJ. Súmula nº 363	b) Item 3.3, alínea "a"	
		c) TST. OJ nº 26 da SDI-1.	c) Item 3.3, alínea "a"	Segundo decisão do STF proferida no RE 586453 com repercussão geral reconhecida, a competência para apreciar demandas de complementação de aposentadoria é da Justiça Comum.
		d) STF. Súmula Vinculante nº 53	d) Item 3.3, alínea "a"	–
		e) STF. Reclamação 4.904/SE	e) Item 3.2, alínea "a"	
12	D	a) TST. Súmula nº 368, I	a) Item 3.2, alínea "a"	A redação da Súmula nº 368 foi alterada por meio da Resolução nº 219/2017
		b) TST. Súmula nº 368, II	b) Item 3.2, alínea "a"	
		c) TST. Súmula nº 368, III	c) Item 3.2, alínea "a"	
		d) TST. Súmula nº 368, I	d) Item 3.2, alínea "a"	
		e) TST. Súmula nº 368, III	e) Item 3.2, alínea "a"	
13	D	a) CLT. Art. 801, alínea "b"	a) item 2.4, alínea "j"	–
		b) CLT. Art. 801, alínea "c"	b) item 2.4, alínea "j"	
		c) CLT. Art. 801, alínea "d"	c) item 2.4, alínea "j"	
		d) CLT. Art. 801, alínea "a"	d) item 2.4, alínea "j"	
		e) CLT. Art. 801, parágrafo único	e) item 2.4, alínea "j"	
14	C	I. Sem Previsão Legal	I. Parte I, Capítulo I, Item 7.2	–
		II. CF/88. Art. 5º, LXXIV	II. Parte I, Capítulo III, Item 6.5	
		III. STF. ADI nº 3.395	III. Item 3.2, alínea "a"	
		IV. TST. Súmula nº 300	IV. Item 3.2, alínea "a"	
		V. CLT. Art. 643, caput	V. Item 3.2, alínea "a"	
15	B	I. CF/88. Art. 114, § 2º	I. Item 1.2	–
		II. CF/88. Art. 114, § 2º	II. Item 1.2	
		III. CF/88. Art. 114, § 2º	III. Item 1.3	

Gab.		Fundamentação legal e jurisprudencial	Tópico do livro	Obs. eventual
15	B	IV. Sem previsão legal	IV. item 1.4	
		V. CF/88. Art. 114, § 1º e § 2º	V. Itens 1.3 e 1.4	
16	B	a) STJ. CC 91.419	a) Item 3.2, alínea "a"	–
		b) STJ. CC 91.419	b) Item 3.2, alínea "a"	
		c) STJ. CC 91.419	c) Item 3.2, alínea "a"	
		d) STJ. CC 91.419	d) Item 3.2, alínea "a"	
		e) STJ. CC 91.419	e) Item 3.2, alínea "a"	
17	C	a) CF/88. Art. 114, inciso VII	a) Item 3.2, alínea "a"	–
		b) EC nº 45/2004	b) Item 3.2, alínea "a"	
		c) CF/88. Art. 114, inciso VII	b) Item 3.2, alínea "a"	
		d) CLT. Art. 626, *caput* e parágrafo único	d) Item 3.2, alínea "a"	
		e) CLT. Art. 876, parágrafo único	e) Item 3.2, alínea "a"	
18	A	a) CF/88. Art. 112	a) Item 2.3	–
		b) CF/88. Art. 112	b) Item 2.3	
		c) CF/88. Art. 112	c) Item 2.3	
		d) Doutrina	d) Item 2.2	
		e) CLT. Arts. 652 e 653	e) Item 3.2, alínea "b"	
19	A	a) CF/88. Art. 111-A, *caput* e incisos I e II	a) Item 2.1	–
		b) CF/88. Art. 111-A, *caput* e incisos I e II	b) Item 2.1	
		c) CF/88. Art. 111-A, *caput* e incisos I e II	c) Item 2.1	
		d) CF/88. Art. 111-A, *caput* e incisos I e II	d) Item 2.1	
		e) CF/88. Art. 111-A, *caput* e incisos I e II	e) Item 2.1	
20	B	a) LC nº 75/93. Art. 88	a) Item 2.5, alínea "a"	–
		b) LC nº 75/93. Art. 88	b) Item 2.5, alínea "a"	
		c) LC nº 75/93. Art. 88	c) Item 2.5, alínea "a"	
		d) LC nº 75/93. Art. 88	d) Item 2.5, alínea "a"	
		e) LC nº 75/93. Art. 88	e) Item 2.5, alínea "a"	
21	B	a) LC nº 75/93. Art. 83, inciso III	a) Item 2.5, alínea "b"	–
		b) LC nº 75/93. Art. 83, inciso III	b) Item 2.5, alínea "b"	
		c) LC nº 75/93. Art. 83, inciso III	c) Item 2.5, alínea "b"	
		d) LC nº 75/93. Art. 83, inciso III	d) Item 2.5, alínea "b"	
		e) LC nº 75/93. Art. 83, inciso VIII	e) Item 2.5, alínea "b"	
22	D	a) CLT. Art. 651	a) Item 3.3, alínea "a"	–

Gab.		Fundamentação legal e jurisprudencial	Tópico do livro	Obs. eventual
22	D	b) CLT. Art. 651	b) Item 3.3, alínea "a"	–
		c) CLT. Art. 651	c) Item 3.3, alínea "a"	
		d) CLT. Art. 651	d) Item 3.3, alínea "a"	
		e) CLT. Art. 651	e) Item 3.3, alínea "a"	
23	C	a) STF. RE 586453	a) Item 3.2, alínea "a"	–
		b) STF. ADI nº 3.395	b) Item 3.2, alínea "a"	
		c) CF/88. Art. 114, inciso VII	c) Item 3.2, alínea "a"	
		d) STF. RE 586453	d) Item 3.2, alínea "a"	
		e) STJ. CC 68.173	e) Item 3.2, alínea "a"	
24	D	a) CLT. Art. 651	a) Item 3.3, alínea "a"	–
		b) CLT. Art. 651	b) Item 3.3, alínea "a"	
		c) CLT. Art. 651	c) Item 3.3, alínea "a"	
		d) CLT. Art. 651	d) Item 3.3, alínea "a"	
		e) CLT. Art. 651	e) Item 3.3, alínea "a"	
25	B	a) CF/88. Art. 114, inciso I	a) Item 3.2, alínea "a"	–
		b) STF. RE 586453	b) Item 3.2, alínea "a"	
		c) CF/88. Art. 114, inciso VI	c) Item 3.2, alínea "a"	
		d) CF/88. Art. 114, inciso III	d) Item 3.2, alínea "a"	
		e) CF/88. Art. 114, inciso VIII	e) Item 3.2, alínea "a"	
26	E	a) CLT. Art. 651, § 1º	a) Item 3.3, alínea "a"	–
		b) CLT. Art. 651, § 1º	b) Item 3.3, alínea "a"	
		c) CLT. Art. 651, § 1º	c) Item 3.3, alínea "a"	
		d) CLT. Art. 651, § 1º	d) Item 3.3, alínea "a"	
		e) CLT. Art. 651, § 1º	e) Item 3.3, alínea "a"	
27	C	I. STF. ARE 774137	I. Item 3.2, alínea "a"	–
	E	II. Doutrina	III. Parte I, Capítulo V, Item 2.5	
28	E	a) ADI nº 3395	a) Item 3.2, alínea "a"	–
		b) CLT. Art. 651, caput	b) Item 3.3, alínea "a"	
		c) CF. Art. 116	c) Item 2.3	
		d) Resolução nº 63/2010 do CSJT. Art. 9º	d) Item 2.3	
		e) CLT. Art. 721, § 2º	e) Item 2.7, alínea "d"	
29	E	CLT. Art. 507-A	Item 1.3.	–
30	B	a) CF. Art. 114, I	a) Item 3.2, "a"	–
		b) CF. Art. 114, I	b) Item 3.2, "a"	

Gab.		Fundamentação legal e jurisprudencial	Tópico do livro	Obs. eventual
30	B	c) CF. Art. 142	c) Item 3.2, "a"	–
		d) CF. Art. 114, III	d) Item 3.2, "a"	
		e) CF. Art. 109, VI	e) Item 3.2, "a"	
31	A	a) Doutrina.	a) Itens 1.1, 1.2 e 1.6	–
		b) Doutrina.	b) Itens 1.1, 1.2 e 1.6	
		c) Doutrina.	c) Itens 1.1, 1.2 e 1.6	
		d) Doutrina.	d) Itens 1.1, 1.2 e 1.6	
		e) Doutrina.	e) Itens 1.1, 1.2 e 1.6	
32	A	a) Art. 652, CLT.	a) Item 3.2, "b"	–
		b) Art. 111-A,§ 3º, CF	b) Item 3.2, "a"	
		c) Art. 114, CF.	c) Item 3.2, "a"	
		d) Art. 114, CF.	d) Item 3.2, "a"	
		e) Art. 651, CLT	e) Item 3.3, "a"	
33	C	a) Súmula nº 392 do TST.	a) Item 3.2, "a"	–
		b) Súmula nº 454 do TST.	b) Item 3.2, "a"	
		c) Súmula Vinculante nº 23.	c) Item 3.2, "a"	
		d) Súmula nº 300 do TST.	d) Item 3.2, "a"	
		e) Súmula nº 368, I, do TST.	e) Item 3.2, "a"	
34	B	a) CF/88. Art. 111-A, I, II	a) Item 2.1	–
		b) CF/88. Art. 111-A, I, II	b) Item 2.1	
		c) CF/88. Art. 111-A, I, II	c) Item 2.1	
		d) CF/88. Art. 111-A, I, II	d) Item 2.1	
		e) CF/88. Art. 111-A, I, II	e) Item 2.1	
35	A	a) CLT. Art. 651	a) Item 3.3, "a"	–
		b) CLT. Art. 647	b) Item 2.3	
		c) CLT. Art. 652, III	c) Item 3.2, "b"	
		d) CLT. Art. 715	d) Item 2.3	
		e) CLT. Art. 112	e) Item 2.3	
36	B	a) CLT. Art. 793-C e D	a) Item 5.2	–
		b) CLT. Art. 793-C e D	b) Item 5.2	
		c) CLT. Art. 793-C e D	c) Item 5.2	
		d) CLT. Art. 793-C e D	d) Item 5.2	
		e) CLT. Art. 793-C e D	e) Item 5.2	
37	A	I – CF. Art. 114, II e STF. Súmula Vinculante nº 23.	I – Item 3.2, alínea "a".	–

Gab.		Fundamentação legal e jurisprudencial	Tópico do livro	Obs. eventual
37	A	II – CF. Art. 144, IV	II – Item 3.2, alínea "a".	–
		III – TST. Súmula nº 392	III – Item 3.2, alínea "a".	
38	D	a) CLT. Art. 651	a) Item 3.3, alínea "a".	
		b) CLT. Art. 651	b) Item 3.3, alínea "a".	
		c) CLT. Art. 651	c) Item 3.3, alínea "a".	
		d) CLT. Art. 651	d) Item 3.3, alínea "a".	
		e) CLT. Art. 651	e) Item 3.3, alínea "a".	
39	D	a) CF. Art. 109, VI	a) Item 3.2, "a"	
		b) CF. Art. 111-A	b) Item 2.1	
		c) CF. Art. 111-A	c) Item 2.1	
		d) CF. Art. 112	d) Item 2.3	
40	E	a) CF. Art. 114	a) Item 3.2, alínea "a"	
		b) CF. Art. 114	b) Item 3.2, alínea "a"	
		c) CF. Art. 114	c) Item 3.2, alínea "a"	
		d) CF. Art. 114	d) Item 3.2, alínea "a"	
		e) CF. Art. 114	e) Item 3.2, alínea "a"	
41	C	a) CLT. Art. 651, §3º	a) Item 3.3, "a"	
		b) CLT. Art. 651, §1º	b) Item 3.3, "a"	
		c) CLT. Art. 651	c) Item 3.3, "a"	
		d e e) Não há previsão legal	d e e) Item 3.3, "a"	
42	A	a) STF. Súmulas nº 235 e 501	a) Item 3.2, "a"	Observação: Letras B e E tratam de direito material
		b) Lei 8.213 Art. 21, IV, "d	b) Item 2.3	
		c) Lei 8.213Art. 21. II "a"	c) Item 2.3	
		d) Lei 8.213 Art. 20, § 1º "d"	d) Item 2.3	
		e) Lei 8.213 Art. 21, II, § 2º	e) Item 2.3	
43	E	TST. Súmula nº 419	Item 3	
44	E	CF. Art. 114, VI e STF. Súmula Vinculante nº 22		

9.2. Gabarito das questões discursivas

Item	Fundamentação legal, jurisprudencial ou doutrinária	Onde encontro no livro
1	Em um contexto histórico a competência da Justiça do Trabalho foi sendo ampliada pouco a pouco, seja por meio da jurisprudência, seja por meio de inovações legislativas, inclusive de índole constitucional. Entretanto, havia e, de certa forma, há, um mito de se relacionar a competência da Justiça Laboral com as demandas cujo objeto tenha relação com a legislação trabalhista. Ocorre que essa limitação nunca existiu, nem mesmo à época da antiga redação do art. 114 da Constituição Federal de 1988. A melhor exegese desse dispositivo	**Item 3.2. "a"**

Item	Fundamentação legal, jurisprudencial ou doutrinária	Onde encontro no livro
1	constitucional é no sentido de reconhecer a competência da Justiça do Trabalho quando a lide surge em decorrência da relação de emprego e, atualmente, da relação de trabalho, pouco importando qual o conteúdo da demanda ou a sua base legal. Como o acidente do trabalho tem uma premissa, qual seja, a relação de emprego ou mesmo a relação de trabalho, a competência da Justiça do Trabalho estaria definida nos casos em que o pleito envolva esse fato, ainda que as partes não sejam empregado e empregador. Isso porque o art. 114 não estabelece uma competência em razão da pessoa. A Súmula vinculante, ao contrário do que assevera o texto da questão, reconhece a competência da Justiça do Trabalho para processar e julgar ações de indenização por danos morais e patrimoniais decorrentes de acidente do trabalho proposta por empregado contra empregador. Já a Súmula nº 392, em sua atual redação, amplia essa competência para abranger essas mesmas ações quando propostas por dependentes ou sucessores do trabalhador falecido.	**Item 3.2. "a"**
2	A Justiça do Trabalho é competente para apreciar e julgar demandas contra empresas em recuperação judicial até o transito em julgado da decisão ou, no caso de sentença ilíquida, até a liquidação do julgado (art. 6º, §§ 1º e 2º, da Lei nº 11.101/05). Após esse procedimento, o credor trabalhista deverá habilitar o seu crédito perante o juízo universal da recuperação judicial em processamento na Justiça Comum. Se a recuperação judicial da empresa for decretada durante o processo de execução em curso na Justiça do Trabalho e o bem penhorado não fizer parte do rol do plano de recuperação judicial aprovado pelo juízo universal, a praça poderá ocorrer normalmente, na forma do entendimento do STJ revelado por meio da Súmula nº 480: "O juízo da recuperação judicial não é competente para decidir sobre a constrição de bens não abrangidos pelo plano de recuperação da empresa". Note-se que ainda durante o processo de conhecimento ou de liquidação do julgado, o juízo trabalhista poderá determinar a reserva de importância necessária ao pagamento do trabalhador no juízo onde tramita o processo de recuperação judicial (art. 6º, § 3º, da Lei nº 11.101/05). Decisões do STJ reconhecem a possibilidade de elastecimento do prazo de 180 para a retomada das execuções individuais. Já a jurisprudência dos Tribunais do Trabalho é justamente em sentido oposto, utilizando-se de interpretação gramatical, pois o § 4º, art. 6º, a Lei nº 11.101/05 diz que o referido prazo é improrrogável. Por fim, ressalte-se que a suspensão mencionada não atinge as execuções fiscais, ou seja, não há suspensão da execução trabalhista em relação aos créditos fiscais e previdenciários, conforme preceito contido no § 7º do citado art. 6º da Lei nº 11.101/05.	**Item 3.2 "a"**
3	Sempre que a prestação de serviços feita por um trabalhador for dirigida a uma pessoa física ou jurídica como destinatário final, essa relação será preponderantemente de consumo, sujeita às normas do Código de Defesa de Consumidor e à jurisdição da Justiça Comum. Quando a relação de trabalho estabelece-se entre o prestador de serviço e uma pessoa física ou jurídica, não como destinatário final, a relação será preponderantemente de trabalho, com a competência da Justiça Laboral Especializada. Na pergunta, a prostituta prestou serviços diretamente ao cliente, assim considerado como destinatário final. A relação, portanto, é de consumo de serviços e a competência é da Justiça Comum. Caso a prostituta acionasse o prostíbulo no qual eventualmente prestasse serviços autônomos, a competência seria da Justiça do Trabalho.	**Item 3.2, "a"**
4	A competência da Justiça do Trabalho decorre de litígios decorrentes da relação de trabalho, como preconiza o art. 114 da Constituição Federal, inclusive quando a postulação em juízo é feito pelos dependentes ou sucessores do trabalhador, como deixa claro o entendimento constante da Súmula nº 392 do TST, em sua parte final: "Nos termos do art. 114, inc. VI, da Constituição da República, a Justiça do Trabalho é competente para processar e julgar ações de indenização por dano moral e material, decorrentes da relação de trabalho, inclusive as oriundas de acidente de trabalho e doenças a ele equiparadas, ainda que propostas pelos dependentes ou sucessores do trabalhador falecido".	**Item 3.2, "a", capítulo II, Parte I. Item 5.1 "b", parte II, capítulo III**

Item	Fundamentação legal, jurisprudencial ou doutrinária	Onde encontro no livro
4	A definição da competência efetiva-se pela pretensão exposta em juízo pelo reclamante, pela simples leitura da petição inicial, sem a necessidade de comprovar a veracidade dos fatos jurídicos insertos naquela peça, segundo a teoria da asserção, também denominada teoria da afirmação. Nesse caso, o juiz assume, abstrata e provisoriamente, que a alegação do autor é verdadeira com o objetivo de realizar um juízo de admissibilidade e não de mérito. Assim, como Matheus se diz filho do falecido trabalhador da empresa ZZZ Ltda. e descreve as demais circunstâncias correlatas, esses argumentos é que devem ser levados em consideração para efeito de definição da competência, uma vez que devem ser reconhecidos como verdadeiros com o objetivo exclusivo de realizar o juízo de admissibilidade da demanda. Se a reclamada contesta esse fato, como de fato o fez, sai da seara da incompetência (questão processual) e vai para o âmbito da prejudicial (questão meritória), pois depende de prova. Diante de tais considerações, a preliminar de incompetência deve ser rejeitada.	**Item 3.2, "a", capítulo II, Parte I. Item 5.1 "b", parte II, capítulo III**
5	**Análise científica:** A arbitragem é o meio de solução de conflitos pelo qual os interessados atribuem a um terceiro a tarefa de pôr fim ao dissídio, de forma prévia ou após a sua instalação, além de obrigarem-se a cumprir o que ficar decidido no laudo arbitral. A possibilidade de escolha dessa via alternativa para a composição de divergências encontra-se limitada de forma subjetiva e objetiva. Somente as pessoas maiores e capazes, inclusive a administração pública, podem utilizar da arbitragem, conforme disposto no art. 1º da referida Lei nº 9.307/96: "As pessoas capazes de contratar poderão valer-se da arbitragem para dirimir litígios relativos a direitos patrimoniais disponíveis. § 1º A administração pública direta e indireta poderá utilizar-se da arbitragem para dirimir conflitos relativos a direitos patrimoniais disponíveis". Objetivamente, a matéria posta à apreciação do árbitro deve versar sobre direitos patrimoniais disponíveis, assim representados pela categoria de direito cujo titular pode livremente dele despojar, transacionar, renunciar etc. Portanto, encontram-se fora do raio de aplicabilidade da arbitragem os conflitos que tratam de direitos indisponíveis, como as questões de Direito de família e outros de ordem pública. **Aplicabilidade no Direito do Trabalho:** os dissídios coletivos do trabalho podem ser solucionados pela via arbitral, de acordo com o preceito contido no art. 114, § 1º, da Carta Magna de 1988: "Frustrada a negociação coletiva, as partes poderão eleger árbitros". Dúvida surge se há possibilidade de optar-se pela arbitragem quando se tratar de litígio decorrente da relação de emprego. A doutrina e jurisprudência reconhecem que os direitos trabalhistas são irrenunciáveis durante a formação e a execução do contrato de trabalho. Contudo, uma vez extinto o pacto laboral não estaria mais o trabalhador submetido ao poder diretivo do seu patrão, o que faria desaparecer a presunção de vício na sua manifestação de vontade. Nesse momento, o recurso à arbitragem seria possível, apesar de não ser tradição no direito brasileiro. A jurisprudência brasileira, inclusive no TST, ainda não é pacífica no que diz respeito ao uso da arbitragem para solucionar conflitos trabalhistas individuais. Essa situação deve ser alterada com a vigência da Lei nº 13.467/17, que introduziu o art. 507-A à CLT admitindo a arbitragem para os empregados com remuneração superior ao dobro do limite máximo estabelecido para os benefícios do INSS. **Inadimplemento por parte do empregador:** Adotando-se a tese de admissibilidade da arbitragem para solucionar conflitos individuais trabalhistas, uma vez proferida a sentença arbitral, o litigante vencido deve cumprir a obrigação ali contida, sob pena de iniciar-se o processo de execução perante o Judiciário trabalhista.	**Item 1.3**
6	Como as duas empresas fazem parte de um mesmo grupo econômico, deve-se levar em consideração a tese do empregador único para definição da competência da Justiça do Trabalho do Brasil para solucionar o litígio, na forma prevista pelo art. 651, § 2º da CLT: "A competência das Juntas de Conciliação e Julgamento, estabelecida neste artigo, estende-se aos dissídios ocorridos em agência ou filial no estrangeiro, desde que o empregado seja brasileiro e não haja convenção internacional dispondo em contrário".	**Item 3.1**

Item	Fundamentação legal, jurisprudencial ou doutrinária	Onde encontro no livro
6	Definida a competência da Justiça do Trabalho brasileira, o segundo passo seria identificar qual a unidade jurisdicional, no âmbito interno, competente para apreciar a demanda. O texto da questão informa que o autor realizou treinamento na Cidade de São Paulo, apesar de ter sido contratado na cidade de Porto Alegre. Inicialmente, considera-se o treinamento ocorrido na cidade de São Paulo como parte integrante do contrato de trabalho, denominado de período de prova ou contrato de experiência. Como o reclamante foi contratado em Porto Alegre para prestar serviços em outro local, a hipótese se amolda à previsão contida no § 3º, art. 651 da CLT: "Em se tratando de empregador que promova realização de atividades fora do lugar do contrato de trabalho, é assegurado ao empregado apresentar reclamação no foro da celebração do contrato ou no da prestação dos respectivos serviços". Portanto, a ação trabalhista poderia ser proposta tanto em Porto Alegre, lugar da contratação, quanto em São Paulo, local da prestação de serviços.	**Item 3.1**

CAPÍTULO III

PROCESSO DO TRABALHO

SUMÁRIO • 1. Das partes: 1.1. Capacidade de ser parte; 1.2. Capacidade de estar em juízo; 1.3. Representação: A. Incapazes; B. Pessoa casada; C. Pessoa jurídica de direito público interno; D. Massa falida; E. Herança jacente ou vacante; F. Espólio; G. Pessoas jurídicas de direito privado; H. Pessoas jurídicas estrangeiras; I. Condomínio; J. Idosos e portadores de doenças graves; 1.4. Denominação das partes; 1.5. Substituição processual do sindicato; 1.6. O Ministério Público do Trabalho como parte – 2. Litisconsórcio: 2.1. Classificação dos litisconsórcios: A. Ativo, passivo ou misto; B. Originário ou superveniente; C. Necessário ou facultativo; D. Simples ou unitário; 2.2. O litisconsórcio na CLT; 2.3. Hipóteses clássicas de litisconsórcio no processo do trabalho; 2.4. Efeitos do litisconsórcio – 3. Procuradores: 3.1. *Ius postulandi*; 3.2. Procuração: A. Mandato tácito e expresso; B. Substabelecimento; 3.3. Direitos do advogado – 4. Intervenção de terceiros: 4.1. Assistência: A. Espécies; B. Procedimento; 4.2. Denunciação da lide: A. Conceito; B. Cabimento no processo do trabalho; C. Procedimento; 4.3. Chamamento ao processo: A. Cabimento no processo do trabalho; B. Alegação de *factum principis*; C. Procedimento. 4.4. Incidente de desconsideração da personalidade jurídica – IDPJ; 4.5. *Amicus Curiae* – 5. Deveres das partes: 5.1. Litigância de má-fé; 5.2. Indenização e multa por dano processual; 5.3. Assédio processual – 6. Despesas processuais e honorários advocatícios: 6.1. Custas processuais: A. Recolhimento; B. Base de cálculo e valor das custas; C. Sucumbência recíproca; 6.2. Emolumentos; 6.3. Honorários advocatícios: A. Honorários de sucumbência; B. Critérios e limites para fixação dos honorários de sucumbência; C. Honorários na reconvenção, no recurso e na execução de sentença; D. Honorários de sucumbência recíproca; E. Execução da verba honorária; F. Honorários e justiça gratuita; G. Honorários nas demandas em que a Fazenda Pública for parte; H. Honorários de sucumbência em dissídio coletivo; I. Honorários de sucumbência em demandas coletivas; J. Honorários de sucumbência em arquivamento e desistência da demanda; 6.4. Honorários do perito: A. Honorários provisionais; B. Honorários definitivos; C. Honorários periciais para o beneficiário da justiça gratuita; D. Honorários do assistente técnico; 6.5. Assistência judiciária e justiça gratuita: A. Assistência judiciária no processo do trabalho; B. Justiça gratuita; C. Procedimento para concessão da justiça gratuita; D. Ações coletivas; E. Justiça gratuita e litigância de má-fé – 7. Substituição das partes e dos procuradores: 7.1. Substituição de parte; 7.2. Substituição de procuradores – 8. Atos e termos processuais: 8.1. Validade do ato processual; 8.2. Espécies: A. Atos dos juízes; B. Atos das partes; C. Atos e termos dos auxiliares; 8.3. Forma dos atos e termos processuais; 8.4. Comunicação dos atos processuais: A. Tecnologia e a comunicação dos atos processuais; B. Citação; C. Notificação; D. Intimação; 8.5. Comunicação dos atos processuais por carta: A. Uso da tecnologia; B. Carta precatória; C. Carta de ordem; D. Carta rogatória; 8.6. Tempo do ato processual; 8.7. Lugar dos atos processuais – 9. Dos prazos: 9.1. Contagem do prazo: A. Dia do começo do prazo; B. Ato processual publicado no Diário da Justiça Eletrônico – dia de graça; C. Início do prazo para recurso da sentença; D. Termo inicial e final em dias não úteis; E. Contagem dos dias úteis durante o decurso do prazo; F. Início da contagem do prazo; 9.2. Suspensão da contagem do prazo: A. Suspensão durante as férias coletivas e recesso forense; B. Suspensão dos prazos para a gestante ou adotante; C. Prática de atos urgentes; 9.3. Prorrogação e dilatação dos prazos processuais; 9.4. Preclusão – 10. Invalidade dos atos processuais: 10.1. Ato processual ineficaz; 10.2. Nulidade absoluta; 10.3. Nulidade relativa ou anulabilidades; 10.4. Princípios; A. Princípio da transcendência ou do prejuízo; B. Princípio da convalidação ou da preclusão; C. Princípio do interesse; D. Princípio da causalidade ou da utilidade. 10.5. Saneamento ou repetição do ato defeituoso – 11. Suspensão do processo: 11.1. Suspensão por vontade das partes; 11.2. Morte das partes ou do advogado. 11.3. Exceções processuais; 11.4. Suspensão para aguardar o julgamento de outra demanda; 11.5. Expedição de carta precatória – 12. Principais diferenças entre o processo civil e o processo do trabalho – 13. Informativos do TST sobre a matéria – 14. Quadro sinóptico – 15. Questões: .15.1. Questões objetivas; .15.2. Questões discursivas. 16. Gabarito: 16.1. Gabarito das questões objetivas; 16.2. Gabarito das questões discursivas.

1. DAS PARTES

O processo é formado, ordinariamente, pelo autor e pelo réu. O primeiro, provoca a atuação do Poder Judiciário no exercício do seu direito de ação e inicia a marcha processual, com o requerimento da prestação jurisdicional. O segundo, pessoa que o autor diz ser o titular da obrigação ou dever, correlato ao seu direito subjetivo e que é chamado a juízo para se defender.

Resumidamente, **o autor é aquele que propõe a ação e ocupa o polo ativo da relação processual; o réu, aquele contra quem é proposta a ação e ocupa o polo passivo da aludida relação.**

Existem casos, entretanto, que somente se observa a presença do autor, por exemplo, quando a petição inicial é indeferida e nas demais hipóteses em que o processo é extinto antes da sua angularização.

Como o processo do trabalho tem por objetivo dirimir conflitos que decorrem de uma relação empregatícia, podem ser partes tanto o empregado quanto o empregador, que representam os pretensos titulares de direitos e obrigações derivados da celebração de um contrato de trabalho.

Recebe a denominação de **reclamante**, quando assume a posição ativa no âmbito da relação processual tipicamente trabalhista. É chamado de **reclamado**, quando assume a posição passiva. Tais expressões, reclamante e reclamado, constituem reminiscências da época em que as Juntas de Conciliação e Julgamento eram vinculadas ao Poder Executivo.

Contudo, o entendimento do Tribunal Superior do Trabalho, inserido na Instrução Normativa nº 27/2005 **é no sentido de determinar a utilização do processo laboral também nas lides decorrentes de uma relação de trabalho autônomo** lato sensu.

Nessa hipótese, podem ocupar os polos da relação processual laboral os trabalhadores sem vínculo empregatício e aquelas pessoas destinatárias dos seus serviços, além daquelas que sejam titulares de direitos e obrigações que tenham sua origem na relação de trabalho, na forma prevista pelo no art. 114, I, da CF/88.

Em resumo, podem ser parte em uma relação processual trabalhista,[1] ordinariamente, todos aqueles que, tendo personalidade jurídica,[2] figuram como partes da relação de trabalho e, excepcionalmente, as demais pessoas cujos direitos e obrigações originem-se dessa relação,[3] ressalvados os sujeitos da relação preponderantemente de consumo de serviços.

Diante do princípio da personificação da empresa, que a considera como o próprio empregador e não a pessoa física ou jurídica que a controla, admite-se a capacidade dessa entidade para figurar no polo passivo ou ativo da relação processual trabalhista, fato que demonstra, também, a relevância do princípio da informalidade.

Permite-se essa personificação extraordinária, tendo em vista que, em alguns casos, não há a formalização do contrato de trabalho. Essa circunstância criaria óbice para o empregado que fosse postular em juízo no sentido de identificar a verdadeira denominação do seu empregador pessoa jurídica.

---

1. Ressalte-se que existem casos em que o empregado e o empregador são partes em uma relação processual que se desenvolve na Justiça do Trabalho, mas regulada pelo processo civil, como ocorre com a ação de consignação em pagamento. Isso demonstra, mais uma vez, que não pode se confundir o processo do trabalho com Justiça do Trabalho.
2. A Lei excepcionalmente admite como partes algumas entidades que não tem personalidade jurídica, como por exemplo, o espólio e o condomínio.
3. O empregador é o responsável e o devedor das obrigações trabalhistas. Entretanto, é possível que uma pessoa assuma apenas a primeira qualificação e, nessa hipótese, pode ser demandada na Justiça do Trabalho utilizando-se o processo laboral. É o que acontece, por exemplo, com o tomador do serviço, nos casos de terceirização lícita.

Todavia, a regularização do polo passivo da reclamação trabalhista deve ser feita no momento da apresentação da defesa, para evitar problemas futuros, principalmente no que diz respeito à execução e penhora de bens, inclusive com a identificação do CPF ou CNPJ do reclamado, como exige o art. 319, II, do CPC.

Se for utilizado o sistema do PJe, a informação do CPF ou do CNPJ dá acesso imediato à base de dados da Receita Federal, o que permite a conferência entre o nome apresentado pela parte e aquele que se encontra vinculado ao cadastro no referido órgão, além da informação sobre a situação ativa ou inativa do contribuinte. Caso a parte seja uma pessoa jurídica, também aparecerá o seu nome de fantasia.

1.1. Capacidade de ser parte

Todo aquele que tem personalidade jurídica tem capacidade de ser parte, o que não pode ser confundido com a possibilidade de ser o titular de direitos e obrigações de índole material, mesmo porque o próprio litígio pode versar sobre essa questão.

A regra está contida no art. 1º do Código Civil (Toda pessoa é capaz de direitos e deveres na ordem civil), o que significa dizer que, em relação à pessoa física, inicia-se com o nascimento com vida,[4] e no que diz respeito à pessoa jurídica de direito privado, com o registro dos seus atos constitutivos no órgão competente.[5]

Desse modo, quem pode ser parte é aquele que, em tese, pode ser o titular de direitos e obrigações. Nesse caso, essa pessoa é a titular da pretensão contra o Estado, o qual se comprometeu a prestar a tutela jurisdicional quando fosse provocado, por meio do exercício do seu direito de ação.

A capacidade de ser parte, em relação às pessoas físicas, extingue-se com a morte, na forma prevista pelo art. 6º, do Código Civil.[6] Se isso ocorre durante a tramitação do processo, suspende-se o feito para o procedimento de habilitação dos sucessores.

1.2. Capacidade de estar em juízo

A capacidade de estar em juízo, também denominada de **capacidade processual** (*legitimatio ad processum*), corresponde à capacidade de praticar atos jurídicos da vida civil, o que pressupõe, evidentemente, a capacidade de ser parte.

Assim, a plena capacidade, para pessoa física, é adquirida aos dezoito anos (art. 5º do Código Civil), inclusive para estar em juízo, presentemente, sem a necessidade de ser representado por outra pessoa, seguindo a regra contida no art. 70 do CPC: "Toda pessoa que se encontre no exercício de seus direitos tem capacidade para estar em juízo".

4. Código Civil. Art. 2º A personalidade civil da pessoa começa do nascimento com vida; mas a lei põe a salvo, desde a concepção, os direitos do nascituro.
5. Código Civil. Art. 45. Começa a existência legal das pessoas jurídicas de direito privado com a inscrição do ato constitutivo no respectivo registro, precedida, quando necessário, de autorização ou aprovação do Poder Executivo, averbando-se no registro todas as alterações por que passar o ato constitutivo.
6. Código Civil. Art. 6º A existência da pessoa natural termina com a morte; presume-se esta, quanto aos ausentes, nos casos em que a lei autoriza a abertura de sucessão definitiva.

1.3. Representação

Determinadas pessoas, por motivo de incapacidade ou por outra razão prevista em lei, apesar de terem personalidade jurídica e capacidade de ser parte, não podem praticar pessoalmente os atos jurídicos. Nesse caso, é necessário que sejam representadas por outras pessoas que não são os titulares, em tese, do direito subjetivo respectivo.

É, portanto, uma representação exigida pelo direito material, mas que produz efeitos no processo judicial, uma vez que a representação processual pura é feita pelo advogado da parte em juízo.

Caso o juiz verifique a ausência de capacidade ou defeito na sua representação em juízo, o juiz deve suspender o processo e fixar prazo para que a irregularidade seja sanada, conforme determina o art. 76 do CPC, aplicado subsidiariamente ao processo laboral por força do preceito contido no art. 3º, I, da Instrução Normativa nº 39/2016 do TST:[7]

> **Art. 76.** Verificada a incapacidade processual ou a irregularidade da representação da parte, o juiz suspenderá o processo e designará prazo razoável para que seja sanado o vício.
>
> **§ 1º** Descumprida a determinação, caso o processo esteja na instância originária:
>
> I – o processo será extinto, se a providência couber ao autor;
>
> II – o réu será considerado revel, se a providência lhe couber;
>
> III – o terceiro será considerado revel ou excluído do processo, dependendo do polo em que se encontre.
>
> **§ 2º** Descumprida a determinação em fase recursal perante tribunal de justiça, tribunal regional federal ou tribunal superior, o relator:
>
> I – não conhecerá do recurso, se a providência couber ao recorrente;
>
> II – determinará o desentranhamento das contrarrazões, se a providência couber ao recorrido.

A) Incapazes

Os incapazes são representados ou assistidos na prática dos atos jurídicos, conforme o caso, **por seus pais, tutores e curadores.**

Devem ser qualificados na petição inicial ou na defesa, de acordo com o art. 71 do CPC: "Art. 71. O incapaz será representado ou assistido por seus pais, por tutor ou por curador, na forma da lei".

A CLT possui regra própria, mas bastante limitada, que disciplina a atuação do menor de 18 anos em juízo. Trata-se do seu art. 793, que estabeleceu uma ordem de preferência para sua representação:

> **Art. 793.** A reclamação trabalhista do menor de 18 anos será feita por seus representantes legais e, na falta destes, pela Procuradoria da Justiça do Trabalho, pelo sindicato, pelo Ministério Público estadual ou curador nomeado em juízo.

7. IN nº 39/16 do TST. Art. 3° Sem prejuízo de outros, aplicam-se ao Processo do Trabalho, em face de omissão e compatibilidade, os preceitos do Código de Processo Civil que regulam os seguintes temas: I - art. 76, §§ 1º e 2º (saneamento de incapacidade processual ou de irregularidade de representação).

Exemplo de questão sobre o tema

(FCC – Juiz do Trabalho Substituto 24ª região/2015) Augusto, menor com 16 anos de idade, trabalhou dois anos como jardineiro na casa de Ulisses. Um mês após a sua dispensa, orientado por um amigo, dirigiu-se a Vara do Trabalho da comarca, desacompanhado de seus pais, para ajuizar reclamação trabalhista verbal em face do seu ex-empregador, com objetivo de receber as verbas decorrentes da rescisão contratual. Com fulcro na legislação e no entendimento sumulado pelo Tribunal Superior do Trabalho,

a) a reclamação trabalhista do menor será feita por seus representantes legais e pode ser utilizado o jus postulandi para esse tipo de ação trabalhista, limitado às Varas de Trabalho e aos Tribunais Regionais do Trabalho.

b) Augusto pode ajuizar reclamação trabalhista verbal na Vara do Trabalho sem a presença de representante legal, mas em caso de ter que mover recurso ao Tribunal Regional do Trabalho deverá contratar advogado.

c) o direito de postular sem a participação do representante legal do menor e a assistência de advogado limita-se às Varas do Trabalho e aos Tribunais Regionais do Trabalho desde que o valor dos pedidos não ultrapasse o teto fixado para o rito sumaríssimo.

d) por ser menor, Augusto não pode ajuizar ação trabalhista sem a assistência de advogado e dos seus representantes legais, em nenhuma das instâncias da Justiça do Trabalho.

e) Augusto somente poderá atuar em Juízo com a representação do Ministério Público do Trabalho, ainda que possua seus representantes legais civis, devendo contratar advogado para qualquer tipo de recurso que pretenda interpor da decisão de primeiro grau.

Resposta: A

B) Pessoa casada

Até o advento da Lei nº 4.212/72, a mulher casada encontrava-se incluída no rol dos incapazes, descrito pelo art. 6º do Código Civil de 1916. Desse modo, a mulher casada necessitava da assistência do marido para o ajuizamento de qualquer ação judicial. Contudo, essa incapacidade relativa não existia para efeitos de propositura de uma reclamação trabalhista, pois a CLT em seu art. 792 já excluía expressamente.

O CPC, em seu art. 73, estabelece alguns limites para o exercício do direito de ação para as pessoas casadas (homem e mulher), mais precisamente a anuência ou a citação do outro cônjuge, respectivamente:

> **Art. 73.** O cônjuge necessitará do consentimento do outro para propor ação que verse sobre direito real imobiliário, salvo quando casados sob o regime de separação absoluta de bens.
>
> **§ 1º** Ambos os cônjuges serão necessariamente citados para a ação: I – que verse sobre direito real imobiliário, salvo quando casados sob o regime de separação absoluta de bens; II – resultante de fato que diga respeito a ambos os cônjuges ou de ato praticado por eles; III – fundada em dívida contraída por um dos cônjuges a bem da família; IV – que tenha por objeto o reconhecimento, a constituição ou a extinção de ônus sobre imóvel de um ou de ambos os cônjuges.
>
> **§ 2º** Nas ações possessórias, a participação do cônjuge do autor ou do réu somente é indispensável nas hipóteses de composse ou de ato por ambos praticado. § 3º Aplica-se o disposto neste artigo à união estável comprovada nos autos.

De modo geral, sempre que uma ação trabalhista tiver como objeto a disputa de direitos reais, o que é de rara constatação prática, haverá necessidade do consentimento ou da citação do cônjuge, salvo se o regime de casamento for o da separação total.

C) Pessoa jurídica de direito público interno

São pessoas jurídicas de direito público interno: a União, os Estados, o Distrito Federal, os Municípios, as autarquias, bem como as associações públicas e as demais entidades de caráter público criadas por lei (art. 41 do Código Civil).

A União é representada em juízo, ativa e passivamente, pela Advocacia-Geral da União, diretamente ou mediante órgão vinculado (art. 75, I, do CPC).

Já os Estados, e o Distrito Federal são representados por seus procuradores e o Município, por seu Prefeito ou procurador (art. 75, II e III do CPC). Nessas hipóteses, o **procurador pode**, ao mesmo tempo, exercer a representação de Direito material e a de Direito processual. Isso significa que o procurador pode comparecer à audiência trabalhista **sem necessidade de estar acompanhado de preposto.**

Em relação à União, a matéria é disciplinada pelo art. 131 da Constituição Federal de 1988[8] e regulamentada pela LC nº 73/93, que instituiu a Lei Orgânica da Advocacia-Geral da União, mais precisamente em seu art. 1º: "A Advocacia-Geral da União é a instituição que representa a União judicial e extrajudicialmente"; e art. 12: "À Procuradoria-Geral da Fazenda Nacional, órgão administrativamente subordinado ao titular do Ministério da Fazenda, compete especialmente: V – representar a União nas causas de natureza fiscal".[9]

Quanto às autarquias e às fundações públicas, que possuem personalidade jurídica distinta dos Entes Federados e, consequentemente, têm capacidade de ser parte e de estar em juízo, são representadas pelos seus respectivos órgãos jurídicos, de conformidade com o quanto determinado no art. 17, I, da Lei Complementar nº 73/93.[10]

Inclusive o TST manifesta-se sobre essa representação por meio da OJ nº 318, da SDI-1:

> **OJ Nº 318.** AUTARQUIA. FUNDAÇÃO PÚBLICA. LEGITIMIDADE PARA RECORRER. REPRESENTAÇÃO PROCESSUAL. (incluído o item II e alterada em decorrência do CPC de 2015) – Res. 220/2017, DEJT divulgado em 21, 22 e 25.09.2017
> I – Os Estados e os Municípios não têm legitimidade para recorrer em nome das autarquias e das fundações públicas. II – Os procuradores estaduais e municipais podem representar as respectivas autarquias e fundações públicas em juízo somente se designados pela lei da respectiva unidade da federação (art. 75, IV, do CPC de 2015) ou se investidos de instrumento de mandato válido.

Em relação às contribuições sociais, imposto de renda e multas administrativas impostas aos empregadores, cobradas por meio de ações na Justiça do Trabalho, a União é represen-

8. CF de 1988. Art. 131. A Advocacia-Geral da União é a instituição que, diretamente ou através de órgão vinculado, representa a União, judicial e extrajudicialmente, cabendo-lhe, nos termos da lei complementar que dispuser sobre sua organização e funcionamento, as atividades de consultoria e assessoramento jurídico do Poder Executivo.
9. A Lei nº 9.028/95, dispõe sobre o exercício das atribuições institucionais da Advocacia-Geral da União, em caráter emergencial e provisório.
10. LC nº 73/93. Art. 17. Aos órgãos jurídicos das autarquias e das fundações públicas compete: I – a sua representação judicial e extrajudicial.

tada em juízo pela Procuradoria-Geral Federal, *de acordo com o* disposto no art. 16, § 3º, da Lei nº 11.457/07:[11]

> **Art. 16. § 3º** Compete à Procuradoria-Geral Federal representar judicial e extrajudicialmente:
>
> I – o INSS e o FNDE, em processos que tenham por objeto a cobrança de contribuições previdenciárias, inclusive nos que pretendam a contestação do crédito tributário, até a data prevista no § 1º deste artigo;
>
> II – a União, nos processos da Justiça do Trabalho relacionados com a cobrança de contribuições previdenciárias, de imposto de renda retido na fonte e de multas impostas aos empregadores pelos órgãos de fiscalização das relações do trabalho, mediante delegação da Procuradoria-Geral da Fazenda Nacional.

Tendo em vista que a representação dessas Entidades decorre do ato de nomeação do procurador respectivo, **não é necessária a inserção, nos autos, do instrumento procuratório**, como exigido pelo art. 104 do CPC.

Nesse sentido, a Súmula nº 436 do TST:

> **SÚMULA Nº 436.** REPRESENTAÇÃO PROCESSUAL. PROCURADOR DA UNIÃO, ESTADOS, MUNICÍPIOS E DISTRITO FEDERAL, SUAS AUTARQUIAS E FUNDAÇÕES PÚBLICAS. JUNTADA DE INSTRUMENTO DE MANDATO (conversão da Orientação Jurisprudencial nº 52 da SBDI-I e inserção do item II à redação) I – A União, Estados, Municípios e Distrito Federal, suas autarquias e fundações públicas, quando representadas em juízo, ativa e passivamente, por seus procuradores, estão dispensadas da juntada de instrumento de mandato e de comprovação do ato de nomeação. II – Para os efeitos do item anterior, é essencial que o signatário ao menos declare-se exercente do cargo de procurador, não bastando a indicação do número de inscrição na Ordem dos Advogados do Brasil.

Os principais privilégios conferidos, no âmbito do processo do trabalho, às entidades da administração pública, como a União, Estados, Distrito-Federal, Municípios e autarquias ou fundações de direito público que não explorem atividade econômica, constam do art. 1º, do Decreto-Lei nº 779/69.

São eles:

> I – a presunção relativa de validade dos recibos de quitação ou pedidos de demissão de seus empregados ainda que não homologados nem submetidos à assistência mencionada nos parágrafos 1º, 2º e 3º do artigo 477 da Consolidação das Leis do Trabalho;
>
> II – o quádruplo do prazo fixado no artigo 841, *in fine*, da Consolidação das Leis do Trabalho;
>
> III – o prazo em dobro para recurso;
>
> IV – a dispensa de depósito para interposição de recurso;
>
> V – o recurso ordinário *ex officio* das decisões que lhe sejam total ou parcialmente contrárias;[12]

O inciso VI, do dispositivo legal citado, foi revogado tacitamente pela Lei nº 10.537/02, que introduziu o art. 790-A na CLT:

11. A referida Lei criou a denominada *super-receita*, com a fusão da Secretaria da Receita Federal e a Secretaria da Receita Previdenciária do Ministério da Previdência Social.
12. Observar as exceções estabelecidas pelo art. 496, § 3º do CPC.

> **Art. 790-A.** São isentos do pagamento de custas, além dos beneficiários de justiça gratuita:
> I – a União, os Estados, o Distrito Federal, os Municípios e respectivas autarquias e fundações públicas federais, estaduais ou municipais que não explorem atividade econômica.

O prazo em dobro para recorrer **estende-se, inclusive, aos embargos de declaração**, conforme posicionamento do TST, estampado em sua OJ nº 192, da SDI-1:

> **OJ Nº 192.** EMBARGOS DECLARATÓRIOS. PRAZO EM DOBRO. PESSOA JURÍDICA DE DIREITO PÚBLICO. DECRETO-LEI Nº 779/69. Inserida em 08.11.00. É em dobro o prazo para a interposição de embargos declaratórios por pessoa jurídica de direito público.

No CPC, art. 183, **o prazo em dobro é estendido para todas as manifestações** e não só para o recurso. Essa regra deve ser aplicada em conjunto com os preceitos contidos no citado Decreto-lei nº 779/69:

> **Art. 183.** A União, os Estados, o Distrito Federal, os Municípios e suas respectivas autarquias e fundações de direito público gozarão de prazo em dobro para todas as suas manifestações processuais, cuja contagem terá início a partir da intimação pessoal.

Desse modo, a Fazenda Pública **terá o prazo em dobro para praticar todos os atos processuais**, salvo a realização da audiência para apresentação de defesa, cujo prazo mínimo será de vinte dias (**prazo em quádruplo**).

Além disso, a CF/88 declara a **impenhorabilidade dos bens públicos**. Por conta disso, o pagamento das dívidas decorrentes do cumprimento de sentenças judiciais deve ser feito com a utilização do procedimento do precatório judicial, previsto no seu art. 100:

> **Art. 100**. Os pagamentos devidos pelas Fazendas Públicas Federal, Estaduais, Distrital e Municipais, em virtude de sentença judiciária, far-se-ão exclusivamente na ordem cronológica de apresentação dos precatórios e à conta dos créditos respectivos, proibida a designação de casos ou de pessoas nas dotações orçamentárias e nos créditos adicionais abertos para este fim.[13]

Não estão sujeitos à execução, pelo sistema de precatórios, as obrigações definidas em leis como de **pequeno valor** que a Fazenda Pública deva fazer em virtude de sentença judicial transitada em julgado (art. 100, § 3º da CF/88). Esse limite não pode ser inferior ao valor do maior benefício pago pelo regime geral da previdência social.

A Empresa Brasileira de Correios e Telégrafos – ECT, em que pese ser uma empresa pública integrante da administração pública indireta, goza dos mesmos privilégios processuais inerentes às entidades da Administração Pública direta, por força do preceito no art. 12 do Decreto-Lei nº 509/69, norma que criou a referida Entidade.

> **SÚMULA Nº 45 do TRT4.** ECT. DEPÓSITO RECURSAL E CUSTAS. ISENÇÃO. PRAZO EM DOBRO PARA RECORRER. A Empresa Brasileira de Correios e Telégrafos – ECT se equipara à Fazenda Pública no que diz respeito às prerrogativas previstas no Decreto-Lei 779/69, tendo prazo em dobro para recorrer, assim como estando dispensada da realização do depósito recursal e do recolhimento das custas processuais.

---

13. Redação dada pela Emenda Constitucional nº 62/2009.

O mesmo não acontece em relação às sociedades de economia mista e às empresas públicas, uma vez que estão submetidas ao regime jurídico aplicável às pessoas jurídicas de direito privado, na forma preceituada pelo art. 173, § 1º, II, da atual Carta Magna.[14]

Esse posicionamento é confirmado pela Súmula nº 170 do TST:

> **SÚMULA Nº 170.** SOCIEDADE DE ECONOMIA MISTA. CUSTAS. Os privilégios e isenções no foro da Justiça do Trabalho não abrangem as sociedades de economia mista, ainda que gozassem desses benefícios anteriormente ao Decreto-Lei nº 779, de 21.08.1969. Ex-prejulgado nº 50.

Vale destacar ainda que como os interesses da administração pública são considerados indisponíveis, **não se confere os efeitos normais da revelia** (confissão ficta).

Contudo, o TST entende que esse privilegio **não se aplica ao processo do trabalho**, de acordo com o disposto na OJ nº 152 da SDI-1:

> **OJ Nº 152.** REVELIA. PESSOA JURÍDICA DE DIREITO PÚBLICO. APLICÁVEL. (ART. 844 DA CLT). Inserida em 27.11.98 (inserido dispositivo, DJ 20.04.2005). Pessoa jurídica de direito público sujeita-se à revelia prevista no artigo 844 da CLT.

D) *Massa falida*

A massa falida é constituída por um conjunto de ativos, bens e direitos, e passivos, deveres e obrigações, sem qualquer personalidade jurídica. **As empresas em estado de falência são representadas pelo administrador judicial,** na forma do disposto no art. 22, III, *c*, da Lei de Falências – Recuperação Judicial e Extrajudicial (Lei nº 11.101/2005):

> **Art. 22.** Ao administrador judicial compete, sob a fiscalização do juiz e do Comitê, além de outros deveres que esta Lei lhe impõe: III – na falência: c) relacionar os processos e assumir a representação judicial da massa falida.

O CPC trata da matéria em seu art. 75, inciso V: "Serão representados em juízo, ativa e passivamente: V – a massa falida, pelo administrador judicial".

Desse modo, proposta uma reclamação trabalhista contra a massa falida de uma empresa qualquer, a notificação inicial **deve recair na pessoa do administrador judicial** e não do falido, sob pena de nulidade.

As reclamações trabalhistas, cujo polo passivo é ocupado pela massa falida, **têm preferência de tramitação em todas as fases do processo,** conforme preceitua o art. 768 da CLT.[15] Em tais casos, essa circunstância deve ser exibida na capa dos autos do

---

14. CF de 1988. Art. 173. Ressalvados os casos previstos nesta Constituição, a exploração direta de atividade econômica pelo Estado só será permitida quando necessária aos imperativos da segurança nacional ou a relevante interesse coletivo, conforme definidos em lei. § 1º. A lei estabelecerá o estatuto jurídico da empresa pública, da sociedade de economia mista e de suas subsidiárias que explorem atividade econômica de produção ou comercialização de bens ou de prestação de serviços, dispondo sobre: II – a sujeição ao regime jurídico próprio das empresas privadas, inclusive quanto aos direitos e obrigações civis, comerciais, trabalhistas e tributários.
15. CLT. Art. 768. Terá preferência em todas as fases processuais o dissídio cuja decisão tiver de ser executada perante o juízo da falência.

processo físico. No PJe, deve-se incrementar uma ferramenta para permitir registrar essa preferencia.

Uma vez proferida a sentença condenatória no processo de conhecimento, contra a massa falida, o reclamante **deve habilitar o seu crédito perante o juízo universal da falência,** mesmo na hipótese do privilégio legal concedido aos créditos de natureza trabalhista que não ultrapassar **150 salários mínimos**.

É o que determina o art. 6º, § 2º, da Lei nº 11.101/05:

> **Art. 6º. § 2º.** É permitido pleitear, perante o administrador judicial, habilitação, exclusão ou modificação de créditos derivados da relação de trabalho, mas as ações de natureza trabalhista, inclusive as impugnações a que se refere o art. 8º desta Lei, serão processadas perante a justiça especializada até a apuração do respectivo crédito, que será inscrito no quadro-geral de credores pelo valor determinado em sentença.

Tal providência é necessária porque somente no juízo universal da falência é possível proceder ao rateio dos créditos que possuam idêntico privilégio.[16]

Uma vez condenada a massa falida, **não é necessário fazer o depósito recursal e recolher as custas**, conforme se observa do entendimento do TST exposto na Súmula nº 86:

> **SÚMULA Nº 86.** DESERÇÃO. MASSA FALIDA. EMPRESA EM LIQUIDAÇÃO EXTRAJUDICIAL (incorporada a Orientação Jurisprudencial nº 31 da SBDI-I) – Res. 129/2005, DJ 20, 22 e 25.04.2005. Não ocorre deserção de recurso da massa falida por falta de pagamento de custas ou de depósito do valor da condenação. Esse privilégio, todavia, não se aplica à empresa em liquidação extrajudicial.

Esse benefício relativo ao depósito recursal é estendido às empresas em **recuperação judicial**, na forma prevista pelo § 10 do art. 899 da CLT, com redação dada pela Lei nº 13.467/17.

E) *Herança jacente ou vacante*

A herança jacente é aquela definida pelo art. 1.819 do Código Civil:

> **Art. 1.819**. Falecendo alguém sem deixar testamento nem herdeiro legítimo notoriamente conhecido, os bens da herança, depois de arrecadados, ficarão sob a guarda e administração de um curador, até a sua entrega ao sucessor devidamente habilitado ou à declaração de sua vacância.

A herança jacente transforma-se em vacante quando, após o seu trâmite, não se verifica a habilitação de qualquer herdeiro.

Pelas regras do processo civil, aplicadas subsidiariamente ao processo laboral, a herança jacente e a vacante são representadas em juízo pelo **curador.** Se a extinção de um contrato de trabalho verifica-se em razão da morte do empregador pessoa física, que não deixa herdeiros conhecidos, a pretensão relativa aos créditos devidos em razão dessa relação de emprego pode ser deduzida em juízo em face do curador.

16. Essa matéria será abordada com maior profundidade na parte IV, capítulo II, item 7, desta obra.

F) Espólio

O espólio **não possui personalidade jurídica**, pois não passa de um conjunto de ativos e passivos transferidos imediatamente aos herdeiros e legatários em virtude da morte de alguém. É representado pelo **inventariante**, passiva e ativamente, como dispõe o art. 75, VII, do CPC.

Note-se, todavia, que se não há inventário em curso, o acervo hereditário pode ser representado pelo conjunto de herdeiros.

Inclusive, no processo do trabalho **os dependentes do falecido têm legitimidade para ingressar com uma reclamação trabalhista**. Desde que juntem ao processo a **certidão de dependência** fornecida pelo INSS.

Essa possibilidade decorre da autorização conferida pelo art. 1º da Lei nº 6.858/80:

> **Art. 1º.** Os valores devidos pelos empregadores aos empregados e os montantes das contas individuais do Fundo de Garantia do Tempo de Serviço e do Fundo de Participação PIS-PASEP, não recebidos em vida pelos respectivos titulares, serão pagos, em quotas iguais, aos dependentes habilitados perante a Previdência Social ou na forma da legislação específica dos servidores civis e militares, e, na sua falta, aos sucessores previstos na lei civil, indicados em alvará judicial, independentemente de inventário ou arrolamento.

Recorde-se que a morte do empregador **não repercute no contrato de trabalho**, salvo se tratar de pessoa física, uma vez que o empregador, segundo o art. 2º da CLT, é a empresa.

G) Pessoas jurídicas de direito privado

Segundo o art. 44 do Código Civil, são pessoas jurídicas de direito privado: as associações, as sociedades, as fundações, as organizações religiosas e os partidos políticos.

As pessoas jurídicas são representadas em juízo por quem for designado nos seus atos constitutivos respectivos ou, em caso de omissão, por seus diretores.

Nesse caso, deve ser observada a possibilidade excepcional do ajuizamento da reclamação trabalhista contra a empresa, entidade despersonificada, mas considerada como empregadora pela legislação laboral, conforme preceitua o art. 2º da CLT: "Considera-se empregador a empresa, individual ou coletiva, que, assumindo os riscos da atividade econômica, admite, assalaria e dirige a prestação pessoal de serviços". Após a apresentação da defesa, a eventual irregularidade no polo passivo deve ser sanada, alterando-se a designação da parte ré, com a informação do CNPJ ou CPF, conforme o caso.

Para a afetação do patrimônio dos sócios em uma futura execução de sentença judicial, é aconselhável incluí-los como reclamados logo no processo de conhecimento, requerendo a desconsideração da personalidade jurídica, desde que preenchidos os requisitos legais para tanto. A adoção desse procedimento possibilita o exercício do direito de defesa e impede o surgimento de incidentes futuros que emperram o regular andamento do processo.

Já as sociedades de fato são representadas pela pessoa a quem couber a administração dos seus bens, na forma prevista pelo art. 75, IX, do CPC.

H) Pessoas jurídicas estrangeiras

Segundo preceitua o art. 75, X, do CPC, a pessoa jurídica estrangeira é representada em juízo pelo gerente, representante ou administrador de sua filial, agência ou sucursal, aberta ou instalada no Brasil.

Reputa-se domiciliada no Brasil a pessoa jurídica estrangeira que aqui tiver agência, filial ou sucursal (art. 21, parágrafo único, do CPC).

Essas disposições também se aplicam ao caso das **pessoas jurídicas estrangeiras de Direito Público, como as embaixadas**, que, como empregadoras, podem ser acionadas na Justiça do Trabalho, na forma prevista pelo art. 114, I, da CF de 1988.[17]

Nesse sentido, a decisão a seguir transcrita:[18]

> ESTADO ESTRANGEIRO. IMUNIDADE DE JURISDIÇÃO RELATIVIZADA. DECISÃO DENEGATÓRIA. MANUTENÇÃO. É entendimento jurisprudencial desta Corte Especializada que a imunidade de jurisdição dos Estados estrangeiros é relativa, em relação às demandas que envolvam atos de gestão e em que se debate o direito a parcelas decorrentes da relação de trabalho. Na hipótese, sendo o Reclamado pessoa jurídica de Direito Público Externo, Estado estrangeiro, não se há falar em imunidade de jurisdição relativamente a parcelas oriundas de contrato de trabalho (atos de gestão). Não há como assegurar o processamento do recurso de revista quando o agravo de instrumento interposto não desconstitui os fundamentos da decisão denegatória, que ora subsiste por seus próprios fundamentos. Agravo de instrumento desprovido.[19]

Todavia, a jurisdição nacional, que afasta qualquer alegação de imunidade absoluta, só é assegurada em relação ao processo de conhecimento, já que não há possibilidade de serem penhorados bens do Estado estrangeiro, sob pena de invasão do seu território e, consequentemente, da sua soberania.

O art. 651, § 2º, da CLT, fixa a competência da Justiça do Trabalho, mesmo quando ocorrer conflito em agência ou filial estabelecida no estrangeiro, **desde que o empregado seja brasileiro,** salvo se houver convenção internacional em sentido contrário.

I) Condomínio

Há condomínio quando duas ou mais pessoas são proprietárias da totalidade ou de parte de bens, ou seja, quando há o domínio comum.

O condomínio é uma entidade desprovida de personalidade jurídica, uma vez que não pode ser titular de direitos e obrigações, mas que é representado em juízo por seu **síndico ou administrador**, de acordo com o preceito contido no e art. 75, XI, do CPC.

17. CF de 1988. Art. 114. Compete à Justiça do Trabalho processar e julgar: I – as ações oriundas da relação de trabalho, **abrangidos os entes de direito público** externo e da administração pública direta e indireta da União, dos Estados, do Distrito Federal e dos Municípios (grifou-se).
18. Sobre a imunidade de jurisdição dos organismos internacionais e dos Estados estrangeiros, consultar o item 3.1, capítulo II, parte I, desta obra.
19. TST. AIRR 56000-56.2009.5.10.0016. 6ª T. Rel. Min. Maurício Godinho Delgado. DEJT 19.12.2011.

A constituição formal do condomínio ocorre, geralmente, nos casos de condomínio edilício, previsto pelo art. 1.332 do Código Civil: "Institui-se o condomínio edilício por ato entre vivos ou testamento, registrado no Cartório de Registro de Imóveis, devendo constar daquele ato, além do disposto em lei especial".

A representação do condomínio, em tais casos, é definida pelo art. 1.348, II, do Código Civil: "Compete ao síndico: II – representar, ativa e passivamente, o condomínio, praticando, em juízo ou fora dele, os atos necessários à defesa dos interesses comuns."

ATENÇÃO! Na hipótese de prestação de serviços para um condomínio informal, a reclamação trabalhista pode ser proposta contra um, alguns ou todos os condôminos, uma vez que aquela característica faz criar uma obrigação solidária entre os coproprietários.

A representação, no processo, é feita pelo **síndico**, conforme estabelece o art. 2º da Lei nº 2.757/56: "São considerados representantes dos empregadores nas reclamações ou dissídios movimentados na Justiça do Trabalho os síndicos eleitos entre os condôminos".

Uma vez notificado o coproprietário eleito pelo reclamante como representante do condomínio, esse pode chamar ao processo os demais condôminos ou, após ser proferida a sentença, ingressar com uma ação regressiva.[20]

J) *Idosos e portadores de doenças graves*

O Estatuto do Idoso, aprovado pela Lei nº 10.741/03, em seu art. 71, garante **a prioridade na tramitação dos processos, procedimentos e execução de atos judiciais, nos quais figure como parte ou interveniente pessoa com idade igual ou superior a sessenta anos, em qualquer instância**. Há prioridade especial para os maiores de 80 anos, na forma prevista pelo § 5º do mesmo dispositivo legal já citado.

O CPC também contém dispositivo no mesmo sentido e estende esse benefício aos **portadores de doenças graves.**[21]

Por conta disso, os servidores da Justiça do Trabalho devem identificar os autos físicos ou eletrônicos, cujas partes sejam idosas para que a referida norma seja cumprida com mais eficiência.

1.4. Denominação das partes

No processo trabalhista típico, denominado de reclamação trabalhista, as partes são identificadas como **reclamante**, aquele que propõe a ação trabalhista, sujeito ativo da relação processual, e como **reclamado**, aquele contra qual é dirigida a pretensão do autor da ação.

20. Lei nº 2.757/53. Art. 3º. Os condôminos responderão, proporcionalmente, pelas obrigações previstas nas leis trabalhistas, inclusive as judiciais e extrajudiciais.

21. CPC. Art. 1.048. Terão prioridade de tramitação, em qualquer juízo ou tribunal, os procedimentos judiciais: I - em que figure como parte ou interessado pessoa com idade igual ou superior a 60 (sessenta) **anos ou portadora de doença grave, assim compreendida qualquer das enumeradas no art. 6º, inciso XIV, da Lei nº 7.713, de 22 de dezembro de 1988; II - regulados pela Lei nº 8.069, de 13 de julho de 1990 (Estatuto da Criança e do Adolescente).**

Como já foi dito, essa denominação, de nítida feição administrativa, constitui herança da fase em que os atuais órgãos do Poder Judiciário Trabalhista faziam parte do Poder Executivo.

Assim, **em tese, pode ser reclamante tanto o empregado quanto o empregador.** Todavia, é rara, na prática forense, a existência de reclamação trabalhista típica do empregador em face do empregado.[22] Quando isso ocorre, deixa-se de utilizar as expressões "reclamante" e "reclamado", que são substituídas pelas tradicionais "autor" e "réu".

No inquérito para apuração de falta grave, o empregador autor da ação é denominado de **requerente** e o réu empregado recebe o nome de **requerido**.

1.5. Substituição processual do sindicato

Para propor uma ação, é necessário que o autor alegue ser o titular do direito material que pretende discutir em juízo. Exige-se, assim, a legitimidade para o exercício do direito de ação, sendo a tutela jurisdicional devida somente àquele que diga ser o titular do direito subjetivo e não a qualquer pessoa indistintamente.

Isso não quer dizer que a sentença tenha que lhe ser favorável. Simplesmente é necessário que, na formulação feita ao juiz, o autor declare ser o titular da pretensão que originou o litígio e aponte o pretenso titular da obrigação respectiva, que irá ocupar o polo passivo da relação processual.

Entretanto, **permite-se, excepcionalmente que alguém acione o Poder Judiciário em seu próprio nome para defender direitos de terceiros**, na forma prevista na parte final do art. 18, do CPC: "Ninguém poderá pleitear direito alheio em nome próprio, salvo quando autorizado pelo ordenamento jurídico. Parágrafo único. Havendo substituição processual, o substituído poderá intervir como assistente litisconsorcial".

Essa exceção processual é denominada, equivocadamente, de substituição processual, que não pode ser confundida com a substituição de partes, instituto que consiste na alteração daqueles que figuram no polo passivo ou ativo da relação processual, durante a sua tramitação.[23]

A expressão *substituição processual,* consagrada pela doutrina, jurisprudência e pela lei, não é tecnicamente correta, uma vez que as teorias civilistas do direito de ação foram totalmente abandonadas.

Desse modo, não há dúvida de que mesmo as pessoas que não são titulares de direitos subjetivos materiais são titulares do direito público e subjetivo de ação. Assim, não se justifica o emprego do termo *legitimação anômala* ou *substituição processual.*

Difere da **representação processual**, porque, nesse caso, o representante age em nome de um terceiro. Por conta disso, **necessita de um instrumento de mandato**. Já na substituição processual, a pessoa age em nome próprio, apesar de não ser titular do direito subjetivo invocado, circunstância que dispensa a procuração.

22. Na ação de consignação em pagamento, essa posição se inverte. Em regra, o empregador assume a posição ativa e o empregado a passiva.
23. Essa temática também é abordada nos capítulos da parte V desta obra.

Como exemplo de substituição processual, cita-se a hipótese da autorização contida na Lei nº 12.016/09, que disciplina o procedimento do mandado de segurança, em seu art. 3º:

> **Art. 3º.** O titular de direito líquido e certo decorrente de direito, em condições idênticas, de terceiro poderá impetrar mandado de segurança a favor do direito originário, se o seu titular não o fizer, no prazo de 30 (trinta) dias, quando notificado judicialmente.

Observa-se que **a substituição processual, também denominada de legitimação extraordinária ou anômala**, surgiu para possibilitar que uma pessoa ingresse em juízo para fazer valer o direito de outrem que, pela sua inércia, estaria causando-lhe prejuízo. Haveria, assim, interesses divergentes entre substituto e substituído.

É possível, também, exercer a legitimação anômala nos casos de anulação de casamento, conforme previsão contida no art. 1.549 do Código Civil: "A decretação de nulidade de casamento, pelos motivos previstos no artigo antecedente, pode ser promovida mediante ação direta, por qualquer interessado, ou pelo Ministério Público"; contestação de investigação de paternidade (art. 1.615, do Código Civil: Qualquer pessoa, que justo interesse tenha, pode contestar a ação de investigação de paternidade, ou maternidade); do credor em penhora de crédito (art. 1.459 do Código Civil: Ao credor, em penhor de título de crédito, compete o direito de: II – usar dos meios judiciais convenientes para assegurar os seus direitos, e os do credor do título empenhado).

Ao sindicato cabe a defesa dos direitos e interesses coletivos ou individuais da categoria, inclusive em questões judiciais ou administrativas (art. 8º, III, da CF/88).

A CLT já continha dispositivos consagrando a substituição processual do sindicato, nos casos de ação postulando pagamento de adicional de periculosidade ou insalubridade (art. 195, § 2º)[24] e da ação de cumprimento (art. 872, parágrafo único).[25]

No mesmo sentido, dispõe a lei ordinária nº 7.238/84, art. 3º, § 2º, que autoriza a substituição processual do sindicato para cobrar reajustes salariais; o art. 8º, Lei nº 7.788/89, no mesmo sentido; e a Lei nº 8.036/90, art. 25, para postular o depósito do FGTS; e a Lei nº 8.073/90,[26] art. 3º.

Na clássica substituição processual, prevista pela legislação processual civil e caracterizada pelo individualismo, há uma comunhão ou conexão entre os interesses do substituto e do substituído. Isso não ocorre com a substituição processual observada no processo laboral, na qual o sindicato não possui qualquer interesse direto a ser defendido.

---

24. CLT. Art. 195. § 2º. Arguida em juízo insalubridade ou periculosidade, seja por empregado, seja por Sindicato em favor de grupo de associado, o juiz designará perito habilitado na forma deste artigo, e, onde não houver, requisitará perícia ao órgão competente do Ministério do Trabalho **(Obs: O Ministério do Trabalho foi extinto e suas atribuições foram transferidas para a Secretaria Especial de Previdência de Trabalho do Ministério da Economia).**
25. CLT. Art. 872. Celebrado o acordo, ou transitada em julgado a decisão, seguir-se-á o seu cumprimento, sob as penas estabelecidas neste Título. Parágrafo único. Quando os empregadores deixarem de satisfazer o pagamento de salários, na conformidade da decisão proferida, poderão os empregados ou seus sindicatos, independentes de outorga de poderes de seus associados, juntando certidão de tal decisão, apresentar reclamação à junta ou juízo competente, observado o processo previsto no Capítulo II deste Título, sendo vedado, porém, questionar sobre a matéria de fato e de direito já apreciada na decisão.
26. Lei nº 8.073/90. Art. 3º. As entidades sindicais poderão atuar como substitutos processuais dos integrantes da categoria.

Também, é cabível a substituição processual quando há o ajuizamento de uma ação civil coletiva pelo Ministério Público, em nome próprio, **para defender direito individual homogêneo de um grupo de pessoas.**

O Código de Defesa de Consumidor trata da substituição processual em seu art. 91:

> **Art. 91.** Os legitimados de que trata o artigo 82 poderão propor, em nome próprio e no interesse das vítimas ou seus sucessores, ação civil coletiva de responsabilidade pelos danos individualmente sofridos, de acordo com o disposto nos artigos seguintes.[27]

Deve-se ressaltar que na tutela dos direitos difusos e coletivos em sentido estrito não há que se falar em substituição o processual, **pois o direito não pertence a uma pessoa ou grupo de pessoas individualmente considerados.** Nesse caso, a coletividade que é a titular do direito e por conta disso a legitimidade é atribuída a uma entidade por determinação expressa da lei, denominando-se mandato legal.

Proibir ou impor limites ao sindicato, para propor uma reclamação trabalhista coletiva em nome próprio para defender o interesse dos integrantes da categoria, seria o mesmo que dificultar até impedir o exercício do direito de ação do empregado. Isso ocorreria porque os trabalhadores não desfrutam, em regra, da estabilidade no emprego ou proteção contra a despedida imotivada, o que viabilizaria a legitimação ordinária.

Reside nesse fato, portanto, a importância e fundamento do que tradicionalmente chama-se de *substituição processual* do sindicato.

Na verdade, a atual Constituição Federal, no seu já citado art. 8º, inciso III, atribuiu à entidade sindical **um mandato presumido dos membros da categoria profissional**.

Assemelha-se à previsão legal pela qual se permite ao MP ajuizar ação para postular indenização quando o titular do direito à reparação do dano for pobre ou para iniciar a execução da sentença condenatória criminal no juízo cível;[28] e à legitimação das associações e outras entidades, permitida pelo art. 5º da Lei nº 7.347/85.

O STF já proclamou, em vários acórdãos, que o art. 8º, inciso III, da atual Constituição Federal, **trata da legitimação extraordinária do sindicato.** Isso porque o direito processual moderno privilegia as demandas coletivas, ao contrário das regras do processo tradicional contido no CPC, que só disciplina as ações individuais.

Esse posicionamento levou o TST a cancelar a Súmula nº 310,[29] pela Resolução nº 119/03, que impunha uma série de limitações ao reconhecimento da substituição processual plena pelo sindicato.

27. São legitimados: o Ministério Público; a União, os Estados, os Municípios e o Distrito Federal; as entidades e órgãos da Administração Pública, Direta ou Indireta, ainda que sem personalidade jurídica, especificamente destinados à defesa dos interesses e direitos dos consumidores; as associações legalmente constituídas há pelo menos 1 (um) **ano e que incluam entre seus fins institucionais a defesa dos interesses e direitos dos consumidores, dispensada a autorização assemblear.**

28. CPP. Art. 68. Quando o titular do direito à reparação do dano for pobre (artigo 32, §§ 1º e 2º), **a execução da sentença condenatória (artigo 63) ou a ação civil (artigo 64) será promovida, a seu requerimento, pelo Ministério Público.**

29. TST. Súmula nº 310. SUBSTITUIÇÃO PROCESSUAL. SINDICATO – CANCELADA – RES. 119/2003, DJ 01.10.2003. I – O art. 8º, inciso III, da Constituição da República não assegura a substituição processual pelo sindicato; II – A substituição processual autorizada ao sindicato pelas Leis nºs 6.708, de 30.10.1979, e 7.238, de 29.10.1984,

Uma vez ajuizada a ação trabalhista pelo substituto processual, não há possibilidade do substituído, admitido como assistente no processo (litisconsorte, segundo o CDC), **desistir da ação.**

A substituição processual do sindicato é concorrente, posto que o próprio titular do direito subjetivo violado pode ajuizar uma reclamação trabalhista, quando encontrar resistência à sua pretensão, agora no exercício da legitimação ordinária do direito de ação.

A atuação da entidade sindical como substituto processual tinha o condão, inclusive, de **interromper o prazo prescricional**, segundo entendimento constante da OJ nº 359, da SDI-1, do TST:

> **OJ Nº 359.** SUBSTITUIÇÃO PROCESSUAL. SINDICATO. LEGITIMIDADE. PRESCRIÇÃO. INTERRUPÇÃO. DJ 14.03.2008. A ação movida por sindicato, na qualidade de substituto processual, interrompe a prescrição, ainda que tenha sido considerado parte ilegítima "ad causam".

Essa OJ deve ser cancelada ou alterada pelo TST, uma vez que o § 3º, art. 11 da CLT, introduzido pela Lei nº 13.467/17 determina que a interrupção da prescrição **só ocorrerá com o ajuizamento de uma reclamação trabalhista:**

> **Art. 11. § 3º** A interrupção da prescrição somente ocorrerá pelo ajuizamento de reclamação trabalhista, mesmo que em juízo incompetente, ainda que venha a ser extinta sem resolução do mérito, produzindo efeitos apenas em relação aos pedidos idênticos.

Os Tribunais Regionais do Trabalho aprovaram precedentes judiciais sobre essa temática. Há divergência, contudo, sobre a possibilidade de o sindicato promover a demanda coletiva para a defesa de **direitos individuais heterogêneos**:

> **SÚMULA Nº 38 do TRT1.** SUBSTITUIÇÃO PROCESSUAL. LEGITIMIDADE ATIVA AD CAUSAM. DIREITOS INDIVIDUAIS HOMOGÊNEOS. O sindicato é parte legítima para atuar como substituto processual na defesa de direitos e interesses coletivos ou individuais homogêneos da categoria que representa.

> **SÚMULA Nº 45 do TRT2.** SINDICATO. SUBSTITUIÇÃO PROCESSUAL. BANCO DO BRASIL. HORAS EXTRAS ALÉM DA 6ª DIÁRIA. CARGO ESPECÍFICO. DIREITO INDIVIDUAL NÃO HOMOGÊNEO. ILEGITIMIDADE. O Sindicato profissional não detém legitimidade para postular, na qualidade de substituto processual dos empregados do Banco do Brasil, ainda que ocupantes de um determinado cargo e setor, o pagamento de horas extras além da 6ª diária, sob a alegação de irregular enquadramento

limitada aos associados, restringe-se às demandas que visem aos reajustes salariais previstos em lei, ajuizadas até 03.07.1989, data em que entrou em vigor a Lei nº 7.788; III – A Lei nº 7.788/1989, em seu art. 8º, assegurou, durante sua vigência, a legitimidade do sindicato como substituto processual da categoria; IV – A substituição processual autorizada pela Lei nº 8.073, de 30.07.1990, ao sindicato alcança todos os integrantes da categoria e é restrita às demandas que visem à satisfação de reajustes salariais específicos resultantes de disposição prevista em lei de política salarial; V – Em qualquer ação proposta pelo sindicato como substituto processual, todos os substituídos serão individualizados na petição inicial e, para o início da execução, devidamente identificados pelo número da Carteira de Trabalho e Previdência Social ou de qualquer documento de identidade; VI – É lícito aos substituídos integrar a lide como assistente litisconsorcial, acordar, transigir e renunciar, independentemente de autorização ou anuência do substituto; VII – Na liquidação da sentença exequenda, promovida pelo substituto, serão individualizados os valores devidos a cada substituído, cujos depósitos para quitação serão levantados através de guias expedidas em seu nome ou de procurador com poderes especiais para esse fim, inclusive nas ações de cumprimento; VIII – Quando o sindicato for o autor da ação na condição de substituto processual, não serão devidos honorários advocatícios.

do bancário comum como exercente de cargo de confiança, uma vez que se trata de direito individual não homogêneo.

SÚMULA Nº 53 do TRT12. SUBSTITUIÇÃO PROCESSUAL. ENTIDADES SINDICAIS. O art. 8º, III, da Constituição da República assegura às entidades sindicais ampla substituição processual, que abrange toda a categoria profissional.

SÚMULA Nº 37 do TRT15. SUBSTITUIÇÃO PROCESSUAL. SINDICATO. LEGITIMIDADE AD CAUSAM. DIREITOS INDIVIDUAIS HOMOGÊNEOS. O sindicato profissional detém legitimidade para propor ação em nome próprio, reivindicando direitos individuais homogêneos dos integrantes da categoria, a teor do inciso III, do artigo 8º, da Constituição Federal

SÚMULA Nº 69 do TRT15. AÇÃO DE CUMPRIMENTO. SALÁRIO HABITAÇÃO. LEGITIMIDADE ATIVA DO SINDICATO DA CATEGORIA. A agremiação sindical, por força do parágrafo único do artigo 872 da CLT, tem legitimidade ativa para, em ação de cumprimento, postular, em prol da categoria, o salário habitação previsto em norma coletiva.

SÚMULA Nº 45 do TRT5. SUBSTITUIÇÃO PROCESSUAL AMPLA. DIREITOS INDIVIDUAIS HOMOGÊNEOS E HETEROGÊNEOS. SINDICATO. LEGITIMIDADE ATIVA. 1. O artigo 8º, inciso III, da Constituição da República, consagra hipótese de substituição processual ampla e irrestrita, uma vez que garante à entidade sindical a possibilidade de ingressar em juízo na defesa de direitos e interesses coletivos ou individuais da categoria que representa, consoante já expressado pelo Excelso Supremo Tribunal Federal, intérprete maior do texto constitucional. 2. Tal modalidade de substituição processual representa verdadeira garantia fundamental ao pleno acesso à Justiça, pois permite a judicialização de questões, muitas vezes, delicadas e existentes ainda no curso do contrato de trabalho, sem que o trabalhador tenha que figurar como autor da demanda ou assinar documentos que possibilitem sua imediata identificação, sem falar que produz real economia de recursos públicos, a efetivação do princípio da razoável duração do processo e uniformidade de decisões judiciais. 3. Portanto, os Sindicatos possuem legitimidade ativa para postularem, como substitutos processuais, direitos individuais homogêneos e heterogêneos, sem restrições e de forma ampla.

1.6. O Ministério Público do Trabalho como parte

O MPT tem legitimidade para ajuizar ações trabalhistas em defesa dos direitos coletivos dos trabalhadores, em cumprimento ao quanto disposto no art. 129, III, da Carta Magna de 1988:

Art. 129. São funções institucionais do Ministério Público: III – promover o inquérito civil e a ação civil pública, para a proteção do patrimônio público e social, do meio ambiente e de outros interesses difusos e coletivos;

A Lei Complementar nº 75/93, art. 83, estabelece, em seus incisos, as hipóteses em que o MPT tem legitimidade para atuar como parte:

I – promover as ações que lhe sejam atribuídas pela Constituição Federal e pelas leis trabalhistas;

(...)

III – promover a ação civil pública no âmbito da Justiça do Trabalho, para defesa de interesses coletivos, quando desrespeitados os direitos sociais constitucionalmente garantidos;

IV – propor as ações cabíveis para declaração de nulidade de cláusula de contrato, acordo coletivo ou convenção coletiva que viole as liberdades individuais ou coletivas ou os direitos individuais indisponíveis dos trabalhadores;

> V – propor as ações necessárias à defesa dos direitos e interesses dos menores, incapazes e índios, decorrentes das relações de trabalho;
>
> (...)
>
> VIII – instaurar instância em caso de greve, quando a defesa da ordem jurídica ou o interesse público assim o exigir;
>
> (...)
>
> X – promover mandado de injunção, quando a competência for da Justiça do Trabalho;
>
> (...)

A legitimidade do MPT para promover a **ação anulatória de cláusula de instrumento normativo negociado** é destacada nos seguintes precedentes judiciais dos Tribunais Regionais Trabalhistas:

> **SÚMULA Nº 11 do TRT6.** AÇÃO ANULATÓRIA. LEGITIMAÇÃO ATIVA DO MINISTÉRIO PÚBLICO DO TRABALHO. COMPETÊNCIA FUNCIONAL. Em consonância com o disposto no artigo 83, IV, da Lei Complementar nº 75/93, o Ministério Público do Trabalho está legitimado para ajuizar ação anulatória envolvendo previsão contida em contrato de trabalho, convenção ou acordo coletivo. 2. É da competência originária do Tribunal Regional do Trabalho o julgamento de ação anulatória ajuizada pelo Ministério Público do Trabalho, com o objetivo de desconstituir cláusula resultante de negociação coletiva, desde que as bases territoriais dos sindicatos convenentes ou acordantes não extrapolem a sua circunscrição.
>
> **OJ SDC Nº 05 do TRT15.** AÇÃO ANULATÓRIA. TITULARIDADE. A titularidade da ação anulatória pertence ao Ministério Público (artigo 83, inciso IV, da Lei Complementar nº 75/93) e, ainda, às entidades sindicais, por força do artigo 8º, III, da Constituição Federal.

O art. 951 do CPC também confere legitimidade ao Ministério Público para arguir **conflito de competência**.[30]

Já o Código de Defesa de Consumidor insere o Ministério Público como o primeiro legitimado a propor as ações coletivas para a defesa dos interesses difusos, coletivos e individuais homogêneos (art. 81 e 82). **Essa legitimidade é concorrente**, porque não exclui aquelas referentes aos demais legitimados, na forma da lei.

Ações dessa natureza compreendem aquelas relativas ao combate ao trabalho escravo, ações coletivas para a declaração de nulidade de cláusula de contrato, acordo coletivo ou convenção coletiva que viole as liberdades individuais ou coletivas ou os direitos individuais indisponíveis dos trabalhadores etc.

A pretensão de natureza coletiva é exercida pelo MPT, por intermédio da ação civil pública e da ação civil coletiva, regulamentadas pela Lei nº 7.347/85 e por dispositivos constantes no já citado CDC. Inclusive, é possível instaurar, previamente, o inquérito civil público para a apuração de eventuais denúncias.[31]

30. CPC. Art. 951. O conflito de competência pode ser suscitado por qualquer das partes, pelo Ministério Público ou pelo juiz.
31. Lei nº 7.347, de 24.07.85. Art. 9º. Se o órgão do Ministério Público, esgotadas todas as diligências, se convencer da inexistência de fundamento para a propositura da ação civil, promoverá o arquivamento dos autos do inquérito civil ou das peças informativas, fazendo-o fundamentadamente, sob pena de se incorrer em falta grave, no prazo de 3

O TST possui alguns verbetes que tratam da legitimidade do Ministério Público do Trabalho:

> **SÚMULA Nº 407.** AÇÃO RESCISÓRIA. MINISTÉRIO PÚBLICO. LEGITIMIDADE "AD CAUSAM" PREVISTA NO ART. 967, III, "A", "B" E "C" DO CPC DE 2015. ART. 487, III, "A" E "B", DO CPC DE 1973. HIPÓTESES MERAMENTE EXEMPLIFICATIVAS (nova redação em decorrência do CPC de 2015) – Res. 208/2016, DEJT divulgado em 22, 25 e 26.04.2016. A legitimidade "ad causam" do Ministério Público para propor ação rescisória, ainda que não tenha sido parte no processo que deu origem à decisão rescindenda, não está limitada às alíneas "a", "b" e "c" do inciso III do art. 967 do CPC de 2015 (art. 487, III, "a" e "b", do CPC de 1973), uma vez que traduzem hipóteses meramente exemplificativas (ex-OJ nº 83 da SBDI-2 – inserida em 13.03.2002)
>
> **OJ Nº 130**. SDI1. PRESCRIÇÃO. MINISTÉRIO PÚBLICO. ARGUIÇÃO. "CUSTOS LEGIS". ILEGITIMIDADE (atualizada em decorrência do CPC de 2015) – Res. 209/2016, DEJT divulgado em 01, 02 e 03.06.2016. Ao exarar o parecer na remessa de ofício, na qualidade de "custos legis", o Ministério Público não tem legitimidade para arguir a prescrição em favor de entidade de direito público, em matéria de direito patrimonial.
>
> **OJ Nº 237**. SDI1. MINISTÉRIO PÚBLICO DO TRABALHO. LEGITIMIDADE PARA RECORRER. SOCIEDADE DE ECONOMIA MISTA. EMPRESA PÚBLICA (incorporada a Orientação Jurisprudencial nº 338 da SBDI-I) – Res. 210/2016, DEJT divulgado em 30.06.2016 e 01 e 04.07.2016 I – O Ministério Público do Trabalho não tem legitimidade para recorrer na defesa de interesse patrimonial privado, ainda que de empresas públicas e sociedades de economia mista. II – Há legitimidade do Ministério Público do Trabalho para recorrer de decisão que declara a existência de vínculo empregatício com sociedade de economia mista ou empresa pública, após a Constituição Federal de 1988, sem a prévia aprovação em concurso público, pois é matéria de ordem pública.

Na parte V, capítulo II, desta obra, será feita uma análise pormenorizada das ações coletivas e da consequente atuação dos sindicatos e dos MPT nessas demandas.

Exemplos de questões sobre o tema

(MPT – Procurador do Trabalho/2013) Nos termos da jurisprudência atual do TST, o Ministério Público do Trabalho:

a) Ao exarar parecer em remessa *ex officio*, não tem legitimidade para arguir prescrição em favor de ente de direito público, em matéria de direito patrimonial.

b) Não tem legitimidade para recorrer contra decisão que declara a existência de vínculo empregatício com sociedade de economia mista ou empresa pública, após a CF/88, sem a prévia aprovação em concurso público.

c) Pode arguir, em parecer, na primeira vez que tenha de se manifestar no processo, a nulidade do contrato de trabalho em favor de ente público, ainda que a parte não a tenha suscitado, independente da necessidade de dilação probatória.

d) Tem legitimidade para requerer a instauração da instância, em sede de dissídio coletivo, quando caracterizado o descumprimento da lei, por qualquer das partes, no curso da negociação coletiva.

e) Não respondida.

Resposta: A

(três) **dias, ao Conselho Superior do Ministério Público. § 2º. Até que, em sessão do Conselho Superior do Ministério Público, seja homologada ou rejeitada a promoção de arquivamento, poderão as associações legitimadas apresentar razões escritas ou documentos, que serão juntados aos autos do inquérito ou anexados às peças de informações. § 3º. A promoção de arquivamento será submetida a exame e deliberação do Conselho Superior do Ministério Público, conforme dispuser o seu Regimento. § 4º. Deixando o Conselho Superior de homologar a promoção de arquivamento, designará, desde logo, outro órgão do Ministério Público para o ajuizamento da ação.**

(TRT 2 – Juiz do Trabalho Substituto 2ª região/ 2013) É correto afirmar que a ação de cumprimento ajuizada pelo sindicato é hipótese de:

a) Representação processual, já que o sindicato não é parte, mas apenas atua em nome do representado.
b) Substituição processual, pois a ação é ajuizada em nome próprio, mas em defesa de direito alheio.
c) Substituição processual, pois a ação é ajuizada em nome alheio para defender direito de outrem.
d) Legitimação ordinária, pois o sindicato figura como representante dos interesses da categoria em juízo.
e) Legitimação extraordinária que surge com a inércia do legitimado ordinário.

Resposta: B

2. LITISCONSÓRCIO

Normalmente, o que se verifica é a violação, por uma única pessoa, de um direito subjetivo pertencente, também, a um só titular. A resistência à pretensão do titular desse direito permite-lhe ingressar com uma ação perante o Poder Judiciário.

Quando duas ou mais pessoas colocam-se na posição de titulares do direito não observado, ou daqueles que são autores da referida violação, assumem, na ação judicial, a posição de litisconsorte ativo ou passivo.

A expressão tem origem latina *litis cum sors*, significa a mesma sorte na lide e implica cumulação subjetiva. As reclamações trabalhistas com essa característica recebem a denominação conferida pela CLT de *plúrimas*.

2.1. Classificação dos litisconsórcios

São diversos os critérios utilizados para classificar o litisconsórcio:

a) quanto à posição que o litisconsorte assume na ação: litisconsórcio ativo, passivo ou misto;

b) quanto ao momento da sua formação: litisconsórcio originário ou superveniente;

c) quanto à obrigação ou não da sua constituição: litisconsórcio necessário ou facultativo;

d) quanto à natureza da decisão: litisconsórcio unitário ou simples.

A) Ativo, passivo ou misto

Quanto à posição que o litisconsorte ocupa na relação processual, o litisconsórcio pode ser ativo, passivo ou misto.

O fenômeno representado por vários trabalhadores ou empregadores, que exercem o direito de ação em uma única demanda, denomina-se de litisconsórcio ativo ou **reclamação trabalhista plúrima de reclamantes.**[32]

Se ocorrer o inverso, ou seja, se a cumulação de sujeitos forma-se para exercer o direito de defesa, **a hipótese é de litisconsórcio passivo ou reclamação plúrima de reclamados.**

32. Enquanto estiver em vigor a Instrução Normativa nº 27/2005 do TST, será possível, no processo do trabalho, admitir a presença de trabalhadores não empregados no polo da relação processual.

Por fim, na hipótese de haver vários reclamantes e vários reclamados, em uma mesma relação processual, o litisconsórcio é misto, também denominado de recíproco ou **reclamação trabalhista plúrima de reclamante e de reclamado.**

B) Originário ou superveniente

Quanto ao momento que surge, o litisconsórcio pode ser originário ou superveniente.

Quando a lide já nasce com a cumulação subjetiva, seja ela ativa, passiva ou mista, a hipótese é de litisconsórcio originário, também chamado de inicial.

Caso contrário, se outros sujeitos ingressam na lide, após o ajuizamento da ação ou o oferecimento da defesa, como acontece quando o juiz admite uma das espécies de intervenção de terceiros, o litisconsórcio é superveniente ou ulterior.

C) Necessário ou facultativo

A depender da faculdade ou não de formação do litisconsórcio, em decorrência da manifestação da vontade das partes, a cumulação subjetiva pode ser facultativa ou necessária.

No último caso, a reunião de pessoas no polo ativo ou passivo da relação processual é determinada por lei e representa um dos pressupostos de constituição e desenvolvimento válido do processo.[33]

O CPC trata desse instituto em seu art. 114:

> **Art. 114.** O litisconsórcio será necessário por disposição de lei ou quando, pela natureza da relação jurídica controvertida, a eficácia da sentença depender da citação de todos que devam ser litisconsortes.

Quando a ação é proposta sem levar em consideração a necessidade de todos os litisconsortes integrarem a lide, o juiz deve determinar que o reclamante promova a notificação de todos eles, sob pena de extinção do processo, na forma prevista pelo art. 115, parágrafo único, do CPC:

> **Art. 115.** A sentença de mérito, quando proferida sem a integração do contraditório, será:
>
> I – nula, se a decisão deveria ser uniforme em relação a todos que deveriam ter integrado o processo;
>
> II – ineficaz, nos outros casos, apenas para os que não foram citados.
>
> Parágrafo único. Nos casos de litisconsórcio passivo necessário, o juiz determinará ao autor que requeira a citação de todos que devam ser litisconsortes, dentro do prazo que assinar, sob pena de extinção do processo.

Já no **litisconsórcio facultativo**, também conhecido como voluntário, é formado **por conveniência dos litigantes** e não por imposição legal. Assim, atende-se a um critério de economia processual, pois evita o ajuizamento de duas ou mais ações autônomas.

---

33. STF. Súmula nº 631. Extingue-se o processo de mandado de segurança se o impetrante não promove, no prazo assinado, a citação do litisconsorte passivo necessário.

A formação do litisconsórcio facultativo **não fica** exclusivamente a critério das partes. É necessário que sejam observados alguns requisitos, definidos no art. 113 do CPC:

> **Art. 113.** Duas ou mais pessoas podem litigar, no mesmo processo, em conjunto, ativa ou passivamente, quando:
>
> I – entre elas houver comunhão de direitos ou de obrigações relativamente à lide;
>
> II – entre as causas houver conexão pelo pedido ou pela causa de pedir;
>
> III – ocorrer afinidade de questões por ponto comum de fato ou de direito.

Como o litisconsórcio facultativo tem como fundamento a economia processual, o juiz pode limitar o número de litisconsortes, quando a cumulação subjetiva provocar entraves de natureza processual, o que atrasaria ainda mais a solução do litígio.[34]

D) Simples ou unitário

Quanto aos efeitos da decisão, o litisconsórcio pode ser simples ou unitário. Se a sentença, em razão da natureza da relação jurídica deduzida em juízo, produz efeitos idênticos a todos os litisconsortes, o litisconsórcio é unitário.

Geralmente, isso acontece quando o fato que constitui o fundamento jurídico da ação ou da defesa é único, de modo que não há como atribuir efeitos diversos às partes que ocupam o polo passivo ou ativo da relação processual.

QUADRO COMPARATIVO – LITISCONSÓRCIO UNITÁRIO		
CPC DE 1973	**CPC DE 2015**	**CLT**
Art. 47. Há litisconsórcio necessário, quando, por disposição de lei ou pela natureza da relação jurídica, o juiz tiver de decidir a lide de modo uniforme para todas as partes; caso em que a eficácia da sentença dependerá da citação de todos os litisconsortes no processo. Parágrafo único. O juiz ordenará ao autor que promova a citação de todos os litisconsortes necessários, dentro do prazo que assinar, sob pena de declarar extinto o processo.	**Art. 116.** O litisconsórcio será unitário quando, pela natureza da relação jurídica, o juiz tiver de decidir o mérito de modo uniforme para todos os litisconsortes.	Sem similar.
Aplicabilidade do CPC ao processo do trabalho	Aplica-se essa regra ao processo do trabalho em face da omissão da CLT e a ausência de incompatibilidade.	
Diferença entre o CPC de 2015 e o de 1973	O CPC de 1973 tratava especificamente do litisconsórcio unitário em seu art. 47, apesar de referir-se ao litisconsórcio necessário. O CPC de 2015 eliminou esse equivoco com a redação adotada em seu art. 115, *caput*.	

Quando existe a possibilidade da sentença atribuir efeitos diversos a cada um daqueles que compõe o polo passivo ou ativo da relação processual, o litisconsórcio é simples.

34. CPC. Art. 113. § 1º O juiz poderá limitar o litisconsórcio facultativo quanto ao número de litigantes na fase de conhecimento, na liquidação de sentença ou na execução, quando este comprometer a rápida solução do litígio ou dificultar a defesa ou o cumprimento da sentença. § 2º O requerimento de limitação interrompe o prazo para manifestação ou resposta, que recomeçará da intimação da decisão que o solucionar.

2.2. O litisconsórcio na CLT

A CLT permite que vários empregados formem um litisconsórcio ativo facultativo, quando forem litigar com o mesmo empregador, desde que haja identidade de pedidos ou causa de pedir.

Denominam-se, assim, de **reclamações trabalhistas plúrimas, conforme se observa da redação do art. 842 da CLT:** "Sendo várias as reclamações e havendo identidade de matéria, poderão ser acumuladas num só processo, se se tratar de empregados da mesma empresa ou estabelecimento".

O art. 843 da CLT também faz referência à reclamação plúrima:

> **Art. 843.** Na audiência de julgamento deverão estar presentes o reclamante e o reclamado, independentemente do comparecimento de seus representantes, salvo nos casos de Reclamatórias Plúrimas ou Ações de Cumprimento, quando os empregados poderão fazer-se representar pelo sindicato de sua categoria.

Além do permissivo legal expresso, a praxe processual trabalhista admite a possibilidade de ser formada uma **comissão de autores** para representar todos os integrantes do polo ativo, quando esse número for muito elevado.

Há questões práticas que devem ser observadas pelos trabalhadores na condição de autores da ação trabalhista plúrima, quando optam por formar esse litisconsórcio facultativo. Nesse caso, o número de testemunhas, por exemplo, **fica limitado a três, no rito ordinário, e a duas, em caso de rito sumaríssimo.**

De igual forma, **o valor-teto para o depósito recursal deve ser feito considerado uma única ação**, e não pelo numero de integrantes do polo ativo da relação processual, o que facilitaria a procrastinação do feito com a interposição de recursos protelatórios.

2.3. Hipóteses clássicas de litisconsórcio no processo do trabalho

A legislação material trabalhista prevê alguns casos de solidariedade das obrigações decorrentes do contrato de trabalho, mormente nos casos de empresas do mesmo grupo econômico e no contrato de subempreitada.

Com o reconhecimento dos efeitos jurídicos do fenômeno da terceirização, as empresas tomadoras e prestadoras dos serviços também passaram a ser consideradas subsidiariamente responsáveis pelo cumprimento daquelas obrigações citadas.

Dessa forma, **quando forem solidariamente responsáveis duas ou mais empresas, pode o empregado propor ação contra uma, algumas ou todas elas,** o que implicaria litisconsórcio facultativo, passivo e originário.

O dispositivo legal a ser aplicado à espécie seria o inciso I, art. 113, do CPC:

> **Art.113.** Duas ou mais pessoas podem litigar, no mesmo processo, em conjunto, ativa ou passivamente, quando: I – entre elas houver comunhão de direitos ou de obrigações relativamente à lide.

Ora, em caso de litisconsórcio facultativo e passivo, derivado de uma opção feita pelo reclamante em razão da responsabilidade conjunta de dois ou mais devedores, há, na realidade, uma pluralidade de ações, uma vez que poderiam ter sido ajuizadas várias ações autônomas.

A responsabilidade das empresas tomadoras de serviço encontra sua previsão legal na Lei nº 6.019/74, alterada pela Lei nº 13.467/17.

Não resta dúvida, portanto, que o autor pode incluir, no polo passivo da ação trabalhista, a sua empregadora direta e a empresa tomadora dos serviços, porque entre ambas existe comunhão de direitos ou obrigações.

A Súmula nº 406, do TST, menciona uma das hipóteses de litisconsórcio passivo necessário, no que diz respeito à ação rescisória:

> **SÚMULA Nº 406.** AÇÃO RESCISÓRIA. LITISCONSÓRCIO. NECESSÁRIO NO PÓLO PASSIVO E FACULTATIVO NO ATIVO. INEXISTENTE QUANTO AOS SUBSTITUÍDOS PELO SINDICATO. (conversão das Orientações Jurisprudenciais nº 82 e 110 da SBDI-II – Res. 137/2005 – DJ 22.08.2005). I – O litisconsórcio, na ação rescisória, é necessário em relação ao polo passivo da demanda, porque supõe uma comunidade de direitos ou de obrigações que não admite solução díspar para os litisconsortes, em face da indivisibilidade do objeto. Já em relação ao polo ativo, o litisconsórcio é facultativo, uma vez que a aglutinação de autores se faz por conveniência, e não pela necessidade decorrente da natureza do litígio, pois não se pode condicionar o exercício do direito individual de um dos litigantes no processo originário à anuência dos demais para retomar a lide. (ex-OJ Nº 82 – inserida em 13.03.2002). II – O Sindicato, substituto processual e autor da reclamação trabalhista, em cujos autos fora proferida a decisão rescindenda, possui legitimidade para figurar como réu na ação rescisória, sendo descabida a exigência de citação de todos os empregados substituídos, porquanto inexistente litisconsórcio passivo necessário. (ex-OJ Nº 110 – DJ 29.04.2003).

Então, se em uma reclamação trabalhista proposta por um empregado em face de duas empresas que ele considere solidariamente responsáveis pelo pagamento dos seus créditos, a sentença deixar de reconhecer a procedência da sua pretensão, a ação rescisória a ser proposta **deve incluir em seu polo passivo, obrigatoriamente, essas duas empresas.**

Outro exemplo muito comum no processo laboral é o do mandado de segurança impetrado pela parte, em face de ato processual praticado pelo Juiz do trabalho, quando a decisão é irrecorrível.

Nessa hipótese, a parte *contrária* **é considerada como litisconsorte necessário** no mandado de segurança. Assim, deve o impetrante providenciar a notificação da parte contrária no processo originário, sob pena de extinção da demanda sem a resolução do mérito.

Nesse sentido, os precedentes judiciais do TRT15:

> **OJ SDI-3 Nº 5 do TRT15. LITISCONSÓRCIO NECESSÁRIO. AUSÊNCIA DE INDICAÇÃO DE UM DOS RÉUS. EXTINÇÃO DO FEITO SEM RESOLUÇÃO DO MÉRITO.** No litisconsórcio necessário cabe ao autor indicar na inicial todos os réus sujeitos à eficácia da sentença que vier a ser proferida conforme dispõe o art. 114 do CPC. O descumprimento desse ônus acarreta a extinção do processo sem resolução do mérito.
>
> **OJ SDI-3 Nº 4 do TRT15. LITISCONSÓRCIO NECESSÁRIO. CONDUTA REFRATÁRIA DO AUTOR À ORDEM PARA CITAÇÃO. EXTINÇÃO DO FEITO SEM RESOLUÇÃO DO MÉRITO.** Na impossibilidade de um dos réus ser encontrado o relator ordenará que o autor promova a citação por edital. Desatendida a ordem extingue-se a rescisória sem resolução do mérito, ante os termos do art. 115, parágrafo único, do CPC.

Verifica-se, com certa frequência, a presença do litisconsórcio unitário nas lides laborais. O exemplo clássico já foi citado no início desse item, quando um empregado ajuíza uma reclamação trabalhista em face de duas ou mais empresas consideradas solidariamente responsáveis pelo pagamento dos seus créditos trabalhistas.

Nessa situação, a sentença a ser proferida produzirá os mesmos efeitos para todos aqueles que ocupam o polo passivo da relação processual, salvo se o juiz reconhece a ausência de responsabilidade de uma ou alguma delas.

Imagine-se que o juiz formou seu convencimento no sentido de reconhecer que o empregado laborava em jornada extraordinária. A sentença reconhecerá a veracidade dessa alegação, qual seja, da extrapolação da jornada de trabalho, e condenará as empresas reclamadas ao pagamento das horas extraordinárias, acrescidas do adicional legal.[35]

A CLT prevê uma hipótese de **litisconsórcio necessário** em seu § 5º, art. 611-A da CLT, introduzido pela Lei nº 13.467/17, nas demandas coletivas nas quais se postule anulação de cláusula de convenção ou acordo coletivo de trabalho:

> **Art. 611-A.** § 5º Os sindicatos subscritores de convenção coletiva ou de acordo coletivo de trabalho deverão participar, como **litisconsortes necessários**, em ação individual ou coletiva, que tenha como objeto a anulação de cláusulas desses instrumentos.

Segundo entendimento do TST, essa regra só se aplica às demandas ajuizadas a partir de 11.11.2017, conforme se observa do art. 3º, da IN nº 41/2018:

> **Art. 3º** A obrigação de formar o litisconsórcio necessário a que se refere o art. 611-A, § 5º, da CLT dar-se-á nos processos iniciados a partir de 11 de novembro de 2017 (Lei nº 13.467/2017).

Entendimento constante do Enunciado nº 108 aprovado na 2ª Jornada de Direito Material de Processual do Trabalho é no sentido de excluir as entidades sindicais do pagamento das despesas processuais e dos honorários advocatícios de sucumbência nesses casos.

> **ENUNCIADO Nº 108. LITISCONSORTE NECESSÁRIO DE ENTIDADES SINDICAIS**
> AÇÃO DE ANULAÇÃO DE CLÁUSULA DE INSTRUMENTO COLETIVO. ENTIDADES SINDICAIS SUBSCRITORAS. LITISCONSÓRCIO NECESSÁRIO. ÔNUS PROCESSUAL DA LIDE. ARTIGO 611-A, § 5º DA CLT. A EXIGÊNCIA LEGAL DA PARTICIPAÇÃO DA ENTIDADE SINDICAL COMO LITISCONSORTE NECESSÁRIO NAS AÇÕES QUE TENHAM COMO OBJETO A ANULAÇÃO DE CLÁUSULAS DE INSTRUMENTO COLETIVO NÃO OBRIGA AS ENTIDADES SINDICAIS SUBSCRITORAS DESSES INSTRUMENTOS AO PAGAMENTO DAS CUSTAS PROCESSUAIS E HONORÁRIOS ADVOCATÍCIOS, QUANDO NÃO DEREM CAUSA AO PROCESSO.

Por fim, quando dois ou mais empregados ajuízam uma reclamação trabalhista plúrima de reclamante contra uma mesma empresa e formula o um mesmo pedido com fundamentação fática,[36] a decisão não será necessariamente uniforme para todos os litisconsortes ativos, o que caracteriza o **litisconsórcio simples**.

Com efeito, pode ocorrer de o juiz não se convencer, por exemplo, do labor extraordinário de um reclamante que integra a lide, em face da fragilidade da prova testemunhal produzida

35. No exemplo citado, o litisconsórcio passivo é unitário, porém facultativo.
36. CLT. Art. 842. Sendo várias as reclamações e havendo identidade de matéria, poderão ser acumuladas num só processo, se se tratar de empregados da mesma empresa ou estabelecimento.

e da inexistência de comunhão de fatos. Nesse caso, a sentença acolherá a pretensão de um ou alguns, e rejeitará em relação aos demais.

O esquema a seguir apresenta os principais casos de litisconsórcio passivo no processo do trabalho:

Casos típicos de litisconsórcio passivo no processo do trabalho	• Empresas do mesmo grupo econômico • Empresa sucessora e sucedida • Tomadora e prestadora de serviços (terceirização) • Empreiteiro principal e subempreiteiro (art. 455 da CLT) • Sócios e sociedade • Reclamante e sindicato quando há pedido de anulação de cláusula de convenção ou acordo coletivo

2.4. Efeitos do litisconsórcio

Em regra, os litisconsortes desfrutam de determinada autonomia processual, denominada de **princípio da independência dos litisconsortes**, no que diz respeito à sua relação com a parte *ex adversa*, salvo no litisconsórcio unitário.

QUADRO COMPARATIVO – PRINCÍPIO DA INDEPENDÊNCIA DOS LITISCONSORTES		
CPC DE 1973	**CPC DE 2015**	**CLT**
Art. 48. Salvo disposição em contrário, os litisconsortes serão considerados, em suas relações com a parte adversa, como litigantes distintos; os atos e as omissões de um não prejudicarão nem beneficiarão os outros.	**Art. 117.** Os litisconsortes serão considerados, em suas relações com a parte adversa, como litigantes distintos, **exceto no litisconsórcio unitário**, caso em que os atos e as omissões de um não prejudicarão os outros, **mas os poderão beneficiar.**	Sem similar.
Aplicabilidade do CPC ao processo do trabalho	Aplica-se ao processo do trabalho em face da omissão da CLT e da ausência de incompatibilidade.	
Diferença entre o CPC de 2015 e o de 1973	• O CPC de 2015 destaca que o princípio da independência aplica-se apenas parcialmente no caso de litisconsórcio necessário, corrigindo a omissão verificada no CPC de 1973. • Ao contrário do que ocorria no sistema anterior, os atos de um litisconsorte pode beneficiar outro.	

Outros preceitos do CPC, a exemplo daquele contido no art. 998, reforçam a independência dos litisconsortes, principalmente quando o litisconsórcio é simples, ou seja, quando a decisão não precisa ser uniforme para todos: "Art. 998. O recorrente poderá, a qualquer tempo, sem a anuência do recorrido ou dos litisconsortes, desistir do recurso".

Assim, um ato processual praticado por um litisconsorte **aproveita** aos demais, como acontece com o oferecimento da **contestação e do recurso**.[37] Visto por outro lado, a omissão de um litisconsorte não prejudica aquelas pessoas que ocupam o mesmo polo da relação processual.

37. CPC. Art. 345. A revelia não produz o efeito mencionado no art. 344 se: I – havendo pluralidade de réus, algum deles contestar a ação. Art. 1.005. O recurso interposto por um dos litisconsortes a todos aproveita, salvo se distintos ou opostos os seus interesses. TST. Súmula nº 128. DEPÓSITO RECURSAL. (INCORPORADAS AS ORIENTAÇÕES

Em relação às despesas processuais, correrão por conta de cada litisconsorte de forma proporcional, conforme previsão inserida no art. 87 do CPC: "Concorrendo diversos autores ou diversos réus, os vencidos respondem proporcionalmente pelas despesas e pelos honorários".

Sobre o recolhimento das custas em litisconsórcio, manifesta-se o TST por meio da Súmula nº 36: "CUSTAS. Nas ações plúrimas, as custas incidem sobre o respectivo valor global".

Quando o litisconsórcio é representado por procuradores diversos, **o prazo para contestar ou recorrer é computado em dobro**.

QUADRO COMPARATIVO – PRAZO EM DOBRO NO LITISCONSÓRCIO		
CPC DE 1973	**CPC DE 2015**	**CLT**
Art. 191. Quando os litisconsortes tiverem diferentes procuradores, ser-lhes-ão contados em dobro os prazos para contestar, para recorrer e, de modo geral, para falar nos autos.	**Art. 229.** Os litisconsortes que tiverem diferentes procuradores, **de escritórios de advocacia distintos**, terão prazos contados em dobro para todas as suas manifestações, em qualquer juízo ou tribunal, independentemente de requerimento. **§ 1º Cessa a contagem do prazo em dobro se, havendo apenas 2 (dois) réus, é oferecida defesa por apenas um deles.** **§ 2º Não se aplica o disposto no caput aos processos em autos eletrônicos.**	Sem similar.
Aplicabilidade do CPC ao processo do trabalho	Apesar da omissão da CLT, o TST considera que essa regra é inaplicável ao processo do trabalho em face de sua incompatibilidade com o princípio da celeridade.	
Diferença entre o CPC de 2015 e o de 1973	Foram as seguintes inovações no CPC de 2015: • Para ter prazo em dobro, os advogados não podem ser do mesmo escritório; • Não há prazo em dobro nos casos em que há apenas dois réus e apenas um oferece defesa; • Não se aplica aos casos de processos em autos eletrônicos.	

O TST, por intermédio da OJ nº 310 da SDI-1, **afasta a incidência do referido preceito legal no processo do trabalho**, em face da incompatibilidade com os seus princípios norteadores, notadamente o da celeridade:

> **OJ Nº 310.** LITISCONSORTES. PROCURADORES DISTINTOS. PRAZO EM DOBRO. art. 229, caput e §§ 1º e 2º, do CPC de 2015. ART. 191 DO CPC de 1973. INAPLICÁVEL AO PROCESSO DO TRABALHO (atualizada em decorrência do CPC de 2015) – Res. 208/2016, DEJT divulgado em 22, 25 e 26.04.2016. Inaplicável ao processo do trabalho a norma contida no art. 229, caput e §§ 1º e 2º, do CPC de 2015 (art. 191 do CPC de 1973), em razão de incompatibilidade com a celeridade que lhe é inerente.

JURISPRUDENCIAIS Nºs 139, 189 E 190 DA SDI-1). **III – Havendo condenação solidária de duas ou mais empresas, o depósito recursal efetuado por uma delas aproveita as demais, quando a empresa que efetuou o depósito não pleiteia sua exclusão da lide.**

Esse benefício não se justifica quando o processo tramitar em meio eletrônico, uma vez que os autos podem ser consultados por todos os integrantes do polo passivo e ativo simultaneamente.

Quanto à **confissão**, aplica-se o preceito contido no art. 391 do CPC: "A confissão judicial faz prova contra o confitente, não prejudicando, todavia, os litisconsortes".

Isso quer dizer que para a confissão produzir seu efeito principal, que é considerar como verdadeiros os fatos narrados pela parte contrária, é necessário que todos os litisconsortes confessem, quando o litisconsórcio é unitário.

Em relação à contagem do prazo, previsto pelo art. 231, § 1º do CPC **não se aplica ao processo do trabalho que possui dispositivo próprio**, representado pelo art. 774 da CLT:

> **Art. 774.** Salvo disposições em contrário, os prazos previstos neste Título contam-se, conforme o caso, a partir da data em que for feita pessoalmente, ou recebida a notificação, daquela em que for publicado o edital no jornal oficial ou no que publicar o expediente da Justiça do Trabalho, ou, ainda, daquela em que for afixado o edital, na sede da Junta, Juízo ou Tribunal.

O quadro a seguir destaca as principais características processuais do litisconsórcio:

<table>
<tr><th>Instituto</th><th colspan="2">Regra</th><th>Fundamentação legal</th></tr>
<tr><td>Despesas processuais</td><td colspan="2">Os vencidos respondem proporcionalmente pelas despesas processuais.</td><td>Art. 87 do CPC</td></tr>
<tr><td>Confissão</td><td colspan="2">Faz prova contra o litisconsorte que confessar, não prejudicando os demais.</td><td>Art. 391 do CPC</td></tr>
<tr><td>Revelia</td><td colspan="2">Não induz confissão ficta quanto à matéria fática, quando um réu contestar a ação.</td><td>Art. 345, I, do CPC</td></tr>
<tr><td rowspan="3">Recurso</td><td>Interposição</td><td>A todos aproveita, salvo se distintos ou opostos os interesses.</td><td>Art. 1.005 do CPC</td></tr>
<tr><td>Desistência</td><td>Não há necessidade de anuência do litisconsorte.</td><td>Art. 998 do CPC</td></tr>
<tr><td>Depósito recursal</td><td>O depósito efetuado por um reclamado condenado solidariamente aproveita os demais, exceto na hipótese de pleitear a sua exclusão da lide.</td><td>TST. Súmula nº 128, inciso III</td></tr>
<tr><td rowspan="2">Prazo</td><td>Quantidade</td><td>Os litisconsortes que tiverem diferentes procuradores, de escritórios de advocacia distintos, terão prazos contados em dobro para todas as suas manifestações, em qualquer juízo ou tribunal, independentemente de requerimento. (não se aplica ao processo do trabalho, segundo a OJ Nº 310 da SDI-1 do TST.</td><td>Art. 229 do CPC</td></tr>
<tr><td>Início</td><td>A partir da data em que a comunicação judicial for feita (no processo civil, começa a correr o prazo geralmente da data da juntada aos autos do último aviso de recebimento ou mandado citatório cumprido).</td><td>Art. 231, § 1º, do CPC
Art. 774 da CLT</td></tr>
</table>

3. PROCURADORES

O advogado é o profissional que representa a parte no âmbito do Poder Judiciário. Pratica atos processuais que, em regra, lhes são privativos, em nome do seu constituinte, mediante a outorga de poderes conferidos por meio da celebração de um contrato de mandato judicial.

Essa profissão encontra-se regulamentada pela Lei nº 8.906/94, que dispõe sobre o Estatuto e a Ordem dos Advogados do Brasil – OAB.

A atual Constituição Federal, em seu art. 133, afirma que o advogado é indispensável à administração da justiça e é inviolável por seus atos e manifestações no exercício da profissão, nos limites da lei.[38]

Ainda assim, o próprio ordenamento jurídico admite a dispensa do advogado para prática de certos atos processuais, como por exemplo: impetração de *habeas corpus* em qualquer instância ou Tribunal (art. 1º § 1º do EAOB); advocacia em causa própria (art. 103, parágrafo único, do CPC); e nos Juizados Especiais Cíveis, quando o valor da causa for de até vinte salários mínimos (art. 9º da Lei nº 9.099/95).

3.1. *Ius postulandi*

O *ius postulandi* nada mais é do que a capacidade que uma pessoa tem de postular em juízo sem precisar do auxílio do advogado. Como visto, a prática de atos processuais, no processo civil, é privativa do profissional da advocacia, salvo algumas exceções expressamente estabelecidas em lei.

No processo do trabalho, **as partes possuem capacidade postulatória independente do valor atribuído à causa.**

Essa exceção está consignada no art. 791 da CLT: "Os empregados e os empregadores poderão reclamar pessoalmente perante a Justiça do Trabalho e acompanhar as suas reclamações até o final", que foi recepcionado pela atual Carta Magna, não havendo nenhuma ofensa ao preceito contido em seu art. 133.[39]

Todavia, o TST editou a Súmula nº 425 que limitou a capacidade postulatória das partes **às instâncias ordinárias e aos procedimentos previstos na CLT**:

> **SÚMULA Nº 425.** JUS POSTULANDI NA JUSTIÇA DO TRABALHO. ALCANCE – Res. 165/2010, DEJT divulgado em 30.04.2010 e 03 e 04.05.2010. O jus postulandi das partes, estabelecido no art. 791 da CLT, limita-se às Varas do Trabalho e aos Tribunais Regionais do Trabalho, não alcançando a ação rescisória, a ação cautelar, o mandado de segurança e os recursos de competência do Tribunal Superior do Trabalho.

Excepciona-se também a hipótese de pedido de homologação de acordo extrajudicial, uma vez que **os interessados devem estar representados obrigatoriamente por advogados distintos**, conforme preceitua o art. 855-B da CLT: "O processo de homologação de acordo extrajudicial terá início por petição conjunta, sendo obrigatória a representação das partes por advogado".

No caso do processo tramitar pela via do PJe, mantém-se a capacidade postulatória das partes. Todavia para praticar atos **diretamente** nesse sistema a pessoa deve providenciar o seu certificado digital e o consequente cadastro inicial, que exige esse requisito.

---

38. Lei nº 8.906/94. Art. 2º. O advogado é indispensável à administração da justiça.
39. CF de 1988. Art. 133. O advogado é indispensável à administração da justiça, sendo inviolável por seus atos e manifestações no exercício da profissão, nos limites da lei.

Outra alternativa seria a parte dirigir-se à própria Unidade Jurisdicional Trabalhista e, com o auxílio de um servidor, praticar o ato processual de forma verbal, que depois seria reduzido a termo, ou digitalizar sua peça processual escrita.

Apesar da introdução do art. 791-A à CLT, por meio da Lei nº 13.467/17, que instituiu os honorários de sucumbência no processo laboral independente de assistência sindical, **foi mantido o *ius postulandi* das partes.**

Exemplo de questão sobre o tema

(Juiz do Trabalho Substituto – TRT 23ª região – 2010) Analise as seguintes proposições sobre o *jus postulandi* e ao final com base na legislação, jurisprudência pacificada e doutrina predominante julgue os itens seguintes.

I. Uma vez que as partes possuem *jus postulandi* podem ajuizar qualquer tipo de ação perante a Justiça do Trabalho, independentemente da constituição de advogado para representá-las em juízo.

II. O *jus postulandi* das partes limita-se às Varas do Trabalho e aos Tribunais Regionais do Trabalho, não alcançando os recursos de competência do Tribunal Superior do Trabalho.

III. O *jus postulandi* das partes pode ser exercido perante o TST na hipótese de quaisquer ações de competência originária daquele tribunal, como a ação rescisória, a ação cautelar, o mandado de segurança.

IV. O *jus postulandi* pode ser exercido tanto pelos empregados quanto pelos empregadores pessoas físicas, mas não pelas pessoas jurídicas.

Resposta: Está correto apenas o item "II".

3.2. Procuração

A procuração *ad iudicia* é o instrumento por meio do qual se demonstra, em juízo, a outorga de poderes da parte ao seu advogado e o habilita para a prática dos atos processuais em geral.[40]

A assinatura do outorgante também pode ser emitida por meio eletrônico, desde que o signatário possua assinatura digital,[41] fornecida por uma autoridade emissora de certificação digital.[42]

O CPC exige que **conste na procuração o endereço eletrônico do advogado**, conforme previsão contida no seu art. 287.

Segundo o posicionamento do TST, explicitado por meio da Súmula nº 456, inciso I, na procuração outorgada por pessoa jurídica deve constar a sua identificação, bem como a do seu representante legal:

> **SÚMULA Nº 456.** REPRESENTAÇÃO. PESSOA JURÍDICA. PROCURAÇÃO. INVALIDADE. IDENTIFICAÇÃO DO OUTORGANTE E DE SEU REPRESENTANTE. (inseridos os itens II e III em decorrência do CPC de 2015) – Res. 211/2016, DEJT divulgado em 24, 25 e 26.08.2016 I – É inválido o instrumento de mandato firmado em nome de pessoa

40. TST. SDI-1. OJ nº 75. SDI-1. SUBSTABELECIMENTO SEM O RECONHECIMENTO DE FIRMA DO SUBSTABELECENTE. INVÁLIDO (ANTERIOR À LEI Nº 8.952/94). **Inserida em 01.02.95 (inserido dispositivo, DJ 20.04.2005). Não produz efeitos jurídicos recurso subscrito por advogado com poderes conferidos em substabelecimento em que não consta o reconhecimento de firma do outorgante. Entendimento aplicável antes do advento da Lei nº 8.952/94.**

41. CPC. Art. 105, § 1º: A procuração pode ser assinada digitalmente, na forma da lei.

42. O Instituto Nacional de Tecnologia da Informação (ITI), **autarquia federal vinculada à Casa Civil da Presidência da República, cujo objetivo é manter a Infraestrutura de Chaves Públicas Brasileira – ICP-Brasil, sendo a primeira autoridade da cadeia de certificação – AC Raiz (www.iti.gov.br).**

> jurídica que não contenha, pelo menos, o nome do outorgante e do signatário da procuração, pois estes dados constituem elementos que os individualizam. II – Verificada a irregularidade de representação da parte na instância originária, o juiz designará prazo de 5 (cinco) dias para que seja sanado o vício. Descumprida a determinação, extinguirá o processo, sem resolução de mérito, se a providência couber ao reclamante, ou considerará revel o reclamado, se a providência lhe couber (art. 76, § 1º, do CPC de 2015). III – Caso a irregularidade de representação da parte seja constatada em fase recursal, o relator designará prazo de 5 (cinco) dias para que seja sanado o vício. Descumprida a determinação, o relator não conhecerá do recurso, se a providência couber ao recorrente, ou determinará o desentranhamento das contrarrazões, se a providência couber ao recorrido (art. 76, § 2º, do CPC de2015).

Os procuradores dos Entes públicos não estão obrigados a juntar procuração aos autos, na forma do entendimento constante da Súmula nº 644 do STF: "Ao titular do cargo de procurador de autarquia não se exige a apresentação de instrumento de mandato para representá-la em juízo".

A Súmula nº 436 do TST também alberga esse entendimento:

> **SÚMULA Nº 436.** REPRESENTAÇÃO PROCESSUAL. PROCURADOR DA UNIÃO, ESTADOS, MUNICÍPIOS E DISTRITO FEDERAL, SUAS AUTARQUIAS E FUNDAÇÕES PÚBLICAS. JUNTADA DE INSTRUMENTO DE MANDATO (conversão da Orientação Jurisprudencial no 52 da SBDI-I e inserção do item II à redação) I – A União, Estados, Municípios e Distrito Federal, suas autarquias e fundações públicas, quando representadas em juízo, ativa e passivamente, por seus procuradores, estão dispensadas da juntada de instrumento de mandato e de comprovação do ato de nomeação. II – Para os efeitos do item anterior, é essencial que o signatário ao menos declare-se exercente do cargo de procurador, não bastando a indicação do número de inscrição na Ordem dos Advogados do Brasil.

Só, excepcionalmente, em casos de urgência é possível ao advogado atuar em juízo sem procuração, na forma prevista pelo art. 104 do CPC:

QUADRO COMPARATIVO – PRÁTICA DE ATOS URGENTES PELO ADVOGADO		
CPC DE 1973	**CPC DE 2015**	**CLT**
Art. 37. Sem instrumento de mandato, o advogado não será admitido a procurar em juízo. Poderá, todavia, em nome da parte, intentar ação, a fim de evitar decadência ou prescrição, bem como intervir, no processo, para praticar atos reputados urgentes. Nestes casos, o advogado se obrigará, independentemente de caução, a exibir o instrumento de mandato no prazo de 15 (quinze) dias, prorrogável até outros 15 (quinze), por despacho do juiz. Parágrafo único. Os atos, não ratificados no prazo, serão havidos por **inexistentes**, respondendo o advogado por despesas e perdas e danos.	**Art. 104.** O advogado não será admitido a postular em juízo sem procuração, salvo para evitar **preclusão**, decadência ou prescrição, ou para praticar ato considerado urgente. § 1º Nas hipóteses previstas no *caput*, o advogado deverá, independentemente de caução, exibir a procuração no prazo de 15 (quinze) dias, prorrogável por igual período por despacho do juiz. § 2º O ato não ratificado será **considerado ineficaz** relativamente àquele em cujo nome foi praticado, respondendo o advogado pelas despesas e por perdas e danos.	Sem similar.
Aplicabilidade do CPC ao processo do trabalho	Aplica-se ao processo do trabalho em face da omissão da CLT e da ausência de incompatibilidade.	

QUADRO COMPARATIVO – PRÁTICA DE ATOS URGENTES PELO ADVOGADO		
CPC DE 1973	**CPC DE 2015**	**CLT**
Diferença entre o CPC de 2015 e o de 1973	Admitiu-se, expressamente, a atuação do advogado em juízo sem procuração para evitar a preclusão e não somente a prescrição e a decadência. O ato não ratificado que era considerado inexistente passa a ser classificado como ineficaz.	

No mesmo sentido é a determinação contida no art. 5º e seu § 1º, da Lei nº 8.906/94:

> **Art. 5º.** O advogado postula, em juízo ou fora dele, fazendo prova do mandato. § 1º O advogado, firmando urgência, pode atuar sem procuração, obrigando-se a apresentá-la no prazo de quinze dias, prorrogável por igual período.

Se o advogado não junta a procuração no prazo estabelecido pelo juiz, os atos processuais por ele praticados são considerados **ineficazes**, além de assumir o pagamento das despesas processuais cabíveis.[43]

O advogado que renunciar os poderes conferidos pela parte, no curso processo, terá que representá-la ainda durante os **10 dias subsequentes** contados a partir da data que comunicar essa vontade ao seu cliente, desde que seja necessário para evitar prejuízo, conforme procedimento previsto pelo art. 112 do CPC:

> **Art. 112.** O advogado poderá renunciar ao mandato a qualquer tempo, provando, na forma prevista neste Código, que comunicou a renúncia ao mandante, a fim de que este nomeie sucessor.
>
> **§ 1º** Durante os 10 (dez) dias seguintes, o advogado continuará a representar o mandante, desde que necessário para lhe evitar prejuízo.
>
> **§ 2º** Dispensa-se a comunicação referida no *caput* quando a procuração tiver sido outorgada a vários advogados e a parte continuar representada por outro, apesar da renúncia.

Em qualquer caso, não é necessário juntar aos autos o contrato social da pessoa jurídica como requisito de validade da procuração, salvo nos casos de impugnação pela parte contrária, conforme entendimento do TST constante da OJ nº 255 da SDI-1.

> **OJ Nº 255.** MANDATO. CONTRATO SOCIAL. DESNECESSÁRIA A JUNTADA . (atualizada em decorrência do CPC de 2015) – Res. 208/2016, DEJT divulgado em 22, 25 e 26.04.2016. O art. 75, inciso VIII, do CPC de 2015 (art. 12, VI, do CPC de 1973)

43. TST. Súmula nº 383. MANDATO. RECURSO. MANDATO. IRREGULARIDADE DE REPRESENTAÇÃO. CPC DE 2015, ARTS. 104 E 76, § 2º (nova redação em decorrência do CPC de 2015) - **Res. 210/2016, DEJT divulgado em 30.06.2016 e 01 e 04.07.2016. I – É inadmissível recurso firmado por advogado sem procuração juntada aos autos até o momento da sua interposição, salvo mandato tácito. Em caráter excepcional (art. 104 do CPC de 2015), admite-se que o advogado, independentemente de intimação, exiba a procuração no prazo de 5 (cinco) dias após a interposição do recurso, prorrogável por igual período mediante despacho do juiz. Caso não a exiba, considera-se ineficaz o ato praticado e não se conhece do recurso. II – Verificada a irregularidade de representação da parte em fase recursal, em procuração ou substabelecimento já constante dos autos, o relator ou o órgão competente para julgamento do recurso designará prazo de 5 (cinco) dias para que seja sanado o vício. Descumprida a determinação, o relator não conhecerá do recurso, se a providência couber ao recorrente, ou determinará o desentranhamento das contrarrazões, se a providência couber ao recorrido (art. 76, § 2º, do CPC de 2015).**

não determina a exibição dos estatutos da empresa em juízo como condição de validade do instrumento de mandato outorgado ao seu procurador, salvo se houver impugnação da parte contrária.

A) Mandato tácito e expresso

Por meio do mandato tácito, a parte confere poderes para o foro em geral **pelo simples fato de vir acompanhado do seu advogado, quando da realização da audiência**.

Todavia, para a outorga dos poderes especiais previstos no art. 105 do CPC há necessidade do mandato expresso e do instrumento escrito.[44]

Dessa forma, o advogado que apresentou contestação em audiência, na presença do reclamado ou do seu preposto, pode, por exemplo, interpor recurso sem a necessidade de procuração expressa.

Quando se trata de agravo de instrumento, sem a necessidade de remessa dos autos principais, **deve-se juntar a cópia da ata de audiência**, para demonstrar a existência do mandato tácito.[45]

Contudo, o mandato tácito não confere poderes ao advogado para ajuizar outras ações em nome do seu constituinte. Aplica-se essa regra também quando a procuração é outorgada com poderes expressos limitados à propositura da reclamação trabalhista, na forma do entendimento contido na OJ nº 151, SDI-II, do TST:

> **OJ Nº 151.** AÇÃO RESCISÓRIA E MANDADO DE SEGURANÇA. PROCURAÇÃO. PODERES ESPECÍFICOS PARA AJUIZAMENTO DE RECLAMAÇÃO TRABALHISTA. IRREGULARIDADE DE REPRESENTAÇÃO PROCESSUAL. FASE RECURSAL. VÍCIO PROCESSUAL SANÁVEL (nova redação em decorrência do CPC de 2015) A procuração outorgada com poderes específicos para ajuizamento de reclamação trabalhista não autoriza a propositura de ação rescisória e mandado de segurança. Constatado, todavia, o defeito de representação processual na fase recursal, cumpre ao relator ou ao tribunal conceder prazo de 5 (cinco) dias para a regularização, nos termos da Súmula nº 383, item II, do TST.

Já a **procuração *apud acta* representa a outorga de poderes expressos, pelo reclamante ou reclamado, durante a audiência**. Registra-se os termos da procuração na ata respectiva, inclusive com a possibilidade de concessão de poderes especiais.

A CLT possui dispositivo expresso nesse sentido, representado pelo § 3º do art. 791: "A constituição de procurador com poderes para o foro em geral poderá ser efetivada, mediante simples registro em ata de audiência, a requerimento verbal do advogado interessado, com anuência da parte representada".

44. CPC. Art. 105: A procuração geral para o foro, outorgada por instrumento público ou particular assinado pela parte, habilita o advogado a praticar todos os atos do processo, exceto receber citação, confessar, reconhecer a procedência do pedido, transigir, desistir, renunciar ao direito sobre o qual se funda a ação, receber, dar quitação, firmar compromisso e assinar declaração de hipossuficiência econômica, que devem constar de cláusula específica.

45. TST. SDI-1. OJ nº 286. AGRAVO DE INSTRUMENTO. TRASLADO. MANDATO TÁCITO. ATA DE AUDIÊNCIA. CONFIGURAÇÃO (alterada – Res. 167/2010, DEJT divulgado em 30.04.2010 e 03 e 04.05.2010) **I – A juntada da ata de audiência, em que consignada a presença do advogado, desde que não estivesse atuando com mandato expresso, torna dispensável a procuração deste, porque demonstrada a existência de mandato tácito. II – Configurada a existência de mandato tácito fica suprida a irregularidade detectada no mandato expresso.**

A doutrina não é pacífica nesse aspecto, pois existem autores (corrente minoritária) que não identificam diferenças entre o mandato tácito e a procuração *apud acta:*

Quadro Doutrinário – Mandato tácito x Procuração apud acta		
Posicionamento	**Doutrinadores**	**Exemplo**
Há diferença	Renato Saraiva, Bezerra Leite, Rodrigues Pinto, Francisco Neto e Jouberto Cavalcante	O mandato tácito é formado em função do comparecimento do causídico à audiência, representando qualquer das partes [...]. A procuração *apud acta* é conferida pelo juiz em audiência, mediante ato formal, solene, devidamente registrado na ata de audiência (Renato Saraiva)*
Não há diferença	Mauri Schiavi e Valentin Carrion.	A procuração *apud acta*, também chamada de tácita, é o mandato passado em audiência perante o Juiz do Trabalho (Mauro Schiavi).**
*.SARAIVA, Renato. **Curso de direito processual do trabalho**. São Paulo: Método, 2007. p 206 **. SCHIAVI, Mauro. **Manual de direito processual do trabalho.** 4 ed. São Paulo: LTr, 2011. p. 316.		

Em resumo, a classificação das diversas espécies de mandato judicial:

Mandato	• Tácito	–
	• Expresso	• Por escrito • *Apud acta*

B) Substabelecimento

Por intermédio do substabelecimento, o advogado transfere a outro causídico os poderes que lhe foram conferidos por meio do contrato de mandato judicial.[46]

A possibilidade de substabelecer os poderes pode constar ou não do instrumento de mandato, mas essa circunstância é irrelevante para efeitos processuais. Assim, **mesmo sem ter recebido autorização expressa para substabelecer, o patrono da parte pode fazê-lo, mas responde pelos atos do substabelecido**, na forma prevista pelo art. 667 do CCB.[47]

Fácil concluir que mesmo quando houver **mandato tácito,** é possível ao advogado substabelecer os poderes recebidos durante a audiência, **apesar do TST ter posicionamento em sentido contrário:**

> **OJ Nº 200.** SDI-1. MANDATO TÁCITO. SUBSTABELECIMENTO INVÁLIDO. Inserida em 08.11.00 (inserido dispositivo, DJ 20.04.2005). É inválido o substabelecimento de advogado investido de mandato tácito.

46. TST. SDI-I. OJ nº 371 IRREGULARIDADE DE REPRESENTAÇÃO. SUBSTABELECIMENTO NÃO DATADO. INAPLICABILIDADE DO ART. 654, § 1º, DO CÓDIGO CIVIL. (atualizada em decorrência do CPC de 2015) – **Res. 208/2016, DEJT divulgado em 22, 25 e 26.04.2016. Não caracteriza a irregularidade de representação a ausência da data da outorga de poderes, pois, no mandato judicial, ao contrário do mandato civil, não é condição de validade do negócio jurídico. Assim, a data a ser considerada é aquela em que o instrumento for juntado aos autos, conforme preceitua o art. 409, IV, do CPC de 2015 (art. 370, IV, do CPC de 1973). Inaplicável o art. 654, § 1º, do Código Civil.**
47. Código Civil. Art. 667. O mandatário é obrigado a aplicar toda sua diligência habitual na execução do mandato, e a indenizar qualquer prejuízo causado por culpa sua ou daquele a quem substabelecer, sem autorização, poderes que devia exercer pessoalmente.

Em relação aos requisitos e efeitos do substabelecimento, o TST manifesta o seu entendimento por meio da Súmula nº 395:

> **SÚMULA Nº 395.** MANDATO E SUBSTABELECIMENTO. CONDIÇÕES DE VALIDADE (nova redação dos itens I e II e acrescido o item V em decorrência do CPC de 2015) – Res. 211/2016, DEJT divulgado em 24, 25 e 26.08.2016
>
> I – Válido é o instrumento de mandato com prazo determinado que contém cláusula estabelecendo a prevalência dos poderes para atuar até o final da demanda (§ 4º do art. 105 do CPC de 2015). (ex-OJ nº 312 da SBDI-1 – DJ 11.08.2003)
>
> II – Se há previsão, no instrumento de mandato, de prazo para sua juntada, o mandato só tem validade se anexado ao processo o respectivo instrumento no aludido prazo. (ex-OJ nº 313 da SBDI-1 – DJ 11.08.2003)
>
> III – São válidos os atos praticados pelo substabelecido, ainda que não haja, no mandato, poderes expressos para substabelecer (art. 667, e parágrafos, do Código Civil de 2002). (ex-OJ nº 108 da SBDI-1 – inserida em 01.10.1997)
>
> IV – Configura-se a irregularidade de representação se o substabelecimento é anterior à outorga passada ao substabelecente. (ex-OJ nº 330 da SBDI-1 – DJ 09.12.2003)
>
> V – Verificada a irregularidade de representação nas hipóteses dos itens II e IV, deve o juiz suspender o processo e designar prazo razoável para que seja sanado o vício, ainda que em instância recursal (art. 76 do CPC de 2015).

O entendimento exposto no item I, da Súmula transcrita, é no sentido de validar os poderes que constam da procuração outorgada com termo final pré-estabelecido, desde que no instrumento respectivo contenha uma cláusula que permita ao advogado atuar até o final do processo.

Observe-se que são antagônicos os entendimentos constantes do item III da aludida Súmula nº 395 e a OJ nº 200 da SDI-I, do TST. Deve prevalecer, contudo, o primeiro posicionamento, uma vez que os atos praticados pelo substabelecido só não obrigam o mandante se houve proibição expressa de substabelecer, conforme determinação contida no art. 667, § 3º, do Código Civil.[48]

Essa tese também é defendida por Rodolfo Pamplona e Pablo Stolze:

> Entendemos, inclusive, que a prerrogativa de substabelecer o mandato é um direito subjetivo do mandatário, que somente pode ser subtraído por previsão legal específica ou cláusula contratual impeditiva expressa.[49]

Na hipótese de um advogado passar a atuar no processo, sem o uso do instrumento de substabelecimento, mas apenas de procuração, **presume-se a revogação tácita do mandato outorgado ao patrono que atuava anteriormente.**

Inclusive, esse é o entendimento do TST constante da OJ nº 349 da SDI-1:

> **OJ Nº 349.** MANDATO. JUNTADA DE NOVA PROCURAÇÃO. AUSÊNCIA DE RESSALVA. EFEITOS. DJ 25.04.2007. A juntada de nova procuração aos autos, sem ressalva de poderes conferidos ao antigo patrono, implica revogação tácita do mandato anterior.

---

48. Código Civil. Art. 667. § 3º Se a proibição de substabelecer constar da procuração, os atos praticados pelo substabelecido não obrigam o mandante, salvo ratificação expressa, que retroagirá à data do ato.
49. GAGLIANO, Pablo Ztolze e PAMPLONA FILHO, Rodolfo. **Novo curso de Direito Civil: contratos.** São Paulo: Saraiva, 2008. v. IV, t. 2, p. 334.

Todavia, **constitui ilícito ético do advogado ingressar diretamente no processo sem a utilização do substabelecimento**, salvo quando se fizer necessário para a prática de atos processuais urgentes.[50]

Exemplos de questões sobre o tema

(FCC – Juiz do Trabalho/2017) Fulano de Tal, advogado regularmente inscrito nos quadros da Ordem dos Advogados da Brasil, teve poderes outorgados pela empresa ABC Ltda., mediante o devido instrumento de mandato, datado de 02/07/2016, para defendê-la em reclamação trabalhista. A procuração foi anexada ao Processo Judicial Eletrônico quando da habilitação nos autos. Contudo, por um lapso do advogado, não foi anexado aos autos o contrato social da empresa. A defesa da reclamada foi protocolada com documentos, tendo o advogado Fulano participado diligente e pessoalmente de todas as audiências realizadas. Encerrada a instrução, a ação foi julgada parcialmente procedente. Diante da sentença e do interesse na interposição de recurso pela empresa, Dr. Fulano de Tal solicitou que o recurso ordinário fosse elaborado e protocolado no Processo Judicial Eletrônico pelo seu advogado assistente, Dr. Ciclano de Tal. Para tanto, substabeleceu os poderes recebidos do cliente a este advogado. O recurso ordinário foi devidamente elaborado, assinado eletronicamente e protocolado por Dr. Ciclano de Tal, juntamente com o substabelecimento outorgado pelo Dr. Fulano de Tal. Ocorre que, ao realizar o juízo de admissibilidade, o Juiz da Vara do Trabalho percebeu que a outorga do substabelecimento passado ao Dr. Ciclano de Tal era datada de 08/04/2015. Assim, alegando que o substabelecimento do advogado signatário do recurso era anterior à outorga de poderes pela recorrente ao Dr. Fulano de Tal, o Juiz da Vara do Trabalho não recebeu o recurso ordinário, sob o fundamento de irregularidade de representação processual da parte. Nessa situação hipotética, de acordo com o entendimento dominante e as Súmulas e Orientações Jurisprudenciais do Tribunal Superior do Trabalho sobre a regularidade de representação da parte,

a) se o Dr. Fulano de Tal estivesse investido de mandato tácito, seria regular o substabelecimento ao Dr. Ciclano de Tal.
b) considerando que a data da outorga de poderes é condição de validade do mandato judicial, caso não fosse datado o substabelecimento ao Dr. Ciclano de Tal, restaria caracterizada hipótese de irregularidade de representação.
c) verificada a irregularidade de representação em razão de o substabelecimento possuir data anterior à outorga passada ao substabelecente, o recurso deverá ser tido por inexistente, na medida em que é inadmissível, em instância recursal, o oferecimento tardio de instrumento de mandato, já que a interposição de recurso não pode ser reputada ato urgente.
d) seriam inválidos os atos praticados pelo substabelecido, caso o instrumento de mandato não disciplinasse poderes expressos para substabelecer, ainda que o juiz suspendesse o processo e designasse prazo para que fosse sanado o vício.
e) caso o recurso ordinário tivesse sido firmado e protocolado no Processo Judicial Eletrônico diretamente pelo Dr. Fulano de Tal, ainda que não exibido aos autos o contrato social da empresa, tal situação, em não havendo impugnação da parte contrária, não caracterizaria invalidade do mandato outorgado ao advogado.

Resposta: E

(TRT 4 – Juiz do Trabalho Substituto 4ª Região/2016) Considere as assertivas abaixo sobre representação na Justiça do Trabalho.

I. É inválido o substabelecimento de advogado investido de mandato tácito.
II. Diante da existência de previsão, no mandato, fixando termo para sua juntada, o instrumento de mandato só tem validade se anexado ao processo dentro do aludido prazo.

50. Novo Estatuto de Ética da Ordem dos Advogados do Brasil (2015). **Art. 11. O advogado não deve aceitar procuração de quem já tenha patrono constituído, sem prévio conhecimento deste, salvo por motivo plenamente justificável ou para adoção de medidas judiciais urgentes e inadiáveis.**

III. São inválidos os atos praticados pelo substabelecido quando não há, no mandato, poderes expressos para substabelecer.

Quais são corretas?

a) Apenas I

b) Apenas II

c) Apenas III

d) Apenas I e II

e) I, II e III

Resposta: D

(TRT 2 – Juiz do Trabalho Substituto 2ª Região/2016) Nos processos perante a Justiça do Trabalho, em relação à representação das partes, nos termos das Súmulas da Jurisprudência Uniforme do Tribunal Superior do Trabalho:

I. Válido é o instrumento de mandato com prazo determinado que contenha cláusula estabelecendo a prevalência dos poderes para atuar até o final da demanda.

II. São válidos os atos praticados pelo substabelecido, ainda que não haja, no mandato, poderes expressos para substabelecer.

III. A União, os Estados, os Municípios e o Distrito Federal, suas autarquias e fundações públicas, e as empresas públicas e as sociedades de economia mista, quando representadas em juízo, ativa e passivamente, por seus procuradores, estão dispensadas da juntada de instrumento de mandato.

IV. É válido o instrumento de mandato firmado em nome de pessoa jurídica, ainda que este não contenha o nome do outorgante e do signatário da procuração.

V. Configura-se a irregularidade de representação se o substabelecimento é anterior à outorga passada ao substabelecente.

Responda:

a) Somente as proposições I, II e V estão corretas.

b) Somente as proposições I, III e IV estão corretas.

c) Somente as proposições II, III e V estão corretas.

d) Somente as proposições III, IV e V estão corretas.

e) Todas as proposições estão corretas.

Resposta: A

(FCC – Juiz do Trabalho Substituto 6ª região/2015) Sobre partes, procuradores e representação considere:

I. A União, Estados, Municípios e Distrito Federal, suas autarquias e fundações públicas, quando representadas em juízo, ativa e passivamente, por seus procuradores, estão dispensadas da juntada de instrumento de mandato e de comprovação do ato de nomeação, sendo essencial que o signatário, ao menos, declare-se exercente do cargo de procurador, não bastando a indicação do número de inscrição na Ordem dos Advogados do Brasil.

II. O instrumento de mandato com prazo determinado que contém cláusula estabelecendo a prevalência dos poderes para atuar até o final da demanda é válido. Diante da existência de previsão, no mandato, fixando termo para sua juntada, o instrumento de mandato só tem validade se anexado ao processo dentro do aludido prazo.

III. São inválidos os atos praticados pelo substabelecido quando não há no mandato, poderes expressos para substabelecer.

Está correto o que consta APENAS em

a) II e III.

b) II.

c) I.
d) I e II.
e) I e III.

Resposta: D

3.3. Direitos do advogado

Por meio da utilização da regra contida no art. 107 do CPC, aplicada subsidiariamente ao processo laboral, é possível afirmar que são direitos dos advogados:

- examinar, em cartório de fórum e secretaria de tribunal, mesmo sem procuração, autos de qualquer processo, independentemente da fase de tramitação, assegurados a obtenção de cópias e o registro de anotações, salvo na hipótese de segredo de justiça, nas quais apenas o advogado constituído terá acesso aos autos;

- requerer, como procurador, vista dos autos de qualquer processo, pelo prazo de 5 (cinco) dias;

- retirar os autos do cartório ou da secretaria, pelo prazo legal, sempre que neles lhe couber falar por determinação do juiz, nos casos previstos em lei.

A retirada dos autos da secretaria recebe a denominação de *carga dos autos* **e se aplica, obviamente,** apenas aos processos de autos físicos. Nesse caso, a secretaria manter o registro do controle de todos os processos que se encontram em poder dos advogados.

A CLT trata da matéria em seu art. 778:

> **Art. 778.** Os autos dos processos da Justiça do Trabalho não poderão sair dos cartórios ou secretarias, salvo se solicitados por advogado regularmente constituído por qualquer das partes, ou quando tiverem de ser remetidos aos órgãos competentes, em caso de recurso ou requisição.

Na hipótese de prazo comum às partes em autos físicos, só em conjunto ou mediante prévio ajuste por petição nos autos, seus procuradores podem retirar os autos da secretaria, salvo para obtenção de cópia, quando poderá retirá-los pelo prazo de duas a seis horas independentemente de ajuste (art. 107, §§ 2º e 3º do CPC).

Em processos de autos eletrônicos, não há que se falar em carga de processo ou prazo comum às partes, o que torna desnecessária a aplicação dos referidos preceitos legais.

Quando são conferidos poderes para vários advogados atuarem em conjunto e há pedido expresso no sentido de ser intimado um ou alguns deles, a inobservância desse requerimento implica nulidade processual, desde que haja prejuízo, de acordo com o posicionamento adotado pelo TST por meio da Súmula nº 427:

> **SÚMULA Nº 427.** INTIMAÇÃO. PLURALIDADE DE ADVOGADOS. PUBLICAÇÃO EM NOME DE ADVOGADO DIVERSO DAQUELE EXPRESSAMENTE INDICADO. NULIDADE (editada em decorrência do julgamento do processo TST-IUJERR 5400-31.2004.5.09.0017) – Res. 174/2011, DEJT divulgado em 27, 30 e 31.05.2011.
> Havendo pedido expresso de que as intimações e publicações sejam realizadas exclusivamente em nome de determinado advogado, a comunicação em nome de outro profissional constituído nos autos é nula, salvo se constatada a inexistência de prejuízo.

4. INTERVENÇÃO DE TERCEIROS

Verifica-se a intervenção de terceiros quando uma pessoa ingressa em um processo que, originariamente, não é parte, por iniciativa própria ou por provocação do reclamante ou do reclamado.

A CLT é completamente omissa em relação às várias hipóteses de intervenção de terceiros no processo laboral.

Por conta dessa circunstância e diante de outros fatores existe certa resistência por parte da doutrina e jurisprudência no que diz respeito à aplicabilidade do instituto da intervenção de terceiros no processo do trabalho, **salvo em relação à assistência.**

A justificativa para referida resistência fica por conta do fato da intervenção de terceiros interferir na **celeridade processual**, o que afetaria os princípios básicos e/ou peculiaridades que norteiam o processo laboral.

> **OJ4T Nº 122 do TRT9.** INTERVENÇÃO DE TERCEIROS. I – Nos processos que envolvem crédito de natureza privilegiada, a compatibilidade da intervenção de terceiros está subordinada ao interesse do autor, delimitado pela utilidade do provimento final. II – Admitida a denunciação da lide, é possível à decisão judicial estabelecer a condenação do denunciado como corresponsável.

Mas o argumento principal seria a **incompetência em razão da matéria** do Juiz do Trabalho para decidir sobre a lide derivada da intervenção do terceiro.

Contudo, a ampliação da competência da Justiça do Trabalho, efetivada por intermédio da promulgação da EC nº 45/2004, contribuiu para afastar esse óbice principal. Assim, a doutrina majoritária atual posiciona-se a favor do cabimento de algumas modalidades de intervenção de terceiros e fornece vários exemplos de sua admissibilidade.

O CPC disciplina a intervenção de terceiro no Capítulo IV, Livro I (Processo de conhecimento e cumprimento de sentença), Título I (Do procedimento comum). Na nova normativa, **não há referência à nomeação à autoria.**

No CPC de 2015 a **oposição** não consta mais no rol de intervenção de terceiro. Passa a fazer parte do Título III, classificado como **Procedimentos especiais**, no Capítulo VIII.

Ainda são inseridos mais **dois procedimentos**, que é o *amicus curiae* e o incidente de desconsideração da personalidade jurídica.

Note-se que a oposição nada mais é do que o procedimento pelo qual o terceiro ingressa no processo de forma voluntária para disputar a titularidade da coisa ou do direito objeto do conflito que originou a demanda, recebe a denominado de oposição.

Observa-se, facilmente, o caráter de economia processual dessa medida, pois permite que sejam solucionadas duas lides, com uma única sentença, pois o oponente tem como objetivo excluir o direito de ambas as partes. O interessado pode, também, aguardar o trânsito em julgado da decisão para, só então, deduzir a sua pretensão em juízo.

A CLT é omissa em relação à aceitação ou não do instituto da oposição. O CPC disciplina a matéria entre os arts. 682 e 686:

Art. 682. Quem pretender, no todo ou em parte, a coisa ou o direito sobre que controvertem autor e réu poderá, até ser proferida a sentença, oferecer oposição contra ambos.

Art. 683. O opoente deduzirá o pedido em observação aos requisitos exigidos para propositura da ação. Parágrafo único. Distribuída a oposição por dependência, serão os opostos citados, na pessoa de seus respectivos advogados, para contestar o pedido no prazo comum de 15 (quinze) dias.

Art. 684. Se um dos opostos reconhecer a procedência do pedido, contra o outro prosseguirá o opoente.

Art. 685. Admitido o processamento, a oposição será apensada aos autos e tramitará simultaneamente à ação originária, sendo ambas julgadas pela mesma sentença. Parágrafo único. Se a oposição for proposta após o início da audiência de instrução, o juiz suspenderá o curso do processo ao fim da produção das provas, salvo se concluir que a unidade da instrução atende melhor ao princípio da duração razoável do processo.

Art. 686. Cabendo ao juiz decidir simultaneamente a ação originária e a oposição, desta conhecerá em primeiro lugar.

No âmbito da relação trabalhista é possível imaginar que a disputa de instrumentos de trabalho possa ser objeto de oposição de um terceiro, como computadores, *laptops*, *palmtops*, ferramentas, automóveis etc. Essa lide superveniente já poderia ser decidida pela Justiça do Trabalho, após a promulgação da Emenda Constitucional nº 45/2004, desde que seja derivada de uma relação de trabalho, conforme disposto no art. 114, I, da atual CF.

Outra hipótese seria a do sindicato que ingressa na demanda na qual duas outras entidades sindicais disputam a titularidade da representação de uma categoria econômica ou profissional. Contudo, apesar de ser matéria trabalhista, devem ser usadas as regras do processo civil e não aquelas contidas na CLT, uma vez que a lide não se estabelece entre empregado e empregador.[51]

4.1. Assistência

A assistência consiste na intervenção voluntária de terceiro, por meio da qual a pessoa passa a integrar uma relação processual já em andamento, desde que tenha interesse jurídico, com o objetivo de praticar atos processuais tendentes a beneficiar a parte a quem pretende assistir.

A assistência é disciplinada pelo CPC no seu art. 119 e seguintes:

Art. 119. Pendendo causa entre 2 (duas) ou mais pessoas, o terceiro juridicamente interessado em que a sentença seja favorável a uma delas poderá intervir no processo para assisti-la. Parágrafo único. A assistência será admitida em qualquer procedimento e em todos os graus de jurisdição, recebendo o assistente o processo no estado em que se encontre.

A doutrina e a jurisprudência são pacíficas no que diz respeito à utilização da assistência no processo do trabalho, desde que demonstrado interesse jurídico na questão, conforme posição adotada pelo Tribunal Superior do Trabalho, por intermédio da sua Súmula nº 82:

51. Esse não é o posicionamento do TST, que determina a utilização do processo do trabalho, conforme dispõe a IN nº 27/2005 desse Tribunal.

SÚMULA Nº 82. ASSISTÊNCIA – Nova redação – Res. 121/2003, DJ 21.11.2003. A intervenção assistencial, simples ou adesiva, só é admissível se demonstrado o interesse jurídico e não o meramente econômico.

A) Espécies

A assistência pode ser **litisconsorcial,** também denominada qualificada, ou **simples.** No primeiro caso, o assistente ingressa no processo para defender, também, direito próprio que será afetado pela sentença. Assim, uma vez admitido o seu ingresso, o assistente passa a ser considerado como um verdadeiro litisconsorte.[52]

Há, nessa hipótese, uma relação jurídica entre o assistente e o adversário do assistido, que será atingida pela decisão a ser proferida no processo. Verifica-se no processo do trabalho nos casos em que o sindicato de trabalhadores ajuíza ação coletiva como substituto processual e o integrante da categoria profissional ingressa no processo como assistente.[53]

Já a assistência **simples**, também chamada de adesiva, é aquela prevista pelo *caput* do art. 121 do CPC, por meio da qual o terceiro tem como único objetivo **auxiliar a parte a obter uma sentença favorável.**

Em tais situações, não existe uma relação jurídica entre o assistente e o adversário do assistido, mas é necessário **que fique demonstrado o interesse jurídico e não o meramente econômico.**

Nessa hipótese, o assistente não assume a condição de litisconsorte, mas é considerado como um mero auxiliar da parte, conforme se observa do teor do art. 122 do CPC:

> Art. 122. A assistência simples não obsta a que a parte principal reconheça a procedência do pedido, desista da ação, renuncie ao direito sobre o que se funda a ação ou transija sobre direitos controvertidos.

B) Procedimento

O terceiro que tiver interesse jurídico em intervir no processo pode peticionar nesse sentido.

Uma vez recebido o requerimento, o juiz pode **rejeitar o pedido liminarmente**. Se não for esse o caso, será concedida vista à parte para manifestação dentro do prazo de quinze dias.

No CPC o procedimento é ditado pelo art. 120:

> Art. 120. Não havendo impugnação no prazo de 15 (quinze) dias, o pedido do assistente será deferido, salvo se for caso de rejeição liminar. Parágrafo único. Se qualquer parte alegar que falta ao requerente interesse jurídico para intervir, o juiz decidirá o incidente, sem suspensão do processo.

52. CPC. Art. 124. Considera-se litisconsorte da parte principal o assistente, toda vez que a sentença houver de influir na relação jurídica entre ele e o adversário do assistido.

53. CDC. Art. 94. Proposta a ação, será publicado edital no órgão oficial, a fim de que os interessados possam intervir no processo como litisconsortes, sem prejuízo de ampla divulgação pelos meios de comunicação social por parte dos órgãos de defesa do consumidor.

Os efeitos da sentença, em relação ao assistente simples ou qualificado, encontram-se disciplinados pelo art. 123 do CPC:

> **Art. 123.** Transitada em julgado a sentença no processo em que interveio o assistente, este não poderá, em processo posterior, discutir a justiça da decisão, salvo se alegar e provar que:
>
> I – pelo estado em que recebeu o processo ou pelas declarações e pelos atos do assistido, foi impedido de produzir provas suscetíveis de influir na sentença;
>
> II – desconhecia a existência de alegações ou de provas das quais o assistido, por dolo ou culpa, não se valeu.

4.2. Denunciação da lide

A) Conceito

A denunciação da lide constitui uma ação incidental, provocada pelo autor ou pelo réu, por meio da qual a parte interessada solicita o ingresso no processo de uma terceira pessoa para possibilitar que seja exercido o direito de regresso de forma antecipada. Com esse procedimento, atende-se ao princípio da economia processual.

O fundamento desse direito de regresso pode ser decorrente da evicção; nos casos em que o demandado exerça a posse direta da coisa; e quando a pessoa se obrigar, pela lei ou pelo contrato, a indenizar, em ação regressiva, o prejuízo de quem for demandado.

Assim, na denunciação da lide, o juiz, além de decidir sobre a controvérsia principal, **deve manifestar-se sobre o litígio acessório havido entre o terceiro e o denunciante.**

B) Cabimento no processo do trabalho

Antes da promulgação da Emenda Constitucional nº 45/04, era pacífico o entendimento segundo o qual o magistrado trabalhista era incompetente, em razão da matéria, para solucionar o litígio acessório que daria ensejo à arguição da denunciação da lide.

Atualmente, a matéria encontra-se em discussão, uma vez que a referida EC nº 45/04 ampliou a competência da Justiça Laboral, mas os limites respectivos ainda não foram estabelecidos pela doutrina e pela jurisprudência.

Como dito, alguns autores afastam o cabimento da denunciação à lide no processo do trabalho, diante do entrave que esse procedimento pode criar para a solução do conflito, principalmente no que se refere à celeridade.

Imagine-se a hipótese, por exemplo, de um empregado que ajuíza uma ação contra uma empresa e alega assédio sexual. A reclamada, por sua vez, denuncia à lide o seu gerente, ao informar que ele teria agido com dolo, sem conhecimento dos seus superiores hierárquicos e que, por esse motivo, deve indenizar a empresa pelos prejuízos causados, com base no que reza o art. 462, § 1º, da CLT.[54]

54. CLT. Art. 462. § 1º. Em caso de dano causado pelo empregado, o desconto será lícito, desde que esta possibilidade tenha sido acordada ou na ocorrência de dolo do empregado.

Nesse caso, caberia a denunciação à lide? A resposta é afirmativa, uma vez que a Justiça do Trabalho tem competência tanto para solucionar a lide principal quanto a lide acessória, pois ambas derivam da relação de emprego.

Observe-se, também, que o TST cancelou a OJ nº 227 que tinha a seguinte redação: "DENUNCIAÇÃO DA LIDE. PROCESSO DO TRABALHO. INCOMPATIBILIDADE. Inserida em 20.06.01.".

Na decisão a seguir transcrita, o instituto da denunciação da lide foi aplicado ao processo do trabalho:

> DENUNCIAÇÃO À LIDE DA EMPRESA SEGURADORA. A aplicabilidade do instituto da denunciação à lide no processo do trabalho, em face da ampliação da competência desta Justiça Especial, deve ser analisada caso a caso. A denunciação da lide do terceiro coobrigado na relação jurídica se estabelece quando, por força da lei e do contrato, estiver obrigado a suspender perante o denunciante pela obrigação assumida, obedecendo a competência desta Justiça Especial. Recurso de revista conhecido e desprovido.[55]

As hipóteses em que se admite a denunciação à lide constam do rol apresentado pelo art. 125 do CPC:

QUADRO COMPARATIVO – DENUNCIAÇÃO DA LIDE		
CPC DE 1973	**CPC DE 2015**	**CLT**
Art. 70. A denunciação da lide é obrigatória: I – ao alienante, na ação em que terceiro reivindica a coisa, cujo domínio foi transferido à parte, a fim de que esta possa exercer o direito que da evicção lhe resulta; **II – ao proprietário ou ao possuidor indireto quando, por força de obrigação ou direito, em caso como o do usufrutuário, do credor pignoratício, do locatário, o réu, citado em nome próprio, exerça a posse direta da coisa demandada;** III – àquele que estiver obrigado, pela lei ou pelo contrato, a indenizar, em ação regressiva, o prejuízo do que perder a demanda.	**Art. 125.** É admissível a denunciação da lide, promovida por qualquer das partes: I – ao alienante **imediato**, no processo relativo à coisa cujo domínio foi transferido ao denunciante, a fim de que possa exercer os direitos que da evicção lhe resultam; II – àquele que estiver obrigado, por lei ou pelo contrato, a indenizar, em ação regressiva, o prejuízo de quem for vencido no processo.	Sem similar.
Aplicabilidade do CPC ao processo do trabalho	Não há como estabelecer uma regra geral. Somente a análise de cada caso permite afirmar se cabe ou não a denunciação da lide. Tudo vai depender da competência em razão da matéria do Juiz do Trabalho para analisar a lide acessória, principalmente aquela prevista no inciso II do art. 125.	
Diferença entre o CPC de 2015 e o de 1973	O CPC de 2015 não incluiu a hipótese prevista no inciso II, art. 70, do CPC de 1973.	

A hipótese prevista no inciso II, do art. 125 do CPC é mais comum no processo do trabalho. Assim, toda vez que for possível a uma pessoa física ou jurídica, pela lei ou

55. TST. 22100-76.2007.5.15.0028 6ª T. Rel. Min. Aloysio Corrêa da Veiga. DEJT 21.05.2010.

pelo contrato, ajuizar uma ação regressiva em face de outra, pelo fato de ter pago uma indenização ao autor da demanda trabalhista, **a utilização da denunciação à lide é cabível,** desde que o juiz do trabalho seja competente em razão da matéria para decidir sobre a demanda assessória.

Sempre que a lei ou o contrato preveja a possibilidade de ação regressiva, será admitida a denunciação da lide. Isso ocorre, por exemplo, nos casos de terceirização, caracterizada pela responsabilidade subsidiaria entre empresa prestadora e tomadora de serviço; empregador e seguradora; sucessor e sucedido, nos casos em que, por força do contrato, estabeleça-se a responsabilidade do sucedido etc.

C) Procedimento

Segundo as regras processuais, a denunciação pode ser utilizada tanto pelo reclamante quanto pelo reclamado.

Quando feita pelo reclamante, o requerimento de denunciação da lide deve constar da inicial. Já o reclamado deve inserir o referido pleito na própria contestação.[56]

O denunciado, quando é chamado para integrar a lide pelo reclamante, assume a posição de litisconsorte. Inclusive, pode aditar a petição inicial (art. 127 do CPC).

Se a denunciação é feita pelo réu, rege-se pelos incisos do art. 128 do CPC:

> **Art. 128.** Feita a denunciação pelo réu:
>
> I – se o denunciado contestar o pedido formulado pelo autor, o processo prosseguirá tendo, na ação principal, em litisconsórcio, denunciante e denunciado;
>
> II – se o denunciado for revel, o denunciante pode deixar de prosseguir com sua defesa, eventualmente oferecida, e abster-se de recorrer, restringindo sua atuação à ação regressiva;
>
> III – se o denunciado confessar os fatos alegados pelo autor na ação principal, o denunciante poderá prosseguir com sua defesa ou, aderindo a tal reconhecimento, pedir apenas a procedência da ação de regresso.
>
> Parágrafo único. Procedente o pedido da ação principal, pode o autor, se for o caso, requerer o cumprimento da sentença também contra o denunciado, nos limites da condenação deste na ação regressiva.

Na decisão final, **o juiz apresenta a solução para o litígio principal e, se for o caso, para o litígio o acessório, nascido em decorrência da denunciação à lide.** Esse procedimento evita a propositura de outra ação, já que a qualidade da coisa julgada alcança o denunciado, ao definir a sua responsabilidade, e a sentença vale como título executivo.

4.3. Chamamento ao processo

Por intermédio do chamamento ao processo, a parte que ocupa o polo passivo da relação processual, no caso o reclamado, pode requerer a integração à lide daquelas pessoas que, juntamente com ela, são devedoras solidárias.

56. CPC. Art. 126. A citação do denunciado será requerida na petição inicial, se o denunciante for autor, ou na contestação, se o denunciante for réu, devendo ser realizada na forma e nos prazos previstos no art. 131.

O preceito aplicável à espécie é o art. 130 do CPC, que define as hipóteses de cabimento:

> **Art. 130.** É admissível o chamamento ao processo, requerido pelo réu:
>
> I – do afiançado, na ação em que o fiador for réu;
>
> II – dos demais fiadores, na ação proposta contra um ou alguns deles;
>
> III – dos demais devedores solidários, quando o credor exigir de um ou de alguns o pagamento da dívida comum.

A) Cabimento no processo do trabalho

Da simples leitura dos dispositivos legais transcritos, depreende-se que a hipótese prevista no inciso III seria a mais frequente no processo do trabalho.

Desse modo, o chamamento ao processo poderia ocorrer nas demandas que envolvam terceirização; responsabilidade solidária entre as empresas do mesmo grupo econômico;[57] responsabilidade solidária entre a empresa cliente e a prestadora de serviços temporários, em caso de falência;[58] responsabilidade solidária entre empreiteiro principal e subempreiteiro, com base no art. 455 da CLT etc.[59]

B) Alegação de factum principis

O *factum principis* faz transferir, à pessoa jurídica de direito público, o pagamento das indenizações devidas aos empregados que tiveram o seu contrato de trabalho extinto em razão da edição de atos pela administração pública.

O art. 486, § 1º, da CLT prevê que se o empregador alegar, em sua defesa, a prática de *factum principis,* a pessoa jurídica de Direito Público deve ser notificada para integrar à lide na condição de "*chamada à autoria*":

> **Art. 486.** No caso de paralisação temporária ou definitiva do trabalho, motivada por ato de autoridade municipal, estadual ou federal, ou pela promulgação de lei ou resolução que impossibilite a continuação da atividade, prevalecerá o pagamento da indenização, que ficará a cargo do governo responsável.
>
> **§ 1º** Sempre que o empregador invocar em sua defesa o preceito do presente artigo, o Tribunal do trabalho competente notificará a pessoa de direito público apontada como responsável

57. CLT. Art. 2º. § 2º. Sempre que uma ou mais empresas, tendo, embora, cada uma delas, personalidade jurídica própria, estiverem sob a direção, controle ou administração de outra, constituindo grupo industrial, comercial ou de qualquer outra atividade econômica, serão, para os efeitos da relação de emprego, solidariamente responsáveis a empresa principal e cada uma das subordinadas.
58. Lei nº 6.019. Art. 16. No caso de falência da empresa de trabalho temporário, a empresa tomadora ou cliente é solidariamente responsável pelo recolhimento das contribuições previdenciárias, no tocante ao tempo em que o trabalhador esteve sob suas ordens, assim como em referência ao mesmo período, pela remuneração e indenização, previstas nesta lei.
59. CLT. Art. 455. Nos contratos de subempreitada responderá o subempreiteiro pelas obrigações derivadas do contrato de trabalho que celebrar, cabendo, todavia, aos empregados, o direito de reclamação contra o empreiteiro principal pelo inadimplemento daquelas obrigações por parte do primeiro. Parágrafo único. Ao empreiteiro principal fica ressalvada, nos termos da lei civil, ação regressiva contra o subempreiteiro e a retenção de importâncias a este devidas, para a garantia das obrigações previstas neste artigo.

pela paralisação do trabalho, para que, no prazo de 30 dias, alegue o que entender devido, passando a figurar no processo como chamada à autoria.

Ocorre, porém, que a sistemática prevista pela CLT não guarda correspondência com o instituto do chamamento ao processo que consta no CPC de 2015, nem mesmo no CPC de 1973.[60]

Ora, se a responsabilidade para o pagamento das indenizações devidas ao empregado é da administração pública, não há que se falar em solidariedade entre esta e o empregador. Nem seria o caso de denunciação à lide, pois não há previsão legal ou contratual relativa à ação regressiva.

Prova disso é que reconhecida, por fim, a responsabilidade da administração pública, **o processo deve ser remetido para a Justiça Ordinária,**[61] fato que inviabilizaria a solução da lide, nos moldes preconizados pelo art. 132 do CPC.

Ressalte-se, porém, que alguns autores entendem tratar-se de denunciação a lide, como Bezerra Leite.[62]

Conclui-se, portanto, por classificar a hipótese em comento como **intervenção de terceiro atípica**, como defende Renato Saraiva.[63]

C) Procedimento

Como não é possível o chamamento ao processo pelo reclamante, o reclamado deve requerê-lo no mesmo prazo que dispõe para oferecer a contestação, ou seja, no dia designado para a audiência de conciliação, instrução e julgamento.

A sentença deve fixar a responsabilidade dos devedores solidários e aquele que cumprir a obrigação pode utilizar a sentença como título executivo em relação aos demais coobrigados, equivalente a cada quota-parte ou por inteiro em relação ao devedor principal.[64]

60. O CPC de 1939 possuía dispositivo tratando do chamamento à autoria, nas demandas envolvendo coisas ou direitos reais: Art. 95. Aquele que demandar ou contra quem se demandar acerca de coisa ou direito real, poderá chamar à autoria a pessoa de quem houve a coisa ou o direito real, a fim de resguardar-se dos riscos da evicção.
61. CLT. Art. 486. § 2º. Sempre que a parte interessada, firmada em documento hábil, invocar defesa baseada na disposição deste artigo e indicar qual o juiz competente, será ouvida a parte contrária, para, dentro de três dias, falar sobre essa alegação. (Redação dada pela Lei nº 1.530, de 26.12.1951). **§ 3º. Verificada qual a autoridade responsável, a Junta de Conciliação ou juiz dar-se-á por incompetente, remetendo os autos ao juiz da Justiça Federal, perante o qual correrá o feito nos termos previstos no processo comum. (Redação dada pela Lei nº 1.530, de 26.12.1951).**
62. BEZERRA LEITE, Carlos Henrique. **Curso de direito processual do trabalho**. 8 ed. São Paulo: Ltr, 2010. p. 430.
63. SARAIVA, Renato. **Curso de direito processual do trabalho.** 4 ed. São Paulo: Método, 2007. p. 244.
64. CPC. Art. 132. A sentença de procedência valerá como título executivo em favor do réu que satisfizer a dívida, a fim de que possa exigi-la, por inteiro, do devedor principal, ou, de cada um dos codevedores, a sua quota, na proporção que lhes tocar.

4.4. Incidente de desconsideração da personalidade jurídica – IDPJ

A doutrina e a jurisprudência criaram a **teoria finalística da desconsideração da pessoa jurídica, também denominada de *disregard doctrine* ou teoria da penetração**, que acabou, de certa forma, acolhida pelo Código Civil de 2002 em seu art. 50.[65]

Permitiu-se, em determinadas situações, que se possa penhorar os bens particulares dos sócios da pessoa jurídica, quando esta não possui patrimônio suficiente para satisfazer o credor.

Antes mesmo da vigência do mencionado Diploma legal, utilizava-se subsidiariamente, no processo do trabalho, do preceito contido no art. 28, *caput* e § 5º, do Código de Defesa do Consumidor, para declarar a mencionada desconsideração da pessoa jurídica:

> **Art. 28.** O juiz poderá desconsiderar a personalidade jurídica da sociedade quando, em detrimento do consumidor, houver abuso de direito, excesso de poder, infração da lei, fato ou ato ilícito ou violação dos estatutos ou contrato social. A desconsideração também será efetivada quando houver falência, estado de insolvência, encerramento ou inatividade da pessoa jurídica provocados por má administração.
>
> **§ 5º** Também poderá ser desconsiderada a pessoa jurídica sempre que sua personalidade for, de alguma forma, obstáculo ao ressarcimento de prejuízos causados aos consumidores.

A jurisprudência trabalhista imprimiu interpretação extensiva aos dispositivos legais mencionados, pois **relativizou a necessidade de atender aos requisitos estabelecidos pela ordem jurídica** para determinar a penhora dos bens do sócio.

Observa-se que as decisões dos Tribunais consideram que o simples inadimplemento das obrigações trabalhistas já seria reflexo da existência de abuso de direito, excesso de poder, infração da lei etc., o que possibilitaria a declaração da desconsideração da personalidade jurídica.

O CPC dedicou os arts. 133 a 137 para tratar especificamente do "Incidente de desconsideração da personalidade jurídica", aplicados subsidiariamente ao processo laboral por força do art. 855-A à CLT, cujo *caput* tem a seguinte redação: "Aplica-se ao processo do trabalho o incidente de desconsideração da personalidade jurídica previsto nos arts. 133 a 137 da Lei nº 13.105, de 16 de março de 2015 – Código de Processo Civil".

No disciplinamento feito pelo CPC verifica-se que o referido incidente pode ocorrer em qualquer processo ou procedimento, **mas sempre a requerimento da parte ou do Ministério Público,** quando for o caso, conforme determinação contida no *caput* dos arts. 133 e 134:

> **Art. 133.** O incidente de desconsideração da personalidade jurídica será instaurado a pedido da parte ou do Ministério Público, quando lhe couber intervir no processo.
>
> **Art. 134.** O incidente de desconsideração é cabível em todas as fases do processo de conhecimento, no cumprimento de sentença e na execução fundada em título executivo extrajudicial.

65. Código Civil. Art. 50. Em caso de abuso da personalidade jurídica, caracterizado pelo desvio de finalidade, ou pela confusão patrimonial, pode o juiz decidir, a requerimento da parte, ou do Ministério Público quando lhe couber intervir no processo, que os efeitos de certas e determinadas relações de obrigações sejam estendidos aos bens particulares dos administradores ou sócios da pessoa jurídica.

A instauração do IDPJ suspende o processo, sem prejuízo de concessão da tutela de urgência de natureza cautelar (§ 2º, art. 855-A da CLT).

Segundo o art. 1º do Provimento CGJT nº 01/2019 o IDPJ será processado como incidente processual, com tramitação nos próprios autos do processo principal em que foi suscitado e não em como processo autônomo.

Para garantir a **aplicação do princípio do contraditório e da ampla defesa,** uma vez requerida a desconsideração, o juiz deverá determinar a citação do sócio ou do terceiro e da pessoa jurídica para apresentar impugnação, de acordo com o preceito contido no art. 135: "Instaurado o incidente, o sócio ou a pessoa jurídica será citado para manifestar-se e requerer as provas cabíveis no prazo de 15 (quinze) dias".

O juiz poderá utilizar o seu **poder geral de cautela** para determinar a indisponibilidade de eventual quantia de propriedade do sócio depositadas em instituições financeiras ou de outros bens de fácil liquidação até que se decida o incidente. [66]

Entretanto, como a decisão proferida pelo juiz tem caráter interlocutório, afasta-se a incidência do parágrafo único do art. 136 do CPC, no processo laboral, diante do **princípio da irrecorribilidade imediata das decisões interlocutórias**.

Nesse caso, o § 1º do citado art. 855-A da CLT identifica os **recursos cabíveis** dessa decisão, destacando o seu caráter de irrecorribilidade imediata:

> **Art. 855-A. § 1º** Da decisão interlocutória que acolher ou rejeitar o incidente:
>
> I – na fase de cognição, não cabe recurso de imediato, na forma do § 1º do art. 893 desta Consolidação;
>
> II – na fase de execução, cabe agravo de petição, independentemente de garantia do juízo;
>
> III – cabe agravo interno se proferida pelo relator em incidente instaurado originariamente no tribunal.

Assim, em caso de irresignação na fase de conhecimento e antes da sentença, só restará a parte interessada fazer uso do mandado de segurança.

O CPC também acolheu a tese da **desconsideração inversa da personalidade** jurídica, que já era aceita amplamente pela jurisprudência, inclusive do STJ. Essa desconsideração ocorre quando o devedor, pessoa física, aproveita-se da personalidade jurídica autônoma da sociedade da qual faz parte para se tornar insolvente, de acordo com o art. 133, § 2º: "Aplica-se o disposto neste Capítulo à hipótese de desconsideração inversa da personalidade jurídica".

Entretanto, na 2ª Jornada de Direito Material de Processual do Trabalho foi aprovado o Enunciado nº 109 limitando os casos para a utilização desse incidente:

66. Nesse sentido o Enunciado nº 116 aprovado na 2ª Jornada de Direito Material de Processual do Trabalho: "TUTELAS DE URGÊNCIA DE NATUREZA CAUTELAR NO INCIDENTE DE DESCONSIDERAÇÃO DA PERSONALIDADE JURÍDICA. A ADOÇÃO DO INCIDENTE DE DESCONSIDERAÇÃO DA PERSONALIDADE JURÍDICA NO PROCESSO DO TRABALHO NÃO EXCLUI A POSSIBILIDADE DE DEFERIMENTO DE TUTELAS DE URGÊNCIA DE NATUREZA CAUTELAR ANTES DA CITAÇÃO DO NOVO EXECUTADO, INCLUSIVE DE OFÍCIO, DENTRO DO PODER GERAL DE CAUTELA DO MAGISTRADO".

ENUNCIADO Nº 109. PROCESSO DO TRABALHO. INCIDENTE DE DESCONSIDERAÇÃO DA PERSONALIDADE JURÍDICA: APLICAÇÃO LIMITADA.

I – NO PROCESSO DO TRABALHO, O REDIRECIONAMENTO DA EXECUÇÃO PARA O SÓCIO NÃO EXIGE O INCIDENTE DE DESCONSIDERAÇÃO DA PERSONALIDADE JURÍDICA (ARTS.133 A 137 DO CPC).

II – A DISSOLUÇÃO IRREGULAR DA PESSOA JURÍDICA INCLUI AS HIPÓTESES DE IMPOSSIBILIDADE DE SATISFAÇÃO DA DÍVIDA PELO DEVEDOR, O QUE AUTORIZA O REDIRECIONAMENTO DA EXECUÇÃO PARA OS SÓCIOS, INDEPENDENTEMENTE DE INSTAURAÇÃO DO INCIDENTE DE DESCONSIDERAÇÃO DA PERSONALIDADE JURÍDICA (ART. 135 DO CTN).

III – ADMITE-SE O INCIDENTE DE DESCONSIDERAÇÃO DA PERSONALIDADE NAS HIPÓTESES DE SÓCIO OCULTO, SÓCIO INTERPOSTO (DE FACHADA OU "LARANJA"), ASSOCIAÇÃO ILÍCITA DE PESSOAS JURÍDICAS OU FÍSICAS OU INJURIDICIDADES SEMELHANTES, COMO CONSTITUIÇÃO DE SOCIEDADE EMPRESÁRIA POR FRAUDE, ABUSO DE DIREITO OU SEU EXERCÍCIO IRREGULAR, COM O FIM DE AFASTAR O DIREITO DE CREDORES.

IV – ADOTADO O INCIDENTE DE DESCONSIDERAÇÃO DA PERSONALIDADE JURÍDICA, O JUIZ, NO EXERCÍCIO DO PODER GERAL DE CAUTELA, DETERMINARÁ ÀS INSTITUIÇÕES BANCÁRIAS A INDISPONIBILIDADE DE ATIVOS FINANCEIROS E DECRETARÁ A INDISPONIBILIDADE DE OUTROS BENS PERTENCENTES AOS SÓCIOS, PESSOAS JURÍDICAS OU TERCEIROS RESPONSÁVEIS, SENDO DESNECESSÁRIA A CIÊNCIA PRÉVIA DO ATO.

4.5. *Amicus Curiae*

Amicus curiae ou amigo da corte consiste na pessoa ou entidade que ingressa no processo para fornecer subsídios científicos, técnicos ou práticos para auxiliar o juiz ou tribunal a proferir uma decisão.

Esse procedimento foi introduzido no direito brasileiro, de forma um pouco mais ampla, por meio da Lei nº 9.868/99 (art. 7º, § 2º) que disciplina o procedimento da ação direta de inconstitucionalidade e da ação declaratória de constitucionalidade perante o Supremo Tribunal Federal.

> **Art. 7º. § 2º** O relator, considerando a relevância da matéria e a representatividade dos postulantes, poderá, por despacho irrecorrível, admitir, observado o prazo fixado no parágrafo anterior, a manifestação de outros órgãos ou entidades.

Essa mesma norma alterou e acrescentou três parágrafos ao art. 482 do CPC de 1973 que tratava do incidente de inconstitucionalidade nos Tribunais:

> **Art. 482. § 1º** O Ministério Público e as pessoas jurídicas de direito público responsáveis pela edição do ato questionado, se assim o requererem, poderão manifestar-se no incidente de inconstitucionalidade, observados os prazos e condições fixados no Regimento Interno do Tribunal.
>
> **§ 2º** Os titulares do direito de propositura referidos no art. 103 da Constituição poderão manifestar-se, por escrito, sobre a questão constitucional objeto de apreciação pelo órgão especial ou pelo Pleno do Tribunal, no prazo fixado em Regimento, sendo-lhes assegurado o direito de apresentar memoriais ou de pedir a juntada de documentos.
>
> **§ 3º** O relator, considerando a relevância da matéria e a representatividade dos postulantes, poderá admitir, por despacho irrecorrível, a manifestação de outros órgãos ou entidades.

Já o CPC de 2015, aplicável ao processo do trabalho por força do art. 3º, II, da IN nº 39/2016 do TST,[67] ampliou e generalizou a possibilidade legal da intervenção do *amicus curiae* desde que presentes alguns requisitos, conforme se pode observar da redação do art. 138:

> **Art. 138.** O juiz ou o relator, considerando a relevância da matéria, a especificidade do tema objeto da demanda ou a repercussão social da controvérsia, poderá, por decisão irrecorrível, de ofício ou a requerimento das partes ou de quem pretenda manifestar-se, solicitar ou admitir a participação de pessoa natural ou jurídica, órgão ou entidade especializada, com representatividade adequada, no prazo de 15 (quinze) dias de sua intimação.
>
> **§ 1º** A intervenção de que trata o caput não implica alteração de competência nem autoriza a interposição de recursos, ressalvadas a oposição de embargos de declaração e a hipótese do § 3º.
>
> **§ 2º** Caberá ao juiz ou ao relator, na decisão que solicitar ou admitir a intervenção, definir os poderes do *amicus curiae*.
>
> **§ 3º** O *amicus curiae* pode recorrer da decisão que julgar o incidente de resolução de demandas repetitivas.

Verifica-se, assim, que foram fixados critérios objetivos e subjetivos para a admissão do *amicus curiae*. Em relação aos primeiros, exige-se que seja:

a) relevante;

b) de tema específico; ou

c) com repercussão social.

Já o critério subjetivo diz respeito à pessoa, órgão ou a entidade que pretende ingressar no processo, que deverá possuir **representatividade adequada**. Significa que quem pretender ingressar no processo deve demonstrar que **desenvolve atividade relacionada com o tema objeto do litígio.**

5. DEVERES DAS PARTES

O processo faz criar uma relação jurídica entre as partes e o Estado-juiz, diversa da relação jurídica de direito material que deu origem ao conflito de interesse. Essa relação é de natureza complexa e atribui aos seus sujeitos poderes, direitos, faculdades, deveres, obrigações, sujeições e ônus.

As leis processuais criam deveres para as partes e para seus procuradores. Os principais deveres estão descritos no art. 77 do CPC:

> **Art. 77.** Além de outros previstos neste Código, são deveres das partes, de seus procuradores e de todos aqueles que de qualquer forma participem do processo:
>
> I – expor os fatos em juízo conforme a verdade;
>
> II – não formular pretensão ou de apresentar defesa quando cientes de que são destituídas de fundamento;

67. IN nº 39/2016 do TST. Art. 3° Sem prejuízo de outros, aplicam-se ao Processo do Trabalho, em face de omissão e compatibilidade, os preceitos do Código de Processo Civil que regulam os seguintes temas: II - art. 138 e parágrafos (*amicus curiae*).

III – não produzir provas e não praticar atos inúteis ou desnecessários à declaração ou à defesa do direito;

IV – cumprir com exatidão as decisões jurisdicionais, de natureza provisória ou final, e não criar embaraços à sua efetivação;

V – declinar, no primeiro momento que lhes couber falar nos autos, o endereço residencial ou profissional onde receberão intimações, atualizando essa informação sempre que ocorrer qualquer modificação temporária ou definitiva;

VI – não praticar inovação ilegal no estado de fato de bem ou direito litigioso.

Em outros dispositivos, o CPC impõe mais deveres às partes como de: comparecer em juízo para responder ao interrogatório; colaborar com o juízo na realização da inspeção judicial; praticar atos que lhes forem determinados (art. 379); comportar-se convenientemente em audiência (art. 360, II); tratar as testemunhas com urbanidade (art. 459, § 2º); não empregar expressões ofensivas nos escritos apresentados no processo (art. 78); não lançar, nos autos, cotas marginais ou interlineares (art. 202) etc.

Note-se, entretanto, que no processo judicial eletrônico **não é possível riscar as expressões ofensivas**, uma vez que o documento assinado digitalmente é inviolável. Isso significa que seu conteúdo não pode ser alterado, nem mesmo pelo juiz. Pode-se utilizar de procedimentos alternativos, como deixar indisponível a peça que contenha tais características e determinar a parte que faça sua substituição.

5.1. Litigância de má-fé

Pelo princípio da lealdade processual, as partes e os demais sujeitos do processo, devem praticar os atos processuais fundados na verdade, cordialidade, probidade e moralidade.

A CLT não tratava da **responsabilidade por dano processual** até o advento da Lei nº 13.467/17, que introduziu a Seção IV-A ao Capítulo II do Título X, contendo quatro artigos, tendo o art. 793-A a seguinte redação: "Responde por perdas e danos aquele que litigar de má-fé como reclamante, reclamado ou interveniente."

A litigância de má-fé manifesta-se pela prática de determinado ato pela parte, em flagrante desrespeito às obrigações instituídas pela relação processual. Tem como consequência um dano processual à parte *ex adversa* e/ou ao Estado, e faz surgir a obrigação de indenizar.

Assim, o ilícito processual, decorrente da violação do **princípio da lealdade e da boa-fé**, pode ser praticado em qualquer fase processual (postulatória, instrutória, decisória ou recursal) e no âmbito das diversas espécies de processos, quais sejam, de conhecimento, execução e cautelar.

De acordo com o preceito contido no art. 793-B da CLT, **considera-se litigante de má-fé** aquele que:

I – deduzir pretensão ou defesa contra texto expresso de lei ou fato incontroverso;

II – alterar a verdade dos fatos;

III – usar do processo para conseguir objetivo ilegal;

IV – opuser resistência injustificada ao andamento do processo;

V – proceder de modo temerário em qualquer incidente ou ato do processo;

VI – provocar incidente manifestamente infundado;

VII – interpuser recurso com intuito manifestamente protelatório.

O referido preceito celetista reproduz, com fidelidade, o rol contido no art. 80 do CPC e, segundo o TST é aplicado aos processos pendentes quando da vigência da Lei nº 13.467/17, na forma prevista pelo art. 7º da IN nº 41/2018: "Os arts. 793-A, 793-B e 793-C, § 1º, da CLT têm aplicação autônoma e imediata".

5.2. Indenização e multa por dano processual

Como dito, a prática de atos processuais pode provocar um dano processual à parte contrária ou ao próprio Estado que, nesse último caso, passa a ser denominado como ato atentatório ao exercício da jurisdição ou ato atentatório à dignidade da justiça.

Para reparar o dano, a legislação processual prevê determinadas sanções específicas, inclusive a condenação da parte ao pagamento de multa e indenização.

A Lei nº 13.467/17 introduziu o art. 793-C à CLT com redação semelhante ao do art. 81 do CPC, conforme se observa do seguinte quadro comparativo:

QUADRO COMPARATIVO – MULTA PELA LITIGÂNCIA DE MÁ-FÉ		
CPC DE 1973	**CPC DE 2015**	**CLT**
Art. 18. O juiz ou Tribunal, de ofício ou a requerimento, condenará o litigante de má-fé a pagar multa **não excedente a um por cento sobre o valor da causa** e a indenizar a parte contrária dos prejuízos que esta sofreu, mais os honorários advocatícios e todas as despesas que efetuou.	**Art. 81.** De ofício ou a requerimento, o juiz condenará o litigante de má-fé a pagar multa, que deverá ser **superior a um por cento e inferior a dez por cento do valor corrigido** da causa, a indenizar a parte contrária pelos prejuízos que esta sofreu e a arcar com os honorários advocatícios e com todas as despesas que efetuou..	**Art. 793-C.** De ofício ou a requerimento, o juízo condenará o litigante de má-fé a pagar multa, que deverá ser superior a 1% (um por cento) e inferior a 10% (dez por cento) do valor corrigido da causa, a indenizar a parte contrária pelos prejuízos que esta sofreu e a arcar com os honorários advocatícios e com todas as despesas que efetuou.
§ 1º Quando forem dois ou mais os litigantes de má-fé, o juiz condenará cada um na proporção do seu respectivo interesse na causa, ou solidariamente aqueles que se coligaram para lesar a parte contrária. § 2º O valor da indenização será desde logo fixado pelo juiz, **em quantia não superior a vinte por cento** sobre o valor da causa, ou liquidado por arbitramento.	§ 1º Quando forem 2 (dois) ou mais os litigantes de má-fé, o juiz condenará cada um na proporção de seu respectivo interesse na causa ou solidariamente aqueles que se coligaram para lesar a parte contrária. **§ 2º Quando o valor da causa for irrisório ou inestimável, a multa poderá ser fixada em até 10 (dez) vezes o valor do salário-mínimo.** § 3º **O valor da indenização será fixado pelo juiz ou,** caso não seja possível mensurá-lo, liquidado por arbitramento ou pelo procedimento comum, nos próprios autos.	**§ 1º** Quando forem dois ou mais os litigantes de má-fé, o juízo condenará cada um na proporção de seu respectivo interesse na causa ou solidariamente aqueles que se coligaram para lesar a parte contrária. **§ 2º** Quando o valor da causa for irrisório ou inestimável, a multa poderá ser fixada em até duas vezes o limite máximo dos benefícios do Regime Geral de Previdência Social. **§ 3º** O valor da indenização será fixado pelo juízo ou, caso não seja possível mensurá-lo, liquidado por arbitramento ou pelo procedimento comum, nos próprios autos."
DIFERENÇAS ENTRE O CPC DE 2015 E A CLT		
A única diferença que existe entre as disposições da CLT e do CPC de 2015 diz respeito ao limite máximo do valor da indenização pela litigância de má-fé nas hipóteses em que o valor da causa for irrisório ou inestimável. No primeiro Diploma citado, o limite máximo é equivalente a duas vezes o valor do teto dos benefícios previdenciários, enquanto que no CPC é de dez vezes o valor do salário mínimo.		

Para o TST, essa regra contida no *caput* do art. 793-C só se aplica às demandas ajuizadas a partir de 11.11.2017, na forma prevista pelo art. 8º da IN nº 41/2018: "A condenação de que trata o art. 793-C, *caput*, da CLT, aplica-se apenas às ações ajuizadas a partir de 11 de novembro de 2017 (Lei nº 13.467/2017)".

Na execução (cumprimento da sentença), **a matéria é regulada pelo disposto no art. 774 do CPC**. A litigância de má-fé, nesse caso, é identificada como **atos atentatórios à dignidade da justiça**, a conduta comissiva ou omissiva do devedor que:

> I – frauda a execução;
>
> II – se opõe maliciosamente à execução, empregando ardis e meios artificiosos;
>
> III – dificulta ou embaraça a realização da penhora;
>
> IV – resiste injustificadamente às ordens judiciais;
>
> V – intimado, não indica ao juiz quais são e onde estão os bens sujeitos à penhora e os respectivos valores, nem exibe prova de sua propriedade e, se for o caso, certidão negativa de ônus.

A multa é fixada pelo juiz e pautada nas regras contidas no parágrafo único do art. 774 do CPC:

> **Art. 774. Parágrafo único.** Nos casos previstos neste artigo, o juiz fixará multa em montante não superior a vinte por cento do valor atualizado do débito em execução, a qual será revertida em proveito do exequente, exigível nos próprios autos do processo, sem prejuízo de outras sanções de natureza processual ou material.

O TST entende que **o recolhimento da multa pela litigância de má-fé não é pressuposto objetivo de recurso**, conforme redação da OJ nº 409 da SDI-1: "O recolhimento do valor da multa imposta como sanção por litigância de má-fé (art. 81 do CPC de 2015 – art. 18 do CPC de 1973) não é pressuposto objetivo para interposição dos recursos de natureza trabalhista".

5.3. Assédio processual

O assédio processual corresponde ao instituto do abuso do direito no âmbito da demanda judicial, que provoca dano ao autor, réu ou ao próprio Estado.

Assim, uma vez constatada a conduta abusiva do litigante, por meio do excesso de medidas procrastinatórias e sem fundamento razoável, é possível imputar-lhe uma sanção correspondente ao pagamento de uma indenização, na forma prevista pelo art. 187 do Código Civil: "Também comete ato ilícito o titular de um direito que, ao exercê-lo, excede manifestamente os limites impostos pelo seu fim econômico ou social, pela boa-fé ou pelos bons costumes".

6. DESPESAS PROCESSUAIS E HONORÁRIOS ADVOCATÍCIOS

As despesas processuais constituem o gênero, do qual são espécies as custas, a indenização de viagem, a remuneração do assistente técnico e a diária de testemunha (art. 84 do CPC).

O vencido responde pelo pagamento dessas despesas processuais, que no processo do trabalho deve ser feito **após o trânsito em julgado da decisão** e, no caso das custas, como requisito de admissibilidade para interposição do recurso.

Isso significa que no processo laboral **não há a antecipação**, pela parte, **do pagamento das despesas processuais**, ao contrário do que ocorre no processo comum, como previsto no art. 82 do CPC:

> **Art. 82.** Salvo as disposições concernentes à gratuidade da justiça, incumbe às partes prover as despesas dos atos que realizarem ou requererem no processo, antecipando-lhes o pagamento, desde o início até a sentença final ou, na execução, até a plena satisfação do direito reconhecido no título.

No caso de **sucumbência recíproca**, no qual ambas as partes são vencedoras e vencidas, as despesas são proporcionalmente distribuídas (art. 86 do CPC), salvo se o litigante sucumbir em **parte mínima do pedido**, quando será suportada integralmente pela parte contrária.

6.1. Custas processuais

As custas processuais[68] **são espécies** de tributo, mais precisamente de uma taxa, pela utilização dos serviços prestados pelo Poder Judiciário, conforme previsão contida no art. 77 do CTN:

> **Art. 77.** As taxas cobradas pela União, pelos Estados, pelo Distrito Federal ou pelos Municípios, no âmbito de suas respectivas atribuições, têm como fato gerador o exercício regular do poder de polícia, ou a utilização, efetiva ou potencial, de serviço público específico e divisível, prestado ao contribuinte ou posto à sua disposição.

Inclusive, a Constituição Federal de 1988 garante que os valores arrecadados com esse tributo devem ser revertidos para o custeio dos serviços respectivos.[69]

Como dito, ao contrário do que ocorre no processo civil, cujas despesas processuais são cobradas de forma antecipada por cada ato praticado (art. 82 do CPC), no processo do trabalho **as custas processuais são devidas somente a partir do momento em que o juiz profere a sentença**,[70] ou, mais precisamente, após o seu trânsito em julgado, exceto quando a parte sucumbente pretende recorrer, hipótese em que o recolhimento desse tributo será considerado como **pressuposto de admissibilidade.**

---

68. A matéria relativa às custas processuais também será analisada por ocasião da abordagem dos recursos em matéria trabalhista.
69. CF de 1988. Art. 98. § 2º. As custas e emolumentos serão destinados exclusivamente ao custeio dos serviços afetos às atividades específicas da Justiça.
70. Consolidação dos Provimentos da Corregedoria-Geral da Justiça do Trabalho (versão 2019). **Art. 96. As decisões proferidas pela Justiça do Trabalho de 1º e 2º graus de jurisdição, nos dissídios individuais, fixará o valor das custas processuais, que serão calculadas, no caso de improcedência da reclamação, sobre o valor dado à causa, e, no caso de procedência sobre o valor arbitrado à condenação, a cargo do reclamante ou do reclamado, dependendo de quem tenha sucumbido na ação. § 1º A isenção quanto ao pagamento de custas não exime o magistrado de fixar na decisão o respectivo valor. § 2º Nos acordos, o rateio das custas processuais será proporcional entre as partes, se de outra forma não for convencionada.**

A) Recolhimento

As custas processuais devem ser recolhidas junto às instituições financeiras integrantes da rede arrecadadora de receitas federais (Banco do Brasil e Caixa Econômica Federal) por meio das guias denominadas de GRU – Guia de Recolhimento da União.

A Instrução Normativa nº 20/02, do TST, disciplina o recolhimento de custas e emolumentos devidos à União, no âmbito da Justiça do Trabalho.

Nos casos de reclamação trabalhista **plúrima**, as custas devem ser calculadas também sobre o valor total da condenação real ou aquele arbitrado pelo juiz, na forma prevista pela Súmula nº 36 do TST: "CUSTAS. Nas ações plúrimas, as custas incidem sobre o respectivo valor global".

Entende-se que o referido verbete do TST refere-se ao **litisconsórcio ativo de trabalhadores.** No caso de litisconsórcio passivo no qual haja condenação subsidiária ou solidária, todos devem recolher as custas como pressuposto recursal:

> **SÚMULA Nº 102 do TRT4.** RECURSO ORDINÁRIO. CONDENAÇÃO SOLIDÁRIA OU SUBSIDIÁRIA. CUSTAS PROCESSUAIS. Havendo condenação solidária ou subsidiária, o recolhimento das custas processuais por um dos recorrentes aproveita aos demais, independentemente de aquele que efetuou o recolhimento pedir a exclusão da lide.

B) Base de cálculo e valor das custas

As custas processuais, no processo de conhecimento, **equivalem a 2%** (dois por cento), incidentes sobre o valor da condenação.

O art. 789 da CLT, com redação dada pela Lei nº 13.467/17, estabelece como limite mínimo a quantia de **R$ 10,64** e como **teto,** quatro vezes o limite máximo dos benefícios do Regime Geral de Previdência Social:

> **Art. 789.** Nos dissídios individuais e nos dissídios coletivos do trabalho, nas ações e procedimentos de competência da Justiça do Trabalho, bem como nas demandas propostas perante a Justiça Estadual, no exercício da jurisdição trabalhista, as custas relativas ao processo de conhecimento incidirão à base de 2% (dois por cento), observado o mínimo de R$ 10,64 (dez reais e sessenta e quatro centavos) e o máximo de quatro vezes o limite máximo dos benefícios do Regime Geral de Previdência Social, e serão calculadas: [...]

Segundo o TST, essa regra do teto das custas só se aplica para as decisões proferidas a partir de 11.11.2017, na forma do preceito contido no art. 4º da IN nº 41/2018:

> **Art. 4º** O art. 789, *caput*, da CLT aplica-se nas decisões que fixem custas, proferidas a partir da entrada em vigor da Lei nº 13.467/2017.

Quando a sentença não for líquida, o juiz deve arbitrar um valor para a condenação, para que seja fixado o *quantum* relativo às custas processuais, ainda que a parte seja isenta do recolhimento desse tributo.

Quando o juiz extingue o processo sem analisar o mérito ou não acolhe a pretensão do autor, as custas processuais são devidas no importe de 2% incidentes sobre o valor atribuído à causa.

Na hipótese de homologação de acordo, o percentual das custas incide sobre o seu respectivo valor, **em partes iguais para as partes**, salvo se não for convencionada outra proporção.

Nos dissídios coletivos, as partes vencidas responderão solidariamente pelo pagamento das custas.

Sobre as custas, o TST consolidou diversos verbetes na Súmula nº 25:

> **SÚMULA Nº 25.** CUSTAS PROCESSUAIS. INVERSÃO DO ÔNUS DA SUCUMBÊNCIA. (alterada a Súmula e incorporadas as Orientações Jurisprudenciais nºs 104 e 186 da SBDI-1) – Res. 197/2015 – DEJT divulgado em 14, 15 e 18.05.2015. I – A parte vencedora na primeira instância, se vencida na segunda, está obrigada, independentemente de intimação, a pagar as custas fixadas na sentença originária, das quais ficara isenta a parte então vencida; II – No caso de inversão do ônus da sucumbência em segundo grau, sem acréscimo ou atualização do valor das custas e se estas já foram devidamente recolhidas, descabe um novo pagamento pela parte vencida, ao recorrer. Deverá ao final, se sucumbente, reembolsar a quantia; (ex-OJ nº 186 da SBDI-I). III – Não caracteriza deserção a hipótese em que, acrescido o valor da condenação, não houve fixação ou cálculo do valor devido a título de custas e tampouco intimação da parte para o preparo do recurso, devendo ser as custas pagas ao final; (ex-OJ nº 104 da SBDI-I). IV – O reembolso das custas à parte vencedora faz-se necessário mesmo na hipótese em que a parte vencida for pessoa isenta do seu pagamento, nos termos do art. 790-A, parágrafo único, da CLT.

O quadro a seguir contém a base de cálculo das custas no processo de conhecimento:

Atos	2% sobre
Acordo ou condenação	O respectivo valor.
Extinção do processo, sem resolução do mérito, ou julgado totalmente improcedente o pedido	O valor da causa.
Procedência do pedido formulado em ação declaratória e em ação constitutiva	O valor da causa.
Valor for indeterminado	O que o juiz fixar.
Nas ações plúrimas	O respectivo valor global (TST. Súmula nº 36).

C) Sucumbência recíproca

No processo do trabalho não se aplicava os efeitos da sucumbência recíproca, previsto pelo art. 86 do CPC: "Se cada litigante for, em parte, vencedor e vencido, serão proporcionalmente distribuídas entre eles as despesas".

Inclusive o art. 3º, § 3º da Instrução Normativa nº 27/2005 do TST era expresso nesse sentido: "Salvo nas lides decorrentes da relação de emprego, é aplicável o princípio da sucumbência recíproca, relativamente às custas".

Entretanto, como a CLT passou a prever a hipótese de honorários sucumbenciais parciais, com a introdução do art. 791-A, § 3º, à CLT, **conclui-se que seus efeitos estendem-se a todas as despesas processuais.**

Exemplos de questões sobre o tema

(FCC – Juiz do Trabalho Substituto 23ª região/2015) Maria das Dores, reclamante não beneficiária da justiça gratuita, teve sua reclamação trabalhista julgada improcedente em face da Empresa Pé de Cabra Ltda. Em recurso para o Tribunal Regional do Trabalho, efetuou corretamente o pagamento das custas processuais, quando houve a inversão do ônus da sucumbência. A empresa ré pretende interpor recurso de revista para o Tribunal Superior do Trabalho. Neste caso, para a apresentação do recurso

a) descabe um novo pagamento pela parte vencida, se não houve acréscimo ou atualização do valor das custas. Porém, se sucumbente, deverá reembolsar a quantia paga ao final.

b) é devido o pagamento das custas fixadas, mesmo que estas já tenham sido devidamente recolhidas pela parte originalmente sucumbente, sob pena de deserção.

c) é devido o pagamento apenas do acréscimo do valor das custas determinado pela nova decisão para o preparo do recurso, independentemente de ter sido fixado o valor devido.

d) descabe um novo pagamento pela parte vencida, devendo a parte sucumbente, no momento da interposição do recurso, comprovar o reembolso do pagamento das custas à parte contrária.

e) é devido o pagamento da totalidade das custas quando acrescido o valor da condenação, mesmo que não tenha havido intimação da parte para o preparo do recurso, sob pena de deserção.

Resposta: A

(FCC – Juiz do Trabalho Substituto 6ª região/2015) Nos dissídios individuais e nos dissídios coletivos do trabalho, nas ações e procedimentos de competência da Justiça do Trabalho, bem como nas demandas propostas perante a Justiça Estadual, no exercício da jurisdição trabalhista, as custas relativas ao processo de conhecimento incidirão à base de

a) 2%, observado o mínimo previsto em lei e serão calculadas, no caso de procedência do pedido formulado em ação declaratória e em ação constitutiva, sobre o valor da causa.

b) 5% e serão calculadas, quando o valor for indeterminado, sobre o que o juiz fixar.

c) 5%, observado o mínimo previsto em lei e serão calculadas, no caso de procedência do pedido formulado em ação constitutiva, sobre o valor da condenação.

d) 2%, observado o mínimo previsto em lei e serão calculadas, quando houver acordo ou condenação, sobre o respectivo valor, acrescido dos honorários periciais, se houver.

e) 2% e serão calculadas, quando houver extinção do processo, sem julgamento do mérito, ou julgado totalmente improcedente o pedido, sobre o valor acordado pelas partes.

Resposta: A

(FCC – Juiz do Trabalho Substituto 18ª região/2014) Com relação às custas no Processo do Trabalho,

a) nas ações plúrimas, as custas incidem sobre o valor de cada ação separadamente.

b) é incabível a impetração de mandado de segurança contra ato judicial que, de ofício, arbitrou novo valor à causa, acarretando a majoração das custas processuais, uma vez que cabia à parte, após recolher as custas, calculadas com base no valor dado à causa na inicial, interpor recurso ordinário e, posteriormente, agravo de instrumento no caso de o recurso ser considerado deserto.

c) havendo condenação solidária de duas ou mais empresas, as custas recolhidas por uma delas aproveita as demais, quando a empresa que efetuou o recolhimento não pleiteia sua exclusão da lide.

d) nos dissídios coletivos do trabalho, as custas relativas ao processo de conhecimento incidirão à base de 2% e serão calculadas, quando o valor for indeterminado, sobre o valor dado à causa.

e) nos dissídios individuais, as custas relativas ao processo de conhecimento incidirão à base de 2% e serão calculadas, quando houver extinção do processo, sem julgamento do mérito, sobre o valor que o Juiz fixar.

Resposta: B

(TRT 8 – Juiz do Trabalho Substituto 8ª região/2014) De acordo com a CLT, qual hipótese NÃO corresponde à verdade em relação à fixação de custas:

a) Nos dissídios individuais e nos dissídios coletivos do trabalho, nas ações e procedimentos de competência da Justiça do Trabalho, bem como nas demandas propostas perante a Justiça Estadual, no exercício da jurisdição trabalhista, as custas relativas ao processo de conhecimento incidirão à base de 2% (dois por cento), observado o mínimo de R$ 10,64 (dez reais e sessenta e quatro centavos).
b) As custas serão calculadas, quando houver acordo ou condenação, sobre o respectivo valor.
c) As custas serão calculadas, quando houver extinção do processo, sem resolução do mérito, ou julgado totalmente improcedente o pedido, sobre o valor da causa.
d) As custas serão calculadas, no caso de procedência do pedido formulado em ação declaratória e em ação constitutiva, sobre o valor da causa.
e) As custas serão pagas pelo vencido, após o trânsito em julgado da decisão. No caso de interposição de qualquer recurso, as custas serão pagas e comprovado o recolhimento dentro do prazo recursal.

Resposta: E

(TRT 2 – Juiz do Trabalho Substituto 2ª região/ 2013) Em matéria de custas processuais, é incorreto afirmar:

a) Quando houver condenação, as custas incidirão sobre o respectivo valor.
b) Quando houver extinção do processo, sem julgamento do mérito, as custas serão arbitradas.
c) Quando houver julgamento de improcedência do pedido, as custas serão sobre o valor da causa.
d) Sempre que houver acordo, o pagamento das custas caberá em partes iguais aos litigantes, se de outra forma não for convencionado.
e) Quando o valor for indeterminado, as custas serão fixadas pelo Juiz.

Resposta: B

(TRT 2 – Juiz do Trabalho Substituto 2ª região/ 2013) Em relação às custas, considerando-se entendimento sumulado do C. Tribunal Regional do Trabalho, é correto dizer:

a) Não ocorre deserção de recurso da massa falida por falta de pagamento de custas ou depósito do valor da condenação, o mesmo ocorrendo com empresa em liquidação extrajudicial.
b) Nas ações plúrimas, as custas incidem sobre o valor correspondente a cada um dos autores, de forma isolada.
c) A parte vencedora na 1ª instância, se vencida na 2ª, não está obrigada a pagar as custas fixadas na sentença originária.
d) Os privilégio e isenções no foro da Justiça do Trabalho abrangem as sociedades de economia mista.
e) Nas ações ações plúrimas, as custas incidem sobre o respectivo valor global.

Resposta: E

6.2. Emolumentos

Emolumento constitui uma espécie de retribuição paga pelos serviços prestados pelo Poder Judiciário. Não se confunde com a taxa ou custas processuais, pois não tem relação direta com a prática de um ato processual específico e são devidos, inclusive, pelas pessoas jurídicas de direito público.

Os valores dos emolumentos na Justiça do Trabalho estão fixados no art. 789-B da CLT:

> **Art. 789-B.** Os emolumentos serão suportados pelo requerente, nos valores fixados na seguinte tabela: I – autenticação de traslado de peças mediante cópia reprográfica apresentada pelas partes – por folha: R$ 0,55 (cinquenta e cinco centavos de real); II – fotocópia de peças – por folha: R$ 0,28 (vinte e oito centavos de real); III – autenticação de peças – por

folha: R$ 0,55 (cinquenta e cinco centavos de real); IV – cartas de sentença, de adjudicação, de remição e de arrematação – por folha: R$ 0,55 (cinquenta e cinco centavos de real); V – certidões – por folha: R$ 5,53 (cinco reais e cinquenta e três centavos).

A seguir, o resumo com os valores e a base de cálculo dos emolumentos:

Ato	Valores por folha
Autenticação de traslado de peças mediante cópia reprográfica apresentada pelas partes	R$ 0,55
Fotocópia de peças	R$ 0,28
Autenticação de peças	R$ 0,55
Cartas de sentença, de adjudicação, de remição e de arrematação	R$ 0,55
Certidões	R$ 5,53

6.3. Honorários advocatícios

Os honorários advocatícios correspondem ao valor **devido ao advogado** como retribuição do seu trabalho.

Podem ser classificados em **contratuais** e de **sucumbência,** sendo que em ambos os casos tem **natureza alimentar** e os mesmos privilégios dos créditos decorrentes da relação de emprego.

No primeiro caso, são devidos por conta de celebração de contrato de mandato entre advogado e cliente, independente do resultado da demanda.

Já os honorários sucumbenciais decorrem do fato da parte contrária não obter sucesso em sua respectiva pretensão. Apesar de pertencer ao advogado, este **pode pleitear que o respectivo pagamento seja feito em nome da sociedade de advogados** da qual faça parte na qualidade de sócio.

Inclusive, caso os honorários de sucumbência não sejam fixados na sentença de forma expressa ou não definido o seu valor, é cabível **ação autônoma** para sua definição e cobrança (art. 85, § 18, do CPC).

A) Honorários de sucumbência

Antes da vigência da Lei nº 13.467/17 a condenação em honorários, no processo do trabalho, não decorria da mera sucumbência em face da existência da capacidade postulatória das partes, entendimento adotado pelo TST na Súmula nº 219.[71]

71. TST. Súmula nº 219. HONORÁRIOS ADVOCATÍCIOS. CABIMENTO. (alterada a redação do item I e acrescidos os itens IV a VI na sessão do Tribunal Pleno realizada em 15.3.2016) **I - Na Justiça do Trabalho, a condenação ao pagamento de honorários advocatícios não decorre pura e simplesmente da sucumbência, devendo a parte, concomitantemente: a) estar assistida por sindicato da categoria profissional; b) comprovar a percepção de salário inferior ao dobro do salário mínimo ou encontrar-se em situação econômica que não lhe permita demandar sem prejuízo do próprio sustento ou da respectiva família (art. 14, § 1º, da Lei nº 5.584/1970). (ex-OJ nº 305 da SBDI-I). II - É cabível a condenação ao pagamento de honorários advocatícios em ação rescisória no processo trabalhista. III – São devidos os honorários advocatícios nas causas em que o ente sindical figure como substituto processual e nas lides que não derivem da relação de emprego. IV – Na ação rescisória e nas lides que não derivem de relação de emprego, a responsabilidade pelo pagamento dos honorários advocatícios da sucumbência submete-se à disciplina do Código de Processo Civil (arts. 85, 86,**

Apesar de ter mantido o *ius postulandi* das partes, a Lei da Reforma Trabalhista introduziu o art. 791-A à CLT que impõe a **condenação de honorários de sucumbência ao vencido**, ainda que o advogado atue em causa própria:

> **Art. 791-A.** Ao advogado, ainda que atue em causa própria, serão devidos honorários de sucumbência, fixados entre o mínimo de 5% (cinco por cento) e o máximo de 15% (quinze por cento) sobre o valor que resultar da liquidação da sentença, do proveito econômico obtido ou, não sendo possível mensurá-lo, sobre o valor atualizado da causa.

Em caso de **litisconsortes sucumbentes**, a responsabilidade pelo pagamento dos honorários advocatícios deve ser distribuída proporcionalmente na sentença. Em caso de omissão, os vencidos respondem solidariamente (art. 87, *caput* e §§ 1º e 2º do CPC).

Na hipótese de litisconsórcio unitário vencedor, **o limite de 15%** estabelecido para o processo do trabalho deverá ser observado para efeito de distribuição entre todos os litisconsortes.

O percentual respectivo deve ser aplicado sobre o total apurado em liquidação, ou seja, sobre o valor da condenação sem os descontos fiscais e previdenciários, de acordo com o entendimento constante da OJ nº 348 da SDI-1 do TST:

> **OJ Nº 348.** HONORÁRIOS ADVOCATÍCIOS. BASE DE CÁLCULO. VALOR LÍQUIDO. LEI Nº 1.060, DE 05.02.1950. DJ 25.04.2007 Os honorários advocatícios, arbitrados nos termos do art. 11, § 1º, da Lei nº 1.060, de 05.02.1950, devem incidir sobre o valor líquido da condenação, apurado na fase de liquidação de sentença, **sem a dedução dos descontos fiscais e previdenciários** (grifou-se).

B) Critérios e limites para fixação dos honorários de sucumbência

Enquanto o CPC limita a condenação dos honorários de sucumbência entre o mínimo de **10% e o máximo de 20%**, no processo do trabalho esses limites são de **5% e 15%**, respectivamente, conforme se observa do preceito contido no citado art. 791-A da CLT.

No CPC essa regra está prevista no art. 85, § 2º:

> **Art. 85. § 2º** Os honorários serão fixados entre o mínimo de dez e o máximo de vinte por cento sobre o valor da condenação, do proveito econômico obtido ou, não sendo possível mensurá-lo, sobre o valor atualizado da causa, atendidos:
>
> I – o grau de zelo do profissional;
>
> II – o lugar de prestação do serviço;
>
> III – a natureza e a importância da causa;
>
> IV – o trabalho realizado pelo advogado e o tempo exigido para o seu serviço.

87 e 90). V – Em caso de assistência judiciária sindical ou de substituição processual sindical, excetuados os processos em que a Fazenda Pública for parte, os honorários advocatícios são devidos entre o mínimo de dez e o máximo de vinte por cento sobre o valor da condenação, do proveito econômico obtido ou, não sendo possível mensurá-lo, sobre o valor atualizado da causa (CPC de 2015, art. 85, § 2º). VI - Nas causas em que a Fazenda Pública for parte, aplicar-se-ão os percentuais específicos de honorários advocatícios contemplados no Código de Processo Civil.

Dentro desses limites o juiz deve fixar o percentual dos honorários observando os critérios estabelecidos pelo § 2º do art. 791-A que são exatamente os mesmos listados nos incisos do § 2º, art. 85 do CPC acima transcrito.

Esses limites e critérios são aplicados independentemente de qual seja o conteúdo da decisão, inclusive aos casos de **improcedência ou de sentença sem resolução de mérito** de acordo com o § 6º do art. 85 do CPC, ou mesmo na hipótese de perda objeto da demanda (§ 10 do art. 85 do CPC).

Contudo, como os honorários de sucumbência pertencem ao advogado, **não cabe a sua fixação nos casos em que não há trabalho**, como acontece, por exemplo, na decisão que indefere a petição inicial.

Para os casos em que o valor da causa ou do pedido for muito baixo ou irrisório o proveito econômico, o juiz pode fixar os honorários por apreciação equitativa, também observando os critérios listados no § 2º do art. 791-A da CLT (§ 8º do art. 85 do CPC). Nesse caso e nos demais nos quais seja fixado **um valor em quantia certa e não em percentual**, os juros moratórios devem incidir a partir do trânsito em julgado da decisão (§ 16 do art. 85 do CPC).

Se a hipótese for de pedido de pensionamento por perda de capacidade laboral, o percentual de honorários incidirá sobre a soma das prestações vencidas acrescida de doze prestações vincendas (§ 9º do art. 85 do CPC).

C) Honorários na reconvenção, no recurso e na execução de sentença

Segundo o § 1º, art. 85 do CPC, são devidos honorários advocatícios na **reconvenção, no cumprimento de sentença**, provisório ou definitivo, **na execução**, resistida ou não, e nos **recursos** interpostos, cumulativamente.

Entende-se **não ser aplicado esse dispositivo ao processo do trabalho**, uma vez que a CLT não é omissa nesse particular, representado pelo § 5º do art. 791-A, que só menciona a reconvenção: "São devidos honorários de sucumbência na reconvenção." Excetuam-se os casos de execução por titulo extrajudicial, pois não há um processo prévio de conhecimento, sendo assim devidos os honorários de sucumbência na execução.

Observe-se que mesmo no processo civil, os honorários recursais só são cabíveis quando o juiz fixa na sentença percentual inferior ao limite máximo estabelecido na lei, no caso, 20%.

D) Honorários de sucumbência recíproca

Ocorre a sucumbência recíproca quando reclamante e reclamado são vencidos na demanda, hipótese muito comum no processo do trabalho, uma vez que a regra é a de cumulação de pedidos na petição inicial.

Se por exemplo, o reclamante pede horas extras, FGTS e 13º salário e o juiz defere os dois primeiros e indefere o último, a hipótese é de **sucumbência parcial**. Tal não ocorre, se o reclamante pede 10 horas extras por semana e o juiz defere apenas 8 horas extras, pois nesse caso se aplicaria a determinação contida no parágrafo único do art. 86 do CPC: "Se um litigante sucumbir em parte mínima do pedido, o outro responderá, por inteiro, pelas despesas e pelos honorários".

Isso significa que a sucumbência recíproca **deve ser avaliada em relação aos diversos pedidos individualmente considerados** e **não na totalidade da extensão de um único pleito.** Se um determinado pedido não é acolhido totalmente, não haverá sucumbência recíproca.

Nesse sentido o Enunciado nº 99 aprovado na 2ª Jornada de Direito Material de Processual do Trabalho:

> **ENUNCIADO Nº 99.** SUCUMBÊNCIA RECÍPROCA
> O JUÍZO ARBITRARÁ HONORÁRIOS DE SUCUMBÊNCIA RECÍPROCA (ART. 791-A, PAR.3º, DA CLT) APENAS EM CASO DE INDEFERIMENTO TOTAL DO PEDIDO ESPECÍFICO. O ACOLHIMENTO DO PEDIDO, COM QUANTIFICAÇÃO INFERIOR AO POSTULADO, NÃO CARACTERIZA SUCUMBÊNCIA PARCIAL, POIS A VERBA POSTULADA RESTOU ACOLHIDA. QUANDO O LEGISLADOR MENCIONOU "SUCUMBÊNCIA PARCIAL", REFERIU-SE AO ACOLHIMENTO DE PARTE DOS PEDIDOS FORMULADOS NA PETICAO INICIAL.

Na hipótese de procedência parcial, o juízo deve arbitrar honorários de sucumbência recíproca, **vedada a sua compensação**, conforme determinação contida no § 3º, art. 791-A da CLT.

A vedação de compensação entre honorários de sucumbência recíproca decorre do fato dessa verba **pertencer ao advogado** e não a parte. Inclusive esse óbice também está previsto no CPC, mais precisamente no art. 85, § 14:

> **Art. 85. § 14.** Os honorários constituem direito do advogado e têm natureza alimentar, com os mesmos privilégios dos créditos oriundos da legislação do trabalho, sendo vedada a compensação em caso de sucumbência parcial.

Atualmente essa regra se aplica, aos **honorários de sucumbência assistenciais**, ou seja, quando o trabalhador estiver assistido pelo sindicato de sua categoria profissional, uma vez que o art. 16 da Lei nº 5.584/70 foi revogado pela Lei nº 13.725/18, que tinha a seguinte redação: "Art 16. Os honorários do advogado pagos pelo vencido reverterão em favor do Sindicato assistente".

O procedimento para a fixação de honorários de sucumbência parcial é facilitado no caso do processo do trabalho, uma vez que a sua base de cálculo passa a ser **o valor atribuído a cada pedido não acolhido**, elemento obrigatório da petição inicial tanto no rito ordinário quanto no sumaríssimo, conforme nova redação do § 1º, art. 840 da CLT:

> **Art. 840. § 1º** Sendo escrita, a reclamação deverá conter a designação do juízo, a qualificação das partes, a breve exposição dos fatos de que resulte o dissídio, o pedido, que deverá ser certo, determinado e com indicação de seu valor, a data e a assinatura do reclamante ou de seu representante.

Observe-se, porém, que nem toda cumulação de pedidos, pode gerar uma sucumbência parcial. No caso da **cumulação subsidiaria do pedido** (art. 326 do CPC), por exemplo, quando o autor faz dois pedidos, cada um com seu fundamento, e o juiz defere o subsequente por não acolher o antecedente, não há sucumbência parcial.

Todavia, na decisão do STJ proferida nos autos do EREsp 616.918/MG (Rel. Min. Castro Meira, ac. 02.08.2010, DJe 23.08.2010) prevaleceu o entendimento de que há sucumbência parcial do autor na hipótese de o pedido secundário, de menor importância, ser acolhido (no mesmo sentido: STJ, 3ª T., REsp 193.278/PR, Rel. Min. Pádua Ribeiro, ac. 23.04.2002, DJU 10.06.2002, p. 201, com voto vencido da Min. Nancy Andrighi. STJ, 2ª T., REsp 1.139.856/SC, Rel. Min. Mauro Campbell Marques).

O mesmo ocorre no caso de **cumulação alternativa,** prevista pelo parágrafo único do art. 326 do CPC: "É lícito formular mais de um pedido, alternativamente, para que o juiz acolha um deles.

Em ambas as hipótese, em caso de acolhimento de qualquer pedido, o resultado vai ser de **procedência total e não parcial**, não havendo que se falar em sucumbência recíproca.

Em sentido contrário a decisão a seguir transcrita:

> SEGUNDO AGRAVO REGIMENTAL NO RECURSO ESPECIAL. ADMINISTRATIVO. PENSIONISTA. EMBARGOS À EXECUÇÃO. IMPROCEDÊNCIA DE UM DOS PEDIDOS SUCESSIVOS. SUCUMBÊNCIA RECÍPROCA. OCORRÊNCIA. 1. A improcedência de um dos pedidos cumulados sucessivamente caracteriza a sucumbência recíproca. Ao contrário do que ocorre com os pedidos alternativos, em que o demandante satisfaz-se com o acolhimento de qualquer das providências requeridas. Precedentes. 2. Agravo regimental a que se nega provimento (AgRg no AgRg no REsp n. 646.383/RS, Rel. Ministra ALDERITA RAMOS DE OLIVEIRA (DESEMBARGADORA CONVOCADA DO TJ/PE), DJe 14/05/2013).

Por fim, na hipótese de pedido de **indenização por danos morais**, o não acolhimento do valor respectivo atribuído pelo autor à causa ou ao pedido **não implica sucumbência recíproca**, no entendimento do STJ por meio da Súmula nº 326: "Na ação de indenização por dano moral, a condenação em montante inferior ao postulado na inicial não implica sucumbência recíproca".

E) Execução da verba honorária

A execução dos honorários de sucumbência pode ser feita **nos próprios autos**, na forma prevista pelo § 1º, art. 24 da Lei nº 8.906/94 (EOAB): "A execução dos honorários pode ser promovida nos mesmos autos da ação em que tenha atuado o advogado, se assim lhe convier".

Quando há omissão na sentença o advogado pode ajuizar uma ação autônoma para sua definição e cobrança, na forma prevista pelo § 18, art. 85 do CPC.

Inclusive, os créditos obtidos pelo vencido beneficiário da justiça gratuita, ainda que em outra demanda, podem ser utilizados para quitar os honorários de sucumbência recíproca, de acordo com o preceito contido no § 4º, art. 791-A da CLT:

> **Art. 791-A. § 4º** Vencido o beneficiário da justiça gratuita, desde que não tenha obtido em juízo, ainda que em outro processo, créditos capazes de suportar a despesa, as obrigações decorrentes de sua sucumbência ficarão sob condição suspensiva de exigibilidade e somente poderão ser executadas se, nos dois anos subsequentes ao trânsito em julgado da decisão que as certificou, o credor demonstrar que deixou de existir a situação de insuficiência de recursos que justificou a concessão de gratuidade, extinguindo-se, passado esse prazo, tais obrigações do beneficiário.

Como os honorários tem caráter alimentar, o crédito do trabalhador pode ser penhorado, uma vez que ambos tem a mesma natureza, sendo hipótese de exceção à regra da impenhorabilidade contida no art. 833, IV, do CPC.

F) Honorários e justiça gratuita

A sucumbência recíproca produz efeitos em relação à parte beneficiária da justiça gratuita na medida em que esta obtém créditos capazes de suportar a despesa, no mesmo processo ou em outro, como deixa claro o § 4º, art. 791-A da CLT.

Consequentemente essa mesma parte deixa de ser considerada necessitado e **uma nova decisão deve ser proferida para retir-lhe os benefícios da justiça gratuita**, apesar do referido preceito legal ser omisso nesse particular.

Segundo dispõe o § 2º, do art. 98 do CPC a concessão de gratuidade **não afasta a responsabilidade do beneficiário** pelas despesas processuais e pelos honorários advocatícios decorrentes de sua sucumbência.

Nessa situação, uma vez verificado, mediante provocação, que o reclamante não é mais considerado "necessitado", a depender do montante do valor por ele recebido em razão do cumprimento da sentença, **o juiz deve revogar a decisão** que concedeu os benefícios da justiça gratuita.

No caso de improcedência total dos pedidos, as obrigações dai decorrentes ficam sob **condição suspensiva de exigibilidade** para o beneficiário da justiça gratuita e somente poderão ser executadas se, **nos dois anos subsequentes** ao trânsito em julgado da decisão que as certificou, o credor demonstrar que deixou de existir a situação de insuficiência de recursos que justificou a concessão de gratuidade, extinguindo-se, passado esse prazo, tais obrigações do beneficiário (§ 4º, art. 791-A da CLT).

A ADI nº 5766 postula a suspensão dos efeitos da expressão "desde que não tenha obtido em juízo, ainda que em outro processo, créditos capazes de suportar a despesa" contida no § 4º, art. 791-A.

Apreciando a matéria, o TST afastou a inconstitucionalidade do referido dispositivo legal:

> 1. A Reforma Trabalhista, implementada pela Lei nº 13.467/2017, sugere uma alteração de paradigma no direito material e processual do trabalho. No âmbito do processo do trabalho, a imposição pelo legislador de honorários sucumbenciais ao reclamante reflete a intenção de desestimular lides temerárias. É uma opção política. 2. Por certo, sua imposição a beneficiários da Justiça gratuita requer ponderação quanto à possibilidade de ser ou não tendente a suprimir o direito fundamental de acesso ao Judiciário daquele que demonstrou ser pobre na forma da Lei. 3. Não obstante, a redação dada ao art. 791, § 4º, da CLT, demonstrou essa preocupação por parte do legislador, uma vez que só será exigido do beneficiário da Justiça gratuita o pagamento de honorários advocatícios se ele obtiver créditos suficientes, neste ou em outro processo, para retirá-lo da condição de miserabilidade. Caso contrário, penderá, por dois anos, condição suspensiva de exigibilidade. A constatação da superação do estado de miserabilidade, por óbvio, é casuística e individualizada. 4. Assim, os condicionamentos impostos restauram a situação de isonomia do atual beneficiário da Justiça gratuita quanto aos demais postulantes. Destaque-se que o acesso ao Judiciário é amplo, mas não incondicionado. Nesse contexto, a ação contra-

majoritária do Judiciário, para a declaração de inconstitucionalidade de norma, não pode ser exercida no caso, em que não se demonstra violação do princípio constitucional de acesso à Justiça. Agravo de instrumento conhecido e desprovido (TST. 3ª Turma. AIRR nº 2054-06.2017.5.11.0003. 31.05.2019).

G) Honorários nas demandas em que a Fazenda Pública for parte

O § 1º do art. 791-A da CLT deixa claro serem devidos os honorários advocatícios nas demandas contra a Fazenda Pública, independente do conteúdo da decisão, observando-se as regras contidas no § 3º, art. 85 do CPC **de forma supletiva**, substituindo-se apenas o percentual máximo de 20% pelo de 15% na hipótese prevista pelo inciso I:

> **Art. 85. § 3º** Nas causas em que a Fazenda Pública for parte, a fixação dos honorários observará os critérios estabelecidos nos incisos I a IV do § 2º e os seguintes percentuais:
>
> I – mínimo de dez e máximo de vinte por cento sobre o valor da condenação ou do proveito econômico obtido até 200 (duzentos) salários-mínimos;
>
> II – mínimo de oito e máximo de dez por cento sobre o valor da condenação ou do proveito econômico obtido acima de 200 (duzentos) salários-mínimos até 2.000 (dois mil) salários-mínimos;
>
> III – mínimo de cinco e máximo de oito por cento sobre o valor da condenação ou do proveito econômico obtido acima de 2.000 (dois mil) salários-mínimos até 20.000 (vinte mil) salários-mínimos;
>
> IV – mínimo de três e máximo de cinco por cento sobre o valor da condenação ou do proveito econômico obtido acima de 20.000 (vinte mil) salários-mínimos até 100.000 (cem mil) salários-mínimos;
>
> V – mínimo de um e máximo de três por cento sobre o valor da condenação ou do proveito econômico obtido acima de 100.000 (cem mil) salários-mínimos.

Como visto, os percentuais mínimo e máximo dos honorários de sucumbência nas demandas envolvendo a Fazenda Pública variam de acordo com o valor da condenação ou proveito econômico, salvo no caso de improcedência ou não sendo possível mensurar o proveito econômico, devendo ser observado, em tais situações, o valor da causa atualizado.

Portanto, a sua definição imediata só pode ser feita **quando a sentença for líquida**, oportunidade na qual se verificará o valor do salário mínimo vigente. Caso contrário, o percentual deverá ser definido quando da liquidação da sentença, também de acordo com o salario mínimo vigente nessa fase processual.

A fixação do percentual deve observar as faixas indicadas nos incisos do § 3º, art. 85 do CPC de forma progressiva, conforme determina o § 5º desse mesmo dispositivo legal:

> **Art. 85. § 5º** Quando, conforme o caso, a condenação contra a Fazenda Pública ou o benefício econômico obtido pelo vencedor ou o valor da causa for superior ao valor previsto no inciso I do § 3º, a fixação do percentual de honorários deve observar a faixa inicial e, naquilo que a exceder, a faixa subsequente, e assim sucessivamente.

Registre-se, por fim, que não serão devidos honorários no cumprimento de sentença contra a Fazenda Pública que enseje expedição de precatório, desde que não tenha sido impugnada (art. 85, § 7º do CPC).

H) Honorários de sucumbência em dissídio coletivo

O dissídio coletivo de natureza econômica não tem como objetivo aplicar a norma ao caso concreto. Pelo contrário, sua finalidade é justamente criar ou modificar uma norma de caráter genérico e abstrato.

Como se trata de provocação da jurisdição anómala, não se exige que conste da petição inicial os **fundamentos jurídicos dos pedidos e o valor da causa**, sendo que **as provas** não se relacionam com fatos controversos, mas sim em com os **requisitos formais do dissídio coletivo**.

A sentença normativa proferida em dissídio coletivo consiste em ato que põe fim ao processo e **impõe condições** de trabalho para os integrantes da categoria profissional representada em um dos polos da relação processual coletiva.

Observe-se que a sentença normativa, como a própria denominação sugere, tem natureza jurídica de norma, pois fixa condições de trabalho, com produção de efeitos ultra partes.

Levando em consideração essas peculiaridades, entende-se que, excepcionalmente, os honorários de sucumbência devem ser fixados **sobre o valor arbitrado da decisão**, de forma análoga ao que ocorre com as custas (art. 789, § 4º da CLT): "Nos dissídios coletivos, as partes vencidas responderão solidariamente pelo pagamento das custas, calculadas sobre o valor arbitrado na decisão, ou pelo Presidente do Tribunal".

I) Honorários de sucumbência em demandas coletivas

Nas demandas coletivas só há condenação da parte autora em honorários de sucumbência nas hipóteses de má-fé, como determina o art. 87 do Código de Defesa do Consumidor:

> **Art. 87.** Nas ações coletivas de que trata este código não haverá adiantamento de custas, emolumentos, honorários periciais e quaisquer outras despesas, nem condenação da associação autora, salvo comprovada má-fé, em honorários de advogados, custas e despesas processuais.
>
> Parágrafo único. Em caso de litigância de má-fé, a associação autora e os diretores responsáveis pela propositura da ação serão solidariamente condenados em honorários advocatícios e ao décuplo das custas, sem prejuízo da responsabilidade por perdas e danos.

A Lei nº 13.725/18 introduziu o § 7º ao art. 22 do Estatuto da OAB que faculta ao sindicato indicar substituídos para que paguem os honorários derivados da celebração de contrato entre o sindicato e o advogado (honorários contratuais):

> **Art. 22. § 7º** Os honorários convencionados com entidades de classe para atuação em substituição processual poderão prever a faculdade de indicar os beneficiários que, ao optarem por adquirir os direitos, assumirão as obrigações decorrentes do contrato originário a partir do momento em que este foi celebrado, sem a necessidade de mais formalidades.

Exercendo essa faculdade, só se beneficiarão da sentença coletiva os substituídos que aderirem ao contrato de honorários celebrado inicialmente pela entidade sindical.

Observe-se, porém, que a assistência judiciaria gratuita deve ser prestada pelo sindicato, no processo do trabalho, e não pela Defensoria Pública, para aqueles que percebam até dois salários mínimos por mês, conforme dispõe o § 1º, art. 14, da Lei nº 5.584/70:

> **Art. 14. § 1º** A assistência é devida a todo aquele que perceber salário igual ou inferior ao dobro do mínimo legal, ficando assegurado igual benefício ao trabalhador de maior salário, uma vez provado que sua situação econômica não lhe permite demandar, sem prejuízo do sustento próprio ou da família.

Para os demais trabalhadores, a assistência judiciária gratuita também será prestada pelo sindicato, mas mediante a prova de miserabilidade.

Assim, soa contraditória a exigência de pagamento de honorários contratuais pelo substituído que se encontre nessas condições.

J) Honorários de sucumbência em arquivamento e desistência da demanda

Cabe a verba honorária nos casos de arquivamento do processo ou desistência da demanda? Depende. Como os honorários constituem retribuição do trabalho do advogado, só serão devidos na hipótese da contestação já ter sido juntada aos autos ou que pelo menos o advogado tenha feito a promovido a sua habilitação no PJe.

Como o arquivamento e a desistência implicam extinção do feito sem resolução do mérito, aplica-se a regra contida no § 6º, art. 85 do CPC:

> **Art. 85.** A sentença condenará o vencido a pagar honorários ao advogado do vencedor.
> § 6º Os limites e critérios previstos nos §§ 2º e 3º aplicam-se independentemente de qual seja o conteúdo da decisão, inclusive aos casos de improcedência ou de sentença sem resolução de mérito.

L) Honorários de sucumbência em incidentes processuais

Não cabe honorários de sucumbência nos casos de julgamento de incidentes processuais, salvo quando a própria lei, de forma expressa, estabelecer essa consequência processual.

> HONORÁRIOS. INCIDENTE DE DESCONSIDERAÇÃO:RECURSO ESPECIAL. AGRAVO DE INSTRUMENTO NA ORIGEM. INCIDENTE DE DESCONSIDERAÇÃO DA PERSONALIDADE JURÍDICA. CONDENAÇÃO EM HONORÁRIOS ADVOCATÍCIOS. DESCABIMENTO. ART. 85, § 1º, DO CPC/2015. RECURSO ESPECIAL PROVIDO.
> 1. Não é cabível a condenação em honorários advocatícios em incidente processual, ressalvados os casos excepcionais. 2. Tratando-se de incidente de desconsideração da personalidade jurídica, o descabimento da condenação nos ônus sucumbenciais decorre da ausência de previsão legal excepcional, sendo irrelevante se apurar quem deu causa ou foi sucumbente no julgamento final do incidente. (REsp 1845536/SC, Rel. Ministra NANCY ANDRIGHI, Rel. p/ Acórdão Ministro MARCO AURÉLIO BELLIZZE, TERCEIRA TURMA, julgado em 26/05/2020, DJe 09/06/2020)

6.4. Honorários do perito

A retribuição pecuniária dos auxiliares da Justiça, mais precisamente dos peritos do juízo, é feita por meio da fixação dos honorários provisionais e definitivos.

A) Honorários provisionais

O CPC determina que em caso de **perícia feita de ofício ou requerida por ambas as partes**, os **honorários provisionais** devem ser rateados pelos litigantes, na forma prevista pelo art. 95, parte final:

> **Art. 95.** Cada parte **adiantará** a remuneração do assistente técnico que houver indicado, sendo a do perito adiantada pela parte que houver requerido a perícia ou rateada **quando a perícia for determinada de ofício** ou requerida por ambas as partes (grifou-se).

Entretanto, as despesas processuais no processo do trabalho somente **são cobradas no final do litígio**. Ora, desse modo o juiz não pode exigir o depósito dos **honorários provisionais** de perito, salvo nas demandas decorrentes da relação de trabalho, como ressalta o art. 6º, parágrafo único, da Instrução Normativa nº 27/2005 do TST.

O entendimento do TST aponta para essa direção, consoante se observa da redação da OJ nº 98 da SDI-II:

> **OJ Nº 98.** MANDADO DE SEGURANÇA. CABÍVEL PARA ATACAR EXIGÊNCIA DE DEPÓSITO PRÉVIO DE HONORÁRIOS PERICIAIS. Inserida em 27.09.02 (nova redação – DJ 22.08.2005). É ilegal a exigência de depósito prévio para custeio dos honorários periciais, dada a incompatibilidade com o processo do trabalho, sendo cabível o mandado de segurança visando à realização da perícia, independentemente do depósito.

O legislador acolheu esse posicionamento introduzindo o § 3º ao art. 790-B da CLT: "O juízo não poderá exigir adiantamento de valores para realização de perícias".

Em sentido contrário o Enunciado nº 101 aprovado na 2ª Jornada de Direito Material de Processual do Trabalho:

> **ENUNCIADO Nº 101. HONORÁRIOS PERICIAIS**
>
> I – HONORÁRIOS PERICIAIS. ANTECIPAÇÃO. POSSIBILIDADE. APLICAÇÃO DA RESOLUÇÃO 66/2010 – CSJT. É COMPATÍVEL COM A NOVA SISTEMÁTICA DA CLT A ANTECIPAÇÃO DE HONORÁRIOS PERICIAIS, NOS TERMOS DO ART. 2º, § 2º, DA RESOLUÇÃO CSJT 66/2010 OU DE NORMA SUPERVENIENTE, PERMITINDO QUE O PERITO SEJA REMUNERADO COM RECURSOS PRÓPRIOS DA UNIÃO, AINDA NA FASE INSTRUTÓRIA DO PROCESSO. APÓS O TRÂNSITO EM JULGADO DA DECISÃO, SENDO O AUTOR BENEFICIÁRIO DA JUSTIÇA GRATUITA, A UNIÃO PAGARÁ O VALOR REMANESCENTE AO PERITO, DEVIDAMENTE ATUALIZADO, NOS TERMOS DO ART. 5º, PARÁGRAFO ÚNICO, DA RESOLUÇÃO 66/2010, SENDO APLICÁVEIS APENAS AS NORMAS DOS TRIBUNAIS REGIONAIS QUE APRESENTEM CONDIÇÃO MAIS FAVORÁVEL À EFETIVIDADE DO PROCESSO.
>
> II – HONORÁRIOS PERICIAIS. ANTECIPAÇÃO CONVENCIONAL DAS PARTES. SUB-ROGAÇÃO. O PAGAMENTO FEITO PELA EMPRESA DE HONORÁRIOS PERICIAIS, DE FORMA ANTECIPADA E CONVENCIONAL, É COMPATÍVEL COM O DISPOSTO NO ART. 790-B, § 3º DA CLT, PERMITINDO QUE O PERITO SEJA REMUNERADO COM RECURSOS PRÓPRIOS DA EMPRESA AINDA NA FASE INSTRUTÓRIA DO PROCESSO. APÓS O TRÂNSITO EM JULGADO DA DECISÃO, SENDO O AUTOR BENEFICIÁRIO DA JUSTIÇA GRATUITA, A UNIÃO FARÁ A RESTITUIÇÃO INTEGRAL DOS VALORES ANTECIPADOS PELA EMPRESA, NO LIMITE DO PREVISTO NA RESOLUÇÃO 66/2010 OU EM

NORMA SUPERVENIENTE,SUBROGANDO-A NOS CRÉDITOS DO PERITO EM FACE DA UNIÃO, SENDO APLICÁVEIS APENAS AS NORMAS DOS TRIBUNAIS REGIONAIS QUE APRESENTEM CONDIÇÃO MAIS FAVORÁVEL À EFETIVIDADE DO PROCESSO.

De outro lado, grande parte dos Tribunais Regionais não dispõe de peritos no seu quadro de pessoal. Já o perito particular recusa-se, muitas vezes, iniciar os trabalhos sem ao menos receber o valor relativo às despesas necessárias à confecção do laudo pericial, apesar de haver determinação legal que proíbe a recusa injustificada do *munus*.[72]

Desse modo, nada impede que os honorários provisionais sejam adiantados pelo próprio TRT, tendo a parte sucumbente a obrigação de ressarcir esse valor ao final da demanda.

B) Honorários definitivos

Os honorários definitivos do perito são fixados na sentença observando, por analogia, os parâmetros definidos pelo art. 85, § 2º do CPC, quais sejam, o grau de zelo do profissional; o lugar de prestação do serviço; a natureza e a importância da causa; o trabalho realizado pelo perito e o tempo exigido para o seu serviço.

A requerimento do sucumbente, o juízo poderá deferir **parcelamento dos honorários periciais,** na forma do permissivo contido no § 2º, art. 790-B, da CLT.

Por fim, o juiz deverá observar o **limite máximo estabelecido pelo CSJT**, na forma prevista pelo § 1º, art. 790-B, da CLT: "Ao fixar o valor dos honorários periciais, o juízo deverá respeitar o limite máximo estabelecido pelo Conselho Superior da Justiça do Trabalho".

C) Honorários periciais para o beneficiário da justiça gratuita

Com a vigência da Lei nº 13.467/17 a redação do *caput* do art. 790-B foi alterada e foi acrescentado um § 4º, até então inexistente, conforme se observa do seguinte quadro comparativo:

REFORMA TRABALHISTA – QUADRO COMPARATIVO HONORÁRIOS PERICIAIS PARA O BENEFICIÁRIO DA JUSTIÇA GRATUITA	
REDAÇÃO ANTERIOR DA CLT	**REDAÇÃO ATUAL DA CLT**
Art. 790-B. A responsabilidade pelo pagamento dos honorários periciais é da parte sucumbente na pretensão objeto da perícia, salvo se beneficiária de justiça gratuita. § 4º – INEXISTENTE	**Art. 790-B.** A responsabilidade pelo pagamento dos honorários periciais é da parte sucumbente na pretensão objeto da perícia, ainda que beneficiária da justiça gratuita. **§ 4º** Somente no caso em que o beneficiário da justiça gratuita não tenha obtido em juízo créditos capazes de suportar a despesa referida no *caput*, ainda que em outro processo, a União responderá pelo encargo.

72. Lei nº 1.060/50. Art. 14. Os profissionais liberais designados para o desempenho do encargo de defensor ou de perito, conforme o caso, salvo justo motivo previsto em lei ou, na sua omissão, a critério da autoridade judiciária competente, são obrigados ao respectivo cumprimento, sob pena de multa de mil cruzeiros a dez mil cruzeiros, sujeita ao reajustamento estabelecido na Lei nº 6.205, de 29 de abril de 1975, sem prejuízo da sanção disciplinar cabível.

DIFERENÇAS E COMENTÁRIOS

Na redação anterior do caput do art. 790-B, o beneficiário da justiça gratuita não respondia em nenhuma hipótese pelo pagamento dos honorários periciais, ainda que sucumbisse na pretensão objeto da perícia.

Com a introdução do § 4º ao referido dispositivo legal, o pagamento dos honorários do perito só passa a ser de responsabilidade da União caso o beneficiário da justiça gratuita **não tenha obtido nenhum crédito capaz de suportar essa despesa, ainda que em outro processo.**

É necessário, contudo, que o juiz **profira nova decisão revogando a concessão dos benefícios da justiça gratuita** para que o pagamento dos honorários periciais sejam pagos pela parte.

Segundo o art. 2º, da Resolução nº 66/10 do CSJT, a responsabilidade da União pelo pagamento de honorários periciais, em caso de concessão do benefício da justiça gratuita, está condicionada ao atendimento simultâneo dos seguintes requisitos:

I – fixação judicial de honorários periciais;

II – sucumbência da parte na pretensão objeto da perícia;

III – trânsito em julgado da decisão.

Já no art. 3º da referida resolução são definidos os parâmetros para fixação do valor dos honorários periciais para os beneficiários da justiça gratuita, bem como seu limite máximo:

Art. 3º Em caso de concessão do benefício da justiça gratuita, o valor dos honorários periciais, observado o limite de R$ 1.000,00 (um mil reais), será fixado pelo juiz, atendidos: I – a complexidade da matéria; II – o grau de zelo profissional; III – o lugar e o tempo exigidos para a prestação do serviço; IV – as peculiaridades regionais.

Essas novas regras, que tratam dos honorários periciais, introduzidas pela Lei nº 13.467/17 só se aplicam às demandas ajuizadas a partir de 11.11.2017, segundo o entendimento do TST constante do art. 5º da IN nº 41/2018.

Sobre o pagamento dos honorários periciais pelos beneficiários da Justiça Gratuita, assim dispõe o art. 95, § 3º, do CPC:

> **Art. 95. § 3º** Quando o pagamento da perícia for de responsabilidade de beneficiário de gratuidade da justiça, ela poderá ser:
>
> I – custeada com recursos alocados no orçamento do ente público e realizada por servidor do Poder Judiciário ou por órgão público conveniado;
>
> II – paga com recursos alocados no orçamento da União, do Estado ou do Distrito Federal, no caso de ser realizada por particular, hipótese em que o valor será fixado conforme tabela do tribunal respectivo ou, em caso de sua omissão, do Conselho Nacional de Justiça.

D) Honorários do assistente técnico

Os honorários devidos aos assistentes técnicos **são adiantados pela parte que os indicou**, conforme preceitua o citado art. 95 do CPC e na forma prevista pela Súmula nº 341 do TST:

> **SÚMULA Nº 341.** HONORÁRIOS DO ASSISTENTE TÉCNICO. A indicação do perito assistente é faculdade da parte, a qual deve responder pelos respectivos honorários, ainda que vencedora no objeto da perícia.

Exemplos de questões sobre o tema

(FCC – Juiz do Trabalho Substituto 1ª região/2015) Luiz ajuizou ação trabalhista em face de seu ex--empregador, postulando o pagamento de adicional de periculosidade, tendo requerido, ainda, gratuidade de justiça. Contestado o pedido na audiência inaugural, o juiz indeferiu a gratuidade determinando ao autor que depositasse os honorários periciais em dez dias. Inconformado, o advogado do demandante impetrou mandado de segurança. Nesse caso, o mandado de segurança deve ser

a) acolhido, pois o ônus da prova era do autor, que deveria ter realizado o depósito prévio dos honorários periciais.
b) acolhido, pois é ilegal a exigência de depósito prévio para custeio de honorários periciais, haja vista sua incompatibilidade com o processo do trabalho.
c) rejeitado, pois o juiz acertou ao inverter o ônus da prova, haja vista a maior capacidade econômica da ré.
d) rejeitado, pois o autor deverá ressarcir o réu na hipótese de ser sucumbente no objeto da perícia.
e) acolhido, pois o ônus da prova é do autor, que é beneficiário de gratuidade de justiça.

Resposta: B

6.5. Assistência judiciária e justiça gratuita

A assistência judiciária é devida pelo Estado a todo cidadão que não tiver condições de arcar com o pagamento das despesas processuais, sem prejuízo do seu sustento próprio e da sua família. Inclusive, esse direito é assegurado pelo art. 5º, LXXIV, da Carta Magna de 1988.[73]

No processo civil, essa assistência judiciária é prestada pela Defensoria Pública, nos âmbitos estadual e federal, com o auxílio dos Municípios e da Ordem dos Advogados do Brasil – OAB e é disciplinada pela Lei nº 1.060/50,[74] Lei Complementar nº 80/94 e art. 98 e seguintes do CPC.

A) Assistência judiciária no processo do trabalho

Na Justiça do Trabalho, de acordo com o que preceitua o art. 14 da Lei nº 5.584/70, **a assistência judiciária é prestada pelos sindicatos**, aos associados e não associados, ou seja, a todos os integrantes da categoria profissional que representa.[75]

Essa assistência diz respeito à necessidade que o trabalhador tem de estar acompanhado de profissional da advocacia durante o trâmite do seu processo.

Nota-se, portanto, que no processo laboral há desvirtuamento do comando constitucional já citado, uma vez que o sindicato é uma pessoa jurídica de direito privado e não está atrelado ao Estado.

A assistência judiciária engloba as seguintes isenções, segundo o art. 98, § 1º do CPC:

Taxas ou custas judiciais e os emolumentos devidos aos notários	Selos postais e despesas com publicações na imprensa oficial	Indenizações devidas às testemunhas, que quando empregada receberá do empregador o salário	Honorários de advogado e peritos, bem como a remuneração do intérprete ou do tradutor	Exame de DNA e outros considerados essenciais	Depósito recursal e outros exigidos por lei.	Custo com a elaboração da memória de cálculo

73. No âmbito da União a Defensoria Pública foi organizada pela Lei Complementar nº 80, de 12 de janeiro de 1994. A referida norma prescreveu, também, normas gerais para sua organização nos Estados. Já a implantação do referido órgão ocorreu com a edição da Lei nº 9.020, de 30 de março de 1995.
74. O CPC revogou expressamente os arts. 2º, 3º, 4º, 6º, 7º, 11, 12 e 17 da Lei nº 1.060, de 5 de fevereiro de 1950;
75. Lei nº 5.584/70. Art. 14. Na Justiça do Trabalho, a assistência judiciária a que se refere a Lei nº 1.060, de 5 de fevereiro de 1950, será prestada pelo Sindicato da categoria profissional a que pertencer o trabalhador.

B) *Justiça gratuita*

A justiça gratuita nada mais é do que a isenção do pagamento das custas, das despesas processuais e dos honorários advocatícios por conta da situação financeira precária da parte.

O CPC trata da matéria em seu art. 98:

> **Art. 98.** A pessoa natural ou jurídica, brasileira ou estrangeira, com insuficiência de recursos para pagar as custas, as despesas processuais e os honorários advocatícios tem direito à gratuidade da justiça, na forma da lei.

Essa gratuidade pode atingir um, alguns ou todos os atos processuais e até mesmo consistir em redução do percentual das despesas que o beneficiário tenha que adiantar durante o processo (art. 98, § 5º).

Os benefícios da justiça gratuita podem ser concedidos **ainda que o trabalhador não esteja em juízo assistido pelo sindicato de sua categoria profissional.**

Isso quer dizer que a parte pode ingressar em juízo representado por um advogado por ele escolhido e, ainda assim, ter os benefícios da justiça gratuita, desde que alegue ou comprove sua situação de necessidade, conforme o caso.

Nesse sentido é a determinação contida no § 4º, art. 99 do CPC: "A assistência do requerente por advogado particular não impede a concessão de gratuidade da justiça".

– *Declaração da pobreza*

O CPC, na parte final do seu art. 105, **exige a concessão de poderes especiais para o advogado firmar essa declaração**:

> **Art. 105.** A procuração geral para o foro, outorgada por instrumento público ou particular assinado pela parte, habilita o advogado a praticar todos os atos do processo, exceto receber citação, confessar, reconhecer a procedência do pedido, transigir, desistir, renunciar ao direito sobre o qual se funda a ação, receber, dar quitação, firmar compromisso e **assinar declaração de hipossuficiência econômica**, que devem constar de cláusula específica (grifou-se).

O item I da Súmula nº 463 do TST reafirma essa necessidade:

> **SÚMULA Nº 463.** ASSISTÊNCIA JUDICIÁRIA GRATUITA. COMPROVAÇÃO (conversão da Orientação Jurisprudencial nº 304 da SBDI-1, com alterações decorrentes do CPC de 2015) – Res. 219/2017, DEJT divulgado em 28, 29 e 30.06.2017. I – A partir de 26.06.2017, para a concessão da assistência judiciária gratuita à pessoa natural, basta a declaração de hipossuficiência econômica firmada pela parte ou por seu advogado, desde que munido de procuração com poderes específicos para esse fim (art. 105 do CPC de 2015).

– *Requisitos para concessão da justiça gratuita*

A Lei nº 13.467/17 promoveu profundas modificações no que diz respeito aos requisitos para concessão do benefício da justiça gratuita, mais precisamente com a alteração da redação do § 3º do art. 790 da CLT, como se observa do quadro comparativo a seguir:

REFORMA TRABALHISTA – QUADRO COMPARATIVO GRATUIDADE DA JUSTIÇA	
REDAÇÃO ANTERIOR DA CLT	**REDAÇÃO ATUAL DA CLT**
Art. 790. § 3º É facultado aos juízes, órgãos julgadores e presidentes dos tribunais do trabalho de qualquer instância conceder, a requerimento ou de ofício, o benefício da justiça gratuita, inclusive quanto a traslados e instrumentos, àqueles que perceberem salário igual ou inferior ao dobro do mínimo legal, ou declararem, sob as penas da lei, que não estão em condições de pagar as custas do processo sem prejuízo do sustento próprio ou de sua família.	**Art. 790. § 3º** É facultado aos juízes, órgãos julgadores e presidentes dos tribunais do trabalho de qualquer instância conceder, a requerimento ou de ofício, o benefício da justiça gratuita, inclusive quanto a traslados e instrumentos, àqueles que perceberem salário igual ou inferior a 40% (quarenta por cento) do limite máximo dos benefícios do Regime Geral de Previdência Social. **§ 4º** O benefício da justiça gratuita será concedido à parte que comprovar insuficiência de recursos para o pagamento das custas do processo.
DIFERENÇAS E COMENTÁRIOS	
Foram mantidas as seguintes características da concessão do benefício da justiça gratuita: a) de ofício ou a requerimento; b) em qualquer grau de jurisdição. A utilização da expressão "É facultado", deve ser interpretada de acordo com o comando constitucional que instituiu o dever do Estado de prestar assistência judiciaria aos necessitados, na forma prevista pelo art. 5º, LXXIV: "o Estado prestará assistência jurídica integral e gratuita aos que comprovarem insuficiência de recursos". Assim, o juiz só pode negar o benefício da justiça gratuita quando não preenchidos os requisitos legais. Com a alteração do § 3º do art. 790 da CLT, o benefício da justiça gratuita **fundado em simples declaração de insuficiência de recursos financeiros** (declaração de pobreza) só pode ser concedido aos empregados que percebam até 40% do limite máximo dos benefícios do Regime Geral de Previdência Social. Estabeleceu-se, assim, uma espécie de patamar para a pobreza presumida, sem a possibilidade de fazer prova em sentido contrário. Acima desse valor é necessário que a parte requerente **comprove** a insuficiência de recursos para o pagamento das custas processuais.	

Contrariando a expressa disposição contida no referido dispositivo legal transcrito, algumas decisões, inclusive do TST, reconhecem a possibilidade de utilização das regras do CPC, contidas no § 3º, art. 99:

> **RECURSO DE REVISTA. ASSISTÊNCIA JUDICIÁRIA GRATUITA. DECLARAÇÃO DE HIPOSSUFICIÊNCIA. RECLAMAÇÃO TRABALHISTA AJUIZADA NA VIGÊNCIA DA LEI Nº 13.467/2017. NECESSIDADE DE COMPROVAÇÃO DO ESTADO DE MISERABILIDADE**. A jurisprudência do TST havia se consolidado no sentido de que, para a concessão da assistência judiciária gratuita à pessoa natural, bastava a declaração de hipossuficiência econômica firmada pela parte ou por seu advogado. Na mesma linha, o art. 99 do CPC/2015, revogando as disposições da Lei nº 1.060/50 sobre gratuidade de justiça, trouxe em seu § 3º que "Presume-se verdadeira a alegação de insuficiência deduzida exclusivamente por pessoa natural". Nesse sentido, após a entrada em vigor do Código de Processo Civil de 2015, o TST converteu a Orientação Jurisprudencial nº 304 da SBDI-1 na Súmula nº 463. Logo, para a pessoa natural requerer os benefícios da justiça gratuita bastava a juntada de declaração de hipossuficiência, sendo ônus da parte adversa comprovar que o requerente não se enquadrava em nenhuma das situações de miserabilidade. No caso de pedido formulado pelo advogado da parte, este deveria ter procuração com poderes específicos para este fim. No entanto, em 11/11/2017, entrou em vigor a Lei nº 13.467/2017 (Reforma Trabalhista), que inseriu o parágrafo 4º ao art. 790 da CLT. Dessa forma, as ações ajuizadas a partir da entrada em vigor da reforma trabalhista estão submetidas ao que dispõe o § 4º do art. 790 da CLT, que exige a comprovação, pela parte

> requerente, da insuficiência de recursos para a concessão dos benefícios da justiça gratuita. Sem dúvida, o referido dispositivo inaugurou uma condição menos favorável à pessoa natural do que aquela prevista no Código de Processo Civil. No entanto, em se tratando de norma específica que rege o Processo do Trabalho, não há espaço, *a priori*, para se utilizar somente as disposições do CPC. Logo, o referido dispositivo implicaria, no ponto de vista do trabalhador, um retrocesso social, dificultando o acesso deste ao Poder Judiciário. Assim, a par da questão da constitucionalidade ou não do § 4º do art. 790 da CLT, a aplicação do referido dispositivo não pode ocorrer isoladamente, mas sim deve ser interpretado sistematicamente com as demais normas, quer aquelas constantes na própria CLT, quer aquelas previstas na Constituição Federal e no Código de Processo Civil. Dessa forma, à luz do que dispõe o próprio § 3º do art. 790 da CLT c/c com os arts. 15 e 99, § 3º, do CPC, entende-se que a comprovação a que alude o § 4º do art. 790 da CLT pode ser feita mediante a simples declaração da parte, a fim de viabilizar o pleno acesso do trabalhador ao Poder Judiciário, dando, assim, cumprimento ao art. 5º, XXXV e LXXIV da Constituição Federal. Isso porque não se pode atribuir ao trabalhador que postula, junto a esta Especializada, uma condição menos favorável àquela destinada aos cidadãos comuns que litigam na justiça comum, sob pena de afronta ao princípio da isonomia, previsto no *caput* do art. 5º da CF. Não conceder à autora, no caso dos autos, os benefícios da gratuidade de justiça, é o mesmo que impedir o amplo acesso ao Poder Judiciário (art. 5º, XXXV, da CF) e discriminar o trabalhador em relação às pessoas naturais que litigam na justiça comum (art. 5º, *caput*, da CF)(TST. 3ª Turma. RR-1000683-69_2018_5_02_0014.11.10.2019).

No mesmo sentido, a decisão proferida nos autos do processo RR-340.21.2018.5.06.0001, da 2ª Turma do TST, cujo relator foi o Ministro José Roberto Pimenta (DJT 15.05.2020).

Segundo o ministro, "a comprovação a que se refere o parágrafo 4º do artigo 790 da CLT pode ser feita mediante declaração de miserabilidade da parte".

Tratando-se de empregado que não tenha obtido o benefício da justiça gratuita, ou isenção de custas, o sindicato que houver intervindo no processo **respondera solidariamente** pelo pagamento das custas devidas (§ 1º, art. 790 da CLT).

Observe-se que no processo civil, ao contrário do processo do trabalho, o benefício da gratuidade da justiça **não pode ser concedido de ofício,** como se depreende da redação do art. 99 do CPC: "O pedido de gratuidade da justiça pode ser formulado na petição inicial, na contestação, na petição para ingresso de terceiro no processo ou em recurso".

– *Gratuidade da Justiça para o empregador e outros Entes*

A regra é da não concessão dos benefícios da justiça gratuita para a pessoa jurídica.

Isso porque o § 3º da art. 790 da CLT exige que a parte perceba **salário**, que é a retribuição por serviços prestados na condição de empregado:

> **Art. 790. § 3º** É facultado aos juízes, órgãos julgadores e presidentes dos tribunais do trabalho de qualquer instância conceder, a requerimento ou de ofício, o benefício da justiça gratuita, inclusive quanto a traslados e instrumentos, àqueles que perceberem salário igual ou inferior a 40% (quarenta por cento) do limite máximo dos benefícios do Regime Geral de Previdência Social.

Como a pessoa jurídica não pode ser empregado, a concessão da justiça gratuita depende da comprovação da impossibilidade de arcar com as despesas processuais, na forma do item II, da Súmula nº 463 do TST:

> **SÚMULA Nº 463.** ASSISTÊNCIA JUDICIÁRIA GRATUITA. COMPROVAÇÃO (conversão da Orientação Jurisprudencial nº 304 da SBDI-1, com alterações decorrentes do CPC de 2015) – Res. 219/2017, DEJT divulgado em 28, 29 e 30.06.2017. II – No caso de pessoa jurídica, não basta a mera declaração: é necessária a demonstração cabal de impossibilidade de a parte arcar com as despesas do processo.

Já a Resolução nº 66/2010 do CSJT, art. 2º, § 1º, dispõe que a concessão da justiça gratuita a empregador pessoa física **dependerá da comprovação de situação de carência que inviabilize a assunção dos ônus decorrentes da demanda judicial.**

Trata-se de um posicionamento contrário à norma legal, já que o § 3º da art. 790 da CLT, ainda que na sua redação original, não excluía a possibilidade da concessão do benefício da justiça gratuita para o empregador pessoa física.

Em relação ao depósito recursal, o § 10 do art. 899 da CLT isenta do respectivo recolhimento os beneficiários da justiça gratuita, as entidades filantrópicas e as empresas em recuperação judicial. Já para as entidades sem fins lucrativos, empregadores domésticos, microempreendedores individuais, microempresas e empresas de pequeno porte, o valor é reduzido pela metade (§ 9º, art. 899 da CLT).

Conforme Decreto-Lei nº 779/69, além dos beneficiários decorrentes da assistência judiciária ou justiça gratuita, **são isentos do recolhimento das custas processuais** a União, Estados, Distrito Federal, Municípios e respectivas fundações e autarquias que não explorem atividade econômica; bem como o Ministério Público do Trabalho.[76]

No mesmo sentido o art. 790-A da CLT, salientando em seu parágrafo único que a isenção não alcança as entidades fiscalizadoras do exercício profissional:

> **Art. 790-A.** São isentos do pagamento de custas, além dos beneficiários de justiça gratuita: I – a União, os Estados, o Distrito Federal, os Municípios e respectivas autarquias e fundações públicas federais, estaduais ou municipais que não explorem atividade econômica. II – o Ministério Público do Trabalho.
>
> **Parágrafo único.** A isenção prevista neste artigo não alcança as entidades fiscalizadoras do exercício profissional, nem exime as pessoas jurídicas referidas no inciso I da obrigação de reembolsar as despesas judiciais realizadas pela parte vencedora.

A massa falida goza do mesmo benefício, pois seus bens encontram-se indisponíveis, de acordo com a Súmula nº 86 do TST:

> **SÚMULA Nº 86:** DESERÇÃO. MASSA FALIDA. EMPRESA EM LIQUIDAÇÃO EXTRAJUDICIAL (incorporada a Orientação Jurisprudencial nº 31 da SBDI-I) – Res. 129/2005, DJ 20, 22 e 25.04.2005. Não ocorre deserção de recurso da massa falida por falta de pagamento de custas ou de depósito do valor da condenação. Esse privilégio, todavia, não se aplica à empresa em liquidação extrajudicial.

Como deixa claro a parte final da Súmula nº 86 do TST esse privilégio **não se aplica à empresa em liquidação o extrajudicial.** De igual forma, **as sociedades de economia mista não são isentas** do recolhimento das custas processuais, como deixa claro a Súmula nº 170:

76. Ainda assim, quando da sentença, deverá o juiz indicar o valor das custas, somente para efeitos estatísticos, conforme determina o **art. 96, § 1º, da Consolidação dos Provimentos da Corregedoria-Geral da Justiça do Trabalho (versão 2019).**

SÚMULA Nº 170: SOCIEDADE DE ECONOMIA MISTA. CUSTAS (mantida) – Res. 121/2003, DJ 19, 20 e 21.11.2003. Os privilégios e isenções no foro da Justiça do Trabalho não abrangem as sociedades de economia mista, ainda que gozassem desses benefícios anteriormente ao Decreto-Lei nº 779, de 21.08.1969.

Em resumo, são isentos do pagamento de custas processuais:

Isentos de custas	• Ministério Público do Trabalho • União, Estados, DF, Municípios e suas autarquias e fundações • Parte beneficiada pela gratuidade da justiça • Massa falida e herança jacente

– *Despesas processuais isentas para o beneficiário da gratuidade da justiça*

Como dito, a gratuidade da justiça engloba as despesas da parte previstas no art. 98, § 1º, do CPC:

I – as taxas ou as custas judiciais;

II – os selos postais;

III – as despesas com publicação na imprensa oficial, dispensando-se a publicação em outros meios;

IV – a indenização devida à testemunha que, quando empregada, receberá do empregador salário integral, como se em serviço estivesse;

V – as despesas com a realização de exame de código genético – DNA e de outros exames considerados essenciais;

VI – os honorários do advogado e do perito e a remuneração do intérprete ou do tradutor nomeado para apresentação de versão em português de documento redigido em língua estrangeira;

VII – o custo com a elaboração de memória de cálculo, quando exigida para instauração da execução;

VIII – os depósitos previstos em lei para interposição de recurso, para propositura de ação e para a prática de outros atos processuais inerentes ao exercício da ampla defesa e do contraditório;

IX – os emolumentos devidos a notários ou registradores em decorrência da prática de registro, averbação ou qualquer outro ato notarial necessário à efetivação de decisão judicial ou à continuidade de processo judicial no qual o benefício tenha sido concedido.

Entretanto, quando há a condenação, a parte sucumbente **é responsável pelo pagamento das despesas processuais adiantadas pela parte** que obtém sucesso na demanda. Nesse sentido é o preceito contido no art. 98, § 2º, do CPC: "A concessão de gratuidade não afasta a responsabilidade do beneficiário pelas despesas processuais e pelos honorários advocatícios decorrentes de sua sucumbência".

No processo civil, uma vez condenada a parte beneficiária da gratuidade da justiça a exigibilidade das obrigações decorrentes da sucumbência **ficam suspensa pelo prazo de cinco anos** após o trânsito em julgado, após o que extinguem-se, conforme previsão contida no art. 98, § 3º do CPC:

> **Art. 98. § 3º** Vencido o beneficiário, as obrigações decorrentes de sua sucumbência ficarão sob condição suspensiva de exigibilidade e somente poderão ser executadas se, nos 5 (cinco) anos subsequentes ao trânsito em julgado da decisão que as certificou, o credor demonstrar que deixou de existir a situação de insuficiência de recursos que justificou a concessão de gratuidade, extinguindo-se, passado esse prazo, tais obrigações do beneficiário.

A CLT tem regra própria, representada pelo preceito contido no § 4º, art. 791-A, que estabelece o **prazo de dois anos**:

> **Art. 791-A. § 4º** Vencido o beneficiário da justiça gratuita, desde que não tenha obtido em juízo, ainda que em outro processo, créditos capazes de suportar a despesa, as obrigações decorrentes de sua sucumbência ficarão sob condição suspensiva de exigibilidade e somente poderão ser executadas se, nos dois anos subsequentes ao trânsito em julgado da decisão que as certificou, o credor demonstrar que deixou de existir a situação de insuficiência de recursos que justificou a concessão de gratuidade, extinguindo-se, passado esse prazo, tais obrigações do beneficiário.

C) *Procedimento para concessão da justiça gratuita*

Geralmente, os benefícios da justiça gratuita são requeridos na própria petição inicial ou na defesa. Nada impede, todavia, que esse pedido seja feito a qualquer tempo (art. 99 do CPC) e, no caso do processo do trabalho, pode até ser **concedido de ofício.**

Sobre o momento processual para a solicitação dos benefícios da justiça gratuita, manifesta-se o TST, por intermédio da OJ nº 269 da SDI-1:

> **OJ Nº 269.** JUSTIÇA GRATUITA. REQUERIMENTO DE ISENÇÃO DE DESPESAS PROCESSUAIS. MOMENTO OPORTUNO (inserido item II em decorrência do CPC de 2015) I – O benefício da justiça gratuita pode ser requerido em qualquer tempo ou grau de jurisdição, desde que, na fase recursal, seja o requerimento formulado no prazo alusivo ao recurso; II – Indeferido o requerimento de justiça gratuita formulado na fase recursal, cumpre ao relator fixar prazo para que o recorrente efetue o preparo (art. 99, § 7º, do CPC de 2015).

O pedido só pode ser indeferido se houver nos autos elementos que evidenciem a falta dos pressupostos legais para a sua concessão. Antes de indeferir, todavia, o juiz ou tribunal deve conferir à parte o direito de comprovação o preenchimento dos referidos pressupostos (art. 99, § 2º do CPC).

Se o pleito de concessão de gratuidade de justiça for feito apenas quando da interposição de recurso, não será necessário fazer o respectivo preparo. Nesse caso, caberá ao relator do recurso analisar o pleito e, se indeferir, fixar o prazo para efetivar o preparo (art. 99, § 7º do CPC).

No caso de deferimento, a parte contrária terá o prazo de quinze dias para oferecer impugnação. Da decisão sobre esse incidente caberá, no processo civil, agravo de instrumento (art. 101 do CPC) e, no processo do trabalho, **mandado de segurança** em face do seu caráter interlocutório. Caso seja decidido apenas na sentença, caberá recurso ordinário.

Como já foi dito, se não for concedido os benefícios da justiça gratuita, o sindicato que tiver assistido o trabalhador, **responderá solidariamente** pelo pagamento das custas processuais, na forma prevista pelo art. 790, § 1º, da CLT:

> **Art. 790. § 1º.** Tratando-se de empregado que não tenha obtido o benefício da justiça gratuita, ou isenção de custas, o sindicato que houver intervindo no processo responderá solidariamente pelo pagamento das custas devidas.

D) Ações coletivas

Nas ações coletivas, mesmo ajuizadas na Justiça do Trabalho, aplicam-se as regras do CDC, mais precisamente em seu art. 87, inclusive aquela que **isenta as associações do pagamento de custas processuais**, salvo em caso de má-fé:

> **Art. 87.** Nas ações coletivas de que trata este Código não haverá adiantamento de custas, emolumentos, honorários periciais e quaisquer outras despesas, nem condenação da associação autora, salvo comprovada má-fé, em honorário de advogados, custas e despesas processuais.

E) Justiça gratuita e litigância de má-fé

Entende-se ser incompatível a concessão dos benefícios da justiça gratuita à parte que litiga de má-fé, apesar da lei não ser expressa nesse sentido.

O livre acesso ao Poder Judiciário é um direito garantido a qualquer cidadão. Entretanto, assim como os demais direitos, encontra-se sujeito a determinados limites, ou seja, **não tem caráter absoluto.**

Quando a parte ultrapassa os limites da regularidade do exercício do direito de ação, comete **abuso de direito**, na forma prevista pelo art. 187 do Código Civil: "Também comete ato ilícito o titular de um direito que, ao exercê-lo, excede manifestamente os limites impostos pelo seu fim econômico ou social, pela boa-fé ou pelos bons costumes".

Uma das consequências do uso irregular do direito de ação seria o **indeferimento do pleito de justiça gratuita**. Com efeito, não faz sentido premiar a parte com a concessão desse benefício quando ela não pratica seus atos processuais em observância ao princípio da lealdade processual.

Quando litiga de má-fé a parte provoca prejuízo ao seu adversário processual, **que pode ser recomposto mediante o pagamento de uma indenização**. Mas os efeitos maléficos da inobservância da lealdade processual **também atinge o Estado** e, por conta disso, não deve conceder qualquer benefício financeiro a parte que assim procede.

O tema, entretanto, não é pacífico na doutrina e na jurisprudência:

> **TESE JURÍDICA PREVALECENTE Nº 06 do TRT3.** HONORÁRIOS PERICIAIS. PARTE BENEFICIÁRIA DA JUSTIÇA GRATUITA. LITIGÂNCIA DE MÁ-FÉ. RESPONSABILIDADE PELO PAGAMENTO. A imposição de multa por litigância de má-fé à parte beneficiária da justiça gratuita, sucumbente na pretensão objeto da perícia, não lhe transfere a responsabilidade pelo pagamento dos honorários periciais, cujo encargo remanesce com a União Federal.

Exemplos de questões sobre o tema

(TRT 4 – Juiz do Trabalho Substituto 4ª região/2016) Considere as assertivas abaixo sobre gratuidade da justiça na Justiça do Trabalho.

I. Os institutos da Justiça Gratuita e da Assistência Judiciária Gratuita são sinônimos e correspondem à isenção de custas e demais despesas processuais, mediante a declaração de insuficiência econômica do postulante.

II. O benefício da Justiça Gratuita não pode ser deferido de ofício pelo Juiz.

III. Tratando-se de empregado que não tenha obtido o benefício da Justiça Gratuita, ou isenção de custas, o sindicato que houver intervindo no processo responderá solidariamente pelo pagamento das custas devidas.

Quais são corretas?

a) Apenas I

b) Apenas II

c) Apenas III

d) Apenas I e III

e) I, II e III

Resposta: C

(TRT 2 – Juiz do Trabalho Substituto 2ª região/2016) Nos processos perante a Justiça do Trabalho, em relação às despesas processuais, nos termos da Consolidação das Leis do Trabalho e das Súmulas da Jurisprudência Uniforme do Tribunal Superior do Trabalho:

I. São isentos do pagamento de custas, além dos beneficiários de justiça gratuita, a União, os Estados, o Distrito Federal, os Municípios e respectivas autarquias e fundações públicas federais, estaduais ou municipais que não explorem atividade econômica, o Ministério Público do Trabalho e as entidades fiscalizadoras do exercício profissional.

II. Não ocorre deserção de recurso da massa falida por falta de pagamento de custas ou de depósito do valor da condenação.

III. Não ocorre deserção de recurso da empresa em liquidação extrajudicial por falta de pagamento de custas ou de depósito do valor da condenação.

IV. Os privilégios e isenções no foro da Justiça do Trabalho, quanto ao pagamento de custas, não abrangem as sociedades de economia mista.

V. Tratando-se de empregado que não tenha obtido o benefício da justiça gratuita, ou isenção de custas, o sindicato que houver intervindo no processo responderá solidariamente pelo pagamento das custas devidas.

Responda:

a) Somente as proposições I, II e III estão corretas.

b) Somente as proposições I, IV e V estão corretas.

c) Somente as proposições II, III e V estão corretas.

d) Somente as proposições II, IV e V estão corretas.

e) Todas as proposições estão corretas.

Resposta: D

---

7. SUBSTITUIÇÃO DAS PARTES E DOS PROCURADORES

7.1. Substituição de parte

Por intermédio do procedimento denominado de substituição de parte, voluntária ou decorrente da lei, uma pessoa é admitida no polo passivo ou ativo do processo, que não corresponde àquele que originariamente deu início ou fez completar a tríplice relação processual.

Os casos de substituição das partes no âmbito do processo do trabalho encontram-se limitados às hipóteses previstas expressamente em lei, já que é vedada a substituição voluntária, e são classificadas, basicamente, em *mortis causa* e *inter vivos*.

A morte da pessoa física que litiga em processo trabalhista, devidamente comprovada por intermédio de atestado de óbito, **implica suspensão**[77] do processo e sucessão pelo espólio ou pelos sucessores, conforme previsão contida no art. 110 do CPC.[78]

Como já foi dito anteriormente, no processo do trabalho, **os dependentes do falecido têm legitimidade para figurar no polo passivo de uma reclamação trabalhista.** É necessário, apenas, a certidão de dependência fornecida pelo INSS, conforme prevê o art. 1º, da Lei nº 6.858/80:

> **Art. 1º.** Os valores devidos pelos empregadores aos empregados e os montantes das contas individuais do Fundo de Garantia do Tempo de Serviço e do Fundo de Participação PIS-PASEP, não recebidos em vida pelos respectivos titulares, serão pagos, em quotas iguais, aos dependentes habilitados perante a Previdência Social ou na forma da legislação específica dos servidores civis e militares, e, na sua falta, aos sucessores previstos na lei civil, indicados em alvará judicial, independentemente de inventário ou arrolamento.

A morte do empregador só produz os mesmos efeitos apontados quando é representado por uma pessoa física. A morte de um dos sócios da sociedade não interfere na execução do contrato de trabalho ou mesmo na relação processual trabalhista, uma vez que a pessoa jurídica possui personalidade distinta dos seus sócios.

Já como espécie de substituição de parte *inter vivos* pode-se citar os casos típicos de sucessão de empregadores, nos moldes estabelecidos pelo art. 10 e 448 da CLT, que também autorizam a sucessão processual. Como a relação de emprego é personalíssima, em relação à pessoa do empregado, não há como admitir a substituição por ato de vontade do empregado reclamante.

7.2. Substituição de procuradores

Já em relação aos procuradores, a substituição pode ser efetivada por ato de vontade, do outorgante ou outorgado, ou por determinação legal. A parte pode **revogar** os poderes conferidos ao seu patrono (art. 111 do CPC), desde que comunique o fato ao juiz. Inclusive, pode aproveitar o mesmo ato processual para constituir outro causídico ou exercer o *ius postulandi*.

A iniciativa de extinguir o contrato de mandato por parte do advogado é denominada de **renúncia**. Nesse caso, cabe ao patrono cientificar o constituinte para providenciar um substituto e deverá permanecer na condução do processo durante os dez dias que se seguirem à comunicação, desde que seja necessário para evitar prejuízos (art. 112, § 1º, do CPC).

77. Salvo se já tiver iniciado a audiência de instrução e julgamento; caso em que o advogado continuará no processo até o encerramento da audiência e o processo só se suspenderá a partir da publicação da sentença ou do acórdão.
78. CPC. Art. 110. Ocorrendo a morte de qualquer das partes, dar-se-á a sucessão pelo seu espólio ou pelos seus sucessores, observado o disposto no art. 313, §§ 1º e 2º.

O procurador é substituído, também, quando: falece durante o curso do processo; por qualquer motivo superveniente é cancelada a sua inscrição na OAB;[79] é considerado impedido[80] de advogar.

8. ATOS E TERMOS PROCESSUAIS

Atos processuais são aqueles atos, simples ou complexos, que são praticados pelas pessoas que fazem parte ou intervêm no processo e que, em conjunto, formam o próprio processo e os autos respectivos. Tem como objetivo solucionar a lide, ao criar, modificar ou extinguir direitos processuais.

O art. 777 da CLT elucida bem essa coletânea de atos necessários para a formação dos autos do processo:

> **Art. 777.** Os requerimentos e documentos apresentados, os atos e termos processuais, as petições ou razões de recurso e quaisquer outros papéis referentes aos feitos formarão os autos dos processos, os quais ficarão sob a responsabilidade dos escrivães ou chefes de secretaria.

Quando determinado evento, independente da vontade das partes ou do juiz, provoca efeitos no âmbito do processo, recebe o nome de **fato processual**, como acontece, por exemplo, com a morte do reclamante.

Como os atos processuais podem ser praticados por escrito ou oralmente, neste último caso, devem ser registrados por meio físico ou eletrônico (principio da escrituração). Nessa hipótese, o ato processual recebe a denominação especial de termo processual. Contudo, a CLT (art. 851, *caput* e parágrafos, e art. 852-F) utiliza a expressão "ata de audiência", em substituição à expressão "termo de audiência" usada pelo CPC.

8.1. Validade do ato processual

O ato processual é, antes de tudo, um ato jurídico, que exige para sua validade o sujeito capaz, o objeto lícito e a forma prescrita ou não defesa em lei. Além desses requisitos gerais, exige-se, também, a sua publicidade (salvo nos casos de segredo de justiça) e legalidade.

Prevalece, no processo do trabalho, o princípio do *ius postulandi* dos litigantes, que permite ao próprio interessado praticar atos processuais sem a intervenção do advogado, ou seja, as partes possuem a capacidade postulatória (salvo no caso de processos e recursos em trâmite do TST, conforme Súmula nº 425 desse Tribunal).

O objetivo do ato processual é dar prosseguimento ao processo, com vistas a obtenção da tutela jurisdicional. Portanto, já existe a previsão de uma série pré-ordenada de atos na

79. Lei nº 8.906/94. Art. 11. Cancela-se a inscrição do profissional que: I – assim o requerer; II – sofrer penalidade de exclusão; III – falecer; IV – passar a exercer, em caráter definitivo, atividade incompatível com a advocacia; V – perder qualquer um dos requisitos necessários para inscrição.

80. Lei nº 8.906/94. Art. 30. São impedidos de exercer a advocacia: I – os servidores da administração direta, indireta e fundacional, contra a Fazenda Pública que os remunere ou à qual seja vinculada a entidade empregadora; II – os membros do Poder Legislativo, em seus diferentes níveis, contra ou a favor das pessoas jurídicas de direito público, empresas públicas, sociedades de economia mista, fundações públicas, entidades paraestatais ou empresas concessionárias ou permissionárias de serviço público. Parágrafo único. Não se incluem nas hipóteses do inciso I os docentes dos cursos jurídicos.

legislação processual trabalhista, a ser praticado por cada parte no momento, lugar e na forma adequados.

Tais exigências são abrandadas, em face da aplicação do princípio da instrumentalidade das formas, que norteia o processo civil e laboral, o que será objeto de análise mais profunda no item 10, deste capítulo.

8.2. Espécies

Os atos processuais são praticados pelos juízes, pelas partes e pelos auxiliares do juízo com o uso da língua portuguesa.[81]

Os atos processuais mais importantes praticados pelo juiz são: a decisão interlocutória e a sentença; pelo reclamante, a petição inicial; e pelo reclamado, a defesa.

A) Atos dos juízes

Por meio da **sentença** o juiz soluciona o litígio ao acolher ou não a pretensão do autor (sentença definitiva), ou declara a extinção do processo sem a resolução do mérito (sentença terminativa).

A **decisão interlocutória** é o ato pelo qual o juiz soluciona uma questão incidente, sem por fim ao processo.

Os demais atos, não classificados como sentenças ou decisões interlocutórias, são considerados como **despachos**, cujo conteúdo é a ordem de realização de atos processuais pelos auxiliares do juiz ou pelas partes.

Além dos atos de cunho decisório, o juiz pratica atos classificados como **atos de documentação e atos reais.**

Ovídio Batista e Fábio Luiz Gomes exemplificam os atos de documentação, quando o juiz "rubrica as folhas dos autos, assina termos e atos processuais", e atos reais: "inspeção de lugares, coisas ou pessoas, o ato de presidir uma audiência, ouvir testemunhas etc.".[82]

No sistema do PJe, todos os atos do juiz são praticados eletronicamente e a sua autenticidade é garantida pela certificação digital.

B) Atos das partes

As partes apresentam suas postulações à apreciação do juiz por meio de requerimentos, declarações unilaterais e bilaterais de vontade, com o objetivo de criar, modificar ou extinguir direitos de índole processual e a consequente entrega final da prestação jurisdicional.

81. CPC. Art. 192. Parágrafo único. O documento redigido em língua estrangeira somente poderá ser juntado aos autos quando acompanhado de versão para a língua portuguesa tramitada por via diplomática ou pela autoridade central, ou firmada por tradutor juramentado.
82. SILVA, Ovídio A. Batista da. **Curso de processo civil: processo de conhecimento.** 6. ed. rev. e atual. São Paulo: Revista dos Tribunais, 2002. p. 214-215.

São atos das partes de natureza unilateral, dentre outros, o depoimento pessoal, a petição inicial, o aditamento, a defesa e o recurso. Já a conciliação, a desistência após a contestação e o adiamento da audiência a pedido das partes, são atos processuais bilaterais.

Observa-se, assim, que os atos das partes podem ser praticados com o emprego da forma escrita, quando recebe a denominação de petições ou peças processuais, que ingressam nos autos pelo seu protocolamento físico ou eletrônico; ou por meio da via oral, durante a realização da audiência.

Quanto à prática de atos por preposto, é importante salientar que a Consolidação das Leis do Trabalho permite a sua intervenção no processo laboral **apenas para representar o reclamado em audiência**, para conciliar, apresentar defesa e prestar depoimento etc.[83]

Não cabe interpretação extensiva, no sentido de reconhecer a capacidade de representação do preposto para praticar os atos processuais em nome do empregador que ocupa o polo passivo ou ativo da relação processual trabalhista.

No PJe, todos os atos das partes são praticados eletronicamente, que dispensa o uso do papel como meio físico.

As petições no PJe são assinadas digitalmente, com o fornecimento de certificados digitais de assinaturas,[84] procedimento que garante a sua autenticidade, na forma prevista pelo disposto no art. 2º, da Lei nº 11.419/06:

> **Art. 2º.** O envio de petições, de recursos e a prática de atos processuais em geral por meio eletrônico serão admitidos mediante uso de assinatura eletrônica, na forma do art. 1º desta Lei, sendo obrigatório o credenciamento prévio no Poder Judiciário, conforme disciplinado pelos órgãos respectivos.[85]

Nesses casos, **considera-se como data de realização do ato processual o dia do seu recebimento na Unidade Jurisdicional**, com expedição de protocolo eletrônico nesse sentido ao remetente.

Assim, deixa-se de considerar o horário de expediente, geralmente até as 18:00 horas, e passa-se a utilizar as vinte quatro horas do dia para efeito de contagem de prazo (Lei nº 11.419/06, art. 3º, parágrafo único).

---

83. CLT. Art. 625-E. Aceita a conciliação, será lavrado termo assinado pelo empregado, pelo empregador ou seu preposto e pelos membros da Comissão, fornecendo-se cópia às partes. Art. 843. § 1º. É facultado ao empregador fazer-se substituir pelo gerente, ou qualquer outro preposto que tenha conhecimento do fato, e cujas declarações obrigarão o proponente.

84. O Instituto Nacional de Tecnologia da Informação (ITI), **autarquia federal vinculada à Casa Civil da Presidência da República, é a autoridade Certificadora Raiz da Infraestrutura de Chaves Públicas Brasileiras (ICP-Brasil) e é o órgão que credencia empresas a fornecer certificados padrão ICP-Brasil.**

85. Lei nº 11.419/06. Art. 1º. O uso de meio eletrônico na tramitação de processos judiciais, comunicação de atos e transmissão de peças processuais será admitido nos termos desta Lei. § 1º. Aplica-se o disposto nesta Lei, indistintamente, aos processos civil, penal e trabalhista, bem como aos Juizados especiais, em qualquer grau de jurisdição. § 2º. Para o disposto nesta Lei, considera-se: I – meio eletrônico qualquer forma de armazenamento ou tráfego de documentos e arquivos digitais; II – transmissão eletrônica toda forma de comunicação a distância com a utilização de redes de comunicação, preferencialmente a rede mundial de computadores; III – assinatura eletrônica as seguintes formas de identificação inequívoca do signatário: **a) assinatura digital baseada em certificado digital emitido por autoridade Certificadora credenciada, na forma de lei específica; b) mediante cadastro de usuário no Poder Judiciário, conforme disciplinado pelos órgãos respectivos.**

No mesmo sentido o art. 213 do CPC: "A prática eletrônica de ato processual pode ocorrer em qualquer horário até as 24 (vinte e quatro) horas do último dia do prazo".

C) *Atos e termos dos auxiliares*

Os auxiliares do juízo também praticam atos que lhes competem por determinação legal ou judicial, que mantem íntima relação com as atribuições específicas de cada cargo.

Quando um ato processual é praticado pelas partes ou pelo juiz de forma oral, cabe aos serventuários reduzi-lo a escrito, denominado de **termo processual**. Isso acontece, no processo do trabalho, nos casos de reclamação verbal (art. 840, § 2º, da CLT); termo de conciliação (art. 831, parágrafo único e 846 § 1º, da CLT); termo de quitação (art. 881 da CLT) etc.

Os atos e termos dos servidores, que atuam na secretaria da Vara do Trabalho ou do Tribunal, são todos aqueles necessários à formação dos autos do processo,[86] principalmente expedição de certidões e ofícios; lavratura de atas e demais atos de documentação e movimentação processual.[87]

Por delegação do juiz, **o servidor pode impulsionar o processo por meio da prática de atos de natureza ordinatória**, na forma prevista pelo art. 203, § 4º, do CPC: "Os atos meramente ordinatórios, como a juntada e a vista obrigatória, independem de despacho, devendo ser praticados de ofício pelo servidor e revistos pelo juiz quando necessário".

Já os oficiais de justiça, no cumprimento dos mandados judiciais, lavram termo de penhora, sequestro, arresto, busca e apreensão; expedem certidões de citação, intimação, depósito; efetuam prisões etc.

O perito, além de apresentar o laudo que contém seu posicionamento sobre a matéria para a qual foi designado, também apresenta petições de natureza diversas ao juiz e pode comparecer à audiência para prestar esclarecimentos.

8.3. Forma dos atos e termos processuais

Em regra, os atos e termos processuais não dependem de forma para a sua validade, salvo quando a lei exigir expressamente, de acordo com o mandamento contido no art. 188 do CPC:

> **Art. 188.** Os atos e os termos processuais independem de forma determinada, salvo quando a lei expressamente a exigir, considerando-se válidos os que, realizados de outro modo, lhe preencham a finalidade essencial.

O CPC possui dispositivos que tratam da pratica de atos processuais em autos total ou parcialmente eletrônicos, a exemplo daquele constante do art. 195: "Os atos processuais

86. No cumprimento da referida atividade de formação dos autos do processo, o servidor deverá numerar todas as suas folhas, de forma sequenciada e com sua assinatura, vedando-se a repetição de números acrescidos de letras (art. 38 da Consolidação dos Provimentos da Corregedoria-Geral da Justiça do Trabalho).

87. CLT. Art. 773. Os termos relativos ao movimento dos processos constarão de simples notas, datadas e rubricadas pelos chefes de secretaria ou escrivães.

podem ser total ou parcialmente digitais, de forma a permitir que sejam produzidos, comunicados, armazenados e validados por meio eletrônico, na forma da lei".

Já no art. 194 constam os requisitos do ato processual eletrônico, como a publicidade, garantia de disponibilidade, independência da plataforma, acessibilidade e interoperabilidade:

> **Art. 194.** Os sistemas de automação processual respeitarão a publicidade dos atos, o acesso e a participação das partes e de seus procuradores, inclusive nas audiências e sessões de julgamento, observadas as garantias da disponibilidade, independência da plataforma computacional, acessibilidade e interoperabilidade dos sistemas, serviços, dados e informações que o Poder Judiciário administre no exercício de suas funções.

8.4. Comunicação dos atos processuais

O processo é impulsionado por iniciativa das partes (dispositivo) e de ofício pelo juiz (inquisitivo). As partes devem tomar ciência dos atos processuais praticados pelo juiz, para que exerçam, na sua plenitude, o direito de ação ou de ampla defesa.

Para isso existe um sistema de comunicação e publicidade dos atos processuais, que podem ser efetivados por determinação judicial, quando devam ser cumpridos dentro dos limites jurisdicionais da Vara do Trabalho ou do Tribunal, e por meio de carta, quando ultrapassar os referidos limites.

Dentro dos limites da jurisdição, a divulgação dos atos processuais pode ser feita por intermédio **do oficial de justiça, pelos correios, pela via eletrônica ou por meio da sua publicação no Diário Oficial do Poder Judiciário.**

É possível, também, utilizar o oficial de justiça quando o destinatário do ato estiver localizado em área pertencente à jurisdição de uma unidade jurisdicional vizinha, conforme permissão contida no art. 255 do CPC.[88]

Com a utilização dos meios telemáticos houve certa flexibilização na competência do cumprimento de atos processuais fora dos limites da competência territorial de cada Unidade Jurisdicional. É o que ocorre, por exemplo, com o bloqueio de numerário pelo sistema do BACENJUD, que é feito em todo o país pelo Juiz da execução.

A) Tecnologia e a comunicação dos atos processuais

Com o advento da Lei nº 11.419/2006,[89] as intimações eletrônicas passaram a ter validade e os mesmos efeitos da sua forma física, seja de forma direta à parte ou ao seu advogado, seja por meio de sua inserção no Diário Eletrônico da Justiça do Trabalho – DEJT.

---

88. CPC. Art. 255. Nas comarcas contíguas de fácil comunicação e nas que se situem na mesma região metropolitana, o oficial de justiça poderá efetuar, em qualquer delas, citações, intimações, notificações, penhoras e quaisquer outros atos executivos.

89. Lei nº 11.419/06. Art. 4º. Os tribunais poderão criar Diário da Justiça eletrônico, disponibilizado em sítio da rede mundial de computadores, para publicação de atos judiciais e administrativos próprios e dos órgãos a eles subordinados, bem como comunicações em geral.

O STF já edita a versão eletrônica do Diário da Justiça desde 21.04.2007, regulamentado pela Resolução nº 341/07. Esse método é válido como instrumento de comunicação oficial, publicação e divulgação dos atos processuais praticados no âmbito do referido Tribunal.[90]

O Diário da Justiça Eletrônico do STF é publicado diariamente, de segunda a sexta-feira, a partir das 10h, exceto nos feriados, nacionais e forenses ou nos dias em que, mediante divulgação, não houver expediente.

Já o Diário Eletrônico da Justiça do Trabalho – DEJT é o único instrumento oficial de divulgação e publicação dos atos do Tribunal Superior do Trabalho, do Conselho Superior da Justiça do Trabalho – CSJT, da Escola Nacional de Formação e Aperfeiçoamento de Magistrado do Trabalho – ENAMAT e demais Órgãos da Justiça do Trabalho, inclusive Tribunais Regionais do Trabalho.[91]

No PJe, todas as comunicações processuais para os advogados são efetivadas por meio de publicação no DEJT. Considera-se como data da publicação **o primeiro dia útil após a disponibilidade das informações, com início da contagem do prazo no dia útil subsequente (dia de graça).**[92]

B) *Citação*

A citação é o ato processual, emanado do juiz, por meio do qual alguém fica ciente da existência de uma pretensão deduzida em juízo em face dele e de que poderá oferecer sua resposta.

O conceito legal da citação encontra-se inserido no art. 238 do CPC: "Citação é o ato pelo qual são convocados o réu, o executado ou o interessado para integrar a relação processual".

A citação pode ser feita pelo correio, por oficial de justiça; pelo escrivão ou pelo chefe de secretaria, se o citando comparecer em cartório; por edital, por meio eletrônico, conforme regulado em lei própria.

Com exceção das microempresas e empresas de pequeno porte, as empresas públicas e privadas **são obrigadas a manter cadastro nos sistemas de processo em autos eletrônicos**, para efeito de recebimento **de citações e intimações**, as quais serão efetuadas preferencialmente por esse meio (art. 246, § 1º, do CPC).

A Resolução 185/17 do CSJT disciplina esse procedimento no PJe em seu art. 17:

> **Art. 17.** No processo eletrônico, as citações, intimações e notificações, inclusive as destinadas à União, Estados, Distrito Federal, Municípios e suas respectivas autarquias e fundações de direito público serão feitas por meio eletrônico, sem prejuízo da publicação no Diário Eletrônico da Justiça do Trabalho (DEJT) nas hipóteses previstas em lei.

90. A publicação impressa do Diário da Justiça do STF foi mantida até 31.12.2007.

91. Dispõe o art. 7º do Ato Conjunto TST.CSJT.GP nº 15/2008 que a divulgação do DEJT será feita, diariamente, de segunda a sexta-feira, a partir das dezenove horas, exceto nos feriados nacionais.

92. STF. Resolução nº 341/07. Art. 3º Considera-se como data da publicação o primeiro dia útil seguinte ao da divulgação da informação no Diário da Justiça Eletrônico. § 1º Os prazos processuais terão início no primeiro dia útil que seguir ao considerado como data da publicação.

A citação, no processo civil, **é determinada por despacho**, pelo juiz, após verificar se a petição inicial preenche os requisitos de constituição e desenvolvimento válidos do processo. A ausência da citação invalida todos os atos posteriores, que são considerados nulos de pleno direito, salvo se o réu comparece espontaneamente em juízo.

A arguição de nulidade que tenha sido fundada nesse motivo, declarada pelo juiz de ofício ou a requerimento da parte interessada, **pode ser feita em qualquer fase do processo**, inclusive nos embargos à execução.

Em regra a citação será feira pelo correio, salvo nos casos previstos no art. 247 do CPC:

> **Art. 247.** A citação será feita pelo correio para qualquer comarca do país, exceto:
>
> I – nas ações de estado, observado o disposto no art. 695, § 3º;
>
> II – quando o citando for incapaz;
>
> III – quando o citando for pessoa de direito público;
>
> IV – quando o citando residir em local não atendido pela entrega domiciliar de correspondência;
>
> V – quando o autor, justificadamente, a requerer de outra forma.

– *Aplicação no processo do trabalho*

No processo do trabalho, a citação é restrita ao processo de execução.[93] No processo de conhecimento utiliza-se **a notificação** pelo correio; por oficial de justiça; pelo servidor, caso o reclamado compareça a secretaria; por edital ou pelo sistema PJe sem a participação do juiz na prática do ato respectivo, uma vez que é executado de ofício pelo serventuário.[94]

– *Características*

O cumprimento da diligência da citação deve ser efetivada na pessoa do réu, em qualquer lugar em que se encontre,[95] do seu representante legal ou do procurador legalmente autorizado por poderes específicos.

Segundo os arts. 244 do CPC, existem algumas circunstâncias excepcionais que obstam a realização da citação. Assim, a citação não deve ser feita, salvo para evitar o perecimento do direito:

> I – de quem estiver participando de ato de culto religioso;
>
> II – de cônjuge, de companheiro ou de qualquer parente do morto, consanguíneo ou afim, em linha reta ou na linha colateral em segundo grau, no dia do falecimento e nos 7 (sete) dias seguintes;

93. CLT. Art. 880. O juiz ou presidente do Tribunal, requerida a execução, mandará expedir mandado de **citação** ao executado, a fim de que cumpra a decisão ou o acordo no prazo, pelo modo e sob as cominações estabelecidas, ou, em se tratando de pagamento em dinheiro, incluídas as contribuições sociais devidas ao INSS, para que pague em quarenta e oito horas, ou garanta a execução, sob pena de penhora (grifou-se).

94. CLT. Art. 841. § 1º. A notificação será feita em registro postal com franquia. Se o reclamado criar embaraços ao seu recebimento, ou não for encontrado, far-se-á a notificação por edital, inserto no jornal oficial ou no que publicar o expediente forense, ou, na falta, afixado na sede da Junta ou Juízo.

95. CPC. Art. 243. A citação poderá ser feita em qualquer lugar em que se encontre o réu, o executado ou o interessado. Parágrafo único. O militar em serviço ativo será citado na unidade em que estiver servindo, se não for conhecida sua residência ou nela não for encontrado.

III – de noivos, nos 3 (três) primeiros dias seguintes ao casamento;

IV – de doente, enquanto grave o seu estado.

– *Procedimento*

A diligência da citação, no processo de execução trabalhista, é efetivada pelo oficial de justiça, após a expedição de um mandado de citação.

Em qualquer caso, o mandado de citação deverá vir acompanhado da decisão ou do acordo celebrado entre as partes e homologado pelo juiz. No caso de dívida pecuniária, deverá constar a determinação para que o executado pague no prazo de **quarenta e oito horas** ou garanta a execução, sob pena de penhora, inclusive em relação às contribuições sociais devidas em razão da sentença judicial.

No referido mandado constará a determinação de que o executado deverá cumprir a obrigação contida no título executivo judicial. Na citação tradicional, o oficial de justiça faz a leitura do mandado, entrega a contrafé ao executado e certifica o seu recebimento ou sua recusa.

Se o executado for procurado pelo oficial de justiça, por duas vezes, no espaço de 48 horas, e não for encontrado, a citação deve ser feita **por edital publicado** no DEJT ou, em sua ausência, afixado na sede da Vara do Trabalho, na forma prevista pelo art. 880, § 3º, da CLT.[96]

QUADRO COMPARATIVO – CITAÇÃO POR EDITAL		
CPC DE 1973	**CPC DE 2015**	**CLT**
Art. 227. Quando, por **três vezes**, o oficial de justiça houver procurado o réu em seu domicílio ou residência, sem o encontrar, deverá, havendo suspeita de ocultação, intimar a qualquer pessoa da família, ou em sua falta a qualquer vizinho, que, no dia imediato, voltará, a fim de efetuar a citação, na hora que designar.	**Art. 252.** Quando, por **2 (duas) vezes**, o oficial de justiça houver procurado o citando em seu domicílio ou residência sem o encontrar, deverá, havendo suspeita de ocultação, intimar qualquer pessoa da família ou, em sua falta, qualquer vizinho de que, no dia **útil** imediato, voltará a fim de efetuar a citação, na hora que designar. Parágrafo único. **Nos condomínios edilícios ou nos loteamentos com controle de acesso, será válida a intimação a que se refere o *caput* feita a funcionário da portaria responsável pelo recebimento de correspondência.**	**Art. 880. § 3º.** Se o executado, procurado por **2 (duas) vezes** no espaço de 48 (quarenta e oito) horas, não for encontrado, far-se-á citação por edital, publicado no jornal oficial ou, na falta deste, afixado na sede da Junta ou Juízo, durante 5 (cinco) dias.
Aplicabilidade do CPC ao processo do trabalho	Em que pese não constar do rol das formas de citação, entende-se ser aplicável ao processo laboral a citação por hora certa, disciplinada pelo art. 252 do CPC, em face de sua maior segurança quando comparada com a citação por edital. Haveria, assim, uma aplicação supletiva do CPC ou seja, um dispositivo da CLT completado por outro do CPC.	
Diferença entre o CPC de 2015 e o de 1973	A principal diferença entre os dois Diplomas diz respeito a quantidade de vezes que o oficial deve procurar o réu. No CPC de 1973, três vezes. Já no CPC de 2015, duas vezes, assim como no dispositivo da CLT (art. 880, § 3º).	

96. Atualmente todas as Varas do Trabalho publicam seus atos no DEJT.

C) Notificação

A notificação é o ato praticado pelos auxiliares do juiz, por meio do qual o servidor cientifica o reclamado de que ele figura no polo passivo de uma relação processual, bem como para comparecer à audiência, oferecer defesa e prestar depoimento pessoal.

> **CLT. Art. 841.** Recebida e protocolada a reclamação, o escrivão ou chefe de secretaria, dentro de 48 horas, remeterá a segunda via da petição, ou do termo, ao reclamado, notificando-o, ao mesmo tempo, para comparecer à audiência de julgamento, que será a primeira desimpedida, depois de cinco dias.

Por não se tratar de citação, **não se avalia a presença dos pressupostos de constituição e desenvolvimento válidos do processo**, no momento da propositura da ação. Isso só é possível quando da realização da audiência, momento em que o juiz, em regra, tem o primeiro contato com a postulação da parte autora.

Como consequência, a notificação não provoca os efeitos descritos no art. 240 do CPC:

> **Art. 240.** A citação válida, ainda quando ordenada por juízo incompetente, induz litispendência, torna litigiosa a coisa e constitui em mora o devedor, ressalvado o disposto nos arts. 397 e 398 da Lei nº 10.406, de 10 de janeiro de 2002 (Código Civil).

O simples **ajuizamento** da reclamação trabalhista implica os efeitos citados pelo mencionado preceito contido no CPC.

A notificação, uma vez expedida, **presume-se recebida pelo destinatário, após o prazo de 48 horas**, consoante entendimento cristalizado pela Súmula nº 16 do TST:

> **SÚMULA Nº 16.** NOTIFICAÇÃO – Nova redação – Res. 121/2003, DJ 21.11.2003. Presume-se recebida a notificação 48 (quarenta e oito) horas depois de sua postagem. O seu não-recebimento ou a entrega após o decurso desse prazo constitui ônus de prova do destinatário.

Como visto, **é uma presunção** *iuris tantum* de recebimento, que cabe prova em contrário. Já se constatou alguns casos em processos trabalhistas, em que o empregado ajuizou a reclamação e continuou prestando serviços para o reclamado, chegando a receber, ele próprio, a notificação do seu processo, deixando de repassá-la para o seu empregador, implicando revelia no dia da audiência.

Outros casos existem em que o autor da ação entra em conluio com algum empregado da empresa, para receber a notificação e destruí-la. Obviamente que, em tais situações, o ônus da prova das irregularidades recai sobre o empregador.

De qualquer forma, essa presunção de recebimento só se aplica aos casos em que o empregador é a empresa, ente despersonalizado. Nos demais casos em que o empregador é uma pessoa física que não ostente a condição de empregado, é necessário que a notificação seja recebida pelo próprio reclamado ou membros da família no caso de relação de emprego doméstico.

Inclusive, aplica-se no processo do trabalho o preceito contido no art. 243, parágrafo único, do CPC:

> **Art. 243.** A citação poderá ser feita em qualquer lugar em que se encontre o réu, o executado ou o interessado. Parágrafo único. O militar em serviço ativo será citado na unidade em que estiver servindo, se não for conhecida sua residência ou nela não for encontrado.

– *Espécies*

A notificação, como sucedâneo da citação do processo civil, pode ser feita pelo correio, pelo oficial de justiça, eletronicamente, por edital ou pelo próprio servidor no caso do reclamado comparecer espontaneamente à secretaria do juízo.

É disciplinada, **no âmbito do processo do trabalho**, pelo art. 841, § 1º, da CLT.

> **Art. 841, § 1º** A notificação será feita em registro postal com franquia. Se o reclamado criar embaraços ao seu recebimento, ou não for encontrado, far-se-á a notificação por edital, inserto no jornal oficial ou no que publicar o expediente forense, ou, na falta, afixado na sede da Junta ou Juízo.

A regra geral é de que a notificação seja feita pelos correios, com aviso de recebimento, inclusive em relação as pessoas jurídicas de direito público, salvo a União. Assim, é parcialmente inaplicável, no processo do trabalho, a exceção prevista no art. 247, III, do CPC: "A citação será feita pelo correio para qualquer comarca do país, exceto: III – quando o citando for pessoa de direito público".

Não é necessário que seja pessoal, basta que a notificação e a respectiva contrafé cheguem ao endereço apontado na petição inicial identificada como a sede da empresa, para a validade desse ato de comunicação processual ou mesmo por meio eletrônico, quando existir prévio cadastramento.

Desse modo, a notificação tem validade mesmo que recebida por porteiros, empregados em geral, parentes dos representantes da empresa etc., conforme decisões do TST a exemplo da que segue transcrita:

> RECURSO DE REVISTA. NOTIFICAÇÃO. VALIDADE. Nos processos trabalhistas tem-se como regra a notificação das partes por registro postal (CLT, art. 841). Isso porque o princípio da simplicidade constitui um dos pilares do Direito Processual Trabalhista desde o seu nascedouro, diferentemente do processo civil, lastreado em sua origem no formalismo. Nessa diretriz, ainda que a notificação para comparecimento à audiência seja feita pelo oficial de justiça, a mesma não precisará ser pessoal, bastando a entrega da notificação no domicílio da parte, exceto na fase executiva, onde a CLT expressamente exige a citação na pessoa do executado (art. 880, § 2º). [97]

Mais uma vez, trata-se da questão relativa ao reflexo do direito material do trabalho no processo laboral. Como o **empregador é a empresa**, entidade sem personalidade jurídica, a notificação se aperfeiçoa apenas com a sua entrega no seu estabelecimento.

Entende-se que tal ficção **não pode ser aplicada quando a parte no processo não for a empresa**, como ocorre com a relação de emprego doméstico ou quando a notificação for dirigida ao empregado.

O CPC instituiu regra semelhante ao admitir que a citação possa ser feita na pessoa do funcionário responsável pelo recebimento de correspondências (art. 248, § 4º).

Em relação à União, prevalece a regra da notificação pessoal, contida no art. 35 da LC nº 73/93:

97. TST. RR 870/2006-025-04-00. 4ª T. Rel. Min. Maria de Assis Calsing. DJ. 19.06.2009.

> **Art. 35.** A União é citada nas causas em que seja interessada, na condição de autora, ré, assistente, oponente, recorrente ou recorrida, na pessoa:
>
> I – do Advogado-Geral da União, privativamente, nas hipóteses de competência do Supremo Tribunal Federal;
>
> II – do Procurador-Geral da União, nas hipóteses de competência dos tribunais superiores;
>
> III – do Procurador-Regional da União, nas hipóteses de competência dos demais tribunais;
>
> IV – do Procurador-Chefe ou do Procurador-Seccional da União, nas hipóteses de competência dos juízos de primeiro grau.[98]

A notificação **por edital** é utilizada quando o reclamado **cria embaraços para o seu recebimento ou quando não é encontrado** pelo agente dos correios ou pelo oficial de justiça.

O recurso à notificação **por edital** só deve ser feito quando se esgotarem todas as possibilidades de notificação por outros meios, já que constitui uma espécie de notificação presumida e não real.

> **OJ SDI-3 Nº 3 do TRT15.** CITAÇÃO DO RÉU. DIFICULDADE NA LOCALIZAÇÃO. EXPEDIÇÃO DE OFÍCIOS. CITAÇÃO POR EDITAL. O fornecimento do correto endereço do réu é ônus do autor. Eventual diligência requerida ou citação por edital só serão admissíveis quando restar, pelas diligências promovidas pelo interessado, inequívoco o desconhecimento do paradeiro do réu.

Por conta disso, recomenda-se que, mesmo em caso de embaraço para o seu recebimento, proceda-se à notificação **por oficial de justiça**, antes de optar pelo edital, como consta do referido 841, § 1º, da CLT.

Pelas regras do CPC, a notificação por edital tem cabimento quando o reclamado for incerto ou desconhecido; quando ignorado, incerto ou inacessível o lugar em que se encontrar; ou nos casos expressos em lei (art. 256 do CPC). Tais circunstâncias devem ser afirmadas pela parte[99] ou certificadas pelo oficial de justiça.

O edital de notificação contém as mesmas informações que devem constar na notificação entregue pelo correio. A sua publicação deve ocorrer no DEJT ou afixado na sede do juízo. Esses procedimentos deverão ser certificados no processo, inclusive em relação ao prazo para a parte contrária tomar conhecimento do seu conteúdo, que varia entre vinte e sessenta dias (art. 257, III, do CPC).

Apesar de não haver previsão legal, utiliza-se frequentemente da notificação por oficial de justiça, principalmente quando o endereço do reclamado não for atendido pelo serviço

98. Lei Complementar nº 73/1993. Art. 36. Nas causas de que trata o artigo 12, a União será citada na pessoa: **I – (VETADO); II – do Procurador-Regional da Fazenda Nacional, nas hipóteses de competência dos demais tribunais; III – do Procurador-Chefe ou do Procurador-Seccional da Fazenda Nacional nas hipóteses de competência dos juízos de primeiro grau. Art. 12. À Procuradoria-Geral da Fazenda Nacional, órgão administrativamente subordinado ao titular do Ministério da Fazenda, compete especialmente: I – apurar a liquidez e certeza da dívida ativa da União de natureza tributária, inscrevendo-a para fins de cobrança, amigável ou judicial; II – representar privativamente a União, na execução de sua dívida ativa de caráter tributário; III – (VETADO); IV – examinar previamente a legalidade dos contratos, acordos, ajustes e convênios que interessem ao Ministério da Fazenda, inclusive os referentes à dívida pública externa, e promover a respectiva rescisão por via administrativa ou judicial; V – representar a União nas causas de natureza fiscal.**

99. CPC. Art. 258. A parte que requerer a citação por edital, **alegando dolosamente a ocorrência das circunstâncias autorizadoras para sua realização, incorrerá em multa de 5 (cinco) vezes o salário-mínimo.**

dos correios ou quando o aviso de recebimento é devolvido por qualquer motivo. Nesse caso, o mandado respectivo a ser entregue pelo Oficial deve conter os requisitos previsto no art. 250 do CPC.

À semelhança do que pode ocorrer com a citação, a notificação pode ser feita por meio eletrônico, de acordo com o permissivo contido no citado art. 6º da Lei nº 11.419/2006 e art. 246, § 1º, do CPC. Entretanto, é necessário que o reclamado esteja previamente cadastrado para que esse ato tenha validade.

– *Requisitos*

Além da cópia da peça exordial, a notificação deve conter, expressamente, a advertência de que o não comparecimento do reclamado à audiência ou o não oferecimento de defesa implicará **revelia, confissão** e a consequente presunção de veracidade dos fatos narrados na petição inicial, na forma prevista pelo art. 344 do CPC.

É necessário, também, que fique consignada na notificação, a data, hora e o local da realização da audiência (art. 841 da CLT) e a faculdade que o reclamado tem de levar suas testemunhas, independentemente de intimação (art. 825 da CLT).

No caso do PJe, a notificação também deverá conter os requisitos previstos pelo art. 18 da Resolução nº 185/2017 do CSJT:

> **Art. 18.** No expediente de notificação inicial ou de citação constará indicação da forma de acesso ao inteiro teor da petição inicial no endereço referente à consulta pública do PJe, cujo acesso também será disponibilizado nos sítios dos TRTs e do CSJT na rede mundial de computadores.

ATENÇÃO! Na reclamação trabalhista, portanto, não há citação do reclamado no processo de conhecimento. Em seu lugar, expede-se a notificação via postal. Nesse ato processual comunica-se ao reclamado que deverá comparecer à audiência para apresentar defesa e prestar depoimento.

Excepciona-se a fase de execução, uma vez que o artigo 880 da CLT prevê expressamente a citação do executado pelo oficial de justiça.

D) Intimação

A intimação é uma espécie de comunicação utilizada para dar conhecimento à parte da prática de atos ou termos processuais pelo juiz, pelos seus auxiliares ou pela parte contrária.

A intimação possibilita que a parte, interessados ou o Ministério Público do Trabalho pratiquem outros atos processuais, como uma manifestação sobre documentos, recurso, contrarrazões etc.

O art. 269 do CPC apresentam a conceituação legal de intimação:

> **Art. 269.** Intimação é o ato pelo qual se dá ciência a alguém dos atos e dos termos do processo.
>
> § 1º É facultado aos advogados promover a intimação do advogado da outra parte por meio do correio, juntando aos autos, a seguir, cópia do ofício de intimação e do aviso de recebimento.

> **§ 2º** O ofício de intimação deverá ser instruído com cópia do despacho, da decisão ou da sentença.
>
> **§ 3º** A intimação da União, dos Estados, do Distrito Federal, dos Municípios e de suas respectivas autarquias e fundações de direito público será realizada perante o órgão de Advocacia Pública responsável por sua representação judicial.

A CLT, em alguns dispositivos, utiliza as expressões *notificação* e *intimação* como se fossem sinônimas, a exemplo do que se observa da redação do seu art. 825:

> **Art. 825.** As testemunhas comparecerão à audiência independentemente de notificação ou intimação.
>
> **Parágrafo único.** As que não comparecerem serão intimadas, *ex-officio*, ou a requerimento da parte, ficando sujeitas à condução coercitiva, além das penalidades do artigo 730, caso sem motivo justificado, não atendam à intimação.

Já em outras passagens, a CLT emprega de forma correta o termo intimação, consoante se vê dos dispositivos a seguir transcritos:

> **Art. 852-H. § 2º.** As testemunhas, até o máximo de duas para cada parte, comparecerão à audiência de instrução e julgamento independentemente de **intimação** (grifou-se).
>
> **Art. 879. § 3º.** Elaborada a conta pela parte ou pelos órgãos auxiliares da Justiça do Trabalho, o juiz procederá à **intimação** da União para manifestação, no prazo de 10 (dez) dias, sob pena de preclusão (intimação).

Geralmente, a intimação é feita pela publicação do despacho no DEJT, em nome dos advogados das partes. Nesse caso, deve-se observar os requisitos estabelecidos pelo art. 272, § 2º, do CPC:

> **Art. 272. § 2º.** Sob pena de nulidade, é indispensável que da publicação constem os nomes das partes e de seus advogados, com o respectivo número de inscrição na Ordem dos Advogados do Brasil, ou, se assim requerido, da sociedade de advogados.

É possível, também, que a intimação se efetive com o envio do próprio ato por meio eletrônico à parte ou ao causídico previamente cadastrado no PJe, procedimento que dispensaria a publicação no DEJT.[100] A pedido da OAB, contudo, foi adotado como regra no PJe a comunicação dos atos processuais via DEJT, pelo menos **temporariamente.**

Essa forma de intimação **é considerada como pessoal** para todos os efeitos legais, inclusive em relação à Fazenda Pública, conforme preceito contido no art. 5º, § 6º, da Lei nº 11.419/2006: "As intimações feitas na forma deste artigo, inclusive da Fazenda Pública, serão consideradas pessoais para todos os efeitos legais".

Quando a intimação é enviada via sistema, considera-se como data da ciência **o momento em que a parte acessa a informação enviada por meio eletrônico**, salvo se isso ocorrer em dia não útil, quando será considerado o dia útil subsequente.

100. Lei nº 11.419/06. Art. 5º. As intimações serão feitas por meio eletrônico em portal próprio aos que se cadastrarem na forma do art. 2º desta Lei, dispensando-se a publicação no órgão oficial, inclusive eletrônico. CPC. Art. 270. As intimações realizam-se, sempre que possível, por meio eletrônico, na forma da lei.

Quando o litigante estiver no exercício do *ius postulandi* a intimação **não poderá ser feita pela publicação do ato no DEJT**, mas sim pela via tradicional com o uso dos serviços dos Correios.

É importante, nesse caso, deixar o endereço sempre atualizado no processo, pois uma vez encaminhada a intimação para o local no qual a parte não mais tenha domicílio ou residência é considerada válida, conforme preceitua o art. 274, parágrafo único, do CPC:

> **Art. 274. Parágrafo único.** Presumem-se válidas as intimações dirigidas ao endereço constante dos autos, ainda que não recebidas pessoalmente pelo interessado, se a modificação temporária ou definitiva não tiver sido devidamente comunicada ao juízo, fluindo os prazos a partir da juntada aos autos do comprovante de entrega da correspondência no primitivo endereço.

Como vários atos processuais são praticados em audiência, é muito comum, também, que as intimações sejam feitas pessoalmente durante a realização desse ato complexo.

A CLT prevê essa hipótese em seu art. 852:

> **Art. 852.** Da decisão serão os litigantes notificados, pessoalmente, ou por seu representante na própria audiência. No caso de revelia, a notificação far-se-á pela forma estabelecida no § 1º do artigo 841.[101]

O Ministério Público do Trabalho, quando tiver emitido parecer por escrito ou tenha intervido nos processos trabalhistas de **autos físicos**, deve ser **intimado pessoalmente** das decisões proferidas nos autos respectivos, conforme determinação contida na LC nº 75/93, art. 84, IV.

Idêntico procedimento é exigido quando da intimação do representante da Advocacia-Geral da União, **também em autos físicos**, conforme preceitua o art. 38, da LC nº 73: "As intimações e notificações são feitas nas pessoas do Advogado da União ou do Procurador da Fazenda Nacional que oficie nos respectivos autos". No mesmo sentido, o art. 6º, da Lei nº 9.028/95: "A intimação de membro da Advocacia-Geral da União, em qualquer caso, será feita pessoalmente".[102]

Já a intimação da data, local e horário **da audiência inicial**, nos processos de autos físicos, deve ser feita pessoalmente ao reclamante ou ao seu patrono, pelo servidor da Vara do Trabalho ou do setor de distribuição de feitos, quando na localidade existir mais de uma unidade judiciária trabalhista.

> **SÚMULA Nº 52 do TRT3.** AUSÊNCIA DE INTIMAÇÃO PESSOAL DA PARTE PARA DEPOR EM AUDIÊNCIA. INTIMAÇÃO NA PESSOA DO PROCURADOR. "CONFISSÃO FICTA". A intimação pessoal da parte para depor em audiência, com expressa menção à cominação legal, é requisito indispensável para a aplicação da "confissão ficta".
>
> **OJ4T Nº 94 do TRT9.** CONFISSÃO FICTA. NULIDADE PROCESSUAL. ALTERADA DATA DE AUDIÊNCIA. NECESSÁRIA A INTIMAÇÃO PESSOAL DA PARTE. Advertida a parte em audiência inicial quanto ao necessário comparecimento à instrução processual, sob pena de aplicação da confissão ficta e suas consequências, posterior alteração da data consignada em ata exige sua intimação pessoal, sob pena de nulidade processual.

101. Aqui, mais uma vez, a CLT usa o termo notificação com o significado de intimação.
102. O referido dispositivo legal é objeto da Ação Direta de Inconstitucionalidade nº 2.251-2.

Por fim, no caso de demanda conduzida por vários advogados, o pleito expresso no sentido de apenas um ou alguns deles serem intimados **é causa de nulidade** quando, uma vez inobservado, provocar prejuízo à parte.

Nesse sentido é o entendimento do TST, constante da Súmula nº 427:

> **SÚMULA Nº 427.** INTIMAÇÃO. PLURALIDADE DE ADVOGADOS. PUBLICAÇÃO EM NOME DE ADVOGADO DIVERSO DAQUELE EXPRESSAMENTE INDICADO. NULIDADE (editada em decorrência do julgamento do processo TST-IUJERR 5400-31.2004.5.09.0017) – Res. 174/2011, DEJT divulgado em 27, 30 e 31.05.2011. Havendo pedido expresso de que as intimações e publicações sejam realizadas exclusivamente em nome de determinado advogado, a comunicação em nome de outro profissional constituído nos autos é nula, salvo se constatada a inexistência de prejuízo.

Quanto ao pedido expresso para que as comunicações dos atos processuais sejam feitas em nome dos advogados indicados, sob pena de nulidade (art. 272, § 5º do CPC), manifesta-se o TST por meio do art. 16 da IN nº 39/16:

> **Art. 16.** Para efeito de aplicação do § 5º do art. 272 do CPC, não é causa de nulidade processual a intimação realizada na pessoa de advogado regularmente habilitado nos autos, ainda que conste pedido expresso para que as comunicações dos atos processuais sejam feitas em nome de outro advogado, se o profissional indicado não se encontra previamente cadastrado no Sistema de Processo Judicial Eletrônico, impedindo a serventia judicial de atender ao requerimento de envio da intimação direcionada. A decretação de nulidade não pode ser acolhida em favor da parte que lhe deu causa (CPC, art. 276).

Observe-se que o CPC permite ao advogado solicitar que **a intimação seja feita em nome da sociedade a qual pertence**, desde que cadastrada na OAB, na forma prevista pelo seu art. 272, § 1º.

A IN nº 185/17 do TST, art. 5º, § 6º, permite que a sociedade de advogados seja habilitada no PJe para recebimento de intimações.

> **Art. 5º. § 6º** Poderão ser habilitados os advogados e sociedades de advogados que requeiram, desde que haja pedido e constem da procuração ou substabelecimento, na forma do art. 105 do CPC.

Exemplo de questão sobre o tema

(TRT 1 – Juiz do Trabalho Substituto 1ª região/2016) O oficial da Marinha do Brasil "A", proprietário de uma casa de campo na cidade de Teresópolis (RJ), foi demandado em reclamação trabalhista por seu antigo caseiro, tendo sido condenado à revelia, uma vez que ausente à audiência, quando ele se achava em missão oficial no Mar do Caribe. Ao retornar ao país e tomar conhecimento da condenação, dela interpôs recurso ordinário, alegando nulidade de citação. Esclareceu que a notificação-citatória foi primeiramente tentada no endereço da referida propriedade campestre, por via postal, não logrando sucesso, uma vez que devolvida por motivo "ausente". Tendo sido determinada então a citação por oficial de justiça, encontrou este na propriedade somente o novo caseiro, o qual esclareceu que o patrão estaria viajando, para local que não saberia especificar e por motivo igualmente ignorado por ele. Promovida então a citação por hora certa, culminou ela com sua previsível ausência à audiência e a revelia, a qual reputa injusta, por nula a citação.

Considerada a hipótese acima,

a) houve nulidade de citação, porque o oficial estava em viagem de serviço e não poderia ser considerado injustamente ausente à audiência.

b) houve nulidade de citação, porque ela deveria ter sido endereçada para o comando ao qual estava subordinado o oficial.

c) houve nulidade de citação, porque a espécie por hora certa exige que o oficial de justiça faça a intimação a parente ou pessoa que more na mesma casa que o citando, de que virá no dia e hora que designar, não podendo fazê-lo em nome de fâmulo da propriedade.

d) não houve nulidade de citação, porque o Poder Judiciário não pode ficar ao sabor dos compromissos pessoais dos empregadores e o oficial deveria ter designado pessoa para receber em seu nome citações e outros atos enquanto estivesse em viagem ao exterior.

e) não houve nulidade de citação, porque o oficial, demandado como empregador doméstico, não pode se valer de seus compromissos profissionais para deixar de comparecer quando demandado em juízo. Deveria ter nomeado representante ou preposto para comparecer à audiência.

Resposta: B

8.5. Comunicação dos atos processuais por carta

Os atos processuais podem ser praticados pelo próprio juiz da causa, ou por intermédio da expedição de carta precatória, de ordem e rogatória, por meio físico ou eletrônico.

No despacho do juiz (deprecante), que determinar a expedição da carta respectiva, deve constar o prazo para o seu cumprimento pelo juiz deprecado (art. 261 do CPC),[103] que só poderá oferecer recusa nos casos em que não estiver revestida dos requisitos legais; quando carecer de competência em razão da matéria ou da hierarquia; ou quando tiver dúvida acerca de sua autenticidade (art. 267, I ao IV, do CPC).

De igual forma, a carta deve conter cópias dos documentos necessários ao cumprimento da diligência e, no caso de perícia documental, o próprio original.

Em face do seu **caráter itinerante**, a carta pode ser cumprida por juízo diverso daquele para o qual foi remetido inicialmente (art. 262 do CPC). No momento em que o juiz deprecado recebe a carta e verifica que o local do ato processual a ser praticado encontra-se além dos limites de sua jurisdição, deve determinar a remessa ao juízo respectivo. Esse procedimento evita a devolução da carta ao juízo deprecante e privilegia o princípio da celeridade e economia processual.

Em casos de urgência deve-se utilizar preferencialmente os recursos oferecidos pela tecnologia da informação e telecomunicação para a transmissão da carta respectiva, como telefone, *fac-símile*, *e-mail* etc. (art. 263 do CPC).

Se o processo tramitar pelo PJe, seria incorreto utilizar a expressão "Carta", uma vez que os autos eletrônicos estão acessíveis em qualquer lugar. Assim, os atos do juízo deprecado são praticados no próprio processo e não em um instrumento enviado pelo juízo deprecante para depois ser devolvido.

No âmbito do processo civil, a contagem dos prazos inicia-se com a juntada da carta devidamente cumprida ao processo, conforme dispõe o art. 231, II e IV, do CPC.[104] **Esse**

103. A questão relativa à contagem dos prazos será apreciada com maiores detalhes no item 9.1 deste mesmo capítulo.

104. CPC. Art. 231. Salvo disposição em sentido diverso, considera-se dia do começo do prazo: I – a data de juntada aos autos do aviso de recebimento, quando a citação ou a intimação for pelo correio; II – a data de juntada aos autos do mandado cumprido, quando a citação ou a intimação for por oficial de justiça.

dispositivo não é aplicado no processo laboral, uma vez que a CLT possui regra própria, contida no art. 774 da CLT.

Nesse sentido é a OJ nº 146 da SDI-2 do TST:

> OJ Nº 146. AÇÃO RESCISÓRIA. INÍCIO DO PRAZO PARA APRESENTAÇÃO DA CONTESTAÇÃO. ART. 774 DA CLT (atualizada em decorrência do CPC de 2015) – Res. 208/2016, DEJT divulgado em 22, 25 e 26.04.2016. A contestação apresentada em ação rescisória obedece à regra relativa à contagem de prazo constante do art. 774 da CLT, sendo inaplicável o art. 231 do CPC de 2015 (art. 241 do CPC de 1973).

A) *Uso da tecnologia*

Como dito, a prática de determinados atos processuais pode ser feita sem a observância dos limites jurisdicionais do órgão judicial respectivo. É o que acontece, por exemplo, com o bloqueio de valores para garantir a execução, pelo sistema denominado de **BACENJUD** ou de penhora on-line,[105] com o **RENAJUD** e com o **INFOJUD.**

Por meio de convênio celebrado entre o Tribunal Superior do Trabalho e o Banco Central do Brasil é possível que o juiz utilize-se da *internet*, de um nome de usuário e uma senha para determinar o bloqueio de valores necessários para garantir a execução nos processos trabalhistas.

Recebida a solicitação, o BACEN envia para todas as instituições financeiras do Brasil a determinação de bloqueio imediato da quantia devida, procedimento esse que, pela via tradicional, só poderia ser efetivado pela expedição de cartas precatórias.

B) *Carta precatória*

A carta precatória é utilizada para os casos de prática de atos processuais fora dos limites territoriais do juízo e recebe a denominação especial de CPI – carta precatória inquiritória, quando é usada para a oitiva de testemunhas, e CPE – carta precatória executória, para a prática de atos no processo de execução.

O art. 263 do CPC determina que as cartas devam ser processadas, preferencialmente, por meio eletrônico: "As cartas deverão, preferencialmente, ser expedidas por meio eletrônico, caso em que a assinatura do juiz deverá ser eletrônica, na forma da lei".

A Resolução nº 185/2017 do CSJT trata dessa matéria em seu art. 60:

> Art. 60. O PJe deve dispor de comunicação entre bases de dados dos TRTs, fazendo-se a expedição das cartas precatórias e de ordem também em meio eletrônico e, quando da devolução ao Juízo deprecante, será encaminhada certidão constando o seu cumprimento, com a materialização apenas de peças essenciais à compreensão dos atos realizados.

Note-se que, na maioria dos Tribunais Regionais do Trabalho, a expedição de carta precatória para oitiva de testemunhas (e até mesmo depoimento da parte) foi substituída pela

105. Esse procedimento encontra-se disciplinado no âmbito da Justiça do Trabalho, **pelo art. 126 e seguintes, da Consolidação dos Provimentos da Corregedoria-Geral da Justiça do Trabalho (versão 2019). Será analisado com mais profundidade na parte IV, capítulo III, item 5.12 desta obra.**

videoconferência (imagem e som em tempo real), na forma prevista pelo arts. 385, § 3º e 453, § 1º do CPC, disciplinado pela Resolução nº 105/2019 do CNJ.

C) Carta de ordem

Utiliza-se da carta de ordem para que o juiz cumpra as determinações do Tribunal a que estiver subordinado.

Dessa forma, se o ato ou diligência a serem praticados estão além dos limites territoriais da sede do Tribunal, é expedida uma carta de ordem para o juízo que detenha a respectiva jurisdição territorial.

É muito comum, por exemplo, a expedição de carta de ordem para: cumprimento de determinação de ordem de sequestro; notificação pessoal do interessado para integrar à lide na qualidade de litisconsorte; nas ações de mandado de segurança etc.

D) Carta rogatória

A carta rogatória é expedida para cumprimento de ato além dos limites do território nacional (carta rogatória ativa). Nesse caso, devem ser observados os requisitos fixados nas convenções, tratados internacionais ou utilizando-se da via diplomática.

Se uma reclamação trabalhista for proposta contra um empregador que reside no exterior, a notificação deve ser requerida e cumprida com a expedição de uma carta rogatória, enviada ao Ministério das Relações Exteriores.

Essa carta deve vir acompanhada de uma cópia da petição inicial e das demais peças necessárias à sua formação, devidamente traduzida para a língua oficial do país deprecado. Em seguida a carta rogatória é remetida ao Poder Judiciário do país destinatário, na hipótese de existir acordo internacional, pela via diplomática, para os demais casos.

A regulamentação respectiva encontra-se contida no art. 36 do CPC:

> **Art. 36.** O procedimento da carta rogatória perante o Superior Tribunal de Justiça é de jurisdição contenciosa e deve assegurar às partes as garantias do devido processo legal.
>
> **§ 1º** A defesa restringir-se-á à discussão quanto ao atendimento dos requisitos para que o pronunciamento judicial estrangeiro produza efeitos no Brasil.
>
> **§ 2º** Em qualquer hipótese, é vedada a revisão do mérito do pronunciamento judicial estrangeiro pela autoridade judiciária brasileira.

Quando a carta rogatória tiver que ser cumprida no Brasil (carta rogatória passiva), deverá vir acompanhada da versão em português.[106] Nesse caso, haverá necessidade da concessão da exequibilidade pelo Superior Tribunal de Justiça, na forma prevista pelo art. 105, "i" da atual CF, e a execução respectiva será atribuída aos juízes federais (art. 109, X, da CF/88).

106. CPC. Art. 162. O juiz nomeará intérprete ou tradutor quando necessário para: I – traduzir documento redigido em língua estrangeira.

8.6. Tempo do ato processual

Geralmente, a lei processual determina o tempo para a prática dos atos processuais, sejam eles das partes, do juiz ou dos auxiliares.

Pela regra contida no art. 212 do CPC e no art. 770 da CLT, os atos processuais são praticados **das 6 às 20 horas, em dias úteis.**

QUADRO COMPARATIVO – PENHORA EM DOMINGOS E FERIADOS		
CPC DE 1973	**CPC DE 2015**	**CLT**
Art. 172. § 2º A citação e a penhora poderão, em casos excepcionais, e **mediante autorização expressa do juiz**, realizar-se em domingos e feriados, ou nos dias úteis, fora do horário estabelecido neste artigo, observado o disposto no art. 5º, inciso XI, da Constituição Federal.	**Art. 212. § 2º Independentemente de autorização judicial**, as citações, intimações e penhoras poderão realizar-se no período de férias forenses, onde as houver, e nos feriados ou dias úteis fora do horário estabelecido neste artigo, observado o disposto no art. 5º, inciso XI, da Constituição Federal.	**Art. 770. Parágrafo único.** A penhora poderá realizar-se em domingo ou dia feriado, **mediante autorização expressa do juiz** ou presidente.
Aplicabilidade do CPC ao processo do trabalho	A penhora após as 20 horas e em domingos e feriados só pode ser efetivada por autorização expressa do Juiz no processo do trabalho. Como a CLT não é omissa, não se aplica a primeira parte do art. 212, § 2º do CPC.	
Diferença entre o CPC de 2015 e o de 1973	No CPC de 1973 era necessária a autorização expressa do juiz para realizar a penhora em domingos, feriados ou nos dias úteis após as 20 horas, formalidade essa que desapareceu no CPC de 2015.	

No que diz respeito às audiências, a Consolidação das Leis do Trabalho (art. 813) diz que devem ser realizadas **em dias úteis, das 8 às 18 horas**, salvo na hipótese de ato urgente, e não pode ultrapassar cinco horas seguidas.[107]

Se o ato for praticado por meio eletrônico, mediante a utilização de assinatura eletrônica com credenciamento prévio junto ao órgão do Poder Judiciário, esse horário é estendido até às 24 horas, na forma da previsão contida na Lei nº 11.419/2006.

No mesmo sentido o art. 213 do CPC: "A prática eletrônica de ato processual pode ocorrer em qualquer horário até as 24 (vinte e quatro) horas do último dia do prazo".

Contudo, o tempo da prática do ato processual em autos físicos pode ser limitado pelo **expediente forense** fixado por normas internas dos Tribunais, quando deva ser efetivado no âmbito das unidades jurisdicionais.

Assim, pode-se fixar como de expediente o horário das 10:00 às 17:00 horas, de segunda a sexta. Todavia, esses limites não se aplicam aos atos processuais externos, como a perícia, por exemplo.

107. CLT. Art. 813. As audiências dos órgãos da Justiça do Trabalho serão públicas e realizar-se-ão na sede do Juízo ou Tribunal em dias úteis previamente fixados, entre 8 e 18 horas, não podendo ultrapassar cinco horas seguidas, salvo quando houver matéria urgente.

8.7. Lugar dos atos processuais

De ordinário, os atos processuais nos autos físicos são praticados na localidade na qual esteja situada a sede da unidade judiciária onde o processo encontra-se em tramitação, segundo determina o art. 217 do CPC:

> **Art. 217.** Os atos processuais realizar-se-ão ordinariamente na sede do juízo, ou, excepcionalmente, em outro lugar em razão de deferência, de interesse da justiça, da natureza do ato ou de obstáculo arguido pelo interessado e acolhido pelo juiz.

Excetuam-se os atos processuais externos, como aqueles praticados pelo oficial de justiça, a inspeção judicial de pessoas e coisas etc.

Há possibilidade, também, de deslocamento da sede das Varas do Trabalho e do próprio Tribunal com o uso do procedimento da **Justiça Itinerante**, prevista pelo art. 115, § 1º, da atual Carta Magna:

> **Art. 115, § 1º.** Os Tribunais Regionais do Trabalho instalarão a justiça itinerante, com a realização de audiências e demais funções de atividade jurisdicional, nos limites territoriais da respectiva jurisdição, servindo-se de equipamentos públicos e comunitários.

Já as audiências podem ser realizadas em outro local, desde que seja expedido e fixado edital na sede do juízo para o conhecimento geral, com uma antecedência mínima de vinte e quatro horas, consoante faculta do art. 813, § 1º, da CLT.

9. DOS PRAZOS

Os prazos que as partes têm para praticar os atos processuais estão estabelecidos na lei processual trabalhista. Podem ser fixados em minutos, horas, dias, meses ou anos.

Os prazos são classificados em **legais, judiciais, dilatórios, peremptórios, comuns, particulares, próprios e impróprios.**

Quando a lei não fixar (**prazo legal**) e o juiz não determinar (**prazo judicial**), **o prazo será de cinco dias**, conforme previsão contida no art. 218, § 3º, do CPC, aplicado subsidiariamente ao processo laboral.

O juiz e as partes, de comum acordo, podem, em certos casos, aumentar ou diminuir o prazo estabelecido pela lei. Nessas hipóteses, recebe a denominação especial de **prazo dilatório**.

Alguns prazos **não podem ser reduzidos** pela vontade comum dos litigantes ou mesmo por determinação judicial. São assim chamados de **prazos peremptórios**, como acontece, por exemplo, com o prazo para recorrer. Entretanto, tais prazos podem ser **reduzidos, com a anuência das partes**, ou aumentados, **por deliberação do juiz**, como determina o art. 222. § 1º: "Ao juiz é vedado reduzir prazos peremptórios sem anuência das partes".

Os prazos podem ainda ser classificados em **comum e particular**. No primeiro caso, o prazo flui simultaneamente para ambas as partes. No segundo caso, o prazo deve ser cumprido por apenas um dos litigantes, o reclamante ou o reclamado.

Os prazos impostos às partes são chamados de **próprios**, pois a sua inobservância acarreta sanções de ordem processual. Já os prazos estabelecidos para os atos a serem praticados pelos juízes e pelos seus auxiliares são denominados de **impróprios**, porque o seu descumprimento não vem acompanhado de uma sanção de índole processual.[108] Pode dar ensejo, todavia, a uma **representação**, conforme disposto no art. 235 do CPC:

> **Art. 235.** Qualquer parte, o Ministério Público ou a Defensoria Pública poderá representar ao corregedor do tribunal ou ao Conselho Nacional de Justiça contra juiz ou relator que injustificadamente exceder os prazos previstos em lei, regulamento ou regimento interno.

Os prazos para os auxiliares do juízo encontram-se fixados pelo art. 228 do CPC:

> **Art. 228.** Incumbirá ao serventuário remeter os autos conclusos no prazo de 1 (um) dia e executar os atos processuais no prazo de 5 (cinco) dias, contado da data em que:
>
> I – houver concluído o ato processual anterior, se lhe foi imposto pela lei;
>
> II – tiver ciência da ordem, quando determinada pelo juiz.
>
> **§ 1º** Ao receber os autos, o serventuário certificará o dia e a hora em que teve ciência da ordem referida no inciso II.
>
> **§ 2º** Nos processos em autos eletrônicos, a juntada de petições ou de manifestações em geral ocorrerá de forma automática, independentemente de ato de serventuário da justiça.

A CLT também contém preceito de idêntica natureza, como aquele previsto no art. 841, o qual impõe o prazo de quarenta e oito horas, para remeter a contrafé da inicial para o reclamado; art. 886, que estabelece idêntico prazo para fazer os autos conclusos para o juiz; etc.

Em relação às **intimações para comparecimento**, quando não houver prazo estabelecido expressamente em lei, deve-se ser considerado o mínimo de **quarenta e oito horas**, de acordo com a prescrição contida no art. 218, § 2º, do CPC: "Quando a lei ou o juiz não determinar prazo, as intimações somente obrigarão a comparecimento após decorridas 48 (quarenta e oito) horas".

No quadro a seguir, os principais prazos no processo do trabalho:

Ato processual	Disp. Legal	Prazo
Razões finais	Art. 850 da CLT	10 minutos
Contestação e reconvenção	Art. 847 da CLT	20 minutos
Prazo máximo que pode durar a audiência, salvo quando houver matéria urgente	Art. 813 da CLT	5 horas
Pedido de revisão do valor da causa	Art. 2º, § 1º da Lei nº 5.584/70	48 horas
Prazo para designação da audiência para o julgamento da exceção de suspeição	Art. 802 da CLT	48 horas
Presunção de recebimento da notificação inicial	Súmula nº 16 do TST	48 horas

108. CLT. Art. 658. São deveres precípuos dos presidentes das Juntas, além dos que decorram do exercício de sua função: **d) despachar e praticar todos os atos decorrentes de suas funções, dentro dos prazos estabelecidos, sujeitando-se ao desconto correspondente a um dia de vencimento para cada dia de retardamento.**

Ato processual	Disp. Legal	Prazo
Para o devedor pagar a dívida ou nomear bens à penhora	Art. 880 da CLT	48 horas
Embargos declaratórios	Art. 897-A da CLT	5 dias
Exceção de incompetência em razão do lugar e respectiva manifestação da parte contrária	Art. 800 da CLT, *caput* e § 2º	5 dias
Apresentação dos originais quando for juntada cópia em fax	Art. 2º da Lei nº 9.800/99	5 dias
Manifestação das partes, sucessivamente, sobre o laudo pericial no rito sumaríssimo	Art. 852-H, § 6º da CLT	5 dias
Prazo mínimo para que seja designada a audiência inicial	Art. 841 da CLT	5 dias
Para o reclamante comparecer à secretaria após a distribuição da reclamação verbal para reduzi-la a termo	Art. 786, parágrafo único da CLT	5 dias
Impugnação aos cálculos de liquidação	Art. 879, § 2º da CLT	8 dias
Recursos trabalhistas em geral	Art. 6º da Lei nº 5.584/70	8 dias
Impugnação dos cálculos de liquidação pela União	Art. 879, § 3º da CLT	10 dias
Recurso extraordinário	Art. 1.003, § 5º do CPC	15 dias
Apreciação da reclamação no rito sumaríssimo	Art. 852-B, III, da CLT	15 dias
Prazo mínimo para que seja designada a audiência inicial em demandas contra a União, Estados, DF, Municípios e suas autarquias e fundações	Art. 1º do DL nº 779/69	20 dias
Embargos à execução e impugnação à sentença de liquidação pelo exequente	Art. 4º da MP 2.180-35	30 dias
Penalidade aplicada ao reclamante que der causa a dois arquivamentos seguidos	Art. 732 da CLT	6 meses

9.1. Contagem do prazo

A regra geral relativa ao início da contagem do prazo a ser aplicada no processo do trabalho é a mesma do processo civil (art. 224 do CPC), qual seja, **exclui-se o dia de início e inclui o dia do final do prazo**, conforme reza o *caput* do art. 775 da CLT.[109]

A) Marco do começo do prazo

Nesse aspecto, divergem as regras do processo civil e do processo do trabalho.

No processo civil em autos físicos esse momento corresponde à **juntada** do aviso de recebimento; do mandato devidamente cumprido pelo oficial de justiça; ou da carta precatória (art. 231 do CPC).

A CLT possui regra própria sobre a matéria, insculpida em seu art. 774, que determina seja considerada **a data em que o ato processual tenha sido realizado**:

> **Art. 774**. Salvo disposições em contrário, os prazos previstos neste Título contam-se, conforme o caso, **a partir da data** em que for feita pessoalmente, ou recebida a notificação,

109. CLT. Art. 775. Os prazos estabelecidos neste Título serão contados em dias úteis, com exclusão do dia do começo e inclusão do dia do vencimento.

> daquela em que for publicado o edital no jornal oficial ou no que publicar o expediente da Justiça do Trabalho, ou, ainda, daquela em que for afixado o edital, na sede da Junta, Juízo ou Tribunal (grifou-se).

B) Ato processual publicado no Diário da Justiça Eletrônico – dia de graça

Caso as partes tenham ciência da prática do ato processual por meio do DEJT, **considera-se como data da publicação o dia útil seguinte à disponibilização das informações** (dia de graça estabelecido pelo § 2º, art. 224 do CPC), com início da contagem do prazo no dia útil subsequente, na forma prevista pelo 3º, art. 224 do CPC.

De qualquer forma, cabe ao serventuário certificar, nos autos do processo físico, o vencimento dos prazos, caso o ato processual necessário não tenha sido praticado (art. 776 da CLT).

C) Início do prazo para recurso da sentença

As regras do prazo em relação à publicação das **sentenças** têm características próprias no **processo de autos físicos**. Com efeito, em tese, a sentença deve ser prolatada em audiência, o que raramente acontece na prática. Nesse caso, a lei concede ao juiz o prazo de quarenta e oito horas para juntar aos autos a ata respectiva, presumindo que há necessidade desse tempo para transcrever o que foi dito durante a sessão de julgamento.

Obviamente que o início do prazo para recorrer de tal sentença inicia-se após o decurso das referidas quarenta e oito horas, salvo se esse prazo for ultrapassado pelo juiz, hipótese em que a parte deve ser **intimada desse ato judicial** para que, querendo, exerça seu direito de irresignação.

Nessa direção aponta o posicionamento do TST, manifestado por meio da Súmula de nº 30:

> **SÚMULA Nº 30.** INTIMAÇÃO DA SENTENÇA. Quando não juntada a ata ao processo em 48 horas, contadas da audiência de julgamento (art. 851, § 2º, da CLT), o prazo para recurso será contado da data em que a parte receber a intimação da sentença.

Quando é designada audiência de instrução e julgamento, ou mesmo somente para proferir a sentença, ainda que a parte seja intimada e não compareça à audiência, há necessidade de uma nova intimação para informar sobre o resultado do litígio.

Tal entendimento decorre da regra de que **a parte deve ser intimada da sentença, mesmo quando há revelia**,[110] conforme prevê a parte final do art. 852 da CLT: "Da decisão serão os litigantes notificados pessoalmente, ou por seu representante, na própria audiência. No caso de revelia, a notificação far-se-á pela forma estabelecida no § 1º do artigo 841".[111]

110. TST. Súmula nº 197. PRAZO. O prazo para recurso da parte que, intimada, não comparecer à audiência em prosseguimento para a prolação da sentença conta-se de sua publicação.

111. CLT. Art. 841. § 1º. A notificação será feita em registro postal com franquia. Se o reclamado criar embaraços ao seu recebimento, ou não for encontrado, far-se-á a notificação por edital, inserto no jornal oficial ou no que publicar o expediente forense, ou, na falta, afixado na sede da Junta ou Juízo.

D) Termo inicial e final em dias não úteis

Existem certas regras que devem ser observadas quanto à contagem dos prazos **em autos físicos.**

Na hipótese da intimação **ocorrer na sexta feira, o primeiro dia do prazo será na segunda** ou próximo dia **útil de expediente**, consoante posicionamento adotado pelo TST, por intermédio da Súmula nº 1:

> **SÚMULA Nº 1.** PRAZO JUDICIAL. Quando a intimação tiver lugar na sexta-feira, ou a publicação com efeito de intimação for feita nesse dia, o prazo judicial será contado da segunda-feira imediata, inclusive, salvo se não houver expediente, caso em que fluirá no dia útil que se seguir. (RA 28/1969, DO-GB 21.08.1969).[112]

Quando a intimação ou notificação efetivar-se em dia que não há expediente forense, inclusive no sábado, **o prazo se inicia no primeiro dia útil de expediente subsequente, sem considerá-lo para efeito de contagem** na forma da interpretação feita pelo TST, por meio da Súmula nº 262:

> **SÚMULA Nº 262.** PRAZO JUDICIAL. NOTIFICAÇÃO OU INTIMAÇÃO EM SÁBADO. RECESSO FORENSE. (redação do item II alterada na sessão do Tribunal Pleno realizada em 19.05.2014) I – Intimada ou notificada a parte no sábado, o início do prazo se dará no primeiro dia útil imediato e a contagem, no subsequente. II – O recesso forense e as férias coletivas dos Ministros do Tribunal Superior do Trabalho suspendem os prazos recursais.[113]

Quando o prazo findar nos dias sem expediente (sábado, domingos e feriados), ficam automaticamente prorrogados para o dia útil seguinte.

Em caso de feriado local há necessidade de a parte **alegar essa circunstância em suas razões de recurso juntamente com a devida comprovação**, uma vez que, nas instâncias superiores, a ocorrência desse dia não útil não é considerado como fato notório.

> **SÚMULA Nº 385 DO TST.** FERIADO LOCAL OU FORENSE. AUSÊNCIA DE EXPEDIENTE. PRAZO RECURSAL. PRORROGAÇÃO. COMPROVAÇÃO. NECESSIDADE. (alterada em decorrência do CPC de 2015) – Res. 220/2017, DEJT divulgado em 21, 22 e 25.09.2017 I – Incumbe à parte o ônus de provar, quando da interposição do recurso, a existência de feriado local que autorize a prorrogação do prazo recursal (art. 1.003, § 6º, do CPC de 2015). No caso de o recorrente alegar a existência de feriado local e não o comprovar no momento da interposição do recurso, cumpre ao relator conceder o prazo de 5 (cinco) dias para que seja sanado o vício (art. 932, parágrafo único, do CPC de 2015), sob pena de não conhecimento se da comprovação depender a tempestividade recursal; II – Na hipótese de feriado forense, incumbirá à autoridade que proferir a decisão de admissibilidade certificar o expediente nos autos; III – Admite-se a reconsideração da análise da tempestividade do recurso, mediante prova documental superveniente, em agravo de instrumento, agravo interno, agravo regimental, ou embargos de declaração, desde que, em momento anterior, não tenha havido a concessão de prazo para a comprovação da ausência de expediente forense.

---

112. STF. Súmula nº 310. Quando a intimação tiver lugar na sexta-feira, ou a publicação com efeito de intimação for feita nesse dia, o prazo judicial terá início na segunda-feira imediata, salvo se não houver expediente, caso em que começará no primeiro dia útil que se seguir.

113. Lei nº 1.408/51. Art. 3º. Os prazos judiciais que se iniciarem ou vencerem aos sábados serão prorrogados por 1 (um) dia útil.

Como visto, ainda que a parte não comprove a existência do feriado local, apesar de informar em sua petição, o relator deve conceder prazo para que essa demonstração seja feita antes de declarar a sua intempestividade.

No PJe a intimação pode ocorrer em dia não útil de expediente com o acesso ao sistema pela *internet*. Nesse caso, a intimação será considerada realizada no próximo dia útil de expediente, conforme preceito contido no art. 5º da Lei nº 11.419/06, e a respectiva contagem será iniciada no dia subsequente:

> **Art. 5º. § 1º** Considerar-se-á realizada a intimação no dia em que o intimando efetivar a consulta eletrônica ao teor da intimação, certificando-se nos autos a sua realização. § 2º Na hipótese do § 1º deste artigo, nos casos em que a consulta se dê em dia não útil, a intimação será considerada como realizada no primeiro dia útil seguinte.

E) Contagem dos dias úteis durante o decurso do prazo

Na contagem do prazo **só serão contados os dias úteis**, o que exclui os domingos, sábados, feriados, recesso e férias coletivas, conforme determinação contida no *caput* do art. 219 do CPC combinado com o art. 216:

> **Art. 219.** Na contagem de prazo em dias, estabelecido por lei ou pelo juiz, computar-se-ão somente os dias úteis.
>
> **Art. 216.** Além dos declarados em lei, são feriados, para efeito forense, **os sábados, os domingos** e os dias em que não haja expediente forense.

Com a vigência da Lei nº 13.467/17, adotou-se a mesma regra para o processo do trabalho por meio da alteração do art. 775 da CLT, que passou a ter a seguinte redação: "Os prazos estabelecidos neste Título serão contados em dias úteis, com exclusão do dia do começo e inclusão do dia do vencimento".

F) Início da contagem do prazo

Existe diferença relevante entre o início do prazo e o início da contagem do prazo, conforme evidenciado no item I, da citada Súmula nº 262 do TST.

Por exemplo. Se o reclamado é intimado no sábado, o **início do prazo** será a segunda feira (salvo se não for feriado). Entretanto, o **início da contagem do prazo** só se efetivará na terça, pois exclui a segunda.

9.2. Suspensão da contagem do prazo

A) Suspensão durante as férias coletivas e recesso forense

A EC nº 45 acrescentou o inciso XII ao art. 93 da CF/88, extinguindo as **férias coletivas** nos juízos de primeiro grau e nos Tribunais de segundo grau:

> **Art. 93. XII** – a atividade jurisdicional será ininterrupta, sendo vedado férias coletivas nos juízos e tribunais de segundo grau, funcionando, nos dias em que não houver expediente forense normal, juízes em plantão permanente.

Na Justiça Federal e na Justiça do Trabalho há previsão legal de um **recesso de final de ano**, entre os dias 20.12 e 06.01, na forma disciplinada pela o art. 62, I, da Lei nº 5.010/66.

Além desse período, a referida norma reconhece como feriados: os dias da semana santa, compreendidos entre a quarta-feira e o domingo de páscoa; os dias de segunda e terça-feira de carnaval; os dias 11 de agosto e 1º e 2 de novembro e 8 de dezembro.

Apesar da manutenção das férias coletivas apenas nos Tribunais Superiores,[114] o CPC determina a **suspensão do prazo processual durante o período compreendido entre 20.12 e 20.01**, conforme se observa do preceito contido no art. 220:

> **Art. 220.** Suspende-se o curso do prazo processual nos dias compreendidos entre 20 de dezembro e 20 de janeiro, inclusive.
>
> **§ 1º** Ressalvadas as férias individuais e os feriados instituídos por lei, os juízes, os membros do Ministério Público, da Defensoria Pública e da Advocacia Pública e os auxiliares da Justiça exercerão suas atribuições durante o período previsto no *caput*.
>
> **§ 2º** Durante a suspensão do prazo, não se realizarão audiências nem sessões de julgamento.

No mesmo sentido e com redação idêntica, o art. 775-A da CLT, introduzido por meio da Lei nº 13.545/17, de 19.12.2017:

> **Art. 775-A.** Suspende-se o curso do prazo processual nos dias compreendidos entre 20 de dezembro e 20 de janeiro, inclusive.
>
> **§ 1º** Ressalvadas as férias individuais e os feriados instituídos por lei, os juízes, os membros do Ministério Público, da Defensoria Pública e da Advocacia Pública e os auxiliares da Justiça exercerão suas atribuições durante o período previsto no *caput* deste artigo.
>
> **§ 2º** Durante a suspensão do prazo, não se realizarão audiências nem sessões de julgamento.

Durante as férias coletivas dos Ministros do TST **os prazos ficam suspensos**, conforme determinação contida no art. 192, § 1º do Regimento Interno: "O recesso forense e as férias coletivas dos Ministros suspendem os prazos recursais".[115]

Segundo o entendimento do TST, exposto no item II da Súmula 262, durante o recesso forense de 19.12 a 06.01 e as férias coletivas dos Ministros do TST, a contagem dos prazos fica **suspensa:**

> **SÚMULA Nº 262.** PRAZO JUDICIAL. NOTIFICAÇÃO OU INTIMAÇÃO EM SÁBADO. RECESSO FORENSE. (redação do item II alterada na sessão do Tribunal Pleno realizada em 19.05.2014) II – O recesso forense e as férias coletivas dos Ministros do Tribunal Superior do Trabalho suspendem os prazos recursais.

B) Suspensão dos prazos para a gestante ou adotante

O Estatuto da Ordem dos Advogados do Brasil estabelece, em seu art. 7-A, IV, (introduzido por meio da Lei nº 13.363/16) a suspensão de prazos processuais (30 dias) quando a advogada **der à luz ou adotar uma criança**, desde que seja a única patrona da causa e haja notificação por escrito ao cliente.

114. LOMAN. Art. 66. § 1º. Os membros dos Tribunais, salvo os dos Tribunais Regionais do Trabalho, que terão férias individuais, gozarão de férias coletivas, nos períodos de 2 a 31 de janeiro e de 2 a 31 de julho. Os Juízes de primeiro grau gozarão de férias coletivas ou individuais, conforme dispuser a lei.

115. CPC. Art. 214. Durante as férias forenses e nos feriados, não se praticarão atos processuais, excetuando-se: I – os atos previstos no art. 212, § 2º; II – a tutela de urgência.

C) Prática de atos urgentes

Durante as férias forenses podem ser praticados atos processuais necessários à postulação e concessão da tutela de urgência, as citações, intimações e penhoras (art. 212, § 2º do CPC), além do processamento (art. 213 do CPC) dos seguintes procedimentos:

> I – de jurisdição voluntária e os necessários à conservação de direitos, quando puderem ser prejudicados pelo adiamento;
>
> II – ação de alimentos e os processos de nomeação ou remoção de tutor e curador;
>
> III – os processos que a lei determinar.

O CSJT, por intermédio da Resolução de nº 14/05, regulamentou a matéria no âmbito da Justiça do Trabalho e declarou que o recesso forense não foi extinto em razão da promulgação da referida Emenda Constitucional.

Assim, os Tribunais do Trabalho devem garantir o atendimento dos jurisdicionados em caso de urgência por meio do estabelecimento de **regime de plantão** de juízes nos dias em que não houver expediente forense.[116]

Seguem as regras sobre o início do prazo e o início da contagem do prazo:

Início	Regra
Do prazo	A partir da data em que for feita pessoalmente, recebida a notificação/intimação, ou publicada no jornal oficial.
	Caso seja feita no sábado ou em dia sem expediente forense, inicia-se no primeiro dia útil imediato.
Da contagem do prazo	Com a exclusão do dia do começo e inclusão do dia de vencimento.
Da contagem no DEJT	Considera-se como data da publicação o primeiro dia útil seguinte ao da disponibilização na Diário Oficial Eletrônico (dia de graça).

9.3. Prorrogação e dilatação dos prazos processuais

Ocorre a **prorrogação** quando se encontra em curso a contagem do prazo processual e, por algum motivo, autoriza-se o elastecimento do seu **termo final.**

Já a **dilatação** corresponde ao procedimento por meio do qual o Juiz **aumenta o prazo previsto em lei** antes mesmo do seu termo inicial.

A prorrogação dos prazos pode ocorrer pelo tempo estritamente necessário nos seguintes casos (art. 775, § 1º da CLT):

> I – quando o juízo entender necessário;
>
> II – em virtude de força maior, devidamente comprovada.

Já a dilatação pode ser feita pelo juízo para adequá-los às necessidades do conflito de modo a conferir maior efetividade à tutela do direito (art. 775, § 2º da CLT).

116. O CNJ editou a Resolução nº 71/09, definindo parâmetros a serem observados na regulamentação da prestação jurisdicional ininterrupta, por meio de plantão permanente.

Como a CLT não trata dos prazos peremptórios de forma expressa, cabe a aplicação supletiva do art. 222, § 1º, do CPC que veda a sua redução sem a anuência das partes.

Exemplos de questões sobre o tema

(TRT 2 – Juiz do Trabalho Substituto 2ª região/2016) Em relação aos atos, termos e prazos processuais, nos processos perante a Justiça do Trabalho, é correto afirmar que, nos termos da Consolidação das Leis do Trabalho e das Súmulas da Jurisprudência Uniforme do Tribunal Superior do Trabalho:

a) Presume-se recebida a notificação 24 (vinte e quatro) horas depois de sua postagem. O seu não recebimento ou a entrega após o decurso desse prazo constitui ônus de prova do destinatário.

b) Salvo disposição em contrário, os prazos processuais previstos na Consolidação das Leis do Trabalho contam-se, quando a citação ou intimação for por oficial de justiça, da data de juntada aos autos do mandado cumprido.

c) O recesso forense e as férias coletivas dos Ministros do Tribunal Superior do Trabalho interrompem os prazos recursais.

d) Distribuída a reclamação verbal, o reclamante deverá, salvo motivo de força maior, apresentar-se no prazo de 48 (quarenta e oito) horas ao cartório ou à secretaria, para reduzi-la a termo; se não se apresentar no prazo estabelecido, incorrerá na pena de perda, pelo prazo de 6 (seis) meses, do direito de reclamar perante a Justiça do Trabalho.

e) Salvo disposição em contrário, os prazos processuais previstos na Consolidação das Leis do Trabalho contam-se, quando a citação ou intimação for por edital, a partir da data em que for publicado o edital no jornal oficial ou no que publicar o expediente da Justiça do Trabalho, ou, ainda, daquela em que for afixado o edital na sede da unidade judiciária.

Resposta: E

(TRT 2 – Juiz do Trabalho Substituto 2ª região/ 2013) Em relação à contagem de prazo e o que dispõe a lei trabalhista, é correto dizer:

a) Os prazos contam-se com exclusão do dia do começo e inclusão do dia do vencimento.

b) Os prazos contam-se com inclusão do dia do começo e exclusão do dia do vencimento.

c) Se a intimação tiver lugar na sexta-feira, o prazo judicial será contado da terça-feira imediata, inclusive.

d) O prazo para recurso da parte que, intimada, não comparecer à audiência em prosseguimento para a prolação da sentença conta-se de sua prolação.

e) Os prazos que se vencerem em sábado, domingo ou dia feriado serão suspensos.

Resposta: A

9.4. Preclusão

A **preclusão** consiste na perda do direito da parte de praticar um ato processual em virtude da sua inércia (preclusão temporal); por conta de já ter praticado esse mesmo ato anteriormente (consumação do direito) ou quando demonstra inequivocamente por meio de outros atos a sua intenção em sentido contrário (extinção do direito).

O CPC dispõe sobre a matéria em seu art. 507: "É vedado à parte discutir no curso do processo as questões já decididas a cujo respeito se operou a preclusão.[117]

A CLT possui um único dispositivo que faz referência expressa ao instituto da preclusão, mas de forma específica, qual seja, o art. 879, § 2º:

117. Sobre a preclusão em nulidades: CPC: Art. 278. A nulidade dos atos deve ser alegada na primeira oportunidade em que couber à parte falar nos autos, sob pena de preclusão.

> **Art. 879. § 2º.** Elaborada a conta e tornada líquida, o juízo deverá abrir às partes prazo comum de oito dias para impugnação fundamentada com a indicação dos itens e valores objeto da discordância, sob pena de preclusão.

Portanto, identificam-se três formas de preclusão: a temporal, a consumativa e a lógica.

É temporal quando a parte deixa fluir o prazo conferido pela lei ou pelo juiz *in albis*.[118] Preclusão **consumativa** ocorre quando o litigante pretende efetivar o ato processual que já se consumou anteriormente. Opera-se a preclusão **lógica** quando há a prática incompatível de dois atos processuais, como ocorre com a hipótese prevista pelo art. 1.000 do CPC: "A parte que aceitar expressa ou tacitamente a decisão não poderá recorrer".

O TST manifesta-se sobre a preclusão por meio das suas Súmulas nºs 184 e 297, item 2, bem como da OJ nº 134 da SDI-2:

> **SÚMULA Nº 184.** EMBARGOS DECLARATÓRIOS. OMISSÃO EM RECURSO DE REVISTA. PRECLUSÃO. Ocorre preclusão se não forem opostos embargos declaratórios para suprir omissão apontada em recurso de revista ou de embargos.
>
> **SÚMULA Nº 297.** PREQUESTIONAMENTO. OPORTUNIDADE. CONFIGURAÇÃO – NOVA REDAÇÃO. 2. Incumbe à parte interessada, desde que a matéria haja sido invocada no recurso principal, opor embargos declaratórios objetivando o pronunciamento sobre o tema, sob pena de preclusão.
>
> **OJ Nº 134.** AÇÃO RESCISÓRIA. DECISÃO QUE DECLARA PRECLUSA A OPORTUNIDADE DE IMPUGNAÇÃO DA SENTENÇA DE LIQUIDAÇÃO. PRODUÇÃO DE COISA JULGADA FORMAL. IRRESCINDIBILIDADE. (alterada em decorrência do CPC de 2015) – Res. 220/2017, DEJT divulgado em 21, 22 e 25.09.2017 A decisão proferida em embargos à execução ou em agravo de petição que apenas declara preclusa a oportunidade de impugnação da sentença de liquidação não é rescindível, em virtude de produzir tão-somente coisa julgada formal.

10. INVALIDADE DOS ATOS PROCESSUAIS

A invalidade dos atos processuais podem ser classificados em três níveis de gravidade, quais sejam, ineficaz, nulos (absolutamente ou relativamente) ou anuláveis.

As regras relativas à nulidade dos atos processuais não são idênticas àquelas que regem os atos jurídicos de direito material, em face da incidência dos princípios da instrumentalidade das formas, da transcendência e da convalidação, que adiante serão estudados.

Isso porque uma das principais finalidades do processo é, justamente, a solução da lide e a pacificação social. Isso implicar a necessidade de aproveitar os atos processuais já praticados, quando possível, no sentido de evitar ao máximo a extinção do processo sem a resolução do mérito.

Desse modo, ressalvada a hipótese de ato processual inexistente, os demais atos praticados e considerados como absolutamente nulos, relativamente nulos ou anuláveis **podem produzir efeitos processuais**, desde que sejam observados determinados requisitos.

118. CPC. Art. 223. Decorrido o prazo, extingue-se o direito de praticar ou de emendar o ato processual, independentemente de declaração judicial, ficando assegurado, porém, à parte provar que não o realizou por justa causa.

Registre-se, todavia, que há muita divergência doutrinária no que diz respeito à classificação dos defeitos dos atos processuais, razão pela qual se avulta a importância do estudo dos princípios aplicados às nulidades desses atos.

10.1. Ato processual ineficaz

O ato processual ineficaz é aquele que, apesar de existir física ou eletronicamente nos autos, não produz efeitos jurídicos.

É o caso, por exemplo, de um ato processual praticado por escrito, mas sem a assinatura do advogado ou da própria parte.

Desse modo, **conclui-se que a ineficácia do ato processual é um defeito insanável.**

10.2. Nulidade absoluta

A nulidade encontra-se vinculada ao **plano de validade** do ato processual, que pressupõe, evidentemente, ter ultrapassado o **plano da existência jurídica**. Isso significa dizer que o ato judicial existe, mas não é valido, em tese.

Assim, a nulidade é absoluta quando o defeito do ato processual fere uma norma de ordem pública, que regula interesses públicos e cujos efeitos, no caso concreto, não podem ser controlados pela vontade das partes. Nesse caso, o juiz deve declarar a nulidade de ofício e não há preclusão em caso de omissão.

Ocorre, por exemplo, nos seguintes casos: ausência de intimação pessoal do Ministério Público do Trabalho nas ações trabalhistas em que tenha que intervir obrigatoriamente; sentença *citra petita*; notificações, citações e intimações sem a observância dos preceitos legais; nulidade fundada em incompetência absoluta (art. 795, § 1º, da CLT); publicação no Jornal Oficial sem conter o nome das partes e dos seus procuradores, ausência de proposta de conciliação etc.

É importante salientar que **os atos nulos podem produzir efeitos**, razão pela qual é necessária a manifestação do juiz, de ofício ou por provocação, para declarar a nulidade respectiva, observados os princípios da transcendência e da convalidação, que serão adiante analisados.[119]

Ausente qualquer manifestação, até mesmo a referida nulidade absoluta poderá produzir efeitos em certos casos, máxime quando se implementa a qualidade da coisa soberanamente julgada.

10.3. Nulidade relativa ou anulabilidades

Se a deformidade do ato processual atinge dispositivo que alberga um interesse privado, cujo controle dos efeitos encontra-se à disposição das partes, a hipótese é de nulidade relativa

119. Observe-se como difere a nulidade processual da nulidade verificada no âmbito do Direito material. A ausência de citação anula todo o processo, pois se deixa de completar a sua angularização. Mas se, por qualquer forma, o reclamado tem conhecimento da existência de uma reclamação trabalhista, comparece em juízo e apresenta sua defesa, não há que se falar em nulidade absoluta.

ou anulabilidade. Nesse caso, o juiz deve ser provocado para se pronunciar a respeito, sob pena de preclusão.

A omissão das partes, no momento em que deveriam manifestar-se sobre a irregularidade processual, implica **convalidação automática** do ato respectivo.

Em caso de provocação, o juiz pode determinar que sejam sanadas irregularidades ou declarar que, apesar da deformidade, o ato produziu os efeitos pretendidos pelas partes. Esse efeito é possível com base na aplicação do **princípio da transcendência ou do princípio da convalidação**, pois a irregularidade geralmente atinge as questões relacionadas às formalidades do ato processual.

Nesse sentido, posiciona-se a jurisprudência dominante:

> RECURSO DE REVISTA. INCOMPETÊNCIA EM RAZÃO DO LUGAR. A incompetência em razão do lugar gera nulidade relativa, e, como tal, sua pronúncia, a teor do art. 794 da CLT, depende da comprovação de manifesto prejuízo às partes. No caso vertente, conforme consignado pelo Regional, não houve prejuízo à reclamada, que compareceu regularmente à audiência e apresentou defesa, tendo concordado com a produção de prova emprestada.[120]

Conclui-se que o número de casos de atos processuais contaminados com a nulidade absoluta e que, ainda assim, podem produzir efeitos é bem menor do que os casos em que o defeito do ato pode ser considerado como nulidade relativa ou anulabilidade.

10.4. Princípios

São quatro os princípios que se aplicam às questões relativas à nulidade processual, o da transcendência, o da convalidação, a do interesse e o da causalidade ou utilidade, que são derivados de um princípio maior que rege o processo civil e o processo trabalhista, qual seja, o princípio da instrumentalidade das formas.

A) Princípio da transcendência ou do prejuízo

A regra principal que vigora no processo do trabalho é de **que a nulidade só é declarada quando o ato praticado implicar prejuízo para alguma das partes** (princípio da transcendência), mesmo que exista uma forma prevista na lei, característica que distingue a nulidade dos atos processuais das regras semelhantes que existem no Direito material.

Se um ato tem a sua forma prevista em lei e as partes ou o juiz coloca em prática sem observá-la, mas atinge os seus objetivos pré-definidos sem causar prejuízo para os litigantes, não há que se falar em declaração de nulidade processual (princípio da convalidação).

Essa regra está contida no art. 277 do CPC e no art. 794 da CLT:

> **Art. 277.** Quando a lei prescrever determinada forma, o juiz considerará válido o ato se, realizado de outro modo, lhe alcançar a finalidade.
>
> **Art. 794.** Nos processos sujeitos à apreciação da Justiça do Trabalho só haverá nulidade quando resultar dos atos inquinados manifesto prejuízo às partes litigantes.

120. TST. RR 642-32.2010.5.03.0157. 8ª T. Rel. Min. Dora Maria da Costa. DEJT 30.09.2011.

Corresponde à máxima francesa *pas de nullité sans grief*. Significa dizer que só há nulidade quando houver prejuízo às partes litigantes.

Assim, não há diferença de tratamento se o defeito processual é classificado como nulidade absoluta, relativa ou anulabilidade. Em qualquer caso é possível que o ato produza efeitos, desde que não tenha havido prejuízo, ressalvadas algumas hipóteses no primeiro caso.

Portanto, mesmo que o ato seja considerado nulo por inobservância da forma prescrita, pode produzir os efeitos pretendidos, desde que tenha alcançado sua finalidade.

B) Princípio da convalidação ou da preclusão

Pelo princípio da convalidação, exige-se que a parte prejudicada **tenha a iniciativa de provocar o pronunciamento do juiz** a respeito da existência de invalidades processuais, sob pena de preclusão.

O requerimento de nulidade deve ser formulado pela parte prejudicada, **na primeira oportunidade que tiver de falar em audiência ou nos autos** (art. 278 do CPC e art. 795 da Consolidação das Leis do Trabalho).[121]

Ultrapassado esse momento, **preclui** o direito da parte de arguir a nulidade processual, salvo se o juiz tiver que se pronunciar de ofício ou se a parte provar o legítimo impedimento, de acordo com o que preceitua o art. 278, parágrafo único, do CPC.

O juiz se pronuncia de ofício sobre a nulidade quando se tratar de invalidades absolutas, como, por exemplo, aquela relativa à incompetência em razão da matéria, conforme disposição contida no art. 795, § 1º, da Consolidação das Leis do Trabalho.

Observe-se que o legislador, quando faz referência à incompetência de foro, está querendo dizer que a incompetência é em razão da matéria, ou seja, utiliza a expressão *"foro"* com o sentido de *"unidade judiciária"*, pois, nesse caso, a competência é absoluta.

No processo do trabalho é comum a arguição de nulidade por cerceamento de defesa ou do exercício do direito de ação quando o juiz indefere algum requerimento da parte, como, por exemplo, oitiva de testemunhas,[122] depoimento pessoal, perícia etc. Não se trata aqui de nulidade preclusiva, uma vez que todas as decisões interlocutórias podem ser impugnadas mediante recurso ordinário como determina o § 1º do art. 1.009 do CPC:

---

121. CPC. Art. 278. A nulidade dos atos deve ser alegada na primeira oportunidade em que couber à parte falar nos autos, sob pena de preclusão. Parágrafo único. Não se aplica o disposto no *caput* às nulidades que o juiz deva decretar de ofício, nem prevalece a preclusão provando a parte legítimo impedimento. CLT. Art. 795. As nulidades não serão declaradas senão mediante provocação das partes, as quais deverão argui-las à primeira vez em que tiverem de falar em audiência ou nos autos.

122. NULIDADE. CERCEAMENTO DE DEFESA. PROVA TESTEMUNHAL. INDEFERIMENTO. O sistema processual pátrio consagra o princípio do livre convencimento motivado, sendo facultado ao magistrado firmar sua convicção a partir de qualquer elemento de prova legalmente produzido, desde que fundamente sua decisão. Não se verifica, assim, cerceamento de defesa em decisão que, devidamente fundamentada, indefere a produção de prova testemunhal por considerar desnecessários outros atos instrutórios, em face do conjunto probatório já produzido nos autos e do depoimento pessoal do reclamante. Recurso de revista não conhecido (TST. RR 754434-31.2001.5.03.0005. 1ª T. Rel. Min. Lelio Bentes Corrêa. DEJT 14.05.2010).

> **Art. 1.009. § 1º.** As questões resolvidas na fase de conhecimento, se a decisão a seu respeito não comportar agravo de instrumento, não são cobertas pela preclusão e devem ser suscitadas em preliminar de apelação, eventualmente interposta contra a decisão final, ou nas contrarrazões.

Sendo assim, a partir da vigência do CPC de 2015 **não é mais necessário registrar o protesto** quando a parte não se conforma com uma decisão interlocutória do Juiz, mas essa conclusão não é pacífica nem na doutrina, nem na jurisprudência.

C) Princípio do interesse

Para a declaração da nulidade relativa ou nos casos de anulabilidade, ainda existe mais outra regra que deve ser observada.

Além do pedido da parte prejudicada, **a invalidade não poderá ser arguida por quem lhe tenha dado causa**. Nesse caso, segue-se o princípio geral do direito segundo o qual ninguém pode ser beneficiado pela própria torpeza, acolhido pelo ordenamento processual trabalhista pelo art. 796, "b", da Consolidação das Leis do Trabalho: "A nulidade não será pronunciada: b) quando arguida por quem lhe tiver dado causa".

O CPC possui regra semelhante: "Art. 276. Quando a lei prescrever determinada forma sob pena de nulidade, a decretação desta não pode ser requerida pela parte que lhe deu causa".

D) Princípio da causalidade ou da utilidade

Por fim, de acordo com o **princípio da causalidade ou da utilidade**, uma vez declarada a nulidade, o juiz **delimita os atos por ela atingidos, para não prejudicar os posteriores, salvo se forem deles dependentes**, *na forma prevista pelo* disposto nos arts. 797 e 798 da CLT: "Art. 797. O juiz ou Tribunal que pronunciar a nulidade declarará os atos a que ela se estende. Art. 798. A nulidade do ato não prejudicará senão os posteriores que dele dependam ou sejam consequência."

No mesmo sentido, o CPC, por meio do art. 282 primeira parte: "Ao pronunciar a nulidade, o juiz declarará que atos são atingidos e ordenará as providências necessárias a fim de que sejam repetidos ou retificados".

10.5. Saneamento ou repetição do ato defeituoso

Verificada a existência de nulidade, mesmo nos casos de nulidades absolutas, ainda há a possibilidade de o juiz determinar que **seja suprida a falta ou que o ato seja repetido**, para atender ao princípio da economia processual, na forma prevista pela segunda parte do já citado art. 282 do CPC.

O reconhecimento do defeito sanável e a sua correção podem ocorrer, inclusive, em sede de fase recursal, conforme se observa do preceito contido no § 11, art. 896 da CLT, que trata do recurso de revista: "Quando o recurso tempestivo contiver defeito formal que não se repute grave, o Tribunal Superior do Trabalho poderá desconsiderar o vício ou mandar saná-lo, julgando o mérito".

Frise-se que esse procedimento **é uma faculdade e não uma obrigação** do Tribunal que analisa o recurso respectivo, uma vez que o dispositivo acima transcrito utiliza o termo "*poderá*" ao invés de "*deverá*".

ATENÇÃO! Parte da doutrina refere-se aos princípios moderadores das nulidades dos atos processuais e atribuem as seguintes denominações: princípio do manifesto prejuízo (não há nulidade sem prejuízo); princípio da provocação da parte (nulidades relativas só podem ser apreciadas pelo juízo desde que suscitadas por uma das partes); princípio da preclusão (as nulidades relativas devem ser suscitadas no primeiro momento cabível, sob pena de convalidação); e princípio do interesse (a nulidade do ato processual não será pronunciada quando arguida por quem lhe tiver dado causa).

Exemplos de questões sobre o tema

(TRT 4 – Juiz do Trabalho Substituto 4ª região/2016) Assinale a assertiva incorreta sobre nulidades.

a) O princípio da transcendência ou do prejuízo consiste no reconhecimento de nulidade apenas quando dela decorrer manifesto prejuízo processual às partes.

b) As nulidades não arguidas pelas partes na primeira oportunidade que tiverem de manifestação nos autos levarão à convalidação do ato nulo, desde que se trate de nulidades relativas. As nulidades absolutas deverão ser declaradas de ofício pelo Juiz, independentemente da arguição das partes.

c) Poderá ser declarada a nulidade relativa, ainda que arguida por quem lhe deu causa, se o Juiz verificar a existência de situação relevante que a justifique.

d) Segundo o princípio da utilidade, serão aproveitados os atos válidos praticados no processo, desde que posteriores ao ato nulo e dele não sejam consequência.

e) Compete ao Juiz que declarar a nulidade determinar os limites de sua extensão, a fim de serem aproveitados os atos válidos, em observância ao princípio da economia processual.

Resposta: C

(FCC – Juiz do Trabalho Substituto 24ª região/2015) Quanto à teoria geral das nulidades no Processo do Trabalho é correto afirmar que o princípio

a) da transcendência informa que a nulidade não será pronunciada quando arguida por quem lhe tiver dado causa.

b) da finalidade orienta que a parte deve alegar a nulidade na primeira oportunidade que tiver que falar nos autos.

c) da convalidação informa que não haverá nulidade sem prejuízo econômico às partes interessadas.

d) da preclusão inquisitiva orienta que o juiz que pronunciar a nulidade declarará os atos a que ela se estende.

e) do aproveitamento informa que a nulidade não será pronunciada quando for possível suprir-lhe a falta ou repetir-se o ato.

Resposta: E

(MPT – Procurador do Trabalho/2013) Em relação às nulidades no processo do trabalho, assinale a alternativa CORRETA:

a) Deve sempre ser observado o princípio da transcendência, não havendo nulidade quando não resultar dos atos inquinados manifesto prejuízo às partes litigantes.

b) Pelo princípio da causalidade, na hipótese de incompetência material, somente os atos posteriores e que dependam ou sejam consequência do ato nulo serão prejudicados.

c) Pode ser alegada nulidade absoluta pela primeira vez no processo em sede de recurso ordinário, não obstante ela ter ocorrido durante a fase de conhecimento.

d) Não pode ser alegada nulidade relativa pela primeira vez no processo em sede de recurso ordinário, não obstante ela ter ocorrido durante a fase de conhecimento.
e) Não respondida.

Resposta: C

(TRT 3 – Juiz do Trabalho Substituto 3ª região/ 2013) Em relação ao processo do trabalho, leia as afirmações abaixo e, em seguida, assinale a alternativa correta:

I. Nos processos sujeitos à apreciação da Justiça do Trabalho só haverá nulidade quando resultar dos atos inquinados manifesto prejuízo às partes litigantes.
II. As nulidades não serão declaradas senão mediante provocação das partes, as quais deverão arguí-las à primeira vez em que tiverem que falar em audiência ou nos autos, sem exceção.
III. A nulidade não será pronunciada quando foi possível suprir-se a falta ou repetir-se o ato.
IV. A nulidade do ato prejudicará todos os atos posteriores.

a) Todas as afirmativas estão corretas.
b) Somente a afirmativa I está correta.
c) Somente as afirmativas I e II estão corretas.
d) Somente as afirmativas I e III estão corretas.
e) Somente as afirmativas II e III estão corretas.

Resposta: D

(TRT 8 – Juiz do Trabalho Substituto 8ª região/ 2013) Sobre nulidades no Processo do Trabalho é CORRETO afirmar que:

a) Pelo princípio da utilidade, se o ato anulado é premissa necessária dos seguintes atos válidos, todos perderão seus efeitos; porém, se houver correlação e dependência, poderão ser aproveitados (utile per inutile non vitiatur).
b) Pelo princípio da preclusão, as nulidades devem ser arguidas na primeira oportunidade de falar nos autos após sua ocorrência, independentemente do motivo que impediu a parte de praticar o ato.
c) A nulidade apenas será declarada se resultar do ato viciado prejuízo processual à parte, referente à sua defesa (pas de nullité sans grief), ainda que o juiz, no mérito, possa decidir favoravelmente à parte que invocou a nulidade, não a decretará.
d) Pelo princípio da repressão, o juiz não pode decretar a nulidade absoluta do processo se entender que as partes estão buscando fim proibido por lei ou tentando praticar ato simulado.
e) Pelo princípio da causalidade, os atos a serem anulados devem ser interdependentes, ligados por relação de causa e efeito, sendo que na incompetência absoluta, só os atos decisórios são nulos, os demais são aproveitados.

Resposta: E

(TRT 15 – Juiz do Trabalho Substituto 15ª região/ 2013) Sobre as nulidades no processo do trabalho, considere as afirmativas abaixo.

I. Os atos e formas processuais sujeitam-se ao princípio da estrita legalidade, não se admitindo a convalidação de ato processual formalmente viciado.
II. Estabelecido, em sede de recurso ordinário, que uma testemunha impedida foi ouvida sob compromisso legal de dizer a verdade, deve-se anular todo o processo do trabalho, a partir da audiência em que se colheram as provas orais (inclusive).
III. Se a empresa reclamada, embora não citada, comparece à audiência e apresenta sua contestação – sem arguir preliminares ainda assim poderá arguir a respectiva nulidade absoluta, em sede de razões finais, por se tratar de *"querela nullitatis insanabilis"*.
IV. "Incompetência de foro", no art. 795, § 1°, da CLT ("Deverá, entretanto, ser declarada *ex officio* a nulidade fundada em incompetência de foro"), significa incompetência relativa em razão do lugar.

Agora, assinale a alternativa certa.

a) são falsas todas as afirmativas;

b) são falsas as afirmativas II e IV.

c) são falsas as afirmativas III e IV.

d) são verdadeiras as afirmativas I, III e IV.

e) é verdadeira apenas a alternativa III.

Resposta: A

(TRT 22 – Juiz do Trabalho Substituto 22ª região/ 2013) Acerca de nulidade no processo trabalhista, assinale a alternativa INCORRETA:

a) o ato que ofende comando de natureza cogente e colide com o interesse público configura nulidade absoluta, a qual, desde que arguida pela parte interessada, poderá ser decidida em qualquer grau de jurisdição;

b) no mandado de segurança, o Ministério Público participará, obrigatoriamente, na primeira instância, sob pena de nulidade absoluta do feito;

c) não será proclamada a nulidade de ato que possa ser repetido ou cuja falta possa ser suprida, de modo que restará eficaz, a despeito de inobservância da forma ou olvidada a sua prática;

d) a arguição de nulidade deve ser sempre expressa, na primeira oportunidade processual de manifestação da parte nos autos, não se podendo substituir por mero protesto;

e) são hipóteses de nulidade absoluta os atos decisórios praticados por autoridade absolutamente incompetente e o trâmite de processo sem citação válida do réu.

Resposta: A

(Juiz do Trabalho Substituto – TRT 21ª região – 2010) São princípios moderadores das nulidades dos atos processuais no processo trabalhista, exceto:

a) manifesto prejuízo;

b) provocação da parte;

c) preclusão;

d) interesse;

e) justificação.

Resposta: E

---

11. SUSPENSÃO DO PROCESSO

O processo do trabalho tem início com a propositura da ação. Todavia, durante o seu curso normal, fatos e atos podem provocar a sua suspensão temporária, que impedem a prática de atos processuais, salvo aqueles de natureza urgente para evitar dano irreparável (art. 314 do CPC).

Tais circunstâncias estão previstas no art. 313 do CPC, que é aplicado subsidiariamente ao processo laboral, em face da omissão da CLT:

> **Art. 313.** Suspende-se o processo:
>
> I – pela morte ou pela perda da capacidade processual de qualquer das partes, de seu representante legal ou de seu procurador;
>
> II – pela convenção das partes;
>
> III – pela arguição de impedimento ou de suspeição;

> IV – pela admissão de incidente de resolução de demandas repetitivas;
>
> V – quando a sentença de mérito:
>
> a) depender do julgamento de outra causa ou da declaração de existência ou de inexistência de relação jurídica que constitua o objeto principal de outro processo pendente;
>
> b) tiver de ser proferida somente após a verificação de determinado fato ou a produção de certa prova, requisitada a outro juízo;
>
> VI – por motivo de força maior;
>
> VII – quando se discutir em juízo questão decorrente de acidentes e fatos da navegação de competência do Tribunal Marítimo;
>
> VIII – nos demais casos que este Código regula.
>
> IX – pelo parto ou pela concessão de adoção, quando a advogada responsável pelo processo constituir a única patrona da causa;
>
> X – quando o advogado responsável pelo processo constituir o único patrono da causa e tornar-se pai.

Observe-se que na hipótese prevista no inciso I, do dispositivo transcrito, o juiz suspenderá o processo e fixará prazo para saneamento da deficiência, conforme determinação contida no art. 76 do CPC:

> **Art. 76.** Verificada a incapacidade processual ou a irregularidade da representação da parte, o juiz suspenderá o processo e designará prazo razoável para que seja sanado o vício.
>
> **§ 1º** Descumprida a determinação, caso o processo esteja na instância originária:
>
> I – o processo será extinto, se a providência couber ao autor;
>
> II – o réu será considerado revel, se a providência lhe couber;
>
> III – o terceiro será considerado revel ou excluído do processo, dependendo do polo em que se encontre.
>
> **§ 2º** Descumprida a determinação em fase recursal perante tribunal de justiça, tribunal regional federal ou tribunal superior, o relator:
>
> I – não conhecerá do recurso, se a providência couber ao recorrente;
>
> II – determinará o desentranhamento das contrarrazões, se a providência couber ao recorrido.

11.1. Suspensão por vontade das partes

A jurisprudência dominante ressalva-se da aplicabilidade, no processo do trabalho, da hipótese prevista no art. 313, II do CPC, que faculta às partes, de comum acordo, **requerer a suspensão do processo.**

O óbice seria observado em face do maior grau de inquisitividade e de celeridade do processo laboral.

Admite-se, contudo, em algumas situações, o adiamento da sessão da audiência para que as partes, por exemplo, possam discutir as cláusulas de uma possível conciliação.

11.2. Morte das partes ou do advogado

Suspende-se o processo pela morte ou perda da capacidade processual de qualquer das partes ou dos seus representantes.

A morte do advogado devidamente constituído nos autos também implica suspensão do processo, ainda que se admita a incidência do *ius postulandi*.

Isso porque a prática de atos processuais diretamente pela parte é apenas uma faculdade e não uma imposição do ordenamento jurídico processual trabalhista.[123]

Desse modo, se a parte abre mão do direito de postular pessoalmente em juízo e constitui advogado que vem a falecer no curso do processo, o juiz deve sobrestar o feito até que seja promovida a substituição ou que a parte manifeste o seu desejo de exercer o *ius postulandi*.

11.3. Exceções processuais

A exceção de incompetência em razão do lugar, de impedimento ou suspeição também suspende o curso do processo principal, de acordo com o art. 799 da CLT: "Nas causas da jurisdição da Justiça do Trabalho, somente podem ser opostas, com suspensão do feito, as exceções de suspeição ou incompetência".

Note-se que pela regra do CPC, **a arguição de impedimento e de suspeição foram retiradas do rol de matérias de defesa**, deixando de ser denominadas de exceção.

11.4. Suspensão para aguardar o julgamento de outra demanda

Em determinadas situações, o juiz tem que esperar o resultado de outra ação para que profira a sua decisão. É muito comum, por exemplo, o Juiz do trabalho aguardar o resultado da ação penal, cujo objeto é a verificação da prática de crime pelo empregado, para só então prolatar sentença em processo em que se discute a prática de justa causa.

Nesses casos, o juiz tem a faculdade de determinar a suspensão do processo trabalhista. Entretanto, essa suspensão **não pode exceder o prazo de um ano.**[124]

11.5. Expedição de carta precatória

A expedição de cartas precatórias, para a produção de provas em outro juízo, também pode resultar na suspensão processual, uma vez que não é possível encerrar a fase probatória antes da devolução das cartas que foram expedidas.

123. Essa também é a opinião de Mauro Schiavi: "se a parte optou por contratar advogado no processo do trabalho [...], deve ter assistência profissional a fim de que seu acesso à justiça seja efetivado com maior qualidade (SCHIAVI, Mauro. **Manual de direito processual do trabalho.** 4 ed. São Paulo: LTr, 2011. p. 399)".

124. CPC. Art. 315. Se o conhecimento do mérito depender de verificação da existência de fato delituoso, o juiz pode determinar a suspensão do processo até que se pronuncie a justiça criminal. § 1º Se a ação penal não for proposta no prazo de 3 **(três) meses, contado da intimação do ato de suspensão, cessará o efeito desse, incumbindo ao juiz cível examinar incidentemente a questão prévia. § 2º Proposta a ação penal, o processo ficará suspenso pelo prazo máximo de 1 (um) ano, ao final do qual aplicar-se-á o disposto na parte final do § 1º.**

12. PRINCIPAIS DIFERENÇAS ENTRE O PROCESSO CIVIL E O PROCESSO DO TRABALHO

Instituto	Processo Civil	Processo do Trabalho
Litisconsórcio: prazo	**Prazo em dobro (art. 229 do CPC).**	**Prazo simples (TST. OJ Nº 310 da SDI-1).**
Capacidade postulatória	Exclusiva dos advogados, salvo expressa disposição legal em sentido contrário.	*Ius postulandi* das partes em todas as instâncias trabalhistas. Todavia, a Súmula nº 425 exclui essa capacidade perante o TST e em alguns procedimentos especiais não previstos pela CLT. Também é necessária a presença do advogado no caso de homologação de acordo extrajudicial (art. 855-B da CLT).
Honorários de sucumbência	Entre 10% e 20%	Entre 5% e 15%.
Custas processuais: momento para recolhimento	As custas devem ser recolhidas antes da prática do ato processual (art. 82 do CPC).	As custas são recolhidas após proferida a sentença.
Assistência judiciária	Prestada pela Defensoria Pública, em regra.	Prestada pelo sindicato da categoria profissional do empregado.
Contagem do prazo: início	Da data da juntada aos autos do aviso de recebimento, do mandado ou da carta precatória cumprida (art. 231 do CPC).	A partir do momento em que a parte fica ciente do ato de comunicação judicial (art. 775 da CLT).
Citação/ notificação	Pessoal.	No domicílio da parte.

13. INFORMATIVOS DO TST

Ação rescisória. Depósito prévio. Justiça gratuita. Requisitos do art. 790, §§ 3º e 4º, da CLT, com a redação da Lei nº 13.467/2017. Não incidência. Matéria regida pelo art. 99, § 3º, do CPC de 2015, pelo item I da Súmula nº 463 do TST e pelo art. 6º da Instrução Normativa nº 31/2007.

O depósito prévio da ação rescisória ajuizada na Justiça do Trabalho corresponde a 20% do valor da causa (art. 836 da CLT), percentual bastante superior ao exigido no art. 968, II, do CPC de 2015. Diante da maior onerosidade, as disposições acerca da gratuidade de justiça previstas no art. 790, §§ 3º e 4º, da CLT, com a redação da Lei nº 13.467/2017, não se aplicam às ações rescisórias processadas na Justiça do Trabalho, sob pena de excluir da apreciação do Poder Judiciário lesão ou ameaça a direito, especialmente nos casos em que a parte autora seja pessoa física ou micro e pequena empresa. De outra sorte, não há disposição específica na Lei nº 13.467/2017 acerca da justiça gratuita pleiteada em ação rescisória, o que atrai a incidência do art. 99, § 3º, do CPC de 2015, da Súmula nº 463, I, do TST e do art. 6º da Instrução Normativa nº 31/2007. Sob esse fundamento, e havendo declaração de hipossuficiência nos autos sem impugnação da parte contrária, a SBDI-II, por unanimidade, conheceu do recurso ordinário e, no mérito, deu-lhe provimento para deferir ao autor os benefícios da justiça gratuita. A Subseção determinou, ainda, o retorno dos autos ao Tribunal de origem para que prossiga no julgamento da rescisória como entender de direito, afastada a exigência do depósito prévio. TST-RO-10899-07.2018.5.18.0000, SBDI-II, rel. Min. Maria Helena Mallmann, 19.11.2019 (TST. Info nº 213).

Trabalhador portuário avulso. Honorários Advocatícios devidos pela mera sucumbência. Impossibilidade. Equiparação a trabalhador com vínculo empregatício. Aplicação da Súmula nº 219, I, do TST.

O trabalhador portuário avulso, apesar de manter com os tomadores de serviço relação de trabalho e não de emprego, é equiparado ao trabalhador com vínculo empregatício (art. 7º, XXXIV, da CF). Assim, nas lides envolvendo os trabalhadores avulsos não é possível afastar os requisitos exigidos na Súmula nº 219, I, do TST quanto à condenação ao pagamento de honorários advocatícios, sendo indevido, portanto, o pagamento da verba honorária por mera sucumbência, conforme disciplinado no art. 5º da Instrução Normativa nº 27/2005 do TST e na parte final do item III da Súmula nº 219 do TST. Sob esses fundamentos, a SBDI-I, por unanimidade, conheceu do recurso de embargos, por divergência jurisprudencial, e, no mérito, por maioria, deu-lhe provimento para excluir da condenação os honorários advocatícios. Vencido o Ministro José Roberto Freire Pimenta. TST-E-ED-RR-156800-41.2011.5.17.0012, SBDI-I, rel. Min. Alexandre Agra Belmonte, 23.5.2019 (TST. Info nº 196).

Ação rescisória. Art. 485, II, do CPC de 1973. Impedimento do relator da decisão rescindenda. Configuração. Parentesco com um dos advogados da parte ré. Voto decisivo para o julgamento da causa.

Conforme a jurisprudência pacífica da SBDI-II, considera-se improcedente o corte rescisório fundado no art. 485, II, do CPC de 1973 quando o julgamento no processo matriz se der por unanimidade e o voto do magistrado impedido não for decisivo para o julgamento da causa - a exemplo do caso em que o desembargador se limita a seguir o voto condutor proferido por magistrado de imparcialidade inquestionável -, visto que não há prejuízo à formação da coisa julgada. Todavia, no caso concreto, há um distinguishing, pois o voto condutor da decisão rescindenda foi proferido por magistrado impedido por lei de integrar o julgamento (art. 134, V, do CPC de 1973), em virtude de ser o pai de um dos advogados da parte ré, o qual estava regularmente habilitado nos autos originários, tendo comparecido a audiências e assinado peças. Assim, estando evidente o protagonismo assumido pelo relator impedido na elaboração da decisão rescindenda, em flagrante desrespeito ao princípio da imparcialidade, a SBDI--II, por unanimidade, conheceu do recurso ordinário e, no mérito, negou-lhe provimento para manter a decisão do TRT que julgara procedente a ação rescisória calcada no inciso II do art. 485 do CPC de 1973. TST-RO-5300-54.2012.5.16.0000, SBDI-II, rel. Min. Maria Helena Mallmann, 21.5.2019 (TST. Info nº 196).

Ação rescisória. Decadência. Não configuração. Contagem a partir da data de ajuizamento no PJe e não da data de autuação.

A SBDI-II, por unanimidade, conheceu do recurso ordinário e, no mérito, deu-lhes provimento para afastar a decadência pronunciada e determinar o retorno dos autos à origem, a fim de prosseguir no exame da ação rescisória como entender de direito. Na espécie, o Tribunal Regional considerou como data do ajuizamento da ação o dia da efetiva autuação no Processo Judicial Eletrônico - PJe, ou seja, 27.4.2015. Todavia, os autores da rescisória trouxeram aos autos documentos que comprovam a protocolização eletrônica da petição inicial e demais documentos, regularmente assinados, em 4.3.2015, no último dia do prazo. Assim, embora o sistema do PJe não tenha gerado imediatamente a autuação do feito por constar "pendência de assinatura", uma vez comprovado o ajuizamento regular da ação em 4.3.2015, não pode o TRT considerar, para fins de contagem do prazo decadencial, a data em que sanado o problema que impediu a instantânea autuação e distribuição da ação. TST-RO-10484-03.2015.5.01.0000, SBDI-II, rel. Min. Emmanoel Pereira, 21.8.2018 (TST. Info nº 182).

Mandado de Segurança. Empresa em recuperação judicial. Depósito recursal anterior ao processamento da recuperação judicial. Integração ao Juízo universal da falência.

Embora o depósito recursal fique à disposição do Juízo trabalhista, ele não integra o patrimônio do reclamante, ainda que realizado antes do processamento da recuperação judicial ou da decretação da falência da empresa, de modo que todos os atos de execução referentes às reclamações trabalhistas movidas contra a recuperanda são de competência do Juízo universal, consoante jurisprudência reiterada do STJ. Sob esse fundamento, a SBDI-II, por maioria, vencidos os Ministros Maria Helena Mallmann, relatora, Emmanoel Pereira e Delaíde Miranda Arantes, deu provimento ao recurso ordinário interposto pela empresa para denegar a segurança pretendida. TST-RO-348-74.2016.5.13.0000, SBDI-II, rel. Min. Maria Helena Mallmann, red. p/ acórdão Min. Renato de Lacerda Paiva, 15.5.2018 (TST. Info nº 178).

Mandado de segurança. Empresa em recuperação judicial. Depósito judicial anterior ao processamento da recuperação judicial. Não integração ao Juízo universal de falência. Valores à disposição do Juízo trabalhista.

O depósito judicial efetuado antes do deferimento do processo de recuperação judicial desliga-se do patrimônio da empresa e assume o papel de garantia de uma futura execução, razão pela qual não está à disposição do Juízo falimentar, mas do Juízo trabalhista. Sob esse entendimento, a SBDI-II, por maioria, deu provimento a recurso ordinário para denegar a segurança. Na espécie, não se vislumbrou direito líquido e certo da empresa em recuperação judicial a ver cassada ou suspensa a decisão que indeferiu a suspensão da reclamação trabalhista matriz, bem como a remessa dos valores depositados nos autos para a conta do Juízo da recuperação judicial. Vencidos os Ministros Renato de Lacerda Paiva, Alexandre Agra Belmonte e Douglas Alencar Rodrigues. TST-RO-94-09.2016.5.20.0000, SBDI-II, rel. Min. Breno Medeiros, 24.4.2018 (TST. Info nº 177).

Justiça gratuita. Indeferimento. Hipossuficiência econômica afastada por circunstâncias reveladas nos autos. Presunção relativa.

A presunção legal que decorre da declaração de hipossuficiência econômica é relativa, de modo que pode ser afastada por elementos constantes dos autos ou por prova em sentido contrário. No caso em apreço, o autor teve indeferido seu pedido de gratuidade de justiça pela Corte Regional ao fundamento de que, quem oferta o segundo maior lanço em hasta realizada no processo principal, destinada à alienação de imóvel de elevado valor, e, no próprio dia do leilão, deposita a quantia de R$ 1.340.000,00, não faz jus à referida benesse. Assim, ante o contexto desvelado nos próprios autos, e ausente prova da alegada miserabilidade jurídica, a SBDI-II, por unanimidade, conheceu do recurso ordinário e, no mérito, por maioria, negou-lhes provimento, mantendo, portanto, a decisão do TRT que indeferira os benefícios da justiça gratuita. Vencidos os Ministros Delaíde Miranda Arantes e Alexandre Agra Belmonte. TST-RO-76-80.2013.5.06.0000, SBDI-II, rel. Min. Douglas Alencar Rodrigues, 6.3.2018 (TST. Info nº 173).

Justiça gratuita. Declaração de pobreza. Presunção relativa de veracidade não elidida pelo fato de o reclamante ter percebido salário bastante elevado.

O fato de o reclamante ter percebido salário bastante elevado, superior a R$ 40.000,00 (quarenta mil reais), e de a rescisão do contrato de trabalho ter ocorrido dias antes do ajuizamento da reclamação trabalhista não são suficientes para elidir a presunção de veracidade da declaração de pobreza por ele firmada. Sob esse fundamento, a SBDI-I, por maioria, conheceu de recurso de embargos por contrariedade à Orientação Jurisprudencial nº 304 da SBDI-I (atualmente incorporada ao item I da Súmula nº 463 do TST) e, no mérito, deu-lhe provimento para restabelecer a sentença quanto aos benefícios da justiça gratuita e ao pagamento de honorários advocatícios. Vencidos os Ministros João Oreste Dalazen e Renato de Lacerda Paiva. TST-E-ARR-464-35.2015.5.03.0181, SBDI-I, rel. Min. Hugo Carlos Scheuermann, 8.2.2018 (TST. Info nº 171).

Litigância de má-fé. Violação do dever de lealdade processual. Arestos colacionados nos embargos inservíveis. Súmula nº 337, I, "a", e IV, do TST. URL completa indicada apenas em sede de agravo. Indução do julgador a erro.

Considera-se litigante de má-fé, por violação do dever de lealdade processual, a parte que, nos embargos, colaciona arestos inservíveis, nos termos da Súmula nº 337, I, "a", e IV, do TST (não há indicação de datas e da fonte de publicação, as cópias juntadas não estão autenticadas e as URLs são incompletas), mas, nas razões do agravo interposto contra a decisão que denegara seguimento aos embargos, transcreve as URLs de maneira completa e afirma a validade dos paradigmas indicados, induzindo o julgador ao erro. Sob esse entendimento, a SBDI-I, por unanimidade, negou provimento ao agravo e aplicou à agravante a multa de 2% sobre o valor corrigido da causa, por litigância de má-fé, nos termos dos arts. 80, II e V, e 81 do CPC de 2015, reversível ao autor. TST Ag-E-ED-RR-178000-36.2003.5.01.0043 , SBDI-I, rel. Min. Cláudio Mascarenhas Brandão, 23.11.2017 (TST. Info nº 169).

Embargos de declaração. Alegação de fato superveniente. Documento com data anterior ao ajuizamento da reclamação trabalhista. Inovação ilegal no estado de fato da lide. Litigância de má-fé. Configuração.

Considera-se litigância de má-fé o fato de a parte, em sede de embargos de declaração, sob a alegação de existência de fato superveniente, apresentar documento com data anterior ao ajuizamento da

reclamação trabalhista, sem alegar o justo impedimento a que se refere a Súmula nº 8 do TST. Assim, configurada a inovação ilegal no estado de fato da lide, a SBDI-I, por maioria, reputou o embargante litigante de má-fé e o condenou ao pagamento à embargada de multa de 2% sobre o valor atualizado da causa, nos termos do art. 81, caput, do CPC de 2015. Vencidos os Ministros Luiz Philippe Vieira de Mello Filho e Márcio Eurico Vitral Amaro. TST-ED-E-RR-17554-76.2014.5.16.0004 , SBDI-I, Min. Walmir Oliveira da Costa, 16.11.2017 (TST. Info nº 168).

Honorários advocatícios. Base de cálculo. Exclusão da cota-parte do empregador relativa aos descontos previdenciários. Crédito de natureza tributária.

A cota-parte do empregador relativa aos descontos previdenciários resulta de imposição legal decorrente da prestação de serviço, não constituindo crédito de natureza trabalhista. A Justiça do Trabalho apenas perfaz o cálculo em razão da sua capacidade tributária para arrecadar o tributo do empregador e repassá-lo ao destinatário final, que é a União. Dessa forma, a cota-parte patronal da contribuição previdenciária não pode ser incluída na base de cálculo dos honorários advocatícios. Sob esses fundamentos, a SBDI-I, por unanimidade, conheceu do recurso de embargos do reclamante, por divergência jurisprudencial, e, no mérito, negou-lhe provimento. TST-E-RR-779- 35.2013.5.03.0019 , SBDI-I, rel. Min. Augusto César Leite de Carvalho, 19.10.2017 (TST. Info nº 168).

Representação processual. Juntada de substabelecimento horas depois da interposição do recurso. Regularidade de representação. Aplicação da Lei nº 11.419/2006.

Nos termos do art. 3º, parágrafo único, da Lei nº 11.419/2006, são tempestivas as petições transmitidas até às 24 horas do último dia do prazo. Assim, na hipótese em que a reclamada interpôs agravo de instrumento por meio físico, às 15:55h e, no mesmo dia, às 20:39h, juntou, via e-DOC, substabelecimento conferindo poderes ao subscritor do referido recurso, reputa-se regular a representação processual. Sob esses fundamentos, a SBDI-I, por unanimidade, conheceu dos embargos, por divergência jurisprudencial, e, no mérito, por maioria, deu-lhes provimento. Vencidos os Ministros Brito Pereira, relator, e José Roberto Freire Pimenta. TST-E-ED-AIRR-22300-37.2006.5.15.0087, SBDI-I, rel. Min. Brito Pereira, red. p/ acórdão Min. João Oreste Dalazen, 16.2.2017 (TST. Info nº 153).

Justiça gratuita. Declaração de pobreza. Presunção relativa de veracidade não elidida pelo fato de o reclamante ter recebido verbas rescisórias e de indenização em decorrência de adesão a plano de demissão voluntária.

O fato de o reclamante ter recebido quantia vultosa (R$ 1.358.507,65) decorrente de verbas rescisórias e de indenização oriunda de adesão a plano de demissão voluntária não é suficiente para elidir a presunção de veracidade da declaração de pobreza por ele firmada. Sob esse fundamento, a SBDI-I, maioria, conheceu dos embargos por contrariedade à Orientação Jurisprudencial nº 304 da SBDI-I, e, no mérito, deu-lhes provimento para restabelecer a sentença que deferira os benefícios da justiça gratuita. Vencidos os Ministros João Oreste Dalazen, Renato de Lacerda Paiva e Alexandre Agra Belmonte. TST--ERR-11237-87.2014.5.18.0010 , SBDI-I, rel. Min. Hugo Carlos Scheuermann, 2.2.2017 (TST. Info nº 151).

Reclamação. Não cabimento. Ausência de capacidade postulatória. Incidência da Súmula nº 425 do TST.

Não se conhece de reclamação (art. 988 do CPC de 2015) na hipótese em que o reclamante postula em causa própria e não comprova sua condição de advogado regularmente inscrito nos quadros da OAB, pois a dispensa da capacidade postulatória mediante a competente habilitação técnica legal somente pode ocorrer nos casos expressamente autorizados por lei, conforme entendimento consagrado pelo Supremo Tribunal Federal. Ademais, ao caso concreto não se aplica o jus postulandi de que trata o art. 791 da CLT, pois este dispõe acerca das lides decorrentes da relação de emprego, ao passo que, na espécie, a reclamação envolve matéria sindical, de competência da Justiça do Trabalho em virtude do art. 114, III, da CF. Incide, portanto, a *ratio decidendi* da Súmula nº 425 do TST, cuja redação não faz referência à reclamação porque editada em momento anterior à existência do referido instrumento jurídico no âmbito da Justiça do Trabalho. Sob esse entendimento, e ausentes quaisquer das situações que autorizam o cabimento da reclamação, o Órgão Especial, por unanimidade, extinguiu o processo, sem resolução de mérito, na forma do art. 485, I e IV, do CPC de 2015. TST-Rcl-20103-47.2016.5.00.0000, Órgão Especial, rel. Min. José Roberto Freire Pimenta, 6.12.2016 (TST. Info nº 150).

Ação rescisória. Citação. Nulidade. Não configuração. Carta entregue no endereço da parte e recebida por pessoa a ela vinculada. Art. 841 da CLT.

O art. 841 da CLT não exige que a citação ocorra na pessoal do reclamado, sendo suficiente que seja entregue no endereço da parte. No caso, embora o reclamado não negue que a carta de citação foi recebida por sua esposa, no endereço residencial do casal, alega que, à época, estava separado de fato, razão pela qual arguiu a nulidade da citação. Todavia, as provas produzidas nos autos não confirmaram que a parte residia em outro endereço, e os depoimentos colhidos ratificaram a informação de que a esposa do reclamado recebia as correspondências dele com habitualidade. Assim, ficou comprovado que tanto a citação quanto a intimação da sentença foram direcionadas para o endereço do reclamado e recebidas por pessoas a ele vinculadas, não havendo falar, portanto, em cerceio de defesa ou em ofensa ao princípio do contraditório. Sob esse entendimento, a SBDI-II, por unanimidade, conheceu do recurso ordinário e, no mérito, negou-lhe provimento, mantendo a decisão que negou o pleito rescisório dirigido contra acórdão proferido em agravo de petição que rejeitara a alegação de cerceamento do direito de defesa por nulidade de citação. TST-RO-1266-96.2012.5.03.0000, SBDI-II, rel. Min. Luiz Philippe Vieira de Mello Filho, 9.8.2016 (TST. Info-execução nº 27)

INSS. Interposição de recurso ordinário contra sentença de mérito. Fase de conhecimento. Possibilidade. Terceiro prejudicado. Legitimidade e interesse recursal.

O INSS possui interesse recursal e legitimidade para interpor recurso ordinário contra decisão de mérito proferida na fase de conhecimento, pretendendo a incidência de contribuições previdenciárias sobre parcelas remuneratórias objeto da condenação. Nos termos do § 3º do art. 832 da CLT, as decisões cognitivas devem indicar a natureza jurídica das parcelas constantes da condenação, inclusive o limite de responsabilidade de cada parte no recolhimento da contribuição previdenciária. A partir da prolação da sentença condenatória, portanto, surgem o interesse e a legitimidade da autarquia federal para recorrer e suscitar todas as questões que entender pertinentes ao conteúdo da decisão cognitiva, em homenagem ao princípio da eventualidade. De outra sorte, ainda que não integre a relação processual, o INSS é terceiro juridicamente prejudicado, na medida em que afetado diretamente pela sentença quanto ao seu direito de cobrar as contribuições previdenciárias. Sob esses fundamentos, a SBDI-I, por unanimidade, conheceu do recurso de embargos, por divergência jurisprudencial, e, no mérito, por maioria, negou-lhe provimento. Vencidos os Ministros Luiz Philippe Vieira de Mello Filho, relator, Renato de Lacerda Paiva, José Roberto Freire Pimenta e Alexandre Agra Belmonte. TST-E-RR-29941-92.2003.5.04.0732, SBDI-I, rel. Min. Luiz Phillipe Vieira de Mello Filho, red. p/ acórdão Min. João Oreste Dalazen, 12.5.2016 (TST. Info nº 136).

Indenização por dano moral. Dano sofrido pelo empregado. Ação proposta pelo espólio. Legitimidade ativa.

O espólio tem legitimidade ativa para pleitear pagamento de indenização por danos morais quando o prejuízo a ser reparado foi experimentado pelo próprio empregado, em razão de acidente de trabalho. Hipótese que não se confunde com aquela em que o pleito de indenização é oriundo do dano sofrido pelos herdeiros. Sob esse entendimento, a SBDI-I, por unanimidade, conheceu dos embargos, por divergência jurisprudencial e, no mérito, por maioria, negou-lhes provimento. Vencidos os Ministros Brito Pereira, relator, Renato de Lacerda Paiva, Walmir Oliveira da Costa e José Roberto Freire Pimenta. TST-E-RR-1187-80.2010.5.03.0035, SBDI-I, rel. Min. Brito Pereira, red. p/ acórdão Min. Márcio Eurico Vitral Amaro, 12.5.2016 (TST. Info nº 136).

Sucessão trabalhista. Eficácia do recurso interposto pelo sucedido excluído da lide.

A sucessão processual implica a substituição de parte integrante do polo passivo sem prejuízo dos atos praticados pelo sucedido, que permanecem eficazes. Em outras palavras, altera-se a titularidade da ação, porém aproveitam-se todos os atos válidos praticados pela parte substituída. No caso concreto, trata-se de sucessão trabalhista admitida pelos bancos reclamados no curso do processo, o que acarretou a sucessão processual e, consequentemente, a exclusão da lide dos bancos sucedidos. O banco sucessor assumiu, portanto, o polo passivo da demanda, recebendo o processo no estado em que se encontrava, não havendo falar em prejuízo dos atos praticados pelos sucedidos,

que permanecem eficazes, alterada apenas a titularidade dos recursos interpostos anteriormente. Assim, entendendo que a decisão da Turma que reputou prejudicado o recurso de revista interposto pelo banco sucedido, em virtude de sua exclusão da lide decorrente da sucessão trabalhista, violou o art. 5º, LIV e LV, da CF, a SBDI-I, por maioria, conheceu dos embargos e, no mérito, deu-lhes provimento para restabelecer o primeiro acórdão turmário, proferido em sede de recurso de revista, embora mantida a retificação do polo passivo da demanda. Vencido o Ministro Lelio Bentes Corrêa. TST-E-ED-RR-790304-68.2001.5.01.0026, SBDI-I, rel. Min. Rosa Maria Weber, red. p/ acórdão Min. Guilherme Augusto Caputo Bastos, 10.3.2015 (TST. Info nº 130).

Mandado de segurança. Ato coator que determina a dedução de honorários advocatícios do precatório expedido em favor dos substituídos. Violação de direito líquido e certo. Contrato firmado exclusivamente entre sindicato e advogado. Ausência de autorização expressa.

Viola direito líquido e certo o ato coator que determina a liberação de honorários advocatícios contratuais deduzidos do precatório expedido em favor dos substituídos, sem que haja autorização destes. Apesar de a legitimação do sindicato para a defesa de interesses da categoria ser ampla, a retenção de honorários contratuais incidentes sobre o montante da condenação só é permitida se o contrato de honorários for celebrado com cada um dos substituídos (art. 22, § 4º da Lei nº 8.906/94) ou se houver autorização expressa de cada um deles. Desse modo, a pactuação exclusiva entre sindicato e advogado não vincula os substituídos, visto não haver relação jurídica contratual. Sob esse fundamento, a SBDI-II, por unanimidade, conheceu do recurso ordinário e, por maioria, deu-lhe provimento para conceder o mandado de segurança e cassar a decisão que determinara a dedução dos honorários advocatícios contratuais dos créditos dos substituídos, além de determinar a suspensão de qualquer ato que implique a liberação de valores atinentes a honorários advocatícios contratuais sem a expressa autorização de todos os substituídos na ação principal. Vencidos os Ministros Delaíde Miranda Arantes, Maria Helena Mallmann e Emmanoel Pereira. TST-RO-373-20.2011.5.11.0000, SBDI-II, rel. Min Luiz Philippe Vieira de Mello Filho, 23.2.2016 (TST. Info nº 130).

Assédio processual. Configuração. Indenização devida.

Configura assédio processual o uso sucessivo de instrumentos procedimentais lícitos visando protelar a solução definitiva da controvérsia e abalar a esfera psicológica da parte contrária. Trata-se, portanto, de ato ilícito (art. 187 do CC c/c art. 16 do CPC) que gera dano de natureza moral, vez que atinge principalmente a saúde psíquica da vítima. No caso, registrou o TRT que o autor, ao ajuizar a ação rescisória, fez acusações absolutamente desprovidas de razão e de provas, configurando, desse modo, ato de deslealdade processual a autorizar a imposição de multa a título indenizatório. Sob esse entendimento, a SBDI-II, por unanimidade, conheceu do recurso ordinário e, no mérito, negou-lhe provimento, mantendo a condenação ao pagamento de indenização, a título de dano moral, no percentual de 10% sobre o montante atualizado da execução. TST-RO-293-76.2012.5.09.0000, SBDI-II, rel. Min. Alberto Luiz Bresciani de Fontan Pereira, 2.2.2016 (TST. Info nº 128).

Agravo de instrumento. Recurso ordinário. Deserção. Conselho de fiscalização profissional. Privilégios da Fazenda Pública.

Os conselhos de fiscalização profissional são autarquias em regime especial, sendo-lhes aplicáveis os privilégios da Fazenda Pública, previstos no Decreto Lei nº 779/69. Assim, estão dispensados do recolhimento de custas processuais e de depósito recursal. Sob esse entendimento, a SBDI-II, por unanimidade, conheceu do agravo de instrumento e, no mérito, deu-lhe provimento para, afastada a deserção do apelo, submeter o recurso ordinário do autor a julgamento do colegiado na primeira sessão subsequente à publicação da certidão de provimento do agravo. TST-AIRO-11086-96.2012.5.01.0000, SBDI-II, rel. Min. Emmanoel Pereira, 23.6.2015 (TST. Info nº 111).

Sindicato. Substituição processual. Legitimidade ativa ad causam. Horas extras excedentes à sexta diária.

O Supremo Tribunal Federal, em demandas originárias da Justiça do Trabalho, tem reiteradamente se manifestado no sentido da legitimidade ampla dos sindicatos, na substituição processual, seja para defesa de direitos coletivos, individuais homogêneos ou mesmo de direitos subjetivos específicos.

Assim, reconhece-se a legitimidade ativa ad causam do sindicato da categoria profissional dos bancários para postular, na qualidade de substituto processual, o pagamento de horas extras excedentes à sexta diária, em virtude de suposta desobediência à norma do artigo 224, caput e § 2º da CLT. Sob esse entendimento, a SBDI-1, por unanimidade, conheceu do recurso de embargos da reclamada, por divergência jurisprudencial, e, no mérito, negou-lhe provimento. TST- ERR 1315-78.2012.5.03.0052, SBDI-I, rel. Min. João Oreste Dalazen, 25.6.2015 (TST. Info nº 112).

Sindicato. Legitimidade para atuar como substituto processual. Direito individual heterogêneo. Pedido de equiparação salarial em benefício de um único empregado. Possibilidade. Art. 8º, III, da CF.

O art. 8º, III, da CF autoriza expressamente a atuação ampla dos entes sindicais na defesa dos direitos e interesses individuais e coletivos dos integrantes da categoria respectiva, de maneira irrestrita. Assim sendo, reconhece-se a legitimidade do sindicato profissional para pleitear, na qualidade de substituto processual, equiparação salarial em benefício de um único empregado, ainda que se trate de direito individual heterogêneo do substituído. Com esse entendimento, a SBDI-I, por unanimidade, conheceu do recurso de embargos da reclamada, por divergência jurisprudencial e, no mérito, por maioria, negou-lhe provimento. Vencido o Ministro Márcio Eurico Vitral Amaro. TSTE- RR-990-38.2010.5.03.0064, SBDI-I, rel. Min. Lelio Bentes Corrêa, 19.3.2015 (TST. Info nº 103).

Irregularidade de representação. Questão não impugnada na primeira oportunidade. Arguição apenas quando a parte a quem socorre a irregularidade se tornou sucumbente. Preclusão. Configuração. Art. 245 do CPC.

As alegações relacionadas ao exame de pressupostos extrínsecos processuais, por serem matéria de ordem pública, não estão sujeitas à preclusão, devendo ser examinadas de ofício pelo julgador. Todavia, nos termos do art. 245 do CPC, se a parte a quem socorre a irregularidade deixa de indica-la na primeira oportunidade que falar nos autos, entende-se que anuiu com seu conteúdo, não podendo argui-la apenas quando sucumbente em sua pretensão. Na hipótese, trata-se de vício decorrente da ausência de autenticação da procuração outorgada aos advogados das reclamadas juntada com a contestação, o qual não foi alegado pelo reclamante perante a Vara do Trabalho, mas apenas em sede de embargos de declaração ao recurso ordinário, quando não mais possível à parte adversa sanar o vício, conforme disposto art. 13 do CPC. Com esse entendimento, a SBDI-I, por unanimidade, conheceu dos embargos interpostos pelo reclamante, por divergência jurisprudencial, e, no mérito, por maioria, negou-lhes provimento, mantendo a decisão da Turma por fundamento diverso. TST-E-ED-RR-98500-35.2005.5.01.0047, SBDI-I, rel. Min. Aloysio Corrêa da Veiga, 5.6.2014 (TST. Info nº 85).

Custas. Deserção. Afastamento. Incidente em execução trabalhista. Recolhimento ao final. Art. 789-A da CLT.

Na hipótese de ação anulatória de sentença homologatória de arrematação incidente nos autos de processo em fase de execução, não há falar em comprovação das custas por ocasião da interposição do recurso, aplicando-se ao caso o art. 789-A da CLT e não o § 1º do art. 789 da CLT, que se restringe à fase de conhecimento. No caso concreto, a deserção do recurso de revista decorreu da constatação de que houve a inversão do ônus da sucumbência por ocasião do julgamento do recurso ordinário na ação anulatória, que seria ação autônoma de natureza constitutiva negativa, resultando na aplicação do disposto no art. 789, II e § 1º, da CLT, na Súmula nº 25 do TST e na Orientação Jurisprudencial nº 27 da SDC. Todavia, além de tratar-se de incidente em execução trabalhista, o que, por si só, torna desnecessária a comprovação antecipada do recolhimento das custas, na petição inicial da ação anulatória não foi fixado o valor da causa e nem houve determinação judicial para que referida omissão fosse sanada, prevalecendo, portanto, o comando da Súmula nº 53 do TST, segundo a qual o prazo para pagamento das custas conta-se a partir da intimação do cálculo. Com esses fundamentos, a SBDI-I, por unanimidade, conheceu dos embargos interposto pelo arrematante, por divergência jurisprudencial, e, no mérito, deu-lhes provimento para, afastado o óbice da deserção aplicado no acórdão recorrido, determinar o retorno dos autos à Turma de origem para que prossiga no julgamento do recurso de revista como entender de direito. TST-E-ED-ED-RR-1383-34.2011.5.06.0002, SBDI-I, rel. Min. Augusto César Leite de Carvalho, 23.10.2014 (TST. Info-Execução nº 7).

Ação rescisória. Execução fiscal. Coproprietário de imóvel arrematado que não figura como parte no processo executório. Ausência de intimação. Aplicação dos art. 880 e 888 da CLT. Negativa de vigência da Lei nº 6.830/80. Violação do art. 5º, LV, da CF. Configuração.

Viola o direito de propriedade, o devido processo legal e o contraditório, a decisão, proferida em sede de ação anulatória incidental à execução fiscal, que, negando vigência à Lei nº 6.830/80, considera válida a arrematação de imóvel penhorado sem a devida intimação de coproprietário que não figura como parte no processo executório. No caso concreto, a autora da ação anulatória era coproprietária do bem arrematado para o pagamento de dívida assumida pelo outro proprietário, réu no processo de execução fiscal. Todavia, as diversas tentativas de intimação de penhora se restringiram ao devedor e a única ciência do ato expropriatório dirigida à recorrente foi o edital de praça, publicado no Diário Oficial, tido como suficiente pela decisão rescindenda, pois em conformidade com os arts. 880 e 888 da CLT, equivocadamente aplicados à hipótese. Nesse contexto, a SBDI-II, à unanimidade, deu provimento ao recurso ordinário para, em juízo rescindendo e com apoio no art. 485, V, do CPC, reconhecer a ocorrência de violação literal ao art. 5º, LV, da CF, diante da negativa de aplicação, ao caso, da Lei nº 6.830/80 e, em juízo rescisório, julgar procedente a ação anulatória incidental e, em consequência, anular a arrematação, diante da ausência de intimação prévia da coproprietária. TST-RO-5800-07.2012.5.13.0000, SBDI-II, rel. Min. Cláudio Mascarenhas Brandão, 10.6.2014 (TST. Info-Execução nº 2).

Hospital Nossa Senhora da Conceição S.A. Grupo Hospitalar Conceição. Sociedade de economia mista prestadora de serviço público. Atividade sem fins lucrativos e em ambiente não concorrencial. Regime de execução por precatório. Aplicabilidade do art. 100 da CF.

Aplica-se o regime de execução por precatório, disposto no art. 100 da CF, ao Hospital Nossa Senhora da Conceição S.A, integrante do Grupo Hospitalar Conceição, sociedade de economia mista prestadora de ações e serviços de saúde, sem fins concorrenciais. Conforme o entendimento da Suprema Corte exarado no RE nº 580264, em que reconhecida a repercussão geral, o Hospital Nossa Senhora da Conceição desenvolve atividades que correspondem à própria atuação do Estado, sem finalidade lucrativa, gozando, portanto de imunidade tributária (art. 150, VI, "a" da CF). Ademais, é apenas formalmente uma sociedade de economia mista, pois seu capital social é majoritariamente estatal e encontra-se vinculado ao Ministério da Saúde com prestação de serviços pelo Sistema Único de Saúde (SUS). Com esse entendimento, a SBDI-I, por unanimidade, conheceu dos embargos por divergência jurisprudencial e, no mérito, deu-lhes provimento para, reformando a decisão recorrida, restabelecer o acórdão do Tribunal Regional, o qual determinou que a execução seja processada pelo regime de precatório, na forma do art. 100 da CF. TST-E-RR – 84500-98.2007.5.04.0007, SBDI-I, rel. Min. Augusto César Leite de Carvalho, 8.5.2014 (TST. Info-Execução nº 1).

Sindicato. Substituição processual de um único empregado. Legitimidade ativa. Direitos individuais homogêneos.

Na hipótese em que o objeto da ação diz respeito a direitos individuais homogêneos da categoria (intervalo intrajornada, horas in itinere e diferenças salariais), há de se reconhecer, nos termos do art. 8º, III, da CF, a ampla legitimidade do sindicato para atuar na condição de substituto processual, ainda que o substituído seja um único empregado. A ilegitimidade ativa do sindicato ocorrerá apenas no caso em que o julgador entender necessária a oitiva do empregado substituído, situação em que restaria configurado o interesse individual. Com esse entendimento, a SBDI-I, por unanimidade, conheceu dos embargos interpostos pela reclamada, por divergência jurisprudencial, e, no mérito, negou-lhes provimento. Ressalvaram entendimento os Ministros Renato de Lacerda Paiva e Augusto César Leite de Carvalho. TST-E-RR-1204-21.2010.5.03.0099, SBDI-I, rel. Min. Aloysio Corrêa da Veiga, 13.3.2014 (TST. Info nº 75).

Hospital Fêmina S.A. Grupo Hospitalar Conceição. Sociedade de economia mista prestadora de serviço público. Atividade sem fins lucrativos e em ambiente não concorrencial. Regime de execução por precatório. Aplicação.

O STF, no julgamento do RE 580264, em que reconhecida a repercussão geral, entendeu que as empresas integrantes do Grupo Hospitalar Conceição gozam da imunidade tributária prevista no art. 150, VI, "a", da CF, sob os fundamentos de que a prestação de ações e serviços de saúde por sociedades de

economia mista corresponde à própria atuação do Estado, desde que a empresa estatal não tenha por finalidade a obtenção de lucro e que seu capital social seja majoritariamente estatal. Assim, estando consignado na decisão recorrida que o Hospital Fêmina S.A. pertence quase que exclusivamente à União (que detém 99,99% do capital social do Grupo Hospitalar Conceição), que integra a estrutura organizacional do Ministério da Saúde e que presta serviços exclusivamente pelo Sistema Único de Saúde – SUS e não obtém lucro, constata-se que as atividades desenvolvidas pelo referido hospital equiparam-se à atuação direta do Estado, razão pela qual a ele deve ser aplicado o regime de execução por precatório, disposto no art. 100 da CF. Com esse entendimento, a SBDI-I, por unanimidade, conheceu dos embargos interpostos pelo reclamado, por divergência jurisprudencial, e, no mérito, deu-lhes provimento para, restabelecendo a decisão do Regional, determinar que a execução da decisão seja processada pelo regime de precatório. Ressalvou entendimento o Ministro João Oreste Dalazen. TST-E-RR-131900-90.2007.5.04.0013, SBDI-I, rel. Min. Brito Pereira, 6.2.2014 (TST. Info nº 71).

Custas processuais fixadas *ex vi legis*. Ausência de recolhimento. Deserção configurada. Art. 789, II, da CLT.

A ausência de especificação do valor das custas processuais, fixadas *ex vi legis*, em sede de mandado de segurança, não afasta a obrigação do recolhimento prévio do preparo quando da interposição do recurso ordinário. Com esse posicionamento, decidiu a SBDI-II, à unanimidade, negar provimento ao agravo de instrumento para manter a decisão agravada que reconheceu a deserção do recurso. Destacou-se, na hipótese, o caráter cogente do art. 789, II, da CLT, que estipula a incidência das custas à base de 2% sobre o valor da causa quando a ação for julgada improcedente, bem como o entendimento consubstanciado na Orientação Jurisprudencial nº 148 da SBDI-II, que confere à parte a responsabilidade pelo recolhimento das custas, sob pena de deserção. TST-AIRO-1144-47.2011.5.02.0000, SBDI-II, rel. Min. Hugo Carlos Scheuermann, 19.11.2013 (TST. Info nº 67).

Irregularidade de representação processual. Configuração. Existência nos autos de mandato expresso regular e válido. Impossibilidade de caracterização de mandato tácito. Orientação Jurisprudencial nº 286 da SBDI-I. Não incidência.

O comparecimento do advogado subscritor do recurso de revista nas audiências inaugural e de instrução realizadas perante a Vara do Trabalho de origem não é suficiente para regularizar a representação processual quando há nos autos mandato expresso regular e válido. No caso, não há falar em incidência da Orientação Jurisprudencial nº 286 da SBDI-I, porquanto o verbete admite mandato tácito apenas quando ausente a procuração ou quando detectados vícios intrínsecos no mandato expresso. Na espécie, restou consignado que embora a advogada que tenha dado início à cadeia de substabelecimentos que transmitiu poderes aos subscritores do recurso de revista constasse como outorgada na procuração, o termo de substabelecimento por ela firmado tem data anterior ao mandato que a legitimou. Desse modo, embora um dos advogados subscritores da revista tenha comparecido às audiências realizadas na Vara do Trabalho de origem, não se pode falar em configuração de mandato tácito porque havia procuração regular e válida, com substabelecimento inválido. Assim, SBDI-I, pelo voto prevalente da Presidência, decidiu não conhecer do recurso de embargos do reclamado, vencidos os Ministros Aloysio Corrêa da Veiga, Brito Pereira, Dora Maria da Costa, José Roberto Freire Pimenta e Alexandre de Souza Agra Belmonte. TST-E-ED-RR-480000-81.2006.5.09.0018, SBDI-I, rel. Min. Augusto César Leite de Carvalho, 14.11.2013 (TST. Info nº 66).

Ação rescisória. Art. 485, VIII, do CPC. Advogado que firmou acordo adjudicando bens imóveis da empresa. Ausência de poderes para alienar patrimônio. Fundamento para invalidar a transação. Caracterização.

O fato de o advogado ter firmado acordo adjudicando os bens imóveis da empresa sem que o instrumento de mandato a ele conferido autorizasse a alienação de patrimônio é fundamento suficiente para invalidar a transação, ensejando, portanto, o corte rescisório, nos termos do art. 485, VIII, do CPC. Com esses fundamentos, a SBDI-II, por unanimidade, conheceu dos recursos ordinários, no tópico, e, no mérito, negou-lhes provimento, mantendo a decisão do Regional que determinou a rescisão da sentença homologatória do acordo firmado em juízo. TST-RO-95200-51.2007.5.15.0000, SBDI-II, rel. Min. Alberto Luiz Bresciani de Fontan Pereira, 22.10.2013 (TST. Info nº 64).

Instrumento de mandato. Vedação ou limitação explícita ao poder de substabelecer. Irregularidade de representação. Não configuração. Súmula nº 395, III, do TST.

O substabelecimento outorgado produz efeitos regulares ainda que haja vedação ou limitação explícita no instrumento de mandato em relação a esse poder. Assim, não há falar em irregularidade de representação na hipótese em que a advogada, individualmente, substabeleceu ao subscritor do recurso ordinário, não obstante a procuração estabelecesse que os outorgados deveriam atuar conjuntamente. Nos termos do art. 667 do CC, a irregularidade no substabelecimento é questão atinente ao contrato de mandato, gerando efeitos somente entre as partes contratantes. Noutro giro, o item III da Súmula nº 395 do TST, ao consignar que "são válidos os atos praticados pelo substabelecido, ainda que não haja, no mandato, poderes expressos para substabelecer", trata não apenas da hipótese em que não exista no instrumento outorgado a delegação de poderes para substabelecer, mas também daquela em que haja expressa proibição ou restrição desses poderes. Com esses fundamentos, a SBDI-I, por maioria, vencido em parte o Ministro Alexandre Agra Belmonte, conheceu dos embargos das empresas reclamadas, por contrariedade à Súmula nº 395, III, do TST, e, no mérito, por unanimidade, deu-lhes provimento para afastar a irregularidade de representação e, por conseguinte, determinar o retorno dos autos ao TRT de origem, a fim de que prossiga no julgamento do recurso ordinário dos reclamados como entender de direito. Ressalvou entendimento o Ministro João Oreste Dalazen. TST-E-ED-ARR-99100-36.2009.5.18.0211, SBDI-I, rel. Min. Dora Maria da Costa, 24.10.2013 (TST. Info nº 64).

Ação rescisória. Ministério Público do Trabalho. Defesa de interesse público secundário. Ilegitimidade ativa.

Apesar de restar consolidado que o Ministério Público do Trabalho possui legitimidade ativa para ajuizar ação rescisória em outros casos além daqueles previstos nas alíneas "a" e "b" do art. 487, III do CPC (Súmula nº 407 do TST), a atuação do Parquet está restrita à defesa de interesses públicos primários. Assim, no caso em que a ação rescisória foi proposta sob a alegação de ausência de exame, na decisão rescindenda, da prejudicial de prescrição suscitada pela reclamada, não há legitimidade do MPT, pois a pretensão não se confunde com a defesa da completa prestação jurisdicional, mas com a defesa do patrimônio da empresa pública, configurando, portanto, interesse público secundário. Com esse entendimento, a SBDI-II, por unanimidade, conheceu do recurso ordinário e, no mérito, deu-lhe provimento para declarar a ilegitimidade ativa do Ministério Público, extinguindo o processo sem resolução no mérito, nos termos do art. 267, VI, do CPC. TST-ROAR-124000-95.2007.5.04.0000, SBDI-II, rel. Min. Emmanoel Pereira, 21.5.2013 (TST. Info nº 48).

Conselho de fiscalização do exercício profissional. Natureza jurídica. Autarquia. Privilégios do Decreto-Lei nº 779/69.Aplicação.

Os conselhos de fiscalização do exercício profissional constituem autarquias especiais instituídas pelo Estado para a consecução de um fim de interesse público, qual seja, fiscalizar o exercício das profissões correspondentes. Sendo assim, a eles se aplicam os privilégios de que trata o Decreto-Lei nº 779/69, inclusive no que diz respeito à dispensa de recolhimento de custas processuais e de depósito recursal e à concessão de prazo em dobro para recorrer. Com esse entendimento, a SBDI-I, por unanimidade, conheceu dos embargos, por divergência jurisprudencial e, no mérito, por maioria, negou-lhes provimento. Vencidos os Ministros Renato de Lacerda Paiva, José Roberto Freire Pimenta e Alexandre de Souza Agra Belmonte. TST-E-RR-26500-89.2009.5.04.0022, SBDII, rel. Min. João Oreste Dalazen, 25.4.2013 (TST. Info nº 44).

Dissídio coletivo. Natureza econômica. Arguição de inexistência de comum acordo. Ministério Público do Trabalho. Legitimidade e interesse.

O Ministério Público tem legitimidade e interesse para, em sede de recurso ordinário, arguir a inexistência de comum acordo para ajuizamento de dissídio coletivo de natureza econômica, previsto no art. 114, § 2º, da CF, com a redação conferida pela Emenda Constitucional nº 45/2004. Seja enquanto parte, seja na condição de fiscal da lei, a Constituição Federal, em seus arts. 127 e 129, atribuiu ao "Parquet" a defesa da ordem jurídica, do Estado Democrático de Direito e dos interesses sociais e

individuais indisponíveis. Ademais, nos termos do art. 83, VI, da Lei Complementar nº 75/93, compete ao MPT "recorrer das decisões da Justiça do Trabalho, quando entender necessário (...)". Com esses fundamentos, a SDC, revendo o posicionamento adotado no processo nº TST-RO-382-19.2011.5.24.0000, julgado em 19.2.2013, conheceu, por maioria, do recurso ordinário do Ministério Público do Trabalho, vencidos os Ministros Márcio Eurico Vitral Amaro e Walmir Oliveira da Costa. TST-RO-394-33.2011.5.24.0000, SDC, rel. Min. Maurício Godinho Delgado, 11.3.2013 (*No mesmo sentido e julgados na mesma sessão, TST-RO-394-33.2011.5.24.0000 e TST-RO-383-04.2011.5.24.0000) (TST. Info nº 39).

Feriado forense. Comprovação em sede de embargos. Interpretação da nova redação da Súmula nº 385 do TST.

Não obstante o item III da Súmula nº 385 do TST estabelecer a possibilidade de reconsideração da análise da tempestividade do recurso, por meio de prova documental superveniente, em sede de agravo regimental, agravo de instrumento ou embargos de declaração, é possível à parte provar a ausência de expediente forense em embargos. Na hipótese, prevaleceu o entendimento de que o item III da Súmula nº 385 do TST não pode ser interpretado de forma dissociada de seu item II, de modo que, descumprida a obrigação de a autoridade judiciária certificar a ocorrência de feriado, a possibilidade de reforma da decisão que declarou a intempestividade do recurso de revista não se inviabiliza pelo simples fato de a parte não ter juntado a certidão em sede de embargos de declaração. Com esses fundamentos, a SBDI-I decidiu, por maioria, conhecer do recurso de embargos interposto antes da vigência da Lei nº 11.496/2007, por violação do art. 184, § 2º, do CPC, e, no mérito, por unanimidade, dar-lhe provimento para determinar o retorno dos autos à Turma de origem, a fim de que prossiga no exame do recurso de revista interposto pelo Município do Rio de Janeiro, como entender de direito, afastada a intempestividade do apelo. Vencidos os Ministros Renato de Lacerda Paiva e Augusto César Leite de Carvalho, que não conheciam dos embargos ao fundamento de que, ao não opor embargos de declaração com o objetivo de trazer a prova da ausência de expediente forense, a parte perdeu o momento processual oportuno para se manifestar. TST-E-RR-721145-82.2001.5.01.0018, SBDI-I, rel. Min. Lelio Bentes Corrêa, 28.2.2013 (TST. Info nº 38).

14. QUADRO SINÓPTICO

<table>
<tr><th colspan="4">Capítulo III – Processo do Trabalho</th></tr>
<tr><th>Instituto</th><th colspan="2">Conteúdo</th><th>Item</th></tr>
<tr><th colspan="4">Das partes</th></tr>
<tr><td>Conceito</td><td colspan="2">Autor (reclamante) é aquele que propõe a ação e ocupa o polo ativo da relação processual. Réu (reclamado) é aquele contra quem é proposta a ação e ocupa o polo passivo da aludida relação.</td><td>1</td></tr>
<tr><td>Capacidade de ser parte</td><td colspan="2">Quem pode ser parte é quem, em tese, pode ser o titular de direitos e obrigações, porque nesse caso, essa pessoa é a titular da pretensão contra o Estado, o qual se comprometeu a prestar a tutela jurisdicional quando fosse provocado, por meio do exercício do seu direito de ação.</td><td>1.1</td></tr>
<tr><td>Capacidade de estar em juízo</td><td colspan="2">Corresponde à capacidade de praticar atos jurídicos da vida civil, o que pressupõe a capacidade de ser parte.</td><td>1.2</td></tr>
<tr><td rowspan="2">Representação</td><td>Incapazes</td><td>Os incapazes são representados ou assistidos na prática dos atos jurídicos, conforme o caso, por seus pais, tutores e curadores.</td><td rowspan="2">1.3</td></tr>
<tr><td>Pessoa casada</td><td>O cônjuge somente necessitará do consentimento do outro para propor ações que versem sobre direitos reais imobiliários, salvo se for casado sob regime de separação total de bens (art. 73 do CPC).</td></tr>
</table>

Capítulo III – Processo do Trabalho			
Instituto	**Conteúdo**		**Item**
Representação	**Pessoa jurídica de Direito Público Interno**	A União é representada em juízo, ativa e passivamente, pela Advocacia-Geral da União, diretamente ou mediante órgão vinculado (art. 75, I, do CPC). Já os Estados, e o Distrito Federal são representados por seus procuradores e o Município, por seu Prefeito ou procurador.	1.3
	Massa falida	As empresas em estado de falência são representadas pelo administrador judicial.	
	Herança jacente ou vacante	A herança jacente e a vacante são representadas em juízo pelo curador.	
	Espólio	É representado pelo inventariante, passiva e ativamente, conforme disposto no art. 75, IV do CPC.	
	Pessoa jurídica de Direito Privado	As pessoas jurídicas são representadas em juízo por quem for designado nos seus atos constitutivos respectivos ou, em caso de omissão, por seus diretores.	
	Pessoa jurídica estrangeira	A pessoa jurídica estrangeira é representada em juízo, passiva ou ativamente, pelo gerente, representante ou administrador de sua filial, agência ou sucursal aberta ou instalada no Brasil.	
	Condomínio	É representado em juízo por seu síndico ou administrador, de acordo com o preceito contido no e art. 75, XI, do CPC	
	Idosos e portadores de doenças graves	Terão prioridade de tramitação, em qualquer juízo ou tribunal, os procedimentos judiciais em que figure como parte ou interessado pessoa com idade igual ou superior a sessenta anos ou portadora de doença grave. Dentre os idosos, é assegurada prioridade especial aos maiores de oitenta anos, atendendo-se suas necessidades sempre preferencialmente em relação aos demais idosos	
Denominação	No processo trabalhista típico, denominado de reclamação trabalhista, as partes são identificadas como reclamante, ou seja, aquele que propõe a ação trabalhista, sujeito ativo da relação processual, e como reclamado, aquele contra qual é dirigida à pretensão do autor da ação.		1.4
Substituição processual	Segundo o STF, o art. 8º, III, da Constituição Federal, confere às entidades sindicais prerrogativa de substituição processual dos membros da categoria que representa.		1.5
Ministério Público do Trabalho como parte	O MPT tem legitimidade para ajuizar ações trabalhistas em defesa dos direitos coletivos dos trabalhadores, em cumprimento ao quanto disposto no art. 129, III, da Carta Magna de 1988.		1.6
Litisconsórcio			
Conceito	Quando duas ou mais pessoas colocam-se na posição de titulares do direito não observado, ou daqueles que são autores da referida violação, assumem, na ação judicial, a condição de litisconsorte ativo ou passivo.		2
Classificação	**Ativo**	Ao fenômeno representado por vários empregados ou empregadores aglutinados, no exercício do o direito de ação, em uma única demanda, denomina-se de litisconsórcio ativo ou reclamação trabalhista plúrima de reclamantes.	2.1
	Passivo	Ocorre quando a cumulação de sujeitos forma-se para exercer o direito de defesa, também denominado de reclamação plúrima de reclamados.	

<table>
<tr><th colspan="5">Capítulo III – Processo do Trabalho</th></tr>
<tr><th>Instituto</th><th colspan="3">Conteúdo</th><th>Item</th></tr>
<tr><td rowspan="7">Classificação</td><td>Misto</td><td colspan="2">Em caso de vários reclamantes e vários reclamados, em uma mesma relação processual, o litisconsórcio é misto, também denominado de recíproco ou reclamação trabalhista plúrima de reclamante e de reclamado.</td><td rowspan="7">2.1</td></tr>
<tr><td>Originário</td><td colspan="2">Quando a lide já nasce com a cumulação subjetiva, seja ela ativa, passiva ou mista, a hipótese é de litisconsórcio originário, também chamado de inicial.</td></tr>
<tr><td>Superveniente</td><td colspan="2">Se outros sujeitos ingressam na lide após o ajuizamento da ação ou o oferecimento da defesa, com a admissão de uma das espécies de intervenção de terceiros, o litisconsórcio é superveniente ou ulterior.</td></tr>
<tr><td>Necessário</td><td colspan="2">Ocorre quando a reunião de pessoas no polo ativo ou passivo da relação processual é determinada por lei e constitui um dos pressupostos de constituição e desenvolvimento válido do processo. A CLT prevê uma hipótese de litisconsórcio necessário em seu § 5º, art. 611-A da CLT, nas demandas nas quais se postule anulação de cláusula de convenção ou acordo coletivo de trabalho.</td></tr>
<tr><td>Facultativo</td><td colspan="2">É formado por conveniência dos litigantes e não por imposição legal para atender a um critério de economia processual e evitar o ajuizamento de duas ou mais ações autônomas.</td></tr>
<tr><td>Simples</td><td colspan="2">Quando existe a possibilidade da sentença atribuir efeitos diversos a cada um daqueles que compõe o polo passivo ou ativo da relação processual.</td></tr>
<tr><td>Unitário</td><td colspan="2">Ocorre quando a sentença, em razão da natureza da relação jurídica deduzida em juízo, produz efeitos idênticos a todos os litisconsortes.</td></tr>
<tr><td>Litisconsórcio na CLT</td><td colspan="3">Em caso de várias as reclamações com identidade de matéria, podem ser acumuladas num só processo, quando se tratar de empregados da mesma empresa ou estabelecimento (art. 842 da CLT).</td><td>2.2</td></tr>
<tr><td rowspan="4">Efeitos</td><td>Independência</td><td colspan="2">Os litisconsortes serão considerados, em suas relações com a parte adversa, como litigantes distintos, exceto no litisconsórcio unitário, caso em que os atos e as omissões de um não prejudicarão os outros, mas os poderão beneficiar (art. 117 do CPC).</td><td rowspan="4">2.4</td></tr>
<tr><td rowspan="3">Recurso</td><td>Desistência</td><td>O recorrente poderá, a qualquer tempo, sem a anuência do recorrido ou dos litisconsortes, desistir do recurso (art. 998 do CPC).</td></tr>
<tr><td>Depósito recursal</td><td>Em caso de condenação solidária de duas ou mais empresas, o depósito recursal efetuado por uma delas aproveita as demais, quando a empresa que efetuou o depósito não pleiteia sua exclusão da lide (Súmula nº 128, III do TST).</td></tr>
<tr><td>Aproveitamento</td><td>O recurso interposto por um dos litisconsortes a todos aproveita, salvo se distintos ou opostos os seus interesses (art. 1.005 do CPC).</td></tr>
</table>

<table>
<tr><th colspan="5">Capítulo III – Processo do Trabalho</th></tr>
<tr><th>Instituto</th><th colspan="3">Conteúdo</th><th>Item</th></tr>
<tr><td rowspan="6">Efeitos</td><td>Revelia</td><td colspan="2">Não induz confissão ficta quanto à matéria fática, quando um réu contestar a ação (art. 345, I, do CPC)</td><td rowspan="6">2.4</td></tr>
<tr><td rowspan="2">Despesas processuais</td><td colspan="2">Concorrendo diversos autores ou diversos réus, os vencidos respondem proporcionalmente pelas despesas e pelos honorários (art. 87 do CPC).</td></tr>
<tr><td colspan="2">Nas ações plúrimas, as custas incidem sobre o respectivo valor global. (Súmula nº 36 do TST).</td></tr>
<tr><td rowspan="2">Prazo</td><td colspan="2">Os litisconsortes que tiverem diferentes procuradores, de escritórios de advocacia distintos, terão prazos contados em dobro para todas as suas manifestações, em qualquer juízo ou tribunal, independentemente de requerimento (art. 229 do CPC).</td></tr>
<tr><td colspan="2">A regra contida no art. 229 do CPC é inaplicável ao processo do trabalho, em decorrência da sua incompatibilidade com o princípio da celeridade inerente ao processo trabalhista. (OJ Nº 310, SDI-1, do TST).</td></tr>
<tr><td>Confissão</td><td colspan="2">Faz prova contra o litisconsorte que confessar, não prejudicando os demais (art. 391 do CPC).</td></tr>
<tr><th colspan="5">Procuradores</th></tr>
<tr><td>Conceito</td><td colspan="3">O advogado é o profissional que representa a parte no âmbito do Poder Judiciário. Pratica atos processuais que, em regra, lhes são privativos, em nome do seu constituinte, mediante a outorga de poderes conferidos com a celebração de um contrato de mandato judicial.</td><td>3</td></tr>
<tr><td>Ius postulandi</td><td colspan="3">No processo do trabalho, as partes possuem capacidade postulatória. Ressalte-se, entretanto, que a Súmula nº 425 do TST só admite essa capacidade das instâncias ordinárias.</td><td>3.1</td></tr>
<tr><td rowspan="4">Procuração</td><td>Conceito</td><td colspan="2">A procuração ad iudicia é o instrumento pelo qual se demonstra, em juízo, a outorga de poderes da parte para o seu advogado, que o habilita à prática dos atos processuais em geral.</td><td rowspan="4">3.2</td></tr>
<tr><td>Dispensa</td><td colspan="2">• O advogado não será admitido a postular em juízo sem procuração, salvo para evitar preclusão, decadência ou prescrição, ou para praticar ato considerado urgente.
• Nas hipóteses previstas no caput, o advogado deverá, independentemente de caução, exibir a procuração no prazo de 15 (quinze) dias, prorrogável por igual período por despacho do juiz.
• O ato não ratificado será considerado ineficaz relativamente àquele em cujo nome foi praticado, respondendo o advogado pelas despesas e por perdas e danos.</td></tr>
<tr><td rowspan="2">Expressa</td><td>Por instrumento escrito</td><td>Para a outorga dos poderes especiais previstos no art. 105 do CPC há necessidade do mandato expresso e do instrumento escrito.</td></tr>
<tr><td>Apud acta</td><td>A constituição de procurador com poderes para o foro em geral poderá ser efetivada, mediante simples registro em ata de audiência, a requerimento verbal do advogado interessado, com anuência da parte representada (CLT. Art. 791, § 3º).</td></tr>
</table>

<table>
<tr><th colspan="5">Capítulo III – Processo do Trabalho</th></tr>
<tr><th>Instituto</th><th colspan="3">Conteúdo</th><th>Item</th></tr>
<tr><td rowspan="2">Procuração</td><td colspan="2">Tácita</td><td>Por meio do mandato tácito, a parte confere poderes para o foro em geral pelo simples fato de vir acompanhado do seu advogado, quando da realização da audiência.</td><td rowspan="2">3.2</td></tr>
<tr><td colspan="2">Substabelecimento</td><td>São válidos os atos praticados pelo substabelecido, ainda que não haja, no mandato, poderes expressos para substabelecer (art. 667, e parágrafos, do Código Civil).</td></tr>
<tr><th colspan="5">Intervenção de terceiros</th></tr>
<tr><td rowspan="4">Assistência</td><td colspan="2">Definição</td><td>A assistência é uma espécie de intervenção voluntária de terceiro, por meio da qual a pessoa passa a integrar uma relação processual já em andamento, desde que tenha interesse jurídico, com o objetivo de praticar atos processuais tendentes a beneficiar a parte a quem pretende assistir.</td><td rowspan="4">4.1</td></tr>
<tr><td rowspan="3">Espécies</td><td>Litisconsorcial</td><td>O assistente ingressa no processo para defender, também, direito próprio que será afetado com a sentença. Assim, passa a ser considerado como um verdadeiro litisconsorte.</td></tr>
<tr><td>Simples</td><td>É aquela prevista pelo art. 121 do CPC por meio da qual o terceiro tem como único objetivo auxiliar o reclamante ou o reclamado a obter uma sentença favorável. Não existe uma relação jurídica entre o assistente e o adversário do assistido. Todavia, é necessário que fique demonstrado interesse jurídico e não meramente econômico.</td></tr>
<tr><td>Cabimento no processo do trabalho</td><td>A intervenção assistencial, simples ou adesiva, só é admissível se demonstrado o interesse jurídico e não o meramente econômico (Súmula nº 82 do TST).</td></tr>
<tr><td rowspan="2">Denunciação da lide</td><td colspan="2">Conceito</td><td>A denunciação da lide constitui uma ação incidental, provocada pelo autor ou pelo réu, por meio da qual a parte interessada solicita o ingresso no processo de uma terceira pessoa. Com isso, é possível exercer o direito de regresso de forma antecipada, o que cumpriria o princípio da economia processual.</td><td rowspan="2">4.2</td></tr>
<tr><td colspan="2">Cabimento no processo do trabalho</td><td>A promulgação da EC nº 45/2004 ampliou a competência da Justiça do Trabalho e com isso facilitou a admissão do instituto da denunciação da lide, desde que, em cada caso concreto, não haja ofensa ao princípio da celeridade.</td></tr>
<tr><td rowspan="2">Chamamento ao processo</td><td colspan="2">Conceito</td><td>Por meio do chamamento ao processo, a parte que ocupa o polo passivo da relação processual, no caso o reclamado, pode requerer a integração à lide daquelas pessoas que, juntamente com ela, são devedoras solidárias.</td><td rowspan="2">4.3</td></tr>
<tr><td colspan="2">Cabimento no processo do trabalho</td><td>O chamamento ao processo poderia ocorrer nas seguintes demandas trabalhistas: terceirização ilícita, caracterizada pela solidariedade entre o tomador e o prestador de serviços; responsabilidade solidária entre as empresas do mesmo grupo econômico; responsabilidade solidária entre a empresa cliente e a prestadora de serviços temporários, em caso de falência.</td></tr>
</table>

Capítulo III – Processo do Trabalho			
Instituto	**Conteúdo**		**Item**
Incidente de desconsideração da personalidade jurídica	**Conceito**	Procedimento que possibilita, em determinadas situações, a penhora dos bens particulares dos sócios da pessoa jurídica, quando esta não possui patrimônio suficiente para satisfazer o credor.	4.4
	Procedimento	• O incidente de desconsideração da personalidade jurídica será instaurado a pedido da parte ou do Ministério Público, quando lhe couber intervir no processo. • O incidente de desconsideração é cabível em todas as fases do processo de conhecimento, no cumprimento de sentença e na execução fundada em título executivo extrajudicial. • Instaurado o incidente, o sócio ou a pessoa jurídica será citado para manifestar-se e requerer as provas cabíveis no prazo de 15 (quinze) dias.	
	Cabimento no processo do trabalho	O CPC dedicou os arts. 133 a 137 para tratar especificamente do "Incidente de desconsideração da personalidade jurídica", que já eram aplicados subsidiariamente ao processo laboral por força do art. 6º, da IN nº 39/16 do TST, antes mesmo da Lei da Reforma Trabalhista inserir o art. 855-A à CLT, cujo *caput* tem a seguinte redação: "Aplica-se ao processo do trabalho o incidente de desconsideração da personalidade jurídica previsto nos arts. 133 a 137 da Lei nº 13.105, de 16 de março de 2015 – Código de Processo Civil".	
Amicus Curiae	**Conceito**	Consiste na pessoa ou entidade que ingressa no processo para fornecer subsídios científicos, técnicos ou práticos para auxiliar o juiz ou tribunal a proferir uma decisão.	4.5
	Cabimento, inclusive no processo do trabalho	O juiz ou o relator, considerando a relevância da matéria, a especificidade do tema objeto da demanda ou a repercussão social da controvérsia, poderá, por decisão irrecorrível, de ofício ou a requerimento das partes ou de quem pretenda manifestar-se, solicitar ou admitir a participação de pessoa natural ou jurídica, órgão ou entidade especializada, com representatividade adequada, no prazo de 15 (quinze) dias de sua intimação.	
Deveres das partes			
Deveres das partes	• expor os fatos em juízo conforme a verdade; • não formular pretensão ou de apresentar defesa quando cientes de que são destituídas de fundamento; • não produzir provas e não praticar atos inúteis ou desnecessários à declaração ou à defesa do direito; • cumprir com exatidão as decisões jurisdicionais, de natureza provisória ou final, e não criar embaraços à sua efetivação; • declinar, no primeiro momento que lhes couber falar nos autos, o endereço residencial ou profissional onde receberão intimações, atualizando essa informação sempre que ocorrer qualquer modificação temporária ou definitiva; • não praticar inovação ilegal no estado de fato de bem ou direito litigioso.		5
Litigância de má-fé	• deduzir pretensão ou defesa contra texto expresso de lei ou fato incontroverso; • alterar a verdade dos fatos; • usar do processo para conseguir objetivo ilegal; • opor resistência injustificada ao andamento do processo; • proceder de modo temerário em qualquer incidente ou ato do processo; • provocar incidentes manifestamente infundados; • interpor recurso com intuito manifestamente protelatório.		5.1

<table>
<tr><th colspan="4">Capítulo III – Processo do Trabalho</th></tr>
<tr><th>Instituto</th><th colspan="2">Conteúdo</th><th>Item</th></tr>
<tr><td>Multa e indenização</td><td colspan="2">A Lei nº 13.467/17 introduziu o art. 793-C à CLT com redação semelhante ao do art. 81 do CPC: "Art. 793-C. De ofício ou a requerimento, o juízo condenará o litigante de má-fé a pagar multa, que deverá ser superior a 1% (um por cento) e inferior a 10% (dez por cento) do valor corrigido da causa, a indenizar a parte contrária pelos prejuízos que esta sofreu e a arcar com os honorários advocatícios e com todas as despesas que efetuou. § 1º Quando forem dois ou mais os litigantes de má-fé, o juízo condenará cada um na proporção de seu respectivo interesse na causa ou solidariamente aqueles que se coligaram para lesar a parte contrária. § 2º Quando o valor da causa for irrisório ou inestimável, a multa poderá ser fixada em até duas vezes o limite máximo dos benefícios do Regime Geral de Previdência Social. § 3º O valor da indenização será fixado pelo juízo ou, caso não seja possível mensurá-lo, liquidado por arbitramento ou pelo procedimento comum, nos próprios autos."</td><td rowspan="2">5.2</td></tr>
<tr><td>Assédio processual</td><td colspan="2">Corresponde ao instituto do abuso do direito no âmbito da demanda judicial, que provoca dano ao autor, réu ou ao próprio Estado.</td></tr>
<tr><th colspan="4">Despesas processuais</th></tr>
<tr><td>Conceito</td><td colspan="2">As despesas processuais constituem o gênero, do qual são espécies as custas, a indenização de viagem, a remuneração do assistente técnico e a diária de testemunha (art. 84 do CPC).</td><td>6</td></tr>
<tr><td rowspan="4">Custas</td><td>Conceito</td><td>As custas processuais são consideradas como uma forma de tributo, mais precisamente de uma taxa, pela utilização dos serviços prestados pelo Poder Judiciário.</td><td rowspan="4">6.1</td></tr>
<tr><td>Recolhimento</td><td>As custas processuais devem ser recolhidas junto às instituições financeiras integrantes da rede arrecadadora de receitas federais (Banco do Brasil e Caixa Econômica Federal) por meio das guias denominadas de GRU – Guia de Recolhimento da União.</td></tr>
<tr><td>Base de cálculo</td><td>O art. 789 da CLT estabelece como limite mínimo a quantia de R$10,64 e como teto, quatro vezes o limite máximo dos benefícios do Regime Geral de Previdência Social.</td></tr>
<tr><td>Sucumbência recíproca</td><td>A CLT passou a prever a hipótese de honorários sucumbenciais parciais, com a introdução do art. 791-A, § 3º, à CLT, conclui-se que seus efeitos estendem-se a todas as despesas processuais.</td></tr>
<tr><td>Emolumentos</td><td colspan="2">Emolumento constitui uma espécie de retribuição paga pelos serviços prestados pelo Poder Judiciário. Não se confunde com a taxa ou custas processuais, porque não tem relação direta com a prática de um ato processual específico e são devidos, inclusive, pelas pessoas jurídicas de Direito Público.</td><td>6.2</td></tr>
<tr><td rowspan="2">Honorários advocatícios</td><td>Conceito</td><td>Os honorários advocatícios correspondem ao valor devido ao advogado como retribuição do seu trabalho.</td><td rowspan="2">6.3</td></tr>
<tr><td>Classificação</td><td>Podem ser contratuais e de sucumbência, sendo que em ambos os casos tem natureza alimentar e os mesmos privilégios dos créditos decorrentes da relação de emprego.
No primeiro caso, são devidos por conta de celebração de contrato de mandato entre advogado e cliente, independente do resultado da demanda. Já os honorários sucumbenciais decorrem do fato da parte contrária não obter sucesso em sua respectiva pretensão.</td></tr>
</table>

<table>
<tr><th colspan="4">Capítulo III – Processo do Trabalho</th></tr>
<tr><th>Instituto</th><th colspan="2">Conteúdo</th><th>Item</th></tr>
<tr><td rowspan="8">Honorários advocatícios</td><td>Honorários de sucumbência</td><td>Apesar de ter mantido o ius postulandi das partes, a Lei da Reforma Trabalhista introduziu o art. 791-A à CLT que impõe a condenação de honorários de sucumbência ao vencido, ainda que o advogado atue em causa própria, no mínimo de 5% e no máximo de 15% sobre o valor que resultar da liquidação da sentença, do proveito econômico obtido ou, não sendo possível mensurá-lo, sobre o valor atualizado da causa.</td><td rowspan="8">6.3</td></tr>
<tr><td>Critérios e limites para fixação dos honorários de sucumbência</td><td>• o grau de zelo do profissional;
• o lugar de prestação do serviço;
• a natureza e a importância da causa;
• o trabalho realizado pelo advogado e o tempo exigido para o seu serviço.</td></tr>
<tr><td>Honorários na reconvenção</td><td>São devidos honorários de sucumbência na reconvenção. (art. 791-A, § 5º da CLT).</td></tr>
<tr><td>Honorários de sucumbência recíproca</td><td>Na hipótese de procedência parcial, o juízo deve arbitrar honorários de sucumbência recíproca, vedada a sua compensação, conforme determinação contida no § 3º, art. 791-A da CLT.</td></tr>
<tr><td>Execução da verba honorária</td><td>A execução dos honorários de sucumbência pode ser feita nos próprios autos, na forma prevista pelo § 1º, art. 24 da Lei nº 8.906/94 (EOAB): "A execução dos honorários pode ser promovida nos mesmos autos da ação em que tenha atuado o advogado, se assim lhe convier".
Quando há omissão na sentença o advogado pode ajuizar uma ação autônoma para sua definição e cobrança, na forma prevista pelo § 18, art. 85 do CPC.</td></tr>
<tr><td>Honorários sucumbenciais assistenciais</td><td>Nas demandas em que o trabalhador está assistindo pelo sindicato de sua categoria profissional, também são cabíveis os honorários de sucumbência (§ 1º do art. 791-A da CLT). Nesses casos, os honorários deferidos na sentença são revertidos em favor do sindicato assistente e não ao trabalhador litigante.</td></tr>
<tr><td>Honorários e justiça gratuita</td><td>Na hipótese do beneficiário da justiça gratuita sucumbir em parte na sua pretensão, o seu crédito remanescente pode ser utilizado para pagar as despesas processuais, inclusive os honorários de sucumbência parcial.
No caso de improcedência total dos pedidos, as obrigações dai decorrentes ficam sob condição suspensiva de exigibilidade para o beneficiário da justiça gratuita e somente poderão ser executadas se, nos dois anos subsequentes ao trânsito em julgado da decisão que as certificou, o credor demonstrar que deixou de existir a situação de insuficiência de recursos que justificou a concessão de gratuidade, extinguindo-se, passado esse prazo, tais obrigações do beneficiário (§ 4º, art. 791-A da CLT).</td></tr>
<tr><td>Honorários nas demandas em que a Fazenda Pública for parte</td><td>O § 1º do art. 791-A da CLT deixa claro serem devidos os honorários advocatícios nas demandas contra a Fazenda Pública, independente do conteúdo da decisão.</td></tr>
</table>

<table>
<tr><th colspan="4">Capítulo III – Processo do Trabalho</th></tr>
<tr><th>Instituto</th><th colspan="2">Conteúdo</th><th>Item</th></tr>
<tr><td>Honorários advocatícios</td><td>Honorários de sucumbência em dissídio coletivo</td><td>Levando em consideração as peculiaridades do dissídio coletivo entende-se que, excepcionalmente, os honorários de sucumbência devem ser fixados sobre o valor arbitrado da decisão, de forma análoga ao que ocorre com as custas (art. 789, § 4º da CLT): “Nos dissídios coletivos, as partes vencidas responderão solidariamente pelo pagamento das custas, calculadas sobre o valor arbitrado na decisão, ou pelo Presidente do Tribunal”.</td><td>6.3</td></tr>
<tr><td rowspan="4">Honorários do perito</td><td>Honorários provisionais</td><td>O juiz não pode exigir o depósito dos honorários provisionais de perito, salvo nas demandas decorrentes da relação de trabalho, como ressalta o art. 6º, parágrafo único, da Instrução Normativa nº 27/2005 do TST. O legislador acolheu esse posicionamento introduzindo o § 3º ao art. 790-B da CLT: “O juízo não poderá exigir adiantamento de valores para realização de perícias”.</td><td rowspan="4">6.4</td></tr>
<tr><td>Honorários definitivos</td><td>São fixados na sentença observando, por analogia, os parâmetros definidos pelo art. 85, § 2º do CPC, quais sejam, o grau de zelo do profissional; o lugar de prestação do serviço; a natureza e a importância da causa; o trabalho realizado pelo perito e o tempo exigido para o seu serviço.</td></tr>
<tr><td>Honorários periciais para o beneficiário da justiça gratuita</td><td>Com a vigência da Lei nº 13.467/17 a redação do caput do art. 790-B foi alterada e foi acrescentado um § 4º, até então inexistente: “Art. 790-B. A responsabilidade pelo pagamento dos honorários periciais é da parte sucumbente na pretensão objeto da perícia, ainda que beneficiária da justiça gratuita.
§ 4º Somente no caso em que o beneficiário da justiça gratuita não tenha obtido em juízo créditos capazes de suportar a despesa referida no caput, ainda que em outro processo, a União responderá pelo encargo.”</td></tr>
<tr><td>Honorários do assistente técnico</td><td>Os honorários devidos aos assistentes técnicos são adiantados pela parte que os indicou.</td></tr>
<tr><td rowspan="2">Assistência judiciária – Justiça gratuita</td><td>Assistência judiciária</td><td>Na Justiça do Trabalho, de acordo com o que preceitua o art. 14 da Lei nº 5.584/70, a assistência judiciária é prestada pelos sindicatos, aos associados e não associados, ou seja, a todos os integrantes da categoria profissional que representa.</td><td rowspan="2">6.5</td></tr>
<tr><td>Justiça gratuita</td><td>A Lei nº 13.467/17 promoveu profundas modificações no que diz respeito aos requisitos para concessão do benefício da justiça gratuita, mais precisamente com a alteração da redação do § 3º do art. 790 da CLT: “Art. 790. § 3º É facultado aos juízes, órgãos julgadores e presidentes dos tribunais do trabalho de qualquer instância conceder, a requerimento ou de ofício, o benefício da justiça gratuita, inclusive quanto a traslados e instrumentos, àqueles que perceberem salário igual ou inferior a 40% (quarenta por cento) do limite máximo dos benefícios do Regime Geral de Previdência Social. § 4º O benefício da justiça gratuita será concedido à parte que comprovar insuficiência de recursos para o pagamento das custas do processo.”</td></tr>
</table>

<table>
<tr><th colspan="5">Capítulo III – Processo do Trabalho</th></tr>
<tr><th>Instituto</th><th colspan="3">Conteúdo</th><th>Item</th></tr>
<tr><th colspan="5">Substituição das partes e dos procuradores</th></tr>
<tr><td rowspan="3">Parte</td><td colspan="2">Conceito</td><td>Por meio do procedimento denominado de substituição de parte, voluntária ou decorrente de lei, uma pessoa é admitida no polo passivo ou ativo do processo, que não corresponde àquela que originariamente deu início ou fez completar a tríplice relação processual.</td><td rowspan="3">7.1</td></tr>
<tr><td colspan="2">Empregador</td><td>A morte de um dos sócios da sociedade não interfere na execução do contrato de trabalho ou mesmo na relação processual trabalhista, pois além do empregador ser a empresa, a pessoa jurídica possui personalidade distinta dos seus sócios.</td></tr>
<tr><td colspan="2">Empregado</td><td>A morte do empregado que litiga em processo trabalhista, devidamente comprovada por intermédio de atestado de óbito juntado aos autos, implica suspensão do processo para a habilitação dos herdeiros.</td></tr>
<tr><td rowspan="3">Procuradores</td><td colspan="2">Revogação</td><td>A parte pode revogar os poderes conferidos ao seu patrono (art. 111 do CPC). Nesse caso, deve comunicar o fato ao juiz e aproveitar o mesmo ato para constituir outro causídico ou exercer o ius postulandi.</td><td rowspan="3">7.2</td></tr>
<tr><td colspan="2">Renúncia</td><td>A iniciativa de extinguir o contrato de mandato por parte do advogado é denominada de renúncia. Nessa situação, o patrono deve cientificar o constituinte para providenciar um substituto e permanecer na condução do processo durante os dez dias que se seguirem à comunicação, desde que seja necessário para evitar prejuízos (art. 112, § 1º do CPC).</td></tr>
<tr><td colspan="2">Outros</td><td>O procurador é substituído, também, quando vem a falecer durante o curso do processo; quando, por qualquer motivo superveniente, é cancelada a sua inscrição na OAB; ou é considerado impedido de advogar.</td></tr>
<tr><th colspan="5">Atos e termos processuais</th></tr>
<tr><td>Atos processuais</td><td colspan="3">Atos processuais são aqueles atos, simples ou complexos, que são praticados pelas pessoas que fazem parte ou intervêm no processo e que, em conjunto, formam o próprio processo e os autos respectivos, com o objetivo de solucionar a lide no sentido de criar, modificar, impedir ou extinguir direitos processuais.</td><td>8</td></tr>
<tr><td>Validade</td><td colspan="3">Existe uma previsão de uma série pré-ordenada de atos na legislação processual trabalhista. Cabe a cada parte praticar esses atos no momento, lugar e na forma adequados. Tais exigências são abrandadas, em face da aplicação do princípio da instrumentalidade das formas, que norteia o processo civil e laboral.</td><td>8.1</td></tr>
<tr><td rowspan="3">Espécies</td><td rowspan="3">Juiz</td><td>Sentença</td><td>Por esse ato, o juiz soluciona o litígio com o acolhimento ou não a pretensão do autor (sentença definitiva), ou declaração da extinção do processo sem a resolução do mérito (sentença terminativa).</td><td rowspan="3">8.2</td></tr>
<tr><td>Decisão interlocutória</td><td>A decisão interlocutória é o ato por meio do qual o juiz soluciona uma questão incidente, sem pôr fim ao processo.</td></tr>
<tr><td>Despachos</td><td>São os demais atos não classificados como sentenças ou decisões interlocutórias, que geralmente determinam a realização de atos processuais pelos seus auxiliares ou pelas partes.</td></tr>
</table>

<table>
<tr><th colspan="5">Capítulo III – Processo do Trabalho</th></tr>
<tr><th>Instituto</th><th colspan="3">Conteúdo</th><th>Item</th></tr>
<tr><td rowspan="3">Espécies</td><td colspan="2">Partes</td><td>As partes apresentam suas postulações à apreciação do juiz por meio de requerimentos, declarações unilaterais e bilaterais de vontade, com o objetivo de criar, modificar ou extinguir direitos de índole processual e a entrega final da prestação jurisdicional.</td><td rowspan="3">8.2</td></tr>
<tr><td rowspan="2">Auxiliares</td><td>Atos</td><td>Os auxiliares do juízo também praticam atos que lhes competem por determinação legal ou judicial, que mantém íntima relação com as atribuições específicas de cada cargo.</td></tr>
<tr><td>Termos</td><td>Quando um ato processual é praticado pelas partes ou pelo juiz de forma oral, cabe aos auxiliares do juízo reduzi-los a escrito. Esse procedimento é denominado de termo processual.</td></tr>
<tr><td>Forma</td><td colspan="3">Em regra, os atos e termos processuais não dependem de forma para a sua validade, salvo quando a lei exigir expressamente.</td><td>8.3</td></tr>
<tr><td rowspan="5">Comunicação dos atos</td><td colspan="2">O uso da tecnologia</td><td>Com o advento da Lei nº 11.419/2006, as intimações eletrônicas passaram a ter validade e os mesmos efeitos da sua forma física, com a sua inserção no Diário Oficial Eletrônico, desde que esteja disponível aos interessados na internet.</td><td rowspan="5">8.4</td></tr>
<tr><td rowspan="2">Citação</td><td>Conceito</td><td>A citação é o ato processual, emanado do juiz, por meio do qual alguém fica ciente da existência de uma pretensão deduzida em juízo em face dele, e de que pode oferecer sua resposta.</td></tr>
<tr><td>Processo do trabalho</td><td>No processo do trabalho, a citação é restrita ao processo de execução. No processo de conhecimento utiliza-se a notificação pelo correio, por oficial de justiça, por edital ou pelo sistema do PJe, sem a participação do juiz na prática do ato respectivo, uma vez que é executado de ofício pelo serventuário.</td></tr>
<tr><td rowspan="2">Citação</td><td>Características</td><td>O cumprimento da diligência da citação deve efetivar-se na pessoa do réu, em qualquer lugar em que se encontre, do seu representante legal ou do procurador legalmente autorizado por meio de poderes específicos.</td></tr>
<tr><td>Procedimento</td><td>A diligência da citação, no processo de execução trabalhista, é efetivada pelo oficial de justiça, após a expedição de um mandado de citação, que deve vir acompanhado da cópia da decisão ou do acordo celebrado entre as partes e homologado pelo juiz. Caso a dívida seja de natureza pecuniária, deve constar a determinação para que pague no prazo de quarenta e oito horas ou garanta a execução, sob pena de penhora, inclusive em relação às contribuições sociais devidas em razão da sentença judicial.</td></tr>
</table>

<table>
<tr><th colspan="5">Capítulo III – Processo do Trabalho</th></tr>
<tr><th>Instituto</th><th colspan="3">Conteúdo</th><th>Item</th></tr>
<tr><td rowspan="4">Comunicação dos atos</td><td rowspan="3">Notificação</td><td>Conceito</td><td>A notificação é o ato praticado pelos auxiliares do juiz, por meio do qual o servidor cientifica o reclamado de que contra ele tramita um processo, bem como para comparecer à audiência, oferecer defesa, querendo, e prestar depoimento pessoal.</td><td rowspan="4">8.4</td></tr>
<tr><td>Espécies</td><td>A notificação pode ser feita pelo correio, pelo oficial de justiça, por edital, pelo próprio servidor, se o reclamado comparece a secretária do juízo espontaneamente, ou pelo sistema do PJe. É disciplinada, no âmbito do processo do trabalho, pelo art. 841, § 1º da CLT.</td></tr>
<tr><td>Requisitos</td><td>• a notificação deve conter, expressamente, a advertência de que o não comparecimento do reclamado à audiência ou o não oferecimento de defesa implicará revelia e consequente confissão, presumindo-se como verdadeiros os fatos narrados na petição inicial.
• deve consignar, também, a data, hora e o local da realização da audiência e a faculdade que o reclamado tem de levar suas testemunhas, independentemente de intimação.</td></tr>
<tr><td>Intimação</td><td colspan="2">A intimação é uma espécie de comunicação que é utilizada para dar conhecimento à parte da prática de atos ou termos processuais pelo juiz, pelos seus auxiliares ou pela parte contrária.</td></tr>
<tr><td rowspan="3">Comunicação por carta</td><td>Carta precatória</td><td colspan="2">A carta precatória é utilizada para os casos de prática de atos processuais fora dos limites territoriais do juízo e recebe a denominação especial de CPI – carta precatória inquiritória, quando é usada para a oitiva de testemunhas, e CPE – Carta Precatória Executória, para a prática de atos no processo de execução.</td><td rowspan="3">8.5</td></tr>
<tr><td>Carta de ordem</td><td colspan="2">É utilizada quando o ato ou diligência a serem praticados estão além dos limites territoriais da sede do Tribunal.</td></tr>
<tr><td>Carta rogatória</td><td colspan="2">A carta rogatória é expedida para cumprimento de ato além dos limites do território nacional (carta rogatória ativa). Deve observar os requisitos fixados nas convenções, tratados internacionais ou utilizada a via diplomática.</td></tr>
<tr><td rowspan="2">Tempo do ato processual</td><td>Atos</td><td colspan="2">Os atos processuais trabalhistas são praticados das 6 às 20 horas, em dias úteis. Já a penhora poderá realizar-se em domingo ou dia feriado, mediante autorização expressa do juiz ou presidente (art. 770 da CLT).</td><td rowspan="2">8.6</td></tr>
<tr><td>Audiência</td><td colspan="2">São realizadas, em dias úteis, das 8 às 18 horas e não pode ultrapassar cinco horas seguidas (art. 813 da CLT).</td></tr>
</table>

<table>
<tr><th colspan="4">Capítulo III – Processo do Trabalho</th></tr>
<tr><th>Instituto</th><th colspan="2">Conteúdo</th><th>Item</th></tr>
<tr><td>Lugar</td><td colspan="2">De ordinário, os atos processuais são praticados no local onde esteja situada a sede da unidade judiciária onde o processo tramita. Excetuam-se os atos processuais externos, como aqueles praticados pelo oficial de justiça, a inspeção judicial de pessoas e coisas. No sistema PJe, os atos processuais podem ser praticados em qualquer lugar que possua acesso à internet.</td><td>8.7</td></tr>
<tr><th colspan="4">Prazos</th></tr>
<tr><td rowspan="7">Espécies</td><td>Legal e judicial</td><td>Quando a lei não fixar (prazo legal) e o juiz não determinar (prazo judicial) o prazo é de cinco dias.</td><td rowspan="7">9</td></tr>
<tr><td>Dilatório</td><td>Quanto o juiz e as partes, de comum acordo, podem, em certos casos, aumentar ou diminuir o prazo estabelecido pela lei.</td></tr>
<tr><td>Peremptórios</td><td>Não podem ser reduzidos pela vontade comum dos litigantes ou mesmo por determinação judicial. Entretanto, tais prazos podem ser reduzidos, com a anuência das partes, ou aumentados, por deliberação do juiz.</td></tr>
<tr><td>Comum</td><td>Flui simultaneamente para ambas as partes.</td></tr>
<tr><td>Particular</td><td>Deve ser cumprido por apenas um dos litigantes, o reclamante ou o reclamado.</td></tr>
<tr><td>Próprio</td><td>São os prazos impostos às partes, assim denominados pois sua inobservância acarreta sanções de ordem processual.</td></tr>
<tr><td>Impróprio</td><td>Já os prazos estabelecidos para os atos a serem praticados pelos juízes e pelos seus auxiliares são denominados de impróprios, porque o seu descumprimento não vem acompanhado de uma sanção de índole processual.</td></tr>
<tr><td rowspan="5">Específicos</td><td>Recorrer</td><td>Oito dias.</td><td rowspan="5">9</td></tr>
<tr><td>Embargos declaratórios</td><td>Cinco dias.</td></tr>
<tr><td>Contestar</td><td>– Na audiência, durante vinte minutos.
– A audiência não pode ser designada com prazo inferior a cinco dias do recebimento da notificação.</td></tr>
<tr><td>Razões finais</td><td>Dez minutos, ao final da audiência.</td></tr>
<tr><td>Parecer</td><td>O prazo para o representante do Ministério Público do Trabalho exarar parecer é de oito dias.</td></tr>
<tr><td rowspan="2">Contagem</td><td>Método</td><td>São contados em dias úteis, com exclusão do dia do começo e inclusão do dia do vencimento, conforme reza o art. 775 da CLT.</td><td rowspan="2">9.1</td></tr>
<tr><td>Início</td><td>– Os prazos contam-se, conforme o caso, a partir da data em que for feita pessoalmente, ou recebida a notificação, daquela em que for publicado o edital no jornal oficial ou no que publicar o expediente da Justiça do Trabalho, ou, ainda, daquela em que for afixado o edital, na sede da Junta, Juízo ou Tribunal (art. 774 da CLT).
– Caso o ato seja publicado no Diário Eletrônico, a data da publicação não é considerada (dia de graça). Assim, o prazo inicia-se no dia útil subsequente.</td></tr>
</table>

<table>
<tr><th colspan="4">Capítulo III – Processo do Trabalho</th></tr>
<tr><th>Instituto</th><th colspan="2">Conteúdo</th><th>Item</th></tr>
<tr><td rowspan="4">Contagem</td><td>Sentença</td><td>Quando não prolatada em audiência, o início do prazo para recorrer de tal sentença inicia-se após o decurso de quarenta e oito horas, salvo se esse prazo for ultrapassado pelo juiz, hipótese em que a parte deve ser intimada desse ato judicial para que, querendo, exerça seu direito de irresignação.</td><td rowspan="7">9.1</td></tr>
<tr><td>Notificação ou intimação na sexta-feira</td><td>Quando a intimação tiver lugar na sexta-feira, ou a publicação com efeito de intimação for feita nesse dia, o prazo judicial será contado da segunda-feira imediata, inclusive, salvo se não houver expediente, caso em que fluirá no dia útil que se seguir (Súmula nº 1 do TST).</td></tr>
<tr><td>Notificação ou intimação no sábado</td><td>Quanto a parte é intimada ou notificada no sábado, o início do prazo se efetiva no primeiro dia útil imediato e a contagem, no subsequente (Súmula nº 262, I, do TST).</td></tr>
<tr><td>Vencimento em dia não útil</td><td>Os prazos que se vencerem em sábado, domingo ou dia feriado terminarão no primeiro dia útil seguinte (art. 775 da CLT).</td></tr>
<tr><td rowspan="3">Suspensão da contagem do prazo</td><td>Férias coletivas TST</td><td>O recesso forense e as férias coletivas dos Ministros do Tribunal Superior do Trabalho (art. 192, § 1º do RITST) suspendem os prazos recursais.</td></tr>
<tr><td>Suspensão dos prazos para a gestante ou adotante</td><td>O Estatuto da Ordem dos Advogados do Brasil estabelece, em seu art. 7-A, IV, (introduzido por meio da Lei nº 13.363/17) a suspensão de prazos processuais (30 dias) quando a advogada der à luz ou adotar uma criança, desde que seja a única patrona da causa e haja notificação por escrito ao cliente.</td></tr>
<tr><td>Prática de atos urgentes</td><td>Durante as férias forenses podem ser praticados atos processuais necessários à postulação e concessão da tutela de urgência, as citações, intimações e penhoras (art. 212, § 2º do CPC), além do processamento (art. 213 do CPC).</td></tr>
<tr><td>Preclusão</td><td colspan="2">Consiste na perda do direito da parte de praticar um ato processual em virtude da sua inércia (preclusão temporal); por conta de já ter praticado esse mesmo ato anteriormente (consumação do direito) ou quando demonstra inequivocamente por meio de outros atos a sua intenção em sentido contrário (extinção do direito).</td><td>9.3</td></tr>
<tr><th colspan="4">Invalidade dos atos processuais</th></tr>
<tr><td>Ato ineficaz</td><td colspan="2">O ato processual ineficaz é aquele que, apesar de constar física ou eletronicamente nos autos, não produz efeitos jurídicos.</td><td>10.1</td></tr>
<tr><td>Nulidade absoluta</td><td colspan="2">A nulidade é absoluta quando o defeito do ato processual fere uma norma processual de ordem pública, que regula interesses públicos e cujos efeitos, no caso concreto, não podem ser controlados pela vontade das partes.</td><td>10.2</td></tr>
<tr><td>Nulidade relativa</td><td colspan="2">Se a deformidade do ato processual atinge um dispositivo que alberga um interesse privado, cujo controle dos efeitos encontra-se à disposição das partes, a hipótese é de nulidade relativa ou anulabilidade. Nesse caso, juiz deve ser provocado para se pronunciar a respeito, sob pena de preclusão.</td><td>10.3</td></tr>
<tr><td rowspan="2">Princípios</td><td>Transcendência</td><td>A nulidade só é declarada quando o ato praticado implicar prejuízo para as partes, mesmo que exista uma forma prevista na Lei, característica que difere a nulidade dos atos processuais das regras semelhantes que existem no Direito material.</td><td rowspan="2">10.4</td></tr>
<tr><td>Convalidação</td><td>Exige-se que a parte prejudicada tenha a iniciativa de provocar o pronunciamento do juiz a respeito da existência de invalidades processuais, sob pena de preclusão.</td></tr>
</table>

Capítulo III – Processo do Trabalho			
Instituto	**Conteúdo**		**Item**
Princípios	**Interesse**	Além do pedido da parte prejudicada, a invalidade não poderá ser arguida por quem lhe tenha dado causa. Assim, segue-se o princípio geral do direito segundo o qual ninguém pode ser beneficiado pela própria torpeza (art. 796, "b", da CLT).	10.4
Princípios	**Causalidade ou da utilidade**	Uma vez declarada a nulidade, o juiz delimita os atos por ela atingidos, para não prejudicar os posteriores, salvo se forem deles dependentes.	10.4
Saneamento	Verificada a existência de nulidade, mesmo nos casos de nulidades absolutas, há ainda a possibilidade de o juiz utilizar do procedimento de determinar que seja suprida a falta ou que o ato seja repetido, para atender ao princípio da economia processual.		10.5
Suspensão do processo			
Conceito	Durante o curso normal do processo, fatos e atos podem provocar a sua suspensão temporária, que impedem a prática de atos processuais, salvo aqueles de natureza urgente, para evitar dano irreparável.		11
Causas	• morte ou pela perda da capacidade processual de qualquer das partes, de seu representante legal ou de seu procurador; • convenção das partes; • arguição de impedimento ou de suspeição; • admissão de incidente de resolução de demandas repetitivas; • quando a sentença de mérito: • depender do julgamento de outra causa ou da declaração de existência ou de inexistência de relação jurídica que constitua o objeto principal de outro processo pendente; • tiver de ser proferida somente após a verificação de determinado fato ou a produção de certa prova, requisitada a outro juízo; • por motivo de força maior; • quando se discutir em juízo questão decorrente de acidentes e fatos da navegação de competência do Tribunal Marítimo; • pelo parto ou pela concessão de adoção, quando a advogada responsável pelo processo constituir a única patrona da causa; • quando o advogado responsável pelo processo constituir o único patrono da causa e tornar-se pai.		11

15. QUESTÕES

15.1. Questões objetivas

1. (FCC – Procurador do Estado – MT/ 2011) Sobre a atuação da Fazenda Pública na Justiça do Trabalho, é correto afirmar:

a) Em dissídio individual, está sujeita ao duplo grau de jurisdição, mesmo na vigência da CF/1988, decisão contrária e favorável à Fazenda Pública, salvo: quando a decisão estiver em consonância com decisão plenária do Supremo Tribunal Federal ou com súmula ou orientação jurisprudencial do Tribunal Superior do Trabalho.

b) Quando envolver ato do Prefeito ou Governador de Estado relacionado à extinção do contrato de trabalho, a ação trabalhista é de competência originária do TRT.

c) Os Estados, o Distrito Federal e os Municípios pagarão custas processuais ao final da execução.
d) Os Estados e os Municípios têm legitimidade para recorrer em nome das autarquias ainda que detentoras de personalidade jurídica própria.
e) A União, Estados, Municípios e Distrito Federal, suas autarquias e fundações públicas, quando representadas em juízo, ativa e passivamente, por seus procuradores, estão dispensadas da juntada de instrumento de mandato.

2. (FCC – P.E – MT/ 2011) É INCORRETO afirmar que

a) os atos processuais serão públicos, salvo quando o contrário determinar o interesse social, e realizar-se-ão nos dias úteis das 6 às 20 horas.
b) as nulidades não serão declaradas senão mediante provocação das partes, as quais deverão ser arguidas somente em razões recursais.
c) nos processos sujeitos à apreciação da Justiça do Trabalho só haverá nulidade quando resultar dos atos inquinados manifesto prejuízo às partes litigantes.
d) a reclamação trabalhista do menor de 18 anos será feita por seus representantes legais e, na falta destes, pela Procuradoria da Justiça do Trabalho, pelo sindicato, pelo Ministério Público estadual ou curador nomeado em juízo.
e) na Justiça do Trabalho, o não comparecimento do reclamante à audiência inicial importa o arquivamento da reclamação, e o não comparecimento do reclamado importa em revelia, além de confissão, quanto à matéria de fato.

3. (PGE/PA – Procurador do Estado – PA/ 2009) Analise as proposições abaixo e assinale a alternativa CORRETA:

a) No processo trabalhista, a nulidade será obrigatoriamente pronunciada quando arguida pela parte à primeira vez que tiver de falar em audiência ou nos autos, não podendo ser suprida.
b) Na Justiça do Trabalho, a compensação está restrita a dívidas de natureza trabalhista, podendo ser arguida nas fases de conhecimento e de execução, a fim de não promover o enriquecimento sem causa do autor.
c) Consoante a jurisprudência do TST, a parte vencedora na primeira instância, se vencida na segunda, está obrigada, independentemente de intimação, a pagar as custas fixadas na sentença, das quais ficará isenta a parte vencida.
d) Na Justiça do Trabalho, as decisões interlocutórias não ensejam recurso imediato, ainda que a decisão seja suscetível de impugnação mediante recurso para o mesmo tribunal.

4. (TRT 2 – Juiz do Trabalho Substituto 2ª região/ 2012) A assistência é uma intervenção espontânea de terceiro que ao assim agir recebe o processo no estado em que se encontra.

5. (PGE/ES/Procurador/2008) A nulidade do ato de indeferimento da produção de prova testemunhal deve ser arguida pela primeira vez no recurso ordinário para o tribunal regional do trabalho, porque, antes da sentença, não é possível constatar a existência de prejuízo que justifique a pronúncia da nulidade do referido ato.

6. (PGE/ES/Procurador/2008) A substituição processual pelo sindicato é ampla, não se restringindo às hipóteses expressamente previstas na legislação, podendo ocorrer até mesmo na fase de execução de sentença.

7. (PGE/ES/Procurador/2008) O Ministério Público do Trabalho possui legitimidade para, por meio de ação civil pública, promover a defesa de interesses individuais homogêneos dos trabalhadores.

8. (TRT 14 – Técnico Judiciário – Área Administrativa/2011) Considere as seguintes assertivas a respeito dos atos e termos processuais:

I. Os atos processuais serão públicos, salvo quando o contrário determinar o interesse social, e realizar-se-ão nos dias úteis das seis às vinte horas.

II. O vencimento dos prazos será certificado nos processos pelos escrivães ou diretores de secretaria.

III. Os documentos juntos aos autos poderão ser desentranhados a qualquer momento, desde que antes do trânsito em julgado da sentença.

De acordo com a Consolidação das Leis do Trabalho está correto o que se afirma APENAS em

a) I.

b) I e II.

c) I e III.

d) II.

e) II e III.

9. **(TRT 2 – Juiz do Trabalho Substituto 2ª região/ 2012).** Nas ações individuais trabalhistas, os empregados e os empregadores poderão fazer-se representar por intermédio do respectivo sindicato representativo da categoria.

10. **(PGE/RO – Procurador do Estado Substituto/2011)** Nas reclamações trabalhistas envolvendo os empregados públicos e a Fazenda Pública na Justiça do Trabalho, é correto afirmar:

a) tem prazos em quádruplo para contestar e em dobro para os demais atos processuais.

b) a representação processual exige o instrumento de mandato para os procuradores estaduais e municipais, ficando dispensados os procuradores federais.

c) os recursos não têm efeito devolutivo.

d) quando condenada subsidiariamente, os juros de mora observarão o regramento específico para a Fazenda Pública, sendo de 0,5% ao mês.

e) em dissídios individuais, as decisões que estiverem com consonância com as orientações jurisprudenciais do TST, não estão sujeitas à remessa obrigatória.

11. **(TRT 4ª R. Técnico Judiciário/área administrativa/2011)** A União, Estados, Municípios e Distrito Federal, suas autarquias e fundações públicas, quando representados em juízo, ativa e passivamente, por seus procuradores,

a) devem juntar aos autos instrumento de mandato, sendo, porém, concedido pela legislação prazo de quinze dias a contar da prática do primeiro ato processual.

b) devem juntar aos autos instrumento de mandato, sendo, porém, concedido pela legislação prazo de trinta dias a contar da prática do primeiro ato processual.

c) estão dispensados da juntada de instrumento de mandato.

d) estão dispensados da juntada de instrumento de mandato, se juntarem obrigatoriamente documento público oficial de comprovação do exercício do cargo público.

e) devem juntar aos autos instrumento de mandato, sendo, porém, concedido pela legislação prazo de quinze dias a contar da intimação pessoal.

12. **(TRT 4ª R. Técnico Judiciário/área administrativa/2011)** Maria, 17 anos de idade, laborava registrada para a empresa Z, quando foi dispensada sem justa causa. Maria pretende ajuizar reclamação trabalhista. Neste caso, em regra, Maria

a) poderá ajuizar a reclamação, mas deverá ser assistida pelos seus representantes legais.

b) poderá ajuizar a reclamação, mas deverá ser assistida obrigatoriamente pela Procuradoria da Justiça do Trabalho.

c) poderá ajuizar a reclamação independentemente de assistência ou representação, necessitando apenas de um advogado constituído em razão da sua idade.

d) poderá ajuizar a reclamação independentemente de assistência ou representação, não sendo obrigatória a constituição de advogado em razão do princípio do jus postulandi.

e) não poderá ajuizar a reclamação, tendo em vista que ela não poderia ter celebrado contrato de trabalho por ter 17 anos de idade.

13. (TRT 4ª R. Técnico Judiciário/área administrativa/2011) Termo Processual é a

a) publicação em diário oficial dos atos processuais.
b) reprodução gráfica dos atos processuais.
c) assinatura digital do magistrado em determinados atos processuais.
d) assinatura dos serventuários e magistrados nos atos processuais.
e) documentação jurídica que acompanha as iniciais, defesas e recursos.

14. (PGM/Natal/Procurador/2008) Quanto às condições de validade do mandato e do substabelecimento conferidos ao advogado, assinale a opção correta segundo entendimento do TST.

a) A partir da lavratura de instrumento público e, portanto, antes de este ser juntado aos autos, entende-se como ocorrida a revogação dos poderes outorgados ao advogado em mandato anterior.
b) A nova procuração, outorgada por uma das partes e juntada aos autos pela outra, implica revogação tácita do mandato anterior, pois demonstra a pretensão do outorgante em mudar a representação quanto ao advogado antes constituído.
c) O substabelecimento de poderes, quando não houve, no mandato antes outorgado, autorização expressa para substabelecer, torna inválidos os atos praticados pelo advogado que sucede na causa.
d) A juntada de nova procuração, outorgada pela parte e por ela juntada aos autos, sem ressalva quanto aos poderes conferidos ao antigo patrono, implica revogação tácita do mandato anterior.

15. (PGM/Natal/Procurador/2008) Assinale a opção correta, segundo a posição atual do TST, quanto à denunciação da lide no processo do trabalho.

a) Por ser considerada incompatível com o interesse do trabalhador na celeridade processual, a referida denunciação continua não sendo admitida, mesmo após a ampliação da competência da justiça do trabalho pela EC nº 45/2004.
b) A denunciação em apreço era admitida desde antes do advento da EC nº 45/2004 e continua sendo possível sua aplicação, desde que sejam considerados o interesse do trabalhador na celeridade processual e a competência da justiça do trabalho para apreciar a controvérsia surgida entre o denunciante e o denunciado.
c) A admissão da denunciação em pauta está limitada às lides entre trabalhadores e empregadores, não tendo a EC nº 45/2004 possibilitado sua aplicação nas ações entre pessoas jurídicas.
d) É possível, em tese, a aplicação da denunciação mencionada, após o advento da EC nº 45/2004, devido à ampliação da competência da justiça do trabalho, mas devem ser observados o interesse do trabalhador na celeridade processual e a competência da justiça do trabalho para apreciar a controvérsia surgida entre o denunciante e o denunciado.

16. (PGM/Natal/Procurador/2008) Acerca da prática dos atos processuais, assinale a opção correta.

a) As férias coletivas dos ministros do TST interrompem os prazos processuais.
b) Presume-se recebida a notificação 48 horas após sua postagem, cabendo ao destinatário fazer prova quanto ao seu não-recebimento ou sua entrega após o decurso desse prazo.
c) A intimação endereçada à parte, quando feita em endereço diverso do indicado na contestação, mas por ela recebida, torna inválido o ato praticado.
d) Quando a parte for notificada no sábado, a contagem do prazo se inicia na segunda-feira subsequente.

17. (Magistratura do Trabalho 9ª R. 2009) Quanto às nulidades no processo do trabalho, considere as seguintes proposições:

I. Só haverá nulidade quando resultar dos atos inquinados manifesto prejuízo às partes litigantes.
II. Na possibilidade de suprir-se a falta ou repetir-se o ato a nulidade não será pronunciada.
III. A extensão da nulidade será declarada pelo juiz ou tribunal que a pronunciar.
IV. A parte prejudicada deverá arguir a nulidade na primeira oportunidade que tiver que falar em audiência ou nos autos.

a) somente a proposição I está correta

b) somente as proposições II e III estão corretas

c) somente as proposições I e IV estão corretas

d) todas as proposições estão corretas

e) nenhuma proposição está correta

18. (Magistratura do Trabalho 9ª R. 2009) Analise as seguintes proposições:

I. É inválido o substabelecimento de advogado investido de mandato tácito.

II. O micro e pequeno empresário deve obrigatoriamente ser representado na Justiça do Trabalho por preposto empregado, exceto quando se fizer representar pessoalmente.

III. Caracteriza a irregularidade de representação judicial a ausência da data da outorga de poderes, pois, no mandato judicial, ao contrário do mandato civil, não é condição de validade do negócio jurídico.

IV. A ausência de juntada aos autos de documento que comprove a designação do assistente jurídico como representante judicial da União (art. 69 da Lei Complementar nº 73, de 10/02/1993) importa irregularidade de representação.

a) as proposições I e II estão corretas

b) as proposições II e III estão corretas

c) as proposições I e IV estão corretas

d) todas as proposições estão corretas

e) nenhuma proposição está correta

19. (Magistratura Trabalhista 3ª. 2009) Analise as proposições abaixo e, considerando as disposições contidas na Consolidação das Leis do Trabalho e no Código de Processo Civil, bem como no entendimento jurisprudencial sumulado, assinale a alternativa correta:

I. À luz da teoria civilista, diz-se comumente que a nulidade de ato ocorre quando lhe falta algum requisito que a lei prescreve como necessário para a sua validade.

II. A nulidade relativa somente será declarada se tiver sido oportunamente suscitada.

III. As nulidades não serão declaradas senão mediante provocação das partes, as quais deverão arguí-las a primeira vez em que tiverem de falar em audiência ou nos autos, salvo a nulidade fundada em incompetência em razão do lugar, que poderá ser declarada *ex officio*.

IV. A nulidade do ato prejudicará os atos anteriores e posteriores que dele dependam ou sejam consequência.

V. O princípio segundo o qual devem ser aproveitados os efeitos validamente produzidos pelo ato irregular, pode ser aplicado na declaração de nulidade do ato no Direito Processual do Trabalho.

a) São falsas as proposições I, III e IV.

b) São falsas as proposições III e IV.

c) São falsas as proposições I, III, IV e V.

d) Apenas a proposição III é falsa e as demais são verdadeiras.

e) Apenas a proposição IV é falsa e as demais são verdadeiras.

20. (Magistratura do Trabalho. 8ª R. 2009. ADAPTADA) No processo do trabalho, regra geral, quando notificadas via postal ou por executante de mandados, inicia-se o prazo, para a parte cientificada, no exato momento em que toma ciência do ato processual a ser praticado, ainda que, legalmente, inicie-se sua contagem a partir do dia útil seguinte ao da ciência do ato.

21. (Magistratura Trabalhista 8ª R. 2008) Assinale a alternativa FALSA com relação ao procedimento sumaríssimo:

a) Tal como ocorre no procedimento ordinário, as partes têm 8 (oito) dias para recorrer.

b) Tal como ocorre no procedimento ordinário, o prazo para contestação é de 20 (vinte) minutos.

c) Tal como ocorre no procedimento ordinário, a exceção de suspeição deve ser instruída e julgada em 24 (vinte e quatro) horas.

d) Nos processos em que a Administração Pública direta, autárquica e fundacional é parte na condição de litisconsorte passivo, respondendo subsidiária ou solidariamente pelos direitos trabalhistas a que porventura venha a ser condenada, não se aplica o procedimento sumaríssimo.

e) Aplica-se, igualmente, aos dissídios individuais plúrimos, cujo valor não exceder 40 (quarenta) vezes o salário mínimo vigente ao tempo do ajuizamento da ação.

22. (Fundatec – Procurador do Estado – RS/2015) No que se refere à Justiça do Trabalho, quando o Estado está presente na relação processual, certas peculiaridades são aplicáveis.

Quanto a esse tema, analise as assertivas abaixo:

I. O rito sumaríssimo é aplicável a causas que envolvem pessoas jurídicas de direito público.

II. A União, os Estados, o Distrito Federal, os Municípios, suas autarquias e fundações públicas, quando representados em juízo, ativa e passivamente, por seus procuradores, estão dispensados da juntada de instrumento de mandato e de comprovação do ato de nomeação. Todavia, é essencial que o signatário ao menos se declare exercente do cargo de procurador, não bastando a indicação do número de inscrição na Ordem dos Advogados do Brasil.

III. A União, os Estados, o Distrito Federal, os Municípios e respectivas autarquias e fundações públicas federais, estaduais ou municipais que não explorem atividade econômica são isentas do pagamento de custas.

Quais estão corretas?

a) Apenas I.

b) Apenas III.

c) Apenas I e II.

d) Apenas I e III.

e) Apenas II e III.

23. (PUC – Procurador do Estado – PR/2015) Nos termos da CLT, sobre a nulidade dos atos processuais, é CORRETO afirmar:

a) A nulidade do ato processual poderá ser alegada a qualquer tempo.

b) A nulidade do ato processual poderá ser aduzida em instância recursal, desde que haja manifesto prejuízo às partes litigantes.

c) A nulidade do ato processual poderá ser conhecida ex officio.

d) Quando envolver matéria de ordem pública, a nulidade do ato processual poderá ser conhecida ex officio.

e) Tem-se a nulidade do ato processual quando resultar dos atos inquinados manifesto prejuízo às partes litigantes e for arguida à primeira vez em que se manifestar em audiência ou nos autos.

24. (FCC – Analista Judiciário – Área Judiciária – TRT 3/2015) No Processo do Trabalho, na fase de conhecimento, as custas serão sempre pagas

a) no momento da propositura da ação e incidirão no percentual de 2% sobre o valor atribuído à causa.

b) ao final do processo e incidirão no percentual de 2% sobre o valor da causa, em caso de procedência ou procedência em parte do pedido, e sobre o valor do acordo, em caso de conciliação.

c) ao final do processo e incidirão no percentual de 2% sobre o valor da condenação, em caso de procedência e procedência em parte do pedido, e sobre o valor do acordo, em caso de conciliação.

d) ao final do processo e incidirão no percentual de 5% sobre o valor da condenação, em caso de procedência, procedência em parte do pedido e sobre o valor do acordo, em caso de conciliação.

e) ao final do processo e incidirão no percentual de 5% sobre o valor da condenação, apurado em liquidação de sentença, em caso de procedência, procedência em parte do pedido, e sobre o valor do acordo, em caso de conciliação.

25. (FCC – Analista Judiciário – Área Judiciária – TRT 3/2015) Em relação à capacidade postulatória na Justiça do Trabalho,

a) no processo do Trabalho aplica-se, subsidiariamente, o artigo 36 do CPC, que dispõe que a parte será representada em juízo por advogado legalmente habilitado.

b) os empregados e os empregadores poderão reclamar pessoalmente perante a Justiça do Trabalho e acompanhar as suas reclamações até o final, em todas as esferas recursais.

c) somente os empregados, em razão de sua hipossuficiência, poderão reclamar pessoalmente perante a Justiça do Trabalho e acompanhar as suas reclamações até o final.

d) para a jurisprudência trabalhista o direito de postular em juízo, pessoalmente, alcança os recursos de competência do Tribunal Superior do Trabalho e Supremo Tribunal Federal.

e) para a jurisprudência trabalhista o direito de postular em juízo, pessoalmente, não alcança a ação rescisória, a ação cautelar, o mandado de segurança e os recursos de competência do Tribunal Superior do Trabalho.

26. (FCC – Analista Judiciário – Oficial de Justiça Avaliador – TRT 3/2015) Os empregados e empregadores poderão reclamar pessoalmente perante a Justiça do Trabalho e acompanhar as suas reclamações até o final, sendo que o entendimento sumulado do TST é no sentido de que o jus postulandi

a) limita-se às Varas do Trabalho, não alcançando a ação rescisória, a ação cautelar, o mandado de segurança e os recursos de competência dos Tribunais Regionais do Trabalho e do Tribunal Superior do Trabalho.

b) limita-se às Varas do Trabalho e aos Tribunais Regionais do Trabalho, não alcançando a ação rescisória, a ação cautelar, o mandado de segurança e os recursos de competência do Tribunal Superior do Trabalho.

c) limita-se às Varas do Trabalho, não alcançando apenas o mandado de segurança e os recursos de competência dos Tribunais Regionais do Trabalho e do Tribunal Superior do Trabalho.

d) limita-se às Varas do Trabalho e aos Tribunais Regionais do Trabalho, alcançando inclusive a ação rescisória, a ação cautelar e o mandado de segurança.

e) não tem qualquer limitação em razão do princípio da proteção do empregado.

27. (FCC – Técnico Judiciário – Área Administrativa – TRT 3/2015) Considere:

I. Interposição de Recurso Ordinário para Tribunal Regional do Trabalho.

II. Interposição de Recurso de Revista para o Tribunal Superior do Trabalho.

III. Agravo de Petição contra decisão em Embargos à Execução proferida por juiz de Vara do Trabalho.

IV. Agravo de Instrumento proposto em face de decisão reconhecendo a deserção de Recurso Ordinário proferida por juiz de Vara do Trabalho.

O jus postulandi das partes, estabelecido no artigo 791 da Consolidação das Leis do Trabalho abrange as hipóteses indicadas APENAS em

a) I e III.

b) I, III e IV.

c) II, III e IV.

d) I, II e IV.

e) I, II e III.

28. (FCC – Analista Judiciário – Área Judiciária – TRT 4/2015) Conforme normas disciplinadoras do Processo Judiciário do Trabalho, contidas no texto consolidado, é INCORRETO afirmar que:

a) os dissídios individuais ou coletivos submetidos à apreciação da Justiça do Trabalho serão sempre sujeitos à conciliação.

b) a compensação, ou retenção, só poderá ser arguida como matéria de defesa.

c) a reclamação trabalhista do menor de 18 anos será feita por seus representantes legais e, na falta destes, pela Procuradoria da Justiça do Trabalho, pelo Sindicato, pelo Ministério Público Estadual ou curador nomeado em Juízo.

d) os atos processuais serão públicos salvo quando o contrário determinar o interesse social, e realizar--se-ão nos dias úteis das 9 às 18 horas.

e) a penhora poderá realizar-se em domingo ou dia feriado, mediante autorização expressa do juiz ou presidente.

29. (FCC – Analista Judiciário – Área Judiciária – TRT 4/2015) Em relação às custas processuais e aos emolumentos no Processo Judiciário Trabalhista é correto afirmar que:

a) não há previsão expressa na Consolidação das Leis do Trabalho, razão pela qual se aplicam as normas relativas ao processo ordinário que tramita na Justiça Federal.

b) caso o empregado não tenha obtido o benefício da justiça gratuita, ou isenção de custas, o sindicato que houver intervindo no processo responderá solidariamente pelo pagamento das custas devidas.

c) as custas relativas ao processo de conhecimento incidirão à base de 1% e serão calculadas sobre o valor arbitrado pelo Juiz quando houver extinção do processo, sem resolução do mérito.

d) não havendo nenhuma norma de caráter trabalhista sobre o tema, aplicam-se as regras do Código de Processo Civil.

e) as custas serão recolhidas pelo autor na distribuição da ação e caso seja vencedor da demanda, será ressarcido pelo vencido que, para poder recorrer, deverá comprovar o recolhimento no prazo de 48 horas após a publicação da sentença.

30. (FCC – Analista Judiciário – Oficial de Justiça Avaliador – TRT 4/2015) Conforme previsão legal e jurisprudência sumulada pelo Tribunal Superior do Trabalho sobre o jus postulandi na Justiça do Trabalho:

a) somente pode ser exercido pelos empregados que podem atuar em todas as fases e instâncias dos dissídios individuais do rito sumaríssimo.

b) pode ser exercido por empregados e empregadores em todas as instâncias da Justiça do Trabalho apenas nos dissídios coletivos.

c) pode ser aplicado pelas partes e limita-se às Varas do Trabalho e aos Tribunais Regionais do Trabalho, não alcançando a ação rescisória, a ação cautelar, o mandado de segurança e os recursos de competência do Tribunal Superior do Trabalho.

d) somente é possível nos dissídios individuais e não nos coletivos e alcança apenas as Varas do Trabalho.

e) foi tacitamente revogado pela Constituição Federal de 1988 ao dispor que o advogado é indispensável à administração da Justiça.

31. (FCC – Técnico Judiciário – Área Administrativa – TRT 4/2015) No tocante às custas e emolumentos, considere:

I. No caso de inversão do ônus da sucumbência em segundo grau, sem acréscimo ou atualização do valor das custas e se estas já foram devidamente recolhidas, descabe um novo pagamento pela parte vencida, ao recorrer. Deverá ao final, se sucumbente, reembolsar a quantia.

II. O reembolso das custas à parte vencedora faz-se necessário exceto na hipótese em que a parte vencida for pessoa isenta do seu pagamento, nos termos da lei.

III. Nos dissídios individuais, em regra, as custas relativas ao processo de conhecimento incidirão à base de 2% calculadas, quando houver extinção do processo, sem julgamento do mérito, sobre o valor da causa.

IV. A isenção das custas alcança as entidades fiscalizadoras do exercício profissional.

Nos termos da jurisprudência sumulada do TST e regras contidas na Consolidação das Leis do Trabalho, está correto o que se afirma APENAS em

a) I, II e III.

b) II e IV.

c) I e III.

d) II, III e IV.

e) I e IV.

32. (FCC – Técnico Judiciário – Área Administrativa – TRT 4/2015) Segundo a Lei nº 11.419/2006 as intimações serão feitas por meio eletrônico em portal próprio aos que se cadastrarem na forma da referida lei,

a) devendo a consulta da referida intimação ocorrer no prazo de 48 horas improrrogáveis, contados da data do envio da intimação.

b) considerando realizada a intimação no dia seguinte em que o intimando efetivar a consulta eletrônica ao teor da intimação, desnecessária sua certificação.

c) devendo a consulta da referida intimação ocorrer em até 15 dias corridos contados da data do envio da intimação.

d) considerando realizada a intimação no primeiro dia útil após o dia que o intimando efetivar a consulta eletrônica ao teor da intimação, desnecessária sua certificação.

e) dispensando-se a publicação no órgão oficial, inclusive eletrônico.

33. (FCC – Analista Judiciário – Oficial de Justiça Avaliador – TRT 4/2015) O advogado que representa a reclamada em um dissídio individual trabalhista entende que determinado ato processual praticado pelo Magistrado encontra-se eivado por vício. Nesse caso,

a) as nulidades relativas somente serão declaradas se houver arguição pelas partes na primeira vez que tiverem que falar em audiência ou nos autos.

b) ainda que do ato inquinado não resulte manifesto prejuízo a parte litigante haverá nulidade.

c) a nulidade será pronunciada mesmo que for possível suprir-lhe a falta ou repetir-se o ato.

d) ainda que a parte tenha lhe dado causa a nulidade será declarada.

e) a nulidade do ato processual prejudica todo o processo, ou seja, todos os atos anteriores e os posteriores, ainda que dele não dependam ou sejam consequência.

34. (TRT 3ª R. – Juiz do Trabalho Substituto 3ª região/ 2012. ADAPTADA) Havendo pedido expresso de que as intimações e publicações sejam feitas exclusivamente em nome de determinado advogado, a comunicação em nome de outro profissional constituído nos autos é nula, salvo se constatada a inexistência de prejuízo.

35. (Cespe – Técnico Judiciário – Área Administrativa – TRT 8/2016) No que concerne aos atos, termos e prazos processuais na justiça do trabalho, assinale a opção correta.

a) As certidões dos processos que correrem em segredo de justiça deverão ser lavradas pelos escrivães ou chefes de secretaria, independentemente de despacho do juiz da vara.

b) A comunicação processual dirigida à autoridade judiciária de outro tribunal no território nacional é feita mediante carta rogatória.

c) A justiça do trabalho prevê a intimação como forma de comunicação dos atos processuais.

d) As empresas públicas e as sociedades de economia mista têm o prazo de vinte dias, contados a partir da data da intimação inicial, para comparecer à audiência inicial de conciliação para apresentação da defesa.

e) Caso o interessado seja notificado no sábado, o início do prazo dar-se-á no primeiro dia útil imediato, devendo a contagem do prazo iniciar-se no dia subsequente.

36. (QUESTÃO SOBRE A REFORMA TRABALHISTA ELABORADA PELO AUTOR). Os sindicatos subscritores de convenção coletiva ou de acordo coletivo de trabalho deverão participar, como litisconsortes facultativo, em ação individual ou coletiva, que tenha como objeto a anulação de cláusulas desses instrumentos.

37. (QUESTÃO SOBRE A REFORMA TRABALHISTA ELABORADA PELO AUTOR). A Lei nº 13.467/17 extinguiu o *ius postulandi* das partes como regra no processo do trabalho.

38. (QUESTÃO SOBRE A REFORMA TRABALHISTA ELABORADA PELO AUTOR) De ofício ou a requerimento, o juízo condenará o litigante de má-fé a pagar multa, que deverá ser superior a 1% (um por cento) e inferior a 10% (dez por cento) do valor corrigido da causa, a indenizar a parte contrária pelos prejuízos que esta sofreu e a arcar com os honorários advocatícios e com todas as despesas que efetuou.

39. (VUNESP – Procurador – IPSM/2018) Nos termos da Consolidação das Leis do Trabalho, os honorários de sucumbência são devidos

a) ao empregado, tão somente quando assistido pelo sindicato da categoria profissional.
b) ao advogado do empregado ou empregador, desde que assistidos pelos sindicatos representativos da categoria profissional ou econômica.
c) no percentual máximo de 15% (quinze por cento) sobre o valor que resultar da liquidação de sentença, do proveito econômico obtido ou, não sendo possível mensurá-lo, sobre o valor atualizado da causa.
d) no percentual entre 10% (dez por cento) e 20% (vinte por cento) sobre o valor da liquidação de sentença, do proveito econômico obtido ou, não sendo possível mensurá-lo, sobre o valor atualizado da causa.
e) ao empregado ou empregador, desde que assistidos por advogado particular.

40. (UFG – Advogado – Saneago – GO/2018) Segundo o entendimento do Tribunal Superior do Trabalho, o jus postulandi na Justiça do Trabalho é:

a) de admissão exclusiva nas ações que tramitam pelo rito sumaríssimo.
b) aplicável a todas as demandas trabalhistas.
c) inadmissível em sede recursal, seja nos Tribunais Regionais, seja no Tribunal Superior do Trabalho.
d) inadmissível nas ações rescisórias, no mandado de segurança e nos recursos de competência para o Tribunal Superior do Trabalho.

41. (IADES – Advogado – CFM/2018) A Justiça do Trabalho tem uma visão diferenciada em relação às nulidades. Com base nessa afirmação e no tema correlato, assinale a alternativa correta.

a) Os atos inquinados geram nulidade mesmo não havendo prejuízo às partes.
b) A nulidade deverá ser pronunciada, sob pena de preclusão, quando for possível suprir-se a falta ou repetir-se o ato.
c) A nulidade declarada por juiz ou tribunal se estende a todos os atos do processo.
d) Os atos posteriores à nulidade que não dependiam do que fora anulado também são prejudicados pela declaração de nulidade.
e) A nulidade não será pronunciada quando for possível suprir-se a falta ou repetir-se o ato.

42. (FCC – Técnico Judiciário – Área Administrativa – TRT 6/2018) Quanto ao processo do trabalho, conforme jurisprudência sumulada do Tribunal Superior do Trabalho,

a) a homologação de acordo não constitui faculdade do juiz, havendo direito líquido e certo tutelável pela via do Mandado de segurança, caso o juiz não homologue.
b) se a intimação tiver lugar na sexta-feira, o prazo judicial será contado da segunda-feira imediata, inclusive, salvo se não houver expediente, caso em que fluirá no dia útil que se seguir.
c) o *jus postulandi* das partes, estabelecido na CLT, estende-se a todas as ações propostas perante as Varas do Trabalho, os Tribunais Regionais do Trabalho e o Tribunal Superior do Trabalho.
d) a reclamada, ausente à audiência em que deveria apresentar defesa, é revel, salvo se estiver presente seu advogado, munido de procuração.
e) na Justiça do Trabalho, conforme previsão contida na CLT, as decisões interlocutórias ensejam recurso imediato, em qualquer situação.

43. (FCC – Analista Judiciário – Área Judiciária – TRT 6/2018) Sobre os prazos no processo do trabalho,

a) podem ser prorrogados, pelo tempo estritamente necessário, quando o juiz entender necessário e em virtude de força maior, devidamente comprovada.

b) são contínuos e irreleváveis, sendo contados com exclusão do dia do começo e inclusão do dia do vencimento.

c) sendo a parte intimada ou notificada no sábado, a contagem do prazo inicia-se na segunda-feira seguinte.

d) o recesso forense e as férias coletivas dos Ministros do TST interrompem os prazos recursais.

e) quando não juntada a ata ao processo em 24 horas, contadas da audiência de julgamento, o prazo para recurso será contado da data em que a parte receber a intimação da sentença.

44. (Vunesp – Procurador – Fapesp/2018) Em reclamação trabalhista, a responsabilidade pelo pagamento dos honorários periciais é

a) da reclamada, desde que sucumbente em qualquer objeto da demanda.

b) da parte sucumbente na pretensão objeto da perícia, salvo se beneficiária da justiça gratuita.

c) da União, tendo em vista o princípio da gratuidade na Justiça do Trabalho.

d) da parte sucumbente na pretensão objeto da perícia, ainda que beneficiária da justiça gratuita.

e) das partes litigantes, devendo o juiz exigir adiantamento de valores para realização da perícia.

45. (Vunesp – Procurador – Fapesp/2018) A nulidade processual trabalhista

a) não será declarada quando a parte concordar em ressarcir o dano da parte contrária.

b) não será declarada quando for possível suprir-se a falta ou repetir-se o ato.

c) pode prejudicar os atos anteriores já praticados.

d) pode ser declarada em favor daquele que lhe deu causa.

e) deve ser declarada *ex officio* quando fundada na incompetência em razão do valor.

46. (Vunesp – Procurador – Fapesp/2018) No processo do trabalho, podem ser opostas com suspensão do feito

a) as exceções de incompetência e suspeição.

b) as exceções de litispendência e coisa julgada.

c) as exceções de convenção de arbitragem e perempção.

d) a reconvenção e as alegações preliminares em contestação.

e) as preliminares de carência de ação e ausência dos pressupostos processuais.

47. (FCC – Analista Judiciário – Oficial de Justiça Avaliador – TRT 15/2018) Nos dissídios individuais, nos dissídios coletivos, nas ações e procedimentos de competência da Justiça do Trabalho e nas demandas propostas perante a Justiça Estadual, no exercício da jurisdição trabalhista, as custas

a) serão calculadas sobre o valor arbitrado pelo juiz , no caso de procedência do pedido formulado em ação declaratória.

b) serão calculadas sobre o valor arbitrado pelo juiz, no caso de procedência do pedido formulado em ação constitutiva.

c) serão pagas, de forma solidária, pelas partes vencidas nos dissídios coletivos, e serão calculadas sobre o valor arbitrado na decisão, ou pelo Presidente do Tribunal.

d) serão pagas pelo vencido, e comprovado o seu recolhimento, quando da interposição do recurso.

e) serão calculadas sobre o valor da causa quando a condenação não for líquida.

48. (FCC – Analista Judiciário – Oficial de Justiça Avaliador – TRT 15/2018) Da decisão interlocutória que acolher ou rejeitar o incidente de desconsideração da personalidade jurídica,

a) na fase de cognição, cabe mandado de segurança.

b) na fase de cognição, cabe recurso ordinário.

c) na fase de execução, cabem embargos à execução, desde que garantido o juízo.

d) se proferida pelo relator em incidente instaurado originariamente no tribunal, cabe agravo interno.

e) não cabe qualquer recurso, tendo em vista tratar-se de decisão interlocutória, que é irrecorrível de imediato no processo do trabalho.

49. (FCC – Técnico Judiciário – TI – TRT 2/2018) De acordo com a Consolidação das Leis do Trabalho, o curso do prazo processual nos dias compreendidos entre 20 de dezembro e 20 de janeiro,

a) não incluso esse último dia, suspende-se, sendo permitida a realização de audiências e sessões de julgamento durante tal lapso de tempo.

b) inclusive, interrompe-se, sendo que, durante tal lapso de tempo, não se realizarão audiências nem sessões de julgamento.

c) inclusive, interrompe-se, sendo que, durante tal lapso de tempo, é permitido que sejam realizadas audiências e sessões de julgamento.

d) inclusive, suspende-se, sendo que, durante tal lapso de tempo, não se realizarão audiências nem sessões de julgamento.

e) não incluso esse último dia, interrompe-se, sendo vedada a realização de audiências e sessões de julgamento durante o prazo suspenso.

50. (FCC – Técnico Judiciário – TI – TRT 2/2018) Na reclamação trabalhista "V" o valor da causa é R$ 100.000,00. Durante a tramitação processual, as partes celebraram um acordo no valor total de R$ 70.000,00, convencionando que as custas processuais serão pagas pela empresa reclamada. Nesse caso, as custas processuais devidas pela empresa são de

a) 2% sobre o valor da causa.

b) 2% sobre o valor do acordo.

c) 1% sobre o valor do acordo.

d) 1% sobre o valor da causa.

e) 3% sobre o valor da causa.

51. (FCC – Técnico Judiciário – TI – TRT 2/2018) Na hipótese da disponibilização de sentença na sexta--feira, com publicação na segunda-feira e não havendo qualquer feriado ou ausência de expediente durante o prazo recursal, o último dia de prazo para a interposição de Recurso Ordinário será:

a) sexta-feira da semana da publicação.

b) quarta-feira da semana seguinte à da publicação.

c) terça-feira da semana seguinte à da publicação.

d) segunda-feira da semana seguinte à da publicação.

e) quinta-feira da semana seguinte à da publicação.

52. (AOCP – Analista Judiciário – Área Judiciária – TRT 1/2018) A Reclamante Silvana ingressou com Reclamação Trabalhista em face da Reclamada Mévio & Tício Ltda. que encontra-se em Recuperação Judicial. As partes foram intimadas da Sentença (em ação de conhecimento) proferida pelo Juízo de primeiro grau na data de 6 de ago. de 2018 (segunda-feira) que julgou parcialmente procedente os pedidos da inicial. Ocorre que, diante do inconformismo com a decisão, ambas as partes pretendem recorrer para instância superior com o fito de reformá-la. Ante ao exposto, assinale a alternativa correta.

a) Ambas as partes deverão interpor Recurso Ordinário, que deverão ser interpostos até o dia 14 de ago. de 2018 (terça-feira), tendo em vista que o prazo conta-se em dias corridos, excluindo-se o dia da intimação e incluindo-se o dia do termo final. A Reclamada Mévio & Tício Ltda. está isenta do pagamento do depósito recursal, já que encontra-se em Recuperação Judicial.

b) A Reclamante deverá interpor Recurso Ordinário, que deverá ser interposto até o dia 15 de ago. de 2018 (quarta-feira), tendo em vista que o prazo conta-se somente em dias úteis, incluindo-se os dias da intimação e do termo final. A Reclamada Mévio & Tício Ltda. deverá interpor obrigatoriamente Recurso Adesivo, tendo em vista que encontra-se em Recuperação Judicial e não possui condições de arcar com o depósito recursal.

c) Ambas as partes deverão interpor Recurso Ordinário, que deverão ser interpostos até o dia 15 de ago. de 2018 (quarta-feira), tendo em vista que o prazo conta-se somente em dias úteis, incluindo-se os dias da intimação e do termo final. A Reclamada Mévio & Tício Ltda. deverá comunicar o Juízo do processo da Recuperação Judicial para habilitação do recolhimento do depósito recursal.

d) Ambas as partes deverão interpor Recurso Ordinário, que deverão ser interpostos até o dia 16 de ago. de 2018 (quinta-feira), tendo em vista que o prazo conta-se somente em dias úteis, excluindo-se o dia da intimação e incluindo o último dia do prazo. A Reclamada Mévio & Tício Ltda. deverá efetuar o recolhimento do depósito recursal ou comunicar o Juízo do processo da Recuperação Judicial para a habilitação da despesa, sob pena de deserção.

e) Ambas as partes deverão interpor Recurso Ordinário, que deverão ser interpostos até o dia 16 de ago. de 2018 (quinta-feira), tendo em vista que o prazo conta-se somente em dias úteis, excluindo-se o dia da intimação e incluindo o último dia do prazo. A Reclamada Mévio & Tício Ltda. está isenta do pagamento do depósito recursal, já que encontra-se em recuperação judicial.

53. (AOCP – Técnico Judiciário – Área Administrativa – TRT 1/2018) Com base nos atos e prazos processuais estabelecidos na Consolidação das Leis Trabalhistas e pautados na Lei nº 13.467/2017, assinale a alternativa correta.

a) Os atos processuais serão públicos, salvo quando o contrário determinar o interesse social, e realizar-se-ão nos dias úteis das 8 (oito) às 18 (dezoito) horas.

b) Os prazos serão contados em dias úteis, com exclusão do dia do começo e inclusão do dia do vencimento.

c) Os atos processuais serão públicos, salvo quando o contrário determinar o interesse social, e realizar-se-ão nos dias úteis das 6 (seis) às 18 (dezoito) horas.

d) Os prazos serão contados em dias úteis, com inclusão do dia do começo e exclusão do dia do vencimento.

e) Os prazos são contínuos, contados com a exclusão do dia do começo e inclusão do dia do vencimento.

54. (AOCP – Analista Judiciário – Área Administrativa – TRT 1/2018) No que se refere às custas no âmbito da Justiça do Trabalho, é INCORRETO afirmar que

a) as custas serão calculadas sobre o valor da causa quando houver condenação.

b) são isentos do pagamento de custas: a União; os Estados; o Distrito Federal; os Municípios e respectivas autarquias e fundações públicas federais, estaduais ou municipais que não explorem atividade econômica; o Ministério Público do Trabalho; os beneficiários de justiça gratuita.

c) as custas serão calculadas sobre o valor da causa quando houver extinção do processo sem julgamento do mérito.

d) as custas se destinam a remunerar os gastos do erário e não à garantia do juízo.

e) nas ações de qualquer natureza, de competência da Justiça do Trabalho, bem como nas demandas propostas perante a Justiça Estadual, no exercício da jurisdição trabalhista, as custas relativas ao processo de conhecimento incidirão à base de 2%, observado o valor mínimo de R$ 10,64 e o máximo de quatro vezes o limite máximo dos benefícios do Regime Geral de Previdência Social.

55. (IADES – Advogado – CFM/2018) Diz o brocardo jurídico *dormientibus non succurrit jus,* ou seja, "o direito não socorre a quem dorme".

Quanto à referida máxima, ao tema correlato e aos prazos no processo de trabalho, é correto afirmar que os prazos estabelecidos serão contados em dias

a) corridos, computando-se o primeiro dia útil a partir da data estipulada.

b) corridos, não se computando o primeiro dia útil a partir da data estipulada.

c) corridos, com exclusão do dia do começo e inclusão do dia do vencimento.

d) úteis, com inclusão do dia do começo e exclusão do dia do vencimento.

e) úteis, com exclusão do dia do começo e inclusão do dia do vencimento.

56. (Vunesp – Procurador – IPSM/2018) Contra as decisões definitivas nas fases de conhecimento e execução, são cabíveis, respectivamente:

a) recurso ordinário e agravo de petição, no prazo de oito dias corridos.

b) recurso ordinário e agravo de petição, no prazo de oito dias úteis.

c) recurso ordinário e agravo de instrumento, no prazo de oito dias corridos.
d) recurso ordinário e agravo de instrumento, no prazo de oito dias úteis.
e) recurso ordinário, no prazo de oito dias úteis e embargos à execução, no prazo de cinco dias úteis.

57. (FCC – Analista Judiciário – Área Judiciária – TRT 6/2018) No tocante aos honorários de sucumbência no processo do trabalho, de acordo com as inovações da Lei n° 13.467/2017, que alteraram a CLT

a) serão devidos ao advogado da parte que tenha sucumbido na menor parte dos pedidos constantes da ação.
b) não são devidos ao beneficiário da justiça gratuita e nem na reconvenção.
c) são devidos também nas ações contra a Fazenda Pública e nas ações em que a parte estiver assistida ou substituída pelo sindicato de sua categoria.
d) serão fixados entre o mínimo de 5% e o máximo de 20% sobre o valor da condenação ou sobre o valor atualizado da causa.
e) serão fixados pelo juízo de acordo com o grau de zelo do profissional, a natureza e a importância da causa, o trabalho realizado pelo advogado e o tempo exigido para o seu serviço, sendo irrelevante o lugar da prestação do serviço.

58. (FCC – Analista Legislativo – Alese/2018) Com o advento da Lei no 13.467/2017, que trouxe modificações à Consolidação das Leis do Trabalho, no tocante ao processo judiciário do trabalho, considere:

I. Ainda que ausente o reclamado na audiência em que deveria comparecer, presente o advogado, serão aceitos a contestação e os documentos eventualmente apresentados.
II. É facultado ao empregador fazer-se substituir pelo gerente, ou qualquer outro preposto que tenha conhecimento do fato, desde que este seja empregado.
III. Os prazos processuais serão contados em dias úteis, com exclusão do dia do começo e inclusão do dia do vencimento, não sendo mais contínuos e irreleváveis.
IV. O valor do depósito recursal será reduzido pela metade para entidades sem fins lucrativos, empregadores domésticos, entidades filantrópicas, microempreendedores individuais, empresas em recuperação judicial, microempresas e empresas de pequeno porte.

Está correto o que se afirma APENAS em

a) II e III.
b) II e IV.
c) I, II e IV.
d) I, III e IV.
e) I e III.

59. (Cespe – Procurador do Estado – PE/2018) Julgue os seguintes itens, acerca dos procedimentos nos dissídios individuais.

I. De acordo com o entendimento do TST, o jus postulandi abrange a atuação nas varas do trabalho e nos TRTs, inclusive no que se refere aos mandados de segurança.
II. Ao advogado, ainda que atuando em causa própria, serão devidos honorários sucumbenciais, inclusive nas ações contra a fazenda pública.
III. A exceção de incompetência territorial deverá ser suscitada, por petição, antes da realização da audiência, no prazo de cinco dias a contar da notificação.
IV. Ainda que o advogado esteja presente na audiência, a ausência do reclamado impossibilitará a entrega da contestação e de documentos a ela acostados.

Estão certos apenas os itens

a) I e II.
b) I e III.
c) I e IV.
d) II e III.
e) III e IV.

60. (Fepese – Advogado – Celesc/2018) É **correto** afirmar acerca dos prazos no processo do trabalho:

a) O curso dos prazos processuais é suspenso nos meses de dezembro e janeiro.

b) Durante a suspensão do prazo poderão, a critério do juízo, ser realizadas audiências e sessões de julgamento.

c) Os prazos serão contados em dias úteis, com a inclusão do dia do começo e a exclusão do dia do vencimento.

d) Os prazos são peremptórios, não podendo o juiz prorrogá-los mesmo que entenda necessário.

e) Incumbe ao juízo dilatar os prazos processuais para adequar às necessidades do conflito de modo a conferir maior efetividade à tutela do direito.

61. (Fepese – Advogado – Celesc/2018) Assinale a alternativa **correta** acerca do dissídio individual.

a) A reclamação verbal será reduzida a termo, em duas vias datadas e assinadas pelo autor da ação.

b) No dissídio individual, somente será possível a reclamação verbal quando o pedido for inferior a dez salários mínimos.

c) Protocolada e distribuída a reclamação, escrita ou verbal, ainda que eletronicamente, a qualquer tempo poderá o autor dela desistir sem o consentimento do reclamado.

d) Sendo várias as reclamações e havendo identidade de matéria, poderão ser acumuladas num só processo, se se tratar de empregados da mesma empresa ou estabelecimento.

e) A reclamação, quando escrita, deverá conter a designação do juízo, a qualificação das partes, o dissídio, o pedido, dispensada a indicação de valor, a data e a assinatura do reclamante ou de seu representante.

62. (IAUPE – Advogado – UPE – 2019) Segundo Carlos Henrique Bezerra Leite (2012, p. 451) "Se o processo é instrumento ético de composição de conflitos e se o juiz tem o dever de zelar pela boa administração da justiça, observando os princípios que sustentam o Estado Democrático de Direito (CF, art. 1º), como a dignidade da pessoa humana e a cidadania, e norteiam os atos da Administração Pública (CF, art. 37), como a moralidade e eficiência, cremos ser factível o reconhecimento do assédio processual na Justiça do Trabalho, máxime se considerarmos a possibilidade de danos por assédio moral (CF, art. 5º, V e X), bem como as previstas no plano infraconstitucional (CC, arts. 186, 187 e 927). Sobre o assédio processual, assinale a alternativa INCORRETA.

a) O assédio processual aproxima-se da litigância de má-fé e do ato atentatório à dignidade da justiça.

b) Segundo a doutrina trabalhista, uma conduta repetida de forma sistemática em um único dia pode configurar o assédio processual.

c) No assédio processual, faz-se necessário que o ato praticado seja ilícito.

d) No assédio processual, o ato praticado tem por objetivo minar a dignidade e a autoestima de uma das partes litigantes.

e) A recusa do reclamado, de forma reiterada e maliciosamente, em receber notificação da inicial é um exemplo caracterizador de assédio processual.

15.2. Questões discursivas

1. (TRT/3R/Juiz/2009) Explique, diferencie e indique as respectivas consequências do ato processual inexistente, ato processual nulo e ato processual meramente irregular no processo do trabalho.

2. (TRT/23R/Juiz/2012) Acerca das hipóteses de condenação ao pagamento de honorários advocatícios na Justiça do Trabalho comente resumidamente: entendimento jurisprudencial, cumulação de honorários assistenciais e contratuais, reparação de dano material, sucumbência recíproca, sucumbência do empregado e compensação.

16. GABARITO

16.1. Gabarito das questões objetivas

GAB		Fundamentação legal e jurisprudencial	Tópico do livro	Obs. Eventual
1	E	a) TST. Súmula nº 303, II, "b"	a) Parte II, Capítulo VIII, Item 11	–
		b) Doutrina	b) Parte I, Capítulo II, Item 3.3, alínea "b"	
		c) CLT. Art. 790-A, I	c) Item 1.3, alínea "c"	
		d) TST. OJ SDI-1 nº 318	d) Item 1.3, alínea "c"	
		e) TST. Súmula nº 436, I	e) Item 3.2	
2	B	a) CLT. Art. 770, *caput*	a) Item 8.6	–
		b) CLT. Art. 795, *caput*	b) Item 10.4, alínea "b"	
		c) CLT. art. 794	c) Item 10.4, alínea "a"	
		d) CLT. Art. 793	d) Item 1.3, alínea "a"	
		e) CLT. Art. 844, *caput*	e) Parte I, Capítulo IV, Item 3	
3	C	a) CLT. Art. 796, alínea "a"	a) item 10.5	–
		b) TST. Súmula nº 48	b) Parte II, Capítulo III, Item 7.1	
		c) TST. Súmula nº 25, I	c) item 6.1, alínea "b"	
		d) TST. Súmula nº 214, "b"	d) Parte III, Capítulo II, Item 3.4	
4	C	Doutrina	Item 4.1	–
5	E	CLT. Art. 795, *caput*	Item 10.4, alínea "b"	–
6	C	CF/88. Art. 8, III	Item 1.5	–
7	C	CF/88. Art. 129, III. LC nº 75/93. Art. 83	Item 1.6	–
8	B	I. CLT. Art. 770, *caput*	I. Item 8.6	–
		II. CLT. Art. 776	II. Item 9.1	
		III. CLT. Art. 780	III. Parte II, capítulo V, Item 6.3, alínea "d"	
9	C	CLT. Art. 791, § 1º	Item 1.5	–
10	E	a) Decreto-Lei nº 779/69. Art. 1º, II	a) item 1.3, alínea "c"	–
		b) TST. Súmula nº 436, I	b) item 1.3, alínea "c"	
		c) CLT. Art. 899	c) Parte III, Capítulo II, Item 5.4	
		d) TST. OJ SDI-1 nº 382	d) Parte IV, Capítulo I, Item 4.2	
		e) TST. Súmula nº 303, II, "a"	e) Parte II, Capítulo VIII, Item 11	
11	C	TST. Súmula nº 436, I	Item 3.2	–
12	A	CLT. Art. 793	Item 1.3, alínea "a"	–

GAB		Fundamentação legal e jurisprudencial	Tópico do livro	Obs. Eventual
13	B	CLT. Arts. 840, § 2º; 831, parágrafo único; 846, § 1º; e, 881	Item 8.2, alínea "c"	–
14	D	a) TST. OJ SDI-1 nº 349	a) Item 3.2, alínea "b"	–
		b) TST. OJ SDI-1 nº 349	b) Item 3.2, alínea "b"	
		c) TST. Súmula nº 395, III	c) Item 3.2, alínea "b"	
		d) TST. OJ SDI-1 nº 349	d) Item 3.2, alínea "b"	
15	D	a) Doutrina	a) item 4.2. alínea "b"	
16	B	a) TST. Súmula nº 262, II	a) item 9.1, alínea "a"	
		b) TST. Súmula nº 16	b) item 8.4, alínea "c"	
		c) CLT. Art. 794	c) Item 10.4, alínea "a"	
		d) TST. Súmula nº 262, I	d) Item 9.1, alínea "a"	
17	D	I. CLT. Art. 794	I. Item 10.4, alínea "a"	–
		II. CLT. Art. 796, alínea "a"	II. item 10.5	
		III. CLT. Art. 797	III. Item 10.4, alínea "d"	
		IV. CLT. Art. 795, *caput*	IV. item 10.4, alínea "b"	
18	C	I. TST. OJ SDI-1 nº 200	I. Item 3.2, alínea "b"	–
		II. TST. Súmula nº 377	II. Parte II, capítulo IV, item 1.1	
		III. TST. OJ SDI-1 nº 371	III. Tem 3.2, alínea "b"	
		IV. STF. Súmula nº 644	IV. item 3.2	
19	B	I. Doutrina	I. Item 10.2	–
		II. CLT. Art. 795, caput	II. Item 10.4, alínea "b"	
		III. CLT. Art. 795, § 1º	III. Item 10.4, alínea "b"	
		IV. CLT. Art. 798	IV. Item 10.4, alínea "b"	
		V. CLT. Art. 796, alínea "a"	V. Item 10.5	
20	C	CLT. Art. 774	Item 9.1	
21	C	a) Lei nº 5.584. Art. 6º	a) item 9	–
		b) CLT. Art. 847	b) Item 9	
		c) CLT. Art. 802	c) Item 9	
		d) CLT. Art. 852-A, parágrafo único	d) Parte II, Capítulo I, Item 2.1	–
		e) CLT. Art. 852-A, caput	e) Parte II, Capítulo I, Iitem 2.1	
22	E	I. CLT. Art. 852-A, parágrafo único	I. Parte II, Capítulo I, Item 2.1	–
		II. TST. Súmula nº 436	II. Item 3.2	
		III. CLT. Art. 790-A	III. Item 1.2, alínea "c"	

GAB		Fundamentação legal e jurisprudencial	Tópico do livro	Obs. Eventual
23	E	a) CLT. Art. 795, *caput*	a) Item 10.3	
		b) CLT. Art. 795, *caput*	b) Item 10.3	
		c) CLT. Art. 795, *caput*	c) Item 10.3	
		d) CLT. Art. 795, parágrafo 1º	d) Item 10.2	
		e) CLT. Art. 795, *caput*	e) Item 10.3	
24	C	CLT. Art. 789, § 1º	a) Item 6.1, alínea "b"	
25	E	a) CLT. Art. 791	a) Item 3.1	
		b) TST. Súmula nº 425	b) Item 3.1	
		c) CLT. Art. 791	c) Item 3.1	
		d) TST. Súmula nº 425	d) Item 3.1	
		e) TST. Súmula nº 425	e) Item 3.1	
26	B	TST. Súmula nº 425	Item 3.1	
27	B	TST. Súmula nº 425	Item 3.1	
28	D	a) CLT. Art. 625-D	a) Parte I, Capítulo II, Item 1.5	
		b) CLT. Art. 767	b) Parte II, Capítulo II, Item 7.1	
		c) CLT. Art. 793	c) Item 1.3, alínea "b"	
		d) CLT. Art. 770	d) Item 8.6	
		e) CLT. Art. 770, parágrafo único	e) Item 8.6	
29	B	a) CLT. Arts. 789 e 789-B	a) Item 6.1, alínea "b", e Item 6.2	
		b) CLT. Art. 790, parágrafo 1º	b) Item 6.5, alínea "b"	
		c) CLT. Art. 789, inciso II	c) Item 6.1, alínea "b"	
		d) CLT. Arts. 789 e 789-B	d) Item 6.1, alínea "b", e Item 6.2	
		e) CLT. Art. 832, parágrafo 2º	e) Item 6.1, alínea "a"	
30	C	TST. Súmula nº 425	Item 3.1	
31	C	I. TST. Súmula nº 25, II	I. Parte III, Capítulo II, Item 4.1, alínea "c"	
		II. TST. Súmula nº 25, IV	II. Item 6.1	
		III. CLT. Art. 789, inciso II	III. Item 6.1, alínea "b"	
		IV. CLT. Art. 790-A, parágrafo único	IV. Parte III, Capítulo II, Item 4.1, alínea "c"	
32	E	a) Lei nº 11.419/2006. Art. 5º, parágrafo terceiro	a) Item 9.1	
		b) Lei nº 11.419/2006. Art. 5º, parágrafo primeiro	b) Item 8.4, alínea "d"	
		c) Lei nº 11.419/2006. Art. 5º, parágrafo terceiro	c) Item 9.1	
		d) Lei nº 11.419/2006. Art. 5º, parágrafo primeiro	d) Item 8.4, alínea "d"	
		e) Lei nº 11.419/2006. Art. 5º	e) Item 8.4, alínea "d"	

GAB		Fundamentação legal e jurisprudencial	Tópico do livro	Obs. Eventual
33	A	a) CLT. Art. 795	a) Item 10.3	
		b) CLT. Art. 794	b) Item 10.4, alínea “a”	
		c) CLT. Art. 796, alínea “a”	c) Item 10.5	
		d) CLT. Art. 796, alínea “b”	d) Item 10.4, alínea “c”	
		e) CLT. Art. 798	e) Item 10.4, alínea “d”	
34	C	TST. Súmula nº 427	Item 8.4, alínea “d”	
35	E	a) CLT. Art. 781, parágrafo único	a) Parte I, Capítulo I, Item 4.2, alínea “d”	
		b) CPC. Art. 237, III	b) Item 8.5, alínea “b”	
		c) CLT. Art. 841	c) Item 8.4, alínea “c”	
		d) Decreto-Lei nº 779/69. Art. 1º, II	d) Parte II, Capítulo III, Item 3	
		e) TST. Súmula nº 262, I	e) Item 9.1, alínea “a”	
36	E	CLT. Art. 611-A, § 5º.	Item 2.3	
37	E	CLT. Art. 791	Item 3.1.	
38	C	CLT. Art. 793-C.	Item 5.2.	
39	C	a) CLT. Art. 791-A	a) Item 6.3, “a”	
		b) CLT. Art. 791-A	b) Item 6.3, “a”	
		c) CLT. Art. 791-A	c) Item 6.3, “a”	
		d) CLT. Art. 791-A	d) Item 6.3, “a”	
		e) CLT. Art. 791-A	e) Item 6.3, “a”	
40	D	a) TST. Súmula nº 425	a) Item 3.1	
		b) TST. Súmula nº 425	b) Item 3.1	
		c) TST. Súmula nº 425	c) Item 3.1	
		d) TST. Súmula nº 425	d) Item 3.1	
		e) TST. Súmula nº 425	e) Item 3.1	
41	E	a) CLT. Art. 794 CLT	a) Item 4.2, “n”	
		b) CLT. Art. 796 CLT	b) Item 10.5	
		c) CLT. Art. 797 CLT	c) Item 10.4. "d"	
41	E	d) CLT. Art. 798 CLT	d) Item 4.2, “n”	
		e) CLT. Art. 796, "a"	e) Item 10.5	
42	B	a) TST. Súmula nº 418	a) Parte II, Cap. I, Item 5	
		b) TST. Súmula nº 1	b) Item 9.1	
		c) TST. Súmula nº 425	c) Item 3.1	
		d) TST. Súmula nº 122	d) Parte II, Cap IV, Item 4	
		e) TST. Súmula nº 214	e) Item 3.4	

GAB		Fundamentação legal e jurisprudencial	Tópico do livro	Obs. Eventual
43	A	a) CLT. Art. 775, §1º, I e II	a) Item 9.1	
		b) CLT. Art. 775, *caput*	b) Item 9.1	
		c) TST. Súmula 262, I	c) Item 9.1, "a"	
		d) TST. Súmula 262, II	d) Item 9.1, "a"	
		e) TST. Súmula 30	e) Item 9.1, "c"	
44	D	a) CLT. Art. 790-B	a) Item 6.4, línea "c".	
		b) CLT. Art. 790-B	b) Item 6.4, línea "c".	
		c) CLT. Art. 790-B	c) Item 6.4, línea "c".	
		d) CLT. Art. 790-B	d) Item 6.4, línea "c".	
		e) CLT. Art. 790-B	e) Item 6.4, línea "c".	
45	B	a) CLT. Art. 796, "a"	a) Item 10.5	
		b) CLT. Art. 798	b) Item 4.2, "n"	
		c) CLT. Art. 798	c) Item 4.2, "n"	
		d) CLT. Art. 796	d) Item 10.5	
		e) CLT. Art. 795, §1º	e) Item 10.4, "b"	
46	A	a) CLT. Art. 799	a) Item 6	
		b) CLT. Art. 799	b) Item 6	
		c) CLT. Art. 799	c) Item 6	
		d) CLT. Art. 799	d) Item 6	
		e) CLT. Art. 799	e) Item 6	
47	C	a) CLT. Art. 789, III	a) Item 6.1, "b"	
		b) CLT. Art. 789, III	b) Item 6.1, "b"	
		c) CLT. Art. 789, § 4º	c) Item 6.1, "b"	
		d) CLT. Art. 789, § 1º	d) Item 6.1, "b"	
		e) CLT. Art. 789, § 2º	e) Item 6.1, "b"	
48	D	a) CLT. Art. 855-A, §1º, I	a) Item 4.4	
		b) CLT. Art. 855-A, §1º, I	b) Item 4.4	
		c) CLT. Art. 855-A, §1º, II	c) Item 4.4	
48	D	d) CLT. Art. 855-A, §1º, III	d) Item 4.4	
		e) CLT. Art. 855-A, §1º	e) Item 4.4	
49	D	a) CLT. Art. 775-A, §2º	a) Item 9.2, alínea "a"	
		b) CLT. Art. 775-A, §2º	b) Item 9.2, alínea "a"	
		c) CLT. Art. 775-A, §2º	c) Item 9.2, alínea "a"	
		d) CLT. Art. 775-A, §2º	d) Item 9.2, alínea "a"	
		e) CLT. Art. 775-A, §2º	e) Item 9.2, alínea "a"	

GAB		Fundamentação legal e jurisprudencial	Tópico do livro	Obs. Eventual
50	B	a) CLT. Art. 789	a) Item 6.1, alínea "b".	
		b) CLT. Art. 789	b) Item 6.1, alínea "b".	
		c) CLT. Art. 789	c) Item 6.1, alínea "b".	
		d) CLT. Art. 789	d) Item 6.1, alínea "b".	
		e) CLT. Art. 789	e) Item 6.1, alínea "b".	
51	E	a) CLT. Art. 775	a) Item 9.1	
		b) CLT. Art. 775	b) Item 9.1	
		c) CLT. Art. 775	c) Item 9.1	
		d) CLT. Art. 775	d) Item 9.1	
		e) CLT. Art. 775	e) Item 9.1	
52	E	a) CLT. Arts. 775 e 899, §10º	a) Item 9.1. Cap. II. Parte III, Item 7.2	
		b) CLT. Arts. 775 e 899, §10º	b) Item 9.1. Cap. II. Parte III, Item 7.2	
		c) CLT. Arts. 775 e 899, §10º	c) Item 9.1. Cap. II. Parte III, Item 7.2	
		d) CLT. Arts. 775 e 899, §10º	d) Item 9.1. Cap. II. Parte III, Item 7.2	
		e) CLT. Arts. 775 e 899, §10º	e) Item 9.1. Cap. II. Parte III, Item 7.2	
53	B	a) CLT. Art. 770	a) Item 4.2, "d"	
		b) CLT. Art. 775	b) Item 9.1	
		c) CLT. Art. 770	c) Item 4.2, "d"	
		d) CLT. Art. 775	d) Item 9.1	
		e) CLT. Art. 775	e) Item 9.1	
54	A	a) CLT. Art. 789, I	a) Item 6.1, "b"	
		b) CLT. Art. 790-A	b) Item 1.2, "c"	
		c) CLT. Art. 789, II	c) Item 6.1, "b"	
		d) CLT. Art. 789	d) Item 6.1, "b"	
		e) CLT. Art. 789	e) Item 6.1, "b"	
55	E	a) CLT. Art. 775	a) Item 9.1	
		b) CLT. Art. 775	b) Item 9.1	
55	E	c) CLT. Art. 775	c) Item 9.1	
		d) CLT. Art. 775	d) Item 9.1	
		e) CLT. Art. 775	e) Item 9.1	
56	B	a) CLT. Art. 775, 895 e 897	a) Item 9.1	
		b) CLT. Art. 775, 895 e 897	b) Item 9.1	
		c) CLT. Art. 775, 895 e 897	c) Item 9.1	
		d) CLT. Art. 775, 895 e 897	d) Item 9.1	
		e) CLT. Art. 775, 895 e 897	e) Item 9.1	

GAB		Fundamentação legal e jurisprudencial	Tópico do livro	Obs. Eventual
57	C	a) Art. 791-A, § 3º, CLT	a) Item 6.3, "a"	
		b) Art. 791-A, § 5º, CLT	b) Item 6.3, "g"	
		c) Art. 791-A, § 1º, CLT	c) Item 6.3, "h"	
		d) Art. 791-A, CLT	d) Item 6.3, "b"	
		e) Art. 791-A, § 2º, CLT	e) Item 6.3, "b"	
58	E	a) CLT. Art. 843, §3º e 775	a) Parte I, Cap. III, Item 9 e Parte II, Cap. IV, Item 4.1	
		b) CLT. Art. 843, §3º e 899, §9º	b) Parte I, Cap. III, Item 9 e Parte II, Cap. IV, Item 4.1	
		c) CLT. Art. 844, §5º e 843, §3º e 899, §9º	c) Parte I, Cap. III, Item 9 e Parte II, Cap. IV, Item 4.1	
		d) CLT. Art. 844, §5, 775 e 889, §9º	d) Parte I, Cap. III, Item 9 e Parte II, Cap. IV, Item 4.1	
		e) CLT. Art. 844, §5 e 775	e) Parte I, Cap. III, Item 9 e Parte II, Cap. IV, Item 4.1	
59	D	a) Súmula 425/TST e CLT. Art. 791-A, § 1º, III	a) Parte I, Cap. III, Item 6.3, alíneas "a" e "h" e Parte II, Cap. III, Item 6.2, alínea "a".	
		b) Súmula 425/TST e CLT. Art. 800	b) Parte I, Cap. III, Item 6.3, alíneas "a" e "h" e Parte II, Cap. III, Item 6.2, alínea "a".	
		c) Súmula 425/TST e CLT. Art. 844. §5º	c) Parte I, Cap. III, Item 6.3, alíneas "a" e "h" e Parte II, Cap. III, Item 6.2, alínea "a".	
		d) CLT. Art. 791-A, § 1º, III e CLT. Art. 800	d) Parte I, Cap. III, Item 6.3, alíneas "a" e "h" e Parte II, Cap. III, Item 6.2, alínea "a".	
		e) CLT. Art. 800 e CLT. Art. 844. §5º	e) Parte I, Cap. III, Item 6.3, alíneas "a" e "h" e Parte II, Cap. III, Item 6.2, alínea "a".	
60	E	a) CLT. Art. 775-A	a) Item 9	
		b) CLT. Art. 775-A	b) Item 9	
		c) CLT. Art. 775	c) Item 9	
60	E	d) CLT. Art. 775, §1º	d) Item 9	
		e) CLT. Art. 775, §§ 1º, I e 2º	e) Item 9	
61	D	a) CLT. Art. 840, §2º	a) Item 8.2, "c"	
		b) CLT. Art. 791	b) Item 3.1	
		c) CLT. Art. 841	c) Item 2.1	
		d) CLT. Art. 842	d) Item 2.2	
		e) CLT. Art. 840	e) Item 8.2, "c"	
62	C	Doutrina		

16.2. Gabarito das questões discursivas

Item	Fundamentação legal, jurisprudencial ou doutrinária	Onde encontro no livro
1	**a) Ato inexistente.** O ato processual inexistente, denominado ineficaz pelo § 2º, art. 104, do CPC de 2015, é aquele que não possui existência jurídica, mas existe no plano fático dos autos processuais. Consequentemente, não produz qualquer efeito e não há possibilidade de corrigi-lo. É o caso, por exemplo, de um ato processual praticado por escrito, mas sem a assinatura do advogado ou da própria parte. A inexistência ou ineficácia do ato processual implica defeito insanável que não provoca qualquer efeito no âmbito do processo. Cita-se, a título de exemplo os atos não ratificados pelo advogado sem procuração nos autos, na forma prevista pelo parágrafo único do art. 37 do CPC de 1973. **b) Ato nulo.** A nulidade encontra-se vinculada ao plano de validade do ato processual, que pressupõe, evidentemente, ter ultrapassado o plano da existência. Isso significa dizer que o ato judicial existe, mas não é valido, em tese. Assim, a nulidade é absoluta quando o defeito do ato processual fere uma norma de ordem pública, que regula interesses públicos e cujos efeitos, no caso concreto, não podem ser controlados pela vontade das partes. Nesse caso, o juiz deve declarar a nulidade de ofício e não há preclusão em caso de omissão. Ocorre, por exemplo, nos seguintes casos: ausência de intimação pessoal do Ministério Público do Trabalho nas ações trabalhistas em que tenha que intervir obrigatoriamente; sentença *citra petita*; notificações, citações e intimações sem a observância dos preceitos legais; nulidade fundada em incompetência absoluta (art. 795, § 1º, da CLT); publicação no Jornal Oficial sem conter o nome das partes e dos seus procuradores, ausência de proposta de conciliação etc. É importante salientar que os atos nulos podem produzir efeitos, razão pela qual é necessária a manifestação do juiz, de ofício ou por provocação, para declarar a nulidade respectiva, observados os princípios da transcendência e da convalidação. **c) Ato irregular.** Se a deformidade do ato processual atinge dispositivo que alberga um interesse privado, cujo controle dos efeitos encontra-se à disposição das partes, a hipótese é de nulidade relativa ou anulabilidade. Nesse caso, o juiz deve ser provocado para se pronunciar a respeito, sob pena de preclusão. A omissão das partes, no momento em que deveriam manifestar-se sobre a irregularidade processual, implica convalidação automática do ato respectivo. Em caso de provocação, o juiz pode determinar que sejam sanadas irregularidades ou declarar que, apesar da deformidade, o ato produziu os efeitos pretendidos pelas partes. Esse efeito é possível com base na aplicação do princípio da transcendência ou do princípio da convalidação, pois a irregularidade geralmente atinge as questões relacionadas às formalidades do ato processual.	Itens 10.1, 10.2 e 10.3
2	**a) Entendimento jurisprudencial.** O entendimento jurisprudencial acerca dos honorários advocatícios no processo do trabalho antes da edição da Lei nº 13.467/2017 cingia-se ao posicionamento do TST adotado em duas de suas Súmulas: Súmula nº 219 (antiga redação anterior a edição da Resolução nº 204/2016): I – Na Justiça do Trabalho, a condenação ao pagamento de honorários advocatícios, nunca superiores a 15% (quinze por cento), não decorre pura e simplesmente da sucumbência, devendo a parte, concomitantemente: a) estar assistida por sindicato da categoria profissional; b) comprovar a percepção de salário inferior ao dobro do salário mínimo ou encontrar-se em situação econômica que não lhe permita demandar sem prejuízo do próprio sustento ou da respectiva família. II – É cabível a condenação ao pagamento de honorários advocatícios em ação rescisória no processo trabalhista. III – São devidos os honorários advocatícios nas causas em que o ente sindical figure como substituto processual e nas lides que não derivem da relação de emprego. Súmula nº 329. Mesmo após a promulgação da CF/1988, permanece válido o entendimento consubstanciado no Enunciado nº 219 do Tribunal Superior do Trabalho. Após a edição da Lei da Reforma Trabalhista os honorários advocatícios passaram a ser devidos nas demandas derivadas da relação de emprego, apesar de ter sido mantido a capacidade postulatória das partes.	Item 6.3

Item	Fundamentação legal, jurisprudencial ou doutrinária	Onde encontro no livro
2	**b) Cumulação de honorários assistenciais e contratuais.** Os honorários contratuais são devidos por conta de celebração de contrato de mandato entre advogado e cliente, independente do resultado da demanda, na forma prevista pelo art. 653 do Código Civil. Já os honorários sucumbenciais decorrem do fato da parte contrária não obter sucesso na demanda. Segundo dispõe o art. 22, § 2º do Estatuto da OAB, "na falta de estipulação ou de acordo, os honorários são fixados por arbitramento judicial, em remuneração compatível com o trabalho e o valor econômico da questão, não podendo ser inferiores aos estabelecidos na tabela organizada pelo Conselho Seccional da OAB. Já honorários assistenciais são aqueles deferidos na sentença trabalhista quando há assistência sindical e são revertidos em favor do sindicato e não do trabalhador litigante, na forma prevista pelo art. 16, da Lei nº 5.584/70. Como se trata de honorários devidos em decorrência de estar a parte em gozo do benefício da justiça gratuita, veda-se a estipulação concomitante dos honorários contratuais. **c) Reparação de dano material.** Como forma alternativa de obter uma retribuição pelos serviços prestados nos casos de sucumbência antes da vigência da Lei nº 13.467/17, surgiu uma tese fundada na reparação de dano material sofrida pelo obreiro que litiga em juízo. Assim, os honorários seriam devidos pela parte contrária em razão do prejuízo do trabalhador que contrata um advogado para ingressar com uma demanda, ou seja, a retribuição seria fundada na responsabilidade civil. Contudo, essa tese não se sustenta pelo simples fato de que a contratação de advogado no processo do trabalho não é obrigatória diante do *ius postulandi* das partes. **d) Sucumbência recíproca.** Ocorre quando reclamante e reclamado são vencidos na demanda. É muito comum a ocorrência da sucumbência recíproca no processo do trabalho, uma vez que a regra é de cumulação de pedidos na petição inicial. Após a vigência da Lei da Reforma Trabalhista, os honorários advocatícios passaram a ser devidos mesmo na hipótese de sucumbência recíproca. **e) Sucumbência do empregado.** Antes da vigência da Lei nº 13.467/17 se o obreiro fosse sucumbente na demanda e estivesse assistido pelo seu sindicato não arcaria com o pagamento de honorários de sucumbência, uma vez que o *caput* do art. 14 da Lei nº 5.584/70 se referia expressamente ao trabalhador: "Na Justiça do Trabalho, a assistência judiciária a que se refere a Lei nº 1.060, de 5 de fevereiro de 1950, será prestada pelo Sindicato da categoria profissional a que pertencer o trabalhador". **e) Compensação.** Como a consequência da sucumbência só atingia o empregador, não havia que se falar em compensação dos créditos de honorários advocatícios decorrentes de uma eventual sucumbência recíproca. Essa situação foi modificada pela disposição expressa em sentido contrário inserida na CLT pela Lei nº 13.467/17, admitindo os efeitos da sucumbência recíproca, inclusive do trabalhador.	Item 6.3

Parte II

Processo de Conhecimento

CAPÍTULO I

PROCESSO, PROCEDIMENTO E AUTOS

SUMÁRIO • 1. Procedimento ordinário – 2. Procedimento sumaríssimo: 2.1. Enquadramento; 2.2. Procedimento; 2.3. Sentença; 2.4. Recurso – 3. Procedimento de alçada exclusiva das Varas. 3.1. Denominação; 3.2. Peculiaridades; 3.3. Revogação tácita da Lei nº 5.584/70 pela Lei nº 9.957/2000 – 4. Inquérito para apuração de falta grave. 4.1. Cabimento; 4.2. Decadência; 4.3. Natureza jurídica; 4.4. Procedimento – 5. Homologação de acordo extrajudicial: 5.1 Competência funcional; 5.2 Natureza jurídica; 5.3 Pedido; 5.4 Procedimento; 5.5 Recurso – 6. Consignação em pagamento: 6.1. Previsão legal e espécies; 6.2. Legitimidade ativa e competência; 6.3. Legitimidade passiva; 6.4. Requisitos da petição inicial; 6.5. Contestação; 6.6. Sentença – 7. Autos físicos e eletrônicos – 8. Informativos do TST sobre a matéria. 9. Quadro sinóptico – 10. Questões – 11. Gabarito das questões objetivas.

Como foi visto, o **processo judicial trabalhista** representa um conjunto de atos processuais praticados por todos que nele intervêm, destinados a solucionar determinado litígio de natureza laboral.

Já o **procedimento processual trabalhista** é uma série de regras estabelecidas para que o demanda tenha início, desenvolva-se e seja solucionada, com ou sem a resolução do mérito, sendo conduzidos, para isso, por um ritual fixado por lei.[1]

Portanto, um mesmo processo pode ser submetido a vários procedimentos que, em síntese, significa qual o caminho escolhido ou imposto para se chegar ao seu resultado final.

O processo do trabalho submete-se a dois procedimentos diversos, o **comum** e o **especial.** O primeiro encontra-se subdivido em três espécies: aquele estabelecido pela Lei nº 5.584/70 (procedimento de alçada exclusiva da Vara do Trabalho); o instituído pela Lei nº 9.957/2000, denominado de sumaríssimo; e, por fim, o rito ordinário previsto pela CLT. São classificados como procedimentos especiais o inquérito para apuração de falta grave e a homologação de acordo extrajudicial.

Portanto, os diversos procedimentos admitidos no processo do trabalho estariam assim divididos:

---

1. No procedimento comum, o fim do processo só ocorre com a satisfação do credor, com o cumprimento da obrigação contida na sentença, diante da eliminação da dicotomia antes existente entre processo de conhecimento e processo de execução. No processo do trabalho, ao contrário, há, pelo menos, fase de conhecimento e a fase de execução, já que para iniciar esta última é necessária a citação do devedor.

Procedimentos

- **Comum**
  - Procedimento de Alçada exclusiva da Vara do Trabalho
  - Sumaríssimo
  - Ordinário
- **Especial**
  - Inquérito para apuração de falta grave
  - Homologação de acordo extrajudicial

1. PROCEDIMENTO ORDINÁRIO

O procedimento ordinário, nos dissídios individuais do trabalho, encontra-se disciplinado pelas Seções I e II, Capítulo III, Título X (Do Processo Judiciário do Trabalho). Essas seções, I e II, tratam da forma da reclamação trabalhista e da notificação, bem como da audiência de instrução e julgamento e serão analisados nos itens e capítulos subsequentes.

2. PROCEDIMENTO SUMARÍSSIMO

O rito sumaríssimo foi introduzido, no âmbito dos dissídios individuais do trabalho, por meio da Lei nº 9.957/2000, que inseriu a Seção II-A (Do Procedimento Sumaríssimo), no Capítulo III, Título X (Do Processo Judiciário do Trabalho).

O legislador não foi técnico quando denominou esse procedimento de *sumaríssimo*. Isso porque não existe, no processo do trabalho, um rito sumário, circunstância que autorizaria a criação de outro procedimento mais célere ainda.

O CPC de 2015 aboliu o rito sumário, tratando apenas do procedimento comum e dos procedimentos especiais.

No rito sumaríssimo, os prazos são mais curtos e os procedimentos bem mais informais do que aqueles inerentes ao rito ordinário. A audiência, por exemplo, deve ser designada no prazo máximo de quinze dias contados do ajuizamento da reclamação. Durante a realização da audiência só são registrados, resumidamente, os atos essenciais, as afirmações fundamentais das partes e as informações úteis à solução da causa trazidas pela prova testemunhal.

2.1. Enquadramento

Estão sujeitas ao procedimento sumaríssimo as ações trabalhistas cujo valor atribuído à causa não ultrapasse, **na data do ajuizamento**, quarenta salários-mínimos.

Como o art. 852-A da CLT não faz qualquer distinção, nada obsta que se forme um litisconsórcio facultativo na relação processual trabalhista sujeita ao rito sumaríssimo, desde que se adeque aos demais requisitos estabelecidos pela lei, inclusive o valor da causa.

Excluem-se, expressamente, **do rito sumaríssimo** as ações propostas contra as entidades **da administração pública direta, autárquica e fundacional da União, Distrito Federal, Estados e Municípios**, bem como quando a notificação tenha que se efetivar por **edital**.

Para ser submetido ao aludido rito, o reclamante deve formular pedido certo, determinado e indicar **valor correspondente a cada pleito** que constar da petição inicial.

Ressalte-se que a Justiça do Trabalho, diferentemente do que ocorre com a Justiça Ordinária, não possui um órgão específico para o julgamento dessas espécies de ações, que seria o Juizado Especial Trabalhista.

Essa circunstância acarreta uma sobrecarga de trabalho para os juízes e servidores da Justiça Laboral, o que dificulta a designação de audiência no prazo máximo de **quinze dias.**

ATENÇÃO! Caso não sejam atribuídos valores a cada pedido ou for necessária a notificação por edital, a reclamação será arquivada e o reclamante será condenado ao pagamento de custas (na hipótese de não ser beneficiário da justiça gratuita). O procedimento sumaríssimo, todavia, não permite a emenda à peça exordial, salvo se o reclamado não pedir a devolução do prazo para elaborar a defesa.

2.2. Procedimento

As demandas sujeitas ao rito sumaríssimo devem ser instruídas e julgadas em audiência única. Inclusive, podem constar de pauta especialmente instituída para esse fim e com a designação de um juiz substituto para atuar simultaneamente com o titular.

A característica principal, no que se refere às provas, é no sentido de que **todas elas são produzidas na audiência de instrução e julgamento**. A réplica do reclamante é feita sem a suspensão da sessão, salvo algumas exceções previstas expressamente em lei.

Só é permitido a cada litigante indicar no máximo **duas testemunhas, que comparecerão à audiência independentemente de intimação**, salvo se houver prova de que foi convidada e recusou-se a comparecer. O não comparecimento da testemunha devidamente intimada no dia da audiência, autoriza o juiz a determinar a sua imediata condução coercitiva.

O art. 852-D da CLT ainda reza que:

> **Art. 852-D.** O juiz dirigirá o processo com liberdade para determinar as provas a serem produzidas, considerado o ônus probatório de cada litigante, podendo limitar ou excluir as que considerar excessivas, impertinentes ou protelatórias, bem como para apreciá-las e dar especial valor às regras de experiência comum ou técnica.

A prova técnica (pericial) é adstrita aos casos previstos em lei ou quando for indispensável para a prova do fato. Nesse caso, a sessão de audiência pode ser interrompida por prazo nunca superior a **trinta dias**, para a confecção do laudo pericial. Uma vez juntado aos autos, as partes terão o prazo comum de **cinco dias** para apresentar a sua manifestação sobre o referido laudo.

Apesar da CLT ser omissa quanto à necessidade das razões finais no rito sumaríssimo, entende-se que devem ser utilizadas as regras do procedimento comum ordinário de forma subsidiária. Isso porque o legislador, quando quis suprimir ou alterar algum ato processual, o fez de forma expressa, como ocorreu com a desnecessidade do relatório na sentença.

Registre-se, contudo, posicionamento diverso de alguns autores, como Mauro Schiavi, que entende desnecessária as razões finais no rito sumaríssimo "diante da própria natureza dinâmica desse rito processual".[2]

2.3. Sentença

O juiz, ao verificar que o reclamante não liquidou os pedidos ou não ofereceu a correta indicação do nome e endereço do reclamado, deve extinguir o processo sem a resolução do mérito, pela ausência de um dos seus pressupostos de constituição e desenvolvimento válidos.[3] Essa consequência é equivocadamente denominada pela lei de "arquivamento".

Presentes os referidos requisitos e finda a instrução processual, o juiz proferirá a decisão com os elementos de sua convicção e o resumo dos fatos relevantes, com a dispensa do relatório.

A equidade pode ser usada para solucionar o conflito de interesses trabalhistas submetido ao rito sumaríssimo, por meio da autorização expressa conferida pelo art. 852-I, § 1º, da CLT: "O juízo adotará em cada caso a decisão que reputar mais justa e equânime, atendendo aos fins sociais da lei e as exigências do bem comum".

> **ATENÇÃO!** Todos os incidentes e exceções processuais que possam interferir no prosseguimento da audiência ou do processo judicial serão decididos imediatamente (tais como conexão, exceção de incompetência, etc.).

2.4. Recurso

A maior celeridade nos procedimentos sumaríssimos foi constatada na fase recursal. Isso porque a Lei nº 9.957/2000 eliminou algumas formalidades que eram, e continuam sendo, exigidas para o processo submetido ao rito ordinário.

No caso do recurso ordinário em demanda submetida ao rito sumaríssimo, a distribuição é imediata para o relator e **dispensa-se a intervenção do juiz revisor**.

Além disso, não há remessa dos autos à Procuradoria Regional do Trabalho, pois o parecer do Ministério Público, se necessário, é oferecido oralmente, quando da realização da sessão de julgamento.

O acórdão é representado pela própria certidão de julgamento, na forma prevista pelo art. 895, § 1º, IV, da CLT:

> **Art. 895, § 1º IV –** terá acórdão consistente unicamente na certidão de julgamento, com a indicação suficiente do processo e parte dispositiva, e das razões de decidir do voto prevalente. Se a sentença for confirmada pelos próprios fundamentos, a certidão de julgamento, registrando tal circunstância, servirá de acórdão.

2. SCHIAVI, Mauro. **Manual de direito processual do trabalho.** 4 ed. São Paulo: LTr, 2011. p. 480.
3. A CLT diz, expressamente, que em tais casos o juiz determinará o arquivamento da reclamação trabalhista. (art. 852-B. § 1º).

Quanto ao recurso de revista, só é recebido se o acórdão regional for **contrário à Súmula do TST,**[4] **Súmula vinculante do STF ou violação a preceito constitucional.**[5]

No quadro a seguir encontram-se descritas as principais características das reclamações enquadradas no procedimento sumaríssimo:

INSTITUTO		CARACTERÍSTICAS
Reclamação Trabalhista		Ações cujo valor da causa não ultrapasse 40 salários mínimos. Excepcionam-se dessa regra as demandas nas quais a Administração Pública direta, autárquica e fundacional é parte e nas demandas nas quais a notificação tiver que ser feita por edital.
Pedido		Deve ser certo ou determinado e indicará o valor correspondente, sob pena de arquivamento.
Notificação		Não se faz notificação por edital. O autor incumbe-se de fornecer a correta indicação do nome e endereço do reclamado, sob pena de arquivamento.
Audiência	**Prazo**	A apreciação, instrução e julgamento da reclamação deve ocorrer no prazo máximo de 15 dias do seu ajuizamento em audiência única. Pode constar de pauta especial, se necessário, de acordo com o movimento judiciário da Vara do Trabalho.
	Registro	Na ata da audiência serão registrados resumidamente os atos essenciais, as afirmações fundamentais das partes e as informações úteis à solução da causa trazidas pela prova testemunhal.
	Interrupção	Interrompida a audiência, o seu prosseguimento e a solução do processo dar-se-ão no prazo máximo de 30 dias, salvo motivo relevante justificado nos autos pelo juiz da causa.

4. Em face da ausência de previsão no art. 896, § 9º da CLT, decisões que contrarie entendimento constante de orientação jurisprudencial do TST não são passíveis de reforma pela via do recurso de revista, em processos submetidos ao rito sumaríssimo. Inclusive, esse é o entendimento manifestado por meio da Súmula nº 442 do TST: "PROCEDIMENTO SUMARÍSSIMO. RECURSO DE REVISTA FUNDAMENTADO EM CONTRARIEDADE A ORIENTAÇÃO JURISPRUDENCIAL. INADMISSIBILIDADE. ART. 896, § 6º, DA CLT, ACRESCENTADO PELA LEI Nº 9.957, DE 12.01.2000 (conversão da Orientação Jurisprudencial nº 352 da SBDI-1) - **Res. 185/2012, DEJT divulgado em 25, 26 e 27.09.2012 Nas causas sujeitas ao procedimento sumaríssimo, a admissibilidade de recurso de revista está limitada à demonstração de violação direta a dispositivo da Constituição Federal ou contrariedade a Súmula do Tribunal Superior do Trabalho, não se admitindo o recurso por contrariedade a Orientação Jurisprudencial deste Tribunal (Livro II, Título II, Capítulo III, do RITST), ante a ausência de previsão no art. 896, § 6º, da CLT".**

5. TST. SÚMULA Nº 458. EMBARGOS. PROCEDIMENTO SUMARÍSSIMO. CONHECIMENTO. RECURSO INTERPOSTO APÓS VIGÊNCIA DA LEI Nº 11.496, DE 22.06.2007, QUE CONFERIU NOVA REDAÇÃO AO ART. 894, DA CLT. (conversão da Orientação Jurisprudencial nº 405 da SBDI-1 com nova redação). **Em causas sujeitas ao procedimento sumaríssimo, em que pese a limitação imposta no art. 896, § 6º, da CLT à interposição de recurso de revista, admitem-se os embargos interpostos na vigência da Lei nº 11.496, de 22.06.2007, que conferiu nova redação ao art. 894 da CLT, quando demonstrada a divergência jurisprudencial entre Turmas do TST, fundada em interpretações diversas acerca da aplicação de mesmo dispositivo constitucional ou de matéria sumulada.**

<table>
<tr><th>INSTITUTO</th><th colspan="3">CARACTERÍSTICAS</th></tr>
<tr><td rowspan="7">Provas</td><td colspan="2">Condução da instrução</td><td>O juiz dirige o processo com liberdade para determinar as provas a serem produzidas, considerado o ônus probatório de cada litigante, podendo limitar ou excluir as que considerar excessivas, impertinentes ou protelatórias, bem como para apreciá-las e dar especial valor às regras de experiência comum ou técnica.</td></tr>
<tr><td colspan="2">Momento para Produção</td><td>Todas as provas serão produzidas na audiência de instrução e julgamento, ainda que não requeridas previamente.</td></tr>
<tr><td colspan="2">Documentos</td><td>Sobre os documentos apresentados por uma das partes manifesta-se imediatamente a parte contrária, sem interrupção da audiência, salvo absoluta impossibilidade, a critério do juiz.</td></tr>
<tr><td rowspan="2">Testemunhas</td><td>Quantidade</td><td>As testemunhas, até o máximo de 2 para cada parte, comparecerão à audiência de instrução e julgamento independentemente de intimação.</td></tr>
<tr><td>Intimação</td><td>Só será deferida intimação de testemunha que, comprovadamente convidada, deixar de comparecer. Não comparecendo a testemunha intimada, o juiz pode determinar sua imediata condução coercitiva.</td></tr>
<tr><td colspan="2">Perícia</td><td>Somente quando a prova do fato o exigir, ou for legalmente imposta, será deferida prova técnica, incumbindo ao juiz, desde logo, fixar o prazo, o objeto da perícia e nomear perito. As partes serão intimadas a manifestar-se sobre o laudo, no prazo comum de 5 dias.</td></tr>
<tr><td colspan="2">Incidentes</td><td>Serão decididos, de plano, todos os incidentes e exceções que possam interferir no prosseguimento da audiência e do processo. As demais questões serão decididas na sentença.</td></tr>
<tr><td rowspan="3">Decisões</td><td colspan="2">Fundamentos</td><td>A sentença mencionará os elementos de convicção do juízo, com resumo dos fatos relevantes ocorridos em audiência, dispensado o relatório.</td></tr>
<tr><td colspan="2">Equidade</td><td>O juízo adotará em cada caso a decisão que reputar mais justa e equânime, atendendo aos fins sociais da lei e as exigências do bem comum.</td></tr>
<tr><td colspan="2">Intimação</td><td>As partes serão intimadas da sentença na própria audiência em que for prolatada.</td></tr>
<tr><td rowspan="4">Recursos</td><td rowspan="3">Recurso ordinário</td><td>Prazo</td><td>É imediatamente distribuído, uma vez recebido no Tribunal, devendo o relator liberá-lo no prazo máximo de 10 dias, e a Secretaria do Tribunal ou Turma colocá-lo imediatamente em pauta para julgamento, sem revisor.</td></tr>
<tr><td>Parecer do MPT</td><td>Tem parecer oral do representante do Ministério Público presente à sessão de julgamento, se este entender necessário o parecer, com registro na certidão.</td></tr>
<tr><td>Acórdão</td><td>O acórdão consiste unicamente na certidão de julgamento, com a indicação suficiente do processo e parte dispositiva, e das razões de decidir do voto prevalente. Se a sentença for confirmada pelos próprios fundamentos, a certidão de julgamento, registrando tal circunstância, servirá de acórdão.</td></tr>
<tr><td colspan="2">Recurso de revista</td><td>• Somente será admitido recurso de revista por contrariedade a súmula de jurisprudência uniforme do TST, súmula vinculante do STF e violação direta da Constituição da República;
• Não se admite recurso de revista por contrariedade à Orientação Jurisprudencial do TST (TST. Súmula nº 442).</td></tr>
</table>

Exemplos de questões sobre o tema

(TRT 2 – Juiz do Trabalho Substituto 2ª região/2016) Quanto ao rito sumaríssimo, assinale a alternativa INCORRETA:

a) A intimação da sentença se fará na própria audiência em que prolatada.

b) Havendo mudança de endereço não comunicada ao juízo reputam-se válidas as intimações enviadas ao local indicado anteriormente nos autos.

c) A apreciação da reclamação deverá ocorrer no prazo máximo de quarenta dias do seu ajuizamento, podendo constar de pauta especial, se necessário.

d) Estão excluídas do procedimento sumaríssimo as demandas em que é parte a Administração Pública direta, autárquica e fundacional.

e) Ainda que não previamente requeridas, as provas serão produzidas na audiência de instrução e julgamento.

Resposta: C

(TRT 4 – Juiz do Trabalho Substituto 4ª região/2016) Considere as assertivas abaixo sobre procedimentos na Justiça do Trabalho.

I. À luz do que dispõe o Decreto no 71.855/1973, que trata da figura do empregador doméstico, é permitido a qualquer membro da família que resida no local em que o empregado prestou serviços comparecer à audiência, não sendo necessária a presença da pessoa contratante.

II. As demandas envolvendo a Administração Pública, em dissídio individual, e desde que o valor não exceda a 40 (quarenta) vezes o salário-mínimo, poderão ser ajuizadas sob o rito sumaríssimo, observado o limite da expedição de Requisição de Pequeno Valor.

III. Se o reclamado não for localizado, ou criar embaraços ao recebimento da comunicação processual, a citação, nas ações ajuizadas sob o rito sumaríssimo, poderá ser feita por edital, em observância ao princípio da efetividade da prestação jurisdicional.

Quais são corretas?

a) Apenas I

b) Apenas II

c) Apenas III

d) Apenas I e III

e) I, II e III

Resposta: A

(FCC – Juiz do Trabalho Substituto 24ª região/2015) Com objetivo de imprimir um rito mais ágil para causas de menor complexidade e valor econômico, foi introduzido o rito sumaríssimo nos dissídios individuais. A respeito desse rito processual previsto na Consolidação das Leis do Trabalho, é correto afirmar:

a) Ficam submetidas a este procedimento as ações trabalhistas cujo valor não exceda quarenta vezes o salário mínimo vigente à época da prolação da sentença, desde que não se inclua no rol de pedidos indenização por dano moral.

b) Estão excluídas do rito as demandas em que a Administração pública direta, autárquica e fundacional figura como a reclamada principal, podendo ser utilizado o rito quando o ente público for autor ou corréu de forma subsidiária.

c) Cada parte poderá trazer para audiência, no máximo, três testemunhas, que serão intimadas, caso comprovadamente convidadas, deixarem de comparecer, ficando sujeitas à condução coercitiva, caso intimadas, não compareçam.

d) Tendo em vista que a apreciação da reclamação deverá ocorrer no prazo máximo de 15 dias do seu ajuizamento e que todas as provas serão produzidas na audiência de instrução e julgamento, não cabe a produção de prova pericial neste rito.

e) Por expresso permissivo do texto consolidado, o Juiz dará especial valor às regras de experiência comum ou técnica e adotará para julgamento da lide a decisão que reputar mais justa e equânime, atendendo aos fins sociais da lei e as exigências do bem comum.

Resposta: E

(FCC – Juiz do Trabalho Substituto 23ª região/2015) Nas causas sujeitas ao procedimento sumaríssimo, considere:

I. A admissibilidade de recurso de revista está limitada à demonstração de violação direta a dispositivo da Constituição Federal ou contrariedade a Súmula do Tribunal Superior do Trabalho, não se admitindo o recurso por contrariedade a Orientação Jurisprudencial deste Tribunal (Livro II, Título II, Capítulo III, do RITST), ante a ausência de previsão no art. 896, § 6º, da CLT.

II. O pedido deverá ser certo e determinado com a indicação do valor correspondente; e, não se fará citação por edital, incumbindo ao autor a correta indicação do nome e endereço do reclamado. O não atendimento, pelo reclamante, destas regras importará no arquivamento da reclamação e condenação ao pagamento de custas sobre o valor da causa.

III. Todas as provas serão produzidas na audiência de instrução e julgamento, ainda que não requeridas previamente. Porém, se interrompida a audiência, o seu prosseguimento e a solução do processo dar-se-ão no prazo máximo de quinze dias, salvo motivo relevante justificado nos autos pelo juiz da causa.

Está correto o que consta em

a) I e III, apenas.

b) I, apenas.

c) I, II e III.

d) II e III, apenas.

e) I e II, apenas.

Resposta: E

(FCC – Juiz do Trabalho Substituto 6ª região/2015) Os dissídios individuais, cujo valor não exceda a quarenta vezes o salário mínimo vigente na data do ajuizamento da reclamação ficam submetidos ao procedimento sumaríssimo. Neste sentido,

a) serão decididos, de plano, todos os incidentes e exceções que possam interferir no prosseguimento da audiência e do processo, salvo se as provas não tenham sido requeridas previamente.

b) as testemunhas, até o máximo de duas para cada parte, deverão comparecer à audiência de instrução e julgamento independentemente de intimação, podendo o juiz na hipótese de sua ausência, determinar sua imediata condução coercitiva.

c) nas causas sujeitas ao procedimento sumaríssimo, a admissibilidade de recurso de revista está limitada à demonstração de violação direta a dispositivo da Constituição Federal, não se admitindo o recurso por contrariedade a Orientação Jurisprudencial do Tribunal Superior do Trabalho, ante a ausência de previsão no art. 896, § 6º, da CLT.

d) nas reclamações enquadradas no procedimento sumaríssimo o pedido deverá ser certo ou determinado e indicará o valor correspondente; não se fará citação por edital, incumbindo ao autor a correta indicação do nome e endereço do reclamado; e, a apreciação da reclamação deverá ocorrer no prazo máximo de quinze dias do seu ajuizamento, podendo constar de pauta especial, se necessário, de acordo com o movimento judiciário da Vara do Trabalho.

e) estão excluídas do procedimento sumaríssimo as demandas em que é parte a Administração pública direta, indireta, autárquica e fundacional.

Resposta: D

(TRT 23 – Juiz do Trabalho Substituto 23ª região/ 2014) Assinale a alternativa correta:

a) A Consolidação somente prevê duas exceções para a regra de irrecorribilidade imediata de decisões interlocutórias: a) decisão de tribunal contrária a súmula ou orientação jurisprudencial do TST; b) decisão susceptível de impugnação mediante recurso para o mesmo tribunal.

b) Nas reclamações trabalhistas sujeitas ao rito sumaríssimo, dispensa-se o parecer do representante do Ministério Público.

c) O recurso ordinário é cabível apenas para impugnar decisões definitivas ou terminativas de Varas e Juízos e de decisões definitivas de Tribunais Regionais do Trabalho em processos de sua competência originária.

d) Em julgamento de recurso ordinário, nas causas sujeitas a rito sumaríssimo, se a sentença for confirmada pelos seus próprios fundamentos, a certidão de julgamento, registrando tal circunstância, servirá como acórdão.

e) A execução será, sempre, promovida pelo reclamante.

Resposta: D

(FCC – Juiz do Trabalho Substituto 18ª região/2014) Com relação ao procedimento sumaríssimo no Processo do Trabalho,

a) os dissídios individuais e coletivos cujo valor não exceda a quarenta vezes o salário mínimo vigente na data da audiência ficam submetidos ao procedimento sumaríssimo.

b) nas reclamações enquadradas no procedimento sumaríssimo a apreciação da reclamação deverá ocorrer no prazo máximo de 30 dias do seu ajuizamento, podendo constar de pauta especial, se necessário, de acordo com o movimento judiciário.

c) interrompida a audiência, o seu prosseguimento e a solução do processo dar-se-ão no prazo máximo de 15 dias, salvo motivo relevante justificado nos autos pelo Juiz da causa.

d) serão decididos, de plano, todos os incidentes e exceções que possam interferir no prosseguimento da audiência e do processo, determinando o Juiz, quando houver necessidade de prova técnica, a conversão do procedimento sumaríssimo em ordinário.

e) o procedimento sumaríssimo destaca a concentração dos atos processuais em audiência, determinando que todas as provas sejam produzidas neste ato processual, exceto a prova documental que é pré – constituída e a prova pericial que se realiza fora da audiência.

Resposta: E

(TRT 8 – Juiz do Trabalho Substituto 8ª região/2014) Em relação ao procedimento sumaríssimo, temos a seguinte hipótese CORRETA:

a) Os dissídios individuais cujo valor não exceda a quarenta vezes o salário mínimo vigente na data do ajuizamento da reclamação ficam submetidos ao procedimento sumaríssimo, excluídas as demandas em que é parte empresa pública federal.

b) As demandas sujeitas a rito sumaríssimo serão instruídas e julgadas em audiência única, sob a direção de juiz presidente ou substituto, sob pena de nulidade do processo, eis que vedado o adiamento da audiência.

c) Aberta a sessão, o juiz esclarecerá as partes presentes sobre as vantagens da conciliação e usará os meios adequados de persuasão para a solução conciliatória do litígio, vedada a tentativa de conciliação, após o encerramento da instrução processual.

d) Todas as provas serão produzidas na audiência de instrução e julgamento, ainda que não requeridas previamente.

e) A sentença mencionará os elementos de convicção do juízo, com resumo dos fatos relevantes ocorridos em audiência, não sendo dispensado o relatório.

Resposta: D

---

3. PROCEDIMENTO DE ALÇADA EXCLUSIVA DAS VARAS

A Lei nº 5.584/70 criou um procedimento bastante célere, destinado às ações com valor da causa inferior à quantia equivalente a **dois salários mínimos**, inclusive quando os Entes da administração pública direta, autárquica e fundacional ocuparem um dos polos da relação processual.

Contudo, é de rara constatação prática demandas sujeitas ao procedimento em comento, uma vez que o valor da causa da maioria das reclamações trabalhistas é superior ao referido limite.

3.1. Denominação

Alguns autores denominam esse rito de **procedimento sumário**, para não ser confundido com o **sumaríssimo** analisado anteriormente, a exemplo de Bezerra Leite e Wagner Giglio.

Entretanto, o rito sob análise é mais célere do que aquele estabelecido pela Lei nº 9.957/2000, o que é uma contradição. Por conta disso, preferiu-se adotar a denominação de **procedimento de alçada exclusiva da Vara do Trabalho.**

3.2. Peculiaridades

Nos processos submetidos à alçada exclusiva dos órgãos de primeira instância da Justiça do Trabalho, **dispensa-se o resumo dos depoimentos na ata de instrução processual.** Basta que o juiz registre sua conclusão quanto à matéria fática.

Outra característica interessante é a **irrecorribilidade das sentenças** proferidas nas demandas submetidas a esse rito, salvo se houver ofensa a preceito de ordem constitucional, na forma prevista pelo art. 2º, § 4º, da mencionada Lei nº 5.584/70:

> **Art. 2º. § 4º** Salvo se versarem sobre matéria constitucional, nenhum recurso caberá das sentenças proferidas nos dissídios da alçada a que se refere o parágrafo anterior, considerado, para esse fim, o valor do salário mínimo à data do ajuizamento da ação.

A matéria constitucional poderá se discutida por meio dos **recursos previstos no processo do trabalho ou pela via do recurso extraordinário, o que atende ao princípio do duplo grau de jurisdição.**

3.3. Revogação tácita da Lei nº 5.584/70 pela Lei nº 9.957/2000

Não se vislumbra qualquer incompatibilidade de coexistência entre os ritos estabelecidos pelas Leis nºs 5.584/70 e 9.957/2000, pois possuem objetos distintos, ou seja, demandas com limitação do valor da causa diverso.

Seria exigir muito preciosismo do legislador inserir no bojo da Lei nº 9.957/2000 que esta disciplinaria as demandas cujo valor da causa fosse superior a dois salários mínimos e inferior a quarenta salários mínimos.

Ressalte-se, entretanto, que há entendimento minoritário que defende a revogação tácita da mencionada Lei nº 5.584/70, o que pode ser observado no quadro a seguir:

Quadro Doutrinário – Revogação do rito previsto pela Lei nº 5.584/70		
Posicionamento	**Doutrinadores**	**Exemplo**
A favor da revogação	Renato Saraiva	Entretanto, mesmo correndo o risco de adotarmos um posicionamento isolado, entendemos que a Lei 9.957/2000 absorveu o procedimento sumário, instituído pela Lei nº 5.584/70 (Renato Saraiva).*
Contra a revogação	Bezerra Leite, Cleber Lúcio de Almeida e Mauro Schiavi	Advertimos, inicialmente, que, ao nosso ver, o novo procedimento sumário não extinguiu o procedimento sumário previsto na Lei nº 5.584/70, uma vez que, a par de não ter havido revogação expressa na lei nova, inexiste qualquer incompatibilidade entre os dois textos legais da qual se possa inferir a revogação tácita da norma mais antiga (Carlos Henrique Bezerra Leite).**
* SARAIVA, Renato. **Curso de direito processual do trabalho**. São Paulo: Método, 2007. p 417. ** LEITE, Carlos Henrique Bezerra. **Curso de direito processual do trabalho.** 8 ed. São Paulo: Ltr, 2010. P. 320.		

ATENÇÃO! Para fins de concurso público, o entendimento majoritário na doutrina é no sentido de que a Lei nº 9.957/2000 (que instituiu o procedimento sumaríssimo) é compatível com o procedimento sumário instituído pela Lei nº 5.584/1970.

4. INQUÉRITO PARA APURAÇÃO DE FALTA GRAVE

O inquérito para apuração de falta grave representa uma ação específica de cognição, de rito especial, cuja decisão possui **carga predominantemente constitutiva**, quando acolhida a pretensão da parte autora.

Destina-se a promover o rompimento do contrato de trabalho do empregado portador de estabilidade, **desde que assim a lei o determine expressamente.**

A denominação recebida pela aludida ação, de iniciativa exclusiva do empregador (requerente) exercida em face do empregado (requerido), reflete o momento histórico anterior à edição da CLT, quando as ações trabalhistas tinham natureza administrativa e não judicial.

4.1. Cabimento

É necessária a utilização da mencionada ação judicial sempre que a lei for expressa nesse sentido. Portanto, o inquérito para apuração de falta grave é exigido para a resolução contratual do:

- empregado portador da estabilidade decenal (art. 492 e art. 494 da CLT);
- dirigente sindical (Súmula nº 379 do TST);
- representante dos trabalhadores no Conselho Nacional da Previdência Social (art. 3º, § 7º, Lei nº 8.213);
- dirigente das cooperativas (art. 55 da Lei nº 5.764/71).

De outra sorte, dispensa-se a propositura dessa ação especifica para a extinção do vínculo empregatício do(a):

- gestante;
- membro da CIPA (art. 165 da CLT);
- empregado que sofreu acidente do trabalho (art. 118 da Lei nº 8.213/91);
- representante dos trabalhadores na CCP (art. 625-B, § 1º, da CLT).
- membro da comissão de representantes dos empregados (art. 510-D, § 3º, da CLT).

Registre-se, nesse particular, o entendimento de Renato Saraiva que defende ser necessário o inquérito para apuração de falta grave do representante da Comissão de Conciliação Prévia.[6]

No caso dos representantes dos trabalhadores no conselho curador do FGTS (art. 3º, § 9º, Lei nº 8.036/90), exige-se, apenas, um **procedimento administrativo** prévio conduzido pelo sindicato da categoria profissional a qual pertence o trabalhador.

4.2. Decadência

Quando o empregado comete um ilícito trabalhista de natureza grave, o empregador pode **suspender seus serviços** para proceder à apuração da falta respectiva.[7]

Caso opte pela suspensão, a ação de inquérito tem que ser ajuizada no prazo de **trinta dias** após o seu início. Por esse motivo, esse prazo é classificado como sendo de **decadência**, que não comporta suspensão ou interrupção, na forma do entendimento do STF contido na Súmula nº 403: "É de decadência o prazo de trinta dias para instauração do inquérito judicial, a contar da suspensão, por falta grave, do empregado estável."

Quando a falta grave for o abandono de serviço, incide o entendimento constante da Súmula nº 62 do TST, em relação ao início da contagem do referido prazo decadencial:

> **SÚMULA Nº 62.** ABANDONO DE EMPREGO. O prazo de decadência do direito do empregador de ajuizar inquérito em face do empregado que incorre em abandono de emprego é contado a partir do momento em que o empregado pretendeu seu retorno ao serviço.

Se o empregador não suspende o empregado, **pode ajuizar o inquérito a qualquer momento**, desde que observado o prazo prescricional de **dois anos**, pois esse é o prazo previsto pela Constituição quando há extinção do pacto laboral.

Obviamente que quanto mais tempo transcorrer para efetivar o ingresso da referida ação, aumenta a probabilidade de não ser acolhida a pretensão do empregador, diante da necessidade da **imediação entre o conhecimento da falta e a extinção do pacto laboral.**

Para arrematar, destaca-se a existência de divergência doutrinária sobre o prazo para ajuizamento do inquérito para apuração de falta grave quando não há suspensão do empregado:

6. SARAIVA, Renato. **Curso de direito processual do trabalho.** São Paulo: Método, 2007. p 775.
7. CLT. Art. 494. O empregado acusado de falta grave poderá ser suspenso de suas funções, mas a sua despedida só se tornará efetiva após o inquérito em que se verifique a procedência da acusação. Parágrafo único. A suspensão, no caso deste artigo, perdurará até a decisão final do processo.

Quadro Doutrinário – Prazo para ajuizamento de inquérito sem suspensão do empregado		
Posicionamento	**Doutrinadores**	**Exemplo**
Cinco anos	Renato Saraiva, Wagner Giglio e Mauri Schiavi	Se houver suspensão, o prazo para a propositura do inquérito é de cinco anos (Wagner Giglio).*
Dois anos	Rodrigues Pinto e Bezerra leite	Se não houver suspensão do empregado, parece-nos que a interpretação *a contrario sensu* do art. 853 da CLT autoriza a ilação de que o empregador terá o prazo de até dois anos para ajuizar o inquérito (Carlos Henrique Bezerra Leite).**
* GIGLIO, Wagner e CORREA, Cláudia Giglio Veltri. **Direito processual do trabalho. 15 ed. São Paulo: Saraiva, 2005.** p. 292.		
** LEITE, Carlos Henrique Bezerra. **Curso de direito processual do trabalho.** 8 ed. São Paulo: Ltr, 2010. p. 1108.		

Todavia, a doutrina é unânime ao admitir que há incompatibilidade com o ajuizamento tardio da aludida ação especial e o reconhecimento da gravidade da falta, pela ausência da imediação.

4.3. Natureza jurídica

No inquérito para apuração de falta grave, o autor pretende a extinção do contrato de trabalho do empregado estável. Logo, **a natureza jurídica dessa ação é, predominantemente, constitutiva negativa**.

Julgado procedente o pedido, o contrato de trabalho é extinto, **retroagindo seus efeitos à data de suspensão do empregado**, sem pagamento dos salários e demais direitos trabalhistas do respectivo período.

Contudo, a sentença pode, além reconhecer a inexistência de falta grave, **condenar o demandante no pagamento dos salários** devidos durante o período em que o empregado ficou afastado do serviço, na forma prevista pelo art. 855 da CLT,[8] circunstância que revela seu **caráter condenatório.**

Assim, conclui-se que, a apesar da ação ter natureza constitutiva, a sentença respectiva pode ter caráter predominantemente condenatório, quando não é acolhida a pretensão do empregador, o que justifica a defesa da **tese da natureza dúplice desse procedimento.**

Deve-se ressaltar que nessa espécie de demanda não se admite a cumulação de pedido condenatório formulado pelo autor no sentido de, por exemplo, requerer a devolução de algum valor ou bem de sua propriedade que esteja em poder do empregado.

4.4. Procedimento

Ao contrário do que ocorre na reclamação trabalhista, no inquérito para apuração de falta grave a empresa deve apresentar a sua **petição inicial por escrito.**

8. CLT. Art. 855. Se tiver havido prévio reconhecimento da estabilidade do empregado, o julgamento do inquérito pela Junta ou Juízo não prejudicará a execução para pagamento dos salários devidos ao empregado, até a data da instauração do mesmo inquérito.

Nessa ação trabalhista submetida a rito especial, cada parte pode arrolar até **seis testemunhas** (art. 821 da CLT).

Caso o juiz decida pela reintegração, determinará que o requerente **devolva o valor referente às verbas rescisórias por ventura recebidas**, uma vez que nesse caso as partes retornam ao *status quo*. Esse valor também pode ser utilizado para compensar aquele devido pelo requerido referente aos salários do período do afastamento do obreiro.

Quando do julgamento do inquérito para apuração de falta grave, o juiz **pode julgar** extra petita, pois a lei faculta-lhe converter o pedido de reintegração, feito pelo empregado, em indenização compensatória, conforme disposição contida no art. 496 da CLT:

> **Art. 496**. Quando a reintegração do empregado estável for desaconselhável, dado o grau de incompatibilidade resultante do dissídio, especialmente quando for o empregador pessoa física, o Tribunal do trabalho poderá converter aquela obrigação em indenização devida nos termos do artigo seguinte.

As custas são recolhidas pelo vencido e calculadas no percentual de 2% incidente **sobre o valor atribuído à causa**, por se tratar de uma ação trabalhista de caráter constitutivo, na forma prevista pelo art. 789, III, da CLT:

> **Art. 789**. Nos dissídios individuais e nos dissídios coletivos do trabalho, nas ações e procedimentos de competência da Justiça do Trabalho, bem como nas demandas propostas perante a Justiça Estadual, no exercício da jurisdição trabalhista, as custas relativas ao processo de conhecimento incidirão à base de 2% (dois por cento), observado o mínimo de R$ 10,64 (dez reais e sessenta e quatro centavos) e o máximo de quatro vezes o limite máximo dos benefícios do Regime Geral de Previdência Social, e serão calculadas: III – no caso de procedência do pedido formulado em ação declaratória e em ação constitutiva, sobre o valor da causa.[9]

Em caso de condenação do requerente no pagamento dos salários relativos ao período do afastamento do empregado, o percentual das custas deve incidir sobre o valor respectivo.

Exemplos de questões sobre o tema

(TRT 4 – Juiz do Trabalho Substituto 4ª região/2016) Assinale a assertiva correta sobre inquérito para apuração de falta grave.

a) No inquérito para apuração de falta grave, poderá o empregador apresentar reclamação oral, a qual será reduzida a termo pelo serventuário da justiça.

b) Segundo a jurisprudência, o prazo decadencial, para o ajuizamento do inquérito para apuração de falta grave, é de 30 (trinta) dias, contado a partir da suspensão do empregado estável.

c) Constitui requisito legal para o ajuizamento do inquérito para apuração de falta grave a suspensão do empregado, a fim de viabilizar a investigação do fato que embasa a justa causa alegada e permitir ao empregado a ampla defesa e o contraditório plenos.

9. Anteriormente à edição da Lei nº 10.537/02, as custas, no inquérito, deveriam ser pagas até a prolação da sentença, conforme entendimento da já cancelada Súmula nº 49 do TST. "INQUÉRITO JUDICIAL. No inquérito judicial, contadas e não pagas as custas no prazo fixado pelo juízo, será determinado o arquivamento do processo".

d) A sentença que acolhe a pretensão deduzida no inquérito para apuração de falta grave extingue o contrato de trabalho na data do trânsito em julgado da decisão, uma vez sujeita a recurso.

e) Constitui faculdade do empregado, na ação que julga improcedente o inquérito para apuração de falta grave, retornar às suas atividades, podendo optar, em razão do desgaste havido no processo, pelo pagamento de uma indenização relativa ao período de estabilidade.

Resposta: B

(FCC – Juiz do Trabalho Substituto 15ª região/2015) Em relação ao inquérito para apuração de falta grave, de acordo com os dispositivos legais aplicáveis, a jurisprudência pacífica do TST e a doutrina, é INCORRETO afirmar que

a) o empregador apresentará reclamação por escrito na Vara do Trabalho, dentro de trinta dias, contados da data da suspensão do empregado.

b) se tiver havido prévio reconhecimento da estabilidade do empregado, o julgamento do inquérito pela Vara do Trabalho não prejudicará a execução para pagamento dos salários devidos ao empregado, até a data da instauração do mesmo inquérito.

c) o prazo de trinta dias contados da suspensão do empregado para ajuizamento do inquérito é decadencial, pois se trata de ação constitutiva de direito.

d) a sentença que rejeita o pedido de inquérito assume caráter condenatório ao estabelecer a responsabilidade do empregador no pagamento de salários e todas as vantagens referentes ao período de afastamento do empregado.

e) julgado improcedente o inquérito para apuração de falta grave de dirigente sindical, a determinação judicial de reintegração do empregado estável deve ser cumprida pelo empregador, sob pena de reintegração forçada, não sendo possível a conversão em indenização, já que o interesse protegido é coletivo.

Resposta: E

(TRT 3 – Juiz do Trabalho Substituto 3ª região/2014) É correto afirmar quanto ao inquérito judicial para apuração de falta grave:

a) Se aplica a todos os tipos de estabilidades provisória e, sendo uma faculdade dada ao empregador, poderá ele utilizar-se, ou não, desse instrumento para dispensar por justa causa empregado portador de garantia de emprego.

b) Pressupõe a suspensão do empregado e o ajuizamento do inquérito judicial para apurar a falta grave, trinta dias após cumprida a suspensão aplicada.

c) O prazo legal de trinta dias para o ajuizamento do inquérito é vinculado ao empregador, razão pela qual este é decadencial e não prescricional.

d) Nos termos da Súmula 379 do TST, a dispensa do dirigente sindical, por falta grave, prescinde do inquérito judicial para apuração de falta grave.

e) Julgado improcedente o inquérito judicial, o trabalhador será readmitido e a empresa condenada a pagar os direitos do trabalhador, desde a data da sentença até a efetiva readmissão.

Resposta: C

(TRT 2 – Juiz do Trabalho Substituto 2ª região/ 2013) Em relação ao inquérito judicial para a apuração de falta grave não é possível afirmar. Aponte a alternativa incorreta:

a) Trata-se de ação constitutiva necessária para a apuração de falta grave não é resolução de contrato de trabalho do empregado estável por iniciativa do empregador.

b) Para a apuração de falta grave contra empregado garantido por estabilidade, o empregador ajuizará reclamatória, verbal ou escrita, perante a Vara de Trabalho, dentro de trinta dias, contados da data da suspensão do empregado.

c) O empregado acusado de falta grave poderá ser suspenso de suas funções, mas a sua despedida só se tornará efetiva após o inquérito em que se verifique a procedência da acusação.

d) A suspensão do contrato do empregado estável, acusado de falta grave, perdurará até decisão final do processo.

e) Reconhecida a inexistência de falta grave praticada pelo empregado, fica o empregador obrigado a readmiti-lo no serviço e a pagar-lhe os salários do período da suspensão.

Resposta: B

(TRT 8 – Juiz do Trabalho Substituto 8ª região/ 2013) Sobre Inquérito para apuração de falta grave (cabimento, prazo, julgamento, natureza e efeitos da sentença), é CORRETO afirmar que:

a) Para a instauração do inquérito para apuração de falta grave contra empregado garantido com estabilidade, o empregador apresentará reclamação por escrito à Vara do Trabalho, dentro de 30 (trinta) dias, contados da data da suspensão do empregado. Se tiver havido prévio reconhecimento da estabilidade do empregado, o julgamento do inquérito pelo Juízo não prejudicará a execução para pagamento dos salários devidos ao empregado, até a data da instauração do mesmo inquérito.

b) Atualmente, o inquérito para apuração de falta grave é ação exigível para desconstituir o contrato individual do trabalho de empregado portador de estabilidade.

c) O empregado estável acusado de falta grave poderá ser suspenso de suas funções, mas a sua despedida só se tornará efetiva após decisão proferida na ação de inquérito em que se verifique a procedência da acusação. Reconhecida a inexistência de falta grave praticada pelo empregado, fica o empregador obrigado a readmiti-lo no serviço e a pagar-lhe os salários a que teria direito no período da suspensão. Todavia, quando a reintegração do empregado estável for desaconselhável, dado o grau de incompatibilidade resultante do dissídio, especialmente quando for o empregador pessoa física, o tribunal do trabalho poderá converter aquela obrigação em indenização, como faculdade das partes e não por imperativo dos fatos.

d) Se a ação de inquérito for julgada procedente, o contrato de trabalho do estável fica rescindido a partir do trânsito em julgado da decisão, independente de ter havido suspensão do empregado.

e) A conversão da reintegração em indenização em dobro não constitui incidente de execução.

Resposta: A

5. HOMOLOGAÇÃO DE ACORDO EXTRAJUDICIAL

A Lei nº 13.467/17 introduziu um **procedimento de jurisdição voluntária** no âmbito do processo do trabalho para permitir que empregado, empregador e responsáveis legais submetam o acordo extrajudicial relativo às verbas decorrentes da execução e extinção do contrato de emprego **à homologação do juiz do trabalho.**

5.1. Competência funcional

O art. 652, "f", da CLT confere competência às **Varas do Trabalho** para conduzir esse procedimento: "Compete às Varas do Trabalho: [...] f) decidir quanto à homologação de acordo extrajudicial em matéria de competência da Justiça do Trabalho".

5.2. Natureza jurídica

Consiste, praticamente, na única forma do exercício da **jurisdição voluntária** no processo laboral, já que a **homologação retroativa de opção pelo regime do FGTS** só poderia ser utilizado pelo empregado admitido entre 1966 e 1988 e que tenha optado pelo sistema de indenização da CLT.

5.3. Pedido

O pedido de homologação deve ser feito por meio de petição firmada por todos os interessados, geralmente empregado e empregador, devidamente representados por **advogados distintos**, na forma prevista pelo art. 855-B da CLT:

> **Art. 855-B.** O processo de homologação de acordo extrajudicial terá início por petição conjunta, sendo obrigatória a representação das partes por advogado.
>
> **§ 1º** As partes não poderão ser representadas por advogado comum.
>
> **§ 2º** Faculta-se ao trabalhador ser assistido pelo advogado do sindicato de sua categoria.

5.4. Procedimento

Com o protocolo da petição de acordo extrajudicial, **suspende-se o prazo prescricional** em relação aos direitos nela contidos, voltando a fluir após o transito em julgado da decisão que negar a homologação do acordo (art. 855-E da CLT). Contudo, tal efeito suspensivo não se aplica em relação ao prazo para pagamento das verbas rescisórias.

No prazo de **quinze dias** a contar da distribuição da petição, o juiz analisará o acordo, designará audiência **se entender necessário e proferirá sentença** (art. 855-D da CLT) homologando ou não todo o acordo ou parte dele.

A decisão que deixa de homologar o acordo, ainda que parcialmente, **deve ser fundamentada**.

Nesse sentido Enunciado nº 110 aprovado na 2ª Jornada de Direito Material de Processual do Trabalho:

> **ENUNCIADO Nº 110. JURISDIÇÃO VOLUNTÁRIA. ACORDO EXTRAJUDICIAL. RECUSA À HOMOLOGAÇÃO** O JUIZ PODE RECUSAR A HOMOLOGAÇÃO DO ACORDO, NOS TERMOS PROPOSTOS, EM DECISÃO FUNDAMENTADA

5.5. Recurso

Cabe recurso ordinário da sentença que rejeita a homologação do acordo ou parte dele, conforme preceito contido no art. 724 do CPC: "Da sentença caberá apelação". A negativa do juiz em homologar o acordo pode se fundar:

a) na ausência de requisitos formais, como advogado comum;

b) no desencontro entre a vontade descrita na petição e a vontade real dos interessados;

c) no fato de envolver direitos indisponíveis, pois estes não admitem renúncia ou transação.

Decisão que deixa de homologar o acordo por simplesmente considerar muito baixo o valor oferecido ao empregado **não encontra guarida no ordenamento jurídico.**

Sobre a temática da homologação de acordo extrajudicial foram aprovados três Enunciados na 2ª Jornada de Direito Material e Processual do Trabalho:

> **ENUNCIADO Nº 123. HOMOLOGAÇÃO DE ACORDO EXTRAJUDICIAL**
>
> I – A FACULDADE PREVISTA NO CAPÍTULO III-A DO TITULO X DA CLT NÃO ALCANÇA AS MATÉRIAS DE ORDEM PÚBLICA.

II – O ACORDO EXTRAJUDICIAL SÓ SERÁ HOMOLOGADO EM JUÍZO SE ESTIVEREM PRESENTES, EM CONCRETO, OS REQUISITOS PREVISTOS NOS ARTIGOS 840 A 850 DO CÓDIGO CIVIL PARA A TRANSAÇÃO;

III – NÃO SERÁ HOMOLOGADO EM JUÍZO O ACORDO EXTRAJUDICIAL QUE IMPONHA AO TRABALHADOR CONDIÇÕES MERAMENTE POTESTATIVAS, OU QUE CONTRARIE O DEVER GERAL DE BOA-FÉ OBJETIVA (ARTIGOS 122 E 422 DO CÓDIGO CIVIL).

ENUNCIADO Nº 124. HOMOLOGAÇÃO DE ACORDO EXTRAJUDICIAL. RECURSO. ANÁLISE PELO TRIBUNAL

NO CASO DE RECURSO DA DECISÃO QUE NÃO HOMOLOGAR DE FORMA FUNDAMENTADA O ACORDO EXTRAJUDICIAL, O TRIBUNAL NÃO PODERÁ RETORNAR O PROCESSO PARA QUE O JUIZ DE PRIMEIRO GRAU O HOMOLOGUE.

ENUNCIADO Nº 125. PROCESSO DE JURISDIÇÃO VOLUNTÁRIA. HOMOLOGAÇÃO DE ACORDO EXTRAJUDICIAL. COMPETÊNCIA TERRITORIAL

I – A COMPETÊNCIA TERRITORIAL DO PROCESSO DE JURISDIÇÃO VOLUNTÁRIA PARA HOMOLOGAÇÃO DE ACORDO EXTRAJUDICIAL SEGUE A SISTEMÁTICA DO ART. 651 DA CLT.

II – APLICA-SE ANALOGICAMENTE O ART. 63, § 3º, DO CPC, PERMITINDO QUE O JUIZ REPUTE INEFICAZ DE OFÍCIO A ELEIÇÃO DE FORO DIFERENTE DO ESTABELECIDO NO ART. 651 DA CLT, REMETENDO OS AUTOS PARA O JUÍZO NATURAL E TERRITORIALMENTE COMPETENTE.

6. AÇÃO DE CONSIGNAÇÃO EM PAGAMENTO

A consignação, judicial ou extrajudicial, é considerada pagamento e extingue a obrigação. Segundo o art. 335 do Código Civil, utiliza-se a consignação em pagamento para:

- se o credor não puder, ou, sem justa causa, recusar receber o pagamento, ou dar quitação na devida forma;
- se o credor não for, nem mandar receber a coisa no lugar, tempo e condição devidos;
- se o credor for incapaz de receber, for desconhecido, declarado ausente, ou residir em lugar incerto ou de acesso perigoso ou difícil;
- se ocorrer dúvida sobre quem deva legitimamente receber o objeto do pagamento;
- se pender litígio sobre o objeto do pagamento.

Apesar de não estar prevista na CLT, a ação de consignação em pagamento **é de larga utilização na Justiça do Trabalho**, notadamente tendo o empregador como autor dessa demanda com o objetivo de afastar os efeitos da mora em relação aos valores devidos a título de parcelas rescisórias, principalmente a multa prevista pelo § 8º, art. 477 da CLT, além dos juros e da correção monetária.

Nada impede, todavia, que o empregado proponha a ação para consignar, por exemplo, o material de trabalho pertencente ao empregador e que esteja em seu poder.

6.1. Previsão legal e espécies

A consignação do valor ou da coisa devida é disciplinada pelos artigos 539 e seguintes do CPC, aplicado subsidiariamente ao processo laboral, em face da omissão da CLT.

Pode assumir a forma extrajudicial e judicial, observando as peculiaridades que norteiam o processo laboral.

A consignação extrajudicial é regida pelos parágrafos do art. 539 do CPC, mas não é utilizada usualmente para obter a quitação de verbas trabalhistas:

> **Art. 539. § 1º** Tratando-se de obrigação em dinheiro, poderá o valor ser depositado em estabelecimento bancário, oficial onde houver, situado no lugar do pagamento, cientificando-se o credor por carta com aviso de recebimento, assinado o prazo de 10 (dez) dias para a manifestação de recusa.
>
> **§ 2º** Decorrido o prazo do § 1º, contado do retorno do aviso de recebimento, sem a manifestação de recusa, considerar-se-á o devedor liberado da obrigação, ficando à disposição do credor a quantia depositada.
>
> **§ 3º** Ocorrendo a recusa, manifestada por escrito ao estabelecimento bancário, poderá ser proposta, dentro de 1 (um) mês, a ação de consignação, instruindo-se a inicial com a prova do depósito e da recusa.
>
> **§ 4º** Não proposta a ação no prazo do § 3o, ficará sem efeito o depósito, podendo levantá-lo o depositante.

A maior crítica que se fazia a esse procedimento era o fato do devedor poder se liberar da obrigação quando o credor não manifestasse recusa no prazo de 10 dias, nos casos em que a relação de emprego contasse com mais de um ano. Nessa situação era exigida a homologação da rescisão contratual, requisito que foi extinto com a aprovação da Lei nº 13.467/17.

6.2. Legitimidade ativa e competência

A legitimação ativa para propor essa espécie de ação não é só do devedor, mas também do terceiro interessado, na forma prevista pelo art. 539, caput, do CPC. Já a competência é do juízo do local do pagamento.

6.3. Legitimidade passiva

O legitimado passivo da ação de consignação em pagamento é o credor. Entretanto, há situações em que o devedor não sabe quem é o credor.

Nesses casos, o autor requererá o depósito e a citação dos possíveis titulares do crédito para provarem o seu direito, devendo ser observadas as seguintes hipóteses (art. 548 do CPC):

> I – não comparecendo pretendente algum, converter-se-á o depósito em arrecadação de coisas vagas;
>
> II – comparecendo apenas um, o juiz decidirá de plano;
>
> III – comparecendo mais de um, o juiz declarará efetuado o depósito e extinta a obrigação, continuando o processo a correr unicamente entre os presuntivos credores, observado o procedimento comum.

6.4. Requisitos da petição inicial

Na petição inicial, o autor requererá (art. 542 do CPC):

> I – o depósito da quantia ou da coisa devida, a ser efetivado no prazo de 5 (cinco) dias contados do deferimento;
>
> II - a citação do réu para levantar o depósito ou oferecer contestação.

Segundo o parágrafo único do art. 542 do CPC, não realizado o depósito no prazo de cinco dias, o processo será extinto sem resolução do mérito.

Ocorre, porém que no processo do trabalho o juiz não analisa a petição inicial. Logo, resta ao requerente fazer o depósito independentemente da manifestação do juiz ou provocá-lo por meio de petição para que se manifeste.

6.5. Contestação

Na contestação, o réu poderá alegar que (art. 544 do CPC):

- não houve recusa ou mora em receber a quantia ou a coisa devida;
- foi justa a recusa;
- o depósito não se efetuou no prazo ou no lugar do pagamento;
- o depósito não é integral.

No caso do inciso insuficiência do depósito, o consignado deverá indicar o montante que entende devido, sendo lícito ao autor completá-lo em 10 dias, salvo se corresponder a prestação cujo inadimplemento acarrete a rescisão do contrato.

6.6. Sentença

Julgado procedente o pedido ou se o credor receber e der quitação, o juiz declarará extinta a obrigação e condenará o réu ao pagamento de custas e honorários advocatícios (art. 546 do CPC).

Exemplo de questão sobre o tema:

(FCC – Juiz do Trabalho/2017) Nas ações civis no processo do trabalho,

a) os atos de disposição de direitos, praticados pelas partes ou por outros participantes do processo e homologados pelo juízo, bem como os atos homologatórios praticados no curso da execução, podem ser objeto de ação anulatória.

b) somente o devedor poderá requerer, com efeito de pagamento, a consignação da quantia ou da coisa devida.

c) se o empregador tiver dúvida sobre quem deve legitimamente receber o pagamento de verbas rescisórias do empregado falecido, poderá propor ação de consignação em pagamento, requerendo o depósito e a citação dos possíveis credores, caso em que a o juiz declarará extinta a obrigação na mesma sentença que definir os legítimos credores.

d) a ação anulatória ajuizada para desconstituir a arrematação deve ser proposta originariamente perante o Tribunal Regional do Trabalho.

e) a decisão que declara extinta a execução é passível de ação anulatória.

Resposta: A

7. AUTOS FÍSICOS E ELETRÔNICOS

Os autos físicos de um processo são constituídos pela instrumentalização dos diversos atos processuais, reunidos de forma cronológica e documentada.

Os autos do processo podem ser representados pela forma física (em extinção), por meio de papel ou outra forma tradicional utilizado para o registro de fatos, ou **pela forma eletrônica**, para a representação do chamado de processo virtual ou processo eletrônico, autorizados por conta da edição da Lei nº 11.419/06, em seu art. 8º:

> **Art. 8º.** Os órgãos do Poder Judiciário poderão desenvolver sistemas eletrônicos de processamento de ações judiciais por meio de autos total ou parcialmente digitais, utilizando, preferencialmente, a rede mundial de computadores e acesso por meio de redes internas e externas.

Os autos do processo eletrônico dispensam o emprego de papel, pois todos os atos processuais instrumentalizados eletronicamente e colocados à disposição dos interessados por meio da rede mundial de computadores (*internet).*

A Resolução nº 185/17 do CSJT trata dessa questão em seu art. 3º:

> **Art. 3º** Os atos processuais terão sua produção, registro, visualização, tramitação, controle e publicação exclusivamente em meio eletrônico e serão assinados digitalmente, contendo elementos que permitam identificar o usuário responsável pela sua prática.

A garantia da autenticidade das informações e conteúdos existentes nos atos processuais **decorre da utilização da assinatura eletrônica**, que é obtida junto as entidades autorizadas a emitir os denominados certificados de assinatura digital.

Já a segurança, em relação ao acesso das informações para a preservação e integridade dos dados nos autos virtuais, é garantida com a utilização de *sites* seguros, protegidos contra a invasão de terceiros, principalmente por meio da atuação de *hackers.*

Como todas unidades judiciarias da Justiça do Trabalho já adotaram o PJe, os autos de processo físico **estão em extinção**.

Inclusive, o art. 41 da consolidação dos provimentos da Corregedodria Geral da Justiça do Trabalho (versão 2019) determina que: "Os autos físicos em tramitação nas unidades judiciárias de primeiro grau serão, obrigatoriamente, migrados para a tramitação exclusivamente eletrônica, mediante seu registro no sistema PJe (Processo Judicial Eletrônico) no módulo "Cadastramento da Liquidação, Execução e Conhecimento (CLEC)".

8. INFORMATIVOS DO TST SOBRE A MATÉRIA

Rito sumaríssimo. Decisão de Turma que conheceu do recurso de revista por contrariedade à Orientação Jurisprudencial nº 191 da SBDI-I. Conhecimento dos embargos por contrariedade à Orientação Jurisprudencial nº 352 da SBDI-I posteriormente convertida na Súmula nº 442 do TST. Possibilidade.

Não obstante, em causas sujeitas ao procedimento sumaríssimo, o conhecimento de embargos esteja autorizado apenas quando em discussão matéria de cunho constitucional ou na hipótese de

contrariedade a súmula do TST (Súmula nº 458 do TST, antiga Orientação Jurisprudencial nº 405 da SBDI-I), admite-se, excepcionalmente, o conhecimento do apelo por contrariedade a orientação jurisprudencial, desde que tenha havido a conversão do verbete em súmula. No presente caso, a Turma conheceu e deu provimento ao recurso de revista interposto pela reclamada para afastar a sua responsabilidade subsidiária, reconhecendo contrariedade à Orientação Jurisprudencial nº 191 da SBDI-I, a despeito da vedação disposta no art. 896, § 6º, da CLT. Nos embargos, mesmo diante da alegação de contrariedade à Orientação Jurisprudencial nº 352 da SBDI-I, entendeu-se autorizado o conhecimento do apelo tendo em vista a posterior conversão desse verbete na Súmula nº 442 do TST. Assim, a SBDI-I, por unanimidade, conheceu dos embargos interpostos pelo reclamante, por contrariedade à Orientação Jurisprudencial nº 352 da SBDI-I, posteriormente convertida na Súmula nº 442 do TST, e, no mérito, deu-lhe provimento para, afastada a possibilidade de conhecimento do recurso de revista pela Orientação Jurisprudencial nº 191 da SBDI-I, determinar o retorno dos autos à Turma de origem, a fim de que aprecie o tema da responsabilidade subsidiária sob o prisma da ofensa aos preceitos constitucionais invocados, bem como da alegada contrariedade à Súmula nº 331 do TST. TST-E-RR-132800-68.2009.5.15.0087, SBDI-I, rel. Min. Luiz Philippe Vieira de Mello Filho, 4.9.2014 (TST. Info nº 88).

Embargos sujeitos à sistemática da Lei nº 11.496/2007. Processo submetido ao rito sumaríssimo. Arguição de contrariedade à Orientação Jurisprudencial nº 142 da SBDI-I. Conhecimento por divergência com os precedentes que originaram o referido verbete. Possibilidade.

Nos termos da Orientação Jurisprudencial nº 405 da SBDI-I, o recurso de embargos sujeito à sistemática da Lei nº 11.496/2007, interposto em processo submetido ao rito sumaríssimo, somente pode ser conhecido quando demonstrada divergência jurisprudencial fundada em interpretação de mesmo dispositivo constitucional ou de matéria sumulada. Não obstante esse entendimento, e tendo em conta que o item I da Orientação Jurisprudencial nº 412 da SBDI-I contempla questão ligada ao art. 5º, LV, da CF, interpretando, portanto, disposição constitucional, a SBDI-I, por maioria, vencidos os Ministros Dora Maria da Costa, Brito Pereira, Maria Cristina Irigoyen Peduzzi e Alberto Luiz Bresciani de Fontan Pereira, conheceu dos embargos pela preliminar de nulidade arguida, por contrariedade aos precedentes que originaram a Orientação Jurisprudencial nº 142 da SBDI-I, e, no mérito, por unanimidade, deu-lhes provimento para anular a decisão proferida pela Turma e determinar a regular intimação pessoal da União, a fim de que, querendo, se manifeste sobre os embargos de declaração opostos pelo reclamante. TST-E-ED-RR-150500-91.2003.5.02.0002, SBDI-I, rel. Min. Delaíde Miranda Arantes, 7.2.2013 (TST. Info nº 35).

9. QUADRO SINÓPTICO

Capítulo I – Processo, procedimento e autos			
Instituto	**Conteúdo**		**Item**
Procedimento ordinário	O procedimento ordinário nos dissídios individuais do trabalho encontra-se disciplinado pelas Seções I e II, Capítulo III, Título X (Do Processo Judiciário do Trabalho).		1
	Enquadramento	Somente estão sujeitas ao procedimento sumaríssimo as ações trabalhistas cujo valor atribuído à causa não ultrapasse, na data do ajuizamento, 40 (quarenta) salários-mínimos. Excluem-se as ações propostas contra as entidades da administração pública direta, autárquica e fundacional da União, Distrito Federal, Estados e Municípios, bem como as demandas que necessitem de notificação por edital.	

<table>
<tr><th colspan="5">Capítulo I – Processo, procedimento e autos</th></tr>
<tr><th>Instituto</th><th colspan="3">Conteúdo</th><th>Item</th></tr>
<tr><td rowspan="4"></td><td rowspan="3">Características</td><td>Audiência</td><td>• sessão única;
• deve ser designada para o prazo máximo de 15 dias;
• só são registrados resumidamente os atos essenciais, as afirmações fundamentais das partes e as informações úteis à solução da causa trazidas pela prova testemunhal.</td><td rowspan="4">2</td></tr>
<tr><td>Provas</td><td>• Todas as provas devem ser produzidas na audiência de instrução e julgamento, inclusive a manifestação do autor em relação aos documentos apresentados pelo reclamado, sem a suspensão da sessão, salvo algumas exceções previstas expressamente em lei;
• Só é permitido a cada litigante indicar, no máximo, duas testemunhas, que comparecerão à audiência independentemente de intimação;
• A prova técnica (pericial) é adstrita aos casos previstos em lei.</td></tr>
<tr><td>Sentença</td><td>• Se o juiz verificar que o reclamante não liquidou os pedidos ou não ofereceu a correta indicação do nome e endereço do reclamado, deve extinguir o processo sem a resolução do mérito, pela ausência de pressupostos de constituição e desenvolvimento válidos;
• Presentes os referidos requisitos e finda a instrução processual, o juiz profere a decisão com os elementos de sua convicção e o resumo dos fatos relevantes, dispensado o relatório.</td></tr>
<tr><td>Recurso</td><td colspan="2">• no caso do recurso ordinário a distribuição é imediata para o relator, dispensada a figura do juiz revisor;
• não há necessidade de remessa dos autos à Procuradoria Regional do Trabalho;
• o acórdão é representado pela própria certidão de julgamento;
• o recurso de revista só é recebido se o acórdão regional for contrário à Súmula do TST, Súmula vinculante do STF ou violar preceito constitucional.</td></tr>
<tr><td rowspan="2">Rito de alçada exclusiva das Varas</td><td>Descrição</td><td colspan="2">A Lei nº 5.584/70 criou um procedimento especial e bastante célere, nos processos cujo valor da causa for inferior ou igual à quantia equivalente a dois salários mínimos, que não foi revogado pela Lei nº 9.957/2000.</td><td rowspan="2">3</td></tr>
<tr><td>Características</td><td colspan="2">• dispensa-se o resumo dos depoimentos na ata de instrução processual. Só há necessidade de o juiz registrar a sua conclusão quanto à matéria fática;
• irrecorribilidade das sentenças proferidas nessas demandas, salvo se houver ofensa a preceito de ordem constitucional.</td></tr>
</table>

<table>
<tr><th colspan="4">Capítulo I – Processo, procedimento e autos</th></tr>
<tr><th>Instituto</th><th colspan="2">Conteúdo</th><th>Item</th></tr>
<tr><td rowspan="5">Inquérito para apuração de falta grave</td><td>Conceito</td><td>O inquérito para apuração de falta grave representa uma ação específica de cognição, cuja decisão possui carga predominantemente constitutiva, e destina-se a promover o rompimento do vínculo do empregado portador de estabilidade, desde que assim a lei o determine expressamente.</td><td>4</td></tr>
<tr><td>Prazo</td><td>Caso o empregador opte pela suspensão do empregado, a ação tem que ser ajuizada no prazo de trinta dias após o seu início. Por esse motivo, considera-se como prazo de decadência que não comporta suspensão ou interrupção.</td><td>4.2</td></tr>
<tr><td>Testemunhas</td><td>Cada parte pode arrolar até seis testemunhas (art. 821 da CLT).</td><td rowspan="3">4.4</td></tr>
<tr><td>Ultrapetição</td><td>Quando do julgamento do inquérito para apuração de falta grave, o juiz pode julgar extra petita, pois a lei faculta-lhe converter o pedido de reintegração, feito pelo empregado, em indenização compensatória.</td></tr>
<tr><td>Custas</td><td>As custas são recolhidas pelo vencido, calculadas no percentual de 2% incidente sobre o valor atribuído à causa.</td></tr>
<tr><td rowspan="6">Homologação de acordo extrajudicial</td><td>Conceito</td><td>A Lei nº 13.467/17 introduziu um procedimento de jurisdição voluntária no âmbito do processo do trabalho para permitir que empregado, empregador e responsáveis legais submetam o acordo extrajudicial relativos às verbas decorrentes da execução e extinção do contrato de emprego à homologação do juiz do trabalho.</td><td rowspan="6">5</td></tr>
<tr><td>Competência</td><td>Varas do trabalho</td></tr>
<tr><td>Procedimento</td><td>• terá início por petição conjunta, sendo obrigatória a representação das partes por advogado.
• As partes não poderão ser representadas por advogado comum.
• Faculta-se ao trabalhador ser assistido pelo advogado do sindicato de sua categoria.</td></tr>
<tr><td>Suspensão do prazo</td><td>Com o protocolo da petição de acordo extrajudicial, suspende-se o prazo prescricional em relação aos direitos nela contidos, voltando a fluir após o transito em julgado da decisão que negar a homologação do acordo (art. 855-E da CLT). Contudo, tal efeito suspensivo não se aplica em relação ao prazo para pagamento das verbas rescisórias.</td></tr>
<tr><td>Decisão</td><td>No prazo de quinze dias a contar da distribuição da petição, o juiz analisará o acordo, designará audiência se entender necessário e proferirá sentença (art. 855-D da CLT) homologando ou não todo o acordo ou parte dele.</td></tr>
<tr><td>Recurso</td><td>Cabe recurso ordinário da sentença que rejeita a homologação do acordo ou parte dele.</td></tr>
<tr><td>Ação de consignação em pagamento</td><td>Cabimento</td><td>• se o credor não puder, ou, sem justa causa, recusar receber o pagamento, ou dar quitação na devida forma;
• se o credor não for, nem mandar receber a coisa no lugar, tempo e condição devidos;
• se o credor for incapaz de receber, for desconhecido, declarado ausente, ou residir em lugar incerto ou de acesso perigoso ou difícil;
• se ocorrer dúvida sobre quem deva legitimamente receber o objeto do pagamento;
• se pender litígio sobre o objeto do pagamento.</td><td>6</td></tr>
</table>

Capítulo I – Processo, procedimento e autos			
Instituto	**Conteúdo**		**Item**
	Requisitos da petição inicial	• Requerimento de depósito da quantia ou da coisa devida, a ser efetivado no prazo de 5 (cinco) dias contados do deferimento; • Requerimento de citação do réu para levantar o depósito ou oferecer contestação.	6.4
	Conteúdo da contestação	• não houve recusa ou mora em receber a quantia ou a coisa devida; • foi justa a recusa; • o depósito não se efetuou no prazo ou no lugar do pagamento; • o depósito não é integral.	6.5
Autos físicos e eletrônicos	**Físicos**	Os autos de um processo são constituídos pela instrumentalização dos diversos atos processuais, reunidos de forma cronológica e documentada.	7
	Eletrônicos	Quando os autos estão representados pela forma digital, também chamado de processo eletrônico, autorizados por conta da edição da Lei nº 11.419/06 e pelos artigos 193 a 199 do CPC de 2015.	

10. QUESTÕES

1. (FEPESE – Procurador do Estado – SC/ 2010) Em relação ao procedimento sumaríssimo na Justiça do Trabalho, assinale a alternativa correta.

a) A citação por edital deve ser realizada no prazo máximo de 30 (trinta) dias.

b) As testemunhas, até o máximo de duas para cada parte, comparecerão à audiência de instrução e julgamento independentemente de intimação.

c) A Administração Pública direta, autárquica e fundacional são partes legítimas para figurarem como rés, opoentes, intervenientes e litisconsortes.

d) Todas as provas deverão ser requeridas na petição inicial e na contestação, sob pena de preclusão.

e) Os incidentes e as exceções que possam interferir no prosseguimento da audiência e do processo serão decididos em 48 (quarenta e oito) horas.

2. (FCC – Procurador do Estado – MT/ 2011) Sobre o procedimento sumaríssimo, é correto afirmar:

a) Estão excluídas as demandas em que é parte a Administração Pública direta e indireta.

b) A sentença mencionará os elementos de convicção do juízo, com resumo dos fatos relevantes ocorridos em audiência, dispensado o relatório e a fundamentação

c) Os dissídios individuais cujo valor não exceda a sessenta vezes o salário mínimo vigente na data do ajuizamento da reclamação ficam submetidos ao procedimento sumaríssimo.

d) As testemunhas, até o máximo de três para cada parte, comparecerão à audiência de instrução e julgamento independentemente de intimação.

e) No julgamento do recurso ordinário, se a sentença for confirmada pelos próprios fundamentos, a certidão de julgamento, registrando tal circunstância, servirá de acórdão.

3. (FEPESE – Procurador do Estado – SC/ 2009. ADAPTADA) Sobre o Procedimento Sumaríssimo, é correto afirmar que comporta o pressuposto do controle da aplicabilidade do procedimento, competindo ao juiz verificar, de ofício, a correspondência do valor atribuído à causa com o conteúdo econômico da pretensão.

4. (NCADE – Advogado/2011) Na Justiça do Trabalho, o Procedimento Sumaríssimo

a) aplica-se aos dissídios coletivos cujo valor da causa não exceda 60 salários mínimos.

b) permite a citação por edital, quando a reclamada não for encontrada, após a tentativa de citação por hora certa previamente determinada.

c) aplica-se aos dissídios individuais cujo valor total do pedido não ultrapasse 40 salários mínimos, inclusive para as ações plúrimas.

d) poderá ter como parte reclamada a Administração Pública autárquica ou fundacional.

e) obriga as partes a requererem previamente as provas que serão produzidas na audiência de instrução e julgamento.

5. (Porto de Santos – Especialista portuário II/Advogado/2011) Considerando o procedimento sumaríssimo, analise os itens seguintes, classificando-os em verdadeiros (V) ou falsos (F).

I. As testemunhas, até o máximo de duas para cada parte, comparecerão à audiência de instrução e julgamento independentemente de intimação.

II. As partes serão intimadas a manifestar-se sobre o laudo de prova técnica, no prazo comum de dez dias.

III. Interrompida a audiência, o seu prosseguimento e a solução do processo dar-se-ão no prazo máximo de trinta dias, salvo motivo relevante justificado nos autos pelo juiz da causa.

IV. A sentença mencionará os elementos de convicção do juízo, com resumo dos fatos relevantes ocorridos em audiência, sendo obrigatório o relatório, a fundamentação e o dispositivo.

Assinale a alternativa que apresenta a classificação correta.

a) I-V, II-V, III-V, IV-F.

b) I-V, II-F, III-V, IV-F.

c) I-V, II-V, III-V, IV-V.

d) I-V, II-V, III-F, IV-F.

e) I-F, II-F, III-V, IV-F.

6. (FEPESE – Procurador do Estado – SC/ 2009. ADAPTADA) Sobre o Procedimento Sumaríssimo, é correto afirmar que não estão excluídos do procedimento sumaríssimo os dissídios individuais em que a parte é a Administração Pública Direta, Autárquica e Fundacional.

7. (TRT 24ª R. Técnico Judiciário/área administrativa/2011) De acordo com a Consolidação das Leis do Trabalho, ficam submetidos ao procedimento sumaríssimo os dissídios individuais cujo valor NÃO exceda a

a) quarenta vezes o salário mínimo vigente na data do ajuizamento da reclamação.

b) quarenta vezes o salário mínimo vigente na data da extinção do contrato de trabalho.

c) vinte vezes o salário mínimo vigente na data do ajuizamento da reclamação.

d) vinte vezes o salário mínimo vigente na data da extinção do contrato de trabalho.

e) sessenta vezes o salário mínimo vigente na data do ajuizamento da reclamação.

8. (Magistratura do Trabalho. 8ª R. 2009. ADAPTADA) Identificam-se no processo do trabalho de conhecimento, dois tipos de procedimento: o comum que se subdivide em ordinário, sumário e sumaríssimo e o especial. Este último aplicado nas ações de inquérito judicial para apuração de falta grave, nos dissídios coletivos e nas ações plúrimas.

9. (FEPESE – Procurador do Estado – SC/ 2009. ADAPTADA) Deve conter a memória de cálculo com a discriminação das somas correspondentes aos créditos pretendidos pelo autor, para aferir a correção do valor correspondente ao pedido.

10. (FCC – Analista Judiciário – Área Judiciária – TRT 3/2015) Em relação ao procedimento sumaríssimo:

a) As testemunhas, até o máximo de duas para cada parte, comparecerão à audiência de instrução e julgamento independentemente de intimação.

b) As testemunhas, até o máximo de três para cada parte, comparecerão à audiência de instrução e julgamento independentemente de intimação.

c) As testemunhas, até o máximo de três para cada parte, comparecerão à audiência de instrução e julgamento mediante intimação.

d) Sobre os documentos apresentados por uma das partes, manifestar-se-á, no prazo de 5 dias, a parte contrária.

e) A testemunha que não comparecer à audiência será intimada, determinando o Juiz sua imediata condução coercitiva.

11. (FCC – Analista Judiciário – Oficial de Justiça Avaliador – TRT 3/2015) Nas reclamações enquadradas no procedimento sumaríssimo,

a) todas as provas serão produzidas na audiência de instrução e julgamento, com exceção da prova testemunhal que será designada para a primeira data desimpedida.

b) a apreciação da reclamação deverá ocorrer no prazo máximo de 30 (trinta) dias do seu ajuizamento.

c) as demandas serão instruídas e julgadas em audiência una, podendo o juiz determinar sua continuação se não for possível concluí-la no mesmo dia.

d) a citação não se fará por edital, incumbindo ao autor a correta indicação do nome e endereço do reclamado.

e) a prova documental poderá ser apresentada a qualquer momento, diante da aplicação do princípio da celeridade.

12. (FCC – Técnico Judiciário – Área Administrativa – TRT 4/2015) Em janeiro de 2015, a reclamação trabalhista A foi interposta pela Soraya em face da empresa privada M possuindo R$ 30.000,00 como valor da causa. A reclamação trabalhista B foi interposta por Claudia em face da fundação pública Z possuindo R$ 25.000,00 como valor da causa. E, a reclamação trabalhista C foi interposta por João em face da autarquia municipal X possuindo R$ 15.000,00 como valor da causa. Nestes casos, o procedimento Sumaríssimo

a) será submetido em todas as reclamações trabalhistas.

b) será submetido apenas nas reclamações trabalhistas A e B.

c) será submetido apenas na reclamação trabalhista A.

d) não será submetido em nenhuma das reclamações trabalhistas mencionadas.

e) será submetido apenas nas reclamações trabalhistas B e C.

13. (TRT 19ª. 2008) Considere as assertivas abaixo a respeito do Procedimento Sumaríssimo.

I. Os dissídios individuais cujo valor não exceda a vinte vezes o salário mínimo vigente na data do ajuizamento da reclamação ficam submetidos ao procedimento sumaríssimo.

II. Estão excluídas do procedimento sumaríssimo as demandas em que é parte a Administração Pública direta, autárquica e fundacional.

III. As partes e advogados comunicarão ao juízo as mudanças de endereço ocorridas no curso do processo, reputando-se eficazes as intimações enviadas ao local anteriormente indicado, na ausência de comunicação.

IV. Todas as provas serão produzidas na audiência de instrução e julgamento, ainda que não requeridas previamente.

De acordo com a CLT, é correto o que se afirma APENAS em

a) II e III.

b) I, II e III.

c) I, III e IV.

d) II, III e IV.

e) I e IV.

14. (Cespe – Técnico Judiciário – Área Administrativa – TRT 8/2016) A respeito do procedimento sumaríssimo aplicado à justiça trabalhista, assinale a opção correta.

a) Depois de intimadas, as testemunhas de cada parte, no máximo três, deverão comparecer à audiência de instrução e julgamento.

b) Dado o princípio da celeridade, não se admite prova técnica pericial no procedimento sumaríssimo.

c) Em procedimento sumaríssimo, não se admite recurso de revista que invoque contrariedade a orientação jurisprudencial do TST.

d) Submetem-se ao procedimento sumaríssimo os dissídios individuais e coletivos cujo valor não exceda a quarenta vezes o salário mínimo vigente na data do ajuizamento da reclamação.

e) Empresa pública não pode ser parte em demanda submetida a procedimento sumaríssimo perante a justiça do trabalho.

15. (FCC – Procurador do Estado – MT/2016) Conforme normas celetistas e entendimento sumulado do Tribunal Superior do Trabalho, no Inquérito para Apuração de Falta Grave,

a) se tiver havido prévio reconhecimento da estabilidade do empregado, o julgamento do inquérito pela Vara do Trabalho não prejudicará a execução para pagamento dos salários devidos ao empregado, até a data da instauração do referido inquérito.

b) na fase de instrução processual, cada uma das partes poderá indicar no máximo cinco testemunhas, sendo admissível a realização de prova pericial.

c) reconhecida a inexistência de falta grave praticada pelo empregado, fica o empregador obrigado a readmiti-lo no serviço e com pagamento dos salários em dobro a que teria direito no período da suspensão.

d) o dirigente sindical titular somente poderá ser dispensado por falta grave mediante a apuração em inquérito judicial, o que não ocorre com o suplente.

e) para a instauração do inquérito para apuração de falta grave contra empregado estável, o empregador apresentará reclamação por escrito à Vara do Trabalho, dentro de noventa dias, contados da data da suspensão do empregado.

16. (QUESTÃO SOBRE A REFORMA TRABALHISTA ELABORADA PELO AUTOR). O processo de homologação de acordo extrajudicial terá início por petição conjunta podendo os interessados serem representados por advogado comum.

17. (QUESTÃO SOBRE A REFORMA TRABALHISTA ELABORADA PELO AUTOR). A petição de homologação de acordo extrajudicial interrompe o prazo prescricional da ação quanto aos direitos nela especificados.

18. (FCC – Analista Legislativo – Alese/2018) Álvaro é auxiliar administrativo da empresa EXZ Seguros Ltda. e, após dez anos de serviços prestados, foi injustamente dispensado. A empresa, além das verbas rescisórias devidas, tem a intenção de pagar a Álvaro uma gratificação extra pelos anos de serviços prestados, pretendendo que tal quantia seja paga de forma segura e dentro dos termos da legislação trabalhista vigente. Nesse caso,

a) as partes poderão se valer do processo de homologação de acordo extrajudicial, por meio de petição conjunta perante a Justiça do Trabalho, sendo obrigatória a representação das partes por advogados diferentes.

b) a empresa deverá pagar as verbas trabalhistas juntamente com a gratificação, no termo de rescisão do contrato de trabalho, obrigatoriamente homologado perante o sindicato da categoria econômica do empregado ou perante autoridade do Ministério do Trabalho, tendo em vista que possui mais de um ano de casa (Obs: O Ministério do Trabalho foi extinto e suas atribuições foram transferidas para a Secretaria Especial de Previdência de Trabalho do Ministério da Economia).

c) não é possível a homologação de acordo extrajudicial perante a Justiça do Trabalho, tendo em vista que as verbas trabalhistas são direitos indisponíveis.

d) as partes poderão se valer do processo de homologação de acordo extrajudicial, por meio de petição conjunta perante a Justiça do Trabalho, podendo inclusive, ser representadas por advogado comum.

e) as partes poderão se valer do processo de homologação de acordo extrajudicial, por meio de petição conjunta perante a Justiça do Trabalho, não sendo obrigatória a representação das partes por advogado, tendo em vista o princípio do *jus postulandi*.

19 (FCC – Analista Judiciário – Oficial de Justiça Avaliador – TRT 6/2018) Considere as afirmações abaixo a respeito do Processo de Jurisdição Voluntária para Homologação de Acordo Extrajudicial.

I. O processo terá início por uma petição conjunta, facultado às partes a representação por advogado.

II. A petição de homologação de acordo extrajudicial suspende o prazo prescricional da ação quanto aos direitos decorrentes do contrato de trabalho em discussão.

III. Se as partes optarem pela representação de advogado, poderão fazê-lo outorgando procuração para advogado comum.

IV. No prazo de 15 dias a contar da distribuição da petição, o juiz analisará o acordo, designará audiência se entender necessário e proferirá sentença.

Está correto o que se afirma APENAS em

a) IV.

b) II e III.

c) I e III.

d) II.

e) I e IV.

20. (FCC – Técnico Judiciário – Área Administrativa – TRT 6/2018) Conforme normas aplicáveis à produção das provas nas reclamatórias trabalhistas que tramitam pelo rito ordinário, NÃO é correto afirmar que

a) cada uma das partes não poderá indicar mais de cinco testemunhas, salvo quando se tratar de inquérito para apuração de falta grave, caso em que esse número poderá ser elevado a seis.

b) como regra, o ônus da prova incumbe ao reclamado, quanto à existência de fato impeditivo, modificativo ou extintivo do direito do reclamante.

c) o depoimento das partes e testemunhas que não souberem falar a língua nacional será feito por meio de intérprete nomeado pelo juiz.

d) se a testemunha for funcionário civil ou militar, e tiver de depor em hora de serviço, será requisitado ao chefe da repartição seu comparecimento à audiência marcada.

e) o documento em cópia oferecido para prova poderá ser declarado autêntico pelo próprio advogado, sob sua responsabilidade pessoal.

21 (FCC – Analista Judiciário – Área Judiciária – TRT 6/2018) A Lei nº 13.467/2017 ampliou a competência das Varas do Trabalho, atribuindo a elas a decisão quanto à homologação de acordo extrajudicial, sendo que

a) este terá início por petição conjunta, sendo facultada às partes a representação por advogado, que pode ser comum a ambas.

b) o juiz analisará o acordo, designará audiência se entender necessário e proferirá sentença no prazo de 5 dias a contar da distribuição da petição.

c) a utilização deste pelas partes, de comum acordo, afasta a multa prevista em lei para o caso de atraso no pagamento das verbas rescisórias.

d) a petição de homologação de acordo extrajudicial suspende o prazo prescricional da ação quanto aos direitos nele especificados que, porém, voltará a fluir no dia útil seguinte ao trânsito em julgado da decisão que negar a homologação do acordo.

e) é incabível a assistência do trabalhador pelo advogado do sindicato de sua categoria, por tratar-se de processo de jurisdição voluntária.

22. (FCC – Analista Judiciário – Oficial de Justiça Avaliador – TRT 15/2018) Denis, dispensado sem justa causa, tem muitas horas a receber e resolve tentar negociá-las com o empregador, pois não tem pretensão de ajuizar reclamação trabalhista em face do mesmo. Após algumas semanas de negociação

Denis e o empregador chegam a um consenso, fazendo um acordo para pagamento das horas extras em cinco parcelas. Visando a segurança para ambos, resolvem utilizar-se do processo de jurisdição voluntária para homologação do acordo extrajudicial entabulado, sendo que

a) a representação por advogado nesse caso é desnecessária, tendo em vista que a negociação do acordo foi feita diretamente pelas partes.

b) a representação das partes por advogado, que poderá ser o mesmo para ambas, é obrigatória, ainda que a negociação do acordo tenha sido feita diretamente por elas.

c) o acordo será apresentado em petição conjunta, que será analisada pelo juiz no prazo de cinco dias a contar de sua distribuição.

d) o juiz analisará o acordo no prazo de quinze dias a contar da distribuição da petição, designará audiência se entender necessário e proferirá sentença.

e) a petição de homologação do acordo interrompe o prazo prescricional em relação às horas extras nela especificadas.

23. (Cespe – Analista – EMAP/2018) Basta que, na reclamação trabalhista, os pedidos de Carla tenham sido formulados de modo certo, determinado e com valor correspondente para que o dissídio tramite pelo procedimento sumaríssimo.

– **Certo**

– **Errado**

24. (AOCP – Analista Judiciário – Área Judiciária – TRT 1/2018) Fernando, funcionário da montadora de veículos WMW S/A, é dirigente sindical e incorreu em falta grave. A empregadora, prontamente, suspendeu o empregado, deixando de pagar-lhe salários a partir daí. Pretende a empregadora demitir Fernando. Em relação ao regramento aplicável à espécie para dispensa do empregado, assinale a alternativa correta.

a) A empresa WMW S/A deverá proceder à instauração de inquérito para apuração da falta para dispensa do empregado perante a Justiça do Trabalho, apresentando reclamação escrita perante a Vara do Trabalho ou Juízo de Direito no prazo prescricional de 2 anos.

b) A empresa WMW S/A deverá proceder à instauração de inquérito para apuração da falta para dispensa do empregado perante a Justiça do Trabalho, apresentando reclamação escrita perante a Vara do Trabalho ou Juízo de Direito dentro de 30 dias contados da data da suspensão do empregado, podendo ouvir, para provar os fatos alegados, até 6 testemunhas.

c) Ainda que reconhecida a estabilidade do empregado, se provado o cometimento da falta grave e julgado procedente o inquérito, este não terá direito ao pagamento dos salários não pagos até a data de instalação do inquérito.

d) A empresa WMW S/A deverá proceder à instauração de inquérito para apuração da falta para dispensa do empregado perante a Justiça do Trabalho, apresentando reclamação escrita perante a Vara do Trabalho ou Juízo de Direito dentro de 15 dias contados da data da suspensão do empregado, podendo ouvir, para provar os fatos alegados, até 6 testemunhas.

e) A empresa deverá apresentar reclamação escrita perante a Vara do Trabalho ou Juízo de Direito dentro de 30 dias contados da data da suspensão do empregado, podendo ouvir, para provar os fatos alegados, até 3 testemunhas.

25. (AOCP – Técnico Judiciário – Área Administrativa – TRT 1/2018) Carolina ingressou com ação em face da empresa Supermercados Boas Compras Ltda., na qual pleiteou direitos trabalhistas que entendera terem sido violados no decorrer do contrato de trabalho findo há quatro meses, quando houve a dispensa sem justa causa da reclamante. O advogado de Carolina, no dia 22 de fev. de 2018, ingressou com a reclamação trabalhista, anexando o cálculo atualizado do débito pleiteado, que totalizou R$ 28.000,00 (vinte e oito mil reais). Foi agendada a audiência para o dia 20 de abr. de 2018. Nessa audiência, Carolina intenciona levar suas testemunhas. Com base nos dados ora apresentados, assinale a alternativa correta, que contenha o procedimento a ser seguido, a característica da audiência e as peculiaridades sobre as testemunhas, respectivamente.

a) Ordinário; a audiência agendada será única e as partes poderão comparecer com até o máximo de três testemunhas cada, independente de intimação.
b) Sumaríssimo; a audiência agendada será única e as partes poderão comparecer com até o máximo de três testemunhas cada, independente de intimação.
c) Ordinário; a audiência agendada será única e as partes poderão comparecer com até o máximo de duas testemunhas cada, dependendo de intimação.
d) Sumaríssimo; a audiência agendada será única e as partes poderão comparecer com até o máximo de duas testemunhas cada, independente de intimação.
e) Ordinário; a audiência agendada não será obrigatoriamente única e as partes poderão comparecer com até o máximo de três testemunhas cada, independente de intimação.

26. (AOCP – Analista Judiciário – Área Administrativa – TRT 1/2018) Rita ingressou com reclamação em face da empresa Padaria Pão Quentinho Ltda., pleiteando o pagamento de horas extraordinárias e diferenças salariais para o piso da categoria estabelecido em instrumento normativo. Apresentou pedido certo e quantitativamente determinado, indicando como valor da causa o importe de R$ 11.500,00. Diante de tais considerações, é correto afirmar que

a) a sentença nesse processo, da qual deverá constar relatório, fundamentação e dispositivo, mencionará os elementos de convicção do juízo, com resumo dos fatos relevantes ocorridos em audiência.
b) a audiência será, obrigatoriamente, una, sendo permitida a oitiva de até duas testemunhas para cada parte, mas a reclamante terá o prazo de 05 dias para se manifestar acerca da contestação e documentos.
c) todos os incidentes e exceções que possam interferir no prosseguimento da audiência e do processo serão decididos por ocasião da sentença, em razão da natureza célere dessa modalidade de rito processual, ao fito de se evitar intercorrências na realização da audiência, que deve ser una.
d) todas as provas serão produzidas na audiência de instrução e julgamento, desde que requeridas previamente.
e) vigora, no caso em análise, o Princípio Dispositivo, posto que o magistrado possui liberdade para ordenar a produção das provas que julgar pertinentes, para excluir ou limitar as que julgar impertinentes, excessivas ou protelatórias, bem como para apreciá-las e dar especial valor às regras de experiência comum ou técnica.

27. (Vunesp – Procurador – Fapesp/2018) Em reclamação trabalhista, cujo valor da causa correspondeu a R$ 10.000,00, uma Fundação pública estadual pretende a anulação da sentença, sob alegação de cerceamento de defesa, pois teve indeferida a oitiva de sua terceira testemunha, que seria imprescindível à prova de suas alegações. Nesse caso, admitindo a veracidade da alegação de imprescindibilidade da prova,

a) a sentença não pode ser anulada, pois a demanda seguiu o rito sumaríssimo.
b) a sentença deve ser anulada, tendo em vista a flagrante violação do amplo direito de defesa, pois a Fundação poderia ouvir até seis testemunhas.
c) a sentença deve ser anulada, pois não se aplica o rito sumaríssimo à hipótese.
d) a anulação depende do entendimento do Tribunal Regional do Trabalho respectivo, pois o rito sumaríssimo é facultativo na hipótese.
e) a sentença deve ser anulada, pois o direito à oitiva de três testemunhas é uma faculdade da Fundação pública, mesmo que seja observado o rito sumaríssimo.

28. (FCC – Técnico Judiciário – Área Administrativa – TRT 6/2018) Conforme previsões contidas na Consolidação das Leis do Trabalho, em relação aos dissídios individuais trabalhistas que tramitam pelo rito sumaríssimo,

a) o valor da causa não pode exceder a vinte vezes o salário mínimo nacional vigente na data da primeira audiência.
b) incumbe ao autor a correta indicação do nome e endereço do reclamado, devendo ser feita a citação por edital, se não houver essa indicação.

c) serão decididos, em cinco dias, todos os incidentes e exceções que possam interferir no prosseguimento da audiência e do processo, sendo que as demais questões serão resolvidas na sentença.

d) estão excluídas do procedimento sumaríssimo as demandas em que é parte a Administração pública direta, autárquica e fundacional.

e) as testemunhas, até o máximo de três para cada parte, como regra, serão intimadas para comparecer em audiência.

11. GABARITO DAS QUESTÕES OBJETIVAS

Gab.		Fundamentação legal e jurisprudencial	Tópico do livro	Obs. eventual
1	B	a) CLT. Art. 852-B, II	a) Item 2.1	–
		b) CLT. Art. 852-H, § 2º	b) Item 2.2	
		c) CLT. Art. 852-A, parágrafo único	c) Item 2.1	
		d) CLT. Art. 852-H, caput	d) Item 2.2	
		e) CLT. Art. 852-G	e) Item 2.3	
2	E	a) CLT. Art. 852-A, parágrafo único	a) Item 2.1	
		b) CLT. Art. 852-I, caput	b) Item 2.3	
		c) CLT. Art. 852-A, caput	c) Item 2.1	
		d) CLT. Art. 852-H, § 2º	d) Item 2.2	
		e) CLT. Art. 895, § 1º, IV	e) Item 2.4	
3	C	Doutrina	a) Item 2.1	–
4	C	a) CLT. Art. 852-A, caput	a) Item 2.1	O procedimento sumaríssimo não se aplica aos dissídios coletivos. Todavia, poderá ser aplicado às demandas plúrimas, desde que o valor total dos pedidos não exceda 40 salários mínimos.
		b) CLT. Art. 852-B, II	b) Item 2.1	
		c) CLT. Art. 852-A, parágrafo único	c) Item 2.1	
		d) CLT. Art. 852-A, parágrafo único	d) Item 2.1	
		e) CLT. Art. 852-H, caput	e) Item 2.2	
5	B	I. CLT. Art. 852-H, § 2º	I. Item 2.2	–
		II. CLT. Art. 852-H, § 6º	II. Item 2.2	
		III. CLT. Art. 852-H, § 7º	III. Item 2.2	
		IV. CLT. Art. 852-I, caput	IV. Item 2.3	
6	E	CLT. Art. 852-A, caput	a) item 2.1	–
7	A	CLT. Art. 852-A, caput	Item 2.1	
8	E	Doutrina	Parte II, Capítulo I	–

Gab.		Fundamentação legal e jurisprudencial	Tópico do livro	Obs. eventual
9	C	CLT. Art. 852-B, I	Item 2.1	-
10	A	a) CLT. Art. 852-H, parágrafo 2º	a) Item 2.2	–
		b) CLT. Art. 852-H, parágrafo 2º	b) Item 2.2	
		c) CLT. Art. 852-H, parágrafo 2º	c) Item 2.2	
		d) CLT. Art. 852-H, parágrafo 1º	d) Item 2.2	
		e) CLT. Art. 852-H, parágrafo 3º	e) Item 2.2	
11	D	a) CLT. Art. 852-H	a) Item 2.2	–
		b) CLT. Art. 852-B, inciso III	b) Item 2	
		c) CLT. Art. 852-C	c) Item 2.2	
		d) CLT. Art. 852-B, inciso II	d) Item 2.1	
		e) CLT. Art. 852-H	e) Item 2.2	
12	C	a) CLT. Art. 852-A	a) Item 2.1	–
		b) CLT. Art. 852-A	b) Item 2.1	
		c) CLT. Art. 852-A	c) Item 2.1	
		d) CLT. Art. 852-A	d) Item 2.1	
		e) CLT. Art. 852-A	e) Item 2.1	
13	D	I. CLT. Art. 852-A, caput	I. Item 2.1	
		II. CLT. Art. 852-A, parágrafo único	II. Item 2.1	
		III. CLT. Art. 852-B, § 2º	III. Parte, II, Capítulo II, Item 5.2	
		IV. CLT. Art. 852-H, caput	IV. Item 2.2	
14	C	a) CLT. Art. 852-H, § 2º	a) Item 2.2	A **Empresa Pública** é **administração indireta,** logo pode ser parte.
		b) CLT. Art. 852-H, § 4º	b) Item 2.2	
		c) TST. Súmula nº 442	c) Item 2.4	
		d) CLT. Art. 852-A, caput	d) Item 2.1	
		e) CLT. Art. 852-A, parágrafo único	e) Item 2.1	
15	A	a) CLT. Art. 855	a) Item 4.3	–
		b) CLT Art. 821	b) Item 4.4	
		c) CLT. Art. 495	c) Item 4.3	
		d) CLT. Art. 543, § 3º	d) Item 4.1	
		e) STF. Súmula nº 403	e) Item 4.2	

Gab.		Fundamentação legal e jurisprudencial	Tópico do livro	Obs. eventual
16	E	CLT. Art. 855-B	Item 5	
17	E	CLT. Art. 855-E	Item 5	
18	A	a) CLT. Art. 855-B, § 1º	a) Item 5	
		b) CLT. Art. 855-B, § 1º	b) Item 5	
		c) CLT. Art. 855-B, § 1º	c) Item 5	
		d) CLT. Art. 855-B, § 1º	d) Item 5	
		e) CLT. Art. 855-B, § 1º	e) Item 5	
19	A	I – CLT, Art. 855-B	Item 5	
		II – CLT, Art. 855-E	Item 5	
		III – Art. 855-B. § 1º	Item 5	
		IV – CLT, Art. 855-D	Item 5	
20	A	a) CLT, Art. 821.	a) Item 4.4	
		b) CLT, Art. 818	b) Parte II, Cap V, Item 7.1	
		c) CLT, Art. 819	c) Parte II, Cap V, Item 6.4	
		d) CLT, Art. 823	d) Parte II, Cap V, Item 6.4, "f"	
		e) CLT, Art. 830	e) Item 6.3, "b"	
21	D	a) CLT, Art. 855-B, §1º	a) Item 5	
		b) CLT, Art. 855-D	b) Item 5	
		c) CLT, Art. 855-B, §2º e 885-C	c) Item 5	
		d) CLT, Art. 855-E	d) Item 5	
		e) CLT, Art. 855-B, §2º	e) Item 5	
22	D	a) CLT, Art. 855-B	a) Item 5	
		b) CLT, Art. 855-B, § 1º	b) Item 5	
		c) CLT, Art. 855-D	c) Item 5	
		d) CLT, Art. 855-D	d) Item 5	
		e) CLT, Art. 855-E	e) Item 5	
23	Errada	CLT. Art. 852-A	Item 2.1	
24	B	a) CLT. Art. 853	a) Itens 4.2 e 4.4.	
		b) CLT. Art. 821 e 853	b) Itens 4.2 e 4.4	
		c) CLT. Art. 855	c) Item 5	
		d) CLT. Art. 853	d) Itens 4.2 e 4.4	
		e) CLT. Art. 821 e 853	e) Itens 4.2 e 4.4	

Gab.		Fundamentação legal e jurisprudencial	Tópico do livro	Obs. eventual
25	D	a) CLT. Arts. 852-A, 852-C, 852-H	a) Item 2	
		b) CLT. Arts. 852-A, 852-C, 852-H	b) Item 2	
		c) CLT. Arts. 852-A, 852-C, 852-H	c) Item 2	
		d) CLT. Arts. 852-A, 852-C, 852-H	d) Item 2	
		e) CLT. Arts. 852-A, 852-C, 852-H	e) Item 2	
26	E	a) CLT. Art. 852, I	a) Item 2	
		b) CLT. Art. 852-H, §1º e 6º	b) Item 2	
		c) CLT. Art. 852-G	c) Item 2	
		d) CLT. Art. 852-H	d) Item 2	
		e) CLT. Art. 852-A ao H	e) Item 2	
27	C	a) CLT. Art. 852- A, par. Único	a) Item 2	
		b) CLT. Art. 852- A, par. Único	b) Item 2	
		c) CLT. Art. 852- A, par. Único	c) Item 2	
		d) CLT. Art. 852- A, par. Único	d) Item 2	
		e) CLT. Art. 852- A, par. Único	e) Item 2	
28	D	a) CLT. Art. 852-A	a) Item 2	
		b) CLT. Art. 852-B	b) Item 2	
		c) CLT. Art. 852-G	c) Item 2	
		d) CLT. Art. 852-A, par Único	d) Item 2	
		e) CLT. Art. 852-H, §§ 2º e 3º	e) Item 2	

CAPÍTULO II

PETIÇÃO INICIAL DO DISSÍDIO INDIVIDUAL DO TRABALHO

1. CONCEITO

Petição, em geral, consiste na instrumentalização de um ato processual da parte, por meio do qual o reclamante ou o reclamado solicita a intervenção do juiz e apresenta as respectivas razões para que se faça, deixe de fazer ou determine algo.

Como a própria terminologia sugere, a petição nada mais é do que um pedido feito ao juiz, mas pode servir para outros objetivos, como por exemplo, o de comunicar a vontade ou para prestar uma simples informação.

Já a **petição inicial** é a materialização de um ato processual por meio do qual **o autor da ação provoca a atuação do Poder Judiciário**, por intermédio do exercício do seu direito público e subjetivo de ação. Nesse contexto o autor narra os fatos, expõe sua pretensão, solicita a entrega da tutela jurisdicional para solução do conflito de interesses caracterizado pela pretensão resistida e dá início à relação jurídica processual trabalhista.[1]

É um dos atos processuais mais importantes no âmbito do processo, visto que é a partir dele que se define a futura atuação da parte contrária (com a apresentação da defesa pelo reclamado) e impõe os limites para a prolação da sentença, responsável pelo fim da relação processual de conhecimento, com ou sem a resolução do mérito.

Desse modo, o juiz, em atenção ao **princípio da congruência**, não pode se afastar dos referidos limites, sob pena de o julgamento ser considerado ultra, citra **ou** extra petita,[2] conforme a decisão seja além, abaixo ou fora do que foi postulado na peça incoativa.

---

1. A referida relação processual completa-se com a notificação do reclamado e é confirmada com a presença do reclamante quando da realização da audiência.
2. Art. 141 do CPC. O juiz decidirá o mérito nos limites propostos pelas partes, sendo-lhe vedado conhecer de questões não suscitadas a cujo respeito a lei exige iniciativa da parte.

ATENÇÃO! Em face do princípio da inércia, o magistrado só poderá prestar a tutela jurisdicional caso seja previamente provocado. E, no processo do trabalho, essa provocação se faz por meio da apresentação de uma reclamação trabalhista, que se efetiva por escrito ou oralmente.

2. FORMA

Como prevalece, no processo do trabalho, o princípio do *ius postulandi* das partes,[3] a petição inicial pode ser apresentada de forma verbal ou escrita, de acordo com o preceito contido no *caput* do art. 840 da Consolidação das Leis do Trabalho.[4]

Quando a reclamação é apresentada verbalmente,[5] deve ser reduzida a termo, datada e assinada pelo servidor responsável.[6]

Em que pese ser admitido esse elevado grau de informalismo no processo do trabalho, a petição inicial deve ser redigida de forma clara, precisa, técnica, porém simples e sem necessariamente ser articulada. A presença desses requisitos permite ao reclamado formular sua defesa e, ao juiz, desenvolver a atividade de interpretar a pretensão deduzida em juízo pelo reclamante.

ATENÇÃO! O artigo 786 da CLT determina que nas localidades onde existirem mais de uma Vara do Trabalho, a reclamação será distribuída para uma delas antes de sua redução a termo.

3. DENOMINAÇÃO

A petição constitui a instrumentalização dos fatos, fundamentos e pleitos que são formulados pelas partes e submetidos ao crivo do juiz durante todo o processo. Quando essa postulação representa a concretização do exercício do direito público e subjetivo de ação da pare autora, recebe a denominação de petição inicial, expressão acolhida com exclusividade pelo CPC e pela CLT.[7]

3. TST. Súmula nº 425 *JUS POSTULANDI* NA JUSTIÇA DO TRABALHO. ALCANCE – Res. 165/2010, DEJT divulgado em 30.04.2010 e 03 e 04.05.2010. O *jus postulandi* das partes, estabelecido no art. 791 da CLT, limita-se às Varas do Trabalho e aos Tribunais Regionais do Trabalho, não alcançando a ação rescisória, a ação cautelar, o mandado de segurança e os recursos de competência do Tribunal Superior do Trabalho.
4. CLT. Art. 840. A reclamação poderá ser escrita ou verbal.
5. Segundo determina o art. 853 da CLT, a forma escrita é exigida para a petição inicial da ação de inquérito para apuração de falta grave: "Para a instauração de inquérito para apuração de falta grave contra empregado garantido com estabilidade, o empregador apresentará **reclamação por escrito** à Junta ou Juízo de Direito, dentro de 30 dias, contados da data da suspensão do empregado". (grifou-se).
6. Em alguns Tribunais do Trabalho, a reclamação a termo só tem sido admitida quando inexistir sindicato ou outras entidades que prestem assistência judiciária ao trabalhador.
7. CLT. Art. 625-D. § 3º em caso de motivo relevante que impossibilite a observância do procedimento previsto no *caput* deste artigo, será a circunstância declarada na **petição inicial** da ação intentada perante a Justiça do Trabalho. (grifou-se).

Essa peça processual também é denominada, pela doutrina e jurisprudência, de: exordial, proemial, vestibular, peça de ingresso, peça incoativa, libelo etc.

4. PREVISÃO LEGAL

Como visto, o processo do trabalho é regulado por diversos Diplomas legais, de forma sucessiva. Somente se aplicam as normas processuais contidas no Código de Processo Civil, quando a Consolidação das Leis do Trabalho for omissa (aplicação subsidiaria) ou quando seus preceitos legais forem incompletos (aplicação supletiva).

A CLT contém preceito que trata da petição inicial. Ainda assim, por não ser incompatível com o processo do trabalho e por oferecer um maior rigor técnico, os profissionais do direito laboral têm optado, por cautela, em utilizar o regramento que consta do art. 319 do CPC de forma supletiva, para evitar que a petição seja, por qualquer motivo, indeferida.

4.1. A petição inicial segundo a CLT

A Consolidação das Leis do Trabalho trata, de forma bem simples, da petição inicial do dissídio individual do trabalho no processo de conhecimento, na forma do disposto em seu art. 840, § 1º, cuja redação foi alterada pela Lei nº 13.467/17, conforme se observa do seguinte quadro comparativo:

<table>
<tr><th colspan="2">REFORMA TRABALHISTA – QUADRO COMPARATIVO
PETIÇÃO INICIAL</th></tr>
<tr><th>REDAÇÃO ANTERIOR DA CLT</th><th>REDAÇÃO ATUAL DA CLT</th></tr>
<tr><td>Art. 840.
§ 1º Sendo escrita, a reclamação deverá conter a designação do presidente da Junta, ou do juiz de Direito, a quem for dirigida, a qualificação do reclamante e do reclamado, uma breve exposição dos fatos de que resulte o dissídio, o pedido, a data e a assinatura do reclamante ou de seu representante.
§ 2º – Se verbal, a reclamação será reduzida a termo, em 2 (duas) vias datadas e assinadas pelo escrivão ou secretário, observado, no que couber, o disposto no parágrafo anterior.</td><td>Art. 840.
§ 1º Sendo escrita, a reclamação deverá conter a designação do juízo, a qualificação das partes, a breve exposição dos fatos de que resulte o dissídio, o pedido, que deverá ser certo, determinado e com indicação de seu valor, a data e a assinatura do reclamante ou de seu representante.
§ 2º Se verbal, a reclamação será reduzida a termo, em duas vias datadas e assinadas pelo escrivão ou secretário, observado, no que couber, o disposto no § 1º deste artigo.
§ 3º Os pedidos que não atendam ao disposto no § 1º deste artigo serão julgados extintos sem resolução do mérito</td></tr>
<tr><th colspan="2">DIFERENÇAS E COMENTÁRIOS</th></tr>
<tr><td colspan="2">A mudança principal encontra-se no § 1º do art. 840 que estabelece como requisito da petição inicial a inserção dos valores de cada pedido, assim como já acontece com as demandas sujeitas ao rito sumaríssimo (art. 852-B, I, da CLT).
Inclusive, a inobservância dessa formalidade implica extinção do pedido sem resolução do mérito, na forma da redação do § 3º, que só deverá ser assim declarado após o juiz conceder ao autor a oportunidade de emendar a sua peça.</td></tr>
</table>

Saliente-se, que a lei não estabeleceu nenhum requisito especial para a petição inicial do processo de inquérito para apuração de falta grave.

4.2. Código de Processo Civil

O CPC possui dispositivo correlatos ao § 1º, do art. 840 da norma consolidada, porém bem mais técnico e completo, pois estabelece outros requisitos para a validade desse ato processual. Trata-se do art. 319:

> **Art. 319.** A petição inicial indicará:
>
> I – o juízo a que é dirigida;
>
> II – os nomes, os prenomes, o estado civil, a existência de união estável, a profissão, o número de inscrição no Cadastro de Pessoas Físicas ou no Cadastro Nacional da Pessoa Jurídica, o endereço eletrônico, o domicílio e a residência do autor e do réu;
>
> III – o fato e os fundamentos jurídicos do pedido;
>
> IV – o pedido com as suas especificações;
>
> V – o valor da causa;
>
> VI – as provas com que o autor pretende demonstrar a verdade dos fatos alegados;
>
> VII – a opção do autor pela realização ou não de audiência de conciliação ou de mediação.

Como dito, a CLT não é omissa e a aplicação dos preceitos contidos no art. 319 do CPC se dá de **forma supletiva**, ou seja, para completar a norma simplista celetista.

4.3. Diferenças

Do confronto entre a CLT e o art. 319 do CPC, verifica-se a **inexigibilidade**, para a petição inicial trabalhista, **de quatro dos requisitos: fundamento jurídico do pedido, provas, valor da causa e informação sobre a realização ou não da audiência de conciliação.**

No primeiro caso, a justificativa é a existência do *ius postulandi* das partes, que dispensa o fundamento jurídico do pedido como requisito da petição inicial, em face do desconhecimento técnico das partes. Contudo, se o reclamante tem advogado constituído é necessário fundamentar a sua pretensão sobe pena **de declaração de inépcia da peça exordial pela ausência da causa de pedir, desde que, intimado, não corrija esse vício.**

Dispensa-se, também, a **indicação dos meios de provas** que poderão ser utilizados, tendo em vista a prevalência do princípio dispositivo que norteia o processo laboral, que confere maiores poderes ao juiz para o seu impulsionamento de ofício.

Se o autor não atribui o valor da causa, essa tarefa passa a ser do juiz. Entretanto, como a parte deve atribuir valores para cada pedido, seja no rito ordinário ou no rito sumaríssimo, indiretamente deve apresentar o valor da causa.

Inclusive, o TST, por meio da Instrução Normativa nº 39/16 (art. 3º, IV) posiciona-se no sentido de ser necessário que o valor da causa seja informado na petição inicial, **ainda que se trate de pedido de indenização por danos morais** (art. 292, V, do CPC).

Em qualquer caso, por ser mais completo, é recomendável que se utilize do esquema da peça incoativa previsto pelo Código de Processo Civil (aplicação supletiva), para evitar a declaração de inépcia da exordial.

No PJe, ainda que o autor não informe o valor da causa na petição inicial, necessariamente terá que assim proceder quando do preenchimento dos campos obrigatórios do formulário de cadastro para ajuizamento de reclamação trabalhista.

5. REQUISITOS DA PETIÇÃO INICIAL

Como dito, os requisitos da petição inicial encontram-se inseridos no art. 840, § 1º, da CLT e art. 319 do CPC.

Todavia, se o meio de tramitação utilizado for o PJe alguns desses requisitos tornam-se repetitivos. Isso ocorre porque o referido sistema de processamento eletrônico de atos processuais exige, da parte ou do advogado, que se faça um cadastro prévio que contém várias informações sobre os litigantes e sobre a natureza da demanda.

A seguir serão analisados cada requisito da petição inicial e sua aplicabilidade ao processo eletrônico.

5.1. Destinatário da petição inicial

A petição inicial é dirigida ao juiz e não ao reclamado. Dessa forma, essa peça processual deve indicar o juízo, pelo título e não pelo nome do magistrado, a quem caberá processá-la e julgá-la.

Segundo determina o § 1º, art. 840, da Consolidação das Leis do Trabalho, a petição inicial deve conter a designação do juízo logo no cabeçalho da primeira página.

Deve-se observar, portanto, as regras de competência em razão do lugar, definidas pelo art. 651 da Consolidação das Leis do Trabalho, e em razão da matéria, conforme preceito contido no art. 114 da Constituição Federal de 1988.

Atente-se para o fato de que a competência em razão do lugar é relativa e que a propositura da ação, por meio da petição inicial, em localidade diversa da prestação de serviço, não constitui hipótese de nulidade. Nesse caso, pode haver uma **prorrogação de competência** caso essa objeção não seja arguída pelo reclamado.

No PJe não é necessário inserir na petição inicial a identificação do juízo ao qual se destina, uma vez que essa tarefa já é feita previamente com o preenchimento do campo obrigatório denominado "Jurisdição", na aba denominada "Dados iniciais".

> **ATENÇÃO!** No processo do trabalho, em regra, o juiz têm contato com a petição inicial apenas em audiência. É nessa oportunidade que deve realizar o juízo de admissibilidade e determinar, quando for o caso, a emenda à peça vestibular se a hipótese for de vícios sanáveis. Nada impede, entretanto, que essa análise seja feita antes da audiência, o que evitaria seu adiamento para corrigir o respectivo defeito.

5.2. Qualificação das partes

A identificação, qualificação e individualização das partes devem ser feitas de forma mais completa possível, com designação de nome, prenome, estado civil, profissão, domicílio, CPF/CNPJ, *e-mail* etc.

Para efeito de formação de banco de dados, bem como para facilitar a execução das sentenças, resoluções internas dos Tribunais Regionais do Trabalho exigem que seja informada a data de nascimento do empregado, o PIS, e o número de série de sua CTPS. Inclusive, o CPC incorporou essa exigência em seu art. 319, II, que também menciona a **necessidade de informar o endereço eletrônico das partes.**

Se a parte é incapaz, o seu representante ou assistente legal, também, deverá ser qualificado.

Qualquer alteração no endereço dos litigantes deve ser imediatamente informada, por petição, conforme previsão contida nos arts. 106, II[8] e 274, parágrafo único[9] do CPC; e no art. 852-B, § 2º, da CLT,[10] **sob pena de reputarem-se válidas as intimações enviadas** para o endereço constante dos autos.

Em face do informalismo, que dirige o processo do trabalho, não se exige, com precisão, a razão social ou o nome e prenome completo do empregador/reclamado, tendo em vista que, em muitos casos e por vários motivos, o operário não tem o completo conhecimento dessas informações. Alie-se a isso o fato de o empregador ser a empresa e não a pessoa física ou jurídica que a controla.

Assim, admite-se a utilização do nome de fantasia, alcunhas ou qualquer outra identificação, pela qual o empregador torna-se conhecido perante a comunidade onde se estabelece.

De qualquer forma, com o comparecimento do empregador à audiência, é necessário retificar e completar a sua denominação e qualificação, para evitar possíveis problemas quando da eventual execução da sentença.

No PJe, a Lei nº 11.419/06, obriga a parte informar o número do seu cadastro de pessoa física (CPF) ou jurídica (CNPJ), que consta do banco de dados da Receita Federal, **salvo na hipótese de impossibilidade que comprometa o acesso à justiça**, representada pelo fato do reclamante não possuir inscrição no referido cadastro.[11]

Note-se que no caso de utilização do sistema de processo eletrônico é possível defender a tese de dispensa da identificação das partes e de suas respectivas qualificações na petição

---

8. CPC. Art. 106. Quando postular em causa própria, incumbe ao advogado: II – comunicar ao juízo qualquer mudança de endereço.
9. CPC. Art. 274. Parágrafo único. Presumem-se válidas as intimações dirigidas ao endereço constante dos autos, ainda que não recebidas pessoalmente pelo interessado, se a modificação temporária ou definitiva não tiver sido devidamente comunicada ao juízo, fluindo os prazos a partir da juntada aos autos do comprovante de entrega da correspondência no primitivo endereço.
10. CLT. Art. 852-B. § 2º. As partes e advogados comunicarão ao juízo as mudanças de endereço ocorridas no curso do processo, reputando-se eficazes as intimações enviadas ao local anteriormente indicado, na ausência de comunicação.
11. Lei nº 11.419/06. Art. 15. Salvo impossibilidade que comprometa o acesso à justiça, a parte deverá informar, ao distribuir a petição inicial de qualquer ação judicial, o número no cadastro de pessoas físicas ou jurídicas, conforme o caso, perante a Secretaria da Receita Federal.

inicial, uma vez que **tais informações são obrigatórias quando o preenchimento da aba "Partes".**

Inclusive o sistema faz a validação do CPF ou do CNPJ junto ao banco de dados da Receita Federal do Brasil. De igual forma, com a inserção do número do CEP, o sistema resgata as informações contidas na Empresa Brasileira de Correios e Telégrafos e insere, automaticamente, o endereço respectivo.

Se for constatada **divergência** entre as informações contidas na inicial e aquelas constantes do cadastro do PJe, **prevalece este último.**

5.3. Fatos e fundamentos jurídicos do pedido

A) Fatos

A Consolidação das Leis do Trabalho exige que conste da inicial apenas **uma breve descrição dos fatos** que deram ensejo ao conflito de interesses.

A exposição dos fatos deve ser sucinta, porém completa, de forma que possibilite ao juiz do trabalho inteirar-se do conflito de interesses que lhe é exposto, de acordo com a regra do brocardo jurídico *da mihi factum, dabo tibi ius*, ou seja, exponha o fato e direi o direito.

A importância da correta narração dos fatos realça-se, pois, se forem impugnados, servirão de base para a apuração dos meios de provas que serão produzidos durante a instrução processual. Pequenos deslizes podem implicar, por exemplo, contradição entre o que consta na petição inicial e a inquirição de alguma testemunha.

B) Fundamentos jurídicos

Como fundamento jurídico do pedido, **entende-se o ato ou fato jurídico que ameaça ou vulnera direito subjetivo de outrem, que integra a pretensão deduzida em juízo,** também denominada de causa de pedir ou *causa petendi*. Por intermédio do fundamento jurídico do pedido é que se explica ao juiz o porquê do requerimento, além de possibilitar que o reclamado construa a sua defesa.

No caso do Direito do Trabalho, o fundamento jurídico do pedido decorre, primeiro, da existência de uma relação de emprego, classificado como **causa remota**. Já a **causa próxima da pretensão** é representada pelo inadimplemento contratual por parte do empregado ou do empregador, ou, como entendem alguns autores, do descumprimento de obrigações legais (lei, instrumentos normativos negociados, sentença normativa etc.) que fixam um conteúdo mínimo para o pacto laboral.

Imagine-se que o reclamante ingresse com uma ação trabalhista, para postular o pagamento de 13º salário. O fundamento jurídico dessa pretensão é, primeiro, a existência do contrato de trabalho e, depois, a alegação expressa de inadimplemento do empregador em relação à parcela acima mencionada.

Como a praxe do processo do trabalho é a cumulação de pedidos, **para cada requerimento deverá haver um fundamento jurídico respectivo.**

Há casos, entretanto, em que **um único fundamento serve de base para o pleito de diversos pedidos**. Por exemplo, a alegação de despedida sem justa causa cumulada com a ausência de quitação das parcelas rescisórias, autoriza a condenação da empresa no pagamento de: férias proporcionais acrescidas de 1/3; 13º salário proporcional; liberação das guias do FGTS etc.

Observe-se que é **dispensável a citação ou transcrição de dispositivo legal na petição inicial**, diante da incidência da regra *iura novit cura*, uma vez que **essa alegação não pode ser considerada como fundamento jurídico do pedido.**

Tal procedimento só seria justificado para facilitar a atuação do magistrado e, ainda assim, quando a norma legal invocada for de pouca utilização prática.

Entende-se, também, que a regra constante do art. 489, § 1º do CPC, que estabelece requisitos para os fundamentos das decisões, **também deve ser utilizada em relação à fundamentação dos pedidos da inicial.**

Assim, **não se consideraria fundamentada** a petição inicial que:

- se limitar à indicação, à reprodução ou à paráfrase de ato normativo, sem explicar sua relação com a causa ou a questão;
- empregar conceitos jurídicos indeterminados, sem explicar o motivo concreto de sua incidência no caso;
- invocar motivos que se prestariam a justificar qualquer outra pretensão;
- se limitar a invocar precedente ou enunciado de súmula, sem identificar seus fundamentos determinantes nem demonstrar que o caso se ajusta àqueles fundamentos;

Todavia, se o reclamante expõe os fatos, os fundamentos jurídicos do pedido e ainda acrescenta à petição inicial indicativo do dispositivo legal violado, mas que não se adequa ao caso concreto, **o juiz pode modificá-lo e informar qual entende ser correto.**

O CPC filiou-se, quanto à causa de pedir, à **teoria da substanciação**, em oposição à teoria da individualização.

Pela teoria da substanciação, é necessário que se exponha a causa próxima (fundamento jurídico do pedido) e a causa remota (fato) para que seja formulada uma petição inicial válida. **Pela teoria da individualização a causa remota é dispensada**, sendo exigida apenas a causa próxima.

No processo do trabalho, a CLT determina que conste na petição inicial apenas uma breve narrativa dos fatos, sob a influência do *ius postulandi* que ainda prevalece, em regra, nesse ramo do direito processual.

Conclui-se, portanto, que a **CLT não se filiou à teoria da substanciação ou da individualização, se feita uma interpretação estritamente literal** dos dispositivos legais que tratam da matéria.

Contudo, diante da necessidade de aplicação de diversos institutos processuais como a coisa julgada, litispendência etc., não se vislumbra a possibilidade de uma inicial trabalhista válida sem a presença, pelo menos, da causa próxima. Como já existe a referência expressa aos fatos, no dispositivo legal celetista, **é possível argumentar que a teoria adotada foi a da substanciação, quando utilizada a interpretação sistemática.**

A doutrina processual trabalhista majoritária também entende dessa forma (Mauro Schiavi, Marcelo Moura e Bezerra Leite):

> A nosso ver, ainda que não se exijam os rigorismos do CPC, é preciso ao menos que haja alguns elementos que tornem possível o exercício das garantias constitucionais consubstanciadas nos princípios do devido processo legal e da ampla defesa, essenciais ao Estado Democrático de Direito. [...] A petição inicial da ação trabalhista individual, portanto, deve conter os fundamentos fáticos e jurídicos. Não há necessidade de indicação do fundamento legal. [12]

C) Declaração de inconstitucionalidade

No Brasil, os órgãos do Poder Judiciário exercem tanto o controle concentrado quanto o controle difuso da constitucionalidade das normas infraconstitucionais.

Desse modo, a fundamentação do reclamante pode atingir, também, a própria validade da lei, desde que ofenda as regras ou princípios constantes da Carta Magna. Isso porque qualquer juiz pode se manifestar sobre essa questão, em cada caso concreto e sem efeito *erga omnes*, uma vez que o controle *in abstracto* ficou reservado para o STF.

Quando da apreciação do pedido formulado na inicial, de declaração de inconstitucionalidade, em nível de Tribunal, **é necessário observar a regra da reserva de plenário**, conforme disposição contida no art. 97 da CF/88 e entendimento constante da Súmula Vinculante nº 10 do STF:

> **CF/88. Art. 97.** Somente pelo voto da maioria absoluta de seus membros ou dos membros do respectivo órgão especial poderão os tribunais declarar a inconstitucionalidade de lei ou ato normativo do Poder Público.
>
> **STF. SV nº 10.** Viola a cláusula de reserva de plenário (CF, artigo 97) a decisão de órgão fracionado de tribunal que, embora não declare expressamente a inconstitucionalidade de lei ou ato normativo do poder público, afasta sua incidência, no todo ou em parte.

5.4. Pedido

A) Conceito

O pedido é a solicitação que o autor da demanda faz no sentido de provocar a atuação do Poder Judiciário (pedido imediato). De forma mediata, traduz o requerimento do autor para que seja mantida a orientação contida na norma de Direito material inobservada por quem provocou o conflito de interesses.

Constitui o requerimento do reclamante da ação trabalhista para que o juiz exerça a sua atividade jurisdicional e faça retornar as partes ao *status quo ante*. Em caso de impossibilidade, o requerimento é no sentido de que seja imposta uma indenização compensatória ou reparatória ao réu.

O pedido é requisito necessário para a validade da petição inicial, assim estabelecido pelo art. 319, IV, do CPC e art. 840, § 1º, da CLT.

12. LEITE, Carlos Henrique Bezerra. **Curso de direito processual do trabalho.** 8 ed. São Paulo: Ltr, 2010. p. 442.

Reveste-se de especial relevância a questão referente ao pedido, **uma vez que seus contornos servem de limites para atuação do magistrado**. Isso porque a tutela jurisdicional não pode ser prestada aquém, além ou fora do que se postulou (**princípio da congruência ou da correlação**).

Pela regra do CPC, o pedido deve ser **interpretado segundo o princípio da boa-fé e sempre com observância do conjunto da postulação**, na forma prevista pelo art. 322, § 2º: "A interpretação do pedido considerará o conjunto da postulação e observará o princípio da boa-fé".

Dessa forma, se o reclamante pleiteia a condenação do reclamado no pagamento das horas extras, é vedado ao juiz sentenciar no sentido de, por exemplo, determinar a integração dessa verba ao salário para efeito de produzir reflexos e diferenças em outras parcelas, como décimo terceiro salário, FGTS, férias etc.

Para que isso ocorra, há necessidade de **pedido expresso** no sentido de requerer a integração ao salário e a consequente condenação no pagamento das diferenças respectivas.

B) Espécies

O pedido pode ser de natureza mediata ou imediata. O **pedido mediato** representa o bem da vida perseguido pelo autor da ação. Deriva, logicamente, da vulneração ou ameaça de vulneração do seu direito subjetivo.

Em uma reclamação trabalhista, o pedido mediato representa, por exemplo, o pagamento do equivalente monetário de salários, abonos, gratificações, adicionais, prêmios, 13º salário, férias indenizadas acrescidas de 1/3, aviso prévio indenizado, multa de 40% sobre os depósitos fundiários, horas extras etc.

Já o **pedido imediato** diz respeito à atividade judicial solicitada pela parte, que pode ser de caráter declaratório, condenatório, constitutivo, mandamental e executivo *lato sensu*.

C) Pedido certo, determinado e com valor

O pedido deve ser certo. Veda-se a possibilidade de pedidos genéricos, salvo algumas exceções expressamente previstas em lei, que permitem pedidos de caráter determinável.[13]

O pedido certo e determinado **é aquele que se encontra definido quanto à sua quantidade e qualidade**, de forma a não deixar dúvida quanto ao montante e a natureza da pretensão do reclamante, justamente para delimitar a atuação do juiz e permitir a formação da *res in iudicio deducta*.

São considerados como pedidos certos e determinados: a fixação do período de gozo de férias de trinta dias, o pagamento do 13º salário, no valor de um salário mínimo, a liberação do FGTS e do seguro-desemprego etc.

13. CPC. Art. 324. O pedido deve ser determinado. § 1º É lícito, porém, formular pedido genérico: I – nas ações universais, se o autor não puder individuar os bens demandados; II – quando não for possível determinar, desde logo, as consequências do ato ou do fato; III – quando a determinação do objeto ou do valor da condenação depender de ato que deva ser praticado pelo réu. § 2º O disposto neste artigo aplica-se à reconvenção.

Imagine-se a situação em que um empregado é despedido sem justa causa e sem aviso prévio e ele ingressa com uma reclamação trabalhista na qual postula a condenação da empresa ao pagamento de todas as verbas rescisórias. Trata-se, portanto, de um pedido genérico, defeso pela lei processual.

Quanto aos pedidos considerados genéricos, mas determináveis, pode-se citar o seguinte exemplo muito comum no processo do trabalho: se o empregado trabalha em um meio ambiente insalubre, o pedido de adicional de insalubridade pode deixar de apontar o percentual respectivo (10%, 20% ou 40%), pois somente após a realização da perícia é possível identificar o grau de insalubridade, se mínimo, médio ou máximo. Assim, a sentença respectiva definirá o percentual do adicional de insalubridade, em caso de procedência do pedido, ou remeterá esse procedimento para a fase de liquidação.

Pode acontecer, de igual forma, de o empregado trabalhar em jornada extraordinária e registrar o seu horário em cartões de ponto. A ausência do pagamento dessa verba fundamenta o pedido genérico, mas determinável, de horas extras. Entretanto, a sua quantidade só será conhecida quando a empresa for acionada e juntar aos autos os mencionados controles de frequência.

Entretanto, ainda que o pedido seja determinável, **é necessário indicar o seu valor respectivo** para atender à exigência contida no § 1º do art. 840 da CLT, requisito acrescido à petição inicial trabalhista **submetida ao rito ordinário** pela Lei nº 13.467/17.[14]

De acordo com o TST, esse requisito só se aplica para as demandas ajuizadas a partir de 11.11.2017, conforme se observa do art. 12 da IN nº 41/18: "Art. 12. Os arts. 840 e 844, §§ 2º, 3º e 5º, da CLT, com as redações dadas pela Lei nº 13.467, de 13 de julho de 2017, não retroagirão, aplicando-se, exclusivamente, às ações ajuizadas a partir de 11 de novembro de 2017".

No STF tramita a **ADI nº 6002**, sob a relatoria do Ministro Ricardo Lewandowiski, proposta pela Ordem dos Advogados do Brasil, na qual se postula a declaração de inconstitucionalidade do dispositivo legal em comento, introduzido pela Lei da Reforma Trabalhista.

Como visto, o **princípio da congruência ou da correlação** impede que a tutela seja prestada aquém, além ou fora do que se postulou. Assim, se o autor estabelece uma limitação em relação ao valor do pedido, o juiz acolhendo a sua pretensão específica **não pode ir além, condenando o reclamado a pagar um valor maior**, ainda que na fase de liquidação de sentença.

Nesse sentido, as decisões a seguir transcritas:

> O Tribunal Regional afastou o pleito de limitação da condenação aos valores do pedido, sob o fundamento de que "o valor dos pedidos pode ser fixado com base na estimativa das parcelas pleiteadas, o que é feito não apenas nas ações sujeitas ao rito sumaríssimo, mas, também, nas de rito sumário (Lei nº 5.584/70, art. 2º, § 2º) e naquelas sujeitas ao procedimento ordinário da CLT". Consignou que "De fato, somente depois de feita a estimativa do valor pleiteado é que se conhecerá o montante do pedido, o que determinará o rito a ser

14. Essa regra só existia para as demandas submetidas ao rito sumaríssimo, na forma prevista pelo art. 852-B da CLT: "Nas reclamações enquadradas no procedimento sumaríssimo: I – o pedido deverá ser certo ou determinado e indicará o valor correspondente".

> seguido. Determinou, assim, que os valores objeto da condenação devem ser apurados em liquidação por cálculos, não sujeitos à limitação dos valores constantes da inicial. Ocorre que o entendimento desta Corte é no sentido de que, havendo pedido líquido e certo na petição inicial, a condenação limita-se ao *quantum* especificado, sob pena de violação dos arts. 141 e 492 do CPC/15 (128 e 460 do CPC/73)". Julgados (TST. RR-12131-83.2016.5.18.0013. 5ª Turma. 04.10.2019).
>
> O pedido deduzido pelo reclamante de forma líquida, e não por mera estimativa, enseja a limitação da condenação ao valor indicado na petição inicial, a qual reflete o exercício adequado e regular da atividade jurisdicional (art. 5º, LIV, da CF). Com esse entendimento, e não vislumbrando violação dos arts. 128 e 460 do CPC, a SBDI-II, à unanimidade, negou provimento a recurso ordinário interposto contra decisão que julgara improcedente a ação rescisória a qual visava desconstituir acórdão que, ao deferir diferenças salariais decorrentes de equiparação salarial, adotou como parâmetro para a condenação o valor indicado na petição inicial. TST-RO-10437-75.2010.5.02.0000, SBDI-II, rel. Min. Douglas Alencar Rodrigues, 19.8.2014 (TST. Info nº 87).

Mas essa questão de o valor do pedido limitar ou não a liquidação da condenação não é pacífica no âmbito do próprio TST, conforme se pode observar de outras decisões desse Tribunal, a exemplo daquela proferida no ARR-1000987-73.2018.5.02.0271:

> Assim, a discussão quanto à limitação da condenação aos valores constantes nos pedidos apresentados de forma líquida na exordial deve ser considerada apenas como fim estimado, conforme normatiza o parágrafo 2º do artigo 12 da IN 41/2018 desta Corte. A decisão regional que limitou a condenação aos valores atribuídos aos pedidos na inicial configura ofensa ao art. 840, § 1º, da CLT. Reconhecida a transcendência jurídica do recurso de revista. Recurso de revista conhecido e provido (TST. 6ª T. Rel. Min. Augusto Cesar Leite de Carvalho. DJT 16.10.2020).

Caso a petição inicial seja omissa em relação ao valor de um, alguns ou todos os pedidos, o juiz deverá **conceder prazo para que o autor proceda à sua emenda**, sob pena de extinção do pedido defeituoso sem a resolução do mérito.

Nesse sentido, o Enunciado nº 105 aprovado na 2ª Jornada de Direito Material de Processual do Trabalho:

> **ENUNCIADO Nº 105. SENTENÇA SEM EXAME DE MÉRITO. DIREITO AUTORAL À EMENDA**
>
> CLT, ART. 840, § 3º. SENTENÇA SEM EXAME DO MÉRITO. NECESSIDADE DE OPORTUNIZAR A EMENDA. A EXORDIAL QUE NÃO ATENDE INTEGRALMENTE OS REQUISITOS LEGAIS DEVE ENSEJAR OPORTUNIDADE PARA EMENDA E NÃO IMEDIATA SENTENÇA SEM EXAME DO MÉRITO, SOB PENA DE OBSTAR O DIREITO DO AUTOR À INTEGRAL ANÁLISE DO MÉRITO (CPC, ARTS. 4º, 6º, 317, 319 E 321; TST, SÚMULA 263).

O juiz também deverá levar em consideração **o valor de cada pedido quando julgá-lo improcedente ou extinto sem resolução do mérito**, inclusive na hipótese de sucumbência recíproca, para efeito de fixar o percentual respectivo de **honorários de sucumbência parcial.**

Note-se que a decisão que determina a emenda da inicial tem natureza interlocutória. Logo, não cabe recurso imediato e nem mandado de segurança, uma vez que é atacável mediante recurso ordinário diferido.

Nesse sentido a decisão do TST a seguir transcrita:

> RECURSO ORDINÁRIO. MANDADO DE SEGURANÇA. DETERMINAÇÃO DE EMENDA À INICIAL DA RECLAMAÇÃO TRABALHISTA. ADEQUAÇÃO AOS TERMOS DO § 1º DO ARTIGO 840 DA CLT. AÇÃO PROPOSTA NA VIGÊNCIA DA LEI Nº 13.467/2017. CERCEAMENTO DE DEFESA. EXISTÊNCIA DE MEDIDA PROCESSUAL PRÓPRIA. AUSÊNCIA DE INTERESSE DE AGIR. ORIENTAÇÃO JURISPRUDENCIAL Nº 92 DA SBDI-2. INCIDÊNCIA. A jurisprudência desta egrégia SBDI-2, consubstanciada na Orientação Jurisprudencial nº 92, segue no sentido de que "não cabe mandado de segurança contra decisão judicial passível de reforma mediante recurso próprio, ainda que com efeito diferido". Idêntica interpretação também se verifica na Súmula nº 267 do STF. A existência de medida processual própria para impugnar o ato apontado como coator, na forma do artigo 5º, inciso II, da Lei nº 12.016/2009 afasta o cabimento desse writ por subsidiariedade, evidenciando a ausência do interesse de agir do postulante. No caso em exame, o ato apontado como coator, consistente em determinação para emendar a inicial da reclamação trabalhista de origem, sob pena de extinção do processo, comporta a oposição de recurso ordinário quando da impugnação da sentença a ser proferida nos respectivos autos (artigo 893, § 1º, da CLT). Ressalto que a reclamação trabalhista foi ajuizada no ano de 2018, portanto já na vigência da Lei nº 13.467/2017, que conferiu nova redação ao § 1º do artigo 840 da CLT, o que afasta a existência de teratologia capaz de ensejar a superação do óbice ao cabimento do mandamus. Eventual nulidade do processo por cerceamento do direito de defesa deve ser resolvida na fase processual ordinária, inclusive em obediência ao princípio do juiz natural da causa. Assim, deve ser mantida a decisão do Regional de denegação da segurança, na forma do § 5º do artigo 6º da Lei nº 12.016/2009. Recurso ordinário não provido (TST-RO-101364-36.2018.5.01.0000 . Rel. Emanoel Pereira. 31.05.2019).

D) Pedido alternativo

O negócio jurídico pode prever que a obrigação seja cumprida por modos distintos. Denomina-se, nesse caso especifico, de obrigações alternativas, cujo disciplinamento encontra-se no art. 252 e seguintes do Código Civil.[15]

Na legislação trabalhista, identificam-se poucas obrigações de natureza alternativa, tanto para o empregador quanto para o empregado. É o caso, por exemplo, do fornecimento de vale-transporte ou de condução própria para o deslocamento dos empregados da sua residência para o local de trabalho; fornecimento de ticket-refeição ou da própria alimentação *in natura*, e outras previstas em acordo ou convenção coletiva de trabalho.[16]

Em tais situações, o reclamante fica autorizado a fazer um pedido alternativo, ou mais tecnicamente, um pedido com possibilidade de duas ou mais formas de cumprimento. Nesse caso, o juiz deve assegurar ao devedor, se a lei e o contrato forem omissos, o direito de

15. Código Civil. Art. 252. Nas obrigações alternativas, a escolha cabe ao devedor, se outra coisa não se estipulou.

16. OBRIGAÇÃO ALTERNATIVA – Ante a existência de obrigação alternativa prevista em norma coletiva, ou seja, em havendo duas prestações com objetos distintos (pagamento do vale-cesta ou o fornecimento da cesta básica *in natura)*, **o cumprimento de uma delas exonera o devedor, ante a prerrogativa que lhe é assegurada, sob pena de bis in idem. (TRT 2ª R. RO 00101. (20040684800). 4ª T. Rel. p/o Ac. Juiz Paulo Augusto Câmara. DOESP 10.12.2004).**

escolher o modo de adimplemento da obrigação alternativa, mesmo que não tenha constado na petição inicial (art. 325 do CPC).[17]

Quando há pedido alternativo na postulação do reclamante, o valor a lhe ser atribuído é aquele correspondente ao de maior valor (CPC. Art. 292, VII).

Ressalte-se que a possibilidade de reintegração do empregado estável despedido pelo empregador, sem a devida apuração feita por meio do inquérito judicial, **constitui faculdade do juiz e não do autor da reclamação trabalhista**. Por conta disso, não pode ser classificada como uma obrigação alternativa.

E) *Cumulação subsidiária de pedidos*

A lei processual civil também permite que o reclamante faça dois ou mais pedidos, cada um com o seu fundamento, subsidiariamente, de forma que o juiz possa conhecer do subsequente, na hipótese de não acolhimento da pretensão relativa ao pedido antecedente.

Não há que se confundir entre pedido alternativo e pedido subsidiário, uma vez que o primeiro está relacionado com a natureza da obrigação de direito material enquanto que o segundo diz respeito às regras de direito processual.

O CPC já contempla expressamente essa espécie de pedido em seu art. 326, *caput*: "É lícito formular mais de um pedido em ordem subsidiária, a fim de que o juiz conheça do posterior, quando não acolher o anterior".

Assim, por exemplo, em uma reclamação, o trabalhador pode pleitear a sua reintegração, alegando ser portador de alguma espécie de estabilidade, e, caso esta não seja reconhecida em juízo, subsidiariamente, a condenação da empresa no pagamento das parcelas rescisórias.

O valor do pedido será, nessa situação, o valor correspondente ao pleito principal, na forma prevista pelo art. 292, VIII, do CPC: "O valor da causa constará da petição inicial ou da reconvenção e será: VIII – na ação em que houver pedido subsidiário, o valor do pedido principal".

Em caso de reconhecimento da pretensão do reclamante em relação ao primeiro pleito, os demais perdem o objeto, em face do seu caráter subsidiário, sem que com isso se configure julgamento *citra petita*.

O TST trata dessa matéria em sua OJ nº 78, da SDI-2, denominando-o de pedido sucessivo, nomenclatura atribuída pelo art. 289 do CPC de 1973:

> **OJ Nº 78.** AÇÃO RESCISÓRIA. CUMULAÇÃO SUCESSIVA DE PEDIDOS. RESCISÃO DA SENTENÇA E DO ACÓRDÃO. AÇÃO ÚNICA. ART. 326 DO CPC DE 2015. ART. 289 DO CPC DE 1973 (atualizada em decorrência do CPC de 2015) – Res. 208/2016, DEJT divulgado em 22, 25 e 26.04.2016. É admissível o ajuizamento de

17. CPC. Art. 325. O pedido será alternativo quando, pela natureza da obrigação, o devedor puder cumprir a prestação de mais de um modo. Parágrafo único. Quando, pela lei ou pelo contrato, a escolha couber ao devedor, o juiz lhe assegurará o direito de cumprir a prestação de um ou de outro modo, ainda que o autor não tenha formulado pedido alternativo.

uma única ação rescisória contendo mais de um pedido, em ordem sucessiva, de rescisão da sentença e do acórdão. Sendo inviável a tutela jurisdicional de um deles, o julgador está obrigado a apreciar os demais, sob pena de negativa de prestação jurisdicional.

F) Pedido cominatório

Quando o reclamante ou o reclamado requerer que a parte contrária seja compelida a cumprir uma obrigação, inclusive de natureza pecuniária, poderá postular, também, que o juiz imponha uma multa pelo não cumprimento da decisão respectiva.

No CPC a matéria não faz parte do capítulo referente ao pedido, mas sim naquele que trata dos poderes e deveres do juiz, mais precisamente no inciso IV, art. 139 e na parte que trata do cumprimento das prestações de fazer, não fazer e entregar coisa (art. 500):

> **Art. 139.** O juiz dirigirá o processo conforme as disposições deste Código, incumbindo-lhe: IV – determinar todas as medidas indutivas, coercitivas, mandamentais ou sub-rogatórias necessárias para assegurar o cumprimento de ordem judicial, inclusive nas ações que tenham por objeto prestação pecuniária.
>
> **Art. 500.** A indenização por perdas e danos dar-se-á sem prejuízo da multa fixada periodicamente para compelir o réu ao cumprimento específico da obrigação.

As sentenças proferidas em tais condições têm carga predominantemente mandamental ou executiva *lato sensu*, pois dispensam o processo autônomo de execução, necessário no processo laboral, mesmo com a edição da Lei nº 11.232/2005.

G) Cumulação de pedidos

Por intermédio da cumulação objetiva, é facultado ao reclamante, em uma mesma reclamação trabalhista, inserir diversas postulações em face de um mesmo reclamado, segundo permissão contida no art. 327 do CPC.

Contudo devem ser atendidas as exigências legais previstas no art. 327, § 1º, do CPC, quais sejam: compatibilidade de pedidos; juízo competente e possibilidade de adotar-se mesmo procedimento para todos. Essa espécie de cumulação é denominada de **cumulação própria e simples**.

> **Art. 327.** É lícita a cumulação, em um único processo, contra o mesmo réu, de vários pedidos, ainda que entre eles não haja conexão.
>
> **§ 1º** São requisitos de admissibilidade da cumulação que: I – os pedidos sejam compatíveis entre si; II – seja competente para conhecer deles o mesmo juízo; III – seja adequado para todos os pedidos o tipo de procedimento.

A principal característica dessa espécie de cumulação **é a autonomia de cada postulação.**

Por conta disso, é possível ajuizar uma reclamação trabalhista para cada pretensão cumulada, uma vez que a lei não veda esse procedimento.

Quanto à **compatibilidade**, não se pode, por exemplo, postular simultaneamente a reintegração ao serviço e o pagamento da indenização de antiguidade ou de parcelas rescisórias.

Por exemplo, um servidor público submetido ao regime celetista, posteriormente transformado em estatutário, não pode ajuizar uma reclamação trabalhista para postular direitos derivados dos dois regimes sucessivos. Isso porque a competência da Justiça do Trabalho limita-se às hipóteses em que o Ente federado adota o regime de trabalho regulado pela CLT.

Antes de proceder à cumulação de pedidos, o reclamante deve observar **se o juiz é competente para apreciar e julgar todos eles**. Imagine-se que o empregado ingresse com uma ação na Justiça do Trabalho e requeira a concessão de reajuste de benefício previdenciário por doença, concomitantemente com o pleito de condenação da empresa a pagar indenização por danos morais em razão dessa mesma moléstia. Nesse caso, somente a Justiça Federal seria competente, em razão da matéria, para julgar o primeiro pedido.

Como a espécie de procedimento no processo laboral, se ordinário ou sumaríssimo, é definida pelo valor atribuído à causa, não há dificuldade para que se proceda à cumulação de pedidos em relação a esse requisito.

O fundamento jurídico dos pedidos pode ser único ou plural. Assim, por exemplo, se o empregado alega que foi despedido injustamente e nada recebeu do empregador a título de verbas rescisórias, pode postular, com esse único fundamento: a condenação do reclamado no pagamento de aviso prévio indenizado, férias proporcionais acrescidas de 1/3, décimo terceiro proporcional, liberação do FGTS e das guias do seguro-desemprego etc.

Entretanto, esse mesmo fundamento não serviria para requerer a condenação da parte ré no pagamento de horas extraordinárias, já que a sua *causa petendi* seria o labor em jornada extraordinária sem a respectiva quitação.

Saliente-se que, no processo do trabalho, ao contrário do que acontece no processo civil, **a cumulação de pedidos é quase que uma regra**. Isso porque, geralmente, o trabalhador ajuíza a reclamação trabalhista somente quando já está desempregado, quando já se acumulam várias irregularidades havidas durante todo o pacto laboral. Cada irregularidade dessas se transformam em pedidos autônomos e cumuláveis.

Deve ser ressaltado que em eventual arquivamento, **a interrupção da prescrição somente se opera em relação aos pedidos idênticos cumulados que constaram na petição inicial,** nos termos do § 3º, art. 11 da CLT (introduzido pela Lei nº 13.467/17) e entendimento do TST consolidado por meio da Súmula nº 268:

> **Art. 11. § 3º** A interrupção da prescrição somente ocorrerá pelo ajuizamento de reclamação trabalhista, mesmo que em juízo incompetente, ainda que venha a ser extinta sem resolução do mérito, produzindo efeitos apenas em relação aos pedidos idênticos.
>
> **SÚMULA Nº 268.** PRESCRIÇÃO. INTERRUPÇÃO. AÇÃO TRABALHISTA ARQUIVADA (nova redação) – Res. 121/2003, DJ 19, 20 e 21.11.2003. A ação trabalhista, ainda que arquivada, interrompe a prescrição somente em relação aos pedidos idênticos.

H) Pedidos implícitos

Determinada categoria de pedidos são considerados como **implícitos**. Nesse passo, o juiz deve apreciá-los, mesmo quando o reclamante não formule a sua pretensão de forma expressa.

São exemplos clássicos dessas espécies de pedidos os honorários advocatícios de sucumbência; os juros de mora; o recolhimento do imposto de renda e da contribuição previdenciária sobre as verbas de natureza salarial; a prescrição; a multa diária (astreintes); a correção monetária e as despesas processuais decorrente da sucumbência.

De forma particular, admite-se que o juiz do trabalho manifeste-se na sentença, mesmo sem pedido, quando se tratar de: aplicação da multa prevista no art. 467 da CLT;[18] indenização decorrente da conversão de pedido de reintegração; aplicação de multa ao empregador que discrimina o empregado por razão de sexo ou etnia (art. 461, § 6º da CLT) etc.

Como dito, não é necessário informar o valor dos pedidos classificados como implícitos na petição inicial.

As prestações periódicas também podem ser consideradas como pedido implícito, conforme preceitua o art. 323 do CPC:

> **Art. 323.** Na ação que tiver por objeto cumprimento de obrigação em prestações sucessivas, essas serão consideradas incluídas no pedido, independentemente de declaração expressa do autor, e serão incluídas na condenação, enquanto durar a obrigação, se o devedor, no curso do processo, deixar de pagá-las ou de consigná-las.

Essas espécies de prestações são facilmente encontradas no contrato de trabalho, uma vez que as obrigações referentes à prestação de serviço e ao pagamento de salário estão em constante renovação, pois derivam do caráter de trato sucessivo dessa espécie de negócio jurídico.

Desse modo, se um empregado ajuíza uma ação trabalhista **durante a execução do contrato de trabalho** e, no curso do processo, vencem-se as obrigações periódicas do empregador, tais verbas são consideradas como expressamente postuladas em caso de inadimplemento.

É possível, inclusive, que sejam incluídas verbas vincendas, ou seja, aquelas que se vencerão após o trânsito em julgado da decisão. O reclamante pode utilizar o mesmo procedimento para iniciar a execução das aludidas verbas vincendas, desde que o reclamado deixe de cumprir a obrigação no prazo estipulado.

Exemplo de questão sobre o tema

(TRT 4 – Juiz do Trabalho Substituto 4ª região/2016) Pretendendo distribuir a ação pelo rito sumaríssimo – na qual iria postular o pagamento de parcelas rescisórias e indenização de despesas pela lavagem de uniforme –, o advogado calculou o valor dos pedidos, conforme determina o art. 852-B, inc. I, da Consolidação das Leis do Trabalho, e constatou que sua pretensão superava 40 (quarenta) salários mínimos. Assim, optou pelo ajuizamento de duas ações distintas, para que ambas permanecessem no rito sumaríssimo, postulando em uma delas as parcelas rescisórias e, em outra, a indenização de despesas pela lavagem de uniforme. Diante disso, o Juiz deve

a) determinar a reunião dos processos, em face da conexão, e a tramitação pelo rito ordinário, uma vez que, para o estabelecimento do rito, deve-se levar em conta a real pretensão da parte.

b) determinar a reunião dos processos, em face da conexão, e limitar o pedido em 40 (quarenta) salários mínimos, uma vez que a opção da parte foi pelo rito sumaríssimo.

18. CLT. Art. 467. Em caso de rescisão de contrato de trabalho, havendo controvérsia sobre o montante das verbas rescisórias, o empregador é obrigado a pagar ao trabalhador, à data do comparecimento à Justiça do Trabalho, a parte incontroversa dessas verbas, sob pena de pagá-las acrescidas de cinquenta por cento.

c) determinar a reunião dos processos, em face da conexão, e indeferir a inicial, uma vez que o valor da real pretensão é incompatível com o rito escolhido pelo autor.

d) determinar a reunião dos processos, em face da conexão, e dar prazo para que o autor escolha entre a tramitação pelo rito ordinário ou pelo rito sumaríssimo, com a limitação a 40 (quarenta) salários mínimos, sob pena de indeferimento da petição inicial.

e) dar seguimento às ações normalmente, pois não há nenhuma ilegalidade.

Resposta: E

5.5. Valor da causa

Nas causas em que o reclamante pretenda ver recomposto o seu patrimônio econômico, em face de uma lesão ao seu direito subjetivo, o valor da causa deve refletir o prejuízo monetário sofrido pelo titular da pretensão respectiva.

Contudo, mesmo que a causa não possua um conteúdo econômico, é necessário arbitrar--lhe um valor, principalmente para efeito de definição do rito processual, para o recolhimento de custas e para fixação de honorários advocatícios de sucumbência.[19]

Pela redação do art. 840, § 1º, da Consolidação das Leis do Trabalho, conclui-se pela não exigência, na inicial, da indicação do valor da causa. Mas como é necessário atribuir o valor de cada pedido, implicitamente exigiu-se o valor da causa como requisito dessa peça processual.

Quando o valor atribuído à causa é inferior a dois salários mínimos, o que é muito raro de acontecer na prática forense, o processo tramita exclusivamente na Vara do Trabalho. Nesse caso, a sentença proferida é irrecorrível, **salvo se contrariar dispositivo constitucional.**

Sobre a competência exclusiva do órgão de primeira instância da Justiça do Trabalho, também denominada de alçada, posiciona-se o TST por intermédio da sua Súmula nº 71: "A alçada é fixada pelo valor dado à causa na data de seu ajuizamento, desde que não impugnado, sendo inalterável no curso do processo".

Isso quer dizer que o critério definidor da competência privativa da Vara do Trabalho é o valor da causa que consta da petição inicial ou, em caso de omissão, aquele fixado pelo juiz, transformados em números de salários-mínimos na data do ajuizamento ou no dia da audiência, conforme o caso.[20]

19. CTL. Art. 789. Nos dissídios individuais e nos dissídios coletivos do trabalho, nas ações e procedimentos de competência da Justiça do Trabalho, bem como nas demandas propostas perante a Justiça Estadual, no exercício da jurisdição trabalhista, as custas relativas ao processo de conhecimento incidirão à base de 2% (dois por cento), **observado o mínimo de R$ 10,64 (dez reais e sessenta e quatro centavos) e serão calculadas: I – quando houver acordo ou condenação, sobre o respectivo valor; II – quando houver extinção do processo, sem julgamento do mérito, ou julgado totalmente improcedente o pedido, sobre *o valor da causa*; III – no caso de procedência do pedido formulado em ação declaratória e em ação constitutiva, *sobre o valor da causa*. Art. 852-B. § 1º O não atendimento, pelo reclamante, do disposto nos incisos I e II deste artigo importará no arquivamento da reclamação e condenação ao pagamento de custas sobre *o valor da causa*. (grifou-se).**

20. TST. Súmula nº 356. ALÇADA RECURSAL. VINCULAÇÃO AO SALÁRIO MÍNIMO. O art. 2º, § 4º, da Lei nº 5.584, de 26.06.1970 foi recepcionado pela CF/1988, sendo lícita a fixação do valor da alçada com base no salário mínimo.

O art. 292 do CPC, aplicado ao processo do trabalho por conta do mandamento contido no art. 3º, IV, da IN nº 39/16 do TST,[21] estabelece ainda algumas regras para fixação do valor da causa:

> **Art. 292.** O valor da causa constará da petição inicial ou da reconvenção e será:
>
> I – na ação de cobrança de dívida, a soma monetariamente corrigida do principal, dos juros de mora vencidos e de outras penalidades, se houver, até a data de propositura da ação;
>
> II – na ação que tiver por objeto a existência, a validade, o cumprimento, a modificação, a resolução, a resilição ou a rescisão de ato jurídico, o valor do ato ou o de sua parte controvertida;
>
> III – na ação de alimentos, a soma de 12 (doze) prestações mensais pedidas pelo autor;
>
> IV – na ação de divisão, de demarcação e de reivindicação, o valor de avaliação da área ou do bem objeto do pedido;
>
> V – na ação indenizatória, inclusive a fundada em dano moral, o valor pretendido;
>
> VI – na ação em que há cumulação de pedidos, a quantia correspondente à soma dos valores de todos eles;
>
> VII – na ação em que os pedidos são alternativos, o de maior valor;
>
> VIII – na ação em que houver pedido subsidiário, o valor do pedido principal.

No mesmo sentido o § 2º, art. 12 da IN nº 41/18 do TST, ao ressaltar que o valor da causa será estimado com a utilização subsidiária dos preceitos contidos no CPC: "§ 2º Para fim do que dispõe o art. 840, §§ 1º e 2º, da CLT, o valor da causa será estimado, observando-se, no que couber, o disposto nos arts. 291 a 293 do Código de Processo Civil".

No PJe a inserção do valor da causa no corpo da petição inicial pode até ser dispensada porque essa informação deve ser fornecida quando do preenchimento do cadastro de processo, na aba denominada "Características", no campo obrigatório "Valor da causa".

Sobre a obrigatoriedade da determinação do valor da causa nos dissídios individuais do trabalho, manifesta-se a doutrina:

Quadro Doutrinário – Valor da causa na petição inicial		
Posicionamento	**Doutrinadores**	**Exemplo**
Obrigatório	Renato Saraiva, Mauro Schiavi, Rodrigues Pinto, Sergio Pinto e Marcelo Moura	A lei que instituiu o rito sumaríssimo (9.957, de 12.1.2000) não previu expressamente que a parte deveria dar valor à causa, na petição inicial, mas exigiu que fosse indicado o "valor correspondente" do pedido (CLT, art. 852-B, I), sob pena de arquivamento do feito e condenação nas custas calculadas "sobre o valor da causa", o que equivale a obrigar a parte, indiretamente, a fornecer o valor da causa (Wagner Giglio). *

21. TST. IN nº 39/16. "Art. 3° Sem prejuízo de outros, aplicam-se ao Processo do Trabalho, em face de omissão e compatibilidade, os preceitos do Código de Processo Civil que regulam os seguintes temas: IV - art. 292, V (valor pretendido na ação indenizatória, inclusive a fundada em dano moral)".

Quadro Doutrinário – Valor da causa na petição inicial		
Posicionamento	**Doutrinadores**	**Exemplo**
Obrigatório só no rito sumaríssimo	Wagner Giglio, Bezerra Leite; e Jouberto Cavalcante e Francisco Neto	*De lege lata*, o valor da causa é requisito obrigatório apenas para as causas sujeitas ao procedimento sumaríssimo, por força dos art. 852-A e 852-B, inciso I, parágrafo 1º, da CLT (Carlos Henrique Bezerra Leite). **
* GIGLIO, Wagner D.; CORREIA, Cláudia Giglio Veltri. **Direito processual do trabalho**. 15 ed. rev. e atual. São Paulo: Saraiva: 2005. p. 175. ** LEITE, Carlos Henrique Bezerra. **Curso de direito processual do trabalho.** 8 ed. São Paulo: Ltr, 2010. p. 458		

O juiz pode **alterar de ofício o valor atribuído à causa** quando verificar **que não corresponde ao conteúdo patrimonial em discussão** ou ao proveito econômico perseguido pelo autor, caso em que se procederá ao recolhimento das custas correspondentes (art. 292, § 3º do CPC, também aplicável ao processo do trabalho, conforme art. 3º, V, da IN nº 39/16 do TST).

> **Art. 292. § 3º** O juiz corrigirá, de ofício e por arbitramento, o valor da causa quando verificar que não corresponde ao conteúdo patrimonial em discussão ou ao proveito econômico perseguido pelo autor, caso em que se procederá ao recolhimento das custas correspondentes.

5.6. Provas

Na petição inicial, o reclamante deve **indicar quais os meios de prova pretende utilizar** para demonstrar a veracidade dos argumentos narrados nessa peça processual.

Isso porque pode acontecer de não ser necessária a realização de prova, *por exemplo,* quando há confissão ficta do reclamado ou quando este, em sua defesa, não faz impugnação específica aos fatos narrados pelo autor.

Como foi analisado anteriormente, prevalece no processo do trabalho o princípio inquisitivo, que confere ao juiz maior poder de condução do processo. Por conta disso, **a omissão sobre os meios de provas na petição inicial da reclamação trabalhista, não inviabiliza a sua produção pelo reclamante**, já que pode ser suprida por determinação do magistrado na busca pela verdade real.

Isso é possível até mesmo no processo civil, conforme se observa da autorização contida no art. 370 do novo CPC: "Caberá ao juiz, de ofício ou a requerimento da parte, determinar as provas necessárias ao julgamento do mérito".

5.7. A opção do autor pela realização ou não de audiência de conciliação ou de mediação

No processo civil, é necessário que o autor informe ao juiz, se deseja ou não que seja realizada uma audiência de conciliação ou mediação.

Não se exige esse requisito para a regularidade da petição inicial trabalhista, mesmo porque logo que é distribuída já é automaticamente designada uma audiência, que será conciliação, instrução e julgamento.

Portanto, uma vez ajuizada a reclamação trabalhista, é o próprio sistema do PJe que providencia a notificação do reclamado, seja pela via postal, por edital ou por oficial de justiça.

Na notificação deve constar, expressamente, a cominação pelo não comparecimento, ou seja, a informação de que a ausência do réu implicará revelia e confissão ficta em relação à matéria fática em que pese inexistir previsão legal dessa consequência na norma consolidada (art. 841).[22]

Esse é o posicionamento do TST, explicitado pelo item I, da Súmula nº 74:

> **SÚMULA Nº 74.** CONFISSÃO. (atualizada em decorrência do CPC de 2015) – Res. 208/2016, DEJT divulgado em 22, 25 e 26.04.2016. I – Aplica-se a confissão à parte que, expressamente intimada com aquela cominação, não comparecer à audiência em prosseguimento, na qual deveria depor. (ex-Súmula nº 74 – RA 69/1978, DJ 26.09.1978)

Uma vez recebida a notificação inicial **no endereço onde se encontra estabelecida a empresa**,[23] forma-se a angularização processual, com o início da demanda, já que o processo, em si, origina-se com o protocolamento da petição inicial, **mas só se confirma com a presença do reclamante no dia designado para audiência**.

> **ATENÇÃO!** Percebe-se, pois, que não há citação do reclamado na fase de conhecimento, mas sim **notificação,** por meio de sua remessa ao endereço do reclamado. A comunicação é no sentido de comparecer à audiência de conciliação, instrução e julgamento, que será a primeira desimpedida, dentro de cinco dias, consoante dispõe o artigo 841 da CLT.

5.8. Documentos que acompanham a inicial

Os documentos, por intermédio dos quais o reclamante pretende demonstrar a veracidade dos argumentos alegados na inicial, devem acompanhar essa peça processual, conforme preceitua o art. 320 do CPC[24] e art. 787 da CLT: "A reclamação escrita deverá ser formulada em duas vias e desde logo acompanhada dos documentos em que se fundar".

Entretanto, o mencionado dispositivo legal do CPC faz referência somente aos documentos **indispensáveis**. Essa circunstância gera interpretações no sentido de ser permitida a juntada de outros documentos que não se revistam dessa característica, assim representados por aqueles incluídos na categoria de úteis.

22. CLT. Art. 841. Recebida e protocolada a reclamação, o escrivão ou chefe de secretaria, dentro de 48 horas, remeterá a segunda via da petição, ou do termo, ao reclamado, notificando-o, ao mesmo tempo, **para comparecer à audiência de julgamento**, que será a primeira desimpedida, depois de cinco dias. (grifou-se).
23. Adota-se esse posicionamento, uma vez que o empregador é a empresa, ente despersonalizado. Contudo, quando o empregado ocupar o polo passivo da relação processual trabalhista, a notificação deve ser recebida por ele para que produza efeitos jurídicos.
24. CPC. Art. 320. A petição inicial será instruída com os documentos indispensáveis à propositura da ação.

A jurisprudência não é pacifica em relação a essa questão, mesmo porque se pode recorrer ao disciplinamento contido no art. 434 do CPC, que não distingue entre as diversas espécies de documentos.[25]

A doutrina não é unânime nesse particular, mas é minoritário o posicionamento que admite a juntada de documentos após a fase postulatória.

Quadro Doutrinário – Juntada de documentos enquanto não encerrada a instrução		
Posicionamento	**Doutrinadores**	**Exemplo**
A favor	Wagner Giglio	Reformulando posição anterior, passamos a entender, como Moacyr Amaral Santos, que os documentos essenciais ou fundamentais da causa deverão, em princípio, acompanhar a petição inicial e a resposta, mas no interesse da Justiça, de desvendar a verdade, admitir-se-á a juntada posterior, não apenas nas hipóteses excepcionais mencionadas, mas "sempre que haja razão plausível e conveniente" (Wagner Giglio). *
Contra	Renato Saraiva, Bezerra Leite, e Francisco Neto e Jouberto Cavalcante	Em função dos diplomas legais acima mencionados, podemos concluir que a prova documental deve ser apresentada pelo reclamante juntamente da peça vestibular e pelo reclamado, em audiência, quando da apresentação da sua defesa (Renato Saraiva). **

* GIGLIO, Wagner e CORREA, Cláudia Giglio Veltri. **Direito processual do trabalho**. 15 ed. São Paulo: Saraiva, 2005. p. 234

** SARAIVA, Renato. **Curso de direito processual do trabalho**. São Paulo: Método, 2007. p 366.

Por cautela, o reclamante deve reunir todos os documentos que possua e que comprovem a veracidade daquilo que foi narrado e anexá-los à petição inicial, salvo se estiverem em poder do reclamado. Nesse caso, o reclamante deve fazer o requerimento de exibição dos documentos pelo reclamado, desde que a sua guarda seja de natureza obrigatória, para que seja assim determinado pelo juiz.

Quando o reclamante ajuíza uma reclamação trabalhista sem colacionar o documento indispensável a sua propositura, o juiz deve indeferir a petição inicial se intimado o autor não cumprir essa diligência no prazo de 15 dias.

Isso pode acontecer, por exemplo, no pedido de pagamento de salário-família, sem a juntada de certidão de nascimento do filho menor de 14 anos do trabalhador.

A Súmula nº 263, do TST, adota esse entendimento:

> **SÚMULA Nº 263.** PETIÇÃO INICIAL. INDEFERIMENTO. INSTRUÇÃO OBRIGATÓRIA DEFICIENTE (nova redação em decorrência do CPC de 2015) – Res. 208/2016, DEJT divulgado em 22, 25 e 26.04.2016. Salvo nas hipóteses do art. 330 do CPC de 2015 (art. 295 do CPC de 1973), o indeferimento da petição inicial, por encontrar-se desacompanhada de documento indispensável à propositura da ação ou não preencher outro requisito legal, somente é cabível se, após intimada para suprir a irregularidade em 15 (quinze) dias, mediante indicação precisa do que deve ser corrigido ou completado, a parte não o fizer (art. 321 do CPC de 2015).

25. CPC. Art. 434. Incumbe à parte instruir a petição inicial ou a contestação com os documentos destinados a provar suas alegações.

Em alguns casos, **o indeferimento da petição inicial ocorre na própria audiência,** uma vez que no processo do trabalho o juiz não tem o dever de analisar os requisitos dessa peça processual e, em seguida, determinar a notificação do reclamado.

Em outras situações, o defeito da peça incoativa só é detectado quando da prolação da sentença, hipótese em que é mais prático e lógico proferir uma sentença de extinção do processo sem a resolução do mérito.

5.9. Outros requisitos

A Lei nº 9.958/2000, alterou a CLT ao inserir os art. 625-A e seguintes, para possibilitar a criação das denominadas comissões de conciliação prévia pelas empresas e sindicatos, como forma de solucionar extrajudicialmente conflitos laborais.

O ajuizamento de qualquer reclamação trabalhista ficaria condicionado à prévia passagem pelas ditas comissões, desde que elas existissem na localidade da prestação de serviços, na forma do preceito contido no art. 625-D da CLT:

> **Art. 625-D.** Qualquer demanda de natureza trabalhista será submetida à Comissão de Conciliação Prévia se, na localidade da prestação de serviços, houver sido instituída a Comissão no âmbito da empresa ou do sindicato da categoria.

Entretanto, o STF, nos autos das ADI's nº 2.139 e 2.160, conferiu ao art. 625-D da CLT, interpretação conforme a Constituição Federal, para declarar o **caráter facultativo da passagem dos litígios trabalhistas pelas comissões de conciliação prévia (Decisão Plenária em 01.08.2018).**

Entende-se que a referida decisão do Supremo Tribunal Federal contribui para o enfraquecimento dos mecanismos extrajudiciais de solução de conflitos laborais e, consequentemente, para o aumento progressivo do número de ações no Poder Judiciário trabalhista.

6. DISTRIBUIÇÃO, REGISTRO E AUTUAÇÃO

Só há necessidade de distribuir a petição inicial quando na localidade há mais de uma Vara do Trabalho. Atualmente, esse processo é totalmente informatizado em todos os Tribunais do Trabalho do Brasil.

O **registro da demanda trabalhista** é feito pela introdução das informações contidas na petição inicial no banco de dados do PJE. Já a **autuação** é feita automaticamente pelo sistema que confere uma numeração única, observando o padrão estabelecido pelo CNJ, que permite a consulta de sua tramitação em qualquer grau de jurisdição.[26]

26. A resolução nº 65/08 do CNJ fixa regras para a uniformização da numeração dos processos em todos os Órgãos do Poder Judiciário, que deverá observar a seguinte estrutura: NNNNNNN-DD.AAAA.J.TR.OOOO. O campo NNNNNNN identifica o número sequencial do processo por unidade de origem (0000), **a ser reiniciado a cada ano. O campo DD identifica o dígito verificador. O campo AAAA identifica o ano de ajuizamento do processo.**

Após o processo de distribuição, o reclamante fica ciente pelo próprio sistema do PJe da data e do horário que foi designado para audiência. Além disso, **fica advertido de que o seu não comparecimento importará em arquivamento da reclamação trabalhista.**

> **ATENÇÃO!** O reclamante que der causa a dois arquivamentos seguidos pelo seu não comparecimento à audiência também fica impossibilitado, pelo prazo de seis meses, de postular perante a Justiça do Trabalho. Esse fenômeno jurídico é denominado pela doutrina de perempção provisória ou temporária.

6.1. Distribuição por dependência

A distribuição é feita por dependência quando já estiver **em curso** outra demanda e for constatada uma relação com a nova ação, seja por conexão ou por continência.

Isso significa que **não há prevenção quando a demanda já tiver sido julgada** ou tiver pedido e causa de pedir diferente da posterior:

> **SÚMULA Nº 07 do TRT11.** CONFLITO DE COMPETÊNCIA. CAUSAS COM OBJETO E CAUSA DE PEDIR DIVERSOS. CONEXÃO NÃO CARACTERIZADA. O mero ajuizamento de reclamação anterior não atrai a prevenção do juízo, se o novo processo proposto tem objeto e causa de pedir diversa ou se um deles já foi julgado, inexistindo conexão. O conflito se resolve fixando-se a competência do juízo que recepcionou a segunda reclamação.

O mesmo procedimento vinculativo é utilizado quando houver arquivamento anterior ou homologação de desistência e a mesma reclamação, com idêntico pedido e causa de pedir, for renovada, mesmo que em litisconsórcio com outros reclamantes.

Os casos de distribuição por dependência estão previstos no art. 286 do CPC:

> **Art. 286.** Serão distribuídas por dependência as causas de qualquer natureza:
>
> I – quando se relacionarem, por conexão ou continência, com outra já ajuizada;
>
> II – quando, tendo sido extinto o processo sem resolução de mérito, for reiterado o pedido, ainda que em litisconsórcio com outros autores ou que sejam parcialmente alterados os réus da demanda;
>
> III – quando houver ajuizamento de ações nos termos do art. 55, § 3º, ao juízo prevento.

Sobre essa questão específica, manifesta-se o TRT3:

> **OJ Nº 01 da SDI-1 do TRT3. PREVENÇÃO. DISTRIBUIÇÃO POR DEPENDÊNCIA.** Para os fins do inciso II do art. 286 do CPC de 2015 (inciso II do art. 253 do CPC de 1973), considera-se prevento o juízo onde se processou a desistência da ação, o arquivamento ou a extinção do processo sem exame do mérito.

O campo J identifica o segmento do Poder Judiciário, reservando o número 5 para a Justiça do Trabalho. O campo TR identifica o Tribunal respectivo.

Trata-se de competência absoluta, de forma que o juiz pode de ofício declarar a sua incompetência quando não observados os requisitos previstos no citado art. 286 do CPC.

6.2. Efeitos da distribuição

No processo do trabalho, a simples distribuição da reclamação trabalhista induz a litispendência, torna litigiosa a coisa e constitui em mora o devedor, além de interromper a prescrição:

QUADRO COMPARATIVO – EFEITOS DA DISTRIBUIÇÃO		
CPC DE 1973	**CPC DE 2015**	**CLT**
Art. 219. A citação válida torna prevento o juízo, induz litispendência e faz litigiosa a coisa; e, ainda quando ordenada por juiz incompetente, constitui em mora o devedor e **interrompe a prescrição.**	**Art. 240**. A citação válida, ainda quando ordenada por juízo incompetente, induz litispendência, torna litigiosa a coisa e constitui em mora o devedor, ressalvado o disposto nos arts. 397 e 398 da Lei nº 10.406, de 10 de janeiro de 2002 (Código Civil).	Sem similar.
Aplicabilidade do CPC ao processo do trabalho	No processo do trabalho, a simples distribuição ou protocolamento da petição inicial provocam os efeitos previstos no art. 240 do CPC que no processo comum é atribuído à citação.	
Diferença entre o CPC de 2015 e o de 1973	A interrupção da prescrição retroage à data da propositura da ação, conforme art. 240, § 1º do CPC de 2015: "A interrupção da prescrição, operada pelo despacho que ordena a citação, ainda que proferido por juízo incompetente, retroagirá à data de propositura da ação". No CPC de 1973, ao contrário do atual, a citação ordenada por juiz incompetente não induzia litispendência nem fazia litigiosa a coisa.	

6.3. Distribuição no PJe

No caso do PJe, a distribuição, a autuação e o registro efetivam-se automaticamente, ou seja, sem a necessidade da presença física dos litigantes ou do seu patrono, na forma prevista pelo art. 10, da Lei nº 11.419/06:

> **Art. 10.** A distribuição da petição inicial e a juntada da contestação, dos recursos e das petições em geral, todos em formato digital, nos autos de processo eletrônico, podem ser feitas diretamente pelos advogados públicos e privados, sem necessidade da intervenção do cartório ou secretaria judicial, situação em que a autuação deverá se dar de forma automática, fornecendo-se recibo eletrônico de protocolo.

Previamente, a parte ou o advogado assinam digitalmente a petição inicial, sem a necessidade da interferência dos servidores da secretaria ou do próprio setor de distribuição.

Em seguida, a demanda é autuada eletronicamente, recebe uma numeração única e o reclamante é intimado do dia da audiência, conforme preceitua o art. 19, § 2º, da Resolução nº 185/17:

> **Art. 19. § 2º** O PJe fornecerá, na distribuição da ação, o número atribuído ao processo, o órgão julgador para o qual foi distribuída e, se for o caso, o local, a data e o horário de realização da audiência, da qual estará a parte autora imediatamente intimada.

Exemplo de questão sobre o tema

(FCC – Juiz do Trabalho Substituto 1ª região/2015) José foi admitido em 21/01/2010 como motorista da Empresa Andaluz Ltda., tendo lá trabalhado até o dia 03/03/2013, quando foi dispensado sem justa causa. Em 03/02/2015, José foi ao Sindicato dos Rodoviários e relatou as suas pendências com a antiga empregadora. Em 20/02/2015, o Sindicato ajuizou ação trabalhista em nome próprio, a fim de pleitear horas extras e diferenças salariais para o motorista José. Na audiência inaugural, a ré arguiu a ilegitimidade passiva ad causam do Sindicato, sob o argumento de a parte autora estar pleiteando direito individual heterogêneo. O juiz acolheu a preliminar e extinguiu o processo sem apreciação do mérito. O Sindicato não recorreu e a sentença terminativa transitou em julgado no dia 02/06/2015. No dia 03/06/2015, José ajuizou ação individual em face da Empresa Andaluz Ltda., com os mesmos pedidos de horas extras e diferenças salariais, mas, desta vez, a ré suscitou a prescrição bienal em sua contestação. Nesse caso, o juiz deve

a) acolher a prescrição bienal, haja vista o decurso do tempo entre o encerramento do contrato e a data de ajuizamento de sua ação individual.

b) acolher a prescrição bienal, haja vista o decurso de tempo entre a data de admissão e o ajuizamento da ação pelo Sindicato.

c) rejeitar a prescrição bienal, haja vista o decurso de tempo entre a data de admissão e o ajuizamento da sua ação individual.

d) rejeitar a prescrição bienal, haja vista o decurso de tempo entre a data de admissão e o ajuizamento da ação pelo Sindicato.

e) rejeitar a prescrição bienal, uma vez que o ajuizamento da ação pelo Sindicato interrompeu o prazo prescricional.

Resposta: E

7. DEFEITOS SANÁVEIS

No processo civil, em regra, a petição inicial é submetida ao crivo do juiz assim que é distribuída ou protocolada, conforme o caso, para analisar seus aspectos formais e materiais.

Já no processo laboral, em regra, o juiz só toma conhecimento dos termos contidos na inicial **quando da realização da audiência**, o que dificulta a análise dos pressupostos de constituição e desenvolvimento válidos do processo.

Ainda assim, o juiz pode, ao verificar a existência de vícios sanáveis, determinar que o reclamante promova os atos necessários à sua regularização, **com indicação precisa do que deve ser corrigido ou completado**, sob pena de indeferimento da inicial, de acordo com o que reza o art. 321 do CPC.

QUADRO COMPARATIVO – EMENDA DA INICIAL		
CPC DE 1973	**CPC DE 2015**	**CLT**
Art. 284. Verificando o juiz que a petição inicial não preenche os requisitos exigidos nos artigos 282 e 283, ou que apresenta defeitos e irregularidades capazes de dificultar o julgamento de mérito, determinará que o autor a emende, ou a complete, no prazo de 10 (dez) dias. Parágrafo único. Se o autor não cumprir a diligência, o juiz indeferirá a petição inicial.	**Art. 321.** O juiz, ao verificar que a petição inicial não preenche os requisitos dos arts. 319 e 320 ou que apresenta defeitos e irregularidades capazes de dificultar o julgamento de mérito, determinará que o autor, no prazo de **15 (quinze) dias**, a emende ou a complete, **indicando com precisão o que deve ser corrigido ou completado**. Parágrafo único. Se o autor não cumprir a diligência, o juiz indeferirá a petição inicial.	Sem similar.
Aplicabilidade do CPC ao processo do trabalho	Como, em regra, o juiz do trabalho não analisa a petição inicial, não haveria possibilidade de detectar eventuais defeitos. Entretanto, como não há norma proibindo tal procedimento, nada impede que o juiz do trabalho faça isso.	
Diferença entre o CPC de 2015 o de 1973	• O prazo para emendar ou completar passa de 10 para 15 dias. • Atendendo ao princípio da cooperação, deve o juiz indicar, com precisão, o que deve ser corrigido ou completado.	

8. INDEFERIMENTO DA PETIÇÃO INICIAL

Quando a petição inicial não preencher os requisitos formais estabelecidos pela lei processual e não existir a possibilidade de saná-los, a hipótese será de **indeferimento** dessa peça.

O art. 330 do CPC também descreve outras causas de indeferimento da inicial:

> **Art. 330.** A petição inicial será indeferida quando:
>
> I – for inepta;
>
> II – a parte for manifestamente ilegítima;
>
> III – o autor carecer de interesse processual;
>
> IV – não atendidas as prescrições dos arts. 106 e 321.

A Súmula nº 263 do Tribunal Superior do Trabalho posiciona-se no sentido de possibilitar o indeferimento da inicial, desacompanhada de documento indispensável à propositura da ação, **somente após a concessão do prazo de 15 dias para a parte sanar a irregularidade.**

> **SÚMULA Nº 263.** PETIÇÃO INICIAL. INDEFERIMENTO. INSTRUÇÃO OBRIGATÓRIA DEFICIENTE (nova redação em decorrência do CPC de 2015) – Res. 208/2016, DEJT divulgado em 22, 25 e 26.04.2016. Salvo nas hipóteses do art. 330 do CPC de 2015 (art. 295 do CPC de 1973), o indeferimento da petição inicial, por encontrar-se desacompanhada de documento indispensável à propositura da ação ou não preencher outro requisito legal, somente é cabível se, após intimada para suprir a irregularidade em 15 (quinze) dias, mediante indicação precisa do que deve ser corrigido ou completado, a parte não o fizer (art. 321 do CPC de 2015).

Na petição inicial o autor deverá informar "os nomes, os prenomes, o estado civil, a existência de união estável, a profissão, o número de inscrição no Cadastro de Pessoas

Físicas ou no Cadastro Nacional da Pessoa Jurídica, o endereço eletrônico, o domicílio e a residência do autor e do réu (art. 319, II, do CPC).

Entretanto, **a petição inicial não será indeferida** se, a despeito da falta dessas informações for possível a citação do réu ou se a obtenção de tais informações tornar impossível ou excessivamente oneroso o acesso à justiça (art. 319, §§ 2º e 3º do CPC).

8.1. Natureza jurídica da decisão de indeferimento

O indeferimento da peça incoativa implica decisão que **extingue do processo sem a apreciação do mérito**.

No CPC, as hipóteses de reconhecimento de ofício dos casos de prescrição e decadência **foram retirados do rol de causas de indeferimento da petição inicial** e foram inseridas no art. 332, § 1º, que regula a **improcedência liminar do pedido:**

> **Art. 332.** Nas causas que dispensem a fase instrutória, o juiz, independentemente da citação do réu, julgará liminarmente improcedente o pedido que contrariar [...]
>
> **§ 1º** O juiz também poderá julgar liminarmente improcedente o pedido se verificar, desde logo, a ocorrência de decadência ou de prescrição.

8.2. Indeferimento por inépcia no processo do trabalho

O indeferimento da inicial, por motivo de inépcia, não tem sido facilmente acolhida pelos juízes e Tribunais Trabalhistas, em virtude da existência do *ius postulandi* das partes.

O argumento que se utiliza para deixar de indeferir a petição inicial, mesmo diante de sua inépcia, é o concernente ao **princípio da conciliação**. Com efeito, o indeferimento da petição inicial, logo após o seu ajuizamento, implicaria impossibilidade das partes pactuarem um acordo em audiência, o que feriria o referido princípio da conciliação.

8.3. Recurso da decisão de indeferimento

Para reformar a decisão que indefere a petição inicial, o reclamante pode manejar o **recurso ordinário**, salvo se o próprio juiz da causa, no exercício do **juízo de retratação**, modificá-la (art. 331 do CPC).[27]

Entretanto, nos casos em que o indeferimento implica extinção do processo sem a apreciação do mérito, o reclamante pode optar por renovar a reclamação trabalhista, uma vez que a escolha pela interposição do recurso ordinário seria bem mais demorada.

9. ADITAMENTO

A Consolidação das Leis do Trabalho não disciplina o instituto do aditamento, ou seja, da possibilidade do autor emendar o pedido, que se estende à possibilidade de alterá-lo ou de suprimir-lhe algo.

27. CPC. Art. 331. Indeferida a petição inicial, o autor poderá apelar, facultado ao juiz, no prazo de 5 **(cinco) dias, retratar-se.**

O CPC em seu art. 329 permite que o autor adite ou altere o seu pedido, desde que o faça **antes da citação, sem a necessidade de consentimento do réu**.

QUADRO COMPARATIVO – ADITAMENTO OU ALTERAÇÃO DA INICIAL		
CPC DE 1973	**NOVO CPC**	**CLT**
Art. 294. Antes da citação, o autor poderá aditar o pedido, correndo à sua conta as custas acrescidas em razão dessa iniciativa.	**Art. 329.** O autor poderá: I – até a citação, aditar ou **alterar** o pedido ou a **causa de pedir, independentemente de consentimento do réu;** II – **até o saneamento do processo, aditar ou alterar o pedido e a causa de pedir, com consentimento do réu, assegurado o contraditório mediante a possibilidade de manifestação deste no prazo mínimo de 15 (quinze) dias, facultado o requerimento de prova suplementar.** Parágrafo único. **Aplica-se o disposto neste artigo à reconvenção e à respectiva causa de pedir.**	Sem similar.
Aplicabilidade do CPC ao processo do trabalho	Como inexiste, no processo de conhecimento trabalhista, o instituto da citação, admite-se que se proceda ao aditamento ou alteração do pedido ou da causa de pedir **até antes de oferecida a defesa.** Entretanto, é necessário que o juiz devolva o prazo para que o reclamado também emende as suas argumentações, se for o caso.	
Diferença entre o CPC de 2015 e o de 1973	• Além do aditamento propriamente dito, o art. 329 do CPC de 2015 deixa expressa a possibilidade de também alterar, tanto o pedido quanto a causa de pedir; • No CPC de 2015 fica claro que a emenda ou alteração pode ser feita sem a concordância do réu, desde que antes da citação; • Na nova ordem processual, cria-se a possibilidade de aditar ou alterar o pedido ou causa de pedir após a citação mas até o saneamento do processo com o consentimento do réu; • Estende-se a possibilidade de aditamento ou alteração para a reconvenção.	

A admissão do aditamento no processo do trabalho, mesmo na omissão da CLT, embasa-se no princípio da economia processual. Com efeito, uma vez obstada essa via para o reclamante, seria necessário o ajuizamento de uma nova ação, o que implicaria retardamento da prestação jurisdicional e gastos para o erário público.

Nesse aspecto, a doutrina encontra-se dividida:

Quadro Doutrinário – Termo final do aditamento		
Posicionamento	**Doutrinadores**	**Exemplo**
Depois da notificação, desde que antes da defesa	Marcelo Moura, Renato Saraiva, Mauro Schiavi, Rodrigues Pinto, Cleber Lúcio e Sergio Pinto Martins.	A alteração da Petição inicial, seja na causa de pedir, seja no pedido, representando mudanças quantitativas ou qualitativas na demanda, pode ser feita, no processo trabalhista, mesmo depois da citação e antes do oferecimento da contestação (Marcelo Moura)*

Quadro Doutrinário – Termo final do aditamento		
Posicionamento	**Doutrinadores**	**Exemplo**
Antes da notificação do reclamado (aplicação do art. 264 do CPC)	Bezerra Leite, Amauri Mascaro, Wagner Giglio, Wilson de Souza Campos Batalha; e Francisco Neto/ Jouberto Cavalcante.	Há um prazo máximo para o aditamento e a modificação da inicial. Porém, não decorre da CLT, que é omissa, mas do CPC (art. 264) (Amauri Mascaro Nascimento). **
* MOURA, Marcelo. **Consolidação das leis do trabalho.** Salvador: Juspodivm, 2011. P. 1118 ** NASCIMENTO. Amauri Mascaro. **Curso de direito processual do trabalho.** 21 ed. São Paulo: Saraiva, 2001. p. 390.		

Por expressa disposição legal, veda-se ao reclamante **desistir da ação** sem o consentimento do reclamado, se já há defesa nos autos, conforme se observa da redação do § 3º do art. 841 da CLT: "Oferecida a contestação, ainda que eletronicamente, o reclamante não poderá, sem o consentimento do reclamado, desistir da ação".

Note-se que, após a vigência da Lei nº 13.467/17, é possível apresentar a defesa **antes da audiência**, de acordo com o preceito contido no parágrafo único do art. 847 da CLT: "A parte poderá apresentar defesa escrita pelo sistema de processo judicial eletrônico até a audiência".

Como consequência da aplicação dessa regra, se o oferecimento da defesa ocorre antes da audiência **não é mais possível ao reclamante aditar a petição inicial sem o consentimento do reclamado.**

Por fim, em caso de modificação da petição inicial, no sentido de acrescer novos pleitos, **deve ser observada a regra para a cumulação de pedidos** (art. 327 do CPC), bem como a majoração do valor da causa.

10. PRINCIPAIS DIFERENÇAS ENTRE O PROCESSO CIVIL E O PROCESSO DO TRABALHO

Instituto	Processo civil	Processo do trabalho
Requisitos da inicial	Todos aqueles constantes do art. 319 do CPC.	Não se exige: a) fundamento jurídico do pedido, b) provas, c) a opção do autor pela realização ou não da audiência de conciliação ou mediação, d) valor da causa.
Petição inicial: forma	Escrita.	Verbal ou escrita.
Petição inicial: análise	O juiz analisa a petição inicial e, presentes os requisitos de admissibilidade, determina a citação do réu.	O juiz, em regra, não analisa a petição inicial. A notificação do reclamado é enviada pelos correios diretamente pelo serventuário.

11. INFORMATIVOS DO TST SOBRE A MATÉRIA

Procedência do pedido principal nas instâncias ordinárias. Pedido subsidiário nunca apreciado porque prejudicado. Pedido principal julgado improcedente no TST. Necessidade de devolução dos autos à Vara do Trabalho para apreciação do pedido sucessivo. Art. 326 do CPC de 2015. Preclusão. Não ocorrência.

A Turma do TST, ao reformar a decisão recorrida para julgar improcedente o pedido principal, deverá, desde logo, determinar o retorno dos autos à Vara do Trabalho de origem para julgar o pedido subsidiário, nunca apreciado porque prejudicado ante a procedência do principal nas instâncias ordinárias. No caso, a reclamante pleiteou diferenças salariais decorrentes de promoções por mérito previstas no PCCS/90 do extinto Banco do Estado da Bahia – Baneb e, caso não concedidas, requereu as diferenças relativas às promoções trienais por antiguidade, visto que a norma interna do banco proibia a cumulação das referidas promoções. A decisão do TRT confirmou a sentença que julgara procedente o pedido de diferenças decorrentes das promoções por merecimento, de modo que o pleito sucessivo ficou prejudicado. No TST, a Turma deu provimento ao recurso de revista do reclamado para julgar improcedente o pedido relativo às promoções por mérito e, instada a se manifestar sobre o pedido subsidiário, entendeu que a questão estava preclusa, visto que não renovada em contrarrazões à revista, nem em contraminuta ao agravo de instrumento. Todavia, nos termos do art. 326 do CPC de 2015, é dever do juiz analisar o pedido subsidiário se não acolher o principal. Ademais, não havia interesse do autor em devolver o pedido subsidiário às instâncias recursais, em razão da procedência do pleito principal, o que também afasta a preclusão. Sob esses fundamentos, a SBDI-I, por maioria, conheceu dos embargos por divergência jurisprudencial e, no mérito, por unanimidade, deu-lhes provimento para determinar o retorno dos autos à Vara do Trabalho de origem para julgar o pedido sucessivo (diferenças salariais decorrentes das promoções trienais por antiguidade) como entender de direito. Vencidos, no conhecimento, os Ministros Breno Medeiros e Alexandre Luiz Ramos. TST-E-ED-RR-219-56.2010.5.05.0015, SBDI-I, rel. Min. José Roberto Freire Pimenta, 7.11.2019 (TST. Info nº 211).

Ação rescisória. Falecimento do réu antes do ajuizamento da ação. Desconhecimento pela parte autora. Emenda à petição inicial. Possibilidade. Arts. 139, IX, e 317 do CPC de 2015.

Na hipótese em que o autor, no momento do ajuizamento da ação rescisória, desconhecia o falecimento do réu, admite-se a emenda à petição inicial, pois a sanabilidade dos defeitos que possam impedir o exame do mérito é a regra adotada pelo CPC de 2015 (arts. 139, IX, e 317), e o vício em questão pode ser facilmente suprido mediante a retificação do polo passivo. No caso, o TRT de origem, ao verificar que o falecimento do réu ocorreu antes da propositura da ação rescisória, manteve a decisão monocrática que extinguiu o processo, sem resolução de mérito, por ausência de pressuposto de constituição do processo referente à existência da parte. Sob esse entendimento, a SBDI-II, por unanimidade, conheceu do recurso ordinário do autor e, no mérito, por maioria, deu-lhe provimento para determinar o retorno dos autos à Corte de origem para a regularização do polo passivo e posterior retomada do curso legal do processo, como de direito. Vencido o Ministro Emmanoel Pereira, relator. TST-RO-1001448-87.2015.5.02.0000, SBDI-II, rel, Min. Emmanoel Pereira, red. p/ acórdão Min. Douglas Alencar Rodrigues, 15.10.2019 (TST. Info nº 209).

Mandado de segurança. Cabimento. Determinação judicial de emenda da petição inicial para juntar planilha contábil. Art. 840, § 1º da CLT. Ato teratológico. Não incidência da Orientação Jurisprudencial nº 92 da SBDI-II.

Cabe, excepcionalmente, mandado de segurança para impugnar decisão que determinou a emenda à petição inicial de reclamação trabalhista para que o autor juntasse planilha contábil, sob pena de extinção do processo sem resolução de mérito. Trata-se de decisão teratológica, a afastar a incidência da Orientação Jurisprudencial nº 92 da SBDI-II, pois impõe ônus ilegal ao exercício do direito de ação, visto que a planilha contábil não é documento indispensável à propositura da reclamação, nos termos do art. 840, § 1º, da CLT e dos arts. 319, IV e V; 320; 322, caput, § 2º e 324, todos do CPC de 2015. Ademais, exigir que o reclamante aguardasse a prolação da sentença de extinção do processo, sem julgamento do mérito, para só então se valer da medida processual cabível atenta contra a celeridade da prestação jurisdicional. Sob esses fundamentos, a SBDI-II, por maioria, deu provimento ao recurso ordinário para conceder a segurança e determinar o prosseguimento da reclamação trabalhista em questão, independentemente da juntada da planilha contábil. Vencidos os Ministros Renato de Lacerda Paiva, Luiz José Dezena da Silva e Evandro Valadão. TST-RO-368-24.2018.5.12.0000, SBDI-II, rel. Min. Maria Helena Mallmann, 1º.10.2019 (TST. Info nº 207).

Mandado de segurança. Cabimento. Ação coletiva. Determinação de emenda à petição inicial, sob pena de indeferimento. Ato teratológico. Exigência de requisitos não previstos em lei. Orientação Jurisprudencial nº 92 da SBDI-II. Não incidência.

Cabe mandado de segurança contra decisão que nos autos de ação coletiva determinou a emenda da petição inicial, sob pena de indeferimento, para que fossem identificados os setores e os cargos dos substituídos, os locais de trabalho dos substituídos expostos a agentes perigosos, quais recebiam adicional de insalubridade e a que agentes insalubres estavam submetidos. Trata-se de ato de nítido caráter teratológico, que causou prejuízos imediatos ao sindicato impetrante, pois exigidos requisitos não previstos em lei para o ajuizamento da ação coletiva, em flagrante desrespeito ao art. 8º, III, da CF (ampla legitimidade sindical) e aos arts. 95 e 98 do CDC, os quais autorizam a condenação genérica nas ações coletivas, com posterior liquidação individualizada na fase de cumprimento da sentença. Assim, faz-se necessário afastar, de forma excepcional, a aplicação da Orientação Jurisprudencial nº 92 da SBDI-II para permitir o manejo imediato do writ e assegurar ao impetrante o direito ao prosseguimento da ação coletiva na forma como proposta. Sob esse entendimento, a SBDI-II, por unanimidade, conheceu do recurso ordinário e, no mérito, deu-lhes provimento para conceder a segurança, cassar a ordem de emenda à inicial e determinar o prosseguimento do feito. TST-RO-155-18.2018.5.12.0000, SBDI-II, rel. Min. Luiz José Dezena da Silva, 11.6.2019 (TST. Info nº 199).

Mandado de segurança. Determinação de emenda à inicial de reclamação trabalhista proposta na vigência da Lei nº 13.467/2017 (Reforma Trabalhista). Adequação aos termos do art. 840, § 1º, da CLT. Existência de recurso próprio. Orientação Jurisprudencial nº 92 da SBDI-II. Incidência.

Não cabe mandado de segurança contra ato que, em reclamação trabalhista proposta na vigência da Lei nº 13.467/2017, determina a emenda à inicial para a indicação dos valores correspondentes a cada parcela vindicada (art. 840, § 1º, da CLT), sob pena de extinção do feito sem resolução de mérito. Na hipótese, além de não haver teratologia, pode a parte valer-se do recurso ordinário para discutir eventual nulidade do processo por cerceamento do direito de defesa, razão pela qual incide o óbice da Orientação Jurisprudencial nº 92 da SBDI-II. Sob esse entendimento, a SBDI-II, por unanimidade, conheceu do recurso ordinário e, no mérito, negou-lhe provimento para manter a decisão do Tribunal Regional que denegara a segurança na forma do art. 6º, § 5º, da Lei nº 12.016/2009. TST-RO-101364-36.2018.5.01.0000, SBDI-II, rel. Min. Emmanoel Pereira, 28.5.2019 (TST. Info nº 197).

Ação rescisória ajuizada sob a égide do CPC de 1973. Comissões suprimidas em razão de vendas diretas realizadas pelas reclamadas. Pena de confissão ficta. Inaplicabilidade. Ônus da impugnação específica. Observância. Ausência de violação legal.

É inaplicável a pena de confissão ficta, quando do conjunto da defesa for possível ao julgador extrair que houve, ainda que de forma genérica, oposição às afirmações do autor. Trata-se de exceção à regra do ônus da impugnação específica, prevista no caput do art. 302 do CPC de 1973. No caso, a decisão rescindenda manteve a sentença de primeiro grau que indeferira o pedido de pagamento das diferenças de comissões, sob o fundamento de que houve impugnação genérica da matéria, em virtude da alegação de inexistência de vínculo de emprego entre as partes. Igualmente, o TRT da 6ª Região, ao julgar improcedente a pretensão rescisória, concluiu que houve a aplicação, e não a violação, do inciso III do art. 302 do CPC de 1973, registrando que as defesas apresentadas pelas demandadas, consideradas em seu contexto total, rebateram a pretensão de percepção das comissões suprimidas por vendas diretas realizadas pelas reclamadas. Assim, mantido o ônus probatório a cargo do autor, dele se exige que faça prova de suas alegações, não sendo possível o corte rescisório pretendido, porquanto a violação a dispositivo de lei a que se refere o art. 485, V, do CPC de 1973, capaz de ensejar a desconstituição da coisa julgada, deve ser latente e literal, o que não se verifica na hipótese vertente, em que a norma processual incidente na espécie fora devidamente aplicada. Sob esse fundamento, a SBDI-II, por maioria, negou provimento ao recurso ordinário interposto pelo autor. Vencidos os Ministros Maria Helena Mallmann, relatora, Delaíde Miranda Arantes e Alexandre Agra Belmonte. TST-RO-137-04.2014.5.06.0000, SBDI-II, rel. Min. Maria Helena Mallmann, red. p/ acórdão Min. Renato de Lacerda Paiva, 26.6.2018 (TST. Info nº 181).

Ação rescisória. Pedido líquido. Condenação limitada ao valor indicado na petição inicial. Exercício adequado e regular da atividade jurisdicional. Violação dos arts. 128 e 460 do CPC. Não configuração.

O pedido deduzido pelo reclamante de forma líquida, e não por mera estimativa, enseja a limitação da condenação ao valor indicado na petição inicial, a qual reflete o exercício adequado e regular da atividade jurisdicional (art. 5º, LIV, da CF). Com esse entendimento, e não vislumbrando violação dos arts. 128 e 460 do CPC, a SBDI-II, à unanimidade, negou provimento a recurso ordinário interposto contra decisão que julgara improcedente a ação rescisória a qual visava desconstituir acórdão que, ao deferir diferenças salariais decorrentes de equiparação salarial, adotou como parâmetro para a condenação o valor indicado na petição inicial. TST-RO-10437-75.2010.5.02.0000, SBDI-II, rel. Min. Douglas Alencar Rodrigues, 19.8.2014 (TST. Info nº 87).

12. QUADRO SINÓPTICO

Capítulo II – Petição inicial no dissídio individual do trabalho			
Instituto	**Conteúdo**		**Item**
Conceito	Petição inicial é a materialização de um ato processual formal, pelo qual o autor da ação provoca a atuação do Poder Judicial, por intermédio do exercício do seu direito público e subjetivo de ação. Por meio dessa peça o autor narra os fatos, expõe sua pretensão e solicita a entrega da tutela jurisdicional para solução do conflito de interesses caracterizado pela pretensão resistida, com o início à relação jurídica processual trabalhista.		1
Forma	A petição inicial da reclamação trabalhista pode ser apresentada de forma verbal ou escrita. Em caso de reclamação verbal, deve ser reduzida a termo, datada e assinada pelo servidor responsável.		2
Denominação	Petição inicial, exordial, proemial, vestibular, peça de ingresso, peça incoativa, libelo.		3
Previsão legal	**CLT**	Em caso de peça escrita, a reclamação deverá conter a designação do juízo, a qualificação das partes, a breve exposição dos fatos de que resulte o dissídio, o pedido, que deverá ser certo, determinado e com indicação de seu valor, a data e a assinatura do reclamante ou de seu representante. (art. 840, § 1º da CLT)	4.1
	CPC	I – o juízo a que é dirigida; II – os nomes, os prenomes, o estado civil, a existência de união estável, a profissão, o número de inscrição no Cadastro de Pessoas Físicas ou no Cadastro Nacional da Pessoa Jurídica, o endereço eletrônico, o domicílio e a residência do autor e do réu; III – o fato e os fundamentos jurídicos do pedido; IV – o pedido com as suas especificações; V – o valor da causa; VI – as provas com que o autor pretende demonstrar a verdade dos fatos alegados; VII – a opção do autor pela realização ou não de audiência de conciliação ou de mediação (art. 319 do novo CPC).	4.2
	Diferenças	Do confronto entre a CLT e o art. 319 do CPC, verifica-se a inexigibilidade, para a petição inicial trabalhista, de quatro dos requisitos: fundamento jurídico do pedido, provas, valor da causa e informação sobre a realização ou não da audiência de conciliação.	4.3

<table>
<tr><th colspan="6">Capítulo II – Petição inicial no dissídio individual do trabalho</th></tr>
<tr><th>Instituto</th><th colspan="4">Conteúdo</th><th>Item</th></tr>
<tr><td rowspan="9">Requisitos da petição inicial</td><td>Destinatário</td><td colspan="3">A petição inicial é dirigida ao juiz e não ao reclamado. Dessa forma, essa peça processual deve indicar o juízo, pelo título e não pelo nome do magistrado, a quem caberá processá-la e julgá-la.</td><td>5.1</td></tr>
<tr><td>Qualificação das partes</td><td colspan="3">A identificação, qualificação e individualização das partes devem ser feitas de forma mais completa possível, com designação de nome, prenome, estado civil, profissão, domicílio, CPF/CNPJ, e-mail etc., observadas as questões relativas à capacidade das partes, capacidade de ser parte, legitimação ativa e passiva etc.</td><td>5.2</td></tr>
<tr><td>Fatos e fundamentos Jurídicos</td><td colspan="3">A exposição dos fatos deve ser sucinta, porém completa, de forma que possibilite ao juiz do trabalho inteirar-se do conflito de interesses que lhe é exposto. Segue-se, assim, a regra do brocardo jurídico da mihi factum, dabo tibi ius, ou seja, exponha o fato e direi o direito.

Como fundamento jurídico do pedido, entende – se o ato ou fato jurídico que vulnera direito subjetivo de outrem, que integra a pretensão deduzida em juízo, também denominada de causa de pedir ou causa petendi.</td><td>5.3</td></tr>
<tr><td rowspan="6">Pedido</td><td>Conceito</td><td colspan="2">O pedido, também denominado de petitum, é a solicitação que o autor da ação (reclamante) faz, no bojo da petição inicial, no sentido de, primeiro, provocar a atuação do Poder Judiciário (pedido imediato) e, de forma mediata, que se faça seguir a orientação contida nas normas de Direito material, que, por desobediência, provocou o conflito de interesses.</td><td>5.4</td></tr>
<tr><td rowspan="2">Espécies</td><td>Mediato</td><td>O pedido mediato representa o bem da vida perseguido pelo autor da ação.</td><td rowspan="2"></td></tr>
<tr><td>Imediato</td><td>O conteúdo do pedido imediato pode ser de caráter declaratório, condenatório, constitutivo, mandamental e executivo lato sensu.</td></tr>
<tr><td>Certo e com valor</td><td colspan="2">O pedido deve ser certo. Veda-se a possibilidade de pedidos genéricos, salvo algumas exceções expressamente previstas em lei, que permitem pedidos de caráter determinável. Entretanto, ainda que o pedido seja determinável, é necessário indicar o seu valor respectivo para atender à exigência contida no § 1º do art. 840 da CLT, requisito acrescido à petição inicial trabalhista submetida ao rito ordinário pela Lei nº 13.467/17.</td><td>5.4</td></tr>
<tr><td>Alternativo</td><td colspan="2">É possível desde que a obrigação possa ser cumprida de modos distintos.</td><td></td></tr>
</table>

Capítulo II – Petição inicial no dissídio individual do trabalho				
Instituto	**Conteúdo**			**Item**
Requisitos da petição inicial	**Pedido**	**Cumulação subsidiária**	A lei processual civil também permite que o reclamante faça dois ou mais pedidos, cada um com o seu fundamento, subsidiariamente, de forma que o juiz possa conhecer do subsequente, na hipótese de não acolhimento da pretensão relativa ao pedido antecedente (art. 326 do novo CPC).	5.4
		Cominatório	Quando o reclamante ou o reclamado requer que a parte contrária seja compelida a cumprir uma obrigação de fazer, de não fazer ou de entregar coisa diversa de dinheiro, pode postular, também, que o juiz imponha uma multa pelo não cumprimento da sentença respectiva (art. 139 e 500 do novo CPC).	
		Cumulação	Por meio da cumulação objetiva, é facultado ao reclamante, em uma mesma reclamação trabalhista inserir diversas postulações em face de um mesmo reclamado, desde que atendidas as exigências legais previstas no art. 327, § 1º do novo CPC. Deve ser ressaltado que em eventual arquivamento, a interrupção da prescrição somente se opera em relação aos pedidos idênticos cumulados que constaram na petição inicial, nos termos do § 3º, art. 11 da CLT (introduzido pela Lei nº 13.467/17) e entendimento do TST consolidado por meio da Súmula nº 268.	
		Implícito	Determinada categoria de pedidos são considerados como implícitos. Nesse passo, o juiz pode apreciá-los, mesmo quando o reclamante não formule a sua pretensão de forma expressa.	
	Valor da causa	Pela redação do art. 840, § 1º, da Consolidação das Leis do Trabalho, conclui-se pela não exigência, na inicial, da indicação do valor da causa. Mas como é necessário atribuir o valor de cada pedido, implicitamente exigiu-se o valor da causa como requisito dessa peça processual.		5.5
	Provas	Na petição inicial, o reclamante deve indicar quais os meios de prova pretende utilizar para demonstrar a veracidade dos argumentos narrados nessa peça processual. Mas, como prevalece no processo do trabalho o princípio inquisitivo, que confere ao juiz maior poder de condução do processo. Por conta disso, a omissão sobre os meios de provas na petição inicial da reclamação trabalhista, não inviabiliza a sua produção pelo reclamante, já que pode ser suprida por determinação do magistrado na busca pela verdade real.		5.6
	Opção pela audiência de conciliação ou mediação	No processo civil, exige-se que o autor informe ao juiz, se deseja ou não que seja realizada uma audiência de conciliação ou mediação (não se exige esse requisito para a regularidade da petição inicial trabalhista).		5.7
	Documentos	Os documentos, por intermédio dos quais o reclamante pretende demonstrar a veracidade dos fatos alegados na inicial, devem acompanhar essa peça processual.		5.8

Capítulo II – Petição inicial no dissídio individual do trabalho			
Instituto	**Conteúdo**		**Item**
Ajuizamento	**Distribuição**	Só há necessidade de distribuir a petição inicial quando na localidade há mais de uma Vara do Trabalho. Atualmente, esse processo é totalmente informatizado em todos os Tribunais do Trabalho do Brasil.	6
	Registro	É feito pela introdução das informações contidas na petição inicial no banco de dados do PJe.	
	Autuação	É feita automaticamente pelo sistema que confere uma numeração única, observando o padrão estabelecido pelo CNJ, que permite a consulta de sua tramitação em qualquer grau de jurisdição.	
Defeitos sanáveis	O juiz pode, ao verificar a existência de vícios sanáveis, determinar que o reclamante promova os atos necessários para sua regularização, com indicação precisa do que deve ser corrigido ou completado, sob pena de indeferimento.		7
Indeferimento da petição inicial	A petição inicial será indeferida quando: I – for inepta; II – a parte for manifestamente ilegítima; III – o autor carecer de interesse processual; IV – não atendidas as prescrições dos arts. 106 e 321 do novo CPC (requisitos da petição inicial).		8
Aditamento	Após a vigência da Lei nº 13.467/17, é possível apresentar a defesa antes da audiência, de acordo com o preceito contido no parágrafo único do art. 847 da CLT: "A parte poderá apresentar defesa escrita pelo sistema de processo judicial eletrônico até a audiência". Como consequência da aplicação dessa regra, se o oferecimento da defesa ocorre antes da audiência não é mais possível ao reclamante aditar a petição inicial sem o consentimento do reclamado.		9

13. QUESTÕES

13.1. Questões objetivas

1. **(TRT 4ª R. Técnico judiciário/área administrativa/2011)** Em determinada reclamação trabalhista a empresa reclamada apresentou defesa em audiência. Após a apresentação da defesa, o advogado do reclamante pretende aditar seu pedido. Neste caso, o aditamento

a) não será mais possível, em atenção ao princípio da *perpetuatio jurisdictionis*.

b) não será mais possível, em decorrência do princípio da estabilidade da lide.

c) não será mais possível, obedecendo-se ao princípio da instrumentalidade.

d) será possível se a parte reclamada for novamente intimada em obediência ao princípio do contraditório.

e) será possível independentemente de nova intimação da parte reclamada, em obediência ao princípio da verdade real.

2. **(Cespe – Técnico Judiciário – Área Administrativa – TRT 8/2016)** No que diz respeito ao dissídio individual trabalhista, assinale a opção correta.

a) É inadmissível que o juiz indefira pleito liminar contido na petição inicial antes da expedição da notificação do reclamado pela secretaria da vara.

b) Na petição inicial da reclamação trabalhista, é necessário que o reclamante requeira a citação do reclamado.

c) Após a distribuição da reclamação verbal, o reclamante que desejar reduzi-la a termo deverá apresentar-se, no prazo de cinco dias, ao cartório ou à secretaria, sob pena de perda, pelo prazo de seis meses, do direito de reclamar perante a justiça do trabalho.

d) Nas causas submetidas ao procedimento sumaríssimo, é facultado ao reclamante não indicar o valor da causa.

e) É inadmissível o aditamento da petição inicial antes da apresentação da defesa do reclamado.

3. (QUESTÃO SOBRE A REFORMA TRABALHISTA ELABORADA PELO AUTOR). Apesar do § 1º, art. 840 da CLT não estabelecer o valor da causa como requisito da petição inicial, exige que o pedido, além de certo e determinado, venha acompanhado do seu respectivo valor.

4. (QUESTÃO SOBRE A REFORMA TRABALHISTA ELABORADA PELO AUTOR). A interrupção da prescrição somente ocorrerá pelo ajuizamento de reclamação trabalhista ou protesto judicial, mesmo que em juízo incompetente, ainda que venha a ser extinta sem resolução do mérito, produzindo efeitos apenas em relação aos pedidos idênticos.

5. (QUESTÃO SOBRE A REFORMA TRABALHISTA ELABORADA PELO AUTOR). Em nenhuma hipótese a defesa poderá ser apresentada antes da audiência.

13.2. Questões discursivas

1. (TRT 8 – Juiz do Trabalho – TRT 8/2015 – ADAPTADA) O trabalhador XYZ, que exerce a função de eletricista, ajuizou reclamação trabalhista contra sua empregadora, a empresa PPP, que presta serviços terceirizados, pleiteando diferenças salariais ao argumento de que, embora seja empregado dela, que é empresa terceirizada prestadora de serviços, realiza as mesmas atividades, com a mesma perfeição técnica e igual qualidade daqueles que, na tomadora de serviços, a empresa BXW, que é uma empresa distribuidora de energia elétrica, realizam as mesmas atividades que ele. XYZ não requereu o reconhecimento de vínculo direto com a tomadora dos serviços, empresa BXW.

As reclamadas PPP e BXW contestaram, aduzindo que: 1) a terceirização é lícita; 2) que o Judiciário não pode deferir aumento salarial, sob pena de violação a normas constitucionais e legais e 3) que não há identidade de funções, pois os seus empregados eletricistas atenderiam consumidores que contratam tensão superior a 13.8 KVA, enquanto que os da terceirizada só atenderiam casos que envolvem tensão inferior.

Considerando os limites objetivos da lide, é possível o deferimento de diferenças salariais quando o reclamante não pleiteia o reconhecimento do vínculo de emprego com a tomadora de serviço?

14. GABARITO

14.1. Gabarito das questões objetivas

Gab.		Fundamentação legal e jurisprudencial	Tópico do livro	Obs. eventual
1	B	Doutrina	Item 9	–
2	C	a) novo CPC. Art. 332, § 1º	a) Item 8.1	
		b) CLT. Art. 840, § 1º	b) Item 4.1	
		c) CLT. Arts. 786 e 731	c) Item 2	
		d) CLT. Art. Art. 852-B, I	d) Item 4.1	
		e) novo CPC. Art. 329, I e II	e) Item 9	

Gab.		Fundamentação legal e jurisprudencial	Tópico do livro	Obs. eventual
3	C	CLT. Art. 840, § 1º.	Item 4.1	
4	E	CLT. Art. 11, § 1º.	Item 5.4, "G"	
5	E	CLT. Art. 847.	Item 9	

14.2. Gabarito das questões discursivas

Item	Fundamentação legal, jurisprudencial ou doutrinária	Onde encontro no livro
1	É possível deferir o pedido de diferença salarial, pois o art. 12, "a" da Lei nº 6.019/74 estabelece a equiparação entre os salários pagos pela empresa tomadora e empresa prestadora de serviços, desde que os respectivos empregados executem as mesmas funções: "Art. 12. Ficam assegurados ao trabalhador temporário os seguintes direitos: a) remuneração equivalente à percebida pelos empregados de mesma categoria da empresa tomadora ou cliente calculados à base horária, garantida, em qualquer hipótese, a percepção do salário mínimo regional". Assim, como a norma jurídica resguarda esse direito ao empregado temporário, não é necessário que a terceirização seja declarada ilícita ou que haja pedido de reconhecimento de vínculo empregatício diretamente com a tomadora dos serviços. Inclusive o TST havia adotado interpretação extensiva para garantir esse direito a qualquer empregado terceirizado e não somente aqueles que celebram contrato temporário, conforme consta da OJ nº 383 da SDI-1. A pretensão deve ser deferida com fundamento na equiparação salarial, resguardada pela CF/88 e legislação infraconstitucional, e não sob o argumento lançado pelas reclamadas, que seria o de simples aumento salarial. Portanto, a decisão reconhecendo o direito às diferenças salariais estaria dentro dos limites objetivos da lide, atenderia ao princípio da congruência e não representaria uma prestação jurisdicional fora, além ou aquém do que fora postulado. Note-se que com a vigência da Lei nº 13.467/17, a equiparação salarial só seria possível se a empresa tomadora e prestadora ajustarem cláusula expressa nesse sentido no contrato de prestação de serviços, conforme preceito contido no § 1º, art. 4-C da Lei nº 6.019/74.	Item 1

CAPÍTULO III

DA RESPOSTA DO RECLAMADO

1. GENERALIDADES

O reclamado, designação típica do réu no processo do trabalho, é chamado a juízo, após a expedição de uma notificação, para oferecer uma resposta à pretensão do autor. A apresentação dessa resposta não é uma obrigação, muito menos um dever do reclamado, mas representa a concretização mais importante do **princípio do contraditório e da ampla defesa.**

Constitui um mero **ônus processual**, pois a inércia da parte ré implica, ordinariamente, reconhecimento da veracidade dos argumentos narrados na petição inicial, ou seja, o estabelecimento da verdade formal (verdade dos autos), excetuadas algumas questões expressamente previstas em lei.

Pode acontecer de o reclamado comparecer em juízo, não oferecer qualquer meio de defesa. Pelo contrário, é perfeitamente possível ao réu reconhecer a pretensão do autor. Nesse caso ele pode cumprir ou não a obrigação que originou o conflito e que foi objeto da postulação contida na inicial.

2. FORMA

A Consolidação das Leis do Trabalho prescreve em seu art. 847, **que a defesa deve ser apresentada em audiência, no prazo de vinte minutos**, em atenção ao princípio da oralidade que norteia o processo laboral.[1]

1. A defesa apresentada de forma oral é reduzida a termo, com o registro dos argumentos na ata de audiência.

> **Art. 847.** Não havendo acordo, o reclamado terá vinte minutos para aduzir sua defesa, após a leitura da reclamação, quando esta não for dispensada por ambas as partes.

Observa-se que, na prática, a defesa é oferecida por escrito, devido ao grande volume de audiências que são realizadas diariamente. Na verdade, tornou-se impraticável adotar, como regra, a forma oral de apresentação da defesa no processo do trabalho, mormente quando a parte encontra-se assistida por advogado.

Diverso do que ocorre no processo civil, no qual a defesa é protocolada no cartório, no processo do trabalho é oferecida em audiência **quando feita oralmente** pelo prazo de 20 minutos.

Caso o reclamado opte pela **forma escrita**, a defesa deve ser enviada pelo sistema do PJe **até a audiência**, de acordo com o permissivo contido no parágrafo único do art. 847 da CLT, introduzido pela Lei nº 13.467/17: "A parte poderá apresentar defesa escrita pelo sistema de processo judicial eletrônico até a audiência".

Por expressa disposição legal, **veda-se ao reclamante desistir da ação sem o consentimento do reclamado**, se já há defesa nos autos, conforme se observa da redação do § 3º do art. 841 da CLT, também inserido pela Lei nº 13.467/17: "Oferecida a contestação, ainda que eletronicamente, o reclamante não poderá, sem o consentimento do reclamado, desistir da ação".

3. PRAZO

A Consolidação das Leis do Trabalho não fixa, expressamente, prazo para apresentação da resposta do reclamado, salvo no caso da **exceção de incompetência em razão do lugar**, cujo prazo é de **cinco dias** (art. 800 da CLT, com redação dada pela Lei nº 13.467/17).[2]

Contudo, o art. 841[3] consolidado reza que o reclamado será notificado para comparecer à audiência, na qual apresentará defesa. Portanto, não se aplica ao processo do trabalho o prazo para contestação fixado pelo art. 335 do CPC, que é de 15 dias, entendimento confirmado pelo art. 2º, V, da Instrução Normativa nº 39/16 do TST.

Esse ato complexo, por sua vez (audiência), **não pode ocorrer antes do prazo mínimo de cinco** dias contados da data em que o reclamado foi notificado.

A inobservância desse interstício mínimo implica nulidade processual, salvo se o reclamado renuncia, tácita ou expressamente, a esse direito.

O art. 229 do CPC[4] não se aplica ao processo do trabalho, em face de sua incompatibilidade com os princípios desse ramo do Direito, **segundo o TST**. Desse modo, o aludido

2. No CPC, o prazo para oferecer defesa é de 15 dias: "Art. 335. O réu poderá oferecer contestação, por petição, no prazo de 15 **(quinze) dias, cujo termo inicial será a data: I – da audiência de conciliação ou de mediação, ou da última sessão de conciliação, quando qualquer parte não comparecer ou, comparecendo, não houver autocomposição; II – do protocolo do pedido de cancelamento da audiência de conciliação ou de mediação apresentado pelo réu, quando ocorrer a hipótese do art. 334, § 4º, inciso I; III – prevista no art. 231, de acordo com o modo como foi feita a citação, nos demais casos".**
3. CLT. Art. 841. Recebida e protocolada a reclamação, o escrivão ou chefe de secretaria, dentro de 48 horas, remeterá a segunda via da petição, ou do termo, ao reclamado, notificando-o, ao mesmo tempo, para comparecer à audiência de julgamento, que será a primeira desimpedida, depois de cinco dias.
4. CPC. Art. 229. Os litisconsortes que tiverem diferentes procuradores, de escritórios de advocacia distintos, terão prazos contados em dobro para todas as suas manifestações, em qualquer juízo ou tribunal, independentemente de requerimento.

interstício mínimo, mesmo na hipótese de litisconsórcio, é de cinco dias, contados entre o recebimento da notificação inicial e a realização da audiência.[5]

Se quem ocupa o polo passivo da relação processual trabalhista é a União, o Estado, o Distrito Federal ou o Município, bem como suas autarquias ou fundações, a audiência só pode acontecer no **prazo mínimo de vinte dias**, contados a partir da notificação dos mencionados, uma vez que o art. 1º, II, do Decreto-Lei nº 779/69 estabelece o **prazo em quádruplo** para realização da audiência.

Excepciona-se, como foi dito anteriormente, a hipótese de **defesa escrita** em autos eletrônicos, pois deve ser apresentada até a audiência, de acordo com o parágrafo único do art. 847 da CLT.

4. ESPÉCIES

O art. 847 da Consolidação das Leis do Trabalho faz expressa referência à defesa, termo que designaria o gênero das espécies citadas.

Pelo CPC, a incompetência relativa também **passa a ser arguida como preliminar da contestação** (art. 337, II).

No processo existem duas relações de natureza distintas: a primeira, que se forma pelo exercício do direito de ação pelo reclamante e completa-se com a atuação do Estado-juiz; e a segunda, que diz respeito à questão de fundo, mais precisamente à relação entre um titular de um direito e uma pessoa que deixa de observá-lo, denominada de lide.

A resposta do réu tem como objeto a relação processual e/ou a relação de Direito material. No primeiro caso, denomina-se **defesa indireta processual ou defesa de rito** e no segundo caso, **defesa de mérito ou defesa de fundo**.

A defesa indireta dirige-se aos pressupostos de constituição e desenvolvimento do processo.

A defesa de mérito converge-se ao fato que constitui o fundamento jurídico do pedido, seja em relação à sua existência, validade ou de suas consequências jurídicas. Nesse aspecto, caracterizada como defesa direta do mérito.

Pode ocorrer ainda de o reclamado aceitar como verdadeiros os argumentos constantes da inicial, mas narre outros que impliquem modificação, extinção ou impedimento do direito subjetivo do reclamante. Esse tipo de defesa é conhecida como **defesa indireta do mérito.**

5. CONTESTAÇÃO

A contestação é a peça processual por meio da qual o réu, denominado de reclamado no processo do trabalho, pode refutar as pretensões contidas na inicial e no eventual aditamento por meio de alegações de fato e de direito.

5. Segundo parte da doutrina, o prazo mínimo de cinco dias para realização da audiência trabalhista seria considerado como o prazo mínimo para apresentação da defesa no processo do trabalho.

O direito processual não obriga que o reclamado apresente sua contestação em juízo. A angularização da relação processual aperfeiçoa-se com a notificação inicial e não com a presença do réu em audiência para o oferecimento da contestação.

Trata-se, portanto, como dito anteriormente, de um **ônus processual**, uma vez que a omissão implica efeitos processuais, qual seja, o reconhecimento da veracidade dos fatos alegados na petição inicial.

A peça contestatória pode conter defesa indireta processual, também denominada de preliminares, e defesa de mérito ou de fundo. Em relação a esta última estão contidas as alegações referentes às prejudiciais de mérito e as alegações relativas ao mérito propriamente dito, direta ou indiretamente.

Da mesma forma como o reclamante exerce o seu direito de ação por intermédio da petição inicial, **o reclamado exerce o seu direito de defesa por meio da contestação**, que deverá conter, por analogia:

a) a designação do juiz a quem é dirigida;

b) a eventual requalificação das partes;

c) os fatos e os fundamentos jurídicos por meio dos quais o reclamado pretende obstar a pretensão do reclamante;

d) as provas com que pretende demonstrar a veracidade do quanto alegado; e

e) o pedido.

Dessa forma, percebe-se a estreita relação que existe entre os requisitos estabelecidos pelo art. 319 do CPC e o art. 840, § 1º, da CLT, que tratam da petição inicial; e o art. 336 do CPC que trata de contestação. [6]

Inclusive, apesar de não haver previsão legal expressa, pela **simetria** que existe entre a petição inicial e a contestação, além de contestar o pedido em si, o reclamado **deve impugnar o valor de cada pretensão, caso entenda estar equivocado**.

Caso o reclamado não ofereça essa impugnação na contestação, uma vez reconhecida a procedência total do pedido, o seu valor respectivo **será considerado como correto.**

O esquema a seguir apresenta a ordem e o conteúdo das argumentações na contestação:

Contestação
- **Defesas processuais (preliminares)**
  - **Questões processuais**
- **Prejudiciais de mérito**
- **Mérito**
  - **Defesa direta**
  - **Defesa indireta**

6. CPC. Art. 336. Incumbe ao réu alegar, na contestação, toda a matéria de defesa, expondo as razões de fato e de direito com que impugna o pedido do autor e especificando as provas que pretende produzir.

5.1. Preliminares de mérito ou defesas processuais

As preliminares de mérito, na realidade, referem-se a algumas das denominadas defesas processuais.

Antes de discutir o mérito, o reclamado pode alegar as questões que se encontram previstas pelo art. 337 do CPC, aplicado supletivamente ao processo laboral diante da simplicidade do art. 847 da CLT.

QUADRO COMPARATIVO – PRELIMINARES		
CPC DE 1973	**CPC DE 2015**	**CLT**
Art. 301. Compete-lhe, porém, antes de discutir o mérito, alegar: I – inexistência ou nulidade da citação; II – incompetência absoluta; III – inépcia da petição inicial; IV – perempção; V – litispendência; VI – coisa julgada; VII – conexão; VIII – incapacidade da parte, defeito de representação ou falta de autorização; IX – convenção de arbitragem; X – **carência de ação**; XI – falta de caução ou de outra prestação, que a lei exige como preliminar.	**Art. 337.** Incumbe ao réu, antes de discutir o mérito, alegar: I – inexistência ou nulidade da citação; II – incompetência absoluta e **relativa**; III – **incorreção do valor da causa**; IV – inépcia da petição inicial; V – perempção; VI – litispendência; VII – coisa julgada; VIII – conexão; IX – incapacidade da parte, defeito de representação ou falta de autorização; X – convenção de arbitragem; XI – **ausência de legitimidade ou de interesse processual**; XII – falta de caução ou de outra prestação que a lei exige como preliminar; XIII – **indevida concessão do benefício de gratuidade de justiça**.	**Art. 847.** Não havendo acordo, o reclamado terá vinte minutos para aduzir sua defesa, após a leitura da reclamação, quando esta não for dispensada por ambas as partes. Parágrafo único. A parte poderá apresentar defesa escrita pelo sistema de processo judicial eletrônico até a audiência.
Aplicabilidade do CPC ao processo do trabalho	No processo do trabalho a incompetência relativa deve ser alegada por meio de exceção, uma vez que a CLT não é omissa nesse aspecto.	
Diferença entre o CPC de 2015 e o de 1973	Pelas regras do CPC de 2015, a incompetência relativa passa a ser considerada preliminar de mérito da contestação. Não há mais previsão de **carência de ação**. A legitimidade e o interesse processual passam a ser classificados como **preliminar de mérito**, assim como a indevida concessão do benefício de gratuidade da justiça.	

Como dito, são questões relativas à relação processual e podem ser **peremptórias**, quando implicam a extinção do feito, ou **dilatórias,** quando apontam a existência de um vício sanável na peça inicial ou provocam a remessa dos autos para outra unidade judiciária.

Os pressupostos processuais também se classificam em objetivos e subjetivos, conforme se refiram às regras quanto ao regular andamento processual ou aos sujeitos (partes e juiz).

As denominadas objeções processuais são arguidas no momento destinado para a resposta do reclamado.

Contudo, se a matéria pode ser conhecida de ofício pelo juiz,[7] salvo aquela relativa ao compromisso arbitral (art. 337, § 5º do CPC, que inclui também a incompetência relativa), a parte pode argui-la em qualquer momento até a prolação da sentença. Nesse caso, **não se opera o efeito da preclusão**, mas o reclamado **responde pelo prejuízo causado pelo seu atraso**.

A sentença, que acolhe a arguição inserida como preliminar (defesa processual), **não soluciona o mérito** e possibilita à parte renovar a ação,[8] salvo se houver acolhimento das preliminares de **litispendência, perempção e coisa julgada**.

O CPC permite que se proponha nova demanda quando a decisão não soluciona o mérito, **desde que haja correção do vício respectivo** nos casos que menciona o § 1º do art. 486.

QUADRO COMPARATIVO – RENOVAÇÃO DA DEMANDA		
CPC DE 1973	**CPC DE 2015**	**CLT**
Art. 268. Salvo o disposto no art. 267, V, a extinção do processo não obsta a que o autor intente de novo a ação. A petição inicial, todavia, não será despachada sem a prova do pagamento ou do depósito das custas e dos honorários de advogado.	**Art. 486.** O pronunciamento judicial que não resolve o mérito não obsta a que a parte proponha de novo a ação. § 1º No caso de extinção em razão de litispendência e nos casos dos incisos I, IV, VI e VII do art. 485, a propositura da nova ação **depende da correção do vício que levou à sentença sem resolução do mérito.**	Sem similar.
Aplicabilidade do CPC ao processo do trabalho	Aplica-se ao processo do trabalho em face da omissão da CLT e da ausência de incompatibilidade.	
Diferença entre o CPC de 2015 e o de 1973	No CPC de 2015 a renovação da demanda pode ser feita, desde que os vícios sanáveis que fundamentaram a extinção do litígio sejam corrigidos.	

De qualquer forma, no caso de vício sanável, o juiz deverá intimar a parte para corrigi-lo, na forma prevista pelo art. 139, X do CPC, **priorizando a decisão de mérito**: “O juiz dirigirá o processo conforme as disposições deste Código, incumbindo-lhe: IX – determinar o suprimento de pressupostos processuais e o saneamento de outros vícios processuais”.

A) Inexistência ou nulidade da citação

A citação, que no processo do trabalho de conhecimento recebe a denominação de **notificação inicial**, é o ato que dá ciência ao reclamado de que existe uma ação proposta contra ele. A sua implementação é que permite o atendimento ao princípio do contraditório e completa a relação jurídico-processual.

A inexistência ou defeito desse ato de comunicação processual, provocado pela inobservância das regras que lhes são aplicáveis, implica nulidade do processo. Inclusive tal

7. CPC. Art. 342. Depois da contestação, só é lícito ao réu deduzir novas alegações quando: II – competir ao juiz conhecer delas de ofício.
8. CPC. Art. 486. O pronunciamento judicial que não resolve o mérito não obsta a que a parte proponha de novo a ação.

circunstância é listada pelo CPC, como matéria de defesa, mas que pode ser alegado em qualquer fase processual, inclusive na execução/cumprimento da sentença.

O reclamado pode comparecer espontaneamente à audiência e alegar a nulidade da notificação inicial. A providência imediata seria, nessa hipótese, apenas a devolução do prazo para a defesa.

Como no processo do trabalho a notificação inicial não necessita ser pessoal (há presunção *iuris tantum* de recebimento da notificação 48 horas após a sua expedição),[9] cabe ao reclamado demonstrar que não foi comunicado da realização da audiência.

Todavia, o comparecimento do reclamado à audiência, com o consequente oferecimento da contestação, faz precluir qualquer alegação futura de inexistência ou nulidade da notificação inicial. Nesse caso, a hipótese é de convalidação da nulidade.

B) Incompetência

A competência absoluta, em razão da matéria e da hierarquia, é questão de ordem pública. Por conta disso, pode ser arguida pela parte e deve ser suscitada de ofício pelo Juiz, de forma que não há preclusão, conforme dispõe o § 1º, art. 64 do CPC: "A incompetência absoluta pode ser alegada em qualquer tempo e grau de jurisdição e deve ser declarada de ofício".

No mesmo sentido é determinação contida no § 1º, art. 795, da CLT: "Deverá, entretanto, ser declarada *ex officio* a nulidade fundada em incompetência de foro. Nesse caso, serão considerados nulos os atos decisórios".

A defesa processual denominada de incompetência absoluta deve ter preferência sobre as demais, pois a possibilidade e legalidade da atuação de determinado juízo é condição *sine qua non* para apreciação dos demais argumentos que constam da resposta do reclamado, principalmente a inexistência ou nulidade da citação.

O CPC determina que a alegação de incompetência **relativa** passa a fazer parte do capítulo de **preliminares da contestação**, conforme se vê da redação do seu art. "Art. 64. A incompetência, absoluta ou relativa, será alegada como questão preliminar de contestação". Como a CLT tem dispositivo próprio que trata da matéria, **a exceção de incompetência em razão do lugar continua sento apresentada em peça autônoma** e de forma incidental no processo do trabalho.

A competência material da Justiça do Trabalho encontra-se fixada pelo art. 114, e seus respectivos incisos, da Constituição Federal de 1988.

É importante salientar que a definição da competência efetiva-se pela pretensão exposta em juízo pelo reclamante, pela simples leitura da petição inicial, sem a necessidade de comprovar a veracidade dos fatos jurídicos insertos naquela peça, segundo a **teoria da asserção** (também denominada **teoria da afirmação**), aplicável mesmo após a extinção do instituto das condições da ação pelo CPC de 2015. Nesse caso, o juiz assume, abstrata e

9. TST. Súmula nº 16. Presume-se recebida a notificação 48 (quarenta e oito) **horas depois de sua postagem. O seu não-recebimento ou a entrega após o decurso desse prazo constitui ônus de prova do destinatário.**

provisoriamente que a alegação do autor é verdadeira, com o objetivo de realizar um juízo de admissibilidade e não de mérito.

Entretanto, se o reclamado pretende, por exemplo, discutir a qualidade de empregado do trabalhador e defende a competência da Justiça Comum, a hipótese não será de preliminar de incompetência, mas sim de prejudicial de mérito.

Uma vez acolhida a argumentação de incompetência **o juiz determina a remessa dos autos do processo ao juízo competente** (art. 64, § 3º do CPC).

QUADRO COMPARATIVO – DECISÕES PROFERIDAS POR JUIZ INCOMPETENTE		
CPC DE 1973	**CPC DE 2015**	**CLT**
Art. 113. § 2º Declarada a incompetência absoluta, **somente os atos decisórios serão nulos,** remetendo-se os autos ao juiz competente.	**Art. 64. § 3º.** Salvo decisão judicial em sentido contrário, **conservar-se-ão os efeitos das decisões proferidas pelo juízo incompetente**, até que outra seja proferida, se for o caso, pelo juízo competente".	Sem similar.
Aplicabilidade do CPC ao processo do trabalho	Aplica-se ao processo do trabalho em face da omissão da CLT e da ausência de incompatibilidade.	
Diferença entre o CPC de 2015 e o de 1973	O CPC de 2015 insere uma importante medida de efetividade processual ao estabelecer a possibilidade de conservar os efeitos das decisões proferidas pelo juízo incompetente.	

No caso do PJe, a remessa dos autos é feita por meio eletrônico, salvo se o juízo de destino não possuir tecnologia para receber e dar andamento ao processo eletrônico, hipótese em que é providenciada a sua conversão em meio físico, conforme o disposto no art. 12, § 2º, da Lei nº 11.419/06.[10]

A Resolução nº 185/2017 do CSJT trata da matéria em seu art. 60:

> **Art. 60.** O PJe deve dispor de comunicação entre bases de dados dos TRTs, fazendo-se a expedição das cartas precatórias e de ordem também em meio eletrônico e, quando da devolução ao Juízo deprecante, será encaminhada certidão constando o seu cumprimento, com a materialização apenas de peças essenciais à compreensão dos atos realizados.

C) *Inépcia da petição inicial*

Considera-se inepta a petição inicial quando: faltar-lhe pedido ou causa de pedir; da narração dos fatos não decorrer uma conclusão lógica; quando o pedido for juridicamente impossível; ou quando contiver pedidos incompatíveis entre si.

10. Lei nº 11.419/06. Art. 12. § 2º Os autos de processos eletrônicos que tiverem de ser remetidos a outro juízo ou instância superior que não disponham de sistema compatível deverão ser impressos em papel, autuados na forma dos arts. 166 a 168 da Lei nº 5.869, de 11 de janeiro de 1973 – CPC, ainda que de natureza criminal ou trabalhista, ou pertinentes a Juizado especial. § 3º No caso do § 2º deste artigo, o escrivão ou o chefe de secretaria certificará os autores ou a origem dos documentos produzidos nos autos, acrescentando, ressalvada a hipótese de existir segredo de justiça, a forma pela qual o banco de dados poderá ser acessado para aferir a autenticidade das peças e das respectivas assinaturas digitais.

Uma petição inicial é inepta quando **não possui aptidão de produzir os efeitos** previstos pelo legislador e pretendidos pelo autor da demanda. A peça incoativa constitui a moldura de uma futura sentença. Se o juiz verificar que não existem elementos para proferir uma sentença de acordo com o que contém na petição inicial e não há possibilidade de sanar esse vício, deve indeferi-la.

Quando se tratar de **vícios sanáveis**, o juiz **deverá** conceder prazo ao reclamante para que emende ou complete a inicial, na forma prevista pelo art. 321 do CPC, aplicado subsidiariamente ao processo laboral. Somente em caso de omissão do autor pode o juiz indeferir a petição inicial.

No processo do trabalho, não se exige um maior rigor técnico quando da redação da petição inicial, por conta da subsistência do *ius postulandi*[11] das partes, de forma que somente se for muito grave o defeito, autoriza-se o indeferimento da exordial. Contudo, esse entendimento majoritário na doutrina e na jurisprudência não poderia ser aplicado nas hipóteses em que a parte encontra-se representada por advogado.

D) Perempção

O processo do trabalho possui um grau de inquisitividade bem superior àquele que se observa no processo civil. Nesse passo, não se aplica ao processo laboral a determinação segundo a qual as partes devem promover os atos necessários ao andamento processual.

A perempção constitui a cominação aplicável ao autor que abandona a causa ou deixa de promover as diligências que lhe competem, de acordo com o disposto no art. 485, III, do CPC.[12]

Se essa situação repete-se por **três vezes**, além da sentença não solucionar o mérito, é aplicada uma sanção ao autor, representada pela impossibilidade de intentar nova ação contra o mesmo réu e com o mesmo pedido e causa de pedir (art. 486, § 3º do CPC).

– Perempção temporária

A Consolidação das Leis do Trabalho, em seu art. 732, combinado com o art. 731, prevê uma espécie de **perempção temporária** quando o reclamante dá causa a **dois arquivamentos consecutivos**, fato que o impossibilita de exercer o direito de ação pelo prazo de **seis meses**:

> **Art. 732.** Na mesma pena do artigo anterior incorrerá o reclamante que, por duas vezes seguidas, der causa ao arquivamento de que trata o artigo 844. Art. 731. Aquele que, tendo apresentado ao distribuidor reclamação verbal, não se apresentar no prazo estabelecido no parágrafo único do artigo 786, à Junta ou Juízo para fazê-la tomar por termo, incorrerá na pena de perda, pelo prazo de seis meses, do direito de reclamar perante a Justiça do Trabalho.

11. TST. Súmula nº 425. JUS POSTULANDI NA JUSTIÇA DO TRABALHO. ALCANCE. O jus postulandi das partes, estabelecido no art. 791 da CLT, limita-se às Varas do Trabalho e aos Tribunais Regionais do Trabalho, não alcançando a ação rescisória, a ação cautelar, o mandado de segurança e os recursos de competência do Tribunal Superior do Trabalho.
12. CPC. Art. 485. O juiz não resolverá o mérito quando: III – por não promover os atos e as diligências que lhe incumbir, o autor abandonar a causa por mais de **30 (trinta) dias.**

– *Extensão da sanção*

Frise-se que a penalidade diz respeito a **todo e qualquer tipo de ação perante a Justiça do Trabalho**, mesmo que seja com outro objeto e contra pessoa distinta da reclamação trabalhista anterior. Inclusive esse é o posicionamento maioria dos doutrinadores, como Bezerra Leite, Renato Saraiva, Cleber Lúcio Sérgio Pinto Martins, Rodrigues Pinto, Wagner Giglio, dentre outros.

Contudo, há entendimento segundo o qual o referido preceito celetista não teria sido recepcionado pela atual Carta Maior, **por ferir o direito público e subjetivo de ação.**

Defende-se a constitucionalidade da mencionada sanção, pois nenhum direito é absoluto, inclusive o direito de ação, que é passível de imposição de limitações de ordem temporal pelo legislador ordinário, como acontece com a prescrição e a decadência.

A doutrina encontra-se dividida em relação a essa temática:

Quadro Doutrinário – Inconstitucionalidade da sanção

Posicionamento	Doutrinadores	Exemplo
A favor	Rodrigues Pinto e Bezerra Leite	[...] nos termos dos arts. 731 e 732 da CLT. Estes dois dispositivos são, a nosso ver, inconstitucionais, por serem incompatíveis com o princípio da inafastabilidade do acesso à justiça (Carlos Henrique Bezerra Leite)*
Contra	Marcelo Moura, Sergio Pinto Martins, Wagner Giglio e Renato Saraiva	Não vejo inconstitucionalidade nos artigos 731 a 732, pois o impedimento do exercício do direito de ação é temporário e decorre da negligência do próprio empregado (Sérgio Pinto Martins)**

* LEITE, Carlos Henrique Bezerra. **Curso de direito processual do trabalho.** 8 ed. São Paulo: Ltr, 2010. p. 485.
** MARTINS, Sérgio Pinto. **Comentários à CLT.** 12 ed. São Paulo: Ltr, 2008. P. 770.

– *Termo inicial do prazo*

Entende-se que o início do prazo de seis meses **deve ser contado a partir do segundo arquivamento consecutivo**, apesar da legislação ser omissa nesse particular.

– *Procedimento*

Existem duas formas de aplicar a referida penalidade. A primeira, por meio de preliminar de mérito (defesa processual), inserida no corpo da contestação, com a denominação de **perempção temporária**. A segunda, mediante o oferecimento de uma peça autônoma autuada em apartado. Esse incidente processual é denominado de **auto de infração** e provoca a suspensão do feito principal.

Após o exercício do direito de defesa, o juiz deve instruir o incidente, se for o caso, e proferir a sentença, com o acolhimento ou não das alegações do requerente.

– *Redução da reclamação verbal a termo*

Registre-se, por fim, que o empregado que apresenta sua reclamação trabalhista e não comparece no prazo de cinco dias (parágrafo único do art. 786 da CLT) para reduzi-la a termo, **também é apenado com a sanção aqui examinada**.

Isso porque a reclamação trabalhista verbal deveria ser distribuída antes de ser escriturada, como determina o *caput* do art. 786 da CLT. Obviamente que **esse procedimento foi extinto com a utilização dos recursos da informática,** que permite a transcrição do relato do reclamante no exato momento em que comparece à Justiça do Trabalho.

E) Litispendência e coisa julgada

As objeções de litispendência e de coisa julgada visam obstar que duas ou mais ações idênticas sejam submetidas à apreciação do Poder Judiciário e obtenham decisões contraditórias.

Duas ações são idênticas quando possuem a mesma causa de pedir, pedido e partes.[13] Constatada essa tríplice identidade, haverá litispendência, desde que as duas ações **estejam pendentes de julgamento**. Caso contrário, se já houver sentença transitado em julgado, a hipótese será de coisa julgada.

No processo do trabalho,[14] **o simples ajuizamento de uma reclamação trabalhista já induz a litispendência.**

Chama-se a atenção ao fato de que a referência que se faz é de coisa julgada material, já que a coisa julgada formal só opera seus efeitos dentro do mesmo processo.

Como a regra é de cumulação de pedidos em uma mesma reclamação trabalhista, é muito comum haver coisa julgada ou litispendência em relação a um ou alguns pleitos. Nesse caso, a preliminar respectiva **deve ser acolhida apenas em parte.**[15]

O esquema abaixo contém os requisitos necessários para o reconhecimento da identidade de ações:

Identidade de ações	• Mesmas partes • Mesma causa de pedir • Mesmo pedido mediato e imediato

F) Conexão e continência

Quando duas ou mais ações têm em comum o pedido ou a causa de pedir, há **conexão** entre elas, instituto já analisado na parte I, capítulo II, item 3.3, alínea "c".

Duas ações possuem relação de **continência** entre si **quando o objeto de uma, por ser mais amplo, abrange o da outra e há identidade de partes.**

13. CPC. Art. 337. § 2º. Uma ação é idêntica à outra quando têm as mesmas partes, a mesma causa de pedir e o mesmo pedido.
14. No processo civil a indução da litispendência se perfaz com a citação, conforme art. 240 do CPC: "A citação válida, ainda quando ordenada por juízo incompetente, induz litispendência, torna litigiosa a coisa e constitui em mora o devedor, ressalvado o disposto nos arts. 397 e 398 da Lei nº 10.406, de 10 de janeiro de 2002 (Código Civil)".
15. Nas demandas coletivas, cujo objeto seja direito ou interesse transindividual, aplicam-se as regras contidas no art. 104 do Código de Defesa do Consumidor, questão que será abordada com profundidade da parte V, capítulo II, itens 10 e 11 desta obra.

Para evitar a prolação de decisões contraditórias, a lei processual civil **determina** (e não apenas faculta) que as ações com as características mencionadas **sejam reunidas para serem apreciadas por um mesmo órgão judicial.**

Nesse caso, devem ser observadas as regras de prevenção, desde que ambas as demandas estejam em curso e não haja ainda decisão.

Pela mesma razão, **deve-se** proceder à reunião das ações que tenham relação de continência entre si. O CPC apresenta duas possibilidades de procedimento quando há continência, de acordo com o art. 57:

> **Art. 57.** Quando houver continência e a ação continente tiver sido proposta anteriormente, no processo relativo à ação contida será proferida sentença sem resolução de mérito, caso contrário, as ações serão necessariamente reunidas.

Em síntese: se a ação de **objeto maior for proposta primeiro**, a demanda de menor objeto proposta depois deve ser **extinta sem a resolução do mérito**; se ação de objeto menor for proposta primeiro, a ação de objeto maior proposta posteriormente **é reunida a ela para julgamento simultâneo.**

O reconhecimento da conexão ou da continência implica a reunião dos processos, quando estiverem em tramitação na mesma Vara do Trabalho, ou **modificação da competência**, quando estiverem em juízos diversos, conforme disposição contida no art. 54 do CPC.

QUADRO COMPARATIVO – MODIFICAÇÃO DA COMPETÊNCIA		
CPC DE 1973	**CPC DE 2015**	**CLT**
Art. 102. A competência, **em razão do valor e do território**, poderá modificar--se pela conexão ou continência, observado o disposto nos artigos seguintes.	**Art. 54.** A **competência relativa** poderá modificar-se pela conexão ou pela continência, observado o disposto nesta Seção.	Sem similar.
Aplicabilidade do CPC ao processo do trabalho	Aplica-se ao processo do trabalho em face da omissão da CLT e da ausência de incompatibilidade.	
Diferença entre o CPC de 2015 e o de 1973	No CPC de 2015 é utilizado o gênero, competência relativa, ao invés das espécies as quais fazia referência o art. 102 do CPC de 1973.	

Nesse caso, as ações são reunidas e passam a tramitar **no juízo prevento**, ou seja, naquele no qual uma das ações conexas foi ajuizada em primeiro lugar.

Se o reclamante já tem conhecimento prévio da existência de uma causa conexa, deve postular que a distribuição de sua ação seja feita por dependência.

G) *Incapacidade de parte, defeito de representação ou falta de autorização*

São considerados pressupostos subjetivos de constituição e desenvolvimento válido da relação processual: a capacidade de estar em juízo, a capacidade de ser parte e a capacidade postulatória.

A capacidade para ser parte encontra-se regulada pelo Código Civil e foi estudada com mais profundidade na parte I, capítulo III, item 1.1, desta obra.

São civilmente capazes as pessoas que detêm personalidade, que, no caso da personalidade civil, começa do nascimento com vida, na forma do preceito contido no art. 2º do Código Civil.

Na hipótese de incapacidade de exercício de direitos, a parte deve estar em juízo representada, assistida ou autorizada.

No processo do trabalho, em face do seu informalismo e do fato da lei ter personalizado a empresa, esse requisito deve ser analisado com as restrições que o caso concreto apresenta.

O defeito de representação, a que alude o art. 337, IX, do CPC, diz respeito à capacidade postulatória que detém o advogado. Como a parte, empregado e empregador, podem praticar pessoalmente atos processuais, essa irregularidade não influencia na constituição e desenvolvimento do processo.

A falta de autorização corresponderia, no processo do trabalho, à ausência de documento comprobatório da condição de preposto da empresa para representar o reclamado. A CLT, interpretada pela Súmula nº 377 do TST,[16] não exige a carta de preposto como documento indispensável à representação do empregador em audiência.

H) Convenção de arbitragem

A arbitragem é forma extrajudicial de solução de conflitos. Conforme preceitua o art. 1º, da Lei nº 9.307,[17] modificada pela Lei nº 13.129/2015, a arbitragem não pode ser utilizada quando o litígio versar sobre direitos indisponíveis.

Como a maioria dos direitos trabalhistas são indisponíveis, pelo menos quando da formação e durante a vigência do contrato de trabalho, essa espécie de arguição é bem rara no processo do trabalho.

Para aqueles que consideram que a indisponibilidade dos direitos laborais cessam quando da extinção do pacto laboral, a arbitragem serviria para solucionar um eventual litígio entre empregado e empregador.

A jurisprudência ainda é vacilante sobre essa questão, **mas inclina-se pela incompatibilidade da utilização da arbitragem para a resolução dos conflitos individuais do trabalho:**

> RECURSO DE REVISTA. ARBITRAGEM. CLÁUSULA COMPROMISSÓRIA. DISSÍDIO INDIVIDUAL TRABALHISTA. RESTRIÇÃO DURANTE A RELAÇÃO EMPREGATÍCIA. CLÁUSULA COMPROMISSÓRIA ARBITRAL. INAPLICABILIDADE AOS DISSÍDIOS INDIVIDUAIS. O artigo 1º da Lei nº 9.307/96 limita o uso da arbitragem para "dirimir litígios relativos a direitos patrimoniais disponíveis". Não é o caso dos direitos sociais do trabalho, que são direitos indisponíveis e, em sua maioria, de sede constitucional. A cláusula compromissória (artigo 4º Lei nº 9.307/96) é anterior

16. TST. Súmula nº 377. PREPOSTO. EXIGÊNCIA DA CONDIÇÃO DE EMPREGADO. **(nova redação) – Res. 146/2008, DJ 28.04.2008, 02 e 05.05.2008. Exceto quanto à reclamação de empregado doméstico, ou contra micro ou pequeno empresário, o preposto deve ser necessariamente empregado do reclamado. Inteligência do art. 843, § 1º, da CLT e do art. 54 da Lei Complementar nº 123, de 14 de dezembro de 2006.**

17. Lei nº 9.307/96. Art. 1º. As pessoas capazes de contratar poderão valer-se da arbitragem para dirimir litígios relativos a direitos patrimoniais disponíveis.

ao litígio e acarreta renúncia prévia a direitos indisponíveis. Tal renúncia, na hipótese dos autos, ocorreu na contratação, momento de clara desproporção de forças entre empregador e trabalhador. Não produz efeitos a cláusula compromissória arbitral inserida no contrato de trabalho do Reclamante. Recurso de Revista conhecido e provido.[18]

Para o **empregado hipersuficiente,** entretanto, admite-se a utilização da arbitragem para solução de conflitos trabalhistas de forma expressa pelo art. 507-A da CLT:

Art. 507-A. Nos contratos individuais de trabalho cuja remuneração seja superior a duas vezes o limite máximo estabelecido para os benefícios do Regime Geral de Previdência Social, poderá ser pactuada cláusula compromissória de arbitragem, desde que por iniciativa do empregado ou mediante a sua concordância expressa, nos termos previstos na Lei nº 9.307, de 23 de setembro de 1996.

I) Ausência de legitimidade ou de interesse processual

Pela sistemática prevista no CPC de 2015, **não há qualquer referência ao instituto das condições de ação.** As arguições de ilegitimidade de parte e de ausência de interesse processual passaram a ser classificadas **como defeitos processuais** e devem constar do capítulo da contestação denominado de "preliminares" (art. 337, XI).

Note-se, entretanto, que o CPC de 2015 deixou de fazer referência expressa ao **pedido juridicamente impossível**.

A **ilegitimidade ativa** ocorre quando o próprio autor da ação informa não ser o titular do direito na petição inicial. Já a **ilegitimidade passiva** se dá quando o autor insere no polo passivo uma pessoa que ele próprio diz não ser o titular da obrigação objeto do litígio.

Assim, a definição da legitimidade efetiva-se pela pretensão exposta em juízo pelo reclamante, pela simples leitura da petição inicial, sem a necessidade de comprovar a veracidade dos fatos jurídicos insertos naquela peça, segundo a **teoria da asserção** (também denominada teoria da afirmação) aplicável mesmo após a extinção do instituto das condições da ação pelo CPC de 2015. Nesse caso, o juiz assume, abstrata e provisoriamente que a alegação do autor é verdadeira, com o objetivo de realizar um juízo de admissibilidade e não de mérito.

Por fim, o **interesse processual** encontra-se ausente quando é desnecessária a intervenção do Poder Judiciário para a solução do conflito de interesses.

No caso de arguição de ilegitimidade de parte, o CPC estabelece um procedimento específico, previsto no art. 338:

Art. 338. Alegando o réu, na contestação, ser parte ilegítima ou não ser o responsável pelo prejuízo invocado, o juiz facultará ao autor, em 15 (quinze) dias, a alteração da petição inicial para substituição do réu. Parágrafo único. Realizada a substituição, o autor reembolsará as despesas e pagará os honorários ao procurador do réu excluído, que serão fixados entre três e cinco por cento do valor da causa ou, sendo este irrisório, nos termos do art. 85, § 8º.

J) Falta de caução

Em regra, quando há sentença sem a resolução do mérito **é possível que o reclamante renove sua demanda.**

18. TST. RR 170400-06.2008.5.15.0008. 4ª T. Rel. Min. Maria de Assis Calsing. DEJT 19.12.2011.

Entretanto, o juiz só apreciará o novo pleito se houver prova do pagamento das despesas processuais e os honorários de sucumbência devidos no litígio anterior, conforme determinação contida nos art. 92 do CPC aplicado supletivamente ao processo laboral:

> **Art. 92.** Quando, a requerimento do réu, o juiz proferir sentença sem resolver o mérito, o autor não poderá propor novamente a ação sem pagar ou depositar em cartório as despesas e os honorários a que foi condenado.

Dessa forma, a falta de caução a que alude o referido dispositivo legal diz respeito à caução de índole processual e não de direito material, mas **não é aplicada quando for deferido o pedido de benefício da justiça gratuita** ao reclamante.

K) Indevida concessão do benefício de gratuidade da justiça

A CLT possui dispositivo que permite ao juiz conceder o benefício da justiça gratuita, mais precisamente o art. 790, § 3º:

> **Art. 790. § 3º** É facultado aos juízes, órgãos julgadores e presidentes dos tribunais do trabalho de qualquer instância conceder, a requerimento ou de ofício, o benefício da justiça gratuita, inclusive quanto a traslados e instrumentos, àqueles que perceberem salário igual ou inferior a 40% (quarenta por cento) do limite máximo dos benefícios do Regime Geral de Previdência Social.

Contudo, não há referência quanto à forma de impugnar a decisão do Juiz quando o pleito do autor é acolhido no sentido de conceder os benefícios da justiça gratuita. Assim, utiliza-se supletivamente o CPC, de forma que o réu possa oferecer argumentos na contestação requerendo que o juiz modifique sua decisão.

L) Incorreção do valor da causa

O inconformismo do reclamado, em relação ao valor atribuído à causa pelo reclamante, deve ser apresentado sob a forma de preliminar de mérito na contestação, conforme art. 337, III, do CPC.

QUADRO COMPARATIVO – INCORREÇÃO DO VALOR DA CAUSA		
CPC DE 1973	**CPC DE 2015**	**CLT**
Art. 261. O réu poderá impugnar, no prazo da contestação, o valor atribuído à causa pelo autor. A impugnação será autuada em apenso, ouvindo-se o autor no prazo de 5 (cinco) dias. Em seguida o juiz, sem suspender o processo, servindo-se, quando necessário, do auxílio de perito, determinará, no prazo de 10 (dez) dias, o valor da causa. Parágrafo único. Não havendo impugnação, presume-se aceito o valor atribuído à causa na petição inicial.	**Art. 337.** Incumbe ao réu, antes de discutir o mérito, alegar: III – incorreção do valor da causa.	Sem similar.
Aplicabilidade do CPC ao processo do trabalho	Só não se aplica o CPC quando o valor da causa for fixado pelo juiz, pois nesse caso a Lei nº 5.584/70 fixa um procedimento próprio.	
Diferença entre o CPC de 2015 e o de 1973	Na regra anterior a impugnação era em peça autônoma distinta da contestação. Pela regra do CPC de 2015, passa a ser matéria do capítulo das preliminares do mérito da contestação.	

Quando o valor da causa for fixado pelo juiz, a impugnação deve ser oferecida pelo reclamante ou pelo reclamado no momento das razões finais. Na hipótese de o juiz manter o valor anteriormente fixado, a parte pode pedir **revisão, no prazo de 48 horas,** ao presidente do Tribunal Regional do Trabalho, consoante previsão contida na Lei nº 5.584/70.

> **Lei nº 5.584/70. Art. 2º.** Nos dissídios individuais, proposta a conciliação, e não havendo acordo, o presidente da Junta ou o juiz, antes de passar à instrução da causa, fixar-lhe-á o valor para a determinação da alçada, se este for indeterminado no pedido. § 1º. Em audiência, ao aduzir razões finais, poderá qualquer das partes impugnar o valor fixado e, se o juiz o mantiver, pedir revisão da decisão, no prazo de 48 (quarenta e oito) horas, ao presidente do Tribunal Regional.

Observe-se que a impugnação ao valor dos pedidos constitui questão afeta ao mérito da causa. Isso significa que o reclamado além de refutar a pretensão do autor, **deve contestar o valor atribuído a cada pedido**, atendendo ao princípio da eventualidade.

Em caso de omissão da parte ré, caso acolha a pretensão autoral, o juiz condenará o reclamado ao pagamento daquele **valor do pedido inserido na petição inicial** e qualquer impugnação a partir da publicação da sentença será considerada **preclusa.**

5.2. Prejudicial de mérito

Questão prejudicial de mérito diz respeito à própria relação jurídica de direito material na qual se funda a pretensão da parte. Inclusive, essa matéria pode ser objeto de uma ação declaratória autônoma, nos termos previstos pelo art. 19 do CPC.

Pelas regras contidas no CPC, a questão prejudicial incidental encontra-se apta a receber a qualidade da coisa julgada material, **desde que seja decidida expressamente e preencha os requisitos previstos no seu § 1º, art. 503**:

QUADRO COMPARATIVO – COISA JULGADA – QUESTÃO PREJUDICIAL		
CPC DE 1973	**CPC DE 2015**	**CLT**
Art. 469. Não fazem coisa julgada: I – os motivos, ainda que importantes para determinar o alcance da parte dispositiva da sentença; II – a verdade dos fatos, estabelecida como fundamento da sentença; **III – a apreciação da questão prejudicial, decidida incidentemente no processo.** **Art. 470.** Faz, todavia, coisa julgada a resolução da questão prejudicial, **se a parte o requerer** (arts. 5º e 325), o juiz for competente em razão da matéria e constituir pressuposto necessário para o julgamento da lide.	**Art. 503.** A decisão que julgar total ou parcialmente o mérito tem força de lei nos limites da questão principal expressamente decidida. § 1º O disposto no caput aplica-se à resolução de questão prejudicial, **decidida expressa e incidentemente** no processo, se: I – dessa resolução depender o julgamento do mérito; II – **a seu respeito tiver havido contraditório prévio e efetivo, não se aplicando no caso de revelia;** III – o juízo tiver competência em razão da matéria e da pessoa para resolvê-la como questão principal. **Art. 504.** Não fazem coisa julgada: I. os motivos, ainda que importantes para determinar o alcance da parte dispositiva da sentença; II. a verdade dos fatos, estabelecida como fundamento da sentença.	Sem similar.

QUADRO COMPARATIVO – COISA JULGADA – QUESTÃO PREJUDICIAL		
CPC DE 1973	**CPC DE 2015**	**CLT**
Aplicabilidade do CPC ao processo do trabalho	Aplica-se ao processo do trabalho em face da omissão da CLT e da ausência de incompatibilidade.	
Diferença entre o CPC DE 2015 e o de 1973	Para o juiz decidir a questão prejudicial não é mais necessário que a parte requeira, mas exige-se o contraditório prévio e não se aplica no caso de revelia.	

Constitui equívoco técnico qualificar como preliminar de ilegitimidade de parte a controvérsia sobre a existência ou não da relação de emprego. Inclusive, esse erro é observado com certa frequência nas lides trabalhistas.

Nessa hipótese, a controvérsia é qualificada como meritória, pois o juiz profere uma sentença acolhendo ou não a pretensão do autor.

De igual sorte, **a arguição de prescrição ou de decadência também é considerada matéria relativa à prejudicial de mérito**, pois o seu acolhimento implica sentença **com a resolução do mérito**, na forma prevista pelo art. 487, II, do CPC.

Quanto à decadência, os seguintes prazos devem ser observados no processo do trabalho:

a) **trinta dias** para o ajuizamento do inquérito para apuração de falta grave, contados a partir da suspensão do empregado (Súmula nº 62 do TST);

b) prazo de **dois anos** para o ajuizamento da ação rescisória, contados da última decisão transitada em julgado (Súmula nº 100 do TST).

5.3. Mérito

No mérito, o reclamado deve refutar a pretensão do reclamante, ponto por ponto, de forma específica. **Não se admite a contestação genérica**, identificada pela negativa geral, sob pena dos fatos serem considerados como verdadeiros.

Essa exigência é de singular importância no processo do trabalho, já que a cumulação de pedidos é regra. Desse modo, a irresignação do reclamado deve-se voltar contra a fundamentação, fática ou jurídica, de todos os pedidos e de forma individualizada. A falta de impugnação específica de cada fato implica o reconhecimento de sua veracidade (fato incontroverso), salvo nas hipóteses expressamente previstas em lei.[19]

ATENÇÃO! O princípio da impugnação especificada impede que o réu apresente contestação genérica. Por conta disso, o réu deverá impugnar especificadamente todos os fundamentos e pedidos formulados pelo autor. Assim, é ineficaz a contestação por negação geral, que implica o reconhecimento da veracidade dos argumentos inseridos na inicial.

19. CPC. Art. 341. Incumbe também ao réu manifestar-se precisamente sobre as alegações de fato constantes da petição inicial, presumindo-se verdadeiras as não impugnadas, salvo se: I – não for admissível, a seu respeito, a confissão; II – a petição inicial não estiver acompanhada de instrumento que a lei considerar da substância do ato; III – estiverem em contradição com a defesa, considerada em seu conjunto.

A impugnação pode ser feita pela negativa específica dos fatos narrados na inicial, defesa de mérito direta, ou com a arguição de fatos impeditivos, modificativos ou extintivos do direito do reclamante, que qualifica a defesa indireta de mérito.

Novas alegações, após a contestação, somente são admitidas se houver **fato superveniente**, se o juiz puder conhecê-las de ofício ou se a lei expressamente as permitir (art. 342 do CPC).

Quando alegações dessa natureza são acolhidas, o juiz profere sentença **com solução do mérito**, na forma prevista pelo art. 487 do CPC, passível de adquirir a qualidade da coisa julgada formal e material após o seu trânsito em julgado.

6. EXCEÇÃO

Determinadas defesas processuais devem ser arguidas em peça autônoma e não como preliminar de mérito da contestação.

Quando isso ocorre, **recebe a denominação de exceção e o feito principal deve ser suspenso até o julgamento final dessa medida processual.**

Todavia, quando a defesa processual é inserida na contestação, sob a forma de preliminar de mérito, o seu julgamento efetiva-se ao final, ou seja, juntamente com o mérito, sem a suspensão do feito principal.

Em tais situações, o reclamado passa a receber a denominação de excipiente, pois é aquele que argui a exceção, e o reclamante de exceto ou excepto, parte contra qual foi deduzida a pretensão da exceção.

Saliente-se, entretanto, que a exceção de suspeição e de impedimento não constitui matéria exclusiva da defesa do reclamado, como ocorre com a contestação, uma vez que **pode ser arguida por qualquer das partes.**

O CPC de 2015 corrigiu o equívoco do CPC de 1973 ao **retirar a arguição de impedimento e de suspensão do rol das espécies de defesa.**

O art. 146 do CPC confere o prazo de 15 dias à parte para apresentação da arguição de suspeição ou impedimento, **a partir do momento em que tiver ciência do fato** que fundamentar a respectiva objeção.

Já a questão relativa à suspensão do feito principal é definida pelo art. 799 da Consolidação das Leis do Trabalho: "Nas causas da jurisdição da Justiça do Trabalho, somente podem ser opostas, com suspensão do feito, as exceções de suspeição ou incompetência".

Como não há, no processo do trabalho, definição da competência em razão do valor da causa, as únicas exceções que suspendem o feito são aquelas que dizem respeito à suspeição, impedimento e de incompetência em razão do lugar.[20]

O CPC determina que a incompetência absoluta ou relativa faça parte do capítulo de **preliminares da contestação**, conforme se vê da redação do seu art. "Art. 64. A incompetência, absoluta ou relativa, será alegada como questão preliminar de contestação".

20. Há divergência doutrinária e jurisprudencial sobre a forma de se arguir a incompetência em razão do lugar, se como preliminar ou como exceção.

Esse dispositivo **não pode ser utilizado no Processo do Trabalho**, uma vez que o art. 800 da CLT determina que a exceção de incompetência deve ser apresentada **cinco dias após o recebimento da notificação**:

> **Art. 800.** Apresentada exceção de incompetência territorial no prazo de cinco dias a contar da notificação, antes da audiência e em peça que sinalize a existência desta exceção, seguir-se-á o procedimento estabelecido neste artigo.

6.1. Arguição de suspeição e impedimento

A imparcialidade representa uma das principais características do juiz. Qualquer circunstância que coloque em dúvida ou que efetivamente limite essa característica do julgador tem o condão de afastá-lo da condução e julgamento do processo, de preferência por atuação *ex officio*.

Como foi estudado na Parte I, Capítulo II, Item 2.4, desta obra, determinadas situações são consideradas como fatores de **suspeição** e outras como causas de **impedimento** do juiz para atuar no processo que lhe foi distribuído. As causas que impedem o magistrado de exercer suas funções, em determinada demanda, estão descritas no art. 144 do CPC. Já os motivos que implicam suspeição, constam do artigo subsequente.

A Consolidação das Leis do Trabalho, por sua vez, **não faz referência às causas de impedimento.** Diz apenas, em seu art. 801, que o juiz deve se considerar suspeito e se afastar da condução do processo quando for amigo, inimigo, parente até o terceiro grau de alguma das partes ou tiver interesse particular na causa. Na verdade, a CLT se inspirou no preceito contido no art. 185, do CPC de 1939, que só previa a hipótese de suspeição.[21]

Observe-se que as causas de suspeição mencionadas pela CLT englobam algumas das hipóteses de suspeição e de impedimento que são tratadas por dispositivos semelhantes aos do art. 144 e 145 do CPC. Por conta do dispositivo da CLT **não ser taxativo**, pode-se utilizar supletivamente as demais hipóteses previstas no CPC.

A suspeição pode ser declarada de ofício, inclusive, por **motivo de foro íntimo**, sem a obrigatoriedade de divulgá-lo para as partes, consoante permissivo contido no art. 145, § 1º, do CPC.[22]

> **ATENÇÃO!** A Consolidação das Leis do Trabalho foi omissa a respeito da exceção de impedimento, uma vez que esse Diploma legal foi editado em 1943, inspirado no CPC de 1939, que tratava apenas da suspeição.

---

21. CPC de 1939. Art. 185. Considerar-se-á fundada a suspeita de parcialidade do juiz quando: I – parente, consanguíneo ou afim, de alguma das partes, ou de seus procuradores, até o terceiro grau; II – amigo íntimo ou inimigo capital de qualquer das partes; III – particularmente interessado na decisão da causa; IV – ele, ou qualquer de seus parentes, consanguíneos ou afins até o terceiro grau, tiver interesse direta em transação em que haja intervindo, ou esteja para intervir, alguma das partes.

22. A Resolução nº 82 do CNJ regulamenta as declarações de suspeição por motivo de foro intimo. Em seu art. 1º determina que o juiz faça a declaração nos autos e envie ofício reservado à Corregedoria informando o motivo da suspeição. Foi deferida medida liminar em sede de cautelar no MS nº 28215, suspendendo os efeitos dessa determinação (STF. Rel. Min. Ayres Brito. DJ 02.03.2010).

A arguição de suspeição e de **impedimento deixou de figurar como matéria de defesa com a vigência do CPC de 2015**, que passou a regular a matéria em seu art. 146 (Capítulo II – Dos impedimentos e da suspeição; Título IV – Do Juiz e dos Auxiliares da Justiça):

> **Art. 146.** No prazo de 15 (quinze) dias, a contar do conhecimento do fato, a parte alegará o impedimento ou a suspeição, em petição específica dirigida ao juiz do processo, na qual indicará o fundamento da recusa, podendo instruí-la com documentos em que se fundar a alegação e com rol de testemunhas.

A) Procedimento

A arguição de suspeição ou de impedimento deve ser apresentada em peça apartada, devidamente fundamentada e acompanhada dos documentos ou o protesto pela produção dos meios de provas necessários à demonstração do motivo que autorizaria a exclusão do juiz da condução do processo e para o seu julgamento.

O magistrado, ao receber a peça de suspeição ou impedimento, pode admitir os fatos narrados na referida peça e remeter os autos, de plano, para o seu substituto, observada a competência funcional que será analisada no item seguinte. Caso contrário, determinará a autuação do incidente, a suspensão do processo principal e a designação da audiência dentro de **quarenta e oito horas**.

A atuação do recusante sujeita-se à preclusão. Isso ocorre quando a parte aceita a atuação do juiz no processo, apesar de já ter conhecimento dos fatos alegados como causa da suspeição.

Essa e outras hipóteses encontram-se previstas no art. 801, parágrafo único, da CLT:

> **Art. 801. Parágrafo único.** Se o recusante houver praticado algum ato pelo qual haja consentido na pessoa do juiz, não mais poderá alegar exceção de suspeição, salvo sobrevindo novo motivo. A suspeição não será também admitida, se do processo constar que o recusante deixou de alegá-la anteriormente, quando já a conhecia, ou que, depois de conhecida, aceitou o juiz recusado ou, finalmente, se procurou de propósito o motivo de que ela se originou.

O CPC possui preceito semelhante:

> **Art. 148. § 1º.** A parte interessada deverá arguir o impedimento ou a suspeição, em petição fundamentada e devidamente instruída, na primeira oportunidade em que lhe couber falar nos autos.

A decisão que acolhe a arguição de impedimento ou suspeição remete os autos para o substituto legal do juiz impugnado, sem qualquer mudança de órgão judicial.

Já a decisão pela rejeição da suspeição ou do impedimento faz cessar a suspensão do processo principal. Além disso, **não cabe recurso imediato**. Contudo, a parte prejudicada pode demonstrar seu inconformismo quando da interposição de um eventual recurso ordinário.

B) Competência

Ao contrário do que ocorre no processo civil, no qual esse incidente processual é remetido para o Tribunal,[23] no âmbito do processo do trabalho esse incidente **é julgado pelo**

23. CPC. Art. 146. § 1º Se reconhecer o impedimento ou a suspeição ao receber a petição, o juiz ordenará imediatamente a remessa dos autos a seu substituto legal, caso contrário determinará a autuação em apartado da

órgão de primeira instância, de acordo com o art. 802 da CLT: "Apresentada a exceção de suspeição, o juiz ou Tribunal designará audiência, dentro de 48 horas, para instrução e julgamento da exceção".

À época em que a CLT foi editada, a Junta de Conciliação e Julgamento, órgão de primeira instância, era constituída pelo Juiz Presidente e por dois Juízes Classistas temporários, ou seja, era um órgão colegiado. Essa circunstância justificava a possibilidade do próprio órgão decidir sobre a suspeição ou impedimento de um de seus membros.

Mesmo com o fim da representação classista na Justiça do Trabalho, parte da doutrina e da jurisprudência continuou entendendo ser correto o procedimento previsto na norma consolidada, sob o fundamento de que a decisão proferida pelo juiz impugnado poderia ser revista pelo órgão *ad quem*.

Entretanto, não há como se admitir tal interpretação, uma vez que o juiz é obrigado a declarar sua suspeição ou impedimento, na forma prevista pelo art. 801 da CLT.[24] Assim, se o julgador não se declara suspeito ou impedido nesse momento inicial, logicamente que decidirá pela rejeição da arguição respectiva.

A solução intermediária encontrada seria a remessa imediata do incidente, para o substituto legal do juiz impugnado, para a instrução e julgamento da referida medida processual. Admitida essa possibilidade, o juiz, ao receber a impugnação e não se declarando suspeito ou impedido, apresentaria suas razões, acompanhada dos documentos e rol de testemunhas e remeteria os autos ao juiz substituto.

Entretanto, a Consolidação dos Provimentos da Corregedoria-Geral da Justiça do Trabalho (versão 2019), em seu art. 20, estabelece que, em tais situações, **deve-se observar o procedimento previsto pelo Código de Processo Civil.**[25]

No CPC, o procedimento da arguição de suspeição ou impedimento é tratado no *caput* e parágrafos do art. 146:

> **Art. 146.** No prazo de 15 (quinze) dias, a contar do conhecimento do fato, a parte alegará o impedimento ou a suspeição, em petição específica dirigida ao juiz do processo, na qual indicará o fundamento da recusa, podendo instruí-la com documentos em que se fundar a alegação e com rol de testemunhas.
>
> **§ 1º** Se reconhecer o impedimento ou a suspeição ao receber a petição, o juiz ordenará imediatamente a remessa dos autos a seu substituto legal, caso contrário, determinará a petição e, no prazo de 15 (quinze) dias, apresentará suas razões, acompanhadas de documentos e de rol de testemunhas, se houver, ordenando a remessa do incidente ao tribunal.

24. CLT. Art. 801. O juiz, presidente ou juiz classista, é obrigado a dar-se por suspeito, e pode ser recusado, por alguns dos seguintes motivos, em relação à pessoa dos litigantes. (grifou-se).

25. CPCGJT. Art. 20. Se o juiz de 1º grau não reconhecer o impedimento ou a suspeição alegada, será aplicado o procedimento previsto no art. 146 do Código de Processo Civil, exceto, quanto a este último, na parte relativa à condenação às custas ao magistrado. § 1º Nas unidades judiciárias que contam com a designação permanente de mais de um magistrado, caso seja reconhecido o impedimento ou a suspeição de um deles, os autos do processo deverão ser encaminhados imediatamente a um dos demais em condições de atuar no feito, para dar-lhe prosseguimento, no prazo máximo de 10 (dez) dias. § 2º Não havendo mais de um magistrado atuando na Unidade por ocasião do reconhecimento do impedimento ou da suspeição, ou na hipótese de todos encontrarem-se inaptos para atuar no feito, será designado qualquer outro magistrado, segundo juízo de conveniência da Administração do tribunal, observados os critérios de impessoalidade, alternância e aleatoriedade na designação, que deverá recair, preferencialmente, sobre aqueles que atuarem na própria sede do Juízo a que pertence o processo, ou em localidade contígua.

autuação em apartado da petição e, no prazo de 15 (quinze) dias, apresentará suas razões, acompanhadas de documentos e de rol de testemunhas, se houver, ordenando a remessa do incidente ao tribunal.

§ 2º Distribuído o incidente, o relator deverá declarar os seus efeitos, sendo que, se o incidente for recebido:

I – sem efeito suspensivo, o processo voltará a correr;

II – com efeito suspensivo, o processo permanecerá suspenso até o julgamento do incidente.

§ 3º Enquanto não for declarado o efeito em que é recebido o incidente ou quando este for recebido com efeito suspensivo, a tutela de urgência será requerida ao substituto legal.

§ 4º Verificando que a alegação de impedimento ou de suspeição é improcedente, o tribunal rejeitá-la-á.

§ 5º Acolhida a alegação, tratando-se de impedimento ou de manifesta suspeição, o tribunal condenará o juiz nas custas e remeterá os autos ao seu substituto legal, podendo o juiz recorrer da decisão.

§ 6º Reconhecido o impedimento ou a suspeição, o tribunal fixará o momento a partir do qual o juiz não poderia ter atuado.

§ 7º O tribunal decretará a nulidade dos atos do juiz, se praticados quando já presente o motivo de impedimento ou de suspeição.

6.2. Exceção de incompetência em razão do lugar

Como analisado anteriormente, a competência em razão do lugar, no processo do trabalho, afere-se pelo local da prestação dos serviços. Excetuam-se dessa regra as hipóteses previstas pelos parágrafos do art. 651 da Consolidação das Leis do Trabalho.[26]

Quando a reclamação trabalhista é ajuizada em Vara do Trabalho diversa daquela indicada pelo dispositivo legal acima mencionado, o reclamado pode arguir a incompetência em razão do lugar.

Como a natureza dessa competência é relativa, a falta de apresentação da exceção de incompetência *ratione loci* implica **prorrogação da competência do juízo inicial** (art. 65 do CPC).

Inclusive, o Ministério Público do Trabalho passou a ter legitimidade para arguir a incompetência em razão do lugar, por força da aplicação do parágrafo único do art. 65 do CPC: "A incompetência relativa pode ser alegada pelo Ministério Público nas causas em que atuar".

26. CLT. Art. 651. A competência das Juntas de Conciliação e Julgamento é determinada pela localidade onde o empregado, reclamante ou reclamado, prestar serviços ao empregador, ainda que tenha sido contratado noutro local ou no estrangeiro. § 1º Quando for parte no dissídio agente ou viajante comercial, a competência será da Junta da localidade em que a empresa tenha agência ou filial e a esta o empregado esteja subordinado e, na falta, será competente a Junta da localização em que o empregado tenha domicílio ou a localidade mais próxima. § 2º. A competência das Juntas de Conciliação e Julgamento, estabelecida neste artigo, estende-se aos dissídios ocorridos em agência ou filial no estrangeiro, desde que o empregado seja brasileiro e não haja convenção internacional dispondo em contrário. § 3º. Em se tratando de empregador que promova realização de atividades fora do lugar do contrato de trabalho, é assegurado ao empregado apresentar reclamação no foro da celebração do contrato ou no da prestação dos respectivos serviços.

Se, por equívoco, o reclamado argui a incompetência absoluta por intermédio de exceção suspensiva do feito, o juiz deve receber a peça como contestação, em atenção ao princípio da instrumentalidade das formas e da fungibilidade.

ATENÇÃO! Consoante a Súmula nº 33 do STJ, a incompetência relativa não pode ser declarada de ofício pelo Magistrado. Caso o reclamado não argua a incompetência relativa no prazo de defesa, ocorrerá o fenômeno de **prorrogação da competência**, pois o juízo passará a ser competente para julgar a lide.

A) *Procedimento*

A Lei nº 13.467/17 alterou o procedimento para apresentação da **exceção de incompetência em razão do lugar**, como se pode observar do seguinte quadro comparativo:

REFORMA TRABALHISTA – QUADRO COMPARATIVO PROCEDIMENTO DA EXCEÇÃO DE INCOMPETÊNCIA EM RAZÃO DO LUGAR	
REDAÇÃO ANTERIOR DA CLT	**REDAÇÃO ATUAL DA CLT**
Art. 800 – Apresentada a exceção de incompetência, abrir-se-á vista dos autos ao exceto, por 24 (vinte e quatro) horas improrrogáveis, devendo a decisão ser proferida na primeira audiência ou sessão que se seguir.	**Art. 800.** Apresentada exceção de incompetência territorial no prazo de cinco dias a contar da notificação, antes da audiência e em peça que sinalize a existência desta exceção, seguir-se-á o procedimento estabelecido neste artigo. § 1º Protocolada a petição, será suspenso o processo e não se realizará a audiência a que se refere o art. 843 desta Consolidação até que se decida a exceção. § 2º Os autos serão imediatamente conclusos ao juiz, que intimará o reclamante e, se existentes, os litisconsortes, para manifestação no prazo comum de cinco dias. § 3º Se entender necessária a produção de prova oral, o juízo designará audiência, garantindo o direito de o excipiente e de suas testemunhas serem ouvidos, por carta precatória, no juízo que este houver indicado como competente. § 4º Decidida a exceção de incompetência territorial, o processo retomará seu curso, com a designação de audiência, a apresentação de defesa e a instrução processual perante o juízo competente.
DIFERENÇAS E COMENTÁRIOS	
Com a vigência da Lei da Reforma Trabalhista o prazo para apresentação da exceção de incompetência em razão do lugar passa a ser de **cinco dias contados** a partir do recebimento da notificação inicial, sob pena de preclusão. Abandona-se, assim, a regra geral no sentido de que **todos os meios de defesa devem ser apresentados em audiência**. Interposta a exceção de incompetência em razão do lugar, **suspende-se o feito principal** até a decisão sobre essa questão, inclusive sem a realização da audiência normalmente designada para apresentação da contestação. Havendo necessidade de prova em audiência, o excipiente poderá produzi-la por meio de carta precatória no juízo que indica como competente.	

Porém, de acordo com o art. 11 da IN nº 41/2018 do TST, essa regra se aplica aos processos em tramitação, desde que a notificação tenha sido recebida a partir de 11.11.2017:

> **Art. 11.** A exceção de incompetência territorial, disciplinada no art. 800 da CLT, é imediatamente aplicável aos processos trabalhistas em curso, desde que o recebimento da notificação seja posterior a 11 de novembro de 2017 (Lei 13.467/2017).

A arguição de incompetência em razão do lugar deve ser fundamentada, com o protesto pela produção de provas e **com indicação do juízo competente**, em razão do lugar, para processar e julgar a demanda, sob pena de rejeição liminar da referida medida processual.

Como a CLT possui dispositivos que regulam o procedimento da exceção de incompetência, não há como aplicar a regra contida no art. 340 e respectivos parágrafos do CPC.

B) Recurso

Em caso de acolhimento da pretensão do excipiente, os autos do processo são remetidos imediatamente para a unidade judiciária por ele indicada em sua petição. Caso contrário, retoma-se o curso do processo principal, com o oferecimento da contestação.

Dessa decisão **não cabe recurso imediato**, em face da sua natureza interlocutória, na forma prevista pelo art. 799, § 2º, da CLT,[27] salvo se a exceção for acolhida e os autos forem remetidos para outro Tribunal, conforme entendimento constante da Súmula nº 214, alínea "c", do TST:

> **SÚMULA Nº 214.** DECISÃO INTERLOCUTÓRIA. IRRECORRIBILIDADE. (nova redação) – Res. 127/2005, DJ 14, 15 e 16.03.2005. Na Justiça do Trabalho, nos termos do art. 893, § 1º, da CLT, as decisões interlocutórias não ensejam recurso imediato, salvo nas hipóteses de decisão: a) de Tribunal Regional do Trabalho contrária à Súmula ou Orientação Jurisprudencial do Tribunal Superior do Trabalho; b) suscetível de impugnação mediante recurso para o mesmo Tribunal; c) que acolhe exceção de incompetência territorial, com a remessa dos autos para Tribunal Regional distinto daquele a que se vincula o juízo excepcionado, consoante o disposto no art. 799, § 2º, da CLT.

Assim, se o juiz acolhe a exceção de incompetência em razão do lugar e determina a remessa dos autos para uma Vara do Trabalho integrante do mesmo Tribunal ao qual esteja vinculada, **o exceto só poderá recorrer da decisão após a prolação da sentença, em preliminar de recurso ordinário.**

Caso contrário, se o juiz acolhe a exceção e remete os autos a um Tribunal diverso daquele ao qual esteja vinculado, a referida decisão **poderá ser atacada imediatamente por meio de recurso ordinário.**

Exemplos de questões sobre o tema

(TRT 1 – Juiz do Trabalho Substituto 1ª região/2016) Imediatamente após o encerramento da instrução, descobrindo a parte autora, em razão de comentários ouvidos na sala de audiências, que o juiz é amigo íntimo da parte contrária, requereu, em razões finais, que ele julgasse procedente o pedido ou acolhesse a exceção de suspeição.

No caso, o requerimento da parte

a) foi correto, mas a ordem de dedução das questões foi incorreta.

b) foi incorreto, mas a ordem não o foi.

c) foi incorreto, mas a forma foi correta.

d) e a exceção de suspeição deveriam ter sido levantados no momento da resposta, apurando-se antes a amizade íntima.

e) foi incorreto e não cabe exceção de suspeição com fundamento em simples boatos.

Resposta: A

27. CLT. Art. 799. § 2º. Das decisões sobre exceções de suspeição e incompetência, salvo, quanto a estas, se terminativas do feito, não caberá recurso, podendo, no entanto, as partes alegá-las novamente no recurso que couber da decisão final.

(TRT 8 – Juiz do Trabalho Substituto 8ª região/2015) Assinale a alternativa CORRETA acerca das exceções de suspeição e incompetência:

a) Das decisões sobre exceções de suspeição e incompetência, cabe recurso ordinário para o Tribunal Regional do Trabalho, eis que têm natureza de sentença.
b) Das decisões sobre exceção de suspeição e incompetência, cabe agravo de instrumento, já que a sua natureza é de decisão interlocutória.
c) É admissível a oposição de exceção de incompetência territorial em sede de recurso ordinário, já que é matéria de ordem pública e pode ser alegada em qualquer tempo e grau de jurisdição.
d) Não cabe, em qualquer hipótese, recurso imediato da decisão proferida em exceção de suspeição, cabendo, no entanto, da decisão proferida em exceção de incompetência, quando terminativa do feito.
e) Opostas simultaneamente, exceções de suspeição e de incompetência, esta deverá ser julgada por primeiro, pois se o juízo não tiver competência territorial, não poderá nem mesmo analisar a exceção de suspeição.

Resposta: D

7. RECONVENÇÃO

A reconvenção constitui uma ação do réu contra o autor, cujo conteúdo tem relação com os fatos ou os fundamentos jurídicos constantes da inicial ou quando existir conexão com os fundamentos da defesa.

Nesse caso, o réu deduz uma pretensão derivada ou relacionada com os referidos fatos que lhe atribuem a titularidade do direito violado pelo autor.

O CPC disciplina o instituto da reconvenção no art. 343 e seguintes:

QUADRO COMPARATIVO – RECONVENÇÃO		
CPC DE 1973	**CPC DE 2015**	**CLT**
Art. 315. O réu pode reconvir ao autor no mesmo processo, toda vez que a reconvenção seja conexa com a ação principal ou com o fundamento da defesa.	**Art. 343. Na contestação**, é lícito ao réu propor reconvenção para manifestar pretensão própria, conexa com a ação principal ou com o fundamento da defesa.	Sem similar.
Aplicabilidade do CPC ao processo do trabalho	Aplica-se ao processo do trabalho em face da omissão da CLT e da ausência de incompatibilidade.	
Diferença entre o CPC de 2015 e o de 1973	A principal mudança é que a reconvenção passa ser um capítulo da contestação.	

A omissão do réu em apresentar a reconvenção não implica preclusão, já que ele pode ajuizar ação autônoma.

7.1. A reconvenção no processo do trabalho

Não há dispositivo expresso na Consolidação das Leis do Trabalho no sentido de mencionar a reconvenção como forma de resposta do reclamado.

Contudo, tanto a doutrina quanto a jurisprudência consolidaram o entendimento de que a reconvenção **é cabível no processo do trabalho**, consoante autorização contida no art. 769 da Consolidação das Leis do Trabalho,[28] inclusive quando se tratar de rito sumaríssimo.

A reforma do Poder Judiciário, operada com a da promulgação da EC nº 45/2004, ampliou as possibilidades de utilização da reconvenção no processo laboral, uma vez que podem ser analisados e julgados todos os litígios que decorram da relação de trabalho.

É perfeitamente possível ao reclamado/empregador, por exemplo, requerer na reconvenção oferecida em reclamação trabalhista na qual se postula o pagamento de verbas rescisórias decorrente de despedida sem justa causa, a condenação do empregado/reclamante no pagamento de indenização para ressarcir os prejuízos materiais que este provocou em razão de existir previsão contratual nesse sentido.

Já a alegação de **compensação e de retenção**,[29] institutos de direito material relativo à extinção das obrigações, é matéria afeta à contestação, conforme determina o art. 767 da CLT (a compensação ou retenção só poderá ser arguida como matéria de defesa),[30] desde que a dívida do reclamante/empregado seja inferior ao débito do empregador/reclamado, caso contrário será necessário utilizar-se da reconvenção.

Esse é o entendimento do TST ao interpretar o mencionado dispositivo da CLT, por meio da Súmula nº 48: "COMPENSAÇÃO. A compensação só poderá ser arguida com a contestação".

É o que pode ocorrer, por exemplo, quando o reclamado alega que o empregado pediu demissão e postula a compensação do valor referente ao aviso prévio indenizado.

Na verdade, **não se trata tecnicamente de compensação, mas sim de simples dedução.** Entretanto, a doutrina e a jurisprudência, além da própria CLT, consagraram a utilização dessa expressão.

Por fim, a intenção da lei, interpretada pela referida Súmula nº 48, é afastar a possibilidade de a parte **arguir a compensação em fases processuais posteriores à postulatória**, como em grau de recurso ou nos embargos à execução.

> **ATENÇÃO!** É importante relembrar que os institutos da compensação e da dedução são distintos. Dos valores pleiteados pelo autor em uma reclamação trabalhista, podem ser deduzidos aqueles que porventura já tenha sido pagos pelo réu sob o mesmo título (horas extras pagas, por exemplo). Tal dedução pode ser deferida de ofício pelo Magistrado, até porque se evita o enriquecimento sem causa do reclamante. Já a compensação depende de requerimento do reclamado, que deve ser realizado até o oferecimento da contestação. Por fim, só pode ser utilizada quando autor e réu são reciprocamente credores e devedores de obrigações distintas.

7.2. Características

O CPC admite a reconvenção na hipótese de ação coletiva fundada em direito individual homogêneo, **mas exige que o reconvinte afirme ser titular de direito em face do substituído**, na forma prevista pelo art. 343, § 5º:

---

28. CLT. Art. 769. Nos casos omissos, o direito processual comum será fonte subsidiária do direito processual do trabalho, exceto naquilo em que for incompatível com as normas deste Título.
29. Código Civil. Art. 368. Se duas pessoas forem ao mesmo tempo credor e devedor uma da outra, as duas obrigações extinguem-se, até onde se compensarem.
30. Aqui, o art. 767 da CLT utiliza, equivocadamente, a expressão "defesa" como sinônimo de contestação.

Art. 343. § 5º Se o autor for substituto processual, o reconvinte deverá afirmar ser titular de direito em face do substituído, e a reconvenção deverá ser proposta em face do autor, também na qualidade de substituto processual.

7.3. Procedimento

O CPC é claro ao admitir a possibilidade de **oferecimento da reconvenção na própria contestação e sem a necessidade de contestar o pleito do autor**, de acordo com o preceito contido no art. 343, § 6º: "Art. 343. Na contestação, é lícito ao réu propor reconvenção para manifestar pretensão própria, conexa com a ação principal ou com o fundamento da defesa. § 6º O réu pode propor reconvenção independentemente de oferecer contestação".

Uma vez oferecida a reconvenção, o juiz deve adiar a audiência para que o reclamante conteste os respectivos fatos e os fundamentos jurídicos, salvo se ele abrir mão desse prazo. Nesse caso, a manifestação seria feita na própria audiência.[31]

Adiada a audiência, a designação da próxima sessão deve observar o prazo mínimo de **cinco dias** para que o reclamante exerça, na sua plenitude, o direito da ampla defesa.

A desistência ou qualquer outro motivo que implique a extinção do processo principal, com ou sem a resolução do mérito de forma antecipada, **não afeta o capítulo da reconvenção na contestação**, que segue o seu curso normal até o advento de uma sentença terminativa ou definitiva (art. 343, § 2º do CPC).

A reconvenção também pode ser proposta contra o autor e terceiro e pelo réu em litisconsórcio com o terceiro (art. 343, §§ 3 e 4º do CPC).

Exemplos de questões sobre o tema

(FCC – Juiz do Trabalho Substituto 24ª região/2015) O processo do trabalho possui institutos peculiares que o distinguem do processo civil comum, mas também se utiliza deste último como fonte de aplicação subsidiária. Nesta situação encontramos algumas circunstâncias relacionadas à audiência e a resposta do réu. Com fulcro na legislação e no entendimento sumulado do Tribunal Superior do Trabalho aplicável aos dissídios individuais do trabalho analise as assertivas abaixo.

I. Da decisão que acolhe a exceção de incompetência territorial, remetendo os autos para Tribunal Regional diverso daquele a que se vincula o juízo excepcionado, cabe recurso imediato.

II. A suspeição como regra deve ser arguida por meio de exceção, entretanto não será admitida se o recusante tiver praticado algum ato pelo qual haja consentido na pessoa do juiz, salvo sobrevindo novo motivo.

III. A resposta do reclamado na ação trabalhista deve ser apresentada em audiência, por escrito ou de forma oral no prazo de 20 minutos, que será prorrogado por 10 minutos em caso de contestação com preliminares ou arguição de exceções.

IV. A defesa do réu em reclamatória trabalhista comum poderá ser direta ou indireta, incluindo as alegações de retenção ou compensação, mas quanto a esta última não há delimitação do momento processual para sua arguição, podendo até mesmo ser alegada em grau recursal.

V. A reconvenção como instituto processual aplicável subsidiariamente ao processo do trabalho é autônoma com relação ao processo principal, razão pela qual é admitida ainda que não haja conexão entre ela e a ação principal ou entre ela e o fundamento da defesa (contestação).

31. Diferentemente do que ocorre no processo civil, não há necessidade de expedição de intimação para o reconvindo contestar a reconvenção, uma vez que esta medida processual é oferecida na audiência.

Está correto o que se afirma APENAS em

a) I e II.

b) II e IV.

c) III e V.

d) I e III.

e) IV e V.

Resposta: A

(TRT 2 – Juiz do Trabalho Substituto 2ª região/2014) No que concerne às defesas do réu no processo trabalhista, aponte a alternativa correta:

a) A compensação poderá ser arguida a qualquer tempo, com fundamento na vedação do princípio do enriquecimento sem causa.

b) Após a contestação poderá o reclamado deduzir novas alegações, que sejam importantes para dirimir o conflito, ainda que não trate de direito superveniente.

c) Se for acolhida a exceção de incompetência absoluta em razão da matéria, esta decisão é recorrível porque terminativa do feito.

d) A contestação no rito sumaríssimo poderá ser protocolizada no prazo de cinco dias, em razão do princípio da celeridade processual.

e) Réu poderá valer-se do protesto para formalizar a defesa, sendo que ambos os institutos possuem a mesma natureza.

Resposta: C

(TRT 2 – Juiz do Trabalho Substituto 2ª região/2014) Em matéria de resposta do réu, aponte a alternativa correta:

a) Pode-se arguir por meio de exceção o impedimento ou suspeição do servidor público.

b) A exceção de incompetência absoluta dispensa a forma de exceção e deve ser formulada em peça própria, separada da defesa.

c) O entendimento do Tribunal Superior do Trabalho não admite, em hipótese alguma, reconvenção em ações submetidas ao procedimento sumaríssimo.

d) Na contestação o réu somente se defende pelo mérito, através da defesa direta ou indireta.

e) As exceções de suspeição ou incompetência, por força das disposições da CLT, não importarão em suspensão do feito.

Resposta: A

8. PRINCIPAIS DIFERENÇAS ENTRE O PROCESSO CIVIL E O PROCESSO DO TRABALHO

Instituto	Processo Civil	Processo do Trabalho
Defesa: forma	Escrita.	Escrita ou oral no prazo de vinte minutos.
Defesa: prazo	15 dias após a citação e protocolada em cartório.	Até a audiência, nunca no prazo inferior a cinco dias do recebimento da notificação, salvo no caso de exceção de incompetência em razão do lugar, cujo prazo é de cinco dias.
Perempção	Total, mas para a mesma pretensão (art. 486, parágrafo terceiro do CPC).	Temporária (6 meses), mas para qualquer pretensão.
Exceção de suspeição: competência	Tribunal.	Segundo a Consolidação dos Provimentos da Corregedoria-Geral da Justiça do Trabalho, deve-se observar o procedimento previsto pelo CPC.

9. INFORMATIVOS DO TST SOBRE A MATÉRIA

Conflito negativo de competência. Exceção de incompetência territorial. Lei nº 13.467/2017. Rito previsto na nova redação do artigo 800 da CLT. Prazo preclusivo.

O artigo 800 da CLT, em sua redação dada pela Lei nº 13.467, trouxe inovação quanto à exceção de incompetência territorial, ao prever a apresentação dessa defesa antes da audiência, no prazo de 5 dias a contar da notificação. Essa defesa processual relativa à exceção de incompetência territorial destacou-se da norma geral, disposta no artigo 847, caput e §1º, da CLT, para otimizar a defesa do demandado, de forma a evitar deslocamento possivelmente desnecessário e dispendioso. Desse modo, diante da existência de um rito próprio e com fins específicos, não parece concebível que a lei permita outro momento processual para a prática do mesmo ato. Assim, entende-se que o prazo do art. 800 da CLT tem, efetivamente, natureza preclusiva, de modo que, não tendo a parte exercido seu direito de opor exceção de incompetência territorial na forma e no interregno ali previstos, prorroga-se a competência territorial do juízo em que proposta a ação. Sob esse fundamento, a SBDI-II, por unanimidade, admitiu o Conflito e declarou a competência do Juízo da 11.ª Vara do Trabalho da Zona Leste/SP para processar e julgar a Reclamação Trabalhista. TST-CC-10467-93.2019.5.15.0013, SBDI-II, rel. Min. Luiz José Dezena da Silva, 22/9/2020 (TST. Info nº 225).

Prescrição suscitada em contestação e não analisada em sentença. Exame em sede de recurso ordinário do reclamante. Não arguição em contrarrazões. Possibilidade. Princípio da ampla devolutividade.

Em face do princípio da ampla devolutividade, a prejudicial de prescrição arguida em contestação e não examinada em sentença que julgou improcedente a reclamação trabalhista é automaticamente devolvida ao exame do colegiado quando do julgamento do recurso ordinário do reclamante, mesmo que não suscitada em contrarrazões. Com esse posicionamento, a SBDI-I, à unanimidade, conheceu dos embargos, por divergência jurisprudencial, e, no mérito, por maioria, vencido o Ministro Ives Gandra Martins Filho, deu-lhes provimento para determinar o retorno dos autos ao Tribunal Regional de origem a fim de que, julgando novamente os embargos de declaração, aprecie o fundamento da defesa relativo à prescrição bienal, ficando excluída, por consequência lógica, a multa nele aplicada com base no art. 538, parágrafo único, do CPC. TST-E-RR-589200-82.2006.5.12.0036, SBDI-I, rel. Min. Renato de Lacerda Paiva, 14.6.12 (TST. Info nº 13).

10. QUADRO SINÓPTICO

Capítulo III – Da resposta do reclamado		
Instituto	**Conteúdo**	**item**
	Defesa	
Forma	Não havendo acordo, o reclamado terá vinte minutos para aduzir sua defesa, após a leitura da reclamação, quando esta não for dispensada por ambas as partes. Caso o reclamado opte pela forma escrita, a defesa deve ser enviada pelo sistema do PJe até a audiência (art. 847, *caput* e parágrafo único, da CLT).	2
Prazo	A CLT não fixa prazo para apresentação da defesa. Contudo, o seu art. 841 reza que o reclamado será notificado para comparecer à audiência e apresentar defesa. Essa audiência não pode ocorrer antes do prazo mínimo de cinco dias contados a partir do recebimento da notificação. Se for processo eletrônico, a defesa, se for escrita, deve ser enviada ao sistema antes da audiência.	3

Capítulo III – Da resposta do reclamado			
Instituto		**Conteúdo**	**item**
Espécies		A resposta do réu tem como objeto a relação processual e/ou a relação de Direito material. No primeiro caso, denomina-se defesa indireta processual ou defesa de rito e no segundo caso, defesa de mérito ou defesa de fundo. Pode ocorrer ainda de o reclamado aceitar como verdadeiros os argumentos constantes da inicial, mas narre outros que impliquem modificação, extinção ou impedimento do direito subjetivo do reclamante. Esse tipo de defesa é conhecida como defesa indireta do mérito. Segundo o CPC, a reconvenção deve ser apresentada no corpo da contestação.	4
Contestação			
Preliminares	**Inexistência ou nulidade de citação**	A citação, que no processo do trabalho recebe a denominação de notificação inicial, é o ato que dá conhecimento ao reclamado de que existe uma ação proposta em face dele. A inexistência ou defeito desse ato de comunicação processual, provocado pela inobservância das regras que lhes são aplicáveis, implica nulidade do processo, sendo listado, pelo CPC, como matéria de defesa, mas que pode ser alegado em qualquer fase processual, inclusive em sede de embargos à execução.	
	Incompetência	• A incompetência absoluta deve ser arguida em preliminar de mérito; • A competência absoluta pode ser em razão da matéria, da hierarquia ou da pessoa; • O CPC determina que a incompetência relativa deve ser arguida no capítulo das preliminares da contestação. Como a CLT não é omissa, essa regra não se aplica ao processo do trabalho.	
	Inépcia	Considera-se inepta a petição inicial quando: faltar-lhe pedido ou causa de pedir; da narração dos fatos não decorrer uma conclusão lógica; quando o pedido for juridicamente impossível; ou quando contiver pedidos incompatíveis entre si.	
	Perempção temporária	A Consolidação das Leis do Trabalho, em seu art. 732, prevê uma espécie de perempção temporária quando o reclamante dá causa a dois arquivamentos consecutivos, fato que o impossibilita de exercer o direito de ação pelo prazo de seis meses.	5.1
	Litispendência e Coisa julgada	Duas ações são idênticas quando possuem a mesma causa de pedir, pedido e partes. Constatada essa tríplice identidade, haverá litispendência enquanto as duas ações estiverem em curso, caso contrário, se já houver sentença transitado em julgado a hipótese será de coisa julgada.	
	Conexão e continência	Quando duas ou mais ações têm em comum o pedido ou a causa de pedir, diz-se que há conexão entre elas. Duas ações possuem relação de continência entre si quando o objeto de uma, por ser mais amplo, abrange ao da outra e há identidade de partes.	
	Incapacidade de parte, defeito de representação e falta de autorização	• Caso a parte não possua capacidade de exercício de direitos, deve estar em juízo representada, assistida ou autorizada. • Diante do *ius postulandi* das partes, não há necessidade dela ser representada em juízo por advogado para praticar atos processuais. • A falta de autorização corresponderia, no processo do trabalho, à ausência de documento comprobatório da condição de preposto da empresa para representar o reclamado.	

<table>
<tr><th colspan="4">Capítulo III – Da resposta do reclamado</th></tr>
<tr><th>Instituto</th><th colspan="2">Conteúdo</th><th>item</th></tr>
<tr><td rowspan="6">Preliminares</td><td>Convenção de arbitragem</td><td>Como os direitos trabalhistas, em sua grande maioria, são indisponíveis, essa espécie de preliminar em contestação é bem rara no processo do trabalho. Para o empregado hipersuficiente, entretanto, admite-se a utilização da arbitragem para solução de conflitos trabalhistas de forma expressa pelo art. 507-A da CLT.</td><td rowspan="6">5.1</td></tr>
<tr><td>Ausência de legitimidade ou de interesse processual</td><td>• Ilegitimidade ativa ocorre quando o próprio autor da ação informa não ser o titular da direito.
• Ilegitimidade passiva se dá quando o autor insere no polo passivo uma pessoa que ele próprio diz não ser o titular da obrigação objeto do litígio.
• Interesse processual encontra-se ausente quando é desnecessária a intervenção do Poder Judiciário para a solução do conflito de interesses.</td></tr>
<tr><td>Falta de caução</td><td>A falta de caução a que alude o CPC, diz respeito àquela de índole processual e não de direito material, mas não é aplicada quando for deferido, ao reclamante, o pedido de benefício da justiça gratuita.</td></tr>
<tr><td>Indevida concessão do benefício de gratuidade da justiça</td><td>Não há na CLT referência quanto forma de impugnar a decisão do Juiz quando o pleito do autor é acolhido no sentido de conceder os benefícios da justiça gratuita. Assim, utiliza-se supletivamente o CPC, de forma que o réu possa oferecer argumentos na contestação requerendo que o juiz modifique sua decisão.</td></tr>
<tr><td>Incorreção do valor da causa</td><td>O inconformismo do reclamado, em relação ao valor atribuído à causa pelo reclamante, deve ser apresentado sob a forma de preliminar de mérito na contestação, conforme art. 337, III, do CPC.

Quando o valor da causa for fixado pelo juiz, a impugnação deve ser oferecida pelo reclamante ou pelo reclamado no momento das razões finais. Na hipótese de o juiz manter o valor anteriormente fixado, a parte pode pedir revisão, no prazo de 48 horas, ao presidente do Tribunal Regional do Trabalho.

Observe-se que a impugnação ao valor dos pedidos constitui questão afeta ao mérito da causa. Isso significa que o reclamado além de refutar a pretensão do autor, deve contestar o valor atribuído a cada pedido, atendendo ao princípio da eventualidade.</td></tr>
<tr></tr>
<tr><td rowspan="2">Prejudicial de mérito</td><td>Relação de emprego</td><td>Constitui equívoco técnico qualificar a controvérsia sobre a existência ou não da relação de emprego ou da condição de empregado que ostenta o autor da ação, como preliminar de mérito (defesa processual), sob o título de preliminar de ilegitimidade de parte ou de carência de ação.</td><td rowspan="2">5.2</td></tr>
<tr><td>Prescrição e decadência</td><td>A arguição de prescrição ou de decadência também é considerada matéria relativa à prejudicial de mérito, pois o seu acolhimento impõe a extinção do processo com a resolução do mérito.</td></tr>
<tr><td>Mérito</td><td>Defesa direta</td><td>Ocorre quando a contestação impugna a pretensão do reclamante pela negativa específica dos fatos narrados na inicial.</td><td>5.3</td></tr>
</table>

Capítulo III – Da resposta do reclamado			
Instituto	**Conteúdo**		**item**
Mérito	**Defesa indireta**	A defesa indireta do mérito é feita com a arguição de fatos impeditivos, modificativos ou extintivos do direito do reclamante.	5.3
Exceção			
Conceito		Determinadas defesas processuais, devido a sua importância, devem ser arguidas em peças autônomas. Quando isso ocorre, recebe a denominação de exceção e o feito principal deve ser suspenso até o julgamento final dessa medida processual. Ao contrário, quando a defesa processual é inserida na contestação, sob a forma de preliminar de mérito, devidamente autorizada pela legislação processual, o seu julgamento efetiva-se ao final, ou seja, juntamente com o mérito.	6
Impedimento	**CLT**	O juiz é obrigado a declarar sua suspeição. Além disso, pode ser recusado pelos seguintes motivos, em relação à pessoa dos litigantes: a) inimizade pessoal; b) amizade íntima; c) parentesco por consanguinidade ou afinidade até o terceiro grau civil; d) interesse particular na causa.	6.1
Impedimento	**CPC**	Há impedimento do juiz, sendo-lhe vedado exercer suas funções no processo: • em que interveio como mandatário da parte, oficiou como perito, funcionou como membro do Ministério Público ou prestou depoimento como testemunha; • de que conheceu em outro grau de jurisdição, tendo proferido decisão; • quando nele estiver postulando, como defensor público, advogado ou membro do Ministério Público, seu cônjuge ou companheiro, ou qualquer parente, consanguíneo ou afim, em linha reta ou colateral, até o terceiro grau, inclusive; • quando for parte no processo ele próprio, seu cônjuge ou companheiro, ou parente, consanguíneo ou afim, em linha reta ou colateral, até o terceiro grau, inclusive; • quando for sócio ou membro de direção ou de administração de pessoa jurídica parte no processo; • quando for herdeiro presuntivo, donatário ou empregador de qualquer das partes; • em que figure como parte instituição de ensino com a qual tenha relação de emprego ou decorrente de contrato de prestação de serviços; • em que figure como parte cliente do escritório de advocacia de seu cônjuge, companheiro ou parente, consanguíneo ou afim, em linha reta ou colateral, até o terceiro grau, inclusive, mesmo que patrocinado por advogado de outro escritório; • quando promover ação contra a parte ou seu advogado	6.1
Suspeição		Há suspeição do juiz: • amigo íntimo ou inimigo de qualquer das partes ou de seus advogados; • que receber presentes de pessoas que tiverem interesse na causa antes ou depois de iniciado o processo, que aconselhar alguma das partes acerca do objeto da causa ou que subministrar meios para atender às despesas do litígio; • quando qualquer das partes for sua credora ou devedora, de seu cônjuge ou companheiro ou de parentes destes, em linha reta até o terceiro grau, inclusive; • interessado no julgamento do processo em favor de qualquer das partes.	6.1

<table>
<tr><th colspan="4">Capítulo III – Da resposta do reclamado</th></tr>
<tr><th>Instituto</th><th colspan="2">Conteúdo</th><th>item</th></tr>
<tr><td rowspan="3">Em razão do lugar</td><td>Conceito</td><td>Quando a reclamação trabalhista é ajuizada em Vara do Trabalho diversa daquela indicada pelo dispositivo legal acima mencionado, o reclamado pode arguir a incompetência em razão do lugar.</td><td>6.2</td></tr>
<tr><td>Procedimento</td><td>Com a vigência da Lei da Reforma Trabalhista o prazo para apresentação da exceção de incompetência em razão do lugar passa a ser de cinco dias contados a partir do recebimento da notificação inicial, sob pena de preclusão.
Interposta a exceção de incompetência em razão do lugar, suspende-se o feito principal até a decisão sobre essa questão, inclusive sem a realização da audiência normalmente designada para apresentação da contestação.
Havendo necessidade de prova em audiência, o excipiente poderá produzi-la por meio de carta precatória no juízo que indica como competente.</td><td>6.2 A</td></tr>
<tr><td>Recurso</td><td>Não cabe recurso imediato da decisão da exceção, em face da sua natureza interlocutória, salvo for acolhida e os autos remetidos para outro Tribunal (Súmula nº 214, alínea c, do TST).</td><td>6.2 B</td></tr>
<tr><th colspan="4">Reconvenção</th></tr>
<tr><td>Conceito</td><td colspan="2">A reconvenção constitui uma ação do réu contra o autor. Tem por base os mesmos fatos ou fundamentos jurídicos constantes da inicial ou quando existir conexão com os fundamentos da defesa. Nesse caso, o réu deduz uma pretensão derivada ou relacionada com os referidos fatos que lhe atribuem a titularidade do direito violado pelo autor.</td><td>7</td></tr>
<tr><td>Processo do trabalho</td><td colspan="2">A reconvenção é cabível no processo do trabalho, mas prevalece o rito processual civil, consoante autorização contida no art. 769 da Consolidação das Leis do Trabalho, inclusive no sumaríssimo.</td><td>7.1</td></tr>
<tr><td>Procedimento</td><td colspan="2">• Deve ser oferecida no corpo da contestação.
• Uma vez oferecida a reconvenção, o juiz deve adiar a audiência para que o reclamante conteste, observando o prazo mínimo de cinco dias para que o reclamante exerça, na sua plenitude, o direito da ampla defesa.
• A desistência ou qualquer outro motivo que implique a extinção do processo principal, com ou sem a resolução do mérito de forma antecipada, não afeta o capítulo da reconvenção na contestação, que segue o seu curso normal até o advento de uma sentença terminativa ou definitiva (art. 343, § 2º do CPC).</td><td>7.3</td></tr>
</table>

11. QUESTÕES

11.1. Questões objetivas

1. (FCC – 2008 – TRT – 19ª Região (AL) – Técnico Judiciário) De acordo com a CLT e o entendimento Sumulado do TST, a compensação

a) não poderá ser arguida, em nenhum momento, em reclamações trabalhistas.

b) poderá ser arguida em qualquer fase processual, inclusive após o trânsito em julgado de sentença.

c) deverá ser arguida através de exceção.

d) só poderá ser arguida como matéria de defesa na contestação.

e) poderá ser arguida em qualquer fase processual até o trânsito em julgado de sentença.

2. (COCEL – Advogado Junior/2011) Sobre as respostas do réu no Direito Processual do Trabalho, é correto afirmar:

a) A doutrina e a jurisprudência predominantes não admitem a aplicação subsidiária da reconvenção no Direito Processual do Trabalho, porque a afirmam incompatível com as regras e princípios deste ramo do Direito.

b) No âmbito do Direito Processual do Trabalho, o prazo de resposta da Pessoa Jurídica de Direito Público é de 60 dias, eis que há que se contar em quádruplo o prazo de 15 previsto no CPC, aplicável subsidiariamente àquele ramo do Direito.

c) Segundo a legislação vigente, das decisões sobre exceções de suspeição e incompetência, salvo, quanto a estas, se terminativas do feito, não caberá recurso, podendo, no entanto, as partes alegá-las novamente no recurso que couber da decisão final.

d) A contestação deve ser obrigatoriamente escrita, não se admitindo, no Direito Processual do Trabalho, que seja oral, por apego à celeridade e à economia indispensáveis à breve dissolução da lide.

e) No Direito Processual do Trabalho, a única resposta possível é a contestação, arguindo-se, por meio de tal petição, todas as exceções processuais e de mérito em direito admitidas.

3. (PGE/PI/Procurador/2008) O art. 191 do CPC estabelece que, existindo litisconsortes com diferentes procuradores, os prazos devem ser contados em dobro para contestar, para recorrer e, de modo geral, para falar nos autos. Sendo assim, a regra contida no referido artigo

a) se aplica ao processo do trabalho, uma vez que a CLT é omissa, sendo, por isso, o CPC aplicado de forma subsidiária.

b) se aplica ao processo do trabalho, uma vez que a CLT também prevê a aplicação do prazo em dobro aos litisconsortes com procuradores distintos.

c) não se aplica ao processo do trabalho, por ser incompatível com o princípio da celeridade, inerente ao processo trabalhista.

d) não se aplica ao processo do trabalho, já que regras específicas de processo civil não podem ser aplicadas a esse tipo de processo.

e) não se aplica ao processo do trabalho, por ser incompatível com norma expressa da CLT.

4. (QUESTÃO SOBRE A REFORMA TRABALHISTA ELABORADA PELO AUTOR). A Lei nº 13.467/17 quebrou o paradigma de apresentação de toda espécie de defesa em audiência para permitir que a exceção de incompetência em razão do lugar seja interposta no prazo de cinco dias a contar da notificação.

5. (IADES – Advogado – CFM/2018). As audiências trabalhistas são fundamentais ao deslinde da lide, uma vez que trazem ao processo os fatos ocorridos e demonstram a existência dos direitos que devem ser garantidos ao trabalhados.

Em relação ao exposto e ao tema tratado, assinale a alternativa correta.

a) Não havendo acordo, o reclamado terá 30 minutos para aduzir a própria defesa, após a leitura da reclamação, quando esta não for dispensada por ambas as partes.

b) A parte poderá apresentar defesa escrita pelo sistema de processo judicial eletrônico até 15 dias após a audiência.

c) O presidente, ex officio ou a requerimento de qualquer juiz temporário, interrogará os litigantes e, em seguida, será apresentada a defesa.

d) A parte poderá apresentar defesa escrita pelo sistema de processo judicial eletrônico até a audiência.

e) Os litigantes devem permanecer na audiência até o término dela, mesmo após a realização do respectivo interrogatório.

6. (FCC – Analista Judiciário – Oficial de Justiça Avaliador – TRT 6/2018) A exceção de incompetência territorial deverá ser apresentada pelo reclamado em Processo do Trabalho

a) no prazo de 5 dias antes da audiência, mas sempre em peça apartada à defesa.

b) juntamente com a defesa, em audiência, podendo inclusive ser feita de forma verbal, em respeito ao princípio da oralidade.

c) no prazo de 10 dias a contar da notificação, em peça autônoma onde se fundamente a existência da exceção.

d) juntamente com a defesa, em audiência, devendo ser sempre escrita e em peça apartada.

e) no prazo de 5 dias a contar da notificação, antes da audiência e em peça que sinalize a existência da exceção.

7. (FCC – Analista Judiciário – Área Judiciária – TRT 15/2018) A arguição de incompetência territorial no processo do trabalho se dará por meio da apresentação de exceção de incompetência, que tem regras definidas em lei, entre as quais,

a) apresentada a exceção, os autos serão imediatamente conclusos ao juiz, que intimará o reclamante e, se existentes, os litisconsortes, para manifestação no prazo comum de 5 dias.

b) entendendo necessária produção de prova oral, o juízo ouvirá as testemunhas do excipiente na própria audiência, julgando a exceção em seguida.

c) sua apresentação será feita no prazo de 10 dias a contar da notificação, antes da audiência e em peça que sinalize a existência desta exceção.

d) sua apresentação deve ocorrer juntamente com a contestação, em peça apartada, devendo ser analisada e decidida pelo juiz de plano, em audiência.

e) protocolada a petição, o processo será interrompido e não se realizará a audiência até que se decida a exceção.

8. (AOCP – Analista Judiciário – Área Judiciária – TRT 1/2018) No que tange à exceção de incompetência territorial, no âmbito do processo trabalhista, assinale a alternativa correta.

a) A Exceção de Incompetência territorial deverá ser apresentada como preliminar de contestação. Ao exceto será concedido prazo de 24 horas para manifestação respectiva, devendo a decisão ser proferida na primeira audiência ou sessão que se seguir.

b) A exceção de incompetência territorial deverá ser apresentada em peça apartada que sinalize explicitamente a existência da exceção, antes da audiência no prazo de 5 dias, contados do recebimento da notificação pela reclamada. Protocolada a petição de exceção, ao exceto será concedido prazo de 24 horas para manifestação respectiva, devendo a decisão ser proferida na primeira audiência ou sessão que se seguir.

c) A Exceção de Incompetência territorial deverá ser apresentada como preliminar de contestação. Ao exceto será concedido prazo de 24 horas para manifestação respectiva, devendo a decisão ser proferida no prazo de 5 dias.

d) A exceção de incompetência territorial deverá ser apresentada em peça apartada que sinalize explicitamente a existência da exceção, antes da audiência, no prazo de 5 dias, contados do recebimento da notificação pela reclamada. Protocolada a petição de exceção, o processo será suspenso. O juiz intimará o exceto para manifestação no prazo de 5 dias. Da decisão que decidir a exceção de incompetência, caberá recurso ordinário no prazo de 8 dias.

e) A exceção de incompetência territorial deverá ser apresentada em peça apartada que sinalize explicitamente a existência da exceção, antes da audiência, no prazo de 5 dias, contados do recebimento da notificação pela reclamada. Protocolada a petição de exceção, o processo será suspenso até que se decida o incidente.

9. (IADES – Advogado – CFM/2018) A Justiça do Trabalho, no que tange à representatividade, é mais flexível do que a Justiça Comum. Considerando a referida flexibilidade, assinale a alternativa correta.

a) Somente os empregados poderão reclamar pessoalmente perante a Justiça do Trabalho, sendo permitido aos empregadores acompanhar as demandas até o final.

b) Nos dissídios individuais, os empregados e os empregadores não poderão fazer-se representar por intermédio de sindicato.

c) Nos dissídios individuais, os empregados poderão fazer-se representar por intermédio de representante não inscrito na Ordem dos Advogados do Brasil.

d) Nos dissídios coletivos, é facultada aos interessados a assistência por advogado.

e) Nos dissídios coletivos, é obrigatória aos interessados a assistência por advogado.

11.2. Questões discursivas

1. (TRT 1 – Juiz do Trabalho – 2016 – ADAPTADA) No terreno do direito processual brasileiro: Explique o que é uma questão prejudicial e o que significa resolvê-la de forma incidental. Além da teoria, ilustre sua resposta com exemplos práticos.

2. (TRT 1 – Juiz do Trabalho – 2016 – ADAPTADA) Olegário era empregado da empresa ZZZ LTDA., cumprindo jornada de trabalho extensa, inclusive com sobreaviso diário, sendo exageradamente cobrado pelo chefe, com metas abusivas, e sofrendo constantes ameaças de seu supervisor, o que levou a fazer uso de medicamente tarja preta e a recorrer à terapia semanal, vivendo frequentes crises de ansiedade e choro, quadro que culminou em sintomas de síndrome do pânico.

Matheus, seu filho, tinha 11 anos de idade quando Olegário veio a falecer, em 15/02/2006, vitima de inequívoco acidente de trabalho, por falha nos procedimentos de segurança, além da ausência de fornecimento de EPIs (Equipamentos de Proteção Individual) e de treinamento por parte da empregadora.

Olegário não registrou seu nome na certidão de nascimento de Matheus, pois era casado na época com outra mulher, e não quis oficialmente formalizar essa paternidade, nem confessar que vivia em uma relação amorosa paralela com a mãe de Matheus. Não obstante, esteve presente em toda a infância do garoto, o que é demonstrado por fotos, documentos, cartas e testemunhas de vizinhos e até de professores da escola, onde frequentava reuniões de pais e festinhas comemorativas.

Assim que Matheus completou 18 anos de idade (02/02/2013), contratou um advogado trabalhista e, 6 (seis) meses depois de seu aniversário ajuizou, em 02/08/2013, uma ação contra a ex-empregadora de seu pai, postulando (i) indenização por danos morais em razão da sua dor pela perda do ente querido (pai); (ii) indenização pelos danos morais sofridos pelo pai falecido, em decorrência do grave assédio moral de que foi vitima na empresa, e (iii) pensionamento material até que completasse 25 anos de idade.

A empresa se defendeu no mérito, mas, preliminarmente, suscitou a ilegitimidade ativa do reclamante, porque ele não fez prova de que era filho de Olegário, invocando ainda a incompetência absoluta da Justiça do Trabalho para decidir a esse respeito, pelo fato de um juiz trabalhista não poder reconhecer paternidade de um empregado falecido, e se a mãe do autor vivia ou não uma união estável com homem casado, ou mesmo se a mãe e o filho eram dependentes econômicos do falecido, enfim, todos esses temas que seriam afetos exclusivamente a uma vara de família e sucessões, até porque, do rol de pessoas beneficiadas com o pagamento das verbas rescisórias do falecido, na época, não constava o demandante Matheus, nem sua mãe, que nunca reclamaram acerca da rescisão.

A ré também sustentou que, ainda que esse óbice anterior fosse ultrapassado o reclamante Matheus não teria legitimidade para cobrar indenização pelos danos morais alegadamente sofridos pelo falecido.

Ademais, a demandada arguiu a prescrição do direito de ação.

Nesse cenário, responda sobre os três primeiros temas levantados pela empresa em sua contestação (incompetência, ilegitimidade e prescrição), apresentando os fundamentos legais e jurisprudenciais pertinentes e abordando as várias teses possíveis sobre as questões, posicionando-se objetivamente ao final quanto ao caso concreto.

12. GABARITO

12.1. Gabarito das questões objetivas

Gab.		Fundamentação legal e jurisprudencial	Tópico do livro	Obs. Eventual
1	D	TST. Súmulas nº 48 CLT. Art. 767	Item 7.1	
2	C	a) Doutrina	a) Item 7.1	
		b) Decreto-Lei nº 779/69. Art. 1º, II	b) Item 3	
		c) CLT. Art. 799, § 2º	c) Item 6.2, alínea "b"	
		d) CLT. Art. 847	d) Item 2	
		e) CLT. Art. 799, caput	e) Item 6	
3	C	a) TST. OJ SDI-1 nº 310	a) Item 3	
4	C	Art. 800 da CLT.	Item 6.2	
5	D	a) Art. 847	a) Item 2	
		b) Art. 847, Parágrafo único	b) Item 2	
		c) Art. 848	c) Item 2	
		d) Art. 847, Parágrafo único	d) Item 2	
		e) Art. 848, § 1º	e) Item 2	
6	E	a) Art. 800 da CLT	a) Item 6.2	
		b) Art. 800 da CLT	b) Item 6.2	
		c) Art. 800 da CLT	c) Item 6.2	
		d) Art. 800 da CLT	d) Item 6.2	
		e) Art. 800 da CLT	e) Item 6.2	
7	A	a) CLT, art. 800, § 2º	a) Item 6.2 "a"	
		b) CLT, art. 800, § 3º	b) Item 6.2	
		c) CLT, art. 800	c) Item 6.2	
		d) CLT, art. 800, § 2º	d) Item 6.2	
		e) CLT, art. 800, § 1º	e) Item 6.2	
8	E	a) CLT. Arts. 799 e 800, §1º	a) Item 6	
		b) CLT. Arts. 799 e 800, §1º	b) Item 6	
		c) CLT. Arts. 799 e 800, §1º	c) Item 6	
		d) CLT. Arts. 799 e 800, §1º	d) Item 6	
		e) CLT. Arts. 799 e 800, §1º	e) Item 6	
9	D	a) CLT.Art. 791.	a) Item 3.1	
		b) CLT.Art. 791 § 1º	b) Parte I, Cap. III. Item 1.5	
		c) CLT.Art. 791 § 1º	c) Parte I, Cap. III. Item 1.5	
		d) CLT.Art. 791 § 2º	d) Item 3.1	
		e) CLT.Art. 791 § 2º	e) Item 3.1	

12.2. Gabarito das questões discursivas

Item	Fundamentação legal, jurisprudencial ou doutrinária	Onde encontro no livro
1	Questão prejudicial de mérito diz respeito a existência ou não da relação de direito material na qual se funda a pretensão da parte. Inclusive, essa matéria pode ser objeto de uma ação declaratória autônoma, nos termos previstos pelo art. 19 do CPC. Entretanto, resolvendo-a de forma incidental, encontra-se apta a adquirir a qualidade da coisa julgada material, desde que decidida expressamente e preenchido os requisitos listados no § 1º, art. 503 do CPC: I – dessa resolução depender o julgamento do mérito; II – a seu respeito tiver havido contraditório prévio e efetivo, não se aplicando no caso de revelia; III – o juízo tiver competência em razão da matéria e da pessoa para resolvê-la como questão principal. Por exemplo, se um trabalhador ingressa com uma ação trabalhista postulando verbas rescisórias, o reclamado antes de impugná-las em sua contestação, pode negar a existência do vínculo empregatício. Isso seria uma prejudicial de mérito. Como o Juiz do Trabalho é competente para apreciar essa questão, forma-se a coisa julgada se o reclamante for instado a apresentar manifestação sobre a prejudicial e o juiz decidir de forma expressa. Outro exemplo: o empregado ajuíza reclamação trabalhista postulando pagamento de horas extras. Em sua defesa o reclamado antes de negar o labor extraordinário, afirma que a pretensão do reclamante encontra-se prescrita.	Item 5.2
2	**a) Incompetência** A competência da Justiça do Trabalho decorre de litígios decorrentes da relação de trabalho, como preconiza o art. 114 da Constituição Federal, inclusive quando a postulação em juízo é feito pelos dependentes ou sucessores do trabalhador, como deixa claro o entendimento constante da Súmula nº 392 do TST, em sua parte final: "Nos termos do art. 114, inc. VI, da Constituição da República, a Justiça do Trabalho é competente para processar e julgar ações de indenização por dano moral e material, decorrentes da relação de trabalho, inclusive as oriundas de acidente de trabalho e doenças a ele equiparadas, ainda que propostas pelos dependentes ou sucessores do trabalhador falecido". A definição da competência efetiva-se pela pretensão exposta em juízo pelo reclamante, pela simples leitura da petição inicial, sem a necessidade de comprovar a veracidade dos fatos jurídicos insertos naquela peça, segundo a teoria da asserção, também denominada teoria da afirmação. Nesse caso, o juiz assume, abstrata e provisoriamente que a alegação do autor é verdadeira com o objetivo de realizar um juízo de admissibilidade e não de mérito. Assim, como Matheus se diz filho do falecido trabalhador da empresa ZZZ Ltda. e descreve as demais circunstâncias correlatas, esses argumentos é que devem ser levados em consideração para efeito de definição da competência, uma vez que devem ser reconhecidos como verdadeiros com o objetivo exclusivo de realizar o juízo de admissibilidade da demanda. Se a reclamada contesta esse fato, como de fato o fez, sai da seara da incompetência (questão processual) e vai para o âmbito da prejudicial (questão meritória), pois depende de prova. Diante de tais considerações, a preliminar de incompetência deve ser rejeitada. **b) Ilegitimidade:** A técnica processual para identificar a legitimidade passiva ou ativa da parte segue a teoria da asserção, também denominada teoria da afirmação, válida mesmo com a vigência do CPC de 2015. Isso significa dizer que se o autor afirma em sua petição inicial ser o titular do direito subjetivo, essa circunstância deve ser reconhecida provisoriamente como verdadeira a fim de definir a sua legitimidade ativa.	Item 3.2, "A", Capítulo II, Parte I. Item 5.1 "B" e "I", Parte II, Capítulo III

Item	Fundamentação legal, jurisprudencial ou doutrinária	Onde encontro no livro
2	A reclamada alega que Matheus não seria filho do seu ex-empregado e, por conta disso, não seria parte legítima. Ora, essa alegação diz respeito ao mérito da causa, mais precisamente uma prejudicial de mérito, que implicaria extinção do processo com a resolução de mérito. A ilegitimidade é classificada como uma questão processual e, uma vez acolhida, extingue o processo sem a resolução do mérito. Por tais motivos, a preliminar de ilegitimidade deve ser afastada.	Item 3.2, "A", Capítulo II, Parte I. Item 5.1 "B" e "I", Parte II, Capítulo III

CAPÍTULO IV

AUDIÊNCIA

SUMÁRIO • 1. Generalidades: 1.1. Representação das partes na audiência; 1.2. Atraso à audiência; 1.3. Conciliação: A. momento da conciliação; B. Audiência exclusiva de conciliação ou mediação; C. Termo de conciliação: cláusulas; 1.4. Características da audiência: A. Unicidade; B. Necessidade; C. Publicidade; 1.5. Adiamento da audiência; 1.6. Registro da audiência; **1.7. Audiência telepresencial e híbrida** – 2. Desistência da reclamação trabalhista: 2.1. Momento da desistência; 2.2. Desistência e renovação da pretensão; 2.3. Desistência e litisconsórcio – 3. Arquivamento da reclamação trabalhista e seus efeitos: 3.1. Perempção temporária; 3.2. Custas; 3.3 Confissão ficta – 4. Revelia: 4.1. Efeitos da revelia; 4.2. Exclusão dos efeitos da revelia: A. Litisconsórcio; B. Direitos indisponíveis; C. Documento indispensável a prova do ato; D. Alegações inverossímeis; E. Insalubridade e periculosidade; F. Pessoas jurídicas de Direito Público; G. Intimação da sentença; H. Intervenção do revel– 5. Réplica do reclamante – 6. Providências preliminares, julgamento conforme o estado do processo e saneamento do processo – 7. Principais diferenças entre o processo civil e o processo do trabalho – 8. Informativos do TST sobre a matéria – 9. Quadro sinóptico – 10. Questões: 10.1. Questões objetivas; 10.2. Questões discursivas – 11. Gabarito: 11.1. Gabarito das questões objetivas; 11.2. Gabarito das questões discursivas

1. GENERALIDADES

A audiência é o ato processual de natureza complexa por meio do qual o magistrado do trabalho, em regra, toma conhecimento dos termos da pretensão do autor,[1] instrui e decide o litígio, o que representa, em última análise, por em prática o **princípio da concentração, oralidade e imediatidade**.

Como a própria denominação já induz, é na audiência que o juiz tem contato direto com as partes, ouve suas postulações e argumentações e forma o seu convencimento, por meio da instrução processual com a oitiva das testemunhas e peritos, além da colheita dos demais meios de provas.

Diz-se que **a audiência é um ato processual complexo** porque ele abarca uma série de outros atos processuais de natureza simples, como a leitura da petição inicial, o oferecimento da defesa no processo físico, a colheita da prova oral, a apresentação da prova pericial e a prolação da sentença.

Entre o juiz e os advogados não existe hierarquia. Entretanto, **é o juiz quem deve dirigir os trabalhos relativos à audiência**. Para isso, o magistrado expede ordens e pratica atos no sentido de cumprir bem e fielmente sua função, inclusive contra os interesses das partes e dos seus respectivos patronos, mas sempre com cordialidade.

Cabe ao juiz exercer o **poder de polícia**, no sentido de manter a ordem e o decoro na audiência, inclusive determinar que se retirem do recinto aquelas pessoas que se comportarem inconvenientemente, ainda que seja necessário requisitar força policial.[2]

1. Eventualmente, o Juiz pode tomar conhecimento da inicial antes da audiência, por exemplo, quando tem de apreciar pedido de liminar ou de antecipação dos efeitos da tutela.
2. CLT. Art. 816. O juiz ou presidente manterá a ordem nas audiências, podendo mandar retirar do recinto os assistentes que a perturbarem.

O CPC trata dessa temática em seu art. 139, VII:

> **Art. 139.** O juiz dirigirá o processo conforme as disposições deste Código, incumbindo-lhe:
> VII – exercer o poder de polícia, requisitando, quando necessário, força policial, além da segurança interna dos fóruns e tribunais.

As intervenções das partes e dos advogados durante a audiência só são possíveis com a autorização do juiz, para evitar tumultos.

Geralmente são designadas mais de uma audiência de processos diversos em um único dia, de forma sequenciada.

Nesses casos, deve-se dar **preferência**, inclusive com a inversão da ordem da pauta das audiências, para os processos cuja **advogada tenha dado luz, adotado uma criança ou seja lactante**, na forma prevista pelo art. 7º-A, III, do Estatuto da Ordem dos Advogados do Brasil: "Art. 7º-A. São direitos da advogada: III – gestante, lactante, adotante ou que der à luz, preferência na ordem das sustentações orais e das audiências a serem realizadas a cada dia, mediante comprovação de sua condição".

1.1. Representação das partes na audiência

As partes são intimadas para comparecer à audiência, oportunidade em que prestarão depoimento, a critério do juiz**, sob pena expressa de aplicação da confissão ficta.**

A pessoa jurídica de direito privado é representada em juízo por quem os seus estatutos determinarem. Mas, é facultado ao empregador, pessoa natural ou jurídica, enviar um preposto para representá-lo (art. 843, § 1º da CLT).

A **carta de preposição** consiste em documento **instituído pela praxe processual** para demonstrar a qualidade de representante do empregador perante o juízo. Todavia, não pode ser considerado como de porte obrigatório, pois não há qualquer norma legal nesse sentido.

Antes da vigência da Lei nº 13.467/17 a jurisprudência havia se consolidado no sentido de exigir a condição de empregado do preposto, salvo no caso de micro ou pequena empresa e de relação de emprego doméstica, na forma da Súmula nº 377 do TST. [3]

Com a introdução do § 3º ao art. 843 da CLT, **qualquer pessoa pode representar o reclamado na audiência**: "O preposto a que se refere o § 1º deste artigo não precisa ser empregado da parte reclamada." Contudo, essa regra só se aplica às audiências realizadas após 11.11.2017, conforme preconiza o § 2º, art. 12 da IN nº 41/2018 do TST: "Para fim do que dispõe o art. 840, §§ 1º e 2º, da CLT, o valor da causa será estimado, observando-se, no que couber, o disposto nos arts. 291 a 293 do Código de Processo Civil".

3. TST. Súmula nº 377. PREPOSTO. EXIGÊNCIA DA CONDIÇÃO DE EMPREGADO (nova redação) – **Res. 146/2008, DJ 28.04.2008, 02 e 05.05.2008. Exceto quanto à reclamação de empregado doméstico, ou contra micro ou pequeno empresário, o preposto deve ser necessariamente empregado do reclamado. Inteligência do art. 843, § 1º, da CLT e do art. 54 da Lei Complementar nº 123, de 14 de dezembro de 2006.**

Os poderes do preposto limitam-se aos atos que podem ser praticados em audiência. Veda-se a realização dos demais atos processuais,[4] bem como a cumulação das funções de advogado e preposto na mesma pessoa.

Nesse sentido o Enunciado nº 107 aprovado na 2ª Jornada de Direito Material de Processual do Trabalho

> **ENUNCIADO Nº 107. ACESSO À JUSTIÇA. ISONOMIA. "JUS POSTULANDI"**
>
> 1. NÃO SENDO REPRESENTANTE LEGAL DA PESSOA JURÍDICA OU EMPREGADO DO RÉU, O PREPOSTO PODERÁ APENAS PRESTAR DEPOIMENTO PESSOAL NA AUDIÊNCIA, SENDO-LHE VEDADA A PRÁTICA DE ATOS PROCESSUAIS PRIVATIVOS DO ADVOGADO.
>
> 2. NÃO SENDO EMPREGADO DO RÉU, É VEDADO AO ADVOGADO FUNCIONAR COMO SEU PREPOSTO.
>
> 3. É DEFESO AO ADVOGADO FUNCIONAR NO MESMO PROCESSO, SIMULTANEAMENTE, COMO PATRONO E PREPOSTO DO EMPREGADOR (CÓDIGO DE ÉTICA E DISCIPLINA DA OAB, ART. 23).

O § 3º, art. 12 da IN nº 41/2018 do TST também ressalta a vedação da cumulação: "Nos termos do art. 843, § 3º, e do art. 844, § 5º, da CLT, não se admite a cumulação das condições de advogado e preposto".

Outra modificação feita na CLT em sentido contrário ao entendimento jurisprudencial do TST (Súmula nº 122)[5] foi a previsão expressa de **não considerar revel** o reclamado ausente a audiência, **mas que apresenta sua defesa por meio de advogado.**

Trata-se do § 5º do art. 844 da CLT: "Ainda que ausente o reclamado, presente o advogado na audiência, serão aceitos a contestação e os documentos eventualmente apresentados".

Já o trabalhador **pode nomear um representante que faça parte de sua categoria profissional ou exerça a mesma profissão (art. 843, § 2º da CLT)**, desde que tenha uma justificativa razoável para a sua ausência, como a doença, por exemplo, acompanhada da devida comprovação.

Só que, nesse caso específico, a presença do colega de profissão do empregado na audiência ou do sindicato **só tem como efeito evitar o arquivamento da demanda**, já que não é possível colher o seu depoimento.

A doutrina trabalhista não é pacífica em relação a essa questão, mas o posicionamento majoritário é pelo comparecimento do representante apenas para evitar o arquivamento:

---

4. Mauro Schiavi comunga de idêntico entendimento: "A preposição exaure-se na audiência. Desse modo, o preposto não poderá praticar outros atos processuais no processo, como os recursos (SCHIAVI, Mauro. **Manual de direito processual do trabalho.** 4 ed. São Paulo: LTr, 2011. p. 499).

5. TST. Súmula nº 122. REVELIA. ATESTADO MÉDICO. (INCORPORADA A ORIENTAÇÃO JURISPRUDENCIAL Nº 74 DA SDI-1). **Res. 129/2005, DJ 20, 22 e 25.04.2005. A reclamada, ausente à audiência em que deveria apresentar defesa, é revel, ainda que presente seu advogado munido de procuração, podendo ser ilidida a revelia mediante a apresentação de atestado médico, que deverá declarar, expressamente, a impossibilidade de locomoção do empregador ou do seu preposto no dia da audiência.**

Quadro Doutrinário – Representante do empregado na audiência		
Posicionamento	**Doutrinadores**	**Exemplo**
Somente para evitar o arquivamento	Renato Saraiva, Valentin Carrion, Wagner Giglio, Sérgio Pinto e Bezerra Leite	Nessa hipótese, o representante presente não poderá confessar, transigir, renunciar ao direito que funda a ação, recorrer etc. (Renato Saraiva).*
Pode prestar depoimento	Mauro Schiavi	[...] o § 2º, do art. 843 da CLT não diz que a presença do representante do empregado é limitada a apenas requerer o adiamento (Mauro Schiavi). *
* SARAIVA, Renato. **Curso de direito processual do trabalho**. 4 ed. São Paulo: Método, 2008. p. 380 ** SCHIAVI, Mauro. **Manual de direito processual do trabalho.** 4 ed. São Paulo: LTr, 2011. p. 487.		

Exemplo de questão sobre o tema

(FCC – Juiz do Trabalho Substituto 1ª região/2015) Maria ajuizou ação trabalhista em face de Supermercado Cidade Maravilhosa Ltda. Durante a audiência inaugural, as partes conversaram e se aproximaram da conciliação, mas alguns detalhes impediram a homologação definitiva. Sendo assim, o patrono do réu aduziu sua defesa e documentos e ambas as partes requereram o adiamento, ante a real possibilidade de transação. O juiz deferiu o requerimento, mas intimou desde logo as testemunhas presentes, consignando em ata a intimação dos litigantes para prestarem depoimento pessoal na próxima assentada designada, advertindo-os de que a ausência acarretaria a confissão. Duas semanas antes da audiência de prosseguimento, o advogado da autora protocolizou petição na qual requereu novo adiamento por conta da dificuldade de transacionar. O juiz despachou "aguarde-se a audiência", em virtude de sua proximidade. Entretanto, no dia designado, compareceram apenas as testemunhas intimadas, o réu e seu advogado, o qual requereu a caracterização da confissão ficta do autor. Nesse caso, o requerimento de confissão deve ser

a) indeferido, haja vista o pedido de adiamento da audiência, contida na petição da autora, anterior à data designada para a instrução.

b) indeferido, uma vez que a hipótese é de arquivamento dos autos.

c) deferido, uma vez que a autora foi intimada pessoalmente sob a possibilidade de aplicação desta cominação legal na audiência de instrução na qual deveria depor.

d) deferido, uma vez que as testemunhas estavam presentes e poderiam ter sido inquiridas.

e) indeferido, uma vez que estava precluso o requerimento do réu, haja vista a sua intenção de conciliar manifestada na audiência inaugural.

Resposta: C

1.2. Atraso à audiência

A lei não estabelece prazo de tolerância para as partes em relação ao comparecimento à audiência. A tendência jurisprudencial é no sentido de não se admitir qualquer atraso.

Esse é o entendimento do TST, explicitado pela OJ nº 245, da SDI-1: "ATRASO. AUDIÊNCIA. Inserida em 20.06.01. Inexiste previsão legal tolerando atraso no horário de comparecimento da parte na audiência".

Para o juiz admite-se um atraso de quinze minutos (art. 815, parágrafo único, da CLT). Todavia, esse prazo é classificado como **impróprio,** pelo que, o seu descumprimento não gera efeitos processuais.

1.3. Conciliação

A conciliação é o procedimento por meio do qual o juiz do trabalho, quando atua como mediador, auxilia as partes a promoverem uma autocomposição, com concessões mútuas. Assim, a homologação da avença é qualificada como sentença e extingue o processo com a resolução do mérito.

É, em resumo, uma espécie de transação obtida em juízo, cujo conceito encontra-se insculpido no art. 840 do Código Civil: "É lícito aos interessados prevenirem ou terminarem o litígio mediante concessões mútuas".

Sobre o tema dispõe a CLT, em seu art. 852-E e art. 764:

> **Art. 852-E.** Aberta a sessão, o juiz esclarecerá as partes presentes sobre as vantagens da conciliação e usará os meios adequados de persuasão para a solução conciliatória do litígio, em qualquer fase da audiência.
>
> **Art. 764.** Os dissídios individuais ou coletivos submetidos à apreciação da Justiça do Trabalho serão sempre sujeitos à conciliação.
>
> **§ 1º** Para os efeitos deste artigo, os juízes e Tribunais do Trabalho empregarão sempre os seus bons ofícios e persuasão no sentido de uma solução conciliatória dos conflitos.
>
> **§ 2º** Não havendo acordo, o juízo conciliatório converter-se-á obrigatoriamente em arbitral, proferindo decisão na forma prescrita neste Título.
>
> **§ 3º** É lícito às partes celebrar acordo que ponha termo ao processo, ainda mesmo depois de encerrado o juízo conciliatório.

Não é em qualquer litígio que pode ser solucionado pela conciliação. É necessário que os pedidos envolvam **direitos patrimoniais de caráter privado** (art. 841 do Código Civil). Assim, não é possível conciliar nos processos ou pedidos de caráter indisponível.

Por conta disso, **o juiz não tem por dever de ofício homologar toda e qualquer conciliação.** A recusa é admitida desde que devidamente fundamentada, principalmente quando a hipótese for de conluio entre as partes ou no caso de envolver direitos absolutamente indisponíveis.

Nesse sentido, a Súmula nº 418 do TST:

> **SÚMULA Nº 418.** MANDADO DE SEGURANÇA VISANDO À HOMOLOGAÇÃO DE ACORDO (nova redação em decorrência do CPC de 2015) – Res. 217/2017 – DEJT divulgado em 20, 24 e 25.04.2017. A homologação de acordo constitui faculdade do juiz, inexistindo direito líquido e certo tutelável pela via do mandado de segurança.

A) *Momento da conciliação*

Uma vez proposta a demanda, a qualquer momento as partes podem conciliar. A CLT, em seus arts. 846 e 850, exige que o juiz faça **duas propostas de conciliação**. A primeira, antes do recebimento da defesa e a segunda, após o encerramento da instrução processual e o oferecimento das razões finais.

Discute-se a possibilidade da segunda tentativa de conciliação suprir a omissão do juiz em relação à primeira proposta de acordo. Entende-se perfeitamente admissível a convalidação da irregularidade mencionada, **uma vez que não se observa a presença de qualquer prejuízo para os litigantes**, requisito esse necessário para a declaração da nulidade do ato processual. Já a ausência de pelo menos uma proposta de conciliação é causa de nulidade processual.

B) Audiência exclusiva de conciliação ou mediação

De acordo com as regras contidas no CPC, o juiz, após analisar a petição inicial, **não determina a citação do réu para contestar, mas sim para comparecer a audiência de conciliação ou de mediação**:

> **Art. 334.** Se a petição inicial preencher os requisitos essenciais e não for o caso de improcedência liminar do pedido, o juiz designará audiência de conciliação ou de mediação com antecedência mínima de 30 (trinta) dias, devendo ser citado o réu com pelo menos 20 (vinte) dias de antecedência.

Contudo, a audiência de conciliação ou de mediação não é obrigatória no processo civil. Desde que ambas as partes manifestem expressamente o desejo de não realizar a composição ou quando não for admitida a autocomposição esse ato processual não será realizado (art. 334, § 4º).

Já no dissídio individual do trabalho a audiência é de conciliação, instrução e julgamento, o que torna inaplicável o referido art. 334 do CPC ao processo laboral, conforme consta do art. 2º, IV, da Instrução Normativa nº 39/16:

> **Art. 2º** Sem prejuízo de outros, não se aplicam ao Processo do Trabalho, em razão de inexistência de omissão ou por incompatibilidade, os seguintes preceitos do Código de Processo Civil: IV – art. 334 (audiência de conciliação ou de mediação).

C) Termo de conciliação: cláusulas

Obtida a conciliação, é lavrado um termo **que equivale a uma sentença irrecorrível, salvo em relação à União (Previdência Social) no que diz respeito às contribuições sociais**. É possível, também, conciliar em relação à parte dos pedidos que constam na petição inicial, em face da independência que guardam entre si.

Admite-se a inserção de uma cláusula no termo de conciliação que obrigue a parte inadimplente a pagar o valor correspondente a todos os pedidos ou pagar uma indenização, conforme se observa da redação do art. 846, § 2º da CLT:

> **Art. 846.** Aberta a audiência, o juiz ou presidente proporá a conciliação.
>
> **§ 1º** Se houver acordo lavrar-se-á termo, assinado pelo presidente e pelos litigantes, consignando-se o prazo e demais condições para seu cumprimento.
>
> **§ 2º.** Entre as condições a que se refere o parágrafo anterior, poderá ser estabelecida a de ficar a parte que não cumprir o acordo obrigada a satisfazer integralmente o pedido ou pagar uma indenização convencionada, sem prejuízo do cumprimento do acordo.

Muito comum, também, a inserção de uma **cláusula penal** nas conciliações homologadas pela Justiça do Trabalho, regulada pelos arts. 408 a 416 do Código Civil, para as hipóteses de mora e/ou inadimplemento do devedor.

Uma das principais limitações da referida cláusula penal é no sentido de **não poder ultrapassar o valor da obrigação principal**, como determina o art. 412 do Código Civil, sendo possível ao juiz **reduzir o seu valor** quando o devedor cumprir em parte a obrigação ou quando seu montante for manifestamente excessivo (art. 413 do Código Civil).

Os Tribunais Regionais possuem Súmulas que tratam da matéria:

> **SÚMULA Nº 24 do TRT6.** ACORDO JUDICIAL. DESCUMPRIMENTO. APLICAÇÃO DO ARTIGO 413 DO CÓDIGO CIVIL. É compatível com os princípios norteadores do processo trabalhista o artigo 413 do Código Civil, que prevê a redução equitativa da penalidade estabelecida pelas partes, em acordos judiciais, nas hipóteses de descumprimento parcial das obrigações ajustadas e/ou quando o valor da multa se revelar manifestamente excessivo.
>
> **SÚMULA Nº 28 do TRT10.** ACORDO. MULTA DECORRENTE DO INADIMPLEMENTO. FORMA DE INCIDÊNCIA. Assumida obrigação por meio de acordo judicialmente homologado e sendo estipulada multa pelo seu descumprimento, esta deve ser interpretada de forma a evitar a onerosidade excessiva (art. 413 do CCB). Na hipótese de atraso no pagamento, a multa incidirá exclusivamente sobre as parcelas em atraso, observadas as respectivas datas de vencimento e independentemente da antecipação da execução das parcelas vincendas, exceto se houver, no acordo, expressa disposição em sentido contrário.
>
> **SÚMULA Nº 61 do TRT12.** CLÁUSULA PENAL. ATRASO NO CUMPRIMENTO DE ACORDO. Descumprido o prazo estipulado no acordo, incide a cláusula penal.
>
> **SÚMULA Nº 25 do TRT24.** ACORDO JUDICIAL. EXECUÇÃO EM FACE DE PESSOA QUE NÃO PARTICIPOU OU ANUIU COM A AVENÇA. Acordo homologado por decisão judicial tem força de coisa julgada, não obrigando, todavia, quem dele não participou ou a ele não anuiu.
>
> **OJ Nº 77 do TRT4**: Responsabilidade subsidiária. Cláusula Penal. Acordo. O devedor subsidiário não é responsável pela cláusula penal de acordo do qual não participou.

Por fim, no caso de acordo que envolva as verbas de natureza remuneratórias não poderá ter como base de cálculo valor inferior ao salário-mínimo ou o piso da categoria, para as competências que integram o vínculo empregatício reconhecido na decisão homologatória ou à diferença entre a remuneração reconhecida como devida na decisão homologatória e a efetivamente paga pelo empregador, cujo valor total referente a cada competência não será inferior ao salário-mínimo ou o piso da categoria (§ 3º-A, art. 832 da CLT, introduzido pela Lei nº 13.876/19).

Exemplos de questões sobre o tema

(TRT 2 – Juiz do Trabalho Substituto 2ª região/2016) Analise as seguintes proposições:

I. Os dissídios individuais e coletivos submetidos à Justiça do Trabalho serão sempre sujeitos à conciliação, no que juízes e Tribunais do Trabalho empregarão sempre os seus bons ofícios e persuasão no sentido de uma solução conciliatória dos conflitos.

II. Não havendo acordo, o juízo conciliatório, somente em dissídios individuais, converter-se-á obrigatoriamente em arbitral.

III. Não havendo acordo, o juízo conciliatório, somente em dissídios coletivos, converter-se-á obrigatoriamente em arbitral.

IV. Não havendo acordo, o juízo conciliatório, seja em dissídios individuais, seja em dissídios coletivos, converter-se-á obrigatoriamente em arbitral.

V. As partes poderão celebrar acordo para por termo ao processo, mesmo depois de encerrado o juízo conciliatório.

Responda:

a) Somente as proposições II e III estão incorretas.

b) Somente as proposições I e IV estão incorretas.

c) Somente as proposições I e V estão incorretas.

d) Somente as proposições IV e V estão incorretas.

e) Somente as proposições I e II estão corretas.

Resposta: A

(FCC – Juiz do Trabalho Substituto 24ª região/2015) O instituto da conciliação é um dos pilares de sustentação do Processo do Trabalho, dispondo a Consolidação das Leis do Trabalho e a jurisprudência sumulada do Tribunal Superior do Trabalho de normas e orientações a respeito da matéria. Nessa seara, é correto afirmar que

a) o acordo homologado judicialmente tem força de sentença irrecorrível, entretanto, o termo conciliatório transita em julgado após o decurso de prazo do recurso ordinário para efeito de eventual ação rescisória.

b) aberta a instrução, o Juiz receberá a defesa escrita ou será reduzida a termo a defesa oral, verificará os documentos juntados pela reclamada e, em seguida, proporá a conciliação às partes.

c) o acordo homologado judicialmente faz coisa julgada entre as partes, somente podendo ser modificado por ação rescisória, exceto em relação à Previdência Social em relação às contribuições que lhe serão devidas.

d) o acordo judicial não cumprido enseja execução do título executivo judicial no juízo que homologou o acordo, o mesmo não ocorrendo quando o acordo é firmado perante Comissão de Conciliação Prévia, por não haver título executivo.

e) é nulo o acordo homologado em juízo firmado entre o reclamante, assistido por advogado, e o sócio da reclamada, desacompanhado de advogado, em razão do princípio da isonomia processual, cabendo mandado de segurança.

Resposta: C

(FCC – Juiz do Trabalho Substituto 23ª região/2015) Falidora Fortuna ingressou com reclamação trabalhista contra o Restaurante Panela Velha Ltda., que foi julgada parcialmente procedente. Na execução, as partes protocolaram petição de acordo, dando plena quitação quanto ao objeto da ação e requerendo a sua homologação pelo Juízo. Entretanto, o Juízo denegou a homologação do acordo por entender que a referida composição era lesiva aos interesses da autora, determinando o prosseguimento da execução. Diante da recusa à homologação do acordo

a) é cabível a interposição de Recurso Ordinário.

b) é cabível a interposição de Agravo de Petição.

c) é cabível a apresentação de exceção de pré-executividade.

d) as partes devem impetrar Mandado de Segurança, eis que se trata de decisão interlocutória.

e) inexiste direito líquido e certo tutelável pela via do mandado de segurança.

Resposta: E

(TRT 2 – Juiz do Trabalho Substituto 2ª região/ 2013) Em relação aos dissídios individuais e coletivos submetidos à apreciação da Justiça do Trabalho, segundo a CLT, é correto dizer que:

a) É lícito às partes celebrar acordo, somente durante o juízo conciliatório.

b) Não é obrigatória a tentativa de acordo antes do oferecimento da defesa.

c) Não havendo acordo, o juízo conciliatório converter-se-á obrigatoriamente em arbitral.

d) Não havendo acordo, o juízo conciliatório converter-se-á facultativamente em arbitral.
e) A conciliação é permitida, apenas, até o encerramento da instrução processual.

Resposta: C

(TRT 15 – Juiz do Trabalho Substituto 15ª região/ 2013) A reclamante, Maria José, e o reclamado, José Maria, nos autos de uma reclamação trabalhista, antes da prolação da sentença, formalizam um acordo. Submetida a respectiva petição ao juiz, este recusa homologá-lo, sob os fundamentos que expressou na respectiva decisão interlocutória, baseados na preservação da autoridade do interesse público. Sobre a hipótese, considerando entendimento sumulado do TST, é correto dizer:

a) cumpre ao juiz homologar o acordo, por se tratar de negócio jurídico amparado pelo preceito da livre manifestação da vontade;
b) a homologação do acordo constitui faculdade do juiz, não existindo direito líquido e certo para as partes tutelável pela via do mandado de segurança para a hipótese;
c) em função da não homologação, as partes podem discutir os fundamentos apresentados pelo juiz por intermédio de correição parcial;
d) a decisão do juiz, não sendo, passível de impugnação via agravo de instrumento, desafia a interposição, no prazo de 08 (dias), da sua ciência, de recurso ordinário;
e) a homologação do acordo constitui faculdade do juiz, cumprindo-lhe, no entanto, homologar o acordo caso o reclamante ratifique, pessoalmente, os seus termos.

Resposta: B

(Magistratura Do Trabalho – TRT 21ª – 2010) Numa determinada audiência trabalhista, a parte ré apresenta uma proposta de acordo, que recebe a aquiescência do autor. Examinando a proposta, decide o juiz não homologá-la, por entender insuficiente para por fim, de maneira razoável, ao litígio, além de ser prejudicial ao próprio demandante. A decisão causou insatisfação às partes, pois havia a expectativa de homologação. Colocada a questão nesses termos, marque a resposta correta:

a) praticou o juiz ato contrário à ordem jurídica, que pode ser atacado por agravo de instrumento;
b) praticou o juiz ato contrário a direito processual das partes, que pode ser atacado pela via do mandado de segurança;
c) praticou o juiz ato contrário a uma faculdade das partes, que pode ser objeto de nulidade processual quando do exame de recurso ordinário;
d) exerceu o juiz uma faculdade que lhe é assegurada pela ordem jurídica;
e) exerceu o juiz uma faculdade, mas que somente é possível após a fase de conhecimento.

Resposta: D

1.4. Características da audiência

A) Unicidade

A audiência é um ato judicial complexo, mas una. É possível, entretanto, desdobrar a audiência em duas ou mais sessões, de conformidade com o preceito contido no art. 365 do CPC:

> **Art. 365.** A audiência é una e contínua, podendo ser excepcional e justificadamente cindida na ausência de perito ou de testemunha, desde que haja concordância das partes. Parágrafo único. Diante da impossibilidade de realização da instrução, do debate e do julgamento no mesmo dia, o juiz marcará seu prosseguimento para a data mais próxima possível, em pauta preferencial.

A **unicidade da audiência** decorre do princípio da concentração e da economia processual. O ideal é que toda instrução fosse processada em uma única sessão. Mas a complexidade das demandas e o seu número excessivo têm inviabilizado esse objetivo.

Nos processos submetidos ao rito sumaríssimo (com valor da causa de até quarenta salários mínimos), **a instrução e o julgamento ocorrem em audiência única,** salvo nas hipóteses de necessidade de perícia, expedição de carta precatória etc.,[6] como sugere o art. 852-H, § 4º, da CLT: "Somente quando a prova do fato o exigir, ou for legalmente imposta, será deferida prova técnica, incumbindo ao juiz, desde logo, fixar o prazo, o objeto da perícia e nomear perito".

B) Necessidade

A audiência é um ato complexo, importante e necessário para a regularidade do processo laboral, na qual são desenvolvidas, em regra, a fase postulatória, a instrutória e a decisória. Isso quer dizer que, em regra, deve haver audiência em todos os processos trabalhistas.

A necessidade da audiência de conciliação, instrução e julgamento constitui característica própria do processo laboral, uma vez que no processo civil é possível que o juiz conheça diretamente do pedido e profira a sentença antes mesmo de designar a audiência. A adoção desse procedimento é possível nos casos em que a questão de mérito for unicamente de direito, ou, se for de direito e de fato, não houver necessidade de produzir prova em audiência; ou quando ocorrer a revelia.

Tal procedimento coloca em relevo o **princípio da conciliação**, norteador do processo laboral, haja vista que é na audiência que o juiz deve exortar as partes para que ponham fim ao conflito de interesses, por meio da transação.

Há situações excepcionais, contudo, em que a realização da audiência é desnecessária. Por exemplo, quando a demanda é exclusivamente de direito e é proposta contra Ente da administração pública direta, autárquica ou fundacional. Nesse caso não há fatos controversos a serem provados e por se tratar de Ente Público há limitações quanto a realização de conciliação.

Inclusive, o própria Corregedoria Geral do TST trata dessa temática recomendando a não realização da audiência, na forma do Recomendação nº 5/GCGJT, de 07.06.2019.

C) Publicidade

A audiência, como os demais atos do processo em geral, é pública, salvo se ocorrer a hipótese prevista no art. 11, parágrafo único, do CPC:

> **Art. 11.** Todos os julgamentos dos órgãos do Poder Judiciário serão públicos, e fundamentadas todas as decisões, sob pena de nulidade.
>
> **Parágrafo único.** Nos casos de segredo de justiça, pode ser autorizada a presença somente das partes, de seus advogados, de defensores públicos ou do Ministério Público.

Tudo que acontece durante a audiência é registrado em ata, conforme preceito contido no art. 851 da CLT, **exceto quando o processo for de exclusiva alçada do primeiro grau**, ou

6. CLT. Art. 852-C. As demandas sujeitas a rito sumaríssimo serão instruídas e julgadas em audiência única, sob a direção de juiz presidente ou substituto, que poderá ser convocado para atuar simultaneamente com o titular.

seja, quando o valor da causa não ultrapassar dois salários-mínimos: "Os trâmites de instrução e julgamento da reclamação serão resumidos em ata, de que constará, na íntegra, a decisão".

No rito sumaríssimo aplica-se o disposto no art. 852-F da CLT: "Na ata da audiência serão registrados resumidamente os atos essenciais, as afirmações fundamentais das partes e as informações úteis à solução da causa trazidas pela prova testemunhal".

1.5. Adiamento da audiência

As audiências trabalhistas, em regra, são realizadas na sede do órgão jurisdicional integrante da Justiça do Trabalho, no horário compreendido entre **oito e dezoito horas dos dias úteis**, desde que não ultrapassem **cinco horas** seguidas, salvo no caso da ação envolver matéria de caráter urgente.

Uma vez chegada à hora marcada para o início da audiência, o juiz declara aberta a sessão e o serventuário **faz o pregão** (convocação das partes), na forma prevista pelo art. 815 da CLT: "À hora marcada, o juiz ou presidente declarará aberta a audiência, sendo feita pelo chefe de secretaria ou escrivão a chamada das partes, testemunhas e demais pessoas que devam comparecer".

Excepcionalmente, as audiências podem acontecer em outro local, hipótese em que as partes devem ser intimadas com antecedência mínima de **vinte e quatro horas.**[7]

São vários os fatores que podem causar o adiamento da audiência. A falta justificada das partes, dos seus procuradores e do próprio juiz representam alguns dos seus principais motivos.

QUADRO COMPARATIVO – ADIAMENTO DA AUDIÊNCIA		
CPC DE 1973	**CPC DE 2015**	**CLT**
Art. 453 do CPC. A audiência poderá ser adiada: I – por convenção das partes, caso em que só será admissível uma vez; II – se não puderem comparecer, por motivo justificado, o perito, as partes, as testemunhas ou os advogados. § 1º Incumbe ao advogado provar o impedimento até a abertura da audiência; não o fazendo, o juiz procederá à instrução. § 2º Pode ser dispensada pelo juiz a produção das provas requeridas pela parte cujo advogado não compareceu à audiência. § 3º Quem der causa ao adiamento responderá pelas despesas acrescidas.	**Art. 362.** A audiência poderá ser adiada: I – por convenção das partes; II – se não puder comparecer, por motivo justificado, **qualquer pessoa** que dela deva necessariamente participar; III – **por atraso injustificado de seu início em tempo superior a 30 (trinta) minutos do horário marcado.** § 1º O impedimento deverá ser comprovado até a abertura da audiência, e, não o sendo, o juiz procederá à instrução. § 2º O juiz poderá dispensar a produção das provas requeridas pela parte cujo advogado ou defensor público não tenha comparecido à audiência, aplicando-se a mesma regra ao Ministério Público. § 3º Quem der causa ao adiamento responderá pelas despesas acrescidas.	**Art. 815.** Parágrafo único. Se decorridos **quinze minutos** do horário marcado para o início da audiência o juiz não comparecer, a parte poderá deixar o local solicitando uma certidão circunstanciada nesse sentido, ao servidor competente.

7. CF/88. Art. 115. § 1º Os Tribunais Regionais do Trabalho instalarão a justiça itinerante, com a realização de audiências e demais funções de atividade jurisdicional, nos limites territoriais da respectiva jurisdição, servindo-se de equipamentos públicos e comunitários.

QUADRO COMPARATIVO – ADIAMENTO DA AUDIÊNCIA		
CPC DE 1973	**CPC DE 2015**	**CLT**
Aplicabilidade do CPC ao processo do trabalho	Aplica-se ao processo do trabalho uma vez que o art. 815 da CLT só trata do adiamento provocado pelo atraso do juiz, enquanto que o preceito do CPC trata do atraso injustificado do início da audiência. Entretanto, o TST entende de forma contrária (art. 2º, VI, da Instrução Normativa nº 39/16).	
Diferença entre o CPC de 2015 e o de 1973	• O adiamento por convenção das partes não fica limitado a uma única vez, como ocorria no CPC de 1973; • O impedimento de qualquer pessoa que participa do processo e tenha que comparecer necessariamente à audiência justifica o seu adiamento;	

A audiência é una, mas é praxe em várias Varas do Trabalho fracioná-la em duas ou mais sessões por questões de acúmulo de serviço.

Outros fatores autorizam o adiamento da audiência, tais como:

a) aditamento da petição inicial, quando se devolve o prazo para defesa, se o reclamado assim o requerer;

b) a ausência de notificação do reclamado ou do reclamante, por insuficiência de endereço, por estar em local incerto ou não sabido etc.;

c) a falta de interstício para a realização da audiência, desde que haja requerimento do reclamado para o adiamento;

d) a realização de prova pericial;

e) a oitiva de testemunhas por meio de carta;

f) a ausência da testemunha previamente notificada para depor;

g) o impedimento ou suspeição do juiz;

h) atraso na entrega do laudo pericial etc.

> **SÚMULA Nº 41 do TRT9.** INDEFERIMENTO DO PEDIDO DE ADIAMENTO DE AUDIÊNCIA. NÃO COMPARECIMENTO DE TESTEMUNHA. AUSENTE CERCEAMENTO DE DEFESA QUANDO A PARTE COMPROMETEU-SE A TRAZÊ-LAS. CONSTANDO EXPRESSAMENTE A PENA DE PRECLUSÃO. Não configura cerceamento de direito de defesa o indeferimento do pedido de adiamento da audiência quando a parte compromete-se a trazer as testemunhas para serem ouvidas na audiência de prosseguimento da instrução, ou a apresentar respectivo rol para sua intimação, sob pena de preclusão.

Em todo caso, a Corregedoria-Geral da Justiça do Trabalho recomenda que o motivo do adiamento fique consignado na ata de audiência.[8]

> **ATENÇÃO!** Uma vez adiada a audiência para que a demanda seja instruída, a ausência de qualquer das partes implica confissão ficta quanto a matéria fática, caso tenha sido estabelecida essa sanção expressamente pelo não comparecimento ou recusa em depor.

8. Consolidação dos Provimentos da Corregedoria-Geral da Justiça do Trabalho (versão 2019). **Art. 77. Constarão da ata ou termo de audiência: I - o motivo determinante do adiamento da audiência na vara do trabalho, inclusive daquele requerido de comum acordo pelas partes.**

1.6. Registro da audiência

Todos os atos processuais praticados durante a audiência são reduzidos a termo em uma ata de audiência, salvo no caso de demandas cujo valor da causa seja até dois salários mínimos, na forma prevista pelo art. 851, § 1º da CLT:

> **Art. 851, § 1º.** Nos processos de exclusiva alçada das Juntas, será dispensável, a juízo do presidente, o resumo dos depoimentos, devendo constar da ata a conclusão do Tribunal quanto à matéria de fato.

Quanto não se utilizavam os recursos da informática ou mesmo da máquina de escrever elétrica para pratica de atos processuais, o procedimento para confecção da ata de audiência, com o registro dos depoimentos e até mesmo a sentença era bastante lento. Por conta disso, a CLT em seu art. 851, § 2º, concedia um prazo de 48 horas para essa ata fosse juntada ao processo. Atualmente esse procedimento não é mais aplicável, pois a ata de audiência é gerada e finalizada automaticamente após o término da respectiva sessão.

Também é possível registrar a audiência em **um sistema de áudio e vídeo**, na forma prevista pelo § 5º do art. 367 do CPC:

> **Art. 367. § 5º** A audiência poderá ser integralmente gravada em imagem e em áudio, em meio digital ou analógico, desde que assegure o rápido acesso das partes e dos órgãos julgadores, observada a legislação específica.

Já o art. 209 autoriza o uso de recursos eletrônicos para o armazenamento de todos os atos praticados durante a audiência:

> **Art. 209. § 1º** Quando se tratar de processo total ou parcialmente documentado em autos eletrônicos, os atos processuais praticados na presença do juiz poderão ser produzidos e armazenados de modo integralmente digital em arquivo eletrônico inviolável, na forma da lei, mediante registro em termo, que será assinado digitalmente pelo juiz e pelo escrivão ou chefe de secretaria, bem como pelos advogados das partes.
>
> **§ 2º** Na hipótese do § 1º, eventuais contradições na transcrição deverão ser suscitadas oralmente no momento de realização do ato, sob pena de preclusão, devendo o juiz decidir de plano e ordenar o registro, no termo, da alegação e da decisão.

Assim, no PJe só o juiz assina digitalmente a ata de audiência, inclusive se houver conciliação.

Exemplo de questão sobre o tema

(TRT 2 – Juiz do Trabalho Substituto 2ª região/2016) Assinale a assertiva INCORRETA:

a) Se o reclamado criar embaraços ao recebimento da notificação de reclamação trabalhista ou não for encontrado, far-se-á a notificação por edital, inserto no jornal oficial ou no que publicar o expediente forense, ou, na falta, afixado na sede da Vara ou Juízo.

b) Nos processos de exclusiva alçada das Varas do Trabalho, será dispensável, a juízo do Juiz instrutor, o resumo dos depoimentos, devendo constar da ata a sua conclusão quanto à matéria de fato.

c) A ata será, pelo juiz, junta ao processo, devidamente assinada, no prazo improrrogável de 48 (quarenta e oito) horas, contado da audiência de julgamento.

d) Se por doença ou qualquer outro motivo poderoso, devidamente comprovado, não for possível ao empregado comparecer pessoalmente, poderá fazer-se representar por quem lhe tenha parentesco por consanguinidade ou afinidade até o terceiro grau civil.

e) É possível estabelecer, no termo de conciliação celebrado em dissídio trabalhista, como condição, que a parte que não o cumprir ficará obrigada a satisfazer integralmente o pedido, sem prejuízo do cumprimento do acordo.

Resposta: D

1.7. Audiência telepresencial e híbrida

Durante o período da pandemia, muito se discutiu sobre qual seria o seu legado no âmbito jurídico-processual.

Dentre as mudanças que foram praticamente impostas pela necessidade de se restringir o contato pessoal, destacou-se a realização das audiências telepresenciais.

Com efeito, apesar do referido procedimento ter enfrentado resistência de magistrados, advogados e membros do ministério público, a tendência foi no sentido de manter sua prática após o fim do período de calamidade pública (31.12.2020).

Porém a modalidade seria no formato híbrido, ou seja, com alguns atores processuais presentes na unidade jurisdicional e outros participando à distância.

Essa nova forma de realização de audiências teria lugar nos casos de impedimento ou dificuldade no deslocamento, desenvolvendo-se boas práticas para resguardar a observância dos princípios que regem os atos processuais, notadamente aqueles relativos à colheita da prova.

Caso ambas as partes residam em localidade distante da sede do fórum, por exemplo, seria possível ao juiz ouvi-las telepresencialmente, inclusive autorizado por meio de um negócio jurídico processual entabulado previamente.

Outra hipótese de utilização desse procedimento ocorreria quando a testemunha reside no exterior. Tradicionalmente, a sua oitiva teria que ser precedida da expedição de uma carta rogatória, formalidade que praticamente inviabiliza a produção da prova.

Enfim, são várias possibilidades de uso futuro e permanente da audiência híbrida.

Inclusive o CNJ, por unanimidade (ato normativo nº 0007554-15.2020.2.00.0000 – 22.09.2020), determinou que todos os tribunais do país definam e regulamentem, em até 90 dias, um sistema de videoconferência para realização de audiências e de outros atos processuais ou administrativos.

Nesse caso, o sistema de videoconferência escolhido por cada tribunal deverá garantir segurança, privacidade e confidencialidade das informações compartilhadas.

2. DESISTÊNCIA DA RECLAMAÇÃO TRABALHISTA

A desistência corresponde ao ato de manifestação de vontade por meio do qual o autor pretende por fim a relação processual sem que seja analisado o mérito de sua pretensão.

2.1. Momento da desistência

Pela regra contida no CPC, apresentada a defesa o autor não pode mais desistir da ação sem o consentimento do réu, na forma prevista pelo art. 485, § 4º: “Oferecida a contestação, o autor não poderá, sem o consentimento do réu, desistir da ação”.

A Lei nº 13.467/17 instituiu o mesmo procedimento no processo do trabalho ao inserir o § 3º ao art. 841 da CLT com a seguinte redação: "Oferecida a contestação, ainda que eletronicamente, o reclamante não poderá, sem o consentimento do reclamado, desistir da ação".

Há entendimentos divergentes, mas que contrariam a literalidade do referido preceito legal, representado pelo Enunciado nº 106 aprovado na 2ª Jornada de Direito Material de Processual do Trabalho:

> **ENUNCIADO Nº 106. LIMITE TEMPORAL PARA O AUTOR DESISTIR DA AÇÃO SEM O CONSENTIMENTO DO RÉU** CLT, ART. 841, § 3º. DESISTÊNCIA DA AÇÃO. NECESSIDADE DE CONSENTIMENTO DO RÉU. LIMITE TEMPORAL. A CLT ESTABELECE QUE O MOMENTO PROCESSUAL PRÓPRIO PARA O DEMANDANDO "OFERECER A CONTESTAÇÃO" É NA AUDIÊNCIA, DEPOIS DE PROPOSTA A CONCILIAÇÃO. POR ISSO, AINDA QUE A PARTE DEMANDADA ENVIE/PROTOCOLE A CONTESTAÇÃO ANTES DA FASE PROCESSUAL PREVISTA EM LEI, NÃO HÁ RAZÃO PARA A ANUÊNCIA PELO RÉU DE DESISTÊNCIA DA AÇÃO ENQUANTO NÃO ATINGIDO TAL MOMENTO PROCESSUAL.

2.2. Desistência e renovação da pretensão

Se a parte pretender renovar o pedido, por intermédio de uma nova ação, **a distribuição será processada por dependência para o mesmo juízo**, na forma estatuída pelo art. 286, II do CPC:

> **Art. 286.** Serão distribuídas por dependência as causas de qualquer natureza: II – quando, tendo sido extinto o processo sem resolução de mérito, for reiterado o pedido, ainda que em litisconsórcio com outros autores ou que sejam parcialmente alterados os réus da demanda.

Como a desistência implica extinção do feito sem a resolução do mérito, **há condenação em honorários e custas de sucumbência** calculados sobre o valor da causa corrigido, salvo se o reclamado ainda não tiver sido notificado, hipótese em que só serão devidas as custas. Assim, a renovação da pretensão em juízo vai depender do pagamento ou depósito das custas e dos honorários, conforme previsão contida no art. 486, § 2º do CPC, salvo se for beneficiário da justiça gratuita: "A petição inicial, todavia, não será despachada sem a prova do pagamento ou do depósito das custas e dos honorários de advogado".

2.3. Desistência e litisconsórcio

Na hipótese de existir litisconsórcio passivo, a desistência da ação em relação a um ou alguns dos reclamados implica devolução do prazo para defesa, de acordo com a aplicação adaptada ao processo do trabalho do art. 335, § 2º, do CPC: "Quando ocorrer a hipótese do art. 334, § 4º, inciso II, havendo litisconsórcio passivo e o autor desistir da ação em relação a réu ainda não citado, o prazo para resposta correrá da data de intimação da decisão que homologar a desistência".

A intenção do legislador foi permitir ao litisconsorte que permanece como reclamado, a possibilidade do exercício pleno do direito de defesa, já que poderia não tê-lo feito, acreditando que o seu litisconsorte o faria e os argumentos respectivos lhe aproveitariam.

3. ARQUIVAMENTO DA RECLAMAÇÃO TRABALHISTA E SEUS EFEITOS

O juiz do trabalho, em regra, não analisa se estão presentes os requisitos de validade da peça inicial, pois cabe ao serventuário enviar, à parte contrária, a notificação para comparecimento à audiência, na qual poderá apresentar a sua resposta e prestar depoimento.

Assim, é necessário o comparecimento do reclamante à audiência **para confirmar os termos de sua petição inicial**. Por conta disso, a sua ausência quando da realização da primeira sessão da audiência implica **arquivamento do processo**, denominado pelo CPC de 1939 de **absolvição de instância**[9] e a consequente extinção do processo sem a resolução do mérito.

Ainda que a defesa encontre-se nos autos do processo eletrônico, a ausência do reclamante à primeira audiência **implica arquivamento**, pois nesse caso o ato do reclamado ainda não é classificado como processual, mas sim como um **ato de fluxo.**

3.1. Perempção temporária

Quando o reclamante **provoca dois arquivamentos seguidos (reincidência), o juiz aplica-lhe a penalidade consistente na vedação de ajuizar qualquer reclamação trabalhista pelo prazo de seis meses,** conforme preceitua o art. 732 da CLT.[10]

Há divergência sobre o procedimento a ser utilizado para aplicar a mencionada sanção. Para alguns, a penalidade só deve ser imposta por meio de um **auto de infração.**

Essa é a opinião de Rodrigues Pinto:

> A penalidade só poderá ser validamente aplicada ao fim de apuração, em processo sumário, das causas da infração. A esse processo se denominou Auto de Infração, emprestando-lhe caráter contencioso, com amplo direito de defesa assegurado ao indigitado infrator. [11]

Contudo, não há como admitir que se imponha a necessidade do auto de infração, de natureza eminentemente administrativa, para aplicar uma sanção de caráter processual que é a **perempção temporária**, que pode ser obtida por meio da extinção do processo sem a resolução do mérito.

3.2. Custas

A consequência normal do arquivamento da reclamação trabalhista é a responsabilidade do reclamante pelo pagamento das custas processuais calculadas sobre o valor da causa, salvo se for beneficiário da justiça gratuita.

---

9. CPC de 1939. Art. 266. No caso de ausência de qualquer das pessoas, cujo comparecimento fôr exigido, proceder-se-á, sem prejuízo de outras sanções, da seguinte maneira: I – se do procurador do autor, será o réu absolvido da instância (art. 201, nº VI).
10. CLT. Art. 732. Na mesma pena do artigo anterior incorrerá o reclamante que, por duas vezes seguidas, der causa ao arquivamento de que trata o artigo 844. Art. 731. Aquele que, tendo apresentado ao distribuidor reclamação verbal, não se apresentar no prazo estabelecido no parágrafo único do artigo 786, à Junta ou Juízo para fazê-la tomar por termo, incorrerá na pena de perda, pelo prazo de seis meses, do direito de reclamar perante a Justiça do Trabalho.
11. PINTO, José Augusto Rodrigues. **Processo trabalhista de conhecimento.** 6 ed. São Paulo: LTr, 2001 p. 295.

A Lei nº 13.467/17 introduziu o § 2º ao art. 844 da CLT para manter essa obrigação ao reclamante, **ainda que beneficiário da justiça gratuita**, salvo se comprovar a ocorrência de **motivo legalmente justificável** para o seu não comparecimento, no prazo de 15 dias:

> **Art. 844. § 2º** Na hipótese de ausência do reclamante, este será condenado ao pagamento das custas calculadas na forma do art. 789 desta Consolidação, ainda que beneficiário da justiça gratuita, salvo se comprovar, no prazo de quinze dias, que a ausência ocorreu por motivo legalmente justificável.

Esse motivo legal não se limita a ausência de capacidade de locomoção provocada por doença, mas **pode ser qualquer outro previsto na legislação**, desde que ocorra de forma inesperada e impeça o reclamante de comunicar esse fato ao juízo. Cita-se, por exemplo, o falecimento de ascendente ou descendente, previsto no art. 473, I, da CLT.

Inclusive, o recolhimento dessas custas é condição para a propositura de uma nova reclamação trabalhista, na forma prevista pelo § 3º, art. 844 da CLT, também introduzido pela referida Lei da Reforma Trabalhista.

Rejeita-se, também, o argumento de que o referido dispositivo legal seria inconstitucional por ofensa ao preceito contido no art. 5º, LXXIV: "o Estado prestará assistência jurídica integral e gratuita aos que comprovarem insuficiência de recursos".

Isso porque nenhum direito, ainda que constitucionalmente garantido, é absoluto e, por conta disso, a legislação infraconstitucional pode estabelecer critérios para a sua efetivação. Na verdade, o valor a ser pago pelo reclamante **não poderia ser classificado como custas processuais**, apesar de assim denominado pelo citado dispositivo legal, mas sim como uma **multa pela prática de ato atentatório à dignidade da justiça**, semelhante àquela prevista pelo § 8º, art. 334 do CPC:

> **Art. 334. § 8º** O não comparecimento injustificado do autor ou do réu à audiência de conciliação é considerado ato atentatório à dignidade da justiça e será sancionado com multa de até dois por cento da vantagem econômica pretendida ou do valor da causa, revertida em favor da União ou do Estado.

Inclusive a concessão de gratuidade **não afasta o dever de o beneficiário da justiça gratuita pagar, ao final, as multas processuais que lhe sejam impostas**, conforme previsão expressa no § 4º, art. 98 do CPC.

Entretanto, a ADI nº 5766 postula a suspensão dos efeitos da expressão "ainda que beneficiário da justiça gratuita" contida no § 2º, art. 844 da CLT.

Alguns Tribunais Regionais do Trabalho já declararam a inconstitucionalidade da referida expressão:

> **SÚMULA Nº 72 DO TRT3.** ARGUIÇÃO INCIDENTAL DE INCONSTITUCIONALIDADE. PAGAMENTO DE CUSTAS. BENEFICIÁRIO DE JUSTIÇA GRATUITA. §§ 2º e 3º DO ART. 844 DA CLT (LEI 13.467/2017). São inconstitucionais a expressão "ainda que beneficiário da justiça gratuita", constante do §2º, e a íntegra do §3º, ambos dispositivos do art. 844 da CLT, na redação dada pela Lei 13.467/2017, por violação direta e frontal aos princípios constitucionais da isonomia (art. 5º, *caput*, da CR), da inafastabilidade da jurisdição (art. 5º, XXXV, da CR) e da concessão de justiça gratuita àqueles que dela necessitarem (art. 5º, LXXIV, da CR).

ARGUIÇÃO INCIDENTAL DE INCONSTITUCIONALIDADE. PAGAMENTO DE CUSTAS. BENEFICIÁRIO DE JUSTIÇA GRATUITA. §§ 2º e 3º DO ART. 844 DA CLT (LEI 13.467/2017). São inconstitucionais a expressão "ainda que beneficiário da justiça gratuita", constante do § 2º, e a íntegra do § 3º, ambos dispositivos do art. 844 da CLT, na redação dada pela Lei 13.467/2017, por violação direta e frontal aos princípios constitucionais da isonomia (art. 5º, caput, da CR), da inafastabilidade da jurisdição (art. 5º, XXXV, da CR) e da concessão de justiça gratuita àqueles que dela necessitarem (art. 5º, LXXIV, da CR). (TRT-3 - ArgInc 0010676-71.2018.5.03.0000, Relator: Des. Marco Antonio Paulinelli Carvalho, Tribunal Pleno, Data de publicação: 25/09/2018)

INCONSTITUCIONALIDADE DOS PARÁGRAFOS 2º E 3º DO ARTIGO 844 DA CLT. O comando que atribui à parte reclamante, ainda que beneficiária da justiça gratuita, o ônus de pagamento das custas como condição para a propositura de nova demanda, repercute como violação aos princípios da assistência judiciária integral e gratuita e do acesso ao judiciário, traduzidos nos incisos e LXXIV e XXXV da Constituição Federal. Declara-se a inconstitucionalidade do parágrafo 2º do artigo 844 da CLT quanto à expressão ainda que beneficiário da justiça gratuita, bem como do parágrafo 3º do mesmo dispositivo, quando prevê que o pagamento das custas a que se refere o § 2º é condição para a propositura de nova demanda. (TRT-4 - Pet 0021608-56.2017.5.04.0411, Relatora: Des. Ana Luiza Heineck Kruse, Tribunal Pleno, Data da Publicação: 17/12/2018).

ARGUIÇÃO DE INCONSTITUCIONALIDADE. IMPOSIÇÃO DE PAGAMENTO DE CUSTAS PROCESSUAIS A BENEFICIÁRIO DE JUSTIÇA GRATUITA EM CASO DE ARQUIVAMENTO DA RECLAMAÇÃO POR NÃO COMPARECIMENTO À AUDIÊNCIA. INTELIGÊNCIA DO 2º DO ART. 844 DA CLT, INCLUÍDO PELA LEI N. 13.467/2017. ACOLHIMENTO PARCIAL DO INCIDENTE. A arguição de inconstitucionalidade deve ser parcialmente acolhida para declarar, incidentalmente, a inconstitucionalidade material da expressão "ainda que beneficiário da justiça gratuita", contida no 2º do art. 844 da CLT, incluído pela Lei n. 13.467/2017, assim assegurando a dispensa do pagamento das custas processuais ao trabalhador beneficiário da justiça gratuita, em caso de ação trabalhista arquivada por não comparecimento à audiência. O novel regramento atenta contra as garantias fundamentais de acesso à justiça e da prestação de assistência judiciária integral e gratuita aos necessitados, consoante prevê o art. 5º, XXXV e LXXIV, da Constituição Federal. (TRT-14 - ArgInc 0000194-58.2018.5.14.0000, Relatora: Des. Vania Maria da Rocha Abensur, Tribunal Pleno, Data de Publicação: 04/12/2018)."

INCIDENTE DE ARGUIÇÃO DE INCONSTITUCIONALIDADE. PARÁGRAFO 2º DO ARTIGO 844 DA CLT, INTRODUZIDO PELA LEI 13.467/2017. ACOLHIMENTO. É inconstitucional o § 2º do art. 844 da CLT, incluído pela Lei nº 13.467/2017, por violar os direitos fundamentais de assistência jurídica integral e gratuita aos necessitados e de acesso à Justiça, previstos no art. 5º, incisos LXXIV e XXXV, da Constituição da República, bem como por afrontar os princípios da proporcionalidade e da isonomia. (TRT – 1ª Região – ArgInc 0101572-20.2018.5.01.0000, Redatora: Des. GISELLE BONDIM LOPES RIBEIRO, Tribunal Pleno, publicado em: 14/06/2019)."

TRT5. INCIDENTE DE ARGUIÇÃO DE INCONSTITUCIONALIDADE. PARÁGRAFO 2º DO ARTIGO 844 DA CLT, INTRODUZIDO PELA LEI 13.467/2017. ACOLHIMENTO. É inconstitucional o § 2º do art. 844 da CLT, incluído pela Lei nº 13.467/2017, por violar os direitos fundamentais de assistência jurídica integral e gratuita aos necessitados e de acesso à Justiça, previstos no art. 5º, incisos LXXIV e XXXV, da Constituição da República, bem como por afrontar os princípios da proporcionalidade e da isonomia.Os Tribunais Regionais do Trabalho do Rio Grande do Sul, Minas Gerais e Rondônia/Acre declararam, através de seus plenos, a inconstitucionalidade do trecho "ainda que beneficiário da justiça gratuita" do § 2º, do artigo 844, da CLT, o qual impõe o pagamento das custas para o Autor que não comparecer na audiência. 0000082-07.2019.5.05.0000 (ArgInc).

> ARGUIÇÃO INCIDENTAL DE INCONSTITUCIONALIDADE. IMPOSIÇÃO DE PAGAMENTO DE CUSTAS PROCESSUAIS A BENEFICIÁRIO DE JUSTIÇA GRATUITA EM CASO DE ARQUIVAMENTO DA RECLAMAÇÃO POR NÃO COMPARECIMENTO À AUDIÊNCIA. §§ 2º e 3º DO ART. 844 DA CLT (LEI 13.467/2017).. O comando que atribui à parte reclamante, ainda que beneficiária da justiça gratuita, o ônus de pagamento das custas como condição para a propositura de nova demanda, repercute como violação aos princípios da isonomia, da assistência judiciária integral e gratuita e do acesso ao judiciário, traduzidos no caput, e nos incisos e LXXIV e XXXV do art. 5º da Constituição Federal. Declara-se a inconstitucionalidade do parágrafo 2º do artigo 844 da CLT quanto à expressão ainda que beneficiário da justiça gratuita, bem como do parágrafo 3º do mesmo dispositivo, quando prevê que o pagamento das custas a que se refere o § 2º é condição para a propositura de nova demanda. Assim, declara-se a inconstitucionalidade material da expressão "ainda que beneficiário da justiça gratuita", constante do § 2º, e a íntegra do § 3º, ambos dispositivos do art. 844 da CLT, na redação dada pela Lei 13.467/2017, por violação direta e frontal aos princípios constitucionais da isonomia (art. 5º, caput, da CF), da inafastabilidade da jurisdição (art. 5º, XXXV, da CF) e da concessão de justiça gratuita àqueles que dela necessitarem (art. 5º, LXXIV, da CF). Entretanto, por maioria absoluta do colegiado, declarou-se a inconstitucionalidade apenas do do §3º do art. 844 da CLT, na redação dada pela Lei 13.467/2017. Arguição de inconstitucionalidade admitida e acolhida em parte (TRT11. Pleno. Processo nº nº 0000123-06.2019.5.11.0000. 12.12.2019).

Em sentido contrário a seguinte decisão da 4ª Turma do TST:

> AGRAVO DE INSTRUMENTO EM RECURSO DE REVISTA - ARQUIVAMENTO DA RECLAMAÇÃO TRABALHISTA – AUSÊNCIA INJUSTIFICADA DO RECLAMANTE NA AUDIÊNCIA – CONDENAÇÃO DE BENEFICIÁRIO DA JUSTIÇA GRATUITA AO PAGAMENTO DE CUSTAS PROCESSUAIS – COMPATIBILIDADE DO ART. 844, §2, DA CLT COM O ART. 5º, XXXV e LXXIV, DA CF – TRANSCENDÊNCIA JURÍDICA RECONHECIDA. 1. Nos termos do art. 896-A, § 1º, IV, da CLT, constitui transcendência jurídica da causa a existência de questão nova em torno da interpretação da legislação trabalhista ainda não solvida pelo TST. 2. *In casu*, o debate jurídico que emerge da presente causa diz respeito à compatibilidade do § 2º do art. 844 da CLT, introduzido pela Lei 13.467/17, que determina o pagamento de custas processuais pelo demandante, em casos de arquivamento da reclamação por ausência injustificada do autor na audiência, ainda que beneficiário da justiça gratuita, frente aos princípios do livre acesso ao Judiciário e da assistência jurídica integral e gratuita aos que comprovarem a insuficiência de recursos, esculpidos nos incisos XXXV e LXXIV do art. 5º da Constituição Federal, questão que, inclusive, encontra-se pendente de análise pela Suprema Corte em sede de controle concentrado de constitucionalidade (ADI 5.766-DF, Rel. Min. Roberto Barroso). 3. Conforme se extrai do acórdão recorrido, o Autor, que litiga sob o pálio da justiça gratuita, além de não ter comparecido na audiência, não apresentou justificativa para a sua ausência, o que ensejou a sua condenação ao pagamento de custas processuais, no valor de R$ 306,37. 4. Como é cediço, a Reforma Trabalhista, promovida pela Lei 13.467/17, ensejou diversas alterações no campo do Direito Processual do Trabalho, a fim de tornar o processo laboral mais racional, simplificado, célere e, principalmente, responsável, sendo essa última característica marcante, visando coibir as denominadas "aventuras judiciais", calcadas na facilidade de se acionar a Justiça, sem qualquer ônus ou responsabilização por postulações carentes de embasamento fático. 5. Não se pode perder de vista o crescente volume de processos ajuizados nesta Justiça Especializada, muitos com extenso rol de pedidos, apesar dos esforços empreendidos pelo TST para redução de estoque e do tempo de tramitação dos processos. 6. Nesse contexto foram inseridos os §§ 2º e 3º no art. 844 da CLT pela Lei 13.467/17, responsabilizando-se o empregado, ainda que beneficiário da justiça gratuita, por acionar a máquina judicial de forma irresponsável, até porque, no atual cenário de crise econômica, por vezes a reclamada é hipossuficiente, assumindo despesas não só com advogado, mas também com deslocamento inútil, para ver a sua audiência frustrada pela ausência injustificada do autor. 7. Percebe-se, portanto, que o art. 844, §§ 2º e 3º, da CLT

não colide com o art. 5º, XXXV e LXXIV, da CF, ao revés, busca preservar a jurisdição em sua essência, como instrumento responsável e consciente de tutela de direitos elementares do ser humano trabalhador, indispensáveis à sua sobrevivência e à da família. 8. Ainda, convém ressaltar não ser verdadeira a assertiva de que a imposição de pagamento de custas processuais, inclusive como condição para ajuizamento de nova ação, prevista nos §§ 2º e 3º do art. 844 da CLT, obsta o trabalhador de ter acesso ao Poder Judiciário, até porque a própria lei excepciona da obrigação de recolher as referidas custas aquele que comprovar que a sua ausência se deu por motivo legalmente justificável, prestigiando, de um lado, o processo responsável, e desestimulando, de outro, a litigância descompromissada. 9. Assim, em que pese reconhecida a transcendência jurídica da questão, nego provimento ao agravo de instrumento obreiro, por não vislumbrar violação do art. 5º, XXXV e LXXIV, da CF (TST. 4ª T. AIRR-1000178-32_2018_5_02_0385. 23.08.2019).

3.3. Confissão ficta

Se o juiz determina o adiamento da audiência, após a apresentação da defesa, e o reclamante não comparece, apesar de ter ficado ciente das consequências de sua ausência, a hipótese é de **confissão ficta** em relação aos fatos narrados pelo reclamado em sua defesa.[12]

4. REVELIA

O reclamado deve ser **notificado** para comparecer à audiência no dia, hora e local previamente designados, ocasião em que poderá apresentar sua resposta, oral ou escrita, e prestar depoimento, pessoalmente ou por preposto.[13]

Quando o reclamado não comparece à audiência, pessoalmente ou por intermédio do seu advogado, oportunidade em que se desincumbiria do ônus que lhe cabia de se defender, é considerado como um rebelde, expressão adotada pelo legislador para definir a revelia, também denominada de contumácia.

Desse modo, a revelia é a omissão do reclamado que se rebela e não atende ao chamado do juízo para apresentar sua resposta à pretensão formulada pelo autor da ação.

A Lei nº 13.467/17 alterou a CLT para acrescentar o § 5º ao art. 844, com a seguinte redação: "Ainda que ausente o reclamado, presente o advogado na audiência, serão aceitos a contestação e os documentos eventualmente apresentados".

Com isso, **não é considerado revel** o reclamado ausente a audiência, **mas que apresenta sua defesa por meio de advogado**, contrariando o posicionamento do TST adotado por meio da Súmula nº 122,[14] que deve ter sua redação alterada em breve.

12. TST. Súmula nº 9. AUSÊNCIA DO RECLAMANTE. (mantida) **– Res. 121/2003, DJ 19, 20 e 21.11.2003. A ausência do reclamante, quando adiada a instrução após contestada a ação em audiência, não importa arquivamento do processo. Súmula nº 74. CONFISSÃO. (INCORPORADA A ORIENTAÇÃO JURISPRUDENCIAL Nº 184 DA SDI-1) I – Aplica-se a pena de confissão à parte que, expressamente intimada com aquela cominação, não comparecer à audiência em prosseguimento, na qual deveria depor.**

13. No que diz respeito ao atraso à audiência na qual o reclamado deva comparecer para apresentar defesa e depor, o entendimento do TST, revelado por intermédio da OJ nº 245, da SDI-1, é bastante intolerante: "1. REVELIA. ATRASO. AUDIÊNCIA. Inserida em 20.06.01. Inexiste previsão legal tolerando atraso no horário de comparecimento da parte na audiência".

14. Súmula nº 122. REVELIA. ATESTADO MÉDICO. (incorporada a Orientação Jurisprudencial nº 74 da SDI-1) **– Res. 129/2005 – DJ 20.04.2005. A reclamada, ausente à audiência em que deveria apresentar defesa, é revel, ainda que presente seu advogado munido de procuração, podendo ser ilidida a revelia mediante a apresentação de**

Há contudo, entendimento divergente dessa interpretação, conforme se observa do Enunciado nº 104 aprovado na 2ª Jornada de Direito Material de Processual do Trabalho:

> **ENUNCIADO Nº 104. O § 5º DO ART. 844 DA CLT NÃO AFASTA A REVELIA E A CONFISSÃO**
>
> O § 5º DO ART. 844 DA CLT NÃO AFASTA A REVELIA E SEUS EFEITOS DE CONFISSÃO, APENAS PERMITINDO QUE O JUIZ POSSA CONHECER DAS QUESTÕES DE ORDEM PÚBLICA E DA MATÉRIA NÃO ALCANÇADA PELA CONFISSÃO DO FATO CONSTITUTIVO ALEGADO PELO AUTOR.

Se a matéria constante da petição inicial é exclusivamente de direito, o juiz pode dispensar a produção de prova e proferir a sentença com o acolhimento ou não a pretensão do reclamante.

4.1. Efeitos da revelia

A revelia é uma situação fático-jurídica que implica, em regra, confissão ficta quanto à matéria fática constante da petição inicial. Existe, assim, uma presunção *iuris tantum* de veracidade de todos aqueles fatos que foram narrados pelo reclamante.

No processo civil, quando a citação é feita por edital, por hora certa ou quando o réu está preso, o juiz **nomeia um curador especial** para apresentar defesa, nos casos de revelia, conforme se observa do art. 72 do CPC:

> **Art. 72.** O juiz nomeará curador especial ao: I – incapaz, se não tiver representante legal ou se os interesses deste colidirem com os daquele, enquanto durar a incapacidade; II – réu preso revel, bem como ao réu revel citado por edital ou com hora certa, enquanto não for constituído advogado.

Segundo o TST, essa regra não é aplicável ao processo do trabalho,[15] uma vez que a CLT não é omissa nesse particular e prevê a necessidade de curador especial apenas na hipótese do art. 793.[16]

A revelia e a confissão são institutos diversos. A primeira, em regra no processo do trabalho, induz a segunda. Se o reclamado não comparece em juízo, mas o advogado devidamente constituído apresenta contestação, **não há que se falar em revelia e sim em confissão ficta** (art. 844, § 5º da CLT).

Pode ocorrer, também, de o juiz desdobrar a audiência em duas ou mais sessões. **O não comparecimento do reclamado na segunda audiência não implica revelia, mas sim confissão ficta em relação à matéria fática**. Nesse caso, o juiz deve levar em consideração, quando da prolação da sentença, a prova pré-constituída colacionada com a defesa, desde que não tenha havido impugnação por parte do reclamante na sua manifestação sobre os documentos.

---

atestado médico, que deverá declarar, expressamente, a impossibilidade de locomoção do empregador ou do seu preposto no dia da audiência. (Primeira parte – ex-OJ Nº 74 – Inserida em 25.11.1996; segunda parte – ex-Súmula nº 122, redação dada pela Res. 121/2003, DJ 21.11.03).

15. Mauro Schiavi entende ser possível a nomeação de curador especial ao reclamado revel (SCHIAVI, Mauro. **Manual de direito processual do trabalho.** 4 ed. São Paulo: LTr, 2011. p. 493).

16. CLT. Art. 793. A reclamação trabalhista do menor de 18 anos será feita por seus representantes legais e, na falta destes, pela Procuradoria da Justiça do Trabalho, pelo sindicato, pelo Ministério Público estadual ou curador nomeado em juízo.

Esse é o entendimento do TST exposto por meio do item II, da Súmula nº 74:

> **SÚMULA Nº 74.** CONFISSÃO. (atualizada em decorrência do CPC de 2015) – Res. 208/2016, DEJT divulgado em 22, 25 e 26.04.2016 . II – A prova pré-constituída nos autos pode ser levada em conta para confronto com a confissão ficta (arts. 442 e 443, do CPC de 2015 – art. 400, I, do CPC de 1973), não implicando cerceamento de defesa o indeferimento de provas posteriores. (ex-OJ nº 184 da SBDI-1 – inserida em 08.11.2000)

ATENÇÃO! Na hipótese de revelia, é vedado ao reclamante alterar o seu pedido ou a causa petendi, salvo se concordar em notificar novamente o reclamado, o que obstaria os efeitos da revelia.

Exemplo de questão sobre o tema:

(TRT 2 – Juiz do Trabalho Substituto 2ª região/2016) Analise as seguintes proposições:

I. Ocorre a deserção de recurso da massa falida por falta de depósito do valor da condenação.

II. A indicação de violação aos dispositivos da CLT e da Constituição Federal que determinam que as decisões judiciais devem ser fundamentadas, conforme art. 832 da CLT e art. 93, IX, da CF, condicionam o conhecimento do recurso de revista, quanto à preliminar de nulidade por negativa de prestação jurisdicional.

III. Aplica-se a pena de confissão à parte que não comparecer à audiência em prosseguimento na qual deveria depor, desde que intimada, por intermédio de seu advogado, expressamente sob esta com inação.

IV. No caso de aplicação da pena de confissão, a prova pré-constituída nos autos não pode ser levada em conta para confronto com a confissão ficta.

V. A vedação à produção de prova posterior pela parte confessa somente a ela se aplica, não afetando o exercício, pelo magistrado, do poder/dever de conduzir o processo.

Responda:

a) Somente as proposições I e III estão incorretas.

b) Somente as proposições II e IV estão incorretas

c) Somente as proposições II e V estão corretas.

d) Somente as proposições II e V estão incorretas.

e) Somente as proposições IV e V estão corretas.

Resposta: C

4.2. Exclusão dos efeitos da revelia

Excluem-se os efeitos da revelia nas situações previstas pelo art. 844, § 4º, da CLT, introduzido pela Lei nº 13.467/17, com redação bastante semelhante ao do preceito contido no 345 do CPC:

> **Art. 844. § 4º** A revelia não produz o efeito mencionado no caput deste artigo se:
>
> I – havendo pluralidade de reclamados, algum deles contestar a ação;
>
> II – o litígio versar sobre direitos indisponíveis;
>
> III – a petição inicial não estiver acompanhada de instrumento que a lei considere indispensável à prova do ato;
>
> IV – as alegações de fato formuladas pelo reclamante forem inverossímeis ou estiverem em contradição com prova constante dos autos.

A) Litisconsórcio

No caso do litisconsórcio unitário, a defesa de um aproveita aos demais que eventualmente tenham sido declarados revéis. Assim, se em uma demanda pedindo adicional noturno a reclamada presente a audiência nega o labor durante a noite, essa alegação deve ser provada pelo autor, pois se trata de fato controverso.

B) Direitos indisponíveis

Como os direitos indisponíveis não podem ser despojados pela manifestação expressa nesse sentido do seu titular, a confissão ficta segue a mesma sorte. Note-se, entretanto, que a maioria dos direitos trabalhistas são **relativamente indisponíveis** e essa regra da inexistência dos efeitos da confissão ficta só atinge os direitos absolutamente indisponíveis.

C) Documento indispensável à prova do ato

Alguns fatos que embasam a pretensão deduzida em juízo necessitam de serem acompanhados de instrumentos indispensáveis a prova do ato, por ser da sua própria essência, como a transferência de domínio de bem imóvel. A ausência desse instrumento em caso de revelia não implica confissão ficta.

D) Alegações inverossímeis

Já as alegações inverossímeis são aquelas que **não se coadunam com o princípio da razoabilidade**. Por exemplo, quando o reclamante afirma que trabalhava vinte horas por dia, de segunda a domingo durante um ano.

Nesse caso, ainda que a hipótese seja de revelia é necessário que o autor faça prova do fato constitutivo do seu direito, por ser inverossímil essa alegação.

E) Insalubridade e periculosidade

Excluem-se os efeitos da revelia, também, quando o reclamante postula o pagamento de adicional de insalubridade ou de periculosidade. Nesses casos, mesmo diante da ausência de contestação, fica o juiz obrigado a designar perícia para a constatação da periculosidade ou insalubridade, bem como do respectivo grau de risco que o meio ambiente de trabalho oferece, na forma do prevista pelo art. 195, § 2º, da CLT.[17]

Saliente-se que essa regra não se aplica aos casos em que o pedido de periculosidade for fundamentado no **trabalho exposto a risco de roubo ou outras espécies de violência** (art. 193, II, da CLT) e na **atividade do obreiro com motocicleta** (art. 193, § 4º da CLT).

17. CLT. Art. 195. § 2º. Arguida em juízo insalubridade ou periculosidade, seja por empregado, seja por Sindicato em favor de grupo de associados, o juiz designará perito habilitado na forma deste artigo, e, onde não houver, requisitará perícia ao órgão competente do Ministério do Trabalho (Obs: O Ministério do Trabalho foi extinto e suas atribuições foram transferidas para a Secretaria Especial de Previdência de Trabalho do Ministério da Economia).

F) *Pessoas jurídicas de Direito Público*

Segundo o TST, os efeitos da revelia são aplicados tanto às pessoas jurídicas de Direito Público quanto às pessoas jurídicas de Direito Privado, não sendo a hipótese de incidência da exceção prevista pelo art. 345, II, do CPC, uma vez o art. 844, parte final da CLT, não faz qualquer ressalva nesse sentido.

> **Art. 844.** O não-comparecimento do reclamante à audiência importa o arquivamento da reclamação, e o não-comparecimento do reclamado importa revelia, além de confissão quanto à matéria de fato.

Essa é a orientação do TST, constante da OJ nº 152, da SDI-1:

> **OJ Nº 152.** REVELIA. PESSOA JURÍDICA DE DIREITO PÚBLICO. APLICÁVEL. (Art. 844 DA CLT). Inserida em 27.11.98 (inserido dispositivo, DJ 20.04.2005). Pessoa jurídica de direito público sujeita-se à revelia prevista no artigo 844 da CLT.

G) *Intimação da sentença*

Mesmo na hipótese de revelia, ao contrário do que ocorre com o processo civil, **o reclamado deve ser intimado da sentença,** conforme determina o art. 852, parte final, da CLT: "Da decisão serão os litigantes notificados, pessoalmente, ou por seu representante na própria audiência. No caso de revelia, a notificação far-se-á pela forma estabelecida no § 1º do artigo 841".[18]

H) *Intervenção do revel*

Aplica-se ao processo do trabalho o disposto no art. 346, parágrafo único, do CPC. Nesse caso, **o revel pode intervir no processo em fases posteriores, jamais com efeito retroativo**. Tal situação não é de fácil constatação na prática forense trabalhista, uma vez que, em regra, declarada a revelia, o processo é concluso para o julgamento pelo juiz.

A seguir, o quadro com os efeitos decorrentes da ausência das partes em juízo:

Fato	Efeito	
Ausência do reclamante	Justificada	Adiamento da audiência
	Primeira audiência	Arquivamento
	Audiência em continuidade	Confissão ficta em relação à matéria fática
Ausência do reclamado	Justificada	Adiamento da audiência
	Primeira audiência	Revelia, salvo se o advogado comparece munido de procuração e apresenta defesa. Mas há confissão ficta em relação à matéria fática.
	Audiência em continuidade	Confissão ficta em relação à matéria fática

18. CLT. Art. 841. § 1º. A notificação será feita em registro postal com franquia. Se o reclamado criar embaraços ao seu recebimento, ou não for encontrado, far-se-á a notificação por edital, inserto no jornal oficial ou no que publicar o expediente forense, ou, na falta, afixado na sede da Junta ou Juízo.

5. RÉPLICA DO RECLAMANTE

Em atenção ao princípio do contraditório, constitui ônus processual do reclamante apresentar manifestação sobre: os documentos juntados com a defesa, os fatos modificativos, impeditivos e extintivos alegados pelo reclamado, bem como as eventuais preliminares e prejudiciais de mérito arguidas pelo reclamado (arts. 350 do CPC).

Assim, o juiz deve conceder prazo ao autor, geralmente na própria audiência, para atender aos princípios da unicidade, da concentração e da celeridade dos atos processuais.

Recomenda-se a concessão de prazo para a apresentação da manifestação por escrito pelo reclamante, quando a quantidade de documentos for grande ou na hipótese de complexidade das matérias arguidas na defesa.

A CLT só trata parcialmente do instituto da replica em seu art. 852-H, § 1º, ainda assim no que se refere à **manifestação de documentos** nas demandas sujeitas ao rito sumaríssimo: "Sobre os documentos apresentados por uma das partes manifestar-se-á imediatamente a parte contrária, sem interrupção da audiência, salvo absoluta impossibilidade, a critério do juiz".

Como há omissão na Consolidação no que diz respeito ao rito ordinário, é necessário recorrer às regras contidas no CPC de forma subsidiária, no caso os seus arts. 350 a 353:

> **Art. 350.** Se o réu alegar fato impeditivo, modificativo ou extintivo do direito do autor, este será ouvido no prazo de 15 (quinze) dias, permitindo-lhe o juiz a produção de prova.
>
> **Art. 351.** Se o réu alegar qualquer das matérias enumeradas no art. 337, o juiz determinará a oitiva do autor no prazo de 15 (quinze) dias, permitindo-lhe a produção de prova.
>
> **Art. 352.** Verificando a existência de irregularidades ou de vícios sanáveis, o juiz determinará sua correção em prazo nunca superior a 30 (trinta) dias.
>
> **Art. 353.** Cumpridas as providências preliminares ou não havendo necessidade delas, o juiz proferirá julgamento conforme o estado do processo, observando o que dispõe o Capítulo X.

Portanto, se o reclamado alega fato impeditivo, modificativo ou extintivo, cabe ao reclamante refutá-los, especificamente, sob pena de passar a ser considerado como fato incontroverso. Efeito similar é verificado quando o autor deixa de impugnar a documentação juntada com a defesa. Nesse caso, os documentos passam a ser meio idôneo para comprovação dos fatos neles contidos, vedando-se a possibilidade de realização de contraprova.

Criou-se um mito no processo do trabalho, segundo o qual o reclamante teria direito de se manifestar apenas sobre os documentos juntados com a defesa do reclamado. Esse mito, todavia, não resiste a uma mínima análise crítica. Como garantir o principio constitucional do contraditório quando o reclamado argui um fato impeditivo, extintivo ou modificativo do direito do autor? O silêncio do reclamante equivaleria a confissão, tornando o fato incontroverso, o que seria inadmissível.

6. PROVIDÊNCIAS PRELIMINARES, JULGAMENTO CONFORME O ESTADO DO PROCESSO E SANEAMENTO DO PROCESSO

Durante o curso do processo o juiz deve adotar as medidas que se façam necessárias para sanar irregularidades processuais, para atender ao princípio da duração razoável do processo (celeridade) e a valorização ou priorização da sentença de mérito para efetiva solução do conflito.

Entretanto, com o oferecimento da defesa pode ocorrer o julgamento conforme o estado do processo, previsto pelo art. 347 do CPC: "Findo o prazo para a contestação, o juiz tomará, conforme o caso, as providências preliminares constantes das seções deste Capítulo".

Porém **a adoção de providências preliminares, o julgamento conforme o estado no processo ou o saneamento e/ou organização processual** muitas vezes é imperceptível e até inobservados seja por conta da ausência de previsão legal ou pela aplicação dos princípios da unicidade da audiência, da celeridade e da concentração dos atos processuais.

Caso siga as regras do CPC o juiz deve adotar as seguintes **providências preliminares:**

- Indagar ao autor quais provas pretende produzir nos casos em que não houve aplicação dos efeitos da revelia (art. 348 do CPC);
- Se o réu alegar fato impeditivo, modificativo ou extintivo do direito do autor, este terá direito a réplica (art. 350 do CPC);
- Caso haja preliminares de mérito na contestação, o reclamante também será ouvido (art. 351 do CPC);
- Verificando a existência de vícios sanáveis, o juiz deverá conceder prazo ao reclamante para saná-los (art. 352 do CPC).

Após o cumprimento dessas providências preliminares, caso haja necessidade, o juiz fará o **julgamento conforme o estado do processo,** que poderá ser pela extinção do processo (art. 354 do CPC), julgamento antecipado do mérito (art. 355 do CPC), ou julgamento parcial antecipado do mérito (art. 356 do CPC).

Caso a hipótese seja de **saneamento e/ou organização**, caberá ao juiz:

- resolver as questões processuais pendentes, se houver;
- delimitar as questões de fato sobre as quais recairá a atividade probatória, especificando os meios de prova admitidos;
- definir a distribuição do ônus da prova;
- delimitar as questões de direito relevantes para a decisão do mérito;
- designar, se necessário, audiência de instrução e julgamento.

Exemplos de questões sobre o tema

(TRT 8 – Juiz do Trabalho Substituto 8ª região/ 2013) Sobre audiências e procedimentos comum e sumaríssimo, é CORRETO afirmar que:

a) Na audiência de julgamento deverão estar presentes o reclamante e o reclamado, independentemente do comparecimento de seus representantes, excetuando-se apenas as Ações de Cumprimento, nas quais os empregados poderão fazer-se representar pelo Sindicato de sua categoria. Faculta-se ao empregador fazer-se substituir pelo gerente ou qualquer outro preposto que tenha conhecimento do fato, e cujas declarações obrigarão o proponente.

b) Se por doença ou qualquer outro motivo poderoso, devidamente comprovado, não for possível ao empregado comparecer pessoalmente, poderá fazer-se representar por outro empregado que pertença à mesma profissão, ou pelo seu sindicato. Em todos os casos, o não comparecimento do reclamante à audiência importa o arquivamento da reclamação, sendo que a ausência do reclamado importa revelia, além de confissão quanto à matéria de fato.

c) O reclamante e o reclamado comparecerão à audiência acompanhados das suas testemunhas, apresentando, nessa ocasião, as demais provas. Se houver acordo lavrar-se-á termo, assinado pelo juiz e pelos litigantes, consignando-se o prazo e demais condições para seu cumprimento. Não havendo acordo, o reclamado terá vinte minutos para aduzir sua defesa, após a leitura da reclamação, quando esta não for dispensada por ambas as partes. Terminada a defesa, seguir-se-á a instrução do processo, podendo o juiz interrogar os litigantes. Findo o interrogatório, poderá qualquer dos litigantes retirar – se, prosseguindo a instrução apenas com o seu representante.

d) Terminada a instrução, poderão as partes aduzir razões finais, em prazo não excedente de 10 (dez) minutos para cada uma. Em seguida, o juiz renovará a proposta de conciliação, e não se realizando esta, será proferida a decisão, da qual serão todos os litigantes notificados, pessoalmente, ou por seu representante, na própria audiência.

e) Os dissídios individuais cujo valor não exceda a quarenta vezes o salário mínimo vigente na data do ajuizamento da reclamação ficam submetidos ao procedimento sumaríssimo, excluídas as demandas em que é parte a Administração Pública direta, autárquica e fundacional. O pedido deve ser certo ou determinado e indicará o valor correspondente, sendo que tais demandas devem ser instruídas e julgadas em audiência única, bem como decididos, de plano, todos os incidentes e exceções.

Resposta: C

(TRT 15 – Juiz do Trabalho Substituto 15ª região/ 2013) Sobre a dinâmica da audiência trabalhista, é correto dizer:

a) diante da ausência de indicação do valor atribuído à causa, deve o juiz adiar a audiência, conferindo prazo para que o reclamante indique o valor, sob pena de indeferimento, visto que o valor da causa é um dos requisitos da petição inicial;

b) diante do requerimento, formulado no início da audiência, de juntada do documento que comprova a data do nascimento do filho da reclamante, em reclamação que envolve a pretensão de reintegração em virtude de estabilidade gestante, deve o juiz indeferir a juntada, visto que a prova documental deve ser trazida com a inicial;

c) diante da mera informação da reclamada, apresentada no início da audiência, em processo de rito sumaríssimo, quanto à ausência de sua testemunha, deve o juiz adiar a audiência, não permitindo, naquela oportunidade, ajuntada da defesa e dos documentos;

d) diante da ausência de fundamento jurídico específico quanto aos pedidos de verbas rescisórias e à aplicação das cominações previstas nos artigos 477, § 8º e 467 da CLT, tendo o reclamante apenas mencionado a respeito, na inicial, singelamente, o fato de que "foi dispensado de forma injusta sem nada receber", o juiz deve indeferir a petição inicial, com extinção parcial do processo, sem resolução de mérito;

e) caracterizada a hipótese jurisprudencialmente aceita para a configuração da confissão ficta pertinente ao depoimento pessoal, não há cerceamento de defesa na postura do juiz de indeferir a produção de prova testemunhal requerida pelo advogado da parte ausente à audiência.

Resposta: E

(TRT 15 – Juiz do Trabalho Substituto 15ª região/ 2013) Ainda sobre a dinâmica da audiência trabalhista, é correto dizer:

a) diante da formulação de pretensão de aditamento da inicial, para acréscimo de pedido de natureza acessória, formulado pelo reclamante ao se iniciar a audiência, deve o juiz adiar a audiência a fim de permitir à parte contrária que complemente sua defesa, em respeito ao princípio do devido processo legal;

b) em depoimento, após prestar compromisso e ser qualificada, a testemunha revelou ser sobrinha da parte que lhe indicou e diante do oferecimento, naquele instante, de contradita com relação à testemunha pela parte contrária, deve o juiz indeferir o requerimento, tendo à vista a ocorrência de preclusão temporal;

c) diante da superação da controvérsia que pendia sobre os fatos considerados relevantes para a solução da lide, em razão do conteúdo da manifestação pessoal das partes perante o juiz, este não pode encerrar a instrução processual caso as partes tenham testemunhas presentes e pretendam ouvi-las, pois se deve assegurar o amplo contraditório;

d) a CLT estabelece uma ordem peremptória para a oitiva das testemunhas, iniciando-se pelas do reclamante, ordem esta que, portanto, não pode ser alterada pelo juiz com base na distribuição do ônus da prova, vez que este, o ônus da prova é, unicamente, critério de julgamento;

e) dentre as possíveis condições para: cumprimento de acordo formulado perante a Justiça do Trabalho figura a de ficar a parte que não cumprir o acordo obrigada a satisfazer integralmente o pedido ou a pagar uma indenização convencionada, sem prejuízo do cumprimento do acordo.

Resposta: E

(TRT 15 – Juiz do Trabalho Substituto 15ª região/ 2013) Ainda sobre a dinâmica da audiência trabalhista, é correto dizer:

a) diante de requerimento, feito pelo reclamante no início da audiência, antes da apresentação da defesa pela parte contrária, de desistência de algum pedido formulado na inicial, deve o juiz indagar a parte contrária a respeito, indeferindo o requerimento caso a reclamada se oponha;

b) o juiz deve indeferir a designação de perícia que envolve apuração de insalubridade no ambiente de trabalho, caso o reclamante, na inicial, descumprindo requisito legal, não tenha especificado a perícia como meio de prova;

c) dado o princípio da inércia da jurisdição, a inspeção judicial depende de requerimento da parte para que seja efetivada pelo juiz;

d) em reclamação trabalhista, envolvendo várias tomadoras de serviço, integradas ao polo passivo, deve o juiz cindir o processo quando uma das tomadoras tenha sede em local fora de sua jurisdição, onde o serviço do reclamante lhe foi prestado, remetendo-se os autos desmembrados ao juiz competente, em respeito aos termos do art. 651, da CLT;

e) suspensa, por qualquer razão, a audiência, e designado o seu prosseguimento, deve o juiz reputar confessa, quanto à matéria de fato, a parte ausente na audiência em que deveria depor, desde que esta tenha sido expressamente intimada com tal cominação.

Resposta: E

(TRT 15 – Juiz do Trabalho Substituto 15ª região/ 2013) Mantendo-se na audiência, que é a vida do processo e também a do juiz do trabalho, é correto dizer:

a) tendo à vista que não há divergência conceituai entre interrogatório e depoimento pessoal, diante da disposição manifestada pelas partes de não colherem, reciprocamente, os depoimentos pessoais contrários, hão pode o juiz pretender colher a oitiva das partes;

b) diante do indeferimento de uma providência probatória requerida pela parte em audiência, esta pede para consignar seu protesto, requerendo prazo para apresentação dos fundamentos jurídicos respectivos. Neste caso, o juiz deve consignar o protesto, mas indeferir a abertura de prazo específico, diante do princípio da concentração dos atos;

c) encerrada a, instrução, cumpre ao juiz conceder prazo para apresentação de razões finais escritas quando requerido pelas partes;

d) o reclamante, trabalhador terceirizado, comparece em audiência calçando chinelo. Diante do fato o juiz deve adiar audiência considerando a vestimenta inadequada para o ato processual, que requer a devida solenidade e advertir ao reclamante de que na reincidência lhe será decretada a confissão quanto às matérias de fato;

e) diante do não acolhimento de exceção de incompetência oferecida, a parte interpõe, oralmente, em audiência, agravo. Neste caso, com base no entendimento expresso sumulado do TST, o juiz deve receber o agravo e suspender o processo até o julgamento do recurso pelo Tribunal.

Resposta: B

7. PRINCIPAIS DIFERENÇAS ENTRE O PROCESSO CIVIL E O PROCESSO DO TRABALHO

Instituto	Processo civil	Processo do trabalho
Revelia: réu citado por edital ou por hora certa	Necessidade de nomeação de curador.	Confissão ficta, sendo desnecessária a nomeação de curador.
Revelia: intimação da sentença	Desnecessária.	Necessária, por força do quanto disposto no art. 852 da CLT.
Adiamento da audiência	Por atraso injustificado de seu início em tempo superior a 30 (trinta) minutos do horário marcado.	Se decorridos quinze minutos do horário marcado para o início da audiência o juiz não comparecer, a parte poderá deixar o local solicitando uma certidão circunstanciada nesse sentido, ao servidor competente

8. INFORMATIVOS DO TST SOBRE A MATÉRIA

Ente público. Terceirização. Responsabilidade subsidiária. Ônus da prova. Matéria infraconstitucional. Dever ordinário de fiscalização imposto à Administração Pública.

No julgamento do RE nº 760.931/DF, com repercussão geral reconhecida, o STF firmou a tese de que "o inadimplemento dos encargos trabalhistas dos empregados do contratado não transfere automaticamente ao Poder Público contratante a responsabilidade pelo seu pagamento, seja em caráter solidário ou subsidiário, nos termos do art. 71, § 1º, da Lei nº 8.666/93". A ratio decidendi da referida decisão permite concluir que a responsabilização do ente público apenas está autorizada quando comprovada a ausência sistemática de fiscalização quanto ao cumprimento das obrigações trabalhistas pela prestadora. De outra sorte, a Suprema Corte, ao rejeitar os embargos de declaração interpostos no referido recurso extraordinário, e fixar o alcance da repercussão geral, deixou claro que não adentrou na questão do ônus da prova, de modo que cabe ao TST defini-la, diante de sua natureza eminentemente infraconstitucional. Assim, tendo em vista o dever ordinário de fiscalização da execução do contrato e de outras obrigações impostas à Administração Pública por diversas normas legais, conclui-se que é do poder público o ônus de demonstrar que fiscalizou adequadamente os contratos de prestação de serviços por ele firmados. Sob esses fundamentos, a SBDI-I, por unanimidade, conheceu dos embargos, por divergência jurisprudencial, e, no mérito, por maioria, deu-lhes provimento para restabelecer o acórdão do Tribunal Regional que, reputando insuficientes os documentos juntados aos autos, entendeu que o ente público reclamado não se desincumbiu do ônus que lhe cabia, devendo, portanto, ser responsabilizado subsidiariamente pelos débitos trabalhistas inadimplidos pela prestadora de serviços por ele contratada. Vencidos os Ministros Breno Medeiros, Alexandre Luiz Ramos e Brito Pereira. TST-E-RR-925-07.2016.5.05.0281, SBDI-I, rel. Min. Cláudio Mascarenhas Brandão, 12.12.2019 (Info nº 224).

Audiência. Não comparecimento da reclamante. Atestado médico que não registra a impossibilidade de locomoção. Existência de outros elementos que justificam a ausência. Confissão ficta. Afastamento.

A SBDI-I, por unanimidade, conheceu dos embargos interpostos pela reclamada, por divergência jurisprudencial, e, no mérito, por maioria, negou-lhes provimento para manter a decisão turmária que afastara a pena de confissão ficta aplicada à reclamante que justificou sua ausência à audiência mediante a apresentação de atestado médico sem expressa menção à impossibilidade de locomoção. Na espécie, prevaleceu o entendimento de que embora o atestado médico não tenha atendido aos requisitos da Súmula nº 122 do TST – aplicável a empregador e a empregado, em razão do princípio da isonomia –, restou justificada a ausência da reclamante, na medida em que o documento noticiou o comparecimento da empregada ao médico na mesma data da audiência e em horário próximo, e registrou o Código Internacional de Doenças - CID e a necessidade de afastamento das atividades laborais por um dia, o que leva a concluir que também não estava apta a comparecer à audiência marcada. Vencidos os Ministros Maria Cristina Irigoyen Peduzzi e Márcio Eurico Vitral Amaro. TST-E-RR-736-21.2012.5.09.0002, SBDI-I, rel. Min. Guilherme Augusto Caputo Bastos, 14.6.2018 (TST. Info nº 180).

Confissão ficta. Configuração. Comparecimento do advogado da reclamada após o encerramento da audiência. Orientação Jurisprudencial nº 245 da SBDI-I.

Nos termos da Orientação Jurisprudencial nº 245 da SBDI-I, não existe expressa previsão legal de tolerância ao atraso no horário de comparecimento da parte na audiência, aplicando-se o parágrafo único do art. 815 da CLT apenas aos magistrados. Em alguns casos, porém, o TST tem relevado atrasos ínfimos das partes, desde que demonstrada a ausência de prejuízos, ou seja, desde que a parte compareça antes da prática de atos processuais relevantes e do encerramento da audiência. Todavia, no caso concreto, embora o atraso do advogado da reclamada tenha sido de apenas nove minutos, consta dos autos que, no momento do comparecimento, a audiência já estava encerrada e que a preposta, embora tenha chegado no horário, nenhuma informação útil pode prestar. Sob esses fundamentos, a SBDI-II, por unanimidade, negou provimento ao recurso ordinário, mantendo, portanto, a improcedência do corte rescisório por violação ao direito de defesa, bem como a pena de confissão ficta aplicada. TST-RO-10734-07.2013.5.01.0000 , SBDI-II, rel. Min. Luiz Philippe Vieira de Mello Filho, 13.12.2016 (TST. Info nº 151).

Revelia. Caracterização. Atraso de 37 minutos. Orientação Jurisprudencial nº 245 da SBDI-I. Incidência.

Na hipótese em que a reclamada somente se fez presente, por meio de seu preposto, 37 minutos após o início da audiência, e em momento posterior à tomada do depoimento do reclamante, não é possível, ainda que excepcionalmente, afastar a incidência da Orientação Jurisprudencial nº 245 da SBDI-I. No caso concreto, o Juízo de 1º grau, no início da audiência, às 15 horas, registrou a ausência da primeira reclamada e declarou-a revel e confessa. Em seguida, no entanto, ficou registrado o comparecimento da patrona da primeira reclamada às 15h15, ainda na fase conciliatória, motivo pelo qual a juíza reconsiderou a declaração de sua revelia, sob os protestos do reclamante. Após recebidas as defesas das reclamadas e colhido o depoimento pessoal do autor, às 15h37, houve o registro do comparecimento do preposto da primeira reclamada, encerrando-se a instrução processual após a coleta de seu depoimento pessoal. Ressalte-se que o comparecimento da advogada da reclamada com quinze minutos de atraso não é suficiente para afastar a revelia, de modo que a empregadora somente cumpriu os requisitos para a regular representação processual no momento em que seu preposto se fez presente, ou seja, após 37 minutos do início da audiência. Ademais, o fato de o atraso dever-se à presença da reclamada em outra audiência trabalhista não é motivo justificador para a sua ausência no horário marcado, cabendo aos reclamados o cuidado de designar quantos prepostos forem necessários para o acompanhamento das audiências. Assim, a SBDI-I, por unanimidade, conheceu do recurso de embargos, por divergência jurisprudencial e, no mérito, por maioria, deu-lhe provimento para, anulando a sentença, declarar a revelia da primeira reclamada e os seus efeitos materiais e processuais inerentes, mormente quanto à sua confissão ficta sobre a matéria de fato, e determinar o retorno dos autos à Vara do Trabalho de origem para prolação de nova decisão de mérito, como entender de direito, sem reabertura de nova instrução

processual, ante o que preconiza o item II da Súmula nº 74 do TST. Vencido o Ministro Márcio Eurico Vitral Amaro. TST-E-ED-RR-265500-36.2005.5.02.0046, SBDI-I, rel. Min. José Roberto Freire Pimenta, 2.6.2016 (TST. Info nº 138).

Atraso de três minutos à audiência. Ausência de prática de ato processual. Revelia. Não caracterizada. Orientação jurisprudencial nº 245 da SBDI-I do Tribunal Superior do Trabalho. Inaplicável.

O atraso de três minutos à audiência não acarreta, por si só, a decretação de revelia do reclamado, se, no momento em que a preposta adentrou a sala de audiência, nenhum ato processual havia sido praticado, nem mesmo a tentativa de conciliação. No caso, considerou-se que a decretação da revelia, nas aludidas circunstâncias, constitui desarrazoada sobreposição da forma sobre os princípios da verdade real e da ampla defesa e faz tábula rasa do princípio da máxima efetividade do processo e da prestação jurisdicional, que deve nortear o Processo do Trabalho. Assim, há que se levar em conta o bom senso e a razoabilidade na aplicação do disposto no art. 844 da CLT, bem como da diretriz consagrada na Orientação Jurisprudencial nº 245 da SBDI-I do TST. Sob esse entendimento, a SBDI-I decidiu, por unanimidade, conhecer dos embargos, por divergência jurisprudencial, e, no mérito, negar-lhes provimento. TST-E-ED-RR-179500-77.2007.5.09.0657, SBDI-I, rel. Min. João Oreste Dalazen, 20.8.2015 (TST. Info nº 114).

Acordo homologado judicialmente. Atraso no pagamento de parcela. Exclusão da cláusula penal fixada em 100%. Ofensa à coisa julgada. Redução da multa para 50% do valor da parcela inadimplida. Possibilidade.

Ofende a coisa julgada a decisão que afasta a aplicabilidade da cláusula penal (fixada em 100%) por descumprimento de acordo homologado judicialmente, sem que haja lei expressa autorizando a exclusão do direito acordado entre as partes. Todavia, tendo o Regional registrado que a quantia devida era vultosa, que a reclamada estava em local diverso da sede do juízo e que não houve prejuízo ao reclamante, mostra-se razoável e proporcional reduzir a penalidade imposta a 50% do valor da parcela inadimplida no prazo acordado. Com esse entendimento, a SBDI-I, por maioria, vencidos os Ministros Maria Cristina Irigoyen Peduzzi, Renato de Lacerda Paiva e Aloysio Corrêa da Veiga, conheceu dos embargos interpostos antes da Lei nº 11.496/2007, por violação do art. 896, "c", da CLT, uma vez que o recurso de revista do reclamado comportava conhecimento por violação do art. 5º, XXXVI, da CF. No mérito, ainda por maioria, a Subseção deu provimento ao recurso para fixar a cláusula penal em 50% da parcela inadimplida a seu tempo, vencidos parcialmente os Ministros Luiz Philippe Vieira de Mello Filho, Brito Pereira e Dora Maria da Costa, que fixavam o percentual em 10%, e o Ministro Alexandre Agra Belmonte, que o fixava em 100%. TST-E-ED-RR-861100-13.2002.5.12.0900, SBDI-I, rel. Min. Augusto César Leite de Carvalho, 24.10.2013 (TST. Info nº 64).

Revelia e confissão ficta. Atraso do preposto à audiência inaugural. Comparecimento antes da tentativa de conciliação. Ausência de contrariedade à Orientação Jurisprudencial nº 245 da SBDI-I.

Conquanto a Orientação Jurisprudencial nº 245 da SBDI-I estabeleça que "inexiste previsão legal tolerando o atraso no horário de comparecimento da parte na audiência", esse entendimento deve ser conjugado com os princípios da informalidade e da simplicidade que regem o Processo do Trabalho. Assim, tendo em conta que, no caso, a audiência teve início com a presença do advogado da reclamada e o preposto adentrou a sala sete minutos após o início, no momento em que o juiz designava perito, porém antes da tentativa de conciliação, participando da sessão até seu término, a SBDI-I, em sua composição plena, decidiu, pelo voto prevalente da Presidência, não conhecer dos embargos, ressaltando que, no caso, não há registro de que o comparecimento tardio do preposto tenha causado prejuízo à audiência ou retardado ato processual. Vencidos os Ministros Rosa Maria Weber, relatora, Antônio José de Barros Levenhagen, Lelio Bentes Corrêa, Horácio Raymundo de Senna Pires, Augusto César Leite de Carvalho, José Roberto Freire Pimenta e Delaíde Miranda Arantes, os quais conheciam do recurso por contrariedade à Orientação Jurisprudencial nº 245 da SBDI-I e, no mérito, davam-lhe provimento para declarar a revelia e aplicar a confissão à reclamada quanto à matéria de fato. TST-E-RR-28400-60.2004.5.10.0008, SBDI-I, rel. Min. Rosa Maria Weber, red. p/ acórdão Min. Maria Cristina Irigoyen Peduzzi, 24.5.2012 (TST. Info nº 10).

9. QUADRO SINÓPTICO

<table>
<tr><th colspan="4">Capítulo IV – Audiência</th></tr>
<tr><th>Instituto</th><th colspan="2">Conteúdo</th><th>Item</th></tr>
<tr><td rowspan="2">Representação das partes em audiência</td><td>Reclamante</td><td>O trabalhador pode nomear um representante que faça parte de sua categoria profissional ou exerça mesma profissão, desde que tenha uma justificativa razoável para a sua ausência, como a doença, por exemplo, acompanhada da devida comprovação.</td><td rowspan="2">1.1</td></tr>
<tr><td>Reclamado</td><td>A pessoa jurídica é representada em juízo por quem os seus estatutos determinarem. Mas o empregador, pessoa natural ou jurídica, pode enviar um preposto para representá-lo, que não precisa ser empregado da parte reclamada.</td></tr>
<tr><td>Atraso</td><td colspan="2">A lei não estabelece prazo de tolerância para as partes em relação ao comparecimento à audiência. Para o juiz admite-se um atraso de quinze minutos.</td><td>1.2</td></tr>
<tr><td>Conciliação</td><td colspan="2">A qualquer momento as partes podem conciliar no processo do trabalho. Contudo, a CLT, em seus arts. 846 e 850, exige que o juiz faça duas propostas de conciliação, uma antes do recebimento da defesa e outra após o encerramento da instrução processual e o oferecimento das razões finais. O juiz não tem por dever de ofício homologar toda e qualquer conciliação. A recusa é admitida desde que devidamente fundamentada.</td><td>1.3</td></tr>
<tr><td rowspan="3">Características da audiência</td><td>Unicidade</td><td>A audiência é um ato judicial complexo, mas una. Entretanto esse ato pode ser desdobrado em duas ou mais sessões.</td><td rowspan="3">1.4</td></tr>
<tr><td>Necessidade</td><td>A audiência é um ato complexo, importante e necessário para a regularidade do processo laboral, na qual são desenvolvidas, em regra, as fases postulatória, instrutória e decisória. Isso quer dizer que em todos os processos trabalhistas deve haver audiência, ainda que seja desnecessária a produção de prova, mesmo porque o reclamado pode oferecer a sua resposta durante a sua realização.</td></tr>
<tr><td>Publicidade</td><td>A audiência, como os demais atos do processo em geral, é pública, salvo se for declarado o segredo de Justiça pelo juiz.</td></tr>
<tr><td>Adiamento da audiência</td><td colspan="2">• a falta justificada de qualquer pessoa que deva participar da audiência;
• para instrução do feito;
• para publicação de sentença;
• por convenção das partes;
• em razão de aditamento;
• por não ter sido notificado o reclamado ou o reclamante;
• falta de interstício;
• realização de perícia.</td><td>1.5</td></tr>
<tr><td>Registro da audiência</td><td colspan="2">Todos os atos processuais praticados durante a audiência são reduzidos a termo em uma ata de audiência para atender ao princípio da escrituração. Para tanto, o juiz, tradicionalmente, dita o resumo do ocorrido para um servidor, que o auxilia no registro o texto respectivo. Após, esse termo é assinado pelo juiz e passa a integrar os autos do processo com a sua juntada. Também é possível registrar a audiência em um sistema de áudio e vídeo, na forma prevista pelo § 5º do art. 367 do CPC.</td><td>1.6</td></tr>
<tr><th colspan="4">Desistência da reclamação trabalhista</th></tr>
<tr><td>Momento</td><td colspan="2">Enquanto não for oferecida ou confirmada a resposta do reclamado até audiência, o reclamante pode desistir da reclamação trabalhista. A sentença que homologa o pedido de desistência implica extinção do processo sem a resolução do mérito.</td><td>2.1</td></tr>
</table>

Capítulo IV – Audiência		
Instituto	**Conteúdo**	**Item**
Renovação da pretensão	Depende do pagamento ou depósito das custas e dos honorários, conforme previsão contida no art. 486, § 2º do CPC, salvo se for beneficiário da justiça gratuita.	2.2
Desistência e litisconsórcio	Na hipótese de existir litisconsórcio passivo, a desistência da ação em relação a um ou alguns dos reclamados implica devolução do prazo para defesa.	2.3
Arquivamento da reclamação trabalhista e seus efeitos		
Conceito	É necessário o comparecimento do reclamante à audiência para confirmar os termos de sua petição inicial. Por conta disso, a sua ausência quando da realização da primeira sessão da audiência, seja ele o empregado ou empregador, implica arquivamento do processo.	3
Perempção temporária	Quando o reclamante provoca dois arquivamentos seguidos, o juiz aplica-lhe a penalidade consistente na vedação de ajuizar qualquer reclamação trabalhista pelo prazo de seis meses, conforme preceitua o art. 732 da CLT.	3.1
Custas	A consequência normal do arquivamento da reclamação trabalhista é a responsabilidade do reclamante pelo pagamento das custas processuais calculadas sobre o valor da causa, ainda que beneficiário da justiça gratuita, salvo se comprovar, no prazo de quinze dias, que a ausência ocorreu por motivo legalmente justificável.	3.2
Confissão ficta	Se o juiz determina o adiamento da audiência, após a apresentação da defesa, e o reclamante não comparece, apesar de ter ficado ciente das consequências de sua ausência, a hipótese é de **confissão ficta** em relação aos fatos narrados pelo reclamado em sua defesa.	3.3
Revelia		
Conceito	Quando o reclamado não comparece à audiência, seja ele o empregado ou o empregador, oportunidade em que se desincumbiria do ônus que lhe cabia de defender-se, é considerado como um rebelde, sendo que o legislador adotou essa expressão para definir a hipótese como sendo de revelia, também denominada de contumácia.	4
Falta injustificada	Ainda que ausente o reclamado, presente o advogado na audiência, serão aceitos a contestação e os documentos eventualmente apresentados. (art. 844, § 5º da CLT)	
Efeitos	A revelia é uma situação fático-jurídica que implica, em regra, confissão ficta quanto à matéria fática constante da petição inicial. Existe, assim, uma presunção *iuris tantum* de veracidade de todos aqueles fatos que foram narrados pelo reclamante na exordial. Pode ocorrer, também, de o juiz desdobrar a audiência em duas ou mais sessões. O não comparecimento do reclamado na segunda audiência não implica revelia, mas sim confissão ficta em relação à matéria fática. Nesse caso, o juiz deve levar em consideração, quando da prolação da sentença, a prova pré-constituída colacionada com a defesa, não implicando cerceamento de defesa o indeferimento de provas posteriores.	4.1
Exclusão dos efeitos	• se existiram vários reclamados e algum deles comparecer à audiência e apresentar defesa impugnando os fatos relatados na petição inicial; • se a lide versar sobre direitos absolutamente indisponíveis; • se a petição inicial não estiver acompanhada do instrumento que a lei considere indispensável à prova do ato; • se as alegações de fato formuladas pelo autor forem inverossímeis ou estiverem em contradição com prova constante dos autos. • se o pedido for de adicional de insalubridade ou periculosidade.	4.2
Decisão	Mesmo na hipótese de revelia, ao contrário do que ocorre com o processo civil, o reclamado deve ser notificado da decisão, conforme determina o art. 852, parte final, da CLT.	4.2

Capítulo IV – Audiência		
Instituto	**Conteúdo**	**Item**
	Réplica do reclamante	
Conceito	Atendendo ao princípio do contraditório, o reclamante deve manifestar-se sobre os documentos juntados com a defesa, sobre os fatos modificativos, impeditivos e extintivos alegados, bem como sobre as preliminares e prejudiciais de mérito arguidas pelo reclamado.	5

10. QUESTÕES

10.1. Questões objetivas

1. (Magistratura do Trabalho. 8ª R. 2009. ADAPTADA) Na audiência de julgamento deverão estar presentes o reclamante e o reclamado, independentemente do comparecimento de seus representantes, salvo nos casos de reclamatórias plúrimas ou ações de cumprimento, quando os empregados poderão se fazer representar pelo Sindicato de sua categoria. Se por doença ou qualquer outro motivo relevante, alegado e devidamente comprovado, não for possível ao empregado comparecer pessoalmente, poderá se fazer representar por outro empregado que pertença à mesma profissão, ou, ainda, pelo seu sindicato.

2. (FCC – Analista Judiciário – TRT 23/2011) A revelia implica o prosseguimento do processo contra o réu, independentemente de intimação ou notificação para a contagem do início dos prazos ou para atos do processo, com exceção da sentença, da qual o réu revel será intimado.

3. (TRT 21 – Juiz do Trabalho Substituto 21ª região/ 2012 – ADAPTADA) Sobre a audiência trabalhista: existe previsão legal tolerando atraso de até 15 minutos para o Juiz comparecer à audiência, do horário previamente designado, estendendo-se o mesmo direito às partes, em face do princípio da isonomia de tratamento entre magistrado e jurisdicionado.

4. (TRT 21 – Juiz do Trabalho Substituto 21ª região/ 2012 – ADAPTADA) Sobre a audiência trabalhista: não havendo acordo, o reclamado apresentará sua defesa escrita, ou disporá de 20 minutos para aduzir defesa oral, após a leitura da reclamação, quando esta não for dispensada por ambos os litigantes.

5. (TRT 4ª R. Técnico judiciário/área administrativa/2011) Considere as seguintes assertivas a respeito do arquivamento do processo na Justiça do Trabalho:

I. A ausência do reclamante, quando adiada a instrução após contestada a ação em audiência, não importa arquivamento do processo.

II. Se por doença, devidamente comprovada, não for possível ao empregado comparecer pessoalmente à audiência UNA, não poderá fazer-se representar por outro empregado que pertença à mesma profissão.

III. Aquele que por duas vezes seguidas der causa ao arquivamento de reclamação trabalhista pelo não comparecimento na audiência UNA ficará impossibilitado de ajuizar reclamação trabalhista pelo período de três meses contados do último arquivamento.

Está correto o que se afirma SOMENTE em:

a) I.

b) III.

c) I e II.

d) II e III.

e) I e III.

6. (TRT 24ª R. Técnico judiciário/área administrativa/2011) Margarida ajuizou reclamação trabalhista em face de sua ex-empregadora, a empresa X. Na audiência inaugural, apesar de regularmente intimada, não compareceu nenhum representante legal da reclamada, tendo sido declarada a sua revelia. Neste caso, de acordo com a Consolidação das Leis do Trabalho, a empresa X

a) deverá ser intimada da sentença apenas se tiver advogado constituído nos autos.

b) deverá ser intimada da sentença, ainda que não tenha advogado constituído nos autos.

c) não será intimada da sentença, uma vez que está legalmente declarada revel, podendo ingressar no processo até a publicação da sentença.

d) não será intimada da sentença, uma vez que está legalmente declarada revel, bem como não poderá ingressar no processo para interpor recursos.

e) será penalizada com multa administrativa de 20% sobre o valor da causa, revertida para o Fundo de Assistência ao Trabalhador gerido pelo Governo Federal.

7. (ECT – Analista de Correios – Advogado/2011) Nos dissídios individuais, o juiz deve provocar a apresentação da primeira proposta conciliatória logo após a entrega da defesa escrita ou a apresentação de defesa oral.

8. (FCC – Analista Judiciário – TRT 6/2012) Conforme legislação específica em relação às audiências trabalhistas, o comparecimento das partes e as consequências de suas ausências, é INCORRETO afirmar:

a) O não comparecimento do reclamante à primeira audiência designada como Una importa na confissão quanto à matéria fática, não ocorrendo o arquivamento da ação.

b) As audiências dos órgãos da Justiça do Trabalho serão públicas como regra, sendo que o juiz manterá a ordem nas audiências, podendo mandar retirar do recinto os assistentes que a perturbarem.

c) Nas audiências trabalhistas é facultado ao empregador fazer-se substituir pelo gerente, ou qualquer outro preposto que tenha conhecimento do fato, e cujas declarações obrigarão o proponente.

d) Se por doença ou qualquer outro motivo, devidamente comprovado, não for possível ao empregado comparecer pessoalmente na audiência, poderá fazer-se representar por outro empregado que pertença à mesma profissão, ou pelo seu sindicato.

e) O não comparecimento do reclamado à primeira audiência designada como Una importa revelia, além de confissão quanto à matéria de fato.

9. (FCC – Analista Judiciário – Área Judiciária – TRT 3/2015) Em relação à audiência trabalhista e à presença das partes na audiência:

a) A CLT exige o comparecimento pessoal das partes em audiência, não podendo o empregador fazer-se substituir por outra pessoa que não o representante legal da empresa.

b) Ao empregador é facultado fazer-se substituir pelo gerente, ou qualquer outro preposto que tenha conhecimento do fato, e cujas declarações obrigarão o preponente.

c) O reclamante poderá fazer-se substituir, em audiência, por qualquer pessoa, desde que outorgue poderes para tanto, através de procuração por instrumento público.

d) O não comparecimento do reclamante à audiência importa em improcedência da ação.

e) O não comparecimento da reclamada à audiência importa em arquivamento da reclamação.

10. (FCC – Analista Judiciário – Oficial de Justiça Avaliador – TRT 3/2015) Quanto à audiência trabalhista,

a) o atraso no horário de comparecimento da parte é tolerável em até 5 minutos.

b) o não comparecimento do reclamante à audiência una importa em confissão quanto à matéria de fato.

c) após a oitiva das testemunhas, as partes terão vinte minutos sucessivos para a apresentação de razões finais.

d) se por doença ou qualquer outro motivo poderoso, devidamente comprovado, não for possível ao empregado comparecer pessoalmente, poderá fazer-se representar por outro empregado que pertença à mesma profissão, ou pelo seu sindicato, que poderá ser ouvido em nome da parte se tiver conhecimento dos fatos.

e) se, até 15 (quinze) minutos após a hora marcada, o juiz do trabalho não houver comparecido para a realização da audiência, os presentes poderão retirar-se, devendo o ocorrido constar do livro de registro das audiências.

11. (FCC – Técnico Judiciário – Área Administrativa – TRT 3/2015) Joana ajuizou reclamação trabalhista em face de sua ex- empregadora a empresa "Z". O processo foi devidamente contestado pela reclamada, tendo sido realizada perícia para apuração de insalubridade no local de trabalho. Após entrega do laudo pericial e manifestação das partes, foi designada audiência de instrução e julgamento. Na data da referida audiência não compareceram a reclamante e nem o seu advogado, mas compareceram a reclamada e seu patrono. Neste caso, considerando que as partes estavam devidamente intimadas da referida audiência, inclusive, para prestarem depoimento pessoal, sob pena de confissão,

a) a audiência se realizará sem a presença de Joana e para ela será aplicada a pena de confissão no tocante às questões de fatos nas quais lhe cabia o ônus da prova.

b) o processo será arquivado, e Joana será condenada às custas e despesas processuais, havendo expresso dispositivo legal neste sentido.

c) será marcada nova audiência, com a intimação pessoal de Joana, em razão da ausência também de seu advogado.

d) será marcada nova audiência, com intimação de Joana através de seu advogado, uma vez que regularmente constituído nos autos.

e) a audiência se realizará sem a presença de Joana sendo que para ela não será aplicada a pena de confissão, uma vez que esta é aplicada exclusivamente à parte reclamada.

12. (FCC – Analista Judiciário – Oficial de Justiça Avaliador – TRT 4/2015) O princípio da oralidade possui grande influência na sistemática processual trabalhista, razão pela qual a audiência é um dos atos processuais de maior relevância. Observadas as normas legais sobre as audiências que ocorrem nos dissídios individuais,

a) o não comparecimento injustificado do reclamante na audiência UNA acarreta o adiamento da sessão em razão do princípio tutelar.

b) a ausência da reclamada em audiência UNA ocasiona o pagamento de indenização a parte contrária por litigância de má-fé.

c) em razão do princípio da celeridade processual não se permite a apresentação de defesa oral em audiência.

d) o ato processual que deve ocorrer imediatamente após o pregão das partes é a juntada de defesa da parte reclamada.

e) em audiência é facultado ao empregador fazer-se substituir pelo gerente ou qualquer outro preposto que tenha conhecimento dos fatos e cujas declarações obrigarão o proponente.

13. (Cespe – Técnico Judiciário – Área Administrativa – TRT 8/2016) Com relação a exceções e audiências no processo do trabalho, assinale a opção correta.

a) As audiências devem ser realizadas em dias úteis previamente fixados, não podendo ultrapassar cinco horas seguidas, salvo quando houver matéria urgente.

b) Exceção é defesa contra vícios do processo que impedem seu desenvolvimento normal e, portanto, discute o mérito da questão.

c) Em decorrência do objetivo da celeridade processual, é vedada a realização de audiência em processos que sigam o procedimento sumaríssimo.

d) O juiz, as partes e as testemunhas deverão comparecer à audiência designada pelo juízo, havendo tolerância de quinze minutos para que as partes e testemunhas compareçam.

e) O não comparecimento do reclamado a audiência de conciliação resultará em extinção do processo sem resolução de mérito.

14. (QUESTÃO SOBRE A REFORMA TRABALHISTA ELABORADA PELO AUTOR). Após a edição da Lei nº 13.467/17, qualquer pessoa física capaz pode ser preposto do empregador para representá-lo na audiência.

15. (QUESTÃO SOBRE A REFORMA TRABALHISTA ELABORADA PELO AUTOR). Apresentada a contestação, ainda que antes da audiência ou eletronicamente, a desistência da ação só produzirá efeitos com a concordância do reclamado.

16. (QUESTÃO SOBRE A REFORMA TRABALHISTA ELABORADA PELO AUTOR). Na hipótese de ausência do reclamante à audiência inaugural, este será condenado ao pagamento das custas, salvo se for beneficiário da justiça gratuita.

17. (Vunesp – Procurador – Fapesp/2018) Em audiência trabalhista, o preposto do empregador

a) deve ser empregado ou gerente que tenha conhecimento dos fatos.

b) deve ser empregado quando se tratar de microempresa ou empresa de pequeno porte.

c) não precisa ser empregado, salvo o disposto em convenção ou acordo coletivo de trabalho.

d) não precisa ser empregado.

e) não precisa ser empregado, desde que se trate de empregador doméstico.

18. (FCC – Analista Judiciário – Área Judiciária – TRT 15/2018) Evandro ajuizou reclamação trabalhista em face da sua empregadora, empresa Hora Certa Entregas Ltda., e da tomadora dos serviços, empresa Crepom Distribuidora de Produtos de Papelaria Ltda. Na audiência una designada comparecem o reclamante e a empresa Crepom, segunda reclamada, que, representada por preposto que não é seu empregado, apresenta defesa. Nesse caso,

a) a audiência será redesignada para outra data, tendo em vista a ausência da primeira reclamada, que foi a empregadora do reclamante e é quem pode trazer as provas aos autos.

b) será decretada a revelia da primeira reclamada, que será considerada confessa quanto à matéria de fato.

c) será decretada a revelia de ambas as reclamadas, que serão consideradas confessas quanto à matéria de fato, a primeira em razão do não comparecimento e a segunda por estar representada por preposto não empregado.

d) a primeira reclamada será considerada revel, e a segunda, embora não seja revel, será considerada confessa quanto à matéria de fato em razão de estar representada por preposto não empregado.

e) a primeira reclamada, embora revel, não será considerada confessa quanto à matéria de fato tendo em vista que a segunda reclamada contestou a ação e, em relação à segunda reclamada, o fato de o preposto não ser empregado não gerará revelia nem confissão.

19. (FCC – Técnico Judiciário – Área Administrativa – TRT 2/2018) Com relação à audiência de julgamento, considere:

I. É facultado ao empregador fazer-se substituir pelo gerente, ou qualquer outro preposto que tenha conhecimento do fato, e cujas declarações obrigarão o proponente, sendo que o preposto não precisa ser empregado da parte reclamada.

II. Se por doença ou qualquer outro motivo poderoso, devidamente comprovado, não for possível ao empregado comparecer pessoalmente, poderá fazer-se representar por outro empregado que pertença à mesma profissão, ou pelo seu sindicato.

III. Ainda que ausente o reclamado, presente o advogado na audiência, serão aceitos a contestação e os documentos eventualmente apresentados.

IV. O não comparecimento do reclamante à audiência importa o arquivamento da reclamação além da condenação em multa variável entre 1% e 3% sobre o valor da causa, e o não comparecimento do reclamado importa revelia, além de confissão quanto à matéria de fato.

De acordo com a Consolidação das Leis do Trabalho, está correto o que se afirma APENAS em

a) I, II e III.

b) I, II e IV.

c) III e IV.

d) I e II.

e) I, III e IV.

20. (Cespe – Analista – EMAP/2018) Se, na audiência, a reclamada se apresentar substituída por ex-empregado seu, e a reclamante não comparecer, abstendo-se de se manifestar nos autos, a reclamação deverá ser arquivada e a reclamante será condenada ao pagamento das custas, ainda que seja beneficiária da justiça gratuita.

– **Certo**

– **Errado**

21. (AOCP – Técnico Judiciário – Área Administrativa – TRT 1/2018) O Juiz da Vara do Trabalho do Rio de Janeiro agendou uma audiência para o dia 11 de abr. de 2018 às 15h30. Manoela, reclamante na ação trabalhista, e a empresa Gotas de Água S.A., em face de quem Manoela ingressou com o pleito, compareceram à audiência com seus respectivos advogados no horário agendado. O juiz, por sua vez, somente chegou à audiência na referida data às 16h. Assinale a alternativa que apresenta como as partes devem proceder nessa situação.

a) Ao Juiz é permitido chegar a qualquer tempo, considerando ser o mesmo quem irá presidir a audiência, devendo as partes aguardar sua chegada.

b) Se o Juiz não houver comparecido até 20 (vinte) minutos após a hora marcada, os presentes poderão retirar-se, devendo o ocorrido constar do livro de registro das audiências.

c) Se o Juiz comparecer à audiência com até 30 (trinta) minutos de atraso após a hora marcada, as partes têm o dever de estarem aguardando o juiz para o início da audiência, devendo o atraso constar do livro de registro das audiências.

d) Se o Juiz não houver comparecido até 15 (quinze) minutos após a hora marcada, os presentes poderão retirar-se, devendo o ocorrido constar do livro de registro das audiências.

e) Se o Juiz não houver comparecido até 60 (sessenta) minutos após a hora marcada, os presentes poderão retirar-se, devendo o ocorrido constar do livro de registro das audiências.

22. (Vunesp – Procurador – Fapesp/2018) Na hipótese de ausência do reclamante à audiência, a reclamação será arquivada, sendo devidas as custas,

a) ainda que o reclamante seja beneficiário da justiça gratuita.

b) salvo se o reclamante for beneficiário da justiça gratuita.

c) salvo se o reclamante comprovar, no prazo de vinte e quatro horas, que a ausência ocorreu por motivo legalmente justificável.

d) salvo se o reclamante justificar a ausência, no prazo de dez dias.

e) ainda que o reclamante seja beneficiário da justiça gratuita, hipótese em que a lei faculta ao juiz conceder a isenção.

23. (FCC – Técnico Judiciário – Área Administrativa – TRT 6/2018) A padaria Doces Sonhos foi acionada em uma reclamação trabalhista por seu ex-empregado Zeus, que postulou por pagamento de indenização por danos morais no valor de R$ 2.000,00 (dois mil reais). Na audiência UNA realizada,

a) as partes deverão comparecer, acompanhadas dos respectivos advogados, sob pena de adiamento para outra sessão.

b) ausente a parte reclamada, ainda que presente o seu advogado na audiência, não serão aceitos a contestação e os documentos eventualmente apresentados, sendo aplicada a revelia.

c) é permitido ao empregador fazer-se substituir pelo gerente, ou qualquer outro preposto que, não precisa ser empregado da parte reclamada, tenha conhecimento do fato e cujas declarações obrigarão o proponente.

d) caso o juiz não tenha comparecido até trinta minutos após a hora marcada, os presentes poderão retirar-se, aguardando a designação de nova audiência.

e) o juiz manterá a ordem nas audiências, mas não pode mandar retirar do recinto os assistentes que a perturbarem em razão da publicidade das audiências dos órgãos da Justiça do Trabalho.

24. (Vunesp – Procurador – IPSM/2018) Nos termos da Consolidação das Leis do Trabalho, o preposto

a) não precisa ser empregado da parte reclamada.

b) precisa ser empregado da parte reclamada.

c) não precisa ser empregado da parte reclamada, desde que se trate de empregador doméstico.

d) é dispensável quando a parte reclamada está assistida por advogado.

e) pode subscrever recursos trabalhistas quando a parte reclamada não estiver representada por advogado.

25. (Cespe – Procurador Municipal – Manaus - AM/2018) Em relação à competência da justiça do trabalho, à revelia e às provas no processo do trabalho, julgue o item que se segue.

Situação hipotética: Um trabalhador requereu, por meio de reclamação trabalhista, adicional de insalubridade, mas o reclamado não contestou esse pedido, o que importou sua revelia. Assertiva:

Nessa situação, o juiz poderá julgar procedente o pedido, independentemente de realização de prova pericial para verificar a alegada insalubridade.

- **Certo**
- **Errado**

26. (Vunesp – Advogado – Pref. de Arujá – SP/2019) José da Silva propôs reclamação trabalhista contra a Tudo de Bom Serviços Ltda., em setembro de 2018, e a audiência foi designada para o dia 29 de janeiro de 2019, às 10 horas. Ocorre que na data designada, o Reclamante não compareceu na audiência. Nessa circunstância, o Juiz do Trabalho que presidiu a audiência deve determinar

a) o prosseguimento do feito com a designação de audiência de instrução, para data posterior.

b) a suspensão do feito, intimando o Reclamante para comprovar o motivo de sua ausência.

c) o arquivamento dos autos e condenar o Reclamante ao pagamento de custas processuais, exceto se for beneficiário da justiça gratuita, independentemente da comprovação de que a ausência ocorreu por motivo legalmente justificável.

d) o arquivamento dos autos e condenar o Reclamante ao pagamento de custas processuais, mesmo que seja beneficiário da justiça gratuita, salvo se comprovar, no prazo de quinze dias, que a ausência ocorreu por motivo legalmente justificável.

e) o arquivamento do feito, concedendo prazo de 10 dias para que o Reclamante comprove o motivo da ausência e requeira a isenção das custas.

10.2. Questões discursivas

1. (TRT4 – Juiz do Trabalho – 2016) Olegário, ex-empregado de empresa pública, ajuíza reclamatória trabalhista pretendendo afastar a dispensa por justa causa que lhe foi imposta. Pede, em sequência, a reintegração no emprego e, sucessivamente, o pagamento das reparações devidas na hipótese de dispensa imotivada.

Em contestação, a ex-empregadora alega que a despedida está fundada na prática de atos de improbidade e indisciplina definidos em relatório de comissão de auditoria interna, mediante apuração e análise de documentos, levantamentos contábeis e depoimentos. Aponta que a conclusão do procedimento administrativo confirma o envolvimento do reclamante nas condutas ensejadoras das duas tipificações. Invoca, ainda, a presunção de legitimidade do ato administrativo. Com a contestação junta a integralidade do procedimento administrativo disciplinar.

Em audiência, é deferido prazo ao reclamante para manifestação a respeito da contestação e documentos.

Em seu prazo o reclamante peticiona nos seguintes termos: "Que foi ouvido pela comissão, apresentou diretamente sua defesa no procedimento administrativo, negando a prática de qualquer irregularidade. Pede a procedência das postulações".

Sem outras provas, as partes concordaram com o encerramento da instrução.

Com base nos elementos expostos, e fundamentadamente, como você decidiria o caso?

11. GABARITO

11.1. Gabarito das questões objetivas

Gab.		Fundamentação legal e jurisprudencial	Tópico do livro	Obs. eventual
1	C	CLT. Art. 843, *caput* e § 2º	Item 1.1	–
2	C	CLT. Art. 852	Item 4.2	–

Gab.		Fundamentação legal e jurisprudencial	Tópico do livro	Obs. eventual
3	E	CLT. Art. 815, parágrafo único; TST. OJ SDI-1 nº 245	Item 1.2	–
4	C	CLT. Art. 847	Parte II, Capítulo III, Item 2	–
5	A	I. TST. Súmula nº 9	I. Item 3	–
		II. CLT. Art. 843, § 2º	II. Item 1.1	
		III. CLT. Arts. 731 e 732	III. Item 3	
6	B	CLT. Art. 852	Item 4.2	–
7	E	CLT. Art. 846	Item 1.3	–
8	A	a) CLT. Art. 844, *caput*	a) item 3	–
		b) CLT. Arts. 813 e 816	b) Itens 1 e 1.4, alínea "c"	
		c) CLT. Art. 843, § 1º	c) Item 1.1	
		d) CLT. Art. 843, § 2º	d) Item 1.1	
		e) CLT. Art. 844, *caput*	e) Item 4	
9	B	a) CLT. Art. 841, parágrafo 1º	a) Item 1.1	–
		b) CLT. Art. 841, parágrafo 1º	b) Item 1.1	
		c) CLT. Art. 841, parágrafo 2º	c) Item 1.1	
		d) CLT. Art. 844, *caput*	d) Item 3	
		e) CLT. Art. 844, *caput*	e) Item 4	
10	E	a) TST. OJ nº 245	a) Item 1.2	–
		b) CLT. Art. 844	b) item 3	
		c) CLT. Art. 850	c) Parte II, Capítulo VI, Item 1	
		d) CLT. Art. 843, parágrafo segundo	d) Item 1.1	
		e) CLT. Art. 815, parágrafo único	e) 1.2	
11	A	TST. Súmula nº 9	Item 3	–
12	E	a) CLT. Art. 844	a) Item 3	–
		b) CLT. Art. 844	b) Item 4	
		c) CLT. Art. 847	c) Parte II, Capítulo III, Item 2	
		d) CLT. Art. 852-E	d) Item 1.3	
		e) CLT. Art.843, § 1º	e) Item 1.1	
13	A	a) CLT. Art. 813, *caput*	a) Item 1.5	A exceção **suspende o feito principal** até o julgamento final dessa medida processual.
		b) Doutrina	b) Parte II, Capítulo III, Item 6	
		c) CLT. Art. 852-C	c) Item 1.4 "a"	
		d) TST. OJ SDI-1 nº 245	d) Item 1.2	
		e) CLT. Art. 844, *caput*	e) Item 4	
14	C	CLT. Art. 843. § 3º.	Item 1.1	
15	C	CLT. Art. 841, § 3º.	Item 2.1.	
16	E	CLT. Art. 844, § 2º.	Item 3.2.	
17	D	a) CLT. Art. 843, *caput* e § 3º	a) Item 1.1	
		b) CLT. Art. 843, *caput* e § 3º	b) Item 1.1	

Gab.		Fundamentação legal e jurisprudencial	Tópico do livro	Obs. eventual
17	D	c) CLT. Art. 843, *caput* e § 3º	c) Item 1.1	
		d) CLT. Art. 843, *caput* e § 3º	d) Item 1.1	
		e) CLT. Art. 843, *caput* e § 3º	e) Item 1.1	
18	E	a) CLT. Art. 844, §4º, I. Item 4.2./ CLT. Art. 843, §§ 1º e 3º	a) Item 1.1	
		b) CLT. Art. 844, §4º, I. Item 4.2./ CLT. Art. 843, §§ 1º e 3º	b) Item 1.1	
		c) CLT. Art. 844, §4º, I. Item 4.2./ CLT. Art. 843, §§ 1º e 3º	c) Item 1.1	
		d) CLT. Art. 844, §4º, I. Item 4.2./ CLT. Art. 843, §§ 1º e 3º	d) Item 1.1	
		e) CLT. Art. 844, §4º, I. Item 4.2./ CLT. Art. 843, §§ 1º e 3º	e) Item 1.1	
19	A	I – CLT. Art. 843, §§ 1º e 3º	Item 1.1	
		II – CLT. Art. 843, §2º	Item 1.1	
		III – CLT. Art. 843, § 5º	Item 4	
		IV – CLT. Art. 844	Item 4	
20	Certa	CLT. Art. 844, §2º	Item 3.2	
21	D	a) CLT. Art. 815, par. único	a) Item 1.2	
		b) CLT. Art. 815, par. único	b) Item 1.2	
		c) CLT. Art. 815, par. único	c) Item 1.2	
		d) CLT. Art. 815, par. único	d) Item 1.2	
		e) CLT. Art. 815, par. único	e) Item 1.2	
22	A	a) CLT. Art. 844, §2º	a) Item 3.2	
		b) CLT. Art. 844, §2º	b) Item 3.2	
		c) CLT. Art. 844, §2º	c) Item 3.2	
		d) CLT. Art. 844, §2º	d) Item 3.2	
		e) CLT. Art. 844, §2º	e) Item 3.2	
23	C	a) CLT. Art. 843	a) Item 1.1	
		b) CLT. Art. 844, §5º	b) Item 4	
		c) CLT. Art. 843, §§ 1º e 3º	c) Item 1.1	
		d) CLT. Art. 815	d) Item 1.1	
		e) CLT. Art. 816	e) Item 1.1	
24	A	a) CLT. Art. 843, § 3º	a) Item 1.1	
		b) CLT. Art. 843, § 3º	b) Item 1.1	
		c) CLT. Art. 843, § 3º	c) Item 1.1	
		d) CLT. Art. 843, § 3º	d) Item 1.1	
		e) CLT. Art. 843, § 3º	e) Item 1.1	
25	Errada	TST. OJ nº 278 da SDI-I	Item 4.2, alínea "e"	
26	D	CLT. Art. 844, § 2º	Item 3	

11.2. Gabarito das questões discursivas

Item	Fundamentação legal, jurisprudencial ou doutrinária.	Onde encontro no livro
1	Para comprovar a prática de justa causa, a reclamada juntou aos autos cópia do processo administrativo, no qual foi conferido o direito de defesa para o reclamante e concluiu pela materialidade e autoria dos ilícitos trabalhistas. Como se trata de ato emanado de Entidade que faz parte da administração pública indireta, goza de presunção de veracidade e legitimidade. Some-se a isso a circunstância de o reclamante não ter negado, em sua réplica, o fato impeditivo, extintivo ou modificativo do seu direito, tornando-se, portanto, incontroverso, além de não ter feito a impugnação do documento relativo ao procedimento administrativo. Com efeito, se o reclamado alega qualquer dos fatos indicados no art. 350 do CPC, cabe ao reclamante refutá-los, especificamente, sob pena de passar a ser considerado como fato incontroverso. Efeito similar é verificado quando o autor deixa de impugnar a documentação acostada com a defesa. Nesse caso, os documentos passam a ser meio idôneo para comprovação dos fatos neles contidos, vedando-se a possibilidade de realização de contraprova. Portanto, a decisão seria pelo reconhecimento da justa causa praticada pelo empregado.	Item 5

CAPÍTULO V

PROVAS NO PROCESSO DO TRABALHO

1. INTRODUÇÃO

Na inicial e na defesa, os litigantes aduzem alegações que servem para fundamentar as suas pretensões. Quando há controvérsia acerca da veracidade das afirmações feitas pelo reclamante, pelo reclamado ou quando a confissão não produz os seus efeitos ordinários, recorre-se aos meios de provas para comprová-las e formar o convencimento do juiz.

1.1. Conceito de prova

Prova representa qualquer elemento que é utilizado para formar o convencimento de alguém sobre a veracidade de uma afirmação, em juízo ou fora dele.

Já **a prova judicial consiste no ato processual que é utilizado para atestar a veracidade de uma afirmativa sobre determinado fato controverso,** para então formar o convencimento do juízo.[1]

1. Caso o juiz tenha conhecimento do fato objeto da demanda, deve afastar-se da condução do processo e, se for o caso, servir como testemunha.

Como o juiz não tem conhecimento direto dos fatos que embasam a pretensão das partes, ele se utiliza dos instrumentos fornecidos pelos litigantes para suprir essa necessidade. Esse veículo é o meio de prova.

1.2. Objeto da prova

Em regra, **a alegação ou a versão de fatos** é que constitui o objeto da prova e não o fato em si.

O fato é sempre verdadeiro. A inverdade não corresponde a um fato. Trata-se de uma afirmação falsa sobre ele. Assim, conclui-se que a versão de um fato pode ser falsa. O que não se admite é um fato falso, pois ele sempre é verídico.

Nesse sentido, Cintra, Grinover e Dinamarco:

> A afirmação de fato feita pelo autor pode corresponder ou não à verdade. E a ela eventualmente se contrapõe a afirmação de fato feita pelo réu, a qual, por sua vez, também pode corresponder ou não à verdade.[2]

A lide sempre se relaciona diretamente com um fato, pois esse é o elemento que faz originar todo e qualquer direito subjetivo, salvo em raras exceções, como ocorre com a ADI, na qual o fato se confunde com o próprio direito.

Mesmo a pretensão fundada em questão unicamente de direito há vinculação com o fato, pois o conflito surge em virtude do procedimento de interpretação, integração ou aplicação da norma jurídica, ou seja, do direito objetivo em confronto com o fato que proporciona o surgimento do direito subjetivo.

Trata-se de um fato jurídico, visto que tem o condão de criar, modificar ou extinguir direitos subjetivos. Essa característica do fato natural é adquirida quando o Direito reconhece a sua importância social e passa a produzir efeitos jurídicos.

Em tais situações, cabe ao autor narrar na sua petição inicial o fato que embase a sua pretensão, além de lhe atribuir a sua qualificação jurídica (fundamentação jurídica). Dispensa-se, em regra, a prova do direito, pois a ninguém cabe desconhecê-lo, principalmente o juiz.

Excepcionam-se os casos em que a pretensão é baseada em direito estrangeiro, municipal, estadual ou costumeiro. Nessa situação, se for determinado pelo juiz, a parte deverá fazer prova do próprio direito objetivo, seja quanto ao conteúdo seja quanto à sua vigência, conforme determinação contida no art. 376 do CPC.

Como a competência para fixar normas de Direito do Trabalho é da União (art. 22, I, da CF/88), esse dispositivo do processo civil só vai ser utilizado quando a pretensão for fundamentada em norma local (estadual e municipal) que estabeleça direitos aos servidores públicos regidos pela CLT; na hipótese de delegação de competência (art. 22, parágrafo único, da CF/88), como ocorre, por exemplo, com a fixação de pisos profissionais pelos Estados (Lei Complementar nº 103/2000); e nos casos de obrigações instituídas por instrumentos normativos negociados, sentença normativa ou regulamento da empresa.

2. CINTRA, Antônio Carlos de Araújo. **Teoria geral do processo.** 2 ed. São Paulo: RT, 1979. P. 316.

ATENÇÃO! É clássica a afirmação na doutrina no sentido de que o objeto da prova são os **fatos relevantes, pertinentes e controvertidos** narrados pelas partes. Apenas os fatos devem ser provados, uma vez que o direito alegado independe de prova, salvo quando se trate de direito estrangeiro, consuetudinário, de normas coletivas, municipal e estadual, os quais devem ter o seu teor e vigência provados.

1.3. Tratamento legal trabalhista

A CLT trata das provas na Seção IX, Capítulo II (Processo em Geral), Título X (Processo Judiciário do Trabalho), do art. 818 ao art. 830. Mas, no Capítulo III, que trata do dissídio individual, também há preceitos relativos à prova aplicáveis a essa espécie de demanda, como os arts. 845 e 848.

O art. 852-D da CLT contém preceito importantíssimo sobre a teoria geral da prova no processo do trabalho. Apesar de tratar da prova no rito sumaríssimo, **aplica-se a qualquer espécie de demanda:**

> **Art. 852-D.** O juiz dirigirá o processo com liberdade para determinar as provas a serem produzidas, considerado o ônus probatório de cada litigante, podendo limitar ou excluir as que considerar excessivas, impertinentes ou protelatórias, bem como para apreciá-las e dar especial valor às regras de experiência comum ou técnica.

O art. 852-H, *caput* e respectivos parágrafos, também se referem à prova, mas aplicam-se exclusivamente aos processos submetidos ao rito sumaríssimo.

Há ainda o art. 3º da Lei nº 5.584/70 que, dentre outras matérias processuais, **disciplina a prova pericial** no âmbito do processo laboral:

> **Art. 3º.** Os exames periciais serão realizados por perito único designado pelo juiz, que fixará o prazo para entrega do laudo. Parágrafo único. Permitir-se-á a cada parte a indicação de um assistente, cujo laudo terá que ser apresentado no mesmo prazo assinado para o perito, sob pena de ser desentranhado dos autos.

1.4. Momento da prova

Em regra, as **provas devem ser produzidas em audiência**. No CPC, essa determinação está contida nos arts. 449 e 361:

> **Art. 449.** Salvo disposição especial em contrário, as testemunhas devem ser ouvidas na sede do juízo.

> **Art. 361.** As provas orais serão produzidas em audiência, ouvindo-se nesta ordem, preferencialmente: [...]

O § 2º do art. 775 da CLT autoriza ao juiz **alterar a ordem de produção dos meios de prova**, adequando-a às necessidades do conflito de modo a conferir maior efetividade à tutela do direito.

Algumas provas, porém, são constituídas antes ou depois desse ato processual complexo, como acontece nos casos de:

a) produção antecipada de prova;[3]

b) inspeção judicial de coisas ou de pessoas;[4]

c) provas obtidas em outro juízo por meio da expedição de carta.

Terminada a fase postulatória, passa-se à fase probatória, quando o juiz fixa os pontos controvertidos que serão objeto da prova a ser produzida.

No processo do trabalho, esse momento processual é quase imperceptível ou inexistente, em face da prevalência do princípio da concentração dos atos processuais em audiência.

QUADRO COMPARATIVO – ORDEM DA PRODUÇÃO DE PROVAS		
CPC DE 1973	**CPC DE 2015**	**CLT**
Art. 452. As provas serão produzidas na audiência nesta ordem: I – o perito e os assistentes técnicos responderão aos quesitos de esclarecimentos, requeridos no prazo e na forma do art. 435; II – o juiz tomará os depoimentos pessoais, primeiro do autor e depois do réu; III – finalmente, serão inquiridas as testemunhas arroladas pelo autor e pelo réu.	**Art. 361.** As provas orais serão produzidas em audiência, ouvindo-se nesta ordem, **preferencialmente:** I – o perito e os assistentes técnicos, que responderão aos quesitos de esclarecimentos requeridos no prazo e na forma do art. 477, caso não respondidos anteriormente por escrito; II – o autor e, em seguida, o réu, que prestarão depoimentos pessoais; III – as testemunhas arroladas pelo autor e pelo réu, que serão inquiridas.	**Art. 848.** Terminada a defesa, seguir-se-á a instrução do processo, podendo o presidente, ex officio ou a requerimento de qualquer juiz temporário, interrogar os litigantes. § 1º Findo o interrogatório, poderá qualquer dos litigantes retirar-se, prosseguindo a instrução com o seu representante. § 2º Serão, a seguir, ouvidas as testemunhas, os peritos e os técnicos, se houver.
Aplicabilidade do CPC ao processo do trabalho	Inaplicável ao processo do trabalho, pois tem regra própria estabelecida pelo art. 848 da CLT.	
Diferença entre o CPC de 2015 e o de 1973	A ordem de produção de provas estabelecida pelo CPC de 2015 é preferencial e não obrigatória.	

2. PRINCÍPIOS

Alguns dos princípios que regem o Direito processual do trabalho e o Direito processual comum são aplicados especificamente no que se referem à matéria probatória, tais como o princípio da necessidade da prova, o princípio da persuasão racional do juiz, o princípio da concentração processual, o princípio da indivisibilidade ou unidade da prova, princípio da busca da verdade real e princípio da comunhão da prova.

Ressalte-se que os princípios reitores do processo em geral também influenciam na fase probatória, tais como: da oralidade, da imediação, da legalidade etc. Alguns, inclusive, têm natureza constitucional, como o princípio do contraditório e da ampla defesa, da proibição

3. CPC Art. 381. A produção antecipada da prova será admitida nos casos em que: I – haja fundado receio de que venha a tornar-se impossível ou muito difícil a verificação de certos fatos na pendência da ação; II – a prova a ser produzida seja suscetível de viabilizar a autocomposição ou outro meio adequado de solução de conflito; III – o prévio conhecimento dos fatos possa justificar ou evitar o ajuizamento de ação.

4. CPC. Art. 481. O juiz, de ofício ou a requerimento da parte, pode, em qualquer fase do processo, inspecionar pessoas ou coisas, a fim de se esclarecer sobre fato, que interesse à decisão da causa.

da prova ilícita, do devido processo legal (legalidade) etc., que foram tratados na Parte I, Capítulo I, item 4 desta obra.

2.1. Necessidade da prova

Por esse princípio, deve haver prova nos autos sobre os fatos **controversos, pertinentes e relevantes**, ainda que o juiz tenha conhecimento pessoal sobre a veracidade do quanto ocorrido e alegado pelas partes. Por conta disso, **o magistrado não pode dispensar a produção da prova sob o fundamento de que já conhece o fato.**

Frise-se que, segundo o princípio do contraditório e da ampla defesa, as partes tem o direito de manifestação em relação a qualquer espécie de prova produzida, o que não ocorreria no caso de o magistrado julgar com base em seu conhecimento sobre o fato controvertido.

Tal procedimento iria de encontro, também, a outro princípio que norteia o Direito processual, qual seja, o princípio do duplo grau de jurisdição. Como toda a matéria fática é devolvida ao órgão julgador *ad quem*, haveria necessidade da prova residir nos autos para a reapreciação da lide, tendo em vista que *quod nonest in actis non est in mundo.*[5]

Além disso, **é dever do juiz consignar na sentença os motivos que formaram o seu convencimento** (princípio do livre convencimento motivado). Isso quer dizer que é necessário que o magistrado indique qual foi a prova ou os meios de prova em que se baseou para proferir a decisão. No caso hipotético descrito, o juiz não teria como dizer que formou o seu convencimento com base em fatos por ele conhecidos.

Como já foi dito, se o juiz tem conhecimento prévio do fato controvertido, **deve afastar-se da condução do processo e declarar sua suspeição.**

Esse princípio é suavizado com a possibilidade de o juiz recorrer, em determinados casos, às regras comuns da experiência, conforme permissão contida no art. 375 do CPC:

QUADRO COMPARATIVO – REGRAS DA EXPERIÊNCIA		
CPC DE 1973	**CPC DO CPC**	**CLT**
Art. 335. Em falta de normas jurídicas particulares, o juiz aplicará as regras de experiência comum subministradas pela observação do que ordinariamente acontece e ainda as regras da experiência técnica, ressalvado, quanto a esta, o exame pericial.	**Art. 375.** O juiz aplicará as regras de experiência comum subministradas pela observação do que ordinariamente acontece e, ainda, as regras de experiência técnica, ressalvado, quanto a estas, o exame pericial.	Sem similar
Aplicabilidade do CPC ao processo do trabalho	Aplica-se ao processo do trabalho em face da omissão da CLT e da ausência de incompatibilidade.	
Diferença entre o CPC de 2015 e o de 1973	A atual regra contida no CPC de 2015 não exige a lacuna legal específica para aplicar as regras da experiência comum.	

Todavia, é importante ressaltar que as regras comuns da experiência são abstratas e genéricas, o que não ocorre com o conhecimento do fato controvertido da demanda, que tem natureza concreta.

5. Aforismo latino que significa: "O que não está nos autos não está no mundo".

2.2. Persuasão racional do juiz ou valoração das provas

Prevalece no processo do trabalho e também no processo civil o sistema do princípio da persuasão racional do juiz ou valoração das provas, na forma prevista pelo art. 371 do CPC: "O juiz apreciará a prova constante dos autos, independentemente do sujeito que a tiver promovido, e indicará na decisão as razões da formação de seu convencimento".

Isso quer dizer que o magistrado não está adstrito a este ou àquele meio de prova específico, o que afasta a aplicação do brocardo latino *testis unos testis nulos*[6] (sistema da prova legal). Também não pode formar o seu convencimento com base apenas em suas impressões pessoais (sistema do livre convencimento).

Na realidade, não existe uma hierarquia entre os diversos meios de provas em direito admitidos. Entretanto, **a sentença deve indicar, expressamente, o meio de prova que serviu para formar o convencimento do juiz.**

Assim, deve haver uma coerência lógica entre o meio de prova e o convencimento, circunstância essa que difere esse sistema do princípio do livre convencimento do juiz.

O princípio da primazia da realidade, presente no Direito material do trabalho, produz reflexos no processo laboral. Assim, se o juiz convence-se, por qualquer meio de prova, de que as declarações contidas nos instrumentos dos contratos de trabalho não reflete a realidade, prevalece esta última em detrimento das informações contidas nos aludidos documentos.

2.3. Concentração processual

Pelo princípio da concentração processual, **as provas devem ser produzidas em audiência e, de preferência, em uma única sessão**. É durante a audiência que o juiz toma conhecimento dos documentos juntados pelas partes, inclusive pelo reclamante, colhe os depoimentos dos litigantes, ouve as testemunhas, aprecia a prova técnica e produz as demais provas necessárias à formação do seu convencimento.

Excepciona-se a aplicação desse princípio quando:

- a parte ou testemunha, por motivo relevante ou em caso de doença, não puder comparecer à audiência, hipótese em que o juiz designará dia e hora para ouvi-la;
- nos casos de produção antecipada de provas;
- quando há necessidade de expedição das cartas para a instrução processual.

Em tais situações, as provas são produzidas em duas ou mais sessões de audiência e, às vezes, em juízos diversos.

2.4. Indivisibilidade ou unidade da prova

Cada meio de prova é uno e indivisível, de forma que não há como declarar que uma parte dele tem credibilidade e o restante não, para atender aos interesses da parte que a produziu.

Diversos dispositivos do CPC apontam para adoção do princípio da **indivisibilidade ou da unidade da prova**, consoante se observa dos preceitos abaixo transcritos:

6. Uma testemunha, nenhuma testemunha.

> **Art. 395.** A confissão é, em regra, indivisível, não podendo a parte que a quiser invocar como prova aceitá-la no tópico que a beneficiar e rejeitá-la no que lhe for desfavorável, porém cindir-se-á quando o confitente a ela aduzir fatos novos, capazes de constituir fundamento de defesa de direito material ou de reconvenção.
>
> **Art. 412. Parágrafo único.** O documento particular admitido expressa ou tacitamente é indivisível, sendo vedado à parte que pretende utilizar-se dele aceitar os fatos que lhe são favoráveis e recusar os que são contrários ao seu interesse, salvo se provar que estes não ocorreram.
>
> **Art. 419.** A escrituração contábil é indivisível, e, se dos fatos que resultam dos lançamentos, uns são favoráveis ao interesse de seu autor e outros lhe são contrários, ambos serão considerados em conjunto, como unidade.

Esse princípio também serve para adotar o procedimento no sentido de **avaliar as provas produzidas em conjunto**, sem dar prevalência a um determinado meio de prova específico.

É esse conjunto probatório que forma o convencimento do juiz, o que permite, por exemplo admitir como verdadeira a jornada de trabalho descrita por uma testemunha, ainda que ela não tenha o mesmo tempo de serviço do reclamante.

Nesse sentido, a OJ nº 233 da SDI-1 do TST:

> **OJ Nº 233.** HORAS EXTRAS. COMPROVAÇÃO DE PARTE DO PERÍODO ALEGADO. (nova redação, DJ 20.04.2005). A decisão que defere horas extras com base em prova oral ou documental não ficará limitada ao tempo por ela abrangido, desde que o julgador fique convencido de que o procedimento questionado superou aquele período.

2.5. Busca da verdade real

A prova é necessária para o reconhecimento da veracidade das afirmativas sobre os fatos. Entretanto, essa verdade nem sempre é absoluta, uma vez que diz respeito, na maioria dos casos, a fatos ocorridos no passado.

Os meios utilizados para transmitir os acontecimentos para o juiz (depoimento das partes, testemunhas, perícias etc.), interferem, de forma consciente ou não, na impressão sobre os fatos. Isso significa concluir que a verdade real jamais poderá ser alcançada.

Apesar disso, a busca da verdade real, mesmo admitida como ideal inatingível,[7] **deve ser a meta do processo judicial**, além de nortear toda a atividade do julgador na entrega do provimento jurisdicional.

2.6. Comunhão dos meios de prova ou aquisição processual

Pelo princípio da comunhão dos meios de prova ou aquisição processual, uma vez produzida a prova pode ser ela utilizada por qualquer dos sujeitos do processo em seu proveito, independentemente de quem tenha sido a iniciativa para sua produção.

7. O próprio ordenamento jurídico processual reconhece a dificuldade de atingir-se a verdade real, quando admite os efeitos da confissão ficta. No mesmo sentido, a jurisprudência dominante: "TST. Súmula nº 122. REVELIA. ATESTADO MÉDICO. (INCORPORADA A ORIENTAÇÃO JURISPRUDENCIAL Nº 74 DA SDI-1). **A reclamada, ausente à audiência em que deveria apresentar defesa, é revel, ainda que presente seu advogado munido de procuração, podendo ser ilidida a revelia mediante a apresentação de atestado médico, que deverá declarar, expressamente, a impossibilidade de locomoção do empregador ou do seu preposto no dia da audiência.**

Assim, se uma testemunha foi arrolada pelo reclamante, as informações por ela prestadas em juízo podem servir para confirmar tanto as alegações do autor quanto as do réu, desde que forme o convencimento do magistrado em relação à sua veracidade.

2.7. Aptidão da prova

Pelo princípio da aptidão da prova, cabe a parte que tem melhores condições de produzir a prova no caso concreto, o respectivo encargo processual.

Trata-se da **distribuição dinâmica do ônus da prova,** prevista expressamente no § 1º, art. 373 do CPC e § 1º do art. 818 da CLT, com redação dada pela Lei nº 13.467/17:

> **Art. 818. § 1º** Nos casos previstos em lei ou diante de peculiaridades da causa relacionadas à impossibilidade ou à excessiva dificuldade de cumprir o encargo nos termos deste artigo ou à maior facilidade de obtenção da prova do fato contrário, poderá o juízo atribuir o ônus da prova de modo diverso, desde que o faça por decisão fundamentada, caso em que deverá dar à parte a oportunidade de se desincumbir do ônus que lhe foi atribuído.

2.8. *In dubio pro misero*

Os meios de prova formam ou não o convencimento do magistrado. Se o convencimento é incompleto, não se aplica o princípio do *in dubio pro operario*, mas sim as regras da distribuição do ônus da prova.

Essa também é a opinião de Valentin Carrion:

> O princípio do *in dubio pro misero* não existe: o que há é a proteção ao hipossuficiente pela própria norma legal, que para isso é posta. Menos ainda em processual. Busca-se o ônus da prova; quem o tinha, e não provou, será vencido na sentença. [8]

Mauro Schiavi entende que é possível utilizar do critério do *in dubio pro operario*. Contudo, esse é o último recurso a ser usado pelo Juiz que deve, primeiro, "esgotar todos os meios de se avaliar qual foi a melhor prova".[9]

3. PECULIARIDADES DO PROCESSO DO TRABALHO

Algumas peculiaridades diferenciam o processo do trabalho do processo civil, no que diz respeito às provas. São elas, a faculdade do depoimento das partes e a validade da prova testemunhal, que serão analisadas detalhadamente a seguir.

3.1. Interrogatório das partes

Ao contrário do que ocorre com o processo civil, entende-se que **o interrogatório dos litigantes no dissídio individual não é obrigatório no processo do trabalho**. Chega-se a essa conclusão ao interpretar o art. 848 da CLT, que atribui ao juiz a faculdade de ouvir a parte, ao utilizar o verbo "podendo" e não "devendo": "Terminada a defesa, seguir-se-á a

8. CARRION, Valentin. **Comentários à consolidação das leis do trabalho.** 28 ed. São Paulo: Saraiva. P. 609.
9. SCHIAVI, Mauro. **Manual de direito processual do trabalho**. 4 ed. São Paulo: LTr, 2011. p. 600.

instrução do processo, podendo o presidente, *ex-officio* ou a requerimento de qualquer juiz temporário, interrogar os litigantes".

Para que o interrogatório fosse considerado obrigatório, o mencionado preceito legal deveria considerá-lo como dever do juiz, uma vez requerido pela parte interessada.

Observe-se que o art. 820 da CLT não justificaria a obrigatoriedade do depoimento das partes, uma vez que se encontra inserido no Capítulo II, que trata do processo em geral, **enquanto o citado art. 848 da CLT aplica-se, justamente, aos dissídios individuais:**

> **Art. 820.** As partes e testemunhas serão inquiridas pelo juiz ou presidente, podendo ser reinquiridas, por seu intermédio, a requerimento dos juízes classistas, das partes, seus representantes ou advogados.

Ressalte-se, porém, que a doutrina **distingue o depoimento da parte do seu interrogatório**. O depoimento serviria para obter a confissão e constituiria um meio de prova à disposição da parte contrária (art. 385 do CPC),[10] enquanto que o interrogatório seria o meio de utilização exclusiva do juiz (art. 139, inciso VIII do CPC),[11] necessário para esclarecer os fatos narrados nas peças processuais oferecidas pelas partes.

Percebe-se assim que, no processo do trabalho, seja por intermédio do interrogatório ou do depoimento, a parte que reconhece a veracidade dos fatos narrados na peça do seu adversário processual, simplesmente cala-se ou não sabe prestar informações sobre determinada questão, torna-se confessa.[12]

Note-se que, apesar de não haver dispositivo expresso na CLT ou no CPC, o advogado da parte não pode fazer perguntas para o seu cliente durante o depoimento.

Chega-se a essa conclusão ao interpretar o art. 385 do CPC, que fala do requerimento do depoimento pessoal **da outra parte**:

> **Art. 385.** Cabe à parte requerer o depoimento pessoal da outra parte, a fim de que esta seja interrogada na audiência de instrução e julgamento, sem prejuízo do poder do juiz de ordená-lo de ofício.

A doutrina trabalhista divide-se quanto à questão da obrigatoriedade ou não do depoimento das partes no processo laboral:

Quadro Doutrinário – Obrigatoriedade do depoimento das partes		
Posicionamento	**Doutrinadores**	**Exemplo**
A favor	Bezerra Leite, Mauro Schiavi e Valentin Carrion	[...] inquirir tem o mesmo significado de interrogar, donde se conclui que, se o juiz não interrogar as partes, qualquer delas pode requerer, por seu intermédio, o interrogatório recíproco. Essa nossa posição encontra albergue no princípio da ampla defesa e do contraditório [...] (Carlos Henrique Bezerra Leite).*

10. CPC. Art. 385. Cabe à parte requerer o depoimento pessoal da outra parte, a fim de que esta seja interrogada na audiência de instrução e julgamento, sem prejuízo do poder do juiz de ordená-lo de ofício.
11. CPC. Art. 139. O juiz dirigirá o processo conforme as disposições deste Código, incumbindo-lhe: VIII - determinar, a qualquer tempo, o comparecimento pessoal das partes, para inquiri-las sobre os fatos da causa, hipótese em que não incidirá a pena de confesso;
12. TST. Súmula nº 74. CONFISSÃO. **(INCORPORADA A ORIENTAÇÃO JURISPRUDENCIAL Nº 184 DA SDI-1). I – Aplica-se a pena de confissão à parte que, expressamente intimada com aquela cominação, não comparecer à audiência em prosseguimento, na qual deveria depor.**

Quadro Doutrinário – Obrigatoriedade do depoimento das partes		
Posicionamento	**Doutrinadores**	**Exemplo**
Contra	Rodrigues Pinto e Renato Saraiva	[...] a Consolidação das Leis do Trabalho consagrou o sistema do interrogatório determinado pelo juiz, constituindo-se, portanto, numa faculdade de o magistrado interrogar as partes (em função do seu livre convencimento) (Renato Saraiva).**
* LEITE, Carlos Henrique Bezerra. **Curso de direito processual do trabalho.** 8 ed. São Paulo: Ltr, 2010. p. 575. ** SARAIVA, Renato. **Curso de direito processual do trabalho**. 4 ed. São Paulo: Método, 2008. p. 346.		

3.2. Validade da prova testemunhal

O CPC admite a possibilidade de se afastar a validade da prova exclusivamente testemunhal, quando a lei assim o dispuser, conforme se vê da redação do art. 444 no seguinte quadro comparativo.

QUADRO COMPARATIVO – VALIDADE DA PROVA TESTEMUNHAL		
CPC DE 1973	**CPC DE 2015**	**CLT**
Art. 401. A prova exclusivamente testemunhal só se admite nos contratos cujo valor não exceda o décuplo do maior salário mínimo vigente no país, ao tempo em que foram celebrados.	**Art. 444.** Nos casos em que a lei exigir prova escrita da obrigação, é admissível a prova testemunhal quando houver começo de prova por escrito, emanado da parte contra a qual se pretende produzir a prova.	**Art. 456.** A prova do contrato individual do trabalho será feita pelas anotações constantes da carteira profissional ou por instrumento escrito e suprida por todos os meios permitidos em direito.
Aplicabilidade do CPC ao processo do trabalho	Não se aplica. No processo do trabalho, não existe limitação semelhante. E nem poderia existir, pois o contrato de trabalho é consensual, ou seja, para sua validade exige-se apenas o consentimento das partes. Desse modo, tanto o contrato quanto suas cláusulas podem ser provadas por meio de testemunhas, independentemente do seu valor, conforme art. 456 da CLT.	
Diferença entre o CPC de 2015 e o de 1973	A principal diferença entre os dois Diplomas processuais é que no atual o preceito legal remete a questão para as regras de direito material.	

Percebe-se, portanto, que o cerne da diferença não está no processo do trabalho, mas sim nas regras de Direito material do trabalho que refletem nas normas processuais.

Inclusive, a própria exceção prevista no art. 445 do CPC adequa-se perfeitamente à hipótese de contrato de trabalho, uma vez que o rol de casos contido nesse preceito legal é meramente exemplificativo:

> **Art. 445.** Também se admite a prova testemunhal quando o credor não pode ou não podia, moral ou materialmente, obter a prova escrita da obrigação, em casos como o de parentesco, de depósito necessário ou de hospedagem em hotel ou em razão das práticas comerciais do local onde contraída a obrigação.

4. OPORTUNIDADE

Identificam-se, no processo civil, quatro momentos distintos em relação à prova:

a) o requerimento ou proposta, feito pelas partes;

b) admissão ou indeferimento, por ato do juiz;

c) a produção propriamente dita, geralmente em audiência; e

d) eventual produção antecipada de provas.

4.1. Requerimento das partes

Em um primeiro momento, o autor deve requerer, na petição inicial, a produção dos meios de prova que pretende utilizar e o réu deve fazer idêntico procedimento na defesa.

Determinadas provas podem ser produzidas de ofício pelo juiz, como o depoimento das partes[13] e a inspeção judicial.[14] Todavia, como representa faculdade e não obrigação do magistrado, **por cautela** deve a parte requerer a sua produção na peça exordial ou na defesa.

Já no processo laboral, a indicação das provas que podem ser produzidas pelo reclamante **não constitui requisito de validade da petição inicial**. Isso porque não há uma identificação precisa dos quatro momentos probatórios mencionados, pois tudo se concentra na audiência.

A referida omissão, que se observa na redação do art. 840, § 1º, da CLT, induz à conclusão de que o juiz deve determinar que sejam promovidos todos os meios de prova que se fizerem necessários para o deslinde da questão.

4.2. Admissão ou indeferimento das provas

Após o recebimento da defesa, da eventual adoção das providências preliminares e do saneamento, o juiz fará a organização do processo ao delimitar as questões de fato sobre as quais recairá a atividade probatória, especificando os meios de prova admitidos (art. 357, II, do CPC).

Ainda que não requeridas, pode o juiz também de ofício determinar as provas necessárias ao julgamento do mérito. De igual forma, o juiz indeferirá, em decisão fundamentada, as diligências inúteis ou meramente protelatórias (art. 370, *caput* e parágrafo único do CPC).

4.3. Produção das provas

Uma vez definidas quais provas serão produzidas, a requerimento das partes ou de ofício pelo juiz, passa-se a sua colheita propriamente dita. Isso ocorre geralmente em audiência, mas há exceções, como a prova documental, que deve ser produzida com a inicial e defesa, em regra.

---

13. CPC. Art. 385. Cabe à parte requerer o depoimento pessoal da outra parte, a fim de que esta seja interrogada na audiência de instrução e julgamento, sem prejuízo do poder do juiz de ordená-lo de ofício.
14. CPC. Art. 481. O juiz, de ofício ou a requerimento da parte, pode, em qualquer fase do processo, inspecionar pessoas ou coisas, a fim de se esclarecer sobre fato, que interesse à decisão da causa.

Pode ocorrer, também, de ser necessária a produção antecipada das provas, que será objeto de análise do próximo item.

4.4. Produção antecipada das provas

A produção antecipada de provas se justifica nos seguintes casos (art. 381 do CPC):

> I – haja fundado receio de que venha a tornar-se impossível ou muito difícil a verificação de certos fatos na pendência da ação;
>
> II – a prova a ser produzida seja suscetível de viabilizar a autocomposição ou outro meio adequado de solução de conflito;
>
> III – o prévio conhecimento dos fatos possa justificar ou evitar o ajuizamento de ação.

Inclusive, recomenda-se a utilização desse procedimento para obter a prova e facilitar a quantificação dos pedidos contidos na inicial.

A) Competência territorial

Segundo a regra contida no § 2º, art. 381 do CPC, a produção antecipada da prova é da competência do juízo do foro onde esta deva ser produzida ou do foro de domicílio do réu.

Assim, a título de exemplo, o juízo competente para ouvir uma testemunha será o local de sua residência, ainda que a demanda principal deva ser proposta em outra localidade. Isso significa que, em qualquer caso, **a produção antecipada de prova não induz prevenção do juízo** (§ 3º, art. 381 do CPC).

Observe-se que a adaptação ao processo do trabalho efetiva-se substituindo a segunda parte do dispositivo citado, que faz referência ao domicílio do réu, pelo local da prestação do serviço, conforme regra contida no art. 651 da CLT.

B) Procedimento

Por meio de petição, cabe ao requerente informar ao juízo porque pretende fazer a produção antecipada da prova, bem como deve indicar quais fatos pretende provar (art. 382 do CPC).

Em seguida o juiz determinará, de ofício ou a requerimento da parte, a intimação dos interessados na produção da prova ou no fato a ser provado, salvo se inexistir caráter contencioso.

Importante destacar que o juiz **não deve se pronunciar sobre a existência ou não do fato** que se pretende provar, **muito menos sobre as respectivas consequências jurídicas**. Caso se trate de um depoimento, por exemplo, basta fazer a sua colheita e o processo estará perfeito e acabado. Por conta disso, não há que se falar em **defesa ou recurso**, salvo no caso de indeferimento da produção antecipada.

É possível fazer em um único processo a colheita de prova antecipada relativo a mais de um interessado, desde que relacionado a um mesmo fato e que dessa cumulação não acarrete demora processual. Além disso, pode-se antecipar **qualquer espécie de prova**, inclusive a documental, como deixa claro o § 3º, art. 382 do CPC.

Por fim, como determina o art. 383 do CPC, os autos permanecerão em cartório durante um mês para extração de cópias e certidões pelos interessados, após o que os autos serão entregues ao requerente, caso tenha sido instrumentalizado fisicamente.

C) *Ata notarial*

Em determinadas situações, a existência e o modo de existir de algum fato, ainda que já registrados por áudio, vídeo, internet etc., necessitam ser obtidos ou declarados por meio de um procedimento judicial específico.

Nesse caso, a parte interessada pode utilizar do procedimento extrajudicial denominado de ata notarial, disciplinado pelo art. 384 do CPC, cuja competência é do tabelião:

> **Art. 384.** A existência e o modo de existir de algum fato podem ser atestados ou documentados, a requerimento do interessado, mediante ata lavrada por tabelião.
>
> Parágrafo único. Dados representados por imagem ou som gravados em arquivos eletrônicos poderão constar da ata notarial.

A Lei nº 8.935/94, também trata desta matéria em seu art. 6º, III e art. 7º, III:

> **Art. 6º** Aos notários compete: III – autenticar fatos.
>
> **Art. 7º** Aos tabeliães de notas compete com exclusividade: III – lavrar atas notariais.

5. DISPENSA DA PROVA

Como dito anteriormente, as provas destinam-se a formar o convencimento do juiz acerca dos fatos narrados pelo reclamante e pelo reclamado, observadas as regras de distribuição do ônus da prova. Contudo, existem algumas exceções que se aplicam em matéria de prova.

Assim, **independem de provas os fatos incontroversos, notórios, confessados e os que se presumem verdadeiros (presunção *iuris et de iure*)**, de acordo com o preceito contido no art. 374 do CPC.

5.1. Fatos incontroversos

Presume-se verdadeira a afirmativa de um fato narrado na peça inicial quando o reclamado não se manifesta expressamente sobre ela ou admite a sua veracidade (fato incontroverso). A mesma regra é aplicada em relação aos fatos modificativos, extintivos ou impeditivos do direito do reclamante, se não for por ele expressamente refutados.

5.2. Fato notório

Fato notório é aquele conhecido por todos. A notoriedade do fato alegado por qualquer das partes dispensa a sua prova, pois é do conhecimento das partes e do próprio juiz.

Desse modo, são fatos notórios aqueles de conhecimento público indiscutível, que fazem parte da própria cultura local ou aqueles decorrentes de fenômenos da natureza.

A notoriedade de direito diz respeito aos fatos que são publicados nos órgãos oficiais e que o juiz tem o dever de ter conhecimento.

5.3. Fatos confessados

A confissão pode ser real ou ficta. A confissão real ocorre quando o fato é admitido expressamente pela parte contrária em seu depoimento (confissão judicial) ou por meio de atos praticados fora do processo (confissão extrajudicial).

A confissão extrajudicial, no processo do trabalho, só é aceita se houver confirmação perante o juiz, principalmente quando dela resulta renúncia ou transação de direitos do empregado hipossuficiente.

Isso porque ela pode ser obtida facilmente pelo empregador, em face do estado de hipossuficiência do trabalhador durante a relação de emprego. Desse modo, só se aplica aos trabalhadores hipersuficiente o disposto no art. 107 do Código Civil: "A validade da declaração de vontade não dependerá de forma especial, senão quando a lei expressamente a exigir".

Mais uma vez, a inaplicabilidade parcial para os trabalhadores hipossuficientes é decorrente da natureza jurídica das normas de Direito material do trabalho e não uma característica singular do processo laboral.

Quando a parte é intimada para comparecer à audiência para prestar depoimento e não atende a esse chamamento, presumem-se verdadeiros os fatos narrados pelo seu adversário processual.

Essa é a confissão presumida ou ficta, que pode decorrer, também, da recusa da parte em responder às perguntas feitas durante o seu depoimento.[15]

ATENÇÃO! A confissão classifica-se ainda em espontânea e provocada. A primeira decorre da manifestação natural do próprio litigante, seja durante o interrogatório ou por petição nos autos. Já a segunda (provocada) é proveniente do depoimento pessoal da parte.

5.4. Presunção *iuris et de iure*

Dispensa-se a prova do fato o qual milita a **presunção absoluta de veracidade,** ou seja, aquela que não admite prova em contrário, o que não é raro de acontecer durante a formação e execução do contrato de trabalho, em face da incidência do princípio da irrenunciabilidade.

Por exemplo, se o trabalhador, ao ser contratado, firma uma declaração de vontade no sentido de aceitar receber remuneração inferior ao salário mínimo, não será necessária a produção de prova em relação à eventual coação para anular o ato, já que essa é absolutamente presumida.

15. CPC. Art. 385. § 1º Se a parte, pessoalmente intimada para prestar depoimento pessoal e advertida da pena de confesso, não comparecer ou, comparecendo, se recusar a depor, o juiz aplicar-lhe-á a pena.

5.5. Prova emprestada

A prova é necessária para demonstrar a veracidade da afirmativa relativa aos fatos narrados na inicial ou nas várias espécies de defesas. Quando um fato produz efeitos na esfera jurídica de várias pessoas, pode fazer nascer uma pretensão que seja deduzida em juízo por mais de uma pessoa e em mais de um processo.

Assim, **em casos excepcionais**, admite-se que a prova de um mesmo fato seja utilizada em processo diverso daquele em que foi originariamente obtida, ainda que não se trate das mesmas partes. Nesse caso, recebe a denominação de prova emprestada, mas para ser legitimada **deve submeter-se ao contraditório** no processo no qual será utilizada.

O CPC disciplina essa possibilidade em seu art. 372: "O juiz poderá admitir a utilização de prova produzida em outro processo, atribuindo-lhe o valor que considerar adequado, observado o contraditório".

Os Tribunais Regionais possuem precedentes judiciais tratando do tema:

> **SÚMULA Nº 37 do TRT1.** ATIVIDADE NOCIVA. LAUDO PERICIAL. PROVA EMPRESTADA. VALIDADE. É admissível a prova pericial emprestada para caracterização de atividade insalubre ou perigosa.
>
> **OJ4T Nº 20 do TRT9.** ADICIONAL DE PERICULOSIDADE. SETOR DA PRESTAÇÃO DE SERVIÇO DESATIVADO À ÉPOCA DA PERÍCIA. LAUDO ANTERIOR. POSSIBILIDADE DE UTILIZAÇÃO COMO MEIO PROBATÓRIO. INOCORRÊNCIA DE VIOLAÇÃO AO ARTIGO 195 CONSOLIDADO. Segundo reiterado pronunciamento do C. TST "a desativação do local de trabalho justifica a utilização de laudo pericial, desde que se trate da mesma empresa, do mesmo serviço, do mesmo local e do mesmo período de atividade"; "fixados tais parâmetros, não há como invalidar o laudo que, mesmo indiretamente, avaliou as reais condições de trabalho do empregado." Prevalência do princípio do aproveitamento dos atos processuais. Inocorrência de violação ao artigo 195 consolidado.
>
> **SÚMULA Nº 23 do TRT11.** ADICIONAIS DE INSALUBRIDADE E PERICULOSIDADE. LAUDO PERICIAL. PROVA EMPRESTADA. ADMISSIBILIDADE. É admissível a prova pericial emprestada para a comprovação de atividade insalubre ou perigosa, assegurado o contraditório.

6. MEIOS DE PROVA

Assim como no processo civil, no processo do trabalho são admitidos todos os meios hábeis para demonstrar a veracidade dos fatos alegados pelas partes, desde que não sejam expressamente proibidos ou contrários à moral. Dessa forma, são considerados meios de provas típicos: perícia, depoimento das partes, testemunha, documentos e inspeção judicial.

Como dito, a prova é necessária para demonstrar a veracidade dos fatos controversos, relevantes e pertinentes e segue a regra *do mihi factum, dabo tibi ius.*[16]

16. Exponha o fato e direi o direito. Exposto o fato, o magistrado aplicará o direito, ainda que não alegado o dispositivo legal.

O teor e a vigência das normas federais não se provam. Presume-se o seu conhecimento pelas partes e pelo juízo, por meio da aplicação do disposto no art. 3º da LIDB: "Ninguém se escusa de cumprir a lei, alegando que não a conhece" (*neminem ignorantia legis excusat*).

Entretanto, como foi dito no item 1.2, o teor e a vigência do direito municipal, estadual, estrangeiro ou costumeiro devem ser provados pela parte que o alegar, **se o juiz assim o determinar** (art. 376 do CPC). O mesmo fundamento pode ser utilizado em relação aos acordos e convenções coletivas de trabalho.

6.1. Provas ilícitas e ilegítimas

Como visto, nem todos os meios de provas são admitidos para comprovar a veracidade dos fatos. Exclui-se a produção de provas obtidas por meio ilícitos, **conforme** disposição contida no art. 5º, LVI, da Constituição Federal de 1988.[17]

Já as provas ilegítimas e as provas moralmente proibidas são citadas pelo art. 369 do CPC:

QUADRO COMPARATIVO – MEIOS DE PROVA		
CPC DE 1973	**CPC DE 2015**	**CLT**
Art. 332. Todos os meios legais, bem como os moralmente legítimos, ainda que não especificados neste Código, são hábeis para provar a verdade dos fatos, em que se funda a ação ou a defesa.	**Art. 369.** As partes têm o direito de empregar todos os meios legais, bem como os moralmente legítimos, ainda que não especificados neste Código, para provar a verdade dos fatos em que se funda o **pedido** ou a defesa **e influir eficazmente na convicção do juiz.**	Sem similar.
Aplicabilidade do CPC ao processo do trabalho	Aplica-se ao processo do trabalho em face da omissão da CLT e da ausência de incompatibilidade.	
Diferença entre o CPC de 2015 e o de 1973	Acrescentou-se, apenas, que os meios de provas utilizados pelas partes devem influir eficazmente na convicção do juiz.	

Observa-se que o preceito contido no art. 369 do CPC referem-se aos **meios de provas legítimos** enquanto a Constituição Federal faz referência às **provas obtidas por meios ilícitos.**

A distinção, feita pela doutrina, consiste em atribuir natureza de **direito material** à ilicitude da prova e de à legitimidade da prova.

Assim, considera-se ilícita a obtenção de prova com a quebra do sigilo da correspondência, de comunicação telefônica ou eletrônica, uma vez que há garantia constitucional nesse sentido (CF/88. Art. 5º, XII),[18] salvo para instrução do processo criminal.

17. CF de 1988. Art. 5º. LVI – são inadmissíveis, no processo, as provas obtidas por meios ilícitos.
18. CF/88. Art. 5º. É inviolável o sigilo da correspondência e das comunicações telegráficas, de dados e das comunicações telefônicas, salvo, no último caso, por ordem judicial, nas hipóteses e na forma que a lei estabelecer para fins de investigação criminal ou instrução processual penal.

A ilicitude do meio utilizado para obter a prova contamina os demais atos processuais probatórios a ele relacionados (**ilicitude por derivação**), ainda que produzidos validamente, segundo a **teoria dos frutos da árvore envenenada** (*fruits of the poisonous tree*) originária do Direito Americano e acolhida pelo STF.[19]

A Lei nº 9.296/96 regulamentou o dispositivo constitucional citado anteriormente e estabeleceu uma série de restrições para a interceptação de comunicações telefônicas, inclusive em sistemas de informática e telemática.

A **interceptação** significa a intromissão de um terceiro na comunicação feita entre o emissor e o receptor das mensagens.

Daí, não seria admissível, por exemplo, a prova obtida pelo empregador, por meio da gravação de conversa telefônica[20] ou troca de mensagens eletrônicas entre dois trabalhadores, mesmo no caso de uso de aparelho pertencente à empresa ou o *e-mail* corporativo.

Entende-se que **não há interceptação quando um dos interlocutores obtém a gravação do diálogo**. Com efeito, não se observa a mesma polêmica quando se trata da admissão da correspondência escrita, quando processualmente produzida por quem a recebeu. Assim, o mesmo tratamento deve ser dado à comunicação de dados ou telefônica.

O STF posiciona-se no sentido de admitir a licitude da gravação de conversa telefônica, quando feita por um dos seus interlocutores:

> GRAVAÇÃO DE CONVERSA FEITA POR UM DOS INTERLOCUTORES: LICITUDE. PREQUESTIONAMENTO. SÚMULA 282-STF. PROVA: REEXAME EM RECURSO EXTRAORDINÁRIO: IMPOSSIBILIDADE. Súmula 279-STF. I. – A gravação de conversa entre dois interlocutores, feita por um deles, sem conhecimento do outro, com a finalidade de documentá-la, futuramente, em caso de negativa, nada tem de ilícita, principalmente quando constitui exercício de defesa.[21]

Os Tribunais trabalhistas, inclusive o TST, acompanham o posicionamento do STF:

> RECURSO DE REVISTA. INDENIZAÇÃO POR DANO MORAL. PRESCRIÇÃO. – ACTIO NATA-. GRAVAÇÃO DE CONVERSA TELEFÔNICA REALIZADA POR TERCEIRO. MEIO DE PROVA DA CIÊNCIA DA LESÃO DO DIREITO. LICITUDE DA PROVA. 1. Pelo princípio da – actio nata-, o termo inicial da prescrição ocorre com a ciência da lesão, momento em que nasce para o autor a pretensão de reparação do direito violado. 2. A gravação de conversa telefônica destinada a comprovação de fatos em juízo, desde que ausente causa legal de sigilo ou de reserva da conversação, não se confunde com interceptação telefônica, despindo-se de qualquer mácula de ilicitude. Precedentes desta Corte e do E. STF. Recurso de revista conhecido e provido.[22]

Há de se refletir, também, sobre os meios de prova imorais, que deve ser averiguado em cada caso, diante da dificuldade em se estabelecer um padrão de pudor em toda a sociedade submetida a um ordenamento jurídico determinado.

19. Nesse sentido o RHC 90376. 2ª T. Rel. Min. Celso de Melo. DJe 18.05.2007.
20. Nesse sentido, a decisão proferida pelo TST nos autos do processo 155900-35.2005.5.02.0061, pela qual reconheceu a validade de prova obtida por meio de ligação telefônica feita entre a reclamante e proprietária da empresa.
21. STF. AI 503617. 2ª T. Rel. Ministro Carlos Veloso. DJ 04.03.2005.
22. TST. RR 16400-26.2009.5.13.0022. 3ª T Rel. Min. Alberto Luiz Bresciani de Fontan Pereira. DEJT 02.09.2011.

6.2. Depoimento pessoal

Depoimento pessoal é o ato processual por meio do qual a parte se manifesta sobre os fatos objeto da causa, que constam da petição inicial ou descritos pela defesa, destinando-se, também, à obtenção da confissão.

Como mencionado anteriormente (item 3.1), o depoimento pessoal das partes, no processo do trabalho, constitui **faculdade** e não um dever do juiz.

O reclamado é convocado, por intermédio da notificação judicial inicial, para, simultaneamente, comparecer em juízo, apresentar sua resposta e prestar depoimento. Na notificação, deve constar a advertência que o seu não comparecimento ou a recusa em depor equivalerá ao reconhecimento da veracidade dos fatos narrados na inicial (confissão ficta).

Já o reclamante tem conhecimento da data da audiência **no momento em que protocoliza a sua petição inicial**.

A) Procedimento

Como dito anteriormente, pelas regras do processo civil (art. 385, § 2º, do CPC), é proibido à parte que ainda não depôs assistir ao depoimento da outra. A aplicabilidade desse dispositivo no processo do trabalho é controvertida, pois há entendimento de que haveria incompatibilidade.[23]

As partes podem, mediante autorização do juiz, recorrer a notas breves, com o objetivo único de complementar o seu depoimento. **Não se permite a utilização de escritos preparados com esse propósito específico**, na forma do preceito contido no art. 387 do CPC.

Caso o litigante não saiba falar o idioma português, seja surdo-mudo ou mudo que não saiba escrever, o juiz deve nomear um intérprete para fazer a tradução, de acordo com o art. 819 da CLT:

> **Art. 819**. O depoimento das partes e testemunhas que não souberem falar a língua nacional será feito por meio de intérprete nomeado pelo juiz ou presidente. § 1º Proceder-se-á da forma indicada neste artigo, quando se tratar de surdo-mudo, ou de mudo, que não saiba escrever.

Esse procedimento é imprescindível mesmo que o magistrado tenha fluência no idioma falado pela parte. Isso porque os demais participantes do processo podem não conhecer a língua e o intérprete oferecerá a confiabilidade da tradução.

Da mesma forma, a tradução é necessária para a concretização do efeito devolutivo pelo juízo *ad quem*, nos casos em que haja interposição de recurso.

Ressalte-se, por fim, que a falta ao serviço para fins de prestar depoimento em juízo **é considerada como justificada**, segundo o entendimento constante da Súmula nº 155 do TST: "As horas em que o empregado falta ao serviço para comparecimento necessário, como parte, à Justiça do Trabalho não serão descontadas de seus salários. Ex-prejulgado nº 30."

23. AUDIÊNCIA. INTERROGATÓRIO DAS PARTES. A retirada da sala de audiências da parte que ainda não depôs, impedindo-a de assistir ao interrogatório do adversário (CPC, art. 344, parágrafo único), **é incompatível com o processo do trabalho (TRT 5ª R. RO 01166-2004-511-05-00-2. Relª Desª Maria Lisboa. DJ. 05.07.2005).**

O § 3º, do art. 385 do CPC permite que o depoimento seja feito por meio de vídeo conferência no caso da parte residir em comarca diversa daquela na qual tramita a demanda:

> **Art. 385. § 3º.** O depoimento pessoal da parte que residir em comarca, seção ou subseção judiciária diversa daquela onde tramita o processo poderá ser colhido por meio de videoconferência ou outro recurso tecnológico de transmissão de sons e imagens em tempo real, o que poderá ocorrer, inclusive, durante a realização da audiência de instrução e julgamento.

B) Limites

Os litigantes estão obrigados a responder a todas as perguntas formuladas pelo magistrado, sob pena de reconhecimento da confissão, **excepcionando-se algumas que estão** previstas expressamente no art. 388 do CPC:

QUADRO COMPARATIVO – RECUSA JUSTA DE DEPOR		
CPC DE 1973	**CPC DE 2015**	**CLT**
Art. 347. A parte não é obrigada a depor de fatos: I – criminosos ou torpes, que lhe forem imputados; II – a cujo respeito, por estado ou profissão, deva guardar sigilo. Parágrafo único. Esta disposição não se aplica às ações de filiação, de desquite e de anulação de casamento.	**Art. 388.** A parte não é obrigada a depor sobre fatos: I – criminosos ou torpes que lhe forem imputados; II – a cujo respeito, por estado ou profissão, deva guardar sigilo; **III – acerca dos quais não possa responder sem desonra própria, de seu cônjuge, de seu companheiro ou de parente em grau sucessível;** **IV – que coloquem em perigo a vida do depoente ou das pessoas referidas no inciso III.** Parágrafo único. Esta disposição não se aplica às **ações de estado e de família.**	Sem similar.
Aplicabilidade do CPC ao processo do trabalho	Aplica-se ao processo do trabalho em face da omissão da CLT e da ausência de incompatibilidade.	
Diferença entre o CPC de 2015 e o de 1973	O CPC de 2015 acrescenta ainda mais duas hipóteses de recusa justificada da parte em depor: • acerca dos quais não possa responder sem desonra própria, de seu cônjuge, de seu companheiro ou de parente em grau sucessível; • que coloquem em perigo a vida do depoente ou das pessoas referidas no inciso III.	

Inclusive, a revelação do segredo é tipificada como crime, na forma do art. 154 do Código Penal:

> VIOLAÇÃO DO SEGREDO PROFISSIONAL. Art. 154. Revelar alguém, sem justa causa, segredo, de que tem ciência em razão de função, ministério, ofício ou profissão, e cuja revelação possa produzir dano a outrem: Pena – detenção, de 3 (três) meses a 1 (um) ano, ou multa.

C) Confissão e suas consequências

– Conceito

O ato processual denominado de confissão significa o reconhecimento, expresso ou tácito, real ou fictício, provocado ou espontâneo, da veracidade da versão de um fato que é imputado ao declarante. Assim, juridicamente, a confissão ocorre quando o litigante admite a veracidade dos fatos contrários ao seu interesse e favorável à parte contrária.

Inexiste confissão quando o litígio versar sobre fatos relacionados a direitos indisponíveis, segundo determina o art. 392 do CPC. [24]A indisponibilidade a que se refere o mencionado Diploma Legal é a de natureza absoluta e não relativa.

Desse modo, a referida regra raramente se aplicaria ao Direito processual do trabalho, uma vez que os direitos laborais, ordinariamente, só são indisponíveis durante a vigência do contrato de trabalho (indisponibilidade relativa) e a maioria das demandas individuais só são propostas quando já está extinta a relação de emprego.

Registre-se, também, que não haverá confissão nos casos em que o reclamante é substituído por um colega de profissão ou pelo sindicato, conforme permissão contida no art. 843, § 2º da CLT, uma vez que esse procedimento só objetiva evitar o arquivamento da reclamação trabalhista.[25]

– *Espécies*

Quando a confissão ocorrer durante a instrução processual, ela é denominada de **judicial.** Caso contrário, se for obtida fora dos autos, é chamada de confissão **extrajudicial.**

Como afirmado anteriormente, o processo do trabalho recepciona com reservas a confissão extrajudicial, já que o empregado, devido à sua condição de subordinado, pode ser coagido a prestar declarações que não correspondam à realidade. Nesse passo, os Tribunais têm entendido que a confissão extrajudicial deve ser confirmada em juízo para servir como meio de prova.

Contudo, com a legalização da figura do empregado hipersuficiente, não há impedimento para o que o Judiciário reconheça a validade de confissão extrajudicial, desde que não implique renúncia ou transação de direitos previstos no art. 611-B da CLT.

A confissão também pode ser real ou ficta. A **confissão ficta** ocorre quando o reclamado deixa de comparecer em juízo para apresentar defesa ou quando qualquer das partes não se apresenta à audiência em continuidade na qual deveriam prestar depoimento.

Nesses casos, a revelia induz à presunção *iuris tantum* de veracidade das alegações contidas na inicial. Como se trata de presunção relativa, pode ser elidida pelas demais provas que constam dos autos.

Do depoimento das partes pode-se extrair uma **confissão real,** que dispensaria a realização de prova testemunhal. É o que determina o art. art. 443 do CPC: "O juiz indeferirá a inquirição de testemunhas sobre fatos: I – já provados por documento ou confissão da parte".

Observe-se que o princípio da primazia da realidade impede a aplicação da primeira parte do preceito legal acima transcrito, quando se pretende inibir a produção de prova testemunhal em face de já haver prova documental produzida, salvo se a forma escrita for da essência do ato jurídico.

---

24. CPC. Art. 392. Não vale como confissão a admissão, em juízo, de fatos relativos a direitos indisponíveis.
25. CLT. Art. 843. § 2º. Se por doença ou qualquer outro motivo poderoso, devidamente comprovado, não for possível ao empregado comparecer pessoalmente, poderá fazer-se representar por outro empregado que pertença à mesma profissão, ou pelo seu sindicato.

Por fim, a confissão pode ser **provocada**, quando obtida durante o depoimento pessoal, ou **espontânea**, quando requerida pela parte e reduzida a termo nos autos.

- *Confissão em litisconsórcio*

No caso de reclamação trabalhista constituída de diversos reclamantes ou vários reclamados, a confissão de um litisconsorte **não prejudica os demais**, quando a pretensão é deduzida com base em um único fato para todos eles (litisconsórcio unitário).

Frise-se que um mesmo fato não pode ser ao mesmo tempo verdadeiro e falso. Por esse motivo é que a confissão, em processos nos quais exista um litisconsórcio unitário, só produz efeitos quando acontece em relação a todos os litisconsortes.

Essa é a conclusão que se extrai da análise da regra contida no art. 391 do CPC: "A confissão judicial faz prova contra o confitente, não prejudicando, todavia, os litisconsortes".

6.3. Documental

A) Conceito

Segundo o dicionário eletrônico Aurélio, o termo *documento* serve para designar "qualquer base de conhecimento, fixada materialmente e disposta de maneira que se possa utilizar para consulta, estudo, prova etc.".[26]

Desse modo, são documentos os fatos registrados em diversos meios, tais como: telegramas, cartas, anotações, *e-mails*, notas, livros comerciais, reproduções mecânicas, magnéticas e digitais etc.

B) Forma

Para ser aceito como meio de prova, o documento deve ser original, em cópia autenticada ou assim declarada pelo advogado da parte.[27]

Os documentos juntados aos autos pelas pessoas jurídicas de direito público não necessitam de autenticação, consoante entendimento constante da OJ nº 134 da SDI-1 do TST:

> **OJ Nº 134.** AUTENTICAÇÃO. PESSOA JURÍDICA DE DIREITO PÚBLICO. DISPENSADA. MEDIDA PROVISÓRIA Nº 1.360, DE 12.03.96. Inserida em 27.11.98. São válidos os documentos apresentados, por pessoa jurídica de direito público, em fotocópia não autenticada, posteriormente à edição da Medida Provisória nº 1.360/96 e suas reedições.

Os documentos eletrônicos ou digitalizados cuja autenticidade for garantida por assinatura com certificação digital,[28] produzidos pelas ferramentas fornecidas pela informática,

26. Disponível em: <http://aurelio.ig.com.br/>.
27. CLT. Art. 830. O documento em cópia oferecido para prova poderá ser declarado autêntico pelo próprio advogado, sob sua responsabilidade pessoal.
28. O Instituto Nacional de Tecnologia da Informação **(ITI), autarquia federal vinculada à Casa Civil da Presidência da República, é a autoridade Certificadora Raiz da Infraestrutura de Chaves Públicas Brasileiras (ICP-Brasil) e é o órgão que credencia empresas a fornecer certificados padrão ICP-Brasil. Disponível em <www.iti.gov.br>.**

inclusive por parte dos integrantes do Poder Judiciário, Ministério Público e Administração Pública, **são considerados como originais**, conforme dispõe o art. 11, da Lei nº 11.419/2006.[29]

O CPC possui regra que trata da matéria:

> **Art. 425.** Fazem a mesma prova que os originais: [...]
>
> V – os extratos digitais de bancos de dados públicos e privados, desde que atestado pelo seu emitente, sob as penas da lei, que as informações conferem com o que consta na origem;
>
> VI – as reproduções digitalizadas de qualquer documento público ou particular, quando juntadas aos autos pelos órgãos da justiça e seus auxiliares, pelo Ministério Público e seus auxiliares, pela Defensoria Pública e seus auxiliares, pelas procuradorias, pelas repartições públicas em geral e por advogados, ressalvada a alegação motivada e fundamentada de adulteração.
>
> § 1º Os originais dos documentos digitalizados mencionados no inciso VI deverão ser preservados pelo seu detentor até o final do prazo para propositura de ação rescisória.
>
> § 2º Tratando-se de cópia digital de título executivo extrajudicial ou de documento relevante à instrução do processo, o juiz poderá determinar seu depósito em cartório ou secretaria.

Observa-se, assim, que o documento eletrônico pode ser nativo ou secundário. No primeiro caso, o fato é registrado originariamente em meio digital, enquanto que na segunda hipótese há um documento físico que é reproduzido digitalmente.

Inclusive o art. 12-A da CLT, introduzido pela MP nº 509/19, autoriza o empregador a armazenar, em meio eletrônico, óptico ou equivalente, quaisquer documentos relativos a deveres e obrigações trabalhistas, incluindo os relativos a normas regulamentadoras de saúde e segurança no trabalho, compostos por dados ou por imagens, nos termos da Lei nº 12.682, de 9 de julho de 2012.

O art. 425, IV, do CPC permite que o próprio advogado declare que as cópias dos documentos processuais juntados aos autos são autênticas, sob pena de responsabilidade pessoal em caso de falsidade:

> **Art. 425.** Fazem a mesma prova que os originais: IV – as cópias reprográficas de peças do próprio processo judicial declaradas autênticas pelo próprio advogado sob sua responsabilidade pessoal, se não lhes for impugnada a autenticidade.

A CLT dispõe de dispositivo semelhante. Inclusive, aceita a declaração de autenticidade, pelo advogado, **de documentos não processuais**:

> **Art. 830.** O documento em cópia oferecido para prova poderá ser declarado autêntico pelo próprio advogado, sob sua responsabilidade pessoal. Parágrafo único. Impugnada a autenti-

29. Lei nº 11.419/06. Art. 11. Os documentos produzidos eletronicamente e juntados aos processos eletrônicos com garantia da origem e de seu signatário, na forma estabelecida nesta Lei, serão considerados originais para todos os efeitos legais. § 1º Os extratos digitais e os documentos digitalizados e juntados aos autos pelos órgãos da Justiça e seus auxiliares, pelo Ministério Público e seus auxiliares, pelas procuradorias, pelas autoridades policiais, pelas repartições públicas em geral e por advogados públicos e privados têm a mesma força probante dos originais, ressalvada a alegação motivada e fundamentada de adulteração antes ou durante o processo de digitalização.

> cidade da cópia, a parte que a produziu será intimada para apresentar cópias devidamente autenticadas ou o original, cabendo ao serventuário competente proceder à conferência e certificar a conformidade entre esses documentos.

Os documentos, para servirem como prova, devem ser redigidos ou registrados no vernáculo. Caso contrário, dependerão da tradução para produzir os efeitos pretendidos pela parte que requereu a sua juntada.

C) Espécies

O documento pode ser por instrumento público (art. 215 do Código Civil)[30] ou por instrumento particular (art. 221 do Código Civil).[31]

Dispõe o art. 406 do CPC: "Quando a lei exigir, como da substância do ato, o instrumento público, nenhuma outra prova, por mais especial que seja, pode suprir-lhe a falta".

São considerados documentos por instrumento particular as fotografias, telegramas, fax, reproduções cinematográficas, os registros fonográficos, inclusive sob a forma de *CD's* e *DVD's*, bem como tudo o mais que represente reprodução mecânica, magnética ou digital de um acontecimento.[32]

Inclusive, o CPC já possui regra sobre a juntada de fotografias digitais ou retiradas da *internet*:

> **Art. 422. § 1º** As fotografias digitais e as extraídas da rede mundial de computadores fazem prova das imagens que reproduzem, devendo, se impugnadas, ser apresentada a respectiva autenticação eletrônica ou, não sendo possível, realizada perícia.

Caso a parte junte reprodução cinematográfica ou fonográfica sua exposição será realizada em audiência (art. 434, parágrafo único do CPC).

D) Oportunidade de juntada

Para o reclamante, a oportunidade para juntada de documentos **coincide com o da propositura da demanda**[33] e, em relação ao reclamado, **com a da apresentação da defesa**, salvo na hipótese de fato superveniente e para contrapor aqueles que foram contestados pela parte contrária.

Essa é a regra contida no art. 434 do CPC: "Incumbe à parte instruir a petição inicial ou a contestação com os documentos destinados a provar-lhe as alegações".

---

30. Código Civil. Art. 215. A escritura pública, lavrada em notas de tabelião, é documento dotado de fé pública, fazendo prova plena.
31. Código Civil. Art. 221. O instrumento particular, feito e assinado, ou somente assinado por quem esteja na livre disposição e administração de seus bens, prova as obrigações convencionais de qualquer valor; mas os seus efeitos, bem como os da cessão, não se operam, a respeito de terceiros, antes de registrado no registro público.
32. CPC. Art. 422. Qualquer reprodução mecânica, como a fotográfica, a cinematográfica, a fonográfica ou de outra espécie, tem aptidão para fazer prova dos fatos ou das coisas representadas, se a sua conformidade com o documento original não for impugnada por aquele contra quem foi produzida.
33. CLT. Art. 787. A reclamação escrita deverá ser formulada em duas vias e desde logo acompanhada dos documentos em que se fundar.

A jurisprudência, entretanto, admite a possibilidade das partes juntarem documentos, a qualquer tempo, desde que não encerrada ainda a instrução processual e com a concessão de vista à parte contrária para uma possível impugnação:

A doutrina não é unânime nesse particular, mas é minoritário o posicionamento que admite a juntada de documentos após a fase postulatória.

Quadro Doutrinário – Juntada de documentos enquanto não encerrada a instrução		
Posicionamento	**Doutrinadores**	**Exemplo**
A favor	Wagner Giglio	Reformulando posição anterior, passamos a entender, como Moacyr Amaral Santos, que os documentos essenciais ou fundamentais da causa deverão, em princípio, acompanhar a petição inicial e a resposta, mas no interesse da Justiça, de desvendar a verdade, admitir-se-á a juntada posterior, não apenas nas hipóteses excepcionais mencionadas, mas "sempre que haja razão plausível e conveniente" (Wagner Giglio).*
Contra	Renato Saraiva, Bezerra Leite, e Francisco Neto e Jouberto Cavalcante	Em função dos diplomas legais acima mencionados, podemos concluir que a prova documental deve ser apresentada pelo reclamante juntamente da peça vestibular e pelo reclamado, em audiência, quando da apresentação da sua defesa (Renato Saraiva).**
* GIGLIO, Wagner e CORREA, Cláudia Giglio Veltri. **Direito processual do trabalho**. 15 ed. São Paulo: Saraiva, 2005. p. 234 ** SARAIVA, Renato. **Curso de direito processual do trabalho**. São Paulo: Método, 2007. p 366.		

Quando a audiência é una, deixa de ter efeito prático a questão relativa à possibilidade de juntada de documentos a qualquer tempo, uma vez que todos os atos processuais de conhecimento são realizados em uma única sessão.

ATENÇÃO! Consoante Súmula nº 8 do TST, a juntada de documentos na fase recursal só se justifica quando provado o justo impedimento para sua oportuna apresentação ou se referir a fato posterior à sentença.

E) Arguição de falsidade

– Conceito

Um **documento autêntico** é aquele em que se reconhece como verdadeira a autoria da pessoa que firma o instrumento respectivo ou quando o seu conteúdo corresponde com a realidade que pretende retratar.

O **documento falso** diz respeito àquele que não se reconhece a autenticidade da assinatura ou quando aparenta retratar algo que não aconteceu. Já a falsificação é o procedimento por meio do qual alguém produz um documento que não retrata a realidade ou adultera o conteúdo de algum que já tenha sido confeccionado.

No curso de um processo, qualquer uma das partes pode impugnar a autenticidade de um documento utilizado como prova, bem como alegar a sua falsificação, com o objetivo de cessar ou impedir a sua credibilidade, seja ele por instrumento público ou particular.

Como não se trata de uma ação autônoma, proposta unicamente com esse objetivo, **esse procedimento é denominado de arguição de falsidade** pelo CPC, utilizado subsidiariamente no processo laboral em face da omissão da CLT.

– *Espécies*

A arguição de falsidade pode ser ideológica ou material. É **ideológica** a falsidade quando o conteúdo do documento não retrata a realidade fática que aparenta representar.

Nessa hipótese, materialmente o documento encontra-se perfeito, **mas o contexto não é verídico** (art. 428, II, do CPC).[34] Não raro acontece, durante a execução do contrato de trabalho ou mesmo quando da sua formação, de o empregador exigir do empregado que assine documentos sem o devido preenchimento. Após a extinção do contrato de trabalho, o empregador preenche os espaços em branco de forma abusiva, com o objetivo de quitar as suas obrigações trabalhistas.

O CPC trata especificamente dessa matéria em seu art. 428, parágrafo único:

> **Art. 428. parágrafo único:** Dar-se-á abuso quando aquele que recebeu documento assinado com texto não escrito no todo ou em parte formá-lo ou completá-lo por si ou por meio de outrem, violando o pacto feito com o signatário.

A falsidade é **material** quando se tratar de rasuras ou contestação da assinatura (autenticidade da assinatura) de quem firmou o documento, hipótese prevista pelo art. 428, I, do CPC: "Cessa a fé do documento particular quando: I – for impugnada sua autenticidade e enquanto não se comprovar sua veracidade".

Observe-se que a credibilidade do documento particular interrompe-se apenas com a impugnação da outra parte, enquanto que o documento público só tem sua fé cessada com a declaração judicial (art. 427 do CPC).

Note-se que **nem todo documento necessita de assinatura** para que sirva como meio prova, notadamente os eletrônicos. Pelo contrário, essa formalidade só é exigida quando a lei dispuser dessa forma expressa:

> **SÚMULA Nº 50 do TRT2.** HORAS EXTRAS. CARTÕES DE PONTO. AUSÊNCIA DE ASSINATURA DO EMPREGADO. VALIDADE. A ausência de assinatura do empregado nos cartões de ponto, por si só, não os invalida como meio de prova, pois a lei não exige tal formalidade.

> **SÚMULA Nº 27 do TRT5.** CARTÕES DE PONTO APÓCRIFOS. VALIDADE COMO MEIO DE PROVA DA JORNADA DE TRABALHO. A mera falta de assinatura do empregado nos cartões de ponto, sejam eles físicos ou constantes de espelhos eletronicamente expedidos, não os torna só por isto inválidos. Cartões físicos 1. Se os cartões físicos não assinados pelo empregado tiverem a sua autoria negada por este, cabe ao empregador o ônus de prová-la, sob pena do seu conteúdo não ter nenhuma eficácia probante contra o trabalhador; 2. Admitida pelo trabalhador a autenticidade dos registros de ponto sem assinatura, ou provada esta pelo empregador, mas impugnada a veracidade das anotações

34. CPC. Art. 428. Cessa a fé do documento particular quando: II – assinado em branco, for impugnado seu conteúdo, por preenchimento abusivo.

constantes dos documentos, cabe ao empregado o ônus de demonstrar horário de trabalho diverso daquele registrado. Cartões eletrônicos 1. Se o sistema utilizado pelo empregador for o Sistema de Registro Eletrônico de Ponto – SREP conforme Portaria MTE 1.510 de 21 de agosto de 2009 ou outro devidamente certificado pelo Ministério do Trabalho e Emprego – MTE, de cuja anotação diária o trabalhador receba a contraprova impressa, é do trabalhador o ônus de demonstrar a falta de veracidade das anotações constantes dos registros apresentados sem sua assinatura; 2. Se o sistema eletrônico utilizado pelo empregador for diverso do SREP ou outro devidamente certificado pelo MTE, duas hipóteses podem ocorrer: a) Se o sistema não fornece a contraprova diária da marcação impressa ao trabalhador, é do empregador o ônus de demonstrar a inviolabilidade do sistema, a autoria das anotações lançadas no espelho apresentado sem assinatura e a veracidade das anotações dele constantes, acaso o empregado as impugne; b) Se o sistema fornece a contraprova impressa da marcação, é do empregador o ônus de provar a inviolabilidade do sistema e a autoria das entradas lançadas no espelho apresentado sem assinatura, se o trabalhador as impugnar; uma vez provadas a inviolabilidade do sistema e a autoria das entradas, ou se o empregado não as impugnar, é deste o ônus de demonstrar a arguição de falta de veracidade dos horários nele lançados (Obs: O Ministério do Trabalho foi extinto e suas atribuições foram transferidas para a Secretaria Especial de Previdência de Trabalho do Ministério da Economia).

– *Ônus da prova*

O ônus da prova da falsidade do documento **cabe a quem arguir.** Caso haja contestação da assinatura, **o ônus da prova passa a ser da parte que juntou o documento** (art. 429 do CPC).[35]

Desse modo, se, por exemplo, o reclamante contesta a assinatura que consta do termo de rescisão de contrato de trabalho juntado pelo reclamado, o ônus da prova será desse último. Caso contrário, se a impugnação é quanto ao preenchimento abusivo de documento assinado em branco por parte do reclamado, o encargo processual recai sobre o reclamante.

A seguir o quadro com a distribuição do ônus da prova no incidente de falsidade:

Espécie	Ônus da prova
Falsidade de documento (ideológica)	Da parte que arguir
Contestação de assinatura (material)	Da parte que produziu o documento

– *Oportunidade e procedimento*

Em qualquer momento ou fase processual pode-se arguir a falsidade, desde que no prazo de **quinze dias** após a intimação de sua juntada aos autos, em petição dirigida ao juiz da causa.

Esse prazo é preclusivo, de forma que a ausência de impugnação implica o reconhecimento da veracidade do documento.

35. CPC. Art. 429. Incumbe o ônus da prova quando: I - se tratar de falsidade de documento ou de preenchimento abusivo, à parte que a arguir; II - se tratar de impugnação da autenticidade, à parte que produziu o documento.

Se o documento impugnado foi juntado aos autos com a inicial, o incidente de falsidade deve ser apresentado juntamente com a contestação. Se vier com a defesa, a arguição deverá constar da réplica.

Depois de contestado o incidente de falsidade (prazo de quinze dias), o juiz designa o perito e as partes podem indicar assistentes técnicos, salvo se o litigante que produziu o documento concordar em retirá-lo e a parte contrária não se opor.

Se houver necessidade, o juiz marcará audiência para a produção de prova oral, na qual poderão ser utilizados todos os demais meios de prova em direito admitidos. Contudo, no caso de contestação da assinatura, a prova pericial é suficiente.

O CPC determina que a declaração sobre a falsidade ou não do documento seja inserida na parte dispositiva da sentença, para que se produza a qualidade da coisa julgada:

> **Art. 433.** A declaração sobre a falsidade do documento, quando suscitada como questão principal, constará da parte dispositiva da sentença e sobre ela incidirá também a autoridade da coisa julgada.

A arguição de falsidade do PJe é processada eletronicamente. Por conta disso, a parte que produziu o documento digitalizado deve manter o original em seu poder até o trânsito em julgado da decisão ou, se for o caso, até o decurso do prazo para ajuizamento da ação rescisória. Esse procedimento é necessário para que se possa instruir o referido incidente, de conformidade com o que preceitua o art. 11, §§ 2º e 3º, da Lei nº 11.419/06.[36]

6.4. Testemunhal

A) Conceito

A testemunha é a pessoa física e capaz que presenciou determinado acontecimento ou os seus efeitos, com o registro respectivo em sua memória por intermédio da percepção obtida pelos sentidos (visão, audição, tato, olfato e paladar).

Todas as pessoas têm o dever de colaborar com a justiça, inclusive como testemunhas, se assim forem convocadas (art. 378 do CPC).

A testemunha pode servir, de forma facultativa, para presenciar determinados atos jurídicos, situação regida pelo Direito material, ou para prestar declarações em juízo, de forma obrigatória, já sob a disciplina do Direito processual.

Prova testemunhal é, portanto, aquela que se obtém pela narrativa das pessoas que não possuem qualquer interesse na causa. Afirmam a veracidade de um fato registrado na sua memória, que pode servir para formar ou não o convencimento do juiz.

A testemunha pode declarar que só tem conhecimento dos fatos *por ouvir dizer*. Nesse caso, o juiz deve avaliar as declarações das testemunhas, com as reservas que as circunstân-

36. Lei nº 11.419/06. Art. 11. § 2º A arguição de falsidade do documento original será processada eletronicamente na forma da lei processual em vigor. § 3º Os originais dos documentos digitalizados, mencionados no § 2º deste artigo, deverão ser preservados pelo seu detentor até o trânsito em julgado da sentença ou, quando admitida, até o final do prazo para interposição de ação rescisória.

cias requerem e utilizar as demais provas produzidas, já que a fragilidade dessa espécie de prova testemunhal é patente.

B) Capacidade, impedimento e suspeição da testemunha

Todas as pessoas, que não participaram do processo a qualquer título, podem servir como testemunhas, salvo as incapazes, as impedidas e as suspeitas.

A CLT é bastante simplória no que diz respeito à questão dos requisitos necessários para que determinada pessoa possa ser ouvida como testemunha, consoante se observa do art. 829, que não distingue entre incapacidade, suspeição e impedimento: "A testemunha que for parente até o terceiro grau civil, amigo íntimo ou inimigo de qualquer das partes, não prestará compromisso, e seu depoimento valerá como simples informação".

As regras do CPC são mais completas e, por conta disso, podem ser utilizadas **de forma supletiva** no processo laboral.

Constitui condição *sine qua non* para que a pessoa seja aceita como testemunha, o fato dela não ter sido parte ou interveniente no processo, seja a que título for.

Pela ausência de capacidade, estão vedadas de servir como testemunhas, de acordo com a regra contida no art. 447, § 1º, do CPC:

> **Art. 447. § 1º**. São incapazes:
>
> I – o interdito por enfermidade ou deficiência mental;
>
> II – o que, acometido por enfermidade ou retardamento mental, ao tempo em que ocorreram os fatos, não podia discerni-los, ou, ao tempo em que deve depor, não está habilitado a transmitir as percepções;
>
> III – o que tiver menos de 16 (dezesseis) anos;
>
> IV – o cego e o surdo, quando a ciência do fato depender dos sentidos que lhes faltam.

O impedimento constitui um óbice absoluto que veda a oitiva de uma pessoa como testemunha. Desse modo, encontram-se impedidas de depor, segundo o disciplinamento do processo civil (art. 447, § 2º):

> I – o cônjuge, o companheiro, o ascendente e o descendente em qualquer grau e o colateral, até o terceiro grau, de alguma das partes, por consanguinidade ou afinidade, salvo se o exigir o interesse público ou, tratando-se de causa relativa ao estado da pessoa, não se puder obter de outro modo a prova que o juiz repute necessária ao julgamento do mérito;
>
> II – o que é parte na causa;
>
> III – o que intervém em nome de uma parte, como o tutor, o representante legal da pessoa jurídica, o juiz, o advogado e outros que assistam ou tenham assistido as partes.

A suspeição da testemunha tem relação com o seu estado pessoal, circunstância que lhe retira a fé necessária para o seu depoimento servir como meio de prova. A suspeição é tratada no parágrafo subsequente do art. 447 do CPC:

> **Art. 447. § 3º** São suspeitos:
>
> I – o inimigo da parte ou o seu amigo íntimo;
>
> II – o que tiver interesse no litígio.

Discute-se sobre a possibilidade de reconhecimento da suspeição da testemunha que litiga contra a empresa. O TST aprovou a Súmula nº 357,[37] que **reconheceu a possibilidade da testemunha que litiga com a empresa prestar depoimento.**

Com efeito, o direito de ação é garantido a todo cidadão. O exercício desse direito não pode implicar qualquer restrição para o seu titular. Além disso, não há previsão legal, quer na Consolidação das Leis do Trabalho ou no Código de Processo Civil, que proíba a testemunha nessas condições de prestar depoimento.

Exemplos de questões sobre o tema

(TRT 1 – Juiz do Trabalho Substituto 1ª região/2016) Considerado o art. 829, da CLT, NÃO prestará compromisso como testemunha no processo do trabalho:

a) parentesco até o quarto grau civil.
b) o juiz que funcionou no mesmo processo em primeiro grau de jurisdição.
c) o juiz devedor de uma das partes.
d) o amigo íntimo de uma das partes.
e) aquele que atuou como juiz, ou perito em processo anterior da mesma matéria.

Resposta: D

(Juiz do Trabalho Substituto – TRT 21ª região – 2010) A respeito dos meios de prova admitidos no Processo do Trabalho, encontramos a prova testemunhal. Acerca dessa modalidade, é incorreto afirmar:

a) é tida como suspeita a testemunha que estiver litigando contra o demandado com o mesmo objeto da demanda em que foi arrolada para depor;
b) nos feitos sujeitos ao rito ordinário, admite-se, no máximo, 3 (três) testemunhas indicadas por cada uma das partes;
c) nos processo sujeitos ao rito sumaríssimo, são admitidas até 2 (duas) testemunhas indicadas por cada parte;
d) a testemunha que, intimada pelo Juízo, deixar de comparecer sem qualquer justificativa, pode ser conduzida coercitivamente;
e) no inquérito para apuração de falta grave, apontada como praticada por dirigente sindical, poderão ser indicadas até 6 (seis) testemunhas por cada uma das partes.

Resposta: A

C) Quantidade

Se o processo tramita sob o rito ordinário, permite-se que cada parte indique, no máximo, **três testemunhas**. Se o rito é sumaríssimo, as testemunhas que podem ser arroladas ficam reduzidas a **duas**, por litigante. Já na hipótese de inquérito para apuração de falta grave, cada parte pode indicar **seis testemunhas**.[38]

No processo civil, segundo o art. 357, § 6º do CPC o número de testemunhas arroladas não pode ser superior a dez, sendo três, no máximo, para a prova de cada fato.

37. TST. Súmula nº 357. TESTEMUNHA. AÇÃO CONTRA A MESMA RECLAMADA. SUSPEIÇÃO. **(mantida) – Res. 121/2003, DJ 19, 20 e 21.11.2003. Não torna suspeita a testemunha o simples fato de estar litigando ou de ter litigado contra o mesmo empregador.**

38. CLT. Art. 821. Cada uma das partes não poderá indicar mais de três testemunhas, salvo quando se tratar de inquérito, caso em que esse número poderá ser elevado a seis.

A seguir, o quadro relacionando à quantidade de testemunha com a espécie de procedimento:

Procedimento	Quantidade
Rito sumaríssimo	2
Rito ordinário	3
Inquérito para apuração de falta grave	6

D) Rol de testemunhas

Pelo CPC o momento para apresentação do rol de testemunhas está definido no art. 357, § 4º:

QUADRO COMPARATIVO – ROL DE TESTEMUNHAS		
CPC DE 1973	**CPC DE 2015**	**CLT**
Art. 407. Incumbe às partes, no prazo que o juiz fixará ao designar a data da audiência, depositar em cartório o rol de testemunhas, precisando-lhes o nome, profissão, residência e o local de trabalho; omitindo-se o juiz, o rol será apresentado até 10 (dez) dias antes da audiência.	**Art. 357.** § 4º Caso tenha sido determinada a produção de prova testemunhal, **o juiz fixará prazo comum não superior a 15 (quinze) dias** para que as partes apresentem rol de testemunhas.	**Art. 825.** As testemunhas comparecerão a audiência independentemente de notificação ou intimação. Parágrafo único. As que não comparecerem serão intimadas, ex officio ou a requerimento da parte, ficando sujeitas a condução coercitiva, além das penalidades do art. 730, caso, sem motivo justificado, não atendam à intimação
Aplicabilidade do CPC ao processo do trabalho	Não se aplica ao processo do trabalho, pois a CLT possui dispositivo próprio que regula a matéria.	
Diferença entre o CPC de 2015 e o de 1973	O prazo para o deposito do rol de testemunhas deixa de ficar vinculado à data da audiência.	

O art. 825 da CLT prevê que **as testemunhas devem comparecer à audiência independentemente de intimação**. Isso significa que a parte interessada no depoimento da testemunha deve providenciar os meios necessários para a sua locomoção até o local onde se realiza a audiência.

Somente no caso de recusa de comparecimento da testemunha, **o que deve ser devidamente comprovado pela parte interessada (geralmente por meio de convite)**, é que o juiz pode determinar a sua intimação. Nesse caso, se for o reclamante, o pleito deve ser feito logo após a declaração de abertura da audiência. Se for o reclamado, o prazo preclusivo é o do momento da apresentação da defesa em audiência, no processo de autos físicos. Idêntico procedimento é utilizado quando existem testemunhas a serem ouvidas por carta.

Depois das testemunhas terem sido indicadas pelas partes, **não pode haver substituição**, salvo nas hipóteses de (art. 451 do CPC):

a) falecimento;

b) doença; ou

c) alteração de residência ou de local de trabalho e não for encontrada pelo oficial de justiça.

Note-se, por exemplo, que quando a parte indica uma testemunha que é considerada impedida ou suspeita pelo juiz, ainda assim poderá ser ouvida outra testemunha, porque nesse caso não há que se falar em substituição propriamente dita.

Contudo, a jurisprudência não é pacífica quando se trata dessa matéria, consoante se vê das ementas a seguir transcritas:

> NULIDADE PROCESSUAL. INDEFERIMENTO DA SUBSTITUIÇÃO DE TESTEMUNHA PRESENTE A AUDIÊNCIA. Configura-se nulidade processual o indeferimento de substituição de testemunha, quando a CLT não prevê seja ela arrolada previamente.[39]

> TESTEMUNHAS. SUBSTITUIÇÃO. As partes podem indicar até três testemunhas e estas devem comparecer à audiência independentemente de notificação (CLT, arts. 821 e 825). A parte que indica para testemunhar pessoa incapaz, impedida ou suspeita deve suportar os efeitos de eventual contradita. A substituição da testemunha constitui faculdade do juiz e não direito da parte.[40]

A testemunha tem o dever de comparecer à audiência e depor no dia, horário e local previamente designados. Na hipótese em que a testemunha, a despeito de ter sido devidamente intimada, não comparece no dia da audiência, o juiz, de ofício ou a requerimento da parte, pode ordenar a sua **condução coercitiva**.[41] Além disso, é possível aplicar multa para o caso de recusa da testemunha em depor por motivo injustificado.[42]

Cabe ao juiz analisar o motivo alegado pela testemunha para dispensar o seu depoimento, de acordo com os critérios da razoabilidade.

E) Local da inquirição

As testemunhas são inquiridas em audiência perante o juiz da causa. Na hipótese da testemunha não residir em local abrangido pela jurisdição da Vara do Trabalho onde a ação foi proposta, deve ser expedida uma carta precatória inquiritória para que o juiz da Vara deprecada promova essa diligência. Se residir no exterior, a testemunha é ouvida através de carta rogatória.

Outra possibilidade é a oitiva da testemunha por videoconferência, conforme permissão contida no § 1º, art. 453 do CPC:

> **Art. 453. § 1º** A oitiva de testemunha que residir em comarca, seção ou subseção judiciária diversa daquela onde tramita o processo poderá ser realizada por meio de videoconferência ou outro recurso tecnológico de transmissão e recepção de sons e imagens em tempo real, o que poderá ocorrer, inclusive, durante a audiência de instrução e julgamento.

39. TRT da 9ª R. 4265-2003-652-9-0-7. 1ª T. Rel. Cláudia Cristina Pereira Pinto de Almeida. DJ 14.02.2006.
40. TRT da 2ª R. RO 06457 (20030563156). 6ª T. Rel. Juiz Lauro Previatti. DOESP 31.10.2003.
41. CPC. Art. 445, § 5º. A testemunha que, intimada na forma do § 1º ou do § 4º, deixar de comparecer sem motivo justificado será conduzida e responderá pelas despesas do adiamento.
42. CLT. Art. 730. Aqueles que se recusarem a depor como testemunhas, sem motivo justificado, incorrerão na multa de 3 (três) a 30 (trinta) valores-de-referência regionais.

Pode ocorrer, também, de a testemunha ter seu depoimento antecipado. No CPC a matéria é disciplinada no Capítulo XII, que trata das provas, mais precisamente no art. 381 e seguintes, na seção II "Produção antecipada da prova".[43]

Por fim, **determinadas autoridades (pessoas egrégias) gozam do privilégio de serem ouvidas em sua residência ou onde desempenham suas funções,** circunstância que também excepciona o princípio da concentração dos atos processuais em audiência.

A relação dessas autoridades encontra-se inserida no art. 454 do CPC, que deve ser acrescida do magistrado, consoante preceitua o art. 33, I, da LOMAN.

> **Art. 454.** São inquiridos em sua residência ou onde exercem sua função:
>
> I – o presidente e o vice-presidente da República;
>
> II – os ministros de Estado;
>
> III – os ministros do Supremo Tribunal Federal, os conselheiros do Conselho Nacional de Justiça e os ministros do Superior Tribunal de Justiça, do Superior Tribunal Militar, do Tribunal Superior Eleitoral, do Tribunal Superior do Trabalho e do Tribunal de Contas da União;
>
> IV – o procurador-geral da República e os conselheiros do Conselho Nacional do Ministério Público;
>
> V – o advogado-geral da União, o procurador-geral do Estado, o procurador-geral do Município, o defensor público-geral federal e o defensor público-geral do Estado;
>
> VI – os senadores e os deputados federais;
>
> VII – os governadores dos Estados e do Distrito Federal;
>
> VIII – o prefeito;
>
> IX – os deputados estaduais e distritais;
>
> X – os desembargadores dos Tribunais de Justiça, dos Tribunais Regionais Federais, dos Tribunais Regionais do Trabalho e dos Tribunais Regionais Eleitorais e os conselheiros dos Tribunais de Contas dos Estados e do Distrito Federal;
>
> XI – o procurador-geral de justiça;
>
> XII – o embaixador de país que, por lei ou tratado, concede idêntica prerrogativa a agente diplomático do Brasil.

F) *Procedimento*

No processo do trabalho, as testemunhas devem comparecer à audiência **independentemente de intimação**. As partes, de forma justificada, podem requerer a intimação da testemunha, por via postal, para serem inquiridas. O não comparecimento da testemunha sem apresentação de qualquer motivo justificador, como dito anteriormente, implicará sua **condução coercitiva**.

A intimação feita pelo próprio advogado passa a ser regra com a vigência do CPC:

43. CPC. Art. 381. A produção antecipada da prova será admitida nos casos em que: I – haja fundado receio de que venha a tornar-se impossível ou muito difícil a verificação de certos fatos na pendência da ação; II – a prova a ser produzida seja suscetível de viabilizar a autocomposição ou outro meio adequado de solução de conflito; III – o prévio conhecimento dos fatos possa justificar ou evitar o ajuizamento de ação.

QUADRO COMPARATIVO – INTIMAÇÃO DA TESTEMUNHA		
CPC DE 1973	**CPC DE 2015**	**CLT**
Art. 412. A testemunha é intimada a comparecer à audiência, **constando do mandado** dia, hora e local, bem como os nomes das partes e a natureza da causa. Se a testemunha deixar de comparecer, sem motivo justificado, será conduzida, respondendo pelas despesas do adiamento. § 1º A parte pode comprometer-se a levar à audiência a testemunha, independentemente de intimação; presumindo-se, caso não compareça, que desistiu de ouvi-la.	**Art. 455. Cabe ao advogado da parte informar ou intimar a testemunha** por ele arrolada do dia, da hora e do local da audiência designada, dispensando-se a intimação do juízo. § 1º A intimação deverá ser realizada por carta com aviso de recebimento, cumprindo ao advogado juntar aos autos, com antecedência de pelo menos 3 (três) dias da data da audiência, cópia da correspondência de intimação e do comprovante de recebimento. § 2º A parte pode comprometer-se a levar a testemunha à audiência, independentemente da intimação de que trata o § 1º, presumindo-se, caso a testemunha não compareça, que a parte desistiu de sua inquirição. § 3º A inércia na realização da intimação a que se refere o § 1º importa desistência da inquirição da testemunha.	**Art. 825.** As testemunhas comparecerão a audiência independentemente de notificação ou intimação. Parágrafo único. As que não comparecerem serão intimadas, ex officio ou a requerimento da parte, ficando sujeitas a condução coercitiva, além das penalidades do art. 730, caso, sem motivo justificado, não atendam à intimação.
Aplicabilidade do CPC ao processo do trabalho	Se aplica supletivamente ao processo do trabalho.	
Diferença entre o CPC de 2015 e o de 1973	A regra passa a ser no sentido de que o advogado é quem deve providenciar a intimação da testemunha.	

A intimação por intermédio do Poder Judiciário passa a ser excepcional e nos casos previstos pelo § 4º, art. 455 do CPC:

> **Art. 455. § 4º** A intimação será feita pela via judicial quando:
>
> I – for frustrada a intimação prevista no § 1º deste artigo;
>
> II – sua necessidade for devidamente demonstrada pela parte ao juiz;
>
> III – figurar no rol de testemunhas servidor público ou militar, hipótese em que o juiz o requisitará ao chefe da repartição ou ao comando do corpo em que servir;
>
> IV – a testemunha houver sido arrolada pelo Ministério Público ou pela Defensoria Pública;
>
> V – a testemunha for uma daquelas previstas no art. 454.

Se a testemunha arrolada for servidor público civil ou militar, o juiz determinará a expedição de ofício **(requisição)** ao superior hierárquico do servidor para libera-lo do trabalho para depor como testemunha, na hipótese da audiência ter sido designada para o horário de serviço.[44] O não comparecimento da testemunha que ostente a qualidade de servidor público, **implica a possibilidade de representação e não condução coercitiva.**

Na hipótese da testemunha manter contrato de trabalho, **não poderá sofrer desconto salarial** decorrente do seu comparecimento em juízo para depor.[45]

44. CLT. Art. 823. Se a testemunha for funcionário civil ou militar, e tiver de depor em hora de serviço, será requisitado ao chefe da repartição para comparecer à audiência marcada.

45. CLT. Art. 473. O empregado poderá deixar de comparecer ao serviço, sem prejuízo do salário: VIII – pelo tempo que se fizer necessário, quando tiver que comparecer a juízo. TST. Súmula nº 155. AUSÊNCIA AO SERVIÇO. As horas em que o empregado falta ao serviço para comparecimento necessário, como parte, à Justiça do Trabalho, não serão descontadas de seus salários (Ex-prejulgado nº 30).

A testemunha é **qualificada antes do seu depoimento**, oportunidade em que prestará informações acerca de seu nome, nacionalidade, profissão, idade, residência, e, quando empregada, o tempo de serviço prestado ao empregador. Após a qualificação, surge a oportunidade para a parte impugnar a sua oitiva, procedimento denominado de **contradita**, por motivo de incapacidade, impedimento ou suspeição.

Uma vez qualificada, a testemunha **assume o compromisso de dizer a verdade** sobre o que souber e o que lhe for perguntado (**compromisso**). O juiz adverte a testemunha de que fazer afirmação falsa, calar-se ou ocultar a verdade em juízo constitui **crime de falso testemunho (advertência),**[46] além de estar sujeita a multa pecuniária. Após esse momento processual, **preclui o direito da parte de contraditar a testemunha.**

Na audiência, o juiz ouve primeiro as testemunhas arroladas pelo reclamante e depois aquelas que foram indicadas pelo reclamado, de forma sucessiva e cuidando para que uma não ouça o depoimento das outras.[47]

De acordo com o art. 459 do CPC, **a inquirição das testemunhas passa a ser feita diretamente pelos advogados**. Entretanto, o juiz pode fazer suas perguntas antes ou depois desse momento.

QUADRO COMPARATIVO – FORMA DO INTERROGATÓRIO DA TESTEMUNHA		
CPC DE 1973	**CPC DE 2015**	**CLT**
Art. 416. O juiz interrogará a testemunha sobre os fatos articulados, cabendo, primeiro à parte, que a arrolou, e depois à parte contrária, formular perguntas tendentes a esclarecer ou completar o depoimento.	**Art. 459.** As perguntas serão formuladas pelas partes diretamente à testemunha, começando pela que a arrolou, não admitindo o juiz aquelas que puderem induzir a resposta, não tiverem relação com as questões de fato objeto da atividade probatória ou importarem repetição de outra já respondida. § 1º O juiz poderá inquirir a testemunha tanto antes quanto depois da inquirição feita pelas partes. § 2º As testemunhas devem ser tratadas com urbanidade, não se lhes fazendo perguntas ou considerações impertinentes, capciosas ou vexatórias. § 3º As perguntas que o juiz indeferir serão transcritas no termo, se a parte o requerer.	**Art. 820.** As partes e testemunhas serão inquiridas pelo juiz ou presidente, podendo ser reinquiridas, por seu intermédio, a requerimento dos vogais, das partes, seus representantes ou advogados.
Aplicabilidade do CPC ao processo do trabalho	Apesar da regra contida no art. 820 da CLT, não se vislumbra qualquer obstáculo para adotar a regra do CPC de 2015 que admite a formulação direta de perguntas pelo advogado das partes. Todavia, o TST posiciona-se pela **inaplicabilidade** desse dispositivo, conforme disposição contida no art. 11 da Instrução Normativa nº 39/16: "Art. 11. Não se aplica ao Processo do Trabalho a norma do art. 459 do CPC no que permite a inquirição direta das testemunhas pela parte (CLT, art. 820)".	
Diferença entre o CPC de 2015 e o de 1973	Pela regra atual, as perguntas passam a ser feitas à testemunha pelo próprio advogado, sem a intervenção do juiz.	

O depoimento é reduzido a termo na ata de audiência e/ou gravado em áudio e vídeo.

46. Código Penal. Art. 342. Fazer afirmação falsa, ou negar ou calar a verdade como testemunha, perito, contador, tradutor ou intérprete em processo judicial, ou administrativo, inquérito policial, ou em juízo arbitral: Pena – reclusão, de 2 (dois) a 4 (quatro) anos, e multa.
47. Por razões justificadas o juiz poderá, ao seu critério, inverter essa ordem.

Na transcrição das repostas às perguntas, o juiz deve, em regra, reproduzir as palavras e expressões ditas pelas testemunhas.[48]

O juiz, também, tem a faculdade de **indeferir perguntas** que entender **impertinentes e repetitivas, bem como as vexatórias e as capciosas.**[49] Todavia, deve registrá-las em ata se a parte assim o requerer, para que essa decisão interlocutória seja impugnada em sede de recurso.

G) Dever de depor da testemunha

A testemunha tem o dever de depor, sob pena de o seu procedimento ser enquadrado como **crime de falso testemunho**, conforme mencionado.

Também é considerado crime de falso testemunho quando a testemunha **se nega a responder as perguntas formuladas pelo juiz**, sem apresentar qualquer motivo legalmente justificável, ou quando nega a verdade.

Verificadas essas situações, o juiz determinará, na sentença, a remessa de peças do processo para a autoridade policial proceder à abertura de inquérito para apuração do crime.

Outra consequência que decorre do fato da testemunha mentir em juízo é a **aplicação de multa** nos mesmos moldes daquela prevista para a litigância de má-fé, de acordo com o preceito contido no art. 793-D, introduzido à CLT por meio da Lei nº 13.467/17 com a seguinte redação:

> **Art. 793-D.** Aplica-se a multa prevista no art. 793-C desta Consolidação à testemunha que intencionalmente alterar a verdade dos fatos ou omitir fatos essenciais ao julgamento da causa. Parágrafo único. A execução da multa prevista neste artigo dar-se-á nos mesmos autos.

Como a testemunha não é parte no processo, antes da aplicação da multa é necessário a sua manifestação para atender ao princípio do contraditório e da ampla defesa, como preconiza o parágrafo único do art. 10, da IN nº 41/2018 do TST:

> **Art. 10. Parágrafo único.** Após a colheita da prova oral, a aplicação de multa à testemunha dar-se-á na sentença e será precedida de instauração de incidente mediante o qual o juiz indicará o ponto ou os pontos controvertidos no depoimento, assegurados o contraditório, a defesa, com os meios a ela inerentes, além de possibilitar a retratação.

A testemunha pode se recusar a responder aos questionamentos feitos pelo juiz, desde que lhe acarretem **grave dano**, bem como ao seu cônjuge ou companheiro e aos seus parentes consanguíneos ou afins, em linha reta, ou na colateral até o terceiro grau; a cujo respeito, por estado ou profissão, deva **guardar sigilo** (art. 448 do CPC).

A hipótese do sigilo alcança a atividade do advogado, conforme preceitua o art. 7º do EAOB,[50] ministros religiosos, prepostos de instituições financeiras (sigilo bancário) e fiscais (sigilo fiscal).

---

48. CPP. Art. 215. Na redação do depoimento, o juiz deverá cingir-se, tanto quanto possível, às expressões usadas pelas testemunhas, reproduzindo fielmente as suas frases.

49. Impertinentes são as perguntas que não contribuem para a solução do litígio, pois estão fora dos limites da ***res in iudicio deducta***; capciosa é a indagação que já tem embutida uma resposta, que induz o depoente; e vexatória é a pergunta que provoca humilhação, vergonha no depoente.

50. Lei nº 8.906/94. Art. 7º. São direitos do advogado: XIX – recusar-se a depor como testemunha em processo no qual funcionou ou deva funcionar, ou sobre fato relacionado com pessoa de quem seja ou foi advogado, mesmo

H) Contradita

Contradita é o procedimento pelo qual um dos litigantes impugna a oitiva de uma testemunha pelo fato dela ser incapaz, suspeita ou impedida. É disciplinado pelo art. art. 457, § 1º, do CPC, aplicado subsidiariamente ao processo laboral em face da omissão da CLT e da ausência de incompatibilidade.

No procedimento incidental de contradita, o processo principal fica suspenso e pode ser produzida prova para comprovar as alegações da parte que impugnou a sua oitiva, nos casos em que a testemunha negue os fatos objeto da contradita.[51]

Há dificuldade das partes para provar as suas alegações em relação ao impedimento ou suspeição das testemunhas, uma vez que no processo do trabalho não é exigida a apresentação do rol prévio. Por conta disso, muitas vezes a parte contrária só tem conhecimento de quem servirá como testemunha no momento da instrução processual.

Admitida ou não a contradita, **a parte prejudicada pode solicitar o registro em ata do seu protesto**, para ser utilizado como preliminar de recurso, já que se trata de uma decisão interlocutória. Saliente-se, porém, que após a vigência do CPC de 2015 não é necessário que a parte demonstre sua irresignação em face de uma decisão interlocutória, uma vez que **todas elas podem ser impugnadas quando do recurso principal**, conforme permissivo contido no § 1º, art. 1.009 daquele Diploma Legal.

I) Testemunha referida

É a pessoa que tem conhecimento dos fatos litigiosos mas não foi arrolada diretamente pelas partes. Seu nome surge durante o depoimento de alguma testemunha e nesse caso o juiz pode determinar a sua oitiva.

J) Consequências

O juiz pode formar o seu convencimento com base no depoimento das testemunhas. A valoração que deve ser feita pelo magistrado não se apoia na quantidade de testemunhas ouvidas, mas sim na sua qualidade. Inaplicável ao caso, portanto, o brocardo *testis unus, testis nullus*.

Se há divergências entre as declarações das testemunhas ou entre estas e o depoimento das partes em relação aos fatos objeto do litígio, o juiz, de ofício ou a requerimento, pode designar uma **acareação**, de acordo com o art. 461 do CPC:

> **Art. 461.** O juiz pode ordenar, de ofício ou a requerimento da parte:
>
> I – a inquirição de testemunhas referidas nas declarações da parte ou das testemunhas;

---

quando autorizado ou solicitado pelo constituinte, bem como sobre fato que constitua **sigilo profissional** (grifou-se).

51. CPC. Art. 457. § 1º. É lícito à parte contraditar a testemunha, arguindo-lhe a incapacidade, o impedimento ou a suspeição, bem como, caso a testemunha negue os fatos que lhe são imputados, provar a contradita com documentos ou com testemunhas, até 3 **(três), apresentadas no ato e inquiridas em separado.**

II – a acareação de 2 (duas) ou mais testemunhas ou de alguma delas com a parte, quando, sobre fato determinado que possa influir na decisão da causa, divergirem as suas declarações.

§ 1º Os acareados serão reperguntados para que expliquem os pontos de divergência, reduzindo-se a termo o ato de acareação.

§ 2º A acareação pode ser realizada por videoconferência ou por outro recurso tecnológico de transmissão de sons e imagens em tempo real.

L) Direitos e deveres da testemunha

A seguir, o quadro contendo os principais direitos e deveres das testemunhas:

Deveres	Direitos
Dizer a verdade (art. 458 do CPC)	Ser tratada com urbanidade, vedadas as perguntas vexatórias, impertinentes ou capciosas art. 459, § 2º do CPC)
Ser conduzida coercitivamente, caso intimada não atenda à determinação de comparecer em juízo (art. 455, § 5º do CPC)	Não depor sobre fatos que acarretem grave dano ou a cujo respeito, por estado ou profissão, deva guardar sigilo (art. 448 do CPC)
Depor oralmente	Não ter desconto no seu salário por conta da falta ao serviço (art. 463, § 2º, do CPC) e ser reembolsada das despesas (art. 462 do CPC)

Exemplo de questão sobre o tema

(TRT 1 – Juiz do Trabalho Substituto 1ª região/2016) Correndo o boato de que certa testemunha estaria na iminência de mudar-se para outro país, o patrono do reclamante requereu a oitiva da mesma testemunha, em caráter de urgência, antes mesmo da designação de data para a audiência inaugural. Requereu ainda que a testemunha fosse conduzida com o auxílio de força policial, uma vez que seria provável que não quisesse prestar depoimento. O juiz do trabalho, antes mesmo da notificação-citatória, deferiu o requerimento do reclamante, determinando a condução coercitiva da testemunha para ser ouvida na data designada.

A decisão judicial

a) estava correta, uma vez que era medida de urgência, que visava evitar a possível e iminente perda da prova.
b) estava correta, mas deveria ter promovido antes a notificação do reclamado.
c) poderia ser deferida, com a notificação do reclamado para a audiência, mas sem a condução imediata da testemunha.
d) poderia ser deferida, inaudita altera parte, sem assegurar, considerando-se a natureza da medida, a participação do reclamado na produção da prova.
e) foi ilegal, porque a testemunha poderia, no futuro, ser ouvida por carta rogatória.

Resposta: C

(TRT 1 – Juiz do Trabalho Substituto 1ª região/2016) Ao ser ouvida em juízo, depois de prestar o compromisso legal e responder a várias perguntas que lhe foram formuladas pelo juiz e pelos advogados das partes, uma testemunha, ao final de seu depoimento, alegou que mantivera um relacionamento amoroso com o autor da reclamação trabalhista, mas que o romance, encerrado há muito tempo, não trouxera qualquer consequência para ambos, e que, após o rompimento, restringiram suas conversas a assuntos exclusivamente de trabalho.

Ciente desse fato, sabendo que as partes em seguida declararam não ter mais provas e reportaram-se aos elementos dos autos, sem conciliação, o juiz deve

a) converter em diligência o julgamento, para apurar a verdade das afirmações da testemunha, com vistas a certificar a validade de seu depoimento.

b) desprezar o depoimento de testemunha e julgar de acordo com as provas que houvesse nos autos.

c) julgar normalmente, emprestando valor ao depoimento da testemunha, uma vez que nada se provara contra esse depoimento e houve afirmativa de rompimento anterior do relacionamento.

d) determinar a acareação da testemunha com o autor, para verificar a correção das afirmações.

e) julgar normalmente, emprestando ao depoimento o valor que entendesse, de acordo com os demais elementos dos autos.

Resposta: E

(FCC – Juiz do Trabalho Substituto 6ª região/2015) Quanto à prova testemunhal,

a) a testemunha que for parente até o quarto grau civil, amigo íntimo ou inimigo de qualquer das partes, não prestará compromisso, e seu depoimento valerá como simples informação.

b) o depoimento das testemunhas que não souberem falar a língua nacional será feita por meio de intérprete nomeado pelo juiz ou presidente, sendo que tais despesas correrão por conta da parte a quem interessar o depoimento.

c) as testemunhas não poderão sofrer qualquer desconto pelas faltas ao serviço, ocasionadas pelo seu comparecimento para depor, quando devidamente arroladas ou convocadas, salvo se a prova testemunhal disser respeito a contrato de trabalho já extinto.

d) se a testemunha for funcionário civil ou militar, e tiver de depor em hora de serviço, será ouvida perante o chefe da repartição competente, no local da prestação de serviços.

e) toda testemunha, antes de prestar o compromisso legal, será qualificada, indicando o nome, nacionalidade, profissão, idade, residência, e, quando empregada, o tempo de serviço prestado ao empregador, ficando sujeita, em caso de falsidade, às sanções administrativas.

Resposta: B

(TRT 8 – Juiz do Trabalho Substituto 8ª região/ 2013) Sobre provas no processo do trabalho é CORRETO afirmar que:

a) Na Justiça do Trabalho, as partes devem apresentar as testemunhas em audiência, pois no processo do trabalho vige o adágio *unus testis, testis nullus.*

b) A doutrina e a jurisprudência atuais admitem a prova de fato negativo, uma vez que toda negação contém, implicitamente, uma afirmação, passível de prova. Neste sentido, pelo princípio da proteção, o processo do trabalho é integralmente regido pela inversão do ônus da prova em favor do empregado.

c) O depoimento de partes e testemunhas que não saibam falar o idioma nacional deve ser feito por intermédio de intérprete oficial nomeado pelo juiz, o mesmo ocorrendo com relação ao surdo-mudo ou mudo que não saiba escrever.

d) Não existe nulidade no indeferimento de prova testemunhal por alegação de cerceamento de defesa, se o fato já estiver provado por documento ou confissão da parte ou só puder ser provado por documento ou exame pericial.

e) O preposto de uma empresa fica impedido de servir de testemunha em outro processo trabalhista, pelo fato de atuar como representante da pessoa jurídica, portanto, com interesse na causa.

Resposta: D

6.5. Pericial

Sempre que, para comprovação de determinado fato, for indispensável a utilização de **conhecimentos técnicos ou científicos**, o juiz, de ofício ou a requerimento da parte, determinará a produção de prova pericial. Para tanto, designa-se um profissional qualificado que passa a ser considerado como auxiliar da justiça.

Dispensa-se esse meio de prova quando: a inicial ou a defesa vier acompanhada de pareceres técnicos que supram a função do perito; a prova do fato não depender do conhecimento especial de técnico; for desnecessária em vista de outras provas produzidas; a verificação do fato for impossível com o uso da perícia.

A impraticabilidade pode resultar do desaparecimento do objeto da perícia. Nesse caso, autoriza-se a utilização de outros meios de prova, inclusive a prova emprestada.

Nesse sentido é o teor da OJ nº 278, da SDI-1 do TST:

> **OJ Nº 278.** ADICIONAL DE INSALUBRIDADE. PERÍCIA. LOCAL DE TRABALHO DESATIVADO. DJ 11.08.03. A realização de perícia é obrigatória para a verificação de insalubridade. Quando não for possível sua realização, como em caso de fechamento da empresa, poderá o julgador utilizar-se de outros meios de prova.

Nos demais casos, a prova pericial é necessária, porque, em regra, o magistrado não dispõe de conhecimentos técnicos e científicos em outras áreas do conhecimento.

Mesmo que o juiz possua os referidos conhecimentos, não pode dispensar a produção de prova por esse motivo. Com efeito, existe a possibilidade de o litígio ser reapreciado por outro Órgão Julgador no qual seus membros, certamente, não seriam dotados da mesma capacidade técnica. Além disso, esse procedimento obstaria a aplicação do contraditório e da ampla defesa.

A) Perito: definição

O perito é um **auxiliar eventual do Poder Judiciário** e estranho à relação processual. Difere dos serventuários da Justiça, pois, estes são servidores do Poder Judiciário e fazem parte integrante do quadro permanente de pessoal.

O art. 149 do CPC lista quem são os auxiliares da Justiça:

> **Art. 149.** São auxiliares da Justiça, além de outros cujas atribuições sejam determinadas pelas normas de organização judiciária, o escrivão, o chefe de secretaria, o oficial de justiça, o perito, o depositário, o administrador, o intérprete, o tradutor, o mediador, o conciliador judicial, o partidor, o distribuidor, o contabilista e o regulador de avarias.

Apesar desse caráter eventual, quando no desempenho do seu *munus*, o perito passa a exercer uma função pública judiciária e sujeita-se às regras e princípios norteadores da Administração Pública e do Poder Judiciário, inclusive de caráter disciplinar.

Entende-se que não há como atribuir a função de perito a uma pessoa jurídica, diante da impossibilidade de lhe ser imputada a prática do crime de falsa perícia.

B) Assistente técnico: definição

O assistente técnico é a pessoa capaz que detém conhecimentos científicos, técnicos ou artísticos na matéria que versa a perícia, de confiança das partes, por elas indicadas e remuneradas. Por conta disso, **não pode ser sujeito de exceção de suspeição ou impedimento** (art. 466, § 1º do CPC).

Cada parte pode indicar seu assistente técnico no prazo de **quinze dias** contados da nomeação do perito (art. 465, § 1º, II e III do CPC).

Os assistentes técnicos devem apresentar o laudo **no mesmo prazo conferido ao perito** (art. 3º, parágrafo único da Lei nº 5.584/70), salvo se esse for prorrogado pelo juiz.

C) *Capacidade, impedimento e suspeição do perito*

O perito é uma pessoa física, de confiança do juízo e por ele nomeado, que possui conhecimentos científicos, tecnológicos, artísticos etc., indispensáveis à percepção, análise de fatos, de suas causas e de consequências (especialista em determinada área do conhecimento científico ou técnico). Excepcionalmente, esses conhecimentos podem derivar, também, da prática e da experiência comum (conhecimento empírico).

No CPC, em seu art. 156, exige-se que se forme um **cadastro de peritos por meio de consulta pública**:

> **Art. 156.** O juiz será assistido por perito quando a prova do fato depender de conhecimento técnico ou científico.
>
> **§ 1º** Os peritos serão nomeados entre os profissionais legalmente habilitados e os órgãos técnicos ou científicos devidamente inscritos em cadastro mantido pelo tribunal ao qual o juiz está vinculado.
>
> **§ 2º** Para formação do cadastro, os tribunais devem realizar consulta pública, por meio de divulgação na rede mundial de computadores ou em jornais de grande circulação, além de consulta direta a universidades, a conselhos de classe, ao Ministério Público, à Defensoria Pública e à Ordem dos Advogados do Brasil, para a indicação de profissionais ou de órgãos técnicos interessados.
>
> **§ 3º** Os tribunais realizarão avaliações e reavaliações periódicas para manutenção do cadastro, considerando a formação profissional, a atualização do conhecimento e a experiência dos peritos interessados.
>
> **§ 4º** Para verificação de eventual impedimento ou motivo de suspeição, nos termos dos arts. 148 e 467, o órgão técnico ou científico nomeado para realização da perícia informará ao juiz os nomes e os dados de qualificação dos profissionais que participarão da atividade.
>
> **§ 5º** Na localidade onde não houver inscrito no cadastro disponibilizado pelo tribunal, a nomeação do perito é de livre escolha pelo juiz e deverá recair sobre profissional ou órgão técnico ou científico comprovadamente detentor do conhecimento necessário à realização da perícia.

Observe-se que o perito, na condição de auxiliar do juiz, **encontra-se sujeito às mesmas regras de impedimento e suspeição do magistrado**, conforme preceitua o art. 148, III, do CPC,[52] o que não ocorre com os assistentes técnicos, que são de confiança das partes.

A exceção de suspeição ou de impedimento do perito deve ser arguida pela parte quando for intimada da sua nomeação, no prazo de quinze dias.

O perito pode ser substituído quando:

a) não possuir conhecimento técnico ou científico; e

b) sem motivo legítimo, deixar de cumprir o encargo no prazo que lhe foi assinado.

52. CPC. Art. 148. Aplicam-se os motivos de impedimento e de suspeição: II – aos auxiliares da justiça.

O exercício da atividade pericial constitui um *munus* processual. O profissional que for nomeado pelo juiz como perito, tem o dever de auxiliar o Poder Judiciário, de acordo com o disposto no art. 378 do CPC: "Ninguém se exime do dever de colaborar com o Poder Judiciário para o descobrimento da verdade".

A omissão ou desídia do perito autoriza ao juiz comunicar o ocorrido à corporação profissional respectiva, além de imposição de multa de acordo com o valor da causa e o possível prejuízo decorrente do atraso no processo.

O perito pode, em caso de motivo justificado, **se escusar do encargo imposto pelo juiz**, desde que o faça no prazo de **cinco dias** após o recebimento da intimação de nomeação.

Ainda que não haja necessidade de firmar termo de compromisso, o perito tem o dever de não faltar com a verdade. Se o *expert* faz declaração falsa, incorrerá em crime de falsa perícia, tipificado pelo art. 342 do Código Penal:

> **Art. 342.** Fazer afirmação falsa, ou negar ou calar a verdade como testemunha, perito, contador, tradutor ou intérprete em processo judicial, ou administrativo, inquérito policial, ou em juízo arbitral: Pena – reclusão, de 2 (dois) a 4 (quatro) anos, e multa.

Caso o perito retrate-se antes de ser proferida a sentença no processo no qual foi oferecido o laudo, o fato deixa de ser punível. De qualquer forma, o *expert* ainda responde pelos prejuízos que causar à parte e fica impedido de fazer outras perícias durante o prazo de dois anos.

D) *Prerrogativas e deveres do perito*

– *São prerrogativas do perito*

- Recusar o *munus* por motivo justo/legítimo (incapacidade técnica, suspeição, impedimento, incompatibilidade etc.), no prazo de quinze dias, contados da intimação da suspeição ou do impedimento superveniente, sob pena de se reputar renunciado o direito a alegá-la (arts. 157, § 1º e 467 do CPC);
- Utilizar de todos os meios necessários para consecução dos seus objetivos, como ouvir testemunhas, obter informações, solicitar documentos que estejam em poder da parte ou em repartições públicas, instruir o laudo com plantas, desenhos, fotografias e outras quaisquer peças. A recusa de qualquer pessoa em atender às solicitações do perito pode configurar-se como crime de desobediência;[53]
- Dirigir os trabalhos quando da realização da perícia, na condição de auxiliar do juiz;
- Requerer, fundamentadamente, a prorrogação por uma única vez do prazo para apresentação do laudo (art. 476 do CPC);
- Receber indenização e os honorários decorrentes da execução da perícia.

53. Código Penal. Desobediência Art. 330. Desobedecer a ordem legal de funcionário público: Pena – detenção, de 15 (quinze) dias a 6 (seis) meses, e multa.

– *São deveres do perito*

- Possuir qualificação técnica compatível para o desempenho da atividade para a qual foi nomeado pelo juiz, demonstrada por meio de inscrição no competente órgão de classe, quando existente;
- Aceitar o *munus*, salvo motivo justificado/legítimo (art. 157 do CPC);
- Cumprir com zelo e diligência o ofício para o qual foi designado, utilizando-se de toda a sua capacidade técnica e científica (art. 157 do CPC);
- Informar ao juízo dia, hora e local onde será realizada a diligência, salvo se essas circunstâncias tiverem sido fixadas pelo próprio juiz;
- Comunicar imediatamente ao juízo a ocorrência de fatos ou atos que impeçam a realização de perícia, para que sejam adotadas as medidas cabíveis;
- Assegurar aos assistentes das partes o acesso e o acompanhamento das diligências e dos exames que realizar, com prévia comunicação, comprovada nos autos, com antecedência mínima de cinco dias (art. 466, § 2º, do CPC);
- Elaborar laudo devidamente fundamentado, com descrição minuciosa da coisa ou da pessoa examinada (art. 160 do CPP) e das respectivas conclusões, inclusive com as respostas aos quesitos formulados previamente pelas partes e pelo juiz, bem como os suplementares que forem feitos durante a perícia (art. 469 do CPC);
- Cumprir o prazo estabelecido pela lei ou pelo juiz para realização da perícia e apresentar o laudo na secretaria ou envia-lo por meio eletrônico no caso de autos do PJe, salvo motivo justificado (art. 465 do CPC), sob pena de pagamento de multa e de comunicação da omissão ou do atraso ao órgão de classe (art. 468, § 1º, do CPC), além de responder pelo pagamento dos prejuízos sofridos pelas partes (art. 468, § 2º, do CPC);
- Comparecer ao local marcado para perícia no dia e horário informado, sob pena de substituição e pagamento de multa (art. 474 do CPC);
- Comparecer à audiência para prestar esclarecimentos, caso para esse fim seja intimado (art. 827 da CLT e art. 477, § 3º, do CPC);
- Não prestar informações inverídicas (art. 158 do CPC), sob pena de inabilitação em outras perícias por dois anos, pagamento dos prejuízos causados, crime de falsidade (CP art. 342) e comunicação do fato ao respectivo órgão de classe (art. 468, parágrafo 1º, do CPC).

E) Perícia

A perícia é ato próprio do *expert* do juízo, ao contrário do que ocorre com os atos dos serventuários da justiça que, não raro, consiste em cumprimento daquilo que foi determinado pelo juiz.

Trata-se de exame, vistoria ou avaliação necessários para se estabelecer, esclarecer ou explicar a relação existente entre uma pessoa ou uma coisa e um fato já ocorrido.

Em determinadas situações, a perícia se presta à fixação do valor de bens, móveis ou imóveis.

F) Espécies de perícia

A perícia pode consistir em **exame, vistoria ou avaliação,** o que leva à conclusão de que esse meio de prova recai sobre fatos atuais, ainda que às vezes para rememorar o passado. Já a prova testemunhal reporta-se, via de regra, a algum fato já acontecido.

A avaliação consiste no procedimento por meio do qual o perito apresenta uma estimativa do valor de determinado bem, com o uso dos seus conhecimentos técnicos.

A vistoria consiste na perícia feita com a utilização da visão e tem como objeto os bens imóveis.

Já **o exame** necessita, além da inspeção ocular, da análise mais aprofundada da estrutura do objeto respectivo, limitado às pessoas e aos bens imóveis.

A perícia de autenticidade ou falsidade de documento ou de natureza médico-legal mereceu uma atenção especial do legislador. Em tais casos, o juiz dá preferência pela escolha dos *experts* pertencentes a órgãos públicos especializados. Se o processo for de autos físicos, o juiz pode autorizar a remessa dos autos, bem como do material sujeito a exame, ao diretor do estabelecimento (art. 478 do CPC).

G) Procedimento pericial

O CPC estabelece uma sistemática própria para realização da perícia, em seu art. 464 e seguintes.

A Consolidação das Leis do Trabalho trata a matéria de forma simplória em seu art. 827. Já a Lei nº 5.584/70, em seu art. 3º, complementa a CLT e traça outras normas sobre a perícia na Justiça do Trabalho.

Os atos preparatórios à realização da perícia consistem na nomeação do perito da confiança do juízo,[54] fixação do prazo para entrega do laudo, definição dos honorários, apresentação de quesitos e indicação de assistentes técnicos; bem como a ciência da data, hora e local da realização perícia.

– Nomeação do perito

A nomeação do perito é feita, em regra, pelo juiz da causa, que fixa o prazo para entrega do laudo de acordo com o grau de complexidade da matéria e dificuldade para realização da perícia.

É possível que as partes, de comum acordo, elejam um perito desde que sejam capazes e a causa admita autocomposição, na forma prevista pelo art. 471 do CPC. Como se trata de uma espécie de **negócio jurídico processual**, o TST entende que não se aplica ao processo do trabalho, conforme preceito contido no art. 2º da IN nº 39/16.

54. Se forem vários os objetos da perícia e envolvendo diversos ramos do conhecimento técnico e científico, o juiz poderá nomear mais de um perito.

Contudo, essa vedação não alcança as demandas nas quais sejam parte o **empregado hipersuficiente**, diante da maior autonomia da vontade conferida a essa categoria pela Lei nº 13.467/17.

O CPC agrega mais uma regra quanto à escolha do perito. Exige-se que o Tribunal crie um cadastro de peritos e cada Unidade Jurisdicional elabore uma **lista de peritos** para que a distribuição dos processos seja feita de forma equânime:

> **Art. 156. § 2º** Para formação do cadastro, os tribunais devem realizar consulta pública, por meio de divulgação na rede mundial de computadores ou em jornais de grande circulação, além de consulta direta a universidades, a conselhos de classe, ao Ministério Público, à Defensoria Pública e à Ordem dos Advogados do Brasil, para a indicação de profissionais ou de órgãos técnicos interessados.

> **Art. 157. § 2º** Será organizada lista de peritos na vara ou na secretaria, com disponibilização dos documentos exigidos para habilitação à consulta de interessados, para que a nomeação seja distribuída de modo equitativo, observadas a capacidade técnica e a área de conhecimento.

Se a perícia tiver que ser feita por carta, a indicação do perito será feita pelo juiz deprecado ou rogado.

No processo do trabalho, ao contrário do que ocorre no processo civil (art. 477, § 1º, do CPC), **o assistente técnico deve apresentar o laudo no mesmo prazo assinado ao perito** (Lei nº 5.584/70, art. 3º, parágrafo único).

Por motivo justificado, como, por exemplo, a grande quantidade de quesitos ou o grau de dificuldade da perícia, o *expert* pode requerer a dilatação do prazo para apresentação do laudo pericial.

Se a perícia for complexa e envolver várias áreas do conhecimento, **o juiz poderá nomear mais de um perito** e as partes poderão indicar mais de um assistente técnico, de acordo com as respectivas especialidades.

– *Honorários do perito*

Como o perito não é, em regra, servidor público, terá direito à remuneração pelos serviços prestados (honorários profissionais), bem como ao ressarcimento ou adiantamento das despesas necessárias para a execução de suas tarefas.

Geralmente o *pro labore* do perito é fixado juntamente com o valor referente às despesas necessárias, sob o título de honorários periciais, que podem ser **provisionais** ou **definitivos**.

– *Honorários provisionais*

O CPC determina que em caso de **perícia feita de ofício ou requerida por ambas as partes**, os **honorários provisionais** devem ser rateados pelos litigantes, na forma prevista pelo art. 95, parte final:

> **Art. 95.** Cada parte **adiantará** a remuneração do assistente técnico que houver indicado, sendo a do perito adiantada pela parte que houver requerido a perícia ou rateada **quando a perícia for determinada de ofício** ou requerida por ambas as partes (grifou-se).

Entretanto, as despesas processuais no processo do trabalho somente **são cobradas no final do litígio**. Ora, desse modo o juiz não pode exigir o depósito dos **honorários provisionais** de perito, salvo nas demandas decorrentes da relação de trabalho, como ressalta o art. 6º, parágrafo único, da Instrução Normativa nº 27/2005 do TST.

O entendimento do TST aponta para essa direção, consoante se observa da redação da OJ nº 98 da SDI-II:

> **OJ Nº 98.** MANDADO DE SEGURANÇA. CABÍVEL PARA ATACAR EXIGÊNCIA DE DEPÓSITO PRÉVIO DE HONORÁRIOS PERICIAIS. Inserida em 27.09.02 (nova redação – DJ 22.08.2005). É ilegal a exigência de depósito prévio para custeio dos honorários periciais, dada a incompatibilidade com o processo do trabalho, sendo cabível o mandado de segurança visando à realização da perícia, independentemente do depósito.

Inclusive o legislador acolheu esse posicionamento introduzindo o § 3º ao art. 790-B da CLT: "O juízo não poderá exigir adiantamento de valores para realização de perícias".

Por outro lado, grande parte dos Tribunais Regionais não dispõe de peritos no seu quadro de pessoal. Já o perito particular recusa-se, muitas vezes, iniciar os trabalhos sem ao menos receber o valor relativo às despesas necessárias à confecção do laudo pericial, apesar de haver determinação legal que proíbe a recusa injustificada do *munus*.[55]

Assim, apesar da lei vedar o juiz exigir da parte o adiantamento de honorários periciais, nada impede que o Tribunal faça esse pagamento de forma provisória, cobrando posteriormente de quem sucumbiu no pedido específico.

– *Honorários definitivos*

Os honorários definitivos do perito são fixados na sentença observando, por analogia, os parâmetros definidos pelo art. 85, § 2º do CPC, quais sejam, o grau de zelo do profissional; o lugar de prestação do serviço; a natureza e a importância da causa; o trabalho realizado pelo perito e o tempo exigido para o seu serviço.

A requerimento do sucumbente, o juízo poderá deferir **parcelamento dos honorários periciais**, na forma do permissivo contido no § 2º, art. 790-B, da CLT.

Por fim, o juiz deverá observar o **limite máximo estabelecido pelo CSJT**, na forma prevista pelo § 1º, art. 790-B, da CLT: "Ao fixar o valor dos honorários periciais, o juízo deverá respeitar o limite máximo estabelecido pelo Conselho Superior da Justiça do Trabalho".

– *Beneficiário da justiça gratuita*

Na hipótese do requerimento ser feito pelo reclamante/empregado, beneficiado com a assistência judiciária ou pela justiça gratuita, o pagamento dos honorários provisionais pode ser requisitado ao presidente do Tribunal Regional do Trabalho respectivo, salvo se inexistir dotação orçamentária para cobrir esse custo.

55. Lei nº 1.060/50. Art. 14. Os profissionais liberais designados para o desempenho do encargo de defensor ou de perito, conforme o caso, salvo justo motivo previsto em lei ou, na sua omissão, a critério da autoridade judiciária competente, são obrigados ao respectivo cumprimento, sob pena de multa de mil cruzeiros a dez mil cruzeiros, sujeita ao reajustamento estabelecido na Lei nº 6.205, de 29 de abril de 1975, sem prejuízo da sanção disciplinar cabível.

O Conselho Superior da Justiça do Trabalho aprovou a Resolução nº 66/2010, que regula o pagamento dos aludidos honorários periciais provisionais e definitivos, quando a parte sucumbente for beneficiária da justiça gratuita.[56]

Segundo dispõe o art. 2º, da mencionada Resolução, a responsabilidade da União pelo pagamento de honorários periciais, em caso de concessão do benefício da justiça gratuita, está condicionada ao atendimento simultâneo dos seguintes requisitos:

a) fixação judicial de honorários periciais;

b) sucumbência da parte na pretensão objeto da perícia; e

c) trânsito em julgado da decisão.

Nesse sentido também é a Súmula nº 457 do TST:

> **SÚMULA Nº 457.** HONORÁRIOS PERICIAIS. BENEFICIÁRIO DA JUSTIÇA GRATUITA. RESPONSABILIDADE DA UNIÃO PELO PAGAMENTO. RESOLUÇÃO Nº 66/2010 DO CSJT. OBSERVÂNCIA. (conversão da Orientação Jurisprudencial nº 387 da SBDI-1 com nova redação). A União é responsável pelo pagamento dos honorários de perito quando a parte sucumbente no objeto da perícia for beneficiária da assistência judiciária gratuita, observado o procedimento disposto nos arts. 1º, 2º e 5º da Resolução nº 66/2010 do Conselho Superior da Justiça do Trabalho – CSJT.

Com a vigência da Lei nº 13.467/17 a redação do *caput* do art. 790-B foi alterada e foi acrescentado um parágrafo 4º, até então inexistente, conforme se observa do seguinte quadro comparativo:

REFORMA TRABALHISTA – QUADRO COMPARATIVO HONORÁRIOS PERICIAIS PARA O BENEFICIÁRIO DA JUSTIÇA GRATUITA	
REDAÇÃO ANTERIOR DA CLT	**REDAÇÃO ATUAL DA CLT**
Art. 790-B. A responsabilidade pelo pagamento dos honorários periciais é da parte sucumbente na pretensão objeto da perícia, salvo se beneficiária de justiça gratuita. § 4º – INEXISTENTE	**Art. 790-B.** A responsabilidade pelo pagamento dos honorários periciais é da parte sucumbente na pretensão objeto da perícia, ainda que beneficiária da justiça gratuita. § 4º Somente no caso em que o beneficiário da justiça gratuita não tenha obtido em juízo créditos capazes de suportar a despesa referida no caput, ainda que em outro processo, a União responderá pelo encargo.
DIFERENÇAS E COMENTÁRIOS	
Na redação anterior do *caput* do art. 790-B, **o beneficiário da justiça gratuita não respondia em nenhuma hipótese** pelo pagamento dos honorários periciais, ainda que sucumbisse na pretensão objeto da perícia. Com a introdução do § 4º ao referido dispositivo legal, o pagamento dos honorários do perito só passa a ser de responsabilidade da União caso o beneficiário da justiça gratuita **não tenha obtido nenhum crédito capaz de suportar essa despesa, ainda que em outro processo.** Nesse caso, é necessário que o juiz revogue eventual decisão anterior concedendo os benefícios da justiça gratuita ao reclamante. No art. 3º da Resolução nº 66/10 do CSJT são definidos os parâmetros para definição do valor dos honorários periciais para os beneficiários da justiça gratuita, bem como seu limite máximo:	
Art. 3º Em caso de concessão do benefício da justiça gratuita, o valor dos honorários periciais, observado o limite de R$ 1.000,00 (um mil reais), será fixado pelo juiz, atendidos: I – a complexidade da matéria; II – o grau de zelo profissional; III – o lugar e o tempo exigidos para a prestação do serviço; IV – as peculiaridades regionais.	

56. TST. CSJT. Resolução nº 66/2010. Art. 2º. § 1º A concessão da justiça gratuita a empregador, pessoa física, dependerá da comprovação de situação de carência que inviabilize a assunção dos ônus decorrentes da demanda judicial.

– *Apresentação de quesitos e indicação de assistente técnico*

As partes têm **quinze dias**, a partir da nomeação do perito, para apresentar quesitos e indicar assistente técnico (art. 465, § 1º, II e III, do CPC), denominados de **quesitos básicos ou iniciais.**

Quesitos nada mais são do que **perguntas formuladas pelas partes e pelo juiz** para esclarecer os fatos controvertidos e que deverão ser respondidas pelo perito em seu laudo e, se for o caso, pelos assistentes técnicos. Nesses termos, o perito não precisa responder aos quesitos de natureza jurídica, pois esse conhecimento tem o juiz, além do que, como meio de prova, encontra-se adstrito aos fatos e não ao direito.

O juiz pode indeferir os quesitos **impertinentes** (art. 470, I, do CPC), assim entendidos como aqueles situados fora do objeto da perícia.

Durante a execução da diligência, as partes poderão formular **quesitos suplementares** (art. 469 do CPC).[57] Verifica-se que **tais quesitos não podem ser apresentados depois da feitura do laudo pericial.**

Assim, após a conclusão do laudo, pode-se requerer que o perito compareça em audiência para que preste esclarecimentos sobre as informações contidas no seu laudo pericial.

Antes, porém, deverão ser formulados os **quesitos explicativos ou complementares** (art. 477, 3º, do CPC), que, de igual forma, passarão pelo crivo do juiz para a verificação da sua pertinência e necessidade.

No processo do trabalho, entretanto, **o comparecimento do perito em juízo constitui uma faculdade do juiz**, segundo se depreende da interpretação do art. 827 da CLT: "O juiz ou presidente poderá arguir os peritos compromissados ou os técnicos, e rubricará, para ser junto ao processo, o laudo que os primeiros tiverem apresentado".

Cada parte poderá nomear um assistente técnico.[58] Se for litisconsórcio, cada litisconsorte poderá indicar um. Nada impede que a indicação seja feito em conjunto pelos litisconsortes.

– *Realização da perícia*

Como é considerado um ato processual, as partes devem ser intimadas do dia, hora e local da realização da diligência pericial, para que exerçam, com plenitude, o direito de ação e o direito de defesa (art. 474 do CPC).

Indubitavelmente a regra mais importante para nortear o trabalho do perito é aquela contida no art. 473, do CPC:

> **Art. 473. 3º.** Para o desempenho de sua função, o perito e os assistentes técnicos podem valer-se de todos os meios necessários, ouvindo testemunhas, obtendo informações, solicitando documentos que estejam em poder da parte, de terceiros ou em repartições públicas, bem como instruir o laudo com planilhas, mapas, plantas, desenhos, fotografias ou outros elementos necessários ao esclarecimento do objeto da perícia.

57. CPC. Art. 469. As partes poderão apresentar quesitos suplementares durante a diligência, que poderão ser respondidos pelo perito previamente ou na audiência de instrução e julgamento.

58. TST. Súmula nº 341. HONORÁRIOS DO ASSISTENTE TÉCNICO. **(mantida) – Res. 121/2003, DJ 19, 20 e 21.11.2003. A indicação do perito assistente é faculdade da parte, a qual deve responder pelos respectivos honorários, ainda que vencedora no objeto da perícia.**

Age o perito **em nome do juiz**, desempenhando uma função jurisdicional que requer ampla liberdade no desenvolvimento das respectivas atividades. A própria natureza dessa espécie de prova judiciária contribui para atribuir ao perito o poder de solicitar às partes ou a terceiros outros elementos probatórios durante a realização de sua diligência.

Assim, para ter ciência do quanto acontecido, o perito pode **ouvir testemunhas**, sejam aquelas sugeridas pelas partes ou mesmo aquelas encontradas pelo perito; **requerer a exibição de documentos** escritos, fotografias, vídeos, demais arquivos digitais etc., mas sempre se limitando ao objeto da perícia (art. 473, § 2º do CPC).

A condução de todo esse processo investigativo tem como objetivo oferecer uma conclusão para o juiz, inclusive com a utilização de perícias semelhantes feitas em outros processos.

– *Laudo pericial e Parecer técnico*

Etimologicamente, a palavra laudo deriva do verbo em latim *laudare*, que na primeira pessoa do indicativo significa *louvo, aprovo.*

Laudo pericial nada mais é do que o parecer técnico-científico que contém um ou mais enunciados, resultado de ato por meio do qual o perito registra os seus conhecimentos específicos por conta da sua atuação, percepção ou, excepcionalmente, juízo de valor sobre os fatos controvertidos que embasam a pretensão de uma das partes, os quais não podem ser comprovados pelos demais meios de prova.

Deve-se ressaltar que **nem toda perícia resulta em um laudo pericial**. A depender da natureza do fato, a perícia poderá consistir apenas na **inquirição do perito** e dos assistentes, por ocasião da audiência de instrução e julgamento a respeito das coisas que informalmente tiver sido examinado ou avaliado (art. 464, §§ 2º e 3º do CPC).

Nesse caso, o juiz não fixará prazo para entrega do laudo, mas sim a determinação de realização de exame, vistoria ou avaliação, e o comparecimento posterior em audiência, na qual serão tomadas por termo as suas declarações e respondidos os questionamentos do juiz e das partes, em substituição aos quesitos.

Para o laudo pericial ser considerado completo, deve conter um **relatório, a fundamentação ou motivos, a resposta** aos quesitos eventualmente formulados pelas partes e pelo juiz e a **conclusão devidamente fundamentada** sobre o objeto da perícia.

O art. 473 do CPC estabelece os requisitos do laudo pericial:

- a exposição do objeto da perícia;
- a análise técnica ou científica realizada pelo perito;
- a indicação do método utilizado, esclarecendo-o e demonstrando ser predominantemente aceito pelos especialistas da área do conhecimento da qual se originou;
- resposta conclusiva a todos os quesitos apresentados pelo juiz, pelas partes e pelo órgão do Ministério Público.

O perito deve utilizar de linguagem concisa, objetiva, clara e precisa. Deve-se evitar o quanto possível, a utilização de termos rebuscados e a prolixidade. Quando for necessário o uso de expressões estritamente técnicas, que compõem o vocabulário da ciência na qual for versado o perito, deverá vir acompanhado da respectiva explicação leiga, para que sejam entendidas pelo juiz e pelas partes.

Nesse sentido é determinação contida no § 1º, do mencionado art. 473 do CPC: "No laudo, o perito deve apresentar sua fundamentação em linguagem simples e com coerência lógica, indicando como alcançou suas conclusões".

O trabalho do assistente técnico resulta em **parecer,** que deve possuir as mesmas características do laudo pericial, devendo ser entregue no prazo fixado para a entrega do laudo pericial (art. 471, § 2º do CPC e art. 3º, parágrafo único da Lei nº 5.584/70).

H) Força probatória do laudo pericial

De acordo com o princípio da persuasão racional, o juiz não tem a obrigação de seguir a conclusão do laudo pericial, como deixa claro o art. 479 do CPC:

> **Art. 479.** O juiz apreciará a prova pericial de acordo com o disposto no art. 371, indicando na sentença os motivos que o levaram a considerar ou a deixar de considerar as conclusões do laudo, levando em conta o método utilizado pelo perito.

Em consequência da aplicação dessa regra, o juiz pode formar o seu convencimento com base em outros elementos constantes nos autos, principalmente nas informações contidas no parecer do assistente técnico ou documentos juntados pelas partes que possuam conteúdo dessa mesma natureza.

Há, inclusive, a possibilidade de o juiz entender que a matéria objeto do litígio não está devidamente esclarecida (art. 480 do CPC). Nesse caso, é possível ao juiz determinar a realização de uma **segunda perícia**, total ou parcial.

A segunda perícia é disciplinada pelo art. 480 e seus respectivos parágrafos:

> **Art. 480.** O juiz determinará, de ofício ou a requerimento da parte, a realização de nova perícia quando a matéria não estiver suficientemente esclarecida.
>
> **§ 1º** A segunda perícia tem por objeto os mesmos fatos sobre os quais recaiu a primeira e destina-se a corrigir eventual omissão ou inexatidão dos resultados a que esta conduziu.
>
> **§ 2º** A segunda perícia rege-se pelas disposições estabelecidas para a primeira.
>
> **§ 3º** A segunda perícia não substitui a primeira, cabendo ao juiz apreciar o valor de uma e de outra.

Isso significa dizer que o juiz pode formar o seu convencimento no primeiro laudo, na hipótese de terem sido realizadas duas perícias. Com a aplicação princípio da persuasão racional o juiz pode utilizar somente parte da conclusão do laudo pericial ou mesmo desprezá-lo totalmente, desde que haja outros elementos de convicção no processo, como o parecer do assistente técnico ou pareceres juntados pelas partes com conteúdo técnico e científico.

I) Perícia de insalubridade e periculosidade

No processo do trabalho, a realização de perícia técnica é **indispensável**, por determinação legal, nas hipóteses de pedido de adicional de insalubridade e/ou de periculosidade, mesmo que já existam nos autos pareceres técnicos ou documentos elucidativos (CLT, art. 195, § 2º).[59]

Conforme analisado no item 4.2 do capítulo anterior (exclusão dos efeitos da revelia), mesmo que o reclamado não compareça à audiência, para oferecer a sua resposta à pretensão do reclamante, **é dever do juiz designar a perícia para a verificação da periculosidade e do grau da insalubridade.**

Dispensa-se a realização de perícia quando, por exemplo, a empresa, em determinado mês, deixa de pagar o adicional de periculosidade ou insalubridade sem que tenha sido adotada qualquer medida para diminuir ou eliminar o grau de insalubridade ou a periculosidade.

Situação análoga é aquela prevista pela Súmula nº 453 do TST:

> **SÚMULA Nº 453.** ADICIONAL DE PERICULOSIDADE. PAGAMENTO ESPONTÂNEO. CARACTERIZAÇÃO DE FATO INCONTROVERSO. DESNECESSÁRIA A PERÍCIA DE QUE TRATA O ART. 195 DA CLT. (conversão da Orientação Jurisprudencial nº 406 da SBDI-I) O pagamento de adicional de periculosidade efetuado por mera liberalidade da empresa, ainda que de forma proporcional ao tempo de exposição ao risco ou em percentual inferior ao máximo legalmente previsto, dispensa a realização da prova técnica exigida pelo art. 195 da CLT, pois torna incontroversa a existência do trabalho em condições perigosas.

Apesar da CLT ser omissa nesse particular, entende-se ser **desnecessária** a realização de perícia no caso de pleito de periculosidade por conta de **condução de motocicleta ou em atividade sujeita a risco de roubos ou outras espécies de violência física** nas atividades profissionais de segurança pessoal ou patrimonial (art. 193, II e § 4º da CLT).

Caso o empregado perceba que a empresa vai modificar o meio ambiente de trabalho que considera insalubre ou perigoso, mas não recebe o respectivo adicional, deve propor **ação de produção antecipada de prova**, sob pena de tornar impraticável a perícia futura ou ter que recorrer à prova emprestada.

O problema da prova pericial, nesse caso, é que ela geralmente é feita **após a extinção do contrato de trabalho**. Então, não há como reconhecer se o meio ambiente de trabalho no dia da realização da diligência **é o mesmo da época da prestação de serviços**. Por conta dessa peculiaridade admite-se que o perito, além de fazer a verificação dos agentes insalubres presentes quando da visita técnica, utilize-se do PPRA – Programa de Prevenção de Riscos Ambientais e do PPP – Perfil Profissiográfico Previdenciário, documentos de caráter obrigatório.

Por fim, ressalte-se que o fato de o perito ter encontrado agente insalubre diverso daquele apontado na inicial não obsta o deferimento do pleito do adicional respectivo, conforme entendimento do TST que consta da Súmula nº 293:

59. CLT. Art. 195. A caracterização e a classificação da insalubridade e da periculosidade, segundo as normas do Ministério do Trabalho, far-se-ão através de perícia a cargo de Médico do Trabalho ou Engenheiro do Trabalho, registrados no Ministério do Trabalho. § 2º. **Arguida em juízo insalubridade ou periculosidade**, seja por empregado, seja por Sindicato em favor de grupo de associados, o juiz designará perito habilitado na forma deste artigo, e, onde não houver, requisitará perícia ao órgão competente do Ministério do Trabalho (Obs: O Ministério do Trabalho foi extinto e suas atribuições foram transferidas para a Secretaria Especial de Previdência de Trabalho do Ministério da Economia).

> **SÚMULA Nº 293.** ADICIONAL DE INSALUBRIDADE. CAUSA DE PEDIR. AGENTE NOCIVO DIVERSO DO APONTADO NA INICIAL (mantida) – Res. 121/2003, DJ 19, 20 e 21.11.2003. A verificação mediante perícia de prestação de serviços em condições nocivas, considerado agente insalubre diverso do apontado na inicial, não prejudica o pedido de adicional de insalubridade.

Não há como concordar com esse posicionamento, diante da **necessidade de se observar o princípio da congruência** ao qual se encontra adstrito ao juiz, bem como o princípio do contraditório.

Exemplo de questão sobre o tema

(FCC – Juiz do Trabalho Substituto 1ª região/2015) Viviane ajuizou ação trabalhista, postulando pagamento de adicional de insalubridade em razão do frio intenso a que estava submetida. Deferida a prova técnica, o perito apresentou laudo no qual não constatou a presença de frio intenso, mas de umidade excessiva. Nesse caso, o pedido deve ser julgado

a) improcedente, uma vez que o fato demonstrado não corresponde àquele descrito na causa de pedir.
b) procedente, uma vez que a demonstração de agente insalubre diverso não prejudica o pedido de pagamento do adicional respectivo.
c) improcedente, uma vez que a hipótese é de adicional de periculosidade.
d) procedente, uma vez que o fato demonstrado é idêntico àquele descrito na causa de pedir.
e) improcedente, uma vez que ambas as hipóteses não dão ensejo ao pagamento do adicional de insalubridade.

Resposta: B

J) Perícia médica de doença ocupacional e acidente do trabalho típico

A perícia médica mais usual nos processos trabalhistas tem como objetivo as questões relativas às doenças ocupacionais e acidentes do trabalho, no que diz respeito à identificação da lesão ou disfunção, com sua respectiva extensão; fixação do nexo de causalidade; existência ou não de incapacidade e, eventualmente, na presença e modalidade da culpa (negligência, imprudência ou imperícia).

Nesse caso específico, a perícia médica não tem caráter obrigatório, como ocorre com a perícia de insalubridade e periculosidade. Portanto, é possível que seja substituída por pareceres técnicos juntados pelas partes, conforme prevê o art. 472 do CPC, aplicado de forma suplementar no processo do trabalho.

K) Diferenças entre o perito e a testemunha

A seguir, o quadro contendo as principais diferenças entre o perito e a testemunha:

Testemunha	Perito
Pessoa estranha ao feito	Auxiliar do juiz
Depõe sobre os fatos que constam da sua memória	Explica ao juiz os fatos que já ocorreram investigando os fatos atuais

Testemunha	Perito
Percebe os fatos antes do ajuizamento da demanda (presentativo)	Só tem contato com o fato que fundamenta a demanda pela via indireta, ou seja, analisando as suas consequências atuais (representativo)
São pessoas certas e determinadas que presenciaram ou souberam do fato	Pode ser qualquer pessoa capaz que tenha conhecimentos técnico-científicos

(FCC – Juiz do Trabalho Substituto 23ª região/2015) João da Silva, quando da distribuição de sua reclamação trabalhista, juntou ao processo três laudos periciais, que demonstravam a existência de insalubridade para o exercício da função que executava na empresa ré. Neste caso, diante do pedido de adicional de insalubridade, o Juiz

a) poderá formar sua convicção apenas com base nos laudos apresentados, sendo-lhe facultado determinar ou não a realização de uma perícia técnica.

b) deverá utilizar os laudos apresentados como prova emprestada, com fundamento no princípio da celeridade e da utilidade da prova.

c) designará perito habilitado para a realização da perícia técnica, independentemente da apresentação dos laudos periciais.

d) poderá utilizar os laudos apresentados apenas em caso de revelia e confissão, quando a realização da perícia técnica é desnecessária.

e) não poderá formar seu convencimento, nem fundamentar sua decisão nos laudos periciais apresentados, já que a perícia técnica é obrigatória e indispensável.

Resposta: C

(TRT 22 – Juiz do Trabalho Substituto 22ª região/ 2013) Quanto à prova pericial, assinale a alternativa CORRETA:

a) ainda que a perícia seja complexa, por abranger mais de uma área de conhecimento especializado, o perito nomeado apresentará laudo envolvendo todos os aspectos objeto da perícia e, uma vez considerado o trabalho técnico incompleto, o juiz determinará a complementação do trabalho técnico, por outro perito que detenha o conhecimento adequado;

b) se já repousarem nos autos documentos ou pareceres técnicos sobre as questões de fato que o juiz considerar suficientes à formação do seu convencimento, este poderá dispensar a prova pericial requerida pela parte;

c) no processo do trabalho, mesmo quando o fato probando independe de conhecimento especial, técnico ou científico, a prova pericial não poderá ser indeferida;

d) as partes poderão recusar, reciprocamente, os assistentes técnicos indicados, mas não o perito nomeado pelo juízo, uma vez que o expert, nos termos da lei, é um auxiliar do juiz;

e) uma vez determinada a perícia, cabe à parte diligenciar acerca do local e do momento de sua realização, não sendo necessária intimação.

Resposta: B

6.6. Inspeção judicial

Como visto anteriormente, as provas são apresentadas e apreciadas, em regra, em audiência. Contudo, em determinadas situações há a necessidade de o juiz se deslocar até onde estejam situadas as coisas ou as pessoas objeto do litígio, procedimento denominado de inspeção judicial.

A decisão pela inspeção judicial, de ofício ou a pedido do interessado, ocorre quando, em qualquer fase do processo, o juiz julgar necessário para a melhor verificação ou interpretação dos fatos; quando a coisa não puder ser apresentada em juízo, sem consideráveis despesas ou graves dificuldades; e para determinar a reconstituição dos fatos (art. 481 do CPC).

Assim, a inspeção judicial **constitui uma faculdade do juiz** e pode ser feita em pessoas ou coisas. Destina-se ao esclarecimento dos fatos e para complementar as demais provas produzidas, com a utilização plena de todos os sentidos do magistrado, quando o objeto da prova não puder ser apresentado em juízo.

O procedimento da inspeção judicial é relativamente simples. O juiz pode decidir pela inspeção em qualquer fase processual, **desde que intime as partes** do dia, hora e local de sua realização, de forma a possibilitar o exercício pleno do direito de ação e de defesa, bem como para prestar esclarecimentos e fazer observações que repute de interesse para a causa.

Se for necessário, o juiz pode utilizar dos conhecimentos técnicos ou científicos de um perito que o acompanhará durante a realização da inspeção.

Uma vez concluída a diligência, deve ser lavrado o auto de inspeção judicial, com o registro das observações sensoriais do juiz e de tudo aquilo que contribua para a solução do litígio, inclusive instruído com documentos elucidativos, se necessário.

O auto de inspeção judicial é de vital importância para os casos em que há interposição de recurso, pois somente por meio de sua consulta é que a instância superior poderá valorar esse meio de prova e manter ou não a decisão do juízo *a quo*.

Exemplos de questões sobre o tema

(TRT 2 – Juiz do Trabalho Substituto 2ª região/2014) Em matéria de prova, observe as proposições abaixo e ao final responda a alternativa que contenha proposituras corretas:

I. Aquele que não prestou depoimento pessoal não poderá presenciar o depoimento do outro.

II. Os incapazes, em princípio, não poderão depor nem na qualidade de informantes, pois presume-se que não possuam o discernimento necessário para esclarecer quanto aos fatos que lhe serão perguntados.

III. Havendo necessidade de realização de prova pericial a ser concretizada fora da sede do Juízo, a nomeação do profissional incumbirá ao Juízo deprecante.

IV. Cessará a fé de um documento público ou particular quando lhe for declarada judicialmente a falsidade, sendo certo que a competência do Juiz do Trabalho para fazer tal declaração é meramente incidental.

V. Feita a prova do fato narrado, e reconhecida a existência do direito, caberá ao julgador acolher o pedido, com o fundamento jurídico apontado pela parte, caso contrário estar-se-ia modificando a causa de pedir.

Está correta a alternativa:

a) I, II e IV.

b) II, III e V.

c) I, III e V.

d) II, IV e V.

e) I, III e IV.

Resposta: A

6.7. O inquérito civil

A) Conceito

O inquérito civil é um **procedimento investigativo de natureza administrativa** promovido pelo Ministério Público que tem como objetivo colher elementos de convicção sobre a existência de danos coletivos ou individuais indisponíveis, sejam eles efetivos ou potenciais.

Assim dispõe o art. 1º da Resolução nº 23/2007 do CNMP:

> **Art. 1º** O inquérito civil, de natureza unilateral e facultativa, será instaurado para apurar fato que possa autorizar a tutela dos interesses ou direitos a cargo do Ministério Público nos termos da legislação aplicável, servindo como preparação para o exercício das atribuições inerentes às suas funções institucionais.

B) Legitimidade

A Constituição Federal de 1988 reconhece que a instauração do inquérito civil é **uma das funções institucionais do Ministério Público** (art. 129, III). De forma específica, no âmbito laboral, constitui função institucional do Ministério Público do Trabalho a instauração do inquérito civil, para assegurar a observância dos direitos sociais dos trabalhadores (art. 84, II, da Lei Complementar nº 75/93).

C) Características

As principais características do inquérito civil são a **unilateralidade e a facultatividade.** Isso significa que, por ser um procedimento e não um processo, **não há necessidade de se estabelecer o contraditório e ampla defesa durante o seu curso**, como exige o art. 5º, LV, da Constituição Federal.

Quanto a facultatividade significa que esse recurso só é utilizado nos casos em que o Ministério Público não dispõe de elementos probatórios suficientes para ajuizar a ação civil pública ou ação civil coletiva.

D) Abertura

A abertura do inquérito civil, **mediante portaria**, pode ser feita de ofício ou a requerimento do interessado, **ainda que anônimo** (art. 2º, § 3º da Resolução nº 23/2007 do CNMP), desde que indique com precisão o fato e seu provável autor, bem como a qualificação mínima que permita sua identificação e localização.

Note-se que a notícia de irregularidade promovida de forma anônima só será objeto de investigação por meio de inquérito civil em casos excepcionais e de forma justificada.

Em tais casos, o Ministério Público deverá instaurar o procedimento preparatório para complementar as informações antes de determinar a abertura do inquérito civil, visando apurar elementos para identificação dos investigados ou do objeto (art. 2º, § 4º, da Resolução nº 23/2007 do CNMP).

A jurisprudência do STF trilha esse caminho:

> Delação Anônima – Investigação Penal – Ministério Público – Autonomia Investigatória (Transcrições) HC 100042-MC/RO* RELATOR: MIN. CELSO DE MELLO EMENTA: A INVESTIGAÇÃO PENAL E A QUESTÃO DA DELAÇÃO ANÔNIMA. DOUTRINA. PRECEDENTES. PRETENDIDA EXTINÇÃO DO PROCEDIMENTO INVESTIGATÓRIO, COM O CONSEQÜENTE ARQUIVAMENTO DO INQUÉRITO POLICIAL. DESCARACTERIZAÇÃO, NA ESPÉCIE, DA PLAUSIBILIDADE JURÍDICA DO PEDIDO. MEDIDA CAUTELAR INDEFERIDA. – As autoridades públicas não podem iniciar qualquer medida de persecução (penal ou disciplinar), apoiando-se, unicamente, para tal fim, em peças apócrifas ou em escritos anônimos. É por essa razão que o escrito anônimo não autoriza, desde que isoladamente considerado, a imediata instauração de "persecutio criminis". – Peças apócrifas não podem ser formalmente incorporadas a procedimentos instaurados pelo Estado, salvo quando forem produzidas pelo acusado ou, ainda, quando constituírem, elas próprias, o corpo de delito (como sucede com bilhetes de resgate no crime de extorsão mediante sequestro, ou como ocorre com cartas que evidenciem a prática de crimes contra a honra, ou que corporifiquem o delito de ameaça ou que materializem o "crimen falsi", p. ex.). – Nada impede, contudo, que o Poder Público, provocado por delação anônima ("disque-denúncia", p. ex.), adote medidas informais destinadas a apurar, previamente, em averiguação sumária, "com prudência e discrição", a possível ocorrência de eventual situação de ilicitude penal, desde que o faça com o objetivo de conferir a verossimilhança dos fatos nela denunciados, em ordem a promover, então, em caso positivo, a formal instauração da "persecutio criminis", mantendo-se, assim, completa desvinculação desse procedimento estatal em relação às peças apócrifas (HC nº 97197. Ministro CELSO DE MELLO Relator. DJE de 8.10.2009).

São requisitos da Portaria de abertura do inquérito civil (art. 4º, da Resolução nº 23/2007 do CNMP):

> I – o fundamento legal que autoriza a ação do Ministério Público e a descrição do fato objeto do inquérito civil;
>
> II – o nome e a qualificação possível da pessoa jurídica e/ou física a quem o fato é atribuído;
>
> III – o nome e a qualificação possível do autor da representação, se for o caso;
>
> IV – a data e o local da instauração e a determinação de diligências iniciais;
>
> V – a designação do secretário, mediante termo de compromisso, quando couber;
>
> VI – a determinação de afixação da portaria no local de costume, bem como a de remessa de cópia para publicação.

E) Conteúdo

No inquérito civil serão colhidas todas as provas em direito admitidas, como interrogatório de testemunhas, depoimentos dos interessados, documentos, perícia etc., tudo no sentido de esclarecer o fato objeto da investigação.

F) Efeitos

Com a conclusão do inquérito civil público o Ministério Público pode decidir pelo seu **arquivamento, pelo ajuizamento de uma ação civil publica ou coletiva, ou por um termo de ajustamento de conduta**, desde que haja a concordância do investigado.

Inclusive, o Ministério Público pode negar, de forma fundamentada, a abertura do inquérito civil quando os fatos narrados na representação não configurem lesão aos interesses ou direitos coletivos ou se já existir inquérito aberto ou concluído tratando da mesma matéria.

G) O inquérito civil como meio de prova

O inquérito civil é considerado como meio de prova nas ações coletivas, mas não de caráter absoluto, pois é promovido por quem tem interesse na causa, no caso, o Ministério Público, por mais respeitável que seja essa Instituição.

Com efeito, o Ministério Público, como representante da coletividade, colhe as provas no inquérito civil de forma unilateral, **sem a observância do princípio do contraditório e da ampla defesa.**

Entretanto, como se trata de um ato da administração pública, **goza da presunção relativa de legitimidade e veracidade**, admitindo-se prova em contrário pelo interessado a quem essa presunção não aproveita. Ainda assim, a legitimidade e a veracidade presumida do inquérito civil aplicam-se somente em relação aos fatos neles descritos e não em relação às suas consequências jurídicas.

Por exemplo: se no inquérito civil chegou-se a conclusão que a empresa não pagava 13º salario aos seus empregados, esse fato passa a ser acobertado pela presunção de veracidade. Essa qualidade, entretanto, não se aplica à conclusão hipotética do inquérito no sentido de ter existido dano moral coletivo.

A jurisprudência do STJ é nesse sentido:

> PROCESSO CIVIL AÇÃO CIVIL DE REPARAÇÃO DE DANOS. INQUÉRITO CIVIL PÚBLICO. NATUREZA INQUISITIVA. VALOR PROBATÓRIO. 1. O inquérito civil público é procedimento informativo, destinado a formar a *opinio actio* do Ministério Público. Constitui meio destinado a colher provas e outros elementos de convicção, tendo natureza inquisitiva. 2. "As provas colhidas no inquérito têm valor probatório relativo, porque colhidas sem a observância do contraditório, mas só devem ser afastadas quando há contraprova de hierarquia superior, ou seja, produzida sob a vigilância do contraditório" (Recurso Especial n. 476.660-MG, relatora Ministra Eliana Calmon, DJ de 4.8.2003). 3. As provas colhidas no inquérito civil, uma vez que instruem a peça vestibular, incorporam-se ao processo, devendo ser analisadas e devidamente valoradas pelo julgador. 4. Recurso especial conhecido e provido." (REsp 644994/MG, 2ª Turma, rel. Min. João Otávio de Noronha, j. 17/02/2005, DJU 21.03.2005, p. 336).

Já os elementos de convicção colhidos durante o inquérito, como documentos, depoimentos de testemunhas, perícias etc. terão o seu valor probatório livremente apreciados pelo juiz (art. 371 do CPC), que avaliará se há ou não necessidade de serem ratificados em juízo, se gozam de presunção relativa ou até mesmo absoluta de legitimidade e de veracidade.

Por exemplo, se uma testemunha foi ouvida pelo representante do Ministério Público do Trabalho durante o inquérito civil, com a participação da parte e garantindo-lhe o direito de contraditar e de fazer perguntas, não haveria necessidade de o depoimento ser confirmado perante o juiz. Na ausência do contraditório, que não é obrigatório no inquérito, a parte interessada pode solicitar ao juiz que o depoimento seja complementado em juízo, para que exerça seu direito de defesa em sua plenitude.

7. ÔNUS DA PROVA

O ônus da prova consiste no mecanismo utilizado para solucionar as lides quando não há prova das alegações de fatos controversos, ou ainda que produzida, não tenha servido para formar o convencimento do juiz, já que este não pode se negar a prestar a tutela jurisdicional (*non liquet*).

Assim, estabelece-se para uma das partes o encargo de provar determinada versão de um fato. Não se desincumbindo desse ônus, a parte sucumbirá na respectiva pretensão.

Trata-se de ônus e não de dever, pois o desencargo respectivo é do interesse do titular, ao contrário do dever ou obrigação, que cria no sujeito ativo o direito de exigir determinada conduta do sujeito passivo.

Como a prova envolve, em regra, o suporte fático da demanda, consequentemente a carga probatória também não alcança a regra jurídica (*iura novit curia* – o juiz conhece o direito).

7.1. Regra clássica de distribuição do ônus da prova

Pela **regra clássica**, ônus da prova pertence à parte que alega a existência de um fato. Constitui ônus da prova do reclamante demonstrar a veracidade dos fatos constitutivos do seu direito. Já para o reclamado, o ônus da prova respectivo limita-se aos fatos modificativos, impeditivos e extintivos do direito do reclamante.

Essa regra encontra-se estabelecida no *caput* do art. 818 da CLT, cuja redação foi alterada pela Lei nº 13.467/17:

> **Art. 818.** O ônus da prova incumbe:
>
> I – ao reclamante, quanto ao fato constitutivo de seu direito;
>
> II – ao reclamado, quanto à existência de fato impeditivo, modificativo ou extintivo do direito do reclamante.

Com efeito, quando o reclamado alega fato impeditivo, modificativo ou extintivo do direito do autor, admite como verdadeiro o fato constitutivo do direito do reclamante. Logo, o primeiro fato é constitutivo do direito do réu, o que implica atribuir-lhe o respectivo o *onus probandi*.

Pois bem, a contestação é feita com a negativa do fato constitutivo do direito do reclamante ou pela sua confirmação. No segundo caso, alega-se outro fato que implica efeitos sobre a titularidade do direito material subjetivo do autor.

Quando o reclamado nega, pura e simplesmente, o fato alegado pelo reclamante, o ônus da prova continua sendo deste último, como acontece com a negativa da existência da prestação de serviço por parte do obreiro.

Contudo, se o réu confirma a veracidade de um fato alegado pelo demandante, mas faz outra afirmação, que implica modificação, extinção ou impedimento do direito do autor, o reclamado atrai para si o ônus da prova.

Inclusive, o juiz deve levar em consideração, de ofício ou a requerimento da parte, os fatos constitutivos, modificativos ou extintivos dos direitos objetos do litígio, depois do ajuizamento da reclamação trabalhista, conforme determina art. 493 do CPC [60] aplicado subsidiariamente ao processo laboral, por força do entendimento constante da Súmula nº 394 do TST:

> **SÚMULA Nº 394.** FATO SUPERVENIENTE. ART. 493 do CPC de 2015. ART. 462 DO CPC de 1973. (atualizada em decorrência do CPC de 2015) – Res. 208/2016, DEJT divulgado em 22, 25 e 26.04.2016. O art. 493 do CPC de 2015 (art. 462 do CPC de 1973), que admite a invocação de fato constitutivo, modificativo ou extintivo do direito, superveniente à propositura da ação, é aplicável de ofício aos processos em curso em qualquer instância trabalhista. Cumpre ao juiz ou tribunal ouvir as partes sobre o fato novo antes de decidir.

7.2. Convenção sobre o ônus da prova

A convenção sobre o ônus da prova constitui uma espécie de negócio jurídico processual. Os efeitos dessa da convenção encontra-se prevista no art. 373, § 3º, I e II, e § 4º do CPC. Na verdade, consiste em uma norma de direito material que regula uma convenção estabelecida anteriormente ao surgimento do litígio.

De acordo com o preceito legal apontado, o juiz pode declarar a nulidade dessa convenção fundado no princípio da persuasão racional (art. 373, § 3º, II, do CPC) quando recair sobre direito indisponível da parte ou tornar excessivamente difícil a uma parte o exercício do direito.

No processo do trabalho, essa regra deve ser apreciada com muito mais cuidado pelo magistrado, uma vez que a mencionada convenção pode ter sido constituída na formação ou durante a execução do contrato de trabalho, momento em que os **direitos trabalhistas são irrenunciáveis.**

Nada impede, todavia, que o juiz do trabalho atribua validade a essa convenção, se restar demonstrado que foi feita após a extinção do contrato de trabalho e desde que não torne a prova excessiva para o hipossuficiente.

Contudo, o posicionamento do TST sobre esse tema é no sentido de **não se admitir, em hipótese alguma, a convenção sobre o ônus da prova**, de acordo com o que determina o art. 2º, VII, da Instrução Normativa nº 39/16.

Observe-se que essa vedação não alcança as demandas nas quais sejam parte o **empregado hipersuficiente**, diante da maior autonomia da vontade conferida a essa categoria pela Lei nº 13.467/17.

7.3. Distribuição dinâmica do ônus da prova – Inversão do ônus da prova

Como visto, o ônus da prova cabe a quem alega o fato. Tal regra decorre da adoção da **teoria clássica da distribuição do ônus da prova.**

Esse encargo processual pode ser invertido pela manifestação expressa das partes **(inversão por convenção)**, mas tem aplicabilidade limitada no processo laboral, segundo o TST, quando prejudica o empregado hipossuficiente.

---

60. CPC. Art. 493. Se, depois da propositura da ação, algum fato constitutivo, modificativo ou extintivo do direito influir no julgamento do mérito, caberá ao juiz tomá-lo em consideração, de ofício ou a requerimento da parte, no momento de proferir a decisão.

Já pela teoria da **distribuição dinâmica do ônus da prova,** atribui-se esse encargo processual à parte que possui melhores condições de fazer a prova no caso concreto.

A utilização dessa teoria, tanto no processo civil quanto no processo do trabalho, só pode ser feita em cada caso, com a observância das peculiaridades que lhes são próprias.

A Lei nº 13.467/17 inseriu três parágrafos no art. 818 da CLT, dois deles bastantes semelhantes aos dispositivos do CPC que tratam dessa matéria, conforme se observa do quadro comparativo seguinte:

<table>
<tr><th colspan="2">REFORMA TRABALHISTA – QUADRO COMPARATIVO
DISTRIBUIÇÃO DINÂMICA DO ÔNUS DA PROVA</th></tr>
<tr><th>CPC</th><th>CLT</th></tr>
<tr><td>Art. 373. § 1º Nos casos previstos em lei ou diante de peculiaridades da causa relacionadas à impossibilidade ou à excessiva dificuldade de cumprir o encargo nos termos do caput ou à maior facilidade de obtenção da prova do fato contrário, poderá o juiz atribuir o ônus da prova de modo diverso, desde que o faça por decisão fundamentada, caso em que deverá dar à parte a oportunidade de se desincumbir do ônus que lhe foi atribuído.
§ 2º A decisão prevista no § 1º deste artigo não pode gerar situação em que a desincumbência do encargo pela parte seja impossível ou excessivamente difícil.</td><td>Art. 818. § 1º Nos casos previstos em lei ou diante de peculiaridades da causa relacionadas à impossibilidade ou à excessiva dificuldade de cumprir o encargo nos termos deste artigo ou à maior facilidade de obtenção da prova do fato contrário, poderá o juízo atribuir o ônus da prova de modo diverso, desde que o faça por decisão fundamentada, caso em que deverá dar à parte a oportunidade de se desincumbir do ônus que lhe foi atribuído.
§ 2º A decisão referida no § 1º deste artigo deverá ser proferida antes da abertura da instrução e, a requerimento da parte, implicará o adiamento da audiência e possibilitará provar os fatos por qualquer meio em direito admitido.
§ 3º A decisão referida no § 1º deste artigo não pode gerar situação em que a desincumbência do encargo pela parte seja impossível ou excessivamente difícil.</td></tr>
<tr><th colspan="2">DIFERENÇAS E COMENTÁRIOS</th></tr>
<tr><td colspan="2">A inversão do ônus da prova, estabelecido na sua modalidade clássica, deve ser efetivada expressamente pelo juiz na abertura da fase probatória, para permitir o amplo exercício do direito de defesa e do contraditório, como ressalta a parte final do § 1º, do art. 818 da CLT e parte final do § 1º do art. 373 do CPC.
Isso porque o ônus da prova é regra de julgamento (aspecto subjetivo), mas também constitui norma definidora da parte que terá o encargo processual probatório (aspecto objetivo).
A inversão do ônus da prova constitui uma situação excepcional. Por conta disso, a parte deve estar preparada para se desincumbir do referido ônus que originariamente não era seu, tese acolhida tanto pelo CPC quando pela CLT.
A diferença básica entre dos dois Diplomas legais reside no parágrafo 2º do art. 818 da CLT, que não encontra similar no Diploma processual Civil e determina que, a pedido da parte, a audiência seja adiada para que sejam providenciados os meios necessários para fazer a prova na próxima sessão.</td></tr>
</table>

7.4. Casos específicos

A temática do ônus da prova é importantíssima, mormente para quem atua no foro, pois, no momento da instrução processual, o advogado tem que identificar a quem pertence o ônus da prova para se desincumbir ou evitar a produção de provas inúteis.

Sem as regras relativas ao *onus probandi,* o juiz não se desincumbiria de sua função de julgar nos casos em que não houvesse prova ou quando esta fosse insuficiente ou defeituosa.

A jurisprudência trabalhista, constantemente, manifesta-se sobre a questão do ônus da prova, principalmente por meio das Súmulas e Orientações Jurisprudências da SDI-1 do TST, conforme se vê das ementas abaixo transcritas:

SÚMULA Nº 6. EQUIPARAÇÃO SALARIAL. ART. 461 DA CLT. (redação do item VI alterada) – Res. 198/2015. VIII – É do empregador o ônus da prova do fato impeditivo, modificativo ou extintivo da equiparação salarial. (ex-Súmula nº 68 – RA 9/1977, DJ 11.02.1977).

SÚMULA Nº 16. NOTIFICAÇÃO. Nova redação – Res. 121/2003, DJ 21.11.2003. Presume-se recebida a notificação 48 (quarenta e oito) horas depois de sua postagem. O seu não-recebimento ou a entrega após o decurso desse prazo constitui ônus de prova do destinatário.

SÚMULA Nº 212. DESPEDIMENTO. ÔNUS DA PROVA (mantida) – Res. 121/2003, DJ 19, 20 e 21.11.2003. O ônus de provar o término do contrato de trabalho, quando negados a prestação de serviço e o despedimento, é do empregador, pois o princípio da continuidade da relação de emprego constitui presunção favorável ao empregado.

SÚMULA Nº 338. JORNADA DE TRABALHO. REGISTRO. ÔNUS DA PROVA. (INCORPORADAS AS ORIENTAÇÕES JURISPRUDENCIAIS Nºs 234 E 306 DA SDI-1). I – É ônus do empregador que conta com mais de 10 (dez) empregados o registro da jornada de trabalho na forma do art. 74, § 2º, da CLT. A não-apresentação injustificada dos controles de frequência gera presunção relativa de veracidade da jornada de trabalho, a qual pode ser elidida por prova em contrário. (ex-Súmula Nº 338 – Res 121, DJ 21.11.2003). II – A presunção de veracidade da jornada de trabalho, ainda que prevista em instrumento normativo, pode ser elidida por prova em contrário. (ex-OJ Nº 234 – Inserida em 20.06.2001). III – Os cartões de ponto que demonstram horários de entrada e saída uniformes são inválidos como meio de prova, invertendo-se o ônus da prova, relativo às horas extras, que passa a ser do empregador, prevalecendo a jornada da inicial se dele não se desincumbir.

SÚMULA N º 385. FERIADO LOCAL OU FORENSE. AUSÊNCIA DE EXPEDIENTE. PRAZO RECURSAL. PRORROGAÇÃO. COMPROVAÇÃO. NECESSIDADE. (alterada em decorrência do CPC de 2015) – Res. 220/2017, DEJT divulgado em 21, 22 e 25.09.2017 I – Incumbe à parte o ônus de provar, quando da interposição do recurso, a existência de feriado local que autorize a prorrogação do prazo recursal (art. 1.003, § 6º, do CPC de 2015). No caso de o recorrente alegar a existência de feriado local e não o comprovar no momento da interposição do recurso, cumpre ao relator conceder o prazo de 5 (cinco) dias para que seja sanado o vício (art. 932, parágrafo único, do CPC de 2015), sob pena de não conhecimento se da comprovação depender a tempestividade recursal;

SÚMULA N º 435. DECISÃO MONOCRÁTICA. RELATOR. art. 932 do cpc de 2015. ART. 557 DO CPC de 1973. APLICAÇÃO SUBSIDIÁRIA AO PROCESSO DO TRABALHO (atualizada em decorrência do CPC de 2015) – Res. 208/2016, DEJT divulgado em 22, 25 e 26.04.2016. Aplica-se subsidiariamente ao processo do trabalho o art. 932 do CPC de 2015 (art. 557 do CPC de 1973).

SÚMULA N º 461. FGTS. DIFERENÇAS. RECOLHIMENTO. ÔNUS DA PROVA – Res. 209/2016, DEJT divulgado em 01, 02 e 03.06.2016. É do empregador o ônus da prova em relação à regularidade dos depósitos do FGTS, pois o pagamento é fato extintivo do direito do autor (art. 373, II, do CPC de 2015).

Além dessas hipóteses inseridas nos verbetes do TST, a jurisprudência trabalhista já pacificou o entendimento no que diz respeito ao ônus da prova da existência da relação de emprego. Se a prestação de serviços é negada pelo reclamado, **cabe ao empregado o encargo processual respectivo**. Todavia, se a negativa é da existência da relação de emprego, mas o reclamado/empregador **admite a prestação de serviços, atrai para si o ônus da prova.**

Apresenta-se, em seguida, o quadro com o resumo da jurisprudência trabalhista sobre a distribuição do ônus da prova.

Fato	Ônus da prova
Despedida	• O ônus de provar o término do contrato de trabalho, quando negados a prestação de serviço e o despedimento, é do empregador, pois o princípio da continuidade da relação de emprego constitui presunção favorável ao empregado (TST. Súmula nº 212).
Registro de jornada	• É ônus do empregador que conta com mais de 10 (dez) empregados o registro da jornada de trabalho na forma do art. 74, § 2º, da CLT (TST. Súmula nº 338, I); • Os cartões de ponto que demonstram horários de entrada e saída uniformes são inválidos como meio de prova, invertendo-se o ônus da prova, relativo às horas extras, que passa a ser do empregador, prevalecendo a jornada da inicial se dele não se desincumbir (TST. Súmula nº 338, III).
Equiparação salarial	• É do empregador o ônus da prova do fato impeditivo, modificativo ou extintivo da equiparação salarial (TST. Súmula nº 6, VIII).
Notificação	• Presume-se recebida a notificação 48 (quarenta e oito) horas depois de sua postagem. O seu não-recebimento ou a entrega após o decurso desse prazo constitui ônus de prova do destinatário (TST. Súmula nº 16).

Exemplos de questões sobre o tema:

(FCC – Juiz do Trabalho/2017) O art. 818 da CLT estabelece que a prova das alegações incumbe à parte que as fizer. Em se tratando da prova e do ônus da prova no processo do trabalho, com base na CLT e no entendimento das Súmulas e Orientações Jurisprudenciais do TST, extrai-se:

a) Em se tratando de reclamação trabalhista com pedido de adicional de insalubridade, a realização de perícia será obrigatória diante da determinação legal do art. 195 da CLT, podendo, contudo, o julgador utilizar-se de outros meios de prova quando desativado o local de trabalho do reclamante ou encerrada a atividade da empresa.

b) Tendo em vista o princípio da autodeterminação coletiva, previsto no art. 7, XXVI da CF, a presunção de veracidade da jornada de trabalho, quando prevista em instrumento normativo, não pode ser elidida por prova em contrário.

c) Cabe ao empregado, em reclamação trabalhista, o ônus da prova de demonstrar que satisfaz os requisitos indispensáveis para a concessão do vale-transporte.

d) Uma vez negados a prestação de serviço e o despedimento, é do empregado o ônus de provar o término do contrato de trabalho por iniciativa do empregador, na medida em que a CLT estabelece que a prova das alegações incumbe à parte que as fizer.

e) Em matéria de horas extras, na hipótese de aplicada a confissão ao reclamado que, expressamente intimado com aquela cominação, não compareceu à audiência, na qual deveria depor, o indeferimento da oitiva de testemunha convidada pelo demandado caracterizará cerceamento ao seu direito de defesa, pois a presunção de veracidade da jornada de trabalho pode ser elidida por prova em contrário.

Resposta: A

(TRT 4 – Juiz do Trabalho Substituto 4ª região/2016) Filisbino Inocente ajuizou ação trabalhista em desfavor de Só Pago Quando Der – EPP, conhecida empresa do ramo comercial, em 02/02/2016. Alegou ter trabalhado para a reclamada por 5 (cinco) anos, contrato extinto em dezembro de 2015. Postulou, em seu petitório, o pagamento de horas extras, o reconhecimento da equiparação salarial com seu colega Espertino e o adicional de periculosidade, em razão do labor em altura. A reclamada defendeu-se, referindo contar com 8 (oito) empregados, razão pela qual não possui controle de horário. Alegou que o reclamante recebia o mesmo salário que o paradigma, impugnando o adicional de periculosidade vindicado. Sobre o caso, assinale a assertiva correta.

a) Tendo em vista o princípio da hipossuficiência do empregado e considerando o princípio da aptidão para a prova, poderá o Julgador, balizado pelas novas disposições do Código de Processo Civil, de aplicação supletiva ao processo do trabalho, inverter o ônus da prova em relação aos pedidos de horas extras e adicional de periculosidade.

b) É devido o adicional de periculosidade pelo trabalho em altura, ante o risco da atividade, hipótese que, à luz do art. 195 da Consolidação das Leis do Trabalho, deve ser verificada mediante a competente perícia técnica.

c) Cabe ao autor, por se tratar de fato constitutivo de seu direito, produzir a prova de que não recebia salário idêntico ao do paradigma.

d) Compete ao autor a prova do fato constitutivo de seu direito e, ao réu, a prova relativa aos fatos impeditivos, modificativos e extintivos da pretensão obreira. Na hipótese referida, a defesa relativa à equiparação salarial apresenta fato extintivo da pretensão autora, enquanto a relativa às horas extras impõe ao autor o ônus da prova de suas alegações.

e) A alegação defensiva no tocante às horas extras, assim como a relativa à equiparação salarial, não exime o empregador da obrigação de documentar o contrato de trabalho, razão pela qual compete a este o ônus da prova de suas alegações.

Resposta: D

(TRT 2 – Juiz do Trabalho Substituto 2ª região/2016) Considerando as súmulas de jurisprudência do Tribunal Superior do Trabalho, assinale a alternativa INCORRETA:

a) A parte recorrente não tem o ônus de provar a ocorrência de feriado forense que prorrogue o prazo recursal, podendo ser verificado pelo juiz ou reconsiderada a decisão denegatória mediante apresentação de prova superveniente pela parte interessada.

b) É da reclamada o ônus de provar a efetiva jornada de trabalho se apresentados cartões de ponto com anotações uniformes.

c) Há súmula que dispõe sobre a reintegração ao emprego do empregado portador de doença grave, como AIDS, por exemplo, que atribui o ônus da prova da dispensa lícita, assim a desvinculada da questão da doença, ao empregador.

d) Em pedido de equiparação salarial não há disposição sumular a respeito do ônus da prova de fatos que impeçam o reconhecimento do direito equiparatório.

e) É do empregador o ônus de provar o término do contrato de trabalho, mesmo quando negada a prestação de serviço e o despedimento.

Resposta: D

(TRT 23 – Juiz do Trabalho Substituto 23ª região/ 2014) Marcelo da Silva propôs reclamação trabalhista em face de José Almeida, afirmando labor de 01.06.12 a 01.12.13; informou ter sido transferido por três oportunidades no curso do contrato; postulou o recolhimento do FGTS e o pagamento de adicional de transferência e de férias simples; informou ter sempre residido no mesmo local no curso de toda a relação de emprego. Em defesa, o reclamado contestou o pedido de recolhimento do FGTS ao argumento de ter sido o reclamante despedido por justa causa; negou a ocorrência das transferências; impugnou o pedido de férias simples informando ter o reclamante 33 faltas injustificadas no segundo semestre de 2013. Considerados o conceito de ônus da prova e o objeto dos meios de prova em cotejo com a distribuição do ônus da prova, qual a assertiva CORRETA:

a) Cabe ao reclamado provar a justa causa alegada em defesa, por encerrar lato impeditivo da pretensão obreira.

b) Cabe ao reclamante provar as transferências por encerrarem as mesmas fato constitutivo da pretensão inicial.

c) Cabe ao reclamado provar a inocorrência das transferências, por encerrar fato impeditivo da pretensão autoral.

d) Quanto às férias, cabe ao reclamado provar as faltas injustificadas do reclamante.

e) Todas as assertivas são incorretas.

Resposta: E

(TRT 2 – Juiz do Trabalho Substituto 2ª região/ 2013) Quanto à prova no processo do trabalho, consoante a doutrina. Aponte a alternativa correta:

I. O ordenamento jurídico brasileiro não adota o princípio do livre convencimento, também chamado de princípio de persuasão racional.

II. Com alicerce no princípio da imediação, deve-se privilegiar a impressão pessoal do juiz que fez a instrução, o qual manteve contato pessoal com as testemunhas.

III. Prova ilícita é aquela que implica violação de norma de direito processual.

IV. A prova há de ser analisada em seu conjunto, formando um todo unitário, em razão do que não se deve apreciar a prova isoladamente.

V. O art. 6º, VIII, da Lei nº 8.078/90 (Código de Defesa do Consumidor) prevê a possibilidade de inversão judicial do ônus da prova. Trata-se de princípio também adotado no processo do trabalho.

Está correta a alternativa:

a) II e III.

b) I, III e IV.

c) II, IV e V.

d) I, II, IV.

e) II, III e V.

Resposta: C

---

8. PRESUNÇÕES

Presunção é aquilo que se admite como verdadeiro, de acordo com a razoável e a probabilidade, decorrente das observações do que normalmente acontece – **presunção *hominis***, ou por conta de uma imposição da lei – **presunção legal**. Nesse último caso, a presunção ainda se divide em *iuris et de iure* e *iuris tantum*.

O CPC não inclui as presunções no rol dos meios de prova, ao contrário do que ocorre com a disciplina do Código Civil de 2002 (art. 212, inciso IV).[61]

8.1. *Iuris et de iure*

A presunção *iuris et de iure* constitui uma ficção jurídica de veracidade de um fato prevista em lei, que **não admite qualquer prova em sentido contrário**.

Por exemplo, a intimação publicada no diário oficial é considerada eficaz, mesmo que o advogado não tenha tido conhecimento do seu conteúdo.

O fato de o empregado aceitar receber quantia inferior ao salário mínimo, durante a vigência do pacto laboral, constitui uma presunção *iuris et de iure* de vício na sua manifes-

---

61. Código Civil. Art. 212. Salvo o negócio a que se impõe forma especial, o fato jurídico pode ser provado mediante: IV – presunção.

tação de vontade. Assim, mesmo que o trabalhador tenha verdadeiramente anuído com o procedimento feito pelo empregador, o ajuste é nulo de pleno direito.

Presume-se que foram pactuadas as condições essenciais de um contrato de trabalho, como remuneração, jornada de trabalho etc., mesmo que os contratantes não as tenham ajustado expressamente. É uma presunção *iuris et de iure*, que não admite prova em contrário, na forma prevista pelo art. 447 da CLT.[62] Nesse caso, prevalecem aquelas condições mínimas de labor previstas na legislação trabalhista.

8.2. *Iuris tantum*

A presunção jurídica é *iuris tantum* quando a lei admite um fato como verdadeiro, mas que **pode ser impugnado por intermédio de qualquer outro meio de prova idôneo.**

Dessa forma, se o reclamante alega um fato constitutivo do seu direito que é presumidamente verdadeiro, transfere-se o ônus da prova para o reclamado, que deve se desincumbir desse encargo sob pena de ver reconhecida a pretensão deduzida em juízo.

A presunção legal *iuris tantum* pode ser expressa ou tácita. **É expressa** quando a norma clara e inequivocamente institui a presunção de veracidade do fato, mas admite a prova em contrário. Quando a presunção decorre da aplicação de princípios, sem que expressamente admita determinado fato como verdadeiro, a presunção **é tácita.**

Assim, se o reclamado alega que o reclamante pediu demissão, cabe ao primeiro demonstrar o ocorrido, pois incide a presunção de que a iniciativa do rompimento do pacto laboral foi provocada pelo empregador em decorrência da aplicação do princípio da continuidade do vínculo empregatício.

8.3. Presunção *hominis*

Como visto, a presunção legal pode ser *iuris tantum* ou *iuris et de iure*. Elas são previstas expressamente pela norma e por isso são denominadas de presunções legais.

Contudo, quando o juiz utiliza as regras obtidas pela sua experiência pessoal em relação àquilo que normalmente acontece no sentido de formar a sua convicção, sem que tais consequências tenham sido agasalhadas pela norma como presunções legais, a hipótese é de presunção *hominis*.

Essa espécie de presunção também é denominada de **presunção** facti**, simples ou natural**, que representa um abrandamento à aplicação do princípio da necessidade da prova e deriva do princípio geral do direito segundo o qual o ordinário se presume e o extraordinário se prova.

Enquanto a presunção legal **deriva do raciocínio do legislador,** a presunção *hominis* **é decorrente do raciocínio do juiz.**

---

62. CLT. Art. 447. Na falta de acordo ou prova sobre condição essencial ao contrato verbal, esta se presume existente, como se a tivessem estatuído os interessados, na conformidade dos preceitos jurídicos adequados à sua legitimidade.

O art. 375 do CPC, trata especificamente da presunção *hominis*:

> **Art. 375.** O juiz aplicará as regras de experiência comum subministradas pela observação do que ordinariamente acontece e, ainda, as regras de experiência técnica, ressalvado, quanto a estas, o exame pericial.

A CLT possui regra semelhante inserida no art. 852-D, parte final, quando disciplina o procedimento sumaríssimo, mas que pode ser aplicada também no rito ordinário:

> **Art. 852-D.** O juiz dirigirá o processo com liberdade para determinar as provas a serem produzidas, considerado o ônus probatório de cada litigante, podendo limitar ou excluir as que considerar excessivas, impertinentes ou protelatórias, bem como para apreciá-las e **dar especial valor às regras de experiência comum ou técnica** (grifou-se).

8.4. Prova do dano moral puro

O dano moral representa o resultado da ofensa a um patrimônio imaterial da pessoa. É um prejuízo que não tem avaliação econômica, pois atinge um bem jurídico que possui essa mesma característica.

A prova de um dano moral puro, na maioria dos casos, decorre de uma presunção *hominis* (*in re ipsa*). Isso porque não há como demonstrar, por intermédio dos sentidos, a dor, a humilhação, o constrangimento etc.

Nesses casos, o juiz tem que se valer das regras da experiência comum para considerar esses efeitos como provados.

Desse modo, seria dispensável, por exemplo, a oitiva de testemunhas para demonstrar a vergonha de um reclamante que foi submetido à revista íntima, ou mesmo uma prova pericial para demonstrar o abalo psicológico por conta da ocorrência desse evento. Tais provas podem ser necessárias, em cada caso concreto, para revelar a extensão do dano e não a sua concretização em si, que já restaria comprovada em razão da utilização da presunção *hominis*.

Deve-se registrar que os demais elementos da responsabilidade civil podem ser objeto de prova, como a ação ou omissão, o nexo de causalidade e a culpa.

8.5. Casos específicos

A jurisprudência é rica no que diz respeito à fixação de presunções, conforme se observa das Súmulas do TST a seguir transcritas:

> **SÚMULA Nº 12.** CARTEIRA PROFISSIONAL. (mantida) – Res. 121/2003, DJ 19, 20 e 21.11.2003. As anotações apostas pelo empregador na carteira profissional do empregado não geram presunção "juris et de jure", mas apenas "juris tantum".

> **SÚMULA Nº 16.** NOTIFICAÇÃO – Nova redação – Res. 121/2003, DJ 21.11.2003. Presume-se recebida a notificação 48 (quarenta e oito) horas depois de sua postagem. O seu não-recebimento ou a entrega após o decurso desse prazo constitui ônus de prova do destinatário.

> **SÚMULA Nº 96.** MARÍTIMO. (mantida) – Res. 121/2003, DJ 19, 20 e 21.11.2003. A permanência do tripulante a bordo do navio, no período de repouso, além da jornada, não

importa presunção de que esteja à disposição do empregador ou em regime de prorrogação de horário, circunstâncias que devem resultar provadas, dada a natureza do serviço.

SÚMULA Nº 338. JORNADA DE TRABALHO. REGISTRO. ÔNUS DA PROVA. (incorporadas as Orientações Jurisprudenciais nº 234 e 306 da SBDI-1) – Res. 129/2005 – DJ 20.04.2005: I – É ônus do empregador que conta com mais de 10 (dez) empregados o registro da jornada de trabalho na forma do art. 74, § 2º, da CLT. A não-apresentação injustificada dos controles de frequência gera presunção relativa de veracidade da jornada de trabalho, a qual pode ser elidida por prova em contrário. (ex-Súmula Nº 338 – Res. 121, DJ 21.11.2003). II – A presunção de veracidade da jornada de trabalho, ainda que prevista em instrumento normativo, pode ser elidida por prova em contrário. (ex-OJ Nº 234 – Inserida em 20.06.2001). III – Os cartões de ponto que demonstram horários de entrada e saída uniformes são inválidos como meio de prova, invertendo-se o ônus da prova, relativo às horas extras, que passa a ser do empregador, prevalecendo a jornada da inicial se dele não se desincumbir. (ex-OJ Nº 306 – DJ 11.08.2003).

SÚMULA Nº 443. DISPENSA DISCRIMINATÓRIA. PRESUNÇÃO. EMPREGADO PORTADOR DE DOENÇA GRAVE. ESTIGMA OU PRECONCEITO. DIREITO À REINTEGRAÇÃO. Presume-se discriminatória a despedida de empregado portador do vírus HIV ou de outra doença grave que suscite estigma ou preconceito. Inválido o ato, o empregado tem direito à reintegração no emprego.

9. INDÍCIOS

Os indícios não foram listados como meios de provas pelo Código Civil e pelo CPC, ao contrário do que previa o CPC de 1939 em seus arts. 252 e 253:

Art. 252 do CPC de 1939. O dolo, a fraude, a simulação e, em geral, os atos de má fé poderão ser provados por indícios e circunstâncias.

Art. 253 do CPC de 1939. Na apreciação dos indícios, o juiz considerará livremente a natureza do negócio, a reputação dos indiciados e a verossimilhança dos fatos alegados na inicial e na defesa.

O Código de Processo Penal ainda mantém os indícios no rol dos meios de prova: "Art. 239. Considera-se indício a circunstância conhecida e provada, que, tendo relação com o fato, autorize, por indução, concluir-se a existência de outra ou outras circunstâncias".

Apesar do ordenamento jurídico processual civil não considerar os indícios como meios de prova, o juiz pode utilizar esses vestígios probatórios, também denominado de circunstâncias, para conduzir e construir o seu raciocínio lógico e, consequentemente, convencer-se da veracidade ou não de um fato arguido pela parte.

10. PRINCIPAIS DIFERENÇAS ENTRE O PROCESSO CIVIL E O PROCESSO DO TRABALHO

Instituto	Processo Civil	Processo do Trabalho
Interrogatório das partes	Obrigatório.	Facultativo (art. 848 da CLT), registrando que há entendimento doutrinário e jurisprudencial em sentido contrário.

Instituto	Processo Civil	Processo do Trabalho
Intimação de testemunhas	A intimação da testemunha é necessária, mas é feita pelo próprio advogado (art. 455 do CPC).	As testemunhas comparecem independentemente de intimação por convite das partes.
Convenção sobre a distribuição do ônus da prova	Válida, de acordo com o disposto no art. 373, § 3º, I e II, e § 4º do CPC.	Não se admite quando se tratar de lide envolvendo empregado hipossuficiente.
Quantidade de testemunhas	10 para cada parte (art. 357, § 6º do CPC).	Rito ordinário: 3 Rito sumaríssimo: 2 Inquérito: 6
Valor da prova testemunhal	Nos casos em que a lei exigir prova escrita da obrigação, é admissível a prova testemunhal quando houver começo de prova por escrito, emanado da parte contra a qual se pretende produzir a prova. (art. 444 do CPC).	Não há qualquer restrição legal

11. INFORMATIVOS DO TST SOBRE A MATÉRIA

Trabalho externo. Possibilidade de controle dos horários de início e de término da jornada de trabalho. Concessão do intervalo intrajornada. Ônus da prova do empregado. Inaplicabilidade da Súmula nº 338, I, do TST.

Ainda que seja possível controlar os horários de início e de término da jornada de trabalho, é do empregado que desempenha atividades externas o ônus de provar a supressão ou a redução do intervalo intrajornada. Não há falar em aplicação da Súmula nº 338, I, do TST, pois as peculiaridades do trabalho externo impedem o empregador de fiscalizar a fruição do referido intervalo. Sob esse entendimento, e tendo em conta que o acórdão do Tribunal Regional registrou que o reclamante não comprovou qualquer irregularidade no gozo do intervalo intrajornada, a SBDI-I, por unanimidade, conheceu dos embargos, por divergência jurisprudencial, e, no mérito, por maioria, negou-lhes provimento. Vencidos os Ministros Hugo Carlos Scheuermann, relator, e José Roberto Freire Pimenta. TST--E-RR-539-75.2013.5.06.0144, SBDI-I, rel. Min. Hugo Carlos Scheuermann, red. p/ acórdão Min. Maria Cristina Irigoyen Peduzzi, 13.9.2018 (TST. Info nº 184).

Pedido de adiamento da audiência para intimação de testemunha. Indeferimento. Determinação judicial prévia de apresentação de rol de testemunhas. Inobservância. Cerceamento do direito de defesa. Não caracterização. Art. 825, da CLT. Não violação.

Com o objetivo de imprimir razoável duração ao processo, a praxe nos Tribunais Regionais é no sentido de designar audiências unas e contínuas, em que as partes são previamente notificadas a respeito da necessidade de apresentar o rol de testemunhas antecipadamente ou trazer as não arroladas independentemente de intimação, sob pena de não serem ouvidas. Nesse contexto, o indeferimento do pedido de adiamento da audiência, para que fosse intimada a testemunha não arrolada e que não compareceu espontaneamente, não viola o art. 825 da CLT, nem caracteriza cerceamento do direito de defesa. Reforça tal entendimento o fato de, no caso concreto, além de a parte ter sido previamente informada a respeito das consequências advindas da ausência das testemunhas na data da audiência, não haver justificativa para o não comparecimento, nem prova de que foram realmente convidadas. Sob esses fundamentos, a SBDI-I, por unanimidade, conheceu dos embargos por divergência jurisprudencial e, no mérito, por maioria, negou-lhes provimento. Vencidos os Ministros João Oreste Dalazen, relator, Márcio Eurico Vitral Amaro e Augusto César Leite de Carvalho. TST-E-RR-1810-18.2012.5.15.0108, SBDI-I, rel. Min. João Oreste Dalazen, red. p/ acórdão Min. Hugo Carlos Scheuermann, 12.4.2018 (Informativo TST nº 176)

Salário-família. Ônus da prova. Súmula nº 254 do TST. Matéria suspensa para apreciação do Tribunal Pleno.

A SBDI-I decidiu, por unanimidade, suspender a proclamação do resultado do julgamento do processo em que se discute se cabe ao empregado ou ao empregador o ônus de provar o direito ao salário-família e, nos termos do art. 158, § 1º, do RITST, remeter os autos ao Tribunal Pleno para revisão, se for o caso, da Súmula nº 254 do TST. Na hipótese, os Ministros Márcio Eurico Vitral Amaro, relator, Luiz Philippe Vieira de Mello Filho, Guilherme Augusto Caputo Bastos, Walmir Oliveira da Costa e Renato de Lacerda Paiva votaram no sentido de conhecer dos embargos, por divergência jurisprudencial, e, no mérito, dar-lhes provimento para, reformando o acórdão embargado que endossara a inversão do ônus da prova em desfavor da empregadora, julgar improcedente o pedido de salário-família. De outra sorte, os Ministros José Roberto Freire Pimenta, Augusto César Leite de Carvalho, Hugo Carlos Scheuermann, Alexandre Agra Belmonte, Cláudio Mascarenhas Brandão e Brito Pereira conheciam dos embargos, por divergência jurisprudencial, e, no mérito, negavam-lhes provimento, inclinando-se, portanto, a decidir em sentido contrário ao disposto na Súmula nº 254 do TST. TST-E-RR-696-25.2012.5.05.0463 , SBDI-I, rel. Min. Márcio Eurico Vitral Amaro, 28.9.2017 (TST. Info nº 166).

Adicional de insalubridade. Perícia. Dispensa. Condenação com base no Programa de Prevenção de Riscos Ambientais – PPRA. Possibilidade. Art. 427 do CPC de 1973. Local de difícil acesso. Inviabilidade de realização de prova pericial.

Apesar de o art. 195 da CLT estabelecer que a caracterização da insalubridade ocorrerá por meio de perícia, o art. 427 do CPC de 1973 (art. 472 do CPC de 2015) faculta ao juiz dispensar a prova pericial quando já houver nos autos pareceres técnicos ou documentos elucidativos suficientes à formação de seu convencimento. Assim, na hipótese em que o reclamante é laboratorista em mina na Serra dos Carajás/PA, local de difícil acesso, em que a realização de perícia revelou-se inviável, admite-se o reconhecimento da insalubridade com base no Programa de Prevenção de Riscos Ambientais – PPRA, documento obrigatório destinado à preservação da saúde e da integridade física dos trabalhadores, em que se registra a classificação do risco da atividade. No caso, ressaltou-se que a adoção do PPRA é medida excepcional, que se justifica como forma de garantir aos trabalhadores dos rincões do Pará o acesso à justiça. Ademais, trata-se de prova que goza de presunção juris tantum, razão pela qual pode a empresa demonstrar que o reclamante não realizava trabalho insalubre ou perigoso. Sob esses fundamentos, a SBDI-I, por unanimidade, conheceu dos embargos, por divergência jurisprudencial, e, no mérito, por maioria, negou-lhes provimento. Vencidos os Ministros Márcio Eurico Vitral Amaro, relator, João Oreste Dalazen, Brito Pereira, Emmanoel Pereira e Aloysio Corrêa da Veiga. TST-E-RR-223400-20.2007.5.08.0114, SBDI-I, rel. Min. Márcio Eurico Vitral, red. p/ acórdão Min. Walmir Oliveira da Costa, 6.4.2017 (TST. Info nº 156).

Notificação prévia para indicação de provas na audiência inaugural. Ausência de apresentação do rol de testemunhas. Indeferimento do pedido de produção de prova testemunhal na audiência de prosseguimento. Cerceamento de defesa. Não configuração.

Não configura cerceamento de defesa o indeferimento do pedido de produção de prova testemunhal na audiência de prosseguimento, quando a parte, previamente notificada para indicar as provas que pretende produzir, comparece à audiência inaugural e não apresenta o rol de testemunhas. Embora, no processo do trabalho, não haja obrigação de a parte requerer o arrolamento de testemunhas (arts. 825 e 845 da CLT), no caso, o fato de haver determinação judicial expressa no sentido de que o reclamado indicasse todas as provas que pretendia produzir no feito, quando da audiência inaugural, afastou a pretendida nulidade processual por cerceamento do direito de defesa. Sob esse fundamento, a SBDI-I, por maioria, conheceu dos embargos, por divergência jurisprudencial, vencidos os Ministros José Roberto Freire Pimenta, relator, Antonio José de Barros Levenhagen, Lelio Bentes Corrêa, Luiz Philippe Vieira de Mello Filho e Delaíde Miranda Arantes, e, no mérito, por unanimidade, negou-lhes provimento, mantendo incólume a decisão turmária mediante a qual não se conheceu do recurso de revista do reclamado. TST-E-ED-RR-50200-44.2003.5.08.0006 , SBDI-I, rel. Min. José Roberto Freire Pimenta, 15.12.2016 (TST. Info nº 151).

Conflito negativo de competência. Carta precatória. Oitiva de testemunhas. Degravação de depoimentos audiovisuais. Competência do juízo deprecado.

É atribuição do juízo deprecado proceder à degravação dos depoimentos colhidos em audiência por meio audiovisual. Na hipótese, após a oitiva das testemunhas, o juízo deprecado determinou a devolução das cartas precatórias sem que houvesse realizado a degravação dos depoimentos, cujo conteúdo foi disponibilizado mediante mídia (CD). De acordo com o art. 417, § 1º, do CPC de 1973, o depoimento registrado por meio idôneo de documentação será passado para a versão datilográfica quando houver recurso da sentença ou quando o juiz o determinar, de ofício ou a requerimento da parte, razão pela qual não se pode atribuir ao reclamante ou ao reclamado a responsabilidade da degravação. De outra sorte, o registro audiovisual não fora determinado pelo juízo deprecante, mas decorrera de iniciativa do próprio juízo deprecado, razão pela qual se conclui que cabe a este o ônus da degravação. Sob esses fundamentos, e citando precedentes do STJ que afirmam ser a transcrição de depoimentos obrigação do juízo deprecado, como parte do cumprimento integral da carta precatória, a SBDI-II, por unanimidade, conheceu do conflito negativo de competência e declarou competente o Juízo da 9ª Vara do Trabalho de Curitiba (deprecado) para efetuar a degravação das declarações das testemunhas ali ouvidas mediante registro audiovisual. TST-CC-10634-88.2013.5.07.0031, SBDI-II, rel. Min. Antonio José de Barros Levenhagen, 28.6.2016 (TST. Info nº 140).

Cerceamento de defesa. Indeferimento do pedido de intimação de testemunhas que não compareceram espontaneamente à audiência. Ausência não justificada.

Nos termos do artigo 825 da CLT, as testemunhas comparecerão à audiência independentemente de notificação ou intimação. Caso faltem, cabe à parte provar que as convidou e registrar justificativa para tal ausência. Não havendo o registro, o indeferimento na audiência inaugural do requerimento de intimação das testemunhas faltosas não implica cerceamento do direito de defesa. Sob esse entendimento, a SBDI-I, por unanimidade, conheceu do recurso de embargos, por divergência jurisprudencial e, no mérito, por maioria, deu-lhe provimento para afastar a declaração de nulidade por cerceamento de defesa, restabelecendo o acórdão regional, vencidos os Exmos. Ministros Guilherme Augusto Caputo Bastos, relator, Ives Gandra Martins Filho, Lelio Bentes Corrêa e Márcio Eurico Vitral Amaro. Redigirá o acórdão o Exmo. Ministro João Oreste Dalazen. TST-E-ED-ARR-346-42.2012.5.08.0014, SBDI-I, rel. Min. Caputo Bastos, redator João Oreste Dalazen, 8.5.2015 (TST. Info nº 106).

AR. Prova testemunhal. Falsidade. Comprovação. Art. 485, VI, do CPC

Comprovada a falsidade do depoimento testemunhal tido como prova determinante ao deslinde da controvérsia, porque decisivo ao convencimento do julgador, torna-se possível a desconstituição do acórdão rescindendo com base no inciso VI do art. 485 do CPC. Com esse fundamento, a SBDI-II, à unanimidade, conheceu do recurso ordinário, e, no mérito, negou-lhe provimento, mantendo a decisão do Tribunal Regional que julgou procedente o pleito rescisório da empresa-autora para desconstituir o acórdão proferido com esteio em prova falsa, consubstanciada no depoimento da única testemunha arrolada pela reclamante. Na espécie, a referida testemunha, ao ser inquirida sobre a jornada de trabalho do reclamante, declinou horários totalmente díspares daqueles que, na mesma função, alegou estar sujeita nos autos da reclamação trabalhista que moveu contra a mesma empregadora. Causou estranheza o fato de a jornada informada na ação por ela proposta ser menor do que aquela indicada na condição de testemunha, de modo que, a prevalecer esta última, restariam sonegadas as horas extraordinárias a que faria jus, o que não se mostra razoável. TST-RO-1382200-22.2005.5.02.0000, SBDI-II, rel. Min. Guilherme Augusto Caputo Bastos, 11.12.2012 (TST. Info nº 34)

Confissão real. Valoração. Existência de prova em contrário. Princípio do livre convencimento do juiz.

O princípio do livre convencimento do juiz, consubstanciado no art. 131 do CPC, que estabelece a liberdade do julgador no exame das provas produzidas no curso da instrução processual, permite concluir que a confissão real não se sobrepõe, por si só, ao conjunto das demais provas constantes dos autos, cabendo ao juiz definir seu valor, à luz das circunstâncias de cada caso. Com esse entendimento, a SBDI-I, por unanimidade, conheceu dos embargos por divergência jurisprudencial e, no mérito, por maioria, negou-lhes provimento, mantendo decisão turmária que, na hipótese, reconheceu a possibi-

lidade de se elidir os efeitos da confissão resultante de depoimento pessoal por meio de prova em contrário juntada aos autos e não impugnada. Vencidos os Ministros Milton de Moura França, Horácio Senna Pires, Renato de Lacerda Paiva, Aloysio Corrêa da Veiga, Augusto César de Carvalho e Delaíde Miranda Arantes. TST-E-ED-ED-ED-RR-112300-51.2000.5.02.0024, SBDI-I, rel. Min. Lelio Bentes Corrêa, 21.6.2012 (TST. Info nº 14).

Certidão de interdição. Documento novo. Incapacidade absoluta. Prescrição. Efeitos impeditivos.

Ao entendimento de que configura documento novo (art. 462 do CPC) a certidão de interdição do reclamante para os atos da vida civil juntada aos autos em data posterior à prolação do acórdão do Regional, e de que a incapacidade absoluta do trabalhador foi devidamente prequestionada, visto que a decisão prolatada em embargos de declaração em recurso de revista, apesar de se reportar ao consignado pelo TRT, no sentido de que não houve comprovação da definitividade da interdição do empregado, em momento algum negou reconhecimento à própria interdição, a SBDI-I, por maioria, conheceu dos embargos por divergência jurisprudencial, vencido o Ministro Renato de Lacerda Paiva, relator. No mérito, tendo em conta que a sentença de interdição tem natureza declaratória e efeitos ex tunc, ou seja, impede o fluxo do prazo prescricional desde a data do surgimento da doença incapacitante para os atos da vida civil, a Subseção deu provimento ao recurso para, reformando o acórdão embargado, determinar o retorno dos autos à Quinta Turma a fim de que, afastada a prescrição decretada, prossiga no julgamento dos demais tópicos do recurso de revista do reclamado, como entender de direito. TST-E-ED-RR-1520-88.2010.5.12.0000, SBDI-I, rel. Min. Renato de Lacerda Paiva, red. p/ acórdão Min. Maria Cristina Irigoyen Peduzzi, 14.6.2012 (TST. Info nº 13).

Testemunha. Reclamação trabalhista contra o mesmo empregador. Suspeição. Não configuração.

O simples fato de a testemunha ter arrolado o reclamante para depor em ação trabalhista por ela ajuizada contra o mesmo empregador não é suficiente para caracterizar troca de favores apta a tornar suspeita a testemunha, o que dependeria de expressa comprovação. Assim, reiterando entendimento já expendido em julgados anteriores, a SBDI-I, por maioria, conheceu dos embargos por contrariedade à Súmula nº 357 do TST, vencidos os Ministros Maria Cristina Irigoyen Peduzzi, Renato de Lacerda Paiva e Dora Maria da Costa, e, no mérito, deu-lhes provimento para determinar o retorno dos autos à Vara do Trabalho de origem, a fim de que, reaberta a instrução, seja ouvida a testemunha do autor, na forma legal, e prossiga com o exame do mérito, como entender de direito. No caso, a decisão turmária não conheceu do recurso de revista do reclamante, ao argumento de que, além de a testemunha ter ajuizado ação trabalhista contra a mesma empregadora, ele foi testemunha no processo da testemunha que o arrolou, restando, portanto, configurada a troca de favores. TST-E-ED-RR-197040-64.2002.5.02.0381, SBDI-I, rel. Min. José Roberto Freire Pimenta, 23.8.2012 (TST. Info nº 13).

12. QUADRO SINÓPTICO

Capítulo V – Provas no processo do trabalho			
Instituto		**Conteúdo**	**Item**
Princípios	**Necessidade da prova**	Deve haver prova nos autos sobre os fatos controversos, relevantes e pertinentes. Excetuam-se os fatos notórios, os confessados ou sobre o qual milita presunção de veracidade absoluta.	2.1
	Persuasão racional do juiz	O magistrado não está adstrito a este ou àquele meio de prova específico. Por isso, não se aplica o do brocardo latino testis unos testis nullos (sistema da prova legal). Por outro lado, o juiz não pode formar o seu convencimento com base apenas em suas impressões pessoais (sistema do livre convencimento).	2.2
	Concentração processual	As provas devem ser produzidas em audiência e, de preferência, em uma única sessão.	2.3

<table>
<tr><th colspan="4">Capítulo V – Provas no processo do trabalho</th></tr>
<tr><th>Instituto</th><th colspan="2">Conteúdo</th><th>Item</th></tr>
<tr><td rowspan="4">Princípios</td><td>Indivisibilidade da prova</td><td>A prova é una e indivisível, de forma que não há como declarar que uma parte dela tem credibilidade e o restante não, para atender aos interesses da parte que a produziu.</td><td>2.4</td></tr>
<tr><td>Busca da verdade real</td><td>A busca da verdade real, mesmo admitida como ideal inatingível, deve ser a meta do processo e nortear toda a atividade do julgador na entrega do provimento jurisdicional.</td><td>2.5</td></tr>
<tr><td>Comunhão dos meios de prova</td><td>Uma vez produzida a prova pode ser ela utilizada por qualquer dos sujeitos do processo em seu proveito, independentemente de quem tenha sido a iniciativa para sua produção.</td><td>2.6</td></tr>
<tr><td>Aptidão da prova</td><td>Cabe a parte que tem melhores condições de produzir a prova no caso concreto, o respectivo encargo processual.</td><td>2.7</td></tr>
<tr><th colspan="4">Peculiaridades do processo do trabalho</th></tr>
<tr><td>Interrogatório das partes</td><td colspan="2">Ao contrário do que ocorre com o processo civil, entende-se que o interrogatório dos litigantes não é obrigatório no processo do trabalho. Chega-se a essa conclusão ao interpretar o art. 848 da CLT, que atribui ao juiz a faculdade de ouvir a parte, ao utilizar o verbo "podendo" e não "devendo".</td><td>3.1</td></tr>
<tr><td>Validade da prova testemunhal</td><td colspan="2">No processo civil, a prova exclusivamente testemunhal pode ter limitações, na forma prevista pelo art. 444 do CPC. No processo do trabalho, não existe limitação semelhante.</td><td>3.2</td></tr>
<tr><th colspan="4">Oportunidade</th></tr>
<tr><td colspan="3">Identificam-se, no processo civil, quatro momentos distintos em relação à prova: o requerimento ou proposta, feito pelas partes; admissão ou indeferimento, por ato do juiz; a produção propriamente dita, geralmente em audiência; e a produção antecipada de provas.</td><td>4</td></tr>
<tr><th colspan="4">Dispensa da prova</th></tr>
<tr><td>Fatos incontroversos</td><td colspan="2">Presume-se verdadeiro o fato narrado na peça inicial quando o reclamado não se manifesta expressamente sobre ele ou admite a sua veracidade. Nesse caso, denomina-se de fato incontroverso.</td><td>5.1</td></tr>
<tr><td>Fatos notórios</td><td colspan="2">Fato notório é aquele conhecido por todos. A notoriedade do fato alegado por qualquer das partes dispensa a sua prova, pois é do conhecimento das partes e do próprio juiz.</td><td>5.2</td></tr>
<tr><td rowspan="3">Fatos confessados</td><td>Confissão Judicial</td><td>Ocorre quando o fato é admitido expressamente pela parte contrária em seu depoimento prestado em juízo.</td><td rowspan="3">5.3</td></tr>
<tr><td>Confissão Extrajudicial</td><td>Manifestação unilateral de vontade exercida por meio de atos praticados fora do processo e só é aceita como prova nas reclamações trabalhistas quando confirmadas em juízo.</td></tr>
<tr><td>Confissão ficta</td><td>Ocorre quando a parte é notificada para comparecer à audiência para prestar depoimento e não atende a esse chamamento. Nesse caso, presumem-se verdadeiros os fatos narrados pelo seu ex adversus.</td></tr>
<tr><td>Presunção iuris et de iuris</td><td colspan="2">Dispensa-se a prova do fato o qual milita a presunção absoluta de veracidade, ou seja, aquela que não admite prova em contrário.</td><td>5.4</td></tr>
<tr><td>Prova emprestada</td><td colspan="2">O juiz poderá admitir a utilização de prova produzida em outro processo, atribuindo-lhe o valor que considerar adequado, observado o contraditório (art. 372 do CPC de 2015).</td><td>5.5</td></tr>
</table>

<table>
<tr><th colspan="4">Capítulo V – Provas no processo do trabalho</th></tr>
<tr><th>Instituto</th><th colspan="2">Conteúdo</th><th>Item</th></tr>
<tr><th colspan="4">Meios de prova</th></tr>
<tr><td>Definição</td><td colspan="2">Assim como no processo civil, no processo do trabalho são admitidos todos os meios hábeis para demonstrar a veracidade dos fatos alegados pelas partes, desde que não sejam expressamente proibidos ou contrários à moral. Assim, de acordo com o disciplinamento do processo civil, têm-se como meios de provas típicos: perícia, depoimento das partes, prova testemunhal, prova documental e inspeção judicial.</td><td>6</td></tr>
<tr><td>Provas ilícitas</td><td colspan="2">Exclui-se a produção de provas obtidas por meio ilícitos, na forma do disposto no art. 5º LVI da Constituição Federal de 1988, e as provas moralmente proibidas, conforme disposição contida no art. 369 do CPC.</td><td>6.1</td></tr>
<tr><td rowspan="4">Depoimento pessoal</td><td>Conceito</td><td>É o ato processual pelo qual a parte manifesta-se sobre os fatos da causa, que constam da petição inicial ou descritos pela defesa. Destina-se, também, à obtenção da confissão.</td><td rowspan="4">6.2</td></tr>
<tr><td>Procedimento</td><td>Não há possibilidade de um litigante inquirir, diretamente, a parte contrária ou as testemunhas. As perguntas sempre são feitas por intermédio do juiz, a quem cabe a análise prévia para saber se elas são impertinentes, capciosas ou vexatórias.</td></tr>
<tr><td>Limites</td><td>Os litigantes estão obrigados a responder a todas as perguntas formuladas pelo magistrado, sob pena de reconhecimento da confissão, salvo se lhe forem imputados fatos criminosos, torpes ou a cujo respeito, por estado ou profissão, deva guardar sigilo.</td></tr>
<tr><td>Confissão em litisconsórcio</td><td>Em caso de vários reclamantes ou vários reclamados a confissão de um litisconsorte não prejudica os demais. Observe-se que um mesmo fato não pode ser ao mesmo tempo verdadeiro e falso. Por esse motivo é que a confissão, em processos nos quais exista litisconsórcio, só produz efeitos quando acontece em relação a todos os litisconsortes.</td></tr>
<tr><td rowspan="5">Documental</td><td>Conceito</td><td>“Qualquer base de conhecimento, fixada materialmente e disposta de maneira que se possa utilizar para consulta, estudo, prova”.</td><td rowspan="5">6.3</td></tr>
<tr><td rowspan="2">Forma</td><td>• Para ser aceito, o documento deve ser original, em cópia autenticada ou assim declarado pelo advogado da parte, de acordo com o art. 830 da Consolidação das Leis do Trabalho;
• Os documentos juntados aos autos pelas pessoas jurídicas de direito público estão isentas de autenticação;
• Fazem a mesma prova que os originais as cópias reprográficas de peças do próprio processo judicial declaradas autênticas pelo próprio advogado sob sua responsabilidade pessoal;</td></tr>
<tr><td>Os documentos eletrônicos ou digitalizados cuja autenticidade for garantida por assinatura com certificação digital são considerados como originais.</td></tr>
<tr><td>Espécies</td><td>• instrumento público.
• instrumento particular.</td></tr>
<tr><td>Oportunidade</td><td>Para o reclamante, a oportunidade para juntada de documentos coincide com o da propositura da demanda e, em relação ao reclamado, com a da apresentação da defesa, salvo na hipótese de fato superveniente e para contrapor aqueles que foram contestados pela parte contrária.</td></tr>
</table>

<table>
<tr><th colspan="5">Capítulo V – Provas no processo do trabalho</th></tr>
<tr><th>Instituto</th><th colspan="3">Conteúdo</th><th>Item</th></tr>
<tr><td rowspan="4">Documental</td><td rowspan="4">Arguição de falsidade</td><td>Conceito</td><td>No curso de um processo, qualquer uma das partes pode impugnar a autenticidade de um documento utilizado como prova, bem como alegar a sua falsificação. Caso acolhida a alegação, cessa ou mesmo impede a sua fé, seja ele por instrumento público ou particular.</td><td rowspan="4">6.3</td></tr>
<tr><td>Espécies</td><td>A arguição de falsidade pode ser ideológica ou material. É ideológica a falsidade quando o conteúdo do documento não retratar a realidade fática que aparenta representar. A falsidade é material quando se tratar de rasuras ou contestação da assinatura (autenticidade da assinatura) de quem firmou o documento.</td></tr>
<tr><td>Ônus da prova</td><td>Em caso de falsidade de documento, o ônus da prova cabe a quem arguir. Caso haja contestação da assinatura, o ônus da prova recairá sobre a parte que juntou o documento.</td></tr>
<tr><td>Oportunidade</td><td>Em qualquer momento ou fase processual pode-se arguir a falsidade, desde que no prazo de quinze dias após a intimação de sua juntada aos autos, em petição dirigida ao juiz da causa.</td></tr>
<tr><td rowspan="3">Testemunhal</td><td>Conceito</td><td colspan="2">A testemunha é a pessoa física que presenciou determinado acontecimento ou os seus efeitos. O registro do fato na memória da testemunha é feito pela percepção obtida pelos sentidos (visão, audição, tato, olfato e paladar).</td><td rowspan="3">6.4</td></tr>
<tr><td rowspan="2">Capacidade, suspeição e impedimento</td><td>CLT</td><td>A testemunha que for parente até o terceiro grau civil, amigo íntimo ou inimigo de qualquer das partes, não prestará compromisso, e seu depoimento valerá como simples informação (art. 829 da CLT).</td></tr>
<tr><td>Incapacidade para ser testemunha</td><td>• o interdito por enfermidade ou deficiência mental;
• o que, acometido por enfermidade ou retardamento mental, ao tempo em que ocorreram os fatos, não podia discerni-los, ou, ao tempo em que deve depor, não está habilitado a transmitir as percepções;
• o que tiver menos de 16 (dezesseis) anos;
• o cego e o surdo, quando a ciência do fato depender dos sentidos que lhes faltam.</td></tr>
</table>

Capítulo V – Provas no processo do trabalho				
Instituto	**Conteúdo**			**Item**
Testemunhal	**Capacidade, suspeição e impedimento**	**Impedimento**	• o cônjuge, o companheiro, o ascendente e o descendente em qualquer grau e o colateral, até o terceiro grau, de alguma das partes, por consanguinidade ou afinidade, salvo se o exigir o interesse público ou, tratando-se de causa relativa ao estado da pessoa, não se puder obter de outro modo a prova que o juiz repute necessária ao julgamento do mérito; • o que é parte na causa; • o que intervém em nome de uma parte, como o tutor, o representante legal da pessoa jurídica, o juiz, o advogado e outros que assistam ou tenham assistido as partes.	6.4
		Suspeição	• o inimigo da parte ou o seu amigo íntimo; • o que tiver interesse no litígio.	
	Quantidade		• rito ordinário: três testemunhas por parte. • rito sumaríssimo: duas testemunhas por parte. • inquérito: seis testemunhas por parte.	
	Rol de testemunhas		A CLT não dispõe de dispositivos sobre o arrolamento de testemunhas. O art. 825 desse Diploma Legal prevê que as testemunhas comparecerão à audiência independentemente de intimação.	
	Quantidade		• rito ordinário: três testemunhas por parte. • rito sumaríssimo: duas testemunhas por parte. • inquérito: seis testemunhas por parte.	
	Rol de testemunhas		A CLT não dispõe de dispositivos sobre o arrolamento de testemunhas. O art. 825 desse Diploma Legal prevê que as testemunhas comparecerão à audiência independentemente de intimação.	
	Local		As testemunhas são inquiridas em audiência perante o juiz da causa. Na hipótese da testemunha não residir em local abrangido pela jurisdição da Vara do Trabalho onde a ação foi proposta, deve ser expedida uma carta precatória, ordem ou rogatória. Por fim, determinadas autoridades (pessoas egrégias) gozam do privilégio de serem ouvidas em sua residência ou onde desempenham suas funções, circunstância que também excepciona o princípio da concentração dos atos processuais em audiência.	
	Procedimento		No processo do trabalho, as testemunhas comparecerão à audiência independentemente de intimação. As partes, de forma justificada, podem requerer a intimação da testemunha por via postal para prestar depoimento.	
	Dever de depor		A testemunha tem o dever de depor, sob pena de o seu procedimento ser enquadrado como crime de falso testemunho e estar sujeito ao pagamento de multa. A testemunha pode se recusar a responder aos questionamentos feitos pelo juiz, desde que lhe acarretem grave dano, bem como ao seu cônjuge ou companheiro e aos seus parentes consanguíneos ou afins, em linha reta, ou na colateral até o terceiro grau; a cujo respeito, por estado ou profissão, deva guardar sigilo.	

<table>
<tr><th colspan="5">Capítulo V – Provas no processo do trabalho</th></tr>
<tr><th>Instituto</th><th colspan="3">Conteúdo</th><th>Item</th></tr>
<tr><td rowspan="2">Testemunhal</td><td>Contradita</td><td colspan="2">Contradita é o procedimento pelo qual um dos litigantes impugna a oitiva de uma testemunha, pelo fato de ser incapaz, suspeita ou impedida.</td><td rowspan="2">6.4</td></tr>
<tr><td>Consequências</td><td colspan="2">O juiz pode formar o seu convencimento com base no depoimento das testemunhas arroladas pelas partes. A valoração que deve ser feita pelo magistrado não se apoia na quantidade de testemunhas ouvidas, mas sim na sua qualidade. Por conta disso, não se aplica o brocardo testis unus, testis nullus.</td></tr>
<tr><td rowspan="9">Pericial</td><td>Necessidade</td><td colspan="2">Sempre que para comprovação de determinado fato for necessário conhecimentos técnicos ou científicos, o juiz determinará a produção de prova pericial, com a designação de um profissional qualificado que passa a ser considerado auxiliar da justiça.</td><td rowspan="5">6.5</td></tr>
<tr><td>Prerrogativas</td><td colspan="2">Na condição de longa manus do juiz, o perito pode ouvir testemunhas, solicitar documentos que estejam em poder das partes ou de órgãos públicos e tudo o mais que se fizer necessário para o cumprimento do seu mister.</td></tr>
<tr><td rowspan="3">Espécies</td><td>Avaliação</td><td>Procedimento por meio do qual o perito apresenta uma estimativa do valor de determinado bem, com o uso dos seus conhecimentos técnicos.</td></tr>
<tr><td>Vistoria</td><td>Consiste na perícia feita, unicamente, pela utilização do recurso da visão.</td></tr>
<tr><td>Exame</td><td>O exame necessita, além da inspeção ocular, da análise mais aprofundada da estrutura do objeto periciado.</td></tr>
<tr><td>Procedimento</td><td colspan="2">O juiz nomeia um perito de sua confiança e fixa previamente o prazo para entrega do laudo, sem a necessidade de termo de compromisso.</td><td rowspan="4">6.5</td></tr>
<tr><td>Honorários</td><td colspan="2">Os honorários provisionais não são cabíveis no processo do trabalho. A responsabilidade pelo pagamento dos honorários periciais é da parte sucumbente na pretensão objeto da perícia, ainda que beneficiária da justiça gratuita, desde que tenha obtido em juizo crédito suficiente para para suportar a despesa. Com relação aos honorários do assistente técnico, esse cabe a parte que o indicou.</td></tr>
<tr><td>Força probatória</td><td colspan="2">Segundo o princípio da persuasão racional, o juiz não está adstrito à conclusão do laudo pericial, pois pode formar seu convencimento com base no conjunto probatório dos autos.</td></tr>
<tr><td>Insalubridade e periculosidade</td><td colspan="2">No processo do trabalho, a realização de perícia técnica é indispensável, por determinação legal, nas hipóteses de pedido de adicional de insalubridade e/ou de periculosidade, mesmo que já existam nos autos pareceres técnicos, documentos elucidativos ou revelia.</td></tr>
<tr><td>Inspeção judicial</td><td colspan="3">Em determinadas situações há a necessidade de o juiz deslocar-se até onde estejam situadas as coisas ou as pessoas objeto do litígio, procedimento este denominado de inspeção judicial. Constitui uma faculdade do juiz e pode ser feita em pessoas ou coisas. Destina-se ao esclarecimento dos fatos, para complementar as demais provas produzidas, com a utilização plena de todos os sentidos do magistrado.</td><td>6.6</td></tr>
<tr><td>Inquérito Civil</td><td colspan="3">É um procedimento investigativo de natureza administrativa promovido pelo Ministério Público que tem como objetivo colher elementos de convicção sobre a existência de danos coletivos ou individuais indisponíveis, sejam eles efetivos ou potenciais.</td><td>6.7</td></tr>
</table>

<table>
<tr><th colspan="4">Capítulo V – Provas no processo do trabalho</th></tr>
<tr><th>Instituto</th><th colspan="2">Conteúdo</th><th>Item</th></tr>
<tr><th colspan="4">Ônus da prova</th></tr>
<tr><td>Objetivo</td><td colspan="2">Com a utilização das regras relativas ao ônus da prova é que se determina a quem pertence o encargo processual de demonstrar a veracidade de um fato controvertido.</td><td>7</td></tr>
<tr><td rowspan="2">Regras</td><td>CLT</td><td>Art. 818. O ônus da prova incumbe: I – ao reclamante, quanto ao fato constitutivo de seu direito; II – ao reclamado, quanto à existência de fato impeditivo, modificativo ou extintivo do direito do reclamante.</td><td rowspan="2">7.1</td></tr>
<tr><td>CPC</td><td>Art. 373. O ônus da prova incumbe: I – ao autor, quanto ao fato constitutivo do seu direito; II – ao réu, quanto à existência de fato impeditivo, modificativo ou extintivo do direito do autor.
§ 1º Nos casos previstos em lei ou diante de peculiaridades da causa relacionadas à impossibilidade ou à excessiva dificuldade de cumprir o encargo nos termos do caput ou à maior facilidade de obtenção da prova do fato contrário, poderá o juiz atribuir o ônus da prova de modo diverso, desde que o faça por decisão fundamentada, caso em que deverá dar à parte a oportunidade de se desincumbir do ônus que lhe foi atribuído.</td></tr>
<tr><td>Distribuição dinâmica do ônus da prova</td><td>CLT</td><td>Art. 818. § 1º Nos casos previstos em lei ou diante de peculiaridades da causa relacionadas à impossibilidade ou à excessiva dificuldade de cumprir o encargo nos termos deste artigo ou à maior facilidade de obtenção da prova do fato contrário, poderá o juízo atribuir o ônus da prova de modo diverso, desde que o faça por decisão fundamentada, caso em que deverá dar à parte a oportunidade de se desincumbir do ônus que lhe foi atribuído.</td><td>7.3</td></tr>
<tr><td rowspan="4">Casos específicos</td><td>Equiparação salarial</td><td>É do empregador o ônus da prova do fato impeditivo, modificativo ou extintivo da equiparação salarial. (Súmula nº 6, VIII, do TST).</td><td rowspan="4">7.4</td></tr>
<tr><td>Registro da jornada de trabalho</td><td>• É ônus do empregador que conta com mais de dez empregados o registro da jornada de trabalho na forma do art. 74, § 2º, da CLT. A não apresentação injustificada dos controles de frequência gera presunção relativa de veracidade da jornada de trabalho, a qual pode ser elidida por prova em contrário;
• A presunção de veracidade da jornada de trabalho, ainda que prevista em instrumento normativo, pode ser elidida por prova em contrário;
• Os cartões de ponto que demonstram horários de entrada e saída uniformes são inválidos como meio de prova, invertendo-se o ônus da prova, relativo às horas extras, que passa a ser do empregador, prevalecendo a jornada da inicial se dele não se desincumbir. (Súmula nº 338 do TST).</td></tr>
<tr><td>Notificação</td><td>Presume-se recebida a notificação 48 (quarenta e oito) horas depois de sua postagem. O seu não recebimento ou a entrega após o decurso desse prazo constitui ônus de prova do destinatário (Súmula nº 16 do TST).</td></tr>
<tr><td>Abandono</td><td>Presume-se o abandono de emprego se o trabalhador não retornar ao serviço no prazo de 30 (trinta) dias após a cessação do benefício previdenciário nem justificar o motivo de não o fazer. (Súmula nº 32 do TST).</td></tr>
</table>

<table>
<tr><th colspan="4">Capítulo V – Provas no processo do trabalho</th></tr>
<tr><th>Instituto</th><th colspan="2">Conteúdo</th><th>Item</th></tr>
<tr><td rowspan="4">Casos específicos</td><td>Despedida</td><td>O ônus de provar o término do contrato de trabalho, quando negados a prestação de serviço e o despedimento, é do empregador, pois o princípio da continuidade da relação de emprego constitui presunção favorável ao empregado. (Súmula nº 212 do TST).</td><td rowspan="4">7.4</td></tr>
<tr><td>Horas extras</td><td>A decisão que defere horas extras com base em prova oral ou documental não ficará limitada ao tempo por ela abrangido, desde que o julgador fique convencido de que o procedimento questionado superou aquele período.</td></tr>
<tr><td>FGTS</td><td>É do empregador o ônus da prova em relação à regularidade dos depósitos do FGTS, pois o pagamento é fato extintivo do direito do autor. (Súmula nº 461 do TST)</td></tr>
<tr><td>Feriado local</td><td>Incumbe à parte o ônus de provar, quando da interposição do recurso, a existência de feriado local que autorize a prorrogação do prazo recursal. (Súmula nº 385 do TST)</td></tr>
<tr><th colspan="4">Presunções</th></tr>
<tr><td>Objetivo</td><td colspan="2">Presunção é aquilo que se admite como verdadeiro por conta da presença de um elevado grau de probabilidade.</td><td>8</td></tr>
<tr><td>Iuris et de iure</td><td colspan="2">Representa uma ficção jurídica de veracidade de um fato previsto em lei, que não admite qualquer prova em sentido contrário (presunção absoluta).</td><td>8.1</td></tr>
<tr><td>Iuris tantum</td><td colspan="2">A presunção jurídica é iuris tantum quando a lei admite um fato como verdadeiro, mas que pode ser impugnado por intermédio de qualquer outro meio de prova idôneo (presunção relativa).</td><td>8.2</td></tr>
<tr><td>Hominis</td><td colspan="2">Ocorre quando o juiz utiliza-se de regras obtidas pela sua experiência pessoal, em relação àquilo que normalmente acontece, para formar a sua convicção, sem que tais consequências tenham sido agasalhadas pela norma como presunções legais.</td><td rowspan="2">8.3</td></tr>
<tr><td rowspan="5">Casos específicos</td><td>CTPS</td><td>As anotações apostas pelo empregador na carteira profissional do empregado não geram presunção "juris et de jure", mas apenas "juris tantum" (Súmula nº 12 do TST).</td></tr>
<tr><td>Notificação</td><td>Presume-se recebida a notificação 48 (quarenta e oito) horas depois de sua postagem. O seu não-recebimento ou a entrega após o decurso desse prazo constitui ônus de prova do destinatário. (Súmula nº 16 do TST).</td><td rowspan="4">8.4</td></tr>
<tr><td>Marítimo</td><td>A permanência do tripulante a bordo do navio, no período de repouso, além da jornada, não importa presunção de que esteja à disposição do empregador ou em regime de prorrogação de horário, circunstâncias que devem resultar provadas, dada a natureza do serviço. (Súmula nº 96 do TST).</td></tr>
<tr><td>Jornada</td><td>A presunção de veracidade da jornada de trabalho, ainda que prevista em instrumento normativo, pode ser elidida por prova em contrário. (Súmula nº 338, II, do TST).</td></tr>
<tr><td>Dispensa discriminatória</td><td>Presume-se discriminatória a despedida de empregado portador do vírus HIV ou de outra doença grave que suscite estigma ou preconceito. Inválido o ato, o empregado tem direito à reintegração no emprego. (Súmula nº 443 do TST)</td></tr>
<tr><th colspan="4">Indícios</th></tr>
<tr><td colspan="3">Os indícios não foram listados como meios de provas pelos atuais Códigos Civil e de Processo Civil. Apesar disso, o juiz pode utilizar esses vestígios probatórios, também denominado de circunstâncias, para conduzir e construir o seu raciocínio lógico e, consequentemente, convencer-se da veracidade ou não de um fato arguido pela parte.</td><td>9</td></tr>
</table>

13. QUESTÕES

13.1. Questões objetivas

1. (Magistratura do Trabalho. 8ª R. 2009. ADAPTADA) Faculta-se ao juiz, em relação à perícia, exigir depósito prévio dos honorários, ressalvadas as lides decorrentes da relação de emprego.

2. (PGE/RO – Procurador do Estado Substituto/2011) Sobre as provas no processo do trabalho, como regra, é correto afirmar:

a) O documento em cópia oferecido para prova poderá ser declarado autêntico pelo próprio advogado, sob sua responsabilidade.

b) No procedimento sumaríssimo trabalhista, as testemunhas são arroladas na peça inicial e na contestação, sob pena de preclusão.

c) A prova documental poderá ser ofertada juntamente com as alegações finais do processo.

d) O ônus de provar o término do contrato de trabalho, quando negados a prestação de serviço e o despedimento, é do empregado.

e) A não apresentação injustificada dos controles de frequência pelo empregador gera presunção relativa de veracidade da jornada de trabalho, a qual não pode ser elidida por prova em contrário.

3. (FCC – 2012 – TRT – 20ª REGIÃO (SE) – Juiz do Trabalho) São princípios que norteiam a produção probatória (princípios probatórios), EXCETO:

a) Princípio da necessidade da prova.

b) Princípio da imediação

c) Princípio da certeza legal.

d) Princípio da unidade da prova.

e) Princípio da aquisição processual.

4. (Juiz do Trabalho – TRT – 23ª REGIÃO (MT) – 2012) Assinale a alternativa que elenca princípio que não é reitor da prova:

a) Necessidade e unidade.

b) contradição e imediação.

c) anterioridade e oralidade.

d) legalidade e lealdade.

e) livre convencimento e proibição da prova obtida ilicitamente.

5. (FCC – 2012 – TRT – 4ª REGIÃO (RS) – Juiz do Trabalho) Quanto à prova testemunhal no processo do trabalho, é correto afirmar que se diferenciam o rito ordinário e o rito sumaríssimo porque

a) no rito sumaríssimo não há que se falar em condução coercitiva de testemunha.

b) em ambos os ritos a limitação do número de testemunhas dá-se em função da matéria debatida, até o limite máximo de três para cada parte.

c) no rito sumaríssimo só será deferida intimação de testemunha que, comprovadamente convidada, deixar de comparecer.

d) no rito ordinário limita-se a três testemunhas para cada fato e no rito sumaríssimo limita-se a duas para cada parte.

e) no rito ordinário limita-se a duas testemunhas para cada fato e no rito sumaríssimo limita-se a duas para cada parte.

6. (PGE/PI/Procurador/2008) João moveu reclamação trabalhista contra a empresa Nordeste Ltda., pleiteando o pagamento do adicional de insalubridade. O juiz determinou a realização de perícia técnica, facultando às partes a indicação de assistente técnico. João, então, indicou Marcelo como seu assistente técnico. Após a conclusão da perícia, o juiz julgou procedente a reclamação, condenando a empresa Nordeste Ltda. a pagar a João os valores referentes ao adicional de insalubridade. Diante dessa situação hipotética, assinale a opção correta.

a) Os honorários do assistente técnico indicado por João devem ser pagos pela empresa Nordeste Ltda., já que esta foi vencida no objeto da perícia.
b) Não há que se falar em qualquer tipo de pagamento de honorários de assistente técnico, pois não existe previsão legal para tal pagamento.
c) O pagamento dos honorários do assistente técnico deve ser suportado pelo TRT correspondente.
d) Não existe possibilidade de indicação de assistente técnico a perícias realizadas no processo do trabalho.
e) A indicação de assistente técnico é uma faculdade da parte e, por isso, cabe a João efetuar o pagamento do assistente técnico por ele indicado, independentemente do resultado da perícia.

7. (PGM/Natal/Procurador/2008) Quanto à prova das horas extraordinárias de trabalho na reclamação trabalhista, assinale a opção correta.

a) Os cartões de ponto, apresentados pelo empregador e que demonstrem horários uniformes de entrada e saída do empregado, são válidos como meio de prova de que este não trabalhou além do horário normal, cabendo ao reclamante demonstrar as horas extras que alega ter prestado.
b) O ônus da prova, quanto às horas extras de trabalho, será sempre do empregado.
c) Os cartões de ponto, apresentados pelo empregador, que demonstrem horários uniformes de entrada e saída do empregado, não servem como meio de prova para demonstrar as horas extras prestadas por este, de modo que se inverte o ônus da prova, que passa a ser do reclamado.
d) Os cartões de ponto, apresentados pelo empregador, que demonstrem horários uniformes de entrada e saída do empregado, não são válidos como meio de prova de que este não trabalhou além do horário normal, mas não eximem o reclamante de demonstrar que prestou horas extras.

8. (NCADE – Advogado/2011) Considere as seguintes assertivas a respeito das provas:

I. Presume-se recebida a notificação 48 horas depois de sua postagem. O seu não recebimento ou a entrega após o decurso desse prazo constitui ônus de prova do destinatário.
II. A prova pré-constituída nos autos pode ser levada em conta para confronto com a confissão *ficta*, não implicando cerceamento de defesa o indeferimento de provas posteriores.
III. É impedido de depor como testemunha aquele que for amigo íntimo de uma das partes.
IV. Nas reclamações trabalhistas que obedecerem o procedimento sumaríssimo é permitida a oitiva de apenas três testemunhas para cada parte.

Está correto o que se afirmar APENAS em

a) I e II.
b) I, II e III.
c) I, II e IV.
d) II, III e IV.
e) III e IV.

9. (Procuradoria-Geral/DF – Analista Jurídico/2011) Como bem é sabido, a prova testemunhal é a mais importante do processo do trabalho, tendo em vista o princípio da primazia da realidade sobre a forma, em que no confronto entre a verdade real e a verdade formal prevalecerá a verdade real. Nesse diapasão, assinale a alternativa que contenha, respectivamente, o número de testemunhas previstas, para cada uma das partes, para os procedimentos comum ordinário, sumaríssimo e inquérito.

a) 2, 3 e 6 testemunhas, respectivamente.
b) 3, 2 e 6 testemunhas, respectivamente.
c) 2, 3 e 4 testemunhas, respectivamente.
d) 3, 3 e 6 testemunhas, respectivamente.
e) 2, 4 e 5 testemunhas, respectivamente.

10. (FCC – 2012 – TRT – 20ª REGIÃO (SE) – Juiz do Trabalho) Sobre a prova testemunhal no processo do trabalho, é correto afirmar:

a) O depoimento das testemunhas que não souberem falar a língua nacional será feito por meio de intérprete nomeado pelo juiz. Pessoa surda-muda não pode ser testemunha

b) As testemunhas serão inquiridas pelo juiz ou pelas partes, seus representantes ou advogados.

c) O número máximo de testemunhas para cada parte varia conforme o rito processual: três testemunhas no rito ordinário, duas testemunhas no rito sumaríssimo, uma testemunha no rito sumário e seis testemunhas no inquérito para apuração de falta grave.

d) A testemunha que for parente até o terceiro grau civil, amigo íntimo ou inimigo de qualquer das partes, não prestará compromisso, e seu depoimento valerá como simples informação.

e) Somente serão ouvidas pelo juiz as testemunhas indicadas pela parte em rol específico, e devidamente intimadas para a audiência.

11. (FCC – Técnico Judiciário – Área Administrativa – TRT 3/2015) Gabriela ajuizou reclamação trabalhista em face de sua ex-empregadora a empresa "S" dando à causa o valor de R$ 27.800,00. Gabriela convidou Bruna, Soraya e Janine para prestarem depoimento testemunhal. Neste caso,

a) as três testemunhas poderão prestar depoimento testemunhal, sendo que comparecerão à audiência de instrução e julgamento mediante prévia intimação pessoal.

b) as três testemunhas poderão prestar depoimento testemunhal, sendo que comparecerão à audiência de instrução e julgamento independentemente de intimação.

c) Gabriela terá que escolher duas das três testemunhas, que comparecerão à audiência de instrução e julgamento mediante prévia intimação pessoal.

d) Gabriela terá que escolher duas das três testemunhas, que comparecerão à audiência de instrução e julgamento independentemente de intimação.

e) o magistrado escolherá apenas duas das três testemunhas de Gabriela, desde que todas estejam presentes na audiência de instrução e julgamento.

12. (FCC – Analista Judiciário – Área Judiciária – TRT 4/2015) Em razão do princípio da primazia da realidade a prova testemunhal é de grande relevância ao Processo do Trabalho. Conforme sistemática adotada pela Consolidação das Leis Trabalhistas, nos procedimentos sumaríssimo, ordinário e inquérito para apuração de falta grave, a quantidade máxima de testemunhas por parte é, respectivamente, de

a) duas, três e seis.

b) três, três e seis.

c) duas, cinco e cinco

d) uma, três e três.

e) três, cinco e seis.

13. (FCC – Analista Judiciário – Oficial de Justiça Avaliador – TRT 4/2015) No tocante às provas no Processo Judiciário do Trabalho,

a) as testemunhas serão intimadas para comparecimento em audiência quando as partes apresentarem rol em 05 dias após o despacho saneador.

b) no procedimento sumaríssimo quando apresentado documento por uma das partes o Juiz deverá suspender a audiência e possibilitar a parte adversa o prazo legal de 05 dias para manifestação.

c) o inquérito para apuração de falta grave cada parte poderá indicar até seis testemunhas para serem ouvidas em audiência.

d) o depoimento das testemunhas que não souberem falar a língua nacional será feito por meio de intérprete nomeado pelo Juiz, cujas despesas correrão por conta da parte vencida no processo.

e) após a qualificação as testemunhas prestarão compromisso legal, exceto no procedimento sumaríssimo em que não há compromisso e seu depoimento valerá como simples informação.

14. (QUESTÃO SOBRE A REFORMA TRABALHISTA ELABORADA PELO AUTOR). O ônus da prova incumbe ao reclamado, quanto à existência de fato impeditivo, modificativo ou extintivo do direito do reclamante.

15. (QUESTÃO SOBRE A REFORMA TRABALHISTA ELABORADA PELO AUTOR). Com a vigência da Lei nº 13.467/17 a CLT passou a contar com um dispositivo que prevê expressamente a inversão do ônus da prova, desde que a decisão respectiva seja proferida antes da abertura da instrução.

16. (Vunesp – Procurador – IPSM/2018) Quando cabível, a inversão do ônus da prova pode ser determinada pelo magistrado do trabalho

a) antes da abertura da instrução processual, salvo se preferir fazê-lo no momento da prolação da sentença.
b) antes da abertura da instrução processual, implicando o adiamento da audiência mediante requerimento da parte.
c) mediante fundamentação na sentença, desde que verificada a excessiva e injustificável dificuldade da parte em se desincumbir do encargo probatório.
d) após a regular instrução processual, nas situações específicas de impossibilidade da prova testemunhal pelo trabalhador.
e) em qualquer fase processual, desde que o seja por decisão fundamentada.

17. (FCC – Procurador do Estado – TO/2018) O Processo Judiciário do Trabalho estipula alguns ritos ou procedimentos próprios com regras diferenciadas para a sua condução. Conforme previsões contidas na Consolidação das Leis do Trabalho, o limite legal do número de testemunhas para cada parte para os dissídios individuais que tramitam pelo rito sumaríssimo, rito ordinário e inquérito para apuração de falta grave, é respectivamente,

a) duas, três e cinco.
b) duas, três e seis.
c) duas, cinco e seis.
d) três, cinco e cinco.
e) três, seis e duas.

18. (FCC – Técnico Judiciário – Área Administrativa – TRT 2/2018) Na reclamação trabalhista "X", Ronaldo alega que prestou serviços na qualidade de empregado para a empresa "L" requerendo, dentre diversos pedidos, o reconhecimento do vínculo de emprego. Já na reclamação "Y", Frederica alega que teve o seu contrato de trabalho celebrado com a empresa "B" rescindido sem justa causa, não tendo recebido as verbas rescisórias a que tinha direito. Em sede de contestação, a empresa "L" negou a prestação de serviços e a empresa "B" negou o despedimento. Nesses casos, o ônus de provar o término do contrato de trabalho nas reclamações trabalhistas "X" e "Y", de acordo com o entendimento Sumulado do Tribunal Superior do Trabalho

a) é, respectivamente, de Ronaldo e da empresa "B".
b) é, respectivamente, da empresa "L" e de Frederica.
c) é, respectivamente, da empresa "L" e da empresa "B".
d) é, respectivamente, de Ronaldo e de Frederica.
e) dependerá do rito processual a ser seguido.

19. (Cespe – Analista – EMAP/2018) Carla Lopes ajuizou reclamação trabalhista contra sua ex-empregadora, Supermercados Onofre, que, há seis meses, demitiu três de seus dezoito empregados, entre eles, Carla. Em sua petição inicial, ela requereu valores devidos em razão de verbas rescisórias pagas a menor, adicional de insalubridade nunca pago ao longo do contrato de trabalho e danos morais decorrentes de assédio moral. Nessa reclamatória, foi atribuído como valor da causa o importe de cinquenta mil reais.

Acerca dessa situação hipotética, julgue o item que segue.

Carla poderá indicar como testemunhas ex-empregados da empresa. No entanto, a testemunha que tiver ajuizado ação contra a mesma reclamada poderá ser contraditada pela parte contrária e seu depoimento poderá ser tomado apenas na condição de informante do juízo.

- **Certo**
- **Errado**

20. (AOCP – Analista Judiciário – Área Administrativa – TRT 1/2018) Relativamente à distribuição do ônus da prova, assinale a alternativa correta.

a) Vige, na sistemática de distribuição do ônus da probante no processo do trabalho, a distribuição dinâmica ônus da prova, prevista originariamente no CPC de 2015 (art. 373, § 1º). Assim, nos casos previstos em lei ou diante de peculiaridades da causa relacionadas à impossibilidade ou à excessiva dificuldade de cumprir o encargo probatório ou, ainda, à maior facilidade de obtenção da prova do fato contrário, poderá o juízo atribuir o ônus da prova de modo diverso.

b) O juízo poderá atribuir o ônus da prova de modo diverso, desde que o faça por decisão fundamentada, o que deverá ser feito na audiência de conciliação, tendo a parte reclamada apresentado contestação escrita.

c) A decisão que atribuir o ônus da prova de modo diverso será proferida na abertura da audiência de instrução, não sendo permitido, por tal motivo, o adiamento da audiência respectiva.

d) O juízo poderá atribuir o ônus da prova de modo diverso, desde que o faça por decisão fundamentada, o que deverá ser feito na abertura da audiência de instrução, não sendo possível à parte à qual o encargo probatório foi transferido desincumbir-se de tal ônus.

e) No direito do trabalho, a prova das alegações incumbe à parte que às fizer, sendo irrelevante se uma das partes apresenta impossibilidade ou excessiva dificuldade de cumprir seu encargo probatório.

21. (IAUPE – Advogado – UPE – 2019) Sobre a temática Respostas no Processo do Trabalho, assinale a alternativa CORRETA.

a) Ação e reconvenção devem ser julgadas na mesma sentença.

b) É irrelevante a compatibilidade dos ritos procedimentais para admissibilidade da reconvenção.

c) É inadmissível a reconvenção em ação declaratória.

d) Se o autor for substituto processual, o reconvinte deverá afirmar ser titular de direito em face do substituído, e a reconvenção deverá ser proposta em face do autor, também na qualidade de substituto processual.

e) É possível o uso da reconvenção em processo cautelar.

13.2. Questões discursivas

1. (TRT1 – Juiz do Trabalho – 2010) Discorra sobre as correntes que tratam da aplicabilidade da prova obtida por meio ilícito no Processo do Trabalho.

2. (TRT14 – Juiz do Trabalho – 2013) Comente o princípio da carga probatória dinâmica quanto ao ônus da prova e sua compatibilização com o art. 818 da CLT e o poder instrutório do Juiz do Trabalho.

3. (TRT 21 – Juiz do Trabalho – 2015) Explique a importância do NTEP no julgamento das ações de indenização por acidente de trabalho.

4. (MPT – Procurador do Trabalho – MPT/2015 – ADAPTADA) O MPT recebeu denúncia de que a empresa "X" dispensou seus trabalhadores, dando baixa nas suas CTPS, e os induziu a criar Empresas Individuais de Responsabilidade Limitada (EIRELI), contratando-os por intermédio destas. Instaurado Inquérito Civil, o Procurador do Trabalho tomou o depoimento dos ex-empregados e requisitou as cópias de seus termos de rescisão do contrato de trabalho e dos novos contratos de prestação de serviços por EIRELI. Nos depoimentos, os ex-empregados alegaram que estavam satisfeitos com a nova forma de contratação, pois são donos de suas empresas e têm ganhos superiores aos da antiga remuneração. Confirmaram, também, que permaneceram com as mesmas funções e atividades de quando eram empregados. No curso da investigação foi recebida uma denúncia anônima noticiando os mesmos fatos, acrescentando a existência de contratos sigilosos entre a empresa "X" e as empresas "Y" e "Z", nos quais combinam a utilização, em sistema de rodízio, da mão-de-obra dos trabalhadores que constituíram as referidas EIRELIs. O denunciante anônimo juntou os contratos sigilosos em cópia digitalizada de documento inautêntico, e, em seguida, o Procurador requisitou à empresa "X" os originais dos referidos contratos; porém, em audiência, o preposto da Empresa "X" negou a sua existência. Em decorrência, o Membro tomou o depoimento de três ex-gerentes das empresas "X", "Y" e "Z", que confirmaram a existência e o teor dos contratos, bem como a inocorrência de gestão comum entre elas. Foram apresentados no Inquérito os contratos sociais das Empesas "X", "Y" e "Z", nos quais ficou demonstrada a inexistência de identidade societária. Foi ajuizada ação civil pública em face das empresas "X", "Y" e "Z", pleiteando, em antecipação da tutela: 1 – a nulidade dos contratos de prestação de serviços por EIRELI, em face da "pejotização"; 2 – o reconhecimento do vínculo empregatício de todos os trabalhadores contratados via EIRELI com a empresa "X", e o respectivo pagamento de todos os direitos trabalhistas daí decorrentes, com a responsabilidade solidária das empresas "Y" e "Z". O Juiz indeferiu o pedido de antecipação da tutela e determinou o desentranhamento dos autos das cópias dos contratos firmados entre as empresas "X", "Y" e "Z", por terem sido obtidas ilicitamente diante do anonimato do denunciante e apresentadas sem autenticação. Considerou nula a prova, pois os depoimentos dos ex-gerentes foram colhidos no inquérito civil sem a participação da empresa "X", em prejuízo à garantia do contraditório. Além disso, o Juiz excluiu da lide as empresas "Y" e "Z" por ilegitimidade passiva ad causam.

Responda, apresentando os respectivos fundamentos legais, doutrinários e jurisprudenciais:

b) Quais os argumentos para sustentar a constitucionalidade e a legalidade da prova documental obtidos por denúncia anônima?

c) Como defender o valor probante dos contratos digitalizados juntados no Inquérito Civil e apresentados nos autos judiciais?

5. (TRT1 – Juiz do Trabalho – 2016 – ADAPTADA) Sobre a prova pericial no processo do trabalho, leia e responda com justificativas: a) O art. 195, § 2º, da CLT dispõe o seguinte: "Arguida em juízo insalubridade ou periculosidade, seja por empregado, seja por Sindicato em favor de grupo de associado, o juiz designará perito habilitado na forma deste artigo, e, onde não houver, requisitará perícia ao órgão competente do Ministério do Trabalho". A exigência de perícia de que fala esse dispositivo legal tem caráter absoluto ou relativo? b) Em um caso em que o ex-empregado postula, por meio de reclamação trabalhista, indenização danos morais decorrentes de alegada doença do trabalho, a perícia do Instituto Nacional do Seguro Social – INSS e a perícia judicial realizada no curso da demanda divergem sobre a ocorrência de enfermidade dessa natureza (a perícia judicial descarta a doença do trabalho, mas a da Previdência Social a reconhece, tendo havido inclusive a concessão de auxílio-doença acidentário). Numa hipótese como essa, qual delas deve prevalecer e como o magistrado decidirá o caso diante dessa situação? (Obs: O Ministério do Trabalho foi extinto e suas atribuições foram transferidas para a Secretaria Especial de Previdência de Trabalho do Ministério da Economia)

14. GABARITO

14.1. Gabarito das questões objetivas

Gab.		Fundamentação legal e jurisprudencial	Tópico do livro	Obs. eventual
1	C	TST. Instrução Normativa nº 27. Art. 6º, parágrafo único	Item 6.5, alínea "g"	–
2	A	a) CLT. Art. 830, *caput*	a) Item 6.3, alínea "b"	–
		b) CLT. Art. 852-H, *caput* e § 2º	b) Parte II, Capítulo I, Item 2.2	
		c) CLT. Art. 787	c) Item 6.3, alínea "d"	

Gab.		Fundamentação legal e jurisprudencial	Tópico do livro	Obs. eventual
2	A	d) TST. Súmula nº 212	d) Item 7.4	–
		e) TST. Súmula nº 338, I	e) Item 7.4	
3	C	Doutrina	Item 2.5	O que se busca é a verdade real através das provas, e não a certeza legal
4	C	Doutrina	Item 2	–
5	C	a) CLT. Art. 852-H, § 3º	a) Item 6.4, alínea "f"	–
		b) CLT. Arts. 821 e 852-H, § 2º	b) Item 6.4, alínea "c"	
		c) CLT. Arts. 852-H, § 3º	c) item 6.4, alínea "f"	
		d) CLT. Arts. 821 e 852-H, § 2º	d) item 6.4, alínea "c"	
		e) CLT. Arts. 821 e 852-H, § 2º	e) item 6.4, alínea "c"	
6	E	TST. Súmula nº 341	Item 6.5, alínea "g"	–
7	C	a) TST. Súmula nº 338, III	a) Item 7.4	
		b) TST. Súmula nº 338, I	b) Item 7.4	
		c) TST. Súmula nº 338, III	c) Item 7.4	
		d) TST. Súmula nº 338, III	d) Item 7.4	
8	A	I. TST. Súmula nº 16	I. Item 7.4	–
		II. TST. Súmula nº 74, II	II. Parte II, Capítulo IV, Item 4.1	
		III. CLT. Art. 829	III. Item 6.4, alínea "b"	
		IV. CLT. Art. 852-H, § 2º	IV. Parte II, Capítulo I, Item 2.2	
9	B	CLT. Art. 821 e 852-H, § 2º	Item 6.4, alínea "c"	–
10	D	a) CLT. Art. 819, § 1º	a) Item 6.2, alínea "a"	–
		b) CLT. Art. 820	b) Item 6.4, alínea "f"	
		c) CLT. Arts. 821 e 852-H, § 2º	c) Item 6.4, alínea "c"	
		d) CLT. Art. 829	d) Item 6.4, alínea "b"	
		e) CLT. Art. 825	e) Item 6.4, alínea "f"	
11	D	a) CLT. Art. 852-H, parágrafo segundo	a) Item 6.4, alíneas "c" e "f"	–
		a) CLT. Art. 852-H, parágrafo segundo	a) Item 6.4, alíneas "c" e "f"	
		a) CLT. Art. 852-H, parágrafo segundo	a) Item 6.4, alíneas "c" e "f"	
		a) CLT. Art. 852-H, parágrafo segundo	a) Item 6.4, alíneas "c" e "f"	
		a) CLT. Art. 852-H, parágrafo segundo	a) Item 6.4, alíneas "c" e "f"	
12	A	a) CLT. Arts. 821 e 852-H, parágrafo 2º	a) Item 6.4, alínea "c"	–
		b) CLT. Arts. 821 e 852-H, parágrafo 2º	b) Item 6.4, alínea "c"	
		c) CLT. Arts. 821 e 852-H, parágrafo 2º	c) Item 6.4, alínea "c"	
		d) CLT. Arts. 821 e 852-H, parágrafo 2º	d) Item 6.4, alínea "c"	
		e) CLT. Arts. 821 e 852-H, parágrafo 2º	e) Item 6.4, alínea "c"	
13	C	a) CLT. Art. 825	a) Item 6.4, alínea "d"	–
		b) CLT. Art. 852-H, parágrafo primeiro	b) Parte II, Capítulo I, Item 2.2	

Gab.		Fundamentação legal e jurisprudencial	Tópico do livro	Obs. eventual
13	C	c) CLT. Art. 821	c) Item 6.4, alínea "c"	–
		d) CLT. Art. 819, parágrafo segundo	d) Item 6.2	
		e) CLT. Art. 828	e) Item 6.4, alínea "f"	
14	C	CLT. Art. 8181, II da CLT.	Item 7.1	
15	C	CLT. Art. 818, §§ 1º e 2º.	Item 7.3	
16	B	a) CLT. Art. 818, § 2º	a) Item 7.3	
		b) CLT. Art. 818, § 2º	b) Item 7.3	
		c) CLT. Art. 818, § 2º	c) Item 7.3	
		d) CLT. Art. 818, § 2º	d) Item 7.3	
		e) CLT. Art. 818, § 2º	e) Item 7.3	
17	B	a) CLT. Arts. 821 e 852-H, § 2º	a) Item 6.4, alínea "c"	
		b) CLT. Arts. 821 e 852-H, § 2º	b) Item 6.4, alínea "c"	
		c) CLT. Arts. 821 e 852-H, § 2º	c) Item 6.4, alínea "c"	
		d) CLT. Arts. 821 e 852-H, § 2º	d) Item 6.4, alínea "c"	
		e) CLT. Arts. 821 e 852-H, § 2º	e) Item 6.4, alínea "c"	
18	C	a) CLT. Art. 818, II	a) Item 7.1. TST. Súmula nº 212, Item 7.4	
		b) CLT. Art. 818, II	b) Item 7.1. TST. Súmula nº 212, Item 7.4	
		c) CLT. Art. 818, II	c) Item 7.1. TST. Súmula nº 212, Item 7.4	
		d) CLT. Art. 818, II	d) Item 7.1. TST. Súmula nº 212, Item 7.4	
		e) CLT. Art. 818, II	e) Item 7.1. TST. Súmula nº 212, Item 7.4	
19	Errada	TST. Súmula nº 357	Item 6.4, alínea "b"	
20	A	a) CLT. Art. 818, II, §1º	a) Item 7	
		b) CLT. Art. 818, II, §1º	b) Item 7	
		c) CLT. Art. 818, II, §1º	c) Item 7	
		d) CLT. Art. 818, II, §1º	d) Item 7	
		e) CLT. Art. 818, II, §1º	e) Item 7	
21	D	CPC. Art. 343, § 5º	Item 7	

14.2. Gabarito das questões discursivas

Item	Fundamentação legal, jurisprudencial ou doutrinária	Onde encontro no livro
1	Nem todos os meios de provas são admitidos para comprovar a veracidade dos fatos. Exclui-se a produção de provas obtidas por meio ilícitos, conforme disposição contida no art. 5º, LVI, da Constituição Federal de 1988. Já as provas ilegítimas e as provas moralmente proibidas são citadas pelo art. 369 do CPC (art. 332 do CPC de 1973).	Item 6.1

Item	Fundamentação legal, jurisprudencial ou doutrinária	Onde encontro no livro
1	Considera-se ilícita a obtenção de prova com a quebra do sigilo da correspondência, de comunicação telefônica ou eletrônica, uma vez que há garantia constitucional nesse sentido (CF/88. Art. 5º, XII), salvo para instrução do processo criminal. A ilicitude do meio utilizado para obter a prova contamina os demais atos processuais probatórios a ele relacionados (ilicitude por derivação), ainda que produzidos validamente, segundo a teoria dos frutos da árvore envenenada (*fruits of the poisonous tree*) originária do Direito Americano e acolhida pelo STF. A Lei nº 9.296/96 regulamentou o dispositivo constitucional citado anteriormente e estabeleceu uma série de restrições para a interceptação de comunicações telefônicas, inclusive em sistemas de informática e telemática. A interceptação significa a intromissão de um terceiro na comunicação feita entre o emissor e o receptor das mensagens. No âmbito da relação de emprego, por exemplo, não seria admissível a prova obtida pelo empregador, por meio da gravação de conversa telefônica ou troca de mensagens.eletrônicas entre dois trabalhadores, mesmo no caso de uso de aparelho pertencente à empresa ou o *e-mail* corporativo. Entretanto, entende-se que não há interceptação quando um dos interlocutores obtém a gravação do diálogo. Com efeito, não se observa a mesma polêmica quando se trata da admissão da correspondência escrita, quando processualmente produzida por quem a recebeu. Assim, o mesmo tratamento deve ser dado à comunicação de dados ou telefônica. Por fim, destaca-se o fato de o STF posicionar-se no sentido de admitir a licitude da gravação de conversa telefônica, quando feita por um dos seus interlocutores. De forma análoga, admite-se a prova feita em juízo por qualquer das partes por meio de gravação em circuito interno de TV das empresas, que são utilizados, via de regra, por questões de segurança.	Item 6.1
2	Ordinariamente, utiliza-se a regra clássica da distribuição do ônus da prova, estabelecida no art. 818 da CLT e art. 373 do CPC (art. 333 do CPC de 1973). Nesse passo, o ônus da prova cabe a quem alega, em resumo. Em algumas situações específicas é possível distribuir de forma dinâmica a prova, atribuindo o ônus respectivo à parte que possui melhores condições de se desincumbir desse encargo processual. A utilização dessa teoria, tanto no processo civil quanto no processo do trabalho, só pode ser feita em cada caso, com a observância das peculiaridades que lhes são próprias, o que resulta, em algumas situações, inversão do ônus da prova estabelecido pela teoria clássica da distribuição estática. A CLT era omissa em relação à possibilidade de inversão do ônus da prova no processo do trabalho até a edição da Lei nº 13.467/17, mas já se utilizava de forma subsidiária as disposições constantes do CDC e CPC. Segundo preceitua o art. 6º, VIII do CDC, o juiz pode (é uma faculdade e não dever) inverter o ônus da prova quando for verossímil a alegação (aparência da verdade) ou quando for ele hipossuficiente (aquele que faz parte de uma relação caracterizada pela subordinação e não pela coordenação), segundo as regras ordinárias da experiência. Trata-se da modalidade de inversão prevista em lei, ou inversão legal. A inversão do ônus da prova é medida de exceção, jamais a regra. Portanto, a decisão nesse sentido deve ser fundamentada em outros aspectos previstos em lei ou obtida por meio da aplicação das regras da experiência (inversão judicial). Assim, não se admite inverter o ônus da prova para beneficiar o trabalhador com fundamento na aplicação do princípio protetivo e, consequentemente, na regra do *in dubio pro operário*, em decorrência da sua hipossuficiência. A inversão do ônus da prova, estabelecido na sua modalidade clássica, deve ser efetivada expressamente pelo juiz na abertura da fase probatória, para permitir o amplo exercício do direito de defesa e do contraditório. Isso porque o ônus da prova é regra de julgamento (aspecto subjetivo), mas também constitui norma definidora da parte que terá o encargo processual probatório (aspecto objetivo).	Item 7.3

Item	Fundamentação legal, jurisprudencial ou doutrinária	Onde encontro no livro
2	A inversão do ônus da prova constitui uma situação excepcional. Por conta disso, a parte deve estar preparada para se desincumbir do referido ônus que originariamente não era seu, tese acolhida pelo CPC de 2015 e pela CLT após a vigência da Lei da Reforma Trabalhista.	Item 7.3
3	O NTEP consiste em um mecanismo criado pelo legislador para identificar previamente a correlação entre o meio ambiente de trabalho e determinada doença, por meio da epidemiologia. A sua previsão legal está contida no art. 21-A da Lei nº 8.213/91: "Art. 21-A. A perícia médica do Instituto Nacional do Seguro Social (INSS) considerará caracterizada a natureza acidentária da incapacidade quando constatar ocorrência de nexo técnico epidemiológico entre o trabalho e o agravo, decorrente da relação entre a atividade da empresa ou do empregado doméstico e a entidade mórbida motivadora da incapacidade elencada na Classificação Internacional de Doenças (CID), em conformidade com o que dispuser o regulamento". Como o NTEP auxilia o perito do INSS na identificação da doença como ocupacional, será concedido ao beneficiário o auxílio-doença acidentário. Consequentemente o juiz deverá levar em consideração essa circunstância, presumindo a existência de nexo de causalidade entre o trabalho e a enfermidade, invertendo o ônus da prova e atribuindo-o à empresa a qual caberá demonstrar que a doença foi provocada ou agravada por fatores extralaborais. Em resumo: a concessão de benefício previdenciário de auxílio-doença acidentário por meio da utilização do NTEP estabelece uma presunção relativa de nexo de causalidade entre o trabalho e a doença.	Item 8
4	b) A denúncia anônima só será objeto de investigação por meio de inquérito civil em casos excepcionais e de forma justificada. Em tais casos, o Ministério Público deverá instaurar o procedimento preparatório para complementar as informações antes de determinar a abertura do inquérito civil, visando apurar elementos para identificação dos investigados ou do objeto (art. 2º, § 4º, da Resolução nº 23/2007 do CNMP). Ainda assim, a peça de denúncia não poderá fazer parte do inquérito civil, por se tratar de um ato administrativo. A abertura do procedimento, nesse caso, seria feita à semelhança da propositura de ofício e não pela via da representação, fundamentado no que fosse apurado no procedimento preparatório. Nessa situação, a prova representada pelo inquérito seria considerada como lícita e legítima. c) Os documentos eletrônicos ou digitalizados cuja autenticidade for garantida por assinatura com certificação digital, produzidos pelas ferramentas fornecidas pela informática, por parte dos integrantes, Ministério Público e Administração Pública, são considerados como originais, conforme dispõe o art. 11, da Lei nº 11.419/2006. Sendo assim, não é necessário autenticar documentos digitalizados para que tenham valor probatório.	Itens 6.7 "D" e 6.3 "a"
5	a) Tem caráter relativo. No processo do trabalho, a realização de perícia técnica é indispensável, em regra, nas hipóteses de pedido de adicional de insalubridade e/ou de periculosidade, ainda que já existam nos autos pareceres técnicos ou documentos elucidativos e até mesmo no caso de revelia. Dispensa-se a realização de perícia quando, por exemplo, a empresa, em determinado mês, deixa de pagar o adicional de periculosidade ou insalubridade sem que tenha sido adotada qualquer medida para diminuir ou eliminar o grau de insalubridade ou a periculosidade. Situação análoga é aquela prevista pela Súmula nº 453 do TST: "O pagamento de adicional de periculosidade efetuado por mera liberalidade da empresa, ainda que de forma proporcional ao tempo de exposição ao risco ou em percentual inferior ao máximo legalmente previsto, dispensa a realização da prova técnica exigida pelo art. 195 da CLT, pois torna incontroversa a existência do trabalho em condições perigosas". Apesar da CLT ser omissa nesse particular, entende-se ser desnecessária a realização de perícia no caso de pleito de periculosidade por conta de condução de motocicleta ou em atividade sujeita a risco de roubos ou outras espécies de violência física nas atividades profissionais de segurança pessoal ou patrimonial (art. 193, II e § 4º da CLT).	Itens 6.5, "I" e 2.2

Item	Fundamentação legal, jurisprudencial ou doutrinária	Onde encontro no livro
5	b) Prevalece no processo do trabalho e também no processo civil o sistema do princípio da persuasão racional do juiz. Isso quer dizer que o magistrado não está adstrito a este ou àquele meio de prova específico, conforme preceito contido no art. 371 do CPC: "O juiz apreciará a prova constante dos autos, independentemente do sujeito que a tiver promovido, e indicará na decisão as razões da formação de seu convencimento". Na realidade, não existe uma hierarquia entre os diversos meios de provas em direito admitidos, inclusive a pericial, como deixa claro o art. 479 do CPC: "O juiz apreciará a prova pericial de acordo com o disposto no art. 371, indicando na sentença os motivos que o levaram a considerar ou a deixar de considerar as conclusões do laudo, levando em conta o método utilizado pelo perito". Assim, no caso da questão, tem-se de um lado a pericia do INSS, que goza de presunção relativa de legitimidade e veracidade, por ter sido produzida pela administração pública; e do outro lado a prova pericial, realizada pelo *Expert* de confiança do juízo. Como não há hierarquia entre os diversos meios de prova, a avaliação de cada uma é feita pelo juiz, de acordo com o seu livre convencimento motivado, podendo acolher uma ou outra.	Itens 6.5, "I" e 2.2

CAPÍTULO VI

RAZÕES FINAIS

SUMÁRIO • 1. Introdução – 2. Análise da prova – 3. Protesto – decisão interlocutória – 4. Impugnação ou revisão do valor da causa – 5. Razões finais reiterativas – 6. Quadro sinóptico – 7. Questões – 8. Gabarito

1. INTRODUÇÃO

Finalizada a instrução, o juiz concede a palavra às partes para, querendo, aduzirem **razões finais** por dez minutos cada uma, na forma prevista pelo art. 850 da CLT.[1]

O debate oral, também denominado de **alegações finais**, pode em casos excepcionais ser substituído por memoriais escritos e implica encerramento da fase probatória.

O CPC trata da matéria em seu art. 364:

> **Art. 364.** Finda a instrução, o juiz dará a palavra ao advogado do autor e do réu, bem como ao membro do Ministério Público, se for o caso de sua intervenção, sucessivamente, pelo prazo de 20 (vinte) minutos para cada um, prorrogável por 10 (dez) minutos, a critério do juiz.
>
> **§ 1º** Havendo litisconsorte ou terceiro interveniente, o prazo, que formará com o da prorrogação um só todo, dividir-se-á entre os do mesmo grupo, se não convencionarem de modo diverso.
>
> **§ 2º** Quando a causa apresentar questões complexas de fato ou de direito, o debate oral poderá ser substituído por razões finais escritas, que serão apresentadas pelo autor e pelo réu, bem como pelo Ministério Público, se for o caso de sua intervenção, em prazos sucessivos de 15 (quinze) dias, assegurada vista dos autos.

Esse ato processual é utilizado para:

a) fazer um resumo dos atos praticados no processo e a análise das provas produzidas, com o debate oral;

b) registrar o **protesto contra as decisões interlocutórias** proferidas pelo juiz durante a audiência; e

c) **impugnar e/ou pedir a revisão do valor da causa** atribuído pelo magistrado.

Depois de aduzidas as razões finais, o juiz renova a proposta de conciliação e, em seguida profere a sentença, que põe fim à sua função jurisdicional cognitiva.

1. CLT. Art. 850. Terminada a instrução, poderão as partes aduzir razões finais, em prazo não excedente de dez minutos para cada uma. Em seguida, o juiz ou presidente renovará a proposta de conciliação, e não se realizando esta, será proferida a decisão.

ATENÇÃO! As duas propostas de conciliação são obrigatórias, ou seja, a primeira quando da abertura da audiência e segunda após as razões finais. Contudo, há posicionamento doutrinário e jurisprudencial defendendo que somente a ausência da segunda proposta de conciliação gera nulidade, uma vez que a falta da primeira seria suprida pela segunda tentativa de conciliação.

2. ANÁLISE DA PROVA

A análise das provas é feita por cada parte que expõe os motivos pelos quais entende ter se desincumbido do ônus processual que lhe cabia.

Para atender aos princípios da celeridade e da concentração processual a parte pode em razões finais:

a) identificar os documentos de maior importância que residem nos autos, no sentido de acolher a sua tese;

b) por em relevo as contradições existentes entre informações prestadas pelas testemunhas ou entre a testemunha e a parte;

c) acentuar os argumentos técnicos ou científicos que lhes beneficiem no laudo pericial ou parecer do assistente técnico; etc.

3. PROTESTO – DECISÃO INTERLOCUTÓRIA

Sempre que o juiz proferir uma decisão interlocutória pode ser lançado um **protesto** apresentado **no primeiro momento em que a parte prejudicada tiver que se manifestar nos autos** ou, se em audiência, registrada na ata respectiva.

No processo do trabalho é relativamente comum atacar, com a utilização do protesto, decisões interlocutórias do juiz relacionadas com a produção de prova, como acontece com aquelas que: a) indefere intimação de testemunha, b) deixa de acolher contradita formulada pela parte interessada, c) não recebe documentos após o ajuizamento da demanda ou oferecimento da defesa, etc.

Geralmente, essa primeira oportunidade que a parte prejudicada tem para se manifestar nos autos acontece na fase de razões finais. De qualquer forma, é o último momento que a parte tem para registrar o seu inconformismo, sob pena de preclusão. Caso se omita, a parte não poderá, em sede de recurso, ver apreciada a sua irresignação.

Por precaução, recomenda-se que o protesto seja registrado logo após uma decisão interlocutória e depois renovado no momento das razões finais, uma vez que existem decisões que só reconhecem a possibilidade de reforma de interlocutórias, em sede de recurso, com a utilização desse procedimento.

Observe-se, porém, que o CPC de 2015 **não exige o registro da irresignação da parte para que a decisão interlocutória seja atacada quando da interposição do recurso principal**, conforme se observa da redação do § 1º, art. 1.009:

Art. 1.009. § 1º As questões resolvidas na fase de conhecimento, se a decisão a seu respeito não comportar agravo de instrumento, não são cobertas pela preclusão e devem ser suscitadas em preliminar de apelação, eventualmente interposta contra a decisão final, ou nas contrarrazões.

Sobre a desnecessidade de renovação do protesto em razões finais, posicionou-se o TST por meio da decisão proferida no RR-1000222-04.2016.5.02.0003:

> De acordo com o art. 896-A da CLT, o Tribunal Superior do Trabalho, no recurso de revista, deve examiner previamente se a causa oferece transcendência com relação aos reflexos gerais de natureza econômica, política, social ou jurídica. No caso presente, a Reclamada pretendeu a oitiva de testemunha para comprovar o pagamento de salário e comissões "por fora". Conforme delineado no acórdão regional, formulou protesto na audiência e, sob o fundamento de que o protesto não foi renovado nas razões finais, o Tribunal Regional concluiu ter ocorrido a preclusão. Em situações como a dos autos, esta Corte tem jurisprudência no sentido de que a ausência de renovação explícita do protesto nas razões finais não configura preclusão. Encontrando-se a decisão regional em flagrante dissonância com a jurisprudência pacífica e reiterada desta Corte, resta divisada a transcendência política do debate proposto. Possível violação do artigo 5º, LV, da Constituição Federal (TST. 5ª T. Rel. Min. Douglas Alencar Rodrigues. DJT 22.05.2020).

4. IMPUGNAÇÃO OU REVISÃO DO VALOR DA CAUSA

Quando o juiz do trabalho verifica que o reclamante não atribuiu valor econômico à sua pretensão, deve fazê-lo antes de passar à fase de instrução.[2]

A parte que se sentir prejudicada pode postular a revisão do valor da causa, procedimento previsto pelo art. 2º, § 1º, da Lei nº 5.584/70:

> **Art. 2º. § 1º.** Em audiência, ao aduzir razões finais, poderá qualquer das partes impugnar o valor fixado e, se o juiz o mantiver, pedir revisão da decisão, no prazo de 48 (quarenta e oito) horas, ao presidente do Tribunal Regional.

Depreende-se da leitura do referido dispositivo legal, que a parte deve, primeiramente, **impugnar** o valor atribuído à causa perante o próprio juiz que conduz o processo. Somente se o juiz mantiver a sua decisão em relação ao valor da causa é que se ingressa com o pleito de **revisão**, junto ao TRT.

Como o processo do trabalho possui dispositivo próprio, não se aplica as disposições do CPC. Note-se que a impugnação do valor da causa, no processo civil, é feita em preliminar da contestação, conforme preceitua o art. 337, III.

A petição que contém o pedido de revisão do valor da causa deve vir acompanhada de cópias autênticas ou assim declaradas pelo patrono do requerente, da petição inicial e da ata de audiência. No processo físico, essa declaração de autenticidade não é necessária. Contudo, em ambos os casos, o prazo para julgamento é de 48 horas.

2. Lei nº 5.584/70. Art. 2º. Nos dissídios individuais, proposta a conciliação, e não havendo acordo, o presidente da Junta ou o juiz, antes de passar à instrução da causa, fixar-lhe-á o valor para a determinação da alçada, se este for indeterminado no pedido.

Os demais trâmites do mencionado incidente são fixados pelos próprios Tribunais, por meio de regras contidas em seus regimentos internos.

5. RAZÕES FINAIS REITERATIVAS

Apesar de o ato processual das razões finais poder ser empregado para a análise favorável da prova produzida, por meio de argumentos expostos em debate oral, bem como para registrar eventuais protestos, observa-se, na prática, que as partes e o próprio juiz deixam de conferir a devida importância a esse ato processual.

Na verdade, na maioria dos casos, uma vez encerrada a fase instrutória, as partes limitam-se a reiterar os atos processuais praticados durante o processo e fazem novamente o requerimento pelo acolhimento ou não dos pedidos. Em outras situações, simplesmente afirmam que as razões finais são *reiterativas*.

ATENÇÃO! O prazo para aduzir razões finais oralmente é de 10 minutos. Já o prazo para aduzir defesa oral é de 20 minutos.

6. QUADRO SINÓPTICO

Capítulo VI – Razões finais		
Instituto	**Conteúdo**	**Item**
Razões finais	Finalizada a instrução, o juiz concede a palavra às partes para aduzir as razões finais, por dez minutos cada uma. O debate oral, também denominado de alegações finais, pode, em casos excepcionais, ser substituído por memoriais escritos, após o que a fase probatória é encerrada.	1
Análise da prova	A análise das provas é feita por meio do debate, em que cada parte, por si ou por seu advogado, expõe os motivos pelos quais entende que se desincumbiu do ônus processual que lhe cabia.	2
Protesto	Quando o juiz profere uma decisão interlocutória e contraria os interesses de uma das partes, pode ser lançado um protesto apresentado no primeiro momento em que a parte prejudicada tiver que se manifestar nos autos ou, se em audiência, registrada na ata respectiva.	3
Impugnação do valor da causa	Em audiência, ao aduzir razões finais, pode qualquer das partes impugnar o valor fixado à causa. Caso o juiz o mantenha sua decisão, a parte inconformada pode pedir revisão da decisão no prazo de quarenta e oito horas, em petição dirigida ao presidente do Tribunal Regional respectivo. (Lei nº 5.584/70, Art. 2º § 1º).	4

7. QUESTÕES

1. (QUESTÃO ELABORADA PELO AUTOR) Qual o prazo para apresentação de razões finais no processo do trabalho:

a) 5 minutos

b) 10 minutos

c) 20 minutos

d) 25 minutos

e) 30 minutos

2. (QUESTÃO ELABORADA PELO AUTOR) Como as razões finais são obrigatórias no processo do trabalho, a sua não apresentação implica confissão em relação à matéria fática.

3. (QUESTÃO ELABORADA PELO AUTOR) Quando o juiz fixar o valor da causa, qualquer das partes poderá oferecer impugnação e, caso mantida, também poderá pleitear a revisão pelo presidente do TRT no prazo de:

a) 24 horas

b) 48 horas

c) 72 horas

d) 5 dias

e) 10 dias

4. (Fumarc – Advogado – Cemig/2018) Suponha que, no curso de audiência, realizada em sede de reclamatória trabalhista, seja indeferida pelo juiz pergunta dirigida à testemunha pela advogada da parte reclamada. Em face de tal decisão, sendo a pergunta de extrema relevância para descaracterizar a pretensão do reclamante sobre verba pleiteada, qual seria a providência processual adequada?

a) Protesto.

b) Mandado de segurança, considerando que inexiste recurso adequado para tal fim no processo do trabalho.

c) Embargos de declaração com efeitos infringentes.

d) Agravo de instrumento, dada a aplicação subsidiária da legislação processual cível.

8. GABARITO

Gab.		Fundamentação legal e jurisprudencial	Tópico do livro	Obs. eventual
1	B	CLT. Art. 850	Item 1	
2	E	CLT. Art. 850	Item 1	
3	B	Lei nº 5.584/70. Art. 2º, § 1º	Item 4	
4	A	a) CLT. Arts. 893, § 1º. e 795	a) Item 3	
		b) TST. Súmula nº 414.	b) Item 7.6	
		c) CLT, Art. 897-A, "*caput*"	c) Item 13.1	
		d) CLT. Art. 897, "b"	d) Item 11.1	

CAPÍTULO VII

SENTENÇA

1. ATOS DO JUIZ

O processo é formado por uma série ordenada de atos praticados pelas partes, pelo juiz, pelos auxiliares etc. Tem como objetivo a prestação da tutela jurisdicional, com a solução ou não do litígio.

Dentre os atos que podem ser praticados pelo juiz, a **sentença** é o mais importante deles, posto que o magistrado procede à subsunção da norma genérica e abstrata ao caso concreto, com a solução do conflito de interesses, salvo quando extingue o processo de conhecimento sem a resolução do mérito.

A **decisão interlocutória** e o **despacho** constituem os demais atos processuais praticados pelo juiz. Segundo o art. 203, §§ 2º e 3º do CPC: "§ 2º Decisão interlocutória é todo pronunciamento judicial de natureza decisória que não se enquadre no § 1º. § 3º São despachos todos os demais pronunciamentos do juiz praticados no processo, de ofício ou a requerimento da parte".

Inclusive a CLT manifesta-se sobre a decisão interlocutória e a sentença ao tratar do rito sumaríssimo, em seu art. 852-G: "Serão decididos, de plano, todos os incidentes e exceções que possam interferir no prosseguimento da audiência e do processo. As demais questões serão decididas na sentença".

A definição de sentença apresentada pelo CPC encontra-se inserida nos seus arts. 203, § 1º, e 316:

> **Art. 203. § 1º** Ressalvadas as disposições expressas dos procedimentos especiais, sentença é o pronunciamento por meio do qual o juiz, com fundamento nos arts. 485 e 487, põe fim à fase cognitiva do procedimento comum, bem como extingue a execução.
>
> **Art. 316.** A extinção do processo dar-se-á por sentença.

Extrai-se da experiência judicante que, a depender de cada caso concreto, há três níveis de dificuldade para o juiz desempenhar a sua principal função, quais sejam, o mínimo, o intermediário e o máximo.

O nível mínimo, quando inexistir controvérsia acerca da interpretação da norma jurídica incidente no caso em análise, bem como sobre os fatos alegados pelas partes.

O nível intermediário, quando há controvérsia sobre a interpretação da norma jurídica incidente no caso em análise ou sobre os fatos alegados pelas partes.

Por fim, o nível máximo, quando além de fatos controversos existe divergência quanto a interpretação da regra hipotética e abstrata aplicável ao caso concreto, hipótese mais comum no processo do trabalho.

É de grande importância, portanto, o estudo desse ato do juiz não só pela circunstância destacada por fim à fase cognitiva da demanda mas também para identificar os defeitos que possam implicar sua nulidade ou reforma com a utilização do recurso cabível.

2. CLASSIFICAÇÃO

Existem, basicamente, três critérios que são utilizados para classificar as decisões. Assim, as sentenças podem ser classificadas quanto ao conteúdo e eficácia do pedido imediato; quanto à análise do mérito e quanto à espécie de cognição.

Observe-se que a conciliação homologada pelo juízo, apesar de não ser classificada como sentença, é dotada de idênticos efeitos quando esta alcança a qualidade da coisa julgada.

Nesse sentido o art. 831, parágrafo único da CLT: "No caso de conciliação, o termo que for lavrado valerá como decisão irrecorrível, salvo para a Previdência Social quanto às contribuições que lhe forem devidas".

O TST manifesta-se sobre a temática por meio da Súmula nº 259:

> **SÚMULA Nº 259.** TERMO DE CONCILIAÇÃO. AÇÃO RESCISÓRIA (mantida) – Res. 121/2003, DJ 19, 20 e 21.11.2003. Só por ação rescisória é impugnável o termo de conciliação previsto no parágrafo único do art. 831 da CLT.

2.1. Quanto ao conteúdo do pedido imediato

A natureza da sentença proferida pelo juiz varia de acordo com a espécie de ação proposta pelo reclamante. Desse modo, as sentenças classificam-se em **meramente declaratórias,**

condenatórias, constitutivas, executivas e mandamentais, a depender do seu conteúdo e efeitos derivados da ação respectiva.

A) Declaratória

As sentenças são de eficácia meramente declaratória quando reconhecem a existência ou não de uma relação jurídica, com previsão legal inserta no art. 19 do CPC: "O interesse do autor pode limitar-se à declaração: I – da existência, da inexistência ou do modo de ser de uma relação jurídica; II – da autenticidade ou da falsidade de documento".

São exemplos dessas espécies de sentenças aquelas proferidas nas reclamações trabalhistas nas quais o empregado postula, unicamente, o reconhecimento da relação de emprego. Em tais situações, a decisão produz efeitos *ex tunc* **e a pretensão respectiva é caracterizada pela imprescritibilidade**.

B) Condenatória

As decisões condenatórias, mais comuns no processo trabalhista, além de ter conteúdo e eficácia declaratória, determinam o cumprimento de uma obrigação de fazer, não fazer ou dar, pelo reclamado.

Identifica-se essa espécie de sentença em grande parte das reclamações trabalhistas nas quais se postula, por exemplo, o pagamento de salários, adicionais, férias indenizadas, liberação de FGTS, assinatura de CTPS etc.

Essa espécie de decisão produz **efeitos *ex tunc* e a pretensão respectiva encontra-se sujeita a prazo de natureza prescricional**.

C) Constitutiva

Nas decisões de eficácia constitutiva, além de haver uma declaração da existência de uma relação jurídica, cria-se, modifica-se ou extingue-se o vínculo jurídico respectivo a partir do momento do seu trânsito em julgado e seus efeitos são *ex nunc*.

Enquadram-se nesse perfil as sentenças proferidas em sede de inquérito para apuração de falta grave, por meio do qual o empregador postula a decretação da extinção do pacto laboral pela prática de falta grave por parte do empregado portador de estabilidade.

Essa decisão produz **efeitos *ex nunc* e a pretensão respectiva encontra-se sujeita a prazo de caráter decadencial.**

D) Executiva

As decisões de cunho executivo *lato sensu* têm como fundamento a pretensão deduzida em juízo, por meio da qual se postula um **provimento jurisdicional de cognição cumulado com atos executórios**, dentro de um mesmo processo, para obtenção do bem da vida objeto da ação respectiva.

A efetivação se perfaz por meio da substituição da conduta do devedor, feito por um particular ou pelo próprio Estado.

E) Mandamental

Nas ações de eficácia mandamental, o juiz declara a existência do direito e, concomitantemente, determina a realização de um ato com a cooperação do próprio devedor.

Esse efeito é obtido pelos meios indiretos de cumprimento da sentença, seja pela prisão ou pela aplicação de multa coercitiva.

2.2. Quanto à análise do mérito

Por meio da utilização de outro critério de classificação, as sentenças podem analisar ou não o mérito da causa.

A) Sentença terminativa

Quando a sentença reconhece a existência de algum defeito processual na demanda, seja arguida na defesa ou suscitada de ofício pelo juiz, não analisa o mérito, também denominadas de **sentenças terminativas.**

A previsão legal respectiva encontra-se inserida no art. 485 do CPC:

> **Art. 485**. O juiz não resolverá o mérito quando:
>
> I – indeferir a petição inicial;
>
> II – o processo ficar parado durante mais de 1 (um) ano por negligência das partes;
>
> III – por não promover os atos e as diligências que lhe incumbir, o autor abandonar a causa por mais de 30 (trinta) dias;
>
> IV – verificar a ausência de pressupostos de constituição e de desenvolvimento válido e regular do processo;
>
> V – reconhecer a existência de perempção, de litispendência ou de coisa julgada;
>
> VI – verificar ausência de legitimidade ou de interesse processual;
>
> VII – acolher a alegação de existência de convenção de arbitragem ou quando o juízo arbitral reconhecer sua competência;
>
> VIII – homologar a desistência da ação;
>
> IX – em caso de morte da parte, a ação for considerada intransmissível por disposição legal; e
>
> X – nos demais casos prescritos neste Código.

Inclusive, o juiz pode extinguir o processo **sem a resolução do mérito** em relação a um ou alguns pedidos, na forma prevista pelo parágrafo único do art. 354 do CPC: "A decisão a que se refere o caput pode dizer respeito a apenas parcela do processo, caso em que será impugnável por agravo de instrumento".

Nesse caso, como se trata de aplicação das regras recursais próprias do processo do trabalho, **a sentença terminativa parcial antecipada é atacável pela via do recurso ordinário e não do agravo de instrumento**, de forma análoga com a possibilidade prevista para o recurso da sentença parcial de mérito antecipada (art. 5º, da Instrução Normativa nº 39/2016 do TST).

B) Sentença definitiva

Quando o juiz reconhece ou não a pretensão do reclamante ou do reclamado, a sentença é de mérito e recebe a denominação de **sentenças definitivas**.

Ressalte-se que as decisões que acolhem alegação de **prescrição, decadência, existência ou inexistência de uma relação de emprego são de mérito**, pois tais argumentos não se classificam como defeitos processuais, características das preliminares, mas representam questões prejudiciais de mérito.

O quadro a seguir ressalta a classificação da sentença quanto à análise do mérito da causa:

Conteúdo da sentença	Espécie de sentença
Com análise de mérito	Definitiva
Sem análise de mérito	Terminativa

A sentença definitiva pode ser **total ou parcial**. No primeiro caso, a decisão analisa toda a pretensão do autor, enquanto que na sentença parcial o juiz aprecia apenas parte dos pedidos. Essa inovação legal foi introduzida pelo CPC de 2015, mais precisamente pelo seu art. 356, *caput* e seus respectivos parágrafos que estabelecem os requisitos para que o juiz preste a tutela jurisdicional definitiva, mas de forma parcial:

> **Art. 356.** O juiz decidirá parcialmente o mérito quando um ou mais dos pedidos formulados ou parcela deles: I – mostrar-se incontroverso; II – estiver em condições de imediato julgamento, nos termos do art. 355.
>
> **§ 1º** A decisão que julgar parcialmente o mérito poderá reconhecer a existência de obrigação líquida ou ilíquida.
>
> **§ 2º** A parte poderá liquidar ou executar, desde logo, a obrigação reconhecida na decisão que julgar parcialmente o mérito, independentemente de caução, ainda que haja recurso contra essa interposto.
>
> **§ 3º** Na hipótese do § 2º, se houver trânsito em julgado da decisão, a execução será definitiva.
>
> **§ 4º** A liquidação e o cumprimento da decisão que julgar parcialmente o mérito poderão ser processados em autos suplementares, a requerimento da parte ou a critério do juiz.
>
> **§ 5º** A decisão proferida com base neste artigo é impugnável por agravo de instrumento.

2.3. Quanto à espécie de cognição

A depender da espécie de cognição utilizada para formar o convencimento do juiz, as decisões são classificadas em **provisórias e definitivas**.

A) Provisória

Quando o juiz profere uma sentença com base em **cognição sumária**, é considerada como sentença provisória, que pode ser modificada ou mantida até o final do processo, tornando-se definitiva.

B) Definitiva

Decisão definitiva é aquela que nasce do convencimento do juiz obtido por meio da **cognição exauriente**, com observância plena aos princípios constitucionais do devido processo legal, do contraditório e da ampla defesa. Caracteriza-se por só poder ser alterada por recurso e encontra-se apta a adquirir a qualidade da **coisa julgada.**

Por sua vez, a tutela definitiva pode ter caráter satisfativo ou cautelar. No primeiro caso o juiz entrega o bem da vida pretendido pelas partes. Já na tutela cautelar, o que se pretende é assegurar o resultado útil do processo.

3. PRAZO PARA PROFERIR A SENTENÇA E DECISÃO SURPRESA

A sentença, no processo do trabalho, deve ser proferida **logo após o momento reservado às razões finais** e a renovação da tentativa de conciliação, em atenção aos princípios da concentração dos atos, da economia e da celeridade processual.

QUADRO COMPARATIVO – PRAZO PARA PROFERIR A SENTENÇA

CPC DE 1973	CPC DE 2015	CLT
Art. 456. Encerrado o debate ou oferecidos os memoriais, o juiz proferirá a sentença desde logo ou no prazo de 10 (dez) dias.	**Art. 366.** Encerrado o debate ou oferecidas as razões finais, o juiz proferirá sentença em audiência ou no prazo de **30 (trinta) dias.**	**Art. 850**. Terminada a instrução, poderão as partes aduzir razões finais, em prazo não excedente de 10 (dez) minutos para cada uma. Em seguida, o juiz ou presidente renovará a proposta de conciliação, e não se realizando esta, será proferida a decisão. **Art. 831.** A decisão será proferida depois de rejeitada pelas partes a proposta de conciliação. Parágrafo único. No caso de conciliação, o termo que for lavrado valerá como decisão irrecorrível, salvo para a Previdência Social quanto às contribuições que lhe forem devidas.
Aplicabilidade do CPC ao processo do trabalho	Não se aplica, pois o a CLT possui dispositivo próprio. Contudo, as corregedorias regionais dos Tribunais têm conferido aos juízes o prazo estabelecido pelo CPC.	
Diferença entre o CPC de 2015 e o de 1973	O prazo para proferir a sentença aumenta de 10 para 30 dias.	

Proferida a sentença em audiência, considera-se publicada para efeito de contagem do prazo para recurso, de acordo com o preceito contido no art. 834 da CLT: "Salvo nos casos previstos nesta Consolidação, a publicação das decisões e sua notificação aos litigantes, ou a seus patronos, consideram-se realizadas nas próprias audiências em que forem as mesmas proferidas".

Como se trata de um **prazo impróprio**, os juízes do Trabalho nem sempre seguem a regra citada, muitas vezes por conta do excesso de processos para julgamento.

De qualquer forma, as corregedorias dos Tribunais são atuantes e cobram o cumprimento dos prazos legais. Inclusive, mensalmente todo juiz do trabalho deve enviar para o respectivo Tribunal um relatório de produtividade, como dispõe a norma contida no art. 39, da LOMAN.[1]

3.1. Ordem cronológica de julgamento

Quando o juiz possuir um acervo de processos conclusos, a preferência para julgamento é daqueles mais antigos, conforme sugere o art. 12 do CPC, com redação dada pela Lei nº 13.256/16:

> **Art. 12.** Os juízes e os tribunais atenderão, preferencialmente, à ordem cronológica de conclusão para proferir sentença ou acórdão.
>
> **§ 1º** A lista de processos aptos a julgamento deverá estar permanentemente à disposição para consulta pública em cartório e na rede mundial de computadores.
>
> **§ 2º** Estão excluídos da regra do caput:
>
> I – as sentenças proferidas em audiência, homologatórias de acordo ou de improcedência liminar do pedido;
>
> II – o julgamento de processos em bloco para aplicação de tese jurídica firmada em julgamento de casos repetitivos;
>
> III – o julgamento de recursos repetitivos ou de incidente de resolução de demandas repetitivas;
>
> IV – as decisões proferidas com base nos arts. 485 e 932;
>
> V – o julgamento de embargos de declaração;
>
> VI – o julgamento de agravo interno;
>
> VII – as preferências legais e as metas estabelecidas pelo Conselho Nacional de Justiça;
>
> VIII – os processos criminais, nos órgãos jurisdicionais que tenham competência penal;
>
> IX – a causa que exija urgência no julgamento, assim reconhecida por decisão fundamentada.

3.2. Vedação da decisão surpresa

Outra questão importante que foi introduzida no ordenamento jurídico pátrio em 2015 foi a vedação da **decisão surpresa**, na forma estatuída pelos arts. 9º e 10 do CPC, em cumprimento ao princípio constitucional do **contraditório**:

> **Art. 9º** Não se proferirá decisão contra uma das partes sem que ela seja previamente ouvida. Parágrafo único. O disposto no caput não se aplica: I – à tutela provisória de urgência; II – às hipóteses de tutela da evidência previstas no art. 311, incisos II e III; III – à decisão prevista no art. 701.
>
> **Art. 10.** O juiz não pode decidir, em grau algum de jurisdição, com base em fundamento a respeito do qual não se tenha dado às partes oportunidade de se manifestar, ainda que se trate de matéria sobre a qual deva decidir de ofício.

1. LOMAN. Art. 39. Os juízes remeterão, até o dia 10 de cada mês, ao órgão corregedor competente de segunda instância, informação a respeito dos feitos em seu poder, cujos prazos para despacho ou decisão hajam sido excedidos, bem como indicação do número de sentenças proferidas no mês anterior.

Esse instituto da vedação da decisão surpresa é aplicado ao processo laboral de acordo com o preceito contido no art. 4º da Instrução Normativa nº 39/16 do TST. Todavia, essa regulamentação estabelece certa relativização explicitada no § 2º do mesmo dispositivo citado:

> **Art. 4º** Aplicam-se ao Processo do Trabalho as normas do CPC que regulam o princípio do contraditório, em especial os artigos 9º e 10, no que vedam a decisão surpresa.
>
> **§ 1º** Entende-se por "decisão surpresa" a que, no julgamento final do mérito da causa, em qualquer grau de jurisdição, aplicar fundamento jurídico ou embasar-se em fato não submetido à audiência prévia de uma ou de ambas as partes.
>
> **§ 2º** Não se considera "decisão surpresa" a que, à luz do ordenamento jurídico nacional e dos princípios que informam o Direito Processual do Trabalho, as partes tinham obrigação de prever, concernente às condições da ação, aos pressupostos de admissibilidade de recurso e aos pressupostos processuais, salvo disposição legal expressa em contrário.

Inclusive o instituto da decisão surpresa e sua aplicabilidade no processo do trabalho foi uma das questões mais tormentosas tratadas pela Instrução Normativa nº 39/16 do TST, conforme se observa da breve exposição de motivos dessa regra procedimental:

> A aplicação no processo do trabalho da nova concepção de princípio do contraditório adotada pelo NCPC (artigos 9º e 10), no que veda a decisão surpresa, constituiu-se em uma das mais tormentosas e atormentadoras questões com que se viu a braços a Comissão. Prevaleceu uma solução de compromisso:
>
> a) de um lado, aplica-o na plenitude no julgamento do mérito da causa (art. 4º, § 1º, da IN) e, portanto, na esfera do direito material, de forma a impedir a adoção de fundamento jurídico não debatido previamente pelas partes; persiste a possibilidade de o órgão jurisdicional invocar o *brocardo jura novit curia*, mas não sem audiência prévia das partes;
>
> b) de outro lado, no plano estritamente processual, mitigou-se o rigor da norma (art. 4º, § 2º, da IN); para tanto, concorreram vários fatores:
>
> b1) as especificidades do processo trabalhista (mormente a exigência fundamental de celeridade em virtude da natureza alimentar das pretensões deduzidas em juízo);
>
> b2) a preservação pelo próprio CPC/2015 (art. 1046, § 2º) das "disposições especiais dos procedimentos regulados em outras leis", dentre as quais sobressai a CLT;
>
> b3) o próprio Código de Processo Civil não adota de forma absoluta a observância do princípio do contraditório prévio como vedação à decisão surpresa;
>
> b4) a experiência do direito comparado europeu, berço da nova concepção de contraditório, que recomenda algum temperamento em sua aplicação; tome-se, a título de ilustração, a seguinte decisão do Tribunal das Relações de Portugal de 2004: "A decisão surpresa apenas emerge quando ela comporte uma solução jurídica que, perante os factos controvertidos, as partes não tinham obrigação de prever".
>
> Daí a diretriz assumida pela IN, a *contrario sensu*: não se reputa "decisão surpresa" a que as partes tinham obrigação de prever, concernente às condições da ação, aos pressupostos de admissibilidade de recurso e aos pressupostos processuais. Ainda aqui, todavia, a IN ressalva os casos excepcionais em que, a propósito desses institutos, há disposição legal expressa determinando a audiência prévia da parte, a exemplo das normas dos §§ 2º e 7º do art. 1007 e §§ 1º a 4º do art. 938 do CPC de 2015.

3.3. Priorização da decisão de mérito

O CPC estabeleceu como princípio a **priorização da decisão de mérito.** Isso significa que o juiz deve, na medida do possível, adotar todos meios necessários para sanar os vícios processuais para, com isso, oferecer uma solução ao litígio.

Essa diretriz se revela em diversos dispositivos do CPC, dentre eles, o art. 4º: "As partes têm o direito de obter em prazo razoável a **solução integral do mérito**, incluída a atividade satisfativa" (grifou-se).

Afasta-se, portanto, a tendência que havia sob a égide do CPC de 1973 de reconhecer a prevalência da **jurisprudência defensiva**, que conferia um maior rigor formal na interpretação da norma jurídica processual que estabelece os pressupostos processuais e até mesmo a criação de novos requisitos não previstos na lei.

4. REQUISITOS DA SENTENÇA

Pela dicção do art. 832 da Consolidação das Leis do Trabalho, a sentença deve conter "o nome das partes, o resumo do pedido e da defesa, a apreciação das provas, os fundamentos da decisão e a respectiva conclusão".

Em que pese a existência desse dispositivo celetista, comumente as decisões proferidas nos processos trabalhistas seguem a técnica e forma determinada pelo art. 489 do CPC, que divide a sentença em relatório, fundamentos e dispositivo, sob pena de nulidade.[2]

ATENÇÃO! Observe-se que, ontologicamente, tanto a CLT quanto o CPC tratam da sentença de forma semelhante. Este último se refere ao relatório, justamente o que CLT exige no seu artigo 832, quando assevera que deverão constar da sentença "o nome das partes, o resumo do pedido e da defesa, a apreciação das provas." Se a demanda estiver submetida ao rito sumaríssimo, dispensa-se o relatório.

4.1. Relatório

No relatório, o juiz faz uma descrição dos principais atos processuais por ele, partes, auxiliares, representante do Ministério Público etc. Também apresenta um breve resumo do pedido do reclamante e da resposta do reclamado, que **serve para demonstrar que o juiz analisou todo o processo**, principalmente as provas produzidas, para prolatar a sua decisão.

Frequentemente se observa o uso da fórmula sacramental "Vistos etc." no início do Relatório da sentença como referência resumida ao procedimento utilizado pelo Juiz no sentido de declarar que todas as peças processuais foram vistas e examinadas. Em uma época mais remota a expressão utilizada era "Vistos, relatados, discutidos e bem examinados estes autos".

2. CPC. Art. 489. São elementos essenciais da sentença: I – o relatório, que conterá os nomes das partes, a identificação do caso, com a suma do pedido e da contestação, e o registro das principais ocorrências havidas no andamento do processo; II – os fundamentos, em que o juiz analisará as questões de fato e de direito; III – o dispositivo, em que o juiz resolverá as questões principais que as partes lhe submeterem.

Nessa parte da sentença, **não constitui boa técnica processual emitir juízo de valor sobre o que aconteceu no desenrolar do processo.** O julgador deve se limitar à exposição do quanto ocorrido.

O CPC, em seu art. 489, I, enfatiza que o relatório **deverá ser sucinto**: "São elementos essenciais da sentença: I – o relatório, que conterá os nomes das partes, a identificação do caso, com a suma do pedido e da contestação, e o registro das principais ocorrências havidas no andamento do processo".

Nos processos trabalhistas submetidos ao rito sumaríssimo, o legislador **dispensou o juiz da confecção do relatório das sentenças.**[3] Contudo, devido ao grande volume de trabalho, tem-se observado na prática forense que o relatório nas sentenças proferidas nos processos submetidos ao rito ordinário não passa de breves referências às peças processuais.

> **ATENÇÃO!** De acordo com a interpretação sistemática dos artigos 832 da CLT e art. 489, I, do CPC, percebe-se que qualquer sentença proferida sem o devido relatório é nula, salvo no caso de demanda submetida ao rito sumaríssimo.

4.2. Fundamentos

Constitui direito fundamental de todo cidadão conhecer a motivação das decisões prolatadas nos processos em que fizeram parte como reclamante, reclamado ou terceiro interveniente, na forma prevista pelo art. 93, IX, da atual Constituição Federal.[4]

O juiz deve deixar expresso na sentença como formou o seu convencimento, ou seja, qual a prova ou provas que o persuadiram no sentido de reconhecer a pretensão do autor ou os argumentos contidos na defesa do réu. O registro dessas circunstâncias deve ser feito na parte da sentença denominada de fundamentos, para atender ao princípio do livre convencimento motivado (art. 371 do CPC):

> **Art. 371.** O juiz apreciará a prova constante dos autos, independentemente do sujeito que a tiver promovido, e indicará na decisão as razões da formação de seu convencimento.

Se houver questão de direito controvertida, o magistrado deve apresentar o seu entendimento acerca da adaptação do caso concreto à lei, pela interpretação e aplicação do direito.

Pela regra contida no CPC, **no caso de colisão entre normas, o juiz deve justificar o objeto e os critérios gerais da ponderação efetuada**, enunciando as razões que autorizam a interferência na norma afastada e as premissas fáticas que fundamentam a conclusão (art. 489, § 2º, aplicável ao processo do trabalho na forma prevista pela Instrução Normativa nº 39/2016, art. 3º, IX).

---

3. CLT. Art. 852-I. A sentença mencionará os elementos de convicção do juízo, com resumo dos fatos relevantes ocorridos em audiência, dispensado o relatório.

4. CF de 1988. Art. 93. IX – todos os julgamentos dos órgãos do Poder Judiciário serão públicos, e fundamentadas todas as decisões, sob pena de nulidade, podendo a lei limitar a presença, em determinados atos, às próprias partes e a seus advogados, ou somente a estes, em casos nos quais a preservação do direito à intimidade do interessado no sigilo não prejudique o interesse público à informação.

Todavia, por mais louvável que seja a atuação do magistrado na fundamentação da sentença, **as suas argumentações não farão coisa julgada**, conforme determina o art. 504, I, do CPC.[5]

Existe, assim, uma ordem lógica para lançar os argumentos do juiz na fundamentação. Inicia-se com a apreciação das **preliminares** (defesa processual), logo após passa-se às **questões prejudiciais de mérito**, e encerra com a análise das questões meritórias, que pode ser divida em capítulos.

Como a regra na prática do processo do trabalho é a da cumulação de pedidos, a sentença deve reconhecer ou rechaçar cada um deles, sob pena de nulidade processual por julgamento *citra petita*, circunstância esta que torna bastante complexa a sentença laboral.

O CPC de 2015, em seu art. 489, § 1º, institui uma série de requisitos nesse capítulo da sentença:

QUADRO COMPARATIVO – FUNDAMENTOS DA SENTENÇA		
CPC DE 1973	**CPC DE 2015**	**CLT**
Sem similar.	**Art. 489.** § 1º. Não se considera fundamentada qualquer decisão judicial, seja ela interlocutória, sentença ou acórdão, que: I – se limitar à indicação, à reprodução ou à paráfrase de ato normativo, sem explicar sua relação com a causa ou a questão decidida; II – empregar conceitos jurídicos indeterminados, sem explicar o motivo concreto de sua incidência no caso; III – invocar motivos que se prestariam a justificar qualquer outra decisão; IV – não enfrentar todos os argumentos deduzidos no processo capazes de, em tese, infirmar a conclusão adotada pelo julgador; V – se limitar a invocar precedente ou enunciado de súmula, sem identificar seus fundamentos determinantes nem demonstrar que o caso sob julgamento se ajusta àqueles fundamentos; VI – deixar de seguir enunciado de súmula, jurisprudência ou precedente invocado pela parte, sem demonstrar a existência de distinção no caso em julgamento ou a superação do entendimento. § 2º No caso de colisão entre normas, o juiz deve justificar o objeto e os critérios gerais da ponderação efetuada, enunciando as razões que autorizam a interferência na norma afastada e as premissas fáticas que fundamentam a conclusão.	Sem similar.
Aplicabilidade do CPC ao processo do trabalho	Aplica-se ao processo do trabalho em face da omissão da CLT e da ausência de incompatibilidade, mas com adaptações (art. 15, da IN nº 39/2016 do TST).	
Diferença entre o CPC de 2015 e o de 1973	No CPC de 1973 não havia qualquer referencia à qualidade da fundamentação das decisões.	

O TST indica as adaptações necessárias para aplicação do art. 489, § 1º, do CPC ao processo do trabalho, conforme preceito contido no art. 15 da IN nº 39/16:

5. CPC. Art. 504. I – os motivos, ainda que importantes para determinar o alcance da parte dispositiva da sentença.

Art. 15. O atendimento à exigência legal de fundamentação das decisões judiciais (CPC, art. 489, § 1º) no Processo do Trabalho observará o seguinte:

I – por força dos arts. 332 e 927 do CPC, adaptados ao Processo do Trabalho, para efeito dos incisos V e VI do § 1º do art. 489 considera-se "precedente" apenas:

a) acórdão proferido pelo Supremo Tribunal Federal ou pelo Tribunal Superior do Trabalho em julgamento de recursos repetitivos (CLT, art. 896-B; CPC, art. 1046, § 4º);

b) entendimento firmado em incidente de resolução de demandas repetitivas ou de assunção de competência;

c) decisão do Supremo Tribunal Federal em controle concentrado de constitucionalidade;

d) tese jurídica prevalecente em Tribunal Regional do Trabalho e não conflitante com súmula ou orientação jurisprudencial do Tribunal Superior do Trabalho (CLT, art. 896, § 6º – * dispositivo revogado expressamente pela Lei nº 13.467/17);

e) decisão do plenário, do órgão especial ou de seção especializada competente para uniformizar a jurisprudência do tribunal a que o juiz estiver vinculado ou do Tribunal Superior do Trabalho.

II – para os fins do art. 489, § 1º, incisos V e VI do CPC, considerar-se-ão unicamente os precedentes referidos no item anterior, súmulas do Supremo Tribunal Federal, orientação jurisprudencial e súmula do Tribunal Superior do Trabalho, súmula de Tribunal Regional do Trabalho não conflitante com súmula ou orientação jurisprudencial do TST, que contenham explícita referência aos fundamentos determinantes da decisão (*ratio decidendi*).

III – não ofende o art. 489, § 1º, inciso IV do CPC a decisão que deixar de apreciar questões cujo exame haja ficado prejudicado em razão da análise anterior de questão subordinante.

IV – o art. 489, § 1º, IV, do CPC não obriga o juiz ou o Tribunal a enfrentar os fundamentos jurídicos invocados pela parte, quando já tenham sido examinados na formação dos precedentes obrigatórios ou nos fundamentos determinantes de enunciado de súmula.

V – decisão que aplica a tese jurídica firmada em precedente, nos termos do item I, não precisa enfrentar os fundamentos já analisados na decisão paradigma, sendo suficiente, para fins de atendimento das exigências constantes no art. 489, § 1º, do CPC, a correlação fática e jurídica entre o caso concreto e aquele apreciado no incidente de solução concentrada.

VI – é ônus da parte, para os fins do disposto no art. 489, § 1º, V e VI, do CPC, identificar os fundamentos determinantes ou demonstrar a existência de distinção no caso em julgamento ou a superação do entendimento, sempre que invocar precedente ou enunciado de súmula.

Com o advento do CPC de 2015 o sistema de **observação dos precedentes judiciais** foi fortalecido, ao instituir a **obrigatoriedade** dos juízes e tribunais observarem acórdão proferido pelo Supremo Tribunal Federal ou pelo Tribunal Superior do Trabalho em julgamento de recursos repetitivos; entendimento firmado em incidente de resolução de demandas repetitivas ou de assunção de competência; decisão do Supremo Tribunal Federal em controle concentrado de constitucionalidade; tese jurídica prevalecente em Tribunal Regional do Trabalho e não conflitante com súmula ou orientação jurisprudencial do Tribunal Superior do Trabalho; decisão do plenário, do órgão especial ou de seção especializada competente para uniformizar a jurisprudência do tribunal a que o juiz estiver vinculado ou do Tribunal Superior do Trabalho.

Assim, se há um precedente possivelmente aplicável ao caso sob exame o juiz não pode simplesmente ignorar a orientação nele contida, sob pena da sentença ser considerada sem fundamentação. Pelo contrário, deve apresentar elementos objetivos que o diferencie da situação fática e jurídica que serviu para formação do precedente judicial, técnica de julgamento denominada de *distinguishing*.

4.3. Dispositivo

O dispositivo representa a parte mais importante da sentença, tendo em vista que só se produz a qualidade da coisa julgada material em relação àquilo que ficar consignado nessa parte da sentença, quando há resolução do mérito.

É no dispositivo que o juiz faz a entrega da prestação jurisdicional, com o acolhimento ou não a pretensão do reclamante de forma clara, sintética e objetiva.

Se houve resolução de questão prejudicial, como por exemplo, sobre a existência ou não de uma relação de emprego, **pode haver coisas julgada**, desde que se observem os requisitos estabelecidos pelo art. 503, §§ 1º e 2º do CPC:

> **Art. 503.** A decisão que julgar total ou parcialmente o mérito tem força de lei nos limites da questão principal expressamente decidida.
>
> **§ 1º** O disposto no *caput* aplica-se à resolução de questão prejudicial, decidida expressa e incidentemente no processo, se:
>
> I – dessa resolução depender o julgamento do mérito;
>
> II – a seu respeito tiver havido contraditório prévio e efetivo, não se aplicando no caso de revelia;
>
> III – o juízo tiver competência em razão da matéria e da pessoa para resolvê-la como questão principal.
>
> **§ 2º** A hipótese do § 1º não se aplica se no processo houver restrições probatórias ou limitações à cognição que impeçam o aprofundamento da análise da questão prejudicial.

Mesmo antes de transitada em julgado, a sentença condenatória cujo objeto seja uma prestação consistente em dinheiro ou em coisa, vale como título constitutivo de hipoteca judiciária, nos termos do art. 495 do CPC, aplicado subsidiariamente ao processo laboral:

> **Art. 495.** A decisão que condenar o réu ao pagamento de prestação consistente em dinheiro e a que determinar a conversão de prestação de fazer, de não fazer ou de dar coisa em prestação pecuniária valerão como título constitutivo de hipoteca judiciária.

> **ATENÇÃO!** O dispositivo é fundamental para a higidez do ato decisório, tanto que sua ausência implica INEXISTÊNCIA da sentença. Nessa situação, a sentença será portadora de um vício reputado ainda mais grave do que a nulidade. Confere-se tamanha importância ao dispositivo pelo simples fato de que somente essa parte da sentença é acobertada pela qualidade da coisa julgada.

Outra inovação promovida pelo CPC de 2015 foi a necessidade de proferir, em regra, sentença líquida, no caso de condenação de pagar quantia, ainda que tenha sido formulado pedido genérico, além de definição do índice de correção monetária aplicável, taxa de juros etc., na forma prevista pelo art. 491:

> **Art. 491.** Na ação relativa à obrigação de pagar quantia, ainda que formulado pedido genérico, a decisão definirá desde logo a extensão da obrigação, o índice de correção monetária,

> a taxa de juros, o termo inicial de ambos e a periodicidade da capitalização dos juros, se for o caso, salvo quando:
>
> I – não for possível determinar, de modo definitivo, o montante devido;
>
> II – a apuração do valor devido depender da produção de prova de realização demorada ou excessivamente dispendiosa, assim reconhecida na sentença.
>
> **§ 1º** Nos casos previstos neste artigo, seguir-se-á a apuração do valor devido por liquidação.
>
> **§ 2º** O disposto no caput também se aplica quando o acórdão alterar a sentença

5. A SENTENÇA E AS CONTRIBUIÇÕES SOCIAIS

Desde a promulgação da Emenda Constitucional nº 20/98, a Justiça do Trabalho passou a ser competente para executar, de ofício, as contribuições previdenciárias decorrentes de suas sentenças, com o acréscimo do parágrafo 3º, ao art. 114, da CF/88.

Essa era a redação do referido art. 114, parágrafo 3º: "Compete ainda à Justiça do Trabalho executar, de ofício, as contribuições sociais previstas no artigo 195, I, a, e II, e seus acréscimos legais, decorrentes das sentenças que proferir".

Com a Emenda Constitucional nº 45/04, a mencionada competência passou a ser prevista pelo art. 114, inciso VIII:

> **Art. 114**. Compete à Justiça do Trabalho processar e julgar: VIII – a execução, de ofício, das contribuições sociais previstas no art. 195, I, a, e II, e seus acréscimos legais, decorrentes das sentenças que proferir;

Para regulamentar esse preceito constitucional, ainda sob a vigência da redação anterior, foi editada a Lei nº 10.035/2000, que possibilitou a cobrança das contribuições previdenciárias derivadas das sentenças trabalhistas.

A partir da vigência da referida lei, o juiz passou a ter o dever de **identificar a natureza jurídica das parcelas deferidas, se indenizatória ou salarial, além de determinar o limite de responsabilidade de recolhimento de cada litigante**, na forma prevista pelo § 3º, art. 832 da CLT:

> **Art. 832. § 3º** As decisões cognitivas ou homologatórias deverão sempre indicar a natureza jurídica das parcelas constantes da condenação ou do acordo homologado, inclusive o limite de responsabilidade de cada parte pelo recolhimento da contribuição previdenciária, se for o caso.

Entretanto, mesmo que o juiz não faça isso na sentença, ainda assim serão devidas e cobradas as contribuições previdenciárias decorrentes da condenação trabalhista:

> **SÚMULA Nº 25 do TRT4.** DESCONTOS PREVIDENCIÁRIOS E FISCAIS. São cabíveis, independentemente de sua previsão no título judicial, resguardada a coisa julgada.

O objetivo, nesse caso, é facilitar a futura execução por parte da Justiça do Trabalho, uma vez que **não incide a contribuição previdenciária sobre as verbas de natureza indenizatórias acolhidas pela sentença.**

Sobre o tema, dispõe o art. 876, paragrafo único, da CLT, com redação dada pela Lei nº 13.467/17:

> **Art. 876. Parágrafo único.** A Justiça do Trabalho executará, de ofício, as contribuições sociais previstas na alínea a do inciso I e no inciso II do caput do art. 195 da Constituição Federal, e seus acréscimos legais, relativas ao objeto da condenação constante das sentenças que proferir e dos acordos que homologar.

O TST expõe a sua posição acerca da competência para proceder ao recolhimento das contribuições previdenciárias pela Súmula nº 368, inciso I:

> **SÚMULA Nº 368.** DESCONTOS PREVIDENCIÁRIOS. IMPOSTO DE RENDA. COMPETÊNCIA. RESPONSABILIDADE PELO RECOLHIMENTO. FORMA DE CÁLCULO. FATO GERADOR (aglutinada a parte final da Orientação Jurisprudencial nº 363 da SBDI-I à redação do item II e incluídos os itens IV, V e VI em sessão do Tribunal Pleno realizada em 26.06.2017) – Res. 219/2017, DEJT divulgado em 28, 29 e 30.06.2017.I – A Justiça do Trabalho é competente para determinar o recolhimento das contribuições fiscais. A competência da Justiça do Trabalho, quanto à execução das contribuições previdenciárias, limita-se às sentenças condenatórias em pecúnia que proferir e aos valores, objeto de acordo homologado, que integrem o salário de contribuição. (ex-OJ nº 141 da SBDI-1 – inserida em 27.11.1998).
>
> II – É do empregador a responsabilidade pelo recolhimento das contribuições previdenciárias e fiscais, resultantes de crédito do empregado oriundo de condenação judicial. A culpa do empregador pelo inadimplemento das verbas remuneratórias, contudo, não exime a responsabilidade do empregado pelos pagamentos do imposto de renda devido e da contribuição previdenciária que recaia sobre sua quota-parte. (ex-OJ nº 363 da SBDI-1, parte final)
>
> III – Os descontos previdenciários relativos à contribuição do empregado, no caso de ações trabalhistas, devem ser calculados mês a mês, de conformidade com o art. 276, § 4º, do Decreto n º 3.048/1999 que regulamentou a Lei nº 8.212/1991, aplicando-se as alíquotas previstas no art. 198, observado o limite máximo do salário de contribuição (ex-OJs nºs 32 e 228 da SBDI-1 – inseridas, respectivamente, em 14.03.1994 e 20.06.2001).
>
> IV – Considera-se fato gerador das contribuições previdenciárias decorrentes de créditos trabalhistas reconhecidos ou homologados em juízo, para os serviços prestados até 4.3.2009 inclusive, o efetivo pagamento das verbas, configurando-se a mora a partir do dia dois do mês seguinte ao da liquidação (art. 276, "caput", do Decreto nº 3.048/1999). Eficácia não retroativa da alteração legislativa promovida pela Medida Provisória nº 449/2008, posteriormente convertida na Lei nº 11.941/2009, que deu nova redação ao art. 43 da Lei nº 8.212/91.
>
> V – Para o labor realizado a partir de 5.3.2009, considera-se fato gerador das contribuições previdenciárias decorrentes de créditos trabalhistas reconhecidos ou homologados em juízo a data da efetiva prestação dos serviços. Sobre as contribuições previdenciárias não recolhidas a partir da prestação dos serviços incidem juros de mora e, uma vez apurados os créditos previdenciários, aplica-se multa a partir do exaurimento do prazo de citação para pagamento, se descumprida a obrigação, observado o limite legal de 20% (art. 61, § 2º, da Lei nº 9.460/96).
>
> VI – O imposto de renda decorrente de crédito do empregado recebido acumuladamente deve ser calculado sobre o montante dos rendimentos pagos, mediante a utilização de tabela progressiva resultante da multiplicação da quantidade de meses a que se refiram os rendimentos pelos valores constantes da tabela progressiva mensal correspondente ao mês do recebimento ou crédito, nos termos do art. 12-A da Lei nº 7.713, de 22/12/1988,

com a redação conferida pela Lei nº 13.149/2015, observado o procedimento previsto nas Instruções Normativas da Receita Federal do Brasil.

O STF considerou que a cobrança das contribuições previdenciárias, pela Justiça do Trabalho, somente pode incidir sobre o valor pecuniário já definido em condenação trabalhista ou em acordo, entendimento que coincide com aquele constante da citada Súmula do TST:

> RECURSO EXTRAORDINÁRIO. REPERCUSSÃO GERAL RECONHECIDA. COMPETÊNCIA DA JUSTIÇA DO TRABALHO. ALCANCE DO ART. 114, VIII, DA CONSTITUIÇÃO FEDERAL. 1. A competência da Justiça do Trabalho prevista no art. 114, VIII, da Constituição Federal alcança apenas a execução das contribuições previdenciárias relativas ao objeto da condenação constante das sentenças que proferir. 2. Recurso extraordinário conhecido e desprovido. O Tribunal, por unanimidade e nos termos do voto do Relator, desproveu o recurso. Em seguida, o Tribunal, por maioria, aprovou proposta do Relator para edição de súmula vinculante sobre o tema, e cujo teor será deliberado nas próximas sessões, vencido o Senhor Ministro Marco Aurélio, que reconhecia a necessidade de encaminhamento da proposta à Comissão de Jurisprudência.[6]

De igual forma e como consequência desse entendimento, a Justiça do Trabalho não teria competência para determinar ao INSS a **incorporação do tempo de serviço reconhecido por sentença**, para efeito de concessão de benefícios previdenciários:

> RECURSO DE REVISTA. INCOMPETÊNCIA DA JUSTIÇA DO TRABALHO. AVERBAÇÃO DE TEMPO DE SERVIÇO DE PERÍODO DE TRABALHO RECONHECIDO EM JUÍZO PARA EFEITOS PREVIDENCIÁRIOS. É da competência da Justiça Federal, nos termos do artigo 109, I e § 3º, da CF, a averbação do tempo de serviço relativo a vínculo empregatício reconhecido em juízo, para fins previdenciários, visto que tal competência não se encontra taxativamente prevista no artigo 114 da CF, tampouco existe legislação em vigor que fixe a competência desta Justiça Especializada para determinar tal averbação. Recurso de Revista conhecido e provido.[7]

Por fim, no caso de sentença que defira **verbas de natureza remuneratória** não poderá ter como base de cálculo valor inferior ao salário-mínimo ou o piso salarial da categoria, para as competências que integram o vínculo empregatício reconhecido na decisão cognitiva ou à diferença entre a remuneração reconhecida como devida na sentença e a efetivamente paga pelo empregador, cujo valor total referente a cada competência não será inferior ao salário-mínimo ou o piso da categoria (§ 3º-A, art. 832 da CLT, introduzido pela Lei nº 13.876/19).

Exemplo de questão sobre o tema

(FCC – Juiz do Trabalho/2017) Sobre a sentença nos dissídios individuais trabalhistas, em conformidade com a legislação vigente e com a jurisprudência dominante do Tribunal Superior do Trabalho, é correto afirmar:

a) Existindo na decisão evidentes erros ou enganos de escrita, de datilografia ou de cálculo, poderão estes, antes da execução, ser corrigidos somente a requerimento dos interessados ou do Ministério Público do Trabalho.

6. STF. AG. REG. NO RECEXTRA 564.467-7-RS. Rel. Min. Marco Aurélio. DJ 20.02.2009.
7. TST. RR – 227/2007-043-15-00. 8ª T. Rel. Min. Dora Maria da Costa. DEJT 04.09.2009.

b) A responsabilidade do empregador pelo recolhimento das contribuições previdenciárias, resultantes de crédito do empregado oriundo de condenação judicial, não exime a responsabilidade do empregado pelo pagamento de sua quota- parte, inclusive juros e multa.

c) Quando, no termo de acordo homologado em juízo, não houver discriminação das parcelas sujeitas à incidência das contribuições, é devida a incidência das contribuições previdenciárias sobre o valor total do acordo, independentemente do reconhecimento de vínculo empregatício.

d) As decisões cognitivas ou homologatórias deverão sempre indicar a natureza jurídica das parcelas constantes da condenação ou do acordo homologado, podendo deixar o limite de responsabilidade de cada parte pelo recolhimento da contribuição previdenciária, se for o caso, para a fase de cumprimento da sentença.

e) No caso de acordo homologado em juízo após o trânsito em julgado da sentença condenatória, as contribuições previdenciárias serão calculadas com base no valor do acordo e na proporcionalidade das parcelas de natureza salarial e indenizatória definida pelas partes.

Resposta: C

(TRT 8 – Juiz do Trabalho Substituto 8ª região/2014) No que diz respeito às decisões proferidas na Justiça do Trabalho, assinale a alternativa INCORRETA.

a) As decisões cognitivas ou homologatórias deverão sempre indicar a natureza jurídica das parcelas constantes da condenação ou do acordo homologado, inclusive o limite de responsabilidade de cada parte pelo recolhimento da contribuição previdenciária, se for o caso.

b) A União será intimada das decisões homologatórias de acordos que contenham parcela indenizatória, na forma do art. 20 da Lei nº 11.033, de 21 de dezembro de 2004, facultada a interposição de recurso relativo aos tributos que lhe forem devidos. (Redação dada pela Lei nº 11.457, de 2007)

c) É vedado aos órgãos da Justiça do Trabalho conhecer de questões já decididas, excetuados os casos expressamente previstos neste Título e a ação rescisória, que será admitida na forma do disposto no Capítulo IV do Título IX da Lei nº 5.869, de 11 de janeiro de 1973 – Código de Processo Civil, sujeita ao depósito prévio de 15% (quinze por cento) do valor da causa, salvo prova de miserabilidade jurídica do autor.

d) Quando a decisão concluir pela procedência do pedido determinará o prazo e as condições para o seu cumprimento.

e) É devida a contribuição previdenciária sobre o valor do acordo celebrado e homologado após o trânsito em julgado de decisão judicial, respeitada a proporcionalidade de valores entre as parcelas de natureza salarial e indenizatória deferidas na decisão condenatória e as parcelas objeto do acordo.

Resposta: C

(TRT 8 – Juiz do Trabalho Substituto 8ª região/ 2013) Sobre sentença nos dissídios individuais, termo de conciliação e seus efeitos perante as partes, terceiros e INSS, é CORRETO afirmar que:

a) A decisão será proferida depois de rejeitada pelas partes a proposta de conciliação. No caso de conciliação, o termo que for lavrado valerá como decisão irrecorrível, salvo para a Previdência Social quanto às contribuições que lhe forem devidas.

b) Apenas as decisões cognitivas deverão sempre indicar a natureza jurídica das parcelas constantes da condenação ou do acordo homologado, inclusive o limite de responsabilidade de cada parte pelo recolhimento da contribuição previdenciária, se for o caso.

c) De acordo com jurisprudência do Tribunal Superior do Trabalho, o acordo celebrado após o trânsito em julgado da sentença ou após a elaboração dos cálculos de liquidação de sentença, em valor inferior ao da condenação, não prejudicará os créditos da União, pois o valor das verbas previdenciárias não se altera.

d) Existindo na decisão evidentes erros ou enganos de cálculo, poderão os mesmos, antes da execução, ser corrigidos, *ex officio*, ou a requerimento dos interessados ou da Procuradoria da Justiça do Trabalho.

d) Pelo princípio da celeridade, na Justiça do Trabalho, a publicação das decisões e sua notificação aos litigantes, ou a seus patronos, consideram-se sempre realizadas nas próprias audiências em que forem as mesmas proferidas.

Resposta: A

6. DEFEITOS DA SENTENÇA

O reclamante deduz a sua pretensão por intermédio da petição inicial e em um eventual aditamento. O reclamado, ao ser chamado em juízo, apresenta a sua defesa que define os limites objetivos da lide.

É dentro desses parâmetros estabelecidos pelas partes que deve atuar o juiz, que não pode julgar aquém, além ou fora do pedido, sob pena de ofender o **princípio da congruência.**[8]

> **ATENÇÃO!** O Magistrado, ao proferir a sentença, não deve ultrapassar os limites objetivos e subjetivos em que a lide foi proposta. Tal regra deriva do princípio da simetria, também denominado de **correlação, adstrição, correspondência ou congruência.**

6.1. Sentença *citra petita*

Uma sentença é considerada como *citra petita* ou *infra petita* quando o juiz não aprecia um ou alguns dos pedidos formulados pelas partes ou o seu respectivo fundamento.

Nessa hipótese, o interessado pode se valer do remédio processual denominado de **embargos declaratórios** para sanar a omissão constatada na sentença.

Caso permaneça o referido defeito, com ou sem a interposição de embargos declaratórios, a parte prejudicada pode, por meio do recurso ordinário, requerer que o Tribunal se manifeste sobre o pedido, no exercício do **efeito devolutivo em profundidade**, conforme art. 1.013, § 3º, do CPC:

QUADRO COMPARATIVO – EFEITO DEVOLUTIVO EM PROFUNDIDADE		
CPC DE 1973	**CPC DE 2015**	**CLT**
Art. 515. A apelação devolverá ao tribunal o conhecimento da matéria impugnada. § 1º. Serão, porém, objeto de apreciação e julgamento pelo tribunal todas as questões suscitadas e discutidas no processo, ainda que a sentença não as tenha julgado por inteiro. § 2º. Quando o pedido ou a defesa tiver mais de um fundamento e o juiz acolher apenas um deles, a apelação devolverá ao tribunal o conhecimento dos demais.	**Art. 1.013.** A apelação devolverá ao tribunal o conhecimento da matéria impugnada. § 1º Serão, porém, objeto de apreciação e julgamento pelo tribunal todas as questões suscitadas e discutidas no processo, ainda que não tenham sido solucionadas, **desde que relativas ao capítulo impugnado.** § 2º Quando o pedido ou a defesa tiver mais de um fundamento e o juiz acolher apenas um deles, a apelação devolverá ao tribunal o conhecimento dos demais.	Sem similar.

8. CPC. Art. 492. É vedado ao juiz proferir decisão de natureza diversa da pedida, bem como condenar a parte em quantidade superior ou em objeto diverso do que lhe foi demandado.

<table>
<tr><th colspan="3">QUADRO COMPARATIVO – EFEITO DEVOLUTIVO EM PROFUNDIDADE</th></tr>
<tr><th>CPC DE 1973</th><th>CPC DE 2015</th><th>CLT</th></tr>
<tr><td>§ 3º Nos casos de extinção do processo sem julgamento do mérito (art. 267), o tribunal pode julgar desde logo a lide, se a causa versar questão exclusivamente de direito e estiver em condições de imediato julgamento.
§ 4º Constatando a ocorrência de nulidade sanável, o tribunal poderá determinar a realização ou renovação do ato processual, intimadas as partes; cumprida a diligência, sempre que possível prosseguirá o julgamento da apelação.</td><td>§ 3º Se o processo estiver em condições de imediato julgamento, o tribunal deve decidir desde logo o mérito quando:
I – reformar sentença fundada no art. 485;
II – decretar a nulidade da sentença por não ser ela congruente com os limites do pedido ou da causa de pedir;
III – constatar a omissão no exame de um dos pedidos, hipótese em que poderá julgá-lo;
IV – decretar a nulidade de sentença por falta de fundamentação.
§ 4º Quando reformar sentença que reconheça a decadência ou a prescrição, o tribunal, se possível, julgará o mérito, examinando as demais questões, sem determinar o retorno do processo ao juízo de primeiro grau.
§ 5º O capítulo da sentença que confirma, concede ou revoga a tutela provisória é impugnável na apelação.</td><td>Sem similar.</td></tr>
<tr><td>Aplicabilidade do CPC ao processo do trabalho</td><td colspan="2">Aplica-se ao processo do trabalho em face da omissão da CLT e da ausência de incompatibilidade.</td></tr>
<tr><td>Diferença entre o CPC de 2015 e o de 1973</td><td colspan="2">A maior novidade fica por conta da obrigação do Tribunal de julgar o mérito da causa e não como era antes, uma simples faculdade.</td></tr>
</table>

Nesse sentido, a Súmula nº 21 do TRT5:

> **SÚMULA Nº 21 DO TRT5.** SENTENÇA CITRA PETITA AUSÊNCIA DE OPOSIÇÃO DE EMBARGOS DE DECLARAÇÃO NA PRIMEIRA INSTÂNCIA.INEXISTÊNCIA DE PRECLUSÃO. Não se opera a preclusão em relação às matérias não analisadas na sentença e que são objeto de recurso, ainda que não impugnadas via embargos de declaração, pois revelam julgamento infra petita cuja decretação de nulidade se impõe até mesmo de ofício.

Na hipótese de a sentença defeituosa obter a qualidade da coisa julgada, resta ainda a opção pela ação rescisória.

A OJ nº 41 da SDI-2 do TST é nesse sentido:

> **OJ Nº 41.** AÇÃO RESCISÓRIA. SENTENÇA "CITRA PETITA". CABIMENTO (atualizada em decorrência do CPC de 2015) – Res. 208/2016, DEJT divulgado em 22, 25 e 26.04.2016. Revelando-se a sentença "citra petita", o vício processual vulnera os arts. 141 e 492 do CPC de 2015 (arts. 128 e 460 do CPC de 1973), tornando-a passível de desconstituição, ainda que não interpostos embargos de declaração.

Frise-se que os **erros materiais** contidos na sentença podem ser corrigidos **de ofício ou a requerimento da parte** sem necessidade de interposição de embargos de declaração. Nesse sentido o art. 833 da CLT: "Existindo na decisão evidentes erros ou enganos de escrita, de datilografia ou de cálculo, poderão os mesmos, antes da execução, ser corrigidos, *ex officio*, ou a requerimento dos interessados ou da Procuradoria da Justiça do Trabalho".

6.2. Sentença *ultra petita*

Quando o julgador ultrapassa os limites da *res in iudicio deducta* e confere à parte mais do que foi pedido ou fundamenta a decisão em fatos não arguidos pelas partes, incorre em julgamento *ultra petita.*

Nesse caso, a parte interessada não necessita requerer a nulidade da sentença. Basta solicitar, por meio do recurso cabível, que o Tribunal competente **retire o excesso contido na decisão impugnada,** já que há **congruência em parte** no seu conteúdo.

6.3. Sentença *extra petita*

Uma sentença é considerada como *extra petita* quando deixa de atender a pretensão do litigante para conferir-lhe um direito que não foi por ele postulado (pedido mediato) ou quando presta a tutela jurisdicional diversa daquela pretendida pela parte (pedido imediato).

Pode acontecer, também, de o juiz utilizar determinado fato ou argumento para fundamentar a sua decisão que não foi arguida por qualquer das partes, o que representa o mesmo defeito mencionado.

Ao contrário do que ocorre com a decisão *ultra petita*, na decisão *extra petita* o princípio da congruência é totalmente inobservado.

Em situações excepcionais, o juiz está autorizado legalmente a conceder à parte um bem da vida que não foi por ele postulado, o que relativizaria o princípio da congruência.

O exemplo clássico no processo do trabalho é representado pela faculdade que o magistrado tem de converter o pedido de reintegração de empregado estável em indenização reparatória, na forma prevista pelo art. 496 da CLT,[9] confirmado pelo entendimento constante da Súmula nº 396 do TST:

> **SÚMULA Nº 396.** ESTABILIDADE PROVISÓRIA. PEDIDO DE REINTEGRAÇÃO. CONCESSÃO DO SALÁRIO RELATIVO AO PERÍODO DE ESTABILIDADE JÁ EXAURIDO. INEXISTÊNCIA DE JULGAMENTO *"EXTRA PETITA"* (conversão das Orientações Jurisprudenciais nºs 106 e 116 da SBDI-1) – Res. 129/2005, DJ 20, 22 e 25.04.2005 I – Exaurido o período de estabilidade, são devidos ao empregado apenas os salários do período compreendido entre a data da despedida e o final do período de estabilidade, não lhe sendo assegurada a reintegração no emprego. (ex-OJ Nº 116 da SBDI-1 – inserida em 01.10.1997) II – Não há nulidade por julgamento *"extra petita"* da decisão que deferir salário quando o pedido for de reintegração, dados os termos do art. 496 da CLT. (ex-OJ nº 106 da SBDI-1 – inserida em 20.11.1997)

O julgamento *extra petita*, portanto, só é possível quando há autorização legal, o que não ocorre com o pleito do adicional de insalubridade ou periculosidade, **apesar do entendimento do TST em sentido contrário** revelado por meio da Súmula nº 293:

> **SÚMULA Nº 293.** ADICIONAL DE INSALUBRIDADE. CAUSA DE PEDIR. AGENTE NOCIVO DIVERSO DO APONTADO NA INICIAL (mantida) – Res. 121/2003, DJ

9. CLT. Art. 496. Quando a reintegração do empregado estável for desaconselhável, dado o grau de incompatibilidade resultante do dissídio, especialmente quando for o empregador pessoa física, o tribunal do trabalho poderá converter aquela obrigação em indenização devida nos termos do artigo seguinte.

19, 20 e 21.11.2003. A verificação mediante perícia de prestação de serviços em condições nocivas, considerado agente insalubre diverso do apontado na inicial, não prejudica o pedido de adicional de insalubridade.

Ainda que se adote o posicionamento do TST mencionado no verbete transcrito é necessário que o juiz confira o direito ao contraditório ao reclamado, desde que em sua contestação não haja impugnação especifica ao agente insalubre não apontado na inicial e identificado pelo perito, **evitando-se, assim, a decisão surpresa** (art. 10 do novo CPC).

De qualquer forma, mesmo no caso de nulidade, cabe ao Tribunal decidir sobre o mérito da questão, desde que a demanda esteja "madura" para julgamento, na forma prevista pelo art. 1.013, § 3º, II, do CPC.

Exemplos de questões sobre o tema

(TRT 4 – Juiz do Trabalho Substituto 4ª região/2016) Assinale a assertiva correta sobre decisões na Justiça do Trabalho.

a) No caso de conciliação, o termo de acordo homologado pelo Juízo valerá como decisão irrecorrível, podendo ser atacada, contudo, mediante o ajuizamento de ação anulatória, desde que decorrente de erro, dolo, coação, simulação ou fraude.

b) São elementos integrantes da sentença trabalhista o nome das partes, o resumo do pedido e da defesa, a apreciação das provas, os fundamentos da decisão e a respectiva conclusão, devendo a sentença que concluir pela procedência do pedido determinar o prazo e as condições para o seu cumprimento.

c) Existindo na decisão judicial evidentes erros ou enganos de escrita, conhecidos por erros materiais, estes são sanáveis apenas mediante a oposição de embargos de declaração por qualquer das partes.

d) Em se tratando de sentença proferida em processo sujeito ao rito sumaríssimo, esta deve se dar no prazo máximo de 15 (quinze) dias, caso não proferida na própria solenidade que encerra a instrução do feito.

e) No procedimento sumaríssimo, serão decididos de plano todos os incidentes e questões que possam interferir no prosseguimento da audiência, inclusive questões de mérito.

Resposta: B

(TRT 3 – Juiz do Trabalho Substituto 3ª região/ 2013) Sobre a atividade jurisdicional, leia as afirmações abaixo e, em seguida, assinale a alternativa correta:

I. O pedido do autor da demanda autoriza e limita a atividade jurisdicional.

II. Há nulidade por julgamento *extra petita* da decisão que deferir salário quando o pedido for de reintegração, mesmo diante dos termos do art. 496 da CLT.

III. A correção monetária e os juros incluem-se na liquidação, ainda que omissos o pedido inicial ou a condenação.

IV. A jurisdição constitui atividade vinculada pelas regras e princípios constitucionais relativos ao processo judicial.

a) Somente as afirmativas I e IV estão corretas.

b) Todas as afirmativas estão corretas.

c) Somente as afirmativas I, II e IV estão corretas.

d) Somente as afirmativas I, III e IV estão corretas.

e) Somente as afirmativas I, II e III estão corretas.

Resposta: D

7. TUTELAS PROVISÓRIAS

O processo judicial, formado um conjunto de atos pré-ordenados, tem como finalidade fornecer elementos para o juiz prestar a tutela jurisdicional definitiva. Durante esse caminho, entretanto, permite-se ao juiz, em determinadas situações, proferir decisões de caráter provisório. Assim, em um primeiro momento, as tutelas podem ser classificadas em **definitivas e provisórias.**

A) *Objetivo*

O objetivo principal das tutelas provisórias é **diminuir os efeitos negativos do tempo do processo**, em observância, ainda que de forma indireta, ao **princípio constitucional da razoável duração do processo.** Agindo dessa forma, **distribui-se o ônus da demora processual entre as partes**, conferindo efetividade ao **princípio constitucional da igualdade.**

B) *Previsão legal*

O CPC trata da tutela provisória em seu Livro V, que engloba a tutela de urgência (Título II) e a tutela de evidência (Título III). A tutela de urgência, por sua vez, subdivide-se em **tutela antecipada** requerida em caráter antecedente (Capítulo II) e a **tutela cautelar** requerida em caráter antecedente (Capítulo III) e a **tutela de evidência** todas elas sujeitas as regras gerais contidas no Título I:

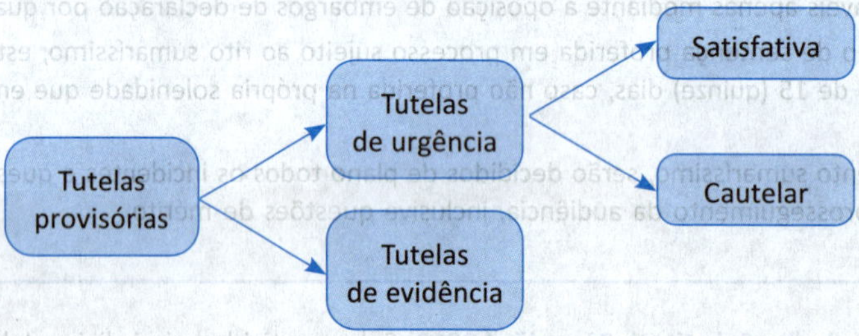

C) *Características*

– *Precariedade*

A tutela provisória **caracteriza-se por ser precária.** Por conta disso, pode ser **revogada ou modificada** a qualquer tempo (art. 296 do CPC), desde que devidamente fundamentada (art. 93, IX, da Constituição Federal e arts. 298 e 489, II, do CPC).

Mas uma vez concedida, a tutela provisória conserva sua eficácia durante todo o processo, ainda no caso de suspensão, salvo decisão expressa em sentido contrário.

Para conferir efetividade à tutela provisória concedida, o juiz **poderá se utilizar de todos os meios que considerar adequados** (art. 297 do CPC), observando, no que couber, as normas relativas ao cumprimento provisório da sentença.

- *Cognição sumária*

Para concessão da tutela provisória **não se exige a cognição exauriente**, característica da tutela definitiva. Basta a **cognição sumária**, ou seja, uma análise superficial dos fatos e fundamentos jurídicos da pretensão deduzida em juízo.

- *Coisa julgada*

A tutela provisória **não adquire a qualidade da coisa julgada material**, justamente por não ser embasada na cognição exauriente.

D) Competência

A tutela provisória deve ser **requerida** ao juiz da causa, se incidental, ou ao juiz que seria competente para conhecer do pedido principal, quando antecedente, salvo em caso recurso ou nas ações de competência originária dos Tribunais (art. 299 do CPC).

E) Legitimidade

Podem requerer a tutela provisória todos aqueles que se encontram legitimados a pedir a tutela definitiva, como o autor, o réu (na reconvenção) ou o terceiro, **sendo vedada a antecipação de ofício pelo juiz,** salvo quando expressamente previsto em lei para casos especiais.

F) Momento da concessão

Apesar de requerida em caráter antecedente, a concessão da tutela provisória depende do convencimento do juízo sobre os seus requisitos. Assim, a tutela provisória pode ser concedida no início (liminarmente) durante ou no fim do processo (com a sentença) e até mesmo na fase recursal.

A tutela de evidência, porém, **só pode ser concedida liminarmente (antes da notificação do reclamado) nas hipóteses previstas nos incisos II e III do art. 311 do CPC**, não havendo limitação semelhante para a concessão liminar da tutela de urgência.

De pouca utilidade a concessão da tutela provisória concomitantemente com a sentença no processo do trabalho, uma vez que, em regra, **os recursos trabalhistas tem efeito apenas devolutivo, inclusive o recurso ordinário**. Nesse caso, é possível executar provisoriamente da sentença.

O mesmo se diga em relação à concessão da antecipação já na **fase recursal**, quando a parte deve formular o pleito perante o próprio Tribunal (art. 299, parágrafo único do CPC), uma vez que também já é possível executar provisoriamente a sentença.

G) Decisão provisória

A decisão provisória tem natureza interlocutória, salvo quando concedida no bojo da sentença. Em qualquer caso deve ser fundamentada, pelo menos de forma concisa, para obedecer o comando constitucional inserido no art. 93, IX.

Inclusive, o CPC já tem dispositivo específico nesse sentido, representado pelo art. 298, mas que deve ser aplicado em observância ao preceito contido no art. 489, § 1º:

> **Art. 298.** Na decisão que conceder, negar, modificar ou revogar a tutela provisória, o juiz motivará seu convencimento de modo claro e preciso.
>
> **Art. 489. § 1º** Não se considera fundamentada qualquer decisão judicial, seja ela interlocutória, sentença ou acórdão, que:
>
> I – se limitar à indicação, à reprodução ou à paráfrase de ato normativo, sem explicar sua relação com a causa ou a questão decidida;
>
> II – empregar conceitos jurídicos indeterminados, sem explicar o motivo concreto de sua incidência no caso;
>
> III – invocar motivos que se prestariam a justificar qualquer outra decisão;
>
> IV – não enfrentar todos os argumentos deduzidos no processo capazes de, em tese, infirmar a conclusão adotada pelo julgador;
>
> V – se limitar a invocar precedente ou enunciado de súmula, sem identificar seus fundamentos determinantes nem demonstrar que o caso sob julgamento se ajusta àqueles fundamentos;
>
> VI – deixar de seguir enunciado de súmula, jurisprudência ou precedente invocado pela parte, sem demonstrar a existência de distinção no caso em julgamento ou a superação do entendimento.

H) Recurso

No processo civil, quando a tutela ou os seus efeitos são declarados antes da decisão final, classifica-se como decisão interlocutória e o recurso cabível seria o agravo de instrumento, de acordo com a regra contida no art. 1.015, I, do CPC: "Cabe agravo de instrumento contra as decisões interlocutórias que versarem sobre: I – tutelas provisórias".

Já no processo do trabalho, as decisões interlocutórias, em regra, são irrecorríveis e só podem ser atacadas no recurso principal. Diante desse óbice, o único remédio processual capaz de alterar a decisão que antecipa a tutela ou os seus efeitos, no âmbito do processo do trabalho, é o **mandado de segurança**.

De qualquer forma, o juiz deve informar em sua decisão de antecipação quais os motivos que formaram o seu convencimento no sentido de acolher a pretensão da parte, na forma do disposto no art. 298 do CPC.[10]

Quando os efeitos da tutela são antecipados no bojo da decisão definitiva, **o interessado deve apresentar a sua irresignação via recurso ordinário,** que pode vir acompanhado de uma medida cautelar inominada para conferir efeito suspensivo.

Esse o entendimento do TST manifestado pela Súmula nº 414:

> **SÚMULA Nº 414.** MANDADO DE SEGURANÇA. TUTELA PROVISÓRIA CONCEDIDA ANTES OU NA SENTENÇA (nova redação em decorrência do CPC de 2015) – Res. 217/2017 – DEJT divulgado em 20, 24 e 25.04.2017

10. CPC. Art. 298. Na decisão que conceder, negar, modificar ou revogar a tutela provisória, o juiz motivará seu convencimento de modo claro e preciso.

I – A tutela provisória concedida na sentença não comporta impugnação pela via do mandado de segurança, por ser impugnável mediante recurso ordinário. É admissível a obtenção de efeito suspensivo ao recurso ordinário mediante requerimento dirigido ao tribunal, ao relator ou ao presidente ou ao vice-presidente do tribunal recorrido, por aplicação subsidiária ao processo do trabalho do artigo 1.029, § 5º, do CPC de 2015.

II – No caso de a tutela provisória haver sido concedida ou indeferida antes da sentença, cabe mandado de segurança, em face da inexistência de recurso próprio.

III – A superveniência da sentença, nos autos originários, faz perder o objeto do mandado de segurança que impugnava a concessão ou o indeferimento da tutela provisória.

Momento processual da concessão da tutela provisória	Medida cabível no processo do trabalho
Antes da sentença definitiva	Mandado de segurança
No bojo da sentença	Recurso ordinário

Exemplo de questão sobre o tema

(FCC – Juiz do Trabalho/2017) De acordo com entendimento sumulado pelo TST sobre o cabimento do mandado de segurança e de recurso ordinário diante da concessão ou indeferimento de tutela provisória no processo do trabalho, é correto afirmar que a impetração de mandado de segurança

a) é cabível se o juiz conceder tutela provisória na sentença. Não cabe requerimento de efeito suspensivo ao recurso ordinário.

b) é cabível se o juiz conceder tutela provisória na sentença. Não cabe recurso ordinário dessa decisão.

c) não é cabível se o juiz conceder tutela provisória antes da sentença. Cabe recurso ordinário dessa decisão.

d) é cabível se o juiz conceder tutela provisória antes da sentença. Não cabe recurso ordinário dessa decisão.

e) não é cabível se o juiz conceder tutela provisória na sentença. Não cabe recurso ordinário dessa decisão.

Resposta: D

(TRT 4 – Juiz do Trabalho Substituto 4ª região/2016) Considere as assertivas abaixo sobre a concessão de tutela antecipatória de mérito e tutelas cautelares (tutela provisória) na Justiça do Trabalho.

I. A antecipação da tutela concedida em sentença não comporta impugnação pela via do mandado de segurança, por ser impugnável mediante recurso ordinário.

II. No caso de a tutela antecipada (ou liminar) ser concedida antes da sentença, não cabe a impetração do mandado de segurança, em face da existência de recurso próprio.

II. A superveniência da sentença, nos autos originários, faz perder o objeto do mandado de segurança que impugnava a concessão da tutela antecipada (ou liminar).

Quais são corretas?

a) Apenas I

b) Apenas II

c) Apenas III

d) Apenas I e III

e) I, II e III

Resposta: D

I) Efetivação dos efeitos da tutela

A efetivação da decisão provisória, inclusive a de natureza cautelar, verdadeira razão de ser da antecipação da tutela, se concretiza por meio da adoção de medidas pelo respectivo juiz prolator, satisfativas e/ou cautelar, de acordo com o permissivo contido nos artigos 297 e 301 do CPC que estabelece uma espécie de poder geral:

> **Art. 297.** O juiz poderá determinar as medidas que considerar adequadas para efetivação da tutela provisória. Parágrafo único. A efetivação da tutela provisória observará as normas referentes ao cumprimento provisório da sentença, no que couber.
>
> **Art. 301.** A tutela de urgência de natureza cautelar pode ser efetivada mediante arresto, sequestro, arrolamento de bens, registro de protesto contra alienação de bem e qualquer outra medida idônea para asseguração do direito.

O primeiro dispositivo citado, determina que o procedimento a ser utilizado em caso de tutela satisfativa é aquele previsto nos artigos 520, 521 e 522 do CPC, que tratam da execução provisória.

J) Aplicabilidade ao processo do trabalho

A CLT, não disciplina a aplicação do instituto da tutela provisória como regra genérica, mas só em casos específicos e sob a denominação de medidas liminares.

Contudo, **não há qualquer óbice que impeça a atuação do juiz do trabalho no sentido de conceder essa espécie de tutela**, desde que estejam presentes todos os requisitos que a autorizem.

Existem, alguns preceitos isolados que preveem a concessão de medida liminar, consoante se observa da redação dos artigos 137 e 659 da CLT:

> **Art. 137.** Sempre que as férias forem concedidas após o prazo de que trata o artigo 134, o empregador pagará em dobro a respectiva remuneração. **§ 1º** Vencido o mencionado prazo sem que o empregador tenha concedido as férias, o empregado poderá ajuizar reclamação pedindo a fixação, por sentença, da época de gozo das mesmas. **§ 2º** A sentença cominará pena diária de 5% (cinco por cento) do salário mínimo, devida ao empregado até que seja cumprida.
>
> **Art. 659.** Competem privativamente aos presidentes das Juntas, além das que lhe forem conferidas neste Título e das decorrentes de seu cargo, as seguintes atribuições: IX – conceder medida liminar, até decisão final do processo, em reclamações trabalhistas que visem a tornar sem efeito transferência disciplinada pelos parágrafos do artigo 469 desta Consolidação. X – conceder medida liminar, até decisão final do processo, em reclamações trabalhistas que visem reintegrar no emprego dirigente sindical afastado, suspenso ou dispensado pelo empregador.

Inclusive o posicionamento do TST é no sentido da aplicação desse instituto no processo do trabalho, de acordo com o preceito contido no art. 3º, VI, da Instrução Normativa nº 39/2016: "Art. 3º Sem prejuízo de outros, aplicam-se ao Processo do Trabalho, em face de omissão e compatibilidade, os preceitos do Código de Processo Civil que regulam os seguintes temas: VI – arts. 294 a 311 (tutela provisória)".

7.1. Tutela provisória de urgência

O CPC, aplicado subsidiariamente ao processo laboral, disciplina a concessão da **tutela de urgência, que pode ser satisfativa ou cautelar,** por meio de regras gerais nos seus artigos 300, 301 e 302.

A) Pressupostos

Para a concessão da tutela provisória de urgência é necessário demonstrar a probabilidade do direito – *fumus bonis iuris* – e o perigo da demora (*periculum in mora*).

– Probabilidade do direito

Como está claro na redação do art. 300 do CPC, a tutela de urgência só será concedida se restar demonstrada a **probabilidade do direito (*fumus bonis iuris*).**

Isso ocorre quando o juiz, ao analisar a petição inicial, forma um convencimento preliminar diante dos elementos nela presentes, no sentido de reconhecer a probabilidade de o autor ser titular de um direito subjetivo violado ou ameaçado pelo réu.

Essa probabilidade se aplica tanto às questões fáticas, por meio da verossimilhança da alegação, quanto ao resultado da interpretação das normas jurídicas.

– Existência de perigo de dano ou risco do resultado útil do processo

Esse requisito **tem estreita relação com os efeitos do tempo sobre a decisão judicial definitiva** e tem caráter assecuratório.

Em determinadas situações, o atraso na entrega da tutela judicial final pode, simplesmente, fazer desaparecer o bem da vida objeto da pretensão deduzida em juízo. Em outros casos, a demora pode provocar prejuízos irreversíveis de diversas ordens.

Para que seja concedida a tutela provisória o perigo de dano deve ser

a) **concreto;**

b) **iminente;**

c) **grave;**

d) **irreparável ou de difícil reparação.**

Imagine-se uma situação em que a empresa recusa-se a liberar a sua empregada gestante, durante o horário de serviço, para se submeter aos exames pré-natais (art. 392, § 4º, II, da CLT).[11] Ora, se em uma reclamação trabalhista há pedido de condenação do empregador para cumprir essa obrigação de fazer, a demora da prestação jurisdicional, inclusive com

11. CLT. Art. 392. § 4º É garantido à empregada, durante a gravidez, sem prejuízo do salário e demais direitos: II – dispensa do horário de trabalho pelo tempo necessário para a realização de, no mínimo, seis consultas médicas e demais exames complementares.

o trânsito em julgado, pode implicar perda do seu objeto (dano irreparável) que ocorreria com o nascimento da criança.[12]

Nesse caso, os efeitos da tutela judicial podem ser antecipados, com uma decisão que determinasse o cumprimento daquela obrigação de fazer, garantindo à empregada a sua ausência do trabalho de forma justificada. Isso implicaria impedir que o empregador classificasse esse ato como insubordinação, além de assegurar o pagamento dos salários do período respectivo.

– *Probabilidade de cometimento de ato antijurídico – Tutela inibitória*

Em determinadas demandas o que se busca é simplesmente **a proibição da prática ou continuação de um ato antijurídico**.

Nesse caso, a tutela pretendida é de **natureza inibitória** e não se exige o perigo do dano, mas simplesmente a possibilidade da prática de um ato contra o direito, sua continuação, fundada no preceito contido no art. 497, *caput* e parágrafo único, do CPC:

> **Art. 497.** Na ação que tenha por objeto a prestação de fazer ou de não fazer, o juiz, se procedente o pedido, concederá a tutela específica ou determinará providências que assegurem a obtenção de tutela pelo resultado prático equivalente. Parágrafo único. Para a concessão da tutela específica destinada a inibir a prática, a reiteração ou a continuação de um ilícito, ou a sua remoção, é irrelevante a demonstração da ocorrência de dano ou da existência de culpa ou dolo.

Caso a tutela inibitória seja proposta antes da prática do ato antijurídico, a parte deve demonstrar ao juiz que a sua **concretização é iminente**.

– *Reversibilidade do provimento antecipado*

Para que os efeitos da tutela sejam antecipados é necessário que **a respectiva efetivação do provimento jurisdicional seja reversível**, circunstância que revela sua tônica de **provisoriedade**, conforme dispõe o art. 300, § 3º, do CPC: "A tutela de urgência de natureza antecipada não será concedida quando houver perigo de irreversibilidade dos efeitos da decisão".

Admitir a concessão de tutela provisória de urgência de caráter irreversível seria equivalente a prestar a tutela jurisdicional definitiva, sem a observância dos princípios constitucionais que regem o processo, notadamente o contraditório e a ampla defesa.

Em casos excepcionais, contudo, o juiz pode antecipar a tutela de urgência irreversível quando verificar que a **sua não concessão poderá gerar prejuízos irreversíveis para a parte autora**. Nessa situação, o magistrado deve utilizar da **ponderação entre os interesses do autor e do réu**, optando por aquele que for mais relevante no caso concreto.

---

12. Em outro exemplo, o empregado postula em juízo que o empregador forneça-lhe os equipamentos de proteção individual para diminuir ou neutralizar os efeitos do agente nocivo sobre o seu organismo em face de sua recusa. O atraso na solução definitiva do litígio poderia gerar prejuízos para o trabalhador, com a aquisição de uma doença ocupacional (dano irreparável ou de difícil reparação), **e a antecipação dos efeitos da tutela serviria para lhe garantir a incolumidade física e psíquica.**

Inclusive, para concessão da tutela de urgência **o juiz pode exigir caução real ou fidejussória** para ressarcir eventuais os danos que a outra parte possa vir a sofrer. Essa caução **pode ser dispensada** se a parte economicamente hipossuficiente não puder oferecê-la, hipótese muito comum no processo do trabalho no caso do trabalhador desempregado beneficiário da justiça gratuita (art. 300, § 1º, do CPC).

Há regra semelhante contida no art. 521, I, do CPC, que dispensa a caução no caso de crédito de natureza alimentar, salvo se implicar manifesto risco de dano de difícil ou incerta reparação.

B) Espécies

A tutela de urgência (cautelar ou antecipada) pode ser concedida em **caráter antecedente ou incidental** (art. 294, parágrafo único do CPC) de forma a afastar os efeitos da demora processual.

É incidental quando há **pedido conjunto,** na petição inicial, de tutela antecipada e tutela definitiva. Engloba também a hipótese em que o pedido de tutela antecipada incidental é feito depois de ajuizada a demanda. Essa é a forma mais comum que se tem observado na prática forense trabalhista.

É antecedente quando o pedido de tutela provisória **é responsável por acionar o Poder Judiciário** para que futuramente se preste a tutela definitiva. Nesse caso ajuíza-se a demanda **com o pedido exclusivo** de antecipação de tutela **e apenas indicação** da tutela definitiva.

Ao analisar os fundamentos da pretensão, o juiz **poderá conceder a tutela de urgência liminarmente**. Caso contrário, pode exigir uma **justificação prévia** (art. 300, § 2º). Em ambas situações o contraditório, é postergado para uma fase processual posterior e por isso é denominado de **contraditório diferido.**

C) Responsabilidade processual do requerente

A parte que faz o requerimento da tutela de urgência responde pelo prejuízo que a respectiva efetivação causar à parte adversa, se (art. 302 do CPC):

- a sentença lhe for desfavorável;
- obtida liminarmente a tutela em caráter antecedente, não fornecer os meios necessários para a citação do requerido no prazo de 5 (cinco) dias;
- ocorrer a cessação da eficácia da medida em qualquer hipótese legal;
- o juiz acolher a alegação de decadência ou prescrição da pretensão do autor.

Em tais situações, a respectiva indenização será liquidada nos autos em que a medida tiver sido concedida, sempre que possível.

7.2. Tutela antecipada em caráter antecedente – Estabilização

Há um procedimento específico para o caso da parte, na petição inicial, **pedir apenas a tutela antecipada**, ou seja, quando não é requerida em conjunto a tutela definitiva.

Esse procedimento é disciplinado pelos arts. 303 e 304 do CPC, em face da total omissão da CLT.

Nesse caso, a **tutela antecipada é requerida em caráter antecedente, quando a urgência for contemporânea a propositura da ação.**

A petição inicial conterá:

- requerimento da concessão da tutela antecipada;
- indicação do pedido de tutela final;
- exposição da lide, com o direito que se busca realizar;
- indicação da existência de perigo de dano ou do risco ao resultado útil do processo;
- valor da causa;
- exposição de que se pretende valer da opção de apresentar sua pretensão antecipada em caráter antecedente.

Concedida a tutela antecipada requerida em **caráter exclusivo**, mas com indicação do pedido definitivo, deve-se observar os seguintes procedimentos previstos no art. 303, § 1º do CPC, que não são aplicáveis aos casos de antecipação incidental:

> I – o autor deverá aditar a petição inicial, com a complementação de sua argumentação, a juntada de novos documentos e a confirmação do pedido de tutela final, em 15 (quinze) dias ou em outro prazo maior que o juiz fixar;
>
> II – o réu será citado e intimado para a audiência de conciliação ou de mediação na forma do art. 334;
>
> III – não havendo autocomposição, o prazo para contestação será contado na forma do art. 335.
>
> **§ 2º** Não realizado o aditamento a que se refere o inciso I do § 1º deste artigo, o processo será extinto sem resolução do mérito.
>
> **§ 3º** O aditamento a que se refere o inciso I do § 1º deste artigo dar-se-á nos mesmos autos, sem incidência de novas custas processuais.
>
> **§ 4º** Na petição inicial a que se refere o caput deste artigo, o autor terá de indicar o valor da causa, que deve levar em consideração o pedido de tutela final.
>
> **§ 5º** O autor indicará na petição inicial, ainda, que pretende valer-se do benefício previsto no caput deste artigo.
>
> **§ 6º** Caso entenda que não há elementos para a concessão de tutela antecipada, o órgão jurisdicional determinará a emenda da petição inicial em até 5 (cinco) dias, sob pena de ser indeferida e de o processo ser extinto sem resolução de mérito.

Justifica-se o aditamento para que o autor apresente o respectivo **fundamento e o pedido da tutela definitiva.**

Caso seja concedida a antecipação de tutela, mediante requerimento expresso da parte nesse sentido (art. 303, § 5º do CPC), e não haja recurso **a decisão torna-se estável e o processo é extinto**, de conformidade com o preceito contido no art. 304, *caput* e § 1º do CPC.

A tutela antecipada nessas condições **não faz coisa julgada**, mas conserva seus efeitos **enquanto não for revista, reformada ou invalidada** por uma sentença de mérito proferida em outra demanda a ser proposta no mesmo juízo prevento (art. 304, §§ 3º e 4º), cujo prazo de decadência é de **dois anos** contados da ciência da decisão que extinguiu o processo anterior.

Contudo, no processo do trabalho **não há previsão de recurso específico e imediato** para decisão interlocutória (antecipação de tutela). Diante dessa característica, **para que o instituto da estabilização de tutela antecipada** seja aplicado processo do trabalho é necessário identificar qual procedimento a parte poderia utilizar para demonstrar o seu inconformismo.

Inclusive o TST posiciona-se pela aplicação de todos os preceitos contidos entre os artigos 294 a 311 do CPC (art. 3º, VI, da IN nº 39/16), o que inclui a estabilização da tutela antecipada.

Note-se que a não interposição de mandado de segurança para atacar a decisão de antecipação de tutela não pode ser utilizada como argumento para a consequente estabilização, uma vez que **essa medida não é classificada como recurso**, além de estar submetido ao prazo decadencial de 120 dias.

Resta, assim, **o registro do protesto** pela parte interessada, na primeira vez que tiver que se manifestar nos autos.

7.3. Tutela de urgência cautelar

A medida cautelar tem como objetivo conferir instrumentos que **assegurem a eficácia do provimento jurisdicional principal**, com nítido caráter instrumental (não satisfativo) e temporário.

Isso significa que essa medida não é um fim em si mesma, pois visa **assegurar outro direito** e não aquele que fundamenta a pretensão cautelar, mas sempre de forma **temporária** até que se obtenha ou não a tutela satisfativa.

Assim como ocorre com a tutela satisfativa, **a tutela cautelar final (definitiva) pode ser antecipada**, adiantando-se os efeitos da cautela, com fundamento apenas na urgência da medida, jamais com base na evidência.

A tutela cautelar requerida **em caráter antecedente** encontra-se disciplinada pelo novo CPC em seu art. 305 e seguintes, dispositivos inseridos no Capítulo III, **Título II (Tutela de urgência)** Livro V (Tutela provisória) desse Diploma Legal.

A) Petição inicial

A petição inicial da ação cautelar em caráter antecedente deverá conter a (art. 305 do CPC):

- indicação da lide e seu fundamento;
- exposição sumária do direito que se objetiva assegurar;
- argumentação sobre o perigo de dano ou o risco ao resultado útil do processo.

B) Concessão da medida cautelar antecedente

Para concessão da tutela cautelar em caráter antecedente é necessário que o juiz verifique se há:

- Verossimilhança;
- Risco do perecimento do direto pela demora; e
- Necessidade de garantia do resultado útil do processo.

C) Fungibilidade

Caso o juiz perceba que a parte pretende obter uma **tutela satisfativa** e não uma tutela cautelar, a demanda passará a observar o rito próprio da tutela antecipada requerida em caráter antecedente disciplinado pelo art. 303 e seguintes do CPC, em observância ao **princípio da fungibilidade** (art. 305, parágrafo único, do CPC).

D) Efetivação e cessação da medida cautelar

A efetivação da tutela antecipada de natureza cautelar pode ser concretizada de várias formas, conforme exemplifica o art. 301 do CPC:

> **Art. 301.** A tutela de urgência de natureza cautelar pode ser efetivada mediante arresto, sequestro, arrolamento de bens, registro de protesto contra alienação de bem e qualquer outra medida idônea para asseguração do direito.

Cessa a eficácia da tutela cautelar se (art. 309 do CPC):

> I – o autor não deduzir o pedido principal no prazo legal;
>
> II – não for efetivada dentro de 30 (trinta) dias;
>
> III – o juiz julgar improcedente o pedido principal formulado pelo autor ou extinguir o processo sem resolução de mérito.

Nesse caso, o autor não pode renovar o pleito, salvo por outro fundamento.

E) Procedimento

A petição inicial deverá observar os requisitos do já citado art. 305 do CPC. Faculta-se ao autor, porém, formular o **pleito principal** nessa peça processual de forma conjunta com o **pleito cautelar.**

Após a análise dos requisitos formais da petição inicial de natureza cautelar, o juiz determinará a citação do réu para que, no prazo de cinco dias, **conteste o pedido e indique provas que pretenda produzir**, sob pena de confissão, quando o juiz decidirá também em cinco dias.

Contestado o pedido, segue-se o rito ordinário da demanda trabalhista.

Caso o autor **não tenha formulado o pedido principal na petição inicial** do pleito cautelar, será intimado para fazê-lo nos mesmos autos e no prazo de **trinta dias** após a efetivação da tutela cautelar, sob pena de cessação dos seus efeitos. Na hipótese do pleito principal já ter sido feito em conjunto com o pleito cautelar, no prazo de trinta dias **o autor poderá aditar a causa de pedir**.

Após, designa-se audiência de conciliação, na qual a parte ré poderá apresentar contestação, seguindo-se o rito da CLT.

Note-se que **o indeferimento da tutela cautelar em nada influi no pleito de tutela definitiva**, salvo se o fundamento da decisão for a **decadência ou a prescrição** (art. 310 do CPC).

F) Decisão

Ao contrário do que ocorre com a decisão de antecipação de tutela satisfativa, **em nenhuma hipótese ocorre a estabilização da decisão de tutela cautelar.**

7.4. Tutela provisória de evidência

A **tutela de evidência, sempre de caráter incidental,** é concedida quando a matéria fática encontra-se suficientemente comprovada, quando for o caso de abuso do direito de defesa ou objetivo protelatório, **não se exigindo a demonstração de perigo de dano ou de risco ao resultado útil do processo para sua concessão.**

Encontra-se disciplinada no art. 311 do CPC:

> **Art. 311.** A tutela da evidência será concedida, independentemente da demonstração de perigo de dano ou de risco ao resultado útil do processo, quando:
>
> I – ficar caracterizado o abuso do direito de defesa ou o manifesto propósito protelatório da parte;
>
> II – as alegações de fato puderem ser comprovadas apenas documentalmente e houver tese firmada em julgamento de casos repetitivos ou em súmula vinculante;
>
> III – se tratar de pedido reipersecutório fundado em prova documental adequada do contrato de depósito, caso em que será decretada a ordem de entrega do objeto custodiado, sob cominação de multa;
>
> IV – a petição inicial for instruída com prova documental suficiente dos fatos constitutivos do direito do autor, a que o réu não oponha prova capaz de gerar dúvida razoável.

Aqui a tutela provisória é concedida **invertendo-se o ônus da espera processual**, transferindo-o do autor, que normalmente suporta os efeitos da demora, para o réu, quando o direito postulado for evidente.

Comporta duas espécies: tutela de evidência punitiva e tutela de evidência documentada, que serão analisadas a seguir.

A) Abuso do direito de defesa ou propósito protelatório

Não é raro encontrar litígios nos quais se observa o abuso no exercício do direito de defesa. Apesar do direito ao contraditório e da ampla defesa serem garantidos constitucionalmente,[13]

13. CF de 1988. Art. 5º, LV – aos litigantes, em processo judicial ou administrativo, e aos acusados em geral são assegurados o contraditório e ampla defesa, com os meios e recursos a ela inerentes.

nenhum direito pode ser considerado absoluto, tanto que o seu **exercício abusivo pode gerar o dever de indenizar**, nos moldes do quanto estabelecido pelo art. 187 do Código Civil.[14]

Tal regra também é aplicada ao processo. Dessa forma, a tentativa de procrastinação do feito, por meio do exercício abusivo do direito de defesa, pode ser classificada como **litigância de má-fé,** com a consequente condenação do reclamado no pagamento de uma indenização compensatória.

Além disso, tal atitude permite que o juiz conceda a **tutela de evidência**, nesse caso com nítido **caráter de sanção** (tutela provisória de evidência punitiva).

Na verdade, quando o reclamado age com o propósito de postergar a solução final do conflito e abuso do seu direito de defesa, o juiz fica autorizado a conceder a tutela de evidência **como forma de punir o ato de deslealdade processual**, independentemente de existir receio de dano irreparável ou de difícil reparação.

Percebe-se, portanto, que a tutela de evidência, na hipótese em comento, **só poderá acontecer a partir do oferecimento da resposta do reclamado**, quando será possível verificar a sua intenção de delongar a solução do litígio, o que contraria o princípio da duração razoável do processo.

B) Fato provado por documentos e existência de precedente judicial

Quando for possível provar a questão fática por meio de documento, o juiz poderá deferir liminarmente o pedido de antecipação de tutela, sem a necessidade de aguardar a apresentação da contestação, denominada de **tutela de evidência documentada**. Além desse requisito **fático**, exige-se que a matéria de **direito** tenha sido objeto de tese firmada em julgamento de recursos repetitivos ou de Súmula vinculante (art. 927, II e III do CPC).

Observa-se, desse modo, que o direito objetivo e subjetivo descrito na peça processual do autor revela-se aparentemente cristalino, sendo a probabilidade do reconhecimento da contraposição do réu bastante reduzida.

Apesar de exigir o duplo requisito, fático e jurídico, dispensa-se o primeiro quando a demanda for exclusivamente de direito ou nos casos em que não há necessidade de prova do fato, de acordo com o art. 374 do CPC:

> **Art. 374.** Não dependem de prova os fatos:
>
> I – notórios;
>
> II – afirmados por uma parte e confessados pela parte contrária;
>
> III – admitidos no processo como incontroversos;
>
> IV – em cujo favor milita presunção legal de existência ou de veracidade.

14. Código Civil. Art. 187. Também comete ato ilícito o titular de um direito que, ao exercê-lo, excede manifestamente os limites impostos pelo seu fim econômico ou social, pela boa-fé ou pelos bons costumes.

C) Verossimilhança da prova documental

A tutela de evidência pode ser concedida também nos casos em que a petição inicial tenha sido instruída com prova documental a qual a parte ré não tenha produzido contraprova razoável. Nesse caso, a concessão da tutela só pode ser feita após o contraditório.

Exemplo de questão sobre o tema:

(FCC – Juiz do Trabalho/2017) No que se refere à antecipação de tutela no processo do trabalho, de acordo com a CLT e as Súmulas e Orientações Jurisprudenciais do TST,

a) o juiz não poderá antecipar a tutela para conceder a reintegração de dirigente de sindicato com garantia provisória no emprego antes da sentença.

b) o juiz não poderá antecipar a tutela para sustar a eficácia de transferência abusiva antes da sentença.

c) a antecipação de tutela nos tribunais é de competência do relator, em decisão monocrática, sem a necessidade de posterior submissão ao órgão colegiado.

d) o juiz não poderá antecipar a tutela para conceder a reintegração de dirigente de sindicato com garantia provisória no emprego caso o empregado tenha sido suspenso para ajuizamento de inquérito de apuração de falta grave.

e) o juiz deverá homologar o acordo das partes, cabendo mandado de segurança dessa decisão.

Resposta: D

8. TUTELA ESPECÍFICA NAS OBRIGAÇÕES DE FAZER, NÃO FAZER E ENTREGAR COISA

8.1. As obrigações de fazer e não fazer

O contrato de trabalho gera para o empregador, além da obrigação principal de pagar salário, obrigações de fazer de caráter acessório, mas de importância equivalente.

O contrato de trabalho, mesmo celebrado verbalmente e até mesmo em sua modalidade tácita, é formado por um conjunto de cláusulas implícitas que decorrem de determinações legais contidas na CLT e nas demais fontes formais do Direito do Trabalho. Essas cláusulas é que geram as obrigações de dar, fazer e não fazer fungíveis e infungíveis.

Diante do inadimplemento de tais obrigações, o empregado pode ajuizar uma ação trabalhista com pedidos dessa natureza, tais como: emissão das guias para liberação do FGTS; liberação das guias do seguro-desemprego; anotações na CTPS; fornecimento de equipamentos de proteção individual e coletivo etc., todas elas derivadas da extinção do pacto laboral.

O contrato de trabalho também origina, em menor quantidade, obrigações de abstenção para os sujeitos do contrato de trabalho, principalmente aquelas que dizem respeito à higiene, medicina e segurança do trabalho.

Dessa forma, a petição inicial feita pelo empregado pode conter pedidos com essa característica, como: abstenção de ser exigido trabalho superior às forças do operário; não exigir o labor em condições de insalubridade ou de periculosidade etc.

8.2. A primazia da tutela específica – tutela inibitória

Antes da grande reforma do CPC de 1973, efetivada por conta da aprovação da Lei nº 8.952/94, o CDC já possuía regra que disciplinava a tutela específica das obrigações de fazer e não fazer, representada pelo preceito contido no seu art. 84 e parágrafos.[15]

A redação do art. 461 do CPC de 1973[16] foi alterada no bojo da reforma operada em 1994, para privilegiar a **primazia da tutela específica das obrigações de fazer e não fazer**, em detrimento da sua conversão em indenização:

> **Art. 461 do CPC de 1973.** Na ação que tenha por objeto o cumprimento de obrigação de fazer ou não fazer, o juiz concederá a tutela específica da obrigação ou, se procedente o pedido, determinará providências que assegurem o resultado prático equivalente ao do adimplemento.

A Lei nº 10.444/02 estendeu a primazia da tutela específica para as obrigações de dar coisa diversa de dinheiro, com a introdução do art. 461-A e seus respectivos parágrafos[17] e do art. 498 do CPC de 2015.

Tais dispositivos legais permitem que as obrigações de fazer, de não fazer e de dar coisa diversa de dinheiro, sempre de natureza contratual no Direito Laboral, sejam satisfeitas exatamente como ajustadas pelos sujeitos do contrato de trabalho, por meio de uma ação judicial com provimento de eficácia predominantemente executiva *lato sensu* ou mandamental, o que dispensa o processo autônomo de execução.

O CPC de 2015 trata das duas formas de tutela já citadas em uma única seção, mais precisamente nos arts. 497 e 498, aplicável ao processo do trabalho na forma prevista pelo art. 3º, XI, da Instrução Normativa nº 39/2016 do TST:

> **Art. 497.** Na ação que tenha por objeto a prestação de fazer ou de não fazer, o juiz, se procedente o pedido, concederá a tutela específica ou determinará providências que assegurem a obtenção de tutela pelo resultado prático equivalente.
>
> **Parágrafo único.** Para a concessão da tutela específica destinada a inibir a prática, a reiteração ou a continuação de um ilícito, ou a sua remoção, é irrelevante a demonstração da ocorrência de dano ou da existência de culpa ou dolo.
>
> **Art. 498.** Na ação que tenha por objeto a entrega de coisa, o juiz, ao conceder a tutela específica, fixará o prazo para o cumprimento da obrigação.

---

15. CDC. Art. 84. Na ação que tenha por objeto o cumprimento da obrigação de fazer ou não fazer, o juiz concederá a tutela específica da obrigação ou determinará providências que assegurem o resultado prático equivalente ao do adimplemento. § 1º. A conversão da obrigação em perdas e danos somente será admissível se por elas optar o autor ou se impossível a tutela específica ou a obtenção do resultado prático correspondente. § 2º. A indenização por perdas e danos se fará sem prejuízo da multa.
16. A redação anterior do art. 461 do CPC era a seguinte: "A sentença deve ser certa, ainda quando decida relação jurídica condicional".
17. CPC de 1973. Art. 461-A. Na ação que tenha por objeto a entrega de coisa, o juiz, ao conceder a tutela específica, fixará o prazo para o cumprimento da obrigação. § 1º Tratando-se de entrega de coisa determinada pelo gênero e quantidade, o credor a individualizará na petição inicial, se lhe couber a escolha; cabendo ao devedor escolher, este a entregará individualizada, no prazo fixado pelo juiz. § 2º Não cumprida a obrigação no prazo estabelecido, expedir-se-á em favor do credor mandado de busca e apreensão ou de imissão na posse, conforme se tratar de coisa móvel ou imóvel. § 3º Aplica-se à ação prevista neste artigo o disposto nos §§ 1º a 6º do art. 461.

> **Parágrafo único**. Tratando-se de entrega de coisa determinada pelo gênero e pela quantidade, o autor individualizá-la-á na petição inicial, se lhe couber a escolha, ou, se a escolha couber ao réu, este a entregará individualizada, no prazo fixado pelo juiz.

Assim, quando o empregador deixa de fixar o período para o gozo de férias vencidas, o juiz pode fazê-lo, desde que o reclamante proponha uma reclamação trabalhista com esse objeto, fundamentado no art. 137, § 1º, da CLT: "Vencido o mencionado prazo sem que o empregador tenha concedido as férias, o empregado poderá ajuizar reclamação pedindo a fixação, por sentença, da época de gozo das mesmas".

Quando a **tutela inibitória**, o parágrafo único do art. 497 do CPC deixa clara a desnecessidade de estar presente o dano, a culpa ou o dolo, ou seja, **basta apenas a conduta antijurídica para a concessão dessa espécie de tutela.**

A grande dificuldade de se privilegiar o cumprimento das obrigações de fazer, não fazer e dar coisa diversa de dinheiro é justamente **a ausência de uma proteção jurídica contra a despedida arbitrária de forma ampla.**

Essa circunstância cria obstáculo para que o empregado exerça o seu direito de ação, uma vez que ao agir dessa forma, fatalmente será retaliado com a sua dispensa imotivada.[18]

Por conta disso, as ações trabalhistas, geralmente são ajuizadas após a extinção do contrato de labor, o que restringe a quantidade de pedidos relacionados com as obrigações de fazer e de não fazer, tanto para o empregado quanto para o empregador.

Para balizar a atuação do juiz em tais situações, pode-se utilizar dos permissivos contidos nos arts. 139, IV e 536, *caput* e § 1º, do CPC:

> **Art. 139.** O juiz dirigirá o processo conforme as disposições deste Código, incumbindo-lhe: IV – determinar todas as medidas indutivas, coercitivas, mandamentais ou sub-rogatórias necessárias para assegurar o cumprimento de ordem judicial, inclusive nas ações que tenham por objeto prestação pecuniária;
>
> **Art. 536.** No cumprimento de sentença que reconheça a exigibilidade de obrigação de fazer ou de não fazer, o juiz poderá, de ofício ou a requerimento, para a efetivação da tutela específica ou a obtenção de tutela pelo resultado prático equivalente, determinar as medidas necessárias à satisfação do exequente. **§ 1º** Para atender ao disposto no caput, o juiz poderá determinar, entre outras medidas, a imposição de multa, a busca e apreensão, a remoção de pessoas e coisas, o desfazimento de obras e o impedimento de atividade nociva, podendo, caso necessário, requisitar o auxílio de força policial.

8.3. Conversão da tutela específica em perdas e danos

Diante da primazia da tutela específica das obrigações de fazer, não fazer e dar coisa certa diversa de dinheiro, a conversão em indenização só se efetiva quando for do interesse do credor ou quando for impossível conceder a tutela específica ou a obtenção do resultado prático correspondente, de acordo com o disposto art. 499 do CPC: "A obrigação somente

18. Ações dessa natureza geralmente são propostas pelo Ministério Público do Trabalho, pelo sindicato da categoria profissional dos empregados, na condição de substituto processual ou quando o trabalhador é detentor de alguma espécie de garantia provisória de emprego.

será convertida em perdas e danos se o autor o requerer ou se impossível a tutela específica ou a obtenção de tutela pelo resultado prático equivalente".

Como dito, a postulação da tutela específica das obrigações de fazer e de não fazer é rara, em face da inexistência de um sistema legal de estabilidade no emprego.

Mas nos casos em que a ação judicial é proposta durante a vigência do contrato de trabalho, seria possível atender ao pleito do reclamante no sentido de convertê-la em obrigação de dar, ainda que fosse possível a execução da tutela específica?

Sobre a questão no processo civil, Fredie Didier responde afirmativamente:

> Entendemos que o credor pode optar pela conversão da obrigação em prestação pecuniária mesmo que ainda seja possível o cumprimento na forma específica. Não há nisso qualquer ofensa ao princípio da menor onerosidade possível, tampouco se pode dizer que isso representaria, nos casos em que a obrigação decorre de convenção das partes, uma novação objetiva unilateral.[19]

Tal entendimento **não pode ser aplicado no âmbito das normas que compõem o Direito do Trabalho**, que são, em sua grande parte, de ordem pública e os respectivos direitos subjetivos de natureza indisponível.

Desse modo, não poderia, por exemplo, o empregado requerer que a concessão do gozo de suas férias, depois de decorrido o período concessivo, fosse convertido em pecúnia.

Trata-se, na verdade, de direitos irrenunciáveis pelo empregado, principalmente aqueles que visam proteger a sua saúde, intimidade, privacidade etc.

A exceção fica por conta da possibilidade da conversão da reintegração em pagamento de indenização, na forma prevista pelo art. 496 da CLT.[20] Só que, nessa situação, cabe ao juiz analisar o caso concreto e, ao detectar a inconveniência da medida específica, transformar a reintegração em perdas e danos.

8.4. Astreintes e medidas de apoio para a efetividade da tutela

Para forçar o cumprimento da obrigação de fazer, não fazer ou de entregar coisa diversa de dinheiro, por meio de uma tutela específica, **o juiz pode, de ofício ou a requerimento da parte, impor ao reclamado o pagamento de uma multa** periódica enquanto até o efetivo cumprimento.[21]

Essa medida, também é denominada de astreinte, preceito cominatório, multa diária, multa coercitiva ou multa periódica, **representa um dos métodos indiretos de coação**

19. DIDIER JR, Fredie; BRAGA, Paula Sarno; e OLIVEIRA, Rafael. **Curso de direito processual civil**. Direito probatório, decisão judicial, cumprimento e liquidação da sentença e coisa julgada. Salvador: Edições JusPODIVM, 2006. v.2. p. 328.

20. CLT. Art. 496. Quando a reintegração do empregado estável for desaconselhável, dado o grau de incompatibilidade resultante do dissídio, especialmente quando for o empregador pessoa física, o Tribunal do trabalho poderá converter aquela obrigação em indenização devida nos termos do artigo seguinte.

21. Pelas regras do CPC fica bem claro que não há limite de valor total da multa, na forma prevista pelo art. 500. "A indenização por perdas e danos dar-se-á sem prejuízo da multa fixada periodicamente para compelir o réu ao cumprimento específico da obrigação."

para que o devedor cumpra a obrigação, uma vez que a coação física, pessoal e direta é repelida pelo ordenamento jurídico pátrio.

A CLT prevê a possibilidade de se fixar multa diária para forçar o empregador a conceder o gozo de férias ao empregado, de acordo com o preceito contido no art. 137, § 2º:

> **Art. 137.** Sempre que as férias forem concedidas após o prazo de que trata o art. 134, o empregador pagará em dobro a respectiva remuneração.
>
> **§ 2º.** A sentença cominará pena diária de 5% (cinco por cento) do salário mínimo da região, devida ao empregado até que seja cumprida.

Salvo esse caso específico, a CLT é omissa, razão pela qual autoriza-se a utilização das regras do CPC diante da sua compatibilidade com o processo laboral (art. 3º, XII, da Instrução Normativa nº 39/2016 do TST).

A parte final do art. 500 do CPC faz referência a astreinte: "A indenização por perdas e danos dar-se-á sem prejuízo da multa fixada periodicamente para compelir o réu ao cumprimento específico da obrigação".

Não se trata de uma penalidade imposta ao devedor em caso de permanência da mora e, por conta disso, **não existe limite para o seu montante cumulativo**, como ocorre com a cláusula penal.

O valor total dessa multa é revertido em favor do autor até que haja o cumprimento do comando jurisdicional, seja em tutela provisória, final ou na execução. O CPC ainda trata da multa periódica em seu art. 537:

> **Art. 537.** A multa independe de requerimento da parte e poderá ser aplicada na fase de conhecimento, em tutela provisória ou na sentença, ou na fase de execução, desde que seja suficiente e compatível com a obrigação e que se determine prazo razoável para cumprimento do preceito.

Além da multa periódica, o juiz pode, de ofício ou a requerimento da parte, determinar a realização de outras medidas de apoio à efetivação da tutela jurisdicional a que alude o art. 536 do CPC:

> **Art. 536.** No cumprimento de sentença que reconheça a exigibilidade de obrigação de fazer ou de não fazer, o juiz poderá, de ofício ou a requerimento, para a efetivação da tutela específica ou a obtenção de tutela pelo resultado prático equivalente, determinar as medidas necessárias à satisfação do exequente.

A multa periódica pode ser majorada, diminuída ou alterada a sua periodicidade, a depender do resultado prático que for verificado quando da sua aplicação inicial.

Essa possibilidade encontra-se prevista no art. 537, § 1º do CPC:

> **Art. 537. § 1º.**. O juiz poderá, de ofício ou a requerimento, modificar o valor ou a periodicidade da multa vincenda ou excluí-la, caso verifique que: I – se tornou insuficiente ou excessiva; II – o obrigado demonstrou cumprimento parcial superveniente da obrigação ou justa causa para o descumprimento.

Apesar de a lei ser omissa, nada obsta que o juiz determine a alteração da medida de apoio inicialmente escolhida como necessária para a efetivação do comando sentencial, já que a atuação de ofício, nesses casos, encontra-se devidamente autorizada.

Uma vez decorrido o prazo para a execução da obrigação de fazer, de não fazer ou de entregar coisa diversa de dinheiro, em decisão liminar ou por sentença, o juiz determina que sejam cumpridos os atos de execução ou mandamentais que já ficaram inseridos na sentença em capítulo próprio, inclusive a multa diária.

A execução dessa multa, mediante requerimento do credor, é imediata e abrange aquelas que se vencerem durante o processo. Todavia o levantamento do respectivo valor só pode ser feito após o transito em julgado da decisão.

O CPC deixa bem claro os demais efeitos da fixação da multa periódica:

> **Art. 537. § 3º** A decisão que fixa a multa é passível de cumprimento provisório, devendo ser depositada em juízo, permitido o levantamento do valor após o trânsito em julgado da sentença favorável à parte..
>
> **§ 4º** A multa será devida desde o dia em que se configurar o descumprimento da decisão e incidirá enquanto não for cumprida a decisão que a tiver cominado.
>
> **§ 5º** O disposto neste artigo aplica-se, no que couber, ao cumprimento de sentença que reconheça deveres de fazer e de não fazer de natureza não obrigacional.

Se a obrigação de fazer for fungível, ou seja, quando puder ser executada por um terceiro, o credor pode requerer ao juiz que assim seja feito, com atribuição do encargo financeiro ao devedor, de acordo com o disposto no *caput* do art. 817 do CPC: "Se a obrigação puder ser satisfeita por terceiro, é lícito ao juiz autorizar, a requerimento do exequente, que aquele a satisfaça à custa do executado".

Sobre a matéria, manifesta-se a jurisprudência dos Tribunais Regionais do Trabalho:

> **OJ4T Nº 55 do TRT9.** CTPS. I – Anotação decorrente de vínculo empregatício reconhecido judicialmente. Estipulação de prazo para o empregador proceder à anotação sob pena de a secretaria da vara trabalhista fazê-lo (artigo 29 e §§ c/c 39 e §§ e 54 da CLT). Possibilidade de aplicação de multa na hipótese de descumprimento da obrigação de fazer pelo réu. II – Tratando-se de condenação subsidiária, a aplicação de multa decorrente do descumprimento de obrigação de fazer revestida de caráter personalíssimo (ex.: anotação de CTPS), restringe-se ao efetivo empregador. III – Limitação temporal. A multa diária pelo descumprimento da obrigação de anotar ou retificar a CTPS (art. 461 da CLT) deve ser limitada ao prazo de 30 dias, quando então a Secretaria da Vara deverá fazer a anotação sem consignar qualquer alusão a tal circunstância.
>
> **SÚMULA Nº 39 do TRT15.** CARTEIRA DE TRABALHO. ANOTAÇÃO A CARGO DO EMPREGADOR. FIXAÇÃO DE ASTREINTES. POSSIBILIDADE. A determinação de anotação da CTPS diretamente pelo empregador, com fixação de astreintes, não afronta o art. 39, § 1º, da CLT, nem constitui julgamento extra petita, diante do que dispõe o art. 461, § 4º, do CPC.
>
> **SÚMULA Nº 29 do TRT23.** FIXAÇÃO DE MULTA (ASTREINTES) DESTINADA A COMPELIR O EMPREGADOR A PROCEDER AO RECOLHIMENTO DOS DEPÓSITOS DE FGTS. ARTIGO 461, § 4º, DO CPC. OBRIGAÇÃO DE FAZER. POSSIBILIDADE. É cabível a imposição de multa diária com o intuito de obrigar o empregador a recolher e comprovar nos autos o depósito do FGTS na conta vinculada do empregado, porquanto se trata de nítida obrigação de fazer.

9. IMPROCEDÊNCIA LIMINAR DO PEDIDO

Quando a matéria controvertida for limitada às questões de direito contida em **precedente judicial em suas diversas modalidades**, o juiz poderá (cuida-se, portanto, de uma faculdade) dispensar a citação do réu e julgar liminarmente improcedente o pedido, na forma do art. 332 do CPC:

> **Art. 332.** Nas causas que dispensem a fase instrutória, o juiz, independentemente da citação do réu, julgará liminarmente improcedente o pedido que contrariar:
>
> I – enunciado de súmula do Supremo Tribunal Federal ou do Superior Tribunal de Justiça;
>
> II – acórdão proferido pelo Supremo Tribunal Federal ou pelo Superior Tribunal de Justiça em julgamento de recursos repetitivos;
>
> III – entendimento firmado em incidente de resolução de demandas repetitivas ou de assunção de competência;
>
> IV – enunciado de súmula de tribunal de justiça sobre direito local.
>
> **§ 1º** O juiz também poderá julgar liminarmente improcedente o pedido se verificar, desde logo, a ocorrência de decadência ou de prescrição.
>
> **§ 2º** Não interposta a apelação, o réu será intimado do trânsito em julgado da sentença, nos termos do art. 241.
>
> **§ 3º** Interposta a apelação, o juiz poderá retratar-se em 5 (cinco) dias.
>
> **§ 4º** Se houver retratação, o juiz determinará o prosseguimento do processo, com a citação do réu, e, se não houver retratação, determinará a citação do réu para apresentar contrarrazões, no prazo de 15 (quinze) dias.

Essa faculdade consiste em mais um reflexo da **relevância dos precedentes judiciais no processo civil e trabalhista**. Inclusive o TST manifestou-se no sentido de admitir a aplicação desse dispositivo do CPC no processo do trabalho, com as seguintes adaptações (art. 7º, da Instrução Normativa nº 39/2016):

> **Art. 7º** Aplicam-se ao Processo do Trabalho as normas do art. 332 do CPC, com as necessárias adaptações à legislação processual trabalhista, cumprindo ao juiz do trabalho julgar liminarmente improcedente o pedido que contrariar: I – enunciado de súmula do Supremo Tribunal Federal ou do Tribunal Superior do Trabalho (CPC, art. 927, inciso V); II – acórdão proferido pelo Supremo Tribunal Federal ou pelo Tribunal Superior do Trabalho em julgamento de recursos repetitivos (CLT, art. 896-B; CPC, art. 1046, § 4º); III – entendimento firmado em incidente de resolução de demandas repetitivas ou de assunção de competência; IV – enunciado de súmula de Tribunal Regional do Trabalho sobre direito local, convenção coletiva de trabalho, acordo coletivo de trabalho, sentença normativa ou regulamento empresarial de observância obrigatória em área territorial que não exceda à jurisdição do respectivo Tribunal (CLT, art. 896, "b", a contrario sensu). Parágrafo único. O juiz também poderá julgar liminarmente improcedente o pedido se verificar, desde logo, a ocorrência de decadência.

Note-se que a IN nº 39/2016 não admite, pelo menos expressamente, a possibilidade de julgamento liminarmente improcedente para os casos de **prescrição**.

Na prática, porém, tais preceitos são de pouco uso no âmbito do processo laboral, uma vez que grande parte das reclamações trabalhistas é composta de vários pedidos, inclusive aqueles que têm por fundamento questões fáticas. Em tais casos, seria possível julgar parcialmente e liminarmente improcedente parte dos pedidos.

Em caso de provimento do recurso ordinário no TRT os autos devem retornar a instância de origem para que o reclamado seja notificado e ofereça defesa, querendo.

10. EFEITOS ACESSÓRIOS DA SENTENÇA

Com o objetivo de tornar efetivo o cumprimento da sentença, o ordenamento jurídico a qualifica como apta a produzir a **hipoteca judiciária**, ser **protestada** e constituir a **base de dados** de cadastros de inadimplentes.

10.1. Hipoteca judicial

A hipoteca constitui forma de garantia real de cumprimento de obrigação. O art. 495 do CPC, **aplicado ao processo laboral de acordo com o art. 17 da IN nº 39/16 do TST**, estabelece expressamente que a sentença vale como **título constitutivo de hipoteca**, nesse caso denominada de hipoteca judicial, já que não depende da vontade das partes (hipoteca convencional) ou se origina por determinação legal (hipoteca legal):

> **Art. 495.** A decisão que condenar o réu ao pagamento de prestação consistente em dinheiro e a que determinar a conversão de prestação de fazer, de não fazer ou de dar coisa em prestação pecuniária valerão como título constitutivo de hipoteca judiciária.

Esse efeito secundário da sentença pode ser obtido ainda que a condenação seja genérica ou nos casos de execução provisória (§ 1º, art. 495 do CPC). Isso significa que **não é necessário o trânsito em julgado da decisão** ou a sua liquidação para que a hipoteca judicial seja efetivada.

Para efetivar a hipoteca judiciária, basta o credor ou interessado apresentar a cópia da sentença no cartório de registro imobiliário, independentemente de ordem judicial. Feito isso, a parte informará ao juízo que realizou esse procedimento, sendo a parte contrária intimada para ciência do ato.

Seguem-se ainda os seguintes efeitos da hipoteca judiciária:

> **Art. 495. § 4º** A hipoteca judiciária, uma vez constituída, implicará, para o credor hipotecário, o direito de preferência, quanto ao pagamento, em relação a outros credores, observada a prioridade no registro.
>
> **§ 5º** Sobrevindo a reforma ou a invalidação da decisão que impôs o pagamento de quantia, a parte responderá, independentemente de culpa, pelos danos que a outra parte tiver sofrido em razão da constituição da garantia, devendo o valor da indenização ser liquidado e executado nos próprios autos.

10.2. Protesto

O protesto é o ato formal e solene pelo qual se prova a inadimplência e o descumprimento de obrigação originada em títulos e outros documentos de dívida (art. 1º, da Lei nº 9.492/97).

Ao contrário do que ocorre com a hipoteca judicial, a sentença só pode ser protestada em cartório de protesto de títulos quando adquire a **qualidade da coisa julgada**, conforme previsão contida no art. 517 do CPC, **aplicado ao processo do trabalho de acordo com o art. 17 da Instrução Normativa nº 39/2016 do TST**:

> **Art. 517.** A decisão judicial transitada em julgado poderá ser levada a protesto, nos termos da lei, depois de transcorrido o prazo para pagamento voluntário previsto no art. 523.

O art. 883-A da CLT, inserido pela Lei nº 13.467/17, ainda condiciona o registro do protesto ao transcurso do prazo de **45 dias a contar da citação e desde que não haja garantia do juízo**:

> **Art. 883-A.** A decisão judicial transitada em julgado somente poderá ser levada a protesto, gerar inscrição do nome do executado em órgãos de proteção ao crédito ou no Banco Nacional de Devedores Trabalhistas (BNDT), nos termos da lei, depois de transcorrido o prazo de quarenta e cinco dias a contar da citação do executado, se não houver garantia do juízo.

Para efetivar o protesto, não é necessária qualquer determinação judicial. Basta que o exequente apresente a certidão de inteiro teor da decisão no cartório de protesto de títulos.

Os demais procedimentos estão previstos nos parágrafos do referido dispositivo processual:

> **Art. 517. § 2º** A certidão de teor da decisão deverá ser fornecida no prazo de 3 (três) dias e indicará o nome e a qualificação do exequente e do executado, o número do processo, o valor da dívida e a data de decurso do prazo para pagamento voluntário.
>
> **§ 3º** O executado que tiver proposto ação rescisória para impugnar a decisão exequenda pode requerer, a suas expensas e sob sua responsabilidade, a anotação da propositura da ação à margem do título protestado.
>
> **§ 4º** A requerimento do executado, o protesto será cancelado por determinação do juiz, mediante ofício a ser expedido ao cartório, no prazo de 3 (três) dias, contado da data de protocolo do requerimento, desde que comprovada a satisfação integral da obrigação.

10.3. Cadastro de inadimplentes

Além da inserção do nome do devedor no Banco Nacional de Devedores Trabalhistas – BNDT, que possibilita o fornecimento de certidão negativa de débitos trabalhistas (art. 642-A da CLT), o CPC prevê a hipótese de o devedor judicial ter seu nome incluído em outros bancos de dados de inadimplentes.

Esse mandamento está contido nos parágrafos 3º a 5º, do art. 782 do CPC, aplicado subsidiariamente ao processo laboral de acordo com o art. 17 da Instrução Normativa nº 39/2016 do TST:

> **Art. 782. § 3º** A requerimento da parte, o juiz pode determinar a inclusão do nome do executado em cadastros de inadimplentes.
>
> **§ 4º** A inscrição será cancelada imediatamente se for efetuado o pagamento, se for garantida a execução ou se a execução for extinta por qualquer outro motivo.
>
> **§ 5º** O disposto nos §§ 3º e 4º aplica-se à execução definitiva de título judicial.

Inclusive alguns Tribunais Trabalhistas já firmaram convênio com a SERASA EXPERIAN para facilitar a inclusão dos devedores trabalhistas no seu respectivo banco de dados.

Deve-se observar, também, os preceitos contidos no já transcrito art. 883-A da CLT, ou seja, **o prazo de 45 dias** após a citação e a ausência da garantia do juízo.

11. INFORMATIVOS DO TST SOBRE A MATÉRIA

Ação civil pública. Tutela inibitória. Concessão. Juízo de probabilidade. Não submissão a marco temporal. Desnecessidade da presença de prévia violação de direito.

A tutela inibitória possui natureza preventiva e seu objetivo é evitar a prática, a repetição ou a continuação do ilícito do qual, potencialmente, advirá o dano a direitos fundamentais. Ademais, como qualquer provimento jurisdicional que se volta para o futuro, a tutela inibitória não dispensa o julgador de efetuar um juízo de probabilidade, o qual, todavia, não se submete a um marco temporal, nem exige prévia violação de direito. No caso, a Turma não conheceu do recurso de revista do Ministério Público do Trabalho, adotando a fundamentação do TRT no sentido de que não é possível o acolhimento de tutela inibitória diante de situações hipotéticas e abstratas, nem quando ausentes elementos de prova que indiquem concretamente qualquer violação ou ameaça de violação de direitos, levando-se em consideração os instrumentos coletivos firmados pelas partes nos cinco anos anteriores ao ajuizamento da ação civil pública em que o Ministério Público do Trabalho requer que os sindicatos demandados se abstenham de instituir instrumentos coletivos com cláusulas contrárias aos direitos sociais dos trabalhadores. Sob esse entendimento, a SBDI-I, por maioria, conheceu dos embargos, por divergência jurisprudencial, e, no mérito, também por maioria, deu-lhes provimento para afastar o obstáculo imposto ao deferimento da tutela inibitória pleiteada e determinar o retorno dos autos à Turma de origem para exame da juridicidade das cláusulas impugnadas pelo Ministério Público do Trabalho, devendo os réus serem condenados a absterem-se de firmar cláusulas em instrumentos coletivos de conteúdo ilegal. Vencidos, no conhecimento, os Ministros Maria Cristina Irigoyen Peduzzi, Márcio Eurico Vitral Amaro, Alexandre Luiz Ramos e Renato de Lacerda Paiva, e, no mérito, os Ministros Maria Cristina Irigoyen Peduzzi, Márcio Eurico Vitral Amaro, Breno Medeiros, Alexandre Luiz Ramos e Renato de Lacerda Paiva. TST-E-ED-RR-683900-65.2009.5.09.0024, SBDI-I, rel. Min. Alberto Luiz Bresciani de Fontan Pereira, 11.4.2019 (TST. Info nº 194).

Ação civil pública. Multa coercitiva. Astreinte. Limitação temporal. Impossibilidade.

A SBDI-I, por maioria, conheceu de embargos, por divergência jurisprudencial, e, no mérito, deu-lhes provimento para restabelecer a sentença proferida em ação civil pública na parte em que fixou astreinte sem a limitação temporal de sessenta dias, caso haja descumprimento da obrigação de fazer reconhecida em juízo. A cominação de multa coercitiva pelo descumprimento da obrigação de fazer tem como propósito compelir o devedor a realizar a prestação devida, configurando-se meio indireto de execução. Nos termos do art. 537 do CPC de 2015, a astreinte pode ser concedida tanto na fase de conhecimento quanto na fase de execução, sendo possível, também, aumentar-lhe ou reduzir-lhe o valor, a qualquer momento, desde que necessário à efetividade da determinação judicial. Assim, não se pode admitir que o juiz da fase de conhecimento fixe um limite temporal para a aplicação da multa coercitiva, sob pena de retirar do Juízo da execução, responsável pelo cumprimento do julgado, instrumento imprescindível à efetividade da determinação judicial, e de esvaziamento do disposto no § 4º do art. 537 do CPC de 2015, no que determina a incidência da multa enquanto não cumprida a decisão que a tiver cominado. No caso concreto, a sentença julgou parcialmente procedente a ação civil pública ajuizada pelo Ministério Público do Trabalho contra o Município de Bodoquena/MS para estabelecer a obrigação de fazer, de natureza continuada, consistente no fornecimento de Equipamento de Proteção Individual – EPI, treinamento adequado, água potável e veículo apropriado à coleta de lixo aos trabalhadores do serviço público de limpeza urbana municipal, sob pena de multa diária em caso de descumprimento. Todavia, o acórdão do Tribunal Regional, mantido pelo acórdão turmário,

julgou parcialmente procedente o pedido para reduzir o valor da multa aplicada e limitá-la ao período de sessenta dias. Vencidos os Ministros Maria Cristina Irigoyen Peduzzi, Brito Pereira, Márcio Eurico Vitral Amaro e Breno Medeiros. TST-E-ED-RR-747-09.2013.5.24.0031, SBDI-I, rel. Min. Augusto César Leite de Carvalho, 5.4.2018 (TST. Info nº 175).

Incidente de Recursos de Revista Repetitivos. "Tema nº 0004 – Multa do art. 523, § 1º, do CPC de 2015 (art. 475-J do CPC de 1973). Compatibilidade com o processo do trabalho."

O Tribunal Pleno, por maioria, definiu a seguinte tese jurídica para o Tema Repetitivo nº 0004 – MULTA DO ART. 523, § 1º, DO CPC DE 2015 (ART. 475-J DO CPC DE 1973). COMPATIBILIDADE COM O PROCESSO DO TRABALHO: a multa coercitiva do art. 523, § 1º, do CPC de 2015 (art. 475-J do CPC de 1973) não é compatível com as normas vigentes da CLT por que se rege o processo de trabalho, ao qual não se aplica. Vencidos os Ministros Mauricio Godinho Delgado, relator, Kátia Magalhães Arruda, revisora, Augusto César Leite de Carvalho, José Roberto Freire Pimenta, Delaíde Miranda Arantes, Hugo Carlos Scheuermann, Cláudio Mascarenhas Brandão, Douglas Alencar Rodrigues, Maria Helena Mallmann, Lelio Bentes Corrêa e Luiz Philippe Vieira de Mello Filho. TST-IRR-1786-24.2015.5.04.0000, Tribunal Pleno, rel. Min. Mauricio Godinho Delgado, red. p/ acórdão Min. João Oreste Dalazen, 21.8.2017 (TST. Info nº 162).

Execução. Compensação de progressões. Norma coletiva. Ofensa à coisa julgada. Contrariedade à Orientação jurisprudencial nº 123 da SBDI-II. Não configuração.

Para a constatação de ofensa à coisa julgada, não se admite a interpretação do título executivo judicial, mas apenas a verificação de dissonância patente entre o título e a decisão proferida em sede de execução. No caso, não contraria o entendimento contido na Orientação Jurisprudencial nº 123 da SBDI-II a decisão que, observando o teor da decisão exequenda, reconheceu a afronta à coisa julgada do acórdão prolatado pelo TRT e ordenou a compensação das progressões decorrentes das normas coletivas na apuração das diferenças salariais deferidas no título executivo, porquanto a sentença determinara expressamente o pagamento de diferenças salariais ao empregado que não recebeu "qualquer promoção". Sob esses fundamentos, a SBDI-I, por unanimidade, negou provimento ao agravo regimental interposto pelo exequente visando a reforma da decisão que denegara seguimento aos embargos por não vislumbrar divergência jurisprudencial específica nem contrariedade à Súmula nº 48 ou à Orientação Jurisprudencial nº 123 da SBDI-II, ambas do TST. TST-AgR-E-RR-2937-96.2011.5.09.0009, SBDI-I, rel. Min. João Oreste Dalazen, 30.6.2016 (TST. Info-execução nº 25).

Execução. Fazenda Pública. Juros de mora. Alteração do percentual fixado na decisão exequenda. Impossibilidade. Ofensa à coisa julgada.

Não obstante a inobservância dos juros de mora de que trata o artigo 1º-F da Lei nº 9.494/97 viabilize, em tese, o conhecimento do recurso de revista por violação direta e literal do art. 5º, II, da CF, na fase de execução não é possível alterar o percentual de juros de mora instituído na decisão exequenda, por configurar evidente afronta à coisa julgada consagrada no art. 5º, XXXVI, da CF. No caso, a decisão transitada em julgado, ao invés de aplicar à condenação imposta à Fazenda Pública os juros de mora na forma do art. 1º-F da Lei nº 9.494/97, determinou "a adoção dos juros estampados na lei trabalhista". Sob esse entendimento, a SBDI-I, por unanimidade, conheceu dos embargos da executada, por divergência jurisprudencial, e, no mérito, negou-lhes provimento. TST-E-RR-187785-50.2007.5.12.0051, SBDI-I, rel. Min. João Oreste Dalazen, 2.6.2016 (TST. Info-execução nº 24).

Mandado de segurança. Concessão de tutela inibitória fundada na existência de ações que revelam a prática reiterada da empresa em retaliar os empregados que ajuízam reclamação trabalhista. Possibilidade.

A existência de ações que retratam casos similares e revelam a prática reiterada da empresa em retaliar os empregados que ajuízam reclamação trabalhista é suficiente à concessão de tutela inibitória. Na espécie, o TRT denegou a segurança, mantendo a decisão do juiz de primeiro grau que, vislumbrando a verossimilhança da alegação e o perigo da demora (art. 461, § 3º, do CPC), deferiu a antecipação de tutela para determinar à reclamada que se abstenha de praticar atos retaliatórios contra o empregado que ajuizou reclamação trabalhista no curso do contrato de trabalho. Ressaltou-se que a prática de condutas retaliatórias é plenamente possível na vigência do pacto laboral e que a empresa já tinha ciência do ajuizamento da ação, pois havia sido notificada da audiência inicial. Ademais, o recente registro de caso similar envolvendo a mesma empregadora corroboraria a possibilidade do dano. Sob esses fundamentos, a SBDI-II, por unanimidade, conheceu de recurso ordinário interposto pela empresa, e, no mérito, por maioria, negou-lhe provimento. Vencido o Ministro Emmanoel Pereira. TST-RO-32-46.2012.5.15.0000, SBDI-II, rel. Min. Emmanoel Pereira, red. p/ acórdão Min. Luiz Philippe Vieira de Mello Filho, 1º.12.2015 (TST. Info nº 125).

Execução. Coisa julgada. Correção monetária. Artigo 5º, XXXVI, da Constituição Federal.

Se o título executivo judicial contém determinação expressa de incidência da correção monetária sobre parcela específica da condenação, a partir do quinto dia útil do mês subsequente ao trabalhado, evidencia patente vulneração à coisa julgada a ulterior modificação, em execução, do termo inicial da atualização monetária. No caso, ao julgar o agravo de petição interposto pela executada, o Tribunal Regional do Trabalho da 3ª Região alterou o termo inicial da correção monetária que fora estabelecido no título executivo, fixando-o na data da prolação do acórdão regional proferido em recurso ordinário. Depreende-se, portanto, que não se cuida de mera interpretação do sentido e alcance do título executivo, mas de total descompasso do acórdão regional em agravo de petição em relação ao comando emanado de decisão transitada em julgado. Sob esse fundamento, a SBDI-I, por unanimidade, não conheceu do recurso de embargos da executada. TST-E-RR-112200-77.1998.5.03.0044, SBDI-I, rel. Min. João Oreste Dalazen, 25.6.2015 (TST. Info-execução nº 17).

Recurso ordinário em mandado de segurança. Autos de infração. Suspensão da aplicação de penalidade administrativa. Indeferimento de pedido de antecipação dos efeitos da tutela. Ausência de direito líquido e certo. Súmula nº 418 do TST. Incidência.

A Súmula nº 418 do TST consagra o entendimento segundo o qual "A concessão de liminar ou a homologação de acordo constituem faculdade do juiz, inexistindo direito líquido e certo tutelável pela via do mandado de segurança". Em voto divergente incorporado à fundamentação do relator, destacou-se que o instituto da tutela antecipada não deve ser compreendido como mera faculdade do juiz, um ato marcado pela absoluta discricionariedade, mas, sim, em conjunto com a cláusula constitucional do amplo acesso à justiça, da inafastabilidade da jurisdição, do contraditório e da ampla defesa, de modo que, presentes os requisitos previstos no art. 273 do CPC, a parte terá direito subjetivo à obtenção de uma decisão que antecipe os efeitos da tutela. No caso, a decisão impugnada indeferiu a tutela antecipatória deduzida nos autos da ação anulatória originária ajuizada pela impetrante, relativamente ao pedido de suspensão da aplicação de penalidade administrativa, sob o fundamento de que não restaram comprovados os fatos alegados e a verossimilhança nas alegações da autora da ação, merecendo, portanto, dilação probatória no curso da ação. Assim, por entender que o deslinde da controvérsia nos autos originários demandava dilação probatória, foi negada a pretensão de antecipação de tutela. Diante disso, resulta inviabilizada a caracterização de ofensa ao direito líquido e certo da impetrante, bem como a ilegalidade e o abuso de poder da autoridade, pressupostos essenciais para a concessão de segurança. Sob esse fundamento, a SBDI-II, por unanimidade, conheceu do recurso ordinário e, no mérito, negou-lhe provimento. TST-RO-439-13.2013.5.08.0000, SBDI-II, rel. Min. Luiz Philippe Vieira de Mello Filho, 1.9.2015 (TST. Info nº 116).

Coisa julgada. Arguição e juntada de documentos comprobatórios apenas em sede de recurso ordinário. Matéria de ordem pública não sujeita à preclusão. Súmula nº 8 do TST. Não incidência.

A arguição de coisa julgada somente em sede de recurso ordinário, acompanhada de documentos para sua comprovação, não obsta o conhecimento da referida preliminar de ofício (art. 267, § 3º, V, do CPC), ensejando apenas a responsabilidade da parte pelas custas de retardamento, conforme a parte final do § 3º do art. 267 do CPC. No caso, prevaleceu a tese de que a arguição de matéria de ordem pública não sofre, em grau ordinário, o efeito da preclusão, e que a Súmula nº 8 do TST não trata da juntada de documentos relativos a questões dessa natureza, não incidindo na hipótese, portanto. Nesse contexto, a SBDI-I, por unanimidade, conheceu dos embargos do reclamado, por divergência jurisprudencial, e, no mérito, por maioria, deu-lhes provimento para restabelecer o acórdão do Regional, que acolhera a preliminar de coisa julgada e declarara extinto o processo, sem resolução de mérito. Vencidos os Ministros José Roberto Freire Pimenta, Lelio Bentes Corrêa e Alexandre Agra Belmonte. TST-E-RR-114400-29.2008.5.03.0037, SBDI-I, rel. Min. Márcio Eurico Vitral Amaro, 19.3.2015 (TST. Info nº 102).

Ação rescisória. Acordo. Parcela recolhida a menor. Cláusula penal. Ausência de proporcionalidade entre valor inadimplido e a multa aplicada. Art. 413 do CC. Violação.

A dúvida razoável quanto ao valor de parcela devida não pode dar causa à incidência da cláusula penal em sua totalidade, porquanto a multa deve guardar proporcionalidade com o suposto dano sofrido, consoante o preconizado no art. 413 do CC. Com esse fundamento, a SBDI-II, por unanimidade, conheceu do recurso ordinário e, no mérito, negou-lhe provimento, mantendo a decisão do Regional que julgara procedente a pretensão desconstitutiva, por violação do art. 413 do CC, e, em juízo rescisório, limitara a cláusula penal da avença ao valor efetivamente inadimplido, observando-se a proporcionalidade entre o suposto dano e a multa imposta. No caso concreto, a decisão rescindenda é acórdão que deu provimento a agravo de petição do reclamante para aplicar a multa de 50% sobre o valor acordado pelas partes, em razão de inadimplemento parcial pela empresa executada. Na reclamação trabalhista matriz foi celebrado acordo no valor de R$ 90.000,00, a ser pago em doze vezes. Todavia, a partir da segunda parcela, houve um desconto equivocado de R$ 14,35, em razão do reajuste na tabela de encargos sociais. Após o pedido de execução da multa e da intimação do executado, houve o depósito da quantia correspondente à diferença a menor detectada nas parcelas, restando indeferido o pedido. Em sede de agravo de petição, porém, o TRT fez incidir a cláusula penal sobre o valor total do acordo, de modo que uma dívida computada em R$ 57,40, prontamente sanada pela parte devedora, gerou uma multa de R$ 45.000,00, exorbitando, portanto, o razoável. TST-RO-221-48.2011.5.01.0000, SBDI-II, rel. Min. Emmanoel Pereira, 26.8.2014 (TST. Info-execução nº 4).

Ação Civil Pública. Multa diária. Art. 11 da Lei nº 7.347/85. Aplicação por descumprimento futuro de obrigações de fazer e de não fazer. Possibilidade.

Deve ser mantida a multa diária prevista no art. 11, da Lei 7.347/85, imposta pelo descumprimento futuro de obrigações de fazer e de não fazer, relativas a ilícitos praticados pela empresa – in casu, a submissão de trabalhadores a revistas íntimas e outras irregularidades referentes ao ambiente de trabalho –, ainda que constatada a reparação e a satisfação das recomendações e exigências determinadas pelo Ministério Público do Trabalho no curso da ação civil pública. Não convém afastar a aplicação da astreinte imposta com o intuito de prevenir o descumprimento da determinação judicial e a violação à lei, porque a partir da reparação do ilícito pela empresa a tutela reparatória converte-se em tutela inibitória, preventiva de eventual descumprimento, não dependendo da existência efetiva de dano. Com esse entendimento, a SBDI-I decidiu, por unanimidade, conhecer dos embargos interpostos pelo MPT, por divergência jurisprudencial e, no mérito, dar-lhes provimento para, reformando a decisão recorrida, restabelecer o acórdão do TRT que determinou que a reclamada se abstivesse de proceder à revista íntima dos seus empregados, mantendo todas as providências já tomadas relativamente aos pedidos formulados na exordial, sob pena de multa diária de R$1.000,00 para cada descumprimento detectado, revertida ao Fundo de Amparo ao Trabalhador (FAT). TST-E-ED-RR-656-73.2010.5.05.0023, SBDI-I, rel. Min. Augusto César Leite de Carvalho, 15.5.2014 (TST. Info nº 82).

AR. Pedido de tutela antecipada. Pretensão de natureza cautelar. Fungibilidade. Possibilidade de concessão.

Ainda que a pretensão possua natureza cautelar, não há óbice à concessão de tutela antecipada em ação rescisória visando à suspensão da execução no processo matriz, em razão da desconstituição do título judicial que a amparava, dada a presença da verossimilhança da alegação, ou seja, a existência de um grau de certeza mais robusto que o exigido em sede de pedido cautelar, a autorizar, portanto, a aplicação da fungibilidade entre as medidas de que trata o § 7º do art. 273 do CPC. Com esse entendimento, a SBDI-II, por unanimidade, conheceu do agravo regimental, e, no mérito, negou-lhe provimento. TST-AgR--ED-ED-RO-168500-10.2009.5.21.0000, SBDI-II, rel. Min. Emmanoel Pereira, 29.5.2012 (TST. Info nº 11).

MS. Antecipação dos efeitos da tutela. Art. 273 do CPC. Possibilidade. Cessação de benefício previdenciário. Retorno ao trabalho obstado pelo empregador. Restabelecimento dos salários. Manutenção do plano de saúde. Valor social do trabalho. Princípio da dignidade da pessoa humana.

Constatada a aptidão para o trabalho, ante a cessação de benefício previdenciário em virtude de recuperação da capacidade laboral atestada por perícia médica do INSS, compete ao empregador, enquanto

responsável pelo risco da atividade empresarial, receber o trabalhador, ofertando-lhe as funções antes executadas ou outras compatíveis com as limitações adquiridas. Com esses fundamentos, a SBDI-II, concluindo que a decisão que antecipou os efeitos da tutela para obrigar a reclamada a restabelecer o pagamento dos salários, bem como manter o plano de saúde do empregado, está, de fato, amparada nos pressupostos que autorizam o deferimento das medidas liminares inaudita altera pars, consoante o art. 273 do CPC, conheceu do recurso ordinário em mandado de segurança e, no mérito, negou-lhe provimento. No caso, ressaltou-se que a concessão da tutela antecipada é medida que se impõe como forma de garantir o valor social do trabalho e a dignidade da pessoa humana, pois o empregado, já sem a percepção do auxílio-doença, ficaria também sem os salários, ante a tentativa da empresa de, mediante a emissão do Atestado de Saúde Ocupacional (ASO) declarando-o inapto para as atividades que desempenhava, obstar o seu retorno ao serviço. TST-RO-33-65.2011.5.15.0000, SBDI-II, rel. Min. Alberto Luiz Bresciani de Fontan Pereira, 3.4.2012 (TST. Info nº 4).

12. QUADRO SINÓPTICO

Capítulo VII – Sentença			
Instituto	**Conteúdo**		**item**
Conceito	É o ato processual pelo qual o magistrado procede à subsunção da norma genérica e abstrata ao caso concreto para dar solução ao conflito de interesses, salvo quando extingue o processo de conhecimento sem a resolução do mérito.		1
Classificação	**Quanto ao conteúdo do pedido imediato**	• declaratória, constitutiva, condenatória, executiva e mandamental.	2.1
	Quanto à análise do mérito	• sentença terminativa, com a extinção do processo sem a resolução do mérito; • sentença definitiva, com análise do mérito.	2.2
	Quanto à espécie de cognição	• sentença provisória, quando derivada de cognição sumária, pode ser modificada ou mantida; • sentença definitiva, que pode ser parcial ou total, quando derivada de cognição exauriente;	2.3
Prazo	A sentença, no processo do trabalho, deve ser proferida logo após o momento reservado às razões finais e a renovação da tentativa de conciliação. Atende-se, assim, ao princípio da concentração dos atos, economia e celeridade processual.		3
Ordem cronológica	Quando o juiz possuir um acervo de processos conclusos, a preferência para julgamento é daqueles mais antigos		3.1
Vedação de decisão surpresa	• Em regra, não se proferirá decisão contra uma das partes sem que ela seja previamente ouvida; • O juiz não pode decidir, em grau algum de jurisdição, com base em fundamento a respeito do qual não se tenha dado às partes oportunidade de se manifestar, ainda que se trate de matéria sobre a qual deva decidir de ofício; • Entende-se por "decisão surpresa" a que, no julgamento final do mérito da causa, em qualquer grau de jurisdição, aplicar fundamento jurídico ou embasar-se em fato não submetido à audiência prévia de uma ou de ambas as partes;		3.2
Vedação de decisão surpresa	• Não se considera "decisão surpresa" a que, à luz do ordenamento jurídico nacional e dos princípios que informam o Direito Processual do Trabalho, as partes tinham obrigação de prever, concernente às condições da ação, aos pressupostos de admissibilidade de recurso e aos pressupostos processuais, salvo disposição legal expressa em contrário.		

Capítulo VII – Sentença		
Instituto	**Conteúdo**	**item**
	Requisitos da sentença	
Relatório	Parte da sentença na qual é descrição dos principais atos processuais por ele praticados, bem como pelas partes, auxiliares, representante do Ministério Público etc. Também apresenta um breve resumo do pedido do reclamante e da resposta do reclamado, que serve para demonstrar que o juiz analisou todo o processo, principalmente as provas produzidas, para prolatar a sua decisão. Essa parte da sentença é dispensável quando se trata de processo submetido ao rito sumaríssimo.	4.1
Fundamentos	• o juiz deve deixar expresso na sentença como formou o seu convencimento, ou seja, qual a prova ou provas que o persuadiram no sentido de reconhecer a pretensão do autor ou os argumentos contidos na defesa do réu. Tais circunstâncias devem ficar consignadas no capítulo da sentença, denominada de fundamentos; • se houver questão de direito controvertida, o magistrado deve apresentar o seu entendimento acerca da adaptação do caso concreto à lei. • Não se considera fundamentada qualquer decisão judicial, seja ela interlocutória, sentença ou acórdão, que: a) se limitar à indicação, à reprodução ou à paráfrase de ato normativo, sem explicar sua relação com a causa ou a questão decidida; b) empregar conceitos jurídicos indeterminados, sem explicar o motivo concreto de sua incidência no caso; c) invocar motivos que se prestariam a justificar qualquer outra decisão;	4.2
Fundamentos	d) não enfrentar todos os argumentos deduzidos no processo capazes de, em tese, infirmar a conclusão adotada pelo julgador; e) se limitar a invocar precedente ou enunciado de súmula, sem identificar seus fundamentos determinantes nem demonstrar que o caso sob julgamento se ajusta àqueles fundamentos; f) deixar de seguir enunciado de súmula, jurisprudência ou precedente invocado pela parte, sem demonstrar a existência de distinção no caso em julgamento ou a superação do entendimento.	4.2
Dispositivo	É a porção da sentença em que o juiz faz a entrega da prestação jurisdicional, com o acolhimento ou não a pretensão do reclamante, de forma clara, sintética e objetiva ou mesmo com a extinção do processo sem a resolução do mérito.	4.3
	A sentença e as contribuições sociais	
Competência	A Justiça do Trabalho é competente para determinar o recolhimento das contribuições fiscais. A competência da Justiça do Trabalho, quanto à execução das contribuições previdenciárias, limita-se às sentenças condenatórias em pecúnia que proferir e aos valores, objeto de acordo homologado, que integrem o salário de contribuição (Súmula nº 368, I, do TST).	5
Responsabilidade para o recolhimento	É do empregador a responsabilidade pelo recolhimento das contribuições previdenciárias e fiscais, resultantes de crédito do empregado oriundo de condenação judicial. A culpa do empregador pelo inadimplemento das verbas remuneratórias, contudo, não exime a responsabilidade do empregado pelos pagamentos do imposto de renda devido e da contribuição previdenciária que recaia sobre sua quota-parte. (Súmula nº 368, II, do TST).	
Critério para apuração	Os descontos previdenciários relativos à contribuição do empregado, no caso de ações trabalhistas, devem ser calculados mês a mês, de conformidade com o art. 276, § 4º, do Decreto n º 3.048/1999 que regulamentou a Lei nº 8.212/1991, aplicando-se as alíquotas previstas no art. 198, observado o limite máximo do salário de contribuição (Súmula nº 368, III, do TST).	5

Capítulo VII – Sentença		
Instituto	**Conteúdo**	**item**
Defeitos da sentença		
Citra Petita	Ocorre quando o juiz não aprecia um ou alguns dos pedidos formulados pelas partes ou o seu respectivo fundamento.	6.1
Ultra Petita	Quando o julgador ultrapassa os limites da *res in iudicio deducta* e confere ao autor da ação mais do que pediu, incorre em julgamento *ultra petita*.	6.2
Extra Petita	Ocorre quando deixa de acolher a pretensão do litigante para lhe conferir um direito que não foi por ele postulado (pedido mediato) ou quando presta a tutela jurisdicional diversa daquela pretendida pela parte (pedido imediato).	6.3
Tutelas provisórias		
Tutela provisória de urgência	A tutela de urgência será concedida quando houver elementos que evidenciem a probabilidade do direito e o perigo de dano ou o risco ao resultado útil do processo	7.1
Tutela antecipada em caráter antecedente	Nos casos em que a urgência for contemporânea à propositura da ação, a petição inicial pode limitar-se ao requerimento da tutela antecipada e à indicação do pedido de tutela final, com a exposição da lide, do direito que se busca realizar e do perigo de dano ou do risco ao resultado útil do processo, atribuir o valor da causa, e expor que pretende se valer da opção de apresentar sua pretensão antecipada em caráter antecedente.	7.2
Tutela de urgência cautelar	A petição inicial da ação que visa à prestação de tutela cautelar em caráter antecedente indicará a lide e seu fundamento, a exposição sumária do direito que se objetiva assegurar e o perigo de dano ou o risco ao resultado útil do processo. Caso entenda que o pedido a que se refere o *caput* tem natureza antecipada, o juiz observará o disposto no art. 305 do CPC.	7.3
Tutela provisória de evidência	A tutela da evidência será concedida, independentemente da demonstração de perigo de dano ou de risco ao resultado útil do processo, quando: I – ficar caracterizado o abuso do direito de defesa ou o manifesto propósito protelatório da parte; II – as alegações de fato puderem ser comprovadas apenas documentalmente e houver tese firmada em julgamento de casos repetitivos ou em súmula vinculante; III – se tratar de pedido reipersecutório fundado em prova documental adequada do contrato de depósito, caso em que será decretada a ordem de entrega do objeto custodiado, sob cominação de multa; IV – a petição inicial for instruída com prova documental suficiente dos fatos constitutivos do direito do autor, a que o réu não oponha prova capaz de gerar dúvida razoável.	7.4
Tutela específica nas obrigações de fazer, não fazer e entregar coisa		
Obrigação de fazer, não fazer e dar coisa	O contrato de trabalho, mesmo celebrado verbalmente e até mesmo em sua modalidade tácita, é formado por um conjunto de cláusulas implícitas, que decorrem de determinações legais contidas na CLT e nas demais leis esparsas. Essas cláusulas geram as obrigações de dar, fazer e não fazer, fungíveis e infungíveis.	8.1
Primazia da tutela específica	O CPC privilegia a primazia da tutela específica das obrigações de fazer, não fazer e dar coisa diversa de dinheiro, em detrimento da sua conversão em indenização. Assim, as referidas obrigações, sempre de natureza contratual no Direito Laboral, devem ser satisfeitas exatamente como ajustadas pelos sujeitos do contrato de trabalho. Nesses casos, é necessária a utilização de uma ação judicial com provimento de eficácia predominantemente executiva *lato sensu* ou mandamental, que dispensa o processo autônomo de execução.	8.2

Capítulo VII – Sentença		
Instituto	**Conteúdo**	**item**
Conversão da tutela específica em perdas e danos	Diante da primazia da tutela específica das obrigações de fazer e de não fazer, a conversão em obrigação de dar só se efetivará quando for do interesse do credor ou quando for impossível conceder a tutela específica ou a obtenção do resultado prático correspondente.	8.3
Astreintes	Para forçar o cumprimento da obrigação de fazer, não fazer ou de entregar coisa diversa de dinheiro, por meio de uma tutela específica, o juiz pode impor ao reclamado o pagamento de uma multa (que pode ser diária, semanal, quinzenal, mensal etc.). Essa sanção também é denominada de astreinte e reverte-se em favor do reclamante até que haja o cumprimento do comando jurisdicional, seja em tutela antecipada ou final.	8.4
Improcedência liminar do pedido		
Sentença de improcedência antecipada	Cabe ao juiz do trabalho julgar liminarmente improcedente o pedido que contrariar: • Enunciado de súmula do Supremo Tribunal Federal ou do Tribunal Superior do Trabalho (CPC, art. 927, inciso V); • Acórdão proferido pelo Supremo Tribunal Federal ou pelo Tribunal Superior do Trabalho em julgamento de recursos repetitivos (CLT, art. 896-B; CPC, art. 1046, § 4º); • Entendimento firmado em incidente de resolução de demandas repetitivas ou de assunção de competência; • Enunciado de súmula de Tribunal Regional do Trabalho sobre direito local, convenção coletiva de trabalho, acordo coletivo de trabalho, sentença normativa ou regulamento empresarial de observância obrigatória em área territorial que não exceda à jurisdição do respectivo Tribunal (CLT, art. 896, "b", a *contrario sensu*). • Quando se verificar, desde logo, a ocorrência de decadência.	9
Efeitos acessórios da sentença	**Hipoteca judicial** – A decisão que condenar o réu ao pagamento de prestação consistente em dinheiro e a que determinar a conversão de prestação de fazer, de não fazer ou de dar coisa em prestação pecuniária valerão como título constitutivo de hipoteca judiciária. **Protesto** – A decisão judicial transitada em julgado poderá ser levada a protesto, nos termos da lei, depois de transcorrido o prazo para pagamento voluntário. O art. 883-A da CLT, inserido pela Lei nº 13.467/17, ainda condiciona o registro do protesto ao transcurso do prazo de 45 dias a contar da citação e desde que não haja garantia do juízo. **Cadastro de inadimplentes** – A requerimento da parte, o juiz pode determinar a inclusão do nome do executado em cadastros de inadimplentes. Deve-se observar, também, os preceitos contidos no art. 883-A da CLT, ou seja, o prazo de 45 dias após a citação e a ausência da garantia do juízo.	10

13. QUESTÕES

13.1. Questões objetivas

1. (CESPE – 2011 – EBC – Analista) Com relação aos procedimentos ordinário e sumaríssimo, julgue o item que se segue: Os requisitos da sentença no procedimento ordinário são os seguintes: nome das partes; resumo do pedido e da defesa; apreciação das provas; fundamentos da decisão; e respectiva conclusão.

2. (FCC – Analista Judiciário – Área Judiciária – TRT 3/2015) Em relação à sentença no Processo do Trabalho, a decisão

a) citra ou infra petita é a que decide além do pedido, ou seja, defere verbas além das postuladas na inicial.

b) ultra petita contém julgamento fora do pedido, ou seja, o provimento jurisdicional sobre o pedido é diverso do postulado.

c) extra petita é a que decide aquém do pedido, contendo omissão do julgado.

d) citra ou infra petita ocorre quando, por exemplo, o reclamante pede horas extras, adicional de insalubridade e danos morais, mas a sentença não aprecia o pedido de horas extras.

e) ultra petita ocorre quando, por exemplo, o reclamante postula horas extras e a sentença defere horas pela não concessão de intervalo intrajornada.

3. **(FCC – 2012 – TRT – 11ª Região (AM) – Juiz do Trabalho)** A antecipação de tutela

a) concedida antes da sentença comporta impugnação mediante agravo de instrumento.

b) concedida antes da sentença comporta impugnação mediante recurso ordinário.

c) concedida na sentença comporta impugnação mediante mandado de segurança.

d) não pode ser concedida na Justiça do Trabalho, pois, apesar de sua omissão, a norma é incompatível com o processo trabalhista.

e) concedida antes da sentença comporta impugnação mediante mandado de segurança.

4. **(Cespe – Técnico Judiciário – Área Administrativa – TRT 8/2016)** Em relação a sentença, coisa julgada e liquidação de sentença trabalhista, assinale a opção correta.

a) Caso tenha sido proferida na audiência de instrução processual e nenhuma das partes tenha comparecido em juízo, a sentença será considerada publicada nesse ato.

b) A verdade dos fatos prevista na sentença faz coisa julgada formal e material.

c) Como a liquidação de sentença é fase prévia à execução, é possível se discutir matéria pertinente à causa principal.

d) Na liquidação de sentença por cálculos, os elementos ainda não estão integralmente nos autos, devendo as partes apresentar prova dos fatos para fixação do valor devido.

e) Em face da simplicidade do processo do trabalho, é desnecessário que a sentença trabalhista contenha os fundamentos da decisão, podendo o juiz indicar apenas o resumo do pedido e suas conclusões.

5. **(QUESTÃO SOBRE A REFORMA TRABALHISTA ELABORADA PELO AUTOR).** Uma vez transitada em julgado a decisão judicial trabalhista, poderá ser imediatamente levada a protesto, gerar inscrição do nome do executado em órgãos de proteção ao crédito ou no Banco Nacional de Devedores Trabalhistas (BNDT).

6. **(FCC – Analista Judiciário – Oficial de Justiça Avaliador – TRT 6/2018)** A decisão judicial transitada em julgado somente poderá ser levada a protesto, gerar inscrição do nome do executado em órgãos de proteção ao crédito ou no Banco Nacional de Devedores Trabalhistas (BNDT), nos termos da lei, depois de transcorrido o prazo de

a) quarenta e cinco dias a contar da citação do executado, se não houver garantia do juízo.

b) sessenta dias a contar da citação do executado, se não houver garantia do juízo.

c) quarenta e cinco dias a contar da garantia do juízo.

d) sessenta dias a contar da garantia do juízo.

e) trinta dias a contar da garantia do juízo.

7. **(FCC – Analista Judiciário – Oficial de Justiça Avaliador – TRT 6/2018)** Não se considera fundamentada a sentença, de acordo com o Código de Processo Civil, dentre outros motivos, aquela que se limitar a invocar precedente ou enunciado de súmula, sem identificar seus fundamentos determinantes nem demonstrar que o caso sob julgamento se ajusta àqueles fundamentos, e que deixar de seguir enunciado de súmula, jurisprudência ou precedente invocado pela parte, sem demonstrar a existência de distinção no caso em julgamento ou a superação do entendimento.

De acordo com Instrução Normativa do TST que se aplica à hipótese, considera-se precedente para os efeitos supra transcritos, com exceção de

a) acórdão proferido pelo Supremo Tribunal Federal ou pelo Tribunal Superior do Trabalho em julgamento de recursos repetitivos.
b) entendimento firmado em incidente de resolução de demandas repetitivas ou de assunção de competência.
c) decisão do Tribunal Superior do Trabalho em controle difuso de constitucionalidade.
d) tese jurídica prevalecente em Tribunal Regional do Trabalho e não conflitante com súmula ou orientação jurisprudencial do Tribunal Superior do Trabalho.
e) decisão do plenário, do órgão especial ou de seção especializada competente para uniformizar a jurisprudência do tribunal a que o juiz estiver vinculado ou do Tribunal Superior do Trabalho.

13.2. Questões discursivas

1. **(TRT 1 – Juiz do Trabalho – 2016 – ADAPTADA)** No terreno do direito processual brasileiro: analise a súmula 418 do TST, no trecho em que ela menciona que a concessão de liminar constitui faculdade do juiz.

2. **(TRT 2 – Juiz do Trabalho – 2016)** "Vistos, etc.". Esta locução aparece com frequência em atos judiciais. O candidato deverá explicar o seu conceito e sua aplicação.

14. GABARITO

14.1. Gabarito das questões objetivas

Gab.		Fundamentação legal e jurisprudencial	Tópico do livro	Obs. eventual
1	C	CLT. Art. 832, caput	Item 4	–
2	D	a) Doutrina	a) Item 6.1	–
		b) Doutrina	b) Item 6.2	
		c) Doutrina	c) Item 6.3	
		d) Doutrina	d) Item 6.1	
		e) Doutrina	e) Item 6.2	
3	E	TST. Súmula 414, I	Item 7.6	–
4	A	a) CLT. Art. 834	a) item 3	–
		b) CPC/15. Art. 504, II	b) Parte II, Capítulo VIII, Item 7.1	
		c) CLT. Art. 879, § 1º	c) Parte IV, Capítulo I, item 2	
		d) CLT. Art. 879, caput e § 2º	d) Parte IV, Capitulo I, Item 3.3	
		e) CF. Art. 93, IX	e) item 4.2	
5	E	CLT. Art. 883-A	Item 10.2	
6	A	a) CLT. Art. 883-A	a) Item 10.2	
		b) CLT. Art. 883-A	b) Item 10.2	
		c) CLT. Art. 883-A	c) Item 10.2	
		d) CLT. Art. 883-A	d) Item 10.2	
		e) CLT. Art. 883-A	e) Item 10.2	

Gab.		Fundamentação legal e jurisprudencial	Tópico do livro	Obs. eventual
7	C	a) TST. IN/39/2016. Art. 15, I, "c"	a) Item 4.2	
		b) TST. IN/39/2016. Art. 15, I, "c"	b) Item 4.2	
		c) TST. IN/39/2016. Art. 15, I, "c"	c) Item 4.2	
		d) TST. IN/39/2016. Art. 15, I, "c"	d) Item 4.2	
		e) TST. IN/39/2016. Art. 15, I, "c"	e) Item 4.2	

14.2. Gabarito das questões discursivas

Item	Fundamentação legal, jurisprudencial ou doutrinária	Onde encontro no livro
1	Assim dispõe a Súmula nº 418 do TST*: "A concessão de liminar ou a homologação de acordo constituem faculdade do juiz, inexistindo direito líquido e certo tutelável pela via do mandado de segurança". Nesse caso, o TST emite o seu entendimento para regular as situações nas quais o juiz não (ação negativa do juiz) antecipa a tutela. O interessado em impugnar a decisão seria o reclamante, mas diante do seu caráter irrecorrível, a única medida posta a sua disposição seria o mandado de segurança. Ocorre que esse remédio judicial só é cabível para a defesa de direito líquido e certo, na forma prevista pela Lei nº 12.016/12. Teria a parte o direito líquido e certo de ver a sua pretensão de antecipação de tutela acatada pelo Juiz? Obviamente que não, pois a concessão dos efeitos da tutela exige determinados requisitos que depende da analise do juiz. (* A atual redação dessa súmula é a seguinte: "A homologação de acordo constitui faculdade do juiz, inexistindo direito líquido e certo tutelável pela via do mandado de segurança".)	Item 7.6
2	**Conceito:** trata-se da fórmula sacramental processual "Vistos etc." no início do Relatório da sentença. Representa a referência resumida ao procedimento utilizado pelo Juiz no sentido de declarar que todas as peças processuais foram vistas e examinadas. Em uma época mais remota a expressão utilizada era "Vistos, relatados, discutidos e bem examinados estes autos". Com o passar dos tempos resumiu-se para "Vistos, etc.". **Aplicação:** apesar da praxe ter consagrado o uso dessa expressão, não há qualquer obrigatoriedade legal de que seja mencionado na sentença como parte integrante do relatório.	Item 4.1

CAPÍTULO VIII

COISA JULGADA

SUMÁRIO • 1. Identidade de ação – 2. Coisa julgada formal – 3. Coisa julgada material – 4. Coisa julgada em relação à União – 5. Erro material – 6. Preclusão – 7. Extensão da coisa julgada: 7.1. Limites objetivos; 7.2. Limites subjetivos; 7.3. Coisa julgada progressiva – 8. Questão prejudicial – 9. Relação jurídica continuativa – 10. Efeitos da coisa julgada criminal e civil no processo do trabalho – 11. Duplo grau de jurisdição necessário – 12. Informativos do TST sobre a matéria – 13. Quadro sinóptico – 14. Questões: 14.1. Questões objetivas; 14.2. Questões discursivas – 15. Gabarito: 15.1. Gabarito das questões objetivas; 15.2. Gabarito das questões discursivas.

Um dos objetivos do processo é solucionar a lide, para conferir segurança jurídica aos litigantes em relação às matérias discutidas, uma vez decididas de forma definitiva pelo juiz ou Tribunal.

Assim, o instituto da coisa julgada nada mais é do que um mecanismo processual que veda ao Judiciário apreciar mais de uma vez o mesmo litígio pelas mesmas partes e confere a determinadas sentenças a característica da **imutabilidade**.

Pela sua importância, a proteção à coisa julgada foi consagrada pela CF/88, por meio da sua inserção no rol dos direitos e garantias fundamentais do cidadão, de acordo com o preceito contido no art. 5º, XXXVI, da atual Carta Magna.[1] Por conta disso, esse direito não pode ser objeto de supressão por meio de emenda constitucional, uma vez que **constitui cláusula pétrea.**

Nesse sentido, a CLT manifesta-se por meio do seu art. 836:

> **Art. 836**. É vedado aos órgãos da Justiça do Trabalho conhecer de questões já decididas, excetuados os casos expressamente previstos neste Título e a ação rescisória, que será admitida na forma do disposto no Capítulo IV do Título IX da Lei nº 5.869, de 11 de janeiro de 1973 – Código de Processo Civil, sujeita ao depósito prévio de 20% (vinte por cento) do valor da causa, salvo prova de miserabilidade jurídica do autor.

Contudo, por não haver incompatibilidade com os princípios do processo do trabalho, aplica-se o regramento contido no art. 502 e seguintes do CPC, que disciplinam a coisa julgada: "Art. 502. Denomina-se coisa julgada material a autoridade que torna imutável e indiscutível a decisão de mérito não mais sujeita a recurso".

---

1. CF de 1988. Art. 5º Todos são iguais perante a lei, sem distinção de qualquer natureza, garantindo-se aos brasileiros e aos estrangeiros residentes no País a inviolabilidade do direito à vida, à liberdade, à igualdade, à segurança e à propriedade, nos termos seguintes: XXXVI – a lei não prejudicará o direito adquirido, o ato jurídico perfeito e a coisa julgada.

1. IDENTIDADE DE AÇÃO

Para que se verifique a existência ou não do fenômeno processual da coisa julgada é necessário que haja identidade entre a ação já solucionada, com o trânsito em julgado, e a ação subsequente.

Considera-se que uma ação é idêntica à outra **quando ambas têm as mesmas partes, o mesmo pedido e a mesma causa de pedir**. A identidade de ação pode ser total ou parcial, tendo em vista que pode haver mais de uma fundamentação e mais de um pedido (cumulação objetiva).

No primeiro caso, toda a fundamentação jurídica e o pedido (ou pedidos dela decorrentes) coincidem com aqueles que constam em outra ação. Na segunda hipótese, apenas parte da fundamentação e do pedido respectivo é idêntica à outra.

Consequentemente, a coisa julgada pode ser **parcial ou total**. A primeira é mais comum no processo do trabalho, tendo em vista a praxe da cumulação de pedidos.

Se a ação idêntica for proposta após o julgamento de outra anterior, na qual tenha havido decisão que não caiba mais recurso, o juiz não pode analisar o seu mérito. Deve, nessa situação, acolher a preliminar (defesa processual) de **coisa julgada**.

Após o trânsito em julgado, a decisão não pode mais ser modificada, conforme dispõe o citado art. 836 da CLT, salvo nas hipóteses previstas pelo art. 505 do CPC.

Em determinados casos, admite-se o ajuizamento de ação rescisória que tem por objetivo rescindir a sentença eivada de vícios insanáveis, inclusive a coisa julgada, desde que seja observado o prazo máximo de dois anos.[2]

O que não pode ocorrer é a parte inconformada **utilizar do mandado de segurança, em substituição à ação rescisória**, para alterar o conteúdo do comando sentencial protegido pela qualidade da coisa julgada material, consoante entendimento cristalizado pela Súmula nº 33 do TST: "MANDADO DE SEGURANÇA. DECISÃO JUDICIAL TRANSITADA EM JULGADO. Não cabe mandado de segurança de decisão judicial transitada em julgado".[3]

Após o decurso desse prazo, a sentença adquire característica especial, quando a coisa julgada solidifica-se e recebe a denominação de **coisa soberanamente julgada.**

Alguns autores defendem a tese da **coisa julgada inconstitucional**, pugnando pela relativização da coisa soberanamente julgada, matéria já acolhida na legislação nacional, tanto pelo CPC quanto pela CLT:

> **CPC. Art. 525, § 12.** Para efeito do disposto no inciso III do § 1º deste artigo, considera-se também inexigível a obrigação reconhecida em título executivo judicial fundado em lei ou ato normativo considerado inconstitucional pelo Supremo Tribunal Federal, ou fundado em aplicação ou interpretação da lei ou do ato normativo tido pelo Supremo Tribunal

2. CPC. Art. 966. A decisão de mérito, transitada em julgado, pode ser rescindida quando: IV – ofender a coisa julgada.
3. No mesmo sentido a Súmula nº 268 do STF: "Não cabe mandado de segurança contra decisão judicial com trânsito em julgado".

Federal como incompatível com a Constituição Federal, em controle de constitucionalidade concentrado ou difuso.

CLT. Art. 884. § 5º. Considera-se inexigível o título judicial fundado em lei ou ato normativo declarados inconstitucionais pelo Supremo Tribunal Federal ou em aplicação ou interpretação tidas por incompatíveis com a Constituição Federal.

Nesses casos, a declaração de nulidade pode ser efetivada a qualquer momento, em processo autônomo ou incidentalmente durante o procedimento de cumprimento da sentença ou, no caso do processo do trabalho, da execução do título judicial.

Idêntico efeito é observado quando a decisão **funda-se em sentença normativa modificada ou anulada pelo TST.**

Nesse sentido, a OJ nº 277, da SDI-1, do TST e a Súmula nº 397:

SDI-1. OJ Nº 277. AÇÃO DE CUMPRIMENTO FUNDADA EM DECISÃO NORMATIVA QUE SOFREU POSTERIOR REFORMA, QUANDO JÁ TRANSITADA EM JULGADO A SENTENÇA CONDENATÓRIA. COISA JULGADA. NÃO-CONFIGURAÇÃO. DJ 11.08.03. A coisa julgada produzida na ação de cumprimento é atípica, pois dependente de condição resolutiva, ou seja, da não-modificação da decisão normativa por eventual recurso. Assim, modificada a sentença normativa pelo TST, com a consequente extinção do processo, sem julgamento do mérito, deve-se extinguir a execução em andamento, uma vez que a norma sobre a qual se apoiava o título exequendo deixou de existir no mundo jurídico.

SÚMULA Nº 397. AÇÃO RESCISÓRIA. ART. 966, IV, do CPC de 2015 . ART. 485, IV, DO CPC de 1973. AÇÃO DE CUMPRIMENTO. OFENSA À COISA JULGADA EMANADA DE SENTENÇA NORMATIVA MODIFICADA EM GRAU DE RECURSO. INVIABILIDADE. CABIMENTO DE MANDADO DE SEGURANÇA. (atualizada em decorrência do CPC de 2015) – Res. 208/2016, DEJT divulgado em 22, 25 e 26.04.2016. Não procede ação rescisória calcada em ofensa à coisa julgada perpetrada por decisão proferida em ação de cumprimento, em face de a sentença normativa, na qual se louvava, ter sido modificada em grau de recurso, porque em dissídio coletivo somente se consubstancia coisa julgada formal. Assim, os meios processuais aptos a atacarem a execução da cláusula reformada são a exceção de pré-executividade e o mandado de segurança, no caso de descumprimento do art. 514 do CPC de 2015 (art. 572 do CPC de 1973). (ex-OJ nº 116 da SBDI-2 – DJ 11.08.2003)

2. COISA JULGADA FORMAL

Proferida a sentença na qual o juiz reconhece a existência de defeitos processuais, extingue-se o processo **sem a resolução do mérito**, por intermédio de uma sentença denominada pela doutrina de terminativa.

Nessa hipótese, o juiz não pode rever a sua decisão, dentro do mesmo processo. Trata-se da coisa julgada formal, que não impede, na maioria dos casos **a renovação da pretensão do reclamante por meio de outra reclamação trabalhista** e implica a estabilidade relativa que se assemelha mais ao instituto da preclusão.

O CPC, em seu art. 486, § 1º, ressalta que em determinados casos, a renovação da ação **depende da correção do vício**:

QUADRO COMPARATIVO – RENOVAÇÃO DA DEMANDA		
CPC DE 1973	**CPC DE 2015**	**CLT**
Art. 268. Salvo o disposto no art. 267, V, a extinção do processo não obsta a que o autor intente de novo a ação. A petição inicial, todavia, não será despachada sem a prova do pagamento ou do depósito das custas e dos honorários de advogado.	**Art. 486.** O pronunciamento judicial que não resolve o mérito não obsta a que a parte proponha de novo a ação. § 1º No caso de extinção em razão de litispendência e nos casos dos incisos I, IV, VI e VII do art. 485, **a propositura da nova ação depende da correção do vício que levou à sentença sem resolução do mérito.** § 2º A petição inicial, todavia, não será despachada sem a prova do pagamento ou do depósito das custas e dos honorários de advogado.	Sem similar.
Aplicabilidade do CPC ao processo do trabalho	Aplica-se ao processo do trabalho em face da omissão da CLT e da ausência de incompatibilidade.	
Diferença entre o CPC de 2015 e o de 1973	O CPC de 2015 acrescentou como requisito para renovação da demanda a necessidade do autor corrigir o vício que levou à sentença sem resolução do mérito	

3. COISA JULGADA MATERIAL

Quando o juiz reconhece ou rejeita a pretensão do reclamante, examina o mérito da questão, solucionando a lide. Nesse caso, depois de transcorrido o prazo para qualquer recurso, opera-se o fenômeno da coisa julgada material em relação às questões decididas e aos sujeitos da relação processual.

Desse modo, a sentença torna-se imutável não somente no âmbito do mesmo processo – coisa julgada formal – mas a sua parte dispositiva não poderá mais ser rediscutida em qualquer outro, salvo nas hipóteses de modificação pela via da ação rescisória, nos limites estabelecidos pela norma processual, e quando se tratar de **coisa julgada inconstitucional.**

O CPC dispõe sobre a coisa julgada material em seu art. 502: "Denomina-se coisa julgada material a autoridade que torna imutável e indiscutível a decisão de mérito não mais sujeita a recurso".

A Consolidação das Leis do Trabalho aborda o tema em seu art. 836:

> **Art. 836**. É vedado aos órgãos da Justiça do Trabalho conhecer de questões já decididas, excetuados os casos expressamente previstos neste Título e a ação rescisória, que será admitida na forma do disposto no Capítulo IV do Título IX da Lei nº 5.869, de 11 de janeiro de 1973 – Código de Processo Civil, sujeita ao depósito prévio de 20% (vinte por cento) do valor da causa, salvo prova de miserabilidade jurídica do autor.

> **ATENÇÃO!** A diferença entre a coisa julgada formal e a cosa julgada material reside no fato de que quando o processo é extinto sem a resolução do mérito, admite-se, em regra, a renovação da demanda. Em sentido contrário, quando há manifestação do juízo acerca do mérito, obsta-se que a parte submeta novamente ao Poder Judiciário a apreciação da mesma lide.

A qualidade da coisa julgada também incide sobre a **conciliação homologada pelo juízo**, já que nesse caso há **extinção do processo com a resolução do mérito**, na forma prevista pelo art. 487, III, "b" do CPC: "Art. 487. Haverá resolução de mérito quando o juiz: III – homologar: b) a transação".

Preceito com efeito semelhante está contido no art. 831, parágrafo único da CLT, ao se referir ao caráter irrecorrível da homologação da conciliação: "No caso de conciliação, o termo que for lavrado valerá como decisão irrecorrível, salvo para a Previdência Social quanto às contribuições que lhe forem devidas".

A extensão da coisa julgada nas conciliações dependerá dos seus respectivos termos e da decisão que a homologa. Em regra, **a coisa julgada não pode atingir pretensões que não foram deduzidas em juízo**, salvo disposição expressa contida no termo de conciliação ou na decisão.

Sobre o tema, a Súmula nº 107 do TRT4:

> **SÚMULA Nº 107 do TRT4.** ACORDO JUDICIAL COM QUITAÇÃO DO CONTRATO DE TRABALHO. PRETENSÕES INDENIZATÓRIAS DECORRENTES DE ACIDENTE DO TRABALHO OU DOENÇA OCUPACIONAL. COISA JULGADA. A quitação do contrato de trabalho em acordo judicial firmado em ação anterior, ainda que sem qualquer ressalva, não faz coisa julgada material em relação a pretensões indenizatórias decorrentes de acidente do trabalho ou de doença a este equiparada, não deduzidas naquela ação.

4. COISA JULGADA EM RELAÇÃO À UNIÃO

Quando os litigantes chegam a um acordo, é lavrado um termo de conciliação que tem as mesmas características de uma **decisão irrecorrível, salvo em relação à União**, no que diz respeito às contribuições sociais/previdenciárias devidas pelas partes.

Se a conciliação é feita antes de proferida a sentença, a jurisprudência tem reconhecido o direito do empregado de transigir ou renunciar os direitos trabalhistas e, consequentemente, afastar a incidência das contribuições previdenciárias/sociais decorrentes do acordo homologado.

Para isso, deve constar do termo de conciliação **a identificação de cada parcela e de sua respectiva natureza jurídica** sob pena da verba previdenciária incidir sob o seu valor total, conforme OJ nº 368, da SDI-1 do TST:

> **OJ Nº 368.** DESCONTOS PREVIDENCIÁRIOS. ACORDO HOMOLOGADO EM JUÍZO. INEXISTÊNCIA DE VÍNCULO EMPREGATÍCIO. PARCELAS INDENIZATÓRIAS. AUSÊNCIA DE DISCRIMINAÇÃO. INCIDÊNCIA SOBRE O VALOR TOTAL. DEJT divulgado em 03, 04 e 05.12.2008. É devida a incidência das contribuições para a Previdência Social sobre o valor total do acordo homologado em juízo, independentemente do reconhecimento de vínculo de emprego, desde que não haja discriminação das parcelas sujeitas à incidência da contribuição previdenciária, conforme parágrafo único do art. 43 da Lei nº 8.212, de 24.07.1991, e do art. 195, I, "a", da CF/1988.

O referido verbete interpreta o preceito contido no art. 43, § 1º da Lei nº 8.212/91:

> **Art. 43. § 1º** Nas sentenças judiciais ou nos acordos homologados em que não figurarem, discriminadamente, as parcelas legais relativas às contribuições sociais, estas incidirão sobre o valor total apurado em liquidação de sentença ou sobre o valor do acordo homologado.

Depois de transitada em julgado a decisão, a renúncia ou transação não produz efeitos em relação à contribuição previdenciária, que tem como credor a União e não as partes.

Observe-se que o fato gerador da contribuição previdenciária não se limita ao valor efetivamente pago ou creditado ao empregado, mas também aquele valor que seria devido, na forma da previsão contida no art. 28, da Lei nº 8.212/91:

> **Art. 28.** Entende-se por salário-de-contribuição: I – para o empregado e trabalhador avulso: a remuneração auferida em uma ou mais empresas, assim entendida a totalidade dos rendimentos pagos, devidos ou creditados a qualquer título, durante o mês, destinados a retribuir o trabalho, qualquer que seja a sua forma, inclusive as gorjetas, os ganhos habituais sob a forma de utilidades e os adiantamentos decorrentes de reajuste salarial, quer pelos serviços efetivamente prestados, quer pelo tempo à disposição do empregador ou tomador de serviços nos termos da lei ou do contrato ou, ainda, de convenção ou acordo coletivo de trabalho ou sentença normativa.

Porem, se o acordo é feito **depois de proferida a sentença**, **mas antes do seu trânsito em julgado**, a contribuição previdenciária deverá incidir sobre o valor da conciliação, conforme o art. 43, § 5º da Lei nº 8.212/91.

Chegou-se a essa conclusão após a análise do preceito contido no art. 832, § 6º da CLT: "O acordo celebrado após o trânsito em julgado da sentença ou após a elaboração dos cálculos de liquidação de sentença não prejudicará os créditos da União".

Entretanto, esse não foi o entendimento do TST, ao editar a OJ nº 376, da SDI-1:

> **OJ Nº 376.** CONTRIBUIÇÃO PREVIDENCIÁRIA. ACORDO HOMOLOGADO EM JUÍZO APÓS O TRÂNSITO EM JULGADO DA SENTENÇA CONDENATÓRIA. INCIDÊNCIA SOBRE O VALOR HOMOLOGADO. (DEJT divulgado em 19, 20 e 22.04.2010). É devida a contribuição previdenciária sobre o valor do acordo celebrado e homologado após o trânsito em julgado de decisão judicial, respeitada a proporcionalidade de valores entre as parcelas de natureza salarial e indenizatória deferidas na decisão condenatória e as parcelas objeto do acordo.

Depreende-se da leitura desse verbete que o TST adotou um posicionamento eclético, representado pela necessidade de **proporcionalizar o valor da contribuição previdenciária.**

De qualquer forma, é muito importante distinguir o acordo feito depois de proferida sentença, daquele celebrado após o seu trânsito em julgado. No primeiro caso, a contribuição social incidirá **sobre o valor do acordo**. Já na segunda hipótese, a transação não poderá afetar o valor já reconhecido desses tributos ou fazê-lo de forma **proporcional.**

5. ERRO MATERIAL

Como visto, a sentença é o ato processual por meio do qual o juiz aplica a norma hipotética e abstrata a determinado caso concreto.

Já a instrumentalização da sentença perfaz-se mediante a sua redução a termo, pelos diversos meios físicos ou digitais disponíveis, **para fins de registro**. Nesse momento, o juiz ou o serventuário pode cometer equívocos na transcrição da ideia por meio de datilografia, digitação, digitalização etc., que podem ser corrigidos, de ofício ou a requerimento da parte, a qualquer tempo.

Essa regra encontra-se insculpida no art. 833 da Consolidação das Leis do Trabalho:

> **Art. 833**. Existindo na decisão evidentes erros ou enganos de escrita, de datilografia ou de cálculo, poderão os mesmos, antes da execução, ser corrigidos, *ex-officio*, ou a requerimento dos interessados ou da Procuradoria da Justiça do Trabalho.

O CPC também possui dispositivo semelhante, representado pelo art. 494, I: "Publicada a sentença, o juiz só poderá alterá-la: I – para corrigir-lhe, de ofício ou a requerimento da parte, inexatidões materiais ou erros de cálculo".

Por conta disso, **eventuais erros materiais que constam da decisão jamais adquirem a qualidade da coisa julgada material.**

6. PRECLUSÃO

Como o processo é o conjunto de atos processuais ordenados e que visam à obtenção da tutela jurisdicional, não se admite a prática repetida de atos que objetivem a frustração desse objetivo. O Direito processual impõe óbice a essa espécie de procedimento por intermédio do instituto da **preclusão.**

Desse modo, se determinada controvérsia incidental já foi solucionada pelo juiz, a parte fica obstada de renová-la no curso do processo, na forma prevista pelo art. 507 do CPC: "É vedado à parte discutir no curso do processo as questões já decididas a cujo respeito se operou a preclusão".

A preclusão é observada, também, quando a parte tenta praticar um ato processual que já foi analisado pelo juízo. Nesse caso, recebe a designação especial de **preclusão consumativa**.

Se a prática do ato é feita após o decurso do prazo legal ou judicial, a **preclusão é temporal**.

Por fim, se a parte pretende praticar um ato que não guarda correspondência lógica em relação aqueles anteriormente praticados, a hipótese é de **preclusão lógica**.

A seguir, o quadro contendo os efeitos da preclusão, da coisa julgada formal, da coisa julgada material e da coisa soberanamente julgada:

Instituto	Efeitos
Preclusão	Impede a prática do ato dentro do processo.
Coisa julgada formal	Impede alterações na sentença no processo em que foi proferida.
Coisa julgada material	Implica a impossibilidade de rediscussão da sentença em qualquer processo, ressalvada a hipótese de cabimento da ação rescisória.
Coisa soberanamente julgada	Imutabilidade absoluta da sentença após dois anos do seu trânsito em julgado, salvo se a sentença foi fundada em ato normativo declarado inconstitucional pelo STF ou em aplicação ou interpretação tidas por incompatíveis com a CF.

7. EXTENSÃO DA COISA JULGADA

O implemento da coisa julgada material torna imutável a sentença, de forma que a mesma questão não pode mais ser reapreciada (objeto) em relação às partes que participaram do processo (sujeitos), na forma do disposto no 503 do CPC: "A decisão que julgar total ou parcialmente o mérito tem força de lei nos limites da questão principal expressamente decidida".

Partindo dessa assertiva, é necessário fixar os limites objetivos e subjetivos da coisa julgada material, o que será feito a seguir.

7.1. Limites objetivos

A sentença é um ato formal, cujos requisitos para sua validade estão contidos na lei processual civil e do trabalho. O manto da *res iudicata* estende-se sobre **toda a parte dispositiva da decisão** que rejeita ou acolhe a pretensão do reclamante, no todo ou em parte, com a extinção do processo de conhecimento **com a resolução do mérito**.

Observa-se, de plano, que **estão excluídos** da qualidade da coisa julgada material **os motivos e os fundamentos** que foram utilizados pelo juiz para proferir a sua sentença, segundo dispõe o art. 504 do CPC.

Se o reclamante formula vários pedidos e o juiz manifesta-se sobre todos, a autoridade da coisa julgada recai sobre a totalidade da respectiva pretensão deduzida em juízo.

A tentativa de rediscussão de uma questão acobertada pela autoridade de coisa julgada material esbarra na objeção de coisa julgada, denominada de **efeito negativo da coisa julgada.**

Observa-se a incidência do **efeito positivo da coisa julgada** material quando a sua qualidade é utilizada pela própria parte para evitar discussões em outro processo.

Por exemplo, se em uma reclamação trabalhista anterior o reclamante postula, unicamente, o reconhecimento da relação de emprego e o juiz acolhe sua pretensão, essa questão não pode ser reapreciada em uma reclamação trabalhista posterior por meio da qual o autor postule condenação do reclamado no pagamento das verbas decorrentes da execução do contrato de trabalho, como salário, 13º salário, FGTS etc.

7.2. Limites subjetivos

A sentença proferida em processo, no qual não caiba mais recurso, transforma-se em lei entre as partes. Porém, a qualidade da coisa julgada daí decorrente não produz efeitos **em relação aos terceiros estranhos à lide**.

Dessa forma, além dos limites objetivos, que obstam o juiz de decidir a mesma questão mais de uma vez, a lei estabelece os limites subjetivos da coisa julgada ao afirmar que essa qualidade da sentença não pode ir além das pessoas que fizeram parte do processo.

Essa determinação encontra-se disposta no art. 506 do CPC: "A sentença faz coisa julgada às partes entre as quais é dada, não prejudicando terceiros".

Em algumas situações, entretanto, **o terceiro deve suportar os efeitos da decisão** – que não pode ser confundido com efeitos da coisa julgada – mesmo que não tenha participado do processo, fenômeno identificado como **eficácia reflexa da sentença.**

Imagine-se que seja proposta uma ação por meio da qual o reclamante postule o reconhecimento da relação de emprego e a condenação do reclamado no pagamento dos salários devidos. A decisão que acolhe essa pretensão faz coisa julgada material entre as partes e produz efeitos reflexos em relação à União, já que o reclamante pode requerer a concessão dos benefícios previdenciários devidos ao empregado, que é considerado como segurado obrigatório.

A mesma sentença pode autorizar que se faça a cobrança da contribuição previdenciária pela União ou mesmo se proceda à execução desse tributo no mesmo processo.

7.3. Coisa julgada progressiva

Por intermédio da cumulação objetiva, é facultado ao reclamante, em uma mesma reclamação trabalhista, inserir diversas postulações em face de um mesmo reclamado (art. 327 do CPC).

Contudo devem ser atendidas as exigências legais previstas no art. 327, § 1º, do CPC, quais sejam: compatibilidade de pedidos; juízo competente e possibilidade de adotar-se mesmo procedimento para todos. Essa espécie de cumulação é denominada de **cumulação própria e simples.**

A principal característica dessa espécie de cumulação é a autonomia de cada postulação, circunstância que reflete na sentença, **criando tantos capítulos quantos forem os pedidos dessa natureza.**

Em caso de **recurso ordinário parcial**, ou seja, sem impugnar todos os capítulos da sentença, a coisa julgada material **qualifica os capítulos que não foram objeto do recurso**, o que implica possibilidade de sua execução imediata.

Portanto, em uma mesma demanda, haveria no mínimo, dois momentos distintos referenciando-se à coisa julgada: o primeiro, relativo aos capítulos da sentença não impugnados pelo recurso ordinário e o segundo, com o trânsito em julgado do acórdão que apreciou os capítulos restantes. Tal fenômeno é denominado de **coisa julgada progressiva.**

O item II, da Súmula nº 100 do TST trata dessa matéria:

> **SÚMULA Nº 100.** II – Havendo recurso parcial no processo principal, o trânsito em julgado dá-se em momentos e em tribunais diferentes, contando-se o prazo decadencial para a ação rescisória do trânsito em julgado de cada decisão, salvo se o recurso tratar de preliminar ou prejudicial que possa tornar insubsistente a decisão recorrida, hipótese em que flui a decadência a partir do trânsito em julgado da decisão que julgar o recurso parcial.

Exemplificando: o reclamante postula o pagamento de aviso prévio indenizado e 13º salário. A sentença defere as duas pretensões e o reclamado recorre apenas do primeiro pleito, sem obter êxito no Tribunal. Assim, o trânsito em julgado em relação ao pleito de 13º salário coincidirá com a data de interposição do recurso ordinário por parte do reclamado e em relação ao pedido de aviso prévio com o decurso do prazo para interposição do recurso de revista.

Portanto, evidencia-se a importância desse tema para efeito de **definição do momento do trânsito em julgado de cada capítulo da sentença** e, consequentemente, da **contagem do prazo decadencial para propositura da ação rescisória.**

8. QUESTÃO PREJUDICIAL

Questão prejudicial de mérito diz respeito à própria relação jurídica de direito material na qual se funda a pretensão da parte. Inclusive, essa matéria pode ser objeto de uma ação declaratória autônoma, nos termos previstos pelo art. 19 do CPC.

Pelas regras contidas no atual CPC, a questão prejudicial incidental encontra-se apta a receber a qualidade da coisa julgada material, **desde que seja decidida expressamente e preencha os requisitos previstos no seu § 1º, art. 503:**

QUADRO COMPARATIVO – COISA JULGADA – QUESTÃO PREJUDICIAL		
CPC DE 1973	**CPC DE 2015**	**CLT**
Art. 469. Não fazem coisa julgada: I – os motivos, ainda que importantes para determinar o alcance da parte dispositiva da sentença; II – a verdade dos fatos, estabelecida como fundamento da sentença; **III – a apreciação da questão prejudicial, decidida incidentemente no processo.** **Art. 470.** Faz, todavia, coisa julgada a resolução da questão prejudicial, **se a parte o requerer** (arts. 5º e 325), o juiz for competente em razão da matéria e constituir pressuposto necessário para o julgamento da lide.	**Art. 503.** A decisão que julgar total ou parcialmente o mérito tem força de lei nos limites da questão principal expressamente decidida. § 1º O disposto no caput aplica-se à resolução de questão prejudicial, **decidida expressa e incidentemente** no processo, se: I – dessa resolução depender o julgamento do mérito; **II – a seu respeito tiver havido contraditório prévio e efetivo, não se aplicando no caso de revelia;** III – o juízo tiver competência em razão da matéria e da pessoa para resolvê-la como questão principal. **Art. 504.** Não fazem coisa julgada: I. os motivos, ainda que importantes para determinar o alcance da parte dispositiva da sentença; II. a verdade dos fatos, estabelecida como fundamento da sentença.	Sem similar.
Aplicabilidade do CPC ao processo do trabalho	Aplica-se ao processo do trabalho em face da omissão da CLT e da ausência de incompatibilidade.	
Diferença entre o CPC de 2015 e o de 1973	Para o juiz decidir a questão prejudicial **não é mais necessário que a parte requeira**, mas exige-se o contraditório prévio e não se aplica no caso de revelia.	

Constitui equívoco técnico qualificar como preliminar de ilegitimidade de parte a controvérsia sobre a existência ou não da relação de emprego. Inclusive, esse erro é observado com certa frequência nas lides trabalhistas.

Nessa hipótese, a controvérsia é qualificada como meritória, pois o juiz profere uma sentença acolhendo ou não a pretensão do autor.

De igual sorte, **a arguição de prescrição ou de decadência também é considerada matéria relativa à prejudicial de mérito**, pois o seu acolhimento implica sentença **com a resolução do mérito**, na forma prevista pelo art. art. 487, II, do CPC.

9. RELAÇÃO JURÍDICA CONTINUATIVA

Se a decisão é proferida em pretensão fundamentada em relação jurídica continuativa, como ocorre com a relação de emprego quando em vigor, a parte interessada pode postular a **revisão (ação revisional)** do que ficou estabelecido na sentença, desde que haja alteração nas condições de fato ou na própria norma que serviram de fundamento, conforme preceitua o art. 505, I, CPC:

> **Art. 505.** Nenhum juiz decidirá novamente as questões já decididas relativas à mesma lide, salvo: I – se, tratando-se de relação jurídica de trato continuado, sobreveio modificação no estado de fato ou de direito, caso em que poderá a parte pedir a revisão do que foi estatuído na sentença;

Nesse caso, **não se implementa a qualidade da coisa julgada material** e, consequentemente, não há possibilidade de ajuizamento de ação rescisória.

> **OJ Nº 76 do TRT4.** EXECUÇÃO. PARCELAS VINCENDAS. ALTERAÇÃO DE SITUAÇÃO DE FATO. AÇÃO REVISIONAL. A alteração de determinada situação fática relacionada a parcelas vincendas deve ser comprovada por meio de competente ação revisional. Artigo 505, I, do CPC/2015.

Imagine-se que um empregado ingresse na Justiça do Trabalho, para postular o pagamento de adicional noturno, pelo fato de laborar das 22:00 às 05:00, com sentença favorável. Uma vez alterado o horário de trabalho para, por exemplo, das 16:00 às 00:00, a empresa reclamada desobriga-se ao pagamento do valor que ficou consignado na sentença. Nessa situação, a ação revisional é cabível para diminuir o valor da condenação.

Na prática, porém, essa situação é de difícil verificação nas lides trabalhistas, tendo em vista que as ações laborais, em sua grande maioria, **são propostas quando já não mais existe o vínculo empregatício.**

Assim, verifica-se maior incidência dessa espécie de postulação nos casos em que o empregado encontra-se acobertado pelos benefícios decorrentes da estabilidade no emprego, mesmo que provisória.

10. EFEITOS DA COISA JULGADA CRIMINAL E CIVIL NO PROCESSO DO TRABALHO

Um mesmo fato jurídico pode produzir efeitos em planos jurídicos diversos. Assim, a ofensa a um direito subjetivo pode dar ensejo ao nascimento da pretensão de natureza penal, civil e trabalhista, de forma simultânea.

Quando o titular da pretensão punitiva oferece a denúncia e esta é aceita pelo juiz, inicia-se o processo penal. Se, de forma concomitante, é ajuizada uma reclamação trabalhista e existe conexão com os fatos que constam do processo crime, o juiz pode determinar a suspensão do processo, para esperar a sentença a ser proferida naqueles autos.

Essa regra está contida no art. 315 do CPC:

QUADRO COMPARATIVO – SUSPENSÃO DO PROCESSO EM RAZÃO DE AÇÃO PENAL		
CPC DE 1973	**CPC DE 2015**	**CLT**
Art. 110. Se o conhecimento da lide depender necessariamente da verificação da existência de fato delituoso, pode o juiz mandar sobrestar no andamento do processo até que se pronuncie a justiça criminal. **Parágrafo único. Se a ação penal não for exercida dentro de 30 (trinta) dias, contados da intimação do despacho de sobrestamento, cessará o efeito deste, decidindo o juiz cível a questão prejudicial.**	**Art. 315.** Se o conhecimento do mérito depender de verificação da existência de fato delituoso, o juiz pode determinar a suspensão do processo até que se pronuncie a justiça criminal. § 1º Se a ação penal não for proposta no prazo de **3 (três) meses**, contado da intimação do ato de suspensão, cessará o efeito desse, incumbindo ao juiz cível examinar incidentemente a questão prévia. § 2º Proposta a ação penal, o processo ficará suspenso pelo prazo máximo de 1 (um) ano, ao final do qual aplicar-se-á o disposto na parte final do § 1º.	Sem similar.
Aplicabilidade do CPC ao processo do trabalho	Aplica-se ao processo do trabalho em face da omissão da CLT e da ausência de incompatibilidade.	
Diferença entre o CPC de 2015 e o de 1973	O prazo para proposição da ação penal passa de **trinta dias para três meses**. Além disso, o CPC de 2015 inova no sentido de estabelecer o prazo de suspensão do processo por **no máximo um ano.**	

Isso ocorre, com certa frequência em processos em que se discute a prática de justa causa, prevista pelo art. 482 da CLT. Determinados ilícitos trabalhistas coincidem ou mantêm estreita relação com alguns crimes, como acontece, por exemplo, com a improbidade e os crimes contra o patrimônio; incontinência de conduta e os crimes contra os costumes; ofensas físicas e o crime de lesões corporais; etc.

Em tais situações, o sobrestamento do feito trabalhista justifica-se para que se promova apuração na esfera penal, na qual prevalece o princípio da verdade real e, por conta disso, a instrução processual é bem mais criteriosa.

Uma vez proferida a sentença, com o trânsito em julgado respectivo ou, se ao tempo do ajuizamento da reclamação trabalhista já existir decisão qualificada pela *res iudicata* no processo crime, devem ser observadas as regras constantes no art. 65 e seguintes do Código de Processo Penal.

Desse modo, se, por exemplo, ficar reconhecido, pela sentença penal, que houve prática do crime de furto, pelo empregado (famulato), de objeto pertencente à empresa e durante o horário de trabalho, **essa decisão faz coisa julgada no processo do trabalho** de modo que restará caracterizada a justa causa, que enseja o rompimento do contrato de trabalho sem ônus financeiro para o empregador.

Da mesma forma, se no juízo é reconhecida a autoria e a materialidade do fato considerado como delituoso, mas é admitida alguma das excludentes de ilicitude, na forma prevista pelo art. 23 do CP,[4] **a justa causa também deve ser afastada** na reclamação

4. CP. Art. 23. Não há crime quando o agente pratica o fato: I – em estado de necessidade; II – em legítima defesa; III – em estrito cumprimento de dever legal ou no exercício regular de direito.

trabalhista ou no inquérito para apuração de falta grave que tramita na Justiça do Trabalho (art. 65 do CPP).[5]

Contudo, em determinadas situações, nas quais a criteriosa instrução criminal concluir pela absolvição do réu (art. 386 do CPP),[6] não haverá qualquer influência no processo laboral, uma vez que o ilícito trabalhista poderá ser demonstrado na Justiça do Trabalho, salvo se reconhecer a inexistência do fato em si (art. 386, I, do CPP), conforme art. 66 do CPP: "Não obstante a sentença absolutória no juízo criminal, a ação civil poderá ser proposta quando não tiver sido, categoricamente, reconhecida a inexistência material do fato".

O artigo seguinte do CPP também prevê outras hipóteses em que a sentença criminal não obsta o ajuizamento da ação trabalhista:

> **Art. 67.** Não impedirão igualmente a propositura da ação civil: I – o despacho de arquivamento do inquérito ou das peças de informação; II – a decisão que julgar extinta a punibilidade; III – a sentença absolutória que decidir que o fato imputado não constitui crime.

Da leitura do dispositivo legal transcrito, principalmente do inciso III, depreende-se que a lei penal estabelece uma série de requisitos para qualificar a conduta humana como criminosa.

A ausência de um desses requisitos obsta o enquadramento do fato como crime, **mas não afasta a configuração de ilícitos de natureza civil e trabalhista**, que são menos rigorosos, nas esferas da Justiça Comum e da Justiça do Trabalho.

A questão relativa ao efeito da sentença proferida no processo civil na seara trabalhista é bem mais delicada, mesmo porque não existe nenhum disciplinamento próprio, a exemplo do que foi citado em relação ao efeito da sentença criminal no que diz respeito à pretensão de natureza civil.

Deve ser observada a competência da Justiça Comum e da Justiça do Trabalho, traçada pela atual Constituição Federal, de forma que não pode haver duas ações conexas tramitando em Justiças distintas. O que pode acontecer é um mesmo fato submeter-se à apreciação de dois Órgãos Judiciais que pertencem a ramos diversos do Poder Judiciário. Nesse caso, não há identidade de ações em face da ausência da tríplice identidade.

Cita-se, como exemplo, uma ação proposta na Justiça Ordinária, pelo empregado, segurado obrigatório do INSS, em face dessa autarquia, com pedido de reconhecimento de acidente do trabalho e, consequentemente, de condenação ao pagamento do benefício previdenciário respectivo.

O mesmo empregado pode ajuizar uma reclamação trabalhista contra o seu empregador, com fundamento no acidente sofrido dentro do estabelecimento da empresa, para requerer

5. CPP. Art. 65. Faz coisa julgada no cível a sentença penal que reconhecer ter sido o ato praticado em estado de necessidade, em legítima defesa, em estrito cumprimento de dever legal ou no exercício regular de direito.
6. CPP. Art. 386. O juiz absolverá o réu, mencionando a causa na parte dispositiva, desde que reconheça: I – estar provada a inexistência do fato; II – não haver prova da existência do fato; III – não constituir o fato infração penal; IV – não existir prova de ter o réu concorrido para a infração penal; V – existir circunstância que exclua o crime ou isente o réu de pena (artigos 17, 18, 19, 22 e 24, § 1º, do Código Penal); **VI – não existir prova suficiente para a condenação.**

a condenação ao pagamento de uma indenização compensatória por danos morais. Em tais casos, a sentença proferida em um processo em curso na Justiça Comum não produz a qualidade da coisa julgada em relação ao processo que tramita na Justiça do Trabalho, uma vez que as partes não são as mesmas.

11. DUPLO GRAU DE JURISDIÇÃO NECESSÁRIO

As decisões proferidas em processos contra a Fazenda Pública só produzem efeitos **depois de confirmadas** pelo Tribunal a que estiver submetido o Órgão Jurisdicional de primeira instância.

Por equívoco, esse procedimento é denominado de recurso de ofício, **porém não passa de uma formalidade para a validade do ato judicial**, instituída pelo art. 496 do CPC, aplicável ao processo do trabalho por conta da incidência do preceito contido no art. 3º, X, da Instrução Normativa nº 39/2016:

> **Art. 496**. Está sujeita ao duplo grau de jurisdição, não produzindo efeito senão depois de confirmada pelo tribunal, a sentença:
>
> I – proferida contra a União, os Estados, o Distrito Federal, os Municípios e suas respectivas autarquias e fundações de direito público;
>
> II – que julgar procedentes, no todo ou em parte, os embargos à execução fiscal.

Proferida a sentença e decorrido o prazo para interposição de recurso voluntário, o juiz *a quo* deve remeter os autos ao Tribunal ao qual se encontra vinculado.

Somente após a confirmação ou não da sentença pelo órgão *ad quem* é que a sentença pode adquirir a qualidade da coisa julgada, se não houver recurso para outra instância.[7]

Em tais casos, a ação rescisória só pode ser manejada após a confirmação da sentença pelo Tribunal, conforme se observa do entendimento do TST, explicitado por meio da OJ nº 21 da SDI-II:

> **OJ Nº 21.** AÇÃO RESCISÓRIA. DUPLO GRAU DE JURISDIÇÃO. TRÂNSITO EM JULGADO. INOBSERVÂNCIA. DECRETO-LEI Nº 779/69, ART. 1º, V. INCABÍVEL. Inserida em 20.09.00 (nova redação – DJ 22.08.2005). É incabível ação rescisória para a desconstituição de sentença não transitada em julgado porque ainda não submetida ao necessário duplo grau de jurisdição, na forma do Decreto-Lei nº 779/69. Determina-se que se oficie ao Presidente do TRT para que proceda à avocatória do processo principal para o reexame da sentença rescindenda.

O art. 496, §§ 3º e 4º, do CPC, estabelece algumas exceções à regra do duplo grau de jurisdição obrigatório:

7. STJ. Súmula nº 45. No reexame necessário, é defeso, ao Tribunal, agravar a condenação imposta à Fazenda Pública.

<table>
<tr><th colspan="3">QUADRO COMPARATIVO – EXCEÇÕES AO DUPLO GRAU DE JURISDIÇÃO</th></tr>
<tr><th>CPC DE 1973</th><th>CPC DE 2015</th><th>CLT</th></tr>
<tr><td>Art. 475. § 2º Não se aplica o disposto neste artigo sempre que a condenação, ou o direito controvertido, for de valor certo não excedente a 60 (sessenta) salários mínimos, bem como no caso de procedência dos embargos do devedor na execução de dívida ativa do mesmo valor.
§ 3º Também não se aplica o disposto neste artigo quando a sentença estiver fundada em jurisprudência do plenário do Supremo Tribunal Federal ou em súmula deste Tribunal ou do tribunal superior competente.</td><td>Art. 496. § 3º Não se aplica o disposto neste artigo quando a condenação ou o proveito econômico obtido na causa for de valor certo e líquido inferior a:
I – 1.000 (mil) salários-mínimos para a União e as respectivas autarquias e fundações de direito público;
II – 500 (quinhentos) salários-mínimos para os Estados, o Distrito Federal, as respectivas autarquias e fundações de direito público e os Municípios que constituam capitais dos Estados;
III – 100 (cem) salários-mínimos para todos os demais Municípios e respectivas autarquias e fundações de direito público.
§ 4º Também não se aplica o disposto neste artigo quando a sentença estiver fundada em:
I – súmula de tribunal superior;
II – acórdão proferido pelo Supremo Tribunal Federal ou pelo Superior Tribunal de Justiça em julgamento de recursos repetitivos;
III – entendimento firmado em incidente de resolução de demandas repetitivas ou de assunção de competência;
IV – entendimento coincidente com orientação vinculante firmada no âmbito administrativo do próprio ente público, consolidada em manifestação, parecer ou súmula administrativa.</td><td>Sem similar.</td></tr>
<tr><td>Aplicabilidade do CPC ao processo do trabalho</td><td colspan="2">Aplica-se ao processo do trabalho em face da omissão da CLT e da ausência de incompatibilidade.</td></tr>
<tr><td>Diferença entre o CPC de 2015 e o de 1973</td><td colspan="2">• O CPC de 2015 estabelece novos tetos para inadmitir o recurso necessário, a depender se a Fazenda Pública for Municipal (100 salários mínimos), Estadual (500 salários mínimos) ou da União (1.000 salários mínimos).
• Inovou também no sentido de não admitir o recurso necessário quando a decisão estiver de acordo com acórdão do STF proferido em sede de recurso repetitivo; entendimento firmado em incidente de resolução de demandas repetitivas ou de assunção de competência; entendimento coincidente com orientação vinculante firmada no âmbito administrativo do próprio ente público, consolidada em manifestação, parecer ou súmula administrativa.</td></tr>
</table>

O Tribunal Superior do Trabalho trata da matéria em sua Súmula nº 303:

> **SÚMULA Nº 303.** FAZENDA PÚBLICA. REEXAME NECESSÁRIO (nova redação em decorrência do CPC de 2015) – Res. 211/2016, DEJT divulgado em 24, 25 e 26.08.2016
>
> I – Em dissídio individual, está sujeita ao reexame necessário, mesmo na vigência da Constituição Federal de 1988, decisão contrária à Fazenda Pública, salvo quando a condenação não ultrapassar o valor correspondente a: a) 1.000 (mil) salários mínimos para a União e as respectivas autarquias e fundações de direito público; b) 500 (quinhentos) salários mínimos para os Estados, o Distrito Federal, as respectivas autarquias e fundações de direito público e os Municípios que constituam capitais dos Estados; c) 100 (cem) salários mínimos para todos os demais Municípios e respectivas autarquias e fundações de direito público.
>
> II – Também não se sujeita ao duplo grau de jurisdição a decisão fundada em: a) súmula ou orientação jurisprudencial do Tribunal Superior do Trabalho; b) acórdão proferido pelo

Supremo Tribunal Federal ou pelo Tribunal Superior do Trabalho em julgamento de recursos repetitivos; c) entendimento firmado em incidente de resolução de demandas repetitivas ou de assunção de competência; d) entendimento coincidente com orientação vinculante firmada no âmbito administrativo do próprio ente público, consolidada em manifestação, parecer ou súmula administrativa.

III – Em ação rescisória, a decisão proferida pelo Tribunal Regional do Trabalho está sujeita ao duplo grau de jurisdição obrigatório quando desfavorável ao ente público, exceto nas hipóteses dos incisos anteriores. (ex-OJ nº 71 da SBDI-1 – inserida em 03.06.1996)

IV – Em mandado de segurança, somente cabe reexame necessário se, na relação processual, figurar pessoa jurídica de direito público como parte prejudicada pela concessão da ordem. Tal situação não ocorre na hipótese de figurar no feito como impetrante e terceiro interessado pessoa de direito privado, ressalvada a hipótese de matéria administrativa. (ex-OJs nºs 72 e 73 da SBDI-1 – inseridas, respectivamente, em 25.11.1996 e 03.06.1996).

12. INFORMATIVOS DO TST SOBRE A MATÉRIA

Representação comercial autônoma. Acordo extrajudicial homologado pela Justiça comum. Posterior ajuizamento de reclamação trabalhista. Pedido de reconhecimento de vínculo de emprego. Coisa julgada. Não configuração.

Não faz coisa julgada perante a Justiça do Trabalho o acordo extrajudicial homologado pela Justiça comum em que o reclamante, sua empresa e a empresa ré, em instrumento particular de distrato, confissão e quitação de dívida, deram ampla, geral e irrestrita quitação da relação jurídica decorrente do contrato de representação comercial mantido entre as partes. No caso, não se verifica os requisitos configuradores da coisa julgada, pois os pedidos formulados são distintos. Enquanto a reclamação trabalhista visa o reconhecimento do vínculo de emprego, a sentença homologatória teve por objeto o acordo envolvendo uma relação jurídica comercial. Ademais, compete à Justiça do Trabalho a análise do preenchimento dos requisitos estabelecidos nos arts. 2° e 3° da CLT e a decisão quanto à existência ou não de vínculo de emprego. Sob esses fundamentos, a SBDI-I, em sua composição plena, por unanimidade, conheceu do recurso de embargos, por divergência jurisprudencial, e, no mérito, por maioria, negou-lhe provimento, mantendo, portanto, a decisão recorrida que afastou a coisa julgada e determinou o retorno dos autos ao TRT de origem para o prosseguimento do julgamento. Vencidos os Ministros Maria Cristina Irigoyen Peduzzi, Brito Pereira, Breno Medeiros, Alexandre Luiz Ramos e Walmir Oliveira da Costa . TST-E-ED-RR-115-05.2010.5.04.0561, SBDI-I, rel. Min. Augusto César Leite de Carvalho, 24.10.2019 (TST. Info nº 210).

Ações distintas. Mesma causa de pedir. Doença ocupacional. Pedidos diversos. Reintegração. Indenização por danos morais. Perícia realizada na primeira ação que indica a inexistência de nexo causal entre a doença e as atividades do reclamante. Questão prejudicial. Coisa julgada. Não configuração. Ausentes os requisitos do art. 470 do CPC de 1973. Existência de perícia posterior atestando o nexo causal.

Não faz coisa julgada material a conclusão extraída de perícia técnica realizada em processo anterior, na qual se decidiu pela improcedência de pedido de reintegração do empregado, ante a ausência de nexo de causalidade entre a doença e as tarefas por ele desempenhadas. No caso concreto, foram ajuizadas duas reclamações trabalhistas distintas, com mesma causa de pedir, mas pedidos diversos. Com base no acometimento de doença ocupacional decorrente das atividades desempenhadas na empresa reclamada, a reclamante postulou a reintegração (na primeira ação) e indenização por danos morais (na segunda ação). O TRT entendeu prejudicado o exame da segunda reclamatória, tendo em vista a prova técnica produzida na primeira reclamação ter concluído pela inexistência de doença ocupacional. Consignou tratar-se de questão prejudicial ao exame da pretensão à indenização por danos morais. Todavia, na hipótese, não restaram preenchidos os requisitos necessários à configuração da coisa julgada de questão prejudicial a que se refere o art. 470 do CPC de 1973 (aplicável aos processos ajuizados antes da vigência do CPC de 2015), nem se levou em conta o laudo pericial favorável à autora produzido em momento posterior à primeira ação. Assim, entendendo possível o exame do pedido de indenização por danos morais, a SBDI-I, por unanimidade, conheceu dos embargos, por divergência jurisprudencial, e, no mérito, por maioria, deu-lhes provimento para, afastada a coisa julgada, determinar o retorno dos autos à Vara do Trabalho de origem para que prossiga no exame da matéria como entender de direito. Vencidos os Ministros Renato de Lacerda Paiva, Hugo Carlos Scheuermann, Breno Medeiros e Alexandre Luiz Ramos. TST-E-RR-26900-75.2006.5.15.0031, SBDI-I, rel. Min. Alberto Luiz Bresciani de Fontan Pereira, 26.9.2019 (TST. Info nº 206).

Execução. Coisa julgada. Correção monetária. Artigo 5º, XXXVI, da Constituição Federal.

Se o título executivo judicial contém determinação expressa de incidência da correção monetária sobre parcela específica da condenação, a partir do quinto dia útil do mês subsequente ao trabalhado, evidencia patente vulneração à coisa julgada a ulterior modificação, em execução, do termo inicial da atualização monetária. No caso, ao julgar o agravo de petição interposto pela executada, o Tribunal Regional do Trabalho da 3ª Região alterou o termo inicial da correção monetária que fora estabelecido no título executivo, fixando-o na data da prolação do acórdão regional proferido em recurso ordinário. Depreende-se, portanto, que não se cuida de mera interpretação do sentido e alcance do título executivo, mas de total descompasso do acórdão regional em agravo de petição em relação ao comando emanado de decisão transitada em julgado. Sob esse fundamento, a SBDI-I, por unanimidade, não conheceu do recurso de embargos da executada. TST-E-RR-112200-77.1998.5.03.0044, SBDI-I, rel. Min. João Oreste Dalazen, 25.6.2015 (TST. Info-execução nº 17).

Ação Rescisória. Perda do interesse de agir. Parcelamento do débito da execução trabalhista. Substituição da sentença do processo de conhecimento pelo parcelamento acatado e homologado.

Conforme a jurisprudência firmada no âmbito da SBDI-II, a sentença homologatória de acordo na execução implica perda do interesse de agir na ação rescisória em que se pretendia a desconstituição de decisão proferida no processo de conhecimento da reclamação trabalhista, porque aquela substitui esta para todos os efeitos, inexistindo a coisa julgada outrora formada no processo de conhecimento. De igual modo, o pedido de parcelamento do débito da execução trabalhista implica o reconhecimento expresso da dívida, equivalendo à confissão do débito, o que provoca o afastamento do recurso na fase de execução, suspendendo os atos executórios e gerando uma substituição da sentença do processo de conhecimento pelo parcelamento acatado pelo credor e homologado em juízo. Com esse entendimento, a SBDI-II, por unanimidade, conheceu do agravo regimental e, no mérito, negou-lhe provimento. TST-AgR-ED-RO-12270-74.2010.5.04.0000, SBDI-II, rel. Min. Emmanoel Pereira, 21.10.2014 (TST. Info-Execução nº 7).

Ação rescisória. Desconstituição de decisão proferida em embargos de terceiro. Possibilidade jurídica do pedido. Existência de coisa julgada material.

A decisão proferida em sede de embargos de terceiro faz coisa julgada material em relação às matérias que lhe constituem o objeto cognoscível, sendo, portanto, suscetível de corte rescisório. Com efeito, os embargos de terceiro constituem ação nova, de natureza civil e autônoma, que está ao dispor daqueles que não integraram a lide na fase de conhecimento e que sofreram algum tipo de perturbação no exercício do direito de posse, o que permite ampla cognição do julgador e a prolação de decisão de mérito compatível com a formação de coisa julgada material. Com esse entendimento, a SBDI-II, decidiu, à unanimidade, negar provimento ao recurso ordinário do réu, admitindo, assim, a possibilidade jurídica do pedido de desconstituição da sentença de mérito proferida em embargos de terceiro por meio de ação rescisória. TST-RO-638-42.2012.5.09.0000, SBDI-II, rel. Min. Cláudio Mascarenhas Brandão, 19.8.2014 (TST. Info-execução nº 4).

Ação rescisória. Desconstituição de decisão proferida em embargos de terceiro. Possibilidade jurídica do pedido. Existência de coisa julgada material.

A decisão proferida em sede de embargos de terceiro faz coisa julgada material em relação às matérias que lhe constituem o objeto cognoscível, sendo, portanto, suscetível de corte rescisório. Com

efeito, os embargos de terceiro constituem ação nova, de natureza civil e autônoma, que está ao dispor daqueles que não integraram a lide na fase de conhecimento e que sofreram algum tipo de perturbação no exercício do direito de posse, o que permite ampla cognição do julgador e a prolação de decisão de mérito compatível com a formação de coisa julgada material. Com esse entendimento, a SBDI-II, decidiu, à unanimidade, negar provimento ao recurso ordinário do réu, admitindo, assim, a possibilidade jurídica do pedido de desconstituição da sentença de mérito proferida em embargos de terceiro por meio de ação rescisória. TST-RO-638-42.2012.5.09.0000, SBDI-II, rel. Min. Cláudio Mascarenhas Brandão, 19.8.2014 (TST. Info-execução nº 4).

AR. Equiparação salarial. Segunda demanda. Indicação de paradigma diverso. Coisa julgada. Não configuração. Modificação da causa de pedir. Ausência da tríplice identidade prevista no art. 301, § 2º, do CPC.

O ajuizamento de segunda ação com os mesmos pedidos e em face do mesmo reclamado, mas com indicação de paradigma diverso daquele nomeado na primeira demanda, para efeito de equiparação salarial, afasta a possibilidade de rescisão por ofensa à coisa julgada (art. 485, IV, do CPC), pois modifica a causa de pedir, impedindo a configuração da tríplice identidade prevista no art. 301, § 2º, do CPC. Com esse entendimento, a SBDI-II, por maioria, conheceu de recurso ordinário e, no mérito, negou-lhe provimento. Vencidos os Ministros Maria Cristina Irigoyen Peduzzi e João Oreste Dalazen, os quais acolhiam a ofensa à coisa julgada visto que, na hipótese, apesar de haver indicação formal de paradigmas diversos, na segunda ação proposta, o reclamante pleiteou a equiparação a Antônio Gomes de Macedo e o pagamento das diferenças salariais decorrentes de ação na qual o Senhor Antônio fora equiparado a Maria Beladina Ferreira, indicada como paradigma na primeira reclamação trabalhista, restando, portanto, caracterizada a tríplice identidade. TST-RO-108500-11.2010.5.03.0000, SBDI-II, rel. Min. Alberto Luiz Bresciani de Fontan Pereira. 10.4.2012 (TST. Info nº 5).

AR. Ação autônoma que reconhece a responsabilidade subsidiária do tomador de serviços. Existência de sentença condenatória definitiva em que figurou como parte apenas o prestador de serviços. Alteração subjetiva do título executivo judicial. Ofensa à coisa julgada e ao direito à ampla defesa e ao contraditório. Art. 5º, XXXVI e LV, da CF.

A decisão em ação autônoma que reconhece a responsabilidade subsidiária do tomador de serviços, quando há sentença condenatória definitiva prolatada em ação anteriormente proposta pelo mesmo reclamante em que figurou como parte apenas o prestador de serviços, altera a titularidade subjetiva do título executivo e ofende a literalidade do art. 5º, XXXVI e LV, da Constituição Federal (coisa julgada e direito ao contraditório e à ampla defesa). Com esse entendimento, a SBDI-II, por unanimidade, deu provimento ao recurso ordinário para desconstituir o acórdão proferido nos autos da reclamação trabalhista e, em juízo rescisório, dar provimento ao recurso ordinário do reclamado para julgar improcedente o pedido formulado na inicial da referida reclamatória. TST-RO-100200-60.2010.5.03.0000, SBDI-II, rel. Min. Pedro Paulo Manus. 27.3.2012 (TST. Info nº 4).

Responsabilidade subsidiária. Ajuizamento de ação autônoma apenas contra o tomador de serviços. Impossibilidade. Existência de sentença condenatória definitiva prolatada em ação em que figurou como parte somente o prestador de serviços.

Não é possível o ajuizamento de ação autônoma pleiteando a responsabilidade subsidiária do tomador de serviços quando há sentença condenatória definitiva prolatada em ação anteriormente proposta pelo mesmo reclamante, em que figurou como parte apenas o prestador de serviços. Tal procedimento afrontaria a coisa julgada produzida na primeira ação e o direito à ampla defesa e ao contraditório, resguardado ao tomador de serviços. Assim, reiterando a jurisprudência da Corte, a SBDI-I, por unanimidade, conheceu dos embargos por divergência jurisprudencial e, no mérito, por maioria, negou-lhes provimento. Vencidos os Ministros Augusto César Leite de Carvalho, José Roberto Freire Pimenta e Delaíde Miranda Arantes. TST-E-RR-9100-62.2006.5.09.0011, SBDI-I, rel. Min. Horácio Raymundo de Senna Pires, 8.3.2012 (TST. Info nº 1).

13. QUADRO SINÓPTICO

<table>
<tr><th colspan="4">Capítulo VIII – Coisa julgada</th></tr>
<tr><th>Instituto</th><th colspan="2">Conteúdo</th><th>Item</th></tr>
<tr><td>Limitação do juiz</td><td colspan="2">É vedado aos órgãos da Justiça do Trabalho conhecer de questões já decididas, excetuados os casos expressamente previstos em lei e a ação rescisória (art. 836 da CLT).</td><td>1</td></tr>
<tr><td>Identidade de ação</td><td colspan="2">Considera-se que uma ação é idêntica à outra quando ambas têm as mesmas partes, o mesmo pedido e a mesma causa de pedir. A identidade de ação pode ser total ou parcial, tendo em vista que pode haver mais de uma fundamentação e mais de um pedido (cumulação objetiva).</td><td>1</td></tr>
<tr><td>Coisa julgada formal</td><td colspan="2">Proferida a sentença na qual o juiz reconhece a existência de defeitos processuais extingue-se o processo sem a análise do mérito, por meio de uma sentença denominada pela doutrina de terminativa. Nessa hipótese, o juiz não pode rever a sua decisão, dentro do mesmo processo, diante da presença dos efeitos da coisa julgada formal.</td><td>2</td></tr>
<tr><td>Coisa julgada material</td><td colspan="2">Quando o juiz reconhece ou rejeita a pretensão do reclamante, examina o mérito da questão e soluciona a lide. Nesse caso, depois de transcorrido o prazo para qualquer recurso, opera-se o fenômeno da coisa julgada material em relação às questões decididas e aos sujeitos da relação processual.</td><td>3</td></tr>
<tr><td>Em relação à União</td><td colspan="2">Quando os litigantes resolvem conciliar, é lavrado um termo de conciliação que tem as mesmas características de uma decisão irrecorrível, salvo em relação à União, no que diz respeito às contribuições sociais/previdenciárias devidas pelas partes.</td><td>4</td></tr>
<tr><td>Erro material</td><td colspan="2">No momento da redução a termo da decisão, o juiz ou o serventuário pode cometer equívocos na transcrição da ideia por meio de datilografia, digitação, digitalização etc., que podem ser corrigidos, de ofício ou a requerimento da parte, a qualquer tempo, pois representa simples erro material.</td><td>5</td></tr>
<tr><td rowspan="4">Preclusão</td><td>Conceito</td><td>É o instituto que impede que o processo marche para trás.</td><td rowspan="4">6</td></tr>
<tr><td rowspan="3">Espécies</td><td>Consumativa – ocorre quando a parte tenta praticar um ato processual que já foi analisado pelo juízo.</td></tr>
<tr><td>Temporal – quando a prática do ato é feita após o decurso do prazo legal ou judicial.</td></tr>
<tr><td>Lógica – quando a parte pretende praticar um ato que não guarda uma correspondência lógica em relação àqueles anteriormente praticados.</td></tr>
<tr><td rowspan="3">Extensão da coisa julgada</td><td>Limites objetivos</td><td>O efeito da coisa julgada estende-se sobre toda a parte dispositiva da decisão que rejeita ou acolhe a pretensão do reclamante, no todo ou em parte.
Exclui-se, desse efeito, os motivos e os fundamentos que foram utilizados pelo juiz para proferir a sua sentença.</td><td>7.1</td></tr>
<tr><td>Limites subjetivos</td><td>A sentença faz coisa julgada às partes entre as quais é dada, não beneficiando, nem prejudicando terceiros (art. 506 do CPC).</td><td>7.2</td></tr>
<tr><td>Coisa julgada progressiva</td><td>Ocorre quando há cumulação de pedidos. Importante para a definição do momento do trânsito em julgado de cada capítulo da sentença e, consequentemente, da contagem do prazo decadencial para propositura da ação rescisória.</td><td>7.3</td></tr>
</table>

Capítulo VIII – Coisa julgada			
Instituto		**Conteúdo**	**Item**
Questão prejudicial		Produz coisa julgada a resolução da questão prejudicial, se a parte o requerer, o juiz for competente em razão da matéria e constituir pressuposto necessário para o julgamento da lide.	8
Relação jurídica continuativa		Se a decisão é proferida em pretensão fundamentada em relação jurídica continuativa, como ocorre com a relação de emprego enquanto em vigor, a parte interessada pode postular a revisão (ação revisional) do que ficou estabelecido na sentença, desde que haja alteração nas condições de fato ou na própria norma que serviram de fundamento.	9
Efeitos da sentença criminal e civil no processo do trabalho	**Excludente de ilicitude**	Faz coisa julgada no cível a sentença penal que reconhece ter sido o ato praticado em estado de necessidade, em legítima defesa, em estrito cumprimento de dever legal ou no exercício regular de direito.	10
	Absolvição do réu	Em determinadas situações, nas quais a criteriosa instrução criminal concluir pela absolvição do réu, não haverá qualquer influência no processo laboral, uma vez que o ilícito trabalhista poderá ser demonstrado na Justiça do Trabalho, salvo se reconhecer a inexistência do fato em si.	
	Não impede a propositura da reclamação trabalhista	I. o despacho de arquivamento do inquérito ou das peças de informação; II. a decisão que julgar extinta a punibilidade; III. a sentença absolutória que decidir que o fato imputado não constitui crime.	
Duplo grau necessário	**Regra**	As decisões proferidas em processos contra a Fazenda Pública só produzem efeitos depois de confirmadas pelo Tribunal a que estiver submetido o Órgão Jurisdicional de primeira instância.	11
	Exceção	• Quando a condenação ou o proveito econômico obtido na causa for de valor certo e líquido inferior a: a) 1.000 (mil) salários-mínimos para a União e as respectivas autarquias e fundações de direito público; b) 500 (quinhentos) salários-mínimos para os Estados, o Distrito Federal, as respectivas autarquias e fundações de direito público e os Municípios que constituam capitais dos Estados; c) 100 (cem) salários-mínimos para todos os demais Municípios e respectivas autarquias e fundações de direito público.	
		• Também não se aplica o disposto neste artigo quando a sentença estiver fundada em: a) súmula de tribunal superior; b) acórdão proferido pelo Supremo Tribunal Federal ou pelo Superior Tribunal de Justiça em julgamento de recursos repetitivos; c) entendimento firmado em incidente de resolução de demandas repetitivas ou de assunção de competência; d) entendimento coincidente com orientação vinculante firmada no âmbito administrativo do próprio ente público, consolidada em manifestação, parecer ou súmula administrativa.	

14. QUESTÕES

14.1. Questões objetivas

1. (FCC – Juiz do Trabalho Substituto 1ª região/2015) Luciana trabalhou como publicitária para determinada agência de publicidade por quatro anos, mas nunca obteve registro de sua CTPS. Após ser dispensada, ajuizou ação trabalhista em face de seu suposto empregador. Durante a audiência inaugural, as partes acordaram, ficando combinado unicamente o pagamento de R$ 200.000,00 em dez parcelas mensais e iguais, sem o reconhecimento de vínculo de emprego e sem previsão de recolhimentos previdenciários. Intimada desta transação, a União recorreu. Nesse caso,

a) não cabe recurso de acordo judicial, uma vez que o termo em que foi lavrado vale como decisão judicial transitada em julgado.

b) não deve haver recolhimento previdenciário, uma vez que o acordo foi realizado sem o reconhecimento de vínculo empregatício.

c) deve haver recolhimento previdenciário apenas de Luciana sobre metade do valor acordado, observado o teto de contribuição.

d) deve haver recolhimento previdenciário de ambas as partes sobre o total do valor acordado, observado o teto de contribuição.

e) deve haver recolhimento previdenciário apenas da agência de publicidade sobre metade do valor acordado, observado o teto de contribuição.

2. (TRT 1 – Juiz do Trabalho Substituto 1ª região/2016) A sentença transitada em julgado

a) não obriga terceiros, mas permanece inalterável para sempre entre as partes.

b) firma uma verdade jurídica dos fatos que serviram de causa de pedir imediata para o autor.

c) pode ser revogada por decisão do Supremo Tribunal Federal que declare inconstitucional a lei sob fundamento da qual ela foi proferida.

d) pode ser desconstituída por outra em ação rescisória, desde que proposta essa dentro do lapso prescricional próprio.

e) pode ser assim considerada, no sistema jurídico brasileiro, quando esgotados ou preclusos todos os recursos de natureza extraordinária.

3. (Cespe – Procurador Municipal – Manaus – AM/2018) Julgue o próximo item à luz da jurisprudência do TST acerca dos recursos na justiça do trabalho, da liquidação e da execução no processo do trabalho.

A decisão judicial proferida em dissídio individual que condenar o poder público com base em entendimento coincidente com orientação firmada no âmbito administrativo e emitida pelo próprio ente público por meio de parecer vinculante não se sujeitará ao duplo grau de jurisdição.

– **Certo**

– **Errado**

4. (Cespe – Analista – EMAP/2018) Com relação ao processo do trabalho, julgue o seguinte item.

Situação hipotética: Um tribunal regional do trabalho indeferiu mandado de segurança impetrado por uma sociedade de economia mista. Assertiva: Nessa situação, o processo deverá ser encaminhado ao Tribunal Superior do Trabalho para que este proceda ao reexame necessário do mandado.

– **Certo**

– **Errado**

14.2. Questões discursivas

1. (TRT2 – Juiz do Trabalho – 2016) A coisa julgada progressiva. Conceito, fundamentos e utilidade endoprocessual.

15. GABARITO

15.1. Gabarito das questões objetivas

Gab.		Fundamentação legal e jurisprudencial	Tópico do livro	Obs. eventual
1	D	Lei nº 8.212/91. Art. 43, § 1º. TST. Súmula nº 368.	Item 4	
2	E	a) CPC. Art. 506	Item 7.2	
		b) CPC. Art. 504, II	Item 7.1	
		c) CPC. Art. 525, § 12	Item 1	
		d) CPC. Art. 975	Capítulo da ação rescisória	
		e) CPC. Art. 502	Introdução	
3	Certa	TST. Súmula nº 303, II, "d"	Item 11	
4	Errada	CPC. Art. 496, I e TST. Súmula nº 303, IV	Item 11	

15.2. Gabarito das questões discursivas

Item	Fundamentação legal, jurisprudencial ou doutrinária	Onde encontro no livro
1	**Conceito:** coisa julgada progressiva consiste na possibilidade de em uma mesma sentença ser identificado dois ou mais momentos distintos que qualificam a coisa julgada material. **Fundamentos:** a pretensão do autor exposta em juízo pode se resumir a uma única postulação ou pode englobar vários requerimentos. Por intermédio da cumulação objetiva, é facultado ao reclamante, em uma mesma reclamação trabalhista, inserir diversas postulações em face de um mesmo reclamado (art. 327 do CPC de 2015). Contudo devem ser atendidas as exigências legais previstas no art. 327, § 1º, do CPC de 2015, quais sejam: compatibilidade de pedidos; juízo competente e possibilidade de adotar-se mesmo procedimento para todos. Essa espécie de cumulação é denominada de cumulação própria e simples. A principal característica dessa espécie de cumulação é a autonomia de cada postulação, circunstância que reflete na sentença, criando tantos capítulos quantos forem os pedidos dessa natureza. Em caso de recurso ordinário parcial, ou seja, sem impugnar todos os capítulos da sentença, a coisa julgada material qualifica os capítulos que não foram objeto do recurso, o que implica possibilidade de sua execução imediata. Portanto, em uma mesma demanda, haveria no mínimo, dois momentos distintos referenciando-se à coisa julgada: o primeiro, relativo aos capítulos da sentença não impugnados pelo recurso ordinário e o segundo, com o trânsito em julgado do acórdão que apreciou os capítulos restantes. A item II, da Súmula nº 100 do TST trata dessa matéria: Súmula nº 100. II – Havendo recurso parcial no processo principal, o trânsito em julgado dá-se em momentos e em tribunais diferentes, contando-se o prazo decadencial para a ação rescisória do trânsito em julgado de cada decisão, salvo se o recurso tratar de preliminar ou prejudicial que possa tornar insubsistente a decisão recorrida, hipótese em que flui a decadência a partir do trânsito em julgado da decisão que julgar o recurso parcial. Exemplificando: o reclamante postula o pagamento de aviso prévio indenizado e 13º salário. A sentença defere as duas pretensões e o reclamado recorre apenas do primeiro pleito, sem obter êxito no Tribunal. Assim, o trânsito em julgado em relação ao pleito de 13º salário coincidirá com a data de interposição do recurso ordinário por parte do reclamado e em relação ao pedido de aviso prévio com o decurso do prazo para interposição do recurso de revista. **Utilidade endoprocessual:** evidencia-se a importância desse tema para efeito de definição do momento do trânsito em jugado de cada capítulo da sentença e, consequentemente, da contagem do prazo decadencial para propositura da ação rescisória.	Item 7.3

Parte III

Dos Processos nos Tribunais e Recursos

CAPÍTULO I

AÇÃO RESCISÓRIA

SUMÁRIO • 1. Introdução – 2. Conceito e natureza jurídica – 3. Aplicabilidade no processo do trabalho – 4. Competência – 5. Legitimidade – 6. Hipóteses de cabimento: 6.1. Prevaricação, concussão ou corrupção do juiz: A. Concussão; B. Corrupção; C. Prevaricação; 6.2. Juiz impedido ou absolutamente incompetente: A. Competência absoluta; B. Causas de impedimento; 6.3. Dolo, coação simulação e colusão: A. Dolo e coação; B. Simulação e colusão; 6.4. Ofensa à coisa julgada; 6.5. Violação manifesta de norma jurídica; 6.6. Prova falsa; 6.7. Prova nova; 6.8. Sentença fundada em erro de fato – 7. Requisitos da petição inicial: 7.1. Trânsito em julgado; 7.2. Depósito prévio; 7.3. Prazo – 8. Trâmite da rescisória: 8.1. Juízo rescindente X Juízo rescisório; 8.2. Recurso; 8.3. Execução – 9. Informativos do TST sobre a matéria – 10. Quadro sinóptico – 11. Questões – 12. Gabarito das questões objetivas.

1. INTRODUÇÃO

Como foi estudado na parte II, capítulo VII, desta obra, a sentença é, em apertada síntese, o ato do juiz que acolhe ou não a pretensão do autor ou extingue o processo sem a resolução do mérito.

A qualidade da coisa julgada material torna imutável o conteúdo da parte dispositiva da sentença e confere estabilidade às relações jurídicas e segurança às decisões judiciais.

Excepcionalmente, o ordenamento jurídico permite que seja desconstituída a coisa julgada, por meio de uma medida processual denominada de ação rescisória. Ultrapassado o prazo legal para o ajuizamento desse remédio jurídico, a coisa julgada solidifica-se e recebe a denominação de **coisa soberanamente julgada.**

É certo que **a coisa julgada constitui cláusula pétrea** da atual Constituição Federal. Não pode, sequer, ser objeto de emenda constitucional supressiva.[1] Todavia, essa mesma Constituição consagra a utilização da ação rescisória, no âmbito do STF e dos Tribunais Superiores, conforme se observa dos seus arts. 102, I, "j"; 105, I, "e"; e 108, I, "b".[2]

A excepcionalidade e a importância dessa medida processual têm causado polêmicas de toda ordem, tanto na doutrina quanto na jurisprudência, principalmente quanto aos motivos que ensejam o seu cabimento, seja na Justiça Ordinária ou na Justiça do Trabalho.

---

1. CF de 1988. Título II – Dos Direitos e Garantias Fundamentais. Capítulo I – Dos direitos e deveres individuais e coletivos. Art. 5º. XXXVI – a lei não prejudicará o direito adquirido, o ato jurídico perfeito e a coisa julgada. Art. 60. § 4º. Não será objeto de deliberação a proposta de emenda tendente a abolir: IV – os direitos e garantias individuais.
2. CF de 1988. Art. 102. Compete ao STF, precipuamente, a guarda da Constituição, cabendo-lhe: I – processar e julgar, originariamente: **j) a revisão criminal e a ação rescisória de seus julgados; Art. 105. Compete ao Superior Tribunal de Justiça: I – processar e julgar, originariamente: e) as revisões criminais e as ações rescisórias de seus julgados; Art. 108. Compete aos Tribunais Regionais Federais: I – processar e julgar, originariamente: b) as revisões criminais e as ações rescisórias de julgados seus ou dos juízes federais da região.**

Chega-se a essa constatação pela simples observação da grande quantidade de Súmulas e Orientações Jurisprudenciais do TST, que, em sua maioria, fixam os critérios para o seu cabimento.

Para os demais atos processuais praticados pelas partes ou por outros participantes do processo e postos ao crivo do juiz, bem como aqueles em que a decisão é meramente homologatória na fase de execução, a lei processual reserva a via da **ação anulatória para a sua desconstituição**, na forma prevista pelo art. 966, § 4º, do CPC:

> **Art. 966. § 4º** Os atos de disposição de direitos, praticados pelas partes ou por outros participantes do processo e homologados pelo juízo, bem como os atos homologatórios praticados no curso da execução, estão sujeitos à anulação, nos termos da lei.

Nesse sentido é o posicionamento do TST, exposto no item I, da Súmula nº 399:

> **SÚMULA Nº 399.** AÇÃO RESCISÓRIA. CABIMENTO. SENTENÇA DE MÉRITO. DECISÃO HOMOLOGATÓRIA DE ADJUDICAÇÃO, DE ARREMATAÇÃO E DE CÁLCULOS. (conversão das Orientações Jurisprudenciais nº 44, 45 e 85, primeira parte, da SDI-II) – Res. 137/2005, DJ 22, 23 e 24.08.2005 I – É incabível ação rescisória para impugnar decisão homologatória de adjudicação ou arrematação. (ex-OJs nºss 44 e 45 – ambas inseridas em 20.09.2000).

Esse também é o caso da confissão, ato processual pelo qual a parte admite a verdade de um fato, espontaneamente ou por provocação, que é contra o seu interesse e favorável ao do seu adversário, conforme prevê o art. 393 do CPC:

> **Art. 393**. A confissão é irrevogável, mas pode ser anulada se decorreu de erro de fato ou de coação. Parágrafo único. A legitimidade para a ação prevista no *caput* é exclusiva do confitente e pode ser transferida a seus herdeiros se ele falecer após a propositura.

A confissão, a que se reporta o preceito legal sob análise, é aquela decorrente da manifestação expressa da parte, judicial ou extrajudicialmente, **e não a confissão ficta**, consequência do não comparecimento em juízo ou do seu silêncio durante o interrogatório.

Esse é o posicionamento do TST, expresso por meio da Súmula nº 404:

> **SÚMULA Nº 404.** AÇÃO RESCISÓRIA. FUNDAMENTO PARA INVALIDAR CONFISSÃO. CONFISSÃO FICTA. INADEQUAÇÃO DO ENQUADRAMENTO NO ART. 485, VIII, DO CPC DE 1973 – Res. 209/2016, DEJT divulgado em 01, 02 e 03.06.2016. O art. 485, VIII, do CPC de 1973, ao tratar do fundamento para invalidar a confissão como hipótese de rescindibilidade da decisão judicial, referia-se à confissão real, fruto de erro, dolo ou coação, e não à confissão ficta resultante de revelia.

2. CONCEITO E NATUREZA JURÍDICA

A ação rescisória constitui o meio processual adequado para **rescindir sentenças ou acórdãos qualificados pela coisa julgada material e proferidos sem observância de determinados requisitos expressamente previstos em lei**, no prazo decadencial de **dois anos.**

Assim, a ação rescisória tem como objeto a anulação de um ato judicial, qual seja, a sentença, por meio de um procedimento autônomo e não de um recurso.

Mas não é qualquer sentença. **É a sentença de mérito com a qualidade do trânsito em julgado**. Estão excluídas, portanto, as sentenças inexistentes e as nulas. No primeiro caso, incluem-se aquelas proferidas por quem não tem capacidade para tanto, ou seja, por uma pessoa que não esteja investida na função jurisdicional. Nesse caso, esse defeito pode ser declarado a qualquer tempo, por uma ação com essa natureza.

Excepcionalmente a **sentença transitada em julgado que não analisa o mérito** também pode ser objeto de ação rescisória desde que impeça nova propositura da demanda; ou a admissibilidade do recurso correspondente (art. 966, § 2º, do CPC).

Já a sentença nula é aquela desprovida dos requisitos estabelecidos pela lei, como aquela decorrente de processo em que não houve notificação do reclamado para formar a angularização processual. Aqui, especificamente, a decisão pode ser declarada nula pelo próprio juiz que a proferiu, inclusive em sede de embargos à execução e mesmo após o prazo decadencial a que se encontra sujeita a ação rescisória.

Dessa forma, a ação rescisória **tem caráter constitutivo-negativo**, pois visa desconstituir um ato processual do juiz (sentença) e, por esse motivo, está submetida ao **prazo decadencial** para sua propositura.

Por via reflexa, a ação rescisória **pode ter um conteúdo condenatório**, quando substitui uma sentença ou acórdão de improcedência da pretensão do autor, nos termos do 974 do CPC:

> **Art. 974**. Julgando procedente o pedido, o tribunal rescindirá a decisão, proferirá, se for o caso, novo julgamento e determinará a restituição do depósito a que se refere o inciso II do art. 968. **Parágrafo único.** Considerando, por unanimidade, inadmissível ou improcedente o pedido, o tribunal determinará a reversão, em favor do réu, da importância do depósito, sem prejuízo do disposto no § 2º do art. 82.

3. APLICABILIDADE NO PROCESSO DO TRABALHO

A ação rescisória pode ser manejada no âmbito do processo do trabalho. Todavia, toda a tramitação dessa medida processual segue a disciplina prevista no Código de Processo Civil, conforme disposição expressa contida no art. 836 da CLT e art. 3º, XXVI, da Instrução Normativa nº 39/2016 do TST.

A redação original do citado art. 836 da CLT era a seguinte: "É vedado aos órgãos da Justiça do Trabalho conhecer de questões já decididas, excetuados os casos expressamente previstos neste título".

O Decreto-Lei nº 229/67, deu nova redação ao mencionado dispositivo legal, que passou a admitir a ação rescisória.

Posteriormente, o art. 836 da CLT foi outra vez modificado pela Lei nº 7.351/85, que dispensou a realização do depósito prévio para o seu ajuizamento.

Por fim, a Lei nº 11.495/07 estabeleceu a exigência do depósito prévio, em quantia equivalente a **20% do valor da causa**, procedimento regulamentado pela IN nº 31/2007 do TST.

Antes das referidas modificações, havia dúvida quanto à possibilidade de ajuizamento de ação rescisória no processo do trabalho, tendo em vista, principalmente, a ofensa aos princípios da celeridade e informalidade.

O STF posicionava-se no sentido de não admitir essa medida processual no âmbito da Justiça Laboral, consoante se vê da sua Súmula nº 338: "Não cabe ação rescisória no âmbito da Justiça do Trabalho". A justificativa, mais uma vez, residia no fato da ação rescisória contrariar os princípios do Direito Material e Processual do Trabalho.

Note-se, todavia, que a depender da causa alegada para fundamentar a ação rescisória, haverá, na maioria dos casos, desconstituição de **apenas parte da sentença** e não de sua totalidade. Isso acontece porque, como dito alhures, a demanda trabalhista é, em regra, formada por cumulação de pedidos, que são acolhidos ou repelidos em uma única decisão.

4. COMPETÊNCIA

A competência originária para processamento e julgamento da ação rescisória **é dos Tribunais**.

Desse modo, as Varas do Trabalho ficam de logo excluídas da competência da apreciação e julgamento da ação rescisória.

A Lei nº 7.701/88 contempla dispositivos que tratam da competência para o julgamento da ação rescisória no âmbito do TST.

Internamente, atribui-se a competência à **SDC**, nos casos das sentenças normativas proferidas em **dissídio coletivo**, e à **SDI-II**, nas hipóteses de decisões proferidas pelas **Turmas e pela própria Seção de Dissídios Individuais**:

> **Art. 2º.** Compete à seção especializada em dissídios coletivos, ou seção normativa: c) julgar as ações rescisórias propostas contra suas sentenças normativas;
>
> **Art. 3º.** Compete à Seção de Dissídios Individuais julgar: I – originariamente: a) as ações rescisórias propostas contra decisões das Turmas do Tribunal Superior do Trabalho e suas próprias, inclusive as anteriores à especialização em seções.

Nos TRT's aplica-se a regra contida no art. 678 da CLT:

> **Art. 678.** Aos Tribunais Regionais, quando divididos em Turmas, compete: I – [...]; c) processar e julgar em última instância: 2) as ações rescisórias das decisões das Juntas de Conciliação e Julgamento, dos juízes de direito investidos na jurisdição trabalhista, das Turmas e de seus próprios acórdãos;

Constata-se certa dificuldade em identificar qual o momento e qual o Órgão do Poder Judiciário em que a decisão transitou em julgado (TRT ou TST), justificada pelo fato da diversidade de recursos cabíveis, bem como em face das divisões internas dos mencionados Tribunais.

Essa questão é importantíssima, uma vez que o acórdão proferido pelo Tribunal pode substituir ou não a decisão recorrida.[3]

3. CPC. Art. 1.008. O julgamento proferido pelo tribunal substituirá a decisão impugnada no que tiver sido objeto de recurso.

Por meio dessa análise é possível saber qual decisão poderá ser objeto da ação rescisória e qual será o Tribunal competente para o seu processamento e julgamento.

Sobre essa questão posiciona-se o TST, por meio da complexa Súmula de nº 192, principalmente nos seus itens I, II e V:

> **SÚMULA Nº 192.** AÇÃO RESCISÓRIA. COMPETÊNCIA (atualizada em decorrência do CPC de 2015) – Res. 212/2016, DEJT divulgado em 20, 21 e 22.09.2016
>
> I – Se não houver o conhecimento de recurso de revista ou de embargos, a competência para julgar ação que vise a rescindir a decisão de mérito é do Tribunal Regional do Trabalho, ressalvado o disposto no item II.
>
> II – Acórdão rescindendo do Tribunal Superior do Trabalho que não conhece de recurso de embargos ou de revista, analisando arguição de violação de dispositivo de lei material ou decidindo em consonância com súmula de direito material ou com iterativa, notória e atual jurisprudência de direito material da Seção de Dissídios Individuais (Súmula nº 333), examina o mérito da causa, cabendo ação rescisória da competência do Tribunal Superior do Trabalho. (ex-Súmula nº 192 – alterada pela Res. 121/2003, DJ 21.11.2003)
>
> V – A decisão proferida pela SBDI, em agravo regimental, calcada na Súmula nº 333, substitui acórdão de Turma do TST, porque emite juízo de mérito, comportando, em tese, o corte rescisório. (ex-OJ nº 133 da SBDI-2 – DJ 04.05.2004).

A análise partirá dos casos mais simples para os mais complexos.

a) Nos casos de decisões irrecorríveis, como aquela que é proferida nas reclamações trabalhistas cujo valor da causa não ultrapassa dois salários mínimos, o trânsito em julgado efetiva-se no momento da prolação da sentença. Logo, cabe a rescisória após esse ato, perante o TRT ao qual esteja vinculada a Vara do Trabalho.

b) Caso a recorribilidade seja característica da sentença, mas a parte vencida deixa transcorrer, *in albis*, o prazo respectivo, o trânsito em julgado da decisão verifica-se após a certificação do seu decurso, com a possibilidade de ajuizamento da ação rescisória, a partir de então perante o TRT ao qual esteja vinculada a Vara do Trabalho.

c) Se uma decisão é mantida ou reformada pelo TRT e a parte, inconformada, interpõe recurso de revista, que por sua vez não é conhecido pelo TST, em sede de exame de admissibilidade, a rescisória também deve ser interposta perante o TRT, uma vez que o mencionado Tribunal Superior não teria se manifestado acerca do mérito da questão, hipótese prevista pelo inciso I, da referida Súmula nº 192.

d) Caso **o TST,** no exame de admissibilidade do recurso de revista ou de embargos, deixa de conhecer o recurso, argumentando que o acórdão não violou dispositivo de lei material ou afirma que a decisão seguiu a orientação constante de Súmula de direito material ou prevista em jurisprudência iterativa, notória e atual de direito material da Seção de Dissídios Individuais, **a competência é do próprio TST,** na forma do entendimento estampado no item II, da multicitada Súmula nº 192.

e) A hipótese prevista no inciso V precisa ser exemplificada para ser mais bem entendida. Imagine-se que determinada Turma Julgadora do TST proferira uma decisão, que é impugnada por meio do recurso de embargos para a SDI-1. O relator desses embargos rejeita, de plano, o referido recurso e a parte interpõe agravo regimental perante o Pleno da SDI-1. Na apreciação desse último recurso, a decisão proferida pela SDI-1 adentra ao mérito da causa, substitui a decisão do órgão judicial anterior e pode ser atacada por via da ação rescisória.

Descreve-se, em resumo, as regras que devem ser observadas para definir a competência funcional dos Órgãos da justiça do Trabalho para análise e julgamento da ação rescisória:

Decisão	Fundamento	Órgão
Sentença	Trânsito em julgado sem recurso ordinário	TRT
Acórdão do TRT	Trânsito em julgado sem recurso de revista	TRT
Acórdão do TST	Não conhecimento de recurso de revista ou de embargos, mas sob o fundamento de inexistência de arguição de violação de lei ou em desconformidade com a jurisprudência de direito material dominante da SDI	TST
Acórdão do TST	Trânsito em julgado após o não conhecimento de recurso de revista ou de em embargos por outros fundamentos	TRT
Acórdão do TST	Trânsito em julgado após conhecimento e julgamento de recurso de revista ou embargos	TST

5. LEGITIMIDADE

A legitimidade para propor a ação rescisória pertence, primeiramente, à parte, ou aos seus sucessores, a título singular ou universal, que foi prejudicada pela sentença definitiva.

Além da parte, o art. 967 do CPC lista outros legitimados a ingressar com a ação rescisória:

QUADRO COMPARATIVO – LEGITIMADOS A PROPOR AÇÃO RESCISÓRIA		
CPC DE 1973	**CPC DE 2015**	**CLT**
Art. 487. Tem legitimidade para propor ação: I – quem foi parte no processo ou o seu sucessor a título universal ou singular; II – o terceiro juridicamente interessado; III – o Ministério Público: a) se não foi ouvido no processo, em que lhe era obrigatória a intervenção; b) quando a sentença é o efeito de colusão das partes, a fim de fraudar a lei.	**Art. 967.** Têm legitimidade para propor a ação rescisória: I – quem foi parte no processo ou o seu sucessor a título universal ou singular; II – o terceiro juridicamente interessado; III – o Ministério Público: a) se não foi ouvido no processo em que lhe era obrigatória a intervenção; b) quando a decisão rescindenda é o efeito de simulação ou de colusão das partes, a fim de fraudar a lei; **c) em outros casos em que se imponha sua atuação;** **IV – aquele que não foi ouvido no processo em que lhe era obrigatória a intervenção.**	Sem similar.
Aplicabilidade do CPC ao processo do trabalho	Aplica-se ao processo do trabalho em face da omissão da CLT e da ausência de incompatibilidade.	
Diferença entre o CPC de 2015 e o de 1973	O CPC de 2015 deixa claro que o MP poderá ajuizar ação rescisória nos demais casos em que a lei imponha a sua atuação. Acrescenta também outra hipótese em que a legitimação é atribuída a quem não foi ouvido no processo, apesar de obrigatória a sua intervenção.	

No caso de ação rescisória proposta em face de decisão proferida em demanda coletiva ajuizada por sindicato haverá litisconsórcio **classificado como necessário** em relação ao polo passivo da ação rescisória **e facultativo, no que diz respeito ao polo ativo** dessa ação, de acordo com o que explicita a Súmula nº 406, I, do TST:

> **SÚMULA Nº 406.** AÇÃO RESCISÓRIA. LITISCONSÓRCIO. NECESSÁRIO NO PÓLO PASSIVO E FACULTATIVO NO ATIVO. INEXISTENTE QUANTO AOS SUBSTITUÍDOS PELO SINDICATO. (conversão das Orientações Jurisprudenciais nºs 82 e 110 da SDI-II) – Res. 137/2005, DJ 22, 23 e 24.08.2005 I – O litisconsórcio, na ação rescisória, é necessário em relação ao pólo passivo da demanda, porque supõe uma comunidade de direitos ou de obrigações que não admite solução díspar para os litisconsortes, em face da indivisibilidade do objeto. Já em relação ao pólo ativo, o litisconsórcio é facultativo, uma vez que a aglutinação de autores se faz por conveniência e não, pela necessidade decorrente da natureza do litígio, pois não se pode condicionar o exercício do direito individual de um dos litigantes no processo originário à anuência dos demais para retomar a lide. (ex-OJ Nº 82 – inserida em 13.03.2002).

O item II, dessa mesma Súmula, esclarece que quando o sindicato propõe uma reclamação trabalhista como substituto processual, tem legitimidade para propor ação rescisória para desconstituir a sentença proferida naquele processo, sem a necessidade da presença dos substituídos, que não assumem a condição de litisconsorte necessário.[4]

Sobre a legitimidade do Ministério Público, o TST, por intermédio da Súmula nº 407, adota o posicionamento de que as hipóteses previstas pelo CPC **não são taxativas, mas sim meramente exemplificativas**:

> **SÚMULA Nº 407.** AÇÃO RESCISÓRIA. MINISTÉRIO PÚBLICO. LEGITIMIDADE "AD CAUSAM" PREVISTA NO ART. 967, III, "A", "B" E "C" DO CPC DE 2015. ART. 487, III, "A" E "B", DO CPC DE 1973. HIPÓTESES MERAMENTE EXEMPLIFICATIVAS (nova redação em decorrência do CPC de 2015) – Res. 208/2016, DEJT divulgado em 22, 25 e 26.04.2016. A legitimidade "ad causam" do Ministério Público para propor ação rescisória, ainda que não tenha sido parte no processo que deu origem à decisão rescindenda, não está limitada às alíneas "a", "b" e "c" do inciso III do art. 967 do CPC de 2015 (art. 487, III, "a" e "b", do CPC de 1973), uma vez que traduzem hipóteses meramente exemplificativas (ex-OJ nº 83 da SBDI-2 – inserida em 13.03.2002)

6. HIPÓTESES DE CABIMENTO

O CPC, em seu art. 966, indica, de forma taxativa, quais as hipóteses em que é cabível a ação rescisória:

4. TST. Súmula nº 406. II – O Sindicato, substituto processual e autor da reclamação trabalhista, em cujos autos fora proferida a decisão rescindenda, possui legitimidade para figurar como réu na ação rescisória, sendo descabida a exigência de citação de todos os empregados substituídos, porquanto inexistente litisconsórcio passivo necessário. (ex-OJ nº 110 – DJ 29.04.2003).

QUADRO COMPARATIVO – FUNDAMENTOS DA AÇÃO RESCISÓRIA		
CPC DE 1973	**CPC DE 2015**	**CLT**
Art. 485. A sentença de mérito, transitada em julgado, pode ser rescindida quando: I – se verificar que foi dada por prevaricação, concussão ou corrupção do juiz; II – proferida por juiz impedido ou absolutamente incompetente; III – resultar de dolo da parte vencedora em detrimento da parte vencida, ou de colusão entre as partes, a fim de fraudar a lei; IV – ofender a coisa julgada; V – violar literal disposição de lei; VI – se fundar em prova, cuja falsidade tenha sido apurada em processo criminal ou seja provada na própria ação rescisória; VII – **depois da sentença**, o autor obtiver documento novo, cuja existência ignorava, ou de que não pôde fazer uso, capaz, por si só, de lhe assegurar pronunciamento favorável; **VIII – houver fundamento para invalidar confissão, desistência ou transação, em que se baseou a sentença;** IX – fundada em erro de fato, resultante de atos ou de documentos da causa;	**Art. 966.** A decisão de mérito, transitada em julgado, pode ser rescindida quando: I – se verificar que foi proferida por força de prevaricação, concussão ou corrupção do juiz; II – for proferida por juiz impedido ou por juízo absolutamente incompetente; III – resultar de dolo **ou coação** da parte vencedora em detrimento da parte vencida ou, ainda, de **simulação** ou colusão entre as partes, a fim de fraudar a lei; IV – ofender a coisa julgada; V – violar **manifestamente norma jurídica;** VI – for fundada em prova cuja falsidade tenha sido apurada em processo criminal ou venha a ser demonstrada na própria ação rescisória; VII – obtiver o autor, posteriormente ao **trânsito em julgado**, prova nova cuja existência ignorava ou de que não pôde fazer uso, capaz, por si só, de lhe assegurar pronunciamento favorável; VIII – for fundada em erro de fato verificável do exame dos autos.	Sem similar.
Aplicabilidade do CPC ao processo do trabalho	Aplica-se ao processo do trabalho em face da omissão da CLT e da ausência de incompatibilidade.	
Diferença entre o CPC de 2015 e o de 1973	• Item III. Foram acrescentadas as hipóteses de coação e simulação; • Item V. Foi utilizada expressão mais ampla. Ao invés de violação de literal disposição de lei, o CPC de 2015 usa o termo violar manifestamente norma jurídica; • Item VIII. Fica excluída do rol de fundamentos da ação rescisória, quando houver fundamento para invalidar confissão, desistência ou transação, em que se baseou a sentença.	

A **sentença transitada em julgado que não analisa o mérito** também pode ser objeto de ação rescisória desde que impeça (art. 966, § 2º do CPC):

a) a nova propositura da demanda; ou

b) a admissibilidade do recurso correspondente.

Como visto, as causas que autorizam o ajuizamento da ação rescisória são divididas em dois grandes grupos: um que agrega os motivos de **natureza subjetiva** (incisos I, II e III), que dizem respeito ao juiz ou às partes, e outro com características de **cunho objetivo** (incisos IV, V, VI, VII, VIII), que envolvem questões relacionadas com as premissas utilizadas pelo juiz para proferir a sentença passível de rescisória.

Nas hipóteses do primeiro grupo, a ação rescisória rescinde a totalidade da sentença, já aquelas constantes do segundo grupo podem implicar rescisão **total ou parcial** do julgado, se for considerado que a sentença foi proferida em processo no qual houve a cumulação de pedidos.

A utilização da ação rescisória, como remédio jurídico para atacar as sentenças com trânsito em julgado, prolifera-se cada dia mais no âmbito dos Tribunais e são utilizadas, inclusive, como forma substituta do recurso. Há casos, inclusive, de ação rescisória de ação rescisória.[5]

Isso acontecia com maior intensidade no processo laboral, antes da vigência da Lei nº 11.495/07, uma vez que **não era exigido o depósito prévio** para o ajuizamento da ação rescisória.

Como a ação rescisória objetiva a desconstituição de decisões de mérito[6] acobertadas pela autoridade da coisa julgada material, exclui-se, consequentemente, as sentenças com qualidade de **coisa julgada formal** e aquelas que ainda **não transitaram em julgado.**

Nesse sentido, a OJ nº 150 e a OJ nº 134 da SDI-II do TST:

> **OJ Nº 150.** AÇÃO RESCISÓRIA. REGÊNCIA PELO CPC DE 1973. DECISÃO RESCINDENDA QUE EXTINGUE O PROCESSO SEM RESOLUÇÃO DE MÉRITO POR ACOLHIMENTO DE COISA JULGADA. CONTEÚDO MERAMENTE PROCESSUAL. IMPOSSIBILIDADE JURÍDICA DO PEDIDO (atualizada em decorrência do CPC de 2015) Res. 212/2016, DEJT divulgado em 20, 21 e 22.09.2016. Reputa-se juridicamente impossível o pedido de corte rescisório de decisão que, reconhecendo a existência de coisa julgada, nos termos do art. 267, V, do CPC de 1973, extingue o processo sem resolução de mérito, o que, ante o seu conteúdo meramente processual, a torna insuscetível de produzir a coisa julgada material.
>
> **OJ nº 134.** AÇÃO RESCISÓRIA. DECISÃO QUE DECLARA PRECLUSA A OPORTUNIDADE DE IMPUGNAÇÃO DA SENTENÇA DE LIQUIDAÇÃO. PRODUÇÃO DE COISA JULGADA FORMAL. IRRESCINDIBILIDADE. (alterada em decorrência do CPC de 2015) – Res. 220/2017, DEJT divulgado em 21, 22 e 25.09.2017 A decisão proferida em embargos à execução ou em agravo de petição que apenas declara preclusa a oportunidade de impugnação da sentença de liquidação não é rescindível, em virtude de produzir tão-somente coisa julgada formal.

Sob a égide do CPC de 1973 não cabia ação rescisória com fundamento em violação de dispositivos legais de natureza processual.

A Súmula nº 413 do TST é, justamente, nesse sentido e ressalta a possível violação do acórdão rescindendo, do quanto preceituado no art. 896, "a", da CLT,[7]:

---

5. Para evitar abusos nos casos de ação rescisória o TST editou a Súmula nº 400, que limita as hipóteses de cabimento: "Em se tratando de rescisória de rescisória, o vício apontado deve nascer na decisão rescindenda, não se admitindo a rediscussão do acerto do julgamento da rescisória anterior. Assim, não procede rescisória calcada no inciso V do art. 966 do CPC de 2015 (art. 485, V, do CPC de 1973) **para discussão, por má aplicação da mesma norma jurídica, tida por violada na rescisória anterior, bem como para arguição de questões inerentes à ação rescisória primitiva. (ex-OJ nº 95 da SBDI-2 - inserida em 27.09.2002 e alterada DJ 16.04.2004)".**

6. TST. Súmula nº 412. AÇÃO RESCISÓRIA. REGÊNCIA PELO CPC DE 1973. SENTENÇA DE MÉRITO. QUESTÃO PROCESSUAL (nova redação em decorrência do CPC de 2015) **– Res. 217/2017 - DEJT divulgado em 20, 24 e 25.04.2017 Sob a égide do CPC de 1973, pode uma questão processual ser objeto de rescisão desde que consista em pressuposto de validade de uma sentença de mérito. (ex-OJ nº 46 da SBDI-2 – inserida em20.09.2000).**

7. CLT. Art. 896. Cabe Recurso de Revista para Turma do TST das decisões proferidas em grau de recurso ordinário, em dissídio individual, pelos Tribunais Regionais do Trabalho, quando: **a) derem ao mesmo dispositivo de lei federal interpretação diversa da que lhe houver dado outro Tribunal Regional, no seu Pleno ou Turma, ou a Seção de Dissídios Individuais do TST, ou a Súmula de Jurisprudência Uniforme dessa Corte.**

> **SÚMULA Nº 413.** AÇÃO RESCISÓRIA. SENTENÇA DE MÉRITO. VIOLAÇÃO DO ART. 896, "A", DA CLT (nova redação em decorrência do CPC de 2015) – Res. 209/2016, DEJT divulgado em 01, 02 e 03.06.2016. É incabível ação rescisória, por violação do art. 896, "a", da CLT, contra decisão transitada em julgado sob a égide do CPC de 1973 que não conhece de recurso de revista, com base em divergência jurisprudencial, pois não se cuidava de sentença de mérito (art. 485 do CPC de 1973). (ex-OJ nº 47 da SBDI-2 – inserida em 20.09.2000)

Quando uma sentença é reformada por um acórdão proferido por um Tribunal Regional do Trabalho, que adquire a qualidade da coisa julgada, a pretensão do autor da ação rescisória não pode se voltar contra a decisão de primeiro grau, mas somente em relação à decisão do órgão *ad quem*, de acordo com o **princípio da substituição.**[8]

A decisão que homologa os cálculos de liquidação só é passível de ser atacada pela via rescisória **quando as partes discutem a conta**, por alguma delas oferecidas ou confeccionada pelo próprio serventuário da justiça, e o juiz manifesta-se, expressamente, sobre os seus erros e acertos.

Sobre essa questão, o TST já possui posicionamento formado e expresso na Súmula nº 399, item I:

> **SÚMULA Nº 399.** AÇÃO RESCISÓRIA. CABIMENTO. SENTENÇA DE MÉRITO. DECISÃO HOMOLOGATÓRIA DE ADJUDICAÇÃO, DE ARREMATAÇÃO E DE CÁLCULOS (conversão das Orientações Jurisprudenciais nºs 44, 45 e 85, primeira parte, da SBDI-2) – Res. 137/2005, DJ 22, 23 e 24.08.2005. I – É incabível ação rescisória para impugnar decisão homologatória de adjudicação ou arrematação. (ex-OJs nºs 44 e 45 da SBDI-2 – inseridas em 20.09.2000).

Se a decisão do juiz utiliza apenas a expressão "*homologo os cálculos de liquidação*", o remédio adequado é a ação anulatória.

Assim como ocorre com os recursos de revista e de embargos, exige-se que a sentença rescindenda **adote tese explícita** para que seja objeto da ação rescisória, salvo algumas exceções que são destacadas pela Súmula nº 298, V, do TST:

> **SÚMULA Nº 298.** AÇÃO RESCISÓRIA. VIOLAÇÃO A DISPOSIÇÃO DE LEI. PRONUNCIAMENTO EXPLÍCITO. (Redação alterada pelo Tribunal Pleno na sessão realizada em 6.2.2012)
>
> I – A conclusão acerca da ocorrência de violação literal a disposição de lei pressupõe pronunciamento explícito, na sentença rescindenda, sobre a matéria veiculada.
>
> II – O pronunciamento explícito exigido em ação rescisória diz respeito à matéria e ao enfoque específico da tese debatida na ação, e não, necessariamente, ao dispositivo legal tido por violado. Basta que o conteúdo da norma reputada violada haja sido abordado na decisão rescindenda para que se considere preenchido o pressuposto.

8. Nesse sentido é o posicionamento do TST estampado na Súmula nº 192, inciso III: "Sob a égide do art. 512 do CPC de 1973, é juridicamente impossível o pedido explícito de desconstituição de sentença quando substituída por acórdão do Tribunal Regional ou superveniente sentença homologatória de acordo que puser fim ao litígio".

> III – Para efeito de ação rescisória, considera-se pronunciada explicitamente a matéria tratada na sentença quando, examinando remessa de ofício, o Tribunal simplesmente a confirma.
>
> IV – A sentença meramente homologatória, que silencia sobre os motivos de convencimento do juiz, não se mostra rescindível, por ausência de pronunciamento explícito.
>
> V – Não é absoluta a exigência de pronunciamento explícito na ação rescisória, ainda que esta tenha por fundamento violação de dispositivo de lei. Assim, prescindível o pronunciamento explícito quando o vício nasce no próprio julgamento, como se dá com a sentença "extra, citra e *ultra petita*".

Note-se que o TST alterou a redação dessa Súmula, ao substituir a expressão "prequestionar" por "pronunciamento explícito", para se adequar ao posicionamento do STF segundo o qual **não se aplica à ação rescisória o requisito do pré-questionamento, uma vez que essa medida judicial não possui natureza recursal.**

Muito acertada a alteração no entendimento do TST, diante da dificuldade que a parte tinha de provocar o prequestionamento em decisões já transitadas em julgado, o que não ocorre com a interposição de recursos que exige esse requisito, pois o objetivo pode ser alcançado por meio dos **embargos declaratórios.**

Registre-se que o fato de a parte não ter interposto recurso em face da sentença da ação rescindenda, não impede que a matéria seja examinada pela via da ação rescisória, desde que estejam presentes os respectivos requisitos.

Sobre o cabimento de rescisória, o TST ainda se manifesta por meio da OJ nº 107 da SID-2:

> **OJ Nº 107.** AÇÃO RESCISÓRIA. DECISÃO RESCINDENDA DE MÉRITO. SENTENÇA DECLARATÓRIA DE EXTINÇÃO DE EXECUÇÃO. SATISFAÇÃO DA OBRIGAÇÃO (atualizada em decorrência do CPC de 2015) – Res. 208/2016, DEJT divulgado em 22, 25 e 26.04.2016. Embora não haja atividade cognitiva, a decisão que declara extinta a execução, nos termos do art. 924, incisos I a IV c/c art. 925 do CPC de 2015 (art. 794 c/c 795 do CPC de 1973), extingue a relação processual e a obrigacional, sendo passível de corte rescisório.

Exemplo de questão sobre o tema

(TRT 2 – Juiz do Trabalho Substituto 2ª região/2014) Quanto à Ação Rescisória na Justiça do Trabalho, aponte a alternativa correta:

a) É cabível com fundamento em ofensa a coisa julgada decorrente da ação de cumprimento em face de sentença normativa.

b) É incabível para impugnar decisão homologatória de adjudicação, arrematação ou cálculos.

c) É cabível para invalidar a confissão real ou ficta, resultante de erro, dolo ou coação, na qual se baseou a sentença.

d) Litisconsórcio é necessário em relação ao polo passivo da demanda, porque supõe uma comunidade de direitos ou de obrigações que não admite solução díspar para os litisconsortes, em face da indivisibilidade do objeto.

e) Sindicato não possui legitimidade para propor ação rescisória sem a citação de todos os empregados substituídos.

Resposta: D

6.1. Prevaricação, concussão ou corrupção do juiz

A principal característica do juiz, necessária para a consecução da sua atividade jurisdicional, **é a imparcialidade,** que propicia o tratamento igualitário das partes.

A LOMAN, em seu art. 35, mormente em seu inciso I[9] e o art. 139 do CPC, fixam os deveres do magistrado e sempre que, por qualquer motivo, o juiz deixa de segui-los com a intenção deliberada de prejudicar alguma das partes, deve ser afastado da solução do litígio, de ofício, ou por provocação de qualquer interessado.

Entretanto, se esse procedimento preventivo não é observado, a sentença que for proferida nas condições mencionadas pode ser impugnada pela via da ação rescisória.

Portanto, as situações que envolvem a prevaricação, a concussão ou a corrupção do juiz contaminam a sua atuação no processo, visto que revelam a sua predisposição em beneficiar alguma das partes em detrimento de outra.

Entretanto, o comportamento ilícito deve ser interpretado sem o rigor formal da lei penal com o uso dos conceitos fornecidos pelo Código Penal apenas como referencial e independentemente da apuração criminal do caso.

A) Concussão

Quando o juiz exige qualquer tipo de vantagem, principalmente a pecuniária, para si ou para outrem, em troca da sua atuação favorável no processo, pratica crime de concussão, passível de aplicação de pena de reclusão, além de autorizar a rescisão da sentença que for proferida em tais condições.

O art. 316 do Código Penal tipifica o crime de concussão: "Exigir, para si ou para outrem, direta ou indiretamente, ainda que fora da função ou antes de assumi-la, mas em razão dela, vantagem indevida: Pena – reclusão, de 2 (dois) a 8 (oito) anos, e multa".

B) Corrupção

O juiz comete o crime de corrupção quando se afasta do seu dever de prestar a tutela jurisdicional com isenção e imparcialidade. Assim, por iniciativa própria, solicita vantagem ilegal ou imoral, para si ou para outrem, ou aceita esse tipo de benefício, em razão do exercício de sua função.

Trata-se, portanto, da espécie de corrupção passiva, tipificado pelo art. 317 do CP, já que a sua forma ativa não pode ser praticada por funcionário público:

> **Passiva. Art. 317.** Solicitar ou receber, para si ou para outrem, direta ou indiretamente, ainda que fora da função ou antes de assumi-la, mas em razão dela, vantagem indevida, ou aceitar promessa de tal vantagem: pena – reclusão, de 2 (dois) a 12 (doze) anos, e multa. (NR)

9. LOMAN. Art. 35. São deveres do magistrado: I – cumprir e fazer cumprir, com independência, serenidade e exatidão, as disposições legais e atos de ofício.

C) *Prevaricação*

Como foi analisado na parte I, capítulo III, item 9, a atuação do juiz, por meio da prática de atos processuais, está condicionada a prazos estabelecidos.

São denominados de **prazos impróprios, uma vez que os atos respectivos não estão sujeitos à preclusão temporal.** Observa-se que, na prática, os prazos fixados pelo juiz são ultrapassados por diversos motivos, principalmente pelo acúmulo de serviço.

Quando esse atraso tem como único motivo determinadas razões de ordem pessoal do juiz, a hipótese é de prevaricação, que pode responder por perdas e danos porventura causados, na forma prevista pelo art. 49 da LOMAN.[10]

No caso, a conduta do juiz é identificada pela ação, quando age contra disposição expressa na lei, ou por omissão, quando deixa de praticar o ato, ou mesmo o faz em prazo superior ao estabelecido pela norma, com o objetivo de satisfazer interesse pessoal, na forma prevista pelo art. 319 do CP:

> **Art. 319.** Retardar ou deixar de praticar, indevidamente, ato de ofício, ou praticá-lo contra disposição expressa de lei, para satisfazer interesse ou sentimento pessoal: Pena – detenção, de 3 (três) meses a 1 (um) ano, e multa.

A prevaricação, que contamina a sentença, é a comissiva, uma vez que a omissão do juiz relativamente à prática dos seus atos processuais corresponderia à hipótese de ausência de prestação jurisdicional.

6.2. Juiz impedido ou absolutamente incompetente

Os motivos que implicam impedimento da atuação do juiz em determinado processo estão previstos no art. 144 do CPC e no art. 801 da CLT.[11] Em tais situações, o juiz deve se abster de exercer a sua função jurisdicional, de ofício ou por provocação da parte, por meio da exceção de impedimento.

Já a incompetência absoluta, que também excepciona a atuação do juiz, deve ser arguida em sede de preliminar da contestação (defesa processual), ou mesmo declarada por iniciativa do próprio magistrado, mas pode servir para fundamentar um pedido de desconstituição da sentença por meio da ação rescisória.

A) *Competência absoluta*

A competência territorial e em relação ao valor é relativa[12]. Por conta disso, se não for arguida pela parte, o juiz passa a ser competente (prorrogação da competência) e a decisão proferida não estará contaminada por qualquer vício.

10. LOMAN. Art. 49. Responderá por perdas e danos o magistrado, quando: II – recusar, omitir ou retardar, sem justo motivo, providência que deva ordenar de ofício, ou a requerimento das partes.
11. A CLT utiliza a expressão *suspeição* para indicar causas de suspeição propriamente dita e de impedimento.
12. No processo do trabalho, o valor atribuído à causa é irrelevante para a fixação da competência.

Entretanto, tal não ocorre quando a competência é absoluta, representada por algumas das hipóteses previstas pelo art. 62 do CPC, ou seja, competência em razão da matéria e em razão da hierarquia.[13]

A sentença proferida em tais condições não produz qualquer efeito e pode ser desconstituída pela ação rescisória.

Até bem pouco tempo, havia dúvida sobre a competência da Justiça do Trabalho para o julgamento de ações envolvendo pedido de dano moral em decorrência de acidente do trabalho. O STF, quando do julgamento do conflito de competência nº 7.204/05, reconheceu a competência da Justiça Laboral para dirimir lides dessa natureza.

Entretanto, por questão de disciplina judiciária, preservou a competência da Justiça Comum, nos casos já decididos. Ora, tal situação constitui uma exceção criada pela jurisprudência, que impede o ajuizamento da ação rescisória fundada na incompetência absoluta.

Sobre essa temática manifesta-se o TST por meio da OJ nº 124 da SDI-2:

> **OJ Nº 124.** AÇÃO RESCISÓRIA. ART. 966, INCISO II, DO CPC DE 2015. ART. 485, II, DO CPC DE 1973. ARGUIÇÃO DE INCOMPETÊNCIA ABSOLUTA. PREQUESTIONAMENTO INEXIGÍVEL (atualizada em decorrência do CPC de 2015) – Res. 208/2016, DEJT divulgado em 22, 25 e 26.04.2016. Na hipótese em que a ação rescisória tem como causa de rescindibilidade o inciso II do art. 966 do CPC de 2015 (inciso II do art. 485 do CPC de 1973), a arguição de incompetência absoluta prescinde de prequestionamento.

B) Causas de impedimento

Além das hipóteses previstas pelo art. 144 do CPC, relativas às causas de impedimento, existe outra regra de aplicação exclusiva dos tribunais, inserta no art. 147 do CPC:

> **Art. 147.** Quando 2 (dois) ou mais juízes forem parentes, consanguíneos ou afins, em linha reta ou colateral, até o terceiro grau, inclusive, o primeiro que conhecer do processo impede que o outro nele atue, caso em que o segundo se escusará, remetendo os autos ao seu substituto legal.

A sentença proferida por juiz suspeito, cujas causas são definidas pelo art. 145 do CPC, não pode ser impugnada pela via da ação rescisória.

6.3. Dolo, coação, simulação e colusão

A sentença de mérito, transitada em julgada, pode ser rescindida quando resultar de dolo ou coação da parte vencedora em detrimento da parte vencida ou, ainda, de simulação ou colusão entre as partes, a fim de fraudar a lei;

Nesse caso, trata-se de mais duas hipóteses em que a sentença é rescindível por causas relacionadas aos sujeitos do processo, e que serão analisadas a seguir.

13. CPC. Art. 62. A competência determinada em razão da matéria, da pessoa ou da função é inderrogável por convenção das partes.

A) *Dolo e coação*

O dolo constitui um elemento subjetivo da ação humana que revela a intenção deliberada do agente de causar prejuízo a outrem, por meio da ação ou da omissão.

O Código Civil, em seu art. 171, II, não apresenta um conceito para o dolo ou coação, mas estabelece as consequências dos atos que assim são praticados: "Art. 171. Além dos casos expressamente declarados na lei, é anulável o negócio jurídico: II – por vício resultante de erro, dolo, coação, estado de perigo, lesão ou fraude contra credores".

O dolo ou a coação não é daquele responsável pela produção do ato judicial (sentença), mas sim de uma das partes do processo que, ao agir com dolo ou com coação, prejudicou a parte contrária e, como consequência, induziu o juiz a formar a sua convicção em premissas falsas (sofisma).

A Súmula nº 403, inciso I do TST, trata, de maneira bem casuística, do cabimento da ação rescisória em caso de dolo e salienta que a conduta omissiva da parte não configura essa espécie de deslealdade processual:

> **SÚMULA Nº 403.** AÇÃO RESCISÓRIA. DOLO DA PARTE VENCEDORA EM DETRIMENTO DA VENCIDA. Art. 485, III, DO CPC. (conversão das Orientações Jurisprudenciais nº 111 e 125 da SBDI-II – Res. 137/2005 – DJ 22.08.2005). I – Não caracteriza dolo processual, previsto no art. 485, III, do CPC, o simples fato de a parte vencedora haver silenciado a respeito de fatos contrários a ela, porque o procedimento, por si só, não constitui ardil do qual resulte cerceamento de defesa e, em consequência, desvie o juiz de uma sentença não-condizente com a verdade. (ex-OJ Nº 125 – DJ 09.12.2003).

Revela, também, o entendimento daquele Tribunal Superior em sede de ação rescisória que ataca decisão homologatória de acordo. Em tais situações, **não existem as figuras do vencedor e do vencido** e, consequentemente, afasta o cabimento desse remédio processual:

> **SÚMULA Nº 403. II –** Se a decisão rescindenda é homologatória de acordo, não há parte vencedora ou vencida, razão pela qual não é possível a sua desconstituição calcada no inciso III do art. 485 do CPC (dolo da parte vencedora em detrimento da vencida), pois constitui fundamento de rescindibilidade que supõe solução jurisdicional para a lide. (ex-OJ Nº 111 – DJ 29.04.2003).

Se reclamante e reclamado agiram com dolo ou coagiram no processo e ambos foram vencedores e vencidos, prejudicam-se reciprocamente e o resultado é o acolhimento parcial da pretensão do autor. Assim, a decisão respectiva não pode ser objeto de ação rescisória pelo motivo aqui analisado.

B) *Simulação e colusão*

Por meio da colusão, duas ou mais pessoas unem-se para tramar e praticar um ato simulado com objetivo de prejudicar terceiros.

Se o conluio é detectado antes de ser proferida a sentença, o próprio juiz pode obstar os efeitos desse procedimento, com o uso do permissivo contido no art. 142 do CPC:

> **Art. 142.** Convencendo-se, pelas circunstâncias, de que autor e réu se serviram do processo para praticar ato simulado ou conseguir fim vedado por lei, o juiz proferirá decisão que impeça os objetivos das partes, aplicando, de ofício, as penalidades da litigância de má-fé.

Contudo se as ambas partes servem-se do processo para fraudar a lei e já **houve o trânsito** em julgado da sentença, esta pode ser impugnada pela via da ação rescisória. Nesse caso, **o representante do Ministério Público do Trabalho e o terceiro interessado terão legitimidade para propor a referida medida processual**.

Não raro, constatam-se reclamações trabalhistas forjadas pelo reclamante e pelo reclamado com o objetivo de obter uma sentença por meio da qual seja reconhecido o direito do empregado para, em fase de execução, afastar a incidência de garantias reais de terceiros, diante do reconhecimento do crédito privilegiado trabalhista.

O posicionamento da SDI-II do TST, explicitado por intermédio da sua OJ de nº 94, aponta para essa direção:

> **OJ Nº 94.** Ação rescisória. Colusão. Fraude à lei. Reclamatória simulada extinta. Inserida em 27.09.02. A decisão ou acordo judicial subjacente à reclamação trabalhista, cuja tramitação deixa nítida a simulação do litígio para fraudar a lei e prejudicar terceiros, enseja ação rescisória, com lastro em colusão. No juízo rescisório, o processo simulado deve ser extinto.

Entretanto, o entendimento do TST é no sentido de limitar a sanção apenas à declaração de nulidade da sentença e excluir a possibilidade de condenação por litigância de má-fé, conforme exposto na OJ nº 158, da SDI-2:

> **OJ Nº 158:** AÇÃO RESCISÓRIA. DECLARAÇÃO DE NULIDADE DE DECISÃO HOMOLOGATÓRIA DE ACORDO EM RAZÃO DE COLUSÃO (Art. 485, III, DO CPC). MULTA POR LITIGÂNCIA DE MÁ-FÉ. IMPOSSIBILIDADE. (DEJT divulgado em 12, 13 e 16.04.2012). A declaração de nulidade de decisão homologatória de acordo, em razão da colusão entre as partes (art. 485, III, do CPC), é sanção suficiente em relação ao procedimento adotado, não havendo que ser aplicada a multa por litigância de má-fé.

O CPC de 2015 trouxe como novidade a possibilidade de **rescindir a decisão fundada em simulação**, que é definida pelo Código Civil em seu art. 167, § 1º:

> **Art. 167. § 1º** Haverá simulação nos negócios jurídicos quando:
>
> I – aparentarem conferir ou transmitir direitos a pessoas diversas daquelas às quais realmente se conferem, ou transmitem;
>
> II – contiverem declaração, confissão, condição ou cláusula não verdadeira;
>
> III – os instrumentos particulares forem antedatados, ou pós-datados.

6.4. Ofensa à coisa julgada

A coisa julgada material,[14] instituto analisado na parte II, capítulo VIII, item 3, desta obra, torna imutável a decisão que adquire essa estabilidade. Essa autoridade conferida à sentença possui garantia constitucional, é de ordem pública e pode ser arguida a qualquer tempo no processo, pelas partes ou de ofício pelo juiz ou Tribunal.

14. CPC. Art. 502. Denomina-se coisa julgada material a autoridade que torna imutável e indiscutível a decisão de mérito não mais sujeita a recurso.

Quando uma decisão é proferida em ofensa à coisa julgada, pode ser objeto de ação rescisória, desde que seja observado o prazo de dois anos do seu trânsito em julgado.[15]

Contudo, mesmo ultrapassado o aludido prazo, a parte prejudicada ainda pode se valer da ação anulatória, com fundamento no preceito contido no art. 525, § 12 do CPC,[16] em face da ofensa direta a dispositivo constitucional, hipótese da denominada **coisa julgada inconstitucional.**

Desse modo, a ação rescisória tem dupla função. Tanto serve para manter a autoridade, consoante se observa do permissivo legal sob análise, quanto para afastar essa qualidade, que é a sua principal função. No primeiro caso, necessita-se da ocorrência de dois pressupostos: uma sentença anterior com a qualidade da coisa julgada material e a sentença rescindenda, também com a autoridade da coisa julgada, ou seja, deve haver a presença de duas coisas julgadas materiais.[17]

Sobre a coisa julgada relativamente aos **pedidos implícitos**, decorrente da autorização constitucional da Justiça do Trabalho para cobrar as contribuições previdenciárias devidas em decorrência das suas sentenças, manifesta-se o TST por meio da Súmula nº 401:

> **SÚMULA Nº 401.** AÇÃO RESCISÓRIA. DESCONTOS LEGAIS. FASE DE EXECUÇÃO. SENTENÇA EXEQUENDA OMISSA. INEXISTÊNCIA DE OFENSA À COISA JULGADA. (conversão da Orientação Jurisprudencial nº 81 da SDI-II) – Res. 137/2005 – DJ 22, 23 e 24.08.2005. Os descontos previdenciários e fiscais devem ser efetuados pelo juízo executório, ainda que a sentença exequenda tenha sido omissa sobre a questão, dado o caráter de ordem pública ostentado pela norma que os disciplina. A ofensa à coisa julgada somente poderá ser caracterizada na hipótese de o título exequendo, expressamente, afastar a dedução dos valores a título de imposto de renda e de contribuição previdenciária. (ex-OJ Nº 81 – inserida em 13.03.2002).

Sobre o cabimento da ação rescisória para desconstituir sentença proferida nos autos de ação de cumprimento, esclarece o TST, por meio da Súmula nº 397, que, nesse caso, **a coisa julgada nas sentenças normativas é apenas formal**. Por conta disso, a referida ação rescisória é **incabível:**

> **SÚMULA Nº 397.** AÇÃO RESCISÓRIA. ART. 966, IV, DO CPC DE 2015 . ART. 485, IV, DO CPC de 1973. AÇÃO DE CUMPRIMENTO. OFENSA À COISA JULGADA

---

15. TST. SDI-II. OJ nº 123. AÇÃO RESCISÓRIA. INTERPRETAÇÃO DO SENTIDO E ALCANCE DO TÍTULO EXECUTIVO. INEXISTÊNCIA DE OFENSA À COISA JULGADA. DJ 11.08.03 (título alterado – DJ 22.08.2005). **O acolhimento da ação rescisória calcada em ofensa à coisa julgada supõe dissonância patente entre as decisões exequenda e rescindenda, o que não se verifica quando se faz necessária a interpretação do título executivo judicial para se concluir pela lesão à coisa julgada.**

16. CPC. Art. 525. § 12. Para efeito do disposto no inciso III do § 1º deste artigo, considera-se também inexigível a obrigação reconhecida em título executivo judicial fundado em lei ou ato normativo considerado inconstitucional pelo Supremo Tribunal Federal, ou fundado em aplicação ou interpretação da lei ou do ato normativo tido pelo Supremo Tribunal Federal como incompatível com a Constituição Federal, em controle de constitucionalidade concentrado ou difuso.

17. Ainda sobre o cabimento da ação rescisória com base em ofensa à coisa julgada, o TST revela o seu entendimento por meio da OJ nº 157, da SDI-2: AÇÃO RESCISÓRIA. DECISÕES PROFERIDAS EM FASES DISTINTAS DE UMA MESMA AÇÃO. COISA JULGADA. NÃO CONFIGURAÇÃO. (atualizada em decorrência do CPC de 2015) **– Res. 208/2016, DEJT divulgado em 22, 25 e 26.04.2016. A ofensa à coisa julgada de que trata o inciso IV do art. 966 do CPC de 2015 (inciso IV do art. 485 do CPC de 1973) refere-se apenas a relações processuais distintas. A invocação de desrespeito à coisa julgada formada no processo de conhecimento, na correspondente fase de execução, somente é possível com base na violação do art. 5º, XXXVI, da Constituição da República.**

EMANADA DE SENTENÇA NORMATIVA MODIFICADA EM GRAU DE RECURSO. INVIABILIDADE. CABIMENTO DE MANDADO DE SEGURANÇA. (atualizada em decorrência do CPC de 2015) – Res. 208/2016, DEJT divulgado em 22, 25 e 26.04.2016. Não procede ação rescisória calcada em ofensa à coisa julgada perpetrada por decisão proferida em ação de cumprimento, em face de a sentença normativa, na qual se louvava, ter sido modificada em grau de recurso, porque em dissídio coletivo somente se consubstancia coisa julgada formal. Assim, os meios processuais aptos a atacarem a execução da cláusula reformada são a exceção de pré-executividade e o mandado de segurança, no caso de descumprimento do art. 514 do CPC de 2015 (art. 572 do CPC de 1973). (ex-OJ nº 116 da SBDI-2 – DJ 11.08.2003)

Desse modo, uma vez modificada a sentença normativa, na qual se baseou o juiz para proferir a decisão nos autos de uma ação de cumprimento, o remédio jurídico adequado a ser utilizado pelo interessado é a **exceção de pré-executividade ou o mandado de segurança.**

Sobre o tema da rescisória fundada em coisa julgada, o TST ainda possui a OJ nº 101, da SDI-2:

OJ Nº 101. AÇÃO RESCISÓRIA. INCISO IV DO ART. 966 DO CPC DE 2015. ART. 485, IV, DO CPC DE 1973. OFENSA A COISA JULGADA. NECESSIDADE DE FIXAÇÃO DE TESE NA DECISÃO RESCINDENDA (atualizada em decorrência do CPC de 2015) – Res. 208/2016, DEJT divulgado em 22, 25 e 26.04.2016. Para viabilizar a desconstituição do julgado pela causa de rescindibilidade do inciso IV, do art. 966 do CPC de 2015 (inciso IV do art. 485 do CPC de 1973), é necessário que a decisão rescindenda tenha enfrentado as questões ventiladas na ação rescisória, sob pena de inviabilizar o cotejo com o título executivo judicial tido por desrespeitado, de modo a se poder concluir pela ofensa à coisa julgada.

6.5. Violação manifesta de norma jurídica

A coisa julgada tem força de lei entre as partes, por isso justifica-se a propositura de uma ação rescisória no caso em que o juiz deixa de observá-la.

Com muito mais razão, deve-se proteger a própria norma jurídica em seu sentido amplo, para abarcar outras manifestações normativas diversas da lei em seu sentido estrito, como por exemplo, as decisões judiciais vinculantes ou impeditivas de recursos.

Desse modo, se a decisão, de forma expressa e clara, infringe os preceitos contidos na norma estatal de caráter constitucional ou infraconstitucional (federal, estadual ou municipal) ou a jurisprudência consolidada dos Tribunais Superiores, de forma negativa ou positiva, pode ser rescindida por meio do ajuizamento de uma ação rescisória, independentemente de ser uma regra de direito material ou processual.

Nesse caso, deve-se aplicar os §§ 5º e 6º, art. 966 do CPC:

Art. 966. § 5º Cabe ação rescisória, nos termos do inciso V do caput deste artigo, contra decisão baseada em enunciado de súmula, acórdão ou precedente previsto no art. 927, que não tenha considerado a existência de distinção entre a questão discutida no processo e o padrão decisório que lhe deu fundamento.

§ 6º Quando a ação rescisória fundar-se na hipótese do § 5º deste artigo, caberá ao autor, sob pena de inépcia, demonstrar, fundamentadamente, tratar-se de situação particularizada por hipótese fática distinta ou questão jurídica não examinada, a impor outra solução jurídica.

Entretanto, a expressão "norma jurídica" não deve incluir as normas de origem profissional e regulamentares, como a **sentença normativa, a convenção coletiva, o acordo coletivo e o regulamento de empresa**, conforme posicionamento adotado pelo TST, em sua OJ nº 25, da SDI-II:

> **OJ Nº 25.** AÇÃO RESCISÓRIA. REGÊNCIA PELO CPC DE 1973. EXPRESSÃO "LEI" DO ART. 485, V, DO CPC de 1973. NÃO INCLUSÃO DO ACT, CCT, PORTARIA, REGULAMENTO, SÚMULA E ORIENTAÇÃO JURISPRUDENCIAL DE TRIBUNAL. (atualizada em decorrência do CPC de 2015) Res. 212/2016, DEJT divulgado em 20, 21 e 22.09.2016. Não procede pedido de rescisão fundado no art. 485, V, do CPC de 1973 quando se aponta contrariedade à norma de convenção coletiva de trabalho, acordo coletivo de trabalho, portaria do Poder Executivo, regulamento de empresa e súmula ou orientação jurisprudencial de tribunal. (ex-OJ 25 da SDI-2, inserida em 20.09.2000 e ex-OJ 118 da SDI-2, DJ 11.08.2003)

Se a norma jurídica, diante do seu caráter abstrato e genérico, **comporta duas ou mais interpretações, que são admitidas pelos órgãos do Poder Judiciário**, afasta-se o cabimento da ação rescisória com base nesse motivo em particular.

Esse é o entendimento do STF, constante da Súmula nº 343: "Não cabe ação rescisória por ofensa a literal disposição de lei, quando a decisão rescindenda se tiver baseado em texto legal de interpretação controvertida nos Tribunais".

No mesmo sentido, a Súmula nº 83 do TST, inciso I:

> **SÚMULA Nº 83.** AÇÃO RESCISÓRIA – MATÉRIA CONTROVERTIDA (incorporada a Orientação Jurisprudencial nº 77 da SDI-II). – Res. 137/2005, DJ 22, 23 e 24.08.2005. I – Não procede pedido formulado na ação rescisória por violação literal de lei se a decisão rescindenda estiver baseada em texto legal infraconstitucional de interpretação controvertida nos Tribunais. (ex-Súmula Nº 83 – Res. 121/2003, DJ 21.11.2003). II – O marco divisor quanto a ser, ou não, controvertida, nos Tribunais, a interpretação dos dispositivos legais citados na ação rescisória é a data da inclusão, na Orientação Jurisprudencial do TST, da matéria discutida. (ex-OJ Nº 77 da SBDI-2 – inserida em 13.03.2002)

O inciso II da referida Súmula nº 83 adverte que a matéria deixa de ser controvertida a partir do momento que é acolhida por uma Súmula ou OJ do TST, justamente porque uma das funções desse Órgão Jurisdicional é a eliminação da divergência jurisprudencial.

De qualquer forma, a violação manifesta de norma jurídica deve ser explícita, mas não necessariamente expressa, com todas as letras, na sentença que se pretende rescindir.

Não pode, portanto, provir de conclusões subjetivas da parte interessada. Esse é o posicionamento do TST, manifestado por meio da Súmula nº 298, I:

> **SÚMULA Nº 298.** AÇÃO RESCISÓRIA. VIOLAÇÃO A DISPOSIÇÃO DE LEI. PRONUNCIAMENTO EXPLÍCITO. (Redação alterada pelo Tribunal Pleno na sessão realizada em 6.2.2012). I – A conclusão acerca da ocorrência de violação literal a disposição de lei pressupõe pronunciamento explícito, na sentença rescindenda, sobre a matéria veiculada.

Nesse caso, **a parte deve indicar o preceito normativo violado** pela decisão proferida na reclamação trabalhista rescindenda.

Esse é o posicionamento do TST, explicitado por meio da Súmula nº 408:

> **SÚMULA Nº 408.** AÇÃO RESCISÓRIA. PETIÇÃO INICIAL. CAUSA DE PEDIR. AUSÊNCIA DE CAPITULAÇÃO OU CAPITULAÇÃO ERRÔNEA NO ART. 966 DO CPC DE 2015. ART. 485 DO CPC DE 1973. PRINCÍPIO "IURA NOVIT CURIA" (nova redação em decorrência do CPC de 2015) – Res. 208/2016, DEJT divulgado em 22, 25 e 26.04.2016. Não padece de inépcia a petição inicial de ação rescisória apenas porque omite a subsunção do fundamento de rescindibilidade no art. 966 do CPC de 2015 (art. 485 do CPC de 1973) ou o capitula erroneamente em um de seus incisos. Contanto que não se afaste dos fatos e fundamentos invocados como causa de pedir, ao Tribunal é lícito emprestar-lhes a adequada qualificação jurídica ("iura novit curia"). No entanto, fundando-se a ação rescisória no art. 966, inciso V, do CPC de 2015 (art. 485, inciso V, do CPC de 1973), é indispensável expressa indicação, na petição inicial da ação rescisória, da norma jurídica manifestamente violada (dispositivo legal violado sob o CPC de 1973), por se tratar de causa de pedir da rescisória, não se aplicando, no caso, o princípio "iura novit curia". (ex-Ojs nºs 32 e 33 da SBDI-2 – inseridas em 20.09.2000)

Por fim, ressalte-se que a ação rescisória fundada em violação de norma jurídica **não pode envolver matéria fática**, conforme entendimento consolidado pela Súmula nº 410 do TST:

> **SÚMULA Nº 410.** AÇÃO RESCISÓRIA. REEXAME DE FATOS E PROVAS. INVIABILIDADE. (conversão da Orientação Jurisprudencial nº 109 da SDI-II) – Res. 137/2005 DJ 22, 23 e 24.08.2005. A ação rescisória calcada em violação de lei não admite reexame de fatos e provas do processo que originou a decisão rescindenda. (ex-OJ Nº 109 – DJ 29.04.2003).

Ainda sobre o tema, o TST manifesta-se por meio da Súmula nº 409 e da OJ nº 34 da SDI-2:

> **SÚMULA N.º 409.** AÇÃO RESCISÓRIA. PRAZO PRESCRICIONAL. TOTAL OU PARCIAL. VIOLAÇÃO DO ART. 7.º, XXIX, DA CF/88. MATÉRIA INFRACONSTITUCIONAL (conversão da Orientação Jurisprudencial n.º 119 da SBDI-2) - Res. 137/2005, DJ 22, 23 e 24.08.2005 Não procede ação rescisória calcada em violação do art. 7.º, XXIX, da CF/88 quando a questão envolve discussão sobre a espécie de prazo prescricional aplicável aos créditos trabalhistas, se total ou parcial, porque a matéria tem índole infraconstitucional, construída, na Justiça do Trabalho, no plano jurisprudencial. (ex-OJ n.º 119 da SBDI-2 – DJ 11.08.2003).

> **OJ Nº 34.** AÇÃO RESCISÓRIA. PLANOS ECONÔMICOS – Res. 208/2016, DEJT divulgado em 22, 25 e 26.04.2016. I – O acolhimento de pedido em ação rescisória de plano econômico, fundada no art. 485, inciso V, do CPC de 1973, pressupõe, necessariamente, expressa invocação na petição inicial de afronta ao art. 5º, inciso XXXVI, da Constituição Federal de 1988. A indicação de ofensa literal a preceito de lei ordinária atrai a incidência da Súmula nº 83 do TST e Súmula nº 343 do STF. II – Se a decisão rescindenda é posterior à Súmula nº 315 do TST (Res. 07, DJ 22.09.93), inaplicável a Súmula nº 83 do TST.

Exemplos de questões sobre o tema

(Juiz do Trabalho Substituto – TRT 21ª região – 2010) Sobre a ação rescisória no Direito Processual do Trabalho, assinale a resposta correta:

a) por se tratar de uma ação de natureza especial, é indispensável a correta indicação do fundamento de rescindibilidade prevista em lei na petição inicial, sob pena de inépcia;

b) a ação rescisória proposta com fundamento de violação à lei não admite o reexame dos fatos e provas contidos no processo que originou a decisão rescindenda;

c) não se aplica ao processo trabalhista a exigência do depósito prévio para a propositura de ação rescisória;

d) não há legitimidade do Ministério Público do Trabalho para propor ação rescisória em relação a decisões em cujos processos de origem não figura como parte ente de direito público;

e) nas ações rescisórias ajuizadas com base em erro de fato, a revelia produz os efeitos da confissão ficta quanto a essa matéria;

Resposta: B

6.6. Prova falsa

A prova falsa é aquela declarada em juízo como tal, seja em processo autônomo, inclusive criminal, seja na própria ação rescisória.

Se, por exemplo, o juiz profere uma decisão com base no depoimento de uma única testemunha, que futuramente é condenada pelo crime de falso testemunho[18] por ter faltado com a verdade durante a sua inquirição naquele processo, a decisão transitada em julgado é impugnável pela via da rescisória.

Idêntico resultado chega-se quando a sentença com força de coisa julgada fundamenta-se, unicamente, em perícia ou documento declarado falso. Entretanto, se o juiz forma seu convencimento no conjunto probatório e não somente na prova declarada falsa, a sentença não pode ser objeto de ação rescisória.

Quando a falsidade é declarada em processo autônomo, a parte deve juntar a cópia da sentença respectiva, acompanhado da peça exordial da ação rescisória. Devem ser observadas, também, as regras relativas aos efeitos das sentenças criminais sob as ações cíveis, previstos nos arts. 66 e 67 do CPP:

> **Art. 66.** Não obstante a sentença absolutória no juízo criminal, a ação civil poderá ser proposta quando não tiver sido, categoricamente, reconhecida a inexistência material do fato.
>
> **Art. 67.** Não impedirão igualmente a propositura da ação civil: I – o despacho de arquivamento do inquérito ou das peças de informação; II – a decisão que julgar extinta a punibilidade; III – a sentença absolutória que decidir que o fato imputado não constitui crime.

Caso a parte pretenda provar a sua alegação durante a instrução da ação rescisória, como ocorre nos casos apontados pelo dispositivo legal transcrito, deve registrar o devido protesto pelo meio de prova escolhido para atingir esse desiderato.

Quando a ação rescisória for proposta durante a tramitação da ação criminal, o juiz pode sobrestar o feito, uma vez que incide a hipótese constante do art. 315 do CPC: "Se o conhecimento do mérito depender de verificação da existência de fato delituoso, o juiz pode determinar a suspensão do processo até que se pronuncie a justiça criminal".

6.7. Prova nova

A prova nova **corresponde aquilo que já existia à época da instrução do processo no qual foi proferida a sentença rescindenda** e capaz de garantir um pronunciamento

18. Código Penal. Art. 342. Fazer afirmação falsa, ou negar ou calar a verdade como testemunha, perito, contador, tradutor ou intérprete em processo judicial, ou administrativo, inquérito policial, ou em juízo arbitral. Pena – reclusão, de 2 (dois) a 4 (quatro) anos, e multa.

favorável para o interessado, mas que a parte ignorava ou ficou impossibilitada de produzir nos referidos autos.

A Súmula nº 402 do TST aborda essa questão, mais especificamente no que diz respeito à qualidade da sentença normativa, como prova nova inapta a justificar o ajuizamento da ação rescisória:

> **SÚMULA Nº 402.** AÇÃO RESCISÓRIA. PROVA NOVA. DISSÍDIO COLETIVO. SENTENÇA NORMATIVA (nova redação em decorrência do CPC de 2015) – Res. 217/2017 – DEJT divulgado em 20, 24 e 25.04.2017 I – Sob a vigência do CPC de 2015 (art. 966, inciso VII), para efeito de ação rescisória, considera-se prova nova a cronologicamente velha, já existente ao tempo do trânsito em julgado da decisão rescindenda, mas ignorada pelo interessado ou de impossível utilização, à época, no processo. II – Não é prova nova apta a viabilizar a desconstituição de julgado: a) sentença normativa proferida ou transitada em julgado posteriormente à sentença rescindenda; b) sentença normativa preexistente à sentença rescindenda, mas não exibida no processo principal, em virtude de negligência da parte, quando podia e deveria louvar-se de documento já existente e não ignorado quando emitida a decisão rescindenda. (ex-OJ nº 20 da SBDI-2 – inserida em 20.09.2000).

Nas demais situações não incluídas na casuística da referida Súmula nº 402 do TST, o interessado deve juntar a prova nova nos autos da ação rescisória e **demonstrar a sua ignorância ao tempo da instrução processual ou o fato que implicou a impossibilidade de juntá-lo à reclamação trabalhista rescindenda.**

6.8. Sentença fundada em erro de fato

Como analisado anteriormente, o juiz não está adstrito a uma ordem hierárquica de importância dos diversos meios de provas utilizados pelas partes no processo.

Todavia, o juiz deve deixar claro como formou o seu convencimento. Quando determinada prova passa despercebida pelo magistrado e a decisão leva em consideração esse fato, a sentença pode ser atacada pela via da rescisória.

Nesse caso, o CPC denomina essa circunstância de **erro de fato.** Ocorre quando a decisão faz expressa remissão a um fato que **não foi reproduzido nos autos** ou ao contrário, quando o juiz **ignora uma prova produzida pela parte**, de acordo com o que se observa da redação do art. 966, § 1º, do CPC:

> **Art. 966, § 1º.** Há erro de fato quando a decisão rescindenda admitir fato inexistente ou quando considerar inexistente fato efetivamente ocorrido, sendo indispensável, em ambos os casos, que o fato não represente ponto controvertido sobre o qual o juiz deveria ter se pronunciado.

Observe-se que esse motivo que justifica a ação rescisória não pode ter sido objeto de manifestação pelo juiz em sua sentença rescindenda, emitindo juízo de valor, muito comum quando se trata de prova documental.

Imagine-se que o magistrado decida ser devida a indenização relativa ao benefício do seguro desemprego diante da ausência de prova da entrega das guias respectivas ao empregado, quando se constata que a referida documentação reside nos autos. Nessa hipótese, houve erro de fato, pois o juiz deixou de analisar toda documentação juntada pelo reclamado.

A rescisória com base no motivo sob análise não pode ser acolhida quando se pretende rediscutir as controvérsias havidas, por exemplo, nos depoimentos das testemunhas. O juiz deve se limitar à ausência de percepção da prova que reside nos autos da reclamação trabalhista rescindenda, já que não cabe a ação rescisória em decorrência da má apreciação da prova.

O entendimento do TST é nesse sentido, conforme se vê da OJ nº 136 da SDI-II:

> **OJ Nº 136.** AÇÃO RESCISÓRIA. ERRO DE FATO. CARACTERIZAÇÃO (atualizada em decorrência do CPC de 2015) – Res. 208/2016, DEJT divulgado em 22, 25 e 26.04.2016
> A caracterização do erro de fato como causa de rescindibilidade de decisão judicial transitada em julgado supõe a afirmação categórica e indiscutida de um fato, na decisão rescindenda, que não corresponde à realidade dos autos. O fato afirmado pelo julgador, que pode ensejar ação rescisória calcada no inciso VIII do art. 966 do CPC de 2015 (inciso IX do art. 485 do CPC de 1973), é apenas aquele que se coloca como premissa fática indiscutida de um silogismo argumentativo, não aquele que se apresenta ao final desse mesmo silogismo, como conclusão decorrente das premissas que especificaram as provas oferecidas, para se concluir pela existência do fato. Esta última hipótese é afastada pelo § 1º do art. 966 do CPC de 2015 (§ 2º do art. 485 do CPC de 1973), ao exigir que não tenha havido controvérsia sobre o fato e pronunciamento judicial esmiuçando as provas.

Por conta disso, diante de provas ou de meios de prova em sentido contrário, sejam da mesma espécie ou não, **o juiz deve indicar aquelas que contribuíram para formar o seu convencimento e rechaçar as demais de forma expressa** e apontar o motivo respectivo, para não deixar dúvidas quanto à sua percepção.

É comum ocorrer essa situação nas lides trabalhistas. Imagine-se que as testemunhas do reclamante afirmem que havia labor em jornada extraordinária, ao passo que aquelas arroladas pelo reclamado asseveram justamente o contrário. **O magistrado deve indicar quais as testemunhas que lhe convenceram e o motivo pelo qual deixou de observar o depoimento das demais em sentido adverso.**

A omissão dessa circunstância pode justificar o ajuizamento da ação rescisória, com base no permissivo ora analisado.

7. REQUISITOS DA PETIÇÃO INICIAL

A peça exordial da ação rescisória deve possuir os mesmos requisitos da petição inicial genérica, previstos pelo CPC além daqueles que lhes são peculiares. Não é aplicável qualquer dispositivo da norma consolidada que trata desse assunto, por força do quanto preceituado no art. 836 da CLT.[19]

O autor da ação rescisória deve atribuir à causa valor equivalente àquele constante da sentença proferida no processo de reclamação trabalhista que pretende rescindir.

O TST regulamentou essa matéria por intermédio da Instrução Normativa nº 31/07. Ficou claro que o valor da causa da ação rescisória corresponde: ao valor dado à causa do

19. CLT. Art. 836. É vedado aos órgãos da Justiça do Trabalho conhecer de questões já decididas, excetuados os casos expressamente previstos neste Título e a ação rescisória, **que será admitida na forma do disposto no Capítulo IV do Título IX da Lei nº 5.869**, de 11 de janeiro de 1973 – CPC, dispensado o depósito referido nos artigos 488, inciso II, e 494 daquele diploma legal. (grifou-se).

processo originário ou aquele que for fixado pelo juiz, no caso de improcedência; ao respectivo valor arbitrado à condenação, no caso de procedência, total ou parcial; e ao valor apurado em liquidação de sentença, das decisões proferidas na fase de execução.

O depósito prévio **não será exigido da massa falida** e quando o autor requerer e lhe for deferido os benefícios da justiça gratuita (IN nº 31/07 do TST).

A petição inicial deve vir acompanhada da documentação necessária à comprovação dos fatos alegados, principalmente de cópias da sentença rescindenda transitada em julgado, com a devida autenticação (art. 830 da CLT), ou a declaração feita nesse sentido e sob as penas da lei.[20]

O pedido deve ser no sentido de desconstituir a sentença atacada e, se for o caso, de um novo pronunciamento judicial.

Ausentes os requisitos da petição inicial, pode ser indeferida por inepta, **desde que seja conferida a parte a oportunidade de corrigir os vícios sanáveis:**

> **OJ nº 70 da SDI-II do TST.** AÇÃO RESCISÓRIA. REGÊNCIA PELO CPC DE 1973. MANIFESTO E INESCUSÁVEL EQUÍVOCO NO DIRECIONAMENTO. INÉPCIA DA INICIAL. EXTINÇÃO DO PROCESSO (atualizada em decorrência do CPC de 2015) – Res. 220/2017, DEJT divulgado em 21, 22 e 25.09.2017 Sob a égide do CPC de 1973, o manifesto equívoco da parte em ajuizar ação rescisória no TST para desconstituir julgado proferido pelo TRT, ou vice-versa, implica a extinção do processo sem julgamento do mérito por inépcia da inicial.

A seguir, serão analisados os seguintes requisitos da ação rescisória: a) o trânsito em julgado da decisão; b) depósito prévio; e c) observância do prazo legal estabelecido.

7.1. Trânsito em julgado

Não é qualquer sentença que pode ser atacada pela via da ação rescisória, mas somente aquela que adquiriu a qualidade da **coisa julgada material**.

Ainda que a parte **não tenha utilizado todos os recursos cabíveis**, a decisão transitada em julgado pode ser objeto da ação rescisória, desde que presentes os requisitos que a autorizem, segundo dispõe a Súmula nº 514 do STF: "Admite-se ação rescisória contra sentença transitada em julgado, ainda que contra ela não se tenha esgotado todos os recursos."

Como constitui requisito de admissibilidade da ação rescisória, o seu ajuizamento antes da sentença rescindenda adquirir essa qualidade implica a **extinção do processo sem resolução do mérito.**

A prova do trânsito em julgado da sentença é feita com a juntada, aos autos da ação rescisória, de certidão fornecida pela secretaria do órgão judicial no qual ocorreu aquele fato jurídico ou de cópia autêntica, ou declarada como tal, pelo advogado.

20. TST. SDI-II. OJ nº 151. AÇÃO RESCISÓRIA E MANDADO DE SEGURANÇA. PROCURAÇÃO. PODERES ESPECÍFICOS PARA AJUIZAMENTO DE RECLAMAÇÃO TRABALHISTA. IRREGULARIDADE DE REPRESENTAÇÃO PROCESSUAL. FASE RECURSAL. VÍCIO PROCESSUAL SANÁVEL (nova redação em decorrência do CPC de 2015). **A procuração outorgada com poderes específicos para ajuizamento de reclamação trabalhista não autoriza a propositura de ação rescisória e mandado de segurança. Constatado, todavia, o defeito de representação processual na fase recursal, cumpre ao relator ou ao tribunal conceder prazo de 5 (cinco) dias para a regularização, nos termos da Súmula nº 383, item II, do TST.**

A omissão em relação à juntada da certidão de trânsito em julgado acarreta o pronunciamento judicial no sentido de corrigir essa falha, sob pena de indeferimento da petição inicial.

Sobre essa e outras questões correlatas, o TST consolidou o seu entendimento, conforme se observa da redação da Súmula nº 299 e da OJ nº 84 da SDI-2:

> **SÚMULA Nº 299.** AÇÃO RESCISÓRIA. DECISÃO RESCINDENDA. TRÂNSITO EM JULGADO. COMPROVAÇÃO. EFEITOS (nova redação do item II em decorrência do CPC de 2015) – Res. 211/2016, DEJT divulgado em 24, 25 e 26.08.2016
>
> I – É indispensável ao processamento da ação rescisória a prova do trânsito em julgado da decisão rescindenda. (ex-Súmula nº 299 – Res. 8/1989, DJ 14, 18 e 19.04.1989)
>
> II – Verificando o relator que a parte interessada não juntou à inicial o documento comprobatório, abrirá prazo de 15 (quinze) dias para que o faça (art. 321 do CPC de 2015), sob pena de indeferimento.(ex-Súmula nº 299 – Res 8/1989, DJ 14, 18 e 19.04.1989)
>
> III – A comprovação do trânsito em julgado da decisão rescindenda é pressuposto processual indispensável ao tempo do ajuizamento da ação rescisória. Eventual trânsito em julgado posterior ao ajuizamento da ação rescisória não reabilita a ação proposta, na medida em que o ordenamento jurídico não contempla a ação rescisória preventiva. (ex-OJ nº 106 da SBDI-2 – DJ 29.04.2003)
>
> IV – O pretenso vício de intimação, posterior à decisão que se pretende rescindir, se efetivamente ocorrido, não permite a formação da coisa julgada material. Assim, a ação rescisória deve ser julgada extinta, sem julgamento do mérito, por carência de ação, por inexistir decisão transitada em julgado a ser rescindida. (ex-OJ nº 96 da SBDI-2 – inserida em 27.09.2002)
>
> **OJ nº 84.** AÇÃO RESCISÓRIA. AUSÊNCIA DA DECISÃO RESCINDENDA E/OU DA CERTIDÃO DE SEU TRÂNSITO EM JULGADO DEVIDAMENTE AUTENTICADAS. CONCESSÃO DE PRAZO PARA COMPLEMENTAÇÃO DA DOCUMENTAÇÃO. (alterada em decorrência do CPC de 2015) – Res. 220/2017, DEJT divulgado em 21, 22 e 25.09.2017. São peças essenciais para o julgamento da ação rescisória a decisão rescindenda e/ou a certidão do seu trânsito em julgado, devidamente autenticadas, à exceção de cópias reprográficas apresentadas por pessoa jurídica de direito público, a teor do art. 24 da Lei nº 10.522/2002, ou declaradas autênticas pelo advogado na forma do artigo 830 da CLT com a redação dada pela Lei nº 11.925/2009. Em fase recursal, verificada a ausência de qualquer delas, cumpre ao Relator do recurso ordinário conceder o prazo de 5 (cinco) dias ao recorrente para que seja complementada a documentação exigível, nos termos do art. 932, parágrafo único, do CPC de 2015.

Como a conciliação homologada equivale à uma decisão irrecorrível, na forma prevista pelo art. 831, parágrafo único da CLT, não há que se falar em certidão de trânsito em julgado para ajuizamento de ação rescisória:

> **OJ Nº 04 da SDI-2 do TRT3.** AÇÃO RESCISÓRIA. ACORDO HOMOLOGADO. CERTIDÃO DE TRÂNSITO EM JULGADO. DESNECESSIDADE. É desnecessária a juntada de certidão de trânsito em julgado, quando se pretende rescindir a própria sentença homologatória do acordo.

> **ATENÇÃO!** Não existe o instituto da "ação rescisória preventiva". Logo, jamais será possível o ajuizamento da demanda rescisória antes do trânsito em julgado da sentença ou acórdão.

7.2. Depósito prévio

O art. 968, II, do CPC exige que se faça um depósito prévio equivalente a 5% do valor da causa, a título de multa eventual. Esse valor reverte para a parte ré, caso a ação rescisória não seja admitida ou declarada improcedente por unanimidade de votos.

A Lei nº 11.495/07 alterou a redação do art. 836 da CLT, que passou a exigir o depósito de quantia equivalente a 20% do valor da causa, para o processamento da ação rescisória, salvo prova da miserabilidade jurídica do autor.[21]

Note-se que o depósito prévio, segundo o dispositivo celetista, **não será exigido do autor que demonstrar miserabilidade jurídica.** Já o § 1º, do art. 968 do CPC ampliou o rol de beneficiários da isenção do depósito prévio para ajuizamento da ação rescisória.

Em caso de alteração do valor da causa, de ofício ou por provocação do réu, o autor tem o direito de complementar o valor do depósito:

> **OJ SDI-3 Nº 1 DO TRT15.** AÇÃO RESCISÓRIA. ALTERAÇÃO DO VALOR DA CAUSA E CONSEQUENTE COMPLEMENTAÇÃO DO DEPÓSITO PRÉVIO. POSSIBILIDADE. O valor da causa pode ser alterado de ofício ou por força de impugnação, com a complementação do depósito prévio no prazo de 15 (quinze) dias, sob pena de indeferimento da petição inicial.

QUADRO COMPARATIVO – ISENÇÃO DE DEPÓSITO PRÉVIO EM AÇÃO RESCISÓRIA		
CPC DE 1973	**CPC DE 2015**	**CLT**
Art. 488. A petição inicial será elaborada com observância dos requisitos essenciais do art. 282, devendo o autor: II – depositar a importância de 5% (cinco por cento) sobre o valor da causa, a título de multa, caso a ação seja, por unanimidade de votos, declarada inadmissível, ou improcedente. Parágrafo único. Não se aplica o disposto no II à União, ao Estado, ao Município e ao Ministério Público.	**Art. 968.** A petição inicial será elaborada com observância dos requisitos essenciais do art. 319, devendo o autor: II – depositar a importância de **cinco por cento sobre** o valor da causa, que se converterá em multa caso a ação seja, por unanimidade de votos, declarada inadmissível ou improcedente. § 1º Não se aplica o disposto no inciso II à União, aos Estados, ao Distrito Federal, aos Municípios, **às suas respectivas autarquias e fundações de direito público**, ao Ministério Público, **à Defensoria Pública** e aos que tenham obtido o benefício de gratuidade da justiça.	**Art. 836.** É vedado aos órgãos da Justiça do Trabalho conhecer de questões já decididas, excetuados os casos expressamente previstos neste Título e a ação rescisória, que será admitida na forma do disposto no Capítulo IV do Título IX da Lei no 5.869, de 11 de janeiro de 1973 – Código de Processo Civil, sujeita ao depósito prévio de **20% (vinte por cento)** do valor da causa, **salvo prova de miserabilidade jurídica do autor.**
Aplicabilidade do CPC ao processo do trabalho	Apesar de inexistir omissão, aplica-se o preceito contido no CPC de forma supletiva no que diz respeito aos Entes isentos do recolhimento do depósito recursal.	
Diferença entre o CPC de 2015 e o de 1973	No CPC de 2015 a isenção é estendida expressamente às autarquias e fundações de direito público e à Defensoria Pública.	

21. CLT. Art. 836. É vedado aos órgãos da Justiça do Trabalho conhecer de questões já decididas, excetuados os casos expressamente previstos neste Título e a ação rescisória, que será admitida na forma do disposto no Capítulo IV do Título IX da Lei nº 5.869, de 11 de janeiro de 1973 – CPC, **sujeita ao depósito prévio de 20% (vinte por cento) do valor da causa, salvo prova de miserabilidade jurídica do autor.**

A Instrução Normativa nº 31 do TST, que regulamentou o depósito prévio no âmbito da Justiça do Trabalho, também **dispensa a massa falida dessa obrigação.**

O TST, por meio da SDI-2, interpretou esses dispositivos restritivamente, para obstar a sua aplicação, por exemplo, em relação às Fundações Públicas sob o fundamento de que o depósito prévio não se confunde com as custas processuais nem com o depósito recursal, uma vez que **tem natureza de multa** (TST. Proc. nº 1251200-88.2008.5.02.00).

7.3. Prazo

O prazo para a propositura da ação rescisória é de **dois anos, contados do dia subsequente** ao trânsito em julgado da decisão ou do acórdão que a substitui.[22] Trata-se de **prazo decadencial** que não admite suspensão ou interrupção.[23]

Se o término do prazo recair em dia não útil, prorroga-se, conforme entendimento do TST constante do item IX da Súmula nº 100:

> **SÚMULA Nº 100. IX** – Prorroga-se até o primeiro dia útil, imediatamente subsequente, o prazo decadencial para ajuizamento de ação rescisória quando expira em férias forenses, feriados, finais de semana ou em dia em que não houver expediente forense. Aplicação do art. 775 da CLT. (ex-OJ nº 13 da SBDI-2 – inserida em 20.09.2000).

Observa-se que há dificuldade em identificar o termo *a quo,* para a contagem do prazo decadencial para a propositura da ação rescisória nos casos de demanda com cumulação de pedidos cuja sentença de primeira instância é procedente em parte e o consequente recurso pretende a reforma de **parte da decisão.**

A Súmula nº 100, do TST, esclarece eventuais dúvidas, conforme se observa da redação dos seus itens I, II e III:

> **SÚMULA Nº 100.** AÇÃO RESCISÓRIA. DECADÊNCIA (incorporadas as Orientações Jurisprudenciais nºs 13, 16, 79, 102, 104, 122 e 145 da SBDI-2) – Res. 137/2005, DJ 22, 23 e24.08.2005 I – O prazo de decadência, na ação rescisória, conta-se do dia imediatamente subsequente ao trânsito em julgado da última decisão proferida na causa, seja de mérito ou não. (ex-Súmula Nº 100 – alterada pela Res. 109/2001, DJ 20.04.2001) II – Havendo recurso parcial no processo principal, o trânsito em julgado dá-se em momentos e em tribunais diferentes, contando-se o prazo decadencial para a ação rescisória do trânsito em julgado de cada decisão, salvo se o recurso tratar de preliminar ou prejudicial que possa tornar insubsistente a decisão recorrida, hipótese em que flui a decadência a partir do trânsito em julgado da decisão que julgar o recurso parcial. (ex-Súmula Nº 100 – alterada pela Res.109/2001, DJ 20.04.2001) III – Salvo se houver dúvida razoável, a interposição de recurso intempestivo ou a interposição de recurso incabível não protrai o termo inicial do prazo decadencial. (ex-Súmula Nº 100 – alterada pela Res. 109/2001, DJ 20.04.2001)

Assim, o TST reitera que cabe ação rescisória **tanto das decisões de mérito, quanto daquelas de natureza terminativa.**

---

22. CPC. Art. 975. O direito à rescisão se extingue em 2 (dois) **anos contados do trânsito em julgado da última decisão proferida no processo.**
23. STF. Súmula nº 264. Verifica-se a prescrição intercorrente pela paralisação da ação rescisória por mais de cinco anos.

Quando existir recurso parcial, **o trânsito em julgado se efetivará em épocas distintas** e, consequentemente, em tribunais diversos, fenômeno conhecido como coisa **julgada progressiva. A exceção** (trânsito em julgado em um momento único) ocorre **quando o recurso parcial tiver como objeto arguição de preliminar (defesa processual) ou de prejudicial de mérito.**

Para a União, Estados, Município e Distrito Federal, suas autarquias e fundações, o prazo para a propositura da ação rescisória **foi aumentado de dois para quatro anos**, durante a vigência da MP nº 1.577 e suas reedições, **até o momento em que foi declarada inconstitucional** por força de liminar proferida nos autos da ADI nº 1753-2.

Nesse sentido, a OJ nº 12 da SDI-II do TST:

> **OJ Nº 12.** AÇÃO RESCISÓRIA. DECADÊNCIA. CONSUMAÇÃO ANTES OU DEPOIS DA EDIÇÃO DA MEDIDA PROVISÓRIA Nº 1.577/97. AMPLIAÇÃO DO PRAZO – Res. 208/2016, DEJT divulgado em 22, 25 e 26.04.2016. I – A vigência da Medida Provisória nº 1.577/97 e de suas reedições implicou o elastecimento do prazo decadencial para o ajuizamento da ação rescisória a favor dos entes de direito público, autarquias e fundações públicas. Se o biênio decadencial do art. 495 do CPC de 1973 findou após a entrada em vigor da referida medida provisória e até sua suspensão pelo STF em sede liminar de ação direta de inconstitucionalidade (ADIn 1753-2), tem-se como aplicável o prazo decadencial elastecido à rescisória. (ex-OJ nº 17 da SDI-2 – inserida em 20.09.00). II – A regra ampliativa do prazo decadencial para a propositura de ação rescisória em favor de pessoa jurídica de direito público não se aplica se, ao tempo em que sobreveio a Medida Provisória nº 1.577/97, já se exaurira o biênio do art. 495 do CPC. Preservação do direito adquirido da parte à decadência já consumada sob a égide da lei velha. (ex-OJ nº 12 da SDI-2 – inserida em 20.09.00)

Exemplos de questões sobre o tema

(TRT 2 – Juiz do Trabalho Substituto 2ª região/2016) A respeito da ação rescisória no Processo do Trabalho assinale a alternativa correta:

a) O depósito recursal é pressuposto de admissibilidade indispensável à interposição de recurso ordinário em ação rescisória.

b) O prazo decadencial para propositura de ação rescisória será sempre contado após o decurso do prazo legal previsto para a interposição do recurso extraordinário ao STF.

c) Considera-se de interpretação controvertida nos Tribunais a matéria consagrada por iterativa, notória e atual jurisprudência do Tribunal Superior do Trabalho.

d) A oposição de exceção de incompetência no prazo recursal afasta de plano a consumação da coisa julgada, postergando o termo inicial do prazo decadencial para a ação rescisória.

e) Havendo recurso parcial no processo principal, o trânsito em julgado dá-se em momentos e em tribunais diferentes, contando-se o prazo decadencial para a ação rescisória do trânsito em julgado de cada decisão, salvo se o recurso tratar de preliminar ou prejudicial que possa tornar insubsistente a decisão recorrida, hipótese em que flui a decadência a partir do trânsito em julgado da decisão que julgar o recurso parcial.

Resposta: E

(TRT 3 – Juiz do Trabalho Substituto 3ª região/ 2013) Em relação à ação rescisória no processo do trabalho, leia as afirmações abaixo e, em seguida, assinale a alternativa correta, segundo a jurisprudência consolidada do Tribunal Superior do Trabalho:

a) O prazo de decadência, na ação rescisória, conta-se do dia imediatamente subsequente ao trânsito em julgado da última decisão proferida na causa, desde que seja de mérito.

b) A interposição de recurso intempestivo ou a interposição de recurso incabível protrai o termo inicial do prazo decadencial para propositura da ação rescisória.

c) o juízo rescindente está adstrito à certidão de trânsito em julgado juntada com a petição inicial da ação rescisória, não podendo formar o seu convencimento através de outros elementos dos autos quanto à antecipação ou postergação do dies a quo do prazo decadencial.

d) Prorroga-se até o primeiro dia útil, imediatamente subsequente, o prazo decadencial para ajuizamento de ação rescisória quando expira em férias forenses, feriados, finais de semana ou em dia em que não houver expediente forense.

e) O sindicato, substituto processual e autor da reclamação trabalhista, em cujos autos fora proferida a decisão rescindenda, não possui legitimidade para figurar como réu na ação rescisória.

Resposta: D

8. TRÂMITE DA RESCISÓRIA

A ação rescisória é ajuizada perante o Tribunal competente, com observância das regras estabelecidas pelo respectivo regimento interno[24] e distribuída para um relator que examina os pressupostos de constituição e desenvolvimento válidos do processo.

Diante da existência de defeitos sanáveis, o juiz deve determinar a emenda da inicial. Decorrido, *in albis*, o prazo conferido pelo juiz ou na hipótese de defeitos insanáveis (não cabimento da ação rescisória, por exemplo), a petição inicial é indeferida.

> **OJ SDI-3 Nº 12 do TRT15.** AÇÃO RESCISÓRIA. INADMISSIBILIDADE MANIFESTA. INDEFERIMENTO LIMINAR DA PETIÇÃO INICIAL. A ação rescisória é manifestamente inadmissível nas hipóteses em que se constata, de plano, que o intuito do autor é implantar uma nova instância recursal e/ou rediscutir os fatos e provas já apreciados na decisão rescindenda, o que enseja o indeferimento liminar da petição inicial, com fulcro no item V do art. 216 do Regimento Interno.

O relator designado ordena a citação do réu para oferecer sua resposta no prazo de quinze a trinta dias.

Sobre o início do prazo para contestação, a OJ nº 146 da SDI-2:

> **OJ Nº 146.** AÇÃO RESCISÓRIA. INÍCIO DO PRAZO PARA APRESENTAÇÃO DA CONTESTAÇÃO. ART. 774 DA CLT (atualizada em decorrência do CPC de 2015) – Res. 208/2016, DEJT divulgado em 22, 25 e 26.04.2016. A contestação apresentada em ação rescisória obedece à regra relativa à contagem de prazo constante do art. 774 da CLT, sendo inaplicável o art. 231 do CPC de 2015 (art. 241 do CPC de 1973).

A ausência de contestação, apesar de caracterizar a revelia, **não produz os seus efeitos ordinários**, uma vez que o objeto da ação rescisória é a própria sentença, ato judicial que se transformou em lei entre as partes.

Constitui, assim, matéria de ordem pública, de acordo com o pronunciamento do TST, explicitado por meio da Súmula nº 398, equivalente à matéria de direito:

---

24. No TST essa tramitação é disciplinada pelo art. 233 e seguintes do seu Regimento Interno. A SDI-2 é o Órgão competente para apreciar e julgar as ações rescisórias interpostas contra as suas decisões e aquelas proferidas pelas Turmas do TST.

SÚMULA Nº 398. AÇÃO RESCISÓRIA. AUSÊNCIA DE DEFESA. INAPLICÁVEIS OS EFEITOS DA REVELIA (alterada em decorrência do CPC de 2015) – Res. 219/2017, DEJT divulgado em 28, 29 e 30.06.2017 Na ação rescisória, o que se ataca é a decisão, ato oficial do Estado, acobertado pelo manto da coisa julgada. Assim, e considerando que a coisa julgada envolve questão de ordem pública, a revelia não produz confissão na ação rescisória. (ex-OJ nº 126 da SBDI-2 – DJ 09.12.2003)

Em caso de necessidade de prova, o relator delegará competência ao juízo no qual deva ser produzida, na forma preceituada pelo art. 972 do CPC.

Encerrada a instrução, as partes terão o prazo sucessivo de dez dias para oferecer as razões finais. Em seguida os autos são enviados para o parecer do Ministério Público do Trabalho, se for o caso, após o que seguirão para conclusão do juiz relator e revisor.

A sentença proferida nos autos da ação rescisória pode produzir três efeitos diversos (art. 974 do CPC):

a) acolher a pretensão do autor, que desconstitui a sentença;

b) acolher a pretensão do autor, que desconstitui a sentença e, na sequência, profere novo julgamento;

c) não acolher a pretensão do autor e declarar inadmissível ou improcedente a ação rescisória.

8.1. Juízo rescindente x Juízo rescisório

Não se pode confundir o **juízo rescindente** com o **juízo rescisório**. O primeiro é observado em todas as ações rescisórias, quando se pretende a desconstituição do julgamento transitado em julgado. Já o juízo rescisório tem como objetivo o novo julgamento da demanda. Ocorre, todavia, que em determinadas situações a pretensão da parte limita-se exclusivamente a rescindir a decisão, sem necessidade de novo julgamento.

Quando a decisão é proferida por juízo incompetente ou impedido, por exemplo, a ação rescisória tem como objetivo simplesmente a rescisão e não o novo julgamento, que deverá ser feito pelo juízo competente ou não impedido (art. 966, II do CPC).

8.2. Recurso

Quando a ação rescisória for proposta perante os Tribunais Regionais do Trabalho, da sentença respectiva cabe **recurso ordinário**[25] para a SDI-II do Tribunal Superior do Trabalho, na forma prevista pelo art. 78, III, "c", I, do RITST, bem como do entendimento constante da Súmula de nº 158:

25. TST. SDI-II. OJ nº 152. AÇÃO RESCISÓRIA E MANDADO DE SEGURANÇA. RECURSO DE REVISTA DE ACÓRDÃO REGIONAL QUE JULGA AÇÃO RESCISÓRIA OU MANDADO DE SEGURANÇA. PRINCÍPIO DA FUNGIBILIDADE. INAPLICABILIDADE. ERRO GROSSEIRO NA INTERPOSIÇÃO DO RECURSO. **(DJe divulgado em 03, 04 e 05.12.2008). A interposição de recurso de revista de decisão definitiva de Tribunal Regional do Trabalho em ação rescisória ou em mandado de segurança, com fundamento em violação legal e divergência jurisprudencial e remissão expressa ao art. 896 da CLT, configura erro grosseiro, insuscetível de autorizar o seu recebimento como recurso ordinário, em face do disposto no art. 895, "b", da CLT.**

SÚMULA Nº 158. AÇÃO RESCISÓRIA (mantida) – Res. 121/2003, DJ 19, 20 e 21.11.2003. Da decisão de Tribunal Regional do Trabalho, em ação rescisória, é cabível recurso ordinário para o Tribunal Superior do Trabalho, em face da organização judiciária trabalhista. Ex-prejulgado nº 35.

O depósito recursal não é exigido em qualquer caso, mas somente quando a pretensão do autor for acolhida pelo Tribunal e for imposta condenação pecuniária, conforme posicionamento adotado pelo TST por meio de sua Súmula nº 99.

O valor-teto do depósito recursal na ação rescisória é idêntico àquele exigido para o manejo do **recurso de revista, embargos e recurso extraordinário**:

SÚMULA Nº 99. AÇÃO RESCISÓRIA. DESERÇÃO. PRAZO. (incorporada a Orientação Jurisprudencial nº 117 da SDI-II) – Res. 137/2005, DJ 22, 23 e 24.08.2005 Havendo recurso ordinário em sede de rescisória, o depósito recursal só é exigível quando for julgado procedente o pedido e imposta condenação em pecúnia, devendo este ser efetuado no prazo recursal, no limite e nos termos da legislação vigente, sob pena de deserção.

A Súmula nº 411 do TST trata da possibilidade de interposição de recurso ordinário para modificar decisão proferida em sede de ação rescisória, cujo processo foi extinto sem a resolução do mérito, por decisão monocrática do relator, confirmada pelo órgão colegiado:

SÚMULA Nº 411. AÇÃO RESCISÓRIA. SENTENÇA DE MÉRITO. DECISÃO DE TRIBUNAL REGIONAL DO TRABALHO EM AGRAVO REGIMENTAL CONFIRMANDO DECISÃO MONOCRÁTICA DO RELATOR QUE, APLICANDO A Súmula Nº 83 DO TST, INDEFERIU A PETIÇÃO INICIAL DA AÇÃO RESCISÓRIA. CABIMENTO. (conversão da Orientação Jurisprudencial nº 43 da SDI-II) – Res. 137/2005, DJ 22, 23 e 24.08.2005. Se a decisão recorrida, em agravo regimental, aprecia a matéria na fundamentação, sob o enfoque das Súmulas nº 83 do TST e 343 do STF, constitui sentença de mérito, ainda que haja resultado no indeferimento da petição inicial e na extinção do processo sem julgamento do mérito. Sujeita-se, assim, à reforma pelo TST, a decisão do Tribunal que, invocando controvérsia na interpretação da lei, indefere a petição inicial de ação rescisória. (ex-OJ Nº 43 – inserida em 20.09.2000).

Por fim, o acórdão proferido em ação rescisória, na qual a Fazenda Pública fique vencida, está sujeito ao **duplo grau de jurisdição**, na forma prevista pela Súmula nº 303, item III, do TST:

SÚMULA Nº 303. FAZENDA PÚBLICA. REEXAME NECESSÁRIO (nova redação em decorrência do CPC de 2015) – Res. 211/2016, DEJT divulgado em 24, 25 e 26.08.2016 III – Em ação rescisória, a decisão proferida pelo Tribunal Regional do Trabalho está sujeita ao duplo grau de jurisdição obrigatório quando desfavorável ao ente público, exceto nas hipóteses dos incisos anteriores. (ex-OJ nº 71 da SBDI-1 – inserida em 03.06.1996).

8.3. Execução

A regra geral é de que o ajuizamento da ação rescisória não suspende o curso da execução, de acordo com o preceito contido no art. 969 do CPC: "A propositura da ação rescisória não impede o cumprimento da decisão rescindenda, ressalvada a concessão de tutela provisória".

No que diz respeito ao procedimento na execução trabalhista, a CLT possui um dispositivo próprio:

Art. 836. Parágrafo único. A execução da decisão proferida em ação rescisória far-se-á nos próprios autos da ação que lhe deu origem, e será instruída com o acórdão da rescisória e a respectiva certidão de trânsito em julgado.[26]

Apesar do dispositivo da CLT citado ser omisso, já há algum tempo o TST entende ser possível a suspensão da ação rescisória por meio de decisão cautelar.

SDI-II. OJ Nº 76. AÇÃO RESCISÓRIA. AÇÃO CAUTELAR PROPOSTA SOB A VIGÊNCIA DO CPC DE 1973. SUSPENSÃO DA EXECUÇÃO. JUNTADA DE DOCUMENTO INDISPENSÁVEL. POSSIBILIDADE DE ÊXITO NA RESCISÃO DO JULGADO (atualizada em decorrência do CPC de 2015) – Res. 220/2017, DEJT divulgado em 21, 22 e 25.09.2017 É indispensável a instrução da ação cautelar proposta sob a vigência do CPC de 1973 com as provas documentais necessárias à aferição da plausibilidade de êxito na rescisão do julgado. Assim sendo, devem vir junto com a inicial da cautelar as cópias da petição inicial da ação rescisória principal, da decisão rescindenda, da certidão do trânsito em julgado da decisão rescindenda e informação do andamento atualizado da execução.

SÚMULA Nº 405 AÇÃO RESCISÓRIA. TUTELA PROVISÓRIA (nova redação em decorrência do CPC de 2015) – Res. 208/2016, DEJT divulgado em 22, 25 e 26.04.2016. Em face do que dispõem a MP 1.984-22/2000 e o art. 969 do CPC de 2015, é cabível o pedido de tutela provisória formulado na petição inicial de ação rescisória ou na fase recursal, visando a suspender a execução da decisão rescindenda.

Exemplos de questões sobre o tema

(FCC – Juiz do Trabalho/2017) Em consonância com as regras da CLT e as Súmulas e Orientações Jurisprudenciais do TST sobre a ação rescisória no processo do trabalho, é correto afirmar:

a) Há capacidade postulatória das partes para propor ação rescisória na Justiça do Trabalho sem a necessidade de representação por advogado.

b) Não cabe o requerimento de tutela provisória em sede de ação rescisória.

c) Não há exigência de depósito prévio à propositura de ação rescisória na Justiça do Trabalho.

d) Cabe ação rescisória contra julgamento que deixa de apreciar requerimento expressamente formulado pela parte, mesmo se não houver a interposição de embargos de declaração.

e) Há submissão da ação rescisória a prazo decadencial, contado a partir do dia seguinte ao trânsito em julgado da última decisão, necessariamente de mérito, do processo.

Resposta: D

(FCC – Juiz do Trabalho Substituto 15ª região/2015) Em ação rescisória, quando da interposição de recurso ordinário, o depósito recursal

a) não é exigível, independentemente do resultado do julgamento da ação.

b) é exigível em caso de procedência total da ação, ainda que não tenha sido imposta condenação em pecúnia.

c) é exigível somente quando julgado procedente o pedido e imposta condenação em pecúnia.

d) é exigível de ambas as partes em caso de procedência parcial, independentemente do resultado, tendo em vista a natureza da ação.

e) não é devido em caso de procedência parcial.

Resposta: C

26. Parágrafo acrescentado pela Medida Provisória nº 2.180-35, de 24.08.2001, DOU 27.08.2001, em vigor conforme o art. 2º da EC nº 32/2001.

(TRT 8 – Juiz do Trabalho Substituto 8ª região/ 2013) Sobre Ação rescisória no processo do trabalho (cabimento, fundamentos de admissibilidade, Juízo rescindente e juízo rescisório, prazos, procedimento e recurso), é CORRETO afirmar que:

a) O prazo de decadência, na ação rescisória, conta-se do dia imediatamente subsequente ao trânsito em julgado da última decisão proferida na causa, seja de mérito ou não. Havendo recurso parcial no processo principal, o trânsito em julgado dá-se em momentos e em tribunais diferentes, contando-se o prazo decadencial para a ação rescisória, do trânsito em julgado de cada decisão, salvo se o recurso tratar de preliminar ou prejudicial que possa tornar insubsistente a decisão recorrida, hipótese em que flui a decadência a partir do trânsito em julgado da decisão que julgar o recurso parcial. Salvo se houver dúvida razoável, a interposição de recurso intempestivo ou a interposição de recurso incabível não protrai o termo inicial do prazo decadencial. O juízo rescindente não está adstrito à certidão de trânsito em julgado juntada com a ação rescisória, podendo formar sua convicção através de outros elementos dos autos quanto à antecipação ou postergação do "dies a quo" do prazo decadencial. Na hipótese de colusão das partes, o prazo decadencial da ação rescisória somente começa a fluir para o Ministério Público, que não interveio no processo principal, a partir do momento em que tem ciência da fraude.

b) Não ofende o princípio do duplo grau de jurisdição a decisão do Tribunal Superior do Trabalho que, após afastar a decadência em sede de recurso ordinário, aprecia desde logo a lide, se a causa versar sobre questão exclusivamente de direito e estiver em condições de imediato julgamento. Mas, a exceção de incompetência, ainda que oposta no prazo recursal, sem ter sido aviado o recurso próprio, tem o condão de afastar a consumação da coisa julgada e, assim, postergar o termo inicial do prazo decadencial para a ação rescisória.

c) Prorroga-se até o primeiro dia útil, imediatamente subsequente, o prazo decadencial para ajuizamento de ação rescisória quando expira em férias forenses, feriados, finais de semana ou em dia em que não houver expediente forense. Conta-se o prazo decadencial da ação rescisória, após o decurso do prazo legal previsto para a interposição do recurso extraordinário, ainda que não esgotadas todas as vias recursais ordinárias.

d) Acórdão rescindendo do Tribunal Superior do Trabalho que não conhece de recurso de embargos ou de revista, analisando arguição de violação de dispositivo de lei material ou decidindo em consonância com súmula de direito material ou com iterativa, notória e atual jurisprudência de direito material da Seção de Dissídios Individuais, examina o mérito da causa, cabendo ação rescisória da competência do Tribunal Superior do Trabalho. Havendo recurso ordinário em sede de rescisória, o depósito recursal só é exigível quando for julgado procedente o pedido e imposta condenação em pecúnia, devendo este ser efetuado até 5 (cinco) dias do prazo recursal, no limite e nos termos da legislação vigente, sob pena de deserção.

e) É juridicamente impossível o pedido explícito de desconstituição de sentença quando substituída por acórdão do Tribunal Regional ou superveniente sentença homologatória de acordo que puser fim ao litígio. Todavia, é manifesta a possibilidade jurídica do pedido de rescisão de julgado proferido em agravo de instrumento que, limitando-se a aferir o eventual desacerto do juízo negativo de admissibilidade do recurso de revista, não substitui o acórdão regional.

Resposta: A

9. INFORMATIVOS DO TST SOBRE A MATÉRIA

Ação rescisória. Pedido de desconstituição de acórdão prolatado em Agravo de Instrumento conhecido e não provido. Decisão que não é de mérito. Hipótese não contemplada no art. 966, § 2º, do CPC/2015.

Nos termos do caput do art. 966 do CPC, a ação rescisória é cabível contra decisão de mérito transitada em julgado. O CPC de 2015, contudo, inovou ao admitir a rescisão da decisão que, embora não seja de mérito, impeça nova propositura da demanda ou admissibilidade do recurso correspondente, nos termos do § 2º do art. 966. Na espécie, a Turma do TST conheceu do Agravo de Instrumento e, no mérito, reafirmou a correção da decisão denegatória de seguimento do Recurso de Revista, cujo acórdão não tem efeito substitutivo da decisão proferida pela Corte de origem, esta sim voltada à solução da causa. Revela-se equivocada a compreensão de que o não provimento do Agravo de Instrumento impediu o exame do Recurso de Revista, porquanto, na verdade, atingiu a finalidade para a qual foi disciplinado, ou seja, decidiu sobre o acerto da decisão que trancou o Recurso de Revista. Não é o caso de configuração da hipótese prevista no art. 966, § 2.º, II, do CPC, uma vez que não houve decisão que impedisse a admissibilidade do recurso correspondente. Sob esse fundamento, a SBDI-II, por unanimidade, julgou extinto o processo, sem resolução de mérito, nos termos do art. 485, VI, do CPC. AR-1000914-95.2018.5.00.0000, SBDI-II, rel. Min. Luiz José Dezena da Silva, 2/9/2020 (TST. Info nº 224).

Ação Rescisória. Prazo decadencial. Termo inicial. Ciência da fraude pelo órgão do Ministério Público legitimado para propor a ação.

O termo inicial do prazo decadencial para ajuizamento da ação rescisória coincide com a data da ciência da fraude pelo órgão legitimado para a propositura da aludida ação. Assim, não prospera a alegação de que, tendo em conta os princípios da unidade e da indivisibilidade do Ministério Público (art. 127 da CF), o prazo do art. 495 do CPC de 1973 deveria ser contado a partir da data da audiência em ação penal em que, na presença do Ministério Público Federal (MPF), foi mencionada a existência de reclamação trabalhista com reconhecimento de vínculo entre as partes. Embora o MPF e o Ministério Público do Trabalho (MPT) integrem o Ministério Público da União (MPU), possuem atribuições e âmbitos de atuação distintos, de modo que o MPF não tem legitimidade para propor ação rescisória perante a Justiça do Trabalho. Desse modo, tendo em conta que o Ministério Público do Trabalho teve ciência da fraude apenas quando do recebimento do ofício da 1ª Vara Federal Tributária de Porto Alegre/RS, em 16.5.2008, e ajuizou a ação rescisória em 13.5.2010, não há falar em decadência. Sob esse fundamento, a SBDI-II, por unanimidade, conheceu do recurso ordinário e, no mérito, negou-lhe provimento para manter a decisão recorrida que afastou a arguição de decadência. TST-RO-7939-06.2010.5.02.0000, SBDI-II, rel. Min. Douglas Alencar Rodrigues, 26.11.2019 (TST. Info nº 213).

Ação rescisória. Art. 485, VII, do CPC de 1973. Alegação de documento novo. Fato não suscitado, nem apreciado no processo matriz. Impossibilidade do corte rescisório.

A hipótese de desconstituição de decisão transitada em julgado prevista no art. 485, VII, do CPC de 1973 pressupõe a obtenção de documento novo referente a fato alegado na ação matriz. No caso, o autor pretende a desconstituição da decisão que indeferiu a indenização substitutiva da estabilidade provisória no emprego e as multas dos arts. 467 e 477 da CLT invocando a existência de documentos novos que comprovariam a sucessão de empregadores e, consequentemente, a possibilidade de o sucessor responder pelos pleitos inicialmente indeferidos. Todavia, a questão da sucessão empresarial não foi suscitada por nenhuma das partes no processo principal, nem foi objeto de apreciação pela decisão rescindenda, o que inviabiliza, portanto, o corte rescisório fundado no inciso VII do art. 485 do CPC de 1973. Sob esses fundamentos, a SBDI-II, por unanimidade, conheceu do recurso ordinário do autor e, no mérito, negou-lhe provimento. TST-RO-5120-28.2015.5.09.0000, SBDI-II, rel. Min. Luiz José Dezena da Silva, 22.10.2019 (TST. Info nº 210).

Ação rescisória. Colusão. Ministério Público do Trabalho. Decadência. Termo inicial. Ciência da fraude. Súmula nº 100, VI, do TST.

A SBDI-II, por unanimidade, conheceu do recurso ordinário da empresa ré e, reconhecendo a decadência, deu-lhe provimento para extinguir o feito com julgamento do mérito. No caso, prevaleceu o entendimento de que a data da ciência da fraude pelo Ministério Público do Trabalho, para fins de contagem do prazo decadencial da ação rescisória calcada em colusão (item VI da Súmula nº 100 do TST), não poderia ser 29.11.2013, data da instauração do inquérito, mas sim 2.7.2013, data da emissão do Memorando 008/TMA/2013, pela Procuradoria do Trabalho do Município de Joinville - 12ª Região. Nesse documento, houve o registro de que um dos membros do MPT recebeu uma ligação telefônica de um advogado informando a existência de várias ações trabalhistas simuladas, nas quais seriam celebrados acordos em audiência sem a presença dos trabalhadores. Ressaltou-se, na hipótese, que a simples existência de indícios já seria suficiente para a propositura da ação rescisória, não se admitindo que o dies a quo para a contagem do prazo decadencial seja a data em que o MPT instaurou o inquérito ou concluiu acerca da existência ou não da fraude, já que cabe ao Poder Judiciário decidir a respeito, mediante ampla dilação probatória. Vencidas, quanto à fundamentação, as Ministras Maria Helena Mallmann e Delaíde Miranda Arantes. TST-RO-5564-61.2015.5.09.0000, SBDI-II, rel. Min. Maria Helena Mallmann, red. p/ acórdão Min. Douglas Alencar Rodrigues, 3.9.2019 (TST. Info nº 204).

Ação rescisória. Desconstituição do capítulo atinente às custas processuais no processo matriz. Ilegitimidade passiva da União. Interesse meramente econômico.

A União é parte ilegítima para figurar no polo passivo de ação rescisória cujo propósito é desconstituir capítulo atinente às custas processuais do processo matriz do qual não fizera parte. O argumento de que haveria legitimidade do ente público em razão de ser o destinatário das custas processuais não prevalece, pois o interesse, no caso, é meramente econômico. Se assim não fosse, a União teria que integrar obrigatoriamente todas as ações rescisórias, ainda que não se discutisse o capítulo referentes às custas, e todas as demais ações, simplesmente pela razão de ser a detentora das custas processuais e de elas serem arbitradas, por força de lei, em praticamente todos os processos. Sob esse entendimento, a SBDI-II, por unanimidade, conheceu do recurso ordinário e, por maioria, de ofício, declarou extinto o processo sem resolução de mérito em relação à União, por ilegitimidade passiva. Vencidos os Ministros Douglas Alencar Rodrigues, Evandro Valadão e Renato de Lacerda Paiva. TST-RO-10196-96.2013.5.02.0000, SBDI-II, rel. Min. Maria Helena Mallmann, 27.8.2019 (TST. Info nº 203).

Ação rescisória. Juntada da certidão de trânsito em julgado. Ausência. Existência de outros elementos nos autos que permitam verificar a ocorrência de coisa julgada e a tempestividade da ação. Afastamento da primeira parte da Orientação Jurisprudencial nº 84 da SBDI-II. Incidência do item IV da Súmula 100 do TST.

É aplicável o item IV da Súmula nº 100 do TST às hipóteses de ausência de juntada da certidão de trânsito em julgado em ações rescisórias, não obstante a diretriz da primeira parte da Orientação Jurisprudencial nº 84 da SBDI-II. Assim, embora a prova do trânsito em julgado da decisão rescindenda seja indispensável (Súmula nº 299, I, do TST), ela não está adstrita à juntada da referida certidão, caso haja nos autos outros elementos que permitam ao juízo rescindente formar sua convicção quanto à existência da coisa julgada e à tempestividade da pretensão desconstitutiva. Sob esse entendimento, a SBDI-II, por maioria, rejeitou a preliminar relativa à ausência de cópia da certidão de trânsito em julgado, considerando superada a primeira parte da Orientação Jurisprudencial nº 84 da SBDI-II, inclusive nas ações rescisórias regidas pelo CPC de 1973. Vencido o Ministro Lelio Bentes Corrêa. TST-RO-27-32.2014.5.05.0000, SBDI-II, rel. Min. Maria Helena Mallmann, 13.8.2019 (TST. Info nº 202).

Ação rescisória. Acórdão que nega provimento a agravo de instrumento em recurso de revista. Art. 966, § 2º, do CPC de 2015. Não incidência. Erro de alvo. Configuração.

Acórdão que nega provimento a agravo de instrumento em recurso de revista não é passível de rescisão, nos termos do art. 966, § 2º, do CPC de 2015, porque, ao se limitar à investigação do preenchimento dos pressupostos intrínsecos do recurso de revista, não impede a propositura de nova ação, nem a admissibilidade do recurso correspondente. Desse modo, o corte rescisório dirigido a acórdão que nega provimento a agravo de instrumento em recurso de revista caracteriza-se como erro de alvo, devendo as alegações de vícios rescisórios referentes ao mérito do processo matriz serem direcionadas contra a última decisão de mérito proferida na causa, o que impõe a emenda da petição inicial e a adequação do objeto da ação rescisória (art. 968, § 5º e 6º, do CPC de 2015). Na hipótese, a petição inicial pretende discutir o critério de cálculo adotado na complementação de aposentadoria, e a decisão passível de corte rescisório com fulcro nessa causa de pedir é o acórdão proferido pelo TRT da 2ª Região, órgão julgador competente para apreciar a ação rescisória. Sob esse entendimento, a SBDI-II, por unanimidade, conheceu do agravo regimental e, no mérito, negou-lhe provimento para manter decisão monocrática que declarara a incompetência do TST para apreciar originalmente a ação rescisória e determinara a intimação do autor para emendar a petição inicial e adequar o objeto da referida ação. TST-AgR-AR-1000871-61.2018.5.00.0000, SBDI-II, rel. Min. Delaíde Alves Miranda Arantes, 18.6.2019 (TST. Info nº 199).

Ação rescisória. Violação de norma jurídica. Nulidade de citação. Revelia. Cabimento. Necessidade de observância do prazo decadencial e de recolhimento do depósito prévio.

Admite-se ação rescisória fundada em violação de norma jurídica para desconstituir decisão proferida à revelia daquele que alega ter sido nulamente citado, embora o revel tenha à sua disposição outros instrumentos processuais para o desfazimento da sentença viciada. No atual sistema processual não há previsão legal inequívoca acerca do processamento da querela nullitatis e a gravidade do vício transrescisório justifica a utilização da ação rescisória. Assim, cabendo ao autor escolher o procedimento por meio do qual pretende ver processada a sua pretensão, não há falar em carência de ação pela inadequação da ação rescisória, devendo a parte, todavia, atentar-se para o prazo decadencial bienal e para o recolhimento do depósito prévio. Sob esses fundamentos, a SBDI-II, por unanimidade, ultrapassando a questão preliminar a respeito do cabimento ou não da ação rescisória, conheceu do recurso ordinário, e, no mérito, por maioria, negou-lhe provimento para manter a decisão que reputara configurada a decadência em ação rescisória que tomou por base o trânsito em julgado da última decisão proferida na causa em que a autora foi regularmente citada por edital, contando-se o prazo a partir do dia subsequente àquele em que poderia apresentar recurso ordinário. Vencidos os Ministros Douglas Alencar Rodrigues e Breno Medeiros. TST-RO-6956-39.2013.5.15.0000, SBDI-II, rel. Min. Maria Helena Mallmann, 28.5.2019 (TST. Info nº 197).

Ação rescisória. Matéria controvertida. Ausência de jurisprudência pacifica no âmbito da SBDI-I e de todas as Turmas do TST. Súmula nº 83 do TST. Incidência.

O TST, flexibilizando os comandos da Súmula nº 83 da Corte, firmou o entendimento de que o marco divisor para afastar a controvérsia a respeito da interpretação de norma infraconstitucional é o fato de a matéria estar pacificada na SBDI-I e nas oito Turmas do TST, no momento do trânsito em julgado da decisão rescindenda, mesmo que não editada súmula ou orientação jurisprudencial a respeito do tema. Na hipótese, todavia, à época em que proferido o acórdão rescindendo, a tese acerca da necessidade, ou não, de comprovação da inexequibilidade da devedora principal, para os fins de redirecionamento da execução para a responsável subsidiária nos casos de falência da responsável principal, não estava pacificada, pois ausentes precedentes da SBDI-I e da 3ª Turma acerca do mérito da questão, além de também haver controvérsia no âmbito dos Tribunais Regionais. Assim, ante o óbice da Súmula nº 83 do TST, a SBDI-II, por unanimidade, conheceu do recurso ordinário, e, no mérito, por maioria, deu-lhe provimento para julgar improcedente a ação rescisória. Vencidos os Ministros Douglas Alencar Rodrigues, relator, Maria Helena Mallmann, Delaíde Miranda Arantes e Alexandre Agra Belmonte. TST-RO-8573-11.2011.5.04.0000, SBDI-II, rel. Min. Douglas Alencar Rodrigues, red. p/ acórdão Min. Renato de Lacerda Paiva, 12.6.2018 (TST. Info nº 180).

Ação rescisória. Pretensão desconstitutiva de parte da decisão proferida na fase de conhecimento. Valor da causa. Fixação de modo proporcional ao conteúdo patrimonial ou ao proveito econômico pretendido.

O valor da causa da ação rescisória que pretende desconstituir, parcialmente, decisão proferida na fase de conhecimento deve ser estabelecido de modo proporcional ao conteúdo patrimonial ou ao proveito econômico pretendido pelo autor, e não a partir do valor atualizado da condenação. Na hipótese, a pretensão rescisória dirigiu-se apenas à parte da decisão que condenou o autor ao pagamento de pensão mensal vitalícia no importe de R$ 400,00 mensais, razão pela qual, nos termos do art. 292, § 2º, do CPC de 2015 e da atualização prevista na Instrução Normativa nº 31/2007 do TST, o valor da causa foi corretamente fixado em R$ 6.149,35 e não em R$ 215.711,76 (valor atualizado da condenação). Sob esses fundamentos, a SBDI-II, por unanimidade, conheceu do agravo e, no mérito, vencidos parcialmente os Ministros Lelio Bentes Corrêa, Alberto Luiz Bresciani de Fontan Pereira e Emmanoel Pereira por fundamentos diversos, deu-lhe provimento para, afastando o óbice relativo à insuficiência de depósito prévio que ocasionou o indeferimento da petição inicial, determinar que se retome o exame da ação rescisória. TST-Ag-AR-251-03.2017.5.00.0000, SBDI-II, rel. Min. Delaíde Miranda Arantes, 5.12.2017 (TST. Info nº 170).

Ação rescisória. Depósito prévio de 5% sobre o valor da causa previsto no CPC de 1973. Não incidência na Justiça do Trabalho. Prevalência do disposto no art. 836 da CLT.

O depósito prévio de 5% sobre o valor da causa, previsto no CPC de 1973, não se aplica à ação rescisória proposta na Justiça do Trabalho. Nos termos do art. 836 da CLT, norma específica do processo do trabalho, a ação rescisória sujeita-se ao depósito prévio no percentual de 20%. Ressalte-se que esse entendimento permanece inalterado mesmo após o advento da Lei nº 13.105/2015, visto que a incidência das normas do CPC permanece restrita às hipóteses em que houver omissão e compatibilidade com o processo do trabalho (art. 769 da CLT e art. 15 do CPC de 2015). Da mesma forma, a aplicação das normas procedimentais previstas nos arts. 966 a 975 do CPC de 2015, autorizada pela IN nº 39/2016 do TST, não acarreta o afastamento das regras específicas do processo do trabalho. Não obstante esses fundamentos, no caso concreto, a SBDI-II, por unanimidade, dispensou o autor do recolhimento do depósito prévio de 20% sobre o valor da causa por ser beneficiário da justiça gratuita. TST-AR-22152-61.2016.5.00.0000, SBDI-II, rel. Min. Douglas Alencar Rodrigues, 6.6.2017 (TST. Info nº 160).

Ação rescisória. Decadência. Extinção do processo com resolução do mérito. Depósito prévio. Reversão ao réu.

O reconhecimento da decadência em sede de ação rescisória possui como consequência a determinação de reversão ao réu do valor do depósito prévio de que tratam os artigos 836 da CLT e 968, II do CPC de 2015 c/c o art. 5º da IN/TST 31/2007. A decisão assim proferida acarreta a extinção do processo com resolução do mérito, produzindo os mesmos efeitos intrínsecos às decisões de inadmissão e de improcedência da ação. Sob esses fundamentos, a SBDI-II, por unanimidade, conheceu do recurso ordinário e, no mérito, por maioria, negou-lhe provimento, mantendo a decisão proferida pelo Tribunal Regional que determinara a liberação do depósito judicial em favor do réu. Vencidos os Ministros Luiz Philippe Vieira de Mello Filho, Antonio José de Barros Levenhagen e Delaíde Miranda Arantes. TST-RO-5703-90.2011.5.04.0000, SBDI-II, rel. Min. Douglas Alencar Rodrigues, 13.9.2016 (TST. Info nº 144).

Ação rescisória. Indenização. Frutos percebidos na posse de má-fé. Violação do art. 1.216 do CC. Inaplicabilidade do óbice da Súmula nº 83 do TST. Inexistência de controvérsia mesmo antes da edição da Súmula nº 445 do TST.

A SBDI-II, por unanimidade, afastando o óbice da Súmula nº 83, I e II, do TST, negou provimento a recurso ordinário, mantendo, portanto, o acórdão que, reconhecendo violação do art. 1.216 do CC, rescindiu a sentença e julgou improcedente o pedido relativo à indenização por perdas e danos decorrentes dos frutos percebidos na posse de má-fé. Na espécie, prevaleceu o entendimento de que mesmo antes da edição da Súmula nº 445 do TST já havia na Corte jurisprudência íntegra, coerente e estável a respeito da incompatibilidade da referida indenização com o direito do trabalho, não havendo falar em matéria de interpretação controvertida à época do trânsito em julgado da decisão rescindenda. Ressaltou-se, ademais, que a função precípua do TST é dar unidade ao direito material e processual do trabalho, pacificando a jurisprudência nacional, de modo que as Súmulas nº 343 do STF e 83 do TST e a chamada "interpretação razoável" não podem obstar a atuação institucional do TST quanto à interpretação mais adequada de norma federal. TST-RO-7213-61.2012.5.02.0000, SBDI-I, rel. Min. Luiz Philippe Vieira de Mello Filho, 30.8.2016 (TST. Info nº 143).

Ação rescisória. Reintegração por acometimento de doença ocupacional e por ausência de motivação do ato de dispensa. Pretensões autônomas. Inexistência do óbice da Orientação Jurisprudencial nº 112 da SBDI-II.

A diretriz consagrada na Orientação Jurisprudencial nº 112 da SBDI-II, no sentido de ser necessário invocar causas de rescindibilidade que infirmem a fundamentação dúplice da decisão rescindenda, não se aplica ao caso em que houve o deferimento de duas pretensões autônomas. Na hipótese, o acórdão rescindendo não adotou motivação dúplice em relação a um único direito, mas reconheceu duas pretensões distintas, quais sejam, o direito à reintegração decorrente da doença ocupacional e o direito à reintegração em virtude da ilegalidade da dispensa por ausência de motivação do ato, as quais, inclusive, geram diferentes consequências. Assim sendo, não há qualquer obstáculo a que o autor dirija a pretensão desconstitutiva apenas contra a ilegalidade da dispensa por ausência de motivação, apontando violação dos arts. 5º, II, 7º, II e III, 37, II, 41 e 173, § 1º, II, da CF. Sob esse fundamento, a SBDI-II, por unanimidade, conheceu do recurso ordinário e, no mérito, deu-lhe provimento para

determinar o retorno dos autos à origem a fim de que, afastado o óbice da Orientação Jurisprudencial nº 112 da SBDI-II, examine o pedido de corte rescisório. TST-RO-889-94.2011.5.09.0000, SBDI-II, rel. Min. Douglas Alencar Rodrigues, 2.8.2016 (TST. Info nº 141).

Ação rescisória. Decadência. Recurso ordinário intempestivo. Remessa necessária não conhecida. Condenação inferior a sessenta salários mínimos. Prazo decadencial contado a partir do transcurso do prazo para a interposição do recurso ordinário. Súmula nº 100, IV, do TST.

O prazo decadencial, na ação rescisória, deve ser contado a partir do dia imediatamente subsequente ao trânsito em julgado da última decisão proferida na causa, seja de mérito ou não. De outro lado, recurso intempestivo ou incabível não tem o condão de impedir o trânsito em julgado da decisão recorrida, salvo se houver dúvida razoável (Súmula nº 100 do TST, itens I e III). Assim, na hipótese em que se denegou seguimento ao recurso ordinário do reclamado, por intempestivo, e o TRT não conheceu da remessa necessária porque a condenação não ultrapassou os sessenta salários mínimos exigidos pelo art. 475, § 2º, do CPC de 1973, conclui-se que a matéria trazida em sede de rescisória foi abordada apenas na sentença proferida pela vara do trabalho, cujo trânsito em julgado se operou após o transcurso do prazo para a interposição do recurso ordinário. Incidência do item IV da Súmula nº 100 do TST, segundo o qual o juízo rescindente não está adstrito à certidão de trânsito em julgado juntada com a ação rescisória, podendo formar sua convicção por meio de outros elementos dos autos quanto à postergação ou não do início do prazo decadencial. Sob esses fundamentos, a SBDI-II, por unanimidade, conheceu do recurso ordinário e, por maioria, extinguiu o processo com resolução do mérito, na forma do art. 487, II, do CPC de 2015. Vencidos os Ministros Douglas Alencar Rodrigues, relator, Maria Helena Mallmann, Renato de Lacerda Paiva e Alberto Luiz Bresciani de Fontan Pereira, os quais entendiam que a determinação explícita de submissão da sentença condenatória ao duplo grau de jurisdição e a circunstância de o valor da condenação ter sido apenas arbitrado, não espelhando o conteúdo econômico das pretensões deferidas à reclamante (sentença ilíquida), consistiriam em dúvida razoável capaz de protrair o marco inicial do prazo decadencial. TST-RO-7190-84.2014.5.15.0000, SBDI-II, rel. Min. Douglas Alencar Rodrigues, red. p/ acórdão Min. Emmanoel Pereira,14.6.2016 (TST. Info nº 139).

Ação rescisória. Pretensão de inclusão de novos valores em cálculos já homologados. Preclusão consumativa. Questão meramente processual. Coisa julgada formal. Impossibilidade de corte rescisório. Art. 485, caput, do CPC. Extinção do feito sem resolução de mérito.

É juridicamente impossível o pedido de rescisão de acórdão em que se julgou preclusa a pretensão de inclusão de novos valores em cálculos já homologados judicialmente. A decisão rescindenda não enfrenta o mérito da lide, pois se fundamenta em questão meramente processual, a saber, a preclusão consumativa. Assim, gera apenas coisa julgada formal, não sujeita a corte rescisório, nos termos do art. 485, caput, do CPC. Sob esses fundamentos, a SBDI-2, por unanimidade, conheceu do recurso ordinário e, no mérito, negou-lhe provimento. TST-RO-100017-94.2013.5.17.0000, SBDI-II, rel. Min. Luiz Philippe Vieira de Mello Filho, 4.8.2015 (TST. Info nº 113).

Ação rescisória. Impossibilidade jurídica do pedido. Atos judiciais que ordenam a penhora e a arrematação de imóvel considerado como bem de família. Ausência de cunho decisório. Pronunciamento judicial sobre a natureza jurídica do bem. Inexistência.

Os atos judiciais que determinam a penhora e a alienação de imóvel considerado como bem de família não são rescindíveis, pois, a princípio, não ostentam cunho decisório e estão sujeitos a medidas processuais específicas para o processo de execução, expressamente previstas no ordenamento jurídico. Ademais, não havendo pronunciamento judicial acerca da natureza jurídica do bem, não existe decisão de mérito transitada em julgado a permitir o ajuizamento da ação rescisória. Sob esses fundamentos, a SDI-II, por unanimidade, conheceu do recurso ordinário e, no mérito, negou-lhe provimento, mantendo, portanto, o acórdão do Regional que extinguiu o processo sem resolução de mérito por impossibilidade jurídica do pedido, nos termos do art. 267, VI, do CPC. TST-RO-8383-34.2013.5.02.0000, SBDI-II, rel. Min. Alberto Luiz Bresciani de Fontan Pereira, 28.4.2015 (TST. Info-Execução nº 15).

Ação rescisória. Colusão. Propositura da ação por terceiro juridicamente interessado. Prazo decadencial. Contagem. Súmula nº 100, item VI, do TST. Incidência.

Embora o item VI da Súmula nº 100 do TST, ao excepcionar o início da contagem do prazo decadencial para a propositura da ação rescisória fundada em colusão para o momento que se tem ciência da suposta fraude, se refira tão somente à atuação do Ministério Público do Trabalho que não interveio no processo principal, a tese nele consagrada deve prevalecer nas hipóteses em que o terceiro tenha interesse jurídico em rescindir a coisa julgada maculada por suposta lide simulada. No caso, aplica-se o brocardo latino ubi eadem ratio, ibi eadem legis dispositio, segundo o qual onde existe a mesma razão deve haver a mesma regra de Direito, não se podendo admitir, portanto, que o terceiro que se sinta prejudicado não possa rescindir o julgado cuja existência ignorava. Assim, ocorrida a ciência da alegada fraude em 17.9.2008, é tempestivo o ajuizamento da ação rescisória pelo terceiro interessado em 16.9.2010. Com esses fundamentos, a SBDI-II, por maioria, deu provimento ao recurso para afastar a decadência, determinando o retorno dos autos à origem, a fim de que prossiga no julgamento da causa. Vencido o Ministro Emmanoel Pereira. TST-RO- 10353-74.2010.5.02.0000, SBDI-II, rel. Min. Douglas Alencar Rodrigues, 7.4.2015 (TST. Info nº 103).

Acordo. Quitação ampla ao extinto contrato de trabalho. Nova reclamação pleiteando diferenças de complementação de aposentadoria. Ofensa à coisa julgada. Não configuração.

Não obstante celebrado acordo nos autos de reclamação trabalhista anterior, conferindo quitação ampla, geral e irrestrita das parcelas trabalhistas, não ofende a coisa julgada a concessão de diferenças de complementação de aposentadoria nos autos de demanda posterior, porquanto o benefício previdenciário postulado, embora decorrente do contrato de trabalho, tem natureza jurídica diversa. Assim, não há falar em identidade entre as ações, por falta de correspondência entre os pedidos e entre as causas de pedir, não podendo ter o acordo judicial entabulado a amplitude pretendida, quitando direitos alheios àqueles debatidos na primeira demanda, e que, ademais, são regidos pelo regulamento da entidade previdenciária e não pela legislação trabalhista. Assim, não vislumbrando contrariedade à Orientação Jurisprudencial nº 132 da SBDI-II, a SBDI-I, por maioria, não conheceu dos embargos dos reclamados. Vencidos os Ministros Dora Maria da Costa, relatora, João Oreste Dalazen, Brito Pereira e Lelio Bentes Corrêa. TST-E-RR-1221- 35.2010.5.09.0020, SBDI-I, rel. Min. Dora Maria da Costa, red. p/ acórdão Min. Aloysio Corrêa da Veiga, 12.2.15 (TST. Info nº 100).

Ação Rescisória. Perda do interesse de agir. Parcelamento do débito da execução trabalhista. Substituição da sentença do processo de conhecimento pelo parcelamento acatado e homologado.

Conforme a jurisprudência firmada no âmbito da SBDI-II, a sentença homologatória de acordo na execução implica perda do interesse de agir na ação rescisória em que se pretendia a desconstituição de decisão proferida no processo de conhecimento da reclamação trabalhista, porque aquela substitui esta para todos os efeitos, inexistindo a coisa julgada outrora formada no processo de conhecimento. De igual modo, o pedido de parcelamento do débito da execução trabalhista implica o reconhecimento expresso da dívida, equivalendo à confissão do débito, o que provoca o afastamento do recurso na fase de execução, suspendendo os atos executórios e gerando uma substituição da sentença do processo de conhecimento pelo parcelamento acatado pelo credor e homologado em juízo. Com esse entendimento, a SBDI-II, por unanimidade, conheceu do agravo regimental e, no mérito, negou-lhe provimento. TST-AgR-ED-RO-12270-74.2010.5.04.0000, SBDI-II, rel. Min. Emmanoel Pereira, 21.10.2014 (TST. Info-Execução nº 7).

Ação rescisória. Desconstituição de decisão proferida em embargos de terceiro. Possibilidade jurídica do pedido. Existência de coisa julgada material.

A decisão proferida em sede de embargos de terceiro faz coisa julgada material em relação às matérias que lhe constituem o objeto cognoscível, sendo, portanto, suscetível de corte rescisório. Com efeito, os embargos de terceiro constituem ação nova, de natureza civil e autônoma, que está ao dispor daqueles que não integraram a lide na fase de conhecimento e que sofreram algum tipo de perturbação no exercício do direito de posse, o que permite ampla cognição do julgador e a prolação de decisão de mérito compatível com a formação de coisa julgada material. Com esse entendimento, a SBDI-II, decidiu, à unanimidade, negar provimento ao recurso ordinário do réu, admitindo, assim, a possibilidade jurídica do pedido de desconstituição da sentença de mérito proferida em embargos de

terceiro por meio de ação rescisória. TST-RO-638-42.2012.5.09.0000, SBDI-II, rel. Min. Cláudio Mascarenhas Brandão, 19.8.2014 (TST. Info-execução nº 4).

Ação rescisória. Sentença homologatória de conciliação em ação de cumprimento de convenção coletiva. Colusão entre as partes. Configuração. Art. 485, III, parte final, do CPC. Fraude ao art. 8º, II, da CF.

A SBDI-II, por maioria, deu provimento ao recurso ordinário em ação rescisória para, em juízo rescindente, com fundamento no art. 485, III, parte final, do CPC, reconhecer a existência de colusão no acordo judicialmente homologado em ação de cumprimento de convenção coletiva celebrado entre uma rede de restaurantes e o Sindicato dos Trabalhadores nas Empresas de Refeições Rápidas (Fast--Food) – Sindfast. Na hipótese, restou evidenciado que o instrumento normativo firmado pelo Sindfast garantia menos direitos aos empregados que aquele firmado pelo Sindicato dos Trabalhadores em Hotéis, Apart. Hotéis, Motéis, Flats, Pensões, Hospedarias, Pousadas, Restaurantes, Churrascarias, Cantinas, Pizzarias, Bares, Lanchonetes, Sorveterias, Confeitarias, Docerias, Buffets, Fast-Foods e Assemelhados de São Paulo e Região – Sinthoresp, o qual sequer fora incluído no polo passivo da ação, apesar de seu legítimo interesse no objeto da demanda. Ademais, as provas documentais carreadas aos autos, e não impugnadas, bem como os instrumentos constitutivos das empresas revelam que o seu objeto societário não se amolda à restrita preparação de refeições rápidas. Assim, vislumbrando fraude ao inciso II do art. 8º da CF, que assegura o princípio da unicidade sindical, e, consequentemente, determina o alcance da representação sindical, a Subseção desconstituiu a sentença homologatória da conciliação proferida na ação de cumprimento e, em juízo rescisório, com amparo no art. 129 do CPC, extinguiu o processo sem resolução de mérito. Vencidos os Ministros Alberto Luiz Bresciani de Fontan Pereira, relator, e Emmanoel Pereira, que negavam provimento ao recurso ordinário por não vislumbrarem a ocorrência de colusão entre as partes, mas apenas uma insatisfação do Sinthoresp com relação ao enquadramento sindical da rede de restaurantes na ação de cumprimento. TST-RO-1359800-14.2005.5.02.0000, SBDI-II, rel. Min. Alberto Luiz Bresciani de Fontan Pereira, red. p/ acórdão Min. Cláudio Mascarenhas Brandão, 11.3.2014 (TST. Info nº 75).

Ação rescisória. Não cabimento. Decisão que extingue o feito, sem resolução de mérito, por falta de prévia submissão da demanda à Comissão de Conciliação Prévia. Ausência de decisão de mérito. Súmula nº 412 do TST. Inaplicável.

A decisão que dá provimento ao recurso de revista para extinguir o feito, sem resolução de mérito, por ausência de pressuposto de constituição e de desenvolvimento válido e regular do processo (art. 267, IV, do CPC), não é passível de rescisão. A Súmula nº 412 do TST, ao estabelecer que uma questão processual pode ser objeto de ação rescisória, exige que tal questão seja pressuposto de validade de uma sentença de mérito, o que não há no caso, uma vez que, ao extinguir o processo sem resolução de mérito, por falta de prévia submissão da demanda à Comissão de Conciliação Prévia – CCP de que trata o art. 625-D da CLT, o órgão prolator da decisão rescindenda não adentrou a matéria de fundo. Com esses fundamentos, a SBDI-II, por maioria, extinguiu o processo sem exame do mérito, em razão de não haver coisa julgada material. Vencido o Ministro Pedro Paulo Manus, relator, que entendia cabível a pretensão rescisória. TST-AR-4494-97.2011.5.00.0000, SBDI-II, rel. Min. Pedro Paulo Manus, red. p/ acórdão Min. Hugo Carlos Scheuermann, 12.3.2013 (TST. Info nº 40).

AR. Servidor público municipal. Incompetência da Justiça do Trabalho. Lei instituidora de regime jurídico único. Publicação. Pedido rescisório calcado no art. 485, II, do CPC. Impossibilidade.

Na hipótese em que a sentença rescindenda rejeitou a preliminar de incompetência absoluta da Justiça do Trabalho, porque a validade da lei instituidora de regime jurídico único dos servidores do Município de Grajaú era controvertida, em razão da ausência de comprovação de sua publicação oficial ou, ao menos, de sua publicidade por meio da afixação no mural da Câmara Municipal, não é possível o corte rescisório calcado no inciso II do art. 485 do CPC, na medida em que este somente se viabiliza nos casos em que a incompetência absoluta invocada revelar-se patente, ou seja, quando houver expressa previsão legal atribuindo a competência material a juízo distinto. Com esse entendimento, a SBDI-II, por unanimidade, negou provimento ao recurso ordinário. TST-ReeNec e RO-38300-79.2011.5.16.0000, SBDI-II, rel. Min. Alexandre Agra Belmonte, 23.10.2012 (TST. Info nº 27).

AR. Coisa julgada material. Eficácia preclusiva. Causa extintiva da obrigação. Manejo após o último momento útil. Ofensa à coisa julgada não caracterizada.

A causa extintiva da obrigação constatada após o último momento útil para o acolhimento do fato ocorrido no curso do processo não enseja a eficácia preclusiva disciplinada no art. 474 do Código de Processo Civil. Desse modo, a transação superveniente à sentença, acolhida quando do julgamento do agravo de petição, ainda que não discutida na fase cognitiva, não tem o condão de abalar a eficácia jurídica do ajuste entre as partes, tornando-se inviável o corte rescisório com amparo no inciso V do art. 485 do CPC. Com esse entendimento, a SBDI-II, por unanimidade, conheceu do recurso ordinário e, no mérito, deu-lhe provimento para julgar improcedente a ação rescisória. TST--RO-231600-91.2009.5.01.0000, SBDI-II, rel. Min. Alberto Luiz Bresciani de Fontan Pereira, 26.6.2012 (TST. Info nº 15).

AR. Extinção do processo sem resolução de mérito. Impossibilidade jurídica do pedido. Depósito prévio. Reversão em favor do réu. Possibilidade. Instrução Normativa nº 31/2007 do TST. Hipótese de inadmissibilidade da ação.

A impossibilidade jurídica do pedido configura hipótese de inadmissibilidade da ação rescisória para efeitos de incidência do art. 5º da Instrução Normativa nº 31/2007 do TST, com redação dada pela Resolução nº 154/2004. Assim, cabe a reversão do depósito prévio em favor do réu no caso em que a ação rescisória foi extinta sem resolução do mérito, nos termos do art. 267, VI, e § 3º, do CPC, mediante a aplicação analógica da Súmula nº 192, IV, do TST, porquanto o pedido de rescisão de acórdão do Regional proferido em sede de agravo de instrumento em recurso ordinário mostra-se juridicamente impossível. Com base nesse entendimento, a SBDI-II, por maioria, conheceu do recurso ordinário e, no mérito, negou-lhes provimento, mantendo a decisão do TRT, que, nos termos do art. 494 do CPC, determinara a reversão do depósito prévio. Vencidos os Ministros Emmanoel Pereira e Guilherme Augusto Caputo Bastos, relator, que davam provimento parcial ao recurso para excluir da condenação a reversão do depósito prévio em favor do réu. TST-RO-264-11.2011.5.18.0000, SBDI--II, rel. Min. Guilherme Augusto Caputo Bastos, red. p/ acórdão Min. Alexandre Agra Belmonte, 21.8.2012 (TST. Info nº 15).

AR. Depósito prévio. Ausência. Pedido de expedição da guia de recolhimento. Retificação de ofício do valor dado à causa. Impossibilidade. Ônus da parte. Pressuposto de validade da relação processual.

O depósito prévio, por se tratar de pressuposto de validade da relação jurídica processual, é ônus da parte, e deve ser recolhido concomitantemente ao ajuizamento da ação rescisória. Assim, não há como chancelar a conduta da autora, que, ao ajuizar a ação rescisória sem a comprovação do respectivo depósito, requereu a expedição da guia de recolhimento, tendo sido prontamente atendida pelo relator da ação no TRT, que retificou de ofício o valor dado à causa e, nos termos do art. 284 do CPC, concedeu prazo para que fosse efetuado o depósito prévio, sob pena de indeferimento da inicial. Com esse entendimento, a SBDI-II, por maioria, julgou extinto o processo sem resolução de mérito, nos termos dos arts. 836 da CLT, 267, IV, e 490, II, do CPC, determinando a restituição integral do depósito prévio à autora, vencidos os Ministros Maria Cristina Irigoyen Peduzzi, Emmanoel Pereira, Guilherme Augusto Caputo Bastos e João Oreste Dalazen. TST-RO-339-74.2010.5.04.0000, SBDI-II, rel. Des. Conv. Maria Doralice Novaes, 16.10.2012 (TST. Info nº 15).

AR. Acórdão proferido em agravo de instrumento em agravo de petição. Condenação ao pagamento de indenização por litigância de má-fé. Possibilidade jurídica da pretensão rescindente. Exclusão da condenação. Necessária a demonstração dos efetivos prejuízos sofridos pela parte contrária.

Cabe ação rescisória para desconstituir acórdão do Tribunal Regional do Trabalho que negou provimento ao agravo de instrumento em agravo de petição, condenando a União ao pagamento de indenização decorrente do reconhecimento da litigância de má-fé, porquanto, no que tange à referida condenação, o acórdão assume contornos de decisão de mérito, viabilizando o corte rescisório com fulcro no art. 485, V, do CPC. Assim, a SBDI-II, por maioria, conheceu do recurso ordinário e reexame necessário e, no mérito, deu-lhes provimento para afastar a impossibilidade jurídica da pretensão

rescindente declarada pelo TRT. Ademais, tendo em conta que a matéria objeto do pretendido corte rescisório é eminentemente de direito, a Subseção passou a analisá-la de imediato (art. 515, § 3º, do CPC) para julgar procedente o pedido e, em juízo rescisório, absolver a União da condenação imposta, visto que, nos termos da jurisprudência dominante da Corte, a mera caracterização da litigância de má-fé não se mostra suficiente para ensejar a aplicação da indenização prevista no § 2º do art. 18 do CPC, por ser necessária a demonstração dos efetivos prejuízos sofridos pela parte contrária. Vencidos os Ministros Luiz Philippe Vieira de Mello Filho e Alberto Luiz Bresciani de Fontan Pereira. TST-ReeNec e RO-27-92.2010.5.15.0000, SBDI-II, rel. Min. Caputo Bastos, 29.5.2012 (TST. Info nº 11).

10. QUADRO SINÓPTICO

<table>
<tr><th colspan="4">Capítulo I – Ação rescisória</th></tr>
<tr><th>Instituto</th><th colspan="2">Conteúdo</th><th>Item</th></tr>
<tr><td>Conceito</td><td colspan="2">Constitui o meio processual adequado para rescindir sentenças ou acórdãos qualificados pela coisa julgada material e proferidos sem observância de determinados requisitos expressamente previstos em lei, no prazo decadencial de dois anos.</td><td rowspan="2">2</td></tr>
<tr><td>Natureza jurídica</td><td colspan="2">Tem caráter constitutivo-negativo, pois visa desconstituir um ato processual do juiz (sentença) e, por esse motivo, está submetida ao prazo decadencial para sua propositura. Por via reflexa, a ação rescisória pode ter um conteúdo condenatório, quando substitui uma sentença ou acórdão de improcedência da pretensão do autor.</td></tr>
<tr><td>Aplicabilidade no processo do trabalho</td><td colspan="2">A ação rescisória pode ser manejada no âmbito do processo do trabalho. Todavia, toda a tramitação dessa medida processual segue a disciplina prevista do CPC, salvo em relação ao depósito prévio, que é de 20% do valor da causa.</td><td>3</td></tr>
<tr><td rowspan="2">Competência</td><td>Regra geral</td><td>A competência originária para processamento e julgamento da ação rescisória é dos Tribunais.</td><td rowspan="2">4</td></tr>
<tr><td>Regras especiais (Súmula nº 192 do TST)</td><td>– Se não houver o conhecimento de recurso de revista ou de embargos, a competência para julgar ação que vise a rescindir a decisão de mérito é do Tribunal Regional do Trabalho, ressalvado o disposto no item seguinte;
– Acórdão rescindendo do Tribunal Superior do Trabalho que não conhece de recurso de embargos ou de revista, analisando arguição de violação de dispositivo de lei material ou decidindo em consonância com súmula de direito material ou com iterativa, notória e atual jurisprudência de direito material da Seção de Dissídios Individuais (Súmula nº 333), examina o mérito da causa, cabendo ação rescisória da competência do Tribunal Superior do Trabalho;
– A decisão proferida pela SBDI, em agravo regimental, calcada na Súmula nº 333, substitui acórdão de Turma do TST, porque emite juízo de mérito, comportando, em tese, o corte rescisório.</td></tr>
<tr><td>Legitimidade</td><td colspan="2">I – quem foi parte no processo ou o seu sucessor a título universal ou singular;
II – o terceiro juridicamente interessado;
III – o Ministério Público:
a) se não foi ouvido no processo em que lhe era obrigatória a intervenção;
b) quando a decisão rescindenda é o efeito de simulação ou de colusão das partes, a fim de fraudar a lei;
c) em outros casos em que se imponha sua atuação;
IV – aquele que não foi ouvido no processo em que lhe era obrigatória a intervenção.</td><td>5</td></tr>
</table>

Capítulo I – Ação rescisória		
Instituto	**Conteúdo**	**Item**
	Hipóteses de cabimento	
Concussão	Exigir, para si ou para outrem, direta ou indiretamente, ainda que fora da função ou antes de assumi-la, mas em razão dela, vantagem indevida.	
Corrupção	Solicitar ou receber, para si ou para outrem, direta ou indiretamente, ainda que fora da função ou antes de assumi-la, mas em razão dela, vantagem indevida, ou aceitar promessa de tal vantagem.	6.1
Prevaricação	Retardar ou deixar de praticar, indevidamente, ato de ofício, ou praticá-lo contra disposição expressa de lei, para satisfazer interesse ou sentimento pessoal.	
Impedimento do juiz	Sentença proferida por juiz impedido, conforme previsão contida no art. 144 do CPC de 2015 e no art. 801 da CLT.	6.2
Incompetência absoluta	Quando a sentença for proferida sem observância das regras relativas à competência em razão da matéria e em razão da hierarquia, definidas, principalmente, pelo art. 114 da CF/88.	
Dolo e coação	Não se trata de dolo ou coação do responsável pela produção do ato jurídico, no caso, a sentença, mas sim de uma das partes do processo que, agindo com dolo ou com coação prejudicou a parte contrária e, como consequência, induziu o juízo a formar a sua convicção em premissas falsas (sofisma).	6.3
Simulação e colusão	• Quando as partes, em colusão, utilizam-se do processo para fraudar a lei. • Haverá simulação nos negócios jurídicos quando: a) aparentarem conferir ou transmitir direitos a pessoas diversas daquelas às quais realmente se conferem, ou transmitem; b) contiverem declaração, confissão, condição ou cláusula não verdadeira; c) os instrumentos particulares forem antedatados, ou pós-datados.	6.3
Ofensa à coisa julgada	Quando uma decisão é proferida com ofensa à coisa julgada	6.4
Violação manifesta de norma jurídica	• a decisão que, de forma expressa e clara, infringe os preceitos contidos na norma estatal de caráter constitucional ou infraconstitucional (federal, estadual ou municipal), negativa ou positivamente. • não procede pedido formulado na ação rescisória por violação literal de lei se a decisão rescindenda estiver baseada em texto legal infraconstitucional de interpretação controvertida nos Tribunais. (Súmula nº 83 do TST).	6.5
Prova falsa	A prova falsa é aquela declarada em juízo como tal, seja em processo autônomo, inclusive o criminal, seja na própria ação rescisória.	6.6
Prova nova	A prova nova é aquela que já existia à época da instrução do processo no qual foi proferida a sentença rescindenda e capaz de garantir um pronunciamento favorável para o interessado, mas que a parte ignorava ou ficou impossibilitada de produzir nos referidos autos.	6.7
Erro de fato	Quando determinada prova passa despercebida pelo magistrado e a decisão leva em consideração esse fato, a sentença pode ser atacada pela via da rescisória.	6.8
	Requisitos	
Trânsito em julgado	• não é qualquer sentença que pode ser atacada pela via da ação rescisória, mas somente aquela que pode adquirir a qualidade da coisa julgada material; • admite-se ação rescisória contra sentença transitada em julgado, ainda que contra ela não se tenha esgotado todos os recursos (Súmula nº 514 do STF).	7.1

Capítulo I – Ação rescisória		
Instituto	**Conteúdo**	**Item**
Depósito prévio	A admissão da ação rescisória depende do depósito prévio de 20% (vinte por cento) do valor da causa, salvo prova de miserabilidade jurídica do autor.	7.2
Prazo	O prazo decadencial para a propositura da ação rescisória é de dois anos a partir do trânsito em julgado da decisão ou do acórdão que a substitui.	7.3
Trâmite da rescisória		
Recurso	Quando a ação rescisória for proposta perante os Tribunais Regionais do Trabalho, caberá recurso ordinário para a SBDI-II do Tribunal Superior do Trabalho, de acordo com o art. 78, III, "c", I, do RITST e do entendimento constante da sua Súmula de nº 158 do TST.	8.1
Execução	A propositura da ação rescisória não impede o cumprimento da decisão rescindenda, ressalvada a concessão de tutela provisória.	8.2

11. QUESTÕES

1. (CESPE – 2009 – SEAD-SE (FPH) – Procurador) A respeito do direito processual do trabalho, julgue os itens seguintes.

– **Uma ação rescisória que tenha como fundamento a violação de lei admite o reexame de fatos e provas do processo que originou a decisão rescindenda, desde que tal reexame seja elementar para a análise da ilegalidade alegada.**

2. (CESPE – 2009 – DETRAN-DF – Analista – Advocacia). Com relação à legislação e jurisprudência aplicadas ao direito processual do trabalho, julgue os itens seguintes: Segundo pensamento sedimentado do TST, é indispensável ao processamento da ação rescisória a prova do trânsito em julgado da decisão rescindenda e caso verifique o relator que a parte interessada não a juntou à inicial, extinguirá o feito imediata e sumariamente por falta de pressuposto processual.

3. (CESPE – 2009 – AGU – Advogado) No que concerne à ação rescisória no processo do trabalho, julgue os seguintes itens: Compete originariamente à Seção Especializada em Dissídios Coletivos do TST julgar as ações rescisórias propostas contra as sentenças normativas desse tribunal.

4. (CESPE – 2009 – AGU – Advogado) Prorroga-se, até o primeiro dia útil imediatamente subsequente, o prazo decadencial para ajuizamento de ação rescisória quando expira em férias forenses, feriados, finais de semana ou em dia em que não haja expediente forense.

5. (TRT 18ª. 2008) A ação rescisória deve ser proposta no prazo de dois anos, contados do trânsito em julgado da decisão. O referido prazo é de

a) prescrição e conta-se do dia em que ocorreu o trânsito em julgado da última decisão de mérito proferida na causa.

b) prescrição e conta-se do dia subsequente ao trânsito em julgado da última decisão proferida na causa, seja de mérito ou não.

c) decadência e conta-se do dia em que ocorreu o trânsito em julgado da última decisão proferida na causa, seja de mérito ou não.

d) decadência e conta-se do dia subsequente ao trânsito em julgado da última decisão proferida na causa, seja de mérito ou não.

e) decadência e conta-se do dia em que ocorreu o trânsito em julgado da última decisão de mérito proferida na causa.

6. (Fundação Casa – Analista Administrativo/Advogado/2011) No que tange à ação rescisória, é correto afirmar que

a) não se exige depósito prévio para sua propositura, conforme entendimento pacificado do Supremo Tribunal Federal.

b) o marco divisor, quanto a ser ou não controvertida nos Tribunais a interpretação dos dispositivos legais citados na ação rescisória, é a data da propositura da ação.

c) havendo recurso ordinário em sede de rescisória, o depósito recursal só é exigível quando for julgado procedente o pedido e imposta condenação em pecúnia, devendo este ser efetuado no prazo recursal, no limite e nos termos da legislação vigente, sob pena de deserção.

d) o prazo de decadência, na ação rescisória, conta-se do dia imediatamente subsequente ao trânsito em julgado da última decisão proferida na causa, se esta for de mérito, pois não o sendo, dependerá da data fixada pela autoridade que por último despachar no processo.

e) havendo recurso parcial no processo principal, o trânsito em julgado dá-se na data do último despacho, mas não pode ser em momentos e em tribunais diferentes.

7. (Magistratura do Trabalho. 8ª R. 2009. ADAPTADA) O prazo de decadência, na ação rescisória, conta-se do dia imediatamente subsequente ao trânsito em julgado da última decisão proferida na causa, seja de mérito ou não.

8. (Magistratura do Trabalho. 8ª R. 2009. ADAPTADA) O cabimento de ação rescisória contra decisão proferida em ação rescisória é estreito e apenas se admite na excepcionalidade. O vício apontado deve nascer na decisão rescindenda, resultante da má aplicação dos mesmos dispositivos de lei, tidos por violados na rescisória anterior.

9. (Magistratura do Trabalho. 8ª R. 2009. ADAPTADA) A ação rescisória será admitida na forma do Código de Processo Civil, sujeita ao depósito prévio de vinte por cento do valor da causa, salvo prova de miserabilidade jurídica do autor. O valor da causa da ação rescisória que visa a desconstituir decisão da fase de execução corresponderá ao valor apurado em liquidação de sentença.

10. (FCC – Analista Judiciário – Oficial de Justiça Avaliador – TRT 3/2015) Considere:

I. O litisconsórcio, na ação rescisória, é necessário em relação ao polo passivo da demanda, porque supõe uma comunidade de direitos ou de obrigações que não admite solução díspar para os litisconsortes, em face da indivisibilidade do objeto. Já em relação ao polo ativo, o litisconsórcio é facultativo, uma vez que a aglutinação de autores se faz por conveniência e não pela necessidade decorrente da natureza do litígio, pois não se pode condicionar o exercício do direito individual de um dos litigantes no processo originário à anuência dos demais para retomar a lide.

II. O Sindicato, substituto processual e autor da reclamação trabalhista, em cujos autos fora proferida a decisão rescindenda, possui legitimidade para figurar como réu na ação rescisória, sendo descabida a exigência de citação de todos os empregados substituídos, porquanto inexistente litisconsórcio passivo necessário.

III. A ação rescisória calcada em violação de lei admite reexame de fatos e provas do processo que originou a decisão rescindenda.

Está correto o que consta em

a) I, II e III.
b) II e III, apenas.
c) I, apenas.
d) I e II, apenas.
e) III, apenas.

11. (Cespe – Procurador do Estado – PE/2018) Assinale a opção correta à luz do entendimento do TST acerca da ação rescisória no processo do trabalho.

a) A discussão sobre o prazo prescricional dos créditos trabalhistas, se total ou parcial, pode ser objeto de ação rescisória.

b) A sentença normativa preexistente à sentença rescindenda poderá ser considerada prova nova, mesmo que não tenha sido exibida no processo originário por negligência da parte.

c) O silêncio da parte vencedora a respeito de fatos contrários a ela não constitui dolo processual capaz de subsidiar ação rescisória.

d) O sindicato não possui legitimidade para figurar como réu na ação rescisória, ainda que tenha atuado como substituto processual na reclamação trabalhista que tiver originado a sentença rescindenda.

e) Não é necessário indicar a norma jurídica supostamente violada, ainda que a ação rescisória seja fundamentada em manifesta violação da norma jurídica.

12. (FCC – Analista Judiciário – Área Judiciária – TRT 15/2018) O TST adota diversos entendimentos pacificados sobre a ação rescisória no processo do trabalho, entre os quais,

a) é cabível pedido formulado em ação rescisória por violação literal de lei, ainda que a decisão rescindenda esteja baseada em texto legal infraconstitucional de interpretação controvertida nos Tribunais.

b) havendo recurso parcial no processo principal, o trânsito em julgado dá-se em momentos e em tribunais diferentes, contando-se o prazo decadencial para a ação rescisória do trânsito em julgado de cada decisão, salvo se o recurso tratar de preliminar ou prejudicial que possa tornar insubsistente a decisão recorrida, hipótese em que flui a decadência a partir do trânsito em julgado da decisão que julgar o recurso parcial.

c) o prazo de decadência, na ação rescisória, tem início e é contado do dia em que se verifica trânsito em julgado da última decisão proferida na causa, seja de mérito ou não.

d) para efeito de ação rescisória, não se considera pronunciada explicitamente a matéria tratada na sentença quando, examinando remessa de ofício, o Tribunal simplesmente a confirma.

e) a não apresentação de contestação na ação rescisória produz revelia, com o consequente efeito de confissão.

13. (Cespe – Analista – EMAP/2018) De acordo com o entendimento jurisprudencial da justiça do trabalho:

I. na ação rescisória, o prazo decadencial para seu ajuizamento é contado a partir do dia imediatamente subsequente ao trânsito em julgado da última decisão proferida nos autos, independentemente de tal decisão ser de mérito ou não;

II. o trânsito em julgado da decisão objeto do corte rescisório, portanto, é pressuposto processual necessário ao ajuizamento da ação rescisória, cuja ausência, respeitado o prazo para emenda, implica o indeferimento da petição inicial.

Nessa linha de raciocínio,

o eventual trânsito em julgado da decisão rescindenda, posterior ao ajuizamento da ação rescisória, não tem o condão de afastar o indeferimento da petição inicial, ainda que devidamente juntada aos autos, no prazo para a emenda, a prova da sua ocorrência.

– **Certo**
– **Errado**

14. (Inaz – Advogado – CRF – SC/2018) Situação hipotética: Determinada turma do Tribunal Regional do Trabalho - TRT da 12ª Região, em sede de Ação Rescisória, proferiu Acórdão para desconstituir sentença proferida pelo MM 1ª Vara do Trabalho de Florianópolis/SC, em Ação ajuizada por Jonismar contra a empresa Calçados Gaúchos Ltda. Na referida ação, o juiz de primeira instância condenou a reclamada ao pagamento de verbas rescisórias. Entretanto, no Egrégio TRT 12ª Região, a sentença foi desconstituída e o TRT resolveu rejeitar totalmente os pedidos de pagamento de verbas rescisórias.

Considerando a situação hipotética narrada e a jurisprudência consolidada pelo Tribunal Superior do Trabalho, pode-se afirmar que:

a) Jonismar, caso queira, poderá apresentar Recurso de Revista para o Egrégio Supremo Tribunal Federal, com o fito de reformar acórdão proferido pelo TRT da 12ª Região.

b) Jonismar, caso queira, poderá apresentar Recurso de Revista para o Egrégio Tribunal Superior do Trabalho, com o fito de reformar acórdão proferido pelo TRT da 12ª Região.

c) Jonismar, caso queira, poderá apresentar Agravo de Instrumento para o Egrégio Supremo Tribunal Federal, com o fito de reformar acórdão proferido pelo TRT da 12ª Região.

d) Jonismar, caso queira, poderá apresentar Recurso Ordinário para o Egrégio Tribunal Superior do Trabalho, com o fito de reformar acórdão proferido pelo TRT da 12ª Região.

e) Jonismar não poderá apresentar novo recurso, uma vez que o trânsito em julgado ficou caracterizado após a segunda instância, conforme atual entendimento do Supremo Tribunal Federal.

15. (Vunesp – Procurador – IPSM/2018) Nos termos da jurisprudência sumulada do Tribunal Superior do Trabalho:

a) a ação rescisória fundada em violação de lei admite reexame de fatos e provas do processo que originou a decisão rescindenda.

b) sob a égide do CPC de 1973, a questão processual não pode ser objeto de ação rescisória, ainda que consista em pressuposto de validade de uma sentença de mérito.

c) há ofensa à coisa julgada quando o juízo da execução determina os descontos previdenciários e fiscais, não obstante a omissão da sentença exequenda.

d) em se tratando de rescisória de rescisória, o vício apontado deve nascer na decisão rescindenda, não se admitindo a rediscussão do acerto do julgamento da rescisória anterior.

e) para fins de ação rescisória, considera-se documento novo a sentença normativa proferida ou transitada em julgado posteriormente à sentença rescindenda.

16. (IAUPE – Advogado – UPE – 2019) Sobre a ação rescisória no Processo do Trabalho, assinale a alternativa INCORRETA.

a) Há erro de fato, quando a decisão rescindenda admitir fato inexistente, sendo indispensável que o fato não represente ponto controvertido sobre o qual o juiz deveria ter se pronunciado.

b) Há erro de fato, quando a decisão considerar inexistente fato efetivamente ocorrido, sendo indispensável que o fato não represente ponto controvertido sobre o qual o juiz deveria ter se pronunciado.

c) Os atos de disposição de direitos, praticados pelas partes ou por outros participantes do processo e homologados pelo juízo, estão sujeitos à anulação nos termos da lei. Contudo, os atos homologatórios praticados no curso da execução não são alcançados para a mesma finalidade.

d) A incompetência relativa não desafia a ação rescisória.

e) Tem letigimidade para propor a ação rescisória aquele que não foi ouvido no processo em que lhe era obrigatória a intervenção.

12. GABARITO DAS QUESTÕES OBJETIVAS

Gab.		Fundamentação legal e jurisprudencial	Tópico do livro	Obs. eventual
1	E	TST. Súmula nº 410	Item 6.5	–
2	E	TST. Súmula nº 299, II	Item 7.1	–
3	C	Lei nº 7.701/88. Art. 2º, I, "c"	Item 4	–
4	C	TST. Súmula nº 100, IX	Item 7.3	–
5	D	TST. Súmula nº 100, I	Item 7.3	–
6	C	a) CLT. Art. 836, *caput*	a) Item 7.2	–
		b) TST. Súmula nº 83, II	b) item 6.5	
		c) TST. Súmula nº 99	c) item 8.1	

Gab.		Fundamentação legal e jurisprudencial	Tópico do livro	Obs. eventual
6	C	d) TST. Súmula nº 100, I	d) item 7.3	–
		e) TST. Súmula nº 100, II	e) item 7.3	
7	C	TST. Súmula nº 100, I	Item 7.3	–
8	E	TST Súmula nº 400	Item 6	–
9	C	CLT. Art. 836	Item 7.2	Ver Instrução normativa nº 31 do TST
10	D	I. TST. Súmula nº 406	I. Item 5	–
		II. TST. Súmula nº 406	II. Item 5	
		III. TST. Súmula nº 410	III. Item 6.5	
11	C	a) TST. Súmula 409.		
		b) TST. Súmula 402, II, "b"		
		c) TST. Súmula 403, I		
		d) TST. Súmula 406, II		
		e) TST. Súmula 408		
12	B	a) TST. Súmula 83		
		b) TST. Súmula 100, II		
		c) TST. Súmula 100, I		
		d) TST. Súmula 298, III		
		e) TST. Súmula 398.		
13	Certa	TST. Súmula nº 299, III	Item 7.1	
14	D	a) RITST. Art. 78, III, "c", I. TST. Súmula nº 158	a) Item 8.1	
		b) RITST. Art. 78, III, "c", I. TST. Súmula nº 158	b) Item 8.1	
		c) RITST. Art. 78, III, "c", I. TST. Súmula nº 158	c) Item 8.1	
		d) RITST. Art. 78, III, "c", I. TST. Súmula nº 158	d) Item 8.1	
		e) RITST. Art. 78, III, "c", I. TST. Súmula nº 158	e) Item 8.1	
15	D	a) TST. Súmula nº 410		
		b) TST. Súmula nº 412		
		c) TST. Súmula nº 401		
		d) TST. Súmula nº 400		
		e) TST. Súmula nº 402, II		
16	C	OJ 136. SDI 2 e CPC/15, Art. 966, § 4º	Item 6.8	

CAPÍTULO II

SISTEMA RECURSAL TRABALHISTA

SUMÁRIO • 1. Introdução – 2. Conceito e fundamentos do recurso – 3. Princípios: 3.1. Princípios da taxatividade dos recursos; 3.2. Princípio da instrumentalidade das formas ou da fungibilidade; 3.3. Princípio do duplo grau de jurisdição; 3.4. Princípio da irrecorribilidade imediata das decisões interlocutórias; 3.5. Princípio da substituição; 3.6. Princípio do *non reformatio in pejus*; 3.7. Princípio da unirrecorribilidade; 3.8. Princípio da variabilidade; 3.9. Princípio da dialeticidade – 4. Requisitos de admissibilidade dos recursos: 4.1. Requisitos objetivos: A. Recorribilidade; B. Adequação – singularidade; C. Preparo: depósito recursal e custas; D. Tempestividade; E. Representação; 4.2. Requisitos subjetivos: A. Legitimidade; B. Sucumbência – interesse – 5. Procedimento, desistência e efeitos dos recursos: 5.1. Procedimento; 5.2. Decisão monocrática do relator; 5.3. Desistência e renúncia do recurso; 5.4. Efeitos dos recursos: A. Efeito devolutivo; B. Efeito suspensivo; C. Efeito obstativo; D. Efeito translativo; E. Efeito diferido; F. Efeito extensivo, G. Efeito substitutivo – 6. Recursos em espécie – 7. Recurso ordinário: 7.1. Conceito; 7.2. Requisitos de admissibilidade: A. Prazo; B. Preparo; 7.3. Petição de recurso ordinário: A. Preliminar; B. Prejudicial de mérito; C. Mérito; 7.4. Procedimento na instância de origem; 7.5. Tramitação da instância superior; 7.6. Efeitos da interposição do recurso ordinário; – 8. Recurso de revista: 8.1. Conceito; 8.2. Requisitos de admissibilidade: A. Depósito recursal; B. Divergência jurisprudencial; C. Prequestionamento; D. Transcendência; E. Recurso de revista em rito sumaríssimo; 8.3. Hipóteses em que não cabe recurso de revista; 8.4. Procedimento – 9. Recurso de Embargos no TST: 9.1. Conceito; 9.2. Requisitos de admissibilidade: A. Depósito recursal; B. Divergência jurisprudencial – prequestionamento; 9.3. Processamento dos embargos – 10. Agravo de petição: 10.1. Conceito; 10.2. Requisitos de admissibilidade: A. Depósito recursal; B. Custas processuais; C. Delimitação dos valores e matérias 10.3. Processamento do agravo de petição – 11. Agravo de instrumento: 11.1. Conceito; 11.2. Requisitos de admissibilidade: A. Translado; B. Tempestividade; C. Depósito recursal; D. Custas; 11.3. Processamento do agravo de instrumento – 12. Recurso adesivo – 13. Embargos declaratórios: 13.1. Conceito; 13.2. Natureza jurídica; 13.3. Pressupostos: A. Omissão; B. Obscuridade; C. Contradição; D. Prequestionamento; 13.4. Objeto; 13.5. Procedimento; 13.6. Efeitos: A. Efeito modificativo; B. Interrupção do prazo recursal; C. Embargos procrastinatórios – 14. Agravo interno: 14.1. Previsão legal na CLT; 14.2. Cabimento – 15. Embargos infringentes – 16. Reclamação correicional – 17. Revisão do valor da causa – 18. Reexame necessário – 19. Recurso extraordinário: 19.1. Cabimento na Justiça do Trabalho; 19.2. Preparo; 19.3. Competência; 19.4. Procedimento; 19.5. Repercussão Geral – 20. Uniformização de jurisprudência – Súmula e outros enunciados – 21. Incidente de resolução de demandas repetitivas – IRDR: 21.1. Procedimento do IRDR no TST: A. Requerimento e decisão sobre a afetação; B. Efeitos da afetação; C. Instrução do incidente D. Decisão do IRDR e seus efeitos sobre os processos afetados e sobrestados; 21.2. Procedimento nos Tribunais Regionais do Trabalho; 21.3. Procedimento para julgamento dos recursos extraordinários repetitivos; 21.4. A coisa julgada, *distinguishing e overruling*: A. Coisa julgada; B. *Distinguishing*; C. *Overrulling* – 22. Incidente de assunção de competência – IAC – 23. Reclamação – 24. Principais diferenças entre o processo civil e o processo do trabalho – 25. Informativos do TST sobre a matéria – 26. Quadro sinóptico – 27. Questões: 27.1. Questões objetivas; 27.2. Questões discursivas. 28. Gabarito: 28.1. Gabarito das questões objetivas; 28.2. Gabarito das questões discursivas.

1. INTRODUÇÃO

Toda a estrutura do Poder Judiciário[1] foi concebida para permitir que o litigante, insatisfeito com a prestação jurisdicional original, possa apresentar recurso para um juízo ou Tribunal, geralmente de instância superior. Trata-se do exercício da pretensão recursal.

1. CF de 1988. Capítulo III – DO PODER JUDICIÁRIO. Título IV – DA ORGANIZAÇÃO DOS PODERES.

Assim, existem Órgãos Judiciais de primeira instância, de segunda instância e os Tribunais Superiores, criados para prestar a tutela jurisdicional em sede de competência originária ou em grau de recurso.

No caso da Justiça Laboral, o Tribunal Superior do Trabalho representa o seu órgão de cúpula, que desempenha a função principal de unificar a jurisprudência dos Tribunais Regionais.

Entretanto, em caso de ofensa literal a preceito constitucional de natureza trabalhista, pode ser interposto o recurso extraordinário ao Supremo Tribunal Federal, **mas somente depois de esgotados todos os recursos na esfera trabalhista.**

2. CONCEITO E FUNDAMENTOS DO RECURSO

O recurso é uma forma de impugnação das decisões judiciais por meio do qual a parte que sucumbiu em determinada pretensão deduzida em juízo ou o terceiro juridicamente interessado, dispõe para alterar ou anular, total ou parcialmente, o seu conteúdo, ou mesmo para atacar os seus aspectos formais, no sentido de impedir que adquira a qualidade da coisa julgada.

Tal desiderato pode ser atingido com a reanálise do conhecimento do litígio por outro órgão julgador, geralmente de natureza colegiada. Por conta disso, o recurso serve para desconstituir atos ou fatos processuais anteriores à decisão.

Etimologicamente, **recurso significa submeter a demanda principal ou incidental a um novo curso** (*re-cursus* ou correr novamente), o que implica reconhecer que não cabe recurso de despachos, que podem ser impugnadas por outra via definida pelo legislador.[2]

Um dos fundamentos do recurso é o sentimento nato do ser humano de irresignação e de inconformismo e a possibilidade de erro nas decisões judiciais, seja o *error in iudicando* ou o *erro in procedendo*.

Isso porque a decisão é proferida por seres humanos, falhos por natureza, seja no ato de subsunção da norma abstrata ao caso concreto ou na cognição da prova produzida nos autos. Outro fundamento do recurso consiste na necessidade de uniformização da jurisprudência, com o objetivo de estabelecer a segurança jurídica.

A maior desvantagem que se constata no direito ao recurso das decisões judiciais é a demora para se obter a prestação jurisdicional definitiva, o que contraria o princípio da celeridade processual.

Por outro lado, os recursos propiciam maior segurança jurídica, pois muitas vezes eliminam os equívocos detectados nas sentenças.

ATENÇÃO! A doutrina predominante defende que a natureza jurídica do recurso seria a de continuidade do exercício de direito de ação.

2. CPC. Art. 1.001. Dos despachos não cabe recurso.

3. PRINCÍPIOS

Além dos princípios que norteiam o processo em geral, existem outros que são aplicáveis, com maior ênfase, aos recursos inerentes aos processos trabalhistas e que de certa forma estão presentes no rol apresentado pelos estudiosos do tema.

Desse modo, serão analisados os seguintes princípios do recurso:

a) taxatividade dos recursos;

b) instrumentalidade das formas;

c) duplo grau de jurisdição;

d) irrecorribilidade imediata das decisões interlocutórias;

e) substituição;

f) do *non reformatio in pejus*; e

g) da unirrecorribilidade.

ATENÇÃO! Alguns autores citam também o princípio da voluntariedade, em face da necessidade manifestação de vontade do interessado em submeter a demanda a novo julgamento. A única exceção a esse princípio seria a hipótese de reexame necessário das decisões contrárias à Fazenda Pública.

3.1. Princípios da taxatividade dos recursos

De acordo com o princípio da taxatividade dos recursos, as partes só podem pedir a revisão dos atos decisórios dos juízes e Tribunais por intermédio daqueles remédios processuais admitidos como recurso pela legislação processual, inclusive de caráter regimental.

Entretanto, como existe uma gama considerável de recursos em espécie, dificilmente a pretensão recursal do interessado é indeferida por erro na escolha da medida cabível, uma vez que o juiz encontra-se adstrito ao princípio da fungibilidade, que será estudado a seguir.

3.2. Princípio da instrumentalidade das formas ou da fungibilidade

O processo do trabalho é, eminentemente, informal. Mesmo o processo civil, que possui um grau mais elevado de formalismo, confere validade ao ato processual praticado de forma irregular, desde que atinja os seus objetivos e não prejudique as partes.

No caso do recurso, esse aspecto formal é avaliado ainda com maior moderação, pois aplica-se o princípio da instrumentalidade das formas ou da fungibilidade, que permite ao juiz receber determinado recurso, ainda que tenha sido denominado com outra expressão, desde que estejam presentes os seus requisitos de admissibilidade extrínsecos e intrínsecos e que não represente erro grosseiro.[3]

---

3. TST. SDI-II. OJ nº 152. AÇÃO RESCISÓRIA E MANDADO DE SEGURANÇA. RECURSO DE REVISTA DE ACÓRDÃO REGIONAL QUE JULGA AÇÃO RESCISÓRIA OU MANDADO DE SEGURANÇA. PRINCÍPIO DA FUNGIBILIDADE. INAPLICABILIDADE. ERRO GROSSEIRO NA INTERPOSIÇÃO DO RECURSO. (DJe divulgado em 03, 04 e 05.12.2008). A

Observe-se que se a hipótese for de **erro grosseiro**, não há como aplicar o princípio da fungibilidade:

> AGRAVO EM AGRAVO DE INSTRUMENTO EM RECURSO DE REVISTA. INSURGÊNCIA CONTRA DECISÃO DE TURMA. RECURSO INADEQUADO. PRINCÍPIO DA FUNGIBILIDADE. INAPLICÁVEL. Consoante jurisprudência dominante nesta Corte, a interposição de agravo ou de agravo regimental, em face de decisão colegiada, constitui erro grosseiro. Hipótese em que não se aplica o princípio da fungibilidade recursal. Agravo de que não se conhece.[4]

3.3. Princípio do duplo grau de jurisdição

Por esse princípio, também denominado de princípio da recorribilidade das decisões judiciais, toda decisão pode ser revista pelo órgão judicial *ad quem*. Todavia, **o referido princípio não é absoluto.**

Para alguns autores, a Constituição Federal de 1988 agasalha o princípio do duplo grau de jurisdição em seu art. 5º, LV:

> **Art. 5º.** Todos são iguais perante a lei, sem distinção de qualquer natureza, garantindo-se aos brasileiros e aos estrangeiros residentes no País a inviolabilidade do direito à vida, à liberdade, à igualdade, à segurança e à propriedade, nos termos seguintes: LV – aos litigantes, em processo judicial ou administrativo, e aos acusados em geral são assegurados o contraditório e ampla defesa, com os meios e recursos a ela inerentes.

A Lei ordinária pode vedar a interposição de recursos para determinadas espécies de litígios, mormente aqueles de pequeno valor ou de baixa complexidade, já que o princípio do duplo grau de jurisdição não é absoluto.

Assim, há decisões que são indiscutivelmente **irrecorríveis**, como ocorre com aquelas proferidas nas demandas de **competência originária do Supremo Tribunal Federal.**

Quanto a esse aspecto, o processo do trabalho possui uma peculiaridade. É que as **sentenças proferidas nas reclamações trabalhistas, cujo valor da causa não ultrapasse dois salários mínimos, são irrecorríveis**, conforme art. 2º, § 4º, da Lei nº 5.584/70, salvo se tratar de matéria constitucional:

> **Art. 2º. § 4º.** Salvo se versarem sobre matéria constitucional, nenhum recurso caberá das sentenças proferidas nos dissídios da alçada a que se refere o parágrafo anterior, considerado, para esse fim, o valor do salário mínimo à data do ajuizamento da ação.

Constata-se, desse modo, que o princípio da recorribilidade é relativo, pois não se aplica àquelas decisões que não são consideradas de certa forma relevantes, assim definidas por cada ordenamento jurídico.

---

interposição de recurso de revista de decisão definitiva de Tribunal Regional do Trabalho em ação rescisória ou em mandado de segurança, com fundamento em violação legal e divergência jurisprudencial e remissão expressa ao art. 896 da CLT, configura erro grosseiro, insuscetível de autorizar o seu recebimento como recurso ordinário, em face do disposto no art. 895, "b", da CLT.

4. TST. Ag-AIRR 85540-40.2005.5.01.0017. 7ª T. Rel. Min. Pedro Paulo Manus. DEJT 03.06.2011.

3.4. Princípio da irrecorribilidade em separado das decisões interlocutórias

O processo do trabalho caracteriza-se pelo elevado grau de celeridade em sua tramitação. Vários procedimentos foram adotados para atender a esse comando implícito ou explícito na legislação adjetiva trabalhista, dentre eles a impossibilidade de recurso direto contra as decisões interlocutórias que não sejam terminativas do feito.

Extrai-se o referido princípio por meio da leitura do art. 893, § 1º, da Consolidação das Leis do Trabalho: "Os incidentes do processo são resolvidos pelo próprio juízo ou Tribunal, admitindo-se a apreciação do merecimento das decisões interlocutórias somente em recurso da decisão definitiva".

Essa questão, à primeira vista, parece bem simples, mas em algumas situações confunde o intérprete e o aplicador do direito. Imagine-se, por exemplo, que o juiz indefira a oitiva de uma testemunha ou o depoimento da parte e, em sede de recurso ordinário, o Tribunal declare a nulidade da sentença e determine o retorno dos autos ao juízo de origem para a realização da prova.

Esse acórdão não pode ser atacado imediatamente, com a utilização de um recurso próprio, pois se trata de uma decisão interlocutória, já que não põe fim ao processo.

O entendimento do Tribunal Superior do Trabalho, revelado pela Súmula nº 214, aponta para essa direção e ressalta, na sua alínea "a", que o recurso será aceito **se a decisão interlocutória do Tribunal for contrária à Súmula ou OJ do TST:**

> **SUMULA Nº 214.** DECISÃO INTERLOCUTÓRIA. IRRECORRIBILIDADE. Nova redação – Res. 127/2005, DJ 16.03.2005. Na Justiça do Trabalho, nos termos do art. 893, § 1º, da CLT, as decisões interlocutórias não ensejam recurso imediato, salvo nas hipóteses de decisão: a) de Tribunal Regional do Trabalho contrária à Súmula ou Orientação Jurisprudencial do Tribunal Superior do Trabalho; b) suscetível de impugnação mediante recurso para o mesmo Tribunal; c) que acolhe exceção de incompetência territorial, com a remessa dos autos para Tribunal Regional distinto daquele a que se vincula o juízo excepcionado, consoante o disposto no art. 799, § 2º, da CLT.

Quando a decisão interlocutória ferir direito líquido e certo, o litigante prejudicado pode impetrar mandado de segurança, desde que não caiba qualquer outra espécie de recurso.

Nesse ponto, o processo civil comum foi alterado para se aproximar da sistemática do processo do trabalho.

O CPC de 2015, extinguiu o instituto do agravo retido e todas as decisões **passam a ser impugnáveis quando do recurso principal da sentença**, conforme se observa da redação dos §§ 1º e 2º do art. 1.009:

> **Art. 1.009. § 1º** As questões resolvidas na fase de conhecimento, se a decisão a seu respeito não comportar agravo de instrumento, não são cobertas pela preclusão e devem ser suscitadas em preliminar de apelação, eventualmente interposta contra a decisão final, ou nas contrarrazões. **§ 2º** Se as questões referidas no § 1º forem suscitadas em contrarrazões, o recorrente será intimado para, em 15 (quinze) dias, manifestar-se a respeito delas.

Entretanto, fica mantido o agravo de instrumento em casos específicos, previstos expressamente pelo art. 1.015:

> **Art. 1.015.** Cabe agravo de instrumento contra as decisões interlocutórias que versarem sobre:
>
> I – tutelas provisórias;
>
> II – mérito do processo;
>
> III – rejeição da alegação de convenção de arbitragem;
>
> IV – incidente de desconsideração da personalidade jurídica;
>
> V – rejeição do pedido de gratuidade da justiça ou acolhimento do pedido de sua revogação;
>
> VI – exibição ou posse de documento ou coisa;
>
> VII – exclusão de litisconsorte;
>
> VIII – rejeição do pedido de limitação do litisconsórcio;
>
> IX – admissão ou inadmissão de intervenção de terceiros;
>
> X – concessão, modificação ou revogação do efeito suspensivo aos embargos à execução;
>
> XI – redistribuição do ônus da prova nos termos do art. 373, § 1º;
>
> XII – VETADO
>
> XIII – outros casos expressamente referidos em lei.

Contudo, como a CLT tem regra própria, esse dispositivo do CPC **não se aplica ao processo do trabalho**, como referenda o art. 1º, § 1º da Instrução Normativa nº 39/2016: "Observar-se-á, em todo caso, o princípio da irrecorribilidade em separado das decisões interlocutórias, de conformidade com o art. 893, § 1º da CLT e Súmula nº 214 do TST".

A nova sistemática do CPC de 2015 impactou na praxe processual trabalhista que exigia que a parte prejudicada **registrasse seu protesto** logo após a ciência da decisão interlocutória, caso lhe fosse desfavorável, sob pena de se presumir a sua concordância e/ou a inexistência de prejuízo.

Como a CLT é omissa nesse particular (não prevê o instituto do protesto) em breve a jurisprudência trabalhista terá que se adaptar e **deixar de exigir o protesto** para impugnação das decisões interlocutórias, já que todas elas seriam, em tese, impugnáveis em caso de interposição de recurso da sentença.

Vale registrar a inaplicabilidade do art. 795 da CLT à hipótese de decisões interlocutórias, uma vez que o CPC também dispõe de preceito semelhante, inserido no art. 278:

> **CLT. Art. 795.** As nulidades não serão declaradas senão mediante provocação das partes, as quais deverão argui-las à primeira vez em que tiverem de falar em audiência ou nos autos.
>
> **CPC. Art. 278.** A nulidade dos atos deve ser alegada na primeira oportunidade em que couber à parte falar nos autos, sob pena de preclusão.

A seguir, o quadro com as regras relativas à recorribilidade das decisões interlocutórias:

Regra geral	Irrecorribilidade imediata das decisões interlocutórias.
Exceção em relação às decisões	De TRT contrária a Súmula ou OJ do TST.
	Impugnável mediante recurso para o próprio Tribunal.
	De acolhimento de exceção de incompetência em razão do lugar, com remessa dos autos para outro Tribunal distinto daquele a que se vincula o juízo excepcionado.

Exemplo de questão sobre o tema:

(FCC – Juiz do Trabalho/2017) Fulano de Tal celebrou contrato de emprego, em 12/01/2001, com uma empresa de atuação em todo território nacional, para prestar serviços na cidade de São Paulo/SP. Em setembro de 2011, as partes celebraram alteração contratual quanto à localidade da prestação de serviços, operando-se, assim, a transferência de Fulano de Tal para a filial da empresa na cidade do Rio de Janeiro/RJ, onde laborou até ser dispensado sem justa causa, em 14/12/2016. Diante da resilição contratual realizada, Fulano de Tal retornou a São Paulo, sua cidade natal, onde passou a residir novamente com sua família. Em 03/02/2017, Fulano de Tal ajuizou reclamação trabalhista perante a Vara do Trabalho de São Paulo/SP. Na audiência inaugural, nesta localidade, a reclamada apresentou exceção de incompetência em razão do lugar, a qual, após manifestação do reclamante, na própria solenidade, restou acolhida pelo magistrado titular da Vara do Trabalho de São Paulo, declinando a competência em favor da Vara do Trabalho do Rio de Janeiro/RJ. Considerando o interesse do reclamante em atacar a decisão sobre a exceção de incompetência que lhe foi desfavorável, as Súmulas e Orientações Jurisprudenciais do TST e as normas da CLT, no caso apresentado,

a) ainda que não apresentada exceção de incompetência em razão do lugar pela reclamada, igualmente deveria ser declinada a competência pela Vara de São Paulo em favor da Vara do Trabalho do Rio de Janeiro/RJ, visto que a CLT estabelece que será declarada ex officio a nulidade fundada em incompetência de foro.
b) dada a natureza da decisão que acolheu a exceção de incompetência em razão do lugar, e diante da aplicação subsidiária do novo Código de Processo Civil ao Processo do Trabalho, em caráter excepcional, caberia ao reclamante a interposição de agravo de instrumento.
c) dada a natureza da decisão que acolheu a exceção de incompetência em razão do lugar, nenhum recurso caberá de imediato, visto que se trata de decisão interlocutória.
d) dada a natureza da decisão que acolheu a exceção de incompetência em razão do lugar, não obstante o princípio da irrecorribilidade imediata das decisões interlocutórias, caberia recurso ordinário.
e) dada a natureza da decisão que acolheu a exceção de incompetência em razão do lugar, o reclamante poderia optar pela impetração de mandado de segurança como meio substitutivo do recurso próprio, a prudente critério de seu advogado.

Resposta: D

(FCC – Juiz do Trabalho Substituto 15ª região/2015) Em audiência de instrução o Juiz indeferiu a oitiva de testemunha da reclamada, sob o argumento de que a convicção já estava formada. A ação foi julgada parcialmente procedente, apenas para condenar a reclamada no recolhimento de diferenças de FGTS, tendo em vista a comprovação documental (extrato do FGTS) de ausência de recolhimento em alguns meses. A reclamada interpõe recurso ordinário requerendo, preliminarmente, a nulidade do julgado por cerceamento de defesa. A preliminar

a) deverá ser acolhida, tendo em vista que a parte tem o direito de ouvir suas testemunhas em audiência.
b) deverá ser acolhida, tendo em vista que o indeferimento da prova oral causou prejuízos à reclamada, com a procedência parcial da ação.
c) deverá ser acolhida, devendo o Tribunal declarar os atos a que ela se estende.
d) não deverá ser acolhida, pois o ato inquinado de nulo não prejudicou os atos posteriores que dele dependiam ou sejam consequência.
e) não deverá ser acolhida, tendo em vista que não foi arguida na primeira oportunidade em que a reclamada teve de falar em audiência ou nos autos e, ainda, não causou prejuízo.

Resposta: E

(TRT 3 – Juiz do Trabalho Substituto 3ª região/2014) A partir de súmula do TST, conclui-se que na Justiça do Trabalho, nos termos do art. 893, § 1°, da CLT, as decisões interlocutórias não ensejam recurso imediato, salvo na hipótese de decisão:

a) Que acolhe exceção de incompetência territorial, com a remessa dos autos para juízo do mesmo Tribunal Regional daquele a que se vincula o juízo excepcionado.
b) De Vara do Trabalho contrária à súmula ou Orientação Jurisprudencial do TST.
c) De Turma do TRT contrária à súmula do mesmo Tribunal.
d) Suscetível de impugnação mediante recurso para o mesmo Tribunal.
e) De Vara do Trabalho contrária à súmula ou Orientação Jurisprudencial do TRT a que se vincula.

Resposta: D

3.5. Princípio da substituição

Por esse princípio, que corresponde ao **efeito substitutivo** do recurso, a decisão proferida pelo órgão judicial *ad quem* substitui aquela prolatada pela instância inferior.

Essa substituição pode ser no todo ou em parte, a depender dos limites estabelecidos pelo exercício da pretensão recursal da parte ou resultar do julgamento do recurso.

Com a reforma parcial do julgado, a solução do litígio estará contida na sentença de primeiro grau e na decisão reformadora.

Se a reforma for total, a decisão do juízo *a quo* deixa de existir no mundo jurídico. Caso haja a produção de algum efeito durante a tramitação do recurso, decorrente de execução provisória, a parte que solicitou a sua instauração deve indenizar aquela que sofreu prejuízo.

O CPC consagra esse princípio em seu art. 1.008: "O julgamento proferido pelo tribunal **substituirá** a decisão impugnada no que tiver sido objeto de recurso" (grifou-se).

3.6. Princípio do *non reformatio in pejus*

O juiz, quando sentencia, deve observar os limites impostos pela *res in iudicio deducta*, ou seja, **deve abster-se de dar a mais, aquém ou fora daquilo que foi pedido.** No recurso, repete-se essa exigência, de forma que o juízo *ad quem* não pode ultrapassar ou deixar de ater-se ao quanto postulado pela parte no exercício da sua pretensão recursal.

É da interpretação dessa regra que surge o princípio do *non reformatio in pejus* (reformar para pior), que obsta ao juiz reformar a decisão no sentido de prejudicar o recorrente. A reforma, se cabível, deve ser sempre para beneficiar a parte recorrente (*reformatio in melium*).

A aplicação desse princípio **fica excepcionada** quando verificado o **efeito translativo do recurso**, que permite ao Tribunal analisar questões não suscitadas na instância inferior.

3.7. Princípio da unirrecorribilidade

O princípio da unirrecorribilidade, também denominado de **princípio do recurso único ou princípio da absorção**, obsta que a parte prejudicada possa interpor **mais de um recurso** para atacar uma mesma decisão, **salvo se a lei assim o dispuser de forma expressa.**

Não se trata da proibição de interpor determinado recurso especifico em lugar de outro, o que ensejaria a correção de ofício, pelo juiz, com a aplicação do princípio da fungibilidade, mas sim de manejar dois ou mais recursos simultaneamente ou sucessivamente.

Uma das exceções a esse princípio diz respeito à **possibilidade de cumularem-se os embargos declaratórios com outro recurso qualquer**, uma vez que a interposição da primeira medida processual implica interrupção do prazo para o manejo do recurso principal.

Da mesma forma, constitui exceção ao princípio da unirrecorribilidade **o manejo do recurso extraordinário.**

Contudo, no primeiro caso citado não se trata de verdadeira exceção ao princípio da unirrecorribilidade, uma vez que os embargos de declaração não podem ser considerados, tecnicamente, como recurso, questão que adiante será analisada com mais profundidade.

Se, apesar da vedação legal, a parte faz o uso de dois recursos, simultaneamente, o juiz pode conhecer do primeiro e rejeitar o segundo, sob o fundamento da ocorrência da **preclusão consumativa**.

3.8. Princípio da variabilidade

A incidência do princípio da variabilidade permite à parte alterar o recurso, desde que o faça dentro do prazo legal. Assim, a interposição do segundo recurso **dentro do prazo legal implicaria desistência tácita do primeiro.**

Todavia, o instituto da preclusão consumativa obstaria a interposição de um segundo recurso, ainda que dentro do prazo.

Há divergência na doutrina e na jurisprudência trabalhista sobre a aplicação do princípio da variabilidade no processo do trabalho. Isso porque **a possibilidade de se interpor outro recurso até o fim do seu respectivo prazo estava previsto expressamente** no CPC de 1939, no qual a CLT foi buscar inspiração.

Entretanto, tanto o CPC de 1973 quanto o CPC de 2015 não reproduziram o dispositivo que admitia expressamente essa possibilidade. Há, assim, duas correntes. Uma que admite a variação do recurso, sob o fundamento de sua desistência tácita com a interposição do segundo ainda dentro do prazo recursal, e outra que não reconhece a aplicação do princípio da variabilidade, com fundamento no instituto da **preclusão consumativa.**

3.9. Princípio da dialeticidade

Pelo princípio da dialeticidade, o recorrente deve fundamentar a sua irresignação especificamente quanto à motivação adotada pela decisão, com indicação das razões de fato e de direito com que pretende modificá-la ou anulá-la.

Desse modo, **vedam-se os recursos genéricos e sem fundamentação específica**. Esse princípio é aplicado ao processo do trabalho, **apesar do art. 899 da CLT admitir a possibilidade de interposição de recurso por simples petição**: "Os recursos serão interpostos por simples petição e terão efeito meramente devolutivo, salvo as exceções previstas neste Título, permitida a execução provisória até a penhora".

Nesse sentido, a jurisprudência dos Tribunais Regionais:

> **SÚMULA Nº 51 do TRT1.** RECURSO. FALTA DE DIALETICIDADE. NÃO CONHECIMENTO. Não se conhece do recurso que não observar a congruência lógica exigível entre os fundamentos da decisão recorrida e as razões do apelo.

> **SÚMULA Nº 09 do TRT11.** INADMISSIBILIADE DE RECURSO COM FUNDAMENTOS TOTALMENTE DISSOCIADOS DA SENTENÇA. É inadmissível o recurso cujas razões não possuam qualquer pertinência com os fundamentos da sentença.

4. REQUISITOS DE ADMISSIBILIDADE DOS RECURSOS

Os recursos, para serem conhecidos, devem preencher determinados requisitos, também denominados de **pressupostos recursais.** São denominados requisitos de admissibilidade, **objetivo e subjetivo**, que variam de acordo com cada recurso em particular, mas que possuem regras genéricas que serão a seguir abordadas.

Os requisitos de admissibilidade também são classificados em **intrínsecos e extrínsecos.** Os pressupostos que estão incluídos no primeiro grupo, dizem respeito à espécie de matéria de fundo de que trata o recurso, enquanto que os pressupostos extrínsecos são todos os demais estabelecidos pela lei, como a tempestividade, o preparo e regularidade formal etc.

Há um movimento nos tribunais, denominado de **jurisprudência defensiva**, que propugna por um maior rigor na interpretação da norma jurídica processual que estabelece os pressupostos para admissibilidade de recurso e até mesmo a criação novos requisitos não previstos na lei para fundamentar a rejeição do seu respectivo conhecimento. Todavia, o CPC de 2015 adotou tese em sentido contrário.

4.1. Requisitos objetivos

Os requisitos objetivos de um recurso dizem respeito a sua recorribilidade, adequação, preparo, tempestividade e representação.

A) Recorribilidade

Antes mesmo de examinar a ocorrência dos demais requisitos de admissibilidade, é necessário que se observe se o ato praticado pelo juiz é **recorrível,** característica que por alguns autores é classificada como um requisito objetivo denominado de **recorribilidade.**

Dessa forma, afasta-se a possibilidade de recorrer dos despachos sem conteúdo decisório, como preceitua o art. 1.001 do CPC: "Dos despachos não cabem recurso".

> **OJ EX SE Nº 08 do TRT9.** ADMISSIBILIDADE. AGRAVO DE PETIÇÃO. RECORRIBILIDADE DO ATO. I – Despacho e decisão interlocutória. Não cabe agravo de petição de despacho ou decisão interlocutória, ressalvadas as hipóteses em que estes atos se equiparam à decisão terminativa do feito, com óbice ao prosseguimento da execução, ou quando a pretensão recursal não pode ser manejada posteriormente. II – Despacho

> ordinatório. Citação para pagar ou garantir a execução. O despacho ordinatório que inclui pessoa física ou jurídica no pólo passivo e determina sua citação para pagar ou garantir a execução, sob pena de penhora, não comporta agravo de petição, que só pode ser interposto da decisão que solver embargos à execução, após a citação e garantia do juízo. III – Embargos não conhecidos. Cabe agravo de petição da decisão proferida na fase de execução que não conhece de embargos à execução ou declaratórios, restringindo-se a análise, pelo Tribunal, ao acerto ou não da inadmissibilidade. IV – Alçada. Vinculação ao salário mínimo. O artigo 2º, §§ 3º e 4º, da Lei 5.584/1970, que exige o parâmetro do salário mínimo para aferição de alçada, foi recepcionado pela atual Constituição e prevalece para efeito do agravo de petição.

São recorríveis, assim, a sentença definitiva ou terminativa e as decisões interlocutórias, essa última com as restrições decorrentes da aplicação do princípio analisado no item 3.4 deste capítulo.

Determinadas sentenças são **irrecorríveis**, pelo que o eventual recurso manejado pela parte deve ser imediatamente repelido, como acontece com as aquelas proferidas nos autos de **reclamação trabalhista cujo valor da causa não supere dois salários-mínimos**, ressalvada a hipótese de ofensa à constituição.

B) Adequação – singularidade

Para cada espécie de decisão existe um recurso adequado com previsão nas leis processuais.

Em atenção ao princípio da instrumentalidade das formas ou da fungibilidade, a parte não pode ser prejudicada se, por acaso, equivocou-se ao interpor um recurso em lugar de outro, **desde que tenha preenchido os requisitos objetivos e subjetivos de admissibilidade.**

Contudo, não se aplica o referido princípio da fungibilidade quando se tratar de erro grosseiro:

> Nos termos do art. 235, X, do RITST, o recurso cabível da decisão do Presidente de Turma que, com base na Súmula Nº 353 do TST, denega seguimento ao recurso de embargos é o agravo regimental. Assim, o manejo de embargos de declaração constitui erro grosseiro, insuscetível de correção pela aplicação do princípio da fungibilidade. Ademais, ao caso aplica-se, por analogia, o disposto na Orientação Jurisprudencial nº 377 da SBDI-I, segundo a qual "não cabem embargos de declaração interpostos contra decisão de admissibilidade do recurso de revista, não tendo o efeito de interromper qualquer prazo recursal". Com esses fundamentos, a SBDI-I, por unanimidade, em face da intempestividade do apelo, não conheceu do agravo regimental interposto da decisão do Presidente de Turma que entendeu incabíveis os embargos declaratórios. [5]

C) Preparo: depósito recursal e custas

Determinados recursos para serem conhecidos, na sistemática do processo trabalhista, exigem o preparo e a sua respectiva comprovação, que é representado pelo recolhimento das custas processuais e do depósito recursal.

5. TST. AgR-E-ED-AIRR-29900-22.2010.5.23.0031. SBDI-I, rel. Min. Dora Maria Costa. DJET 20.06.2013.

O CPC trata da matéria em seu art. 1.007 e parágrafos:

> **Art. 1.007.** No ato de interposição do recurso, o recorrente comprovará, quando exigido pela legislação pertinente, o respectivo preparo, inclusive porte de remessa e de retorno, sob pena de deserção.
>
> **§ 1º** São dispensados de preparo, inclusive porte de remessa e de retorno, os recursos interpostos pelo Ministério Público, pela União, pelo Distrito Federal, pelos Estados, pelos Municípios, e respectivas autarquias, e pelos que gozam de isenção legal.
>
> **§ 2º A insuficiência no valor do preparo, inclusive porte de remessa e de retorno, implicará deserção se o recorrente, intimado na pessoa de seu advogado, não vier a supri-lo no prazo de 5 (cinco) dias** (grifou-se).
>
> **§ 3º** É dispensado o recolhimento do porte de remessa e de retorno no processo em autos eletrônicos.
>
> **§ 4º** O recorrente que não comprovar, no ato de interposição do recurso, o recolhimento do preparo, inclusive porte de remessa e de retorno, será intimado, na pessoa de seu advogado, para realizar o recolhimento em dobro, sob pena de deserção.
>
> **§ 5º** É vedada a complementação se houver insuficiência parcial do preparo, inclusive porte de remessa e de retorno, no recolhimento realizado na forma do § 4º.
>
> **§ 6º** Provando o recorrente justo impedimento, o relator relevará a pena de deserção, por decisão irrecorrível, fixando-lhe prazo de 5 (cinco) dias para efetuar o preparo.
>
> **§ 7º O equívoco no preenchimento da guia de custas não implicará a aplicação da pena de deserção, cabendo ao relator, na hipótese de dúvida quanto ao recolhimento, intimar o recorrente para sanar o vício no prazo de 5 (cinco) dias** (grifou-se).

Inclusive, O TST, por meio do art. 10, da sua IN nº 39/16, manifesta-se no sentido de reconhecer a aplicabilidade dos parágrafos 2º e 7º do referido art. 1007 do CPC, ao processo do trabalho, com a seguinte particularidade descrita no parágrafo único: "A insuficiência no valor do preparo do recurso, no Processo do Trabalho, para os efeitos do § 2º do art. 1007 do CPC, concerne unicamente às custas processuais, não ao depósito recursal".

– *Depósito recursal*

O depósito recursal constitui **singularidade do Direito processual do trabalho** e tem como objetivo garantir uma **possível futura execução**. Por conta disso, só é devido o depósito recursal quando a condenação for pecuniária,[6] podendo ser substituído por fiança bancária ou seguro garantia judicial.

Até a vigência da Lei nº 13.467/17 o depósito recursal só era exigido do empregador recorrente, de acordo com a redação anterior do § 4º, art. 899 da CLT:

> **Art. 899. § 4º.** O depósito de que trata o § 1º far-se-á na conta vinculada do empregado a que se refere o art. 2º da Lei nº 5.107, de 13 de setembro de 1966, aplicando-se-lhe os preceitos dessa Lei observado, quanto ao respectivo levantamento, o disposto no § 1º.

---

6. TST. Súmula nº 161. DEPÓSITO. CONDENAÇÃO A PAGAMENTO EM PECÚNIA. (mantida) – **Res. 121/2003, DJ 19, 20 e 21.11.2003. Se não há condenação a pagamento em pecúnia, descabe o depósito de que tratam os §§ 1º e 2º do art. 899 da CLT. Ex-prejulgado nº 39.**

Com a modificação feita pela Lei da Reforma Trabalhista o referido preceito legal passou a ter a seguinte redação, **a qual não faz qualquer referencia à conta do FGTS do empregado**: "O depósito recursal será feito em conta vinculada ao juízo e corrigido com os mesmos índices da poupança". Inclusive, o TST deve em breve alterar a redação ou cancelar a Súmula nº 426 que trata da matéria.[7]

Conclui-se, assim, que o depósito recursal **poderá ser exigido quando o trabalhador sucumbir na demanda e pretender recorrer**, salvo se for beneficiário da justiça gratuita ou se a condenação não tiver conteúdo pecuniário.

Ainda que o recurso tenha sido interposto antes do prazo legal de oito dias, **o juiz deve aguardar o seu termo final para a comprovação do depósito recursal**, na forma prevista pelo art. 7º da Lei nº 5.584/70,[8] interpretado pelo TST, por intermédio da Súmula nº 245:

> **SÚMULA Nº 245.** DEPÓSITO RECURSAL. PRAZO. (mantida) – Res. 121/2003, DJ 19, 20 e 21.11.2003. O depósito recursal deve ser feito e comprovado no prazo alusivo ao recurso. A interposição antecipada deste não prejudica a dilação legal.

Essa regra não se aplica ao agravo de instrumento, uma vez que há dispositivo expresso em sentido contrário, conforme se observa da redação do art. 899, § 7º da CLT: "**No ato de interposição do agravo de instrumento**, o depósito recursal corresponderá a 50% (cinquenta por cento) do valor do depósito do recurso ao qual se pretende destrancar (grifou-se)".

A IN nº 03, inciso II, do TST ainda esclarece as seguintes regras relativas ao depósito recursal:

- depositado o valor total da condenação, nenhum depósito será exigido nos recursos das decisões posteriores, salvo se o valor da condenação vier a ser ampliado;
- se o valor constante do primeiro depósito, efetuado no limite legal, é inferior ao da condenação, será devida complementação de depósito em recurso posterior, observado o valor nominal remanescente da condenação e/ou os limites legais para cada novo recurso;
- havendo acréscimo ou redução da condenação em grau recursal, o juízo prolator da decisão arbitrará novo valor à condenação, quer para a exigibilidade de depósito ou complementação do já depositado, para o caso de recurso subsequente, quer para liberação do valor excedente decorrente da redução da condenação.

Quando o recorrente deixa de observar esse pressuposto objetivo de admissibilidade do recurso, **diz-se que o apelo encontra-se deserto.**

---

7. TST. Súmula nº 426. DEPÓSITO RECURSAL. UTILIZAÇÃO DA GUIA GFIP. OBRIGATORIEDADE (editada em decorrência do julgamento do processo TST-IUJEEDRR 91700-09.2006.5.18.0006) **– Res. 174/2011, DEJT divulgado em 27, 30 e 31.05.2011. Nos dissídios individuais o depósito recursal será efetivado mediante a utilização da Guia de Recolhimento do FGTS e Informações à Previdência Social – GFIP, nos termos dos §§ 4º e 5º do art. 899 da CLT, admitido o depósito judicial, realizado na sede do juízo e à disposição deste, na hipótese de relação de trabalho não submetida ao regime do FGTS.**
8. Lei nº 5.584/70. Art. 7º. A comprovação do depósito da condenação (CLT, artigo 899, §§ 1º a 5º) **terá que ser feita dentro do prazo para a interposição do recurso, sob pena de ser considerado deserto.**

São isentos do depósito recursal os beneficiários da justiça gratuita, **as entidades filantrópicas, as empresas em recuperação judicial** (art. 899, § 10, da CLT, incluído pela Lei nº 13.467/17) e a massa falida (Súmula nº 86 do TST).

Para entidades sem fins lucrativos, empregadores domésticos, microempreendedores individuais, microempresas e empresas de pequeno porte o valor do depósito recursal **será reduzido pela metade** (art. 899, § 9º, da CLT, com redação dada pela Lei nº 13.467/17).

Essas novas regras relativas ao depósito recursal só são aplicáveis aos recursos interpostos a partir de 11.11.2017, na forma do preceito contido no art. 20 da IN nº 41/2018 do TST:

> **Art. 20.** As disposições contidas nos §§ 4º, 9º, 10 e 11 do artigo 899 da CLT, com a redação dada pela Lei nº 13.467/2017, serão observadas para os recursos interpostos contra as decisões proferidas a partir de 11 de novembro de 2017.

Como as entidades sindicais não tem fins lucrativos, o benefício mencionado lhes seria aplicável, conforme tese constante do Enunciado nº 118 aprovado na 2ª Jornada de Direito Material e Processual do Trabalho:

> **ENUNCIADO Nº 118. DEPÓSITO RECURSAL. REDUÇÃO, PELA METADE, EM FAVOR DAS ENTIDADES SEM FINS LUCRATIVOS. APLICAÇÃO ÀS ENTIDADES SINDICAIS** O ARTIGO 899, § 9º, DA CLT, INTRODUZIDO PELA LEI 13.467/2017, QUE REDUZ PELA METADE O VALOR DO DEPÓSITO RECURSAL PARA AS ENTIDADES SEM FINS LUCRATIVOS, APLICA-SE ÀS ENTIDADES SINDICAIS.

No caso de litisconsórcio passivo com condenação solidária dos reclamados, **o recurso e o consequente depósito recursal feito por um dos litisconsortes aproveita aos demais**, conforme preceitua o art. 1.005 do CPC:

> **Art. 1.005.** O recurso interposto por um dos litisconsortes a todos aproveita, salvo se distintos ou opostos os seus interesses. Parágrafo único. Havendo solidariedade passiva, o recurso interposto por um devedor aproveitará aos outros quando as defesas opostas ao credor lhes forem comuns.

Excepciona-se essa regra quando **o litisconsorte for condenado solidária ou subsidiariamente e pretende, com o recurso, a sua exclusão da lide**. Esse é o posicionamento do TST, revelado pela Súmula nº 128, item III:

> **SÚMULA Nº 128.** DEPÓSITO RECURSAL. (INCORPORADAS AS ORIENTAÇÕES JURISPRUDENCIAIS Nº 139, 189 E 190 DA SDI-1) – Res. 129/2005, DJ 20, 22 e 25.04.2005. III – Havendo condenação solidária de duas ou mais empresas, o depósito recursal efetuado por uma delas aproveita as demais, quando a empresa que efetuou o depósito não pleiteia sua exclusão da lide.

Transitada em julgado a decisão condenatória, o juiz deve **determinar a imediata liberação do depósito recursal em favor do reclamante**, de ofício ou a requerimento do interessado no caso de sentença líquida, inclusive se houver decretação de falência durante o processamento do recurso.

Caso a sentença necessite de liquidação, o depósito recursal pode ser liberado nos casos em que o valor do crédito seja inequivocamente superior. Nesse caso, a execução prosseguiria em relação à diferença.

Finalmente, não há necessidade de efetuar o depósito recursal na fase de execução, uma vez que o juízo já se encontra garantido, **salvo se tiver havido elevação do valor do débito, hipótese em que o depósito recursal corresponderá ao valor do acréscimo, sem qualquer limite.**

> **ATENÇÃO!** O depósito recursal não tem natureza jurídica de taxa de recurso, mas de garantia do juízo recursal, que pressupõe decisão condenatória de pagamento em pecúnia, com valor líquido ou arbitrado.

– *Constitucionalidade do depósito recursal*

A exigência do depósito recursal pode ser considerada como uma limitação ao exercício pleno do direito de ação, resguardado pelo inciso XXXV, art. 5º da CF/88.

Inclusive o STF declarou a sua inconstitucionalidade, pelo menos quando exigido para interposição do recurso extraordinário, nos autos do RE 607447, com repercussão geral declarada (Tema nº 679), tendo sido fixada a seguinte tese:

> "Surge incompatível com a Constituição Federal exigência de depósito prévio como condição de admissibilidade do recurso extraordinário, no que não recepcionada a previsão constante do § 1º do artigo 899 da Consolidação das Leis do Trabalho, sendo inconstitucional a contida na cabeça do artigo 40 da Lei nº 8.177/1991 e, por arrastamento, no inciso II da Instrução Normativa nº 3/1993 do Tribunal Superior do Trabalho".

Note-se ainda que, apesar de não ter manifestado expressamente sobre os demais recursos, a mesma fundamentação é aplicável, pois representa uma limitação ao exercício do direito de ação, que envolver também o direito recursal.

Observe-se o trecho do voto do Min. Marco Aurélio de Melo, relator do referido processo:

> "Consubstancia garantia constitucional o acesso ao Judiciário, visando afastar ameaça ou lesão a direito – inciso XXXV do artigo 5º. Essa cláusula constitucional não se limita à simples admissibilidade da ação. É preciso que, em toda a tramitação, seja observado o regramento a disciplinar a atividade do Estado-Juiz. Não se coadunam com a citada garantia obstáculos à entrega da prestação jurisdicional de forma completa. Discrepa, a mais não poder, da Constituição Federal norma legal a afastar o assegurado no principal rol das garantias constitucionais, que é o acesso. Indaga-se: pode a lei condicioná-lo a depósito prévio? A resposta é desenganadamente negativa".

Mas nesses casos, o juiz ou Tribunal terá que declarar expressamente a inconstitucionalidade do dispositivo legal que exige o depósito recursal, uma vez que a decisão do STF só se aplica ao recurso extraordinário.

Exemplos de questões sobre o tema

(FCC – Juiz do Trabalho Substituto 6ª região/2015) Quanto à deserção,

a) garantido o juízo, na fase executória, a exigência de depósito para recorrer de qualquer decisão viola os incisos II e LV do art. 5º da CF/1988. Havendo, porém, elevação do valor do débito, exige-se a complementação da garantia do juízo, mesmo quando não há condenação a pagamento em pecúnia, quando deverá ser garantido o valor mínimo legal.

b) havendo condenação solidária de duas ou mais empresas, o depósito recursal efetuado por uma delas não aproveita as demais, mesmo quando a empresa que efetuou o depósito não pleiteia sua exclusão da lide.

c) havendo recurso ordinário em sede de rescisória, o depósito recursal só é exigível quando for julgado parcialmente procedente o pedido e imposta condenação em pecúnia, devendo este ser efetuado no prazo de quinze dias, sob pena de deserção.

d) não ocorre deserção de recurso da empresa em liquidação extrajudicial por falta de pagamento de custas ou de depósito do valor da condenação. Esse privilégio, todavia, não se aplica à massa falida.

e) é ônus da parte recorrente efetuar o depósito legal, integralmente, em relação a cada novo recurso interposto, sob pena de deserção. Atingido o valor da condenação, nenhum depósito mais é exigido para qualquer recurso.

Resposta: E

(TRT 14 – Juiz do Trabalho Substituto 14ª região/ 2013) Acerca da temática recursal, analise as assertivas abaixo e, após, marque a única alternativa correta:

I. Em decorrência do princípio da sucumbência, nos termos da jurisprudência consolidada pelo Tribunal Superior do Trabalho, a parte vencedora na primeira instância, se vencida na segunda, estará obrigada, no prazo de cinco dias após sua intimação para tanto, a pagar as custas fixadas na sentença originária, das quais ficara isenta a parte então vencida, exceção feita se a parte vencida na primeira instância for beneficiária da justiça gratuita.

II. Cabe mandado de segurança contra ato judicial que, de ofício, arbitrou novo valor à causa, acarretando a majoração das custas processuais, a fim de possibilitar apresentação de recurso ordinário sem deserção.

III. Havendo condenação das empresas com reconhecimento da responsabilidade solidária, o depósito recursal efetuado por uma delas aproveita as demais, quando a empresa que efetuou o depósito não pleiteia sua exclusão da lide.

IV. Não é exigível depósito recursal nas hipóteses de recurso ordinário em sede de ação rescisória.

a) Apenas o item I é verdadeiro.

b) Apenas o item II é verdadeiro.

c) Apenas o item III é verdadeiro.

d) Apenas o item IV é verdadeiro.

e) Todos os itens são falsos.

Resposta: C

– *Seguro garantia judicial*

O uso do seguro garantia judicial foi previsto de forma específica para o processo do trabalho por meio da Lei nº 13.467/17, ao modificar a redação do art. 882 e ao introduzir o § 11 do art. 899 da CLT.

Contudo, mesmo antes do advento da denominada lei da reforma trabalhista, tanto o seguro quanto a carta de fiança **já eram admitidos** no processo do trabalho, conforme entendimento do TST constante da OJ nº 59 da SDI-2, com a seguinte redação:

> **OJ nº 52.** A carta de fiança bancária e o seguro garantia judicial, desde que em valor não inferior ao do débito em execução, acrescido de trinta por cento, equivalem a dinheiro para efeito da gradação dos bens penhoráveis, estabelecida no art. 835 do CPC de 2015 (art. 655 do CPC de 1973).

O TST, a CGJT e o CSJT, disciplinaram o uso do seguro garantia e da fiança bancaria por meio Ato Conjunto nº 01/2019.

O seguro garantia judicial pode ser usado tanto para interposição de **recursos trabalhistas**, em substituição ao depósito recursal, quanto para **garantir a execução** trabalhista, mas **sempre no mesmo prazo** que deveria ser utilizado o ato processual.

O art. 3º do referido Ato Conjunto estabelece que o seguro garantia deve ser prestado por seguradora idônea e devidamente estabelecida no Brasil, **devendo a apólice conter** os seguintes requisitos em forma de cláusulas:

- no seguro garantia para substituição de depósito recursal, o valor segurado inicial deverá ser igual ao montante da condenação, acrescido de, no mínimo 30%, observados os limites estabelecidos pela Lei 8.177 e pela Instrução Normativa 3 do TST;
- previsão de atualização da indenização pelos índices legais aplicáveis aos débitos trabalhistas;
- manutenção da vigência do seguro, mesmo quando o tomador não houver pago o prêmio nas datas convencionadas, com base no art. 11, §1º, da Circular 477 da SUSEP e em renúncia aos termos do art. 763 do Código Civil e do art. 12 do Decreto-Lei 73, de 21 de novembro de 1966;
- referência ao número do processo judicial;
- o valor do prêmio;
- vigência da apólice de, no mínimo, 3 (três) anos;
- estabelecimento das situações caracterizadoras da ocorrência de sinistro;
- endereço atualizado da seguradora;
- cláusula de renovação automática.

No caso do processo do trabalho, o tomador é o devedor das obrigações trabalhistas, geralmente o reclamado (processo de conhecimento) ou executado (processo de execução).

O prêmio é a importância devida pelo reclamado ou executado à seguradora em razão da cobertura do seguro e o sinistro é o inadimplemento das obrigações cobertas pelo seguro ou a determinação judicial para recolhimento dos valores correspondentes à apólice.

Por outro lado, o referido contrato de seguro **não poderá conter as seguintes cláusulas**:

a) de desobrigação decorrente de atos de responsabilidade exclusiva do tomador, da seguradora ou de ambos;

b) cláusula que permita sua rescisão, ainda que de forma bilateral.

O seguro garantia judicial para substituição de depósito recursal **deverá ser complementado** em caso de recursos sucessivos, quando não atingido o montante da condenação, ou em casos de sua majoração. Inclusive-se permite-se complementar um depósito recursal anterior com um seguro garantia judicial.

Por ocasião do oferecimento da garantia, o devedor deverá apresentar a seguinte documentação: a) apólice do seguro garantia; b) comprovação de registro da apólice na SUSEP; c) certidão de regularidade da sociedade seguradora perante a SUSEP.

Fica caracterizada a ocorrência de **sinistro**, gerando a obrigação de pagamento de indenização pela seguradora, no seguro garantia em substituição a **depósito recursal**:

a) com o trânsito em julgado de decisão ou em razão de determinação judicial, após o julgamento dos recursos garantidos;

b) com o não cumprimento da obrigação de, até 60 (sessenta) dias antes do fim da vigência da apólice, comprovar a renovação do seguro garantia ou apresentar nova garantia suficiente e idônea.

Configurado o sinistro, o magistrado que estiver na direção do processo **determinará** à seguradora o pagamento da dívida executada, devidamente atualizada, **no prazo 15 (quinze) dias**, sob pena de **contra ela prosseguir a execução** nos próprios autos, sem prejuízo de eventuais sanções administrativas ou penais pelo descumprimento da ordem judicial.

Observe-se, por fim, que o CNJ, nos autos do processo nº 0009820-09.2019.2.00.0000, suspendeu liminarmente as regras contidas no referido ato conjunto que vedavam a substituição do depósito em dinheiro em execução trabalhista ou em sede recursal por seguro garantia judicial (Conselheiro Mario Guerreiro. 03.02.2020).

Essas regras estavam contidas nos artigos 7º e 8º, com a seguinte redação:

> **Art. 7º** O seguro garantia judicial para execução trabalhista somente será aceito se sua apresentação ocorrer antes do depósito ou da efetivação da constrição em dinheiro, decorrente de penhora, arresto ou outra medida judicial.
>
> **Parágrafo único.** Excetuando-se o depósito e a efetivação da constrição em dinheiro decorrente de penhora, arresto ou outra medida judicial, será permitida a substituição, por seguro garantia judicial, de bem penhorado até sua expropriação, desde que atendidos os requisitos deste Ato Conjunto e haja anuência do credor (§ 2º do art. 835 do CPC).
>
> **Art. 8º** Após realizado o depósito recursal, não será admitido o uso de seguro garantia para sua substituição.

– *Custas*

As custas processuais correspondem ao tributo que deve ser recolhido pelo vencido, pela utilização de um serviço público.

As custas são devidas por quem sucumbiu, seja o empregador ou empregado, salvo se forem beneficiários da justiça gratuita, hipótese em que o juiz dispensa o seu recolhimento.

A matéria encontra-se disciplinada pelo art. 789 da CLT, com redação dada pela Lei nº 13.467/17:

> **Art. 789.** Nos dissídios individuais e nos dissídios coletivos do trabalho, nas ações e procedimentos de competência da Justiça do Trabalho, bem como nas demandas propostas perante a Justiça Estadual, no exercício da jurisdição trabalhista, as custas relativas ao processo de conhecimento incidirão à base de 2% (dois por cento), observado o mínimo de R$ 10,64 (dez reais e sessenta e quatro centavos) e o máximo de quatro vezes o limite máximo dos benefícios do Regime Geral de Previdência Social, e serão calculadas:
>
> I – quando houver acordo ou condenação, sobre o respectivo valor;
>
> II – quando houver extinção do processo, sem julgamento do mérito, ou julgado totalmente improcedente o pedido, sobre o valor da causa;
>
> III – no caso de procedência do pedido formulado em ação declaratória e em ação constitutiva, sobre o valor da causa;
>
> IV – quando o valor for indeterminado, sobre o que o juiz fixar.

A União, os Estados, o Distrito-Federal e os Municípios,[9] além do Ministério Público do Trabalho,[10] **também são isentas do recolhimento das custas e da realização do depósito como requisito de admissibilidade recursal, inclusive o INSS.** [11]

> **OJ4T Nº 28 do TRT9.** ECT. INEXIGÊNCIA DE DEPÓSITO RECURSAL E CUSTAS. DESERÇÃO INOCORRENTE. ARTIGO 12 DO DECRETOLEI Nº 509/69 RECEPCIONADO PELA CFR/88. A partir de reconhecida a impenhorabilidade dos bens da ECT pelo excelso STF, equiparando-a, destarte, à Fazenda Pública, inobstante qualificada como empresa pública com patrimônio próprio e exploração de atividade econômica – a iterativa e notória jurisprudência do C. TST também tem reputado desnecessária a garantia do juízo, afigurando-se, daí, inexigível o depósito prévio recursal bem como o recolhimento de custas, como pressuposto à admissibilidade dos recursos ordinários por ela interpostos (TST-RR-83/2003-662-04-00.1, extraída do site TST/Notícias, de 13.10.2006).

Todavia, a isenção **não alcança as entidades fiscalizadoras do exercício da profissão, como OAB, CREA, CREMEB** etc., conforme disposto no parágrafo único do art. 790-A da CLT.[12]

A isenção do recolhimento das custas para os **Municípios** é assegurado pelo inciso I, do *caput* do artigo 790-A da CLT:

> **Art. 790-A.** São isentos do pagamento de custas, além dos beneficiários de justiça gratuita: I – a União, os Estados, o Distrito Federal, os Municípios e respectivas autarquias e fundações públicas federais, estaduais ou municipais que não explorem atividade econômica; II – o Ministério Público do Trabalho.

Como as sociedades de economia mista e as empresas públicas não fazem parte da Administração Pública direta, não são atingidas pelo referido benefício processual.

Esse é o posicionamento do TST estampado na Súmula nº 170:

> **SÚMULA Nº 170.** SOCIEDADE DE ECONOMIA MISTA. CUSTAS. Os privilégios e isenções no foro da Justiça do Trabalho não abrangem as sociedades de economia mista, ainda que gozassem desses benefícios anteriormente ao Decreto-Lei nº 779, de 21.08.1969. Ex-prejulgado nº 50. (RA 102/1982, DJ 11.10.1982 e DJ 15.10.1982).

Já a EBCT goza dos mesmos privilégios processuais da Fazenda Pública e por conta disso também está isenta do recolhimento das custas processuais:

> **SÚMULA Nº 45 do TRT4.** ECT. DEPÓSITO RECURSAL E CUSTAS. ISENÇÃO. PRAZO EM DOBRO PARA RECORRER. A Empresa Brasileira de Correios e Telégrafos

---

9. Decreto-Lei nº 779/69. Art. 1º. Nos processos perante a Justiça do Trabalho constituem privilégio da União, dos Estados, do Distrito Federal, dos Municípios e das autarquias ou fundações de direito público federais, estaduais ou municipais que não explorem atividades econômicas: IV – a dispensa de depósito para interposição de recurso.

10. CPC. Art. 1.007. I. § 1º São dispensados de preparo, inclusive porte de remessa e de retorno, os recursos interpostos pelo Ministério Público, pela União, pelo Distrito Federal, pelos Estados, pelos Municípios, e respectivas autarquias, e pelos que gozam de isenção legal.

11. Lei nº 8.620/93. Art. 8º. O Instituto Nacional do Seguro Social – INSS, nas causas em que seja interessado na condição de autor, réu, assistente ou opoente, gozará das mesmas prerrogativas e privilégios assegurados à Fazenda Pública, inclusive quanto à inalienabilidade e impenhorabilidade de seus bens. § 1º. O INSS é isento do pagamento de custas, traslados, preparos, certidões, registros, averbações e quaisquer outros emolumentos, nas causas em que seja interessado na condição de autor, réu, assistente ou opoente, inclusive nas ações de natureza trabalhista, acidentária e de benefícios.

12. CLT. Art. 790-A. Parágrafo único. A isenção prevista neste artigo não alcança as entidades fiscalizadoras do exercício profissional, nem exime as pessoas jurídicas referidas no inciso I da obrigação de reembolsar as despesas judiciais realizadas pela parte vencedora.

– ECT se equipara à Fazenda Pública no que diz respeito às prerrogativas previstas no Decreto-Lei 779/69, tendo prazo em dobro para recorrer, assim como estando dispensada da realização do depósito recursal e do recolhimento das custas processuais.

OJ4T Nº 28 do TRT9. ECT. INEXIGÊNCIA DE DEPÓSITO RECURSAL E CUSTAS. DESERÇÃO INOCORRENTE. ARTIGO 12 DO DECRETOLEI Nº 509/69 RECEPCIONADO PELA CFR/88. A partir de reconhecida a impenhorabilidade dos bens da ECT pelo excelso STF, equiparando-a, destarte, à Fazenda Pública, inobstante qualificada como empresa pública com patrimônio próprio e exploração de atividade econômica – a iterativa e notória jurisprudência do C. TST também tem reputado desnecessária a garantia do juízo, afigurando-se, daí, inexigível o depósito prévio recursal bem como o recolhimento de custas, como pressuposto à admissibilidade dos recursos ordinários por ela interpostos (TST-RR-83/2003-662-04-00.1, extraída do site TST/Notícias, de 13.10.2006).

De igual forma, as associações, inclusive os sindicatos, **não podem ser condenados ao pagamento de despesas processuais e honorários advocatícios nas ações coletivas em caso de improcedência da demanda, salvo no caso de comprovada má-fé**, de acordo com o art. 87 do CDC:

Art. 87. Nas ações coletivas de que trata este Código não haverá adiantamento de custas, emolumentos, honorários periciais e quaisquer outras despesas, nem condenação da associação autora, salvo comprovada má-fé, em honorário de advogados, custas e despesas processuais.

A massa falida não recolhe custas, pois seus bens encontram-se arrecadados e seria necessário expedir um ofício ao juízo universal da falência para liberar esse valor.

Nesse caso, dispensa-se esse procedimento prévio como requisito de admissibilidade do recurso, conforme entendimento constante da Súmula nº 86 do Tribunal Superior do Trabalho:

SÚMULA Nº 86. DESERÇÃO. MASSA FALIDA. EMPRESA EM LIQUIDAÇÃO EXTRAJUDICIAL. (incorporada a Orientação Jurisprudencial nº 31 da SDI-1) – Res. 129/2005 – DJ 20.04.2005. Não ocorre deserção de recurso da massa falida por falta de pagamento de custas ou de depósito do valor da condenação. Esse privilégio, todavia, não se aplica à empresa em liquidação extrajudicial. (Primeira parte – ex-Súmula Nº 86 – RA 69/78, DJ 26.09.1978; segunda parte – ex-OJ Nº 31 – Inserida em 14.03.1994).[13]

A Instrução Normativa nº 3/99, item X, do TST, também deixa claro que não há cobrança de custas em face da **herança jacente**.

Como o art. 899, § 10 da CLT só faz referência ao depósito recursal, as custas são devidas pelas **empresas em recuperação judicial**.

Nesse sentido a jurisprudência dos Tribunais Regionais que foram editadas antes da edição da Lei nº 13.467/17:

SÚMULA Nº 45 do TRT1. EMPRESA EM RECUPERAÇÃO JUDICIAL. DESERÇÃO. A dispensa do recolhimento de custas e do depósito recursal que beneficia a massa falida não se estende a empresa em regime de recuperação judicial.

SÚMULA Nº 24 do TRT17. RECUPERAÇÃO JUDICIAL. RECURSO. PREPARO. Está sujeita ao preparo o recurso interposto por pessoa jurídica em recuperação judicial, de acordo com o art. 5º, inciso II, da Lei nº 11.101/2005.

13. No mesmo sentido é a Instrução Normativa nº 3/93, item X, do TST.

OJ Nº 27 do TRT3. RECUPERAÇÃO JUDICIAL. PREPARO RECURSAL. RESPONSABILIDADE SUBSIDIÁRIA. I – Não se estende à empresa em recuperação judicial o privilégio de isenção do pagamento das custas processuais e de recolhimento do depósito recursal, aplicável à massa falida, conforme entendimento consolidado na Súmula n. 86 do TST.

Segue-se o resumo sobre a isenção do recolhimento de custas processuais:

Isentos	• União, Estados, DF, Municípios; • Autarquias e fundações federais, estaduais e municipais que não explorem atividade econômica; • Ministério Público do Trabalho; • Massa falida; • Herança jacente; • Associações (sindicatos) nas demandas coletivas julgadas improcedentes, salvo comprovada má-fé.

Em caso de condenação, as custas processuais devem corresponder, no processo de conhecimento, a **dois por cento do valor fixado na condenação ou do que for arbitrado pelo juiz**, para efeito de interposição de recurso, observando o **valor mínimo** de R$10,64 e o máximo de **quatro vezes o limite máximo** dos benefícios do Regime Geral de Previdência Social.

O recolhimento das custas processuais deve ser feito nas guias denominadas de GRU – Guia de Recolhimento da União.

Após o recolhimento deve-se juntar o comprovante respectivo aos autos[14] no mesmo prazo do recurso, conforme art. 789, § 1º, da CLT.

Se o valor recolhido for **insuficiente,** o recorrente deverá ser intimado para **completá-lo** em **cinco dias**, sob pena de deserção. Todavia, se o recurso for interposto sem a comprovação do recolhimento das custas, o recorrente deverá ser intimado para suprir esse vício **recolhendo o valor em dobro**, sob pena do recurso não ser recebido, na forma prevista pelo já citado art. 1.007 do CPC:

Art. 1.007. No ato de interposição do recurso, o recorrente comprovará, quando exigido pela legislação pertinente, o respectivo preparo, inclusive porte de remessa e de retorno, sob pena de deserção.

§ 2º A insuficiência no valor do preparo, inclusive porte de remessa e de retorno, implicará deserção se o recorrente, intimado na pessoa de seu advogado, não vier a supri-lo no prazo de 5 (cinco) dias.

§ 4º O recorrente que não comprovar, no ato de interposição do recurso, o recolhimento do preparo, inclusive porte de remessa e de retorno, será intimado, na pessoa de seu advogado, para realizar o recolhimento em dobro, sob pena de deserção.

Esse é o entendimento do TST constante da OJ nº 140, da SDI-1, em sua atual redação:

OJ Nº 140. DEPÓSITO RECURSAL E CUSTAS PROCESSUAIS. RECOLHIMENTO INSUFICIENTE. DESERÇÃO. (nova redação em decorrência do CPC de 2015) – Res. 217/2017 - DEJT divulgado em 20, 24 e 25.04.2017. Em caso de recolhimento insuficiente das

14. TST. Súmula nº 53. CUSTAS. (mantida) – **Res. 121/2003, DJ 19, 20 e 21.11.2003. O prazo para pagamento das custas, no caso de recurso, é contado da intimação do cálculo. (Incide o entendimento constante da referida Súmula, quando a sentença ou acórdão não contiver o valor das custas).**

custas processuais ou do depósito recursal, somente haverá deserção do recurso se, concedido o prazo de 5 (cinco) dias previsto no § 2º do art. 1.007 do CPC de 2015, o recorrente não complementar e comprovar o valor devido.

Se o recorrido sucumbe na segunda instância, deve, **independentemente de intimação**, proceder ao recolhimento das custas processuais, de acordo com o entendimento constante do item I, da Súmula nº 25 do Tribunal Superior do Trabalho:[15]

> **SÚMULA Nº 25.** CUSTAS. (alterada a Súmula e incorporadas as Orientações Jurisprudenciais nºs 104 e 186 da SBDI-1) – Res. 197/2015 – DEJT divulgado em 14, 15 e 18.05.2015. I – A parte vencedora na primeira instância, se vencida na segunda, está obrigada, independentemente de intimação, a pagar as custas fixadas na sentença originária, das quais ficara isenta a parte então vencida. II – No caso de inversão do ônus da sucumbência em segundo grau, sem acréscimo ou atualização do valor das custas e se estas já foram devidamente recolhidas, descabe um novo pagamento pela parte vencida, ao recorrer. Deverá ao final, se sucumbente, reembolsar a quantia; (ex-OJ nº 186 da SBDI-I).

Em caso de inversão da sucumbência no segundo grau sem acréscimo ou atualização do valor das custas, não há necessidade do seu recolhimento para interposição de novo recurso, a teor do disposto no item II, da citada Súmula nº 25 do TST:

O art. 35 do CPC de 1973[16] determinava que a sanção por litigância de má-fé deveria ser contada como custas. Entretanto, esse efeito não se estendia ao preparo no processo do trabalho que tem regras próprias tratando da matéria, conforme OJ nº 409 da SDI-1, do TST:

> **OJ Nº 409.** MULTA POR LITIGÂNCIA DE MÁ-FÉ. RECOLHIMENTO. PRESSUPOSTO RECURSAL. INEXIGIBILIDADE. (nova redação em decorrência do CPC de 2015) – Res. 209/2016, DEJT divulgado em 01, 02 e 03.06.2016. O recolhimento do valor da multa imposta como sanção por litigância de má-fé (art. 81 do CPC de 2015 – art. 18 do CPC de 1973) não é pressuposto objetivo para interposição dos recursos de natureza trabalhista.

Já no CPC de 2015 **não há essa equiparação**, conforme se observa da redação do art. 96: "O valor das sanções impostas ao litigante de má-fé reverterá em benefício da parte contrária, e o valor das sanções impostas aos serventuários pertencerá ao Estado ou à União".

D) *Tempestividade*

O processo tem como característica a marcha à frente. Para conferir efetividade a essa característica, aplica-se o instituto da preclusão, que obsta a prática de atos repetidos (preclusão consumativa), incompatíveis entre si (preclusão lógica) ou depois de decorrido o prazo pré-estabelecido (preclusão temporal).

Os recursos, no processo do trabalho, devem ser interpostos no prazo genérico de **oito dias.** A exceção fica por conta dos embargos declaratórios, que seguem o prazo de **cinco dias** previsto no art. 897-A da CLT:

15. TST. Súmula nº 25. III - Não caracteriza deserção a hipótese em que, acrescido o valor da condenação, não houve fixação ou cálculo do valor devido a título de custas e tampouco intimação da parte para o preparo do recurso, devendo ser as custas pagas ao final; (ex-OJ nº 104 da SBDI-I). **IV - O reembolso das custas à parte vencedora faz-se necessário mesmo na hipótese em que a parte vencida for pessoa isenta do seu pagamento, nos termos do art. 790-A, parágrafo único, da CLT.**
16. CPC de 1973. Art. 35. As sanções impostas às partes em consequência de má-fé **serão contadas como custas** e reverterão em benefício da parte contrária; as impostas aos serventuários pertencerão ao Estado (grifou-se).

> **Art. 897-A.** Caberão embargos de declaração da sentença ou acórdão, no prazo de cinco dias, devendo seu julgamento ocorrer na primeira audiência ou sessão subsequente a sua apresentação, registrado na certidão, admitido efeito modificativo da decisão nos casos de omissão e contradição no julgado e manifesto equívoco no exame dos pressupostos extrínsecos do recurso.

Desse modo, **não se aplica ao processo do trabalho** as regras do CPC que dizem respeito ao prazo para recorrer, inclusive o art. 1.070:

> **Art. 1.070.** É de 15 (quinze) dias o prazo para a interposição de qualquer agravo, previsto em lei ou em regimento interno de tribunal, contra decisão de relator ou outra decisão unipessoal proferida em tribunal.

A Instrução Normativa nº 39/16 corrobora esse posicionamento por meio do seu art. 1º, § 2º, bem como art. 2º, inciso XIII:

> **Art. 1º. § 2º** O prazo para interpor e contra-arrazoar todos os recursos trabalhistas, inclusive agravo interno e agravo regimental, é de oito dias (art. 6º da Lei nº 5.584/70 e art. 893 da CLT), exceto embargos de declaração (CLT, art. 897-A).
>
> **Art. 2º** Sem prejuízo de outros, não se aplicam ao Processo do Trabalho, em razão de inexistência de omissão ou por incompatibilidade, os seguintes preceitos do Código de Processo Civil: XIII – art. 1070 (prazo para interposição de agravo).

Na hipótese do recurso ser interposto por meio de *fac-símile* **em autos de processos físicos**, a parte tem o prazo de **cinco dias** para a juntada aos autos dos originais respectivos, conforme reza o art. 2º da Lei nº 9.800/99: "A utilização de sistema de transmissão de dados e imagens não prejudica o cumprimento dos prazos, devendo os originais ser entregues em juízo, necessariamente, até cinco dias da data de seu término".

Sobre essa questão, manifesta-se o TST por intermédio da Súmula nº 387:

> **SÚMULA Nº 387.** RECURSO. FAC-SÍMILE. LEI Nº 9.800/1999 (atualizada em decorrência do CPC de 2015) – Res. 208/2016, DEJT divulgado em 22, 25 e 26.04.2016 I – A Lei nº 9.800, de 26.05.1999, é aplicável somente a recursos interpostos após o início de sua vigência. (ex-OJ nº 194 da SBDI-1 – inserida em 08.11.2000) II – A contagem do quinquídio para apresentação dos originais de recurso interposto por intermédio de fac-símile começa a fluir do dia subsequente ao término do prazo recursal, nos termos do art. 2º da Lei nº 9.800, de 26.05.1999, e não do dia seguinte à interposição do recurso, se esta se deu antes do termo final do prazo. (ex-OJ nº 337 da SBDI-1 – primeira parte – DJ 04.05.2004). III – Não se tratando a juntada dos originais de ato que dependa de notificação, pois a parte, ao interpor o recurso, já tem ciência de seu ônus processual, não se aplica a regra do art. 224 do CPC de 2015 (art. 184 do CPC de 1973) quanto ao "dies a quo", podendo coincidir com sábado, domingo ou feriado. (ex-OJ nº 337 da SBDI-1 – "in fine" – DJ 04.05.2004) IV – A autorização para utilização do fac-símile, constante do art. 1º da Lei n.º 9.800, de 26.05.1999, somente alcança as hipóteses em que o documento é dirigido diretamente ao órgão jurisdicional, não se aplicando à transmissão ocorrida entre particulares.

– *Prazo em dobro*

Para a União, os Estados, os Municípios e o Distrito-Federal, bem como suas respectivas autarquias e fundações públicas que não explorem atividades econômicas, **conta-se o prazo em dobro para recurso**, de acordo com o disposto no art. 1º, III, do Decreto-Lei nº 779/69, inclusive em relação aos embargos declaratórios:

Art. 1º. Nos processos perante a Justiça do Trabalho constituem privilégio da União, dos Estados, do Distrito Federal, dos Municípios e das autarquias ou fundações de direito público federais, estaduais ou municipais que não explorem atividades econômicas: III – o prazo em dobro para recurso.

No mesmo sentido o art. 183 do CPC:

Art. 183. A União, os Estados, o Distrito Federal, os Municípios e suas respectivas autarquias e fundações de direito público gozarão de prazo em dobro para todas as suas manifestações processuais, cuja contagem terá início a partir da intimação pessoal.

Em relação ao **Ministério Público do Trabalho**, seja como órgão agente ou interveniente, o art. 180 do CPC confere o **prazo em dobro** para praticar **todos os atos processuais**, inclusive para recorrer: "O Ministério Público gozará de prazo em dobro para manifestar-se nos autos, que terá início a partir de sua intimação pessoal, nos termos do art. 183, § 1º".

A renúncia do direito de recorrer, seja expressa ou tácita, antecipa o termo final do prazo respectivo e faz com que a sentença adquira a qualidade da coisa julgada.

Essa característica impede a parte de recorrer posteriormente, conforme disposto no art. 1.000 do CPC com a mesma redação:

Art. 1.000. A parte, que aceitar expressa ou tacitamente a sentença ou a decisão, não poderá recorrer. Parágrafo único. Considera-se aceitação tácita a prática, sem reserva alguma, de um ato incompatível com a vontade de recorrer.

A Orientação Jurisprudencial nº 310, da SDI-1, **reconhece a incompatibilidade com o processo do trabalho da aplicação do prazo em dobro** quando na demanda houver litisconsortes com procuradores distintos:

OJ Nº 310. LITISCONSORTES. PROCURADORES DISTINTOS. PRAZO EM DOBRO. art. 229, *caput* e §§ 1º e 2º, do CPC de 2015. ART. 191 DO CPC de 1973. INAPLICÁVEL AO PROCESSO DO TRABALHO (atualizada em decorrência do CPC de 2015) – Res. 208/2016, DEJT divulgado em 22, 25 e 26.04.2016. Inaplicável ao processo do trabalho a norma contida no art. 229, caput e §§ 1º e 2º, do CPC de 2015 (art. 191 do CPC de 1973), em razão de incompatibilidade com a celeridade que lhe é inerente.

– *Início do prazo para recurso*

Quanto ao início do prazo, o CPC traça as regras respectivas em seu art. 1.003:

Art. 1.003. O prazo para interposição de recurso conta-se da data em que os advogados, a sociedade de advogados, a Advocacia Pública, a Defensoria Pública ou o Ministério Público são intimados da decisão.

§ 1º Os sujeitos previstos no *caput* considerar-se-ão intimados em audiência quando nesta for proferida a decisão.

§ 2º Aplica-se o disposto no art. 231, incisos I a VI, ao prazo de interposição de recurso pelo réu contra decisão proferida anteriormente à citação.

§ 3º No prazo para interposição de recurso, a petição será protocolada em cartório ou conforme as normas de organização judiciária, ressalvado o disposto em regra especial.

§ 4º Para aferição da tempestividade do recurso remetido pelo correio, será considerada como data de interposição a data de postagem.

> **§ 5º** Excetuados os embargos de declaração, o prazo para interpor os recursos e para responder-lhes é de 15 (quinze) dias.
>
> **§ 6º** O recorrente comprovará a ocorrência de feriado local no ato de interposição do recurso.

Vê-se, portanto, que a contagem do prazo para recurso inicia-se, em regra, a partir da data da prolação da sentença, se isso ocorreu durante a audiência.

Notam-se as seguintes exceções:

- no caso de revelia, quando a **CLT impõe a intimação do reclamado**. Nesse caso inicia-se o prazo recursal a partir do recebimento;[17]
- quando a ata da sentença não é juntada aos autos no prazo de 48 horas,[18] conforme determina o art. 851, § 2º, da norma consolidada.[19]

Se a audiência é adiada apenas para a publicação da sentença, o prazo para recurso inicia-se a partir da sua publicação e não no dia da realização da sessão, **quando a parte deixa de comparecer**, conforme entendimento constante da Súmula nº 197 do TST:

> **SÚMULA Nº 197.** PRAZO (mantida) – Res. 121/2003, DJ 19, 20 e 21.11.2003. O prazo para recurso da parte que, intimada, não comparecer à audiência em prosseguimento para a prolação da sentença conta-se de sua publicação.

Em caso de feriado local no início ou no final do prazo para interposição do recurso, cabe a parte comprovar a sua existência, com a juntada aos autos da Lei Municipal ou Estadual, na forma prevista pela Súmula nº 385 do TST, mas observando as regras contida no art. 932, parágrafo único do CPC:

> **SÚMULA Nº 385.** FERIADO LOCAL OU FORENSE. AUSÊNCIA DE EXPEDIENTE. PRAZO RECURSAL. PRORROGAÇÃO. COMPROVAÇÃO. NECESSIDADE. (alterada em decorrência do CPC de 2015) – Res. 220/2017, DEJT divulgado em 21, 22 e 25.09.2017 I – Incumbe à parte o ônus de provar, quando da interposição do recurso, a existência de feriado local que autorize a prorrogação do prazo recursal (art. 1.003, § 6º, do CPC de 2015). No caso de o recorrente alegar a existência de feriado local e não o comprovar no momento da interposição do recurso, cumpre ao relator conceder o prazo de 5 (cinco) dias para que seja sanado o vício (art. 932, parágrafo único, do CPC de 2015), sob pena de não conhecimento se da comprovação depender a tempestividade recursal; II – Na hipótese de feriado forense, incumbirá à autoridade que proferir a decisão de admissibilidade certificar o expediente nos autos; III – Admite-se a reconsideração da análise da tempestividade do recurso, mediante prova documental superveniente, em agravo de instrumento, agravo interno, agravo regimental, ou embargos de declaração, desde que, em momento anterior, não tenha havido a concessão de prazo para a comprovação da ausência de expediente forense.

17. Essa é mais uma peculiaridade do processo do trabalho contida no art. 852 da CLT. "Da decisão serão os litigantes notificados, pessoalmente, ou por seu representante na própria audiência. No caso de revelia, a notificação far-se-á pela forma estabelecida no § 1º do artigo 841".
18. Essa hipótese é muito rara de acontecer atualmente, pois não se observa o magistrado narrando a sua decisão na mesa de audiência para, só depois, reduzi-la a termo.
19. TST. Súmula nº 30. INTIMAÇÃO DA SENTENÇA. (mantida) – **Res. 121/2003, DJ 19, 20 e 21.11.2003 Quando não juntada a ata ao processo em 48 horas, contadas da audiência de julgamento (art. 851, § 2º, da CLT), o prazo para recurso será contado da data em que a parte receber a intimação da sentença.**

Quando a parte ou o seu patrono falece durante o curso do prazo para apresentação do recurso, o sucessor, o herdeiro ou o litigante **tem restituído todo o prazo para exercer a sua pretensão recursal**, de conformidade com a determinação contida no art. 1.004 do CPC.

Adota-se o mesmo procedimento quando é constatada a ocorrência de força maior decorrente de suspensão processual (art. 313, VI do CPC).[20]

A interposição do recurso antes da publicação da sentença ou do acórdão é considerada tempestiva conforme art. 218, § 4º do CPC: "Será considerado tempestivo o ato praticado antes do termo inicial do prazo".

Em síntese, são estes os prazos para recorrer no processo do trabalho:

Recursos	Prazo	Para Fazenda Pública
Embargos declaratórios	5 dias	10 dias
Demais recursos trabalhistas	8 dias	16 dias

E) Representação

A representação, como requisito de admissibilidade objetivo do recurso, diz respeito a regularidade da representação processual, ou seja, para a prática de atos processuais privativos de advogado.

Diante da prevalência do *ius postulandi* das partes no processo do trabalho, não há necessidade do recurso ser subscrito por advogado.

Entretanto, se o patrono da parte interessada interpõe um recurso, como representante processual do seu cliente, deve ter procuração nos autos seja ela expressa ou tácita, já que não se exige poderes específicos para a prática daquele ato processual.

Sobre a regularização da representação do advogado quando da interposição do recurso, o TST manifesta-se por meio da Súmula nº 383, com sua redação já adaptada ao CPC de 2015:

> **SÚMULA Nº 383**. RECURSO. MANDATO. IRREGULARIDADE DE REPRESENTAÇÃO. CPC DE 2015, ARTS. 104 E 76, § 2º (nova redação em decorrência do CPC de 2015). Res. 210/2016. I – É inadmissível recurso firmado por advogado sem procuração juntada aos autos até o momento da sua interposição, salvo mandato tácito. Em caráter excepcional (art. 104 do CPC de 2015), admite-se que o advogado, independentemente de intimação, exiba a procuração no prazo de 5 (cinco) dias após a interposição do recurso, prorrogável por igual período mediante despacho do juiz. Caso não a exiba, considera-se ineficaz o ato praticado e não se conhece do recurso. II – Verificada a irregularidade de representação da parte em fase recursal, em procuração ou substabelecimento já constante dos autos, o relator ou o órgão competente para julgamento do recurso designará prazo de 5 (cinco) dias para que seja sanado o vício. Descumprida a determinação, o relator não conhecerá do recurso, se a providência couber ao recorrente, ou determinará o desentranhamento das contrarrazões, se a providência couber ao recorrido (art. 76, § 2º, do CPC de 2015).

Observe-se, contudo, que o TST editou a Súmula nº 425 por meio da qual entende ser necessária a representação por advogado para apresentar **recursos de sua competência**, como o recurso de revista por exemplo:[21]

20. CPC. Art. 313. Suspende-se o processo: VI – por motivo de força maior.
21. Para interpor recurso extraordinário perante o STF também se exige a prática do ato processual respectivo por meio de advogado.

SÚMULA Nº 425. JUS POSTULANDI NA JUSTIÇA DO TRABALHO. ALCANCE – Res. 165/2010, DEJT divulgado em 30.04.2010 e 03 e 04.05.2010. O jus postulandi das partes, estabelecido no art. 791 da CLT, limita-se às Varas do Trabalho e aos Tribunais Regionais do Trabalho, não alcançando a ação rescisória, a ação cautelar, o mandado de segurança e os recursos de competência do Tribunal Superior do Trabalho.

Exemplos de questões sobre o tema

(TRT 3 – Juiz do Trabalho Substituto 3ª região/2014) Sobre o sistema recursal trabalhista é INCORRETO afirmar:

a) Os pressupostos recursais, também chamados de requisitos de admissibilidade recursal, classificam-se em objetivos e subjetivos.

b) Os requisitos objetivos afirmam que o ato deve ser recorrível, como os despachos de mero expediente de natureza teratológica.

c) A adequação é um requisito objetivo, na medida em que a parte deve valer-se do recurso adequado.

d) A tempestividade, como requisito objetivo, pressupõe a interposição do recurso no prazo legal, sob pena de seu não conhecimento.

e) No dissídio coletivo não é exigido o depósito recursal, pois a natureza jurídica da sentença coletiva não é condenatória.

Resposta: B

4.2. Requisitos subjetivos

Os requisitos subjetivos do recurso são a legitimidade e a sucumbência, que serão analisados a seguir.

A) Legitimidade

A legitimação para recorrer **é da parte que sucumbiu**, no todo ou em parte, em razão da prolação da sentença, do Ministério Público, como parte ou fiscal da ordem jurídica; ou dos terceiros que ingressaram no processo.

A matéria é disciplinada pelo art. 996 do CPC:

QUADRO COMPARATIVO – LEGITIMIDADE PARA RECORRER DO TERCEIRO		
CPC DE 1973	**CPC DE 2015**	**CLT**
Art. 499. O recurso pode ser interposto pela parte vencida, pelo terceiro prejudicado e pelo Ministério Público. § 1º Cumpre ao terceiro demonstrar o nexo de interdependência entre o seu interesse de intervir e a relação jurídica submetida à apreciação judicial. § 2º O Ministério Público tem legitimidade para recorrer assim no processo em que é parte, como naqueles em que oficiou como fiscal da lei.	**Art. 996.** O recurso pode ser interposto pela parte vencida, pelo terceiro prejudicado e pelo Ministério Público, como parte ou como fiscal da ordem jurídica. **Parágrafo único.** Cumpre ao terceiro demonstrar a possibilidade de a decisão sobre a relação jurídica submetida à apreciação judicial atingir direito de que se afirme titular ou que possa discutir em juízo como substituto processual.	Sem similar.
Aplicabilidade do CPC ao processo do trabalho	Aplica-se ao processo do trabalho em face da omissão da CLT e da ausência de incompatibilidade.	

QUADRO COMPARATIVO – LEGITIMIDADE PARA RECORRER DO TERCEIRO		
CPC DE 1973	**CPC DE 2015**	**CLT**
Diferença entre o CPC de 2015 e o de 1973	No CPC de 1973 exigia-se que o terceiro prejudicado demonstrasse o nexo de interdependência entre o seu interesse de intervir e relação jurídica submetida à apreciação judicial. Já no CPC de 2015 o terceiro deve demonstrar: • a possibilidade de a decisão sobre a relação jurídica submetida à apreciação judicial atingir direito de que se afirme titular; ou • que possa discutir em juízo como substituto processual.	

Depreende-se da leitura do referido dispositivo legal que, em alguns casos, permite-se que outras pessoas, que não tenham participado da relação processual,[22] possam recorrer da decisão.

Nesse caso, **o terceiro tem que previamente demonstrar:**

- a possibilidade de a decisão sobre a relação jurídica submetida à apreciação judicial atingir direito de que se afirme titular; ou
- que possa discutir em juízo como substituto processual.

É o que acontece, por exemplo, nos casos em que a União recorre das decisões nas quais não figura como parte, mas para defender o seu interesse relativo às discriminações feitas pelo juiz em relação às contribuições sociais devidas pelos litigantes, bem como nas hipóteses dos acordos homologados, em relação às discriminações das parcelas feitas pelas partes.

Só que, no caso do acordo homologado, a autorização para recorrer já se encontra consignada na própria norma, de conformidade com o art. 832, § 4º, da CLT:

> **Art. 832. § 4º** A União será intimada das decisões homologatórias de acordos que contenham parcela indenizatória, na forma do art. 20 da Lei nº 11.033, de 21 de dezembro de 2004, facultada a interposição de recurso relativo aos tributos que lhe forem devidos.

Entretanto, **falece legitimidade ao perito para recorrer,** uma vez que assume a posição de auxiliar do juízo ao desempenhar um *munus* público e, por conta disso, não se identifica o **interesse jurídico** necessário para recorrer da decisão que fixa seus honorários periciais.

Assim, a irresignação do perito quanto ao valor fixado pela sentença, a título de honorários periciais, somente pode ser apreciada pela via do **mandado de segurança.**

Como dito, o Ministério Público do Trabalho tem legitimidade para recorrer, tanto nos processos nos quais **figurou como parte, quanto naqueles em que atuou como fiscal da lei.**

Inclusive, há disposição expressa nesse sentido, constante do art. 746, "f" da CLT.[23]

No mesmo sentido, o art. 83, VI, da Lei Complementar nº 75/93:

22. Como os terceiros intervenientes que foram rejeitados, por decisão do juiz, a participar do processo.
23. CLT. Art. 746. Compete à Procuradoria Geral da Justiça do Trabalho: **f) recorrer das decisões do Tribunal, nos casos previstos em lei.**

> **Art. 83.** Compete ao Ministério Público do Trabalho o exercício das seguintes atribuições junto aos órgãos da Justiça do Trabalho: VI – recorrer das decisões da Justiça do Trabalho, quando entender necessário, tanto nos processos em que for parte, como naqueles em que oficiar como fiscal da lei, bem como pedir revisão dos Enunciados da Súmula de Jurisprudência do Tribunal Superior do Trabalho;

A referida legitimação do MPT não se aplica aos casos em que a sentença proferida não afronta o interesse público, conforme preceitua a OJ nº 237, I, da SDI-1, do TST:

> **OJ Nº 237.** MINISTÉRIO PÚBLICO DO TRABALHO. LEGITIMIDADE PARA RECORRER. SOCIEDADE DE ECONOMIA MISTA. EMPRESA PÚBLICA (incorporada a Orientação Jurisprudencial nº 338 da SBDI-I). Res. n. 210/16. I – O Ministério Público do Trabalho não tem legitimidade para recorrer na defesa de interesse patrimonial privado, ainda que de empresas públicas e sociedades de economia mista. II – Há legitimidade do Ministério Público do Trabalho para recorrer de decisão que declara a existência de vínculo empregatício com sociedade de economia mista ou empresa pública, após a Constituição Federal de 1988, sem a prévia aprovação em concurso público, pois é matéria de ordem pública.

B) Sucumbência – interesse

Constitui fundamento material de qualquer recurso a sucumbência ou interesse, que nada mais é do que o **prejuízo ou perda** que a parte sofre em consequência da prolação da sentença ou acórdão. Assim, o litigante que tenha obtido êxito total em uma demanda judicial **não pode recorrer da decisão nela proferida**, pela ausência de interesse jurídico.

Dessa forma, **a sucumbência constitui requisito subjetivo de admissibilidade** que limita a interposição do recurso à parte que não teve sua pretensão acolhida pelo juiz, no todo ou em parte.

5. PROCEDIMENTO, DESISTÊNCIA E EFEITOS DOS RECURSOS

5.1. Procedimento

O exercício da pretensão recursal assemelha-se ao exercício da pretensão principal na instância originária. Inicia-se, assim, com a petição inicial do recurso.

No processo do trabalho, os recursos são interpostos **por simples petição**, de acordo com o disposto no art. 899 da CLT.[24]

A expressão "simples petição" deve ser interpretada como o inobservância dos requisitos formais estabelecidos pelo CPC **e não a falta de exigência de fundamentação** a qual alude o art. 1.010, II desse Diploma Legal (princípio da dialeticidade).[25]

---

24. CLT. Art. 899. Os recursos serão interpostos por simples petição e terão efeito meramente devolutivo, salvo as exceções previstas neste Título, permitida a execução provisória até a penhora.

25. CPC. Art. 1.010. A apelação, interposta por petição dirigida ao juízo de primeiro grau, conterá: I – os nomes e a qualificação das partes; II – a exposição do fato e do direito; III – as razões do pedido de reforma ou de decretação de nulidade; IV – o pedido de nova decisão.

Nessa direção é o posicionamento do TST revelado por meio da Súmula nº 422, que se **acentua** no caso de recurso para o TST (item I) e **atenua** no caso de recurso para o TRT (item III):

> **SÚMULA Nº 422.** RECURSO. APELO QUE NÃO ATACA OS FUNDAMENTOS DA DECISÃO RECORRIDA. NÃO CONHECIMENTO. ART. 514, II, do CPC (redação alterada, com inserção dos itens I, II e III) – Res. 199/2015, DEJT divulgado em 24, 25 e 26.06.2015. Com errata publicado no DEJT divulgado em 01.07.2015 I – Não se conhece de recurso para o Tribunal Superior do Trabalho se as razões do recorrente não impugnam os fundamentos da decisão recorrida, nos termos em que proferida. II – O entendimento referido no item anterior não se aplica em relação à motivação secundária e impertinente, consubstanciada em despacho de admissibilidade de recurso ou em decisão monocrática. III – Inaplicável a exigência do item I relativamente ao recurso ordinário da competência de Tribunal Regional do Trabalho, exceto em caso de recurso cuja motivação é inteiramente dissociada dos fundamentos da sentença.

A petição inicial do recurso deverá vir acompanhada das suas razões respectivas, para que sejam examinadas pela instância *ad quem*.[26]

A depender da espécie de recurso, a admissibilidade será feita ou pelo juízo *a quo* e juízo *ad quem* ou somente por este último. Juízo de admissibilidade corresponde ao **procedimento por meio do qual se verifica se estão presentes os requisitos intrínsecos e extrínsecos, subjetivos e objetivos**, estabelecidos pela lei, semelhante ao procedimento de análise da petição inicial no processo civil.

Antes de considerar inadmissível o recurso, o relator concederá o prazo de cinco dias ao recorrente para que seja **sanado vício ou complementada a documentação exigível**, na forma prevista pelo parágrafo único do art. 932 do CPC, aplicado ao processo do trabalho conforme previsão contida no art. 10 da IN nº 39/16 do TST.

O parágrafo único desse mesmo preceito regulamentar prescreve que:

> **Art. 10. Parágrafo único.** A insuficiência no valor do preparo do recurso, no Processo do Trabalho, para os efeitos do § 2º do art. 1007 do CPC, concerne unicamente às custas processuais, não ao depósito recursal.

Uma vez rejeitado o recurso pelo juízo de origem, quando for o caso, em razão da ausência de um dos requisitos de admissibilidade, a parte inconformada pode interpor **agravo de instrumento** para destrancar a remessa do recurso principal.

Presentes os requisitos de admissibilidade do recurso, o juízo *a quo*, quando for o caso, determina a intimação da parte contrária para apresentar suas contrarrazões, também no prazo de oito dias, para formar a angularização da pretensão recursal. Após, remetem-se os autos para a segunda instância para dar prosseguimento à sua tramitação, salvo se no reexame dos pressupostos de admissibilidade optar pelo seu não recebimento.

26. TST. SDI-1. OJ nº 120. RECURSO. ASSINATURA DA PETIÇÃO OU DAS RAZÕES RECURSAIS. ART. 932, PARÁGRAFO ÚNICO, DO CPC DE 2015. (alterada em decorrência do CPC de 2015) **Res. 212/2016, DEJT divulgado em 20, 21 e 22.09.2016. I - Verificada a total ausência de assinatura no recurso, o juiz ou o relator concederá prazo de 5 (cinco) dias para que seja sanado o vício. Descumprida a determinação, o recurso será reputado inadmissível (art. 932, parágrafo único, do CPC de 2015). II - É válido o recurso assinado, ao menos, na petição de apresentação ou nas razões recursais.**

Saliente-se, porém, que a omissão do recorrido em relação a não apresentação das contrarrazões **não implica o efeito da confissão ficta em relação à matéria fática**, como ocorre com a defesa.

Uma vez recebidos pelo órgão julgador *ad quem*, os autos do processo do recurso são registrados, protocolados e remetidos ao Ministério Público do Trabalho, nas hipóteses em que há necessidade de parecer.

Com o retorno dos autos do MPT ou logo após o seu registro, o processo é distribuído para um dos magistrados que integra o Tribunal, designado como relator, com observância dos princípios da publicidade, da alternatividade e do sorteio.

Nesse momento, **o juiz relator exerce o juízo de admissibilidade do segundo grau**.

Preparado o voto pelo juiz relator, o recurso é encaminhado para inclusão na pauta de julgamento.[27]

Iniciado o julgamento, o relator expõe os seus argumentos, no sentido de acolher ou não a pretensão recursal. Finalizada essa fase, concede-se a palavra ao recorrente e ao recorrido.

Em seguida, colhem-se os votos dos integrantes do respectivo Órgão Julgador na mesma sessão, exceto quando há pedido de vistas, na forma prevista pelo art. 940 do CPC, aplicado subsidiaria e supletivamente ao processo do trabalho de acordo com o art. 3º, XXIV da IN nº 39/2016 do TST.[28] Caberá ao juiz relator redigir o acórdão, salvo se for voto vencido, hipótese em que a redação ficará a cargo do primeiro juiz que proferir o voto vencedor.

Lavrado o acórdão, sua respectiva ementa será publicada no órgão oficial. Note-se, todavia, que o preceito contido no art. 944 do CPC não se aplica ao processo do trabalho, conforme dispõe o art. art. 2º, X da IN nº 39/2016 do TST:

> **Art. 944.** Não publicado o acórdão no prazo de 30 (trinta) dias, contado da data da sessão de julgamento, as notas taquigráficas o substituirão, para todos os fins legais, independentemente de revisão.

Quando da apreciação do pedido de declaração de inconstitucionalidade, em nível de Tribunal, **é necessário observar a regra da reserva de plenário**, conforme disposição contida no art. 97 da CF/88 e entendimento constante da Súmula Vinculante nº 10 do STF:

> **CF/88. Art. 97.** Somente pelo voto da maioria absoluta de seus membros ou dos membros do respectivo órgão especial poderão os tribunais declarar a inconstitucionalidade de lei ou ato normativo do Poder Público.
>
> **STF. SV nº 10.** Viola a cláusula de reserva de plenário (CF, artigo 97) a decisão de órgão fracionado de tribunal que, embora não declare expressamente a inconstitucionalidade de lei ou ato normativo do poder público, afasta sua incidência, no todo ou em parte.

---

27. CPC. Art. 934. Em seguida, os autos serão apresentados ao presidente, que designará dia para julgamento, ordenando, em todas as hipóteses previstas neste Livro, a publicação da pauta no órgão oficial. Art. 935. Entre a data de publicação da pauta e a da sessão de julgamento decorrerá, pelo menos, o prazo de 5 **(cinco) dias, incluindo-se em nova pauta os processos que não tenham sido julgados, salvo aqueles cujo julgamento tiver sido expressamente adiado para a primeira sessão seguinte. § 1º Às partes será permitida vista dos autos em cartório após a publicação da pauta de julgamento. § 2º Afixar-se-á a pauta na entrada da sala em que se realizar a sessão de julgamento.**

28. CPC. Art. 940. O relator ou outro juiz que não se considerar habilitado a proferir imediatamente seu voto poderá solicitar vista pelo prazo máximo de 10 **(dez) dias, após o qual o recurso será reincluído em pauta para julgamento na sessão seguinte à data da devolução.**

Dessa forma, deve-se arguir o **incidente de declaração de inconstitucionalidade de lei ou ato normativo do Poder Público**, quando o julgamento do recurso for de competência de turma (órgão fracionário), com o objetivo de ser apreciado pelo Tribunal Pleno.[29]

5.2. Decisão monocrática do relator

Como visto, recebido o recurso no Tribunal, procede-se à distribuição para um relator,[30] cujas atribuições estão listadas no art. 932 do CPC:

> **Art. 932.** Incumbe ao relator:
>
> I – dirigir e ordenar o processo no tribunal, inclusive em relação à produção de prova, bem como, quando for o caso, homologar autocomposição das partes;
>
> II – apreciar o pedido de tutela provisória nos recursos e nos processos de competência originária do tribunal;
>
> III – não conhecer de recurso inadmissível, prejudicado ou que não tenha impugnado especificamente os fundamentos da decisão recorrida;
>
> IV – negar provimento a recurso que for contrário a:
>
> a) súmula do Supremo Tribunal Federal, do Superior Tribunal de Justiça ou do próprio tribunal;
>
> b) acórdão proferido pelo Supremo Tribunal Federal ou pelo Superior Tribunal de Justiça em julgamento de recursos repetitivos;
>
> c) entendimento firmado em incidente de resolução de demandas repetitivas ou de assunção de competência;
>
> V – depois de facultada a apresentação de contrarrazões, dar provimento ao recurso se a decisão recorrida for contrária a:
>
> a) súmula do Supremo Tribunal Federal, do Superior Tribunal de Justiça ou do próprio tribunal;
>
> b) acórdão proferido pelo Supremo Tribunal Federal ou pelo Superior Tribunal de Justiça em julgamento de recursos repetitivos;
>
> c) entendimento firmado em incidente de resolução de demandas repetitivas ou de assunção de competência;
>
> VI – decidir o incidente de desconsideração da personalidade jurídica, quando este for instaurado originariamente perante o tribunal;
>
> VII – determinar a intimação do Ministério Público, quando for o caso;
>
> VIII – exercer outras atribuições estabelecidas no regimento interno do tribunal.
>
> **Parágrafo único.** Antes de considerar inadmissível o recurso, o relator concederá o prazo de 5 (cinco) dias ao recorrente para que seja sanado vício ou complementada a documentação exigível.

A Lei nº 13.015/14 introduziu dispositivo semelhante na CLT, mas que trata do recurso específico de Embargos no TST:

29. O TST disciplina esse procedimento por meio do art. 274 e seguintes do seu Regimento Interno.
30. O CPC de 2015 extinguiu a figura do revisor.

> **Art. 894. § 3º** O Ministro Relator denegará seguimento aos embargos:
>
> I – se a decisão recorrida estiver em consonância com súmula da jurisprudência do Tribunal Superior do Trabalho ou do Supremo Tribunal Federal, ou com iterativa, notória e atual jurisprudência do Tribunal Superior do Trabalho, cumprindo-lhe indicá-la;
>
> II – nas hipóteses de intempestividade, deserção, irregularidade de representação ou de ausência de qualquer outro pressuposto extrínseco de admissibilidade.

Sobre a aplicabilidade no processo do trabalho de preceito semelhante contido no art. 557 do CPC de 1973, manifesta-se o TST por meio da Súmula nº 435:

> **SÚMULA Nº 435.** DECISÃO MONOCRÁTICA. RELATOR. ART. 932 DO CPC DE 2015. ART. 557 DO CPC de 1973. APLICAÇÃO SUBSIDIÁRIA AO PROCESSO DO TRABALHO (atualizada em decorrência do CPC de 2015) – Res. 208/2016, DEJT divulgado em 22, 25 e 26.04.2016. Aplica-se subsidiariamente ao processo do trabalho o art. 932 do CPC de 2015 (art. 557 do CPC de 1973).

A CLT, em seu art. 894, § 4º, deixa claro que o prazo para interposição de agravo contra decisão denegatória dos Embargos **é de oito dias**: "Da decisão denegatória dos embargos caberá agravo, no prazo de 8 (oito) dias".

O CPC denomina esse recurso de **agravo interno**, de acordo com a previsão contida no art. 1.021: "Contra decisão proferida pelo relator caberá agravo interno para o respectivo órgão colegiado, observadas, quanto ao processamento, as regras do regimento interno do tribunal".

Os demais detalhes do processamento do recurso será objeto de análise de cada espécie em particular.

5.3. Desistência e renúncia do recurso

A qualquer tempo, desde que seja antes da sua apreciação, e sem necessitar da anuência da parte contrária, o recorrente pode **desistir da pretensão recursal** que se materializou por meio do recurso interposto ou mesmo renunciar ao direito de recorrer, de acordo com os arts. 998 e 999 do CPC[31].

5.4. Efeitos dos recursos

Assim como todo ato processual, a interposição do recurso gera efeitos que são classificados em: devolutivo, suspensivo, obstativo, translativo, regressivo, extensivo e substitutivo.

Os dois primeiros são mencionados **expressamente** no CPC. Os demais encontram-se inseridos implicitamente na legislação processual e são citados pela doutrina e pela jurisprudência.

31. CPC. Art. 998. O recorrente poderá, a qualquer tempo, sem a anuência do recorrido ou dos litisconsortes, desistir do recurso. Parágrafo único. A desistência do recurso não impede a análise de questão cuja repercussão geral já tenha sido reconhecida e daquela objeto de julgamento de recursos extraordinários ou especiais repetitivos. Art. 999. A renúncia ao direito de recorrer independe da aceitação da outra parte.

Há autores que ainda citam os efeitos diferido e expansivo. O **efeito diferido**, também excepcional, seria observado quando, para o conhecimento de um recurso, fosse exigido a interposição de outro, como acontece com o recurso adesivo.

Já o **efeito expansivo** permitiria ao Tribunal julgar o mérito da causa nas hipóteses em que a demanda tenha sido extinta sem a resolução do mérito, nos casos que envolve matéria de direito e/ou com provas produzidas nos autos (teoria da causa madura).

A) Efeito devolutivo

A interposição de recurso devolve à instância *ad quem* o julgamento da pretensão do reclamante deduzida em juízo, no todo ou em parte.[32] Isso é o que caracteriza o **efeito devolutivo**, presente em todos os recursos previstos no sistema recursal trabalhista, **salvo nos embargos declaratórios** para aqueles que classificam essa medida como recurso.

A **devolução é parcial** quando o inconformismo se volta contra alguns pontos abordados na sentença, o que ocorre quando ela é fruto de uma reclamação trabalhista com cumulação de pedidos. **Total** é o efeito devolutivo do recurso quando se pretende reformar a sentença do juízo *a quo* na sua totalidade.

O termo utilizado pelo legislador não pode ser interpretado literalmente, já que a devolução do conhecimento de um processo efetiva-se, somente, se ele já passou pelo crivo do juiz ou do Tribunal.

No caso do recurso, o conhecimento da ação efetiva-se pelo órgão originário, e não para o qual deve ser remetido o recurso. Por conta disso é que a expressão devolver deve ser interpretada no sentido de provocar um novo julgamento pelo Poder Judiciário que varia de recurso para recurso, em sua extensão e profundidade.

A extensão do efeito devolutivo significa que o órgão *ad quem* só apreciará aquilo que foi impugnado pelo recorrente. Já profundidade diz respeito às questões que foram ou não apreciadas pelo juízo *a quo,* também conhecido como efeito translativo.

B) Efeito suspensivo

O efeito suspensivo implica a paralisação do feito, ou seja, impede que se dê cumprimento ao comando sentencial objeto da irresignação do recorrente, mesmo a título provisório, e, consequentemente, que adquira a qualidade da coisa julgada.

No processo do trabalho, os **recursos, em regra, não possuem efeito suspensivo**, o que permitiria ao reclamante promover a execução provisória da decisão até a penhora, conforme preconiza o art. 899 da Consolidação das Leis do Trabalho.[33] Isso é possível com extração da carta de sentença nos processos de autos físicos.[34]

---

32. CPC. Art. 1.013. A apelação devolverá ao Tribunal o conhecimento da matéria impugnada.
33. CLT. Art. 899. Os recursos serão interpostos por simples petição e terão efeito meramente devolutivo, salvo as exceções previstas neste Título, permitida a execução provisória até a penhora.
34. No processo civil esse procedimento foi abolido, uma vez que o processo de execução por título judicial foi extinto.

Por conta disso, para evitar a execução de antecipação de tutela durante o processamento de recurso ordinário, o interessado deverá requerer a concessão de uma **tutela cautelar para obter o efeito suspensivo.**

Registre-se que o presidente do TST pode conferir efeito suspensivo ao recurso ordinário interposto em face de sentença normativa proferida pelo TRT, pelo prazo máximo e improrrogável de 120 dias (Lei nº 7.701/88, arts. 7º § 6º e 9º).

O CPC estabelece que, em regra, **os recursos não terão efeito suspensivo**, na forma prevista pelo art. 995:

QUADRO COMPARATIVO – EFEITO SUSPENSIVO DOS RECURSOS		
CPC DE 1973	**CPC DE 2015**	**CLT**
Art. 497. O recurso extraordinário e o recurso especial não impedem a execução da sentença; a interposição do agravo de instrumento não obsta o andamento do processo, ressalvado o disposto no art. 558 desta Lei. **Art. 520.** A apelação será recebida em seu **efeito devolutivo e suspensivo.** Será, no entanto, recebida só no efeito devolutivo, quando interposta de sentença que:	**Art. 995.** Os recursos **não impedem a eficácia da decisão**, salvo disposição legal ou decisão judicial em sentido diverso. **Art. 1.012.** A apelação terá efeito suspensivo.	**Art. 899.** Os recursos serão interpostos por simples petição e terão **efeito meramente devolutivo**, salvo as exceções previstas neste Título, permitida a execução provisória até a penhora.
Aplicabilidade do CPC ao processo do trabalho	Não se aplica ao processo do trabalho, pois a CLT tem regra própria. Entretanto, tanto no CPC quanto na CLT ficou estabelecido como regra apenas o efeito devolutivo dos recursos.	
Diferença entre o CPC de 2015 e o de 1973	Pelo CPC de 1973 somente o recurso extraordinário e o especial não suspendiam a execução.	

C) Efeito obstativo

A interposição do recurso impede que a sentença adquira a qualidade da coisa julgada. Por conta disso, convencionou-se denominar de efeito obstativo.

Obviamente que, assim como ocorre com o efeito devolutivo, o óbice à formação da coisa julgada pode ser total ou parcial, a depender do conteúdo do recurso, que pode pretender, de igual forma, a reforma total ou parcial da sentença.

D) Efeito translativo

O efeito translativo provocado pelo recurso confere ao novo julgador a possibilidade de **conhecer questões que não foram apreciadas pela sentença** também denominado de efeito devolutivo em profundidade.

Foi denominado de translativo, pois transfere de um órgão judicial para outro a função de solucionar a lide, inclusive com a possibilidade excepcional de aplicação do *reformatio in pejus*.

O CPC reserva o art. 1.013 para tratar dessa questão:

QUADRO COMPARATIVO – EFEITO TRANSLATIVO		
CPC DE 1973	**CPC DE 2015**	**CLT**
Art. 515. A apelação devolverá ao tribunal o conhecimento da matéria impugnada. § 1º Serão, porém, objeto de apreciação e julgamento pelo tribunal todas as questões suscitadas e discutidas no processo, ainda que a sentença não as tenha julgado por inteiro. § 2º Quando o pedido ou a defesa tiver mais de um fundamento e o juiz acolher apenas um deles, a apelação devolverá ao tribunal o conhecimento dos demais. § 3º Nos casos de extinção do processo sem julgamento do mérito (art. 267), o tribunal pode julgar desde logo a lide, se a causa versar questão exclusivamente de direito e estiver em condições de imediato julgamento. § 4º Constatando a ocorrência de nulidade sanável, o tribunal poderá determinar a realização ou renovação do ato processual, intimadas as partes; cumprida a diligência, sempre que possível prosseguirá o julgamento da apelação. **Art. 516**. Ficam também submetidas ao tribunal as questões anteriores à sentença, ainda não decididas.	**Art. 1.013**. A apelação devolverá ao tribunal o conhecimento da matéria impugnada. § 1º Serão, porém, objeto de apreciação e julgamento pelo tribunal todas as questões suscitadas e discutidas no processo, ainda que não tenham sido solucionadas, **desde que relativas ao capítulo impugnado.** § 2º Quando o pedido ou a defesa tiver mais de um fundamento e o juiz acolher apenas um deles, a apelação devolverá ao tribunal o conhecimento dos demais. § 3º **Se o processo estiver em condições de imediato julgamento**, o tribunal deve decidir desde logo o mérito quando: I – reformar sentença fundada no art. 485; **II – decretar a nulidade da sentença por não ser ela congruente com os limites do pedido ou da causa de pedir;** **III – constatar a omissão no exame de um dos pedidos, hipótese em que poderá julgá-lo;** **IV – decretar a nulidade de sentença por falta de fundamentação.**	Sem similar.
Aplicabilidade do CPC ao processo do trabalho	Aplica-se ao processo do trabalho em face da omissão da CLT e da ausência de incompatibilidade, de acordo com o preceito contido no art. 3º, XXVIII, da Instrução Normativa nº 39/16 do TST.	
Diferença entre o CPC de 2015 e o de 1973	Pela regra do CPC de 2015, o tribunal **deve** julgar logo o mérito quando o processo estiver em condições de julgamento. De acordo com o CPC anterior, esse procedimento consistia em uma **faculdade** e não em um dever. Além disso, só poderia ser adotado se a questão fosse unicamente de direito. As hipóteses de avanço no julgamento do mérito prevista nos incisos II, III e IV, § 3º, também são inovadoras.	

O Tribunal Superior do Trabalho interpreta esse preceito legal por meio da Súmula nº 393:

> **SÚMULA Nº 393.** RECURSO ORDINÁRIO. EFEITO DEVOLUTIVO EM PROFUNDIDADE. ART. 1.013, § 1º, DO CPC DE 2015. ART. 515, § 1º, DO CPC de 1973. (nova redação em decorrência do CPC de 2015) – Res. 208/2016, DEJT divulgado em 22, 25 e 26.04.2016
>
> I – O efeito devolutivo em profundidade do recurso ordinário, que se extrai do § 1º do art. 1.013 do CPC de 2015 (art. 515, § 1º, do CPC de 1973), transfere ao Tribunal a apreciação dos fundamentos da inicial ou da defesa, não examinados pela sentença, ainda que não renovados em contrarrazões, desde que relativos ao capítulo impugnado.
>
> II – Se o processo estiver em condições, o tribunal, ao julgar o recurso ordinário, deverá decidir desde logo o mérito da causa, nos termos do § 3º do art. 1.013 do CPC de 2015, inclusive quando constatar a omissão da sentença no exame de um dos pedidos.

Para parte da doutrina, todavia, o efeito translativo não passa de uma das características do efeito devolutivo em sua profundidade.

E) Efeito regressivo

Trata-se da possibilidade de o próprio juiz que proferiu a sentença, modificá-la após a interposição do recurso, no exercício do **juízo de retratação.**

Só é admitido esse efeito quando a lei assim o determinar expressamente, como ocorre nas hipóteses de **embargos declaratórios, indeferimento da petição inicial, julgamento de improcedência antecipado** (improcedência liminar do pedido) **agravo de instrumento e agravo regimental e recurso ordinário.**

O CPC trata do juízo de retratação nos casos de agravo interno e recurso ordinário (apelação):

> **Art. 1.021. § 2º** O agravo será dirigido ao relator, que intimará o agravado para manifestar-se sobre o recurso no prazo de 15 (quinze) dias, ao final do qual, não havendo retratação, o relator levá-lo-á a julgamento pelo órgão colegiado, com inclusão em pauta.
>
> **Art. 485. § 7º** Interposta a apelação em qualquer dos casos de que tratam os incisos deste artigo, o juiz terá 5 (cinco) dias para retratar-se.
>
> **Art. 332.** Nas causas que dispensem a fase instrutória, o juiz, independentemente da citação do réu, julgará liminarmente improcedente o pedido que contrariar: [...]
>
> **§ 3º** Interposta a apelação, o juiz poderá retratar-se em 5 (cinco) dias.

O art. 3º, VIII, da Instrução Normativa nº 39/2016 do TST afasta qualquer dúvida sobre a aplicabilidade do juízo de retratação no recurso ordinário trabalhista: "Sem prejuízo de outros, aplicam-se ao Processo do Trabalho, em face de omissão e compatibilidade, os preceitos do Código de Processo Civil que regulam os seguintes temas: "art. 485, § 7º (juízo de retratação no recurso ordinário)".

Note-se, porém, que só permitida a retratação do juiz em sede de recurso ordinário (apelação) **quando a sentença reconhecer a ausência de pressupostos processuais ou no caso de improcedência liminar do pedido.**

F) Efeito extensivo

O efeito extensivo é verificado quando o julgamento do recurso **produz efeitos para as pessoas que não figuraram como recorrentes**.

Isso acontece, por exemplo, nas hipóteses em que há litisconsórcio unitário, quando a decisão deve ser uniforme para todos que compõem o consórcio processual.

G) Efeito substitutivo

Observa-se esse efeito somente nos casos em que o recurso é provido. Nesse caso, o **conteúdo da sentença originária é substituído** pela nova decisão, no todo ou em parte.[35]

Não há como admitir a substituição da sentença pelo acórdão quando não há provimento sequer parcial do recurso ou quando este não é conhecido, apesar da literalidade do art. 1.008 do CPC, salvo para efeito de determinação temporal da formação da coisa julgada.

35. CPC. Art. 1.008. O julgamento proferido pelo tribunal substituirá a decisão impugnada no que tiver sido objeto de recurso.

Exemplos de questões sobre o tema

(TRT 2 – Juiz do Trabalho Substituto 2ª região/ 2013) Em relação aos princípios e efeitos recursais, observe as proposições abaixo e ao final aponte a alternativa que contenha proposituras corretas.

I. O efeito translativo autoriza, em questões de ordem pública, que o julgamento ocorra ultra ou *extra petita*, bem como que não se observe o princípio do *non reformatio in pejus*.

II. O efeito devolutivo pode ser examinado apenas em relação à sua extensão, mas não em relação à sua profundidade.

III. O princípio da transcendência guarda pertinência com as nulidades relativas, vale dizer, estas só devem ser declaradas se e quando puderem acarretar prejuízo às partes.

IV. O efeito expansivo permite que o tribunal, nos casos em que a sentença tenha julgado extinto o processo por ausência de pressupostos processuais ou condições da ação, adentre o julgamento do mérito, quando a demanda versar exclusivamente sobre matéria de direito.

V. O princípio da dialeticidade não exige que o recorrente decline as razões de seu inconformismo com a decisão hostilizada.

Está correta a alternativa

a) I e V

b) I, III e IV

c) II, IV e V

d) II e V

e) II, III e IV

Resposta: B

6. RECURSOS EM ESPÉCIE

A Consolidação das Leis do Trabalho prevê **cinco recursos típicos**, a saber: embargos, recurso ordinário, recurso de revista, agravo e embargos declaratórios. Outros recursos previstos nos regimentos internos dos Tribunais do Trabalho, bem como em normas processuais comuns, também serão analisados a seguir.

A tabela a seguir contém os principais recursos admitidos no processo laboral:

Recurso	Previsão Legal	Cabimento
Recurso ordinário	Art. 895 da CLT	Das decisões definitivas proferidas nas Varas do Trabalho. Das decisões definitivas dos TRT's, em processos de sua competência originária (ação rescisória, mandado de segurança, dissídio coletivo etc.).
Recurso de revista	Art. 896 da CLT	Das decisões proferidas em grau de recurso ordinário, em dissídio individual, pelos Tribunais Regionais do Trabalho: • derem ao mesmo dispositivo de lei federal interpretação diversa da que lhe houver dado outro Tribunal Regional do Trabalho, no seu Pleno ou Turma, ou a Seção de Dissídios Individuais do Tribunal Superior do Trabalho, ou contrariarem súmula de jurisprudência uniforme dessa Corte ou súmula vinculante do Supremo Tribunal Federal; • derem ao mesmo dispositivo de lei estadual, Convenção Coletiva de Trabalho, Acordo Coletivo, sentença normativa ou regulamento empresarial de observância obrigatória em área territorial que exceda a jurisdição do Tribunal Regional prolator da decisão recorrida, interpretação divergente; • proferidas com violação literal de disposição de lei federal ou afronta direta e literal à Constituição Federal.

Recurso	Previsão Legal	Cabimento
Agravo de instrumento	Art. 897, "b" da CLT	Dos despachos que denegarem a interposição de recursos.
Agravo de petição	Art. 897, "a", da CLT	Das decisões do juiz nas execuções.
Embargos de declaração	Art. 897-A da CLT e 1.022 do CPC	Quando houver na sentença ou no acórdão obscuridade ou contradição. Quando for omitido ponto sobre o qual devia pronunciar-se o juiz ou Tribunal.
Embargos	Art. 894, II, da CLT	Das decisões das Turmas que divergirem entre si ou das decisões proferidas pela Seção de Dissídios Individuais, ou contrárias a súmula ou orientação jurisprudencial do Tribunal Superior do Trabalho ou súmula vinculante do Supremo Tribunal Federal..
Embargos infringentes	Art. 894, I, "a", da CLT	Das decisões não unânimes de julgamento que conciliar, julgar ou homologar conciliação em dissídios coletivos que excedam a competência territorial dos Tribunais Regionais do Trabalho e estender ou rever as sentenças normativas do Tribunal Superior do Trabalho.
Recurso adesivo	Súmula nº 283 do TST e art. 997 do CPC	O recurso adesivo é compatível com o processo do trabalho e cabe, no prazo de oito dias, nas hipóteses de interposição de recurso ordinário, de agravo de petição, de revista e de embargos, sendo desnecessário que a matéria nele veiculada esteja relacionada com a do recurso interposto pela parte contrária.
Pedido de revisão	Lei nº 5.584/70. Art. 2º, § 1º.	Das decisões do juiz que rejeita o pedido de impugnação ao valor por ele atribuído à causa.
Agravo interno	Art. 1.021 do CPC	Das decisões monocráticas proferidas no âmbito dos tribunais.
Recurso extraordinário	CF/88. Art. 102, III	Das decisões de última ou única instância que: a) contrariar dispositivo da Constituição; b) declarar a inconstitucionalidade de tratado ou lei federal; c) julgar válida lei ou ato de governo local contestado em face da Constituição; d) julgar válida lei local contestada em face de lei federal.
Reclamação correicional	Regimento interno dos Tribunais Regionais	Para corrigir erros, abusos e atos contrários à boa ordem processual e que importem em atentado a fórmulas legais de processo, quando para o caso não haja recurso ou outro meio processual específico.

7. RECURSO ORDINÁRIO

7.1. Conceito

O recurso ordinário é aquele destinado a impugnar as sentenças eivadas de *error in iudicando* ou *error in procedendo*, desde que proferidas pelos juízes ou Tribunais do Trabalho no exercício de sua competência originária em processos de conhecimento, com ou sem a resolução do mérito da causa.[36]

36. CPC. Art. 724. Da sentença caberá apelação.

O recurso ordinário é disciplinado pelo art. 895 da CLT:

> **Art. 895.** Cabe recurso ordinário para a instância superior: I – das decisões definitivas ou terminativas das Varas e Juízos, no prazo de 8 (oito)dias; e II – das decisões definitivas ou terminativas dos Tribunais Regionais, em processos de sua competência originária, no prazo de 8 (oito) dias, quer nos dissídios individuais, quer nos dissídios coletivos.

Assim, quando o juízo, no exercício da competência funcional originária, profere uma decisão terminativa ou definitiva, a parte sucumbente pode dela recorrer por meio de recurso ordinário, para o Tribunal Regional do Trabalho respectivo.[37]

O mesmo acontece quando é proposta uma ação perante o Tribunal Regional do Trabalho, no exercício de sua competência originária a exemplo do mandado de segurança, da ação rescisória, do dissídio coletivo, do *habeas corpus* etc. Nesse caso, cabe recurso ordinário para o Tribunal Superior do Trabalho.

Sobre o recurso em mandado de segurança, o TST manifesta-se por meio da Súmula nº 201:

> **SÚMULA Nº 201.** Recurso ordinário em mandado de segurança (mantida) – Res. 121/2003, DJ 19, 20 e 21.11.2003. Da decisão de Tribunal Regional do Trabalho em mandado de segurança cabe recurso ordinário, no prazo de 8 (oito) dias, para o Tribunal Superior do Trabalho, e igual dilação para o recorrido e interessados apresentarem razões de contrariedade.

Registre-se que, mesmo onde não havia Vara do Trabalho ou quando a comarca não era atendida por sua jurisdição, o recurso ordinário deveria ser remetido para o conhecimento e julgamento do Tribunal Regional do Trabalho do estado federado ao qual estivesse vinculado o juízo de primeiro grau.[38]

7.2. Requisitos de admissibilidade

A) Prazo

Para o recebimento e processamento do recurso ordinário, a parte sucumbente deve observar o prazo de **oito dias** a partir da ciência da sentença e providenciar o recolhimento das custas processuais fixadas na sentença, bem como do depósito recursal.

B) Preparo

O valor do depósito recursal, para o recurso ordinário, caso haja condenação em pecúnia, é equivalente ao valor da condenação, seja líquido ou arbitrado apenas para esse efeito. Entretanto, **deve ser observado o limite** que anualmente é corrigido por ato do TST, podendo ser substituído por **fiança bancária ou seguro garantia judicial**.

37. No caso de sentença terminativa, a depender do caso concreto, será mais interessante e rápido renovar a demanda, por meio da propositura de outra reclamação trabalhista, corrigindo os equívocos que motivaram a extinção do processo sem a resolução do mérito.

38. Atualmente todos os municípios brasileiros são atendidos pela Jurisdição Trabalhista.

O depósito deve ser feito em **conta vinculada ao juízo** como determina o § 4º, art. 899 da CLT, com redação dada pela Lei nº 13.467/17: "O depósito recursal será feito em conta vinculada ao juízo e corrigido com os mesmos índices da poupança" (não é mais exigido que o valor seja depositado na conta do FGTS).

Para entidades sem fins lucrativos, empregadores domésticos, microempreendedores individuais, microempresas e empresas de pequeno porte o valor do depósito recursal **será reduzido pela metade** (art. 899, § 9º, da CLT).

São **isentos** do depósito recursal os **beneficiários da justiça gratuita, as entidades filantrópicas e as empresas em recuperação judicial**.

As custas **devem ser recolhidas no prazo para a interposição do recurso**, cujo valor encontra-se fixado na sentença que se pretende reformar, equivalente a 2% do valor da condenação, sendo no mínimo de R$10,64 e no máximo de **quatro vezes** o limite dos benefícios do Regime Geral de Previdência Social.

O depósito recursal pode ser substituído pelo **seguro garantia judicial**, cujo procedimento foi disciplinado pelo Ato Conjunto do TST, CGJT e CSJT de nº 01/2019, tema analisado na alínea "c", item 4.1 deste capítulo.

Há ainda o questionamento sobre a constitucionalidade do depósito recursal, estendendo-se ao recurso ordinário a decisão proferida pelo STF no RE 607447 (tema nº 679), com repercussão geral declarada, fixando-se a seguinte tese:

> Surge incompatível com a Constituição Federal exigência de depósito prévio como condição de admissibilidade do recurso extraordinário, no que não recepcionada a previsão constante do § 1º do artigo 899 da Consolidação das Leis do Trabalho, sendo inconstitucional a contida na cabeça do artigo 40 da Lei nº 8.177/1991 e, por arrastamento, no inciso II da Instrução Normativa nº 3/1993 do Tribunal Superior do Trabalho.

7.3. Petição de recurso ordinário

O recurso ordinário é interposto por simples petição dirigida ao juízo que proferiu a decisão impugnada, pedindo que seja recebido e remetido ao órgão *ad quem*.

A referida petição deve vir acompanhada das razões para fundamentar a pretensão recursal da parte, com a impugnação especifica dos pontos da sentença e o requerimento de novo julgamento, nos termos do art. 1.010 do CPC.[39]

> **ATENÇÃO!** Não pode ser objeto do recurso ordinário a matéria que não constou em uma das formas de defesa apresentada pelo reclamado durante a tramitação do processo na primeira instância, salvo no caso de questões de ordem pública, que podem ser conhecidas de ofício pelo juiz.

39. CPC. Art. 1.010. A apelação, interposta por petição dirigida ao juízo de primeiro grau, conterá: I – os nomes e a qualificação das partes; II – a exposição do fato e do direito; III – as razões do pedido de reforma ou de decretação de nulidade; IV – o pedido de nova decisão.

A) Preliminar

Em preliminar, a parte sucumbente pode postular a nulidade ou reforma de uma eventual decisão interlocutória do juízo *a quo*, **ainda que não tenha sido registrado o competente protesto**, conforme permissivo contido no § 1º, art. 1.013 do CPC:

> **Art. 1.013.** A apelação devolverá ao tribunal o conhecimento da matéria impugnada.
>
> **§ 1º** Serão, porém, objeto de apreciação e julgamento pelo tribunal todas as questões suscitadas e discutidas no processo, ainda que não tenham sido solucionadas, desde que relativas ao capítulo impugnado.

É possível, inclusive, requerer a anulação de todo o processo, por exemplo, pela ausência de notificação inicial do reclamado, sob o fundamento de ausência de angularização da demanda.

Nessas hipóteses, as preliminares serão apreciadas antes do mérito, na forma prevista pelo *caput* do art. 938 do CPC: "A questão preliminar suscitada no julgamento será decidida antes do mérito, deste não se conhecendo caso seja incompatível com a decisão".

Entretanto, seguindo o princípio do **aproveitamento dos atos processuais e o princípio da economia processual**, sempre que possível os eventuais vícios, antes de declarados, podem ser sanados, na forma prevista pelos parágrafos do art. 938 do CPC, aplicado ao processo do trabalho, conforme previsão contida no art. 10 da IN nº 39/16 do TST:

> **Art. 938. § 1º** Constatada a ocorrência de vício sanável, inclusive aquele que possa ser conhecido de ofício, o relator determinará a realização ou a renovação do ato processual, no próprio tribunal ou em primeiro grau de jurisdição, intimadas as partes.
>
> **§ 2º** Cumprida a diligência de que trata o § 1º, o relator, sempre que possível, prosseguirá no julgamento do recurso.
>
> **§ 3º** Reconhecida a necessidade de produção de prova, o relator converterá o julgamento em diligência, que se realizará no tribunal ou em primeiro grau de jurisdição, decidindo-se o recurso após a conclusão da instrução.
>
> **§ 4º** Quando não determinadas pelo relator, as providências indicadas nos §§ 1º e 3º poderão ser determinadas pelo órgão competente para julgamento do recurso.

B) Prejudicial de mérito

As questões prejudiciais devem ser arguidas logo após as preliminares, na mesma ordem estabelecida para a formulação da contestação. Desse modo, **ainda que não tendo sido arguida durante a tramitação do processo de conhecimento no primeiro grau, a parte pode, no recurso, requerer que seja declarada a incidência da prescrição**, consoante permissão contida no Código Civil.

C) Mérito

No mérito, **o recorrente deve refutar cada capítulo da sentença**, inclusive com as razões fáticas e jurídicas para reformar ou anular a decisão total ou parcialmente.

Esse procedimento deve ser adotado principalmente quando a parte não estiver no exercício do *ius postulandi*, sob pena do seu recurso ser considerado genérico e, consequentemente, ser rejeitado.

Alguns autores classificam essa necessidade, pela importância da questão, como **princípio da dialeticidade**.

7.4. Procedimento na instância de origem

O início da contagem do prazo para recurso é da data da prolação da sentença, se isso ocorreu durante a audiência, salvo no caso de revelia, quando a CLT **impõe a intimação do reclamado**,[40] ou quando a ata da sentença não é juntada aos autos no prazo de 48 horas, conforme determina o art. 851, § 2º, da norma consolidada.[41]

> **SÚMULA Nº 197 DO TST.** PRAZO (mantida) – Res. 121/2003, DJ 19, 20 e 21.11.2003. O prazo para recurso da parte que, intimada, não comparecer à audiência em prosseguimento para a prolação da sentença conta-se de sua publicação.

Se o processo ficar concluso para o juiz, os litigantes devem ser intimados da decisão pela via do Diário Oficial, pelo sistema do PJe ou pelo serviço de correios, quando a parte estiver no exercício do *ius postulandi*.[42]

Quando a parte ou o seu patrono falece durante o curso do prazo para apresentação do recurso **todo o prazo para exercer a pretensão recursal** é restituído para o sucessor, o herdeiro ou o litigante, de conformidade com a determinação constante do art. 1.004 do CPC.[43]

Em tais situações, adota-se o mesmo procedimento quando se constata a ocorrência de força maior decorrente de suspensão processual (art. 313, VI do CPC).[44]

Uma vez protocolada a petição do recurso ordinário, segue para o despacho, oportunidade em que o juiz pode exercer o **juízo de retratação,** no caso de sentença que **extingue o processo sem a resolução do mérito (art. 485, § 7º do CPC) ou quando o juiz julga liminarmente improcedente o pedido (art. 332, § 3º do CPC)**:

> **Art. 485. § 7º** Interposta a apelação em qualquer dos casos de que tratam os incisos deste artigo, o juiz terá 5 (cinco) dias para retratar-se.
>
> **Art. 332.** Nas causas que dispensem a fase instrutória, o juiz, independentemente da citação do réu, julgará liminarmente improcedente o pedido que contrariar: [...]

40. Essa é mais uma peculiaridade do processo do trabalho contida no art. 852 da CLT. "Da decisão serão os litigantes notificados, pessoalmente, ou por seu representante na própria audiência. No caso de revelia, a notificação far-se-á pela forma estabelecida no § 1º do artigo 841".
41. TST. Súmula nº 30. INTIMAÇÃO DA SENTENÇA. (mantida) – **Res. 121/2003, DJ 19, 20 e 21.11.2003 Quando não juntada a ata ao processo em 48 horas, contadas da audiência de julgamento (art. 851, § 2º, da CLT), o prazo para recurso será contado da data em que a parte receber a intimação da sentença.**
42. As regras para a contagem do prazo foram analisadas na parte I, capítulo III, item 9.1.
43. CPC. Art. 1.004. Se, durante o prazo para a interposição do recurso, sobrevier o falecimento da parte ou de seu advogado ou ocorrer motivo de força maior que suspenda o curso do processo, será tal prazo restituído em proveito da parte, do herdeiro ou do sucessor, contra quem começará a correr novamente depois da intimação.
44. CPC. Art. 313, VI. Suspende-se o processo: VI – por motivo de força maior.

§ 3º Interposta a apelação, o juiz poderá retratar-se em 5 (cinco) dias.

O art. 3º, VIII, da Instrução Normativa nº 39/2016 do TST afasta qualquer dúvida sobre **a aplicabilidade do juízo de retratação no recurso ordinário trabalhista**: "Sem prejuízo de outros, aplicam-se ao Processo do Trabalho, em face de omissão e compatibilidade, os preceitos do Código de Processo Civil que regulam os seguintes temas: "art. 485, § 7º (juízo de retratação no recurso ordinário)".

Mantendo a decisão, nos casos em que é possível exercer o juízo de retratação, o juiz declara que recebe o recurso ordinário apenas no efeito devolutivo, em face da característica própria do processo do trabalho, e examina se estão presentes os pressupostos objetivos e subjetivos, intrínsecos e extrínsecos.

Como já foi dito anteriormente, pela sistemática do CPC o juízo de admissibilidade do recurso ordinário não seria mais exercido pelo órgão jurisdicional que proferiu a decisão mas somente pelo órgão *ad quem*, na forma prevista pelo art. 1.010, § 3º.

Note-se que o TST (Instrução Normativa nº 39/16, art. 2º, XI) **entende de forma contrária**, qual seja, pela necessidade do exercício do juízo de admissibilidade no recurso ordinário,, mesmo sendo a CLT omissa, como foi dito anteriormente. Portanto, seguindo essa normativa, quando o juiz *a quo* negar seguimento ao recurso ordinário, caberá a parte interessada manejar o agravo de instrumento.

QUADRO COMPARATIVO – JUÍZO DE ADMISSIBILIDADE NO RECURSO ORDINÁRIO		
CPC DE 1973	**CPC DE 2015**	**CLT**
Art. 518. Interposta a apelação, o juiz, declarando os efeitos em que a recebe, mandará dar vista ao apelado para responder. § 2º Apresentada a resposta, é facultado ao juiz, em cinco dias, o reexame dos pressupostos de admissibilidade do recurso.	**Art. 1.010.** A apelação, interposta por petição dirigida ao juízo de primeiro grau, conterá: [...] § 3º Após as formalidades previstas nos §§ 1º e 2º, os autos serão remetidos ao tribunal pelo juiz, independentemente de juízo de admissibilidade.	Sem similar.
Aplicabilidade do CPC ao processo do trabalho	Aplica-se ao processo do trabalho em face da omissão da CLT e da ausência de incompatibilidade. Todavia, **o TST entende de forma contrária** (IN nº 39/16, art. 2º, XI).	
Diferença entre o CPC de 2015 e o de 1973	O juiz *a quo* não faz mais o exame dos pressupostos de admissibilidade do recurso.	

Após, é concedida vista à parte contrária, pelo prazo de **oito dias**, para oferecer contrarrazões.[45]

Nas contrarrazões a parte não pode pedir a reforma da decisão no que lhe foi desfavorável, no caso de procedência em parte do pedido, pois isso só pode ser feito se for exercida a pretensão recursal. O papel do recorrido, nesse caso, **é apenas de apresentar fundamentos para manutenção da sentença**.

45. Se o recurso ordinário é utilizado pela parte para reformar a decisão que indeferiu a petição inicial, o juiz ***a quo*** pode exercer o juízo de retratação, no prazo de 48 horas.

OJ4T Nº 04 do TRT9. CONTRARRAZÕES. EFEITO. ALCANCE. A via das contrarrazões não possui o efeito devolutivo. Apenas encerra meio adequado a impugnar as matérias objeto do recurso ordinário apresentado pela parte adversa, devendo, por isso, guardar estreita pertinência com a abordagem daquele.

Apresentadas as contrarrazões ou decorrido o prazo para a sua apresentação, o juiz determina a remessa dos autos para o Tribunal.[46]

7.5. Tramitação da instância superior

Na instância superior, cabe à Procuradoria do Trabalho exarar o respectivo parecer, nos casos em que a lei exige a intervenção desse Órgão, no prazo de oito dias (art. 895 § 1º, III, da CLT).[47]

Após o parecer da Procuradoria ou logo depois do seu registro na segunda instância, nos casos em que se dispensa o parecer do MPT, é feita a distribuição, sorteio do relator que deve integrar uma mesma Turma julgadora.[48]

O relator poderá adotar os seguintes procedimentos (art. 932 do CPC):

a) **Não conhecer de recurso** inadmissível, prejudicado ou que não tenha impugnado especificamente os fundamentos da decisão recorrida;

b) **Negar provimento a recurso** que for contrário a:

- súmula do Supremo Tribunal Federal, do Superior Tribunal de Justiça ou do próprio tribunal;
- acórdão proferido pelo Supremo Tribunal Federal ou pelo Superior Tribunal de Justiça em julgamento de recursos repetitivos;
- entendimento firmado em incidente de resolução de demandas repetitivas ou de assunção de competência.

c) **Dar provimento ao recurso** se a decisão recorrida for contrária a:

- súmula do Supremo Tribunal Federal, do Superior Tribunal de Justiça ou do próprio tribunal;
- acórdão proferido pelo Supremo Tribunal Federal ou pelo Superior Tribunal de Justiça em julgamento de recursos repetitivos;
- entendimento firmado em incidente de resolução de demandas repetitivas ou de assunção de competência.

---

46. O não oferecimento das contrarrazões não implica reconhecimento das alegações contidas nas razões do recurso.

47. Obrigatoriamente nos casos em que for parte pessoa jurídica de direito público, ou quando envolver direitos e interesses de incapazes. Os autos do processo ainda podem ser remetidos para o MPT facultativamente, por iniciativa do relator, quando a matéria, por sua relevância, recomendar a prévia manifestação do Ministério Público; ou por iniciativa do próprio Ministério Público, quando entender existente interesse público que justifique a sua intervenção.

48. Mesmo os Tribunais com até oito membros podem se dividir em turmas, conforme determinação contida na Resolução nº 32/07 do CSJT.

Em regra não se realiza nova audiência, posto que toda a prova necessária para a formação do convencimento do Órgão *ad quem* reside nos autos, devidamente documentada.

Admite-se, excepcionalmente, a prova de fato que não foi feita no juízo de origem, quando tiver decorrido de força maior (art. 1.014 do CPC).[49] Nesse caso, pode ser designada uma nova audiência de instrução.

No que diz respeito aos documentos, por exemplo, só é possível sua juntada na fase recursal se a parte provar que ficou impossibilitado de fazê-lo durante a tramitação do processo de conhecimento. Isso comumente ocorre, por exemplo, para elidir a revelia, caso típico de um atestado médico.

O Tribunal Superior do Trabalho já se posicionou sobre a matéria por meio da Súmula nº 8:

> **SÚMULA Nº 8.** JUNTADA DE DOCUMENTO. (MANTIDA) – Res. 121/2003, DJ 19, 20 e 21.11.2003. A juntada de documentos na fase recursal só se justifica quando provado o justo impedimento para sua oportuna apresentação ou se referir a fato posterior à sentença.

Caso a demanda esteja submetida ao rito sumaríssimo, a distribuição é imediata. O parecer do Ministério Público do Trabalho é feito de forma oral durante a sessão de julgamento, se assim entender o seu representante.

Se o juiz *a quo* profere a sentença de **improcedência liminar do pedido** (art. 332 do CPC) ao analisar o eventual recurso ordinário, pode decidir em não manter a sentença e determinar o prosseguimento da ação trabalhista (juízo de retratação). Caso assim não entenda, determinará que o recorrido seja intimado para oferecer contrarrazões.

Antes de julgar o recurso ordinário propriamente dito, os integrantes da Turma julgadora do Tribunal **devem analisar as eventuais impugnações às decisões interlocutórias do juízo** a quo, desde que haja requerimento nesse sentido nas razões recursais.

7.6. Efeitos da interposição do recurso ordinário

A questão relativa ao efeito devolutivo, em sede de recurso ordinário, é de grande importância no que diz respeito aos limites da atuação do juízo de segundo grau.

O art. 1.013, §§ 1º e 2º do CPC determina que toda matéria suscitada e discutida na fase postulatória do processo no juízo *a quo* deve ser devolvida ao Tribunal (*tantum devolutum quantum appellatum*), fenômeno denominado pela doutrina de **efeito devolutivo em profundidade**:

49. CPC. Art. 1.014. As questões de fato não propostas no juízo inferior poderão ser suscitadas na apelação, se a parte provar que deixou de fazê-lo por motivo de força maior.

QUADRO COMPARATIVO – EFEITO DEVOLUTIVO EM PROFUNDIDADE		
CPC DE 1973	**CPC DE 2015**	**CLT**
Art. 515. A apelação devolverá ao tribunal o conhecimento da matéria impugnada. § 1º Serão, porém, objeto de apreciação e julgamento pelo tribunal todas as questões suscitadas e discutidas no processo, ainda que a sentença não as tenha julgado por inteiro. § 2º Quando o pedido ou a defesa tiver mais de um fundamento e o juiz acolher apenas um deles, a apelação devolverá ao tribunal o conhecimento dos demais.	**Art. 1.013.** A apelação devolverá ao tribunal o conhecimento da matéria impugnada. § 1º Serão, porém, objeto de apreciação e julgamento pelo tribunal todas as questões suscitadas e discutidas no processo, ainda que não tenham sido solucionadas, **desde que relativas ao capítulo impugnado.** § 2º Quando o pedido ou a defesa tiver mais de um fundamento e o juiz acolher apenas um deles, a apelação devolverá ao tribunal o conhecimento dos demais.	Sem similar.
§ 3º Nos casos de extinção do processo sem julgamento do mérito (art. 267), o tribunal pode julgar desde logo a lide, se a causa versar questão exclusivamente de direito e estiver em condições de imediato julgamento. § 4º Constatando a ocorrência de nulidade sanável, o tribunal poderá determinar a realização ou renovação do ato processual, intimadas as partes; cumprida a diligência, sempre que possível prosseguirá o julgamento da apelação. **Art. 516.** Ficam também submetidas ao tribunal as questões anteriores à sentença, ainda não decididas.	§ 3º **Se o processo estiver em condições de imediato julgamento**, o tribunal deve decidir desde logo o mérito quando: I – reformar sentença fundada no art. 485; **II – decretar a nulidade da sentença por não ser ela congruente com os limites do pedido ou da causa de pedir;** **III – constatar a omissão no exame de um dos pedidos, hipótese em que poderá julgá-lo;** **IV – decretar a nulidade de sentença por falta de fundamentação.**	
Aplicabilidade do CPC ao processo do trabalho	Aplica-se ao processo do trabalho em face da omissão da CLT e da ausência de incompatibilidade.	
Diferença entre o CPC de 2015 e o de 1973	Pela regra do atual CPC, o tribunal deve julgar logo o mérito quando o processo estiver em condições de julgamento. De acordo com o CPC anterior, esse procedimento consistia em uma faculdade e não em um dever. Além disso, só poderia ser adotado se a questão fosse unicamente de direito. As hipóteses de avanço no julgamento do mérito prevista nos incisos II, III e IV, § 3º, também são inovadoras.	

Isso ocorre ainda que a sentença não tenha se manifestado expressamente a respeito de alguma questão, tenha utilizado apenas um dos fundamentos arguidos na inicial ou na contestação.[50]

Nesse sentido é a Súmula nº 393 do TST:

SÚMULA Nº 393. RECURSO ORDINÁRIO. EFEITO DEVOLUTIVO EM PROFUNDIDADE. art. 1.013, § 1º, do cpc de 2015. ART. 515, § 1º, DO CPC de 1973. (nova redação em decorrência do CPC de 2015) – Res. 208/2016, DEJT divulgado em 22, 25 e 26.04.2016

I – O efeito devolutivo em profundidade do recurso ordinário, que se extrai do § 1º do art. 1.013 do CPC de 2015 (art. 515, § 1º, do CPC de 1973), transfere ao Tribunal a apreciação dos fundamentos da inicial ou da defesa, não examinados pela sentença, ainda que não renovados em contrarrazões, desde que relativos ao capítulo impugnado.

50. O efeito devolutivo foi objeto de estudo do item 5.4, "a", deste capítulo.

II – Se o processo estiver em condições, o tribunal, ao julgar o recurso ordinário, deverá decidir desde logo o mérito da causa, nos termos do § 3º do art. 1.013 do CPC de 2015, inclusive quando constatar a omissão da sentença no exame de um dos pedidos.

Frise-se, porém, que o órgão *ad quem* **deve analisar algumas questões que não foram objeto de manifestação do juízo de primeiro grau (efeito translativo),**[51] a exemplo daquelas listadas no § 3º, I, II e IV, art. 1.013, do CPC, aplicado ao processo laboral de acordo com o preceito contido no art. 3º, XXVIII, da Instrução Normativa nº 39/16 do TST.

Note-se que na sistemática do CPC de 1973 esse procedimento era classificado como uma **faculdade** e não como **obrigação do tribunal** como é atualmente. O CPC de 2015 **ampliou bastante o efeito devolutivo em profundidade impondo** ao Tribunal adentrar no mérito da causa quando já existam elementos nos autos que permitam o julgamento imediato das questões fáticas **(teoria da causa madura)**.[52]

Não resta dúvida que esse procedimento atende aos princípios da economia e da celeridade processual.

Exemplos de questões sobre o tema

(TRT 1 – Juiz do Trabalho Substituto 1ª região/2016) Tendo o juiz rejeitado liminarmente os embargos à execução opostos pelo executado, este impetrou mandado de segurança com pedido de liminar ao relator, para que determinasse o processamento dos ditos embargos. O relator, porém, julgou manifestamente incabível a ação mandamental e indeferiu a sua petição inicial. O executado, então, interpôs agravo regimental, para que fosse processado o mandado de segurança e concedida a liminar. Negado provimento ao agravo regimental, o executado opôs embargos de declaração, os quais não foram conhecidos, uma vez que havia alegação de insatisfação com o julgamento do mencionado agravo. Opostos novos embargos, o relator então negou-lhe seguimento, por manifestamente incabível e contrário à jurisprudência do tribunal.

Dada essa última decisão, é cabível

a) recurso ordinário.

b) agravo regimental ou turmário.

c) recurso de revista.

d) agravo de instrumento.

e) novo mandado de segurança.

Resposta: A

(Juiz do Trabalho Substituto – TRT 21ª região – 2010) Pedro ajuizou reclamação trabalhista contra a empresa Sonhos Ltda., pleiteando o pagamento de horas extras laboradas. Encerrada a instrução processual, foi designada audiência para o dia 04.03.2010 para a leitura e publicação da sentença. Na data aprazada, não foi possível a prolação do veredicto, sendo este publicado no diário eletrônico da Justiça do Trabalho em data de 11.03.2010 (quinta-feira). Pedro, que até então fez uso do "jus postulandi", buscou, no dia 18.03.2010, um advogado, visto que a sentença lhe foi desfavorável. O causídico protocolou recurso ordinário, visando a reforma do julgado, em 22.03.2010 (segunda-feira), não tendo efetuado o recolhimento das custas processuais. No exame da admissibilidade, o Juiz do Trabalho negou seguimento ao recurso, por intempestividade e deserção, neste último caso em razão

51. O efeito translativo foi objeto de estudo do item 5.4, "d", deste capítulo.
52. O TST utilizou, expressamente, a teoria da causa madura no julgamento do AIRR 13540-90.2007. 5.05.0007. DEJT 02.09.2011.

da ausência de pedido específico de justiça gratuita quando da elaboração do termo de reclamação, embora preenchesse o autor os seus requisitos legais. Sobre a admissibilidade do recurso, e considerando que não houve feriados nesse período, é correto afirmar:

a) o recurso é tempestivo, mas o recolhimento das custas no caso é obrigatório;

b) o recurso é intempestivo e o recolhimento das custas é obrigatório;

c) o recurso é intempestivo, mas o recolhimento das custas pode ser dispensado, a requerimento da parte, nessa fase processual;

d) o recurso é tempestivo, mas subsiste a deserção, uma vez que não houve requerimento específico quando da propositura da ação;

e) o recurso é tempestivo e o recolhimento das custas processuais pode ser dispensado de ofício pelo Juiz.

Resposta: E

8. RECURSO DE REVISTA

Na sistemática recursal do Código de Processo Civil de 1939, incluía-se o recurso de revista (art. 853), que tinha por função a unificação da jurisprudência no âmbito de cada Tribunal quando havia divergência entre as Câmaras ou Turmas.

O CPC de 2015 não prevê esta espécie de recurso. Mas, como a CLT foi editada em 1943, inspirou-se na sistemática recursal anterior que atribuiu a denominação de recurso extraordinário só modificada com o advento da Lei nº 861/49.

8.1. Conceito

No processo do trabalho, o recurso de revista é aquele usado para demonstrar a irresignação da parte em relação às decisões proferidas pelos Tribunais Regionais do Trabalho, no exercício da sua competência recursal.

Isso significa que se o Tribunal Regional profere uma decisão no exercício de sua competência originária, **não cabe recurso de revista**.

A competência interna para o julgamento do recurso de revista é definida pelo art. 5º, da Lei nº 7.701/88 e pelo RITST:[53]

> **Art. 5º.** As Turmas do Tribunal Superior do Trabalho terão, cada uma, a seguinte competência: a) julgar os Recursos de Revista interpostos de decisões dos Tribunais Regionais do Trabalho, nos casos previstos em lei;

O aludido recurso tem como objetivo principal a unificação das decisões proferidas pelos Tribunais Regionais e a manutenção da autoridade da legislação constitucional e infraconstitucional. Por conta disso, **só cabe recurso de revista de acórdão que trata de matéria de direito**, o que exclui qualquer possibilidade de reexame probatório.

Isso significa que o efeito devolutivo do recurso de revista **não é amplo, como ocorre com o recurso ordinário, mas sim restrito, pois não abrange as questões fáticas**.

53. RITST. Art. 79. Compete a cada uma das Turmas julgar: II – os recursos de revista interpostos contra decisão dos Tribunais Regionais do Trabalho, nos casos previstos em lei.

Assemelha-se ao recurso especial no processo civil, pois tramita em uma instância recursal extraordinária, representada pelo Tribunal Superior do Trabalho, que se encarrega de examinar os temas relacionados com a legislação infraconstitucional.

Ressalte-se porém que, em determinados casos, permite-se que o TST reavalie a prova produzida nos autos, como ocorre com as ações de competência originária dos TRTs, com possibilidade de **recurso ordinário e não de revista** ao aludido Tribunal Superior.

8.2. Requisitos de admissibilidade

Para o conhecimento do recurso de revista, exige-se a presença dos requisitos de admissibilidade dos recursos em geral, como a tempestividade, o preparo, a sucumbência, a representação etc.

Aliado a esses requisitos, é necessário que a decisão impugnada por via da revista esteja em conflito com decisões:

- de outros Tribunais Regionais; ou
- do Tribunal Superior do Trabalho.

Cabe recurso de revista também quando a decisão for proferida:

- com violação literal de disposição de lei federal;
- afronta direta e literal à Constituição Federal;
- contrariarem súmula de jurisprudência uniforme do TST;
- contrariar súmula vinculante do Supremo Tribunal Federal;
- contrariar súmula regional ou tese jurídica prevalecente no Tribunal Regional e não conflitante com Súmula ou orientação jurisprudencial do TST (art. 4º, do ATO 491/SEGJUD.GP/2014).

Segundo dispõe o art. 896 da CLT, cabe recurso de revista das decisões proferidas pelos Tribunais Regionais em grau de recurso ordinário que:

- derem ao mesmo dispositivo de lei federal interpretação diversa da que lhe houver dado outro Tribunal Regional do Trabalho, no seu Pleno ou Turma, ou a Seção de Dissídios Individuais do Tribunal Superior do Trabalho, ou contrariarem súmula de jurisprudência uniforme dessa Corte ou súmula vinculante do Supremo Tribunal Federal;
- derem ao mesmo dispositivo de lei estadual, Convenção Coletiva de Trabalho, Acordo Coletivo, sentença normativa ou regulamento empresarial de observância obrigatória em área territorial que exceda a jurisdição do Tribunal Regional prolator da decisão recorrida, interpretação divergente, na forma da alínea a;
- proferidas com violação literal de disposição de lei federal ou afronta direta e literal à Constituição Federal.

Em regra, **não cabe recurso de revista no processo (ou fase) de execução**, já que esse recurso serve para impugnar as decisões proferidas pelos Tribunais em grau de recurso ordinário, o que exclui os acórdãos proferidos em sede de agravo de petição, **salvo no caso de ofensa à Constituição Federal, execução fiscal e demanda que envolta a discussão sobre a Certidão Negativa de Débito Trabalhista.**[54]

Também **não cabe recurso de revista no caso de decisão proferida em agravo de instrumento**, consoante posicionamento do Tribunal Superior do Trabalho expressado pela Súmula nº 218,[55] uma vez que nessa espécie de recurso não se revisa o mérito da questão controvertida.

A Instrução Normativa nº 23/03 do TST, dispõe sobre os padrões formais a serem observados nas petições de recurso de revista.

Em resumo, não cabe recurso de revista:

Não cabe recurso de revista	• De decisão em processo de execução, salvo se ofender à CF, no caso de execução fiscal e nas controvérsias que envolvam a Certidão Negativa de Débitos Trabalhistas • De decisão proferida em sede de agravo de instrumento • Para o reexame de provas

ATENÇÃO!!! Cabe recurso de revista de decisões que fixam indenização por danos morais com fundamento na violação direta do art. 944 do Código Civil, que deixam de observar os princípios da proporcionalidade e da razoabilidade: "A indenização mede-se pela extensão do dano".

A) Depósito recursal

O valor do depósito recursal para o recurso de revista é equivalente ao que ficar definido na sentença ou no acórdão, seja em quantia líquida ou arbitrada para esse efeito, observado o limite anualmente fixado por ato expedido pelo TST, podendo ser substituído por fiança bancária ou seguro garantia judicial.

Dessa forma, se o valor da condenação, após o julgamento do recurso ordinário, for superior à quantia que foi depositada para a interposição desse recurso e inferior ao valor do limite máximo do recurso de revista, para o seu conhecimento **só é necessário complementar o depósito inicial**, conforme entendimento constante da Súmula nº 128, incisos I e II, do Tribunal Superior do Trabalho:

> **SÚMULA Nº 128.** DEPÓSITO RECURSAL. (incorporadas as Orientações Jurisprudenciais nº 139, 189 e 190 da SDI-1) – Res. 129/2005 – DJ 20.04.2005. I – É ônus da parte recorrente efetuar o depósito legal, integralmente, em relação a cada novo recurso

54. TST. Súmula nº 266. RECURSO DE REVISTA. ADMISSIBILIDADE. EXECUÇÃO DE SENTENÇA (mantida) – **Res. 121/2003, DJ 19, 20 e 21.11.2003. A admissibilidade do recurso de revista interposto de acórdão proferido em agravo de petição, na liquidação de sentença ou em processo incidente na execução, inclusive os embargos de terceiro, depende de demonstração inequívoca de violência direta à Constituição Federal.**

55. TST. Súmula nº 218. Recurso de revista. Acórdão proferido em agravo de instrumento. (mantida) – **Res. 121/2003, DJ 19, 20 e 21.11.2003. É incabível recurso de revista interposto de acórdão regional prolatado em agravo de instrumento.**

interposto, sob pena de deserção. Atingido o valor da condenação, nenhum depósito mais é exigido para qualquer recurso. (ex-Súmula Nº 128, redação dada pela Res. 121/2003, DJ 21.11.03, que incorporou a OJ Nº 139 – Inserida em 27.11.1998). II – Garantido o juízo, na fase executória, a exigência de depósito para recorrer de qualquer decisão viola os incisos II e LV do art. 5º da CF/1988. Havendo, porém, elevação do valor do débito, exige-se a complementação da garantia do juízo. (ex-OJ Nº 189 – Inserida em 08.11.2000).

Assim como ocorre com o recurso ordinário, o depósito deve ser feito em **conta vinculada ao juízo** como determina o § 4º, art. 899 da CLT, com redação dada pela Lei nº 13.467/17: "O depósito recursal será feito em conta vinculada ao juízo e corrigido com os mesmos índices da poupança".

Para entidades sem fins lucrativos, empregadores domésticos, microempreendedores individuais, microempresas e empresas de pequeno porte o valor do depósito recursal **será reduzido pela metade** (art. 899, § 9º, da CLT).

São isentos do depósito recursal os beneficiários da justiça gratuita, **as entidades filantrópicas e as empresas em recuperação judicial**.

O depósito recursal pode ser substituído pelo **seguro garantia judicial**, cujo procedimento foi disciplinado pelo Ato Conjunto do TST, CGJT e CSJT de nº 01/2019, tema analisado na alínea "c", item 4.1 deste capítulo.

Há ainda o questionamento sobre a constitucionalidade do depósito recursal, estendendo-se ao recurso de revista a decisão proferida pelo STF no RE 607447 (tema nº 679), com repercussão geral declarada, fixando-se a seguinte tese:

> Surge incompatível com a Constituição Federal exigência de depósito prévio como condição de admissibilidade do recurso extraordinário, no que não recepcionada a previsão constante do § 1º do artigo 899 da Consolidação das Leis do Trabalho, sendo inconstitucional a contida na cabeça do artigo 40 da Lei nº 8.177/1991 e, por arrastamento, no inciso II da Instrução Normativa nº 3/1993 do Tribunal Superior do Trabalho.

B) Divergência jurisprudencial

Além dos requisitos de admissibilidade previstos para o recurso ordinário, é necessário que a decisão proferida pelo Tribunal Regional do Trabalho **confira interpretação de dispositivo de lei federal diversa daquela dada por outro Tribunal, pela SDI do Tribunal Superior do Trabalho ou por Súmula de jurisprudência uniforme do TST ou súmula vinculante do STF**, de acordo com o art. 896, "a ", da CLT, com redação dada pela Lei nº 13.015/14.[56]

Com a edição da Lei nº 9.756/98, que alterou a redação do art. 896, "a" da CLT, exigiu-se que a divergência necessária para o conhecimento do recurso de revista fosse **extraída de Tribunais Regionais diversos**, na forma prevista pela OJ nº 111, da SDI-1 do TST:

> **OJ Nº 111.** RECURSO DE REVISTA. DIVERGÊNCIA JURISPRUDENCIAL. ARESTO ORIUNDO DO MESMO TRIBUNAL REGIONAL. LEI Nº 9.756/98. INSERVÍVEL AO CONHECIMENTO. (nova redação, DJ 20.04.2005). Não é servível

56. Na redação anterior não estava incluída a contrariedade a Súmula vinculante do STF.

> ao conhecimento de recurso de revista aresto oriundo de mesmo Tribunal Regional do Trabalho, salvo se o recurso houver sido interposto anteriormente à vigência da Lei nº 9.756/98.

Observe-se que a jurisprudência uniforme do TST, cuja divergência autoriza o manejo do recurso de revista, **está representada não só pelas Súmulas, mas também pelas Orientações Jurisprudenciais**, conforme posicionamento adotado pelo TST:

> **OJ Nº 219.** SDI-1. RECURSO DE REVISTA OU DE EMBARGOS FUNDAMENTADO EM ORIENTAÇÃO JURISPRUDENCIAL DO TST. Inserida em 02.04.01. É válida, para efeito de conhecimento do recurso de revista ou de embargos, a invocação de Orientação Jurisprudencial do Tribunal Superior do Trabalho, desde que, das razões recursais, conste o seu número ou conteúdo.

Com a edição da Lei nº 13.015/14, ficou clara a possibilidade de interposição de recurso de revista quando a decisão contraria OJ – Orientação Jurisprudencial do TST, conforme se observa da redação do art. 1º-A, art. 896 da CLT:

> **Art. 896. § 1º-A.** Sob pena de não conhecimento, é ônus da parte: II – indicar, de forma explícita e fundamentada, contrariedade a dispositivo de lei, súmula ou **orientação jurisprudencial** do Tribunal Superior do Trabalho que conflite com a decisão regional (grifou-se).

O STF manifesta-se sobre a questão por meio da Súmula nº 401:

> **SÚMULA Nº 401.** Não se conhece do recurso de revista, nem dos embargos de divergência, do processo trabalhista, quando houver jurisprudência firme do Tribunal Superior do Trabalho no mesmo sentido da decisão impugnada, salvo se houver colisão com a jurisprudência do Supremo Tribunal Federal. (D. Trab.; D. Proc. Civ.; STF.)

A alínea " b ", do art. 896 da CLT, admite que o recurso de revista seja interposto quando há divergência jurisprudencial nascida em decorrência de interpretação de lei estadual, convenção coletiva de trabalho, acordo coletivo, sentença normativa ou regulamento de empresa, **desde que essas regras devam ser observadas em território que ultrapasse a jurisdição de um TRT.**

Nessa situação específica, cabe ao recorrente demonstrar a extensão dos limites territoriais da norma que gerou a divergência de interpretação, sob pena do recurso de revista não ser conhecido.

Esse é o posicionamento do TST estampado na OJ nº 147, da SDI-1:

> **OJ Nº 147.** LEI ESTADUAL, NORMA COLETIVA OU NORMA REGULAMENTAR. CONHECIMENTO INDEVIDO DO RECURSO DE REVISTA POR DIVERGÊNCIA JURISPRUDENCIAL. (nova redação em decorrência da incorporação da Orientação Jurisprudencial nº 309 da SDI-1, DJ 20.04.2005).
>
> I – É inadmissível o recurso de revista fundado tão-somente em divergência jurisprudencial, se a parte não comprovar que a lei estadual, a norma coletiva ou o regulamento da empresa extrapolam o âmbito do TRT prolator da decisão recorrida. (ex-OJ Nº 309 da SDI-1 – inserida em 11.08.03).
>
> II – É imprescindível a arguição de afronta ao art. 896 da CLT para o conhecimento de embargos interpostos em face de acórdão de Turma que conhece indevidamente de recurso de revista, por divergência jurisprudencial, quanto a tema regulado por lei estadual, norma coletiva ou norma regulamentar de âmbito restrito ao Regional prolator da decisão.

O TST editou a Súmula nº 312[57] no sentido de reconhecer a constitucionalidade do mencionado art. 896, "b", da CLT. Defendia-se a tese de que os Estados Federados não teriam competência para legislar sobre Direito do Trabalho, conforme reza o art. 22, I, da CF de 1988. Entretanto, o parágrafo único do citado dispositivo constitucional permite que os Estados, autorizados por meio de uma lei complementar, legislarem sobre as questões específicas ali relacionadas.

Para haver divergência, o acórdão deve adotar, de forma clara, uma tese decorrente de interpretação de um dispositivo legal qualquer, que esteja em desacordo com outra tese, também clara, que confere interpretação diversa ao mesmo preceito legal (Súmula nº 296 do TST).[58]

A parte interessada em interpor o recurso de revista **deve demonstrar a divergência jurisprudencial** por meio de certidões passadas pela secretaria do Tribunal do Trabalho que proferiu a decisão, cópia autêntica do acórdão, citação da fonte oficial (diário oficial no qual foi publicada a decisão) ou citação do repositório autorizado no qual se encontra publicada a decisão.

A CLT trata da matéria por meio do § 8º, art. 896, introduzido pela Lei nº 13.015/14:

> **Art. 896. § 8º** Quando o recurso fundar-se em dissenso de julgados, incumbe ao recorrente o ônus de produzir prova da divergência jurisprudencial, mediante certidão, cópia ou citação do repositório de jurisprudência, oficial ou credenciado, inclusive em mídia eletrônica, em que houver sido publicada a decisão divergente, ou ainda pela reprodução de julgado disponível na internet, com indicação da respectiva fonte, mencionando, em qualquer caso, as circunstâncias que identifiquem ou assemelhem os casos confrontados.

A título de exemplo, a Revista LTr, constitui repositório autorizado de jurisprudência para indicação de julgados, registrado no Supremo Tribunal Federal sob nº 09/85 e no Tribunal Superior do Trabalho sob nº 02/94. Já o repositório da Revista "O Trabalho" foi cadastrado sob os números 7, no TST, 31 no STJ e 22 no STF.

Ao optar pela rede mundial de computadores (*internet*), o recorrente deve observar se o *link* inserido na peça processual realmente direciona para o sítio da rede mundial de computadores. [59]

Além de citar os acórdãos em conflito, o recorrente deve, também, **transcrevê-los na peça recursal**. Dispensa-se a juntada quando a impugnação da decisão for feita com base no entendimento das Súmulas do Tribunal Superior do Trabalho ou das suas Orientações Jurisprudenciais.

---

57. TST. Súmula nº 312. CONSTITUCIONALIDADE. ALÍNEA B DO Art. 896 DA CLT. (mantida) **– Res. 121/2003, DJ 19, 20 e 21.11.2003. É constitucional a alínea b do art. 896 da CLT, com a redação dada pela Lei nº 7.701, de 21.12.1988.**
58. TST. Súmula nº 296. RECURSO. DIVERGÊNCIA JURISPRUDENCIAL. ESPECIFICIDADE. (incorporada a Orientação Jurisprudencial nº 37 da SDI-1) **– Res. 129/2005 – DJ 20.04.2005. I – A divergência jurisprudencial ensejadora da admissibilidade, do prosseguimento e do conhecimento do recurso há de ser específica, revelando a existência de teses diversas na interpretação de um mesmo dispositivo legal, embora idênticos os fatos que as ensejaram. (ex-Súmula nº 296 – Res. 6/1989, DJ 14.04.1989). II – Não ofende o art. 896 da CLT decisão de Turma que, examinando premissas concretas de especificidade da divergência colacionada no apelo revisional, conclui pelo conhecimento ou desconhecimento do recurso. (ex-OJ nº 37 – Inserida em 01.02.1995).**
59. Nesse sentido, a decisão proferida pela SDI-1 do TST nos autos do RR 25600-73.2004.5.15.2010.

A jurisprudência do Tribunal Superior do Trabalho é abundante quando se fala em admissibilidade de recurso de revista, conforme se observa das Súmulas de nºs 23, 221, 337 e 459 bem como das OJ nº 257, da SDI-1 do TST:

> **SÚMULA Nº 23.** Recurso. (mantida) – Res. 121/2003, DJ 19, 20 e 21.11.2003. Não se conhece de recurso de revista ou de embargos, se a decisão recorrida resolver determinado item do pedido por diversos fundamentos e a jurisprudência transcrita não abranger a todos.
>
> **SÚMULA Nº 221.** RECURSO DE REVISTA. VIOLAÇÃO DE LEI. INDICAÇÃO DE PRECEITO. INTERPRETAÇÃO RAZOÁVEL. (cancelado o item II e conferida nova redação na sessão do Tribunal Pleno realizada em 14.09.2012) I – A admissibilidade do recurso de revista por violação tem como pressuposto a indicação expressa do dispositivo de lei ou da Constituição tido como violado. (ex-OJ Nº 94 da SBDI-1 – inserida em 30.05.1997)
>
> **SÚMULA Nº 333.** RECURSOS DE REVISTA. CONHECIMENTO (alterada) – Res. 155/2009, DJ 26 e 27.02.2009 e 02.03.2009. Não ensejam recurso de revista decisões superadas por iterativa, notória e atual jurisprudência do Tribunal Superior do Trabalho.
>
> **SÚMULA Nº 337.** COMPROVAÇÃO DE DIVERGÊNCIA JURISPRUDENCIAL. RECURSOS DE REVISTA E DE EMBARGOS (incluído o item V) – Res. 220/2017, DEJT divulgado em 21, 22 e 25.09.2017 I – Para comprovação da divergência justificadora do recurso, é necessário que o recorrente: a) Junte certidão ou cópia autenticada do acórdão paradigma ou cite a fonte oficial ou o repositório autorizado em que foi publicado; e b) Transcreva, nas razões recursais, as ementas e/ou trechos dos acórdãos trazidos à configuração do dissídio, demonstrando o conflito de teses que justifique o conhecimento do recurso, ainda que os acórdãos já se encontrem nos autos ou venham a ser juntados com o recurso. II – A concessão de registro de publicação como repositório autorizado de jurisprudência do TST torna válidas todas as suas edições anteriores. III – A mera indicação da data de publicação, em fonte oficial, de aresto paradigma é inválida para comprovação de divergência jurisprudencial, nos termos do item I, "a", desta súmula, quando a parte pretende demonstrar o conflito de teses mediante a transcrição de trechos que integram a fundamentação do acórdão divergente, uma vez que só se publicam o dispositivo e a ementa dos acórdãos; IV – É válida para a comprovação da divergência jurisprudencial justificadora do recurso a indicação de aresto extraído de repositório oficial na internet, desde que o recorrente: a) transcreva o trecho divergente; b) aponte o sítio de onde foi extraído; e c) decline o número do processo, o órgão prolator do acórdão e a data da respectiva publicação no Diário Eletrônico da Justiça do Trabalho. V – A existência do código de autenticidade na cópia, em formato pdf, do inteiro teor do aresto paradigma, juntada aos autos, torna-a equivalente ao documento original e também supre a ausência de indicação da fonte oficial de publicação.
>
> **SÚMULA Nº 459.** RECURSO DE REVISTA. NULIDADE POR NEGATIVA DE PRESTAÇÃO JURISDICIONAL (atualizada em decorrência do CPC de 2015) – Res. 219/2017, DEJT divulgado em 28, 29 e 30.06.2017. O conhecimento do recurso de revista, quanto à preliminar de nulidade, por negativa de prestação jurisdicional, supõe indicação de violação do art. 832 da CLT, do art. 489 do CPC de 2015 (art. 458 do CPC de 1973) ou do art. 93, IX, da CF/1988.
>
> **OJ Nº 257.** DA SDI-I. RECURSO DE REVISTA. FUNDAMENTAÇÃO. VIOLAÇÃO DE LEI. VOCÁBULO VIOLAÇÃO. DESNECESSIDADE (alterada em decorrência do inciso II do art. 894 da CLT, incluído pela Lei nº 11.496/2007) – Res. 182/2012, DEJT divulgado em 19, 20 e 23.04.2012. A invocação expressa no recurso de revista dos preceitos legais ou constitucionais tidos como violados não significa exigir da parte a utilização das expressões "contrariar", "ferir", "violar", etc.

Exemplo de questão sobre o tema

(Juiz do Trabalho Substituto – TRT 21ª região – 2010) Acerca da admissibilidade do recurso de revista, é incorreto afirmar:

a) não se admite recurso de revista, por divergência, fundamentado em orientações jurisprudenciais do Tribunal Superior do Trabalho (TST);

b) não se admite recurso de revista, por divergência, fundado em Orientação Jurisprudencial do TST, quando o feito tramitar sob o rito sumaríssimo;

c) admite-se o recurso de revista de decisão que julgou recurso de agravo de petição, advindo de embargos de terceiro, quando demonstrada a violação direta da Constituição Federal;

d) quando o acórdão for omisso quanto à tese jurídica em que se pretende fundamentar o recurso de revista, deverá a parte recorrente prequestionar a matéria, por meio de embargos de declaração;

e) considera-se prequestionada a questão jurídica, para efeito de cabimento de recurso de revista, quando, mesmo opostos embargos de declaração, o tribunal de origem se omite em se pronunciar expressamente sobre a tese.

Resposta: A

C) Prequestionamento

Como o recurso de revista é todo ele baseado em divergência jurisprudencial ou ofensa direta a dispositivo legal,[60] **o acórdão deve ser claro e expresso sobre a tese jurídica adotada** para manter ou modificar a decisão recorrida.[61]

É o que a doutrina e a jurisprudência chamam de **prequestionamento**. Quando o acórdão é omisso no que diz respeito à tese por ele acolhida, o interessado, antes da interposição do recurso de revista, **deve prequestionar a matéria por meio de embargos declaratórios**, sob pena de preclusão do direito de manejar o recurso de revista.[62]

O Tribunal Superior do Trabalho tem entendimento firmado sobre a matéria, revelado por intermédio da sua Súmula nº 297:[63]

> **SÚMULA Nº 297.** PREQUESTIONAMENTO. OPORTUNIDADE. CONFIGURAÇÃO – nova redação – res. 121/2003, DJ 21.11.2003. I. Diz-se prequestionada a matéria ou questão quando na decisão impugnada haja sido adotada, explicitamente, tese a respeito. II. Incumbe à parte interessada, desde que a matéria haja sido invocada no recurso principal, opor embargos declaratórios objetivando o pronunciamento sobre o tema, sob pena de preclusão. III. Considera-se prequestionada a questão jurídica invocada no recurso principal sobre a qual se omite o Tribunal de pronunciar tese, não obstante opostos embargos de declaração.

60. Da mesma forma o recurso de embargos, só que neste caso a divergência ocorre entre decisões do próprio TST.

61. TST. SDI-1. OJ nº 118. Prequestionamento. Tese explícita. Inteligência do Enunciado nº 297. Inserido em 20.11.1997. Havendo tese explícita sobre a matéria, na decisão recorrida, desnecessário contenha nela referência expressa do dispositivo legal para ter-se como prequestionado este.

62. TST. Súmula nº 184. EMBARGOS DECLARATÓRIOS. OMISSÃO EM RECURSO DE REVISTA. PRECLUSÃO. Mantida) – **Res. 121/2003, DJ 19, 20 e 21.11.2003. Ocorre preclusão se não forem opostos embargos declaratórios para suprir omissão apontada em recurso de revista ou de embargos.**

63. TST. SDI-1. OJ nº 119. PREQUESTIONAMENTO INEXIGÍVEL. VIOLAÇÃO NASCIDA NA PRÓPRIA DECISÃO RECORRIDA. SÚMULA Nº 297 DO TST. INAPLICÁVEL. (inserido dispositivo) – **DEJT divulgado em 16, 17 e 18.11.2010. É inexigível o prequestionamento quando a violação indicada houver nascido na própria decisão recorrida. Inaplicável a Súmula nº 297 do TST.**

No mesmo sentido, as Súmulas nº 282 e 356 do STF e Súmula 211 do STJ.[64]

> **SÚMULA Nº 282.** É inadmissível o Recurso Extraordinário, quando não ventilada, na decisão recorrida, a questão federal suscitada.
>
> **SÚMULA Nº 356.** O ponto omisso da decisão, sobre o qual não foram opostos embargos declaratórios, não pode ser objeto de recurso extraordinário, por faltar o requisito do prequestionamento.
>
> **SÚMULA Nº 211.** Inadmissível recurso especial quanto à questão que, a despeito da oposição de embargos declaratórios, não foi apreciada pelo tribunal a quo.

Caso o Tribunal deixe de apresentar a sua tese sobre a questão controvertida, a parte prejudicada pode ajuizar o recurso de revista. Nesse caso, deve requer a declaração de nulidade da decisão por ausência de prestação jurisdicional específica, conforme entendimento constante da OJ nº 151, da SDI-1, do TST:

> **OJ Nº 151.** PREQUESTIONAMENTO. DECISÃO REGIONAL QUE ADOTA A SENTENÇA. AUSÊNCIA DE PREQUESTIONAMENTO. Inserida em 27.11.98. Decisão regional que simplesmente adota os fundamentos da decisão de primeiro grau não preenche a exigência do prequestionamento, tal como previsto na Súmula Nº 297.

Inclusive na peça do recurso de revista o recorrente **deve transcrever o trecho dos embargos declaratórios e da respectiva decisão do TRT que rejeitou o pedido,** conforme exigência contida no art. 896, § 1º-A, IV, da CLT, introduzido por meio da Lei nº 13.467/17:

> **Art. 896. § 1º-A. IV** – transcrever na peça recursal, no caso de suscitar preliminar de nulidade de julgado por negativa de prestação jurisdicional, o trecho dos embargos declaratórios em que foi pedido o pronunciamento do tribunal sobre questão veiculada no recurso ordinário e o trecho da decisão regional que rejeitou os embargos quanto ao pedido, para cotejo e verificação, de plano, da ocorrência da omissão.

O recurso de revista tem como objetivo alterar uma tese jurídica adotada pelo juízo *a quo*. Assim, é necessário que decisão deixe claro qual o posicionamento adotado acerca de determinada matéria de direito, **o que não significa dizer que a sentença deve fazer referência expressa a um dispositivo legal específico.**[65]

Sobre a tese explícita, a OJ nº 256, da SDI-1:

> **OJ Nº 256.** PREQUESTIONAMENTO. CONFIGURAÇÃO. TESE EXPLÍCITA. Súmula Nº 297. Inserida em 13.03.02. Para fins do requisito do prequestionamento de que trata a Súmula Nº 297, há necessidade de que haja, no acórdão, de maneira clara, elementos que levem à conclusão de que o Regional adotou uma tese contrária à lei ou à súmula.

A exigência do prequestionamento no recurso de revista está expressamente prevista no § 1º-A, I, art. 896 da CLT: "Sob pena de não conhecimento, é ônus da parte. I – indicar o

64. No STJ, a Súmula nº 98 alberga o seguinte entendimento: "Embargos de declaração manifestados com notório propósito de prequestionamento não têm caráter protelatório".
65. TST. OJ nº 118. SDI-1. PREQUESTIONAMENTO. TESE EXPLÍCITA. INTELIGÊNCIA DA SÙMULA Nº 297. Inserida em 20.11.97. Havendo tese explícita sobre a matéria, na decisão recorrida, desnecessário contenha nela referência expressa do dispositivo legal para ter-se como prequestionado este.

trecho da decisão recorrida que consubstancia o prequestionamento da controvérsia objeto do recurso de revista".

D) Transcendência

A Medida Provisória nº 2.226/01 (em vigor conforme o art. 2º da EC nº 32/2001), acrescentou o art. 896-A à CLT para inserir no ordenamento jurídico trabalhista o instituto da **transcendência.**

> **Art. 896-A.** O Tribunal Superior do Trabalho, no recurso de revista, examinará previamente se a causa oferece transcendência com relação aos reflexos gerais de natureza econômica, política, social ou jurídica.[66]

O referido dispositivo legal permite que o TST escolha qual o recurso de revista será por ele analisado, à semelhança do que ocorre com o requisito da repercussão geral, no recurso extraordinário.[67]

Desse modo, só deve ser objeto de julgamento o recurso de revista cujo objeto transcenda o interesse individual das partes, considerando os critérios de **relevância econômica, política, social ou jurídica.**

A Lei nº 13.467/17 acrescentou alguns parágrafos ao citado art. 896-A da CLT para disciplinar a transcendência nos recurso de revista.

No parágrafo § 1º, identifica os indicadores de transcendência de forma exemplificativa:

> I – econômica, o elevado valor da causa;
>
> II – política, o desrespeito da instância recorrida à jurisprudência sumulada do Tribunal Superior do Trabalho ou do Supremo Tribunal Federal;
>
> III – social, a postulação, por reclamante-recorrente, de direito social constitucionalmente assegurado;
>
> IV – jurídica, a existência de questão nova em torno da interpretação da legislação trabalhista.

O exame desse requisito só pode ser feito em relação aos processos cujos acórdãos tenham sido proferidos pelos TRT's a partir de 11.11.2017, data da vigência da Lei nº 13.467/17, conforme disposição contida no art. 19 da IN nº 41/18 do TST:

> **Art. 19.** O exame da transcendência seguirá a regra estabelecida no art. 246 do Regimento Interno do Tribunal Superior do Trabalho, incidindo apenas sobre os acórdãos proferidos pelos Tribunais Regionais do Trabalho publicados a partir de 11 de novembro de 2017, excluídas as decisões em embargos de declaração.

66. Existe uma ADI, de nº 2.527, requerida pelo Conselho Federal da OAB, alegando a inconstitucionalidade da medida provisória que inseriu dispositivos na CLT prevendo a transcendência. A referida ADIN está pendente de julgamento, sendo que o Min. Maurício Correia já votou no sentido de suspender a eficácia da MP 2226/01; o Ministro Nelson Jobim acolheu o pedido, declarando a inconstitucionalidade dos arts. 1º e 2º, que tratam justamente da transcendência; e a Ministra Ellen Grace votou pela suspensão da eficácia do art. 3º, que diz respeito aos honorários advocatícios devido pelas partes em caso de transação ou acordo.
67. CPC. Art. 1.035. § 1º Para efeito de repercussão geral, será considerada a existência ou não de questões relevantes do ponto de vista econômico, político, social ou jurídico que ultrapassem os interesses subjetivos do processo.

Ao receber o recurso de revista no TRT, o juiz presidente **não tem competência para avaliar a existência ou não da transcendência da matéria** (§ 6º, art. 896-A da CLT).

Uma vez distribuído o recurso de revista no TST, o relator **pode, monocraticamente, denegar seguimento por ausência de transcendência**. Dessa decisão, cabe agravo interno para o colegiado (§ 2º, art. 896-A da CLT), tendo o recorrente o direito de realizar sustentação oral sobre a questão da transcendência, durante cinco minutos em sessão.

Se a hipótese for de agravo de instrumento em recurso de revista, a decisão monocrática do relator que considera ausente a transcendência é irrecorrível (§ 5º, art. 896-A da CLT).

Mantido o voto do relator quanto à não transcendência do recurso, será lavrado acórdão com fundamentação sucinta, que constituirá decisão irrecorrível no âmbito do tribunal.

A 2ª Jornada de Direito Material e Processual do Trabalhou aprovou dois Enunciados tratando da transcendência:

> **ENUNCIADO Nº 121. TRANSCENDÊNCIA: INDICADORES**
>
> I – A TRANSCENDÊNCIA ECONÔMICA, NOS TERMOS DO ARTIGO 896-A, § 1º, I, DA CLT DEVERÁ CONSIDERAR A REPERCUSSÃO DA PRETENSÃO NO PATRIMÔNIO DAS PARTES.
>
> II – O EXERCÍCIO DA TÉCNICA DO "DISTINGUISHING", POR PARTE DOS TRIBUNAIS REGIONAIS, A RESPEITO DA APLICABILIDADE DA JURISPRUDÊNCIA SUMULADA DO STF E DO TST AOS CASOS CONCRETOS, NÃO CONFIGURA DESRESPEITO PARA FINS DE ENQUADRAMENTO NO ARTIGO 896-A, § 1º, II, DA CLT.
>
> III – A RELEVÂNCIA SOCIAL E JURÍDICA ENVOLVE TAMBÉM AS QUESTÕES ATINENTES À INTERPRETAÇÃO E À APLICAÇÃO DOS TRATADOS DE DIREITOS HUMANOS RATIFICADOS PELO BRASIL.
>
> **ENUNCIADO Nº 122. TRANSCENDÊNCIA. RECURSO DE REVISTA. SUSTENTAÇÃO ORAL**
>
> A FIXAÇÃO DE PRAZO EXÍGUO (CINCO MINUTOS) PARA A SUSTENTAÇÃO ORAL DO ADVOGADO, POR OCASIÃO DO JULGAMENTO DO AGRAVO INTERNO PERANTE A TURMA DO TRIBUNAL SUPERIOR DO TRABALHO (ARTIGO 896-A, §§ 2º E 3º, DA CLT), NÃO SE COMPATIBILIZA COM O PRINCÍPIO DO DEVIDO PROCESSO LEGAL, PLASMADO NO ARTIGO 5º, LIV, DA CONSTITUIÇÃO FEDERAL.

O novo regimento do TST já contempla o disciplinamento da transcendência, em seus arts. 246, 247, 248 e 249.

Inclusive no art. 246 há preceito tratando da vigência da norma processual no tempo:

> Art. 246. As normas relativas ao exame da transcendência dos recursos de revista, previstas no art. 896-A da CLT, somente incidirão naqueles interpostos contra decisões proferidas pelos Tribunais Regionais do Trabalho publicadas a partir de 11/11/2017, data da vigência da Lei n.º 13.467/2017.

E) Recurso de revista em rito sumaríssimo

A lei impõe restrições para interposição de recurso de revista quando o processo está **submetido ao rito sumaríssimo**.

A referida limitação é representada pelo preceito contido no art. 896, § 9º, da CLT:

> **Art. 896. § 9º.** Nas causas sujeitas ao procedimento sumaríssimo, somente será admitido recurso de revista por contrariedade a súmula de jurisprudência uniforme do Tribunal Superior do Trabalho ou a súmula vinculante do Supremo Tribunal Federal e por violação direta da Constituição Federal.

Estão excluídos, por conseguinte, os recursos de revista que tenham como fundamento **a divergência jurisprudencial entre tribunais ou tribunal e o TST, bem como a violação direta de norma federal.**

Nesse sentido é o posicionamento do TST, revelado pela Súmula nº 442, que ainda deve ser adaptada às alterações legais decorrentes da vigência da Lei nº 13.015/14, pois passou a admitir o recurso de revista em rito sumaríssimo quando houver ofensa a súmula vinculante do STF:

> **SÚMULA Nº 442.** PROCEDIMENTO SUMARÍSSIMO. RECURSO DE REVISTA FUNDAMENTADO EM CONTRARIEDADE A ORIENTAÇÃO JURISPRUDENCIAL. INADMISSIBILIDADE. Art. 896, § 6º, DA CLT, ACRESCENTADO PELA Lei nº 9.957, DE 12.01.2000 (conversão da Orientação Jurisprudencial no 352 da SBDI-1). Res. 185/2012, DEJT divulgado em 25, 26 e 27.09.2012. Nas causas sujeitas ao procedimento sumaríssimo, a admissibilidade de recurso de revista está limitada à demonstração de violação direta a dispositivo da Constituição Federal ou contrariedade a Súmula do Tribunal Superior do Trabalho, não se admitindo o recurso por contrariedade a Orientação Jurisprudencial deste Tribunal (Livro II, Título II, Capítulo III, do RITST), ante a ausência de previsão no art. 896, § 6º, da CLT.

8.3. Hipóteses em que não cabe recurso de revista

Como foi dito anteriormente, não cabe recurso de revista para impugnar **acórdão que julga agravo de petição, salvo se houver ofensa à Constituição Federal, no caso de execução fiscal e nas controvérsias que envolvam a Certidão Negativa de Débitos Trabalhistas**.

Em outras palavras, em regra, **não cabe recurso de revista das decisões proferidas no processo de execução**, como nos embargos à execução, liquidação de sentença, embargos de terceiro, embargos à arrematação, embargos à adjudicação etc., salvo a exceção aqui mencionada, conforme disposto no art. 896, § 2º, da CLT:

> **Art. 896, § 2º.** Das decisões proferidas pelos Tribunais Regionais do Trabalho ou por suas Turmas, em execução de sentença, inclusive em processo incidente de embargos de terceiro, não caberá Recurso de Revista, salvo na hipótese de ofensa direta e literal de norma da Constituição Federal.

O TST manifesta-se nesse sentido, por meio da Súmula nº 266:

> **SÚMULA Nº 266.** RECURSO DE REVISTA. ADMISSIBILIDADE. EXECUÇÃO DE SENTENÇA. (mantida) – Res. 121/2003, DJ 19, 20 e 21.11.2003. A admissibilidade do recurso de revista interposto de acórdão proferido em agravo de petição, na liquidação de sentença ou em processo incidente na execução, inclusive os embargos de terceiro, depende de demonstração inequívoca de violência direta à Constituição Federal.

As exceções a essa regra são estão contidas no § 10, art. 896 da CLT, mais precisamente nas execuções fiscais e nas controvérsias que envolvam a CNDT:

> **Art. 896. § 10.** Cabe recurso de revista por violação a lei federal, por divergência jurisprudencial e por ofensa à Constituição Federal nas execuções fiscais e nas controvérsias da fase de execução que envolvam a Certidão Negativa de Débitos Trabalhistas (CNDT), criada pela Lei no 12.440, de 7 de julho de 2011.

Outra hipótese de não cabimento é quando o recurso de revista tem como objetivo reformar acórdão do Tribunal **com o reexame de fatos ou valoração da prova produzida nos autos**, conforme entendimento do TST, constante da Súmula nº 126: "Recurso. Cabimento. Incabível o recurso de revista ou de embargos (arts. 896 e 894, "b", da CLT) para reexame de fatos e provas".

Também não cabe recurso de revista no caso de decisão proferida em agravo de instrumento, de acordo com a Súmula nº 218 do TST,[68] uma vez que nessa espécie de recurso não se revisa o mérito da questão controvertida.

Por fim, não cabe recurso de revista **quando o Ente Público não interpõe recurso ordinário voluntário**:

> É incabível recurso de revista interposto por ente público que não interpôs recurso ordinário voluntário da decisão de primeiro grau, ressalvada a hipótese de agravamento da condenação pela segunda instância, em sede de remessa necessária. (TST. E-ED-RR nº 463898-76.1998.5.04.5555).

8.4. Procedimento

O recurso de revista é interposto perante o presidente do TRT, conforme disposto no art. 896, § 1º, da CLT,[69] no prazo de **oito dias** contados **a partir da publicação da** decisão recorrida.

A parte recorrente deverá **expor as razões do pedido de reforma, com a impugnação de todos os fundamentos jurídicos da decisão recorrida**, inclusive mediante demonstração analítica de cada dispositivo de lei, da Constituição Federal, de súmula ou orientação jurisprudencial cuja contrariedade aponte, na forma prevista pelo § 1º-A, III, art. 896 da CLT.

Em caso de interposição prévia de embargos declaratórios postulando ao tribunal o pronunciamento prequestionamento de determinada matéria, **o recorrente deve transcrever na peça recursal, o trecho dos embargos declaratórios bem como o trecho da decisão regional que rejeitou os embargos quanto ao pedido**, para cotejo e verificação, de plano, da ocorrência da omissão (§ 1º-A, IV, art. 896 da CLT).

É submetido ao **exame de sua admissibilidade pelo presidente do Tribunal**, a quem cabe analisar a presença dos requisitos de admissibilidade intrínsecos e extrínsecos, objetivos e subjetivos.[70]

---

68. TST. Súmula nº 218. Recurso de revista. Acórdão proferido em agravo de instrumento. (mantida) **– Res. 121/2003, DJ 19, 20 e 21.11.2003. É incabível recurso de revista interposto de acórdão regional prolatado em agravo de instrumento.**
69. CLT. Art. 896. § 1º. O recurso de revista, dotado de efeito apenas devolutivo, será interposto perante o Presidente do Tribunal Regional do Trabalho, que, por decisão fundamentada, poderá recebê-lo ou denegá-lo.
70. Contra o despacho que nega seguimento ao recurso de revista pelo presidente do TRT, cabe agravo de instrumento.

Observe-se que nesse caso **não se aplica o dispositivo do CPC que elimina o procedimento relativo** ao exame da admissibilidade pelo juízo *a quo*, uma vez que a CLT possui dispositivo expresso em sentido contrário (art. 894, § 3º O Ministro Relator denegará seguimento aos embargos: [...]).

Admitido o recurso de revista em despacho fundamentado, a parte contrária é intimada para oferecer suas contrarrazões, também no prazo de **oito dias**, após o que os autos são remetidos para o TST.

Uma vez no TST, se for o caso, os autos são remetidos ao MPT para exarar o respectivo parecer. Após, é feita a distribuição para alguma das Turmas do TST, com o sorteio do respectivo relator e revisor. Nesse momento, há um **novo exame de admissibilidade** feito pelo relator do recurso de revista, que não está vinculado ao despacho exarado pelo juiz presidente do TRT feito em idêntico procedimento e **incluirá o exame da transcendência.**

Inclusive o relator do **pode denegar seguimento ao recurso de revista, em decisão monocrática**, nas hipóteses de intempestividade, deserção, irregularidade de representação ou de ausência de qualquer outro pressuposto extrínseco ou intrínseco de admissibilidade (§ 14 do art. 896 da CLT).

O relator elabora o seu voto, abre vistas para o Ministro revisor e inclui o feito em pauta para julgamento pela Turma.

O TST entendia que se o presidente do TRT conhecesse do recurso de revista em relação a alguns pontos e o rejeitasse em relação a outros, **tal decisão não comportaria agravo de instrumento**, uma vez que aquele Tribunal poderia reexaminar os pressupostos de admissibilidade da matéria que foi rejeitada pelo órgão *a quo*. Inclusive, esse posicionamento encontrava-se contido na Súmula nº 285, que foi expressamente **cancelada** por meio da Resolução nº 204/2016 e tinha a seguinte redação:

> **SÚMULA Nº 285.** CANCELADA. RECURSO DE REVISTA. ADMISSIBILIDADE PARCIAL PELO JUIZ-PRESIDENTE DO TRIBUNAL REGIONAL DO TRABALHO. EFEITO. (mantida) – Res. 121/2003, DJ 19, 20 e 21.11.20036º fato de o juízo primeiro de admissibilidade do recurso de revista entendê-lo cabível apenas quanto a parte das matérias veiculadas não impede a apreciação integral pela Turma do Tribunal Superior do Trabalho, sendo imprópria a interposição de agravo de instrumento.

Atualmente esse procedimento é regulamentado pela Instrução Normativa do TST de nº 40/2016, que admite a interposição de agravo de instrumentos em tais situações:

> **Art. 1°** Admitido apenas parcialmente o recurso de revista, constitui ônus da parte impugnar, mediante agravo de instrumento, o capítulo denegatório da decisão, sob pena de preclusão.
>
> **§ 1º** Se houver omissão no juízo de admissibilidade do recurso de revista quanto a um ou mais temas, é ônus da parte interpor embargos de declaração para o órgão prolator da decisão embargada supri-la (CPC, art. 1024, § 2º), sob pena de preclusão.
>
> **§ 2º** Incorre em nulidade a decisão regional que se abstiver de exercer controle de admissibilidade sobre qualquer tema objeto de recurso de revista, não obstante interpostos embargos de declaração (CF/88, art. 93, inciso IX e § 1º do art. 489 do CPC de 2015).

> § 3º No caso do parágrafo anterior, sem prejuízo da nulidade, a recusa do Presidente do Tribunal Regional do Trabalho a emitir juízo de admissibilidade sobre qualquer tema equivale à decisão denegatória. É ônus da parte, assim, após a intimação da decisão dos embargos de declaração, impugná-la mediante agravo de instrumento (CLT, art. 896, § 12), sob pena de preclusão.
>
> § 4º Faculta-se ao Ministro Relator, por decisão irrecorrível (CLT, art. 896, § 5º, por analogia), determinar a restituição do agravo de instrumento ao Presidente do Tribunal Regional do Trabalho de origem para que complemente o juízo de admissibilidade, desde que interpostos embargos de declaração.

Admitido o recurso por um fundamento, devolve-se ao tribunal superior o conhecimento dos demais fundamentos para a solução do capítulo impugnado (parágrafo único, art. 1.034 do CPC).

Note-se que o TST reconhece expressamente a aplicabilidade desse dispositivo do CPC ao processo do trabalho, no art. 12 da IN nº 39/16:

> **Art. 12.** Aplica-se ao Processo do Trabalho o parágrafo único do art. 1034 do CPC. Assim, admitido o recurso de revista por um fundamento, devolve-se ao Tribunal Superior do Trabalho o conhecimento dos demais fundamentos para a solução apenas do capítulo impugnado.

Exemplos de questões sobre o tema

(FCC – Juiz do Trabalho/2017) O artigo 893 da CLT estabelece o cabimento do recurso de revista dentre os recursos em espécie admitidos no processo do trabalho. Com base na Consolidação das Leis do Trabalho e nas Súmulas e Orientações Jurisprudenciais do TST, conclui-se:

a) É cabível recurso de revista adesivo no procedimento sumaríssimo, desde que a matéria nele veiculada esteja relacionada com a do recurso interposto pela parte contrária.

b) No procedimento sumaríssimo, a parte recorrente, para admissibilidade do recurso de revista, deverá demonstrar a violação direta a dispositivo da Lei Federal ou contrariedade a Súmula do Tribunal Superior do Trabalho.

c) Não se admite recurso de revista fundado tão somente em divergência jurisprudencial, se a parte não comprovar que a lei estadual, a norma coletiva ou o regulamento da empresa extrapolam o âmbito do TRT prolator da decisão recorrida.

d) No procedimento ordinário, é cabível, como regra geral, recurso de revista calcado em divergência jurisprudencial de aresto oriundo do mesmo Tribunal Regional do Trabalho.

e) A admissibilidade do recurso de revista interposto de acórdão proferido em agravo de petição, na liquidação de sentença, depende de demonstração inequívoca de ofensa direta à lei federal.

Resposta: C

(TRT 2 – Juiz do Trabalho Substituto 2ª região/2016) Assinale a assertiva INCORRETA:

a) A divergência apta a ensejar o recurso de revista deve ser atual, não se considerando como tal a ultrapassada por súmula do Tribunal Superior do Trabalho ou do Supremo Tribunal Federal, ou superada por iterativa e notória jurisprudência do Tribunal Superior do Trabalho.

b) Quando o recurso fundar-se em dissenso de julgados, incumbe ao recorrente o ônus de produzir prova da divergência jurisprudencial, mediante certidão, cópia ou citação do repositório de jurisprudência, oficial ou credenciado, inclusive em mídia eletrônica, em que houver sido publicada a decisão divergente, ou ainda pela reprodução de julgado disponível na internet, com indicação da respectiva fonte, mencionando, em qualquer caso, as circunstâncias que identifiquem ou assemelhem os casos confrontados.

c) Nas causas sujeitas ao procedimento sumaríssimo, somente será admitido recurso de revista por violação a lei federal, por divergência jurisprudencial e por ofensa à Constituição Federal.

d) Nas execuções fiscais cabe recurso de revista por violação a lei federal, por divergência jurisprudencial e por ofensa à Constituição Federal.

e) Quando o recurso tempestivo contiver defeito formal que não se repute grave, o Tribunal Superior do Trabalho poderá desconsiderar o vício ou mandar saná-lo, julgando o mérito.

Resposta: C

(TRT 4 – Juiz do Trabalho Substituto 4ª região/2016) Assinale a assertiva incorreta sobre prequestionamento na Justiça do Trabalho.

a) Decisão regional que simplesmente adota os fundamentos da decisão de primeiro grau não preenche a exigência do prequestionamento.

b) O prequestionamento é requisito para interposição de recurso de natureza especial ou extraordinária, e não de recurso ordinário, já que sua função primordial é permitir aos Tribunais Superiores o conhecimento e a manifestação sobre a matéria apreciada pelo Tribunal a quo.

c) Tem-se por prequestionada a matéria ou questão quando, na decisão impugnada, haja sido adotada, explicitamente, tese a respeito, o que pode ocorrer, excepcionalmente, em relação à sentença, desde que a tese ventilada vincule-se à discussão sobre a jurisprudência dos Tribunais Superiores, hipótese em que admitido o prequestionamento da decisão de primeiro grau.

d) Incumbe à parte interessada, desde que a matéria haja sido invocada no recurso principal, opor embargos declaratórios objetivando o pronunciamento sobre o tema, sob pena de preclusão.

e) Considera-se prequestionada a questão jurídica invocada no recurso principal sobre a qual se omite o Tribunal de pronunciar tese, não obstante opostos embargos de declaração.

Resposta: C

(FCC – Juiz do Trabalho Substituto 24ª região/2015) Apolo propôs reclamação trabalhista em face da empresa Olimpo Sistemas S/A. Os pedidos deduzidos na inicial foram julgados procedentes em parte. O recurso ordinário interposto pela reclamada não foi provido, razão pela qual seu advogado interpôs recurso de revista, repetindo exatamente os mesmos argumentos apresentados no recurso ordinário, embora outros tenham sido os fundamentos lançados no acórdão. Nesta situação, de acordo com jurisprudência sumulada pelo TST, é correto afirmar que o recurso de revista

a) não pode ser conhecido porque era caso de embargos declaratórios e não recurso de revista.

b) não pode ser conhecido, visto que as razões do recorrente não impugnaram os fundamentos da decisão recorrida.

c) deve ser conhecido, visto que a parte pode oferecer qualquer alegação nas razões de seu recurso, mas no mérito não provido.

d) deve ser conhecido em razão do princípio do duplo grau de jurisdição, desde que tempestivo.

e) deve ser conhecido, pois o requisito de admissibilidade previsto no processo civil para apelação não se aplica no processo trabalhista por incompatibilidade.

Resposta: B

(FCC – Juiz do Trabalho Substituto 23ª região/2015) Quanto à divergência jurisprudencial justificadora de recurso de revista, é

a) a divergência jurisprudencial será comprovada se o recorrente juntar certidão ou cópia autenticada do acórdão paradigma ou citar a fonte oficial ou o repositório autorizado em que foi publicado; e transcrever, nas razões recursais, as ementas e/ou trechos dos acórdãos trazidos à configuração do dissídio, demonstrando o conflito de teses que justifique o conhecimento do recurso, salvo se os acórdãos já se encontrarem nos autos ou venham a ser juntados com o recurso.

b) a concessão de registro de publicação como repositório autorizado de jurisprudência do TST não torna válidas as suas edições anteriores porque a divergência apta a ensejar o recurso de revista deve ser atual.

c) a indicação da data de publicação, em fonte oficial, de aresto paradigma é válida e suficiente para comprovação de divergência jurisprudencial, quando a parte pretende demonstrar o conflito de teses mediante a transcrição de trechos que integram a fundamentação do acórdão divergente, uma vez que só se publicam o dispositivo e a ementa dos acórdãos.

d) é válida para a comprovação da divergência jurisprudencial justificadora do recurso a indicação de aresto extraído de repositório oficial na internet, desde que o recorrente transcreva o trecho divergente; aponte o sítio de onde foi extraído; e decline o número do processo, o órgão prolator do acórdão e a data da respectiva publicação no Diário Eletrônico da Justiça do Trabalho.

e) nas causas sujeitas ao procedimento sumaríssimo, somente será admitido recurso de revista por contrariedade a súmula de jurisprudência uniforme do Tribunal Superior do Trabalho ou a súmula vinculante do Supremo Tribunal Federal e por violação literal de disposição de lei federal ou afronta direta e literal à Constituição Federal.

Resposta: D

(FCC – Juiz do Trabalho Substituto 6ª região/2015) Sobre o recurso de revista considere:

I. O recurso de revista, dotado de efeito devolutivo, será interposto perante o Presidente do Tribunal Regional do Trabalho, que, por decisão fundamentada, poderá recebê-lo ou denegá-lo.

II. Cabe recurso de revista para a Seção Especializada em Dissídios Individuais do Tribunal Superior do Trabalho das decisões proferidas em grau de recurso ordinário, em dissídio individual, pelos Tribunais Regionais do Trabalho.

III. Das decisões proferidas pelos Tribunais Regionais do Trabalho ou por suas Turmas, em execução de sentença, inclusive em processo incidente de embargos de terceiro, somente caberá recurso de revista na hipótese de darem ao mesmo dispositivo de lei federal interpretação diversa da que lhe houver dado outro Tribunal Regional do Trabalho, no seu Pleno ou Turma, ou a Seção de Dissídios Individuais do Tribunal Superior do Trabalho, ou contrariarem súmula de jurisprudência uniforme dessa Corte ou súmula vinculante do Supremo Tribunal Federal.

Está correto o que consta em

a) I, apenas.

b) I e II, apenas.

c) II, apenas.

d) I, II e III.

e) I e III, apenas.

Resposta: A

(TRT 8 – Juiz do Trabalho Substituto 8ª região/ 2013) Sobre recurso de revista (pressupostos intrínsecos de admissibilidade; matéria de fato, efeitos; juízo de admissibilidade; recurso nos dissídios coletivos; efeito suspensivo) é CORRETO afirmar que:

a) No processo do trabalho, a prescrição pode ser arguida na instância extraordinária.

b) É incabível recurso de revista interposto de acórdão regional prolatado em agravo de instrumento.

c) É admissível o recurso de revista fundado em divergência jurisprudencial, se a parte não comprovar que a lei estadual, a norma coletiva ou o regulamento da empresa extrapolam o âmbito do Tribunal Regional do Trabalho prolator da decisão recorrida.

d) Publicado o acórdão de dissídio coletivo, quando as partes serão consideradas intimadas, seguir-se-á o procedimento recursal como previsto em lei, com a intimação pessoal do Ministério Público, por qualquer dos seus procuradores. Formalizado o acordo pelas partes e homologado pelo Tribunal, não caberá qualquer recurso.

e) Nos dissídios coletivos de natureza econômica ou jurídica de competência originária ou recursal do Tribunal Superior do Trabalho, a sentença poderá ser objeto de ação de cumprimento com a publicação da certidão de julgamento, a partir de 120 dias subsequente ao do julgamento, salvo se concedido efeito suspensivo pelo Presidente do Tribunal Superior do Trabalho.

Resposta: B

9. RECURSO DE EMBARGOS NO TST

9.1. Conceito

O recurso de embargos, previsto no art. 894 da CLT, **é o remédio processual adequado para atacar as decisões divergentes proferidas pelas Turmas do Tribunal Superior do Trabalho.**

Tem como objetivo a uniformização da jurisprudência no âmbito do próprio TST, quando as decisões das Turmas e de suas Seções Especializadas forem divergentes entre si.

O Tribunal Superior do Trabalho encontra-se dividido em Turmas (oito) e em Seções (Seção Especializada em Dissídio Individual I, Seção Especializada em Dissídio Individual II e Seção Especializada em Dissídio Coletivo).[71]

Também julga em sua composição plena, por intermédio do Tribunal Pleno (art. 68 do RITST) e pelo seu Órgão Especial (art. 69 do RITST).

Segundo preceitua o art. 78 do regimento interno do TST, o recurso de embargos deve ser examinado pela Seção de Dissídios Individuais em sua composição plena ou pela Subseção I:

> **Art. 78.** À Seção Especializada em Dissídios Individuais, em composição plena ou dividida em duas Subseções, compete:
>
> I – em composição plena:
>
> a) julgar, em caráter de urgência e com preferência na pauta, os processos nos quais tenha sido estabelecida, na votação, divergência entre as Subseções I e II da Seção Especializada em
>
> Dissídios Individuais, quanto à aplicação de dispositivo de lei federal ou da Constituição da República; II – à Subseção I:
>
> a) julgar os embargos interpostos contra decisões divergentes das Turmas, ou destas que divirjam de decisão da Seção de Dissídios Individuais, de súmula ou de orientação jurisprudencial.

9.2. Requisitos de admissibilidade

A) *Depósito recursal*

O valor do depósito recursal para o recurso de embargos é equivalente ao que ficar definido na sentença e/ou acórdão, seja uma quantia líquida ou arbitrada para esse efeito, **observado o limite estabelecido anualmente por meio de ato expedido pelo TST.**

71. Há, também, uma Seção Administrativa, composta de seis Ministros.

Há ainda o questionamento sobre a constitucionalidade do depósito recursal, estendendo-se ao recurso de embargos a decisão proferida pelo STF no RE 607447 (tema nº 679), com repercussão geral declarada, fixando-se a seguinte tese:

> Surge incompatível com a Constituição Federal exigência de depósito prévio como condição de admissibilidade do recurso extraordinário, no que não recepcionada a previsão constante do § 1º do artigo 899 da Consolidação das Leis do Trabalho, sendo inconstitucional a contida na cabeça do artigo 40 da Lei nº 8.177/1991 e, por arrastamento, no inciso II da Instrução Normativa nº 3/1993 do Tribunal Superior do Trabalho.

B) Divergência jurisprudencial – prequestionamento

Assim como ocorre com o recurso de revista, exige-se que a decisão impugnada seja divergente em relação à outra que analisa a mesma questão de direito, com a diferença de que **o dissenso deve ser entre acórdãos proferidos pelas Turmas do TST ou em confronto com as decisões da SDI**.

É, portanto, um pressuposto de admissibilidade intrínseco do recurso de embargos.[72]

A previsão dos requisitos está contida no art. 894, II, da CLT:

> **Art. 894.** No Tribunal Superior do Trabalho cabem embargos, no prazo de 8 (oito) dias:
> II – das decisões das Turmas que divergirem entre si ou das decisões proferidas pela Seção de Dissídios Individuais, ou contrárias a súmula ou orientação jurisprudencial do Tribunal Superior do Trabalho ou súmula vinculante do Supremo Tribunal Federal.

É muito importante notar que **não cabe recurso de Embargos com fundamento na violação de preceito de lei federal ou da Constituição Federal**.

Assim, o efeito devolutivo do recurso de embargos é bem mais restrito do que o recurso de revista, pois **só é admitido no caso de divergência jurisprudencial.**

O art. 3º da Lei nº 7.701/88 conferiu à SDI a competência para julgamento desses embargos:

> **Art. 3º.** Compete à Seção de Dissídios Individuais julgar: III – em última instância: b) os embargos das decisões das Turmas que divergirem entre si, ou das decisões proferidas pela Seção de Dissídios Individuais.

De forma resumida, **cabem embargos de divergência das decisões proferidas pelas Turmas que forem divergentes entre si, ou destas com decisão da SDI.**

Está afastada, assim, a divergência que se origina no âmbito da **mesma Turma**, de acordo com o posicionamento adotado pelo TST, por meio da sua OJ de nº 95 da SDI-1:

72. TST. SDI-1. OJ nº 336 EMBARGOS INTERPOSTOS ANTERIORMENTE À VIGÊNCIA DA LEI Nº 11.496/2007. RECURSO NÃO CONHECIDO COM BASE EM ORIENTAÇÃO JURISPRUDENCIAL. DESNECESSÁRIO O EXAME DAS VIOLAÇÕES DE LEI E DA CONSTITUIÇÃO FEDERAL ALEGADAS NO RECURSO DE REVISTA. (Redação alterada pelo Tribunal Pleno na sessão realizada em 6.2.2012). **Estando a decisão recorrida em conformidade com orientação jurisprudencial, desnecessário o exame das divergências e das violações de lei e da Constituição alegadas em embargos interpostos antes da vigência da Lei nº 11.496/2007, salvo nas hipóteses em que a orientação jurisprudencial não fizer qualquer citação do dispositivo constitucional.**

> **OJ Nº 95.** EMBARGOS PARA SDI. DIVERGÊNCIA ORIUNDA DA MESMA TURMA DO TST. INSERVÍVEL. Inserida em 30.05.97. ERR 125320/94, SDI-Plena. Em 19.05.97, a SDI-Plena, por maioria, decidiu que acórdãos oriundos da mesma Turma, embora divergentes, não fundamentam divergência jurisprudencial de que trata a alínea "b", do artigo 894 da Consolidação das Leis do Trabalho para embargos à Seção Especializada em Dissídios Individuais, Subseção I.

As hipóteses de cabimento de embargos de divergência para a SDI, destinada a reformar decisão de Turma **em sede de agravo de instrumento e regimental**, são bastante restritas, uma vez que, em sua maioria, tratam de questões processuais.

As exceções encontram-se listadas pela Súmula nº 353 do TST e dizem respeito, basicamente, à revisão dos pressupostos extrínsecos de admissibilidade do agravo de instrumento, agravo regimental e recurso de revista:

> **SÚMULA Nº 353.** EMBARGOS. AGRAVO. CABIMENTO (atualizada em decorrência do CPC de 2015) – Res. 208/2016, DEJT divulgado em 22, 25 e 26.04.2016
>
> Não cabem embargos para a Seção de Dissídios Individuais de decisão de Turma proferida em agravo, salvo: a) da decisão que não conhece de agravo de instrumento ou de agravo pela ausência de pressupostos extrínsecos; b) da decisão que nega provimento a agravo contra decisão monocrática do Relator, em que se proclamou a ausência de pressupostos extrínsecos de agravo de instrumento; c) para revisão dos pressupostos extrínsecos de admissibilidade do recurso de revista, cuja ausência haja sido declarada originariamente pela Turma no julgamento do agravo; d) para impugnar o conhecimento de agravo de instrumento; e) para impugnar a imposição de multas previstas nos arts. 1.021, § 4º, do CPC de 2015 ou 1.026, § 2º, do CPC de 2015 (art. 538, parágrafo único, do CPC de 1973, ou art. 557, § 2º, do CPC de 1973). f) contra decisão de Turma proferida em agravo em recurso de revista, nos termos do art. 894, II, da CLT.

A Súmula nº 433 deixa claro que nos casos de embargos contra acórdão proferido por uma das Turmas do TST, em sede de processo de execução, exige-se a demonstração da divergência em matéria constitucional:

> **SÚMULA Nº 433.** EMBARGOS. ADMISSIBILIDADE. PROCESSO EM FASE DE EXECUÇÃO. ACÓRDÃO DE TURMA PUBLICADO NA VIGÊNCIA DA LEI Nº 11.496, DE 26.06.2007. DIVERGÊNCIA DE INTERPRETAÇÃO DE DISPOSITIVO CONSTITUCIONAL. – Res. 177/2012, DEJT divulgado em 13, 14 e 15.02.2012. A admissibilidade do recurso de embargos contra acórdão de Turma em recurso de revista em fase de execução, publicado na vigência da Lei nº 11.496, de 26.06.2007, condiciona-se à demonstração de divergência jurisprudencial entre Turmas ou destas e a Seção Especializada em Dissídios Individuais do Tribunal Superior do Trabalho em relação à interpretação de dispositivo constitucional.

Como o recurso de embargos de divergência tem função semelhante ao recurso de revista, **várias Súmulas do TST tratam, simultaneamente, dos requisitos de admissibilidade de ambos os recursos,** como ocorre com as de nºs 23, 126, 221, 333 e 337, além daquelas que, de forma genérica, tratam do **prequestionamento e da tese explícita,** que já foram citadas e transcritas anteriormente.

As OJ's Transitórias nºs 78 e 79 da SDI-1, tratam, exclusivamente, do recurso de embargos:

OJ TRANSITÓRIA Nº 78. EMBARGOS À SDI CONTRA DECISÃO EM RECURSO DE REVISTA NÃO CONHECIDO QUANTO AOS PRESSUPOSTOS INTRÍNSECOS. RECURSO INTERPOSTO ANTES DA VIGÊNCIA DA LEI Nº 11.496, DE 22.06.2007, QUE CONFERIU NOVA REDAÇÃO AO ART. 894 DA CLT. NECESSÁRIA A INDICAÇÃO EXPRESSA DE OFENSA AO ART. 896 DA CLT. (conversão da Orientação Jurisprudencial nº 294 da SBDI-1 com nova redação) Para a admissibilidade e conhecimento de embargos, interpostos antes da vigência da Lei nº 11.496/2007, contra decisão mediante a qual não foi conhecido o recurso de revista pela análise dos pressupostos intrínsecos, necessário que a parte embargante aponte expressamente a violação ao art. 896 da CLT.

OJ TRANSITÓRIA Nº 79. EMBARGOS. RECURSO INTERPOSTO ANTES DA VIGÊNCIA DA LEI Nº 11.496, DE 22.06.2007, QUE CONFERIU NOVA REDAÇÃO AO ART. 894 DA CLT. REVISTA NÃO CONHECIDA POR MÁ APLICAÇÃO DE SÚMULA OU DE ORIENTAÇÃO JURISPRUDENCIAL. EXAME DO MÉRITO PELA SDI. (conversão da Orientação Jurisprudencial nº 295 da SBDI-1 com nova redação) A SDI, ao conhecer dos embargos, interpostos antes da vigência da Lei nº 11.496/2007, por violação do art. 896 – por má aplicação de súmula ou de orientação jurisprudencial pela Turma –, julgará desde logo o mérito, caso conclua que a revista merecia conhecimento e que a matéria de fundo se encontra pacificada neste Tribunal.

Segundo dispõe o § 2º, art. 894 da CLT, a divergência apta a ensejar os embargos **deve ser atual**, não se considerando tal a ultrapassada por súmula do Tribunal Superior do Trabalho ou do Supremo Tribunal Federal, ou superada por iterativa e notória jurisprudência do Tribunal Superior do Trabalho.[73]

Exemplo de questão sobre o tema:

(TRT 2 – Juiz do Trabalho Substituto 2ª região/2014) Condiciona-se à demonstração de divergência jurisprudencial a admissibilidade do recurso de embargos contra acordão de Turma em recurso de revista em fase de execução, publicada na vigência da Lei 11.496 de 26.06.2007, (que deu nova redação ao art. 894 da CLT, para modificar o recurso de embargos no Tribunal Superior do Trabalho). Aponte a alternativa correta:

a) Entre Turmas do Tribunal Superior do Trabalho, em relação às decisões proferidas com violação literal de disposição de lei federal.
b) Entre Turmas ou destas e a Seção Especializada em Dissídios Individuais do Tribunal Superior do Trabalho, em relação à interpretação de dispositivo constitucional.
c) Entre uma Turma e a Seção Especializada em Dissídios Individuais do Tribunal Superior do Trabalho, em relação à interpretação de lei federal.
d) Entre as Turmas do Tribunal Superior do Trabalho, ou destas e a Seção Especializada em Dissídios Coletivos, em relação à interpretação de dispositivo constitucional.
e) Entre Turmas ou destas e a Seção Especializada em Dissídios Individuais do Tribunal Superior do Trabalho, em relação às decisões que têm como conteúdo a análise da aplicação de correção monetária e juros legais.

Resposta: B

9.3. Processamento dos embargos

Cabem embargos de divergência para a SDI-1 do TST no prazo de **oito dias** da publicação da decisão de uma de suas Turmas e deve ser dirigida ao respectivo Presidente. Como

73. Dispositivo inserido pela Lei nº 13.015/14.

a CLT não é omissa em relação a essa matéria, não se aplica o procedimento estabelecido no arts. 1.043 e 1.044 do CPC, como deixa claro o art. 2º, XII, da Instrução Normativa nº 39/2016 do TST.

O Ministro relator **deverá** denegar seguimento ao recurso de embargos quando:

> I – se a decisão recorrida estiver em consonância com súmula da jurisprudência do Tribunal Superior do Trabalho ou do Supremo Tribunal Federal, ou com iterativa, notória e atual jurisprudência do Tribunal Superior do Trabalho, cumprindo-lhe indicá-la;
>
> II – nas hipóteses de intempestividade, deserção, irregularidade de representação ou de ausência de qualquer outro pressuposto extrínseco de admissibilidade (Dispositivos incluídos pela Lei nº 13.015, de 2014)

Observe-se que nesse caso específico, o Relator poderá negar seguimento ao recurso de Embargos quando a decisão recorrida estiver em consonância com a **Súmula genérica do STF e não apenas em relação a Súmula vinculante**, a qual se refere o art. 894, II, da CLT.

Dessa decisão monocrática do Ministro relator, cabe agravo no prazo de oito dias. Uma vez admitido os embargos, a parte contrária é intimada para impugná-los, também no prazo de oito dias.

Após o retorno dos autos da Procuradoria do Trabalho, nos casos em que a intervenção do MPT for obrigatória, são incluídos em pauta para julgamento.

Sobre a interposição de agravo de instrumento em sede de recurso de revista admitido parcialmente, o TST editou a Instrução Normativa nº 40/2016 para disciplinar o respectivo procedimento:

> **Art. 1º** Admitido apenas parcialmente o recurso de revista, constitui ônus da parte impugnar, mediante agravo de instrumento, o capítulo denegatório da decisão, sob pena de preclusão.
>
> **§ 1º** Se houver omissão no juízo de admissibilidade do recurso de revista quanto a um ou mais temas, é ônus da parte interpor embargos de declaração para o órgão prolator da decisão embargada supri-la (CPC, art. 1024, § 2º), sob pena de preclusão.
>
> **§ 2º** Incorre em nulidade a decisão regional que se abstiver de exercer controle de admissibilidade sobre qualquer tema objeto de recurso de revista, não obstante interpostos embargos de declaração (CF/88, art. 93, inciso IX e § 1º do art. 489 do CPC de 2015).
>
> **§ 3º** No caso do parágrafo anterior, sem prejuízo da nulidade, a recusa do Presidente do Tribunal Regional do Trabalho a emitir juízo de admissibilidade sobre qualquer tema equivale à decisão denegatória. É ônus da parte, assim, após a intimação da decisão dos embargos de declaração, impugná-la mediante agravo de instrumento (CLT, art. 896, § 12), sob pena de preclusão.
>
> **§ 4º** Faculta-se ao Ministro Relator, por decisão irrecorrível (CLT, art. 896, § 5º, por analogia), determinar a restituição do agravo de instrumento ao Presidente do Tribunal Regional do Trabalho de origem para que complemente o juízo de admissibilidade, desde que interpostos embargos de declaração.

Exemplos de questões sobre o tema

(FCC – Juiz do Trabalho Substituto 6ª região/2015) Em relação aos embargos no TST, considere:

I. A divergência apta a ensejar os embargos deve ser atual, não se considerando tal a ultrapassada por súmula do Tribunal Superior do Trabalho ou do Supremo Tribunal Federal, ou superada por iterativa e notória jurisprudência do Tribunal Superior do Trabalho.

II. O Ministro Relator denegará seguimento aos embargos apenas nas hipóteses de intempestividade, deserção, irregularidade de representação ou de ausência de qualquer outro pressuposto extrínseco de admissibilidade.

III. Da decisão denegatória dos embargos não cabe recurso.

Está correto o que consta em

a) I, II e III.

b) I e II, apenas.

c) II, apenas.

d) I, apenas.

e) I e III, apenas.

Resposta: D

(TRT 2 – Juiz do Trabalho Substituto 2ª região/ 2013) De acordo com a jurisprudência sumulada do Tribunal Superior do Trabalho, observe as proposições abaixo e ao final aponte a alternativa que contenha proposituras corretas:

I. O ônus de provar o término do contrato de trabalho, quando negada a prestação de serviços e o desligamento, é do empregador.

II. A indicação de perito assistente é faculdade da parte, a qual deve responder pelos respectivos honorários, exceto se vencedora no objeto da perícia.

III. Na Justiça do Trabalho, salvo hipóteses expressamente previstas, as decisões interlocutórias não ensejam recurso imediato.

IV. Cabível o recurso de revista ou embargos para reexame de fatos e provas.

V. O recurso adesivo é compatível com o processo do trabalho, sendo necessário, apenas, que a matéria nele veiculada esteja relacionada com a do recurso interposto pela parte contrária.

Está correta a alternativa:

a) I e III.

b) I e V.

c) III e IV.

d) II e III.

e) IV e V.

Resposta: A

---

10. AGRAVO DE PETIÇÃO

Há, no sistema recursal trabalhista, uma característica que o diferencia bem do sistema recursal do processo civil.

No processo do trabalho, as sentenças proferidas pelos juízes de primeira instância podem ser atacadas tanto pelo recurso ordinário quanto pelo agravo de petição, a depender do momento em que foi proferida (se no processo de conhecimento ou no **processo/fase** de execução), o que não ocorre no processo comum, cujo recurso cabível, em qualquer caso, é a apelação.

10.1. Conceito

O agravo de petição constitui o recurso cabível para impugnar as decisões proferidas pelos juízes de primeiro grau na execução, conforme reza o art. 897 da Consolidação das

Leis do Trabalho: "Cabe agravo, no prazo de 8 (oito) dias: a) de petição, das decisões do juiz ou Presidente, nas execuções".[74]

Assim, o agravo de petição é o recurso que se usa para impugnar decisões definitivas ou terminativas proferidas em embargos à execução, embargos à penhora, embargos de arrematação, embargos à adjudicação etc.

Assim, exclui-se a possibilidade de recorrer das decisões interlocutórias no processo de execução, como aquela proferida na exceção de pré-executividade:

> **OJ Nº 12 do TRT4.** AGRAVO DE PETIÇÃO. DECISÃO QUE NÃO ACOLHE EXCEÇÃO DE PRÉ-EXECUTIVIDADE. Não se conhece, por incabível, o agravo de petição interposto contra a decisão que não acolhe a exceção de pré-executividade.

Como se trata de recurso em execução, pressupõe-se o trânsito em julgado da sentença, o que afasta a possibilidade de rediscussão de matéria objeto da fase de conhecimento:

> SÚMULA Nº 12 do TRT11. IRRESCINDIBILIDADE DE SENTENÇA OU ACÓRDÃO POR FORÇA DE AGRAVO DE PETIÇÃO. É incabível, na execução, a parte voltar a questionar matéria discutida na fase de conhecimento já transitada em julgado.

10.2. Requisitos de admissibilidade

A) Depósito recursal

Ao contrário do que ocorre com o recurso ordinário e com o recurso de revista, **não se exige o prévio depósito recursal** como requisito de admissibilidade do agravo de petição.

Como dito, **o depósito recursal serve para garantir a futura execução**. No caso do agravo de petição, a decisão impugnada tem como pressuposto a segurança do juízo, completada pela penhora. Assim, torna-se desnecessária uma segunda garantia que seria feita por meio do depósito recursal.

A posição do Tribunal Superior do Trabalho é nesse sentido, conforme se vê da Súmula nº 128, II, do TST:

> **SÚMULA Nº 128.** DEPÓSITO RECURSAL (incorporadas as Orientações Jurisprudenciais nºs 139, 189 e 190 da SBDI-1) – Res. 129/2005, DJ 20, 22 e 25.04.2005. II – Garantido o juízo, na fase executória, a exigência de depósito para recorrer de qualquer decisão viola os incisos II e LV do art. 5º da CF/1988. Havendo, porém, elevação do valor do débito, exige-se a complementação da garantia do juízo. (ex-OJ Nº 189 da SBDI-1 – inserida em 08.11.2000).

Entretanto, haverá depósito recursal **se for majorado o valor do débito após o julgamento dos embargos**, hipótese em que corresponderá ao valor do acréscimo, sem qualquer limite (IN nº 03 do TST, IV, "c").

74. No CPC de 1939 (art. 839), **o agravo de petição tinha como objeto as sentenças terminativas, reservando-se a apelação para atacar as sentenças definitivas.**

B) Custas processuais

As custas processuais são devidas somente **ao final do processo de execução** e não são consideradas como requisito de admissibilidade do agravo de petição.[75]

C) Delimitação dos valores e matérias

A delimitação justificada dos valores e das matérias objeto da irresignação da parte constitui requisito de admissibilidade do agravo de petição.

Tal providência torna-se necessária para permitir a satisfação do crédito do exequente no que diz respeito à matéria e valores incontroversos, nos próprios autos ou por meio de carta de sentença.

Nesse sentido a Súmula nº 416 do TST e a OJ nº 17 do TRT4:

> **SÚMULA Nº 416.** MANDADO DE SEGURANÇA. EXECUÇÃO. LEI Nº 8.432/92. Art. 897, § 1º, DA CLT. CABIMENTO. (conversão da Orientação Jurisprudencial nº 55 da SBDI-II – Res. 137/2005 – DJ 22.08.2005). Devendo o agravo de petição delimitar justificadamente a matéria e os valores objeto de discordância, não fere direito líquido e certo o prosseguimento da execução quanto aos tópicos e valores não especificados no agravo. (ex-OJ Nº 55 – inserida em 20.09.2000).
>
> **OJ Nº 17 do TRT4.** AGRAVO DE PETIÇÃO. AUSÊNCIA DE DELIMITAÇÃO DE VALORES. NÃO CONHECIMENTO. Não se conhece do agravo de petição do devedor quando este, pretendendo discutir a conta de liquidação, não delimita os valores objeto de sua impugnação, na forma exigida pelo art. 897, § 1º, da CLT, de modo a permitir a execução imediata dos valores incontroversos.

Em algumas situações, entretanto, esse requisito é dispensável, notadamente quando a decisão impugnada **não envolver questões relativas à liquidação da sentença**, como ocorre com os embargos de terceiro, que não se prestam para impugnar a sentença de liquidação (art. 884, § 3º da CLT), ou quando o agravante for o exequente:

> **SÚMULA Nº 17 do TRT6. AGRAVO DE PETIÇÃO. INCIDÊNCIA DO ARTIGO 897, § 1º, DA CLT.** A exigência da delimitação justificada dos valores impugnados (artigo 897, § 1º, da CLT) dirige-se apenas ao executado, não se aplicando ao exequente, por ter como objetivo viabilizar a execução imediata da parte remanescente.

10.3. Processamento do agravo de petição

O processamento do agravo de petição assemelha-se muito ao do recurso ordinário. O agravado é intimado para impugnar o agravo de petição no prazo de **oito dias**.

Uma vez verificada a presença dos requisitos de admissibilidade, os autos são remetidos para o Tribunal e, depois de emitido o parecer pelo Ministério Público do Trabalho (nos casos em que sua intervenção for necessária), é sorteado um relator e um revisor em uma de suas Turmas.

75. CLT. Art. 789-A. No processo de execução são devidas custas, sempre de responsabilidade do executado e pagas ao final, de conformidade com a seguinte tabela: IV – agravo de petição: R$ 44,26 (quarenta e quatro reais e vinte e seis centavos).

O agravo de petição também pode ser utilizado pela União para **impugnar as decisões e os acordos homologados na execução trabalhista**, quando afeta a base de cálculo ou o recolhimento das contribuições previdenciárias. Nessa hipótese, o juiz determina a extração de peças e a sua autuação em apartado para que o recurso não interfira no andamento normal do processo de autos físicos.[76]

Da decisão proferida em sede de agravo de petição **não cabe recurso de revista** ou qualquer outra espécie de recurso dirigido ao TST, salvo em caso de:

a) ofensa a dispositivo constitucional;

b) execução fiscal; e

c) matéria que envolva discussão sobre a Certidão Negativa de Débito Trabalhista.

O TST trata dessa questão por meio da Súmula nº 266, mas sem fazer referência às duas últimas exceções mencionadas, vez que decorreram da vigência da Lei nº 13.015/14:

> **SÚMULA Nº 266.** RECURSO DE REVISTA. ADMISSIBILIDADE. EXECUÇÃO DE SENTENÇA – Revisão do Enunciado nº 210 – Res. 14/1985, DJ 19.09.1985. A admissibilidade do recurso de revista interposto de acórdão proferido em agravo de petição, na liquidação de sentença ou em processo incidente na execução, inclusive os embargos de terceiro, **depende de demonstração inequívoca de violência direta à Constituição Federal** (grifou-se).

Na hipótese de não-recebimento de recurso de revista, para impugnar acórdão proferido em sede de agravo de petição, a parte ainda pode manejar o agravo de instrumento para possibilitar a análise dos seus requisitos pelo TST.

Nesse caso, não há suspensão da execução, na forma preceituada pelo art. 897, § 2º, da CLT: "O agravo de instrumento interposto contra o despacho que não receber agravo de petição não suspende a execução da sentença".

11. AGRAVO DE INSTRUMENTO

11.1. Conceito

No processo do trabalho, **o agravo de instrumento serve, única e exclusivamente, para impugnar decisão que nega seguimento de outro recurso** que deveria ser apreciado por uma instância superior.

Uma vez proferida a decisão e interposto o recurso respectivo pela parte sucumbente, o juiz ou o Tribunal que a proferiu é quem examina, também, os pressupostos de sua admissibilidade. Em caso de ausência de tais requisitos, o órgão *a quo* pode deixar de receber o recurso e a parte prejudicada pode fazer uso do agravo de instrumento.

76. CLT. Art. 897. § 8º. Quando o agravo de petição versar apenas sobre as contribuições sociais, o juiz da execução determinará a extração de cópias das peças necessárias, que serão autuadas em apartado, conforme dispõe o § 3º, parte final, e remetidas à instância superior para apreciação, após contraminuta.

No processo do trabalho, o recurso de agravo de instrumento encontra-se disciplinado pela CLT, mais precisamente em seu art. 897, "b": "Cabe agravo, no prazo de 8 (oito) dias: b) de instrumento, dos despachos que denegarem a interposição de recursos".

11.2. Requisitos de admissibilidade

No agravo de instrumento **não se admite que o juiz que proferiu a decisão denegatória de seguimento do recurso principal exerça o respectivo juízo de admissibilidade**.

Esse procedimento poderia implicar outro trancamento, ensejando um novo agravo de instrumento, o que seria inadmissível.

Assim, **cabe exclusivamente ao juízo *ad quem* examinar os pressupostos de admissibilidade do AI**, principalmente a tempestividade, o preparo e o traslado de todas as peças indispensáveis para a sua formação.

Importante salientar que **o recurso ordinário não estaria sujeito** ao exame de admissibilidade por parte do juízo que proferiu a sentença, uma vez que se aplicaria, nesse caso, o preceito contido no art. 1.010, § 3º, do CPC, em face da omissão da CLT.

Como a CLT não possui preceito que discipline a necessidade do exercício do juízo de admissibilidade pelo juízo de primeiro grau no **recurso ordinário**, prevaleceria a sistemática do CPC de remessa dos autos diretamente para o Tribunal, o que inviabilizaria a utilização do agravo de instrumento para destrancar RO.

Entretanto o TST (Instrução Normativa nº 39/16, art. 2º, XI) **estende esse procedimento para o recurso ordinário**, mesmo sendo a CLT omissa, como foi dito anteriormente. Portanto, seguindo essa normativa, quando o juiz *a quo* negar seguimento ao recurso ordinário, caberá a parte interessada manejar o agravo de instrumento.

Já em relação ao **recurso de revista e ao agravo de petição**, mantém-se o juízo de admissibilidade do juízo *a quo* ainda que na vigência do CPC, uma vez que a CLT não é omissa nesse particular:

> **Art. 896. § 1º.** O recurso de revista, dotado de efeito apenas devolutivo, será interposto perante o Presidente do Tribunal Regional do Trabalho, que, por decisão fundamentada, poderá recebê-lo ou denegá-lo.
>
> **Art. 897. § 1º.** O agravo de petição só será recebido quando o agravante delimitar, justificadamente, as matérias e os valores impugnados, permitida a execução imediata da parte remanescente até o final, nos próprios autos ou por carta de sentença.
>
> **§ 2º** O agravo de instrumento interposto contra o despacho que não receber agravo de petição não suspende a execução da sentença.

A) Traslado

A falta de traslado, nos processos de autos físicos, impede o conhecimento do recurso de agravo de instrumento, pois impossibilita que o Tribunal examine se estão presentes os requisitos de admissibilidade do recurso principal.

Grande parte dos agravos de instrumentos interpostos contra despachos que negam seguimento a recursos não são conhecidos pela deficiência de peças **em processo de autos físicos**. Isso porque, cabe às partes,[77] principalmente ao agravante, providenciar as cópias respectivas do processo principal. Inclusive, a constatação da aludida omissão não pode ser suprida com a conversão em diligência, para a juntada de peças, mesmo que sejam consideradas essenciais.

Sobre a temática das peças do agravo de instrumento, o TST posiciona-se por meio das OJ's de nº 217, 284, 286 e 374, da SDI-1:

> **OJ Nº 217.** AGRAVO DE INSTRUMENTO. TRASLADO. LEI Nº 9.756/1998. GUIAS DE CUSTAS E DE DEPÓSITO RECURSAL. INSERIDO EM 02.04.2001. Para a formação do agravo de instrumento, não é necessária a juntada de comprovantes de recolhimento de custas e de depósito recursal relativamente ao recurso ordinário, desde que não seja objeto de controvérsia no recurso de revista a validade daqueles recolhimentos.
>
> **OJ Nº 286.** AGRAVO DE INSTRUMENTO. TRASLADO. MANDATO TÁCITO. ATA DE AUDIÊNCIA. CONFIGURAÇÃO (alterada) – Res. 167/2010, DEJT divulgado em 30.04.2010 e 03 e 04.05.2010. I – A juntada da ata de audiência, em que consignada a presença do advogado, desde que não estivesse atuando com mandato expresso, torna dispensável a procuração deste, porque demonstrada a existência de mandato tácito. II – Configurada a existência de mandato tácito fica suprida a irregularidade detectada no mandato expresso.
>
> **OJ Nº 374.** AGRAVO DE INSTRUMENTO. REPRESENTAÇÃO PROCESSUAL. REGULARIDADE. PROCURAÇÃO OU SUBSTABELECIMENTO COM CLÁUSULA LIMITATIVA DE PODERES AO ÂMBITO DO TRIBUNAL REGIONAL DO TRABALHO (DEJT divulgado em 19, 20 e 22.04.2010). É regular a representação processual do subscritor do agravo de instrumento ou do recurso de revista que detém mandato com poderes de representação limitados ao âmbito do Tribunal Regional do Trabalho, pois, embora a apreciação desse recurso seja realizada pelo Tribunal Superior do Trabalho, a sua interposição é ato praticado perante o Tribunal Regional do Trabalho, circunstância que legitima a atuação do advogado no feito.

Com a generalização do PJe esse problema não se verificará mais, uma vez que o sistema faz uma cópia do processo principal automaticamente. Inclusive o § 5º, art. 1.017 do CPC dispensa, expressamente, o traslado quando se tratar de processo eletrônico, facultando-se ao agravante anexar outros documentos que entender úteis para a compreensão da controvérsia.

B) Tempestividade

A tempestividade do agravo de instrumento, **oito dias**, conta-se a partir do instante em que a parte teve ciência do despacho que denegou o recebimento do recurso principal.

Se o agravo é interposto contra despacho do vice-presidente do TST que não admite recurso extraordinário, **o prazo é de 15 dias**, conforme art. 328 do RITST:

77. Nesse sentido a OJ nº 283. SDI-1. AGRAVO DE INSTRUMENTO. PEÇAS ESSENCIAIS. TRASLADO REALIZADO PELO AGRAVADO. VALIDADE. DJ 11.08.03. É válido o traslado de peças essenciais efetuado pelo agravado, pois a regular formação do agravo incumbe às partes e não somente ao agravante.

> **Art. 328.** Cabe agravo contra decisão denegatória do recurso extraordinário, no prazo de 15 (quinze) dias úteis, contados de sua publicação no órgão oficial, salvo quando fundada na aplicação de entendimento firmado em regime de repercussão geral ou em julgamento de recursos repetitivos.

C) Depósito recursal

No ato de interposição de agravo de instrumento é necessário fazer o recolhimento de quantia equivalente a 50% do valor do depósito do recurso o qual se pretende dar seguimento.[78]

Assim, caso o recurso principal não exija o deposito recursal, como acontece com o agravo de petição ou recurso ordinário de decisões não condenatórias, não é necessário preparar o agravo de instrumento.

Também não é necessário fazer o depósito recursal em agravo de instrumento quando ele tem por objetivo **destrancar recurso de revista** interposto contra decisão que não observa entendimento do TST constante de **Súmulas ou Orientações Jurisprudenciais**, na forma prevista pelo art. 899, § 8º da CLT:

> **Art. 899. § 8º** Quando o agravo de instrumento tem a finalidade de destrancar recurso de revista que se insurge contra decisão que contraria a jurisprudência uniforme do Tribunal Superior do Trabalho, consubstanciada nas suas súmulas ou em orientação jurisprudencial, não haverá obrigatoriedade de se efetuar o depósito referido no § 7º deste artigo.

O depósito recursal pode ser substituído pelo **seguro garantia judicial**, cujo procedimento foi disciplinado pelo Ato Conjunto do TST, CGJT e CSJT de nº 01/2019, tema analisado na alínea "c", item 4.1 deste capítulo.

Há ainda o questionamento sobre a constitucionalidade do depósito recursal, estendendo-se ao agravo de instrumento a decisão proferida pelo STF no RE 607447 (tema nº 679), com repercussão geral declarada, fixando-se a seguinte tese:

> Surge incompatível com a Constituição Federal exigência de depósito prévio como condição de admissibilidade do recurso extraordinário, no que não recepcionada a previsão constante do § 1º do artigo 899 da Consolidação das Leis do Trabalho, sendo inconstitucional a contida na cabeça do artigo 40 da Lei nº 8.177/1991 e, por arrastamento, no inciso II da Instrução Normativa nº 3/1993 do Tribunal Superior do Trabalho.

D) Custas

No processo de execução é devida, ao final, a quantia de R$44,26, a título de custas sobre agravo de instrumento, conforme determinação contida no art. 789-A, III, da CLT.

---

78. Observe-se que, ao contrário do entendimento do TST constante da Súmula nº 245, o depósito recursal do Agravo de Instrumento **deve ser feito no ato de sua interposição**, conforme determina o art. 899, § 7º da CLT: "Art. 899. **§ 7º No ato de interposição do agravo de instrumento, o depósito recursal corresponderá a 50% (cinquenta por cento) do valor do depósito do recurso ao qual se pretende destrancar." (TST. Súmula nº 245. O depósito recursal deve ser feito e comprovado no prazo alusivo ao recurso. A interposição antecipada deste não prejudica a dilação legal).**

11.3. Processamento do agravo de instrumento

A Lei nº 9.756/98 introduziu profundas modificações no processamento dos recursos em geral e também no agravo de instrumento. Para afastar dúvidas no que diz respeito à interpretação da mencionada norma legal no âmbito do Direito processual do trabalho, foi editada a Instrução Normativa nº 16, aprovada pela Resolução nº 102/00 do Tribunal Superior do Trabalho.

Após a ciência de que determinado recurso não foi recebido pelo juiz *a quo*, a parte interessada tem o prazo de **oito dias** para ingressar com agravo de instrumento **no próprio juízo que proferiu o despacho** e não diretamente no Tribunal competente, como acontece no processo civil (art. 1.015 do CPC).

A petição de interposição do recurso sob análise deve vir acompanhada de cópia (traslados) das peças indispensáveis à formação do agravo de instrumento, conforme preceitua o art. 897, § 5º, da Consolidação das Leis do Trabalho:

> **Art. 897. § 5º.** Sob pena de não conhecimento, as partes promoverão a formação do instrumento do agravo de modo a possibilitar, caso provido, o imediato julgamento do recurso denegado, instruindo a petição de interposição:
>
> I – obrigatoriamente, com cópias da decisão agravada, da certidão da respectiva intimação, das procurações outorgadas aos advogados do agravante e do agravado, da petição inicial, da contestação, da decisão originária, do depósito recursal referente ao recurso que se pretende destrancar, da comprovação do recolhimento das custas e do depósito recursal a que se refere o § 7º do art. 899 desta Consolidação;
>
> II – facultativamente, com outras peças que o agravante reputar úteis ao deslinde da matéria de mérito controvertida.

Em suas razões, o agravante deve argumentar que o seu recurso principal contém os requisitos de admissibilidade objetivos e subjetivos, extrínsecos e intrínsecos.

Protocolizado e autuado em apartado o recurso de agravo de instrumento em autos de processo físico, acompanhado das razões respectivas, o juiz prolator do despacho que negou seguimento ao recurso principal **reexamina a questão**. Assim, o juiz pode manter ou revogar o despacho anterior, na forma prevista pelo inciso IV, da aludida IN nº 16 do TST.[79]

Mantido o despacho, a parte contrária é intimada para oferecer contraminuta **tanto do agravo de instrumento quanto do recurso principal, no mesmo prazo**. Inclusive, pode juntar as peças que achar necessárias ou úteis para o julgamento de ambos os recursos.

Em seguida, os autos do agravo de instrumento são remetidos para o Tribunal que seria competente para analisar o recurso cujo seguimento foi obstado.

Distribuído o agravo de instrumento no órgão *ad quem*, é sorteado o relator e **não há revisor. Em caso de provimento do agravo de instrumento, o Tribunal delibera sobre o julgamento do recurso principal, sem necessidade de retorno dos autos ao juízo de origem,** posto já se encontrar habilitado e instrumentalizado para o seu conhecimento. É necessária, apenas, a designação de novo relator e revisor.

79. TST. IN nº 16. IV – O agravo de instrumento, protocolizado e autuado, será concluso ao juiz prolator do despacho agravado, para reforma ou confirmação da decisão impugnada, observada a competência estabelecida nos arts. 659, inciso VI, e 682, inciso IX, da CLT.

Nada obsta, entretanto, que no juízo *ad quem* sejam analisados outros requisitos intrínsecos ou extrínsecos que não foram observados pelo juízo *a quo*, como deixa clara a OJ nº 282, da SDI-1, do TST:

> **OJ nº 282** AGRAVO DE INSTRUMENTO. JUÍZO DE ADMISSIBILIDADE "AD QUEM". DJ 11.08.03. No julgamento de Agravo de Instrumento, ao afastar o óbice apontado pelo TRT para o processamento do recurso de revista, pode o juízo "ad quem" prosseguir no exame dos demais pressupostos extrínsecos e intrínsecos do recurso de revista, mesmo que não apreciados pelo TRT.

O agravo de instrumento interposto contra decisão que nega seguimento a recurso de agravo de petição, **não suspende o curso da execução**. Isso quer dizer que, em tese, podem ser praticados todos os atos processuais subsequentes, inclusive atos que impliquem alienação, salvo se o juiz receber o recurso também no efeito suspensivo.

O procedimento do agravo de instrumento interposto em face de recurso de revista recebido apenas parcialmente encontra-se disciplinado pela Instrução Normativa nº 40/2016 do TST:

> **Art. 1º** Admitido apenas parcialmente o recurso de revista, constitui ônus da parte impugnar, mediante agravo de instrumento, o capítulo denegatório da decisão, sob pena de preclusão.
>
> **§ 1º** Se houver omissão no juízo de admissibilidade do recurso de revista quanto a um ou mais temas, é ônus da parte interpor embargos de declaração para o órgão prolator da decisão embargada supri-la (CPC, art. 1024, § 2º), sob pena de preclusão.
>
> **§ 2º** Incorre em nulidade a decisão regional que se abstiver de exercer controle de admissibilidade sobre qualquer tema objeto de recurso de revista, não obstante interpostos embargos de declaração (CF/88, art. 93, inciso IX e § 1º do art. 489 do CPC de 2015).
>
> **§ 3º** No caso do parágrafo anterior, sem prejuízo da nulidade, a recusa do Presidente do Tribunal Regional do Trabalho a emitir juízo de admissibilidade sobre qualquer tema equivale à decisão denegatória. É ônus da parte, assim, após a intimação da decisão dos embargos de declaração, impugná-la mediante agravo de instrumento (CLT, art. 896, § 12), sob pena de preclusão.
>
> **§ 4º** Faculta-se ao Ministro Relator, por decisão irrecorrível (CLT, art. 896, § 5º, por analogia), determinar a restituição do agravo de instrumento ao Presidente do Tribunal Regional do Trabalho de origem para que complemente o juízo de admissibilidade, desde que interpostos embargos de declaração.

Exemplo de questão sobre o tema:

(FCC – Juiz do Trabalho/2017) Sobre o recurso agravo de instrumento no processo do trabalho e juízo de admissibilidade recursal, em conformidade com a Consolidação das Leis do Trabalho e o entendimento das Súmulas e Orientações Jurisprudenciais do TST, considere:

I. É imprópria a interposição de agravo de instrumento diante de o juízo primeiro de admissibilidade do recurso de revista entendê-lo cabível apenas quanto à parte das matérias veiculadas, visto que tal situação não impede a apreciação integral do recurso pela turma do Tribunal Superior do Trabalho.

II. Havendo omissão no juízo de admissibilidade do recurso de revista quanto aos temas nele ventilados, não será cabível a oposição de embargos de declaração diante da decisão denegatória de seguimento da revista, visto que a parte interessada deverá impugná-la mediante agravo de instrumento.

III. Quando o agravo de instrumento possuir a finalidade de destrancar recurso de revista que se insurge contra decisão que contraria a jurisprudência uniforme do Tribunal Superior do Trabalho, no ato de interposição do recurso, o depósito recursal do agravo corresponderá a 50% do valor do depósito do recurso ao qual se pretende destrancar.

IV. No julgamento de Agravo de Instrumento, ao afastar o óbice apontado pelo TRT para o processamento do recurso de revista, pode o juízo ad quem prosseguir no exame dos demais pressupostos extrínsecos e intrínsecos do recurso de revista, mesmo que não apreciados pelo TRT.

Está correto o que se afirma APENAS em

a) I, II e III.

b) III.

c) IV.

d) III e IV.

e) I, II e IV.

Resposta: C

12. RECURSO ADESIVO

O recurso adesivo não é, na verdade, um tipo especial de recurso, mas sim uma faculdade que a lei confere ao litigante, que não teve a sua pretensão acolhida totalmente pela sentença, de recorrer somente na eventual hipótese da parte contrária assim proceder.

O juiz pode acolher apenas em parte a pretensão do reclamante deduzida em juízo. Nesse caso, ambos os litigantes, reclamante e reclamado, serão vencidos simultaneamente e ao recurso de um pode aderir a parte contrária.

Tal procedimento processual é denominado de recurso adesivo e não se confunde com as contrarrazões de recurso.

Sua previsão legal encontra-se inserida no art. 997 do CPC:

> **Art. 997.** Cada parte interporá o recurso independentemente, no prazo e com observância das exigências legais.
>
> **§ 1º** Sendo vencidos autor e réu, ao recurso interposto por qualquer deles poderá aderir o outro.
>
> **§ 2º** O recurso adesivo fica subordinado ao recurso independente, sendo-lhe aplicáveis as mesmas regras deste quanto aos requisitos de admissibilidade e julgamento no tribunal, salvo disposição legal diversa, observado, ainda, o seguinte:
>
> I – será dirigido ao órgão perante o qual o recurso independente fora interposto, no prazo de que a parte dispõe para responder;
>
> II – será admissível na apelação, no recurso extraordinário e no recurso especial;
>
> III – não será conhecido, se houver desistência do recurso principal ou se for ele considerado inadmissível.

Durante algum tempo, houve resistência em admitir a possibilidade do recurso adesivo no processo do trabalho, sob o argumento da falta de previsibilidade e ausência de compatibilidade com os seus princípios regentes.

Contudo, a Súmula de nº 283 do Tribunal Superior do Trabalho eliminou as dúvidas existentes:

> **SÚMULA Nº 283.** Recurso adesivo. Pertinência no processo do trabalho. Correlação de matérias. (mantida) – Res. 121/2003, DJ 19, 20 e 21.11.2003. O recurso adesivo é compatível com o processo do trabalho e cabe, no prazo de 8 (oito) dias, nas hipóteses de interposição de recurso ordinário, de agravo de petição, de revista e de embargos, sendo desnecessário que a matéria nele veiculada esteja relacionada com a do recurso interposto pela parte contrária.

A existência do recurso adesivo é, em parte, dependente do recurso principal. Por conta dessa vinculação, o não conhecimento deste último, pelo juízo *a quo* ou *ad quem*, ou mesmo a sua desistência, implica perda do objeto do adesivo.

Já o provimento ou não do recurso principal, com a análise do mérito do litígio, inclusive nos casos que envolve questões relativas à prescrição, decadência ou ausência da relação de emprego, não tem qualquer influência sobre o julgamento do recurso adesivo. Nesse aspecto, observa-se a característica de autonomia do recurso adesivo em relação ao seu conteúdo, como restou frisado pelo teor da súmula transcrita.

O prazo para a interposição do recurso adesivo é de **oito dias**, contados a partir da publicação do despacho que intima a parte contrária para oferecer contrarrazões.

Constata-se, portanto, que, no mesmo prazo, a parte pode apresentar suas contrarrazões e interpor o recurso adesivo.

Evidentemente que **a parte que impugna a sentença por meio de recurso ordinário tem o seu direito precluso de recorrer adesivamente**.

Esse é o posicionamento dominante da doutrina e da jurisprudência:

> NÃO CONHECIMENTO DO RECURSO ADESIVO INTERPOSTO PELA RECLAMADA, POR FORÇA DA PRECLUSÃO CONSUMATIVA E EM OBSERVÂNCIA AO PRINCÍPIO DA UNIRRECORRIBILIDADE. Impõe-se o não conhecimento do recurso adesivo interposto pela reclamada, por força da preclusão consumativa e em observância ao princípio da unirrecorribilidade, pois apresentado recurso ordinário oportunamente, o que atrai a incidência da preclusão consumativa em relação ao recurso adesivo.[80]

Exige-se o depósito recursal como requisito de admissibilidade do recurso adesivo, observados os mesmos critérios e procedimentos do recurso principal (TST. IN nº 3, IX), inclusive quanto a possibilidade de substituição pelo seguro garantia judicial, cujo procedimento foi disciplinado pelo Ato Conjunto do TST, CGJT e CSJT de nº 01/2019, tema analisado na alínea "c", item 4.1 deste capítulo.

Por fim, **o recurso cabível contra a decisão que não recebe o recurso adesivo é o agravo de instrumento.**

> **ATENÇÃO!** Também é possível o manejo do recurso adesivo em sede de recurso extraordinário, apesar da Súmula nº 283 não prever expressamente essa possibilidade. Nessa hipótese, o recurso adesivo deverá ser interposto no prazo de 15 (quinze) dias.

80. TRT 4ª R. RO 0135400-03.2008.5.04.0702. Rel. Berenice Messias Corrêa. DEJT 14.07.2011.

Exemplos de questões sobre o tema

(TRT 4 – Juiz do Trabalho Substituto 4ª região/2016) Assinale a assertiva incorreta sobre recursos na Justiça do Trabalho.

a) Das decisões proferidas na Justiça do Trabalho, conforme texto expresso da Consolidação das Leis do Trabalho, são admitidos os seguintes recursos: embargos, recurso ordinário, recurso de revista e agravo.

b) O recurso adesivo é compatível com o processo do trabalho e cabe, no prazo de 8 (oito) dias, nas hipóteses de interposição de recurso ordinário, de agravo de petição, de revista e de embargos, sendo necessário que a matéria nele veiculada esteja relacionada com a do recurso interposto pela parte contrária.

c) A correição parcial não é, efetivamente, recurso, razão pela qual não exige preparo e contrarrazões, tendo por finalidade impedir atos judiciais tumultuários existentes no processo.

d) Não se conhece de recurso de revista ou de embargos, se a decisão recorrida resolver determinado item do pedido por diversos fundamentos e a jurisprudência transcrita não abranger a todos.

e) Da decisão de Tribunal Regional do Trabalho, em ação rescisória, é cabível recurso ordinário para o Tribunal Superior do Trabalho.

Resposta: B

(TRT 3 – Juiz do Trabalho Substituto 3ª região/ 2013) Em relação ao processo do trabalho, leia as afirmações abaixo e, em seguida, assinale a alternativa correta, segundo a jurisprudência consolidada do Tribunal Superior do Trabalho:

a) O depósito recursal deve ser feito e comprovado no prazo alusivo ao recurso, sendo que a interposição antecipada deste prejudica a dilação legal.

b) É indispensável o trânsito em julgado da sentença normativa para propositura da ação de cumprimento.

c) O recesso forense interrompe os prazos recursais.

d) O recurso adesivo é compatível com o processo do trabalho e cabe, no prazo de (8) oito dias, nas hipóteses de interposição de recurso ordinário, de agravo de petição, de revista e de embargos, sendo desnecessário que a matéria veiculada esteja relacionada com a do recurso interposto pela parte contrária.

e) Não cabem embargos para a Seção de Dissídios Individuais do TST de decisão de Turma proferida em agravo.

Resposta: D

13. EMBARGOS DECLARATÓRIOS

13.1. Conceito

Os embargos declaratórios constituem remédio jurídico, à disposição da parte interessada, destinado a corrigir as decisões que sejam omissas, contraditórias ou que contenham manifesto equívoco no exame dos pressupostos extrínsecos do recurso, pelo mesmo órgão jurisdicional que as proferiu.

> **Art. 1.022.** Cabem embargos de declaração contra qualquer decisão judicial para:
>
> I – esclarecer obscuridade ou eliminar contradição;
>
> II – suprir omissão de ponto ou questão sobre o qual devia se pronunciar o juiz de ofício ou a requerimento;
>
> III – corrigir erro material.

Recebe tratamento expresso contido na Consolidação das Leis do Trabalho, art. 897-A:

> **Art. 897-A.** Caberão embargos de declaração da sentença ou acórdão, no prazo de cinco dias, devendo seu julgamento ocorrer na primeira audiência ou sessão subsequente a sua apresentação, registrado na certidão, admitido efeito modificativo da decisão nos casos de omissão e contradição no julgado e manifesto equívoco no exame dos pressupostos extrínsecos do recurso.

Nota-se que o preceito da CLT fala em **sentença ou acórdão** enquanto que o art. 1.022 se refere a **qualquer** decisão judicial. Entende-se pela aplicação supletiva do CPC, por ser mais completa e inexistir qualquer incompatibilidade com as características do processo laboral, conforme orientação contida na IN nº 39/16, art. 9º:

> **Art. 9º** O cabimento dos embargos de declaração no Processo do Trabalho, para impugnar qualquer decisão judicial, rege-se pelo art. 897-A da CLT e, supletivamente, pelo Código de Processo Civil (arts. 1022 a 1025; §§ 2º, 3º e 4º do art. 1026), excetuada a garantia de prazo em dobro para litisconsortes (§ 1º do art. 1023).

Caso a decisão esteja defeituosa por razão de omissão ou contradição, a parte interessada pode ingressar com embargos declaratórios para corrigi-la ou servir-se desse instrumento para prequestionar matéria, com o objetivo de utiliza-lo em sede de recurso de revista.

O que não se admite é a interposição dos referidos embargos com o único objetivo de **alterar o convencimento do juiz ou tribunal** já exposto expressamente na decisão, salvo nos casos expressamente previstos em lei.

13.2. Natureza jurídica

Há divergência doutrinária no que diz respeito à natureza jurídica dos embargos de declaração.

Na verdade, a definição da natureza jurídica dos embargos depende do que se entenda como recurso.

Se for considerado que recurso constitui medida processual destinada a modificar decisões por órgão judicial de hierarquia superior, os embargos declaratórios deixam de ser considerados como tal.

Caso contrário, se o entendimento é de que o recurso representa a faculdade que a parte sucumbente tem de ver reexaminado o litígio, por um órgão julgador superior ou pelo mesmo juízo que proferiu a sentença, os embargos passam a ter essa mesma natureza.

O CPC **inclui os embargos declaratórios na classe rol dos recursos**.

A jurisprudência trabalhista trilha o mesmo caminho, pois classifica os embargos declaratórios como medida processual recursal, conforme se vê da OJ nº 192 da SDI-1, que reconhece o prazo em dobro para administração pública interpor esse remédio judicial:

> **OJ Nº 192.** EMBARGOS DECLARATÓRIOS. PRAZO EM DOBRO. PESSOA JURÍDICA DE DIREITO PÚBLICO. DECRETO-LEI Nº 779/69. Inserida em 08.11.00. É em dobro o prazo para a interposição de embargos declaratórios por pessoa jurídica de direito público.

Afigura-se mais razoável a tese que não reconhece o caráter recursal aos embargos declaratórios. Com efeito, os recursos, de forma geral, têm como principal objetivo **propiciar um reexame do litígio, para manter ou reformar a decisão**, o que não é possível por meio dos embargos de declaração. O simples fato de o legislador incluir essa medida processual no rol dos recursos não implica alterar a sua natureza jurídica.

Os adeptos da tese contrária não conseguem explicar o fato de ser cabível os embargos declaratórios nas hipóteses de decisões irrecorríveis. Ora, se os embargos de declaração são considerados recurso, não seriam cabíveis nos casos de decisões irrecorríveis.

Assim, permite-se que por meio dos embargos declaratórios modifique-se a decisão. Entretanto, o manejo da referida medida processual jamais pode servir para alterar o convencimento do juízo.

13.3. Pressupostos

Os embargos de declaração são opostos para eliminar contradições, obscuridades ou omissões constantes da fundamentação ou na porção dispositiva da decisão, relativamente a questões de fato ou de direito, conforme previsão legal contida no art. 1.022 do CPC, aplicado supletivamente ao processo laboral, conforme prevê o art. 9º, da Instrução Normativa nº 39/16 do TST.

Em se tratando de matéria de direito, os embargos declaratórios também se prestam para prequestionar matéria a ser apreciada pelo Tribunal *ad quem* em recurso próprio.

O interessado deve interpor os embargos de declaração **no prazo de cinco dias** a contar da data em que tomar ciência da decisão que entender ser omissa, contraditória ou obscura. A partir de então **interrompe-se o prazo** para a apresentação de qualquer outro recurso, independentemente de preparo e para ambas as partes.

A) Omissão

A omissão, que enseja a interposição dos embargos declaratórios, é aquela que diz respeito a um ou alguns **pedidos ou argumentos** formulados pelas partes e que não foi apreciado pela decisão.

Imagine-se que, na preambular da peça exordial, o reclamante faça pedido de justiça gratuita e o juiz, ao proferir a decisão que acolhe ou não a sua pretensão, esqueça-se de manifestar-se sobre aquele pedido. Nesse caso, há omissão que pode ser sanada com a utilização dos embargos declaratórios.

Não se pode entender como omissão da sentença **o fato do juiz deixar de considerar um meio de prova produzido pela parte ou o equívoco na sua apreciação.** O mesmo pode ser dito quando o juiz erra na interpretação da norma, ou seja, quando o juiz não procede, de forma correta, à subsunção da norma ao caso concreto.

Na hipótese em que tais situações ocorram (erro de julgamento), a correção não pode ser feita pelo mesmo juízo que proferiu a decisão, ainda que este reconheça o seu equívoco, sob pena de ofensa ao princípio da irrevogabilidade das sentenças.

Por outro lado, se o juízo deveria manifestar-se sobre determinada questão **por dever de ofício** e não o fez, mesmo que a parte não tenha feito qualquer pronunciamento, os embargos declaratórios podem sanar essa omissão, como acontece com as objeções de coisa julgada, incompetência absoluta, prescrição etc.

O parágrafo único do art. 1.022 do CPC ainda classifica como omissa a sentença que:

I – deixe de se manifestar sobre tese firmada em julgamento de casos repetitivos ou em incidente de assunção de competência aplicável ao caso sob julgamento;

II – incorra em qualquer das condutas descritas no art. 489, § 1º, quais sejam:

- se limitar à indicação, à reprodução ou à paráfrase de ato normativo, sem explicar sua relação com a causa ou a questão decidida;
- empregar conceitos jurídicos indeterminados, sem explicar o motivo concreto de sua incidência no caso;
- invocar motivos que se prestariam a justificar qualquer outra decisão;
- não enfrentar todos os argumentos deduzidos no processo capazes de, em tese, infirmar a conclusão adotada pelo julgador;
- se limitar a invocar precedente ou enunciado de súmula, sem identificar seus fundamentos determinantes nem demonstrar que o caso sob julgamento se ajusta àqueles fundamentos;
- deixar de seguir enunciado de súmula, jurisprudência ou precedente invocado pela parte, sem demonstrar a existência de distinção no caso em julgamento ou a superação do entendimento.

B) Obscuridade

Identifica-se a obscuridade da decisão quando o juízo não exprime, de forma clara, qual foi a solução dada ao litígio ou os seus fundamentos. Nesse caso, os embargos declaratórios são necessários, **não para que o órgão julgador decida novamente a questão**, mas sim para que aclare os fundamentos ou a parte dispositiva da decisão.

C) Contradição

A contradição, por fim, é constatada quando o juízo afirma um fato ou faz uma interpretação da norma de uma forma e, mais adiante, nega esse mesmo fato ou confere interpretação diversa à mesma regra jurídica.

Igualmente, ocorre a contradição quando o juízo adota um posicionamento na fundamentação e conclui, na parte dispositiva, de forma adversa. Por exemplo, o juiz, em suas razões de decidir, reconhece que o empregado praticou falta grave e conclui pela condenação da empresa no pagamento de aviso prévio indenizado, liberação do FGTS acrescido da multa de 40%, férias proporcionais etc.

Nesse passo, constata-se que existem duas ou mais declarações para um mesmo fato ou norma jurídica.

D) Prequestionamento

Os embargos declaratórios são destinados, também, para **prequestionar determinada matéria**, não analisada pela decisão (omissão), para que o juízo adote **tese explícita** a seu respeito, a fim de possibilitar que a parte interponha outro recurso que exija esse requisito.

Sobre o tema, manifesta-se o STF por meio da Súmula nº 356: "O ponto omisso da decisão, sobre o qual não foram opostos embargos declaratórios, não pode ser objeto de recurso extraordinário, por faltar o requisito do prequestionamento".

No mesmo sentido, o TST,[81] por intermédio da Súmula nº 297:[82]

> **SÚMULA Nº 297.** PREQUESTIONAMENTO. OPORTUNIDADE. CONFIGURAÇÃO – NOVA REDAÇÃO. – Res. 121/2003, DJ 19, 20 e 21.11.2003 I. Diz-se prequestionada a matéria ou questão quando na decisão impugnada haja sido adotada, explicitamente, tese a respeito. II. Incumbe à parte interessada, desde que a matéria haja sido invocada no recurso principal, opor embargos declaratórios objetivando o pronunciamento sobre o tema, sob pena de preclusão. III. Considera-se prequestionada a questão jurídica invocada no recurso principal sobre a qual se omite o Tribunal de pronunciar tese, não obstante opostos embargos de declaração.

Se mesmo após a interposição de embargos declaratórios, não há pronunciamento judicial, considera-se a matéria prequestionada, nos termos do preceito contido no art. 1.025 do CPC:

> **Art. 1.025.** Consideram-se incluídos no acórdão os elementos que o embargante suscitou, para fins de pré-questionamento, ainda que os embargos de declaração sejam inadmitidos ou rejeitados, caso o tribunal superior considere existentes erro, omissão, contradição ou obscuridade.

Inclusive, o TST manifesta-se expressamente no sentido de admitir a aplicabilidade desse preceito ao processo do trabalho, nos termos do art. 9º, parágrafo único, IN nº 39/16, mas com a seguinte adaptação:

> **Art. 9º.** Parágrafo único. A omissão para fins do prequestionamento ficto a que alude o art. 1025 do CPC dá-se no caso de o Tribunal Regional do Trabalho, mesmo instado mediante embargos de declaração, recusar-se a emitir tese sobre questão jurídica pertinente, na forma da Súmula nº 297, item III, do Tribunal Superior do Trabalho.

13.4. Objeto

Os embargos declaratórios podem ser interpostos em face de qualquer tipo de decisão, seja ela uma **sentença terminativa ou definitiva, um acórdão ou mesmo uma decisão interlocutória**.

81. TST. SDI-1. OJ nº 119. PREQUESTIONAMENTO INEXIGÍVEL. VIOLAÇÃO NASCIDA NA PRÓPRIA DECISÃO RECORRIDA. SÚMULA Nº 297 DO TST. INAPLICÁVEL. (inserido dispositivo) – DEJT divulgado em 16, 17 e 18.11.2010. É inexigível o prequestionamento quando a violação indicada houver nascido na própria decisão recorrida. Inaplicável a Súmula nº 297 do TST.

82. Semelhante é o posicionamento do STJ, explicitado pela Súmula nº 98: "Embargos de declaração manifestados com notório propósito de prequestionamento não têm caráter protelatório".

Incluem-se, nas categorias acima mencionadas, as decisões de urgência, a decisão monocrática do relator em sede de recurso etc.

O TST tem posicionamento firmado acerca dessa questão, conforme se observa da redação da Súmula nº 421:

> **SÚMULA Nº 421.** EMBARGOS de DECLARAÇÃO. CABIMENTO. DECISÃO MONOCRÁTICA DO RELATOR CALCADA NO ART. 932 DO CPC DE 2015. ART. 557 DO CPC DE 1973. (atualizada em decorrência do CPC de 2015) – Res. 208/2016, DEJT divulgado em 22, 25 e 26.04.2016. I – Cabem embargos de declaração da decisão monocrática do relator prevista no art. 932 do CPC de 2015 (art. 557 do CPC de 1973), se a parte pretende tão somente juízo integrativo retificador da decisão e, não, modificação do julgado. II – Se a parte postular a revisão no mérito da decisão monocrática, cumpre ao relator converter os embargos de declaração em agravo, em face dos princípios da fungibilidade e celeridade processual, submetendo-o ao pronunciamento do Colegiado, após a intimação do recorrente para, no prazo de 5 (cinco) dias, complementar as razões recursais, de modo a ajustá-las às exigências do art. 1.021, § 1º, do CPC de 2015.

Como restou salientado pelo teor da Súmula transcrita, os embargos declaratórios são **decididos pelo relator que proferiu a decisão monocrática impugnada**, salvo se a parte pretender imprimir efeitos modificativos, **hipótese em que deve ser apreciado pelo colegiado**, com sua consequente transformação em **agravo interno.**

Em determinados casos, admite-se a utilização dessa medida judicial até para sanar defeitos provenientes de despachos que não sejam de mero expediente, mas que, de certa forma, **tenham cunho decisório.**

O próprio art. 897-A da CLT,[83] em sua parte final, prevê o manejo dos embargos declaratórios que tenham como objeto **sanar manifesto equívoco no exame dos pressupostos extrínsecos do recurso.**

Contudo, em tais hipóteses, observa-se na prática forense uma maior incidência do uso do pedido de **reconsideração** com o objetivo de eliminar contradições, obscuridade ou omissões.

Sobre o tema especifico do cabimento de embargos declaratórios de decisões monocráticas nos Tribunais, o TST se manifesta por meio da OJ nº 378 da SDI-1:

> **OJ Nº 378.** EMBARGOS. INTERPOSIÇÃO CONTRA DECISÃO MONOCRÁTICA. NÃO CABIMENTO. (ATUALIZADA EM DECORRÊNCIA DO CPC DE 2015) – RES. 208/2016, DEJT DIVULGADO EM 22, 25 E 26.04.2016. Não encontra amparo no art. 894 da CLT, quer na redação anterior quer na redação posterior à Lei nº 11.496, de 22.06.2007, recurso de embargos interposto à decisão monocrática exarada nos moldes do art. 932 do CPC de 2015 (art. 557 do CPC de 1973), pois o comando legal restringe seu cabimento à pretensão de reforma de decisão colegiada proferida por Turma do Tribunal Superior do Trabalho.

83. CLT. Art. 897-A. Caberão embargos de declaração da sentença ou acórdão, no prazo de cinco dias, devendo seu julgamento ocorrer na primeira audiência ou sessão subsequente a sua apresentação, registrado na certidão, admitido efeito modificativo da decisão nos casos de omissão e contradição no julgado e manifesto equívoco no exame dos pressupostos extrínsecos do recurso.

13.5. Procedimento

A petição de embargos é dirigida ao juízo prolator da decisão, com a indicação da omissão, obscuridade ou contradição, no prazo de cinco dias, contados da ciência da decisão e com o pedido de preenchimento, aclaramento ou correção.

Apesar do art. 1.023, § 1º, do CPC estabelecer a incidência da regra do prazo em dobro em caso de litisconsórcio, tal preceito **não se aplica ao processo do trabalho** por ser com ele incompatível, nos termos do art. 9º da IN nº 39/16 do TST:

> **Art. 9º** O cabimento dos embargos de declaração no Processo do Trabalho, para impugnar qualquer decisão judicial, rege-se pelo art. 897-A da CLT e, supletivamente, pelo Código de Processo Civil (arts. 1022 a 1025; §§ 2º, 3º e 4º do art. 1026), excetuada a garantia de prazo em dobro para litisconsortes (§ 1º do art. 1023).

Não há necessidade de designação de audiência para colheita de provas. No Tribunal, os embargos declaratórios **dispensam a sustentação oral**, uma vez que não se encontram listados no art. 937 do CPC.

A decisão dos embargos de declaração acolhe ou não o pedido do embargante, corrige o vício apontado ou mantém a decisão anterior incólume. No primeiro caso, a solução do litígio é representada pelo **conjunto formado pela decisão declarante e decisão declarada.**

Note-se que os embargos declaratórios só não são conhecidos quando o próprio embargante, em sua petição, não aponta de forma objetiva um ou mais vícios que ensejam a sua interposição. Isso significa que, para o conhecimentos dos embargos declaratórios, basta a simples alegação dos vícios listados no art. 1.022 do CPC, ainda que o juízo, ao examinar esses vícios, conclua pela sua inexistência, pois nesse caso a hipótese seria de improcedência.

Se mesmo depois dos embargos declaratórios persistirem os defeitos na decisão, a parte inconformada pode requerer a sua correção por meio da utilização:

a) do recurso principal, com a manifestação do órgão *ad quem* no sentido de suprir a atuação do juízo *a quo* ou mediante a anulação a decisão; ou

b) da ação rescisória.

A jurisprudência admite a interposição de embargos declaratórios **para sanar vícios em sentença proferida em decorrência de embargos declaratórios anteriores.**

Tal procedimento é possível, **desde que os novos embargos não tenham os mesmos fundamentos do primeiro**, uma vez que nesse caso há nítido intuito procrastinatório.[84]

---

84. EMBARGOS DECLARATÓRIOS EM EMBARGOS DECLARATÓRIOS EM EMBARGOS DECLARATÓRIOS EM AGRAVO REGIMENTAL EM AGRAVO DE INSTRUMENTO. INTEMPESTIVIDADE. 1. A petição dos embargos de declaração foi protocolada após o transcurso do prazo recursal. Caso em que o recurso se revela insuscetível de atingir seu objetivo. 2. Embargos não conhecidos. 3. A reiteração dos embargos declaratórios mal disfarça a natureza abusiva do recurso manejado, o que autoriza a baixa imediata dos autos, independentemente da publicação do acórdão, conforme orientação firmada pela Segunda Turma no AI 587.285 – AI 587.285-AgR-EDED-EDED-EDED--EDED, da relatoria do ministro Celso de Mello (STF. AI 721750 CE. 2ª T. Rel. Min. Ayres Brito. DJe 14.11.2011).

13.6. Efeitos

A) Efeitos modificativos

Em alguns casos, mormente quando há omissão e contradição, os embargos declaratórios podem **provocar efeitos modificativos** na decisão atacada,[85] também denominados de **efeitos infringentes** dos embargos declaratórios, situação essa prevista expressamente pelo já citado art. 897-A, da CLT.

Verificada essa circunstância, o juiz deve **conceder vista à parte contrária** para se manifestar sobre os embargos declaratórios, de acordo com o que determina o § 2º, art. 897-A da CLT:

> **Art. 897-A. § 2º.** Eventual efeito modificativo dos embargos de declaração somente poderá ocorrer em virtude da correção de vício na decisão embargada e desde que ouvida a parte contrária, no prazo de 5 (cinco) dias.

Esse é o posicionamento do TST, manifestado por intermédio da OJ nº 142, da SDI-1:

> **OJ Nº 142.** EMBARGOS DE DECLARAÇÃO. EFEITO MODIFICATIVO. VISTA PRÉVIA À PARTE CONTRÁRIA. (cancelado o item II em decorrência do CPC de 2015) – Res. 214/2016, DEJT divulgado em 30.11.2016 e 01 e 02.12.2016. É passível de nulidade decisão que acolhe embargos de declaração com efeito modificativo sem que seja concedida oportunidade de manifestação prévia à parte contrária.

B) Interrupção do prazo recursal

Em regra, a interposição de embargos declaratórios **interrompe o prazo para interposição de outro recurso, para ambas as partes**. Nesse caso, depois de proferida nova decisão, despreza-se o prazo que já fluiu e inicia-se a contagem do prazo recursal, inclusive para a parte que não se utilizou dessa medida processual.

No caso de acolhimento dos embargos declaratórios com efeito modificativo, deve-se intimar a parte que já interpôs o recurso para **emendá-lo ou ratificá-lo, no prazo de oito dias.**

Excepcionalmente não se verifica a interrupção do prazo para recurso, com a interposição dos embargos declaratórios. Isso ocorre quando forem **intempestivos, irregular a representação da parte ou ausente a sua assinatura**, segundo dispõe o § 3º, art. 897-A, da CLT, introduzido pela Lei nº 13.015/14.

C) Embargos procrastinatórios

Constata-se, na prática processual trabalhista, que os embargos declaratórios são utilizados com objetivo de retardar a prestação da tutela jurisdicional, tendo como pretensão a alteração da decisão com **caráter infringente**.

85. TST. Súmula nº 278. Embargos de declaração. Omissão no julgado. (mantida) – **Res. 121/2003, DJ 19, 20 e 21.11.2003. A natureza da omissão suprida pelo julgamento dos embargos declaratórios pode ocasionar efeito modificativo no julgado.**

Assim, a parte, que interpõe embargos declaratórios com o intuito único e manifesto de procrastinar o andamento do feito, pode ser condenada ao pagamento de uma **multa de até 2% sobre o valor da causa corrigido** e, em caso de reincidência, 10% na forma prevista pelo art. 1.026, §§ 2º e 3º.

QUADRO COMPARATIVO – MULTA POR EMBARGOS DECLARATÓRIOS PROCRASTINATÓRIOS		
CPC DE 1973	**CPC DE 2015**	**CLT**
Art. 536. Parágrafo único. Quando manifestamente protelatórios os embargos, o juiz ou o tribunal, declarando que o são, condenará o embargante a pagar ao embargado multa não excedente de **1% (um por cento)** sobre o valor da causa. Na reiteração de embargos protelatórios, a multa é elevada a até **10% (dez por cento)**, ficando condicionada a interposição de qualquer outro recurso ao depósito do valor respectivo	**Art. 1.026.** § 2º Quando manifestamente protelatórios os embargos de declaração, o juiz ou o tribunal, em decisão fundamentada, condenará o embargante a pagar ao embargado multa não excedente a **dois por cento sobre o valor atualizado da causa.** § 3º Na reiteração de embargos de declaração manifestamente protelatórios, a multa será elevada a **até dez por cento sobre o valor atualizado da causa**, e a interposição de qualquer recurso ficará condicionada ao depósito prévio do valor da multa, à exceção da Fazenda Pública e do beneficiário de gratuidade da justiça, que a recolherão ao final.	Sem similar.
Aplicabilidade do CPC ao processo do trabalho	Aplica-se ao processo do trabalho em face da omissão da CLT e da ausência de incompatibilidade.	
Diferença entre o CPC de 2015 e o de 1973	A multa em caso de embargos protelatórios foi aumentada de 1% para 2% no máximo, sendo que a base de cálculo passou do valor da causa para o valor da causa atualizado. Em caso de reincidência a multa continua sendo de até 10%, mas a base de cálculo passa a ser o valor da causa atualizado.	

Na verdade, constitui um procedimento especifico e típico de litigância de má-fé (embargos manifestamente protelatórios), além daquele previsto genericamente pelo art. 80, VII do CPC (interpor recurso com intuito manifestamente protelatório).

Como se trata do mesmo fato gerador, **não há possibilidade de cumulação das multas respectivas:**

> **SÚMULA Nº 55 do TRT1.** EMBARGOS DE DECLARAÇÃO PROTELATÓRIOS. CUMULAÇÃO DE SANÇÕES. Quando decorrerem do mesmo fato gerador – oposição de embargos de declaração com intuito meramente protelatório – não podem ser acumuladas as penalidades dos artigos 1.026, §§ 2º e 3º e 81 do CPC/2015.

Saliente-se que manejo dos embargos declaratórios sem a observância dos seus pressupostos objetivos pode implicar outras consequências. Por exemplo, caso a parte pretenda reformar a decisão pela via inadequada, o juiz encontra-se autorizado a receber os embargos como recurso ordinário. Nesse caso, deve conceder prazo para que a parte faça o preparo respectivo.[86]

86. Neste sentido a decisão do STF: RE-ED 506923 / PR – PARANÁ. EMB. DECL. NO RECURSO EXTRAORDINÁRIO. 1ª T. Rel. Ministro Ricardo Lewandovski. DJ 09.02.2007. p. 29. EMENTA: EMBARGOS DE DECLARAÇÃO EM RECURSO EXTRAORDINÁRIO. CONVERSÃO EM AGRAVO REGIMENTAL. PROCESSUAL CIVIL. Art. 1º-D DA LEI 9.494/97.

Exemplo de questão sobre o tema

(TRT 3 – Juiz do Trabalho Substituto 3ª região/ 2013) Sobre os recursos no processo do trabalho, leia as afirmações abaixo e, em seguida, assinale a alternativa correta:

I. A denominada jurisprudência defensiva é traduzida por decisões que flexibilizam o exame dos pressupostos de admissibilidade dos recursos, visando fazer chegar aos tribunais superiores o maior número possível de recursos.

II. Em nenhuma hipótese as decisões interlocutórias são passíveis de recurso imediato.

III. O prazo recursal é de oito dias, sem exceções.

IV. O recurso adesivo não está sujeito ao depósito recursal.

a) Somente a afirmativa I está correta.

b) Todas as afirmativas estão corretas.

c) Somente a afirmativa II está correta.

d) Todas as afirmativas estão incorretas.

e) Somente a afirmativa IV está correta.

Resposta: D

14. AGRAVO INTERNO

14.1. Previsão legal na CLT

O recurso denominado simplesmente de **agravo** está previsto na CLT nos dispositivos que tratam do recurso de embargos e de revista: "Art. 894. § 4º Da decisão denegatória dos embargos caberá agravo, no prazo de 8 (oito) dias" e no recurso de revista: "Art. 896, § 12. Da decisão denegatória caberá agravo, no prazo de 8 (oito) dias".

14.2. Cabimento

O agravo interno, tem como objetivo principal **atacar as decisões monocráticas dos juízes relatores ou dos juízes presidentes dos Tribunais**, por meio do envio da matéria para o reexame do órgão colegiado do qual faz parte o referido magistrado.

Nesse passo, se, por exemplo, é impetrado um mandado de segurança no qual se postula a concessão de medida liminar e essa é negada pelo juiz relator, cabe **agravo interno** para a Turma que ele integra.

O regimento interno do TST disciplina esse recurso em seus arts. 265 e 266:

> **Art. 265.** Cabe agravo interno contra decisão dos Presidentes do Tribunal e das Turmas, do Vice-Presidente, do Corregedor-Geral da Justiça do Trabalho ou de relator, nos termos da legislação processual, no prazo de 8 (oito) dias úteis, pela parte que se considerar prejudicada.
>
> **Parágrafo único.** Ressalvam-se os casos em que haja recurso próprio ou decisão de caráter irrecorrível, nos termos do Regimento ou da lei.

CONSTITUCIONALIDADE. HONORÁRIOS ADVOCATÍCIOS. EXECUÇÕES NÃO EMBARGADAS PELA FAZENDA PÚBLICA. Art. 100, § 3º, DA CONSTITUIÇÃO. AÇÃO CIVIL PÚBLICA.

Art. 266. Após a intimação do agravado para manifestar-se sobre o recurso no prazo de 8 (oito) dias úteis, o agravo interno será concluso ao prolator da decisão monocrática, que poderá reconsiderá-lo ou determinar sua inclusão em pauta visando apreciação do Colegiado competente para o julgamento da ação ou do recurso em que exarada a decisão, com exceção daquele interposto contra a decisão do Presidente de Turma que denegar seguimento a embargos à Subseção I da Seção Especializada em Dissídios Individuais, que será diretamente distribuído entre os demais integrantes desta Subseção.

§ 1.º Os agravos internos contra ato ou decisão do Presidente do Tribunal, do Vice-Presidente e do Corregedor-Geral da Justiça do Trabalho, desde que interpostos no período do respectivo mandato, serão por eles relatados. Os agravos internos interpostos após o término da investidura no cargo do prolator do ato ou decisão serão conclusos ao Ministro sucessor.

§ 2.º Os agravos internos interpostos contra decisão monocrática do relator, na hipótese de seu afastamento temporário ou definitivo, serão conclusos, em relação aos processos de Turmas, ao Desembargador convocado ou ao Ministro nomeado para a vaga, conforme o caso, e, nos processos das Seções Especializadas, ao Ministro que ocupar a vaga, ou redistribuídos na forma dos §§ 1.º e 2.º do art. 107 deste Regimento.

§ 3.º Os agravos internos interpostos contra decisão monocrática do Presidente do Tribunal, proferida durante o período de recesso forense e férias coletivas, serão julgados pelo relator do processo principal, salvo nos casos de competência específica da Presidência da Corte.

§ 4.º Se o Ministro relator for vencido no resultado do agravo interno ou quanto ao fundamento determinante da decisão, mesmo que prevalecente o resultado, será designado redator do acórdão o Ministro prolator do primeiro voto vencedor, a quem devem ser redistribuídos os embargos, promovendo-se a compensação.

§ 5.º Quando o agravo interno for declarado manifestamente inadmissível ou improcedente em votação unânime, o órgão colegiado, em decisão fundamentada, condenará o agravante a pagar ao agravado multa fixada entre 1 e 5% (um e cinco por cento) do valor atualizado da causa.

§ 6.º A interposição de qualquer outro recurso está condicionada ao depósito prévio do valor da multa prevista no parágrafo anterior, à exceção da Fazenda Pública e do beneficiário da gratuidade da justiça, que farão o pagamento ao final.

A Lei nº 7.701/88, art. 3º, II, "a", atribui competência à SDI do TST, para analisar e julgar, em única instância, os agravos regimentais (agravos internos) nos processos de dissídios individuais, e em última instância, os agravos regimentais (agravos internos) de despachos denegatórios dos Presidentes das Turmas, em matéria de embargos (art. 3º III, c).

A OJ nº 412, da SDI-1, do TST, deixa claro que não cabe agravo interno de decisão colegiada:

OJ Nº 412. AGRAVO INTERNO OU AGRAVO REGIMENTAL. INTERPOSIÇÃO EM FACE DE DECISÃO COLEGIADA. NÃO CABIMENTO. ERRO GROSSEIRO. INAPLICABILIDADE DO PRINCÍPIO DA FUNGIBILIDADE RECURSAL (nova redação em decorrência do CPC de 2015) – Res. 209/2016, DEJT divulgado em 01, 02 e 03.06.2016
É incabível agravo interno (art. 1.021 do CPC de 2015, art. 557, § 1º, do CPC de 1973) ou agravo regimental (art. 235 do RITST) contra decisão proferida por Órgão colegiado. Tais recursos destinam-se, exclusivamente, a impugnar decisão monocrática nas hipóteses previstas. Inaplicável, no caso, o princípio da fungibilidade ante a configuração de erro grosseiro

O CPC trata do agravo interno em seu art. 1.021, *caput* e respectivos parágrafos, aplicado ao processo laboral de acordo com o preceito contido no art. 3º, XXIX, da Instrução Normativa nº 39/16 do TST, salvo em relação ao seu prazo:

Art. 1.021. Contra decisão proferida pelo relator caberá agravo interno para o respectivo órgão colegiado, observadas, quanto ao processamento, as regras do regimento interno do tribunal.

§ 1º Na petição de agravo interno, o recorrente impugnará especificadamente os fundamentos da decisão agravada.

§ 2º O agravo será dirigido ao relator, que intimará o agravado para manifestar-se sobre o recurso no prazo de 15 (quinze) dias, ao final do qual, não havendo retratação, o relator levá-lo-á a julgamento pelo órgão colegiado, com inclusão em pauta.

§ 3º É vedado ao relator limitar-se à reprodução dos fundamentos da decisão agravada para julgar improcedente o agravo interno.

§ 4º Quando o agravo interno for declarado manifestamente inadmissível ou improcedente em votação unânime, o órgão colegiado, em decisão fundamentada, condenará o agravante a pagar ao agravado multa fixada entre um e cinco por cento do valor atualizado da causa.

§ 5º A interposição de qualquer outro recurso está condicionada ao depósito prévio do valor da multa prevista no § 4º, à exceção da Fazenda Pública e do beneficiário de gratuidade da justiça, que farão o pagamento ao final.

Na hipótese de o agravo interno for manifestamente infundado, a parte recorrente deve ser condenada a pagar à agravada uma **multa que varia entre 1% e 5% do valor da causa atualizada**, além de ficar vedada a interposição de qualquer outro recurso antes do depósito da quantia respectiva.

Esse preceito é aplicável ao processo do trabalho, conforme entendimento do TST constante da OJ nº 389 da SID-1:

OJ Nº 389. MULTA PREVISTA NO ART. 1.021, §§ 4º E 5º, DO CPC DE 2015. ART. 557, § 2º, DO CPC DE 1973. RECOLHIMENTO. PRESSUPOSTO RECURSAL. BENEFICIÁRIO DA JUSTIÇA GRATUITA E FAZENDA PÚBLICA. PAGAMENTO AO FINAL. (nova redação em decorrência do CPC de 2015) – Res. 209/2016, DEJT divulgado em 01, 02 e 03.06.2016. Constitui ônus da parte recorrente, sob pena de deserção, depositar previamente a multa aplicada com fundamento nos §§ 4º e 5º, do art. 1.021, do CPC de 2015 (§ 2º do art. 557 do CPC de 1973), à exceção da Fazenda Pública e do beneficiário de justiça gratuita, que farão o pagamento ao final.

Para atender ao princípio geral de prazos dos recursos no processo do trabalho, o prazo para interposição do agravo interno e da respectiva manifestação da parte contrária **deverá ser de oito dias.**

15. EMBARGOS INFRINGENTES

O CPC de 2015 extinguiu o recurso denominado de embargos infringentes, mas introduziu, em substituição, **uma nova técnica de julgamento de recurso** prevista no seu art. 942.

Art. 942. Quando o resultado da apelação for não unânime, o julgamento terá prosseguimento em sessão a ser designada com a presença de outros julgadores, que serão convocados nos termos previamente definidos no regimento interno, em número suficiente para garantir a possibilidade de inversão do resultado inicial, assegurado às partes e a eventuais terceiros o direito de sustentar oralmente suas razões perante os novos julgadores.

Contudo, como a CLT **não é omissa sobre esse tema**, ao prever uma única hipótese de **embargos infringentes** no processo de **dissídio coletivo**, não há que se falar em aplicação subsidiária do referido art. 942 do CPC, entendimento que foi confirmado pelo art. 2º, IX, da Instrução Normativa nº 39/2016.

Os embargos infringentes estão previstos no art. 894, I, "a", da CLT, na Lei nº 7.701/88[87] e no Regimento Interno do TST (art. 262).

É o recurso cabível, no prazo de oito dias, **das decisões não unânimes proferidas pela seção especializada em dissídios coletivos – SDC, limitados aos processos de Dissídio Coletivo de competência originária do TST.**

Entretanto, não cabem embargos infringentes quando a decisão normativa do TST estiver em consonância com um de seus precedentes jurisprudenciais ou da Súmula de sua jurisprudência predominante, de acordo com o disposto no art. 2º, II, "c", da aludida Lei nº 7.701/98.

Com a limitação do exercício da competência normativa da Justiça do Trabalho, imposto pela EC nº 45/2004, já que se exige o mútuo consentimento para o ajuizamento do dissídio coletivo, essa espécie é cada dia menos utilizado na prática processual trabalhista.

16. RECLAMAÇÃO CORREICIONAL

A reclamação correicional, também denominada de correição parcial, é um recurso que não possui previsão nas leis processuais, mas está inserida em grande parte dos regimentos internos dos Tribunais do Trabalho.

Trata-se de uma medida de natureza **exclusivamente administrativa**, dirigida ao juiz corregedor, para atacar decisões ou despachos proferidos pelo juiz, que conduz a instrução do processo de forma irregular, tumultuada ou com inversão da sua ordem.

Nesse sentido, o art. 13 do Regimento Interno da Corregedoria-Geral da Justiça do Trabalho:

> **Art. 13.** A Correição Parcial é cabível para corrigir erros, abusos e atos contrários à boa ordem processual e que importem em atentado a fórmulas legais de processo, quando para o caso não haja recurso ou outro meio processual específico.

O art. 709, II, da CLT trata da competência para o julgamento dessa medida processual:

> **Art. 709.** Compete ao Corregedor, eleito dentre os Ministros togados do Tribunal Superior do Trabalho: II – Decidir reclamações contra os atos atentatórios da boa ordem processual praticados pelos Tribunais Regionais e seus presidentes, quando inexistir recurso específico.

87. Lei nº 7.701/88. Art. 2º. Compete à seção especializada em dissídios coletivos, ou seção normativa: II – em última instância julgar: **c) os Embargos Infringentes interpostos contra decisão não unânime proferida em processo de dissídio coletivo de sua competência originária, salvo se a decisão atacada estiver em consonância com precedente jurisprudencial do TST ou da Súmula de sua jurisprudência predominante.**

Difere do procedimento da **correição ordinária**, pois esta tem como objetivo verificar a regularidade de uma parcela significativa das demandas em curso em determinada unidade jurisdicional, enquanto que a correição parcial tem como objeto um processo específico.

O Regimento Interno da Corregedoria-Geral da Justiça do Trabalho trata da correição ordinária em seu art. 9º:

> **Art. 9º** Nas correições ordinárias, que não terão forma nem figura de juízo, serão examinados autos, registros e documentos das Secretarias e Seções Judiciárias, além de tudo o mais que for considerado necessário ou conveniente pelo Corregedor-Geral.

O procedimento da correição parcial **tem como objetivo principal recolocar o processo em sua marcha devida**, quando os parâmetros legais deixarem de ser observados. Por conta disso, não é possível alterar o conteúdo meritório dos atos do juiz por meio da correição parcial, seja uma decisão ou um mero despacho. Se essa for a intenção da parte requerente, o juiz corregedor pode rejeitar liminarmente a petição respectiva.

Da decisão proferida em sede de reclamação correicional cabe **agravo regimental** (agravo interno) na forma prevista pelo art. 265 do RITST.

> **ATENÇÃO!** A reclamação correicional não tem natureza jurídica de recurso, mas sim de mero procedimento administrativo que tem por escopo sustar atos do juiz que militem contra a boa ordem processual vigente.

17. REVISÃO DO VALOR DA CAUSA

A revisão do valor da causa é um recurso cabível **somente no processo do trabalho**, sem similar no processo civil, mas raramente utilizado.

Como foi analisado anteriormente, o valor da causa não constitui requisito essencial da petição inicial, pelo menos fazendo uma interpretação literal do § 1º, art. 840 da CLT, que fala apenas em valor liquido do pedido.

Quando o juiz do trabalho verifica que o reclamante não atribuiu valor econômico à sua pretensão, deve assim proceder antes de passar à fase de instrução.[88]

A parte que se sentir prejudicada pode postular a revisão do valor da causa, procedimento previsto pelo art. 2º, § 1º, da Lei nº 5.584/70:

> **Art. 2º. § 1º** Em audiência, ao aduzir razões finais, poderá qualquer das partes impugnar o valor fixado e, se o juiz o mantiver, pedir revisão da decisão, no prazo de 48 (quarenta e oito) horas, ao presidente do Tribunal Regional.

88. Lei nº 5.584/70. Art. 2º. Nos dissídios individuais, proposta a conciliação, e não havendo acordo, o presidente da Junta ou o juiz, antes de passar à instrução da causa, fixar-lhe-á o valor para a determinação da alçada, se este for indeterminado no pedido.

Depreende-se da leitura do referido dispositivo legal que **a parte deve, primeiramente, impugnar o valor atribuído à causa** em face do próprio juiz que conduz o processo. **Somente em caso de ausência de êxito a impugnação é que se ingressa com o pleito de revisão perante o respectivo TRT.**

A petição que contenha pedido de revisão do valor da causa deve vir acompanhada de cópias autênticas, ou assim declaradas pelo patrono do requerente, da petição inicial e da ata de audiência, com prazo de julgamento de quarenta e oito horas pelo Tribunal competente.

Os demais trâmites são fixados pelos próprios Tribunais, por meio de regras dos seus regimentos internos.

18. REEXAME NECESSÁRIO

Como foi estudado na parte II, capítulo VIII, item 10, o duplo grau de jurisdição necessário é comumente denominado de recurso necessário ou recurso de ofício.

Em verdade, não se trata de uma espécie de recurso, mas sim de um reexame necessário do litígio com o objetivo de verificar a existência de possíveis nulidades.

Contudo, verifica-se a incidência de equívoco técnico ao ser utilizada a denominação "recurso ordinário *ex officio* no art. 1º, V, Decreto-Lei nº 779/69:

> **Art. 1º.** Nos processos perante a Justiça do Trabalho constituem privilégio da União, dos Estados, do Distrito Federal, dos Municípios e das autarquias ou fundações de direito público federais, estaduais ou municipais que não explorem atividades econômicas: V – o recurso ordinário *ex officio* das decisões que lhe sejam total ou parcialmente contrárias;

Uma vez proferida a sentença contra a União, Estados, Municípios ou suas autarquias ou fundações, só há o trânsito em julgado após a sua confirmação pelo Tribunal respectivo, salvo nas hipóteses previstas pelo art. 496, § 3º do CPC:

QUADRO COMPARATIVO – EXCEÇÕES AO DUPLO GRAU DE JURISDIÇÃO		
CPC DE 1973	**CPC DE 2015**	**CLT**
Art. 475. § 2º Não se aplica o disposto neste artigo sempre que a condenação, ou o direito controvertido, for de valor certo não excedente a **60 (sessenta) salários mínimos,** bem como no caso de procedência dos embargos do devedor na execução de dívida ativa do mesmo valor. § 3º Também não se aplica o disposto neste artigo quando a sentença estiver fundada em jurisprudência do plenário do Supremo Tribunal Federal ou em súmula deste Tribunal ou do tribunal superior competente.	**Art. 496.** § 3º Não se aplica o disposto neste artigo quando a condenação ou o proveito econômico obtido na causa for de valor certo e líquido inferior a: I – **1.000 (mil) salários-mínimos** para a União e as respectivas autarquias e fundações de direito público; II – **500 (quinhentos) salários-mínimos** para os Estados, o Distrito Federal, as respectivas autarquias e fundações de direito público e os Municípios que constituam capitais dos Estados; III – **100 (cem) salários-mínimos** para todos os demais Municípios e respectivas autarquias e fundações de direito público. § 4º Também não se aplica o disposto neste artigo quando a sentença estiver fundada em: I – súmula de tribunal superior;	Sem similar.

QUADRO COMPARATIVO – EXCEÇÕES AO DUPLO GRAU DE JURISDIÇÃO		
CPC DE 1973	**CPC DE 2015**	**CLT**
	II – acórdão proferido pelo Supremo Tribunal Federal ou pelo Superior Tribunal de Justiça em julgamento de recursos repetitivos; III – entendimento firmado em incidente de resolução de demandas repetitivas ou de assunção de competência; IV – entendimento coincidente com orientação vinculante firmada no âmbito administrativo do próprio ente público, consolidada em manifestação, parecer ou súmula administrativa.	Sem similar.
Aplicabilidade do CPC ao processo do trabalho	Aplica-se ao processo do trabalho em face da omissão da CLT e da ausência de incompatibilidade.	
Diferença entre o CPC de 2015 e o de 1973	• O CPC de 2015 estabelece novos tetos para inadmitir o recurso necessário, a depender se a Fazenda Pública for Municipal (100 salários mínimos), Estadual (500 salários mínimos) ou da União (1.000 salários mínimos). • Inovou também no sentido de não admitir o recurso necessário quando a decisão estiver de acordo com acordão do STF proferido em sede de recurso repetitivo; entendimento firmado em incidente de resolução de demandas repetitivas ou de assunção de competência; entendimento coincidente com orientação vinculante firmada no âmbito administrativo do próprio ente público, consolidada em manifestação, parecer ou súmula administrativa.	

19. RECURSO EXTRAORDINÁRIO

O recurso extraordinário não está incluído no rol dos recursos tipicamente trabalhista, pois é dirigido para análise e julgamento do Órgão de Cúpula do Poder Judiciário, fora da estrutura da Justiça do Trabalho.

19.1. Cabimento na Justiça Laboral

Na Justiça do Trabalho, o recurso extraordinário tem cabimento das decisões proferidas pelo TST, das quais **não caiba qualquer outro recurso**.

O STF manifesta-se sobre a matéria por meio da Súmula nº 505:

> **SÚMULA Nº 505.** Contrariedade à Constituição – Cabimento – Recurso para o STF – Decisões da Justiça do Trabalho. Salvo quando contrariarem a Constituição, não cabe recurso para o Supremo Tribunal Federal, de quaisquer decisões da Justiça do Trabalho, inclusive dos presidentes de seus tribunais.

Assim, caso o Juiz profira uma decisão contrária à Constituição, caberá, inicialmente, o recurso ordinário, se for o caso, e jamais o remédio extraordinário, conforme entendimento constante da Súmula nº 281 do STF: "É inadmissível o recurso extraordinário, quando couber, na justiça de origem, recurso ordinário da decisão impugnada".

19.2. Preparo

O recolhimento das custas deve observar os prazos e as formas previstas no Regimento Interno daquela Corte e de acordo com sua "Tabela de Custas", conforme previsão contida na Instrução Normativa nº 20/2002, inciso XII do TST.

A lei **exige o depósito recursal como requisito extrínseco do recurso extraordinário**. Contudo, o STF declarou a sua inconstitucionalidade, nos autos do RE 607447 (tema nº 679), com repercussão geral declarada, fixando-se a seguinte tese:

> Surge incompatível com a Constituição Federal exigência de depósito prévio como condição de admissibilidade do recurso extraordinário, no que não recepcionada a previsão constante do § 1º do artigo 899 da Consolidação das Leis do Trabalho, sendo inconstitucional a contida na cabeça do artigo 40 da Lei nº 8.177/1991 e, por arrastamento, no inciso II da Instrução Normativa nº 3/1993 do Tribunal Superior do Trabalho.

19.3. Competência

A competência para o julgamento do recurso extraordinário é do STF, na forma prevista pelo art. 102, III, da atual Constituição Federal, nas hipóteses em que a causa é decidida em última ou única instância que:

a) contrariar dispositivo da Constituição;

b) declarar a inconstitucionalidade de tratado ou lei federal;

c) julgar válida lei ou ato de governo local contestado em face da Constituição;

d) julgar válida lei local contestada em face de lei federal.

19.4. Procedimento

As regras relativas ao procedimento do recurso extraordinário estão contidas no art. 1.029 e seguintes do CPC. Deve ser interposto mediante petição apresentada ao vice-presidente do TST (art. 325 do RITST), que o recebe apenas no seu efeito devolutivo.[89]

A petição do mencionado recurso deve conter: a exposição do fato e do direito, a demonstração do cabimento do recurso interposto, e as razões do pedido de reforma da decisão recorrida, bem como ser firmada por advogado devidamente constituído.

O prazo para interposição do recurso extraordinário **é de 15 dias**, com idêntico prazo para parte contrária apresentar as suas contrarrazões. Cabe agravo de instrumento no prazo de dez dias nas hipóteses em que o vice-presidente do TST negar seguimento (art. 328 do RITST).

Como ocorre com o recurso de revista e de embargos, **é necessário que a matéria esteja prequestionada na decisão recorrida.** Em caso de omissão, a parte interessada pode provocar o juízo mediante a utilização de embargos declaratórios somente para esse fim.

89. CLT. Art. 893. § 2º. A interposição de recurso para o STF não prejudicará a execução do julgado.

Esse é o entendimento do STF, revelado pela Súmula nº 356: "O ponto omisso da decisão, sobre o qual não foram opostos embargos declaratórios, não pode ser objeto de recurso extraordinário, por faltar o requisito do prequestionamento".

Não cabe recurso extraordinário, segundo o entendimento sumulado do STF:

- Para simples reexame de prova (Súmula nº 279).
- É inadmissível o recurso extraordinário, quando não ventilada, na decisão recorrida, a questão federal suscitada (Súmula nº 282).
- quando a deficiência na sua fundamentação não permitir a exata compreensão da controvérsia (Súmula nº 284).
- fundado em divergência jurisprudencial, quando a orientação do plenário do Supremo Tribunal Federal já se firmou no mesmo sentido da decisão recorrida. (Súmula nº 286)
- por violação de lei federal, quando a ofensa alegada for a regimento de Tribunal. (Súmula nº 399).
- de decisão que deu razoável interpretação à lei ainda que não seja a melhor (Súmula nº 400).
- de simples interpretação de cláusulas contratuais (Súmula nº 454).
- por contrariedade ao princípio constitucional da legalidade, quando a sua verificação pressuponha rever a interpretação dada a normas infraconstitucionais pela decisão recorrida (Súmula nº 636).
- contra decisão proferida no processamento de precatórios (Súmula nº 733).
- contra acórdão que defere medida liminar (Súmula nº 735).

A CLT possui dispositivo que disciplina a interposição de recurso extraordinário. Trata-se do § 14, art. 896-C:

> **Art. 896-C § 14.** Aos recursos extraordinários interpostos perante o Tribunal Superior do Trabalho será aplicado o procedimento previsto no art. 543-B da Lei nº 5.869, de 11 de janeiro de 1973 (Código de Processo Civil), cabendo ao Presidente do Tribunal Superior do Trabalho selecionar um ou mais recursos representativos da controvérsia e encaminhá-los ao Supremo Tribunal Federal, sobrestando os demais até o pronunciamento definitivo da Corte, na forma do § 1º do art. 543-B da Lei no 5.869, de 11 de janeiro de 1973 (Código de Processo Civil).

19.5. Repercussão geral

O STF, **em decisão irrecorrível**, não conhecerá do recurso extraordinário quando a questão constitucional nele versada **não tiver repercussão geral**, assim considerada a existência ou não de **questões relevantes do ponto de vista econômico, político, social ou jurídico** que ultrapassem os interesses subjetivos do processo (art. 1.035 do CPC).

Reconhecida a repercussão geral, o relator no Supremo Tribunal Federal **determinará a suspensão do processamento de todos os processos pendentes**, individuais ou coletivos, que versem sobre a questão e tramitem no **território nacional.**

> **ATENÇÃO!** O recurso extraordinário só possui efeito devolutivo. Portanto, caso a parte deseje obter efeito suspensivo deverá valer-se de uma medida cautelar.

20. UNIFORMIZAÇÃO DE JURISPRUDÊNCIA – SÚMULA E OUTROS ENUNCIADOS

A uniformização da jurisprudência consiste na necessidade, decorrente de política judiciaria, de firmar a orientação jurisprudencial predominante em cada tribunal com o objetivo de alcançar a segurança jurídica.

O CPC de 2015 **extinguiu** o **incidente de uniformização de jurisprudência** – IUJ e a Lei nº 13.467/17 revogou os §§ 3º a 6º do art. 896 da CLT que disciplinavam esse procedimento no âmbito do processo do trabalho.

Apesar da extinção do incidente de uniformização por ambos Diplomas Legais citados, ainda se aplica o art. 926 do CPC ao processo laboral que impõe a cada Tribunal a obrigação de **uniformizar sua jurisprudência**, mas não por meio de um incidente.[90]

As Súmulas e as Teses Jurídicas prevalecentes decorrentes dos Incidentes de Uniformização de Jurisprudência aprovados antes da vigência da Lei nº 13.467/17, mantêm a sua natureza vinculante, como ressalta o § 3º, art. 18 da IN nº 41/18 do TST:

> **Art. 18. § 3º** As teses jurídicas prevalecentes e os enunciados de Súmulas decorrentes do julgamento dos incidentes de uniformização de jurisprudência suscitados ou iniciados anteriormente à edição da Lei nº 13.467/2017, no âmbito dos Tribunais Regionais do Trabalho, conservam sua natureza vinculante à luz dos arts. 926, §§ 1º e 2º, e 927, III e V, do CPC.

Além disso, cada tribunal é responsável por **manter a jurisprudência estável, íntegra e coerente**, na forma estabelecida pelo referido preceito legal:

> **Art. 926.** Os tribunais devem uniformizar sua jurisprudência e mantê-la estável, íntegra e coerente.
>
> **§ 1º** Na forma estabelecida e segundo os pressupostos fixados no regimento interno, os tribunais editarão enunciados de súmula correspondentes a sua jurisprudência dominante.
>
> **§ 2º** Ao editar enunciados de súmula, os tribunais devem ater-se às circunstâncias fáticas dos precedentes que motivaram sua criação.

Essa aplicação subsidiária também é mencionada pelo art. 18 da IN nº 41/2018 do TST: "O dever de os Tribunais Regionais do Trabalho uniformizarem a sua jurisprudência faz incidir, subsidiariamente ao processo do trabalho, o art. 926 do CPC, por meio do qual os Tribunais deverão manter sua jurisprudência íntegra, estável e coerente".

A Lei nº 13.467/17 introduziu dispositivos ao art. 702 da CLT para disciplinar a aprovação ou alteração de **Súmulas e outros enunciados de jurisprudência no âmbito dos Tribunais Trabalhistas** (Orientação Jurisprudencial e Tese Prevalecente), pois esses procedimentos eram definidos pelos respectivos regimentos.

90. **O § 1º do art. 18 da IN nº 41/2018 do TST mantém os IUJ's desde que iniciados antes de 11.11.2017: § 1º Os incidentes de uniformização de jurisprudência suscitados ou iniciados antes da vigência da Lei nº 13.467/2017, no âmbito dos Tribunais Regionais do Trabalho ou por iniciativa de decisão do Tribunal Superior do Trabalho, deverão observar e serão concluídos sob a égide da legislação vigente ao tempo da interposição do recurso, segundo o disposto nos respectivos Regimentos Internos.**

De acordo com o art. 166 do antigo Regimento Interno do TST, para **estabelecer**, **alterar ou cancelar** Súmula seria necessário a aprovação da **maioria absoluta** dos seus integrantes. Com a introdução da alínea "F" ao inciso I, do art. 702 da CLT, o **estabelecimento ou alteração** de Súmulas ou qualquer outros enunciados passa a ser necessário o voto de pelo menos **2/3 dos integrantes** (18 ministros). Nada foi dito em relação ao **cancelamento** dos verbetes dos Tribunais, o que implica remeter ao Regimento Interno a definição das regras para esse procedimento.

Ainda assim, a matéria objeto da Súmula tem que ter sido decidida de forma idêntica por **unanimidade em, no mínimo 2/3 das Turmas** (seriam 6 das atuais 8 turmas) e em pelo menos **dez sessões diferentes** em cada uma delas. É possível ainda decidir pela restrição dos efeitos da Súmula ou decidir que ela só tenha eficácia a partir de sua publicação no Diário Oficial.

Sobre as sessões para realizar tais procedimentos, estabelece o § 3º do art. 702 da CLT que deverá ser **pública** e a divulgação deve ser feita com pelo menos **30 dias de antecedência**, com possibilidade de sustentação pelo Procurador-Geral do Trabalho, pelo Conselho Federal da Ordem dos Advogados do Brasil, pelo Advogado-Geral da União e por confederações sindicais ou entidades de classe de âmbito nacional.

Esses critérios também devem ser observados pelos Tribunais Regionais, na forma prevista pelo § 4º, art. 702 da CLT.

Foi arguida, perante o TST, a inconstitucionalidade desses dispositivos legais:

> ARGUIÇÃO DE INCONSTITUCIONALIDADE. ART. 702, I, "F", E §§ 3º E 4º, DA CLT, INCLUÍDOS PELA LEI Nº 13.467/2017. REQUISITOS PARA A EDIÇÃO E A REVISÃO DE SÚMULAS E OUTROS ENUNCIADOS DE JURISPRUDÊNCIA UNIFORME. A SBDI-I, por unanimidade, decidiu suspender a apreciação do Incidente de Arguição de Inconstitucionalidade da alínea "f" do inciso I e dos §§ 3º e 4º do art. 702 da CLT, incluídos pela Lei nº 13.467/2017, para ouvir o Ministério Público do Trabalho e as partes, nos termos do art. 275 do RITST. O referido incidente foi suscitado pelo Ministro Walmir Oliveira da Costa, nos autos em que se discute a necessidade de revisão ou não da Súmula nº 254 do TST, sob o argumento de que as modificações promovidas pela Lei da Reforma Trabalhista no art. 702 da CLT, quanto aos requisitos para a edição e a revisão de súmulas e outros enunciados de jurisprudência uniforme, são incompatíveis com o texto constitucional, em especial com o princípio da autonomia dos Tribunais (art. 96, I, e 99 da CF). TST-E-RR-696-25.2012.5.05.0463, SBDI-I, rel. Min. Márcio Eurico Vitral Amaro, 22.3.2018.

O referido incidente **encontra-se suspenso** aguardando o julgamento da Ação Direta de Constitucionalidade nº 62 que tramita no STF.

21. INCIDENTE DE RESOLUÇÃO DE DEMANDAS REPETITIVAS – IRDR

Com a vigência da Lei nº 13.015/14, o processo do trabalho passou a admitir o julgamento em conjunto de **recursos de revista repetitivos** ao introduzir os arts. 896-B e 896-C à CLT. A mencionada regra jurídica estabeleceu **procedimento próprio**, mas admitiu também o uso suplementar dos preceitos contidos no CPC que tratam do julgamento repetitivo do recurso especial e do recurso extraordinário.

O art. 976 do CPC (aplicável ao processo do trabalho conforme art. 8º da IN nº 39/16 do TST) ainda acrescenta os seguintes requisitos simultâneos para que seja instaurado o **incidente de resolução de demandas repetitivas – IRDR**:

> **Art. 976.** É cabível a instauração do incidente de resolução de demandas repetitivas quando houver, simultaneamente: I – efetiva repetição de processos que contenham controvérsia sobre a mesma questão unicamente de direito; II – risco de ofensa à isonomia e à segurança jurídica.

21.1. Procedimento do IRDR no TST

No âmbito do TST, a Instrução Normativa nº 38/15, aprovada pela Resolução nº 201/2015, disciplina o procedimento do julgamento do incidente de julgamento dos recursos de revista e de embargos à SDI repetitivos.

A) Requerimento e decisão sobre a afetação

Constatada a existência de diversos recursos de revista ou de embargos com idêntica matéria de direito o julgamento **poderá ser feito em conjunto**, considerando a **relevância da matéria** ou a **existência de entendimentos divergentes**.

Nesse caso, o Órgão competente para efetivar o múltiplo julgamento será a SEDI-1 ou o Tribunal Pleno. O requerimento de **afetação** pode ser feito por **qualquer Ministro que compõe esses órgãos** e a decisão respectiva deve ser tomada pela **maioria simples de seus membros**.

O requerimento de afetação **deve ser feito por escrito e de forma fundamentada** pelo Ministro da SDI, com indicação de um ou mais recursos de revista ou de embargos representativo das controvérsias. É possível também solicitar a afetação **oralmente**, em preliminar de julgamento de processo incluído em pauta da SEDI-1.

De forma concorrente, a afetação poderá ser feita pelas Turmas do TST, mas o requerimento **deve ser feito pelo respectivo Presidente** e dirigido ao Presidente da SEDI-1.

A decisão sobre a afetação será tomada pela SEDI-1 no prazo máximo de 30 dias, se feita por escrito, ou imediatamente, se suscitada oralmente. No primeiro caso a apreciação pode ser feita por meio de pauta eletrônica.

Uma vez **acolhida a proposta por maioria simples**, ainda que haja desistência da ação ou do recurso, será decidido se a questão repetida será analisada pela SEDI-1 ou pelo Tribunal Pleno. No primeiro caso, o processo será distribuído a um Relator e a um Revisor do órgão jurisdicional correspondente (art. 2º, § 3º, I e III da IN nº 38/15).

Em caso de **rejeição da proposta**, os autos serão devolvidos ao órgão julgador respectivo, se for o caso, para que o julgamento do recurso prossiga regularmente.

B) Efeitos da afetação

Uma vez aceita a proposta, o Presidente da Subseção Especializada de Dissídios Individuais I expedirá comunicação aos demais Presidentes de Turma que **poderão afetar outros processos sobre** a mesma questão a fim de conferir uma visão global ao órgão julgador (art. 3º da IN nº 38/15).

Para que seja afetado, o recurso além de admissível deve conter abrangente argumentação e discussão sobre a questão a ser decidida, a critério do relator que por sua vez **não fica vinculado as propostas de afetação feita pelo Presidente da SEDI e pelos Presidentes das Turmas**, podendo recusá-las e selecionar outros, inclusive.

Na decisão sobre a afetação o relator, de forma fundamentada (art. 5º da IN nº 38/15):

- identificará com precisão a questão a ser submetida a julgamento;
- poderá determinar a suspensão dos recursos de revista ou de embargos de que trata o § 5º do artigo 896-C da CLT;
- poderá solicitar aos Tribunais Regionais do Trabalho informações a respeito da controvérsia, a serem prestadas no prazo de 15 (quinze) dias, e requisitar aos Presidentes ou Vice-Presidentes dos Tribunais Regionais do Trabalho a remessa de até dois recursos de revista representativos da controvérsia;
- concederá o prazo de 15 (quinze) dias para a manifestação escrita das pessoas, órgãos ou entidades interessados na controvérsia, que poderão ser admitidos como *amici curiae*;
- informará aos demais Ministros sobre a decisão de afetação;
- poderá conceder vista ao Ministério Público e às partes, nos termos e para os efeitos do § 9º do artigo 896-C da CLT.

O **Presidente do TST oficiará** os Presidentes dos TRT's **para que suspendam** os recursos de revista e recursos ordinários interpostos em casos idênticos aos afetados como recursos repetitivos, até o pronunciamento definitivo (art. 6º da IN nº 38/15), com a devida comunicação às partes.

A adoção desse procedimento permite a parte demonstrar que sua questão é distinta daquela afetada (*distinguishing*) ou que o recurso é intempestivo para com isso requerer o prosseguimento do seu processo ao:

- juiz, se o processo sobrestado estiver em primeiro grau;
- relator, se o processo sobrestado estiver no tribunal de origem;
- relator do acórdão recorrido, se for sobrestado recurso de revista no tribunal de origem;
- relator, no Tribunal Superior do Trabalho, do recurso de revista ou de embargos cujo processamento houver sido sobrestado.

Ouvida a parte contrária no prazo de cinco dias, decidirá o juiz ou o relator, com caráter de irrecorribilidade de forma imediata.

Caso procedente, o próprio juiz ou o relator dará prosseguimento ao processo, salvo no caso do recurso de revista ter sido sobrestado no tribunal de origem, hipótese em que o relator comunicará a decisão ao presidente ou ao vice-presidente que houver determinado o sobrestamento, para que este dê normal prosseguimento ao processo.

A suspensão do processo **não poderá ultrapassar o prazo máximo de um ano** contado da publicação da decisão de afetação pelo relator, **sob pena de cessar a afetação e, consequentemente, a suspensão** dos processos em todo território nacional.

C) Instrução do incidente

Para instruir o procedimento, o Relator pode designar audiência pública para ouvir depoimentos de pessoas com experiência e conhecimento na matéria. O relator poderá também admitir, tanto na audiência pública quanto no curso do procedimento, a manifestação, como *amici curiae*, de pessoas, órgãos ou entidades com interesse na controvérsia, considerando a relevância da matéria e assegurando o contraditório e a isonomia de tratamento.

D) Decisão do IRDR e seus efeitos sobre os processos afetados e sobrestados

O acórdão paradigma será proferido em um único processo, de todo o conjunto de processos que foram afetados, e deverá conter a **análise de todos os fundamentos suscitados à tese jurídica discutida**, tanto os favoráveis quanto os contrários, obedecendo aos limites estabelecidos na decisão de afetação (art. 12 da IN nº 38/15). Os demais processos afetados serão declarados prejudicados ou serão decididos de acordo com a tese adotada.

Uma vez publicado o acórdão paradigma:

- o Presidente ou Vice-Presidente do Tribunal de origem negará seguimento aos recursos de revista sobrestados na origem, se o acórdão recorrido coincidir com a orientação do Tribunal Superior do Trabalho;
- o órgão que proferiu o acórdão recorrido, na origem, reexaminará o processo de competência originária ou o recurso anteriormente julgado, na hipótese de o acórdão recorrido contrariar a orientação do Tribunal Superior do Trabalho;
- os processos porventura suspensos em primeiro e segundo graus de jurisdição retomarão o curso para julgamento e aplicação da tese firmada pelo Tribunal Superior do Trabalho.

A parte poderá **desistir da demanda** proposta no primeiro grau de jurisdição **antes de proferida a sentença sem o consentimento da parte contrária**, ainda que já tenha sido contestada (art. 1.040, §§ 1º e 3º do CPC e art. 16 da IN nº 38/15), mas desde que seja idêntica aquela que foi julgada pelo IRDR.

Caso a questão afetada e julgada sob o rito dos recursos repetitivos também contenha **questão constitucional**, a decisão proferida pelo Tribunal Pleno não obstará o conhecimento de eventuais recursos extraordinários sobre a questão constitucional.

Em 2016 o TST julgou o seu primeiro recurso repetitivo (Tema repetitivo nº 002) que gerou as seguintes teses jurídicas tratando do sábado como repouso semanal remunerado do bancário:

> INCIDENTE DE JULGAMENTO DE RECURSOS DE REVISTA REPETITIVOS. RECURSOS DE REVISTA REPRESENTATIVOS DA CONTROVÉRSIA. TEMA REPETITIVO Nº 0002 – BANCÁRIO. SALÁRIO-HORA. DIVISOR. FORMA DE CÁLCULO. EMPREGADO MENSALISTA. FIXAÇÃO DAS TESES JURÍDICAS, DE OBSERVÂNCIA OBRIGATÓRIA – ARTIGOS 896-C da CLT e 926, § 2º, e 927 do CPC.
>
> 1. O número de dias de repouso semanal remunerado pode ser ampliado por convenção ou acordo coletivo de trabalho, como decorrência do exercício da autonomia sindical.
>
> 2. O divisor corresponde ao número de horas remuneradas pelo salário mensal, independentemente de serem trabalhadas ou não.
>
> 3. O divisor aplicável para cálculo das horas extras do bancário, inclusive para os submetidos à jornada de oito horas, é definido com base na regra geral prevista no artigo 64 da CLT (resultado da multiplicação por 30 da jornada normal de trabalho), sendo 180 e 220, para as jornadas normais de seis e oito horas, respectivamente.

4. A inclusão do sábado como dia de repouso semanal remunerado, no caso do bancário, não altera o divisor, em virtude de não haver redução do número de horas semanais, trabalhadas e de repouso.

5. O número de semanas do mês é 4,2857, resultante da divisão de 30 (dias do mês) por 7 (dias da semana), não sendo válida, para efeito de definição do divisor, a multiplicação da duração semanal por 5.

6. Em caso de redução da duração semanal do trabalho, o divisor é obtido na forma prevista na Súmula n. 431 (multiplicação por 30 do resultado da divisão do número de horas trabalhadas por semana pelos dias úteis);

7. As normas coletivas dos bancários não atribuíram aos sábados a natureza jurídica de repouso semanal remunerado.

MODULAÇÃO DE EFEITOS.

Para fins de observância obrigatória das teses afirmadas neste incidente (artigos 927, IV, e 489, § 1º, VI, do CPC, 896-C, § 11, da CLT e 15, I, "a", da Instrução Normativa n. 39 deste Tribunal), a nova orientação será aplicada:

a) a todos os processos em curso na Justiça do Trabalho, à exceção apenas daqueles nos quais tenha sido proferida decisão de mérito sobre o tema, emanada de Turma do TST ou da SBDI-1, no período de 27/09/2012 (DEJT em que se publicou a nova redação da Súmula 124, I, do TST) até 21/11/2016 (data de julgamento do presente IRR);

b) às sentenças condenatórias de pagamento de hora extra de bancário, transitadas em julgado, ainda em fase de liquidação, desde que silentes quanto ao divisor para o cálculo. Definidos esses parâmetros, para o mesmo efeito e com amparo na orientação traçada pela Súmula n. 83 deste Tribunal, as novas teses não servirão de fundamento para a procedência de pedidos formulados em ações rescisórias.

Exemplo de questão sobre o tema:

(FCC – Juiz do Trabalho/2017) De acordo com as alterações processuais da Lei no 13.015/2014, a competência para julgar recurso de revista repetitivo e fixar o paradigma judicial obrigatório será

a) da Seção de Dissídios Coletivos do TST ou da Seção de Dissídios Individuais do TST a depender de decisão da maioria simples do Tribunal Pleno do TST.

b) de uma das Turmas ou da Seção de Dissídios Individuais do TST a depender de decisão da maioria simples do Tribunal Pleno do TST.

c) de uma das Turmas ou do Tribunal Pleno do TST a depender de decisão da maioria simples da Seção de Dissídios Individuais.

d) da Seção de Dissídios Individuais ou do Tribunal Pleno do TST a depender de decisão da maioria simples da Seção de Dissídios Individuais.

e) da Seção de Dissídios Individuais ou do Órgão Especial do TST a depender de decisão da maioria absoluta do Tribunal Pleno do TST.

Resposta: D

21.2. Procedimento nos Tribunais Regionais do Trabalho

Cada Tribunal Regional do Trabalho pode inserir no seu regimento interno regras especificas para disciplinar o **incidente de resolução de demandas repetitivas – IRDR**, na forma prevista pelos arts. 976 a 987 do Código de Processo Civil, aplicado subsidiariamente ao processo laboral.

Contudo, a Instrução Normativa nº 39/16 já dispõe de algumas regras sobre o IRDR no âmbito dos Regionais.

Quanto a suspensão do processo, por exemplo, ficou claro que é possível **instruir** a demanda e até praticar **atos decisórios**, como a **sentença definitiva parcial do mérito**, de acordo com o que estabelece o § 1º, art. 8º da mencionada IN nº 39/16:

> **Art. 8º § 1º** Admitido o incidente, o relator suspenderá o julgamento dos processos pendentes, individuais ou coletivos, que tramitam na Região, no tocante ao tema objeto de IRDR, sem prejuízo da instrução integral das causas e do julgamento dos eventuais pedidos distintos e cumulativos igualmente deduzidos em tais processos, inclusive, se for o caso, do julgamento antecipado parcial do mérito.

Da decisão de mérito proferida no IRDR analisado pelo TRT cabe **recurso de revista** para o Tribunal Superior do Trabalho, dotado de efeito meramente devolutivo, nos termos dos arts. 896 e 899 da CLT (§ 2º, art. 8º da Instrução Normativa nº 39/2016 do TST).

Apreciado o mérito do recurso, a tese jurídica adotada pelo Tribunal Superior do Trabalho **será aplicada no território nacional a todos os processos**, individuais ou coletivos, que versem sobre idêntica questão de direito (§ 3º, art. 8º da Instrução Normativa nº 39/2016 do TST).

21.3. Procedimento para julgamento dos recursos extraordinários repetitivos

Na hipótese de interposição de recurso extraordinário no TST, o procedimento a ser seguido é aquele estabelecido pelo art. 1.036 do CPC.

Cabe ao Presidente do TST selecionar um ou mais recursos representativos da controvérsia e encaminhá-los ao STF, com o **sobrestamento dos demais** até o pronunciamento definitivo da Corte.

O Presidente do TST **poderá** oficiar os TRT's e os Presidentes das Turmas e da Seção Especializada do Tribunal para que suspendam os processos idênticos aos selecionados até o seu pronunciamento definitivo pelo STF.

21.4. Coisa julgada, *distinguishing* e *overruling*

A) Coisa julgada

Ao contrário da qualidade da coisa julgada, que somente vincula as partes, no precedente o resultado do julgamento de recursos repetitivos tem efeito *erga omnes*.

B) Distinguishing

O *distinguishing* é uma técnica de julgamento por meio do qual o juiz ou tribunal apresenta elementos objetivos que **diferencia o caso sob julgamento** daquele que serviu para formação do precedente judicial.

Há previsão legal no processo do trabalho para aplicação do *distinguishing*. Por exemplo, a decisão firmada em recurso repetitivo não será aplicada aos casos em que se demonstrar que a situação de fato ou de direito é distinta das presentes no processo julgado sob o rito dos recursos repetitivos, segundo dispõe o § 16, art. 896-C da CLT:

> **Art. 896-C.** A decisão firmada em recurso repetitivo não será aplicada aos casos em que se demonstrar que a situação de fato ou de direito é distinta das presentes no processo julgado sob o rito dos recursos repetitivos.

O CPC também trata desse instituto em seu art. 489, § 1º, incisos V e VI

> **Art. 489. § 1º** Não se considera fundamentada qualquer decisão judicial, seja ela interlocutória, sentença ou acórdão, que: V – se limitar a invocar precedente ou enunciado de súmula, sem identificar seus fundamentos determinantes nem demonstrar que o caso sob julgamento se ajusta àqueles fundamentos; VI – deixar de seguir enunciado de súmula, jurisprudência ou precedente invocado pela parte, sem demonstrar a existência de distinção no caso em julgamento ou a superação do entendimento.

No que diz respeito ao incidente de resolução de demandas repetitivas – IRDR no âmbito do TST, o art. 15 da IN nº 38/15 estabelece que:

> **Art. 15.** Para fundamentar a decisão de manutenção do entendimento, o órgão que proferiu o acórdão recorrido deverá demonstrar a existência de distinção, por se tratar de caso particularizado por hipótese fática distinta ou questão jurídica não examinada, a impor solução diversa.
>
> **§ 1º** Na hipótese de que trata o caput deste artigo, o recurso de revista será submetido a novo exame de sua admissibilidade pelo Presidente ou Vice-Presidente do Tribunal Regional, retomando o processo o seu curso normal.
>
> **§ 2º** Realizado o juízo de retratação, com alteração do acórdão divergente, o Tribunal de origem, se for o caso, decidirá as demais questões ainda não decididas, cujo enfrentamento se tornou necessário em decorrência da alteração.
>
> **§ 3º** Quando for alterado o acórdão divergente na forma do § 1º e o recurso anteriormente interposto versar sobre outras questões, o Presidente ou Vice-Presidente do Tribunal Regional, independentemente de ratificação do recurso, procederá a novo juízo de admissibilidade, retomando o processo o seu curso normal.

Já a Instrução Normativa nº 39/16 do TST, em seu art. 15, VII, atribui a parte o ônus da prova em relação ao *distinguishing*:

> **Art. 15. VI** – é ônus da parte, para os fins do disposto no art. 489, § 1º, V e VI, do CPC, identificar os fundamentos determinantes ou demonstrar a existência de distinção no caso em julgamento ou a superação do entendimento, sempre que invocar precedente ou enunciado de súmula.

C) Overrulling

Há previsão legal, também, de revisão do entendimento do Tribunal sedimentado por meio de precedente, técnica denominada de *overruling*.

Assim, caberá revisão da decisão firmada em julgamento de recursos repetitivos quando se alterar a situação econômica, social ou jurídica, caso em que será respeitada a segurança jurídica das relações firmadas sob a égide da decisão anterior, podendo o Tribunal Superior do Trabalho **modular os efeitos da decisão** que a tenha alterado (§ 17, art. 896-C da CLT).

Trata-se de *overruling* prospectivo, pois os efeitos da mudança operam *ex nunc*, enquanto que o *overruling* retrospectivo permitiria efeitos retroativos (*ex tunc*).

O CPC disciplina dessa matéria no seu art. 489, § 1º, VI, em sua parte final, bem como nos §§ 2º a 4º, do art. 927:

> **Art. 489. § 1º** Não se considera fundamentada qualquer decisão judicial, seja ela interlocutória, sentença ou acórdão, que: VI – deixar de seguir enunciado de súmula, jurisprudência ou precedente invocado pela parte, sem demonstrar a existência de distinção no caso em julgamento ou a **superação do entendimento** (grifou-se).
>
> **Art. 927. § 2º** A alteração de tese jurídica adotada em enunciado de súmula ou em julgamento de casos repetitivos poderá ser precedida de audiências públicas e da participação de pessoas, órgãos ou entidades que possam contribuir para a rediscussão da tese.
>
> **§ 3º** Na hipótese de alteração de jurisprudência dominante do Supremo Tribunal Federal e dos tribunais superiores ou daquela oriunda de julgamento de casos repetitivos, pode haver modulação dos efeitos da alteração no interesse social e no da segurança jurídica.
>
> **§ 4º** A modificação de enunciado de súmula, de jurisprudência pacificada ou de tese adotada em julgamento de casos repetitivos observará a necessidade de fundamentação adequada e específica, considerando os princípios da segurança jurídica, da proteção da confiança e da isonomia.

Exemplos de questões sobre o tema

(TRT 8 – Juiz do Trabalho Substituto 8ª região/2015) Quanto ao recurso repetitivo no processo do trabalho, é INCORRETO afirmar que:

a) O relator poderá admitir manifestação de pessoa, órgão ou entidade com interesse na controvérsia, inclusive como assistente simples, na forma da lei.

b) Caso a questão afetada e julgada sob o rito dos recursos repetitivos também contenha questão constitucional, a decisão proferida pela Seção Especializada não obstará o conhecimento de eventuais recursos extraordinários sobre a questão constitucional.

c) O Presidente do Tribunal Superior do Trabalho poderá oficiar os Tribunais Regionais do Trabalho e os Presidentes das Turmas e da Seção Especializada do Tribunal para que suspendam os processos idênticos aos selecionados como recursos representativos da controvérsia e encaminhados ao Supremo Tribunal Federal, até o seu pronunciamento definitivo.

d) O recurso repetitivo será distribuído a um dos Ministros membros da Seção Especializada ou do Tribunal Pleno e a um Ministro revisor.

e) O relator no Tribunal Superior do Trabalho poderá determinar a suspensão dos recursos de revista ou de embargos que tenham como objeto controvérsia idêntica à do recurso afetado como repetitivo.

Resposta: B

(TRT 8 – Juiz do Trabalho Substituto 8ª região/2015) Acerca do recurso de revista, é CORRETO afirmar que:

a) O Presidente da Turma ou da Seção de Dissídios Individuais, por indicação dos relatores, afetará um ou mais recursos representativos da controvérsia para julgamento pela Seção Especializada em Dissídios Individuais, sob o rito dos recursos repetitivos.

b) Quando houver multiplicidade de recursos de revista fundados em idêntica questão de direito, a questão poderá ser afetada à Seção Especializada em Dissídios Individuais ou ao Tribunal Pleno, por decisão da maioria simples de seus membros, mediante requerimento de um dos Ministros que compõem a Seção Especializada, considerando a relevância da matéria ou a existência de entendimentos divergentes entre os Ministros dessa Seção ou das Turmas do Tribunal.

c) Cabe ao relator, que afetar processo para julgamento sob o rito dos recursos repetitivos, decidir sobre a comunicação aos demais Presidentes de Turma ou de Seção Especializada, que poderão afetar outros processos sobre a questão para julgamento conjunto, a fim de conferir ao órgão julgador visão global da questão.

d) O Presidente da Seção Especializada oficiará os Presidentes dos Tribunais Regionais do Trabalho para que suspendam os recursos interpostos em casos idênticos aos afetados como recursos repetitivos, até o pronunciamento definitivo do Tribunal Superior do Trabalho.

e) Caberá ao Presidente da Seção Especializada do Tribunal de origem admitir um ou mais recursos representativos da controvérsia, os quais serão encaminhados ao Tribunal Superior do Trabalho, ficando suspensos os demais recursos de revista até o pronunciamento definitivo do Tribunal Superior do Trabalho.

Resposta: B

(FCC – Juiz do Trabalho Substituto 6ª região/2015) Quando houver multiplicidade de recursos de revista fundados em idêntica questão de direito, a questão poderá ser afetada

a) diretamente à Seção Especializada em Dissídios Individuais, por decisão da maioria de seus membros, mediante requerimento do Presidente do TST, considerando a relevância da matéria ou a existência de entendimento contrário à súmula vinculante do Supremo Tribunal Federal.

b) à Seção Especializada em Dissídios Individuais ou Coletivos, por decisão da maioria simples de seus membros, mediante provocação de qualquer das partes ou do Ministério Público do Trabalho, considerando a relevância da matéria ou a existência de entendimento contrário à súmula do Supremo Tribunal Federal.

c) à Seção Especializada em Dissídios Individuais ou ao Tribunal Pleno, por decisão da maioria simples de seus membros, mediante requerimento de um dos Ministros que compõem a Seção Especializada, considerando a relevância da matéria ou a existência de entendimentos divergentes entre os Ministros dessa Seção ou das Turmas do Tribunal.

d) à Turma ou à Seção Especializada em Dissídios Individuais, por decisão da maioria absoluta de seus membros, mediante requerimento do Presidente do TST, considerando a relevância da matéria ou a existência de entendimentos divergentes entre os Ministros dessa Seção ou das Turmas do Tribunal.

e) diretamente ao Tribunal Pleno, por decisão de um de seus membros, mediante requerimento do Presidente do Tribunal Regional do Trabalho de origem, considerando a relevância da matéria ou a existência de entendimentos divergentes entre os Ministros das Turmas do Tribunal.

Resposta: C

(FCC – Juiz do Trabalho Substituto 1ª região/2015) A Lei no 13.015/2014, ao instituir o recurso de revista repetitivo no processo do trabalho, preceituou que

I. diante da multiplicidade de recursos de revista fundados em idêntica questão de fato, a questão poderá ser afetada à Seção Especializada em Dissídios Individuais ou ao Tribunal Pleno.

II. o relator no Tribunal Superior do Trabalho poderá determinar a suspensão dos recursos de revista ou de embargos que tenham como objeto controvérsia idêntica à do recurso afetado como repetitivo.

III. o relator poderá admitir manifestação de pessoa, órgão ou entidade com interesse na controvérsia, inclusive como assistente simples.

Está correto o que se afirma APENAS em

a) II.

b) I e II.

c) II e III.

d) I e III.

e) I.

Resposta: C

22. INCIDENTE DE ASSUNÇÃO DE COMPETÊNCIA – IAC

Pode ocorrer a hipótese de uma determinada demanda, apesar de não considerada repetitiva, ser classificada como de **grande repercussão social em relação à matéria de direito**. Em tais situações, é possível alterar a competência de julgamento da Seção Especial de Dissídio Individual I para o Tribunal Pleno.

A previsão legal do incidente de assunção de competência – IAC está contida no art. 947 do CPC (IN nº 39/2016 do TST) e art. 20 da IN nº 38/15:

> **Art. 947.** É admissível a assunção de competência quando o julgamento de recurso, de remessa necessária ou de processo de competência originária envolver relevante questão de direito, com grande repercussão social, sem repetição em múltiplos processos.
>
> **Art. 20.** Quando o julgamento dos embargos à SbDI-1 envolver relevante questão de direito, com grande repercussão social, sem repetição em múltiplos processos mas a respeito da qual seja conveniente a prevenção ou a composição de divergência entre as turmas ou os demais órgãos fracionários do Tribunal Superior do Trabalho, poderá a SbDI-1, por iniciativa de um de seus membros e após a aprovação da maioria de seus integrantes, afetar o seu julgamento ao Tribunal Pleno.

A proposta de assunção de competência pode ser feita pelo Relator, de ofício, pela Parte, pelo Ministério Público do Trabalho ou pela Defensoria Pública. Entretanto, o julgamento pelo Órgão Colegiado definido pelo regimento do Tribunal só ocorrerá se essa Unidade Jurisdicional reconhecer o interesse público na demanda.

23. RECLAMAÇÃO

A Reclamação é uma demanda destinada a **preservar a competência ou garantir a autoridade das decisões de determinado Tribunal**, sem que seja necessário percorrer todas as instâncias inferiores. Está prevista no art. 102, I, "F", da CF/88, mas somente em relação ao Supremo Tribunal Federal.

Porém, o CPC, por meio do art. 988 e seguintes, estendeu essa possibilidade para qualquer Tribunal:

> **Art. 988.** Caberá reclamação da parte interessada ou do Ministério Público para:
>
> I – preservar a competência do tribunal;
>
> II – garantir a autoridade das decisões do tribunal;
>
> III – garantir a observância de enunciado de súmula vinculante e de decisão do Supremo Tribunal Federal em controle concentrado de constitucionalidade;
>
> IV – garantir a observância de acórdão proferido em julgamento de incidente de resolução de demandas repetitivas ou de incidente de assunção de competência;

Esse procedimento também se aplica aos Tribunais trabalhistas, como deixou claro a Instrução Normativa nº 39/2016, em seu art. 3º, XXVII.

Selou-se, definitivamente, a discussão sobre o cabimento da Reclamação no âmbito da Justiça do Trabalho, com a promulgação da Emenda Constitucional nº 92, em 12.07.2016, que acrescentou o § 3º ao art. 111-A da CF/88 com a seguinte redação: "Compete ao Tribunal Superior do Trabalho processar e julgar, originariamente, a reclamação para a preservação de sua competência e garantia da autoridade de suas decisões".

Não cabe Reclamação nos seguintes casos (§ 5º, do citado art. 988 do CPC, com redação conferida pela Lei nº 13.256/16):

> I – proposta após o trânsito em julgado da decisão reclamada;
>
> II – proposta para garantir a observância de acórdão de recurso extraordinário com repercussão geral reconhecida ou de acórdão proferido em julgamento de recursos extraordinário ou especial repetitivos, quando não esgotadas as instâncias ordinárias.

De acordo com o § 2º, art. 210 do regimento interno a competência para processar e julgar a reclamação será do órgão colegiado cuja competência se busca preservar ou cuja autoridade se pretenda garantir.

A petição inicial da Reclamação deverá ser instruída com prova documental e dirigida ao presidente do Tribunal, após o que será autuada e distribuída, sempre que possível, para o Juiz relator do processo principal, que (art. 989 do CPC):

> I – requisitará informações da autoridade a quem for imputada a prática do ato impugnado, que as prestará no prazo de 10 (dez) dias;
>
> II – se necessário, ordenará a suspensão do processo ou do ato impugnado para evitar dano irreparável;
>
> III – determinará a citação do beneficiário da decisão impugnada, que terá prazo de 15 (quinze) dias para apresentar a sua contestação.

Julgando procedente a reclamação, o tribunal cassará a decisão exorbitante de seu julgado ou determinará medida adequada à solução da controvérsia. Já o presidente do tribunal determinará o imediato cumprimento da decisão, lavrando-se o acórdão posteriormente.

24. PRINCIPAIS DIFERENÇAS ENTRE O PROCESSO CIVIL E O PROCESSO

Instituto	Processo Civil	Processo do Trabalho
Interposição de recurso	Por meio de petição, acompanhada das respectivas razões.	Por simples petição.
Preparo	Recolhimento das custas e do porte de remessa e de retorno (art. 1.007 do CPC).	Recolhimento das custas e do depósito recursal, com a possibilidade de substituição deste último pelo seguro garantia judicial, cujo procedimento foi disciplinado pelo Ato Conjunto do TST, CGJT e CSJT de nº 01/2019.

Instituto	Processo Civil	Processo do Trabalho
Recurso cabível de decisão em competência originária	Apelação.	Recurso ordinário para sentenças na fase de conhecimento e agravo de petição para as decisões na fase de execução.
Recurso para o Tribunal Superior, em sede de competência recursal	Recurso especial para o STJ.	Recurso de revista para o TST.
Agravo de instrumento: função	Reforma de decisão interlocutória nos estritos casos previstos pelo CPC.	Contra decisão do juízo *a quo* que denega seguimento ao recurso.
Agravo de instrumento: primeiro juízo de admissibilidade	Dirigido diretamente ao Tribunal competente (art. 1.016 do CPC).	Dirigido ao juízo que proferiu a decisão denegatória de seguimento de recurso (IN do TST nº 16/2000), quando aplicável.
Recurso de revisão do valor da causa	Sem similar no processo civil.	Cabível quando o juiz indefere o pedido de impugnação ao valor da causa.

25. INFORMATIVOS DO TST SOBRE A MATÉRIA

Recurso ordinário. Cabimento. Agravo regimental que confirma decisão monocrática em ação rescisória. Determinação de intimação da parte para complementação do depósito prévio sob pena de indeferimento liminar da inicial. Antecipação da extinção do processo, sem resolução de mérito. Recorribilidade imediata.

Cabe recurso ordinário contra decisão de TRT que, ao analisar agravo regimental, confirma decisão monocrática em ação rescisória determinando a intimação da autora para complementação do depósito prévio, sob pena de indeferimento da petição inicial. Trata-se de decisão que antecipa a extinção do processo, sem resolução de mérito (art. 485, IV, do CPC de 2015), ostentando, portanto, natureza jurídica de decisão terminativa a autorizar o cabimento de recurso ordinário ao TST, em atenção aos princípios da economia, utilidade e celeridade processuais. Sob esse fundamento, a SBDI-II, por unanimidade, conheceu do recurso ordinário e, no mérito, por maioria, deu-lhes provimento para, afastado o ônus processual imposto à parte relativamente à complementação do depósito prévio, determinar o retorno dos autos ao TRT de origem para que prossiga no exame da ação rescisória, como entender de direito. Vencidos os Ministros Luiz Jose Dezena da Silva, Douglas Alencar Rodrigues, Evandro Valadão e Renato de Lacerda Paiva. TST-RO-7878-41.2017.5.15.0000, SBDI-II, rel. Min. Alexandre Agra Belmonte, 1º.10.2019 (TST. Info nº 207).

Intempestividade. Recurso interposto após o prazo legal contado a partir da publicação no DEJT. Posterior intimação via sistema PJE. Impossibilidade de alteração do início do prazo recursal.

A intimação mediante o sistema do PJE não invalida, nem substitui a publicação ocorrida no Diário Eletrônico da Justiça do Trabalho (DEJT). Nos termos do art. 4º, § 2º, da Lei nº 11.419/2006, a publicação eletrônica do diário de justiça substitui qualquer outro meio de publicação oficial, para quaisquer efeitos legais, à exceção dos casos que, por lei, exigem intimação ou vista pessoal. Assim, é intempestivo o recurso ordinário interposto em 24/8/2018, pois o acórdão recorrido foi divulgado no DEJT de 2/8/2018, considerado publicado em 3/8/2018, tendo o octídio legal para a interposição do recurso (contado em dias úteis) expirado em 15/8/2018. O fato de a parte ter tido ciência da decisão no sistema do PJE apenas em 20/8/2018 não tem o condão de alterar a data inicial para a contagem do prazo recursal, pois não torna a publicação no DEJT sem efeitos. Sob esses fundamentos, a SBDI-II, por unanimidade, conheceu e negou provimento ao agravo de instrumento, mantendo incólume a decisão do Tribunal Regional que não admitiu o recurso ordinário porque intempestivo. TST-AIRO-6893-43.2015.5.15.0000, SBDI-II, rel. Min. Alexandre Agra Belmonte, 27.8.2019 (TST. Info nº 203).

Juntada de voto vencido. Ausência. Nulidade absoluta do julgado. Configuração. Art. 941, § 3º, do CPC de 2015.

O art. 941, § 3º, do CPC de 2015 determina que "o voto vencido necessariamente será declarado e considerado como parte integrante do acórdão para todos os fins legais, inclusive para o de pré-questionamento", de forma que o legislador não deixou nenhuma margem interpretativa apta a relativizar a aplicação do dispositivo. A juntada do referido voto, portanto, é condição imprescindível para a efetivação do art. 93, IX, da CF, pois compõe a própria fundamentação da decisão colegiada e possibilita o conhecimento pelas partes de todas as razões (acatadas e rechaçadas) que resultaram no provimento jurisdicional. Assim, a ausência do voto vencido não pode ser considerada uma mera irregularidade passível de ser sanada pela ampla devolutividade do recurso ordinário, porquanto se trata de providência que, quando não observada, acarreta a nulidade absoluta do julgado. Sob esses fundamentos, a SBDI-II, por maioria, declarou a nulidade dos atos procedimentais a partir da publicação do acórdão do TRT sem o voto vencido, e determinou a devolução dos autos ao Tribunal Regional de origem para que seja sanada a irregularidade apontada, com restituição às partes do prazo para a interposição do recurso ordinário e o regular prosseguimento do feito. Vencidos, em parte, os Ministros Douglas Alencar Rodrigues e Luiz José Dezena da Silva. TST-RO-7956-69.2016.5.15.0000, SBDI-II, rel. Min. Maria Helena Mallmann, 13.8.2019 (TST. Info nº 202).

Embargos. Divergência jurisprudencial. Comprovação. Indicação do endereço URL que leva ao inteiro teor do acórdão paradigma apenas quando digitado. Erro no sistema de OCR. Problema que não pode ser atribuído à parte. Validade do aresto. Súmula nº 337, IV, do TST, com redação vigente à época da interposição do recurso.

O fato de o endereço denominado Universal Resource Locator – URL indicado pela parte para fins de comprovação de divergência jurisprudencial (conforme exigido pelo item IV da Súmula nº 337 do TST, com redação vigente à data da interposição do recurso) levar ao inteiro teor do acórdão paradigma apenas quando digitado, e não quando copiado diretamente do processo eletrônico, não torna o aresto formalmente inválido. No caso, a parte não pode ser penalizada em razão de falha bastante comum no sistema de OCR (Optical Character Recognition) que, ao ser utilizado para fazer o reconhecimento de texto em documento digitalizado, acaba por confundir caracteres semelhantes. De outra sorte, a ausência da data de publicação no DEJT no documento aberto após a digitação do endereço indicado também não torna o aresto inválido, pois a referida informação consta no corpo do recurso de embargos e no próprio endereço de URL. Sob esse entendimento, a SBDI-I, por maioria, conheceu de embargos, pois demonstrada divergência jurisprudencial formalmente válida e específica. Vencidos os Ministros João Oreste Dalazen, relator, Márcio Eurico Vitral Amaro, Cláudio Mascarenhas Brandão e Brito Pereira. TST--E-ED-RR-3256-96.2013.5.02.0071, SBDI-I, rel. Min. João Oreste Dalazen, red. p/ acórdão Min. Ministro Hugo Carlos Scheuermann, 8.8.2019 (TST. Info nº 201).

Ação rescisória. Art. 966, VII, do CPC de 2015. Acordão prolatado em julgamento de recurso de revista repetitivo. Publicação posterior à decisão rescindenda. Ausência de demonstração de fato ocorrido na relação jurídica controvertida no processo matriz. Prova nova. Não configuração.

Acórdão prolatado em julgamento de incidente de recurso repetitivo não constitui prova apta a deflagrar o corte rescisório calcado no art. 966, VII, do CPC de 2015, pois referido julgado não se destina à demonstração de um fato ocorrido na relação jurídica controvertida no processo matriz, mas apenas explicita entendimento uniforme e vinculante do TST sobre a controvérsia jurídica. Ademais, a prova nova deve ser cronologicamente velha, o que o não ocorreu no caso em apreço, pois o acórdão invocado foi publicado após a decisão rescindenda. Assim, ausente a probabilidade do direito, a SBDI-II, por unanimidade, conheceu do agravo regimental e, no mérito, negou-lhe provimento para manter a decisão monocrática que indeferira o pedido de tutela provisória de urgência formulado nos autos da ação rescisória. TST--AgR-AR-1000450-71.2018.5.00.0000, SBDI-II, rel. Min. Delaíde Miranda Arantes, 18.6.2019 (Info nº 199).

Alegação de julgamento citra petita pelo Tribunal Regional. Análise da petição inicial em sede de recurso de revista. Possibilidade. Contrariedade à Súmula nº 126 do TST. Não configuração.

A análise de petição inicial por Turma do TST, para fins de apreciação de recurso de revista em que há alegação de julgamento citra petita pelo Tribunal Regional, não contraria a Súmula n° 126 do TST, pois o confronto entre a exordial e o decidido pelo TRT é a única forma de examinar a referida alegação. Ademais, a peça inaugural do processo não constitui fato e nem prova dos autos, mas é verdadeiro ato processual cuja análise não se inclui na proibição de revolvimento de fatos e provas. No caso, a 6ª Turma do TST, ao entender que na causa de pedir foi narrada a prestação de horas extras sem concessão do intervalo intrajornada e que no pedido constou o pagamento de horas extras em razão da inobservância do referido intervalo, conheceu do recurso de revista interposto pelo reclamante por violação dos arts. 128 e 460 do CPC de 1973 e, no mérito, deu-lhes provimento para determinar o retorno dos autos ao TRT para proferir novo julgamento quanto ao pedido de horas extras decorrentes da concessão parcial do intervalo intrajornada. Dessa decisão, a reclamada interpôs embargos, alegando haver contrariedade à Súmula nº 126 do TST. Diante da negativa de seguimento ao recurso, a empregadora, em agravo, reiterou a alegada contrariedade, ao fundamento de que a Turma partiu de premissa diversa da registrada pelo TRT, que consignara não haver na petição inicial tese de que o intervalo intrajornada deveria ser de uma hora, considerada a prorrogação habitual da jornada. Todavia, entendendo ter havido mera análise da petição inicial, a SBDI-I, por unanimidade, negou provimento ao agravo para manter a decisão que denegara seguimento aos embargos. TST-Ag-E-ED-ARR-1072-73.2014.5.03.0179, SBDI-I, rel. Min. José Roberto Freire Pimenta, 6.6.2019 (TST. Info nº 198).

Embargos. Conhecimento por contrariedade à Súmula nº 126 do TST. Excepcional possibilidade. Exame do mérito do recurso de revista sem considerar particularidade fática insuscetível de afastamento em sede extraordinária.

Em regra, não se conhece dos embargos por contrariedade ou má aplicação de súmula ou orientação jurisprudencial de conteúdo processual invocada como óbice ao conhecimento do recurso de revista, com exceção da hipótese em que a decisão embargada contenha afirmação ou manifestação contrária ao teor do verbete indicado como mal aplicado. No caso, a decisão turmária determinou a apuração das horas extras referentes ao período em que não foram juntados os cartões de ponto com base na jornada alegada na inicial (Súmula nº 338, I, do TST), sem atentar para a particularidade registrada pelo Tribunal Regional de que as condições de trabalho no período em que não foi registrada a jornada permaneceram inalteradas. Assim, restou configurada a hipótese excepcional de cabimento dos embargos por contrariedade à Súmula nº 126 do TST, pois a Turma procedeu ao exame do mérito ignorando peculiaridade fática insuscetível de afastamento em sede extraordinária. Com esses fundamentos, a SBDI-I, por maioria, conheceu do recurso de embargos, por contrariedade à Súmula nº 126 do TST, e, no mérito, aplicando a Orientação Jurisprudencial nº 233 da SBDI-I, deu-lhe provimento para restabelecer o acórdão do TRT, o qual mantivera a sentença que determinou a apuração das horas extraordinárias pela média da totalidade dos controles de jornada apresentados. Vencidos os Ministros José Roberto Freire Pimenta, relator, Alberto Luiz Bresciani de Fontan Pereira e Wlamir Oliveira da Costa. TST-Ag-E-ED-ARR-21130-73.2016.5.04.0802, SBDI-I, rel. Min. José Roberto Freire Pimenta, red. p/ acórdão Min. Breno Medeiros, 30.5.2019 (TST. Info nº 197).

Prescrição. Arguição em defesa. Afastamento pelo Juízo de primeiro grau. Improcedência dos pedidos iniciais. Efeito devolutivo em profundidade do recurso da parte sucumbente no pedido principal. Desnecessidade de renovação da prescrição em recurso adesivo ou em contrarrazões.

O Tribunal Regional do Trabalho pode conhecer da prejudicial de prescrição arguida em defesa, ainda que não renovada por meio de recurso adesivo ou em contrarrazões ao recurso ordinário, quando julgados improcedentes os pedidos do reclamante. O efeito devolutivo do recurso ordinário é amplo e, consequentemente, admite o conhecimento da matéria impugnada, assim como de todas as questões suscitadas e discutidas no processo, ainda que o Juízo de primeiro grau não as tenha julgado por inteiro. Assim, no caso concreto, mesmo diante da não interposição de recurso adesivo, cabia ao TRT conhecer da prejudicial de prescrição arguida em contrarrazões pela reclamada. Sob esses fundamentos, a SBDI-I, em sua composição plena, por unanimidade, conheceu do recurso de embargos, por divergência jurisprudencial, e, no mérito, por maioria, deu-lhe provimento para reconhecer a possibilidade de exame, pelo Tribunal Regional, da prescrição renovada em contrarrazões ao recurso ordinário, e determinar o retorno dos autos à Turma a fim de que prossiga no exame do recurso de revista, como entender de direito. Vencidos os Ministros Renato de Lacerda Paiva, Walmir Oliveira da Costa, José Roberto Freire Pimenta e Hugo Carlos Scheuermann, os quais negavam provimento ao recurso ao entendimento de que, na espécie, permitir que uma prejudicial de mérito seja arguida apenas em sede de contrarrazões ao recurso ordinário significa inviabilizar ao reclamante o exercício do contraditório e da ampla defesa. TST-E-ED-RR-103900-80.2012.5.17.0001, SBDI-I, rel. Min. Cláudio Mascarenhas Brandão, 21.2.2019 (TST. Info nº 192).

Sucumbência na reclamação trabalhista e na reconvenção. Preparo recolhido apenas em relação à reclamatória. Deserção do recurso relativo à ação principal. Não configuração.

A reconvenção, medida processual por meio da qual a parte exerce pretensão própria e autônoma, não se confunde com a ação principal, mas apenas pressupõe a existência desta. Assim, na hipótese em que a parte é sucumbente tanto na ação trabalhista quando na reconvenção, mas efetua o preparo referente à reclamação trabalhista somente, não há falar em deserção do recurso ordinário relativo à reclamatória, sob pena de violação dos arts. 789, caput e § 1º, da CLT (na redação anterior à Lei nº 13.467/2017), 343, § 2º, do CPC de 2015 e dos princípios do devido processo legal, do contraditório e da ampla defesa. Sob esse fundamento, a SBDI-I, por unanimidade, conheceu dos embargos, por divergência jurisprudencial, e, no mérito, deu-lhes provimento para, afastada a deserção do recurso ordinário tão somente em relação à reclamação trabalhista, determinar o retorno dos autos ao TRT de origem, a fim de que prossiga no julgamento das pretensões formuladas na referida ação, como entender de direito. TST-E-ED-RR-1136-35.2013.5.10.0014, SBDI-I, rel. Min. Cláudio Mascarenhas Brandão, 13.12.2018 (TST. Info nº 189).

Agravo não conhecido por irregularidade de representação. Produção de efeitos processuais, apesar de o apelo ser considerado inexistente. Segundo agravo interposto no mesmo dia. Impossibilidade de exame. Preclusão consumativa. Princípio da unirrecorribilidade.

A interposição de recurso eivado de irregularidade de representação processual, ainda que considerado inexistente, produz efeitos processuais, acarretando a preclusão consumativa. Desse modo, a interposição do segundo apelo não possui o condão de sanar os vícios que contaminaram o primeiro recurso, porquanto nem sequer é passível de exame. Na hipótese, a reclamada, ao impugnar a decisão monocrática que denegou seguimento ao seu agravo de instrumento, interpôs dois agravos internos na mesma data, havendo diferença de horas na protocolização. A Turma não conheceu do primeiro agravo, visto que assinado por advogados sem poderes nos autos, reputando-o inexistente, nos termos da então vigente Súmula nº 164 do TST. Além disso, deixou de examinar o segundo agravo, com fundamento no princípio da unirrecorribilidade e na preclusão consumativa. Assim, a SBDI-I, por unanimidade, conheceu dos embargos interpostos pela reclamada, por divergência jurisprudencial, e, no mérito, por maioria, negou-lhes provimento. Vencidos os Ministros Márcio Eurico Vitral Amaro e Breno Medeiros.TST-E-ED-Ag-AIRR-150700-20.2009.5.02.0057, SBDI-I, rel. Min. Alexandre de Souza Agra Belmonte, 8.11.2018 (TST. Info nº 186).

Conhecimento do recurso de revista por contrariedade a precedente normativo do TST. Possibilidade.

É possível o conhecimento de recuso de revista por contrariedade a precedente normativo do TST, pois, embora o art. 896, "a", da CLT, com redação dada pela Lei nº 13.015/2014, refira-se a "súmula de jurisprudência uniforme", pode-se afirmar que jurisprudência uniformizada é gênero, do qual súmulas, orientações jurisprudenciais e precedentes normativos são espécies. Ademais, se a Orientação Jurisprudencial nº 219 da SBDI-I admite invocar orientação jurisprudencial do TST para conhecimento de recurso de revista ou de embargos, independentemente da origem do verbete (SBDI-I, SBDI-II, Tribunal Pleno/Órgão Especial ou SDC), não se justifica inadmitir o recurso por contrariedade a precedente normativo, simplesmente pelo fato de consolidar entendimento jurisprudencial firmado no âmbito dos dissídios coletivos. Assim, a SBDI-I, por unanimidade, conheceu dos embargos da reclamada, por divergência jurisprudencial e, no mérito, por maioria, negou-lhes provimento, mantendo, portanto, a decisão turmária que conhecera do recurso de revista por contrariedade ao Precedente Normativo nº 119 do TST e dera-lhe provimento para condenar a reclamada a restituir ao reclamante os valores descontados a título de contribuição assistencial sem sua expressa autorização. Vencidos os Ministros Ives Gandra Martins Filho e Walmir Oliveira da Costa. TST-E-RR-2294-39.2012.5.02.0029, SBDI-I, rel. Min. Aloysio Corrêa da Veiga, 6.9.2018 (TST. Info nº 183).

Embargos de declaração. Incidente de Recursos de Revista Repetitivos. "Tema nº 0006 – Responsabilidade subsidiária. Dona da obra. Aplicação da OJ 191 da SBDI-I limitada à pessoa física ou micro e pequenas empresas".

A SBDI-I, por unanimidade, deu provimento aos embargos de declaração da Associação Brasileira do Agronegócio (Abag) para, ao sanar omissão, mediante a atribuição de efeito modificativo, acrescer ao acórdão originário referente ao Tema Repetitivo nº 0006 – RESPONSABILIDADE SUBSIDIÁRIA. DONA DA OBRA. APLICAÇÃO DA OJ 191 DA SBDI-I LIMITADA À PESSOA FÍSICA OU MICRO E PEQUENAS EMPRESAS, a tese jurídica nº 5, de seguinte teor: V) O entendimento contido na tese jurídica nº 4 aplica-se exclusivamente aos contratos de empreitada celebrados após 11 de maio de 2017, data do presente julgamento. TST-ED-IRR-190-53.2015.5.03.0090, SBDI-I, rel. Min. João Oreste Dalazen, 9.8.2018 (Info nº 181).

Incidente de Resolução de Demanda Repetitiva. Não conhecimento pelo TRT. Recurso ordinário. Não cabimento. Art. 987 do CPC de 2015.

Não cabe recurso ordinário contra decisão de TRT que não admite Incidente de Resolução de Demanda Repetitiva - IRDR. Embora o IRDR seja compatível com o processo do trabalho, nos termos da IN 39 do TST, o art. 987 do CPC de 2015 admite a interposição de recurso de natureza extraordinária apenas quando houver o julgamento do mérito do incidente. Sob esse entendimento, o Órgão Especial, por unanimidade, não conheceu do recurso ordinário. TST-RO-21242-23.2016.5.04.0000, Órgão Especial, rel. Min. Maria Helena Mallmann, 6.8.2018 (Info nº 181).

Arguição de inconstitucionalidade. Art. 702, I, "f", e §§ 3º e 4º, da CLT, incluídos pela Lei nº 13.467/2017. Requisitos para a edição e a revisão de súmulas e outros enunciados de jurisprudência uniforme.

A SBDI-I, por unanimidade, decidiu acolher a arguição de inconstitucionalidade da alínea "f" do inciso I e dos §§ 3º e 4º do art. 702 da CLT, incluídos pela Lei nº 13.467/2017, suscitada na sessão de julgamento realizada em 22.3.2018, e determinar a remessa dos autos ao Tribunal Pleno. TST-E-RR-696 25.2012.5.05.0463, SBDI-I, rel. Min. Márcio Eurico Vitral Amaro, 24.5.2018 (Info nº 179).

Execução. Agravo de petição do exequente. Delimitação de valores prevista no art. 897, § 1º, da CLT. Inexigibilidade.

A delimitação dos valores impugnados a que alude o art. 897, § 1º, da CLT é pressuposto de admissibilidade do agravo de petição e visa a execução imediata da parte incontroversa, razão pela qual somente é exigível do executado. O exequente, via de regra, pretende obter um acréscimo ao valor já apurado, de modo que o descumprimento da referida norma não acarreta qualquer prejuízo ao prosseguimento da execução. Sob esse entendimento, a SBDI-I, por unanimidade, conheceu dos embargos, por divergência jurisprudencial, e, no mérito, por maioria, deu-lhes provimento para, afastada a necessidade de delimitação de valores, determinar o retorno dos autos ao TRT para que prossiga no exame do agravo de petição do exequente, como entender de direito. Vencidos os Ministros Cláudio Mascarenhas Brandão, Alexandre Agra Belmonte, Guilherme Augusto Caputo Bastos, Walmir Oliveira da Costa e Ives Gandra Martins Filho. TST-E-RR-143500-80.2004.5.01.0342, SBDI-I, rel. Min. Hugo Carlos Scheuermann, 8.2.2018 (TST. Info nº 171).

Recurso de revista. Conhecimento. Violação do art. 927, caput, do Código Civil de 2002. Impossibilidade. Fato gerador do dano ocorrido sob a vigência do Código Civil de 1916.

É inviável o conhecimento de recurso de revista por violação do art. 927, caput, do Código Civil de 2002, na hipótese em que o fato gerador do pedido de indenização por danos morais ocorreu no ano de 2000, quando o referido dispositivo legal ainda não se encontrava em vigor. Sob esse fundamento, a SBDI-I, por unanimidade, conheceu dos embargos interpostos pela reclamada, por divergência jurisprudencial e, no mérito, por maioria, deu-lhes provimento para determinar o retorno dos autos à Turma de origem, a fim de que, afastada a reconhecida afronta ao art. 927, caput, do CC de 2002, prossiga na análise das demais alegações trazidas no recurso de revista, considerando que os fatos

ocorreram sob a vigência do Código Civil de 1916. Vencidos os Ministros Aloysio Corrêa da Veiga, relator, João Oreste Dalazen, Márcio Eurico Vitral Amaro e José Roberto Freire Pimenta. TST-E-ED--RR-353-90.2010.5.10.0000, SBDI-I, rel. Min. Aloysio Corrêa da Veiga, red. p/ acórdão Min. Guilherme Augusto Caputo Bastos, 14.12.2017 (TST. Info nº 170).

Divergência jurisprudencial. Não demonstração. Arestos transcritos no agravo regimental não colacionados no recurso de embargos denegado. Inovação. Multa por litigância de má-fé.

Os arestos transcritos no agravo regimental que não foram colacionados no recurso de embargos anteriormente denegado não servem à demonstração de divergência jurisprudencial, porquanto são inovatórios. Sob esse fundamento, a SBDI-I, por unanimidade, negou provimento a agravo regimental e condenou a reclamada ao pagamento de multa por litigância de má-fé correspondente a 2% do valor corrigido da causa, nos termos do art. 81, caput, do CPC de 2015. TST-AgR-E-Ag-AIRR-3900-16.2013.5.13.0012, SBDI-I, rel. Min. José Roberto Freire Pimenta, 10.8.2017 (TST. Info nº 162).

Questão de ordem. Incidente de Recursos Repetitivos. Matéria veiculada em súmula e/ou orientação jurisprudencial do TST. Competência.

O Tribunal Pleno, ao julgar questão de ordem, decidiu, por maioria, que a SBDI-I tem competência para julgar os incidentes de recursos repetitivos que impliquem alteração de súmula e/ou orientação jurisprudencial do TST, não podendo o Tribunal Pleno, quando analisar eventual alteração de súmula e/ou orientação jurisprudencial, rever aquilo que foi decidido pela referida Subseção no julgamento do incidente. Vencidos os Ministros José Roberto Freire Pimenta, Brito Pereira, Lelio Bentes Corrêa, Luiz Philippe Vieira de Mello Filho, Alberto Luiz Bresciani de Fontan Pereira, Mauricio Godinho Delgado, Kátia Magalhães Arruda, Augusto César Leite de Carvalho, Delaíde Miranda Arantes, Hugo Carlos Scheuermann, Alexandre Agra Belmonte e Maria Helena Mallmann. Questão de Ordem suscitada durante a apreciação da proposta de revisão da Súmula nº 124 do TST, Tribunal Pleno, 26.6.2017 (TST. Info nº 161).

Embargos. Recurso parcialmente admitido pela Presidência da Turma. Ausência de impugnação dos temas inadmitidos por meio da interposição de agravo regimental. Preclusão. Instrução Normativa nº 40 do TST. Aplicação analógica.

Constitui ônus da parte interpor agravo regimental para impugnar o capítulo denegatório da decisão do Ministro Presidente da Turma que admitiu parcialmente o recurso de embargos, sob pena de preclusão da matéria não impugnada. Inteligência dos arts. 1.002, 1.008, 1.021 § 1º, e 1.034, parágrafo único, do CPC de 2015 e aplicação, por analogia, da Instrução Normativa nº 40 do TST. No caso, a parte não interpôs agravo regimental para impugnar a decisão do Presidente da Terceira Turma que não admitiu dois dos três temas aventados no recurso de embargos. Assim, operada a preclusão quanto aos temas não impugnados, a SBDI-I, por maioria, deixou de examiná-los. Vencidos os Ministros Renato de Lacerda Paiva, João Oreste Dalazen e Ives Gandra da Silva Martins Filho, os quais não aplicavam a Instrução Normativa nº 40 do TST ao procedimento de admissibilidade do recurso de embargos. TST-ED-ED--RR-176-37.2012.5.02.0079, SBDI-I, rel. Min. Márcio Eurico Vitral Amaro, 22.6.2017 (TST. Info nº 161).

Embargos de declaração interpostos pelo reclamante. Intuito protelatório. Aplicação da multa prevista no art. 1.026, § 2º, do CPC de 2015. Possibilidade.

É admissível a imposição de multa em situações em que se constate que há procrastinação na interposição de embargos de declaração pelo reclamante. Verificado que o empregado se utilizou dos embargos de declaração para ver reapreciadas premissas fáticas já afastadas, em contrário aos seus interesses, resultou demonstrado o manifesto caráter protelatório do curso normal do processo, a atrair a aplicação da multa prevista no art. 1.026, § 2º, do CPC de 2015. Na ocasião, ressaltou-se que não é possível adotar a presunção de que o credor de verba alimentar nunca tem a intenção de procrastinar o feito, devendo-se apurar, no caso concreto, a má utilização dos embargos de declaração. Sob esse fundamento, a SBDI-I, por unanimidade, conheceu do recurso de embargos, por divergência jurisprudencial, e, no mérito, por maioria, negou-lhes provimento. Vencidos os Ministros Augusto César Leite de Carvalho, relator, e Alexandre Agra Belmonte. TST-E-ED-ARR-414800-90.2007.5.09.0892, SBDI-I, rel. Min. Ministro Augusto César Leite de Carvalho, red. p/ acórdão Min. João Oreste Dalazen, 18.5.2017 (TST. Info nº 159).

Recurso de revista. Conhecimento. Indicação expressa de afronta a dispositivo de lei ou da Constituição. Necessidade. Súmula nº 221 do TST. Orientação Jurisprudencial nº 257 da SDBII.

Para viabilizar o conhecimento do recurso de revista, deve a parte demonstrar, claramente, a intenção de indicar ofensa a preceito de lei ou da Constituição Federal. Assim, nos termos do art. 896 da CLT e da jurisprudência pacífica do TST (Súmula nº 221 do TST e Orientação Jurisprudencial nº 257 da SBDI-I), não é viável o conhecimento de recurso de revista que faz mera referência superficial a dispositivo de lei não expressamente indicado como violado. Embora não se imponha à parte o emprego de termos como "contrariar", "violar" ou "afrontar", é vital que das razões recursais extraia-se, clara e objetivamente, o propósito de indicar afronta a determinado dispositivo legal ou constitucional, no tocante ao tema objeto da impugnação recursal. Na espécie, a Turma conhecera do recurso de revista por violação do art. 186 do Código Civil quanto ao tema "configuração de dano moral". Todavia, a menção ao dispositivo em comento foi registrada apenas de forma circunstancial no capítulo do recurso destinado a impugnar o valor fixado a título de indenização por dano moral, não configurando, portanto, arguição de violação literal, como exigia o art. 896, "c", da CLT, com a redação vigente à época da interposição do recurso. Sob esse entendimento, a SBDI-I, por maioria, vencido o Ministro Aloysio Corrêa da Veiga, conheceu dos embargos, por divergência jurisprudencial, e, no mérito, ainda por maioria, deu-lhes provimento parcial para, afastado o conhecimento do recurso de revista da reclamada por violação do art. 186 do Código Civil, determinar o retorno dos autos à turma de origem, a fim de que prossiga no exame do conhecimento do referido recurso, como entender de direito. Vencidos os Ministros Cláudio Mascarenhas Brandão, Aloysio Corrêa da Veiga e Márcio Eurico Vitral Amaro. E-ED-RR – 35000- 19.2006.5.07.0006, SBDI-I, rel. Min. João Oreste Dalazen, 23.3.2017 (TST. Info nº 155).

Negativa de prestação jurisdicional alegada em recurso de revista. Cumprimento do disposto no art. 896, § 1º-A, I, da CLT. Transcrição do trecho dos embargos de declaração e do acórdão que os julgou. Necessidade. Princípios da impugnação específica e da dialeticidade recursal.

Nos casos em que a parte busca o reconhecimento da negativa de prestação jurisdicional no recurso de revista, exige-se, com fulcro no artigo 896, § 1º-A, I, da CLT, a transcrição do trecho dos embargos de declaração em que a parte, de forma inequívoca, provoca o Tribunal Regional a se manifestar sobre determinada matéria e, em consequência o acórdão prolatado no julgamento dos aludidos embargos. Tal exigência representa a materialização dos princípios da impugnação específica e da dialeticidade recursal, pois objetiva evitar que seja do órgão julgador a tarefa de interpretar a decisão impugnada, para deduzir a tese nela veiculada e a fundamentação que ampara a pretensão quanto ao atendimento dos pressupostos singulares do recurso interposto, notadamente quanto à indicação do trecho da decisão recorrida que consubstancia o prequestionamento da controvérsia. Sob esses fundamentos, a SBDI-I, em sua composição plena, decidiu, pelo voto prevalente da Presidência, conhecer do recurso de embargos, por divergência jurisprudencial, e, no mérito, negar-lhe provimento. Vencidos os Ministros João Oreste Dalazen, José Roberto Freire Pimenta, Renato de Lacerda Paiva, Emmanoel Pereira, Márcio Eurico Vitral Amaro, Augusto César Leite de Carvalho e Alexandre de Souza Agra Belmonte, os quais proviam os embargos sob entendimento de que é prescindível a demonstração do prequestionamento no caso de preliminar de nulidade decorrente de suposta negativa de prestação jurisdicional. TST-E--RR-1522-62.2013.5.15.0067, SBDI-I, rel. Min. Cláudio Mascarenhas Brandão, 16.3.2017 (TST. Info nº 155).

Reclamação. Art. 988, II, do CPC de 2015. Incompetência do Órgão Especial. Prevenção quanto ao órgão jurisdicional e ao relator da causa principal. Art. 988, §§ 1º e 3º, do CPC de 2015. Remessa dos autos ao juízo competente.

Embora não haja regra de competência específica para processar e julgar a reclamação no âmbito do TST e caiba ao Órgão Especial deliberar sobe as matérias jurisdicionais não incluídas na competência dos outros órgãos da Corte (art. 69, I, "h", do RITST), aplica-se a regra de prevenção prevista no art. 988, §§ 1º e 3º, do CPC de 2015, quanto ao órgão jurisdicional e ao relator da causa principal, aos casos em que a causa de pedir na reclamação visa à garantia da autoridade de decisão proferida por Turma. Sob esse entendimento, e na forma dos arts. 64, § 3º, e 988, §§ 1º e 3º, do CPC de 2015, o Órgão Especial, por unanimidade, deu provimento ao agravo regimental para, acolhendo a preliminar de incompetência para processar e julgar reclamação ajuizada com fulcro no art. 988, II, do CPC de 2015, determinar a remessa dos autos ao juízo competente, com redistribuição do feito, por prevenção, no âmbito da 7ª Turma, ao Ministro Luiz Philippe Vieira de Mello Filho, relator do acórdão indicado como descumprido na petição inicial. TST-AgR-Rcl-4852-86.2016.5.00.0000, Órgão Especial, rel. Min. Augusto César Leite de Carvalho, 5.9.2016 (TST. Info nº 143).

Embargos. Decisão de Turma que reinterpreta os depoimentos transcritos no acórdão recorrido. Contrariedade à Súmula nº 126 do TST. Configuração.

Contraria a Súmula nº 126 do TST a decisão de Turma que reforma decisão do Regional com fundamento na reanálise dos depoimentos transcritos, pois configurado o reexame da prova. Na espécie, o TRT negou a existência de vínculo de emprego entre o reclamante e a Igreja Universal do Reino de Deus pautado não apenas na ausência de pessoalidade e de subordinação, mas também por vislumbrar vocação religiosa. Desse modo, ao reinterpretar os depoimentos constantes do acórdão recorrido e deles extrair conclusão diversa da prova produzida, ou seja, de que houve vínculo empregatício, a Turma reavaliou o conjunto de fatos e provas, o que é vedado na instância extraordinária por força da Súmula nº 126 do TST. Sob esse entendimento, a SBDI-I, por maioria, conheceu dos embargos por contrariedade à Súmula nº 126 do TST e, no mérito, deu-lhes provimento para não conhecer do recurso de revista do reclamante em relação ao pedido de reconhecimento de vínculo de emprego, restabelecendo, portanto, a decisão do Regional no tópico. Vencido o Ministro Alexandre Agra Belmonte. TST-E-ED-RR-1007-13.2011.5.09.0892, SBDI-I, rel. Min Aloysio Corrêa da Veiga, 14.4.2016 (TST. Info nº 132).

Prazo recursal. Termo inicial. Não comparecimento à audiência de julgamento. Juntada da sentença aos autos no dia seguinte. Súmula nº 197 do TST. Não incidência.

Na hipótese em que as partes não compareceram à audiência de julgamento previamente designada para o dia 6.10.2010, e a sentença foi juntada aos autos em 7.10.2010, considera-se como marco inicial da contagem do prazo recursal o dia útil seguinte à divulgação no Diário Eletrônico da Justiça do Trabalho ou a partir da notificação das partes, já que elas não tiveram acesso ao conteúdo da decisão no momento em que proferida. Ao caso não se aplica o entendimento consolidado na Súmula nº 197 do TST, pois esta pressupõe a prolação da sentença na data designada para a audiência, e não no dia seguinte, como ocorrido. Sob esses fundamentos, a SBDI-I, por unanimidade, conheceu dos embargos interpostos pela reclamada, por divergência jurisprudencial e, no mérito, negou-lhes provimento, mantendo a decisão turmária que não conhecera do recurso de revista interposto pela reclamada quanto à alegação de intempestividade do recurso ordinário do reclamante. TST-E-ED-RR-382-05.2010.5.03.0108, SBDI-I, rel. Min. José Roberto Freire Pimenta, 17.12.2015 (TST. Info nº 127).

Recurso. Conhecimento. Impossibilidade. Inversão do ônus da sucumbência. Custas processuais não recolhidas. Deserção declarada.

Reputa-se inviável o conhecimento de recurso que se encontra deserto por falta de pagamento de custas processuais, não se aplicando à hipótese o § 11 do art. 896 da CLT, inserido pela Lei nº 13.015/2014, o qual se refere a "defeito formal que não se repute grave". Na espécie, as custas ainda não haviam sido recolhidas em virtude da isenção assegurada à ré sucumbente nas instâncias ordinárias. Todavia, em sede de recurso de revista, houve a inversão do ônus da sucumbência, tendo a autora permanecido inerte quanto ao cumprimento do encargo a ela imposto. Sob esse fundamento, por unanimidade, a SBDI-I não conheceu dos embargos. TST-E-ED-RR-2285-53.2013.5.09.0092, SBDI-I, rel. Min. Márcio Eurico Vitral Amaro 17.12.2015 (TST. Info nº 127).

SÚMULA Nº 422. NOVA REDAÇÃO ALCANCE E INTERPRETAÇÃO.

A nova redação da Súmula nº 422 do Tribunal Superior do Trabalho alinha-se aos princípios da celeridade e economia processual e do máximo aproveitamento dos atos processuais praticados, prestigia a garantia constitucional de acesso à justiça (art. 5º, XXXV, CF) e confere efetividade à outorga da prestação jurisdicional ao mitigar a exacerbação da forma em detrimento do alcance da jurisdição plena. Assim, veio aclarar o real sentido da exigência de fundamentação, atrelando-a à efetiva ratio decidendi da decisão recorrida, dissociada de qualquer motivação secundária e/ou impertinente, afastando-se o rigor formalístico que visa obstaculizar o seguimento de recursos, sob a pecha de ausência de fundamentação, de forma indiscriminada e sem qualquer critério de razoabilidade. No caso, a egrégia Sexta

Turma do TST, ao reputar desfundamentado o agravo interposto pelo reclamante, negou-lhe provimento sob o entendimento de que "O reclamante não impugnou o fundamento da decisão agravada, a qual determinou a remessa dos autos à 1ª Vara Empresarial do Rio de Janeiro em face da decisão proferida pelo STJ nos autos de conflito de competência nº 99.382/RJ, devidamente juntados às fls. 877-879 e fls. 893-893v. Ao contrário, limita-se a articular que o Regional reconheceu ter ele trabalhado para a VRG Linhas Aéreas S.A., pois seu contrato de trabalho foi rescindido por aquela empresa, e não pela antiga Varig S.A. – Viação Aérea Rio-grandense. Não apresentou violação de dispositivos de lei ou constitucional, tampouco colacionou arestos para confronto jurisprudencial. Cabia ao agravante infirmar, de forma expressa, todos os fundamentos da decisão denegatória, de modo a apresentar argumentos os quais viabilizassem o processamento do recurso de revista, combatendo todos os fundamentos específicos da decisão agravada. A jurisprudência dominante desta Corte (Súmula 422) e a do STF (Súmula 283) são assentes em considerar inadmissível o recurso que não abrange todos os fundamentos da decisão recorrida. Assim, não preenchido o requisito fixado pelo art. 514, II, do CPC, o recurso não atende ao pressuposto extrínseco da adequação, nos termos da Súmula 422 do TST." A SBDI-I, ao apreciar os embargos interpostos pelo reclamante, concluiu que atende ao pressuposto extrínseco de admissibilidade concernente à fundamentação o agravo em que se infirma precisa e pontualmente o único motivo da decisão impugnada: repercussão, no caso concreto, de superveniente decisão proferida no âmbito do Superior Tribunal de Justiça, em sede de Conflito de Competência, em favor da Justiça Comum estadual. Sob esses fundamentos, a SBDI-I, por unanimidade, conheceu dos embargos, por contrariedade à atual redação da Súmula nº 422, I, do TST, e, no mérito, deu-lhes provimento para determinar o retorno dos autos à Eg. Sexta Turma do TST, a fim de que, superada a ausência de fundamentação, julgue o agravo interposto pelo reclamante, como entender de direito. TST-E-Ag-RR-125100-32.2006.5.01.0056, SBDI-I, rel. Min. João Oreste Dalazen, 27.8.2015 (TST. Info nº 115).

Incidente de Recurso Repetitivo. Art. 896-C da CLT. Bancário. Horas extras. Divisor. Norma coletiva. Consideração, ou não, do sábado como dia de descanso semanal remunerado. Aplicação da Súmula 124, I, do TST.

Acolhendo a proposta de Incidente de Recurso de Revista Repetitivo, aprovado pela 4ª Turma do Tribunal Superior do Trabalho, a SBDI-1 decidiu, por maioria, afetar a matéria "Bancário. Horas extras. Divisor. Bancos Privados" à SBDI-1 Plena, vencidos os Ministros Antonio José Barros Levenhagen, Augusto César Leite de Carvalho, José Roberto Freire Pimenta, Hugo Carlos Scheuermann e Cláudio Mascarenhas Brandão, os quais entendiam que a matéria deveria ser afetada ao Tribunal Pleno. Também por unanimidade, determinou-se que no processo nº RR 144700-24.2013.5.13.3, cujo tema afetado é "Bancário. Horas extras. Divisor. Bancos Públicos", seja registrada esta mesma deliberação, com a finalidade de que as matérias de ambos os recursos sejam apreciadas em conjunto. Por fim, examinando questão de ordem referente à apreciação das matérias constantes de ambos os recursos de revista, decidiu-se, por maioria, que a apreciação deve ser em conjunto, vencidos os Ministros João Oreste Dalazen, Aloysio Corrêa da Veiga, Guilherme Augusto Caputo Bastos, Márcio Eurico Vitral Amaro e Walmir Oliveira da Costa, os quais entendiam que o exame deveria ser em separado. TST-RR-849-83.2013.5.03.0138 e TST-RR-144700-24.2013.5.13.0003, SBDI-I, em 18.6.2015 (TST. Info nº 111).

Embargos interpostos sob a égide da Lei nº 11.496/2007. Bancário. Cargo de confiança. Arguição de contrariedade à súmula de conteúdo de direito processual. Impossibilidade.

Em regra, são incabíveis embargos interpostos sob a égide da Lei nº 11.496/2007 em que se argui contrariedade ou má aplicação de súmula do Tribunal Superior do Trabalho de conteúdo de direito processual. Somente será possível o conhecimento dos embargos por divergência com a jurisprudência consagrada em verbete de direito processual, na hipótese em que a decisão da Turma fizer afirmação que divirja do teor do verbete em questão. No caso, entendeu-se que o acórdão prolatado pela Turma, por meio do qual se conheceu do recurso de revista do reclamado, por violação do artigo 224, § 2º, da CLT e, no mérito, deu-lhe provimento para excluir da condenação apenas as 7ª e 8ª horas, não divergiu do entendimento contido nas Súmulas de n.º 102, I, e 126 desta Corte superior, porquanto não

houve revisão dos fatos e provas concernentes às reais atribuições do empregado. A decisão turmária foi calcada exatamente nas atividades desenvolvidas pelo gerente, que era Gerente de Atendimento, e não Gerente-Geral de Agência. Sob esse fundamento, a SBDI-I, por maioria, pelo voto prevalente da Presidência, não conheceu dos embargos interpostos pelo reclamante, vencidos os Ministros Hugo Carlos Scheuermann, relator, João Oreste Dalazen, Augusto César Leite de Carvalho, Alexandre de Souza Agra Belmonte e Cláudio Mascarenhas Brandão. TST-E-ED-RR-293000-75.2007.5.12.0031, SBDI-I, red. Min. Ives Gandra Martins Filho, 25.6.2015 (TST. Info nº 112).

Recurso interposto na data da disponibilização do teor da decisão no DEJT. Lei nº 11.419/2006. Tempestividade. Má-aplicação da Súmula nº 434, I, do TST.

No caso de processo eletrônico, regido pela Lei nº 11.419/2006, é tempestivo o recurso interposto antes do início do prazo recursal, mas na data da disponibilização do teor da decisão no Diário Eletrônico da Justiça do Trabalho – DEJT, porquanto a íntegra do acórdão já é passível de conhecimento pela parte interessada. Na hipótese, não há falar em aplicação do entendimento consubstanciado no item I da Súmula nº 434 do TST, o qual se restringe à comunicação dos atos processuais não abrangidos pela referida lei. Sob esse entendimento, a SBDI-I, por maioria, vencido o Ministro Brito Pereira, relator, conheceu dos embargos por má-aplicação da Súmula nº 434, I, do TST e, no mérito, deu-lhes provimento para, afastada a intempestividade, determinar o retorno dos autos à Turma a fim de que prossiga no julgamento do agravo de instrumento, como entender de direito. TST-E--AIRR-32500-89.2009.5.15.0090, SBDI-I, rel. Min. Brito Pereira, red. p/ acórdão Min. Lelio Bentes Corrêa, 30.4.2015 (TST. Info nº 105).

Embargos. Recurso interposto na vigência da Lei nº 11.496/2007. Art. 894, II, da CLT. Conhecimento. Caracterização de divergência jurisprudencial. Aresto oriundo do Órgão Especial do TST. Inservível.

De acordo com a redação do art. 894, II, da CLT, dada pela Lei nº 11.496/2007, o conhecimento do recurso de embargos restringe-se à demonstração de divergência jurisprudencial entre decisões de Turmas do TST ou entre decisões de Turmas e da Seção de Dissídios Individuais, subdividida em SBDI-I e SBDI-II; ou, ainda, ao caso de decisões contrárias a súmula ou orientação jurisprudencial do TST ou súmula vinculante do STF. A divergência, portanto, não se configura por confronto com aresto oriundo do Órgão Especial do TST, visto que, além de não contemplado pelo referido dispositivo de lei, a decisão trazida a confronto foi proferida em matéria administrativa. Com esses fundamentos, a SBDI-I, por maioria, não conheceu do recurso de embargos do reclamante. Vencidos os Ministros Lelio Bentes Corrêa, João Oreste Dalazen e Alexandre de Souza Agra Belmonte. TST-E-ED-RR-114444-36.1989.5.17.0001, SBDI-I, rel. Min. José Roberto Freire Pimenta, 23.4.15 (TST. Info nº 104).

Embargos interpostos sob a égide da Lei nº 11.496/2007. Recurso de revista não conhecido. Deserção. Depósito recursal efetuado no último dia do prazo recursal. Comprovação posterior. Greve dos bancários. Prorrogação do prazo para comprovação prevista no Ato nº 603/SEJUD.GP do TST. Inaplicabilidade. Súmula nº 245 do TST.

Efetuado o depósito recursal referente ao recurso de revista no último dia do prazo recursal, a alegação de existência de greve dos bancários não é justificativa para a comprovação tardia do depósito, porquanto não mais dependente de atividade bancária. Ademais, tendo em vista a autonomia administrativa dos Tribunais Regionais, são inaplicáveis as disposições do ATO nº 603/SEJUD.GP do TST, que, no caso da deflagração do movimento paredista, estabelece expressamente a prorrogação do prazo para comprovação do depósito recursal apenas aos feitos em trâmite perante o Tribunal Superior do Trabalho, não alcançando, portanto, o preparo do recurso de revista, cuja comprovação deve ser feita perante o tribunal de origem no momento de sua interposição. Incidência do disposto na Súmula nº 245 do TST. Com esse entendimento, a SBDI-I, à unanimidade, conheceu dos embargos interpostos pela reclamada, por divergência jurisprudencial, e, no mérito, por maioria, negou-lhes provimento, mantendo incólume a decisão turmária mediante a qual não se conheceu do recurso de revista por deserção. Vencido o Ministro Cláudio Mascarenhas Brandão. TST-E-ED-RR-56200-94.2006.5.17.0009, SBDI-I, rel. Min. Hugo Carlos Scheuermann, 12.3.2015 (TST. Info nº 101)

Divergência jurisprudencial. Exigência de confronto analítico entre as decisões discordantes. Súmula nº 337, I, "b", do TST.

Para a demonstração de divergência jurisprudencial justificadora do recurso, não é suficiente que o recorrente apenas transcreva a ementa de aresto potencialmente discordante do acórdão atacado, sendo indispensável que haja o confronto analítico de teses, conforme exigido pela Súmula nº 337, I, "b", do TST. No caso, ao interpor o recurso de revista, o recorrente limitou-se a reproduzir as ementas dos arestos paradigmas, com o registro da origem e fonte de publicação, sem, contudo, apresentar argumentação que comprovasse o conflito entre a tese neles fixada e a contida na decisão do TRT, tendo alegado que não haveria propriamente a exigência de cotejo analítico na apresentação dos arestos. Nesse contexto, a SBDI-I, por unanimidade, não conheceu dos embargos do reclamado, destacando que a indicação de contrariedade à Súmula nº 337 do TST, de caráter processual, só viabiliza o conhecimento do recurso de embargos quando a decisão embargada nega a existência da tese consagrada no enunciado da própria súmula, o que não se verificou na hipótese, e que os julgados colacionados eram inespecíficos, não atendendo, portanto, ao disposto no item I da Súmula nº 296 do TST. TST-E-ED-RR-33200-08.2004.5.04.0006, SBDI-I, rel. Min. Augusto César Leite de Carvalho, 26.2.2015 (TST. Info nº 100).

Agravo de Instrumento. Intempestividade. Decisão da Turma que, de ofício, constatou que os embargos declaratórios opostos perante o juízo a quo eram intempestivos ante a ausência de comprovação de feriado local. Má-aplicação da Súmula nº 385 do TST. Configuração.

Não cabe ao TST, de ofício, a revisão da admissibilidade de recurso interposto e já julgado pelo Tribunal Regional, sob pena de afronta ao princípio do isolamento dos atos processuais que fundamenta a preclusão quanto ao preenchimento dos pressupostos de admissibilidade do apelo. Na hipótese, a Turma do TST, em atenção ao disposto na Súmula nº 385 do TST, declarou de ofício a intempestividade do agravo de instrumento do reclamante, após constatar a intempestividade dos embargos de declaração opostos perante o TRT, em razão da ausência de comprovação de feriado local, não obstante a Corte Regional tenha conhecido dos declaratórios. Assim, ficou constatada a invasão da competência do tribunal a quo, em afronta ao devido processo legal, pois a parte que tivera decisão de mérito foi surpreendida com a superveniente declaração de intempestividade dos embargos declaratórios. Com esses fundamentos, a SBDI-I, decidiu, por maioria, conhecer do recurso de embargos da reclamante, por má-aplicação da Súmula nº 385 do TST, e, no mérito, deu-lhe provimento para afastar a intempestividade declarada e determinar o retorno dos autos à Turma, a fim de que prossiga no exame do agravo de instrumento como entender de direito. Vencidos os Ministros João Oreste Dalazen, Ives Gandra Martins Filho e José Roberto Freire Pimenta. TST-EAIRR-109440-17.2003.5.01.0019, SBDI-I, rel. Min. Augusto César Leite de Carvalho. 18.12.2014 (TST. Info nº 98).

Embargos de declaração em recurso ordinário. Processo eletrônico. Interposição do recurso antes da publicação do acórdão impugnado. Tempestividade. Inaplicabilidade da Súmula nº 434, I, do TST. Lei nº 7.701/88. Concessão de efeito modificativo ao julgado.

É inaplicável aos dissídios coletivos o entendimento contido na Súmula nº 434, I, do TST, segundo o qual é extemporâneo o recurso interposto antes de publicado o acórdão impugnado, visto que a Lei nº 7.701/88 estabelece rito especial para os processos coletivos, não havendo falar em flexibilização do referido verbete sumular. Com esse entendimento, a SDC, à unanimidade, conheceu dos embargos de declaração interpostos pelas embargantes para sanar vício no exame dos pressupostos extrínsecos do recurso ordinário e, conferindo efeito modificativo ao julgado, conheceu do recurso ordinário e deu-lhe provimento a fim de que seja excluída a cláusula que disciplinou a redução da jornada de trabalho dos motoristas e cobradores para 180 horas. Ressalvaram a fundamentação as Ministras Maria de Assis Calsing, relatora, e Dora Maria da Costa, as quais, não obstante entenderem que o item I da Súmula nº 434 do TST não se aplica aos dissídios coletivos, ressaltaram que a adoção do processo eletrônico, previsto na Lei nº 11.419/06, demanda novas reflexões acerca dos critérios de aferição da tempestividade dos atos processuais praticados, devendo haver a compatibilização

entre a referida lei e o procedimento diferenciado estabelecido para os dissídios coletivos pela Lei nº 7.701/88. TST-ED-RO-6088-61.2013.5.15.0000, SDC, rel. Min. Maria de Assis Calsing, 15.12.2014 (TST. Info nº 97).

Razões do recurso de revista apresentadas em via original. Petição com comprovante do pagamento do depósito recursal encaminhada via fac-símile no último dia do prazo. Juntada do original em cinco dias. Faculdade da parte. Deserção ultrapassada.

A parte tem a faculdade de enviar, via fac-símile, petição escrita, tendo até cinco dias, do término do prazo recursal, para apresentar os originais, conforme preconizado pelos arts. 1º e 2º, da Lei nº 9.800/99. No caso, o reclamante interpôs petição com as razões do recurso de revista em via original e, mediante fax, apresentou outra petição com o comprovante do pagamento do depósito recursal no último dia do prazo, juntando o original em cinco dias. Na hipótese, afastou-se a limitação feita pela Turma, no sentido de que não poderia a parte fracionar o ato de interposição do recurso de revista, apresentando apenas o comprovante do depósito recursal via fac-símile. Prevaleceu o entendimento de que a Lei nº 9.800/99, ao permitir a utilização de sistema de transmissão de dados para a prática de atos processuais, teve como objetivo ampliar o acesso à justiça, sem impor nenhuma restrição. Assim, a SBDI-I, por maioria, ultrapassando a deserção do recurso de revista, decidiu conhecer dos embargos, por divergência jurisprudencial, e, no mérito, dar-lhes provimento para determinar o retorno dos autos à Turma de origem, a fim de que analise o agravo de instrumento interposto pelo reclamante, como entender de direito. Vencido o Ministro Brito Pereira. TST-E-ED-Ag-AIRR-3710361-72.2010.5.05.0000, SBDI-I, rel. Des. Conv. Sebastião Geraldo de Oliveira, 13.11.2014 (TST. Info nº 95).

Depósito recursal. Pagamento efetuado por apenas uma das empresas. Não aproveitamento pelos demais reclamados. Arguição de prescrição bienal. Extinção do processo com resolução de mérito. Equivalência à exclusão da lide. Ausência de condenação solidária ou subsidiária após fevereiro de 2007. Deserção dos recursos ordinários dos outros reclamados. Configuração. Súmula nº 128, III, do TST.

No caso em que uma das empresas condenadas solidariamente é excluída da lide, tornar-se possível o levantamento do depósito recursal por ela efetuado, razão pela qual o item III da Súmula nº 128 do TST excetua o aproveitamento do depósito pelas demais empresas que integram a relação processual. Na hipótese, constata-se que o OGMO/PR, único reclamado a efetuar o depósito recursal, embora não tenha pleiteado a sua exclusão da lide, arguiu o reconhecimento da prescrição bienal, o que resultaria em extinção do processo com resolução do mérito e, consequentemente, no levantamento do referido depósito, equivalendo, portanto, à sua exclusão. Ademais, no caso concreto, não houve condenação solidária nem subsidiária do OGMO/PR no período posterior a fevereiro de 2007, quando foi instituído o OGMO/A, de modo que não se afigura possível utilizar o depósito recursal recolhido pelo OGMO/PR para garantir a execução que só alcança os demais reclamados. Com esses fundamentos, a SBDI-I, por unanimidade, conheceu dos embargos interpostos pelo reclamante, por contrariedade à Súmula nº 128, III, do TST, e, no mérito, deu-lhes provimento para, reformando o acórdão recorrido, restabelecer a decisão do Regional na parte em que pronunciou a deserção dos recursos ordinários interpostos pelos reclamados Órgão Gestor de Mão de Obra do Trabalho Portuário Avulso do Porto Organizado de Antonina (OGMO/A), Terminais Portuários da Ponta do Félix, Fortesolo Serviços Integrados Ltda. e Aduquímica Adubos Químicos Ltda. TST-E-ED-RR-262000-94.2009.5.09.0411, SBDI-I, rel. Min. Augusto César Leite de Carvalho, 25.9.2014 (TST. Info nº 90).

Recurso. Conhecimento. Contrariedade a orientação jurisprudencial cancelada à época da interposição do apelo. Possibilidade. Aglutinação de verbetes ou conversão em súmula. Manutenção da posição jurisprudencial.

A SBDI-I, por maioria, fixou a tese de que é possível o conhecimento de recurso em que se invoca contrariedade a orientação jurisprudencial já cancelada à época da interposição do apelo, desde que não tenha havido alteração da posição jurisprudencial, mas apenas aglutinação dos verbetes indicados ou conversão em súmula, preservando-se a mesma tese jurídica. Vencidos os Ministros Augusto César Leite de Carvalho, relator, Lelio Bentes Corrêa, Guilherme Augusto Caputo Bastos e Ives Gandra Martins Filho. Não obstante esse entendimento, a Subseção, por unanimidade, negou provimento ao agravo regimental, por não vislumbrar, no caso concreto, contrariedade às Orientações

Jurisprudenciais nºs 307, 342, I, 354 e 380 da SBDI-I, as quais foram aglutinadas ou convertidas em itens da Súmula nº 437 do TST meses antes da interposição do agravo regimental e dos embargos. TST-AgR-E-ED-ARR-190500-68.2009.5.09.0022, SBDI-I, rel. Min. Augusto César Leite de Carvalho, 4.9.2014 (TST. Info nº 88).

Embargos interpostos sob a égide da Lei nº 11.496/2007. Conhecimento. Arguição de contrariedade a súmula de conteúdo processual. Possibilidade.

O conhecimento de embargos regidos pela Lei nº 11.496/2007, por contrariedade a súmula ou orientação jurisprudencial de direito processual, viabiliza-se, excepcionalmente, na hipótese em que, do conteúdo da própria decisão da Turma, verifica-se afirmação ou manifestação que diverge do teor do verbete jurisprudencial indicado como contrariado pela parte. No caso, a Turma fixou o grau de insalubridade, com análise do conjunto fático probatório, sem que o TRT e a Vara do Trabalho tenham se manifestado a respeito, ou seja, houve decisão a partir de dados fáticos não inseridos no acórdão do Regional, sem que a matéria tivesse sido prequestionada, o que dissente, portanto, da diretriz preconizada nas Súmulas nºs 126 e 296 do TST. Assim sendo, a SBDI-I, em sua composição plena, por maioria, conheceu dos embargos interpostos pelo reclamado, por contrariedade às Súmulas nºs 126 e 296 do TST, vencido o Ministro Ives Gandra Martins Filho que não conhecia do apelo. No mérito, por maioria, a Subseção deu provimento aos embargos para determinar o retorno dos autos ao TRT de origem a fim de que examine, como entender de direito, o pedido sucessivo referente ao adicional de insalubridade, no contexto do laudo pericial já elaborado, vencidos parcialmente os Ministros Augusto César Leite de Carvalho, relator, João Oreste Dalazen, Ives Gandra Martins Filho, Brito Pereira e Renato de Lacerda Paiva. TST-E-ED-ED-RR-67300-63.2003.5.17.0005, SBDI-I, rel. Min. Augusto César Leite de Carvalho, red. p/ acórdão Min. José Roberto Freire Pimenta, 22.5.2014 (TST. Info nº 83).

Prazo recursal. Marco inicial. Designação de nova audiência de prolação de sentença. Necessidade de intimação das partes. Inaplicabilidade da Súmula nº 197 do TST.

Não se aplica a diretriz constante da Súmula nº 197 do TST à hipótese em que adiada a audiência anteriormente fixada para a prolação da sentença, e, designada outra data, não houve a intimação das partes da efetiva publicação, conforme determinação do juízo na ata de redesignação da audiência. Assim, conta-se o prazo recursal a partir da notificação da publicação da sentença, e não da própria publicação. In casu, ressaltou-se que as partes, não obstante estivessem cientificadas da primeira data para a prolação da sentença, não foram intimadas e tampouco comunicadas da designação da nova data fixada pelo juiz, que, inclusive, consciente da falha, conforme seu próprio relato, reconheceu a necessidade de intimação das partes quando da efetiva publicação da sentença. Com esse entendimento, a SBDI-I, por unanimidade, conheceu dos embargos interpostos pelo reclamante, por divergência jurisprudencial, e, no mérito, deu-lhes provimento para, afastada a intempestividade do recurso ordinário do empregado, determinar o retorno dos autos ao TRT de origem, para que prossiga no julgamento do apelo. TST-E-ED-RR-95900-90.2005.5.09.0670, SBDI-I, rel. Min. Luiz Philippe Vieira de Mello Filho, 15.5.2014 (TST. Info nº 81).

Embargos interpostos em face de acórdão proferido pela SBDI-II em julgamento de recurso ordinário em mandado de segurança. Erro grosseiro. Não cabimento.

Configura-se erro grosseiro, inviabilizando a incidência do princípio da fungibilidade recursal, a interposição de embargos em face de acórdão proferido pela Subseção II Especializada em Dissídios Individuais em julgamento de recurso ordinário no mandado de segurança, porquanto não inserida dentre as hipóteses de cabimento elencadas no art. 894 da CLT. Com esses fundamentos, a SBDI-II, por unanimidade, não conheceu dos embargos. TST-RO-2418-83.2011.5.15.0000, SBDI-II, rel. Min. Emmanoel Pereira, 29.4.2014 (TST. Info nº 80).

Erro na indicação do nome da parte. Ausência de prejuízo à parte contrária. Existência de outros elementos de identificação. Erro material. Configuração.

Não há falar em ilegitimidade recursal na hipótese em que o erro na indicação do nome da parte recorrente não causou prejuízo à parte adversa (art. 794, CLT), nem impediu a análise do recurso de revista, eis que o feito pode ser identificado por outros elementos constantes dos autos, corretamente nominados. Na hipótese, não obstante tenha constado na folha de rosto e nas razões do apelo o nome da empresa JBS S/A, as circunstâncias e os elementos dos autos (número do processo, nome do reclamante, comprovante de depósito recursal e guia GRU Judicial) permitiam apreender que o correto nome da recorrente era S/A Fábrica de Produtos Alimentícios Vigor. Com esse entendimento, e vislumbrando a ocorrência, tão somente, de erro material, a SBDI-I, por unanimidade, conheceu dos embargos interpostos pelo reclamante, por divergência jurisprudencial, e, no mérito, por maioria, negou-lhes provimento. Vencidos os Ministros Lelio Bentes Corrêa, Aloysio Corrêa da Veiga e Antonio José de Barros Levenhagen, que davam provimento aos embargos para restabelecer a decisão do Regional, a qual denegara seguimento ao recurso de revista por ilegitimidade recursal da JBS S/A. TST-E-RR-652000-90.2009.5.09.0662, SBDI-I, rel. Min. Augusto César Leite de Carvalho, 10.4.2014 (TST. Info nº 79).

Embargos. Conhecimento. Má aplicação de súmula ou orientação jurisprudencial cancelada ou com redação modificada, mas vigente à época da interposição do recurso. Possibilidade.

É possível o conhecimento de embargos pela tese de contrariedade por má aplicação de súmula ou orientação jurisprudencial já cancelada ou com redação modificada, mas que se encontrava vigente à época da interposição do recurso. Assim, havendo demonstração de contrariedade à redação do verbete então vigente, considera-se configurada a divergência jurisprudencial. No caso concreto, entendeu-se contrariada a diretriz da Súmula nº 277 do TST porque consignado, pelo Tribunal Regional, que o direito vindicado estava previsto em regulamento interno da empresa e não em instrumento normativo, o que afasta a aplicação do referido verbete à hipótese. Com esse entendimento, a SBDI-I, por unanimidade, conheceu dos embargos interpostos pelo reclamante, por divergência jurisprudencial, diante da má aplicação da Súmula nº 277 do TST, consoante redação anterior do verbete, e, no mérito, deu-lhes provimento para determinar o retorno dos autos à Turma, a fim de que prossiga na apreciação das outras teses apresentadas no recurso de revista patronal, como entender de direito. Ressalvaram entendimento os Ministros Aloysio Corrêa da Veiga, José Roberto Freire Pimenta e Alexandre de Souza Agra Belmonte. TST-E-ED-RR-563100-38.2007.5.09.0069, SBDI-I, rel. Min. Augusto César Leite de Carvalho, 27.03.2014 (TST. Info nº 77).

Embargos de declaração. Desistência. Interrupção do prazo para interposição de outros recursos. Recontagem do prazo a partir da ciência da homologação da desistência.

A oposição de embargos de declaração tempestivos e regulares interrompe o prazo para interposição de outro recurso, ainda que haja a posterior desistência dos declaratórios, devendo o prazo ser recontado a partir da ciência, pela parte contrária, da homologação da desistência. Com base nesse entendimento, a SBDI-I decidiu, por unanimidade, conhecer dos embargos interpostos pela reclamada, por divergência jurisprudencial e, no mérito, por maioria, dar-lhes provimento para, afastada a intempestividade, determinar o retorno dos autos ao TRT de origem a fim de que julgue o recurso ordinário, como entender de direito. Vencidos os Ministros Dora Maria da Costa, relatora, e Luiz Philippe Vieira de Mello Filho, os quais negavam provimento ao apelo ao fundamento de que os embargos de declaração deixam de existir quando a parte dele desiste, não podendo, portanto, produzir qualquer efeito jurídico, inclusive a interrupção do prazo para a interposição de outros recursos. TST-E-RR-223200-17.2009.5.12.0054, SBDI-I, rel. Min. Dora Maria da Costa, red. p/ acórdão Min. Aloysio Corrêa da Veiga, 27.3.2014 (TST. Info nº 77).

Embargos de declaração. Interposição prematura. Extemporaneidade. Recurso inexistente. Interposição de novo recurso no devido prazo legal. Possibilidade. Preclusão consumativa. Não configuração.

O recurso interposto antes da publicação da decisão impugnada é considerado inexistente. Consequentemente, admite-se a interposição de novo recurso, se no devido prazo legal, não havendo falar em preclusão consumativa, nem em desrespeito ao princípio da unirrecorribilidade. No caso em apreço, o sindicato interpôs primeiros embargos de declaração antes da publicação do acórdão do recurso ordinário. No prazo recursal, interpôs segundos declaratórios, reconhecendo o equívoco na interposição prematura do primeiro recurso. No dia seguinte, interpôs terceiros embargos de declaração, idêntico ao segundo recurso, o qual, por sua vez, já reproduzia o teor dos primeiros declaratórios. Assim, a SDC, por maioria, vencidos os Ministros Fernando Eizo Ono, relator, Márcio

Eurico Vitral Amaro e Walmir Oliveira da Costa, entendendo inexistente os primeiros embargos de declaração, regular os segundos e preclusos os terceiros, suspendeu o julgamento do feito a fim de que o Ministro relator aprecie os segundos declaratórios. TST-ED-RO-7724-30.2010.5.02.0000, SDC, rel. Min. Fernando Eizo Ono, 11.11.2013 (TST. Info nº 65).

Negativa de prestação jurisdicional. Preliminar de nulidade do acórdão do Regional acolhida. Exame dos temas remanescentes do recurso de revista quando do retorno dos autos ao TST. Necessidade de ratificação pelo recorrente.

Sob pena de denegação da Justiça, a Turma do TST, após acolher preliminar de nulidade de acórdão do Regional, por negativa de prestação jurisdicional, deve examinar, quando do retorno dos autos ao TST, os temas remanescentes do recurso de revista, ainda que julgados prejudicados, bastando, para tanto, que tenha havido a ratificação das razões recursais. No caso concreto, após acolher a preliminar de nulidade do acórdão do Regional, por negativa de prestação jurisdicional, a Turma julgou prejudicado o exame dos temas remanescentes do recurso de revista e recusou-se a apreciá-los quando do retorno dos autos ao TST. Não obstante o recorrente, no prazo alusivo ao recurso de revista, expressamente tenha peticionado nos autos, postulando a tramitação regular do seu apelo, entendeu a Turma que a não interposição de novo recurso em relação aos temas prejudicados teria gerado preclusão. Diante desses fatos, a SBDI-I, por maioria, vencidos os Ministros Dora Maria da Costa e Luiz Philippe Vieira de Mello Filho, conheceu dos embargos do reclamante quanto à preliminar de nulidade do acórdão turmário, por negativa de prestação jurisdicional, por divergência jurisprudencial, e, no mérito, por unanimidade, deu-lhes provimento para anular o acórdão e determinar o retorno dos autos à Turma, a fim de que prossiga no exame do recurso de revista do reclamante no tocante aos temas julgados prejudicados no acórdão, como entender de direito. TST-E-ED-RR-190200-55.2003.5.02.0073, SBDI-I, rel. Min. João Oreste Dalazen, 17.10.2013 (TST. Info nº 63).

Execução. Agravo de petição. Não conhecimento. Delimitação efetiva das matérias e dos valores impugnados. Art. 897, § 1º, da CLT. Afronta ao art. 5º, LV, da CF. Configuração.

No caso em que há efetiva delimitação justificada das matérias e dos valores impugnados, conforme exigido pelo art. 897, § 1º, da CLT, afronta a literalidade do art. 5º, LV, da CF, a decisão do Tribunal Regional que não conhece do agravo de petição. Com esse fundamento, a SBDI-I, por unanimidade, conheceu do recurso de Embargos do reclamante, por divergência jurisprudencial, e, no mérito, por maioria, negou-lhe provimento, mantendo a decisão da Turma que, vislumbrando expressa delimitação dos valores impugnados, reconheceu a afronta direta ao art. 5º, LV, da CF e determinou o retorno dos autos ao TRT para que prossiga no exame do agravo de petição. Vencidos os Ministros Luiz Philippe Vieira de Mello Filho, Lelio Bentes Corrêa e Aloysio Corrêa da Veiga. TST-E-ED-RR-249400-03.1986.5.05.0009, SBDI-I, rel. Min. Augusto César Leite de Carvalho, 12.9.2013 (TST. Info nº 59).

Recurso de revista. Afronta direta e literal à Constituição Federal (art. 896, alínea "c", da CLT). Lei estadual. Interpretação necessária. Não conhecimento.

Não se conhece de recurso de revista com supedâneo no art. 896, alínea "c", da CLT, se necessária a interpretação de normas estaduais para o exame de ofensa à literalidade da norma constitucional indicada (art. 37, X, da CF). Com esse entendimento, e citando precedentes do STF, a SBDI-I, por unanimidade, conheceu dos embargos do reclamante, por divergência jurisprudencial, e, no mérito, por maioria, deu-lhes provimento para afastar o conhecimento do recurso de revista, restabelecendo o acórdão do Regional. No caso, o Conselho de Reitores das Universidades do Estado de São Paulo (CRUESP) concedeu reajustes aos funcionários das Universidades Estaduais, deles não se beneficiando o reclamante, empregado da Faculdade de Medicina de São José do Rio Preto (FAMERP). O TRT, analisando a questão, deferiu os reajustes pleiteados com fundamento na Lei Estadual nº 8.899/94 e no estatuto da FAMERP, o qual, em seu art. 65, estabelece que a política salarial da FAMERP será a mesma adotada pelo CRUESP. A Turma, por sua vez, conheceu e proveu o recurso de revista interposto pela FAMERP ao entendimento de que a fixação de aumentos remuneratórios de servidores públicos autárquicos com base em resolução de Conselho Universitário, sem lei específica, configuraria ofensa literal ao art. 37, X, da CF. Vencidos os Ministros Renato de Lacerda Paiva, Dora Maria da Costa, Alexandre de

Souza Agra Belmonte e Brito Pereira. TST-E-RR-1070-53.2010.5.15.0133, SBDI-I, rel. Min. Aloysio Corrêa da Veiga, 15.8.2013 (TST. Info nº 55).

Recurso ordinário. Interposição antes da publicação da decisão proferida em embargos de declaração da própria parte. Ausência de extemporaneidade. Súmula n° 434, I, do TST. Inaplicabilidade.

O entendimento consubstanciado no item I da Súmula nº 434 do TST é direcionado aos acórdãos proferidos pelos Tribunais Regionais, não tornando extemporâneos os recursos interpostos contra decisões prolatadas em primeiro grau, que possuem natureza jurídica distinta. Assim, não vislumbrando contrariedade à Súmula nº 434, I, do TST, a SBDI-I, à unanimidade, não conheceu dos embargos do reclamante, mantendo a decisão da Turma que afastou a intempestividade do recurso ordinário interposto prematuramente, pela própria parte recorrente, antes da publicação dos embargos de declaração opostos contra a sentença. TST-E-RR-71400-38.2009.5.03.0006, SBDI-I, rel. Min. Luiz Philippe Vieira de Mello Filho, 15.8.2013 (TST. Info nº 55).

Embargos de declaração. Não cabimento. Decisão proferida pelo Presidente de Turma que denegou seguimento ao recurso de embargos. Orientação Jurisprudencial nº 377 da SBDI-I. Aplicação analógica. Não interrupção do prazo recursal. Agravo regimental. Intempestividade.

Nos termos do art. 235, X, do RITST, o recurso cabível da decisão do Presidente de Turma que, com base na Súmula nº 353 do TST, denega seguimento ao recurso de embargos é o agravo regimental. Assim, o manejo de embargos de declaração constitui erro grosseiro, insuscetível de correção pela aplicação do princípio da fungibilidade. Ademais, ao caso aplica-se, por analogia, o disposto na Orientação Jurisprudencial n° 377 da SBDI-I, segundo a qual "não cabem embargos de declaração interpostos contra decisão de admissibilidade do recurso de revista, não tendo o efeito de interromper qualquer prazo recursal". Com esses fundamentos, a SBDI-I, por unanimidade, em face da intempestividade do apelo, não conheceu do agravo regimental interposto da decisão do Presidente de Turma que entendeu incabíveis os embargos declaratórios. TST-AgR-E-ED-AIRR-29900-22.2010.5.23.0031, SBDI-I, rel. Min. Dora Maria Costa.20.06.2013 (TST. Info nº 52).

Embargos de declaração. Acolhimento da omissão. Divergência jurisprudencial. Decisão recorrida baseada em fundamentos autônomos. Inexigibilidade de todos os fundamentos estarem contidos em um único aresto. Súmula nº 23 do TST.

A Súmula nº 23 do TST, ao fixar a exigência de que a jurisprudência transcrita, para comprovação de divergência, abranja todos os fundamentos nos quais se baseou a decisão recorrida, não torna necessário que todos sejam atacados no mesmo aresto paradigma apresentado. Assim, não obstante a decisão da Turma contenha dois fundamentos, por serem estes autônomos, não se exige, para o conhecimento do recurso, que um só aresto cotejado contenha todos os fundamentos da decisão recorrida, sendo possível que se conheça do apelo quando os fundamentos forem enfrentados isoladamente em paradigmas diferentes. Com esse entendimento, a SBDI-I decidiu, à unanimidade, acolher os embargos de declaração para, atribuindo-lhes efeito modificativo, sanar a omissão denunciada e conhecer do recurso de embargos interposto pelo reclamante, por divergência jurisprudencial. TST-ED-E-ED-RR-73500-49.2006.5.22.0003, SBDI-I, rel. Min. Brito Pereira, 6.6.2013 (TST. Info nº 50).

Embargos interpostos sob a égide da Lei nº 11.496/2007. Conhecimento. Contrariedade a súmula de conteúdo processual. Situação excepcional. Possibilidade.

Na hipótese em que a própria decisão da Turma esboça manifestação contrária ao teor de verbete jurisprudencial de conteúdo processual, resta caracterizada situação excepcional capaz de viabilizar o conhecimento dos embargos interpostos sob a égide da Lei nº 11.496/2007 por má aplicação da súmula ou da orientação jurisprudencial invocada. Com esse posicionamento, a SBDI-I, por maioria, conheceu dos embargos por contrariedade à Súmula nº 126 do TST, após constatar que o apelo fora conhecido na Turma por violação ao art. 62, II, da CLT com base em premissa fática apresentada na sentença, não obstante a ausência de manifestação do TRT acerca do cargo exercido pelo reclamante. No mérito, a Subseção deu provimento aos embargos a fim de determinar o retorno dos autos à Turma de origem para que prossiga no julgamento do recurso de revista do reclamado, como entender de direito, atendo-se apenas ao quadro fático constante da decisão do Regional. Vencidos

os Ministros Ives Gandra da Silva Martins Filho, Brito Pereira e Alexandre de Souza Agra Belmonte. TST-E-ED-RR-134600-03.2002.5.09.0651, SBDI-I, rel. Min. Augusto César Leite de Carvalho, 16.5.2013 (TST. Info nº 47).

Agravo de instrumento que corre junto a recurso de revista. Ausência de cópia da certidão de publicação do acórdão do Regional. Peça que se encontra nos autos do processo principal. Deficiência de traslado. Configuração.

O fato de o agravo de instrumento, interposto anteriormente à vigência da Resolução Administrativa nº 1.418/2010, correr junto com o processo principal não afasta a responsabilidade de a parte trasladar todas as peças necessárias e essenciais à formação do instrumento, mesmo na hipótese em que a certidão de publicação do acórdão do Regional proferido em sede de recurso ordinário, apta a comprovar a tempestividade do recurso de revista, se encontrar no processo ao qual corre junto o agravo de instrumento. Cabe ao agravante zelar pela higidez da formação do instrumento, especialmente porque os processos que tramitam paralelamente são distintos e independentes, não havendo qualquer relação de subordinação entre eles que autorize o saneamento de vício referente à regularidade do traslado. Com esse entendimento, e aplicando por analogia a Orientação Jurisprudencial nº 110 da SBDI-I, a referida Subseção, por unanimidade, conheceu dos embargos por divergência jurisprudencial, e, no mérito, por maioria, negou-lhes provimento. Vencidos os Ministros João Oreste Dalazen, Lelio Bentes Corrêa e Delaíde Miranda Arantes. TST-E-ED-AIRR-13204-32.2010.5.04.0000, SBDI-I, rel. Min. Dora Maria da Costa, 21.3.2013 (TST. Info nº 40).

Divergência jurisprudencial. Comprovação. Indicação do endereço URL. Recurso interposto na vigência da antiga redação da Súmula nº 337 do TST. Validade.

Reputa-se válida a indicação do endereço denominado "Universal Resource Locator – URL" de aresto paradigma extraído da internet para o fim de comprovação da divergência justificadora do conhecimento dos embargos, na hipótese em que o recurso foi interposto na vigência da antiga redação do item IV da Súmula nº 337 do TST, alterada em 14/9/2012 pelo Tribunal Pleno para exigir a indicação do número do processo, o órgão prolator do acórdão e a data da respectiva publicação no DEJT, ao invés do URL. Diante desse posicionamento firmado pela SBDI-I, decidiu o Ministro Aloysio Corrêa da Veiga, relator, adiar o julgamento do feito. TST-E-RR-17200-11.2007.5.02.0061, SBDI-I, rel. Min. Aloysio Corrêa da Veiga, 7.3.2013 (TST. Info nº 39).

Depósito recursal. Agravo de instrumento interposto antes da vigência da Lei nº 12.275/10. Interposição de recurso de embargos na vigência da referida lei. Inexigibilidade de posterior pagamento do depósito previsto no art. 899, § 7º, da CLT.

Interposto agravo de instrumento antes da vigência da Lei nº 12.275/10, fica a parte agravante dispensada de efetuar o depósito recursal previsto no § 7º do art. 899 da CLT quando da interposição dos recursos subsequentes, ainda que apresentados em momento posterior ao advento da referida lei. Na hipótese, ressaltou-se que a alteração legislativa é pertinente ao preparo do agravo de instrumento, restando inexigível o depósito recursal quando da interposição dos embargos, sob pena de se fazer retroagir a lei sobre ato processual já praticado e gerar insegurança jurídica. Com base nesse entendimento, a SBDI-I, por maioria, deu provimento ao agravo para, afastada a deserção, determinar o processamento do recurso de embargos. Vencido o Ministro Ives Gandra Martins Filho, relator. TST-Ag-E-ED-ED-AIRR-40140-31.2004.5.01.0019, SBDI-I, rel. Min. Ives Gandra Martins Filho, 28.2.2013 (TST. Info nº 38).

Embargos sujeitos à sistemática da Lei nº 11.496/2007. Processo submetido ao rito sumaríssimo. Arguição de contrariedade à Orientação Jurisprudencial nº 142 da SBDI-I. Conhecimento por divergência com os precedentes que originaram o referido verbete. Possibilidade.

Nos termos da Orientação Jurisprudencial nº 405 da SBDI-I, o recurso de embargos sujeito à sistemática da Lei nº 11.496/2007, interposto em processo submetido ao rito sumaríssimo, somente pode ser conhecido quando demonstrada divergência jurisprudencial fundada em interpretação de mesmo dispositivo constitucional ou de matéria sumulada. Não obstante esse entendimento, e tendo em conta que o item I da Orientação Jurisprudencial nº 412 da SBDI-I contempla questão ligada ao art.

5º, LV, da CF, interpretando, portanto, disposição constitucional, a SBDI-I, por maioria, vencidos os Ministros Dora Maria da Costa, Brito Pereira, Maria Cristina Irigoyen Peduzzi e Alberto Luiz Bresciani de Fontan Pereira, conheceu dos embargos pela preliminar de nulidade arguida, por contrariedade aos precedentes que originaram a Orientação Jurisprudencial nº 142 da SBDI-I, e, no mérito, por unanimidade, deu-lhes provimento para anular a decisão proferida pela Turma e determinar a regular intimação pessoal da União, a fim de que, querendo, se manifeste sobre os embargos de declaração opostos pelo reclamante. TST-E-ED-RR-150500-91.2003.5.02.0002, SBDI-I, rel. Min. Delaíde Miranda Arantes, 7.2.2013 (TST. Info nº 35).

Embargos. Discussão acerca da irregularidade de representação do recurso anterior. Saneamento do vício no momento da interposição dos embargos. Não exigência.

Na hipótese em que o objeto dos embargos é a irregularidade de representação, indicada como óbice ao conhecimento do recurso anteriormente interposto, não se exige da parte que sane previamente o vício apontado, como condição para a interposição do novo recurso, pois, no caso, o pressuposto recursal extrínseco se confunde com o próprio mérito dos embargos. Com esse entendimento, a SBDI-I, por maioria, não conheceu dos embargos por ausência de pressuposto intrínseco, vencidos os Ministros Augusto César de Carvalho, relator, Maria Cristina Peduzzi e Alberto Luiz Bresciani, que também não conheciam do recurso, mas por ausência de pressuposto recursal extrínseco relativo à regularidade de representação processual da recorrente. TST-EAIRR-2439-61.2010.5.09.0000, SBDI-I, rel. Min. Augusto César Leite de Carvalho, red. p/ acórdão Min. Ives Gandra Martins Filho, 7.2.2013 (TST. Info nº 35).

26. QUADRO SINÓPTICO

Capítulo II – Sistema recursal trabalhista		
Instituto	**Conteúdo**	**item**
Conceito de recurso	O recurso é uma forma de impugnação das decisões judiciais por meio do qual a parte que sucumbiu em determinada pretensão deduzida em juízo ou o terceiro juridicamente interessado, dispõe para alterar ou anular, total ou parcialmente, o seu conteúdo, ou mesmo para atacar os seus aspectos formais, no sentido de impedir que adquira a qualidade da coisa julgada.	2
	Princípios	
Taxatividade	As partes só podem pedir a revisão dos atos decisórios dos juízes e Tribunais exclusivamente por meio dos remédios processuais classificados pela legislação como recurso.	3.1
Instrumentalidade das formas	Princípio que permite ao juiz receber determinado recurso, mesmo que tenha sido denominado com outra expressão, desde que estejam presentes os seus requisitos de admissibilidade extrínsecos e intrínsecos e que não constitua um erro grosseiro.	3.2
Duplo grau de jurisdição	Por esse princípio, que não é absoluto, toda decisão pode ser revista.	3.3
Irrecorribilidade em separado das interlocutórias	Na Justiça do Trabalho, nos termos do art. 893, § 1º, da CLT, as decisões interlocutórias não ensejam recurso imediato, salvo nas hipóteses de decisão: • de Tribunal Regional do Trabalho contrária à Súmula ou Orientação Jurisprudencial do Tribunal Superior do Trabalho; • suscetível de impugnação mediante recurso para o mesmo Tribunal; • que acolhe exceção de incompetência territorial, com a remessa dos autos para Tribunal Regional distinto daquele a que se vincula o juízo excepcionado, consoante o disposto no art. 799, § 2º, da CLT. (Súmula nº 214 do TST).	3.4

Capítulo II – Sistema recursal trabalhista		
Instituto	**Conteúdo**	**item**
Substituição	A decisão proferida pelo órgão judicial *ad quem* substitui aquela prolatada pela instância inferior. Essa substituição pode ser no todo ou em parte, a depender dos limites estabelecidos pelo exercício da pretensão recursal da parte ou resultar do julgamento do recurso.	3.5
Non reformatio in pejus	O juiz, quando sentencia, deve observar os limites impostos pela *res in iudicio deducta*. Desse modo, não pode de dar a mais, aquém ou fora daquilo que foi pedido. No recurso repete-se essa exigência de forma que o juízo *ad quem* não pode ultrapassar ou deixar de ater-se ao quanto postulado pela parte no exercício da sua pretensão recursal.	3.6
Unirrecorribilidade	O princípio da unirrecorribilidade, também denominado de princípio do recurso único ou princípio da absorção, obsta que a parte prejudicada possa interpor mais de um recurso para atacar uma mesma decisão, salvo se a lei assim o dispuser de forma expressa.	3.7
Dialeticidade	O recorrente deve fundamentar a sua irresignação especificamente quanto à motivação adotada pela decisão, com indicação das razões de fato e de direito com que pretende modificá-la ou anulá-la.	3.9

Requisitos de admissibilidade dos recursos			
Objetivos	**Recorribilidade**	Antes mesmo de examinar a ocorrência dos demais requisitos de admissibilidade, é necessário que se observe se o ato praticado pelo juiz é recorrível.	4.1
	Adequação	Para cada espécie de decisão existe um recurso adequado com previsão nas leis processuais.	
	Preparo	• Determinados recursos para serem conhecidos exigem o preparo e a sua respectiva comprovação, que é representado pelo recolhimento das custas processuais e pelo depósito recursal. • A insuficiência no valor do preparo, inclusive porte de remessa e de retorno, implicará deserção se o recorrente, intimado na pessoa de seu advogado, não vier a supri-lo no prazo de 5 cinco dias; • A insuficiência no valor do preparo do recurso, no Processo do Trabalho, concerne unicamente às custas processuais, não ao depósito recursal. • O depósito recursal pode ser substituído pelo seguro garantia judicial, cujo procedimento foi disciplinado pelo Ato Conjunto do TST, CGJT e CSJT de nº 01/2019.	4.1
	Tempestividade	Os recursos devem ser interpostos no prazo de oito dias. A exceção fica por conta dos embargos declaratórios, que é de cinco dias e o recurso extraordinário, de 15 dias.	
	Representação	Se, a despeito da existência do *ius postulandi*, o patrono da parte interessada interpõe um recurso, como representante processual do seu cliente, deve ter procuração nos autos, seja ela expressa ou tácita, já que não se exige poderes específicos para a prática desse ato processual.	
Subjetivos	**Legitimidade**	A legitimação ordinária para recorrer é da parte que sucumbiu, no todo ou em parte, em razão da prolação da sentença. Enquadram-se nesse grupo, também, os terceiros admitidos no processo e os terceiros prejudicados.	4.2

Capítulo II – Sistema recursal trabalhista			
Instituto		**Conteúdo**	**item**
Subjetivos	**Sucumbência**	Não se admite que o litigante que tenha obtido êxito total em uma ação judicial possa recorrer da decisão nela proferida.	4.2
Procedimento, desistência e efeitos dos recursos			
Procedimento		• interpostos por simples petição, acompanhada das respectivas razões; • exame do juízo de admissibilidade pelo órgão a quo, nos casos em que a lei expressamente o exigir; • apresentação das contrarrazões pela parte contrária; • remessa dos autos para o órgão *ad quem*; • envio do processo ao MPT para exarar parecer, caso necessário; • distribuição para o relator; • novo exame de admissibilidade; • inclusão em pauta e julgamento.	5.1
Decisão monocrática do relator		a) não conhecer de recurso inadmissível, prejudicado ou que não tenha impugnado especificamente os fundamentos da decisão recorrida; b) negar provimento a recurso que for contrário a: • súmula do Supremo Tribunal Federal, do Superior Tribunal de Justiça ou do próprio tribunal; • acórdão proferido pelo Supremo Tribunal Federal ou pelo Superior Tribunal de Justiça em julgamento de recursos repetitivos; • entendimento firmado em incidente de resolução de demandas repetitivas ou de assunção de competência.	5.2
Desistência e renúncia		A qualquer tempo, desde que seja antes da sua apreciação, e sem necessitar da anuência da parte contrária, o recorrente pode desistir da pretensão recursal que se materializou com a utilização do recurso interposto ou mesmo renunciar ao direito de recorrer.	5.3
Efeitos	**Devolutivo**	A interposição de recurso devolve a instância *ad quem* o julgamento da pretensão do reclamante deduzida em juízo, no todo ou em parte.	5.4
	Suspensivo	O efeito suspensivo é a característica do recurso recebido e que implica a paralisação do feito, ou seja, impede que se dê cumprimento ao comando sentencial objeto da irresignação do recorrente. No processo do trabalho, a regra é de recebimento do recurso apenas no efeito devolutivo.	
	Obstativo	A interposição do recurso impede que a sentença adquira a qualidade da coisa julgada.	
	Translativo	O efeito translativo provocado pelo recurso confere ao novo julgador a possibilidade de conhecer questões que não foram apreciadas pela sentença também denominado de efeito devolutivo em profundidade.	
	Regressivo	Trata-se da possibilidade de o próprio juiz que proferiu a sentença, modificá-la após a interposição do recurso, no exercício do juízo de retratação.	
	Extensivo	É verificado quando o julgamento do recurso produz efeitos para as pessoas que não figuraram como recorrentes.	

Capítulo II – Sistema recursal trabalhista			
Instituto		**Conteúdo**	**item**
Efeitos	**Substitutivo**	Observa-se esse efeito somente nos casos em que o recurso é provido. Nesse caso, o conteúdo da sentença originária é substituído pela nova decisão, no todo ou em parte.	5.4
Recursos em espécie			
Recurso ordinário	**Conceito**	O recurso ordinário é aquele destinado a impugnar as sentenças eivadas de *error in iudicando* ou error *in procedendo*, desde que proferidas pelos juízes ou Tribunais do Trabalho no exercício de sua competência originária em processos de conhecimento, com ou sem a resolução do mérito da causa.	7.1
	Requisitos	• prazo de oito dias; • recolhimento das custas; • O depósito deve ser feito em conta vinculada ao juízo como determina o § 4º, art. 899 da CLT, com redação dada pela Lei nº 13.467/17: "O depósito recursal será feito em conta vinculada ao juízo e corrigido com os mesmos índices da poupança". • O depósito recursal pode ser substituído pelo seguro garantia judicial.	7.2
	Petição	O recurso ordinário é interposto por simples petição dirigida ao juízo que proferiu a decisão impugnada, pedindo que seja recebido e remetido ao órgão *ad quem*. A doutrina e a jurisprudência, entretanto, entendem ser necessário fundamentar as razões do recurso.	7.3
	Procedimento no juízo *a quo*	• interposição perante o juízo *a quo*; • análise dos requisitos de admissibilidade do recurso (IN nº 39/16 do TST, art. 2º, XI); • exercício do juízo de retratação no prazo de cinco dias; • vista a parte contrária para oferecer contrarrazões; • remessa dos autos ao órgão *ad quem*.	7.4
	Tramitação no juízo *ad quem*	• registro do recurso; • remessa à procuradoria; • retorno dos autos ao Tribunal para sorteio do relator; • inclusão em pauta para julgamento.	7.5
	Efeitos da interposição do recurso ordinário	• RO só é recebido no efeito devolutivo em profundidade; • Serão objeto de apreciação e julgamento pelo tribunal todas as questões suscitadas e discutidas no processo, ainda que não tenham sido solucionadas, desde que relativas ao capítulo impugnado. • Quando o pedido ou a defesa tiver mais de um fundamento e o juiz acolher apenas um deles, a apelação devolverá ao tribunal o conhecimento dos demais. • Se o processo estiver em condições de imediato julgamento, o tribunal deve decidir desde logo o mérito quando:	7.6

Capítulo II – Sistema recursal trabalhista			
Instituto	**Conteúdo**		**item**
Recurso ordinário	**Efeitos da interposição do recurso ordinário**	a) reformar sentença fundada no art. 485 do CPC; b) decretar a nulidade da sentença por não ser ela congruente com os limites do pedido ou da causa de pedir; c) constatar a omissão no exame de um dos pedidos, hipótese em que poderá julgá-lo; d) decretar a nulidade de sentença por falta de fundamentação.	7.6
Recurso de revista	**Conceito**	É aquele que é usado para demonstrar a irresignação da parte em relação às decisões proferidas pelos Tribunais Regionais do Trabalho, no exercício da sua competência recursal.	8.1
	Depósito recursal	Corresponde ao valor da condenação, mas o limite é fixado anualmente por ato do TST, podendo ser substituído por fiança bancária ou seguro garantia judicial. O depósito recursal pode ser substituído pelo seguro garantia judicial.	8.2
	Divergência	A decisão proferida pelo Tribunal Regional do Trabalho deve conferir interpretação de dispositivo de lei federal diversa daquela dada: a) por outro Tribunal; b) pela SDI do Tribunal Superior do Trabalho; c) por Súmula ou Orientação de jurisprudência uniforme do TST; d) por Súmula Vinculante do STF.	
	Prequestionamento	• significa que o acórdão deve ser claro e expresso sobre a tese jurídica que adota para manter ou modificar a decisão de primeira instância, sem que isso signifique a obrigação de fazer referência a determinado preceito normativo; • quando o acórdão é omisso no que diz respeito à tese por ele acolhida, o interessado, antes da interposição do recurso de revista, deve prequestionar a matéria por meio dos embargos declaratórios, sob pena de preclusão do direito de manejar o recurso de revista.	8.2
	Transcendência	É a possibilidade que o TST tem de escolher qual o recurso de revista será por ele analisado, de acordo com os critérios de relevância econômica, política, social ou jurídica.	
	Rito sumaríssimo	Nas causas sujeitas ao procedimento sumaríssimo, somente será admitido recurso de revista por contrariedade a súmula de jurisprudência uniforme do Tribunal Superior do Trabalho ou a súmula vinculante do Supremo Tribunal Federal e por violação direta da Constituição Federal. (art. 896. § 9º da CLT).	
	Não cabimento	• para impugnar acórdão que julga agravo de petição, salvo se houver ofensa à Constituição Federal; • no caso de execução fiscal; • Nas controvérsias que envolvam a Certidão Negativa de Débitos Trabalhistas.	8.3

Capítulo II – Sistema recursal trabalhista

Instituto	Conteúdo			item
Recurso de revista	**Procedimento**		• interposto perante o TRT, submetido ao exame de sua admissibilidade pelo seu respectivo presidente; • admitido o recurso de revista em despacho fundamentado, a parte contrária é intimada para oferecer suas contrarrazões; • remessa dos autos ao TST; • envio dos autos ao MPT para exarar parecer, caso necessário; • distribuição e sorteio do relator; • inclusão em pauta para julgamento.	8.4
Embargos no TST	**Conceito**		É o remédio processual adequado para atacar as decisões divergentes proferidas pelas Turmas do Tribunal Superior do Trabalho.	9.1
	Requisitos	**Depósito**	Será o valor da condenação, com limite fixado anualmente por ato do TST. O depósito recursal pode ser substituído pelo seguro garantia judicial.	9.2
		Divergência	Exige-se que a decisão impugnada seja divergente em relação à outra que analisa a mesma questão de direito, com a diferença de que o dissenso deve acontecer entre acórdãos proferidos pelas Turmas do TST ou entre estas em confronto com as decisões da SDI.	
Agravo de petição	**Conceito**		O agravo de petição constitui o recurso cabível para impugnar as sentenças proferidas pelos juízes de primeiro grau nos processos/fase de execução.	10.1
	Requisitos		• não há necessidade de depósito recursal e as custas só são devidas ao final do processo de execução. • além da tempestividade, a delimitação justificada dos valores e das matérias objeto da irresignação da parte constituem requisitos de admissibilidade do agravo de petição;	10.2
	Contribuições previdenciárias		O agravo de petição também pode ser utilizado pela União para impugnar as decisões e os acordos homologados na execução trabalhista, quando afeta a base de cálculo ou o recolhimento das contribuições previdenciárias.	10.3
Agravo de instrumento	**Conceito**		No processo do trabalho, o agravo de instrumento serve, única e exclusivamente, para destrancar o seguimento de outro recurso que deveria ser apreciado por uma instância superior.	11.1
	Competência		Cabe exclusivamente ao juízo *ad quem* examinar os pressupostos de admissibilidade, principalmente a tempestividade e o traslado de todas as peças indispensáveis para a sua formação, já que não se exige o preparo para a interposição desse recurso.	11.2

Capítulo II – Sistema recursal trabalhista			
Instituto	**Conteúdo**		**item**
Agravo de instrumento	**Procedimento**	• interposição no juízo que proferiu o despacho; • petição de interposição do AI deve vir acompanhada de cópia (traslados) das peças indispensáveis à formação do agravo de instrumento; • possibilidade do exercício do juízo de retratação; • vista a parte contrária; • remessa dos autos ao Tribunal competente; • designação de relator; • em caso de provimento do agravo de instrumento, o Tribunal deliberará sobre o julgamento do recurso principal, sem necessidade de retorno dos autos ao juízo de origem.	11.3
Recurso adesivo	O recurso adesivo não é, na verdade, um tipo especial de recurso, mas sim uma faculdade que a lei confere ao litigante que não teve a sua pretensão acolhida totalmente pela sentença, de recorrer somente na eventual hipótese da parte contrária assim proceder.		12
Embargos declaratórios	**Conceito**	Os embargos declaratórios constituem remédio jurídico, à disposição da parte interessada, destinado a corrigir as decisões que sejam omissas, contraditórias ou que contenham manifesto equívoco no exame dos pressupostos extrínsecos do recurso, pelo mesmo órgão jurisdicional que as proferiu.	13.1
	Natureza jurídica	• há divergência doutrinária no que diz respeito à natureza jurídica dos embargos de declaração a depender do que se entenda como recurso.	13.2
		• considerando que o recurso constitui medida processual destinada a modificar decisões por um órgão judicial de hierarquia superior, os embargos declaratórios deixam de ser considerados como tal. • se o entendimento é de que o recurso representa a faculdade que a parte sucumbente tem de ver reexaminado o litígio, por um órgão julgador superior ou pelo mesmo juízo que proferiu a sentença, os embargos passam a ter essa mesma natureza. • O CPC classifica esse remédio jurídico como recurso.	13.2
	Pressupostos	Os embargos são opostos para eliminar obscuridades, contradições ou omissões constantes da fundamentação ou na porção dispositiva da decisão, relativamente a questões de fato ou de direito.	13.3
	Objeto	Os embargos declaratórios podem ser interpostos em face de qualquer tipo de decisão, seja ela terminativa ou definitiva ou mesmo uma decisão interlocutória.	13.4
	Procedimento	• prazo de cinco dias para interposição; • petição dirigida ao juízo prolator da decisão, com a indicação da omissão, obscuridade ou contradição; • vista à parte contrária, por conta do eventual efeito modificativo; • decisão acolhendo ou não os embargos declaratórios.	13.5

Capítulo II – Sistema recursal trabalhista			
Instituto	**Conteúdo**		**item**
Embargos declaratórios	**Efeitos**	• a natureza da omissão suprida pelo julgamento de embargos declaratórios pode ocasionar efeito modificativo no julgado (Súmula nº 278 do TST); • os embargos declaratórios interrompem o prazo para interposição de outro recurso para ambas as partes.	13.6
Agravo interno	**Previsão legal**	O recurso denominado simplesmente de agravo está previsto na CLT nos dispositivos que tratam do recurso de embargos e de revista: "Art. 894. § 4º Da decisão denegatória dos embargos caberá agravo, no prazo de 8 (oito) dias" e no recurso de revista: "Art. 896, § 12. Da decisão denegatória caberá agravo, no prazo de 8 (oito) dias".	14.1
	Cabimento	O agravo interno, também denominado de agravo regimental no processo do trabalho, tem como objetivo principal atacar as decisões monocráticas dos juízes relatores nos Tribunais com o envio da matéria para o reexame do órgão colegiado do qual faz parte o referido magistrado.	14.2
Embargos infringentes	No processo do trabalho, embargos infringente consiste no recurso cabível das decisões não unânimes proferidas pela seção especializada em dissídios coletivos – SDC, limitados aos processos de dissídio coletivo de competência originária do TST (esse recurso foi extinto pelo CPC de 2015 no âmbito do processo civil).		15
Reclamação correicional	Trata-se de uma medida de natureza exclusivamente administrativa, dirigida ao juiz corregedor, para atacar decisões ou despachos proferidos pelo juiz, que conduz a instrução do processo de forma irregular, tumultuada ou com inversão da sua ordem.		16
Revisão do valor da causa	Em audiência, ao aduzir razões finais, pode qualquer das partes impugnar o valor fixado e, se o juiz o mantiver, pedir revisão da decisão, no prazo de 48 horas, ao presidente do Tribunal Regional (art. 2º § 1º, da Lei nº 5.584/70).		17
Recurso Extraordinário	Na Justiça do Trabalho, o recurso extraordinário tem cabimento das decisões proferidas pelo TST, das quais não caiba qualquer outro recurso.		19
Uniformização de jurisprudência	A uniformização da jurisprudência consiste na necessidade, decorrente de política judiciaria, de firmar a orientação jurisprudencial predominante em cada tribunal com o objetivo de alcançar a segurança jurídica. A Lei nº 13.467/17 introduziu dispositivos ao art. 702 da CLT para disciplinar a aprovação ou alteração de Súmulas e outros enunciados de jurisprudência no âmbito dos Tribunais Trabalhistas (Orientação Jurisprudência e Tese Prevalecente), pois esses procedimentos eram definidos pelo respectivos regimentos.		20
Incidente de resolução de demandas repetitivas	Com a vigência da Lei nº 13.015/14, o processo do trabalho passou a admitir o julgamento em conjunto de recursos de revista repetitivos ao introduzir os arts. 896-B e 896-C à CLT. A mencionada regra jurídica estabeleceu procedimento próprio, mas admitiu também o uso suplementar dos preceitos contidos no CPC que tratam do julgamento repetitivo do recurso especial e do recurso extraordinário.		21
Incidente de assunção de competência	Pode ocorrer a hipótese de uma determinada demanda, apesar de não considerada repetitiva, ser classificada como de grande repercussão social em relação à matéria de direito. Em tais situações, é possível alterar a competência de julgamento da Seção Especial de Dissídio Individual I para o Tribunal Pleno.		22
Reclamação	A Reclamação é uma demanda destinada a preservar a competência ou garantir a autoridade das decisões de determinado Tribunal, sem que seja necessário percorrer todas as instâncias inferiores. Está prevista no art. 102, I, "F", da CF/88, mas somente em relação ao Supremo Tribunal Federal. Porém, o CPC, por meio do art. 988 e seguintes, estendeu essa possibilidade para qualquer Tribunal.		23

27. QUESTÕES

27.1. Questões objetivas

1. (FCC – 2012 – PGM – João Pessoa-PB – Procurador Municipal) No ato de interposição do Agravo de Instrumento o depósito recursal

a) corresponderá a 50% do valor do depósito do recurso ao qual se pretende destrancar.

b) não é devido por ausência de previsão específica na Consolidação das Leis do Trabalho.

c) não é devido por ausência de previsão constitucional e legal, bastando o pagamento das custas processuais na sua integralidade.

d) corresponderá à totalidade do valor do depósito do recurso ao qual se pretende destrancar.

e) corresponderá a 70% do valor do depósito do recurso ao qual se pretende destrancar.

2. (Magistratura do Trabalho. 8ª R. 2009. ADAPTADA) Existindo, na decisão recorrida, tese explícita sobre a matéria, desnecessário contenha nela referência expressa do dispositivo legal para se ter como prequestionado este.

3. (PGE/RO – Procurador do Estado Substituto/2011) Sobre os embargos de declaração no processo do trabalho, é INCORRETO afirmar:

a) São cabíveis nos casos de omissão e contradição no julgado e manifesto equívoco no exame dos pressupostos extrínsecos do recurso.

b) É passível de nulidade decisão que acolhe embargos de declaração com efeito modificativo sem que seja concedida oportunidade de manifestação prévia à parte contrária.

c) Quando os litisconsortes estiverem com procuradores diferentes, ser-lhes-ão contados em dobro o prazo dos embargos de declaração.

d) Incumbe à parte interessada, desde que a matéria haja sido invocada no recurso principal, opor embargos declaratórios objetivando o pronunciamento sobre o tema, sob pena de preclusão.

e) Considera-se pré-questionada a questão jurídica invocada no recurso principal sobre a qual se omite o Tribunal de pronunciar tese, não obstante opostos embargos de declaração.

4. (NCADE – Advogado/2011) Gabriela possuía contrato de prestação de serviços de gerência, na qualidade de autônoma, com a empresa Y, recebendo um valor mensal. Após a rescisão do referido contrato, Gabriela ajuizou reclamação trabalhista requerendo o reconhecimento do vinculo de emprego com a empresa Y, bem como o pagamento e recolhimento de todas as demais verbas trabalhistas e previdenciárias. O M.M. juiz declarou a incompetência absoluta da Justiça do Trabalho (em razão da matéria) e determinou a remessa dos autos à Justiça Comum. Neste caso,

a) não caberá recurso, tratando-se de decisão interlocutória irrecorrível na justiça do trabalho.

b) caberá recurso ordinário para o Tribunal Regional do Trabalho competente.

c) caberá agravo de instrumento para o Tribunal Regional do Trabalho competente.

d) caberá recurso ordinário para o Tribunal Superior do Trabalho.

e) caberá agravo de instrumento para o Tribunal Superior do Trabalho.

5. (CREMESP – Advogado/2011) Na Justiça do Trabalho, nos termos do art. 893, § 1º, da CLT, as decisões interlocutórias não ensejam recurso imediato, salvo nas hipóteses de decisão:

I. de Tribunal Regional do Trabalho contrária à Súmula ou Orientação Jurisprudencial do mesmo Tribunal;

II. que trata de direitos indisponíveis de menores;

III. suscetível de impugnação mediante recurso para Tribunal Regional diverso;

IV. que acolhe exceção de incompetência territorial, com a remessa dos autos para Tribunal Regional distinto daquele a que se vincula o juízo excepcionado.

Está correto apenas o contido em

a) IV.

b) II e IV.

c) II e III.

d) I, III e IV.

e) I, IV e V.

6. (FMP-RS – 2012 – PGE-AC – Procurador) Quanto aos Recursos, no Processo do Trabalho, assinale a assertiva incorreta.

a) O Recurso de Revista tem igual cabimento, tanto no procedimento ordinário, quanto no procedimento sumaríssimo.

b) O Recurso Ordinário tem cabimento contra decisões definitivas ou terminativas das Varas e Juízos e também das decisões definitivas ou terminativas dos Tribunais Regionais, em processos de sua competência originária, quer em dissídios individuais ou coletivos, no prazo de oito dias.

c) O Agravo de Instrumento, no Processo do Trabalho, também demanda preparo, em especial a realização de depósito recursal.

d) O Agravo de Petição tem cabimento em face de decisões proferidas na execução.

7. (TRT – 15ª Região – Juiz do Trabalho. 2011) Odracil Terracota, rurícola, ingressou com reclamação trabalhista, pelo rito ordinário, extinta com resolução de mérito, na origem, pelo acolhimento da prescrição, decretada em consonância com entendimento do TST. Recorreu ao Tribunal Regional de Trabalho e obteve a reversão da decisão, com o afastamento da prescrição e determinação de baixa dos autos à origem, para produção de provas e prosseguimento do feito. Fixadas tais premissas, assinale a alternativa correta:

a) da decisão do Tribunal Regional do Trabalho não cabe Recurso de Revista em razão de sua natureza interlocutória;

b) a decisão é terminativa e, assim, Cabe Recurso de Revista;

c) a decisão é interlocutória e, ainda assim, poderá ensejar Recurso de Revista;

d) a decisão é terminativa, mas dela cabe Correição Parcial por haver afrontado entendimento sedimentado no TST;

e) a decisão é passível de impugnação via agravo de instrumento.

8. (Magistratura do Trabalho. 8ª R. 2009. ADAPTADA) É inadmissível o recurso de revista fundado tão-somente em divergência jurisprudencial, se a parte não comprovar que a lei estadual, a norma coletiva ou o regulamento da empresa extrapolam o âmbito do TRT prolator da decisão hostilizada.

9. (FCC – 2012 – TST – Técnico Judiciário – Área Administrativa / Direito Processual do Trabalho / Recursos) O processo "G" foi extinto sem resolução do mérito porque o juiz indeferiu a petição inicial. O processo "H" foi extinto com resolução do mérito tendo sido reconhecida a prescrição. E, o processo "J" foi extinto sem resolução do mérito por ausência de um dos pressupostos de constituição e de desenvolvimento válido e regular do processo. Nestes casos, caberá Recursos Ordinário das decisões proferidas nos processos

a) "G" e "H", apenas.

b) "G" e "J", apenas.

c) "H" e "J", apenas.

d) "G", "H" e "J".

e) "H", apenas.

10. (TST. Analista/2008) O prazo de interposição dos recursos trabalhistas previstos na Consolidação das Leis do Trabalho (CLT), inclusive dos embargos de declaração, é de oito dias.

11. (TRT 18ª R. 2008) Com relação ao recurso de revista, é certo que

a) é incabível esse recurso para reexame de fatos, mas será cabível a revista para reexame de provas.

b) caberá, em regra, esse recurso contra acórdão regional prolatado em agravo de instrumento.

c) a admissibilidade desse recurso contra acórdão proferido em processo incidente na execução independe de demonstração inequívoca de violação direta à Constituição Federal.

d) só caberá esse recurso por violação literal de dispositivo de lei federal nas demandas sujeitas ao procedimento sumaríssimo.

e) não se conhecerá desse recurso ou dos embargos quando a decisão recorrida resolver determinado item do pedido por diversos fundamentos e a jurisprudência transcrita não abranger a todos.

12. (PGM/Natal/Procurador/2008) Quanto aos recursos trabalhistas, assinale a opção correta.

a) Somente é admissível recurso adesivo no processo do trabalho se a matéria nele veiculada estiver relacionada com a do recurso principal, antes interposto pela parte contrária.

b) Na justiça do trabalho, as decisões interlocutórias não possibilitam, em regra, recurso imediato.

c) Da decisão do TRT que denegar mandado de segurança cabe recurso ordinário, dirigido ao TST, no prazo de quinze dias.

d) Do acórdão do TRT que julgar agravo de instrumento cabe recurso de revista para o TST.

13. (Magistratura do Trabalho 3ª R. 2009) Analise as proposições abaixo e, considerando as disposições contidas na Consolidação das Leis do Trabalho e no Código de Processo Civil, bem como no entendimento jurisprudencial sumulado, assinale a alternativa correta:

I. Cabe recurso de revista para turma do Tribunal Superior do Trabalho das decisões proferidas em grau de recurso ordinário, em dissídio individual, pelos Tribunais do Trabalho, quando derem ao mesmo dispositivo de regulamento empresarial de observância obrigatória, em área territorial que exceda a jurisdição do Tribunal Regional prolator da decisão recorrida, interpretação diversa da que lhe houver dado outro Tribunal Regional, no seu Pleno ou Turma, ou a Seção de Dissídios Individuais do Tribunal Superior do Trabalho, ou a Súmula de Jurisprudência Uniforme do TST.

II. Desde que a matéria haja sido invocada no recurso principal, cabe à parte interessada opor embargos declaratórios objetivando o pronunciamento sobre o tema, sob pena de preclusão.

III. Tratando-se de decisões proferidas pelos Tribunais Regionais do Trabalho ou por suas Turmas em processo de embargos de terceiro, aviados em execução de sentença, cabe recurso de revista na hipótese de violação à Súmula de Jurisprudência Uniforme do Tribunal Superior do Trabalho.

IV. Nas causas sujeitas ao procedimento sumaríssimo somente é admitido recurso de revista por violação direta da Constituição da República.

V. Segundo o entendimento jurisprudencial sumulado, é incabível recurso de embargos e recurso de revista contra decisões superadas por atual, notória e iterativa jurisprudência do Tribunal Superior do Trabalho.

a) São falsas as proposições I, II, III e IV.

b) São falsas as proposições III e IV.

c) São falsas as proposições I, III, IV e V.

d) Apenas a proposição IV é falsa e as demais são verdadeiras.

e) Apenas a proposição V é falsa e as demais são verdadeiras.

14. (Magistratura do Trabalho. 8ª R. 2009. ADAPTADA) A contagem do quinquídio para apresentação dos originais de recurso interposto por intermédio de fac-símile começa a fluir do dia subsequente ao término do prazo recursal, nos termos do art. 2º da Lei nº 9.800/1999, e não do dia seguinte à interposição do recurso, se esta se deu antes do termo final do prazo. Aplica-se, na espécie, a regra em que é considerado prorrogado o prazo até o primeiro dia útil, se o termo inicial para a juntada dos originais recair em feriado.

15. (Magistratura do Trabalho. 23ª R. 2008. ADAPTADA) Não cabem embargos para a Seção de Dissídios Individuais de decisão de Turma proferida em agravo, salvo da decisão que nega provimento a agravo contra decisão monocrática do Relator, em que se proclamou a ausência de pressupostos extrínsecos de agravo de instrumento.

16. (FCC – Técnico Judiciário – Área Administrativa – TRT 3/2015) Gilda ajuizou reclamação trabalhista em face da empresa "G" tendo sido a referida reclamação julgada totalmente improcedente. Sabendo-se que o valor atribuído à causa foi de R$ 200.000,00, e que Gilda não é beneficiária da justiça gratuita, para ajuizar Recurso Ordinário, Gilda

a) terá que pagar o valor de R$ 2.000,00 dentro do prazo recursal sob pena de deserção.
b) terá que pagar o valor de R$ 4.000,00 dentro do prazo recursal sob pena de deserção.
c) terá que pagar o valor de R$ 1.000,00 dentro do prazo recursal sob pena de deserção.
d) está isenta do pagamento das custas, uma vez que estas não são devidas ao reclamante quando da interposição de recurso, sendo devidas apenas com o trânsito em julgado.
e) está isenta do pagamento das custas, uma vez que estas não são devidas ao reclamante na Justiça do Trabalho.

17. (FCC – Técnico Judiciário – Área Administrativa – TRT 3/2015) Na execução de sentença proferida em reclamação trabalhista, contra as decisões dos Tribunais Regionais do Trabalho

a) não caberá Recurso de Revista, salvo na hipótese de ofensa direta e literal de norma estadual ou federal.
b) caberá, em qualquer hipótese, Recurso de Revista, no prazo de oito dias.
c) não caberá Recurso de Revista, salvo na hipótese de ofensa à súmula ou jurisprudência consolidada do Tribunal Superior do Trabalho.
d) caberá, em qualquer hipótese, Recurso de Revista, no prazo de quinze dias.
e) não caberá Recurso de Revista, exceto quando ocorrer ofensa direta e literal de norma da Constituição Federal.

18. (FCC – Técnico Judiciário – Área Administrativa – TRT 3/2015) Considere as seguintes hipóteses:

I. Indeferimento da petição inicial.
II. Indeferimento do requerimento da realização de perícia para apuração de periculosidade.
III. Juiz acolhe alegação de litispendência.
IV. Juiz acolhe alegação de coisa julgada.

Caberá Recurso Ordinário nas hipóteses indicadas APENAS em

a) I e III.
b) I e II.
c) I, III e IV.
d) II, III e IV.
e) II e IV.

19. (FCC – Técnico Judiciário – Área Administrativa – TRT 3/2015) Nas causas sujeitas ao procedimento sumaríssimo, somente será admitido Recurso de Revista

a) quando derem ao mesmo dispositivo de Convenção Coletiva de Trabalho, Acordo Coletivo e sentença normativa interpretação divergente, da que lhe houver dado outro Tribunal Regional do Trabalho, no seu Pleno ou Turma.
b) na hipótese exclusiva de contrariedade à súmula de jurisprudência uniforme do Tribunal Superior do Trabalho ou à súmula vinculante do Supremo Tribunal Federal.
c) quando derem ao mesmo dispositivo de Lei Federal interpretação diversa da que lhe houver dado outro Tribunal Regional do Trabalho, no seu Pleno ou Turma.
d) por contrariedade à súmula de jurisprudência uniforme do Tribunal Superior do Trabalho ou à súmula vinculante do Supremo Tribunal Federal e por violação direta da Constituição Federal.

e) quando derem ao mesmo dispositivo de Lei Federal interpretação diversa da que lhe houver dado a Seção de Dissídios Individuais do Tribunal Superior do Trabalho.

20. (FCC – Analista Judiciário – Área Judiciária – TRT 4/2015) A empresa Semideuses foi condenada em reclamação trabalhista por decisão em primeiro grau de jurisdição. Apresentou recurso contra a sentença, cujo processamento foi denegado em razão da falta de preparo. Para reverter essa última decisão deverá interpor

a) recurso ordinário em 8 dias.
b) recurso de revista em 8 dias.
c) agravo de petição em 5 dias.
d) agravo de instrumento em 8 dias.
e) reclamação correcional em 5 dias.

21. (FCC – Técnico Judiciário – Área Administrativa – TRT 4/2015) Nos termos do entendimento jurisprudencial sumulado do TST, o recurso adesivo é

a) incompatível com o processo do trabalho em razão dos princípios inerentes as relações empregatícias.
b) compatível com o processo do trabalho e cabe nas hipóteses de interposição de recurso ordinário, de agravo de petição, de revista e de embargos.
c) compatível com o processo do trabalho e cabe apenas nas hipóteses de interposição de recurso ordinário e de agravo de petição.
d) compatível com o processo do trabalho e cabe apenas nas hipóteses de interposição de recurso ordinário e de revista.
e) compatível com o processo do trabalho e cabe apenas nas hipóteses de interposição de recurso ordinário.

22. (FCC – Técnico Judiciário – Área Administrativa – TRT 4/2015) No tocante ao Recurso de Revista, conforme normas da Consolidação das Leis do Trabalho e súmula do TST, é certo que

a) não se conhece de recurso de revista se a decisão recorrida resolver determinado item do pedido por diversos fundamentos e a jurisprudência transcrita não abranger a todos.
b) o recurso de revista, dotado de efeito devolutivo e suspensivo, será interposto perante Presidente do Tribunal Regional do Trabalho, que, por decisão fundamentada, poderá recebê-lo ou denegá-lo.
c) sob pena de não conhecimento, é ônus da parte expor as razões do pedido de reforma, impugnando todos os fundamentos jurídicos da decisão recorrida, sendo desnecessária a demonstração analítica de cada dispositivo de lei, da Constituição Federal, de súmula ou orientação jurisprudencial cuja contrariedade aponte.
d) das decisões proferidas pelos Tribunais Regionais do Trabalho ou por suas Turmas, em execução de sentença caberá Recurso de Revista em todas as hipóteses legais.
e) o prazo para sua interposição é de quinze dias contados da intimação da decisão recorrida.

23. (FCC – Analista Judiciário – Oficial de Justiça Avaliador – TRT 4/2015) Quanto a matéria recursal no Processo Judiciário do Trabalho, nos termos da Consolidação das Leis do Trabalho, é correto afirmar:

a) Cabe recurso de revista por violação à lei federal, por divergência jurisprudencial e por ofensa à Constituição Federal, nas execuções fiscais e nas controvérsias da fase de execução que envolvam a Certidão Negativa de Débitos Trabalhistas – CNDT.
b) Os embargos no Tribunal Superior do Trabalho devem ser interpostos no prazo de 15 dias e cabem em decisões unânimes em dissídios coletivos que excedam a competência territorial dos Tribunais Regionais.
c) O recurso ordinário nas reclamações sujeitas ao procedimento sumaríssimo deve ser interposto no prazo de cinco dias e será imediatamente distribuído, uma vez recebido no Tribunal, devendo o relator liberá-lo no prazo máximo de quinze dias.
d) O recurso de revista não cabe quando as decisões proferidas em grau de recurso ordinário, em dissídio individual, pelos Tribunais Regionais do Trabalho, contrariarem súmula de jurisprudência uniforme do Tribunal Superior do Trabalho ou súmula vinculante do Supremo Tribunal Federal.

e) No ato de interposição do agravo de instrumento, o depósito recursal corresponderá a 10% do valor do depósito do recurso ao qual se pretende destrancar.

24. (FCC – Procurador do Estado – MT/2016) Em execução trabalhista foi penhorado um bem imóvel de propriedade da empresa executada Delta & Gama Produções S/A para garantia do juízo. Houve a interposição de embargos à execução, que foram rejeitados pelo Juiz da execução. Nessa situação, caberá à executada interpor

a) agravo de instrumento no prazo de 15 dias.
b) recurso de revista no prazo de 8 dias.
c) recurso ordinário no prazo de 8 dias.
d) embargos no prazo de 15 dias.
e) agravo de petição no prazo de 8 dias.

25. (Cespe – Técnico Judiciário – Área Administrativa – TRT 8/2016) No que se refere a recursos trabalhistas, assinale a opção correta.

a) O preposto tem poderes para representar o empregador e, portanto, possui legitimidade para assinar o recurso interposto pela empresa reclamada.
b) Se o juiz indeferir a petição inicial por inépcia, mesmo sendo decisão terminativa que extinga o processo sem julgamento de mérito, caberá a interposição de recurso ordinário.
c) Do despacho de denegação de seguimento a recurso interposto pela parte, caberá agravo de petição.
d) Os embargos de declaração serão cabíveis quando a sentença contiver obscuridade ou omissão, devendo a parte embargante realizar o depósito recursal e pagar as custas processuais no ato da oposição.
e) Os recursos trabalhistas têm como regra o duplo efeito, devolutivo e suspensivo.

26. (QUESTÃO SOBRE A REFORMA TRABALHISTA ELABORADA PELO AUTOR). O valor das custas deve observar o mínimo de R$ 10,64 (dez reais e sessenta e quatro centavos) e o máximo de quatro vezes o limite máximo dos benefícios do Regime Geral de Previdência Social.

27. (QUESTÃO SOBRE A REFORMA TRABALHISTA ELABORADA PELO AUTOR). O depósito recursal será feito em conta vinculada do FGTS e corrigido com os mesmos índices da poupança.

28. (FCC – Procurador do Estado – TO/2018) Quanto aos recursos no Processo Judiciário do Trabalho, conforme normas previstas na Consolidação das Leis do Trabalho:

a) O agravo de instrumento interposto contra o despacho que não receber agravo de petição suspende a execução da sentença até o seu julgamento.
b) A interposição de recurso para o Supremo Tribunal Federal prejudicará a execução do julgado trabalhista.
c) No Tribunal Superior do Trabalho cabem embargos, no prazo de cinco dias, das decisões das Turmas que divergirem entre si.
d) O agravo de petição só será recebido quando o agravante delimitar, justificadamente, as matérias e os valores impugnados, permitida a execução imediata da parte remanescente até o final, nos próprios autos ou por carta de sentença.
e) Das decisões proferidas pelos Tribunais Regionais do Trabalho em execução de sentença, inclusive em processo incidente de embargos de terceiro, não caberá Recurso de Revista, mesmo na hipótese de ofensa direta e literal de norma da Constituição Federal.

29. (Fepese – Advogado – Celesc/2018) O Tribunal Superior do Trabalho, no recurso de revista, examinará previamente se a causa oferece transcendência com relação aos reflexos gerais de natureza:

1. econômica.
2. política.
3. social.
4. jurídica.

Assinale a alternativa que indica todas as afirmativas corretas.

a) São corretas apenas as afirmativas 2 e 4.

b) São corretas apenas as afirmativas 1 e 3.

c) São corretas apenas as afirmativas 1, 3 e 4.

d) São corretas apenas as afirmativas 2, 3 e 4.

e) São corretas as afirmativas 1, 2, 3 e 4.

30. (UFG – Advogado – Saneago – GO/2018) Para interposição de recurso de Agravo de Instrumento perante a Justiça do Trabalho por uma empresa que se situa no polo passivo de uma ação, o depósito recursal

a) é dispensável em razão do depósito já ter sido efetuado no recurso principal que se pretende destrancar.

b) corresponde a 50% (cinquenta por cento) do valor do depósito do recurso que se pretende destrancar

c) deve ser efetuado integralmente no valor da condenação atribuído na sentença recorrida.

d) corresponde ao dobro do valor do depósito recursal efetuado no recurso que se pretende destrancar.

31. (Cespe – Procurador do Estado – PE/2018) Nas causas sujeitas ao rito sumaríssimo, somente será admitido recurso de revista na hipótese de

a) violação à CLT ou contrariedade a súmula de jurisprudência uniforme do TST.

b) divergência estabelecida entre as turmas do TST.

c) violação às normas estabelecidas em convenção coletiva do trabalho da categoria ou contrariedade a súmula de jurisprudência uniforme do TST.

d) divergência estabelecida entre os TRTs.

e) contrariedade a súmula de jurisprudência uniforme do TST ou a súmula vinculante do STF, bem como por violação direta à CF.

32. (FCC – Analista Judiciário – Área Judiciária – TRT 6/2018) Sobre o procedimento sumaríssimo adotado no processo do trabalho,

a) todas as provas serão produzidas em audiência, desde que requeridas previamente.

b) as mudanças de endereço ocorridas no curso do processo deverão ser comunicadas ao juiz pelas partes e advogados no prazo máximo de 15 dias após ocorrerem, sob pena de serem reputadas eficazes as intimações enviadas ao local anteriormente indicado, na ausência de comunicação.

c) pode ser adotado nas demandas em que são partes autarquia e fundação pública.

d) em razão da celeridade imprimida pelo legislador, sobre os documentos apresentados por uma parte, a outra se manifestará no prazo improrrogável de 24 horas, podendo tal prazo ser dilatado se o juiz entender necessário.

e) a admissibilidade de recurso de revista está limitada à demonstração de violação direta a dispositivo da Constituição Federal ou contrariedade a Súmula do TST, não se admitindo o recurso por contrariedade a Orientação Jurisprudencial do TST, ante a ausência de previsão legal.

33. (FCC – Técnico Judiciário – Área Administrativa – TRT 6/2018) Diana ajuizou reclamação trabalhista requerendo o pagamento de horas extras sonegadas por sua empregadora Empresa Delta Confecções. A sentença julgou procedente seu pedido. Inconformada com a decisão de primeiro grau, a reclamada resolveu recorrer. Entretanto, não efetuou o depósito recursal e não recolheu as custas processuais devidas, razão pela qual, por falta de preparo, o seu recurso não obteve processamento. Nesta situação, o recurso cabível para a reclamada é

a) embargos declaratórios, em 5 dias.

b) agravo de instrumento, em 8 dias.

c) agravo de petição, em 8 dias.

d) recurso ordinário, em 15 dias.

e) agravo de instrumento, em 5 dias.

34. (Vunesp – Procurador – Fapesp/2018) Contra a sentença que julga procedente o pedido em reclamação trabalhista ajuizada em face de uma empresa pública estadual, cabe recurso ordinário no prazo de

a) oito dias corridos.

b) oito dias úteis.

c) dezesseis dias úteis.

d) dezesseis dias corridos.

e) trinta dias úteis.

35. (FCC – Analista Judiciário – Oficial de Justiça Avaliador – TRT 15/2018) Associação Promessa de Futuro, entidade sem fins lucrativos, e Bite Informática Ltda. foram condenadas em reclamação trabalhista, a primeira, de forma subsidiária, e a segunda, que foi empregadora do reclamante e está em recuperação judicial, como devedora principal, a pagarem ao reclamante verbas trabalhistas e rescisórias, sendo arbitrado à condenação o valor de R$ 100.000,00. Ambas pretendem recorrer da sentença, sendo que, em relação ao depósito recursal,

a) nenhuma das reclamadas precisa fazer o recolhimento, tendo em vista tratar-se de entidade sem fins lucrativos e de empresa em recuperação judicial.

b) deve ser recolhido por ambas as reclamadas, não importando tratar-se de entidade sem fins lucrativos e de empresa em recuperação judicial, tendo em vista que o depósito tem por finalidade a garantia do juízo.

c) deverá ser recolhido pela metade pela Associação Promessa de Futuro, em razão de ser uma entidade sem fins lucrativos, e não precisará ser recolhido pela Bite Informática, que está isenta de seu recolhimento por estar em recuperação judicial.

d) deverá ser recolhido pela metade por ambas as reclamadas, tendo em vista o benefício previsto em lei para as entidades sem fins lucrativos e para as empresas em recuperação judicial.

e) deverá ser recolhido, por meio de depósito na conta vinculada do FGTS, pela Associação Promessa de Futuro, em razão de ser uma entidade sem fins lucrativos, e não precisará ser recolhido pela Bite Informática, que está isenta de seu recolhimento por estar em recuperação judicial.

36. (FCC – Analista Judiciário – Oficial de Justiça Avaliador – TRT 15/2018) Segundo o legislador, o Tribunal Superior do Trabalho (TST) deverá examinar previamente, no recurso de revista, se o mesmo oferece transcendência com relação aos reflexos gerais de natureza econômica, política, social ou jurídica, sendo que

a) a decisão do relator que, monocraticamente, denegar seguimento ao recurso de revista que não demonstrar transcendência é irrecorrível.

b) é indicador de transcendência social a existência de interpretação nova de legislação trabalhista que assegure direito social ao reclamante-recorrente.

c) o recorrente poderá realizar, em relação ao recurso que o relator considerou não ter transcendência, sustentação oral sobre a questão da transcendência, durante dez minutos ou pelo tempo previsto no Regimento Interno do TST.

d) mantido o voto do relator quanto à não transcendência do recurso, será lavrado acórdão com fundamentação sucinta, do qual caberá embargos para a SDI do TST.

e) é irrecorrível decisão monocrática do relator que, em agravo de instrumento em recurso de revista, considerar ausente a transcendência da matéria.

37. (FCC – Analista Judiciário – Área Administrativa – TRT 15/2018) Quanto aos recursos admitidos no TST, considere:

I. Recurso cabível contra decisão denegatória de recurso de competência do Tribunal Superior do Trabalho.

II. Recurso cabível das decisões das Turmas do Tribunal Superior do Trabalho que divergirem entre si ou das decisões proferidas pela Subseção I da Seção Especializada em Dissídios Individuais, ou contrárias à súmula, à orientação jurisprudencial ou a precedente normativo do Tribunal Superior do Trabalho ou súmula vinculante do Supremo Tribunal Federal.

III. Recurso cabível das decisões não unânimes proferidas pela Seção Especializada em Dissídios Coletivos, nos processos de Dissídios Coletivos de competência originária do Tribunal.

IV. Recurso cabível das decisões das Turmas do Tribunal Superior do Trabalho proferidas em agravos internos e agravos de instrumento que contrariarem precedentes obrigatórios firmados em julgamento de incidentes de assunção de competência ou de incidentes de recursos repetitivos.

V. Recurso cabível contra decisão dos Presidentes do Tribunal e das Turmas, do Vice-Presidente, do Corregedor-Geral da Justiça do Trabalho ou de Relator, ressalvados os casos em que haja recurso próprio ou decisão de caráter irrecorrível.

Os recursos mencionados nos itens I a V são, respectivamente:

a) Agravo de Instrumento; Embargos Infringentes; Embargos para a Subseção I da Seção Especializada em Dissídios Individuais; Recurso Extraordinário; Agravo Interno.

b) Agravo Interno; Embargos para a Subseção I da Seção Especializada em Dissídios Individuais; Embargos Infringentes; Embargos para a Subseção I da Seção Especializada em Dissídios Individuais; Recurso de revista.

c) Agravo de Instrumento; Embargos para a Subseção I da Seção Especializada em Dissídios Individuais; Agravo Interno; Embargos Infringentes; Agravo Interno.

d) Embargos Infringentes; Agravo de Instrumento; Embargos para a Subseção I da Seção Especializada em Dissídios Individuais; Embargos Infringentes; Recurso de Revista.

e) Agravo de Instrumento; Embargos para a Subseção I da Seção Especializada em Dissídios Individuais; Embargos Infringentes; Embargos para a Subseção I da Seção Especializada em Dissídios Individuais; Agravo Interno.

38. (FCC – Técnico Judiciário – Área Administrativa – TRT 2/2018) Em determinada reclamação trabalhista a empresa reclamada "S" foi condenada em R$ 15.000,00 a título de reparação de dano moral sofrido por Bruna, sendo este o único pedido da referida reclamação. A empresa "S", inconformada, interpôs recurso ordinário, depositando regularmente o depósito recursal de R$ 9.189,00. O recurso ordinário foi recebido mas negado provimento. A empresa "S" pretende interpor recurso de revista. Nesse caso, considerando que o valor do depósito recursal pertinente a este recurso é de R$ 18.378,00, ultrapassando o valor da condenação, de acordo com entendimento Sumulado do Tribunal Superior do Trabalho, para interposição do recurso de revista, a empresa "S"

a) está obrigada a depositar o valor integral do depósito recursal referente ao recurso de revista dentro dos 8 dias de prazo para a sua interposição.

b) não está obrigada a depositar o valor integral do depósito recursal referente ao recurso de revista, devendo, no entanto, depositar o valor restante para atingir o valor da condenação.

c) não está obrigada a depositar mais nenhum valor a título de depósito recursal, ainda que não tenha atingido o valor da condenação, obedecendo-se o princípio da menor onerosidade recursal.

d) não está obrigada a depositar mais nenhum valor a título de depósito recursal, ainda que não tenha atingido o valor da condenação, obedecendo-se o princípio do duplo grau de jurisdição e da vedação ao enriquecimento ilícito.

e) está obrigada a depositar o valor integral do depósito recursal referente ao recurso de revista em até 3 dias após a sua interposição.

39. (FCC – Técnico Judiciário – Área Administrativa – TRT 2/2018) Considere as seguintes hipóteses:

I. Recurso de revista com fundamento em violação literal a dispositivo da Constituição Federal.

II. Recurso de revista com fundamento em contrariedade à Súmula do Tribunal Superior do Trabalho.

III. Recurso de revista com fundamento em contrariedade à Orientação Jurisprudencial do Tribunal Superior do Trabalho.

De acordo com o entendimento Sumulado do Tribunal Superior do Trabalho, nas causas sujeitas ao procedimento sumaríssimo será admissível o recurso de revista nas hipóteses indicadas em

a) I, apenas.

b) I, II e III.

c) II e III, apenas.

d) I e II, apenas.

e) I e III, apenas.

40. (AOCP – Técnico Judiciário – Área Administrativa – TRT 1/2018) Arthur ingressou com reclamação trabalhista no dia 10 de out. de 2017, em face da empresa Publicidade e Bons Negócios Ltda., e obteve sentença favorável aos seus pleitos de pagamento de horas extras, adicional noturno e verbas rescisórias. Contudo, a reclamada encontra-se insatisfeita com a sentença prolatada, pois acredita não possuir débito algum com o reclamante, e intenciona, através do recurso cabível, pleitear a efetivação de seus direitos. Dessa forma, assinale a alternativa que demonstra qual o recurso e o prazo adequados às intenções da reclamada.

a) Embargos de declaração no prazo de 10 (dez) dias.

b) Recurso ordinário no prazo de 15 (quinze) dias.

c) Agravo no prazo de 8 (oito) dias.

d) Embargos de declaração no prazo de 5 (cinco) dias.

e) Recurso ordinário no prazo de 8 (oito) dias.

41. (AOCP – Analista Judiciário – Área Judiciária – TRT 1/2018) Relativamente aos recursos na esfera trabalhista, assinale a alternativa INCORRETA.

a) O efeito devolutivo em profundidade do recurso ordinário, que se extrai do § 1º do art. 1.013 do CPC de 2015 (art. 515, §1º, do CPC de 1973), implica em transferir ao Tribunal a apreciação dos fundamentos, da inicial ou da defesa, não examinados pela sentença, ainda que não renovados em contrarrazões, desde que relativos ao capítulo impugnado.

b) Cabe recurso ordinário para a instância superior, no prazo de 8 dias, nos dissídios individuais e coletivos, das decisões definitivas ou terminativas dos Tribunais Regionais, em processos de sua competência originária.

c) No que diz respeito ao efeito devolutivo em profundidade do recurso ordinário, se a causa estiver madura, cabe ao tribunal, ao julgar o recurso ordinário, decidir desde logo o mérito da causa, nos termos do § 3º do art. 1.013 do CPC de 2015, inclusive quando constatar a omissão da sentença no exame de um dos pedidos.

d) Será admitido recurso de revista, nas causas sujeitas ao procedimento sumaríssimo, nas seguintes hipóteses, apenas: contrariedade à súmula de jurisprudência uniforme do Tribunal Superior do Trabalho ou à súmula vinculante do Supremo Tribunal Federal e por violação direta da Constituição Federal.

e) Cabe recurso ordinário para a instância superior, no prazo de 8 dias, nos dissídios coletivos, das decisões definitivas ou terminativas dos Tribunais Regionais, em processos de sua competência originária.

42. (AOCP – Analista Judiciário – Área Judiciária – TRT 1/2018) No que diz respeito à gratuidade da justiça e às recentes alterações impostas pela denominada "Reforma Trabalhista", assinale a alternativa INCORRETA.

a) As empresas em recuperação judicial são isentas do pagamento de depósito recursal, entretanto, estão sujeitas ao pagamento das custas processuais.

b) Para a concessão da justiça gratuita, a parte deverá comprovar insuficiência de recursos para o pagamento das custas processuais.

c) As entidades filantrópicas, assim como as empresas em recuperação judicial, têm o valor do depósito recursal reduzido pela metade.

d) A concessão de gratuidade judiciária poderá ser concedia àqueles que perceberem salário igual ou inferior a 40% (quarenta por cento) do limite máximo dos benefícios do Regime Geral de Previdência Social.

e) O valor do depósito recursal será reduzido pela metade para entidades sem fins lucrativos, empregadores domésticos, microempreendedores individuais, microempresas e empresas de pequeno porte.

43. (Vunesp – Procurador Jurídico – Pref. de Bauru – SP/2018) De acordo com o texto expresso na Consolidação das Leis do Trabalho (CLT), são isentos do depósito recursal os beneficiários da justiça gratuita, as

a) entidades filantrópicas e as empresas em recuperação judicial.
b) entidades sem fins lucrativos e os empregadores domésticos.
c) microempresas e as empresas de pequeno porte.
d) entidades filantrópicas e as entidades sem fins lucrativos.
e) empresas de pequeno porte, as microempresas e os empregadores domésticos.

44. (FCC – Analista Judiciário – Área Judiciária – TRT 6/2018) Em relação ao cabimento de agravo de instrumento em caso de admissibilidade parcial de recurso de revista no Tribunal Regional do Trabalho,

a) admitido apenas parcialmente o recurso de revista, constitui ônus da parte impugnar, mediante agravo de instrumento, o capítulo denegatório da decisão, sob pena de preclusão.
b) não cabem embargos de declaração parcial do despacho denegatório do recurso de revista, sendo necessário que a omissão seja total, abrangendo todos os temas objeto do recurso de revista.
c) não é nula a decisão regional que se abstiver de exercer controle de admissibilidade sobre qualquer tema objeto de recurso de revista, não obstante interpostos embargos de declaração, desde que tenha apreciado pelo menos um dos temas.
d) a recusa do Presidente do Tribunal Regional do Trabalho em emitir juízo de admissibilidade sobre qualquer tema somente pode ser impugnada quando da interposição do recurso, não cabendo embargos de declaração.
e) faculta-se ao Ministro Relator, por decisão recorrível mediante agravo interno, determinar a restituição do agravo de instrumento ao Presidente do Tribunal Regional do Trabalho de origem para que complemente o juízo de admissibilidade, desde que interpostos embargos de declaração.

45. (FCC – Analista Judiciário – Área Judiciária – TRT 15/2018) Considerando as disposições previstas pela CLT sobre o incidente de julgamento dos recursos de revista repetitivos,

a) a decisão firmada em julgamento de recursos repetitivos poderá ser revista quando se alterar a situação econômica, social, jurídica ou política, caso em que será respeitada a segurança jurídica das relações firmadas sob a égide da decisão anterior, bem como a coisa julgada.
b) nos casos em que se demonstrar que a situação de fato ou de direito é distinta daquelas presentes no processo julgado sob o rito dos recursos repetitivos, a decisão firmada em recurso repetitivo não será aplicada.
c) o Presidente do TST oficiará os Presidentes dos TRTs para que suspendam os recursos interpostos em casos semelhantes aos afetados como recursos repetitivos, até o pronunciamento final e definitivo do STF.
d) a competência para julgar o incidente de julgamento de recursos de revista repetitivos originado de questão afetada pelo Presidente do TST é do Tribunal Pleno.
e) após a publicação do acórdão do TST que julgar o incidente de recursos de revista repetitivos, os recursos de revista sobrestados na origem cujos acórdãos recorridos coincidirem com a orientação a respeito no TST serão extintos sem julgamento do mérito.

46. (UFPR – Procurador – Pref. de Curitiba – PR/2019) O sistema recursal trabalhista tem peculiaridades e em grande parte tem as mesmas diretrizes do processo civil. Quanto ao sistema trabalhista, assinale a alternativa correta.

a) Não se conhece de recurso para o Tribunal Superior do Trabalho se as razões do recorrente não impugnam os fundamentos da decisão recorrida, nos termos em que proferida, sendo tal exigência inaplicável ao recurso ordinário da competência dos tribunais regionais do trabalho, exceto no caso de recurso cuja motivação seja inteiramente dissociada dos fundamentos da sentença.

b) Os prazos para interposição de recursos são peremptórios, mesmo para a fazenda pública, que deverá apresentá-los em oito dias no máximo, diante do tratamento isonômico a que são submetidas todas as partes na Justiça do Trabalho.

c) A revisão ex officio das decisões da Justiça do Trabalho é obrigatória em qualquer causa cuja condenação exceda 100 (cem) salários mínimos para os municípios e respectivas autarquias e para as fundações de direito público.

d) As decisões interlocutórias na Justiça do Trabalho são irrecorríveis de imediato, e tal regra não comporta exceções, sob pena de comprometimento da celeridade processual.

e) É inadmissível recurso firmado por procurador de município sem procuração ou comprovação de ato de nomeação juntado aos autos até o momento da sua interposição, salvo mandato tácito. Em caráter excepcional (art. 104 do CPC de 2015), admite-se que o advogado, independentemente de intimação, exiba a procuração no prazo de 5 (cinco) dias após a interposição do recurso, prorrogável por igual período mediante despacho do juiz. Caso não a exiba, considera-se ineficaz o ato praticado e não se conhece do recurso.

47. (AOCP – Perito Criminal – Econômicas – PC – ES/2019) Segundo a legislação processual trabalhista, a respeito dos Recursos na Justiça do Trabalho, assinale a alternativa INCORRETA.

a) Os recursos são interpostos por simples petição.

b) A interposição do Recurso permite a execução provisória até a penhora, salvo exceções legais.

c) O depósito recursal poderá ser substituído por fiança bancária ou seguro garantia judicial.

d) Os beneficiários da justiça gratuita, as entidades filantrópicas e as empresas em recuperação judicial devem proceder o depósito recursal.

e) Os recursos têm efeito meramente devolutivo, salvo exceções previstas em lei.

48. (IAUPE – Advogado – UPE – 2019) Sobre o recurso de Embargos no TST, assinale a alternativa INCORRETA.

a) Não são cabíveis os embargos para o TST, se a decisão da Turma proferida em dissídios individuais, ainda que divergir de outra turma, estiver em consonância com Súmula do TST.

b) São cabíveis os embargos para o TST das decisões das Turmas proferidas em dissídios individuais que divergirem entre si.

c) O Ministro Relator denegará seguimento aos embargos nas hipóteses de intempestividade, deserção, irregularidade de representação ou de ausência de qualquer outro pressuposto extrínseco de admissibilidade.

d) Da decisão denegatória dos embargos por Ministro Relator caberá agravo regimental no prazo de 10 dias.

e) O prazo para oposição dos embargos é de 8 dias, sendo este o mesmo prazo para contrarrazões.

49. (Vunesp – Advogado – Pref. de Arujá – SP/2019) Antonio de Souza ingressou com reclamação trabalhista contra a empresa Serviços Temporários Ltda., requerendo o reconhecimento de vínculo empregatício, pagamento de diferenças salariais e horas extraordinárias. Após a instrução processual, foi prolatada sentença reconhecendo o vínculo empregatício e condenando a Reclamada ao pagamento das diferenças salariais. O pedido de pagamento de horas extraordinárias foi julgado improcedente.

Nessa circunstância, o advogado da Reclamada deve interpor

a) Apelação, no prazo de 8 (oito) dias, contados da publicação da sentença.

b) Apelação, no prazo de 15 (quinze) dias, contados da publicação da sentença.

c) Recurso Ordinário, no prazo de 8 (oito) dias, contados da publicação da sentença.

d) Recurso Ordinário, no prazo de 15 (quinze) dias, contados da publicação da sentença.

e) Embargos de Declaração, no prazo de 8 (oito) dias, contados da publicação da sentença.

27.2. Questões discursivas

1. **(TRT9 – Juiz do Trabalho – 2012)** No que tange ao recurso de revista e considerando a jurisprudência consolidada do TST, elucide condensadamente sobre:

a) finalidades;

b) profundidade do efeito devolutivo;

c) pressupostos;

d) prequestionamento e sua previsão no sistema jurídico;

e) consequências da ausência de pronunciamento explícito do TRT sobre questões fáticas e jurídicas esgrimidas no recurso principal e brandidas em embargos de declaração;

(f) hipóteses de inexigibilidade de prequestionamento.

2. **(TRT4 – Juiz do Trabalho – 2016 – ADAPTADA)** Roberta, na condição de cônjuge de ex-cotista de uma microempresa executada, ingressa com embargos de terceiro visando desconstituir a penhora incidente sobre imóvel do qual é meeira.

Os embargos são rejeitados sob o fundamento de que a embargante, por ser casada, também foi beneficiada pelo trabalho do ex-empregado, devendo suportar a execução.

Irresignada com essa decisão, a embargante interpõe recurso ordinário junto ao juízo executório, requerendo a remessa ao TRT e a reforma do que decidido.

O recurso é recebido nos termos seguintes: "Hábil e tempestivo, recebo o apelo. À parte contrária para, querendo, apresentar contrarrazões no prazo legal.".

Tempestivamente, o embargado apresenta contrarrazões, requerendo na mesma oportunidade, ao juiz de primeiro grau, a reconsideração da decisão de admissibilidade sob os seguintes fundamentos: "(a) O recurso ordinário não é medida adequada na espécie; (b) Não houve delimitação de valores incontroversos nem o recolhimento de custas processuais; (c) O juízo não está garantido, seja com depósito recursal, seja com o bem constrito, pois da citação consta o valor de R$ 500.000,00 (quinhentos mil reais) e o bem está avaliado em R$ 200.000,00 (duzentos mil reais)".

Como devem ser enfrentados os questionamentos arguidos na petição de reconsideração?

28. GABARITO

28.1. Gabarito das questões objetivas

Gab.		Fundamentação legal e jurisprudencial	Tópico do livro	Obs. Eventual
1	A	CLT. Art. 899, § 7º	Item 11.2, alínea "c"	–
2	C	TST. OJ SDI-1 nº 118	Item 8.2, alínea "c"	–
3	C	a) CLT. Art. 897-A	a) Item 13.1	–
		b) TST. OJ SDI-1 nº 142	b) Item 13.6	
		c) TST. OJ SDI-1 nº 310	c) Item 4.1, alínea "d"	
		d) TST. Súmula nº 297, II	d) Item 13.4	
		e) TST. Súmula nº 297, III	e) Item 8.2, alínea "c"	
4	B	CLT. Art. 895, I	Item 7.1	–
5	A	TST. Súmula nº 214	Item 3.4	–
6	A	a) CLT. Art. 896, § 9º	a) Item 8.2, alínea "e"	–
		b) CLT. Art. 895, I e II	b) Item 7.1	

Gab.		Fundamentação legal e jurisprudencial	Tópico do livro	Obs. Eventual
6	A	c) CLT. Arts. 897, § 5º, I, e 899, § 7º	c) Item 11.2, alínea "c"	–
		d) CLT. Art. 897, alínea "a"	d) Item 10.1	
7	C	CLT. Art. 896, alínea "a"	Item 8.2	–
8	C	TST. OJ SDI-1 nº 147, I	Item 8.2, alínea "b"	–
9	D	CLT. Art. 895, I	Item 7.1	–
10	E	CLT. Art. 897-A	Item 13.1	O prazo para embargos é de 5 dias
11	E	a) TST. Súmula nº 126	a) Item 8.3	–
		b) TST. Súmula nº 218	b) Item 8.2	
		c) TST. Súmula nº 266	c) Item 8.3	
		d) CLT. Art. 896, § 9º	d) Item 8.2, alínea "e"	
		e) TST. Súmula nº 23	e) Item 8.2, alínea "b"	
12	B	a) TST. Súmula nº 283	a) Item 12	–
		b) CLT. Art. 893, § 1º; TST. Súmula nº 214	b) Item 3.4	
		c) CLT. Art. 895, II; TST. Súmula nº 201	c) Item 7.1	
		d) CLT. Art. 896, alíneas "a" e ss	d) Item 8.2	
13	B	I. CLT. Art. 896, alíneas "a" e "b"	I. Item 8.2	–
		II. TST. Súmula nº 297, II	II. Item 8.2, alínea "c"	
		III. CLT. Art. 896, § 2º	III. Item 8.3	
		IV. CLT. Art. 896, § 9º	IV. Item 8.2, alínea "e"	
		V. TST. Súmula nº 333	V. Item 8.2, alínea "b"	
14	E	TST. Súmula nº 387, II	Item 4.1, alínea "d"	–
15	C	TST. Súmula nº 353, "b"	Item 9.2, alínea "b"	–
16	B	a) CLT. Art. 789, caput e § 1º	a) Item 7.2, alínea "b"	–
		b) CLT. Art. 789, caput e § 1º	b) Item 7.2, alínea "b"	
		c) CLT. Art. 789, caput e § 1º	c) Item 7.2, alínea "b"	
		d) CLT. Art. 789, caput e § 1º	d) Item 7.2, alínea "b"	
		e) CLT. Art. 789, caput e § 1º	e) Item 7.2, alínea "b"	
17	E	a) CLT. Art. 896	a) Item 8.2	–
		b) CLT. Art. 896	b) Item 8.2	
		c) CLT. Art. 896	c) Item 8.2	
		d) CLT. Art. 896	d) Item 8.2	
		e) CLT. Art. 896	e) Item 8.2	
18	C	a) CLT. Art. 895, incisos I e II	a) Item 7.1	–
		b) CLT. Art. 895, incisos I e II	b) Item 7.1	
		c) CLT. Art. 895, incisos I e II	c) Item 7.1	
		d) CLT. Art. 895, incisos I e II	d) Item 7.1	
		e) CLT. Art. 895, incisos I e II	e) Item 7.1	

Gab.		Fundamentação legal e jurisprudencial	Tópico do livro	Obs. Eventual
19	D	a) CLT. Art. 896, § 9º	a) Item 8.2, alínea "e"	–
		b) CLT. Art. 896, § 9º	b) Item 8.2, alínea "e"	
		c) CLT. Art. 896, § 9º	c) Item 8.2, alínea "e"	
		d) CLT. Art. 896, § 9º	d) Item 8.2, alínea "e"	
		e) CLT. Art. 896, § 9º	e) Item 8.2, alínea "e"	
20	D	a) CLT. Art. 897, alínea "b"	a) Item 11.1	–
		b) CLT. Art. 897, alínea "b"	b) Item 11.1	
		c) CLT. Art. 897, alínea "b"	c) Item 11.1	
		d) CLT. Art. 897, alínea "b"	d) Item 11.1	
		e) CLT. Art. 897, alínea "b"	e) Item 11.1	
21	B	a) TST. Sumula nº 283	a) Item 12	–
		b) TST. Sumula nº 283	b) Item 12	
		c) TST. Sumula nº 283	c) Item 12	
		d) TST. Sumula nº 283	d) Item 12	
		e) TST. Sumula nº 283	e) Item 12	
22	A	a) TST. Súmula nº 23	a) Item 8.2, alínea "b"	–
		b) CLT. Art. 896, § 1º	b) Item 8.1	
		c) CLT. Art. 896, § 1º-A, incisos I e III	c) Item 8.2, alínea "b"	
		d) CLT. Art. 896, § 2º	d) Item 8.3	
		e) Lei nº 5.584/70. Art. 6º	e) Item 4.1, alínea "d"	
23	A	a) CLT. Art. 896, § 10	a) Item 8.2	–
		b) CLT. Art. 894, inciso I, alínea "a"	b) Item 15	
		c) CLT. Art. 895, § 1º, inciso II	c) Itens 7.2 e 7.5	
		d) CLT. Art. 896, alínea "a"	d) Item 8.2	
		e) CLT. Art. 899, § 7º	e) Item 11.2, alínea "c"	
24	E	a) CLT. Art. 897 "a"	a) item 10.1	–
		b) CLT. Art. 897 "a"	b) item 10.1	
		c) CLT. Art. 897 "a"	c) item 10.1	
		d) CLT. Art. 897 "a"	d) item 10.1	
		e) CLT. Art. 897 "a"	e) item 10.1	
25	B	a) Doutrina	a) Parte II, Capítulo IV, Item 1.1	Os poderes do preposto limitam-se aos atos que podem ser praticados em audiência. Veda-se a realização dos demais atos processuais por meio de petições.
		b) CPC. Art. 331, *caput*	b) Parte II, Capítulo II, Item 8.3	
		c) CLT. Art. 897 "b"	c) Item 11.1	
		d) CPC. Art. 1.023, *caput*	d) Item 13.3	
		e) CLT. Art. 899, caput	e) Item 5.4, alínea "b"	
26	C	CLT. Art. 789	Item 4.1, "C"	
27	E	CLT. Art. 899. § 4º	Item 7.2, "B"	

Gab.		Fundamentação legal e jurisprudencial	Tópico do livro	Obs. Eventual
28	D	a) CLT. Art. 897, § 2º	a) Item 11.3	
		b) CLT. Art. 893, § 2º	b) Item 19	
		c) CLT. Art. 894	c) Item 9.2	
		d) CLT. Art. 897, § 1º	d) Item 10.2 Alínea "c"	
		e) CLT. Art. 893, § 2º	e) Item 8	
29	E	a) CLT. Art. 896-A	a) Item 8.2, alínea "d"	
		b) CLT. Art. 896-A	b) Item 8.2, alínea "d"	
		c) CLT. Art. 896-A	c) Item 8.2, alínea "d"	
		d) CLT. Art. 896-A	d) Item 8.2, alínea "d"	
		e) CLT. Art. 896-A	e) Item 8.2, alínea "d"	
30	B	a) CLT. Art. 899, §7º	a) Item 11.2, alínea "c"	
		b) CLT. Art. 899, §7º	b) Item 11.2, alínea "c"	
		c) CLT. Art. 899, §7º	c) Item 11.2, alínea "c"	
		d) CLT. Art. 899, §7º	d) Item 11.2, alínea "c"	
		e) CLT. Art. 899, §7º	e) Item 11.2, alínea "c"	
31	E	a) CLT. Art. 896, §9º	a) Item 8.2, alínea "e"	
		b) CLT. Art. 896, §9º	b) Item 8.2, alínea "e"	
		c) CLT. Art. 896, §9º	c) Item 8.2, alínea "e"	
		d) CLT. Art. 896, §9º	d) Item 8.2, alínea "e"	
		e) CLT. Art. 896, §9º	e) Item 8.2, alínea "e"	
32	E	a) CLT. Art. 852-H da CLT	a) Item 6.4	
		b) CLT. Art. 852-B, §2º	b) Item 6.4	
		c) CLT. Art. 852-A, Parágrafo único	c) Item 6.4	
		d) CLT. Art. 852-H, §1º	d) Item 6.4	
		e) CLT. Art. 896, §9º e TST. Súmula 442	e) Item 8.2, alínea "e"	
33	B	a) CLT. Art. 897-B	a) Itens 11 e 11.2, alínea "b"	
		b) CLT. Art. 897-B	b) Itens 11 e 11.2, alínea "b"	
		c) CLT. Art. 897-B	c) Itens 11 e 11.2, alínea "b"	
		d) CLT. Art. 897-B	d) Itens 11 e 11.2, alínea "b"	
		e) CLT. Art. 897-B	e) Itens 11 e 11.2, alínea "b"	
34	B	a) DECRETO Nº 779/69. Art. 1º	a) Item 7.1, alínea "d".	
		b) DECRETO Nº 779/69. Art. 1º	b) Item 7.1, alínea "d".	
		c) DECRETO Nº 779/69. Art. 1º	c) Item 7.1, alínea "d".	
		d) DECRETO Nº 779/69. Art. 1º	d) Item 7.1, alínea "d".	
		e) DECRETO Nº 779/69. Art. 1º	e) Item 7.1, alínea "d".	
35	C	a) CLT. Art. 899, §§ 9º e 10	a) Item 4.1, alínea "c".	
		b) CLT. Art. 899, §§ 9º e 10	b) Item 4.1, alínea "c".	
		c) CLT. Art. 899, §§ 9º e 10	c) Item 4.1, alínea "c".	
		d) CLT. Art. 899, §§ 9º e 10	d) Item 4.1, alínea "c".	
		e) CLT. Art. 899, §§ 9º e 10	e) Item 4.1, alínea "c".	

Gab.		Fundamentação legal e jurisprudencial	Tópico do livro	Obs. Eventual
36	E	a) CLT. Art. 896-A, § 2º	a) Item 8.2, alínea "d"	
		b) CLT. Art. 896-A, § 1º	b) Item 8.2, alínea "d"	
		c) CLT. Art. 896-A, § 3º	c) Item 8.2, alínea "d"	
		d) CLT. Art. 896-A, § 4º	d) Item 8.2, alínea "d"	
		e) CLT. Art. 896-A, § 5º	e) Item 8.2, alínea "d"	
37	E	I – CLT. Art. 897	a) Item 11.1	
		II – CLT. Art. 894, II	b) Item 9.2, alínea "b"	
		III – CLT. Art. 894, I	c) Item. 15	
		IV – CLT. Art. 896-C	d) Item 9	
		V – Regimento Interno TST. Art. 265	e) Item 14.2	
38	B	a) TST. Súmula nº 128, I	a) Item 8.2	
		b) TST. Súmula nº 128, I	b) Item 8.2	
		c) TST. Súmula nº 128, I	c) Item 8.2	
		d) TST. Súmula nº 128, I	d) Item 8.2	
		e) TST. Súmula nº 128, I	e) Item 8.2	
39	D	a) CLT. Art. 896, §9º; Item 8.2, alínea "e", II e III- TST. Súmula nº 442	a) Item 8.2 alínea "e"	
		b) CLT. Art. 896, §9º; Item 8.2, alínea "e", II e III- TST. Súmula nº 442	b) Item 8.2 alínea "e"	
		c) CLT. Art. 896, §9º; Item 8.2, alínea "e", II e III- TST. Súmula nº 442	c) Item 8.2 alínea "e"	
		d) CLT. Art. 896, §9º; Item 8.2, alínea "e", II e III- TST. Súmula nº 442	d) Item 8.2 alínea "e"	
		e) CLT. Art. 896, §9º; Item 8.2, alínea "e", II e III- TST. Súmula nº 442	e) Item 8.2 alínea "e"	
40	E	a) CLT. Art. 895, I	a) Item 7	
		b) CLT. Art. 895, I	b) Item 7	
		c) CLT. Art. 895, I	c) Item 7	
		d) CLT. Art. 895, I	d) Item 7	
		e) CLT. Art. 895, I	e) Item 7	
41	E	a) TST. Súmula nº 393, I	a) Item 5.4, "a"	
		b) CLT. Art. 895, II	b) Item 7.1	
		c) TST. Súmula nº 393, II	c) Item 5.4, "a"	
		d) CLT. Art. 896, § 9º	d) Item 8.2, "e"	
		e) CLT. Art. 895, II	e) Item 7.1	
42	C	a) CLT. Art. 899, §10	a) Item 4.1, alínea "c"	
		b) CLT. Art. 790, §4º – Parte I, Cap III	b) Item 6.5, "c"	
		c) CLT. Art. 899, §10	c) Item 4.1, alínea "c"	
		d) CLT. Art. 790, §3º. – Parte I, Cap III	d) Item 6.5, "b"	
		e) CLT. Art. 899, §9º	e) Item 4.1, alínea "c"	

Gab.		Fundamentação legal e jurisprudencial	Tópico do livro	Obs. Eventual
43	A	a) CLT. Art. 899, §§ 9º e 10	a) Item 4.1, alínea “c”	
		b) CLT. Art. 899, §§ 9º e 10	b) Item 4.1, alínea “c”	
		c) CLT. Art. 899, §§ 9º e 10	c) Item 4.1, alínea “c”	
		d) CLT. Art. 899, §§ 9º e 10	d) Item 4.1, alínea “c”	
		e) CLT. Art. 899, §§ 9º e 10	e) Item 4.1, alínea “c”	
44	A	a) IN 40. Art. 1°	a) Item 8.4	
		b) IN 40. art. 1º, §1º	b) Item 8.4	
		c) IN 40. Art. 1º, § 2º	c) Item 8.4	
		d) IN 40. Art. 1º, §3º	d) Item 8.4	
		e) IN 40. Art. 1º, §4º	e) Item 8.4	
45	B	a) CLT. Art. 896-C §17	a) Item 21	
		b) CLT. Art. 896-C §16	b) Item 21	
		c) CLT. Art. 896-C §3º	c) Item 21.1, "a"	
		d) CLT. Art. 896-C §6º	d) Item 21	
		e) CLT. Art. 896-C §11	e) Item 21	
46	A	CLT. Art. 899	Item 5	
47	D	CLT. Art. 899, § 10	Item 4.1 "c"	
48	D	CLT. Art. 894, § 4º	Item 14	
49	C	CLT. Art. 895, I	Item 7	

28.2. Gabarito das questões discursivas

Item	Fundamentação legal, jurisprudencial ou doutrinária	Onde encontro no livro
1	**a) Finalidades do recurso de revista:** unificação das decisões proferidas pelos Tribunais Regionais e a manutenção da autoridade da legislação constitucional e infraconstitucional, à semelhança do que ocorre com o recurso especial no processo civil. **b) Profundidade do efeito devolutivo:** significa saber quais os limites da atuação do TST quando examina um recurso de revista. Observa-se que esse recurso tem o seu objeto bem mais limitado do que o do recurso ordinário. Isso porque não é possível o reexame de provas no recurso de revista, ou seja, veda-se a reanálise das questões fáticas, além das demais limitações contidas no art. 896 da CLT. Ao contrário do que ocorre com o recurso ordinário, onde se permite ao tribunal examinar fundamentos ou pedidos que não foram objeto de análise na instância ordinária (art. 515 do CPC de 1973 e art. 1.013 do CPC de 2015), no recurso de revista o TST deve-se limitar aquilo que foi impugnado pelo recorrente, salvo eventual hipótese de nulidade absoluta de algum ato processual, que pode ser conhecido de ofício a qualquer tempo e em qualquer grau de jurisdição. **c) pressupostos:** tempestividade (oito dias); preparo (recolhimento de custas e depósito recursal); sucumbência; divergência jurisprudencial ou violação literal de disposição de lei federal ou afronta direta e literal à Constituição Federal.	Item 8

Item	Fundamentação legal, jurisprudencial ou doutrinária	Onde encontro no livro
1	**d) prequestionamento e sua previsão no sistema jurídico:** a matéria ou questão está prequestionada quando na decisão impugnada haja sido adotada, explicitamente, tese a respeito. O instituto do prequestionamento é fruto de construção jurisprudencial, que no âmbito do processo do trabalho consolidou-se por meio da Súmula nº 297 do TST. A Lei nº 13.015/14 introduziu o § 1-A ao art. 896 da CLT que trata expressamente do prequestionamento: "Sob pena de não conhecimento, é ônus da parte: I – indicar o trecho da decisão recorrida que consubstancia o prequestionamento da controvérsia objeto do recurso de revista". **e) consequências da ausência de pronunciamento explícito do TRT sobre questões fáticas e jurídicas esgrimidas no recurso principal e brandidas em embargos de declaração:** nesse caso, o recurso de revista não será recebido. Essa também é a orientação do STF explicitada pelas Súmulas nºs 356 e 382, bem como no âmbito do STJ, por meio da Súmula nº 211. **f) hipóteses de inexigibilidade de prequestionamento:** se a decisão impugnada não se pronunciou expressamente sobre a tese por ela adotada, ainda que tenha sido objeto de embargos declaratórios com esse objetivo, considera-se prequestionada a matéria ou questão, na forma prevista pelo item 3 da Súmula nº 297 do TST.	Item 8
2	Uma vez recebido como agravo de petição é necessário analisar se foram atendidos os requisitos de admissibilidade desse recurso. Inicialmente, como se trata de ato praticado no processo de execução, as custas respectivas só são cobradas ao final do respectivo processo, na forma prevista pelo art. 789-A da CLT: "No processo de execução são devidas custas, sempre de responsabilidade do executado e pagas ao final, de conformidade com a seguinte tabela: IV – agravo de petição: R$ 44,26 (quarenta e quatro reais e vinte e seis centavos)". Diante disso, o recurso não pode ser considerado deserto pela ausência de recolhimento de custas processuais. - Não há necessidade de delimitar os valores incontroversos no agravo de petição respectivo, uma vez que os embargos de terceiro não se prestam para impugnar a sentença de liquidação, que é feita por meio dos embargos à execução/penhora (art. 884, § 3º da CLT). Assim, o preceito contido no art. 897, § 1º, da CLT só se aplica aos casos de agravo de petição interposto em face de decisão que aprecia a impugnação à sentença de liquidação. - Não há que se falar em ausência de garantia da execução nessa fase processual, uma vez que tal arguição seria objeto da contestação dos embargos, no capítulo que trata dos requisitos de sua admissibilidade. Como o juiz de primeira instância admitiu o processamento dos embargos de terceiro, apesar de não lhe conferir provimento, presume-se que o juízo encontra-se suficientemente garantido.	Item 10.2

Parte IV

Processo de Execução

CAPÍTULO I

LIQUIDAÇÃO DO TÍTULO EXECUTIVO

1. INTRODUÇÃO

A partir da vigência da Lei nº 13.467/17 o valor de cada pedido passa a ser obrigatório na petição inicial, inclusive nas demandas sujeitas ao rito ordinário.

Tal detalhe permite que o juiz profira uma sentença líquida, ou seja, uma decisão que **dispense um procedimento prévio à execução, de acertamento do título executivo judicial, denominado de liquidação.**

Nesse caso a impugnação dos cálculos pode ser feita por meio de **embargos declaratórios e, caso rejeitados, passa a ser objeto de recurso ordinário:**

> **SÚMULA Nº 27 do TRT17.** SENTENÇA LÍQUIDA. IMPUGNAÇÃO AOS CÁLCULOS. MOMENTO OPORTUNO. Transitada em julgado a sentença líquida, não cabe discutir os cálculos em fase de execução, salvo evidente erro material.
>
> **SÚMULA Nº 01 do TRT18.** SENTENÇA LÍQUIDA. IMPUGNAÇÃO AOS CÁLCULOS. MOMENTO OPORTUNO. Os cálculos são parte integrante da sentença líquida e, por isso, o meio adequado para se impugná-los é o recurso ordinário (art. 895, I, da CLT), sem prejuízo de anterior oposição de embargos de declaração contra a sentença nos casos previstos no art. 897-A da CLT. Dessa forma, não há supressão de grau de jurisdição, pois, ao prolatar a sentença líquida, o juiz julga corretos os valores que a integram, por refletirem o seu conteúdo. Consequentemente, transitando em julgado a sentença líquida, não cabe mais discutir os cálculos em fase de execução, pois a parte já teve oportunidade de exaurir a questão na fase de conhecimento.

Em algumas situações pode ser necessário que se proceda à liquidação da sentença condenatória antes do início do processo de execução propriamente dito, sob pena de nulidade deste último, uma vez que a liquidez constitui requisito necessário para promover a execução do título executivo.

O título executivo, apesar de certo, ainda necessita de definição relativa ao *quantum debeatur* (quanto se deve) ou a individualização do objeto da prestação, o que é obtido por meio do procedimento de liquidação, que imprimirá ao mencionado título seus limites precisos.

1.1. Previsão legal

A Consolidação das Leis do Trabalho disciplina o procedimento da liquidação em seu art. 879 e parágrafos: "Art. 879. Sendo ilíquida a sentença exequenda, ordenar-se-á, previamente, a sua liquidação, que poderá ser feita por cálculo, por arbitramento ou por artigos".

Já o CPC disciplina esse instituto a partir do seu art. 509, aplicável subsidiariamente e supletivamente ao processo laboral nos casos omissos.

1.2. Natureza jurídica da liquidação

A liquidação do título executivo judicial é, no processo do trabalho, **um procedimento incidental, intercalado entre o processo de conhecimento e a execução, com o objetivo de tornar líquido o crédito.**

Na verdade, trata-se de uma etapa da execução, por meio da qual se empresta a característica de liquidez ao título executivo.[1]

Atualmente, a doutrina majoritária reconhece esse caráter incidental da liquidação. Uma parte dos que defendiam a autonomia mudaram de posição após a adoção do processo sincrético pelo CPC de 1973 e pelo CPC de 2015.

1.3. Legitimidade

A legitimidade para propor a liquidação da sentença pode ser tanto do credor quanto do devedor e até mesmo de ofício pelo juiz quando as partes estiverem no exercício do *ius postulandi*.[2]

A liquidação por artigos, entretanto, só pode ser promovida pelo exequente, em face da necessidade de alegação e prova de fato novo.

1.4. Liquidação de títulos extrajudiciais

A liquidação pode ser necessária para promover a execução dos títulos extrajudiciais perante a Justiça do Trabalho, quais sejam, o **termo de ajuste de conduta** firmado perante

1. Há autores que reconhecem a autonomia do processo liquidatório, pois este exige uma atividade cognitiva.
2. A liquidação das contribuições sociais deve ser promovida de ofício pelo Juiz do Trabalho. Nesse caso, a maior dificuldade fica por conta da classificação de riscos da atividade econômica desenvolvida pela empresa, bem como a sua adesão ou não ao SIMPLES, informação que só pode ser prestada pelo INSS ou pela executada.

o Ministério Público do Trabalho, o **termo de conciliação** obtido nas comissões de conciliação prévia e o laudo arbitral[3] proferido pelo representante do MPT na condição de árbitro.

Tais títulos executivos, principalmente o TAC – termo de ajustamento de conduta, podem conter obrigações que dependem de determinação do *quantum* devido.

Por conta disso, a liquidez deve ser assim entendida como a característica do título executivo que contém elementos identificadores do valor devido ao credor. Assim, não se pode confundir liquidez do título executivo com liquidez do direito.

Em certas situações, por exemplo, a fixação da quantia devida só pode ser efetivada após a apresentação de documentos pelo executado, circunstância que justifica o ingresso da ação de execução sem a planilha de cálculos.

Nesse sentido, Alexandre Câmara:

> Observe-se que não é preciso que o título executivo afirme com precisão o *quantum debeatur* para que o direito seja líquido. Basta, como afirmado anteriormente, que esta quantidade seja determinável. Assim, por exemplo, se o título executivo apresenta uma série de parcelas, fazendo-se necessária a realização de uma operação aritmética para se ter a determinação do total da dívida (por exemplo: principal da dívida, juros, atualização monetária, multa moratória etc.), ainda assim estará presente o requisito da liquidez.[4]

2. LIMITES DA LIQUIDAÇÃO

Nessa fase do processo, que se situa entre o processo de conhecimento e o processo de execução, **é defeso às partes** rediscutir **a matéria acobertada pela qualidade da coisa julgada,** de acordo com o disposto no art. 879, § 1º, da Consolidação das Leis do Trabalho: "Na liquidação, não se poderá modificar, ou inovar, a sentença liquidanda, nem discutir matéria pertinente à causa principal".

> **OJ Nº 80 do TRT4.** Índice de correção monetária fixado em decisão definitiva transitada em julgado. Inviabilidade de modificação. Coisa julgada e preclusão. Artigos 5º, XXVI, da CF/88, 836, caput, e 879, § 1º, da CLT. É inviável a alteração do índice de correção monetária resguardado pela coisa julgada ou preclusão em razão de decisão proferida na fase de conhecimento ou de execução.

Assim, esse procedimento prévio à execução, limita-se a tornar líquido o que não é líquido, além de vedar qualquer tentativa de acrescentar ou diminuir alguma pretensão do título executivo.

3. ESPÉCIES DE LIQUIDAÇÃO

A liquidação da sentença, no processo do trabalho, pode ser feita por simples cálculos, por artigos ou por arbitramento, conforme determina o art. 879 da CLT: "Sendo ilíquida

3. Apesar de a arbitragem ser classificada como meio extrajudicial de solução de conflitos, o laudo arbitral é considerado como título executivo judicial pelo CPC de 1973.
4. CÂMARA, Alexandre Freitas. **Lições de direito processual civil.** 10 ed. Rio de Janeiro: Lumen Jures, 2005. V. II, p. 206.

a sentença exequenda, ordenar-se-á, previamente, a sua liquidação, que poderá ser feita por cálculo, por arbitramento ou por artigos".

Pode acontecer de o título executivo necessitar de **dois ou mais meios de liquidação**. Nesse caso, será feita em primeiro lugar a liquidação por artigos ou por arbitramento e, logo em seguida, a liquidação por cálculos, se for necessária.

Saliente-se, por fim, que **não ofende a coisa julgada** a decisão proferida na execução que altera a forma de liquidação estabelecida pelo juiz na sentença do processo de conhecimento condenatório, desde que o faça de forma fundamentada, com a demonstração da necessidade da mudança.

3.1. Liquidação por artigos

A liquidação do título executivo processa-se por artigos quando depende de cognição do juízo, por meio das alegações e provas de fatos novos, ou seja, de fatos que não foram alegados pelas partes no processo de conhecimento ou que o juiz, propositalmente, remeteu a sua prova para a fase de liquidação.

Nesse caso, o impulso do processo de liquidação fica sujeito à iniciativa da parte interessada, que será intimada para apresentar **uma peça processual articulada**, com a indicação dos fatos que pretende provar para permitir a liquidação.

Durante o processo de conhecimento, por exemplo, o juiz pode se convencer de que um empregado trabalhava durante feriados, mas as testemunhas não conseguem identificar o número de dias não úteis laborados. Nesse caso, o juiz defere o pleito de pagamento pelo labor em feriados e remete à liquidação por artigos para identificar a quantidade de tais dias.

Da mesma forma, quando o juiz reconhece que o obreiro prestava serviços em regime de sobrejornada, sem identificar o número de horas extras laboradas por dia ou por semana, remete a liquidação pela via articulada.

Deve ser observado o procedimento ordinário trabalhista, por intermédio do qual o reclamante apresenta a sua inicial articulada com os requisitos estabelecidos pela Consolidação das Leis do Trabalho e, subsidiária e supletivamente pelo CPC.

O juiz poderá designar audiência, a depender de cada caso, e processar todo o incidente com a defesa, produção de prova e prolação da sentença, **da qual não caberá recurso de forma imediata**, pois o eventual inconformismo só poderá ser apresentado por meio dos **embargos à execução**, pelo executado, ou **impugnação à sentença** de liquidação, pelo exequente.

Em muitos casos, após o trâmite da liquidação por artigos, inicia-se uma segunda fase da liquidação, dessa vez por simples cálculos.

3.2. Liquidação por arbitramento

A liquidação por arbitramento é utilizada quando, para determinação do valor da condenação – nas obrigações de pagar – ou individualização do seu objeto – nas obrigações de fazer e não fazer – é necessário que se disponha de **conhecimentos técnicos e científicos**

específicos. Assim, **designa-se um árbitro** para apresentação de um laudo com seu parecer sobre o caso.

O juiz pode adotar esse modo de liquidação no processo do trabalho quando, por exemplo, existir na sentença condenação de pagamento de indenização por danos materiais em decorrência de acidente de trabalho, sem definir o *quantum* no processo de conhecimento.

A utilização do arbitramento como modalidade da liquidação já pode constar expressamente do título executivo ou derivar da sua necessidade em razão da natureza da obrigação.

Nessa hipótese, o juiz nomeará um árbitro para confecção do laudo e fixará o prazo para a sua apresentação, após o que as partes têm o prazo de **dez dias** para manifestação.

De posse do laudo, o juiz pode designar audiência ou proferir a decisão, caso entenda desnecessários esclarecimentos orais pelo árbitro.

3.3. Liquidação por cálculos

Processa-se a liquidação por cálculos **quando o título executivo necessita apenas de operações aritméticas** para se tornar líquido, espécie mais comum no processo do trabalho.

O Conselho Superior da Justiça do Trabalho aprovou o novo Sistema Único de Cálculos da Justiça do Trabalho, integrado à Tabela Única para atualização e conversão de débitos trabalhistas, cujo *aplicativo* encontra-se disponível para *download* gratuito no *site* do TST.

Com a utilização do Processo Judicial Eletrônico, foi criada a plataforma denominada de PJE-calc, desenvolvida inicialmente pela Secretaria de Tecnologia da Informação do Tribunal Regional do Trabalho da 8ª Região (TRT-PA), que possibilita e facilita a confecção eletrônica e padronizada do cálculo de valores e verbas decorrentes da relação de emprego e constantes de condenações na Justiça do Trabalho.

A) Liquidação das verbas trabalhistas

Para a liquidação por cálculos do título executivo judicial, o juiz pode fazer uso de três procedimentos, a saber:

- determinar que a própria Justiça do Trabalho proceda à elaboração dos cálculos;
- intimar umas das partes, diretamente ou por intermédio do seu patrono, para apresentação das contas;[5] ou
- ordenar que a conta seja feita por um contador extrajudicial.

Assim, se o reclamado foi condenado a pagar ao reclamante, por exemplo, valores correspondentes às parcelas de 13º salário e férias simples acrescidas de 1/3, o cálculo será feito com a observância da remuneração percebida pelo empregado **à época em que a parcela tornou-se devida**, acrescida da correção monetária do período até a data da apresentação da conta e juros de mora a partir da data do ajuizamento da reclamação trabalhista.[6]

5. CLT. Art. 879. § 1º-B. As partes deverão ser previamente intimadas para a apresentação do cálculo de liquidação, inclusive da contribuição previdenciária incidente. (AC).

6. Em relação à indenização por danos morais, aplica-se a regra contida na Súmula nº 439 do TST: Nas condenações por dano moral, a atualização monetária é devida a partir da data da decisão de arbitramento ou de alteração do valor. Os juros incidem desde o ajuizamento da ação, nos termos do art. 883 da CLT.

A Lei nº 13.467/17 alterou o procedimento para discussão sobre os cálculos de liquidação ao modificar a redação do § 2º, art. 879 da CLT, conforme o seguinte quadro comparativo:

REFORMA TRABALHISTA – QUADRO COMPARATIVO LIQUIDAÇÃO POR CÁLCULOS	
REDAÇÃO ANTERIOR DA CLT	**REDAÇÃO ATUAL DA CLT**
Art. 879. § 2º – Elaborada a conta e tornada líquida, o Juiz poderá abrir às partes prazo sucessivo de 10 (dez) dias para impugnação fundamentada com a indicação dos itens e valores objeto da discordância, sob pena de preclusão.	**Art. 879.** § 2º Elaborada a conta e tornada líquida, o juízo deverá abrir às partes prazo comum de oito dias para impugnação fundamentada com a indicação dos itens e valores objeto da discordância, sob pena de preclusão.
DIFERENÇAS E COMENTÁRIOS	
Anteriormente, apresentada a conta, o juiz poderia adotar dois procedimentos distintos. Primeiro, **homologar, por sentença, os cálculos** e determinar a citação do executado para pagar ou nomear bens à penhora, com início da execução propriamente dita. Segundo, **abrir vista às partes**, quando a conta é apresentada pelo serventuário responsável pelo cálculo. Com a vigência da Lei da Reforma Trabalhista, o juiz **deve** necessariamente **abrir vistas dos cálculos de liquidação**, agora pelo prazo de **oito dias**, para eventuais impugnações fundamentadas, sob pena de preclusão.	

Todavia, essa alteração só se aplica às liquidações iniciadas a partir de 11.11.2017, como deixa claro o preceito contido no art. 14 da IN nº 41/2018 do TST:

> **Art. 14.** A regra inscrita no art. 879, § 2º, da CLT, quanto ao dever de o juiz conceder prazo comum de oito dias para impugnação fundamentada da conta de liquidação, não se aplica à liquidação de julgado iniciada antes de 11 de novembro de 2017.

B) Liquidação das verbas previdenciárias

A liquidação do título executivo deve envolver, também, o valor das verbas previdenciárias, conforme determina o 1º-A, art. 879, da CLT.

Caso a União não promova a liquidação das verbas previdenciárias, será intimada para se manifestar sobre a conta elaborada pelo juízo, por alguma das partes ou pelo contador **no prazo de 10 dias, sob pena de preclusão**, conforme dispõe o art. 879, 3º, da Consolidação das Leis do Trabalho:

> **Art. 879. 3º.** Elaborada a conta pela parte ou pelos órgãos auxiliares da Justiça do Trabalho, o juiz procederá à intimação da União para manifestação, no prazo de 10 (dez) dias, sob pena de preclusão.

4. QUESTÕES CONTROVERTIDAS SOBRE CÁLCULOS

4.1. Inflação e correção monetária

A inflação é um fenômeno econômico que provoca aumento generalizado nos preços de produtos e serviços.

O percentual da inflação é calculado por meio de índices de preços que variam de acordo com a metodologia utilizada para sua apuração.

A utilização desses índices sobre o capital tem como objetivo preservar o poder de compra da moeda e são sempre definidos depois dos efeitos da inflação (*ex post*).

Já a **correção monetária**, também denominada de atualização monetária, corresponde aos ajustes contábeis e financeiros feitos na moeda corrente do país para corrigir os efeitos da inflação, com o objetivo de manter o seu poder real de compra.

A) Índices históricos de correção monetária

Os índices de correção monetária que incidiam sobre os débitos trabalhistas dos empregadores, em um contexto histórico, decorriam da aplicação de diversas normas, com destaque para as seguintes:

- Decreto-Lei nº 75/66 – ORTN;[7]
- Lei nº 6.423/77 – ORTN;[8]
- Lei nº 7.738/89 – OTN;[9]
- Lei nº 8.177/91 – TRD;[10]
- Lei nº 8.660/93 – TR;[11]
- CLT, § 7º, art. 879. Introduzido pela Lei nº 13.467/17 – TR.

B) Termo inicial

O marco inicial para a incidência da correção monetária é aquele coincidente com **o momento em que a obrigação trabalhista tornou-se exigível.**

---

7. Decreto-Lei nº 75/66. Art. 1º. Os débitos de salários, indenizações e outras quantias devidas a qualquer título, pelas empresas abrangidas pela CLT e pelo Estatuto do Trabalhador Rural, aos seus empregados, quando não liquidados no prazo de 90 (noventa) **dias contados das épocas próprias, ficam sujeitas à correção monetária, segundo os índices fixados trimestralmente pelo Conselho Nacional de Economia. § 1º Nas decisões de Justiça do Trabalho, a condenação incluirá sempre a correção de que trata este artigo.**

8. Lei nº 6.423/77. Art. 1º. A correção, em virtude de disposição legal ou estipulação de negócio jurídico, da expressão monetária de obrigação pecuniária somente poderá ter por base a variação nominal da Obrigação Reajustável do Tesouro Nacional (ORTN).

9. Lei nº 7.738/89. Art. 6º. A partir de fevereiro de 1989, serão atualizados monetariamente pelos mesmos índices que forem utilizados para atualização dos saldos dos depósitos de poupança: V – os débitos decorrentes da legislação do trabalho não pagos no dia do vencimento.

10. Lei nº 8.177/91. Art. 39. Os débitos trabalhistas de qualquer natureza, quando não satisfeitos pelo empregador nas épocas próprias assim definidas em lei, acordo ou convenção coletiva, sentença normativa ou cláusula contratual sofrerão juros de mora equivalentes à TRD acumulada no período compreendido entre a data de vencimento da obrigação e o seu efetivo pagamento. § 1º. Aos débitos trabalhistas constantes de condenação pela Justiça do Trabalho ou decorrentes dos acordos feitos em reclamatória trabalhista, quando não cumpridos nas condições homologadas ou constantes do termo de conciliação, serão acrescidos, nos juros de mora previstos no caput, juros de um por cento ao mês, contados do ajuizamento da reclamatória e aplicados pro rata die, ainda que não explicitados na sentença ou no termo de conciliação.".

11. A ORTN foi substituída pela OTN, que foi substituída pelo BTN, que foi extinto pela Lei nº 8.177, de 31.03.1991.

No caso do **salário**, por exemplo, deve-se proceder à atualização a partir do dia 1º do mês subsequente ao trabalhado, para quem recebe remuneração por mês, uma vez que o pagamento até o 5º dia útil, previsto pelo art. 459, § 1º, da CLT,[12] representa uma espécie de elastecimento do vencimento da obrigação do empregador.

Nesse sentido é o entendimento contido na Súmula nº 381 do TST:

> **SÚMULA Nº 381.** CORREÇÃO MONETÁRIA. SALÁRIO. Art. 459 DA CLT. (conversão da Orientação Jurisprudencial nº 124 da SDI-1) – Res. 129/2005 – DJ 20.04.2005. O pagamento dos salários até o 5º dia útil do mês subsequente ao vencido não está sujeito à correção monetária. Se essa data limite for ultrapassada, incidirá o índice da correção monetária do mês subsequente ao da prestação dos serviços, a partir do dia 1º. (ex-OJ Nº 124 – Inserida em 20.04.1998).

A regra para correção monetária incidente sobre as férias não gozadas e, por esse motivo, transformadas em pecúnia é diversa, pois o seu valor respectivo não é apurado pela data em que se tornou exigível, mas pelo salário vigente à época da sua concessão ou da extinção do contrato de trabalho, na forma prevista pelo art. 146 da CLT:

> **Art. 146.** Na cessação do contrato de trabalho, qualquer que seja a sua causa, será devida ao empregado a remuneração simples ou em dobro, conforme o caso, correspondente ao período de férias cujo direito tenha adquirido.

Note-se que a correção monetária incide, **inclusive, sobre as empresas em regime de liquidação extrajudicial ou sob intervenção**, de conformidade com o entendimento do TST, exposto na Súmula nº 304:

> **SÚMULA Nº 304.** CORREÇÃO MONETÁRIA. EMPRESAS EM LIQUIDAÇÃO. ART. 46 DO ADCT/CF. (mantida) – Res. 121/2003, DJ 19, 20 e 21.11.2003 e republicada DJ 25.11.2003. Os débitos trabalhistas das entidades submetidas aos regimes de intervenção ou liquidação extrajudicial estão sujeitos à correção monetária desde o respectivo vencimento até seu efetivo pagamento, sem interrupção ou suspensão, não incidindo, entretanto, sobre tais débitos, juros de mora.

C) Termo final

O termo final para incidência da correção monetária é a data da efetiva quitação do crédito do exequente e não do depósito em garantia para interposição de embargos à execução.

Nesse sentido:

> **SÚMULA Nº 15 do TRT3.** EXECUÇÃO. DEPÓSITO EM DINHEIRO. ATUALIZAÇÃO MONETÁRIA E JUROS. A responsabilidade do executado pela correção monetária e juros de mora incidentes sobre o débito exequendo não cessa com o depósito em dinheiro para garantia da execução, mas sim com o seu efetivo pagamento.
>
> **OJ Nº 24 do TRT4.** JUROS DE MORA E CORREÇÃO MONETÁRIA. PERÍODO ENTRE DATAS DO DEPÓSITO E DA LIBERAÇÃO DO CRÉDITO. O devedor

12. CLT. Art. 459. O pagamento do salário, qualquer que seja a modalidade do trabalho, não deve ser estipulado por período superior a um mês, salvo no que concerne a comissões, percentagens e gratificações. § 1º Quando o pagamento houver sido estipulado por mês, deverá ser efetuado, o mais tardar, até o quinto dia útil do mês subsequente ao vencido.

responde pelos juros de mora e pela correção monetária entre a data do depósito e a da liberação do crédito, exceto quando o depósito ocorrer com a finalidade expressa de extinguir a obrigação e o atraso na liberação não puder ser imputado ao devedor.

4.2. Correção monetária das dívidas das organizações privadas

Desde 1991 os débitos trabalhistas eram corrigidos pela TR – taxa referencial, na forma prevista pelo *caput* do art. 39 na Lei nº 8.177/91:

> **Art. 39.** Os débitos trabalhistas de qualquer natureza, quando não satisfeitos pelo empregador nas épocas próprias assim definidas em lei, acordo ou convenção coletiva, sentença normativa ou cláusula contratual sofrerão juros de mora equivalentes à TRD acumulada no período compreendido entre a data de vencimento da obrigação e o seu efetivo pagamento.

No julgamento das ADC's n°s 58 e 59 e das ADI's nºs 5.867 e 6.021, encerrado em 18.12.2020, o Supremo Tribunal Federal conferiu interpretação conforme à Constituição Federal do § 7º, art. 879, e do § 4º, art. 899, da CLT, de acordo com a redação dada pela Lei 13.467 /17, **para afastar a incidência da Taxa Referencial – TR** como índice de correção monetária dos débitos trabalhistas e dos depósitos recursais.

Eis a ementa da referida decisão:

> O Tribunal, por maioria, julgou parcialmente procedente a ação, para conferir interpretação conforme à Constituição ao art. 879, § 7º, e ao art. 899, § 4º, da CLT, na redação dada pela Lei 13.467 de 2017, no sentido de considerar que à atualização dos créditos decorrentes de condenação judicial e à correção dos depósitos recursais em contas judiciais na Justiça do Trabalho deverão ser aplicados, até que sobrevenha solução legislativa, os mesmos índices de correção monetária e de juros que vigentes para as condenações cíveis em geral, quais sejam a incidência do IPCA-E na fase pré-judicial e, a partir da citação, a incidência da taxa SELIC (art. 406 do Código Civil), nos termos do voto do Relator, vencidos os Ministros Edson Fachin, Rosa Weber, Ricardo Lewandowski e o Ministro Marco Aurélio, que, preliminarmente, julgava extinta a ação, sem apreciação da matéria de fundo, ante a ilegitimidade ativa da requerente, e, vencido, acompanhava, no mérito, o voto divergente do Ministro Edson Fachin.

Assim, até que sobrevenha nova solução legislativa (respeitadas as situações já consolidadas pela quitação ou pelo trânsito em julgado), deve se proceder da seguinte forma:

a) utilizar o IPCA-e da data em que a obrigação se tornou devida até a citação (notificação) do reclamado, exclusive, feita na demanda trabalhista (fase pré-judicial); e

b) utilizar a taxa SELIC a partir de então (fase judicial), que se inicia com a notificação do reclamado e engloba tanto a correção monetária quanto os juros de mora.

Além disso, o STF modulou a referida decisão para limitar a sua incidência em determinadas situações, a saber:

> (i) são reputados válidos e não ensejarão qualquer rediscussão (na ação em curso ou em nova demanda, incluindo ação rescisória) todos os pagamentos realizados utilizando a TR (IPCA-E ou qualquer outro índice), no tempo e modo oportunos (de forma extrajudicial ou judicial, inclusive depósitos judiciais) e os juros de mora de 1% ao mês, assim como devem ser mantidas e executadas as sentenças transitadas em julgado que expressamente

> adotaram, na sua fundamentação ou no dispositivo, a TR (ou o IPCA-E) e os juros de mora de 1% ao mês; (ii) os processos em curso que estejam sobrestados na fase de conhecimento (independentemente de estarem com ou sem sentença, inclusive na fase recursal) devem ter aplicação, de forma retroativa, da taxa Selic (juros e correção monetária), sob pena de alegação futura de inexigibilidade de título judicial fundado em interpretação contrária ao posicionamento do STF (art. 525, §§ 12 e 14, ou art. 535, §§ 5º e 7º, do CPC) e (iii) igualmente, ao acórdão formalizado pelo Supremo sobre a questão dever-se-á aplicar eficácia erga omnes e efeito vinculante, no sentido de atingir aqueles feitos já transitados em julgado desde que sem qualquer manifestação expressa quanto aos índices de correção monetária e taxa de juros (omissão expressa ou simples consideração de seguir os critérios legais), vencidos os Ministros Alexandre de Moraes e Marco Aurélio, que não modulavam os efeitos da decisão. Impedido o Ministro Luiz Fux (Presidente). Presidiu o julgamento a Ministra Rosa Weber (Vice-Presidente). Plenário, 18.12.2020 (Sessão realizada por videoconferência – Resolução 672/2020/STF).

A) *Atualização monetária da indenização por danos morais*

Em relação aos **danos morais**, a correção monetária **só incide a partir da data de sua fixação por sentença**, na forma do entendimento constante da Súmula nº 362 do STJ: "A correção monetária do valor da indenização do dano moral incide desde a data do arbitramento".

O entendimento do TST é semelhante, mas com uma regra adicional para os juros de mora, conforme se observa da redação da Súmula nº 439:

> **SÚMULA Nº 439.** DANOS MORAIS. JUROS DE MORA E ATUALIZAÇÃO MONETÁRIA. TERMO INICIAL – Res. 185/2012, DEJT divulgado em 25, 26 e 27.09.2012
> Nas condenações por dano moral, a atualização monetária é devida a partir da data da decisão de arbitramento ou de alteração do valor. Os juros incidem desde o ajuizamento da ação, nos termos do art. 883 da CLT.

Contudo, após o julgamento das ADCs 58 e 59 e das ADIs 5.867 e 6.021 incide apenas a SELIC na fase judicial. Isso significa que o juiz, para fixação da indenização, terá que levar em consideração também o tempo compreendido entre a notificação do reclamado e a data do arbitramento. A partir desse momento é que deverá incidir a taxa SELIC.

Não é possível usar a SELIC como taxa de juros a partir de notificação, no caso da indenização por danos morais, pois ela compreende não só os juros, mas também a correção monetária, segundo a jurisprudência dominante do STJ, que foi acolhida pelo STF.

B) *Correção monetária dos honorários periciais*

A atualização monetária dos honorários periciais sempre observou as regras de atualização dos débitos da Justiça Comum, mesmo antes do julgamento das ADCs nºs 58 e 59 e das ADIs nºs 5.867 e 6.021, pois se trata de uma despesa processual e não de dívida trabalhsita.

Portanto, deveria atender às disposições constantes da Lei nº 6.899/81, conforme entendimento constante da OJ nº 198 da SDI-1 do TST:

> **OJ Nº 198.** HONORÁRIOS PERICIAIS. ATUALIZAÇÃO MONETÁRIA. Inserida em 08.11.00. Diferentemente da correção aplicada aos débitos trabalhistas, que têm caráter

alimentar, a atualização monetária dos honorários periciais é fixada pelo art. 1º da Lei nº 6.899/81, aplicável a débitos resultantes de decisões judiciais.[13]

Atualmente, porém, esses débitos são atualizados pela taxa **SELIC**.

C) Atualização monetária de débitos do empregado

Segundo o entendimento do TST, cristalizado pela Súmula nº 187**, não incidiria correção monetária sobre o débito do trabalhador**: "CORREÇÃO MONETÁRIA. INCIDÊNCIA. A correção monetária não incide sobre o débito do trabalhador reclamante (Res. 121/2003, DJ 19, 20 e 21.11.2003)".

Na verdade, o que não incidia era a determinação contida no citado art. 39 da Lei nº 8.177/91, **pois trata expressamente de débitos trabalhistas não satisfeitos pelo empregador.** Todavia, não havia razão para não aplicar a regra genérica da Lei 6.899/81.

Assim, o posicionamento do TST que consta da referida Súmula nº 187, **contraria o princípio do tratamento igualitário.**

Contudo, com a introdução do § 7º ao art. 879 da CLT, ficou claro que a correção monetária incide sobre qualquer espécie de crédito, seja do empregado, seja do empregador:

> Art. 879. § 7º A atualização dos créditos decorrentes de condenação judicial será feita pela Taxa Referencial (TR), divulgada pelo Banco Central do Brasil, conforme a Lei nº 8.177, de 1º de março de 1991.

Exemplo de questão sobre o tema

(TRT 2 – Juiz do Trabalho Substituto 2ª região/ 2013) Em relação à liquidação de sentença, é certo afirmar. Aponte a alternativa correta:

a) Elaborada a conta e tornada líquida, o Juiz deverá abrir às partes prazo sucessivo de 10 (dez) dias para impugnação fundamentada com a indicação dos itens e valores objeto da discordância, sob pena de preclusão.

b) A atualização do crédito devido à Previdência Social observará os critérios estabelecidos na legislação trabalhista.

c) Os atos de acertamento de uma sentença ilíquida abrangem parte dos atos de constrição.

d) A correção monetária não incide sobre o débito do trabalhador reclamante.

e) Os juros de mora incidem sobre a importância da condenação não corrigida monetariamente.

Resposta: D

4.3. Correção monetária das dívidas da Fazenda Pública

Para corrigir os débitos da Fazenda Pública também era utilizada a TR, mas com embasamento em outros dispositivos legais.

Tratava-se do art. 1º-F, da Lei nº 9.494/97, com redação dada pela Lei nº 11.960, de 29.06.2009:

13. Lei nº 6.899/81. Art. 1º. A correção monetária incide sobre qualquer débito resultante de decisão judicial, inclusive sobre custas e honorários advocatícios.

> **Art. 1º-F.** Nas condenações impostas à Fazenda Pública, independentemente de sua natureza e para fins de atualização monetária, remuneração do capital e compensação da mora, haverá a incidência uma única vez, até o efetivo pagamento, dos índices oficiais de remuneração básica e juros aplicados à caderneta de poupança". A redação anterior à edição da Lei nº 11.960, de 29.06.2009 era a seguinte: Art. 1º-F. Os juros de mora, nas condenações impostas à Fazenda Pública para pagamento de verbas remuneratórias devidas a servidores e empregados públicos, não poderão ultrapassar o percentual de seis por cento ao ano.

Com a mesma orientação, o § 12, art. 100 da CF/88, introduzido pela EC nº 62, de 09.12.2009:

> **Art. 100. § 12.** A partir da promulgação desta Emenda Constitucional, a atualização de valores de requisitórios, após sua expedição, até o efetivo pagamento, independentemente de sua natureza, será feita pelo índice oficial de remuneração básica da caderneta de poupança, e, para fins de compensação da mora, incidirão juros simples no mesmo percentual de juros incidentes sobre a caderneta de poupança, ficando excluída a incidência de juros compensatórios.

Porém, alguns dispositivos da EC nº 62/2009 e da Lei nº 9.494/97 **foram declarados inconstitucionais** por decisão do STF proferida nos autos das ADI's nºs 4.357 e 4.425:

> 5. O direito fundamental de propriedade (CF, art. 5º, XXII) resta violado nas hipóteses em que a atualização monetária dos débitos fazendários inscritos em precatórios perfaz-se segundo o índice oficial de remuneração da caderneta de poupança, na medida em que este referencial é manifestamente incapaz de preservar o valor real do crédito de que é titular o cidadão. É que a inflação, fenômeno tipicamente econômico-monetário, mostra-se insuscetível de captação apriorística (*ex ante*), de modo que o meio escolhido pelo legislador constituinte (remuneração da caderneta de poupança) é inidôneo a promover o fim a que se destina (traduzir a inflação do período).
>
> 6. A quantificação dos juros moratórios relativos a débitos fazendários inscritos em precatórios segundo o índice de remuneração da caderneta de poupança vulnera o princípio constitucional da isonomia (CF, art. 5º, *caput*) ao incidir sobre débitos estatais de natureza tributária, pela discriminação em detrimento da parte processual privada que, salvo expressa determinação em contrário, responde pelos juros da mora tributária à taxa de 1% ao mês em favor do Estado (*ex vi* do art. 161, § 1º, CTN). Declaração de inconstitucionalidade parcial sem redução da expressão "independentemente de sua natureza", contida no art. 100, § 12, da CF, incluído pela EC nº 62/09, para determinar que, quanto aos precatórios de natureza tributária, sejam aplicados os mesmos juros de mora incidentes sobre todo e qualquer crédito tributário.
>
> 7. O art. 1º-F da Lei nº 9.494/97, com redação dada pela Lei nº 11.960/09, ao reproduzir as regras da EC nº 62/09 quanto à atualização monetária e à fixação de juros moratórios de créditos inscritos em precatórios incorre nos mesmos vícios de juridicidade que inquinam o art. 100, § 12, da CF, razão pela qual se revela inconstitucional por arrastamento, na mesma extensão dos itens 5 e 6 supra.

Muito importante destacar que essa decisão referia-se à incidência de correção monetária **no período compreendido entre a expedição do precatório e o efetivo pagamento**.

Em 25.03.2015 o STF concluiu o julgamento sobre a **modulação** dos efeitos do julgamento das referidas ADI's nos seguintes termos:

a) de 10.12.2009 até 25.03.2015 aplica-se a TR;

b) a partir de 25.03.2015 aplica-se a SELIC para os precatórios tributários e o IPCA-e para os precatórios de outra natureza.

A Resolução nº 303/20 do CNJ, em seu art. 21, define quais os índices históricos devem ser aplicados para atualizar os precatórios antes de 10.12.2015, iniciando com a ORTN em 1964.

Já no julgamento do **RE nº 870947 (21.09.2017 – Tema 810), com repercussão geral declarada**, o STF decidiu aplicar as mesmas regras para o período **anterior ao da expedição do precatório**.

Como o STF **não acolheu o pleito de modulação nessa demanda**, o IPCA-e deve ser usado como índice de correção monetária a partir de junho de 2009, em relação aos débitos da Fazenda Pública **antes da expedição do precatório.**

Em resumo, sobre a **modulação**:

a) ADI's nºs 4.357 e 4.425 que tratam da atualização **após a expedição do precatório**, houve **modulação** e a decisão do STF se aplica a partir de 25.03.2015, preservando os precatórios anteriormente expedidos;

b) **RE nº 870947 (Tema 810)** que trata da atualização **antes da expedição do precatório**, não houve **modulação** da decisão do STF, incidindo o IPCA-e a partir de 2009.

4.4. Juros de mora nos débitos das organizações privadas

Os juros representam a remuneração do capital, ou seja, quanto o seu proprietário recebe por não poder utilizá-lo temporariamente. São, assim, os frutos (rendimentos) civis do capital, em termos jurídicos.

Os juros podem ser **moratórios ou compensatórios**. Os primeiros decorrem do fato do devedor não ter cumprido a obrigação no tempo anteriormente estabelecido pelos contratantes ou determinado pela Lei.

Já os juros compensatórios são decorrentes única e exclusivamente pela indisponibilidade do capital pelo seu titular. Em ambos os casos é possível fixar os juros "ex ante".

Os juros de mora **eram** calculados **separadamente da correção monetária**, a partir do momento da propositura da reclamação trabalhista até a data do efetivo pagamento, **na base de 1% por mês de forma simples,** conforme previsão contida no art. 39. § 1º, da Lei nº 8.177/91:

> **Art. 39. § 1º.** Aos débitos trabalhistas constantes de condenação pela Justiça do Trabalho ou decorrentes dos acordos feitos em reclamatória trabalhista, quando não cumpridos nas condições homologadas ou constantes do termo de conciliação, serão acrescidos, nos juros de mora previstos no caput, juros de um por cento ao mês, contados do ajuizamento da reclamatória e aplicados pro rata die, ainda que não explicitados na sentença ou no termo de conciliação.

Os juros de mora **incidiam sobre o valor do débito do executado, após a sua atualização**, conforme entendimento do TST constante da Súmula nº 200: "JUROS DE MORA. INCIDÊNCIA. Os juros de mora incidem sobre a importância da condenação já corrigida monetariamente (mantida) – Res. 121/2003, DJ 19, 20 e 21.11.2003".

Contudo, no julgamento das ADCs nºs 58 e 59 e das ADIs nºs 5.867 e 6.021 o STF **acabou por excluir a incidência de juros de mora autônomos** sobre os débitos das organizações privadas, apesar de não ter sido objeto do pedido dessas ações de controle da constitucionalidade.

Ou seja, foi afastada a incidência tanto do citado § 1º, art. 39, da Lei nº 8.177/91 quanto do art. 883 da CLT:

> **Art. 883.** Não pagando o executado, nem garantindo a execução, seguir-se-á penhora dos bens, tantos quantos bastem ao pagamento da importância da condenação, acrescida de custas e juros de mora, sendo estes, em qualquer caso, devidos a partir da data em que for ajuizada a reclamação inicial.

Essa exclusão ocorreu porque, no entendimento do STF, **a taxa SELIC envolve tanto os juros quanto a correção monetária.**

Em relação aos juros é necessário, também, observar a mesma **modulação** feita para a correção monetária:

> (i) são reputados válidos e não ensejarão qualquer rediscussão (na ação em curso ou em nova demanda, incluindo ação rescisória) todos os pagamentos realizados utilizando a TR (IPCA-E ou qualquer outro índice), no tempo e modo oportunos (de forma extrajudicial ou judicial, inclusive depósitos judiciais) e os juros de mora de 1% ao mês, assim como devem ser mantidas e executadas as sentenças transitadas em julgado que expressamente adotaram, na sua fundamentação ou no dispositivo, a TR (ou o IPCA-E) e os juros de mora de 1% ao mês; (ii) os processos em curso que estejam sobrestados na fase de conhecimento (independentemente de estarem com ou sem sentença, inclusive na fase recursal) devem ter aplicação, de forma retroativa, da taxa Selic (juros e correção monetária), sob pena de alegação futura de inexigibilidade de título judicial fundado em interpretação contrária ao posicionamento do STF (art. 525, §§ 12 e 14, ou art. 535, §§ 5º e 7º, do CPC) e (iii) igualmente, ao acórdão formalizado pelo Supremo sobre a questão dever-se-á aplicar eficácia erga omnes e efeito vinculante, no sentido de atingir aqueles feitos já transitados em julgado desde que sem qualquer manifestação expressa quanto aos índices de correção monetária e taxa de juros (omissão expressa ou simples consideração de seguir os critérios legais), vencidos os Ministros Alexandre de Moraes e Marco Aurélio, que não modulavam os efeitos da decisão. Impedido o Ministro Luiz Fux (Presidente). Presidiu o julgamento a Ministra Rosa Weber (Vice-Presidente). Plenário, 18.12.2020 (Sessão realizada por videoconferência – Resolução 672/2020/STF).

Em resumo, após a referida decisão do STF não há que se falar em incidência de juros autônomos na Justiça do Trabalho, pois eles estão embutidos na taxa SELIC, juntamente com a correção monetária.

A) Termo inicial

Ao contrário do que acontece com a correção monetária, que é devida desde a fase pré-judicial, o marco inicial para a incidência dos juros de mora autônomos de 1% era o ajuizamento da ação trabalhista, inclusive no caso de indenização por danos morais, na forma da Súmula nº 439 do TST):

> **SÚMULA Nº 439.** DANOS MORAIS. JUROS DE MORA E ATUALIZAÇÃO MONETÁRIA. TERMO INICIAL – Res. 185/2012, DEJT divulgado em 25, 26 e 27.09.2012. Nas condenações por dano moral, a atualização monetária é devida a partir da data da decisão de arbitramento ou de alteração do valor. Os juros incidem desde o ajuizamento da ação, nos termos do art. 883 da CLT.

Note-se, porém, que a partir do julgamento das ADCs n°s 58 e 59 e das ADIs n°s 5.867 e 6.021 o uso da SELIC envolve tanto a correção monetária quanto os juros de mora, situação que deve levar à alteração da redação da Súmula nº 439 do TST, devida a partir da citação do reclamado.

B) *Termo final*

Assim como ocorre com a correção monetária, o termo final para o cômputo dos juros de mora **é a data da quitação do débito do executado** e não o depósito para efeito de garantia da execução:

> **SÚMULA Nº 04 do TRT1.** CONTAGEM DE JUROS. DEPÓSITO GARANTIDOR DA DÍVIDA OU ADIMPLEMENTO TOTAL DA OBRIGAÇÃO. CESSAÇÃO DA CONTAGEM. CLT E LEI DE EXECUÇÃO FISCAL. I – A incidência de juros de mora, assim como da correção monetária, sobre o crédito trabalhista é regulada integralmente pela Lei 8.177/1991 e, portanto, nesse aspecto, não é aplicável o artigo 9º, § 4º, da Lei de Executivo Fiscal. II – Somente o adimplemento integral da dívida, assim considerado o depósito que propicia o imediato levantamento, fará cessar a contagem de juros moratórios.

> **SÚMULA Nº 07 do TRT2.** JUROS DE MORA. DIFERENÇA ENTRE OS JUROS BANCÁRIOS E OS JUROS TRABALHISTAS. DIREITO LEGAL DO TRABALHADOR. CLT, ARTS. 881 E 882 E ART. 39, § 1º, DA LEI 8.177/91. É devida a diferença entre os juros bancários incidentes sobre o depósito da condenação e os juros trabalhistas, salvo se o depósito objetivou quitar a execução pelo valor fixado na sentença.

C) *Falência e liquidação extrajudicial*

A incidência de juros nas dívidas trabalhistas das empresas, a partir da decretação da falência, deve observar a limitação imposta pelo art. 124 da Lei nº 11.101/05:

> **Art. 124.** Contra a massa falida não são exigíveis juros vencidos após a decretação da falência, previstos em lei ou em contrato, se o ativo apurado não bastar para o pagamento dos credores subordinados.

O mesmo não ocorre nos casos de sucessão de empresas em liquidação extrajudicial, conforme entendimento constante da OJ nº 408 da SDI-1 do TST:

> **OJ Nº 408.** JUROS DE MORA. EMPRESA EM LIQUIDAÇÃO EXTRAJUDICIAL. SUCESSÃO TRABALHISTA. (DEJT divulgado em 22, 25 e 26.10.2010). É devida a incidência de juros de mora em relação aos débitos trabalhistas de empresa em liquidação extrajudicial sucedida nos moldes dos arts. 10 e 448 da CLT. O sucessor responde pela obrigação do sucedido, não se beneficiando de qualquer privilégio a este destinado.

Lembrando, mais uma vez, que após a decisão do STF nas ADC's n°s 58 e 59 e nas ADIs n°s 5.867 e 6.021, não há que se falar em juros de mora autônomos a partir da notificação, mas simplesmente da taxa SELIC.

4.5. Juros de mora nos débitos da Fazenda Pública

Os juros de mora que incidem sobre os débitos da Fazenda Pública são os mesmos que remuneram a **poupança,** conforme se observa do preceito contido no art. 1º-F da Lei nº 9.494/97, com redação dada pela Lei nº 11.960/09.

> **Art. 1º-F.** Nas condenações impostas à Fazenda Pública, independentemente de sua natureza e para fins de atualização monetária, remuneração do capital e compensação da mora, haverá a incidência uma única vez, até o efetivo pagamento, dos índices oficiais de remuneração básica e juros aplicados à caderneta de poupança.

Atualmente, os juros que remuneram a poupança correspondem a 70% da taxa Selic, uma vez que esta última está abaixo de 8,5% por ano, fórmula prevista pelo art. 12, II, “b”, da Lei nº 8.177/91, com redação dada pela Lei nº 12.703/12:

> **Art. 12.** Em cada período de rendimento, os depósitos de poupança serão remunerados II – como remuneração adicional, por juros de: a) 0,5% (cinco décimos por cento) ao mês, enquanto a meta da taxa Selic ao ano, definida pelo Banco Central do Brasil, for superior a 8,5% (oito inteiros e cinco décimos por cento); ou b) 70% (setenta por cento) da meta da taxa Selic ao ano, definida pelo Banco Central do Brasil, mensalizada, vigente na data de início do período de rendimento, nos demais casos.

Note-se que em relação aos **juros de mora não houve declaração de inconstitucionalidade** nas ADI’s nºs 4.357 e 4.425 para os casos de débitos oriundos de relação não-tributária, que é o caso dos débitos trabalhistas.

Em relação aos juros de mora sobre os débitos da fazenda pública, a OJ nº 7, do Tribunal Pleno do TST, deixa bem claro, **no contexto temporal**, quais são e como devem ser aplicados:

> **OJ Nº 7.** JUROS DE MORA. CONDENAÇÃO DA FAZENDA PÚBLICA. (nova redação) – Res. 175/2011, DEJT divulgado em 27, 30 e 31.05.2011
>
> I – Nas condenações impostas à Fazenda Pública, incidem juros de mora segundo os seguintes critérios:
>
> a) 1% (um por cento) ao mês, até agosto de 2001, nos termos do § 1º do art. 39 da Lei nº 8.177, de 1.03.1991;
>
> b) 0,5% (meio por cento) ao mês, de setembro de 2001 a junho de 2009, conforme determina o art. 1º – F da Lei nº 9.494, de 10.09.1997, introduzido pela Medida Provisória nº 2.180-35, de 24.08.2001;
>
> II – A partir de 30 de junho de 2009, atualizam-se os débitos trabalhistas da Fazenda Pública, mediante a incidência dos índices oficiais de remuneração básica e juros aplicados à caderneta de poupança, por força do art. 5º da Lei nº 11.960, de 29.06.2009.

Saliente-se também que cabe atualizar o crédito do exequente referente ao período compreendido entre a data da realização dos cálculos e a expedição do precatório ou da requisição de pequeno valor, conforme entendimento do STF manifestado por meio do RE nº 579431, com repercussão geral reconhecida (19.04.2017).

Na ocasião foi aprovada a seguinte tese: “incidem os juros da mora no período compreendido entre a data da realização dos cálculos e da requisição ou do precatório”.

Nesse sentido, o art. 22 da Resolução nº 303/19 do CNJ:

> **Art. 22.** Não se tratando de crédito de natureza tributária, incidirão juros de mora no período compreendido entre a data-base informada pelo juízo da execução e a data da efetiva requisição de pagamento, qual seja, o dia 1º de julho.

Entretanto, não incide juros de mora durante o **período de graça constitucional**, que corresponde àquele compreendido entre o dia 2º de julho e o dia 31 de dezembro do ano seguinte.

Para os casos de requisição de pequeno valor – RPV, o **período de graça** corresponde ao prazo de sessenta dias que o Ente devedor tem para quitar a dívida dessa natureza.

Vencidos os referidos prazo para pagamento, volta a incidir os devidos juros de mora.

4.6. Imposto de renda

A) IR sobre verbas tipicamente trabalhistas

O método de cálculo do imposto de renda decorrente de decisão judicial trabalhista encontra-se estabelecido pelo art. 12-A da Lei nº 7.713/88, com redação dada pela Lei nº 13.149/15:

> **Art. 12-A.** Os rendimentos recebidos acumuladamente e submetidos à incidência do imposto sobre a renda com base na tabela progressiva, quando correspondentes a anos-calendário anteriores ao do recebimento, serão tributados exclusivamente na fonte, no mês do recebimento ou crédito, em separado dos demais rendimentos recebidos no mês.

Essa normativa alterou o procedimento anteriormente adotado e a ensejou a modificação da redação da Súmula nº 368, mais precisamente em seu item VI:

> **SÚMULA Nº 368.** DESCONTOS PREVIDENCIÁRIOS. IMPOSTO DE RENDA. COMPETÊNCIA. RESPONSABILIDADE PELO RECOLHIMENTO. FORMA DE CÁLCULO. FATO GERADOR (aglutinada a parte final da Orientação Jurisprudencial nº 363 da SBDI-I à redação do item II e incluídos os itens IV, V e VI em sessão do Tribunal Pleno realizada em 26.06.2017) – Res. 219/2017, DEJT divulgado em 28, 29 e 30.06.2017.
> VI – O imposto de renda decorrente de crédito do empregado recebido acumuladamente deve ser calculado sobre o montante dos rendimentos pagos, mediante a utilização de tabela progressiva resultante da multiplicação da quantidade de meses a que se refiram os rendimentos pelos valores constantes da tabela progressiva mensal correspondente ao mês do recebimento ou crédito, nos termos do art. 12-A da Lei nº 7.713, de 22/12/1988, com a redação conferida pela Lei nº 13.149/2015, observado o procedimento previsto nas Instruções Normativas da Receita Federal do Brasil.

Constata-se, desse modo, a importância em definir se a parcela deferida na sentença **tem natureza salarial ou indenizatória**, para efeitos de incidência não só do **imposto de renda**, mas também da contribuição previdenciária.

Esse procedimento prévio na decisão evita maiores discussões quando da execução do julgado.

Sobre a natureza jurídica do valor devido ao empregado que adere ao PDV, manifesta-se o TST, por intermédio da OJ nº 207, da SDI-1:

> **OJ Nº 207.** PROGRAMA DE INCENTIVO À DEMISSÃO VOLUNTÁRIA. INDENIZAÇÃO. IMPOSTO DE RENDA. NÃO-INCIDÊNCIA. (inserido dispositivo, DJ 20.04.2005). A indenização paga em virtude de adesão a programa de incentivo à demissão voluntária não está sujeita à incidência do imposto de renda.

B) IR sobre juros de mora

De acordo com o disposto na Lei nº 4.506/64, art. 16, parágrafo único e Decreto nº 3000/99, art. 43, § 3º, incide imposto de renda sobre os juros de mora:

> **Art. 16. Parágrafo único.** Serão também classificados como rendimentos de trabalho assalariado os juros de mora e quaisquer outras indenizações pelo atraso no pagamento das remunerações previstas neste artigo.
>
> **Art. 43. § 3º.** Serão também considerados rendimentos tributáveis a atualização monetária, os juros de mora e quaisquer outras indenizações pelo atraso no pagamento das remunerações previstas neste artigo.

A jurisprudência do STJ entende que **os juros de mora têm natureza indenizatória,** a partir da vigência do Código Civil de 2002, o que afasta a incidência do imposto de renda:

> Os valores recebidos pelo contribuinte a título de juros de mora, na vigência do Código Civil de 2002, têm natureza jurídica indenizatória. Nessa condição, portanto, sobre eles não incide imposto de renda, consoante a jurisprudência sedimentada no STJ.[14]

O TST alterou o seu posicionamento anterior por meio da OJ nº 400 da SDI-1, também fundamentado no art. 404 do Código Civil, **que considera os juros de mora como perdas e danos:**

> **OJ Nº 400.** IMPOSTO DE RENDA. BASE DE CÁLCULO. JUROS DE MORA. NÃO INTEGRAÇÃO. Art. 404 DO CÓDIGO CIVIL BRASILEIRO. (DEJT divulgado em 02, 03 e 04.08.2010). Os juros de mora decorrentes do inadimplemento de obrigação de pagamento em dinheiro não integram a base de cálculo do imposto de renda, independentemente da natureza jurídica da obrigação inadimplida, ante o cunho indenizatório conferido pelo art. 404 do Código Civil de 2002 aos juros de mora.

No STF essa questão é objeto do RE nº 855.091, com repercussão geral declarada (Tema nº 808 – Incidência de imposto de renda sobre juros de mora recebidos por pessoa física) e ainda está pendente de julgamento.

C) IR sobre indenização por danos morais

Não há que se falar em **incidência de imposto de renda sobre os valores devidos a título de indenização, inclusive por danos morais**, pois o valor respectivo não representa acréscimo patrimonial, mas sim uma compensação pela dor sofrida.

> **SÚMULA Nº 06 do TRT11.** IMPOSTO DE RENDA SOBRE INDENIZAÇÃO POR DANO MORAL. Sobre a indenização por dano moral não incide Imposto de Renda, pois que não tem natureza salarial nem constitui acréscimo de patrimônio, apenas recompensa uma lesão imaterial sofrida.
>
> **SÚMULA Nº 07 do TRT12.** INDENIZAÇÃO POR DANO MORAL. NÃO INCIDÊNCIA DE IMPOSTO DE RENDA. A indenização por dano moral não é passível de imposto de renda, porquanto o montante reparatório da ofensa não se conforma ao conceito de renda ou provento.
>
> **OJ4T Nº 52 do TRT9.** IMPOSTO DE RENDA. VERBAS INDENIZATÓRIAS. NÃO INCIDÊNCIA. I – Não se incluem na base de cálculo do Imposto de Renda as verbas indenizatórias e o FGTS, segundo interpretação sistemática dos artigos 6º, inciso V, da Lei nº 7.713/88 e 46, § 2º, da Lei nº 8.541/92 e incisos XX do artigo 39 do Decreto 3.000/1999. II – Determina-se a devolução ao empregado do valor indevidamente descontado a título de imposto de Renda calculado sobre férias indenizadas, por incabível. Aplicação do art. 462 da CLT.

14. STJ REsp nº 1037452/SC. Rel. Min. Eliana Calmon. 2ª T. DJ 10.6.2008.

Exemplo de questão sobre o tema

(Juiz do Trabalho Substituto – TRT 3ª região – 2012) Acerca dos juros e correção monetária, leia as afirmações abaixo e, em seguida, assinale a alternativa correta, de acordo com a lei e a jurisprudência cristalizada do Tribunal Superior do Trabalho:

I. Os débitos trabalhistas das entidades submetidas aos regimes de intervenção ou liquidação extrajudicial estão sujeitos a correção monetária desde o respectivo vencimento até seu efetivo pagamento, sem interrupção ou suspensão, não incidindo, entretanto, sobre tais débitos, juros de mora.

II. O pagamento dos salários até o 5º dia útil do mês subsequente ao vencido não está sujeito à correção monetária. Se essa data limite for ultrapassada, incidirá o índice da correção monetária do mês subsequente ao da prestação dos serviços, a partir do dia 1º.

III. Os créditos referentes ao FGTS, decorrentes de condenação judicial não serão corrigidos pelos mesmos índices aplicáveis aos débitos trabalhistas, porque o FGTS tem correção específica, regulada pela lei própria.

IV. A Fazenda Pública, quando condenada subsidiariamente pelas obrigações trabalhistas devidas pela empregadora principal, não se beneficia da limitação dos juros de 0,5% ao mês.

V. É devida a incidência de juros de mora em relação aos débitos trabalhistas de empresa em liquidação extrajudicial sucedida nos moldes dos arts. 10 e 448 da CLT. O sucessor responde pela obrigação do sucedido, não se beneficiando de qualquer privilégio a este destinado.

a) Somente as afirmativas III e V estão corretas.
b) Somente as afirmativas I, II, III e IV estão corretas
c) Somente as afirmativas I, IV e V estão corretas
d) Somente as afirmativas I, II, IV e V estão corretas
e) Todas as afirmativas estão corretas

Resposta: D

4.7. Prescrição

No processo do trabalho, **a interrupção da prescrição ocorre com o simples ajuizamento da reclamação trabalhista.**

Dessa forma, os cálculos de liquidação devem observar a **prescrição quinquenal** retroativa, desde que exista essa limitação no comando sentencial, tendo como parâmetro a data do ajuizamento da reclamação trabalhista.

O TST, por meio de sua jurisprudência majoritária, entende que o prazo prescricional a ser aplicado em demandas envolvendo dano moral **é aquele previsto na Constituição Federal e não no Código Civil.** Contudo, como o valor da indenização por danos morais já vem expresso na sentença, a liquidação ficará limitada ao procedimento de atualização.

4.8. Erro material nos cálculos e coisa julgada

Eventuais **erros materiais** na sentença líquida proferida no processo de conhecimento, ou mesmo na decisão de liquidação, **não são acobertadas pela qualidade da coisa julgada.**

Excepciona-se essa regra quando o juiz tenha se **manifestado expressamente** a seu respeito, por meio de decisão que declare correta ou equivocada a conta.

Em caso de equívocos na sentença, **o juiz pode corrigi-los a requerimento da parte ou de ofício**, conforme preceitua o art. 494, I, do CPC:

> **Art. 494.** Publicada a sentença, o juiz só poderá alterá-la: I – para corrigir-lhe, de ofício ou a requerimento da parte, inexatidões materiais ou erros de cálculo; II – por meio de embargos de declaração.

Preceito semelhante é encontrado no art. 1º-E da Lei nº 9.494/97: "São passíveis de revisão, pelo Presidente do Tribunal, de ofício ou a requerimento das partes, as contas elaboradas para aferir o valor dos precatórios antes de seu pagamento ao credor".

5. CÁLCULO DAS CONTRIBUIÇÕES PREVIDENCIÁRIAS

Caso a sentença não seja líquida, na fase de liquidação será determinado o valor da condenação de forma precisa, inclusive aquele relativo às contribuições previdenciárias, em face da competência da Justiça Laboral para executá-las de ofício, conforme art. 879, § 1º-A, da CLT: "A liquidação abrangerá, também, o cálculo das contribuições previdenciárias devidas".

Em 2017, a Lei nº 13.467 modificou a redação do parágrafo único do art. 876 da CLT para deixar claro que a execução das contribuições sociais previstas no art. 195, I, "a" e II da CF/88 **estende-se aos seus acréscimos legais**:

> **Art. 876. Parágrafo único.** A Justiça do Trabalho executará, de ofício, as contribuições sociais previstas na alínea a do inciso I e no inciso II do caput do art. 195 da Constituição Federal, e seus acréscimos legais, relativas ao objeto da condenação constante das sentenças que proferir e dos acordos que homologar.

O recolhimento é feito em nome da empresa, conforme seu CNPJ, salvo em relação ao empregado doméstico, cujo recolhimento deve ser feito em sua inscrição perante a Previdência Social (NIT), de acordo com os §§ 6º e 8º, art. 276, do Decreto nº 3.048/99:

> **Art. 276. § 6º.** O recolhimento das contribuições do empregado reclamante deverá ser feito na mesma inscrição em que são recolhidas as contribuições devidas pela empresa.
>
> **§ 8º.** Havendo reconhecimento de vínculo empregatício para empregado doméstico, tanto as contribuições do segurado empregado como as do empregador deverão ser recolhidas na inscrição do trabalhador.

5.1. Procedimento da liquidação das contribuições previdenciárias

A sentença proferida no processo de conhecimento pode ser líquida, inclusive com o montante relativo às contribuições previdenciárias.

Nos demais casos, é necessária a elaboração da conta de liquidação com os valores devidos a título de contribuição previdenciária, seja ela feita por alguma das partes, por servidor da Justiça do Trabalho ou contador.

Em seguida, procede-se à intimação da União para apresentar sua manifestação, sob pena de preclusão, **no prazo de dez dias** (art. 879, § 3º, da CLT).

Nessa hipótese, a irresignação da União só poderá ser apresentada por intermédio de **impugnação à sentença de liquidação**, no mesmo prazo dos embargos à execução.

Ainda que a decisão seja omissa, o juízo da execução deve incluir nos cálculos de liquidação os valores devidos a título de contribuição previdenciária, na forma do entendimento constante da Súmula nº 401 do TST:

> **SÚMULA Nº 401.** AÇÃO RESCISÓRIA. DESCONTOS LEGAIS. FASE DE EXECUÇÃO. SENTENÇA EXEQUENDA OMISSA. INEXISTÊNCIA DE OFENSA À COISA JULGADA. (conversão da Orientação Jurisprudencial nº 81 da SDI-II) – Res. 137/2005 – DJ 22, 23 e 24.08.2005. Os descontos previdenciários e fiscais devem ser efetuados pelo juízo executório, ainda que a sentença exequenda tenha sido omissa sobre a questão, dado o caráter de ordem pública ostentado pela norma que os disciplina. A ofensa à coisa julgada somente poderá ser caracterizada na hipótese de o título exequendo, expressamente, afastar a dedução dos valores a título de imposto de renda e de contribuição previdenciária.

O empregador pode, mesmo antes da manifestação da União, recolher a contribuição previdenciária que entender devida. Contudo, ressalva-se o direito de cobrança pela União em relação às eventuais diferenças, sem os acréscimos legais, como a correção monetária e a multa sobre o valor adiantado, na forma prevista pelo art. 878-A da CLT:

> **Art. 878-A.** Faculta-se ao devedor o pagamento imediato da parte que entender devida à Previdência Social, sem prejuízo da cobrança de eventuais diferenças encontradas na execução *ex officio*.

Os valores devidos pelo empregado e pelo empregador **são apurados mês a mês**, de acordo com o disposto no art. 276, § 4º, do Decreto nº 3.048/88:

> **Art. 276. § 4º.** A contribuição do empregado no caso de ações trabalhistas será calculada, mês a mês, aplicando-se as alíquotas previstas no artigo 198, observado o limite máximo do salário-de-contribuição.

Nota-se que se durante a relação de emprego a empresa recolheu as contribuições previdenciárias com observância ao limite máximo do salário-de-contribuição, **não haverá mais qualquer incidência desse tributo a cargo do empregado**, mas somente a diferença devida pelo empregador.

Em determinadas situações, contudo, o custo da cobrança judicial da contribuição previdenciária de pequena monta pode ser superior ao valor desse tributo.[15]

Tendo em vista essa constatação, o Ministro da Fazenda pode dispensar a manifestação da União, desde que o faça por meio de ato fundamentado, na forma prevista pelo art. 879, § 5º, da CLT.[16]

Em caso de dispensa de manifestação, a União pode impugnar os cálculos de liquidação ou deixar transcorrer *in albis* o prazo que lhe fora conferido, o que implica preclusão temporal.

Após a apresentação das eventuais irresignações das partes e da União, o juiz profere a decisão de liquidação, que só pode ser impugnada quando dos embargos à execução, na forma do art. 884, § 3º, da CLT: "Somente nos embargos à penhora poderá o executado impugnar a sentença de liquidação, cabendo ao exequente igual direito e no mesmo prazo".

5.2. Atualização monetária

As contribuições previdenciárias devidas em razão das condenações trabalhistas **sempre foram corrigidas pela observância dos critérios fixados pela legislação previdenciária.**

15. Esse valor foi fixado em R$20.000,00, por meio da Portaria MPS/MF nº 582, de 13.12.2013.
16. CLT. Art. 879. § 5º O Ministro de Estado da Fazenda poderá, mediante ato fundamentado, dispensar a manifestação da União quando o valor total das verbas que integram o salário-de-contribuição, na forma do art. 28 da Lei nº 8.212, de 24 de julho de 1991, ocasionar perda de escala decorrente da atuação do órgão jurídico.

Essa é a dicção do art. 879, § 4º, da CLT: "A atualização do crédito devido à Previdência Social observará os critérios estabelecidos na legislação previdenciária".

As contribuições sociais **são atualizadas utilizando-se a taxa referencial SELIC** – Sistema Especial de Liquidação e de Custódia, de acordo com o art. 5º, § 3º, da Lei nº 9.430/96.

Em um contexto histórico, os índices de correção monetária aplicáveis às contribuições previdenciárias foram: a) o IPC, de outubro a dezembro/89 e de março/90 a janeiro/91; b) o INPC, de fevereiro a dezembro/91; c) a UFIR, de janeiro/92 a dezembro/95; e d) a taxa SELIC a partir de janeiro/96.

Como o atraso no recolhimento da contribuição previdenciária efetiva-se por culpa única e exclusiva do empregador, responsável por efetuar os aludidos descontos legais devidos na remuneração do obreiro (art. 30, I, "a", da Lei nº 8.212/91), este deve arcar com os encargos financeiros relativos à contribuição do empregado e a respectiva atualização monetária.[17]

O TST acolheu parcialmente esse posicionamento que já vinha sendo defendido desde a primeira edição desta obra:

> CONTRIBUIÇÃO PREVIDENCIÁRIA. FATO GERADOR. CRÉDITOS TRABALHISTAS RECONHECIDOS EM JUÍZO APÓS AS ALTERAÇÕES NO ARTIGO 43 DA LEI Nº 8.212/91. INCIDÊNCIA DE CORREÇÃO MONETÁRIA, JUROS DE MORA E MULTA. MARCO INICIAL. RESPONSABILIDADES. O fato gerador da contribuição previdenciária decorrente de créditos trabalhistas reconhecidos em juízo é a prestação do serviço, no que tange ao período posterior à alteração do artigo 43 da Lei nº 8.212/91, feita pela Medida Provisória nº 449/2008, convertida na Lei nº 11.941/2009 (04.03.2009). O fato gerador das contribuições previdenciárias não está previsto no artigo 195, I, "a", da Constituição Federal. Logo, a lei – no caso, o artigo 43, § 2º, da Lei nº 8.212/91 – pode perfeitamente dispor a respeito. Assim, a partir de 05.03.2009, aplica-se o regime de competência (em substituição ao regime de caixa), incidindo, pois, correção monetária e juros de mora a partir da prestação de serviços. Quanto à multa, ao contrário da atualização monetária para recomposição do valor da moeda e dos juros pela utilização do capital alheio, trata-se de uma penalidade destinada a compelir o devedor à satisfação da obrigação a partir do seu reconhecimento. Dessa forma, decidiu-se que não incide retroativamente à prestação de serviços, e sim a partir do exaurimento do prazo de citação para pagamento, uma vez apurados os créditos previdenciários, se descumprida a obrigação, observado o limite legal de 20%, nos termos dos §§ 1º e 2º, do art. 61, da Lei nº 9.430/96 c/c art. 43, § 3º, da Lei nº 8.212/91. Por fim, no que se refere às responsabilidades, definiu-se que respondem: a) pela atualização monetária, o trabalhador e a empresa, por serem ambos contribuintes do sistema; e b) pelos juros de mora e pela multa, apenas a empresa, não sendo cabível que por eles pague quem, até então, sequer tinha o reconhecimento do crédito sobre o qual incidiriam as contribuições previdenciárias e que não se utilizou desse capital. Sob esses fundamentos, o Tribunal Pleno decidiu, por unanimidade, conhecer do recurso de embargos, por divergência jurisprudencial, e, no mérito, pelo voto prevalente da Presidência, dar-lhe provimento parcial, para, na forma da lei, relativamente aos contratos de trabalho firmados a partir de 05.03.2009, determinar: a) a incidência dos juros de mora, a partir da prestação de serviços, sobre as contribuições previdenciárias; b) aplicação de multa a partir do exaurimento do prazo de citação para o pagamento, uma vez apurados os créditos previdenciários, se descumprida a obrigação, observado o limite legal de 20% (art. 61, § 2º, da Lei nº 9.430/96). Vencidos os Ministros Maria Cristina Irigoyen

17. Esse tema é analisado com maior profundidade no item 13, capítulo VII, parte IV. Mas adianta-se que o TST entende que o ônus da mora recai sobre o exequente e o executado.

Peduzzi, Renato de Lacerda Paiva, Emmanoel Pereira, Aloysio Silva Corrêa da Veiga, Alberto Luiz Bresciani de Fontan Pereira, Dora Maria da Costa, Guilherme Augusto Caputo Bastos, Márcio Eurico Vitral Amaro, Walmir Oliveira da Costa, Maurício Godinho Delgado, Kátia Magalhães Arruda e Augusto César Leite de Carvalho. TST-E-RR-1125-36.2010.5.06.0171, Tribunal Pleno, rel. Min. Alexandre Agra Belmonte, 20.10.2015 (TST. Info nº 120).

Exemplo de questão sobre o tema

(FCC – Juiz do Trabalho Substituto 18ª região/2014) Com relação à fase de liquidação de sentença no Processo do Trabalho:

a) Ao apreciar os cálculos, poderá o Juiz, *ex officio*, determinar qualquer diligência probatória para que os cálculos espelhem a coisa julgada material.

b) Apresentados os cálculos pelo reclamante, sem a correspondente apresentação de cálculos de liquidação pela reclamada, o Juiz deverá homologar a conta de liquidação do reclamante, considerando-os verdadeiros, independentemente de refletirem a coisa julgada, em razão da preclusão.

c) Aberto prazo às partes para impugnação fundamentada da conta tornada líquida, mesmo que não se manifestem, não incidirá a preclusão, por se tratar de matéria de ordem pública.

d) Intimada a União para manifestação sobre a conta elaborada pela parte ou pelos órgãos auxiliares da Justiça do Trabalho, não incidirá a preclusão, caso não se manifeste.

e) A liquidação abrangerá, também, o cálculo das contribuições previdenciárias devidas, admitindo-se a modificação ou inovação da sentença liquidanda, bem como a discussão sobre matéria relativa à causa principal.

Resposta: A

(Juiz do Trabalho Substituto – TRT 21ª região – 2010 – Adaptada) Sobre a cobrança das contribuições sociais na Justiça do Trabalho, marque a resposta correta:

a) o Instituto Nacional do Seguro Social (INSS) é titular dos créditos relativos às contribuições sociais executadas perante a Justiça do Trabalho, e os respectivos valores devem ser recolhidos em nome daquela autarquia;

b) sendo a sentença ilíquida, o cálculo das contribuições sociais será feito tão logo realizado o efetivo pagamento da obrigação trabalhista, salvo se o juiz do trabalho determinar a sua cobrança conjunta;

c) elaborada a conta das contribuições, o INSS deverá ser intimado, pela via postal, para se pronunciar em 10 (dez) dias, sob pena de preclusão;

d) não se aplicam as regras trabalhistas à atualização dos créditos devidos a título de contribuições sociais, que deve observar a legislação específica em vigor;

e) como forma de ganhar eficiência, é possível, mediante ato do Ministro da Previdência Social, a dispensa de manifestação do INSS nos processos, quando o valor total das verbas que integram o salário de contribuição não exceder a R$ 5.000,00 (cinco mil reais);

Resposta: D

5.3. Juros de mora

A SELIC, segundo entendimento do STJ e STF, **é composta de taxa de juros e atualização monetária.**

Diante dessa característica, não há como incidir, de forma cumulada, juros de mora autônomos, sob pena de incorrer em *bis in idem*.

Desse modo, os juros de mora autônomos deixaram de ser aplicados nas ações trabalhistas a partir da decisão do STF proferida nas ADCs 58 e 59 e das ADIs 5.867 e 6.021 em 2020.

5.4. Multa

A multa moratória incidente sobre os débitos previdenciários em atraso enquadra-se no conceito de "acréscimos legais" da contribuição social.

Por conta disso, **compete à Justiça do Trabalho proceder à sua execução de ofício.**

A multa será calculada à taxa de trinta e três centésimos por cento, por dia de atraso, limitado a 20% e acrescida de juros de mora equivalentes à taxa referencial do Sistema Especial de Liquidação e Custódia SELIC (art. 61 da Lei nº 9.430/96).

6. IMPUGNAÇÃO À CONTA DE LIQUIDAÇÃO

Uma vez elaborada a conta de liquidação, o juiz concede vistas às partes e à União, para impugnação **devidamente fundamentada**, com indicação dos itens e valores objeto da discordância, conforme foi comentado no item 3.3, "a", deste capítulo.

O prazo para impugnação é de **oito dias**,[18] para partes, salvo se a conta tiver sido elaborada por uma delas, hipótese em que fica dispensada a impugnação daquela que apresentou as contas, uma vez que há presunção *iure et de iuris* de que concorda com elas.

Se a parte ou a União **não oferece impugnação**, arca com o ônus processual da preclusão, que implica presunção de que concorda com os valores que constam dos cálculos de liquidação, conforme preceitua o § 2º, art. 879, da CLT.[19]

> **SÚMULA Nº 05 do TRT20.** LIQUIDAÇÃO DE SENTENÇA. AUSÊNCIA DE MANIFESTAÇÃO NO PRAZO LEGAL. PRECLUSÃO. Preclusa a oportunidade de o executado impugnar, em sede de embargos à execução, os cálculos de liquidação homologados, quando deixar de se manifestar no prazo aludido no artigo 879, § 2º, da CLT.

6.1. Objeto da impugnação

A matéria da impugnação irá variar de acordo com a espécie de liquidação processada. Mas, de forma geral, é possível alegar vícios processuais existentes no procedimento liquidatório; descompasso entre o teor do título executivo e sua interpretação feita pelo juiz ou por alguma das partes; objeções relativas à quitação e demais formas de extinção das obrigações; etc.

6.2. Revisão de cálculo e impugnação da conta do precatório

O procedimento relativo à revisão de cálculo e de impugnação, quanto aos critérios utilizados para correção monetária e juros de mora aplicáveis **a partir da apresentação do**

---

18. CLT. Art. 879. § 2º. Elaborada a conta e tornada líquida, o juízo deverá abrir às partes prazo comum de oito dias para impugnação fundamentada com a indicação dos itens e valores objeto da discordância, sob pena de preclusão.
19. Nesse caso, o interessado não poderá, em sede de embargos à execução, impugnar a sentença de liquidação quanto aos cálculos.

ofício precatório, é da competência do Presidente do Tribunal Regional do Trabalho e tem **natureza administrativa** e não judicial (Súmula nº 311 do STJ).

Por meio da revisão de cálculo, que se opera de ofício, ou da impugnação feita a requerimento das partes, é possível corrigir **erros materiais** presentes nas contas do precatório, incluídos os cálculos produzidos pelo juízo da execução.

A Lei nº 9.494/97, art. 1º-E, possibilitou a **revisão dos cálculos** de liquidação, **de ofício ou a requerimento das partes**:

> **Art. 1º-E.** São passíveis de revisão, pelo Presidente do Tribunal, de ofício ou a requerimento das partes, as contas elaboradas para aferir o valor dos precatórios antes de seu pagamento ao credor.

A OJ nº 2 do Tribunal Pleno do TST estabeleceu alguns requisitos para a apreciação do pedido de revisão dos cálculos de liquidação:

> **OJ Nº 2.** PRECATÓRIO. REVISÃO DE CÁLCULOS. LIMITES DA COMPETÊNCIA DO PRESIDENTE DO TRT. DJ 09.12.03. O pedido de revisão dos cálculos, em fase de precatório, previsto no art. 1º-E da Lei nº 9.494/97, apenas poderá ser acolhido desde que: a) o requerente aponte e especifique claramente quais são as incorreções existentes nos cálculos, discriminando o montante que seria correto, pois do contrário a incorreção torna-se abstrata; b) o defeito nos cálculos esteja ligado à incorreção material ou à utilização de critério em descompasso com a lei ou com o título executivo judicial; e c) o critério legal aplicável ao débito não tenha sido objeto de debate nem na fase de conhecimento, nem na fase de execução.

São requisitos cumulativos para a apresentação da referida impugnação ou revisão (art. 27 da Resolução nº 303/19 do CNJ):

> a) o requerente apontar e especificar claramente quais são as incorreções existentes no cálculo, discriminando o montante que entende correto e devido;
>
> b) a demonstração de que o defeito no cálculo se refere à incorreção material ou a fato superveniente ao título executivo, segundo o Código de Processo Civil; e
>
> c) a demonstração de que não ocorreu a preclusão relativamente aos critérios de cálculo aplicados na elaboração da conta de liquidação na fase de conhecimento, liquidação, execução ou cumprimento de sentença, nos termos dos arts. 507 e 508 do Código de Processo Civil.

Já no caso de questionamento quanto ao critério de cálculo judicial, assim considerado aquele constante das escolhas do julgador, competirá a revisão da conta ao juízo da execução.

7. SENTENÇA DE LIQUIDAÇÃO: NATUREZA E SUA IMPUGNAÇÃO

O procedimento de liquidação tem como objetivo agregar liquidez à dívida e a sentença respectiva tem natureza **predominantemente constitutiva**, uma vez que torna líquido algo que antes não possuía essa qualidade.

Além disso, a sentença de liquidação possui natureza **interlocutória, irrecorrível de forma imediata.** Eventual inconformismo quanto esse procedimento prévio, só pode ser apresentado pelo executado **por meio de embargos à execução.**[20] Para o exequente e para a União a irresignação pode ser apresentada por meio de **impugnação à sentença de liquidação.**

Essa é a conclusão que se chega após a leitura do art. 884, §§ 3º e 4º, da Consolidação das Leis do Trabalho:

> **Art. 884. § 3º.** Somente nos embargos à penhora poderá o executado impugnar a sentença de liquidação, cabendo ao exequente igual direito e no mesmo prazo. § 4º Julgar-se-ão na mesma sentença os embargos e as impugnações à liquidação apresentadas pelos credores trabalhista e previdenciário.

O executado não poderá apresentar os mesmos argumentos que constaram na impugnação à decisão de liquidação, quando da oposição dos embargos à execução. Contudo, essa matéria poderá ser objeto de agravo de petição.

8. RECURSO

Como visto no item anterior, a decisão de liquidação somente é atacável via **embargos à execução**, se o interessado for o devedor, e por meio de **impugnação,** quando o interessado for o credor trabalhista ou previdenciário.

Nesse passo, um eventual inconformismo quanto à decisão proferida em sede de embargos à execução, que aprecia os cálculos de liquidação, somente pode ser revista por meio de **agravo de petição.**

9. INFORMATIVOS DO TST SOBRE A MATÉRIA

ECT. Equiparação à Fazenda Pública. Juros de mora. Art. 1º- F da Lei nº 9.494/97. Orientação Jurisprudencial nº 7 do Tribunal Pleno. Aplicabilidade.

Aplicam-se à Empresa de Correios e Telégrafos – ECT os juros de mora previstos no art. 1º-F da Lei nº 9.494/97 e na Orientação Jurisprudencial nº 7 do Tribunal Pleno, pois equiparada à Fazenda Pública. Ademais, o STF, ao apreciar o tema nº 810 da Repercussão Geral (RE-870947/SE), decidiu, de forma vinculante, que, "quanto às condenações oriundas de relação jurídica não tributária, a fixação dos juros moratórios segundo o índice de remuneração da caderneta de poupança é constitucional, permanecendo hígido, nesta extensão, o disposto no art. 1º-F da Lei nº 9.494/97 com a redação dada pela Lei nº 11.960/09." Sob esses fundamentos, a SBDI-I, por maioria, conheceu do recurso de embargos, por divergência jurisprudencial e por contrariedade à Orientação Jurisprudencial nº 7 do Tribunal Pleno, e, no mérito, por unanimidade, deu-lhe provimento para determinar a aplicação do art. 1º-F da Lei nº 9.494/1997. Vencido, no conhecimento, o Ministro Brito Pereira, relator. TST-E-RR–2900-58.2009.5.08.0012, SBDI-I, rel. Min. Brito Pereira, 23.11.2017 (TST. Info nº 169).

Execução. Fazenda Pública. Juros de mora. Alteração do percentual fixado na decisão exequenda. Impossibilidade. Ofensa à coisa julgada.

Não obstante a inobservância dos juros de mora de que trata o artigo 1º-F da Lei nº 9.494/97 viabilize, em tese, o conhecimento do recurso de revista por violação direta e literal do art. 5º, II, da CF, na fase de execução não é possível alterar o percentual de juros de mora instituído na decisão exequenda, por configurar evidente afronta à coisa julgada consagrada no art. 5º, XXXVI, da CF. No caso, a decisão

20. Nos embargos à execução, o executado pode destinar um capítulo dessa peça processual para impugnar a sentença de liquidação.

transitada em julgado, ao invés de aplicar à condenação imposta à Fazenda Pública os juros de mora na forma do art. 1º-F da Lei nº 9.494/97, determinou "a adoção dos juros estampados na lei trabalhista". Sob esse entendimento, a SBDI-I, por unanimidade, conheceu dos embargos da executada, por divergência jurisprudencial, e, no mérito, negou-lhes provimento. TST-E-RR-187785-50.2007.5.12.0051, SBDI-I, rel. Min. João Oreste Dalazen, 2.6.2016 (TST. Info-execução nº 24).

Ação anulatória. Pretensão de desconstituição de sentença homologatória de cálculos de liquidação. Não cabimento. Art. 486 do CPC.

A pretensão de desconstituição de sentença homologatória de cálculos de liquidação apresentados pelo perito é incompatível com a ação anulatória, a qual, consoante o art. 486 do CPC, é cabível apenas contra os atos dispositivos praticados pelas partes, que não dependam de sentença, ou contra os atos processuais objeto de decisão meramente homologatória. Assim, tendo em conta que os cálculos apresentados por perito contábil não se caracterizam como atos dispositivos em que há declaração de vontade destinada a dispor da tutela jurisdicional, e que a sentença homologatória de cálculos de liquidação não se destina a jurisdicionalizar ato processual das partes, mas tornar líquida a prestação reconhecida na sentença exequenda, integrando-a, não há falar em cabimento da ação anulatória. Com esses fundamentos, e não vislumbrando afronta aos arts. 896 da CLT e 486 do CPC, a SBDI-I, por unanimidade, não conheceu do recurso de embargos interpostos pelo reclamante antes da vigência da Lei nº 11.496/2007. Registrou ressalva de fundamentação o Ministro Lelio Bentes Corrêa. TST-E-ED-RR-156700-08.2000.5.17.0001, SBDI-I, rel. Min. Guilherme Augusto Caputo Bastos, 9.4.2015 (TST. Info-execução nº 13).

Horas in itinere. Trajeto entre a portaria e o local efetivo de trabalho. Súmula nº 429 do TST. Tempo à disposição do empregador. Apuração em liquidação de sentença. Possibilidade. Art. 475-E do CPC.

A fixação do tempo gasto no trajeto entre a portaria e o efetivo local de trabalho, para efeito de pagamento de horas extras in itinere, conforme critério previsto na Súmula nº 429 do TST, pode ser feita em liquidação de sentença porque, no caso concreto, o referido verbete jurisprudencial somente foi editado após o julgamento pelo Tribunal Regional, que consignara tempo superior a dez minutos diários, porém sem aferir a duração exata do período de deslocamento. Ademais, o art. 475-E do CPC, aplicado subsidiariamente, permite a liquidação por artigos quando, para determinar o valor da condenação, houver necessidade de se provar fato novo, o qual, na hipótese, é o próprio limite temporal fixado pela Súmula nº 429 do TST. Com base nesses fundamentos, a SBDI-I, por unanimidade, conheceu dos embargos da reclamada, por divergência jurisprudencial, e, no mérito, negou-lhes provimento. TST-E-ED-ARR-116800-54.2007.5.02.0465, SBDI-I, rel. Min. José Roberto Freire Pimenta, 14.8.2014 (TST. Info-execução nº 3).

Imposto de renda. Arrecadação pelo próprio ente público estadual beneficiário e destinatário do tributo. Repasse à União Federal. Desnecessidade. Integração imediata à receita estadual. Art. 157, I, da CF.

A Constituição da República conferiu aos Estados e ao Distrito Federal "o produto da arrecadação do imposto da União sobre renda e proventos de qualquer natureza, incidente na fonte, sobre rendimentos pagos, a qualquer título, por eles, suas autarquias e pelas fundações que instituírem e mantiverem" (CF, art. 157, I). Desse modo, o Imposto de Renda diretamente arrecadado pelos Estados e pelo Distrito Federal incorpora-se imediatamente às suas receitas, não sendo necessário repassá-lo à União para um retorno futuro, pois o produto arrecadado não está sujeito à redistribuição ou transferência. Com esses fundamentos, o Órgão Especial, por maioria, deu provimento ao recurso ordinário para determinar que o valor relativo ao Imposto de Renda incidente sobre os honorários de sucumbência seja recolhido diretamente em favor do Estado do Ceará. Vencidos os Ministros Walmir Oliveira da Costa, relator, e Brito Pereira, que negavam provimento ao recurso por entenderem que o recolhimento do tributo deveria ocorrer em favor da União, cabendo a esta, por seu turno, repassar ao Estado o produto da arrecadação. TST-RO-839-59.2010.5.07.0000, Órgão Especial, rel. Walmir Oliveira da Costa, red. p/ acórdão Min. Fernando Eizo Ono, 6.5.2013 (TST. Info nº 45).

Imposto de Renda. Indenização por danos morais. Não incidência. Art. 46, § 1º, I, da Lei nº 8.541/92. Má aplicação da Súmula nº 368, II, do TST.

Com base no art. 46, § 1º, I, da Lei nº 8.541/92, que evidencia a impossibilidade de se enquadrarem no conceito de "rendimento", a que alude o art. 43, I, do CTN, os valores auferidos a título de indenização por danos morais, visto não resultarem do capital ou do trabalho, decidiu a SBDI-I, por maioria, vencidos os Ministros Dora Maria da Costa e Brito Pereira, conhecer do recurso de embargos por má-aplicação da Súmula nº 368, II, do TST e, no mérito, ainda por maioria, dar-lhe provimento para excluir a incidência do imposto de renda sobre a indenização por danos morais, vencidos, em parte, os Ministros Renato de Lacerda Paiva, Aloysio Corrêa da Veiga e Alberto Luiz Bresciani de Fontan Pereira. TST-E-RR-75300-94.2007.5.03.0104, SBDI-I, rel. Min. Lelio Bentes Corrêa, 9.8.2012 (TST. Info nº 17).[21]

10. QUADRO SINÓPTICO

<table>
<tr><th colspan="4">Capítulo I – Liquidação de sentença</th></tr>
<tr><th>Instituto</th><th colspan="2">Conteúdo</th><th>Item</th></tr>
<tr><th colspan="4">Liquidação</th></tr>
<tr><td>Definição</td><td colspan="2">O título executivo, apesar de certo, ainda necessita de definição relativa ao quantum debeatur (quanto se deve) ou a individualização do objeto da prestação, o que é obtido por meio do procedimento de liquidação, que imprimirá ao mencionado título seus limites precisos.</td><td>1</td></tr>
<tr><td>Natureza jurídica</td><td colspan="2">A liquidação do título executivo judicial é, no processo do trabalho, um procedimento incidental, intercalado entre o processo de conhecimento e a execução, com o objetivo de tornar líquido o crédito.</td><td>1.2</td></tr>
<tr><td>Legitimidade</td><td colspan="2">A legitimidade para propor a liquidação da sentença pode ser tanto do credor quanto do devedor e até mesmo de ofício pelo juiz quando as partes estiverem no exercício do ius postulandi</td><td>1.3</td></tr>
<tr><td>Títulos extrajudiciais</td><td colspan="2">A liquidação pode ser necessária para promover a execução dos títulos extrajudiciais executados perante a Justiça do Trabalho, quais sejam, o termo de ajuste de conduta firmado perante o Ministério Público do Trabalho, o termo de conciliação obtido nas comissões de conciliação prévia e o laudo arbitral proferido pelo representante do MPT na condição de árbitro.</td><td>1.4</td></tr>
<tr><td>Limites da liquidação</td><td colspan="2">Na liquidação, não se poderá modificar, ou inovar, a sentença liquidanda, nem discutir matéria pertinente à causa principal. (art. 879, § 1º da CLT)</td><td>2</td></tr>
<tr><th colspan="4">Espécies de liquidação</th></tr>
<tr><td>Liquidação por artigos</td><td>Conceito e procedimento</td><td>A liquidação do título executivo processa-se por artigos quando depender de cognição do juízo. Nesse caso, utilizam-se as alegações e provas de fatos novos, ou seja, de fatos que não foram alegados pelas partes no processo de conhecimento ou que o juiz, propositalmente, remeteu a sua prova para a fase de liquidação.
Deve ser observado o procedimento ordinário trabalhista, por intermédio do qual o reclamante apresenta a sua inicial articulada com os requisitos estabelecidos pela Consolidação das Leis do Trabalho e, subsidiária e supletivamente pelo CPC.</td><td>3.1</td></tr>
<tr><td>Liquidação por arbitramento</td><td colspan="2">A liquidação por arbitramento é utilizada quando é necessário que se disponha de conhecimentos técnicos e científicos específicos. Assim, designa-se um árbitro para apresentação de um laudo com seu parecer sobre o caso concreto.</td><td>3.2</td></tr>
<tr><td>Liquidação por cálculos</td><td>Conceito</td><td>Processa-se a liquidação por cálculos quando o título executivo necessitar apenas de operações aritméticas para se tornar líquido, espécie mais comum no processo do trabalho.</td><td>3.3</td></tr>
</table>

21. Apesar de a arbitragem ser classificada como meio extrajudicial de solução de conflitos, o laudo arbitral é considerado como título executivo judicial pelo CPC.

<table>
<tr><td rowspan="2">Liquidação por cálculos</td><td>Verbas trabalhistas</td><td>Para a liquidação do título judicial, o juiz pode utilizar três procedimentos, a saber:
a) determinar que a própria Justiça do Trabalho, por meio de um dos seus servidores, proceda à elaboração dos cálculos;
b) intimar uma das partes para apresentação das contas; ou
c) ordenar que a conta seja feita por um contador extrajudicial.

Com a vigência da Lei da Reforma Trabalhista, o juiz deve abrir vistas dos cálculos de liquidação, agora pelo prazo de oito dias, para eventuais impugnações fundamentadas, sob pena de preclusão.</td><td>3.2 “a”</td></tr>
<tr><td>Verbas previdenciárias</td><td>A liquidação do título executivo deve envolver, também, o valor das verbas previdenciárias, conforme determina o § 1º-A, art. 879, da CLT. Caso a União não promova a liquidação das verbas previdenciárias, será intimada para se manifestar sobre a conta elaborada pelo juízo, por alguma das partes ou pelo contador no prazo de 10 dias, sob pena de preclusão.</td><td>3.2 “b”</td></tr>
<tr><td colspan="4">Questões controvertidas sobre cálculos</td></tr>
<tr><td>Correção monetária</td><td colspan="2">No julgamento das ADC’s nºs 58 e 59 e das ADI’s nºs 5.867 e 6.021, o STF conferiu interpretação conforme à Constituição Federal do § 7º, art. 879, e do § 4º, art. 899, da CLT, de acordo com a redação dada pela Lei 13.467 /17, para afastar a incidência da Taxa Referencial – TR como índice de correção monetária dos débitos trabalhistas e dos depósitos recursais. Em seu lugar, enquanto não suprida a lacuna legal pelo Congresso Nacional, deverá ser utilizado o IPCA-e na fase pré-judicial e a taxa SELIC a partir da citação.</td><td>4.2</td></tr>
<tr><td>Correção monetária na fazenda pública</td><td colspan="2">Em relação à Fazenda Pública o IPCA-e deve ser utilizado para corrigir seus débitos tanto na fase pré-judicial quanto na fase judicial.</td><td>4.3</td></tr>
<tr><td>Imposto de renda</td><td colspan="2">O imposto de renda decorrente de crédito do empregado recebido acumuladamente deve ser calculado sobre o montante dos rendimentos pagos, mediante a utilização de tabela progressiva resultante da multiplicação da quantidade de meses a que se refiram os rendimentos pelos valores constantes da tabela progressiva mensal correspondente ao mês do recebimento ou crédito, nos termos do art. 12-A da Lei nº 7.713, de 22/12/1988, com a redação conferida pela Lei nº 13.149/2015, observado o procedimento previsto nas Instruções Normativas da Receita Federal do Brasil. (inciso VI da Súmula nº 368 do TST)</td><td>4.6</td></tr>
<tr><td>Prescrição</td><td colspan="2">Os cálculos de liquidação devem observar a prescrição quinquenal retroativa, tendo como parâmetro a data do ajuizamento da reclamação trabalhista.</td><td>4.7</td></tr>
<tr><td>Erro material</td><td colspan="2">Eventuais erros materiais constantes da sentença líquida proferida no processo de conhecimento, ou mesmo na decisão de liquidação, não são acobertadas pela qualidade da coisa julgada, salvo na hipótese em que o juiz tenha se manifestado expressamente a seu respeito.</td><td>4.8</td></tr>
</table>

<table>
<tr><td colspan="3">Capítulo I – Liquidação de sentença</td></tr>
<tr><td>Instituto</td><td>Conteúdo</td><td>Item</td></tr>
<tr><td colspan="3">Cálculo das contribuições previdenciárias</td></tr>
<tr><td>Atualização monetária</td><td>As contribuições previdenciárias são corrigidas de acordo com os critérios fixados pela legislação previdenciária (taxa referencial SELIC).</td><td>5.2</td></tr>
<tr><td>Juros de mora</td><td>A SELIC, utilizada para corrigir os débitos previdenciários, é composta de taxa de juros e atualização monetária. Diante dessa característica, não há como incidir, de forma cumulada, juros de mora autônomos, sob pena de incorrer em bis in idem.</td><td>5.3</td></tr>
</table>

Multa moratória	A multa moratória é calculada à taxa de trinta e três centésimos por cento, por dia de atraso, limitado a vinte por cento e acrescida de juros de mora equivalentes à taxa referencial do Sistema Especial de Liquidação e Custódia SELIC.	5.4
Base de cálculo	As contribuições previdenciárias incidem sobre todas as parcelas remuneratórias pagas, creditadas ou devidas aos empregados. Exclui-se, por conseguinte, as verbas de natureza indenizatória.	5.5
Prazo	O recolhimento deve ser efetuado no mesmo prazo em que devam ser pagos os créditos encontrados em liquidação de sentença ou em acordo homologado. Nesse último caso o recolhimento será feito em tantas parcelas quantas as previstas no acordo, nas mesmas datas em que sejam exigíveis e proporcionalmente a cada uma delas.	5.8
Impugnação, sentença, recurso e ação rescisória		
Impugnação aos cálculos	Uma vez elaborada a conta de liquidação, o juiz concede vistas às partes e à União, para impugnação devidamente fundamentada, com indicação dos itens e valores objeto da discordância. O prazo para impugnação é de oito dias, para partes, salvo se a conta tiver sido elaborada por uma delas, hipótese em que fica dispensada a impugnação daquela que apresentou as contas, uma vez que há presunção *iuris et de iure* de que concorda com elas.	6
Sentença de liquidação	A sentença de liquidação possui natureza interlocutória, irrecorrível de forma imediata. Eventual inconformismo quanto esse procedimento prévio só pode ser apresentado pelo executado por meio de embargos à execução. Para o exequente e para União, a irresignação pode ser apresentada por meio de impugnação à sentença de liquidação.	7
Recurso	O eventual inconformismo quanto à decisão proferida em sede de embargos à execução, que aprecia os cálculos de liquidação, somente pode ser revista por meio de agravo de petição.	8

11. QUESTÕES

11.1. Questões objetivas

1. (Magistratura do Trabalho. 23ª R. 2008. ADAPTADA) Os débitos trabalhistas das entidades submetidas aos regimes de intervenção ou liquidação extrajudicial estão sujeitos a correção monetária desde o respectivo vencimento até seu efetivo pagamento, sem interrupção ou suspensão, não incidindo, entretanto, sobre tais débitos, juros de mora.

2. (TRT 2R (SP) – 2010 – TRT – 2ª REGIÃO (SP) – Juiz) No processo do trabalho a liquidação abrangerá, também, o cálculo das contribuições previdenciárias devidas.

3. (TRT 2R (SP) – 2010 – TRT – 2ª REGIÃO (SP) – Juiz) Sendo ilíquida a sentença exequenda, ordenar-se-á, previamente, a sua liquidação, que poderá ser feita por cálculo, por arbitramento ou por artigos.

4. (FCC – 2012 – TRT – 11ª Região (AM) – Juiz do Trabalho – ADAPTADA) A atualização do crédito devido à Previdência Social observará os critérios estabelecidos na legislação trabalhista e pelo Tribunal Superior do Trabalho.

5. (QUESTÃO SOBRE A REFORMA TRABALHISTA ELABORADA PELO AUTOR). Após a vigência da Lei nº 13.467/17 o juiz não tem mais a faculdade, mas sim a obrigação de conceder vistas às partes da conta de liquidação para impugnação fundamentada.

6. (QUESTÃO SOBRE A REFORMA TRABALHISTA ELABORADA PELO AUTOR). Segundo dispositivo expresso contido na CLT, a atualização dos créditos decorrentes de condenação judicial será feita pelo INPC.

7. (Vunesp – Procurador – IPSM/2018) Após a elaboração da conta de liquidação, o juiz do trabalho

a) poderá abrir às partes prazo sucessivo de dez dias para impugnação.
b) poderá abrir às partes o prazo comum de oito dias para impugnação.
c) deverá abrir às partes o prazo comum de oito dias para impugnação
d) deverá ouvir o Ministério Público do Trabalho.
e) deverá intimar a União para apresentação do valor das contribuições previdenciárias.

8. (FCC – Analista Judiciário – Oficial de Justiça Avaliador – TRT 6/2018) Considere as afirmações abaixo acerca da liquidação e execução de sentença no processo do trabalho, conforme previsão na CLT.

I. A execução no processo do trabalho será sempre promovida por iniciativa das partes em qualquer hipótese, por determinação legal.
II. Elaborada a conta e tornada líquida, o juízo poderá abrir às partes prazo sucessivo de 8 dias para impugnação fundamentada, sob pena de preclusão.
III. A atualização dos créditos decorrentes de condenação judicial será feita pela Taxa Referencial (TR), divulgada pelo Banco Central do Brasil.
IV. Tratando-se de execução de valores superiores a 40 salários mínimos, o juiz deverá nomear perito para a elaboração e fixará, depois da conclusão do trabalho, o valor dos respectivos honorários.

Está correto o que se afirma APENAS em

a) IV.
b) II e IV.
c) I e II.
d) III.
e) I e III.

9. (FCC – Analista Judiciário – Oficial de Justiça Avaliador – TRT 15/2018) Considerando as regras legais em relação à liquidação de sentença e à execução no processo do trabalho,

a) a execução poderá ser promovida por qualquer interessado ou *ex officio* pelo próprio Juiz ou pelo Presidente do Tribunal competente.
b) é facultado ao devedor o pagamento imediato da parte que entender devida à Previdência Social, sem prejuízo da cobrança de eventuais diferenças encontradas na execução *ex officio*.
c) a exigência de garantia ou penhora se aplica às entidades filantrópicas e/ou àqueles que compõem ou compuseram a diretoria dessas instituições.
d) elaborada a conta e tornada líquida, o juízo poderá abrir às partes prazo comum de cinco dias para impugnação fundamentada com a indicação dos itens e valores objeto da discordância, sob pena de preclusão.
e) garantida a execução ou penhorados os bens, no prazo de oito dias, o executado poderá apresentar embargos à execução.

10. (Vunesp – Procurador – Fapesp/2018) Nos termos da jurisprudência sumulada do Tribunal Superior do Trabalho.

a) a interposição de recurso intempestivo protrai o termo inicial do prazo decadencial para ajuizamento da ação rescisória.
b) o acordo homologado judicialmente terá força de decisão irrecorrível quando nenhuma das partes interpuser o recurso cabível no prazo legal.
c) é cabível a ação rescisória para impugnar decisão homologatória de adjudicação ou arrematação.
d) não cabe ação rescisória de ação rescisória na execução trabalhista, a partir da vigência do CPC/2015.
e) os descontos previdenciários e fiscais devem ser efetuados pelo juízo da execução, ainda que a sentença exequenda tenha sido omissa sobre a questão.

11. (IAUPE – Advogado – UPE – 2019) Sobre a liquidação de sentença no processo do trabalho, assinale a alternativa INCORRETA.

a) A liquidação abrangerá, também, os cálculos das contribuições previdenciárias devidas.

b) Constitui exemplo de liquidação por artigos no Processo do Trabalho a sentença proferida em sede de Ação Civil Pública em que esta condena a pagar dano moral coletivo, mas não fixa o valor.

c) É possível a liquidação de forma diversa da estabelecida, e essa ação não ofende a coisa julgada.

d) A Lei 13.467/17 estabeleceu a regra de que a atualização dos créditos decorrentes de condenação judicial feita pela Taxa Referencial (TR), divulgada pelo Banco Central do Brasil, só é possível para os processos ajuizados antes de 11.11.2017.

e) Nos termos do Art. 14, da IN n. 41/2018 do TST, a regra inscrita no art. 879, § 2º, da CLT, quanto ao dever de o juiz conceder prazo comum de oito dias para impugnação fundamentada da conta de liquidação, não se aplica à liquidação de julgado iniciada antes de 11 de novembro de 2017.

11.2. Questões discursivas

1. (TRT2 – Juiz do Trabalho – 2012) Em execução trabalhista definitiva em andamento, os valores homologados em conta de liquidação não são quitados de uma única vez, mas, amortizados através de valores parciais resultantes de sucessivos e insuficientes numerários bloqueados em contas bancárias do executado, em diversas datas diferentes ao longo da execução. Com estes dados, responda fundamentadamente: Para apuração do remanescente, como devem ser imputados os pagamentos parciais feitos no curso do processo?

2 (TRT1 – Juiz do Trabalho – 2016) Em determinada reclamação trabalhista, a condenação transitada em julgado imposta à reclamada compreendeu os seguintes títulos: aviso prévio, férias, FGTS, horas extras decorrentes do excesso da jornada de 8 (oito) horas, horas extras resultantes da violação ao intervalo intrajornada e horas extras por desrespeito ao intervalo interjornada. A conta de liquidação foi elaborada pelo credor e apresentada ao juiz. Dela não constaram, por um descuido, as horas extras relativas ao intervalo intrajornada. A empresa devedora, ao ser intimada, também sem notar a ausência das horas extras referentes ao intervalo intrajornada nos cálculos, aceitou a referida apuração e depositou o valor integral do débito, tendo ainda quitado as custas processuais e recolhido a contribuição previdenciária pertinente, abrindo mão expressamente do prazo para oferecer embargos à execução. Ato contínuo, o magistrado homologou os cálculos e mandou expedir alvará em favor do reclamante, ordenando o arquivamento do feito. Um ano e seis meses depois, o autor percebeu que na sua conta não figuraram as horas extras concernentes ao intervalo intrajornada e peticionou ao juiz, requerendo a homologação dos novos cálculos complementares que trouxe à colação e a deflagração da execução quanto a essa parte. Ao se manifestar sobre essa postulação, a empresa acionada sustentou que o débito já havia sido satisfeito; que agiu com boa-fé ao pagar o valor cobrado e abrir mão dos embargos à execução; que se operou a preclusão, não se podendo refazer a conta (já homologada) para apurar eventuais diferenças; e que a primeira liquidação alcançou todo o título executivo, inclusive o capítulo das horas extras, nada mais havendo a pagar. O julgador acolheu os argumentos empresariais e indeferiu o pedido do demandante, devolvendo os autos ao arquivo. Responda fundamentadamente se esse posicionamento judicial está correto.

12. GABARITO

12.1 Gabarito das questões objetivas

Gab.		Fundamentação legal e jurisprudencial	Tópico do livro
1	C	TST. Súmula nº 304	Item 4.1

2	C	CLT. Art. 879, § 1º-A	Item 5
3	C	CLT. Art. 879, *caput*	Itens 1.1 e 3
4	E	CLT. Art. 879, § 4º	Item 5.2
5	C	CLT. Art. 879, § 2º	Item 3.3, alínea "a"
6	E	CLT. Art. 879, § 7º	Item 4.1, alínea "a"
7	C	a) CLT. Art. 879, § 1º-A	a) Item 3.3, alínea "a"
		b) CLT. Art. 879, § 1º-A	b) Item 3.3, alínea "a"
		c) CLT. Art. 879, § 1º-A	c) Item 3.3, alínea "a"
		d) CLT. Art. 879, § 1º-A	d) Item 3.3, alínea "a"
		e) CLT. Art. 879, § 1º-A	e) Item 3.3, alínea "a"
8	D	a) CLT. Art. 879, § 7º	a) Item 4.1, alínea "a"
		b) CLT. Art. 879, § 7º	b) Item 4.1, alínea "a"
		c) CLT. Art. 879, § 7º	c) Item 4.1, alínea "a"
		d) CLT. Art. 879, § 7º	d) Item 4.1, alínea "a"
		e) CLT. Art. 879, § 7º	e) Item 4.1, alínea "a"
9	B	a) CLT. Art. 878	a) Item 3.4
		b) CLT. Art. 878-A	b) Item 5.1
		c) CLT. Art. 884, § 6º	c) Item 6.2, "a"
		d) CLT. Art. 879, § 2º	d) Item 6
		e) CLT. Art. 884	e) Item 6.2, "b"
10	E	a) TST. Súmula nº 100, III	a) Item 7.3
		b) TST. Súmula nº 100, V	b) Item 7.3
		c) TST. Súmula nº 399	c) Item 6
		d) TST. Súmula nº 400	d) Item 6
		e) TST. Súmula nº 401	e) Item 5.1
11	D	CLT. Art. 879, § 7º	Item 7

12.2. Gabarito das questões discursivas

Item	Fundamentação legal, jurisprudencial ou doutrinária	Onde encontro no livro
1	Sobre o valor das verbas trabalhistas devidas em razão de condenação incidem juros de mora, a partir do ajuizamento da demanda, acrescida da correção monetária, cujo marco inicial corresponde ao momento em que o trabalhador poderia exigir o seu direito. Uma vez feito o pagamento parcial do valor da dívida, cessa a incidência da correção monetária e dos juros de mora sobre essa quantia. Somente o valor remanescente continuará sendo corrigido monetariamente e também com a incidência dos juros de mora. Só que nessa situação fica alterado o termo inicial da correção monetária e dos juros de mora: passam a incidir sobre o saldo remanescente a partir do momento do pagamento do valor parcial. Aplica-se esse mesmo entendimento quando o juiz homologa acordo feito entre os litigantes e constata-se o inadimplemento. Nesse caso, o marco inicial da incidência da correção monetária e dos juros de mora passa a ser a data do vencimento da respectiva obrigação.	Item 4.1

1	Portanto, respondendo a pergunta, a cada pagamento parcial feito, inicia-se um novo termo inicial para incidência da atualização monetária e dos juros. Ressalte-se, contudo, que se há apenas o bloqueio de numerário em contas bancárias do devedor, mas não se faz o pagamento parcial ao credor, não se aplica o procedimento citado. Somente o efetivo pagamento faz cessar a incidência da correção e dos juros. De qualquer forma há uma espécie de compensação, já que os valores bloqueados são transferidos para uma conta judicial que recebe atualização monetária.	Item 4.1
2	Como o juiz homologou os cálculos somente após a manifestação da executada, pressupõe-se que houve opção pelo procedimento alternativo que era previsto no § 2º, art. 879 da CLT antes da vigência da Lei nº 13.467/17: "Elaborada a conta e tornada líquida, o Juiz poderá abrir às partes prazo sucessivo de 10 (dez) dias para impugnação fundamentada com a indicação dos itens e valores objeto da discordância, sob pena de preclusão. Pela redação atual do § 2º, art. 879 da CLT, uma vez elaborada a conta, o juízo deverá abrir às partes prazo comum de oito dias para impugnação fundamentada com a indicação dos itens e valores objeto da discordância, sob pena de preclusão. Observe-se que não há previsão legal de procedimento no sentido de a própria parte liquidar a sentença. Então, quando o juiz homologa a conta oferecida pela parte, seja ela o exequente ou executado, é como se os cálculos fossem feitos pelo próprio juízo. Como não houve impugnação à conta feita pelo executado, a consequência direta para ele é a incidência da preclusão. Contudo, em relação ao exequente, a impugnação deveria ser feita após a homologação dos cálculos, no mesmo prazo que o exequente teria para apresentar embargos à execução. Mas o juiz não deu essa oportunidade ao exequente, pois homologou a conta (sentença de liquidação) e mandou expedir alvará. Incide, nesse caso, a previsão contida no art. 884, caput e § 3º: "Art. 884. Garantida a execução ou penhorados os bens, terá o executado 5 (cinco) dias para apresentar embargos, cabendo igual prazo ao exequente para impugnação. § 3º. Somente nos embargos à penhora poderá o executado impugnar a sentença de liquidação, cabendo ao exequente igual direito e no mesmo prazo". Como o exequente não foi intimado para impugnar a sentença de liquidação, seu direito não estaria precluso. Assim, o posicionamento judicial não foi correto e o exequente teria direito de prosseguir na execução dos valores remanescentes. Contudo, a peça processual mais adequada seria a impugnação à sentença de liquidação.	Item 3.3, "A"

CAPÍTULO II

TEORIA GERAL DA EXECUÇÃO TRABALHISTA

1. INTRODUÇÃO

Durante o processo de conhecimento são apresentadas as versões dos fatos e feita a produção das provas perante o juiz, que forma seu convencimento sobre a sua veracidade ou não e submete o caso concreto à hipótese prevista na norma jurídica ou outra fonte formal do direito.

O resultado de todo esse procedimento lógico, denominado de subsunção, é a sentença definitiva de mérito, que pode ter um conteúdo predominantemente declaratório, condenatório, constitutivo, mandamental ou executivo.

O conteúdo da sentença condenatória pode ser representado por uma obrigação de fazer, de não fazer ou de dar alguma coisa. A inércia do réu, no sentido de cumprir espontaneamente o conteúdo condenatório do dispositivo sentencial, propicia o início do processo/fase de execução, pelo qual o Estado, por intermédio do Poder Judiciário, **imprime eficácia plena à decisão judicial.**

Assim, a execução trabalhista inicia-se quando o devedor não cumpre espontaneamente a obrigação contida no título executivo judicial ou extrajudicial. Devem estar presentes os requisitos de certeza, liquidez e exigibilidade do título para efetivar o comando executivo com o uso dos meios legalmente permitidos que interfiram no patrimônio do réu, salvo a possibilidade da execução pessoal.

Percebe-se, assim, que a natureza jurídica da execução forçada é de continuação da ação judicial, apesar de ser acrescida de uma pretensão acessória do autor no sentido de executar o conteúdo do título executivo judicial ou extrajudicial.[1]

Todavia, não se aplica, ao processo laboral, o novo CPC **na parte em que elimina a dicotomia entre processo de conhecimento e processo executório por titulo judicial**.

Isso porque, no processo do trabalho, **há necessidade de expedição de mandado de citação**, diante da previsão expressa da CLT nesse sentido.

Assim, entende-se que a sentença condenatória proferida pelos órgãos da Justiça do Trabalho ainda tem essa natureza, ou seja, de caráter condenatório e com efeito executivo.

Necessita de uma fase executiva, iniciada com a determinação da citação do executado para pagar ou nomear bens à penhora. Todavia, **dispensa-se a formalidade de uma nova petição inicial de execução.**[2]

Inclusive, se a decisão é proferida já em sede de execução, não cabe mais o recurso ordinário, mas sim agravo de petição.

A doutrina encontra-se dividida em relação a essa questão, conforme se vê do quadro a seguir:

Quadro Doutrinário – Aplicação do processo sincrético no processo do trabalho		
Posicionamento	**Doutrinadores**	**Exemplo**
Contra	Renato Saraiva, Manoel Antônio Teixeira Filho e Marcelo Moura	Entendemos que não. Conforme menciona o art. 769 da CLT, as normas do digesto processual civil podem ser aplicadas, em caráter supletivo, ao processo do trabalho, desde que haja omissão na norma consolidada e que as normas do CPC não se revelem incompatíveis com o processo laboral (Renato Saraiva).*
A favor	Bezerra Leite e Mauro Shiavi	Eis o chamado sincretismo processual ocorrido no processo civil [...]. Então a prestação do serviço jurisdicional constitui ato essencial à administração (pública) da justiça. Logo, deve, também, o Judiciário como um todo, inclusive a Justiça do Trabalho, buscar incessantemente a operacionalização dos princípios da eficiência. [...] Daí a necessidade de reconhecermos a ausência de completude do sistema processual trabalhista, máxime no que concerne ao cumprimento da sentença trabalhista, e dotarmos, no que couber, a sua herointegração como o sistema processual civil (Carlos Henrique Bezerra Leite).**
* SARAIVA, Renato. **Curso de direito processual do trabalho.** São Paulo: Método, 2007. p 641.		
** LEITE, Carlos Henrique Bezerra. **Curso de direito processual do trabalho.** 8 ed. São Paulo: LTr, 2010. P. 935.		

1. A natureza jurídica da execução trabalhista será analisada no item 4 deste capítulo.
2. A praxe forense revela, com bastante clareza, que o processo de execução trabalhista não é autônomo, salvo, evidentemente, nas raras hipó**teses de execução por título extrajudicial (a natureza jurídica da execução será abordada no item 4, deste capítulo). Entretanto, permanece a necessidade de expedição de novo mandado de citação para o devedor pagar a dívida ou nomear bens à penhora.**

As sentenças declaratórias e constitutivas só admitem a execução das despesas processuais e dos honorários advocatícios.

Ressalte-se, também, que o grande problema prático da execução trabalhista é a insolvência das empresas. Observa-se, no dia a dia forense, que uma quantidade razoável dos processos de execução laboral não chega a satisfazer o credor, seja por conta da empresa executada não possuir bens ou por estes serem insuficientes, seja pelo fato dos respectivos estabelecimentos simplesmente desaparecerem.

Para evitar os efeitos maléficos dessa constatação, o legislador constituinte derivado instituiu o **Fundo de Garantia das Execuções Trabalhistas**, a ser regulamentado por meio de lei ordinária, que será formado, principalmente, por valores decorrentes da aplicação de multas judiciais e administrativas no exercício da fiscalização da legislação laboral.[3]

Seguindo a mesma orientação, a Lei nº 12.440/11 instituiu a Certidão Negativa de Débitos Trabalhistas, expedida para comprovar a inexistência de débitos inadimplidos perante a Justiça do Trabalho como condição de participação dos interessados em licitações públicas.[4]

2. FONTE FORMAL DO PROCESSO DE EXECUÇÃO TRABALHISTA

A execução, no processo do trabalho, é regida pelas normas contidas na Consolidação das Leis do Trabalho, mais precisamente pelos artigos 876 a 892, além de algumas leis esparsas específicas.[5]

Na ausência de disciplinamento celetista, a própria Consolidação das Leis do Trabalho **autoriza a utilização subsidiária da Lei de Execuções Fiscais, representada atualmente pela Lei nº 6.830/80**, conforme se observa da redação do seu art. 889:

> **Art. 889.** Aos trâmites e incidentes do processo da execução são aplicáveis, naquilo em que não contravierem ao presente Título, os preceitos que regem o processo dos executivos fiscais para a cobrança judicial da dívida ativa da Fazenda Pública Federal.[6]

A aludida Lei nº 6.830/80, por sua vez, permite o emprego das regras contidas no CPC, em caso de omissão, de acordo com o disposto no seu art. 1º:

> **Art. 1º.** A execução judicial para cobrança da Dívida Ativa da União, dos Estados, do Distrito Federal, dos Municípios e respectivas autarquias será regida por esta lei e, subsidiariamente, pelo Código de Processo Civil.

O Decreto-Lei nº 779/69 ainda estabelece algumas regras processuais para serem aplicadas à execução trabalhista na qual figurem como parte a União Federal, os Estados, os

3. Emenda constitucional nº 45/04. Art. 3º A lei criará o Fundo de Garantia das Execuções Trabalhistas, integrado pelas multas decorrentes de condenações trabalhistas e administrativas oriundas da fiscalização do trabalho, além de outras receitas.
4. O estudo da CNDT, suas características e efeitos serão analisados no item 21 deste capítulo.
5. Dentre elas, cita-se a Lei nº 5.584/70, principalmente em seu art. 13.
6. Na época da edição da CLT, o processo da execução fiscal era disciplinado pelo Decreto-Lei nº 960/38.

Municípios, o Distrito Federal e as Autarquias ou Fundações de direito público que não explorem atividade econômica.[7]

Percebe-se, assim, que a legislação aplicável à execução trabalhista assemelha-se a uma colcha de retalhos, pois são utilizados, sucessivamente, três diplomas legais:

a) A Consolidação das Leis do Trabalho;

b) Lei de Execução Fiscal; e

c) Código de Processo Civil.[8]

Wagner e Cláudia Giglio manifestam-se sobre essa dificuldade encontrada pelo intérprete e pelo aplicador do direito processual do trabalho:

> O intuito óbvio do legislador foi imprimir maior celeridade à fase de execução dos julgados trabalhistas, mas os resultados práticos não corresponderam a sua expectativa. Ao contrário, a execução tem sido comparada ao calcanhar-de-aquiles, no processo do trabalho, tais as dificuldades que apresenta, em grande parte devidas às discussões sobre a legislação a ser aplicada [...] Subsistem, assim sendo, as dificuldades da execução nos processos trabalhistas, todas elas decorrentes, em última análise, da falta de regulamentação autônoma. A diversidade dos feitos, dos princípios e, sobretudo, dos valores acolhidos por um e outro tipo de procedimento empecem a aplicação subsidiária das normas processuais ordinárias às execuções trabalhistas: a adaptação se revela difícil e os prejuízos para a celeridade processual, evidentes.[9]

Diante dessa circunstância, a jurisprudência trabalhista exerce um papel de fundamental importância para manter a completude do ordenamento jurídico do processo laboral.

Entretanto, o número de Súmulas e OJ's do TST que tratam da execução trabalhista é infinitamente menor do que aquelas que se referem ao processo de conhecimento. Essa circunstância decorre da legislação processual que impede o conhecimento de recurso de revista em sede de execução, salvo nos casos de ofensa direta e literal à Constituição Federal.[10]

3. PRINCÍPIOS DA EXECUÇÃO TRABALHISTA

A execução trabalhista, independentemente de ser considerada na sua forma autônoma ou como continuação do processo de cognição, encontra-se sujeita aos princípios que regem o processo judicial em geral.

---

7. A Lei nº 9.494, de 10.09.1997, disciplina a aplicação da tutela antecipada contra a Fazenda Pública.
8. Essa hierarquia só não é observada no que se refere à gradação da penhora, uma vez que a CLT é expressa no sentido de determinar a utilização subsidiária do CPC.
9. GIGLIO, Wagner e CORREIA, Claudia Giglio Veltri. Direito processual do trabalho. 15 ed. São Paulo: Saraiva, 2005. p. 518 e p. 520.
10. CLT. Art. 896. § 2º. Das decisões proferidas pelos Tribunais Regionais do Trabalho ou por suas Turmas, em execução de sentença, inclusive em processo incidente de embargos de terceiro, não caberá Recurso de Revista, salvo na hipótese de ofensa direta e literal de norma da Constituição Federal. TST. Súmula nº 266 – RECURSO DE REVISTA. ADMISSIBILIDADE. EXECUÇÃO DE SENTENÇA. (mantida) **– Res. 121/2003, DJ 19, 20 e 21.11.2003. A admissibilidade do recurso de revista interposto de acórdão proferido em agravo de petição, na liquidação de sentença ou em processo incidente na execução, inclusive os embargos de terceiro, depende de demonstração inequívoca de violência direta à Constituição Federal.**

Contudo, existem alguns princípios que são particularmente aplicáveis à execução forçada, seja ela fundada em sentença ou em título executivo extrajudicial, tais como: princípio da execução patrimonial, princípio do favor *debitoris*, princípio da *nulla executio sine titulo* e princípio do inquisitivo.

3.1. Execução patrimonial

Ao contrário do que era previsto no direito romano em relação à *manus injectio*, no ordenamento jurídico pátrio o processo de execução **não pode atingir a pessoa do devedor**, mas apenas o seu patrimônio, procedimento que revela a adoção do princípio da execução real.[11]

O Pacto de São José da Costa Rica, também denominado de Convenção Americana de Direitos Humanos, do qual o Brasil é signatário, bem como a atual Constituição Federal, em seu art. 5º, LXVII, **vedam a prisão por dívida**,[12] com a ressalva constitucional em relação àquela derivada da responsabilidade pelo inadimplemento voluntário e inescusável de obrigação alimentícia[13] e a do depositário infiel.

A hipótese que ensejaria a prisão em decorrência da infidelidade do depositário limita-se àquela em que este assume o *munus* no âmbito de um processo judicial (depositário judicial) e não aquela derivada, por exemplo, da alienação fiduciária em garantia, prevista pelo art. 66, 8º, da Lei nº 4.728/65 (redação dada pelo Decreto-Lei nº 911/69).[14]

Entretanto, **a Súmula vinculante nº 25 do STF, determina a aplicação do Pacto de São José para todas as hipóteses de depósito, inclusive o judicial**.

3.2. *Favor debitoris*

A satisfação do crédito do exequente constitui o principal objetivo da ação executiva. Para atingir essa meta, o credor pode dispor de vários procedimentos, mas o **juiz deve dar preferência pelo deferimento daquele que seja considerado o menos oneroso para o executado**, de acordo com a aplicação do princípio do *favor debitoris*.

Esse princípio encontra-se insculpido em diversos dispositivos legais, dentre eles o contido no art. 620 do CPC de 1973 e art. 805 do CPC de 2015, aplicado ao processo do trabalho conforme preceito contido no art. 3º, XIV, da Instrução Normativa nº 39/2016 do TST.

11. CPC. Art. 789, com a mesma redação.
12. STJ. Súmula nº 309. O débito alimentar que autoriza a prisão civil do alimentante é o que compreende as três prestações anteriores ao ajuizamento da execução e as que se vencerem no curso do processo.
13. CPC. Art. 528. § 3º Se o executado não pagar ou se a justificativa apresentada não for aceita, o juiz, além de mandar protestar o pronunciamento judicial na forma do § 1º, decretar-lhe-á a prisão pelo prazo de 1 (um) **a 3 (três) meses.**
14. Lei nº 4.728/66. Art. 66. § 8º. O devedor que alienar, ou der em garantia a terceiros, coisa que já alienara fiduciariamente em garantia, ficará sujeito à pena prevista no artigo 171, § 2º, inciso I, do Código Penal.

QUADRO COMPARATIVO – EXECUÇÃO PELO MEIO MENOS GRAVOSO		
CPC DE 1973	**CPC DE 2015**	**LEF**
Art. 620. Quando por vários meios o credor puder promover a execução, o juiz mandará que se faça pelo modo menos gravoso para o devedor.	**Art. 805.** Quando por vários meios o exequente puder promover a execução, o juiz mandará que se faça pelo modo menos gravoso para o executado. Parágrafo único. **Ao executado que alegar ser a medida executiva mais gravosa incumbe indicar outros meios mais eficazes e menos onerosos, sob pena de manutenção dos atos executivos já determinados.**	**Art. 15.** Em qualquer fase do processo, será deferida pelo Juiz: I – ao executado, a substituição da penhora por depósito em dinheiro, fiança bancária ou seguro garantia; e II – à Fazenda Pública, a substituição dos bens penhorados por outros, independentemente da ordem enumerada no artigo 11, bem como o reforço da penhora insuficiente.
Aplicabilidade do CPC ao processo do trabalho	Em que pese a regulamentação feita pelo TST por meio da IN nº 39/16, o processo laboral contém regras próprias que limitam a aplicação desse princípio de forma absoluta, como por exemplo, a possibilidade que o credor tem de, a qualquer momento, requerer a substituição da penhora por dinheiro, conforme previsão contida no art. 15, II, da LEF, o que não é permitido no processo civil. Essa questão, todavia, não é pacífica na doutrina e na jurisprudência.	
Diferença entre o CPC de 2015 e o de 1973	No CPC de 1973 não existia a limitação que consta do parágrafo único, art. 805 do CPC de 2015.	

3.3. *Nulla executio sine titulo*

Não há como se conceber, juridicamente, a propositura de uma ação de execução sem a existência de um título executivo judicial ou extrajudicial, sob pena de nulidade absoluta.

No primeiro caso, a execução forçada terá por fundamento uma decisão e, na segunda hipótese, um negócio jurídico, geralmente instrumentalizado em um documento, com eficácia executiva reconhecida por expressa determinação legal.

3.4. Princípio inquisitivo

A execução trabalhista por título judicial **pode ser iniciada de ofício pelo juiz ou presidente do Tribunal do Trabalho desde que as partes estejam no exercício do** *ius postulandi* conforme previsão contida no art. 878 da CLT, com redação conferida pela Lei nº 13.467/17:

> **Art. 878.** A execução será promovida pelas partes, permitida a execução de ofício pelo juiz ou pelo Presidente do Tribunal apenas nos casos em que as partes não estiverem representadas por advogado.

Já o inciso VIII, do art. 114 da CF/88[15] **determina**, e não apenas faculta, que o magistrado **promova a execução de ofício das contribuições previdenciárias** decorrentes das sentenças que proferir ou dos acordos que homologar.[16]

15. CF/88. Art. 114. Compete à Justiça do Trabalho processar e julgar: VIII – a execução, de ofício, das contribuições sociais previstas no art. 195, I, a, e II, e seus acréscimos legais, decorrentes das sentenças que proferir.
16. Esse princípio serve para defender a tese de que a execução trabalhista não representa um processo autônomo, mas mera fase do processo de conhecimento, conforme análise que será feita no item 4.

E como seria possível promover a execução do acessório de ofício, olvidando-se do principal? Por conta disso há quem defenda que mesmo com a nova redação do art. 878 da CLT, o Juiz ainda poderá iniciar a execução de ofício, conforme se observa do Enunciado nº 113 aprovado na 2ª Jornada de Direito Material de Processual do Trabalho:

> **ENUNCIADO Nº 113.** EXECUÇÃO DE OFÍCIO E ART. 878 DA CLT
>
> EM RAZÃO DAS GARANTIAS CONSTITUCIONAIS DA EFETIVIDADE (CF, ART. 5º, XXXV), DA RAZOÁVEL DURAÇÃO DO PROCESSO (CF, ART. 5º, LXXVIII) E EM FACE DA DETERMINAÇÃO CONSTITUCIONAL DA EXECUÇÃO DE OFÍCIO DAS CONTRIBUIÇÕES PREVIDENCIÁRIAS, PARCELAS ESTAS ACESSÓRIAS DAS OBRIGAÇÕES TRABALHISTAS (CF, ART. 114, VIII), O ART. 878 DA CLT DEVE SER INTERPRETADO CONFORME A CONSTITUIÇÃO, DE MODO A PERMITIR A EXECUÇÃO DE OFÍCIO DOS CRÉDITOS TRABALHISTAS, AINDA QUE A PARTE ESTEJA ASSISTIDA POR ADVOGADO.

Além de iniciar a execução de ofício, o juiz também poderia impulsioná-la de ofício, com fundamento no art. 765 da CLT, tese constante do Enunciado nº 114 também aprovado na já mencionada 2ª Jornada de Direito Material de Processual do Trabalho:

> **ENUNCIADO Nº 114.** EXECUÇÃO. IMPULSO OFICIAL. PESQUISA E CONSTRIÇÃO DE BENS. POSSIBILIDADE
>
> O IMPULSO OFICIAL DA EXECUÇÃO ESTÁ AUTORIZADO PELO ART. 765 DA CLT E PERMITE AO JUIZ A UTILIZAÇÃO DOS MECANISMOS DE PESQUISA E DE CONSTRIÇÃO DE BENS, INCLUSIVE POR MEIO DO SISTEMA BACENJUD, SENDO ESSE MERO PROCEDIMENTO PARA FORMALIZAÇÃO DA PENHORA EM DINHEIRO.

4. NATUREZA JURÍDICA DA EXECUÇÃO TRABALHISTA POR TÍTULO JUDICIAL

Existe um grande debate na doutrina acerca da natureza jurídica da execução por título judicial no âmbito do processo do trabalho. Seria a execução um processo autônomo ou um simples apêndice do processo de conhecimento?

A Consolidação das Leis do Trabalho diz, em seu artigo 880, que a execução será requerida,[17] o que implica reconhecer a possibilidade de se iniciar a execução sem a necessidade de uma petição inicial formalmente constituída, como era exigido pelo CPC quando havia previsão da execução por título judicial.

Ora, com a aplicação dos princípios da informalidade e do *ius postulandi*, **o próprio juiz, de ofício, pode iniciar a execução** quando as partes não estiverem representadas por advogado (art. 878, *caput,* da CLT, com redação dada pela Lei nº 13.467/17).

Essa **faculdade** do juiz de iniciar a execução de ofício quando a parte estiver no exercício do *ius postulandi*, transforma-se em **obrigação** quanto às contribuições previdenciárias constantes da sentença.

17. CLT. Art. 880. Requerida a execução, o juiz ou presidente do tribunal mandará expedir mandado de citação do executado, a fim de que cumpra a decisão ou o acordo no prazo, pelo modo e sob as cominações estabelecidas ou, quando se tratar de pagamento em dinheiro, inclusive de contribuições sociais devidas à União, para que o faça em 48 (quarenta e oito) **horas ou garanta a execução, sob pena de penhora.**

Conclui-se, assim, pela ausência de autonomia total da execução no processo laboral, sendo classificada como **semiautônoma.**

5. TÍTULO EXECUTIVO

5.1. Conceito e espécies

O título executivo é o instrumento, judicial ou extrajudicial, que documenta e demonstra a existência de um ato jurídico representativo de um direito de crédito líquido e exigível, que possibilita seu titular ou outra pessoa designada por lei, manejar uma ação de execução forçada para fazer cumprir a obrigação do devedor.[18]

O **título executivo judicial** é representado pela **sentença** proferida pelos órgãos da Justiça do Trabalho, após a realização do procedimento de cognição, com a consequente condenação do reclamado na obrigação de pagar, dar coisa certa ou incerta, fazer ou não fazer. A outra hipótese deriva de **decisão homologatória de conciliação** celebrada entre os litigantes, desde que contenha no seu bojo a obrigação de prestar.[19]

O **título executivo extrajudicial**, também denominado de título negocial, não provém de um ato estatal que soluciona um conflito de interesses ou de homologação de acordo em juízo. A legislação de direito material confere-lhe eficácia executiva antes mesmo de ter existido uma ação judicial, com a consequente cognição prévia, diante da grande probabilidade da certeza do crédito.

Assim, a executividade é uma das características do título executivo extrajudicial, segundo a valoração do legislador do grau de certeza do crédito, que se antecipa, de forma excepcional, à sentença de cognição.

A CLT, em seu art. 876, discrimina quais são os títulos passíveis de execução no processo do trabalho:

> **Art. 876.** As decisões passadas em julgado ou das quais não tenha havido recurso com efeito suspensivo; os acordos, quando não cumpridos; os termos de ajuste de conduta firmados perante o Ministério Público do Trabalho e os termos de conciliação firmados perante as Comissões de Conciliação Prévia serão executados pela forma estabelecida neste Capítulo.

Apesar da lei não falar expressamente, a **sentença arbitral** derivada da atuação do Ministério Público do Trabalho, quando for solicitado pelas partes para atuar como árbitro, também é considerado como título executivo, de acordo com o disposto no art. 31 da Lei nº 9.307/96:[20]

18. O título executivo extrajudicial é um meio de prova e, ao mesmo tempo, a representação de que foi atribuído um direito de crédito a alguém, pela prática de um ato jurídico, com eficácia de executividade.
19. As decisões de eficácia predominantemente declarativas não são passíveis de execução, pois não geram título executivo. As sentenças executivas *lato sensu*, mandamentais e constitutivas possuem força executiva implícita e não efeito executivo, circunstância que dispensa a ação de execução autônoma.
20. Lei Complementar nº 75/93. Art. 83. Compete ao Ministério Público do Trabalho o exercício das seguintes atribuições junto aos órgãos da Justiça do Trabalho: XI – atuar como árbitro, se assim for solicitado pelas partes, nos dissídios de competência da Justiça do Trabalho.

> **Art. 31.** A sentença arbitral produz, entre as partes e seus sucessores, os mesmos efeitos da sentença proferida pelos órgãos do Poder Judiciário e, sendo condenatória, constitui título executivo.

Convém ressaltar que, apesar de a arbitragem ser considerada como meio extrajudicial de solução de conflitos de interesses o art. 515, VII do CPC, **classifica a sentença arbitral como título executivo judicial.**

Conclui-se, assim, que diante da previsão expressa do Diploma consolidado, não se aplicam os dispositivos do CPC que dispõem sobre os títulos executivos extrajudiciais, mormente aqueles constantes do seu art. 783 do CPC.[21]

Todavia, esse não é o entendimento do TST, que incluiu no rol dos títulos executivos extrajudiciais o cheque e a nota promissória, conforme se observa do art. 13 da Instrução Normativa nº 39/16:

> **Art. 13.** Por aplicação supletiva do art. 784, I (art. 15 do CPC), o cheque e a nota promissória emitidos em reconhecimento de dívida inequivocamente de natureza trabalhista também são títulos extrajudiciais para efeito de execução perante a Justiça do Trabalho, na forma do art. 876 e segs. da CLT.

A **certidão de inscrição da dívida ativa da União** (art. 784, IX do CPC), é um título executivo extrajudicial, passível de execução **de acordo com as regras inseridas na Lei de Execução Fiscal e não pelas regras da CLT.**

Note-se, entretanto, que a dívida ativa da Fazenda Pública regularmente inscrita goza da **presunção de certeza e liquidez e a certidão respectiva pode ser executada na Justiça do Trabalho**, na forma prevista pelo art. 114, VII, da Constituição Federal de 1988, desde que derive de **penalidades administrativas impostas aos empregadores** pelos órgãos de fiscalização das relações de trabalho.

Sobre a certidão da dívida ativa, manifesta-se o TRT10 por meio de sua Súmula nº 22:

> **SÚMULA Nº 22 do TRT10.** EXECUÇÃO FISCAL. CERTIDÃO DE DÍVIDA ATIVA DA UNIÃO. PRESUNÇÃO DE CERTEZA E LIQUIDEZ. A certidão de dívida ativa da União goza de presunção de certeza e liquidez, a qual pode ser desconstituída apenas mediante a adequada provocação do interessado. É defeso ao órgão jurisdicional investigar, "ex officio", os motivos conducentes à inscrição do débito.

Em resumo, são os seguintes títulos executivos judiciais e extrajudiciais aceitos no processo do trabalho:

Título executivo	**Judicial**	• Sentença trabalhista • Acordo judicial trabalhista
	Extrajudicial	• Termo de ajuste de conduta • Termo de acordo homologado pela CCP • Sentença arbitral (segundo o art. 515, VII do CPC é considerado como título executivo judicial)

21. Mais uma vez, não se deve confundir Justiça do Trabalho com processo do trabalho. Nesse passo, é perfeitamente possível admitir-se a execução de títulos executivos extrajudiciais derivados de uma relação de trabalho, sendo o caso de aplicação das regras do CPC.

Título executivo	**Extrajudicial**	• Cheque e a nota promissória emitidos em reconhecimento de dívida inequivocamente de natureza trabalhista • Certidão de inscrição da dívida ativa da União, desde que derive de penalidades administrativas impostas aos empregadores pelos órgãos de fiscalização das relações de trabalho

5.2. Características

Para que seja objeto da execução forçada, seja qual for a sua espécie, além da previsão e tipificação legal, o título executivo deve ser **certo, líquido e exigível** quanto ao crédito e, consequentemente, quanto à obrigação de prestar, características que a seguir serão analisadas.[22]

A) Certeza

A certeza diz respeito à própria existência do crédito, inclusive com observância dos requisitos formais de constituição do título executivo para produzir efeitos. Isso significa que não pode restar qualquer dúvida de que o título representa uma obrigação do devedor e a correspondente atribuição de um crédito a alguém, que se encontra devidamente amparado pelo ordenamento jurídico.

Dessa forma, a **certeza não se confunde com a liquidez**. Um título executivo pode ser certo sem ser líquido, por exemplo, quando a sentença contém condenação de pagamento do aviso prévio, sem fixar o valor respectivo. Por isso, nos títulos executivos judiciais a certeza advém da expressa condenação do réu.

Pode acontecer que, depois de iniciada a execução, outro ato judicial venha a declarar, no todo ou em parte, a inexistência da obrigação na qual se fundava o título executivo.

Essa possibilidade é mais comum nos casos de: ação rescisória, que anula a sentença em que se fundou a execução; execução provisória, diante da inexistência de efeito suspensivo do recurso; decisão de embargos à execução; ou decisão de embargos de terceiro.

A consequência é no sentido de que o credor deve responder pelos prejuízos causados ao devedor, de acordo com o preceito contido no art. 776 do CPC.[23]

Esse prejuízo é apurado por meio da liquidação e vai depender da quantidade de atos processuais praticados na execução. Pode decorrer, por exemplo, do recebimento, pelo credor, do valor apurado pelo leilão de bem penhorado.

B) Liquidez

A liquidez de um título executivo refere-se **à individualização do objeto ou do valor da obrigação de pagar quantia certa.**

22. CPC. Art. 783. A execução para cobrança de crédito fundar-se-á sempre em título de obrigação certa, líquida e exigível.
23. CPC. Art. 776. O exequente ressarcirá ao executado os danos que este sofreu, quando a sentença, transitada em julgado, declarar inexistente, no todo ou em parte, a obrigação que ensejou a execução.

A sentença ou o título executivo extrajudicial não precisam ser líquidos. Contudo, antes de iniciar a execução forçada de tais títulos é necessário proceder à sua liquidação, que pode ser feita por cálculos, artigos ou arbitramento, conforme dispõe o art. 879 da CLT: "Sendo ilíquida a sentença exequenda, ordenar-se-á, previamente, a sua liquidação, que poderá ser feita por cálculo, por arbitramento ou por artigos".[24]

Percebe-se, assim, que a certeza diz respeito à existência, enquanto que a liquidez relaciona-se ao valor, quando se trata de execução por quantia certa.

C) Exigibilidade

Para ser considerado como exigível, o título deve corresponder a uma **obrigação vencida** e que não esteja sujeita ao implemento de qualquer condição suspensiva, resolutiva ou termo, na forma prevista pelo art. 514 do CPC: "Quando o juiz decidir relação jurídica sujeita a condição ou termo, o cumprimento da sentença dependerá de demonstração de que se realizou a condição ou de que ocorreu o termo".

Desse modo, a dívida pode ser certa e líquida, mas ainda não ter acontecido uma **condição** ou escoado o **termo** que irá torná-la exigível.

Em caso de dívidas sujeitas à incidência dos elementos acidentais mencionados, caberá ao credor instruir a petição inicial com a prova de que se verificou a condição ou ocorreu o termo (art. 798, I, "c", do CPC).

A omissão do credor, nesse particular, pode ser apontada em sede de embargos à execução do devedor ou mesmo na fase de liquidação.

A sentença judicial trabalhista **perde a sua exigibilidade quando estiver fundada em lei ou qualquer ato normativo declarado inconstitucional pelo STF,** conforme se observa da redação do art. 884, § 5º, da CLT:

> **Art. 884. § 5º.** Considera-se inexigível o título judicial fundado em lei ou ato normativo declarados inconstitucionais pelo Supremo Tribunal Federal ou em aplicação ou interpretação tidas por incompatíveis com a Constituição Federal.[25]

O CPC possui dispositivo semelhante sobre esse tema:

> **Art. 525. § 12.** Para efeito do disposto no inciso III do § 1º deste artigo, considera-se também inexigível a obrigação reconhecida em título executivo judicial fundado em lei ou ato normativo considerado inconstitucional pelo Supremo Tribunal Federal, ou fundado em aplicação ou interpretação da lei ou do ato normativo tido pelo Supremo Tribunal Federal como incompatível com a Constituição Federal, em controle de constitucionalidade concentrado ou difuso.

Esses preceitos legais foram introduzidos nos Diplomas mencionados, após a consagração, pela doutrina e jurisprudência, da teoria da **coisa julgada inconstitucional.**

24. O procedimento de liquidação foi abordado no capítulo I, parte III, desta obra.
25. Parágrafo acrescentado pela Medida Provisória nº 2.180-35, de 24.08.2001, DOU 27.08.2001, em vigor conforme o art. 2º da EC nº 32/2001.

Idêntico efeito deve ser atribuído à execução de titulo judicial fundada em **sentença normativa cujo processo coletivo tenha sido extinto sem a resolução do mérito** por decisão do TST em sede de competência recursal, na forma prevista pela OJ nº 277, da SDI-1:

> OJ Nº 277. AÇÃO DE CUMPRIMENTO FUNDADA EM DECISÃO NORMATIVA QUE SOFREU POSTERIOR REFORMA, QUANDO JÁ TRANSITADA EM JULGADO A SENTENÇA CONDENATÓRIA. COISA JULGADA. NÃO-CONFIGURAÇÃO. DJ 11.08.03. A coisa julgada produzida na ação de cumprimento é atípica, pois dependente de condição resolutiva, ou seja, da não-modificação da decisão normativa por eventual recurso. Assim, modificada a sentença normativa pelo TST, com a consequente extinção do processo, sem julgamento do mérito, deve-se extinguir a execução em andamento, uma vez que a norma sobre a qual se apoiava o título exequendo deixou de existir no mundo jurídico.

5.3. Ação monitória

Caso o credor possua prova documental da dívida, mas sem a qualidade de título executivo, poderá ajuizar uma ação monitória para cobrar a dívida.

Como se trata de ação de natureza cognitiva, nada impede que seja utilizada no processo do trabalho as regras do processo civil de forma supletiva. Isso porque, ao contrário do que ocorre com a execução trabalhista, na qual o rol de títulos com eficácia executiva é bastante limitado, na ação monitória pode-se utilizar qualquer documento que revele a existência de dívida.

No CPC a ação monitória encontra-se disciplinada pelo art. 700 e seguintes:

> Art. 700. A ação monitória pode ser proposta por aquele que afirmar, com base em prova escrita sem eficácia de título executivo, ter direito de exigir do devedor capaz:
>
> I – o pagamento de quantia em dinheiro;
>
> II – a entrega de coisa fungível ou infungível ou de bem móvel ou imóvel;
>
> III – o adimplemento de obrigação de fazer ou de não fazer.
>
> § 1º A prova escrita pode consistir em prova oral documentada, produzida antecipadamente nos termos do art. 381.
>
> § 2º Na petição inicial, incumbe ao autor explicitar, conforme o caso:
>
> I – a importância devida, instruindo-a com memória de cálculo;
>
> II – o valor atual da coisa reclamada;
>
> III – o conteúdo patrimonial em discussão ou o proveito econômico perseguido.
>
> § 3º O valor da causa deverá corresponder à importância prevista no § 2º, incisos I a III.
>
> § 4º Além das hipóteses do art. 330, a petição inicial será indeferida quando não atendido o disposto no § 2º deste artigo.
>
> § 5º Havendo dúvida quanto à idoneidade de prova documental apresentada pelo autor, o juiz intimá-lo-á para, querendo, emendar a petição inicial, adaptando-a ao procedimento comum.
>
> § 6º É admissível ação monitória em face da Fazenda Pública.
>
> § 7º Na ação monitória, admite-se citação por qualquer dos meios permitidos para o procedimento comum.

Art. 701. Sendo evidente o direito do autor, o juiz deferirá a expedição de mandado de pagamento, de entrega de coisa ou para execução de obrigação de fazer ou de não fazer, concedendo ao réu prazo de 15 (quinze) dias para o cumprimento e o pagamento de honorários advocatícios de cinco por cento do valor atribuído à causa.

§ 1º O réu será isento do pagamento de custas processuais se cumprir o mandado no prazo.

§ 2º Constituir-se-á de pleno direito o título executivo judicial, independentemente de qualquer formalidade, se não realizado o pagamento e não apresentados os embargos previstos no art. 702, observando-se, no que couber, o Título II do Livro I da Parte Especial.

§ 3º É cabível ação rescisória da decisão prevista no *caput* quando ocorrer a hipótese do § 2º.

§ 4º Sendo a ré Fazenda Pública, não apresentados os embargos previstos no art. 702, aplicar-se-á o disposto no art. 496, observando-se, a seguir, no que couber, o Título II do Livro I da Parte Especial.

§ 5º Aplica-se à ação monitória, no que couber, o art. 916.

Art. 702. Independentemente de prévia segurança do juízo, o réu poderá opor, nos próprios autos, no prazo previsto no art. 701, embargos à ação monitória.

§ 1º Os embargos podem se fundar em matéria passível de alegação como defesa no procedimento comum.

§ 2º Quando o réu alegar que o autor pleiteia quantia superior à devida, cumprir-lhe-á declarar de imediato o valor que entende correto, apresentando demonstrativo discriminado e atualizado da dívida.

§ 3º Não apontado o valor correto ou não apresentado o demonstrativo, os embargos serão liminarmente rejeitados, se esse for o seu único fundamento, e, se houver outro fundamento, os embargos serão processados, mas o juiz deixará de examinar a alegação de excesso.

§ 4º A oposição dos embargos suspende a eficácia da decisão referida no *caput* do art. 701 até o julgamento em primeiro grau.

§ 5º O autor será intimado para responder aos embargos no prazo de 15 (quinze) dias.

§ 6º Na ação monitória admite-se a reconvenção, sendo vedado o oferecimento de reconvenção à reconvenção.

§ 7º A critério do juiz, os embargos serão autuados em apartado, se parciais, constituindo-se de pleno direito o título executivo judicial em relação à parcela incontroversa.

§ 8º Rejeitados os embargos, constituir-se-á de pleno direito o título executivo judicial, prosseguindo-se o processo em observância ao disposto no Título II do Livro I da Parte Especial, no que for cabível.

§ 9º Cabe apelação contra a sentença que acolhe ou rejeita os embargos.

§ 10. O juiz condenará o autor de ação monitória proposta indevidamente e de má-fé ao pagamento, em favor do réu, de multa de até dez por cento sobre o valor da causa.

§ 11. O juiz condenará o réu que de má-fé opuser embargos à ação monitória ao pagamento de multa de até dez por cento sobre o valor atribuído à causa, em favor do autor.

6. ESPÉCIES DE EXECUÇÃO

6.1. Quanto à exigibilidade do título

O direito do credor, explicitado na sentença proferida no processo de conhecimento, só se torna exigível após o seu trânsito em julgado.

A depender dessa circunstância – qualidade da coisa julgada – a execução pode ser classificada como definitiva ou provisória.

A) Execução definitiva

Procede-se à execução definitiva quando a sentença proferida no processo de conhecimento estiver acobertada pela qualidade da coisa julgada, ou seja, sentença da qual não caiba mais qualquer recurso ou quando se tratar de execução por título executivo extrajudicial.

Na primeira hipótese, a execução é promovida nos mesmos autos do processo de conhecimento em que foi proferida a sentença condenatória e, no caso de execução por título extrajudicial, nos autos que lhes são próprios.

B) Execução provisória – Cumprimento provisório da sentença

Por intermédio da execução provisória, adianta-se a execução definitiva da sentença condenatória, após o processo de conhecimento impregnado da cognição completa.[26]

Como a Consolidação das Leis do Trabalho é omissa no que diz respeito ao procedimento a ser adotado na hipótese de execução provisória, aplicam-se as disposições do CPC no que se refere a essa espécie de execução. Todavia, não mais existe a execução por título judicial no processo civil, **pois esse procedimento atualmente é denominado de cumprimento de sentença.**[27]

No CPC a matéria é regulada pelo art. 520: "O cumprimento provisório da sentença impugnada por recurso desprovido de efeito suspensivo será realizado da mesma forma que o cumprimento definitivo, sujeitando-se ao seguinte regime: [...]".

Quando o recurso ordinário é recebido apenas no seu efeito devolutivo, procedimento que constitui regra no processo do trabalho, permite-se que o credor requeira **carta de sentença para iniciar a execução provisória da decisão.**

Assim, a execução provisória, denominada de cumprimento provisório da sentença pelo CPC, é uma forma excepcional de ação de execução por título judicial, na qual se admite a prática de determinadas medidas executivas antes de a sentença adquirir a qualidade da coisa julgada material.

É necessário, entretanto, que essa sentença preencha os requisitos que seriam exigidos na hipótese de uma execução definitiva, como por exemplo, a certeza, liquidez e a exigibilidade do crédito.

A CLT só faz referência à execução provisória em seu art. 899, parte final, que trata dos recursos: "Os recursos serão interpostos por simples petição e terão efeito meramente devolutivo, salvo as exceções previstas neste Título, permitida a **execução provisória** até a penhora". (grifou-se)".

26. Não há execução provisória de título executivo extrajudicial.
27. Título II, Livro I, Parte Especial do CPC.

Não há previsão para que a execução provisória seja iniciada de ofício. Portanto, **o credor deve requerer que a execução seja promovida provisoriamente** em autos de processo físico, por meio da extração de cópias dos principais atos praticados no processo.

Se a demanda for proposta pelo sistema PJe, não há necessidade de se extrair peças para formação da carta de sentença, uma vez que a íntegra do processo permanece incólume na instância de origem, enquanto se processa o respectivo recurso.

Se a sentença deferir alguns pedidos e o recurso da parte interessada não abranger todos eles, poderá coexistir uma execução definitiva e uma execução provisória.

A lei processual não proíbe que se execute, provisoriamente, a sentença contendo obrigação de fazer ou de não fazer. Desse modo, de acordo com as peculiaridades de cada caso, o juiz pode deferir ou não o pedido de execução provisória.

O período que compreende o início do processo de execução provisória e a sua transformação em definitiva, com o trânsito em julgado da sentença, **é denominado de período temporário ou interino**.

Com essa transformação, as peças da carta de sentença e aqueles atos processuais decorrentes do prosseguimento da execução provisória são apensados aos autos principais do processo físico, que foram remetidos para instância superior por ocasião da análise do recurso.

O cumprimento provisório da sentença trabalhista será feito conforme as regras da execução definitiva, observando as seguintes circunstâncias estabelecidas nos incisos do art. 520 do CPC:

> I – corre por iniciativa e responsabilidade do exequente, que se obriga, se a sentença for reformada, a reparar os danos que o executado haja sofrido;
>
> II – fica sem efeito, sobrevindo decisão que modifique ou anule a sentença objeto da execução, restituindo-se as partes ao estado anterior e liquidando-se eventuais prejuízos nos mesmos autos;
>
> III – se a sentença objeto de cumprimento provisório for modificada ou anulada apenas em parte, somente nesta ficará sem efeito a execução;
>
> IV – o levantamento de depósito em dinheiro e a prática de atos que importem transferência de posse ou alienação de propriedade ou de outro direito real, ou dos quais possa resultar grave dano ao executado, dependem de caução suficiente e idônea, arbitrada de plano pelo juiz e prestada nos próprios autos.

Segundo dispõe o art. 521, I, do CPC a caução exigida no inciso IV do mencionado art. 520 **pode (é uma faculdade) ser dispensada no caso de crédito de natureza alimentícia, que é justamente a característica dos créditos trabalhistas:**

QUADRO COMPARATIVO – DISPENSA DA CAUÇÃO NA EXECUÇÃO PROVISÓRIA (CUMPRIMENTO PROVISÓRIO DA SENTENÇA)		
CPC DE 1973	**CPC DE 2015**	**CLT**
Art. 475-O. § 2º A caução a que se refere o inciso III do caput deste artigo poderá ser dispensada:	**Art. 521.** A caução prevista no inciso IV do art. 520 poderá ser dispensada nos casos em que:	Sem similar.

I – quando, nos casos de crédito de natureza alimentar ou decorrente de ato ilícito, até o limite de sessenta vezes o valor do salário-mínimo, o exequente demonstrar situação de necessidade; II – nos casos de execução provisória em que penda agravo perante o Supremo Tribunal Federal ou o Superior Tribunal de Justiça (art. 544), salvo quando da dispensa possa manifestamente resultar risco de grave dano, de difícil ou incerta reparação.	I – o crédito for de natureza alimentar, independentemente de sua origem; II – o credor demonstrar situação de necessidade; III – pender o agravo fundado do art. 1.042; **IV – a sentença a ser provisoriamente cumprida estiver em consonância com súmula da jurisprudência do Supremo Tribunal Federal ou do Superior Tribunal de Justiça ou em conformidade com acórdão proferido no julgamento de casos repetitivos.** Parágrafo único. A exigência de caução será mantida quando da dispensa possa resultar manifesto risco de grave dano de difícil ou incerta reparação.	
Aplicabilidade do CPC ao processo do trabalho	Wagner e Cláudia Giglio justificam a inaplicabilidade do instituto da caução na execução provisória trabalhista, alegando que a CLT não é omissa nesse particular, sendo que os prejuízos processuais do empregador são irressarcíveis em face do princípio da gratuidade do processo (GIGLIO, Wagner; CORREIA, Cláudia Giglio Veltri. Curso de direito processual do trabalho. 15 ed. São Paulo: Saraiva, 2005. p. 396). Entende-se, todavia, que o instituto da caução é aplicado ao processo do trabalho, bem como a sua dispensa, que na verdade seria a regra no processo laboral, em face ao caráter alimentar do crédito trabalhista, adequando-se à regra contida no inciso I, art. 521 do novo CPC. Não há como deixar de aplicar essa regra do processo civil, pois a CLT é omissa e não há qualquer incompatibilidade com o processo do trabalho. Para aqueles que entendem ser o trabalhador desprovido de lastro financeiro para ressarcir eventual prejuízo decorrente da alteração da decisão, basta aplicar a medida inserida no parágrafo único do art. 521 do novo CPC, que inexistia no CPC de 1973.	
Diferença entre o CPC de 2015 e o de 1973	Primeiro, o CPC de 2015 deixa de denominar esse procedimento de execução provisória de sentença e passa a chama-lo de cumprimento provisório de sentença. Segundo, o CPC de 2015 não estabelece limite máximo para que seja dispensada a caução nos casos de créditos de natureza alimentar. Acrescenta-se uma nova hipótese prevista no inciso IV do dispositivo em comento. O CPC de 2015 também prevê a hipótese da não dispensa da caução quando possa resultar manifesto risco de grave dano de difícil ou incerta reparação.	

No mesmo sentido, o Enunciado nº 112 aprovado na 2ª Jornada de Direito Material de Processual do Trabalho:

> **ENUNCIADO Nº 112.** EXECUÇÃO PROVISÓRIA. LIBERAÇÃO DE DEPÓSITO EM DINHEIRO: APLICAÇÃO DOS ARTIGOS 520 E 521 DO CPC
>
> OS ARTIGOS 520 E 521 DO CPC SÃO APLICÁVEIS AO PROCESSO DO TRABALHO, SENDO ADMITIDA A LIBERAÇÃO DE DEPÓSITO EM DINHEIRO, INDEPENDENTEMENTE DE CAUÇÃO (CPC, ART. 521, II).

Inclusive, em setembro de 2016, o TST alterou a redação da Súmula nº 417 para admitir a penhora em dinheiro na execução provisória:

> **SÚMULA Nº 417.** MANDADO DE SEGURANÇA. PENHORA EM DINHEIRO (alterado o item I, atualizado o item II e cancelado o item III, modulando-se os efeitos

da presente redação de forma a atingir unicamente as penhoras em dinheiro em execução provisória efetivadas a partir de 18.03.2016, data de vigência do CPC de 2015) – Res. 212/2016, DEJT divulgado em 20, 21 e 22.09.2016 I – Não fere direito líquido e certo do impetrante o ato judicial que determina penhora em dinheiro do executado para garantir crédito exequendo, pois é prioritária e obedece à gradação prevista no art. 835 do CPC de 2015 (art. 655 do CPC de 1973). II – Havendo discordância do credor, em execução definitiva, não tem o executado direito líquido e certo a que os valores penhorados em dinheiro fiquem depositados no próprio banco, ainda que atenda aos requisitos do art. 840, I, do CPC de 2015 (art. 666, I, do CPC de 1973). (ex-OJ nº 61 da SBDI-2 – inserida em 20.09.2000).

O tema ainda provoca polêmica, pois o art. 899 da CLT determina que a execução provisória prossiga **até a penhora**, o que inviabilizaria a liberação do valor constrito judicialmente:

> **OJ Nº 79 do TRT4**. EXECUÇÃO PROVISÓRIA. LIBERAÇÃO DE VALORES CONTROVERSOS. INVIABILIDADE. Permanece aplicável a regra do artigo 899, caput, in fine, da CLT, que permite a execução provisória 'até a penhora'. Assim, não obstante o advento do artigo 521, I, do CPC/2015, é inviável a liberação de valores controversos enquanto provisória for a execução.

O credor que utiliza a faculdade de promover a execução provisória, responde pelos prejuízos causados ao devedor se o título executivo judicial perder a sua validade, de acordo com o art. 520, I, do CPC: "I – corre por iniciativa e responsabilidade do exequente, que se obriga, se a sentença for reformada, a reparar os danos que o executado haja sofrido".

Quando há modificação total, parcial ou anulação da sentença em que se fundou a execução provisória, **as partes deverão ser restituídas ao *status quo ante***. Se tal retorno for impossível, resolve-se em perdas e danos com a consequente liquidação dos prejuízos sofridos nos mesmos autos e a cargo do credor que assumiu o risco de promover uma execução condicional.

Se a anulação ou modificação da sentença é total, todo o processo de execução é considerado sem efeito, mesmo que tenha transitado em julgado a decisão de embargos à execução.

Em relação às obrigações de fazer, o mencionado Tribunal manifesta-se por meio da OJ nº 142 da SDI-2:

> **OJ Nº 142.** MANDADO DE SEGURANÇA. REINTEGRAÇÃO LIMINARMENTE CONCEDIDA. DJ 04.05.2004. Inexiste direito líquido e certo a ser oposto contra ato de Juiz que, antecipando a tutela jurisdicional, determina a reintegração do empregado até a decisão final do processo, quando demonstrada a razoabilidade do direito subjetivo material, como nos casos de anistiado pela da Lei nº 8.878/94, aposentado, integrante de comissão de fábrica, dirigente sindical, portador de doença profissional, portador de vírus HIV ou detentor de estabilidade provisória prevista em norma coletiva.

Por fim, ressalte-se que existem limitações quanto à execução provisória em face da Fazenda Pública, conforme preceitua o art. 2º-B da Lei nº 9.494/97:

> **Art. 2º-B.** A sentença que tenha por objeto a liberação de recurso, inclusão em folha de pagamento, reclassificação, equiparação, concessão de aumento ou extensão de vantagens a servidores da União, dos Estados, do Distrito Federal e dos Municípios, inclusive de suas autarquias e fundações, somente poderá ser executada após seu trânsito em julgado.

6.2. Quanto à natureza do título

Quanto à natureza do título, a execução pode ser fundada em um título judicial (sentença) ou um título extrajudicial, como adiante será examinado.

A) Execução por título judicial

O título executivo judicial é a sentença condenatória definitiva proferida no processo de conhecimento ou a decisão que homologa a conciliação celebrada entre as partes.[28]

O inadimplemento por parte do devedor do comando sentencial ou do acordo firmado pelos litigantes enseja a **execução por título judicial.**

No processo civil, a execução por título judicial **foi substituída pela fase do cumprimento da sentença.** Esse procedimento encontra-se regulado no Título II, Livro I, Parte Especial e é subdivido em cinco capítulos: Capítulo – I – Disposições gerais; Capítulo II – Do cumprimento provisório da sentença que reconhece a exigibilidade da obrigação de pagar quantia certa; Capítulo III – Do cumprimento definitivo da sentença que reconhece a exigibilidade de obrigação de pagar quantia certa; Capítulo IV – Do cumprimento da de sentença que reconheça a exigibilidade de obrigação de prestar alimentos; Capítulo V – Do cumprimento de sentença que reconheça a exigibilidade de obrigação de pagar quantia certa pela Fazenda Pública; Capítulo VI – Do cumprimento de sentença que reconheça a exigibilidade de obrigação de fazer, não fazer ou de entregar coisa.

Também há previsão de pagamento de uma **multa de 10% do valor do crédito do autor**, na hipótese de ausência de cumprimento voluntário da obrigação contida na sentença, de acordo com o disposto no art. 523, § 1º do CPC: "Não ocorrendo pagamento voluntário no prazo do *caput*, o débito será acrescido de multa de dez por cento e, também, de honorários de advogado de dez por cento".

Entretanto, **essa multa não se aplica ao processo do trabalho**, conforme decisão **de caráter vinculante** proferida pelo TST nos autos do incidente de recurso repetitivo nº 1786-24.2015.5.04.0000, quando foi aprovada a seguinte tese jurídica: "A multa coercitiva do artigo do artigo 523, parágrafo 1º do CPC (antigo artigo 475-J do CPC de 1973) não é compatível com as normas vigentes da CLT por que se rege o processo do trabalho, ao qual não se aplica".

B) Execução por título extrajudicial

A execução por título extrajudicial é aquela que se funda em um negócio jurídico ao qual a legislação atribui eficácia executiva.

Até 12.11.2000, data da publicação de Lei nº 9.958, não era admitida a execução por título extrajudicial no processo do trabalho.

28. As sentenças constitutivas e declaratórias, como foi dito, só ensejam a execução em relação às despesas processuais. Após a edição da Lei nº 11.457/07 é possível executar as contribuições previdenciárias, mesmo que o pedido do autor limite-se à declaração de existência do vínculo empregatício. A referida Lei alterou a redação do parágrafo único, do art. 876 da CLT: "Serão executadas ***ex-officio*** as contribuições sociais devidas em decorrência de decisão proferida pelos Juízes e Tribunais do Trabalho, resultantes de condenação ou homologação de acordo, inclusive sobre os salários pagos durante o período contratual reconhecido".

A referida Lei nº 9.958/00 alterou a redação do art. 876 da CLT, para permitir que a ação executiva funde-se em **dois títulos executivos extrajudiciais: a) o termo de ajuste de conduta – TAC, celebrado entre o Ministério Público do Trabalho e o empregador; e b) acordo firmado nas comissões de conciliação prévia.**[29]

Nessas duas situações a legislação laboral atribui uma **eficácia executiva condicional** aos mencionados títulos, uma vez que a eficácia executiva plena só é conferida aos títulos executivos judiciais, fruto de um processo judicial de cognição completa.[30]

Como há dispositivo expresso na CLT, não se aplica o preceito contido no art. 784 do CPC, que listam uma série de títulos que podem ser executados na Justiça Ordinária.

Sendo assim, não há possibilidade, por exemplo, de se promover uma ação de execução fundada em um cheque, emitido pelo empregador para fazer pagamento de salário. Nesse caso, o empregado deve utilizar a via da ação judicial de conhecimento, para obter um título executivo judicial e, logo em seguida, se for o caso, promover a sua execução forçada.

Causou espécie, portanto, a decisão do TST de incluir no rol dos títulos executivos extrajudiciais o **cheque e a nota promissória**, conforme se observa do art. 13 da Instrução Normativa nº 39/16.

> **Art. 13.** Por aplicação supletiva do art. 784, I (art. 15 do CPC), o cheque e a nota promissória emitidos em reconhecimento de dívida inequivocamente de natureza trabalhista também são títulos extrajudiciais para efeito de execução perante a Justiça do Trabalho, na forma do art. 876 e segs. da CLT.

Isso porque umas das características dos referidos títulos de crédito é a **abstratividade**, que possibilita a sua circulação sem se vincular ao negócio que lhe deu origem. Ou seja, o juiz não poderia indagar ao exequente qual foi a causa que originou a nota promissória e o cheque.

Já certidão da dívida ativa – CDA decorrente da aplicação de multa administrativa ao empregador, também é reconhecida como título executivo extrajudicial trabalhista, **apesar de seguir o rito da Lei das Execuções Fiscais** e não o rito da CLT.

Exemplos de questões sobre o tema:

(TRT 8 – Juiz do Trabalho Substituto 8ª região/2014) São títulos executivos extrajudiciais admitidos ao processo do trabalho, segundo a Consolidação das Leis Trabalhistas:

a) O crédito de serventuário de justiça, de perito, de intérprete, ou de tradutor, quando os honorários forem aprovados por decisão judicial; o TRCT homologado pelo sindicato da categoria profissional ou pela Superintendência Regional do Trabalho e Emprego.

b) O crédito de perito, de intérprete, ou de tradutor, quando os honorários forem aprovados por decisão judicial; o TRCT homologado pelo sindicato da categoria profissional ou pela Superintendência Regional do Trabalho e Emprego; os termos de conciliação celebrados perante a CCP (Comissão de Conciliação Prévia) com conteúdo obrigacional; as certidões de dívida ativa (CDA) decorrentes das multas aplicadas aos empregadores pelos órgãos de fiscalização do trabalho.

29. Conforme análise feita no item 5.1 deste capítulo, o laudo arbitral também é considerado como título executivo extrajudicial trabalhista.
30. A sentença arbitral é classificada pelo CPC como **título executivo judicial**, apesar de ser resultado da adoção da arbitragem, meio extrajudicial de solução de conflito de interesses.

c) O TRCT homologado pelo sindicato profissional ou pela Superintendência Regional do Trabalho e Emprego; as certidões de dívida ativa (CDA) decorrentes das multas aplicadas aos empregadores pelos órgãos de fiscalização do trabalho; os termos de conciliação celebrados perante a CCP (Comissão de Conciliação Prévia) com conteúdo obrigacional.

d) Os Termos de Compromisso de Ajustamento de Conduta (TAC) firmados perante o MPF e MPT com conteúdo obrigacional; os termos de conciliação celebrados perante a CCP (Comissão de Conciliação Prévia) com conteúdo obrigacional; o TRCT homologado pelo sindicato profissional ou pela Superintendência Regional do Trabalho e Emprego.

e) Os Termos de compromisso de Ajustamento de Conduta (TAC) firmados perante o MPT com conteúdo obrigacional; os termos de conciliação celebrados perante a CCP (Comissão de Conciliação Prévia) com conteúdo obrigacional; as certidões de dívida ativa (CDA) decorrentes das multas aplicadas aos empregadores pelos órgãos de fiscalização do trabalho.

Resposta: E

6.3. Quanto ao estado de solvência do devedor

Quando o valor dos bens de propriedade do executado supera o valor das suas dívidas, é classificado como devedor solvente. Caso contrário, quando o passivo supera o valor do seu patrimônio, diz-se que o devedor é insolvente.

Na primeira hipótese, processa-se a execução contra devedor solvente, regulada pelos artigos 646 e seguintes do CPC e, no segundo caso, contra devedor insolvente, nos moldes instituídos pelos art. 748 e seguintes do mesmo Diploma Legal (Da execução de quantia certa contra devedor insolvente).

O CPC de 2015 **não destinou um título ou capítulo para tratar dessa espécie de execução.** Até a edição de uma nova lei específica, estará em vigor as regras do CPC de 1973 para disciplinar a execução contra devedor insolvente, na forma prevista pelo art.

> **Art. 1.052.** Até a edição de lei específica, as execuções contra devedor insolvente, em curso ou que venham a ser propostas, permanecem reguladas pelo Livro II, Título IV, da Lei nº 5.869, de 11 de janeiro de 1973.

A Justiça do Trabalho **não tem competência para declarar a insolvência civil do devedor**,[31] pois essa tarefa cabe à Justiça Ordinária, razão pela qual só se admite a execução trabalhista em face do devedor civil solvente.

Quando o executado é representado por um empresário ou sociedade empresária, os processos de falência e de recuperação judicial são regulados pela Lei nº 11.101/05.

No caso de falência, o juízo trabalhista tem sua competência limitada até a fase de liquidação de sentença, quando o crédito deverá ser habilitado no juízo universal da Justiça Comum,[32] salvo no que diz respeito aos créditos previdenciários, em razão da apli-

31. A declaração da insolvência civil tem como principais consequências o vencimento antecipado das dívidas, a arrecadação dos bens e a execução por concurso universal.

32. Lei nº 11.101/05. Art. 6º. § 2º. É permitido pleitear, perante o administrador judicial, habilitação, exclusão ou modificação de créditos derivados da relação de trabalho, mas as ações de natureza trabalhista, inclusive as impugnações a que se refere o art. 8º desta Lei, serão processadas perante a justiça especializada até a apuração do respectivo crédito, que será inscrito no quadro-geral de credores pelo valor determinado em sentença.

cação dos preceitos contidos nos arts. 5º e 29 da LEF[33] e art. 6º, § 7º, da mencionada Lei nº 11.101/05.[34]

6.4. Quanto à natureza da obrigação

O contrato de trabalho é fonte de obrigações de todas as espécies. São as determinações legais que se incorporam ao contrato de trabalho, em forma de cláusulas contratuais, que criam as obrigações para o empregador e para o empregado.

Além disso, existem as regras constantes dos instrumentos normativos negociados, sentença normativa e do regulamento de empresa, que criam obrigações para ambos os contratantes. A autonomia da vontade do empregado e do empregador, mesmo que limitada, permite a instituição de outras obrigações que não são previstas pelas normas estatais ou profissionais, desde que sejam para estabelecer melhores condições de trabalho para os obreiros.

Desse modo, por meio do pacto laboral o empregador obriga-se, principalmente, a pagar o salário do trabalhador. Já o empregado compromete-se a prestar serviços na forma e pela quantidade convencionada. De acordo com a classificação das obrigações, o empregador assume uma obrigação de dar e o empregado uma obrigação de fazer.

Ao lado dessas obrigações consideradas como principais, existem as obrigações acessórias, que podem ser de dar, fazer ou não fazer. O inadimplemento de tais obrigações faz nascer o direito subjetivo do credor de acionar o devedor em juízo. Assim, a sentença que reconhecer o respectivo direito subjetivo acompanhará a mesma natureza da obrigação objeto da pretensão deduzida em juízo pelo autor.

O que se observa na prática forense é que a petição inicial envolve uma série de pedidos, que refletem o inadimplemento de obrigações de toda natureza, como de fazer, não fazer e de dar.

A legislação processual dá preferência pela execução específica das obrigações. Em último caso, porém, diante da dificuldade ou impossibilidade de executarem-se as obrigações de fazer, as de não fazer ou as de dar coisa certa, resolvem-se em perdas e danos, ou seja, em obrigação de pagar quantia certa, pela constrição e alienação judicial dos bens do devedor.

6.5. Execução de prestações sucessivas

As obrigações de trato sucessivo, derivadas da execução do contrato de trabalho, são bastante comuns. Entretanto, as reclamações trabalhistas e as consequentes execuções judiciais de obrigações sucessivas são raras no processo laboral.

33. Lei nº 6.830/80. Art. 5º. A competência para processar e julgar a execução da Dívida Ativa da Fazenda Pública exclui a de qualquer outro juízo, inclusive o da falência, da concordata, da liquidação, da insolvência ou do inventário. Art. 29. A cobrança judicial da Dívida Ativa da Fazenda Pública não é sujeita a concurso de credores ou habilitação em falência, concordata, liquidação, inventário ou arrolamento.

34. Lei nº 11.101/05. Art. 6º. § 7º. As execuções de natureza fiscal não são suspensas pelo deferimento da recuperação judicial, ressalvada a concessão de parcelamento nos termos do Código Tributário Nacional e da legislação ordinária específica.

A explicação é simples: a ação trabalhista é proposta, na maioria das vezes, quando já não mais existe o vínculo empregatício, uma vez que o empregado tem receio de perder o posto de trabalho como represália do empregador, em face do exercício do seu direito de ação.

Apesar dessa circunstância, a matéria é tratada nos arts. 891 e 892 da CLT,[35] e serve para disciplinar as raras reclamações trabalhistas propostas durante a vigência do contrato de trabalho, com maior incidência naqueles casos em que o empregado é portador de estabilidade ou garantia de emprego.

O CPC regula esse procedimento em seu art. 323:

> **Art. 323.** Na ação que tiver por objeto cumprimento de obrigação em prestações sucessivas, essas serão consideradas incluídas no pedido, independentemente de declaração expressa do autor, e serão incluídas na condenação, enquanto durar a obrigação, se o devedor, no curso do processo, deixar de pagá-las ou de consigná-las.

Além disso, observa-se que grande parte dos acordos homologados na Justiça do Trabalho contém cláusula de pagamento de forma parcelada. Nessa situação, o inadimplemento de uma quota implicará a execução das subsequentes.[36]

> **SÚMULA Nº 59 do TRT2.** PRESTAÇÕES PERIÓDICAS. CONDENAÇÃO EM PARCELAS VINCENDAS. CONTRATO DE TRABALHO ATIVO. POSSIBILIDADE. O contrato de trabalho é obrigação de trato sucessivo, de modo que nos títulos da condenação devem ser incluídas as parcelas vincendas, a teor do art. 323 do novo CPC (antigo 290).

> **OJ Nº 56 do TRT4.** LIQUIDAÇÃO/EXECUÇÃO DE PARCELAS VINCENDAS. ARTIGO 323 DO CPC/2015. Aplica-se à liquidação/execução trabalhista o entendimento expresso no art. 323 do CPC/2015, mesmo quando omissa a sentença quanto às parcelas vincendas. São estas devidas após a data do ajuizamento quando íntegro o contrato de trabalho e mantidas as condições fáticas que embasaram a condenação.

6.6. Execução de obrigação alternativa

A obrigação alternativa é aquela que pode ser satisfeita por mais de um modo. **A escolha, entretanto, cabe ao devedor**, salvo ajuste expresso em sentido contrário, conforme preceitua o art. 252 do Código Civil.

Desse modo, caso conste esse tipo de obrigação na sentença, no acordo homologado, no termo de ajuste de conduta, no acordo celebrado perante as comissões de conciliação prévia ou no laudo arbitral firmado pelo MPT, **o executado será citado para exercer a opção no prazo de dez dias,** salvo se ficou consignado outro prazo no título executivo judicial ou extrajudicial (art. 800 do CPC).

Se a escolha couber ao credor, a opção deverá constar na própria petição por meio da qual o exequente postula a execução da obrigação. Quando o devedor deixa de manifestar a sua opção no prazo que lhe foi concedido, a escolha passa a ser feita pelo credor.

35. CLT. Art. 892. Tratando-se de prestações sucessivas por tempo indeterminado, a execução compreenderá inicialmente as prestações devidas até a data do ingresso na execução.
36. CLT. Art. 891. Nas prestações sucessivas por tempo determinado, a execução pelo não pagamento de uma prestação compreenderá as que lhe sucederem.

Algumas obrigações alternativas encontram-se previstas na legislação laboral, como o fornecimento de auxílio-transporte ou de condução própria para o deslocamento dos empregados da sua residência para o local de trabalho e vice-versa; fornecimento de auxílio-refeição ou da alimentação *in natura*; etc.

6.7. Execução de sentença sujeita a termo ou condição

O termo e a condição constituem elementos acidentais do negócio jurídico. A condição é a clausula que sujeita o efeito do ato jurídico a um evento futuro e incerto,[37] enquanto que o termo sujeita o efeito do ato a um evento futuro e certo.

A exigibilidade constitui um dos requisitos de exequibilidade do título executivo e, consequentemente, da própria ação de execução.

Entretanto, em determinadas situações, a obrigação do devedor pode conter um termo ou uma condição que ainda não tenham sido implementados. Nesses casos, o credor deve provar o implemento da condição suspensiva ou que ocorreu o termo inicial antes de executar a sentença, na forma prevista pelo art. 514 do CPC.

Não é comum, nas lides trabalhistas, a ocorrência de sentenças sujeitas a termo ou condição. Mas, pode acontecer, por exemplo, de o juiz reconhecer que determinado empregado tem direito de perceber parcela salarial denominada de prêmio, desde que preencha as condições estabelecidas pelo regulamento da empresa ou pelos instrumentos normativos negociados. Nesse caso, após o trânsito em julgado da decisão, o reclamante deve demonstrar que implementou a condição previamente estabelecida, para depois iniciar o processo de execução.

6.8. Cumulação de execução

A legislação processual permite que se promovam várias execuções, em um só processo, mesmo que fundadas em títulos distintos. Trata-se da cumulação objetiva, pela qual se exige que o juiz seja competente para todas as execuções individualmente consideradas e seja idêntica a forma do processo.[38]

Como a execução de sentença judicial trabalhista não goza de total autonomia, já que pode ser iniciada de ofício pelo juiz quando a parte estiver no exercício do *ius postulandi*,[39] não há como reconhecer a possibilidade de executar, em um mesmo processo, um título judicial e outro extrajudicial.

Da mesma forma, não há como executar várias sentenças em um mesmo processo, uma vez que existe um liame muito tênue entre o processo de conhecimento e a consequente execução.

---

37. Código Civil. Art. 121. Considera-se condição a cláusula que, derivando exclusivamente da vontade das partes, subordina o efeito do negócio jurídico a evento futuro e incerto.
38. CPC. Art. 780. O exequente pode cumular várias execuções, ainda que fundadas em títulos diferentes, quando o executado for o mesmo e desde que para todas elas seja competente o mesmo juízo e idêntico o procedimento.
39. A execução das contribuições previdenciárias constitui dever de ofício do juiz e não mera faculdade, como ocorre com a execução das verbas trabalhistas.

Assim, a regra contida no art. 780 do CPC **só se aplica para os casos de execução por títulos extrajudiciais,** assim entendidos aqueles permitidos pelo Direito processual laboral, como o TAC, o termo de acordo celebrado perante as comissões de conciliação prévia e o laudo arbitral firmado pelo MPT,[40] desde que sejam observados os requisitos necessários para a cumulação objetiva.

7. O INADIMPLEMENTO COMO REQUISITO DA EXECUÇÃO

Para a constituição e o desenvolvimento válido do processo de execução trabalhista, é necessário que se verifique a existência do inadimplemento de uma dívida líquida, certa e exigível, constante de um título executivo judicial ou extrajudicial, ou seja, da violação negativa do direito do credor.

7.1. Condenação por sentença

Em caso de obrigações declaradas por sentença, com a consequente condenação, o reclamado tem o prazo de oito dias para cumpri-las espontaneamente ou apresentar o recurso cabível.[41]

Uma vez transitada em julgado a decisão, sucede-se o processo de execução, por iniciativa do interessado ou mesmo de ofício pelo juiz quando o reclamante estiver no exercício do *ius postulandi*.

7.2. Acordo judicial e títulos executivos extrajudiciais

Quanto às obrigações contidas na conciliação homologada em juízo, no termo de ajuste de conduta ou no termo de conciliação lavrado perante as comissões de conciliação prévia (o cheque e a nota promissória vinculados a débitos trabalhistas, conforme art. 13 da IN nº 39/16 do TST), devem-se observar os prazos estabelecidos para o seu cumprimento, para adquirirem a qualidade da exigibilidade do título executivo.

Nos dois últimos casos, a iniciativa do processo de execução cabe exclusivamente ao credor ou às pessoas legalmente legitimadas para tanto.

7.3. A *exceptio non adimpleti contractus*

Quando a obrigação comportar a cláusula da exceção do contrato não cumprido (*exceptio non adimpleti contractus*), o credor só pode iniciar a execução depois que cumprir a obrigação correspondente que lhe cabe, de acordo com o disposto no art. 787 do CPC:

40. A sentença arbitral é classificada pelo CPC como título executivo judicial, apesar de ser resultado da adoção da arbitragem, meio extrajudicial de solução de conflito de interesses.
41. As sentenças meramente declaratórias não são passíveis de execução. Já as sentenças executivas lato sensu são executadas dentro do próprio processo de conhecimento, pois possuem executividade imediata.

> **Art. 787.** Se o devedor não for obrigado a satisfazer sua prestação senão mediante a contraprestação do credor, este deverá provar que a adimpliu ao requerer a execução, sob pena de extinção do processo.

Verifica-se a presença dessa situação hipotética **principalmente nos casos em que a reclamação é proposta durante a execução do contrato de trabalho,** quando as obrigações dos contratantes são equivalentes entre si (sinalagmáticas e comutativas).

Assim, a título de ilustração, o empregado, credor da obrigação salarial vincenda reconhecida na sentença, não poderá postular a execução dos salários respectivos se não prestou os serviços que os correspondem.

Nessa situação, a exceção do contrato não cumprido poderá ser oposta quando dos embargos à execução, em forma de inexigibilidade do título ou ausência de contraprestação.

7.4. O adimplemento defeituoso

Constata-se, na praxe forense, que o cumprimento voluntário das obrigações reconhecidas por sentença é um fenômeno raro. Contudo, uma vez verificado o adimplemento de tais obrigações, afasta-se a pretensão do exequente de propor a ação executiva.

Pode ocorrer, todavia, de o devedor pretender cumprir a prestação sem observar o modo e o tempo devidos, conforme constou da decisão judicial, o que caracteriza a violação positiva do direito do credor.

Nesses casos, o art. 788 do CPC, autoriza a recusa do credor em receber a prestação de forma defeituosa, o que permite a proposição da execução:

> **Art. 788.** O credor não poderá iniciar a execução ou nela prosseguir se o devedor cumprir a obrigação, mas poderá recusar o recebimento da prestação se ela não corresponder ao direito ou à obrigação estabelecidos no título executivo, caso em que poderá requerer a execução forçada, ressalvado ao devedor o direito de embargá-la.

8. FALÊNCIA, RECUPERAÇÃO JUDICIAL E LIQUIDAÇÃO EXTRAJUDICIAL

A decretação da falência[42] ou o deferimento do processamento da recuperação judicial da empresa **implica a suspensão dos processos de execução em curso na Justiça Laboral** (art. 6º da Lei nº 11.101/05).

Entretanto, a Justiça do Trabalho mantém a sua competência para processar e julgar as ações ajuizadas em face das empresas submetidas a processo de falência ou de recuperação judicial, **limitada à fase de conhecimento.**

Em caso de recuperação judicial,[43] **a suspensão dos processos de execução não pode ser superior a cento e oitenta dias.**

---

42. Lei nº 11.101/05. Art. 75. A falência, ao promover o afastamento do devedor de suas atividades, visa a preservar e otimizar a utilização produtiva dos bens, ativos e recursos produtivos, inclusive os intangíveis, da empresa.

43. Lei nº 11.101/05. Art. 47. A recuperação judicial tem por objetivo viabilizar a superação da situação de crise econômico-financeira do devedor, a fim de permitir a manutenção da fonte produtora, do emprego dos

Decorrido esse prazo, as execuções trabalhistas seguem o seu curso normal na Justiça do Trabalho, ainda que o crédito respectivo tenha sido incluído no quadro-geral de credores.

> **TESE JURÍDICA PREVALECENTE Nº 09 do TRT3.** RECUPERAÇÃO JUDICIAL. ULTRAPASSAGEM DO PRAZO DE 180 DIAS. EFEITOS. Ultrapassado o prazo de suspensão de 180 dias previsto no § 4º do art. 6º da Lei n. 11.101/2005, restabelece-se para o credor o direito de prosseguir na execução na Justiça do Trabalho, ainda que o crédito trabalhista já esteja inscrito no quadro geral de credores.

Uma vez transitada em julgado a sentença trabalhista e após a sua liquidação, na qual é apurado o valor do crédito do empregado, é feita a habilitação respectiva no juízo universal da falência ou da recuperação judicial, com a inscrição no quadro-geral de credores.[44]

Entretanto, mesmo antes do trânsito em julgado, o juiz pode oficiar ao juízo universal da falência ou da recuperação judicial, no sentido de **reservar a importância que considerar devida ao reclamante**. Uma vez adquirida a qualidade da coisa julgada, o crédito será incluído na classe própria.

A partir desse momento, o processo de execução trabalhista fica paralisado para aguardar o rateio do ativo da empresa para fins de satisfação do credor trabalhista.

Portanto, não podem ser praticadas quaisquer espécies de atos processuais tendentes à expropriação dos bens do falido e a sua consequente transformação em dinheiro para cumprimento de obrigações trabalhistas, perante a Justiça do Trabalho.

Em caso de deferimento da recuperação judicial da empresa prestadora de serviços, devedora principal assim reconhecida em sentença transitada em julgado, **a execução deve ser direcionada para a responsável subsidiária constante do título executivo judicial**.

> **SÚMULA Nº 54 do TRT3.** RECUPERAÇÃO JUDICIAL. REDIRECIONAMENTO DA EXECUÇÃO. I. Deferido o processamento da recuperação judicial ao devedor principal, cabe redirecionar, de imediato, a execução trabalhista em face do devedor subsidiário, ainda que ente público. Inteligência do § 1º do art. 49 da Lei n. 11.101/2005. II. O deferimento da recuperação judicial ao devedor principal não exclui a competência da Justiça do Trabalho para o prosseguimento da execução em relação aos sócios, sucessores (excetuadas as hipóteses do art. 60 da Lei n. 11.101/2005) e integrantes do mesmo grupo econômico, no que respeita, entretanto, a bens não abrangidos pelo plano de recuperação da empresa.

8.1. Crédito trabalhista privilegiado

O crédito derivado da legislação do trabalho e aquele decorrente de acidente do trabalho preferem a qualquer outro. No primeiro caso, o privilégio fica limitado a **cento e cinquenta salários mínimos por credor**, conforme preceitua o art. 83, I, da Lei nº 11.101/05.[45]

---

trabalhadores e dos interesses dos credores, promovendo, assim, a preservação da empresa, sua função social e o estímulo à atividade econômica.

44. Há divergência doutrinária e jurisprudencial sobre essa atração do juízo universal da falência, fundada, dentre outros motivos, no quanto disposto na Lei nº 6.830/80, artigos 5º e 29: "Art. 5º. A competência para processar e julgar a execução da Dívida Ativa da Fazenda Pública exclui a de qualquer outro juízo, inclusive o da falência, da concordata, da liquidação, da insolvência ou do inventário. credores ou habilitação em falência, concordata, liquidação, inventário ou arrolamento".

45. Lei nº 11.101/05. Art. 83. A classificação dos créditos na falência obedece à seguinte ordem: I – os créditos derivados da legislação trabalhista, limitados a 150 (cento e cinquenta) salários-mínimos por credor, e aqueles decorrentes de acidentes de trabalho;

O valor do crédito trabalhista que exceder o limite mencionado é considerado como crédito quirografário, assim como aquele resultante de cessão a terceiro.

Os valores depositados nas contas vinculadas dos empregados a título de FGTS não sofrem qualquer restrição quanto à sua liberação, uma vez que não são mais de propriedade da empresa.

8.2. Alienação dos bens do empregador na falência e recuperação judicial

A alienação de patrimônio da empresa no curso do processo de falência **fica livre de qualquer ônus**, inclusive trabalhista, conforme preceitua o art. 141, II, da Lei nº 11.101/05, com redação dada pela Lei nº 14.112/20.

Assim, nessa situação específica, não há que se falar em sucessão de empresa ou de empregador:[46]

> **Art. 141.** Na alienação conjunta ou separada de ativos, inclusive da empresa ou de suas filiais, promovida sob qualquer das modalidades de que trata o art. 142: II – o objeto da alienação estará livre de qualquer ônus e não haverá sucessão do arrematante nas obrigações do devedor, inclusive as de natureza tributária, as derivadas da legislação do trabalho e as decorrentes de acidentes de trabalho.[47]

O mesmo procedimento não poderia ser aplicado no que diz respeito à recuperação judicial, uma vez que o art. 60, da mencionada Lei nº 11.101/05, não dispõe, de forma expressa, sobre a exclusão das dívidas de natureza trabalhista:

> **Art. 60.** Se o plano de recuperação judicial aprovado envolver alienação judicial de filiais ou de unidades produtivas isoladas do devedor, o juiz ordenará a sua realização, observado o disposto no art. 142 desta Lei.
>
> **Parágrafo único.** O objeto da alienação estará livre de qualquer ônus e não haverá sucessão do arrematante nas obrigações do devedor, inclusive as de natureza tributária, observado o disposto no § 1º do art. 141 desta Lei.

Contudo, o STF **não declarou a inconstitucionalidade do art. 60, parágrafo único,** da Lei de falências, quando apreciou a ADI nº 3934, e ao mesmo tempo admitiu a **inexistência de responsabilidade do adquirente dos bens da empresa em processo de recuperação judicial**:

> AÇÃO DIRETA DE INCONSTITUCIONALIDADE. ARTIGOS 60, PARÁGRAFO ÚNICO, 83, I E IV, c, E 141, II, DA LEI 11.101/2005. FALÊNCIA E RECUPERAÇÃO JUDICIAL. INEXISTÊNCIA DE OFENSA AOS ARTIGOS 1º, III E IV, 6º, 7º, I, E 170, DA CONSTITUIÇÃO FEDERAL de 1988. ADI JULGADA IMPROCEDENTE. I – Inexiste reserva constitucional de lei complementar para a execução dos créditos trabalhistas decorrente de falência ou recuperação judicial. II – Não há, também, inconstitucionalidade quanto à ausência de sucessão de créditos trabalhistas. III – Igualmente não existe ofensa à

---

46. O TST vem confirmando essa interpretação por meio de suas últimas decisões, a exemplo daquela proferida nos autos do processo 26300-53.2007.5.05.0013 na qual ficou decidido que a Varig Logística não responde por débitos trabalhistas da antiga Varig em recuperação judicial.
47. Fica claro que a atual Lei de Falência exclui, expressamente, a aplicação dos efeitos da sucessão de empregadores, quando houver alienação da empresa ou do estabelecimento nos processos de falência.

Constituição no tocante ao limite de conversão de créditos trabalhistas em quirografários. IV – Diploma legal que objetiva prestigiar a função social da empresa e assegurar, tanto quanto possível, a preservação dos postos de trabalho. V – Ação direta julgada improcedente.

Portanto, de acordo com o entendimento do STF, **não há sucessão entre a empresa em recuperação judicial ou em processo de falência e o arrematante**, ainda que se trate de crédito de natureza trabalhista.

8.3. Intervenção e liquidação extrajudicial

Os processos de intervenção e de liquidação extrajudicial de instituições financeiras, de caráter administrativo e disciplinado pela Lei nº 6.024/74, **não provoca qualquer efeito no âmbito do processo de conhecimento ou de execução**[48] **contra elas promovidos**[49], apesar das disposições contidas no art. 18, alínea "a", da mencionada normal legal.[50]

O TST posiciona-se nesse mesmo sentido,[51] conforme se observa do teor da OJ nº 143 da SDI-1:

> **OJ Nº 143.** EMPRESA EM LIQUIDAÇÃO EXTRAJUDICIAL. EXECUÇÃO. CRÉDITOS TRABALHISTAS. LEI Nº 6.024/74. Inserida em 27.11.98. A execução trabalhista deve prosseguir diretamente na Justiça do Trabalho mesmo após a decretação da liquidação extrajudicial. Lei nº 6.830/80, arts. 5º e 29, aplicados supletivamente (CLT, art. 889 e CF/1988, art. 114).

As regras e procedimentos mencionados não se aplicam à execução das contribuições previdenciárias, uma vez que não estão sujeitas ao concurso universal, por expressa disposição contida nos artigos 5º e 29, da Lei nº 6.830/80.[52]

9. LEGITIMIDADE

9.1. Legitimação ativa

A execução, ordinariamente, é promovida pelo titular do crédito, denominado de credor, legitimado ordinário, pois esse é o principal interessado em ver satisfeita a obrigação contida no título executivo e detém a pretensão executiva em face do Estado.

---

48. TST. Súmula nº 304. CORREÇÃO MONETÁRIA. EMPRESAS EM LIQUIDAÇÃO. Art. 46 DO ADCT/CF. (mantida) **– Res. 121/2003, DJ 19, 20 e 21.11.2003 e republicada DJ 25.11.2003. Os débitos trabalhistas das entidades submetidas aos regimes de intervenção ou liquidação extrajudicial estão sujeitos a correção monetária desde o respectivo vencimento até seu efetivo pagamento, sem interrupção ou suspensão, não incidindo, entretanto, sobre tais débitos, juros de mora.**

49. LEF. Art. 5º. A competência para processar e julgar a execução da Dívida Ativa da Fazenda Pública exclui a de qualquer outro juízo, inclusive o da falência, da concordata, da liquidação, da insolvência ou do inventário.

50. Lei nº 6.024/74. Art. 18. A decretação da liquidação extrajudicial produzirá, de imediato, os seguintes efeitos: a) **suspensão das ações e execuções iniciadas sobre direitos e interesses relativo ao acervo da entidade liquidada, não podendo ser intentadas quaisquer outras, enquanto durar a liquidação.**

51. TST. SDI-2. OJ nº 53. Mandado de Segurança. Cooperativa em Liquidação Extrajudicial. Lei nº 5.764/1971, Art. 76. Inaplicável. Não Suspende a Execução. A liquidação extrajudicial de sociedade cooperativa não suspende a execução dos créditos trabalhistas existentes contra ela.

52. Lei nº 6.830/80. Art. 5º. A competência para processar e julgar a execução da Dívida Ativa da Fazenda Pública exclui a de qualquer outro juízo, inclusive o da falência, da concordata, da liquidação, da insolvência ou do inventário. Art. 29. A cobrança judicial da Dívida Ativa da Fazenda Pública não é sujeita a concurso de credores ou habilitação em falência, concordata, liquidação, inventário ou arrolamento.

Assim, o credor, nos títulos executivos judiciais, é aquela parte que obteve êxito total ou parcial no processo de cognição, que pode ser o reclamante ou o reclamado.

No título executivo extrajudicial, o legitimado é a pessoa que nela figura como titular de um direito de crédito, inclusive o Ministério Público do Trabalho, nos casos em que firma termo de ajuste de conduta – TAC.[53]

No processo do trabalho a iniciativa da execução por título judicial também pode ser do próprio juiz quando a parte estiver no exercício do *ius postulandi*.

Constitui dever funcional do magistrado a impulsão de ofício quanto à execução das contribuições previdenciárias devidas em razão das sentenças que proferir ou dos acordos que homologar.[54]

A União detém legitimidade para iniciar a execução das contribuições previdenciárias que lhes são devidas, nos casos de omissão do juiz.[55]

O art. 778 do CPC estabelece quais são os legitimados, além do credor e do Ministério Público, para iniciar a execução, em caso de sucessão subjetiva:

> **Art. 778.** Pode promover a execução forçada o credor a quem a lei confere título executivo.
>
> **§ 1º** Podem promover a execução forçada ou nela prosseguir, em sucessão ao exequente originário: I – o Ministério Público, nos casos previstos em lei; II – o espólio, os herdeiros ou os sucessores do credor, sempre que, por morte deste, lhes for transmitido o direito resultante do título executivo; III – o cessionário, quando o direito resultante do título executivo lhe for transferido por ato entre vivos; IV – o sub-rogado, nos casos de sub-rogação legal ou convencional.
>
> **§ 2º** A sucessão prevista no § 1º independe de consentimento do executado.

A sucessão opera-se *mortis causa* com o falecimento do credor pessoa física, hipótese em que ficam habilitados para promover a execução, ou nela prosseguir, o espólio, os herdeiros ou os seus sucessores, desde que se faça prova dessas qualidades.

Em caso de divida da Fazenda Pública, a Constituição Federal, após a modificação efetuada pela EC nº 62/09, já admite a cessão de crédito, inclusive sem a necessidade de concordância do devedor:

> **Art. 100. § 13.** O credor poderá ceder, total ou parcialmente, seus créditos em precatórios a terceiros, independentemente da concordância do devedor, não se aplicando ao cessionário o disposto nos §§ 2º e 3º. **§ 14.** A cessão de precatórios somente produzirá efeitos após comunicação, por meio de petição protocolizada, ao tribunal de origem e à entidade devedora.

O art. 83, § 4º, da Lei de Falência,[56] prevê a possibilidade de cessão de crédito trabalhista. Contudo, uma vez cedido, perde o privilégio legal de preferência sobre os demais créditos e passa a ser considerado quirografário.

53. O MPT também tem legitimação ativa para a execução, quando promoveu a ação no processo de conhecimento, como substituto processual do menor e na execução de custas e multas impostas pelos Tribunais do Trabalho em processos de sua competência originária.

54. CF/88. Art. 114. Compete à Justiça do Trabalho processar e julgar: VIII – a execução, de ofício, das contribuições sociais previstas no art. 195, I, a, e II, e seus acréscimos legais, decorrentes das sentenças que proferir.

55. CF/88. Art. 114. Compete à Justiça do Trabalho processar e julgar: VIII – a execução, de ofício, das contribuições sociais previstas no art. 195, I, a, e II, e seus acréscimos legais, decorrentes das sentenças que proferir.

56. Lei nº 11.101/05. Art. 83. § 4º Os créditos trabalhistas cedidos a terceiros serão considerados quirografários.

9.2. Legitimação passiva

A legitimação passiva na execução forçada é assumida pelo **devedor da obrigação constante do título executivo**, ou seja, o vencido na reclamação trabalhista ou aquele que consta como devedor do título executivo extrajudicial.[57]

A presença do devedor na ação executiva, após a sua citação, faz completar a relação processual triangular.

Além do devedor que consta do título executivo, o CPC em seu art. 779 enumera aqueles que podem figurar no polo passivo da execução.

> **Art. 779.** A execução pode ser promovida contra:
>
> I – o devedor, reconhecido como tal no título executivo;
>
> II – o espólio, os herdeiros ou os sucessores do devedor;
>
> III – o novo devedor que assumiu, com o consentimento do credor, a obrigação resultante do título executivo;
>
> IV – o fiador do débito constante em título extrajudicial;
>
> V – o responsável titular do bem vinculado por garantia real ao pagamento do débito;
>
> VI – o responsável tributário, assim definido em lei.

Obviamente que tais dispositivos aplicam-se ao processo do trabalho com algumas modificações, em face das características que lhe são peculiares.

Já a Lei de Execuções Fiscais trata da matéria em seu art. 4º:

> **Art. 4º.** A execução fiscal poderá ser promovida contra: I – o devedor; II – o fiador; III – o espólio; IV – a massa; V – o responsável, nos termos da lei, por dívidas, tributárias ou não, de pessoas físicas ou pessoas jurídicas de direito privado; e VI – os sucessores a qualquer título.

Ao analisar as regras do Direito material, principalmente os arts. 10 e 448 da CLT, conclui-se que a pessoa que sucede o empregador responde pelas obrigações trabalhistas contraídas por este, mesmo que a sucessão tenha ocorrido após o trânsito em julgado da decisão e que não tenha constado do título executivo judicial.

10. RESPONSABILIDADE PATRIMONIAL

Geralmente, confunde-se na mesma pessoa a figura do titular da obrigação e do responsável pelo seu cumprimento. Em tais situações, o devedor é o responsável principal pelo adimplemento da obrigação contida no título executivo, na forma prevista pelo arts. 779 e 789 do CPC, com todos os seus bens, salvo as exceções expressamente previstas em lei.[58]

---

57. Em grande parte dos casos, o empregador ou o seu responsável é o legitimado passivo da execução trabalhista. Após a promulgação da EC nº 45/04 passou-se a admitir outras pessoas no polo passivo da reclamação trabalhista e, consequentemente, da execução laboral, uma vez que os critérios de definição da competência material não se limitam às figuras do empregador e do empregado.

58. A cláusula de inalienabilidade não produz efeitos no processo do trabalho, na forma prevista pelo art. 30 da LEF: "Art. 30. Sem prejuízo dos privilégios especiais sobre determinados bens, que sejam previstos em lei, responde pelo pagamento da Dívida Ativa da Fazenda Pública a totalidade dos bens e das rendas, de qualquer origem

Somente de forma excepcional, o devedor responde pessoalmente pelo cumprimento das obrigações legais ou contratuais reconhecidas na sentença condenatória ou constante de títulos executivos extrajudiciais.[59]

A lei permite que, em alguns casos, atribua-se responsabilidade pelo cumprimento da obrigação a um terceiro diverso da pessoa do devedor. **Trata-se da responsabilidade indireta**, cujo rol encontra-se no art. 790 do CPC:

> **Art. 790**. São sujeitos à execução os bens:
>
> I – do sucessor a título singular, tratando-se de execução fundada em direito real ou obrigação reipersecutória;
>
> II – do sócio, nos termos da lei;
>
> III – do devedor, ainda que em poder de terceiros;
>
> IV – do cônjuge ou companheiro, nos casos em que seus bens próprios ou de sua meação respondem pela dívida;
>
> V – alienados ou gravados com ônus real em fraude à execução;
>
> VI – cuja alienação ou gravação com ônus real tenha sido anulada em razão do reconhecimento, em ação autônoma, de fraude contra credores;
>
> VII – do responsável, nos casos de desconsideração da personalidade jurídica.

Se não são encontrados bens passíveis de penhora de propriedade do devedor ou do responsável, **a execução fica suspensa**. Nesse caso, os autos do processo são remetidos ao arquivo para aguardar a eventual localização de bens do executado, conforme determina o art. 40 da LEF.[60]

Uma vez encontrados os bens de propriedade do devedor, serão desarquivados os autos para prosseguimento da execução, desde que não haja a incidência da prescrição intercorrente.

Depois de um ano de paralisação, **é possível determinar o arquivamento definitivo dos autos e a expedição de certidão de crédito trabalhista** em favor do credor.[61]

Esse procedimento permite a execução do crédito quando encontrados bens do devedor, por meio de petição com esse requerimento, devidamente acompanhada da aludida certidão de crédito.

Note-se que todo o Capítulo V (Da Responsabilidade Patrimonial), do Título I (Da Execução em Geral) do CPC (arts. 789 a 796) é totalmente aplicável ao processo do trabalho. Inclusive essa é a determinação contida no art. 3º, XIII, da Instrução Normativa nº 39/2016 do TST.

---

ou natureza, do sujeito passivo, seu espólio ou sua massa, inclusive os gravados por ônus real ou cláusula de inalienabilidade ou impenhorabilidade, seja qual for a data da constituição do ônus ou da cláusula, excetuados unicamente os bens e rendas que a lei declara absolutamente impenhoráveis."

59. A exceção fica por conta da prisão civil por dívida de pensão alimentícia.

60. Lei nº 6.830/80. Art. 40. O juiz suspenderá o curso da execução, enquanto não for localizado o devedor ou encontrado bens sobre os quais possa recair a penhora, e, nesses casos, não correrá o prazo de prescrição. § 2º. Decorrido o prazo máximo de 1 (um) **ano, sem que seja localizado o devedor ou encontrado bens penhoráveis, o juiz ordenará o arquivamento dos autos.**

61. Os Tribunais Regionais do Trabalho possuem normativa interna que disciplina a expedição da certidão de crédito trabalhista.

10.1. Responsabilidade do sucessor a título singular

A primeira hipótese listada pelo art. 790 do CPC trata da sucessão a título singular, é de rara constatação prática na Justiça Laboral, pois deriva da execução de sentença proferida em ação fundada em direito real.

10.2. Bens em poder de terceiros

Pode acontecer de os bens do devedor encontrarem-se sob a guarda de terceiro. Nesse caso, não há qualquer óbice em apreendê-los, pois a propriedade é do executado, que poderia deles dispor. O terceiro seria um mero detentor ou possuidor imediato.

Muito comum, por exemplo, penhorar bens imóveis do devedor que se encontrem locados a terceiros. A única restrição que pode acontecer, nesse caso, é do adquirente ter que respeitar as cláusulas do contrato de locação respectivo, principalmente o seu termo final.

10.3. Bens do cônjuge

Em certas situações descritas nas regras de direito material, os bens próprios, reservados ou da meação do cônjuge respondem pelo pagamento das dívidas do executado.

Tudo vai depender, também, da espécie de regime de bens entre os cônjuges.

Se o regime é o da comunhão parcial, os bens adquiridos na constância do casamento comunicam-se, inclusive aqueles: adquiridos na constância do casamento por título oneroso, ainda que só em nome de um dos cônjuges; os adquiridos por fato eventual, com ou sem o concurso de trabalho ou despesa anterior; os adquiridos por doação, herança ou legado, em favor de ambos os cônjuges; as benfeitorias em bens particulares de cada cônjuge; os frutos dos bens comuns, ou dos particulares de cada cônjuge, percebidos na constância do casamento, ou pendentes ao tempo de cessar a comunhão.

Excepciona-se da comunhão os bens que: sobrevierem, na constância do casamento, por doação ou sucessão, e os sub-rogados em seu lugar; os adquiridos com valores exclusivamente pertencentes a um dos cônjuges em sub-rogação dos bens particulares; as obrigações anteriores ao casamento; as obrigações provenientes de atos ilícitos, salvo reversão em proveito do casal; os bens de uso pessoal, os livros e instrumentos de profissão; os proventos do trabalho pessoal de cada cônjuge; as pensões, meios-soldos, montepios e outras rendas semelhantes.

No regime de comunhão universal, comunicam-se todos os bens presentes e futuros dos cônjuges e suas dívidas passivas, salvo nos casos descritos pelo art. 1668 do Código Civil:

> **Art. 1668.** São excluídos da comunhão: I – os bens doados ou herdados com a cláusula de incomunicabilidade e os sub-rogados em seu lugar; II – os bens gravados de fideicomisso e o direito do herdeiro fideicomissário, antes de realizada a condição suspensiva; III – as dívidas anteriores ao casamento, salvo se provierem de despesas com seus aprestos, ou reverterem em proveito comum; IV – as doações antenupciais feitas por um dos cônjuges ao outro com a cláusula de incomunicabilidade; V – Os bens referidos nos incisos V a VII do art. 1.659.[62]

62. Código Civil. Art. 1.659. V – os bens de uso pessoal, os livros e instrumentos de profissão; VI – os proventos do trabalho pessoal de cada cônjuge; VII – as pensões, meios-soldos, montepios e outras rendas semelhantes.

No regime de separação de bens, não há qualquer comunicação entre os bens adquiridos antes ou após o casamento, os quais permanecerão sob a administração exclusiva de cada um dos cônjuges ou companheiros, que poderão livremente alienar ou gravar de ônus real. Não se aplica, em tais situações, o regramento contido no citado art. 790, IV, do CPC.

Assim, se há apreensão de bens do cônjuge que não se comunica, o prejudicado poderá ajuizar **embargos de terceiro**, com base no permissivo contido no art. 674, § 2º, I do CPC:

> **Art. 674. § 2º.** Considera-se terceiro, para ajuizamento dos embargos: I – o cônjuge ou companheiro, quando defende a posse de bens próprios ou de sua meação, ressalvado o disposto no art. 843;

Admitem-se embargos de terceiro do cônjuge também para defender a sua meação, quando é intimado da penhora de imóvel pertencente ao casal, conforme entendimento constante da Súmula nº 134 do STJ.[63]

10.4. Responsabilidade dos sócios e a teoria da desconsideração da personalidade jurídica – teoria da penetração

A personalidade dos sócios é distinta da sociedade da qual faz parte. Por conta dessa regra de direito material, a responsabilidade patrimonial dos sócios, em princípio, não se estende às dívidas da sociedade, salvo nas hipóteses expressamente previstas em lei.

O CPC disciplina a matéria em seu art. 795, que exclui, em regra, os bens particulares do sócio da responsabilidade pelas dívidas da sociedade:

> **Art. 795.** Os bens particulares dos sócios não respondem pelas dívidas da sociedade, senão nos casos previstos em lei.
>
> **§ 1º** O sócio réu, quando responsável pelo pagamento da dívida da sociedade, tem o direito de exigir que primeiro sejam excutidos os bens da sociedade.
>
> **§ 2º** Incumbe ao sócio que alegar o benefício do § 1º nomear quantos bens da sociedade situados na mesma comarca, livres e desembargados, bastem para pagar o débito.
>
> **§ 3º** O sócio que pagar a dívida poderá executar a sociedade nos autos do mesmo processo.
>
> **§ 4º** Para a desconsideração da personalidade jurídica é obrigatória a observância do incidente previsto neste Código.

Percebe-se, portanto, que se o sócio for citado pessoalmente para pagar ou nomear bens à penhora, poderá livrar-se da responsabilidade patrimonial – *beneficium excussionis*– ao indicar bens da sociedade, livres e desembaraçados, tantos quantos bastem para a satisfação do crédito do exequente.

Se, ainda assim, o juiz insistir em proceder à penhora dos seus bens particulares, **pode defender o seu direito, por meio dos embargos do devedor e não dos embargos de terceiro.** A explicação é simples: o proprietário dos bens apreendidos não é considerado como terceiro, **pois ele foi citado como se executado fosse.** Na verdade, o desejo dele é ser considerado como terceiro, o que só pode ser declarado, nesse caso, pela sentença proferida em sede de embargos do devedor.[64]

---

63. STJ. Súmula nº 134. Embora intimado da penhora em imóvel do casal, o cônjuge do executado pode opor embargos de terceiro para defesa de sua meação.

64. Nessa situação, o sócio terá de provar que o titular da dívida é a sociedade e que seus bens particulares não são atingidos pela execução.

Os embargos de terceiro só seriam cabíveis **se a pessoa citada não fosse sócia da sociedade.**

A doutrina e a jurisprudência criaram a **teoria finalística da desconsideração da pessoa jurídica, também denominada de *disregard doctrine* ou teoria da penetração**, que acabou, de certa forma, acolhida pelo Código Civil em seu art. 50, com redação dada pela Lei nº 13.874/19:

> **Art. 50**. Em caso de abuso da personalidade jurídica, caracterizado pelo desvio de finalidade ou pela confusão patrimonial, pode o juiz, a requerimento da parte, ou do Ministério Público quando lhe couber intervir no processo, desconsiderá-la para que os efeitos de certas e determinadas relações de obrigações sejam estendidos aos bens particulares de administradores ou de sócios da pessoa jurídica beneficiados direta ou indiretamente pelo abuso.

Permitiu-se, em determinadas situações, que se possa penhorar os bens particulares dos sócios da pessoa jurídica, quando esta não possui patrimônio suficiente para satisfazer o credor, no casos de abuso da personalidade jurídica (desvio de finalidade) ou pela confusão patrimonial.

Antes mesmo da vigência do mencionado Diploma legal, utilizava-se subsidiariamente, no processo do trabalho, do preceito contido no art. 28, *caput*, do Código de Defesa do Consumidor, para declarar a mencionada desconsideração da pessoa jurídica:

> **Art. 28.** O juiz poderá desconsiderar a personalidade jurídica da sociedade quando, em detrimento do consumidor, houver abuso de direito, excesso de poder, infração da lei, fato ou ato ilícito ou violação dos estatutos ou contrato social.

Nesse caso, também exige-se um motivo, que pode ser: abuso de direito, excesso de poder, infração da lei, fato ou ato ilícito ou violação dos estatutos ou contrato social. Observa-se, assim, que o leque de razões previstas no CDC é bem mais amplo do que aquele listado no citado art. 50 do Código Civil.

Surgiram, assim, duas teorias. A primeira, conhecida como **teoria maior,** que defende a necessidade de se apontar algum motivo legal para declarar a desconsideração da personalidade jurídica e a segunda, denominada de **teoria menor,** por meio da qual exige-se, apenas, a **insuficiência patrimonial.**

A jurisprudência trabalhista se inclinava pela adoção da **teoria menor**, relativizando a necessidade de atender aos requisitos estabelecidos pela ordem jurídica para determinar a penhora dos bens do sócio por insuficiência patrimonial da sociedade, fundamentada na hipótese prevista pelo art. 28, § 5º do CDC: "Também poderá ser desconsiderada a pessoa jurídica sempre que sua personalidade for, de alguma forma, obstáculo ao ressarcimento de prejuízos causados aos consumidores".

Contudo, a partir da vigência da Lei nº 13.874/19, conhecida como lei da liberdade econômica, não há mais dúvida sobre a inaplicabilidade do art. 28 do CDC, que acolheu a teoria menor da desconsideração da pessoa jurídica, nas relações trabalhistas diante do mandamento contido no § 1º, art. 1º da referida Lei:

> **Art. 1º. § 1º** O disposto nesta Lei será observado na aplicação e na interpretação do direito civil, empresarial, econômico, urbanístico e do trabalho nas relações jurídicas que se encontrem no seu âmbito de aplicação e na ordenação pública, inclusive sobre exercício

das profissões, comércio, juntas comerciais, registros públicos, trânsito, transporte e proteção ao meio ambiente.

É necessário, portanto, observar se estão presentes os requisitos para desconsideração da personalidade jurídica, na forma consolidada pela jurisprudência do STJ, que foi incorporada ao art. 50 do Código Civil, por meio da Lei da Liberdade Econômica:

> **Art. 50.** § 1º Para os fins do disposto neste artigo, desvio de finalidade é a utilização da pessoa jurídica com o propósito de lesar credores e para a prática de atos ilícitos de qualquer natureza.
>
> § 2º Entende-se por confusão patrimonial a ausência de separação de fato entre os patrimônios, caracterizada por:
>
> I – cumprimento repetitivo pela sociedade de obrigações do sócio ou do administrador ou vice-versa;
>
> II – transferência de ativos ou de passivos sem efetivas contraprestações, exceto os de valor proporcionalmente insignificante; (exemplo: o sócio compra um bem da empresa e não transfere o dinheiro para ela. Ou no caso empréstimos sem observância das regras de mercados).e
>
> III – outros atos de descumprimento da autonomia patrimonial (cláusula geral).
>
> § 3º O disposto no caput e nos §§ 1º e 2º deste artigo também se aplica à extensão das obrigações de sócios ou de administradores à pessoa jurídica.
>
> § 5º Não constitui desvio de finalidade a mera expansão ou a alteração da finalidade original da atividade econômica específica da pessoa jurídica.

É necessário destacar que o preceito contido no art. 10-A da CLT não reconheceu a aplicabilidade da teoria menor para responsabilização do sócio na seara trabalhista:

> **Art. 10-A.** O sócio retirante responde subsidiariamente pelas obrigações trabalhistas da sociedade relativas ao período em que figurou como sócio, somente em ações ajuizadas até dois anos depois de averbada a modificação do contrato, observada a seguinte ordem de preferência: I – a empresa devedora; II – os sócios atuais; e III – os sócios retirantes. Parágrafo único. O sócio retirante responderá solidariamente com os demais quando ficar comprovada fraude na alteração societária decorrente da modificação do contrato.

Primeiro, porque o referido dispositivo legal é anterior à vigência da citada Lei da Liberdade Econômica. Em segundo lugar, o art. 10-A trata da responsabilidade do sócio retirante, sem definir se ela decorre do simples inadimplemento das obrigações trabalhistas por parte da sociedade ou se exige a confusão patrimonial ou o desvio de finalidade.

Inclusive o art. 6-C, introduzido à Lei de Falência por meio da Lei nº 14.112, confirma expressamente esse entendimento:

> **Art. 6º-C** É vedada atribuição de responsabilidade a terceiros em decorrência do mero inadimplemento de obrigações do devedor falido ou em recuperação judicial, ressalvadas as garantias reais e fidejussórias, bem como as demais situações reguladas por esta Lei.

A responsabilidade de terceiros, como mencionado nesse dispositivo legal, é aquela atribuída a qualquer outra pessoa que não seja a devedora, como os devedores solidários, subsidiários e, também, o sócio. Excetuam-se as situações expressamente previstas em lei, como aquela prevista no art. 16 da Lei nº 6.019/74:

Art. 16. No caso de falência da empresa de trabalho temporário, a empresa tomadora ou cliente é solidariamente responsável pelo recolhimento das contribuições previdenciárias, no tocante ao tempo em que o trabalhador esteve sob suas ordens, assim como em referência ao mesmo período, pela remuneração e indenização previstas nesta Lei.

O CPC dedicou os arts. 133 a 137 para tratar especificamente do "Incidente de desconsideração da personalidade jurídica – IDPJ", aplicados subsidiariamente ao processo laboral por força do art. 17º, da IN nº 41/18 do TST. O art. 13 dessa mesma regra deixa claro que a desconsideração pode ser declarada de ofício pelo juiz quando a parte não estiver representada por advogado: "A partir da vigência da Lei nº 13.467/2017, a iniciativa do juiz na execução de que trata o art. 878 da CLT e no incidente de desconsideração da personalidade jurídica a que alude o art. 855-A da CLT ficará limitada aos casos em que as partes não estiverem representadas por advogado".

No disciplinamento feito pelo CPC verifica-se que o referido incidente pode ocorrer em qualquer processo ou procedimento, **mas sempre a requerimento da parte ou do Ministério Público,** quando for o caso, conforme determinação contida no *caput* dos arts. 133 e 134:

Art. 133. O incidente de desconsideração da personalidade jurídica será instaurado a pedido da parte ou do Ministério Público, quando lhe couber intervir no processo.

Art. 134. O incidente de desconsideração é cabível em todas as fases do processo de conhecimento, no cumprimento de sentença e na execução fundada em título executivo extrajudicial.

A instauração do IDPJ suspende o processo, sem prejuízo de concessão da tutela de urgência de natureza cautelar (§ 2º, art. 855-A da CLT).

Segundo o art. 1º do Provimento CGJT nº 01/2019 o IDPJ será processado como incidente processual, com tramitação nos próprios autos do processo principal em que foi suscitado e não em como processo autônomo.

Para garantir a aplicação do princípio do contraditório e da ampla defesa, uma vez requerida a desconsideração, o juiz deverá determinar a citação do sócio ou do terceiro e da pessoa jurídica para apresentar impugnação, de acordo com o preceito contido no art. 135: "Instaurado o incidente, o sócio ou a pessoa jurídica será citado para manifestar-se e requerer as provas cabíveis no prazo de 15 (quinze) dias".

A decisão proferida pelo juiz tem caráter interlocutório, o que afasta a incidência do parágrafo único, art. 136 CPC, no processo do trabalho, diante do **princípio da irrecorribilidade imediata das decisões interlocutórias.**

O § 1º do citado art. 855-A da CLT identifica os **recursos cabíveis** dessa decisão, destacando o seu caráter de irrecorribilidade imediata:

Art. 855-A. § 1º Da decisão interlocutória que acolher ou rejeitar o incidente:

I – na fase de cognição, não cabe recurso de imediato, na forma do § 1º do art. 893 desta Consolidação;

II – na fase de execução, cabe agravo de petição, independentemente de garantia do juízo;

III – cabe agravo interno se proferida pelo relator em incidente instaurado originariamente no tribunal.

Em caso de irresignação na fase de conhecimento e antes da sentença, a parte interessada poderá fazer uso do mandado de segurança:

Por fim, o CPC também acolheu a tese da **desconsideração inversa da personalidade** jurídica, que já era aceita amplamente pela jurisprudência, inclusive do STJ. Essa desconsideração ocorre quando o devedor, pessoa física, aproveita-se da personalidade jurídica autônoma da sociedade da qual faz parte para se tornar insolvente, de acordo com o art. 133, § 2º: "Aplica-se o disposto neste Capítulo à hipótese de desconsideração inversa da personalidade jurídica".

> **ATENÇÃO!** Pelo que foi exposto, percebe-se que se o patrimônio da pessoa jurídica executada não for insuficiente à satisfação da execução de débitos trabalhistas, respondem pela execução de débitos trabalhistas os bens particulares dos sócios, independentemente de sua participação no polo passivo da reclamação trabalhista de conhecimento.

10.5. Fraude à execução

Uma vez iniciado o processo de execução, **é defeso ao executado alienar bens de sua propriedade, de forma que fique reduzido à insolvência.**

Esse procedimento é denominado de fraude à execução e é previsto pelo art. 792 do CPC:

> **Art. 792.** A alienação ou a oneração de bem é considerada fraude à execução:
>
> I – quando sobre o bem pender ação fundada em direito real ou com pretensão reipersecutória, desde que a pendência do processo tenha sido averbada no respectivo registro público, se houver;
>
> II – quando tiver sido averbada, no registro do bem, a pendência do processo de execução, na forma do art. 828;
>
> III – quando tiver sido averbado, no registro do bem, hipoteca judiciária ou outro ato de constrição judicial originário do processo onde foi arguida a fraude;
>
> IV – quando, ao tempo da alienação ou da oneração, tramitava contra o devedor ação capaz de reduzi-lo à insolvência;
>
> V – nos demais casos expressos em lei.
>
> **§ 1º** A alienação em fraude à execução é ineficaz em relação ao exequente.
>
> **§ 2º** No caso de aquisição de bem não sujeito a registro, o terceiro adquirente tem o ônus de provar que adotou as cautelas necessárias para a aquisição, mediante a exibição das certidões pertinentes, obtidas no domicílio do vendedor e no local onde se encontra o bem.
>
> **§ 3º** Nos casos de desconsideração da personalidade jurídica, a fraude à execução verifica-se a partir da citação da parte cuja personalidade se pretende desconsiderar.
>
> **§ 4º** Antes de declarar a fraude à execução, o juiz deverá intimar o terceiro adquirente, que, se quiser, poderá opor embargos de terceiro, no prazo de 15 (quinze) dias.

A fraude à execução também é considerada como ato atentatório a dignidade da justiça, segundo dispõe o art. 774, I, do CPC.

Já o procedimento referente à alienação ou à oneração de bens ocorrido antes de iniciada a demanda, capaz de reduzir o devedor à insolvência, é denominada de **fraude contra credores**[65] e depende, para a anulação do ato jurídico respectivo, de ação própria (ação pauliana).

65. Código Civil. Art. 158. Os negócios de transmissão gratuita de bens ou remissão de dívida, se os praticar o devedor já insolvente, ou por eles reduzido à insolvência, ainda quando o ignore, poderão ser anulados pelos credores quirografários, como lesivos dos seus direitos.

Os bens do devedor respondem pelo pagamento de suas dívidas. Isso quer dizer que **os bens alienados ou gravados pelo devedor, após o ajuizamento da ação, continuam sujeitos à penhora.**

Evidentemente que, em tais situações, é necessário que se faça prova da fraude, ou seja, que a alienação ou o gravame tenha se efetivado após iniciada a demanda que possa implicar insolvência do devedor. O negócio jurídico respectivo, ou seja, aquele que teve como objeto bem penhorado, não é nulo, mas ineficaz.

Observa-se, assim, que o marco inicial da declaração de fraude do negócio jurídico é, no processo do trabalho, **o dia da propositura da reclamação trabalhista**, fato este que induz a litispendência.

A fraude à execução difere da fraude contra credores, porque esta última exige a prova da fraude (real ou presumida) ou mais precisamente, do *consilium fraudis*.

A fraude contra credores, instituto de direito material, exige a sua declaração por intermédio da ação judicial, de **natureza constitutiva negativa**, que declara a anulabilidade e rescinde o negócio jurídico, denominada de *actio pauliana*.

O STJ editou a Súmula nº 375, com a seguinte redação: "O reconhecimento da fraude à execução depende do registro da penhora do bem alienado ou da prova de má-fé do terceiro adquirente".

O CPC seguiu essa tendência ao admitir que o terceiro adquirente possa demonstrar que adotou todas as medidas para identificar uma possível insolvência do vendedor, na forma prevista pelo já transcrito art. 792, § 2º.

Uma dessas medidas seria o acesso ao Cadastro Nacional dos Devedores Trabalhistas – CNDT, entendimento adotado pelo TRT4:

> **OJ Nº 66 do TRT4.** FRAUDE À EXECUÇÃO. ALIENAÇÃO DE BEM DO EXECUTADO EM FRAUDE À EXECUÇÃO. Para efeitos do artigo 790, inciso III, do CPC/2015, considera-se de má-fé o adquirente de bem alienado pelo executado inscrito, ao tempo da alienação, no Cadastro Nacional de Devedores Trabalhistas.

10.6. Responsabilidade do fiador

Quando a execução for promovida em face do fiador, este poderá indicar bens livres e desembaraçados de propriedade do devedor para serem penhorados (benefício de ordem).

Como a competência material da Justiça Laboral, após a promulgação da EC nº 45/04, não tem mais relação direta com a pessoa do empregado e do empregador, é plenamente factível a ocorrência da hipótese prevista pelo art. 794 do CPC, desde que não se trate de obrigação tipicamente trabalhista.

Observe-se que os bens do fiador ficam sujeitos à execução, caso os bens do devedor sejam insuficientes para a satisfação do seu débito.

10.7. Responsabilidade do espólio

O espólio responde pela dívida do falecido, limitado, contudo, ao valor dos bens da herança.[66]

66. Código Civil. Art. 1792. O herdeiro não responde por encargos superiores às forças da herança; incumbe-lhe, porém, a prova do excesso, salvo se houver inventário que a escuse, demonstrando o valor dos bens herdados.

Se a sentença condenar o espólio, mas quando da execução forçada já houver sido feita a partilha, cada herdeiro responderá na proporção da parte que lhe coube na herança, de acordo com o art. 796 do CPC.

10.8. Responsabilidade solidária

Nos casos de solidariedade de dívidas trabalhistas, o empregado pode promover a execução contra um, alguns ou todos os responsáveis solidários, mesmo que não conste do título executivo judicial ou extrajudicial.

Isso quer dizer que, nos casos de empresas do **mesmo grupo econômico; sucessão de empregadores; falência da prestadora de serviços; consórcio de empregadores rurais; e subempreitada**, há solidariedade passiva referente às verbas trabalhistas e os devedores solidários poderão ser acionados de forma simultânea ou sucessiva.[67]

Jouberto Cavalcante e Francisco Ferreira também defendem essa tese:

> Exigir do reclamante, na fase de conhecimento, litigar contra todas as empresas do grupo é por demais exagerado. Deve ajuizar a ação contra a empresa aparente. Cabe a esta discutir o mérito do contrato de trabalho que se apresenta litigioso. Somente quando a referida empresa se mostrar inadimplente é que o empregado, pela aplicação da solidariedade, tem o direito de exigir das demais integrantes do grupo o ressarcimento de seus créditos trabalhistas.[68]

10.9. Responsabilidade subsidiária

Se a responsabilidade for subsidiária, hipótese, por exemplo, da terceirização lícita, **o devedor subsidiário só poderá ser executado se figurar no título executivo judicial e, ainda assim, depois de frustradas as tentativas de expropriação do patrimônio do devedor principal**.

Ainda que o devedor principal seja uma sociedade, não é necessário executar primeiramente os seus sócios para, posteriormente, buscar a constrição judicial dos bens de propriedade do responsável subsidiário que figurou no polo passivo da relação processual e na sentença.

A jurisprudência dos Tribunais Regionais segue esse posicionamento:

> **SÚMULA Nº 12 do TRT1.** IMPOSSIBILIDADE DE SATISFAÇÃO DO DÉBITO TRABALHISTA PELO DEVEDOR PRINCIPAL. EXECUÇÃO IMEDIATA DO DEVEDOR SUBSIDIÁRIO. Frustrada a execução em face do devedor principal, o juiz deve direcioná-la contra o subsidiário, não havendo amparo jurídico para a pretensão de prévia execução dos sócios ou administradores daquele.

---

67. Código Civil. Art. 275. O credor tem direito a exigir e receber de um ou de alguns dos devedores, parcial ou totalmente, a dívida comum; se o pagamento tiver sido parcial, todos os demais devedores continuam obrigados solidariamente pelo resto. Parágrafo único. Não importará renúncia da solidariedade a propositura de ação pelo credor contra um ou alguns dos devedores.

68. JORGE NETO, Francisco Ferreira e CAVALCANTE, Jouberto de Quadros Pessoa. **Direito Processual do Trabalho.** 3 ed. Rio de Janeiro: Lumen Juris, 2007. v. II, p. 1125.

SÚMULA Nº 20 do TRT1. RESPONSABILIDADE SUBSIDIÁRIA. FALÊNCIA DO DEVEDOR PRINCIPAL. CONTINUAÇÃO DA EXECUÇÃO TRABALHISTA EM FACE DOS DEVEDORES SUBSIDIÁRIOS. POSSIBILIDADE. A falência do devedor principal não impede o prosseguimento da execução trabalhista contra os devedores subsidiários.

SÚMULA Nº 37 do TRT10. EXECUÇÃO. RESPONSÁVEL SUBSIDIÁRIO. BENEFÍCIO DE ORDEM. DESNECESSIDADE DE EXAURIMENTO DA VIA EXECUTIVA EM RELAÇÃO AOS SÓCIOS DA EMPRESA EXECUTADA. Frustradas as medidas constritivas contra a devedora principal, é lícito o redirecionamento da execução contra a devedora subsidiária, independentemente de tentativa expropriatória em relação aos sócios da empregadora.

SÚMULA Nº 28 do TRT12. FALÊNCIA OU RECUPERAÇÃO JUDICIAL. RESPONSABILIDADE SUBSIDIÁRIA. Dado o caráter alimentar das verbas trabalhistas, decretada a falência ou a recuperação judicial do devedor principal, a execução pode voltar-se imediatamente contra devedor subsidiário.

SÚMULA Nº 04 do TRT17. EXECUÇÃO. RESPONSABILIDADE SUBSIDIÁRIA. DESCONSIDERAÇÃO DA PERSONALIDADE JURÍDICA. ORDEM DOS ATOS EXECUTÓRIOS. A responsabilidade patrimonial do devedor subsidiário na execução precede a dos sócios do devedor principal, salvo manifestação do credor em sentido contrário. A desconsideração da personalidade jurídica do devedor principal se faz em caráter excepcional, sendo possível após frustradas as medidas executórias contra os devedores expressos no título executivo.

OJ Nº 18 do TRT3. EXECUÇÃO. DEVEDOR SUBSIDIÁRIO. RESPONSABILIDADE EM TERCEIRO GRAU. INEXISTÊNCIA. É inexigível a execução prévia dos sócios do devedor principal inadimplente para o direcionamento da execução contra o responsável subsidiário.

OJ Nº 6 do TRT4. REDIRECIONAMENTO DA EXECUÇÃO CONTRA DEVEDOR SUBSIDIÁRIO. É cabível o redirecionamento da execução contra o devedor subsidiário, inclusive ente público, quando insuficientes os bens do devedor principal, não sendo exigível a prévia desconsideração da personalidade jurídica, com o consequente redirecionamento da execução contra os sócios.

OJ Nº 7 do TRT4. REDIRECIONAMENTO DA EXECUÇÃO CONTRA DEVEDOR SUBSIDIÁRIO. FALÊNCIA DO DEVEDOR PRINCIPAL. A decretação da falência do devedor principal induz presunção de insolvência e autoriza o redirecionamento imediato da execução contra o devedor subsidiário.

11. COMPETÊNCIA

Tratando-se de execução de título executivo judicial, o juízo competente será o mesmo que proferiu a sentença de conhecimento, conforme consta do art. 877 da Consolidação das Leis do Trabalho: "É competente para a execução das decisões o juiz ou presidente do Tribunal que tiver conciliado ou julgado originariamente o dissídio".

Uma vez que a CLT não é omissa, descabe a aplicação subsidiária do disposto no art. 516 do CPC:

QUADRO COMPARATIVO – COMPETÊNCIA PARA EXECUÇÃO (CUMPRIMENTO) DA SENTENÇA		
CPC DE 1973	**CPC DE 2015**	**CLT**
Art. 475-P. O cumprimento da sentença efetuar-se-á perante: Parágrafo único. No caso do inciso II do caput deste artigo, o exequente poderá optar pelo juízo do local onde se encontram bens sujeitos à expropriação ou pelo do atual domicílio do executado, casos em que a remessa dos autos do processo será solicitada ao juízo de origem	**Art. 516.** O cumprimento da sentença efetuar-se-á perante: Parágrafo único. Nas hipóteses dos incisos II e III, o exequente poderá optar pelo juízo do atual domicílio do executado, pelo juízo do local onde se encontrem os bens sujeitos à execução ou **pelo juízo do local onde deva ser executada a obrigação de fazer ou de não fazer**, casos em que a remessa dos autos do processo será solicitada ao juízo de origem.	**Art. 877.** É competente para a execução das decisões o juiz ou presidente do Tribunal que tiver conciliado ou julgado originariamente o dissídio.
Aplicabilidade do CPC ao processo do trabalho	Não se aplica, pois a CLT não é omissa (art. 877).	
Diferença entre o CPC de 2015 e o de 1973	O CPC de 2015 estabelece uma terceira possibilidade de local para o cumprimento da sentença, qual seja, o juízo do local onde deva ser executada a obrigação de fazer ou de não fazer.	

Na hipótese de execução por título extrajudicial representado por um termo de conciliação firmado perante a Comissão de Conciliação Prévia, termo de ajuste de conduta ou laudo arbitral[69] firmado pelo MPT,[70] aplica-se a regra que rege o processo de conhecimento, ou seja, aquela que define a competência em razão do local da prestação dos serviços ou, excepcionalmente, aquelas previstas nos parágrafos do art. 651 da CLT, conforme redação do art. 877-A desse mesmo Diploma legal.[71]

Destaque-se, entretanto, que o termo de ajuste de conduta, firmado pela empresa e o Ministério Público do Trabalho, geralmente tem como beneficiários uma coletividade, que pode não ser restrita a um único estabelecimento.

Em tais situações, aplicam-se as regras estabelecidas pelo posicionamento do TST constante da OJ nº 130, da SDI-2

> **OJ Nº 130.** AÇÃO CIVIL PÚBLICA. COMPETÊNCIA. LOCAL DO DANO. Lei nº 7.347/1985, Art. 2º. CÓDIGO DE DEFESA DO CONSUMIDOR, Art. 93 (redação alterada na sessão do Tribunal Pleno realizada em 14.09.2012)
>
> I – A competência para a Ação Civil Pública fixa-se pela extensão do dano.
>
> II – Em caso de dano de abrangência regional, que atinja cidades sujeitas à jurisdição de mais de uma Vara do Trabalho, a competência será de qualquer das Varas das localidades atingidas, ainda que vinculadas a Tribunais Regionais do Trabalho distintos.

69. A sentença arbitral é classificada pelo CPC como título executivo judicial, apesar de ser resultado da adoção da arbitragem, meio extrajudicial de solução de conflito de interesses.
70. Para execução das multas aplicadas pelo MTE, aplicam-se, em primeiro lugar, as regras contidas na Lei de Execuções Fiscais e não aquelas contidas na CLT. Assim, mais uma vez, apesar de ser competência da Justiça do Trabalho (art. 114, VII, da CF/88), **não incidem as regras do processo de execução laboral.**
71. CLT. Art. 877-A. É competente para a execução de título executivo extrajudicial o juiz que teria competência para o processo de conhecimento relativo à matéria.

III – Em caso de dano de abrangência suprarregional ou nacional, há competência concorrente para a Ação Civil Pública das Varas do Trabalho das sedes dos Tribunais Regionais do Trabalho.

IV – Estará prevento o juízo a que a primeira ação houver sido distribuída.

Quando da instalação de órgão da Justiça do Trabalho, modifica-se a competência para execução das sentenças proferidas pela Justiça Comum, segundo entendimento do STJ, por meio da sua Súmula nº 10: "Instalada a JCJ, cessa a competência do juiz de Direito em matéria trabalhista, inclusive para a execução das sentenças por ele proferidas".

O mesmo efeito não se verifica quando há um desmembramento posterior para criação de uma nova unidade jurisdicional da própria Justiça Laboral em localidade que pertencia à jurisdição anterior.

Exemplo de questão sobre o tema

(FCC – Juiz do Trabalho Substituto 24ª região/2015) A empresa Pegasus S/A, após ter sofrido procedimento investigatório, firmou Termo de Ajuste de Conduta – TAC perante o órgão do Ministério Público do Trabalho, ajustando algumas obrigações de fazer com previsão de multa por descumprimento. Entretanto, os termos do TAC não foram cumpridos. No que respeita à execução do Termo de Ajuste de Conduta, é correto afirmar que

a) o Termo de Ajuste de Conduta é considerado título executivo extrajudicial, razão pela qual será competente para a execução o Juiz do Trabalho que teria competência para o processo de conhecimento relativo à matéria.

b) o membro do Ministério Público do Trabalho tem competência para executar, direta e exclusivamente, os termos de ajuste de conduta, junto à Procuradoria da Justiça do Trabalho.

c) nessa situação, não caberá execução, visto que o Termo de Ajuste de Conduta não é reconhecido como título executivo, seja judicial ou extrajudicial.

d) para que o Termo de Ajuste de Conduta possa ser executado é necessário primeiramente que seja protestado perante Cartório de Protesto e depois haja decisão judicial trabalhista outorgando-lhe a natureza de título executivo judicial.

e) será feita mediante ação trabalhista comum, processo de conhecimento, a ser ajuizada perante a Vara do Trabalho competente para conhecer da matéria objeto do Termo de Ajuste de Conduta.

Resposta: A

12. EXECUÇÃO POR CARTA

Quando os bens do devedor estiverem localizados em território diverso daquele coberto pela jurisdição da Vara do Trabalho onde a execução trabalhista tenha sido iniciada, a penhora e a consequente expropriação serão efetivadas pela expedição de carta precatória executória.[72]

Assim, o juízo deprecante expede uma carta precatória para que o juízo deprecado pratique atos de constrição e alienação judicial dos bens do devedor, necessários à satisfação do crédito do exequente.

Em caso de embargos do devedor, **a competência para julgamento é do juízo deprecante, salvo se o objeto versar sobre irregularidades ocorridas durante a apreensão**

72. CPC. Art. 845. § 2º Se o executado não tiver bens no foro do processo, não sendo possível a realização da penhora nos termos do § 1º, a execução será feita por carta, penhorando-se, avaliando-se e alienando-se os bens no foro da situação.

dos bens, conforme dispõe o art. 20, parágrafo único, da Lei nº 6.830/80 e art. 914, § 2º, do CPC:

> **LEF. Art. 20.** Na execução por carta, os embargos do executado serão oferecidos no juízo deprecado, que os remeterá ao juízo deprecante, para instrução e julgamento. Parágrafo único. Quando os embargos tiverem por objeto vícios ou irregularidades de atos do próprio Juízo deprecado, caber-lhe -á unicamente o julgamento dessa matéria.

> **CPC. Art. 914. § 2º** Na execução por carta, os embargos serão oferecidos no juízo deprecante ou no juízo deprecado, mas a competência para julgá-los é do juízo deprecante, salvo se versarem unicamente sobre vícios ou defeitos da penhora, da avaliação ou da alienação dos bens efetuadas no juízo deprecado.

Se a hipótese for de embargos de terceiro, aplica-se a regra contida no art. 676, parágrafo único do CPC e na Súmula nº 419 do TST:

> **Art. 676. Parágrafo único.** Nos casos de ato de constrição realizado por carta, os embargos serão oferecidos no juízo deprecado, salvo se indicado pelo juízo deprecante o bem constrito ou se já devolvida a carta.

> **SÚMULA Nº 419.** COMPETÊNCIA. EMBARGOS DE TERCEIRO. EXECUÇÃO POR CARTA PRECATÓRIA. JUÍZO DEPRECADO. (alterada em decorrência do CPC de 2015) – Res. 212/2016, DEJT divulgado em 20, 21 e 22.09.2016. Na execução por carta precatória, os embargos de terceiro serão oferecidos no juízo deprecado, salvo se indicado pelo juízo deprecante o bem constrito ou se já devolvida a carta (art. 676, parágrafo único, do CPC de 2015).

13. DESISTÊNCIA DA EXECUÇÃO

O art. 775 do CPC permite que o credor desista da execução, mesmo depois da citação, ou de algumas medidas executivas, como a penhora de determinados bens, de parte da liquidação que se promova por artigos, da alienação judicial etc.

Como a execução por título judicial, no processo do trabalho, não tem a autonomia que antes gozava no processo civil, a aplicação subsidiária do referido preceito legal deve ser admitida com determinada cautela pelo magistrado, principalmente se for considerada a possibilidade de vício na manifestação de vontade do obreiro.

Se a desistência ocorre após o ajuizamento dos embargos à execução, o juiz determinará a sua extinção sem a resolução do mérito, quando versem apenas sobre questões processuais. Nos demais casos, a extinção dos embargos fica condicionada à aceitação do embargante, nos mesmos moldes como ocorre no processo de conhecimento.

Observe-se que em caso de homologação do pedido de desistência da ação de execução, inicia-se a contagem do prazo da prescrição intercorrente, uma vez que o reinício do processo de execução, nesse caso, irá depender da vontade do credor.

14. PRESCRIÇÃO INTERCORRENTE

A Lei nº 13.467/17 pôs fim a controvérsia sobre a incidência ou não da **prescrição intercorrente no processo laboral**, com a introdução do art. 11-A à CLT, com a seguinte redação: "Ocorre a prescrição intercorrente no processo do trabalho no prazo de dois anos".

Inclusive essa divergência era observada no âmbito do TST e STF, tendo este último **admitido a incidência do mencionado instituto na execução trabalhista**, por meio da Súmula nº 327: "O direito trabalhista admite a prescrição intercorrente".

O TST posicionava-se em sentido contrário, por meio da Súmula nº 114: "SÚMULA Nº 114. PRESCRIÇÃO INTERCORRENTE. É inaplicável na Justiça do Trabalho a prescrição intercorrente.

Nesse caso, o juiz antes de declarar a prescrição, deve ouvir o exequente, mormente para que possa arguir algum fato que implique **suspensão ou interrupção da prescrição**.

Assim, se o juiz verifica que o exequente não promoveu os atos necessários ao andamento do processo de execução, apesar de intimado nesse sentido, deve declarar a incidência do mencionado instituto, conforme determinação contida no § 1º do art. 11-A da CLT: "A fluência do prazo prescricional intercorrente inicia-se quando o exequente deixa de cumprir determinação judicial no curso da execução".

Inclusive, a declaração da prescrição intercorrente pode ser requerida ou declarada de ofício em qualquer grau de jurisdição, de acordo com o permissivo contido no § 2º, art. 11-A da CLT.

Entende o TST que a prescrição intercorrente só se aplica nos casos em que a intimação para o exequente cumprir a determinação judicial tiver sido feita após 11.11.2017, conforme se observa do art. 2º da IN nº 41/2018:

> **Art. 2º** O fluxo da prescrição intercorrente conta-se a partir do descumprimento da determinação judicial a que alude o § 1º do art. 11-A da CLT, desde que feita após 11 de novembro de 2017 (Lei nº 13.467/2017).

15. GARANTIA DA EXECUÇÃO – DEPÓSITO RECURSAL

Institui o art. 899, § 1º, da Consolidação das Leis do Trabalho, o depósito prévio como requisito para ser recebido o recurso ordinário, os embargos no TST e o recurso de revista. Tal depósito não é considerado tributo, pois serve apenas para garantir uma provável futura execução do título judicial.

O depósito recursal pode ser substituído pela fiança bancária ou pelo seguro garantia judicial, na forma do permissivo contido no § 11, art. 899 da CLT, regulamentado pelo Ato Conjunto do TST, CGJT e CSJT de nº 01/2019.

Transitada em julgado a decisão condenatória, deve o juiz determinar a liberação do valor depositado em favor do credor, na forma prevista pela parte final do citado preceito legal,[73] salvo se a sentença não for líquida.

73. CLT. Art. 899. § 1º. Sendo a condenação de valor até 10 (dez) **vezes o valor-de-referência regional, nos dissídios individuais, só será admitido o recurso, inclusive o extraordinário, mediante prévio depósito da respectiva importância. Transitada em julgado a decisão recorrida, ordenar-se-á o levantamento imediato da importância do depósito, em favor da parte vencedora, por simples despacho do juiz. (grifou-se).**

16. ATOS ATENTATÓRIOS À DIGNIDADE DA JUSTIÇA

Além das regras gerais que estabelecem deveres para todos os sujeitos do processo, principalmente aquelas consignadas no art. 77 do CPC, há também normas que vedam determinadas condutas processuais específicas ao devedor, conforme se observa do art. 774 do CPC, denominadas de atos atentatórios à dignidade da justiça:

> **Art. 774.** Considera-se atentatória à dignidade da justiça a conduta comissiva ou omissiva do executado que:
>
> I – frauda a execução;
>
> II – se opõe maliciosamente à execução, empregando ardis e meios artificiosos;
>
> III – dificulta ou embaraça a realização da penhora;
>
> IV – resiste injustificadamente às ordens judiciais;
>
> V – intimado, não indica ao juiz quais são e onde estão os bens sujeitos à penhora e os respectivos valores, nem exibe prova de sua propriedade e, se for o caso, certidão negativa de ônus.

A sanção para o executado que pratica os mencionados ilícitos processuais, que são espécies do gênero dos atos de litigância de má-fé, consiste na **fixação de uma multa em valor não superior a vinte por cento do valor da dívida,** além de outras sanções de natureza processual.

17. NULIDADE DA EXECUÇÃO

Como foi visto anteriormente, é necessário que o título executivo revista-se de certos requisitos para que seja objeto da ação de execução forçada, como a sua existência, a liquidez e a exigibilidade.

A ausência de tais requisitos, aliada à falta de citação do executado, implica nulidade da execução, na forma preconizada pelo art. 803 do CPC:

> **Art. 803**. É nula a execução se:
>
> I – o título executivo extrajudicial não corresponder a obrigação certa, líquida e exigível;
>
> II – o executado não for regularmente citado;
>
> III – for instaurada antes de se verificar a condição ou de ocorrer o termo.
>
> Parágrafo único. A nulidade de que cuida este artigo será pronunciada pelo juiz, de ofício ou a requerimento da parte, independentemente de embargos à execução.

Assim, se o título executivo é ilíquido, **é necessário que se proceda à sua liquidação antes de iniciar a execução.** Caso dependa da verificação de uma condição ou o advento de um termo, impõe-se o aguardo de tais eventos para imprimir exigibilidade ao título executivo.

Quanto à **citação**, é necessário que ela seja cumprida pelo oficial de justiça[74] no local onde esteja estabelecida a empresa, procedimento que difere daquele aplicável ao processo de conhecimento, qual seja, da simples expedição e entrega da **notificação.**

---

74. O art. 880, § 3º, da CLT permite que a citação se faça por edital. A citação por hora certa não está prevista pela CLT, mas a sua utilização é admitida, pacificamente, pela doutrina e jurisprudência.

É nulo o processo de execução que não observa essa formalidade:[75]

> RECURSO DE EMBARGOS. NULIDADE DE CITAÇÃO. IMPESSOALIDADE. PROCESSO DO TRABALHO. PRINCÍPIO DA CELERIDADE. A C. SDI manifesta-se no sentido de que a citação, no processo do trabalho, não está sujeita à pessoalidade, entendendo como válida a notificação entregue no endereço da reclamada. Diferentemente da fase de execução, em que há previsão de entrega da notificação por Oficial de Justiça, conforme prevê o art. 880, § 2º, da CLT, o sistema adotado na fase de conhecimento, para citação, nos termos do art. 841 da CLT, visa o princípio da celeridade que rege o processo do trabalho, afastando a necessidade de que a citação seja pessoal. Embargos conhecidos e desprovidos.[76]

18. SUSPENSÃO DA EXECUÇÃO

Além das hipóteses previstas em lei, que ensejam a suspensão do processo de conhecimento (art. 313 do CPC) os embargos do devedor, a ausência de bens penhoráveis (art. 921 do CPC) e a não localização do executado,[77] também provocam idêntico efeito no curso do processo de execução.

É possível que o juiz determine a **suspensão da execução** por solicitação conjunta das partes e pelo prazo acordado, desde que o devedor se comprometa a cumprir voluntariamente a obrigação contida no título executivo (art. 922 do CPC).

Durante o período de suspensão da execução não é possível praticar qualquer ato processual, salvo aqueles de natureza cautelar urgente, a critério do juiz (art. 923 do CPC).

Suspendem-se, também, os atos executórios quando no prazo dos embargos à execução o executado reconhecer o seu débito, depositar **trinta por cento** do seu respectivo valor e solicitar que o restante seja pago em até seis parcelas mensais, acrescidas de correção monetária e juros de 1% ao mês (art. 916 do CPC aplicado ao processo laboral de acordo com o preceito contido no art. 3º, XXI, da Instrução Normativa nº 39/16 do TST).

Por fim, suspende-se a execução quando for decretada a falência ou a recuperação judicial da empresa, nos exatos termos do quanto previsto pelo art. 6º da Lei nº 11.101/05:

> **Art. 6º.** A decretação da falência ou o deferimento do processamento da recuperação judicial suspende o curso da prescrição e de todas as ações e execuções em face do devedor, inclusive aquelas dos credores particulares do sócio solidário.

19. EXTINÇÃO DA EXECUÇÃO

A execução extingue-se com o cumprimento da obrigação contida no título executivo, seja de forma espontânea ou forçada, ou mesmo por meio da transação, remissão ou renúncia do crédito pelo exequente.

75. No processo do trabalho de conhecimento, a citação pessoal só é exigida para os Entes da administração pública direta, autárquica e fundacional.

76. TST. E-RR 741493-27.2001.5.09.5555. SDI-1. Rel. Min. Aloysio Correa da Veiga. DEJT 27.06.2008.

77. LEF. Art. 40. O juiz suspenderá o curso da execução, enquanto não for localizado o devedor ou encontrado bens sobre os quais possa recair a penhora, e, nesses casos, não correrá o prazo de prescrição.

O art. 924 do CPC discriminam as formas de extinção da execução:

> **Art. 924**. Extingue-se a execução quando:
>
> I – a petição inicial for indeferida;
>
> II – a obrigação for satisfeita;
>
> III – o executado obtiver, por qualquer outro meio, a extinção total da dívida;
>
> IV – o exequente renunciar ao crédito;
>
> V – ocorrer a prescrição intercorrente.

Uma vez citado, o executado pode pagar o valor devido perante a secretaria da Vara ou Tribunal do Trabalho, oportunidade em que será lavrado termo de quitação em duas vias, uma para o executado e outra para o processo, nos termos da previsão contida no art. 881 da CLT.

Quando o exequente não se encontra presente no momento do pagamento, a quantia respectiva é depositada em um banco oficial, de preferência na Caixa Econômica Federal.

Saliente-se, por fim, que o inciso V, do citado art. 924 do CPC não se aplica ao processo laboral, segundo o entendimento do TST revelado por meio da Instrução Normativa nº 39/16, art. 2º, VIII.

20. CUSTAS PROCESSUAIS E DEPÓSITO RECURSAL

As custas, no processo de execução, **são contadas por cada ato processual realizado,** mas só são recolhidas ao final do processo e limitadas ao valor máximo de R$1.915,38.

O quadro a seguir relaciona os atos processuais na execução com os respectivos valores das custas processuais, de acordo com o preceituado no art. 789-A da CLT:

Atos	Valores
Autos de arrematação, de adjudicação e de remição.	5% sobre o respectivo valor, até o máximo de R$ 1.915,38.
Atos dos oficiais de justiça, por diligência certificada.	Em zona urbana: R$ 11,06.
	Em zona rural: R$ 22,13.
Agravo de instrumento.	R$ 44,26.
Agravo de petição.	R$ 44,26.
Embargos à execução, embargos de terceiro e embargos à arrematação.	R$ 44,26.
Recurso de revista.	R$ 55,35.
Impugnação à sentença de liquidação.	R$ 55,35.
Despesa de armazenagem em depósito judicial.	Por dia: 0,1% do valor da avaliação.
Cálculos de liquidação realizados pelo contador do juízo	Sobre o valor liquidado: 0,5% até o limite de R$ 638,46.

Quanto ao depósito recursal, devem ser observadas as regras que foram esclarecidas pela IN nº 03, IV do TST:

> – dada a natureza jurídica dos embargos à execução, não será exigido depósito para a sua oposição quando estiver suficientemente garantida a execução por depósito recursal já

existente nos autos, efetivado no processo de conhecimento, que permaneceu vinculado à execução, e/ou pela nomeação ou apreensão judicial de bens do devedor, observada a ordem preferencial estabelecida em lei;

– garantida integralmente a execução nos embargos, só haverá exigência de depósito em qualquer recurso subsequente do devedor se tiver havido elevação do valor do débito, hipótese em que o depósito recursal corresponderá ao valor do acréscimo, sem qualquer limite;

– o depósito previsto no item anterior será efetivado pelo executado recorrente, mediante guia de depósito judicial expedida pela Secretaria Judiciária, à disposição do juízo da execução;

– com o trânsito em julgado da decisão que liquidar a sentença condenatória, serão liberados em favor do exequente os valores disponíveis, no limite da quantia exequenda, prosseguindo, se for o caso, a execução por crédito.

21. CERTIDÃO NEGATIVA DE DÉBITOS TRABALHISTAS – CNDT

A Lei nº 12.440/11 instituiu a denominada Certidão Negativa de Débitos Trabalhistas – CNDT, ao inserir o art. 642-A à CLT, com a seguinte redação:

> **Art. 642-A.** É instituída a Certidão Negativa de Débitos Trabalhistas (CNDT), expedida gratuita e eletronicamente, para comprovar a inexistência de débitos inadimplidos perante a Justiça do Trabalho.
>
> **§ 1º** O interessado não obterá a certidão quando em seu nome constar: I – o inadimplemento de obrigações estabelecidas em sentença condenatória transitada em julgado proferida pela Justiça do Trabalho ou em acordos judiciais trabalhistas, inclusive no concernente aos recolhimentos previdenciários, a honorários, a custas, a emolumentos ou a recolhimentos determinados em lei; ou II – o inadimplemento de obrigações decorrentes de execução de acordos firmados perante o Ministério Público do Trabalho ou Comissão de Conciliação Prévia.
>
> **§ 2º** Verificada a existência de débitos garantidos por penhora suficiente ou com exigibilidade suspensa, será expedida Certidão Positiva de Débitos Trabalhistas em nome do interessado com os mesmos efeitos da CNDT.
>
> **§ 3º** A CNDT certificará a empresa em relação a todos os seus estabelecimentos, agências e filiais. § 4º O prazo de validade da CNDT é de 180 (cento e oitenta) dias, contado da data de sua emissão.

Assim, qualquer pessoa física ou jurídica que queira participar de licitações públicas **só poderá concorrer se não possuir dívidas trabalhistas em processos já sentenciados e que não caibam mais recursos, bem como naquelas demandas nas quais houve homologação de acordo sem o devido cumprimento**.

Antes da vigência da referida norma jurídica, a exigência de certidão negativa só atingia as dívidas de natureza fiscal, de acordo com o disposto no art. 27, IV, da Lei nº 8.666/93.

Essa nova ordem jurídica beneficiou bastante os trabalhadores que buscam o Poder Judiciário, diante da grande quantidade de demandas nas quais o trabalhador obtinha sucesso na sua pretensão no processo de conhecimento, mas via a execução frustrada, diante da inexistência de bens passíveis de penhora de propriedade da empresa.

A CNDT é expedida sem a necessidade de pagamento de qualquer emolumento, por meio eletrônico e com a utilização da rede mundial de computadores (*internet*), nos *sites* dos Tribunais Regionais do Trabalho, do Tribunal Superior do Trabalho ou do Conselho Superior da Justiça do Trabalho.

> **SÚMULA Nº 20 do TRT17.** CERTIDÃO DE CRÉDITO TRABALHISTA. CONSTITUCIONALIDADE. A expedição da certidão de crédito trabalhista é medida eficaz que atende aos princípios da celeridade e da duração razoável do processo, diminuindo o elevado gasto público com a manutenção dos locais e serviços destinados ao arquivamento de cadernos processuais, além de não revelar qualquer prejuízo para o exequente que, encontrando bens do devedor e de posse da referida certidão, poderá pleitear a reabertura da execução e buscar a satisfação do seu crédito.

21.1. Requisitos

Como dito, para que seja emitida a CNDT, o interessado não pode figurar como inadimplente em processo de execução definitiva[78] com sentença condenatória transitada em julgado ou acordos firmados perante a Justiça do Trabalho, comissão de conciliação prévia ou Ministério Público do Trabalho.

As obrigações que obstam a emissão da CNDT seriam de natureza trabalhista e previdenciária, além das despesas processuais (custas, emolumentos e honorários) e outros recolhimentos definidos em lei.

21.2. Certidão positiva de créditos trabalhistas

Ainda que ocorram as situações relatadas no item anterior, será expedida uma certidão positiva de débitos trabalhista – CPDT, **mas com efeitos de certidão negativa**, nos casos em que haja **débitos com exigibilidade suspensa ou quando a execução estiver garantida por penhora ou depósito.**

21.3. Banco nacional de devedores trabalhistas – BNDT

Para conferir efetividade à CNDT foi criado o banco nacional de devedores trabalhistas – BNDT. Esse banco de dados serve para cadastrar todos os inadimplentes trabalhistas do Brasil que já foram condenados por sentença trabalhista da qual não caiba mais qualquer recurso ou nos demais casos de inadimplemento de acordos previstos no art. 642-A da CLT.

O BNDT é alimentado com as seguintes informações: numeração do processo; nome ou razão social do devedor, acompanhado do respectivo CPF ou CNPJ; existência de depósito, bloqueio ou dinheiro suficiente para garantir a execução; e suspensão da exigibilidade da obrigação, quando houver.

Disponibiliza-se, também, o acesso público aos dados dos devedores que constam do pré-cadastro do BNDT que ainda não estão positivados.

21.4. Procedimento

A inclusão do exequente no banco de dados de devedores efetiva-se após **45 dias de sua citação**, quando não houver garantia do juízo, na forma prevista pelo art. 883-A da CLT, com redação dada pela Lei nº 13.467/17:

78. O devedor não será incluído no BNDT se a execução for provisória.

> **Art. 883-A**. A decisão judicial transitada em julgado somente poderá ser levada a protesto, gerar inscrição do nome do executado em órgãos de proteção ao crédito ou no Banco Nacional de Devedores Trabalhistas (BNDT), nos termos da lei, depois de transcorrido o prazo de quarenta e cinco dias a contar da citação do executado, se não houver garantia do juízo.

Essa regra que concede o prazo de 45 dias só se aplica às execuções iniciadas a partir de 11.11.2017, conforme determina o art. 15 da IN nº 41/2018 do TST: "O prazo previsto no art. 883-A da CLT, para as medidas de execução indireta nele especificadas, aplica-se somente às execuções iniciadas a partir de 11 de novembro de 2017".

Segundo determina o art. 1º, § 1-A, da Resolução Administrativa nº 1.470/ 2011, em caso de execução por quantia certa, o juiz determinará o bloqueio de numerário do executado por meio do sistema BACENJUD, antes da sua inclusão no BNDT.

A competência para determinar a inclusão, modificação ou exclusão do nome do devedor no BNDT é do juiz de primeiro grau. Caso a alteração ocorra no âmbito do TRT ou TST, o juiz será comunicado imediatamente para que determine a atualização dos dados cadastrais.

21.5. Efeitos

O principal efeito da CNDT é possibilitar a participação do interessado em processos de licitação pública, conforme determina o art. 27, IV da Lei nº 8.666/93:

> **Art. 27**. Para a habilitação nas licitações exigir-se-á dos interessados, exclusivamente, documentação relativa a:
>
> I – habilitação jurídica;
>
> II – qualificação técnica;
>
> III – qualificação econômico-financeira;
>
> IV – regularidade fiscal e **trabalhista** (grifou-se)

Os efeitos da CNDT estendem a todos os estabelecimentos, filiais e agências da empresa, pelo prazo de 180 dias a partir da data de sua emissão.

Vislumbra-se, em um futuro próximo, a aquisição de outros efeitos para a CNDT, seja pela via legal, administrativa ou mesmo social. Com efeito, a formação do banco de dados de devedores trabalhistas também servirá para concretizar outros propósitos que conferirão maior efetividade à sentença trabalhista, além de abreviar a duração do processo de execução diante dos seus efeitos indiretos.

Esses possíveis efeitos serão analisados nos itens seguintes.

A) Aquisição de imóveis

Os negócios jurídicos que envolvem imóveis tornaram-se mais seguros a partir da vigência da lei que instituiu a CNDT, uma vez que o comprador pode exigir do vendedor a mencionada certidão negativa com validade nacional.

Anteriormente somente eram exigidas certidões emitidas por cartórios locais, que não garantiam a inexistência de débitos trabalhistas em outras regiões do Brasil, o que gerava insegurança nessas relações negociais, principalmente para o adquirente de boa-fé.

Inclusive, o TST em conjunto com o CNJ já estuda a possibilidade de disciplinar a exigência da Certidão Negativa de Débitos Trabalhistas em todos os cartórios de registro de imóveis no Brasil, relativamente às transações que envolvam transferências de imóveis e partilhas de bens em separações e divórcios.[79]

B) Restrições de financiamento por bancos oficiais

As restrições legais aplicadas ao devedor trabalhista poderão ser ampliadas para impedir, também, a concessão de financiamento público às empresas com registro no cadastro geral de devedores trabalhistas.

C) Identificação dos maiores devedores trabalhistas

Atualmente já é possível identificar os maiores devedores trabalhistas, que são agrupados por região, atividade econômica etc., sendo que os dados respectivos são amplamente divulgados, inclusive pela *internet* que, por sua vez, são visualizados por qualquer interessado e pela imprensa.

D) Aquisição de empresas

Facilitou-se os processos empresariais de aquisição, fusão e incorporação diante da segurança oferecida pelo banco nacional de devedores trabalhistas, que permite dimensionar o real quadro de endividamento de cada empresa.

E) Selo de qualidade trabalhista

As entidades de defesa dos interesses dos trabalhadores poderão instituir um selo de qualidade para as empresas, conferindo-o àquelas que não possuam dívidas trabalhistas.

Exemplo de questão sobre o tema

(TRT 3 – Juiz do Trabalho Substituto 3ª região/ 2013) Sobre a certidão negativa de débitos trabalhistas, leia as afirmações abaixo e, em seguida, assinale a alternativa correta:

I. A certidão negativa de débitos trabalhistas serve para comprovar a inexistência de débitos inadimplidos perante a Justiça do Trabalho.

II. o prazo de validade da certidão positiva de débitos trabalhistas é de 180 (cento e oitenta) dias, contado da data de sua emissão.

III. O interessado não obterá a certidão negativa de débitos trabalhistas quando em seu nome constar o inadimplemento de obrigações estabelecidas em sentença condenatória transitada em julgado proferida pela Justiça do Trabalho ou em acordos judiciais, inclusive no concernente aos recolhimentos previdenciários, a honorários, a custas e emolumentos ou a recolhimentos determinados em lei.

IV. O inadimplemento de obrigações resultantes de execução de acordos firmados perante comissão de conciliação prévia não impede a obtenção da certidão negativa de débitos trabalhistas.

a) Todas as afirmativas estão corretas.

b) Somente as afirmativas I e II e III estão corretas.

c) Somente as afirmativas I, III e IV estão corretas.

---

79. O art. 10, § 2º, da Resolução administrativa nº 1.470/2011 do TST já sugere esse efeito: "A CNDT pode ser exigida para fins de transação imobiliária, mas não exclui a emissão, pelos Tribunais e Varas do Trabalho, de certidão específica para esse fim.

d) Somente as afirmativas I e III estão corretas.

e) Somente as afirmativas II e III estão corretas.

Resposta: B

22. PRINCIPAIS DIFERENÇAS ENTRE O PROCESSO CIVIL E O PROCESSO DO TRABALHO

Instituto	Processo Civil	Processo do Trabalho
Início da execução	Não mais subsiste o processo de execução autônomo por título judicial. O réu é intimado para cumprir a decisão.	Para iniciar a fase de execução por título judicial é necessária a citação do devedor para pagar ou nomear bens à penhora.
Títulos executivos extrajudiciais	A letra de câmbio, a nota promissória, a duplicata, a debênture, o cheque, a escritura pública, o documento público; o documento particular assinado pelo devedor e por duas testemunhas e outros previstos no art. 784 do CPC.	1 – O termo de ajuste de conduta firmado perante o MPT; 2 – O termo de conciliação firmado perante a CCP; 3 – A sentença arbitral (o CPC considera título executivo judicial). 4 – O cheque e a nota promissória emitidos em reconhecimento de dívida inequivocamente de natureza trabalhista (IN nº 39/16 do TST, art. 13). 5 – A **certidão de inscrição da dívida ativa da União,** desde que derive de penalidades administrativas impostas aos empregadores pelos órgãos de fiscalização das relações de trabalho.
Execução contra devedor civil insolvente	Previsto no art. 748 e seguintes do CPC de 1973 em vigor por conta da expressa disposição contida no art. 1.052 do CPC de 2015.	A execução se processa normalmente no processo do trabalho, ainda que haja insolvência civil do devedor.
Depósito recursal	Não há previsão legal.	Funciona como garantia da de efetividade da execução (Art. 899, § 1º, *in fine*, da CLT).

23. INFORMATIVOS DO TST SOBRE A MATÉRIA

Descumprimento de liminar. Abusividade da greve Astreintes. Destinação da multa. Valor devido ao exequente.

Nos termos do art. 537, § 2º, do CPC de 2015, o valor das astreintes é devido ao exequente, de modo que a sua destinação não pode ser fixada de acordo com a discricionariedade do magistrado. Assim, a decisão judicial que determina que a multa aplicada em razão do descumprimento de liminar seja paga a instituições beneficentes, ainda que louvável, contraria o disposto no art. 537, § 2º, do CPC de 2015, pois não atende ao critério objetivo nele fixado. Sob esse fundamento, a SDC, por maioria, deu provimento ao recurso ordinário adesivo para determinar que o valor total da multa arbitrada pelo Tribunal Regional, decorrente do descumprimento da liminar que declarou abusiva a greve, seja revertido ao exequente, no caso, o sindicato patronal. Vencidos os Ministros Mauricio Godinho Delgado e Lelio Bentes Corrêa. TST-RO-8-53.2017.5.11.0000, SDC, rel. Min. Ives Gandra da Silva Martins Filho, 9.9.2019 (TST. Info nº 204).

Mandado de segurança. Cabimento. Execução provisória. Redirecionamento da execução contra sócio. Não observância do incidente de desconsideração da personalidade jurídica. Arts. 133 a 137 do CPC de 2015. Aplicação ao Processo do Trabalho. Art. 6º da IN nº 39/2016 do TST e art. 855-A da CLT.

O art. 6º da IN nº 39/2016 do TST e o art. 855-A da CLT (incluído pela Lei nº 13.467/2017) estabelecem a aplicação do incidente de desconsideração da personalidade jurídica (arts. 133 a 137 do CPC de 2015) ao Processo do Trabalho. Assim, se na vigência do CPC de 2015 a execução provisória é redirecionada contra a representante legal da pessoa jurídica sem a observância do referido incidente, cabe mandado de segurança para discutir a extensão dos efeitos da obrigação contida no título executivo aos bens particulares da administradora da empresa. Sob esse fundamento, a SBDI-II, por unanimidade, conheceu do recurso ordinário e, no mérito, deu-lhe provimento para, reformando a decisão que indeferira a petição inicial do mandamus, determinar o retorno dos autos à Corte de origem a fim de que o mandado de segurança seja processado e julgado. TST-RO-406-27.2017.5.10.0000, SBDI-II, rel. Min. Douglas Alencar Rodrigues, 6.11.2018 (TST. Info nº 186).

Ação civil pública. Multa coercitiva. Astreinte. Limitação temporal. Impossibilidade.

A SBDI-I, por maioria, conheceu de embargos, por divergência jurisprudencial, e, no mérito, deu-lhes provimento para restabelecer a sentença proferida em ação civil pública na parte em que fixou astreinte sem a limitação temporal de sessenta dias, caso haja descumprimento da obrigação de fazer reconhecida em juízo. A cominação de multa coercitiva pelo descumprimento da obrigação de fazer tem como propósito compelir o devedor a realizar a prestação devida, configurando-se meio indireto de execução. Nos termos do art. 537 do CPC de 2015, a astreinte pode ser concedida tanto na fase de conhecimento quanto na fase de execução, sendo possível, também, aumentar-lhe ou reduzir-lhe o valor, a qualquer momento, desde que necessário à efetividade da determinação judicial. Assim, não se pode admitir que o juiz da fase de conhecimento fixe um limite temporal para a aplicação da multa coercitiva, sob pena de retirar do Juízo da execução, responsável pelo cumprimento do julgado, instrumento imprescindível à efetividade da determinação judicial, e de esvaziamento do disposto no § 4º do art. 537 do CPC de 2015, no que determina a incidência da multa enquanto não cumprida a decisão que a tiver cominado. No caso concreto, a sentença julgou parcialmente procedente a ação civil pública ajuizada pelo Ministério Público do Trabalho contra o Município de Bodoquena/MS para estabelecer a obrigação de fazer, de natureza continuada, consistente no fornecimento de Equipamento de Proteção Individual – EPI, treinamento adequado, água potável e veículo apropriado à coleta de lixo aos trabalhadores do serviço público de limpeza urbana municipal, sob pena de multa diária em caso de descumprimento. Todavia, o acórdão do Tribunal Regional, mantido pelo acórdão turmário, julgou parcialmente procedente o pedido para reduzir o valor da multa aplicada e limitá-la ao período de sessenta dias. Vencidos os Ministros Maria Cristina Irigoyen Peduzzi, Brito Pereira, Márcio Eurico Vitral Amaro e Breno Medeiros. TST-E-ED-RR-747-09.2013.5.24.0031, SBDI-I, rel. Min. Augusto César Leite de Carvalho, 5.4.2018 (TST. Info nº 175).

Ação rescisória. Execução. Diferenças de abono de complementação de aposentadoria. Decisão que adequa os cálculos de liquidação para incluir parcelas vincendas. Ausência de pedido expresso. Possibilidade. Art. 290 do CPC de 1973.

As diferenças de abono de complementação de aposentadoria deferidas em sede de reclamação trabalhista constituem prestações periódicas, de trato sucessivo, de modo que, nos termos do art. 290 do CPC de 1973, o deferimento das parcelas vincendas independe de pedido, mantendo-se o pagamento enquanto inalterada a situação de fato, sem prejuízo de eventual revisão, conforme disposto no art. 471, I, do CPC de 1973. Assim, a decisão, na fase de execução, que faz a adequação dos cálculos de liquidação para incluir as verbas vincendas dá efetividade ao comando exequendo, além de valorizar o princípio da economia processual, ao coibir o ajuizamento de demandas idênticas. Sob esses fundamentos, a SBDI-II, por unanimidade, conheceu do recurso ordinário e, no mérito, negou-lhe provimento, mantendo, ainda que por fundamento diverso (violação do art. 290 do CPC de 1973), a decisão do Tribunal Regional que julgara procedente a ação rescisória para determinar o prosseguimento da execução quanto às parcelas vincendas do abono de complementação de aposentadoria. TST-RO-9476-95.2014.5.02.0000, SBDI-II, rel. Min. Alberto Luiz Bresciani de Fontan Pereira, 25.10.2016 (TST. Info-Execução nº 28).

Recuperação judicial. Decurso do prazo de 180 dias do art. 6º, § 4º, da Lei nº 11.101/2005. Manutenção da suspensão da execução trabalhista. Possibilidade.

Deferido o processamento ou aprovado o plano de recuperação judicial, é imperiosa a manutenção da suspensão das execuções individuais trabalhistas, ainda que superado o prazo de cento e oitenta dias previsto no art. 6º, § 4º, da Lei nº 11.101/2005, não se admitindo o prosseguimento automático de tais execuções. Nessa situação, é vedado ao juízo trabalhista a alienação ou a disponibilização de ativos da empresa, salvo quando houver hasta designada, hipótese em que o produto será revertido para o juízo em recuperação. Sob esses fundamentos, a SBDI-II, por unanimidade, conheceu do recurso ordinário e, no mérito, deu-lhe provimento para conceder a segurança pleiteada, determinando a suspensão da execução e das medidas de constrição efetuadas nos autos de reclamação trabalhista. TST-RO-80169-95.2016.5.07.0000, SBDI-II, rel. Min. Alberto Luiz Bresciani de Fontan Pereira, 11.10.2016 (TST. Info-Execução nº 27).

Mandado de segurança. Cabimento. Exceção de pré-executividade. Rejeição. Teratologia do ato coator.

É cabível mandado de segurança contra decisão que rejeitou exceção de pré-executividade na hipótese de teratologia do ato coator ou quando evidenciada a excepcionalidade do caso. Na espécie, entendeu-se teratológica a decisão que negou à impetrante o direito de discutir, por meio de exceção de pré-executividade, a adequação dos cálculos elaborados pela perita e homologados na sentença de liquidação aos termos da coisa julgada produzida na sentença exequenda. Não se mostra razoável exigir do devedor o ajuizamento de embargos à execução, após prévia garantia de juízo, para demonstrar possível ofensa à coisa julgada, matéria cognoscível de ofício. Sob esse entendimento, a SBDI-II, afastando a incidência de sua Orientação Jurisprudencial nº 92, conheceu do recurso ordinário por unanimidade, e, por maioria, negou-lhe provimento, mantendo a decisão do Regional que concedera a segurança. Vencidos os Ministros Emmanoel Pereira e Delaíde Miranda Arantes. TST-RO-2368-09.2011.5.06.0000, SBDI-II, rel. Min. Emmanoel Pereira, red. p/ acórdão Min. Guilherme Augusto Caputo Bastos, 23.2.2016 (TST. Info-Execução nº 21).

Penhora de bem imóvel. Arrematação. Posterior constatação judicial de erro nos cálculos homologados. Nulidade de todos os atos executivos e expropriatórios fundados nos cálculos incorretos. Excesso de execução. Prejuízo ao executado. Título inexigível. Ausência de coisa julgada.

A certeza, liquidez e exigibilidade do título executivo são pressupostos de validade da execução. Nesse sentido, erro de liquidação que aumenta sensivelmente o valor devido torna inexigível o título executivo judicial e a execução nele pautada é nula, nos termos da lei. Na hipótese, posteriormente à arrematação de bem imóvel em hasta pública, o juízo verificou a ocorrência de erro nos cálculos homologados, razão pela qual procedeu à nova liquidação que apurou valores sensivelmente menores do que o efetivamente exigível. Não obstante tal constatação, convalidou os atos expropriatórios já praticados, causando prejuízo ao executado, que não pode substituir o bem arrematado por outro compatível com o cálculo refeito. Ressalte-se, ademais, que o excesso de execução decorrente do cálculo equivocadamente homologado não estava acobertado pela coisa julgada que se formou na ação trabalhista, de modo que a parcela excedente apresentava-se como pedido sem título executivo, o que também torna nula a execução. Sob esses fundamentos, a SBDI-II, por unanimidade, conheceu do recurso ordinário, e, no mérito, deu-lhe provimento para conceder o mandado de segurança e determinar a anulação de todos os atos constritivos e executórios anteriores à decisão que fixou o novo quantum debeatur. (TST. Info-Execução nº 21).

Conflito positivo de competência. Execução. Carta precatória. Requerimento de alienação judicial perante o Juízo deprecante. Impossibilidade. Competência do Juízo deprecado. Art. 658 do CPC.

Na execução por carta precatória, os atos de penhora, avaliação e expropriação de bem imóvel submetido à jurisdição distinta do local da execução são de competência do Juízo deprecado, na forma preconizada pelo art. 658 do CPC. Na espécie, foi solicitada a devolução de carta precatória em razão da existência de requerimento de venda judicial do bem penhorado, com o qual havia concordado a empresa executada, mediante o pagamento da quantia de R$ 290.000,00 (duzentos e noventa mil reais). Ocorre que o imóvel penhorado fora avaliado em R$ 11.000.000,00 (onze milhões de reais) perante o Juízo deprecado, tendo este, inclusive, recusado uma proposta de arrematação apresentada em hasta pública no valor de R$ 6.000.000,00 (seis milhões de reais), para pagamento parcelado. Assim, não há razão para a devolução da carta precatória, cabendo ao Juízo deprecado apreciar o pedido de aquisição do bem penhorado. Sob esse entendimento, a SBDI-II, por unanimidade, admitiu o conflito positivo de competência para declarar a competência do Juízo deprecado. TST-CC-474-52.2013.5.08.0103, SBDI-II, rel. Min. Douglas Alencar Rodrigues, 24.11.2015 (TST. Info-Execução nº 20).

Multa de 20% sobre o valor da condenação em razão do não pagamento ou de ausência de garantia da execução. Art. 832, § 1º, da CLT. Impossibilidade. Existência de regramento específico. Art. 880 da CLT.

O art. 880 da CLT determina o pagamento ou a garantia da execução no prazo de 48 horas, sob pena de penhora. Assim, havendo regramento específico para o não cumprimento espontâneo da decisão judicial ou para a ausência de garantia do juízo, não subsiste a multa de 20% sobre o valor da condenação imposta à reclamada com fundamento no art. 832, § 1º, da CLT. No caso concreto, ressaltou-se que o referido dispositivo tem caráter genérico e deve ser interpretado em conjunto com a disciplina que a CLT confere à execução trabalhista. Sob esses fundamentos, a SBDI-I, por maioria, conheceu dos embargos, vencido o Ministro Aloysio Corrêa da Veiga. No mérito, também por maioria, a Subseção deu provimento ao recurso para, reformado o acórdão turmário, excluir da condenação o pagamento da multa de 20% para o caso de não pagamento ou de ausência de garantia da execução no prazo de 48 horas. Vencidos os Ministros Augusto César Leite de Carvalho, José Roberto Freire Pimenta e Alexandre Agra Belmonte. TST-E-ED-RR-1228-29.2011.5.08.0114, SBDI-I, rel. Min. Guilherme Augusto Caputo Bastos, 26.11.2015 (TST. Info-Execução nº 20).

Execução provisória. Inaplicabilidade do art. 475-O do CPC. Incompatibilidade do levantamento do depósito recursal com o Processo do Trabalho. Existência de norma específica. Art. 899, *caput*, e § 1º, da CLT.

A execução provisória de sentença trabalhista somente é permitida até a penhora, conforme o art. 899, caput e § 1º, da CLT, de modo que a autorização judicial para o levantamento dos valores depositados, nos termos do art. 475-O do CPC, é incompatível com o Processo do Trabalho. Havendo regramento específico, a aplicação subsidiária da norma de processo civil não é admitida. Com esse entendimento, a SBDI-II, por unanimidade, conheceu do recurso ordinário e, no mérito, deu-lhe provimento para conceder a segurança pleiteada e determinar que a execução provisória seja processada nos moldes do art. 899 da CLT. TST-RO-7284-66.2013.5.15.0000, SBDI-II, rel. Min. Douglas Alencar Rodrigues, 14.4.2015 (TST. Info-Execução nº 14).

Execução. Expropriação de bem dado em garantia. Transferência de valores remanescentes para execuções movidas contra empresa diversa. Necessidade de formação de grupo econômico ou existência de sucessão de empresas.

Em atenção ao devido processo legal, ao contraditório e à ampla defesa (arts. 5º, LIV e LV, da CF), não se pode admitir a satisfação das dívidas de determinada empresa executada por meio da utilização de recursos financeiros advindos das sobras da expropriação de bem de terceiros, sem que tenha sido reconhecida, em cada execução trabalhista, a formação de grupo econômico ou a existência de sucessão de empresas. No caso concreto, o Juízo da vara do trabalho determinara que os valores remanescentes nos autos de execução em que figuravam como executadas somente as empresas Áurea Palace Hotel e Áurea Empreendimentos Turísticos S.A., fossem repassados para execuções movidas contra Terra Turismo Ltda, sem que houvesse o reconhecimento de que entre as empresas configurou-se grupo econômico ou ocorreu sucessão. Com esse entendimento, a SBDI-II, por unanimidade, conheceu da remessa necessária e, no mérito, negou-lhe provimento. TSTReeNec-26800-89.2009.5.23.0000, SBDI-II, rel. Min. Douglas Alencar Rodrigues, 14.4.2015 (TST. Info-Execução nº 14).

Mandado de segurança. Execução provisória. Indeferimento do prosseguimento até a penhora. Impossibilidade. Art. 899 da CLT.

Havendo expressa previsão de lei acerca da possibilidade de se promover a execução provisória no processo do trabalho até a penhora (art. 899 da CLT), fere direito líquido e certo da exequente a decisão que indefere o prosseguimento da referida execução, mesmo na hipótese em que há recurso pendente de julgamento. Ademais, no caso concreto, restou consignado que o indeferimento da execução provisória causa prejuízo à impetrante, na medida em que a liquidação do julgado somente se iniciaria após o trânsito em julgado do processo matriz, impedindo a prévia apuração de valores impostos na condenação e, consequentemente, retardando a celeridade processual. Com esses fundamentos, a SBDI-II, por unanimidade, conheceu do recurso ordinário, e, no mérito, negou-lhe provimento, mantendo a decisão do TRT que concedera a segurança para cassar ato judicial mediante o qual se indeferiu o prosseguimento da execução provisória nos autos de reclamação trabalhista. TST-RO-6909-65.2013.5.15.0000, SBDI-II, rel. Min. Alberto Luiz Bresciani de Fontan Pereira, 3.3.2015 (TST. Info-Execução nº 12).

Mandado de segurança. Pedido de emissão de Certidão Positiva de Débitos Trabalhistas com Efeitos de Negativa. Execução integralmente garantida por reclamada que requer exclusão da lide. Ausência de decisão definitiva sobre a questão. Risco de ineficácia da prestação jurisdicional. Inexistência de direito líquido e certo.

Embora o § 2º do art. 642-A da CLT permita a expedição de Certidão Positiva de Débitos Trabalhistas com Efeito de Negativa, desde que haja débitos trabalhistas com exigibilidade suspensa ou quando a execução estiver garantida por depósito ou penhora, no caso em que não há decisão definitiva acerca da exclusão da lide da empresa executada responsável pela garantia do juízo, não se afigura razoável que as demais reclamadas se beneficiem da suspensão da exigibilidade dos débitos trabalhistas, ante o risco de ineficácia da prestação jurisdicional. Incidência, por analogia, do item III da Súmula nº 128 do TST. Na espécie, o TRT indeferiu o pedido de expedição de Certidão Positiva de Débitos Trabalhistas com Efeitos de Negativa por entender que, embora garantida a execução trabalhista, a reclamada que ofertou a carta de fiança como garantia do débito exequendo requereu sua exclusão da lide, não havendo decisão definitiva sobre a questão. Assim sendo, a SBDI-II, por unanimidade, conheceu do recurso ordinário e, no mérito, negou-lhe provimento, uma vez que não demonstrada, de maneira inequívoca, a satisfação dos requisitos necessários para a expedição de Certidão Positiva de Débitos Trabalhistas com Efeito de Negativa, não vislumbrando, assim, direito líquido e certo a ser amparado pela via do mandado de segurança. TST-RO-1000244-76.2013.5.02.0000, SBDI-II, rel. Min. Douglas Alencar Rodrigues, 7.10.2014 (TST. Info-Execução nº 6).

Mandado de segurança. Execução provisória. Determinação judicial de transferência para a Caixa Econômica Federal do valor depositado como garantia do crédito exequendo em conta poupança aberta em agência do banco executado. Abusividade. Inteligência dos arts. 620 e 655 do CPC e da Súmula nº 417, III do TST.

Garantida a execução mediante valor depositado em conta de poupança aberta em agência do banco executado em nome do exequente, à disposição do juízo, mostra-se abusiva a ordem de transferência do referido numerário para agência da Caixa Econômica Federal. Trata-se de execução provisória em que incidem o art. 620 do CPC e o item III da Súmula nº 417 do TST, segundo os quais o executado tem direito a que a execução se processe da forma que lhe seja menos gravosa. Ademais, restou demonstrada a observância da gradação do art. 655 do CPC, de modo que a autoridade coatora, ao considerar o depósito em conta poupança ineficaz, violou o princípio da economicidade da execução. Com esses fundamentos, a SBDI-II, por unanimidade, conheceu do recurso ordinário interposto pelo banco impetrante, e, no mérito, deu-lhe provimento para conceder a segurança a fim de cassar o ato impugnado e convalidar a garantia da execução efetuada via depósito judicial. Ressalvou entendimento o Ministro Cláudio Mascarenhas Brandão. TST-RO – 6327-42.2011.5.04.0000, SBDI-II, rel. Min. Emmanoel Pereira, 23.9.2014 (TST. Info-Execução nº 5).

Execução. Multa prevista no art. 475-J do CPC. Aplicação ao processo do trabalho. Impossibilidade.

Não se aplica a multa prevista no art. 475-J do CPC ao processo do trabalho, pois, no que diz respeito à execução trabalhista, não há omissão na CLT a autorizar a incidência subsidiária da norma processual civil. Ainda que assim não fosse, eventual lacuna seria preenchida pela aplicação da Lei nº 6.830/80, a qual tem prevalência sobre as regras do CPC, em sede de execução, conforme determinado no art. 889 da CLT. Com esses fundamentos, a SBDI-I, por unanimidade, conheceu dos embargos da reclamada, por divergência jurisprudencial, e, no mérito, deu-lhes provimento para afastar a aplicação da multa do art. 475-J do CPC. TST-E-RR-92900-15.2005.5.01.0053, SBDI-I, rel. Min. Hugo Carlos Scheuermann, 11.9.2014 (TST. Info-Execução nº 5).

Mandado de segurança. Execução provisória. Bens indicados à penhora insuficientes à garantia do Juízo. Penhora on-line de depósitos bancários. Cabimento.

Mesmo em sede de execução provisória, a penhora on-line de depósitos bancários, quando os bens indicados pelo executado não se mostram suficientes para garantia do Juízo, não fere direito líquido e certo do devedor, pois a nomeação tempestiva de bens suficientes à garantia da execução é pressuposto para a aplicação do item III da Súmula nº 417 do TST. Ademais, no caso concreto não houve prova de que a constrição determinada pelo Juízo trouxe prejuízos ao funcionamento da reclamada, nos termos da Orientação Jurisprudencial nº 93 da SBDI-II. De outra sorte, o art. 620 do CPC deve ser relativizado, em se tratando de execução trabalhista, pois o interesse jurídico preponderante está relacionado à proteção do exequente, titular de crédito de natureza alimentar, e pressupõe a possibilidade de o credor poder promover a execução por vários meios, o que não restou demonstrado na hipótese. Com esses fundamentos, a SBDI-II, por unanimidade, negou provimento a recurso ordinário, mantendo decisão do Regional que denegara a segurança. TST-RO-6587-76.2011.5.02.0000, SBDI-II, rel. Min. Cláudio Mascarenhas Brandão, 3.6.2014 (TST. Info-Execução nº 2).

Execução. Competência. Local dos bens passíveis de expropriação ou atual domicílio do executado. Parágrafo único do art. 475-P do CPC. Aplicação subsidiária ao Processo do Trabalho. Impossibilidade. Ausência de omissão na CLT.

Existindo previsão expressa no art. 877 da CLT a respeito da competência para a execução das decisões judiciais trabalhistas, a aplicação subsidiária ao Processo do Trabalho do parágrafo único do art. 475-P do CPC, no sentido de se permitir ao exequente optar pelo cumprimento da sentença pelo Juízo do local onde se encontram bens sujeitos à expropriação ou do atual domicílio do executado, implica contrariedade aos princípios da legalidade e do devido processo legal e respectiva ofensa ao art. 5º, II e LIV, da CF. Com esse entendimento, a SBDI-II, por unanimidade, conheceu do conflito negativo de competência e, no mérito, por maioria, julgou-o procedente, declarando a 1ª Vara do Trabalho de Itabaiana/SE competente para prosseguir na execução que se processa nos autos da reclamação trabalhista. Vencidos os Ministros Cláudio Mascarenhas Brandão, Delaíde Miranda Arantes e Douglas Alencar Rodrigues. TST-CC-9941-32.2012.5.00.0000, SBDIII, rel. Min. Alberto Luiz Bresciani de Fontan Pereira, 27.5.2014 (TST. Info nº 84).

Ação civil pública. Multa pelo descumprimento de obrigação de não fazer. Execução antes do trânsito em julgado da decisão. Art. 5º, LV, da CF. Violação.

A SBDI-I, por unanimidade, não conheceu dos embargos do Ministério Público do Trabalho, mantendo o acórdão da Turma que, vislumbrando violação do art. 5º, LV, da CF, deu provimento parcial ao recurso de revista da SANEPAR para determinar que a multa diária pelo descumprimento de obrigação de não fazer imposta nos autos de ação civil pública incida tão somente após o exaurimento do prazo de 120 dias para o cumprimento da obrigação, contados a partir do trânsito em julgado da decisão. No caso, prevaleceu o entendimento de que a execução das astreintes antes do trânsito em julgado da decisão que apreciou a legalidade ou não da terceirização de mão-de-obra revela o perigo de irreversibilidade da decisão, caso sobrevenha entendimento em sentido contrário, o que impossibilitaria a restituição ao status quo ante. TST-E-RR-1850400-42.2002.5.09.0900, SBDI-I, rel. Min. Renato de Lacerda Paiva, 20.6.2013 (TST. Info nº 52).

Execução fiscal. Inclusão em programa de parcelamento. Suspensão da execução trabalhista. Novação. Não configuração.

O parcelamento de débito contraído com a Fazenda Nacional, de qualquer natureza, instituído pelas Leis ns. 10.522/02 e 10.684/03, implica tão somente a suspensão da exigibilidade do crédito tributário enquanto perdurar o período do parcelamento, não constituindo novação. Com esse entendimento, a SBDI-I, por unanimidade, conheceu do recurso de embargos interposto pela União (PGFN), por divergência jurisprudencial, e, no mérito, deu-lhe provimento para afastar a extinção da execução e determinar a suspensão do processo executivo no período do parcelamento, até a quitação do débito, retomando-se a execução caso não honradas as parcelas. TST-E-ED-RR-289-24.2010.5.03.0114, SBDI-I, rel. Min. Aloysio Corrêa da Veiga, 19.4.2012 (TST. Info nº 6).

Execução. Multa do art. 475-J do CPC. Incompatibilidade com o processo do trabalho. Conhecimento do recurso de revista por violação do art. 5º, LIV, da CF (desrespeito ao princípio do devido processo legal). Possibilidade.

Tendo em conta que a multa prevista no art. 475-J do CPC é incompatível com o processo do trabalho, a SBDI-I, por unanimidade, conheceu dos embargos por divergência jurisprudencial e, no mérito, por maioria, negou-lhes provimento, mantendo a decisão da Turma que conheceu do recurso de revista em fase de execução, por ofensa frontal ao art. 5º, LIV, da CF (princípio do devido processo legal). Na espécie, destacou o relator que o procedimento de execução por quantia certa decorrente de título executivo judicial possui disciplina específica na legislação trabalhista, não havendo lacuna que justifique a incidência do direito processual civil na forma do comando estabelecido no art. 769 da CLT. Assim, a aplicação da multa atentaria contra o devido processo legal. Vencidos, no mérito, os Ministros Lelio Bentes Corrêa, José Roberto Freire Pimenta e Augusto César Leite de Carvalho. TST-E-RR-201-52.2010.5.24.0000, SBDI-I, rel. Min. Horácio Raymundo de Senna Pires. 22.3.2012 (TST. Info nº 3).

24. QUADRO SINÓPTICO

<table>
<tr><th colspan="5">Capítulo II – Teoria geral da execução trabalhista</th></tr>
<tr><th>Instituto</th><th colspan="3">Conteúdo</th><th>Item</th></tr>
<tr><td>Fonte</td><td colspan="3">Na ausência de normas celetistas específicas, a Consolidação das Leis do Trabalho autoriza a utilização subsidiária da Lei de Execuções Fiscais (Lei nº 6.830/80) e, em caso de omissão, as regras do CPC.</td><td>2</td></tr>
<tr><td rowspan="4">Princípios</td><td>Execução patrimonial</td><td colspan="2">Por esse princípio, o processo de execução não pode atingir a pessoa do devedor, mas apenas o seu patrimônio.</td><td>3.1</td></tr>
<tr><td>Favor debitoris</td><td colspan="2">Consiste no dever que o juiz tem dar preferência ao procedimento executório considerado menos oneroso para o executado.</td><td>3.2</td></tr>
<tr><td>Nulla executio sine titulo</td><td colspan="2">A existência do título executivo é condição sine qua non para a promoção da ação de execução.</td><td>3.3</td></tr>
<tr><td>Inquisitivo</td><td colspan="2">A execução trabalhista por título judicial pode ser iniciada de ofício pelo juiz quando a parte estiver no exercício do ius postulandi. Em relação às contribuições previdenciárias, a iniciativa da execução constitui dever de ofício do juiz.</td><td>3.4</td></tr>
<tr><td rowspan="4">Título executivo</td><td>Conceito</td><td colspan="2">É o instrumento, judicial ou extrajudicial, que documenta e demonstra a existência de um ato jurídico representativo de um direito de crédito líquido e exigível. Assim, possibilita ao titular o manejo de uma ação de execução forçada para fazer cumprir a obrigação pelo devedor.</td><td>5.1</td></tr>
<tr><td rowspan="2">Espécies</td><td>Judicial</td><td>O título executivo judicial é representado pela sentença definitiva proferida pelos órgãos da Justiça do Trabalho e a decisão homologatória de conciliação celebrada entre os litigantes, desde que contenha no seu bojo a obrigação de prestar.</td><td rowspan="2">5.1</td></tr>
<tr><td>Extrajudicial</td><td>• termos de ajuste de conduta firmados perante o Ministério Público do Trabalho;
• termos de conciliação firmados perante as Comissões de Conciliação Prévia;
• sentença arbitral firmado pelo MPT (o CPC classifica como título executivo judicial).
• cheque e nota promissória emitidos em reconhecimento de dívida inequivocamente de natureza trabalhista (IN nº 39/16 do TST, art. 13).
• certidão de inscrição da dívida ativa da União, desde que derive de penalidades administrativas impostas aos empregadores pelos órgãos de fiscalização das relações de trabalho.</td></tr>
<tr><td>Características</td><td>Certeza</td><td>A certeza diz respeito à própria existência do crédito, inclusive dos requisitos formais de constituição do título executivo para produzir efeitos, de modo que não reste qualquer dúvida de que representa uma obrigação do devedor e a correspondente atribuição de um crédito a alguém, que se encontra devidamente amparado pelo ordenamento jurídico.</td><td>5.2</td></tr>
</table>

<table>
<tr><td rowspan="2">Título executivo</td><td rowspan="2">Características</td><td>Liquidez</td><td>A liquidez de um título executivo refere-se à individualização do objeto ou do valor da obrigação de pagar quantia certa.</td><td rowspan="2">5.2</td></tr>
<tr><td>Exigibilidade</td><td>Para ser considerado como exigível, o título deve corresponder a uma obrigação vencida e que não esteja sujeita ao implemento de qualquer condição suspensiva ou termo final.</td></tr>
<tr><td>Ação monitória</td><td colspan="3">Caso o credor possua prova documental da dívida, mas sem a qualidade de título executivo, poderá ajuizar uma ação monitória para cobrar a dívida.</td><td>5.3</td></tr>
<tr><td colspan="5">Espécies de Execução</td></tr>
<tr><td rowspan="2">Quanto à exigibilidade do título</td><td>Definitiva</td><td colspan="2">Procede-se à execução definitiva quando a sentença proferida no processo de conhecimento estiver acobertada pelo manto da res iudicata, ou seja, sentença da qual não caiba mais qualquer recurso ou quando se tratar de execução por título executivo extrajudicial.</td><td>6.1 "a"</td></tr>
<tr><td>Provisória</td><td colspan="2">Assim, a execução provisória (cumprimento provisório da sentença) é uma forma excepcional de ação de execução por título judicial, pela qual se admite a prática de determinadas medidas executivas antes de a sentença adquirir a qualidade da coisa julgada material.</td><td>6.1 "b"</td></tr>
<tr><td rowspan="2">Quanto à natureza do título</td><td>Por título judicial</td><td colspan="2">É a execução fundada em sentença definitiva condenatória proferida no processo de conhecimento ou a decisão que homologa a conciliação celebrada entre as partes.</td><td>6.2 "a"</td></tr>
<tr><td>Por título extrajudicial</td><td colspan="2">A execução por título extrajudicial é aquela que se funda em um negócio jurídico ao qual a legislação atribui eficácia executiva. São executáveis na Justiça do Trabalho os seguintes títulos executivos extrajudiciais: o termo de ajuste de conduta – TAC, celebrado entre o Ministério Público do Trabalho e o empregador; o acordo firmado nas Comissões de Conciliação Prévia; e a sentença arbitral firmada pelo MPT (o CPC classifica como título executivo judicial); o cheque e a nota promissória emitidos em reconhecimento de dívida inequivocamente de natureza trabalhista (IN nº 39/16, art. 13); a certidão da dívida ativa – CDA decorrente da aplicação de multa administrativa ao empregador.</td><td>6.2 "b"</td></tr>
<tr><td rowspan="2">Quanto solvência do devedor</td><td>Devedor insolvente</td><td colspan="2">Quando o passivo supera o valor do patrimônio do executado, promove-se a execução contra devedor insolvente.</td><td rowspan="2">6.3</td></tr>
<tr><td>Devedor solvente</td><td colspan="2">Promove-se a execução contra devedor solvente, quando o valor dos bens de propriedade do executado supera o valor das suas dívidas.</td></tr>
<tr><td>Quanto à natureza da obrigação</td><td colspan="3">Por esse critério, a execução é classificada de acordo com a natureza da obrigação constante do título executivo, seja ela de dar coisa certa, dar coisa incerta, fazer e não fazer e pagar quantia certa.</td><td>6.4</td></tr>
<tr><td rowspan="2">Prestações sucessivas</td><td>Por tempo determinado</td><td colspan="2">Nas prestações sucessivas por tempo determinado, a execução pelo não pagamento de uma prestação compreenderá as que lhe sucederem.</td><td rowspan="2">6.5</td></tr>
<tr><td>Por tempo indeterminado</td><td colspan="2">A execução compreenderá inicialmente as prestações devidas até a data do ingresso na execução.</td></tr>
<tr><td>Execução de obrigação alternativa</td><td colspan="3">Caso conste esse tipo de obrigação na sentença, no acordo homologado, no termo de ajuste de conduta, no acordo celebrado perante as comissões de conciliação prévia ou no laudo arbitral firmado pelo MPT, o executado será citado para exercer a opção no prazo de dez dias, salvo se ficou consignado outro prazo no título executivo judicial ou extrajudicial.</td><td>6.6</td></tr>
</table>

<table>
<tr><td>Sentença sujeita a termo ou condição</td><td colspan="2">Em determinadas situações, a obrigação do devedor pode conter um termo ou uma condição que ainda não tenham sido implementados. Nesses casos, o credor deve provar que se verificou a condição suspensiva ou que ocorreu o termo inicial antes de executar a sentença.</td><td>6.7</td></tr>
<tr><td>Cumulação de execução</td><td colspan="2">A cumulação de execuções, no processo do trabalho, só se aplica para os casos de execução por títulos extrajudiciais, assim entendidos aqueles permitidos pelo Direito Processual Laboral, como o TAC, o termo de acordo celebrado perante as comissões de conciliação prévia e o laudo arbitral firmado pelo MPT, desde que sejam observados os requisitos necessários para a cumulação objetiva.</td><td>6.8</td></tr>
<tr><td colspan="4">Falência, recuperação judicial e liquidação extrajudicial</td></tr>
<tr><td>Recuperação judicial</td><td colspan="2">O deferimento do processamento da recuperação judicial da empresa implica a suspensão dos processos de execução na Justiça do Trabalho, mas não pode ser superior a cento e oitenta dias. Decorrido esse prazo, as execuções trabalhistas seguem o seu curso normal na Justiça do Trabalho, ainda que o crédito respectivo tenha sido incluído no quadro-geral de credores.</td><td rowspan="2">8</td></tr>
<tr><td>Falência</td><td colspan="2">A Justiça do Trabalho é competente para processar e julgar as reclamações trabalhistas ajuizadas em face de empresas submetidas a processo de falência. Uma vez transitada em julgado a sentença trabalhista e após a sua liquidação, na qual é apurado o valor do crédito do empregado, é feita a habilitação respectiva no juízo universal da falência.</td></tr>
<tr><td>Liquidação extrajudicial</td><td colspan="2">O processo de intervenção e liquidação extrajudicial de instituições financeiras, de caráter administrativo e disciplinado pela Lei nº 6.024/74, não provoca qualquer efeito no âmbito do processo de conhecimento ou de execução contra elas promovidos.</td><td>8.3</td></tr>
<tr><td colspan="4">Legitimidade</td></tr>
<tr><td>Ativa</td><td colspan="2">A execução da sentença trabalhista pode ser promovida pelas partes ou, pelo próprio juiz ou presidente ou tribunal competente quando a parte estiver no exercício do ius postulandi.Em relação à execução das contribuições previdenciárias, a atuação de ofício do juiz passa de faculdade para dever.</td><td>9.1</td></tr>
<tr><td>Passiva</td><td colspan="2">A legitimação ordinária passiva da execução trabalhista é do devedor que consta da sentença ou do título executivo extrajudicial.</td><td>9.2</td></tr>
<tr><td colspan="4">Responsabilidade patrimonial</td></tr>
<tr><td>Responsabilidade ordinária</td><td colspan="2">O devedor é o responsável principal pelo adimplemento da obrigação contida no título executivo.</td><td>10</td></tr>
<tr><td>Bens em poder de terceiros</td><td colspan="2">Não há qualquer óbice em apreender os bens do devedor em poder de terceiros, pois a propriedade é do executado e o terceiro um mero detentor ou possuidor imediato.</td><td>10.2</td></tr>
<tr><td>Bens do cônjuge</td><td colspan="2">Em certas situações descritas nas regras de direito material, os bens próprios, reservados ou da meação do cônjuge, respondem pelo pagamento das dívidas do executado. Tudo vai depender, também, da espécie de regime de bens entre os cônjuges.</td><td>10.3</td></tr>
<tr><td rowspan="3">Responsabilidade dos sócios</td><td>Regra geral</td><td>A personalidade dos sócios é distinta da sociedade da qual faz parte. Por conta dessa regra de direito material, a responsabilidade patrimonial dos sócios, em princípio, não se estende às dívidas da sociedade, salvo nas hipóteses expressamente previstas em lei.</td><td rowspan="3">10.4</td></tr>
<tr><td>Desconsideração da pessoa jurídica</td><td>A doutrina e a jurisprudência criaram a teoria finalística da desconsideração da pessoa jurídica, também denominada de disregard doctrine. Assim, permite-se que em determinadas situações seja possível penhorar os bens particulares dos sócios da pessoa jurídica, quando esta não possuir patrimônio suficiente para satisfazer o credor.</td></tr>
<tr><td>Desconsideração inversa da personalidade</td><td>Essa desconsideração ocorre quando o devedor, pessoa física, aproveita-se da personalidade jurídica autônoma da sociedade da qual faz parte para se tornar insolvente.</td></tr>
</table>

<table>
<tr><td>Fraude à execução</td><td colspan="2">Uma vez iniciado o processo de execução, é defeso ao executado alienar bens de sua propriedade, de forma que fique reduzido à insolvência. Considera-se em fraude de execução a alienação ou oneração de bens (art. 792 do CPC):
I – quando sobre o bem pender ação fundada em direito real ou com pretensão reipersecutória, desde que a pendência do processo tenha sido averbada no respectivo registro público, se houver;
II – quando tiver sido averbada, no registro do bem, a pendência do processo de execução, na forma do art. 828;
III – quando tiver sido averbado, no registro do bem, hipoteca judiciária ou outro ato de constrição judicial originário do processo onde foi arguida a fraude;
IV – quando, ao tempo da alienação ou da oneração, tramitava contra o devedor ação capaz de reduzi-lo à insolvência;</td><td rowspan="2">10.5</td></tr>
<tr><td>Fraude à execução e fraude contra credores</td><td colspan="2">A fraude à execução difere da fraude contra credores, porque esta última exige a prova da fraude, ou mais precisamente, do consilium fraudis. Na primeira, instituto de direito processual, basta apenas o ato objetivo da alienação ou do gravame, independentemente de se perquirir se o adquirente ou possuidor estava de boa-fé ou de má-fé (ver Súmula nº 375 do STJ).</td></tr>
<tr><td>Responsabilidade do fiador</td><td colspan="2">Quando a execução for promovida em face do fiador, este poderá indicar bens livres e desembaraçados de propriedade do devedor para serem penhorados (benefício de ordem). os bens do fiador ficam sujeitos à execução, caso os bens do devedor sejam insuficientes para a satisfação do seu débito.</td><td>10.6</td></tr>
<tr><td>Responsabilidade do espólio</td><td colspan="2">O espólio responde pela dívida do falecido, limitado, contudo, ao valor dos bens da herança.</td><td>10.7</td></tr>
<tr><td>Responsabilidade solidária</td><td colspan="2">Nos casos de empresas do mesmo grupo econômico; sucessão de empregadores; terceirização ilícita; terceirização lícita, decorrente de emprego temporário e falência da prestadora de serviços; consórcio de empregadores rurais; e subempreitada, há solidariedade passiva referente às verbas trabalhistas e os devedores solidários poderão ser acionados de forma simultânea ou sucessiva.</td><td>10.8</td></tr>
<tr><td>Responsabilidade subsidiária</td><td colspan="2">Se a responsabilidade for subsidiária, hipótese, por exemplo, da terceirização lícita, o devedor subsidiário só poderá ser executado se figurar no título executivo judicial e, ainda assim, após frustradas as tentativas de expropriação do patrimônio do devedor principal.</td><td>10.9</td></tr>
<tr><td rowspan="2">Competência</td><td>Por título judicial</td><td>Em caso de execução de título executivo judicial, o juízo competente será o mesmo que proferiu a sentença de conhecimento.</td><td rowspan="2">11</td></tr>
<tr><td>Por título extrajudicial</td><td>Na execução por título extrajudicial, aplica-se a regra que rege o processo de conhecimento, prevista no art. 651 da CLT.</td></tr>
<tr><td rowspan="2">Execução por carta</td><td>Aplicabilidade</td><td>Quando os bens do devedor estiverem localizados em território diverso daquele coberto pela jurisdição da Vara do Trabalho onde a execução trabalhista tenha sido iniciada, a penhora e a consequente expropriação serão efetivadas com a expedição de carta precatória executória.</td><td>12</td></tr>
<tr><td>Competência para decidir incidentes</td><td>Eventuais incidentes surgidos durante a execução por carta, como a oposição de embargos do devedor ou embargos de terceiro, serão julgados pelo juízo deprecante, salvo se o objeto versar sobre irregularidades ocorridas durante a apreensão dos bens, conforme art. 20 da Lei nº 6.830/80 e art. 914, § 2º do CPC.</td><td>12</td></tr>
<tr><td>Prescrição intercorrente</td><td colspan="2">Ocorre a prescrição intercorrente no processo do trabalho no prazo de dois anos (art. 11-A da CLT).</td><td>14</td></tr>
</table>

Atos atentatórios à dignidade da justiça	Além das regras gerais que estabelecem deveres para todos os sujeitos do processo (art. 77 do CPC), há também normas que vedam determinadas condutas processuais específicas do executado (art. 774 do CPC), que passam a ser consideradas como atos atentatórios à dignidade da justiça. A sanção para o executado que pratica os mencionados ilícitos processuais, que são espécies do gênero dos atos de litigância de má-fé, consiste na fixação de uma multa em valor não superior a vinte por cento do valor da dívida, além de outras sanções de natureza processual.	16
Nulidade da execução	É nula a execução: • o título executivo extrajudicial não corresponder a obrigação certa, líquida e exigível; • o executado não for regularmente citado; • for instaurada antes de se verificar a condição ou de ocorrer o termo.	17
Suspensão da execução	Além das hipóteses previstas em lei, que ensejam a suspensão do processo de conhecimento (art. 313 do CPC), os embargos do devedor, a ausência de bens penhoráveis e a não localização do executado, também provocam idêntico efeito no curso do processo de execução.	18
Extinção da execução	Extingue-se a execução quando: • a petição inicial for indeferida; • a obrigação for satisfeita; • o executado obtiver, por qualquer outro meio, a extinção total da dívida; • o exequente renunciar ao crédito; • ocorrer a prescrição intercorrente.	19
Custas na execução	As custas, no processo de execução, são contadas por cada ato processual realizado, mas só são recolhidas ao final do processo e limitadas ao valor máximo de R$1.915,38.	20
CNDT	A Certidão Negativa de Débitos Trabalhistas é expedida gratuita e eletronicamente, para comprovar a inexistência de débitos inadimplidos perante a Justiça do Trabalho.	21

25. QUESTÕES

25.1 Questões objetivas

1. (FCC – 2012 – PGM – João Pessoa-PB – Procurador Municipal – ADAPTADA) Com relação à Execução no Direito Processual do Trabalho, considere: Aplica-se à execução trabalhista o Princípio do Título.

2. (FCC – 2012 – TST – Analista Judiciário – Área Judiciária – ADAPTADA) Compete à Justiça do Trabalho a execução dos termos de ajuste de conduta firmados perante o Ministério Público do Trabalho, os termos de conciliação firmados perante as Comissões de Conciliação Prévia e, ex officio, as contribuições sociais devidas em decorrência de decisão proferida pelos Juízes e Tribunais do Trabalho, resultantes de condenação ou homologação de acordo judicial.

3. (TRT 23R (MT) – 2011 – Juiz do Trabalho – ADAPTADA) Tratando-se de prestações sucessivas por tempo indeterminado, a execução compreenderá inicialmente as prestações devidas até a data do ingresso na execução.

4. (TRT 6ª R. 2006) Recebido o mandado de citação, o executado tem o prazo de

a) 5 (cinco) dias para garantir a execução.

b) 48 (quarenta e oito) horas para apresentar embargos à execução.

c) 72 (setenta e duas) horas para garantir a execução ou 5 (cinco) dias para pagar o débito.

d) 48 (quarenta e oito) horas para pagar o débito ou garantir a execução.

e) 5 (cinco) dias para apresentar embargos à execução.

5. (TRT 6ª R. 2006) Detém a competência para a execução de título executivo extrajudicial:

a) o juiz que teria competência para conhecer do litígio.

b) o Presidente do Tribunal.

c) as Turmas do Tribunal.

d) a Seção Especializada em Dissídios Individuais.

e) o juiz auxiliar das execuções.

6. (FCC – 2012 – PGM-João Pessoa-PB – Procurador Municipal – ADAPTADA) Não se aplica à execução trabalhista o Princípio da Redução da Patrimonialidade.

7. (QUESTÃO ELABORADA SOBRE A REFORMA TRABALHISTA ELABORADA PELO AUTOR). A execução será promovida pelas partes, permitida a execução de ofício pelo juiz ou pelo Presidente do Tribunal apenas nos casos em que as partes não estiverem representadas por advogado.

8. (QUESTÃO ELABORADA SOBRE A REFORMA TRABALHISTA ELABORADA PELO AUTOR). Com a edição da Lei nº 13.467/17 prevaleceu a tese do STF no sentido de se aplicar a prescrição intercorrente no processo do trabalho.

9. (Cespe – Procurador do Estado – PE/2018) No processo do trabalho, a prescrição intercorrente ocorrerá no prazo de

a) um ano.

b) dois anos.

c) três anos.

d) quatro anos.

e) cinco anos.

10. (Vunesp – Procurador Jurídico – Pref. de Bauru – SP/2018) Da decisão interlocutória que acolher ou rejeitar o incidente de desconsideração da personalidade jurídica no processo do trabalho, na fase de execução caberá

a) agravo interno.

b) embargos à execução.

c) agravo de petição.

d) mandado de segurança.

e) embargos de terceiro.

25.2 Questões discursivas

1. (TRT/16R/Juiz/2011) Diferencie Execução provisória e Execução definitiva no Processo do Trabalho. Quais os limites e características de cada uma? É possível no Processo do Trabalho a aplicação subsidiária do Código de Processo Civil, à luz das novas regras relativas ao cumprimento de sentença?

2. (TRT/1R/Juiz/2010) Em execução, constatou-se a inexistência de bens da empresa executada Salsichas Suculentas Ltda., da qual Jader Roriz dos Santos é sócio majoritário. Que procedimento deve ser adotado pelo Juiz diante do requerimento do advogado do exequente de execução dos bens do referido sócio?

26. GABARITO

26.1. Gabarito das questões objetivas

Gab.		Fundamentação legal e jurisprudencial	Tópico do livro	Observações eventuais
1	C	Doutrina	Item 3.3	
2	C	CLT. Art. 876, *caput* e parágrafo único	Item 5	O parágrafo único do art. 876 da CLT teve sua redação modificada por força da Lei nº 13.467/17.
3	C	CLT. Art. 892	Item 6.5	
4	D	CLT. Art. 880, *caput*	Item 4	
5	A	CLT. Art. 877-A	Item 11	
6	E	Doutrina	Item 3.1	
7	C	CLT. Art. 878	Item 3.4	
8	C	CLT. Art. 11-A	Item 14	
9	B	a) CLT. Art. 11-A	a) Item 14	
		b) CLT. Art. 11-A	b) Item 14	
		c) CLT. Art. 11-A	c) Item 14	
		d) CLT. Art. 11-A	d) Item 14	
		e) CLT. Art. 11-A	e) Item 14	
10	C	a) CLT. Art. 885-A, §1º, II	a) Item 10.4	
		b) CLT. Art. 885-A, §1º, II	b) Item 10.4	
		c) CLT. Art. 885-A, §1º, II	c) Item 10.4	
		d) CLT. Art. 885-A, §1º, II	d) Item 10.4	
		e) CLT. Art. 885-A, §1º, II	e) Item 10.4	

26.2. Gabarito das questões discursivas

Item	Fundamentação legal, jurisprudencial ou doutrinária	Onde encontro no livro
1	A execução provisória é aquela que é promovida em face de sentença judicial que ainda não transitou em julgado. Já a execução definitiva corresponde ao procedimento executório fundada em sentença transitada em julgado que não cabe mais recurso ou calcada em título executivo extrajudicial. Na primeira hipótese, a execução é promovida nos mesmos autos do processo de conhecimento em que foi proferida a sentença condenatória e, no caso de execução por título extrajudicial, nos autos que lhes são próprios. Por intermédio da execução provisória, adianta-se a execução definitiva da sentença condenatória, após o processo de conhecimento impregnado da cognição completa. Como a Consolidação das Leis do Trabalho é omissa no que diz respeito ao procedimento a ser adotado na hipótese de execução provisória, aplicam-se as disposições do CPC no que se refere a essa espécie de execução.	Item 6.1

1	Todavia, não mais existe a execução por título judicial no processo civil, pois esse procedimento atualmente é denominado de cumprimento de sentença (definitivo ou provisório). A execução provisória é uma forma excepcional de ação de execução por título judicial, na qual se admite a prática de determinadas medidas executivas antes de a sentença adquirir a qualidade da coisa julgada material. É necessário, entretanto, que essa sentença preencha os requisitos que seriam exigidos na hipótese de uma execução definitiva, como por exemplo, a certeza, liquidez e a exigibilidade do crédito. Como a execução provisória não pode implicar atos de alienação ou levantamento de depósito judicial que possam causar graves danos ao executado, deve ser sobrestada após a constrição judicial. Sendo assim, é possível que o executado ofereça embargos à execução, inclusive para impugnar a sentença de liquidação e, consequentemente, manejar agravo de petição, se a sentença respectiva lhe for desfavorável.	Item 6.1
2	Trata-se da aplicação da teoria da desconsideração da personalidade jurídica, também denominada de teoria da penetração. O primeiro requisito a ser observado seria a inexistência de bens passíveis de penhora de propriedade da pessoa jurídica. Segundo, uma vez requerida a desconsideração, o juiz deve citar o sócio para apresente suas considerações quanto ao pedido formulado pelo autor de desconsideração da personalidade jurídica bem como para que indique bens de propriedade da pessoa jurídica, livres e desembaraçados, tantos quantos bastem para a satisfação do crédito do exequente, sob pena de serem penhorados bens de sua propriedade. Na hipótese de omissão do executado ou, respondendo negativamente sobre a existência de bens de propriedade da empresa, o juiz deve verificar se houve abuso da personalidade jurídica, caracterizado pelo desvio de finalidade ou pela confusão patrimonial (art. 50 do Código Civil) e determinar ou não, por decisão, a responsabilização do sócio pelas obrigações contraídas pela pessoa jurídica. Como visto, o procedimento mais importante consiste em intimar o sócio para, em nome próprio, apresentar suas considerações para atender ao princípio constitucional do contraditório e da ampla defesa. Atualmente esse procedimento já se encontra regulamentado pelo CPC de 2015 no seu art. 133 e seguintes que prevê, inclusive, a desconsideração inversa da personalidade jurídica.	Item 10.4

CAPÍTULO III

EXECUÇÃO POR QUANTIA CERTA

1. GENERALIDADES

O principal objetivo da execução por quantia certa é forçar o cumprimento da obrigação pecuniária **contida** no título executivo.

Isso é feito por meio da expropriação de bens presentes e futuros do devedor, com a entrega do seu produto ao exequente.[1]

Como se observa de sua denominação – execução por quantia certa – essa espécie de execução pressupõe, um título certo, líquido e exigível.

1. CPC. Art. 824. A execução por quantia certa realiza-se pela expropriação de bens do executado, ressalvadas as execuções especiais.

1.1. Execução de título judicial

O **principal** título executivo judicial é a sentença condenatória definitiva proferida no processo de conhecimento ou a decisão que homologa a conciliação celebrada entre as partes.

O inadimplemento por parte do devedor do comando sentencial ou do acordo firmado pelos litigantes enseja a **execução por título judicial.**

No processo civil, a execução por título judicial **foi substituída pela fase do cumprimento da sentença.**

No CPC esse procedimento encontra-se regulado no Título II, Livro I, Parte Especial e é subdivido em cinco capítulos: Capítulo – I – Disposições gerais; Capítulo II – Do cumprimento provisório da sentença que reconhece a exigibilidade da obrigação de pagar quantia certa; Capítulo III – Do cumprimento definitivo da sentença que reconhece a exigibilidade de obrigação de pagar quantia certa; Capítulo IV – Do cumprimento da de sentença que reconheça a exigibilidade de obrigação de prestar alimentos; Capítulo V – Do cumprimento de sentença que reconheça a exigibilidade de obrigação de pagar quantia certa pela Fazenda Pública; Capítulo VI – Do cumprimento de sentença que reconheça a exigibilidade de obrigação de fazer, não fazer ou de entregar coisa.

No processo do trabalho, a execução por quantia certa fundada em título judicial **é a espécie mais comum** que se verifica no dia a dia forense trabalhista, seja porque as obrigações laborais inadimplidas, em sua maioria, são dessa natureza, seja porque as obrigações de fazer e não fazer, quando não cumpridas, convertem-se em obrigação de dar.

As obrigações de dar são predominantes no contrato de trabalho, principalmente no que diz respeito ao empregador. Cita-se como exemplo: a) salário; b) complementos salariais, como adicionais, gratificações, 13º salário; c) verbas não-salariais como abono, diárias, ajuda de custo etc.

Observe-se que as obrigações de fazer e não fazer, quando inadimplidas, resolvem-se em perdas e danos e transformam-se em obrigações de pagar quantia certa.

Somente para ilustrar o raciocínio, a não concessão do gozo de férias durante a execução do contrato de trabalho converte-se na obrigação de pagar uma indenização compensatória, idem em relação ao aviso prévio não concedido pelo empregado ou pelo empregador.

1.2. Execução de título extrajudicial

A execução por título extrajudicial é aquela que se funda em um negócio jurídico ao qual a legislação atribui eficácia executiva.

De acordo com o preceito contido no art. 876 da CLT, são títulos executivos extrajudiciais:

a) o termo de ajuste de conduta – TAC, celebrado entre o Ministério Público do Trabalho e o empregador; e

b) acordo firmado nas comissões de conciliação prévia.

Apesar da lei não falar expressamente, a **sentença arbitral** derivada da atuação do Ministério Público do Trabalho, quando for solicitado pelas partes para atuar como árbitro, também é considerado como título executivo, de acordo com o disposto no art. 31 da Lei nº 9.307/96: "A sentença arbitral produz, entre as partes e seus sucessores, os mesmos efeitos da sentença proferida pelos órgãos do Poder Judiciário e, sendo condenatória, constitui título executivo".

Convém ressaltar que, apesar de a arbitragem ser considerada como meio extrajudicial de solução de conflitos de interesses, o art. 515, VII do CPC, **classifica a sentença arbitral como título executivo judicial.**

Segundo o TST, inclui-se ainda no rol dos títulos executivos extrajudiciais o **cheque e a nota promissória**, conforme se observa do art. 13 da Instrução Normativa nº 39/16:

> Art. 13. Por aplicação supletiva do art. 784, I (art. 15 do CPC), o cheque e a nota promissória emitidos em reconhecimento de dívida inequivocamente de natureza trabalhista também são títulos extrajudiciais para efeito de execução perante a Justiça do Trabalho, na forma do art. 876 e segs. da CLT.

1.3. Execução fiscal

A **certidão de inscrição da dívida ativa da União** (art. 784, IX do CPC), é um título executivo extrajudicial, passível de execução **de acordo com as regras inseridas na Lei de Execução Fiscal e não pelas regras da CLT.**

Note-se, entretanto, que a dívida ativa da Fazenda Pública regularmente inscrita goza da **presunção de certeza e liquidez e a certidão respectiva pode ser executada na Justiça do Trabalho**, na forma prevista pelo art. 114, VII, da Constituição Federal de 1988, desde que derive de penalidades administrativas impostas aos empregadores pelos órgãos de fiscalização das relações de trabalho.

Em razão do exercício dessa competência, que foi atribuída à Justiça do Trabalho por conta da Emenda Constitucional nº 45/2004, os Tribunais Regionais do Trabalho vêm consolidando sua jurisprudência sobre a matéria:

> SÚMULA Nº 22 do TRT10. EXECUÇÃO FISCAL. CERTIDÃO DE DÍVIDA ATIVA DA UNIÃO. PRESUNÇÃO DE CERTEZA E LIQUIDEZ. A certidão de dívida ativa da União goza de presunção de certeza e liquidez, a qual pode ser desconstituída apenas mediante a adequada provocação do interessado. É defeso ao órgão jurisdicional investigar, "ex officio", os motivos conducentes à inscrição do débito.
>
> SÚMULA Nº 12 do TRT17. EXECUÇÃO FISCAL. REMISSÃO DO CRÉDITO TRIBUTÁRIO. LEI Nº 11.941/09. VALOR TOTAL CONSOLIDADO. Na apuração do valor total consolidado deve ser levado em consideração o total por sujeito passivo de todos os débitos inscritos em dívida ativa da União, no âmbito da Procuradoria Geral da Fazenda Nacional, e não apenas aquele em execução nos autos da execução fiscal.
>
> SÚMULA Nº 10 do TRT18. EXECUÇÃO FISCAL. MULTA POR INFRAÇÃO ADMINISTRATIVA. PRESCRIÇÃO E TERMO A QUO. Tratando-se de ação de cobrança de multa por infração a legislação trabalhista, que tem natureza administrativa, é de 5 anos o prazo prescricional, nos termos do art. 1º do Decreto n. 20.910/1932, por inexistir lei específica a respeito, em atenção ao princípio da isonomia, sendo que se estabelece a contagem a partir da constituição do crédito.
>
> SÚMULA Nº 12 do TRT18. EXECUÇÃO FISCAL. MULTA ADMINISTRATIVA TRABALHISTA. PRESCRIÇÃO INTERCORRENTE. DECLARAÇÃO DE OFÍCIO. POSSIBILIDADE. Em se tratando de execução fiscal, mesmo aquelas em que o valor se

enquadra no limite fixado no art. 20 da Lei 10.522/02, arquivado provisoriamente o processo, inicia-se a contagem do prazo prescricional de 5 (cinco) anos, podendo a prescrição intercorrente ser declarada de ofício, com a única condição de ser previamente ouvida a Fazenda Pública, a fim de oportunizar a arguição de eventuais causas suspensivas ou interruptivas do prazo prescricional.

SÚMULA Nº 37 do TRT18. EXECUÇÃO FISCAL. INFRAÇÃO À CLT. MULTA DE NATUREZA ADMINISTRATIVA. REDIRECIONAMENTO DA EXECUÇÃO CONTRA OS SÓCIOS DA EMPRESA EXECUTADA. É inaplicável o disposto no art. 135 do CTN à execução fiscal para cobrança de multa por infração à legislação trabalhista. A inaplicabilidade do art. 135 do CTN não obsta a responsabilização dos sócios nas hipóteses previstas nos arts. 50 e 1.016 do Código Civil.

OJ Nº 10 do TRT3. HONORÁRIOS ADVOCATÍCIOS EM FAVOR DA UNIÃO. EMBARGOS À EXECUÇÃO FISCAL. NÃO CABIMENTO. Ainda que sucumbente nos embargos à execução fiscal proposta pela União, não cabe a condenação do executado ao pagamento de honorários advocatícios, porque substituídos pelo encargo de 20% (vinte por cento) previsto no art. 1º do Decreto-Lei n. 1.025/69, conforme disposição do art. 3º do Decreto-Lei n. 1.645/78.

SÚMULA Nº 23 do TRT10. EXECUÇÃO FISCAL. PARCELAMENTO. EFEITOS. O parcelamento do débito inscrito na dívida ativa da União produz o efeito de suspender, e não o de extinguir, o processo de execução fiscal.

2. PETIÇÃO INICIAL

Em caso de execução por título judicial, **não há necessidade de o credor formalizar uma petição para dar início ao processo de execução trabalhista.** Basta, apenas, que o interessado requeira a execução.

A petição inicial só é exigida quando se pretende executar um **título extrajudicial**, uma vez que inexiste processo de conhecimento com sentença condenatória anterior.

Nesse caso, a simples propositura da ação executiva, com o consequente deferimento pelo juiz, interrompe a prescrição, na forma prevista pelo art. 802 do CPC.

Inclusive, a execução por título judicial pode ser iniciada **de ofício pelo juiz**, quando a parte estiver no exercício do *ius postulandi* (art. 878 da CLT, com redação dada pela Lei nº 13.467/17).

Entretanto, ainda que a parte esteja assistida de advogado, não é nulo o ato do juiz que inicia ou impulsiona a execução de ofício, segundo a tese contida no Enunciado nº 115 aprovado na 2ª Jornada de Direito Material do Processual do Trabalho:

ENUNCIADO Nº 115. EXECUÇÃO DE OFÍCIO. INEXISTÊNCIA DE NULIDADE DE OFÍCIO. INEXISTÊNCIA DE NULIDADE

A TEOR DO ART. 794 DA CLT, NÃO HÁ NULIDADE PROCESSUAL QUANDO O JUÍZO REALIZA A EXECUÇÃO DE OFÍCIO, PORQUE INEXISTENTE MANIFESTO PREJUÍZO PROCESSUAL

2.1. Requisitos da petição inicial de execução

Nos casos de ação de execução trabalhista fundada em termo de conciliação homologado por comissão de conciliação prévia, termo de ajuste de conduta celebrado perante o Ministério Público do Trabalho ou sentença arbitral firmada pelo MPT,[2] além dos requisitos da petição inicial ordinária, instituídos pela CLT, devem ser observados aqueles estabelecidos pelo art. 798 do CPC:

> **Art. 798.** Ao propor a execução, incumbe ao exequente:
>
> I – instruir a petição inicial com:
>
> a) o título executivo extrajudicial;
>
> b) o demonstrativo do débito atualizado até a data de propositura da ação, quando se tratar de execução por quantia certa;
>
> c) a prova de que se verificou a condição ou ocorreu o termo, se for o caso;
>
> d) a prova, se for o caso, de que adimpliu a contraprestação que lhe corresponde ou que lhe assegura o cumprimento, se o executado não for obrigado a satisfazer a sua prestação senão mediante a contraprestação do exequente;

O exequente ainda deve requerer a intimação daquelas pessoas que são **titulares de direitos reais limitados**, como o credor pignoratício, o credor hipotecário, ou o usufrutuário, quando a penhora recair sobre bens gravados por penhor, hipoteca ou usufruto.

Tais bens gravados não são impenhoráveis. Contudo, os credores respectivos devem ser intimados para que exerçam o direito de preferência quando da alienação judicial, sob pena de ineficácia, desde que não tenham sido parte, o que é comum no processo laboral.[3]

O art. 30, da Lei de Execução Fiscal, também trata da penhora de bens gravados por ônus real:

> **Art. 30.** Sem prejuízo dos privilégios especiais sobre determinados bens, que sejam previstos em lei, responde pelo pagamento da Dívida Ativa da Fazenda Pública a totalidade dos bens e das rendas, de qualquer origem ou natureza, do sujeito passivo, seu espólio ou sua massa, inclusive os gravados por ônus real ou cláusula de inalienabilidade ou impenhorabilidade, seja qual for a data da constituição do ônus ou da cláusula, excetuados unicamente os bens e rendas que a lei declara absolutamente impenhoráveis.

2.2. Defeitos da petição inicial

Como o juiz tem participação direta na análise da petição inicial de execução por título extrajudicial, no caso dessa peça processual conter vícios sanáveis ou estiver desacompanhada de documentos indispensáveis, **o credor deverá corrija-la ou emendá-la** no prazo de quinze dias, sob pena de indeferimento, na forma do art. 801 do CPC.

Caso o defeito seja insanável ou o credor não corrija ou emende a petição inicial, após o despacho do juiz nesse sentido, essa peça processual deve ser indeferida.

2. A sentença arbitral é classificada pelo CPC como título executivo judicial, apesar de ser resultado da adoção da arbitragem, meio extrajudicial de solução de conflito de interesses (art. 515, VII).
3. CPC. Art. 804. A alienação de bem gravado por penhor, hipoteca ou anticrese será ineficaz em relação ao credor pignoratício, hipotecário ou anticrético não intimado. Código Civil. Art. 1501. Não extinguirá a hipoteca, devidamente registrada, a arrematação ou adjudicação, sem que tenham sido notificados judicialmente os respectivos credores hipotecários, que não forem de qualquer modo partes na execução.

3. CITAÇÃO E INTIMAÇÃO

A citação é o ato processual por meio do qual se comunica a alguém que há uma demanda judicial em curso.

A ação de execução trabalhista por título extrajudicial inicia-se com o **despacho do juiz** que determina a **citação do executado** para que pague a dívida ou nomeie bens à penhora, sem a possibilidade de oferecimento imediato do contraditório e sem os efeitos da revelia.[4]

Observe-se que, na hipótese de execução trabalhista por **título extrajudicial**, o ato de chamamento da parte para vir em juízo **é denominado de citação**, pois é determinado pelo juiz e cumprido, ordinariamente, por um oficial de justiça.

Já no processo laboral de **conhecimento** não há citação, mas sim **notificação** enviada pelos correios, sem a participação direta e prévia do magistrado nesse ato.

Nos casos de **execução de sentença trabalhista** é possível utilizar **supletivamente** do preceito contido no § 2º, I, art. 513 do CPC e **substituir** a expedição de mandado de citação previsto na CLT, pela **intimação do advogado** do devedor:

> **Art. 513. § 2º** O devedor será intimado para cumprir a sentença: I – pelo Diário da Justiça, na pessoa de seu advogado constituído nos autos.

Há, contudo, divergência na doutrina e jurisprudência sobre o uso do CPC de forma supletiva, nesse caso, sob o argumento de que a CLT tem dispositivo expresso nesse sentido, qual seja, o art. 880:

> **Art. 880.** Requerida a execução, o juiz ou presidente do tribunal mandará **expedir mandado de citação do executado**, a fim de que cumpra a decisão ou o acordo no prazo, pelo modo e sob as cominações estabelecidas ou, quando se tratar de pagamento em dinheiro, inclusive de contribuições sociais devidas à União, para que o faça em 48 (quarenta e oito) horas ou garanta a execução, sob pena de penhora (grifou-se).

O quadro a seguir ilustra as diferenças existentes entre o processo de conhecimento e de execução trabalhista, nesse aspecto:

Espécie de processo	Ato de comunicação judicial
Processo de conhecimento	Expede-se notificação, pelo serventuário da justiça.
Processo de execução de título extrajudicial	Expede-se mandado de citação, por determinação do juiz do trabalho.

3.1. Aplicação da multa prevista pelo art. 523, § 1º do CPC

Já em relação a **multa** decorrente da omissão do devedor que, uma vez intimado, não cumpre voluntariamente a sua obrigação, **não há como reconhecer a omissão na CLT que permitiria a sua aplicação supletiva no processo do trabalho**, por se tratar de sanção.

O TST pacificou a questão ao decidir pela **não aplicabilidade da multa**, nos autos do incidente de recurso repetitivo nº 1786-24.2015.5.04.0000, quando foi aprovada a seguinte

4. A angularização da ação executiva completa-se com o cumprimento da citação.

tese jurídica: "A multa coercitiva do artigo 523, parágrafo 1º do CPC (antigo artigo 475-J do CPC de 1973) não é compatível com as normas vigentes da CLT por que se rege o processo do trabalho, ao qual não se aplica".

Em resumo: entende ser possível a intimação do devedor na pessoa do advogado, para cumprir a obrigação contida na sentença, mas não se aplica a multa de 10% em caso de manutenção do estado de inadimplemento, **diante do seu caráter sancionatório**.

3.2. Mandado de citação

Uma vez iniciada a execução por título extrajudicial, o juiz ou o presidente do tribunal emite um despacho determinando que se expeça um mandado de citação direcionado ao executado para que cumpra a obrigação contida no título executivo. A cópia do referido título deverá acompanhar o mandado para dar completa ciência ao seu destinatário.[5]

Como dito no item anterior, no caso de cumprimento de decisão judicial é possível usar supletivamente o CPC para intimar o advogado do devedor para pagar.

Quando a obrigação é de pagar quantia certa, o mandado deve incluir a determinação de pagar o valor devido, inclusive aquele relativo às contribuições previdenciárias, ou nomear bens à penhora, **no prazo de quarenta e oito horas**, sob pena de serem penhorados tantos bens quantos bastem para a garantia do juízo e futura satisfação do credor.

A previsão desse procedimento encontra-se inserida no art. 880 da CLT.

Como o oficial de justiça é o servidor responsável pela penhora e consequente avaliação dos bens apreendidos, o mandado de citação já deve conter a ordem de avaliação, denominado também de MCPA – Mandado de Citação, Penhora e Avaliação.

Atualmente, como foram desenvolvidas várias ferramentas eletrônicas para localização de bens do devedor, normativos dos Tribunais permitem que seja expedido um mandado de pesquisa patrimonial e penhora quando, intimado ou citado, não há o cumprimento voluntário da obrigação.

3.3. Prazo

Caso seja utilizado o procedimento previsto na CLT, o juiz determinará a citação do executado para que cumpra a obrigação que ficou determinada no título executivo, no prazo de **quarenta e oito horas**.

Ao optar pelo procedimento previsto no CPC, o devedor terá o prazo de 15 dias para pagar, contados a partir da intimação do seu advogado, na forma prevista pelo art. 523:

> **Art. 523.** No caso de condenação em quantia certa, ou já fixada em liquidação, e no caso de decisão sobre parcela incontroversa, o cumprimento definitivo da sentença far-se-á a requerimento do exequente, sendo o executado intimado para pagar o débito, no prazo de 15 (quinze) dias, acrescido de custas, se houver.

5. CLT. Art. 880. § 1º. O mandado de citação deverá conter a decisão exequenda ou o termo de acordo não cumprido.

Se a obrigação for de pagar quantia certa, o devedor será citado para pagar o principal acrescido de juros de mora e correção monetária, atualmente representados pela taxa SELIC, além dos honorários advocatícios de sucumbência e as contribuições sociais devidas à União.

3.4. Formas de citação

A citação pode ser promovida de diversas formas, inclusive **pelo oficial de justiça avaliador**, de acordo com o disposto no art. 880, § 2º, da CLT.

O oficial deverá certificar o horário do cumprimento da diligência respectiva para fins de contagem do prazo estabelecido no mandado.

Caso o executado, procurado por duas vezes no prazo de quarenta e oito horas, não seja encontrado, **a citação deverá ser feita por edital** devidamente publicado no DEJT.[6]

A CLT não prevê, expressamente, a possibilidade de se fazer a citação por hora certa. Contudo, os juízes do trabalho utilizam as regras subsidiárias do processo civil e determinam a citação por hora certa. Esse procedimento é admitido, pois não é vedado expressamente, além de atender ao princípio da celeridade.

Há divergência na doutrina e na jurisprudência sobre a necessidade da citação ser feita na pessoa do devedor ou de seu representante legal.

Renato Saraiva entende que sim:

> Vale destacar que a citação do devedor na execução trabalhista, ao contrário do que ocorre no processo de cognição, é pessoal, sendo realizada pelos oficiais de justiça, estando a validade do ato subordinada à sua realização da pessoa do executado, ou de quem possua poderes expressos para recebê-la.[7]

Sérgio Pinto Martins é contra a citação pessoal: "A citação na execução é feita pelos oficiais de justiça. Não se diz aqui que ela deve ser pessoal. O importante é a citação seja feita no endereço do executado".[8]

4. GARANTIA DA EXECUÇÃO – SEGURO GARANTIA JUDICIAL

O executado pode **pagar a dívida ou garantir a execução**. A garantia da execução efetiva-se pelo de **depósito em dinheiro** com esse objetivo específico, pela apresentação de **seguro-garantia judicial** ou pela **nomeação de bens à penhora**, conforme art. 882 da CLT, com redação alterada pela Lei nº 13.467/17:

> **Art. 882**. O executado que não pagar a importância reclamada poderá garantir a execução mediante depósito da quantia correspondente, atualizada e acrescida das despesas processuais, apresentação de seguro-garantia judicial ou nomeação de bens à penhora, observada

---

6. CLT. Art. 880. § 3º. Se o executado, procurado por duas vezes, no espaço de 48 horas, não for encontrado, far-se-á a citação por edital, publicado no jornal oficial ou, na falta deste, afixado na sede da Junta ou Juízo, durante cinco dias.
7. SARAIVA, Renato. **Curso de direito processual do trabalho**. 4 ed. São Paulo: Método. p. 565.
8. MARTINS, Sérgio Pinto. **Curso de direito processual do trabalho**. 28 ed. São Paulo: atlas, 2008. p. 717.

a ordem preferencial estabelecida no art. 835 da Lei nº 13.105, de 16 de março de 2015 – Código de Processo Civil.

Percebe-se, então, que a entrega do dinheiro pode ter dois objetivos distintos: o pagamento da dívida ou a garantia da execução. Por conta dessa circunstância, o devedor deve deixar claro a que título efetua o depósito da importância devida, pois a sua omissão implica presunção de que pretende satisfazer imediatamente o crédito.

Nesse particular, a CLT abandona a utilização da Lei de Execução Fiscal como fonte subsidiária e **determina que seja observado, em primeiro lugar, o CPC.**

Registre-se, ainda, que a garantia da execução por meio de depósito em dinheiro em conta remunerada **faz cessar a responsabilidade do devedor pelo pagamento dos aludidos acessórios.**

Nesse sentido dispõe o art. 9º, § 4º, da LEF:

> **Art. 9º.** Em garantia da execução, pelo valor da dívida, juros e multa de mora e encargos indicados na Certidão da Dívida Ativa, o executado poderá: § 4º. Somente o depósito em dinheiro, na forma do artigo 32, faz cessar a responsabilidade pela atualização monetária e juros de mora.[9]

O uso do seguro garantia judicial foi previsto de forma específica para o processo do trabalho por meio da Lei nº 13.467/17, ao modificar a redação do art. 882 e ao introduzir o § 11 do art. 899 da CLT.

Contudo, mesmo antes do advento da denominada lei da reforma trabalhista, tanto o seguro quanto a carta de fiança **já eram admitidos** no processo do trabalho, conforme entendimento do TST constante da OJ nº 59 da SDI-2, com a seguinte redação:

> **OJ nº 52.** A carta de fiança bancária e o seguro garantia judicial, desde que em valor não inferior ao do débito em execução, acrescido de trinta por cento, equivalem a dinheiro para efeito da gradação dos bens penhoráveis, estabelecida no art. 835 do CPC de 2015 (art. 655 do CPC de 1973).

O TST, a CGJT e o CSJT, disciplinaram o uso do seguro garantia e da fiança bancária por meio do Ato Conjunto nº 01/2019.

O seguro garantia judicial pode ser usado tanto para interposição de **recursos trabalhistas**, em substituição ao depósito recursal, quanto para **garantir a execução** trabalhista, mas **sempre no mesmo prazo** que deveria ser utilizado o ato processual.

O art. 3º do referido Ato Conjunto estabelece que o seguro garantia deve ser prestado por seguradora idônea e devidamente estabelecida no Brasil, **devendo a apólice conter** os seguintes requisitos em forma de cláusulas:

- no seguro garantia judicial para execução trabalhista, o valor segurado deverá ser igual ao montante original do débito executado com os encargos e os acréscimos legais,

9. Lei nº 6.830. Art. 32. Os depósitos judiciais em dinheiro serão obrigatoriamente feitos: I – na Caixa Econômica Federal, de acordo com o Decreto-Lei nº 1.737, de 20 de dezembro de 1979, quando relacionados com a execução fiscal proposta pela União ou suas autarquias; II – na Caixa Econômica ou no banco oficial da unidade federativa ou, à sua falta, na Caixa Econômica Federal, quando relacionados com execução fiscal proposta pelo Estado, Distrito Federal, Municípios e suas autarquias.

inclusive honorários advocatícios, assistenciais e periciais, devidamente atualizado pelos índices legais aplicáveis aos débitos trabalhistas na data da realização do depósito, acrescido de, no mínimo, 30% (Orientação Jurisprudencial 59 da SBDI-II do TST);

- previsão de atualização da indenização pelos índices legais aplicáveis aos débitos trabalhistas;
- manutenção da vigência do seguro, mesmo quando o tomador não houver pago o prêmio nas datas convencionadas, com base no art. 11, §1º, da Circular 477 da SUSEP e em renúncia aos termos do art. 763 do Código Civil e do art. 12 do Decreto-Lei 73, de 21 de novembro de 1966;
- referência ao número do processo judicial;
- o valor do prêmio;
- vigência da apólice de, no mínimo, 3 (três) anos;
- estabelecimento das situações caracterizadoras da ocorrência de sinistro nos termos do art. 9º deste Ato Conjunto;
- endereço atualizado da seguradora;
- cláusula de renovação automática.

No caso do processo do trabalho, o tomador é o devedor das obrigações trabalhistas, geralmente o reclamado (processo de conhecimento) ou executado (processo de execução).

O prêmio é a importância devida pelo reclamado ou executado à seguradora em razão da cobertura do seguro e o sinistro é o inadimplemento das obrigações cobertas pelo seguro ou a determinação judicial para recolhimento dos valores correspondentes à apólice.

Por outro lado, o referido contrato de seguro **não poderá conter as seguintes cláusulas**:

a) de desobrigação decorrente de atos de responsabilidade exclusiva do tomador, da seguradora ou de ambos;

b) cláusula que permita sua rescisão, ainda que de forma bilateral.

Por ocasião do oferecimento da garantia, o devedor deverá apresentar a seguinte documentação: a) apólice do seguro garantia; b) comprovação de registro da apólice na SUSEP; c) certidão de regularidade da sociedade seguradora perante a SUSEP.

Observe-se, por fim, que o CNJ, nos autos do processo nº 0009820-09.2019.2.00.0000, suspendeu liminarmente as regras contidas no referido ato conjunto que vedavam a substituição do depósito em dinheiro em execução trabalhista ou em sede recursal por seguro garantia judicial (Conselheiro Mário Guerreiro. 03.02.2020).

Essas regras estavam contidas nos artigos 7º e 8º, com a seguinte redação:

> **Art. 7º** O seguro garantia judicial para execução trabalhista somente será aceito se sua apresentação ocorrer antes do depósito ou da efetivação da constrição em dinheiro, decorrente de penhora, arresto ou outra medida judicial.
>
> **Parágrafo único.** Excetuando-se o depósito e a efetivação da constrição em dinheiro decorrente de penhora, arresto ou outra medida judicial, será permitida a substituição, por

seguro garantia judicial, de bem penhorado até sua expropriação, desde que atendidos os requisitos deste Ato Conjunto e haja anuência do credor (§ 2º do art. 835 do CPC).

Art. 8º Após realizado o depósito recursal, não será admitido o uso de seguro garantia para sua substituição.

Fica caracterizada a ocorrência de **sinistro**, gerando a obrigação de pagamento de indenização pela seguradora, no seguro garantia judicial para **execução trabalhista**:

a) com o não pagamento pelo tomador do valor executado, quando determinado pelo juiz;

b) com o não cumprimento da obrigação de, até 60 (sessenta) dias antes do fim da vigência da apólice, comprovar a **renovação do seguro garantia** ou apresentar nova garantia suficiente e idônea.

Configurado o sinistro, o magistrado que estiver na direção do processo **determinará** à seguradora o pagamento da dívida executada, devidamente atualizada, **no prazo 15 (quinze) dias**, sob pena de **contra ela prosseguir a execução** nos próprios autos, sem prejuízo de eventuais sanções administrativas ou penais pelo descumprimento da ordem judicial.

5. PENHORA, DEPÓSITO E AVALIAÇÃO

A penhora é, em última análise, o exercício da atividade coativa do Estado, que obriga seus súditos a comportarem-se em conformidade com a regra de direito, sob pena da perda dos seus bens.

Difere do penhor, instituto de direito material, uma vez que este último representa uma garantia real de coisa móvel, na forma preconizada pelo art. 1431 do Código Civil: "Constitui-se o penhor pela transferência efetiva da posse que, em garantia do débito ao credor ou a quem o represente, faz o devedor, ou alguém por ele, de uma coisa móvel, suscetível de alienação".

5.1. Conceito de penhora

A penhora é o ato de constrição judicial, por meio do qual o Estado retira o poder de dispor que o devedor tem em relação ao seu patrimônio. Tem como objetivo fazer cumprir a obrigação de pagar quantia certa, contida no título executivo, com a satisfação do credor, sem chegar a constituir um direito real ou um ato de expropriação em si mesmo.

A alienação dos bens do devedor, depois de iniciada a ação executiva, constitui fraude à execução e é ineficaz em relação ao credor.[10]

No processo trabalhista, a penhora deve ser feita em tantos bens quantos bastem para o cumprimento da obrigação constante do título executivo.

10. STJ. Súmula nº 375. O reconhecimento da fraude à execução depende do registro da penhorado bem alienado ou da prova de má-fé do terceiro adquirente.

Encontra-se disciplinada pelo art. 883 da CLT:

> **Art. 883**. Não pagando o executado, nem garantindo a execução, seguir-se-á penhora dos bens, tantos quantos bastem ao pagamento da importância da condenação, acrescida de custas e juros de mora, sendo estes, em qualquer caso, devidos a partir da data em que for ajuizada a reclamação inicial.

5.2. Espécies de penhora

Além da constrição judicial de bens, a penhora pode recair sobre créditos, direitos ou o estabelecimento empresarial, conforme será analisado a seguir.

A) Penhora de créditos

O crédito representa o direito que alguém possui em relação a outrem, no sentido de que esse faça, deixe de fazer ou dê alguma coisa. Pois bem, a penhora pode recair não só em bens móveis e imóveis, mas também **em tudo aquilo que tenha valor econômico**, inclusive o direito de crédito cujo titular seja o devedor, desde que esse objeto seja lícito.

Constatado que o devedor é titular de créditos, o oficial de justiça procede à sua penhora, na forma prevista pelo art. art. 855 do CPC. Desse modo, aperfeiçoa-se a constrição judicial com a efetivação de duas intimações: **a primeira,** para cientificar o terceiro devedor – **o devedor do devedor** – para que não pague ao executado; **e a segunda** para o executado, para lhe informar que não pratique ato de disposição do seu crédito.

Nos casos em que o crédito seja representado por letra de câmbio, nota promissória, duplicata, cheque ou outros títulos da mesma natureza, considera-se feita a penhora com a **simples apreensão do documento,** esteja ou não em poder do devedor.

Caso o título não possa ser apreendido, em face da impossibilidade física de concretizar esse ato, mas o devedor do devedor confessa a dívida, será considerado como depositário da importância respectiva.

Depois de intimado, o terceiro só se exonera da obrigação que tem em relação ao devedor **com o depósito em juízo da importância devida**. Na hipótese de o terceiro alegar que a dívida não mais existe, em conluio com o devedor, o consequente ato de quitação será considerado como fraude à execução (§§ 2º e 3º, art. 856 do CPC).

Caso seja necessário, o juiz, a requerimento do credor, pode designar audiência para ouvir o terceiro e o devedor, com o objetivo de tomar os respectivos depoimentos.

A principal consequência da penhora de crédito **consiste na sub-rogação do exequente nos direitos do devedor até o valor da dívida**, conforme previsão contida no art. 857 do novo CPC, desde que não tenha havido embargos à execução ou estes tenham sido rejeitados.[11]

11. CPC. Art. 857. Feita a penhora em direito e ação do executado, e não tendo ele oferecido embargos ou sendo estes rejeitados, o exequente ficará sub-rogado nos direitos do executado até a concorrência de seu crédito. § 1º O exequente pode preferir, em vez da sub-rogação, a alienação judicial do direito penhorado, caso em que declarará sua vontade no prazo de 10 (dez) **dias contado da realização da penhora. § 2º A sub-rogação não impede o sub-rogado, se não receber o crédito do executado, de prosseguir na execução, nos mesmos autos, penhorando outros bens.**

O exequente também tem a faculdade de optar pela expropriação judicial do direito penhorado, ao invés da sub-rogação. Basta, para tanto, que o exequente comunique a sua intenção no prazo de dez dias, contados da realização da penhora.

Se, por qualquer motivo, o exequente não receber o crédito do terceiro, poderá dar prosseguimento à execução, com o requerimento da penhora de outros bens de propriedade do executado.

Por fim, quando a penhora for feita sobre dívida de dinheiro a juros, direito de rendas ou prestação periódicas, utilizam-se as regras contidas no art. 858 do CPC:

> **Art. 858**. Quando a penhora recair sobre dívidas de dinheiro a juros, de direito a rendas ou de prestações periódicas, o exequente poderá levantar os juros, os rendimentos ou as prestações à medida que forem sendo depositados, abatendo-se do crédito as importâncias recebidas, conforme as regras de imputação do pagamento.

B) Penhora no rosto dos autos

Quando o devedor for o titular de direito que constitui objeto de ação judicial, pode-se efetuar à sua penhora, por meio da averbação na capa dos autos, procedimento denominado de **penhora no rosto dos autos.**[12]

Nessa hipótese, o exequente receberá aquilo que caberia ao devedor no processo no qual houve a penhora, de acordo com o art. 860 do CPC[13] pois passa a ser legitimado para atuar na defesa dos interesses do executado.

Uma vez feita a averbação da penhora no rosto dos autos do processo físico, o devedor será intimado desse ato para oferecer embargos à execução, no prazo de trinta dias.

C) Penhora em estabelecimento da empresa

A empresa nada mais é do que a atividade, seja ela comercial, agrícola, industrial, organizada para a produção e/ou distribuição de bens ou serviços.[14]

Já o estabelecimento corresponde à unidade produtiva da empresa, que é formada pelo conjunto de recursos humanos e materiais, destinados a atingir os objetivos do empreendimento e a consequente obtenção de lucro.

Tanto a Lei nº 6.830/80, em seu art. 11, § 1º, quanto o CPC, no seu art. 862,[15] permitem, excepcionalmente, que a penhora recaia sobre o estabelecimento comercial, industrial ou agrícola, bem como sobre plantações ou edifícios em construção.

12. Com a utilização do processo eletrônico outra expressão deve ser adotada em substituição a atual, pois os autos respectivos não têm capa ou rosto.
13. CPC Art. 860. Quando o direito estiver sendo pleiteado em juízo, a penhora que recair sobre ele será averbada, com destaque, nos autos pertinentes ao direito e na ação correspondente à penhora, a fim de que esta seja efetivada nos bens que forem adjudicados ou que vierem a caber ao executado.
14. Como a empresa é a própria atividade, não há como, tecnicamente, efetivar a penhora sobre ela, mas sim sobre o seu estabelecimento.
15. Lei nº 6.830/80. Art. 11. § 1º. Excepcionalmente, a penhora poderá recair sobre estabelecimento comercial, industrial ou agrícola, bem como em plantações ou edifícios em construção. Novo CPC. Art. 862. Quando a

Em tais situações, **é necessário que se nomeie um depositário para cuidar da administração dos bens**, uma vez que a penhora retira do devedor a posse e a possibilidade de dispor, de forma eficaz, do seu patrimônio.

As partes podem, de comum acordo, efetuar ajuste quanto à escolha do depositário e a consequente forma de administração, que será submetida à homologação do juízo. **Quando não há consenso, o juiz nomeia um depositário**, fixa o prazo de dez dias para apresentação da forma da administração e decidirá depois de ouvida as partes.

Quando se trata de penhora incidente sobre empresa que explore atividade econômica mediante concessão ou autorização, a constrição judicial recairá, conforme o crédito, sobre a renda, determinados bens, ou todo o patrimônio (art. 863 do CPC).

Nessa situação, o juiz nomeará como depositário, preferencialmente, um dos diretores da empresa. O depositário deverá apresentar, além da forma de administração, um cronograma de pagamento, quando a penhora for parcial, ou seja, quando recair sobre a renda ou determinados bens.

Quando a penhora recair sobre todo o patrimônio da empresa, a execução será processada normalmente. Entretanto, antes da arrematação ou da adjudicação o juiz ouvirá o poder público que houver outorgado a concessão para a empresa.

A doutrina e a jurisprudência admitem a legalidade da penhora de renda ou faturamento da empresa ou do estabelecimento, que se amolda à espécie de penhora em comento. É necessária, entretanto, a observância dos requisitos estabelecidos pelo CPC e pela LEF e a fixação de um percentual razoável.

O entendimento do TST é nesse sentido, conforme se observa do teor da OJ nº 93, da SDI-2:

> **OJ Nº 93.** PENHORA SOBRE PARTE DA RENDA DE ESTABELECIMENTO COMERCIAL. POSSIBILIDADE. (alterada em decorrência do CPC de 2015) – Res. 220/2017, DEJT divulgado em 21, 22 e 25.09.2017. Nos termos do art. 866 do CPC de 2015, é admissível a penhora sobre a renda mensal ou faturamento de empresa, limitada a percentual, que não comprometa o desenvolvimento regular de suas atividades, desde que não haja outros bens penhoráveis ou, havendo outros bens, eles sejam de difícil alienação ou insuficientes para satisfazer o crédito executado.

Alguns Tribunais Regionais fixam o limite do percentual da renda mensal da empresa que pode ser penhorado:

> **OJ Nº 11 da SDI-1 do TRT3.** MANDADO DE SEGURANÇA. PENHORA SOBRE PARTE DO FATURAMENTO BRUTO OU DA RENDA BRUTA MENSAL DO EMPREENDIMENTO. I – Em consonância com a OJ 93 da SBDI-II DO TST, admite-se a penhora de montante equivalente a até 30% do faturamento bruto ou renda bruta mensal do empreendimento, de modo a não comprometer o desenvolvimento regular da atividade

penhora recair em estabelecimento comercial, industrial ou agrícola, bem como em semoventes, plantações ou edifícios em construção, o juiz nomeará administrador-depositário, determinando-lhe que apresente em 10 (dez) **dias o plano de administração.**

econômica. II – Cabe à devedora instruir o mandado de segurança com a documentação hábil a comprovar o total do seu faturamento bruto ou renda bruta mensal, sob pena de indeferimento liminar da inicial.

OJ SDI-1 Nº 08 do TRT15. PENHORA. RENDA MENSAL OU FATURAMENTO BRUTO DA EMPRESA. É admissível a penhora sobre a renda mensal ou o faturamento bruto da empresa, desde que limitado ao percentual de 5%. Aplicação da Orientação Jurisprudencial 93 da SDI-II do C.TST.

5.3. Indicação de bens à penhora

A) Gradação legal

O art. 882 da CLT determina a utilização da ordem de preferência de bens penhoráveis fixada pelo 835 do CPC.

Esse dispositivo estabelece uma **ordem decrescente de liquidez,** ou seja, do mais fácil para aquele que implica maior dificuldade para conversão em pecúnia e consequente satisfação do credor:

QUADRO COMPARATIVO – GRADAÇÃO LEGAL DA PENHORA		
CPC DE 1973	**CPC DE 2015**	**CLT**
Art. 655. A penhora observará, preferencialmente, a seguinte ordem: I – dinheiro, em espécie ou em depósito ou aplicação em instituição financeira; II – veículos de via terrestre; **III – bens móveis em geral;** **IV – bens imóveis;** V – navios e aeronaves; VI – ações e quotas de sociedades empresárias; VII – percentual do faturamento de empresa devedora; VIII – pedras e metais preciosos;	**Art. 835.** A penhora observará, preferencialmente, a seguinte ordem: I – dinheiro, em espécie ou em depósito ou aplicação em instituição financeira; **II – títulos da dívida pública da União, dos Estados e do Distrito Federal com cotação em mercado;** **III – títulos e valores mobiliários com cotação em mercado;** IV – veículos de via terrestre; **V – bens imóveis;** **VI – bens móveis em geral;** VII – semoventes; VIII – navios e aeronaves;	**Art. 882.** O executado que não pagar a importância reclamada poderá garantir a execução mediante depósito da quantia correspondente, atualizada e acrescida das despesas processuais, apresentação de seguro-garantia judicial ou nomeação de bens à penhora, observada a ordem preferencial estabelecida no art. 835 da Lei nº 13.105, de 16 de março de 2015 – Código de Processo Civil.
IX – títulos da dívida pública da União, Estados e Distrito Federal com cotação em mercado; X – títulos e valores mobiliários com cotação em mercado; XI – outros direitos.	IX – ações e quotas de sociedades simples e empresárias; X – percentual do faturamento de empresa devedora; XI – pedras e metais preciosos; **XII – direitos aquisitivos derivados de promessa de compra e venda e de alienação fiduciária em garantia;** XIII – outros direitos.	

Diferença entre o CPC de 2015 e o de 1973	Houve uma alteração na ordem de preferência. Os títulos da dívida pública e os títulos e valores mobiliários com cotação no mercado passaram da 9ª e 10ª posição, respectivamente, para a 2ª e 3ª posição, respectivamente. Houve, também, uma inversão na ordem dos bens móveis e imóveis, passando este último a ter preferência sobre o primeiro. Por fim, lista-se uma nova espécie de bem penhorável, qual seja, direitos aquisitivos derivados de promessa de compra e venda e de alienação fiduciária em garantia.

Essa gradação legal do CPC deve ser observada tanto pelo devedor, quando exerce seu direito de nomeação, quanto pelo juiz ou oficial de justiça. Entretanto, mesmo que não se observe a ordem, se o credor concordar, será eficaz.

O art. 835, § 1º do CPC admite a inversão da ordem de preferência da penhora, por ato fundamentado do juiz: "É prioritária a penhora em dinheiro, podendo o juiz, nas demais hipóteses, alterar a ordem prevista no *caput* de acordo com as circunstâncias do caso concreto".

A indicação de bens a serem penhorados, por iniciativa do devedor, só é possível, no processo civil, **se a execução for fundada em título extrajudicial.** Na fase de cumprimento da sentença o exequente pode, de plano, indicar bens passíveis de penhora de propriedade do devedor, segundo a regra contida no art. 524, VII, do CPC: "O requerimento previsto no art. 523 será instruído com demonstrativo discriminado e atualizado do crédito, devendo a petição conter: VII – indicação dos bens passíveis de penhora, sempre que possível".

Assim, **em primeiro lugar, o devedor tem que indicar o dinheiro para ser penhorado,** seja em espécie, depósito ou aplicação financeira. Justifica-se a primazia do dinheiro, uma vez que é o bem que possui 100% de liquidez.

O pedido de penhora em dinheiro da empresa não constitui ofensa ao direito líquido e certo do executado, mesmo que recaia sobre o capital destinado ao exercício de sua atividade produtiva.

Por conta disso, esse fato não enseja o manejo de mandado de segurança, na forma do entendimento cristalizado pela Súmula nº 417 do TST:

> SÚMULA Nº 417. MANDADO DE SEGURANÇA. PENHORA EM DINHEIRO (alterado o item I, atualizado o item II e cancelado o item III, modulando-se os efeitos da presente redação de forma a atingir unicamente as penhoras em dinheiro em execução provisória efetivadas a partir de 18.03.2016, data de vigência do CPC de 2015) – Res. 212/2016, DEJT divulgado em 20, 21 e 22.09.2016 I – Não fere direito líquido e certo do impetrante o ato judicial que determina penhora em dinheiro do executado para garantir crédito exequendo, pois é prioritária e obedece à gradação prevista no art. 835 do CPC de 2015 (art. 655 do CPC de 1973). II – Havendo discordância do credor, em execução definitiva, não tem o executado direito líquido e certo a que os valores penhorados em dinheiro fiquem depositados no próprio banco, ainda que atenda aos requisitos do art. 840, I, do CPC de 2015 (art. 666, I, do CPC de 1973). (ex-OJ nº 61 da SBDI-2 – inserida em 20.09.2000).

Anote-se, por fim, que o executado pode indicar bens de propriedade de terceiros que sejam por eles disponibilizados para penhora, desde que esse procedimento seja aceito pelo exequente, conforme permissão contida no art. 9º da LEF:

> **Art. 9º.** Em garantia da execução, pelo valor da dívida, juros e multa de mora e encargos indicados na Certidão da Dívida Ativa, o executado poderá: IV – indicar à penhora bens oferecidos por terceiros e aceitos pela Fazenda Pública.[16]

B) Prerrogativa para indicação de bens à penhora

No processo do trabalho, **o devedor tem a prerrogativa de nomear bens à penhora**, uma vez que a determinação contida no art. 882 da CLT é expressa nesse particular.[17]

O CPC mitiga o direito de o devedor indicar bens à penhora, conforme se vê do art. 829, § 2º:

> **Art. 829. § 2º** A penhora recairá sobre os bens indicados pelo exequente, salvo se outros forem indicados pelo executado e aceitos pelo juiz, mediante demonstração de que a constrição proposta lhe será menos onerosa e não trará prejuízo ao exequente.

No processo do trabalho, o princípio de que a execução deve se processar pelo modo menos gravoso para o devedor, também se aplica ao instituto da nomeação de bens à penhora.

Assim, o oficial de justiça faz a citação do devedor e aguarda o prazo de **quarenta e oito horas** para que este indique bens passíveis de penhora. Inclusive, essa nomeação pode ser feita diretamente ao oficial de justiça, que emitirá certidão nesse sentido.

Se o devedor, citado, não paga a dívida nem nomeia bens à penhora, extingue-se o seu direito à nomeação e o oficial de justiça pode penhorar os bens necessários para o pagamento da dívida, observada a gradação legal.

Quando o devedor indica bens passíveis de penhora e o exequente não apresenta qualquer impugnação, é lavrado o **termo de penhora**. Após, o juiz fixa um prazo para o devedor indicar a localização do bem, exibir a prova de sua propriedade e, se for o caso, certidão negativa de ônus, bem como se abster de qualquer atitude que dificulte ou embarace a realização da penhora.

C) Impugnação da nomeação

Quando a nomeação não obedece à hierarquia estabelecida pelo CPC, ela é considerada impugnável, faculdade que pode ser exercida pelo exequente.

Dessa forma, se o devedor nomeia bens à penhora, o juiz deve abrir vistas ao exequente para apresentar manifestação. Em caso de silêncio, **presume-se que aceitou a indicação.**

Na hipótese de discordância, o juiz decide o incidente, acolhe a nomeação do executado ou a impugnação do credor, decisão de natureza interlocutória da qual não cabe recurso imediato.

---

16. Lei nº 6.830/80. Art. 9º. § 1º. O executado só poderá indicar e o terceiro oferecer bem imóvel à penhora com o consentimento expresso do respectivo cônjuge.
17. CLT. Art. 882. O executado que não pagar a importância reclamada poderá garantir a execução mediante depósito da quantia correspondente, atualizada e acrescida das despesas processuais, apresentação de seguro-garantia judicial ou nomeação de bens à penhora, observada a ordem preferencial estabelecida no art. 835 da Lei nº 13.105, de 16 de março de 2015 – Código de Processo Civil.

D) Substituição da penhora

No processo do trabalho, **a qualquer momento o executado pode requerer a substituição da penhora por depósito em dinheiro ou fiança bancária**, mesmo que já tenha sido declarada a sua validade (declaração de subsistência).

Já o exequente **pode postular a substituição dos bens já penhorados por outros**, independente da gradação legal, bem como a indicação daqueles necessários para o reforço da penhora, de acordo com o disposto no art. 15, II, da Lei nº 6.830/80.

Nada impede, todavia, que a substituição seja deferida pelo juiz, com base no permissivo contido no art. 848 do CPC, nas hipóteses em que ainda não foi julgada subsistente a indicação.[18]

A substituição também pode ser feita por "**seguro garantia judicial**", em valor não inferior ao débito constante da inicial. Apesar do art. 882 da CLT ser omisso, entende-se que o valor do seguro garantia judicial **deve ser acrescido de 30%,** na forma prevista pelos arts 835, § 2º e 848 parágrafo único do CPC, aplicados supletivamente ao processo laboral.

Nesse sentido o Enunciado nº 119 aprovado na 2ª Jornada de Direito Material e Processual do Trabalho:

> **ENUNCIADO Nº 119. EXECUÇÃO. SEGURO-GARANTIA JUDICIAL. ACRÉSCIMO DE 30%.**
>
> A ACEITAÇÃO DO SEGURO-GARANTIA JUDICIAL PREVISTO NO ART. 882 DA CLT PRESSUPÕE O ACRÉSCIMO DE 30% DO DÉBITO, POR APLICAÇÃO SUPLETIVA DO ART. 835, § 2º, DO CPC.

E) Prova da propriedade

Uma vez aceito os bens arrolados para penhora, cabe ao devedor, no prazo fixado pelo juiz, **exibir a prova da propriedade**, acompanhada da respectiva certidão negativa de ônus nas hipóteses de bem imóvel.

Também deve indicar a **localização dos bens** e abster-se de praticar qualquer ato que dificulte ou embarace a realização da penhora, sob pena de ser classificado como ato atentatório à dignidade da justiça.

5.4. Pesquisa patrimonial e penhora

A penhora consiste em ato complexo feito pelo oficial de justiça a quem compete lavrar o **auto respectivo**, proceder ao **depósito** do bem, à sua **avaliação** e, por fim, à **intimação** do devedor para apresentar embargos à execução.

18. CPC. Art. 848. As partes poderão requerer a substituição da penhora se: I – ela não obedecer à ordem legal; II – ela não incidir sobre os bens designados em lei, contrato ou ato judicial para o pagamento; III – havendo bens no foro da execução, outros tiverem sido penhorados; IV – havendo bens livres, ela tiver recaído sobre bens já penhorados ou objeto de gravame; V – ela incidir sobre bens de baixa liquidez; VI – fracassar a tentativa de alienação judicial do bem; ou VII – o executado não indicar o valor dos bens ou omitir qualquer das indicações previstas em lei.

Caso o devedor não indique bens à penhora, o oficial de justiça tentará encontrar bens livres e desembaraçados de qualquer ônus para realizar a constrição legal.

A) Pesquisa patrimonial tradicional

Seguindo o **procedimento tradicional**, o oficial de justiça dirige-se ao local no qual se encontram os bens, geralmente no endereço físico do executado,[19] e realiza a penhora observando a gradação legal.[20]

É necessário observar também que se o valor dos bens é suficiente para o pagamento do principal da dívida, incluída aquela de natureza previdenciária, acrescida de juros de mora e correção monetária.

Caso o valor dos bens encontrados não seja suficiente sequer para cobrir o valor das custas da execução, **a penhora não deve ser efetivada** (*caput* do art. 836 do CPC).

Entretanto, se o oficial de justiça não encontrar bens penhoráveis, independentemente de determinação judicial expressa, descreverá os bens móveis da residência ou do estabelecimento do executado, quando este for pessoa jurídica, sendo que o executado ou seu representante legal deverá ser nomeado depositário provisório de tais bens até ulterior determinação do juiz (§§ 1º e 2º, art. 836 do CPC, aplicado subsidiariamente ao processo laboral por conta do preceito contido no art. 3º XVII, da IN nº 39/16 do TST).

B) *Pesquisa patrimonial eletrônica*

A busca pelos bens de propriedade do executado para serem penhorados também pode ser feita com o **uso de ferramentas eletrônicas de pesquisa patrimonial.**

Assim, a pesquisa não é feita no local físico onde estejam situados os bens, mas em base de dados de instituições públicas e privadas, como o Banco Central do Brasil – BACEN, Receita Federal do Brasil, Associação dos Notários e Registradores do Brasil – ANOREG, Departamento Nacional de Trânsito – DENATRAN etc.

Por meio de convênios de cooperação técnica celebrados com os diversos órgãos do Poder Judiciário, essas instituições disponibilizam informações de dados cadastrais, que tem por finalidade garantir a efetividade da execução trabalhista.

Atualmente, esse procedimento de busca patrimonial tem sido feito tanto pelos servidores da secretaria da vara do trabalho quanto pelo oficial de justiça. Geralmente, a pesquisa patrimonial de ativos financeiros com o uso do sistema SISBAJUD é feita pela Secretaria, bem como de imóveis, com o uso da ferramenta fornecida pela Central Nacional de Indisponibilidade de Bens -CNIB, sistemas desenvolvidos pelo Conselho Nacional de Justiça – CNJ.

Sendo infrutífera essa pesquisa inicial, é expedido um mandado de pesquisa patrimonial e penhora para ser cumprido pelo oficial de justiça, que pode utilizar outras ferramentas

19. CPC. Art. 845. Efetuar-se-á a penhora onde se encontrem os bens, ainda que sob a posse, a detenção ou a guarda de terceiros.
20. Renato Saraiva entende que a gradação da penhora não precisa ser observada pelo juiz ou pelo oficial de justiça (Curso de direito processual do trabalho. 4 ed. São Paulo: Método, 2007. p. 566).

eletrônicas, como o RENAJUD, INFOJUD, SIMBA, INFOSEG, COAF, CAGED, CCS, SENSEC etc.

É possível também que essas pesquisas, principalmente as mais avançadas, sejam feitas pelos **Núcleos de Pesquisa Patrimonial**, criados pela Resolução nº 138 do CSJT. Por meio desse normativo, cada Tribunal Regional do Trabalho deverá instituir os referidos núcleos com o objetivo de promover investigação mais avançada sobre o patrimônio do devedor, o seu rastreamento, bem como a cadeia de responsabilidades de sócios, devedores solidários, subsidiários operadores ocultos etc.

Fica claro, portanto, que a realização da penhora e subsequente avaliação em atos contínuos facilita o processo de execução, uma vez que o oficial de justiça tem como aferir se os bens constritos **são suficientes para satisfazer o credor**. Caso o oficial de justiça conclua que o produto dos bens penhorados será absorvido pelo pagamento das custas processuais, certificará essa situação e fará os autos conclusos para o juiz decidir.

Observe-se que **a penhora, a avaliação e o depósito são feitos em atos contínuos e sucessivos,** uma vez que o servidor que exerce a função de oficial de justiça também acumula aquelas concernentes à avaliação.

Por isso, em regra, há necessidade de o oficial de justiça vistoriar o bem a ser constrito, para avaliar o seu estado de conservação e estimar o seu valor para efeito de garantir a execução.

O procedimento é idêntico quando o credor aceita o bem indicado pelo devedor, mesmo que esteja fora da ordem de preferência determinado pela norma estatal.

É muito importante que o oficial de justiça descreva[21] minuciosamente as características do bem para efeito de identificá-lo posteriormente, bem como para justificar um eventual reconhecimento de que o depositário foi negligente ao cuidar do bem. Para atingir esse objetivo com maior eficiência, recomenda-se que o oficial faça um vídeo ou fotografe o bem penhorado.

Considera-se feita a penhora com a apreensão, depósito dos bens e a lavratura do auto respectivo (art. 839 do CPC). Após esse procedimento, o devedor será intimado para oferecer embargos à execução.[22]

C) *Termo e auto de penhora*

A instrumentalização do ato de penhora pode ser feita por meio de um termo ou de um auto de penhora.

Portanto, é perfeitamente possível que após a indicação do bem a ser penhorado, o juiz determine que a penhora seja **reduzida a termo**, desde que não exista controvérsia acerca do seu valor de mercado.

21. A descrição dos bens penhorados tem como objetivo a sua individualização.
22. Recaindo a penhora em bem imóvel, o cônjuge também será intimado, de acordo com o que dispõe o art. 842 do novo CPC: "Recaindo a penhora sobre bem imóvel ou direito real sobre imóvel, será intimado também o cônjuge do executado, salvo se forem casados em regime de separação absoluta de bens. Art. 843. Tratando-se de penhora de bem indivisível, o equivalente à quota-parte do coproprietário ou do cônjuge alheio à execução recairá sobre o produto da alienação do bem".

Se a penhora é feita por iniciativa do oficial de justiça, caberá a este lavrar o competente **auto de penhora**.

O auto de penhora deve conter: a) a indicação do dia, mês, ano e lugar em que foi feita; b) os nomes do credor e do devedor; c) a descrição dos bens penhorados, com os seus característicos; d) a nomeação do depositário dos bens; e e) avaliação dos bens penhorados.[23]

D) Ausência de bens penhoráveis

Quando o valor dos bens passíveis de penhora sequer for suficiente para cobrir o pagamento das despesas processuais, **não se efetivará a penhora.**

Nesse caso e quando o oficial de justiça não encontre bens penhoráveis, deve certificar o ocorrido, inclusive com a descrição daqueles que guarnecem a residência ou o estabelecimento do devedor.

Após, o juiz suspenderá a execução e, depois de decorrido um ano, mandará que o processo aguarde provisoriamente no arquivo, para aguardar o surgimento de bens de propriedade do devedor.[24]

E) Bens insuficientes

Pode ocorrer da penhora recair sobre todos os bens de propriedade do devedor, mas, ainda assim, não ser suficiente para satisfazer o credor. Em tais situações, o executado deve ser intimado apenas para oferecer embargos à execução.

Aguardar a garantia total do juízo implicaria maior prejuízo para o exequente, uma vez que isso poderia jamais acontecer, diante da ausência total de bens de propriedade do devedor e nenhuma perspectiva de incremento futuro.

Dessa forma, mesmo não suficientemente garantida a execução, deve-se prosseguir na execução, excepcionalmente, para proporcionar a satisfação parcial do credor.

F) Registro da penhora

Em caso de penhora incidente sobre bem imóvel **é necessário fazer a averbação perante o cartório imobiliário** para conferir efeitos de presunção *iuris et de iure* de conhecimento por terceiros, na forma prevista pelo art. 844 do CPC:

> **Art. 844.** Para presunção absoluta de conhecimento por terceiros, cabe ao exequente providenciar a averbação do arresto ou da penhora no registro competente, mediante apresentação de cópia do auto ou do termo, independentemente de mandado judicial.

23. LEF. Art. 13. O termo ou auto de penhora conterá, também, a avaliação dos bens penhorados, efetuada por quem o lavrar.
24. LEF. Art. 40. O juiz suspenderá o curso da execução, enquanto não for localizado o devedor ou encontrado bens sobre os quais possa recair a penhora, e, nesses casos, não correrá o prazo de prescrição. § 2º. Decorrido o prazo máximo de 1 (um) **ano, sem que seja localizado o devedor ou encontrado bens penhoráveis, o juiz ordenará o arquivamento dos autos. § 3º. Encontrados que sejam, a qualquer tempo, o devedor ou os bens, serão desarquivados os autos para prosseguimento da execução.**

G) Resistência à penhora e ordem de arrombamento

Na tentativa de impedir ou dificultar a execução do trabalho do oficial de justiça, pode acontecer de o executado ou seus prepostos fecharem as portas da sua residência,[25] do seu estabelecimento ou do local onde estejam situados os bens.

Nesse caso de resistência, o oficial de justiça emitirá certidão circunstanciada e submeterá à apreciação do juiz, com o requerimento de ordem de arrombamento.[26]

É possível também que o mandado de penhora já seja emitido com **ordem prévia e expressa de arrombamento e auxílio de força policial**,[27] na eventualidade de o devedor obstar a realização da apreensão judicial com o fechamento de suas portas.

Nesse caso, devem ser observadas as formalidades estabelecidas pelo art. 846, § 1º do CPC, principalmente a realização da diligência por dois oficiais de justiça:

> **Art. 846. § 1º.** Deferido o pedido, 2 (dois) oficiais de justiça cumprirão o mandado, arrombando cômodos e móveis em que se presuma estarem os bens, e lavrarão de tudo auto circunstanciado, que será assinado por 2 (duas) testemunhas presentes à diligência.

Após a efetivação do arrombamento, os oficiais de justiça devem lavrar o respectivo **auto de resistência**, em duas vias e com a assinatura de duas testemunhas, uma para juntar ao processo e outra para ser entregue à autoridade policial, a quem entregarão o preso (art. 846, § 3º do CPC), diante da prática em flagrante de crime de resistência, tipificado pelo art. 329 do CP.[28]

H) Penhora por carta

A preferência é que a penhora seja feita sobre os bens de propriedade do devedor que estejam situados no foro da execução.

Quando o executado não possuir bens de sua propriedade dentro dos limites da competência territorial da Vara ou Tribunal do Trabalho, a execução passa a ser processada por meio da expedição de **carta precatória executória**, na forma prevista pelo art. 845, § 2º do CPC:

> **Art. 845, § 2º** Se o executado não tiver bens no foro do processo, não sendo possível a realização da penhora nos termos do § 1º, a execução será feita por carta, penhorando-se, avaliando-se e alienando-se os bens no foro da situação.

Caso os bens estejam situados fora do território nacional, **a penhora efetiva-se com a expedição de carta rogatória executória.**

25. CF. Art. 5º. XI – a casa é asilo inviolável do indivíduo, ninguém nela podendo penetrar sem consentimento do morador, salvo em caso de flagrante delito ou desastre, ou para prestar socorro, ou, durante o dia, por determinação judicial.
26. CPC. Art. 846. Se o executado fechar as portas da casa a fim de obstar a penhora dos bens, o oficial de justiça comunicará o fato ao juiz, solicitando-lhe ordem de arrombamento.
27. CPC. Art. 846. § 2º. Sempre que necessário, o juiz requisitará força policial, a fim de auxiliar os oficiais de justiça na penhora dos bens.
28. Código Penal. Resistência. Art. 329. Opor-se à execução de ato legal, mediante violência ou ameaça a funcionário competente para executá-lo ou a quem lhe esteja prestando auxílio: Pena – detenção, de 2 (dois) **meses a 2 (dois) anos. § 1º. Se o ato, em razão da resistência, não se executa: Pena – reclusão, de 1 (um) a 3 (três) anos. § 2º. As penas deste artigo são aplicáveis sem prejuízo das correspondentes à violência.**

Geralmente utiliza-se da carta precatória não só para realizar a constrição judicial, mas também para a prática dos demais atos executivos, principalmente os expropriatórios.

Note-se, porém, que se a penhora decorre de pesquisa feita pela internet, **não é necessário expedir carta precatória para apreensão do bem.**

Em determinadas situações, o comparecimento do oficial de justiça ao local no qual estejam situados os bens é condição para que se faça a sua **avaliação,** oportunidade em que a carta é expedida quando se tratar de jurisdição de outro Tribunal.

Em caso de interposição de embargos à execução, aplica-se a regra contida no art. 20 da LEF: "Na execução por carta, os embargos do executado serão oferecidos no juízo deprecado, que os remeterá ao juízo deprecante, para instrução e julgamento".

No CPC a matéria é tratada pelo art. 914, § 2º:

> **Art. 914. § 2º.** Na execução por carta, os embargos serão oferecidos no juízo deprecante ou no juízo deprecado, mas a competência para julgá-los é do juízo deprecante, salvo se versarem unicamente sobre vícios ou defeitos da penhora, da avaliação ou da alienação dos bens efetuadas no juízo deprecado.

Por analogia, ao juízo deprecado cabe analisar os pedidos de arrematação, adjudicação, remição etc. A satisfação do credor, por derradeiro, caberá sempre ao juízo deprecante.

I) Arresto

Na hipótese de o devedor não ser encontrado e não tenha advogado constituído nos autos, a citação será feita **por edital** e o oficial de justiça fica autorizado a **arrestar** os bens de sua propriedade tantos quantos bastem para garantir a execução.

O arresto, nesse caso, trata-se de **medida cautelar incidental** admitida expressamente por lei e decorrente do poder geral de cautela que tem o juiz para garantir o resultado útil do processo de execução.

Após o decurso do prazo contido no edital de citação, o arresto converte-se em penhora, caso o devedor não pague sua dívida em quarenta e oito horas (art. 830, § 3º do CPC).

5.5. Depósito

Após apreender os bens, o oficial de justiça formaliza seu depósito, que nada mais é do que identificar a pessoa que ficará encarregada de zelar pela sua guarda, integralidade e existência.

Observe-se que **o *munus* de depositário não é obrigatório**, pois o depósito somente se aperfeiçoa com a manifestação de vontade, tácita ou expressa, do depositário, com a consequente assinatura do auto respectivo.

Nesse sentido é a OJ nº 89 da SDI-2 do TST:

> **OJ Nº 89.** "*HABEAS CORPUS*". DEPOSITÁRIO. TERMO DE DEPÓSITO NÃO ASSINADO PELO PACIENTE. NECESSIDADE DE ACEITAÇÃO DO ENCARGO. IMPOSSIBILIDADE DE PRISÃO CIVIL. INSERIDA EM 27.05.02.A investidura no

encargo de depositário depende da aceitação do nomeado que deve assinar termo de compromisso no auto de penhora, sem o que, é inadmissível a restrição de seu direito de liberdade.

Apesar de o depositário passar a ser considerado o **possuidor imediato** e o Estado o **possuidor mediato** dos bens penhorados, **o executado permanece como titular da propriedade, mas sem o direito de dispor.**

O devedor, com a concordância do credor ou no caso de bens de difícil remoção, pode ser nomeado depositário.[29] Nessa situação, o devedor ocupa uma dupla posição na relação executiva: a de executado e a de depositário.

Admite-se, também, que o exequente seja nomeado como depositário. Esse procedimento, em alguns casos, é até recomendado como forma de abreviar o tempo do processo e a consequente satisfação do credor.

Se for penhorado dinheiro, pedras, metais preciosos ou papéis de crédito, deverão, preferencialmente, ser depositados no Banco do Brasil, na Caixa Econômica Federal, ou em um banco de que o Estado-Membro da União possua mais da metade do capital social integralizado. Na falta de tais estabelecimentos, o depósito pode ser feito em qualquer estabelecimento de crédito, designado pelo juiz (art. 840, I, do CPC).

Se na localidade existir depositário judicial, a ele serão confiados os bens móveis e os imóveis urbanos penhorados, de acordo com o preceito contido no inciso II, art. 840 do CPC.

Já no inciso seguinte esse Diploma Legal determina que os imóveis rurais, os direitos aquisitivos sobre imóveis rurais, as máquinas, os utensílios e os instrumentos necessários ou úteis à atividade agrícola fiquem em poder do executado, mediante caução idônea.

Como dito, o depositário deverá zelar pela guarda e conservação do bem penhorado, com a assunção dos riscos da coisa depositada.[30]

O descumprimento dessa obrigação implica o reconhecimento da infidelidade[31] do depositário.

O CPC trata da matéria em seu art. 161, parágrafo único: "O depositário infiel responde civilmente pelos prejuízos causados, sem prejuízo de sua responsabilidade penal e da imposição de sanção por ato atentatório à dignidade da justiça".

O Brasil ratificou o Pacto Internacional dos Direitos Civis e Políticos e da Convenção Americana sobre Direitos Humanos (Pacto de San José da Costa Rica), que veda a prisão por dívida pecuniária, hipótese do depositário.

Esse é entendimento do STF, **explicitado por meio da Súmula Vinculante nº 25**: "É ilícita a prisão civil de depositário infiel, qualquer que seja a modalidade do depósito".

29. CPC. Art. 840. § 2º Os bens poderão ser depositados em poder do executado nos casos de difícil remoção ou quando anuir o exequente.
30. Código Civil. Art. 629. O depositário é obrigado a ter na guarda e conservação da coisa depositada o cuidado e diligência que costuma com o que lhe pertence, bem como a restituí-la, com todos os frutos e acrescidos, quando o exija o depositante.
31. CF/88. Art. 5º. LXVII – não haverá prisão civil por dívida, salvo a do responsável pelo inadimplemento voluntário e inescusável de obrigação alimentícia e a do depositário infiel.

5.6. Avaliação

Após o depósito do bem penhorado é feita a sua avaliação pelo oficial de justiça,[32] conforme preceito contido no art. 13 da LEF: "O termo ou auto de penhora conterá, também, a avaliação dos bens penhorados, efetuada por quem o lavrar".

A) Conceito

A avaliação é o ato processual por meio do qual o oficial de justiça ou o perito nomeado pelo juiz, com o uso dos seus conhecimentos empíricos, técnicos ou científicos, **atribui valor econômico aos bens que sofreram constrição judicial**, salvo se a apreensão judicial recair em moeda corrente no país, hipótese em que esse procedimento é dispensado.

Em algumas situações, contudo, a lei limita a atuação do oficial de justiça para determinar o valor dos bens penhorados.

Isso acontece com os títulos da dívida pública, com as ações das sociedades, com as mercadorias e com os títulos de crédito negociáveis em bolsa, cujo valor deve ser aquele constante da cotação oficial do dia, provada por certidão ou publicação no órgão oficial (art. 871, II e III, do CPC); e quando o exequente aceita a estimativa do bem oferecido à penhora pelo devedor (art. 871, I, do CPC).

B) Procedimento

Segundo a regra contida no art. 886, § 2º, da CLT, a avaliação somente seria feita após a apresentação dos embargos à execução ou decorrido o prazo para a sua interposição, da mesma forma como acontecia no processo civil.[33]

Contudo, com o advento da Lei nº 5.442/68, que alterou a redação do art. 721 da CLT,[34] os oficiais de justiça passaram a ser oficiais de justiça avaliadores e, consequentemente, acumularam a função de avaliar os bens penhorados. Desse modo, em regra, a avaliação passou a ser feita **logo em seguida ao ato de apreensão dos bens e não de acordo com o dispositivo citado § 2º, art. 886 CLT,** cuja redação é de 1943.

Inclusive, vale registrar que **houve revogação tácita do art. 887 da CLT**, que atribuía a tarefa de avaliação a uma pessoa escolhida de comum acordo entre as partes, por meio da menicionada Lei nº 5.442/68:

> **Art. 887.** A avaliação dos bens penhorados em virtude da execução de decisão condenatória, será feita por **avaliador escolhido de comum acordo pelas partes**, que perceberá as custas arbitradas pelo juiz, ou presidente do tribunal trabalhista, de conformidade com a tabela a ser expedida pelo Tribunal Superior do Trabalho (grifou-se).

---

32. Os oficiais de justiça da Justiça do Trabalho também são avaliadores, de conformidade com o disposto na Lei nº 5.442/68.
33. CLT. Art. 886. § 2º. Julgada subsistente a penhora, o juiz, ou presidente, mandará proceder logo à avaliação dos bens penhorados.
34. CLT. Art. 721. Incumbe aos Oficiais de Justiça e Oficiais de Justiça Avaliadores da Justiça do Trabalho a realização dos atos decorrentes da execução dos julgados das Juntas de Conciliação e Julgamento e dos Tribunais Regionais do Trabalho, que lhes forem cometidos pelos respectivos Presidentes.

Se o oficial de justiça constatar que o bem imóvel comporta fácil divisão, de forma que não altere a sua natureza ou que diminua sensivelmente o seu valor, fará a avaliação em partes, desde que baste para satisfazer o crédito do exequente. Inclusive, deverá certificar essa situação nos autos e sugerir o desmembramento do imóvel ao juiz.

Uma vez concluída a avaliação, o interessado pode solicitar a ampliação ou a redução da penhora, a depender dos valores atribuídos aos bens apresados.

Para **redução da penhora** é necessário que o valor da avaliação tenha sido bem superior ao valor do crédito do exequente, acrescido das demais despesas processuais.

Já para **ampliação da penhora** é necessário que o valor dos bens penhorados não sejam suficientes para satisfazer o crédito do exequente.

Os dois casos também justificam o requerimento de transferência da penhora para bens de maior ou menor valor, conforme a situação concreta.

C) *Impugnação*

A CLT não prevê qualquer procedimento relativo à impugnação da avaliação. Assim, é necessário recorrer ao disciplinamento contido na LEF, mais precisamente ao seu art. 13, § 1º:

> **Art. 13. § 1º.** Impugnada a avaliação, pelo executado, ou pela Fazenda Pública, antes de publicado o edital de leilão, o juiz, ouvida a outra parte, nomeará avaliador oficial para proceder a nova avaliação dos bens penhorados.

Nessa hipótese, o juiz nomeia outro oficial de justiça para efetivar uma nova avaliação. A indicação de profissional habilitado, estranho ao quadro de pessoal do respectivo Tribunal do Trabalho, somente ocorre no caso de **inexistir outro oficial de justiça disponível ou aquele que for nomeado não puder apresentar o laudo de reavaliação no prazo de quinze dias** (LEF, art. 13, § 2º).

A jurisprudência acrescenta, ainda, que a avaliação feita pelo oficial de justiça contém presunção *iuris tantum* de legalidade, em face de sua fé pública.

A eventual impugnação **deve ser consistente e fundamentada** para ensejar o deferimento de outra avaliação.

Pelas regras do CPC, a **reavaliação** dos bens penhorados só pode ser feita nos casos em que qualquer das partes arguir, fundamentadamente, e ficar demonstrado a ocorrência de erro ou dolo do oficial de justiça na avaliação; quando ficar constatado que houve qualquer alteração substancial no valor dos bens após a avaliação; ou quando houver fundada dúvida sobre o valor atribuído ao bem por uma das partes (art. 873 do CPC).

5.7. Intimação da penhora

Ao efetivar a penhora, fazer o depósito e avaliar os bens, o oficial de justiça intima o devedor para oferecer embargos à execução **no prazo de trinta dias.**

O **termo inicial** começa a partir desse ato processual, **independentemente da data de juntada do mandado cumprido aos autos**, de acordo com o art. 884 da CLT: “Garantida a execução ou penhorados os bens, terá o executado cinco dias para apresentar embargos, cabendo igual prazo ao exequente para impugnação".[35]

Note-se que a MP nº 2180-35/11 majorou o referido prazo de cinco para **trinta dias**, conforme se observa da redação do seu art. 1º-B:

> **Art. 1º-B.** O prazo a que se refere o caput dos arts. 730 do Código de Processo Civil, e 884 da Consolidação das Leis do Trabalho, aprovada pelo Decreto-Lei no 5.452, de 1º de maio de 1943, passa a ser de trinta dias." (NR)

Inclusive, o STF, no julgamento da ADC nº 11 **declarou a constitucionalidade do referido dispositivo legal**, devendo ser aplicado **a todas as demandas e não só para aquelas envolvendo a Fazenda Pública.**

A intimação da penhora é feita por intermédio do advogado do executado. Nesse sentido os §§ 1º e 2º, art. 841 do CPC, aplicado ao processo laboral de acordo com o art. 3º, XVIII, da IN nº 39/16 do TST:

> **Art. 841. § 1º.** A intimação da penhora será feita ao advogado do executado ou à sociedade de advogados a que aquele pertença.
>
> **§ 2º.** Se não houver constituído advogado nos autos, o executado será intimado pessoalmente, de preferência por via postal.

Quando a intimação não for feita em ato contínuo ao da apreensão e depósito dos bens, cuja autorização judicial já se encontra inserida no mandado, poderá ser levada a efeito com a publicação, no órgão oficial, do ato de juntada do termo ou ato de penhora nos autos, ou pelos correios, com aviso de recebimento, na forma prevista pelo art. 12 da LEF.[36]

A intimação da penhora só pode ser feita quando o produto dos seus bens garanta o total da execução, salvo na hipótese de **execução parcial**, quando se constata que o devedor não possui outros bens passíveis de penhora e é necessário dar prosseguimento à execução para propiciar a satisfação parcial do credor.

Uma vez garantida a execução, a intimação da penhora constitui ato necessário à sua eficácia.

Se o devedor for casado e a penhora recair em imóveis, **a intimação também deve ser feita na pessoa do cônjuge**, que poderá apresentar embargos à execução ou de terceiros, conforme o caso (**dupla legitimidade**).

---

35. Para a Fazenda Pública esse prazo é de trinta dias, segundo o art. 1º-B, da Lei nº 9.494/97: "O prazo a que se refere o *caput* dos arts. 730 do CPC, e 884 da CLT, aprovada pelo Decreto-Lei nº 5.452, de 1º de maio de 1943, passa a ser de trinta dias".

36. LEF. Art. 12. Na execução fiscal, far-se-á a intimação da penhora ao executado, mediante publicação, no órgão oficial, do ato de juntada do termo ou do auto de penhora. § 1º. Nas comarcas do interior do Estado, a intimação poderá ser feita pela remessa de cópia do termo ou do auto de penhora, pelo correio, na forma estabelecida no artigo 8º, I e II, para a citação. § 3º. Far-se-á a intimação da penhora pessoalmente ao executado se, na citação feita pelo correio, o aviso de recepção não contiver a assinatura do próprio executado, ou de seu representante legal.

Exemplo de questão sobre o tema

(TRT 2 – Juiz do Trabalho Substituto 2ª região/ 2013) Em relação à execução trabalhista, observe as proposições abaixo e ao final aponte a alternativa que contenha proposituras corretas

I. Considera-se em fraude de execução a alienação ou oneração de bens, quando sobre eles pender ação fundada em direito real.

II. Na execução trabalhista, se a penalidade por ato atentatório à dignidade da jurisdição for aplicada, por meio de decisão interlocutória, o executado pode impugná-la quando dos embargos à execução ou por agravo de petição.

III. Segundo dispositivo previsto na CLT, provisória é a execução quando pendente recurso extraordinário.

IV. A penhora pode ser feita em qualquer lugar, ainda que os bens se encontrem sob a posse, detenção ou guarda de terceiros.

V. Na execução provisória há impedimento legal ao oferecimento de embargos pelo executado.

Está correta a alternativa:

a) I, IV e V.
b) II, III e V.
c) III, IV e V.
d) I, II e IV.
e) I, II e III.

Resposta: D

5.8. Direito de preferência e outros efeitos da penhora

Um dos principais efeitos da penhora é **originar o direito de preferência em favor do credor**, conforme determinação contida no art. 797 do CPC: "Ressalvado o caso de insolvência do devedor, em que tem lugar o concurso universal, realiza-se a execução no interesse do exequente que adquire, pela penhora, o direito de preferência sobre os bens penhorados".

Assim, nada impede que recaiam várias penhoras sobre o mesmo bem. Não é caso de nulidade, pois **o bem sob constrição judicial não é considerado impenhorável.**

Aquele credor que **primeiro promover a penhora**, terá o **direito de preferência** sobre o credor subsequente. Esse efeito beneficia, por certo, aquele credor que diligencia no sentido de iniciar, o mais rápido possível, o processo de execução.

O produto da praça, do leilão ou de qualquer outro meio de transformação dos bens penhorados em dinheiro **deve ser entregue ao credor que primeiro efetivou a penhora**, nos casos dos bens móveis. Se o bem for imóvel, **o direito de preferência é daquele credor que fez o registro da penhora no cartório competente**.

Se a penhora é feita em direito ou ação do devedor, o credor fica sub-rogado nos direitos daquele, até a concorrência do seu crédito (art. 857 do CPC).

Quando a penhora recair em dinheiro, direito a rendas ou de prestações periódicas, deve-se observar o disciplinamento contido no art. 858 do CPC:

> **Art. 858.** Quando a penhora recair sobre dívidas de dinheiro a juros, de direito a rendas ou de prestações periódicas, o exequente poderá levantar os juros, os rendimentos ou as prestações à medida que forem sendo depositados, abatendo-se do crédito as importâncias recebidas, conforme as regras de imputação do pagamento.

5.9. Segunda penhora, penhora complementar e substituição da penhora

No processo civil, é necessário observar alguns requisitos para que os bens já penhorados sejam substituídos por outros; para que se proceda à complementação da penhora; ou para que se efetive à segunda penhora, conforme se observa da redação do art. 851 do CPC:

> **Art. 851.** Não se procede à segunda penhora, salvo se: I – a primeira for anulada; II – executados os bens, o produto da alienação não bastar para o pagamento do exequente; III – o exequente desistir da primeira penhora, por serem litigiosos os bens ou por estarem submetidos a constrição judicial.

No processo do trabalho, além de ser possível a realização de uma **segunda penhora** nas hipóteses indicadas pelo citado dispositivo do CPC, admite-se também a **substituição da penhora**, uma vez que se aplica a diretriz contida no art. 15 da Lei nº 6.830/80. Por conta disso, **permite-se ao exequente solicitar a substituição dos bens penhorados por quaisquer outros,** independente da observância à gradação legal estabelecida pelo CPC ou pela LEF.

Igual direito é reservado ao devedor, desde que a substituição se faça por dinheiro ou por fiança bancária, mas não para solver a dívida, mas sim como garantia à execução.[37]

Antes ou depois da realização do ato de expropriação dos bens penhorados, há possibilidade de substituí-los ou promover uma segunda constrição judicial. Nesse último caso, apesar da primeira penhora ser considerada válida, o valor arrecadado com a alienação dos bens respectivos deve ter sido insuficiente para satisfazer o credor.

Se os bens penhorados não são suficientes para garantir a execução, promove-se a complementação da penhora com a indicação e a consequente constrição judicial de outros que sejam suficientes para atingir esse objetivo da norma processual.

5.10. Impenhorabilidade

No Brasil, a responsabilidade patrimonial do devedor é limitada. Isso significa que não podem ser penhorados os bens que a lei declare impenhoráveis ou inalienáveis (art. 832 do CPC).

A impenhorabilidade, também denominada de **benefício de competência**, consiste na característica que determinados bens possuem, que impede o Estado de exercer o seu poder de constrição judicial destinado à satisfação do credor.

A) Impenhorabilidade absoluta

Todos os bens e direitos disponíveis do devedor que sejam sujeitos a uma apreciação econômica são passíveis de penhora, **salvo aqueles por lei declarados como impenhoráveis**

37. LEF. Art. 15. Em qualquer fase do processo, será deferida pelo juiz: I – ao executado, a substituição da penhora por depósito em dinheiro, fiança bancária ou seguro garantia; e II – à Fazenda Pública, a substituição dos bens penhorados por outros, independentemente da ordem enumerada no artigo 11, bem como o reforço da penhora insuficiente.

bem como os bens públicos,[38] aqueles que não tenham valor econômico por sua própria natureza ou considerados desprezíveis.

Eis os bens considerados impenhoráveis de acordo com o art. 833 do CPC[39] aplicado ao processo do Trabalho conforme preceito contido no art. 3º, XV, da Instrução Normativa nº 39/2016 do TST:

> I – os bens inalienáveis e os declarados, por ato voluntário, não sujeitos à execução;
>
> II – os móveis, os pertences e as utilidades domésticas que guarnecem a residência do executado, salvo os de elevado valor ou os que ultrapassem as necessidades comuns correspondentes a um médio padrão de vida;
>
> III – os vestuários, bem como os pertences de uso pessoal do executado, salvo se de elevado valor;
>
> IV – os vencimentos, os subsídios, os soldos, os salários, as remunerações, os proventos de aposentadoria, as pensões, os pecúlios e os montepios, bem como as quantias recebidas por liberalidade de terceiro e destinadas ao sustento do devedor e de sua família, os ganhos de trabalhador autônomo e os honorários de profissional liberal, ressalvado o § 2º;
>
> V – os livros, as máquinas, as ferramentas, os utensílios, os instrumentos ou outros bens móveis necessários ou úteis ao exercício da profissão do executado;
>
> VI – o seguro de vida;
>
> VII – os materiais necessários para obras em andamento, salvo se essas forem penhoradas;
>
> VIII – a pequena propriedade rural, assim definida em lei, desde que trabalhada pela família;
>
> IX – os recursos públicos recebidos por instituições privadas para aplicação compulsória em educação, saúde ou assistência social;
>
> X – a quantia depositada em caderneta de poupança, até o limite de 40 (quarenta) salários-mínimos;
>
> XI – os recursos públicos do fundo partidário recebidos por partido político, nos termos da lei;
>
> XII – os créditos oriundos de alienação de unidades imobiliárias, sob regime de incorporação imobiliária, vinculados à execução da obra.

Por ser instituto de direito público, **a impenhorabilidade absoluta do bem pode ser declarada de ofício e a qualquer tempo.**

A impenhorabilidade decorre também da inalienabilidade, pois o titular do direito respectivo não pode dispor do bem.

Sobre a impenhorabilidade, manifestam-se os Tribunais Regionais:

> **SÚMULA Nº 47 do TRT1.** ENTIDADE FILANTRÓPICA. PENHORA DE BENS. POSSIBILIDADE. A condição de entidade filantrópica não torna impenhoráveis seus bens ou recursos financeiros.

38. Código Civil. Art. 100. Os bens públicos de uso comum do povo e os de uso especial são inalienáveis, enquanto conservarem a sua qualificação, na forma que a lei determinar.
39. Lei nº 9.069/95. Art. 68. Os depósitos das instituições financeiras bancárias mantidos no Banco Central do Brasil e contabilizados na conta "Reservas Bancárias" são impenhoráveis e não responderão por qualquer tipo de dívida civil, comercial, fiscal, previdenciária, trabalhista ou de outra natureza, contraída por essas instituições ou quaisquer outras a elas ligadas (grifou-se). **STJ. Súmula nº 328. Na execução contra instituição financeira, é penhorável o numerário disponível, excluídas as reservas bancárias mantidas no Banco Central.**

OJ Nº 06 do TRT3. ENTIDADE FILANTRÓPICA. PENHORA. RECURSOS FINANCEIROS. A condição de entidade filantrópica da executada, ainda que prestadora de serviços na área de saúde, não torna impenhoráveis seus recursos financeiros.

OJ Nº 25 do TRT4. IMPENHORABILIDADE. ART. 833, V, DO CPC/2015. A impenhorabilidade prevista no art. 833,V, do CPC/2015 é restrita aos bens necessários ou úteis ao exercício de profissão, não sendo aplicável à pessoa jurídica.

OJ Nº 26 do TRT4. IMPENHORABILIDADE. BEM DE FAMÍLIA. ARGUIÇÃO. A impenhorabilidade do bem de família pode ser arguida em qualquer momento, inclusive por simples petição, ressalvada a coisa julgada.

OJ Nº 37 do TRT4. IMPENHORABILIDADE DO IMÓVEL RESIDENCIAL. Ainda que o devedor possua outros imóveis, a proteção conferida pela Lei nº 8.009/90 é destinada àquele que serve de residência à unidade familiar.

OJ Nº 72 do TRT4. VAGA DE GARAGEM OU ESTACIONAMENTO EM CONDOMÍNIOS. PENHORA. É possível a penhora de vaga de garagem ou estacionamento, de propriedade do executado, ainda que não registrada de forma autônoma, não integrando o bem de família, para fins da proteção da Lei nº 8.009/1990.

OJ Nº 75 do TRT4. Penhora de conta poupança. Utilização com características de conta-corrente. Desvirtuamento de finalidade. Possibilidade. Verificado que o executado utiliza conta poupança com as características de conta-corrente resta desvirtuado o propósito da proteção legal, implicando a possibilidade de penhora sobre o valor total dos depósitos.

B) Impenhorabilidade relativa de outros bens

O art. 834 do CPC relaciona os bens que só podem ser penhorados quando inexistirem outros que suportem a constrição judicial, denominados de **bens relativamente impenhoráveis**: "Podem ser penhorados, à falta de outros bens, os frutos e os rendimentos dos bens inalienáveis".

Desse modo, **os frutos e os rendimentos dos bens absolutamente impenhoráveis (bens inalienáveis) são relativamente impenhoráveis.** Tal assertiva contraria, parcialmente, a máxima de que o acessório segue a regra do principal.

Garante-se a impenhorabilidade absoluta dos frutos e rendimentos dos bens inalienáveis quando se destinarem à prestação alimentícia ou quando também forem gravados com a cláusula de inalienabilidade, desde que isso seja possível. Nesse caso, devem ser observados os requisitos estabelecidos pelo direito material, excepcionados os casos citados pelo art. 30 da LEF.

A Lei nº 8.009/90 dispõe, em seu art. 1º, que é impenhorável o imóvel[40] destinado à residência da entidade familiar.[41] Por conta dessa circunstância, esse imóvel não responde por qualquer tipo de dívida civil, comercial, fiscal, previdenciária ou de outra natureza,

---

40. Lei nº 8.009/90. Art. 5º. Para os efeitos de impenhorabilidade, de que trata esta Lei, considera-se residência um único imóvel utilizado pelo casal ou pela entidade familiar para moradia permanente. Parágrafo único. Na hipótese de o casal, ou entidade familiar, ser possuidor de vários imóveis utilizados como residência, a impenhorabilidade recairá sobre o de menor valor, salvo se outro tiver sido registrado, para esse fim, no Registro de Imóveis e na forma do artigo 70 do Código Civil.

41. IMPENHORABILIDADE DO IMÓVEL CONSTRITO. BEM DE FAMÍLIA. LEI Nº 8.009/90. EMBARGOS À EXECUÇÃO. PRECLUSÃO. INOCORRÊNCIA. A impenhorabilidade do bem de família pode ser alegada até o exaurimento do processo de execução, não se exigindo a utilização dos embargos à execução e, consequentemente, não está

contraída pelos cônjuges ou pelos pais ou filhos que sejam seus proprietários e nele residam, independentemente do registro dessa circunstância no cartório de imóveis.[42]

O STJ interpreta o referido dispositivo legal de forma **extensiva**, conforme se vê da redação da sua Súmula de nº 364: "O conceito de impenhorabilidade de bem de família abrange também o imóvel pertencente a pessoas solteiras, separadas e viúvas".

Registre-se que a lei complementar nº 150/15 **revogou expressamente o inciso I, art. 3º da Lei nº 8.009/90,** que excepcionava a impenhorabilidade do bem de família nos casos de créditos de trabalhadores da própria residência.

Se a unidade familiar possui **mais de um imóvel utilizado como residência**, a impenhorabilidade deve recair sobre aquele de menor valor, na forma prevista pelo art. 5º, parágrafo único, da Lei nº 8.009/90.

O STJ também considera impenhorável o **único imóvel locado**, entendimento revelado por sua Súmula de nº 486: "É impenhorável o único imóvel residencial do devedor que esteja locado a terceiros, desde que a renda obtida com a locação seja revertida para a subsistência ou a moradia da sua família".

Por fim, o art. 5º, XXVI, da Carta Maior vigente, dispõe sobre a impenhorabilidade da **pequena propriedade rural:**

> **Art. 5º. XXVI** – a pequena propriedade rural, assim definida em lei, desde que trabalhada pela família, não será objeto de penhora para pagamento de débitos decorrentes de sua atividade produtiva, dispondo a lei sobre os meios de financiar o seu desenvolvimento;

Ou seja, caso se trate de imóvel rural, a impenhorabilidade fica restrita à sede da moradia, acompanhado dos respectivos bens móveis. Se a hipótese for de pequena propriedade rural, a impenhorabilidade atingirá todo imóvel.

C) *Cláusula de impenhorabilidade*

O bem pode ser inalienável por determinação legal – como ocorre com os bens públicos – ou **gravado por declaração de vontade** com cláusula que lhe confira esse efeito (testamento, doação etc.), circunstância que impediria a constrição judicial, uma vez que essa medida executiva representa o início do processo de desapropriação.

Contudo, **o art. 30 da Lei nº 6.830/80, aplicado subsidiariamente ao processo laboral, afasta a incidência da mencionada exceção**, salvo nos casos de impenhorabilidade legal:

> **Art. 30.** Sem prejuízo dos privilégios especiais sobre determinados bens, que sejam previstos em lei, responde pelo pagamento da Dívida Ativa da Fazenda Pública a totalidade dos bens e das rendas, de qualquer origem ou natureza, do sujeito passivo, seu espólio ou sua massa,

sujeita aos efeitos da preclusão (TRT 23ª R. MS 00295.2009.000.23.00-5. Rel. Des. Maria Berenice Carvalho Castro Souza. DJ/MT 03.03.2010).

42. A impenhorabilidade compreende o imóvel sobre o qual se assentam a construção, as plantações, as benfeitorias de qualquer natureza e todos os equipamentos, inclusive os de uso profissional, ou móveis que guarnecem a casa, desde que quitados. Excluem-se da impenhorabilidade os veículos de transporte, obras de arte e adornos suntuosos.

inclusive os gravados por ônus real ou cláusula de inalienabilidade ou impenhorabilidade, seja qual for a data da constituição do ônus ou da cláusula, excetuados unicamente os bens e rendas que a lei declara absolutamente impenhoráveis.

D) Teoria da impenhorabilidade relativa do salário

A impenhorabilidade do salário e dos seus congêneres não é absoluta. O CPC, em seu art. 833, § 2º estabelece que a impenhorabilidade do salário não atinge as dívidas decorrentes de prestação alimentícia, **independente da sua origem**, o que inclui as verbas trabalhistas que têm natureza alimentar.

Em relação aos débitos de outra natureza, só vai até o limite de **cinquenta salários mínimos**.

QUADRO COMPARATIVO – EXCEÇÕES À IMPENHORABILIDADE DO SALÁRIO		
CPC DE 1973	**CPC DE 2015**	**CLT**
Art. 659. § 2º O disposto no inciso IV do caput deste artigo não se aplica no caso de penhora para pagamento de prestação alimentícia.	**Art. 833.** § 2º O disposto nos incisos IV e X do caput não se aplica à hipótese de penhora para pagamento de prestação alimentícia, independentemente de sua origem, bem como **às importâncias excedentes a 50 (cinquenta) salários-mínimos mensais**, devendo a constrição observar o disposto no art. 528, § 8º, e no art. 529, § 3º.	Sem similar.
	Art. 529. § 3º Sem prejuízo do pagamento dos alimentos vincendos, o débito objeto de execução pode ser descontado dos rendimentos ou rendas do executado, de forma parcelada, nos termos do caput deste artigo, contanto que, somado à parcela devida, não ultrapasse cinquenta por cento de seus ganhos líquidos.	
Aplicabilidade do CPC ao processo do trabalho	Aplica-se ao processo do trabalho em face da omissão da CLT e da ausência de incompatibilidade.	
Diferença entre o CPC de 2015 e o de 1973	O CPC de 2015 passa a excluir da impenhorabilidade a quantia superior a cinquenta salários mínimos recebidos mensalmente a título de retribuição pelos serviços prestados pelo devedor. Também permite a penhora de salário para pagamento de prestação alimentícia, de qualquer natureza.	

Entenda-se como congêneres toda retribuição pela prestação de serviços que contenham caráter alimentar, como **soldo, vencimentos, subsídios, benefícios previdenciários** etc.

A impenhorabilidade também atinge, por exemplo, valores existentes em conta-salário de caráter exclusivo e à restituição de imposto de renda, pois decorrentes da percepção salarial (TST. RO. 8252.30.2011.5.02.0000).

O TST emitiu seu posicionamento sobre a matéria, mas interpretando as regras do CPC de 1973 e durante o período de sua vigência, por meio da OJ nº 153 da SDI-2:

> **OJ Nº 153** MANDADO DE SEGURANÇA. EXECUÇÃO. ORDEM DE PENHORA SOBRE VALORES EXISTENTES EM CONTA SALÁRIO. ART. 649, IV, DO CPC DE 1973. ILEGALIDADE. (atualizada em decorrência do CPC de 2015) – Res. 220/2017, DEJT divulgado em 21, 22 e 25.09.2017 Ofende direito líquido e certo decisão que determina o bloqueio de numerário existente em conta salário, para satisfação de crédito trabalhista, ainda que seja limitado a determinado percentual dos valores recebidos ou a valor revertido para fundo de aplicação ou poupança, visto que o art. 649, IV, do CPC de 1973 contém

norma imperativa que não admite interpretação ampliativa, sendo a exceção prevista no art. 649, § 2º, do CPC de 1973 espécie e não gênero de crédito de natureza alimentícia, não englobando o crédito trabalhista.

Como o CPC de 2015 enfatiza que pode haver a penhora de salário para pagamento de prestação alimentícia, **de qualquer natureza**, entende-se que **estão incluídas as verbas trabalhistas.**

Note-se que no § 2º do art. 659 do CPC de 1973, que serviu para o TST interpretar a questão, não continha a expressão "**de qualquer natureza**" para qualificar a prestação alimentícia.

A Súmula nº 47 do TRT5 e a OJ nº 78 do TRT4, editadas após a vigência do CPC de 2015, já admitem a penhora de percentual do salário:

> **SÚMULA Nº 47 do TRT5.** INCIDENTE DE UNIFORMIZAÇÃO DE JURISPRUDÊNCIA. PENHORA DE SALÁRIOS E OUTROS PROVENTOS. INTERPRETAÇÃO DO ART. 833-IV E § 2º C/C ART. 529, § 3º, DO CPC/2015. POSSIBILIDADE. PENHORA LIMITADA A 20% DOS GANHOS LÍQUIDOS MENSAIS DO DEVEDOR. Com fundamento no art. 833, IV e § 2º, art. 529, § 3º, ambos do CPC/2015, é possível a penhora de "vencimentos", "subsídios", "soldos", "salários", "remunerações", "proventos de aposentadoria", "pensões", "pecúlios", "montepios", "bem como as quantias recebidas por liberalidade de terceiro e destinadas ao sustento do devedor e de sua família, os ganhos de trabalhador autônomo e os honorários de profissional liberal", para pagamento de débitos trabalhistas de natureza alimentar, desde que não ultrapasse 20% dos ganhos líquidos mensais do executado.
>
> **OJ Nº 78 do TRT4.** CONSTRUÇÃO JUDICIAL DE SALÁRIOS E PROVENTOS. ARTIGO 833, § 2º, DO CPC/2015. INTERPRETAÇÃO À LUZ DO PRINCÍPIO DA DIGNIDADE DA PESSOA HUMANA (ARTIGO 1º, III, DA CF). NATUREZA ALIMENTAR TANTO DO CRÉDITO EXEQUENDO QUANTO DO SALÁRIO DO DEVEDOR. PONDERAÇÃO. A constrição judicial de salários e proventos só é possível em percentual da remuneração mensal do devedor que não comprometa sua subsistência pessoal e familiar.

Exemplo de questão sobre o tema

(TRT 3 – Juiz do Trabalho Substituto 3ª região/ 2013) Sobre o processo de execução, leia as afirmações abaixo e, em seguida, assinale a alternativa correta:

I. Foi adotado pelo ordenamento jurídico brasileiro o princípio da responsabilidade patrimonial ilimitada, ficando autorizada a penhora de quaisquer bens do executado.

II. É impenhorável o único bem imóvel do devedor que esteja locado a terceiro, desde que a renda obtida com a locação seja revertida para a subsistência ou a moradia da sua família.

III. É penhorável o único bem imóvel do devedor que esteja locado a terceiro, ainda que a renda obtida com a locação seja revertida para a subsistência ou a moradia da sua família.

IV. É admissível a penhora da renda mensal ou faturamento de empresa, limitada a determinado percentual, desde que não comprometa o desenvolvimento regular de suas atividades.

a) Somente as afirmativas I, III e IV estão corretas.

b) Somente as afirmativas I, II e IV estão corretas.

c) Somente as afirmativas II e IV estão corretas.

d) Somente as afirmativas III e IV estão corretas.

e) Somente as afirmativas I e II estão corretas.

Resposta: C

5.11. Bens gravados por hipoteca, penhor, anticrese e usufruto

Os bens hipotecados, empenhados, os anticréticos e naqueles sobre os quais recaiam o usufruto[43] **não são impenhoráveis.**[44]

A única restrição que existe em relação a essa categoria de bens é que **o exequente deve requerer a intimação do credor pignoratício, hipotecário, ou anticrético, ou usufrutuário**, quando a penhora recair sobre bens gravados por penhor, hipoteca, anticrese ou usufruto (art. 799, I, do CPC).

A OJ nº 226, da SDI-1, do TST, expõe o entendimento desse Tribunal sobre a penhorabilidade da cédula de crédito rural:

> **OJ Nº 226.** CRÉDITO TRABALHISTA. CÉDULA DE CRÉDITO RURAL. CÉDULA DE CRÉDITO INDUSTRIAL. PENHORABILIDADE. Inserida em 20.06.01 (título alterado, DJ 20.04.2005). Diferentemente da cédula de crédito industrial garantida por alienação fiduciária, na cédula rural pignoratícia ou hipotecária o bem permanece sob o domínio do devedor (executado), não constituindo óbice à penhora na esfera trabalhista. (Decreto-Lei nº 167/67, art. 69; CLT, arts. 10 e 30 e Lei nº 6.830/80).

Os bens objeto de **alienação fiduciária** não pertencem ao devedor e sim ao credor fiduciário. Desse modo, **não há como penhorar o referido bem** se a execução é promovida apenas contra o devedor fiduciário.

> **SÚMULA Nº 31 do TRT3.** PENHORA. VEÍCULO. ALIENAÇÃO FIDUCIÁRIA. IMPOSSIBILIDADE. Não se admite, no processo do trabalho, a penhora de veículo gravado com ônus de alienação fiduciária.
>
> **OJ Nº 71 do TRT4.** ALIENAÇÃO FIDUCIÁRIA. PENHORA. Não é passível de penhora bem gravado em alienação fiduciária, sendo possível a apreensão judicial apenas dos direitos e ações sobre o mesmo.

Exige-se à **intimação** do senhorio direto, credor com garantia real ou com penhora anteriormente averbada, com pelo menos **cinco dias de antecedência**, para cientificar da realização da alienação ou adjudicação (art. 889 do CPC),[45] **sob pena de nulidade.**

O não cumprimento dessa formalidade implica **ineficácia do ato de expropriação**, na forma prevista pelo art. 804 do CPC: "A alienação de bem gravado por penhor, hipoteca ou anticrese será ineficaz em relação ao credor pignoratício, hipotecário ou anticrético não intimado".

---

43. Código Civil. Art. 1390. O usufruto pode recair em um ou mais bens, móveis ou imóveis, em um patrimônio inteiro, ou parte deste, abrangendo-lhe, no todo ou em parte, os frutos e utilidades.

44. Código Civil. Art. 1419. Nas dívidas garantidas por penhor, anticrese ou hipoteca, o bem dado em garantia fica sujeito, por vínculo real, ao cumprimento da obrigação.

45. CPC. Art. 889. Serão cientificados da alienação judicial, com pelo menos 5 (cinco) **dias de antecedência: III – o titular de usufruto, uso, habitação, enfiteuse, direito de superfície, concessão de uso especial para fins de moradia ou concessão de direito real de uso, quando a penhora recair sobre bem gravado com tais direitos reais; IV – o proprietário do terreno submetido ao regime de direito de superfície, enfiteuse, concessão de uso especial para fins de moradia ou concessão de direito real de uso, quando a penhora recair sobre tais direitos reais; V – o credor pignoratício, hipotecário, anticrético, fiduciário ou com penhora anteriormente averbada, quando a penhora recair sobre bens com tais gravames, caso não seja o credor, de qualquer modo, parte na execução; VI – o promitente comprador, quando a penhora recair sobre bem em relação ao qual haja promessa de compra e venda registrada.**

Na hipótese de arrematação, o gravame adere ao preço e opera-se a sub-rogação real, pois o lançador sabia das restrições que foram publicadas no edital de praça e leilão, salvo se a limitação ao domínio tenha sido efetivada após o início da reclamação trabalhista.[46]

5.12. SISBAJUD – Sistema de busca de ativos do Poder Judiciário

Inicialmente o Tribunal Superior do Trabalho celebrou um convênio com o Banco Central do Brasil[47] para possibilitar que o juiz do trabalho pudesse expedir uma ordem eletrônica para efetuar **bloqueio de dinheiro** e posterior transformação em penhora, diretamente nas contas bancárias de titularidade do executado em todo o território nacional.

Tratava-se do sistema BACENJUD, que fazia a conexão eletrônica e por meio da *internet* entre os diversos órgãos do Poder Judiciário e o Banco Central e este, por sua vez, com as instituições financeiras.

Esse procedimento substituiu a comunicação tradicional que era feita diretamente entre o juiz e a agência bancária, por meio de expedição de ofícios, tornando-o mais seguro, rápido e eficiente.

A implantação do sistema BACENJUD agilizou esse procedimento de solicitação de informações junto ao Sistema Financeiro Nacional, tanto de **ordens de bloqueio** quanto de requisições de informações básicas de cadastro e saldo, via *internet*.

Posteriormente, em 2019, o CNJ desenvolveu um sistema similar, batizado de SISBAJUD – Sistema de busca de ativos do Poder Judiciário, com o objetivo de aprimorar a referida transmissão de informações e ordens de **bloqueio de numerário** às instituições financeiras, em parceria com o Banco Central do Brasil e a Procuradora da Fazenda Nacional, mediante acordo de cooperação técnica – ACT nº 41/2019.

Com o novo sistema passou a ser possível, também, requisitar informações detalhadas sobre **extratos em conta corrente** tais como: cópia dos contratos de abertura de conta corrente e de conta de investimento, fatura do cartão de crédito, contratos de câmbio, cópias de cheques, além de extratos do PIS e do FGTS. Além disso, a ordem de bloqueio passou a incidir também em ativos mobiliários como títulos de renda fixa e ações.

A) Conceito

A penhora *on-line* de dinheiro nada mais é do que o ato de constrição judicial, resultado do envio por meio eletrônico de ordem de bloqueio de numerário depositado nas contas bancárias do executado, por intermédio da atuação do Banco Central do Brasil.

Esse procedimento eletrônico foi batizado de penhora *on-line*, apesar de não ser possível ao juiz visualizar, **em tempo real**, a conta bancária do devedor, para efetuar o bloqueio da quantia devida.

46. Essa questão será abordada com maior profundidade no item 9.6 deste capítulo. Mas, adianta-se que há entendimento em sentido contrário.
47. Semelhante convênio foi celebrado por diversos Tribunais de Justiça e Tribunais Regionais Federais.

B) Procedimento

A penhora on-line **é operacionalizada pelo sistema SISBAJUD**, acessado via *internet* pelo juiz ou servidor previamente cadastrado no Sistema de Controle de Acesso (SCA) – CNJ Corporativo, com a utilização de uma senha pessoal e do CPF do usuário.

A requisição de bloqueio por esse sistema pode ser feita de ofício ou a requerimento da parte, inclusive com precedência sobre outras modalidades de constrição judicial, na forma prevista pelo art. 126 da Consolidação dos Provimentos da CGJT (versão 2019).

O sistema recebe as ordens judiciais eletrônicas, que são enviadas ao Banco Central do Brasil que faz o encaminhando a todas as instituições financeiras do país.

Uma vez recebida a ordem, a instituição financeira comunica a efetivação do bloqueio ou envia a resposta de inexistência de contas bancárias ou saldos positivos. Ultrapassado esse prazo, o próprio sistema gera um arquivo de resposta de inadimplência que será disponibilizado para a autoridade emissora da ordem.

Na hipótese de serem bloqueados valores em contas de diversos bancos que ultrapassem os limites da quantia devida, o juiz deve emitir ordem de desbloqueio dos valores excedentes.

Para evitar esse inconveniente de múltiplos bloqueios que, por certo, gera prejuízos para o devedor, permitiu-se que as empresas indiquem um **número único de conta bancária** para que se proceda ao eventual bloqueio de quantias pelo sistema SISBAJUD.

Nesse caso, a empresa fica obrigada a manter numerário suficiente para atender todas as ordens judiciais.

Por fim, o prazo para oposição de embargos começará a contar **da data da intimação**, pelo juízo, ao executado, do bloqueio efetuado em sua conta.

C) Embasamento legal

O CPC de 2015 trata da matéria em seu art. 854, aplicado ao processo laboral de acordo com o preceito contido no art. 3º, XIX, da Instrução Normativa nº 39/16 do TST:

> **Art. 854.** Para possibilitar a penhora de dinheiro em depósito ou em aplicação financeira, o juiz, a requerimento do exequente, sem dar ciência prévia do ato ao executado, determinará às instituições financeiras, por meio de sistema eletrônico gerido pela autoridade supervisora do sistema financeiro nacional, que torne indisponíveis ativos financeiros existentes em nome do executado, limitando-se a indisponibilidade ao valor indicado na execução.
>
> **§ 1º** No prazo de 24 (vinte e quatro) horas a contar da resposta, de ofício, o juiz determinará o cancelamento de eventual indisponibilidade excessiva, o que deverá ser cumprido pela instituição financeira em igual prazo.
>
> **§ 2º** Tornados indisponíveis os ativos financeiros do executado, este será intimado na pessoa de seu advogado ou, não o tendo, pessoalmente.
>
> **§ 3º** Incumbe ao executado, no prazo de 5 (cinco) dias, comprovar que:
>
> I – as quantias tornadas indisponíveis são impenhoráveis;
>
> II – ainda remanesce indisponibilidade excessiva de ativos financeiros.
>
> **§ 4º** Acolhida qualquer das arguições dos incisos I e II do § 3º, o juiz determinará o cancelamento de eventual indisponibilidade irregular ou excessiva, a ser cumprido pela instituição financeira em 24 (vinte e quatro) horas.

§ 5º Rejeitada ou não apresentada a manifestação do executado, converter-se-á a indisponibilidade em penhora, sem necessidade de lavratura de termo, devendo o juiz da execução determinar à instituição financeira depositária que, no prazo de 24 (vinte e quatro) horas, transfira o montante indisponível para conta vinculada ao juízo da execução.

§ 6º Realizado o pagamento da dívida por outro meio, o juiz determinará, imediatamente, por sistema eletrônico gerido pela autoridade supervisora do sistema financeiro nacional, a notificação da instituição financeira para que, em até 24 (vinte e quatro) horas, cancele a indisponibilidade.

§ 7º As transmissões das ordens de indisponibilidade, de seu cancelamento e de determinação de penhora previstas neste artigo far-se-ão por meio de sistema eletrônico gerido pela autoridade supervisora do sistema financeiro nacional.

§ 8º A instituição financeira será responsável pelos prejuízos causados ao executado em decorrência da indisponibilidade de ativos financeiros em valor superior ao indicado na execução ou pelo juiz, bem como na hipótese de não cancelamento da indisponibilidade no prazo de 24 (vinte e quatro) horas, quando assim determinar o juiz.

§ 9º Quando se tratar de execução contra partido político, o juiz, a requerimento do exequente, determinará às instituições financeiras, por meio de sistema eletrônico gerido por autoridade supervisora do sistema bancário, que tornem indisponíveis ativos financeiros somente em nome do órgão partidário que tenha contraído a dívida executada ou que tenha dado causa à violação de direito ou ao dano, ao qual cabe exclusivamente a responsabilidade pelos atos praticados, na forma da lei.

5.13. INFOJUD – Informações ao Poder Judiciári

De forma semelhante àquela ocorrida com o sistema SISBAJUD, o Conselho Nacional de Justiça celebrou com a Secretaria da Receita Federal do Brasil um convênio de cooperação técnica com o objetivo de informatizar a comunicação entre órgãos do Poder Judiciário e esse órgão, eliminando a expedição de ofícios físicos, além de garantir uma maior segurança ao procedimento.

Por meio da ferramenta denominada de INFOJUD – Informações ao Poder Judiciário, é possível ao magistrado e aos servidores por ele cadastrados, obter acesso direto, por meio da internet, ao banco de dados da Receita Federal.

O acesso ao sistema é feito por meio do certificado digital, ao contrário do SISBAJUD, que se utiliza de login e senha, no site da Receita Federal, mais precisamente na opção "e-CAC – Centro Virtual de Atendimento ao Contribuinte".

O uso dessa ferramenta facilita a consulta aos dados fiscais do devedor, inclusive o seu patrimônio declarado, o, que contribui para a efetividade da execução.

5.14. RENAJUD – Sistema on-line de restrição de veículos

O RENAJUD, consiste numa plataforma digital que confere ao Juiz acesso direto *on-line* às informações armazenadas no banco de dados do DENATRAN – Departamento Nacional de Trânsito.

Além desse acesso, essa ferramenta possibilita que se faça **restrições à transferência de propriedade** de veículos inscritos no Registro Nacional de Veículos Automotores – Renavam, bem como o **registro das respectivas constrições judiciais.**

5.15. CNIB – Central nacional de indisponibilidade de bens

A CNIB é um sistema criado pelo Provimento nº 39/2014, da Corregedoria Nacional de Justiça. Tem como objetivo principal integrar as indisponibilidades de bens determinadas por juízes e autoridades administrativas, conferindo maior efetividade ao cumprimento dessas decisões.

A indisponibilidade dos bens do executado ou responsável é decretada pelo juiz com base no preceito contido no art. 185-A do Código Tributário Nacional, utilizado subsidiariamente no processo do trabalho, diante do permissivo contido no art. 889 da CLT:

> Art. 185-A. Na hipótese de o devedor tributário, devidamente citado, não pagar nem apresentar bens à penhora no prazo legal e não forem encontrados bens penhoráveis, o juiz determinará a indisponibilidade de seus bens e direitos, comunicando a decisão, preferencialmente por meio eletrônico, aos órgãos e entidades que promovem registros de transferência de bens, especialmente ao registro público de imóveis e às autoridades supervisoras do mercado bancário e do mercado de capitais, a fim de que, no âmbito de suas atribuições, façam cumprir a ordem judicial.

Uma vez registrada a indisponibilidade no portal, a ferramenta se encarrega de fazer a divulgação perante os Tabeliães de Notas e Oficiais de Registro de Imóveis de todo o território nacional.

A determinação de indisponibilidade impede a alienação e a oneração de todos os bens do executado, sejam eles imóveis, veículos, barcos, aeronaves etc. Entretanto, atualmente o CNIB só está alcançando os bens imóveis.

5.16. Protesto do título executivo judicial

O efeito principal da condenação do reclamado é instituir a sua responsabilização e, consequentemente, a obrigação de pagar aquilo que constou no título executivo judicial.

Há **efeitos acessórios** também. Mesmo antes da vigência do CPC 2015, já se defendia a tese de que o título executivo judicial seria passível de protesto, na forma prevista pelo art. 1º da Lei nº 9.492: "Protesto é o ato formal e solene pelo qual se prova a inadimplência e o descumprimento de obrigação originada em títulos e outros documentos de dívida".

O CPC contém dispositivo que trata da matéria, mais precisamente o seu art. 517:

> **Art. 517.** A decisão judicial transitada em julgado poderá ser levada a protesto, nos termos da lei, depois de transcorrido o prazo para pagamento voluntário previsto no art. 523.
>
> **§ 1º** Para efetivar o protesto, incumbe ao exequente apresentar certidão de teor da decisão.
>
> **§ 2º** A certidão de teor da decisão deverá ser fornecida no prazo de 3 (três) dias e indicará o nome e a qualificação do exequente e do executado, o número do processo, o valor da dívida e a data de decurso do prazo para pagamento voluntário.
>
> **§ 3º** O executado que tiver proposto ação rescisória para impugnar a decisão exequenda pode requerer, a suas expensas e sob sua responsabilidade, a anotação da propositura da ação à margem do título protestado.
>
> **§ 4º** A requerimento do executado, o protesto será cancelado por determinação do juiz, mediante ofício a ser expedido ao cartório, no prazo de 3 (três) dias, contado da data de protocolo do requerimento, desde que comprovada a satisfação integral da obrigação.

A Lei nº 13.467/17 introduziu o art. 883-A à CLT estabelecendo regras para o protesto da sentença trabalhista, notadamente o prazo de **45 dias** a contar da citação do executado e **ainda assim se o juízo não estiver garantido**:

> **Art. 883-A.** A decisão judicial transitada em julgado somente poderá ser levada a protesto, gerar inscrição do nome do executado em órgãos de proteção ao crédito ou no Banco Nacional de Devedores Trabalhistas (BNDT), nos termos da lei, depois de transcorrido o prazo de quarenta e cinco dias a contar da citação do executado, se não houver garantia do juízo.

Durante a 2ª Jornada de Direito Material e Processual do Trabalho foi aprovado o Enunciado nº 120 que pugna pela inconstitucionalidade desse dispositivo legal:

> **ENUNCIADO Nª 120. EXECUÇÃO MEDIDAS EXECUTIVAS INDIRETAS. PRAZO PARA IMPLEMENTAÇÃO E CANCELAMENTO DO PROTESTO. INCONSTITUCIONALIDADE**
>
> A EXIGÊNCIA DO DILATADO PRAZO DE 45 (QUARENTA E CINCO) DIAS PARA PROTESTO DA SENTENÇA, INSCRIÇÃO DO EXECUTADO EM ÓRGÃOS DE PROTEÇÃO AO CRÉDITO E/OU NO BANCO NACIONAL DE DEVEDORES TRABALHISTAS E O CANCELAMENTO DO REGISTRO PELA SIMPLES GARANTIA DA EXECUÇÃO FEREM OS PRINCÍPIOS CONSTITUCIONAIS DA RAZOABILIDADE, EFETIVIDADE, RAZOÁVEL DURAÇÃO DO PROCESSO E DA ISONOMIA (CF, ART. 5º, CAPUT, XXXV E LXXVIII), POR PROMOVER DISTINÇÃO INJUSTIFICADA ENTRE O CREDOR TRABALHISTA E O CREDOR COMUM.

6. EMBARGOS À EXECUÇÃO E IMPUGNAÇÃO À SENTENÇA

Na sistemática adotada pelo CPC de 2015, só há possibilidade de apresentação de embargos à execução, também denominado de embargos do devedor, quando fundada em título executivo extrajudicial ou no caso de execução forçada contra a Fazenda Pública.

Os embargos do devedor, em sede de execução fundada em título executivo judicial, **foram transformados em impugnação**, que pode ser oposta no bojo do processo de conhecimento.

Como é possível utilizar tanto o procedimento previsto na CLT, quanto aquele estabelecido pelo CPC, quando o juiz determina a intimação do devedor (§ 2º, I, art. 513 do CPC) para cumprir o comando decisório, a possível irresignação será denominada de **impugnação à sentença**. Já quando o procedimento utilizado pelo juiz for aquele estabelecido pelo art. 880 da CLT, no sentido de citar o devedor pagar, a sua resposta será denominada de **embargos à execução.**

6.1. Conceito e natureza jurídica

Os embargos à execução **representam uma medida judicial autônoma, incidental ao processo de execução,** destinada a desconstituir o título executivo judicial ou extrajudicial, no que diz respeito à sua existência, liquidez ou exigibilidade.

Não podem ser considerados como contestação do devedor, apesar do art. 884, § 1º, da CLT falar expressamente em "matéria de defesa", pois esta só é admissível quando a ação é declaratória, constitutiva, condenatória ou mandamental.

Os embargos à execução assemelham-se mais à reconvenção, **espécie de defesa no processo de conhecimento,** pois é uma ação do réu em face do autor (contra-ação) ou, de acordo com a dicção do art. 914 do CPC, uma oposição do executado à execução. O devedor transforma-se em autor e o exequente transforma-se em réu.

6.2. Requisitos

A) Garantia do juízo ou penhora

A segurança do juízo, no processo do trabalho, **constitui requisito para a oposição dos embargos à execução.**

Diante da existência de previsão legal desse procedimento na CLT, **não há que se falar em aplicação subsidiária do CPC**, que dispensa a segurança do juízo para o manejo dos embargos à execução fundada em título executivo extrajudicial.

Note-se, porém, que a Lei nº 13.467/17 **dispensou a garantia do juízo ou da penhora** nos casos em que a executada for **entidade filantrópica** e/ou àqueles que compõem ou compuseram a diretoria dessas instituições por meio da introdução do § 6º ao art. 884 da CLT. Contudo, essa regra só se aplica às execuções iniciadas a partir de 11.11.2017, na forma prevista pelo art. 16, da IN nº 41/2018 do TST: "O art. 884, § 6º, da CLT aplica-se às entidades filantrópicas e seus diretores, em processos com execuções iniciadas após 11 de novembro de 2017".

A segurança do juízo efetiva-se com a penhora dos bens do devedor suficientes para satisfazer o credor, a União e as demais despesas processuais ou com o depósito da quantia devida com essa finalidade. Assim, **a constrição judicial constitui pressuposto para o exercício da pretensão em juízo**, pelo devedor, no sentido de manejar os embargos à execução.[48]

Por conta disso, **considera-se precipitado** o oferecimento de embargos à execução antes de estar do juízo estar totalmente seguro.[49] Caso ocorra, a hipótese será de rejeição liminar dos embargos à execução.[50]

É possível, também, garantir a execução por meio do **seguro garantia judicial**, previsto pelo § 11, art. 899 da CLT, regulamentado por ato Conjunto do TST, CGJT e CSJT de nº 01/2019, devidamente analisado no item 4 deste capítulo.

Em **situações excepcionais**, todavia, o oferecimento dos embargos à execução poderá ser feito antes da segurança total do juízo, principalmente quando o devedor **não possuir bens que alcancem o valor total do credito do exequente.**

---

48. Estando garantido o juízo, não há necessidade de efetivar o depósito recursal exigido pelo art. 40, § 2º, da Lei nº 8.177/91: 'A exigência de depósito aplica-se, igualmente, aos embargos, à execução e a qualquer recurso subsequente do devedor', segundo a interpretação constante da Instrução Normativa nº 3/93, do TST.

49. LEF. Art. 16. § 1º. Não são admissíveis embargos do executado antes de garantida a execução.

50. EMBARGOS PREMATUROS. EXECUÇÃO NÃO GARANTIDA. "Não se conhece dos Embargos opostos à execução, em face de sua prematuridade, quando a penhora for insuficiente à garantia do Juízo. " (TRT 5ª R. AP 00154-2004-015-05-00-5 (7741/07). **5ª T. Relª Desª Maria Adna Aguiar. J. 06.03.2007).**

B) Prazo

O prazo para oposição dos embargos à execução era de **cinco dias**. Esse prazo foi majorado para **trinta dias**, por força da edição da MP nº 2.180-35/2001, que introduziu o art. 1º-B à Lei nº 9.494/97.

Note-se que a MP nº 2180-35/11 majorou o referido prazo de cinco para **trinta dias**, conforme se observa da redação do seu art. 1º-B:

> **Art. 1º-B.** O prazo a que se refere o caput dos arts. 730 do Código de Processo Civil, e 884 da Consolidação das Leis do Trabalho, aprovada pelo Decreto-Lei no 5.452, de 1º de maio de 1943, passa a ser de trinta dias." (NR)

Inclusive, o STF, no julgamento da ADC nº 11 (23.08.2019) declarou a constitucionalidade do referido dispositivo legal, devendo ser aplicados a todas as demandas e não só para aquelas envolvendo a Fazenda Pública.

Inicia-se a contagem do aludido prazo para apresentação dos embargos da data em que o **devedor toma ciência da penhora ou do momento em que efetua o depósito da quantia devida para garantir o juízo** e não como acontece no processo civil, ou seja, da data da juntada aos autos do mandado de citação.[51]

É o que determina o art. 16 da Lei nº 6.830/80: "O executado oferecerá embargos, no prazo de 30 (trinta) dias, contados: I – do depósito; II – da juntada da prova da fiança bancária ou do seguro garantia; III – da intimação da penhora".

No caso da Fazenda Pública e das entidades filantrópicas, o prazo para apresentação dos embargos à execução inicia-se com a citação, uma vez que não há que se falar em penhora ou garantia do juízo.

Ultrapassado o prazo preclusivo para oposição dos embargos, são eles considerados intempestivos ou tardios, razão que fundamenta a sua rejeição, inclusive, liminarmente.[52]

C) Petição inicial

A interposição dos embargos à execução é feita por intermédio da petição inicial, com a observância dos requisitos estabelecidos pela legislação processual, principalmente o art. 840, § 1º, da CLT e o art. 319 do CPC.

Caso a petição inicial dos embargos à execução contenha vícios sanáveis, o juiz deve intimar o embargante para que promova o saneamento, sob pena de indeferimento.

6.3. Legitimação e fundamentos dos embargos à execução e dos embargos à penhora

O executado é o legitimado natural para propor a medida de embargos à execução, **mesmo que ele defenda a tese de não ser o devedor.** A legitimação também se estende

51. CPC. Art. 915. Os embargos serão oferecidos no prazo de 15 (quinze) **dias, contado, conforme o caso, na forma do art. 231.**
52. CPC. Art. 918. O juiz rejeitará liminarmente os embargos: I – quando intempestivos; II – nos casos de indeferimento da petição inicial e de improcedência liminar do pedido; III – manifestamente protelatórios.

a todos aqueles que são considerados legitimados passivos do processo de execução, como, por exemplo, os sucessores.

Já o conteúdo dos embargos à execução pode ser de cunho **subjetivo ou objetivo.** No primeiro caso, trata-se de impugnar a legitimidade ativa ou passiva da ação executiva e, no segundo, às questões relativas ao título executivo, seja em relação à sua existência, liquidez e exigibilidade, seja em relação às formalidades legais exigidas; ou ainda no que diz respeito aos bens penhorados.

Acrescente-se, ainda, que **toda a matéria que poderia ser conhecida de ofício pelo juiz** e, consequentemente, ter sido objeto da exceção de pré-executividade, também serve de fundamento para os embargos à execução.

Assim, como conteúdo objetivo dos embargos do devedor na execução por título judicial, pode ser alegado o **cumprimento da decisão ou do acordo, quitação ou prescrição da dívida**, na forma preconizada pelo art. 884, § 1º, da CLT: "A matéria de defesa será restrita às alegações de cumprimento da decisão ou do acordo, quitação ou prescrição da dívida".

Além dessas questões o art. 525, § 1º, do CPC, utilizado subsidiariamente no processo laboral, prevê outras que podem ser arguidas em sede de embargos à execução (denominada de impugnação).

Já na hipótese de execução fundada em título executivo extrajudicial, **será possível arguir qualquer matéria que o seria lícito ao executado deduzir como defesa em processo de conhecimento** (art. 917 do CPC).

Quando a matéria dos embargos à execução limita-se às questões relacionadas com a penhora, utiliza-se, também, a denominação **embargos à penhora**, mencionada pelo art. 884, § 3º, da CLT,[53] para se referir a essa medida judicial posta à disposição do devedor.

A) Prescrição

Não resta dúvida que a prescrição a qual alude o art. 884, § 1º, da CLT **é a intercorrente**, uma vez que a arguição da prescrição da pretensão da ação deve ser feita no processo de conhecimento.

Incide a prescrição intercorrente no processo do trabalho tendo em vista a expressa disposição legal contido no art. 11-A da CLT, introduzido a esse Diploma Legal por força da Lei nº 13.467/17.

B) Falta ou nulidade de notificação

O ato processual de comunicação para que o réu tenha ciência da existência de uma demanda e para que venha defender-se em juízo recebe a designação de citação, no processo civil, e notificação, no processo do trabalho de conhecimento.

O executado pode alegar, como matéria de embargos, a falta ou a nulidade da notificação inicial, quando se trata de execução por título executivo judicial e o processo foi

53. CLT. Art. 884, § 3º. Somente nos embargos à penhora poderá o executado impugnar a sentença de liquidação, cabendo ao exequente igual direito e no mesmo prazo.

julgado à sua revelia. Isso porque essa matéria é de ordem pública e impede a formação da angularidade, requisito essencial para que se complete a relação processual, o que implica nulidade de todos os atos processuais subsequentes, inclusive da sentença.

Contudo, se o reclamado não é notificado ou essa comunicação é nula e, ainda assim, comparece à audiência e apresenta defesa, **convalida-se a irregularidade.** Nesse caso, não pode arguir a nulidade da citação nos embargos à execução. O mesmo efeito é obtido quando a questão da nulidade da notificação foi decidida pela sentença proferida transitada em julgado no processo de conhecimento.

Essa matéria envolve questões de nulidade absoluta e a sentença proferida tem natureza mandamental negativa. Inclusive, pode ser objeto de ação declaratória de nulidade de ato judicial, de ação rescisória ou de objeção de pré-executividade.

C) Excesso de execução

Verifica-se a ocorrência de excesso de execução quando se postula mais do que é devido, além das demais causas previstas pelo art. 917, § 2º do CPC:

> **Art. 917. § 2º.** Há excesso de execução quando:
>
> I – o exequente pleiteia quantia superior à do título;
>
> II – ela recai sobre coisa diversa daquela declarada no título;
>
> III – ela se processa de modo diferente do que foi determinado no título;
>
> IV – o exequente, sem cumprir a prestação que lhe corresponde, exige o adimplemento da prestação do executado;
>
> V – o exequente não prova que a condição se realizou.

Em caso de alegação de excesso de execução, **o executado deve indicar, de plano, o valor que entende ser devido**, por meio de memória de cálculo circunstanciada, sob pena de rejeição liminar e não conhecimento desse fundamento da sua pretensão (art. 525, § 4º e art. 917, § 3º do CPC).

> **SÚMULA Nº 14 do TRT5.** Cabe ao embargante, quando alega excesso de execução, declarar na petição dos embargos o valor que entende correto, apresentando memória (planilha) do cálculo, sob pena de rejeição liminar dos embargos ou de não conhecimento desse fundamento.
>
> **SÚMULA Nº 29 do TRT17.** EMBARGOS DO DEVEDOR. EXCESSO DE EXECUÇÃO. MEMÓRIA DE CÁLCULO. Cabe ao embargante, quando alega excesso de execução, declarar expressamente o valor que entende como devido, apresentando memória detalhada do cálculo, sob pena de rejeição liminar dos embargos, ou de não conhecimento desse fundamento.

O excesso de execução difere do excesso de penhora, uma vez que **no primeiro caso o valor da dívida objeto da execução é superior àquele devido e que consta do título executivo.** Na segunda hipótese, o valor do bem penhorado é bem superior à quantia devida pelo executado.

D) Demais vícios

Os motivos que constam do art. 525, § 1º do CPC também podem fundamentar a ação de embargos à execução trabalhista:

> **Art. 525. § 1º** Na impugnação, o executado poderá alegar:
>
> I – falta ou nulidade da citação se, na fase de conhecimento, o processo correu à revelia;
>
> II – ilegitimidade de parte;
>
> III – inexequibilidade do título ou inexigibilidade da obrigação;
>
> IV – penhora incorreta ou avaliação errônea;
>
> V – excesso de execução ou cumulação indevida de execuções;
>
> VI – incompetência absoluta ou relativa do juízo da execução;
>
> VII – qualquer causa modificativa ou extintiva da obrigação, como pagamento, novação, compensação, transação ou prescrição, desde que supervenientes à sentença.

Não é apenas a inexigibilidade do título que pode ser objeto dos embargos à execução. A **iliquidez e a inexistência** também fundamentam essa medida processual.

A inexigibilidade do título executivo judicial pode ocorrer quando estiver fundado em **lei ou ato normativo declarados inconstitucionais pelo STF**, ou fundado em aplicação ou interpretação da lei ou ato normativo tidas pelo STF como **incompatíveis com a Constituição Federal**, conforme disposto no § 5º, art. 884, da CLT.

O mesmo entendimento se aplica quando a **sentença normativa** que funda a pretensão do autor **for anulada ou modificada pelo TST**.

Assim, modificada a sentença normativa pelo TST, com a consequente extinção do processo, sem julgamento do mérito, deve-se extinguir a execução em andamento, uma vez que a norma sobre a qual se apoiava o título exequendo deixou de existir no mundo jurídico.

Nesse sentido, a OJ nº 277, da SDI-1, do TST e a Súmula nº 397:

> **OJ Nº 277 da SDI-1.** Ação de Cumprimento Fundada em Decisão Normativa que Sofreu Posterior Reforma, Quando já Transitada em Julgado a Sentença Condenatória. Coisa Julgada. Não-Configuração. DJ 11.08.03. A coisa julgada produzida na ação de cumprimento é atípica, pois dependente de condição resolutiva, ou seja, da não-modificação da decisão normativa por eventual recurso. Assim, modificada a sentença normativa pelo TST, com a consequente extinção do processo, sem julgamento do mérito, deve-se extinguir a execução em andamento, uma vez que a norma sobre a qual se apoiava o título exequendo deixou de existir no mundo jurídico.
>
> **SÚMULA Nº 397.** AÇÃO RESCISÓRIA. ART. 966, IV, DO CPC DE 2015. ART. 485, IV, DO CPC DE 1973. AÇÃO DE CUMPRIMENTO. OFENSA À COISA JULGADA EMANADA DE SENTENÇA NORMATIVA MODIFICADA EM GRAU DE RECURSO. INVIABILIDADE. CABIMENTO DE MANDADO DE SEGURANÇA. (atualizada em decorrência do CPC de 2015) – Res. 208/2016, DEJT divulgado em 22, 25 e 26.04.2016. Não procede ação rescisória calcada em ofensa à coisa julgada perpetrada por decisão proferida em ação de cumprimento, em face de a sentença normativa, na qual se louvava, ter sido modificada em grau de recurso, porque em dissídio coletivo somente se consubstancia coisa julgada formal. Assim, os meios processuais aptos a atacarem a execução da cláusula reformada são a exceção de pré-executividade e o mandado de segurança, no caso de descumprimento do art. 514 do CPC de 2015 (art. 572 do CPC de 1973). (ex-OJ nº 116 da SBDI-2 – DJ 11.08.2003)

A legitimidade a que alude o citado dispositivo do CPC, pode ser *ad causam* ou legitimidade de natureza processual.

As causas impeditivas, modificativas ou extintivas das obrigações só podem ser aquelas que tenham ocorrido após a sentença, em face da qualidade e dos efeitos da coisa julgada.

Por fim, é possível alegar as causas descritas no art. 873 do CPC, aplicáveis à hipótese de execução por título extrajudicial.

Nos embargos à execução por título extrajudicial, o executado pode arguir, inclusive, as **matérias de defesa que seriam oponíveis no processo de conhecimento,** o que relativiza a eficácia executiva inicial atribuída ao título extrajudicial.

E) Impugnação à sentença de liquidação

Os embargos à execução também podem ser utilizados pelo executado para **impugnar a sentença de liquidação, desde que não tenha operado a preclusão consumativa derivada da não impugnação dos cálculos de liquidação,** na forma prevista pelo § 3º, art. 884, da CLT: "Somente nos embargos à penhora poderá o executado impugnar a sentença de liquidação, cabendo ao exequente igual direito e no mesmo prazo".

6.4. Procedimento

A oposição dos embargos do devedor, em peça inserida no próprio processo principal, **suspende o processamento da execução forçada, seja por título judicial ou extrajudicial.**

Recebida a petição inicial dos embargos, o juiz analisa a presença dos seus requisitos e, caso presentes, concede vista à parte contrária para oferecer defesa no prazo de **cinco dias.**[54]

Antes, porém, o juiz pode, liminarmente, rejeitar os embargos do devedor **quando forem intempestivos; nos casos de indeferimento da petição inicial e de improcedência liminar do pedido; ou quando considerados manifestamente protelatórios** (art. 918 do CPC, aplicado ao processo laboral de acordo com o preceito contido no art. 3º, XXII, da Instrução Normativa nº 39/16 do TST).

Caso necessário, principalmente quando houver matéria fática controvertida, o juiz designará audiência para instrução e julgamento.

A) Matéria de prova

Em grande parte dos casos, a controvérsia dos embargos à execução gira em torno de matéria de direito ou questões fáticas que podem ser provadas por meio de documentos, a exemplo do que ocorre com a alegação de quitação ou impugnação à sentença de liquidação.

Contudo, em algumas situações será necessária a designação de audiência para a colheita de prova oral, que deverá ser realizada no prazo de cinco dias, conforme determina o art. 884, § 2º, da CLT:

> **Art. 884. § 2º.** Se na defesa tiverem sido arroladas testemunhas, poderá o juiz ou o presidente do Tribunal, caso julgue necessários seus depoimentos, marcar audiência para a produção das provas, a qual deverá realizar-se dentro de cinco dias.

A Lei nº 6.830/80 contém dispositivo semelhante:

> **Art. 17. Parágrafo único** Não se realizará audiência, se os embargos versarem sobre matéria de direito ou, sendo de direito e de fato, a prova for exclusivamente documental, caso em que o juiz proferirá a sentença no prazo de 30 (trinta) dias.

54. No processo civil esse prazo é de quinze dias, segundo a dicção do art. 915 do CPC.

B) Sentença

Quando os fatos forem incontroversos ou as questões ventiladas independerem de prova a ser produzida em audiência, o juiz terá o prazo de **cinco dias** para proferir sua decisão, segundo dispõe o art. 885 da CLT. Caso contrário, finda a inquirição de testemunhas, os autos serão entregues ao juiz no prazo máximo de quarenta e oito horas, com o prazo de cinco dias para julgamento.

Na mesma sentença, o juiz julga **os embargos à execução e à penhora, as eventuais impugnações à sentença de liquidação apresentadas pelas partes e pela União** e declara subsistente ou insubsistente a penhora.

Caso os embargos sejam manifestamente protelatórios, serão classificados como conduta atentatória à dignidade da Justiça.[55]

As partes serão intimadas do conteúdo da sentença, salvo se essa for proferida logo após o encerramento da audiência de instrução, hipótese em que os litigantes ficarão cientes durante a sessão.

6.5. Embargos à execução por carta

Quando alguns ou todos os bens do devedor situam-se fora dos limites jurisdicionais da Vara do Trabalho, e não existem ou não forem suficientes aqueles situados no foro da execução, é necessário que se expeça uma carta executória, **precatória ou de ordem**, para a prática dos atos de constrição e alienação.

Nessa situação, o executado pode opor seus embargos, tanto no juízo deprecante quanto no juízo deprecado.

Entretanto, a competência para o julgamento cabe, exclusivamente, **ao juiz deprecante, salvo se a matéria dos embargos à execução versar unicamente sobre vícios ou defeitos da penhora, avaliação ou alienação dos bens.**

Nesse sentido, o art. 914, § 2º do CPC, art. 20 da Lei nº 6.830/80 e a Súmula nº 46 do STJ:

> **Art. 914. § 2º** Na execução por carta, os embargos serão oferecidos no juízo deprecante ou no juízo deprecado, mas a competência para julgá-los é do juízo deprecante, salvo se versarem unicamente sobre vícios ou defeitos da penhora, da avaliação ou da alienação dos bens efetuadas no juízo deprecado.
>
> **Art. 20 da LEF**. Na execução por carta, os embargos do executado serão oferecidos no juízo deprecado, que os remeterá ao juízo deprecante, para instrução e julgamento. Parágrafo único. Quando os embargos tiverem por objeto vícios ou irregularidades de atos do próprio juízo deprecado, caber-lhe-á unicamente o julgamento dessa matéria.
>
> **SÚMULA Nº 46 do STJ**. Na execução por carta, os embargos do devedor serão decididos no juízo deprecante, salvo se versarem unicamente vícios ou defeitos da penhora, avaliação ou alienação dos bens.

55. CPC. Art. 918. Parágrafo único. Considera-se conduta atentatória à dignidade da justiça o oferecimento de embargos manifestamente protelatórios.

A Lei de Execução Fiscal não prevê a alternativa de ajuizamento dos embargos, tanto no juízo deprecado quanto no juízo deprecante. **Entretanto, não se vislumbra qualquer prejuízo às partes o uso da faculdade estabelecida pelo art. 914, § 2º do CPC,** que pode ser utilizado subsidiariamente no processo laboral para atender ao princípio da economia e da celeridade processual.

O esquema a seguir esclarece a questão da competência para recebimento e julgamento dos embargos à execução por carta precatória:

Matéria dos Embargos	Competência para o recebimento	Competência para o julgamento
Vícios ou defeitos da penhora, avaliação ou alienação dos bens	Juízo deprecante ou deprecado	Juízo deprecado
Demais matérias	Juízo deprecante ou deprecado	Juízo deprecante
LEF. Art. 40. O juiz suspenderá o curso da execução, enquanto não for localizado o devedor ou encontrado bens sobre os quais possa recair a penhora, e, nesses casos, não correrá o prazo de prescrição. § 1º. Suspenso o curso da execução, será aberta vista dos autos ao representante judicial da Fazenda Pública.		

6.6. Exceção de incompetência, de suspeição e de impedimento do juiz na execução

O executado pode oferecer exceção de incompetência em razão do lugar, exceção de suspeição ou impedimento do juiz no mesmo prazo que tem para a oposição dos embargos à execução, conforme determina o art. 16, § 3º, da LEF: "Não será admitida renovação, nem compensação, e as exceções, salvo as de suspeição, incompetência e impedimentos, serão arguidas como matéria preliminar e serão processadas e julgadas com os embargos".

Uma vez recebida a petição inicial das objeções mencionadas, segue-se o trâmite previsto pelos arts. 799 e seguintes da CLT, com a suspensão do andamento do processo principal.[56]

6.7. Exceção de pré-executividade

Determinados vícios de ordem processual são insanáveis e podem ser conhecidos de ofício pelo juiz a qualquer tempo, sem a incidência da preclusão temporal em caso de omissão.

Ora, **se a matéria é de ordem pública e pode ser conhecida a qualquer tempo pelo juízo, nada impede que o executado informe ao juiz sobre a existência de possíveis irregularidades**, também a qualquer tempo, sem a necessidade de que a respectiva arguição esteja inserida no bojo dos embargos à execução.

Assim, a exceção ou objeção de pré-executividade nada mais é do que o exercício dessa faculdade pelo executado, que informa ao juiz sobre a existência de nulidades processuais e demais matérias de ordem pública, sem a necessidade de garantir o juízo, requisito dos embargos à execução.[57]

56. A tramitação desses incidentes processuais já foi objeto de comentário na parte II, capítulo III, item 6, desta obra.

57. Não há, nos diplomas processuais civil, trabalhista ou fiscal, qualquer previsão legal expressa relativa à exceção de pré-executividade, sendo este instituto fruto da construção doutrinária e jurisprudencial pátria e alienígena.

Não se limita, necessariamente, à matéria de ordem pública. O devedor pode alegar, por exemplo, **o pagamento da dívida ou qualquer outro meio de extinção da sua obrigação.**

Portanto, a utilização dessa medida processual que não se encontra tipificada em qualquer normal processual, possui a vantagem de não ter como requisito à garantia do juízo. Inclusive, a doutrina e jurisprudência já pacificaram o entendimento no sentido dessa medida judicial **ser cabível no âmbito do processo do trabalho.**

A) Conteúdo

Como visto, não é toda matéria que pode ser objeto da exceção de pré-executividade.

É possível, portanto, que sejam arguidas, por meio da objeção de pré-executividade, as questões relativas aos pressupostos processuais, a exemplo da incompetência do juízo, quando se tratar de execução por título extrajudicial; a suspeição e o impedimento do magistrado; a ausência de citação, inclusive no processo de conhecimento; a ausência de certeza, liquidez ou exigibilidade do título; o pagamento da dívida; a prescrição intercorrente etc.

B) Procedimento

A exceção tem lugar a qualquer tempo, desde que **antes de seguro o juízo.** Isso porque, depois desse momento processual, a matéria objeto da exceção pode ser arguida por meio dos embargos à execução.

Para atender ao princípio do contraditório, ao despachar a petição do devedor, o juiz deve intimar a parte contrária para oferecer impugnação no prazo que lhe assinar.

C) Sentença e recurso

A decisão que rejeita a pretensão do devedor inserida no bojo da exceção de pré-executividade **tem natureza interlocutória** e só pode ser atacada por meio de eventual recurso principal, qual seja, **agravo de petição**:

> **SÚMULA Nº 34 do TRT1.** EXCEÇÃO DE PRÉ-EXECUTIVIDADE REJEITADA. DECISÃO INTERLOCUTÓRIA. AGRAVO DE PETIÇÃO. NÃO CONHECIMENTO. O ato jurisdicional que rejeita exceção de pré-executividade tem natureza interlocutória, razão pela qual, consoante o artigo 893, § 1º, da CLT, somente poderá ser impugnado em recurso da decisão definitiva.
>
> **OJ Nº 28 do TRT3.** EXCEÇÃO DE PRÉ-EXECUTIVIDADE. RECORRIBILIDADE. I – A decisão judicial que não conhece ou julga improcedente exceção de pré-executividade possui natureza interlocutória e não enseja a interposição de agravo de petição, salvo nos casos previstos na Súmula nº 214 do TST. II – É cabível o agravo de petição da sentença que acolhe a exceção de pré-executividade, com extinção total ou parcial da execução.

Nos casos em que os argumentos da exceção são acolhidos pelo juízo, como a hipótese de incidência de prescrição intercorrente, **a sentença extinguirá o processo de execução.** Nesse caso, **cabe agravo de petição.**

Exemplos de questões sobre o tema

(FCC – Juiz do Trabalho/2017) Sobre a execução na Justiça do Trabalho, é correto afirmar:

a) Na petição inicial, o embargante fará a prova sumária de sua posse, que pode ser feita também em audiência preliminar, ou de domínio próprio ou alheio, bem como da qualidade de terceiro, oferecendo documentos e rol de testemunhas.

b) Só é cabível exceção de pré-executividade quando o título executivo extrajudicial não corresponder à obrigação certa, líquida e exigível e/ou quando o executado não tiver sido regularmente citado.

c) A decisão que rejeita ou acolhe a exceção de pré-executividade tem natureza interlocutória, sendo irrecorrível de imediato.

d) O reconhecimento da fraude à execução depende do registro da penhora do bem alienado, bem como da prova de má-fé do terceiro adquirente, mas, antes de declarar a fraude à execução, o juiz deverá intimar o terceiro adquirente, que, se quiser, poderá opor embargos de terceiro, no prazo de quinze dias.

e) Também se considera terceiro, para ajuizamento dos embargos, o adquirente de bens cuja constrição decorreu de decisão que declara a ineficácia da alienação realizada em fraude à execução e quem sofre constrição judicial de seus bens por força de incidente de desconsideração da personalidade jurídica, do qual fez parte.

Resposta: A

(TRT 8 – Juiz do Trabalho Substituto 8ª região/ 2013) Sobre embargos à execução e exceção de pré--executividade é CORRETO afirmar que:

a) O ato jurisdicional que aprecia a exceção de pré-executividade possui natureza dúplice: decisão interlocutória (se a rejeitar) ou sentença (se a acolher).

b) A exceção de pré-executividade é compatível com o processo do trabalho, em caráter excepcional, e envolve matérias exclusivas de ordem pública, cujas provas devem ser constituídas previamente.

c) Garantida a execução ou penhorados os bens, terá o executado 5 (cinco) dias para apresentar embargos, cabendo igual prazo ao exequente para impugnação. A matéria de defesa será restrita às alegações de cumprimento da decisão ou do acordo e quitação da dívida.

d) As matérias que deram conteúdo à exceção de pré-executividade não poderão ser repetidas nos embargos do devedor, inclusive com relação à Fazenda Pública.

e) A fraude à execução é regulada pelo direito processual e integra a classe dos direitos públicos, constituindo-se em ilícito penal, sendo ineficazes os atos praticados em fraude à execução. Todavia, a má-fé do devedor deve ser provada pelo credor.

Resposta: A

(Juiz do Trabalho Substituto – TRT 23ª região – 2010) Assinale a alternativa incorreta sobre a exceção de pré-executividade.

a) Por meio dela o executado pode discutir algumas matérias próprias dos embargos à execução, mas sem a necessidade de prévia garantia do juízo.

b) Limita-se à matérias suscetíveis de conhecimento de ofício e que não dependam de contraditório ou dilação probatória.

c) A prescrição e a decadência podem ser suscitadas por meio de exceção de pré-executividade.

d) Trata-se de instituto incompatível com o processo do trabalho, que prima pela celeridade, dado o caráter alimentar das verbas trabalhistas, não admitindo incidentes outros além daqueles expressamente previstos em lei.

e) Pode ser utilizada tanto na execução de títulos judiciais quanto extrajudiciais.

Resposta: D

---

7. IMPUGNAÇÃO DO EXEQUENTE

A impugnação à sentença de liquidação pode ser feita tanto pelo credor quanto pelo devedor.

A impugnação pode ser manejada pelo exequente, **depois da penhora e no prazo de trinta dias (mesmo prazo para os embargos à execução)** a partir do momento em que for intimado para tanto e sem a necessidade de depósito prévio.

Já o devedor pode fazer sua impugnação no bojo dos embargos à execução, a partir do momento da intimação da penhora ou da data em que fez o depósito para garantir a execução.

Essa mesma impugnação pode ser oferecida pela União, para demonstrar a sua irresignação quanto aos créditos previdenciários. Nesse caso, conta-se o prazo a partir do momento em que o Procurador for intimado.

Uma vez oferecida a impugnação, a parte contrária será intimada para oferecer contestação **no prazo de cinco dias.**

Todas as impugnações são julgadas na mesma sentença que decide sobre os embargos à execução, de acordo com o preceito contido no art. 884, § 4º, da CLT.

Nos casos de sentença líquida com trânsito em julgado, incabível é a apresentação dessa medida processual, tanto pelo credor quando pelo devedor.

8. EMBARGOS DE TERCEIRO

A CLT e a Lei de Execução Fiscal são omissas no que diz respeito ao disciplinamento dos embargos de terceiro. Assim, é necessário utilizar subsidiariamente as regras contidas no CPC (674 a 681).

Os embargos de terceiro representam **uma ação autônoma, de natureza predominantemente mandamental** que pode ser interposta no curso do processo de qualquer natureza, pela qual o terceiro pretende ver reconhecido o seu direito real (domínio e posse) ou pessoal, limitado por conta de ato de apreensão judicial efetiva (esbulho) ou ameaça (turbação).[58]

A doutrina e a jurisprudência admitem a utilização dos embargos de terceiro para a defesa de direitos pessoais e não só do domínio e da posse, apesar do art. 674 do CPC não fazer alusão expressa a essa possibilidade, como acontecia com o CPC de 1939.[59]

Isso porque a penhora, além de outros atos de constrição judicial, pode recair sobre bens móveis, imóveis e direitos, estes últimos não são suscetíveis de ser objeto de domínio ou posse.

8.1. Legitimidade

Considera-se como terceiro **aquele que não participou do processo** e, diante da apreensão judicial, por qualquer título, de bens ou direitos de sua propriedade ou sobre os

58. TST. SDI-2. OJ nº 54. MANDADO DE SEGURANÇA. EMBARGOS DE TERCEIRO. CUMULAÇÃO. PENHORA. INCABÍVEL (atualizada em decorrência do CPC de 2015) – **Res. 208/2016, DEJT divulgado em 22, 25 e 26.04.2016. Ajuizados embargos de terceiro (art. 674 do CPC de 2015 – art. 1.046 do CPC de 1973) para pleitear a desconstituição da penhora, é incabível mandado de segurança com a mesma finalidade.**

59. CPC de 1939: Art. 707. Quem não for parte no feito e sofrer turbação ou esbulho em sua posse, ou direito, por efeito de penhora, depósito, arresto, sequestro, venda judicial, arrecadação, partilha ou outro ato de apreensão judicial, poderá defender seus bens, por via de embargos de terceiro.

quais seja apenas possuidor,[60] encontra-se legitimado a defendê-los por meio dos embargos de terceiro.

Portanto, além dos requisitos gerais da petição inicial, a peça incoativa dos embargos de terceiro deve vir acompanhada de documentação que demonstre a qualidade de terceiro do requerente, bem como a prova sumária da propriedade, posse dos bens ou direitos objeto da constrição judicial.

O CPC trata da legitimidade de forma clara, conforme se observa da redação de seu art. 674, § 2º:

> **Art. 674. § 2º** Considera-se terceiro, para ajuizamento dos embargos:
>
> I – o cônjuge ou companheiro, quando defende a posse de bens próprios ou de sua meação, ressalvado o disposto no art. 843;
>
> II – o adquirente de bens cuja constrição decorreu de decisão que declara a ineficácia da alienação realizada em fraude à execução;
>
> III – quem sofre constrição judicial de seus bens por força de desconsideração da personalidade jurídica, de cujo incidente não fez parte;
>
> IV – o credor com garantia real para obstar expropriação judicial do objeto de direito real de garantia, caso não tenha sido intimado, nos termos legais dos atos expropriatórios respectivos.

Isso não quer dizer que a pretensão do terceiro só se origine com o ato de constrição judicial. Admitem-se os embargos de terceiro de caráter preventivo, como ocorre por exemplo com o requerimento da penhora, a expedição do mandado de citação e penhora etc.

É importante salientar que, aquele que foi **citado na condição de devedor**, mesmo que não se considere como tal e sim terceiro, **não pode utilizar dessa medida processual, mas sim dos embargos à execução.**

Nesse sentido, a jurisprudência:

> **SÚMULA Nº 44 do TRT1.** EMBARGOS DE TERCEIRO. ILEGITIMIDADE. Aquele que, mediante citação válida, vem a integrar o polo passivo da demanda, em sede de execução, ainda que não figure como parte na fase cognitiva, não tem legitimidade ativa para ajuizar embargos de terceiro.

Nessa linha de raciocínio, **é considerado como terceiro o cônjuge do executado que é intimado da penhora de imóvel pertencente ao casal**, com o objetivo de defender a sua meação, conforme entendimento constante da Súmula nº 134 do STJ[61] acolhido pelo preceito já citado e contido no art. 674, § 2º, I, do CPC.

É reconhecida, pela doutrina e pela jurisprudência, a legitimidade do sócio para oposição dos embargos de terceiro quando são penhorados bens de sua propriedade particular, hipótese que também foi legalizada pelo art. 674, § 2º, III, do CPC:

> **OJ Nº 74 do TRT4.** SÓCIO. LEGITIMIDADE. EMBARGOS DE TERCEIRO. O sócio que não figurou no polo passivo da demanda ou que não consta como executado no título

60. STJ. Súmula nº 84. É admissível a oposição de Embargos de Terceiros fundados em alegação de posse advinda de compromisso de compra e venda de imóvel, ainda que desprovido de registro.

61. STJ. Súmula nº 134. Embora intimado da penhora em imóvel do casal, o cônjuge do executado pode opor embargos de terceiro para defesa de sua meação.

executivo judicial, tem legitimidade para ajuizar embargos de terceiro, mesmo que citado como devedor.

A **legitimação passiva** é conferida a todos aqueles que participaram da relação processual da qual resultou o ato de constrição judicial. Inclusive o CPC possui dispositivo que trata desse instituto:

> **Art. 677. § 4º.** Será legitimado passivo o sujeito a quem o ato de constrição aproveita, assim como o será seu adversário no processo principal quando for sua a indicação do bem para a constrição judicial.

8.2. Competência na execução por carta

A competência para analisar e julgar os embargos de terceiro é do juízo que emitiu a ordem de apreensão.

O CPC de 2015 possui dispositivo específico que define a competência para receber e apreciar os embargos de terceiro, diferentemente do que ocorria com o CPC de 1973 e com a LEF, que são omissos nesse particular.

A Súmula nº 419 do TST, em sua redação anterior, utilizava por analogia do preceito contido no art. 747 do CPC de 1973, que tratava dos embargos à execução.

Com a vigência do CPC de 2015, a regra utilizada no processo do trabalho é aquela definida pelo art. 676, parágrafo único:

> **Art. 676. Parágrafo único.** Nos casos de ato de constrição realizado por carta, os embargos serão oferecidos no juízo deprecado, salvo se indicado pelo juízo deprecante o bem constrito ou se já devolvida a carta.

Inclusive em setembro de 2016 o TST alterou a referida Súmula que passou a ter a seguinte redação:

> **SÚMULA Nº 419.** COMPETÊNCIA. EMBARGOS DE TERCEIRO. EXECUÇÃO POR CARTA PRECATÓRIA. JUÍZO DEPRECADO. (alterada em decorrência do CPC de 2015) – Res. 212/2016, DEJT divulgado em 20, 21 e 22.09.2016. Na execução por carta precatória, os embargos de terceiro serão oferecidos no juízo deprecado, salvo se indicado pelo juízo deprecante o bem constrito ou se já devolvida a carta (art. 676, parágrafo único, do CPC de 2015).

8.3. Procedimento

No processo de conhecimento, os embargos de terceiro podem ser opostos a qualquer tempo, enquanto não transitada em julgado a sentença. Já no processo de execução o prazo é de **até cinco dias depois da arrematação, adjudicação ou remição, mas sempre antes da assinatura do respectivo auto ou carta**.

No CPC esse regramento está contido no art. 675:

> **Art. 675.** Os embargos podem ser opostos a qualquer tempo no processo de conhecimento enquanto não transitada em julgado a sentença e, no cumprimento de sentença ou no processo de execução, até 5 (cinco) dias depois da adjudicação, da alienação por iniciativa particular ou da arrematação, mas sempre antes da assinatura da respectiva carta.

> **SÚMULA Nº 46 do TRT4.** EMBARGOS DE TERCEIRO. PRAZO. No processo do trabalho aplica-se o artigo 675 do CPC/15.

A petição inicial segue os requisitos genéricos, assim considerados aqueles previstos pelo art. 840, § 1º, da CLT e art. 319 do CPC, além de vir acompanhada da prova sumária da posse ou da titularidade do direito limitado por ato de decisão judicial.[62]

Caso haja necessidade, a posse ou a titularidade de direito pessoal pode ser provada em **audiência preliminar**, sem a presença da parte contrária e dos demais interessados.[63] Dispensa-se esse procedimento se a alegação é de domínio de bem imóvel, uma vez que este é provado com a transcrição do título no cartório de registro de imóveis.

Uma vez recebida a petição inicial, que deve ser distribuída por dependência para o juízo que determinou a apreensão do bem ou do direito, o juiz determina a sua autuação,[64] bem como a intimação do exequente, agora embargado, para contestar a medida no prazo de **quinze dias**, pela regra contida no art. 679 do CPC.

A **suspensão do processo principal** só ocorre quando os embargos de terceiro versarem sobre todos os bens ou direitos. Caso seja parcial, prossegue-se o feito em relação àqueles bens não embargados (art. 678, *caput*, do CPC).

A petição inicial pode ser indeferida, desde que não sejam atendidos os requisitos legais mencionados, o que implica a extinção do processo sem a resolução do mérito em relação aos embargos de terceiro.

Após a realização de cognição sumária, com ou sem a realização da audiência prévia, o juiz decide pela concessão ou não da medida liminar.

O deferimento do requerimento para restabelecer o *status quo ante* com a expedição de mandado de manutenção ou restituição, encontra-se previsto pelo art. 678 do CPC:

> **Art. 678.** A decisão que reconhecer suficientemente provado o domínio ou a posse determinará a suspensão das medidas constritivas sobre os bens litigiosos objeto dos embargos, bem como a manutenção ou a reintegração provisória da posse, se o embargante a houver requerido. Parágrafo único. O juiz poderá condicionar a ordem de manutenção ou de reintegração provisória de posse à prestação de caução pelo requerente, ressalvada a impossibilidade da parte economicamente hipossuficiente.

Em caso de embargos opostos por credor com garantia real, a contestação feita pelo embargado só pode alegar que o devedor comum é insolvente; que o título é nulo ou não obriga a terceiro; ou outra é a coisa dada em garantia (art. 680 do CPC).

Quando for suscitada questão fática que sofra contrariedade pelo embargado, o embargante poderá solicitar a produção de prova oral em audiência para demonstrar a existência da posse ou do direito.

---

62. Pela aplicação das regras e princípios do Direito Processual do Trabalho, dispensa-se a relação das testemunhas na petição inicial dos embargos de terceiro.
63. CPC. Art. 677. § 1º. É facultada a prova da posse em audiência preliminar designada pelo juiz.
64. CPC. Art. 676. Os embargos serão distribuídos por dependência ao juízo que ordenou a constrição e autuados em apartado.

Exemplo de questão sobre o tema

(TRT 2 – Juiz do Trabalho Substituto 2ª região/2016) Com relação aos Embargos de Terceiro, conforme previsão legal, é correto afirmar que:

a) Os embargos podem ser opostos a qualquer tempo no processo de conhecimento enquanto não transitada em julgado a sentença, e, no processo de execução, até 10 (dez) dias depois da arrematação, adjudicação ou remição, mas sempre antes da assinatura da respectiva carta.

b) Quem, não sendo parte no processo, sofrer turbação ou esbulho na posse de seus bens por ato de apreensão judicial, em casos como o de penhora, depósito, arresto, sequestro, alienação judicial, arrecadação, arrolamento, inventário, partilha, poderá requerer lhe sejam mantidos ou restituídos por meio de embargos de terceiro.

c) Os embargos podem ser de terceiro senhor e possuidor, mas o possuidor direto não pode alegar, com a sua posse, domínio alheio.

d) O cônjuge quando defende a posse de bens totais, próprios, reservados ou de sua meação não será considerado terceiro.

e) Os embargos poderão ser contestados no prazo de 5 (cinco) dias, findo o qual não se verificará o disposto no art. 803 do CPC quanto à presunção de veracidade dos fatos alegados.

Resposta: B

8.4. Sentença e recurso

Após analisada as provas produzidas em sede de cognição exauriente, na hipótese de os embargos versarem sobre matéria fática, o juiz profere a decisão com a manutenção ou não do seu ato de constrição judicial.

A sentença proferida nos autos dos embargos de terceiro pode ser atacada pela via do recurso ordinário, caso essa medida processual seja incidental ao processo de conhecimento, ou **por meio de agravo de petição, se incidental ao processo de execução**.

Entretanto, é possível que o juiz receba o recurso ordinário como se fosse agravo de petição ou vice-versa, diante do princípio da fungibilidade dos recursos, uma vez que não se trata de erro grosseiro.

Em casos de agravo de petição **não há necessidade de recolhimento das custas processuais para que esse recurso seja recebido**,[65] pois elas são recolhidas ao final do processo de execução.

> **SÚMULA Nº 24 do TRT2.** EMBARGOS DE TERCEIRO. CUSTAS PROCESSUAIS. ART. 789-A DA CLT. RECOLHIMENTO AO FINAL. Não constitui pressuposto para conhecimento de recurso o recolhimento antecipado das custas fixadas em Embargos de Terceiro.

Não há que se falar também em **depósito recursal**, já que o juízo encontra-se garantido pela penhora que motivou os embargos de terceiro.

65. CLT. Art. 789-A. No processo de execução são devidas custas, sempre de responsabilidade do executado e pagas ao final, de conformidade com a seguinte tabela: IV – embargos à execução, embargos de terceiro e embargos à arrematação: R$ 44,26 (quarenta e quatro reais e vinte e seis centavos).

Exemplo de questão sobre o tema

(TRT 2 – Juiz do Trabalho Substituto 2ª região/2014) Em relação aos embargos de terceiro, aponte a alternativa correta:

a) Equipara-se a terceiro, para efeito dos embargos, o cônjuge quando defende bens de sua meação.

b) Os embargos de terceiro podem ser opostos a qualquer tempo no processo de conhecimento ainda que a sentença tenha passado em julgado.

c) Uma vez que não está previsto na CLT, o recurso oponível à decisão de embargos de terceiro, na execução, lícito entender-se possível a apelação.

d) O possuidor direto não pode alegar, com sua posse, domínio alheio.

e) Na execução por carta precatória, os embargos de terceiro serão oferecidos no juízo deprecado, mas a competência para julgá-los é sempre do juízo deprecante.

Resposta: A

9. EXPROPRIAÇÃO DOS BENS

A expropriação forçada dos bens do devedor ou do responsável representa o exercício do poder estatal, por meio do qual lhe é retirado o direito de dispor sobre o seu patrimônio, com o objetivo de satisfazer o credor.

São diversas as modalidades de expropriação de bens, que em última análise constitui o objetivo principal da execução forçada por quantia certa. Pode ser feita por intermédio da hasta pública, da adjudicação em favor do exequente, da alienação antecipada, da adjudicação em favor de outros credores, do leilão presencial, do leilão pela *internet*, da alienação particular e do usufruto de móvel ou imóvel.

Seja qual for a forma de expropriação, devem ser intimados da sua realização, o senhorio direto, o credor com garantia real ou com penhora anteriormente averbada, desde que, por qualquer modo, não tenham sido parte no processo (art. 889, II, do CPC).[66]

9.1. Alienação antecipada

Em determinadas situações, é possível que se proceda à alienação dos bens penhorados sem a necessidade de se aguardar todo o trâmite legalmente previsto e a prática dos atos processuais que seriam normalmente necessários.

A alienação antecipada é regulamentada pelo art. 852 do CPC, aplicado supletivamente ao processo laboral diante da omissão da CLT e da LEF:[67]

> **Art. 852.** O juiz determinará a alienação antecipada dos bens penhorados quando:
>
> I – se tratar de veículos automotores, de pedras e metais preciosos e de outros bens móveis sujeitos à depreciação ou à deterioração;
>
> II – houver manifesta vantagem.

---

66. Código Civil. Art. 1501. Não extinguirá a hipoteca, devidamente registrada, a arrematação ou adjudicação, sem que tenham sido notificados judicialmente os respectivos credores hipotecários, que não forem de qualquer modo partes na execução.

67. A Lei nº 6.830/80 só faz referência ao instituto da alienação antecipada, sem discipliná-lo: "Art. 21. Na hipótese de alienação antecipada dos bens penhorados, o produto será depositado em garantia da execução, nos termos previstos no artigo 9º, I".

A regra contida no art. 853 do CPC, menciona que o juiz ouvirá a parte que não solicitou a antecipação, antes de decidir. Isso não quer dizer que o juiz só defere a antecipação se a parte contrária concordar com ela. A exigência é só para atender ao **princípio do contraditório** e melhor formar o convencimento do magistrado.

O produto da alienação antecipada deve ser depositado em garantia da execução, na forma prevista pelo art. 21 da Lei nº 6.830/80: "Na hipótese de alienação antecipada dos bens penhorados, o produto será depositado em garantia da execução, nos termos previstos no art. 9º, I".

9.2. Alienação por hasta pública

Ultimados os atos de constrição judicial, sem a irresignação do executado, de terceiros, ou de outros interessados, ou após o trânsito em julgado da decisão proferida nos autos dos embargos, o juiz designa dia, hora e local para a realização da praça, na qual os bens apreendidos poderão ser objeto de arrematação.

Trata-se de ato processual de comunicação e preparatório à alienação dos bens apresados, por meio do qual se avisa ao público interessado da ocorrência do pregão.

Para tanto, expede-se o edital de praça ou leilão para ser publicado, em resumo, no DEJT, além de ser afixado o seu inteiro teor na sede do juízo ou tribunal, para o conhecimento de todos, inclusive do próprio executado (art. 22 da LEF combinado com art. 888 da CLT).

Entre a publicação e a realização da praça ou leilão é necessário que exista um **interstício mínimo de vinte dias.**

O art. 889, I, do CPC, permite que a intimação do dia, hora e local da praça ou do leilão seja feita **na pessoa do procurador constituído nos autos**, ou, na sua ausência, por meio de mandado, carta registrada, edital ou outro meio idôneo.

No aludido edital deve conter as seguintes informações, segundo o art. 889 do CPC:

> **Art. 889.** Serão cientificados da alienação judicial, com pelo menos 5 (cinco) dias de antecedência:
>
> I – o executado, por meio de seu advogado ou, se não tiver procurador constituído nos autos, por carta registrada, mandado, edital ou outro meio idôneo;
>
> II – o coproprietário de bem indivisível do qual tenha sido penhorada fração ideal;
>
> III – o titular de usufruto, uso, habitação, enfiteuse, direito de superfície, concessão de uso especial para fins de moradia ou concessão de direito real de uso, quando a penhora recair sobre bem gravado com tais direitos reais;
>
> IV – o proprietário do terreno submetido ao regime de direito de superfície, enfiteuse, concessão de uso especial para fins de moradia ou concessão de direito real de uso, quando a penhora recair sobre tais direitos reais;
>
> V – o credor pignoratício, hipotecário, anticrético, fiduciário ou com penhora anteriormente averbada, quando a penhora recair sobre bens com tais gravames, caso não seja o credor, de qualquer modo, parte na execução;
>
> VI – o promitente comprador, quando a penhora recair sobre bem em relação ao qual haja promessa de compra e venda registrada;
>
> VII – o promitente vendedor, quando a penhora recair sobre direito aquisitivo derivado de promessa de compra e venda registrada;
>
> VIII – a União, o Estado e o Município, no caso de alienação de bem tombado.

A) *Arrematação à vista*

A arrematação consiste na maior e última ou única oferta à vista feita pela pessoa que participa da praça ou do leilão, que passa a denominar-se de licitante, o que lhe confere o direito de adquirir a propriedade do bem sob constrição judicial.

Os lances devem ser feitos no dia, hora e local que constam do edital de praça ou leilão. Os bens são vendidos para aquele que oferecer maior preço, mediante resposta dos interessados ao pregão feito pelo servidor ou pelo leiloeiro, **com preferência do exequente pela adjudicação.**

Uma vez oferecido o lance vencedor, o arrematante deve garanti-lo com um sinal correspondente **a vinte por cento do seu valor e pagar o restante no prazo de vinte e quatro horas,** sob pena de perder, em benefício da execução, o valor do referido sinal. Nesse caso, os bens executados voltam à praça (art. 888, §§ 2º e 4º, da CLT).

Por fim, interrompe-se a hasta pública assim que o produto obtido com os bens já arrematados bastar para o pagamento do credor, das despesas processuais (art. 899 do CPC), bem como das contribuições previdenciárias.

B) *Arrematação a prazo*

O ordenamento jurídico permite que o interessado faça uma proposta de pagamento parcelado do total do preço do bem penhorado.

Essa forma alternativa de arrematação, prevista pelo art. 895 do CPC, pode ser utilizada no processo do trabalho, conforme preceito contido no art. 3º, XX, da IN nº 39/16 do TST.

Assim, os interessados em adquirir o bem penhorado com pagamento parcelado, deverão oferecer as suas propostas por escrito antes da realização da praça, desde que observe o **valor da avaliação e com sinal de, pelo menos, 25% (art. 895, § 1º, do CPC),** com o restante parcelado em até 30 meses garantido por meio de hipoteca sobre o próprio imóvel ou por meio de caução, caso seja bem móvel.

As propostas ainda devem conter o prazo, a modalidade e as condições de pagamento do saldo devedor e serão analisadas no dia da praça. O bem será arrematado por aquele que oferecer o melhor lanço ou proposta mais convincente.

Aceita a proposta de pagamento a prazo, o exequente será satisfeito na medida em que as prestações forem quitadas até o limite do seu crédito. Os valores dos demais pagamentos, caso excedam o valor do crédito, pertencerão ao executado.

C) *Legitimação para arrematar*

Tem legitimação para arrematar, qualquer pessoa capaz e que esteja na livre administração dos seus bens.

> Excepciona-se dessa regra, segundo o art. 890 do CPC:
>
> I – dos tutores, dos curadores, dos testamenteiros, dos administradores ou dos liquidantes, quanto aos bens confiados à sua guarda e à sua responsabilidade;
>
> II – dos mandatários, quanto aos bens de cuja administração ou alienação estejam encarregados;

> III – do juiz, do membro do Ministério Público e da Defensoria Pública, do escrivão, do chefe de secretaria e dos demais servidores e auxiliares da justiça, em relação aos bens e direitos objeto de alienação na localidade onde servirem ou a que se estender a sua autoridade;
>
> IV – dos servidores públicos em geral, quanto aos bens ou aos direitos da pessoa jurídica a que servirem ou que estejam sob sua administração direta ou indireta;
>
> V – dos leiloeiros e seus prepostos, quanto aos bens de cuja venda estejam encarregados;
>
> VI – dos advogados de qualquer das partes.

O Código Civil contém dispositivo semelhante:

> **Art. 497.** Sob pena de nulidade, não podem ser comprados, ainda que em hasta pública: I – pelos tutores, curadores, testamenteiros e administradores, os bens confiados à sua guarda ou administração; II – pelos servidores públicos, em geral, os bens ou direitos da pessoa jurídica a que servirem, ou que estejam sob sua administração direta ou indireta; III – pelos juízes, secretários de tribunais, arbitradores, peritos e outros serventuários ou auxiliares da justiça, os bens ou direitos sobre que se litigar em tribunal, juízo ou conselho, no lugar onde servirem, ou a que se estender a sua autoridade.

D) Arrematação pelo exequente

Apesar da CLT ser omissa, entende-se ser perfeitamente possível ao exequente arrematar os bens levados à hasta pública.[68]

Assim, o exequente que arrematar os bens está dispensado de depositar o valor respectivo, salvo se o seu crédito for inferior ao lance oferecido. Em tais situações, terá o ônus de **depositar a diferença no prazo de três dias**, sob pena de tornar sem efeito a arrematação e ter que arcar com os custos de uma nova praça ou leilão (art. 892, § 1º, do CPC).

E) Preço vil

Preço vil é aquele que se situa bem abaixo do valor de mercado do bem sob constrição judicial.

O CPC considera como vil o preço inferior ao mínimo estipulado pelo juiz e constante do edital, e, não tendo sido fixado preço mínimo, considera-se vil o preço inferior a cinquenta por cento do valor da avaliação (art. 891, parágrafo único).

Há restrições quanto ao lance mínimo dos bens levados a hasta pública que sejam de propriedade de incapaz, conforme dispõe o art. 896 do CPC:

> **Art. 896.** Quando o imóvel de incapaz não alcançar em leilão pelo menos oitenta por cento do valor da avaliação, o juiz o confiará à guarda e à administração de depositário idôneo, adiando a alienação por prazo não superior a 1 (um) ano.
>
> Como a CLT é omissa nesse particular o CPC deve ser utilizado de forma subsidiária.

68. A doutrina dominante posiciona-se a favor dessa possibilidade. Em sentido contrário, Ísis de Almeida (Manual de direito processual do trabalho. 9 ed. São Paulo: Ltr, 1998. P. 513).

F) Preferência por arrematação global

A penhora deve ser feita em tantos bens quantos bastem para a satisfação completa do credor, **inclusive em relação às contribuições previdenciárias e às despesas processuais.**

Portanto, a depender do valor do crédito do exequente e da avaliação feita pelo oficial de justiça, é necessário penhorar mais de um bem.

Assim, quando houver mais de um lançador, terá preferência aquele que propor arrematar todos os bens penhorados, na forma preconizada pelo a art. 893 do CPC:

> **Art. 893.** Se o leilão for de diversos bens e houver mais de um lançador, terá preferência aquele que se propuser a arrematá-los todos, em conjunto, oferecendo, para os bens que não tiverem lance, preço igual ao da avaliação e, para os demais, preço igual ao do maior lance que, na tentativa de arrematação individualizada, tenha sido oferecido para eles.

G) Auto de arrematação e seus efeitos

Uma vez aceito o lance do arrematante pelo juiz, por meio de decisão fundamentada,[69] expede-se o auto de arrematação, que deve ser lavrado imediatamente após a realização da praça ou do leilão, com a descrição das condições pelas quais o bem foi alienado (art. 901 do CPC).

Qualquer que seja a modalidade de leilão, assinado o auto pelo juiz, pelo arrematante e pelo leiloeiro, a arrematação será considerada perfeita, acabada e irretratável, ainda que venham a ser julgados procedentes os embargos do executado ou a ação autônoma, assegurada a possibilidade de reparação pelos prejuízos sofridos (art. 903 do CPC). Nessa hipótese, o executado terá direito de receber do exequente o valor recebido como produto da arrematação e, se for inferior ao valor do bem, receberá, também, a respectiva diferença.

O domínio, entretanto, só se transfere com a tradição, quando se tratar de bens móveis, ou pelo registro no cartório competente, do auto e da carta de arrematação, em caso de bens imóveis.

Pela sistemática do CPC, o procedimento denominado pelo CPC de 1973 de "embargos à arrematação", passa a ser considerado como mero **incidente da execução**, na forma prevista pelo art. 903, §§ 1º e 2º:

> **Art. 903. § 1º** Ressalvadas outras situações previstas neste Código, a arrematação poderá, no entanto, ser:
>
> I – invalidada, quando realizada por preço vil ou com outro vício;
>
> II – considerada ineficaz, se não observado o disposto no art. 804;
>
> III – resolvida, se não for pago o preço ou se não for prestada a caução.
>
> **§ 2º** O juiz decidirá acerca das situações referidas no § 1º, se for provocado em até 10 (dez) dias após o aperfeiçoamento da arrematação.

69. TST. Súmula nº 399. AÇÃO RESCISÓRIA. CABIMENTO. SENTENÇA DE MÉRITO. DECISÃO HOMOLOGATÓRIA DE ADJUDICAÇÃO, DE ARREMATAÇÃO E DE CÁLCULOS. (conversão das Orientações Jurisprudenciais nºs 44, 45 e 85, primeira parte, da SDI-II) **– Res. 137/2005, DJ 22, 23 e 24.08.2005. I – É incabível ação rescisória para impugnar decisão homologatória de adjudicação ou arrematação. (ex-OJs nºs 44 e 45 – ambas inseridas em 20.09.2000).**

Após esse momento processual, segundo o art. 903, § 4º, do CPC, o vício só pode ser arguido por meio da ação anulatória autônoma:

> **Art. 903. § 4º** Após a expedição da carta de arrematação ou da ordem de entrega, a invalidação da arrematação poderá ser pleiteada por ação autônoma, em cujo processo o arrematante figurará como litisconsorte necessário.

Quando ao prazo fatal para oposição dos embargos de terceiro, assim dispõe o art. 675 do novo CPC:

> **Art. 675.** Os embargos podem ser opostos a qualquer tempo no processo de conhecimento enquanto não transitada em julgado a sentença e, no cumprimento de sentença ou no processo de execução, até 5 (cinco) dias depois da adjudicação, da alienação por iniciativa particular ou da arrematação, mas sempre antes da assinatura da respectiva carta.

H) Ineficácia da arrematação

De acordo com o art. 903, § 1º, II, do CPC a arrematação pode ser declarada **sem efeito** quando não observar as prescrições contidas no art. 804:

> **Art. 804.** A alienação de bem gravado por penhor, hipoteca ou anticrese será ineficaz em relação ao credor pignoratício, hipotecário ou anticrético não intimado.
>
> **§ 1º** A alienação de bem objeto de promessa de compra e venda ou de cessão registrada será ineficaz em relação ao promitente comprador ou ao cessionário não intimado.
>
> **§ 2º** A alienação de bem sobre o qual tenha sido instituído direito de superfície, seja do solo, da plantação ou da construção, será ineficaz em relação ao concedente ou ao concessionário não intimado.
>
> **§ 3º** A alienação de direito aquisitivo de bem objeto de promessa de venda, de promessa de cessão ou de alienação fiduciária será ineficaz em relação ao promitente vendedor, ao promitente cedente ou ao proprietário fiduciário não intimado.
>
> **§ 4º** A alienação de imóvel sobre o qual tenha sido instituída enfiteuse, concessão de uso especial para fins de moradia ou concessão de direito real de uso será ineficaz em relação ao enfiteuta ou ao concessionário não intimado.
>
> **§ 5º** A alienação de direitos do enfiteuta, do concessionário de direito real de uso ou do concessionário de uso especial para fins de moradia será ineficaz em relação ao proprietário do respectivo imóvel não intimado.
>
> **§ 6º** A alienação de bem sobre o qual tenha sido instituído usufruto, uso ou habitação será ineficaz em relação ao titular desses direitos reais não intimado.

No caso de procedência dos embargos do executado ou da ação autônoma de anulação fica garantida a **reparação pelas perdas e danos** (parte final do art. 903 do CPC), mas **a alienação não será desfeita.**

I) Resolução da arrematação

A arrematação pode ser resolvida, desde que o arrematante **deixe de depositar o valor do lanço respectivo no prazo de vinte quatro horas.**

Nesse caso, **o arrematante perde a quantia adiantada a título de garantia correspondente a vinte por cento do seu valor, que se reverte em favor do exequente**, além de ficar impedido de participar do novo leilão ou da nova praça que será designada pelo juiz (art. 897 do CPC e art. 888 da CLT).

Na hipótese de o pagamento do lanço e da multa ser feito pelo fiador do arrematante, este poderá requerer ao juiz que lhe transfira a arrematação, independentemente da aceitação do arrematante, de acordo com o que determina o art. 898 do CPC, aplicados subsidiariamente ao processo laboral diante da omissão da CLT.

Como constitui uma faculdade do fiador, o seu silêncio implicará o deferimento da arrematação e do auto respectivo, ao arrematante.

J) Carta de arrematação

A carta de arrematação é o ato processual do juiz que complementa o processo de expropriação de **bens imóveis.** Representa o título que habilita o arrematante a obter a transcrição perante o cartório de registro de imóveis, com efeitos semelhantes à escritura pública de compra e venda.

Quando for arrematado bem imóvel, **além do auto de arrematação, será expedida uma carta de arrematação,** com as seguintes informações (art. 901, § 2º, do CPC):

> **Art. 901, § 2º.** A carta de arrematação conterá a descrição do imóvel, com remissão à sua matrícula ou individuação e aos seus registros, a cópia do auto de arrematação e a prova de pagamento do imposto de transmissão, além da indicação da existência de eventual ônus real ou gravame.

A carta de arrematação **não transfere a propriedade dos bens arrematados,** uma vez que esse efeito **só é obtido com o seu registro no cartório competente.**[70]

9.3. Praça e leilão presencial

No processo do trabalho, a primeira hasta pública é denominada de praça. Caso não haja licitante, designa-se leilão, na forma como era prevista pelo art. 972 do CPC de 1939: "Se os bens não forem arrematados, serão vendidos em leilão público, por leiloeiro público, onde houver, à escolha das partes, ou pelo porteiro dos auditórios".

O CPC de 2015 acabou com essa dicotomia ao prever, apenas, o instituto do leilão, conforme preceito contido no art. 879: "A alienação se fará: I – por iniciativa particular; II – em leilão judicial eletrônico ou presencial".

O leilão é realizado somente quando não há licitante na praça ou quando o exequente não requer a adjudicação dos bens penhorados, conforme determinação contida no art. 888, § 3º, da CLT: "Não havendo licitante, e não requerendo o exequente a adjudicação dos bens penhorados, poderão os mesmos ser vendidos por leiloeiro nomeado pelo juiz ou presidente".

Cabe ao juiz ou presidente do Tribunal do Trabalho nomear o leiloeiro, o qual, no exercício do seu *munus*, caberá (art. 884 do CPC):

70. Lei nº 6.015/73. Art. 167. No Registro de Imóveis, além da matrícula, serão feitos: I – o registro: 26) **da arrematação e da adjudicação em hasta pública.**

- publicar o edital, anunciando a alienação;
- realizar o leilão onde se encontrem os bens ou no lugar designado pelo juiz;
- expor aos pretendentes os bens ou as amostras das mercadorias;
- receber e depositar, dentro de 1 (um) dia, à ordem do juiz, o produto da alienação;
- prestar contas nos 2 (dois) dias subsequentes ao depósito.

Cabe ao arrematante pagar a comissão do leiloeiro, seja ela prevista em lei ou fixada pelo juiz.[71]

Exemplos de questões sobre o tema

(FCC – Juiz do Trabalho/2017) Sobre a execução na Justiça do Trabalho, é correto afirmar:

a) O cheque emitido em reconhecimento de saldo de salários, férias e gratificação de natal não pode ser executado diretamente na Justiça do Trabalho.

b) O agravo de petição só será recebido quando o agravante delimitar, justificadamente, as matérias e os valores impugnados, permitida a execução provisória da parte remanescente, nos próprios autos ou por carta de sentença.

c) Elaborada a conta e tornada líquida, o juiz poderá abrir às partes prazo sucessivo de dez dias para impugnação fundamentada com a indicação dos itens e valores objeto da discordância, e procederá à intimação da União para manifestação, no mesmo prazo, sob pena de preclusão.

d) O exequente tem preferência em relação à arrematação para pedir adjudicação, devendo depositar de imediato a diferença, quando o valor do crédito for inferior ao valor dos bens, cujo preço não pode ser inferior ao do melhor lance de arrematação.

e) O arrematante deverá garantir o lance com o sinal correspondente a 20% do seu valor, podendo levantá-lo se não complementar o valor remanescente da arrematação, no prazo de vinte e quatro horas, caso em que os bens executados voltarão à praça.

Resposta: C

(FCC – Juiz do Trabalho Substituto 6ª região/2015) Quanto à arrematação,

a) não havendo licitante, e não requerendo o exequente a adjudicação dos bens penhorados, poderão os mesmos ser vendidos por leiloeiro nomeado pelo Juiz ou Presidente.

b) se o arrematante, ou seu fiador, não pagar dentro de vinte e quatro horas o sinal correspondente a 20% do preço da avaliação, perderá o direito à arrematação, voltando à praça os bens executados.

c) concluída a avaliação, dentro de dez dias, contados da data da nomeação do avaliador, seguir-se-á a arrematação, que será anunciada por edital afixado na sede do juízo ou tribunal e publicado no jornal local, se houver, com a antecedência mínima de quinze dias.

d) se na primeira praça os bens penhorados não tiverem alcançado o valor total da condenação, haverá, decorrido o prazo de dez dias, a segunda praça, na qual os bens serão vendidos pelo maior lance, tendo o exequente preferência para a adjudicação.

e) o arrematante deverá garantir o lance com o sinal correspondente a 30% do seu valor.

Resposta: A

(TRT 2 – Juiz do Trabalho Substituto 2ª região/ 2013) Em relação à execução trabalhista, observe as proposições abaixo e ao final aponte a alternativa que contenha proposituras corretas

I. Concluída a avaliação dos bens, seguir-se-á a arrematação e, não havendo licitante, os bens deverão ser vendidos por leiloeiro nomeado pelo Juiz ou Presidente.

71. LEF. Art. 23. § 2º. Cabe ao arrematante o pagamento da comissão do leiloeiro e demais despesas indicadas no edital.

II. De acordo com a legislação trabalhista, a alienação de qualquer bem penhorado, será feita por iniciativa particular ou por leilão público.

III. O objetivo da execução por quantia certa não é o de transferir os bens penhorados ao patrimônio do credor, e sim, propiciar que este possa ter, com o produto da expropriação atendido o seu direito.

IV. O licitante da arrematação poderá fazê-la em dinheiro, com o sinal correspondente a, pelo menos, 20% do seu valor que, se não pago dentro de 24 horas, será perdido em prol da execução.

V. Sendo a arrematação ato translativo de domínio, transmite esta ao arrematante o direito de propriedade dos bens expropriados, e se a coisa pertencia a terceiro, este perderá os direitos reais parciais que, acaso, possuísse sobre a coisa:

Está correta a alternativa:

a) I e IV.

b) II e III.

c) III e IV.

d) III e V.

e) I e V.

Resposta: C

(TRT 8 – Juiz do Trabalho Substituto 8ª região/2014) Sobre a arrematação, é CORRETO afirmar que:

a) No caso de arrematação a prazo, os pagamentos feitos pelo arrematante pertencerão ao exequente até o limite de seu crédito, e os subsequentes ao executado, por isso sendo, neste último caso, defeso ao Juiz trabalhista, de ofício, promover abandamento do crédito subsequente para outros processos em execução nos quais ainda não haja garantia do Juízo pelo mesmo devedor.

b) O exequente, se vier a arrematar os bens, não estará obrigado a exibir o preço; mas, se o valor dos bens exceder o seu crédito, depositará, dentro de 3 (três) dias, a diferença, sob pena de ser tornada sem efeito a arrematação e perderá, em benefício da execução, o sinal e, neste caso, os bens serão levados a nova praça ou leilão à custa do exequente.

c) Se a praça ou o leilão for de diversos bens e houver mais de um lançador, será preferido aquele que se propuser a arrematá-los englobadamente, oferecendo para os que não tiverem licitante preço igual ao da avaliação e para os demais o de maior lanço.

d) Assinado o auto pelo juiz, pelo arrematante e pelo serventuário da justiça ou leiloeiro, a arrematação considerar-se-á perfeita, acabada e irretratável, ainda que venham a ser julgados procedentes os embargos do executado, sendo precluso o requerimento do arrematante, nos 05 dias subsequentes, para torná-la sem efeito, sob a alegação de existência de ônus real ou de gravame no edital.

e) Quando não fora requerida a adjudicação, é possível a venda antecipada do bem penhorado, com dispensa do edital de hasta pública, desde que o valor dos bens penhorados não exceder 30 (trinta) vezes o valor do salário mínimo vigente na data da avaliação.

Resposta: C

(TRT 2 – Juiz do Trabalho Substituto 2ª região/2014) Em matéria de arrematação, aponte a alternativa correta:

a) Sem exceção podem participar da licitação com o fito de arrematar bens penhorados, todos os que estiverem na livre administração de seus bens.

b) O menor púbere ou impúbere pode licitar desde que o faça assistido ou representado.

c) O credor também pode arrematar os bens, desde que exiba o preço.

d) Se o valor do bem exceder ao crédito do exequente, no momento do lanço, poderá aquele depositar dentro de 24 (vinte e quatro) horas a diferença, sob pena de ser tornada sem efeito a arrematação.

e) A expropriação dos bens pode ser efetuada, no processo do trabalho, na fase da segunda praça.

Resposta: B

9.4. Leilão virtual

O art. 882 do CPC permite que o leilão seja realizado **sem a presença física** do leiloeiro, dos bens e dos pretensos lançadores.

Assim, com a utilização dos recursos e tecnologias das telecomunicações e da informática, o leilão pode ser realizado por meio de um sistema virtual proporcionado pela *internet*, com o acesso aos sites dos Tribunais do Trabalho ou de outras entidades conveniadas, conforme se observa da redação do mencionado dispositivo legal:

> **Art. 882.** Não sendo possível a sua realização por meio eletrônico, o leilão será presencial. § 1º A alienação judicial por meio eletrônico será realizada, observando-se as garantias processuais das partes, de acordo com regulamentação específica do Conselho Nacional de Justiça.

9.5. Adjudicação

A) *Conceito*

A adjudicação é o ato processual de expropriação judicial por meio do qual o juiz, por sentença,[72] **faz a entrega do bem penhorado ao credor,**[73] mediante seu requerimento.[74]

O credor deve participar da praça ou leilão para que demonstre, formalmente, o seu interesse em adjudicar o bem e exercer seu direito de preferência.[75]

A adjudicação não pode ser confundida com o procedimento pelo qual o credor propõe lances durante a praça ou leilão. Nessa hipótese, ele é **licitante e possivelmente arrematante.** Note-se, porém, que a legislação processual atribui ao credor/arrematante o privilégio de **não ser necessário exibir o preço.**

B) *Direito de preferência*

O exequente tem o direito de preferência à adjudicação dos bens, na forma prevista pelo art. 888, § 1º, da CLT: "A arrematação far-se-á em dia, hora e lugar anunciados e os bens serão vendidos pelo maior lance, tendo o exequente preferência para a adjudicação".

Outros credores, diversos do exequente, também gozam desse mesmo direito de preferência, assim considerados aqueles que hajam penhorado o mesmo bem e o credor com garantia real. Por isso que se faz necessária à expedição de intimação informando a data da

---

72. TST. Súmula nº 399. AÇÃO RESCISÓRIA. CABIMENTO. SENTENÇA DE MÉRITO. DECISÃO HOMOLOGATÓRIA DE ADJUDICAÇÃO, DE ARREMATAÇÃO E DE CÁLCULOS. (conversão das Orientações Jurisprudenciais nºs 44, 45 e 85, primeira parte, da SDI-II). **I – É incabível ação rescisória para impugnar decisão homologatória de adjudicação ou arrematação. (ex-OJs nºs 44 e 45 – ambas inseridas em 20.09.2000).**
73. CPC. Art. 825. A expropriação consiste em: I – adjudicação; II – alienação; III – apropriação de frutos e rendimentos de empresa ou estabelecimentos e de outros bens.
74. TST. SDI-2. OJ nº 66. MANDADO DE SEGURANÇA. SENTENÇA HOMOLOGATÓRIA DE ADJUDICAÇÃO. INCABÍVEL (atualizado o item I e incluído o item II em decorrência do CPC de 2015) **Res. 212/2016, DEJT divulgado em 20, 21 e 22.09.2016 I – Sob a égide do CPC de 1973 é incabível o mandado de segurança contra sentença homologatória de adjudicação, uma vez que existe meio próprio para impugnar o ato judicial, consistente nos embargos à adjudicação (CPC de 1973, art. 746). II – Na vigência do CPC de 2015 também não cabe mandado de segurança, pois o ato judicial pode ser impugnado por simples petição, na forma do artigo 877, caput, do CPC de 2015.**
75. Apesar dessa necessidade, é possível que o exequente requeira a adjudicação antes da realização da praça ou leilão, na forma prevista pelo art. 24, I, da Lei nº 6.830/80.

praça ou leilão, para que os demais credores possam exercer a aludida faculdade, sob pena de nulidade processual.[76]

Presentes vários credores trabalhistas na adjudicação do bem penhorado, o juiz analisará a melhor proposta, julgará por sentença e determinará a expedição do respectivo auto de adjudicação. Terá preferência aquele credor que primeiro tenha promovido a penhora.

C) Adjudicação e o valor do bem penhorado

Antes do leilão ou se, durante o pregão, não houver licitante, **a adjudicação só poderá ser feita pelo valor da avaliação.**[77] Após o fim do leilão, o exequente concorre com os demais lançadores, com preferência pela adjudicação, se houver igualdade de oferta.

Essas regras encontram-se insculpidas no art. 24, da Lei de Execução Fiscal:

> **Art. 24.** A Fazenda Pública poderá adjudicar os bens penhorados: I – antes do leilão, pelo preço da avaliação, se a execução não for embargada ou se rejeitados os embargos; II – findo o leilão: a) se não houver licitante, pelo preço da avaliação; b) havendo licitantes, com preferência, em igualdade de condições com a melhor oferta, no prazo de 30 (trinta) dias.

Entretanto, algumas decisões admitem a possibilidade de o exequente adjudicar o bem durante a realização da praça, quando há licitantes, por valor inferior ao da avaliação:

> ADJUDICAÇÃO. PRAÇA COM LANÇADORES. CREDOR QUE PARTICIPA DA HASTA PÚBLICA EM IGUALDADE DE CONDIÇÕES COM OUTROS LANÇADORES. OFERTA VENCEDORA FEITA PELO CREDOR EM VALOR MENOR QUE O DA AVALIAÇÃO. POSSIBILIDADE. Não há vedação legal no sentido de a arrematação poder ser feita pelo Exequente que participar de hasta pública e, em igualdade de condições com outros lançadores, ofertar lance com vistas à adjudicação do bem praceado. A imposição constante do art. 714 do CPC no sentido de que a adjudicação deva ser feita pelo valor da avaliação somente se aplica no caso de praça negativa, que não foi o caso dos autos. Entender de forma diferente, data venia, seria impor intolerável discriminação do credor em relação aos demais pretendentes na arrematação do bem levado à hasta pública. [78]

Caso o valor do crédito do exequente seja inferior ao valor da avaliação ou do maior lance oferecido, a diferença respectiva deve ser imediatamente depositada e ficará à disposição do executado ou da União, para a quitação do valor da verba trabalhista ou previdenciária.[79]

---

76. Código Civil. Art. 1501. Não extinguirá a hipoteca, devidamente registrada, a arrematação ou adjudicação, sem que tenham sido notificados judicialmente os respectivos credores hipotecários, que não forem de qualquer modo partes na execução.
77. Há decisões que só admitem a possibilidade de requerer a adjudicação após o fim da praça ou leilão: ADJUDICAÇÃO. PRAZO. A possibilidade de adjudicação, exercício do direito de preferência assegurado ao exequente – § 1º do art. 888 da CLT, se apresenta "finda a praça". Vale dizer, o termo inicial para o pedido de adjudicação se marca do momento em que se tenha realizado a praça ou o leilão. O término dessa oportunidade é assinalado, por sua vez, pela assinatura do auto de arrematação. Esta a peça indispensável à legitimidade da hasta pública. Desde que assinado, põe termo ao direito de adjudicar assegurado ao exequente. E, por essa forma, torna intempestivo e irrelevante qualquer pedido de adjudicação de bens trazido à execução. (TRT 3ª R. AP 00450.1999.086.03.00.6. 2ª T. Rel. Juiz Fernando Antonio de M. Lopes. DJMG 01.12.2004. p. 09)
78. TRT 18ª R. Proc. nº AP 01265-2003-101-18-00-2. Rel. Juiz Elvécio Moura dos Santos. DJ de 10.02.2006.
79. CPC. Art. 876. § 4º Se o valor do crédito for: I – inferior ao dos bens, o requerente da adjudicação depositará de imediato a diferença, que ficará à disposição do executado; II – superior ao dos bens, a execução prosseguirá pelo saldo remanescente.

Se o valor do crédito for maior, a execução terá prosseguimento para satisfazer o exequente em relação ao saldo remanescente.

D) Auto e carta de adjudicação

Assim como ocorre com a arrematação, a adjudicação considera-se perfeita e acabada com a lavratura e a assinatura do auto respectivo pelo juiz, pelo adjudicante, pelo diretor de secretaria e, se estiver presente, pelo executado (art. 877, § 1º do CPC).

Caso seja adjudicado bem imóvel, é necessária a expedição da carta de adjudicação, título hábil para promover o registro no cartório de imóveis e, consequentemente, transferir o domínio da coisa adjudicada.[80]

Na hipótese de bem móvel, **expede-se mandado de entrega ao adjudicante, pois a transferência do domínio opera-se apenas com a tradição da coisa.**

A carta de adjudicação deve conter a descrição do imóvel, com remissão à sua matrícula e registros, a cópia do auto de adjudicação e a prova de quitação do imposto de transmissão.

9.6. Concorrência de credores

Pode ocorrer que um mesmo devedor seja executado em várias ações de execução por crédito trabalhista e a penhora recaia em um mesmo bem de sua propriedade. Quando isso ocorre, independente da Unidade Jurisdicional onde seja realizado o ato de expropriação, **deve-se satisfazer o credor pela ordem de prelação** (art. 908, *caput*, do CPC).

Assim, aquele credor trabalhista que primeiro aperfeiçoou a penhora,[81] dentre outros que ostentam igual qualidade,[82] tem direito de receber primeiro. Caso haja sobra, deve ser satisfeito o segundo credor trabalhista que procedeu da mesma forma, e assim sucessivamente.

Saliente-se que o credor trabalhista **prefere aos demais**, salvo nos casos do credor hipotecário, quando a inscrição do gravame real tenha sido feita no registro de imóveis antes do ajuizamento da ação trabalhista. Nessa situação, aquele que arrematar ou adjudicar o bem, recebe-o com o respectivo gravame.

Nesse sentido, a seguinte decisão:

> CRÉDITO HIPOTECÁRIO E IMPENHORABILIDADE DO BEM. A hipoteca atribui ao credor hipotecário um direito real sobre a coisa dada em garantia, o que não significa impenhorabilidade sobre o bem. Sendo levado à hasta pública, o credor hipotecário tem direito ao que restar, após pago o crédito trabalhista. Considere-se, ainda, que uma vez adjudicado ou arrematado o imóvel, a hipoteca, como direito real de garantia, segue com o adjudicante ou o arrematante, sem qualquer prejuízo ao credor hipotecário, em respeito ao contrato firmado anteriormente. Resta ainda dizer que os créditos trabalhistas, dado o seu caráter alimentar,

---

80. Lei nº 6.015/73. Art. 167. No Registro de Imóveis, além da matrícula, serão feitos: I – o registro: 26) **da arrematação e da adjudicação em hasta pública.**
81. CPC. Art. 797. Ressalvado o caso de insolvência do devedor, em que tem lugar o concurso universal, realiza-se a execução no interesse do exequente que adquire, pela penhora, o direito de preferência sobre os bens penhorados.
82. CTN. Art. 186. O crédito tributário prefere a qualquer outro, seja qual for sua natureza ou o tempo de sua constituição, ressalvados os créditos decorrentes da legislação do trabalho ou do acidente de trabalho.

> gozam de privilégio especial não remanescendo qualquer dúvida que os bens gravados com ônus real decorrente de cédula hipotecária, são passíveis de constrição judicial.[83]

Registre-se, entretanto, que a matéria não é pacífica tanto na doutrina quanto na jurisprudência. Isso porque há entendimento doutrinário e jurisprudencial de que a arrematação do bem extingue os respectivos gravames.

Se a inscrição do gravame é feita depois de iniciada a reclamação trabalhista, a arrematação ou a adjudicação extingue a hipoteca, desde que o credor hipotecário tenha sido devidamente intimado, na forma prevista pelo arts. 1.499, VI e 1.501, do Código Civil.[84]

O credor trabalhista também tem preferência sobre o credor previdenciário:

> FALÊNCIA. CRÉDITO PREVIDENCIÁRIO. PREFERÊNCIA DO CRÉDITO TRABALHISTA. DIREITO CONSTITUCIONAL. DIREITO TRIBUTÁRIO. O art. 187, CTN prevê o concurso de preferência entre pessoas jurídicas de Direito Público, havendo mesma disposição no art. 29 da Lei nº 6.830/80. Contudo, o art. 186, CTN, ressalva a preferência do crédito trabalhista. É certo que à Justiça do Trabalho foi outorgada a competência para executar os créditos previdenciários, conforme art. 114, § 3º da CF, mas não inclui os casos de falência, cuja competência é integralmente absorvida pelo Juízo Falimentar. Não implica que os créditos previdenciários possam ser executados diretamente pela Justiça do Trabalho, enquanto o crédito trabalhista sujeita-se à finalização perante o Juízo Falimentar. Se assim fosse, haveria total inversão dos valores protegidos pela legislação em vigor. Recurso improvido.[85]

O CPC trata desse tema expressamente em seu art. 908, § 1º:

> **Art. 908.** Havendo pluralidade de credores ou exequentes, o dinheiro lhes será distribuído e entregue consoante a ordem das respectivas preferências.
>
> **§ 1º** No caso de adjudicação ou alienação, os créditos que recaem sobre o bem, inclusive os de natureza propter rem, sub-rogam-se sobre o respectivo preço, observada a ordem de preferência.

Exemplos de questões sobre o tema

(TRT 2 – Juiz do Trabalho Substituto 2ª região/2016) Em se tratando da expropriação dos bens do devedor, considerando a legislação vigente, analise as seguintes proposições:

I. Se o arrematante, ou seu fiador, não pagar no quinquídio legal o preço da arrematação, perderá, em benefício da execução, o sinal, voltando à praça os bens executados.

II. Não havendo licitante, e não requerendo o exequente a remição dos bens penhorados, poderão os mesmos ser vendidos por leiloeiro nomeado pelo juiz ou presidente.

III. O arrematante deverá garantir o lance com sinal de 20% (vinte por cento) do seu valor e se não efetuar o pagamento dentro de 24 (vinte e quatro) horas do preço da arrematação, perderá esse sinal, em benefício da execução, voltando à praça os bens penhorados.

IV. É lícito ao exequente requerer que lhe sejam adjudicados os bens penhorados, podendo oferecer preço inferior ao da avaliação.

---

83. TRT 2ª R. 01991200708502001. Rel. LUIZ CARLOS GOMES GODOI. DJ 12.11.2008.
84. Código Civil. Art. 1.499. A hipoteca extingue-se: VI – pela arrematação ou adjudicação. Art. 1501. Não extinguirá a hipoteca, devidamente registrada, a arrematação ou adjudicação, sem que tenham sido notificados judicialmente os respectivos credores hipotecários, que não forem de qualquer modo partes na execução.
85. TRT 15ª R. AP 0196-2002-017-15-00-2 (39047/07). **3ªC. Relª Juiza Luciane Storel da Silva. DOE 17.08.2007. p. 12.**

V. Aos trâmites e incidentes do processo da execução são aplicáveis, naquilo em que não contravierem as normas especificas da CLT, os preceitos que regem o processo dos executivos fiscais para a cobrança judicial da dívida ativa da Fazenda Pública Federal.

Responda:

a) Somente as proposições III e IV estão corretas.
b) Somente as proposições II e V estão corretas.
c) Somente as proposições I, III e IV estão incorretas.
d) Somente as proposições I, II e IV estão incorretas.
e) Somente as proposições II, III e V estão incorretas.

Resposta: D

(TRT 2 – Juiz do Trabalho Substituto 2ª região/2014) No que tange à adjudicação, observe as proposições abaixo e responda a alternativa que contenha proposituras corretas:

I. É uma das formas de pagamento do credor, e também um meio de aquisição da propriedade.
II. A transferência da propriedade dos bens levados à praça poderá se dar contra a vontade do devedor.
III. Pelo sistema do processo do trabalho compreende somente os bens imóveis, que serão adquiridos pelo exequente, quando regularmente processado o procedimento licitatório.
IV. O credor somente pode requerê-la se houver praça e nela comparecerem os licitantes.
V. É incabível ação rescisória para impugnar decisão homologatória que a concede.

Está correta a alternativa:

a) I, II e III.
b) III, IV e V.
c) II, IV e V.
d) I, III e IV.
e) I, II e V.

Resposta: E

9.7. Alienação por iniciativa particular

De acordo com a dicção do art. 880 do CPC, o exequente pode requerer que os bens sejam alienados **por sua própria iniciativa ou por intermédio de corretor (leiloeiro público) credenciado** perante a autoridade judiciária, caso não prefira a sua adjudicação.

Cabe ao juiz fixar o prazo para que a alienação seja concretizada, além da forma de publicidade, o preço mínimo, as condições de pagamento e, se for o caso, o percentual relativo à comissão de corretagem.

Uma vez efetivada a alienação, será reduzida a termo com a expedição do respectivo auto de alienação, assinado pelo juiz, pelo exequente, pelo adquirente e, se presente, pelo executado. Se for bem imóvel, também é expedida a carta de alienação, para o devido registro no cartório competente. Já em caso de bem móvel, expede-se o mandado de entrega ao adquirente.

O mencionado art. 880, § 3º do CPC, faculta aos tribunais expedirem regulamentos internos para disciplinar esse procedimento especial de expropriação:

> **Art. 880, § 3º.** Os tribunais poderão editar disposições complementares sobre o procedimento da alienação prevista neste artigo, admitindo, quando for o caso, o concurso de meios eletrônicos, e dispor sobre o credenciamento dos corretores e leiloeiros públicos, os quais deverão estar em exercício profissional por não menos que 3 (três) anos.

9.8. Usufruto de bem móvel ou imóvel – Penhora de frutos e rendimentos de coisa móvel ou imóvel

A satisfação do crédito do exequente pode ser obtida pelas medidas expropriatórias que foram já analisadas, por meio das quais se retira a propriedade de determinado bem do patrimônio do devedor.

Entretanto, o juiz pode conceder, ao exequente, o direito real de usufruto de móvel ou imóvel, quando reconhecer ser o procedimento mais eficiente para o recebimento do seu crédito e menos gravoso para o executado (art. 867 do CPC). A adoção desse procedimento limita o exercício do direito de propriedade do devedor, que deixa de usar e fruir os seus bens.[86]

Trata-se do usufruto judicial que, uma vez concedido, **implica a perda do gozo do móvel ou imóvel, pelo executado, até que o crédito do exequente seja satisfeito** e produz efeitos *ex nunc*, inclusive em relação a terceiros, a partir da publicação da decisão respectiva.

O juiz deve nomear o administrador que será investido em todos os poderes que concernem ao usufrutuário. Pode ser administrador tanto o credor quando o devedor, desde que a parte contrária concorde.

O tempo do usufruto é definido pelo perito nomeado pelo juízo, que avaliará o caso concreto e emitirá opinião sobre o período necessário para o pagamento do crédito.

Após a emissão do laudo e a manifestação das partes, o juiz profere a decisão, e no caso de deferir o usufruto, ordena a expedição da carta respectiva para a averbação no registro de imóveis.

Caso o imóvel esteja arrendado, o inquilino deve ser intimado de que, a partir de então, ficará obrigado a pagar o aluguel diretamente ao usufrutuário, salvo se houver um administrador nomeado pelo juiz (art. 869, § 3º do CPC).

O exequente usufrutuário ou o administrador podem celebrar locação do móvel ou imóvel, desde que ouvido o executado, na forma prevista pelo art. 869, § 4º do CPC.

10. REMIÇÃO

A remição, substantivo derivado do verbo remir,[87] consiste em instituto do direito processual por meio do qual **o próprio devedor resgata sua dívida**. Para tanto, o pagamento deve envolver o principal da dívida, acrescido de juros de mora, correção monetária, bem como das despesas processuais.

O CPC trata especificamente da remição da execução em seu art. 826:

> **Art. 826.** Antes de adjudicados ou alienados os bens, o executado pode, a todo tempo, remir a execução, pagando ou consignando a importância atualizada da dívida, acrescida de juros, custas e honorários advocatícios.

86. CPC. Art. 868. Ordenada a penhora de frutos e rendimentos, o juiz nomeará administrador-depositário, que será investido de todos os poderes que concernem à administração do bem e à fruição de seus frutos e utilidades, perdendo o executado o direito de gozo do bem, até que o exequente seja pago do principal, dos juros, das custas e dos honorários advocatícios.

87. A remição difere da remissão (substantivo derivado do verbo remitir)**, pois esta última consiste em instituto de direito material que implica perdão da dívida pelo devedor.**

Conclui-se que **a remição da execução nada mais é do que a extinção do processo de execução proporcionada pelo pagamento pelo próprio executado**, instituto admitido no processo do trabalho por força da aplicação do disposto no art. 13 da Lei nº 5.584/70.[88]

A outra hipótese prevista pela legislação **era** a **de remição de bens**, faculdade exercida pelos **parentes do devedor** com previsão legal inserta no revogado art. 787 do CPC de 1973, mas que não implicava o fim da relação processual da execução forçada:

> **Art. 787.** É lícito ao cônjuge, ao descendente, ou ao ascendente do devedor remir todos ou quaisquer bens penhorados, ou arrecadados no processo de insolvência, depositando o preço por que foram alienados ou adjudicados.[89]

Não se admitia a remição de bens no processo do trabalho. Somente era possível a **remição da execução**, com o pagamento integral do valor da dívida, pelo próprio executado.

Com o fim da possibilidade da remição de bens no processo civil, inclusive no CPC de 2015, desapareceu a polêmica no âmbito do processo do trabalho.

11. INVALIDAÇÃO DA ARREMATAÇÃO, DA ALIENAÇÃO E DA ADJUDICAÇÃO

O executado pode apresentar sua irresignação quanto à arrematação, à alienação e à adjudicação.

As nulidades que poderiam embasar essa irresignação decorreriam da inobservância dos requisitos legais para realização da hasta pública, principalmente aqueles contidos no art. 888 da CLT e art. 886 e seguintes do CPC.

Pelas regras do CPC, deixa-se de nomear esse procedimento de "embargos à adjudicação, embargos à alienação e embargos à arrematação", que passam a ser considerado **como meros incidentes da execução**, na forma prevista pelo art. 903, § 1º:

> **Art. 903. § 1º** Ressalvadas outras situações previstas neste Código, a arrematação poderá, no entanto, ser:
>
> I – invalidada, quando realizada por preço vil ou com outro vício;
>
> II – considerada ineficaz, se não observado o disposto no art. 804;
>
> III – resolvida, se não for pago o preço ou se não for prestada a caução.
>
> **§ 2º** O juiz decidirá acerca das situações referidas no § 1º, se for provocado em até 10 (dez) dias após o aperfeiçoamento da arrematação.

Após o prazo de 10 dias sem qualquer provocação das partes, será expedida a carta de arrematação ou a ordem de entrega. Após esse ato, a invalidação da arrematação só poderá ser feita mediante ação de anulação, na forma prevista pelo § 4º, art. 903 do CPC.

Sobre essa questão manifesta-se o TST por meio da Súmula nº 399 e OJ nº 66 da SDI-2:

88. Lei nº 5.584/70. Art. 13. Em qualquer hipótese, a remição só será deferível ao executado se este oferecer preço igual ao valor da condenação.
89. Dispositivo revogado pela Lei nº 11.382/06.

SÚMULA Nº 399. AÇÃO RESCISÓRIA. CABIMENTO. SENTENÇA DE MÉRITO. DECISÃO HOMOLOGATÓRIA DE ADJUDICAÇÃO, DE ARREMATAÇÃO E DE CÁLCULOS (conversão das Orientações Jurisprudenciais nºs 44, 45 e 85, primeira parte, da SBDIII) – Res. 137/2005, DJ 22, 23 e 24.08.2005. I – É incabível ação rescisória para impugnar decisão homologatória de adjudicação ou arrematação. (ex-OJs nºs 44 e 45 da SBDI-II – inseridas em 20.09.2000)".

OJ Nº 66. MANDADO DE SEGURANÇA. SENTENÇA HOMOLOGATÓRIA DE ADJUDICAÇÃO. INCABÍVEL (atualizado o item I e incluído o item II em decorrência do CPC de 2015) Res. 212/2016, DEJT divulgado em 20, 21 e 22.09.2016. I – Sob a égide do CPC de 1973 é incabível o mandado de segurança contra sentença homologatória de adjudicação, uma vez que existe meio próprio para impugnar o ato judicial, consistente nos embargos à adjudicação (CPC de 1973, art. 746).

Faculta-se ao adquirente, também, desistir da aquisição, quando do manejo dos embargos que impugnam a expropriação judicial. Cabe ao juiz deferir o pedido de plano, com a imediata liberação do depósito feito pelo adquirente.

Essa hipótese também é prevista no CPC, mais precisamente no seu art. 903, § 5º:

Art. 903. § 5º O arrematante poderá desistir da arrematação, sendo-lhe imediatamente devolvido o depósito que tiver feito:

I – se provar, nos 10 (dez) dias seguintes, a existência de ônus real ou gravame não mencionado no edital;

II – se, antes de expedida a carta de arrematação ou a ordem de entrega, o executado alegar alguma das situações previstas no § 1º;

III – uma vez citado para responder a ação autônoma de que trata o § 4º deste artigo, desde que apresente a desistência no prazo de que dispõe para responder a essa ação.

A deslealdade processual específica do embargante, que apresenta embargos com objetivos manifestamente protelatórios, fica sujeita à imposição de uma multa não superior a vinte por cento do valor da execução, em favor de quem desistiu da aquisição e é considerado como ato atentatório à dignidade da justiça pelo CPC (art. 903, § 6º).[90]

Exemplo de questão sobre o tema

(TRT 1 – Juiz do Trabalho Substituto 1ª região/2016) Para desconstituir a adjudicação de imóvel penhorado em favor do exequente, já expedida a carta de adjudicação, a medida cabível é:

a) Agravo de petição.

b) Ação rescisória.

c) Mandado de segurança.

d) Ação anulatória.

e) Ação *quanti minoris*

Resposta: D

90. CPC. Art. 903. § 6º Considera-se ato atentatório à dignidade da justiça a suscitação infundada de vício com o objetivo de ensejar a desistência do arrematante, devendo o suscitante ser condenado, sem prejuízo da responsabilidade por perdas e danos, ao pagamento de multa, a ser fixada pelo juiz e devida ao exequente, em montante não superior a vinte por cento do valor atualizado do bem.

12. PAGAMENTO – SATISFAÇÃO DO CREDOR

A satisfação do credor pode ocorrer por diversos modos. O cumprimento espontâneo da obrigação contida na sentença proferida no processo de conhecimento constitui a forma desejável para por fim ao litígio. Na prática, tal desfecho é muito raro, o que enseja o processo de execução.

Daí por diante, o exequente pode receber seu crédito por meio do pagamento feito logo após a citação, durante o processo de execução ou por meio da venda em hasta pública dos bens de propriedade do executado.

O pagamento é a forma normal de extinção da obrigação contida na sentença, que pode ser judicial ou extrajudicial.

Assim dispõe o art. 904 do CPC:

> **Art. 904.** A satisfação do crédito exequendo far-se-á:
>
> I – pela entrega do dinheiro;
>
> II – pela adjudicação dos bens penhorados.

Iniciada a execução, ou a qualquer momento, o executado pode cumprir a obrigação em juízo ao entregar o respectivo valor diretamente ao exequente. Caso o exequente não esteja presente, o devedor poderá efetuar o depósito da quantia devida, acrescida de correção monetária, juros de mora e honorários advocatícios, se houver.

A CLT disciplina a matéria em seu art. 881:

> **Art. 881.** No caso de pagamento da importância reclamada, será este feito perante o escrivão ou chefe de secretaria, lavrando-se termo de quitação, em duas vias, assinadas pelo exequente, pelo executado e pelo mesmo escrivão ou chefe de secretaria, entregando-se a segunda via ao executado e juntando-se a outra ao processo. Parágrafo único. Não estando presente o exequente, será depositada a importância, mediante guia, em estabelecimento oficial de crédito ou, em falta deste, em estabelecimento bancário idôneo.

Quando o pagamento ao exequente é feito com a entrega do dinheiro produto da expropriação judicial, o juiz autoriza o levantamento do valor depositado, até a satisfação integral do seu crédito com os acréscimos legais e determina o abatimento do valor relativo ao imposto de renda, se devido for.

Entretanto, **se existir direito de preferência**, cujo titular seja credor trabalhista em processo diverso, constatado pelo registro de penhora anterior, **esse será satisfeito em primeiro lugar**, de acordo com o art. 908 do CPC: "Havendo pluralidade de credores ou exequentes, o dinheiro lhes será distribuído e entregue consoante a ordem das respectivas preferências".

Como o crédito trabalhista tem preferência sobre os demais, não incide a regra que consta do art. 905, II, do CPC, salvo se o título de preferência for obtido e devidamente registrado para conhecimento de terceiros antes da propositura da reclamação trabalhista.

Após o pagamento dos credores trabalhistas, deve-se proceder ao recolhimento das contribuições previdenciárias devidas em favor da União (credor previdenciário). Caso sobre algum valor, será restituído ao devedor (art. 907 do CPC).

13. FRUSTRAÇÃO DO CREDOR

A execução por quantia certa visa a apreensão e expropriação dos bens do devedor para a satisfação do credor, característica da responsabilidade patrimonial.

Pode ocorrer, todavia, de o devedor não ser encontrado ou não possuir bens passíveis de penhora. Nesse caso, **o juiz suspende a execução e, após o decurso de um ano sem que seja localizado o devedor ou encontrado bens penhoráveis, determina o arquivamento dos autos.**

Nessa situação, será expedida uma **certidão de crédito trabalhista** para que o credor utilize-a quando encontrar bens de propriedade do executado, o que representa o início de uma nova execução, salvo na hipótese de incidência da prescrição.

14. REPETIÇÃO DO INDÉBITO TRABALHISTA

Segundo determina o art. 876 do Código Civil: "todo aquele que recebeu o que lhe não era devido fica obrigado a restituir".

Caso esse recebimento a maior ocorra em uma demanda judicial, em sede de execução de título judicial ou extrajudicial, a medida adequada para se requerer a devolução é a **ação de repetição de indébito**, por meio da qual se é possível exercer o contraditório e a ampla defesa.

Nesse sentido a seguinte decisão do TST:

> Execução. Equívoco nos cálculos de liquidação. Levantamento de valores a maior. Devolução nos próprios autos da execução. Impossibilidade. Necessidade do ajuizamento de ação de repetição de indébito. O meio processual idôneo para pleitear a devolução de valores levantados a maior em execução de sentença, decorrentes de equívoco nos cálculos realizados em liquidação, é a ação de repetição de indébito. A pretensão de restituição de tais valores nos próprios autos da execução é inviável, pois, nessa fase, a cognição é limitada e não proporciona ao exequente medidas capazes de assegurar o direito à ampla defesa e ao contraditório. Sob esses fundamentos, a SBDI-I, por unanimidade, conheceu dos embargos, por divergência jurisprudencial, e, no mérito, negou-lhes provimento, mantendo, portanto, a decisão turmária que conhecera do recurso de revista dos exequentes por violação do art. 5º, LV, da CF e dera-lhe provimento para cassar a ordem de devolução de valores recebidos a maior expedida nos próprios autos. TST-E-ED-RR-59886-60.1993.5.05.0017, SBDI-I, rel. Min. José Roberto Freire Pimenta, 1º.6.2017.

15. PRINCIPAIS DIFERENÇAS ENTRE O PROCESSO CIVIL E O PROCESSO DO TRABALHO

Instituto	Processo Civil	Processo do Trabalho
Penhora: substituição	Uma vez declarada subsistente a penhora, os bens só podem ser substituídos nas hipóteses prevista pelo art. 851 do CPC.	Os bens penhorados podem ser substituídos a qualquer tempo por solicitação do exequente (art. 15, II, da LEF).
Processo de execução: competência territorial	Por opção do exequente entre o juízo que proferiu a sentença; aquele onde os bens estejam situados; ou do local do atual domicílio do executado (art. 516, parágrafo único, do CPC).	Obrigatoriamente do juízo que proferiu a sentença (art. 877 da CLT).

Instituto	Processo Civil	Processo do Trabalho
Embargos à execução por título extrajudicial: garantia do juízo	Dispensa-se a garantia do juízo (art. 914 do CPC).	A garantia do juízo é obrigatória (art. 884 da CLT), salvo no caso da Fazenda Pública e entidades filantrópicas.
Embargos à execução: prazo	15 dias (art. 915 do CPC), salvo para Fazenda Pública (30 dias).	5 dias, salvo para Fazenda Pública (30 dias).
Contestação dos embargos: prazo	15 dias (art. 920, I, do CPC).	5 dias.
Embargos à execução/impugnação de sentença: efeito suspensivo	Não se admite efeito suspensivo, em regra (art. 919 do CPC).	Os embargos do devedor suspendem a execução até o seu julgamento.

16. INFORMATIVOS DO TST SOBRE A MATÉRIA

Mandado de segurança. Cabimento. Ato coator que rejeita remição de dívida mesmo havendo pagamento em momento anterior à lavratura do auto de arrematação. Interpretação sistemática dos arts. 304 e 305 do CC e 903 do CPC de 2015. Direito líquido e certo à remição. Configuração. Orientação Jurisprudencial nº 92 da SBDI-II. Não incidência.

Cabe mandado de segurança para impugnar decisão que indeferiu o pedido de remição de dívida formulado por terceiro juridicamente interessado. A interpretação sistemática dos arts. 304 e 305 do CC e 826 e 903 do CPC de 2015, que disciplinam a remição de dívida, evidencia que qualquer pessoa pode pagá-la, seja ela juridicamente interessada ou não, desde que efetue o pagamento ou a consignação antes da lavratura do auto de arrematação pelo magistrado. Na espécie, o indeferimento do pedido de remição ocorreu porque o Juízo da execução entendeu que a impetrante seria parte ilegítima para remir a dívida, tendo em vista a improcedência dos embargos de terceiros pela ausência de comprovação da propriedade do bem arrematado. Todavia, revelou-se evidente a condição de terceiro interessado da impetrante por ser a legitima possuidora do imóvel há mais de dezesseis anos, nele desenvolvendo diversas atividades comerciais. Ademais, a discussão em torno da propriedade do bem e da legitimidade no feito não alcança a remição de dívida, para a qual não se exige nenhuma outra condição além do pagamento antes da assinatura do auto de arrematação, hipótese dos autos. Assim, a certeza e a liquidez do direito da impetrante à quitação da dívida e a iminente possibilidade de perda da posse do imóvel, resultando em incontestável prejuízo à atividade econômica nele desenvolvida, autorizam o ajuizamento do mandado de segurança sem o exaurimento das vias processuais próprias. Sob esses fundamentos, e afastando a incidência da Orientação Jurisprudencial nº 92 da SBDI-II ao caso, a SBDI-II, por unanimidade, conheceu do recurso ordinário e, no mérito, por maioria, negou-lhe provimento para manter a decisão do Tribunal Regional que concedera a segurança para suspender os efeitos da decisão que indeferiu a remição da dívida trabalhista e reconhecer a empresa impetrante como terceira legitimamente interessada. Vencido o Ministro Renato de Lacerda Paiva. TST-RO-24089-40.2016.5.24.0000, SBDI-II, rel. Min. Alexandre de Souza Agra Belmonte, 9.4.2019 (TST. Info nº 194).

Mandado de segurança. Execução. Bloqueio de conta-salário, conta poupança e aplicações financeiras do cônjuge do executado. Ilegalidade. Ausência de proveito comum do casal advindo da atividade exercida pelo sócio da cooperativa executada. Demonstração da incomunicabilidade de valores oriundos de salário.

A SBDI-II, por unanimidade, conheceu do recurso ordinário e, no mérito, deu-lhe provimento para conceder a segurança, a fim de liberar integralmente a penhora que recaiu sobre a conta-salário, a conta poupança e aplicações financeiras da impetrante, esposa de sócio-presidente de cooperativa, cujo patrimônio pessoal fora atingido após a desconsideração da personalidade jurídica da entidade. No caso, ante a insuficiência de bens do sócio, o ato coator determinou a constrição do patrimônio da esposa do executado com base na suposição de que a atividade exercida pelo presidente da cooperativa reverteu em proveito comum para o casal. Todavia, restou configurada a absoluta ilegalidade da apreensão levada a efeito pelo Juízo condutor da execução, visto que a prova documental pré-constituída pela impetrante demonstrou que os valores constritos eram incomunicáveis, pois oriundos dos salários por ela recebidos. TST-RO-80085-43.2017.5.22.0000, SBDI-II, rel. Min. Delaíde Miranda Arantes, 26.3.2019 (TST. Info nº 193).

Ação rescisória. Acórdão que rejeitou a preliminar de intempestividade dos embargos de terceiro. Penhora de percentual de faturamento de empresa. Juízo garantido apenas quando o valor total executado se completar. Contagem do prazo para oposição de embargos de terceiro a partir da ciência da penhora. Impossibilidade. Violação dos arts. 184, § 2º, e 1.048 do CPC de 1973. Não configuração.

No caso de penhora de percentual de faturamento de empresa, o juízo somente estará integralmente garantido quando o valor total executado se completar por meio dos depósitos realizados mês a mês (art. 655-A, caput, e § 3º, do CPC de 1973). Assim, não há como contar o prazo para a apresentação de embargos de terceiro a partir da ciência da penhora, nos termos dos arts. 184, § 2º, e 1.048 do CPC de 1973, visto que nesse momento a constrição não está completa. Sob esse fundamento, a SBDI-II, à unanimidade, conheceu do recurso ordinário e, no mérito, negou-lhe provimento, afastando, portanto, a alegação de violação dos arts. 184, § 2º, e 1.048 do CPC de 1973, no caso em que a decisão rescindenda rejeitou a preliminar de intempestividade dos embargos de terceiro opostos quando já transcorridos 298 dias da ciência da penhora que recaiu sobre 20% da renda líquida mensal de cartório, até atingir o montante da dívida. TST-RO-11518-13.2015.5.01.0000, SBDI-II, rel. Min. Luiz Philippe Vieira de Mello Filho, 21.11.2017 (TST. Info nº 169).

Mandado de segurança. Ato coator proferido na vigência do CPC de 2015. Determinação de penhora incidente sobre percentual da aposentadoria. Legalidade. Ausência de ofensa a direito líquido e certo dos impetrantes. Art. 833, § 2º, do CPC de 2015. Não aplicação da Orientação Jurisprudencial nº 153 da SBDI-II.

Na hipótese em que o ato impugnado foi proferido na vigência do CPC de 2015, não ofende direito líquido e certo dos impetrantes a penhora de 15% dos proventos de aposentadoria para pagamento de créditos trabalhistas efetuada nos termos do art. 833, § 2º, do CPC de 2015. O entendimento consagrado na Orientação Jurisprudencial nº 153 da SBDI-II não se aplica ao caso em concreto porque a diretriz ali definida restringe-se às penhoras efetuadas quando em vigor o CPC de 1973. Sob esse fundamento, a SBDI-II, à unanimidade, conheceu do recurso ordinário dos impetrantes, e, no mérito, negou-lhe provimento. TST-RO-20605-38.2017.5.04.0000, SBDI-II, rel. Min. Delaíde Miranda Arantes, 17.10.2017 (TST. Info nº 168).

Mandado de segurança. Execução. Penhora e arrematação de bem de terceiro estranho à lide. Ausência de intimação. Violação à garantia do contraditório e da ampla defesa. Nulidade do leilão e da carta de arrematação.

A SBDI-II, por unanimidade, conheceu e negou provimento a recurso ordinário em mandado de segurança, mantendo, portanto, a decisão do TRT da 1ª Região que concedera a segurança para anular o leilão e a subsequente carta de arrematação expedida nos autos de execução que penhorou e alienou bem imóvel dos impetrantes, até então estranhos à reclamação trabalhista, sem lhes oportunizar o direito à ampla defesa e ao contraditório. Na espécie, consignou-se que durante o processo de execução, não obstante os ostensivos alertas acerca da nulidade que se consumava a cada dia, as autoridades judiciárias que nele atuaram incorreram em equívocos que levaram à expropriação de patrimônio pertencente a pessoas estranhas à execução, sem que estas tivessem ciência do ocorrido. Não se olvida que o art. 694 do CPC de 1973 privilegiava a segurança do arrematante em relação a praticamente todas as nuances capazes de invalidar a arrematação. Todavia, o seu desfazimento sempre foi possível em casos excepcionais como o dos autos, em que a prevalência do direito dos arrematantes causaria o sacrifício integral das garantias do devido processo legal e da ampla defesa dos proprietários do bem arrematado, terceiros estranhos à lide. TST-RO-10681-26.2013.5.01.0000, SBDI-II, rel. Min. Alberto Luiz Bresciani de Fontan Pereira, 6.12.2016 (TST. Info-Execução nº 28).

Mandado de segurança. Execução definitiva. Descumprimento de ordem judicial. Penhora de dinheiro de instituição financeira. Impossibilidade

Na hipótese de eventual descumprimento de ordem de bloqueio judicial de conta do executado, a instituição financeira não pode ser responsabilizada pelo valor da execução trabalhista. Em atenção aos princípios constitucionais da legalidade, do devido processo legal e da ampla defesa, a instituição financeira, que é terceiro estranho à lide, não pode responder pela efetividade do título executivo judicial proveniente de relação jurídica da qual jamais foi parte. Sob esses fundamentos, a SBDI-II, por unanimidade, conheceu do recurso ordinário, e, no mérito, deu-lhe provimento para conceder integralmente a segurança, a fim de que seja afastada a constrição sobre o patrimônio do banco. TST-RO-417-61.2014.5.10.0000, SBDI-II, rel. Min. Alberto Luiz Bresciani de Fontan Pereira, 9.8.2016 (TST. Info-Execução nº 26).

Ação rescisória. Imóvel destinado à moradia da família. Registro da condição de bem de família no cartório de imóveis. Desnecessidade. Impenhorabilidade do bem constrito. Desconstituição da sentença que julgou improcedente o pedido de nulidade da penhora.

A SBDI-II, por unanimidade, conheceu de recurso ordinário e, no mérito, negou-lhe provimento, mantendo, portanto, a decisão recorrida que julgou procedente o pleito rescisório da sentença proferida nos autos de embargos de terceiros que julgara improcedente o pedido de nulidade da penhora que recaiu sobre bem de família. Na espécie, o acórdão rescindendo registrou não se tratar de bem de família porque demonstrado que o devedor possui mais de um imóvel e a embargante não apresentou nenhuma certidão dos cartórios de registro de imóveis para comprovar a condição de bem de família do bem penhorado. Todavia, a Lei nº 8.009/90 não exige que conste no registro do imóvel a condição de bem de família. Ao prever a situação do executado que possui vários imóveis e estabelecer que, neste caso, a impenhorabilidade recairá sobre o de menor valor, salvo se outro tiver sido registrado como bem de família, pretendeu o legislador apenas impedir que o devedor possa se valer do benefício da impenhorabilidade para resguardar mais de um imóvel. Ademais, no caso concreto, a própria embargante e autora da ação rescisória indicou outro bem à penhora e apresentou provas de que o imóvel constrito é utilizado para moradia familiar, fato não impugnado no recurso ordinário. TST-RO-232-31.2012.5.23.0000, SBDI-II, rel. Min. Luiz Philippe Vieira de Mello Filho, 17.5.2016 (TST. Info-execução nº 23).

Conta poupança utilizada como conta corrente. Valores passíveis de penhora. Art. 649, X, do CPC. Não incidência.

A impenhorabilidade de que trata o art. 649, X, do CPC não alcança valores depositados em conta poupança quando esta é utilizada como conta corrente, sem o cunho de economia futura e segurança pessoal. No caso, registrou-se que os valores em depósito eram empregados em necessidades corriqueiras ou como suporte a transações financeiras efetuadas na conta corrente. Sob esse entendimento, a SBDI-II, por unanimidade, conheceu do recurso ordinário e, no mérito, negou-lhe provimento. TST-RO-20598-85.2013.5.04.0000, SBDI-II, rel. Min. Luiz Philippe Vieira de Mello Filho, 16.2.2016 (TST. Info-execução nº 22).

Ação rescisória. Penhora não inscrita no registro imobiliário ao tempo da alienação do imóvel. Terceiro de boa-fé. Fraude à execução. Não ocorrência.

Para a caracterização da fraude à execução, quando inexistente penhora inscrita no registro imobiliário, não basta a mera constatação de que o negócio jurídico se operou quando corria processo em desfavor do alienante capaz de reduzi-lo à insolvência (requisito objetivo), sendo necessária a demonstração de má-fé do terceiro adquirente (requisito subjetivo). Na hipótese, o TRT, nos autos do processo matriz, negou provimento a agravo de petição ao fundamento de que o preenchimento do requisito objetivo (alienação no curso de processo pendente) cumulado com a ausência/dispensa de pesquisa quanto aos débitos capazes de conduzir o alienante à insolvência caracterizaram a fraude à execução, porque denotada a má-fé do adquirente. Todavia, documento constante dos autos revelou que em 23.1.2007, a penhora ocorrida em 28.1.2003 não estava registrada junto ao cartório de registro de imóveis. Assim, o Tribunal Regional, ao afastar a boa-fé do adquirente, mesmo diante da realização de pesquisa de eventual óbice à transação imobiliária, violou o art. 593, II, do CPC. Sob esses fundamentos, a SBDI-II, por unanimidade, conheceu do recurso ordinário em ação rescisória e, no mérito, deu-lhe provimento para desconstituir o acórdão do TRT prolatado nos autos de embargos de terceiro e, em juízo rescisório, dar provimento ao agravo de petição da embargante para desconstituir a penhora. TST-RO-239-94.2012.5.06.0000, SBDI-II, rel. Min. Alberto Luiz Bresciani de Fontan Pereira, 2.2.2016 (TST. Info-execução nº 22).

Mandado de segurança. Execução. Penhora do depósito recursal. Transferência para saldar execução em outro feito. Legalidade.

Não se reveste de ilegalidade o ato judicial que, atendendo à solicitação de registro de penhora no rosto dos autos, determina a transferência do depósito recursal para prover execução em outro processo em que a ora recorrente figura como executada. No caso, o TRT denegou a segurança pleiteada por entender que o juízo originário se atentou para que a execução da dívida relativa ao outro processo observasse os princípios da execução menos gravosa e da economia e celeridade processuais, assegurando, portanto, efetividade à execução e à coisa julgada. Assim, não se configurando qualquer abuso de poder ou ilegalidade no ato judicial, e não havendo direito líquido e certo a ser tutelado pela via mandamental, a SBDI-II, por unanimidade, conheceu do recurso ordinário e, no mérito, negou-lhe provimento. TST--RO-1000989-22.2014.5.02.0000, SBDI-II, rel. Min. Alberto Luiz Bresciani de Fontan Pereira, 15.12.2015 (TST. Info-execução nº 21).

Remição da execução pelo devedor realizada antes da assinatura do auto de arrematação. Possibilidade. Interpretação conjunta dos arts. 651 e 694 do CPC.

Consoante o art. 651 do CPC, interpretado conjuntamente com o art. 694 do mesmo diploma, o depósito, pelo próprio devedor, do valor integral da condenação antes da assinatura do auto de arrematação é válido e tem como consequência a extinção da execução, mostrando-se abusiva a retenção da penhora. Outrossim, ofende a garantia constitucional do devido processo legal a evocação dos arts. 787 a 790 do CPC, revogados pela Lei nº 11.382/2006, como óbice à remição da execução pelo devedor, pois tais preceitos disciplinavam a remição do bem por cônjuge, ascendente ou descendente do executado. Sob esses fundamentos, a SBDI-II, à unanimidade, conheceu do recurso ordinário e, no mérito, negou-lhe provimento. TST-RO-2003-75.2010.5.10.0000, SBDI-II, rel. Min. Alberto Luiz Bresciani de Fontan Pereira, 10.11.2015 (TST. Info-Execução nº 19).

Execução. Arrematação em hasta pública. Veículo com débito de IPVA. Sub-rogação no preço pago. Ausência de ônus para o adquirente.

O adquirente do veículo em hasta pública não responde por qualquer ônus, inclusive tributo em atraso, que recaia sobre o bem arrematado, o qual deve ser entregue, livre e desembaraçado de qualquer encargo tributário, já que as dívidas anteriores sub-rogam-se no preço, nos termos do art. 130 do CTN, aplicado a bens móveis por analogia. Assim, a Fazenda Pública não tem direito líquido e certo à cassação da decisão que determinou a baixa das dívidas de IPVA que recaíam sobre o veículo arrematado, devendo exigir do antigo proprietário o pagamento do tributo. Sob esse fundamento, a SBDI-II, por unanimidade, conheceu do recurso ordinário e, no mérito, negou-lhe provimento, mantendo a decisão do Regional que julgara improcedente a pretensão mandamental. TST-RO-6626-42.2013.5.15.0000, SBDI-II, rel. Min. Douglas Alencar Rodrigues, 18.8.2015 (TST. Info-Execução nº 19)

Estado estrangeiro. Imunidade de jurisdição. Caráter relativo. Penhora de imóvel. Prova de afetação à atividade diplomática ou consular não produzida. Impossibilidade de ultimação dos atos de expropriação.

Ao entendimento de que a imunidade de jurisdição reconhecida aos Estados estrangeiros, em execução de sentença, possui caráter relativo, concluiu a SBDI-II que somente estarão imunes à constrição judicial os bens comprovadamente vinculados ao exercício das atividades de representação consular e diplomática. Sob esse entendimento, a Subseção, à unanimidade, conheceu do recurso ordinário e, no mérito, deu-lhe provimento para conceder parcialmente a segurança, determinando que os atos de expropriação do imóvel penhorado — em razão da presunção de não afetação à atividade de representação diplomática ou consular, extraída do silêncio do ente estrangeiro executado, regularmente intimado — sejam interrompidos, somente podendo prosseguir se demonstrado, efetivamente, que o bem não se encontra afetado à missão diplomática ou consular. TST-RO-188-04.2014.5.10.0000, SBDI-II, rel. Min. Douglas Alencar Rodrigues, 29.9.2015 (TST. Info nº 119).

Ação rescisória. Venda de imóvel de sócio da empresa anterior à desconsideração da personalidade jurídica da devedora. Terceiro de boa-fé. Fraude à execução. Não ocorrência.

Não ocorre fraude à execução quando a alienação do imóvel do sócio da empresa é anterior à desconsideração da personalidade jurídica da devedora e não há provas da má-fé do terceiro adquirente.

Na espécie, restou demonstrado que os terceiros não tinham conhecimento de qualquer embargo sobre o imóvel objeto da transação e que nenhuma certidão da Justiça do Trabalho os informaria da positivação do nome da proprietária do bem, pois, à época da alienação, o nome dela ainda não constava no polo passivo da execução. Assim, reputando válido e eficaz o negócio jurídico celebrado entre as partes, a SBDI-II, por unanimidade, conheceu do recurso ordinário e, no mérito, deu-lhe provimento para, reconhecendo violação do disposto nos arts. 593, II, do CPC e 5º, XXII e XXXVI, da CF, julgar procedente a ação rescisória para, em juízo rescindendo, rescindir o acórdão proferido nos autos de agravo de petição em embargos de terceiro e, em juízo rescisório, julgar procedentes os referidos embargos para desconstituir a penhora efetivada sobre o imóvel em questão. TST-RO-6370-96.2012.5.02.0000, SBDI-II, rel. Min. Luiz Philippe Vieira de Mello Filho, 7.4.2015 (TST. Info-Execução nº 13).

Ação rescisória. Arrematação. 40% do valor da avaliação. Preço vil. Ausência de definição legal. Violação do art. 694, § 1º, V do CPC. Não configuração.

A ausência de critérios na legislação pátria sobre o que vem a ser preço vil dificulta a caracterização de afronta a preceito de lei apta a ensejar o corte rescisório. Trata-se de matéria controvertida a atrair a incidência da Súmula nº 83 do TST. Assim, na hipótese em que o bem fora arrematado por 40% do valor correspondente à avaliação, sem que tenha havido registro de que o juiz da execução tenha desrespeitado os princípios da razoabilidade e da proporcionalidade no momento de avaliar o lance ofertado, não é possível concluir pela violação do art. 694, § 1º, V, do CPC. Com esses fundamentos, a SBDI-II, por maioria, conheceu do recurso ordinário e, no mérito, negou-lhe provimento. Vencida a Ministra Delaíde Miranda Arantes. TST-RO-19600-39.2011.5.13.0000, SBDI-II, rel. Min. Emmanoel Pereira, 17.3.2015 (TST. Info-Execução nº 12).

Mandado de segurança. Penhora em conta poupança até o limite de quarenta salários mínimos. Art. 649, X, do CPC. Impossibilidade.

Nos termos do art. 649, X, do CPC, é absolutamente impenhorável, até o limite de 40 salários mínimos, a quantia depositada em caderneta de poupança. Na espécie, houve determinação de penhora/bloqueio de valores depositados em contas-poupanças, via Bacenjud, sem a observância da diretriz consagrada no dispositivo de lei mencionado. Assim, tendo em conta que é possível conhecer de mandado de segurança impetrado contra ato judicial que, embora comporte recurso, provoque receio de dano irreparável ou de difícil reparação, como no caso concreto, a SBDI-II, por unanimidade, deu provimento a recurso ordinário para conceder parcialmente a segurança, a fim de sustar a ordem de bloqueio de valores creditados nas contas-poupanças do impetrante, liberando-se eventuais valores já penhorados a esse título que não excedam o limite estabelecido no art. 649, X, do CPC, tomados em seu conjunto. TST-RO-179-34.2012.5.20.0000, SBDI-II, rel. Min. Delaíde Miranda Arantes, 24.2.2015 (TST. Info-Execução nº 11).

Penhora. Percentual de pensão recebida pelo impetrante na condição de anistiado político. Ilegalidade. Art. 649, IV, do CPC. Orientação Jurisprudencial nº 153 da SBDI-II.

É ilegal, independente do percentual arbitrado, o bloqueio de pensão mensal vitalícia recebida pelo impetrante em decorrência do reconhecimento da condição de anistiado político, pois o crédito penhorado, previsto no art. 8º, § 3º do ADCT e na Lei nº 10.559/2002, possui natureza alimentícia, inserindo-se no mesmo âmbito de proteção assegurada pelo art. 649, IV, do CPC e pela Orientação Jurisprudencial nº 153 da SBDI-II. Com esse entendimento, a SBDI-II, por unanimidade, conheceu do recurso ordinário e, no mérito, deu-lhe provimento para conceder a segurança pleiteada e determinar o cancelamento do bloqueio que recaiu sobre a pensão mensal recebida pelo impetrante, bem como a liberação das quantias já bloqueadas. TST-RO-10729-82.2013.5.01.0000, SBDI-II, rel. Min. Douglas Alencar Rodrigues, 3.2.2015 (TST. Info-Execução nº 10).

Ação rescisória. Desconstituição da penhora efetivada sobre bem imóvel. Aquisição ocorrida em momento anterior ao redirecionamento da execução ao sócio da reclamada. Adquirente de boa-fé. Fraude à execução não configurada. Violação dos arts. 472 e 615-A do CPC.

Para a caracterização da fraude à execução, quando inexistente penhora inscrita no registro imobiliário, não basta a constatação de que o negócio jurídico se operou no curso de processo distribuído em desfavor do devedor (requisito objetivo), mas também a demonstração de má-fé do terceiro adquirente (requisito subjetivo), sob pena de desrespeito ao princípio da segurança jurídica. No caso, a autora adquiriu o imóvel em 23.12.2005, antes do direcionamento da execução em desfavor do sócio da executada, em 24.4.2006, o que revela sua condição de adquirente de boa-fé. Com esse entendimento, a SBDI-II, à unanimidade, conheceu do recurso ordinário interposto pelo réu, e, no mérito, negou-lhe provimento, mantendo incólume a decisão rescindenda que, entendendo configurada a violação dos arts. 472 e 615-A, § 3º, do CPC, desconstituiu a penhora efetivada nos autos da reclamação trabalhista. TST-RO-5875-32.2011.5.04.0000, SBDI-II, rel. Min. Alberto Luiz Bresciani de Fontan Pereira, 16.12.2014 (TST. Info-Execução nº 10).

Ação rescisória. Imóvel desocupado em razão de mudança provisória decorrente de problemas de saúde. Único imóvel da executada. Bem de família. Impenhorabilidade.

Constitui-se bem de família o único imóvel residencial pertencente à executada e afetado à subsistência da entidade familiar, ainda que esteja desocupado em razão de mudança provisória para outra cidade decorrente de problemas de saúde. Com esse fundamento, a SBDI-II, por maioria, deu provimento ao recurso ordinário da executada para julgar procedente a ação rescisória, com fundamento no art. 485, V, do CPC, e desconstituir o acórdão rescindendo; e, em juízo rescisório, reconhecer a condição de bem de família do imóvel penhorado e declarar a nulidade da constrição, julgando procedentes os embargos à execução. Vencido o Ministro Cláudio Mascarenhas Brandão, relator, que negava provimento ao recurso por não vislumbrar violação literal dos arts. 1º e 5º da Lei nº 8.009/90. TST-RO-1059-48.2012.5.12.0000, SBDI-II, rel. Min. Cláudio Mascarenhas Brandão, red. p/ acórdão Min. Maria Cristina Irigoyen Peduzzi, 16.12.2014 (TST. Info-Execução nº 9).

Ação rescisória. Execução. Remição de bem imóvel pelo filho do sócio da empresa executada. Prevalência sobre a arrematação. Efeitos da praça sustados. Tempestividade da remição. Legitimidade do remitente.

Na espécie, o filho do sócio diretor da empresa proprietária de imóvel contra o qual foi dirigida a execução trabalhista matriz requereu a remição do bem que, em hasta pública, fora penhorado e arrematado. Deferida a remição, o arrematante interpôs agravo de petição, que foi provido para reconhecer a validade da arrematação. Em sede de recurso de revista, restabeleceu-se a sentença que deferiu o pedido de remição, tendo tal decisão sido reformada no julgamento de embargos à SBDII, conhecidos por divergência jurisprudencial, e que diante da má aplicação do art. 5º, LIV, da CF, conferiu prevalência à arrematação. Todavia, restou consignado no quadro fático delineado nos autos que em razão do ajuizamento de embargos de terceiro, a execução estava suspensa (art. 1.052 do CPC), de modo que os efeitos da praça estavam sustados no momento em que houve o pedido de remição do bem, o que confere tempestividade aos atos praticados pelo remitente. Ademais, nos termos do art. 788, I, do CPC, com redação vigente à época, o termo final para remir é a assinatura do auto de arrematação, o qual não foi sequer lavrado na hipótese, em razão do acolhimento do pedido de remição pelo juiz de primeiro grau. De outra sorte, em homenagem ao princípio da execução menos gravosa (art. 620 do CPC) resta patente a legitimidade do filho de sócio para remir bens em execução proposta contra a pessoa jurídica, pois assentado o caráter familiar da sociedade. Com esses fundamentos, a SBDI-II, por maioria, rejeitou a preliminar suscitada de ofício a respeito da incidência da Orientação Jurisprudencial nº 70 da SBDI-II, vencidos os Ministros Alberto Luiz Bresciani de Fontan Pereira, revisor, Cláudio Mascarenhas Brandão e Douglas Alencar Rodrigues. E, ainda por maioria, julgou procedente o pedido de corte rescisório, alicerçado no art. 485, V, do CPC, por violação literal dos arts. 5º, LIV, da CF e 620 e 788 do CPC (redação anterior à Lei nº 11.382/2006) para, em juízo rescindente, desconstituir acórdão proferido pela SBDI-I que julgou improcedente o pedido de remição e, em juízo rescisório, declarar a prevalência da remição sobre a arrematação. Vencido, no ponto, o Ministro Cláudio Mascarenhas Brandão. TST-AR-8773- 29.2011.5.00.0000, SBDI-II, rel. Min. Emmanoel Pereira, 2.12.2014 (TST. Info-Execução nº 9).

Mandado de segurança. Execução. Penhora sobre parte dos salários ou de proventos de aposentadoria. Ilegalidade. Art. 649, IV, do CPC. Orientação Jurisprudencial nº 153 da SBDI-II.

O art. 649, IV, do CPC e a Orientação Jurisprudencial nº 153 da SBDI-II estabelecem que são impenhoráveis salários ou proventos de aposentadoria, ofendendo direito líquido e certo do devedor a ordem de bloqueio de tais valores, ainda que limitado a determinado percentual. Na espécie, contrariando a diretriz perfilhada, o TRT denegou a segurança impetrada contra decisão proferida nos autos de reclamação trabalhista que determinou a penhora no percentual de 20% sobre os salários da impetrante e o depósito de valor em juízo. Em vista do exposto, e considerando plenamente cabível o mandamus, visto que o manejo de embargos à execução ou de agravo de petição não teriam a força de desconstituir a constrição indevida, a SBDI-II, por unanimidade, conheceu do recurso ordinário e, no mérito, deu-lhe provimento para conceder integralmente a segurança, inclusive com a devolução à impetrante dos valores cujo bloqueio foi mantido pelo TRT. TST-RO-107-82.2014.5.09.0000, SBDI-II, rel. Min. Alberto Luiz Bresciani de Fontan Pereira, 14.10.2014 (TST. Info-Execução nº 7).

Mandado de Segurança. Execução. Decisão que mantém arrematação de bem após homologação de acordo entre as partes. Existência de outras despesas processuais. Art. 651 do CPC.

Nos termos do art. 651 do CPC, é possível ao devedor, antes de arrematados ou adjudicados os bens, saldar a execução, desde que efetue o pagamento da importância da dívida, acrescida de juros, custas, honorários e demais despesas processuais. Assim, mostra-se correta a decisão de primeiro grau, proferida em sede de execução definitiva, que, a despeito da existência de acordo homologado posteriormente, manteve a arrematação do bem de propriedade do executado, uma vez constatada a existência de outras despesas processuais ainda pendentes de pagamento. Com esse entendimento, e não vislumbrando motivo para anular a arrematação efetuada, a SBDI-II, por unanimidade, conheceu do recurso ordinário e, no mérito, deu-lhe provimento para afastar a extinção do processo, sem resolução de mérito, declarada pelo TRT e, a teor do artigo 515, § 3º, do CPC, prosseguir no exame da ação mandamental, denegando a segurança pretendida. TST-RO-5476 – 26.2013.5.15.0000, SBDI-II, rel. Min. Emmanoel Pereira, 30.9.2014 (TST. Info-Execução nº 6).

Mandado de segurança. Cabimento. Ordem de bloqueio em conta salário via sistema BacenJud. Exceção de pré-executividade rejeitada. Decadência. Termo inicial. Orientação Jurisprudencial nº 127 da SBDI-II.

Ausente recurso capaz de estancar de imediato os efeitos do ato impugnado, é cabível a impetração de mandado de segurança em face de decisão que rejeita exceção de pré-executividade manejada contra ordem judicial que determinou o bloqueio de valores em conta salário via sistema BacenJud, devendo o prazo decadencial de cento e vinte dias ser contado a partir da decisão que primeiro fixou a tese combatida, nos termos da Orientação Jurisprudencial nº 127 da SBDI-II. Assim, tendo em conta que, no caso concreto, a impetrante teve ciência do bloqueio antes do pronunciamento do juízo a respeito da exceção de pré-executividade, e que a rejeição desta apenas ratificou a ordem anterior de constrição, tem-se que o prazo decadencial da ação mandamental deve ser contado a partir da determinação judicial de bloqueio e não do julgamento do incidente. Com esses fundamentos, a SBDI-II, por unanimidade, conheceu do recurso ordinário da impetrante e, no mérito, por maioria, negou-lhes provimento, mantendo a decadência declarada na origem. Vencidos os Ministros Hugo Carlos Scheuermann, relator, e Antonio José de Barros Levenhagen, que davam provimento ao recurso para afastar a decadência ao fundamento de que apenas após o pronunciamento do juízo a respeito da exceção de pré-executividade firmou-se a tese ora hostilizada. TST-RO-3352-79.2011.5.10.0000, SBDI-II, rel. Min. Hugo Carlos Scheuermann, red. p/ acórdão Min. Cláudio Mascarenhas Brandão, 10.6.2014 (TST. Info-Execução nº 2).

Execução. Embargos de terceiro. Bem imóvel alienado mediante alvará judicial e antes do reconhecimento do grupo econômico e inclusão das empresas na lide. Adquirente de boa-fé. Fraude à execução. Não caracterização.

Age de boa-fé o terceiro adquirente de imóvel alienado judicialmente, mediante alvará regularmente expedido em processo de concordata, e em momento anterior ao reconhecimento judicial do grupo econômico e à inclusão de todas as empresas na lide. Assim, ausente o registro da prova da má-fé do adquirente, requisito imprescindível à caracterização da fraude à execução, conforme preconiza a Súmula nº 375 do STJ, não há falar em declaração de ineficácia do negócio jurídico celebrado entre as partes. Com esse entendimento, a SBDI-I, à unanimidade, conheceu dos embargos interpostos pela Anthares Técnicas Construtivas e Comércio Ltda., por divergência jurisprudencial, e, no mérito, deu-lhes provimento para julgar procedente o pedido deduzido na ação de embargos de terceiro, a fim de desconstituir a penhora realizada sobre o imóvel adquirido pela embargante. TSTE – ED-RR-155100-26.2004.5.15.0046, SBDI-I, rel. Min. Luiz Philippe Vieira de Mello Filho, 5.6.2014 (TST. Info-Execução nº 2).

Ação rescisória. Execução. Hasta pública. Arrematação judicial. Complementação do valor do sinal após o prazo de 24 horas. Violação do art. 888, § 4º, da CLT. Configuração.

A CLT determina que o arrematante de bem levado à hasta pública deve garantir seu lance com sinal correspondente a 20% do valor da arrematação. Arrematado o bem, o valor deve ser complementado em 24 horas, sob pena de perda do valor do sinal em favor da execução, bem como do retorno do bem executado à praça ou leilão. Assim sendo, reputa-se violado o art. 888, § 4º, da CLT, na hipótese em que o pagamento dos 80% remanescentes ocorreu mais de um ano após a arrematação, em razão de prazo concedido pelo próprio leiloeiro. Com esse entendimento, a SBDIII, por unanimidade, conheceu do recurso ordinário dos réus, e, no mérito, negou-lhes provimento, mantendo, portanto, a decisão do Regional que julgara procedente a ação rescisória para desconstituir o acórdão proferido em agravo de petição em que homologada a arrematação do bem levado a leilão, não obstante o pagamento tenha ocorrido fora do prazo de 24 horas previsto no art. 888, § 4º, da CLT. TST-RO-219900-37.2009.5.04.0000, SBDI-II, rel. Min. Alberto Luiz Bresciani de Fontan Pereira, 20.5.2014 (TST. Info nº 83).

Mandado de segurança. Execução. Ato judicial que determina a transferência de saldo remanescente para a satisfação de execução pendente em outro juízo. Violação de direito líquido e certo. Excesso de penhora. Não configuração.

É legal o ato judicial que determina a transferência de numerário excedente ao valor da condenação para satisfação de outra execução pendente em juízo diverso do executante. No caso, prevaleceu o entendimento de que é dever do magistrado velar pelo rápido andamento das causas e pela efetividade da decisão judicial (art. 125, II, do CPC), bem assim colaborar com as demais autoridades judiciárias a fim de viabilizar o atendimento do princípio constitucional da razoável duração do processo. Ademais, não há direito líquido e certo da impetrante em se eximir do cumprimento de obrigação imposta por sentença transitada em julgado, quando verificada a existência de quantia disponível à constrição. De outra sorte, não restou configurado excesso de penhora, visto que o saldo remanescente não fora retido pelo juiz executante, mas transferido para satisfazer execução pendente em outra unidade judiciária, não tendo a executada impugnado o valor da penhora em momento oportuno. Nesse contexto, a SBDI-II, à unanimidade, conheceu do recurso ordinário e, no mérito, por maioria, negou-lhe provimento. Vencidos os Ministros Emmanoel Pereira, relator, Hugo Carlos Scheuermann e Ives Gandra da Silva Martins Filho, que davam provimento ao recurso ordinário para conceder a segurança pretendida, determinando a devolução dos valores constritos em excesso de penhora pela autoridade coatora. TST-RO-23100-50.2010.5.13.0000, SBDI-II, rel. Min. Emmanoel Pereira, red. p/ acórdão Min. Cláudio Mascarenhas Brandão, 25.3.2013 (TST. Info nº 77).

Plano de previdência privada. Penhora. Impossibilidade. Caráter alimentar. Art. 649 do CPC.

Interpretando-se sistematicamente o art. 649 do CPC, aplicado subsidiariamente ao Processo do Trabalho, conclui-se que não é possível a penhora de plano de previdência privada. O capital ali constituído é destinado à geração de aposentadoria, possuindo, portanto, nítido caráter alimentar, não se equiparando a aplicações financeiras comuns, ainda que, eventualmente, possa ser objeto de resgate. Com esse entendimento, a SBDI-II, por unanimidade, conheceu do recurso ordinário do impetrante e, no mérito, por maioria, vislumbrando direito líquido e certo do devedor, deu-lhe provimento para conceder integralmente a segurança, determinando, inclusive, a devolução dos valores bloqueados. Vencido o Ministro Cláudio Mascarenhas Brandão. TST-RO-1300-98.2012.5.02.0000, SBDI-II, rel. Min. Alberto Luiz Bresciani de Fontan Pereira, 8.10.2013 (TST. Info nº 62).

Bem de família. Penhora incidente sobre imóvel hipotecado. Renúncia à garantia de impenhorabilidade. Impossibilidade. Lei nº 8.009/90.

O fato de o bem de família ter sido dado em garantia hipotecária não afasta a impenhorabilidade de que trata a Lei nº 8.009/90, porquanto não se admite a renúncia ao direito social à moradia, elencado no art. 6º, "caput", da CF. Assim, apenas quando da cobrança da dívida constituída em favor da entidade familiar pode o imóvel dado em garantia real perder a condição de bem de família. Com esse entendimento, a SBDI-II, por unanimidade, deu provimento ao recurso ordinário para, julgando procedente o pleito rescisório, desconstituir o acórdão proferido em sede de agravo de petição, e, em juízo rescisório, julgar procedente o pedido deduzido pelo então embargante para afastar a penhora efetivada sobre o imóvel hipotecado. TST-RO-531-48.2011.5.12.0000, SBDI-II, rel. Min. Guilherme Augusto Caputo Bastos, 9.4.2013 (TST. Info nº 42).

Bem de família. Impenhorabilidade. Lei nº 8.009/90. Existência de outros imóveis. Irrelevância.

O bem residencial do executado é impenhorável, sendo irrelevante o fato de possuir outros imóveis, visto que a impenhorabilidade, nos termos do art. 5º da Lei nº 8.009/90, recairá, obrigatoriamente, apenas sobre a propriedade destinada à residência da família. Com esse entendimento, a SBDI-II, por unanimidade, negou provimento a recurso ordinário, mantendo decisão que julgara procedente a ação rescisória para desconstituir acórdão do TRT da 1ª Região e, em novo julgamento, negar provimento a agravo de petição da ré, mantendo a decisão de primeiro grau que declarou a impenhorabilidade do imóvel residencial do autor. TST-RO-122000-38.2009.5.01.0000, SBDI-II, rel. Min. Maria de Assis Calsing, 12.6.2012 (TST. Info nº 12).

MS. Execução fiscal para cobrança de multa administrativa imposta por infração à legislação trabalhista. Determinação de penhora de numerário via BacenJud. Legalidade do ato coator. Aplicação analógica da Súmula nº 417, I, do TST.

Em sede de execução definitiva de título executivo extrajudicial, in casu, execução fiscal para cobrança de multa administrativa imposta por infração à legislação trabalhista, não viola direito líquido e certo o ato judicial que indefere a penhora de bens indicados e determina a constrição sobre dinheiro, via BacenJud, em contas bancárias da executada, porquanto atendida a gradação contida no art. 655 do CPC. Aplicação, por analogia, da Súmula nº 417, I, do TST. Com esse entendimento, a SBDI-II conheceu do reexame necessário e do recurso ordinário, e, no mérito, deu-lhes provimento para, reformando o acórdão recorrido, denegar a segurança. Na hipótese, registrou-se, ainda, que a impetrante não demonstrou que o referido bloqueio inviabilizaria suas atividades, sendo inaplicável, portanto, o teor da Orientação Jurisprudencial nº 93 da SBDI-I. TST-RXOF e ROMS-1353800-27.2007.5.02.0000, SBDI-II, rel. Min. Emmanoel Pereira, 17.4.2012 (TST. Info nº 7).

CC. Art. 475-P, parágrafo único, do CPC. Aplicação subsidiária ao processo do trabalho. Impossibilidade. Ausência de omissão na CLT.

A existência de previsão expressa no art. 877 da CLT sobre a competência para a execução das decisões judiciais torna incabível a aplicação subsidiária, ao processo do trabalho, do parágrafo único do art. 475-P do CPC, que permite ao exequente optar pelo cumprimento da sentença pelo Juízo do local onde se encontram bens sujeitos à expropriação ou do atual domicílio do executado. Com esse entendimento, a SBDI-II, por maioria, vencido o Ministro Luiz Philippe Vieira de Mello Filho, conheceu do conflito negativo de competência e julgou-o procedente, declarando a competência da Vara do Trabalho de Indaial/SC para prosseguir na execução. Na espécie, a juíza titular da 7ª Vara do Trabalho de São Paulo/SP suscitou conflito de competência, em face do encaminhamento de reclamação trabalhista pelo juiz titular da Vara do Trabalho de Indaial/SC que acolhera requerimento formulado pelo exequente, nos termos do art. 475-P do CPC. TST-CC-3533-59.2011.5.00.0000, SBDI-II, rel. Min. Alberto Luiz Bresciani de Fontan Pereira, 6.3.2012 (TST. Info nº 1).

17. QUADRO SINÓPTICO

Capítulo III – Execução por quantia certa contra devedor solvente			
Instituto	**Conteúdo**		**Item**
Petição inicial	**Requisitos**	A petição inicial da execução trabalhista só é exigida quando fundada em título executivo extrajudicial. Nesse caso, cumpre ao credor, ao requerer a execução, pedir a citação do devedor e instruir a petição inicial: a) com o título executivo extrajudicial; b) com o demonstrativo do débito atualizado até a data da propositura da ação, quando se tratar de execução por quantia certa; c) com a prova de que se verificou a condição, ou ocorreu o termo (art. 798 do CPC).	2.1

Petição inicial	**Defeitos**	Se a petição inicial possuir vícios sanáveis ou desacompanhada de documentos indispensáveis, o juiz determinará que o credor a corrija ou a emende no prazo de quinze dias, sob pena de indeferimento. Caso o defeito seja insanável ou o credor não corrija ou emende a petição inicial, após o despacho do juiz nesse sentido, essa peça processual deve ser indeferida (art. 801 do CPC).	2.2
Citação/intimação	**Conceito**	A citação é o ato processual pelo qual se comunica a alguém que contra ele há uma demanda judicial em curso. Na execução por título extrajudicial, a citação é para que o executado pague a dívida ou nomeie bens à penhora. Nos casos de execução de sentença trabalhista é possível utilizar supletivamente do preceito contido no § 2º, I, art. 513 do CPC e substituir a expedição de mandado de citação previsto na CLT, pela intimação do advogado do devedor.	3
	Mandado	Requerida a execução por título extrajudicial, o juiz ou presidente do tribunal mandará expedir mandado de citação do executado, a fim de que cumpra a decisão ou o acordo no prazo, pelo modo e sob as cominações estabelecidas ou, quando se tratar de pagamento em dinheiro, inclusive de contribuições sociais devidas à União, para que o faça em 48 (quarenta e oito) horas ou garanta a execução, sob pena de penhora (art. 880 da CLT). No caso de cumprimento de decisão judicial é possível usar supletivamente o CPC para intimar o advogado do devedor para pagar.	3.2
	Prazo	Caso o procedimento siga o rito previsto expressamente na CLT, requerida a execução, o juiz determinará a citação do executado para que cumpra a obrigação que ficou determinada no título executivo, no prazo de quarenta e oito horas. Ao optar pelo procedimento previsto no CPC, o devedor terá o prazo de 15 dias para pagar, contados a partir da intimação do seu advogado	3.3
	Formas	• Pelo oficial de justiça; • por edital, caso o executado, procurado por duas vezes no prazo de quarenta e oito horas, não seja encontrado; • Por hora certa, apesar de não haver previsão legal na CLT; ou • Pelo sistema PJe na pessoa do advogado do executado, apesar de não haver previsão legal na CLT.	3.4
Garantia da execução	A garantia da execução efetiva-se pelo depósito em dinheiro com esse objetivo específico, pela apresentação de seguro-garantia judicial ou pela nomeação de bens à penhora, que deve obedecer à ordem de preferência estabelecida pelo art. 835 do CPC. É possível, também, garantir a execução por meio do seguro garantia judicial, previsto pelo § 11, art. 899 da CLT, regulamentado por ato Conjunto do TST, CGJT e CSJT de nº 01/2019.		4
Penhora, depósito e avaliação			
Conceito de penhora	Penhora é o ato de constrição judicial pelo qual o Estado retira o poder de dispor que o devedor tem em relação ao seu patrimônio, com o objetivo de fazer cumprir a obrigação de pagar quantia certa, contida no título executivo.		5.1
Espécies de penhora	**Bens**	A regra é que a penhora deve incidir sobre os bens do executado, tantos quantos bastem ao pagamento da importância da condenação, trabalhista e previdenciária, acrescida das despesas processuais, juros de mora e correção monetária.	5.2

Espécies de penhora	Créditos	Crédito representa o direito que alguém possui em relação a outrem, no sentido de que esse faça, deixe de fazer ou dê alguma coisa. A penhora pode recair não só em bens móveis e imóveis, mas também em tudo aquilo que tenha valor econômico, inclusive o direito de crédito, cujo titular seja o devedor.	5.2 "a"
	No rosto dos autos	Quando o devedor for o titular de direito que constitui objeto de ação judicial, pode-se proceder à sua penhora, com a averbação na capa dos autos físicos, denominando-se de penhora no rosto dos autos.	5.2 "b"
	Estabelecimento	Tanto a Lei nº 6.830/80, em seu art. 11, § 1º, quanto o CPC, em seu art. 862, permitem, excepcionalmente, que a penhora recaia sobre o estabelecimento comercial, industrial ou agrícola, bem como sobre plantações ou edifícios em construção. Em tais situações, é necessário que se nomeie um depositário para cuidar da administração dos bens, uma vez que a penhora retira do devedor a posse e a possibilidade de dispor, de forma eficaz, do seu patrimônio.	5.2 "c"
Indicação de bens à penhora	Gradação legal	A penhora observará, preferencialmente, a seguinte ordem: I – dinheiro, em espécie ou em depósito ou aplicação em instituição financeira; II – títulos da dívida pública da União, dos Estados e do Distrito Federal com cotação em mercado; III – títulos e valores mobiliários com cotação em mercado; IV – veículos de via terrestre; V – bens imóveis; VI – bens móveis em geral; VII – semoventes; VIII – navios e aeronaves; IX – ações e quotas de sociedades simples e empresárias; X – percentual do faturamento de empresa devedora; XI – pedras e metais preciosos; XII – direitos aquisitivos derivados de promessa de compra e venda e de alienação fiduciária em garantia; XIII – outros direitos.	5.3 "a"
	Prerrogativa para indicação	No processo do trabalho, o devedor tem a prerrogativa de nomear bens à penhora, uma vez que a determinação contida no art. 882 da CLT é expressa nesse particular. Se o devedor, citado, não paga a dívida nem nomeia bens à penhora, extingue-se o seu direito à nomeação e o oficial de justiça faz a penhora sobre os bens necessários para o pagamento da dívida.	5.3 "b"
	Impugnação da nomeação	Se devedor nomeia bens à penhora, o juiz deve abrir vistas ao exequente para se manifestar. Em caso de silêncio, presume-se que aceitou a indicação. Se o exequente discordar, o juiz decide o incidente, no sentido de acolher a nomeação do executado ou a impugnação do exequente, decisão interlocutória da qual não cabe recurso imediato.	5.3 "c"
	Substituição da penhora	No processo do trabalho o exequente pode postular a substituição dos bens já penhorados por outros, independente da gradação legal, bem como a indicação daqueles necessários para o reforço da penhora.	5.3 "d"

Indicação de bens à penhora	**Prova da propriedade**	Uma vez aceito os bens arrolados para penhora, cabe ao devedor, no prazo fixado pelo juiz, exibir a prova da propriedade, acompanhada da respectiva certidão negativa de ônus nas hipóteses de bem imóvel.	5.3 "e"
	Termo e auto de penhora	A instrumentalização do ato de penhora pode ser feita por meio de um termo ou de um auto de penhora. O auto de penhora deve conter: a) a indicação do dia, mês, ano e lugar em que foi feita; b) os nomes do credor e do devedor; c) a descrição dos bens penhorados, com os seus característicos; d) a nomeação do depositário dos bens; e e) avaliação dos bens penhorados.	5.4 "c"
	Ausência de bens penhoráveis	Quando o valor dos bens passíveis de penhora sequer for suficiente para cobrir o pagamento das despesas processuais, não se efetivará a penhora. Nesse caso e quando o oficial de justiça não encontre bens penhoráveis, deve certificar o ocorrido e descrever aqueles que guarnecem a residência ou o estabelecimento do devedor.	5.4 "d"
Procedimento da penhora	**Bens insuficientes**	Pode ocorrer da penhora recair sobre todos os bens de propriedade do devedor, mas, ainda assim, não ser bastante para satisfazer o credor. Em tais situações, o executado deve ser intimado para oferecer embargos à execução, para proporcionar, pelo menos, a satisfação parcial do credor.	5.4 "e"
	Registro da penhora	Em caso de penhora incidente sobre bem imóvel, é necessário fazer a respectiva averbação perante o cartório imobiliário, o que lhe confere efeitos de presunção *iuris et de iure* de conhecimento por terceiros.	5.4 "f"
	Ordem de arrombamento	Em caso de resistência do devedor, o oficial de justiça emitirá certidão circunstanciada e submeterá à apreciação do juiz, com o requerimento de ordem de arrombamento. Deferido o pedido, dois oficiais de justiça cumprirão o mandado, com o arrombamento de portas, móveis e gavetas, onde presumirem que se achem os bens. Todo o procedimento deverá constar de auto circunstanciado, que será assinado por duas testemunhas, presentes à diligência.	5.4 "g"
	Penhora por carta	Quando o executado não possuir bens de sua propriedade dentro dos limites da competência territorial da Vara ou Tribunal do Trabalho, a execução passa a ser processada com a expedição de uma carta precatória executória. Caso os bens estejam situados fora do território nacional, a penhora efetiva-se com a expedição de carta rogatória executória.	5.4 "h"
	Arresto	Na hipótese de o devedor não ser encontrado e não tenha advogado constituído nos autos, a citação será feita por edital e o oficial de justiça fica autorizado a arrestar os bens de sua propriedade tantos quantos bastem para garantir a execução.	5.4 "i"
Depósito		Após apreender os bens, o oficial de justiça formaliza seu depósito, que nada mais é do que identificar a pessoa que ficará encarregada de zelar pela sua guarda, integralidade e existência, sob pena de ser reconhecida a sua infidelidade.	5.5
Avaliação	**Conceito**	A avaliação é o ato processual pelo qual o oficial de justiça ou o perito nomeado pelo juiz atribui valor econômico aos bens que sofreram constrição judicial.	5.6 "a"
	Procedimento	Como os oficiais de justiça acumulam as funções inerentes ao cargo de avaliador, geralmente a avaliação é feita logo em seguida ao ato de apresamento dos bens, não sendo aplicadas as disposições contidas no art. 886, § 2º, da CLT.	5.6 "b"

<table>
<tr><td>Avaliação</td><td>Impugnação</td><td>A impugnação à avaliação pode ser feita pelo exequente ou pelo executado. Nesse caso, o juiz nomeia outro oficial de justiça para efetivar uma nova avaliação. A indicação de profissional habilitado, estranho ao quadro de pessoal do respectivo Tribunal do Trabalho, somente ocorre no caso de inexistir outro oficial de justiça disponível ou aquele quer for nomeado não puder apresentar o laudo de reavaliação no prazo de quinze dias.</td><td>5.6 “c”</td></tr>
<tr><td>Intimação da penhora</td><td colspan="2">• Ao efetivar a penhora, fazer o depósito e avaliar os bens apresados, o oficial de justiça intima o devedor para oferecer embargos à execução no prazo de trinta dias, contados a partir desse ato processual, independentemente da data de juntada do mandado cumprido aos autos.
• A intimação da penhora será feita ao advogado do executado ou à sociedade de advogados a que aquele pertença (art. 841, § 1º, do CPC).</td><td>5.7</td></tr>
<tr><td>Direito de preferência</td><td colspan="2">Realiza-se a execução no interesse do credor, que adquire, pela penhora, o direito de preferência sobre os bens penhorados. Se houver mais de uma penhora sobre o mesmo bem, aquele credor que primeiro promover a penhora, terá o direito de preferência sobre o credor subsequente.</td><td>5.8</td></tr>
<tr><td rowspan="2">Nova penhora</td><td>Segunda penhora</td><td>Não se procede à segunda penhora, salvo se (art. 851 do CPC):
I – a primeira for anulada;
II – executados os bens, o produto da alienação não bastar para o pagamento do exequente;
III – o exequente desistir da primeira penhora, por serem litigiosos os bens ou por estarem submetidos a constrição judicial.</td><td rowspan="2">5.9</td></tr>
<tr><td>Penhora complementar</td><td>A penhora complementar é aquela que se segue à primeira, cujo produto da alienação dos bens respectivos não foi suficiente para satisfazer o credor.</td></tr>
<tr><td>Impenhorabilidade</td><td>Impenhorabilidade absoluta</td><td>São absolutamente impenhoráveis (art. 833 do CPC):
I – os bens inalienáveis e os declarados, por ato voluntário, não sujeitos à execução;
II – os móveis, os pertences e as utilidades domésticas que guarnecem a residência do executado, salvo os de elevado valor ou os que ultrapassem as necessidades comuns correspondentes a um médio padrão de vida;
III – os vestuários, bem como os pertences de uso pessoal do executado, salvo se de elevado valor;
IV – os vencimentos, os subsídios, os soldos, os salários, as remunerações, os proventos de aposentadoria, as pensões, os pecúlios e os montepios, bem como as quantias recebidas por liberalidade de terceiro e destinadas ao sustento do devedor e de sua família, os ganhos de trabalhador autônomo e os honorários de profissional liberal, ressalvado o § 2º;
V – os livros, as máquinas, as ferramentas, os utensílios, os instrumentos ou outros bens móveis necessários ou úteis ao exercício da profissão do executado;
VI – o seguro de vida;
VII – os materiais necessários para obras em andamento, salvo se essas forem penhoradas;
VIII – a pequena propriedade rural, assim definida em lei, desde que trabalhada pela família;
IX – os recursos públicos recebidos por instituições privadas para aplicação compulsória em educação, saúde ou assistência social;</td><td>5.10 “a”</td></tr>
</table>

	Impenhorabilidade absoluta	X – a quantia depositada em caderneta de poupança, até o limite de 40 (quarenta) salários-mínimos; XI – os recursos públicos do fundo partidário recebidos por partido político, nos termos da lei; XII – os créditos oriundos de alienação de unidades imobiliárias, sob regime de incorporação imobiliária, vinculados à execução da obra.	5.10 "a"
Impenhorabilidade	**Impenhorabilidades relativas**	Podem ser penhorados, à falta de outros bens, os frutos e rendimentos dos bens inalienáveis, (art. 834 do CPC). Também é relativa a impenhorabilidade do bem de família, assim definido pela Lei nº 8.009/90.	5.10 "b"
	Cláusula de impenhorabilidade	Responde pela dívida do executado, a totalidade dos seus bens e direitos, inclusive os gravados por ônus real ou cláusula de inalienabilidade ou impenhorabilidade, seja qual for a data da constituição do ônus ou da cláusula, segundo determina do art. 30 da LEF.	5.10 "c"
	Impenhorabilidade relativa do salário	A impenhorabilidade do salário e dos seus congêneres não é absoluta. O CPC, em seu art. 833, § 2º estabelece que a impenhorabilidade do salario não atinge as dívidas decorrentes de prestação alimentícia. Em relação aos débitos de outra natureza, só vai até o limite de cinquenta salários mínimos.	5.10 "d"
Bens gravados	Os bens hipotecados, empenhados, os anticréticos e naqueles sobre os quais recaiam o usufruto não são impenhoráveis. A única restrição que existe em relação a essa categoria de bens é que o exequente deve requerer a intimação do credor pignoratício, hipotecário, anticrético, ou usufrutuário, quando a penhora recair sobre bens gravados por penhor, hipoteca, anticrese ou usufruto.		5.11
	Conceito	Penhora on-line nada mais é do que o ato de constrição judicial, resultado do envio por meio eletrônico de ordem de bloqueio de dinheiro depositado nas contas bancárias do executado.	5.12 "a"
SISBAJUD – Penhora on-line	**Procedimento**	A penhora on-line é operacionalizada pelo sistema SISBAJUD, acessado via internet pelo juiz ou servidor previamente cadastrado no Sistema de Controle de Acesso (SCA) – CNJ Corporativo, com a utilização de uma senha pessoal e do CPF do usuário.	5.12 "b"
	Embasamento legal	Para possibilitar a penhora de dinheiro em depósito ou em aplicação financeira, o juiz, a requerimento do exequente, sem dar ciência prévia do ato ao executado, determinará às instituições financeiras, por meio de sistema eletrônico gerido pela autoridade supervisora do sistema financeiro nacional, que torne indisponíveis ativos financeiros existentes em nome do executado, limitando-se a indisponibilidade ao valor indicado na execução. (art. 854 do CPC).	5.12 "c"
Protesto do título executivo judicial	A decisão judicial transitada em julgado somente poderá ser levada a protesto, gerar inscrição do nome do executado em órgãos de proteção ao crédito ou no Banco Nacional de Devedores Trabalhistas (BNDT), nos termos da lei, depois de transcorrido o prazo de quarenta e cinco dias a contar da citação do executado, se não houver garantia do juízo. (ART. 883-A da CLT)		5.13
Embargos à execução			
Conceito e natureza jurídica	**Conceito**	Os embargos à execução representam uma medida judicial destinada a desconstituir o título executivo judicial ou extrajudicial, no que diz respeito à sua existência, liquidez ou exigibilidade.	6.1

Conceito e natureza jurídica	**Natureza**	A natureza jurídica dos embargos à execução é de ação autônoma e incidental ao processo de execução.	6.1
Requisitos	**Segurança do juízo**	A segurança do juízo, que se efetiva com a penhora dos bens do devedor suficientes para satisfazer o credor, a União e as demais despesas processuais ou com o depósito da quantia devida com essa finalidade, constitui pressuposto para o exercício da pretensão em juízo, pelo devedor, no sentido de manejar os embargos à execução. É possível, também, garantir a execução por meio do seguro garantia judicial, previsto pelo § 11, art. 899 da CLT, regulamentado por ato Conjunto do TST, CGJT e CSJT de nº 01/2019. É dispensável nos casos em que a executada for entidade filantrópica e/ou àqueles que compõem ou compuseram a diretoria dessas instituições por meio da introdução do § 6º ao art. 884 da CLT.	6.2 "a"
	Prazo	O prazo para oposição dos embargos à execução é de trinta dias.	6.2 "b"
	Petição inicial	Como os embargos à execução são considerados contra-ação do executado em face do exequente, é necessário que a sua promoção, por meio da petição inicial, observe os requisitos estabelecidos pela legislação processual, principalmente o art. 840, § 1º, da CLT e o art. 319 do CPC.	6.2 "c"
Fundamento e legitimação	**Legitimação**	O executado é o legitimado natural para propor a medida de embargos à execução, mesmo que ele defenda a tese de não ser o devedor. A legitimação também se estende a todos aqueles que são considerados legitimados passivos do processo de execução, como, por exemplo, os sucessores.	6.3
	Fundamentos	Os embargos à execução podem ser fundados em (art. 525, § 1º do CPC): I – falta ou nulidade da citação se, na fase de conhecimento, o processo correu à revelia; II – ilegitimidade de parte; III – inexequibilidade do título ou inexigibilidade da obrigação; IV – penhora incorreta ou avaliação errônea; V – excesso de execução ou cumulação indevida de execuções; VI – incompetência absoluta ou relativa do juízo da execução; VII – qualquer causa modificativa ou extintiva da obrigação, como pagamento, novação, compensação, transação ou prescrição, desde que supervenientes à sentença.	6.3
Procedimento	**Generalidades**	A oposição dos embargos do devedor, em peça inserida no interior do processo principal, suspende o processamento da execução forçada no processo do trabalho, seja por título judicial ou extrajudicial.	6.4
	Matéria de prova	Se na defesa tiverem sido arroladas testemunhas, poderá o juiz ou o presidente do Tribunal, caso julgue necessários seus depoimentos, marcar audiência para a produção das provas, a qual se realizará dentro de cinco dias.	6.4 "a"
	Sentença	Quando os fatos forem incontroversos ou as questões ventiladas independerem de prova a ser produzida em audiência, o juiz tem o prazo de cinco dias para proferir sua decisão, segundo dispõe o art. 885 da CLT. Caso contrário, finda a inquirição de testemunhas, os autos serão entregues ao juiz no prazo máximo de quarenta e oito horas, com prazo de cinco dias para julgamento.	6.4 "b"

<table>
<tr><td>Execução por carta</td><td colspan="2">Na execução por carta, quando os embargos do executado forem oferecidos no juízo deprecado, será remetido ao juízo deprecante, para instrução e julgamento. Todavia, quando os embargos tiverem por objeto vícios ou irregularidades de atos do próprio juízo deprecado, caber-lhe-á unicamente o julgamento dessa matéria (art. 20 e parágrafo único da LEF).</td><td>6.5</td></tr>
<tr><td>Exceções</td><td colspan="2">Tratando-se de execução por título extrajudicial, o executado pode oferecer exceção de incompetência em razão do lugar, exceção de suspeição ou de impedimento do juiz, no mesmo prazo que tem para a oposição dos embargos à execução.</td><td>6.6</td></tr>
<tr><td>Objeção de pré-executividade</td><td colspan="2">A exceção ou objeção de pré-executividade nada mais é do que o exercício dessa faculdade pelo executado, que informa ao juiz sobre a existência de nulidades processuais e demais matérias de ordem pública, sem a necessidade de garantir o juízo.</td><td>6.7</td></tr>
<tr><td>Impugnação do exequente</td><td colspan="2">A impugnação à sentença de liquidação pode ser feita tanto pelo credor quanto pelo devedor. No primeiro caso, esse direito é exercido pelo manejo da impugnação do exequente, no prazo de trinta dias a partir do momento em que for intimado para tanto e sem a necessidade de depósito prévio, enquanto o devedor utiliza-se dos embargos à execução, a partir do momento da intimação da penhora ou da data em que fez o depósito para garantir a execução.</td><td>7</td></tr>
<tr><td colspan="4">Embargos de terceiro</td></tr>
<tr><td>Conceito</td><td colspan="2">Os embargos de terceiro representam uma ação autônoma, de natureza predominantemente mandamental. Pode ser interposta no processo de conhecimento, de execução ou cautelar, pela qual o terceiro pretende ver reconhecido o seu direito real (domínio e posse) ou pessoal, limitado por conta de ato de apreensão judicial efetiva (esbulho) ou ameaça (turbação).</td><td>8</td></tr>
<tr><td>Legitimidade</td><td colspan="2">Considera-se como terceiro aquele que não participou do processo e, diante da apreensão judicial de bens ou direitos de sua propriedade ou sobre os quais seja apenas possuidor, encontra-se legitimado a defendê-los por meio dos embargos de terceiro.</td><td>8.1</td></tr>
<tr><td>Execução por carta</td><td colspan="2">Na execução por carta precatória, os embargos de terceiro serão oferecidos no juízo deprecado, salvo se indicado pelo juízo deprecante o bem constrito ou se já devolvida a carta (art. 676, parágrafo único, do CPC).</td><td>8.2</td></tr>
<tr><td>Procedimento</td><td colspan="2">No processo de conhecimento, os embargos de terceiro podem ser opostos a qualquer tempo, enquanto não transitada em julgado a sentença, e no processo de execução, até cinco dias depois da arrematação, adjudicação ou remição, mas sempre antes da assinatura do respectivo auto ou carta.</td><td>8.3</td></tr>
<tr><td>Sentença e recurso</td><td colspan="2">Após analisada as provas produzidas em sede de cognição exauriente, na hipótese de os embargos versarem sobre matéria fática, o juiz profere a decisão pela manutenção ou não do seu ato de constrição judicial. A sentença proferida nos autos dos embargos de terceiro pode ser atacada pela via do recurso ordinário, caso essa medida processual seja incidental ao processo de conhecimento, ou por meio de agravo de petição, se incidental ao processo de execução.</td><td>8.4</td></tr>
<tr><td colspan="4">Expropriação de bens</td></tr>
<tr><td>Alienação antecipada</td><td colspan="2">O juiz autorizará a alienação antecipada dos bens penhorados quando estiverem sujeitos à deterioração ou depreciação ou quando houver manifesta vantagem.</td><td>9.1</td></tr>
<tr><td rowspan="2">Hasta pública</td><td>Arrematação a vista</td><td>A arrematação consiste na maior e última ou única oferta à vista feita pela pessoa que participa da praça ou do leilão, que passa a ser denominado de licitante, o que lhe confere o direito de adquirir a propriedade do bem sob constrição judicial.</td><td>9.2 “a”</td></tr>
<tr><td>Arrematação a prazo</td><td>Quem estiver interessado em adquirir os bens penhorados em prestações poderá apresentar por escrito sua proposta, nunca inferior à avaliação, com oferta de pelo menos vinte e cinco por cento à vista e o restante em até 30 parcelas, garantido por hipoteca sobre o próprio imóvel ou por caução idônea, quando se tratar de bem móvel.</td><td>9.2 “b”</td></tr>
</table>

Hasta pública	**Proibição para arrematação**	Estão proibidos de arrematar (art. 890 do CPC): I – dos tutores, dos curadores, dos testamenteiros, dos administradores ou dos liquidantes, quanto aos bens confiados à sua guarda e à sua responsabilidade; II – dos mandatários, quanto aos bens de cuja administração ou alienação estejam encarregados; III – do juiz, do membro do Ministério Público e da Defensoria Pública, do escrivão, do chefe de secretaria e dos demais servidores e auxiliares da justiça, em relação aos bens e direitos objeto de alienação na localidade onde servirem ou a que se estender a sua autoridade; IV – dos servidores públicos em geral, quanto aos bens ou aos direitos da pessoa jurídica a que servirem ou que estejam sob sua administração direta ou indireta; V – dos leiloeiros e seus prepostos, quanto aos bens de cuja venda estejam encarregados; VI – dos advogados de qualquer das partes.	9.2 "c"
Hasta pública	**Arrematação pelo exequente**	O exequente que arrematar os bens está dispensado de depositar o valor respectivo, salvo se o seu crédito for inferior ao lance oferecido. Em tais situações, terá o ônus de depositar a diferença no prazo de três dias, sob pena de tornar sem efeito a arrematação e ter que arcar com os custos de uma nova praça ou leilão.	9.2 "d"
	Preço vil	Considera-se como vil o preço inferior ao mínimo estipulado pelo juiz e constante do edital, e, não tendo sido fixado preço mínimo, considera-se vil o preço inferior a cinquenta por cento do valor da avaliação (art. 891, parágrafo único do CPC).	9.2 "e"
	Preferência pela arrematação global	Se o leilão for de diversos bens e houver mais de um lançador, terá preferência aquele que se propuser a arrematá-los todos, em conjunto, oferecendo, para os bens que não tiverem lance, preço igual ao da avaliação e, para os demais, preço igual ao do maior lance que, na tentativa de arrematação individualizada, tenha sido oferecido para eles (art. 893 do CPC).	9.2 "f"
	Efeitos da arrematação	Assinado o auto pelo juiz, pelo arrematante e pelo leiloeiro, a arrematação será considerada perfeita, acabada e irretratável, ainda que venham a ser julgados procedentes os embargos do executado ou a ação autônoma, assegurada a possibilidade de reparação pelos prejuízos sofridos (art. 903 do CPC)	9.2 "g"
	Invalidade, ineficácia e resolução da arrematação	Arrematação poderá, no entanto, ser: I – invalidada, quando realizada por preço vil ou com outro vício; II – considerada ineficaz, se não observado o disposto no art. 804; III – resolvida, se não for pago o preço ou se não for prestada a caução.	9.2 "h"
	Resolução da arrematação	A arrematação pode ser resolvida, desde que o arrematante deixe de depositar o valor do lanço respectivo no prazo de vinte quatro horas. Nesse caso, o arrematante perde a quantia adiantada a título de garantia correspondente a vinte por cento do seu valor, que se reverte em favor do exequente, além de ficar impedido de participar do novo leilão ou da nova praça que será designada pelo juiz (art. 897 do CPC e art. 888, da CLT).	9.2 "i"

Hasta pública	**Carta de arrematação**	A carta de arrematação é o ato processual do juiz que complementa o processo de expropriação de bens imóveis, e representa o título que habilita o arrematante obter a transcrição perante o cartório de registro de imóveis.	9.2 "j"
Praça e leilão presencial		No processo do trabalho, a primeira hasta pública é denominada de praça. O leilão é realizado somente quando não há licitante na praça ou quando o exequente não requer a adjudicação dos bens penhorados.	9.3
Leilão virtual		Com a utilização dos recursos e tecnologias das telecomunicações e da informática, o leilão pode ser realizado por um sistema virtual proporcionado pela *internet*, com o acesso aos sites dos Tribunais do Trabalho ou de outras entidades conveniadas.	9.4
Adjudicação	**Conceito**	A adjudicação é o ato processual de expropriação judicial pelo qual o juiz transfere ao credor a propriedade do bem penhorado.	9.5 "a"
	Preferência	O exequente tem o direito de preferência à adjudicação dos bens. Se vários forem os credores trabalhistas na adjudicação do bem penhorado, o juiz analisará a melhor proposta e julgará por sentença e determinará a expedição do respectivo auto de adjudicação, tendo preferência aquele credor que primeiro tenha promovido a penhora.	9.5 "b"
	Valor	Antes do leilão ou se, durante o pregão, não houver licitante, a adjudicação só poderá ser feita pelo valor da avaliação. Após o fim do leilão, o exequente concorre com os demais lançadores, com preferência pela adjudicação, se houver igualdade de oferta.	9.5 "c"
	Auto de adjudicação	Assim como ocorre com a arrematação, a adjudicação considera-se perfeita e acabada com a lavratura e a assinatura do auto respectivo. Caso seja adjudicado bem imóvel, é necessária a expedição da carta de adjudicação, título hábil para promover o registro no cartório de imóveis e, consequentemente, transferir o domínio da coisa adjudicada.	9.5 "d"
Concorrência de credores		No caso de concorrência de credores trabalhistas, independente da Unidade Jurisdicional onde seja realizado o ato de expropriação, deve-se satisfazer o credor pela ordem de prelação, ou seja, aquele que primeiro aperfeiçoou a penhora.	9.6
Alienação por iniciativa particular		O exequente pode requerer que os bens sejam alienados por sua própria iniciativa ou por intermédio de corretor credenciado perante a autoridade judiciária, caso não prefira à sua adjudicação. Caberá ao juiz fixar o prazo para que a alienação seja concretizada, além da forma de publicidade, o preço mínimo, as condições de pagamento e, se for o caso, o percentual relativo à comissão de corretagem.	9.7
Usufruto		O juiz pode conceder, ao exequente, o direito real de usufruto de móvel ou imóvel, quando reconhecer ser o procedimento mais eficiente para o recebimento do seu crédito e menos gravoso para o executado.	9.8
Trâmites finais da execução			
Remição		A remição da execução nada mais é do que a extinção do processo de execução com o pagamento da importância atualizada da dívida, mais juros e despesas processuais. Esse instituto é admitido no processo do trabalho por força da aplicação do disposto no art. 13 da Lei nº 5.584/70.	10
Pagamento		A satisfação do credor pode ocorrer por diversos modos. O cumprimento espontâneo da obrigação contida na sentença proferida no processo de conhecimento constitui a forma desejável para por fim ao litígio. Iniciada a execução, ou a qualquer momento, o executado pode cumprir a obrigação em juízo, com o pagamento do valor devido. Quando o pagamento ao exequente é feito com a entrega do dinheiro produto da expropriação judicial, o juiz autoriza o levantamento do valor depositado, até a satisfação integral do seu crédito com os acréscimos legais.	12

Frustração do credor	Iniciada a execução, pode acontecer de o devedor não ser encontrado ou não possuir bens passíveis de penhora. Nesse caso, o juiz suspende a execução e, após o decurso de um ano sem que seja localizado o devedor ou encontrado bens penhoráveis, determina que o processo aguarde provisoriamente no arquivo. Se forem encontrados bens que possam satisfazer o credor, os autos serão desarquivados, salvo se decorridos cinco anos contados a partir da decisão que ordenou o arquivamento, hipótese em que será declarada a prescrição intercorrente, após a manifestação do exequente.	13

18. QUESTÕES

18.1. Questões objetivas

1. (FCC – 2012 – TST – Analista Judiciário – Área Judiciária – ADAPTADA) Garantida a execução ou penhorados os bens, terá o executado 5 dias para apresentar embargos; sendo que a matéria de defesa será restrita às alegações de cumprimento da decisão ou do acordo, quitação ou prescrição da dívida, não cabendo instrução probatória por meio de testemunhas.

2. (FCC – 2012 – TRT – 11ª Região (AM) – Juiz do Trabalho) Em matéria de execução trabalhista é certo que, em regra, a

a) remição prefere a arrematação que sua vez prefere a adjudicação.
b) remição prefere a adjudicação que por sua vez prefere a arrematação.
c) arrematação prefere a remição que por sua vez prefere a adjudicação.
d) adjudicação prefere a remição que por sua vez prefere a arrematação.
e) arrematação prefere a adjudicação que por sua vez prefere a remição.

3. (CISMEPAR/PR – Advogado/2011) No Processo do Trabalho o prazo para a Fazenda Pública interpor Embargos a Execução é de

a) 5 (cinco) dias.
b) 10 (dez) dias.
c) 20 (vinte) dias.
d) 30 (trinta) dias.
e) 60 (sessenta) dias.

4. (CESPE – 2012 – Banco da Amazônia – Técnico Científico) Na execução trabalhista, garantido o juízo, as partes irresignadas com a homologação dos cálculos podem apresentar embargos à execução.

5. (TRT 23R (MT) – 2011 – Juiz do Trabalho – ADAPTADA) A CLT prevê expressamente a possibilidade de citação do executado por edital, o que pode ocorrer quando ele, procurado por duas vezes no espaço de 48 horas, não for encontrado.

6. (TRT 16ª R. Técnico Judiciário/Área administrativa/2005) No processo de execução são devidas custas ao final, sempre de responsabilidade do executado e pagas ao final.

7. (FCC – Técnico Judiciário – Área Administrativa – TRT 3/2015) Simon arrematou uma casa em leilão judicial no qual os bens da empresa "X" foram leiloados para pagamento de diversas reclamações trabalhistas. O lance de Simon foi de R$ 500.000,00. Neste caso, de acordo com a Consolidação das Leis do Trabalho, Simon deverá garantir o lance com

a) sinal de R$ 100.000,00 e pagar o preço da arrematação dentro de 24 horas.
b) o seu preço integral no ato da arrematação no leilão judicial.
c) sinal de R$ 50.000,00 e pagar o preço da arrematação dentro de 24 horas.

d) sinal de R$ 100.000,00 e pagar o preço da arrematação dentro de 48 horas.
e) sinal de R$ 50.000,00 e pagar o preço da arrematação dentro de cinco dias.

8. (FCC – Técnico Judiciário – Área Administrativa – TRT 4/2015) Xisto arrematou um conjunto comercial pelo valor de R$ 200.000,00. No ato da arrematação depositou R$ 40.000,00. Neste caso, conforme previsão na Consolidação das Leis do Trabalho, Xisto

a) deverá depositar o restante dentro do prazo de 48 horas.
b) depositou valor a menor uma vez que deveria ter depositado R$ 60.000,00.
c) depositou valor a maior uma vez que deveria ter depositado R$ 20.000,00.
d) deverá depositar o restante dentro do prazo de 24 horas.
e) depositou valor a menor uma vez que deveria ter depositado R$ 80.000,00.

9. (FCC – Analista Judiciário – Oficial de Justiça Avaliador – TRT 4/2015) Estão expressamente relacionados como títulos executivos para serem executados na forma prevista na Consolidação das Leis do Trabalho, EXCETO:

a) as decisões passadas em julgado ou das quais não tenha havido recurso com efeito suspensivo.
b) os acordos firmados em reclamatórias trabalhistas, quando não cumpridos.
c) os termos de conciliação firmados perante as Comissões de Conciliação Prévia.
d) os termos de ajuste de conduta firmados perante o Ministério Público do Trabalho.
e) as decisões do Tribunal Arbitral.

10. (Cespe – Técnico Judiciário – Área Administrativa – TRT 8/2016) Acerca dos embargos à execução no processo do trabalho, assinale a opção correta.

a) Não se admite prova testemunhal nos embargos à execução.
b) O oferecimento dos embargos por um dos devedores suspende a execução contra os que não embargaram, mesmo que o fato e o fundamento refiram-se exclusivamente ao embargante.
c) Os embargos à execução têm natureza jurídica de defesa do devedor contra a constrição de seus bens.
d) Não se admite alegação de compensação nos embargos à execução.
e) A admissão dos embargos à execução está condicionada à garantia do juízo pelo embargante, seja este pessoa jurídica de direito público ou privado.

11. (Cespe – Técnico Judiciário – Área Administrativa – TRT 8/2016) Acerca de execução trabalhista, assinale a opção correta.

a) É possível a penhora de salário, desde que não ultrapasse quarenta por cento do seu valor bruto.
b) O mandado de citação do executado, a ser cumprido pelo oficial de justiça, deverá conter a decisão exequenda ou o termo de acordo não cumprido.
c) Se, depois de procurado por duas vezes, o executado não for encontrado, o curso da execução deverá ser suspenso e, decorrido o prazo máximo de um ano, sem que seja localizado o devedor, o juiz deverá ordenar o arquivamento dos autos.
d) O executado que não pagar a importância reclamada poderá garantir a execução mediante prestação de serviços à comunidade.
e) Realizada a penhora de determinado bem para satisfazer a execução, não cabe à parte executada requerer a substituição da penhora.

12. (Cespe – Procurador do Estado – PE/2018) De acordo com o disposto na CLT e com a jurisprudência do TST a respeito da execução trabalhista, a parte executada será citada para pagar a quantia devida ou indicar bens à penhora no prazo de

a) vinte e quatro horas.
b) trinta e seis horas.
c) quarenta e oito horas.
d) sessenta horas.
e) setenta e duas horas.

13. (FCC – Técnico Judiciário – Área Administrativa – TRT 6/2018) Em relação à execução trabalhista, conforme legislação vigente,

a) será promovida pelas partes, permitida a atuação de ofício do Juiz, ainda que as partes estejam assistidas por advogado.

b) requerida a execução, o Juiz mandará expedir mandado de citação do executado, a fim de que proceda ao pagamento em dinheiro, inclusive de contribuições sociais devidas à União, em cinco dias, ou garanta a execução, sob pena de penhora.

c) garantida a execução ou penhorados os bens, terá o executado prazo de quinze dias para apresentar embargos, cabendo igual prazo ao exequente para impugnação.

d) a matéria de defesa em embargos à execução será restrita às alegações de cumprimento da decisão ou do acordo, quitação ou prescrição da dívida, não cabendo produção de prova testemunhal em audiência.

e) o executado que não pagar a importância reclamada poderá garantir a execução mediante depósito da quantia correspondente, atualizada e acrescida das despesas processuais, apresentação de seguro-garantia judicial ou nomeação de bens à penhora, observada a ordem preferencial estabelecida na lei processual civil.

14. (AOCP – Analista Judiciário – Área Judiciária – TRT 1/2018) A empresa ThOliveira Comércio de Metais formalizou acordo em uma reclamação trabalhista, na qual se comprometeu a pagar o valor de R$ 12.000,00 em 12 parcelas ao ex-funcionário Fernando Carrara. Ocorre que, após cumprir duas delas, deixou de cumprir o pactuado, motivo pelo qual o Reclamante pediu a execução do acordo. O juiz mandou expedir mandado de citação para que a Executada cumpra o acordo e que o faça em 48 (quarenta e oito) horas ou garanta a execução, sob pena de penhora. Diante do caso apresentado, assinale a alternativa correta.

a) A Reclamada será citada via oficial de justiça. Se procurada pelo oficial por 3 (três) vezes no espaço de 72 (setenta e duas) horas e não for encontrada, a citação será feita por edital, publicado no jornal oficial ou, na falta deste, afixado na sede da Junta ou Juízo, durante 7 (sete) dias.

b) A Reclamada será citada via oficial de justiça. Se procurada pelo oficial por 2 (duas) vezes no espaço de 48 (quarenta e oito) horas e não for encontrada, a citação será feita por edital, publicado no jornal oficial ou, na falta deste, afixado na sede da Junta ou Juízo, durante 5 (cinco) dias.

c) A Reclamada será citada via correspondência com Aviso de Recebimento. Caso se mantiver inerte pelo prazo de 5 (cinco) dias após o recebimento, a citação será feita por edital, publicado no jornal oficial ou, na falta deste, afixado na sede da Junta ou Juízo, durante 7 (sete) dias.

d) A Reclamada será citada via oficial de justiça. Se procurada pelo oficial por 2 (duas) vezes no espaço de 72 (setenta e duas) horas e não for encontrada, a citação será feita por edital, publicado no jornal oficial ou, na falta deste, afixado na sede da Junta ou Juízo, durante 10 (dez) dias.

e) A Reclamada será citada via correspondência com Aviso de Recebimento. Caso se mantiver inerte, será procurada por oficial de diligência por 3 (três) vezes no espaço de 72 (setenta e duas) horas. Se não for encontrada, a citação será feita por edital, publicado no jornal oficial ou, na falta deste, afixado na sede da Junta ou Juízo, durante 7 (sete) dias.

15. (AOCP – Técnico Judiciário – Área Administrativa – TRT 1/2018) Considerando os temas: citação, nomeação de bens, mandado e penhora, bens penhoráveis e impenhoráveis, no Direito Processual do Trabalho, pautados na Lei nº 13.467/2017, assinale a alternativa correta.

a) A Consolidação das Leis Trabalhistas faz menção expressa sobre o artigo de lei do Código de Processo Civil que traz a ordem preferencial de penhora, tendo como primeira opção o dinheiro, em espécie ou em depósito ou aplicação em instituição financeira.

b) Requerida a execução, o juiz do tribunal mandará expedir mandado de citação do executado, a fim de que cumpra a decisão ou o acordo no prazo pelo modo e sob as cominações estabelecidas ou, quando se tratar de pagamento em dinheiro, inclusive de contribuições sociais devidas à União, para que o faça em 72 (setenta e duas) horas ou garanta a execução, sob pena de penhora.

c) Não pagando o executado, nem garantindo a execução, seguir-se-á penhora dos bens, tantos quantos bastem ao pagamento da importância da condenação, sem custas e juros de mora.

d) São impenhoráveis os móveis pertences e utilidades domésticas que guarnecem a residência do executado, inclusive os de elevado valor ou os que ultrapassem as necessidades comuns correspondentes a um médio padrão de vida.

e) O executado que não pagar a importância reclamada perderá o direito de garantir a execução mediante depósito da quantia correspondente atualizada e sem as despesas processuais.

16. (AOCP – Analista Judiciário – Área Administrativa – TRT 1/2018) Orlando, empregado doméstico devidamente representado no processo por procurador constituído, obteve sentença de parcial procedência em reclamatória trabalhista ajuizada perante a Justiça do Trabalho em face de Eustáquio, a qual transitou em julgado em 26 de mar. de 2018. Liquidada a sentença, obteve-se o importe total de R$ 35.500,00, aí incluso principal, encargos, custas, contribuições previdenciárias e honorários. Diante do exposto, no que se refere à execução dos créditos perseguidos na reclamatória em análise, assinale a alternativa correta.

a) Garantida a execução ou penhorados os bens, terá o executado 8 dias úteis para oposição de embargos à execução.

b) O mandado de citação deverá conter, obrigatoriamente, a decisão exequenda.

c) Os embargos e as impugnações à liquidação apresentadas pelos credores trabalhista e previdenciário serão julgados separadamente.

d) Garantida a execução ou penhorados os bens, terá o executado 15 dias úteis para oposição de embargos à execução.

e) A citação do executado poderá ser feita por carta com aviso de recebimento. Se o executado, procurado por duas vezes no período de 48 horas, não for encontrado, far-se-á citação por edital, publicado no jornal oficial ou, na falta deste, afixado na sede do Juízo, durante 5 dias.

17. (AOCP – Analista Judiciário – Área Judiciária – TRT 1/2018) Acerca das disposições da CLT relativas à execução e avaliação de bens, assinale a alternativa correta.

a) A avaliação dos bens penhorados, em virtude da execução de decisão condenatória, será feita por avaliador escolhido de comum acordo pelas partes, que perceberá as custas arbitradas pelo juiz ou presidente do tribunal trabalhista.

b) Não acordando as partes quanto à designação de avaliador, dentro de 8 (oito) dias após o despacho que o determinou a avaliação, será o avaliador designado livremente pelo juiz ou presidente do tribunal.

c) Os servidores da Justiça do Trabalho poderão ser escolhidos ou designados para servirem como avaliadores.

d) Ao apresentar Embargos à Execução, o devedor poderá arrolar testemunhas que, caso julgue necessário ouvi-las, o juiz marcará audiência para produção da prova, que deverá ocorrer dentro do prazo de 10 (dez) dias.

e) A execução poderá ser promovida por qualquer interessado ou ex officio pelo próprio juiz, presidente ou tribunal competente.

18.2. Questões discursivas

1. (TRT19 – Juiz do Trabalho – 2012) Em confronto com o que dispõe o art. 884 da CLT, é admissível exceção de pré-executividade no processo do trabalho? Em caso positivo, haveria algum recurso para atacar a decisão proferida em sede de pré-executividade? Fundamente.

2. (TRT2 – Juiz do Trabalho – 2012) Relativamente à execução definitiva de sentença no Processo do Trabalho, responda fundamentadamente: (a) Qual o padrão a ser seguido? (b) Há possibilidade de penhora em conta corrente bancária integrada com conta poupança? (c) Efeito da condenação e iniciativa acerca de respectivo título constitutivo em registro público.

3. (TRT4 – Juiz do Trabalho – 2016) Empregadora Nair é condenada em ação trabalhista, proposta pela trabalhadora Bete, em face de contrato de trabalho doméstico, ao pagamento de verbas descritas no título executivo judicial.

Iniciada a execução em janeiro de 2016, foi procedida a penhora de bem imóvel em abril de 2016, com ciência da executada Nair, que deixou fluir os prazos legais sem qualquer manifestação no processo.

A exequente Bete, diante do silêncio, requer seja realizada a alienação do bem penhorado.

Tomando conhecimento do requerido pela exequente, imediatamente a executada peticiona invocando a impenhorabilidade do bem, já que único imóvel e utilizado como residência pela família.

Considerando que a alegação da executada está comprovada, discorra a respeito de qual a solução cabível para cada um dos requerimentos das partes.

4. (TRT4 – Juiz do Trabalho – 2016 – ADAPTADA) Roberta, na condição de cônjuge de ex-cotista de uma microempresa executada, ingressa com embargos de terceiro visando desconstituir a penhora incidente sobre imóvel do qual é meeira.

Os embargos são rejeitados sob o fundamento de que a embargante, por ser casada, também foi beneficiada pelo trabalho do ex-empregado, devendo suportar a execução.

Irresignada com essa decisão, a embargante interpõe recurso ordinário junto ao juízo executório, requerendo a remessa ao TRT e a reforma do que decidido.

O recurso é recebido nos termos seguintes: "Hábil e tempestivo, recebo o apelo. À parte contrária para, querendo, apresentar contrarrazões no prazo legal.".

Tempestivamente, o embargado apresenta contrarrazões, requerendo na mesma oportunidade, ao juiz de primeiro grau, a reconsideração da decisão de admissibilidade sob os seguintes fundamentos: "(a) O recurso ordinário não é medida adequada na espécie; (b) Não houve delimitação de valores incontroversos nem o recolhimento de custas processuais; (c) O juízo não está garantido, seja com depósito recursal, seja com o bem constrito, pois da citação consta o valor de R$ 500.000,00 (quinhentos mil reais) e o bem está avaliado em R$ 200.000,00 (duzentos mil reais)".

Como devem ser enfrentados os questionamentos arguidos na petição de reconsideração?

19. GABARITO

19.1. Gabarito das questões objetivas

Gab.		Fundamentação legal e jurisprudencial	Tópico do livro	Obs. eventual
1	E	CLT. Art. 884, § 2º	Itens 6.4, alínea "a"	–
2	B	Doutrina	Itens 9.2, alínea "a", e 10	–
3	D	Lei nº 9.494/97. Art. 1º-B	Item 6.2, "b"	–
4	E	CLT. Art. 884, *caput* e § 3º	Itens 6.2, alínea "a", e 6.3	–
5	C	CLT. Art. 880, § 3º	Item 3.4	
6	C	CLT. Art. 789-A	Item 8.4	–
7	A	a) CLT. Art. 888, §§ 2º e 4º	a) Item 9.2, alínea "a"	–
		b) CLT. Art. 888, §§ 2º e 4º	b) Item 9.2, alínea "a"	
		c) CLT. Art. 888, §§ 2º e 4º	c) Item 9.2, alínea "a"	
		d) CLT. Art. 888, §§ 2º e 4º	d) Item 9.2, alínea "a"	
		e) CLT. Art. 888, §§ 2º e 4º	e) Item 9.2, alínea "a"	
8	D	a) CLT. Art. 888, § 4º	a) Item 9.2, alínea "a"	–
		b) CLT. Art. 888, §§ 2º e 4º	b) Item 9.2, alínea "a"	
		c) CLT. Art. 888, §§ 2º e 4º	c) Item 9.2, alínea "a"	
		d) CLT. Art. 888, § 4º	d) Item 9.2, alínea "a"	
		e) CLT. Art. 888, §§ 2º e 4º	e) Item 9.2, alínea "a"	

9	E	a) CLT. Art. 876	a) Item 5.1	
		b) CLT. Art. 876	b) Item 5.1	
		c) CLT. Art. 876	c) Item 5.1	
		d) CLT. Art. 876	d) Item 5.1	
		e) CLT. Art. 876	e) Item 5.1	
10	D	a) CLT. Art. 884, § 2º	a) Item 6.4, alínea "a"	Os embargos à execução é uma medida judicial autônoma, **incidental ao processo de execução**, destinada a desconstituir o título executivo judicial ou extrajudicial, no que diz respeito a sua existência, liquidez ou exigibilidade.
		b) CPC de 2015. Art. 678, *caput*	b) Item 8.3	
		c) Doutrina	c) Item 6.1	
		d) CLT. Art. 767; TST. Súmula nº 48	d) Parte II, Capítulo III, Item 7.1	
		e) CPC de 2015. Art. 1.007, § 1º	e) Parte III, Capítulo II, Item 4.1, alínea "c"	
11	B	a) CPC de 2015. Art. 833, § 2º	a) Item 5.10, alínea "d"	
		b) CLT. Art. 880, § 1º	b) Item 3.2	
		c) CLT. Arts. 880, § 3º e 883	c) Itens 3.4 e 5.1	
		d) CLT. Art. 882	d) Item 4	
		e) CPC de 2015. Art. 847, caput	e) Item 5.3, alínea "d"	
12	C	a) CLT. Art. 880	a) Item 3.3	
		b) CLT. Art. 880	b) Item 3.3	
		c) CLT. Art. 880	c) Item 3.3	
		d) CLT. Art. 880	d) Item 3.3	
		e) CLT. Art. 880	e) Item 3.3	
13	E	a) CLT. Art. 878	a) Item 3.4	
		b) CLT. Art. 880	b) Item 3.3	
		c) CLT. Art. 884	c) Item 6.2, "a"	
		d) CLT. Art. 884, §1º	d) Item 6.4	
		e) CLT. Art. 882	e) Item 4	
14	B	a) CLT. Art. 880, §§ 2º e 3º	a) Item 3.4	
		b) CLT. Art. 880, §§ 2º e 3º	b) Item 3.4	
		c) CLT. Art. 880, §§ 2º e 3º	c) Item 3.4	
		d) CLT. Art. 880, §§ 2º e 3º	d) Item 3.4	
		e) CLT. Art. 880, §§ 2º e 3º	e) Item 3.4	
15	A	a) CLT. Art. 882 e CPC. Art. 835	a) Item 4	
		b) CLT. Art. 880	b) Item 4	
		c) CLT. Art. 883	c) Item 5.1	
		d) CLT. Art. 883	d) Item 5.10	
		e) CLT. Art. 882	e) Item 4	
16	B	a) CLT. Art. 844	a) Item 6.2 "b"	
		b) CLT. Art. 880, §1º	b) Item 3.2	
		c) CLT. Art. 844, §4º	c) Parte IV, Cap. I, Item 7	
		d) CLT. Art. 884	d) Item 6.2 "b"	
		e) CLT. Art. 880, §2º	e) Item 3.2	

17	A	a) CLT. Art. 887	a) Item 5.6, alínea "b"	
		b) CLT. Art. 887, §1º	b) Item 5.6, alínea "b"	
		c) CLT. Art. 887, §2º	c) Item 5.6, alínea "b"	
		c) CLT. Art. 884, §2º	d) Item 5.6, alínea "b".	
		e) CLT. Art.878	e) Cap. II, Item 3.4	

19.2. Gabarito das questões discursivas

Item	Fundamentação legal, jurisprudencial ou doutrinária	Onde encontro no livro
1	a) Determinados vícios de ordem processual são insanáveis e podem ser conhecidos de ofício pelo juiz a qualquer tempo, sem a incidência da preclusão temporal em caso de omissão. Assim, se a matéria é de ordem pública e pode ser conhecida a qualquer tempo pelo juízo, nada impede que o executado informe ao juiz sobre a existência de possíveis irregularidades, também a qualquer tempo, sem a necessidade de que a respectiva arguição esteja inserida no bojo dos embargos à execução. Não se limita, necessariamente, à matéria de ordem pública. O devedor pode alegar, por exemplo, o pagamento da dívida ou qualquer outro meio de extinção da sua obrigação. Portanto, a utilização dessa medida processual que não se encontra tipificada em qualquer normal processual, possui a vantagem de não ter como requisito à garantia do juízo. Inclusive, a doutrina e jurisprudência já pacificaram o entendimento no sentido dessa medida judicial ser cabível no âmbito do processo do trabalho. b) A decisão que rejeita a pretensão do devedor inserida no bojo da exceção de pré-executividade tem natureza interlocutória e, por conta disso, irrecorrível imediatamente. Nos casos em que os argumentos da exceção são acolhidos pelo juízo, como a hipótese de incidência de prescrição intercorrente, a sentença extinguirá o processo de execução. Nesse caso, cabe agravo de petição.	Item 6.7
2	a) Qual o padrão a ser seguido? O padrão da execução definitiva no processo do trabalho encontra-se fixado na CLT, que tem um disciplinamento próprio diverso daquele estabelecido pelo CPC, inclusive com a possibilidade de execução de ofício, na forma prevista pelo art. 878 da CLT. Diferentemente do que ocorre no processo civil, na execução trabalhista o devedor ainda é citado para pagar a dívida em 48 horas ou garantir a execução sob pena de penhora. b) Há possibilidade de penhora em conta corrente bancária integrada com conta poupança? Nesse particular, utilizam-se dos dispositivos do CPC que disciplinam a execução, em face da omissão da CLT bem como da ausência de incompatibilidade. Pela regra contida no art. 833, IV, do CPC de 2015 (art. 649, IV, do CPC de 1973), o salário, juntamente com seus congêneres, é impenhorável (o § 2º, art. 833, do CPC de 2015 estabelece o limite de 50 salários mínimos para a impenhorabilidade do salário). No sistema bancário há conta corrente destinada para percepção do salário. Nesse caso, a impenhorabilidade legalmente prevista para essa retribuição se estende para os saldos encontrados nesse tipo de conta corrente. Já os recursos da poupança, até o limite de 40 salários mínimos, também são impenhoráveis (art. 833, X, do CPC de 2015 e art. 649, X, do CPC de 1973). Obviamente se a conta corrente é integrada à conta poupança, o limite estabelecido pelas regras jurídicas mencionadas também deve ser	Itens 3, 5.10 "A" e 5.13
2	observado. Mas só a análise de cada caso permitirá saber se o valor que se pretende penhorar é impenhorável ou não. c) Efeito da condenação e iniciativa acerca de respectivo título constitutivo em registro público. O efeito principal da condenação do reclamado é instituir a sua responsabilização e, consequentemente, a obrigação de pagar aquilo que constou no título executivo judicial. Há efeitos acessórios também. Defende-se a tese de que o título executivo judicial é passível de protesto, na forma prevista pelo art. 1º da Lei nº 9.492. Atualmente o CPC de 2015 disciplina o procedimento de protesto da sentença judicial transitada em julgado em seu art. 517, mediante a apresentação de certidão de teor da decisão.	Itens 3, 5.10 "A" e 5.13

3	A impenhorabilidade do bem de família não alcançava as ações movidas para cobrança de créditos trabalhistas decorrentes da relação de emprego doméstico. Contudo, a Lei Complementar nº 150, que entrou em vigor em 02.06.2015, revogou expressamente o art. 3º, I, da Lei nº 8.009/90 que estabelecia essa exceção. Ao contrário do que ocorre com as normas de Direito material, as leis processuais produzem efeitos imediatos. Aplica-se, nesse caso, a regra *tempus regit actum* e a nova norma passa a ser aplicada nos processos em andamento e não somente aqueles que se iniciarem a partir da vigência da nova lei. Nesse sentido o art. 1.046 do CPC de 2015: “Ao entrar em vigor este Código, suas disposições se aplicarão desde logo aos processos pendentes, ficando revogada a Lei nº 5.869, de 11 de janeiro de 1973”. Desse modo, como a penhora foi feita em 2016, ou seja, após a vigência da Lei Complementar nº 150, o juiz deve dar provimento à pretensão da executada para determinar a liberação do bem constrito diante de sua impenhorabilidade absoluta, ainda que não tenha havido embargos à execução.	Item 5.10, “B”
4	Os embargos de terceiro podem ser oferecidos tanto no processo de conhecimento quanto na execução, a depender do momento processual no qual foi feita a constrição judicial, sendo o mais comum na fase de execução por conta de penhora. Como a questão faz referencia expressa a um processo de execução, o recurso cabível seria o agravo de petição, na forma prevista pelo art. 897, “a” da CLT. Entretanto, é possível que o juiz receba o recurso ordinário como se fosse agravo de petição, diante do princípio da fungibilidade dos recursos, uma vez que não se trata de erro grosseiro.	Item 8.4

CAPÍTULO IV

EXECUÇÃO DAS OBRIGAÇÕES DE DAR COISA CERTA, COISA INCERTA, FAZER E NÃO FAZER

A CLT, apesar de não excluir as demais formas de ação de execução, somente regula, de forma específica, a execução para pagar quantia certa.

Em razão dessa omissão, a execução das obrigações de dar coisa certa, de dar coisa incerta, de fazer e de não fazer são disciplinadas pelo CPC, no que não for incompatível com o processo laboral, uma vez que a LEF também é omissa.[1]

1. EXECUÇÃO DE OBRIGAÇÃO DE DAR COISA CERTA

Em que pese ser de rara constatação na prática forense trabalhista, não se pode deixar de admitir a existência de obrigação de dar coisa certa derivada da pactuação, execução ou extinção do contrato de trabalho, reconhecida por decisão condenatória ou mesmo consignada em títulos executivos extrajudiciais laborais.

Pode acontecer de o empregado ou empregador ingressar com uma ação trabalhista para postular a entrega de coisa certa (individualizada),[2] com sua respectiva pretensão reconhecida pelo juiz em sentença condenatória.

A execução, nessa hipótese, será processada nos moldes do art. 806 e seguintes do CPC:

> **Art. 806.** O devedor de obrigação de entrega de coisa certa, constante de título executivo extrajudicial, será citado para, em 15 (quinze) dias, satisfazer a obrigação. § 1º Ao despachar a inicial, o juiz poderá fixar multa por dia de atraso no cumprimento da obrigação, ficando o respectivo valor sujeito a alteração, caso se revele insuficiente ou excessivo.

A entrega da coisa pode se efetivar com a intenção de solver a dívida, hipótese em que deverá ser lavrado o termo respectivo que implicará o fim da execução, salvo se ela tiver de prosseguir para propiciar o pagamento das despesas processuais, dos frutos da coisa ou o ressarcimento de prejuízos (art. 807 do CPC).

---

1. As questões relativas à tutela específica nas obrigações de fazer, não fazer e entregar coisa já foi objeto de análise no item 8, capítulo VII, parte II, desta obra.
2. Código Civil. Art. 313. O credor não é obrigado a receber prestação diversa da que lhe é devida, ainda que mais valiosa.

Quando se tratar de decisão proferida em ação de natureza executiva *lato sensu,* não há necessidade de se recorrer à execução forçada para entrega de coisa certa, uma vez que a sentença já possui força executiva por si só.

No mandado de citação já deverá constar a ordem para imissão na posse, no caso de imóveis, ou busca e apreensão, no caso de móveis.

Se a coisa não for entregue ao exequente, converte-se a obrigação de dar coisa certa em perdas e danos, além do direito à percepção do valor da coisa, na forma do preceito contido no art. 809 do CPC:

> **Art. 809.** O exequente tem direito a receber, além de perdas e danos, o valor da coisa, quando essa se deteriorar, não lhe for entregue, não for encontrada ou não for reclamada do poder de terceiro adquirente.

Nesse caso, é necessário que se realize o procedimento prévio de liquidação, nos próprios autos, para apuração do *quantum* devido, quando no título executivo não constar o valor da coisa.

Por fim, se o executado alienar a coisa após o momento em que se tornou litigiosa, o juiz determinará a expedição de mandado de imissão na posse ou de busca e apreensão em face do terceiro adquirente, que só poderá ser ouvido depois de efetuar o depósito da coisa (art. 808 do CPC).

2. EXECUÇÃO DE OBRIGAÇÃO DE DAR COISA INCERTA

Trata-se de execução de título executivo com obrigação de dar coisa incerta, que são aquelas determinadas pelo gênero e pela quantidade.

Ressalte-se que essa obrigação não pode ser confundida com as obrigações alternativas, disciplinadas pelo art. 800 do CPC.

Deve-se observar, inicialmente, a quem cabe a escolha da coisa, se ao credor ou ao devedor, **o que é definido pelas regras de direito material ou derivado de acordo de vontades.**

Caso a escolha caiba ao credor, este deve individualizar a coisa na própria petição na qual requer que seja iniciada a execução forçada. Caso a escolha caiba ao devedor, este será citado para entregá-la individualizada, de acordo com o disposto no art. art. 811 do CPC.[3]

Independentemente de quem irá fazer a escolha, qualquer das partes pode impugnar a individualização feita pela parte contrária **no prazo de quinze dias** após o que o juiz decidirá, inclusive por meio dos conhecimentos técnicos e científicos do perito, se for necessário, na forma prevista pelo art. 812 do CPC: "Qualquer das partes poderá, no prazo de 15 (quinze) dias, impugnar a escolha feita pela outra, e o juiz decidirá de plano ou, se necessário, ouvindo perito de sua nomeação".

Os demais trâmites seguirão aqueles aplicáveis à execução de dar coisa certa.

3. CPC. Art. 811. Quando a execução recair sobre coisa determinada pelo gênero e pela quantidade, o executado será citado para entregá-la individualizada, se lhe couber a escolha. Parágrafo único. Se a escolha couber ao exequente, esse deverá indicá-la na petição inicial.

ATENÇÃO! A execução para entrega de coisa certa ou incerta, geralmente, tem origem em uma pretensão possessória, a qual se concretiza pela simples expedição de um mandado de busca e apreensão do bem móvel ou de imissão na posse, em caso de bem imóvel.

3. EXECUÇÃO DE OBRIGAÇÃO DE FAZER

A principal obrigação de fazer gerada pelo contrato de trabalho é a própria prestação pessoal de serviços por parte do empregado. Mas existem obrigações do empregador dessa natureza, como, por exemplo: a) conceder férias anuais remuneradas; b) conceder intervalos intrajornada, interjornada e semanais; c) conceder aviso-prévio ao empregado; d) fornecer equipamentos de proteção, individual e coletivo; e) conceder vale-transporte, quando solicitado pelo empregado; f) registrar o contrato de trabalho e as principais condições de trabalho do empregado em sua CTPS etc.

Note-se, contudo, que a obrigação do empregador de efetuar os depósitos fundiários na conta vinculada do empregado é classificada como obrigação de **dar quantia certa**, apesar de grande parte da doutrina e jurisprudência classificá-la como obrigação de fazer. A diferença reside no fato de que o valor devido ao empregado **fica momentaneamente na posse de um terceiro**, qual seja, a Caixa Econômica Federal.

Já o empregado, além de prestar serviços ou ficar aguardando as ordens do empregador, obriga-se por meio do contrato de trabalho a: a) conceder aviso-prévio ao empregador da sua intenção de por fim ao pacto laboral; b) utilizar os equipamentos de proteção, individual e coletivo etc.

A determinação, constante em sentença, de reintegração ou readmissão de empregado estável despedido, também constitui obrigação de fazer de ordinária constatação nas lides trabalhistas. Em tais situações, para o cumprimento da sentença, **deve ser expedido um mandado de reintegração ou readmissão**, inclusive sob pena de incidência de multa diária prevista de forma específica no art. 729 da CLT.[4]

A execução das demais obrigações de fazer é regulada pelo art. 814 e seguintes do CPC. Nesse passo, o executado será citado para **cumprir a obrigação no prazo constante no título executivo ou, na sua ausência, no prazo determinado pelo juiz.**[5]

Caso o devedor não cumpra a obrigação, **o credor pode requerer que um terceiro substitua o executado às suas custas,** desde que a obrigação possa ser cumprida por pessoa diversa do devedor (art. 817 do CPC) ou transformá-la em indenização por perdas e danos. No primeiro caso, o exequente deve adiantar as despesas necessárias para a execução da obrigação pelo terceiro, conforme proposta aprovada pelo juiz.

4. CLT. Art. 729. O empregador que deixar de cumprir decisão passada em julgado sobre a readmissão ou reintegração de empregado, além do pagamento dos salários deste, incorrerá na multa de Cr$ 10,00 (dez cruzeiros) **a Cr$ 50,00 (cinquenta cruzeiros) por dia, até que seja cumprida a decisão. CLT. Art. 659. Competem privativamente aos presidentes das Juntas, além das que lhe forem conferidas neste Título e das decorrentes de seu cargo, as seguintes atribuições: X – conceder medida liminar, até decisão final do processo, em reclamações trabalhistas que visem reintegrar no emprego dirigente sindical afastado, suspenso ou dispensado pela empregador.**

5. CPC. Art. 815. Quando o objeto da execução for obrigação de fazer, o executado será citado para satisfazê-la no prazo que o juiz lhe designar, se outro não estiver determinado no título executivo.

Se a obrigação for personalíssima, o juiz assina um prazo para que o devedor cumpra a obrigação. Em caso de recusa ou mora do devedor, resolve-se em perdas e danos, uma vez que o serviço não pode ser executado por terceiro.

Na hipótese de o terceiro não chegar a concluir a atividade a que estava obrigado ou quando o serviço não for feito como previsto, o credor pode requerer ao juiz, no prazo de quinze dias, que o autorize a concluí-lo, ou a repará-lo, por conta do contratante. Ouvido o contratante, também no prazo de quinze dias, o juiz mandará avaliar o custo das despesas necessárias e condená-lo no pagamento respectivo (art. 819 do CPC).

Se a execução dos serviços pode ser feita por um terceiro ou pelo próprio credor, este último tem preferência sobre o primeiro em igualdade de condições, desde que esse direito seja exercido no prazo de cinco dias contados da apresentação da proposta pelo terceiro.[6]

Terminada a obra ou o serviço, o juiz ouvirá as partes. Em caso de inexistência de impugnação, o juiz declarará cumprida a obrigação, caso contrário, decidirá o incidente, conforme determina o art. 818 do CPC.

ATENÇÃO! Em sede de tutela de interesses transindividuais, o Ministério Público do Trabalho tem celebrado diversos Termos de Compromisso de Ajustamento de Conduta contendo obrigações de fazer e não fazer, assim como tem ajuizado diversas ações civis com o mesmo objetivo (Consoante previsão da Lei nº 7.347/1985).

4. OBRIGAÇÕES DE NÃO FAZER

As obrigações de não fazer são aquelas de conteúdo negativo, pela qual o devedor obriga-se a abster-se de agir.

Do contrato de trabalho surgem algumas obrigações de não fazer para o empregador, como por exemplo: a) não exigir trabalhos superiores às forças do empregado; b) não despedir o empregado estável; c) não ofender a dignidade da pessoa humana do empregado.

Já o empregado fica obrigado a: a) não ofender moral e fisicamente o empregador, seus prepostos ou colegas de trabalho; b) não revelar segredos da empresa; c) abster-se de realizar concorrência desleal etc.

Percebe-se, assim, que as obrigações de não fazer são mais comuns durante a execução do contrato de trabalho.

Mas é possível admitir, por exemplo, o ajuste de uma cláusula de não concorrência após a extinção do contrato de trabalho, desde que sejam observadas as cautelas necessárias em face da hipossuficiência do empregado. Por meio dessa cláusula, o trabalhador se compromete a não prestar serviços, autônomos ou subordinados, de forma a concorrer com a sua empregadora. Outro exemplo consiste na cláusula contratual de promessa de não divulgação de segredos da empresa, mesmo após a dispensa do empregado.

6. CPC. Art. 820. Se o exequente quiser executar ou mandar executar, sob sua direção e vigilância, as obras e os trabalhos necessários à realização da prestação, terá preferência, em igualdade de condições de oferta, em relação ao terceiro.

Assim, se o empregado ou o empregador encontra-se obrigado a abster-se de praticar determinado ato, o credor pode pedir ao juiz que assine prazo para o devedor desfazê-lo às suas custas, desde que exista um título executivo reconhecendo esse dever negativo.

A impossibilidade de desfazimento do ato implica resolução em perdas e danos, conforme dispõe o art. 823, parágrafo único, do CPC.

ATENÇÃO! A Emenda Constitucional nº 45/04 determinou ao legislador ordinário a instituição do Fundo de Garantia das Execuções Trabalhistas, que será formado, principalmente, por meio de condenações trabalhistas e aquelas oriundas da fiscalização do MTE. O objetivo desse fundo é assegurar a efetividade da execução trabalhista, por exemplo, contra empregadores que não cumprem suas obrigações trabalhistas e não possuam bens suficientes para suportar o processo executório.

5. INFORMATIVO DO TST SOBRE A MATÉRIA

Ação civil pública. Multa pelo descumprimento de obrigação de não fazer. Execução antes do trânsito em julgado da decisão. Art. 5º, LV, da CF. Violação.

A SBDI-I, por unanimidade, não conheceu dos embargos do Ministério Público do Trabalho, mantendo o acórdão da Turma que, vislumbrando violação do art. 5º, LV, da CF, deu provimento parcial ao recurso de revista da SANEPAR para determinar que a multa diária pelo descumprimento de obrigação de não fazer imposta nos autos de ação civil pública incida tão somente após o exaurimento do prazo de 120 dias para o cumprimento da obrigação, contados a partir do trânsito em julgado da decisão. No caso, prevaleceu o entendimento de que a execução das astreintes antes do trânsito em julgado da decisão que apreciou a legalidade ou não da terceirização de mão-de-obra revela o perigo de irreversibilidade da decisão, caso sobrevenha entendimento em sentido contrário, o que impossibilitaria a restituição ao status quo ante. TST-E-RR-1850400-42.2002.5.09.0900, SBDI-I, rel. Min. Renato de Lacerda Paiva, 20.6.2013 (TST. Info nº 52).

6. QUADRO SINÓPTICO

Capítulo IV – Execuções das obrigações de dar, fazer e não fazer		
Instituto	**Conteúdo**	**Item**
Dar coisa certa	O devedor de obrigação de entrega de coisa certa, constante de título executivo extrajudicial, será citado para, em 15 (quinze) dias, satisfazer a obrigação. Ao despachar a inicial, o juiz poderá fixar multa por dia de atraso no cumprimento da obrigação, ficando o respectivo valor sujeito a alteração, caso se revele insuficiente ou excessivo.	1
Dar coisa incerta	• As obrigações de dar coisa incerta são aquelas determinadas pelo gênero e pela quantidade. • Deve-se observar, inicialmente, a quem cabe a escolha da coisa, se ao credor ou ao devedor, o que é definido pelas regras de direito material ou derivado de acordo de vontades. • Caso a escolha caiba ao credor, este deve individualizar a coisa na própria petição pela qual requer seja iniciada a execução forçada. Caso caiba ao devedor a escolha, este será citado para entregá-las individualizadas.	2
Fazer	• Na execução das obrigações de fazer, o executado será citado para cumprir a obrigação no prazo constante no título executivo ou, na sua ausência, no prazo determinado pelo juiz.	3

Fazer	• Caso o devedor não cumpra a obrigação, o credor pode requerer que um terceiro substitua o executado às suas custas, desde que a obrigação possa ser cumprida por pessoa diversa do devedor ou transformá-la em indenização por perdas e danos. No primeiro caso, o exequente deve adiantar as despesas necessárias para a execução da obrigação pelo terceiro, conforme proposta aprovada pelo juiz. • Caso a obrigação seja personalíssima, o juiz assina um prazo para que o devedor cumpra a obrigação. Em caso de recusa ou mora do devedor, resolve-se em perdas e danos, uma vez que o serviço não pode ser executado por terceiro.	3
Não fazer	Se o empregado ou o empregador encontra-se obrigado a abster-se de praticar determinado ato, seja em decorrência da incidência das normas estatais ou profissionais, seja por conta de um negócio jurídico, o credor pode pedir ao juiz que assine prazo para o devedor desfazê-lo às suas custas, em caso de inadimplemento, desde que exista um título executivo que reconheça esse dever negativo.	4

CAPÍTULO V

EXECUÇÃO CONTRA A FAZENDA PÚBLICA

1. GENERALIDADES

1.1. Fazenda Pública

Quando o Estado ocupa a posição de autor ou réu e, principalmente, de exequente ou de executado em uma demanda judicial, recebe a denominação de **Fazenda Pública.**

Assim, a Fazenda Pública corresponde à União, aos Estados, o Distrito Federal, os Municípios, e suas respectivas Autarquias e Fundações públicas. Isso significa que para ser considerada "Fazenda Pública", a pessoa jurídica de direito público interno deve possuir autonomia financeira, ou pelo menos ser destinatária de tributos criados por lei.

Não são consideradas Fazenda Pública, as empresas públicas e as sociedades de economia mista, por conta da determinação contida no art. 173, § 1º, II, da CF/88: " II – a sujeição ao regime jurídico próprio das empresas privadas, inclusive quanto aos direitos e obrigações civis, comerciais, trabalhistas e tributários".

O STF imprimiu interpretação extensiva aos preceitos constitucionais para conferir as prerrogativas da Fazenda Pública às **Entidades controladas pelo Poder Público** que executam serviços públicos primários e essenciais:

> AGRAVO REGIMENTAL. FINANCEIRO. EXECUÇÃO DE SENTENÇAS TRANSITADAS EM JULGADO. ENTIDADE CONTROLADA PELO PODER PÚBLICO QUE EXECUTA SERVIÇOS PÚBLICOS PRIMÁRIOS E ESSENCIAIS. FALTA DE COMPROVAÇÃO DO ACÚMULO OU DA DISTRIBUIÇÃO DE LUCROS. REGIME DE PRECATÓRIO. APLICABILIDADE. ART. 100 DA CONSTITUIÇÃO. O Pleno assentou que as entidades jurídicas que atuam em mercado sujeito à concorrência, permitem a acumulação ou a distribuição de lucros submetem-se ao regime de execução comum às empresas controladas pelo setor privado (RE 599.628, rel. min. Carlos Britto, red. P/ acórdão min. Joaquim Barbosa, j. 25.05.2011). Porém, trata-se de entidade que presta serviços

públicos essenciais de saneamento básico, sem que tenha ficado demonstrado nos autos se tratar de sociedade de economia mista ou empresa pública que competiria com pessoas jurídicas privadas ou que teria por objetivo primordial acumular patrimônio e distribuir lucros. Nessa hipótese, aplica-se o regime de precatórios. Precedentes. Agravo regimental ao qual se nega provimento" (RE nº 592.004/AL-AgR, Segunda Turma, Relator o Ministro Joaquim Barbosa DJe de 22.6.2012).

Tais prerrogativas estendem-se aos Correios, diante das peculiaridades da natureza jurídica da EBCT:

> **SÚMULA Nº 02 do TRT8.** EMPRESA BRASILEIRA DE CORREIOS E TELÉGRAFOS. ECT. PRIVILÉGIOS E PRERROGATIVAS PROCESSUAIS. I – A Empresa Brasileira de Correios e Telégrafos, nos termos do art. 12 do Decreto-lei nº 509/69, está sujeita à execução por precatório, exceto quando se tratar de dívida de pequeno valor, nos termos da legislação. II – Não é exigível da EMPRESA BRASILEIRA DE CORREIOS E TELÉGRAFOS – ECT o depósito recursal nem a antecipação do pagamento das custas como pressuposto recursal.

Na **via inversa**, o STF entende que o regime de precatórios não se aplica aos Conselhos de Fiscalização Profissional, conforme decisão proferida nos autos do RE nº 938837 (Tema nº 877), com repercussão geral reconhecida, que adotou a seguinte tese: "Os pagamentos devidos em razão de pronunciamento judicial pelos conselhos de fiscalização não se submetem ao regime de precatórios (19.04.2017)".

1.2. Requisições de pagamento

A execução forçada promovida contra a Fazenda Pública, por razões históricas e de ordem pública, processa-se por meio de **requisição de pagamento** e não pela constrição judicial de seus bens, uma vez que são impenhoráveis.

Esse procedimento especial é necessário para atender às **prerrogativas processuais** conferidas à Fazenda Pública, principalmente a impenhorabilidade dos bens públicos e a necessidade de previsão orçamentária dos gastos públicos.[1]

Assim, a referida requisição de pagamento, a depender do valor, poderá ser representada por:

a) RPV – requisição de pequeno valor;
b) RPS – requisição de parcela superpreferencial; e
c) Precatório.

1.3. Natureza jurídica das requisições de pagamento

Importante salientar que procedimento relativo a requisição de pagamentos à Fazenda Pública, apesar de ser praticado pelos órgão do Poder Judiciário, **tem natureza administrativa e não judicial,** na forma prevista pela Súmula nº 311 do STJ, bem como nas OJ's nºs 8 e 10 do Tribunal Pleno do TST:

> **STJ. Súmula nº 311.** Os atos do presidente do tribunal que disponham sobre processamento e pagamento de precatório não têm caráter jurisdicional.

1. A LC nº 101/2000 (Lei de Responsabilidade Fiscal) **estabelece normas de finanças públicas voltadas para a responsabilidade na gestão fiscal e veda despesas públicas sem previsão orçamentária.**

> **TST. Tribunal Pleno. OJ nº 8.** PRECATÓRIO. MATÉRIA ADMINISTRATIVA. REMESSA NECESSÁRIA. NÃO CABIMENTO. DJ 25.04.07. Em sede de precatório, por se tratar de decisão de natureza administrativa, não se aplica o disposto no art. 1º, V, do Decreto-Lei nº 779, de 21.08.1969, em que se determina a remessa necessária em caso de decisão judicial desfavorável a ente público.
>
> **TST. Tribunal Pleno. OJ nº 10.** PRECATÓRIO. PROCESSAMENTO E PAGAMENTO. NATUREZA ADMINISTRATIVA. MANDADO DE SEGURANÇA. CABIMENTO. DJ 25.04.07. É cabível mandado de segurança contra atos praticados pela Presidência dos Tribunais Regionais em precatório em razão de sua natureza administrativa, não se aplicando o disposto no inciso II do art. 5º da Lei nº 1.533, de 31.12.1951.

Inclusive, o art. 3º da Resolução nº 303/19 do CNJ elenca quais seriam as atividades administrativas desenvolvidas pelo Presidente do Tribunal:

> **Art. 3º** É atribuição administrativa do Presidente do Tribunal, dentre outras previstas nesta Resolução:
>
> I – aferir a regularidade formal do precatório;
>
> II – organizar e observar a ordem de pagamento dos créditos, nos termos da Constituição Federal;
>
> III – registrar a cessão de crédito e a penhora sobre o valor do precatório, quando comunicado sobre sua ocorrência;
>
> IV – decidir sobre impugnação aos cálculos do precatório e sobre o pedido de sequestro, nos termos desta Resolução;
>
> V – processar e pagar o precatório, observando a legislação pertinente e as regras estabelecidas nesta Resolução; e
>
> VI – velar pela efetividade, moralidade, impessoalidade, publicidade e transparência dos pagamentos.

1.4. Crédito de natureza alimentícia

No caso de crédito de natureza alimentícia é assegurado o direito de preferência dos seus titulares, mas obedecida, entre eles, a ordem cronológica de apresentação, caso seja a hipótese de expedição de requisição do tipo precatório.

O § 1º, art. 100 da CF/88, traça os contornos do que seria considerado **crédito de natureza alimentícia**:

> **Art. 100. § 1º** Os débitos de natureza alimentícia compreendem aqueles decorrentes de salários, vencimentos, proventos, pensões e suas complementações, benefícios previdenciários e indenizações por morte ou por invalidez, fundadas em responsabilidade civil, em virtude de sentença judicial transitada em julgado, e serão pagos com preferência sobre todos os demais débitos, exceto sobre aqueles referidos no § 2º deste artigo.

De igual forma, a Súmula nº 655 do STF:

> **SÚMULA Nº 655.** A exceção prevista no art. 100, *caput*, da Constituição, em favor dos créditos de natureza alimentícia, não dispensa a expedição de precatório, limitando-se a isentá-los da observância da ordem cronológica dos precatórios decorrentes de condenações de outra natureza.

Por conta disso, convencionou-se denominar esse direito de **crédito preferencial.**

1.5. Beneficiários

O exequente não é o **único beneficiário** das requisições. Também são considerados beneficiários, ou seja, credores diretos da fazenda pública:

a) o herdeiro;

b) o cessionário, quando a cessão do crédito for total;

c) o advogado em relação aos honorários sucumbenciais devidas pela Fazenda Pública;

d) o perito em relação aos honorários periciais devidos pela Fazenda Pública; e

e) a União em relação às contribuições previdenciárias devidas pela Fazenda Pública.

Para cada um desses beneficiários deverá haver uma **requisição autônoma** (RPV, RPS ou precatório) ainda que decorrentes de um mesmo título judicial.

Isso significa também que se a ação é **plúrima ou coletiva**, serão expedidas tantas requisições autônomas quantos sejam os **integrantes do polo ativo** ou **substitutos processuais**, respectivamente.

1.6. Credores dos beneficiários

Não se pode confundir os **beneficiários** da requisição com os seus respectivos **credores.** Nesse caso, não será expedida uma requisição autônoma para tais credores, mas seus créditos **constarão em destaque** nessa mesma requisição, tais como:

a) honorários advocatícios contratuais;

b) honorários sucumbenciais devidos pelo beneficiário;

c) honorários periciais devidos pelo beneficiário;

d) cessão parcial;

e) penhora incidente sobre a requisição; e

f) contribuições previdenciárias e fiscais devidas pelo exequente.

1.7. Beneficiários preferenciais

Em relação às questões das preferências, deve ser observada a regra contida no § 2º, art. 7º da Resolução nº 303/19 do CNJ:

> **Art. 7º. § 2º** Havendo pluralidade de exequentes, a definição da modalidade de requisição considerará o valor devido a cada litisconsorte, e a elaboração e apresentação do precatório deverão observar: I – a preferência conferida ao crédito do beneficiário principal, decorrente do reconhecimento da condição de doente grave, idoso ou de pessoa com deficiência, nesta ordem.

Assim, o juízo da execução, quando da expedição da requisição, deverá observar o direito de preferência dos beneficiários, considerando a seguinte ordem:

a) beneficiários portadores de doenças graves;

b) idosos maiores de 80 anos;

c) idosos maiores de 60 anos; e
d) pessoas com deficiência.

Cada critério deverá ser observado individualmente, independentemente de o beneficiário preencher mais de uma das referidas condições.

Em caso de empate, considerando-se a mesma condição preferencial, deverá ser reconhecida a preferência do beneficiário com crédito de menor valor. Persistindo o empate, será observada a preferência do beneficiário com a idade mais avançada.

1.8. Honorários advocatícios

Como foi visto, o advogado pode ser considerado como um benefício autônomo da requisição, quando seus honorários decorrerem da sucumbência; e/ou pode ter o valor dos seus honorários destacado do precatório, quando ele for de natureza contratual.

Seja qual for a modalidade, contratuais ou de sucumbência, os honorários poderão ser objeto de cessão, compensação ou penhora.

Entretanto, no caso de honorários contratuais a constrição judicial só ocorrerá se existir contrato de honorários nos autos.

A) Honorários de sucumbência

Os honorários de sucumbência pertencem ao advogado. Por conta disso, quando o devedor é a fazenda pública, deve ser expedida uma requisição autônoma para o recebimento do crédito respectivo, seja por meio de uma requisição de pequeno valor – RPV, uma requisição de parcela superpreferencial – RPS ou um precatório.

B) Honorários contratuais

Havendo contrato de honorários nos autos, o juiz da execução deve determinar que o valor devido ao advogado lhe seja pago diretamente, por dedução da quantia a ser recebida pelo constituinte, salvo se este provar que já os pagou (§ 4º; art. 22 da Lei nº 8.906/94 e § 2º, art. 8º da Resolução nº 303/19 do CNJ).

Desse modo, ao contrário do que ocorre com os honorários sucumbenciais, os contratuais não são pagos por meio de requisição autônoma, mas sim de forma destacada na mesma requisição a ser expedida em favor do exequente.

Ainda que o precatório seja omisso sobre os honorários contratuais, esses poderão ser pagos, após a juntada do respectivo instrumento, até a liberação do crédito ao beneficiário originário.

No caso de ação coletiva ou reclamação trabalhista plúrima, os honorários também são devidos coletivamente. Ou seja, deve-se considerar o percentual fixado a título de honorários de sucumbência incidente sobre a totalidade dos créditos dos substituídos ou dos litisconsortes, expedindo-se uma única requisição (RPV, RPS ou Precatório).

2. PROCEDIMENTO DA EXECUÇÃO OU CUMPRIMENTO DA SENTENÇA

2.1. Citação e intimação

Inicia-se a execução contra a Fazenda Pública por meio da sua citação.

Nos casos de **cumprimento de título judicial (sentença)** é possível utilizar **supletivamente** do preceito contido no art. 535 do CPC e **substituir** a expedição de mandado de citação previsto na CLT, pela **intimação do representante judicial** do Ente público do devedor:

> **Art. 535.** A Fazenda Pública será intimada na pessoa de seu representante judicial, por carga, remessa ou meio eletrônico, para, querendo, no prazo de 30 (trinta) dias e nos próprios autos, impugnar a execução, podendo arguir:

Há, contudo, divergência na doutrina e jurisprudência sobre o uso do CPC de forma supletiva, nesse caso, sob o argumento de que a CLT tem dispositivo expresso nesse sentido, qual seja, o art. 880:

> **Art. 880.** Requerida a execução, o juiz ou presidente do tribunal mandará **expedir mandado de citação do executado**, a fim de que cumpra a decisão ou o acordo no prazo, pelo modo e sob as cominações estabelecidas ou, quando se tratar de pagamento em dinheiro, inclusive de contribuições sociais devidas à União, para que o faça em 48 (quarenta e oito) horas ou garanta a execução, sob pena de penhora (grifou-se).

Note-se que no Processo judicial eletrônico – PJe essa comunicação judicial pode ser feita no próprio sistema, mediante cadastro prévio do Ente Público.

Diferentemente do que ocorre com os demais executados, a Fazenda Pública é citada para oferecer embargos ou intimada para impugnar a execução **e não para pagar, uma vez que os bens públicos não são passíveis de penhora.**

A omissão do Ente Público implica expedição de precatório, requisição de parcela superpreferencial ou requisição para pagamento de dívida de pequeno valor.

2.2. Embargos ou impugnação à execução

O art. 1º-B, da Lei nº 9.494/97, acrescentado pela Medida Provisória nº 2.180-35/2001,[2] fixou em **30 dias** o prazo para a Fazenda Pública apresentar embargos no processo do trabalho:

> **Art. 1º-B.** O prazo a que se refere o *caput* dos arts. 730 do Código de Processo Civil, e 884 da Consolidação das Leis do Trabalho, aprovada pelo Decreto-Lei nº 5.452, de 1º de maio de 1943, passa a ser de trinta dias.

Em 2005, o Pleno do TST declarou a inconstitucionalidade desse ato normativo, conforme se observa da ementa abaixo transcrita:

> MEDIDA PROVISÓRIA AMPLIANDO O PRAZO FIXADO NOS ARTS. 730 DO CPC E 884 DA CLT, DE DEZ E CINCO, RESPECTIVAMENTE, PARA TRINTA DIAS, PARA OS ENTES PÚBLICOS OPOREM EMBARGOS À EXECUÇÃO MEDIDA PROVISÓRIA Nº 2.180-35/01 – INCONSTITUCIONALIDADE À LUZ DO

2. Em vigor conforme o art. 2º da EC nº 32/2001.

> ART. 62, "*CAPUT*", DA CONSTITUIÇÃO FEDERAL.[...] 4. Seguindo os fundamentos determinantes da decisão do Supremo Tribunal Federal nas ADIMC-1.753/DF e 1.910/DF (referentes à ampliação do prazo para ajuizamento de ação rescisória), deve-se concluir, na presente hipótese, que o favor processual concedido aos entes públicos, no sentido de triplicar o prazo para a oposição dos embargos à execução, carece de urgência política, ou seja, não se revela proporcional, apresentando-se como um privilégio inconstitucional.[3]

Posteriormente, em agosto de 2013, esse mesmo Tribunal decidiu suspender os efeitos da mencionada decisão até o julgamento do recurso extraordinário pelo STF que trata dessa questão, com repercussão geral:

> EXECUÇÃO. PRAZO PARA INTERPOSIÇÃO DE EMBARGOS À EXECUÇÃO PELA FAZENDA PÚBLICA. ART. 4º DA MP 2.180-35/2001. MATÉRIA SUSPENSA PARA APRECIAÇÃO DO TRIBUNAL PLENO. A SBDI-I decidiu, por maioria, vencido o Ministro João Oreste Dalazen, suspender a proclamação do resultado do julgamento do processo em que se discute o prazo para interposição de embargos à execução pela Fazenda Pública, para remeter os autos ao Tribunal Pleno a fim de que delibere sobre a suspensão, ou não, da declaração de inconstitucionalidade formal do art. 4º da Medida Provisória nº 2.180-35/01 (que introduziu o art. 1º-B à Lei nº 9.494/97), pronunciada em 4.8.2005, decorrente de arguição incidental suscitada nos autos do processo TST-RR-7000-66.1992.5.04.0011, até que o Supremo Tribunal Federal se manifeste em definitivo sobre a matéria. Na hipótese, a Subseção inclinou-se em decidir em desconformidade com a referida declaração, nos termos do voto do Ministro relator que preconizava o conhecimento dos embargos por ofensa aos arts. 896 da CLT e 5º, LIV e LV, da CF e, no mérito, dava-lhes provimento para, afastado o óbice da intempestividade dos embargos à execução opostos pela Universidade Federal do Rio Grande do Norte – UFRN, determinar o retorno dos autos à vara de origem, para que prossiga no exame do recurso como entender de direito. [4]

Por fim, em 2019 o STF declarou a **constitucionalidade** do referido dispositivo legal, nos autos do RE nº 590.871 (Tema de repercussão geral nº 137):

> 1. O estabelecimento de tratamento processual especial para a Fazenda Pública, fixando-se prazo de 30 dias para opor embargos à execução, não restringe de forma desproporcional os direitos fundamentais das partes adversas, mas, sim, busca dar máxima efetividade ao princípio de proteção ao interesse público. (Precedentes: ADI 2.418, Relator Ministro Teori Zavascki, DJe 09.06.2016; ADC 11, Relator Ministro Gilmar Mendes, Plenário, J. 23.08.2019)
>
> 2. É compatível com a Constituição da República de 1988 a ampliação para 30 (trinta) dias do prazo de oposição de embargos à execução pela Fazenda Pública.
>
> 3. Recurso extraordinário provido para que a Justiça do Trabalho, reconhecida a tempestividade dos embargos à execução opostos pela Fazenda Pública no prazo que lhe foi facultado pelo art. 1º-B da Lei 9.494/1997, julgue como entender de direito.

3. REQUISIÇÃO DE PEQUENO VALOR – RPV

3.1. Obrigações de pequeno valor

As requisições de pequeno valor são expedidas pelo juízo da execução para fazer cumprir as decisões transitadas em julgados que contenham **obrigações de pequeno valor**, que

3. TST. Pleno. Incidente de inconstitucionalidade. RR 7000-66.1992.5.04.0011.. Rel. Min. Ives Gandra Martins Filho. DJ 23.09.2005.
4. TST. E-RR-110200-18.2003.5.21.0921. SBDI-I. Rel. Min. Renato de Lacerda Paiva, 22.8.2013.

são aquelas assim definidas em lei para as fazendas públicas federal, estaduais, distrital e municipais, em virtude de sentença transitada em julgado.

A CF/88 trata dessa matério no seu § 3º, art. 100, com redação dada pela EC nº 62/09:

> **Art. 100. § 3º** O disposto no *caput* deste artigo relativamente à expedição de precatórios não se aplica aos pagamentos de obrigações definidas em leis como de pequeno valor que as Fazendas referidas devam fazer em virtude de sentença judicial transitada em julgado.

3.2. Definição de pequeno valor

Cada Ente da Federação tem a **competência para fixar, por lei, os limites individuais das dívidas de pequeno valor, que não pode ser inferior ao valor do maior benefício pago pela previdência social.**[5]

> **OJ Nº 28 do TRT4.** REQUISIÇÃO DE PEQUENO VALOR. FAZENDA MUNICIPAL. A lei municipal pode estabelecer limite para a requisição de pequeno valor inferior ao previsto subsidiariamente na Constituição da República (art. 87, II, e 97, parágrafo 2º, II, do ADCT), respeitado, a partir da vigência da EC 62/2009, o mínimo equivalente ao valor do maior benefício do regime geral de previdência social (CF, art. 100, § 4º).

Inexistindo lei será considerada como obrigação de pequeno valor no momento da expedição da requisição:

a) 60 salários-mínimos, se devedora a fazenda federal;

b) 40 salários-mínimos, se devedora a fazenda estadual ou distrital; e

c) 30 salários-mínimos, se devedora a fazenda municipal.

Assim, quando a dívida não ultrapassar os mencionados limites, não haverá necessidade de expedição de precatório.

Nesse caso, será expedida uma **requisição de pequeno valor**, no prazo de **sessenta dias**,[6] para efetuar o pagamento da quantia devida pela Fazenda Pública. Em caso de recusa, **expede-se ordem de sequestro.**[7]

> **OJ Nº 4 do TRT4.** REQUISIÇÃO DE PEQUENO VALOR (RPV). ATUALIZAÇÃO MONETÁRIA ENTRE A EXPEDIÇÃO E O PAGAMENTO. Respeitado o prazo de 60 (sessenta) dias para pagamento das requisições de pequeno valor (RPV), não incidem juros ou atualização monetária entre a data da apresentação da conta e a do efetivo depósito.

---

5. CF/88. Art. 100. § 4º Para os fins do disposto no § 3º, poderão ser fixados, por leis próprias, valores distintos às entidades de direito público, segundo as diferentes capacidades econômicas, sendo o mínimo igual ao valor do maior benefício do regime geral de previdência social.
6. Lei nº 10.259/01. Art. 17. Tratando-se de obrigação de pagar quantia certa, após o trânsito em julgado da decisão, o pagamento será efetuado no prazo de **sessenta dias**, contados da entrega da requisição, por ordem do Juiz, à autoridade citada para a causa, na agência mais próxima da Caixa Econômica Federal ou do Banco do Brasil, independentemente de precatório (grifou-se). **TST. IN nº 32/07. Art. 15. As requisições de pequeno valor – RPV encaminhadas ao devedor deverão ser pagas no prazo de 60 (sessenta) dias (grifou-se).**
7. TST. OJ nº 1. PLENO. PRECATÓRIO. CRÉDITO TRABALHISTA. PEQUENO VALOR. EMENDA CONSTITUCIONAL Nº 37/02. DJ 09.12.03. Há dispensa da expedição de precatório, na forma do art. 100, § 3º, da CF/1988, quando a execução contra a Fazenda Pública não exceder os valores definidos, provisoriamente, pela Emenda Constitucional nº 37/02, como obrigações de pequeno valor, inexistindo ilegalidade, sob esse prisma, na determinação de sequestro da quantia devida pelo ente público.

Se o valor do débito for superior aos limites legais, o credor **poderá renunciar o montante excedente** (art. 87, parágrafo único, do ADCT, da CF/88), sendo o respectivo pleito dirigido ao juízo da execução, ainda que já tenha sido expedido o ofício requisitório (parágrafo único, art. 48 da Resolução nº 303/19 do CNJ).

O que não pode ocorrer é o **fracionamento ou parcelamento do valor do crédito reconhecido pela sentença judicial**, após iniciado o processo de execução, com a finalidade de não se submeter ao procedimento do precatório judicial.

Essa vedação encontra-se expressamente consignada no § 4º, art. 2º da Resolução nº 303/19 do CNJ e no art. 100, § 8º, da Constituição Federal:

> **Art. 100. § 8º** É vedada a expedição de precatórios complementares ou suplementares de valor pago, bem como o fracionamento, repartição ou quebra do valor da execução para fins de enquadramento de parcela do total ao que dispõe o § 3º deste artigo.[8]

Nas execuções plúrimas, para efeito de definição de dívida de pequeno valor, **considera-se o crédito individual de cada exequente**, na forma do entendimento constante da OJ nº 9, do Tribunal Pleno do TST:

> **OJ Nº 9.** PRECATÓRIO. PEQUENO VALOR. INDIVIDUALIZAÇÃO DO CRÉDITO APURADO. RECLAMAÇÃO TRABALHISTA PLÚRIMA. EXECUÇÃO DIRETA CONTRA A FAZENDA PÚBLICA. POSSIBILIDADE. DJ 25.04.07. Tratando-se de reclamações trabalhistas plúrimas, a aferição do que vem a ser obrigação de pequeno valor, para efeito de dispensa de formação de precatório e aplicação do disposto no § 3º do art. 100 da CF/88, deve ser realizada considerando-se os créditos de cada reclamante.

Em conformidade com a decisão do STF nas ADI's 4.357 e 4.425, não pode ser negada a aplicabilidade da lei que fixa o pequeno valor, apenas por ter sido promulgada após o decurso do prazo de 180 dias previsto no § 12 do ADCT.

3.2. Procedimento

A requisição de pequeno valor – RPV, que deverá conter as mesmas informações do ofício requisitório, será encaminhada pelo **juízo da execução à entidade devedora**, tendo esta o prazo de **sessenta dias** para providenciar o pagamento.

Cabe ao juízo da execução:

a) decidir questões incidentes;

b) realizar o pagamento; e

c) determinar o sequestro do valor suficiente ao cumprimento da decisão, acrescido de juros de mora e correção monetária.

Caso a Fazenda Pública descentralize recursos orçamentários diretamente ao Tribunal, mediante convênio ou lei específica, a requisição poderá ser apresentada a esse órgão.

Ao contrário do que ocorre com o precatório, não há que se falar em observância a ordem cronológica de apresentação da RPV. Sendo assim, veda-se a formação de lista cronológica de débitos de RPV ou qualquer acordo envolvendo o seu pagamento.

8. Redação dada pela EC nº 62/09.

3.3. RPV de dívidas da União

Há regras distintas para a requisição para pagamento de dívidas de pequeno valor em relação à União, suas autarquias e fundações públicas.

Nesse caso o pagamento é feito pelo próprio Tribunal, sem a necessidade de o juiz da execução enviar a requisição para a entidade devedora, conforme se pode observar da redação do art. 32 da Lei de Diretrizes Orçamentárias (Lei nº 14.116/20):

> **Art. 32.** As dotações orçamentárias destinadas ao pagamento de débitos relativos a precatórios e requisições de pequeno valor aprovadas na Lei Orçamentária de 2021 e em seus créditos adicionais deverão ser integralmente descentralizadas pelo órgão central do Sistema de Administração Financeira Federal aos órgãos setoriais de planejamento e orçamento do Poder Judiciário, ou equivalentes, inclusive ao Tribunal de Justiça do Distrito Federal e dos Territórios, que se incumbirão de descentralizá-las aos tribunais que proferirem as decisões exequendas, ressalvadas as hipóteses de causas processadas pela justiça comum estadual.

Anualmente os recursos necessários ao pagamento dos precatórios e das RPV's da União são enviados do Sistema de Administração Financeira Federal – SIAF diretamente para os órgãos de planejamento e orçamento do Conselho Superior da Justiça do Trabalho – CSJT, que por sua vez, fica encarregado de descentraliza-los aos Tribunais, mediante requerimento.

Exemplos de questões sobre o tema

(TRT 4 – Juiz do Trabalho Substituto 4ª região/2016) Assinale a assertiva correta sobre execução contra a Fazenda Pública na Justiça do Trabalho.

a) É inválida a penhora em bens de pessoa jurídica de direito privado, realizada anteriormente à sucessão pela União ou por Estado-membro, devendo a execução prosseguir mediante precatório.

b) O sequestro de verbas públicas para satisfação de precatórios trabalhistas é admitido exclusivamente nas hipóteses de preterição do direito de precedência do credor ou de não alocação orçamentária do valor necessário à satisfação do débito.

c) Em sede de precatório, configura ofensa à coisa julgada a limitação dos efeitos pecuniários da sentença condenatória ao período anterior ao advento da Lei nº 8.112/1990, em que o exequente submetia-se à legislação trabalhista, salvo disposição expressa em contrário na decisão exequenda.

d) Na hipótese de não cumprimento da requisição de pequeno valor, no prazo de 60 (sessenta) dias, contados da sua expedição, o Juiz determinará o sequestro de numerário suficiente ao pagamento.

e) Tratando-se de reclamações trabalhistas plúrimas, a aferição do que vem a ser obrigação de pequeno valor, para efeito de dispensa de formação de precatório e aplicação do disposto no art. 100, § 3º, da Constituição Federal de 1988, deve ser realizada considerando-se os créditos somados de todos os reclamantes.

Resposta: B

(TRT 8 – Juiz do Trabalho Substituto 8ª região/2014) Na execução em face da Fazenda Pública, é CORRETO o procedimento judicial trabalhista:

a) que homologa a renúncia do credor quanto à importância superior à estabelecida na definição de pequeno valor porque se trata de livre opção pelo pagamento do saldo dispensando-se o precatório, mas, de outro lado, na hipótese de crédito de valor aproximado ao de pequeno valor legalmente previsto, é defeso ao Presidente do Tribunal ou ao Juízo Auxiliar de Conciliação de Precatórios consultar o credor quanto ao interesse em renunciar parcialmente ao crédito de modo a afastar a necessidade de expedição do precatório.

b) que indefere o fracionamento do valor da execução relativamente ao mesmo beneficiário, de modo que se faça o pagamento, em parte, por intermédio de requisição de pequeno valor e, em parte, mediante expedição de precatório, exceto quanto ao credor privilegiado que tenha mais de 60 (sessenta) anos, dada a hipossuficiência financeira presumida, nos termos da Lei n° 12.008/09.

c) que nas requisições de pagamento que decorram de precatório ou as de pequeno valor, quando a devedora for a Fazenda Federal ou Distrital, o Juiz da execução, a quem compete examinar a regularidade formal das requisições, as expedirá ao presidente do Tribunal, mas competindo a este, no caso de precatórios: I. corrigir, de ofício ou a requerimento das partes, inexatidões materiais ou retificar erros de cálculos, vinculados à utilização de critério em descompasso com a lei ou com o título executivo judicial, desde que o critério não haja sido objeto de debate quer na fase de conhecimento, quer na fase de execução; II. expedir o ofício requisitório; III. zelar pela obediência à ordem de preferência de pagamento dos créditos, na hipótese de precatórios.

d) que na hipótese de título executivo oriundo de reclamação plúrima ajuizada por sindicato profissional na qualidade de substituto processual, inclui os honorários advocatícios e periciais como parcela integrante da requisição de pequeno valor, somando ao crédito dos exequentes.

e) que no caso de título executivo oriundo de reclamação plúrima ajuizada por sindicato profissional na qualidade de substituto processual, será considerado o valor devido a cada litisconsorte, expedindo-se, simultaneamente, se for o caso: I. requisições de pequeno valor em favor dos exequentes cujos créditos não ultrapassam os limites definidos no art. 3º da IN 32/2007 do TST; e, II. requisições mediante precatório para os demais credores.

Resposta: E

4. REQUISIÇÃO DE PARCELA SUPERPREFERENCIAL- RPS

4.1. Crédito superpreferencial

O crédito superpreferencial é a parcela que integra o crédito de natureza alimentar (crédito preferencial), **passível de fracionamento e adiantamento.**

Com efeito, a Constituição Federal estabelece o pagamento superpreferencial dos créditos alimentícios **das pessoas com mais de 60 anos, para os portadores de doenças graves e pessoas com deficiência, assim definidos na forma da lei.**

> **Art. 100. § 2º** Os débitos de natureza alimentícia cujos titulares, originários ou por sucessão hereditária, tenham **60 (sessenta) anos de idade**, ou sejam **portadores de doença grave**, ou **pessoas com deficiência**, assim definidos na forma da lei, serão pagos com preferência sobre todos os demais débitos, até o valor equivalente ao triplo fixado em lei para os fins do disposto no § 3º deste artigo, admitido o fracionamento para essa finalidade, sendo que o restante será pago na ordem cronológica de apresentação do precatório.

Essa superpreferência diz respeito ao direito que o exequente tem de receber seu crédito **de até o triplo** fixado como de pequeno valor para os entes submetidos ao regime ordinário; e **até o quíntuplo**, se submetido ao regime especial, sem se submeter a ordem cronológica de apresentação do precatório.

4.2. Beneficiários da parcela superpreferencial

É considerado idoso o exequente ou beneficiário que conte com **sessenta anos** de idade ou mais, **antes ou após a expedição do ofício precatório.**

A Resolução nº 303/2019 do CNJ utilizou-se das informações contidas na Lei nº 7.713/88, art. 6º, XIV, com a redação dada pela Lei nº 11.052/2004, para discriminar **as moléstias consideradas graves:**

a) tuberculose ativa;

b) alienação mental;

c) neoplasia maligna;

d) cegueira;

e) esclerose múltipla;

f) hanseníase;

g) paralisia irreversível e incapacitante;

h) cardiopatia grave;

i) doença de Parkinson;

j) espondiloartrose anquilosante;

l) nefropatia grave;

m) estado avançado da doença de *Paget* (osteíte deformante);

n) contaminação por radiação;

o) síndrome da deficiência imunológica adquirida (AIDS);

p) hepatopatia grave;

k) moléstias profissionais.

Já deficiente é o exequente que se enquadra nas definições estabelecidas pela Lei nº 13.146/2015 (Estatuto da pessoa com deficiência).

Essa superpreferência só se aplica a dois beneficiários do precatório: a) o titular originário; e) os sucessores hereditários.

Seja qual for o caso, não se admite novo pagamento da parcela superpreferencial, ainda que por fundamento diverso, mesmo que surgido posteriormente.

Porém, **admite-se o fracionamento do valor do precatório somente para essa finalidade**, sendo que o restante será pago na ordem cronológica de apresentação (CF/88. Art. 100, § 2º).

4.3. Procedimento

A competência para expedir a requisição de pagamento superpreferencial irá depender do momento da implementação das condições que tornam o credor beneficiário dessa parcela.

Caso ocorra antes da expedição do precatório, a requisição será expedida pelo juízo da execução. Se for posterior, pelo tribunal.

A) Procedimento no juízo da execução

O requerimento será feito ao juízo da execução, acompanhada da documentação comprobatória da idade, da moléstia grave ou da deficiência do exequente, ouvida a parte contrária no prazo de cinco dias.

Deferido o requerimento, o juiz deverá expedir a requisição judicial de pagamento de parcela superpreferencial – RPS, distinta do precatório e limitada a **três vezes** o valor da dívida de pequeno valor definida em lei, caso o Ente público esteja submetido ao regime ordinário.

Apresentado requerimento de parcela superpreferencial antes da expedição do precatório por motivo de doença grave ou deficiência física, o juízo da execução deverá ouvir o ente público no prazo de cinco dias, seguindo-se decisão fundamentada.

Uma vez recebida a requisição, tem o ente público o prazo improrrogável de sessenta dias para providenciar o pagamento, sob pena de sequestro de numerário suficiente ao cumprimento da decisão, dispensada a oitiva do ente público.

Note-se que é vedado novo pagamento de parcela superpreferencial a qualquer título, mesmo que surgido posteriormente. Assim, uma vez quitada a parcela superpreferencial, havendo crédito remanescente será expedido ofício precatório, independentemente do seu valor.

B) Procedimento no Tribunal

No caso do credor passar a ser beneficiário da superpreferência de crédito depois de expedido o precatório, o benefício deve ser requerido ao juízo da execução, que por sua vez comunicará ao presidente do tribunal sobre a apresentação do pedido e seu eventual deferimento, solicitando a dedução do valor fracionado.

Havendo convênio com a entidade devedora e o Tribunal para quitação de precatórios, o pagamento será realizado pelo presidente do tribunal, observando as seguintes regras fixadas no § 8º, art. 9º da Resolução nº 303/20 do CNJ:

> a) caso o credor do precatório faça jus ao benefício em razão da idade, o pagamento será realizado de ofício, conforme informações e documentos anexados ao precatório; e
>
> b) nos demais casos, o pagamento demanda pedido ao presidente do tribunal, que poderá delegar ao juízo da execução a análise da condição de beneficiário portador de doença grave ou com deficiência.

Caso a requisição não seja cumprida pela entidade devedora, o juiz determinará de ofício o sequestro do valor suficiente ao cumprimento da decisão.

Exemplo de questão sobre o tema

(Juiz do Trabalho Substituto – TRT 21ª região – 2010 – Adaptada) Leia as assertivas abaixo e marque a resposta correta sobre as normas de execução contra a Fazenda Pública, considerando as alterações feitas no texto da Constituição Federal pela Emenda nº 62/2009:

I. os titulares de crédito que tenham mais de 65 (sessenta e cinco anos) possuem preferência em relação aos que têm créditos alimentícios;

II. aos portadores de doenças graves, assim definidas em lei, é também assegurada preferência sobre os demais titulares de créditos alimentícios, desde que seus créditos também tenham essa mesma natureza e não excedam ao dobro do valor fixado em lei como de pequeno valor;

III. as indenizações por responsabilidade civil decorrentes de morte ou invalidez também integram o conceito de crédito de natureza alimentícia;

Resposta: Itens I e II errados; Item III correto

5. PRECATÓRIO NO REGIME ORDINÁRIO

5.1. Precatório

Quando não se tratar de dívida de pequeno valor, uma vez tornado liquidado o título executivo judicial transitado em julgado, o juiz da execução[9] deverá expedir o ofício **precatório** dirigido ao Tribunal ao qual esteja vinculado.

---

9. Considera-se juiz da execução o magistrado de primeiro ou do segundo grau perante o qual tramita processo judicial que tenha por objeto obrigação pecuniária de responsabilidade da Fazenda Pública.

O **precatório** é elaborado pelo **juízo da execução** e deverá conter diversas informações, de acordo com a listagem definida pelo art. 6º da referida Resolução nº 303/19 do CNJ, principalmente a indicação da natureza da dívida (alimentar ou comum), a data-base utilizada na definição do valor do crédito; data do trânsito em julgado da sentença ou do acórdão lavrado na fase de conhecimento do processo judicial; data do trânsito em julgado dos embargos à execução ou da decisão que resolveu a impugnação ao cálculo no cumprimento de sentença, ou do decurso do prazo para sua apresentação; etc.

Caso exista controvérsia sobre o valor do crédito do exequente, a parcela admitida pela fazenda pública como devida (parcela incontroversa), **poderá ser objeto do precatório.**

Posteriormente, **o valor remanescente**, caso admitido como devido, será pago por meio de **outro precatório**, ainda que seja considerado como dívida de pequeno valor.

Também serão requisitadas, mediante expedição de precatório, as diferenças originadas de **revisão de precatório** pelo TRT, **independentemente do seu valor.**

Todavia, **não será expedido precatório** quando a dívida:

a) seja definida, por lei, como de pequeno valor; ou

b) seja considerada como crédito superpreferencial e seu valor não ultrapasse o triplo do item anterior, no caso de regime de precatório comum, ou o quíntuplo, na hipótese de regime especial.

Ainda que a dívida não seja considerada como de pequeno valor, não será expedido precatório quando **o credor renunciar o valor que exceder o referido limite.**

Se após o procedimento de revisão dos cálculos o valor respectivo for considerado como dívida de pequeno valor, não será expedido precatório, mas uma requisição de pequeno valor – RPV.

Por fim, dispensa-se a expedição de novo precatório para pagamento de **diferenças geradas por conta da incidência de juros e atualização monetária** entre a data do cálculo e a do efetivo pagamento do débito, observando o período de graça constitucional.

Antes do envio ao Tribunal do precatório, as partes serão intimadas para manifestação.

5.2. Ofício requisitório

Recebido o **precatório**, o Tribunal comunicará à entidade devedora por meio de **ofício requisitório**, até o dia **20 de julho,** quais foram os precatórios apresentados **até 1º de julho,** com seu valor atualizado, acrescido de juros até esta data, visando a inclusão na proposta orçamentária do exercício subsequente.

As seguintes informações deverão constar do ofício requisitório (§ 2º, art. 15 da Resolução nº 303/19 do CNJ) :

> I – a numeração de cada precatório apresentado, acompanhada do número do respectivo processo originário;
>
> II – a indicação da natureza do crédito, comum ou alimentar, e da data do recebimento do precatório no tribunal;

> III – a soma total dos valores atualizados dos precatórios apresentados até 1º de julho, acrescidos de juros;
>
> IV – o número da conta judicial remunerada para o depósito do valor requisitado, sendo o caso; e
>
> V – os parâmetros da metodologia de atualização dos créditos, conforme a natureza desses e a legislação pertinente, sendo o caso.

Assim, é importante destacar que o precatório se difere do ofício requisitório. O primeiro é enviado do **juízo da execução para o Tribunal**. Já o segundo é **expedido pelo Tribunal** com destino a **entidade devedora**.

Caso o ente devedor esteja submetido ao regime especial de precatórios, o ofício requisitório será enviado do TRT para o **Tribunal de Justiça,** na forma prevista pelo art. 15, § 1º, III, da Resolução nº 303/19 do CNJ.

Em qualquer hipótese, deverá constar na comunicação:

> I – a numeração de cada precatório apresentado, acompanhada do número do respectivo processo originário;
>
> II – a indicação da natureza do crédito, comum ou alimentar, e da data do recebimento do precatório no tribunal;
>
> III – a soma total dos valores atualizados dos precatórios apresentados até 1º de julho, acrescidos de juros;
>
> IV – o número da conta judicial remunerada para o depósito do valor requisitado, sendo o caso; e
>
> V – os parâmetros da metodologia de atualização dos créditos, conforme a natureza desses e a legislação pertinente, sendo o caso.

5.3. Ordem cronológica

Uma das características das obrigações da fazenda pública que são cumpridas mediante a expedição de precatório é a cronologia.

Isso significa que o pagamento das diversas dívidas deve ser feita em estrita observância **à ordem cronológica de apresentação dos precatórios**, na forma prevista pelo art. 100 da atual Constituição Federal:

> **Art. 100.** Os pagamentos devidos pelas Fazendas Públicas Federal, Estaduais, Distrital e Municipais, em virtude de sentença judiciária, far-se-ão exclusivamente na ordem cronológica de apresentação dos precatórios e à conta dos créditos respectivos, proibida a designação de casos ou de pessoas nas dotações orçamentárias e nos créditos adicionais abertos para este fim.[10]

A utilização desse critério atende aos princípios da impessoalidade e da moralidade que regem a administração pública, além do princípio constitucional da igualdade.

A CLT é omissa nesse aspecto, mas o CPC, em seu o art. 910, faz referência expressa a esse procedimento:

10. Redação dada pela Emenda Constitucional nº 62/2009.

> **Art. 910.** Na execução fundada em título extrajudicial, a Fazenda Pública será citada para opor embargos em 30 (trinta) dias. § 1º Não opostos embargos ou transitada em julgado a decisão que os rejeitar, expedir-se-á precatório ou requisição de pequeno valor em favor do exequente, observando-se o disposto no art. 100 da Constituição Federal.

A ordem de pagamento de cada credor da fazenda pública é definida pelo **momento da apresentação do precatório.**

Quando entre dois precatórios de idêntica natureza não for possível estabelecer a precedência cronológica por data, hora, minuto e segundo da apresentação, **o precatório de menor valor precederá o de maior valor.**

Por conta disso, **o momento do recebimento do precatório pelo Tribunal** perante o qual se vincula o juízo da execução **é importante** porque é ela quem define a referida **ordem cronológica**, na forma prevista pelo inciso VI, art. 2º, da Resolução nº 303/19 do CNJ:

> **Art. 2º. VII** – para efeito do disposto no *caput* do art. 100 da Constituição Federal, considera-se como momento de apresentação do precatório o do recebimento do ofício precatório perante o Tribunal ao qual se vincula o juízo da execução.

Inclusive, no caso de devolução do ofício ao juízo da execução por fornecimento incompleto ou equivocado de dados ou documentos, a data de apresentação a ser considerada será aquela do recebimento do ofício **com as informações e documentação completas.**

Todavia, **não será necessário devolver o precatório** para corrigir **erros de digitação**, assim considerado o decorrente de desconformidade da informação nele contida com a presente no processo originário. Nesses casos, o próprio Tribunal fará a retificação.

5.4. Lista de ordem

Com base no momento da apresentação é elaborada uma lista de ordem de precatórios pelo Tribunal, que será divulgada em seu sítio na internet, nela identificada:

> I – a natureza dos créditos, inclusive com registro da condição de superpreferência;
>
> II – o número e o valor do precatório; e
>
> III – a posição do precatório na ordem.

Haverá **uma lista de ordem cronológica para cada entidade devedora**, assim consideradas as entidades da administração direta e indireta do ente federado.

A referida lista deverá ser atualizada periodicamente, registrando os **pagamentos realizados**, sendo que a quitação do crédito de **natureza alimentar** precederá o de **natureza comum** e o da parcela superpreferencial precederá o do remanescente do crédito alimentar, e este o do crédito comum.

Caso seja **impossível** identificar a **precedência cronológica**, o precatório de menor valor precederá o de maior valor e, se persistir, preferirá o precatório cujo credor tiver maior idade.

5.5. Aporte de recursos

Os pagamentos feitos pela fazenda pública aos seus credores podem decorrer de aportes voluntários ou por meio de sequestro.

A) Aporte voluntário por meio de previsão orçamentária

Para a satisfação do credor da Fazenda Pública é necessário que exista uma **dotação orçamentária específica** para esse fim.

Anualmente, o Poder Executivo apresenta um projeto de lei contendo uma proposta orçamentária que é discutida e aprovada pelo Poder Legislativo, originando a lei orçamentária anual – LOA.

Assim, é obrigatória a inclusão de uma verba necessária ao pagamento dos débitos das entidades de direito público decorrentes de sentenças transitadas em julgado, que constem de precatórios apresentados até 1º de julho.[11]

Nesse sentido, o comando contido no art. 6º da Lei nº 9.469/97, que, dentre outras providências, regula os pagamentos devidos pela Fazenda Pública Federal em virtude de sentença judicial:

> **Art. 6º.** Os pagamentos devidos pela Fazenda Pública federal, estadual ou municipal e pelas autarquias e fundações públicas, em virtude de sentença judiciária, far-se-ão, exclusivamente, na ordem cronológica da apresentação dos precatórios judiciários e à conta do respectivo crédito.

Uma vez consignado o crédito no orçamento da Entidade Pública e posto à disposição do Poder Judiciário, cabe ao Presidente do Tribunal efetuar os pagamentos dos precatórios por ele expedidos, de acordo com a quantia depositada com esse objetivo.[12]

Esses valores consignados na LOA são disponibilizados para o Tribunal, que providenciará os pagamentos dos precatórios pendentes de pagamento, observada estritamente a **ordem cronológica de sua apresentação**.

Caso não sejam disponibilizados tais recursos, necessários ao pagamento integral da dívida, a inadimplência do precatório é **certificada nos autos**, cientificando-se o credor e a entidade devedora quanto às sanções previstas na Constituição, notadamente a possibilidade de **sequestro.**

B) Sequestro

Como dito, os bens públicos não podem sofrer constrição judicial. Todavia, em caso de quitação do precatório **sem observância da ordem cronológica** ou **ausência total ou parcial de alocação orçamentária** para seu pagamento, **é possível sequestrar a verba** devida aos credores que se sentirem prejudicados.

Assim, na ocorrência dessas situações descritas acima, o exequente **pode requerer o sequestro da quantia necessária para satisfazer o seu crédito**, conforme preceito contido no art. 100, § 6º, da Carta Magna:

---

11. Caso o precatório seja apresentado a partir do dia dois de julho, será incluído no orçamento do segundo ano subsequente ao da sua apresentação.
12. IN nº 32/07. Art. 12. Os valores destinados aos pagamentos decorrentes de precatórios e de requisições de pequeno valor serão depositados em instituição bancária oficial, abrindo-se conta remunerada e individualizada para cada beneficiário.

> **CF/88. Art. 100. § 6º** As dotações orçamentárias e os créditos abertos serão consignados diretamente ao Poder Judiciário, cabendo ao Presidente do Tribunal que proferir a decisão exequenda determinar o pagamento integral e autorizar, a requerimento do credor e exclusivamente para os casos de preterimento de seu direito de precedência ou de não alocação orçamentária do valor necessário à satisfação do seu débito, o sequestro da quantia respectiva.

Nesse sentido também é a determinação contida no *caput* do art. 19 da Resolução nº 303/20 do CNJ:

> Art. 19. Em caso de burla à ordem cronológica de apresentação do precatório, ou de não alocação orçamentária do valor requisitado, faculta-se ao credor prejudicado requerer o sequestro do valor necessário à integral satisfação do débito.

Trata-se de **medida administrativa** prevista expressamente na constituição, mas de caráter excepcional, reservado àquelas situações descritas no referido preceito constitucional.

Como dito, o pedido de sequestro também é facultado ao credor quando a **inadimplência for parcial**, diante da **alocação insuficiente** de recursos na lei orçamentária, ou por não disponibilização da **fração do parcelamento** permitido pela CF/88 em seu § 20, art. 100.

O pedido de sequestro deve ser feito pelo exequente perante o juízo da execução, que encaminhará para apreciação do Presidente do Tribunal Regional do Trabalho.

Antes de apreciar o pleito o pleito, o Presidente do Tribunal intimará a entidade devedora para, em 10 dias, comprovar o pagamento realizado, pagar ou prestar informações.

Após o decurso do referido prazo, terá vista o Ministério Público do Trabalho para manifestação, **em cinco dias**, após o que a presidência do tribunal decretará, se for o caso, o sequestro da quantia necessária devidamente atualizada, utilizando-se da ferramenta SISBAJUD.

Exemplos de questões sobre o tema:

(TRT 8 – Juiz do Trabalho Substituto 8ª região/2015) Assinale a alternativa INCORRETA conforme jurisprudência consolidada do Tribunal Superior do Trabalho:

a) O sequestro de verbas públicas para satisfação de precatórios trabalhistas só é admitido na hipótese de preterição do direito de precedência do credor, a ela não se equiparando as situações de não inclusão da despesa no orçamento ou de não pagamento do precatório até o final do exercício, quando incluído no orçamento.

b) O Presidente do TRT, em sede de precatório, tem competência funcional para declarar a inexigibilidade do título judicial exequendo, com fundamento no art. 884, § 5°, da CLT, ante a natureza meramente administrativa do procedimento.

c) É indevido o sequestro de verbas públicas quando o exequente/requerente não se encontra em primeiro lugar na lista de ordem cronológica para pagamento de precatórios ou quando não demonstrada essa condição.

d) Há dispensa da expedição de precatório, na forma do art. 100, § 3°, da CF/1988, quando a execução contra a Fazenda Pública não exceder os valores definidos, provisoriamente, pela Emenda Constitucional n° 37/02, como obrigações de pequeno valor, inexistindo ilegalidade, sob esse prisma, na determinação de sequestro da quantia devida pelo ente público.

e) Em sede de precatório, por se tratar de decisão de natureza administrativa, não se aplica o disposto no art. 1°, V, do Decreto-Lei n° 779, de 21.08.1969, em que se determina a remessa necessária em caso de decisão judicial desfavorável a ente público.

Resposta: B

(FCC – Juiz do Trabalho Substituto 18ª região/2014) Com relação à execução contra a Fazenda Pública:

a) O sequestro de verbas públicas para satisfação de precatórios trabalhistas é admitido na hipótese de preterição do direito de precedência do credor; nas situações de não inclusão da despesa no orçamento ou de não pagamento do precatório até o final do exercício, quando incluído no orçamento.

b) Em sede de precatório, por se tratar de decisão de natureza administrativa, não se aplica a remessa necessária em caso de decisão judicial desfavorável a ente público.

c) Tratando-se de reclamações trabalhistas plúrimas, a aferição do que vem a ser obrigação de pequeno valor, para efeito de dispensa de formação de precatório, deve ser realizada considerando-se o valor global dos créditos.

d) Em sede de precatório, configura ofensa à coisa julgada a limitação dos efeitos pecuniários da sentença condenatória ao período anterior ao advento da lei que dispõe sobre o regime jurídico dos servidores públicos civis da União, autarquias e fundações públicas federais, em que o exequente submetia-se à legislação trabalhista.

e) Os débitos de natureza alimentícia cujos titulares tenham 65 anos de idade ou mais na data de expedição do precatório, ou sejam portadores de doença grave, definidos na forma da lei, serão pagos com preferência sobre todos os demais débitos, até o valor equivalente ao sêxtuplo do fixado em lei, relativamente às obrigações consideradas de pequeno valor, admitido o fracionamento para essa finalidade.

Resposta: B

5.6. Pagamento, cancelamento e suspensão

A) Pagamento

O presidente do tribunal disponibilizará o valor necessário ao pagamento do precatório em **conta bancária individualizada** junto à instituição financeira, atualizado monetariamente até a data do pagamento. Só haverá acréscimo de juros de mora, caso o pagamento ocorra após o período de graça constitucional.

Assim, o pagamento deverá ser feito **em nome de cada beneficiário** ou do seu procurador, diretamente pelo Tribunal, cientificando as partes e o juízo da execução, mediante **saque junto à conta bancária, por meio de alvará, mandado ou guia de pagamento.**

Se houve cessão, penhora, honorários contratuais ou outra hipótese de existência de mais de um beneficiário, a disponibilização de valores **será realizada individualmente.**

Caso o valor disponibilizado pela entidade devedora seja inferior àquele requisitado, o Tribunal poderá realizar o **pagamento parcial do precatório,** respeitada a cronologia. Porém, havendo mais de um beneficiário, deverá ser observada a ordem crescente de valor. Havendo empate, terá preferência o beneficiário de maior idade, vedado o pagamento proporcional ou parcial de créditos.

A instituição financeira responsável pelo pagamento do precatório providenciará, **observando os parâmetros** indicados na guia, alvará, mandado ou ordem bancária, quando for o caso (art. 35. da Resolução nº 303/19 do CNJ):

> I – retenção das contribuições sociais, previdenciárias e assistenciais devidas pelos credores incidentes sobre o pagamento, e respectivo recolhimento dos valores retidos, na forma da legislação aplicável;
>
> II – depósito da parcela do Fundo de Garantia por Tempo de Serviço – FGTS em conta vinculada à disposição do beneficiário, sendo o caso; e

> III – retenção do imposto de renda na fonte devido pelos beneficiários, e seu respectivo recolhimento, conforme previsto em lei.

No caso de **débitos fazenda nacional**, a gestão dos recursos destinados aos pagamentos decorrentes de precatórios será feita pelos Tribunais que **contratará, com dispensa de licitação, instituições financeiras** integrantes da administração pública federal para a operacionalização da gestão dos recursos, conforme permissivo contido na Lei nº 13.463/17.

Os valores correspondentes aos acréscimos financeiros, descontada a remuneração legal devida ao beneficiário do precatório, **constitui receita e deverão ser recolhidos em favor do Poder Judiciário.**

B) Cancelamento

O credor tem o **prazo de até dois anos** para fazer o saque dos valores devidos a título de precatório perante a instituição financeira oficial. Uma vez ultrapassado esse limite, **serão cancelados.**

Mesmo cancelado o precatório, poderá ser expedido novo ofício requisitório, a requerimento do credor, conservando a ordem cronológica do requisitório anterior e a remuneração correspondente a todo o período.

C) Suspensão

Ocorrendo fato que impeça o regular e imediato pagamento, este **será suspenso**, total ou parcialmente, até que dirimida a controvérsia administrativa, sem retirada do precatório da ordem cronológica (art. 32 da Resolução nº 303/19 do CNJ).

D) Convênio

O Tribunal ao qual esteja submetido o juízo da execução poderá celebrar **convênio** com a entidade devedora objetivando:

> I – permitir à entidade devedora conhecer o valor atualizado dos créditos requisitados, visando a regular disponibilização dos recursos necessários ao pagamento, dentre outras providências afins; e
>
> II – autorizar, junto a repasses e transferências constitucionais, a retenção do valor necessário ao regular e integral pagamento do montante requisitado, até o fim do exercício financeiro em que inscrito o precatório.

O esse convênio só poderá ser celebrado nos casos de precatórios sujeitos ao regime ordinário. Para os precatórios submetidos ao regime especial, o convênio poderá ser celebrado com o Tribunal de Justiça.

5.7. Parcelamento e acordo direto

O **parcelamento** do pagamento do precatório só pode ocorrer **caso o seu valor seja superior a 15% do total dos precatórios** apresentados requisitados anualmente.

Nesse caso, **15% do valor deste precatório será pago até o final do exercício seguinte**, conforme o § 20, art. 100 da CF/88:

> **Art. 100. § 20.** Caso haja precatório com valor superior a 15% (quinze por cento) do montante dos precatórios apresentados nos termos do § 5º deste artigo, 15% (quinze por cento) do valor deste precatório serão pagos até o final do exercício seguinte e o restante em parcelas iguais nos cinco exercícios subsequentes, acrescidas de juros de mora e correção monetária, ou mediante acordos diretos, perante Juízos Auxiliares de Conciliação de Precatórios, com redução máxima de 40% (quarenta por cento) do valor do crédito atualizado, desde que em relação ao crédito não penda recurso ou defesa judicial e que sejam observados os requisitos definidos na regulamentação editada pelo ente federado.

O **devedor** pagará o valor atualizado correspondente aos 15% juntamente com os demais precatórios requisitados até o final do exercício seguinte ao da requisição.

O valor remanescente poderá ser pago de duas formas, com manifestação expressa do ente devedor nesse sentido:

a) **em até cinco exercícios imediatamente subsequentes**, em parcelas iguais e acrescidas de juros de mora e correção monetária, sendo desnecessárias novas requisições;

b) mediante acordo direto com o credor.

Na modalidade **acordo direto**, permite-se uma redução (deságio) de até **40% do valor do remanescente do crédito atualizado.**

A **homologação** do acordo será feita pelo Juízo Auxiliar de Conciliação de Precatórios, desde que não exista recurso ou impugnação pendentes, observados os **requisitos estabelecidos nas leis específicas** criadas pelo Ente federado.

Caso a entidade devedora não informe a modalidade escolhida para o pagamento do remanescente devido ao credor, será presumido que optou pelo parcelamento em cinco parcelas iguais.

5.8. Cessão de crédito

A possibilidade de cessão de crédito, em sede de precatório, **passou a ter *status* constitucional** com a alteração da CF/88 promovida pela EC nº 62/09:

> **CF/88. Art. 100. § 13.** O credor poderá ceder, total ou parcialmente, seus créditos em precatórios a terceiros, independentemente da concordância do devedor, não se aplicando ao cessionário o disposto nos §§ 2º e 3º.
>
> **§ 14.** A cessão de precatórios somente produzirá efeitos após comunicação, por meio de petição protocolizada, ao tribunal de origem e à entidade devedora.

A cessão pode ser total ou parcial **do valor líquido devido ao credor** (após incidência de contribuição social, contribuição para o FGTS, honorários advocatícios, penhora registrada, parcela superpreferencial já paga, compensação parcial e cessão anterior se houver).

Note-se que **não depende da concordância da entidade devedora** para a cessão de crédito produzir efeitos, cabendo ao presidente do tribunal analisar apenas se estão presentes os requisitos formais para determinar o registro junto ao precatório.

Ao cessionário não é conferida a superpreferência de pagamento, ainda que seja maior de 60 anos, portador de doenças graves ou deficiente.

Todavia, mantém-se a preferência do crédito alimentar prevista no § 1º, art. 100 da CF/88 e, consequentemente, a **posição na ordem cronológica originária**.

A cessão somente será registrada se o cessionário informar que realizou esse negócio jurídico ao juízo da execução ou ao presidente do tribunal, caso ocorra **antes ou depois** da apresentação do precatório, respectivamente.

Essa comunicação deve ser feita por meio de petição acompanhada dos documentos comprobatórios da cessão de crédito e depois de intimadas as partes por meio de seus procuradores para a respectiva manifestação.

Caso seja comunicado **ao juízo da execução**, antes da expedição do precatório, observa-se a seguinte sequência procedimental, na forma prevista pelo art. 44 da Resolução nº 303/19 do CNJ:

- Deferido pelo juízo da execução o registro da cessão, a entidade devedora será intimada, antes da elaboração do ofício precatório;
- Havendo **cessão total** do crédito **antes** da elaboração do ofício precatório, **este será titularizado pelo cessionário**, que assume o lugar do cedente.
- Havendo **cessão parcial** do crédito antes da apresentação ao tribunal, o ofício precatório **único** indicará os beneficiários, cedente e cessionário, **apontando o valor devido a cada um**, adotando-se a mesma data-base.

Se a cessão for feita **após a expedição da requisição**, segue-se o seguinte fluxo, na forma prevista pelo art. 45 da Resolução nº 303/19 do CNJ:

- O registro será lançado no precatório após o deferimento pelo presidente do tribunal, que cientificará a entidade devedora e o juízo da execução;
- Na cessão parcial, o cessionário assume a condição de cobeneficiário do precatório, expedindo-se **tantas ordens de pagamento** quantos forem os beneficiários.
- O presidente do tribunal poderá delegar ao juízo da execução o processamento e a análise do pedido de registro de cessão.

5.9. Penhora

O direito de crédito contido na requisição (RPV, RPS ou Precatório) é passível de ser penhorado para satisfazer um credor do beneficiário.

Essa penhora será solicitada pelo juízo interessado **diretamente ao juízo da execução** responsável pela elaboração da requisição.

O ato de constrição judicial incidirá apenas sobre **o valor do crédito líquido** do beneficiário da requisição, deduzidos, se for o caso: os honorários contratuais, desde que já anexados nos autos o respectivo contrato; os tributos; a contribuição para o FGTS, a cessão registrada, a compensação parcial e a penhora anterior.

Requerida e deferida a penhora de crédito antes de expedido o precatório, o valor penhorado deverá constar como **crédito destacado.**

Caso já tenha sido expedido o precatório, o juízo da execução comunicará o deferimento da penhora do crédito para que sejam adotadas as providências relativas ao respectivo registro junto ao precatório (art. 38 da da Resolução nº 303/19 do CNJ).

Nesses casos, será adotado o procedimento e as regras relativas à **cessão de créditos**, incidindo apenas sobre o valor disponível do precatório, na forma prevista pelo art. 40 da da Resolução nº 303/19 do CNJ).

> **Art. 40.** A penhora somente incidirá sobre o valor disponível do precatório, considerado este como o valor líquido ainda não disponibilizado ao beneficiário, após incidência de imposto de renda, contribuição social, contribuição para o FGTS, honorários advocatícios contratuais, cessão registrada, compensação parcial e penhora anterior, se houver.

Quando do pagamento, os valores penhorados serão colocados à disposição do **juízo da execução** para repasse ao **juízo interessado na penhora**, caso o tribunal não opte pelo repasse direto.

5.10. Compensação de crédito

A compensação de débito fazendário com crédito oriundo de precatório é realizada no âmbito do órgão fazendário, condicionada à:

a) existência de lei autorizadora do ente federado;

b) limitação ao valor líquido disponível.

Valor líquido disponível é aquele resultante da exclusão de eventuais valores de:

a) tributos;

b) compensação anterior;

a) penhora;

b) honorários advocatícios contratuais (desde que anexado contrato nos autos); e

c) FGTS a ser recolhido na conta vinculada.

A compensação poderá ser requerida por qualquer beneficiário, como o sucessor hereditário, o cessionário e advogado credor de honorários sucumbenciais.

O tribunal expedirá certidão contendo todos os dados necessários à compensação, **inclusive valor líquido disponível atualizado**, providenciando a baixa total ou parcial do precatório a partir da data e do valor efetivamente compensado pelo ente fazendário (§2º, art. 46 da Resolução nº 303/19 do CNJ).

Informado o deferimento pelo ente público devedor, o tribunal **suspenderá o pagamento do precatório**, calculando o remanescente e, sendo o caso, o valor líquido ainda disponível, que será pago sem alteração da ordem cronológica e de preferência, certificando-se, ao final, a quitação total ou parcial (§3º, art. 46 da Resolução nº 303/19 do CNJ).

Exemplo de questão sobre o tema:

(TRT 3 – Juiz do Trabalho Substituto 3ª região/2014) Os pagamentos devidos pelas Fazendas Públicas Federal, Estaduais, Distrital e Municipais, em virtude de sentença judiciária, far-se-ão através de precatório. É correto afirmar, a partir das disposições constitucionais em plena vigência sobre o tema, EXCETO:

a) O disposto no *caput* do art. 100 da Constituição da República relativamente à expedição de precatórios não se aplica aos pagamentos de obrigações definidas em leis como de pequeno valor que as Fazendas referidas devam fazer em virtude de sentença judicial transitada em julgado.

b) Os débitos de natureza alimentícia compreendem aqueles decorrentes de salários, vencimentos, proventos, pensões e suas complementações, benefícios previdenciários e indenizações por morte ou por invalidez, fundadas em responsabilidade civil, em virtude de sentença judicial transitada em julgado.

c) A seu critério exclusivo e na forma de lei, a União poderá assumir débitos, oriundos de precatórios, de Estados, Distrito Federal e Municípios, refinanciando-os diretamente.

d) O Presidente do Tribunal competente que, por ato comissivo ou omissivo, retardar ou tentar frustrar a liquidação regular de precatórios incorrerá em crime de responsabilidade e responderá, também, perante o Conselho Nacional de Justiça.

e) No momento da expedição dos precatórios, independentemente de regulamentação, deles deverá ser abatido, a título de compensação, valor correspondente aos débitos líquidos e certos, inscritos ou não em dívida ativa e constituídos contra o credor original pela Fazenda Pública devedora, incluídas parcelas vincendas de parcelamentos, ressalvados aqueles cuja execução esteja suspensa em virtude de contestação administrativa ou judicial.

Resposta: E

6. PRECATÓRIO NO REGIME ESPECIAL

Paralelo ao regime ordinário de precatório foi instituído, em caráter transitório, o **regime especial de pagamento dos débitos judiciais** da Fazenda Pública **Estadual e Municipal,** por meio da EC nº 62/2009, que acrescentou o art. 97 ao ADCT da CF/88.

Todavia, o STF **declarou inconstitucionalidade da referida EC nesse particular**, por meio das ADI's nº 4357 e 4425.

Os principais fundamentos utilizados para declarar a referida inconstitucionalidade foram: inobservância dos princípios da garantia de acesso à Justiça e da independência harmônica entre os poderes; a necessidade de proteção à coisa julgada; a afronta direta às cláusulas pétreas; e o desrespeito ao princípio da duração razoável do processo e do devido processo legal.

Eis a ementa, publicada no Diário Oficial do dia 26.09.2014:

> 8. O regime "especial" de pagamento de precatórios para Estados e Municípios criado pela EC nº 62/09, ao veicular nova moratória na quitação dos débitos judiciais da Fazenda Pública e ao impor o contingenciamento de recursos para esse fim, viola a cláusula constitucional do Estado de Direito (CF, art. 1º, *caput*), o princípio da Separação de Poderes (CF, art. 2º), o postulado da isonomia (CF, art. 5º), a garantia do acesso à justiça e a efetividade da tutela jurisdicional (CF, art. 5º, XXXV), o direito adquirido e à coisa julgada (CF, art. 5º, XXXVI).
>
> 9. Pedido de declaração de inconstitucionalidade julgado procedente em parte. A C Ó R D Ã O. Vistos, relatados e discutidos este autos, acordam os Ministros do Supremo Tribunal Federal, em Sessão Plenária, sob a Presidência do Senhor Ministro Joaquim Barbosa, na conformidade da ata de julgamentos e das notas taquigráficas, por maioria de votos e nos

termos do voto do Ministro Ayres Britto (relator), em julgar parcialmente procedente a ação direta, vencidos os Ministros Gilmar Mendes, Teori Zavascki e Dias Toffoli, que a julgavam totalmente improcedente, e os Ministro Marco Aurélio e Ricardo Lewandowski, que a julgavam procedente em menor extensão.

6.1. Modulação da decisão do STF

Em 25.03.2015, apesar da declaração de inconstitucionalidade do regime especial, o STF deu uma "sobrevida" a esse procedimento por meio da **modulação dos efeitos** das decisões proferidas nas ações de controle de constitucionalidade:

> 1. Modulação de efeitos que dê sobrevida ao regime especial de pagamento de precatórios, instituído pela EC 62/09, por 5 exercícios financeiros a contar de primeiro de janeiro de 2016.

Posteriormente, a Emenda Constitucional nº 94/2016 alterou a redação do art. 101 do ADCT da CF/88 para confirmar esse período de transição até 31.12.2020:

> **Art. 101.** Os Estados, o Distrito Federal e os Municípios que, em 25 de março de 2015, estiverem em mora com o pagamento de seus precatórios quitarão até 31 de dezembro de 2020 seus débitos vencidos e os que vencerão dentro desse período, depositando, mensalmente, em conta especial do Tribunal de Justiça local, sob única e exclusiva administração desse, 1/12 (um doze avos) do valor calculado percentualmente sobre as respectivas receitas correntes líquidas, apuradas no segundo mês anterior ao mês de pagamento, em percentual suficiente para a quitação de seus débitos e, ainda que variável, nunca inferior, em cada exercício, à média do comprometimento percentual da receita corrente líquida no período de 2012 a 2014, em conformidade com plano de pagamento a ser anualmente apresentado ao Tribunal de Justiça local.

Por fim, a EC nº 99/17 promoveu uma nova mudança no texto do referido dispositivo legal, prorrogando o regime especial de pagamento até 31.12.2024, passando a vigorar com a seguinte redação:

> **Art. 101.** Os Estados, o Distrito Federal e os Municípios que, em 25 de março de 2015, se encontravam em mora no pagamento de seus precatórios quitarão, até 31 de dezembro de 2024, seus débitos vencidos e os que vencerão dentro desse período, atualizados pelo Índice Nacional de Preços ao Consumidor Amplo Especial (IPCA-E), ou por outro índice que venha a substituí-lo, depositando mensalmente em conta especial do Tribunal de Justiça local, sob única e exclusiva administração deste, 1/12 (um doze avos) do valor calculado percentualmente sobre suas receitas correntes líquidas apuradas no segundo mês anterior ao mês de pagamento, em percentual suficiente para a quitação de seus débitos e, ainda que variável, nunca inferior, em cada exercício, ao percentual praticado na data da entrada em vigor do regime especial a que se refere este artigo, em conformidade com plano de pagamento a ser anualmente apresentado ao Tribunal de Justiça local.

6.2. Entes públicos integrantes do regime especial

Para saber se determinado ente público **integra o regime especial de pagamento** e não o regime ordinário, é necessário verificar se havia **mora na quitação** do seus precatórios vencidos **até 25.03.2015**. Caso positivo, esses entes são incluídos automaticamente nesse regime, observadas as regras dos arts. 101 a 105 do ADCT e o art. 51 e seguintes da Resolução nº 303/19 do CNJ.

6.3. Lista única de precatórios

No caso do regime especial, uma **lista única** contendo os precatórios organizados em ordem cronológica **deve ser elaborada pelo Tribunal de Justiça do Estado**, abrangendo as requisições originárias da jurisdição estadual, trabalhista, federal e militar, conforme determinação contida no art. 53 da Resolução nº 303/19 do CNJ:

> **Art. 53.** A lista de ordem cronológica, cuja elaboração compete ao Tribunal de Justiça, conterá todos os precatórios devidos pela administração direta e pelas entidades da administração indireta do ente devedor, abrangendo as requisições originárias da jurisdição estadual, trabalhista, federal e militar.

Os demais Tribunais, TRT, TRF e o TJM, encaminharão ao Tribunal de Justiça, até o dia 20 de julho, relação contendo a identificação do ente devedor sujeito ao regime especial, e os valores efetivamente requisitados para que o TJ confeccione a lista única, que será enviada para os tribunais e devidamente publicada.

Essa lista única, porém, não é obrigatória. O TJ, de comum acordo com os demais Tribunais, pode optar pela manutenção das listas de pagamento em cada Tribunal de origem dos precatórios, devendo:

d) a lista separada observar a ordem cronológica de todos os precatórios devidos pela administração direta e pelas entidades da administração indireta; e

e) o pagamento dos precatórios a cargo de cada tribunal ficar condicionado à observância da lista separada, bem como ao repasse mensal de recursos a ser realizado pelo Tribunal de Justiça, considerando a proporcionalidade do montante do débito presente em cada tribunal.

Até 20 de dezembro, ao Tribunal Regional do Trabalho, ao Tribunal Regional Federal e ao Tribunal de Justiça Militar a relação dos entes devedores submetidos ao regime especial, acompanhada dos valores por eles devidos no exercício seguinte, e o plano anual de pagamento homologado (art. 54 da Resolução nº 303/19 do CNJ).

6.4. Gestão das contas especiais

No regime especial de pagamento de precatório, **a gestão das contas é atribuição do Tribunal de Justiça de cada Estado**.

Essa gestão é feita pelo Presidente do Tribunal do Justiça, com o auxílio de um **comitê gestor,** cuja competência encontra-se definida pelo art. 57 da Resolução nº 303/19 do CNJ:

> I – promover a integração entre os tribunais membros, garantindo a transparência de informações e demais dados afetos ao cumprimento do regime especial;
>
> II – acompanhar o fluxo de amortizações e aportes promovidos pelo ente devedor, bem como dos pagamentos de precatórios realizados pelos tribunais, mediante acesso ao processo administrativo de acompanhamento de cumprimento do regime especial de cada ente devedor;
>
> III – emitir parecer acerca de impugnação relativa ao posicionamento do precatório e à cronologia dos pagamentos, em caso de não opção pela separação de listas de pagamento;
>
> IV – acompanhar e fiscalizar a execução do plano anual de pagamento; e

> V – auxiliar na gestão das contas especiais, propondo medidas para a regularização de repasses financeiros.

6.5. Amortização das dívidas dos precatórios

Uma vez consolidada toda a dívida referentes aos precatórios, a sua **amortização** é feita da seguinte forma (art. 58 da Resolução nº 303/19):

> I – depósito mensal **obrigatório** de 1/12 (um doze avos) do valor calculado percentualmente sobre suas receitas correntes líquidas de de que trata o art. 101 do ADCT;
>
> II – transferência de recursos para as contas especiais decorrentes do **uso facultativo** de:
>
> a) valores de depósitos judiciais e depósitos administrativos em dinheiro, referentes a processos judiciais ou administrativos, tributários ou não tributários, nos quais sejam partes os Estados, o Distrito Federal ou os Municípios, e as respectivas autarquias, fundações e empresas estatais dependentes;
>
> b) demais depósitos judiciais da localidade sob jurisdição do respectivo Tribunal de Justiça;
>
> c) empréstimos; e
>
> d) valores de depósitos em precatórios e requisições judiciais para pagamento de obrigação de pequeno valor efetuados até 31 de dezembro de 2009, e ainda não levantados pelo beneficiário.

Quanto ao **depósito mensal obrigatório** ele será equivalente a 1/12 (um doze avos) do valor calculado percentualmente sobre a Receita Corrente Líquida – RCL do ente devedor, apurada no segundo mês anterior ao do depósito, considerado o total da dívida de precatórios.

O percentual a ser aplicado a cada Ente **deverá ser suficiente** para quitação do débito de precatórios apresentados regularmente até 1º de julho do penúltimo ano de vigência do regime especial, recalculado anualmente, sendo, no mínimo, aquele fixado como mínimo pela Emenda Constitucional nº 62/ 2009.

Tem-se assim dois percentuais: o percentual suficiente e o **percentual mínimo**. Este último somente será aplicável quando o **percentual suficiente** for inferior a ele.

6.6. Plano anual de pagamento

O **plano de pagamento anual** pode ser elaborado pelo Ente devedor e apresentado ao Tribunal de Justiça, contendo a proposta de amortização da dívida de precatórios, obedecidas as seguintes regras (art. 64 da Resolução nº 303/19):

> I – O Tribunal de Justiça deverá comunicar, **até o dia 20 de agosto**, aos entes devedores **o percentual da RCL** que será observado a partir de 1º de janeiro do ano subsequente; e
>
> II – Os entes devedores poderão, até 20 de setembro do ano corrente, apresentar plano de pagamento para o exercício seguinte prevendo a forma pela qual as amortizações mensais ocorrerão, sendo permitida a variação de valores nos meses do exercício, desde que a proposta assegure a disponibilização do importe total devido no período.

Os planos de pagamento de cada entidade, uma vez homologados, serão publicados até 10 de dezembro.

Em caso de **omissão do Ente**, o plano de pagamento será feito pelo próprio Tribunal de Justiça, **de ofício,** sendo as amortizações feitas **exclusivamente** por meio de recursos orçamentários.

6.7. Não liberação tempestiva dos recursos

Se os recursos necessários para o pagamento dos precatórios em regime especial referidos não forem liberados tempestivamente, no todo ou em parte, o Presidente do Tribunal de Justiça, de ofício (art. 66 da Resolução nº 303/19):

> I – informará ao Ministério Público e ao Tribunal de Contas a conduta do chefe do Poder Executivo do ente federado inadimplente, que responderá na forma das Leis de Responsabilidade Fiscal e de Improbidade Administrativa;
>
> II – oficiará à União para que esta retenha os recursos referentes aos repasses do Fundo de Participação dos Estados e do Distrito Federal e ao do Fundo de Participação dos Municípios, conforme o caso, depositando-os na conta especial referida no art. 101 do ADCT;
>
> III – oficiará ao Estado para que retenha os repasses previstos no parágrafo único do art. 158 da Constituição Federal, depositando-os na conta especial referida no art. 101 do ADCT; e
>
> IV – determinará o sequestro, até o limite do valor não liberado, das contas do ente federado inadimplente.

A aplicação das sanções previstas nos incisos II a IV poderá ser realizada cumulativamente, até o limite do valor inadimplido.

O presidente do tribunal providenciará a inclusão do ente devedor em cadastro de entes federados inadimplentes com precatórios, a ser disponibilizado e mantido pelo CNJ.

Determinado o sequestro, sua execução ocorrerá por meio do uso da ferramenta eletrônica SISBAJUD.

6.8. Pagamento dos precatórios no regime especial

Tal qual ocorre com o regime geral, o pagamento dos precatórios sujeitos ao regime especial observará a **ordem da cronologia de sua apresentação** perante o tribunal ao qual está vinculado o juízo responsável por sua expedição, observando as preferências constitucionais em cada exercício.

Assim, para cada ente devedor serão abertas duas contas, sendo uma para o pagamento dos precatórios apresentados pela ordem cronológica e outra para o pagamento decorrente de acordo direto.

Pelo menos **50%** dos recursos devem ser utilizados para realização de pagamentos de acordo com a ordem cronológica.

6.9. Acordos diretos no regime especial

Além da ordem cronológica, uma segunda conta será aberta pela entidade devedora em regime especial para efetuar o pagamento do precatório decorrente de acordo direto com o credor **independentemente do valor do precatório**, desde que sejam observados os seguintes requisitos estabelecidos pelo art. 76 da Resolução nº 303/19 do CNJ:

> I – autorizado e regulamentado em norma própria pelo ente devedor, e observados os requisitos nela estabelecidos;
>
> II – tenha sido oportunizada previamente sua realização a todos os credores do ente federado sujeito ao regime especial;

III – observado o limite máximo de deságio de 40% do valor atualizado do precatório;

IV – tenha sido homologado pelo tribunal;

V – o crédito tenha sido transacionado por seu titular e em relação ao qual não exista pendência de recurso ou de impugnação judicial; e

VI – seja o pagamento realizado pelo tribunal com os recursos disponibilizados na segunda conta especial, com observância da ordem cronológica entre os precatórios transacionados.

Dispensa-se a abertura dessa segunda conta, caso o ente não tenha formalizado e regulamentado, em norma própria, opção de pagamento por acordo direto.

O acordo direto entre a fazenda pública e o credor será realizado perante o tribunal que requisitou o precatório, a quem caberá regulamentá-lo, observando as seguintes diretrizes:

I – o tribunal publicará edital de convocação dirigido a todos os beneficiários do ente devedor;

II – habilitados os beneficiários, os pagamentos serão realizados à vista do saldo disponível na segunda conta;

III – a qualquer tempo antes do pagamento o credor habilitado pode desistir do acordo direto;

IV – pagos todos os credores habilitados, o tribunal publicará novo edital com observância das regras deste artigo; e

V – havendo lista unificada de pagamentos, é vedada aos tribunais a publicação concomitante de editais.

6.10. Parcela superpreferencial

O pagamento da parcela **superpreferencial** (credores idosos, deficientes e portadores de moléstias graves) será realizado com os recursos destinados à **observância da cronologia.**

Todavia, no regime especial de pagamento será considerado como superferêncial a quantia **de até cinco vezes** a dívida de pequeno valor e não o triplo desse montante como acontece no regime geral de pagamento.

6.11. Compensação de créditos

A compensação de créditos do beneficiário do precatório com seus débitos perante a fazenda pública também pode ser feita **no regime especial de pagamento.**

Essa compensação poderá ser requerida por qualquer beneficiário, como o sucessor hereditário, o cessionário e advogado credor de honorários sucumbenciais.

Para haver compensação, no regime especial, é necessário preencher três requisitos:

a) inscrição do crédito na dívida ativa dos Estados, do Distrito Federal ou dos Municípios até o dia 23.03.2015;

b) autorização da compensação por lei prévia e específica;

c) limitação ao valor líquido disponível.

Valor líquido disponível é aquele resultante da exclusão de eventuais valores de:

a) tributos;

b) compensação anterior;

c) penhora;

d) honorários advocatícios contratuais (desde que anexado contrato nos autos); e

e) FGTS a ser recolhido na conta vinculada.

Inexistindo regulamentação da entidade devedora, o credor poderá apresentar requerimento ao órgão fazendário respectivo solicitando a compensação total ou parcial do precatório com créditos inscritos em dívida ativa até 25 de março de 2015 (parágrafo único, art. 77 da Resolução nº 303/19 do CNJ).

Cabe ao Tribunal expedir certidão contendo os dados necessários à compensação, inclusive o valor líquido disponível atualizado.

Exemplo de questão sobre o tema

(TRT 22 – Juiz do Trabalho Substituto 22ª região/ 2013) A Emenda Constitucional nº 62/2009 alterou a Constituição Federal de 1988, estabelecendo regras gerais para pagamento de precatórios, além de criar o regime especial de pagamento de precatórios para a União, Estados e Municípios. Recentemente, o E. Supremo Tribunal Federal julgou as ADIs 4357 e 4425, declarando a inconstitucionalidade de parte da referida Emenda. Com a decisão, foram declarados inconstitucionais alguns dispositivos do artigo 100 da Constituição, bem como foi declarado integralmente inconstitucional o artigo 97 do Ato de Disposições Constitucionais Transitórias, que criou o regime especial de pagamento. Os fundamentos que motivaram a declaração de inconstitucionalidade foram:

a) a independência harmônica entre os poderes constituídos da República; afronta direta às cláusulas pétreas; desrespeito ao princípio da duração razoável do processo e do devido processo legal; ofensa à dignidade da pessoa jurídica de direito público;

b) ferimento ao princípio da garantia de acesso à Justiça; afronta direta aos poderes da União, Estados e Municípios de legislar sobre a matéria; afronta à coisa julgada e ofensa à dignidade da pessoa jurídica de direito público; a ideia central de um Estado Democrático de Direito;

c) ferimento ao princípio da garantia de acesso à Justiça; a independência harmônica entre os poderes constituídos da República; a proteção à coisa julgada; afronta direta às cláusulas pétreas; desrespeito ao princípio da duração razoável do processo e do devido processo legal.

d) ferimento ao princípio da garantia de acesso à Justiça; a independência harmônica entre os poderes constituídos da República; afronta direta aos poderes da União, Estados e Municípios de legislar sobre a matéria; a proteção à coisa julgada; desrespeito ao princípio da celeridade processual.

e) independência harmônica dos poderes constituídos da República; a ideia central de um Estado Democrático de Direito; a proteção à coisa julgada; a garantia de prazo de pagamento de 15 anos por se tratar de órgão público; desrespeito ao devido processo legal.

Resposta: C

7. IMPUGNAÇÃO À EXECUÇÃO CONTRA A FAZENDA PÚBLICA

A principal característica da impugnação à execução contra a Fazenda Pública diz respeito ao prazo para apresentação, que é de **trinta dias**, e à **desnecessidade de segurança do juízo.**

Entretanto, como já foi dito, encontra-se pendente de julgamento um recurso extraordinário com repercussão geral no STF, que vai analisar a constitucionalidade da norma jurídica que elasteceu o referido prazo para a Fazenda Pública.

No CPC o prazo de **trinta dias** para apresentação de impugnação à execução encontra-se expressamente previsto no art. 535:

> **Art. 535.** A Fazenda Pública será intimada na pessoa de seu representante judicial, por carga, remessa ou meio eletrônico, para, querendo, no prazo de 30 (trinta) dias e nos próprios autos, impugnar a execução, podendo arguir: [...].

Nos incisos desse mesmo dispositivo legal, discriminam-se os motivos que podem ser alegados como fundamento da impugnação à execução ou impugnação opostos pela Fazenda Pública, quais sejam:

> I – falta ou nulidade da citação se, na fase de conhecimento, o processo correu à revelia;
>
> II – ilegitimidade de parte;
>
> III – inexequibilidade do título ou inexigibilidade da obrigação;
>
> IV – excesso de execução ou cumulação indevida de execuções;
>
> V – incompetência absoluta ou relativa do juízo da execução;
>
> VI – qualquer causa modificativa ou extintiva da obrigação, como pagamento, novação, compensação, transação ou prescrição, desde que supervenientes ao trânsito em julgado da sentença.

Da sentença que julga a impugnação à execução promovida pela Fazenda Pública cabe agravo de petição para o Tribunal Regional do Trabalho ao qual estiver vinculado o juízo de primeiro grau, no prazo de oito dias em dobro, **sem a necessidade de segurança do juízo.**[13]

8. INFORMATIVOS DO TST SOBRE A MATÉRIA

Precatório. Segundo pedido de revisão de cálculos. Argumentos que poderiam ter sido deduzidos na primeira oportunidade. Preclusão consumativa. Configuração. Orientação Jurisprudencial nº 2, "a", do Tribunal Pleno.

Em sede de precatório não se admite a apresentação de um segundo pedido de revisão de cálculos para trazer argumentos que poderiam ter sido deduzidos na primeira oportunidade. A Orientação Jurisprudencial nº 2, "a", do Tribunal Pleno determina que o pedido de revisão de cálculos deve especificar claramente todas as incorreções e discriminar o montante correto, sob pena de preclusão. No caso, a executada (União) opôs dois embargos à execução (em 1993 e em 1998) e dois pedidos de revisão de cálculo (em 2010 e em 2015), e apenas neste último, em 2015, veiculou a tese de que a condenação deveria se limitar ao início do regime jurídico único da Lei nº 8.112/90. Admitir diversos pedidos de revisão de cálculos levaria ao prosseguimento indefinido do processo de precatório, em contrariedade ao princípio da celeridade (art. 5º, LXXVIII, da CF). Assim, sob esses fundamentos, o Órgão Especial, por maioria, negou provimento ao recurso ordinário da União para manter a decisão de indeferimento do pedido de revisão de cálculos, ainda que por fundamentos diversos. Vencido o Ministro Alexandre Luiz Ramos. TST-RO-4000-52.2015.5.16.0000, Órgão Especial, rel. Min. Maria Cristina Irigoyen Peduzzi, 5.8.2019 (TST. Info nº 201).

Ação coletiva. Sindicato. Substituição Processual. Execução contra a Fazenda Pública. Individualização do crédito de cada substituído. Possibilidade. Expedição de Requisição de Pequeno Valor (RPV).

No caso de ação coletiva em que o sindicato atua como substituto processual na defesa de direitos individuais homogêneos, o pagamento individualizado do crédito devido pela Fazenda Púbica aos substituídos

13. PRELIMINARMENTE INTEMPESTIVIDADE DO AGRAVO DE PETIÇÃO – ARGUIÇÃO FEITA EM CONTRAMINUTA – Observada a prerrogativa legal assegurada à Fazenda Pública quanto ao cômputo do prazo em dobro para recorrer, tempestivo é o recurso. Rejeita-se. NO MÉRITO AGRAVO DE PETIÇÃO DA EXECUTADA ARBITRAMENTO DA JORNADA PARA APURAÇÃO DE HORAS EXTRAS – Correto o arbitramento da jornada do exequente, para apuração das horas extras, tendo sido observado os limites estabelecidos no título executivo. Recurso não provido, no tópico. (TRT 4ª R. AP 00760-1992-018-04-00-0. Relª Juíza Cleusa Regina Halfen. DJ. 19.04.2007).

não afronta o art. 100, § 8º, da CF. A titularidade do crédito judicialmente concedido não pertence ao sindicato, mas aos empregados que ele substitui, de modo que é possível considerar o valor deferido a cada um deles, isoladamente, para fins de expedição da Requisição de Pequeno Valor (RPV). Sob esse entendimento, já consolidado no STF e no Tribunal Pleno do TST (TST-ReeNec e RO-118-88.2015.5.05.0000), a SBDI-I, por unanimidade, conheceu dos embargos, por divergência jurisprudencial, e, no mérito, deu-lhe provimento para restabelecer o acórdão do TRT no que tange à expedição de RPV, nos termos do art. 87 do ADCT. TST-E-RR-126900-42.1994.5.04.0021, SBDI-I, rel. Min. Cláudio Mascarenhas Brandão, 17.11.2016 (TST. Info-execução nº 28).

Precatório sujeito ao regime especial. Art. 97 do ADCT. Período de graça. Juros de mora. Incidência.

Ao modular os efeitos das decisões proferidas nas ADI 4357 e 4425, que declararam a inconstitucionalidade parcial do regime especial de pagamento de precatórios previsto no art. 97 do ADCT, com redação dada pela EC nº 62/2009, o Supremo Tribunal Federal decidiu pela continuidade do regime especial de pagamento para os precatórios expedidos ou pagos até 25.3.2015. Assim, para o precatório emitido em data anterior ao limite estabelecido, permanece a regra do caput do art. 97 do ADCT, no sentido de que o § 5º, art. 100, da CF é inaplicável ao regime especial de pagamento, o que afasta a incidência da Súmula Vinculante 17 e torna indevida a exclusão dos juros de mora no período de graça. Sob esses fundamentos, o Órgão Especial, por unanimidade, conheceu do recurso ordinário e, no mérito, por maioria, negou-lhe provimento. Vencidos os Ministros Walmir Oliveira da Costa e Guilherme Augusto Caputo Bastos. TST-RO-39000-57.1990.5.17.0002, Órgão Especial, rel. Min. Maria Cristina Irigoyen Peduzzi, 8.8.2016 (TST. Info-execução nº 26).

Matéria remetida ao Tribunal Pleno. Art. 77, II, do RITST. Ação coletiva. Sindicato. Substituição Processual. Execução contra a Fazenda Pública. Individualização do crédito de cada substituído. Possibilidade. Expedição de Requisição de Pequeno Valor (RPV).

No caso de ação coletiva em que o sindicato atua como substituto processual na defesa de direitos individuais homogêneos, não configura quebra do valor da execução, vedada pelo art. 100, § 8º, da CF, o pagamento individualizado do crédito devido pela Fazenda Púbica aos substituídos. Entendimento consolidado pelo STF nos autos do processo STF-ARE 925754/PR, com repercussão geral reconhecida, que, não obstante se refira à hipótese de execução individual da sentença condenatória genérica, também se aplica à situação em apreço, em que a execução é coletiva. Em ambos os casos, a titularidade do crédito judicialmente concedido não pertence ao sindicato, mas aos empregados que ele substitui, de modo que é possível considerar o valor deferido a cada um deles, individualmente, para fins de expedição da Requisição de Pequeno Valor (RPV). Sob esses fundamentos, o Tribunal Pleno, por unanimidade, conheceu do recurso ordinário e da remessa necessária, e, no mérito, negou-lhes provimento, mantendo a decisão que denegara a segurança por entender que o Município de Salvador/BA não tem direito líquido e certo à execução do valor global do crédito constante do título judicial. TST-ReeNec e RO-118-88.2015.5.05.0000, Tribunal Pleno, rel. Min. Maria de Assis Calsing, 27.6.2016 (TST. Info nº 139).

Fundação Padre Anchieta. Natureza pública. Execução pelo regime de precatórios. Possibilidade.

A despeito de a Fundação Padre Anchieta ser constituída, formalmente, como pessoa jurídica de direito privado, ela exerce múnus público, pois possui como finalidade exclusiva a promoção de atividades educativas e culturais por meio de rádio, televisão e outras mídias, em atendimento ao comando do art. 23, V, da CF. Além disso, para sua criação e manutenção, percebeu e continua a perceber dotações, subvenções e contribuições do Estado de São Paulo (arts. 3º e 28, I e IV, de seu Estatuto). Assim, patente a natureza pública da Fundação, a ela se aplicam as prerrogativas processuais da Fazenda Pública no que tange à execução, devendo o pagamento de valores decorrentes de condenação judicial seguir o regime de precatórios, nos termos do art. 730 do CPC e do art. 100 da CF. Sob esses fundamentos, a SBDI-II, por unanimidade, conheceu do recurso ordinário interposto pela referida Fundação, e, no mérito, deu-lhe provimento para conceder a segurança, determinando que a execução se proceda mediante o rito dos precatórios, afastando, assim, a execução direta. TST-RO-1000552-78.2014.5.02.0000, SBDI-II, rel. Min. Emmanoel Pereira, 15.12.2015 (TST. Info-execução nº 21).

Ação civil coletiva ajuizada por sindicato. Substituição processual. Execução. Individualização do crédito apurado. Requisição de Pequeno Valor (RPV). Possibilidade. Precedentes do STF. Orientação Jurisprudencial nº 9 do TP/OE.

Na ação coletiva em que os interesses dos trabalhadores são defendidos pelo sindicato na condição de substituto processual, o enquadramento do débito como obrigação de pequeno valor, para fins de dispensa de expedição de precatório e aplicação do § 3º do art. 100 da CF, deve ser realizado levando-se em conta os créditos de cada trabalhador beneficiado. Nesse sentido, posicionou-se o STF, cujas decisões mais recentes apontam para a possibilidade de utilização da Requisição de Pequeno Valor (RPV) na execução individualizada da decisão proferida na ação coletiva (ARE 909556 AgR/PR, Min. Relator Marco Aurélio, 1ªT, DJe 17/3/2016, ARE 925754 RG/PR, Min. Relator Teori Zavascki, DJe 2/2/2016, ARE 916839 AgR/PR, Min. Relator Marco Aurélio, 1ªT, DJe 17/3/2016). Ademais, fazendo um paralelo entre a reclamação plúrima e a ação civil coletiva, conclui-se que em ambas as ações os titulares do crédito são os trabalhadores individualmente considerados, razão pela qual é possível incidir, no caso concreto, a diretriz da Orientação Jurisprudencial nº 9 do TP/OE. Sob esses fundamentos, a SBDI-II, por unanimidade, conheceu e negou provimento a recurso ordinário interposto pelo Município de Salvador/BA, mantendo acórdão do TRT da 5ª Região que concedeu parcialmente a segurança para cassar a decisão que determinara a expedição de RPV no montante global da execução, e para impedir a expedição de precatório no lugar de RPV, visto que a quantia total da execução é composta de diversos créditos individuais ainda não identificados para cada um dos titulares, fazendo-se necessário, primeiramente, individualizá-los na demanda de origem. TST-RO-50-41.2015.5.05.0000, SBDI-II, rel. Min. Douglas Alencar Rodrigues, 19.4.2016 (TST. Info nº 133).

Precatório. Juros da mora. Incidência no período compreendido entre os cálculos de liquidação e a expedição do precatório. Impossibilidade. Atraso no pagamento não caracterizado.

Não incidem juros moratórios no período compreendido entre os cálculos de liquidação e a expedição do precatório ou requisição de pequeno valor. Considerando o entendimento já pacificado nesta Corte e no Supremo Tribunal Federal acerca da não incidência dos juros da mora entre a expedição do precatório e o seu efetivo pagamento, quando observado o prazo previsto no § 5º do art. 100 da CF, não há falar em juros de mora no período compreendido entre os cálculos de liquidação e a expedição do precatório, pois enquanto não decorrido o prazo constitucional não se evidencia o atraso no cumprimento da obrigação por parte da Fazenda Pública. Com esses fundamentos, o Órgão Especial, à unanimidade, deu provimento ao recurso ordinário interposto pelo INSS para determinar a não incidência de juros de mora no período compreendido entre os cálculos de liquidação e a expedição do precatório ou requisição de pequeno valor. Ressalvou entendimento o Ministro Ives Gandra da Silva Martins Filho. TST-RO-1837-57.2012.5.09.0014, Órgão Especial, rel. Min. Alexandre Agra Belmonte, 3.11.2014 (TST. Info nº 93).

Município. Precatório. Opção pelo regime especial de pagamento. Redução do percentual de comprometimento da receita líquida oriunda do Fundo de Participação dos Municípios. Impossibilidade. Critérios legais vinculantes.

A estipulação do percentual de comprometimento da receita líquida oriunda do Fundo de Participação dos Municípios – FPM ofertada para pagamento de precatórios em razão da opção pelo regime especial (art. 97 do ADCT e Resolução nº 115/2010 do CNJ) segue critérios legais vinculantes. Assim sendo, não há margem para que a autoridade gestora da conta especial de precatórios trabalhistas defira requerimento de redução do percentual do FPM destinado ao regime especial de precatórios, ainda que o Município alegue dificuldades financeiras, prejuízo à coletividade e comprometimento dos serviços públicos. Com esse entendimento, o Órgão Especial, por maioria, conheceu do recurso ordinário interposto pelo Município de São Raimundo Nonato, e, no mérito, negou-lhe provimento, mantendo, consequentemente, a decisão monocrática do Presidente do TRT da 22ª Região que indeferira a redução do repasse de 7% do Fundo de Participação dos Municípios destinado ao pagamento das dívidas judiciais trabalhistas. Vencidos os Ministros Renato de Lacerda Paiva, Guilherme Augusto Caputo Bastos, Walmir Oliveira da Costa e Augusto César Leite de Carvalho, os quais não conheciam do recurso ordinário, por incabível, eis que não se trata de precatório em concreto, mas de um plano de disponibilização de recursos para viabilizar o montante dos precatórios processados pelo Tribunal Regional, hipótese não abarcada pelo art. 69 do RITST. TST-RO-46-69.2011.5.22.0000, Órgão Especial, rel. Min. Hugo Carlos Scheuermann, 5.5.2014 (TST. Info nº 81).

Hospital Nossa Senhora da Conceição S.A. Execução por regime de precatório. Aplicabilidade do art. 100 da CF. Sociedade de economia mista. Ausência de fins concorrenciais. Precedentes do STF.

Aplica-se o regime de execução por precatório, disposto no art. 100 da CF, ao Hospital Nossa Senhora da Conceição S.A, sociedade de economia mista prestadora de ações e serviços de saúde, sem fins concorrenciais, em sintonia com precedentes do STF e com o entendimento proferido no RE nº 580264, em que reconhecida a repercussão geral. Conforme o entendimento da Suprema Corte, o Hospital Nossa Senhora da Conceição desenvolve atividades que correspondem à própria atuação do Estado, que não tem finalidade lucrativa, gozando, portanto de imunidade tributária (art. 150, VI, "a" da CF). Ademais, é apenas formalmente uma sociedade de economia mista, pois se encontra vinculado ao Ministério da Saúde (Decreto nº 99.244/90 e Decreto nº 8.065/2013) e tem seu orçamento atrelado à União (que detém 99,99% de suas ações como resultado da desapropriação prevista nos Decretos nºs 75.403 e 75.457/75). Com esse posicionamento, a SBDI-I, por unanimidade, conheceu dos embargos, por divergência jurisprudencial e, no mérito, deu-lhes provimento para determinar que a execução se processe pelo regime de precatório. TST-E-ED-RR-115400-27.2008.5.04.0008, SBDI-I, rel. Min. Aloysio Corrêa da Veiga, 14.11.2013 (TST. Info nº 66).

Fazenda Pública. Condenação solidária. Juros de mora aplicáveis.

Nos termos do art. 281 do CC, nos casos de solidariedade passiva, "o devedor demandado pode opor ao credor as exceções que lhe forem pessoais e as comuns a todos; não lhe aproveitando as exceções pessoais a outro codevedor". Assim, no presente caso, os juros de mora previstos no art. 1º-F da Lei 9.494/97, no montante de 6% ao ano, para as condenações impostas à Fazenda Pública, não beneficiam o codevedor, pessoa jurídica de direito privado, uma vez que se trata de privilégio exclusivo do ente público. Com esse entendimento, a SBDI-I decidiu, por unanimidade, conhecer do recurso de embargos do reclamante, por divergência jurisprudencial e, no mérito, por maioria, dar-lhe provimento parcial para manter a aplicação dos juros de mora previstos no art. 1º-F da Lei 9.494/97 apenas à Fazenda Pública, caso demandada diretamente, afastando a extensão do benefício à codevedora, Companhia Paulista de Trens Metropolitanos (CPTM). Vencidos os Ministros Ives Gandra da Silva Martins Filho, relator, Luiz Philippe Vieira de Mello Filho e Dora Maria da Costa que negavam provimento ao recurso ao argumento de que a determinação de incidência dos juros de mora de que trata o art. 1º-F da Lei nº 9.494/97 à condenação solidária imposta à Fazenda Pública de São Paulo e à CPTM encontra-se em harmonia com a Orientação Jurisprudencial nº 7 do Tribunal Pleno do TST. TST-E-ED-RR-285400-80.2005.5.02.0021, SBDI-I, rel. Min. Ives Gandra da Silva Martins Filho, red. p/ acórdão Min. Aloysio Corrêa da Veiga, 10.10.2013 (TST. Info nº 62).

Execução. Prazo para interposição de embargos à execução pela Fazenda Pública. Art. 4º da MP 2.180-35/2001. Declaração incidental de inconstitucionalidade. Efeitos suspensos. ADC 11 pendente de julgamento.

O Tribunal Pleno, por unanimidade, decidiu suspender os efeitos da declaração incidental de inconstitucionalidade formal do art. 4º da Medida Provisória nº 2.180-35/01, pronunciada nos autos do processo TST-RR-7000-66.1992.5.04.0011, julgado em 4.8.2005, até que o Supremo Tribunal Federal se manifeste em definitivo sobre a matéria nos autos da ADC 11. TST-E-RR-110200-18.2003.5.21.0921, Tribunal Pleno, rel. Min. Renato de Lacerda Paiva, 2.9.2013 (TST. Info nº 57).

Precatório. Revisão dos cálculos. Limitação da execução ao período anterior à implementação do regime jurídico único. Inexistência de manifestação expressa em sentido contrário. Ofensa à coisa julgada. Não configuração. Dedução dos pagamentos referentes a período posterior ao regime jurídico único. Impossibilidade.

A revisão dos cálculos, em sede de precatório, para limitar os efeitos de condenação pecuniária ao período em que o exequente era regido pela legislação trabalhista, ou seja, até o advento da Lei Estadual nº 11.712/90, que instituiu o regime jurídico único dos servidores do Estado do Ceará, não ofende a coisa julgada se ausente, na decisão exequenda, expressa manifestação contrária à referida limitação, conforme exigido pela Orientação Jurisprudencial nº 6 do Tribunal Pleno. De outra sorte, havendo pagamentos efetuados por determinação judicial relativos a período em que já vigente o regime jurídico único, estes não poderão ser deduzidos de imediato dos valores a serem pagos, devendo ser objeto de ação de repetição de indébito, em razão da garantia do contraditório e da ampla defesa. Com esses fundamentos, o Órgão Especial, por maioria, conheceu do recurso ordinário e deu-lhe provimento para limitar os efeitos pecuniários da sentença condenatória ao período anterior ao advento da Lei nº 11.712/1990, do Estado do Ceará, vedada a dedução dos pagamentos referentes a período posterior à vigência do regime jurídico único. Vencidos os Ministros Luiz Philippe Vieira de Mello Filho e Brito Pereira, que negavam provimento ao recurso. TST-RO-10575-04.2010.5.07.0000, Órgão Especial, rel. Min. Márcio Eurico Vitral Amaro, 8.4.2013 (TST. Info nº 40).

Precatório. Individualização do crédito. Impossibilidade. Sindicato. Substituição processual.

Tratando-se de reclamação trabalhista ajuizada por sindicato na qualidade de substituto processual, não é possível a individualização do crédito de cada um dos substituídos, devendo a execução ocorrer mediante precatório, nos moldes do art. 100 da CF. A individualização só se viabiliza quando se tratar de ação plúrima, conforme a Orientação Jurisprudencial nº 9 do Tribunal Pleno. Com esse entendimento, a SBDI-II, por maioria, conheceu da remessa necessária e do recurso ordinário e, no mérito, deu-lhes provimento para julgar procedente a ação rescisória, e, em juízo rescisório, determinar seja a execução, no caso, processada sob a forma de precatório. Vencidos os Ministros João Oreste Dalazen, Maria Cristina Irigoyen Peduzzi e Hugo Carlos Scheuermann, os quais negavam provimento aos recursos por entenderem, no caso de substituição processual, não haver falar em crédito único, cujo fracionamento, eventualmente, burlaria os limites impostos pelo § 8º do art. 100 da CF, mas em somatório de créditos pertencentes a distintos credores, podendo ser, cada qual, de pequeno valor. TST-ReeNec e RO-19300-03.2010.5.17.0000, SBDI-II, rel. Min. Alexandre Agra Belmonte, 19.2.2013 (TST. Info nº 37).

Precatório. Pagamento com atraso. Juros de mora. Incidência desde a expedição. Súmula Vinculante 17 do STF.

Os juros de mora não são devidos durante o chamado "período de graça", desde que o precatório seja pago no prazo constitucional. Efetuado o pagamento fora do prazo previsto no art. 100, § 1º, da CF, os juros moratórios devem ser computados desde a expedição do precatório, conforme inteligência da Súmula Vinculante 17 do STF. Com esse entendimento, o Órgão Especial, por maioria, conheceu do recurso ordinário e, no mérito, negou-lhe provimento. Vencidos os Ministros Luiz Philippe Vieira de Mello Filho, Guilherme Augusto Caputo Bastos e Dora Maria da Costa. TST-RO-2519-45.2011.5.07.0000, Órgão Especial, rel. Min. Fernando Eizo Ono, 3.9.2012 (TST. Info nº 20).

Precatório. Doença grave. Risco de morte ou de debilidade permanente. Sequestro de valores. Possibilidade. Limitação a três vezes o valor de requisição de pequeno valor. Credor falecido no curso do processo. Transferência da preferência aos sucessores.

A pessoa acometida de doença grave, a qual acarrete risco de morte ou iminente perigo de debilidade permanente e irreversível, não se submete à tramitação preferencial dos precatórios de créditos junto à Fazenda Pública prevista no § 2º do art. 100 da CF, sendo possível o denominado "sequestro humanitário", limitado, todavia, a três vezes a quantia de requisição de pequeno valor a que se refere os §§ 2º e 3º do art. 100 da CF. Outrossim, o falecimento do credor no curso da ação em que se pleiteia a liberação dos valores não tem o condão de retornar o precatório à ordem cronológica original, transferindo aos sucessores a preferência adquirida em razão da doença. Com esse entendimento, o Órgão Especial, por maioria, não conheceu do recurso ordinário no tocante aos valores já liberados, em função da perda de objeto, e conheceu e deu provimento parcial, no que diz respeito aos valores ainda não liberados, para limitar o sequestro ao triplo da requisição de pequeno valor, nos termos do § 2º do art. 100 da CF. Vencidos os Ministros Ives Gandra Martins Filho, Antônio José de Barros Levenhagen, Fernando Eizo Ono e Guilherme Augusto Caputo Bastos, os quais davam provimento ao recurso para denegar a segurança e não admitir o sequestro, ao argumento de que o benefício é personalíssimo, não se transferindo ao espólio. TST-ReeNec e RO-8069000-57.2009.5.02.0000, Órgão Especial, Min. Dora Maria da Costa, 6.8.2012 (TST. Info nº 16).

MS. Precatório. Sequestro. Doença grave. Análise do ato coator sob o prisma da norma vigente à época em que praticado.

Ao entendimento de que o ato coator deve ser analisado sob o prisma da norma vigente à época em que praticado, a SBDI-II, no tópico, por maioria, deu provimento ao reexame necessário, a fim de cassar o ato da autoridade coatora que determinou a expedição de mandado de sequestro, junto à instituição financeira, para levantamento de créditos em favor de determinados reclamantes acometidos de doença grave, quando ainda não havia previsão de antecipação do pagamento dos créditos de natureza alimentícia, por motivo de doença grave, conforme passou a ser disciplinado no art. 100, § 2º, da CF, com a redação dada pela EC nº 62, de 9.12.2009. In casu, como o ato impugnado fora praticado em 6.8.2008, antes da mudança legislativa, entendeu a relatora que não se pode invocar legislação posterior para sustentar ordem de sequestro não contemplada na legislação vigente à época em que praticado, sendo, portanto, irrelevante perquirir acerca da gravidade da doença, critério adotado pelo juízo a quo. Vencidos os Ministros Luiz Philippe Vieira de Mello Filho, Alberto Luiz Bresciani de Fontan Pereira e Maria Cristina Irigoyen Peduzzi. TST-RO-40200-75.2008.5.17.0000, SBDI-II, rel. Min. Maria de Assis Calsing, 29.5.2012 (TST. Info nº 11).

9. QUADRO SINÓPTICO

Capítulo V – Execução contra a Fazenda Pública		
Instituto	**Conteúdo**	**Item**
Citação	A citação da Fazenda Pública, relativa ao processo de execução, deve ser feita de forma pessoal. Diferentemente do que ocorre com os demais executados, a Fazenda Pública é citada, apenas, para oferecer embargos, uma vez que os bens públicos não são passíveis de penhora.	1
Prazo	O art. 1º-B, da Lei nº 9.494, de 10.09.1997, acrescentado pela Medida Provisória nº 2.180-35, de 24.08.2001, aumentou para 30 dias o prazo para a Fazenda Pública apresentar embargos.	2
Precatório judicial		
Conceito	É uma requisição emitida pelo presidente do Tribunal, de natureza administrativa, para que a Fazenda Pública pague a sua dívida.	3
Ordem cronológica	Uma vez que a proposta orçamentária é enviada pelo Chefe do Poder Executivo para ser discutida e aprovada pelo Poder Legislativo, o pagamento dos diversos créditos deve ser feito em observância a ordem cronológica de apresentação dos precatórios, de acordo com a data de recebimento do ofício requisitório respectivo.	3.1
Regime especial de pagamento	O STF declarou a inconstitucionalidade do dispositivo introduzido pela EC nº 62 que instituiu o regime especial de pagamento. Em 25.03.2015 esse Tribunal modulou os efeitos de sua decisão, nos seguintes termos: [...]dê sobrevida ao regime especial de pagamento de precatórios, instituído pela EC 62/09, por 5 exercícios financeiros a contar de primeiro de janeiro de 2016.	3.2
Previsão orçamentária	Para a satisfação do credor da Fazenda Pública é necessário que exista uma dotação orçamentária específica. Para tanto, os precatórios devem ser apresentados até o dia primeiro de julho para possibilitar a inclusão no orçamento e o consequente pagamento durante o exercício seguinte, acrescido da atualização monetária.	3.3
Crédito alimentício	A exceção prevista no art. 100, *caput*, da Constituição, em favor dos créditos de natureza alimentícia, não dispensa a expedição de precatório. Contudo, isenta os precatórios alimentares da observância da ordem cronológica dos precatórios decorrentes de condenações de outra natureza (Súmula nº 655 do STF). Na redação atual da CF/88, a exceção encontra-se consignada no parágrafo 1º, art. 100.	3.4
Dívida de pequeno valor	O sistema de expedição de precatórios, não se aplica aos pagamentos de obrigações definidas em lei como de pequeno valor que a Fazenda Federal, Estadual, Distrital ou Municipal deva fazer em virtude de sentença judicial transitada em julgado. O valor mínimo deve ser igual ao valor do maior benefício do regime geral de previdência social.	3.5

<table>
<tr><td>Pagamento preferencial</td><td colspan="2">Tem direito ao pagamento preferencial as pessoas com sessenta anos de idade ou sejam portadores de doença grave, ou pessoas com deficiência, assim definidos na forma da lei, serão pagos com preferência sobre todos os demais débitos, até o valor equivalente ao triplo fixado em lei.</td><td>3.6</td></tr>
<tr><td rowspan="2">Preterição e sequestro</td><td>Preterição</td><td>Ocorre preterição quando se faz o pagamento do precatório sem observar o direito de preferência de cada credor, aferida pela ordem cronológica de apresentação da requisição respectiva.</td><td rowspan="2">3.7</td></tr>
<tr><td>Sequestro</td><td>Detectada a preterição ou a não alocação orçamentária do valor necessário à satisfação do débito, o exequente pode requerer ao Presidente do Tribunal, depois de ouvido o Ministério Público, o sequestro da quantia necessária para satisfazer o crédito.</td></tr>
<tr><td>Intervenção</td><td colspan="2">Se não há inclusão do valor precatório no orçamento da Fazenda Pública, o exequente, além do sequestro, pode requerer a intervenção.</td><td>3.8</td></tr>
<tr><td>Revisão de cálculo</td><td colspan="2">São passíveis de revisão, pelo Presidente do Tribunal, de ofício ou a requerimento das partes, as contas elaboradas para aferir o valor dos precatórios antes de seu pagamento ao credor.</td><td>3.9</td></tr>
<tr><td>Atualização monetária e cessão de crédito</td><td colspan="2">• No momento do pagamento do precatório é necessário que se faça a atualização monetária dos valores devidos.
• O dispositivo da EC nº 62 que mandava aplicar o índice da poupança foi declarado inconstitucional pelo STF (ADI's nºs 4357 e 4425)
• Já no julgamento do RE nº 870947 (21.09.2017), com repercussão geral declarada, o STF decidiu que o IPCA-E deve ser utilizado para corrigir os débitos da Fazenda Pública a partir de junho de 2009.
• O credor poderá ceder, total ou parcialmente, seus créditos em precatórios a terceiros, independentemente da concordância do devedor.</td><td>3.10</td></tr>
<tr><td>Juízo auxiliar de conciliação</td><td colspan="2">Cabe ao juízo auxiliar de conciliação de precatórios, dentre outras atribuições, o controle da listagem da ordem preferencial dos credores; a realização de cálculos; o acompanhamento de contas bancárias e a celebração de convênios entre os Entes Públicos devedores e o Tribunal Regional do Trabalho, para repasse mensal de verbas necessárias ao pagamento dos precatórios etc.</td><td>3.11</td></tr>
<tr><td>Compensação</td><td colspan="2">O dispositivo da EC nº 62 que permitia a compensação de créditos da Fazenda Pública foi declarado inconstitucional pelo STF, cuja decisão foi modulada em 25.03.2015, nos seguintes termos:
3.1. Consideram-se válidas as compensações, os leilões e os pagamentos à vista por ordem crescente de crédito previstos na EC 62/09, desde que realizados até 25/3/15, data a partir da qual não será possível a quitação de precatórios por tais modalidades.</td><td>3.12</td></tr>
<tr><td>Impugnação à execução</td><td colspan="2">A principal característica da impugnação à execução contra a Fazenda Pública diz respeito ao prazo para apresentação, que é de trinta dias, e à desnecessidade de segurança do juízo. Contudo, pende de julgamento recurso extraordinário com repercussão geral com o objetivo de declarar a inconstitucionalidade do dispositivo legal que majorou o prazo para apresentação dos embargos à execução.</td><td>4</td></tr>
</table>

10. QUESTÕES

1. (PGE/ES/Procurador/2008) A execução, contra a fazenda pública, de quantia enquadrada como de pequeno valor dispensa a expedição de precatório, não sendo ilegal a determinação de sequestro da importância devida pelo ente público na hipótese.

2. (PGM/Aracaju/Procurador/2008) A fazenda pública não pode prescindir de garantir o juízo para opor embargos à execução de sentença trabalhista, ainda quando a execução deva efetivar-se por precatório ou por requisição de pequeno valor.

3. (PGE/PB/Procurador/2008) No que diz respeito à execução trabalhista contra a Fazenda Pública, assinale a opção incorreta, com base na CF, no CPC, na CLT e na jurisprudência sumulada e consolidada do STF e do TST.

a) Podem ser opostos embargos pela Fazenda Pública no prazo de trinta dias após citada da execução.

b) Não cabe remessa oficial contra decisão do presidente do tribunal em sede de precatório, ainda quando haja agravamento da condenação imposta à Fazenda Pública.

c) Contra decisão proferida por presidente de TRT em sede de precatório, dada a sua natureza administrativa, cabe a impetração de mandado de segurança.

d) Nos casos de reclamações trabalhistas plúrimas, a apuração do valor para fins de eventual dispensa do precatório em prol de requisição de pequeno valor deve considerar a soma dos créditos de cada reclamante.

e) Não cabe recurso extraordinário contra decisão proferida pelo TST no processamento de precatório.

4. (Fundação Casa – Analista Administrativo/Advogado/2011) Quanto aos precatórios, assinale a alternativa que apresenta a proposição correta.

a) Em sede de precatório, por se tratar de decisão de natureza administrativa, não se aplica a regra da remessa necessária em caso de decisão judicial desfavorável a ente público.

b) São aplicáveis, nas condenações impostas à Fazenda Pública, os juros de mora de um por cento ao mês, a partir de setembro de 2001.

c) Tratando-se de reclamações trabalhistas plúrimas, a aferição do que vem a ser obrigação de pequeno valor, para efeito de dispensa de formação de precatório e aplicação do disposto no § 3.° do art. 100 da CF/88, deve ser realizada considerando-se o total dos créditos envolvidos na condenação.

d) É incabível mandado de segurança contra atos praticados pela Presidência dos Tribunais Regionais em precatório em razão de sua natureza administrativa.

e) Se não houver norma específica quanto ao prazo para interposição de recurso em matéria administrativa de decisão emanada de órgão Colegiado do Tribunal Regional do Trabalho, aplica-se o prazo de dez dias.

5. (AOCP – Técnico Judiciário – Área Administrativa – TRT 1/2018) Considerando a execução contra a Fazenda Pública e a massa falida, assinale a alternativa INCORRETA.

a) No processo do trabalho, os créditos contra a massa falida são julgados pela Justiça do Trabalho até o momento em que houver a liquidação da sentença e seja definido o valor devido pelo empregado.

b) Na execução contra a Fazenda Pública, não opostos embargos ou transitada em julgado a decisão que os rejeitar, expedir-se-á precatório ou requisição de pequeno valor em favor do exequente.

c) Em relação à execução contra a Fazenda Pública, é permitida a expedição de precatórios complementares ou suplementares de valor pago, bem como o fracionamento, repartição ou quebra do valor da execução para fins de enquadramento de parcela do total no que se refere a pagamento de pequeno valor definido em lei.

d) Na execução contra a Fazenda Pública, fundada em título extrajudicial, a Fazenda Pública será citada para opor embargos em 30 (trinta) dias.

e) Os direitos oriundos da existência do contrato de trabalho subsistirão em caso de falência, sendo que constituirão créditos privilegiados a totalidade dos salários devidos ao empregado e a totalidade das indenizações a que tiver direito.

Gab.		Fundamentação legal e jurisprudencial	Tópico do livro	Obs. eventual
1	C	TST. Pleno. OJ Nº1	Item 3.5	Na verdade, o juiz deve expedir uma Requisição de Pequeno Valor – RPV

2	**E**	Sem Previsão Legal	Item 1	–
3	**D**	a) Lei nº 9.494/97. Art. 1º-B	a) Item 2	–
		b) TST. Pleno. OJ Nº 8	b) Item 3	
		c) TST. Pleno. OJ Nº 10	c) Item 3	
		d) TST. Pleno. OJ Nº 9	d) Item 3.5	
		e) STF. Súmula nº 733	e) Parte III, Capítulo II, Item 19.4	
4	**A**	a) TST. Pleno. OJ Nº 8	a) Item 3	–
		b) TST. Pleno. OJ Nº 7, I	b) Parte IV, Capítulo I, Item 4.2, alínea "a"	
		c) TST. Pleno. OJ Nº 9	c) Item 3.5	
		d) TST. Pleno. OJ Nº 10	d) Item 3	
		e) TST. Pleno. OJ Nº 11	e) Item 3	
5	**C**	a) Lei nº 11.101/05. Art. 6º, §2º	a) Parte I, Cap III, Item 1.3, "d"	
		b) CPC. Art. 910, §1º, "c"	b) Item 3	
		c) CF. Art. 100, §8º	c) Item 3	
		d) CPC. Art. 910	d) Item 3.1	
		e) CLT. Art. 449, §1º	e) Parte I, Cap III, Item 1.3, "d"	

CAPÍTULO VI

EXECUÇÃO DAS CONTRIBUIÇÕES PREVIDENCIÁRIAS

1. HISTÓRICO

No que diz respeito ao aspecto histórico da relação existente entre as contribuições previdenciárias e o Direito Processual do Trabalho, identificam-se três momentos distintos.

O **primeiro**, no qual não se tratava das questões relativas às contribuições previdenciárias na fase da liquidação das sentenças trabalhistas; o **segundo**, quando, por imposição legal de competência de natureza administrativa, o juiz do trabalho era obrigado a determinar o imediato recolhimento do mencionado tributo, em caso de condenação ou celebração de acordo na Justiça do Trabalho; e, por fim, o **estágio atual**, em que o juiz deve executar, de ofício, as contribuições previdenciárias decorrentes das sentenças por ele proferidas ou nos acordos homologados.

Da vigência da primeira Lei Orgânica da Previdência Social – LOPS (Lei nº 3.807/60) até a edição da Lei nº 7.787/89, que alterou o sistema de custeio da Previdência Social, sequer apurava-se o valor devido pelo empregado e pelo empregador, a título de contribuição previdenciária, nas sentenças proferidas nos processos em trâmite na Justiça do Trabalho.

Àquela época, a liquidação da sentença só se restringia ao cálculo dos valores das parcelas estritamente trabalhistas, quando a reclamação era proposta pelo empregado em face do empregador.

A inovação legislativa que permitiu, pela primeira vez, o recolhimento das contribuições previdenciárias nas reclamações trabalhistas, foi introduzida por meio do art. 12, da mencionada Lei nº 7.787/89, ao dispor que:

> **Art. 12**. Em caso de extinção de processos trabalhistas de qualquer natureza, inclusive a decorrente de acordo entre as partes, de que resultar pagamento de vencimentos, remune-

ração, salário e outros ganhos habituais do trabalhador, o recolhimento das contribuições devidas à Previdência Social será efetuado in continenti. Parágrafo único. A autoridade judiciária velará pelo fiel cumprimento do disposto neste artigo.

Com o advento da Lei nº 8.212/91, estabeleceu-se uma regra semelhante, mais precisamente em seu art. 43:

> **Art. 43.** Em caso de extinção de processos trabalhistas de qualquer natureza, inclusive a decorrente de acordo entre as partes, de que resultar pagamento de remuneração ao segurado, o recolhimento das contribuições devidas à Seguridade Social será efetuado *in continenti.*

A Lei nº 8.620/93, alterou a redação original do art. 43 da Lei nº 8.212/91 e acrescentou-lhe um parágrafo único. Assim, o *caput* do art. 43 da citada norma passou a vigorar com o seguinte texto:

> **Art. 43.** Nas ações trabalhistas de que resultar o pagamento de direitos sujeitos à incidência de contribuição previdenciária, o juiz, sob pena de responsabilidade, determinará o imediato recolhimento das importâncias devidas à Seguridade Social. Parágrafo único. Nas sentenças judiciais ou nos acordos homologados em que não figurarem, discriminadamente, as parcelas legais relativas à contribuição previdenciária, esta incidirá sobre o valor total apurado em liquidação de sentença ou sobre o valor do acordo homologado.[1]

O art. 44, da Lei nº 8.212/91, foi revogado pela Lei nº 11.501/07, resultado da conversão da Medida Provisória nº 359/07, com efeitos a partir de 02.05.2007.[2]

Por fim, a Lei nº 11.941/09 introduziu mais cinco parágrafos ao mencionado art. 43, renumerando o parágrafo único para o 1º, com a seguinte redação:

> **Art. 43. § 1º** Nas sentenças judiciais ou nos acordos homologados em que não figurarem, discriminadamente, as parcelas legais relativas às contribuições sociais, estas incidirão sobre o valor total apurado em liquidação de sentença ou sobre o valor do acordo homologado.

O Provimento nº 1/96, da Corregedoria do TST, também teve como objeto a regulamentação do recolhimento das contribuições previdenciárias e do imposto de renda perante a Justiça do Trabalho.

Constatada a falta de recolhimento das contribuições previdenciárias, o juiz do trabalho deveria velar pelo cumprimento dessa obrigação tributária, **mas sem poderes para executá-las**, de ofício ou a requerimento da União.

Em caso de omissão da empresa, expedia-se ofício para o INSS cobrar esse tributo, Entidade encarregada de constituir o crédito tributário, pelo lançamento, e a posterior inclusão do valor respectivo na dívida ativa, com o consequente ajuizamento da execução fiscal perante a Justiça Federal.

---

1. Esse parágrafo único foi transformado em parágrafo primeiro, pela Lei nº 11.491/09, sem alterar a sua redação.
2. A redação conferida pela mencionada MP nº 258/05 era a seguinte: Art. 44. A autoridade judiciária velará pelo cumprimento do disposto no art. 43, inclusive fazendo expedir notificação à Procuradoria da Fazenda Nacional, dando-lhe ciência dos termos da sentença ou do acordo celebrado.

A primeira mudança de natureza constitucional aconteceu com a promulgação da EC nº 20/98, que inseriu o parágrafo terceiro ao art. 114 da CF, com a seguinte redação: "Compete ainda à Justiça do Trabalho executar, de ofício, as contribuições sociais previstas no artigo 195, I, a, e II, e seus acréscimos legais, decorrentes das sentenças que proferir".

Essa alteração constitucional estabeleceu a competência da Justiça do Trabalho para executar as contribuições previdenciárias de ofício, **dispensado o lançamento e o ajuizamento da ação fiscal.**

Posteriormente, foi editada a Lei nº 10.035/00, que acrescentou o parágrafo único ao art. 831; os §§ 3º e 4º ao art. 832; o parágrafo único ao art. 876; o art. 878-A; os §§ 1º-A, 1º-B e § 4º ao art. 879, e alterou a redação do art. 880, todos da CLT, para disciplinar o procedimento destinado à cobrança da contribuição previdenciária no âmbito da Justiça Laboral e a participação do INSS nesse procedimento.

Com a vigência da EC nº 45/04, a competência para a cobrança de ofício das contribuições previdenciárias foi deslocada do parágrafo terceiro para o inciso VIII, nos seguintes termos: "Art. 114. Compete à Justiça do Trabalho processar e julgar: VIII – A execução, de ofício, das contribuições sociais previstas no art. 195, I, a, e II, e seus acréscimos legais, decorrentes das sentenças que proferir".

Em 2007 a Lei nº 11.457 criou a Secretaria da Receita Federal do Brasil, que passou a acumular as competências relativas à tributação, fiscalização, arrecadação, cobrança e recolhimento das contribuições sociais em substituição à atuação da Secretaria da Receita Previdenciária.

A lei referida também alterou diversos dispositivos da CLT como os § 4º, do art. 832; parágrafo único do art. 876; §§ 3º e 5º do art. 879; art. 880; e §§ 1º e 2º do art. 880-A e acrescentou os §§ 5º, 6º e 7º ao art. 832.

Por fim, a Lei nº 13.467/17 alterou a redação do parágrafo único do art. 876 da CLT para deixar claro que a execução das contribuições sociais previstas no art. 195, I, "a" e II da CF/88 **se estende aos seus acréscimos legais:**

> **Art. 876. Parágrafo único.** A Justiça do Trabalho executará, de ofício, as contribuições sociais previstas na alínea a do inciso I e no inciso II do caput do art. 195 da Constituição Federal, e seus acréscimos legais, relativas ao objeto da condenação constante das sentenças que proferir e dos acordos que homologar.

2. NATUREZA JURÍDICA DAS CONTRIBUIÇÕES PREVIDENCIÁRIAS

Após a promulgação da atual Carta Magna, cessaram as discussões acerca da natureza jurídica das contribuições sociais. Antes desse marco legislativo, a doutrina e a jurisprudência defendiam diversas teorias, dentre elas a do salário diferido, do salário atual e salário social, da parafiscalidade, do prêmio de seguro e da exação *sui generis*.

O sistema tributário nacional, estabelecido pelo ordenamento jurídico constitucional vigente, incluiu a contribuição social **em seu rol de tributos com destinação específica**. Compete à União instituir as referidas **contribuições sociais** (art. 149, da Carta Magna de 1988), que se submetem aos mesmos princípios dos demais tributos.

O art. 195, § 6º, da CF/88 revela o caráter compulsório das contribuições sociais:[3] "As contribuições sociais de que trata este artigo só poderão ser exigidas após decorridos noventa dias da data da publicação da lei que as houver instituído ou modificado, não se lhes aplicando o disposto no artigo 150, III, b".

A Lei nº 10.336/2001 instituiu a contribuição de intervenção no domínio econômico incidente sobre a importação e a comercialização de petróleo e seus derivados, gás natural e seus derivados, e álcool etílico combustível, conhecida como CIDE.

3. FATO GERADOR DAS CONTRIBUIÇÕES PREVIDENCIÁRIAS

O fato gerador do tributo é o fato concreto, cuja previsão hipotética encontra-se inserida em uma norma jurídica de caráter abstrato. Uma vez verificado esse fato concreto nasce o direito subjetivo do Estado de exigir do contribuinte uma conduta no sentido de proceder ao seu recolhimento, denominada de obrigação tributária.

O fato gerador coincide com o fato jurídico, que na teoria geral do direito detém a função criadora do direito subjetivo e, ao mesmo tempo, do dever ou obrigação jurídica.

Assim, tem-se o fato gerador como fato-tipo, quando se encontra em estado hipotético inserido na lei (direito objetivo) e como fato-concreto, quando constatado a ocorrência da respectiva previsão legal no mundo fático, por meio do fenômeno jurídico, que faz nascer a obrigação tributária.

O Código Tributário Nacional conceitua fato gerador em seu art. 114: "Fato gerador da obrigação principal é a situação definida em lei como necessária e suficiente à sua ocorrência."

Nesse dispositivo, o legislador utiliza a expressão fato gerador como hipótese de incidência ou fato-tipo e não como o fato-concreto.

A contribuição social que pode ser executada de ofício pela Justiça do Trabalho **tem seu fato gerador, mais precisamente sua hipótese de incidência, previsto pelo art. 195, I, "a", da CF/88:**

> **Art. 195**. A seguridade social será financiada por toda a sociedade, de forma direta e indireta, nos termos da lei, mediante recursos provenientes dos orçamentos da União, dos Estados, do Distrito Federal e dos Municípios, e das seguintes contribuições sociais: I – do empregador, da empresa e da entidade a ela equiparada na forma da lei, incidentes sobre: a) a folha de salários e demais rendimentos do trabalho pagos ou creditados, a qualquer título, à pessoa física que lhe preste serviço, mesmo sem vínculo empregatício.

A regulamentação do mencionado dispositivo constitucional operou-se por meio do art. 28, I e II, da Lei nº 8.212/91, que define os contornos do salário-de-contribuição:

> **Art. 28**. Entende-se por salário-de-contribuição: I – para o empregado e trabalhador avulso: a remuneração auferida em uma ou mais empresas, assim entendida a totalidade dos rendimentos pagos, devidos ou creditados a qualquer título, durante o mês, destinados

3. Além de sociais, as contribuições podem ser de intervenção no domínio econômico e de interesse das categorias profissionais ou econômicas.

> a retribuir o trabalho, qualquer que seja a sua forma, inclusive as gorjetas, os ganhos habituais sob a forma de utilidades e os adiantamentos decorrentes de reajuste salarial, quer pelos serviços efetivamente prestados, quer pelo tempo à disposição do empregador ou tomador de serviços nos termos da lei ou do contrato ou, ainda, de convenção ou acordo coletivo de trabalho ou sentença normativa; II – para o empregado doméstico: a remuneração registrada na Carteira de Trabalho e Previdência Social, observadas as normas a serem estabelecidas em regulamento para a comprovação do vínculo empregatício e do valor da remuneração.

Conclui-se, assim, que **o fato gerador da contribuição social em comento é a simples prestação de serviços subordinados**, mesmo que não se verifique, nos casos concretos, a retribuição por parte do empregador.

Chega-se facilmente a essa conclusão quando se interpreta a seguinte expressão contida no supracitado dispositivo legal: rendimentos pagos, devidos ou creditados a qualquer título, durante o mês, destinados a retribuir o trabalho. O dispositivo constitucional correspondente é mais restrito, pois faz referência expressa à folha de salários e demais rendimentos do trabalho pagos ou creditados, excluindo, por conseguinte, o termo "*devidos*".

Entretanto, não se pode interpretar o termo **creditado** como a ação do empregador em proceder ao depósito em conta corrente do empregado do valor devido a título de remuneração, mas sim como o **direito de crédito do trabalhador** que corresponde à principal obrigação da empresa decorrente da execução do contrato de trabalho.

O momento da ocorrência do fato gerador coincide com a data em que o pagamento do salário foi ou deveria ter sido efetuado pelo empregador, independente do prazo concedido pela lei para o recolhimento da contribuição social, qual seja, até o dia 15, após o mês da prestação de serviços.

O fato gerador da contribuição previdenciária continua o mesmo, ainda que os recolhimentos respectivos não tenham sido efetivados e essa irregularidade tenha sido constatada durante o processamento de uma reclamação trabalhista.

Portanto, não há como admitir que, nesse caso, o fato gerador da contribuição previdenciária seja a sentença trabalhista, porque a lei, em nenhum momento, indica esse fato jurídico-processual como capaz de fazer nascer a obrigação tributária.

Na verdade, **a sentença proferida no processo de conhecimento trabalhista pode ser admitida como espécie de lançamento tributário, quando líquida**. Se for ilíquida, somente após a decisão de liquidação é que se terá certeza e liquidez do crédito tributário.

O fato gerador da obrigação tributária não pode ser a sentença, pois esse ato do juiz, na grande maioria dos casos, tem conteúdo predominantemente condenatório ou declaratório, produzindo efeitos *ex tunc*.

A única hipótese de decisão com conteúdo constitutivo e, consequentemente, *ex nunc*, diz respeito àquela proferida nas **ações de inquérito para apuração de falta grave**, necessária para o rompimento do contrato de trabalho do empregado portador de estabilidade.

Segundo leciona João Vianna:

> O fato gerador das contribuições previdenciárias não é a sentença trabalhista, mas a prestação de trabalho remunerado por segurado obrigatório da previdência social; logo, o cálculo

das contribuições devidas obedece à lei vigente no momento da prestação do trabalho. No recolhimento, tardio, incidem multa e juros.[4]

Conclui-se, portanto, que o crédito e a obrigação tributária constituem-se com o pagamento ou o simples fato de estar vencida a obrigação do empregador de pagar a remuneração de seus empregados. A sentença trabalhista proferida nos autos de conhecimento, se líquida, assume a função do lançamento tributário. Caso seja ilíquida, a sentença de liquidação funciona como lançamento.

Entendimento em sentido contrário beneficiaria o devedor inadimplente, uma vez que lhe seria menos custoso deixar de recolher as contribuições previdenciárias e deixar ser acionado pelo empregado, pois ficaria livre da incidência dos juros, correção monetária e multas anteriores à prolação da sentença.

Toda essa polêmica só acabou com a edição da Lei nº 11.941/09 inseriu o § 2º ao art. 43 da Lei nº 8.212/91, com a seguinte redação: "Considera-se ocorrido o fato gerador das contribuições sociais na data da prestação do serviço".

O TST trata do tema em sua Súmula nº 368, incisos IV e V:

> **SÚMULA Nº 368.** DESCONTOS PREVIDENCIÁRIOS. IMPOSTO DE RENDA. COMPETÊNCIA. RESPONSABILIDADE PELO RECOLHIMENTO. FORMA DE CÁLCULO. FATO GERADOR (aglutinada a parte final da Orientação Jurisprudencial nº 363 da SBDI-I à redação do item II e incluídos os itens IV, V e VI em sessão do Tribunal Pleno realizada em 26.06.2017) – Res. 219/2017, DEJT divulgado em 28, 29 e 30.06.2017 IV – Considera-se fato gerador das contribuições previdenciárias decorrentes de créditos trabalhistas reconhecidos ou homologados em juízo, para os serviços prestados até 4.3.2009, inclusive, o efetivo pagamento das verbas, configurando-se a mora a partir do dia dois do mês seguinte ao da liquidação (art. 276, "caput", do Decreto nº 3.048/1999). Eficácia não retroativa da alteração legislativa promovida pela Medida Provisória nº 449/2008, posteriormente convertida na Lei nº 11.941/2009, que deu nova redação ao art. 43 da Lei nº 8.212/91. V – Para o labor realizado a partir de 5.3.2009, considera-se fato gerador das contribuições previdenciárias decorrentes de créditos trabalhistas reconhecidos ou homologados em juízo a data da efetiva prestação dos serviços. Sobre as contribuições previdenciárias não recolhidas a partir da prestação dos serviços incidem juros de mora e, uma vez apurados os créditos previdenciários, aplica-se multa a partir do exaurimento do prazo de citação para pagamento, se descumprida a obrigação, observado o limite legal de 20% (art. 61, § 2º, da Lei nº 9.460/96).

4. CONTRIBUIÇÕES SOCIAIS EXECUTADAS NA JUSTIÇA DO TRABALHO

As contribuições sociais encontram-se discriminadas pelo art. 195 da Constituição Federal de 1988, quais sejam:

a) do empregador, da empresa e da entidade a ela equiparada na forma da lei, incidentes sobre a folha de salários e demais rendimentos do trabalho pagos ou creditados, a qualquer título, à pessoa física que lhe preste serviço, mesmo sem vínculo empregatício; a receita ou o faturamento; e o lucro;

4. VIANNA, João Ernesto Aragonés. **Curso de direito previdenciário**. São Paulo: Ltr, 2006. p. 158.

b) do trabalhador e dos demais segurados da previdência social;

c) sobre a receita de concursos de prognósticos; e

d) do importador de bens ou serviços do exterior, ou de quem a lei a ele equiparar.

Nem todas essas contribuições sociais podem ser cobradas de ofício pela Justiça do Trabalho, mas somente aquelas citadas pelo art. 114, VIII, da atual Carta Magna (art. 195, I, a, e II da CF/88). Exclui-se, portanto, as contribuições sociais do empregador decorrente da receita, faturamento ou lucro (PIS/PASEP, CONFINS, FINSOCIAL); sobre a receita de concursos e prognósticos; e do importador de serviços ou bens do exterior.

Depreende-se, assim, que **a competência da Justiça Laboral limita-se à cobrança das contribuições previdenciárias,[5] bem como os seus acréscimos legais, cujo fato gerador seja o pagamento de salário ou outro rendimento pago ou devido em razão da prestação de serviços subordinados ou autônomos**, em favor do empregador, empresa ou entidade a ela equiparada, desde que decorrentes das sentenças proferidas naquela Justiça Especializada.

> **Exclui-se**, também, da competência da Justiça do Trabalho, **a cobrança das contribuições sociais devidas a terceiros do sistema** "S" (SESI, SESC, SENAI, SENAR etc.), pois a sua titularidade não pertence à União:
>
> **SÚMULA Nº 36 do TRT1.** CONTRIBUIÇÕES SOCIAIS DESTINADAS A TERCEIROS. INCOMPETÊNCIA ABSOLUTA. A Justiça do Trabalho é incompetente para a execução de contribuições em favor de terceiros, destinadas ao denominado "Sistema S".
>
> **SÚMULA Nº 24 do TRT3.** CONTRIBUIÇÕES DEVIDAS A TERCEIROS. EXECUÇÃO. INCOMPETÊNCIA DA JUSTIÇA DO TRABALHO. ART. 114 DA CR/1988. A Justiça do Trabalho é incompetente para executar as contribuições arrecadadas pelo INSS, para repasse a terceiros, decorrentes das sentenças que proferir, nos termos do art. 114 da Constituição da República.
>
> **SÚMULA Nº 06 do TRT12.** CONTRIBUIÇÃO PREVIDENCIÁRIA DEVIDA A TERCEIROS. INCOMPETÊNCIA DA JUSTIÇA DO TRABALHO. A Justiça do Trabalho não detém competência para executar as contribuições sociais devidas a terceiros.

5. A TRANSAÇÃO E A RENÚNCIA NA FASE DE COGNIÇÃO E AS CONTRIBUIÇÕES PREVIDENCIÁRIAS

A questão relativa aos efeitos da transação[6] e do pedido de renúncia homologado durante o processo de conhecimento e após a prolação da sentença de mérito foi objeto da parte II, capítulo VIII, item 4, desta obra.

Em síntese, é possível que as partes em litígio celebrem um acordo com transação sobre seus direitos e interesses que ainda não foram certificados por meio de uma sentença transitada em julgado, desde que haja identificação das parcelas objeto do ajuste.

---

5. Inclusive as contribuições relativas ao Seguro Acidente de Trabalho – SAT. Nesse sentido, a decisão proferida pelo TST nos autos do processo nº RR-187340-33.1995.5.15.0095.
6. Código Civil. Art. 840. É lícito aos interessados prevenirem ou terminarem o litígio mediante concessões mútuas.

Nessa hipótese, a União não poderia reclamar a incidência da contribuição previdenciária sobre as verbas trabalhistas identificadas e discriminadas como de caráter indenizatório no acordo celebrado entre as partes, apesar de o art. 831, parágrafo único, da CLT, excluir a irrecorribilidade da decisão homologatória respectiva, em relação à União.[7]

Após o trânsito em julgado da sentença, a transação ou renúncia não pode envolver os créditos previdenciários, uma vez que a sua titularidade não pertence às partes, mas sim à União.

Essa é a orientação contida no art. 832, § 6º, da CLT: "O acordo celebrado após o trânsito em julgado da sentença ou após a elaboração dos cálculos de liquidação de sentença não prejudicará os créditos da União".

Segundo o entendimento do TST revelado por meio da OJ nº 376, da SDI-1, nesse caso as contribuições previdenciárias devem ser calculadas **proporcionalmente**:

> **OJ Nº 376.** CONTRIBUIÇÃO PREVIDENCIÁRIA. ACORDO HOMOLOGADO EM JUÍZO APÓS O TRÂNSITO EM JULGADO DA SENTENÇA CONDENATÓRIA. INCIDÊNCIA SOBRE O VALOR HOMOLOGADO. (DEJT divulgado em 19, 20 e 22.04.2010). É devida a contribuição previdenciária sobre o valor do acordo celebrado e homologado após o trânsito em julgado de decisão judicial, respeitada a proporcionalidade de valores entre as parcelas de natureza salarial e indenizatória deferidas na decisão condenatória e as parcelas objeto do acordo.

Se o acordo é feito **depois de proferida a sentença, mas antes do seu trânsito em julgado**, a contribuição previdenciária deverá incidir sobre o valor da conciliação, conforme dispõe o art. 43, § 5º da Lei nº 8.212/91 (Dispositivo introduzido por força da edição da Lei nº 11.941/09).

6. A SENTENÇA E A DEFINIÇÃO DA NATUREZA JURÍDICA DAS PARCELAS DEFERIDAS

As questões relativas à sentença e às contribuições sociais foram abordadas no item 5, capítulo VII, parte II, desta obra.

Em resumo, **quando da prolação da sentença, o juiz deve identificar a natureza de cada parcela trabalhista deferida, para fins de incidência ou não das contribuições previdenciárias,** com fulcro no art. 832, § 3º, da CLT.

Mesmo que a sentença seja omissa, deverá ser feita a execução de ofício das contribuições previdenciárias, conforme entendimento do TST, cristalizado pela Súmula nº 401:

7. Todavia, se o acordo é feito sem o reconhecimento da relação de emprego, há a incidência da alíquota devida pelo contribuinte individual. Nesses termos é o posicionamento do TST, revelado por meio da OJ nº 398, da SDI-1, do TST. "CONTRIBUIÇÃO PREVIDENCIÁRIA. ACORDO HOMOLOGADO EM JUÍZO SEM RECONHECIMENTO DE VÍNCULO DE EM-PREGO. CONTRIBUINTE INDIVIDUAL. RECOLHIMENTO DA ALÍQUOTA DE 20% A CARGO DO TOMADOR E 11% A CARGO DO PRESTADOR DE SERVIÇOS. (DEJT divulgado em 02, 03 e 04.08.2010). **Nos acordos homologados em juízo em que não haja o reconhecimento de vínculo empregatício, é devido o recolhimento da contribuição previdenciária, mediante a alíquota de 20% a cargo do tomador de serviços e de 11% por parte do prestador de serviços, na qualidade de contribuinte individual, sobre o valor total do acordo, respeitado o teto de contribuição. Inteligência do § 4º do art. 30 e do inciso III do art. 22, todos da Lei nº 8.212, de 24.07".**

SÚMULA Nº 401. AÇÃO RESCISÓRIA. DESCONTOS LEGAIS. FASE DE EXECUÇÃO. SENTENÇA EXEQUENDA OMISSA. INEXISTÊNCIA DE OFENSA À COISA JULGADA. (conversão da Orientação Jurisprudencial nº 81 da SDI-II) – Res. 137/2005 – DJ 22, 23 e 24.08.2005. Os descontos previdenciários e fiscais devem ser efetuados pelo juízo executório, ainda que a sentença exequenda tenha sido omissa sobre a questão, dado o caráter de ordem pública ostentado pela norma que os disciplina. A ofensa à coisa julgada somente poderá ser caracterizada na hipótese de o título exequendo, expressamente, afastar a dedução dos valores a título de imposto de renda e de contribuição previdenciária.

7. REFLEXO DA SENTENÇA TRABALHISTA PERANTE A PREVIDÊNCIA SOCIAL: AÇÃO DECLARATÓRIA DE EXISTÊNCIA DE VÍNCULO EMPREGATÍCIO

Discute-se sobre os efeitos previdenciários da reclamação trabalhista declaratória que tenha como único objetivo de **obter o reconhecimento da relação de emprego.**[8]

Não raro, observava-se no foro trabalhista a proposição de ações dessa espécie com o objetivo de **certificar o tempo de serviço para efeito de percepção de benefícios previdenciários**, principalmente àqueles relativos à aposentadoria.

Como em grande parte dessas ações trabalhistas o INSS ou a União não participava no polo passivo, havia recusa no sentido de incorporar o tempo de serviço reconhecido na sentença, quando a prova fosse exclusivamente testemunhal.

A arguição da mencionada Autarquia Federal fundava-se no preceito contido no art. 506 do CPC e art. 55, § 3º, da Lei nº 8.213/91:

> **Art. 506.** A sentença faz coisa julgada às partes entre as quais é dada, não prejudicando terceiros.
>
> **Art. 55. § 3º da Lei nº 8.213/91.** A comprovação do tempo de serviço para os efeitos desta Lei, inclusive mediante justificação administrativa ou judicial, conforme o disposto no artigo 108, só produzirá efeito quando baseada em início de prova material, não sendo admitida prova exclusivamente testemunhal, salvo na ocorrência de motivo de força maior ou caso fortuito, conforme disposto no Regulamento.

De acordo com o preceito contido no art. 876, parágrafo único, da CLT[9] possibilitou a cobrança de ofício das contribuições sociais, mesmo sem pedido específico nesse sentido. Assim, não haveria como excluir o direito de contagem do tempo de serviço do obreiro nas ações trabalhistas dessa natureza.

Nessa direção, o art. 276, § 7º, do Decreto nº 3.048/99:

> **Art. 276. § 7º** Se da decisão resultar reconhecimento de vínculo empregatício, deverão ser exigidas as contribuições, tanto do empregador como do reclamante, para todo o período reconhecido, ainda que o pagamento das remunerações a ele correspondentes não tenham

---

8. As ações declaratórias, por sua própria natureza, são imprescritíveis.
9. Entretanto, o STF considerou que a cobrança das contribuições previdenciárias, pela Justiça do Trabalho, somente pode incidir sobre o valor pecuniário já definido em condenação trabalhista ou em acordo (RE nº 569056. Rel. Min. Carlos Alberto Menezes Direito. 11.09.2008).

sido reclamadas na ação, tomando-se por base de incidência, na ordem, o valor da remuneração paga, quando conhecida, da remuneração paga a outro empregado de categoria ou função equivalente ou semelhante, do salário normativo da categoria ou do salário mínimo mensal, permitida a compensação das contribuições patronais eventualmente recolhidas.

Portanto, as ações declaratórias de reconhecimento de vínculo empregatício também possuem carga executória e mandamental.

A **natureza executória** é constatada no que diz respeito às contribuições previdenciárias devidas pelas partes, que gera a condenação acessória no sentido de se proceder ao seu recolhimento e, em caso de inadimplemento, ensejar a execução de ofício.

Já a **carga mandamental** é observada quando o juiz determina a alteração ou inclusão das informações contidas no banco de dados da Previdência Social e CNIS – Cadastro Nacional de Informações Sociais, em relação ao empregado e empregador, conforme preconiza o art. 38, da Lei nº 8.213/91.[10]

Todavia a Súmula nº 368 do TST, que trata da competência da Justiça do Trabalho para determinar o recolhimento das contribuições previdenciárias, **conferiu interpretação restritiva às disposições legais sobre a matéria**:

> **SÚMULA Nº 368.** DESCONTOS PREVIDENCIÁRIOS. IMPOSTO DE RENDA. COMPETÊNCIA. RESPONSABILIDADE PELO RECOLHIMENTO. FORMA DE CÁLCULO. FATO GERADOR (aglutinada a parte final da Orientação Jurisprudencial nº 363 da SBDI-I à redação do item II e incluídos os itens IV, V e VI em sessão do Tribunal Pleno realizada em 26.06.2017) – Res. 219/2017, DEJT divulgado em 28, 29 e 30.06.2017. I – A Justiça do Trabalho é competente para determinar o recolhimento das contribuições fiscais. A competência da Justiça do Trabalho, quanto à execução das contribuições previdenciárias, limita-se às sentenças condenatórias em pecúnia que proferir e aos valores, objeto de acordo homologado, que integrem o salário de contribuição. (ex-OJ nº 141 da SBDI-1 – inserida em 27.11.1998). II – É do empregador a responsabilidade pelo recolhimento das contribuições previdenciárias e fiscais, resultantes de crédito do empregado oriundo de condenação judicial. A culpa do empregador pelo inadimplemento das verbas remuneratórias, contudo, não exime a responsabilidade do empregado pelos pagamentos do imposto de renda devido e da contribuição previdenciária que recaia sobre sua quota-parte. (ex-OJ nº 363 da SBDI-1, parte final).

O STF considerou que a cobrança das contribuições previdenciárias, pela Justiça do Trabalho, **somente pode incidir sobre o valor pecuniário já definido em condenação trabalhista ou em acordo**, entendimento que coincide com aquele constante da Súmula do TST transcrita:

> RECURSO EXTRAORDINÁRIO. REPERCUSSÃO GERAL RECONHECIDA. COMPETÊNCIA DA JUSTIÇA DO TRABALHO. ALCANCE DO ART. 114, VIII, DA CONSTITUIÇÃO FEDERAL. 1. A competência da Justiça do Trabalho prevista no art. 114, VIII, da Constituição Federal alcança apenas a execução das contribuições previdenciárias relativas ao objeto da condenação constante das sentenças que proferir. 2. Recurso extraordinário conhecido e desprovido. O Tribunal, por unanimidade e nos termos do voto

10. Lei nº 8.213/91. Art. 29-A. O INSS utilizará, para fins de cálculo do salário-de-benefício, as informações constantes no Cadastro Nacional de Informações Sociais – CNIS sobre as remunerações dos segurados. Art. 38. Sem prejuízo do disposto nos artigos 35 e 36, cabe à Previdência Social manter cadastro dos segurados com todos os informes necessários para o cálculo da renda mensal dos benefícios.

do Relator, desproveu o recurso. Em seguida, o Tribunal, por maioria, aprovou proposta do Relator para edição de súmula vinculante sobre o tema, e cujo teor será deliberado nas próximas sessões, vencido o Senhor Ministro Marco Aurélio, que reconhecia a necessidade de encaminhamento da proposta à Comissão de Jurisprudência.[11]

COMPETÊNCIA. JUSTIÇA DO TRABALHO. CONTRIBUIÇÕES SOCIAIS. EXECUÇÃO. A competência da Justiça do Trabalho pressupõe decisão condenatória em parcela trabalhista geradora da incidência da contribuição social.[12]

De igual forma e como consequência desse entendimento, **o TST decidiu que Justiça do Trabalho não teria competência para determinar ao INSS a incorporação do tempo de serviço reconhecido por sentença**, para efeito de concessão de benefícios previdenciários:

RECURSO DE REVISTA. INCOMPETÊNCIA DA JUSTIÇA DO TRABALHO. AVERBAÇÃO DE TEMPO DE SERVIÇO DE PERÍODO DE TRABALHO RECONHECIDO EM JUÍZO PARA EFEITOS PREVIDENCIÁRIOS. É da competência da Justiça Federal, nos termos do artigo 109, I e § 3º, da CF, a averbação do tempo de serviço relativo a vínculo empregatício reconhecido em juízo, para fins previdenciários, visto que tal competência não se encontra taxativamente prevista no artigo 114 da CF, tampouco existe legislação em vigor que fixe a competência desta Justiça Especializada para determinar tal averbação. Recurso de Revista conhecido e provido.[13]

ATENÇÃO! Em síntese, prevalece no TST o entendimento de que a competência da Justiça do Trabalho quanto à execução das contribuições previdenciárias atinge tão somente as sentenças condenatórias em pecúnia que proferir e os valores objeto de acordo homologado que integrem o salário de contribuição.

8. COMPETÊNCIA CONCORRENTE OU EXCLUSIVA DA JUSTIÇA DO TRABALHO?

A competência da Justiça Federal encontra-se prevista pelo art. 109, I, da CF/88:

Art. 109. Aos juízes federais compete processar e julgar: I – as causas em que a União, entidade autárquica ou empresa pública federal forem interessadas na condição de autoras, rés, assistentes ou oponentes, exceto as de falência, as de acidentes de trabalho e as sujeitas à Justiça Eleitoral e à Justiça do Trabalho.

A Justiça do Trabalho é competente para executar, de ofício, as contribuições previdenciárias previstas no art. 195, I, a, e II, da atual Constituição Federal, e seus acréscimos legais, decorrentes das sentenças que proferir.

Então, quando a União ingressa com uma ação de execução em face da empresa que deixou de recolher as contribuições previdenciárias ou o fez com valores insuficientes, **o foro competente é o da Justiça Federal**, uma vez que a sua condição pessoal atrai a competência dessa Justiça Ordinária.

11. STF. RE 569056. Rel. Min. Menezes Direito. DJ 12.12.2008.
12. STF. AG. REG. NO RECEXTRA 564.467-7-RS. Rel. Min. Marco Aurélio. DJ 20.02.2009.
13. TST. RR – 227/2007-043-15-00. 8ª T. Rel. Min. Dora Maria da Costa. DEJT 04.09.2009.

Quando o débito previdenciário é identificado e apurado no curso de uma reclamação trabalhista, a competência passa a ser exclusivamente da Justiça Laboral, a quem caberá executar de ofício.

A União não poderá arguir que não participou da relação processual, uma vez que a CLT, em diversos dispositivos, determina a sua intimação para recorrer de decisões definitivas e de sentenças homologatórias de acordo.

Conclui-se, portanto, que a competência é, inicialmente, concorrente. Mas, o ajuizamento da ação de execução pela União, perante a Justiça Federal, exclui a competência da Justiça Laboral, quando o valor do tributo tiver a mesma base de cálculo e mesmo fato gerador daquela contribuição cujo não recolhimento foi identificado nessa última e certificado pela sentença de liquidação.

Se o inadimplemento previdenciário for constatado pela Justiça do Trabalho, durante a tramitação de uma reclamação trabalhista, exclui-se a possibilidade da União ingressar com a ação de cobrança com o mesmo fato gerador e idêntica base de cálculo, pois se opera a qualidade da coisa julgada material, também em relação a esse aspecto.

Exemplo de questão sobre o tema

(TRT 2 – Juiz do Trabalho Substituto 2ª região/2014) Em relação às contribuições previdenciárias, aponte a alternativa correta:

a) Nos processos em que se apuram contribuições previdenciárias decorrentes de acordo sempre haverá a incidência de juros e multa.

b) Mesmo que o INSS não tenha participado do processo original, por falta de interesse processual imediato, nada impede que venha a se tornar parte no processo de execução, no que respeita às contribuições sociais que lhe são devidas.

c) As sentenças condenatórias, constitutivas ou declaratórias geram interesse processual do INSS e arrimam a ação deste instituto na execução.

d) Para ser parte na execução, a União deve recorrer das decisões cognitivas ou homologatórias, que indicam a natureza jurídica das parcelas constantes da condenação ou do acordo, no que concerne ao recolhimento das contribuições previdenciárias.

e) Deixando a parte de recolher a contribuição previdenciária que lhe incumbe, o juiz só poderá dar início à execução forçada por quantia certa se provocado pelo INSS.

Resposta: B

9. RITO UTILIZADO PARA A EXECUÇÃO DAS CONTRIBUIÇÕES PREVIDENCIÁRIAS

O rito processual utilizado para a cobrança das contribuições previdenciárias depende do juízo no qual tenha sido proposta a ação de execução respectiva. Quando a execução é ajuizada perante a **Justiça Federal**, por iniciativa da União, **utiliza-se o procedimento estabelecido pela Lei de Execução Fiscal**, uma vez que se encontra fundada em um título executivo extrajudicial.

Quando o inadimplemento é verificado no curso da **reclamação trabalhista**, proposta pelo empregado, a execução da contribuição previdenciária **segue o mesmo rito previsto pela CLT,** uma vez que a constituição do crédito tributário é ultimada pela sentença judicial.

Nesse caso, usam-se os dispositivos da CLT e, subsidiariamente, a Lei nº 6.830/80, na forma prevista pelo art. 889 daquele diploma legal.

Não há como adotar, em primeiro plano, o procedimento previsto na Lei de Execução Fiscal, quando da cobrança de ofício da contribuição previdenciária perante a Justiça do Trabalho, **tendo em vista a sua total incompatibilidade, mormente no que diz respeito à inexistência de Certidão da Dívida Ativa.**

Com efeito, na Justiça Federal a execução se funda em título executivo extrajudicial, enquanto que na Justiça Laboral a ação de execução tem como fundamento uma sentença.

10. A EXECUÇÃO DE TRIBUTO SEM LANÇAMENTO

O conceito legal de lançamento tributário encontra-se inserido no art. 142 do CTN:

> **Art. 142.** Compete privativamente à autoridade administrativa constituir o crédito tributário pelo lançamento, assim entendido o procedimento administrativo tendente a verificar a ocorrência do fato gerador da obrigação correspondente, determinar a matéria tributável, calcular o montante do tributo devido, identificar o sujeito passivo e, sendo caso, propor a aplicação da penalidade cabível.

Desse modo, o lançamento de crédito tributário tem natureza declaratória, o que torna líquida e certa a obrigação do contribuinte e define o crédito da entidade tributante.

O crédito tributário previdenciário é constituído pelo lançamento por homologação, previsto pelo art. 150 do CTN, uma vez que a empresa, na condição de devedora e responsável, deve fazer o recolhimento antecipado do tributo:

> **Art. 150.** O lançamento por homologação, que ocorre quanto aos tributos cuja legislação atribua ao sujeito passivo o dever de antecipar o pagamento sem prévio exame da autoridade administrativa, opera-se pelo ato em que a referida autoridade, tomando conhecimento da atividade assim exercida pelo obrigado, expressamente a homologa.

Em tais situações, a extinção da obrigação tributária somente se opera depois de homologada pela Fazenda Pública.

Quando a execução processa-se nos autos da reclamação trabalhista e perante a Justiça do Trabalho, inexiste o instrumento do lançamento fiscal. Entretanto, a sentença substitui esse ato administrativo para condenar o empregador a efetuar os recolhimentos previdenciários. Age, o juiz, investido de função administrativa anômala, com vistas à constituição do crédito tributário pela sentença.

Portanto, o ato que substitui o lançamento, no processo do trabalho, é a sentença de conhecimento, quando for líquida**; a decisão de liquidação,** quando o valor da condenação for arbitrado apenas para efeito de recurso e custas processuais; ou o **acordo homologado por sentença.**

Chega-se a essa conclusão tendo em vista que tanto o procedimento de lançamento quanto a sentença e sua respectiva liquidação tem como objetivo conferir **certeza, liquidez e exigibilidade à obrigação correspondente.**

Por conta disso, é perfeitamente admissível a intervenção da União como parte no processo de execução, mesmo que não tenha participado do processo de conhecimento, de modo semelhante ao que ocorre com a execução da sentença penal no cível, de acordo com o art. 63 do CPP:

> **Art. 63.** Transitada em julgado a sentença condenatória, poderão promover-lhe a execução, no juízo cível, para o efeito da reparação do dano, o ofendido, seu representante legal ou seus herdeiros.

O Ministério da Previdência e Assistência Social, por meio de sua Portaria nº 516/03, art. 6º, estabelece que: "A sentença homologatória de cálculo da contribuição previdenciária devida supre a inexistência de lançamento administrativo (art. 142 CTN)".

Assim, a execução de contribuições previdenciárias na Justiça do Trabalho dispensa o lançamento, conforme se observa da decisão abaixo:

> CONTRIBUIÇÕES PREVIDENCIÁRIAS. COMPETÊNCIA. O art. 114, VIII, da CF/88 não limita a execução de créditos previdenciários nesta Justiça Especializada, às sentenças de natureza condenatória, pelo que, na hipótese de reconhecimento de vínculo ou de retificação de período laboral lançado na CTPS, deve a Justiça do Trabalho, de ofício e independentemente de inscrição do montante devido na dívida ativa, proceder a execução das contribuições previdenciárias decorrentes das sentenças que proferir.[14]

A certidão da dívida ativa – CDA é o título executivo extrajudicial que dá suporte ao ajuizamento da ação fiscal perante a Justiça Federal. **Na Justiça do Trabalho, a CDA é substituída pela sentença, título executivo judicial:**

> CONTRIBUIÇÕES PREVIDENCIÁRIAS. EXECUÇÃO. COBRANÇA AUTOMÁTICA DO TÍTULO JUDICIAL, INDEPENDENTEMENTE DE INSCRIÇÃO EM DÍVIDA ATIVA. Com a edição da EC nº 20, de 15 de dezembro de 1998, deslocou-se à Justiça do Trabalho a competência para executar, ex officio, as contribuições sociais previstas no art. 195, inciso I, "a" e inciso II, e seus acréscimos legais, decorrentes das sentenças que proferir. É inequívoco que, ao estabelecer que a execução das contribuições sociais decorrentes de suas sentenças seria de ofício, o legislador constituinte, automaticamente, dispensou a certidão de dívida ativa e legitimou a própria sentença trabalhista como título executivo hábil a instruir e a realizar o processo de execução. Precedentes do Colendo STJ. Agravo de petição do INSS a que se dá provimento.[15]

11. PRESCRIÇÃO E DECADÊNCIA DO CRÉDITO PREVIDENCIÁRIO

Quando a empresa procede ao recolhimento da contribuição previdenciária, a Fazenda Pública tem o **prazo decadencial de cinco anos** para homologá-lo ou fazer o lançamento da diferença devida (art. 150, § 4º, do CTN).[16]

O prazo previsto pelo art. 173, do CTN, só tem lugar quando o lançamento é feito de ofício ou por declaração, mas não é essa a hipótese das contribuições previdenciárias.

---

14. TRT 8ª R. AP 00328-2004-111-08-00-6 1ª T. Rel. Juiz Mário Leite Soares. DJ. 10.10.2006.
15. TRT 15ª R. AP 0801-2004-099-15-00-8 (46670/06) **5ª C. Relª Juíza Ana Paula Pellegrina Lockmann. DOESP 06.10.2006.**
16. CTN. Art. 150. § 4º Se a lei não fixar prazo à homologação, será ele de 5 (cinco) **anos, a contar da ocorrência do fato gerador; expirado esse prazo sem que a Fazenda Pública se tenha pronunciado, considera-se homologado o lançamento e definitivamente extinto o crédito, salvo se comprovada a ocorrência de dolo, fraude ou simulação.**

Em igual prazo prescreve a pretensão da União para exigir em juízo o pagamento do mencionado crédito tributário, de acordo com o preceito contido no art. 174 do aludido Diploma Legal.

Os prazos mencionados são aplicáveis às contribuições previdenciárias. Os prazos instituídos pelo art. 45 da Lei nº 8.212/91,[17] não tinha validade formal diante da sua flagrante inconstitucionalidade, representada pela sua fixação por meio de lei ordinária e não por lei complementar.

O STF, por intermédio da Súmula Vinculante nº 8, **reconheceu a inconstitucionalidade do mencionado dispositivo legal,** nos seguintes termos: "São inconstitucionais o parágrafo único do artigo 5º do Decreto-Lei nº 1569/77 e os artigos 45 e 46 da Lei 8.212/91, que tratam de prescrição e decadência de crédito tributário".

Para sacramentar a ineficácia normativa, a Lei Complementar nº 128/08 revogou expressamente o referido dispositivo legal.

Assim, se quando da execução de ofício iniciada pela Justiça Laboral, já estiver transcorrido **o prazo de cinco anos**, contados a partir do fato gerador da contribuição previdenciária, **o juiz deverá declarar a decadência do direito da Fazenda Pública.**

Entretanto, não se pode alegar que a pretensão da Fazenda Pública encontra-se prescrita, pois não foi ela que deu ensejo ao ajuizamento da reclamação trabalhista e, muito menos, ao processo de execução.

12. RECOLHIMENTO DAS CONTRIBUIÇÕES PREVIDENCIÁRIAS NOS CONTRATOS DE TRABALHO NULOS

A jurisprudência consolidou o entendimento segundo o qual é devido, aos trabalhadores contratados sem a observância do requisito constitucional da prévia aprovação em concurso público, o valor equivalente à contraprestação pactuada, acrescido da quantia referente ao FGTS, conforme conteúdo da Súmula nº 363 do TST:

> **SÚMULA Nº 363.** CONTRATO NULO. EFEITOS. Nova redação. – Res. 121/2003, DJ 19, 20 e 21.11.2003. A contratação de servidor público, após a CF/1988, sem prévia aprovação em concurso público, encontra óbice no respectivo art. 37, II e § 2º, somente lhe conferindo direito ao pagamento da contraprestação pactuada, em relação ao número de horas trabalhadas, respeitado o valor da hora do salário mínimo, e dos valores referentes aos depósitos do FGTS.

Saliente-se, contudo, que essa restrição representada pelo entendimento de não estender todos os direitos trabalhistas ao obreiro contratado sem a formalidade legal, **não alcança as contribuições previdenciárias**.

17. Lei nº 8.212/91. Art. 45. O direito da Seguridade Social apurar e constituir seus créditos extingue-se após 10 (dez) **anos contados: I – do primeiro dia do exercício seguinte àquele em que o crédito poderia ter sido constituído; II – da data em que se tornar definitiva a decisão que houver anulado, por vício formal, a constituição de crédito anteriormente efetuada.**

Isso porque, **segundo o princípio do *no olet***, a legislação tributária exclui da definição do fato gerador, qualquer interferência relativa à formalidade dos atos jurídicos que dele derivam, conforme previsão contida no art. 118 do CTN:[18]

> **Art. 118**. A definição legal do fato gerador é interpretada abstraindo-se: I – da validade jurídica dos atos efetivamente praticados pelos contribuintes, responsáveis, ou terceiros, bem como da natureza do seu objeto ou dos seus efeitos; II – dos efeitos dos fatos efetivamente ocorridos.

Então, independentemente da legalidade do ato ou negócio jurídico praticado pelo contribuinte, incidirá a contribuição previdenciária e qualquer outro tributo, desde que estejam presentes os elementos constitutivos do fato gerador.

13. RESPONSABILIZAÇÃO PELO PAGAMENTO DAS CONTRIBUIÇÕES PREVIDENCIÁRIAS

O empregador é o responsável pelo **desconto e recolhimento das contribuições previdenciárias devidas pelos seus empregados ou trabalhadores autônomos** que lhes prestem serviços, por expressa determinação legal.

Eventual omissão da empresa acarreta-lhe a responsabilidade direta pelo pagamento do mencionado tributo, por conta da aplicação do princípio geral do direito, segundo o qual, a ninguém é dado desconhecer o direito.

Em nível administrativo, a União instala o procedimento de cobrança e, posteriormente, ajuíza execução fiscal em face da empresa e não dos empregados e dos trabalhadores. Verificada essa situação, mesmo que o empregador cumpra a obrigação durante o processo administrativo ou judicial, não poderá ingressar com ação de regresso em face do empregado para cobrar a parcela que lhe cabia.

Nesse passo, se durante o trâmite da reclamação trabalhista for constatada a existência de débitos previdenciários, caberá à empresa reclamada o ônus financeiro, tanto da contribuição ao seu cargo, quanto daquela que seria devida pelo empregado ou trabalhador.

A Lei nº 8.212/91, em seu artigo 33, § 5º, dispõe exatamente nesse sentido:

> **Art. 33. § 5º.** O desconto de contribuição e de consignação legalmente autorizadas sempre se presume feito, oportuna e regularmente pela empresa a isso obrigada, não lhe sendo lícito alegar omissão para se eximir do recolhimento, ficando diretamente responsável pela importância que deixou de receber ou arrecadou em desacordo com o disposto nesta lei.

Essa determinação sempre existiu na legislação previdenciária brasileira, desde a LOPS, em seu art. 79, § 1º:

> **Art. 79. § 1º.** O desconto das contribuições e o das consignações legalmente autorizadas sempre se presumirão feitos, oportuna e regularmente pelas empresas a isso obrigadas, não

18. Nesse sentido, a tese aprovada no XIV CONAMAT – Congresso Nacional dos Magistrados do Trabalho (29.04 a 02.05.2008. Manaus-AM)**, intitulada "Incidência de contribuição previdenciária nos contratos de trabalho efetivados sem concurso com a administração pública", de autoria do Juiz do Trabalho Geraldo Magela Melo. Disponível em: <http://www.conamat.com.br/tra_teses_aprovadas.aspx>. Acesso em 31.07.2008.**

lhes sendo lícito alegar nenhuma omissão que hajam praticado, a fim de se eximirem ao devido recolhimento, ficando diretamente responsáveis pelas importâncias que deixarem de receber ou que tiverem arrecadado em desacordo com as disposições desta lei.

O TST posiciona-se **em sentido contrário,** conforme teor da Súmula nº 368, II:

> **SÚMULA Nº 368.** DESCONTOS PREVIDENCIÁRIOS. IMPOSTO DE RENDA. COMPETÊNCIA. RESPONSABILIDADE PELO RECOLHIMENTO. FORMA DE CÁLCULO. FATO GERADOR (aglutinada a parte final da Orientação Jurisprudencial nº 363 da SBDI-I à redação do item II e incluídos os itens IV, V e VI em sessão do Tribunal Pleno realizada em 26.06.2017) – Res. 219/2017, DEJT divulgado em 28, 29 e 30.06.2017. II – É do empregador a responsabilidade pelo recolhimento das contribuições previdenciárias e fiscais, resultantes de crédito do empregado oriundo de condenação judicial. A culpa do empregador pelo inadimplemento das verbas remuneratórias, contudo, não exime a responsabilidade do empregado pelos pagamentos do imposto de renda devido e da contribuição previdenciária que recaia sobre sua quota-parte. (ex-OJ nº 363 da SBDI-1, parte final).

Ora, se a empresa não recolhe as suas contribuições previdenciárias e aquelas devidas pelo empregado na época própria, **este último não pode arcar com os encargos financeiros da mora**, como juros, correção monetária e multa. Tal circunstância reforça o entendimento aqui defendido.

> **SÚMULA Nº 17 do TRT17.** CONTRIBUIÇÃO PREVIDENCIÁRIA. No tocante às contribuições previdenciárias decorrentes de créditos reconhecidos em sentença, nos termos do art. 20, da Lei 8.212/91, deve o reclamante arcar somente com o pagamento da contribuição previdenciária em seus valores históricos, ficando a cargo da empresa o pagamento de juros, atualização monetária e multas.

14. O PROCEDIMENTO DA EXECUÇÃO DAS CONTRIBUIÇÕES PREVIDENCIÁRIAS

Com a prolação da sentença de conhecimento ou sua liquidação, **constitui-se o crédito previdenciário em favor da União**[19]. Em que pese existir a determinação de execução de ofício das contribuições previdenciárias na Justiça do Trabalho, a União, como credora, pode agir como parte nesse processo, na prática de atos processuais com o objetivo de dar cumprimento à sentença, inclusive pugnando pelo início desse processo.

É necessário, assim, que o juiz determine a intimação pessoal da União, por intermédio dos seus Procuradores,[20] de todos os atos praticados no processo.

Contudo, diante do grande volume de ações trabalhistas e do número insuficiente de Procuradores, a atuação da União nesses processos limitam-se, em regra, à interposição de recurso ordinário, agravo de petição ou impugnação aos cálculos de liquidação.

19. O procedimento de liquidação da sentença relativa às contribuições previdenciárias foi analisada no item 5, capítulo I, parte IV, desta obra.
20. Lei nº 11.457/07. Art. 16. § 3º. Compete à Procuradoria-Geral Federal representar judicial e extrajudicialmente: II – a União, nos processos da Justiça do Trabalho relacionados com a cobrança de contribuições previdenciárias, de imposto de renda retido na fonte e de multas impostas aos empregadores pelos órgãos de fiscalização das relações do trabalho, mediante delegação da Procuradoria-Geral da Fazenda Nacional.

O executado é citado para pagar o valor devido ao credor e para proceder ao recolhimento das contribuições previdenciárias devidas por ele e pelo empregado, na forma disposta pelo art. 880 da CLT.[21] Evidencia-se, assim, que a execução trabalhista e a previdenciária devem ter curso paralelo.

Inclusive, o devedor pode pagar de imediato o valor que entender devido a título de contribuição previdenciária (valor incontroverso), como lhe faculta o art. 878-A da CLT: "Faculta-se ao devedor o pagamento imediato da parte que entender devida à Previdência Social, sem prejuízo da cobrança de eventuais diferenças encontradas na execução *ex officio*".

Garante-se ao executado insurgir-se em face da sentença de liquidação no que diz respeito às questões relativas às contribuições previdenciárias, no exercício pleno do direito de defesa e com observância do *due process of law*, por meio da interposição de embargos à execução, desde que garantido o juízo.

É possível, entretanto, que o empregador obtenha **o benefício do parcelamento do seu débito previdenciário** perante a Secretaria da Receita Federal do Brasil.

Caso o pleito da executada seja aceito administrativamente pela SRF, **a sua comprovação em juízo implica suspensão da execução previdenciária,** nos moldes do preceito contido no art. 889-A, § 1º, da CLT: "Concedido parcelamento pela Secretaria da Receita Federal do Brasil, o devedor juntará aos autos a comprovação do ajuste, ficando a execução da contribuição social correspondente suspensa até a quitação de todas as parcelas".

15. EMBARGOS À EXECUÇÃO PREVIDENCIÁRIA

O executado pode oferecer embargos à execução, inclusive com impugnação quanto à sentença de homologação, tanto em relação ao cálculo das verbas trabalhistas quanto em relação às contribuições previdenciárias.

Os embargos serão oferecidos após a garantia do juízo, no prazo de cinco dias.

No mesmo prazo, o credor previdenciário e o credor trabalhista poderão oferecer impugnação à decisão de liquidação. Nesse caso, é necessário que o credor seja intimado da garantia do juízo.

Oferecidos os embargos e/ou impugnação à decisão de liquidação pelos credores, a parte contrária será intimada para apresentar a respectiva manifestação.

Em uma única sentença, o juiz decidirá sobre os embargos à execução e sobre as impugnações à sentença de liquidação das verbas trabalhistas e previdenciárias.

16. RECURSO EM MATÉRIA PREVIDENCIÁRIA

Ao ser intimada da sentença proferida no processo de conhecimento (art. 832, § 5º, da CLT), **a União poderá interpor recurso ordinário**, principalmente quando não se

21. CLT. Art. 880. Requerida a execução, o juiz ou presidente do tribunal mandará expedir mandado de citação do executado, a fim de que cumpra a decisão ou o acordo no prazo, pelo modo e sob as cominações estabelecidas ou, quando se tratar de pagamento em dinheiro, inclusive de contribuições sociais devidas à União, para que o faça em 48 (quarenta e oito) **horas ou garanta a execução, sob pena de penhora.**

conformar com a identificação da natureza das parcelas feitas pelo juiz ou sobre a atribuição das respectivas responsabilidades previdenciárias (art. 832, § 3º, da CLT).

É cabível, também, recurso em face da decisão que homologa acordo, uma vez que tais sentenças só são irrecorríveis em relação aos litigantes.

O agravo de petição pode ser manejado quando o inconformismo da União for verificado na fase de execução, mais precisamente em face da sentença que decide as questões relativas à impugnação dos cálculos de liquidação.

17. INFORMATIVOS DO TST SOBRE A MATÉRIA

Contribuição previdenciária. Fato gerador. Incidência de multa e juros de mora. Data da prestação dos serviços. Alteração do art. 43 da Lei nº 8.2012/1991 pela Medida Provisória nº 449/2008, convertida na Lei nº 11.941/2009.

Nos termos da jurisprudência do STF, a matéria envolvendo o fato gerador de contribuições previdenciárias tem natureza infraconstitucional, visto que o art. 195, I, da CF não trata da hipótese de incidência do tributo. Assim, na vigência do art. 276, caput, do Decreto nº 3.048/99, o fato gerador da contribuição previdenciária era o pagamento do crédito devido ao trabalhador e, no caso de decisão judicial trabalhista, somente seria cabível a incidência de multa e juros de mora após o dia dois do mês subsequente ao trânsito em julgado da decisão que pôs fim à discussão acerca dos cálculos de liquidação. Porém, desde a edição da Medida Provisória nº 449/2008, convertida na Lei nº 11.941/2009, que modificou o art. 43 da Lei nº 8.212/1991, as contribuições sociais apuradas em virtude de sentença judicial ou acordo homologado judicialmente passaram a ser devidas a partir da data de prestação do serviço, considerando-se como marco de incidência do novo dispositivo de lei o dia 5.3.2009, em atenção aos princípios da anterioridade tributária e nonagesimal (arts. 150, III, "a", e 195, § 6º, da CF). A multa, todavia, incide a partir do primeiro dia subsequente ao término do prazo de citação para pagamento das parcelas previdenciárias, observado o limite legal de 20% (art. 61, § 2º, da Lei nº 9.430/96). Ademais, pela atualização monetária das contribuições respondem trabalhador e empresa, ao passo que os juros e a multa são de responsabilidade exclusiva do empregador. Entendimento consolidado pelo Tribunal Pleno no julgamento do processo TST-E-RR-1125-36.2010.5.06.0171, em 20.10.2015. Sob esses fundamentos, a SBDI-I, por unanimidade, negou provimento ao agravo regimental, fazendo incidir o óbice do art. 894, § 2º, da CLT ao processamento do recurso de embargos do reclamado. TST-AgR-E-RR-1150-73.2012.5.02.0047, SBDI-I, rel. Min. Cláudio Mascarenhas Brandão, 18.5.2017 (TST. Info-execução nº 31).

Execução. Embargos interpostos na vigência da Lei nº 13.015/2014. Fato gerador. Contribuições previdenciárias. Juros de mora e multa. Art. 195, I, "a", da CF. Inexistência de violação literal e direta à CF. Conhecimento por contrariedade à Súmula nº 266 do TST. Possibilidade. Não incidência da Súmula nº 433 do TST.

Na vigência da Lei nº 13.015/2014, são cabíveis embargos, em execução, por contrariedade à Súmula nº 266 do TST, na hipótese em que a Turma conhece de recurso de revista, não obstante ausente afronta literal e direta a dispositivo da Constituição Federal. A Súmula nº 433 do TST, ao condicionar a admissibilidade dos embargos à demonstração de divergência jurisprudencial em relação à interpretação de dispositivo constitucional, não alcança os recursos regidos pela Lei nº 13.015/2014, em razão da nova redação do art. 894, II, da CLT. Assim, ao apreciar controvérsia relativa ao fato gerador das contribuições previdenciárias, para efeito de incidência de juros de mora e multa, a decisão turmária que conheceu do recurso de revista por violação do art. 195, I, "a", da CF, contrariou a Súmula nº 266 do TST, pois, em 20.10.2015, o Tribunal Pleno, no julgamento do processo nº TST-E-RR-1125-36.2010.5.06.0171, decidiu que o fato gerador das contribuições previdenciárias não está efetivamente disciplinado no dispositivo constitucional em questão, ostentando, portanto, natureza infraconstitucional. Sob esses fundamentos, a SBDI-I, por unanimidade, conheceu dos embargos por contrariedade à Súmula nº 266 do TST e, no mérito, deu-lhes provimento para restabelecer o acórdão do Regional, no que reputou indevida a incidência de juros de mora e de multa sobre as contribuições previdenciárias devidas em decorrência do crédito trabalhista reconhecido em juízo. TST-E-RR-994-79.2012.5.15.0126, SBDI-I, rel. Min. João Oreste Dalazen, 1º.9.2016 (TST. Info-execução nº 27).

Contribuição previdenciária. Fato gerador. Incidência de multa e juros de mora. Data da prestação dos serviços. Alteração do art. 43 da Lei nº 8.2012/1991 pela Medida Provisória nº 449/2008, convertida na Lei nº 11.941/2009.

Na vigência do art. 276, *caput*, do Decreto nº 3.048/99, o fato gerador da contribuição previdenciária era o pagamento do crédito devido ao trabalhador e, no caso de decisão judicial trabalhista, somente seria cabível a incidência de multa e juros de mora após o dia dois do mês subsequente ao trânsito em julgado da decisão que pôs fim à discussão acerca dos cálculos de liquidação. Porém, desde a edição da Medida Provisória nº 449/2008, convertida na Lei nº 11.941/2009, que modificou o art. 43 da Lei nº 8.212/1991, as contribuições sociais apuradas em virtude de sentença judicial ou acordo homologado judicialmente passaram a ser devidas a partir da data de prestação do serviço, considerando-se como marco de incidência do novo dispositivo de lei o dia 5.3.2009, em atenção aos princípios da anterioridade tributária e nonagesimal (arts. 150, III, "a", e 195, § 6º, da CF). A multa, todavia, incide a partir do primeiro dia subsequente ao término do prazo de citação para pagamento das parcelas previdenciárias, observado o limite legal de 20% (art. 61, § 2º, da Lei nº 9.430/96). Entendimento consolidado pelo Tribunal Pleno no julgamento do processo TST-E-RR-1125-36.2010.5.06.0171, em 20.10.2015. Sob esses fundamentos, a SBDI-I, por unanimidade, conheceu do recurso de embargos, por divergência jurisprudencial, e, no mérito, deu-lhe provimento parcial para determinar a aplicação de multa a partir do exaurimento do prazo decorrente da citação para o pagamento dos créditos previdenciários apurados em juízo, observado o limite de 20%. TST-E-RR-293-78.2010.5.15.0065, SBDI-I, rel. Min. José Roberto Freire Pimenta, 16.6.2016 (TST. Info-execução nº 24).

Contribuição previdenciária. Fato gerador. Incidência de multa e juros de mora. Data da prestação dos serviços. Alteração do art. 43 da Lei nº 8.2012/1991 pela Medida Provisória nº 449/2008, convertida na Lei nº 11.941/2009.

Na vigência do art. 276, *caput*, do Decreto nº 3.048/99, o fato gerador da contribuição previdenciária era o pagamento do crédito devido ao trabalhador e, no caso de decisão judicial trabalhista, somente seria cabível a incidência de multa e juros de mora após o dia dois do mês subsequente ao trânsito em julgado da decisão que pôs fim à discussão acerca dos cálculos de liquidação. Porém, desde a edição da Medida Provisória nº 449/2008, convertida na Lei nº 11.941/2009, que modificou o art. 43 da Lei nº 8.212/1991, as contribuições sociais apuradas em virtude de sentença judicial ou acordo homologado judicialmente passaram a ser devidas a partir da data de prestação do serviço, considerando-se como marco de incidência do novo dispositivo de lei o dia 5.3.2009, em atenção aos princípios da anterioridade tributária e nonagesimal (arts. 150, III, "a", e 195, § 6º, da CF). Entendimento consolidado pelo Tribunal Pleno no julgamento do processo TST-E-RR-1125-36.2010.5.06.0171, em 20.10.2015. Sob esses fundamentos, e tendo em conta que, na espécie, a prestação de serviço objeto da reclamação trabalhista ocorreu no período de 21.3.2003 a 28.12.2011, a SBDI-I, por unanimidade, conheceu dos embargos, por divergência jurisprudencial, e, no mérito, deu-lhe provimento parcial para determinar que a partir de 5.3.2009 o fato gerador da obrigação previdenciária para fins de incidência dos juros moratórios é a data da efetiva prestação de serviço, mantendo-se o termo inicial do referido encargo no dia dois do mês seguinte ao do efetivo pagamento do débito em relação às prestações laborais ocorridas até o dia 4.3.2009. A multa incide a partir do primeiro dia subsequente ao término do prazo de citação para pagamento das parcelas previdenciárias, observado o limite legal de 20% (art. 61, § 2º, da Lei nº 9.430/96). TST-E-ED-RR-4484-80.2012.5.12.0001, SBDI-I, rel. Min. Renato de Lacerda Paiva, 19.11.2015 (TST. Info-execução nº 20).

Contribuição previdenciária. Fato gerador. Créditos trabalhistas reconhecidos em juízo após as alterações no artigo 43 da Lei nº 8.212/91. Incidência de correção monetária, juros de mora e multa. Marco inicial. Responsabilidades.

O fato gerador da contribuição previdenciária decorrente de créditos trabalhistas reconhecidos em juízo é a prestação do serviço, no que tange ao período posterior à alteração do artigo 43 da Lei nº 8.212/91, feita pela Medida Provisória nº 449/2008, convertida na Lei nº 11.941/2009 (04.03.2009). O fato gerador das contribuições previdenciárias não está previsto no artigo 195, I, "a", da Constituição Federal. Logo, a lei – no caso, o artigo 43, § 2º, da Lei nº 8.212/91 – pode perfeitamente dispor a respeito. Assim, a partir de 05.03.2009, aplica-se o regime de competência (em substituição ao regime de caixa), incidindo, pois, correção monetária e juros de mora a partir da prestação de serviços. Quanto à multa, ao contrário da atualização monetária para recomposição do valor da moeda e dos juros pela utilização do capital alheio, trata-se de uma penalidade destinada a compelir o devedor à satisfação da obrigação a partir do seu reconhecimento. Dessa forma, decidiu-se que não incide retroativamente à prestação de serviços, e sim a partir do exaurimento do prazo de citação para pagamento, uma vez apurados os créditos previdenciários, se descumprida a obrigação, observado o limite legal de 20%, nos termos dos §§ 1º e 2º, do art. 61, da Lei nº 9.430/96 c/c art. 43, § 3º, da Lei nº 8.212/91. Por fim, no que se refere às responsabilidades, definiu-se que respondem: a) pela atualização monetária, o trabalhador e a empresa, por serem ambos contribuintes do sistema; e b) pelos juros de mora e pela multa, apenas a empresa, não sendo cabível que por eles pague quem, até então, sequer tinha o reconhecimento do crédito sobre o qual incidiriam as contribuições previdenciárias e que não se utilizou desse capital. Sob esses fundamentos, o Tribunal Pleno decidiu, por unanimidade, conhecer do recurso de embargos, por divergência jurisprudencial, e, no mérito, pelo voto prevalente da Presidência, dar-lhe provimento parcial, para, na forma da lei, relativamente aos contratos de trabalho firmados a partir de 05.03.2009, determinar: a) a incidência dos juros de mora, a partir da prestação de serviços, sobre as contribuições previdenciárias; b) aplicação de multa a partir do exaurimento do prazo de citação para o pagamento, uma vez apurados os créditos previdenciários, se descumprida a obrigação, observado o limite legal de 20% (art. 61, § 2º, da Lei nº 9.430/96). Vencidos os Ministros Maria Cristina Irigoyen Peduzzi, Renato de Lacerda Paiva, Emmanoel Pereira, Aloysio Silva Corrêa da Veiga, Alberto Luiz Bresciani de Fontan Pereira, Dora Maria da Costa, Guilherme Augusto Caputo Bastos, Márcio Eurico Vitral Amaro, Walmir Oliveira da Costa, Maurício Godinho Delgado, Kátia Magalhães Arruda e Augusto César Leite de Carvalho. TST-E-RR-1125-36.2010.5.06.0171, Tribunal Pleno, rel. Min. Alexandre Agra Belmonte, 20.10.2015 (TST. Info nº 120).

Execução. Valores reconhecidos em juízo. Recolhimento das respectivas contribuições previdenciárias. Art. 195, I, "a", da CF. Prestação de serviços iniciada antes da edição da Medida Provisória nº 449/2008 (convertida na Lei nº 11.941/2009). Fato gerador. Pagamento. Juros de mora a contar do dia dois do mês seguinte ao da liquidação da sentença. Art. 276 do Decreto nº 3.048/99.

A Medida Provisória nº 449/2008, convertida na Lei nº 11.941/2009, fixou a prestação de serviços como fato gerador da contribuição previdenciária incidente sobre verbas trabalhistas reconhecidas em juízo. No entanto, para os contratos iniciados em período anterior à vigência da nova norma, o fato gerador é o crédito ou pagamento da importância devida. Incide, portanto, a regra do art. 276 do Decreto nº 3.048/1999, segundo a qual os juros e multa moratória pelo atraso no recolhimento são calculados a partir do segundo dia do mês seguinte ao da liquidação da sentença. Com base nesses fundamentos, a SBDI-I, por unanimidade, conheceu do recurso de embargos interpostos pela União, por divergência jurisprudencial, e, no mérito, negou-lhe provimento. TST-ERR-116800-14.2010.5.13.0022, SBDI-I, Min. Aloysio Corrêa da Veiga, 12.3.2015 (TST. Info-execução nº 12).

Contribuição previdenciária. Execução provisória. Acordo firmado após a elaboração dos cálculos de liquidação e antes do trânsito em julgado da sentença. Inaplicabilidade da Orientação Jurisprudencial nº 376 da SBDI-I.

Firmado acordo em sede de execução provisória, após a elaboração dos cálculos em liquidação, mas antes do trânsito em julgado da sentença, as contribuições previdenciárias devem incidir sobre a totalidade do valor acordado, não havendo falar em observância da proporcionalidade entre as parcelas de natureza salarial e aquelas de caráter indenizatório deferidas na decisão condenatória. A aplicabilidade da Orientação Jurisprudencial nº 376 da SBDI-I é restrita às hipóteses de homologação do acordo após o trânsito em julgado da sentença. Com esses fundamentos, a SBDI-I, em sua composição plena, por unanimidade, conheceu do recurso de embargos da União, por divergência jurisprudencial, e, no mérito, por maioria, negou-lhe provimento. Vencido o Ministro João Oreste Dalazen e ressalvado o entendimento do Ministro Brito Pereira. TST-E-RR-264300-36.2002.5.02.0066, SBDI-I, rel. Min. Delaíde Miranda Arantes, 26.9.2013 (TST. Info nº 60).

Execução. Contribuições previdenciárias. Créditos trabalhistas reconhecidos por decisão judicial. Juros de mora e multa. Fato gerador. Momento anterior à Medida Provisória nº 449/09. Art. 195, I, "a", da CF.

Os juros de mora e a multa incidentes sobre a contribuição previdenciária oriunda de créditos trabalhistas reconhecidos por decisão judicial são devidos a partir do dia dois do mês seguinte ao da liquidação da sentença, sobretudo na hipótese de relação de emprego ocorrida em momento anterior à Medida Provisória nº 449/09, convertida na Lei nº 11.941/09, que alterou o art. 43, § 2º, da Lei nº 8.212/91. Ademais, tendo em conta que o art. 195, I, "a", da CF fixou a competência tributária referente às contribuições previdenciárias devidas pela empresa, prevendo a instituição de contribuição incidente sobre os rendimentos do trabalho pagos ou creditados ao trabalhador, não se pode olvidar a supremacia do texto constitucional, de modo que a legislação infraconstitucional, ao definir o fato gerador e os demais elementos que constituem os tributos, deve observar os limites impostos pela Constituição. Desse modo, a decisão do Regional que estabelece a data da prestação de serviços como termo inicial para a incidência dos juros e da multa moratória dá ensejo ao conhecimento do recurso de revista por violação à literalidade do art. 195, I, "a", da CF, pois extrapola os limites nele estabelecidos. Com esses fundamentos, a SBDI-I, por unanimidade, conheceu do recurso de Embargos do reclamado, por divergência jurisprudencial, e, no mérito, por maioria, deu-lhe provimento para reconhecer a ofensa literal do art. 195, I, "a", da CF e determinar a incidência dos juros de mora e da multa apenas a partir do dia dois do mês seguinte ao da liquidação de sentença, nos termos do art. 276, caput, do Decreto nº 3.048/99. Vencidos, quanto à violação do art. 195, I, "a", da CF, os Ministros Lelio Bentes Corrêa, Antônio José de Barros Levenhagen, Luiz Philippe Vieira de Mello Filho, Augusto César de Carvalho, José Roberto Pimenta e Delaíde Miranda Arantes, e, quanto à fundamentação, os Ministros Aloysio Corrêa da Veiga e Dora Maria da Costa. TST-EEDRR-38000-88.2005.5.17.0101, SBDI-I, rel. Min. Aloysio Corrêa da Veiga, red. p/ acórdão Min. João Oreste Dalazen, 12.9.2013 (TST. Info nº 59).

Execução fiscal. Inclusão em programa de parcelamento. Suspensão da execução trabalhista. Novação. Não configuração.

O parcelamento de débito contraído com a Fazenda Nacional, de qualquer natureza, instituído pelas Leis ns. 10.522/02 e 10.684/03, implica tão somente a suspensão da exigibilidade do crédito tributário enquanto perdurar o período do parcelamento, não constituindo novação. Com esse entendimento, a SBDI-I, por unanimidade, conheceu do recurso de embargos interposto pela União (PGFN), por divergência jurisprudencial, e, no mérito, deu-lhe provimento para afastar a extinção da execução e determinar a suspensão do processo executivo no período do parcelamento, até a quitação do débito, retomando-se a execução caso não honradas as parcelas. TST-E-ED-RR-289-24.2010.5.03.0114, SBDI-I, rel. Min. Aloysio Corrêa da Veiga, 19.4.2012 (TST. Info nº 6).

18. QUADRO SINÓPTICO

Capítulo VI – Execução das contribuições previdenciárias		
Instituto	**Conteúdo**	**Item**
Natureza jurídica	O sistema tributário nacional, estabelecido pelo ordenamento jurídico constitucional vigente, incluiu a contribuição social em seu rol de tributos com destinação específica. Cabe à União a competência para instituí tais contribuições sociais, que tem natureza tributária.	2
Fato gerador	O fato gerador das contribuições previdenciárias é a simples prestação de serviços subordinados, mesmo que não se verifique, nos casos concretos, a retribuição por parte do empregador. Saliente-se, entretanto, que há divergência doutrinária e jurisprudencial em relação a essa matéria.	3
Contribuições sociais executáveis na Justiça do Trabalho	A competência da Justiça Laboral limita-se à cobrança das contribuições previdenciárias, bem como os seus acréscimos legais, cujo fato gerador é o pagamento de salário ou outro rendimento pago ou devido em razão da prestação de serviços subordinados ou autônomos, em favor do empregador, empresa ou entidade a ela equiparada, desde que decorrentes das sentenças proferidas na Justiça do Trabalho. Exclui-se, portanto, as contribuições sociais do empregador decorrente da receita, faturamento ou lucro (PIS/PASEP, CONFINS, FINSOCIAL); sobre a receita de concursos e prognósticos; e do importador de serviços ou bens do exterior.	4

Transação e renúncia	É possível que as partes em litígio celebrem um acordo, no qual contenha transação sobre os seus direitos e interesses que ainda não foram certificados quanto à sua existência, por meio de uma decisão. Após o trânsito em julgado da sentença, a transação ou renúncia não pode envolver os créditos previdenciários, uma vez que a sua titularidade não pertence às partes, mas sim à União.	5
Natureza jurídica das verbas deferidas na sentença	Quando da prolação da sentença, o juiz deve identificar a natureza de cada parcela trabalhista deferida, para fins de incidência ou não das contribuições previdenciárias. Mesmo que a sentença seja omissa, deverá ser feita a execução de ofício das contribuições previdenciárias (Súmula nº 401 do TST).	6
Ação declaratória de vínculo empregatício	As ações declaratórias de reconhecimento de vínculo empregatício possuem carga executória e mandamental. A natureza executória é constatada no que diz respeito às contribuições previdenciárias devidas pelas partes, que gera a condenação acessória no sentido de se proceder ao seu recolhimento e, em caso de inadimplemento, ensejar a execução de ofício. Já a carga mandamental é observada quando o juiz determina a alteração ou inclusão das informações contidas no banco de dados da Previdência Social e CNIS – Cadastro Nacional de Informações Sociais, em relação ao empregado e empregador.	7
Competência	Quando a União ingressa com uma ação de execução em face da empresa que deixou de recolher as contribuições previdenciárias ou o fez com valores insuficientes, o foro competente é o da Justiça Federal, uma vez que a sua condição pessoal atrai a competência dessa Justiça Ordinária. Quando o débito previdenciário é identificado e apurado no curso de uma reclamação trabalhista, a competência passa a ser exclusivamente da Justiça Laboral, a quem caberá executar o mencionado tributo.	8
Rito	O rito processual utilizado para a cobrança das contribuições previdenciárias depende do juízo no qual tenha sido proposta a ação de execução respectiva. Quando a execução é ajuizada perante a Justiça Federal, por iniciativa da União, utiliza-se o procedimento estabelecido pela Lei de Execução Fiscal, uma vez que se encontra fundada em um título executivo extrajudicial. Quando o inadimplemento é verificado no curso da reclamação trabalhista, proposta pelo empregado, a execução da contribuição previdenciária segue o mesmo rito previsto pela CLT, uma vez que a constituição do crédito tributário é ultimada pela sentença judicial.	9
Lançamento	Na execução que se processa nos autos da reclamação trabalhista e perante a Justiça do Trabalho, inexiste o instrumento do lançamento fiscal. Entretanto, a sentença substitui esse ato administrativo e condena o empregador a efetuar os recolhimentos previdenciários. Age, o juiz, investido de função administrativa anômala, com o objetivo de constituir o crédito tributário pela sentença. O ato substituto do lançamento, no processo do trabalho, é a sentença de conhecimento ou a sentença de liquidação, quando o valor da condenação for arbitrado apenas para efeito de recurso e custas processuais.	10
Prescrição e decadência	• Transcorrido o prazo de cinco anos, contados a partir do fato gerador da contribuição previdenciária, o juiz do trabalho deverá declarar a decadência do direito da Fazenda Pública. • Não se pode alegar que a pretensão da Fazenda Pública encontra-se prescrita, pois não foi ela que deu ensejo ao ajuizamento da reclamação trabalhista e, muito menos, ao processo de execução.	11
Contrato nulo	Independentemente da legalidade do ato ou negócio jurídico praticado pelo contribuinte, incidirá a contribuição previdenciária e qualquer outro tributo, desde que estejam presentes os elementos constitutivos do fato gerador.	12
Responsável tributário	Se durante o trâmite da reclamação trabalhista for constatada a existência de débitos previdenciários, caberá à empresa reclamada o ônus financeiro, tanto da contribuição ao seu cargo, quando daquela que seria devida pelo empregado ou trabalhador. No entanto, o inciso II da Súmula nº 368 contém o seguinte entendimento: "É do empregador a responsabilidade pelo recolhimento das contribuições previdenciárias e fiscais, resultantes de crédito do empregado oriundo de condenação judicial. A culpa do empregador pelo inadimplemento das verbas remuneratórias, contudo, não exime a responsabilidade do empregado pelos pagamentos do imposto de renda devido e da contribuição previdenciária que recaia sobre sua quota-parte. (ex-OJ nº 363 da SBDI-1, parte final)."	13

Embargos à execução	O executado pode oferecer embargos à execução para impugnar a sentença de homologação, tanto em relação ao cálculo das verbas trabalhistas quanto em relação às contribuições previdenciárias.	15
Recurso	– Ao ser intimada da sentença de conhecimento (art. 832, § 5º, da CLT), a União poderá interpor recurso ordinário. – É cabível, também, recurso em face da decisão que homologa acordo, uma vez que tais sentenças só são irrecorríveis em relação aos litigantes. – O agravo de petição pode ser manejado quando o inconformismo da União for verificada na fase de execução, mais precisamente em face da sentença que decide as questões relativas à impugnação dos cálculos de liquidação.	16

19. QUESTÕES

19.1. Questões objetivas

1. (FCC – 2012 – TRT – 11ª Região (AM) – Juiz do Trabalho – ADAPTADA) A competência da Justiça do Trabalho, quanto à execução das contribuições previdenciárias, limita – se às sentenças condenatórias em pecúnia que proferir e aos valores, objeto de acordo homologado, que integrem o salário de contribuição.

2. (FCC – 2012 – TRT – 11ª Região (AM) – Juiz do Trabalho – ADAPTADA) Faculta-se ao devedor o pagamento imediato da parte que entender devida à Previdência Social, sem prejuízo da cobrança de eventuais diferenças encontradas na execução ex officio.

3. (FCC – Analista Judiciário – Oficial de Justiça Avaliador – TRT 6/2018) Considere as afirmações abaixo com base na jurisprudência sumulada do Tribunal Superior do Trabalho.

I. Compete à Justiça do Trabalho a execução, de ofício, da contribuição referente ao Seguro de Acidente de Trabalho (SAT), que tem natureza de contribuição para a seguridade social, pois se destina ao financiamento de benefícios relativos à incapacidade do empregado decorrente de infortúnio no trabalho.

II. Havendo a parte executada interposto agravo de petição, é cabível mandado de segurança na hipótese de prosseguimento da execução, ainda que relativo a matéria não delimitada no agravo de petição.

III. Verificada a irregularidade de representação da parte na instância originária, o juiz designará prazo de 10 dias para que seja sanado o vício. Descumprida a determinação, extinguirá o processo, sem resolução de mérito, se a providência couber ao reclamante, ou considerará revel o reclamado, se a providência lhe couber.

IV. Nas causas sujeitas ao procedimento sumaríssimo, a admissibilidade de recurso de revista está limitada à demonstração de violação direta a dispositivo da Constituição Federal, contrariedade a Súmula e Orientação Jurisprudencial do Tribunal Superior do Trabalho.

Está correto o que se afirma APENAS em

a) I e III.

b) II.

c) I.

d) II e IV.

e) III e IV.

19.2. Questões discursivas

1. (TRT2 – Juiz do Trabalho – 2016) Regras para a imputação da quitação do acordo homologado, antes e depois do trânsito em julgado, com vistas à definição de incidência, ou não, da contribuição previdenciária.

20. GABARITO

20.1. Gabarito das questões objetivas

Gab.		Fundamentação legal e jurisprudencial	Tópico do livro
1	C	TST. Súmula nº 368, I	Item 7
2	C	CLT. Art. 878-A	Item 14
3	C	I – CLT. Art. 878	Item 4
		II – CLT. Art. 879. § 2º	Item 4
		III – CLT. Art. 879. 7º	Item 4
		IV – CLT. Art. 879. § 6º	Item 4

20.2. Gabarito das questões discursivas

Item	Fundamentação legal, jurisprudencial ou doutrinária	Onde encontro no livro
1	Segundo dispõe o parágrafo único, do art. 831 da CLT: "no caso de conciliação, o termo que for lavrado valerá como decisão irrecorrível, salvo para a Previdência Social quanto às contribuições que lhe forem devidas". Na fase do processo de conhecimento é possível que as partes em litígio celebrem um acordo com transação sobre seus direitos e interesses que ainda não foram certificados por meio de uma sentença transitada em julgado, desde que haja identificação das parcelas objeto do ajuste. Nessa hipótese, a União não poderia reclamar a incidência da contribuição previdenciária sobre as verbas trabalhistas identificadas e discriminadas como de caráter indenizatório no acordo celebrado entre as partes, pois ainda não há a certeza do direito ou obrigação.	Item 5
1	Após o trânsito em julgado da sentença, a transação ou renúncia não pode envolver os créditos previdenciários, uma vez que a sua titularidade não pertence às partes, mas sim à União. Essa é a orientação contida no art. 832, § 6º, da CLT: "O acordo celebrado após o trânsito em julgado da sentença ou após a elaboração dos cálculos de liquidação de sentença não prejudicará os créditos da União". Se o acordo é feito depois de proferida a sentença, mas antes do seu trânsito em julgado, a contribuição previdenciária deverá incidir sobre o valor da conciliação, conforme dispõe o art. 43, § 5º da Lei nº 8.212/91 (Dispositivo introduzido por força da edição da Lei nº 11.941/09). O TST posiciona-se de forma contrária sobre a matéria por meio das OJ's nº 368 e 376, da SDI-1: OJ Nº 368. É devida a incidência das contribuições para a Previdência Social sobre o valor total do acordo homologado em juízo, independentemente do reconhecimento de vínculo de emprego, desde que não haja discriminação das parcelas sujeitas à incidência da contribuição previdenciária, conforme parágrafo único do art. 43 da Lei nº 8.212, de 24.07.1991, e do art. 195, I, "a", da CF/1988. OJ Nº 376. É devida a contribuição previdenciária sobre o valor do acordo celebrado e homologado após o trânsito em julgado de decisão judicial, respeitada a proporcionalidade de valores entre as parcelas de natureza salarial e indenizatória deferidas na decisão condenatória e as parcelas objeto do acordo.	Item 5

Parte V

Processo coletivo do trabalho e mandado de segurança

CAPÍTULO I

DISSÍDIO COLETIVO

SUMÁRIO • 1. Conceito e denominação – 2. Competência funcional – 3 . Natureza jurídica e classificação: 3.1. Dissídio coletivo de natureza econômica; 3.2. Dissídio coletivo de natureza jurídica; 3.3. Dissídio coletivo de greve; 3.4. Dissídio coletivo originário e de revisão – 4. Instauração do dissídio coletivo: 4.1. Legitimidade ativa e passiva: A. Efeitos da EC nº 45/04; B. Servidores públicos; 4.2. Pressupostos de admissibilidade: A. Negociação coletiva prévia; B. Autorização da assembleia; 4.3. Procedimento: A. Petição inicial; B. Citação; C. Audiência de conciliação; D. Revelia e arquivamento – 5. Sentença normativa: 5.1. Vigência e efeitos; 5.2. Custas; 5.3. Coisa julgada; 5.4. Limites da sentença normativa e do exercício do poder normativo – 6. Extensão subjetiva das decisões normativas – 7. Revisão das decisões – 8. Recurso – 9. Informativos do TST sobre a matéria – 10. Quadro sinóptico – 11. Questões. 11.1. Questões objetivas; 11.2. Questões discursivas. 12. Gabarito: 12.1. Gabarito das questões objetivas; 12.2. Gabarito das questões discursivas.

1. CONCEITO E DENOMINAÇÃO

Frustradas as tentativas extrajudiciais de solução do conflito coletivo, os interessados podem ajuizar perante a Justiça do Trabalho uma ação coletiva *sui generis*, denominada de dissídio coletivo de trabalho.

O dissídio coletivo é uma ação judicial especial na qual figuram como partes entidades coletivas, **que objetivam a solução de um conflito coletivo de trabalho por intermédio de uma sentença normativa**, na qual serão estabelecidas condições de trabalho para os integrantes da categoria profissional representada pelo sindicato que participou da relação processual.[1]

O dissídio coletivo insere-se no âmbito do poder normativo da Justiça do Trabalho,[2] relativizado após a promulgação da EC nº 45/2004, que alterou a redação original do art. 114, § 2º, da Constituição Federal de 1988, **ao exigir que a referida ação seja proposta por ambos os litigantes.**

Prevaleceu a denominação dissídio coletivo **para não ser confundido com as ações tipicamente coletivas**, fundadas em direitos metaindividuais, sejam difusos, coletivos ou individuais homogêneos.

1. Essa definição não faz referência ao dissídio coletivo de natureza jurídica, pois objetiva ressaltar a importância do dissídio coletivo de natureza econômica, diante do seu caráter ***sui generis***.
2. Sobre o poder normativo, o TST manifesta-se por meio da Súmula nº 190: "PODER NORMATIVO DO TST. CONDIÇÕES DE TRABALHO. INCONSTITUCIONALIDADE. DECISÕES CONTRÁRIAS AO STF (mantida) **– Res. 121/2003, DJ 19, 20 e 21.11.2003. Ao julgar ou homologar ação coletiva ou acordo nela havido, o Tribunal Superior do Trabalho exerce o poder normativo constitucional, não podendo criar ou homologar condições de trabalho que o Supremo Tribunal Federal julgue iterativamente inconstitucionais**".

2. COMPETÊNCIA FUNCIONAL

A competência originária para o julgamento dos dissídios coletivos é do Tribunal Regional do Trabalho em cuja jurisdição tenha ocorrido o conflito (arts. 677 e 678 da CLT; e art. 6º da Lei nº 7.701/88), salvo se a base territorial do sindicato ultrapassar aquela que corresponde a de um Estado Federado.

Nesse caso, a competência originária será do Tribunal Superior do Trabalho (art. 702, I, "b", da CLT),[3] por intermédio da SDC, conforme determina o art. 2º, I, "a", da Lei nº 7.701:

> **Art. 2º.** Compete à seção especializada em dissídios coletivos, ou seção normativa: I – originariamente: a) conciliar e julgar os dissídios coletivos que excedam a jurisdição dos Tribunais Regionais do Trabalho e estender ou rever suas próprias sentenças normativas, nos casos previstos em lei.

Isso significa dizer que a competência originária para conhecer e julgar o dissídio coletivo será sempre o TRT ou em alguns casos o TST, jamais as Varas do Trabalho.

O quadro a seguir ilustra a divisão dessa competência:

Base territorial do sindicato	Órgão competente para julgamento
Limitada à área de um Estado Federado	TRT
Ultrapassa a área de um Estado Federado	TST

3. NATUREZA JURÍDICA E CLASSIFICAÇÃO

A decisão proferida no processo de dissídio coletivo é denominada de **sentença normativa**, circunstância que revela a sua natureza jurídica de lei,[4] em sentido amplo, em face de suas características de abstratividade, generalidade e coercibilidade.

Portanto, a sentença normativa, além de solucionar o conflito coletivo de trabalho, cria melhores condições de labor para os empregados ou mantém aquelas estabelecidas anteriormente por instrumentos normativos negociados ou mesmo sentenças normativas pretéritas. Vincula os integrantes da categoria profissional e econômica, cujo sindicato representativo tiver ocupado um dos polos da relação processual.

A função principal do Poder Judiciário é solucionar conflitos e obter a paz social. Assim, o poder normativo da Justiça do Trabalho representa uma **atribuição excepcional** desse órgão judicial, pois, em primeiro lugar e de forma originária, caberia ao Poder Legislativo a função criadora de normas.

Assim, em resumo, a sentença proferida em sede de dissídio coletivo econômico é ato judicial na sua forma, mas tem natureza jurídica normativa em seu conteúdo.

---

3. Isso ocorre, por exemplo, com os dissídios coletivos do Banco do Brasil, conforme entendimento expresso no precedente normativo nº 10, da SDC do TST: BANCO DO BRASIL COMO PARTE EM DISSÍDIO COLETIVO NO TRT (positivo) **(nova redação dada pela SDC em sessão de 14.09.1998 – homologação Res. 86/1998, DJ 15.10.1998). Os Tribunais Regionais do Trabalho são incompetentes para processar e julgar Dissídios Coletivos em que sejam partes o Banco do Brasil S.A. e entidades sindicais dos bancários.**
4. Isso quando se tratar de dissídio coletivo de natureza econômica.

3.1. Dissídio coletivo de natureza econômica

O **típico dissídio coletivo é aquele de natureza econômica**, ou seja, quando os interessados não chegam a um consenso extrajudicial sobre as reivindicações relativas às condições de trabalho a serem implantadas no âmbito das relações individuais de labor.

Nesse caso, devido a sua importância e por ser *sui generis*, a lei exige, para sua validade, que haja uma autorização prévia e expressa dos integrantes da categoria profissional ou econômica envolvidos no conflito, obtida por meio de uma assembleia geral especialmente convocada para esse fim.

3.2. Dissídio coletivo de natureza jurídica

O dissídio coletivo de natureza jurídica assemelha-se a uma ação judicial clássica de caráter declaratória, uma vez que a pretensão deduzida em juízo objetiva a adequação dos fatos a uma norma jurídica profissional pré-existente, mas sem qualquer conteúdo condenatório ou constitutivo.

Nessa hipótese, o litígio gira em torno de dúvidas quanto à aplicação e ao alcance de regras contidas no acordo coletivo, convenção coletiva ou mesmo em sentença normativa em determinado caso concreto.

Saliente-se que **o dissídio coletivo não pode ser utilizado para interpretar de forma abstrata uma norma jurídica estatal**. Deve haver um caso concreto submetido à incidência da regra posta, na forma do entendimento constante das OJs nº 7 e 9 da SDC:

> **OJ Nº 7.** DISSÍDIO COLETIVO. NATUREZA JURÍDICA. INTERPRETAÇÃO DE NORMA DE CARÁTER GENÉRICO. INVIABILIDADE. Inserida em 27.03.1998. Não se presta o dissídio coletivo de natureza jurídica à interpretação de normas de caráter genérico, a teor do disposto no art. 313, II, do RITST.
>
> **OJ Nº 9.** ENQUADRAMENTO SINDICAL. INCOMPETÊNCIA MATERIAL DA JUSTIÇA DO TRABALHO. Inserida em 27.03.1998. O dissídio coletivo não é meio próprio para o Sindicato vir a obter o reconhecimento de que a categoria que representa é diferenciada, pois esta matéria – enquadramento sindical – envolve a interpretação de norma genérica, notadamente do art. 577 da CLT.

De igual forma, **as pretensões de natureza cautelar não podem ser deduzidas por meio do dissídio coletivo**, conforme posicionamento expresso na OJ nº 3 da SDC:

> **OJ Nº 3.** ARRESTO. APREENSÃO. DEPÓSITO. PRETENSÕES INSUSCETÍVEIS DE DEDUÇÃO EM SEDE COLETIVA. Inserida em 27.03.1998. São incompatíveis com a natureza e finalidade do dissídio coletivo as pretensões de provimento judicial de arresto, apreensão ou depósito.

3.3. Dissídio coletivo de greve

De acordo com a doutrina clássica, o dissídio coletivo de greve consiste em uma espécie do dissídio coletivo de natureza jurídica, utilizado pelo interessado para obter a declaração de abusividade do movimento paredista.

Apesar de a doutrina e jurisprudência dominantes apresentarem essa definição e identificarem essa classificação, entende-se que não se trata de um dissídio coletivo, mesmo de natureza jurídica, uma vez que a pretensão deduzida em juízo não se funda em normas jurídicas pré-existentes, seja em instrumentos normativos negociados, seja em sentença normativa.

Muito pelo contrário, por intermédio da greve o interessado objetiva a fixação de novas condições de trabalho, com o uso da autodefesa por expressa autorização legal. Não há qualquer pretensão, nesse caso específico, para que o Poder Judiciário interprete uma norma jurídica inserida em convenção coletiva, acordo coletivo ou sentença normativa.

Nessa esteira de pensamento, a ação com o intuito de declarar ou não a abusividade da greve, deveria ser ajuizada na Vara do Trabalho e não nos Tribunais trabalhistas.

Andréa Presas comunga com esse entendimento:

> Defendemos que as ações envolvendo o exercício do direito de greve podem versar sobre qualquer matéria e ocorrer entre quaisquer sujeitos. Portanto, poderão ser propostas ações individuais ou coletivas, sempre perante o juízo de primeiro grau, à exceção do dissídio coletivo de greve, cuja competência é dos Tribunais.[5]

Contudo, o posicionamento do TST, quanto à competência, é diverso, conforme se observa do precedente normativo nº 29:

> **PN Nº 29.** GREVE. COMPETÊNCIA DOS TRIBUNAIS PARA DECLARÁ-LA ABUSIVA (positivo). Compete aos Tribunais do Trabalho decidir sobre o abuso do direito de greve.

Quanto à responsabilização da entidade sindical em face da declaração da abusividade da greve, o TST inclina-se no sentido de não admitir a utilização do dissídio coletivo com esse objetivo:

> RECURSO ORDINÁRIO EM DISSÍDIO COLETIVO. COMPANHIA METALÚRGICA PRADA. GREVE DEFLAGRADA PELO SINDICATO DOS TRABALHADORES NAS INDÚSTRIAS METALÚRGICAS, MECÂNICAS E DE MATERIAL ELÉTRICO DE SÃO PAULO, MOGI DAS CRUZES E REGIÃO. ABUSIVIDADE DO MOVIMENTO. PEDIDO DE REPARAÇÃO DE DANOS. MEIO PROCESSUAL INADEQUADO. Embora assista razão à Empresa recorrente quanto à abusividade da greve de seus empregados, já declarada pela decisão recorrida, o dissídio coletivo não é o meio processual adequado para se pleitear a responsabilização do Sindicato profissional e a reparação de danos, ainda que decorrentes de movimento paredista de trabalhadores, com a participação do ente sindical. Recurso ordinário não provido.[6]

Observa-se na praxe forense, a existência de lides de conteúdo misto, com pedido de declaração da ilegalidade do exercício do direito de greve cumulado com pleitos relativos ao estabelecimento de novas condições de trabalho, característica do dissídio coletivo de natureza econômica.

Tal cumulação não é possível no ordenamento jurídico pátrio, uma vez que o procedimento não é o mesmo e a competência para conhecer dos conflitos respectivos é distinta.

5. ROCHA, Andréa Presas. **Manual de competências da Justiça do Trabalho.** Rio de Janeiro: Elsevier, 2008, p. 115.
6. TST. RODC 2018300-19.2008.5.02.0000. Rel. Min. Dora Maria da Costa. DJU de 23.04.2010.

Registre-se que a EC nº 45 (art. 114, § 3º, CF/88) **atribuiu legitimidade extraordinária ao Ministério Público do Trabalho para ajuizar o dissídio coletivo apenas na hipótese em que for constatada greve em serviço essencial** (art. 10 da Lei nº 7.783/89), diante da repercussão social desse conflito coletivo de trabalho e a possibilidade de lesão do interesse público.

Ora, nessa situação excepcional o Tribunal do trabalho decidirá, por meio de uma sentença normativa, sobre a pauta de reivindicação das entidades sindicais que originou o conflito de interesses.

Portanto, o dissídio coletivo de greve somente deve ser assim considerado nesse último caso, ou seja, quando for provocado pelo Ministério Público do Trabalho[7] no exercício de sua legitimidade extraordinária específica nos casos de greve em serviço essencial.

Assim, reconhece-se a recepção parcial, pela nova ordem constitucional, do art. 8º da Lei nº 7.783/89[8] e do art. 83, VIII, da Lei Complementar nº 75/93,[9] que estendia essa legitimidade à greve em serviços não essenciais.

Deve-se ressaltar, entretanto, que existem decisões em sentido contrário, como a que adiante segue transcrita:

> RECURSO ORDINÁRIO. AÇÃO DECLARATÓRIA DE ABUSIVIDADE DE GREVE. COMPETÊNCIA DA JUSTIÇA DO TRABALHO. ILEGITIMIDADE ATIVA *AD CAUSAM*. Art. 114, INC. II e § 3º, DA CONSTITUIÇÃO FEDERAL. EMENDA CONSTITUCIONAL No45/2004. 1. A Justiça do Trabalho, mesmo após a edição da Emenda Constitucional nº 45/2004, é competente para declarar a abusividade, ou não, de movimento grevista. 2. É concorrente a legitimidade do Ministério Público do Trabalho e do empregador para ajuizamento de ação declaratória de abusividade de greve em atividades consideradas essenciais. Precedente desta Seção Normativa. Nas atividades não-essenciais permanece a legitimidade do empregador individualmente considerado ou do sindicato representante da categoria econômica para ajuizamento dessa ação coletiva.[10]

O dissídio coletivo de greve, cuja legitimidade ativa limita-se ao MPT, visa solucionar o conflito coletivo por meio de uma sentença normativa e não pela declaração da legalidade ou ilegalidade do movimento paredista.

Conclui-se, assim, que a atual Constituição só reconhece a possibilidade dessa forma especial de dissídio coletivo quando estiverem presentes os seguintes elementos:

a) deflagração do movimento grevista;

b) paralisação de serviços considerados essenciais;

c) possibilidade de lesão do interesse público.

---

7. Defende-se que, mesmo em caso de greve, a legitimidade ordinária dos sindicatos ou da empresa limita-se à hipótese do comum acordo.
8. Lei 7.783/89. Art. 8º. A Justiça do Trabalho, por iniciativa de qualquer das partes ou do Ministério Público do Trabalho, decidirá sobre a procedência, total ou parcial, ou improcedência das reivindicações, cumprindo ao Tribunal publicar, de imediato, o competente acórdão.
9. Lei Complementar nº 75/93. Art. 83. Compete ao Ministério Público do Trabalho o exercício das seguintes atribuições junto aos órgãos da Justiça do Trabalho: VIII – instaurar instância em caso de greve, quando a defesa da ordem jurídica ou o interesse público assim o exigir.
10. TST. SDC. RODC 61300-97.2008.5.09.909. Rel Min. Fernando Eizo Ono. DJ 28.05.2010.

3.4. Dissídio coletivo originário e de revisão

As ações de dissídio coletivo ainda podem ser classificadas como **originária ou de revisão**. No primeiro caso, o dissídio coletivo é ajuizado ao se aproximar ou logo após o final da vigência de um instrumento normativo negociado ou de uma sentença normativa.

Já o dissídio de revisão é utilizado para modificar as condições de trabalho impostas por sentença normativa ainda **durante o prazo de sua vigência**, desde que verificada alterações nas situações fáticas que motivaram o julgador para solucionar o conflito coletivo (art. 873 e seguintes da CLT).

No caso do dissídio coletivo de revisão, segue-se a regra geral de necessidade de comum acordo para o seu ajuizamento.

O esquema a seguir apresenta as diversas espécies de dissídio coletivo:

Dissídio Coletivo

- De natureza econômica
- De natureza jurídica
- De greve
- Originário
- De revisão

4. INSTAURAÇÃO DO DISSÍDIO COLETIVO

Deve-se instaurar o dissídio coletivo durante os **sessenta dias que antecedem o final da vigência** da sentença normativa, do acordo coletivo ou da convenção coletiva de trabalho.[11]

A inobservância desse prazo **não implica prescrição ou decadência**. Tem como objetivo, apenas, propiciar a vigência da nova sentença normativa no dia imediato ao final do prazo do instrumento normativo anterior (art. 867, parágrafo único da CLT).

Após um ano da vigência da sentença normativa, é possível instaurar o dissídio coletivo de revisão, na forma prevista pelo já citado art. 873 da CLT.

4.1. Legitimidade ativa e passiva

A legitimação originária ativa para propositura do dissídio coletivo é dos sindicatos[12] devidamente constituídos e registrados na Secretaria Especial de Previdência e Trabalho, órgão do Ministério da Economia.[13] Como suscitado (legitimidade passiva),

---

11. CLT Art. 616. § 3º. Havendo convenção, acordo ou sentença normativa em vigor, o dissídio coletivo deverá ser instaurado dentro dos 60 (sessenta) **dias anteriores ao respectivo termo final, para que o novo instrumento possa ter vigência no dia imediato a esse termo.**
12. Lei nº 7.316/85. Art. 1º. Nas ações individuais e coletivas de competência da Justiça do Trabalho, as entidades sindicais que integram a Confederação Nacional das Profissões Liberais terão o mesmo poder de representação dos trabalhadores-empregados, atribuído, pela legislação em vigor, aos sindicatos representativos das categorias profissionais diferenciadas.
13. TST. SDC. OJ nº 15. SINDICATO. LEGITIMIDADE "AD PROCESSUM". IMPRESCINDIBILIDADE DO REGISTRO NO MINISTÉRIO DO TRABALHO. Inserida em 27.03.1998. A comprovação da legitimidade "ad processum" da entidade sindical se faz por seu registro no órgão competente do Ministério do Trabalho, mesmo após a promulgação da

deve figurar o sindicato da categoria profissional ou econômica representativo da atividade correspondente.[14]

Na verdade, essa legitimidade representa uma **prerrogativa sindical**, pois não pode ser exercida por outras associações patronais ou de empregados, na forma prevista pelo art. 857 da CLT:

> **Art. 857**. A representação para instaurar a instância em dissídio coletivo constitui prerrogativa das associações sindicais, excluídas as hipóteses aludidas no art. 856, quando ocorrer suspensão do trabalho.

Portanto, a legitimação processual segue as regras do direito material, no que diz respeito às questões relativas à representatividade, a regra geral das categorias profissionais e econômicas[15] e o princípio da unicidade sindical.

Na ausência de sindicatos, a legitimidade ordinária é transferida para federação e, na sua ausência, para confederação respectiva (legitimidade residual).

Excepcionalmente, no caso de greve em atividade essencial com possibilidade de lesão do interesse público, atribui-se **legitimidade extraordinária ao Ministério Público do Trabalho**, de conformidade com o permissivo contido no art. 114, § 3º, da atual Constituição Federal:

> **Art. 114, § 3º.** Em caso de greve em atividade essencial, com possibilidade de lesão do interesse público, o Ministério Público do Trabalho poderá ajuizar dissídio coletivo, competindo à Justiça do Trabalho decidir o conflito.

De igual forma, se as entidades sindicais recusarem-se a assumir a negociação coletiva de determinada categoria profissional, autoriza-se a **formação de uma comissão de negociação pelos próprios trabalhadores**. Se não houver acordo e deflagrada a greve, admite-se, excepcionalmente, a instauração da instância coletiva (art. 5º da Lei nº 7.783/89).[16]

A Lei nº 7.783/89, art. 8º,[17] derrogou o art. 856 da CLT[18] e **excluiu a legitimidade do presidente do Tribunal para instaurar a instância de ofício do dissídio coletivo**, em caso de greve, seja originário ou de revisão.

Constituição Federal de 1988 (Obs: O Ministério do Trabalho foi extinto e suas atribuições foram transferidas para a Secretaria Especial de Previdência e Trabalho do Ministério da Economia).

14. TST. SDC. OJ nº 22. LEGITIMIDADE "AD CAUSAM" DO SINDICATO. CORRESPONDÊNCIA ENTRE AS ATIVIDADES EXERCIDAS PELOS SETORES PROFISSIONAL E ECONÔMICO ENVOLVIDOS NO CONFLITO. NECESSIDADE. (inserido dispositivo) **– DEJT divulgado em 16, 17 e 18.11.2010. É necessária a correspondência entre as atividades exercidas pelos setores profissional e econômico, a fim de legitimar os envolvidos no conflito a ser solucionado pela via do dissídio coletivo.**
15. TST. SDC. OJ nº 23. LEGITIMIDADE "AD CAUSAM". SINDICATO REPRESENTATIVO DE SEGMENTO PROFISSIONAL OU PATRONAL. IMPOSSIBILIDADE. Inserida em 25.05.1998. A representação sindical abrange toda a categoria, não comportando separação fundada na maior ou menor dimensão de cada ramo ou empresa.
16. Lei nº 7.783/89. Art. 5º A entidade sindical ou comissão especialmente eleita representará os interesses dos trabalhadores nas negociações ou na Justiça do Trabalho.
17. Lei nº 7.783/89. Art. 8º. A Justiça do Trabalho, por iniciativa de qualquer das partes ou do Ministério Público do Trabalho, decidirá sobre a procedência, total ou parcial, ou improcedência das reivindicações, cumprindo ao Tribunal publicar, de imediato, o competente acórdão.
18. CLT. Art. 856. A instância será instaurada mediante representação escrita ao Presidente do Tribunal. Poderá ser também instaurada por iniciativa do presidente, ou, ainda, a requerimento da Procuradoria da Justiça do Trabalho, sempre que ocorrer suspensão do trabalho.

O resumo a seguir esquematiza a questão relativa à legitimidade para propositura do dissídio coletivo:

Legitimidade		
Legitimidade	Residual	• Federação • Confederação • Comissão de empregados
	Excepcional	• MPT (greve em atividades essenciais)

São legitimados passivos, no dissídio coletivo, somente as entidades sindicais e as empresas.

Se o autor do dissídio coletivo for um sindicato representativo de categoria profissional diferenciada, **todas as entidades sindicais representativas das empresas** para as quais os trabalhadores tenham prestados serviços deverão ocupar o polo passivo da relação processual coletiva para que a sentença respectiva lhes alcance.

Nesse sentido, a Súmula nº 374 do TST:

> **SÚMULA Nº 374.** NORMA COLETIVA. CATEGORIA DIFERENCIADA. ABRANGÊNCIA (conversão da Orientação Jurisprudencial nº 55 da SBDI-1) – Res. 129/2005, DJ 20, 22 e 25.04.2005. Empregado integrante de categoria profissional diferenciada não tem o direito de haver de seu empregador vantagens previstas em instrumento coletivo no qual a empresa não foi representada por órgão de classe de sua categoria. (ex-OJ Nº 55 da SBDI-1 – inserida em 25.11.1996).

A) Efeitos da EC nº 45/04

Como dito, com a promulgação da Emenda Constitucional nº 45/2004 houve uma profunda alteração no texto constitucional no que se refere aos dissídios coletivos.

Pela redação atual do art. 114, § 2º, da CF/88, **o Poder Judiciário Trabalhista só poderá conhecer dos conflitos coletivos mediante a provocação de todos os interessados:**

> **Art. 114. § 2º.** Recusando-se qualquer das partes à negociação coletiva ou à arbitragem, é facultado às mesmas, de comum acordo, ajuizar dissídio coletivo de natureza econômica, podendo a Justiça do Trabalho decidir o conflito, respeitadas as disposições mínimas legais de proteção ao trabalho, bem como as convencionadas anteriormente.

Em face dessa exigência constitucional, a jurisdição estatal foi transformada em **arbitragem pública**, método de solução de conflitos que exige a concordância de todos os envolvidos para que a escolha tenha validade.

Como é uma prerrogativa anômala e excepcional do Poder Judiciário, a exigência de comum acordo entre as partes em conflito não pode ser interpretada como ofensa ao princípio da inafastabilidade do controle jurisdicional, previsto no art. 5º, inciso XXXV, da CF/88.

B) Servidores públicos

Aos servidores públicos civis foi assegurado o direito de associação em sindicatos. Entretanto, as conquistas obtidas durante o estágio de negociação entre o sindicato dos servidores públicos e a Administração Pública só podem ser efetivadas por meio de um instrumento formal próprio, qual seja, a lei. **Exclui-se, desse modo, a possibilidade da adoção de convênios coletivos ou de sentença normativa.**

O TST seguia essa linha de raciocínio, por meio da OJ nº 5, da SDC, em sua redação original:

> **OJ Nº 5.** DISSÍDIO COLETIVO CONTRA PESSOA JURÍDICA DE DIREITO PÚBLICO. IMPOSSIBILIDADE JURÍDICA. INSERIDA EM 27.03.1998. Aos servidores públicos não foi assegurado o direito ao reconhecimento de acordos e convenções coletivas de trabalho, pelo que, por conseguinte, também não lhes é facultada a via do dissídio coletivo, à falta de previsão legal.

Anteriormente, chegava-se à conclusão que constava na citada OJ nº 5 da SDC ao considerar que qualquer ato que implicasse aumento de despesas para o Poder Público deveria ser efetivado pela via legal.

Ora, se a reivindicação dos servidores públicos não implicasse majoração da despesa pública (reajuste de vencimentos, por exemplo), nada impediria que se utilize da via do dissídio coletivo para solucionar o impasse, principalmente no caso de ação coletiva de natureza jurídica.

Em 2012, o TST mudou a redação do referido verbete para consignar essa exceção expressamente:

> **OJ Nº 5.** DISSÍDIO COLETIVO. PESSOA JURÍDICA DE DIREITO PÚBLICO. POSSIBILIDADE JURÍ. CLÁUSULA DE NATUREZA SOCIAL (redação alterada na sessão do Tribunal Pleno realizada em 14.09.2012) – Res. 186/2012, DEJT divulgado em 25, 26 e 27.09.2012. Em face de pessoa jurídica de direito público que mantenha empregados, cabe dissídio coletivo exclusivamente para apreciação de cláusulas de natureza social. Inteligência da Convenção nº 151 da Organização Internacional do Trabalho, ratificada pelo Decreto Legislativo nº 206/2010.

Saliente-se, por fim, que **essa limitação não se estende aos empregados das empresas públicas e de economia mista**, por força da aplicação do art. 173, II, da CF/88.

4.2. Pressupostos de admissibilidade

A) Negociação coletiva prévia

A negociação coletiva representa o instrumento ideal para a solução dos conflitos coletivos, que se materializa por meio dos acordos e convenções coletivas de trabalho.

Assim, somente na hipótese de as negociações serem infrutíferas, inclusive em caso de não comparecimento da parte convidada para as devidas tratativas, é que se autoriza o ajuizamento do dissídio coletivo de trabalho, como preceituado pelo art. 616, §§ 2º e 4º da CLT, art. 11 da Lei nº 10.192/01 e art. 114, § 2º da CF/88:

> **CLT. Art. 616.** Os Sindicatos representativos de categorias econômicas ou profissionais e as empresas, inclusive as que não tenham representação sindical, quando provocados, não podem recusar-se à negociação coletiva.
>
> **§ 2º** No caso de persistir a recusa à negociação coletiva, pelo desatendimento às convocações feitas pelo Departamento Nacional do Trabalho ou órgãos regionais do Ministério

de Trabalho e Previdência Social, ou se malograr a negociação entabulada, é facultada aos Sindicatos ou empresas interessadas a instauração de dissídio coletivo.

§ 4º Nenhum processo de dissídio coletivo de natureza econômica será admitido sem antes se esgotarem as medidas relativas à formalização da Convenção ou Acordo correspondente.

Lei nº 10.192/01. Art. 11. Frustrada a negociação entre as partes, promovida diretamente ou através de mediador, poderá ser ajuizada a ação de dissídio coletivo.

CF/88. Art. 114. § 2º. Recusando-se qualquer das partes à negociação coletiva ou à arbitragem, é facultado às mesmas, de comum acordo, ajuizar dissídio coletivo de natureza econômica, podendo a Justiça do Trabalho decidir o conflito, respeitadas as disposições mínimas legais de proteção ao trabalho, bem como as convencionadas anteriormente.

A negociação pode ser conduzida diretamente pelas partes ou por meio de um mediador por elas escolhidos ou designado pela Secretaria Especial de Previdência de Trabalho do Ministério da Economia. Esse procedimento encontra-se disciplinado pelos parágrafos do art. 11 da citada Lei nº 10.192/01:

Art. 11. § 1º O mediador será designado de comum acordo pelas partes ou, a pedido destas, pelo Ministério do Trabalho e Emprego, na forma da regulamentação de que trata o § 5º deste artigo (Obs: O Ministério do Trabalho foi extinto e suas atribuições foram transferidas para a Secretaria Especial de Previdência e Trabalho do Ministério da Economia).

§ 2º A parte que se considerar sem as condições adequadas para, em situação de equilíbrio, participar da negociação direta, poderá, desde logo, solicitar ao Ministério do Trabalho e Emprego a designação de mediador, que convocará a outra parte (Obs: O Ministério do Trabalho foi extinto e suas atribuições foram transferidas para a Secretaria Especial de Previdência e Trabalho do Ministério da Economia).

§ 3º O mediador designado terá prazo de até trinta dias para a conclusão do processo de negociação, salvo acordo expresso com as partes interessadas.

§ 4º Não alcançado o entendimento entre as partes, ou recusando-se qualquer delas à mediação, lavrar-se-á ata contendo as causas motivadoras do conflito e as reivindicações de natureza econômica, documento que instruirá a representação para o ajuizamento do dissídio coletivo.

B) Autorização da assembleia

A autorização dos integrantes da categoria profissional ou econômica obtida em assembleia da entidade sindical **constitui requisito indispensável para o ajuizamento do dissídio coletivo**, na forma da determinação contida no art. 859 da CLT:

Art. 859. A representação dos sindicatos para instauração da instância fica subordinada à aprovação de assembleia, da qual participem os associados interessados na solução do dissídio coletivo, em primeira convocação, por maioria de 2/3 (dois terços) dos mesmos, ou, em segunda convocação, por 2/3 (dois terços) dos presentes.

Para cumprir essa exigência, a entidade sindical deverá promover a **convocação dos interessados**, por meio da fixação de edital com essa finalidade especifica e expressa nos locais de trabalho e, de preferência, publicação do seu conteúdo nos jornais de grande circulação da região que compõem a respectiva base territorial da categoria.[19]

19. TST. SDC. OJ nº 28. EDITAL DE CONVOCAÇÃO DA AGT. PUBLICAÇÃO. BASE TERRITORIAL. VALIDADE. Inserida em 19.08.1998. O edital de convocação para a AGT deve ser publicado em jornal que circule em cada um dos municípios componentes da base territorial.

Discute-se se o *quórum* estabelecido pelo dispositivo legal citado foi recepcionado pela atual Carta Magna, em face da incidência do princípio constitucional da liberdade sindical.

Em um primeiro momento o TST entendeu que prevalecia o *quórum* instituído pela legislação ordinária, mesmo após a promulgação da CF/88, quando se tratasse de convocação para celebração de acordo ou convenção coletiva de trabalho (art. 612 da CLT). Todavia, as OJs nº 13 e 14, da SDC que revelavam o posicionamento dessa Corte em relação a essa questão foram canceladas em 2003.

Portanto, atualmente **a matéria é de competência exclusiva das próprias entidades sindicais** que poderão alterar o quórum estabelecido na lei. O quórum legal só prevalece na hipótese de omissão nos estatutos, tanto para a celebração do contrato coletivo de trabalho, quanto para autorizar o dissídio coletivo.

Encontram-se habilitados para votar todos os associados que estejam diretamente interessados na solução do litígio coletivo. Fala-se em associados interessados, pois o dissídio pode ser dirigido apenas a uma ou algumas empresas e não em face de toda a categoria econômica representada pelo sindicato patronal, hipótese em que votariam todos os integrantes da categoria profissional e não somente os interessados.

O TST, por intermédio da OJ nº 8 da SDC, exige que da ata da assembleia conste a pauta de reivindicação:

> **OJ Nº 8**. DISSÍDIO COLETIVO. PAUTA REIVINDICATÓRIA NÃO REGISTRADA EM ATA. CAUSA DE EXTINÇÃO. DA EM ATA. CAUSA DE EXTINÇÃO. Inserida em 27.03.1998. A ata da assembleia de trabalhadores que legitima a atuação da entidade sindical respectiva em favor de seus interesses deve registrar, obrigatoriamente, a pauta reivindicatória, produto da vontade expressa da categoria.

4.3. Procedimento

A) *Petição inicial*

Ao contrário do que ocorre no processo individual, **não se admite que demanda seja proposta verbalmente** quando se tratar de dissídio coletivo. O nível de formalidade nesta última categoria processual é mais elevado do que aquele observado no procedimento ordinário ou sumaríssimo do dissídio individual.

Desse modo, a petição inicial, denominada de **representação** pela legislação processual laboral, deverá ser escrita, mas sem a necessidade de observar as regras que constam do art. 840 da CLT e art. 319 do CPC, em tantas vias quantos forem os suscitados.

Com efeito, como se trata de provocação da jurisdição anómala, não há que se falar em fundamentos jurídicos do pedido e o valor da causa, sendo que as provas não se relacionam com fatos controversos, mas sim com os requisitos formais do dissídio coletivo.

Entretanto, a aludida peça processual deverá ainda conter as seguintes informações:

a) designação e qualificação dos reclamantes (suscitante) e dos reclamados (suscitados) e a natureza do estabelecimento ou do serviço;

b) os motivos do dissídio e as bases da conciliação (art. 858 da CLT);

c) indicação da base territorial e das categorias representadas no conflito;

d) a anuência da todos os interessados (art. 114, § 2º, da CF/88).

A petição inicial deverá vir acompanhada da seguinte documentação:

a) do edital de convocação da assembleia geral;

b) da ata da assembleia que autoriza o ajuizamento do dissídio;[20]

c) da prova de que as tentativas de negociação não obtiveram êxito;

d) das cópias de instrumentos normativos anteriores (acordo coletivo, convenção coletiva ou sentença normativa).

Além disso, o art. 12, da Lei nº 10.192/01 exige que: "no ajuizamento do dissídio coletivo, as partes deverão apresentar, fundamentadamente, **suas propostas finais**, que serão objeto de conciliação ou deliberação do Tribunal, na sentença normativa".

No mesmo sentido a jurisprudência consolidada da SDC, principalmente por meio da OJ nº 32, que exige da petição inicial conteúdo relativo às **reivindicações redigidas em forma de cláusulas**:

> **OJ Nº 32.** REIVINDICAÇÕES DA CATEGORIA. FUNDAMENTAÇÃO DAS CLÁUSULAS. NECESSIDADE. APLICAÇÃO DO PRECEDENTE NORMATIVO Nº 37 DO TST. Inserida em 19.08.1998. É pressuposto indispensável à constituição válida e regular da ação coletiva a apresentação em forma clausulada e fundamentada das reivindicações da categoria, conforme orientação do item VI, letra "e", da Instrução Normativa nº 4/93.

Recebida a petição inicial, o presidente do Tribunal verifica se estão presentes os aludidos requisitos, bem como os pressupostos de constituição e desenvolvimento válido do dissídio coletivo e, só então, determinará a notificação do suscitante e do suscitado para comparecer à audiência.

B) Citação

Ao contrário do que ocorre no procedimento de dissídio individual, o Presidente do Tribunal analisa os requisitos da petição inicial e ordena a citação dos suscitados. Apesar dessa formalidade, a CLT denomina esse ato de notificação e não de citação e determina que sejam observadas as disposições contidas no art. 841 que trata desse ato processual.[21]

Como a instância do dissídio coletivo só pode ser instaurada **com a anuência de todos interessados**, por força do mandamento constitucional contido no art. 114, § 2º, da CF/88, a citação torna-se um procedimento desnecessário.

20. TST. SDC. OJ nº 29. EDITAL DE CONVOCAÇÃO E ATA DA ASSEMBLEIA GERAL. REQUISITOS ESSENCIAIS PARA INSTAURAÇÃO DE DISSÍDIO COLETIVO. Inserida em 19.08.1998. O edital de convocação da categoria e a respectiva ata da AGT constituem peças essenciais à instauração do processo de dissídio coletivo.

21. CLT. Art. 841. Recebida e protocolada a reclamação, o escrivão ou chefe de secretaria, dentro de 48 horas, remeterá a segunda via da petição, ou do termo, ao reclamado, notificando-o, ao mesmo tempo, para comparecer à audiência de julgamento, que será a primeira desimpedida, depois de cinco dias.

C) Audiência de conciliação

O dissídio coletivo, ajuizado pela entidade sindical, poderá ser encerrado pelo pronunciamento do Poder Judiciário, ou seja, por meio de uma sentença normativa ou por um acordo homologado nos autos desse processo especial.[22]

Por conta disso, uma vez recebida a petição inicial e presentes os seus requisitos, o Presidente do Tribunal determinará a realização de audiência de conciliação, a ser designada no **prazo máximo de 10 dias.**[23]

Na hipótese de o acordo submetido à homologação do Tribunal constar apenas a remissão às normas anteriores (art. 101 da Consolidação dos Provimentos da Corregedoria-Geral da Justiça do Trabalho versão 2019), o relator do processo ordenará às partes que explicitem o teor das cláusulas conciliadas.

Assim como acontece no dissídio individual, **faculta-se ao empregador ser representado na audiência pelo gerente ou por qualquer outro preposto** que tenha conhecimento dos fatos (art. 861 da CLT).

Segundo dispõe o art. 514, "c", da CLT, cabe ao sindicato promover a conciliação nos dissídios coletivos de trabalho. Todavia, limita-se a eficácia subjetiva do acordo aos integrantes da entidade representativa da categoria profissional que ocupou um dos polos da relação processual respectiva.

Esse é o posicionamento do TST externado pela OJ nº 2, da SDC:

> **OJ Nº 2.** Acordo Homologado. Extensão às partes não subscreventes. Inviabilidade. Inserida em 27.03.1998. É inviável aplicar condições constantes de acordo homologado nos autos de dissídio coletivo, extensivamente, às partes que não o subscreveram, exceto se observado o procedimento previsto no art. 868 e seguintes, da CLT.

A exceção mencionada na referida Orientação Jurisprudencial diz respeito à hipótese de, no dissídio coletivo, figurar como partes apenas uma fração dos empregados da empresa.

A sequência procedimental e protocolar da audiência de conciliação encontra-se estabelecida pelos arts. 862 e 863 da CLT:

> **Art. 862.** Na audiência designada, comparecendo ambas as partes ou seus representantes, o Presidente do Tribunal as convidará para se pronunciarem sobre as bases da conciliação. Caso não sejam aceitas as bases propostas, o Presidente submeterá aos interessados a solução que lhe pareça capaz de resolver o dissídio.
>
> **Art. 863.** Havendo acordo, o Presidente o submeterá à homologação do Tribunal na primeira sessão.

22. CLT. Art. 764. Os dissídios individuais ou coletivos submetidos à apreciação da Justiça do Trabalho serão sempre sujeitos à conciliação. § 1º – Para os efeitos deste artigo, os juízes e Tribunais do Trabalho empregarão sempre os seus bons ofícios e persuasão no sentido de uma solução conciliatória dos conflitos.
23. CLT. Art. 860. Recebida e protocolada a representação, e estando na devida forma, o Presidente do Tribunal designará a audiência de conciliação, dentro do prazo de 10 (dez) **dias, determinando a notificação dos dissidentes, com observância do disposto no art. 841.**

Quando o dissídio coletivo ocorrer **fora dos limites territoriais do município sede do Tribunal**, será facultado ao seu Presidente **delegar** as atribuições inerentes à designação e realização da audiência para o **Juiz do Trabalho da localidade do litígio.**

Em caso de ausência de conciliação, a autoridade delegada encaminhará o processo ao Tribunal, com exposição circunstanciada dos fatos e indicação da solução que lhe parecer conveniente (art. 866 da CLT).

D) Revelia e arquivamento

O dissídio coletivo de natureza econômica não tem como objetivo aplicar a norma ao caso concreto. Pelo contrário, sua finalidade é justamente criar ou modificar uma norma de caráter genérico e abstrato.

Por conta dessa característica, **não é possível aplicar os efeitos da revelia** ao suscitado, no âmbito dos processos de dissídio coletivo, **ou mesmo determinar o seu arquivamento** em caso de ausência do suscitante, conclusão a que se chega a partir da análise do preceito contido no art. 864 da CLT:

> **Art. 864**. Não havendo acordo, ou não comparecendo ambas as partes ou uma delas, o presidente submeterá o processo a julgamento, depois de realizadas as diligências que entender necessárias e ouvida a Procuradoria.

Nesse sentido, a OJ nº 17 do TRT2:

> **OJ Nº 17 do TRT2.** DISSÍDIO COLETIVO. REVELIA. A inércia na apresentação da defesa no dissídio coletivo torna a parte revel, porém, sem seus efeitos, na medida em que o julgamento será realizado com base no Direito e na equidade (conveniência e oportunidade).

Exemplo de questão sobre o tema

(TRT 4 – Juiz do Trabalho Substituto 4ª região/2016) Assinale a assertiva incorreta sobre dissídio coletivo.

a) A prerrogativa para instauração do dissídio coletivo em caso de greve é da entidade sindical ou do Ministério Público do Trabalho, considerando que o art. 856 da Consolidação das Leis do Trabalho – CLT restou derrogado pelo art. 8º da Lei nº 7.783/1989, que dispõe sobre o exercício do direito de greve.

b) O dissídio coletivo somente pode ser instaurado pela federação quando inexistir sindicato no âmbito de sua atuação. Do mesmo modo, a confederação somente poderá instaurar o dissídio coletivo na hipótese de inexistência de federação e de sindicato no âmbito de sua atuação respectiva, seja de empregado, seja de empregador.

c) Nos termos da CLT, a representação dos sindicatos para instauração da instância não se subordina à aprovação de assembleia da qual participem os associados interessados na solução do dissídio coletivo, em primeira convocação, por maioria de 2/3 (dois terços) dos mesmos, ou, em segunda convocação, por 1/3 (um terço) dos presentes.

d) As cláusulas de natureza econômica não podem ser objeto de dissídio coletivo quando proposto em face das pessoas jurídicas de direito público que mantenham empregados.

e) São peças indispensáveis para a instauração do dissídio coletivo o edital de convocação da categoria e a ata da assembleia geral de trabalhadores, sendo imprescindível, quando instaurado contra determinada empresa, a autorização dos trabalhadores diretamente envolvidos.

Resposta: C

5. SENTENÇA NORMATIVA

A sentença normativa proferida em dissídio coletivo consiste em ato que põe fim ao processo e **impõe condições** de trabalho para os integrantes da categoria profissional representada em um dos polos da relação processual coletiva.

A atuação do juiz no exercício da sua função jurisdicional normativa é muito árdua e complexa, uma vez que realiza uma atividade fora da sua habitual atribuição de aplicar o direito. Isso porque o juiz passa a ditar normas de conduta, lastreado na equidade e nas fontes materiais do direito, quais sejam, os fatos sociais, econômicos, financeiros, religiosos etc.

Com o objetivo de estabelecer parâmetros objetivos para a fixação de novas condições de trabalho pelo juiz, o TST edita os denominados **precedentes normativos**, por intermédio da Seção Especializada em Dissídios Coletivos. Tais precedentes são classificados como **positivos ou negativos** e informam a posição daquela Corte em relação a determinadas cláusulas comumente incluídas nas petições iniciais de dissídio coletivo, de forma a admiti-las ou rejeitá-las.

Esses precedentes normativos têm como fundamento principal o **critério histórico**, ou seja, são condições de trabalho que geralmente constam das convenções ou acordos coletivos decorrentes da negociação coletiva ou mesmo em sentenças normativas anteriores.

Em caso de inexistência de acordo ou diante da ausência de algum ou de todos os litigantes, o Presidente do Tribunal submeterá o dissídio a julgamento pelo colegiado, após a realização das diligências, caso seja necessário, e ouvido o MPT (art. 864 da CLT).

De acordo com art. 97 da Consolidação dos Provimentos da Corregedoria-Geral da Justiça do Trabalho (versão 2019), **constará do acórdão o inteiro teor das cláusulas deferidas, bem como os fundamentos do deferimento ou indeferimento.**

A decisão normativa,[24] além de devidamente fundamentada "deverá traduzir, em seu conjunto, **a justa composição do conflito** de interesse das partes, e guardar adequação com o interesse da coletividade" (art. 12, § 1º, da Lei nº 10.192). A **publicação** da sentença normativa deverá ser feita no prazo de **quinze dias.**

Observe-se que a sentença normativa, como a própria denominação sugere, tem natureza jurídica de norma, pois fixa condições de trabalho, com produção de efeitos ultra partes.[25] Na verdade, **tem conteúdo de lei e forma de sentença**.

Nesse passo, o trabalhador ou o sindicato pode ingressar em juízo e fundamentar sua pretensão com base nessa decisão, fonte formal de um direito (Súmula nº 246 do TST).[26]

24. CLT. Art. 789. § 4º. Nos dissídios coletivos, as partes vencidas responderão solidariamente pelo pagamento das custas, calculadas sobre o valor arbitrado na decisão, ou pelo Presidente do Tribunal. Consolidação dos provimentos da Corregedoria-Geral da Justiça do Trabalho (versão 2019). **Art. 100. Nos dissídios coletivos de natureza econômica em que for instituída norma ou condição de trabalho em favor da categoria profissional, o pagamento integral das custas processuais caberá à empresa ou à entidade sindical patronal que integrou a relação processual.**

25. É ***ultra partes e não erga omnes***, pois os destinatários dos efeitos da sentença normativa são os integrantes da categoria profissional ou econômica que são identificáveis.

26. TST. Súmula nº 246. AÇÃO DE CUMPRIMENTO. TRÂNSITO EM JULGADO DA SENTENÇA NORMATIVA. (mantida) **– Res. 121/2003, DJ 19, 20 e 21.11.2003. É dispensável o trânsito em julgado da sentença normativa para a propositura da ação de cumprimento.**

Se já houve trânsito em julgado da sentença normativa, não há qualquer dúvida quanto à eficácia plena do seu conteúdo.

Entretanto, se a decisão normativa encontra-se pendente de recurso, o processo promovido pelo empregado ou pelo sindicato em ação de cumprimento está sujeito a uma **condição resolutiva**, que é a manutenção da sentença normativa pelo órgão *ad quem*.

Caso ocorra a extinção do processo sem a análise do mérito[27] ou a modificação da sentença normativa pelo TST, desaparece o direito do autor da ação individual, o que afasta qualquer alegação de coisa julgada.

Seja qual for o resultado, as partes serão intimadas e a decisão publicada no DEJT para ciência dos demais interessados (art. 867 da CLT).

Por fim, levando em consideração as peculiaridades do dissídio coletivo, entende-se que os honorários de sucumbência devem ser fixados sobre o valor arbitrado da decisão, de forma análoga ao que ocorre com as custas (art. 789, § 4º da CLT): "Nos dissídios coletivos, as partes vencidas responderão solidariamente pelo pagamento das custas, calculadas sobre o valor arbitrado na decisão, ou pelo Presidente do Tribunal".

5.1. Vigência e efeitos

A sentença proferida nos autos do dissídio coletivo, apesar da sua natureza normativa, tem os seus efeitos limitados no espaço e no tempo. Nº primeiro caso, as condições de trabalho **só se aplicam aos integrantes da categoria profissional da respectiva base territorial do sindicato** que ocupou um dos polos da relação processual coletiva.

No que diz respeito ao termo inicial da vigência temporal, devem ser observadas as seguintes regras:

a) se inexistir acordo coletivo, convenção coletiva ou sentença normativa em vigor, a vigência efetiva-se **a partir da data da publicação da sentença**;

b) se há instrumento normativo negociado ou sentença normativa em vigor, a vigência da nova decisão **inicia-se no dia imediato ao termo final respectivo, desde que tenha sido observado o prazo estabelecido pelo art. 616, § 3º da CLT** para o ajuizamento do dissídio coletivo;

c) se o dissídio for proposto **após o referido prazo, a vigência inicia-se a partir da publicação** da sentença normativa.

O termo final de vigência das novas condições de trabalho deve ser fixado na sentença normativa e **não pode ser superior a quatro anos**, conforme preceitua o art. 868, parágrafo único, da CLT.[28]

27. A extinção do processo, sem a análise do mérito se dá quando o dissídio coletivo não observa os pressupostos de constituição e desenvolvimento válidos do processo dessa natureza, inclusive em face da ausência de documentação indispensável.
28. CLT. Art. 868. Parágrafo único. O Tribunal fixará a data em que a decisão deve entrar em execução, bem como o prazo de sua vigência, o qual não poderá ser superior a quatro anos.

Quanto à incorporação definitiva das novas condições de trabalho estabelecidas pela sentença normativa, deve-se observar o entendimento constante da Súmula nº 277, com sua nova redação:

> **SÚMULA Nº 277.** CONVENÇÃO COLETIVA DE TRABALHO OU ACORDO COLETIVO DE TRABALHO. EFICÁCIA. ULTRATIVIDADE (redação alterada na sessão do Tribunal Pleno realizada em 14.09.2012) As cláusulas normativas dos acordos coletivos ou convenções coletivas integram os contratos individuais de trabalho e somente poderão ser modificadas ou suprimidas mediante negociação coletiva de trabalho.

Isso significa que a sentença normativa não pode fixar **condições de trabalho inferiores ao patamar anterior instituído por uma convenção ou acordo coletivo de trabalho**, conforme preceito contido na parte final do art. 114, § 2º da CF/88:

> **Art. 114. § 2º** Recusando-se qualquer das partes à negociação coletiva ou à arbitragem, é facultado às mesmas, de comum acordo, ajuizar dissídio coletivo de natureza econômica, podendo a Justiça do Trabalho decidir o conflito, **respeitadas as disposições mínimas legais de proteção ao trabalho, bem como as convencionadas anteriormente** (grifou-se).

Registre-se que o STF, por decisão monocrática do Ministro Gilmar Mendes proferida em 14.10.2016, determinou a suspensão de todas as demandas que tramitam na Justiça do Trabalho que tratem da ultratividade das normas coletivas, até que o Plenário do referido Tribunal aprecie a matéria nos autos da Medida Cautelar na Arguição de Descumprimento de Preceito Fundamental nº 323. A referida decisão cita duas outras já proferidas (RE 590.415 e RE 895.759), que se fundamentam na necessidade de se reconhecer a eficácia dos instrumentos normativos negociados, ainda que estabeleçam condições de trabalho inferiores aquelas definidas pela legislação estatal.

Exemplo de questão sobre o tema:

(TRT 23 – Juiz do Trabalho Substituto 23ª região/2014) Assinale a alternativa CORRETA:

a) A sentença normativa vigorará sempre a partir da data de sua publicação.

b) Em sede de dissídio coletivo, recebida e protocolada a representação, em havendo acordo, o Presidente do Tribunal o homologará.

c) Quando o dissídio ocorrer fora da sede do Tribunal, o Presidente delegará à autoridade local as atribuições de que tratam os artigo 860 e 862 da CLT.

d) Em caso de dissídio coletivo que tenha por motivo novas condições de trabalho, e no qual figure como parte apenas uma fração de empregados de uma empresa, deverá o Tribunal competente, na própria decisão, estender tais condições de trabalho aos demais empregados da empresa que forem da mesma profissão dos dissidentes.

e) Nenhuma das alternativas é correta.

Resposta: E

5.2. Custas

Para atender à regra geral da sucumbência, a parte vencida arcará, ao final do processo de dissídio coletivo, com o pagamento das custas processuais, independentemente de intimação.[29]

29. TST. SDC. OJ nº 27. CUSTAS. AUSÊNCIA DE INTIMAÇÃO. DESERÇÃO. CARACTERIZAÇÃO. Inserida em 19.08.1998. A deserção se impõe mesmo não tendo havido intimação, pois incumbe à parte, na defesa do próprio interesse, obter os cálculos necessários para efetivar o preparo.

Se houver litisconsórcio, a responsabilidade será solidária pelo cumprimento dessa obrigação, de acordo com o preceito contido no art. 789, § 4º da CLT: "Nos dissídios coletivos, as partes vencidas responderão solidariamente pelo pagamento das custas, calculadas sobre o valor arbitrado na decisão, ou pelo Presidente do Tribunal".

5.3. Coisa julgada

As decisões normativas proferidas em sede de dissídio coletivo de natureza econômica **têm eficácia imediata**, mesmo no caso de interposição de recurso para instância superior.[30] A OJ nº 277, da SDI-1, apresenta o posicionamento do TST nesse aspecto:

> **OJ Nº 277.** Ação de Cumprimento Fundada em Decisão Normativa que Sofreu Posterior Reforma, Quando já Transitada em Julgado a Sentença Condenatória. Coisa Julgada. Não-Configuração. DJ 11.08.03. A coisa julgada produzida na ação de cumprimento é atípica, pois dependente de condição resolutiva, ou seja, da não-modificação da decisão normativa por eventual recurso. Assim, modificada a sentença normativa pelo TST, com a consequente extinção do processo, sem julgamento do mérito, deve-se extinguir a execução em andamento, uma vez que a norma sobre a qual se apoiava o título exequendo deixou de existir no mundo jurídico.

Não é necessário aguardar o trânsito em julgado da sentença normativa para que os integrantes das categorias profissionais ou econômicas possam exigir as condutas de comportamento nela estabelecidas, por intermédio da ação de cumprimento, uma vez que o parágrafo único do art. 872 da CLT exige apenas a juntada da certidão da decisão normativa.

Nesse sentido, a Súmula nº 246 do TST:

> **SÚMULA Nº 246:** AÇÃO DE CUMPRIMENTO. TRÂNSITO EM JULGADO DA SENTENÇA NORMATIVA (mantida) – Res. 121/2003, DJ 19, 20 e 21.11.2003. É dispensável o trânsito em julgado da sentença normativa para a propositura da ação de cumprimento.

Na verdade, como se trata de sentença proferida em sede de dissídio coletivo **opera-se apenas a coisa julgada formal**, razão pela qual se **afasta a incidência da ação rescisória** para atacar sentença proferida com fundamento em sentença normativa modificada por força de recurso ordinário, conforme entendimento constante da Súmula nº 397 do TST:

> **SÚMULA Nº 397.** AÇÃO RESCISÓRIA. ART. 966, IV, do CPC de 2015 . ART. 485, IV, DO CPC de 1973. AÇÃO DE CUMPRIMENTO. OFENSA À COISA JULGADA EMANADA DE SENTENÇA NORMATIVA MODIFICADA EM GRAU DE RECURSO. INVIABILIDADE. CABIMENTO DE MANDADO DE SEGURANÇA. (atualizada em decorrência do CPC de 2015) – Res. 208/2016, DEJT divulgado em 22, 25 e 26.04.2016. Não procede ação rescisória calcada em ofensa à coisa julgada perpetrada por decisão proferida em ação de cumprimento, em face de a sentença normativa, na qual se louvava, ter sido modificada em grau de recurso, porque em dissídio coletivo somente se consubstancia coisa julgada formal. Assim, os meios processuais aptos a atacarem a execução da cláusula reformada são a exceção de pré-executividade e o mandado de segurança, no caso de descumprimento do art. 514 do CPC de 2015 (art. 572 do CPC de 1973). (ex-OJ nº 116 da SBDI-2 – DJ 11.08.2003)

30. CLT. Art. 899. Os recursos serão interpostos por simples petição e terão efeito meramente devolutivo, salvo as exceções previstas neste Título, permitida a execução provisória até a penhora.

De igual forma, a parte não pode se socorrer da via rescisória para atacar a sentença que foi proferida em dissonância com o conteúdo da sentença normativa, quando verificadas as hipóteses previstas pela Súmula nº 402 do TST:

> **SÚMULA Nº 402.** AÇÃO RESCISÓRIA. PROVA NOVA. DISSÍDIO COLETIVO. SENTENÇA NORMATIVA (nova redação em decorrência do CPC de 2015) – Res. 217/2017 – DEJT divulgado em 20, 24 e 25.04.2017 I – Sob a vigência do CPC de 2015 (art. 966, inciso VII), para efeito de ação rescisória, considera-se prova nova a cronologicamente velha, já existente ao tempo do trânsito em julgado da decisão rescindenda, mas ignorada pelo interessado ou de impossível utilização, à época, no processo. II – Não é prova nova apta a viabilizar a desconstituição de julgado: a) sentença normativa proferida ou transitada em julgado posteriormente à sentença rescindenda; b) sentença normativa preexistente à sentença rescindenda, mas não exibida no processo principal, em virtude de negligência da parte, quando podia e deveria louvar-se de documento já existente e não ignorado quando emitida a decisão rescindenda. (ex-OJ nº 20 da SBDI-2 – inserida em 20.09.2000)..

Registre-se, contudo, entendimentos em sentido contrário, que defendem a existência da coisa julgada material nas sentenças normativas, a exemplo de Renato Saraiva:

> Ressalte-se que em face das sentenças normativas cabe ação rescisória (Lei nº 7.701/1988, art. 2º, I, c). Portanto, se cabe ação rescisória em relação à sentença normativa, resta evidente que a atinente sentença normativa produz coisa julgada material.[31]

Exemplo de questão sobre o tema

(TRT 2 – Juiz do Trabalho Substituto 2ª região/2016) Quanto aos dissídios coletivos e ação de cumprimento, assinale a alternativa INCORRETA:

a) Somente com o trânsito em julgado da sentença normativa é que começa a fluir o prazo prescricional da ação de cumprimento correspondente.

b) Em dissídio coletivo somente se consubstancia a coisa julgada formal.

c) É dispensável o trânsito em julgado da sentença normativa para a propositura da ação de cumprimento.

d) É incabível a oposição de exceção de pré-executividade contra execução de cláusula de sentença normativa reformada em sede de dissídio coletivo.

e) A legitimidade do sindicato para propor ação de cumprimento estende-se também à observância de acordo ou de convenção coletivos.

Resposta: D

5.4. Limites da sentença normativa e do exercício do poder normativo

Sob a égide das Constituições de 1946 e 1967/69, o poder normativo da Justiça do Trabalho encontrava-se limitado pelas disposições contidas na legislação, ou seja, as condições de trabalho só poderiam ser impostas por decisão normativa, quando a lei expressamente autorizasse, como ocorria com o preceito contido no art. 766 da CLT.[32]

Com a promulgação da atual Carta Maior, a jurisprudência limitou mais ainda o exercício do poder normativo da Justiça do Trabalho, no sentido de **vedar a fixação de condições**

31. SARAIVA, Renato. **Curso de Direito Processual do Trabalho**. 4 ed. São Paulo: Método, 2007. P. 838.
32. CLT. Art. 766. Nos dissídios sobre estipulação de salários, serão estabelecidas condições que, assegurando justos salários aos trabalhadores, permitam também justa retribuição às empresas interessadas.

de trabalho por sentença normativa quando essa tarefa for atribuída, exclusivamente, à negociação coletiva.

Citam-se, como exemplo, os acórdãos a seguir:

> 1 – DISSÍDIO COLETIVO. Recursos extraordinários providos, para excluir as cláusulas 2ª (piso correspondente ao salário mínimo acrescido de percentual) e 24ª (estabilidade temporária), por contrariarem, respectivamente, o inciso IV (parte final) e I do art. 7º da Constituição, este último juntamente com o art. 10 do ADCT, bem como a cláusula 29ª (aviso prévio de sessenta dias), por ser considerada invasiva da reserva legal específica, instituída no art. 7º, XXI, da Constituição. 2. Recursos igualmente providos, quanto à cláusula 14ª (antecipação, para junho, da primeira parcela do 13º salário), por exceder seu conteúdo à competência normativa da Justiça do Trabalho, cujas decisões, a despeito de configurarem fonte de direito objetivo, revestem o caráter de regras subsidiárias, somente suscetíveis de operar no vazio legislativo, e sujeitas à supremacia da lei formal (art. 114, § 2º, da Constituição). 3. Recursos de que não se conhece no concernente à cláusula 1ª (reajuste salarial), por ausência de pressupostos de admissibilidade, e, ainda, no que toca às cláusulas 52ª (multa pela falta de pagamento de dia de trabalho), 59ª (abrigos para a proteção dos trabalhadores), 61ª (fornecimento de listas de empregados), 63ª (afixação de quadro de avisos), visto não contrariarem os dispositivos constitucionais contra elas invocados, especialmente o § 2º do art. 114. Decisão por maioria, quanto às cláusulas 29ª e 14ª, sendo, no restante unânime.[33]
>
> RECURSO EXTRAORDINÁRIO. TRABALHISTA. DISSÍDIO COLETIVO. AUSÊNCIA DE PREVISÃO LEGAL PARA CLÁUSULAS DEFERIDAS. PODER NORMATIVO DA JUSTIÇA DO TRABALHO: LIMITES NA LEI. 1. A jurisprudência da Corte é no sentido de que as cláusulas deferidas em sentença normativa proferida em dissídio coletivo só podem ser impostas se encontrarem suporte na lei. 2. Sempre que a Justiça do Trabalho editar regra jurídica, há de apontar a lei que lho permitiu. Se o caso não se enquadra na classe daqueles que a especificação legal discerniu, para dentro dela se exercer a sua atividade normativa, está a Corte Especializada a exorbitar das funções constitucionalmente delimitadas. 3. A atribuição para resolver dissídios individuais e coletivos, necessariamente in concreto, de modo algum lhe dá a competência legiferante. Recurso extraordinário conhecido e provido.[34]

Esse óbice, segundo os Tribunais, notadamente o STF, decorre dos preceitos constitucionais que exaltam o papel do sindicato nas negociações coletivas e da supremacia da lei.

Nesse passo, o poder normativo, e consequentemente a sentença normativa, deve respeitar os limites impostos pela Constituição Federal e pela legislação infraconstitucional[35] bem como **os espaços de atuação exclusiva das entidades sindicais assim definidas pelas normas estatais.**

A sentença normativa **não pode, nesse caso, alterar as condições de trabalho fixadas pela Carta Magna e pela lei**. Está autorizada, apenas, a **preencher o vazio legislativo e,**

33. STF. RE 197911. 1ª T. Rel. Min. Octávio Gallotti. DJ 07.11.97.
34. STF. RE 114836. 2ª T. Rel. Min. Maurício Corrêa. DJ 06.03.98.
35. RECURSO ORDINÁRIO. DISSÍDIO COLETIVO. REAJUSTE SALARIAL. CLÁUSULA ACORDADA ENTRE AS PARTES PREVENDO INDEXAÇÃO PROIBIDA PELA LEI Nº 10.192/01. CONCESSÃO DE ÍNDICE PELA SENTENÇA NORMATIVA COM BASE NOS CRITÉRIOS DE RAZOABILIDADE E PROPORCIONALIDADE. A proibição de que se estipule correção salarial vinculada a índice oficial abrange também as normas autônomas, a teor do art. 13 da Lei nº 10.192/01. Em face da vedação legal, o Tribunal Regional, na sentença normativa, modificou a cláusula coletiva acordada entre as partes e fixou percentual de reajuste salarial com base nos critérios de razoabilidade e proporcionalidade, o que atinge o objetivo previsto pela norma (TST. RODC 1865/2004-000-15-00.3. Rel. Min. Walmir Oliveira da Costa. DJ de 19.06.2009).

ainda assim, se normas estatais não atribuírem, expressamente, essa tarefa à própria lei ou à negociação coletiva.

Portanto, sempre que a Constituição enunciar um direito por meio de um dispositivo de eficácia contida ou limitada, **a consequente regulamentação não poderá ser feita por meio da sentença normativa**. O mesmo ocorre quando a Carta Maior ou a legislação infraconstitucional estabelece que **determinado direito possa ser modificado por intermédio de acordo ou convenção coletiva de trabalho**, como acontece, por exemplo, com a compensação da jornada de trabalho.

Pela redação atual do art. 114, § 2º, da CF/88, a sentença normativa deve observar, além da lei, as disposições mínimas de proteção ao trabalho convencionadas anteriormente, seja por acordo coletivo ou por convenção coletiva de trabalho.

6. EXTENSÃO SUBJETIVA DAS DECISÕES NORMATIVAS

O sindicato é quem detém a legitimidade para ajuizar o dissídio coletivo. Contudo, quando há recusa do sindicato e, sucessivamente, das entidades sindicais de grau superior, no sentido de atender aos reclamos dos empregados diretamente interessados, tanto na negociação coletiva quanto na utilização dos meios de solução de conflitos dessa natureza, a legislação confere **legitimação extraordinária ao grupo de trabalhadores,** conforme se observa do quanto disposto no art. 617, § 1º, da CLT.

Ainda assim, é necessária a concordância da parte contrária para o ajuizamento do dissídio coletivo nessas condições.

Uma vez proferida a sentença normativa em demanda promovida por categoria profissional diferenciada, admite-se que o Tribunal,[36] se julgar justo e conveniente, estenda as novas condições de trabalho aos demais empregados da empresa, desde que exerçam a mesma profissão, na forma prevista pelo art. 868 da CLT:

> **Art. 868.** Em caso de dissídio coletivo que tenha por motivo novas condições de trabalho e no qual figure como parte apenas uma fração de empregados de uma empresa, poderá o Tribunal competente, na própria decisão, estender tais condições de trabalho, se julgar justo e conveniente, aos demais empregados da empresa que forem da mesma profissão dos dissidentes. Parágrafo único – O Tribunal fixará a data em que a decisão deve entrar em execução, bem como o prazo de sua vigência, o qual não poderá ser superior a 4 (quatro) anos.

Já o art. 869 da CLT admite que a decisão proferida nos autos do dissídio coletivo promovido em face de uma ou algumas empresas **seja estendida a todos os integrantes da categoria profissional** compreendida na jurisdição territorial do Tribunal, e não somente àqueles que exercem a mesma profissão na empresa, desde que seja requerida:

- por um ou mais empregadores, ou de qualquer sindicato destes;

36. CLT. Art. 678. Aos Tribunais Regionais, quando divididos em Turmas, compete: I - **a) processar, conciliar e julgar originariamente os dissídios coletivos; b) processar e julgar originariamente: 1) as revisões de sentenças normativas; 2) a extensão das decisões proferidas em dissídios coletivos.**

- por um ou mais sindicatos de empregados; ou
- pelo Ministério Público do Trabalho.[37]

A decisão só será estendida se 3/4 dos empregadores e 3/4 dos empregados, ou os respectivos sindicatos, concordarem com esse efeito, cuja manifestação deverá ser feita no prazo a ser estabelecido pelo Tribunal, que não poderá ser inferior a 30 nem superior a 60 dias (art. 870 da CLT).

Ouvidos os interessados e o Ministério Público do Trabalho, o processo será submetido ao julgamento do Tribunal, que definirá a data em que a extensão deva entrar em vigor.

7. REVISÃO DAS DECISÕES

Frustradas as negociações coletivas, admite-se o ajuizamento do dissídio, denominando-se de **dissídio coletivo originário.**

Após o decurso de, pelo menos, **um ano de vigência**, admite-se a revisão das sentenças normativas, desde que haja modificação das circunstâncias fáticas que serviram de fundamento e que tornaram as novas condições de trabalho injustas ou inaplicáveis. Nesse caso, recebe a denominação de **dissídio coletivo revisional** (art. 873 da CLT) e, na verdade, trata da aplicação da cláusula *rebus sic stantibus* às relações coletivas de trabalho.

Encontram-se legitimados para propor a revisão:

- o Ministério Público do Trabalho, somente nos casos de greve em serviço essencial e se houver possibilidade de lesão ao patrimônio público;
- as entidades sindicais; e
- o empregador ou empregadores interessados no cumprimento da decisão.[38]

Se a ação for proposta pelo representante do MPT, os sindicatos e o empregador ou empregadores interessados serão ouvidos no prazo de 30 dias. Quando promovida por uma das partes interessadas, serão as outras ouvidas, também por igual prazo.

A revisão será julgada pelo Tribunal que tiver proferido a decisão originária, depois de ouvido o Ministério Público do Trabalho.

8. RECURSO

Quando a sentença normativa é proferida pelo Tribunal Regional do Trabalho, **cabe recurso ordinário para a SDC do TST**, como preceitua o art. 895, II, da CLT e art. 2º, II, "a", da Lei nº 7.701/98:

37. Entende-se que o dispositivo legal que confere ao Presidente do Tribunal a prerrogativa de estender, de ofício, as novas condições de trabalho para os trabalhadores das empresas que não participaram da relação processual (art. 896, "c", da CLT) **encontra-se revogado tacitamente pelo art. 8º da Lei nº 7.783/89.**

38. Entende-se que a norma que revogou expressamente a regra que permitia o ajuizamento do dissídio coletivo pelo presidente do Tribunal (art. 8º da Lei nº 7.783/89) **também revogou, tacitamente, a regra que lhe legitimava a propor o dissídio coletivo de revisão.**

> **Art. 895.** Cabe recurso ordinário para a instância superior: II – das decisões definitivas ou terminativas dos Tribunais Regionais, em processos de sua competência originária, no prazo de 8 (oito) dias, quer nos dissídios individuais, quer nos dissídios coletivos.
>
> **Art. 2º.** Compete à seção especializada em dissídios coletivos, ou seção normativa: II – em última instância julgar: a) os recursos ordinários interpostos contra as decisões proferidas pelos Tribunais Regionais do Trabalho em dissídios coletivos de natureza econômica ou jurídica;

A Lei nº 11.925/09 deu nova redação ao art. 895 da Consolidação das Leis do Trabalho – CLT para deixar claro que o prazo para recorrer é de **oito dias.**

Quando proferidas pelo TST, em sede de competência originária, as sentenças normativas não unânimes **podem ser reformadas por meio de embargos infringentes** (art. 894, I, "a" da CLT[39] e art. 2º, II, "c" da Lei nº 7.701/88).[40]

A legitimação para interposição do recurso ordinário para atacar sentença normativa é da parte que sucumbir, além do MPT (art. 898 da CLT).

O recurso ordinário será recebido apenas no seu efeito suspensivo, como deixa claro o art. 14, da Lei nº 10.192/01: "O recurso interposto de decisão normativa da Justiça do Trabalho terá efeito suspensivo, na medida e extensão conferidas em despacho do Presidente do Tribunal Superior do Trabalho".

O rito do recurso encontra-se estabelecido pelo art. 7º, da Lei nº 7.701/88:

> a) o juiz relator ou o redator designado terá dez dias para redigir o acórdão;
>
> b) não publicado o acórdão nos vinte dias subsequentes ao julgamento, poderá qualquer dos litigantes ou o Ministério Público do Trabalho interpor recurso ordinário, fundado, apenas, na certidão de julgamento, inclusive com pedido de efeito suspensivo, pagas as custas, se for o caso. Publicado o acórdão, reabrir-se-á o prazo para o aditamento do recurso interposto;
>
> c) interposto o recurso, deverão os recorrentes comunicar o fato à Corregedoria-Geral, para as providências legais cabíveis;
>
> d) publicado o acórdão, quando as partes serão consideradas intimadas, seguir-se-á o procedimento recursal como previsto em lei, com a intimação pessoal do Ministério Público, por qualquer dos seus procuradores.

Observe-se, por fim, que a Lei nº 4.725/65, art. 6º, § 3º, dispõe que o provimento do recurso ordinário em sede de dissídio coletivo não importará na restituição dos salários ou vantagens pagos, em execução do julgado.

> **ATENÇÃO!** Não é exigido depósito para recurso ordinário interposto em dissídio coletivo, eis que o § 3º, art. 40, da Lei nº 8.177/91 atribui valor ao recurso para efeito de cálculo das custas processuais (IN nº 3, V, do TST).

39. CLT. Art. 894. Nº Tribunal Superior do Trabalho cabem embargos, no prazo de 8 (oito) **dias: I – de decisão não unânime de julgamento que: a) conciliar, julgar ou homologar conciliação em dissídios coletivos que excedam a competência territorial dos Tribunais Regionais do Trabalho e estender ou rever as sentenças normativas do Tribunal Superior do Trabalho, nos casos previstos em lei.**

40. Lei nº 7.701/88. Art. 2º. II. "c". Os embargos infringentes interpostos contra decisão não unânime proferida em processo de dissídio coletivo de sua competência originária, salvo se a decisão atacada estiver em consonância com procedente jurisprudencial do Tribunal Superior do Trabalho ou da Súmula de sua jurisprudência predominante.

Exemplos de questões sobre o tema

(FCC – Juiz do Trabalho Substituto 15ª região/2015) Em relação ao dissídio coletivo, com fundamento na doutrina, na lei e no entendimento pacífico do TST,

a) o dissídio coletivo é uma espécie de ação coletiva de matriz constitucional, sendo que no ordenamento jurídico brasileiro apenas os sindicatos das categorias econômicas e das categorias profissionais são legitimados para proporem o mesmo.

b) o dissídio coletivo de natureza jurídica é uma ação declaratória que tem por objetivo interpretar norma legal de caráter geral para toda a classe trabalhadora.

c) decorrido mais de um ano de sua vigência, caberá revisão das decisões que fixarem condições de trabalho, quando se tiverem modificado as circunstâncias que as ditaram, de modo que tais condições se hajam tornado injustas ou inaplicáveis.

d) entre os pressupostos processuais objetivos do dissídio coletivo estão a competência originária dos Tribunais, a negociação coletiva prévia, a inexistência de norma coletiva em vigor e o comum acordo entre as partes.

e) a extensão da decisão entrará em vigor e obrigará as partes do dissídio trinta dias após a data da decisão do Tribunal que a determinou, tendo em vista ser necessária a adequação às novas condições de trabalho fixadas.

Resposta: C

(FCC – Juiz do Trabalho Substituto 6ª região/2015) Quanto aos dissídios coletivos,

a) quando os empregadores deixarem de satisfazer o pagamento de salários, na conformidade da decisão proferida em dissídio coletivo, poderão os empregados ou seus sindicatos, conforme a efetiva outorga de poderes de seus associados, juntando certidão de tal decisão, apresentar reclamação à Vara do Trabalho ou Juízo competente, sendo vedado questionar sobre a matéria de fato e de direito já apreciada na decisão, salvo no que se refere às cláusulas econômicas.

b) decorridos mais de 3 meses de sua vigência, caberá revisão das decisões que fixarem condições de trabalho, quando se tiverem modificado as circunstâncias que as ditaram, de modo que tais condições tenham se tornado injustas ou inaplicáveis. A revisão poderá ser promovida por iniciativa do Tribunal prolator, da Procuradoria da Justiça do Trabalho, das associações sindicais ou de empregador ou empregadores interessados no cumprimento da decisão.

c) a representação dos sindicatos para instauração da instância fica subordinada à aprovação de assembleia, da qual participem os interessados na solução do dissídio coletivo, associados ou não, em primeira convocação, por maioria de 2/3 (dois terços) dos mesmos, ou, em segunda convocação, por 2/3 (dois terços) dos presentes.

d) em caso de dissídio coletivo, que tenha por motivo novas condições de trabalho e no qual figure como parte apenas uma fração de empregados de uma empresa, poderá o Tribunal competente, na própria decisão, estender tais condições de trabalho, se julgar justo e conveniente, aos demais empregados da empresa que forem da mesma profissão dos dissidentes. O Tribunal fixará a data em que a decisão deve entrar em execução, bem como o prazo de sua vigência, o qual não poderá ser superior a 2 anos.

e) a decisão sobre novas condições de trabalho do dissídio coletivo poderá também ser estendida a todos os empregados da mesma categoria profissional compreendida na jurisdição do Tribunal por solicitação de 1 ou mais empregadores, ou de qualquer sindicato destes; por solicitação de 1 ou mais sindicatos de empregados; ex oficio, pelo Tribunal que houver proferido a decisão; por solicitação da Procuradoria da Justiça do Trabalho.

Resposta: E

(TRT 2 – Juiz do Trabalho Substituto 2ª região/ 2013) Quanto ao Dissídio coletivo, é correto afirmar que:

a) O dissídio coletivo não é cabível em face de pessoa jurídica de direito público para apreciação de cláusulas de natureza social.

b) Os dissídios coletivos de natureza jurídica e econômica podem prescindir de autorização da categoria e de negociação prévia, quando o direito for previsto em Convenção Internacional, ratificada pelo país.

c) O dissídio coletivo de natureza jurídica é viável para a interpretação de normas de caráter específico e genérico, bastando que sejam de interesse dos trabalhadores.

d) A competência originária para conhecer e julgar os dissídios coletivo é das Varas do Trabalho e, excepcionalmente, dos Tribunais, se o conflito exceder a área territorial de sua jurisdição.

e) Contra a decisão do Tribunal Regional do Trabalho em dissídio coletivo é cabível recurso ordinário à Seção de Dissídios Coletivos do Tribunal Superior do Trabalho.

Resposta: E

(TRT 8 – Juiz do Trabalho Substituto 8ª região/ 2013) Sobre Dissídio Coletivo (Conceito, Classificação, Competência), Instauração (prazo, legitimação e procedimento), Sentença normativa (Efeitos e vigência), é CORRETO afirmar que:

a) A representação para instaurar a instância em dissídio coletivo constitui prerrogativa exclusiva das associações sindicais. Quando não houver sindicato representativo da categoria econômica ou profissional, poderá a representação ser instaurada pelas federações correspondentes e, na falta destas, pelas confederações respectivas, no âmbito de sua representação. A representação dos sindicatos para instauração da instância fica subordinada à aprovação de assembleia, da qual participem os associados interessados na solução do dissídio coletivo, em primeira convocação, por maioria de 2/3 (dois terços) dos mesmos, ou, em segunda convocação, por 2/3 (dois terços) dos presentes.

b) Recebida e protocolada a representação, e estando na devida forma, o Presidente do Tribunal designará a audiência de conciliação, dentro do prazo de 10 (dez) dias, determinando a notificação dos dissidentes. Na audiência designada, comparecendo ambas as partes ou seus representantes, o Presidente do Tribunal as convidará para se pronunciarem sobre as bases da conciliação. Caso não sejam aceitas as bases propostas, o Presidente submeterá aos interessados a solução que lhe pareça capaz de resolver o dissídio. Havendo acordo, o Presidente o submeterá à homologação do Tribunal na primeira sessão. É facultado ao empregador fazer-se representar na audiência pelo gerente, ou por qualquer outro preposto que tenha conhecimento do dissídio, e por cujas declarações será sempre responsável, sob pena de revelia.

c) Quando o dissídio ocorrer fora da sede do Tribunal, poderá o presidente, se julgar conveniente, delegar competência ao Juiz de 1º grau para tentativa de conciliação. Nesse caso, não havendo conciliação, a autoridade delegada encaminhará o processo ao Tribunal, fazendo exposição circunstanciada dos fatos e indicando a solução que lhe parecer conveniente.

d) A sentença normativa vigorará: a partir da data de sua publicação, quando ajuizado o dissídio dentro dos 60 (sessenta) dias anteriores ao respectivo termo final, para que o novo instrumento possa ter vigência no dia imediato a esse termo, ou, quando não existir acordo, convenção ou sentença normativa em vigor, da data do ajuizamento; ou, ainda, a partir do dia imediato ao termo final de vigência do acordo, convenção ou sentença normativa, quando ajuizado o dissídio no prazo de 30 dias da data base da categoria.

e) A sentença normativa produz coisa julgada com eficácia ultra partes, a partir do 1° ano de sua vigência, pois os seus limites subjetivos estendem-se aos integrantes das categorias que figuram como parte na demanda coletiva.

Resposta: C

(TRT 15 – Juiz do Trabalho Substituto 15ª região/ 2013) Sobre os dissídios coletivos, é incorreto afirmar:

a) é requisito próprio para o ajuizamento de dissídio coletivo de natureza econômica a frustração da tentativa de negociação coletiva;

b) tem o Ministério Público do Trabalho legitimação ativa *ad causam* para o ajuizamento de dissídio coletivo em caso de greve em atividade essencial, com possibilidade de ofensa ao interesse público, podendo recorrer nos dissídios coletivos em que for parte ou naqueles em que funcionar como custos legis;

c) havendo convenção, acordo ou sentença normativa em vigor, o dissídio coletivo deverá ser instaurado no prazo máximo de trinta dias anteriores ao respectivo termo final, para que o novo instrumento possa ter vigência no dia imediato a esse termo;

d) há autorização legal para a utilização de juízo de equidade pelo Tribunal do Trabalho competente, no que se refere à extensão, aos demais empregados de uma empresa, de novas condições de trabalho fixadas em dissídio coletivo relativo a apenas uma fração deles;

e) a legitimação ativa *ad causam* para o ajuizamento de ação de cumprimento é concorrente, podendo ser ajuizada tanto pelo empregado quanto pelo sindicato da categoria profissional.

Resposta: C

9. INFORMATIVOS DO TST SOBRE A MATÉRIA

Empresa Brasileira de Correios e Telégrafos – ECT. Dissídio coletivo de greve. Recusa patronal à negociação coletiva e oferecimento de proposta redutiva de vantagens. Não abusividade do movimento paredista. Composição do conflito mediante sentença normativa. Manutenção de 29 cláusulas de dissídio coletivo anterior. Poder normativo restrito da Justiça do Trabalho.

A SDC, por maioria, considerou não abusiva a greve deflagrada pelos empregados da Empresa Brasileira de Correios e Telégrafos – ECT, a despeito dos descumprimentos dos ditames legais e da liminar da ilustre Relatora originária do feito, quanto à manutenção de percentual mínimo de 70% de pessoal em atividade e não bloqueio de acesso às dependências da empresa, diante da recusa patronal à negociação coletiva e do oferecimento de proposta redutiva de vantagens, na qual anuía com a manutenção de apenas 9 das 79 cláusulas constantes da sentença normativa anterior, justificando, assim, o movimento paredista e seus excessos, em razão das perdas de vantagens consideradas históricas pela categoria. A Seção admitiu, ainda, por maioria, a compensação de 50% dos dias parados, com desconto de apenas 50% dos dias restantes, seguindo sua jurisprudência pacífica para os casos de não abusividade do movimento paredista de longa duração. Quanto à composição do conflito coletivo de trabalho, deferiu, por maioria, além das 9 cláusulas aceitas pela ECT, outras 20, de natureza social, ao fundamento de que não implicam ônus financeiro para a empresa, mas representam garantias de especial interesse para os trabalhadores e seus sindicatos de classe, em observância ao poder normativo restrito aos limites constitucionais e legais, preservando as normas convencionais preexistentes nos dissídios coletivos de greve, e à vedação da ultratividade das normas coletivas trazida pela Reforma Trabalhista, promovida pela Lei nº 13.467/17. No tocante ao reajuste salarial correspondente à data-base da categoria, deferiu, por unanimidade, o percentual de 2,6% (dois vírgula seis por cento) sobre os salários de agosto de 2019, aplicável a todas as demais vantagens de natureza salarial, em consonância com a jurisprudência pacífica da SDC no sentido de deferir percentual ligeiramente inferior ao INPC do período, visto que a Lei nº 10.192/01 veda reajuste atrelado a índice de preços de recomposição da inflação. E, finalmente, por unanimidade, determinou o imediato retorno dos empregados ao serviço, sob pena de multa diária de R$ 100.000,00 (cem mil reais) aos Sindicatos Suscitantes. Sob esses fundamentos, a SDC, por maioria, declarou não abusiva a greve, vencidos os Ministros Ives Gandra da Silva Martins Filho e Dora Maria da Costa. Por maioria, autorizou o desconto de 50% dos dias parados e a compensação dos outros 50%, vencidos parcialmente os Ministros Kátia Magalhães Arruda, Relatora, Luiz Philippe Vieira de Mello Filho e Mauricio Godinho Delgado, que votaram no sentido de autorizar o pagamento parcelado dos dias a serem descontados. Por unanimidade, determinou o retorno imediato ao trabalho, a partir de 22/9/2020, sob pena de pagamento de multa diária de R$ 100.000,00 (cem mil reais) pelos Suscitantes. Ainda, por unanimidade, deferiu a correção salarial para toda a categoria no importe de 2,6% (dois vírgula seis por cento). Por fim, por maioria, deferiu a manutenção de 29 cláusulas do dissídio coletivo anterior, sendo 20 delas de natureza social, quais sejam: 1ª (anistia), 3ª (assédio sexual e moral), 14 (saúde da mulher), 18 (fornecimento de documentos), 22 (processo permanente de negociação), 23 (prorrogação, revisão, denúncia ou revogação), 24 (quadro de avisos), 29 (atestado de saúde na demissão), 30 (averiguação das condições de trabalho), 32 (empregado vivendo com HIV ou AIDS), 34 (ergonomia na empresa), 35 (fornecimento de CAT/LISA), 41 (distribuição domiciliária), 43 (inovações tecnológicas), 44 (jornada de trabalho nas agências), 46 (redimensionamento de carga), 67 (concurso público), 69 (direito a ampla defesa), 75 (responsabilidade civil em acidente de trânsito) e 77 (acompanhamento do cumprimento de cláusulas do acordo); e 9 cláusulas que a própria ECT concordou em manter, quais sejam: 21 (negociação coletiva), 28 (assistência médica, hospitalar e odontológica), 51 (vale alimentação/refeição), 63 (reajuste salarial), 66 (acumulação de vantagens), 72 (penalidade), 74 (registro de ponto), 78 (conciliação de divergências) e 79 (vigência). Vencidos os Ministros Kátia Magalhães Arruda, Relatora, Luiz Philippe Vieira de Mello Filho e Mauricio Godinho Delgado. TST-DCG-1001203-57.2020.5.00.0000, SDC, red. p/ acórdão Min. Ives Gandra Martins Filho, 21/9/2020 (TST. Info nº 225).

Acordo homologado em juízo. Acréscimo de benefício à categoria profissional, de ofício, pelo Tribunal. Impossibilidade. Desrespeito à autonomia privada coletiva.

O Tribunal, por ocasião da homologação de acordo, não pode, ex officio, incluir benefício à categoria profissional que não tenha sido avençado pelas partes, ainda que tenha relevância social. Tal conduta desrespeita a autonomia privada coletiva e macula o princípio da proteção da confiança, enfraquecendo o processo negocial e desequilibrando as relações coletivas. No caso, o TRT, ao homologar setenta e seis cláusulas que foram objeto de acordo firmado nos autos de dissídio coletivo de natureza econômica, também deferiu à categoria profissional, de ofício, a estabilidade provisória de trinta dias a partir da publicação do respectivo acórdão. Sob esse entendimento, a SDC, por maioria, deu provimento ao recurso ordinário para excluir do acórdão recorrido a concessão da estabilidade de trinta dias aos integrantes da categoria profissional. Vencidos os Ministros Maurício Godinho Delgado, relator, Kátia Magalhães Arruda e Lélio Bentes Côrrea. TST-RO-1000674-52.2018,5.02.0000, SDC, rel. Min. Maurício Godinho Delgado, red. p/ acórdão Min. Ives Gandra da Silva Martins Filho, 14.10.2019 (TST. Info nº 208).

Matéria afetada ao Tribunal Pleno. Art. 77, II, do RITST/2008. Dispensa em massa de trabalhadores. Ajuizamento de dissídio coletivo de natureza jurídica. Inadequação da via eleita. Configuração de dissídio individual plúrimo. Extinção do processo sem resolução de mérito.

É incabível o ajuizamento de dissídio coletivo de natureza jurídica para obter o reconhecimento da nulidade da dispensa em massa e a condenação da suscitada à reintegração dos trabalhadores e ao pagamento dos respectivos consectários legais. No caso, consignou-se que o provimento pretendido era condenatório, configurando, portanto, hipótese de ajuizamento de dissídio individual plúrimo, de competência da Vara do Trabalho, visto que o dissídio coletivo de natureza jurídica é limitado à interpretação de norma autônoma ou heterônoma específica de uma categoria, nos moldes do disposto na Orientação Jurisprudencial nº 7 da SDC. Sob esse fundamento, o Tribunal Pleno, por maioria, negou provimento ao recurso ordinário interposto pelo sindicato profissional, mantendo a extinção do processo, sem resolução do mérito, por inadequação da via eleita em matéria de dispensa coletiva. Vencidos os Ministros Kátia Magalhães Arruda, relatora, Augusto César Leite de Carvalho, José Roberto Freire Pimenta, Delaíde Miranda Arantes, Hugo Carlos Scheuermann, Cláudio Mascarenhas Brandão, Maria Helena Mallmann, Lelio Bentes Corrêa, Alberto Luiz Bresciani de Fontan Pereira, Walmir Oliveira da Costa e Mauricio Godinho Delgado. TST-RO-10782-38.2015.5.03.0000, Tribunal Pleno, rel. Min. Kátia Magalhães Arruda, red. p/ acórdão Min. Maria Cristina Irigoyen Peduzzi, 18.12.2017 (TST. Info nº 170).

Dissídio coletivo de natureza econômica. Reajuste salarial. Concessão por sentença normativa. Caso em que a empresa estatal está vinculada a ente público que excedeu o limite com o gasto de pessoal estabelecido na Lei de Responsabilidade Fiscal. Impossibilidade.

Não é possível a concessão de reajuste pela via do exercício do poder normativo da Justiça do Trabalho quando o ente público ao qual está vinculada a empresa estatal encontra-se no limite de gasto com pessoal estabelecido pela Lei de Responsabilidade Fiscal (Lei Complementar nº 101/2000). Embora o art. 22, parágrafo único, I, da LRF, nessa circunstância, admita os aumentos ou reajustes decorrentes de sentença judicial, enquadram-se nesse conceito somente as sentenças condenatórias e mandamentais, pois provenientes da função típica do Poder Judiciário. As sentenças normativas não representam, rigorosamente, exercício de poder jurisdicional, razão pela qual não constituem exceção à aplicação dos limites impostos pela Lei de Responsabilidade Fiscal. Sob esses fundamentos, a SDC, por maioria, negou provimento ao recurso ordinário do sindicato profissional. Vencidos os Ministros Mauricio Godinho Delgado, relator, e Kátia Magalhães Arruda, que davam provimento ao recurso para conceder o reajuste de 7,5% à categoria. TST-RO-296-96.2015.5.10.0000, SDC, rel. Min. Mauricio Godinho Delgado, red. p/ acórdão Min. Emmanoel Pereira, 13.3.2017 (TST. Info nº 154).

Dissídio coletivo de greve. Não cumprimento imediato da sentença normativa pela empresa. Irregular exercício do direito de greve pela categoria profissional. Culpa recíproca. Descontos dos dias parados. Estabilidade provisória indevida.

A SDC, por maioria, conheceu do recurso ordinário e, no mérito, deu-lhe parcial provimento para declarar a culpa recíproca das partes no tocante à greve deflagrada em 10.7.2014, determinar o desconto dos dias de paralisação e indeferir a estabilidade provisória, nos termos da Orientação Jurisprudencial nº 10 da SDC. Na hipótese, a empresa agiu mal ao decidir pelo não cumprimento imediato da sentença normativa quanto ao reajuste ali fixado, a pretexto da interposição de embargos de declaração. Todavia, a categoria profissional também atuou em desconformidade com o direito, pois deflagrou nova greve, sem as notificações devidas, e mesmo após a existência de sentença normativa a seu favor, passível de ação de cumprimento, portanto. Vencidos os Ministros Mauricio Godinho Delgado e Kátia Magalhães Arruda. TST-RO-1000974-53.2014.5.02.0000, SDC, rel. Min. Maria de Assis Calsing, 13.2.2017 (TST. Info nº 152).

Dissídio coletivo de natureza econômica. Terceirização. Limitação por sentença normativa. Impossibilidade

A Súmula nº 331 do TST não contém uma proibição absoluta à terceirização em atividade-fim, razão pela qual não é possível, em sede de sentença normativa, deferir cláusula estabelecendo que "todas as atividades permanentes serão realizadas por pessoal próprio e que as atividades realizadas por serviços de terceiros serão limitadas às atividades esporádicas ou não rotineiras". O deferimento de cláusula que proíba terminantemente a terceirização, sem que tenha havido negociação entre as partes, pode inviabilizar a criação de novos métodos de gerenciamento da atividade produtiva que não necessariamente resultem em fraude à legislação trabalhista ou contrariedade à Súmula nº 331 do TST. Sob esses fundamentos, a SDC, por maioria, negou provimento à cláusula em questão, mantendo o seu indeferimento. Vencidos os Ministros Mauricio Godinho Delgado, relator, e Maria de Assis Calsing. TST-RO-361-12.2014.5.07.0000, SDC, rel. Min. Mauricio Godinho Delgado, 13.2.2017 (TST. Info nº 152).

Dissídio coletivo de natureza econômica. Greve deflagrada no curso da instrução processual. Comum acordo. Desnecessidade.

É possível a apreciação de dissídio coletivo de natureza econômica, ainda que ausente o comum acordo, se houver deflagração de greve por qualquer das partes no curso da instrução processual. Nº caso, o sindicato da categoria profissional instaurou dissídio coletivo de natureza econômica sem a concordância do sindicato patronal, havendo deflagração de greve pelos trabalhadores antes mesmo da audiência de conciliação. Ressaltou-se que a ocorrência de movimento paredista, superveniente ao ajuizamento do dissídio e anterior à decisão de mérito, supera a exigência do mútuo acordo, cabendo à Justiça do Trabalho decidir sobre a procedência das reivindicações (art. 8º da Lei 7.783/89). Sob esse entendimento, a SDC, por maioria, negou provimento ao recurso, quanto à preliminar de mérito arguida, vencida a Ministra Dora Maria da Costa. TST-RO-381-24.2014.5.17.0000, SDC, rel. Min. Mauricio Godinho Delgado. 14.3.2016 (TST. Info nº 130).

Recurso ordinário. Dissídio coletivo. COSERN. Cláusula 3ª – Programa de Desligamento. Caráter histórico reconhecido. Natureza da norma. Exaurida a finalidade. Exclusão da sentença normativa.

A despeito de reconhecido o caráter histórico da cláusula decorrente de sentença normativa por ter constado de mais de dez acordos coletivos de trabalho em períodos imediatamente anteriores, exaurida a finalidade da aludida norma, não há razão para a sua manutenção. Nº caso, a cláusula teve origem no período de reestruturação, reorganização e racionalização dos serviços da COSERN, em que se buscou beneficiar os empregados que foram dispensados do quadro de pessoal. Assim, pela própria natureza da norma, concluiu-se que as condições de trabalho para as quais ela fora

instituída pereceram no tempo, razão pela qual deve ser excluída da sentença normativa. Sob esses fundamentos, quanto ao tema, a Seção Especializada em Dissídios Coletivos decidiu, por maioria, dar provimento ao recurso ordinário para excluir a cláusula 3ª da sentença normativa (Programa de Desligamento), vencidos os Ministros Fernando Eizo Ono, relator, Maurício Godinho Delgado e Kátia Magalhães Arruda e com ressalva de fundamentação dos Ministros Dora Maria da Costa e Ives Gandra Martins Filho. TST-RO-225600-83.2010.5.21.0000, SDC, rel. Min. Fernando Eizo Ono, 8.6.2015 (TST. Info nº 110).

Dissídio coletivo de natureza econômica suscitado pela empregadora. Ausência de interesse de agir. Desnecessária a autorização da Justiça do Trabalho ou a negociação coletiva para a concessão de melhores condições de trabalho.

A empresa empregadora carece de interesse de agir para suscitar dissídio coletivo de natureza econômica, pois não necessita de autorização da Justiça do Trabalho, nem de negociação coletiva, para conceder aos seus empregados melhores condições de trabalho. Na espécie, a Empresa Brasileira de Correios e Telégrafos – ECT ajuizou dissídio coletivo com o objetivo de estender aos trabalhadores representados pela Federação Nacional dos Trabalhadores em Empresas de Correios e Telégrafos e Similares – Fentect, os termos do acordo coletivo de trabalho firmado com a Federação Interestadual dos Sindicatos dos Trabalhadores e Trabalhadoras dos Correios – Findect e outros sindicatos, quanto à Participação nos Lucros e Resultados dos anos de 2013, 2014 e 2015. Sob esse entendimento, a SDC, por maioria, acolhendo a preliminar, arguida de ofício, de ausência de pressupostos para a constituição e o desenvolvimento válido e regular do dissídio coletivo, decretou a extinção do processo, sem resolução de mérito, na forma do art. 267, IV, do CPC. Vencidos os Ministros Maria de Assis Calsing e Ives Gandra Martins Filho. TST-DC-956-69.2015.5.00.0000, SDC, rel. Min. Walmir Oliveira da Costa, 11.5.2015 (TST. Info nº 106).

Dissídio coletivo. CPTM. Adicional de risco. Bilheteiros, agentes operacional I e II, encarregados de estação e chefes geral de estação. Concessão mediante sentença normativa. Impossibilidade.

A SDC, por unanimidade, conheceu do recurso ordinário e, no mérito, por maioria, deu-lhe provimento para indeferir a Cláusula 74 – Adicional de risco, por meio da qual se estabeleceu que a Companhia Paulista de Trens Metropolitanos – CPTM pagará o referido adicional aos bilheteiros, agentes operacional I e II, encarregados de estação e chefes geral de estação. Na espécie, prevaleceu o entendimento de que é indevida a concessão do adicional de risco mediante sentença normativa, pois tal direito depende de disposição em lei ou da vontade das partes. Ademais, o disposto no art. 193, II, da CLT, introduzido pela Lei nº 12.740/2012, se dirige a atividades específicas (profissionais de segurança pessoal ou patrimonial), não podendo ter seu conteúdo aproveitado ou ampliado para alcançar os empregados a que se dirige a cláusula em tela. Finalmente, a questão da violência urbana não justifica o deferimento da reinvindicação, uma vez que mais relacionada à segurança pública que às atribuições dos destinatários da norma. TST-RO-2925-70.2012.5.02.0000, SDC, rel. Min. Maria de Assis Calsing, 13.10.2014 (TST. Info nº 91).

Dissídio coletivo. Greve. Celebração de ajuste entre as partes. Ratificação do interesse na declaração de abusividade da greve. Extinção do processo sem resolução do mérito. Impossibilidade.

A celebração de ajuste entre as partes no curso de processo de dissídio coletivo de greve, com o consequente encerramento desta, não importa, necessariamente, em extinção do feito sem resolução do mérito, por falta de interesse processual, uma vez que os abusos cometidos no exercício desse direito sujeitam os responsáveis às penas de lei, nos termos do § 2º do art. 9º da CF. Assim, havendo ratificação da pretensão de declaração de abusividade do movimento paredista, permanece o interesse processual da parte na obtenção do provimento declaratório, somente alcançável judicialmente, especialmente na hipótese em que houve supostos excessos na condução da greve e alegação de desrespeito a ordem judicial expedida para regular os efeitos da paralisação. Com esse entendimento, a SDC, por unanimidade, deu provimento ao recurso ordinário interposto pelo Sindicato da Indústria da Construção Civil do Ceará – Sinduscon/CE para afastar o decreto de extinção do processo sem resolução do mérito, por falta de interesse processual, e determinar o retorno dos autos ao Tribunal Regional de origem, a fim de que prossiga no julgamento do dissídio coletivo

de greve como entender de direito. TST-RO-3675-34.2012.5.07.0000, SDC, rel. Min. Fernando Eizo Ono, 9.6.2014 (TST. Info nº 85).

Dissídio coletivo. Comissão de sindicância. Participação obrigatória do sindicato profissional. Impossibilidade. Cláusula excluída.

A SDC, por maioria, deu provimento a recurso ordinário para excluir cláusula que previa a convocação obrigatória do Sindicato dos Trabalhadores em Água, Esgoto e Meio Ambiente do Estado de São Paulo – Sintaema para compor toda e qualquer comissão de sindicância que envolva os trabalhadores da Fundação para a Conservação e a Produção Florestal do Estado de São Paulo, ao argumento de que haveria uma quebra de imparcialidade, pois é dever do sindicato defender os integrantes da categoria profissional. Vencidos, no tópico, os Ministros Kátia Magalhães Arruda, relatora, e Maurício Godinho Delgado, que negavam provimento ao recurso ordinário para manter a cláusula, pois, além de não ter cunho econômico, está em harmonia com a atribuição dos sindicatos de que trata o inciso III do art. 8º da CF. TST-RO-6937-30.2012.5.02.0000, SDC, rel. Min. Kátia Magalhães Arruda, 9.6.2014 (TST. Info nº 85).

Ação de ressarcimento por danos materiais cumulada com obrigação de fazer. Hipótese não prevista no art. 70, I, do RITST. Incompetência funcional da SDC.

A SDC não tem competência funcional para o julgamento de ação de ressarcimento por danos materiais, cumulada com obrigação de fazer, ajuizada pelo Sindicato dos Trabalhadores no Combate às Endemias e Saúde Preventiva no Estado do Rio de Janeiro contra a Fundação Nacional de Saúde – Funasa, pois o que se pretende é o pagamento de verbas trabalhistas decorrentes do descumprimento de normas legais e constitucionais, e não o pronunciamento do Poder Judiciário acerca do estabelecimento de normas para regulamentar as condições de trabalho da categoria profissional. Assim, afastando-se o caso concreto de qualquer das hipóteses descritas no art. 70, I, do RITST, e não sendo possível a remessa dos autos ao juízo competente, em razão da aplicação analógica do item II da Orientação Jurisprudencial nº 130 da SBDI-II, a SDC, por unanimidade, extinguiu o processo, sem resolução de mérito, nos termos do art. 113 c/c 267, IV, do CPC. TST-RTOrd-553-37.2014.5.00.0000, SDC, rel. Min. Mauricio Godinho Delgado, 8.4.2014 (TST. Info nº 79).

Dissídio coletivo. Greve. Pedido de pagamento de salários, cestas básicas e vales-transportes atrasados. Responsabilização solidária ou subsidiária de município em razão de convênio firmado com as instituições empregadoras para prestação de serviços de educação infantil. Impossibilidade jurídica do pedido. Orientação Jurisprudencial nº 5 da SDC.

Nos termos da Orientação Jurisprudencial nº 5 da SDC, pessoa jurídica de direito público somente pode figurar como suscitado, em dissídio coletivo, se for empregador, e apenas se o objeto da sentença normativa não lhe puder acarretar encargo financeiro direto. Ademais, dissídio coletivo de greve é incompatível com a pretensão condenatória ou cominatória, exceto se tratar da regulação dos efeitos da paralisação dos empregados. Assim, em sede de dissídio coletivo de greve, carece de possibilidade jurídica o pedido de condenação solidária ou subsidiária de município ao pagamento de salários, cestas básicas e vales-transportes atrasados, na condição de responsável pelo repasse de recursos financeiros às instituições empregadoras, por força de convênio firmado para a prestação de serviços de educação infantil. Com esse entendimento, a SDC, por unanimidade, deu provimento ao recurso ordinário para extinguir o feito sem resolução de mérito em relação ao município, nos termos do art. 267, VI, do CPC. TST-RO-52540-29.2012.5.02.0000, SDC, rel. Min. Fernando Eizo Ono, 15.10.2013 (TST. Info nº 63).

Dissídio coletivo. Natureza jurídica. Procedimento de cunho declaratório direcionado a interpretar e declarar o sentido e/ou do alcance da norma. Cláusula que limita o funcionamento das empresas a dois domingos por mês. Declaração de não conformidade com o arcabouço jurídico. Inadequação da via eleita.

O dissídio coletivo de natureza jurídica é procedimento de cunho declaratório direcionado a interpretar e declarar o sentido e/ou alcance da norma, razão pela qual não se presta à declaração de "inconstitucionalidade, ilegalidade e ineficácia" de cláusula de convenção coletiva de trabalho que fixa o

funcionamento dos estabelecimentos comerciais em apenas dois domingos por mês. Nesse contexto, concluindo que a declaração de não conformidade da cláusula ao arcabouço jurídico não se insere na finalidade do dissídio coletivo de natureza jurídica, a SDC, à unanimidade, deu provimento ao recurso ordinário do Sindicato dos Comerciários de São Paulo, a fim de extinguir o feito, sem resolução de mérito, por inadequação da via eleita, nos termos do art. 267, VI, do CPC, e, por consequência, cassar a tutela antecipada renovada no acórdão recorrido. TST-RO-285-94.2012.5.02.0000, SDC, rel. Min. Maria de Assis Calsing, 9.9.2013 (TST. Info nº 58).

Dissídio coletivo. Ajuizamento por sindicato de advogados. Representação da empresa por causídicos do seu próprio quadro. Conflito de interesses. Declaração de inexistência de relação processual. "Querela nullitatis". Cabimento.

É cabível a "querela nullitatis insanabilis" na hipótese em que se alega vício insanável na relação processual estabelecida em dissídio coletivo ajuizado por sindicato de advogados em face de empresa cuja representação se deu por causídicos de seu próprio quadro, e que, posteriormente, ajuizaram ações de cumprimento ainda na condição de patronos da empregadora. Nº caso, houve conflito de interesse entre os advogados da empresa e a postulação formulada no dissídio coletivo, o que enseja vício na capacidade postulatória e falta de defesa da empresa no processo, aptos a autorizar o ajuizamento da ação declaratória de inexistência da relação jurídico processual. Com esse entendimento, a SDC, por maioria, negou provimento ao recurso ordinário, no tópico, ressaltando que, embora o cabimento da "querela nullitatis" seja indiscutível somente no caso de defeito ou ausência de citação, se o processo correu à revelia, tem-se admitido a ação nos casos de ausência de pressupostos processuais de existência, a exemplo da capacidade postulatória, pois constituem requisitos mínimos para a própria constituição da relação jurídica processual. Vencido o Ministro João Oreste Dalazen, que considerava incabível a via eleita. TST-RO-65900-62.2006.5.12.0000, SDC, rel. Min. Márcio Eurico Vitral Amaro, 19.2.2013 (TST. Info nº 37).

Dissídio coletivo. Sindicato. Substituto processual. Pedido de adequação do quadro de carreira ao art. 461, §§ 2º e 3º, da CLT. Matéria afeta ao direito individual.

A SDC, por unanimidade, deu provimento ao recurso ordinário para anular o acórdão prolatado pelo Regional e determinar o encaminhamento dos autos à Vara do Trabalho de origem, reconhecendo a reclamação trabalhista como via correta para o sindicato profissional, na qualidade de substituto processual, pleitear a correção do quadro de carreira da empresa, no que não contemplou o critério da antiguidade, adequando-o ao art. 461, §§ 2º e 3º, da CLT. Na hipótese, ressaltou-se que a demanda não está afeta ao direito coletivo, pois não se almeja a criação de normas genéricas e abstratas para reger a categoria, mas tão somente impedir lesão ou ameaça a direito já constituído TST-RO-6460-41.2011.5.02.0000, SDC, rel. Min. Maria de Assis Calsing, 19.2.2013 (TST. Info nº 37).

DC. Motoristas de transporte interno de mercadorias e de pessoas na área dos portos. Sindicato representante de motoristas rodoviários. Ilegitimidade ativa "ad causam". Configuração.

Não possui legitimidade para representar os motoristas de transporte interno de mercadorias e de pessoas na área dos portos o Sindicato dos Trabalhadores Rodoviários em Empresas de Transportes de Passageiros Municipais e Intermunicipais, Comércio e Trabalhadores em Empresas Sem Representação de Santos, Baixada Santista e Litoral, uma vez que, diante da disposição contida no art. 57, § 3º, I, da Lei 8.630/93, a atividade dos referidos trabalhadores se classifica como de capatazia. Ademais, esses profissionais não atuam fundamentalmente em rodovias, nem enfrentam rotineiros congestionamentos e riscos de acidentes fatais, condições próprias dos motoristas rodoviários, que constituem categoria diferenciada. Inteligência da Orientação Jurisprudencial nº 315 da SBDI-I. Com esse entendimento, a SDC, por maioria, deu provimento ao recurso ordinário do Sindicato dos Operadores Portuários do Estado de São Paulo – SOPESP, a fim de acolher a arguição de ilegitimidade ativa do Sindicato suscitante, e, em consequência, decretou a extinção do processo sem resolução do mérito, nos termos do art. 267, VI, do CPC. Vencido o Ministro João Oreste Dalazen. TST-RO-2004500-21.2008.5.02.0000, SDC, rel. Min. Fernando Eizo Ono, 13.11.2012 (TST. Info nº 30).

10. QUADRO SINÓPTICO

<table>
<tr><th colspan="5">Capítulo I – Dissídio Coletivo</th></tr>
<tr><th>Instituto</th><th colspan="3">Conteúdo</th><th>Item</th></tr>
<tr><td>Conceito</td><td colspan="3">O dissídio coletivo é uma ação judicial especial na qual figuram como partes entidades coletivas, que objetivam a solução de um conflito coletivo de trabalho por intermédio de uma sentença normativa, na qual serão estabelecidas condições de trabalho para os integrantes da categoria profissional representada pelo sindicato que participou da relação processual.</td><td>1</td></tr>
<tr><td rowspan="2">Competência</td><td>TRT</td><td colspan="2">A competência originária para o julgamento dos dissídios coletivos é do Tribunal Regional do Trabalho em cuja jurisdição tenha ocorrido o conflito (arts. 677 e 678 da CLT; e art. 6º da Lei nº 7.701/88).</td><td rowspan="2">2</td></tr>
<tr><td>TST</td><td colspan="2">Competência é originária do TST se a base territorial do sindicato ultrapassar aquela que corresponde a de um Estado Federado (art. 702, I, "b", da CLT).</td></tr>
<tr><td>Natureza jurídica</td><td colspan="3">A sentença proferida em sede de dissídio coletivo econômico é ato judicial na sua forma, mas tem natureza jurídica normativa em seu conteúdo.</td><td>3</td></tr>
<tr><td rowspan="5">Classificação dos dissídios coletivos</td><td>Natureza econômica</td><td colspan="2">Representa o típico dissídio coletivo, quando os interessados não chegam a um consenso extrajudicial sobre as reivindicações relativas às condições de trabalho a serem implantadas no âmbito das relações individuais de labor.</td><td>3.1</td></tr>
<tr><td>Natureza jurídica</td><td colspan="2">Assemelha-se a uma ação judicial clássica de caráter declaratória, uma vez que a pretensão deduzida em juízo objetiva a adequação dos fatos a uma norma jurídica profissional pré-existente, mas sem qualquer conteúdo condenatório ou constitutivo.</td><td>3.2</td></tr>
<tr><td>Dissídio de greve</td><td colspan="2">É o dissídio coletivo provocado, exclusivamente, pelo Ministério Público do Trabalho, no exercício de sua legitimidade extraordinária específica, nos casos de greve em serviço essencial e possibilidade de lesão do interesse público.</td><td>3.3</td></tr>
<tr><td>Originário</td><td colspan="2">É o dissídio coletivo ajuizado ao se aproximar ou logo após o final da vigência de um instrumento normativo negociado ou de uma sentença normativa.</td><td rowspan="2">3.4</td></tr>
<tr><td>De revisão</td><td colspan="2">É aquele utilizado para modificar as condições de trabalho impostas por sentença normativa ainda durante o prazo de sua vigência, desde que verificada alterações nas situações fáticas que motivaram o julgador para solucionar o conflito coletivo.</td></tr>
<tr><td rowspan="4">Legitimidade</td><td rowspan="3">Ativa</td><td>Ordinária originaria</td><td>Sindicatos devidamente constituídos e registrados na Secretaria Especial de Previdência e Trabalho do Ministério da Economia.</td><td rowspan="4">4.1</td></tr>
<tr><td>Ordinária residual</td><td>• Federação e confederação, quando inexistir sindicatos;
• Comissão de negociação de trabalhadores, na hipótese das entidades sindicais recusarem a assumir diretamente a negociação coletiva.</td></tr>
<tr><td>Extraordinária</td><td>MPT, em caso de greve em serviço essencial e com possibilidade de lesão ao interesse público.</td></tr>
<tr><td colspan="2">Passiva</td><td>Entidades sindicais e empresas.</td></tr>
</table>

<table>
<tr><th colspan="5">Capítulo I – Dissídio Coletivo</th></tr>
<tr><th>Instituto</th><th colspan="3">Conteúdo</th><th>Item</th></tr>
<tr><td rowspan="2">Legitimidade</td><td>Efeitos da EC 45/04</td><td colspan="2">Necessidade do comum acordo para o ajuizamento do dissídio coletivo, o que transformou a jurisdição normativa em arbitragem pública.</td><td rowspan="2">4.1</td></tr>
<tr><td>Servidores públicos</td><td colspan="2">Aos servidores públicos não foi assegurado o direito ao reconhecimento de acordos e convenções coletivas de trabalho, pelo que também não lhes é facultada a via do dissídio coletivo, à falta de previsão legal. Nº entanto, cabe dissídio coletivo exclusivamente para apreciação de cláusulas de natureza social, segundo inteligência da OJ nº 5 da SDC do TST.</td></tr>
<tr><td rowspan="2">Pressupostos de admissibilidade</td><td>Negociação prévia</td><td colspan="2">No caso de persistir a recusa à negociação coletiva ou malograda a negociação entabulada, faculta-se aos sindicatos ou empresas interessadas a instauração de dissídio coletivo (art. 616, § 2º, da CLT).</td><td>4.2 "a"</td></tr>
<tr><td>Autorização da assembleia</td><td colspan="2">A representação dos sindicatos para instauração da instância fica subordinada à aprovação de assembleia da qual participem os associados interessados na solução do dissídio coletivo (art. 859 da CLT).</td><td>4.2 "b"</td></tr>
<tr><td rowspan="4">Procedimento</td><td>Petição inicial</td><td colspan="2">• Petição inicial escrita;
• designação e qualificação dos reclamantes (suscitante) e dos reclamados (suscitados) e a natureza do estabelecimento ou do serviço;
• os motivos do dissídio e as bases da conciliação (art. 858 da CLT);
• indicação da base territorial e das categorias representadas no conflito;
• a anuência da todos os interessados (art. 114, § 2º, da CF/88).</td><td>4.3 "a"</td></tr>
<tr><td>Citação</td><td colspan="2">Ao contrário do que ocorre no procedimento de dissídio individual, o Presidente do Tribunal analisa os requisitos da petição inicial e ordena a citação (notificação) dos suscitados.</td><td>4.3 "b"</td></tr>
<tr><td>Audiência de conciliação</td><td colspan="2">Uma vez recebida a petição inicial e presentes os seus requisitos, o Presidente do Tribunal determinará a realização de audiência de conciliação, a ser designada no prazo máximo de 10 dias.</td><td>4.3 "c"</td></tr>
<tr><td>Revelia e arquivamento</td><td colspan="2">Não é possível aplicar os efeitos da revelia ao suscitado, no âmbito dos processos de dissídio coletivo, ou mesmo determinar o seu arquivamento diante da ausência do suscitante.</td><td>4.3 "d"</td></tr>
<tr><td rowspan="3">Sentença normativa</td><td>Conceito</td><td colspan="2">A sentença normativa consiste em ato que põe fim ao processo de dissídio coletivo e impõe novas condições de trabalho para os integrantes da categoria profissional representada em um dos polos da relação processual coletiva.</td><td>5</td></tr>
<tr><td rowspan="2">Vigência e efeitos</td><td>No tempo</td><td>Vigência de acordo com o prazo estipulado na sentença normativa, limitada ao máximo de quatro anos.</td><td rowspan="2">5.1</td></tr>
<tr><td>No espaço</td><td>As condições de trabalho impostas pela sentença normativa só se aplicam aos integrantes da categoria profissional da respectiva base territorial do sindicato que ocupou um dos polos da relação processual coletiva.</td></tr>
</table>

<table>
<tr><th colspan="5">Capítulo I – Dissídio Coletivo</th></tr>
<tr><th>Instituto</th><th colspan="3">Conteúdo</th><th>Item</th></tr>
<tr><td rowspan="3">Sentença normativa</td><td>Custas</td><td colspan="2">A parte vencida arca, ao final do processo de dissídio coletivo, com o pagamento das custas processuais, independentemente de intimação.</td><td>5.2</td></tr>
<tr><td>Coisa julgada</td><td colspan="2">A coisa julgada produzida na ação de cumprimento é atípica, pois dependente de condição resolutiva, ou seja, da não modificação da decisão normativa por eventual recurso.</td><td>5.3</td></tr>
<tr><td>Limites da sentença normativa</td><td colspan="2">A sentença normativa deve respeitar os limites impostos pela Constituição Federal e pela legislação infraconstitucional, bem como os espaços de atuação exclusiva das entidades sindicais assim definidas pelas normas estatais.</td><td>5.4</td></tr>
<tr><td rowspan="2">Extensão subjetiva das decisões</td><td>Dissídio promovido por fração de empregados</td><td colspan="2">Faculta-se o Tribunal estender as condições de trabalho, se julgar justo e conveniente, aos demais empregados da empresa que forem da mesma profissão dos dissidentes (art. 868 da CLT).</td><td rowspan="2">6</td></tr>
<tr><td>Dissídio promovido contra uma ou algumas empresas</td><td colspan="2">Admite-se a extensão da decisão para os integrantes de toda categoria profissional, mediante requerimento de um ou mais empregadores, ou de qualquer sindicato destes; de um ou mais sindicatos de empregados; ou do Ministério Público do Trabalho. A decisão só será estendida se 3/4 dos empregadores e 3/4 dos empregados, ou os respectivos sindicatos, concordarem com esse efeito.</td></tr>
<tr><td rowspan="2">Revisão</td><td>Legitimados</td><td colspan="2">• o Ministério Público do Trabalho, somente nos casos de greve em serviço essencial e se houver possibilidade de lesão ao patrimônio público;
• as entidades sindicais;
• o empregador ou empregadores interessados no cumprimento da decisão.</td><td rowspan="2">7</td></tr>
<tr><td>Requisitos</td><td colspan="2">Desde que haja modificação das circunstâncias fáticas que serviram de fundamento, de forma que as novas condições de trabalho tornem-se injustas ou inaplicáveis e já tenha decorrido mais de um ano de sua vigência.</td></tr>
<tr><td rowspan="3">Recurso</td><td rowspan="2">Competência</td><td>Decisões do TRT</td><td>Cabe recurso ordinário para a SDC do TST.</td><td rowspan="3">8</td></tr>
<tr><td>Decisões do TST</td><td>Embargos infringentes, admitidos apenas quando a decisão não for unânime.</td></tr>
<tr><td>Legitimação</td><td colspan="2">• Parte sucumbente;
• Ministério Público do Trabalho.</td></tr>
</table>

11. QUESTÕES

11.1. Questões objetivas

1. (TST. Analista/2008) O Ministério Público do Trabalho, à conta do interesse público e do serviço envolvido, pode ajuizar dissídio coletivo perante o competente TRT para decisão acerca do referido conflito.

2. (TST/Analista/2008) Eventual decisão do TRT acerca da abusividade da greve, julgando dissídio coletivo que tenha sido ajuizado, está sujeita a recurso de revista para o TST, cabendo, em tal caso, à respectiva Seção de Dissídios Coletivos o reexame da decisão regional.

3. (TRT. 18ª R. 2008) No que que diz respeito à extensão das decisões em Dissídios Coletivos, analise:

I. O Tribunal que houver julgado o dissídio coletivo fixará a data em que a decisão deve entrar em execução, bem como o prazo de sua vigência, o qual não pode ser superior a quatro anos.

II. Em regra, nos dissídios de natureza jurídica que não tratarem de condições de trabalho, as decisões poderão ser estendidas a todos os empregados da mesma categoria profissional compreendida na jurisdição do Tribunal competente.

III. Sempre que o Tribunal competente estender a decisão em dissídio coletivo marcará a data em que a extensão deva entrar em vigor.

IV. Mesmo em dissídio coletivo que for suscitado em nome de toda a categoria, haverá necessidade da extensão das decisões, tendo em vista que a decisão não possuirá eficácia erga omnes.

De acordo com a Consolidação das Leis do Trabalho, está correto o que consta APENAS em

a) II e IV.

b) I e III.

c) III e IV.

d) I e II.

e) I, II e III.

4. (MPT – Procurador do Trabalho. 2007) Assinale a alternativa CORRETA, concernente ao dissídio coletivo na Justiça do Trabalho.

a) A sentença normativa é fonte de direito, pois irradia efeitos jurídicos gerais e abstratos, com campo de incidência objetivo-subjetiva limitado, entretanto, às categorias profissionais e econômicas que se tenham envolvido no processo do dissídio coletivo.

b) Recusando-se qualquer das partes à negociação ou à arbitragem, é facultado aos respectivos sindicatos ajuizar dissídio coletivo, podendo a Justiça do Trabalho estabelecer normas e condições, respeitadas as disposições convencionais e mínimas de proteção ao trabalho.

c) A instância pode ser concorrentemente instaurada por sindicato representativo da categoria econômica ou profissional, pelas federações ou confederações respectivas.

d) Pela ação de cumprimento, os empregados, individualmente ou de maneira plúrima ou por seus sindicatos, objetivam o cumprimento de sentença normativa transitada em julgado, acordo ou convenção coletiva de trabalho, perante a Vara do Trabalho ou o Juiz de Direito investido na função trabalhista.

e) Não respondida.

5. (Instituto de Pesquisas Tecnológicas – Advogado/2011) Em caso de dissídio coletivo que tenha por motivo novas condições de trabalho e no qual figure como parte apenas uma fração de empregados de uma empresa, poderá o Tribunal competente, na própria decisão, estender tais condições de trabalho, se julgar justo e conveniente, aos demais empregados da empresa que forem da mesma profissão dos dissidentes. O Tribunal fixará a data em que a decisão deverá entrar em execução, bem como o prazo de sua vigência, o qual não poderá ser superior a

a) 2 anos.

b) 1 ano.

c) 4 anos.

d) 3 anos.

e) aquele fixado na decisão.

6. (MAGISTRATURA 9ª R. 2009) A respeito do Dissídio Coletivo, analise as proposições a seguir:

I. Da sessão de julgamento de um dissídio coletivo fixando normas e condições de trabalho, resultará uma sentença normativa da qual caberá recurso ordinário, no prazo de oito dias, que será apreciado pelo Tribunal Superior do Trabalho.

II. A negociação coletiva é requisito indispensável para o ajuizamento de dissídio coletivo.

III. Ocorrendo greve em serviços e atividades essenciais, a instauração da instância em dissídios coletivos será feita mediante representação escrita, dirigida ao Ministério Público do Trabalho que, depois de cumpridas as formalidades legais, encaminhará a mesma ao Tribunal.

IV. O dissídio coletivo será instaurado mediante representação escrita ao Presidente do Tribunal Regional.

a) todas as proposições estão corretas.

b) a proposição I é incorreta.

c) a proposição II é incorreta.

d) a proposição III é incorreta.

e) a proposição IV é incorreta.

7. (Magistratura Trabalhista 3ª R. 2009) Assinale a assertiva ("a" a "e") correta em relação aos enunciados de I a V, observadas a legislação pertinente e a consolidação jurisprudencial do c. TST:

I. Corolário da alteração promovida pela Emenda Constitucional 45/2004 que, dando nova redação ao § 2º do art. 114 da Carta Magna, incluiu a expressão "de comum acordo" para ajuizamento de dissídio coletivo de natureza econômica, a sentença normativa proferida por Tribunal do Trabalho possui natureza jurídica de norma autônoma, pois decorrente de mediata manifestação volitiva dos atores envolvidos na controvérsia.

II. A conjugação dos artigos 7º, parágrafo único e 114, § 2º da Constituição da República, assegura aos sindicatos profissionais representativos dos empregados domésticos instaurar dissídio coletivo de natureza econômica em face da respectiva representação econômica, desde que obtido o comum acordo.

III. O dissídio coletivo de natureza jurídica não se presta à interpretação de normas de caráter genérico.

IV. É aplicável multa prevista em instrumento normativo (sentença normativa, convenção ou acordo coletivo) em caso de descumprimento de obrigação prevista em lei, mesmo que a norma coletiva seja mera repetição de texto legal, não ofendendo, portanto, o princípio da reserva legal.

V. Não poderá ser exercido o Poder Normativo da Justiça do Trabalho se, anteriormente à sua provocação, não tiverem as partes envolvidas no conflito realizado reunião de conciliação perante a Superintendência Regional do Trabalho ou suas Gerências Regionais

a) somente um enunciado é verdadeiro.

b) somente dois enunciados são verdadeiros.

c) somente três enunciados são verdadeiros.

d) somente quatro enunciados são verdadeiros.

e) todos os enunciados são verdadeiros.

8. (Magistratura Trabalhista 3ª R. 2009) Assinale a assertiva ("a" a "e") correta em relação aos enunciados de I a V, observadas a legislação pertinente e a consolidação jurisprudencial do c. TST:

I. A autorização para que o sindicato profissional atue como substituto processual dos integrantes da categoria que representa é obtida em assembleia geral especialmente convocada para este fim, observados os ditames do estatuto da entidade sindical, sendo tal procedimento indispensável para conferir-lhe legitimidade ativa *ad causam*.

II. Publicado o acórdão de sentença normativa, após interposição de recurso ordinário fundado apenas na certidão de julgamento, se for o caso, reabrir-se-á o prazo para aditamento do recurso interposto.

III. É prescindível a publicação do acórdão da sentença normativa proferida em dissídio coletivo para propositura de ação de cumprimento, desde que observado o prazo de vinte dias entre o julgamento e o ajuizamento da demanda.

IV. O provimento de recurso interposto em face de sentença normativa não importará na restituição dos salários ou vantagens pagos em execução do julgado.

V. Nos dissídios coletivos, as partes vencidas responderão solidariamente pelo pagamento das custas processuais, calculadas sobre o valor arbitrado na decisão, ou pelo presidente do Tribunal.

a) somente um enunciado é verdadeiro.

b) somente dois enunciados são verdadeiros.
c) somente três enunciados são verdadeiros.
d) somente quatro enunciados são verdadeiros.
e) todos os enunciados são verdadeiros.

9. (FCC – Analista Judiciário – Área Judiciária – TRT 3/2015) Em relação à execução provisória os recursos serão interpostos por simples petição e terão efeito meramente

a) suspensivo, salvo as exceções previstas em lei, permitida a execução provisória até a penhora.
b) suspensivo, salvo as exceções previstas em lei, permitida a execução definitiva.
c) devolutivo, salvo as exceções previstas em lei, permitida a execução definitiva.
d) meramente suspensivo, salvo as exceções previstas em lei, permitida a execução provisória até o leilão e a praça.
e) devolutivo, salvo as exceções previstas em lei, permitida a execução provisória até a penhora.

10. (FCC – Analista Judiciário – Área Judiciária – TRT 4/2015) Conforme expresso dispositivo legal, em dissídio coletivo a decisão sobre novas condições de trabalho poderá também ser estendida a todos os empregados da mesma categoria profissional compreendida na jurisdição do Tribunal. Entretanto, NÃO possuiu legitimidade para tal solicitação

a) um ou mais empregadores ou de qualquer sindicato destes.
b) um ou mais sindicatos de empregados.
c) agente da Delegacia Regional do Trabalho.
d) o próprio Tribunal que proferiu a decisão, ex officio.
e) Ministério Público do Trabalho.

11. (Cespe – Analista – EMAP/2018) Julgue o item a seguir, acerca dos dissídios coletivos no processo do trabalho.

> Situação hipotética: **O sindicato A e o sindicato B, representantes, respectivamente, dos empregados da categoria profissional X e dos empregadores, firmaram acordo posteriormente homologado no âmbito do tribunal regional do trabalho local. O sindicato C, representante dos empregados da categoria profissional Y, que não participou do dissídio coletivo entre os sindicatos A e B, e cujos filiados são contratados dos empregadores filiados ao sindicato B, pretende fazer que as condições constantes do acordo sejam estendidas às relações existentes entre o sindicato B e o sindicato C.**
>
> Assertiva: **Nessa situação, para que o sindicato C alcance sua pretensão, é suficiente que seus representantes e os do sindicato B registrem a extensão do acordo na delegacia do trabalho local.**

– **Certo**
– **Errado**

12. (Cespe – Analista – EMAP/2018) Julgue o item a seguir, acerca dos dissídios coletivos no processo do trabalho.

> **Em vista da competência originária dos tribunais regionais do trabalho e do Tribunal Superior do Trabalho para julgar dissídios coletivos entre sindicatos de empregados e sindicatos de empregadores, é inaplicável, em qualquer hipótese processual, o manejo dos recursos de revista e de embargos no âmbito da subseção de dissídios individuais.**

– **Certo**
– **Errado**

13. (FCC – Analista Judiciário – Área Judiciária – TRT 6/2018) A forma jurisdicional de solução dos conflitos coletivos de trabalho se dá por meio do ajuizamento de ação própria perante a Justiça do Trabalho, denominada de dissídio coletivo, sendo que

a) havendo convenção coletiva, acordo coletivo ou sentença normativa em vigor, deverá ser instaurado dentro dos 90 dias anteriores ao respectivo termo final, para que o novo instrumento possa ter vigência no dia imediato a esse termo.

b) estando o conflito limitado à base territorial correspondente à jurisdição de um único TRT, a competência para julgar o dissídio coletivo será deste TRT.

c) a decisão nele proferida faz coisa julgada formal e material.

d) a revisão da decisão que fixar condições de trabalho não pode ser promovida por iniciativa do Tribunal prolator da mesma e nem pela Procuradoria da Justiça do Trabalho, sendo faculdade exclusiva das partes o seu requerimento.

e) é necessário o trânsito em julgado da sentença normativa para a propositura da ação de cumprimento.

11.2. Questões discursivas

1. **(MPT – Procurador do Trabalho/16º Concurso – ADAPTADA)** Leia com atenção o enunciado abaixo:

A Empresa ABD, sediada em Belo Horizonte – MG e com filiais em vários Estados da Federação, alterou, por meio de norma interna, a jornada de trabalho dos empregados e instituiu o turno fixo de oito horas diárias, em substituição ao turno ininterrupto de revezamento de seis horas, então aplicado, e, a título de compensação pelo acréscimo de jornada, concedeu a cada um dos empregados um adicional de 20% nos salários, abono e folgas compensatórias, além de serviço médico e psicológico. Em razão dessa alteração contratual, os empregados da empresa entraram em greve. O sindicato da categoria, inconformado com a alteração do regime de trabalho, sem prévia negociação coletiva, ajuizou, no Tribunal Regional do Trabalho da 3ª Região, ação de dissídio coletivo de natureza jurídica, com pedido de antecipação de tutela, visando à suspensão da norma empresarial e, no mérito, à declaração de nulidade da alteração unilateral da jornada de trabalho, com a condenação da empresa ao pagamento de indenização por perdas e danos. Na contestação, a empresa arguiu a incompetência funcional do TRT, pediu a extinção do processo por ausência de comum acordo, a impossibilidade jurídica do pedido, em face da inadequação da ação proposta, bem como a declaração de abusividade da greve, por ser lícita a alteração da jornada de trabalho mediante norma interna.

Considerando o poder normativo da Justiça do Trabalho e a jurisprudência do Tribunal Superior do Trabalho acerca da matéria, responda, justificadamente, os seguintes questionamentos:

1. O requisito do comum acordo é pressuposto processual ou condição do dissídio coletivo; e, na hipótese, é exigível?
2. A Emenda Constitucional nº 45/04 extinguiu o poder normativo da Justiça do Trabalho ao eleger a arbitragem pública?
3. Na espécie, é cabível dissídio coletivo de natureza jurídica com pedido de tutela antecipada, de condenação por perdas e danos ou a declaração de abusividade de greve formulada na defesa?
4. Em se tratando de atividade essencial, a legitimidade para ajuizar o dissídio coletivo de greve é exclusiva do Ministério Público do Trabalho, ou concorrente?

12. GABARITO

12.1. Gabarito das questões objetivas

Gab.		Fundamentação legal e jurisprudencial	Tópico do livro	Obs. eventual
1	C	CF/88. Art. 114, § 3º	Item 3.3	Desde que haja greve em atividade essencial com possibilidade de lesão do interesse público
2	E	CLT. Art. 895, II	Item 8	Se a competência é originária do TRT, cabe recurso ordinário

Gab.		Fundamentação legal e jurisprudencial	Tópico do livro	Obs. eventual
3	B	I. CLT. Art. 868, parágrafo único	I. Item 6	–
		II. CLT. Art. 868	II. Item 6	
		III. CLT. Art. 871	III. Item 6	
		IV. CLT. Art. 868	IV. Item 5.1	
4	A	a) Doutrina; CLT. Art. 868	a) Item 6	–
		b) CF/88. Art. 114, § 2º	b) Item 4.1, alínea "a"	
		c) CLT. Art. 857, caput e parágrafo único	c) Item 4.1	
		d) CLT. Art. 872, caput e parágrafo único	d) Parte V, Capítulo II, Item 14	
		CLT. Art. 868, parágrafo único	Item 6	
5	C	CLT. Art. 868, parágrafo único	Item 5.1	–
6	D	I. CLT. Art. 895, II	I. Item 8	–
		II. CF/88. Art. 114, § 2º	II. Item 4.1, alínea "a"	
		III. CF/88. Art. 114, § 3º	III. Item 3.3	
		IV. CLT. Art. 856	IV. Item 4.3, alínea "a"	
7	B	I. CF/88. Art. 114, § 2º	I Item 4.1, alínea "a"	–
		II. CLT. Art. 857. CF/88. Art. 8º, III	II. Item 4.1	
		III. TST. OJ SDC nº 7.	III. Item 3.2	
		IV. TST. Súmula nº 384	IV. Direito material do trabalho	
		V. CF/88. Art. 114, § 2º	V. Item 4.1, alínea "a"	
8	D	I. CF/88. Art. 8º, III.	I. Item 4.1	–
		II. Lei nº 7.701/88. Art. 7º, § 2º	II. Item 8	
		III. TST. OJ SDI-1 nº 277. Lei nº 7.701/88. art. 7º, § 6º	III. Parte V, Capítulo II, Item 14.2	
		IV. Lei 4.725/65. Art. 6º, § 3º	IV. Item 8	
		V. CLT. Art. 789, § 4º	V. Item 5.2	
9	E	CLT. Art. 899	Item 6.1, alínea "b"	–
10	C	CLT. Art. 869	Item 6	–
11	Errada	CLT. Art. 868	Item 6	
12	Certa	CLT. Arts. 671, I, alínea "a" e 896, *caput*	Item 8	
13	B	a) CLT. Art. 616, §3º	a) Item 5.1	
		b) CLT. 678, I, "a"	b) Item 2	
		c) TST. Súmula 397 – Cap. II	c) Item 14.3	
		d) CLT. Art. 874	d) Item	
		e) TST. Súmula 246	e) Cap. II, 14.2	

12.2. Gabarito das questões discursivas

Item	Fundamentação legal, jurisprudencial ou doutrinária	Onde encontro no livro
1	1. O requisito do comum acordo é pressuposto processual ou condição do dissídio coletivo; e, na hipótese, é exigível? A doutrina se debate sobre essa questão, mas inclina-se para a classificação do comum acordo como um pressuposto processual. Isso porque as condições da ação estão relacionadas com o direito de ação concretamente exercido e a possibilidade abstrata de obter a tutela jurisdicional meritória, o que não é o caso desse requisito processual. Ou seja, quando o juiz se depara com um dissídio coletivo de natureza econômica sem o comum acordo ele não tem que cotejar essa demanda concreta com uma hipótese abstrata de tutela dessa natureza. Simplesmente rejeita liminarmente o dissídio por lhe faltar um pressuposto, assim como ocorre quando não há negociação prévia. Na hipótese apresentada na pergunta, que faz referência ao dissídio coletivo de natureza jurídica, não é exigível, pois art. 114, § 2º da CF/88 fala expressamente no dissídio coletivo de natureza econômica. 2. A Emenda Constitucional n° 45/04 extinguiu o poder normativo da Justiça do Trabalho ao eleger a arbitragem pública? Não houve extinção do Poder normativo da Justiça do Trabalho, mas apenas limitação quanto ao ajuizamento do dissídio coletivo. Prova disso é que, quando decorrente de mutuo acordo, o Poder Judiciário profere uma sentença de natureza normativa, circunstância que revela a permanência desse poder anômalo da Justiça do Trabalho. 3. Na espécie, é cabível dissídio coletivo de natureza jurídica com pedido de tutela antecipada, de condenação por perdas e danos ou a declaração de abusividade de greve formulada na defesa? O dissídio coletivo de natureza jurídica assemelha-se a uma ação judicial clássica de caráter declaratória, uma vez que a pretensão deduzida em juízo objetiva a adequação dos fatos a uma norma jurídica profissional pré-existente, mas sem qualquer conteúdo condenatório ou constitutivo. Nessa hipótese, o litígio gira em torno de dúvidas quanto à aplicação e ao alcance de regras contidas no acordo coletivo, convenção coletiva ou mesmo em sentença normativa em determinado caso concreto. Como o fundamento da demanda é a alteração no regulamento interno da empresa, não caberia o dissídio coletivo de natureza jurídica. Consequentemente, esse procedimento não seria adequado para obter o pronunciamento judicial a cerca da declaração da abusividade do movimento paredista. 4. Em se tratando de atividade essencial, a legitimidade para ajuizar o dissídio coletivo de greve é exclusiva do Ministério Público do Trabalho, ou concorrente? Segundo o entendimento predominante do TST, a legitimidade do Ministério Público do Trabalho em tais situações é concorrente, juntamente com o empregador.	Item 3

CAPÍTULO II

AÇÕES COLETIVAS E AÇÃO DE CUMPRIMENTO

SUMÁRIO • 1. Defesa dos direitos metaindividuais – 2. Arcabouço legal – 3. Espécies de ações coletivas: 3.1. Ação popular; 3.2. Ação civil pública; 3.3. Ação civil coletiva; 3.4. Diferenças entre a ação civil pública e ação civil coletiva; 3.5. Diferenças entre a ação civil pública, ação civil coletiva e a ação de cumprimento; 3.6. Diferenças entre a ação civil pública, a ação civil coletiva e o dissídio coletivo – 4. Competência: 4.1. Competência em razão da matéria; 4.2. Competência funcional; 4.3. Competência em razão do lugar – 5. Legitimação ativa e passiva – 6. Substituição processual – 7. Despesas processuais, honorários de sucumbência e litigância de má-fé – 8. Prescrição – 9. Procedimento: 9.1. Petição inicial; 9.2. Provas – Inquérito civil: A. Conceito; B. Legitimidade; C. Características; D. Abertura; E. Conteúdo; F. Efeitos; G. O inquérito civil como meio de prova; 9.3. Concessão de liminar e tutela de urgência: A. Recurso; B. Liminares contra pessoa jurídica de direito público; 9.4. Desistência ou abandono da ação coletiva trabalhista; 9.5. Conciliação; 9.6. Sentença – 10. Litispendência – 11. Coisa julgada: 11.1. Direitos difusos e coletivos; 11.2. Direitos individuais homogêneos – 12. Recurso – 13. Execução – 14. Ação de cumprimento: 14.1. Natureza jurídica; 14.2. Fundamento da petição inicial; 14.3. Modificação da sentença normativa em grau de recurso – 15. Informativos do TST sobre a matéria – 16. Quadro sinóptico – 17. Questões. 17.1 Questões objetivas; 17.2. Questões discursivas. 18. Gabarito: 18.1. Gabarito das questões objetivas; 18.2. Gabarito das questões discursivas.

1. DEFESA DOS DIREITOS METAINDIVIDUAIS

A defesa, em juízo, dos interesses ou dos **direitos coletivos** lato sensu é feita por intermédio das ações coletivas, inclusive pela ação civil pública e ação civil coletiva.

Os interesses ou direitos que ultrapassam os limites da pessoa individualmente considerada, também denominados de direitos ou interesses metaindividuais **são classificados como difusos, coletivos em sentido estrito e individuais homogêneos.**

O art. 81, parágrafo único, do CDC delimita os contornos de cada uma dessas espécies:

> **Art. 81. Parágrafo único.** A defesa coletiva será exercida quando se tratar de: I – interesses ou direitos difusos, assim entendidos, para efeitos deste Código, os transindividuais, de natureza indivisível, de que sejam titulares pessoas indeterminadas e ligadas por circunstâncias de fato; II – interesses ou direitos coletivos, assim entendidos, para efeitos deste Código, os transindividuais de natureza indivisível de que seja titular grupo, categoria ou classe de pessoas ligadas entre si ou com a parte contrária por uma relação jurídica-base; III – interesses ou direitos individuais homogêneos, assim entendidos os decorrentes de origem comum.

Da leitura do referido dispositivo legal, verifica-se que o titular dos direitos ou interesses difusos, de natureza indivisível, **é uma coletividade** na qual não há possibilidade de identificar os seus integrantes.

Quanto aos **direitos coletivos** stricto sensu o titular é o próprio grupo, categoria ou classe, constituído por indivíduos determinados ou determináveis, em que pese serem de natureza indivisível.

O **interesse ou direito individual homogêneo** contempla uma espécie de direito subjetivo individualizado, mas com a característica de possuir um mesmo fato gerador, circunstância esta que permite o ajuizamento de uma ação coletiva, para evitar desfechos judiciais divergentes.[1]

São exemplos de direitos individuais homogêneos, na seara trabalhista, segundo a jurisprudência:

> **SÚMULA Nº 22 do TRT8.** BANCÁRIOS. 7ª E 8ª HORAS TRABALHADAS. GRUPO ESPECÍFICO DE EMPREGADOS DE UM MESMO EMPREGADOR. DIREITO INDIVIDUAL HOMOGÊNEO. CARACTERIZAÇÃO. LEGITIMIDADE ATIVA. IDENTIDADE DE MATÉRIA. Caracteriza-se como direito individual homogêneo o pleito de pagamento da 7ª e 8ª horas trabalhadas como extraordinárias, prestadas por um grupo específico de empregados a um mesmo empregador, observada a identidade de matéria, o que legitima o sindicato representativo da categoria profissional a pleitear o direito em processo coletivo, por meio de Ação Civil Pública ou Ação Coletiva.

> **SÚMULA Nº 51 do TRT8.** AÇÃO COLETIVA. LEGITIMIDADE DAS ENTIDADES SINDICAIS. DEFESA DE DIREITOS INDIVIDUAIS HOMOGÊNOS. I- Os sindicatos possuem legitimidade para atuar em demandas coletivas na defesa de direitos individuais homogêneos da categoria que representa; II- Insere-se na categoria de direitos individuais homogêneos o pleito para fixação do divisor correto para o cálculo de horas extras do trabalhador bancário, inclusive quanto ao pleito de diferenças de horas extras já pagas com base em divisor diverso do que for fixado na demanda coletiva; III- Na hipótese do inciso II, a execução será feita mediante habilitação dos interessados, na forma prevista nos artigos 95 e 97 do Código de Defesa do Consumidor.

Espécie de direito metaindividual	Natureza	Titulares
Difuso	Indivisível	Uma coletividade sem identificação dos seus integrantes.
Coletivo	Indivisível	Grupo formado por pessoas inidentificáveis.
Individual homogêneo	Divisível	Os indivíduos em um grupo, cujo direito provêm de um fato comum.

Exemplo de questão sobre o tema

(Juiz do Trabalho Substituto – TRT 21ª região – 2010) O sindicato dos trabalhadores do setor de distribuição de água e serviços de esgoto verificou que a empresa estatal, que monopoliza as atividades deste setor de serviços, praticou as seguintes condutas apontadas como irregulares: (I) instalou câmeras de filmagem em áreas de acesso a vestiários e no hall dos banheiros utilizados por todos os trabalhadores, desatendendo proibição constante em cláusula de norma coletiva; (II) deixou de pagar, injustificadamente, o adicional de insalubridade devido aos empregados que manuseiam cloro líquido em suas tarefas diárias; (III) contratou diretamente, sem concurso público, 30 pessoas para laborar nas áreas administrativa e financeira. Considerando a decisão do ente sindical de ingressar em juízo, em face de tal situação, pode-se afirmar que os interesses jurídicos a serem tutelados caracterizam-se como:

a) coletivos; individuais homogêneos e difusos;

1. O parágrafo único, art. 1º, da LACP veda a utilização da ação civil pública para a defesa de direitos ou interesses envolvendo tributos, contribuições previdenciárias, FGTS ou outros fundos de natureza institucional cujos beneficiários podem ser individualmente determinados.

b) individuais indisponíveis; coletivos e individuais homogêneos;

c) difusos; individuais indisponíveis e coletivos;

d) coletivos; difusos e individuais indisponíveis;

e) individuais homogêneos; coletivos e difusos.

Resposta: A

2. ARCABOUÇO LEGAL

Somente a atual Carta Magna, no plano constitucional histórico, faz referência expressa às ações coletivas.

A Constituição anterior (1967, alterada pela EC nº 1/69), permitia, apenas, a defesa dos direitos ou interesses de natureza individual, conforme se observa da redação do art. 153, 4º: "a lei não poderá excluir da apreciação do Poder Judiciário qualquer lesão a direito individual".

O CPC, salvo raras exceções, e a Consolidação das Leis do Trabalho não são instrumentos hábeis para reger as relações processuais de índole coletiva, uma vez que tais Diplomas legais foram concebidos para a defesa exclusiva dos interesses individuais.

Apesar de iniciada sua vigência em 2016, o CPC trouxe poucas normas que disciplinam o processo coletivo, a exemplo das que seguem transcritas:

> **Art. 139.** O juiz dirigirá o processo conforme as disposições deste Código, incumbindo-lhe:
>
> X – quando se deparar com diversas demandas individuais repetitivas, oficiar o Ministério Público, a Defensoria Pública e, na medida do possível, outros legitimados a que se referem o art. 5º da Lei nº 7.347, de 24 de julho de 1985, e o art. 82 da Lei nº 8.078, de 11 de setembro de 1990, para, se for o caso, promover a propositura da ação coletiva respectiva.
>
> **Art. 185.** A Defensoria Pública exercerá a orientação jurídica, a promoção dos direitos humanos e a defesa dos direitos individuais e coletivos dos necessitados, em todos os graus, de forma integral e gratuita.
>
> **Art. 343. § 5º** Se o autor for substituto processual, o reconvinte deverá afirmar ser titular de direito em face do substituído, e a reconvenção deverá ser proposta em face do autor, também na qualidade de substituto processual.
>
> **Art. 980.** O incidente será julgado no prazo de 1 (um) ano e terá preferência sobre os demais feitos, ressalvados os que envolvam réu preso e os pedidos de habeas corpus. Parágrafo único. Superado o prazo previsto no caput, cessa a suspensão dos processos prevista no art. 982, salvo decisão fundamentada do relator em sentido contrário.
>
> **Art. 985.** Julgado o incidente, a tese jurídica será aplicada: I – a todos os processos individuais ou coletivos que versem sobre idêntica questão de direito e que tramitem na área de jurisdição do respectivo tribunal, inclusive àqueles que tramitem nos juizados especiais do respectivo Estado ou região;

Por conta disso, diversos institutos processuais, dentre eles a **competência, a legitimidade, a litispendência e a coisa julgada, assumem contornos totalmente diversos no âmbito do processo coletivo**, de forma que a sua reprodução e utilização é praticamente incompatível, pelo menos se utilizado o modelo estabelecido pelos referidos Diplomas legais.

Verifica-se que algumas decisões, de forma equivocada, utilizam em primeiro plano o CPC e a CLT para solucionar os litígios que envolvam direitos ou interesses coletivos.

Assim, enquanto não se aprova uma legislação que trate do processo das ações coletivas, deve-se recorrer aos preceitos processuais contidos na Constituição Federal de 1988, no Código de Defesa do Consumidor, na Lei da Ação Civil Pública e na Lei Orgânica do Ministério Público da União, dentre outras leis esparsas.

Tais Diplomas Legais formam um complexo de normas processuais que são utilizadas em conjunto, independente da natureza da norma de Direito coletivo material deduzida em juízo.

O art. 21 da LACP[2] dispõe sobre a aplicação subsidiária das normas contidas no Título III do CDC (Da Defesa do Consumidor em Juízo), no que se refere à defesa dos interesses difusos, coletivos e individuais, independentemente de sua natureza.

Já o CDC, em seu art. 90,[3] faz justamente o contrário – determina que sejam utilizadas, de forma subsidiária, as normas contidas na LACP, e, somente em caso de omissão, aquelas constantes no Código de Processo Civil.

3. ESPÉCIES DE AÇÕES COLETIVAS

O ordenamento jurídico nacional trata das seguintes espécies de ações coletivas:

a) ação popular;

b) ação civil pública;

c) ação civil coletiva;

d) ação de cumprimento; e

e) mandado de segurança coletivo.[4]

O mandado de segurança coletivo e a ação de cumprimento serão objeto dos comentários contidos no capítulo III e no item 14 deste capítulo, respectivamente. As demais ações citadas anteriormente serão comentadas a seguir.

3.1. Ação popular

A ação popular encontra-se regulamentada pela Lei nº 4.717/65 e tinha, até a promulgação da atual Carta Magna, sua destinação limitada aos pedidos de anulação ou a declaração de nulidade de atos lesivos em face do patrimônio público assim considerado em seu sentido amplo, conforme discriminação no mencionado preceito constitucional:

> **CF/88. Art. 5º.** Qualquer cidadão será parte legítima para pleitear a anulação ou a declaração de nulidade de atos lesivos ao patrimônio da União, do Distrito Federal, dos Estados e dos Municípios, de entidades autárquicas, de sociedades de economia mista (Constituição artigo 141, 38), de sociedades mútuas de seguro nas quais a União representa os segurados

2. Lei nº 7.347/85. Art. 21. Aplicam-se à defesa dos direitos e interesses difusos, coletivos e individuais, no que for cabível, os dispositivos do Título III da lei que instituiu o Código de Defesa do Consumidor.
3. Lei nº 8.078/90. Art. 90. Aplicam-se às ações previstas neste Título as normas do Código de Processo Civil e da Lei nº 7.347, de 24 de junho de 1985, inclusive no que respeita ao inquérito civil, naquilo que não contrariar suas disposições.
4. A Resolução conjunta CNMP e CNJ nº 2, 21.06.2011 instituiu o cadastro nacional das ações coletivas.

ausentes, de empresas públicas, de serviços sociais autônomos, de instituições ou fundações para cuja criação ou custeio o tesouro público haja concorrido ou concorra com mais de 50% (cinquenta por cento) do patrimônio ou da receita ânua de empresas incorporadas ao patrimônio da União, do Distrito Federal, dos Estados e dos Municípios e de quaisquer pessoas jurídicas ou entidades subvencionadas pelos cofres públicos.

Com a vigência da nova ordem constitucional, a ação popular passou a ser utilizada, também, para anular ato lesivo à moralidade administrativa, ao meio ambiente e ao patrimônio histórico e cultural (CF/88. Art. 5º, LXXIII), ou seja, **direitos ou interesses eminentemente difusos.**

3.2. Ação civil pública

A ação civil pública tem como objeto a defesa de todas as espécies de direitos ou interesses metaindividuais e a consequente postulação de condenação do ofensor no pagamento de uma indenização e/ou para o cumprimento de obrigação de fazer ou não fazer.

Denomina-se de ação civil para se contrapor à ação penal e utiliza-se o adjetivo pública para vinculá-la à defesa dos direitos metaindividuais.

Pela redação atual da Lei nº 7.347/85, modificada por várias normas posteriores, principalmente pelo CDC, e diante do comando constitucional contido no art. 129, III,[5] a ação civil pública ampliou o seu âmbito de atuação para abranger a defesa dos interesses ou direitos coletivos *lato sensu*.

Exemplo de questão sobre o tema

(TRT 2 – Juiz do Trabalho Substituto 2ª região/2013) Em relação à Ação Civil Pública, assinale a alternativa correta:

a) É cabível na hipótese de danos morais e patrimoniais causados a qualquer interesse difuso ou coletivo, inclusive em se tratando de Fundo de Garantia por Tempo de Serviço (FGTS).

b) Pode ser proposta pelo Ministério Público, quando os fatos objeto da ação, chegaram ao seu conhecimento por juízes e tribunais, no exercício de suas funções, ou por qualquer pessoa.

c) Será instruída por certidões e informações, que não podem ser negadas pela autoridade competente.

d) Em que for reconhecida a litigância de má fé da associação autora, terá os seus diretores subsidiariamente responsáveis pelas condenações impostas.

e) Deve ser proposta no Tribunal Regional do Trabalho competente para julgar a matéria discutida.

Resposta: B

3.3. Ação civil coletiva

A ação civil coletiva constitui espécie de ação coletiva em sentido amplo, **utilizada apenas para a defesa de direitos individuais e homogêneos**, com vistas a obter uma tutela de natureza condenatória para reparação de danos morais e materiais na órbita de vários indivíduos pertencentes a determinado grupo.

5. CF/88. Art. 129. São funções institucionais do Ministério Público: III – promover o inquérito civil e a ação civil pública, para a proteção do patrimônio público e social, do meio ambiente e de outros interesses difusos e coletivos.

Essa espécie de ação foi disciplinada, inicialmente, no ordenamento jurídico pátrio pelo art. 91 e seguintes do CDC:

> **Art. 91**. Os legitimados de que trata o artigo 82 poderão propor, em nome próprio e no interesse das vítimas ou seus sucessores, ação civil coletiva de responsabilidade pelos danos individualmente sofridos, de acordo com o disposto nos artigos seguintes.

Posteriormente, a Lei Complementar nº 75/93, art. 6º, VII, d, estabeleceu a competência do Ministério Público para promover o inquérito civil e a ação civil pública relativos a outros interesses individuais indisponíveis, homogêneos, sociais, difusos e coletivos.

3.4. Diferenças entre a ação civil pública e ação civil coletiva

A diferença entre a ação civil pública e a ação civil coletiva é de conteúdo e de finalidade. Em primeiro lugar, **a ação civil coletiva não abrange pedidos fundados em direitos difusos e coletivos** stricto sensu. Em segundo lugar, **objetiva, apenas, a reparação e/ou a compensação dos danos causados a um grupo de pessoas, mas individualmente consideradas.**

A indenização respectiva **reverte-se em favor dos indivíduos e não ao fundo para reconstituição dos bens lesados**, previsto pela LACP ou mesmo ao FAT, como ocorre com a ação civil pública.[6]

Raimundo Simão explicita a divergência de finalidade dessas duas ações:

> Enquanto a ação civil pública regida pela Lei nº 7.347/85 se destina à tutela dos interesses ou direitos difusos e coletivos, buscando a cumprimento de uma obrigação de fazer, de não fazer, de suportar e uma indenização genérica coletiva pelos danos causados aos direitos metaindividuais, a ação civil coletiva tem naturezas reparatória concreta, visando à obtenção de reparação pelos danos individualmente sofridos pelas vitimas, mediante reconhecimento genérico da obrigação de indenizar.[7]

Note-se, também, que a legitimação das entidades autorizadas a ingressar com a ação civil pública **é de natureza ordinária**, enquanto que na ação civil coletiva os legitimados **defendem interesses de terceiros**, que são os verdadeiros titulares do direito perseguido em juízo (legitimação extraordinária ou substituição processual).

A nomenclatura utilizada para batizar as ações coletivas em juízo não tem importância prática, uma vez que o *nomen iuris* atribuído pelo autor à medida judicial não tem relevância para a solução da demanda. Isso porque o direito de ação não está, necessariamente, vinculado ao direito material deduzido em juízo.

O próprio CDC, em seu art. 83, admite a possibilidade de adoção de qualquer espécie de ação coletiva para conferir efetividade aos direitos nele previstos: "Para a defesa dos direitos e interesses protegidos por este Código são admissíveis todas as espécies de ações capazes de propiciar sua adequada e efetiva tutela".

---

6. O fundo para reconstituição dos bens lesados foi criado pelo legislador brasileiro inspirado no *fluid recovery* do direito dos EUA.
7. MELO, Raimundo Simão de. **Ação civil pública na justiça do trabalho**. 3 ed. São Paulo: Ltr, 2008. p. 212/213.

Some-se a isso o fato de que grande parte das ações coletivas ajuizadas na Justiça do Trabalho cumula pedidos fundados tanto em direitos difusos e coletivos quanto em direitos individuais homogêneos.

Observa-se na prática forense trabalhista que as entidades sindicais raramente rotulam de ação civil pública ou de ação civil coletiva a demanda coletiva deduzida na Justiça do Trabalho, o que não impede o juiz de recorrer ao disciplinamento legal das referidas ações especiais com o uso dos princípios da instrumentalidade, da informalidade e da fungibilidade.

Ronaldo Lima dos Santos destaca essa similitude:

> Identificados os elementos da ação – partes, pedido e causa de pedir – e, caracterizada a lide coletiva, nenhuma relevância tem a denominação adotada pelo autor da demanda, restará somente a indagação do rito a ser seguido; tratando-se de direitos individuais homogêneos, o procedimento especial do Código de Defesa do Consumidor; tratando-se de difusos e coletivos, o procedimento geral da Lei da Ação Civil Pública, com considerações para disciplinamentos específicos como a possibilidade de litisconsórcio; alcance e efeitos da coisa julgada; obrigatoriedade de publicação de edital; forma da execução e destinação dos recursos apurados; etc.[8]

No quadro a seguir, as principais diferenças entre a ação civil pública e a ação civil coletiva:

Diferenças em relação a:	Ação Civil Pública	Ação Civil Coletiva
Natureza dos direitos defendidos	Direitos difusos e coletivos	Direitos individuais homogêneos
Pedido	Obrigações de fazer, não fazer e indenizar dano coletivo	Indenização compensatória e/ou reparatória individual
Destinatário da indenização	Fundo para Reconstituição dos Bens Lesados ou para o FAT	Indivíduos lesados pela ação ou omissão comum

3.5. Diferenças entre a ação civil pública, ação civil coletiva e a ação de cumprimento

A relação entre a ação civil, coletiva ou pública, e a ação de cumprimento é de gênero e espécie. Com efeito, a ação de cumprimento, apesar de ser classificada como uma ação coletiva, **tem o seu objeto limitado à defesa dos direitos individuais e homogêneos instituídos por normas coletivas profissionais ou por sentença normativa.**

A ação coletiva é mais ampla, pois **engloba, além dos direitos acima mencionados, aqueles estabelecidos pelas normas estatais.**

3.6. Diferenças entre a ação civil pública, a ação civil coletiva e o dissídio coletivo

É necessário diferenciar a ação civil pública e ação civil coletiva do dissídio coletivo. Nesse último caso, o que se pretende obter é **uma sentença de caráter normativo**, que

8. SANTOS, Ronaldo Lima dos. **Sindicatos e ações coletivas.** São Paulo: Ltr, 2003. p. 401.

irá estabelecer condições de trabalho para os integrantes da categoria profissional cujo sindicato integrou um dos polos da relação processual e provocou a atuação da jurisdição normativa.

Já nas ações coletivas pretende-se obter uma **sentença de natureza declaratória, condenatória, constitutiva, executiva** lato sensu **ou mandamental**, com a aplicação e efetivação dos direitos metaindividuais genéricos e abstratos pré-existentes a um fato concreto, inclusive em sede de ação cautelar, liquidação e execução de sentença.

Desse modo, serão tratadas nesse capítulo, de forma específica, as questões relativas à ação civil pública e à ação civil coletiva e com destaque, em cada tópico, as diferenças por ventura existente entre ambas.

4. COMPETÊNCIA

4.1. Competência em razão da matéria

A questão relativa à competência da Justiça do Trabalho para analisar a ação civil coletiva e ação civil pública em matéria trabalhista somente restou pacificada com a edição da Lei Complementar nº 75/93.[9]

Nesse caso, compete a Justiça do Trabalho processar e julgar as ações coletivas nas quais se postule a defesa dos direitos metaindividuais relacionados com as matérias constantes dos incisos do art. 114 da CF/88.

4.2. Competência funcional

No início das discussões sobre o cabimento da ação civil pública na Justiça do Trabalho surgiram posicionamentos doutrinários e jurisprudenciais que consideravam ser competente originariamente o TRT ou o Tribunal Superior do Trabalho para julgar essas espécies de ações, de acordo com os dispositivos legais que disciplinavam o dissídio coletivo.

Entretanto, ao contrário do que ocorre nos processos de dissídio coletivo, **a competência hierárquica é do juízo singular de primeiro grau**, uma vez que não há que se falar em exercício da jurisdição normativa, de competência originária dos Tribunais do Trabalho, mas sim de aplicação da norma genérica e abstrata a um caso concreto.

Desse modo, o órgão de primeiro grau da Justiça Especializada do Trabalho, qual seja, a Vara do Trabalho, é competente para apreciar e julgar, originariamente, tais ações e não o Tribunal Regional do Trabalho, conforme preceitua o art. 2º, da Lei nº 7.347/85.

> **OJ SDC Nº 03 do TRT15.** AÇÃO CIVIL PÚBLICA. PRÁTICA ANTISSINDICAL. COMPETÊNCIA. A competência originária para julgar ação civil pública visando coibir prática antissindical é do Juízo de 1º grau.

9. Lei Complementar nº 75/93. Art. 83: Compete ao Ministério Público do Trabalho o exercício das seguintes atribuições junto aos órgãos da Justiça do Trabalho: III – promover a ação civil pública no âmbito da Justiça do Trabalho, para defesa de interesses coletivos, quando desrespeitados os direitos sociais constitucionalmente garantidos.

4.3. Competência em razão do lugar

A competência *racione loci* para apreciar a ação civil pública e a ação civil coletiva **é a do local onde ocorrer o dano**, conforme art. 2º, da Lei nº 7.347/85.

Contudo, o dispositivo citado **deve ser interpretado em conjunto com o disposto no art. 93 do CDC, que estabelece critérios de definição de competência a partir da extensão do dano**, que pode ser local, suprarregional ou nacional.

Sendo assim, é competente para apreciar e julgar as ações coletivas:

- o foro do lugar onde ocorreu ou deva ocorrer o dano, quando de âmbito local;
- o foro da Capital do Estado ou do DF, para os danos de âmbito regional, aplicando-se as regras do Código de Processo Civil aos casos de competência concorrente;
- o foro do Distrito Federal, para os danos de âmbito suprarregional ou nacional, também aplicando as regras do Código de Processo Civil aos casos de competência concorrente.

No âmbito do processo do trabalho, prevalece o posicionamento do TST manifestado por meio da OJ nº 130, da SDI-2:

> **OJ Nº 130.** AÇÃO CIVIL PÚBLICA. COMPETÊNCIA. LOCAL DO DANO. Lei nº 7.347/1985, Art. 2º CÓDIGO DE DEFESA DO CONSUMIDOR, Art. 93 (redação alterada na sessão do Tribunal Pleno realizada em 14.09.2012) I – A competência para a Ação Civil Pública fixa-se pela extensão do dano. II – Em caso de dano de abrangência regional, que atinja cidades sujeitas à jurisdição de mais de uma Vara do Trabalho, a competência será de qualquer das Varas das localidades atingidas, ainda que vinculadas a Tribunais Regionais do Trabalho distintos. III – Em caso de dano de abrangência suprarregional ou nacional, há competência concorrente para a Ação Civil Pública das Varas do Trabalho das sedes dos Tribunais Regionais do Trabalho. IV – Estará prevento o juízo a que a primeira ação houver sido distribuída.

Exemplos de questões sobre o tema

(TRT 4 – Juiz do Trabalho Substituto 4ª região/2016) Considere as assertivas abaixo sobre ação civil pública na Justiça do Trabalho.

I. A competência para a ação civil pública fixa-se pela extensão do dano. Em caso de dano de abrangência regional, que atinja cidades sujeitas à jurisdição de mais de uma Vara do Trabalho, a competência será de qualquer das Varas das localidades atingidas, ainda que vinculadas a Tribunais Regionais do Trabalho distintos.

II. Em caso de dano de abrangência suprarregional ou nacional, há competência concorrente para a ação civil pública das Varas do Trabalho das sedes dos Tribunais Regionais do Trabalho, ficando prevento o Juízo a que a primeira ação houver sido despachada.

III. Na Justiça do Trabalho, os sindicatos e o Ministério Público têm competência para a propositura de ação civil pública, sendo vedada sua atuação em litisconsórcio na hipótese de defesa de interesses difusos.

Quais são corretas?

a) Apenas I

b) Apenas II

c) Apenas III

d) Apenas I e II

e) I, II e III

Resposta: A

(FCC – Juiz do Trabalho Substituto 1ª região/2015) Em relação à competência para julgar ação civil pública na Justiça do Trabalho, e com base no entendimento do TST (súmulas e orientações jurisprudenciais), é correto afirmar:

a) Se o dano alegado na inicial possuir abrangência suprarregional, a competência será de qualquer das Varas do Trabalho das cidades onde o dano ocorrer.

b) Se o dano for limitado à jurisdição de duas Varas contíguas, vinculadas ao mesmo Tribunal Regional, além destas é competente também, em qualquer caso, as Varas da sede do respectivo tribunal Regional.

c) Se o dano for de extensão nacional a competência originária é de qualquer dos Tribunais Regionais do Trabalho.

d) No caso do ajuizamento de duas ações idênticas, em juízos diferentes, a competência se fixa por aquele que primeiro tiver despachado.

e) No caso de dano de extensão suprarregional, a competência é de qualquer das Varas da sede dos Tribunais Regionais com jurisdição nas regiões atingidas.

Resposta: E

(TRT 14 – Juiz do Trabalho Substituto 14ª região/2013) Leia as proposições a seguir e marque a resposta correta:

I. A competência para a Ação Civil Pública fixa-se pela extensão do dano. Em caso de dano de abrangência regional, que atinja cidades sujeitas à jurisdição de mais de uma Vara do Trabalho, a competência será de qualquer das varas das sedes dos Tribunais Regionais do Trabalho das localidades atingidas.

II. Em caso de dano de abrangência suprarregional ou nacional, há competência concorrente para a Ação Civil Pública das Varas do Trabalho das sedes dos Tribunais Regionais do Trabalho distintos.

III. O art. 114 da Constituição Federal atribui à Justiça do Trabalho competência para a execução, de ofício, das contribuições sociais previstas no seu art. 195, I, a, e II, e seus acréscimos decorrentes das decisões, de qualquer natureza, que proferir.

IV. A Justiça do Trabalho é competente para determinar o recolhimento das contribuições fiscais. A competência da Justiça do Trabalho, quanto à execução das contribuições previdenciárias, limita-se às sentenças condenatórias em pecúnia que proferir e aos valores, objeto de acordo homologado, que integrem o salário-de-contribuição.

a) Apenas as proposições I e III estão incorretas.

b) Apenas as proposições II e III estão incorretas.

c) Apenas as proposições III e IV estão incorretas.

d) Apenas as proposições I e IV estão incorretas.

e) Todas as proposições estão incorretas.

Resposta: A

5. LEGITIMAÇÃO ATIVA E PASSIVA

As regras relativas à legitimidade para o ingresso da ACP e da ACC estão fixadas no art. 129, III, da CF/88,[10] art. 5º, da Lei nº 7.347/85 e art. 82, do CDC.

Além do Ministério Público, a Lei da ACP ainda confere **legitimidade concorrente, disjuntiva e taxativa** às seguintes entidades:

10. CF/88. Art. 129. São funções institucionais do Ministério Público: III – promover o inquérito civil e a ação civil pública, para a proteção do patrimônio público e social, do meio ambiente e de outros interesses difusos e coletivos.

- à Defensoria Pública;
- à União, os Estados, o Distrito Federal e os Municípios;
- à autarquia, empresa pública, fundação ou sociedade de economia mista;
- às associações que estejam constituídas **há mais de um ano** e que incluam entre as suas finalidades a proteção ao meio ambiente, ao consumidor, à ordem econômica, à livre concorrência, ou ao patrimônio artístico, estético, histórico, turístico e paisagístico.

Observados determinados requisitos, a cooperativa também poderá ser legitimada para atuar como substituto processual de seus associados, na forma prevista pelo art. 88-A, da Lei nº 5.764, introduzido pela Lei nº 13.806/19:

> Art. 88-A. A cooperativa poderá ser dotada de legitimidade extraordinária autônoma concorrente para agir como substituta processual em defesa dos direitos coletivos de seus associados quando a causa de pedir versar sobre atos de interesse direto dos associados que tenham relação com as operações de mercado da cooperativa, desde que isso seja previsto em seu estatuto e haja, de forma expressa, autorização manifestada individualmente pelo associado ou por meio de assembleia geral que delibere sobre a propositura da medida judicial.

É **concorrente,** porque a legitimidade de uma entidade não exclui as demais. É **disjuntiva**, pois para propositura da ação coletiva não se exige a formação de um litisconsórcio necessário, uma vez que cada uma pode atuar isoladamente ou em conjunto. É **taxativa**, uma vez que o rol dos legitimados **não é exemplificativo.**

Como o art. 8º, III, da CF/88 não estabelece qualquer condição para o sindicato representar em juízo os integrantes da sua categoria, **não é exigido dessa entidade os requisitos descritos pelo art. 5º, V, da Lei nº 7.347/85, qual seja, a pré-constituição há mais de um ano.**

A **legitimação do MPT é extraordinária**, quando diz respeito aos direitos individuais e homogêneos, como reconhecido na decisão a seguir transcrita.

Já a legitimação é **ordinária ou autônoma** quanto àquela relativa aos direitos difusos e coletivos em sentido estrito:[11]

> MINISTÉRIO PÚBLICO DO TRABALHO. LEGITIMIDADE ATIVA. AÇÃO CIVIL PÚBLICA. DIREITOS INDIVIDUAIS HOMOGÊNEOS. INTERESSE SOCIAL RELEVANTE. 1. Na dicção da jurisprudência corrente do Supremo Tribunal Federal, os direitos individuais homogêneos nada mais são do que direitos coletivos em sentido lato, uma vez que todas as formas de direitos metaindividuais (difusos, coletivos e individuais homogêneos), passíveis de tutela mediante ação civil pública, são coletivas. 2. Considerando-se interpretação sistêmica e harmônica dos arts. 6º, VII, letras c e d, 83 e 84 da Lei Complementar nº 75/1993, não há como negar a legitimidade do Ministério Público do

11. Em sentido contrário: LEGITIMIDADE. MINISTÉRIO PÚBLICO. O Ministério Público do Trabalho apenas possui legitimidade para defesa, através de Ação Civil Pública, de direitos difusos e coletivos, admitindo a jurisprudência em caso de direitos individuais homogêneos, desde que resguardado a presença do reflexo na coletividade e origem comum entre a situação dos envolvidos. (TRT 5ª R. RO 00421-2005-013-05-00-2. 1ª T. Relª Desª Elisa Amado. DJ. 16.04.2007). **AÇÃO CIVIL PÚBLICA. MINISTÉRIO PÚBLICO. ILEGITIMIDADE. O Ministério Público não tem legitimidade para promover ação civil pública visando obrigar o empregador a cumprir a legislação trabalhista, uma vez que os direitos defendidos são individuais, devendo ser postulados por seus próprios titulares. (TRT 14 R. RO 00974.2007.001.14.00-8. Relª Juíza Vania Maria da Rocha Abensur. DJ 10.12.2007).**

Trabalho para tutelar direitos e interesses individuais homogêneos, sejam eles indisponíveis ou disponíveis. Os direitos e interesses individuais homogêneos disponíveis, quando coletivamente demandados em juízo, enquadram-se nos interesses sociais referidos no art. 127 da Constituição Federal. 3. O Ministério Público detém legitimidade para tutelar judicialmente interesses individuais homogêneos, ainda que disponíveis, ante o notório interesse geral da sociedade na proteção do direito e na solução do litígio deduzido em juízo. Verifica-se, ademais, que o interesse social a requerer tutela coletiva decorre também dos seguintes imperativos: facilitar o acesso à Justiça; evitar múltiplas demandas individuais, prevenindo, assim, eventuais decisões contraditórias; e evitar a sobrecarga desnecessária dos órgãos do Poder Judiciário. 4. Solução que homenageia os princípios da celeridade e da economia processuais, concorrendo para a consecução do imperativo constitucional relativo à entrega da prestação jurisdicional em tempo razoável. 5. Recurso de embargos conhecido e provido.[12]

Note-se, entretanto, que **a legitimidade do MPT não alcança as demandas cuja competência seja do STF**, uma vez que, nessa hipótese, o Ministério Público é representado pelo Procurador-Geral da República, conforme preceito contido no art. 46 da LC nº 75/93.

Nesse sentido é a decisão do STF a seguir transcrita:

RECLAMAÇÃO. ALEGADO DESRESPEITO A DECISÃO PROFERIDA PELO SUPREMO TRIBUNAL FEDERAL EM SEDE DE FISCALIZAÇÃO ABSTRATA. MINISTÉRIO PÚBLICO DO TRABALHO. ILEGITIMIDADE PARA ATUAR, EM SEDE PROCESSUAL, PERANTE O SUPREMO TRIBUNAL FEDERAL – PRINCÍPIO DA UNIDADE INSTITUCIONAL DO MINISTÉRIO PÚBLICO (CF, Art. 127, § 1º). RECURSO NÃO CONHECIDO. O Ministério Público do Trabalho não dispõe de legitimidade para atuar, em sede processual, perante o Supremo Tribunal Federal, eis que a representação institucional do Ministério Público da União, nas causas instauradas na Suprema Corte, inclui-se na esfera de atribuições do Procurador-Geral da República, que é, por definição constitucional (CF, art. 128, § 1º), o Chefe do Ministério Público da União, em cujo âmbito se acha estruturado o Ministério Público do Trabalho. Precedentes.[13]

Não há como admitir a legitimidade do trabalhador individualmente considerado para figurar na ação civil pública como litisconsorte ou assistente, quando se tratar de direitos ou interesses difusos e coletivos em sentido estrito.

Tal óbice decorre da natureza indivisível do bem da vida pretendido em juízo, que não se verifica quando se trata de pretensão relativa a direitos ou interesses individuais e homogêneos.

Nessa última situação, **o CDC admite a formação do litisconsórcio, que se assemelha mais ao instituto da assistência do tipo listisconsorcial,** conforme se observa da redação do seu art. 94:

Art. 94. Proposta a ação, será publicado edital no órgão oficial, a fim de que os interessados possam intervir no processo como litisconsortes, sem prejuízo de ampla divulgação pelos meios de comunicação social por parte dos órgãos de defesa do consumidor.

A decisão a seguir, confirma esse entendimento:

AÇÃO CIVIL PÚBLICA. LITISCONSORTE PASSIVO NECESSÁRIO. IMPOSSIBILIDADE. ILEGITIMIDADE PASSIVA *AD CAUSAM*. RECURSO ORDINÁRIO NÃO

12. TST. ERR 411.489/1997-22ª R. SBDI-1. Red. Min. Desig. lélio Bentes Corrêa. DJ 07.12.2007.
13. STF. AG. REG. NA RECLAMAÇÃO 5.543-4 GO. Rel. Min. Celso de Mello. DJU de 23.10.2009.

> CONHECIDO. Em sede de ação civil pública não se justifica, por razões tanto práticas como jurídicas, a formação de litisconsórcio passivo necessário. Primeiro, porque restaria desvirtuada a própria finalidade da ação coletiva, que consiste na defesa dos interesses metaindividuais e na facilitação do acesso coletivo à Justiça. Dúvidas não restam que a exigência de citação de todos os trabalhadores atingidos com a determinação de anulação dos reenquadramentos, ou o ingresso de determinados trabalhadores eventualmente lesados na qualidade de litisconsortes passivos, como querem os autores, inviabilizaria o próprio andamento do processo coletivo, retardando o desfecho do conflito coletivo de interesses. Segundo, porque, estando-se diante de matéria relacionada à contratação de agentes públicos com violação ao disposto no art. 37, II, da CF, os interesses tutelados são difusos, ou seja, relacionados a pessoas indeterminadas, ligadas entre si por circunstância de fato e sem qualquer vinculação jurídica base, consoante definição do CDC (art. 81, parágrafo único, I), o que torna inviável a pretensão de formação de litisconsórcio passivo necessário. Em tais ações coletivas, por transcenderem o interesse meramente individual, a sentença faz coisa julgada erga omnes, alcançando indistintamente todos os membros da coletividade, salvo no caso de improcedência por insuficiência de provas. E para os trabalhadores lesados com a determinação de anulação de seus provimentos derivados ilícitos a ordem jurídica assegura a proteção de seus direitos no plano individual, como bem destacado na decisão combatida. Terceiro, porque em nenhum momento a Lei nº 7.347/85, que disciplina o procedimento da ação civil pública, faz menção a litisconsórcio passivo necessário, deixando entrever apenas a possibilidade de formação de litisconsórcio facultativo ativo entre os co-legitimados para manejo da ação coletiva. Recurso ordinário que não merece conhecimento, por ausência de pressuposto de admissibilidade recursal, qual seja, legitimidade passiva dos recorrentes.[14]

Pode haver, entretanto, **um litisconsórcio ativo facultativo, quando dois ou mais legitimados ingressarem em juízo e ocuparem o polo ativo da relação processual**, conforme permissivo contido no art. 5º, § 2º, da LACP: "Fica facultado ao Poder Público e a outras associações legitimadas nos termos deste artigo habilitar-se como litisconsorte de qualquer das partes."[15]

Por fim, a legitimidade passiva será de qualquer pessoa física ou jurídica, de direito público ou privado, que deixe de observar ou transgrida direitos metaindividuais.

6. SUBSTITUIÇÃO PROCESSUAL

A substituição processual ou legitimação processual anômala é admitida nos casos da ação civil coletiva que tenha por objetivo a **defesa de direitos ou interesses individuais e homogêneos**, de acordo com o que preceitua de forma expressa o art. 91 do CDC, sem a necessidade de autorização expressa ou procuração dos substituídos:

> **Art. 91**. Os legitimados de que trata o artigo 82 poderão propor, em nome próprio e no interesse das vítimas ou seus sucessores, ação civil coletiva de responsabilidade pelos danos individualmente sofridos, de acordo com o disposto nos artigos seguintes.

Quanto a hipótese for de defesa de direitos ou interesses difusos e coletivos, não há que se falar em substituição processual do MPT ou de qualquer outro legitimado, mas sim

14. TRT 22ª R. RO 01092-2006-001-22-00-5. Rel. Juiz Fausto Lustosa Neto. DJ 15.10.2007.
15. LACP. Art. 5º. § 5º. Admitir-se-á o litisconsórcio facultativo entre os Ministérios Públicos da União, do Distrito Federal e dos Estados na defesa dos interesses e direitos de que cuida esta lei.

de **legitimidade autônoma para a condução do processo**, uma vez que o titular daquela espécie de direito não é uma pessoa individualmente considerada, mas sim uma coletividade.

A substituição processual do sindicato na Justiça do Trabalho era admitida de forma bastante limitada até a revogação da Súmula nº 310 do TST, motivada por sua incompatibilidade com as decisões do STF que reconheciam a plenitude e abrangência desse instituto, diante do permissivo contido no art. 8º, III da CF/88.[16]

Contudo, se a ação coletiva for proposta por associação, a sentença respectiva só produz efeitos em relação aos associados filiados até a data da sua propositura, uma vez que não se trata de substituição processual, mas de mera representação que exige autorização expressa, na forma prevista pelo art. 5º, XXI da CF/88: "as entidades associativas, quando expressamente autorizadas, têm legitimidade para representar seus filiados judicial ou extrajudicialmente.

Nesse sentido a tese de repercussão geral fixada nos autos do RE nº 612043 em julgamento ocorrido em maio de 2017: "A eficácia subjetiva da coisa julgada formada a partir de ação coletiva, de rito ordinário, ajuizada por associação civil na defesa de interesses dos associados, somente alcança os filiados, residentes no âmbito da jurisdição do órgão julgador, que o fossem em momento anterior ou até a data da propositura da demanda, constantes de relação juntada à inicial do processo de conhecimento".

7. DESPESAS PROCESSUAIS, HONORÁRIOS DE SUCUMBÊNCIA E LITIGÂNCIA DE MÁ-FÉ

A regra prevalente no processo individual é de que as despesas processuais e os honorários de sucumbência sejam suportadas pelo vencido, salvo se a parte for beneficiária da justiça gratuita.

Contudo, o processo coletivo tem regra própria, o que afasta a incidência dos dispositivos contidos no CPC e na CLT, inclusive aqueles que foram introduzidos pela Lei nº 13.467/17.

Trata-se do art. 18 da LACP, que dispõe:

> **Art. 18**. Nas ações de que trata esta Lei não haverá adiantamento de custas, emolumentos, honorários periciais e quaisquer outras despesas, nem condenação da associação autora, salvo comprovada má-fé, em honorários de advogado, custas e despesas processuais.

Assim, **só em caso de má-fé da associação autora da ação coletiva são devidos os honorários advocatícios**. Em relação à parte ré, prevalece a determinação excepcional da condenação em honorários advocatícios nos casos previstos na lei processual trabalhista.

Transcreve-se, a seguir, uma decisão acolhendo esse entendimento:

> SUBSTITUIÇÃO PROCESSUAL. HONORÁRIOS ADVOCATÍCIOS. Em se tratando de ação em que o sindicato figura como substituto processual em defesa de interesses individuais homogêneos da categoria (ou parte dela) que representa o sistema processual aplicável não é mais o do processo trabalhista individual, e sim o consubstanciado nas

16. CF/88. Art. 8º. III – ao sindicato cabe a defesa dos direitos e interesses coletivos ou individuais da categoria, inclusive em questões judiciais ou administrativas.

normas da CF, da Lei da Ação Civil Pública (Lei nº 7.347/85) e CDC (Lei nº 8.078/90). De tal arte, a interpretação sistemática das normas que compõem esse novel sistema de acesso metaindividual ao Judiciário prevê, nos arts. 87 e seu parágrafo do CDC, que não haverá adiantamento de custas, emolumentos, honorários periciais e quaisquer outras despesas, nem condenação da associação autora, salvo comprovada má-fé, em honorários de advogados, custas e despesas processuais.[17]

No mesmo sentido Enunciado nº 102 aprovado na 2ª Jornada de Direito Material de Processual do Trabalho:

ENUNCIADO Nº 102. SUCUMBÊNCIA EM AÇÃO CIVIL PÚBLICA E AÇÃO CIVIL COLETIVA: NÃO APLICAÇÃO

HONORÁRIOS ADVOCATÍCIOS SUCUMBENCIAIS, HONORÁRIOS PERICIAIS E CUSTAS PROCESSUAIS, COMO PREVISTOS NA LEI 13.467/2017, NÃO SÃO APLICÁVEIS ÀS AÇÕES REGIDAS POR LEIS ESPECIAIS, A SABER, LEI DA AÇÃO CIVIL PÚBLICA (ART. 17 E 18 DA LEI 7.347/1985) E CÓDIGO DE DEFESA DO CONSUMIDOR (ART. 87 DA LEI 8.078/1990).

8. PRESCRIÇÃO

A doutrina e a jurisprudência dominante consideram que **as ações coletivas fundadas em direitos ou interesses difusos e coletivos são imprescritíveis**, uma vez que no ordenamento jurídico pátrio não há qualquer norma que estabeleça a incidência da prescrição para essas espécies de pretensão.

Tal não ocorre, contudo, no que diz respeito às ações civis coletivas com fundamento em direitos individuais e homogêneos, que podem ser exercidos pelos seus titulares, como legitimados ordinários. Nesse caso, aplicam-se os prazos previstos pela Constituição Federal de 1988, art. 7º, XXIX.

No caso de ação de cumprimento, o termo inicial da prescrição corresponde à data do transito em julgado da sentença normativa, na forma prevista pela Súmula nº 350 do TST.[18]

Com a nova ordem legal estabelecida pela Lei nº 13.467/17, a prescrição relativa aos direitos individuais **somente pode ser interrompida pela reclamação trabalhista**, o que afasta a incidência do entendimento contido na OJ nº 359 da SDI-1 do TST:

OJ Nº 359. SUBSTITUIÇÃO PROCESSUAL. SINDICATO. LEGITIMIDADE. PRESCRIÇÃO. INTERRUPÇÃO. DJ 14.03.2008. A ação movida por sindicato, na qualidade de substituto processual, interrompe a prescrição, ainda que tenha sido considerado parte ilegítima "ad causam".

Essa exclusividade encontra-se prevista pelo § 3º, art. 11 da CLT:

Art. 11. § 3º. A interrupção da prescrição somente ocorrerá pelo ajuizamento de reclamação trabalhista, mesmo que em juízo incompetente, ainda que venha a ser extinta sem resolução do mérito, produzindo efeitos apenas em relação aos pedidos idênticos.

17. TRT 17ª R. RO 00728.2007.014.17.00.6. Rel. Carlos Henrique Bezerra Leite. DJ 11.04.2008.
18. **TST. Súmula nº 350. PRESCRIÇÃO. TERMO INICIAL. AÇÃO DE CUMPRIMENTO. SENTENÇA NORMATIVA (mantida) – Res. 121/2003, DJ 19, 20 e 21.11.2003. O prazo de prescrição com relação à ação de cumprimento de decisão normativa flui apenas da data de seu trânsito em julgado.**

9. PROCEDIMENTO

Como dito, o procedimento das ações coletivas, pública e civil, segue o rito estabelecido pelas LACP e pelo CDC. Em caso de omissão, utilizam-se, no âmbito trabalhista, as normas processuais da CLT e, subsidiaria ou supletivamente, do CPC.

Por força do quanto instituído pela IN nº 27/2005 do TST deve-se observar o seguinte:

- a sistemática recursal prevista na CLT, inclusive no tocante à nomenclatura, à alçada, aos prazos e às competências;
- exigibilidade do depósito recursal, a que se refere o art. 899 da CLT, como requisito extrínseco do recurso, quando houver condenação em pecúnia; e
- disposições da CLT em relação às custas processuais.

9.1. Petição inicial e defesa

Diante da omissão na LACP e no CDC, a petição inicial deverá conter os requisitos previstos no art. 840, § 1º, da CLT e art. 319 do CPC, com as devidas adaptações. Além disso, essa peça processual deve vir acompanhada dos documentos indispensáveis e necessários à comprovação dos fatos narrados nessa peça processual.[19]

Não há necessidade de juntar o rol dos substituídos na ação civil coletiva, uma vez que a individualização da condenação será efetivada quando da liquidação ou execução do julgado, coletiva ou individualmente.[20]

Em razão disso, o pedido será genérico, ou seja, sem a identificação do seu respectivo valor, o que redundará em uma sentença genérica (art. 95 do CDC), quando se tratar de ação civil coletiva fundada em direitos individuais homogêneos.

O art. 2º-A, parágrafo único, da Lei nº 9.494/97, estabelece que nos casos de ações coletivas ajuizadas em face da União, dos Estados, do Distrito Federal, dos Municípios e suas autarquias e fundações, a peça incoativa deverá "obrigatoriamente estar instruída com a ata da assembleia da entidade associativa que a autorizou, acompanhada da **relação nominal dos seus associados e indicação dos respectivos endereços**" (grifou-se).

Há controvérsia na doutrina sobre a necessidade de rol de substituídos na petição inicial. Mauro Schiavi, por exemplo, entende que no caso de demandas coletivas envolvendo situações pessoais de apenas alguns integrantes da categoria, o rol pode ser exigido pelo juiz para permitir maior conhecimento de causa e não obstar o exercício do direito de defesa pelo reclamado.[21]

---

19. LACP. Art. 8º. Para instruir a inicial, o interessado poderá requerer às autoridades competentes as certidões e informações que julgar necessárias, a serem fornecidas no prazo de 15 (quinze) **dias.**
20. A Súmula nº 310 do TST que exigia esse requisito em seu inciso V, foi cancelada: "Súmula nº 310. V – Em qualquer ação proposta pelo sindicato como substituto processual, todos os substituídos serão individualizados na petição inicial e, para o início da execução, devidamente identificados pelo número da Carteira de Trabalho e Previdência Social ou de qualquer documento de identidade".
21. SCHIAVI, Mauro. **Manual de direito processual do trabalho.** 4 ed. São Paulo: LTr, 2011. p. 300.

Uma vez proposta a ação coletiva, o juiz determinará a **publicação de edital** no diário oficial para possibilitar a intervenção dos interessados na condição de litisconsorte, desde que se trate de ação coletiva fundada em direito individual homogêneo (art. 94 do CDC).

Essa comunicação é importante, pois o ingresso ou não de cada interessado individual, na ação coletiva, irá produzir efeitos diversos no que diz respeito à coisa julgada, como adiante será analisado.[22]

Quando o Ministério Público não for o autor da ação civil coletiva atuará obrigatoriamente como *custos legis* (art. 92 do CDC) e deve ser intimado da realização de todos os atos processuais, sob pena de nulidade.

O procedimento da defesa também segue as normas da CLT e, em caso de omissão, aquelas constantes do CPC. Note-se, porém, que o cabimento da **reconvenção** nas demandas coletivas **é bastante restrito**, devido a natureza da legitimidade do direito tutela.

O CPC admite a reconvenção na demanda coletiva, desde que seja observado o requisito estabelecido no art. 343, § 5º:

> **Art. 343. § 5º** Se o autor for substituto processual, o reconvinte deverá afirmar ser titular de direito em face do substituído, e a reconvenção deverá ser proposta em face do autor, também na qualidade de substituto processual.

9.2. Provas – Inquérito Civil

A) Conceito

O inquérito civil é um procedimento investigativo de natureza administrativa promovido pelo Ministério Público que tem como objetivo colher elementos de convicção sobre a existência de danos coletivos ou individuais indisponíveis, sejam eles efetivos ou potenciais.

Assim dispõe o art. 1º da Resolução nº 23/2007 do CNMP:

> **Art. 1º** O inquérito civil, de natureza unilateral e facultativa, será instaurado para apurar fato que possa autorizar a tutela dos interesses ou direitos a cargo do Ministério Público nos termos da legislação aplicável, servindo como preparação para o exercício das atribuições inerentes às suas funções institucionais.

B) Legitimidade

A Constituição Federal de 1988 reconhece que a instauração do inquérito civil é uma das funções institucionais do Ministério Público (art. 129, III). De forma específica, no âmbito laboral, constitui função institucional do Ministério Público do Trabalho a instauração do inquérito civil, para assegurar a observância dos direitos sociais dos trabalhadores (art. 84, II, da Lei Complementar nº 75/93).

22. Na prática forense trabalhista, não se verifica cumprimento dessa exigência, seja por omissão de requerimento do autor da demanda, seja omissão do Juiz do Trabalho.

C) Características

As principais características do inquérito civil são a **unilateralidade e a facultatividade**. Isso significa que, por ser um procedimento e não um processo, não há necessidade de se estabelecer o contraditório e ampla defesa durante o seu curso, como exige o art. 5º, LV, da Constituição Federal.

Quanto a facultatividade significa que esse recurso só é utilizado nos casos em que o Ministério Público não dispõe de elementos probatórios suficientes para ajuizar a ação civil pública ou ação civil coletiva.

D) Abertura

A abertura do inquérito civil, mediante portaria, pode ser feita de ofício ou a requerimento do interessado, ainda que anônimo (art. 2º, § 3º da Resolução nº 23/2007 do CNMP), desde que indique com precisão o fato e seu provável autor, bem como a qualificação mínima que permita sua identificação e localização.

Note-se que a notícia de irregularidade promovida de forma anônima só será objeto de investigação por meio de inquérito civil em casos excepcionais e de forma justificada.

Em tais casos, o Ministério Público deverá instaurar o procedimento preparatório para complementar as informações antes de determinar a abertura do inquérito civil, visando apurar elementos para identificação dos investigados ou do objeto (art. 2º, § 4º, da Resolução nº 23/2007 do CNMP).

A jurisprudência do STF trilha esse caminho:

> Delação Anônima. Investigação Penal. Ministério Público. Autonomia Investigatória (Transcrições) HC 100042-MC/RO* RELATOR: MIN. CELSO DE MELLO EMENTA: A INVESTIGAÇÃO PENAL E A QUESTÃO DA DELAÇÃO ANÔNIMA. DOUTRINA. PRECEDENTES. PRETENDIDA EXTINÇÃO DO PROCEDIMENTO INVESTIGATÓRIO, COM O CONSEQÜENTE ARQUIVAMENTO DO INQUÉRITO POLICIAL. DESCARACTERIZAÇÃO, NA ESPÉCIE, DA PLAUSIBILIDADE JURÍDICA DO PEDIDO. MEDIDA CAUTELAR INDEFERIDA. As autoridades públicas não podem iniciar qualquer medida de persecução (penal ou disciplinar), apoiando-se, unicamente, para tal fim, em peças apócrifas ou em escritos anônimos. É por essa razão que o escrito anônimo não autoriza, desde que isoladamente considerado, a imediata instauração de "persecutio criminis". Peças apócrifas não podem ser formalmente incorporadas a procedimentos instaurados pelo Estado, salvo quando forem produzidas pelo acusado ou, ainda, quando constituírem, elas próprias, o corpo de delito (como sucede com bilhetes de resgate no crime de extorsão mediante sequestro, ou como ocorre com cartas que evidenciem a prática de crimes contra a honra, ou que corporifiquem o delito de ameaça ou que materializem o "crimen falsi", p. ex.). – Nada impede, contudo, que o Poder Público, provocado por delação anônima ("disque-denúncia", p. ex.), adote medidas informais destinadas a apurar, previamente, em averiguação sumária, "com prudência e discrição", a possível ocorrência de eventual situação de ilicitude penal, desde que o faça com o objetivo de conferir a verossimilhança dos fatos nela denunciados, em ordem a promover, então, em caso positivo, a formal instauração da "persecutio criminis", mantendo-se, assim, completa desvinculação desse procedimento estatal em relação às peças apócrifas (HC nº 97197. Ministro CELSO DE MELLO Relator. DJE de 8.10.2009).

São requisitos da Portaria de abertura do inquérito civil (art. 4º, da Resolução nº 23/2007 do CNMP):

I – o fundamento legal que autoriza a ação do Ministério Público e a descrição do fato objeto do inquérito civil;

II – o nome e a qualificação possível da pessoa jurídica e/ou física a quem o fato é atribuído;

III – o nome e a qualificação possível do autor da representação, se for o caso;

IV – a data e o local da instauração e a determinação de diligências iniciais;

V – a designação do secretário, mediante termo de compromisso, quando couber;

VI – a determinação de afixação da portaria no local de costume, bem como a de remessa de cópia para publicação.

E) Conteúdo

No inquérito civil serão colhidas todas as provas em direito admitidas, como interrogatório de testemunhas, depoimentos dos interessados, documentos, perícia etc., tudo no sentido de esclarecer o fato objeto da investigação.

F) Efeitos

Com a conclusão do inquérito civil público o Ministério Público pode decidir pelo seu arquivamento, pelo ajuizamento de uma ação civil publica ou coletiva, ou por um termo de ajustamento de conduta, desde que haja a concordância do investigado.

Inclusive, o Ministério Público pode negar, de forma fundamentada, a abertura do inquérito civil quando os fatos narrados na representação não configurem lesão aos interesses ou direitos coletivos ou se já existir inquérito aberto ou concluído tratando da mesma matéria.

G) O inquérito civil como meio de prova

O inquérito civil é considerado como meio de prova nas ações coletivas, mas não de caráter absoluto, pois é promovido por quem tem interesse na causa, no caso, o Ministério Público, por mais respeitável que seja essa Instituição.

Com efeito, o Ministério Público, como representante da coletividade, colhe as provas no inquérito civil de forma unilateral, sem a observância do princípio do contraditório e da ampla defesa.

Entretanto, como se trata de um ato da administração pública, goza da presunção relativa de legitimidade e veracidade, admitindo-se prova em contrário pelo interessado a quem essa presunção não aproveita. Ainda assim, a legitimidade e a veracidade presumida do inquérito civil aplicam-se somente em relação aos fatos neles descritos e não em relação às suas consequências jurídicas.

Por exemplo: se no inquérito civil chegou-se a conclusão que a empresa não pagava 13º salario aos seus empregados, esse fato passa a ser acobertado pela presunção de veracidade. Essa qualidade, entretanto, não se aplica à conclusão hipotética do inquérito no sentido de ter existido dano moral coletivo.

A jurisprudência do STJ é nesse sentido:

> PROCESSO CIVIL AÇÃO CIVIL DE REPARAÇÃO DE DANOS. INQUÉRITO CIVIL PÚBLICO. NATUREZA INQUISITIVA. VALOR PROBATÓRIO. 1. O inquérito civil público é procedimento informativo, destinado a formar a opinio actio do Ministério

> Público. Constitui meio destinado a colher provas e outros elementos de convicção, tendo natureza inquisitiva. 2. "As provas colhidas no inquérito têm valor probatório relativo, porque colhidas sem a observância do contraditório, mas só devem ser afastadas quando há contraprova de hierarquia superior, ou seja, produzida sob a vigilância do contraditório" (Recurso Especial n. 476.660-MG, relatora Ministra Eliana Calmon, DJ de 4.8.2003). 3. As provas colhidas no inquérito civil, uma vez que instruem a peça vestibular, incorporam-se ao processo, devendo ser analisadas e devidamente valoradas pelo julgador. 4. Recurso especial conhecido e provido." (REsp 644994/MG, 2ª Turma, rel. Min. João Otávio de Noronha, j. 17/02/2005, DJU 21.03.2005, p. 336).

Já os elementos de convicção colhidos durante o inquérito, como documentos, depoimentos de testemunhas, perícias etc. terão o seu valor probatório livremente apreciados pelo juiz (art. 371 do CPC), que avaliará se há ou não necessidade de serem ratificados em juízo, se gozam de presunção relativa ou até mesmo absoluta de legitimidade e de veracidade.

Por exemplo, se uma testemunha foi ouvida pelo representante do Ministério Público do Trabalho durante o inquérito civil, com a participação da parte e garantindo-lhe o direito de contraditar e de fazer perguntas, não haveria necessidade do depoimento ser confirmado perante o juiz. Na ausência do contraditório, que não é obrigatório no inquérito, a parte interessada pode solicitar ao juiz que o depoimento seja complementado em juízo, para que exerça seu direito de defesa em sua plenitude.

9.3. Concessão de liminar e tutela de urgência

A LACP prevê, em seu art. 12, a possibilidade de o juiz conceder liminarmente a tutela pretendida pelo autor, com ou sem justificação prévia. O CDC possui dispositivo semelhante: "Art. 84. § 3º. Sendo relevante o fundamento da demanda e havendo justificado receio de ineficácia do provimento final, é lícito ao Juiz conceder a tutela liminarmente ou após justificação prévia, citado o réu".

A concessão dessa liminar não pode ser feita de ofício pelo juiz, de acordo com o preceito contido no art. 303, § 5º, do CPC:

> **Art. 303**. Nos casos em que a urgência for contemporânea à propositura da ação, a petição inicial pode limitar-se ao requerimento da tutela antecipada e à indicação do pedido de tutela final, com a exposição da lide, do direito que se busca realizar e do perigo de dano ou do risco ao resultado útil do processo. **§ 5º O autor indicará na petição inicial, ainda, que pretende valer-se do benefício previsto no caput deste artigo** (grifou-se).

Uma vez deferida a liminar com fixação de multa diária, **a sua exigibilidade só se efetivará após o trânsito em julgado da decisão. Entretanto, será devida a partir do momento em que o réu, devidamente intimado, deixou de cumprir a decisão** (LACP. Art. 12, § 2º).

A) Recurso

Concedida a liminar, a parte interessada pode **agravar** da decisão. Todavia, a jurisprudência trabalhista dominante entende que, nesse caso, o único remédio que pode ser utilizado para modificar a decisão é o **mandado de segurança**, visto que as decisões interlocutórias são irrecorríveis na Justiça do Trabalho.

Na verdade, tal conclusão é equivocada. A irrecorribilidade das decisões interlocutórias é característica do processo do trabalho e não da Justiça do Trabalho. Uma vez admitida a ACP nesse ramo do Poder Judiciário, atrai-se todo o procedimento previsto na Lei específica, inclusive as questões relativas aos recursos.

Ressalte-se, contudo, que a Resolução nº 27/2005 do TST **contém dispositivo direcionado para o sentido oposto**, conforme se observa do seu art. 2º: "A sistemática recursal a ser observada é a prevista na Consolidação das Leis do Trabalho, inclusive no tocante à nomenclatura, à alçada, aos prazos e às competências".

A Súmula nº 414, II, do TST contém entendimento semelhante:

> **SÚMULA Nº 414.** MANDADO DE SEGURANÇA. TUTELA PROVISÓRIA CONCEDIDA ANTES OU NA SENTENÇA (nova redação em decorrência do CPC de 2015) – Res. 217/2017 – DEJT divulgado em 20, 24 e 25.04.2017 II – Nº caso de a tutela provisória haver sido concedida ou indeferida antes da sentença, cabe mandado de segurança, em face da inexistência de recurso próprio.

B) Liminares contra pessoa jurídica de direito público

A LACP estabelece **limitações para a concessão de liminares quando o réu for pessoa jurídica de direito público**, na forma preceituada pelo § 1º, art. 12:

> **Art. 12. § 1º.** A requerimento de pessoa jurídica de direito público interessada, e para evitar grave lesão à ordem, à saúde, à segurança e à economia pública, poderá o Presidente do Tribunal a que competir o conhecimento do respectivo recurso suspender a execução da liminar, em decisão fundamentada, da qual caberá agravo para uma das turmas julgadoras, no prazo de 5 (cinco) dias a partir da publicação do ato.

Já a Lei nº 8.437/92 estabelece, em seu art. 2º, a necessidade de ser ouvido o representante judicial da pessoa jurídica de direito público, no prazo de 72 horas, **antes da concessão da liminar.**[23]

Por fim, registre-se que o STF julgou procedente o pedido feito por intermédio da ADC nº 11, para **declarar a constitucionalidade** do art. 1º, da Lei nº 9.494/97[24] que vedava a concessão de liminar ou tutela antecipada contra o Poder Público.[25]

---

23. Lei nº 8.437/92. Art. 2º. Nº mandado de segurança coletivo e na ação civil pública, a liminar será concedida, quando cabível, após a audiência do representante judicial da pessoa jurídica de direito público, que deverá se pronunciar no prazo de setenta e duas horas.
24. Lei nº 9.494/97. Art. 1º. Aplica-se à tutela antecipada prevista nos arts. 273 e 461 do Código de Processo Civil o disposto nos arts. 5º e seu parágrafo único e 7º da Lei 4.348, de 26 de junho de 1964, no art. 1º e seu § 4º da Lei 5.021, de 9 de junho de 1966, e nos arts. 1º, 3º e 4º da Lei 8.437, de 30 de junho de 1992.
25. Prosseguindo no julgamento, o Tribunal, por maioria, vencido o Senhor Ministro Marco Aurélio, julgou procedente a ação declaratória, nos termos do voto do Relator. Votou o Presidente, Ministro Gilmar Mendes. Redigirá o acórdão o Senhor Ministro Celso de Mello. Não participaram da votação os Senhores Ministros Cezar Peluso, Carlos Britto, Eros Grau e a Senhora Ministra Cármen Lúcia, por sucederem, respectivamente, aos Senhores Ministros Sydney Sanches, Ilmar Galvão, Maurício Corrêa e Nelson Jobim (Plenário do STF em 01.10.2008).

9.4. Desistência ou abandono da ação coletiva trabalhista

Diante da importância e a natureza peculiar das ações coletivas, o legislador, assim como fez com outros institutos processuais, tratou de forma diversa a questão relativa à desistência ou abandono da ação.

Segundo dispõe o art. 5º, § 3º, da Lei nº 7.347/85, em caso de ocorrência de alguma das hipóteses mencionadas, **o Ministério Público do Trabalho ou outro legitimado assumirá a titularidade ativa.**

Tal assunção somente ocorrerá, por parte do MPT, após a análise dos fundamentos fáticos e jurídicos da ação e haja conclusão pela plausibilidade da pretensão deduzida em juízo.

Exemplo de questão sobre o tema

(MPT – Procurador do Trabalho/2013) Em relação às ações coletivas para a tutela de interesses individuais homogêneos:

I. É cabível a reconvenção do réu em face da associação autora.

II. Em caso de desistência infundada ou abandono da associação autora, poderá o Ministério Público ou outro legitimado assumir a titularidade ativa.

III. As associações legitimadas podem habilitar-se como litisconsorte da parte passiva.

IV. Há possibilidade de a ação cautelar e a respectiva ação coletiva principal possuírem autores distintos.

Marque a alternativa CORRETA:

a) apenas assertivas I, II e III são corretas;

b) apenas assertivas I, III e IV são corretas;

c) as assertivas II, III e IV são corretas;

d) apenas as assertivas I e II são incorretas;

e) não respondida.

Resposta: C

9.5. Conciliação

Admite-se a conciliação nas ações coletivas, **desde que não impliquem renúncia ou transação dos direitos metaindividuais envolvidos**, uma vez que o legitimado ativo não é o titular dos respectivos direitos materiais e estes são indivisíveis e indisponíveis.

Nesse passo, é possível que haja a conciliação no que diz respeito, por exemplo, ao reconhecimento das irregularidades apontadas na petição inicial, com a concessão de prazo razoável para a sua adequação ao quanto estabelecido pelas normas heterônomas e autônomas, bem como em relação ao modo e condições para o seu cumprimento.

Com efeito, mesmo na hipótese de ações coletivas, deve ser observado o princípio da conciliação que norteia o processo laboral e constitui importante mecanismo para a solução de conflito de interesses, seja coletivo ou individual, desde que sejam observadas as limitações acima expostas.

9.6. Sentença

O ajuizamento de uma ação civil pública, na Justiça Laboral, visa obter, dentre outros efeitos, uma sentença condenatória de perdas e danos ou que contenha uma obrigação de fazer ou não fazer, sob pena de pagamento de astreinte diária, além de comandos decisórios de caráter executivo e mandamental.

Diferentemente do que ocorre no âmbito da jurisdição civil, no processo do trabalho a indenização por perdas e danos e a eventual multa diária, diante da inexistência de fundos específicos, reverte-se em favor do Fundo de Amparo ao Trabalhador ou outra Entidade similar e não ao Fundo para Reconstituição dos Bens Lesados, criado pelo Decreto nº 92.302/86.

Quando a ação coletiva tiver por fundamentos direitos individuais homogêneos a condenação deve ser genérica, com fixação da responsabilidade do réu pelos danos causados, em caso de procedência do pedido (art. 95 do CDC), mas sem determinar o *quantum* devido, o que será feito no processo de liquidação e execução a título individual ou coletivo.

Nesse sentido:

> AÇÃO CIVIL PÚBLICA. DIREITOS INDIVIDUAIS HOMOGÊNEOS. ORIGEM COMUM. EXECUÇÃO INDIVIDUALIZADA. Cinge-se a ação civil pública ao pleito exclusivo de horas *in intinere*, em favor dos substituídos que trabalham em turno ininterrupto de revezamento e recebem transporte do empregador, em razão dos horários de início e término dos turnos ser incompatível com o transporte público regular. Impõe-se, então, reconhecer a origem comum caracterizadora dos direitos individuais homogêneos legitimamente representados pelo sindicato da categoria. Trata-se de sentença genérica, como é próprio às ações coletivas, devendo a execução processar-se com cognição exauriente e amplo contraditório a fim de individualizar os titulares do direito ora reconhecido coletivamente, bem como quantificar os respectivos créditos. Neste sentido a jurisprudência do Tribunal Superior do Trabalho-TST e do Superior Tribunal de Justiça-STJ.[26]

Tem-se observado que as ações coletivas de natureza trabalhista tratam geralmente de: a) contratação irregular de servidor público; b) ilegalidade de contratação de mão-de-obra via cooperativa de serviços; c) manutenção da higidez e da segurança do meio ambiente do trabalho; d) listas negras; e) lides simuladas; f) trabalho em condições análogas ao sistema de escravidão; g) terceirizações ilícitas; etc.

10. LITISPENDÊNCIA

Há litispendência quando uma ação é reproduzida antes do seu trânsito em julgado. Isso significa dizer que há necessidade das ações serem idênticas, o que se verifica com a coincidência entre partes, causa de pedir e pedido (tríplice identidade).

Contudo, não se utiliza dos preceitos contidos no CPC que tratam dessa questão, pois **não há litispendência entre a ação individual e a ação coletiva**, conforme preconiza o art. 104, do CDC, reflexo da adoção da **legitimidade concorrente e disjuntiva:**[27]

> **Art. 104**. As ações coletivas, previstas nos incisos I e II, do parágrafo único, do artigo 81, não induzem litispendência para as ações individuais, mas os efeitos da coisa julgada erga omnes ou ultra partes a que aludem os incisos II e III do artigo anterior não beneficiarão

26. TRT 22ª R. RO 00196-2008-004-22-00-3. Rel. Des. Manoel Edilson Cardoso. DJ 17.09.2008.
27. Entretanto, o TST, por meio da SDI-1, ainda adota os preceitos clássicos contidos no CPC no que diz respeito à litispendência, ainda que se trate de lide de natureza coletiva e individual, a exemplo da decisão proferida no processo nº 03900-67.2008.5.22.0003.

os autores das ações individuais, se não for requerida sua suspensão no prazo de 30 (trinta) dias, a contar da ciência nos autos do ajuizamento da ação coletiva.[28]

Nesse sentido:

SÚMULA Nº 32 do TRT3. LITISPENDÊNCIA. SUBSTITUIÇÃO PROCESSUAL. AÇÃO INDIVIDUAL. INOCORRÊNCIA. O ajuizamento de ação coletiva pelo substituto processual não induz litispendência para a reclamatória individual proposta pelo substituído com o mesmo pedido e causa de pedir.

SÚMULA Nº 23 do TRT1. LITISPENDÊNCIA. INEXISTÊNCIA. AÇÃO INDIVIDUAL E AÇÃO COLETIVA. COISA JULGADA DA AÇÃO COLETIVA. EFEITO ULTRAPARTES. REQUISITOS. A demanda coletiva não induz litispendência em relação às ações individuais, com mesma causa de pedir e pedido, ajuizadas pelo próprio detentor do direito subjetivo material (CDC, art. 104, primeira parte). Os efeitos da coisa julgada na ação coletiva beneficiarão o demandante individual, salvo se, intimado para tomar ciência da ação coletiva, não requerer a suspensão, em 30 (trinta) dias, da demanda individual (CDC, art. 104, segunda parte).

SÚMULA Nº 56 do TRT4. LITISPENDÊNCIA. AÇÃO COLETIVA E AÇÃO INDIVIDUAL. SUBSTITUIÇÃO PROCESSUAL. A ação proposta pelo sindicato, como substituto processual, não induz litispendência em relação à ação individual, à luz do art. 104 do Código de Defesa do Consumidor.

SÚMULA Nº 11 do TRT7. AÇÃO COLETIVA AJUIZADA POR SINDICATO COMO SUBSTITUTO PROCESSUAL E AÇÃO INDIVIDUAL PROPOSTA POR EMPREGADO SUBSTITUÍDO. INEXISTÊNCIA DE LITISPENDÊNCIA E COISA JULGADA. A ação coletiva ajuizada por sindicato de categoria profissional, na qualidade de substituto processual, não induz litispendência nem faz coisa julgada em relação à reclamação trabalhista individual, por inexistir identidade subjetiva.

SÚMULA Nº 53 do TRT10. DIREITOS INDIVIDUAIS HOMOGÊNEOS. AÇÃO COLETIVA E INDIVIDUAL. LITISPENDÊNCIA. INEXISTÊNCIA. Em virtude da previsão do art. 104 do CDC, que exclui o autor de ação individual dos efeitos da decisão proferida na ação coletiva – ainda que defendendo direitos individuais homogêneos-, não há falar na litispendência entre ambas, mesmo que a entidade sindical haja apresentado rol de empregados por ela substituídos.

SÚMULA Nº 18 do TRT11. LITISPENDÊNCIA. AÇÃO COLETIVA E AÇÃO INDIVIDUAL. SUBSTITUIÇÃO PROCESSUAL. A ação proposta pelo Sindicato, como substituto processual, não induz litispendência em relação à ação individual, à luz do art. 104 do Código de Defesa do Consumidor.

SÚMULA Nº 42 do TRT12. LITISPENDÊNCIA. INOCORRÊNCIA. AÇÃO COLETIVA E AÇÃO INDIVIDUAL. A ação coletiva não induz litispendência com a ação individual, seja proposta pelo Sindicato ou pelo Ministério Público do Trabalho.

SÚMULA Nº 73 do TRT15. AÇÃO COLETIVA E AÇÃO INDIVIDUAL. LITISPENDÊNCIA. NÃO CONFIGURAÇÃO. A ação coletiva movida pelo sindicato da categoria, na condição de substituto processual, não induz litispendência em relação à ação individual com o mesmo pedido e a mesma causa de pedir.

---

28. Na verdade há um erro de remissão nesse dispositivo legal, equivoco identificado por diversos doutrinadores. A coisa julgada erga omnes ou ultra partes encontram-se previstas nos incisos I, II e III do artigo 103 e não apenas nos incisos II e III.

SÚMULA Nº 13 do TRT17. CONFLITO DE COMPETÊNCIA NEGATIVO. EXECUÇÃO INDIVIDUAL DE SENTENÇA PROFERIDA NO JULGAMENTO DE AÇÃO COLETIVA. INEXISTÊNCIA DE PREVENÇÃO DO JUÍZO QUE EXAMINOU O MÉRITO DA AÇÃO COLETIVA. A ação de execução a título individual, originada de sentença condenatória proferida no julgamento de ação coletiva, constitui processo autônomo, a ser distribuída dentre as diversas Varas do Trabalho, inexistindo prevenção em relação à Vara da qual se originou o título executivo. Inteligência dos arts. 95, 98, § 2º, I, 99 e 100 da Lei 8.078/90.

SÚMULA Nº 46 do TRT18. LITISPENDÊNCIA. COISA JULGADA. SUBSTITUIÇÃO PROCESSUAL. AÇÃO COLETIVA E AÇÃO INDIVIDUAL. EFEITOS. I. Não há litispendência entre a ação individual e a ação coletiva proposta em defesa de interesses ou direitos individuais homogêneos. II. O autor da ação individual não será beneficiado com os efeitos erga omnes e ultra partes da ação coletiva, salvo se requerer a suspensão daquela no prazo de 30 (trinta) dias, a contar da ciência nos autos do ajuizamento da ação coletiva.

Evidentemente que a regra da litispendência tratada pelo CDC só tem aplicabilidade prática quando a ação coletiva versar sobre direitos individuais e homogêneos. Com efeito, não se trata de verdadeira litispendência, mas sim de uma espécie de continência, uma vez que o pleito da ação coletiva, por ser mais ampla subjetivamente, abrange a postulação da ação individual.

Portanto, uma vez ajuizada a ação individual, o autor tem o prazo de 30 dias, a partir da ciência do ajuizamento da ação coletiva, **para manifestar a sua opção entre paralisar ou continuar a sua demanda**, escolha que produzirá efeitos diversos no que diz respeito à coisa julgada, que adiante será analisada.

Se ainda não houver contestação, também poderá optar por desistir de sua pretensão, com a extinção da ação individual sem a resolução do mérito.

11. COISA JULGADA

Segundo dispõe o art. 503 do CPC a decisão que julgar total ou parcialmente o mérito tem força de lei nos limites da questão principal expressamente decidida.

O referido preceito legal traça os parâmetros para os efeitos da sentença no âmbito do processo individual e fixa regra de alcance para as partes que participaram do litígio.

No processo coletivo, ao contrário, **a regra é dos efeitos** erga omnes ou ultra partes, que variam de acordo com a natureza dos direitos defendidos em juízo e denomina-se coisa julgada ***secundum eventum litis***, ou seja, a depender do resultado da lide.

11.1. Direitos difusos e coletivos

No caso de direitos difusos e coletivos, uma vez proferida a sentença verificam-se os efeitos da coisa julgada material apenas na hipótese de sua procedência ou improcedência por outros fundamentos que não a insuficiência de provas.

A sentença condenatória produz efeitos erga omnes, **na hipótese de direitos difusos e ultra partes, no caso de direitos coletivos.**

Por conta da edição da Lei nº 9.494/97, que alterou a redação do art. 16 da LACP, estabeleceu-se uma limitação do efeito *erga omnes* da sentença proferida em processo coletivo, limitando-se aos residentes no âmbito da competência territorial do juiz prolator, o que não estava previsto na redação original do mencionado dispositivo legal.

Nesse sentido a tese de repercussão geral fixada nos autos do RE nº 612043 em julgamento ocorrido em maio de 2017: "A eficácia subjetiva da coisa julgada formada a partir de ação coletiva, de rito ordinário, ajuizada por associação civil na defesa de interesses dos associados, somente alcança os filiados, residentes no âmbito da jurisdição do órgão julgador, que o fossem em momento anterior ou até a data da propositura da demanda, constantes de relação juntada à inicial do processo de conhecimento".

Note-se, todavia, que se a ação coletiva for ajuizada contra a União no Distrito Federal, os efeitos da sentença alcançarão os substituídos residentes em todo o território nacional. Isso porque a Constituição Federal de 1988, em seu § 2º, art. 109, permite que, a ação individual seja proposta no domicílio do autor, onde houver ocorrido o ato ou fato **ou no Distrito Federal**, estabelecendo, assim, uma espécie de **foro universal**:

> **Art. 109. § 2º** As causas intentadas contra a União poderão ser aforadas na seção judiciária em que for domiciliado o autor, naquela onde houver ocorrido o ato ou fato que deu origem à demanda ou onde esteja situada a coisa, ou, ainda, no Distrito Federal.

Na hipótese de improcedência da ACP por insuficiência de provas, não há vedação para que qualquer legitimado concorrente ajuíze outra ação coletiva com idêntico fundamento e pedido, conforme preconiza o art. 16 da Lei nº 7.347/85 e art. 103, I, do CDC, desde que produza nova prova:

> **Art. 16.** A sentença civil fará coisa julgada erga omnes, nos limites da competência territorial do prolator, exceto se o pedido for julgado improcedente por insuficiência de provas, hipótese em que qualquer legitimado poderá intentar outra ação com idêntico fundamento, valendo-se de nova prova.
>
> **Art. 103.** Nas ações coletivas de que trata este Código, a sentença fará coisa julgada: I – erga omnes, exceto se o pedido for julgado improcedente por insuficiência de provas, hipótese em que qualquer legitimado poderá intentar outra ação, com idêntico fundamento, valendo-se de nova prova, na hipótese do inciso I, do parágrafo único, do artigo 81.

Verifica-se esse mesmo efeito quando se extingue o processo coletivo sem a resolução do mérito, posto que nesse caso opera-se, apenas, a coisa julgada formal.

11.2. Direitos individuais homogêneos

Quanto à ação civil coletiva, fundada na defesa de direitos individuais homogêneos, podem ocorrer as seguintes hipóteses em relação à coisa julgada:

- Se ao tempo da ação coletiva, o autor da ação individual não optou pela suspensão de sua demanda, suportará o ônus da sentença proferida no seu processo;
- Suspensa a ação individual, será o seu autor beneficiário dos efeitos da decisão prolatada no processo coletivo em caso de procedência, com o arquivamento de sua ação individual, efeito denominado de transposição ***in utilibus*** da coisa julgada;

- Julgada improcedente a ação coletiva da qual não houve participação do interessado, mas que requereu a suspensão da sua ação individual, retoma-se o curso desta demanda, após o trânsito em julgado da sentença coletiva;
- Se houve intervenção do autor da ação individual na ação coletiva como litisconsorte (intervenção litisconsorcial), suportará o ônus da sentença proferida nesta última, mesmo em caso de improcedência.

A jurisprudência manifesta-se sobre essa temática:

> TESE JURÍDICA PREVALECENTE Nº 01 do TRT19. AÇÃO COLETIVA JULGADA IMPROCEDENTE E AÇÃO INDIVIDUAL DO SUBSTITUÍDO. COISA JULGADA. IMPOSSIBILIDADE. O ajuizamento de ação coletiva envolvendo direito individual homogêneo por Sindicato de Classe, julgada improcedente, não impede que o substituído pleiteie o seu direito em ação individual, por não caracterizar o instituto da litispendência ou da coisa julgada, conforme disposto no art. 103, III, c/c art. 81 do CDC (Lei Nº 8.078, 11 de setembro de 1990).

> **SÚMULA Nº 15 do TRT23.** ACORDO HOMOLOGADO EM AÇÃO COLETIVA. COISA JULGADA. EFEITOS NA AÇÃO INDIVIDUAL. **I –** Não ocorre coisa julgada em ação individual promovida após acordo firmado pelo substituto processual e homologado em processo coletivo com idêntico objeto salvo se houver manifestação expressa de concordância com os termos do acordo, juntado aos autos da ação coletiva, assinada pelo autor da ação individual; **II –** Independentemente dos efeitos da coisa julgada, mas por força do princípio da vedação do enriquecimento sem causa, os valores recebidos em ação coletiva deverão ser abatidos no processo individual se a pretensão neste tiver como causa de pedir o mesmo fato jurídico aduzido na ação coletiva.

Exemplos de questões sobre o tema

(TRT 4 – Juiz do Trabalho Substituto 4ª região/2016) Considere as seguintes pretensões deduzidas em diferentes ações ajuizadas na Justiça do Trabalho sobre direitos transindividuais:

I. ação que busca a declaração da nulidade da dispensa em massa de trabalhadores em razão da ausência de negociação coletiva prévia entre empregador e entidade sindical sobre a referida dispensa;
II. ação que pretende impedir contratação sem concurso público;
III. ação que objetiva anular contratos de trabalho de trabalhadores que ingressaram na Administração Pública sem concurso público em órgão específico;
IV. ação que pretende o pagamento de adicional de periculosidade decorrente de ingresso em área de risco de explosão.

Com base em tais pretensões, assinale a assertiva correta.

a) Corresponde a interesse ou direito difuso somente a ação referida em II e a sentença prolatada fará coisa julgada *erga omnes* apenas no caso de procedência do pedido.
b) No caso da ação proposta em IV, a sentença prolatada fará coisa julgada *erga omnes*, exceto se o pedido for julgado improcedente por insuficiência de provas, hipótese em que qualquer legitimado poderá intentar outra ação, com idêntico fundamento, valendo-se de nova prova.
c) A ação referida em I pode ser proposta pelo Ministério Público do Trabalho ou outros legitimados concorrentes e a sentença fará coisa julgada ultra partes, mas limitadamente ao grupo dispensado em massa, salvo improcedência por insuficiência de provas, hipótese em que qualquer legitimado poderá intentar outra ação, com idêntico fundamento, valendo-se de nova prova.
d) A sentença prolatada no caso do item III fará coisa julgada *secundum eventum litis*, ou seja, segundo o resultado da lide.

e) Na ação civil pública, a coisa julgada coletiva não estende seus efeitos ao plano individual *in utilibus* no caso de procedência do pedido.

Resposta: C

(MPT – Procurador do Trabalho/2013) Consoante o disposto expressamente no Código de Defesa do Consumidor, assinale a alternativa INCORRETA:

a) Em caso de concurso de créditos decorrentes de condenação pecuniária em ação para a tutela de interesses difusos e coletivos, e de indenizações pelos prejuízos individualmente resultantes do mesmo evento danoso, estas terão preferência de pagamento em relação às primeiras.

b) Na tutela dos interesses difusos, coletivos e individuais homogêneos aplica-se o instituto da coisa julgada *secundum eventum probationis* (conforme a sorte das provas), de forma que qualquer legitimado poderá intentar outra ação, com idêntico fundamento, valendo-se de nova prova.

c) A legislação brasileira inspirou-se no instituto da fluid recovery (reparação fluida) da jurisprudência norte-americana para destinar ao Fundo criado pela Lei nº 7.347/85, o produto da indenização devida em ação coletiva aos lesados individuais, quando decorrido o prazo de um ano sem habilitação de interessados em número compatível com a gravidade do dano reconhecido na ação coletiva para tutela de direitos individuais homogêneos.

d) Denomina-se transporte *in utilibus* (em utilidade) da coisa julgada a autorização prevista no CDC para que os efeitos da coisa julgada resultante de decisão proferida em ação civil pública, quando procedente o pedido (*secundum eventum litis*), beneficiem as vítimas e seus sucessores, que poderão proceder à liquidação e à execução da decisão.

e) não respondida.

Resposta: B

(TRT 15 – Juiz do Trabalho Substituto 15ª região/2013) A ação civil pública atende a exigência atual de coletivização do processo em contraposição à tendência tradicional individualista do direito processual comum, realizando os princípios da acessibilidade coletiva e da efetividade do processo. A esse respeito, é incorreto afirmar:

a) a ação civil pública presta-se a tutelar Interesses difusos, coletivos e individuais homogêneos, sendo que parte da doutrina estabelece uma diferenciação entre a ação civil pública *stricto sensu*, que seria destinada aos interesses difusos e coletivos, e a ação coletiva, voltada aos interesses individuais homogêneos;

b) os interesses difusos são aqueles de natureza transindividual, indeterminados, indivisíveis, de interesse de um grupo de pessoas, não havendo entre elas vínculo jurídico ou fático bem definido; os interesses coletivos, por sua vez, são transindividuais, determinados ou determináveis, indivisíveis e interligados por uma relação jurídica de interesse do grupo; os interesses individuais homogêneos, por fim, são caracterizados por possuírem a identificação de seu titular, sendo divisível o seu objeto, possuindo origem comum;

c) a competência para a apreciação das ações civis públicas é definida pelo local do dano, sendo entendimento majoritário do TST que, havendo dano de abrangência regional, que atinge cidades sujeitas à jurisdição de mais de uma Vara do Trabalho, a competência será de qualquer das varas das localidades atingidas, ainda que vinculadas a Tribunais Regionais do Trabalho distintos, ao passo que, em caso de dano de abrangência suprarregional ou nacional, há competência concorrente para a ação civil pública das Varas do Trabalho das sedes dos Tribunais Regionais do Trabalho;

d) a legitimidade ativa *ad causam* para a ação civil pública não é taxativa, pertencendo, entre outros, ao Ministério Público, a União, aos Estados, ao Distrito Federal, aos Municípios e aos órgãos da Administração Pública, direta ou indireta, destinados à defesa de direitos metaindividuais, como também às associações constituídas há pelo menos um ano, tendo entre seus fins a defesa de interesses metaindividuais;

e) na ação civil pública voltada à tutela de interesses difusos, a sentença de procedência gera efeitos vinculantes "erga omnes ".

Resposta: D

(MPT – Procurador do Trabalho/2013) Em relação à ação civil pública trabalhista, conforme o CDC e a jurisprudência dominante do TST, analise as proposições abaixo:

I. A Vara do Trabalho de Brasília tem competência concorrente para a solução de demandas sobre danos de âmbito suprarregional, somente nas hipóteses em que o dano alcance a área de sua jurisdição.

II. O sindicato tem ampla legitimidade ativa para postular a tutela inibitória relativa a direitos difusos e coletivos, mesmo aqueles desvinculados de interesses da categoria que representa.

III. Os pedidos relativos a interesses difusos julgados improcedentes, por ausência de prova, produzem coisa julgada material com efeito erga omnes.

IV. É possível a cumulação objetiva de pedidos de indenização por danos morais individuais e coletivos.

Assinale a alternativa CORRETA:

a) As assertivas II e III estão incorretas;
b) As assertivas I e IV estão incorretas;
c) As assertivas I e III estão incorretas;
d) As assertivas II e IV estão incorretas;
e) Não respondida.

Resposta: A

(TRT 8 – Juiz do Trabalho Substituto 8ª região/2013) Sobre ação civil pública e ação civil coletiva (legitimidade, substituição processual, coisa julgada e litispendência) é CORRETO afirmar que.

a) De acordo com a doutrina moderna, a legitimação extraordinária deve ser a regra da tutela jurisdicional coletiva na sociedade de massa, devendo ser dada preferência à "molecularização dos conflitos". O interesse poderá pertencer a pessoas determinadas ou indetermináveis, mas sempre pertencerá a terceiros que não integram a relação processual, o que caracteriza a legitimidade como extraordinária (sui-generis), mas não possui autonomia processual porque defende direitos alheios.

b) Na defesa de direito individuais homogêneos temos a figura da legitimação extraordinária (substituição processual), porque o legitimado coletivo atua em nome próprio na defesa dos direitos de outrem, de forma concorrente e disjuntiva. Mas, tratando-se de tutela de direitos difusos e coletivos, a legitimação para agir, como ocorre na ação civil pública, caracteriza a hipótese de mandato legal.

c) Na substituição processual é necessária a relação dos substituídos acompanhando a petição inicial, considerando que as ações coletivas induzem à litispendência para as ações individuais, sendo que os efeitos da coisa julgada erga omnes ou ultra partes não beneficiarão os autores das ações individuais, se não for requerida a sua suspensão no prazo de trinta dias, a contar da ciência nos autos do ajuizamento da ação coletiva.

d) Em respeito aos princípios de economia e celeridade processuais, tão caros no processo do trabalho, cabe reconvenção na legitimação extraordinária, portanto, na ação coletiva.

e) É pacífica na doutrina e na jurisprudência a vedação da ação civil pública para tutela do FGTS.

Resposta: B

---

12. RECURSO

Das decisões proferidas pelas Varas do Trabalho em sede de ações coletivas, cabe, **no prazo de oito dias, recurso ordinário** para o TRT ao qual estiver vinculada. Como dito anteriormente, na temática recursal aplicam-se os dispositivos da CLT por força do disposto na IN nº 27/2005, art. 2º, do TST.

Saliente-se que o depósito recursal só será exigido da parte ré quando houver condenação pecuniária, na forma do entendimento constante da Súmula nº 161 do TST.[29]

13. EXECUÇÃO

Transitada em julgado a decisão proferida na ação civil coletiva, inicia-se o processo de execução individual ou coletiva, com a prévia liquidação nas demandas condenatórias.

Isso porque a sentença condenatória proferida nessas demandas é genérica (art. 95 do CDC). A execução, individual ou coletiva, deve comprar as situações fáticas individuais de cada substituído, para que o juiz decida sobre a incidência ou não da sentença coletiva.

A legitimidade originária é da entidade que figurou no polo ativo da relação processual coletiva. Em caso de omissão por **mais de 60 dias após o trânsito em julgado, o MPT deverá iniciar a execução** (legitimação derivada), facultando igual prerrogativa aos demais legitimados, na forma do preceito contido no art. 15 da LACP.[30]

No caso de procedência dos pedidos, os beneficiários individualmente considerados e seus sucessores também poderão proceder à liquidação e à execução da sentença (art. 97 do CDC), quando a hipótese for de direitos individuais e homogêneos.

Se decorrido um ano sem habilitação de interessados em número compatível com a gravidade do dano, poderão os legitimados da ação coletiva promover a liquidação e execução da indenização devida (art. 100 do CDC). O produto da indenização devida reverte-se para o FAT ou Entidade similar.

Dispõe, ainda, o art. 98 do CDC:

> **Art. 98.** A execução poderá ser coletiva, sendo promovida pelos legitimados de que trata o artigo 82, abrangendo as vítimas cujas indenizações já tiverem sido fixadas em sentença de liquidação, sem prejuízo do ajuizamento de outras execuções. § 1º. A execução coletiva far-se-á com base em certidão das sentenças de liquidação, da qual deverá constar a ocorrência ou não do trânsito em julgado.

Em caso de execução individual, poderá ser proposta **tanto no juízo da ação condenatória quanto no juízo da liquidação da sentença, inclusive no domicílio do titular do direito individual homogêneo.**

> **SÚMULA Nº 13 do TRT17.** CONFLITO DE COMPETÊNCIA NEGATIVO. EXECUÇÃO INDIVIDUAL DE SENTENÇA PROFERIDA NO JULGAMENTO DE AÇÃO COLETIVA. INEXISTÊNCIA DE PREVENÇÃO DO JUÍZO QUE EXAMINOU O MÉRITO DA AÇÃO COLETIVA. A ação de execução a título individual, originada de sentença condenatória proferida no julgamento de ação coletiva, constitui

29. TST. Súmula nº 161. DEPÓSITO. CONDENAÇÃO A PAGAMENTO EM PECÚNIA – Res. 121/2003, DJ 19, 20 e 21.11.2003. Se não há condenação a pagamento em pecúnia, descabe o depósito de que tratam os §§ 1º e 2º do art. 899 da CLT. Ex-prejulgado nº 39.

30. Lei nº 7.347/85. Art. 15. Decorridos 60 (sessenta) **dias do trânsito em julgado da sentença condenatória, sem que a associação autora lhe promova a execução, deverá fazê-lo o Ministério Público, facultada, igual iniciativa aos demais legitimados.**

processo autônomo, a ser distribuída dentre as diversas Varas do Trabalho, inexistindo prevenção em relação à Vara da qual se originou o título executivo. Inteligência dos arts. 95, 98, § 2º, I, 99 e 100 da Lei 8.078/90.

SÚMULA Nº 111 do TRT4. EXECUÇÃO INDIVIDUAL DE DECISÃO PROFERIDA EM AÇÃO COLETIVA. COMPETÊNCIA. É facultado o ajuizamento no foro do domicílio do exequente de execução individual de decisão proferida em ação coletiva, nos termos do art. 98, § 2º, inciso I, combinado com o art. 101, inciso I, ambos do Código de Defesa do Consumidor.

SÚMULA Nº 35 do TRT8. EXECUÇÃO DECISÃO PROFERIDA EM PROCESSO COLETIVO. COMPETÊNCIA. A execução das sentenças genéricas proferidas em ação de caráter coletivo é realizada por meio de ação executiva individual, sem vinculação àquela e sem prevenção do juízo prolator da decisão.

Saliente-se que os valores devidos a título de indenização por danos individuais preferem àqueles por infração aos interesses difusos e coletivos, conforme preceitua o art. 99 do CDC.[31]

Ressalte-se, por fim, que a demanda coletiva de natureza constitutiva ou declaratória não é passível de execução, como ocorre, por exemplo, quando se propõe a anular cláusulas de instrumentos normativos negociados.

Exemplos de questões sobre o tema:

(TRT 8 – Juiz do Trabalho Substituto 8ª região/2014) Na execução em sede de Ação Civil Coletiva, considerando os dispositivos legais, é CORRETO afirmar que:

a) O cumprimento da sentença genérica deverá ser promovido por meio de uma nova demanda individual pela qual o titular do direito material pedirá a liquidação do direito declarado na decisão principal transitada em julgado, com o objetivo de ensejar a imediata execução propriamente dita à concretização ou à efetivação do direito reparatório reconhecido.

b) A decisão em sede da Ação Civil Coletiva trabalhista pode ser executada de forma individual ou coletiva, sendo que nesse último caso os legalmente legitimados poderão promover a execução, abrangendo todos os trabalhadores vitimados, cujos valores indenizatórios já tenham sido determinados na sentença de liquidação, obstando-se o ajuizamento de outras e futuras execuções.

c) A execução coletiva far-se-á com base em certidão das sentenças de liquidação, da qual deverá constar a ocorrência ou não do trânsito em julgado, sendo competente para a execução o juízo da ação condenatória, no caso de execução individual ou coletiva.

d) Se decorrido o prazo de um ano sem habilitação de interessados (individual ou coletivamente) em número compatível com a gravidade do dano reconhecido na sentença trabalhista em sede de Ação Civil Coletiva, compete privativamente ao Ministério Público do Trabalho promover a liquidação e execução da indenização devida, caso em que o valor da indenização reverterá para o fundo criado pela Lei n° 7.347/1985 ou pela entidade filantrópica regularmente constituída.

e) A liquidação e a execução de sentença de Ação Civil Coletiva poderão ser promovidas pela vítima e seus sucessores, assim como pelos legitimados, dentre outros, o Ministério Público e as associações legalmente constituídas há pelo menos um ano e que incluam entre seus fins institucionais a defesa dos interesses e direitos protegidos pelo Código de Defesa do Consumidor.

Resposta: E

31. CDC. Art. 99. Em caso de concurso de créditos decorrentes de condenação prevista na Lei nº 7.347, de 24 de julho de 1985, e de indenizações pelos prejuízos individuais resultantes do mesmo evento danoso, estas terão preferência no pagamento.

(TRT 8 – Juiz do Trabalho Substituto 8ª região/2014) Nº processo coletivo do trabalho, a execução das decisões proferidas na ação coletiva sobre a validade ou invalidade de atos normativos, assinale a alternativa CORRETA:

a) Quando a decisão for de indenização pelos danos genericamente causados aos interesses coletivos difusos e ao ordenamento jurídico, as custas processuais serão fixadas e executadas por ocasião da individualização do quantum debeatur por meio das ações individuais dos trabalhadores lesados ou pelo Ministério Público do Trabalho, parte legítima à promover a execução em defesa da ordem jurídica.

b) Quando a decisão deferir antecipação de tutela para suspensão imediata dos efeitos do ato jurídico inquinado nulo ou de anulável, com fixação de astreintes, comportará execução do valor das custas processuais, em caso de inadimplemento da obrigação.

c) Quando a decisão, nessas ações sobre validade e invalidade de ato normativos consistir em obrigação de não inclusão de determinadas cláusulas nos convênios normativos relativos às categorias profissional e econômica em litígio, não haverá a fixação de custas porque a decisão vale pelo seu efeito constitutivo ou declaratório positivo.

d) Quando a decisão acolher apenas a desconstituição do contrato ou do instrumento normativo, declarando a validade ou invalidade do negócio jurídico, inexiste execução com relação a esse objeto, porque a decisão vale pelo seu próprio efeito – declaratório ou constitutivo negativo.

e) Quando a decisão de indenização pelos danos genericamente causados aos interesses coletivos e ao ordenamento jurídico for proferida em competência funcional originária pelo Tribunal Regional do Trabalhou ou pelo Tribunal Superior do Trabalho, a eles caberá proceder a execução, podendo, no entanto, delegar os atos não declaratórios aos juízes de primeira instância, por instrumento de carta de sentença.

Resposta: D

14. AÇÃO DE CUMPRIMENTO

A ação de cumprimento foi assim batizada pela doutrina e jurisprudência ao interpretarem as disposições contidas no art. 872 da CLT:

> **Art. 872.** Celebrado o acordo, ou transitada em julgado a decisão, seguir-se-á o seu cumprimento, sob as penas estabelecidas neste Título. Parágrafo único. Quando os empregadores deixarem de satisfazer o pagamento de salários, na conformidade da decisão proferida, poderão os empregados ou seus sindicatos, independentes de outorga de poderes de seus associados, juntando certidão de tal decisão, apresentar reclamação à Junta ou Juízo competente, observado o processo previsto no Capítulo II deste Título, sendo vedado, porém, questionar sobre a matéria de fato e de direito já apreciada na decisão.

Em verdade, como se depreende da leitura do mencionado dispositivo legal, a ação de cumprimento não é unicamente coletiva, uma vez que a efetivação dos direitos previstos nas sentenças ou acordos normativos **pode ser feita individualmente pelo empregado.**

A redação do parágrafo único, art. 872 da CLT, foi alterada pela Lei nº 2.275/54, no sentido de permitir a propositura de uma ação coletiva pelo sindicato, **independente de autorização expressa dos associados,** o que representa uma verdadeira **substituição processual.**

A Lei nº 8.984/95, art. 1º, estendeu a possibilidade da ação de cumprimento ser ajuizada com base em **acordo ou convenção coletiva de trabalho**, já que pela redação anterior só poderia ser utilizada a **sentença normativa ou o acordo homologado no âmbito do dissídio coletivo**:

Art. 1º. Compete à Justiça do Trabalho conciliar e julgar os dissídios que tenham origem no cumprimento de convenções coletivas de trabalho ou acordos coletivos de trabalho, mesmo quando ocorram entre sindicatos ou entre sindicato de trabalhadores e empregador.

A Súmula nº 286 do TST confirma essa interpretação:

SÚMULA Nº 286. SINDICATO. SUBSTITUIÇÃO PROCESSUAL. CONVENÇÃO E ACORDO COLETIVOS (mantida) – Res. 121/2003, DJ 19, 20 e 21.11.2003. A legitimidade do sindicato para propor ação de cumprimento estende-se também à observância de acordo ou de convenção coletivos.

Assim, pode-se afirmar que a ação de cumprimento consiste em uma espécie de ação judicial, individual ou coletiva, cuja legitimidade ativa é atribuída aos empregados e, extraordinariamente, aos respectivos sindicatos da categoria profissional, com o objetivo dar efetividade aos direitos laborais estabelecidos por intermédio de acordo coletivo, convenção coletiva ou sentença normativa.

14.1. Natureza jurídica

Não se trata de ação de execução, como pode parecer à primeira vista. A ação de cumprimento nada mais é do que uma ação judicial clássica de conhecimento, que se diferencia das demais apenas no que diz respeito à fundamentação jurídica, que deve ser feita com base em uma **norma de conduta estabelecida em acordo coletivo, convenção coletiva ou sentença normativa.**[32]

Por conta disso, distingue-se do dissídio coletivo, cujo objetivo principal é de instituir novas condições de trabalho, com nítida natureza normativa, bem como da ação civil pública e da ação civil coletiva, uma vez que estas últimas não estão limitadas à defesa de direitos estabelecidos por sentença normativa ou instrumentos normativos negociados.

Apesar dessa característica, a ação de cumprimento, admitida como espécie de ação coletiva quando proposta pelo sindicato, **encontra-se submetida aos procedimentos estabelecidos pela LACP e pelo CDC.**

14.2. Fundamento da petição inicial

Não há necessidade de aguardar o trânsito em julgado da decisão normativa para ajuizar a ação de cumprimento. Basta juntar a **prova de sua publicação no diário oficial**, que deverá ser feita no prazo máximo de quinze dias, segundo dispõe o art. 12, § 2º, da Lei nº 10.192/01.

Nesse sentido, a Súmula nº 246 do TST:

SÚMULA Nº 246. AÇÃO DE CUMPRIMENTO. TRÂNSITO EM JULGADO DA SENTENÇA NORMATIVA – (mantida) – Res. 121/2003, DJ 19, 20 e 21.11.2003. É

32. TST. SDI-1. OJ nº 188. Inserida em 08.11.00. Decisão normativa que defere direitos. Falta de interesse de agir para ação individual. Falta interesse de agir para a ação individual, singular ou plúrima, quando o direito já foi reconhecido através de decisão normativa, cabendo, no caso, ação de cumprimento (08.11.2000).

dispensável o trânsito em julgado da sentença normativa para a propositura da ação de cumprimento.

Na falta de publicação, a ação de cumprimento pode ser proposta apenas com a certidão do julgamento da sentença normativa, em face da expressa autorização contida no art. 7º, § 6º, da Lei nº 7.701/88,[33] no **vigésimo dia após o julgamento**.

O art. 872, parágrafo único, da CLT afirma que a ação de cumprimento só pode ser utilizada para postular o pagamento de salário. Apesar disso, a doutrina e a jurisprudência interpretaram de forma extensiva o referido preceito legal, para alcançar quaisquer direitos estabelecidos em sentença normativa ou instrumentos normativos negociados.

14.3. Modificação da sentença normativa em grau de recurso

Deve-se atentar para os efeitos produzidos na ação de cumprimento, quando há modificação na sentença normativa que lhe serviu de fundamento.

Nesses casos, a ação de cumprimento também deve se adaptar à solução dada ao conflito coletivo em nível recursal, inclusive em caso de extinção do processo sem a resolução do mérito, hipótese em que deverá seguir essa mesma sorte.

Nesse sentido, a OJ nº 277, da SDI-1, do TST e a Súmula nº 397:

> **OJ Nº 277.** Ação de Cumprimento Fundada em Decisão Normativa que Sofreu Posterior Reforma, Quando já Transitada em Julgado a Sentença Condenatória. Coisa Julgada. Não-Configuração. DJ 11.08.03. A coisa julgada produzida na ação de cumprimento é atípica, pois dependente de condição resolutiva, ou seja, da não-modificação da decisão normativa por eventual recurso. Assim, modificada a sentença normativa pelo TST, com a consequente extinção do processo, sem julgamento do mérito, deve-se extinguir a execução em andamento, uma vez que a norma sobre a qual se apoiava o título exequendo deixou de existir no mundo jurídico.
>
> **SÚMULA Nº 397.** AÇÃO RESCISÓRIA. ART. 966, IV, do CPC de 2015 . ART. 485, IV, DO CPC de 1973. AÇÃO DE CUMPRIMENTO. OFENSA À COISA JULGADA EMANADA DE SENTENÇA NORMATIVA MODIFICADA EM GRAU DE RECURSO. INVIABILIDADE. CABIMENTO DE MANDADO DE SEGURANÇA. (atualizada em decorrência do CPC de 2015) – Res. 208/2016, DEJT divulgado em 22, 25 e 26.04.2016. Não procede ação rescisória calcada em ofensa à coisa julgada perpetrada por decisão proferida em ação de cumprimento, em face de a sentença normativa, na qual se louvava, ter sido modificada em grau de recurso, porque em dissídio coletivo somente se consubstancia coisa julgada formal. Assim, os meios processuais aptos a atacarem a execução da cláusula reformada são a exceção de pré-executividade e o mandado de segurança, no caso de descumprimento do art. 514 do CPC de 2015 (art. 572 do CPC de 1973). (ex-OJ nº 116 da SBDI-2 – DJ 11.08.2003)

Trata-se de atribuir inexigibilidade ao título executivo judicial nos mesmos moldes do efeito previsto para sentenças fundadas normas declaradas inconstitucionais pelo STF ou interpretações tidas como incompatíveis com a Constituição Federal, de acordo com o preceito contido no art. 884, § 5º, da CLT.

---

33. Lei nº 7.701/88. Art. 7º. § 6º. A sentença normativa poderá ser objeto de ação de cumprimento a partir do 20º (vigésimo) **dia subsequente ao do julgamento, fundada no acórdão ou na certidão de julgamento, salvo se concedido efeito suspensivo pelo Presidente do Tribunal Superior do Trabalho.**

Exemplo de questão sobre o tema:

(FCC – Juiz do Trabalho/2017) Em se tratando de ação de cumprimento no processo do trabalho, em conformidade com a Consolidação das Leis do Trabalho e o entendimento das Súmulas e Orientações Jurisprudenciais do Tribunal Superior do Trabalho, considere:

I. A propositura da ação de cumprimento prescinde do trânsito em julgado da sentença normativa.

II. A ação de cumprimento de decisão normativa tem como início do prazo prescricional a data do trânsito em julgado desta.

III. O sindicato possui legitimidade, como substituto processual, para propor ação de cumprimento de sentença normativa, necessitando, para tanto, da outorga de poderes de seus associados.

IV. A legitimidade do sindicato para propor ação de cumprimento estende-se também à observância de acordo ou de convenção coletivos.

Está correto o que se afirma APENAS em

a) III e IV.

b) II, III e IV.

c) I, II e IV.

d) IV.

e) III.

Resposta: C

15. INFORMATIVOS DO TST SOBRE A MATÉRIA

Mandado de segurança. Cabimento. Inaplicabilidade da Orientação Jurisprudencial nº 92 da SBDI-II. Rejeição da exceção de pré-executividade. Ação autônoma de cumprimento de sentença condenatória proferida em ação civil pública. Ausência do título executivo judicial e de prévio debate sobre os cálculos de liquidação. Bloqueio de contas bancárias.

Cabe mandado de segurança contra decisão que rejeita exceção de pré-executividade proposta em face de ação executiva autônoma, relativa ao cumprimento de sentença proferida em ação civil pública, iniciada sem a juntada do provimento condenatório expedido no processo principal e sem o cumprimento do disposto no art. 879, § 2º, da CLT, que impõe ao Juízo que preside a execução o dever de permitir que as partes impugnem itens e valores na conta de liquidação. Na espécie, concluiu-se não ser aplicável o entendimento consubstanciado na Orientação Jurisprudencial nº 92 da SBDI-II, pois à luz dos princípios do devido processo legal, do contraditório e da ampla defesa, não é razoável que a parte que nega o descumprimento das obrigações contidas no título executivo judicial e impugna a imposição das sanções nele previstas tenha que primeiro suportar a apreensão de seu patrimônio (bloqueio de contas bancárias) para depois ter a possibilidade de discutir a licitude da execução e o acerto da conta confeccionada pela parte exequente. Sob esse fundamento, a SBDI-II, por unanimidade, conheceu e deu provimento ao recurso ordinário para afirmar o cabimento do writ e determinar que o TRT de origem prossiga no processamento e julgamento, com notificação da autoridade tida como coatora e do litisconsorte passivo, deferindo a liminar postulada para suspender a execução em curso na ação de cumprimento originária até o trânsito em julgado do mandado de segurança, com a imediata devolução dos valores já apreendidos à impetrante. TST-RO-515-18.2018.5.06.0000, SBDI-II, rel. Min. Douglas Alencar Rodrigues, 5.11.2019 (TST. Info nº 211).

Ação civil pública. Ministério Público do Trabalho. Cabimento. Obrigação de não fazer. Não concessão de vale-transporte em dinheiro. Ausência de pedido de nulidade da norma coletiva em que amparado o pagamento.

É cabível ação civil pública em que o Ministério Público do Trabalho requer que a empresa ré se abstenha de conceder a seus empregados o vale-transporte em dinheiro, sem, todavia, formular pedido de nulidade da norma coletiva que ensejou a prática adotada pela empregadora. No caso, a validade e a eficácia da cláusula coletiva foi questionada apenas como causa de pedir, ensejando provimento incidenter tantum. Ademais, como a pretensão formulada pelo MPT não é de nulidade expressa e total da cláusula da norma coletiva com eficácia ultra partes, mas de cumprimento de obrigação de não fazer cominada com aplicação de penalidade por eventual descumprimento, a ação cabível é a ação civil pública e não ação anulatória, a qual teria natureza exclusivamente declaratória e competência funcional para julgamento do TRT ou do TST, e não da Vara do Trabalho. Sob esse entendimento, a SBDI-I, em sua composição plena, por unanimidade, conheceu dos embargos, por divergência jurisprudencial e, no mérito, por maioria, negou-lhes provimento para manter a decisão turmária que reconhecera a legitimidade ativa do MPT para propor ação civil pública na espécie. Vencidos os Ministros Márcio Eurico Vitral Amaro, Breno Medeiros, Alexandre Luiz Ramos e Renato de Lacerda Paiva. TST-E-RR-62600-91.2009.5.01.0421, SBDI-I, rel. Min. Augusto César Leite de Carvalho, 24.10.2019 (TST. Info nº 210).

Ação civil pública. Ministério Público do Trabalho. Legitimidade ativa. Pedido de abstenção de exigência de jornada acima do limite legal permitido e observância dos intervalos interjornadas. Ação fundada em autos de infração referentes a uma única empregada. Não modificação da natureza coletiva da ação.

O Ministério Público do Trabalho tem legitimidade para ajuizar ação civil pública pleiteando a abstenção da empresa empregadora de exigir o cumprimento de jornada além do limite legal e a concessão regular do intervalo entre duas jornadas previsto no art. 66 da CLT, mesmo na hipótese em que a ação esteja fundada apenas em três autos de infração, dois deles referindo-se aos direitos discutidos, mas limitados a uma única empregada. O fato de haver a comprovação de lesão a apenas uma trabalhadora não desnatura o caráter coletivo da demanda, pois o que se busca não é o ressarcimento da empregada, mas a observância das normas relativas à duração do trabalho e dos respectivos intervalos interjornadas, em defesa do ordenamento jurídico e, de forma secundária, do conjunto de empregados da reclamada. Sob esse entendimento, a SBDI-I, por maioria, conheceu dos embargos, por divergência jurisprudencial, vencidos os Ministros Augusto César Leite de Carvalho, Luiz Philippe Vieira de Mello Filho, Walmir Oliveira da Costa, José Roberto Freire Pimenta, Hugo Carlos Scheuermann e Cláudio Mascarenhas Brandão. No mérito, também por maioria, a Subseção negou provimento ao recurso para manter a decisão turmária que reconhecera a legitimidade ativa do MPT para ajuizar a presente ação, vencidos os Ministros Maria Cristina Irigoyen Peduzzi, relatora, Guilherme Augusto Caputo Bastos, Márcio Eurico Vitral Amaro e Breno Medeiros. TST-E-RR-2713-60.2011.5.02.0040, SBDI-I, rel. Min. Maria Cristina Irigoyen Peduzzi, red. p/ acórdão Min. José Roberto Freire Pimenta 8.8.2019 (TST. Info nº 201).

Execução. Sentença proferida nos autos de ação coletiva ajuizada por sindicato na condição de substituto processual. Execução individual. Possibilidade. Legitimidade concorrente. Art. 5º, XXXV, da CF.

O empregado, de forma individual, possui legitimidade para promover a execução de sentença proferida nos autos de ação coletiva ajuizada por sindicato na condição de substituto processual, sob pena de ofensa ao art. 5º, XXXV, da CF. Trata-se de legitimação concorrente e não subsidiária, nos termos dos arts. 97 e 98 do CDC, razão pela qual o direito de escolha quanto à execução, se individual ou coletiva, está relacionado ao próprio conteúdo do direito de ação. Sob esses fundamentos, a SBDI-I, por unanimidade, conheceu dos embargos, por divergência jurisprudência, e, no mérito, deu-lhes provimento para, reformando o acórdão recorrido, determinar o retorno dos autos à vara do trabalho de origem para, afastada a extinção do processo sem resolução do mérito, por falta de interesse de agir, prossiga no julgamento da causa como entender de direito. TST-E-RR- 1843-88.2012.5.15.0049 , SBDI-I, rel. Min. Augusto César Leite de Carvalho, 30.3.2017 (TST. Info-execução nº 30).

Ação civil pública. Nulidade de cláusula de convenção coletiva. Inadequação da via eleita. Necessidade de ajuizamento de ação anulatória.

Dos termos do art. 3º da Lei nº 7.347/85 depreende-se que a ação civil pública ostenta natureza eminentemente cominatória, ou seja, visa à imposição de condenação pecuniária ou ao cumprimento de uma obrigação de fazer ou de não fazer. Assim, não constitui o meio adequado para postular a declaração de nulidade de cláusula de norma coletiva, a qual desafia o ajuizamento de ação anulatória perante o juízo competente. Sob esse fundamento, a SBDI-I, por unanimidade, conheceu do recurso de embargos, por divergência jurisprudencial, e, no mérito, deu-lhe provimento para julgar incabível a ação civil pública, reestabelecendo o acórdão do Tribunal Regional. TST-E-RR-281-80.2014.5.01.0302 , SBDI-I, rel. Min. Hugo Carlos Scheuermann, 23.11.2017 (TST. Info nº 169).

Ação civil pública. Sociedade de advogados. Admissão de advogados como associados para dissimular relações de emprego. Conselho Federal da Ordem dos Advogados do Brasil. Ingresso como assistente simples. Possibilidade.

A SBDI-II, por unanimidade, conheceu de recurso ordinário em mandado de segurança e, no mérito, por maioria, deu-lhe provimento para reconhecer a possibilidade de o Conselho Federal da Ordem dos Advogados do Brasil participar como assistente simples em ação civil pública ajuizada em desfavor de sociedade de advogados, cuja controvérsia diz respeito à possibilidade de advogados serem admitidos como associados com o intuito de dissimular relações de emprego. Na hipótese, a segurança foi denegada pela Corte Regional sob o fundamento de que a pretensão do Conselho não era a de defender em Juízo interesses coletivos ou individuais de advogados, ou intervir em processo em que advogado fosse indiciado, acusado ou ofendido, mas, sim, prestar assistência jurídica à sociedade dos advogados demandada na ação principal. Todavia, prevaleceu o entendimento de que há interesse do Conselho Federal da OAB, tendo em vista a natureza abstrata do provimento decorrente de ações civis públicas e o fato de a matéria discutida no processo matriz estar relacionada à própria forma de organização dos escritórios e das sociedades de advogados. Vencidos os Ministros Douglas Alencar Rodrigues, relator, Lelio Bentes Corrêa e Alberto Luiz Bresciani de Fontan Pereira. TST-RO-259-46.2016.5.06.0000 , SBDI-II, rel. Min. Douglas Alencar Rodrigues, red. p/ acórdão Min. Ives Gandra Martins Filho, 17.10.2017 (TST. Info nº 168).

Matéria afetada ao Tribunal Pleno. Ação civil pública. Multa por descumprimento de obrigação de fazer (astreinte). Exigibilidade antes do trânsito em julgado. Depósito em juízo.

É possível a exigibilidade da multa (astreinte) por descumprimento de obrigação de fazer imposta em sentença proferida nos autos de ação civil pública antes do trânsito em julgado, desde que depositada em juízo, com fundamento no princípio da máxima efetividade e no afastamento da aplicação do art. 12, § 2º, da Lei 7.347/85 frente ao que preceitua o art. 84 do Código de Defesa do Consumidor. Sob esse posicionamento, e superando a questão de ordem suscitada quanto à conversão do julgamento em diligência para que as partes sejam intimadas a se manifestar sobre a aplicação ou não, na espécie, do art. 537, § 3º, do CPC de 2015, à luz dos arts. 9º e 10 do CPC de 2015 e 4º da IN nº 39/2016 do TST, o Tribunal Pleno decidiu, por unanimidade, conhecer dos embargos, por divergência jurisprudencial, e, no mérito, por maioria, dar-lhes provimento parcial para restabelecer a decisão proferida pelo Tribunal Regional, que manteve a exigibilidade do pagamento de multa antes do trânsito em julgado da decisão condenatória, ficando, no entanto, condicionada ao depósito em juízo, com levantamento somente após o trânsito em julgado da decisão. Vencidos os Ministros João Oreste Dalazen, Maria Cristina Irigoyen Peduzzi, Renato de Lacerda Paiva, Emmanoel Pereira, Guilherme Augusto Caputo Bastos, Márcio Eurico Vitral Amaro, Walmir Oliveira da Costa e Ives Gandra Martins Filho. TST-E-RR-161200-53.2004.5.03.0103, Tribunal Pleno, rel. Min. Delaíde Miranda Arantes, 19.4.2016 (TST. Info nº 133).

Ação civil pública. Art. 3º da Lei nº 7.347/85. Obrigação de fazer e condenação em pecúnia. Cumulação de pedidos. Tutela inibitória e dano moral coletivo.

Nos termos do art. 3º da Lei nº 7.347/85, em ação civil pública é possível a cumulação de pedidos de obrigação de fazer, ou não fazer, com condenação ao pagamento de indenização em pecúnia. Na hipótese, entendeu-se que a multa por obrigação de fazer tem como objetivo o cumprimento da obrigação prevista em lei, enquanto que a indenização por dano extrapatrimonial coletivo tem como finalidade a compensação do período em que a coletividade foi privada do cumprimento de preceito legal. Sob esse entendimento, a SBDI-I, por unanimidade, conheceu do recurso de embargos por divergência jurisprudencial, e, no mérito, deu-lhes provimento para declarar a possibilidade de cumulação da indenização pecuniária com as obrigações de fazer direcionadas ao cumprimento da lei, bem como para condenar a embargada ao pagamento da indenização por danos morais coletivos no importe de R$ 200.000,00 (duzentos mil reais). Registrou ressalva de fundamentação o Min. Cláudio Mascarenhas Brandão. TST-E-ED-RR-133900-83.2004.5.02.0026, SBDI-I, rel. Min. Alexandre de Souza Agra Belmonte, 14.5.2015 (TST. Info nº 107).

Ação rescisória. Pretensão de desconstituição de sentença proferida em ação civil pública. Autor afetado pelo provimento judicial coletivo. Ilegitimidade ativa ad causam.

Candidato aprovado em concurso público anulado por decisão judicial transitada em julgado, proferida em ação civil pública, não detém legitimidade ativa ad causam para questionar, em sede de ação rescisória, a higidez do julgamento lavrado na ação coletiva. Na hipótese, ressaltou-se que não há falar em litisconsórcio passivo necessário em ação civil pública voltada à defesa de direitos e interesses difusos e coletivos, quanto aos sujeitos que possam ser alcançados pelos efeitos do provimento judicial a ser editado, daí decorrendo a ausência de legitimidade ativa de terceiro não habilitado para o debate coletivo (art. 82 da Lei nº 8.078/90) para o ajuizamento de ação rescisória. Desse modo, embora se possa resguardar aos afetados pelo provimento judicial coletivo a possibilidade de ingresso judicial (art. 5º, XXXV, da CF), a via da jurisdição coletiva não é o caminho processual adequado. Com esse entendimento, a SBDI-II, por unanimidade, conheceu e negou provimento ao recurso ordinário, mantendo a decisão que indeferiu a petição inicial da ação rescisória. TST-RO-10261-64.2013.5.03.0000, SBDI-II, rel. Min. Douglas Alencar Rodrigues, 16.12.2014 (TST. Info nº 97).

Conflito negativo de competência. Execução individual movida por sindicato profissional. Foro competente. Art. 98, § 2º, I, do CDC.

A execução individual movida por sindicato profissional, na condição de representante de um dos trabalhadores beneficiários da condenação obtida em sede de ação civil coletiva, pode ser processada no foro da liquidação de sentença (domicílio do empregado) ou da condenação. Por se tratar de jurisdição coletiva, não se aplicam as normas dos art. 651 e 877 da CLT, mas aquelas que regem o sistema normativo do processo civil coletivo brasileiro, em especial o disposto no art. 98, § 2º, I, do CDC, que confere ao trabalhador o direito de optar pelo foro de seu interesse. De outra sorte, no caso concreto, a sentença coletiva transitada em julgado não fez qualquer determinação a respeito do juízo competente para a execução em questão, devendo prevalecer, portanto, a vontade do exequente individual. Com esses fundamentos, a SBDI-II, por unanimidade, admitiu o conflito negativo de competência suscitado pelo Juiz Titular da 9ª Vara do Trabalho de Belo Horizonte/MG (domicílio do exequente) para declarar competente o juízo da 2ª Vara do Trabalho de Macaé/RJ (prolator da sentença condenatória). TST-CC-856-40.2014.5.03.0009, SBDI-II, rel. Min. Douglas Alencar Rodrigues, 23.9.2014 (TST. Info-execução nº 5).

Ação civil pública. Efeitos da sentença. Alcance territorial. Inciso II do art. 103 do CDC.

É possível estender a todo território nacional os efeitos da sentença proferida em ação civil pública ajuizada perante a Vara do Trabalho de Juiz de Fora/MG, visto que a eficácia da decisão se rege, sob a ótica objetiva, pelo pedido e pela causa de pedir e, sob a ótica subjetiva, pelas partes no processo. Sendo certo que pelo alcance da lesão define-se a competência para o julgamento da ação civil pública, os efeitos da decisão proferida devem alcançar todos os interessados, sob pena de haver o ajuizamento de múltiplas ações civis sobre a mesma matéria, as quais serão julgadas por juízes diversos, gerando o risco de decisões contraditórias e militando contra os princípios da economia processual e da segurança jurídica. Assim, aplicando-se subsidiariamente a diretriz do inciso II do art. 103 do CDC, que define os efeitos ultra partes da coisa julgada, limitados ao grupo, categoria ou classe, quando se tratar da tutela de direitos coletivos ou individuais homogêneos, a SBDI-I decidiu, por maioria, vencido o Ministro Antônio José de Barros Levenhagen, conhecer do recurso de embargos interposto pelo Ministério Público do Trabalho, por divergência jurisprudencial e, no mérito, ainda por maioria, vencidos os Ministros Carlos Alberto Reis de Paula, relator, e Antônio José de Barros Levenhagen, dar-lhe provimento para restabelecer o acórdão do Regional, que estendeu aos estabelecimentos do banco reclamando em todo o território nacional os efeitos da coisa julgada oriunda da sentença proferida pela Vara do Trabalho de Juiz de Fora/MG. Na espécie, postulou o MPT que o Banco Santander Banespa S.A. implementasse o Programa de Controle Médico Ocupacional, consignasse corretamente o registro dos horários de trabalho de seus empregados, concedesse intervalos intra e interjornadas, procedesse ao pagamento integral das horas extras devidas e se abstivesse de prorroga-las além do permitido em lei. TST-E-ED-RR-32500 – 65.2006.5.03.0143, SBDI-I, rel. Min. Carlos Alberto Reis de Paula, red. p/ acórdão Min. Lelio Bentes Corrêa, 3.4.2014 (TST. Info nº 78).

Protesto interruptivo da prescrição. Efeitos. Limitação ao rol dos substituídos apresentado pelo sindicato profissional.

O protesto interruptivo da prescrição ajuizado pelo sindicato, na condição de substituto processual, não alcança toda a categoria na hipótese em que, ao manejar a ação, o sindicato apresentou rol dos substituídos. Ao optar por apresentar o referido rol, o ente sindical restringe os limites subjetivos do provimento buscado aos empregados constantes na relação apresentada, de modo que, posteriormente, não pode requerer a ampliação dos legitimados, sob pena de afronta ao princípio do devido processo legal e à coisa julgada. Com esses fundamentos, e tendo em conta que o reclamante não comprovou integrar o rol dos substituídos apresentado pelo sindicato profissional quando do ajuizamento da ação de protesto, a SBDI-I, por unanimidade, conheceu dos embargos do reclamado, por divergência jurisprudencial, e, no mérito, por maioria, deu-lhes provimento para, declarando inaplicável ao caso o efeito interruptivo da prescrição, restabelecer o acórdão do Regional quanto ao tema e determinar o retorno dos autos à Turma de origem para que prossiga no exame do recurso de revista do reclamante e do agravo de instrumento do reclamado. TST-E-ARR-1519-09.2010.5.10.0017, SBDI-I, rel. Min. Brito Pereira, 27.6.2013 (TST. Info nº 53).

Ação coletiva. Sindicato. Substituição processual. Relação dos substituídos apresentada na petição inicial. Execução. Extensão a membro da categoria que não figurou no rol dos substituídos. Impossibilidade. Violação da coisa julgada.

O sindicato tem legitimidade para atuar na qualidade de substituto processual de toda a categoria nos casos em que se pretende discutir lesões de origem comum aos substituídos. Todavia, ao ingressar com ação coletiva acompanhada do rol de substituídos – o qual não é essencial à propositura da ação – o sindicato opta por restringir sua atuação aos trabalhadores enumerados na lista que ele próprio juntou aos autos. Nesse caso, não é possível, em sede de execução, estender os efeitos da decisão ao reclamante que não constou do rol apresentado com a inicial, sob pena de ampliar os limites subjetivos da lide e afrontar a intangibilidade da coisa julgada material. Com esse entendimento, a SBDI-I, em sua composição plena, conheceu dos embargos, por divergência jurisprudencial, e, no mérito, por maioria, deu-lhes provimento para restabelecer o acórdão do Regional, no particular. Vencidos os Ministros Luiz Philippe Vieira de Mello Filho, Lelio Bentes Corrêa, Augusto César Leite de Carvalho, José Roberto Freire Pimenta e Delaíde Miranda Arantes. TST-E-ED-RR-9849840-70.2006.5.09.0011, SBDI-I, rel. Min. Aloysio Corrêa da Veiga, 23.5.2013 (TST. Info nº 48).

Sindicato. Substituição processual. Legitimidade ativa. Equiparação salarial. Maquinistas. Direito individual homogêneo. Origem comum da pretensão.

O Sindicato dos Trabalhadores em Empresas Ferroviárias de Belo Horizonte, na condição de substituto processual, possui legitimidade ativa para postular a equiparação salarial de trinta e cinco maquinistas, ainda que o pedido esteja ligado à subjetividade de cada um dos titulares do direito, a determinar consequências distintas para cada substituído. Trata-se de direito individual homogêneo, na medida em que a pretensão tem origem comum, conforme exigido no art. 81, III, do CDC (Lei nº 8.078/90). Com esse entendimento, a SBDI-I, por unanimidade, conheceu dos embargos, por divergência jurisprudencial e, no mérito, deu-lhes provimento para reconhecer a legitimidade ativa do sindicato autor e determinar o retorno dos autos à Vara do Trabalho de origem, a fim de que aprecie a pretensão exordial, como entender de direito. TST-E-ED-RR-256-45.2011.5.03.0002, SBDI-I, rel. Min. Aloysio Côrrea da Veiga, 14.2.2013 (TST. Info nº 36).

Recurso de embargos. Ação coletiva. Reclamação trabalhista. Litispendência. Dissenso jurisprudencial. Não configuração. Aresto paradigma que trata de ação civil pública.

Na hipótese em que, no acórdão embargado, foi consignada a litispendência entre a ação individual, na qual se pleiteava a observância de acordo coletivo de trabalho, no que tange à alternância de promoções por antiguidade e merecimento, e a ação coletiva proposta pelo sindicato como substituto processual da categoria profissional, com o mesmo objetivo, mostra-se inespecífico o aresto colacionado, que trata da configuração da litispendência entre ação individual e ação civil pública. Com esse entendimento, a SDBI-I, por maioria, não conheceu dos embargos. Ressaltou-se, no caso, que,

embora haja tendência da Subseção a equiparar a ação coletiva e a ação civil pública em questões de substituição processual, ainda remanesce controvertida a possibilidade de se aplicar os critérios previstos no Código de Defesa do Consumidor a ambas as ações. Vencidos os Ministros Augusto César Leite de Carvalho, Luiz Philippe Vieira de Mello Filho, José Roberto Freire Pimenta e Delaíde Miranda Arantes, que conheciam dos embargos ao fundamento de, quanto aos critérios para a verificação da litispendência, não haver distinção ontológica entre a ação civil pública e a, SBDI-I, rel. Min. Brito Pereira, 29.11.2012 (TST. Info nº 32).

Empresa de distribuição de energia elétrica. Atividade essencial. Imposição de obrigações complexas, custosas e definitivas. Exíguo lapso temporal. Potencial lesão ao interesse coletivo. Suspensão da antecipação de tutela. Deferimento.

O Órgão Especial, por unanimidade, negou provimento ao agravo regimental, mantendo decisão da Presidência do TST, que, com amparo nos arts. 4º, *"caput"* e § 1º, da Lei nº 8.437/92 e 251 do RITST, deferiu o pedido de suspensão da execução da tutela antecipatória concedida nos autos da ação civil pública em que impostas obrigações complexas, custosas e definitivas a serem executadas em exíguo lapso temporal por empresa de distribuição de energia elétrica, sob pena de multa. Nº caso, por se tratar de atividade essencial, vislumbrou-se que a execução da tutela concedida em segundo grau de jurisdição poderia acarretar risco de dano à ordem e à economia públicas, na medida em que estabelecida restrita forma de desenvolvimento dos serviços e apresentada tendência de diminuição da quantidade ou da qualidade dos serviços de atendimento ao público. Ademais, a aplicação da Lei Geral de Telecomunicações (Lei nº 9472/97), que autoriza a terceirização de atividades típicas das concessionárias, tem tratamento controvertido no TST, afastando, portanto, a verossimilhança em que fundada a decisão antecipatória. TST-AgRSLS-7021-85.2012.5.00.0000, Órgão Especial, rel. Min. João Oreste Dalazen. 14.11.2012(TST. Info nº 30).

16. QUADRO SINÓPTICO

Capítulo II – Ações coletivas e ação de cumprimento			
Instituto		**Conteúdo**	**Item**
Ações coletivas			
Direitos metaindividuais	**Difusos**	São os transindividuais, de natureza indivisível, de que sejam titulares pessoas indeterminadas e ligadas por circunstâncias de fato.	1
	Coletivos	São os transindividuais de natureza indivisível de que seja titular grupo, categoria ou classe de pessoas ligadas entre si ou com a parte contrária por uma relação jurídica-base.	
	Individuais homogêneos	Consistem em direitos decorrentes de origem comum.	
Ação popular		Tem como objeto pedido de anulação ou a declaração de nulidade de atos lesivos em face do patrimônio público, bem como em face de ato lesivo à moralidade administrativa, ao meio ambiente e ao patrimônio histórico e cultural.	3.1
Ação civil pública	**Conteúdo**	Defesa de todas as espécies os direitos ou interesses metaindividuais.	3.2
	Pedido	Condenação do ofensor no pagamento de uma indenização e/ou para o cumprimento de obrigação dar, fazer ou não fazer.	
Ação civil coletiva	**Conteúdo**	Apenas a defesa de direitos individuais e homogêneos.	3.3
	Pedido	Tutela de natureza condenatória para reparação de danos morais e materiais na órbita de vários indivíduos pertencentes a determinado grupo.	

<table>
<tr><th colspan="5">Capítulo II – Ações coletivas e ação de cumprimento</th></tr>
<tr><th>Instituto</th><th colspan="3">Conteúdo</th><th>Item</th></tr>
<tr><td rowspan="5">Competência</td><td>Material</td><td colspan="2">Compete a Justiça do Trabalho processar e julgar as ações coletivas nas quais se postule a defesa dos direitos metaindividuais relacionados com as matérias constantes dos incisos do art. 114 da CF/88.</td><td>4.1</td></tr>
<tr><td>Funcional</td><td colspan="2">Vara do Trabalho.</td><td>4.2</td></tr>
<tr><td rowspan="3">Territorial</td><td>Dano local</td><td>Foro do lugar onde ocorreu ou deva ocorrer o dano.</td><td rowspan="3">4.3</td></tr>
<tr><td>Dano regional</td><td>Foro de qualquer das Varas das cidades atingidas, observada a prevenção.</td></tr>
<tr><td>Dano suprarregional ou nacional</td><td>Foro de qualquer das varas das sedes dos TRTs.</td></tr>
<tr><td rowspan="5">Legitimação</td><td>Ativa</td><td colspan="2">• Ministério Público;
• Defensoria pública;
• União, Estados, Distrito Federal e Municípios;
• Autarquia, empresa pública, fundação ou sociedade de economia mista;
• Associações que estejam constituídas há mais de um ano e que incluam entre as suas finalidades a proteção ao meio ambiente, ao consumidor, à ordem econômica, à livre concorrência, ou ao patrimônio artístico, estético, histórico, turístico e paisagístico.</td><td rowspan="5">5</td></tr>
<tr><td>Passiva</td><td colspan="2">Qualquer pessoa física ou jurídica, de direito público ou privado, que deixe de observar ou transgrida direitos metaindividuais.</td></tr>
<tr><td rowspan="3">Características</td><td>Concorrente</td><td>A legitimidade de uma entidade não exclui as demais.</td></tr>
<tr><td>Disjuntiva</td><td>Para propositura da ação coletiva não se exige a formação de um litisconsórcio necessário.</td></tr>
<tr><td>Taxativa</td><td>O rol dos legitimados não é exemplificativo.</td></tr>
<tr><td>Substituição processual</td><td colspan="3">Os legitimados poderão propor, em nome próprio e no interesse das vítimas ou seus sucessores, ação civil coletiva de responsabilidade pelos danos individualmente sofridos. Contudo, se a ação coletiva for proposta por associação, a sentença respectiva só produz efeitos em relação aos associados filiados até a data da sua propositura, uma vez que não se trata de substituição processual, mas de mera representação que exige autorização expressa.</td><td>6</td></tr>
<tr><td>Despesas processuais</td><td colspan="3">Não há adiantamento de custas, emolumentos, honorários periciais e quaisquer outras despesas, nem condenação da associação autora, salvo comprovada má-fé, em honorários de advogado, custas e despesas processuais.</td><td>7</td></tr>
<tr><td rowspan="2">Prescrição</td><td>Direitos difusos e coletivos</td><td colspan="2">Não há prescrição diante da ausência de qualquer previsão legal.</td><td rowspan="2">8</td></tr>
<tr><td>Direitos individuais e homogêneos</td><td colspan="2">• Aplicam-se os prazos previstos pela Constituição Federal de 1988, art. 7º, XXIX;
• A interrupção da prescrição somente ocorrerá pelo ajuizamento de reclamação trabalhista, mesmo que em juízo incompetente, ainda que venha a ser extinta sem resolução do mérito, produzindo efeitos apenas em relação aos pedidos idênticos.(art. 11, § 3º da CLT)</td></tr>
</table>

<table>
<tr><th colspan="5">Capítulo II – Ações coletivas e ação de cumprimento</th></tr>
<tr><th>Instituto</th><th colspan="3">Conteúdo</th><th>Item</th></tr>
<tr><td rowspan="7">Procedimento</td><td>Inicial</td><td colspan="2">Deverá conter os requisitos previstos no art. 840, § 1º, da CLT e art. 319 do CPC, devidamente adaptados, além de ter que vir acompanhada dos documentos indispensáveis e necessários à comprovação dos fatos narrados nessa peça processual.</td><td>9.1</td></tr>
<tr><td rowspan="3">Liminar</td><td>Concessão</td><td>A concessão da liminar pode ser feita de ofício pelo juiz</td><td rowspan="3">9.3</td></tr>
<tr><td>Recurso</td><td>Cabe a impetração do mandado de segurança, em face da inexistência de recurso próprio.</td></tr>
<tr><td>Fazenda Pública</td><td>O STF julgou procedente o pedido feito por intermédio da ADC, para declarar a constitucionalidade do art. 1º, da Lei nº 9.494/97 que vedava a concessão de liminar ou tutela antecipada contra o Poder Público.</td></tr>
<tr><td>Desistência ou abandono</td><td colspan="2">Em caso de abandono ou desistência da ação, o Ministério Público do Trabalho ou outro legitimado pode assumir a titularidade ativa.</td><td>9.4</td></tr>
<tr><td>Conciliação</td><td colspan="2">Admite-se a conciliação nas ações coletivas, desde que não impliquem renúncia ou transação dos direitos metaindividuais envolvidos.</td><td>9.5</td></tr>
<tr><td>Sentença</td><td colspan="2">Quando a ação coletiva tiver por fundamentos direitos individuais homogêneos a condenação deve ser genérica, com a fixação da responsabilidade do réu pelos danos causados, em caso de procedência do pedido.</td><td>9.6</td></tr>
<tr><td>Litispendência</td><td colspan="3">• Não se verifica a litispendência entre a ação individual e a ação coletiva;
• Uma vez ajuizada a ação individual, o autor respectivo tem o prazo de 30 dias, a partir da ciência do ajuizamento da ação coletiva, para manifestar a sua opção entre paralisar ou continuar a sua demanda, escolha que produzirá efeitos diversos no que diz respeito à coisa julgada.</td><td>10</td></tr>
<tr><td rowspan="4">Coisa julgada</td><td rowspan="2">Direitos difusos e coletivos</td><td>Difusos</td><td>Efeitos erga omnes, em caso de procedência.</td><td rowspan="4">11</td></tr>
<tr><td>Coletivos</td><td>Efeitos ultra partes, em caso de procedência.</td></tr>
<tr><td rowspan="2">Direitos individuais homogêneos</td><td>Sem suspensão da ação individual</td><td>O autor suporta o ônus da sentença proferida no seu processo.</td></tr>
<tr><td>Suspensão da ação individual</td><td>O autor beneficia-se dos efeitos da decisão prolatada no processo coletivo em caso de procedência.</td></tr>
<tr><td>Recurso</td><td colspan="3">Das decisões proferidas pelas Varas do Trabalho em sede de ações coletivas, cabe, no prazo de oito dias, recurso ordinário para o TRT ao qual estiver vinculada.</td><td>12</td></tr>
<tr><td rowspan="3">Execução</td><td rowspan="2">Coletiva</td><td>Originária</td><td>Legitimidade da entidade que figurou no polo ativo da relação processual coletiva.</td><td rowspan="3">13</td></tr>
<tr><td>Derivada</td><td>Havendo omissão durante mais de 60 dias após o trânsito em julgado, o MPT deverá iniciar a execução, facultando igual prerrogativa aos demais legitimados.</td></tr>
<tr><td>Individual</td><td colspan="2">A liquidação e a execução de sentença poderão ser promovidas pela vítima e seus sucessores, tratando-se de direitos individuais e homogêneos.</td></tr>
</table>

Capítulo II – Ações coletivas e ação de cumprimento		
Instituto	**Conteúdo**	**Item**
	Ação de cumprimento	
Conceito	Consiste em uma espécie de ação, individual ou coletiva, cuja legitimidade ativa é atribuída aos empregados e, extraordinariamente, aos respectivos sindicatos da categoria profissional, com o objetivo dar efetividade aos direitos laborais estabelecidos por intermédio de acordo coletivo, convenção coletiva ou sentença normativa.	14
Natureza jurídica	É ação judicial clássica de conhecimento, diferenciando-se das demais apenas no que diz respeito à fundamentação jurídica, que deve ser feita com base em uma norma de conduta estabelecida em acordo coletivo, convenção coletiva ou sentença normativa.	14.1
Fundamento da inicial	Não há necessidade de aguardar o trânsito em julgado da decisão normativa para ajuizar a ação de cumprimento. Basta juntar a prova de publicação da sentença no diário oficial.	14.2
Modificação da sentença normativa	Modificada a sentença normativa pelo TST, com a consequente extinção do processo, sem julgamento do mérito, deve-se extinguir a execução em andamento, uma vez que a norma sobre a qual se apoiava o título exequendo deixou de existir no mundo jurídico.	14.3

17. QUESTÕES

17.1. Questões objetivas

1. (Magistratura do Trabalho. 23ª R. 2008 – ADAPTADA) O prazo de prescrição com relação à ação de cumprimento de decisão normativa flui a partir da data de sua publicação no órgão oficial.

2. (PGE/ES/Procurador/2008) O Ministério Público do Trabalho possui legitimidade para, por meio de ação civil pública, promover a defesa de interesses individuais homogêneos dos trabalhadores.

3. (PGE/ES/Procurador/2008) A substituição processual pelo sindicato é ampla, não se restringindo às hipóteses expressamente previstas na legislação, podendo ocorrer até mesmo na fase de execução de sentença.

4. (TRT 2ª R. 2008) Nº que diz respeito à Ação de Cumprimento, considere:

I. É dispensável o trânsito em julgado da sentença normativa para a propositura da ação de cumprimento.

II. Procede ação rescisória calcada em ofensa à coisa julgada perpetrada por decisão proferida em ação de cumprimento, em face da sentença normativa, na qual se louvava ter sido modificada em grau de recurso.

III. Há legitimidade concorrente para a propositura da ação de cumprimento, uma vez que tanto o sindicato quanto os empregados poderão propô-la.

IV. A competência para processar e julgar ação de cumprimento é, em regra, do Tribunal Regional do Trabalho de competência do local da prestação do serviço.

Está correto o que consta APENAS em

a) I, II e III.
b) I e III.
c) II, III e IV.
d) I e IV.
e) II e III.

5. (Magistratura do Trabalho 8ª R. 2008) À luz da legislação pertinente, notadamente quanto à tutela metaindividual, é INCORRETO afirmar:

a) Quanto à tutela de direitos individuais homogêneos, proposta a ação, será publicado edital no órgão oficial, a fim de que os interessados possam intervir no processo como litisconsortes, sem prejuízo de ampla divulgação pelos meios de comunicação social por parte dos órgãos de defesa do consumidor. Em caso de procedência do pedido, a condenação será genérica, fixando a responsabilidade do réu pelos danos causados.

b) Quanto à tutela de direitos individuais homogêneos, a execução poderá ser coletiva, abrangendo as vítimas cujas indenizações já tiveram sido fixadas em sentença de liquidação, sem prejuízo do ajuizamento de outras execuções. A execução coletiva far-se-á com base em certidão das sentenças de liquidação, da qual deverá constar a ocorrência ou não do trânsito em julgado. É competente para a execução o juízo da liquidação da sentença ou da ação condenatória, no caso de execução individual, e da ação condenatória, quando coletiva a execução.

c) A coisa julgada, na esfera da tutela metaindividual, especificamente quanto aos interesses ou direitos difusos, dar-se-á erga omnes, exceto se o pedido for julgado improcedente por insuficiência de provas, hipótese em que qualquer legitimado poderá intentar outra ação com idêntico fundamento, valendo-se, porém, de nova prova. Por outro lado, a coisa julgada, especificamente quanto aos interesses coletivos, dar-se-á ultra partes, mas limitadamente ao grupo, categoria ou classe, salvo improcedência por insuficiência probatória.

d) A coisa julgada, na esfera da tutela metaindividual, especificamente quanto aos interesses individuais homogêneos, dar-se-á erga omnes, apenas e tão-somente no caso de procedência do pedido, para beneficiar todas as vítimas e seus sucessores. Registre-se, de outra banda, que interesses ou direitos difusos, para os efeitos legais, são aqueles transindividuais, de natureza indivisível, de que sejam titulares pessoas indeterminadas e ligadas por uma circunstância fática.

e) Já interesses ou direitos coletivos, para os efeitos legais, são aqueles transindividuais, de natureza indivisível, de que seja titular grupo, categoria ou classe de pessoas ligadas entre si ou com a parte adversa por uma relação jurídica base, sendo que o simples fato de existir ação coletiva tutelando interesses ou direitos coletivos não impede que o lesado, individualmente, proponha a ação de reparação de danos, mas os efeitos da coisa julgada exarada na ação coletiva só beneficiarão os autores das ações individuais se não for requerida sua suspensão no prazo de trinta dias, a contar da ciência nos autos do ajuizamento da ação coletiva.

6. (Magistratura Trabalhista 3ª R. 2009) Sobre a ação de cumprimento, leia as afirmações abaixo e, em seguida, assinale a alternativa correta:

I. Tem lugar quando os empregadores deixarem de satisfazer o pagamento de salários, na conformidade da decisão normativa proferida ou de acordo ou convenção coletivos. Nesse caso, poderão os empregados ou seus sindicatos, independentes de outorga de poderes de seus associados, juntando certidão de tal decisão, apresentar reclamação à Vara ou Juízo competente, sendo vedado, porém, questionar sobre a matéria de fato e de direito já apreciada na decisão.

II. Para sua propositura, é dispensável o trânsito em julgado da sentença normativa, embora o prazo de decadência flua apenas a partir dele.

III. Nos termos da jurisprudência sumulada do Tribunal Superior do Trabalho, caso a sentença normativa, objeto de ação de cumprimento, se modifique em grau de recurso, os meios processuais aptos a atacarem a execução de cláusula reformada são a exceção de pré-executividade e a ação rescisória, mas não o mandado de segurança.

IV. A coisa julgada produzida na ação de cumprimento é atípica, pois dependente de condição resolutiva, ou seja, da não modificação da decisão normativa por eventual recurso.

V. Tem natureza de dissídio individual, ainda que plúrimo, cuja apreciação compete às Varas do Trabalho ou ao Juiz de Direito investido de jurisdição trabalhista. (Obs.: competência do órgão jurisdicional de primeira instância.)

a) Somente uma afirmativa está correta.

b) Somente duas afirmativas estão corretas.

c) Somente três afirmativas estão corretas.

d) Somente quatro afirmativas estão corretas.

e) Todas as afirmativas estão corretas.

17.2. Questões discursivas

1. (MPT – Procurador do Trabalho/16º Concurso – ADAPTADA) Leia com atenção o enunciado abaixo:

A Empresa ABD, sediada em Belo Horizonte – MG e com filiais em vários Estados da Federação, alterou, por meio de norma interna, a jornada de trabalho dos empregados e instituiu o turno fixo de oito horas diárias, em substituição ao turno ininterrupto de revezamento de seis horas, então aplicado, e, a título de compensação pelo acréscimo de jornada, concedeu a cada um dos empregados um adicional de 20% nos salários, abono e folgas compensatórias, além de serviço médico e psicológico. Em razão dessa alteração contratual, os empregados da empresa entraram em greve. O sindicato da categoria, inconformado com a alteração do regime de trabalho, sem prévia negociação coletiva, ajuizou, no Tribunal Regional do Trabalho da 3ª Região, ação de dissídio coletivo de natureza jurídica, com pedido de antecipação de tutela, visando à suspensão da norma empresarial e, no mérito, à declaração de nulidade da alteração unilateral da jornada de trabalho, com a condenação da empresa ao pagamento de indenização por perdas e danos. Na contestação, a empresa arguiu a incompetência funcional do TRT, pediu a extinção do processo por ausência de comum acordo, a impossibilidade jurídica do pedido, em face da inadequação da ação proposta, bem como a declaração de abusividade da greve, por ser lícita a alteração da jornada de trabalho mediante norma interna.

Considerando o poder normativo da Justiça do Trabalho e a jurisprudência do Tribunal Superior do Trabalho acerca da matéria, responda, justificadamente, os seguintes questionamentos:

Qual o órgão jurisdicional competente para julgar a ação coletiva?

2. (MPT – Procurador do Trabalho – MPT/2015 – ADAPTADA) O MPT recebeu denúncia de que a empresa "X" dispensou seus trabalhadores, dando baixa nas suas CTPS, e os induziu a criar Empresas Individuais de Responsabilidade Limitada (EIRELI), contratando-os por intermédio destas. Instaurado Inquérito Civil, o Procurador do Trabalho tomou o depoimento dos ex-empregados e requisitou as cópias de seus termos de rescisão do contrato de trabalho e dos novos contratos de prestação de serviços por EIRELI. Nos depoimentos, os ex-empregados alegaram que estavam satisfeitos com a nova forma de contratação, pois são donos de suas empresas e têm ganhos superiores aos da antiga remuneração. Confirmaram, também, que permaneceram com as mesmas funções e atividades de quando eram empregados. Nº curso da investigação foi recebida uma denúncia anônima noticiando os mesmos fatos, acrescentando a existência de contratos sigilosos entre a empresa "X" e as empresas "Y" e "Z", nos quais combinam a utilização, em sistema de rodízio, da mão-de-obra dos trabalhadores que constituíram as referidas EIRELIs. O denunciante anônimo juntou os contratos sigilosos em cópia digitalizada de documento inautêntico, e, em seguida, o Procurador requisitou à empresa "X" os originais dos referidos contratos; porém, em audiência, o preposto da Empresa "X" negou a sua existência. Em decorrência, o Membro tomou o depoimento de três ex-gerentes das empresas "X", "Y" e "Z", que confirmaram a existência e o teor dos contratos, bem como a inocorrência de gestão comum entre elas. Foram apresentados no Inquérito os contratos sociais das Empesas "X", "Y" e "Z", nos quais ficou demonstrada a inexistência de identidade societária. Foi ajuizada ação civil pública em face das empresas "X", "Y" e "Z", pleiteando, em antecipação da tutela: 1 – a nulidade dos contratos de prestação de serviços por EIRELI, em face da "pejotização"; 2 – o reconhecimento do vínculo empregatício de todos os trabalhadores contratados via EIRELI com a empresa "X", e o respectivo pagamento de todos os direitos trabalhistas daí decorrentes, com a responsabilidade solidária das empresas "Y" e "Z". O Juiz indeferiu o pedido de antecipação da tutela e determinou o desentranhamento dos autos das cópias dos contratos firmados entre as empresas "X", "Y" e "Z", por terem sido obtidas ilicitamente diante do anonimato do denunciante e apresentadas sem autenticação. Considerou nula a prova, pois os depoimentos dos ex-gerentes foram colhidos no inquérito civil sem a participação da empresa "X", em prejuízo à garantia do contraditório. Além disso, o Juiz excluiu da lide as empresas "Y" e "Z" por ilegitimidade passiva ad causam.

Responda, apresentando os respectivos fundamentos legais, doutrinários e jurisprudenciais:

d) O Ministério Público deveria ter oportunizado a participação da empresa investigada na oitiva de testemunhas no âmbito do Inquérito Civil? A prova testemunhal obtida no Inquérito Civil deve ser reproduzida em juízo?

3. (MPT – Procurador do Trabalho – MPT/2015 – ADAPTADA) Na semana de moda realizada em Pasárgada, uma grife infantil promoveu vários desfiles com crianças de 6 a 12 anos, que ficaram à sua disposição no decorrer das atividades do evento, trabalhando em múltiplos horários, inclusive, noturno. Os desfiles foram filmados para posterior exibição no site da empresa, que efetua venda on-line. O MPT instaurou procedimento investigatório, propondo à empresa a assinatura de TAC para o ajustamento de sua conduta, o que não foi aceito, sob a alegação de que se tratava de trabalho artístico e de que a participação das crianças foi autorizada por seus pais.

A vista dessa situação, discorra de forma FUNDAMENTADA:

c) em eventual ACP, que providências o MPT pode requerer e sob qual fundamento?

18. GABARITO

18.1. Gabarito das questões objetivas

Gab.		Fundamentação legal e jurisprudencial	Tópico do livro	Obs. eventual
1	E	TST. Súmula nº 350	Item 14.2	Flui a partir do trânsito em julgado
2	C	CF/88. Art. 129, III. LC nº 75/93. Art. 6º, VII, alíneas "c" e "d" e art. 84	Item 5	–
3	C	CF/88. Art. 8º, III	Item 5	–
4	B	I. TST. Súmula nº 246	I. Item 14.2	–
		II. TST. Súmula nº 397	II. Item 14.3	
		III. CLT. Art. 872, parágrafo único	III. Item 14	
		IV. Lei nº 7.347/85. Art. 2º	IV. Item 4.2	
5	E	a) CDC. Arts. 94 e 95	a) Itens 5 e 9.6	–
		b) CDC. Art. 98	b) Item 9.1	
		c) CDC. Art. 103. Lei nº 7.347/85. Art. 16	c) Item 11.1	
		d) CDC. Art. 103. Art. 16 da Lei nº 7.347/85	d) Item 11.2	
		e) CDC. Arts. 81 e 103. Lei nº 7.347/85. Art. 16	e) Item 11.1	–
6	C	I. CLT. Art. 872, parágrafo único	I. Item 14	–
		II. TST. Súmulas nº 246 e 350	II. Item 14.2	
		III. TST. Súmula nº 397	III. Item 14.3	
		IV. TST. OJ SDI-1 nº 277	IV. Item 14.3	
		V. Lei nº 7.347/85. Art. 2º	V. Item 4.2	

18.2. Gabarito das questões discursivas

Item	Fundamentação legal, jurisprudencial ou doutrinária	Onde encontro no livro
1	Partindo-se do pressuposto que não caberia na hipótese um dissídio coletivo de natureza jurídica, mas sim uma ação coletiva fundada em direitos coletivos ou individuais e homogêneos o órgão competente para apreciar e julgar a demanda seria o juízo de primeira instância, qual seja, a Vara do Trabalho. Territorialmente a competência seria definida em conformidade com o entendimento do TST revelado por meio da OJ nº 130, da SDI-2, ou seja, a ação deve ser proposta em uma das Varas do Trabalho das sedes dos Tribunais Regionais do Trabalho, pois se trata de dano de abrangência nacional.	Itens 4.2 e 4.3
2	- O inquérito civil, como procedimento investigatório que é, não está sujeito ao princípio do contraditório e da ampla defesa, o que não ocorreria se fosse classificado como um processo administrativo, que exige esse requisito por conta do mandamento contido no art. 5º, LV da CF/88. - Quanto à necessidade de reprodução da prova testemunhal colhida pelo MPT vai depender da situação. Se houve a participação da parte, garantindo-lhe o direito de contraditar e de fazer perguntas, não haveria necessidade do depoimento ser confirmado perante o juiz. Na ausência do contraditório, que não é obrigatório no inquérito, a parte interessada pode solicitar ao juiz que o depoimento seja complementado em juízo, para que exerça seu direito de defesa em sua plenitude.	Item 9.2 "C" e "G"
3	No âmbito de uma Ação Civil Pública o Ministério Público do Trabalho, nessa situação apresentada, pode fazer dois requerimentos: uma tutela específica de não fazer, no sentido de obstar que a empresa faça a exibição das imagens das crianças, sob pena de pagamento de multa diária; e a condenação da empresa no pagamento de uma indenização por danos morais coletivos. Trata-se da proteção dos direitos da criança e do adolescente, mais precisamente de um grupo determinado representado por aqueles que participarem dos desfiles promovidos pela empresa, contrariando a Constituição Federal que veda o trabalho para pessoas que tenham menos de 16 anos, salvo na condição de aprendiz, a partir dos 14. Classificado como direito coletivo no sentido estrito, de natureza indivisível (art. 81, II, do CDC), autoriza a ação do Ministério Público com fundamento no art. 82, I, do CDC. A tutela especifica de não fazer encontra-se autorizada no Código de Defesa do Consumidor, mais precisamente em seu art. 84, referente a obrigação de não exibir as filmagens no site da empresa, inclusive em caráter liminarmente, em face do receio de ineficácia do provimento final. Em razão do dano já ocorrido, representado pelo próprio trabalho em si das crianças, caberá a indenização de caráter pedagógico, referente ao dano moral coletivo sofrido pelo grupo, nos termos do parágrafo 2º, do citado art. 84.	Item 9.6.

CAPÍTULO III

MANDADO DE SEGURANÇA

1. CONCEITO E DENOMINAÇÕES

O mandado de segurança é uma ação constitucional especial que tem como objetivo garantir direito líquido e certo lesado ou ameaçado por autoridade, cujo titular seja uma pessoa física, jurídica ou entidades legalmente personificadas e que não seja protegido por *habeas corpus* ou *habeas data*.[1]

Também é denominado de *writ of mandamus*, *writ of security*, remédio heroico ou simplesmente *writ*.

Para efeito de atingir os objetivos desta obra, serão analisadas, a seguir, somente as linhas gerais do instituto do mandado de segurança, com ênfase em suas particularidades no âmbito da Justiça do Trabalho e a casuística decorrente da sua análise nesse ramo do Poder Judiciário.

2. PREVISÃO LEGAL

A primeira Constituição brasileira que tratou do mandado de segurança foi a de 1934, em seu art. 133, § 33:

> **Art. 133. § 33.** Dar-se-á mandado de segurança para defesa do direito, certo e incontestável, ameaçado ou violado por ato manifestamente inconstitucional ou ilegal de qualquer autoridade. O processo será o mesmo do *habeas corpus*, devendo ser sempre ouvida a pessoa de direito público interessada. O mandado não prejudica as ações petitórias competentes.

A Constituição de 1937 omitiu-se sobre a questão, mas a Carta posterior cuidou de restabelecer a previsão do remédio heroico, por meio do seu art. 141, § 24, com a seguinte redação: "Para proteger direito líquido e certo não amparado por *habeas corpus*, conceder-se-á mandado de segurança, seja qual for a autoridade responsável pela ilegalidade ou abuso de poder".

1. Esses remédios processuais destinam-se à proteção do direito à locomoção e da informação, respectivamente.

A Constituição de 1967 e a Emenda nº 01/69 continham dispositivos semelhantes, em seus arts. 141, § 24 e 253, § 21, respectivamente: "Conceder-se-á mandado de segurança, para proteger direito individual liquido e certo não amparado por *habeas corpus*, seja qual for a autoridade responsável pela ilegalidade ou abuso de poder".

Atualmente, o mandado de segurança individual encontra-se calcado no art. 5º, LXIX, da CF/88, cujo teor é o seguinte:

> **Art. 5º. LXIX** – conceder-se-á mandado de segurança para proteger direito líquido e certo, não amparado por habeas-corpus ou habeas-data, quando o responsável pela ilegalidade ou abuso de poder for autoridade pública ou agente de pessoa jurídica no exercício de atribuições do Poder Público.

A nova ordem constitucional tem dispositivo que trata da legitimidade para interposição do mandado de segurança em sua modalidade coletiva, conforme se observa do art. 5º, LXX, da CF/88:

> **Art. 5º. LXX.** O mandado de segurança coletivo pode ser impetrado por: a) partido político com representação no Congresso Nacional; b) organização sindical, entidade de classe ou associação legalmente constituída e em funcionamento há pelo menos um ano, em defesa dos interesses de seus membros ou associados;

Em nível infraconstitucional, durante muitos anos o procedimento do mandado de segurança foi disciplinado pela Lei nº 1.533/51**, que foi revogada expressamente pela Lei nº 12.016/09**.

A norma ora em vigor é bem mais complexa do que a anterior e surgiu em face da necessidade de adaptar o procedimento do mandado de segurança à nova ordem constitucional e à jurisprudência dos Tribunais superiores.

A aludida lei contém regulamentação mais específica de todo o procedimento judicial do *mandamus*, inclusive de natureza coletiva e, em seu art. 1º, apresenta a função dessa medida judicial:

> **Art. 1º.** Conceder-se-á mandado de segurança para proteger direito líquido e certo, não amparado por *habeas corpus* ou *habeas data*, sempre que, ilegalmente ou com abuso de poder, qualquer pessoa física ou jurídica sofrer violação ou houver justo receio de sofrê-la por parte de autoridade, seja de que categoria for e sejam quais forem as funções que exerça (grifos no original).

3. ESPÉCIES

O mandado de segurança pode ser individual ou coletivo, preventivo ou repressivo.

Na primeira classificação, a diferença reside tanto na legitimidade quanto na natureza do direito defendido em juízo. A legitimação ativa para a impetração do mandado de segurança individual é de qualquer pessoa física ou jurídica ou entidade legalmente personificada, para a defesa de interesses ou direitos unicamente individuais, ainda que haja litisconsórcio.[2]

2. Lei n° 12.016/09. Art. 1º. § 3º. Quando o direito ameaçado ou violado couber a várias pessoas, qualquer delas poderá requerer o mandado de segurança.

Já o mandado de segurança coletivo tem sua legitimidade ativa limitada ao **partido político com representação no Congresso Nacional ou organização sindical, entidade de classe ou associação legalmente constituída e em funcionamento há pelo menos um ano,** em defesa dos interesses de seus membros ou associados.[3]

Nesse último caso, o direito ou interesse ameaçado ou lesado deve ser de natureza coletiva, ou seja, coletivos *stricto sensu* ou individuais e homogêneos,[4] ainda que seja relativo à parte da categoria,[5] **sendo desnecessária a autorização expressa dos integrantes da entidade.**[6]

Quanto ao momento em que é impetrado, o mandado de segurança pode ser **preventivo,** quando o interessado deduz a sua pretensão em juízo quando se vê na iminência de ter o seu direito líquido e certo violado por ato de autoridade, ou **repressivo**, quando o remédio heroico é impetrado após a consumação da lesão.

4. LEGITIMIDADE PASSIVA

Cabe mandado de segurança contra ato de autoridade de qualquer categoria ou agente de pessoa jurídica no exercício de atribuições do Poder Público,[7] inclusive quando o ato for praticado por delegação de competência, na forma prevista pela Súmula nº 510 do STF: "Praticado o ato por autoridade, no exercício de competência delegada, contra ela cabe o mandado de segurança ou a medida judicial".

O art. 1º, § 1º, da Lei nº 12.016/09 estabelece as pessoas que se equiparam à autoridade coatora:

> **Art. 1º. § 1º**. Equiparam-se às autoridades, para os efeitos desta Lei, os representantes ou órgãos de partidos políticos e os administradores de entidades autárquicas, bem como os dirigentes de pessoas jurídicas ou as pessoas naturais no exercício de atribuições do poder público, somente no que disser respeito a essas atribuições.

Por fim, ressalte-se que **não cabe mandado de segurança contra ato de qualquer servidor público, mas apenas daqueles que detenham poder de mando e gestão.**

---

3. Lei nº 12.016/09. Art. 21. O mandado de segurança coletivo pode ser impetrado por partido político com representação no Congresso Nacional, na defesa de seus interesses legítimos relativos a seus integrantes ou à finalidade partidária, ou por organização sindical, entidade de classe ou associação legalmente constituída e em funcionamento há, pelo menos, 1 (um) ano, em defesa de direitos líquidos e certos da totalidade, ou de parte, dos seus membros ou associados, na forma dos seus estatutos e desde que pertinentes às suas finalidades, dispensada, para tanto, autorização especial.
4. O art. 21, parágrafo único, da Lei nº 12.016/09, excluiu os direitos difusos da proteção judicial pela via do mandado de segurança.
5. STF. Súmula nº 630. A entidade de classe tem legitimação para o mandado de segurança ainda quando a pretensão veiculada interesse apenas a uma parte da respectiva categoria.
6. STF. Súmula nº 629. A impetração de mandado de segurança coletivo por entidade de classe em favor dos associados independe da autorização destes.
7. Lei nº 12.016/09. Art. 6º. § 3º. Considera-se autoridade coatora aquela que tenha praticado o ato impugnado ou da qual emane a ordem para a sua prática.

5. COMPETÊNCIA FUNCIONAL

Nos casos da situação clássica observada na Justiça do Trabalho, de impetração do mandado de segurança em face de decisões judiciais, a competência funcional é sempre do Tribunal e jamais do Juiz de primeira instância.

Nesse caso e nas demais situações nas quais a autoridade coatora for integrante de órgão do Poder Executivo, notadamente da Secretaria Especial de Previdência e Trabalho do Ministério da Economia ou do Ministério Público do Trabalho, a competência é definida pela Constituição ou pela legislação ordinária.

Tem-se, assim, a competência originária dos Tribunais, que será analisada nos itens a seguir.

5.1. STF

A competência originária do STF está definida no art. 102, I, "d", da CF/88. Cabe a esse Tribunal processar e julgar o mandado de segurança quando a autoridade coatora for o **Presidente da República, das Mesas da Câmara dos Deputados e do Senado Federal, do Tribunal de Contas da União, do Procurador-Geral da República e do próprio Supremo Tribunal Federal.**

5.2. STJ

Reserva-se ao STJ a competência para apreciar e julgar o mandado de segurança em face dos atos praticados pelos **Ministros de Estado, dos Comandantes da Marinha, Exército e Aeronáutica ou do próprio Tribunal**, conforme delimitação estabelecida pelo art. 105, I, "b", da CF/88.

5.3. No Tribunal Superior do Trabalho

A atual Carta Magna é omissa no que diz respeito à competência do TST para conhecer e julgar originariamente o mandado de segurança. Refere-se, apenas, à competência material da Justiça do Trabalho, no seu art. 114, VI, quando o ato questionado envolver matéria sujeita à sua jurisdição.

Deve-se recorrer às disposições contidas no regimento interno daquela Corte que prevê, em seu art. 76, I, "b", a competência do órgão especial para apreciar e julgar o mandado de segurança quando a autoridade coatora for o Presidente ou de qualquer Ministro do Tribunal, ressalvada a competência das Seções Especializadas.

A competência da SDC está delimitada pelo art. 2º, I, "d", da Lei nº 7.701/88:

> **Art. 2º.** Compete à seção especializada em dissídios coletivos, ou seção normativa: I – originariamente: d) julgar os mandados de segurança contra os atos praticados pelo Presidente do Tribunal ou por qualquer dos Ministros integrantes da seção especializada em processo de dissídio coletivo.

Já a competência da SDI encontra-se definida pelo artigo seguinte da mencionada normal:

> **Art. 3º.** Compete à Seção de Dissídios Individuais julgar: I – originariamente: b) os mandados de segurança de sua competência originária, na forma da lei.

5.4. Nos Tribunais Regionais do Trabalho

A competência originária dos Tribunais Regionais do Trabalho para apreciar e julgar mandado de segurança, também é fixada por meio dos respectivos regimentos internos. Limita-se aos casos em que a autoridade coatora for qualquer magistrado que esteja sob a sua jurisdição, seja do primeiro ou do segundo grau.

A título de exemplo, transcreve-se o art. 145 do Regimento Interno do TRT da 2ª Região:

> **Art. 145.** Para proteger direito líquido e certo, não amparado por *habeas corpus* ou *habeas data*, conceder-se-á mandado de segurança quando a autoridade responsável por ato de ilegalidade ou abuso de poder estiver sob a jurisdição do Tribunal.

Nesse sentido, a OJ nº 4 do Tribunal Pleno do TST e as Súmulas nos 433 e 624 do STF:

> **OJ Nº 4.** MANDADO DE SEGURANÇA. DECISÃO DE TRT. INCOMPETÊNCIA ORIGINÁRIA DO TRIBUNAL SUPERIOR DO TRABALHO. DJ 17.03.2004, Ao Tribunal Superior do Trabalho não compete apreciar, originariamente, mandado de segurança impetrado em face de decisão de TRT.
>
> **STF. SÚMULA Nº 433.** É competente o Tribunal Regional do Trabalho para julgar mandado de segurança contra ato de seu presidente em execução de sentença trabalhista.
>
> **STF. SÚMULA Nº 624.** Não compete ao Supremo Tribunal Federal conhecer originariamente de mandado de segurança contra atos de outros tribunais.

Obviamente que as disposições regimentais dos TRTs e os verbetes transcritos **não levaram em consideração a possibilidade do mandado de segurança ser impetrado no juízo singular, na hipótese de o ato provir de autoridade administrativa ou do Ministério Público do Trabalho**, por força da ampliação da competência conferida pela promulgação da EC nº 45/04.

6. COMPETÊNCIA DA JUSTIÇA DO TRABALHO

Antes da promulgação da EC nº 45/2004, **o mandado de segurança era utilizado na Justiça do Trabalho com o único propósito de atacar as decisões judiciais interlocutórias**[8] de natureza irrecorrível, ou seja, sempre contra atos da autoridade judiciária trabalhista.

A partir da vigência da mencionada EC, passou-se a admitir o *writ* também nas hipóteses, por exemplo, em que as autoridades da Secretaria Especial de Previdência e Trabalho

8. Como a autoridade judiciária também atua administrativamente, as decisões dessa natureza comportam mandado de segurança: TST. OJ nº 10 do Tribunal Pleno. PRECATÓRIO. PROCESSAMENTO E PAGAMENTO. NATUREZA ADMINISTRATIVA. MANDADO DE SEGURANÇA. CABIMENTO. DJ 25.04.2007. É cabível mandado de segurança contra atos praticados pela Presidência dos Tribunais Regionais em precatório em razão de sua natureza administrativa, não se aplicando o disposto no inciso II do art. 5º da Lei nº 1.533, de 31.12.1951.

do Ministério da Economia exerçam suas funções no sentido de aplicar sanções administrativas aos empregadores (art. 114, VII, da CF/88) ou nos casos de atuação extrajudicial do representante do Ministério Público do Trabalho, principalmente na condução do inquérito civil público.

Dessa forma, as demais autoridades não podem ser sujeito passivo do mandado de segurança impetrado no âmbito da Justiça do Trabalho:

> **TST. SDI-2. OJ Nº 57.** MANDADO DE SEGURANÇA. INSS. TEMPO DE SERVIÇO. AVERBAÇÃO E/OU RECONHECIMENTO. Inserida em 20.09.00 Conceder-se-á mandado de segurança para impugnar ato que determina ao INSS o reconhecimento e/ou averbação de tempo de serviço.

> **OJ SDI-2 Nº 11 do TRT15.** MANDADO DE SEGURANÇA. LIBERAÇÃO DE SEGURO-DESEMPREGO. INCOMPETÊNCIA DA JUSTIÇA DO TRABALHO. A Justiça do Trabalho é incompetente para apreciar Mandado de Segurança que envolva pedido de liberação de seguro-desemprego negado por autoridade federal.

7. REQUISITOS

Nesse tópico, serão analisados os requisitos do *mandamus* quando a autoridade coatora for integrante da Justiça do Trabalho, no exercício de suas funções jurisdicionais, já que essa é a hipótese que se observa com frequência no âmbito do Poder Judiciário Laboral, situação que só foi alterada com a promulgação da EC nº 45/04.

7.1. Prazo decadencial

A Lei nº 12.016/09, art. 23, estabelece **o prazo decadencial de 120 dias** para a impetração do mandado de segurança,[9] contados a partir da ciência do ato impugnado, pelo interessado.

Sobre o início da contagem desse prazo, prevalece o entendimento constante da OJ nº 127, da SDI-2 do TST:

> **OJ Nº 127.** MANDADO DE SEGURANÇA. DECADÊNCIA. CONTAGEM. EFETIVO ATO COATOR. DJ 09.12.2003. Na contagem do prazo decadencial para ajuizamento de mandado de segurança, o efetivo ato coator é o primeiro em que se firmou a tese hostilizada e não aquele que a ratificou.

Se a ação de mandado de segurança é extinta sem a resolução do mérito, o autor pode renovar a sua pretensão, desde que esteja dentro do prazo de decadência acima mencionado.

7.2. Direito líquido e certo

O mandado de segurança não admite dilação probatória. Assim, para o seu ajuizamento o autor deve providenciar a juntada da prova do seu direito líquido e certo.

9. STF. Súmula nº 632. É constitucional lei que fixa o prazo de decadência para a impetração de mandado de segurança.

Devem-se comprovar, de plano, o direito líquido e certo, seja por intermédio de documentos em poder do impetrante ou por meio daqueles existentes nos órgãos públicos. Portanto, **exclui-se da órbita do mandado de segurança as pretensões fundadas em questões fáticas** que só podem ser provadas por testemunhas.

Nesse sentido:

> **SÚMULA Nº 415 do TST.** MANDADO DE SEGURANÇA. PETIÇÃO INICIAL. art. 321 do cpc de 2015. ART. 284 DO CPC de 1973. INAPLICABILIDADE. (atualizada em decorrência do CPC de 2015) – Res. 208/2016, DEJT divulgado em 22, 25 e 26.04.2016. Exigindo o mandado de segurança prova documental pré-constituída, inaplicável o art. 321 do CPC de 2015 (art. 284 do CPC de 1973) quando verificada, na petição inicial do "mandamus", a ausência de documento indispensável ou de sua autenticação. (ex-OJ nº 52 da SBDI-2 – inserida em 20.09.2000).
>
> **OJ SDI-2 Nº 04 do TRT15.** Denega-se a segurança para anulação de auto de infração lavrado por autoridade administrativa do trabalho, se o ato inquinado depender de instrução probatória.

A jurisprudência reconhece que para ser considerado como direito líquido e certo, não é necessário que sua interpretação seja unânime nos tribunais, conforme entendimento constante da Súmula nº 625 do STF: "Controvérsia sobre matéria de direito não impede concessão de mandado de segurança".

Por fim, em relação ao mandado de segurança coletivo, protegem-se os direitos coletivos e individuais homogêneos, a seguir definidos, **com exclusão dos direitos difusos:**

a) coletivos, assim entendidos, os transindividuais, de natureza indivisível, de que seja titular grupo ou categoria de pessoas ligadas entre si ou com a parte contrária por uma relação jurídica básica;

b) individuais homogêneos, assim entendidos, os decorrentes de origem comum e da atividade ou situação específica da totalidade ou de parte dos associados ou membros do impetrante.

7.3. Ato de autoridade

O cabimento do mandado de segurança limita-se aos atos das autoridades de natureza concreta, pois somente esses são capazes de ameaçar ou lesar direitos. Por conta disso, **excluem-se do âmbito do mandado de segurança os atos de autoridade pública de natureza normativa que não produza efeitos concretos**, diante da sua característica genérica e abstrata, conforme entendimento do STF revelado por intermédio da Súmula nº 266: "Não cabe mandado de segurança contra lei em tese".

A Lei nº 12.016/09, art. 1º, § 2º, **também excepciona os atos de gestão comercial** praticados pelos administradores de empresas públicas, de sociedade de economia mista e de concessionárias de serviço público.

O particular também pode ser considerado como autoridade coatora, desde que pratique atos por delegação do poder público, de acordo com o posicionamento adotado pelo STF por meio da Súmula nº 510: "Praticado o ato por autoridade, no exercício de competência delegada, contra ela cabe o mandado de segurança ou a medida judicial".

7.4. Decisão recorrível

Quando a autoridade for integrante do Poder Judiciário e o ato for de natureza judicial, deverá ser irrecorrível ou modificável por meio de atos correcionais para que o mandado de segurança tenha cabimento.

Assim, **se a decisão é recorrível ou já se esgotaram todos os recursos cabíveis, a via do remédio heroico resta obstada**, conforme dispõe as Súmulas e OJs a seguir transcritas:

> **STF. SÚMULA Nº 267.** Não cabe mandado de segurança contra ato judicial passível de recurso ou correição.
>
> **STF. SÚMULAº 268.** Não cabe mandado de segurança contra decisão judicial com trânsito em julgado.
>
> **TST. SDI2. OJ Nº 92.** MANDADO DE SEGURANÇA. EXISTÊNCIA DE RECURSO PRÓPRIO. Inserida em 27.05.02. Não cabe mandado de segurança contra decisão judicial passível de reforma mediante recurso próprio, ainda que com efeito diferido.
>
> **TST. SDI2 OJ Nº 99.** MANDADO DE SEGURANÇA. ESGOTAMENTO DE TODAS AS VIAS PROCESSUAIS DISPONÍVEIS. TRÂNSITO EM JULGADO FORMAL. DESCABIMENTO. Inserida em 27.09.02. Esgotadas as vias recursais existentes, não cabe mandado de segurança.

A lei 12.016/09, art. 5º, também excepciona a aplicabilidade do mandado de segurança quando se tratar de **decisão judicial da qual caiba recurso** com efeito suspensivo e de decisão judicial transitada em julgado.

Exemplos de questões sobre o tema

(FCC – Juiz do Trabalho Substituto 1ª região/2015) Maurício ajuizou ação trabalhista, na qual pleiteou pagamento de comissões, horas extras, adicional noturno, indenização por danos morais e pensão vitalícia, atribuindo à causa o valor de R$ 30.000,00. Durante a audiência inaugural, o réu fez a proposta de acordo de R$ 15.000,00, ao que o patrono de Maurício fez a contraproposta de R$ 80.000,00. Diante da negativa do demandado, o juiz recebeu a defesa e, de ofício, alterou o valor da causa de R$ 30.000,00 para R$ 80.000,00, sob o argumento de que este último era a correta estimativa econômica da pretensão, pois foi o que o postulante almejou para pôr fim ao litígio. Inconformado, o advogado do autor impetrou mandado de segurança contra esta decisão. Nesse caso,

a) não cabe mandado de segurança pois havendo futura majoração de custas para o autor, deveria ele recolhê-las sobre o valor da inicial, apresentar recurso ordinário e, se julgado deserto, interpor agravo de instrumento.

b) o mandado de segurança deve ser acolhido, uma vez que é direito líquido e certo do autor definir o valor da causa de sua demanda.

c) o mandado de segurança deve ser acolhido, uma vez que a decisão judicial não foi fundamentada.

d) não cabe mandado de segurança, o recurso adequado à hipótese é o agravo retido nos autos.

e) o mandado de segurança deve ser acolhido, uma vez que possui natureza jurídica igual ao do agravo de instrumento.

Resposta: A

8. PROCEDIMENTO

Como foi dito anteriormente, o mandado de segurança tem seu rito definido pela Lei nº 12.016/09. Logo, não há que se falar em aplicação dos dispositivos contidos na CLT, conforme determinação contida no art. 1º, da IN nº 27/05, salvo no que diz respeito às custas e à sistemática recursal.

Sobre a desnecessidade da alçada, em sede de mandado de segurança, manifesta-se o TST por meio da Súmula nº 365:

> **SÚMULA Nº 365.** ALÇADA. AÇÃO RESCISÓRIA E MANDADO DE SEGURANÇA (conversão das Orientações Jurisprudenciais nos 8 e 10 da SBDI-1) – Res. 129/2005, DJ 20, 22 e 25.04.2005. Não se aplica a alçada em ação rescisória e em mandado de segurança. (ex-OJs nos 8 e 10 da SBDI-1 – inseridas em 01.02.1995).

Isso significa que se o autor do mandado de segurança não fixar o valor da causa, **o juiz não pode arbitrar de ofício**. A hipótese seria de intimação do autor para emendar a inicial sob pena de extinção do processo sem apreciação do mérito.

A petição inicial deve atender aos requisitos estabelecidos pelo art. 319 do CPC acompanhada dos documentos necessários e indispensáveis à sua propositura,[10] bem como a indicação da autoridade coatora e da pessoa jurídica que esta integra, à qual se acha vinculada ou da qual exerce atribuições.

Em caso de urgência, a transmissão e o consequente ajuizamento do mandado de segurança poderá ser feito por qualquer meio eletrônico de comunicação.

Uma vez distribuída a ação, o juiz examinará se a hipótese é de mandado de segurança, se estão presentes os requisitos de admissibilidade ou se é tempestiva. Inclusive pode indeferir, de plano, a petição inicial, se não estiverem presentes esses requisitos específicos ou gerais, por se tratar de vícios insanáveis.

Contra essa decisão de indeferimento cabe agravo regimental, na hipótese da competência originária ser do Tribunal. Caso seja proferida pelo juízo de primeira instância, cabe recurso ordinário:[11]

> **SDI-2. OJ Nº 69.** FUNGIBILIDADE RECURSAL. INDEFERIMENTO LIMINAR DE AÇÃO RESCISÓRIA OU MANDADO DE SEGURANÇA. RECURSO PARA O TST. RECEBIMENTO COMO AGRAVO REGIMENTAL E DEVOLUÇÃO DOS AUTOS AO TRT. Inserida em 20.09.00. Recurso ordinário interposto contra despacho monocrático indeferitório da petição inicial de ação rescisória ou de mandado de segurança pode, pelo princípio de fungibilidade recursal, ser recebido como agravo regimental. Hipótese de não

10. Lei 12.016/09. Art. 6º, § 1º. Nº caso em que o documento necessário à prova do alegado se ache em repartição ou estabelecimento público ou em poder de autoridade que se recuse a fornecê-lo por certidão ou de terceiro, o juiz ordenará, preliminarmente, por ofício, a exibição desse documento em original ou em cópia autêntica e marcará, para o cumprimento da ordem, o prazo de 10 (dez) **dias. O escrivão extrairá cópias do documento para juntá-las à segunda via da petição. § 2º. Se a autoridade que tiver procedido dessa maneira for a própria coatora, a ordem far-se-á no próprio instrumento da notificação.**

11. Lei nº 12.016/09. Art. 10. § 1º. Do indeferimento da inicial pelo juiz de primeiro grau caberá apelação e, quando a competência para o julgamento do mandado de segurança couber originariamente a um dos tribunais, do ato do relator caberá agravo para o órgão competente do tribunal que integre.

conhecimento do recurso pelo TST e devolução dos autos ao TRT, para que aprecie o apelo como agravo regimental.

Estando em ordem, a petição inicial, o juiz ordenará:

a) a notificação da autoridade coatora do conteúdo da petição inicial, com o envio da segunda via apresentada com as cópias dos documentos, a fim de que, no prazo de 10 (dez) dias, preste as informações;

b) a ciência do feito ao órgão de representação judicial da pessoa jurídica interessada, com cópia da inicial sem documentos, para que, querendo, ingresse no feito.

No caso de **mandado de segurança coletivo, não haverá litispendência em relação às ações individuais** (art. 22, § 1º, da Lei nº 12.016/09).

8.1. Liminar

O juiz de ofício, a requerimento da parte ou do Ministério Público, determinará que se suspenda o ato que deu motivo ao pedido, quando houver fundamento relevante e do ato impugnado puder resultar a ineficácia da medida, caso seja finalmente deferida, salvo se o pedido de liminar tiver por objeto:

a) a compensação de créditos tributários;

b) a entrega de mercadorias e bens provenientes do exterior;

c) a reclassificação ou equiparação de servidores públicos; e

d) a concessão de aumento ou a extensão de vantagens ou pagamento de qualquer natureza.

Sendo possível o deferimento do pleito de liminar, faculta-se ao juiz exigir do impetrante caução, fiança ou depósito, com o objetivo de assegurar o ressarcimento à pessoa jurídica.

Para impugnar a sentença que concede a segurança, deve-se observar a determinação contida na IN nº 27/05 do TST que manda usar o regramento da CLT para reger as lides trabalhistas, o que afasta a possibilidade de utilização do agravo de instrumento. Isso implicaria admitir que, nessa situação, **o remédio cabível seria um outro mandado de segurança**, dessa vez para instância superior.

De forma diversa entende o TRT6:

> **SÚMULA Nº 20 do TRT6.** Contra decisão que aprecia liminar em mandado de segurança, ajuizado em primeiro grau, cabe agravo de instrumento, previsto no artigo 7º, § 1º, da Lei 12.016/2009, a ser interposto no juízo de origem.

Nos Tribunais, o recurso cabível é o agravo regimental:

> **SDI-2. OJ Nº 100.** RECURSO ORDINÁRIO PARA O TST. DECISÃO DE TRT PROFERIDA EM AGRAVO REGIMENTAL CONTRA LIMINAR EM AÇÃO CAUTELAR OU EM MANDADO DE SEGURANÇA. INCABÍVEL. Inserida em 27.09.02. Não cabe recurso ordinário para o TST de decisão proferida pelo Tribunal Regional do Trabalho em agravo regimental interposto contra despacho que concede ou não liminar em ação cautelar ou em mandado de segurança, uma vez que o processo ainda pende de decisão definitiva do Tribunal "a quo".

No mandado de segurança coletivo, **a liminar só poderá ser concedida após a audiência do representante judicial da pessoa jurídica de direito público, que deverá se pronunciar no prazo de setenta e duas horas** (art. 22, § 2º, da Lei nº 12.016/09).

Exemplo de questão sobre o tema

(MPT – Procurador do Trabalho/2013 – Adaptada)

– **Consoante a Lei nº 12.016/2009, não cabe agravo da decisão que indefere petição inicial de mandado de segurança de competência originária de Tribunal do Trabalho.**

Resposta: item incorreto

8.2. Sentença e coisa julgada

Decorrido o prazo para apresentação das informações pela autoridade coatora e depois de ouvido o representante do Ministério Público do Trabalho **(no prazo de 10 dias)**, a decisão será proferida no prazo máximo de trinta dias, mas não haverá condenação em honorários advocatícios de sucumbência.[12]

No mandado de segurança coletivo, os benefícios da coisa julgada não beneficiarão o impetrante a título individual se este não requerer a desistência de seu *mandamus* no prazo de trinta dias, a contar da ciência comprovada da impetração da segurança coletiva (art. 22, § 1º, da Lei nº 12.016/09).

Segundo dispõe o *caput* do art. 22, da Lei nº 12.016/09, a sentença, no mandado de segurança coletivo, fará coisa julgada limitadamente aos membros do grupo ou categoria substituídos pelo impetrante.

9. RECURSO

Da sentença proferida em sede de mandado de segurança ajuizado na Justiça do Trabalho, **cabe recurso ordinário**, no prazo de oito dias, ainda que a competência originária para a sua análise seja dos Tribunais Regionais.

Nesse último caso, a competência para julgamento do recurso é do TST, conforme disposto na Súmula nº 201 desse Tribunal:

> **SÚMULA Nº 201.** RECURSO ORDINÁRIO EM MANDADO DE SEGURANÇA (mantida) – Res. 121/2003, DJ 19, 20 e 21.11.2003. Da decisão de Tribunal Regional do Trabalho em mandado de segurança cabe recurso ordinário, no prazo de 8 (oito) dias, para o Tribunal Superior do Trabalho, e igual dilação para o recorrido e interessados apresentarem razões de contrariedade.

A Lei nº 7.701/88 define a competência recursal da SDC, em sede de mandado de segurança:

12. Lei nº 12.016/09. Art. 25. Não cabem, no processo de mandado de segurança, a interposição de embargos infringentes e a condenação ao pagamento dos honorários advocatícios, sem prejuízo da aplicação de sanções no caso de litigância de má-fé. STF. Súmula nº 512. Não cabe condenação em honorários de advogado na ação de mandado de segurança. STJ. Súmula nº 105. Na ação de mandado de segurança não se admite condenação em honorários advocatícios.

Art. 2º. Compete à seção especializada em dissídios coletivos, ou seção normativa: II – em última instância julgar: b) os recursos ordinários interpostos contra as decisões proferidas pelos Tribunais Regionais do Trabalho em ações rescisórias e mandados de segurança pertinentes a dissídios coletivos.

A interposição equivocada do recurso de revista em tais situações é considerada como erro grosseiro, o que obsta a aplicação do princípio da fungibilidade, conforme posicionamento adotado pelo TST, por meio da OJ nº 152, da SDI-2:

OJ Nº 152. AÇÃO RESCISÓRIA E MANDADO DE SEGURANÇA. RECURSO DE REVISTA DE ACÓRDÃO REGIONAL QUE JULGA AÇÃO RESCISÓRIA OU MANDADO DE SEGURANÇA. PRINCÍPIO DA FUNGIBILIDADE. INAPLICABILIDADE. ERRO GROSSEIRO NA INTERPOSIÇÃO DO RECURSO. (DJe divulgado em 03, 04 e 05.12.2008) A interposição de recurso de revista de decisão definitiva de Tribunal Regional do Trabalho em ação rescisória ou em mandado de segurança, com fundamento em violação legal e divergência jurisprudencial e remissão expressa ao art. 896 da CLT, configura erro grosseiro, insuscetível de autorizar o seu recebimento como recurso ordinário, em face do disposto no art. 895, "b", da CLT.

Se a competência originária para conhecer o mandado de segurança é do TST, cabe recurso para o STF, na forma preceituada pelo art. 102, II, "a" da CF/88.

Fica sujeita ao duplo grau de jurisdição obrigatório, as sentenças que concederem a segurança, admitindo-se a execução provisória, exceto se for vedada a concessão de medida liminar e observando o disposto no § 4º, art. 13 da Lei nº 12.016/09:

Art. 13. § 4º. O pagamento de vencimentos e vantagens pecuniárias assegurados em sentença concessiva de mandado de segurança a servidor público da administração direta ou autárquica federal, estadual e municipal somente será efetuado relativamente às prestações que se vencerem a contar da data do ajuizamento da inicial.

A execução da sentença definitiva ou da liminar poderá ser suspensa por decisão fundamentada do presidente do Tribunal ao qual couber o conhecimento do respectivo recurso, a requerimento da pessoa jurídica de direito público interessada ou a pedido do representante do Ministério Público, para evitar grave lesão à ordem, à saúde, à segurança e à economia públicas.

Dessa decisão caberá agravo, sem efeito suspensivo, no prazo de oito dias,[13] que será levado a julgamento na sessão seguinte à sua interposição (art. 15 da Lei nº 12.016/09).

A referida Lei também inovou no sentido de **admitir a legitimidade da autoridade coatora para recorrer da decisão que lhe for desfavorável**.

Em qualquer caso, entretanto, é necessário proceder ao recolhimento das custas processuais sob pena de ser declarada a deserção do recurso, exceto nos casos de isenção legal ou quando o interessado for beneficiário da justiça gratuita, na forma do entendimento cristalizado pela OJ nº 148 da SDI-2, do TST:

13. A Lei nº 12.016/09 prevê o prazo de cinco dias para a interposição desse recurso. Entretanto, em qualquer situação, o prazo recursal na Justiça do Trabalho é de oito dias e deve ser utilizado, também, na hipótese de mandado de segurança, conforme dispõe a IN nº 27/05, art. 2º, do TST.

OJ Nº 148. CUSTAS. MANDADO DE SEGURANÇA. RECURSO ORDINÁRIO. EXIGÊNCIA DO PAGAMENTO. (conversão da Orientação Jurisprudencial nº 29 da SBDI-1) – Res. 129/2005, DJ 20.04.2005 É responsabilidade da parte, para interpor recurso ordinário em mandado de segurança, a comprovação do recolhimento das custas processuais no prazo recursal, sob pena de deserção. (ex-OJ Nº 29 – inserida em 20.09.00)

Em relação ao recurso de ofício, posiciona-se o TST por intermédio da Súmula nº 303:

SÚMULAº 303. FAZENDA PÚBLICA. REEXAME NECESSÁRIO (nova redação em decorrência do CPC de 2015) – Res. 211/2016, DEJT divulgado em 24, 25 e 26.08.2016 IV – Em mandado de segurança, somente cabe reexame necessário se, na relação processual, figurar pessoa jurídica de direito público como parte prejudicada pela concessão da ordem. Tal situação não ocorre na hipótese de figurar no feito como impetrante e terceiro interessado pessoa de direito privado, ressalvada a hipótese de matéria administrativa. (ex-OJs nos 72 e 73 da SBDI-1 – inseridas, respectivamente, em 25.11.1996 e 03.06.1996).

As regras relativas aos recursos em sede de mandado se segurança encontram-se inseridas nos artigos de 14 a 18 da Lei nº 12.016/2009:

Art. 14. Da sentença, denegando ou concedendo o mandado, cabe apelação.

§ 1º Concedida a segurança, a sentença estará sujeita obrigatoriamente ao duplo grau de jurisdição.

§ 2º Estende-se à autoridade coatora o direito de recorrer.

§ 3º A sentença que conceder o mandado de segurança pode ser executada provisoriamente, salvo nos casos em que for vedada a concessão da medida liminar.

§ 4º O pagamento de vencimentos e vantagens pecuniárias assegurados em sentença concessiva de mandado de segurança a servidor público da administração direta ou autárquica federal, estadual e municipal somente será efetuado relativamente às prestações que se vencerem a contar da data do ajuizamento da inicial.

Art. 15. Quando, a requerimento de pessoa jurídica de direito público interessada ou do Ministério Público e para evitar grave lesão à ordem, à saúde, à segurança e à economia públicas, o presidente do tribunal ao qual couber o conhecimento do respectivo recurso suspender, em decisão fundamentada, a execução da liminar e da sentença, dessa decisão caberá agravo, sem efeito suspensivo, no prazo de 5 (cinco) dias, que será levado a julgamento na sessão seguinte à sua interposição.

§ 1º Indeferido o pedido de suspensão ou provido o agravo a que se refere o *caput* deste artigo, caberá novo pedido de suspensão ao presidente do tribunal competente para conhecer de eventual recurso especial ou extraordinário.

§ 2º É cabível também o pedido de suspensão a que se refere o § 1º deste artigo, quando negado provimento a agravo de instrumento interposto contra a liminar a que se refere este artigo.

§ 3º A interposição de agravo de instrumento contra liminar concedida nas ações movidas contra o poder público e seus agentes não prejudica nem condiciona o julgamento do pedido de suspensão a que se refere este artigo.

§ 4º O presidente do tribunal poderá conferir ao pedido efeito suspensivo liminar se constatar, em juízo prévio, a plausibilidade do direito invocado e a urgência na concessão da medida.

§ 5º As liminares cujo objeto seja idêntico poderão ser suspensas em uma única decisão, podendo o presidente do tribunal estender os efeitos da suspensão a liminares supervenientes, mediante simples aditamento do pedido original.

Art. 16. Nos casos de competência originária dos tribunais, caberá ao relator a instrução do processo, sendo assegurada a defesa oral na sessão do julgamento.

Parágrafo único. Da decisão do relator que conceder ou denegar a medida liminar caberá agravo ao órgão competente do tribunal que integre.

Art. 17. Nas decisões proferidas em mandado de segurança e nos respectivos recursos, quando não publicado, no prazo de 30 (trinta) dias, contado da data do julgamento, o acórdão será substituído pelas respectivas notas taquigráficas, independentemente de revisão.

Art. 18. Das decisões em mandado de segurança proferidas em única instância pelos tribunais cabe recurso especial e extraordinário, nos casos legalmente previstos, e recurso ordinário, quando a ordem for denegada.

Exemplo de questão sobre o tema:

(TRT 3 – Juiz do Trabalho Substituto 3ª região/2014) É correto afirmar em matéria de Mandado de Segurança, a partir das súmulas do TST:

a) Não se aplica a alçada em mandado de segurança.

b) A homologação de acordo constitui faculdade do juiz, inexistindo direito líquido e certo tutelável pela via do mandado de segurança.

c) Da decisão de TRT em mandado de segurança cabe recurso ordinário, no prazo de 8 dias, para o TST, e igual dilação para o recorrido e interessados apresentarem razões de contrariedade.

d) A superveniência da sentença, nos autos originários, faz perder o objeto do mandado de segurança que impugnava a concessão da tutela antecipada (ou liminar).

e) Todas as opções estão corretas.

Resposta: E

10. CASUÍSTICA

A jurisprudência dos Tribunais Trabalhistas delineia o conteúdo da expressão "direito líquido e certo", mais precisamente no âmbito do processo laboral.

As ementas seguem transcritas encontram-se agrupadas de acordo com o reconhecimento ou não do mencionado direito líquido e certo:

Não cabe mandado de segurança:

SÚMULA Nº 33 DO TST. MANDADO DE SEGURANÇA. DECISÃO JUDICIAL TRANSITADA EM JULGADO (mantida) – Res. 121/2003, DJ 19, 20 e 21.11.2003. Não cabe mandado de segurança de decisão judicial transitada em julgado.

SÚMULA N º 414 DO TST. MANDADO DE SEGURANÇA. TUTELA PROVISÓRIA CONCEDIDA ANTES OU NA SENTENÇA (nova redação em decorrência do CPC de 2015) – Res. 217/2017 – DEJT divulgado em 20, 24 e 25.04.2017. I – A tutela provisória concedida na sentença não comporta impugnação pela via do mandado de segurança, por ser impugnável mediante recurso ordinário. É admissível a obtenção de efeito suspensivo ao recurso ordinário mediante requerimento dirigido ao tribunal, ao relator ou ao presidente ou ao vice-presidente do tribunal recorrido, por aplicação subsidiária ao processo do trabalho do artigo 1.029, § 5º, do CPC de 2015.

SÚMULA N º 416 DO TST. MANDADO DE SEGURANÇA. EXECUÇÃO. LEI Nº 8.432/1992. Art. 897, § 1º, DA CLT. CABIMENTO (conversão da Orientação Jurisprudencial nº 55 da SBDI-2) – Res. 137/2005, DJ 22, 23 e 24.08.2005. Devendo o agravo de petição delimitar justificadamente a matéria e os valores objeto de discordância, não fere direito líquido e certo o prosseguimento da execução quanto aos tópicos e valores não especificados no agravo. (ex-OJ Nº 55 da SBDI-2 – inserida em 20.09.2000)

SÚMULA N º 417 DO TST. MANDADO DE SEGURANÇA. PENHORA EM DINHEIRO (alterado o item I, atualizado o item II e cancelado o item III, modulando-se os efeitos da presente redação de forma a atingir unicamente as penhoras em dinheiro em execução provisória efetivadas a partir de 18.03.2016, data de vigência do CPC de 2015) – Res. 212/2016, DEJT divulgado em 20, 21 e 22.09.2016 I – Não fere direito líquido e certo do impetrante o ato judicial que determina penhora em dinheiro do executado para garantir crédito exequendo, pois é prioritária e obedece à gradação prevista no art. 835 do CPC de 2015 (art. 655 do CPC de 1973). II – Havendo discordância do credor, em execução definitiva, não tem o executado direito líquido e certo a que os valores penhorados em dinheiro fiquem depositados no próprio banco, ainda que atenda aos requisitos do art. 840, I, do CPC de 2015 (art. 666, I, do CPC de 1973). (ex-OJ nº 61 da SBDI-2 – inserida em 20.09.2000).

SÚMULA Nº 418 DO TST. MANDADO DE SEGURANÇA VISANDO À HOMOLOGAÇÃO DE ACORDO (nova redação em decorrência do CPC de 2015) – Res. 217/2017 – DEJT divulgado em 20, 24 e 25.04.2017. A homologação de acordo constitui faculdade do juiz, inexistindo direito líquido e certo tutelável pela via do mandado de segurança.

SDI-2. OJ Nº 53 DO TST. MANDADO DE SEGURANÇA. COOPERATIVA EM LIQUIDAÇÃO EXTRAJUDICIAL. LEI Nº 5.764/71, Art. 76. INAPLICÁVEL. NÃO SUSPENDE A EXECUÇÃO. Inserida em 20.09.00. A liquidação extrajudicial de sociedade cooperativa não suspende a execução dos créditos trabalhistas existentes contra ela.

SDI-2. OJ Nº 54 DO TST. MANDADO DE SEGURANÇA. EMBARGOS DE TERCEIRO. CUMULAÇÃO. PENHORA. INCABÍVEL (atualizada em decorrência do CPC de 2015) – Res. 208/2016, DEJT divulgado em 22, 25 e 26.04.2016. Ajuizados embargos de terceiro (art. 674 do CPC de 2015 – art. 1.046 do CPC de 1973) para pleitear a desconstituição da penhora, é incabível mandado de segurança com a mesma finalidade.

SDI-2. OJ Nº 56 DO TST. MANDADO DE SEGURANÇA. EXECUÇÃO. PENDÊNCIA DE RECURSO EXTRAORDINÁRIO. Inserida em 20.09.00. Não há direito líquido e certo à execução definitiva na pendência de recurso extraordinário, ou de agravo de instrumento visando a destrancá-lo.

SDI-2. OJ Nº 64 DO TST. MANDADO DE SEGURANÇA. REINTEGRAÇÃO LIMINARMENTE CONCEDIDA. Inserida em 20.09.00. Não fere direito líquido e certo a concessão de tutela antecipada para reintegração de empregado protegido por estabilidade provisória decorrente de lei ou norma coletiva.

SDI-2. OJ Nº 65 DO TST. MANDADO DE SEGURANÇA. REINTEGRAÇÃO LIMINARMENTE CONCEDIDA. DIRIGENTE SINDICAL. Inserida em 20.09.00. Ressalvada a hipótese do art. 494 da CLT, não fere direito líquido e certo a determinação liminar de reintegração no emprego de dirigente sindical, em face da previsão do inciso X do art. 659 da CLT.

SDI-2. OJ Nº 66 DO TST. MANDADO DE SEGURANÇA. SENTENÇA HOMOLOGATÓRIA DE ADJUDICAÇÃO. INCABÍVEL (atualizado o item I e incluído o item II em decorrência do CPC de 2015) Res. 212/2016, DEJT divulgado em 20, 21 e 22.09.2016 I – Sob a égide do CPC de 1973 é incabível o mandado de segurança contra sentença homologatória de adjudicação, uma vez que existe meio próprio para impugnar o ato judicial, consistente nos embargos à adjudicação (CPC de 1973, art. 746). II – Na vigência do CPC de 2015 também não cabe mandado de segurança, pois o ato judicial pode ser impugnado por simples petição, na forma do artigo 877, caput, do CPC de 2015.

SDI-2. OJ Nº 67 DO TST. MANDADO DE SEGURANÇA. TRANSFERÊNCIA. Art. 659, IX, DA CLT. Inserida em 20.09.00. Não fere direito líquido e certo a concessão de liminar obstativa de transferência de empregado, em face da previsão do inciso IX do art. 659 da CLT.

SDI-2. OJ Nº 91 DO TST. MANDADO DE SEGURANÇA. AUTENTICAÇÃO DE CÓPIAS PELAS SECRETARIAS DOS TRIBUNAIS REGIONAIS DO TRABALHO. REQUERIMENTO INDEFERIDO. Art. 789, § 9º, DA CLT. Inserida em 27.05.02. Não sendo a parte beneficiária da assistência judiciária gratuita, inexiste direito líquido e certo à autenticação, pelas Secretarias dos Tribunais, de peças extraídas do processo principal, para formação do agravo de instrumento.

SDI-2. OJ Nº 92 DO TST. MANDADO DE SEGURANÇA. EXISTÊNCIA DE RECURSO PRÓPRIO. Inserida em 27.05.02. Não cabe mandado de segurança contra decisão judicial passível de reforma mediante recurso próprio, ainda que com efeito diferido.

SDI-2. OJ Nº 140 DO TST. MANDADO DE SEGURANÇA CONTRA LIMINAR, CONCEDIDA OU DENEGADA EM OUTRA SEGURANÇA. INCABÍVEL. (Art. 8º DA LEI Nº 1.533/51). DJ 04.05.2004. Não cabe mandado de segurança para impugnar despacho que acolheu ou indeferiu liminar em outro mandado de segurança.

SDI-2. OJ Nº 142 DO TST. MANDADO DE SEGURANÇA. REINTEGRAÇÃO LIMINARMENTE CONCEDIDA. DJ 04.05.2004. Inexiste direito líquido e certo a ser oposto contra ato de Juiz que, antecipando a tutela jurisdicional, determina a reintegração do empregado até a decisão final do processo, quando demonstrada a razoabilidade do direito subjetivo material, como nos casos de anistiado pela Lei nº 8.878/1994, aposentado, integrante de comissão de fábrica, dirigente sindical, portador de doença profissional, portador de vírus HIV ou detentor de estabilidade provisória prevista em norma coletiva.

SDI-2. OJ Nº 144 DO TST. MANDADO DE SEGURANÇA. PROIBIÇÃO DE PRÁTICA DE ATOS FUTUROS. SENTENÇA GENÉRICA. EVENTO FUTURO. INCABÍVEL. DJ 22.06.04 (nova redação – DJ 22.08.2005). O mandado de segurança não se presta à obtenção de uma sentença genérica, aplicável a eventos futuros, cuja ocorrência é incerta.

SÚMULA Nº 11 do TRT22. MANDADO DE SEGURANÇA. INCABÍVEL EM SUBSTITUIÇÃO A RECURSO PREVISTO EM LEI COM EFEITO SUSPENSIVO.

OJ SDI-1 Nº 06 do TRT15. MANDADO DE SEGURANÇA. PROVA. Não cabe mandado de segurança contra decisão que verse sobre o questionamento da licitude da prova.

OJ SDI-1 Nº 07 do TRT15. MANDADO DE SEGURANÇA. SUBSTITUIÇÃO DO CRÉDITO. Não cabe mandado de segurança contra ato judicial que determina a indicação de contas e/ou aplicações financeiras para a substituição do crédito do exequente.

OJ SDI-2 Nº 03 do TRT15. Não cabe mandado de segurança contra decisão que verse sobre o questionamento da licitude da prova.

OJ SDI-2 Nº 02 do TRT15. Não fere direito líquido e certo o deferimento de tutela que antecipa a reintegração de empregado com estabilidade prevista no art. 118 da Lei n. 8.213/1991.

OJ SDI-2 Nº 05 do TRT15. Presentes os requisitos legais, a prolação de tutela antecipada deferindo a manutenção ou o restabelecimento de plano de saúde ao empregado aposentado por invalidez ou em gozo de auxílio-doença não viola direito líquido e certo.

OJ SDI-2 Nº 08 do TRT15. CONCURSO PÚBLICO. PROFESSORES. RECONTRATAÇÃO SOMENTE SERÁ POSSÍVEL APÓS 6 (SEIS) MESES DO TÉRMINO DO

CONTRATO ANTERIOR. EXISTÊNCIA DE RESPALDO LEGAL. ART. 452 DA CONSOLIDAÇÃO DAS LEIS DO TRABALHO. Ao participar do exame seletivo, o concorrente aderiu às normas contidas no respectivo edital. Não há afronta a direito líquido e certo, abuso ou ilegalidade por parte do município.

OJ SDI-2 Nº 10 do TRT15. Decisão que determina que os empregados da CEF sejam mantidos em suas localidades de trabalho, proibindo transferências compulsórias e a supressão de adicionais, gratificações e comissionamentos, em decorrência de eventuais transferências relativas ao processo de reestruturação, não viola direito líquido e certo amparável por mandado de segurança.

Cabe mandado de segurança:

SÚMULA Nº 397 DO TST. AÇÃO RESCISÓRIA. ART. 966, IV, DO CPC de 2015 . ART. 485, IV, DO CPC de 1973. AÇÃO DE CUMPRIMENTO. OFENSA À COISA JULGADA EMANADA DE SENTENÇA NORMATIVA MODIFICADA EM GRAU DE RECURSO. INVIABILIDADE. CABIMENTO DE MANDADO DE SEGURANÇA. (atualizada em decorrência do CPC de 2015) – Res. 208/2016, DEJT divulgado em 22, 25 e 26.04.2016. Não procede ação rescisória calcada em ofensa à coisa julgada perpetrada por decisão proferida em ação de cumprimento, em face de a sentença normativa, na qual se louvava, ter sido modificada em grau de recurso, porque em dissídio coletivo somente se consubstancia coisa julgada formal. Assim, os meios processuais aptos a atacarem a execução da cláusula reformada são a exceção de pré-executividade e o mandado de segurança, no caso de descumprimento do art. 514 do CPC de 2015 (art. 572 do CPC de 1973). (ex-OJ nº 116 da SBDI-2 – DJ 11.08.2003)

SÚMULA Nº 414 DO TST. MANDADO DE SEGURANÇA. TUTELA PROVISÓRIA CONCEDIDA ANTES OU NA SENTENÇA (nova redação em decorrência do CPC de 2015) – Res. 217/2017 – DEJT divulgado em 20, 24 e 25.04.2017. II – Nº caso de a tutela provisória haver sido concedida ou indeferida antes da sentença, cabe mandado de segurança, em face da inexistência de recurso próprio. III – A superveniência da sentença, nos autos originários, faz perder o objeto do mandado de segurança que impugnava a concessão ou o indeferimento da tutela provisória.

SDI-2. OJ Nº 59 DO TST. MANDADO DE SEGURANÇA. PENHORA. CARTA DE FIANÇA BANCÁRIA. seguro garantia judicial (nova redação em decorrência do CPC de 2015) – Res. 209/2016, DEJT divulgado em 01, 02 e 03.06.2016. A carta de fiança bancária e o seguro garantia judicial, desde que em valor não inferior ao do débito em execução, acrescido de trinta por cento, equivalem a dinheiro para efeito da gradação dos bens penhoráveis, estabelecida no art. 835 do CPC de 2015 (art. 655 do CPC de 1973).

SDI-2. OJ Nº 63 DO TST. MANDADO DE SEGURANÇA. REINTEGRAÇÃO. AÇÃO CAUTELAR. Inserida em 20.09.00. Comporta a impetração de mandado de segurança o deferimento de reintegração no emprego em ação cautelar.

SDI-2. OJ Nº 88 DO TST. MANDADO DE SEGURANÇA. VALOR DA CAUSA. CUSTAS PROCESSUAIS. CABIMENTO. Inserida em 13.03.02. Incabível a impetração de mandado de segurança contra ato judicial que, de ofício, arbitrou novo valor à causa, acarretando a majoração das custas processuais, uma vez que cabia à parte, após recolher as custas, calculadas com base no valor dado à causa na inicial, interpor recurso ordinário e, posteriormente, agravo de instrumento no caso de o recurso ser considerado deserto.

SDI-2. OJ Nº 93 DO TST. PENHORA SOBRE PARTE DA RENDA DE ESTABELECIMENTO COMERCIAL. POSSIBILIDADE. (alterada em decorrência do CPC de 2015) – Res. 220/2017, DEJT divulgado em 21, 22 e 25.09.2017 . Nos termos do art. 866 do CPC de 2015, é admissível a penhora sobre a renda mensal ou faturamento de empresa, limitada a percentual, que não comprometa o desenvolvimento regular de suas atividades, desde que não haja outros bens penhoráveis ou, havendo outros bens, eles sejam de difícil alienação ou insuficientes para satisfazer o crédito executado.

SDI-2. OJ Nº 98 DO TST. MANDADO DE SEGURANÇA. CABÍVEL PARA ATACAR EXIGÊNCIA DE DEPÓSITO PRÉVIO DE HONORÁRIOS PERICIAIS. Inserida em 27.09.02 (nova redação – DJ 22.08.2005). É ilegal a exigência de depósito prévio para custeio dos honorários periciais, dada a incompatibilidade com o processo do trabalho, sendo cabível o mandado de segurança visando à realização da perícia, independentemente do depósito.

SDI-2. OJ Nº 137 DO TST. MANDADO DE SEGURANÇA. DIRIGENTE SINDICAL. Art. 494 DA CLT. APLICÁVEL. DJ 04.05.2004. Constitui direito líquido e certo do empregador a suspensão do empregado, ainda que detentor de estabilidade sindical, até a decisão final do inquérito em que se apure a falta grave a ele imputada, na forma do art. 494, "*caput*" e parágrafo único, da CLT.

SDI-2. OJ Nº 153 DO TST. MANDADO DE SEGURANÇA. EXECUÇÃO. ORDEM DE PENHORA SOBRE VALORES EXISTENTES EM CONTA SALÁRIO. ART. 649, IV, DO CPC DE 1973. ILEGALIDADE. (atualizada em decorrência do CPC de 2015) – Res. 220/2017, DEJT divulgado em 21, 22 e 25.09.2017 Ofende direito líquido e certo decisão que determina o bloqueio de numerário existente em conta salário, para satisfação de crédito trabalhista, ainda que seja limitado a determinado percentual dos valores recebidos ou a valor revertido para fundo de aplicação ou poupança, visto que o art. 649, IV, do CPC de 1973 contém norma imperativa que não admite interpretação ampliativa, sendo a exceção prevista no art. 649, § 2º, do CPC de 1973 espécie e não gênero de crédito de natureza alimentícia, não englobando o crédito trabalhista

OJ Nº 02 da SDI-1 do TRT3. MANDADO DE SEGURANÇA. APREENSÃO DE DINHEIRO OU CRÉDITO. CABIMENTO. Penhora, bloqueio ou qualquer outro tipo de apreensão judicial de dinheiro ou de crédito é passível de exame por meio de mandado de segurança.

OJ Nº 10 da SDI-1 do TRT3. MANDADO DE SEGURANÇA. REGISTRO NO CADASTRO NACIONAL DE INFORMAÇÕES SOCIAIS (CNIS). Na esteira da OJ 57 da SBDI-II do TST, conceder-se-á mandado de segurança para cassar ato judicial trabalhista que determina ao INSS o registro da data de início e/ou de término do contrato de trabalho no CNIS.

OJ SDI-2 Nº 06 do TRT15. INSS. TEMPO DE SERVIÇO. AVERBAÇÃO E/OU RECONHECIMENTO. Adota-se a Orientação Jurisprudencial nº 57 da SDI-2 do Tribunal Superior do Trabalho.

Exemplos de questões sobre o tema

(FCC – Juiz do Trabalho/2017) De acordo com entendimento sumulado pelo TST sobre o cabimento do mandado de segurança e de recurso ordinário diante da concessão ou indeferimento de tutela provisória no processo do trabalho, é correto afirmar que a impetração de mandado de segurança

a) é cabível se o juiz conceder tutela provisória na sentença. Não cabe requerimento de efeito suspensivo ao recurso ordinário.

b) é cabível se o juiz conceder tutela provisória na sentença. Não cabe recurso ordinário dessa decisão.

c) não é cabível se o juiz conceder tutela provisória antes da sentença. Cabe recurso ordinário dessa decisão.

d) é cabível se o juiz conceder tutela provisória antes da sentença. Não cabe recurso ordinário dessa decisão.

e) não é cabível se o juiz conceder tutela provisória na sentença. Não cabe recurso ordinário dessa decisão.

Resposta: D

(TRT 8 – Juiz do Trabalho Substituto 8ª região/2015) Sobre o processamento e julgamento do mandado de segurança, segundo a jurisprudência consolidada do Tribunal Superior do Trabalho, é INCORRETO afirmar que:

a) Não cabe mandado de segurança contra decisão judicial passível de reforma mediante recurso próprio, ainda que com efeito diferido.

b) A interposição de recurso de revista de decisão definitiva de Tribunal Regional do Trabalho em ação rescisória ou em mandado de segurança, com fundamento em violação legal e divergência jurisprudencial e remissão expressa ao art. 896 da CLT, configura erro grosseiro, insuscetível de autorizar o seu recebimento como recurso ordinário, em face do disposto no art. 8 95, "b", da CLT.

c) Esgotadas as vias recursais existentes, não cabe mandado de segurança.

d) Incabível a impetração de mandado de segurança contra ato judicial que, de ofício, arbitrou novo valor à causa, acarretando a majoração das custas processuais, uma vez que cabia à parte, após recolher as custas, calculadas com base no valor dado à causa na inicial, interpor recurso ordinário e, posteriormente, agravo de instrumento no caso de o recurso ser considerado deserto.

e) É cabível mandado de segurança para impugnar antecipação de tutela concedida em sentença de conhecimento.

Resposta: E

(TRT 8 – Juiz do Trabalho Substituto 8ª região/2013) Sobre mandado de segurança é CORRETO afirmar que:

a) Não será concedida medida liminar nem antecipação de tutela em mandado de segurança que tenha por objeto a compensação de créditos tributários, a entrega de mercadorias e bens provenientes do exterior, a reclassificação ou equiparação de servidores públicos e a concessão de aumento ou a extensão de vantagens ou pagamento de qualquer natureza.

b) Os processos de mandado de segurança e os respectivos recursos terão prioridade sobre todos os atos judiciais. O prazo para a conclusão dos autos não poderá exceder de 5 (cinco) dias.

c) No mandado de segurança coletivo, a sentença fará coisa julgada limitadamente aos membros do grupo ou categoria substituídos pelo impetrante, além do que induz litispendência para as ações individuais e os efeitos da coisa julgada não beneficiarão o impetrante a título individual se não requerer a desistência de seu mandado de segurança no prazo de 30 (trinta) dias a contar da ciência comprovada da impetração da segurança coletiva.

d) No mandado de segurança coletivo, a liminar só poderá ser concedida após a audiência do representante judicial da pessoa jurídica de direito público, que deverá se pronunciar no prazo de 5 (cinco) dias.

e) Não cabem, no processo de mandado de segurança, a interposição de embargos infringentes e a condenação ao pagamento dos honorários advocatícios nem a aplicação de sanções no caso de litigância de má-fé.

Resposta: A

11. INFORMATIVOS DO TST SOBRE A MATÉRIA

Mandado de segurança. Decisão contra ato de juiz do trabalho que exorbita de sua competência e decide matéria alheia à sua jurisdição. Competência da Justiça Trabalhista.

É competente a Justiça do Trabalho para julgar mandado de segurança contra ato de juiz do trabalho que exorbita de sua competência e decide matéria alheia à sua jurisdição. Na espécie, a decisão do juiz do trabalho sobre a incidência do imposto de transmissão de bens imóveis (ITBI) em arrematação judicial exorbitou de sua competência. A matéria impugnada, portanto, é o desrespeito aos limites da jurisdição especializada, e não o mérito da relação jurídico-tributária em questão. Sob esses fundamentos, a SBDI-II, à unanimidade, conheceu do recurso ordinário interposto contra acórdão proferido pelo Tribunal Regional do Trabalho e, no mérito, deu-lhe provimento para declarar a competência da Justiça do Trabalho para o processamento do presente mandamus e determinou o retorno dos autos ao TRT de origem para que prossiga no julgamento do mandado de segurança como entender de direito. TST-RO-1001657-22.2016.5.02.0000, SBDI-II, rel. Min. Maria Helena Mallmann, 18/8/2020 (TST. Info nº 223).

Mandado de segurança. Não cabimento. Arquivamento de reclamação trabalhista por ausência do reclamante. Apresentação de atestado médico. Reconsideração com posterior determinação de desarquivamento do processo e reinclusão em pauta. Existência de medida processual idônea para corrigir a suposta ilegalidade. Aplicação da Orientação Jurisprudencial nº 92 da SBDI-II.

Não cabe mandado de segurança contra decisão que, ao acolher pedido de reconsideração, desarquiva e reinclui em pauta ação trabalhista arquivada por ausência de reclamante na audiência de julgamento. No caso concreto, o reclamante esteve ausente à audiência inaugural, o que resultou no arquivamento da reclamação, nos termos do art. 844 da CLT. Posteriormente, ele apresentou pedido de reconsideração acompanhado de atestado médico, o qual foi acolhido pelo juízo com a determinação de desarquivamento e de reinclusão do processo em pauta. Nesse contexto, incide a Orientação Jurisprudencial nº 92 da SBDI-II, pois o inconformismo da impetrante/reclamada deveria ter sido externado na própria reclamação trabalhista, por meio da arguição de nulidade em contestação, ou como matéria preliminar em recurso ordinário, caso não acolhida a arguição de nulidade na sentença. Havendo, portanto, medida processual idônea para corrigir a suposta ilegalidade cometida pela autoridade coatora, afasta-se o cabimento do mandado de segurança na hipótese. Sob esse entendimento, a SBDI-II, por unanimidade, conheceu do recurso ordinário e, no mérito, deu-lhe provimento para denegar a segurança inicialmente concedida pelo TRT de origem por violação do art. 494 do CPC, que consagra a preclusão pro judicato. TST-RO-602-71.2018.5.06.0000, SBDI-II, rel. Min. Douglas Alencar Rodrigues 12.11.2019 (TST. Info nº 212).

Mandado de segurança. Cabimento. Determinação judicial de emenda da petição inicial para juntar planilha contábil. Art. 840, § 1º da CLT. Ato teratológico. Não incidência da Orientação Jurisprudencial nº 92 da SBDI-II.

Cabe, excepcionalmente, mandado de segurança para impugnar decisão que determinou a emenda à petição inicial de reclamação trabalhista para que o autor juntasse planilha contábil, sob pena de extinção do processo sem resolução de mérito. Trata-se de decisão teratológica, a afastar a incidência da Orientação Jurisprudencial nº 92 da SBDI-II, pois impõe ônus ilegal ao exercício do direito de ação, visto que a planilha contábil não é documento indispensável à propositura da reclamação, nos termos do art. 840, § 1º, da CLT e dos arts. 319, IV e V; 320; 322, caput, § 2º e 324, todos do CPC de 2015. Ademais, exigir que o reclamante aguardasse a prolação da sentença de extinção do processo, sem julgamento do mérito, para só então se valer da medida processual cabível atenta contra a celeridade da prestação jurisdicional. Sob esses fundamentos, a SBDI-II, por maioria, deu provimento ao recurso ordinário para conceder a segurança e determinar o prosseguimento da reclamação trabalhista em questão, independentemente da juntada da planilha contábil. Vencidos os Ministros Renato de Lacerda Paiva, Luiz José Dezena da Silva e Evandro Valadão. TST-RO-368-24.2018.5.12.0000, SBDI-II, rel. Min. Maria Helena Mallmann, 1º.10.2019 (TST. Info nº 207).

Mandado de segurança. Renúncia. Empresa prestadora de serviços. Decisão monocrática. Extinção do processo com resolução de mérito. Impugnação via recurso próprio. Não cabimento.

Não cabe mandado de segurança quando o ato apontado como coator for decisão judicial da qual caiba recurso com efeito suspensivo, ou seja, passível de reforma via recurso próprio, consoante art. 5º da Lei nº 12.016/2009 e Orientação Jurisprudencial nº 92 da SBDI-2 do TST. No caso, a decisão monocrática, apontada como ato coator, que extinguiu o processo, com resolução do mérito, com base no art. 487, III, c, do CPC de 2015, em face da homologação da renúncia exclusivamente em relação à empresa prestadora de serviços, não constitui decisão irrecorrível, sendo suscetível de impugnação por meio do agravo. Trata-se de decisão de mérito, atraindo a incidência dos citados artigos 203, §1º, do CPC de 2015 e 265, caput, do Regimento Interno do TST. A nomenclatura utilizada pelo juiz é irrelevante para determinar a natureza jurídica do pronunciamento judicial, importando o seu conteúdo material. A decisão que homologa a renúncia, por tratar-se de litisconsórcio passivo meramente facultativo, e transcorrer o prazo para interposição de agravo, enseja o manejo da via adequada, ação rescisória, prevista no art. 966 do CPC de 2015. Assim, merece ser mantida a denegação do mandado de segurança em virtude do seu não cabimento, nos termos do art. 6º, § 5º, da Lei nº 12.016/2009. Sob esses fundamentos, o Órgão Especial, por unânime, negou provimento ao agravo para manter a denegação do mandado de segurança em virtude do seu não cabimento, nos termos do art. 6º, § 5º, da Lei nº 12.016/2009. TST- Ag-MS-1000121-25.2019.5.00.0000, Órgão Especial, rel. Min. José Roberto Freire Pimenta, 2.9.2019 (TST. Info nº 203).

Mandado de segurança. Cabimento. Ação coletiva. Determinação de emenda à petição inicial, sob pena de indeferimento. Ato teratológico. Exigência de requisitos não previstos em lei. Orientação Jurisprudencial nº 92 da SBDI-II. Não incidência.

Cabe mandado de segurança contra decisão que nos autos de ação coletiva determinou a emenda da petição inicial, sob pena de indeferimento, para que fossem identificados os setores e os cargos dos substituídos, os locais de trabalho dos substituídos expostos a agentes perigosos, quais recebiam adicional de insalubridade e a que agentes insalubres estavam submetidos. Trata-se de ato de nítido caráter teratológico, que causou prejuízos imediatos ao sindicato impetrante, pois exigidos requisitos não previstos em lei para o ajuizamento da ação coletiva, em flagrante desrespeito ao art. 8º, III, da CF (ampla legitimidade sindical) e aos arts. 95 e 98 do CDC, os quais autorizam a condenação genérica nas ações coletivas, com posterior liquidação individualizada na fase de cumprimento da sentença. Assim, faz-se necessário afastar, de forma excepcional, a aplicação da Orientação Jurisprudencial nº 92 da SBDI-II para permitir o manejo imediato do writ e assegurar ao impetrante o direito ao prosseguimento da ação coletiva na forma como proposta. Sob esse entendimento, a SBDI-II, por unanimidade, conheceu do recurso ordinário e, no mérito, deu-lhes provimento para conceder a segurança, cassar a ordem de emenda à inicial e determinar o prosseguimento do feito. TST-RO-155-18.2018.5.12.0000, SBDI-II, rel. Min. Luiz José Dezena da Silva, 11.6.2019 (TST. Info nº 199).

Mandado de segurança. Não cabimento. Ressarcimento de despesas do leiloeiro e depositário judicial. Existência de recurso próprio. Incidência da Orientação Jurisprudencial nº 92 da SBDI-II.

Não cabe mandado de segurança para impugnar decisões relacionadas ao reembolso de despesas do leiloeiro/depositário proferidas na fase de execução, quando não há dúvidas de que o tribunal de origem admite o cabimento de agravo de petição. Embora haja controvérsia a respeito da possibilidade de o leiloeiro ou o depositário judicial interpor recurso nos autos em que oficiou como auxiliar do juízo, no caso concreto, o impetrante trouxe aos autos ementas de julgados em que o TRT de origem analisou agravo de petição envolvendo a mesma matéria. Em alguns deles, inclusive, ele próprio figurou como agravante. Sob esse entendimento, e aplicando ao caso a diretriz da Orientação Jurisprudencial nº 92 da SBDI-II, a referida Subseção, por maioria, negou provimento ao recurso ordinário. Vencidos os Ministros Delaíde Miranda Arantes, relatora, e Douglas Alencar Rodrigues. TST-RO-164-09.2017.5.05.0000, SBDI-II, rel. Min. Delaíde Miranda Arantes, red. p/ acórdão Min. Renato de Lacerda Paiva, 4.12.2018 (TST. Info nº 188).

Mandado de segurança. Cabimento. Decisão interlocutória que contraria a jurisprudência pacífica, reiterada e notória do TST. Não incidência da Orientação Jurisprudencial nº 92 da SBDI-II.

Cabe mandado de segurança contra decisão que, embora ostente caráter interlocutório, contraria a jurisprudência pacífica, reiterada e notória do TST. Na espécie, o writ foi impetrado pelo Ministério Público do Trabalho contra acórdão proferido em recurso ordinário pelo TRT da 5ª Região, que anulou de ofício sentença prolatada em ação civil pública e determinou o retorno dos autos à Vara de origem para que fossem chamados à lide os litisconsortes passivos necessários (empregados ocupantes de funções de confiança potencialmente atingidos pelo pedido de declaração de nulidade dos contratos firmados com ente público sem prévia aprovação em concurso público). Ocorre que, conforme entendimento firmado pelo TST, não há litisconsórcio passivo necessário entre a pessoa natural ou jurídica demandada e os sujeitos que possam ser atingidos pelos efeitos da decisão proferida em ação civil pública voltada à defesa de direitos e interesses difusos e coletivos. O litisconsórcio na ação civil pública apenas se viabiliza em relação aos demais legitimados ativos para o debate coletivo (art. 5º, §§ 1º e 5º, da Lei nº 7.347/1985). Assim, a SBDI-II, por unanimidade, conheceu do recurso ordinário e, no mérito, por maioria, deu-lhe provimento para conceder a segurança, cassar o acórdão proferido na ação civil pública e determinar o retorno dos autos ao TRT da 5ª Região para o regular processamento do recurso ordinário. Vencidas as Ministras Maria Helena Mallmann e Delaíde Miranda Arantes, que consideravam incabível a impetração, nos termos da Orientação Jurisprudencial nº 92 da SBDI-II. TST-RO-144-28.2011.5.05.0000, SBDI-II, rel. Min. Douglas Alencar Rodrigues, 6.11.2018 (TST. Info nº 186).

Mandado de segurança. Dirigente sindical detentor de estabilidade provisória. Suspensão após o ajuizamento de inquérito judicial para apuração de falta grave. Reintegração determinada em sede de cognição sumária. Presença dos pressupostos do art. 300 do CPC de 2015. Ausência de direito líquido e certo à suspensão do empregado até a decisão final do inquérito.

Não configura ato ilícito do empregador, capaz de ensejar imediata reintegração, a mera suspensão do empregado detentor de estabilidade por ocupar cargo em direção em sindicato, após o ajuizamento do inquérito judicial para apuração de falta grave, na forma do art. 494 da CLT. Isso não impede, todavia, que, durante o procedimento investigativo, e com base nas provas ali produzidas, o magistrado se convença da probabilidade do direito defendido pelo detentor da estabilidade provisória e, assim, determine o seu retorno ao trabalho em sede de cognição sumária (tutela de urgência). A prerrogativa contida no art. 494 da CLT não é infensa ao controle jurisdicional, de modo que, se no caso em apreço, o magistrado, com base na documentação juntada aos autos, convenceu-se de que havia respaldo fático-jurídico a embasar o pedido de reintegração, afigura-se presente a probabilidade do direito a que se refere o art. 300 do CPC de 2015, não havendo falar em ilegalidade ou abuso de direito. Sob esses fundamentos, a SBDI-II, por unanimidade, negou provimento ao recurso ordinário interposto contra acórdão do Tribunal Regional em que se denegara a segurança pleiteada pelo empregador que alegava ter direito líquido e certo de suspender o empregado até a decisão final do inquérito. TST-RO-101134-62.2016.5.01.0000, SBDI-II, rel. Min. Maria Helena Mallmann, 5.6.2018 (TST. Info nº 180).

Mandado de segurança. Quebra de sigilo bancário. Indícios de utilização de manobras para impedir a constrição de valores pela Justiça do Trabalho. Ausência de direito líquido e certo.

Não se vislumbra violação a direito líquido e certo na hipótese em que a quebra de sigilo bancário, autorizada judicialmente, decorreu da presença de indícios de que os impetrantes utilizaram-se de manobras bancárias para impedir que valores fossem localizados e constritos pela Justiça do Trabalho. A natureza alimentar dos valores devidos pelos impetrantes aos ex-empregados que não receberam o salário do último mês trabalhado, aliado ao amplo poder de direção do julgador conferido pelo art. 795 da CLT impedem a constatação de ofensa à inviolabilidade do sigilo de dados no caso concreto. Sob esse fundamento, a SBDI-II, à unanimidade, conheceu do recurso ordinário e, no mérito negou-lhe provimento para manter a decisão do Regional que denegara a segurança pleiteada. TST-RO-20033-19.2016.5.04.0000, SBDI-II, rel. Min. Alberto Luiz Bresciani de Fontan Pereira, 23.5.2017 (TST. Info nº 159).

Mandado de segurança. Cabimento. Indeferimento da desconstituição de penhora. Execução parcialmente garantida. Existência de dúvida acerca do cabimento de agravo de petição.

É cabível mandado de segurança contra decisão que indefere a desconstituição de penhora de numerário nos autos de reclamação trabalhista na hipótese de dúvida sobre o cabimento de agravo de petição. Os valores bloqueados garantiam apenas parcialmente a execução e, nessas circunstâncias, o TRT da 4ª Região, conforme julgados trazidos aos autos, possivelmente não conheceria do agravo de petição eventualmente interposto, atraindo, portanto, o cabimento do *writ* para o exame da higidez do ato impugnado. Sob esse entendimento, e *a contrario sensu* do art. 5º, II, da Lei nº 12.016/2009, a SBDI-II, por unanimidade, deu provimento ao recurso ordinário para, reformando o acórdão recorrido, afastar a conclusão sobre o não cabimento do mandado de segurança e determinar o retorno dos autos ao TRT da 4ª Região, a fim de que lhe dê processamento e o julgue como entender de direito. TST-RO-21245-75.2016.5.04.0000, SBDI-II, rel. Min. Antonio José de Barros Levenhagen, 8.11.2016 (TST. Info-execução nº 28).

Mandado de segurança. Pedido de antecipação de tutela. Indeferimento pelo juízo de origem. Presença dos pressupostos autorizadores da tutela antecipada. Mitigação da Súmula nº 418 do TST.

Há direito líquido e certo tutelável pela via do mandado de segurança na hipótese em que, embora presentes os pressupostos do art. 273 do CPC de 1973, a antecipação de tutela não foi concedida pelo juízo de origem. Nº caso, a autoridade coatora indeferiu a reintegração do impetrante ao emprego não obstante, na própria fundamentação do ato coator, tenha constado a existência de prova inequívoca da verossimilhança da alegação, qual seja, o ato oficial da Previdência Social concedendo ao trabalhador, no período de aviso prévio, auxílio-doença acidentário. Ao menos em tese, portanto, a dispensa imotivada teria ofendido a estabilidade prevista no art. 118 da Lei nº 8.213/91, causando prejuízo desproporcional ao empregado despedido, revelando a plausibilidade do direito a ser resguardado. Assim, mitigando o entendimento consolidado na Súmula nº 418 do TST, a SBDI-II, por unanimidade, conheceu do recurso ordinário e, no mérito, negou-lhe provimento, mantendo a decisão proferida pelo Tribunal Regional que, concedendo a segurança pleiteada, determinou a reintegração imediata do trabalhador. TST-RO-578-75.2015.5.05.0000, SBDI-II, rel. Min. Alberto Luiz Bresciani de Fontan Pereira, 2.8.2016 (TST. Info nº 141).

Mandado de segurança. Impugnação de decisão que não homologa integralmente o acordo firmado pelas partes. Faculdade do juízo. Remição não concedida. Inexistência de direito líquido e certo. Súmula n.º 418 do TST.

A homologação de acordo firmado entre as partes constitui faculdade do Juízo, de modo que o fato de o Magistrado ter deixado de chancelar parte da avença não enseja a impetração de mandado de segurança, nos termos Súmula n.o 418 do TST. Na hipótese, o Magistrado negou a remissão da dívida, pois o produto decorrente da arrematação beneficiaria vários exequentes com processos antigos em curso. Ademais, a petição de acordo foi protocolizada somente após a lavratura do auto de arrematação, o que, nos termos do art. 694 do CPC, impossibilita a remição da dívida. Sob esse entendimento, a SBDI-2, por unanimidade, conheceu do recurso ordinário em mandado de segurança, e, no mérito, negou-lhe provimento. TST-RO 1001108-80.2014.5.02.0000, SBDI-II, rel. Min. Maria Helena Mallmann, 25.8.2015 (TST. Info-execução nº 18).

MS. Cabimento. Execução fiscal. Ato judicial de indeferimento de pedido de devolução de prazo recursal. Existência de via processual própria. Exegese da OJ nº 92 da SBDI-II.

Dispondo a parte de meio processual específico para impugnar o ato que entende ilegal e não tendo havido impedimento ao seu uso, afigura-se incabível a utilização do Mandado de Segurança. Aplicação da OJ nº 92 da SBDI-II combinada com o art. 5º, inciso II, da Lei nº 12.016/2009. Na espécie, o juízo da execução indeferiu pedido de devolução de prazo para interposição de recurso, hipótese na qual a parte poderia se utilizar dos embargos à execução para demonstrar e justificar a tempestividade do recurso ou até mesmo obter a reforma da decisão monocrática pelo juízo de retratação. Sob esses fundamentos, a SBDI-II, por unanimidade, conheceu do recurso ordinário e, no mérito, negou-lhe provimento. TST- RO-942-14.2012.5.10.0000, SBDI-II, rel. Min. Luiz Philippe Vieira de Mello Filho, 26.5.2015 (TST. Info-execução nº 16).

Mandado de segurança. Ato coator que determinou o sobrestamento da reclamação trabalhista originária. Prazo legal extrapolado.

A suspensão de reclamação trabalhista para além do prazo de um ano previsto no artigo 265, § 5º, do Código de Processo Civil fere direito líquido e certo da parte de ver entregue a prestação jurisdicional. Manutenção de suspensão de reclamação trabalhista que ultrapassa o prazo de um ano, para aguardar decisão a ser proferida em outro processo (art. 265, § 5º, do Código de Processo Civil) fere direito líquido e certo da parte de ver entregue a prestação jurisdicional pleiteada. Nº caso concreto, o ato impugnado determinou a suspensão da reclamação trabalhista originária até o trânsito em julgado de reclamação trabalhista que guardaria nexo de dependência. Porém, já ultrapassado o prazo de um ano sem que tivesse ocorrido o trânsito em julgado da ação. Sob esses fundamentos, a SBDI-II, por maioria, rejeitou as preliminares arguidas em contrarrazões, conheceu do recurso ordinário e, no mérito, deu-lhe provimento para conceder a segurança, a fim de determinar o regular prosseguimento da reclamação trabalhista originária, em trâmite perante a 10.ª Vara do Trabalho de Vitória/ES. Vencido o Ministro Douglas Alencar Rodrigues. TST- RO-185-54.2014.5.17.0000, SBDI-II, rel. Min. Delaíde Miranda Arantes, 1.9.2015 (TST. Info nº 116).

Mandado de segurança. Não cabimento. Decisão que determina a incidência de astreintes sem fixação de limite temporal ou quantitativo. Existência de recurso próprio. Orientação Jurisprudencial nº 92 da SBDI-II.

Não cabe mandado de segurança em face de decisão que, em sede de execução de sentença, determina a incidência de "astreintes", em razão do descumprimento de decisão judicial, sem fixação de limite temporal ou quantitativo a ser observado. Nº caso, a medida processual idônea para corrigir eventuais ilegalidades são os embargos à execução, já manejados pelo impetrante, inclusive. Incidência da Orientação Jurisprudencial nº 92 da SBDI-II. Sob esse entendimento, a SBDI-II, por unanimidade, conheceu do recurso ordinário e negou-lhe provimento, mantendo a decisão do Regional que indeferiu a petição inicial e extinguiu o processo sem resolução do mérito, nos termos do art. 10 da Lei nº 12.016/2009 e do art. 267, I e IV, do CPC. TST-RO-10925-95.2013.5.03.0000, SBDI-II, rel. Min. Douglas Alencar Rodrigues, 28.4.2015 (TST. Info-Execução nº 15).

Mandado de segurança. Exame do acervo probatório produzido. Cópia integral de autos. Ato coator não delineado. Súmula nº 415 do TST.

Em sede de mandado de segurança, é dever da parte apresentar provas tendentes a demonstrar a certeza e a liquidez do direito invocado (Súmula nº 415 do TST) e elementos contundentes que comprovem a arbitrariedade denunciada, não bastando a simples juntada de cópia integral dos autos. Em outras palavras, a parte deve apresentar provas de forma ordenada e aptas a revelar seu direito, mostrando-se inadequada a juntada de documentação extensa, coligida sem seguir determinada lógica, irrelevante para a análise da questão deduzida ou vinculada a processos distintos. Nº caso concreto, a discussão está centrada na ausência de concessão de efeito suspensivo ao curso de execução trabalhista, em razão da oposição de embargos de terceiros, na forma do art. 1.052 do CPC. O TRT denegou a segurança ao fundamento de que a impetrante não comprovou que os embargos de terceiro foram recebidos sem efeito suspensivo, estando a pretensão recursal fundada em manifesto equívoco no exame do acervo probatório produzido, qual seja, cópia integral dos autos de embargos de terceiro. Todavia, o exame dos autos revelou que não houve equívoco por parte do Tribunal Regional, mas que a documentação produzida foi insuficiente, não tendo o ato coator sido delineado de forma nítida, a ponto de repercutir no direito líquido e certo da parte. Com base nesses fundamentos, a SBDI-II, por unanimidade, denegou a segurança, na forma do art. 6º, § 5º, da Lei nº 12.016/2009, c/c o art. 267, VI, do CPC. TST-RO-9068 75.2012.5.02.0000, SBDI-II, rel. Min. Douglas Alencar Rodrigues, 14.4.2015 (TST. Info-Execução nº 14).

Mandado de segurança. Execução provisória. Decisão que determina a liberação dos depósitos recursais. Pedido de restituição. Inadequação da via eleita. Consumação do ato coator mediante o efetivo levantamento dos valores. Perda de objeto.

O mandado de segurança não é a via adequada para se obter sentença condenatória que determine a restituição de valores recebidos pela reclamante litisconsorte em sede de execução provisória, pois não pode ser utilizado em substituição à ação de cobrança regressiva ou repetição de indébito trabalhista, no caso de o executado alcançar o provimento do agravo de instrumento em recurso de revista pendente nos autos principais da ação que gerou o ato coator, consistente da liberação dos depósitos recursais. De outra sorte, na hipótese vertente, verifica-se a total perda do objeto do mandamus, por ausência de interesse de agir do impetrante, pois houve consumação do ato coator ante o efetivo levantamento dos depósitos pela exequente. Com esses fundamentos, a SBDI-II, por unanimidade, decretou a extinção do processo, sem resolução do mérito, com fundamento no art. 267, VI, do CPC. TST-RO-50200-95.2012.5.17.0000, SBDI-II, rel. Min. Cláudio Mascarenhas Brandão, 28.10.2014 (TST. Info-Execução nº 9).

Recurso ordinário em mandado de segurança. Não conhecimento. Inexistência de capacidade postulatória da autoridade coatora. Atribuição de legitimação recursal concorrente. Art. 14, § 2º, da Lei nº 12.016/2009. Vedação à adoção do jus postulandi. Irregularidade de representação.

Com o advento da Lei nº 12.016/2009, e consoante o disposto no seu art. 14, § 2º, a autoridade coatora adquiriu legitimidade para recorrer das decisões concessivas de segurança. Todavia, o direito

de recorrer a que alude tal dispositivo traduz o conceito de legitimação recursal concorrente, o que não se confunde com a capacidade postulatória atribuída notadamente a advogados. Assim, existindo a intenção de interpor recurso por parte da autoridade coatora, deve ela se servir da advocacia pública, especialmente porque não se admite a adoção do jus postulandi em sede de mandado de segurança, conforme se extrai da Súmula nº 425 do TST. Com esse entendimento, SBDI-II, por maioria, não conheceu do recurso ordinário, por irregularidade de representação. Vencido o Ministro Emmanoel Pereira, que entendia pela declaração de nulidade do processo por ausência de intimação da AGU. TST-RO-126400-41.2009.5.03.0000, SBDI-II, rel. Min. Alberto Luiz Bresciani de Fontan Pereira, 9.12.2014 (TST. Info nº 97).

Mandado de Segurança. Decadência. Configuração. Penhora sobre 30% dos proventos de aposentadoria.

O início da contagem do prazo decadencial para ajuizamento de mandado de segurança se dá a partir do efetivo ato coator, ou seja, do primeiro ato em que se firmou a tese hostilizada e não daquele que a ratificou (Orientação Jurisprudencial nº 127 da SBDI-II). Assim, no caso em que a ciência inequívoca do impetrante sobre o ato que determinou a penhora sobre 30% dos valores percebidos mensalmente se deu no mês de março de 2013, data do primeiro desconto em seus proventos de aposentadoria, e o mandado de segurança foi impetrado apenas em fevereiro de 2014, observa-se que o prazo previsto em lei para o manejo da ação mandamental foi notoriamente ultrapassado, restando configurada a decadência. Com este entendimento, a SBDI-II, por unanimidade, conheceu do recurso ordinário e, no mérito, negou-lhe provimento. TST-RO-130-39.2014.5.05.0000, SBDI-II, rel. Min. Emmanoel Pereira, 21.10.2014 (TST. Info-Execução nº 8).

Mandado de segurança. Pedido de antecipação de tutela. Reintegração com base em estabilidade acidentária. Indeferimento sem o exame da existência ou não dos requisitos previstos no art. 273 do CPC. Violação de direito líquido e certo. Não incidência da Súmula nº 418 do TST.

O ato judicial que indefere antecipação de tutela para reintegração de empregado, requerida com base em estabilidade acidentária, sem examinar os requisitos previstos no art. 273 do CPC, mas ao fundamento de que não se aplica o instituto da tutela antecipada nas causas que envolvam doença ocupacional, por ser indispensável a realização de perícia médica, viola direito líquido e certo tutelável pela via de mandado de segurança, justificando-se a não incidência, nessa hipótese, da Súmula nº 418 do TST. Nº caso concreto, o Juízo de primeiro grau assentou que qualquer reclamação trabalhista envolvendo alegação de doença ocupacional demanda perícia médica e que, por isso, a análise de pedido de tutela antecipada só poderia ocorrer após a instrução. Assim, deixou de verificar se havia ou não a verossimilhança da alegação da reclamante acerca da existência de doença ocupacional, e se, de fato, houve concessão do auxílio-doença acidentário e se ele estava em curso no momento da cessação das atividades laborais, violando, portanto, o direito do impetrante de ter o pedido de antecipação de tutela deferido ou indeferido a partir da análise das provas apresentadas na reclamação trabalhista. Nesse contexto, a SBDI-II, à unanimidade, conheceu do recurso ordinário do litisconsorte passivo, e, no mérito, deu-lhe provimento parcial para conceder parcialmente a segurança, a fim de determinar à autoridade coatora que examine as provas até então produzidas na reclamação trabalhista e se pronuncie sobre a concessão ou não da tutela antecipada, fundamentando ostensivamente os fatos e as razões de direito que embasam seu livre convencimento motivado acerca da demonstração, ou não, pela reclamante, da verossimilhança da alegação. TST-RO-779-09.2011.5.05.0000, SBDI-II, rel. Min. Emmanoel Pereira, 18.3.2014 (TST. Info nº 76).

Mandado de segurança. Atos judiciais praticados em processos diferentes, com distinto teor e autoridades coatoras diversas. Incabível.

Dada a natureza especial do mandado de segurança, que requer apreciação individualizada do ato coator, é incabível a impetração de um único mandamus para atacar atos judiciais praticados em processos diferentes, com distinto teor e autoridades coatoras diversas. Nº caso, a ação mandamental fora ajuizada por Guardiões Vigilância Ltda. e Linaldo Pereira contra decisões da 1ª, 2ª, 3ª, 5ª, 7ª, 9ª, 11ª, 12ª, 13ª, 14ª Varas do Trabalho do Recife/PE e da 1ª Vara do Trabalho de Ipojuca/PE, proferidas nos autos de diversas reclamações trabalhistas em que consta como parte a empresa Rio Forte Serviços Técnicos S.A.,

e que incluíram os impetrantes no cadastro do Banco Nacional de Devedores Trabalhistas – BNDT. Com esse entendimento, a SBDI-II, por unanimidade, de ofício, extinguiu o processo, sem resolução do mérito, com fundamento no inciso IV do art. 267 do CPC. TST-RO-395-82.2012.5.06.0000, SBDI-II, rel. Min. Hugo Carlos Scheuermann, 25.2.2014 (TST. Info nº 74).

Mandado de segurança. Execução de honorários contratuais fixados em sentença transitada em julgado. Homologação de acordo que indiretamente reduz o crédito atribuído ao patrono. Existência de recurso próprio. Extinção do processo sem resolução do mérito.

Não cabe mandado de segurança para impugnar decisão que, ao homologar transação em que o empregado acordou receber valor inferior ao crédito apurado no processo de execução, reduziu, indiretamente, o valor referente aos honorários contratuais devidos ao impetrante. Havendo sentença transitada em julgado e estando o processo em fase de execução, passa o advogado a ser titular do crédito deferido na coisa julgada, qualificando-se, portanto, como parte legítima para interpor recurso próprio e específico, conforme dispõe o art. 499, *"caput"*, do CPC, e questionar a extensão dos efeitos da conciliação celebrada na fase de execução. Ainda que assim não fosse, a condição de terceiro prejudicado não retiraria a legitimidade para recorrer do impetrante, uma vez presente o nexo de interdependência entre o interesse de intervir e a relação jurídica em apreciação, exigido pelo § 1º do art. 499 do CPC. Assim, a SBDI-II, por maioria, julgou extinto o "mandamus" sem resolução do mérito, na forma do art. 267, VI, do CPC. Vencida a Ministra Maria Cristina Irigoyen Peduzzi. TSTRO-946-26.2011.5.05.0000, SBDI-II, rel. Min. Alexandre Agra Belmonte, 2.4.2013 (TST. Info nº 41).

MS. Acórdão do TRT proferido em sede de incidente de uniformização de jurisprudência. Não cabimento. Ausência de interesse concreto a ser apreciado.

Não cabe mandado de segurança contra acórdão do Tribunal Regional proferido em sede de incidente de uniformização de jurisprudência, gerador de edição de súmula, porque não há interesse concreto a ser apreciado. In casu, impetrou-se mandado de segurança coletivo, com pedido liminar, para suspender os efeitos da Súmula nº 18 do TRT da 18ª Região, cuja edição decorreu do julgamento do incidente de uniformização da jurisprudência suscitado durante a apreciação de recurso ordinário em sede de ação civil pública. O Juízo *a quo* indeferiu liminarmente a petição inicial do *writ* e o TRT negou provimento ao agravo regimental interposto dessa decisão, por entender incabível a sua impetração na hipótese, ainda que não passível de recurso o acórdão proferido pelo Pleno. Entendeu que caberia recurso para o TST da decisão proferida no processo principal, a ação civil pública, cujo julgamento se encontra suspenso, em face da instauração do incidente de uniformização de jurisprudência. Assim, o Órgão Especial negou provimento ao recurso ordinário em agravo regimental por reputar incabível o mandado de segurança, mantendo o acórdão do Regional por seus fundamentos, vencidos os Ministros Renato de Lacerda Paiva, relator, João Oreste Dalazen e Maria Cristina Irigoyen Peduzzi. TST-RO-361-11.2011.5.18.0000, Órgão Especial, rel. Min. Renato de Lacerda Paiva, red. p/ acórdão Min. Luiz Philippe Vieira de Mello Filho, 3.9.2012 (TST. Info nº 20)

MS. Cabimento. Ordem de bloqueio. Sistema BacenJud. Descumprimento. Responsabilização solidária da instituição bancária.

É cabível mandado de segurança na hipótese em que há a responsabilização solidária da instituição bancária por suposto descumprimento de ordem de bloqueio, via BacenJud, expedida em reclamação trabalhista da qual não é parte. Nessa hipótese, não prevalece o óbice da Orientação Jurisprudencial nº 92 da SBDI-II, porquanto o ato tido por abusivo e ilegal não poderia ser atacado por embargos de terceiro, visto não se enquadrar no disposto no art. 1.046 do CPC, nem por agravo de petição, uma vez que o banco impetrante não é parte na reclamação trabalhista. Com esse entendimento, a SBDIII, por unanimidade, conheceu do recurso ordinário e, no mérito, deu-lhe provimento para determinar o retorno dos autos ao TRT da 6ª Região, para que prossiga no julgamento do *writ* como entender de direito. TST-RO-2575-42.2010.5.06.0000, SBDI-II, rel. Min. Emmanoel Pereira, 21.8.2012 (TST. Info nº 19).

MS impetrado por ente público. Segurança denegada. Reexame necessário. Cabimento. Existência de prejuízo ao erário.

Não obstante o art. 13, parágrafo único, da Lei nº 1.533/51, o art. 14, § 1º, da Lei nº 12.016/09 e o item III da Súmula nº 303 do TST estabelecerem que a sentença obrigatoriamente sujeita ao duplo grau de jurisdição é aquela que concede a segurança, o Órgão Especial, por maioria, conheceu do reexame necessário na hipótese em que denegada a segurança em mandamus impetrado por ente público. Prevaleceu o entendimento de que toda decisão que cause prejuízo ao erário, seja a pessoa jurídica de direito público impetrante ou impetrado, somente tem eficácia depois de reexaminada pelo órgão superior. Vencidos os Ministros Renato de Lacerda Paiva, Maria Cristina Irigoyen Peduzzi, Alberto Luiz Bresciani de Fontan Pereira, Fernando Eizo Ono e Márcio Eurico Vitral Amaro. TST--ReeNec e RO 8275200-96.2009.5.02.0000, Órgão Especial, rel. Min. Alberto Luiz Bresciani de Fontan Pereira, 6.8.2012 (TST. Info nº 16).

MS. Decadência. Termo inicial. Data da ciência inequívoca do ato que determinou o bloqueio incidente sobre o salário de benefício e não a cada desconto procedido.

O termo inicial da contagem do prazo decadencial para se impetrar mandado de segurança contra ato judicial que determina o bloqueio incidente sobre o salário de benefício do impetrante é a data em que teve ciência inequívoca do ato impugnado, e não a cada desconto procedido. Assim, afastando o entendimento quanto à renovação mês a mês do termo *a quo* do prazo decadencial, pela permanência dos efeitos da decisão jurisdicional a cada liquidação de proventos, a SBDI-II, à unanimidade, conheceu do recurso ordinário, e, no mérito, por maioria, negou-lhe provimento Vencidos os Ministros Alberto Luiz Bresciani de Fontan Pereira, relator, Maria de Assis Calsing e Pedro Paulo Manus. TST-RO-10-38.2011.5.18.0000, SBDI-II, rel. Min. Alberto Luiz Bresciani de Fontan Pereira, red. p/ acórdão Min. Ives Gandra da Silva Martins Filho, 29.5.2012. (TST. Info nº 11).

MS. Interpretação e alcance de decisão transitada em julgado. Não cabimento. Existência de recurso próprio. Incidência da Orientação Jurisprudencial nº 92 da SBDI-II.

O mandado de segurança, como ação autônoma que é, destinada a corrigir ato ilegal ou praticado com abuso de autoridade, não configura o meio adequado para dar real sentido e alcance a decisão transitada em julgado. Sob esse fundamento, e com amparo na Orientação Jurisprudencial nº 92 da SBDI-II, a referida Subseção, por maioria, negou provimento ao recurso ordinário em mandado de segurança do Sport Club Corinthians Alagoano, o qual se insurgiu contra ato praticado pelo Juiz da 2ª Vara do Trabalho de Maceió que, diante da reforma, pelo TST, da decisão que liberara o passe do jogador de futebol Elder Granja, limitou-se a expedir ofícios comunicando o resultado do julgamento, sem determinar que fosse dado pleno cumprimento ao contrato de trabalho outrora firmado, com rescisão de qualquer avença existente entre o atleta e outra agremiação. Na espécie, o suposto direito líquido e certo estaria atrelado à interpretação da decisão proferida pelo TST no que tange à restauração, ou não, do contrato de trabalho antes mantido entre o clube impetrante e o jogador. Assim, a Subseção entendeu que, conquanto não se tratasse de ato propriamente de execução, mas de negativa de sua instauração em face do indeferimento do pedido objeto da reclamação trabalhista, tal circunstância não desautorizaria o clube a interpor agravo de petição para elidir o arquivamento do feito determinado pela autoridade coatora e discutir qual seria o correto cumprimento do título judicial. Vencidos os Ministros João Oreste Dalazen, Maria Cristina Irigoyen Peduzzi e Emmanoel Pereira. TST-ROMS-13500-08.2008.5.19.0000, SBDI-II, rel. Min. Maria de Assis Calsing. 20.3.2012 (TST. Info nº 3).

MS. Execução provisória. Liberação dos valores depositados em Juízo. Aplicabilidade do art. 475-O do CPC. Matéria controvertida. Ausência de direito líquido e certo.

A discussão em torno da aplicação, no processo do trabalho, do art. 475-O do CPC, o qual autoriza a liberação de valores em fase de execução provisória, não pode ser travada em sede de mandado de segurança, pois se trata de matéria controvertida nos tribunais. Assim, não vislumbrando direito líquido e certo do impetrante, a SBDI-II, por unanimidade, deu provimento ao recurso ordinário para denegar a segurança pretendida. TST-RO-1110-25.2010.5.05.0000, SBDI-II, rel. Min. Luiz Philippe Vieira de Mello Filho, 28.2.2012 (TST. Info nº 1).

12. QUADRO SINÓPTICO

Capítulo III – Mandado de Segurança				
Instituto	**Conteúdo**			**item**
Conceito	Mandado de segurança é uma ação constitucional especial que tem como objetivo garantir direito líquido e certo lesado ou ameaçado por autoridade, cujo titular seja uma pessoa física, jurídica ou entidades legalmente personificadas e que não seja protegido por *habeas corpus* ou *habeas data*.			
Denominações	• *Writ of mandamus;* • *Writ of security;* • *Writ;* • *Mandamus;* • Remédio heroico.			1
Espécies	**Individual**	**Legitimação**	Qualquer pessoa física ou jurídica ou entidade legalmente personificada.	3
		Conteúdo	Defesa de interesses e direitos unicamente individuais.	
Espécies	**Coletivo**	**Legitimação**	• Partido político com representação no Congresso Nacional; • Organização sindical, entidade de classe ou associação legalmente constituída e em funcionamento há pelo menos um ano.	3
		Conteúdo	• Direitos coletivos *stricto sensu;* • Direitos individuais e homogêneos.	
	Preventivo	Ajuizado antes da lesão, diante da ameaça de violação.		
	Repressivo	Ajuizado após a lesão.		
Legitimidade passiva	Qualquer autoridade ou, por equiparação, os representantes ou órgãos de partidos políticos e os administradores de entidades autárquicas, bem como os dirigentes de pessoas jurídicas ou as pessoas naturais no exercício de atribuições do poder público.			4
Competência	**STF**	Presidente da República, das Mesas da Câmara dos Deputados e do Senado Federal, do Tribunal de Contas da União, do Procurador-Geral da República e do próprio Supremo Tribunal Federal.		5
	STJ	Ministros de Estado, dos Comandantes da Marinha, Exército e Aeronáutica ou do próprio Tribunal.		
	TST	Presidente ou de qualquer Ministro do Tribunal.		
	TRT	Qualquer magistrado que esteja sob a sua jurisdição, seja do primeiro ou do segundo grau.		
Requisitos	**Prazo**	Prazo decadencial de 120 dias.		7
	Direito liquido e certo	• Exige-se prova documental pré-constituída; • Não há necessidade que a matéria seja incontroversa no âmbito dos Tribunais.		
	Ato de autoridade	• Atos de natureza concreta. Excluem-se os atos de natureza normativa que não produza efeitos dessa espécie; • Atos de particular praticado por delegação do poder público; • Excepcionam-se os atos de gestão comercial praticados pelos administradores de empresas públicas, de sociedade de economia mista e de concessionárias de serviço público. • Excluem-se os atos judiciais passíveis de recurso ou correição, bem como as decisões judiciais com trânsito em julgado.		

<table>
<tr><th colspan="6">Capítulo III – Mandado de Segurança</th></tr>
<tr><th>Instituto</th><th colspan="4">Conteúdo</th><th>item</th></tr>
<tr><td rowspan="2">Procedimento</td><td rowspan="2">Características</td><td colspan="3">• Segue o rito da Lei nº 12.016/09, salvo em relação às custas e à sistemática recursal;
• Não se aplica a alçada;
• Em caso de urgência, a transmissão e o consequente ajuizamento do mandado de segurança poderá ser feito por qualquer meio eletrônico de comunicação;</td><td rowspan="2">8</td></tr>
<tr><td colspan="3">• Contra a decisão que indefere a petição inicial do writ cabe agravo regimental, na hipótese da competência originária ser do Tribunal. Caso seja proferida pelo juízo de primeira instância, cabe recurso ordinário;
• Caso esteja em ordem a petição inicial, o juiz determinará: a intimação da autoridade coatora do conteúdo da petição inicial, acompanhada da segunda via apresentada com as cópias dos documentos, a fim de que, no prazo de 10 dias, preste as informações; a ciência do feito ao órgão de representação judicial da pessoa jurídica interessada, com cópia da inicial sem documentos, para que, querendo, ingresse no feito.</td></tr>
<tr><td rowspan="6">Procedimento</td><td rowspan="5">Liminar</td><td>Deferimento</td><td colspan="2">• De ofício, quando houver fundamento relevante e do ato impugnado puder resultar a ineficácia da medida.</td><td rowspan="6">8</td></tr>
<tr><td>Indeferimento</td><td colspan="2">• compensação de créditos tributários;
• entrega de mercadorias e bens provenientes do exterior;
• reclassificação ou equiparação de servidores públicos;
• a concessão de aumento ou a extensão de vantagens ou pagamento de qualquer natureza.</td></tr>
<tr><td>Mandado de segurança coletivo</td><td colspan="2">a liminar só poderá ser concedida após a audiência do representante judicial da pessoa jurídica de direito público, que deverá se pronunciar no prazo de setenta e duas horas (art. 22, § 2º, da Lei nº 12.016/09).</td></tr>
<tr><td rowspan="2">Recurso</td><td>Vara</td><td>Agravo de instrumento.</td></tr>
<tr><td>Tribunal</td><td>Agravo regimental.</td></tr>
<tr><td>Sentença e coisa julgada</td><td colspan="3">• A sentença deve ser proferida no prazo máximo de 30 dias;
• Não há condenação em honorários advocatícios de sucumbência;
• A coisa julgada do mandado de segurança coletiva efetiva-se limitadamente aos membros do grupo ou categoria.</td></tr>
<tr><td rowspan="3">Recurso</td><td>Primeira instância – Vara</td><td colspan="3">Recurso ordinário para o TRT.</td><td rowspan="3">9</td></tr>
<tr><td>Segunda instância – TRT</td><td colspan="3">Recurso ordinário para a SDC do TST.</td></tr>
<tr><td>TST</td><td colspan="3">Recurso ordinário para o STF.</td></tr>
</table>

13. QUESTÕES

13.1. Questões objetivas

1. (DPGU/Defensor/2007) Não é cabível mandado de segurança contra tutela antecipada concedida antes da sentença, por existir recurso próprio.

2. (TRT 1ª R. Analista/2008) Acerca da justiça do trabalho, assinale a opção correta.

a) A antecipação da tutela concedida na sentença comporta impugnação pela via do mandado de segurança, por não ser impugnável mediante recurso ordinário.

b) No caso de a tutela antecipada (ou liminar) ser concedida antes da sentença, cabe a impetração do mandado de segurança, em face da inexistência de recurso próprio.

c) A superveniência de uma sentença, nos autos originários, não faz perder o objeto do mandado de segurança que impugnava a concessão da tutela antecipada.

d) Uma decisão judicial transitada em julgado pode ser impugnada por meio de mandado de segurança.

e) O juiz determinará que o impetrante emende a inicial quando verificar, na petição inicial do *mandamus*, a ausência da prova documental pré-constituída, indispensável ao julgamento da causa.

3. (TRT 9ª. Analista/2007) Contra as sentenças proferidas em mandado de segurança por juiz do trabalho cabe suspensão de segurança, pedida ao presidente do TRT por pessoa jurídica de direito público interessada, quando houver fundado receio de grave lesão à ordem, à saúde, à segurança e à economia pública, sem prejuízo do recurso que ao Poder Público caiba ordinariamente interpor para reexame da decisão pelo órgão competente do tribunal.

4. (TST. Analista/2008) O mandado de segurança pode ser impetrado perante qualquer juízo ou tribunal do trabalho, mas, originariamente, os juízes do trabalho detêm competência para processar e julgar os mandados de segurança coligados à matéria de sua jurisdição, enquanto os tribunais apreciam os mandados de segurança impetrados contra seus próprios atos ou dos seus membros, ou, no caso dos TRTs, também quando a autoridade impetrada é juiz do trabalho vinculado a esses tribunais.

5. (TST. Analista/2008) Julgado mandado de segurança por TRT, a competência para apreciar eventual recurso ordinário interposto é da Seção de Dissídios Individuais do TST, exceto quando se tratar de recurso em mandado de segurança coletivo, caso em que a competência é da Seção de Dissídios Coletivos do TST.

6. (TST. Analista/2008) No TST, apenas as seções especializadas processam e julgam, em grau originário, os mandados de segurança impetrados contra atos do próprio Tribunal ou de seus ministros.

7. (FCC – Analista Judiciário – Oficial de Justiça Avaliador – TRT 15/2018) Conceder-se-á mandado de segurança para proteger direito líquido e certo, não amparado por *habeas corpus* ou *habeas data,* sempre que, ilegalmente ou com abuso de poder, qualquer pessoa física ou jurídica sofrer violação ou houver justo receio de sofrê-la por parte de autoridade, seja de que categoria for e sejam quais forem as funções que exerça. No processo do trabalho, de acordo com o entendimento pacificado pelo TST,

a) fere direito líquido e certo o prosseguimento da execução quanto aos tópicos e valores não especificados no agravo de petição.

b) constitui direito líquido e certo do empregador a suspensão do empregado, ainda que detentor de estabilidade sindical, até a decisão final do inquérito em que se apure a falta grave a ele imputada.

c) em execução definitiva, tem o executado direito líquido e certo a que os valores penhorados em dinheiro fiquem depositados no próprio banco, ainda que haja discordância do credor.

d) fere direito líquido e certo a concessão de liminar obstativa de transferência de empregado.

e) existe direito líquido e certo a ser oposto contra ato de Juiz que, antecipando a tutela jurisdicional, determina a reintegração do empregado até a decisão final do processo nos casos de anistiado pela Lei nº 8.878/1994, aposentado, integrante de comissão de fábrica, dirigente sindical, portador de doença profissional, portador de vírus HIV ou detentor de estabilidade provisória prevista em norma coletiva.

8. (FCC – Analista Judiciário – Oficial de Justiça Avaliador – TRT 15/2018) Órgão de fiscalização das relações de trabalho impôs a certa empresa pública estadual multa pecuniária por descumprimento de normas de proteção à saúde e à segurança dos trabalhadores. Após esgotada a discussão do ato punitivo na instância administrativa, a empresa impetrou mandado de segurança perante a Justiça do Trabalho, visando afastar a penalidade imposta, sob o argumento de que, por integrar a Administração pública, a empresa não estaria sujeita a essas normas, ainda que seus empregados sejam contratados pelo regime jurídico trabalhista. Nessa situação, à luz da Constituição Federal, o mandado de segurança foi impetrado perante a justiça

a) competente, sendo o ato impugnado passível de ser objeto de mandado de segurança, mas o argumento de mérito invocado pela impetrante é incompatível com a Constituição Federal.
b) competente, sendo o ato impugnado passível de ser objeto de mandado de segurança, que sustenta argumento de mérito compatível com a Constituição Federal.
c) competente, mas o ato impugnado não é passível de ser objeto de mandado de segurança, uma vez que essa ação não admite a apreciação judicial da legalidade da multa pecuniária, apesar do argumento de mérito invocado pela impetrante ser compatível com a Constituição Federal.
d) competente, mas o ato impugnado não é passível de ser objeto de mandado de segurança, uma vez que essa ação não admite a apreciação judicial da legalidade da multa pecuniária, sendo incompatível com a Constituição Federal o argumento de mérito invocado pela impetrante.
e) incompetente, uma vez que a ação deveria ser proposta perante a Justiça Estadual, mas o ato impugnado é passível de ser objeto de mandado de segurança, apesar do argumento de mérito invocado pela impetrante ser incompatível com a Constituição Federal.

13.2. Questões discursivas

1. (TRT/2R/Juiz/2009) A Lei 12.016, de 7 de agosto de 2009, trouxe nova disciplina ao mandado de segurança individual e coletivo. Faça a análise comparativa do artigo 7º, § 1º, da lei em questão, com os princípios, as normas e as regras que informam o Direito Processual do Trabalho.

2. (MPT – Procurador do Trabalho – MPT/2015 – ADAPTADA) Analise os seguintes incidentes que ocorreram na atuação judicial de um Procurador do Trabalho:

1) O Juiz da 1ª Vara do Trabalho de Pasárgada do TRT da 25ª Região determinou ao Diretor de Secretaria a proibição de acesso e a presença de advogados e de Membros do MPT no interior da Secretaria da Vara. Em razão disso, os advogados e os Procuradores do Trabalho ficaram impedidos de consultar os autos das pautas das audiências no período em que os servidores se ausentavam para refeição. Impetrado Mandado de Segurança Coletivo por Membro do MPT, em favor dos Procuradores do Trabalho e dos Advogados, alegando arbitrariedade do ato. O Pleno do TRT indeferiu a petição inicial, por inépcia, sob dois fundamentos: não cabimento de MS em face da natureza do ato impugnado e não se tratar de interesse coletivo, mas sim de interesse individual.
2) Em audiência realizada na mesma Vara do Trabalho nos autos da ACP nº 0001-01.2015.5.25.0001, o Juiz indeferiu, de ofício, a participação do Membro do MPT no ato processual sob o fundamento de inexistência nos autos do ato de designação, por se tratar de Procurador do Trabalho lotado na Capital do Estado, ainda que atuando em substituição ao Procurador local que se encontrava em gozo regular de férias, e suspendeu o processo por tempo indeterminado.

Responda, de forma FUNDAMENTADA:

a) Em relação ao primeiro incidente: a impetração do MS coletivo foi correta em relação à natureza do ato atacado? O MPT possui legitimidade para impetrar MS coletivo no caso proposto?

b) Ainda em relação ao primeiro incidente, independentemente do entendimento defendido no item "a", justifique qual a medida cabível contra a decisão do Pleno que indeferiu a petição inicial do Mandado de Segurança e a instância competente para seu julgamento? Quais os fundamentos para questionar a decisão do Tribunal Pleno?

14. GABARITO

14.1. Gabarito das questões objetivas

Gab.		Fundamentação legal e jurisprudencial	Tópico do livro
1	E	TST. Súmula nº 414, II	Item 8.1
2	B	a) TST. Súmula nº 414, I	a) Item 10
		b) TST. Súmula nº 414, II	b) Item 8.1
		c) TST. Súmula nº 414, III	c) Item 10
		d) TST. Súmula nº 33	d) Item 10
		e) TST. Súmula nº 415	e) Item 7.2
3	C	Lei nº 12.016/09. Art. 15	Item 9
4	C	CF/88. Art. 114, IV; Lei nº 7.701/88. Arts. 2º, I, "d", e 3º, I, "b"	Item 5.3
5	E	TST. Súmula nº 201. Lei nº 7.701/88. Art. 2º, II, b	Item 9
6	E	RITST. 69, I. Lei nº 7.701/88. art. 2º, I, d	Item 5.3
7	B	a) TST. Súmula nº 416	a) Item 10
		b) CLT. Art. 494 *caput* e par. Único e TST. OJ nª 137 da SDI-2	b) Item 10
		c) TST. Súmula nº 417	c) Item 10
		d) OJ 67 SDI-II	d) Item 10
		e) OJ 142 SDI-II	e) Item 10
8	A	a) CF. Art. 114, Art. 5º, LXIX e Art. 173: 1º. STF. Súmula nº 736.	a) Item 6
		b) CF. Art. 114, Art. 5º, LXIX e Art. 173: 1º. STF. Súmula nº 736.	b) Item 6
		c) CF. Art. 114, Art. 5º, LXIX e Art. 173: 1º. STF. Súmula nº 736.	c) Item 6
		d) CF. Art. 114, Art. 5º, LXIX e Art. 173: 1º. STF. Súmula nº 736.	d) Item 6
		e) CF. Art. 114, Art. 5º, LXIX e Art. 173: 1º. STF. Súmula nº 736.	e) Item 6

14.2. Gabarito das questões discursivas

Item	Fundamentação legal, jurisprudencial ou doutrinária	Onde encontro no livro
1	Para impugnar a sentença que concede a segurança, deve-se observar a determinação contida na IN nº 27/05 do TST que manda usar o regramento da CLT para reger as lides trabalhistas, o que afasta a possibilidade de utilização do agravo de instrumento. Isso implicaria admitir que, nessa situação, o remédio cabível seria um outro mandado de segurança (Súmula nº 414, II, do TST), dessa vez para instância superior. Com efeito, apesar do art. 1º da referida Instrução Normativa admitir o uso do rito especial do mandado de segurança, em seu art. 2º determina que, em todos os casos, incide as regras relativas aos recursos previstas na CLT: "Art. 1º As ações ajuizadas na Justiça do Trabalho tramitarão pelo rito ordinário ou sumaríssimo, conforme previsto na Consolidação das Leis do Trabalho, excepcionando-se, apenas, as que, por disciplina legal expressa, estejam sujeitas a rito especial, tais como o Mandado de Segurança, Habeas Corpus, Habeas Data, Ação Rescisória, Ação Cautelar e Ação de Consignação em Pagamento. Art.2º A sistemática recursal a ser observada é a prevista na Consolidação das Leis do Trabalho, inclusive no tocante à nomenclatura, à alçada, aos prazos e às competências".	Item 8.1
2	a) O ato do juiz que determinou ao Diretor da Secretaria a proibição de acesso e a presença de advogados e de Membros do MPT no interior da Secretaria da Vara tem natureza administrativa e não judicial, uma vez que não se vincula a qualquer demanda em curso. Desse modo, caberia o mandado de segurança, pois não há previsão de recurso administrativo com efeito suspensivo (art. 5º, I, da Lei nº 12.016/09). O direito do advogado de ter acesso às secretarias das Varas do Trabalho encontra-se garantido pelo art. 7º, VI, "B" da Lei nº 8.906. Já os representantes do Ministério Público gozam de prerrogativa institucional no sentido de ter o livre acesso e transito a qualquer local público ou privado, o que inclui a Secretaria das Varas do Trabalho (art. 18, I, "c", da Lei Complementar nº 75/93). Tratam-se, portanto, de direito líquido e certo que podem ser tutelados pela via do mandado de segurança, na forma prevista pelo art. 1º da Lei nº 12.016/09. Trata-se de direito coletivo em sentido estrito, pois abrange a categoria dos advogados e dos integrantes do Ministério Público do Trabalho, de natureza indivisível, de acordo com o preceito contido no art. 21, parágrafo único, I, da citada Lei nº 12.016/09. Portanto, a impetração do MS coletivo foi correta em relação à natureza do ato atacado. Registre-se, entretanto, que o representante do MPT não tem legitimidade para propor o mandado de segurança coletivo, pois essa prerrogativa encontra-se limitadas às entidades listadas no caput do art. 21 da Lei nº 21.016/09: "O mandado de segurança coletivo pode ser impetrado por partido político com representação no Congresso Nacional, na defesa de seus interesses legítimos relativos a seus integrantes ou à finalidade partidária, ou por organização sindical, entidade de classe ou associação legalmente constituída e em funcionamento há, pelo menos, 1 (um) ano, em defesa de direitos líquidos e certos da totalidade, ou de parte, dos seus membros ou associados, na forma dos seus estatutos e desde que pertinentes às suas finalidades, dispensada, para tanto, autorização especial". b) Como a instância originária do mandado de segurança coletivo foi o próprio TRT, que proferiu decisão colegiada por meio do seu Tribunal Pleno, cabe recurso ordinário para o Tribunal Superior do Trabalho, na forma prevista pelo art. 895, II, da CLT. O fundamento do recurso consistiria em evidenciar a natureza coletiva do direito violado pela decisão, já que ela não foi proferida em determinada demanda judicial, mas teve caráter geral, violando as prerrogativas institucionais de todos os integrantes do MPT e o direito de livre acesso de todos os advogados, amoldando-se a hipótese prevista pelo art. 21, parágrafo único, I, da Lei nº 12.016/09. Quanto ao outro aspecto, trata-se de ato administrativo praticado pelo juiz, do qual não cabe recurso com efeito suspensivo, podendo ser objeto de mandado de segurança conforme art. 5º, I, da Lei nº 12.016/09.	Itens 1, 2, 7.2 e 9

14.2. Gabarito das questões discursivas

Item	Fundamentação legal, jurisprudencial ou doutrinária	Onde encontro no livro
1	Para impugnar a sentença que concede a segurança, deve-se observar a determinação contida na IN nº 27/05 do TST que manda usar o regramento da CLT para reger as lides trabalhistas, o que afasta a possibilidade de utilização do agravo de instrumento. Isso implicaria admitir que, nessa situação, o remédio cabível seria um outro mandado de segurança (Súmula nº 414, II, do TST), dessa vez para instância superior. Com efeito, apesar do art. 1º da referida Instrução Normativa admitir o uso do rito especial do mandado de segurança, em seu art. 2º determina que, em todos os casos, incide as regras relativas aos recursos previstas na CLT: "Art. 1º As ações ajuizadas na Justiça do Trabalho tramitarão pelo rito ordinário ou sumaríssimo, conforme previsto na Consolidação das Leis do Trabalho, excepcionando-se, apenas, as que, por disciplina legal expressa, estejam sujeitas a rito especial, tais como o Mandado de Segurança, Habeas Corpus, Habeas Data, Ação Rescisória, Ação Cautelar e Ação de Consignação em Pagamento. Art. 2º A sistemática recursal a ser observada é a prevista na Consolidação das Leis do Trabalho, inclusive no tocante à nomenclatura, à alçada, aos prazos e às competências".	Item 8.1
2	a) O ato do juiz que determinou ao Diretor da Secretaria a proibição de acesso e a presença de advogados e de Membros do MPT no interior da Secretaria da Vara tem natureza administrativa e não judicial, uma vez que não se vincula a qualquer demanda em curso. Desse modo, caberia o mandado de segurança, pois não há previsão de recurso administrativo com efeito suspensivo (art. 5º, I, da Lei nº 12.016/09). O direito do advogado de ter acesso às secretarias das Varas do Trabalho encontra-se garantido pelo art. 7º, VI, "b" da Lei nº 8.906. Já os representantes do Ministério Público gozam de prerrogativa institucional no sentido de ter o livre acesso e trânsito a qualquer local público ou privado, o que inclui a Secretaria das Varas do Trabalho (art. 18, I, "c", da Lei Complementar nº 75/93). Tratam-se, portanto, de direito líquido e certo que podem ser tutelados pela via do mandado de segurança, na forma prevista pelo art. 1º da Lei nº 12.016/09. Trata-se de direito coletivo em sentido estrito, pois abrange a categoria dos advogados e dos integrantes do Ministério Público do Trabalho, de natureza indivisível, de acordo com o preceito contido no art. 21, parágrafo único, I, da citada Lei nº 12.016/09. Portanto, a impetração do MS coletivo foi correta em relação à natureza do ato atacado. Registre-se, entretanto, que o representante do MPT não tem legitimidade para propor o mandado de segurança coletivo, pois essa prerrogativa encontra-se limitadas às entidades listadas no caput do art. 21 da Lei nº 12.016/09: "O mandado de segurança coletivo pode ser impetrado por partido político com representação no Congresso Nacional, na defesa de seus interesses legítimos relativos a seus integrantes ou à finalidade partidária, ou por organização sindical, entidade de classe ou associação legalmente constituída e em funcionamento há, pelo menos, 1 (um) ano, em defesa de direitos líquidos e certos da totalidade, ou de parte, dos seus membros ou associados, na forma dos seus estatutos e desde que pertinentes às suas finalidades, dispensada, para tanto, autorização especial". b) Como a instância originária do mandado de segurança coletivo foi o próprio TRT que proferiu decisão colegiada por meio do seu Tribunal Pleno, cabe recurso ordinário para o Tribunal Superior do Trabalho, na forma prevista pelo art. 895, II, da CLT. O fundamento do recurso consistiria em evidenciar a natureza coletiva do direito violado pela decisão, já que ela não foi proferida em determinada demanda judicial, mas teve caráter geral, violando as prerrogativas institucionais de todos os integrantes do MPT e o direito de livre acesso de todos os advogados, amoldando-se à hipótese prevista pelo art. 21, parágrafo único, I, da Lei nº 12.016/09. Quanto ao outro aspecto, trata-se de ato administrativo praticado pelo juiz, do qual não cabe recurso com efeito suspensivo, podendo ser objeto de mandado de segurança conforme art. 5º, I, da Lei nº 12.016/09	Itens 1, 2, 7.2 e 9

Parte VI

Anexos

OJ'S DA SDI-1

Nº 7. ADVOGADO. ATUAÇÃO FORA DA SEÇÃO DA OAB ONDE O ADVOGADO ESTÁ INSCRITO. AUSÊNCIA DE COMUNICAÇÃO. (LEI Nº 4.215/1963, § 2º, ART. 56). INFRAÇÃO DISCIPLINAR. NÃO IMPORTA NULIDADE. (inserido dispositivo) – DJ 20.04.2005

A despeito da norma então prevista no artigo 56, § 2º, da Lei nº 4.215/63, a falta de comunicação do advogado à OAB para o exercício profissional em seção diversa daquela na qual tem inscrição não importa nulidade dos atos praticados, constituindo apenas infração disciplinar, que cabe àquela instituição analisar.

Nº 12. ANISTIA. EMENDA CONSTITUCIONAL Nº 26/1985. EFEITOS FINANCEIROS DA PROMULGAÇÃO. (nova redação, DJ 20.04.2005)

Os efeitos financeiros decorrentes da anistia concedida pela Emenda Constitucional nº 26/1985 contam-se desde a data da sua promulgação.

Nº 13. APPA. DECRETO-LEI Nº 779, DE 21.08.1969. DEPÓSITO RECURSAL E CUSTAS. NÃO ISENÇÃO (inserido dispositivo) – DEJT divulgado em 16, 17 e 18.11.2010

A Administração dos Portos de Paranaguá e Antonina – APPA, vinculada à Administração Pública indireta, não é isenta do recolhimento do depósito recursal e do pagamento das custas processuais por não ser beneficiária dos privilégios previstos no Decreto-Lei nº 779, de 21.08.1969, ante o fato de explorar atividade econômica com fins lucrativos, o que descaracteriza sua natureza jurídica, igualando-a às empresas privadas.

Nº 14. AVISO PRÉVIO CUMPRIDO EM CASA. VERBAS RESCISÓRIAS. PRAZO PARA PAGAMENTO. (título alterado e inserido dispositivo) – DJ 20.04.2005

Em caso de aviso prévio cumprido em casa, o prazo para pagamento das verbas rescisórias é até o décimo dia da notificação de despedida.

Nº 16. BANCO DO BRASIL. ACP. ADICIONAL DE CARÁTER PESSOAL. INDEVIDO. (inserido dispositivo, DJ 20.04.2005)

A isonomia de vencimentos entre servidores do Banco Central do Brasil e do Banco do Brasil, decorrente de sentença normativa, alcançou apenas os vencimentos e vantagens de caráter permanente. Dado o caráter personalíssimo do Adicional de Caráter Pessoal – ACP e não integrando a remuneração dos funcionários do Banco do Brasil, não foi ele contemplado na decisão normativa para efeitos de equiparação à tabela de vencimentos do Banco Central do Brasil.

Nº 17. BANCO DO BRASIL. AP E ADI. Os adicionais AP, ADI ou AFR, somados ou considerados isoladamente, sendo equivalentes a 1/3 do salário do cargo efetivo (art. 224, § 2º, da CLT), excluem o empregado ocupante de cargo de confiança do Banco do Brasil da jornada de 6 horas.

Nº 18. COMPLEMENTAÇÃO DE APOSENTADORIA. BANCO DO BRASIL. (redação do item I alterada em decorrência do julgamento dos processos TST-IUJ E-ED-RR-301900-52.2005.5.09.0661 e ERR 119900-56.1999.5.04.0751) – Res. 175/2011, DEJT divulgado em 27, 30 e 31.05.2011

I – O valor das horas extras integra a remuneração do empregado para o cálculo da complementação de aposentadoria, desde que sobre ele incida a contribuição à Caixa de Previdência dos Funcionários do Banco do Brasil – PREVI, observado o respectivo regulamento no tocante à integração.

II – Os adicionais AP e ADI não integram o cálculo para a apuração do teto da complementação de aposentadoria; (ex-OJ nº 21 da SDI-1 – inserida em 13.02.1995)

III – No cálculo da complementação de aposentadoria deve-se observar a média trienal; (ex-OJs nºs 19 e 289 ambas da SDI-1 – inseridas respectivamente em 05.06.95 e 11.08.2003)

IV – A complementação de aposentadoria proporcional aos anos de serviço prestados exclusivamente ao Banco do Brasil somente se verifica a partir da Circular Funci nº 436/63; (ex-OJ nº 20 da SDI-1 – inserida em 13.02.1995)

V – O telex DIREC do Banco do Brasil nº 5003/1987 não assegura a complementação de aposentadoria integral, porque não aprovado pelo órgão competente ao qual a instituição se subordina. (ex-OJ nº 136 da SDI-1 – inserida em 27.11.1998)

Nº 26. COMPETÊNCIA DA JUSTIÇA DO TRABALHO. COMPLEMENTAÇÃO DE PENSÃO REQUERIDA POR VIÚVA DE EX-EMPREGADO. Inserida em 01.02.1995 (inserido dispositivo, DJ 20.04.2005)

A Justiça do Trabalho é competente para apreciar pedido de complementação de pensão postulada por viúva de ex-empregado, por se tratar de pedido que deriva do contrato de trabalho.

Nº 28. CORREÇÃO MONETÁRIA SOBRE AS DIFERENÇAS SALARIAIS. UNIVERSIDADES FEDERAIS. DEVIDA. LEI Nº 7.596/1987. (nova redação, DJ 20.04.2005)

Incide correção monetária sobre as diferenças salariais dos servidores das universidades federais, decorrentes da aplicação retroativa dos efeitos financeiros assegurados pela Lei nº 7.596/1987, pois a correção monetária tem como escopo único minimizar a desvalorização da moeda em decorrência da corrosão inflacionária.

Nº 33. DESERÇÃO. CUSTAS. CARIMBO DO BANCO. VALIDADE. Inserida em 25.11.1996

O carimbo do banco recebedor na guia de comprovação do recolhimento das custas supre a ausência de autenticação mecânica.

Nº 36. INSTRUMENTO NORMATIVO. CÓPIA NÃO AUTENTICADA. DOCUMENTO COMUM ÀS PARTES. VALIDADE. (título alterado e inserido dispositivo, DJ 20.04.2005)

O instrumento normativo em cópia não autenticada possui valor probante, desde que não haja impugnação ao seu conteúdo, eis que se trata de documento comum às partes.

Nº 38. EMPREGADO QUE EXERCE ATIVIDADE RURAL. EMPRESA DE REFLORESTAMENTO. PRESCRIÇÃO PRÓPRIA DO RURÍCOLA. (LEI Nº 5.889, DE 08.06.1973, ART. 10, E DECRETO Nº 73.626, DE 12.02.19/74, ART. 2º, § 4º) (inserido dispositivo) – DEJT divulgado em 16, 17 e 18.11.2010

O empregado que trabalha em empresa de reflorestamento, cuja atividade está diretamente ligada ao manuseio da terra e de matéria-prima, é rurícola e não industriário, nos termos do Decreto nº 73.626, de 12.02.1974, art. 2º, § 4º, pouco importando que o fruto de seu trabalho seja destinado à indústria. Assim, aplica-se a prescrição própria dos rurícolas aos direitos desses empregados.

Nº 41. ESTABILIDADE. INSTRUMENTO NORMATIVO. VIGÊNCIA. EFICÁCIA. Inserida em 25.11.96

Preenchidos todos os pressupostos para a aquisição de estabilidade decorrente de acidente ou doença profissional, ainda durante a vigência do instrumento normativo, goza o empregado de estabilidade mesmo após o término da vigência deste.

Nº 42. FGTS. MULTA DE 40%. (nova redação em decorrência da incorporação das Orientações Jurisprudenciais nºs 107 e 254 da SBDI-1, DJ 20.04.2005)

I – É devida a multa do FGTS sobre os saques corrigidos monetariamente ocorridos na vigência do contrato de trabalho. Art. 18, § 1º, da Lei nº 8.036/90 e art. 9º, § 1º, do Decreto nº 99.684/90. (ex-OJ nº 107 da SBDI-1 – inserida em 01.10.97)

II – O cálculo da multa de 40% do FGTS deverá ser feito com base no saldo da conta vinculada na data do efetivo pagamento das verbas rescisórias, desconsiderada a projeção do aviso prévio indenizado, por ausência de previsão legal. (ex-OJ nº 254 da SBDI-1 – inserida em 13.03.02)

Nº 43. CONVERSÃO DE SALÁRIOS DE CRUZEIROS PARA CRUZADOS. DECRETO-LEI Nº 2.284/86. (nova redação, DJ 20.04.2005)

A conversão de salários de cruzeiros para cruzados, nos termos do Decreto-Lei nº 2.284/86, não afronta direito adquirido dos empregados.

Nº 44. GESTANTE. SALÁRIO MATERNIDADE. Inserida em 13.09.94

É devido o salário maternidade, de 120 dias, desde a promulgação da CF/1988, ficando a cargo do empregador o pagamento do período acrescido pela Carta.

Nº 47. HORA EXTRA. ADICIONAL DE INSALUBRIDADE. BASE DE CÁLCULO (redação alterada na sessão do Tribunal Pleno em 26.06.2008) – Res. 148/2008, DJ 04 e 07.07.2008 – Republicada DJ 08, 09 e 10.07.2008

A base de cálculo da hora extra é o resultado da soma do salário contratual mais o adicional de insalubridade.

Nº 51. LEGISLAÇÃO ELEITORAL. EMPRESAS PÚBLICAS E SOCIEDADES DE ECONOMIA MISTA (título alterado e inserido dispositivo) – DEJT divulgado em 16, 17 e 18.11.2010

Aos empregados das empresas públicas e das sociedades de economia mista regidos pela CLT aplicam-se as vedações dispostas no art. 15 da Lei nº 7.773, de 08.06.1989.

Nº 54. MULTA. CLÁUSULA PENAL. VALOR SUPERIOR AO PRINCIPAL. (título alterado, inserido dispositivo e atualizada a legislação, DJ 20.04.2005)

O valor da multa estipulada em cláusula penal, ainda que diária, não poderá ser superior à obrigação principal corrigida, em virtude da aplicação do artigo 412 do Código Civil de 2002 (art. 920 do Código Civil de 1916).

Nº 56. NOSSA CAIXA-NOSSO BANCO (CAIXA ECONÔMICA DO ESTADO DE SÃO PAULO). REGULAMENTO. GRATIFICAÇÃO ESPECIAL E/OU ANUÊNIOS. Inserida em 25.11.96

Direito reconhecido apenas àqueles empregados que tinham 25 anos de efetivo exercício prestados exclusivamente à Caixa.

Nº 57. PCCS. DEVIDO O REAJUSTE DO ADIANTAMENTO. LEI Nº 7.686/88, ART. 1º. Inserida em 14.03.94 (inserido dispositivo, DJ 20.04.2005)

É devido o reajuste da parcela denominada "adiantamento do PCCS", conforme a redação do art. 1º da Lei nº 7.686/88.

Nº 58. PLANO BRESSER. IPC JUN/1987. INEXISTÊNCIA DE DIREITO ADQUIRIDO. Inserida em 10.03.95 (inserido dispositivo, DJ 20.04.2005)

Inexiste direito adquirido ao IPC de junho de 1987 (Plano Bresser), em face da edição do Decreto-Lei nº 2.335/87.

Nº 59. PLANO VERÃO. URP DE FEVEREIRO DE 1989. INEXISTÊNCIA DE DIREITO ADQUIRIDO. Inserida em 13.02.95 (inserido dispositivo, DJ 20.04.2005)

Inexiste direito adquirido à URP de fevereiro de 1989 (Plano Verão), em face da edição da Lei nº 7.730/89.

Nº 60. PORTUÁRIOS. HORA NOTURNA. HORAS EXTRAS. (LEI Nº 4.860/65, ARTS. 4º E 7º, § 5º). (nova redação em decorrência da incorporação da Orientação Jurisprudencial nº 61 da SBDI-1, DJ 20.04.2005)

I – A hora noturna no regime de trabalho no porto, compreendida entre dezenove horas e sete horas do dia seguinte, é de sessenta minutos.

II – Para o cálculo das horas extras prestadas pelos trabalhadores portuários, observar-se-á somente o salário básico percebido, excluídos os adicionais de risco e produtividade. (ex-OJ nº 61 da SBDI-1 – inserida em 14.03.94)

Nº 62. PREQUESTIONAMENTO. PRESSUPOSTO DE ADMISSIBILIDADE EM APELO DE NATUREZA EXTRAORDINÁRIA. NECESSIDADE, AINDA QUE SE TRATE DE INCOMPETÊNCIA ABSOLUTA (republicada em decorrência de erro material) – DEJT divulgado em 23, 24 e 25.11.2010

É necessário o prequestionamento como pressuposto de admissibilidade em recurso de natureza extraordinária, ainda que se trate de incompetência absoluta.

Nº 65. PROFESSOR ADJUNTO. INGRESSO NO CARGO DE PROFESSOR TITULAR. EXIGÊNCIA DE CONCURSO PÚBLICO NÃO AFASTADA PELA CONSTITUIÇÃO FEDERAL DE 1988 (CF/1988, ARTS. 37, II E 206, V). Inserida em 30.05.94 (inserido dispositivo, DJ 20.04.2005)

O acesso de professor adjunto ao cargo de professor titular só pode ser efetivado por meio de concurso público, conforme dispõem os arts. 37, inciso II, e 206, inciso V, da CF/88.

Nº 75. SUBSTABELECIMENTO SEM O RECONHECIMENTO DE FIRMA DO SUBSTABELECENTE. INVÁLIDO (ANTERIOR À LEI Nº 8.952/1994). Inserida em 01.02.95 (inserido dispositivo, DJ 20.04.2005)

Não produz efeitos jurídicos recurso subscrito por advogado com poderes conferidos em substabelecimento em que não consta o reconhecimento de firma do outorgante. Entendimento aplicável antes do advento da Lei nº 8.952/1994.

Nº 76. SUBSTITUIÇÃO DOS AVANÇOS TRIENAIS POR QÜINQÜÊNIOS. ALTERAÇÃO DO CONTRATO DE TRABALHO. PRESCRIÇÃO TOTAL. CEEE. Inserida em 14.03.94 (inserido dispositivo, DJ 20.04.2005)

A alteração contratual consubstanciada na substituição dos avanços trienais por qüinqüênios decorre de ato único do empregador, momento em que começa a fluir o prazo fatal de prescrição.

Nº 79. URP DE ABRIL E MAIO DE 1988. DECRETO-LEI Nº 2.425/1988. (alterada em decorrência do julgamento do processo TST-RXOFROAR-573062/1999 pelo Tribunal Pleno – certidão de julgamento publicada no DJ de 14.06.2005)

Existência de direito apenas ao reajuste de 7/30 de 16,19% a ser calculado sobre o salário de março e incidente sobre o salário dos meses de abril e maio, não cumulativamente e corrigidos desde a época própria até a data do efetivo pagamento.

Nº 82. AVISO PRÉVIO. BAIXA NA CTPS. Inserida em 28.04.97

A data de saída a ser anotada na CTPS deve corresponder à do término do prazo do aviso prévio, ainda que indenizado.

Nº 83. AVISO PRÉVIO. INDENIZADO. PRESCRIÇÃO. Inserida em 28.04.97

A prescrição começa a fluir no final da data do término do aviso prévio. Art. 487, § 1º, CLT.

Nº 87. ENTIDADE PÚBLICA. EXPLORAÇÃO DE ATIVIDADE EMINENTEMENTE ECONÔMICA. EXECUÇÃO. ART. 883 DA CLT. (nova redação – DJ 16.04.04)

É direta a execução contra a APPA e MINASCAIXA (§ 1º do art. 173, da CF/1988).

Nº 91. ANISTIA. ART. 8º, § 1º, ADCT. EFEITOS FINANCEIROS. ECT. Inserida em 30.05.1997. ROAR 105608/1994, SDI-Plena.

Em 19.05.1997, a SDI-Plena decidiu, pelo voto prevalente do Exmo. Sr. Presidente, que os efeitos financeiros da readmissão do empregado anistiado serão contados a partir do momento em que este manifestou o desejo de retornar ao trabalho e, na ausência de prova, da data do ajuizamento da ação.

Nº 92. DESMEMBRAMENTO DE MUNICÍPIOS. RESPONSABILIDADE TRABALHISTA. Inserida em 30.05.1997

Em caso de criação de novo município, por desmembramento, cada uma das novas entidades responsabiliza-se pelos direitos trabalhistas do empregado no período em que figurarem como real empregador.

Nº 95. EMBARGOS PARA SDI. DIVERGÊNCIA ORIUNDA DA MESMA TURMA DO TST. INSERVÍVEL. Inserida em 30.05.1997 ERR 125320/1994, SDI-Plena

Em 19.05.1997, a SDI-Plena, por maioria, decidiu que acórdãos oriundos da mesma Turma, embora divergentes, não fundamentam divergência jurisprudencial de que trata a alínea "b", do artigo 894 da Consolidação das Leis do Trabalho para embargos à Seção Especializada em Dissídios Individuais, Subseção I.

Nº 97. HORAS EXTRAS. ADICIONAL NOTURNO. BASE DE CÁLCULO. Inserida em 30.05.1997

O adicional noturno integra a base de cálculo das horas extras prestadas no período noturno.

Nº 100. SALÁRIO. REAJUSTE. ENTES PÚBLICOS. (título alterado e inserido dispositivo, DJ 20.04.2005)

Os reajustes salariais previstos em legislação federal devem ser observados pelos Estados-membros, suas Autarquias e Fundações Públicas nas relações contratuais trabalhistas que mantiverem com seus empregados.

Nº 103. ADICIONAL DE INSALUBRIDADE. REPOUSO SEMANAL E FERIADOS. (nova redação, DJ 20.04.2005)

O adicional de insalubridade já remunera os dias de repouso semanal e feriados.

Nº 110. REPRESENTAÇÃO IRREGULAR. PROCURAÇÃO APENAS NOS AUTOS DE AGRAVO DE INSTRUMENTO (inserido dispositivo) – DEJT divulgado em 16, 17 e 18.11.2010

A existência de instrumento de mandato apenas nos autos de agravo de instrumento, ainda que em apenso, não legitima a atuação de advogado nos processos de que se originou o agravo.

Nº 111. RECURSO DE REVISTA. DIVERGÊNCIA JURISPRUDENCIAL. ARESTO ORIUNDO DO MESMO TRIBUNAL REGIONAL. LEI Nº 9.756/1998. INSERVÍVEL AO CONHECIMENTO. (nova redação, DJ 20.04.2005)

Não é servível ao conhecimento de recurso de revista aresto oriundo de mesmo Tribunal Regional do Trabalho, salvo se o recurso houver sido interposto anteriormente à vigência da Lei nº 9.756/1998.

Nº 113. ADICIONAL DE TRANSFERÊNCIA. CARGO DE CONFIANÇA OU PREVISÃO CONTRATUAL DE TRANSFERÊNCIA. DEVIDO. DESDE QUE A TRANSFERÊNCIA SEJA PROVISÓRIA. Inserida em 20.11.97

O fato de o empregado exercer cargo de confiança ou a existência de previsão de transferência no contrato de trabalho não exclui o direito ao adicional. O pressuposto legal apto a legitimar a percepção do mencionado adicional é a transferência provisória.

Nº 118. PREQUESTIONAMENTO. TESE EXPLÍCITA. INTELIGÊNCIA DA SÚMULA Nº 297. Inserida em 20.11.97

Havendo tese explícita sobre a matéria, na decisão recorrida, desnecessário contenha nela referência expressa do dispositivo legal para ter-se como prequestionado este.

Nº 119. PREQUESTIONAMENTO INEXIGÍVEL. VIOLAÇÃO NASCIDA NA PRÓPRIA DECISÃO RECORRIDA. SÚMULA Nº 297 DO TST. INAPLICÁVEL (inserido dispositivo) – DEJT divulgado em 16, 17 e 18.11.2010

É inexigível o prequestionamento quando a violação indicada houver nascido na própria decisão recorrida. Inaplicável a Súmula nº 297 do TST.

Nº 120. RECURSO. ASSINATURA DA PETIÇÃO OU DAS RAZÕES RECURSAIS. VALIDADE. (nova redação, DJ 20.04.2005)

O recurso sem assinatura será tido por inexistente. Será considerado válido o apelo assinado, ao menos, na petição de apresentação ou nas razões recursais.

Nº 121. SUBSTITUIÇÃO PROCESSUAL. DIFERENÇA DO ADICIONAL DE INSALUBRIDADE. LEGITIMIDADE. (nova redação, DJ 20.04.2005)

O sindicato tem legitimidade para atuar na qualidade de substituto processual para pleitear diferença de adicional de insalubridade.

Nº 123. BANCÁRIOS. AJUDA ALIMENTAÇÃO. Inserida em 20.04.98

A ajuda alimentação prevista em norma coletiva em decorrência de prestação de horas extras tem natureza indenizatória e, por isso, não integra o salário do empregado bancário.

Nº 125. DESVIO DE FUNÇÃO. QUADRO DE CARREIRA. (alterado em 13.03.02)

O simples desvio funcional do empregado não gera direito a novo enquadramento, mas apenas às diferenças salariais respectivas, mesmo que o desvio de função haja iniciado antes da vigência da CF/1988.

Nº 127. HORA NOTURNA REDUZIDA. SUBSISTÊNCIA APÓS A CF/1988. Inserida em 20.04.98

O art. 73, § 1º da CLT, que prevê a redução da hora noturna, não foi revogado pelo inciso IX do art. 7º da CF/1988

Nº 129. PRESCRIÇÃO. COMPLEMENTAÇÃO DA PENSÃO E AUXÍLIO FUNERAL. Inserida em 20.04.98

A prescrição extintiva para pleitear judicialmente o pagamento da complementação de pensão e do auxílio-funeral é de 2 anos, contados a partir do óbito do empregado.

Nº 130. PRESCRIÇÃO. MINISTÉRIO PÚBLICO. ARGUIÇÃO. "CUSTOS LEGIS". ILEGITIMIDADE (atualizada em decorrência do CPC de 2015) – Res. 209/2016, DEJT divulgado em 01, 02 e 03.06.2016

Ao exarar o parecer na remessa de ofício, na qualidade de "custos legis", o Ministério Público não tem legitimidade para arguir a prescrição em favor de entidade de direito público, em matéria de direito patrimonial.

Nº 132. AGRAVO REGIMENTAL. PEÇAS ESSENCIAIS NOS AUTOS PRINCIPAIS. Inserida em 27.11.98

Inexistindo lei que exija a tramitação do agravo regimental em autos apartados, tampouco previsão no Regimento Interno do Regional, não pode o agravante ver-se apenado por não haver colacionado cópia de peças dos autos principais, quando o agravo regimental deveria fazer parte dele.

Nº 133. AJUDA ALIMENTAÇÃO. PAT. LEI Nº 6.321/76. NÃO INTEGRAÇÃO AO SALÁRIO. Inserida em 27.11.98

A ajuda alimentação fornecida por empresa participante do programa de alimentação ao trabalhador, instituído pela Lei nº 6.321/76, não tem caráter salarial. Portanto, não integra o salário para nenhum efeito legal.

Nº 134. AUTENTICAÇÃO. PESSOA JURÍDICA DE DIREITO PÚBLICO. DISPENSADA. MEDIDA PROVISÓRIA Nº 1.360, DE 12.03.96. Inserida em 27.11.98

São válidos os documentos apresentados, por pessoa jurídica de direito público, em fotocópia não autenticada, posteriormente à edição da Medida Provisória nº 1.360/96 e suas reedições.

Nº 138. COMPETÊNCIA RESIDUAL. REGIME JURÍDICO ÚNICO. LIMITAÇÃO DA EXECUÇÃO. (nova redação em decorrência da incorporação da Orientação Jurisprudencial nº 249 da SBDI-1, DJ 20.04.2005)

Compete à Justiça do Trabalho julgar pedidos de direitos e vantagens previstos na legislação trabalhista referente a período anterior à Lei nº 8.112/90, mesmo que a ação tenha sido ajuizada após a edição da referida lei. A superveniência de regime estatutário em substituição ao celetista, mesmo após a sentença, limita a execução ao período celetista. (1ª parte – ex-OJ nº 138 da SBDI-1 – inserida em 27.11.98; 2ª parte – ex-OJ nº 249 – inserida em 13.03.02)

Nº 140. DEPÓSITO RECURSAL E CUSTAS PROCESSUAIS. RECOLHIMENTO INSUFICIENTE. DESERÇÃO. (nova redação em decorrência do CPC de 2015) – Res. 217/2017 – DEJT divulgado em 20, 24 e 25.04.2017

Em caso de recolhimento insuficiente das custas processuais ou do depósito recursal, somente haverá deserção do recurso se, concedido o prazo de 5 (cinco) dias previsto no § 2º do art. 1.007 do CPC de 2015, o recorrente não complementar e comprovar o valor devido.

Nº 142. EMBARGOS DE DECLARAÇÃO. EFEITO MODIFICATIVO. VISTA À PARTE CONTRÁRIA (inserido dispositivo) – DEJT divulgado em 16, 17 e 18.11.2010

É passível de nulidade decisão que acolhe embargos de declaração com efeito modificativo sem que seja concedida oportunidade de manifestação prévia à parte contrária.

Nº 143. EMBARGOS DE DECLARAÇÃO. EFEITO MODIFICATIVO. VISTA PRÉVIA À PARTE CONTRÁRIA (cancelado o item II em decorrência do CPC de 2015) Res. 214/2016, DEJT divulgado em 30.11.2016 e 01 e 02.12.2016. É passível de nulidade decisão que acolhe embargos de declaração com efeito modificativo sem que seja concedida oportunidade de manifestação prévia à parte contrária.

Nº 147. LEI ESTADUAL, NORMA COLETIVA OU NORMA REGULAMENTAR. CONHECIMENTO INDEVIDO DO RECURSO DE REVISTA POR DIVERGÊNCIA JURISPRUDENCIAL. (nova redação em decorrência da incorporação da Orientação Jurisprudencial nº 309 da SBDI-1, DJ 20.04.2005)

I – É inadmissível o recurso de revista fundado tão-somente em divergência jurisprudencial, se a parte não comprovar que a lei estadual, a norma coletiva ou o regulamento da empresa extrapolam o âmbito do TRT prolator da decisão recorrida. (ex-OJ nº 309 da SBDI-1 – inserida em 11.08.03)

II – É imprescindível a argüição de afronta ao art. 896 da CLT para o conhecimento de embargos interpostos em face de acórdão de Turma que conhece indevidamente de recurso de revista, por divergência jurisprudencial, quanto a tema regulado por lei estadual, norma coletiva ou norma regulamentar de âmbito restrito ao Regional prolator da decisão.

Nº 148. LEI Nº 8.880/1994, ART. 31. CONSTITUCIONALIDADE. (nova redação, DJ 20.04.2005)

É constitucional o art. 31 da Lei nº 8.880/1994, que prevê a indenização por demissão sem justa causa.

Nº 151. PREQUESTIONAMENTO. DECISÃO REGIONAL QUE ADOTA A SENTENÇA. AUSÊNCIA DE PREQUESTIONAMENTO. Inserida em 27.11.98

Decisão regional que simplesmente adota os fundamentos da decisão de primeiro grau não preenche a exigência do prequestionamento, tal como previsto na Súmula nº 297.

Nº 152. REVELIA. PESSOA JURÍDICA DE DIREITO PÚBLICO. APLICÁVEL. (ART. 844 DA CLT). Inserida em 27.11.98 (inserido dispositivo, DJ 20.04.2005)

Pessoa jurídica de direito público sujeita-se à revelia prevista no artigo 844 da CLT.

Nº 158. CUSTAS. COMPROVAÇÃO DE RECOLHIMENTO. DARF ELETRÔNICO. VALIDADE. Inserida em 26.03.99

O denominado "DARF ELETRÔNICO" é válido para comprovar o recolhimento de custas por entidades da administração pública federal, emitido conforme a IN-SRF 162, de 04.11.88.

Nº 159. DATA DE PAGAMENTO. SALÁRIOS. ALTERAÇÃO. Inserida em 26.03.99

Diante da inexistência de previsão expressa em contrato ou em instrumento normativo, a alteração de data de pagamento pelo empregador não viola o art. 468, desde que observado o parágrafo único, do art. 459, ambos da CLT.

Nº 160. DESCONTOS SALARIAIS. AUTORIZAÇÃO NO ATO DA ADMISSÃO. VALIDADE. Inserida em 26.03.99

É inválida a presunção de vício de consentimento resultante do fato de ter o empregado anuído expressamente com descontos salariais na oportunidade da admissão. É de se exigir demonstração concreta do vício de vontade.

Nº 162. MULTA. ART. 477 DA CLT. CONTAGEM DO PRAZO. APLICÁVEL O ART. 132 DO CÓDIGO CIVIL DE 2002. (atualizada a legislação e inserido dispositivo, DJ 20.04.2005)

A contagem do prazo para quitação das verbas decorrentes da rescisão contratual prevista no artigo 477 da CLT exclui necessariamente o dia da notificação da demissão e inclui o dia do vencimento, em obediência ao disposto no artigo 132 do Código Civil de 2002 (artigo 125 do Código Civil de 1916).

Nº 164. OFICIAL DE JUSTIÇA "AD HOC". INEXISTÊNCIA DE VÍNCULO EMPREGATÍCIO. Inserida em 26.03.99 (inserido dispositivo, DJ 20.04.2005)

Não se caracteriza o vínculo empregatício na nomeação para o exercício das funções de oficial de justiça "ad hoc", ainda que feita de forma reiterada, pois exaure-se a cada cumprimento de mandado.

Nº 165. PERÍCIA. ENGENHEIRO OU MÉDICO. ADICIONAL DE INSALUBRIDADE E PERICULOSIDADE. VÁLIDO. ART. 195 DA CLT. Inserida em 26.03.99

O art. 195 da CLT não faz qualquer distinção entre o médico e o engenheiro para efeito de caracterização e classificação da insalubridade e periculosidade, bastando para a elaboração do laudo seja o profissional devidamente qualificado.

Nº 171. ADICIONAL DE INSALUBRIDADE. ÓLEOS MINERAIS. SENTIDO DO TERMO "MANIPULAÇÃO". Inserida em 08.11.00

Para efeito de concessão de adicional de insalubridade não há distinção entre fabricação e manuseio de óleos minerais – Portaria nº 3214 do Ministério do Trabalho, NR 15, Anexo XIII.

Nº 172. ADICIONAL DE INSALUBRIDADE OU PERICULOSIDADE. CONDENAÇÃO. INSERÇÃO EM FOLHA DE PAGAMENTO. Inserida em 08.11.00

Condenada ao pagamento do adicional de insalubridade ou periculosidade, a empresa deverá inserir, mês a mês e enquanto o trabalho for executado sob essas condições, o valor correspondente em folha de pagamento.

Nº 173. ADICIONAL DE INSALUBRIDADE. ATIVIDADE A CÉU ABERTO. EXPOSIÇÃO AO SOL E AO CALOR. (redação alterada na sessão do Tribunal Pleno realizada em 14.09.2012) – Res. 186/2012, DEJT divulgado em 25, 26 e 27.09.2012

I – Ausente previsão legal, indevido o adicional de insalubridade ao trabalhador em atividade a céu aberto, por sujeição à radiação solar (art. 195 da CLT e Anexo 7 da NR 15 da Portaria Nº 3214/78 do MTE).

II – Tem direito ao adicional de insalubridade o trabalhador que exerce atividade exposto ao calor acima dos limites de tolerância, inclusive em ambiente externo com carga solar, nas condições previstas no Anexo 3 da NR 15 da Portaria Nº 3214/78 do MTE.

Nº 175. COMISSÕES. ALTERAÇÃO OU SUPRESSÃO. PRESCRIÇÃO TOTAL. Inserida em 08.11.2000 (nova redação em decorrência da incorporação da Orientação Jurisprudencial nº 248 da SBDI-1, DJ 22.11.2005)

A supressão das comissões, ou a alteração quanto à forma ou ao percentual, em prejuízo do empregado, é suscetível de operar a prescrição total da ação, nos termos da Súmula nº 294 do TST, em virtude de cuidar-se de parcela não assegurada por preceito de lei.

Nº 178. BANCÁRIO. INTERVALO DE 15 MINUTOS. NÃO COMPUTÁVEL NA JORNADA DE TRABALHO. Inserida em 08.11.00 (inserido dispositivo, DJ 20.04.2005)

Não se computa, na jornada do bancário sujeito a seis horas diárias de trabalho, o intervalo de quinze minutos para lanche ou descanso.

Nº 181. COMISSÕES. CORREÇÃO MONETÁRIA. CÁLCULO. Inserida em 08.11.00

O valor das comissões deve ser corrigido monetariamente para em seguida obter-se a média para efeito de cálculo de férias, 13º salário e verbas rescisórias.

Nº 185. CONTRATO DE TRABALHO COM A ASSOCIAÇÃO DE PAIS E MESTRES – APM. INEXISTÊNCIA DE RESPONSABILIDADE SOLIDÁRIA OU SUBSIDIÁRIA DO ESTADO. Inserida em 08.11.00 (inserido dispositivo, DJ 20.04.2005)

O Estado-Membro não é responsável subsidiária ou solidariamente com a Associação de Pais e Mestres pelos encargos trabalhistas dos empregados contratados por esta última, que deverão ser suportados integral e exclusivamente pelo real empregador.

Nº 188. DECISÃO NORMATIVA QUE DEFERE DIREITOS. FALTA DE INTERESSE DE AGIR PARA AÇÃO INDIVIDUAL. Inserida em 08.11.00

Falta interesse de agir para a ação individual, singular ou plúrima, quando o direito já foi reconhecido através de decisão normativa, cabendo, no caso, ação de cumprimento.

Nº 191. DONO DA OBRA. RESPONSABILIDADE. Diante da inexistência de previsão legal, o contrato de empreitada entre o dono da obra e o empreiteiro não enseja responsabilidade solidária ou subsidiária nas obrigações trabalhistas contraídas pelo empreiteiro, salvo sendo o dono da obra uma empresa construtora ou incorporadora.

Nº 192. EMBARGOS DECLARATÓRIOS. PRAZO EM DOBRO. PESSOA JURÍDICA DE DIREITO PÚBLICO. DECRETO-LEI Nº 779/69. Inserida em 08.11.00

É em dobro o prazo para a interposição de embargos declaratórios por pessoa jurídica de direito público.

Nº 195. FÉRIAS INDENIZADAS. FGTS. NÃO-INCIDÊNCIA. Inserida em 08.11.00 (inserido dispositivo, DJ 20.04.2005)

Não incide a contribuição para o FGTS sobre as férias indenizadas.

Nº 198. HONORÁRIOS PERICIAIS. ATUALIZAÇÃO MONETÁRIA. Inserida em 08.11.00

Diferentemente da correção aplicada aos débitos trabalhistas, que têm caráter alimentar, a atualização monetária dos honorários periciais é fixada pelo art. 1º da Lei nº 6.899/81, aplicável a débitos resultantes de decisões judiciais.

Nº 199. JOGO DO BICHO. CONTRATO DE TRABALHO. NULIDADE. OBJETO ILÍCITO (título alterado e inserido dispositivo) – DEJT divulgado em 16, 17 e 18.11.2010

É nulo o contrato de trabalho celebrado para o desempenho de atividade inerente à prática do jogo do bicho, ante a ilicitude de seu objeto, o que subtrai o requisito de validade para a formação do ato jurídico.

Nº 200. MANDATO TÁCITO. SUBSTABELECIMENTO INVÁLIDO. Inserida em 08.11.00 (inserido dispositivo, DJ 20.04.2005)

É inválido o substabelecimento de advogado investido de mandato tácito.

Nº 206. PROFESSOR. HORAS EXTRAS. ADICIONAL DE 50%. Inserida em 08.11.00

Excedida a jornada máxima (art. 318 da CLT), as horas excedentes devem ser remuneradas com o adicional de, no mínimo, 50% (art. 7º, XVI, CF/1988).

Nº 207. PROGRAMA DE INCENTIVO À DEMISSÃO VOLUNTÁRIA. INDENIZAÇÃO. IMPOSTO DE RENDA. NÃO-INCIDÊNCIA. Inserida em 08.11.00 (inserido dispositivo, DJ 20.04.2005)

A indenização paga em virtude de adesão a programa de incentivo à demissão voluntária não está sujeita à incidência do imposto de renda.

Nº 208. RADIOLOGISTA. GRATIFICAÇÃO DE RAIOS X. REDUÇÃO. LEI Nº 7.923/89. Inserida em 08.11.00

A alteração da gratificação por trabalho com raios X, de quarenta para dez por cento, na forma da Lei nº 7.923/89, não causou prejuízo ao trabalhador porque passou a incidir sobre o salário incorporado com todas as demais vantagens.

Nº 213. TELEX. OPERADORES. ART. 227 DA CLT. INAPLICÁVEL. Inserida em 08.11.00

O operador de telex de empresa, cuja atividade econômica não se identifica com qualquer uma das previstas no art. 227 da CLT, não se beneficia de jornada reduzida.

Nº 216. VALE-TRANSPORTE. SERVIDOR PÚBLICO CELETISTA. LEI Nº 7.418/85. DEVIDO. Inserida em 08.11.00 (inserido dispositivo, DJ 20.04.2005)

Aos servidores públicos celetistas é devido o vale-transporte, instituído pela Lei nº 7.418/85, de 16 de dezembro de 1985.

Nº 217. AGRAVO DE INSTRUMENTO. TRASLADO. LEI Nº 9.756/1998. GUIAS DE CUSTAS E DE DEPÓSITO RECURSAL. Inserida em 02.04.01

Para a formação do agravo de instrumento, não é necessária a juntada de comprovantes de recolhimento de custas e de depósito recursal relativamente ao recurso ordinário, desde que não seja objeto de controvérsia no recurso de revista a validade daqueles recolhimentos.

Nº 219. RECURSO DE REVISTA OU DE EMBARGOS FUNDAMENTADO EM ORIENTAÇÃO JURISPRUDENCIAL DO TST. Inserida em 02.04.01

É válida, para efeito de conhecimento do recurso de revista ou de embargos, a invocação de Orientação Jurisprudencial do Tribunal Superior do Trabalho, desde que, das razões recursais, conste o seu número ou conteúdo.

Nº 224. COMPLEMENTAÇÃO DE APOSENTADORIA. REAJUSTE. LEI Nº 9.069, DE 29.06.1995. (DEJT Divulgado em 16, 17 e 20.09.2010)

I – A partir da vigência da Medida Provisória nº 542, de 30.06.1994, convalidada pela Lei nº 9.069, de 29.06.1995, o critério de reajuste da complementação de aposentadoria passou a ser anual e não semestral, aplicando-se o princípio "rebus sic stantibus" diante da nova ordem econômica.

II – A alteração da periodicidade do reajuste da complementação de aposentadoria – de semestral para anual –, não afeta o direito ao resíduo inflacionário apurado nos meses de abril, maio e junho de 1994, que deverá incidir sobre a correção realizada no mês de julho de 1995.

Nº 225. CONTRATO DE CONCESSÃO DE SERVIÇO PÚBLICO. RESPONSABILIDADE TRABALHISTA. (nova redação, DJ 20.04.2005)

Celebrado contrato de concessão de serviço público em que uma empresa (primeira concessionária) outorga a outra (segunda concessionária), no todo ou em parte, mediante arrendamento, ou qualquer outra forma contratual, a título transitório, bens de sua propriedade:

I – em caso de rescisão do contrato de trabalho após a entrada em vigor da concessão, a segunda concessionária, na condição de sucessora, responde pelos direitos decorrentes do contrato de trabalho, sem prejuízo da responsabilidade subsidiária da primeira concessionária pelos débitos trabalhistas contraídos até a concessão;

II – no tocante ao contrato de trabalho extinto antes da vigência da concessão, a responsabilidade pelos direitos dos trabalhadores será exclusivamente da antecessora.

Nº 226. CRÉDITO TRABALHISTA. CÉDULA DE CRÉDITO RURAL. CÉDULA DE CRÉDITO INDUSTRIAL. PENHORABILIDADE. Inserida em 20.06.01 (título alterado, DJ 20.04.2005)

Diferentemente da cédula de crédito industrial garantida por alienação fiduciária, na cédula rural pignoratícia ou hipotecária o bem permanece sob o domínio do devedor (executado), não constituindo óbice à penhora na esfera trabalhista. (Decreto-Lei nº 167/67, art. 69; CLT, arts. 10 e 30 e Lei nº 6.830/80).

Nº 232. FGTS. INCIDÊNCIA. EMPREGADO TRANSFERIDO PARA O EXTERIOR. REMUNERAÇÃO. Inserida em 20.06.01

O FGTS incide sobre todas as parcelas de natureza salarial pagas ao empregado em virtude de prestação de serviços no exterior.

Nº 233. HORAS EXTRAS. COMPROVAÇÃO DE PARTE DO PERÍODO ALEGADO. (nova redação, DJ 20.04.2005)

A decisão que defere horas extras com base em prova oral ou documental não ficará limitada ao tempo por ela abrangido, desde que o julgador fique convencido de que o procedimento questionado superou aquele período.

Nº 235. HORAS EXTRAS. SALÁRIO POR PRODUÇÃO. (redação alterada na sessão do Tribunal Pleno realizada em 16.04.2012)

O empregado que recebe salário por produção e trabalha em sobrejornada tem direito à percepção apenas do adicional de horas extras, exceto no caso do empregado cortador de cana, a quem é devido o pagamento das horas extras e do adicional respectivo.

Nº 237. MINISTÉRIO PÚBLICO DO TRABALHO. LEGITIMIDADE PARA RECORRER. SOCIEDADE DE ECONOMIA MISTA. EMPRESA PÚBLICA (incorporada a Orientação Jurisprudencial nº 338 da SBDI-I) – Res. 210/2016, DEJT divulgado em 30.06.2016 e 01 e 04.07.2016 I – O Ministério Público do Trabalho não tem legitimidade para recorrer na defesa de interesse patrimonial privado, ainda que de empresas públicas e sociedades de economia mista.

II – Há legitimidade do Ministério Público do Trabalho para recorrer de decisão que declara a existência de vínculo empregatício com sociedade de economia mista ou empresa pública, após a Constituição Federal de 1988, sem a prévia aprovação em concurso público, pois é matéria de ordem pública.

Nº 238. MULTA. ART. 477 DA CLT. PESSOA JURÍDICA DE DIREITO PÚBLICO. APLICÁVEL. Inserida em 20.06.01 (inserido dispositivo, DJ 20.04.2005)

Submete-se à multa do artigo 477 da CLT a pessoa jurídica de direito público que não observa o prazo para pagamento das verbas rescisórias, pois nivela-se a qualquer particular, em direitos e obrigações, despojando-se do "jus imperii" ao celebrar um contrato de emprego.

Nº 242. PRESCRIÇÃO TOTAL. HORAS EXTRAS. ADICIONAL. INCORPORAÇÃO. Inserida em 20.06.01

Embora haja previsão legal para o direito à hora extra, inexiste previsão para a incorporação ao salário do respectivo adicional, razão pela qual deve incidir a prescrição total.

Nº 243. PRESCRIÇÃO TOTAL. PLANOS ECONÔMICOS. Inserida em 20.06.01

Aplicável a prescrição total sobre o direito de reclamar diferenças salariais resultantes de planos econômicos.

Nº 244. PROFESSOR. REDUÇÃO DA CARGA HORÁRIA. POSSIBILIDADE. Inserida em 20.06.01

A redução da carga horária do professor, em virtude da diminuição do número de alunos, não constitui alteração contratual, uma vez que não implica redução do valor da hora-aula.

Nº 245. REVELIA. ATRASO. AUDIÊNCIA. Inserida em 20.06.01

Inexiste previsão legal tolerando atraso no horário de comparecimento da parte na audiência.

Nº 247. SERVIDOR PÚBLICO. CELETISTA CONCURSADO. DESPEDIDA IMOTIVADA. EMPRESA PÚBLICA OU SOCIEDADE DE ECONOMIA MISTA. POSSIBILIDADE. Inserida em 20.06.2001 (Alterada – Res. nº 143/2007 – DJ 13.11.2007)

I – A despedida de empregados de empresa pública e de sociedade de economia mista, mesmo admitidos por concurso público, independe de ato motivado para sua validade;

II – A validade do ato de despedida do empregado da Empresa Brasileira de Correios e Telégrafos (ECT) está condicionada à motivação, por gozar a empresa do mesmo tratamento destinado à Fazenda Pública em relação à imunidade tributária e à execução por precatório, além das prerrogativas de foro, prazos e custas processuais.

Nº 251. DESCONTOS. FRENTISTA. CHEQUES SEM FUNDOS. Inserida em 13.03.02

É lícito o desconto salarial referente à devolução de cheques sem fundos, quando o frentista não observar as recomendações previstas em instrumento coletivo.

Nº 253. ESTABILIDADE PROVISÓRIA. COOPERATIVA. LEI Nº 5.764/71. CONSELHO FISCAL. SUPLENTE. NÃO ASSEGURADA. Inserida em 13.03.02

O art. 55 da Lei nº 5.764/71 assegura a garantia de emprego apenas aos empregados eleitos diretores de Cooperativas, não abrangendo os membros suplentes.

Nº 255. MANDATO. CONTRATO SOCIAL. DESNECESSÁRIA A JUNTADA. (atualizada em decorrência do CPC de 2015) – Res. 208/2016, DEJT divulgado em 22, 25 e 26.04.2016 O art. 75, inciso VIII, do CPC de 2015 (art. 12, VI, do CPC de 1973) não determina a exibição dos estatutos da empresa em juízo como condição de validade do instrumento de mandato outorgado ao seu procurador, salvo se houver impugnação da parte contrária.

Nº 256. PREQUESTIONAMENTO. CONFIGURAÇÃO. TESE EXPLÍCITA. SÚMULA Nº 297. Inserida em 13.03.02

Para fins do requisito do prequestionamento de que trata a Súmula nº 297, há necessidade de que haja, no acórdão, de maneira clara, elementos que levem à conclusão de que o Regional adotou uma tese contrária à lei ou à súmula.

Nº 257. RECURSO. FUNDAMENTAÇÃO. VIOLAÇÃO LEGAL. VOCÁBULO VIOLAÇÃO. DESNECESSIDADE. Inserida em 13.03.02

A invocação expressa, quer na revista, quer nos embargos, dos preceitos legais ou constitucionais tidos como violados não significa exigir da parte a utilização das expressões "contrariar", "ferir", "violar", etc.

Nº 259. ADICIONAL NOTURNO. BASE DE CÁLCULO. ADICIONAL DE PERICULOSIDADE. INTEGRAÇÃO. Inserida em 27.09.02

O adicional de periculosidade deve compor a base de cálculo do adicional noturno, já que também neste horário o trabalhador permanece sob as condições de risco.

Nº 260. AGRAVO DE INSTRUMENTO. RECURSO DE REVISTA. PROCEDIMENTO SUMARÍSSIMO. LEI Nº 9.957/00. PROCESSOS EM CURSO. Inserida em 27.09.02

I – É inaplicável o rito sumaríssimo aos processos iniciados antes da vigência da Lei nº 9.957/00.

II – No caso de o despacho denegatório de recurso de revista invocar, em processo iniciado antes da Lei nº 9.957/00, o § 6º do art. 896 da CLT (rito sumaríssimo), como óbice ao trânsito do apelo calcado em divergência jurisprudencial ou violação de dispositivo infraconstitucional, o Tribunal superará o obstáculo, apreciando o recurso sob esses fundamentos.

Nº 261. BANCOS. SUCESSÃO TRABALHISTA. Inserida em 27.09.02

As obrigações trabalhistas, inclusive as contraídas à época em que os empregados trabalhavam para o banco sucedido, são de responsabilidade do sucessor, uma vez que a este foram transferidos os ativos, as agências, os direitos e deveres contratuais, caracterizando típica sucessão trabalhista.

Nº 262. COISA JULGADA. PLANOS ECONÔMICOS. LIMITAÇÃO À DATA-BASE NA FASE DE EXECUÇÃO. Inserida em 27.09.02

Não ofende a coisa julgada a limitação à data-base da categoria, na fase executória, da condenação ao pagamento de diferenças salariais decorrentes de planos econômicos, quando a decisão exequenda silenciar sobre a limitação, uma vez que a limitação decorre de norma cogente. Apenas quando a sentença exequenda houver expressamente afastado a limitação à data-base é que poderá ocorrer ofensa à coisa julgada.

Nº 264. DEPÓSITO RECURSAL. PIS/PASEP. AUSÊNCIA DE INDICAÇÃO NA GUIA DE DEPÓSITO RECURSAL. VALIDADE. Inserida em 27.09.02

Não é essencial para a validade da comprovação do depósito recursal a indicação do número do PIS/PASEP na guia respectiva.

Nº 268. INDENIZAÇÃO ADICIONAL. LEIS NºS 6.708/79 E 7.238/84. AVISO PRÉVIO. PROJEÇÃO. ESTABILIDADE PROVISÓRIA. Inserida em 27.09.02

Somente após o término do período estabilitário é que se inicia a contagem do prazo do aviso prévio para efeito das indenizações previstas nos artigos 9º da Lei nº 6.708/79 e 9º da Lei nº 7.238/84.

Nº 269. JUSTIÇA GRATUITA. REQUERIMENTO DE ISENÇÃO DE DESPESAS PROCESSUAIS. MOMENTO OPORTUNO (inserido item II em decorrência do CPC de 2015) I – O benefício da justiça gratuita pode ser requerido em qualquer tempo ou grau de jurisdição, desde que, na fase recursal, seja o requerimento formulado no prazo alusivo ao recurso; II – Indeferido o requerimento de justiça gratuita formulado na fase recursal, cumpre ao relator fixar prazo para que o recorrente efetue o preparo (art. 99, § 7º, do CPC de 2015).

Nº 270. PROGRAMA DE INCENTIVO À DEMISSÃO VOLUNTÁRIA. TRANSAÇÃO EXTRAJUDICIAL. PARCELAS ORIUNDAS DO EXTINTO CONTRATO DE TRABALHO. EFEITOS. Inserida em 27.09.02.

A transação extrajudicial que importa rescisão do contrato de trabalho ante a adesão do empregado a plano de demissão voluntária implica quitação exclusivamente das parcelas e valores constantes do recibo.

Nº 271. RURÍCOLA. PRESCRIÇÃO. CONTRATO DE EMPREGO EXTINTO. EMENDA CONSTITUCIONAL Nº 28/2000. INAPLICABILIDADE. Inserida em 27.09.2002 (alterada, DJ 22.11.2005)

O prazo prescricional da pretensão do rurícola, cujo contrato de emprego já se extinguira ao sobrevir a Emenda Constitucional nº 28, de 26/05/2000, tenha sido ou não ajuizada a ação trabalhista, prossegue regido pela lei vigente ao tempo da extinção do contrato de emprego.

Nº 272. SALÁRIO-MÍNIMO. SERVIDOR. SALÁRIO-BASE INFERIOR. DIFERENÇAS. INDEVIDAS. Inserida em 27.09.02

A verificação do respeito ao direito ao salário-mínimo não se apura pelo confronto isolado do salário-base com o mínimo legal, mas deste com a soma de todas as parcelas de natureza salarial recebidas pelo empregado diretamente do empregador.

Nº 274. TURNO ININTERRUPTO DE REVEZAMENTO. FERROVIÁRIO. HORAS EXTRAS. DEVIDAS. Inserida em 27.09.02

O ferroviário submetido a escalas variadas, com alternância de turnos, faz jus à jornada especial prevista no art. 7º, XIV, da CF/1988.

Nº 275. TURNO ININTERRUPTO DE REVEZAMENTO. HORISTA. HORAS EXTRAS E ADICIONAL. DEVIDOS. Inserida em 27.09.02

Inexistindo instrumento coletivo fixando jornada diversa, o empregado horista submetido a turno ininterrupto de revezamento faz jus ao pagamento das horas extraordinárias laboradas além da 6ª, bem como ao respectivo adicional.

Nº 276. AÇÃO DECLARATÓRIA. COMPLEMENTAÇÃO DE APOSENTADORIA. DJ 11.08.03

É incabível ação declaratória visando a declarar direito à complementação de aposentadoria, se ainda não atendidos os requisitos necessários à aquisição do direito, seja por via regulamentar, ou por acordo coletivo.

Nº 277. AÇÃO DE CUMPRIMENTO FUNDADA EM DECISÃO NORMATIVA QUE SOFREU POSTERIOR REFORMA, QUANDO JÁ TRANSITADA EM JULGADO A SENTENÇA CONDENATÓRIA. COISA JULGADA. NÃO-CONFIGURAÇÃO. DJ 11.08.03

A coisa julgada produzida na ação de cumprimento é atípica, pois dependente de condição resolutiva, ou seja, da não-modificação da decisão normativa por eventual recurso. Assim, modificada a sentença normativa pelo TST, com a consequente extinção do processo, sem julgamento do mérito, deve-se extinguir a execução em andamento, uma vez que a norma sobre a qual se apoiava o título exeqüendo deixou de existir no mundo jurídico.

Nº 278. ADICIONAL DE INSALUBRIDADE. PERÍCIA. LOCAL DE TRABALHO DESATIVADO. DJ 11.08.03

A realização de perícia é obrigatória para a verificação de insalubridade. Quando não for possível sua realização, como em caso de fechamento da empresa, poderá o julgador utilizar-se de outros meios de prova.

Nº 282. AGRAVO DE INSTRUMENTO. JUÍZO DE ADMISSIBILIDADE "AD QUEM". DJ 11.08.03

No julgamento de Agravo de Instrumento, ao afastar o óbice apontado pelo TRT para o processamento do recurso de revista, pode o juízo "ad quem" prosseguir no exame dos demais pressupostos extrínsecos e intrínsecos do recurso de revista, mesmo que não apreciados pelo TRT.

Nº 283. AGRAVO DE INSTRUMENTO. PEÇAS ESSENCIAIS. TRASLADO REALIZADO PELO AGRAVADO. VALIDADE. DJ 11.08.03

É válido o traslado de peças essenciais efetuado pelo agravado, pois a regular formação do agravo incumbe às partes e não somente ao agravante.

Nº 286. AGRAVO DE INSTRUMENTO. TRASLADO. MANDATO TÁCITO. ATA DE AUDIÊNCIA. CONFIGURAÇÃO (alterada) – Res. 167/2010, DEJT divulgado em 30.04.2010 e 03 e 04.05.2010

I – A juntada da ata de audiência, em que consignada a presença do advogado, desde que não estivesse atuando com mandato expresso, torna dispensável a procuração deste, porque demonstrada a existência de mandato tácito.

II – Configurada a existência de mandato tácito fica suprida a irregularidade detectada no mandato expresso.

Nº 293. EMBARGOS À SDI CONTRA DECISÃO DE TURMA DO TST EM AGRAVO DO ART. 557, § 1º, DO CPC. CABIMENTO. (cancelada em decorrência da sua conversão na letra f da Súmula nº 353 do TST) – Res. 171/2010 – DEJT divulgado em 19, 22 e 23.11.2010

São cabíveis Embargos para a SDI contra decisão de Turma proferida em Agravo interposto de decisão monocrática do relator, baseada no art. 557, § 1º, do CPC.

Nº 296. EQUIPARAÇÃO SALARIAL. ATENDENTE E AUXILIAR DE ENFERMAGEM. IMPOSSIBILIDADE. DJ 11.08.03

Sendo regulamentada a profissão de auxiliar de enfermagem, cujo exercício pressupõe habilitação técnica, realizada pelo Conselho Regional de Enfermagem, impossível a equiparação salarial do simples atendente com o auxiliar de enfermagem.

Nº 297. EQUIPARAÇÃO SALARIAL. SERVIDOR PÚBLICO DA ADMINISTRAÇÃO DIRETA, AUTÁRQUICA E FUNDACIONAL. ART. 37, XIII, DA CF/1988. DJ 11.08.03

O art. 37, inciso XIII, da CF/1988, veda a equiparação de qualquer natureza para o efeito de remuneração do pessoal do serviço público, sendo juridicamente impossível a aplicação da norma infraconstitucional prevista no art. 461 da CLT quando se pleiteia equiparação salarial entre servidores públicos, independentemente de terem sido contratados pela CLT.

Nº 300. EXECUÇÃO TRABALHISTA. CORREÇÃO MONETÁRIA. JUROS. LEI Nº 8.177/91, ART. 39, E LEI Nº 10.192/01, ART. 15. (nova redação, DJ 20.04.2005)

Não viola norma constitucional (art. 5°, II e XXXVI) a determinação de aplicação da TRD, como fator de correção monetária dos débitos trabalhistas, cumulada com juros de mora, previstos no artigo 39 da Lei nº 8.177/91 e convalidado pelo artigo 15 da Lei nº 10.192/01.

Nº 302. FGTS. ÍNDICE DE CORREÇÃO. DÉBITOS TRABALHISTAS. DJ 11.08.03

Os créditos referentes ao FGTS, decorrentes de condenação judicial, serão corrigidos pelos mesmos índices aplicáveis aos débitos trabalhistas.

Nº 308. JORNADA DE TRABALHO. ALTERAÇÃO. RETORNO À JORNADA INICIALMENTE CONTRATADA. SERVIDOR PÚBLICO. DJ 11.08.03

O retorno do servidor público (administração direta, autárquica e fundacional) à jornada inicialmente contratada não se insere nas vedações do art. 468 da CLT, sendo a sua jornada definida em lei e no contrato de trabalho firmado entre as partes.

Nº 310. LITISCONSORTES. PROCURADORES DISTINTOS. PRAZO EM DOBRO. art. 229, caput e §§ 1º e 2º, do CPC de 2015. ART. 191 DO CPC de 1973. INAPLICÁVEL AO PROCESSO DO TRABALHO (atualizada em decorrência do CPC de 2015) – Res. 208/2016, DEJT divulgado em 22, 25 e 26.04.2016

Inaplicável ao processo do trabalho a norma contida no art. 229, caput e §§ 1º e 2º, do CPC de 2015 (art. 191 do CPC de 1973), em razão de incompatibilidade com a celeridade que lhe é inerente

Nº 316. PORTUÁRIOS. ADICIONAL DE RISCO. LEI Nº 4.860/65. DJ 11.08.03

O adicional de risco dos portuários, previsto no art. 14 da Lei nº 4.860/65, deve ser proporcional ao tempo efetivo no serviço considerado sob risco e apenas concedido àqueles que prestam serviços na área portuária.

Nº 318. AUTARQUIA. FUNDAÇÃO PÚBLICA. LEGITIMIDADE PARA RECORRER. REPRESENTAÇÃO PROCESSUAL. (incluído o item II e alterada em decorrência do CPC de 2015) – Res. 220/2017, DEJT divulgado em 21, 22 e 25.09.2017

I – Os Estados e os Municípios não têm legitimidade para recorrer em nome das autarquias e das fundações públicas.

II – Os procuradores estaduais e municipais podem representar as respectivas autarquias e fundações públicas em juízo somente se designados pela lei da respectiva unidade da federação (art. 75, IV, do CPC de 2015) ou se investidos de instrumento de mandato válido.

Nº 319. REPRESENTAÇÃO REGULAR. ESTAGIÁRIO. HABILITAÇÃO POSTERIOR. DJ 11.08.03

Válidos são os atos praticados por estagiário se, entre o substabelecimento e a interposição do recurso, sobreveio a habilitação, do então estagiário, para atuar como advogado.

Nº 321. VÍNCULO EMPREGATÍCIO COM A ADMINISTRAÇÃO PÚBLICA. PERÍODO ANTERIOR À CF/1988. (nova redação, DJ 20.04.2005)

Salvo os casos de trabalho temporário e de serviço de vigilância, previstos nas Leis nºs 6.019, de 03.01.74, e 7.102, de 20.06.83, é ilegal a contratação de trabalhadores por empresa interposta, formando-se o vínculo empregatício diretamente com o tomador dos serviços, inclusive ente público, em relação ao período anterior à vigência da CF/88.

Nº 322. ACORDO COLETIVO DE TRABALHO. CLÁUSULA DE TERMO ADITIVO PRORROGANDO O ACORDO PARA PRAZO INDETERMINADO. INVÁLIDA. DJ 09.12.2003

Nos termos do art. 614, § 3º, da CLT, é de 2 anos o prazo máximo de vigência dos acordos e das convenções coletivas. Assim sendo, é inválida, naquilo que ultrapassa o prazo total de 2 anos, a cláusula de termo aditivo que prorroga a vigência do instrumento coletivo originário por prazo indeterminado.

Nº 323. ACORDO DE COMPENSAÇÃO DE JORNADA. "SEMANA ESPANHOLA". VALIDADE. DJ 09.12.2003

É válido o sistema de compensação de horário quando a jornada adotada é a denominada "semana espanhola", que alterna a prestação de 48 horas em uma semana e 40 horas em outra, não violando os arts. 59, § 2º, da CLT e 7º, XIII, da CF/1988 o seu ajuste mediante acordo ou convenção coletiva de trabalho.

Nº 324. ADICIONAL DE PERICULOSIDADE. SISTEMA ELÉTRICO DE POTÊNCIA. DECRETO Nº 93.412/86, ART. 2º, § 1º. DJ 09.12.2003

É assegurado o adicional de periculosidade apenas aos empregados que trabalham em sistema elétrico de potência em condições de risco, ou que o façam com equipamentos e instalações elétricas similares, que ofereçam risco equivalente, ainda que em unidade consumidora de energia elétrica.

Nº 325. AUMENTO SALARIAL CONCEDIDO PELA EMPRESA. COMPENSAÇÃO NO ANO SEGUINTE EM ANTECIPAÇÃO SEM A PARTICIPAÇÃO DO SINDICATO PROFISSIONAL. IMPOSSIBILIDADE. DJ 09.12.2003

O aumento real, concedido pela empresa a todos os seus empregados, somente pode ser reduzido mediante a participação efetiva do sindicato profissional no ajuste, nos termos do art. 7º, VI, da CF/1988.

Nº 331. JUSTIÇA GRATUITA. DECLARAÇÃO DE INSUFICIÊNCIA ECONÔMICA. MANDATO. PODERES ESPECÍFICOS DESNECESSÁRIOS (cancelada) – Res. 210/2016, DEJT divulgado em 30.06.2016 e 01 e 04.07.2016

Desnecessária a outorga de poderes especiais ao patrono da causa para firmar declaração de insuficiência econômica, destinada à concessão dos benefícios da justiça gratuita.

Nº 332. MOTORISTA. HORAS EXTRAS. ATIVIDADE EXTERNA. CONTROLE DE JORNADA POR TACÓGRAFO. RESOLUÇÃO Nº 816/1986 DO CONTRAN. DJ 09.12.2003

O tacógrafo, por si só, sem a existência de outros elementos, não serve para controlar a jornada de trabalho de empregado que exerce atividade externa.

Nº 334. REMESSA "EX OFFICIO". RECURSO DE REVISTA. INEXISTÊNCIA DE RECURSO ORDINÁRIO VOLUNTÁRIO DE ENTE PÚBLICO. INCABÍVEL. DJ 09.12.2003

Incabível recurso de revista de ente público que não interpôs recurso ordinário voluntário da decisão de primeira instância, ressalvada a hipótese de ter sido agravada, na segunda instância, a condenação imposta.

Nº 335. CONTRATO NULO. ADMINISTRAÇÃO PÚBLICA. EFEITOS. CONHECIMENTO DO RECURSO POR VIOLAÇÃO DO ART. 37, II E § 2º, DA CF/1988. DJ 04.05.2004

A nulidade da contratação sem concurso público, após a CF/1988, bem como a limitação de seus efeitos, somente poderá ser declarada por ofensa ao art. 37, II, se invocado concomitantemente o seu § 2º, todos da CF/1988.

Nº 336. EMBARGOS. RECURSO NÃO CONHECIDO COM BASE EM ORIENTAÇÃO JURISPRUDENCIAL. DESNECESSÁRIO O EXAME DAS VIOLAÇÕES LEGAIS E CONSTITUCIONAIS ALEGADAS NA REVISTA. DJ 04.05.2004

Estando a decisão recorrida em conformidade com orientação jurisprudencial, desnecessário o exame das divergências e das violações legais e constitucionais alegadas, salvo nas hipóteses em que a orientação jurisprudencial não fizer qualquer citação do dispositivo constitucional.

Nº 339. TETO REMUNERATÓRIO. EMPRESA PÚBLICA E SOCIEDADE DE ECONOMIA MISTA. ART. 37, XI, DA CF/1988 (ANTERIOR À EMENDA CONSTITUCIONAL Nº 19/1998). (nova redação, DJ 20.04.2005)

As empresas públicas e as sociedades de economia mista estão submetidas à observância do teto remuneratório previsto no inciso XI do art. 37 da CF/1988, sendo aplicável, inclusive, ao período anterior à alteração introduzida pela Emenda Constitucional nº 19/1998.

Nº 341. FGTS. MULTA DE 40%. DIFERENÇAS DECORRENTES DOS EXPURGOS INFLACIONÁRIOS. RESPONSABILIDADE PELO PAGAMENTO. DJ 22.06.04

É de responsabilidade do empregador o pagamento da diferença da multa de 40% sobre os depósitos do FGTS, decorrente da atualização monetária em face dos expurgos inflacionários.

Nº 343. PENHORA. SUCESSÃO. ART. 100 DA CF/ 1988. EXECUÇÃO. DJ 22.06.04

É válida a penhora em bens de pessoa jurídica de direito privado, realizada anteriormente à sucessão pela União ou por Estado-membro, não podendo a execução prosseguir mediante precatório. A decisão que a mantém não viola o art. 100 da CF/1988.

Nº 344. FGTS. MULTA DE 40%. DIFERENÇAS DECORRENTES DOS EXPURGOS INFLACIONÁRIOS. PRESCRIÇÃO. TERMO INICIAL. DJ 10.11.2004 (alterada em decorrência do julgamento do processo TST IUJ-RR 1577/2003-019-03-00.8, DJ 22.11.2005)

O termo inicial do prazo prescricional para o empregado pleitear em juízo diferenças da multa do FGTS, decorrentes dos expurgos inflacionários, deu-se com a vigência da Lei Complementar nº 110, em 30.06.01, salvo comprovado trânsito em julgado de decisão proferida em ação proposta anteriormente na Justiça Federal, que reconheça o direito à atualização do saldo da conta vinculada.

Nº 345. ADICIONAL DE PERICULOSIDADE. RADIAÇÃO IONIZANTE OU SUBSTÂNCIA RADIOATIVA. DEVIDO. DJ 22.06.05

A exposição do empregado à radiação ionizante ou à substância radioativa enseja a percepção do adicional de periculosidade, pois a regulamentação ministerial (Portarias do Ministério do Trabalho nºs 3.393, de 17.12.1987, e 518, de 07.04.2003), ao reputar perigosa a atividade, reveste-se de plena eficácia, porquanto expedida por força de delegação legislativa contida no art. 200, caput, e inciso VI, da CLT. No período de 12.12.2002 a 06.04.2003, enquanto vigeu a Portaria nº 496 do Ministério do Trabalho, o empregado faz jus ao adicional de insalubridade.

Nº 346. ABONO PREVISTO EM NORMA COLETIVA. NATUREZA INDENIZATÓRIA. CONCESSÃO APENAS AOS EMPREGADOS EM ATIVIDADE. EXTENSÃO AOS INATIVOS. IMPOSSIBILIDADE. DJ 25.04.2007

A decisão que estende aos inativos a concessão de abono de natureza jurídica indenizatória, previsto em norma coletiva apenas para os empregados em atividade, a ser pago de uma única vez, e confere natureza salarial à parcela, afronta o art. 7º, XXVI, da CF/88.

Nº 347. ADICIONAL DE PERICULOSIDADE. SISTEMA ELÉTRICO DE POTÊNCIA. LEI Nº 7.369, DE 20.09.1985, REGULAMENTADA PELO DECRETO Nº 93.412, DE 14.10.1986. EXTENSÃO DO DIREITO AOS CABISTAS, INSTALADORES E REPARADORES DE LINHAS E APARELHOS EM EMPRESA DE TELEFONIA. DJ 25.04.2007

É devido o adicional de periculosidade aos empregados cabistas, instaladores e reparadores de linhas e aparelhos de empresas de telefonia, desde que, no exercício de suas funções, fiquem expostos a condições de risco equivalente ao do trabalho exercido em contato com sistema elétrico de potência.

Nº 348. HONORÁRIOS ADVOCATÍCIOS. BASE DE CÁLCULO. VALOR LÍQUIDO. LEI Nº 1.060, DE 05.02.1950. DJ 25.04.2007

Os honorários advocatícios, arbitrados nos termos do art. 11, § 1º, da Lei nº 1.060, de 05.02.1950, devem incidir sobre o valor líquido da condenação, apurado na fase de liquidação de sentença, sem a dedução dos descontos fiscais e previdenciários.

Nº 349. MANDATO. JUNTADA DE NOVA PROCURAÇÃO. AUSÊNCIA DE RESSALVA. EFEITOS. DJ 25.04.2007

A juntada de nova procuração aos autos, sem ressalva de poderes conferidos ao antigo patrono, implica revogação tácita do mandato anterior.

Nº 350. MINISTÉRIO PÚBLICO DO TRABALHO. NULIDADE DO CONTRATO DE TRABALHO NÃO SUSCITADA PELO ENTE PÚBLICO NO MOMENTO DA DEFESA. ARGUIÇÃO EM PARECER. POSSIBILIDADE.(alterada em decorrência do julgamento do processo TST IUJ-ERR 526538/1999.2) – Res. 162/2009, DJe divulgado em 23, 24 e 25.11.2009

O Ministério Público do Trabalho pode arguir, em parecer, na primeira vez que tenha de se manifestar no processo, a nulidade do contrato de trabalho em favor de ente público, ainda que a parte não a tenha suscitado, a qual será apreciada, sendo vedada, no entanto, qualquer dilação probatória.

Nº 355. INTERVALO INTERJORNADAS. INOBSERVÂNCIA. HORAS EXTRAS. PERÍODO PAGO COMO SOBREJORNADA. ART. 66 DA CLT. APLICAÇÃO ANALÓGICA DO § 4º DO ART. 71 DA CLT. DJ 14.03.2008

O desrespeito ao intervalo mínimo interjornadas previsto no art. 66 da CLT acarreta, por analogia, os mesmos efeitos previstos no § 4º do art. 71 da CLT e na Súmula nº 110 do TST, devendo-se pagar a integralidade das horas que foram subtraídas do intervalo, acrescidas do respectivo adicional.

Nº 356. PROGRAMA DE INCENTIVO À DEMISSÃO VOLUNTÁRIA (PDV). CRÉDITOS TRABALHISTAS RECONHECIDOS EM JUÍZO. COMPENSAÇÃO. IMPOSSIBILIDADE. DJ 14.03.2008

Os créditos tipicamente trabalhistas reconhecidos em juízo não são suscetíveis de compensação com a indenização paga em decorrência de adesão do trabalhador a Programa de Incentivo à Demissão Voluntária (PDV).

Nº 357. RECURSO. INTERPOSIÇÃO ANTES DA PUBLICAÇÃO DO ACÓRDÃO IMPUGNADO. EXTEMPORANEIDADE. NÃO CONHECIMENTO. DJ 14.03.2008

É extemporâneo recurso interposto antes de publicado o acórdão impugnado.

Nº 358. SALÁRIO MÍNIMO E PISO SALARIAL PROPORCIONAL À JORNADA REDUZIDA. EMPREGADO. SERVIDOR PÚBLICO (redação alterada na sessão do Tribunal Pleno realizada em 16.02.2016) – Res. 202/2016, DEJT divulgado em 19, 22 e 23.02.2016

I – Havendo contratação para cumprimento de jornada reduzida, inferior à previsão constitucional de oito horas diárias ou quarenta e quatro semanais, é lícito o pagamento do piso salarial ou do salário mínimo proporcional ao tempo trabalhado.

II – Na Administração Pública direta, autárquica e fundacional não é válida remuneração de empregado público inferior ao salário mínimo, ainda que cumpra jornada de trabalho reduzida. Precedentes do Supremo Tribunal Federal.

Nº 359. SUBSTITUIÇÃO PROCESSUAL. SINDICATO. LEGITIMIDADE. PRESCRIÇÃO. INTERRUPÇÃO. DJ 14.03.2008

A ação movida por sindicato, na qualidade de substituto processual, interrompe a prescrição, ainda que tenha sido considerado parte ilegítima "ad causam".

Nº 360. TURNO ININTERRUPTO DE REVEZAMENTO. DOIS TURNOS. HORÁRIO DIURNO E NOTURNO. CARACTERIZAÇÃO. DJ 14.03.2008

Faz jus à jornada especial prevista no art. 7º, XIV, da CF/1988 o trabalhador que exerce suas atividades em sistema de alternância de turnos, ainda que em dois turnos de trabalho, que compreendam, no todo ou em parte, o horário diurno e o noturno, pois submetido à alternância de horário prejudicial à saúde, sendo irrelevante que a atividade da empresa se desenvolva de forma ininterrupta.

Nº 361. APOSENTADORIA ESPONTÂNEA. UNICIDADE DO CONTRATO DE TRABALHO. MULTA DE 40% DO FGTS SOBRE TODO O PERÍODO. DJ 20, 21 e 23.05.2008

A aposentadoria espontânea não é causa de extinção do contrato de trabalho se o empregado permanece prestando serviços ao empregador após a jubilação. Assim, por ocasião da sua dispensa imotivada, o empregado tem direito à multa de 40% do FGTS sobre a totalidade dos depósitos efetuados no curso do pacto laboral.

Nº 362. CONTRATO NULO. EFEITOS. FGTS. MEDIDA PROVISÓRIA 2.164-41, DE 24.08.2001, E ART. 19-A DA LEI Nº 8.036, DE 11.05.1990. IRRETROATIVIDADE. DJ 20, 21 e 23.05.2008

Não afronta o princípio da irretroatividade da lei a aplicação do art. 19-A da Lei nº 8.036, de 11.05.1990, aos contratos declarados nulos celebrados antes da vigência da Medida Provisória nº 2.164-41, de 24.08.2001.

Nº 364. ESTABILIDADE. ART. 19 DO ADCT. SERVIDOR PÚBLICO DE FUNDAÇÃO REGIDO PELA CLT. DJ 20, 21 e 23.05.2008

Fundação instituída por lei e que recebe dotação ou subvenção do Poder Público para realizar atividades de interesse do Estado, ainda que tenha personalidade jurídica de direito privado, ostenta natureza de fundação pública. Assim, seus servidores regidos pela CLT são beneficiários da estabilidade excepcional prevista no art. 19 do ADCT.

Nº 365. ESTABILIDADE PROVISÓRIA. MEMBRO DE CONSELHO FISCAL DE SINDICATO. INEXISTÊNCIA. DJ 20, 21 e 23.05.2008

Membro de conselho fiscal de sindicato não tem direito à estabilidade prevista nos arts. 543, § 3º, da CLT e 8º, VIII, da CF/1988, porquanto não representa ou atua na defesa de direitos da categoria respectiva, tendo sua competência limitada à fiscalização da gestão financeira do sindicato (art. 522, § 2º, da CLT).

Nº 366. ESTAGIÁRIO. DESVIRTUAMENTO DO CONTRATO DE ESTÁGIO. RECONHECIMENTO DO VÍNCULO EMPREGATÍCIO COM A ADMINISTRAÇÃO PÚBLICA DIRETA OU INDIRETA. PERÍODO POSTERIOR À CONSTITUIÇÃO FEDERAL DE 1988. IMPOSSIBILIDADE. DJ 20, 21 e 23.05.2008

Ainda que desvirtuada a finalidade do contrato de estágio celebrado na vigência da Constituição Federal de 1988, é inviável o reconhecimento do vínculo empregatício com ente da Administração Pública direta ou indireta, por força do art. 37, II, da CF/1988, bem como o deferimento de indenização pecuniária, exceto em relação às parcelas previstas na Súmula nº 363 do TST, se requeridas.

Nº 367. AVISO PRÉVIO DE 60 DIAS. ELASTECIMENTO POR NORMA COLETIVA. PROJEÇÃO. REFLEXOS NAS PARCELAS TRABALHISTAS. DJe divulgado em 03, 04 e 05.12.2008

O prazo de aviso prévio de 60 dias, concedido por meio de norma coletiva que silencia sobre alcance de seus efeitos jurídicos, computa-se integralmente como tempo de serviço, nos termos do § 1º do art. 487 da CLT, repercutindo nas verbas rescisórias.

Nº 368. DESCONTOS PREVIDENCIÁRIOS. ACORDO HOMOLOGADO EM JUÍZO. INEXISTÊNCIA DE VÍNCULO EMPREGATÍCIO. PARCELAS INDENIZATÓRIAS. AUSÊNCIA DE DISCRIMINAÇÃO. INCIDÊNCIA SOBRE O VALOR TOTAL. DJe divulgado em 03, 04 e 05.12.2008

É devida a incidência das contribuições para a Previdência Social sobre o valor total do acordo homologado em juízo, independentemente do reconhecimento de vínculo de emprego, desde que não haja discriminação das parcelas sujeitas à incidência da contribuição previdenciária, conforme parágrafo único do art. 43 da Lei nº 8.212, de 24.07.1991, e do art. 195, I, "a", da CF/1988.

Nº 369. ESTABILIDADE PROVISÓRIA. DELEGADO SINDICAL. INAPLICÁVEL. DJe divulgado em 03, 04 e 05.12.2008

O delegado sindical não é beneficiário da estabilidade provisória prevista no art. 8º, VIII, da CF/1988, a qual é dirigida, exclusivamente, àqueles que exerçam ou ocupem cargos de direção nos sindicatos, submetidos a processo eletivo.

Nº 370. FGTS. MULTA DE 40%. DIFERENÇAS DOS EXPURGOS INFLACIONÁRIOS. PRESCRIÇÃO. INTERRUPÇÃO DECORRENTE DE PROTESTOS JUDICIAIS. DJe 03, 04 e 05.12.2008

O ajuizamento de protesto judicial dentro do biênio posterior à Lei Complementar nº 110, de 29.06.2001, interrompe a prescrição, sendo irrelevante o transcurso de mais de dois anos da propositura de outra medida acautelatória, com o mesmo objetivo, ocorrida antes da vigência da referida lei, pois ainda não iniciado o prazo prescricional, conforme disposto na Orientação Jurisprudencial nº 344 da SBDI-1.

Nº 371. IRREGULARIDADE DE REPRESENTAÇÃO. SUBSTABELECIMENTO NÃO DATADO. INAPLICABILIDADE DO ART. 654, § 1º, DO CÓDIGO CIVIL. (atualizada em decorrência do CPC de 2015) – Res. 208/2016, DEJT divulgado em 22, 25 e 26.04.2016

Não caracteriza a irregularidade de representação a ausência da data da outorga de poderes, pois, no mandato judicial, ao contrário do mandato civil, não é condição de validade do negócio jurídico. Assim, a data a ser considerada é aquela em que o instrumento for juntado aos autos, conforme preceitua o art. 409, IV, do CPC de 2015 (art. 370, IV, do CPC de 1973). Inaplicável o art. 654, § 1º, do Código Civil.

Nº 374. AGRAVO DE INSTRUMENTO. REPRESENTAÇÃO PROCESSUAL. REGULARIDADE. PROCURAÇÃO OU SUBSTABELECIMENTO COM CLÁUSULA LIMITATIVA DE PODERES AO ÂMBITO DO TRIBUNAL REGIONAL DO TRABALHO (DEJT divulgado em 19, 20 e 22.04.2010)

É regular a representação processual do subscritor do agravo de instrumento ou do recurso de revista que detém mandato com poderes de representação limitados ao âmbito do Tribunal Regional do Trabalho, pois, embora a apreciação desse recurso seja realizada pelo Tribunal Superior do Trabalho, a sua interposição é ato praticado perante o Tribunal Regional do Trabalho, circunstância que legitima a atuação do advogado no feito.

Nº 375. CONTRIBUIÇÃO PREVIDENCIÁRIA. ACORDO HOMOLOGADO EM JUÍZO APÓS O TRÂNSITO EM JULGADO DA SENTENÇA CONDENATÓRIA. INCIDÊNCIA SOBRE O VALOR HOMOLOGADO (DEJT divulgado em 19, 20 e 22.04.2010)

É devida a contribuição previdenciária sobre o valor do acordo celebrado e homologado após o trânsito em julgado de decisão judicial, respeitada a proporcionalidade de valores entre as parcelas de natureza salarial e indenizatória deferidas na decisão condenatória e as parcelas objeto do acordo.

Nº 378. EMBARGOS. INTERPOSIÇÃO CONTRA DECISÃO MONOCRÁTICA. NÃO CABIMENTO. (atualizada em decorrência do CPC de 2015) – Res. 208/2016, DEJT divulgado em 22, 25 e 26.04.2016

Não encontra amparo no art. 894 da CLT, quer na redação anterior quer na redação posterior à Lei n.º 11.496, de 22.06.2007, recurso de embargos interposto à decisão monocrática exarada nos moldes do art. 932 do CPC de 2015 (art. 557 do CPC de 1973), pois o comando legal restringe seu cabimento à pretensão de reforma de decisão colegiada proferida por Turma do Tribunal Superior do Trabalho.

Nº 379. EMPREGADO DE COOPERATIVA DE CRÉDITO. BANCÁRIO. EQUIPARAÇÃO. IMPOSSIBILIDADE (DEJT divulgado em 19, 20 e 22.04.2010)

Os empregados de cooperativas de crédito não se equiparam a bancário, para efeito de aplicação do art. 224 da CLT, em razão da inexistência de expressa previsão legal, considerando, ainda, as diferenças estruturais e operacionais entre as instituições financeiras e as cooperativas de crédito. Inteligência das Leis nºs 4.594, de 29.12.1964, e 5.764, de 16.12.1971.

Nº 382. JUROS DE MORA. ART. 1º-F DA LEI Nº 9.494, DE 10.09.1997. INAPLICABILIDADE À FAZENDA PÚBLICA QUANDO CONDENADA SUBSIDIARIAMENTE (DJe divulgado em 19, 20 e 22.04.2010) A Fazenda Pública, quando condenada subsidiariamente pelas obrigações trabalhistas devidas pela empregadora principal, não se beneficia da limitação dos juros, prevista no art. 1º-F da Lei nº 9.494, de 10.09.1997.

Nº 383. TERCEIRIZAÇÃO. EMPREGADOS DA EMPRESA PRESTADORA DE SERVIÇOS E DA TOMADORA. ISONOMIA. ART. 12, "A", DA LEI Nº 6.019, DE 03.01.1974 (DJe divulgado em 19, 20 e 22.04.2010) A contratação irregular de trabalhador, mediante empresa interposta, não gera vínculo de emprego com ente da Administração Pública, não afastando, contudo, pelo princípio da isonomia, o direito dos empregados terceirizados às mesmas verbas trabalhistas legais e normativas asseguradas àqueles contratados pelo tomador dos serviços, desde que presente a igualdade de funções. Aplicação analógica do art. 12, "a", da Lei nº 6.019, de 03.01.1974.

Nº 385. ADICIONAL DE PERICULOSIDADE. DEVIDO. ARMAZENAMENTO DE LÍQUIDO INFLAMÁVEL NO PRÉDIO. CONSTRUÇÃO VERTICAL. (DEJT divulgado em 09, 10 e 11.06.2010)

É devido o pagamento do adicional de periculosidade ao empregado que desenvolve suas atividades em edifício (construção vertical), seja em pavimento igual ou distinto daquele onde estão instalados tanques para armazenamento de líquido inflamável, em quantidade acima do limite legal, considerando-se como área de risco toda a área interna da construção vertical.

Nº 388. JORNADA 12X36. JORNADA MISTA QUE COMPREENDA A TOTALIDADE DO PERÍODO NOTURNO. ADICIONAL NOTURNO. DEVIDO. (DEJT divulgado em 09, 10 e 11.06.2010)

O empregado submetido à jornada de 12 horas de trabalho por 36 de descanso, que compreenda a totalidade do período noturno, tem direito ao adicional noturno, relativo às horas trabalhadas após as 5 horas da manhã.

Nº 389. MULTA PREVISTA NO ART. 1.021, §§ 4º E 5º, DO CPC DE 2015. ART. 557, § 2º, DO CPC DE 1973. RECOLHIMENTO. PRESSUPOSTO RECURSAL. BENEFICIÁRIO DA JUSTIÇA GRATUITA E FAZENDA PÚBLICA. PAGAMENTO AO FINAL. (nova redação em decorrência do CPC de 2015) – Res. 209/2016, DEJT divulgado em 01, 02 e 03.06.2016.

Constitui ônus da parte recorrente, sob pena de deserção, depositar previamente a multa aplicada com fundamento nos §§ 4º e 5º, do art. 1.021, do CPC de 2015 (§ 2º do art. 557 do CPC de 1973), à exceção da Fazenda Pública e do beneficiário de justiça gratuita, que farão o pagamento ao final.

Nº 391. PORTUÁRIOS. SUBMISSÃO PRÉVIA DE DEMANDA A COMISSÃO PARITÁRIA. LEI Nº 8.630, DE 25.02.1993. INEXIGIBILIDADE. (DEJT divulgado em 09, 10 e 11.06.2010)

A submissão prévia de demanda a comissão paritária, constituída nos termos do art. 23 da Lei nº 8.630, de 25.02.1993 (Lei dos Portos), não é pressuposto de constituição e desenvolvimento válido e regular do processo, ante a ausência de previsão em lei.

Nº 392. PRESCRIÇÃO. INTERRUPÇÃO. AJUIZAMENTO DE PROTESTO JUDICIAL. MARCO INICIAL. (republicada em razão de erro material) – Res. 209/2016, DEJT divulgado em 01, 02 e 03.06.2016.

O protesto judicial é medida aplicável no processo do trabalho, por força do art. 769 da CLT e do art. 15 do CPC de 2015. O ajuizamento da ação, por si só, interrompe o prazo prescricional, em razão da inaplicabilidade do § 2º doart. 240 do CPC de 2015 (§ 2º do art. 219 do CPC de 1973), incompatível com o disposto no art. 841 da CLT.

Nº 393. PROFESSOR. JORNADA DE TRABALHO ESPECIAL. ART. 318 DA CLT. SALÁRIO MÍNIMO. PROPORCIONALIDADE. A contraprestação mensal devida ao professor, que trabalha no limite máximo da jornada prevista no art. 318 da CLT, é de um salário mínimo integral, não se cogitando do pagamento proporcional em relação à jornada prevista no art. 7º, XIII, da Constituição Federal.

Nº 394. REPOUSO SEMANAL REMUNERADO – RSR. INTEGRAÇÃO DAS HORAS EXTRAS. NÃO REPERCUSSÃO NO CÁLCULO DAS FÉRIAS, DO DÉCIMO TERCEIRO SALÁRIO, DO AVISO PRÉVIO E DOS DEPÓSITOS DO FGTS (DEJT divulgado em 09, 10 e 11.06.2010). A majoração do valor do repouso semanal remunerado, em razão da integração das horas extras habitualmente prestadas, não repercute no cálculo das férias, da gratificação natalina, do aviso prévio e do FGTS, sob pena de caracterização de "bis in idem".

Nº 395. TURNO ININTERRUPTO DE REVEZAMENTO. HORA NOTURNA REDUZIDA. INCIDÊNCIA (DEJT divulgado em 09, 10 e 11.06.2010). O trabalho em regime de turnos ininterruptos de revezamento não retira o direito à hora noturna reduzida, não havendo incompatibilidade entre as disposições contidas nos arts. 73, § 1º, da CLT e 7º, XIV, da Constituição Federal.

Nº 396. TURNOS ININTERRUPTOS DE REVEZAMENTO. ALTERAÇÃO DA JORNADA DE 8 PARA 6 HORAS DIÁRIAS. EMPREGADO HORISTA. APLICAÇÃO DO DIVISOR 180 (DEJT divulgado em 09, 10 e 11.06.2010). Para o cálculo do salário hora do empregado horista, submetido a turnos ininterruptos de revezamento, considerando a alteração da jornada de 8 para 6 horas diárias, aplica-se o divisor 180, em observância ao disposto no art. 7º, VI, da Constituição Federal, que assegura a irredutibilidade salarial.

Nº 397. COMISSIONISTA MISTO. HORAS EXTRAS. BASE DE CÁLCULO. APLICAÇÃO DA SÚMULA Nº 340 DO TST. (DEJT divulgado em 02, 03 e 04.08.2010)

O empregado que recebe remuneração mista, ou seja, uma parte fixa e outra variável, tem direito a horas extras pelo trabalho em sobrejornada. Em relação à parte fixa, são devidas as horas simples acrescidas do adicional de horas extras. Em relação à parte variável, é devido somente o adicional de horas extras, aplicando-se à hipótese o disposto na Súmula nº 340 do TST.

Nº 398. CONTRIBUIÇÃO PREVIDENCIÁRIA. ACORDO HOMOLOGADO EM JUÍZO SEM RECONHECIMENTO DE VÍNCULO DE EM-PREGO. CONTRIBUINTE INDIVIDUAL. RECOLHIMENTO DA ALÍQUOTA DE 20% A CARGO DO TOMADOR E 11% A CARGO DO PRESTADOR DE SERVIÇOS. (DEJT divulgado em 02, 03 e 04.08.2010)

Nos acordos homologados em juízo em que não haja o reconhecimento de vínculo empregatício, é devido o recolhimento da contribuição previdenciária, mediante a alíquota de 20% a cargo do tomador de serviços e de 11% por parte do prestador de serviços, na qualidade de contribuinte individual, sobre o valor total do acordo, respeitado o teto de contribuição. Inteligência do § 4º do art. 30 e do inciso III do art. 22, todos da Lei nº 8.212, de 24.07.1991.

Nº 399. ESTABILIDADE PROVISÓRIA. AÇÃO TRABALHISTA AJUIZADA APÓS O TÉRMINO DO PERÍODO DE GARANTIA NO EMPREGO. ABUSO DO EXERCÍCIO DO DIREITO DE AÇÃO. NÃO CONFIGURAÇÃO. INDENIZAÇÃO DEVIDA. (DEJT divulgado em 02, 03 e 04.08.2010)

O ajuizamento de ação trabalhista após decorrido o período de garantia de emprego não configura abuso do exercício do direito de ação, pois este está submetido apenas ao prazo prescricional inscrito no art. 7º, XXIX, da CF/1988, sendo devida a indenização desde a dispensa até a data do término do período estabilitário.

Nº 400. IMPOSTO DE RENDA. BASE DE CÁLCULO. JUROS DE MORA. NÃO INTEGRAÇÃO. ART. 404 DO CÓDIGO CIVIL BRASILEIRO. (DEJT divulgado em 02, 03 e 04.08.2010)

Os juros de mora decorrentes do inadimplemento de obrigação de pagamento em dinheiro não integram a base de cálculo do imposto de renda, independentemente da natureza jurídica da obrigação inadimplida, ante o cunho indenizatório conferido pelo art. 404 do Código Civil de 2002 aos juros de mora.

Nº 401. PRESCRIÇÃO. MARCO INICIAL. AÇÃO CONDENATÓRIA. TRÂNSITO EM JULGADO DA AÇÃO DECLARATÓRIA COM MESMA CAUSA DE PEDIR REMOTA AJUIZADA ANTES DA EXTINÇÃO DO CONTRATO DE TRABALHO. (DEJT divulgado em 02, 03 e 04.08.2010)

O marco inicial da contagem do prazo prescricional para o ajuizamento de ação condenatória, quando advém a dispensa do empregado no curso de ação declaratória que possua a mesma causa de pedir remota, é o trânsito em julgado da decisão proferida na ação declaratória e não a data da extinção do contrato de trabalho.

Nº 402. ADICIONAL DE RISCO. PORTUÁRIO. TERMINAL PRIVATIVO. ARTS. 14 E 19 DA LEI Nº 4.860, DE 26.11.1965. INDEVIDO. (DEJT Divulgado em 16, 17 e 20.09.2010)

O adicional de risco previsto no artigo 14 da Lei nº 4.860, de 26.11.1965, aplica-se somente aos portuários que trabalham em portos organizados, não podendo ser conferido aos que operam terminal privativo.

Nº 403. ADVOGADO EMPREGADO. CONTRATAÇÃO ANTERIOR A LEI Nº 8.906, de 04.07.1994. JORNADA DE TRABALHO MANTIDA COM O ADVENTO DA LEI. DEDICAÇÃO EXCLUSIVA. CARACTERIZAÇÃO. (DEJT Divulgado em 16, 17 e 20.09.2010)

O advogado empregado contratado para jornada de 40 horas semanais, antes da edição da Lei nº 8.906, de 04.07.1994, está sujeito ao regime de dedicação exclusiva disposto no art. 20 da referida lei, pelo que não tem direito à jornada de 20 horas semanais ou 4 diárias.

Nº 407. JORNALISTA. EMPRESA NÃO JORNALÍSTICA. JORNADA DE TRABALHO REDUZIDA. ARTS. 302 E 303 DA CLT. (DEJT divulgado em 22, 25 e 26.10.2010)

O jornalista que exerce funções típicas de sua profissão, independentemente do ramo de atividade do empregador, tem direito à jornada reduzida prevista no artigo 303 da CLT.

Nº 408. JUROS DE MORA. EMPRESA EM LIQUIDAÇÃO EXTRAJUDICIAL. SUCESSÃO TRABALHISTA. (DEJT divulgado em 22, 25 e 26.10.2010)

É devida a incidência de juros de mora em relação aos débitos trabalhistas de empresa em liquidação extrajudicial sucedida nos moldes dos arts. 10 e 448 da CLT. O sucessor responde pela obrigação do sucedido, não se beneficiando de qualquer privilégio a este destinado.

Nº 409. MULTA POR LITIGÂNCIA DE MÁ-FÉ. RECOLHIMENTO. PRESSUPOSTO RECURSAL. INEXIGIBILIDADE. (nova redação em decorrência do CPC de 2015) – Res. 209/2016, DEJT divulgado em 01, 02 e 03.06.2016

O recolhimento do valor da multa imposta como sanção por litigância de má-fé (art. 81 do CPC de 2015 – art. 18 do CPC de 1973) não é pressuposto objetivo para interposição dos recursos de natureza trabalhista.

Nº 410. REPOUSO SEMANAL REMUNERADO. CONCESSÃO APÓS O SÉTIMO DIA CONSECUTIVO DE TRABALHO. ART. 7º, XV, DA CF. VIOLAÇÃO. (DEJT divulgado em 22, 25 e 26.10.2010)

Viola o art. 7º, XV, da CF a concessão de repouso semanal remunerado após o sétimo dia consecutivo de trabalho, importando no seu pagamento em dobro.

Nº 411. SUCESSÃO TRABALHISTA. AQUISIÇÃO DE EMPRESA PERTENCENTE A GRUPO ECONÔMICO. RESPONSABILIDADE SOLIDÁRIA DO SUCESSOR POR DÉBITOS TRABALHISTAS DE EMPRESA NÃO ADQUIRIDA. INEXISTÊNCIA. (DEJT divulgado em 22, 25 e 26.10.2010)

O sucessor não responde solidariamente por débitos trabalhistas de empresa não adquirida, integrante do mesmo grupo econômico da empresa sucedida, quando, à época, a empresa devedora direta era solvente ou idônea economicamente, ressalvada a hipótese de má-fé ou fraude na sucessão.

nº 412. AGRAVO INTERNO OU AGRAVO REGIMENTAL. INTERPOSIÇÃO EM FACE DE DECISÃO COLEGIADA. NÃO CABIMENTO. ERRO GROSSEIRO. INAPLICABILIDADE DO PRINCÍPIO DA FUNGIBILIDADE RECURSAL (nova redação em decorrência do CPC de 2015) – Res. 209/2016, DEJT divulgado em 01, 02 e 03.06.2016

É incabível agravo interno (art. 1.021 do CPC de 2015, art. 557, § 1º, do CPC de 1973) ou agravo regimental (art. 235 do RITST) contra decisão proferida por Órgão colegiado. Tais recursos destinam-se, exclusivamente, a impugnar decisão monocrática nas hipóteses previstas. Inaplicável, no caso, o princípio da fungibilidade ante a configuração de erro grosseiro.

Nº 413. AUXÍLIO-ALIMENTAÇÃO. ALTERAÇÃO DA NATUREZA JURÍDICA. NORMA COLETIVA OU ADESÃO AO PAT. (Divulgada no DeJT 14/02/2012)

A pactuação em norma coletiva conferindo caráter indenizatório à verba "auxílio-alimentação" ou a adesão posterior do empregador ao PAT – Programa de Alimentação do Trabalhador não altera a natureza salarial da parcela, instituída anteriormente, para aqueles empregados que, habitualmente, já percebiam o benefício, a teor das súmulas nºs 51, I, e 241 do TST.

Nº 415. HORAS EXTRAS. RECONHECIMENTO EM JUÍZO. CRITÉRIO DE DEDUÇÃO/ABATIMENTO DOS VALORES COMPROVADAMENTE PAGOS NO CURSO DO CONTRATO DE TRABALHO. (Divulgada no DeJT 14/02/2012)

A dedução das horas extras comprovadamente pagas daquelas reconhecidas em juízo não pode ser limitada ao mês de apuração, devendo ser integral e aferida pelo total das horas extraordinárias quitadas durante o período imprescrito do contrato de trabalho.

Nº 417. PRESCRIÇÃO. RURÍCOLA. EC 28/00. CONTRATO DE TRABALHO EM CURSO. (Divulgada no DeJT 14/02/2012).

Não há prescrição total ou parcial da pretensão do trabalhador rural que reclama direitos relativos a contrato de trabalho que se encontrava em curso à época da promulgação da EC 28/00, desde que ajuizada a demanda no prazo de cinco anos de sua publicação, observada a prescrição bienal.

Nº 418. EQUIPARAÇÃO SALARIAL. PLANO DE CARGOS E SALÁRIOS. APROVAÇÃO POR INSTRUMENTO COLETIVO. AUSÊNCIA DE ALTERNÂNCIA DE CRITÉRIOS DE PROMOÇÃO POR ANTIGUIDADE E MERECIMENTO.

Não constitui óbice à equiparação salarial a existência de plano de cargos e salários que, referendado por norma coletiva, prevê critério de promoção apenas por merecimento ou antiguidade, não atendendo, portanto, o requisito de alternância dos critérios, previsto no art. 461, § 2º, da CLT.

Nº 420. TURNOS ININTERRUPTOS DE REVEZAMENTO. ELASTECIMENTO DA JORNADA DE TRABALHO. NORMA COLETIVA COM EFICÁCIA RETROATIVA. INVALIDADE. (DEJT divulgado em 28 e 29.06.2012 e 02.07.2012). É inválido o instrumento normativo que, regularizando situações pretéritas, estabelece jornada de oito horas para o trabalho em turnos ininterruptos de revezamento.

Nº 421. HONORÁRIOS ADVOCATÍCIOS. AÇÃO DE INDENIZAÇÃO POR DANOS MORAIS E MATERIAIS DECORRENTES DE ACIDENTE DE TRABALHO OU DE DOENÇA PROFISSIONAL. AJUIZAMENTO PERANTE A JUSTIÇA COMUM ANTES DA PROMULGAÇÃO DA EMENDA CONSTITUCIONAL Nº 45/2004. POSTERIOR REMESSA DOS AUTOS À JUSTIÇA DO TRABALHO. ART. 85 DO CPC DE 2015. ART. 20 DO CPC DE 1973. INCIDÊNCIA. (atualizada em decorrência do CPC de 2015) – Res. 208/2016, DEJT divulgado em 22, 25 e 26.04.2016

A condenação em honorários advocatícios nos autos de ação de indenização por danos morais e materiais decorrentes de acidente de trabalho ou de doença profissional, remetida à Justiça do Trabalho após ajuizamento na Justiça comum, antes da vigência da Emenda Constitucional nº 45/2004, decorre da mera sucumbência, nos termos do art. 85 do CPC de 2015 (art. 20 do CPC de 1973), não se sujeitando aos requisitos da Lei nº 5.584/1970.

OJ'S DA SDI-2

Nº 2. AÇÃO RESCISÓRIA. ADICIONAL DE INSALUBRIDADE. BASE DE CÁLCULO. SALÁRIO MÍNIMO. CABÍVEL (mantida a redação na sessão do Tribunal Pleno realizada em 26.06.2008) – Res. 148/2008, DJ 04 e 07.07.2008 – Republicada DJ 08, 09 e 10.07.2008

Viola o art. 192 da CLT decisão que acolhe pedido de adicional de insalubridade com base na remuneração do empregado.

Nº 4 AÇÃO RESCISÓRIA. BANCO DO BRASIL. ADICIONAL DE CARÁTER PESSOAL. ACP. Inserida em 20.09.00

Procede, por ofensa ao art. 5º, inciso XXXVI, da CF/1988, o pedido de rescisão de julgado que acolheu Adicional de Caráter Pessoal em favor de empregado do Banco do Brasil S.A.

Nº 5 AÇÃO RESCISÓRIA. BANCO DO BRASIL. AP E ADI. HORAS EXTRAS. SÚMULA Nº 83 DO TST. APLICÁVEL. Inserida em 20.09.00

Não se acolhe pedido de rescisão de julgado que deferiu a empregado do Banco do Brasil S.A. horas extras após a sexta, não obstante o pagamento dos adicionais AP e ADI, ou AFR quando a decisão rescindenda for anterior à Orientação Jurisprudencial nº 17, da Seção de Dissídios Individuais do TST (07.11.94). Incidência das Súmulas nºs 83 do TST e 343 do STF.

Nº 6 AÇÃO RESCISÓRIA. CIPEIRO SUPLENTE. ESTABILIDADE. ADCT DA CF/88, Art. 10, II, "A". SÚMULA Nº 83 DO TST. Inserida em 20.09.00 (nova redação – DJ 22.08.2005)

Rescinde-se o julgado que nega estabilidade a membro suplente de CIPA, representante de empregado, por ofensa ao art. 10, II, "a", do ADCT da CF/88, ainda que se cuide de decisão anterior à Súmula nº 339 do TST. Incidência da Súmula nº 83 do TST.

Nº 7 AÇÃO RESCISÓRIA. COMPETÊNCIA. CRIAÇÃO DE TRIBUNAL REGIONAL DO TRABALHO. NA OMISSÃO DA LEI, É FIXADA PELO Art. 678, INC. I, "C", ITEM 2, DA CLT. Inserida em 20.09.00 (nova redação, DJ 22.08.2005)

A Lei nº 7.872/89 que criou o Tribunal Regional do Trabalho da 17ª Região não fixou a sua competência para apreciar as ações rescisórias de decisões oriundas da 1ª Região, o que decorreu do art. 678, I, "c", item 2, da CLT.

Nº 8 AÇÃO RESCISÓRIA. COMPLEMENTAÇÃO DE APOSENTADORIA. BANESPA. SÚMULA Nº 83 DO TST. Inserida em 20.09.00 (nova redação – DJ 22.08.2005)

Não se rescinde julgado que acolheu pedido de complementação de aposentadoria integral em favor de empregado do BANESPA, antes da Súmula nº 313 do TST, em virtude da notória controvérsia jurisprudencial então reinante. Incidência da Súmula nº 83 do TST.

Nº 9 AÇÃO RESCISÓRIA. CONAB. AVISO DIREH 2/84. SÚMULA Nº 83 DO TST. APLICÁVEL. Inserida em 20.09.00

Não se rescinde julgado que reconheceu garantia de emprego com base no Aviso DIREH 02/84 da CONAB, antes da Súmula nº 355 do TST, em virtude da notória controvérsia jurisprudencial então reinante. Incidência da Súmula nº 83 do TST.

Nº 10 AÇÃO RESCISÓRIA. CONTRATO NULO. ADMINISTRAÇÃO PÚBLICA. EFEITOS. Art. 37, II E § 2º, DA CF/1988. Inserida em 20.09.00

Somente por ofensa ao art. 37, II e § 2º, da CF/1988, procede o pedido de rescisão de julgado para considerar nula a contratação, sem concurso público, de servidor, após a CF/1988.

Nº 11 AÇÃO RESCISÓRIA. CORREÇÃO MONETÁRIA. LEI Nº 7.596/87. UNIVERSIDADES FEDERAIS. IMPLANTAÇÃO TARDIA DO PLANO DE CLASSIFICAÇÃO DE CARGOS. VIOLAÇÃO DE LEI. SÚMULA Nº 83 DO TST. APLICÁVEL. Inserida em 20.09.00

Não se rescinde julgado que acolhe pedido de correção monetária decorrente da implantação tardia do Plano de Classificação de Cargos de Universidade Federal previsto na Lei nº 7.596/87, à época em que era controvertida tal matéria na jurisprudência. Incidência da Súmula nº 83 do TST.

Nº 12 AÇÃO RESCISÓRIA. DECADÊNCIA. CONSUMAÇÃO ANTES OU DEPOIS DA EDIÇÃO DA MEDIDA PROVISÓRIA Nº 1.577/97. AMPLIAÇÃO DO PRAZO – Res. 208/2016, DEJT divulgado em 22, 25 e 26.04.2016

I – A vigência da Medida Provisória nº 1.577/97 e de suas reedições implicou o elastecimento do prazo decadencial para o ajuizamento da ação rescisória a favor dos entes de direito público, autarquias e fundações públicas. Se o biênio decadencial do art. 495 do CPC de 1973 findou após a entrada em vigor da referida medida provisória e até sua suspensão pelo STF em sede liminar de ação direta de inconstitucionalidade (ADIn 1753-2), tem-se como aplicável o prazo decadencial elastecido à rescisória. (ex-OJ nº 17 da SDI-2 – inserida em 20.09.00)

II – A regra ampliativa do prazo decadencial para a propositura de ação rescisória em favor de pessoa jurídica de direito público não se aplica se, ao tempo em que sobreveio a Medida Provisória nº 1.577/97, já se exaurira o biênio do art. 495 do CPC. Preservação do direito adquirido da parte à decadência já consumada sob a égide da lei velha. (ex-OJ nº 12 da SDI-2 – inserida em 20.09.00)

Nº 18 AÇÃO RESCISÓRIA. DECADÊNCIA. UNIÃO. LEI COMPLEMENTAR Nº 73/93, Art. 67. LEI Nº 8.682/93, Art. 6º. Inserida em 20.09.00

O art. 67 da Lei Complementar nº 73/93 interrompeu todos os prazos, inclusive o de decadência, em favor da União no período compreendido entre 14.02.93 e 14.08.93.

Nº 19 AÇÃO RESCISÓRIA. DESLIGAMENTO INCENTIVADO. IMPOSTO DE RENDA. ABONO PECUNIÁRIO. VIOLAÇÃO DE LEI. SÚMULA Nº 83 DO TST. APLICÁVEL. Inserida em 20.09.00

Havendo notória controvérsia jurisprudencial acerca da incidência de imposto de renda sobre parcela paga pelo empregador ("abono pecuniário") a título de "desligamento incentivado", improcede pedido de rescisão do julgado. Incidência da Súmula nº 83 do TST.

Nº 21 AÇÃO RESCISÓRIA. DUPLO GRAU DE JURISDIÇÃO. TRÂNSITO EM JULGADO. INOBSERVÂNCIA. DECRETO-LEI Nº 779/69, Art. 1º, V. INCABÍVEL. Inserida em 20.09.00 (nova redação – DJ 22.08.2005)

É incabível ação rescisória para a desconstituição de sentença não transitada em julgado porque ainda não submetida ao necessário duplo grau de jurisdição, na forma do Decreto-Lei nº 779/69. Determina-se que se oficie ao Presidente do TRT para que proceda à avocatória do processo principal para o reexame da sentença rescindenda.

Nº 23 AÇÃO RESCISÓRIA. ESTABILIDADE. PERÍODO PRÉ-ELEITORAL. VIOLAÇÃO DE LEI. SÚMULA Nº 83 DO TST. APLICÁVEL. Inserida em 20.09.00

Não procede pedido de rescisão de sentença de mérito que assegura ou nega estabilidade pré-eleitoral, quando a decisão rescindenda for anterior à Orientação Jurisprudencial nº 51, da Seção de Dissídios Individuais do TST (25.11.96). Incidência da Súmula nº 83 do TST.

Nº 24 AÇÃO RESCISÓRIA. ESTABILIDADE PROVISÓRIA. REINTEGRAÇÃO EM PERÍODO POSTERIOR. DIREITO LIMITADO AOS SALÁRIOS E CONSECTÁRIOS DO PERÍODO DA ESTABILIDADE. Inserida em 20.09.00

Rescinde-se o julgado que reconhece estabilidade provisória e determina a reintegração de empregado, quando já exaurido o respectivo período de estabilidade. Em juízo rescisório, restringe-se a condenação quanto aos salários e consectários até o termo final da estabilidade.

Nº 25 AÇÃO RESCISÓRIA. EXPRESSÃO "LEI" DO Art. 485, V, DO CPC. NÃO INCLUSÃO DO ACT, CCT, PORTARIA, REGULAMENTO, SÚMULA E ORIENTAÇÃO JURISPRUDENCIAL DE TRIBUNAL. Inserida em 20.09.00 (nova redação em decorrência da incorporação da Orientação Jurisprudencial nº 118 da SBDI-II – DJ 22.08.2005)

Não procede pedido de rescisão fundado no art. 485, V, do CPC quando se aponta contrariedade à norma de convenção coletiva de trabalho, acordo coletivo de trabalho, portaria do Poder Executivo, regulamento de empresa e súmula ou orientação jurisprudencial de tribunal. (ex-OJ 25 da SDI-2, inserida em 20.09.00 e ex-OJ 118 da SDI-2, DJ 11.08.03)

Nº 26 AÇÃO RESCISÓRIA. GRATIFICAÇÃO DE NÍVEL SUPERIOR. SUFRAMA. Inserida em 20.09.00

A extensão da gratificação instituída pela SUFRAMA aos servidores celetistas exercentes de atividade de nível superior não ofende as disposições contidas nos arts. 37, XIII e 39, § 1º, da CF/1988.

Nº 30 AÇÃO RESCISÓRIA. MULTA. Art. 920 DO CÓDIGO CIVIL DE 1916 (Art. 412 DO CÓDIGO CIVIL DE 2002). Inserida em 20.09.00 (nova redação em decorrência da incorporação da Orientação Jurisprudencial nº 31 da SBDI-II – DJ 22.08.2005)

Não se acolhe, por violação do art. 920 do Código Civil de 1916 (art. 412 do Código Civil de 2002), pedido de rescisão de julgado que: a) em processo de conhecimento, impôs condenação ao pagamento de multa, quando a decisão rescindenda for anterior à Orientação Jurisprudencial nº 54 da Subseção I Especializada em Dissídios Individuais do TST (30.05.94), incidindo o óbice da Súmula nº 83 do TST; (ex-OJ nº 30 da SDI-2 inserida em 20.09.00) b) em execução, rejeita-se limitação da condenação ao pagamento de multa, por inexistência de violação literal. (ex-OJ nº 31 da SDI-2 – inserida em 20.09.00)

Nº 34 AÇÃO RESCISÓRIA. PLANOS ECONÔMICOS – Res. 208/2016, DEJT divulgado em 22, 25 e 26.04.2016.

I – O acolhimento de pedido em ação rescisória de plano econômico, fundada no art. 485, inciso V, do CPC de 1973, pressupõe, necessariamente, expressa invocação na petição inicial de afronta ao art. 5º, inciso XXXVI, da Constituição Federal de 1988. A indicação de ofensa literal a preceito de lei ordinária atrai a incidência da Súmula nº 83 do TST e Súmula nº 343 do STF.

II – Se a decisão rescindenda é posterior à Súmula nº 315 do TST (Res. 07, DJ 22.09.93), inaplicável a Súmula nº 83 do TST.

Nº 35 AÇÃO RESCISÓRIA. PLANOS ECONÔMICOS. COISA JULGADA. LIMITAÇÃO À DATA-BASE NA FASE DE EXECUÇÃO. Inserida em 20.09.00

Não ofende a coisa julgada a limitação à data-base da categoria, na fase executória, da condenação ao pagamento de diferenças salariais decorrentes de planos econômicos, quando a decisão exequenda silenciar sobre a limitação, uma vez que a limitação decorre de norma cogente. Apenas quando a sentença exequenda houver expressamente afastado a limitação à data-base é que poderá ocorrer ofensa à coisa julgada.

Nº 38 AÇÃO RESCISÓRIA. PROFESSOR-ADJUNTO. INGRESSO NO CARGO DE PROFESSOR-TITULAR. EXIGÊNCIA DE CONCURSO PÚBLICO (LEI Nº 7.596/87, DECRETO Nº 94.664/87 E Art. 206, V, CF/1988). Inserida em 20.09.00

A assunção do professor-adjunto ao cargo de professor titular de universidade pública, sem prévia aprovação em concurso público, viola o art. 206, inciso V, da Constituição Federal. Procedência do pedido de rescisão do julgado.

Nº 39 AÇÃO RESCISÓRIA. REAJUSTES BIMESTRAIS E QUADRIMESTRAIS. LEI Nº 8.222/91. SÚMULA Nº 83 DO TST. APLICÁVEL. Inserida em 20.09.00

Havendo controvérsia jurisprudencial à época, não se rescinde decisão que aprecia a possibilidade de cumulação das antecipações bimestrais e reajustes quadrimestrais de salário previstos na Lei nº 8.222/91. Incidência da Súmula nº 83 do TST.

Nº 41 AÇÃO RESCISÓRIA. SENTENÇA "CITRA PETITA". CABIMENTO (atualizada em decorrência do CPC de 2015) – Res. 208/2016, DEJT divulgado em 22, 25 e 26.04.2016.

Revelando-se a sentença "citra petita", o vício processual vulnera os arts. 141 e 492 do CPC de 2015 (arts. 128 e 460 do CPC de 1973), tornando-a passível de desconstituição, ainda que não interpostos embargos de declaração.

Nº 53 MANDADO DE SEGURANÇA. COOPERATIVA EM LIQUIDAÇÃO EXTRAJUDICIAL. LEI Nº 5.764/71, Art. 76. INAPLICÁVEL. NÃO SUSPENDE A EXECUÇÃO. Inserida em 20.09.00

A liquidação extrajudicial de sociedade cooperativa não suspende a execução dos créditos trabalhistas existentes contra ela.

Nº 54 MANDADO DE SEGURANÇA. EMBARGOS DE TERCEIRO. CUMULAÇÃO. PENHORA. INCABÍVEL (atualizada em decorrência do CPC de 2015) – Res. 208/2016, DEJT divulgado em 22, 25 e 26.04.2016

Ajuizados embargos de terceiro (art. 674 do CPC de 2015 – art. 1.046 do CPC de 1973) para pleitear a desconstituição da penhora, é incabível mandado de segurança com a mesma finalidade.

Nº 56 MANDADO DE SEGURANÇA. EXECUÇÃO. PENDÊNCIA DE RECURSO EXTRAORDINÁRIO. Inserida em 20.09.00

Não há direito líquido e certo à execução definitiva na pendência de recurso extraordinário, ou de agravo de instrumento visando a destrancá-lo.

Nº 57 MANDADO DE SEGURANÇA. INSS. TEMPO DE SERVIÇO. AVERBAÇÃO E/OU RECONHECIMENTO. Inserida em 20.09.00

Conceder-se-á mandado de segurança para impugnar ato que determina ao INSS o reconhecimento e/ou averbação de tempo de serviço.

Nº 59 MANDADO DE SEGURANÇA. PENHORA. CARTA DE FIANÇA BANCÁRIA. seguro garantia judicial (nova redação em decorrência do CPC de 2015) – Res. 209/2016, DEJT divulgado em 01, 02 e 03.06.2016

A carta de fiança bancária e o seguro garantia judicial, desde que em valor não inferior ao do débito em execução, acrescido de trinta por cento, equivalem a dinheiro para efeito da gradação dos bens penhoráveis, estabelecida no art. 835 do CPC de 2015 (art. 655 do CPC de 1973).

Nº 63 MANDADO DE SEGURANÇA. REINTEGRAÇÃO. AÇÃO CAUTELAR. Inserida em 20.09.00

Comporta a impetração de mandado de segurança o deferimento de reintegração no emprego em ação cautelar.

Nº 64 MANDADO DE SEGURANÇA. REINTEGRAÇÃO LIMINARMENTE CONCEDIDA. Inserida em 20.09.00

Não fere direito líquido e certo a concessão de tutela antecipada para reintegração de empregado protegido por estabilidade provisória decorrente de lei ou norma coletiva.

Nº 65 MANDADO DE SEGURANÇA. REINTEGRAÇÃO LIMINARMENTE CONCEDIDA. DIRIGENTE SINDICAL. Inserida em 20.09.00

Ressalvada a hipótese do art. 494 da CLT, não fere direito líquido e certo a determinação liminar de reintegração no emprego de dirigente sindical, em face da previsão do inciso X do art. 659 da CLT.

Nº 66 MANDADO DE SEGURANÇA. SENTENÇA HOMOLOGATÓRIA DE ADJUDICAÇÃO. INCABÍVEL. Inserida em 20.09.00

É incabível o mandado de segurança contra sentença homologatória de adjudicação, uma vez que existe meio próprio para impugnar o ato judicial, consistente nos embargos à adjudicação (CPC, art. 746).

Nº 67 MANDADO DE SEGURANÇA. TRANSFERÊNCIA. Art. 659, IX, DA CLT. Inserida em 20.09.00

Não fere direito líquido e certo a concessão de liminar obstativa de transferência de empregado, em face da previsão do inciso IX do art. 659 da CLT.

Nº 68 ANTECIPAÇÃO DE TUTELA. COMPETÊNCIA. Inserida em 20.09.00 (nova redação – DJ 22.08.2005)

Nos Tribunais, compete ao relator decidir sobre o pedido de antecipação de tutela, submetendo sua decisão ao Colegiado respectivo, independentemente de pauta, na sessão imediatamente subsequente.

Nº 69 FUNGIBILIDADE RECURSAL. INDEFERIMENTO LIMINAR DE AÇÃO RESCISÓRIA OU MANDADO DE SEGURANÇA. RECURSO PARA O TST. RECEBIMENTO COMO AGRAVO REGIMENTAL E DEVOLUÇÃO DOS AUTOS AO TRT. Inserida em 20.09.00

Recurso ordinário interposto contra despacho monocrático indeferitório da petição inicial de ação rescisória ou de mandado de segurança pode, pelo princípio de fungibilidade recursal, ser recebido como agravo regimental. Hipótese de não conhecimento do recurso pelo TST e devolução dos autos ao TRT, para que aprecie o apelo como agravo regimental.

Nº 70 AÇÃO RESCISÓRIA. REGÊNCIA PELO CPC DE 1973. MANIFESTO E INESCUSÁVEL EQUÍVOCO NO DIRECIONAMENTO. INÉPCIA DA INICIAL. EXTINÇÃO DO PROCESSO (atualizada em decorrência do CPC de 2015) – Res. 220/2017, DEJT divulgado em 21, 22 e 25.09.2017. Sob a égide do CPC de 1973, o manifesto equívoco da parte em ajuizar ação rescisória no TST para desconstituir julgado proferido pelo TRT, ou vice-versa, implica a extinção do processo sem julgamento do mérito por inépcia da inicial.

Nº 71 AÇÃO RESCISÓRIA. SALÁRIO PROFISSIONAL. FIXAÇÃO. MÚLTIPLO DE SALÁRIO MÍNIMO. Art. 7º, IV, DA CF/88. (Nova redação – DJ 22.11.04)

A estipulação do salário profissional em múltiplos do salário mínimo não afronta o art. 7º, inciso IV, da Constituição Federal de 1988, só incorrendo em vulneração do referido preceito constitucional a fixação de correção automática do salário pelo reajuste do salário mínimo.

Nº 76 AÇÃO RESCISÓRIA. AÇÃO CAUTELAR PROPOSTA SOB A VIGÊNCIA DO CPC DE 1973. SUSPENSÃO DA EXECUÇÃO. JUNTADA DE DOCUMENTO INDISPENSÁVEL. POSSIBILIDADE DE ÊXITO NA RESCISÃO DO JULGADO (atualizada em decorrência do CPC de 2015) – Res. 220/2017, DEJT divulgado em 21, 22 e 25.09.2017 É indispensável a instrução da ação cautelar proposta sob a vigência do CPC de 1973 com as provas documentais necessárias à aferição da plausibilidade de êxito na rescisão do julgado. Assim sendo, devem vir junto com a inicial da cautelar as cópias da petição inicial da ação rescisória principal, da decisão rescindenda, da certidão do trânsito em julgado da decisão rescindenda e informação do andamento atualizado da execução.

Nº 78 AÇÃO RESCISÓRIA. CUMULAÇÃO SUCESSIVA DE PEDIDOS. RESCISÃO DA SENTENÇA E DO ACÓRDÃO. AÇÃO ÚNICA. ART. 326 DO CPC DE 2015. ART. 289 DO CPC DE 1973 (atualizada em decorrência do CPC de 2015) – Res. 208/2016, DEJT divulgado em 22, 25 e 26.04.2016

É admissível o ajuizamento de uma única ação rescisória contendo mais de um pedido, em ordem sucessiva, de rescisão da sentença e do acórdão. Sendo inviável a tutela jurisdicional de um deles, o julgador está obrigado a apreciar os demais, sob pena de negativa de prestação jurisdicional.

Nº 80 AÇÃO RESCISÓRIA. DECADÊNCIA. "DIES A QUO". RECURSO DESERTO. SÚMULA Nº 100 DO TST. Inserida em 13.03.02

O não-conhecimento do recurso por deserção não antecipa o "dies a quo" do prazo decadencial para o ajuizamento da ação rescisória, atraindo, na contagem do prazo, a aplicação da Súmula nº 100 do TST.

Nº 84 AÇÃO RESCISÓRIA. AUSÊNCIA DA DECISÃO RESCINDENDA E/OU DA CERTIDÃO DE SEU TRÂNSITO EM JULGADO DEVIDAMENTE AUTENTICADAS. CONCESSÃO DE PRAZO PARA COMPLEMENTAÇÃO DA DOCUMENTAÇÃO. (alterada em decorrência do CPC de 2015) – Res. 220/2017, DEJT divulgado em 21, 22 e 25.09.2017

São peças essenciais para o julgamento da ação rescisória a decisão rescindenda e/ou a certidão do seu trânsito em julgado, devidamente autenticadas, à exceção de cópias reprográficas apresentadas por pessoa jurídica de direito público, a teor do art. 24 da Lei nº 10.522/2002, ou declaradas autênticas pelo advogado na forma do artigo 830 da CLT com a redação dada pela Lei nº 11.925/2009. Em fase recursal, verificada a ausência de qualquer delas, cumpre ao Relator do recurso ordinário conceder o prazo de 5 (cinco) dias ao recorrente para que seja complementada a documentação exigível, nos termos do art. 932, parágrafo único, do CPC de 2015.

Nº 88 MANDADO DE SEGURANÇA. VALOR DA CAUSA. CUSTAS PROCESSUAIS. CABIMENTO. Inserida em 13.03.02

Incabível a impetração de mandado de segurança contra ato judicial que, de ofício, arbitrou novo valor à causa, acarretando a majoração das custas processuais, uma vez que cabia à parte, após recolher as custas, calculadas com base no valor dado à causa na inicial, interpor recurso ordinário e, posteriormente, agravo de instrumento no caso de o recurso ser considerado deserto.

Nº 89 "*HABEAS CORPUS*". DEPOSITÁRIO. TERMO DE DEPÓSITO NÃO ASSINADO PELO PACIENTE. NECESSIDADE DE ACEITAÇÃO DO ENCARGO. IMPOSSIBILIDADE DE PRISÃO CIVIL. Inserida em 27.05.02

A investidura no encargo de depositário depende da aceitação do nomeado que deve assinar termo de compromisso no auto de penhora, sem o que, é inadmissível a restrição de seu direito de liberdade.

Nº 91 MANDADO DE SEGURANÇA. AUTENTICAÇÃO DE CÓPIAS PELAS SECRETARIAS DOS TRIBUNAIS REGIONAIS DO TRABALHO. REQUERIMENTO INDEFERIDO. Art. 789, § 9º, DA CLT. Inserida em 27.05.02

Não sendo a parte beneficiária da assistência judiciária gratuita, inexiste direito líquido e certo à autenticação, pelas Secretarias dos Tribunais, de peças extraídas do processo principal, para formação do agravo de instrumento.

Nº 92 MANDADO DE SEGURANÇA. EXISTÊNCIA DE RECURSO PRÓPRIO. Inserida em 27.05.02

Não cabe mandado de segurança contra decisão judicial passível de reforma mediante recurso próprio, ainda que com efeito diferido.

Nº 93 PENHORA SOBRE PARTE DA RENDA DE ESTABELECIMENTO COMERCIAL. POSSIBILIDADE. (alterada em decorrência do CPC de 2015) – Res. 220/2017, DEJT divulgado em 21, 22 e 25.09.2017. Nos termos do art. 866 do CPC de 2015, é admissível a penhora sobre a renda mensal ou faturamento de empresa, limitada a percentual, que não comprometa o desenvolvimento regular de suas atividades, desde que não haja outros bens penhoráveis ou, havendo outros bens, eles sejam de difícil alienação ou insuficientes para satisfazer o crédito executado.

Nº 94 AÇÃO RESCISÓRIA. COLUSÃO. FRAUDE À LEI. RECLAMATÓRIA SIMULADA EXTINTA. Inserida em 27.09.02

A decisão ou acordo judicial subjacente à reclamação trabalhista, cuja tramitação deixa nítida a simulação do litígio para fraudar a lei e prejudicar terceiros, enseja ação rescisória, com lastro em colusão. No juízo rescisório, o processo simulado deve ser extinto.

Nº 97 AÇÃO RESCISÓRIA. VIOLAÇÃO DO Art. 5º, II, LIV E LV, DA CONSTITUIÇÃO FEDERAL. PRINCÍPIOS DA LEGALIDADE, DO DEVIDO PROCESSO LEGAL, DO CONTRADITÓRIO E DA AMPLA DEFESA. Inserida em 27.09.02 e alterada em 25.04.03 – DJ 09.05.03 (nova redação – DJ 22.08.2005)

Os princípios da legalidade, do devido processo legal, do contraditório e da ampla defesa não servem de fundamento para a desconstituição de decisão judicial transitada em julgado, quando se apresentam sob a forma de pedido genérico e desfundamentado, acompanhando dispositivos legais que tratam especificamente da matéria debatida, estes sim, passíveis de fundamentarem a análise do pleito rescisório.

Nº 98 MANDADO DE SEGURANÇA. CABÍVEL PARA ATACAR EXIGÊNCIA DE DEPÓSITO PRÉVIO DE HONORÁRIOS PERICIAIS. Inserida em 27.09.02 (nova redação – DJ 22.08.2005)

É ilegal a exigência de depósito prévio para custeio dos honorários periciais, dada a incompatibilidade com o processo do trabalho, sendo cabível o mandado de segurança visando à realização da perícia, independentemente do depósito.

Nº 99 MANDADO DE SEGURANÇA. ESGOTAMENTO DE TODAS AS VIAS PROCESSUAIS DISPONÍVEIS. TRÂNSITO EM JULGADO FORMAL. DESCABIMENTO. Inserida em 27.09.02

Esgotadas as vias recursais existentes, não cabe mandado de segurança.

Nº 100 RECURSO ORDINÁRIO PARA O TST. DECISÃO DE TRT PROFERIDA EM AGRAVO REGIMENTAL CONTRA LIMINAR EM AÇÃO CAUTELAR OU EM MANDADO DE SEGURANÇA. INCABÍVEL. Inserida em 27.09.02

Não cabe recurso ordinário para o TST de decisão proferida pelo Tribunal Regional do Trabalho em agravo regimental interposto contra despacho que concede ou não liminar em ação cautelar ou em mandado de segurança, uma vez que o processo ainda pende de decisão definitiva do Tribunal "a quo".

Nº 101 AÇÃO RESCISÓRIA. INCISO IV DO ART. 966 DO CPC DE 2015. ART. 485, IV, DO CPC DE 1973. OFENSA A COISA JULGADA. NECESSIDADE DE FIXAÇÃO DE TESE NA DECISÃO RESCINDENDA (atualizada em decorrência do CPC de 2015) – Res. 208/2016, DEJT divulgado em 22, 25 e 26.04.2016

Para viabilizar a desconstituição do julgado pela causa de rescindibilidade do inciso IV, do art. 966 do CPC de 2015 (inciso IV do art. 485 do CPC de 1973), é necessário que a decisão rescindenda tenha enfrentado as questões ventiladas na ação rescisória, sob pena de inviabilizar o cotejo com o título executivo judicial tido por desrespeitado, de modo a se poder concluir pela ofensa à coisa julgada.

Nº 103 AÇÃO RESCISÓRIA. CONTRADIÇÃO ENTRE FUNDAMENTAÇÃO E PARTE DISPOSITIVA DO JULGADO. CABIMENTO. ERRO DE FATO. DJ 29.04.03

É cabível a rescisória para corrigir contradição entre a parte dispositiva do acórdão rescindendo e a sua fundamentação, por erro de fato na retratação do que foi decidido.

Nº 107 AÇÃO RESCISÓRIA. DECISÃO RESCINDENDA DE MÉRITO. SENTENÇA DECLARATÓRIA DE EXTINÇÃO DE EXECUÇÃO. SATISFAÇÃO DA OBRIGAÇÃO (atualizada em decorrência do CPC de 2015) – Res. 208/2016, DEJT divulgado em 22, 25 e 26.04.2016

Embora não haja atividade cognitiva, a decisão que declara extinta a execução, nos termos do art. 924, incisos I a IV c/c art. 925 do CPC de 2015 (art. 794 c/c 795 do CPC de 1973), extingue a relação processual e a obrigacional, sendo passível de corte rescisório.

Nº 112 AÇÃO RESCISÓRIA. VIOLAÇÃO DE LEI. DECISÃO RESCINDENDA POR DUPLO FUNDAMENTO. IMPUGNAÇÃO PARCIAL. DJ 29.04.03

Para que a violação da lei dê causa à rescisão de decisão de mérito alicerçada em duplo fundamento, é necessário que o Autor da ação rescisória invoque causas de rescindibilidade que, em tese, possam infirmar a motivação dúplice da decisão rescindenda.

Nº 123 AÇÃO RESCISÓRIA. INTERPRETAÇÃO DO SENTIDO E ALCANCE DO TÍTULO EXECUTIVO. INEXISTÊNCIA DE OFENSA À COISA JULGADA. DJ 11.08.03 (título alterado – DJ 22.08.2005)

O acolhimento da ação rescisória calcada em ofensa à coisa julgada supõe dissonância patente entre as decisões exequenda e rescindenda, o que não se verifica quando se faz necessária a interpretação do título executivo judicial para se concluir pela lesão à coisa julgada.

Nº 124 AÇÃO RESCISÓRIA. ART. 966, INCISO II, DO CPC DE 2015. ART. 485, II, DO CPC DE 1973. ARGUIÇÃO DE INCOMPETÊNCIA ABSOLUTA. PREQUESTIONAMENTO INEXIGÍVEL (atualizada em decorrência do CPC de 2015) – Res. 208/2016, DEJT divulgado em 22, 25 e 26.04.2016. Na hipótese em que a ação rescisória tem como causa de rescindibilidade o inciso II do art. 966 do CPC de 2015 (inciso II do art. 485 do CPC de 1973), a arguição de incompetência absoluta prescinde de prequestionamento.

Nº 127 MANDADO DE SEGURANÇA. DECADÊNCIA. CONTAGEM. EFETIVO ATO COATOR. DJ 09.12.2003

Na contagem do prazo decadencial para ajuizamento de mandado de segurança, o efetivo ato coator é o primeiro em que se firmou a tese hostilizada e não aquele que a ratificou.

Nº 128 AÇÃO RESCISÓRIA. CONCURSO PÚBLICO ANULADO POSTERIORMENTE. APLICAÇÃO DA SÚMULA Nº 363 DO TST. DJ 09.12.2003

O certame público posteriormente anulado equivale à contratação realizada sem a observância da exigência contida no art. 37, II, da Constituição Federal de 1988. Assim sendo, aplicam-se à hipótese os efeitos previstos na Súmula nº 363 do TST.

Nº 129 AÇÃO ANULATÓRIA. COMPETÊNCIA ORIGINÁRIA. DJ 04.05.2004

Em se tratando de ação anulatória, a competência originária se dá no mesmo juízo em que praticado o ato supostamente eivado de vício.

Nº 130 AÇÃO CIVIL PÚBLICA. COMPETÊNCIA. LOCAL DO DANO. Lei nº 7.347/1985, Art. 2º. CÓDIGO DE DEFESA DO CONSUMIDOR, Art. 93 (redação alterada na sessão do Tribunal Pleno realizada em 14.09.2012) I – A competência para a Ação Civil Pública fixa-se pela extensão do dano. II – Em caso de dano de abrangência regional, que atinja cidades sujeitas à jurisdição de mais de uma Vara do Trabalho, a competência será de qualquer das Varas das localidades atingidas, ainda que vinculadas a Tribunais Regionais do Trabalho distintos. III – Em caso de dano de abrangência suprarregional ou nacional, há competência concorrente para a Ação Civil Pública das Varas do Trabalho das sedes dos Tribunais Regionais do Trabalho. IV – Estará prevento o juízo a que a primeira ação houver sido distribuída.

Nº 131 AÇÃO RESCISÓRIA. AÇÃO CAUTELAR PARA SUSPENDER EXECUÇÃO DA DECISÃO RESCINDENDA. PENDÊNCIA DE TRÂNSITO EM JULGADO DA AÇÃO RESCISÓRIA PRINCIPAL. EFEITOS. DJ 04.05.2004

A ação cautelar não perde o objeto enquanto ainda estiver pendente o trânsito em julgado da ação rescisória principal, devendo o pedido cautelar ser julgado procedente, mantendo-se os efeitos da liminar eventualmente deferida, no caso de procedência do pedido rescisório ou, por outro lado, improcedente, se o pedido da ação rescisória principal tiver sido julgado improcedente.

Nº 132 AÇÃO RESCISÓRIA. ACORDO HOMOLOGADO. ALCANCE. OFENSA À COISA JULGADA. DJ 04.05.2004

Acordo celebrado – homologado judicialmente – em que o empregado dá plena e ampla quitação, sem qualquer ressalva, alcança não só o objeto da inicial, como também todas as demais parcelas referentes ao extinto contrato de trabalho, violando a coisa julgada, a propositura de nova reclamação trabalhista.

Nº 134 OJ nº 134. SDI-2 do TST. AÇÃO RESCISÓRIA. DECISÃO QUE DECLARA PRECLUSA A OPORTUNIDADE DE IMPUGNAÇÃO DA SENTENÇA DE LIQUIDAÇÃO. PRODUÇÃO DE COISA JULGADA FORMAL. IRRESCINDIBILIDADE. (alterada em decorrência do CPC de 2015) – Res. 220/2017, DEJT divulgado em 21, 22 e 25.09.2017

A decisão proferida em embargos à execução ou em agravo de petição que apenas declara preclusa a oportunidade de impugnação da sentença de liquidação não é rescindível, em virtude de produzir tão-somente coisa julgada formal.

Nº 135 AÇÃO RESCISÓRIA. VIOLAÇÃO DO Art. 37, *"CAPUT"*, DA CF/1988. NECESSIDADE DE PREQUESTIONAMENTO. DJ 04.05.2004

A ação rescisória calcada em violação do artigo 37, *"caput"*, da Constituição Federal, por desrespeito ao princípio da legalidade administrativa exige que ao menos o princípio constitucional tenha sido prequestionado na decisão.

Nº 136 AÇÃO RESCISÓRIA. ERRO DE FATO. CARACTERIZAÇÃO (atualizada em decorrência do CPC de 2015) – Res. 208/2016, DEJT divulgado em 22, 25 e 26.04.2016

A caracterização do erro de fato como causa de rescindibilidade de decisão judicial transitada em julgado supõe a afirmação categórica e indiscutida de um fato, na decisão rescindenda, que não corresponde à realidade dos autos. O fato afirmado pelo julgador, que pode ensejar ação rescisória calcada no inciso VIII do art. 966 do CPC de 2015 (inciso IX do art. 485 do CPC de 1973), é apenas aquele que se coloca como premissa fática indiscutida de um silogismo argumentativo, não aquele que se apresenta ao final desse mesmo silogismo, como conclusão decorrente das premissas que especificaram as provas oferecidas, para se concluir pela existência do fato. Esta última hipótese é afastada pelo § 1º do art. 966 do CPC de 2015 (§ 2º do art. 485 do CPC de 1973), ao exigir que não tenha havido controvérsia sobre o fato e pronunciamento judicial esmiuçando as provas.

Nº 137 MANDADO DE SEGURANÇA. DIRIGENTE SINDICAL. Art. 494 DA CLT. APLICÁVEL. DJ 04.05.2004

Constitui direito líquido e certo do empregador a suspensão do empregado, ainda que detentor de estabilidade sindical, até a decisão final do inquérito em que se apure a falta grave a ele imputada, na forma do art. 494, *"caput"* e parágrafo único, da CLT.

Nº 140 MANDADO DE SEGURANÇA CONTRA LIMINAR, CONCEDIDA OU DENEGADA EM OUTRA SEGURANÇA. INCABÍVEL. (Art. 8º DA LEI Nº 1.533/51). DJ 04.05.2004

Não cabe mandado de segurança para impugnar despacho que acolheu ou indeferiu liminar em outro mandado de segurança.

Nº 142 MANDADO DE SEGURANÇA. REINTEGRAÇÃO LIMINARMENTE CONCEDIDA. DJ 04.05.2004

Inexiste direito líquido e certo a ser oposto contra ato de Juiz que, antecipando a tutela jurisdicional, determina a reintegração do empregado até a decisão final do processo, quando demonstrada a razoabilidade do direito subjetivo material, como nos casos de anistiado pela Lei nº 8.878/1994, aposentado, integrante de comissão de fábrica, dirigente sindical, portador de doença profissional, portador de vírus HIV ou detentor de estabilidade provisória prevista em norma coletiva.

Nº 143 *"HABEAS CORPUS"*. PENHORA SOBRE COISA FUTURA E INCERTA. PRISÃO. DEPOSITÁRIO INFIEL (redação alterada na sessão do Tribunal Pleno realizada em 17.11.2008) – Res.151/2008, DJe divulgado em 20, 21 e 24.11.2008

Não se caracteriza a condição de depositário infiel quando a penhora recair sobre coisa futura e incerta, circunstância que, por si só, inviabiliza a materialização do depósito no momento da constituição do paciente em depositário, autorizando-se a concessão de *"habeas corpus"* diante da prisão ou ameaça de prisão que sofra.

Nº 144 MANDADO DE SEGURANÇA. PROIBIÇÃO DE PRÁTICA DE ATOS FUTUROS. SENTENÇA GENÉRICA. EVENTO FUTURO. INCABÍVEL. DJ 22.06.04 (nova redação – DJ 22.08.2005)

O mandado de segurança não se presta à obtenção de uma sentença genérica, aplicável a eventos futuros, cuja ocorrência é incerta.

Nº 146 AÇÃO RESCISÓRIA. INÍCIO DO PRAZO PARA APRESENTAÇÃO DA CONTESTAÇÃO. ART. 774 DA CLT (atualizada em decorrência do CPC de 2015) – Res. 208/2016, DEJT divulgado em 22, 25 e 26.04.2016

A contestação apresentada em ação rescisória obedece à regra relativa à contagem de prazo constante do art. 774 da CLT, sendo inaplicável o art. 231 do CPC de 2015 (art. 241 do CPC de 1973).

Nº 148 CUSTAS. MANDADO DE SEGURANÇA. RECURSO ORDINÁRIO. EXIGÊNCIA DO PAGAMENTO. (conversão da Orientação Jurisprudencial nº 29 da SBDI-1) – Res. 129/2005, DJ 20.04.2005

É responsabilidade da parte, para interpor recurso ordinário em mandado de segurança, a comprovação do recolhimento das custas processuais no prazo recursal, sob pena de deserção. (ex-OJ nº 29 – inserida em 20.09.00)

Nº 149 CONFLITO DE COMPETÊNCIA. INCOMPETÊNCIA TERRITORIAL. HIPÓTESE DO Art. 651, § 3º, DA CLT. IMPOSSIBILIDADE DE DECLARAÇÃO DE OFÍCIO DE INCOMPETÊNCIA RELATIVA. (DJe divulgado em 03, 04 e 05.12.2008)

Não cabe declaração de ofício de incompetência territorial no caso do uso, pelo trabalhador, da faculdade prevista no art. 651, § 3º, da CLT. Nessa hipótese, resolve-se o conflito pelo reconhecimento da competência do juízo do local onde a ação foi proposta.

Nº 150 AÇÃO RESCISÓRIA. DECISÃO RESCINDENDA QUE EXTINGUE O PROCESSO SEM RESOLUÇÃO DE MÉRITO POR ACOLHIMENTO DA EXCEÇÃO DE COISA JULGADA. CONTEÚDO MERAMENTE PROCESSUAL. IMPOSSIBILIDADE JURÍDICA DO PEDIDO. (DJe divulgado em 03, 04 e 05.12.2008)

Reputa-se juridicamente impossível o pedido de corte rescisório de decisão que, reconhecendo a configuração de coisa julgada, nos termos do art. 267, V, do CPC, extingue o processo sem resolução de mérito, o que, ante o seu conteúdo meramente processual, a torna insuscetível de produzir a coisa julgada material.

Nº 151 AÇÃO RESCISÓRIA E MANDADO DE SEGURANÇA. IRREGULARIDADE DE REPRESENTAÇÃO PROCESSUAL VERIFICADA NA FASE RECURSAL. PROCURAÇÃO OUTORGADA COM PODERES ESPECÍFICOS PARA AJUIZAMENTO DE RECLAMAÇÃO TRABALHISTA. VÍCIO PROCESSUAL INSANÁVEL. (DJe divulgado em 03, 04 e 05.12.2008)

A procuração outorgada com poderes específicos para ajuizamento de reclamação trabalhista não autoriza a propositura de ação rescisória e mandado de segurança, bem como não se admite sua regularização quando verificado o defeito de representação processual na fase recursal, nos termos da Súmula nº 383, item II, do TST.

Nº 152 AÇÃO RESCISÓRIA E MANDADO DE SEGURANÇA. RECURSO DE REVISTA DE ACÓRDÃO REGIONAL QUE JULGA AÇÃO RESCISÓRIA OU MANDADO DE SEGURANÇA. PRINCÍPIO DA FUNGIBILIDADE. INAPLICABILIDADE. ERRO GROSSEIRO NA INTERPOSIÇÃO DO RECURSO. (DJe divulgado em 03, 04 e 05.12.2008)

A interposição de recurso de revista de decisão definitiva de Tribunal Regional do Trabalho em ação rescisória ou em mandado de segurança, com fundamento em violação legal e divergência jurisprudencial e remissão expressa ao art. 896 da CLT, configura erro grosseiro, insuscetível de autorizar o seu recebimento como recurso ordinário, em face do disposto no art. 895, "b", da CLT.

Nº 153 MANDADO DE SEGURANÇA. EXECUÇÃO. ORDEM DE PENHORA SOBRE VALORES EXISTENTES EM CONTA SALÁRIO. ART. 649, IV, DO CPC DE 1973. ILEGALIDADE. (atualizada em decorrência do CPC de 2015) – Res. 220/2017, DEJT divulgado em 21, 22 e 25.09.2017 Ofende direito líquido e certo decisão que determina o bloqueio de numerário existente em conta salário, para satisfação de crédito trabalhista, ainda que seja limitado a determinado percentual dos valores recebidos ou a valor revertido para fundo de aplicação ou poupança, visto que o art. 649, IV, do CPC de 1973 contém norma imperativa que não admite interpretação ampliativa, sendo a exceção prevista no art. 649, § 2º, do CPC de 1973 espécie e não gênero de crédito de natureza alimentícia, não englobando o crédito trabalhista.

Nº 154 AÇÃO RESCISÓRIA. ACORDO PRÉVIO AO AJUIZAMENTO DA RECLAMAÇÃO. QUITAÇÃO GERAL. LIDE SIMULADA. POSSIBILIDADE DE RESCISÃO DA SENTENÇA HOMOLOGATÓRIA DE ACORDO APENAS SE VERIFICADA A EXISTÊNCIA DE VÍCIO DE CONSENTIMENTO. (DEJT divulgado em 09, 10 e 11.06.2010)

A sentença homologatória de acordo prévio ao ajuizamento de reclamação trabalhista, no qual foi conferida quitação geral do extinto contrato, sujeita-se ao corte rescisório tão somente se verificada a existência de fraude ou vício de consentimento.

Nº 156 "*HABEAS CORPUS*" ORIGINÁRIO NO TST. SUBSTITUTIVO DE RECURSO ORDINÁRIO EM "*HABEAS CORPUS*". CABIMENTO CONTRA DECISÃO DEFINITIVA PROFERIDA POR TRIBUNAL REGIONAL DO TRABALHO. (DEJT divulgado em 09, 10 e 11.06.2010)

É cabível ajuizamento de "*habeas corpus*" originário no Tribunal Superior do Trabalho, em substituição de recurso ordinário em "*habeas corpus*", de decisão definitiva proferida por Tribunal Regional do Trabalho, uma vez que o órgão colegiado passa a ser a autoridade coatora no momento em que examina o mérito do "*habeas corpus*" impetrado no âmbito da Corte local.

Nº 157. AÇÃO RESCISÓRIA. DECISÕES PROFERIDAS EM FASES DISTINTAS DE UMA MESMA AÇÃO. COISA JULGADA. NÃO CONFIGURAÇÃO. (atualizada em decorrência do CPC de 2015) – Res. 208/2016, DEJT divulgado em 22, 25 e 26.04.2016

A ofensa à coisa julgada de que trata o inciso IV do art. 966 do CPC de 2015 (inciso IV do art. 485 do CPC de 1973) refere-se apenas a relações processuais distintas. A invocação de desrespeito à coisa julgada formada no processo de conhecimento, na correspondente fase de execução, somente é possível com base na violação do art. 5º, XXXVI, da Constituição da República.

Nº 158. AÇÃO RESCISÓRIA. DECLARAÇÃO DE NULIDADE DE DECISÃO HOMOLOGATÓRIA DE ACORDO EM RAZÃO DE COLUSÃO (Art. 485, III, DO CPC). MULTA POR LITIGÂNCIA DE MÁ-FÉ. IMPOSSIBILIDADE.

A declaração de nulidade de decisão homologatória de acordo, em razão da colusão entre as partes (art. 485, III, do CPC), é sanção suficiente em relação ao procedimento adotado, não havendo que ser aplicada a multa por litigância de má-fé.

SÚMULAS DO TST

Nº 6. EQUIPARAÇÃO SALARIAL. ART. 461 DA CLT. (redação do item VI alterada na sessão do Tribunal Pleno realizada em 09.06.2015. Resolução 198/15)

I – Para os fins previstos no § 2º do art. 461 da CLT, só é válido o quadro de pessoal organizado em carreira quando homologado pelo Ministério do Trabalho, excluindo-se, apenas, dessa exigência o quadro de carreira das entidades de direito público da administração direta, autárquica e fundacional aprovado por ato administrativo da autoridade competente. (ex-Súmula no 06 – alterada pela Res. 104/2000, DJ 20.12.2000).

II – Para efeito de equiparação de salários em caso de trabalho igual, conta-se o tempo de serviço na função e não no emprego. (ex-Súmula no 135 – RA 102/1982, DJ 11.10.1982 e DJ 15.10.1982)

III – A equiparação salarial só é possível se o empregado e o paradigma exercerem a mesma função, desempenhando as mesmas tarefas, não importando se os cargos têm, ou não, a mesma denominação. (ex-OJ da SBDI-1 no 328 – DJ 09.12.2003)

IV – É desnecessário que, ao tempo da reclamação sobre equiparação salarial, reclamante e paradigma estejam a serviço do estabelecimento, desde que o pedido se relacione com situação pretérita. (ex-Súmula no 22 – RA 57/1970, DO-GB 27.11.1970)

V – A cessão de empregados não exclui a equiparação salarial, embora exercida a função em órgão governamental estranho à cedente, se esta responde pelos salários do paradigma e do reclamante. (ex-Súmula no 111 – RA 102/1980, DJ 25.09.1980)

VI -Presentes os pressupostos do art. 461 da CLT, é irrelevante a circunstância de que o desnível salarial tenha origem em decisão judicial que beneficiou o paradigma, exceto: a) se decorrente de vantagem pessoal ou de tese jurídica superada pela jurisprudência de Corte Superior; b) na hipótese de equiparação salarial em cadeia, suscitada em defesa, se o empregador produzir prova do alegado fato modificativo, impeditivo ou extintivo do direito à equiparação salarial em relação ao paradigma remoto, considerada irrelevante, para esse efeito, a existência de diferença de tempo de serviço na função superior a dois anos entre o reclamante e todos os demais empregados paradigmas componentes da cadeia equiparatória, à exceção do paradigma imediato alterada pela Res. 198/2015)

VII – Desde que atendidos os requisitos do art. 461 da CLT, é possível a equiparação salarial de trabalho intelectual, que pode ser avaliado por sua perfeição técnica, cuja aferição terá critérios objetivos. (ex-OJ da SBDI-1 no 298 – DJ 11.08.2003)

VIII – É do empregador o ônus da prova do fato impeditivo, modificativo ou extintivo da equiparação salarial. (ex-Súmula no 68 – RA 9/1977, DJ 11.02.1977)

IX – Na ação de equiparação salarial, a prescrição é parcial e só alcança as diferenças salariais vencidas no período de 5 (cinco) anos que precedeu o ajuizamento. (ex-Súmula no 274 – alterada pela Res. 121/2003, DJ 21.11.2003)

X – O conceito de "mesma localidade" de que trata o art. 461 da CLT refere-se, em princípio, ao mesmo município, ou a municípios distintos que, comprovadamente, pertençam à mesma região metropolitana. (ex-OJ da SBDI-1 no 252 – inserida em 13.03.2002)

Nº 7. FÉRIAS (mantida) – Res. 121/2003, DJ 19, 20 e 21.11.2003

A indenização pelo não-deferimento das férias no tempo oportuno será calculada com base na remuneração devida ao empregado na época da reclamação ou, se for o caso, na da extinção do contrato.

Nº 8. JUNTADA DE DOCUMENTO (mantida) – Res. 121/2003, DJ 19, 20 e 21.11.2003

A juntada de documentos na fase recursal só se justifica quando provado o justo impedimento para sua oportuna apresentação ou se referir a fato posterior à sentença.

Nº 9. AUSÊNCIA DO RECLAMANTE (mantida) – Res. 121/2003, DJ 19, 20 e 21.11.2003

A ausência do reclamante, quando adiada a instrução após contestada a ação em audiência, não importa arquivamento do processo.

Nº 10. PROFESSOR. DISPENSA SEM JUSTA CAUSA. TÉRMINO DO ANO LETIVO OU NO CURSO DE FÉRIAS ESCOLARES. AVISO PRÉVIO (redação alterada em sessão do Tribunal Pleno realizada em 14.09.2012) O direito aos salários assegurados (artigo 322, caput e parágrafo 3º da CLT) não exclui o direito também ao aviso prévio, na hipótese de dispensa sem justa causa ao término do ano letivo ou no curso das férias escolares.

Nº 12. CARTEIRA PROFISSIONAL (mantida) – Res. 121/2003, DJ 19, 20 e 21.11.2003

As anotações apostas pelo empregador na carteira profissional do empregado não geram presunção "juris et de jure", mas apenas "juris tantum".

Nº 13. MORA (mantida) – Res. 121/2003, DJ 19, 20 e 21.11.2003

O só pagamento dos salários atrasados em audiência não ilide a mora capaz de determinar a rescisão do contrato de trabalho.

Nº 14. CULPA RECÍPROCA (nova redação) – Res. 121/2003, DJ 19, 20 e 21.11.2003

Reconhecida a culpa recíproca na rescisão do contrato de trabalho (art. 484 da CLT), o empregado tem direito a 50% (cinqüenta por cento) do valor do aviso prévio, do décimo terceiro salário e das férias proporcionais. CLT), o empregado não fará jus ao aviso prévio, às férias proporcionais e à gratificação natalina do ano respectivo.

Nº 15. ATESTADO MÉDICO (mantida) – Res. 121/2003, DJ 19, 20 e 21.11.2003

A justificação da ausência do empregado motivada por doença, para a percepção do salário-enfermidade e da remuneração do repouso semanal, deve observar a ordem preferencial dos atestados médicos estabelecida em lei.

Nº 16. NOTIFICAÇÃO (nova redação) – Res. 121/2003, DJ 19, 20 e 21.11.2003

Presume-se recebida a notificação 48 (quarenta e oito) horas depois de sua postagem. O seu não-recebimento ou a entrega após o decurso desse prazo constitui ônus de prova do destinatário.

Nº 18. COMPLEMENTAÇÃO DE APOSENTADORIA. BANCO DO BRASIL. (redação do item I alterada)

I – O valor das horas extras integra a remuneração do empregado para o cálculo da complementação de aposentadoria, desde que sobre ele incida a contribuição à Caixa de Previdência dos Funcionários do Banco do Brasil – PREVI, observado o respectivo regulamento no tocante à integração.

II – Os adicionais AP e ADI não integram o cálculo para a apuração do teto da complementação de aposentadoria; (ex-OJ nº 21 da SDI-1 – inserida em 13.02.1995)

III – No cálculo da complementação de aposentadoria deve-se observar a média trienal; (ex-OJs nºs 19 e 289 ambas da SDI-1 – inseridas respectivamente em 05.06.95 e 11.08.2003)

IV – A complementação de aposentadoria proporcional aos anos de serviço prestados exclusivamente ao Banco do Brasil somente se verifica a partir da Circular Funci nº 436/63; (ex-OJ nº 20 da SDI-1 – inserida em 13.02.1995)

V – O telex DIREC do Banco do Brasil nº 5003/1987 não assegura a complementação de aposentadoria integral, porque não aprovado pelo órgão competente ao qual a instituição se subordina. (ex-OJ nº 136 da SDI-1 – inserida em 27.11.1998)

Nº 19. QUADRO DE CARREIRA (mantida) – Res. 121/2003, DJ 19, 20 e 21.11.2003

A Justiça do Trabalho é competente para apreciar reclamação de empregado que tenha por objeto direito fundado em quadro de carreira.

Nº 23. RECURSO (mantida) – Res. 121/2003, DJ 19, 20 e 21.11.2003

Não se conhece de recurso de revista ou de embargos, se a decisão recorrida resolver determinado item do pedido por diversos fundamentos e a jurisprudência transcrita não abranger a todos.

Nº 23. Não se conhece da revista ou dos embargos, quando a decisão recorrida resolver determinado item do pedido por diversos fundamentos, e a jurisprudência transcrita não abranger a todos.

Nº 24. SERVIÇO EXTRAORDINÁRIO (mantida) – Res. 121/2003, DJ 19, 20 e 21.11.2003

Insere-se no cálculo da indenização por antiguidade o salário relativo a serviço extraordinário, desde que habitualmente prestado.

Nº 25. CUSTAS (alterada a Súmula e incorporadas as Orientações Jurisprudenciais nºs 104 e 186 da SBDI-1) – Res. 197/2015 – DEJT divulgado em 14, 15 e 18.05.2015

I – A parte vencedora na primeira instância, se vencida na segunda, está obrigada, independentemente de intimação, a pagar as custas fixadas na sentença originária, das quais ficara isenta a parte então vencida;

II – No caso de inversão do ônus da sucumbência em segundo grau, sem acréscimo ou atualização do valor das custas e se estas já foram devidamente recolhidas, descabe um novo pagamento pela parte vencida, ao recorrer. Deverá ao final, se sucumbente, reembolsar a quantia; (ex-OJ nº 186 da SBDI-I)

III – Não caracteriza deserção a hipótese em que, acrescido o valor da condenação, não houve fixação ou cálculo do valor devido a título de custas e tampouco intimação da parte para o preparo do recurso, devendo ser as custas pagas ao final; (ex-OJ nº 104 da SBDI-I)

IV – O reembolso das custas à parte vencedora faz-se necessário mesmo na hipótese em que a parte vencida for pessoa isenta do seu pagamento, nos termos do art. 790-A, parágrafo único, da CLT.

Nº 27. COMISSIONISTA (mantida) – Res. 121/ 2003, DJ 19, 20 e 21.11.2003

É devida a remuneração do repouso semanal e dos dias feriados ao empregado comissionista, ainda que pracista.

Nº 28. INDENIZAÇÃO (nova redação) – Res. 121/ 2003, DJ 19, 20 e 21.11.2003

No caso de se converter a reintegração em indenização dobrada, o direito aos salários é assegurado até a data da primeira decisão que determinou essa conversão.

Nº 29. TRANSFERÊNCIA (mantida) – Res. 121/ 2003, DJ 19, 20 e 21.11.2003

Empregado transferido, por ato unilateral do empregador, para local mais distante de sua residência, tem direito a suplemento salarial correspondente ao acréscimo da despesa de transporte.

Nº 30. INTIMAÇÃO DA SENTENÇA (mantida) – Res. 121/2003, DJ 19, 20 e 21.11.2003

Quando não juntada a ata ao processo em 48 horas, contadas da audiência de julgamento (art. 851, § 2º, da CLT), o prazo para recurso será contado da data em que a parte receber a intimação da sentença.

Nº 32. ABANDONO DE EMPREGO (nova redação) – Res. 121/2003, DJ 19, 20 e 21.11.2003

Presume-se o abandono de emprego se o trabalhador não retornar ao serviço no prazo de 30 (trinta) dias após a cessação do benefício previdenciário nem justificar o motivo de não o fazer.

Nº 33. MANDADO DE SEGURANÇA. DECISÃO JUDICIAL TRANSITADA EM JULGADO (mantida) – Res. 121/2003, DJ 19, 20 e 21.11.2003

Não cabe mandado de segurança de decisão judicial transitada em julgado.

Nº 36. CUSTAS (mantida) – Res. 121/2003, DJ 19, 20 e 21.11.2003

Nas ações plúrimas, as custas incidem sobre o respectivo valor global.

Nº 39. PERICULOSIDADE (mantida) – Res. 121/ 2003, DJ 19, 20 e 21.11.2003

Os empregados que operam em bomba de gasolina têm direito ao adicional de periculosidade (Lei nº 2.573, de 15.08.1955).

Nº 43. TRANSFERÊNCIA (mantida) – Res. 121/ 2003, DJ 19, 20 e 21.11.2003

Presume-se abusiva a transferência de que trata o § 1º do art. 469 da CLT, sem comprovação da necessidade do serviço.

Nº 44. AVISO PRÉVIO (mantida) – Res. 121/2003, DJ 19, 20 e 21.11.2003

A cessação da atividade da empresa, com o pagamento da indenização, simples ou em dobro, não exclui, por si só, o direito do empregado ao aviso prévio.

Nº 45. SERVIÇO SUPLEMENTAR (mantida) – Res. 121/2003, DJ 19, 20 e 21.11.2003

A remuneração do serviço suplementar, habitualmente prestado, integra o cálculo da gratificação natalina prevista na Lei nº 4.090, de 13.07.1962.

Nº 46. ACIDENTE DE TRABALHO (mantida) – Res. 121/2003, DJ 19, 20 e 21.11.2003

As faltas ou ausências decorrentes de acidente do trabalho não são consideradas para os efeitos de duração de férias e cálculo da gratificação natalina.

Nº 47. INSALUBRIDADE (mantida) – Res. 121/ 2003, DJ 19, 20 e 21.11.2003

O trabalho executado em condições insalubres, em caráter intermitente, não afasta, só por essa circunstância, o direito à percepção do respectivo adicional.

Nº 48. COMPENSAÇÃO (mantida) – Res. 121/ 2003, DJ 19, 20 e 21.11.2003

A compensação só poderá ser argüida com a contestação.

Nº 50. GRATIFICAÇÃO NATALINA (mantida) – Res. 121/2003, DJ 19, 20 e 21.11.2003

A gratificação natalina, instituída pela Lei nº 4.090, de 13.07.1962, é devida pela empresa cessionária ao servidor público cedido enquanto durar a cessão.

Nº 51. NORMA REGULAMENTAR. VANTAGENS E OPÇÃO PELO NOVO REGULAMENTO. ART. 468 DA CLT (incorporada a Orientação Jurisprudencial nº 163 da SBDI-1) – Res. 129/2005, DJ 20, 22 e 25.04.2005

I – As cláusulas regulamentares, que revoguem ou alterem vantagens deferidas anteriormente, só atingirão os trabalhadores admitidos após a revogação ou alteração do regulamento. (ex-Súmula nº 51 – RA 41/1973, DJ 14.06.1973)

II – Havendo a coexistência de dois regulamentos da empresa, a opção do empregado por um deles tem efeito jurídico de renúncia às regras do sistema do outro. (ex-OJ nº 163 da SBDI-1 – inserida em 26.03.1999)

Nº 52. TEMPO DE SERVIÇO (mantida) – Res. 121/ 2003, DJ 19, 20 e 21.11.2003

O adicional de tempo de serviço (qüinqüênio) é devido, nas condições estabelecidas no art. 19 da Lei nº 4.345, de 26.06.1964, aos contratados sob o regime da CLT, pela empresa a que se refere a mencionada lei, inclusive para o fim de complementação de aposentadoria.

Nº 53. CUSTAS (mantida) – Res. 121/2003, DJ 19, 20 e 21.11.2003

O prazo para pagamento das custas, no caso de recurso, é contado da intimação do cálculo.

Nº 54. OPTANTE (mantida) – Res. 121/2003, DJ 19, 20 e 21.11.2001

Rescindindo por acordo seu contrato de trabalho, o empregado estável optante tem direito ao mínimo de 60% (sessenta por cento) do total da indenização em dobro, calculada sobre o maior salário percebido no emprego. Se houver recebido menos do que esse total, qualquer que tenha sido a forma de transação, assegura-se-lhe a complementação até aquele limite.

Nº 55. FINANCEIRAS (mantida) – Res. 121/2003, DJ 19, 20 e 21.11.2003

As empresas de crédito, financiamento ou investimento, também denominadas financeiras, equiparam-se aos estabelecimentos bancários para os efeitos do art. 224 da CLT.

Nº 58. PESSOAL DE OBRAS (mantida) – Res. 121/2003, DJ 19, 20 e 21.11.2003

Ao empregado admitido como pessoal de obras, em caráter permanente e não amparado pelo regime estatutário, aplica-se a legislação trabalhista.

Nº 60. ADICIONAL NOTURNO. INTEGRAÇÃO NO SALÁRIO E PRORROGAÇÃO EM HORÁRIO DIURNO (incorporada a Orientação Jurisprudencial nº 6 da SBDI-1) – Res. 129/2005, DJ 20, 22 e 25.04.2005

I – O adicional noturno, pago com habitualidade, integra o salário do empregado para todos os efeitos. (ex-Súmula nº 60 – RA 105/1974, DJ 24.10.1974)

II – Cumprida integralmente a jornada no período noturno e prorrogada esta, devido é também o adicional quanto às horas prorrogadas. Exegese do art. 73, § 5º, da CLT. (ex-OJ nº 6 da SBDI-1 – inserida em 25.11.1996)

Nº 61. FERROVIÁRIO (mantida) – Res. 121/2003, DJ 19, 20 e 21.11.2003

Aos ferroviários que trabalham em estação do interior, assim classificada por autoridade competente, não são devidas horas extras (art. 243 da CLT).

Nº 62. ABANDONO DE EMPREGO (mantida) – Res. 121/2003, DJ 19, 20 e 21.11.2003

O prazo de decadência do direito do empregador de ajuizar inquérito em face do empregado que incorre em abandono de emprego é contado a partir do momento em que o empregado pretendeu seu retorno ao serviço.

Nº 63. FUNDO DE GARANTIA (mantida) – Res. 121/2003, DJ 19, 20 e 21.11.2003

A contribuição para o Fundo de Garantia do Tempo de Serviço incide sobre a remuneração mensal devida ao empregado, inclusive horas extras e adicionais eventuais.

Nº 65. VIGIA (mantida) – Res. 121/2003, DJ 19, 20 e 21.11.2003

O direito à hora reduzida de 52 minutos e 30 segundos aplica-se ao vigia noturno.

Nº 67. GRATIFICAÇÃO. FERROVIÁRIO (mantida) – Res. 121/2003, DJ 19, 20 e 21.11.2003

Chefe de trem, regido pelo estatuto dos ferroviários (Decreto nº 35.530, de 19.09.1959), não tem direito à gratificação prevista no respectivo art. 110.

Nº 69. RESCISÃO DO CONTRATO (nova redação) – Res. 121/2003, DJ 19, 20 e 21.11.2003

A partir da Lei nº 10.272, de 05.09.2001, havendo rescisão do contrato de trabalho e sendo revel e confesso quanto à matéria de fato, deve ser o empregador condenado ao pagamento das verbas rescisórias, não quitadas na primeira audiência, com acréscimo de 50% (cinqüenta por cento).

Nº 70. ADICIONAL DE PERICULOSIDADE (mantida) – Res. 121/2003, DJ 19, 20 e 21.11.2003

O adicional de periculosidade não incide sobre os triênios pagos pela Petrobras.

Nº 71. ALÇADA (mantida) – Res. 121/2003, DJ 19, 20 e 21.11.2003

A alçada é fixada pelo valor dado à causa na data de seu ajuizamento, desde que não impugnado, sendo inalterável no curso do processo.

Nº 72. APOSENTADORIA (nova redação) – Res. 121/2003, DJ 19, 20 e 21.11.2003

O prêmio-aposentadoria instituído por norma regulamentar da empresa não está condicionado ao disposto no § 2º do art. 14 da Lei nº 8.036, de 11.05.1990.

Nº 73. DESPEDIDA. JUSTA CAUSA (nova redação) – Res. 121/2003, DJ 19, 20 e 21.11.2003

A ocorrência de justa causa, salvo a de abandono de emprego, no decurso do prazo do aviso prévio dado pelo empregador, retira do empregado qualquer direito às verbas rescisórias de natureza indenizatória.

Nº 74. CONFISSÃO. (atualizada em decorrência do CPC de 2015) – Res. 208/2016, DEJT divulgado em 22, 25 e 26.04.2016 I – Aplica-se a confissão à parte que, expressamente intimada com aquela cominação, não comparecer à audiência em prosseguimento, na qual deveria depor. (ex-Súmula nº 74 – RA 69/1978, DJ 26.09.1978) II – A prova pré-constituída nos autos pode ser levada em conta para confronto com a confissão ficta (arts. 442 e 443, do CPC de 2015 – art. 400, I, do CPC de 1973), não implicando cerceamento de defesa o indeferimento de provas posteriores. (ex-OJ nº 184 da SBDI-1 – inserida em 08.11.2000) III- A vedação à produção de prova posterior pela parte confessa somente a ela se aplica, não afetando o exercício, pelo magistrado, do poder/dever de conduzir o processo.

Nº 77. PUNIÇÃO (mantida) – Res. 121/2003, DJ 19, 20 e 21.11.2003

Nula é a punição de empregado se não precedida de inquérito ou sindicância internos a que se obrigou a empresa por norma regulamentar.

Nº 80. INSALUBRIDADE (mantida) – Res. 121/ 2003, DJ 19, 20 e 21.11.2003

A eliminação da insalubridade mediante fornecimento de aparelhos protetores aprovados pelo órgão competente do Poder Executivo exclui a percepção do respectivo adicional.

Nº 81. FÉRIAS (mantida) – Res. 121/2003, DJ 19, 20 e 21.11.2003

Os dias de férias gozados após o período legal de concessão deverão ser remunerados em dobro.

Nº 82. ASSISTÊNCIA (nova redação) – Res. 121/ 2003, DJ 19, 20 e 21.11.2003

A intervenção assistencial, simples ou adesiva, só é admissível se demonstrado o interesse jurídico e não o meramente econômico.

Nº 83. AÇÃO RESCISÓRIA. MATÉRIA CONTROVERTIDA (incorporada a Orientação Jurisprudencial nº 77 da SBDI-2) – Res. 137/2005, DJ 22, 23 e 24.08.2005

I – Não procede pedido formulado na ação rescisória por violação literal de lei se a decisão rescindenda estiver baseada em texto legal infraconstitucional de interpretação controvertida nos Tribunais. (ex-Súmula nº 83 – alterada pela Res. 121/2003, DJ 21.11.2003)

II – O marco divisor quanto a ser, ou não, controvertida, nos Tribunais, a interpretação dos dispositivos legais citados na ação rescisória é a data da inclusão, na Orientação Jurisprudencial do TST, da matéria discutida. (ex--OJ nº 77 da SBDI-2 – inserida em 13.03.2002)

Nº 84. ADICIONAL REGIONAL (nova redação) – Res. 121/2003, DJ 19, 20 e 21.11.2003

O adicional regional, instituído pela Petrobras, não contraria o art. 7º, XXXII, da CF/1988.

Nº 85. COMPENSAÇÃO DE JORNADA (inserido o item VI) – Res. 209/2016, DEJT divulgado em 01, 02 e 03.06.2016.

I. A compensação de jornada de trabalho deve ser ajustada por acordo individual escrito, acordo coletivo ou convenção coletiva. (ex-Súmula nº 85 – primeira parte – alterada pela Res. 121/2003, DJ 21.11.2003)

II. O acordo individual para compensação de horas é válido, salvo se houver norma coletiva em sentido contrário. (ex-OJ nº 182 da SBDI-1 – inserida em 08.11.2000)

III. O mero não atendimento das exigências legais para a compensação de jornada, inclusive quando encetada mediante acordo tácito, não implica a repetição do pagamento das horas excedentes à jornada normal diária, se não dilatada a jornada máxima semanal, sendo devido apenas o respectivo adicional. (ex-Súmula nº 85 – segunda parte – alterada pela Res. 121/2003, DJ 21.11.2003)

IV. A prestação de horas extras habituais descaracteriza o acordo de compensação de jornada. Nesta hipótese, as horas que ultrapassarem a jornada semanal normal deverão ser pagas como horas extraordinárias e, quanto àquelas destinadas à compensação, deverá ser pago a mais apenas o adicional por trabalho extraordinário. (ex-OJ nº 220 da SBDI-1 – inserida em 20.06.2001)

V. As disposições contidas nesta súmula não se aplicam ao regime compensatório na modalidade "banco de horas", que somente pode ser instituído por negociação coletiva.

VI – Não é válido acordo de compensação de jornada em atividade insalubre, ainda que estipulado em norma coletiva, sem a necessária inspeção prévia e permissão da autoridade competente, na forma do art. 60 da CLT.

Nº 86. DESERÇÃO. MASSA FALIDA. EMPRESA EM LIQUIDAÇÃO EXTRAJUDICIAL (incorporada a Orientação Jurisprudencial nº 31 da SBDI-1) – Res. 129/2005, DJ 20, 22 e 25.04.2005

Não ocorre deserção de recurso da massa falida por falta de pagamento de custas ou de depósito do valor da condenação. Esse privilégio, todavia, não se aplica à empresa em liquidação extrajudicial. (primeira parte – ex--Súmula nº 86 – RA 69/78, DJ 26.09.1978; segunda parte – ex-OJ nº 31 da SBDI-1 – inserida em 14.03.1994)

Nº 87. PREVIDÊNCIA PRIVADA (mantida) – Res. 121/2003, DJ 19, 20 e 21.11.2003

Se o empregado, ou seu beneficiário, já recebeu da instituição previdenciária privada, criada pela empresa, vantagem equivalente, é cabível a dedução de seu valor do benefício a que faz jus por norma regulamentar anterior.

Nº 89. FALTA AO SERVIÇO (mantida) – Res. 121/2003, DJ 19, 20 e 21.11.2003

Se as faltas já são justificadas pela lei, consideram-se como ausências legais e não serão descontadas para o cálculo do período de férias.

Nº 90. HORAS "IN ITINERE". TEMPO DE SERVIÇO (incorporadas as Súmulas nºs 324 e 325 e as Orientações Jurisprudenciais nºs 50 e 236 da SBDI-1) – Res. 129/2005, DJ 20, 22 e 25.04.2005

I – O tempo despendido pelo empregado, em condução fornecida pelo empregador, até o local de trabalho de difícil acesso, ou não servido por transporte público regular, e para o seu retorno é computável na jornada de trabalho. (ex-Súmula nº 90 – RA 80/1978, DJ 10.11.1978)

II – A incompatibilidade entre os horários de início e término da jornada do empregado e os do transporte público regular é circunstância que também gera o direito às horas "in itinere". (ex-OJ nº 50 da SBDI-1 – inserida em 01.02.1995)

III – A mera insuficiência de transporte público não enseja o pagamento de horas "in itinere". (ex-Súmula nº 324 – Res. 16/1993, DJ 21.12.1993)

IV – Se houver transporte público regular em parte do trajeto percorrido em condução da empresa, as horas "in itinere" remuneradas limitam-se ao trecho não alcançado pelo transporte público. (ex-Súmula nº 325 – Res. 17/1993, DJ 21.12.1993)

V – Considerando que as horas "in itinere" são computáveis na jornada de trabalho, o tempo que extrapola a jornada legal é considerado como extraordinário e sobre ele deve incidir o adicional respectivo. (ex-OJ nº 236 da SBDI-1 – inserida em 20.06.2001)

Nº 91. SALÁRIO COMPLESSIVO (mantida) – Res. 121/2003, DJ 19, 20 e 21.11.2003

Nula é a cláusula contratual que fixa determinada importância ou percentagem para atender englobadamente vários direitos legais ou contratuais do trabalhador.

Nº 92. APOSENTADORIA (mantida) – Res. 121/ 2003, DJ 19, 20 e 21.11.2003

O direito à complementação de aposentadoria, criado pela empresa, com requisitos próprios, não se altera pela instituição de benefício previdenciário por órgão oficial.

Nº 93. BANCÁRIO (mantida) – Res. 121/2003, DJ 19, 20 e 21.11.2003

Integra a remuneração do bancário a vantagem pecuniária por ele auferida na colocação ou na venda de papéis ou valores mobiliários de empresas pertencentes ao mesmo grupo econômico, se exercida essa atividade no horário e no local de trabalho e com o consentimento, tácito ou expresso, do banco empregador.

Nº 96. MARÍTIMO (mantida) – Res. 121/2003, DJ 19, 20 e 21.11.2003

A permanência do tripulante a bordo do navio, no período de repouso, além da jornada, não importa presunção de que esteja à disposição do empregador ou em regime de prorrogação de horário, circunstâncias que devem resultar provadas, dada a natureza do serviço.

Nº 97. APOSENTADORIA. COMPLEMENTAÇÃO (mantida) – Res. 121/2003, DJ 19, 20 e 21.11.2003

Instituída complementação de aposentadoria por ato da empresa, expressamente dependente de regulamentação, as condições desta devem ser observadas como parte integrante da norma.

Nº 98. FGTS. INDENIZAÇÃO. EQUIVALÊNCIA. COMPATIBILIDADE (incorporada a Orientação Jurisprudencial nº 299 da SBDI-1) – Res. 129/2005, DJ 20, 22 e 25.04.2005

I – A equivalência entre os regimes do Fundo de Garantia do Tempo de Serviço e da estabilidade prevista na CLT é meramente jurídica e não econômica, sendo indevidos valores a título de reposição de diferenças. (ex-Súmula nº 98 – RA 57/1980, DJ 06.06.1980)

II – A estabilidade contratual ou a derivada de regulamento de empresa são compatíveis com o regime do FGTS. Diversamente ocorre com a estabilidade legal (decenal, art. 492 da CLT), que é renunciada com a opção pelo FGTS. (ex-OJ nº 299 da SBDI-1 – DJ 11.08.2003)

Nº 99. AÇÃO RESCISÓRIA. DESERÇÃO. PRAZO (incorporada a Orientação Jurisprudencial nº 117 da SBDI-2) – Res. 137/2005, DJ 22, 23 e 24.08.2005

Havendo recurso ordinário em sede de rescisória, o depósito recursal só é exigível quando for julgado procedente o pedido e imposta condenação em pecúnia, devendo este ser efetuado no prazo recursal, no limite e nos termos da legislação vigente, sob pena de deserção. (ex-Súmula nº 99 – alterada pela Res. 110/2002, DJ 15.04.2002 – e ex-OJ nº 117 da SBDI-2 – DJ 11.08.2003)

Nº 100. AÇÃO RESCISÓRIA. DECADÊNCIA (incorporadas as Orientações Jurisprudenciais nºs 13, 16, 79, 102, 104, 122 e 145 da SBDI-2) – Res. 137/2005, DJ 22, 23 e 24.08.2005

I – O prazo de decadência, na ação rescisória, conta-se do dia imediatamente subseqüente ao trânsito em julgado da última decisão proferida na causa, seja de mérito ou não. (ex-Súmula nº 100 – alterada pela Res. 109/2001, DJ 20.04.2001)

II – Havendo recurso parcial no processo principal, o trânsito em julgado dá-se em momentos e em tribunais diferentes, contando-se o prazo decadencial para a ação rescisória do trânsito em julgado de cada decisão, salvo se o recurso tratar de preliminar ou prejudicial que possa tornar insubsistente a decisão recorrida, hipótese em que flui a decadência a partir do trânsito em julgado da decisão que julgar o recurso parcial. (ex-Súmula nº 100 – alterada pela Res. 109/2001, DJ 20.04.2001)

III – Salvo se houver dúvida razoável, a interposição de recurso intempestivo ou a interposição de recurso incabível não protrai o termo inicial do prazo decadencial. (ex-Súmula nº 100 – alterada pela Res. 109/2001, DJ 20.04. 2001)

IV – O juízo rescindente não está adstrito à certidão de trânsito em julgado juntada com a ação rescisória, podendo formar sua convicção através de outros elementos dos autos quanto à antecipação ou postergação do "dies a quo" do prazo decadencial. (ex-OJ nº 102 da SBDI-2 – DJ 29.04.03)

V – O acordo homologado judicialmente tem força de decisão irrecorrível, na forma do art. 831 da CLT. Assim sendo, o termo conciliatório transita em julgado na data da sua homologação judicial. (ex-OJ nº 104 da SBDI-2 – DJ 29.04.2003)

VI – Na hipótese de colusão das partes, o prazo decadencial da ação rescisória somente começa a fluir para o Ministério Público, que não interveio no processo principal, a partir do momento em que tem ciência da fraude. (ex-OJ nº 122 da SBDI-2 – DJ 11.08.2003)

VII – Não ofende o princípio do duplo grau de jurisdição a decisão do TST que, após afastar a decadência em sede de recurso ordinário, aprecia desde logo a lide, se a causa versar questão exclusivamente de direito e estiver em condições de imediato julgamento. (ex-OJ nº 79 da SBDI-2 – inserida em 13.03. 2002)

VIII – A exceção de incompetência, ainda que oposta no prazo recursal, sem ter sido aviado o recurso próprio, não tem o condão de afastar a consumação da coisa julgada e, assim, postergar o termo inicial do prazo decadencial para a ação rescisória. (ex-OJ nº 16 da SBDI-2 – inserida em 20.09.2000)

IX – Prorroga-se até o primeiro dia útil, imediatamente subseqüente, o prazo decadencial para ajuizamento de ação rescisória quando expira em férias forenses, feriados, finais de semana ou em dia em que não houver expediente forense. Aplicação do art. 775 da CLT. (ex-OJ nº 13 da SBDI-2 – inserida em 20.09.2000)

X – Conta-se o prazo decadencial da ação rescisória, após o decurso do prazo legal previsto para a interposição do recurso extraordinário, apenas quando esgotadas todas as vias recursais ordinárias. (ex-OJ nº 145 da SBDI-2 – DJ 10.11.2004)

Nº 101. DIÁRIAS DE VIAGEM. SALÁRIO (incorporada a Orientação Jurisprudencial nº 292 da SBDI-1) – Res. 129/2005, DJ 20, 22 e 25.04.2005

Integram o salário, pelo seu valor total e para efeitos indenizatórios, as diárias de viagem que excedam a 50% (cinqüenta por cento) do salário do empregado, enquanto perdurarem as viagens. (primeira parte – ex-Súmula nº 101 – RA 65/1980, DJ 18.06.1980; segunda parte – ex-OJ nº 292 da SBDI-1 – inserida em 11.08.2003)

Nº 102. BANCÁRIO. CARGO DE CONFIANÇA (incorporadas as Súmulas nºs 166, 204 e 232 e as Orientações Jurisprudenciais nºs 15, 222 e 288 da SBDI-1) – Res. 129/2005, DJ 20, 22 e 25.04.2005

I – A configuração, ou não, do exercício da função de confiança a que se refere o art. 224, § 2º, da CLT, dependente da prova das reais atribuições do empregado, é insuscetível de exame mediante recurso de revista ou de embargos. (ex-Súmula nº 204 – alterada pela Res. 121/2003, DJ 21.11.2003)

II – O bancário que exerce a função a que se refere o § 2º do art. 224 da CLT e recebe gratificação não inferior a um terço de seu salário já tem remuneradas as duas horas extraordinárias excedentes de seis. (ex-Súmula nº 166 – RA 102/1982, DJ 11.10.1982 e DJ 15.10.1982)

III – Ao bancário exercente de cargo de confiança previsto no artigo 224, § 2º, da CLT são devidas as 7ª e 8ª horas, como extras, no período em que se verificar o pagamento a menor da gratificação de 1/3. (ex-OJ nº 288 da SBDI-1 – DJ 11.08.2003)

IV – O bancário sujeito à regra do art. 224, § 2º, da CLT cumpre jornada de trabalho de 8 (oito) horas, sendo extraordinárias as trabalhadas além da oitava. (ex-Súmula nº 232 – RA 14/1985, DJ 19.09.1985)

V – O advogado empregado de banco, pelo simples exercício da advocacia, não exerce cargo de confiança, não se enquadrando, portanto, na hipótese do § 2º do art. 224 da CLT. (ex-OJ nº 222 da SBDI-1 – inserida em 20.06. 2001)

VI – O caixa bancário, ainda que caixa executivo, não exerce cargo de confiança. Se perceber gratificação igual ou superior a um terço do salário do posto efetivo, essa remunera apenas a maior responsabilidade do cargo e não as duas horas extraordinárias além da sexta. (ex-Súmula nº 102 – RA 66/1980, DJ 18.06.1980 e republicada DJ 14.07.1980)

VII – O bancário exercente de função de confiança, que percebe a gratificação não inferior ao terço legal, ainda que norma coletiva contemple percentual superior, não tem direito às sétima e oitava horas como extras, mas tão-somente às diferenças de gratificação de função, se postuladas. (ex-OJ nº 15 da SBDI-1 – inserida em 14.03.1994)

Nº 109. GRATIFICAÇÃO DE FUNÇÃO (mantida) – Res. 121/2003, DJ 19, 20 e 21.11.2003

O bancário não enquadrado no § 2º do art. 224 da CLT, que receba gratificação de função, não pode ter o salário relativo a horas extraordinárias compensado com o valor daquela vantagem.

Nº 110. JORNADA DE TRABALHO. INTERVALO (mantida) – Res. 121/2003, DJ 19, 20 e 21.11.2003

No regime de revezamento, as horas trabalhadas em seguida ao repouso semanal de 24 horas, com prejuízo do intervalo mínimo de 11 horas consecutivas para descanso entre jornadas, devem ser remuneradas como extraordinárias, inclusive com o respectivo adicional.

Nº 112. TRABALHO NOTURNO. PETRÓLEO (mantida) – Res. 121/2003, DJ 19, 20 e 21.11.2003

O trabalho noturno dos empregados nas atividades de exploração, perfuração, produção e refinação do petróleo, industrialização do xisto, indústria petroquímica e transporte de petróleo e seus derivados, por meio de dutos, é regulado pela Lei nº 5.811, de 11.10.1972, não se lhe aplicando a hora reduzida de 52 minutos e 30 segundos prevista no art. 73, § 2º, da CLT.

Nº 113. BANCÁRIO. SÁBADO. DIA ÚTIL (mantida) – Res. 121/2003, DJ 19, 20 e 21.11.2003

O sábado do bancário é dia útil não trabalhado, não dia de repouso remunerado. Não cabe a repercussão do pagamento de horas extras habituais em sua remuneração.

Nº 114. PRESCRIÇÃO INTERCORRENTE (mantida) – Res. 121/2003, DJ 19, 20 e 21.11.2003

É inaplicável na Justiça do Trabalho a prescrição intercorrente.

Nº 115. HORAS EXTRAS. GRATIFICAÇÕES SEMESTRAIS (nova redação) – Res. 121/2003, DJ 19, 20 e 21.11.2003

O valor das horas extras habituais integra a remuneração do trabalhador para o cálculo das gratificações semestrais.

Nº 117. BANCÁRIO. CATEGORIA DIFERENCIADA (mantida) – Res. 121/2003, DJ 19, 20 e 21.11.2003

Não se beneficiam do regime legal relativo aos bancários os empregados de estabelecimento de crédito pertencentes a categorias profissionais diferenciadas.

Nº 118. JORNADA DE TRABALHO. HORAS EXTRAS (mantida) – Res. 121/2003, DJ 19, 20 e 21.11.2003

Os intervalos concedidos pelo empregador na jornada de trabalho, não previstos em lei, representam tempo à disposição da empresa, remunerados como serviço extraordinário, se acrescidos ao final da jornada.

Nº 119. JORNADA DE TRABALHO (mantida) – Res. 121/2003, DJ 19, 20 e 21.11.2003

Os empregados de empresas distribuidoras e corretoras de títulos e valores mobiliários não têm direito à jornada especial dos bancários.

Nº 122. REVELIA. ATESTADO MÉDICO (incorporada a Orientação Jurisprudencial nº 74 da SBDI-1) – Res. 129/2005, DJ 20, 22 e 25.04.2005

A reclamada, ausente à audiência em que deveria apresentar defesa, é revel, ainda que presente seu advogado munido de procuração, podendo ser ilidida a revelia mediante a apresentação de atestado médico, que deverá declarar, expressamente, a impossibilidade de locomoção do empregador ou do seu preposto no dia da audiência. (primeira parte – ex-OJ nº 74 da SBDI-1 – inserida em 25.11.1996; segunda parte – ex-Súmula nº 122 – alterada pela Res. 121/2003, DJ 21.11.2003)

Nº 124. SÚMULA Nº 124. BANCÁRIO. SALÁRIO-HORA. DIVISOR (alteração em razão do julgamento do processo TST-IRR 849-83.2013.5.03.0138) – Res. 219/2017, DEJT divulgado em 28, 29 e 30.06.2017. I – o divisor aplicável para o cálculo das horas extras do bancário será: a)180, para os empregados submetidos à jornada de seis horas prevista no caput do art. 224 da CLT; b) 220, para os empregados submetidos à jornada de oito horas, nos termos do § 2º do art. 224 da CLT. II – Ressalvam-se da aplicação do item anterior as decisões de mérito sobre o tema, qualquer que seja o seu teor, emanadas de Turma do TST ou da SBDI-I, no período de 27/09/2012 até 21/11/2016, conforme a modulação aprovada no precedente obrigatório firmado no Incidente de Recursos de Revista Repetitivos nº TST-IRR-849-83.2013.5.03.0138, DEJT 19.12.2016.

Nº 125. CONTRATO DE TRABALHO. ART. 479 DA CLT (mantida) – Res. 121/2003, DJ 19, 20 e 21.11.2003

O art. 479 da CLT aplica-se ao trabalhador optante pelo FGTS admitido mediante contrato por prazo determinado, nos termos do art. 30, § 3º, do Decreto nº 59.820, de 20.12.1966.

Nº 126. RECURSO. CABIMENTO (mantida) – Res. 121/2003, DJ 19, 20 e 21.11.2003

Incabível o recurso de revista ou de embargos (arts. 896 e 894, "b", da CLT) para reexame de fatos e provas.

Nº 127. QUADRO DE CARREIRA (mantida) – Res. 121/2003, DJ 19, 20 e 21.11.2003

Quadro de pessoal organizado em carreira, aprovado pelo órgão competente, excluída a hipótese de equiparação salarial, não obsta reclamação fundada em preterição, enquadramento ou reclassificação.

Nº 128. DEPÓSITO RECURSAL (incorporadas as Orientações Jurisprudenciais nºs 139, 189 e 190 da SBDI-1) – Res. 129/2005, DJ 20, 22 e 25.04.2005

I – É ônus da parte recorrente efetuar o depósito legal, integralmente, em relação a cada novo recurso interposto, sob pena de deserção. Atingido o valor da condenação, nenhum depósito mais é exigido para qualquer recurso. (ex-Súmula nº 128 – alterada pela Res. 121/2003, DJ 21.11.03, que incorporou a OJ nº 139 da SBDI-1 – inserida em 27.11.1998)

II – Garantido o juízo, na fase executória, a exigência de depósito para recorrer de qualquer decisão viola os incisos II e LV do art. 5º da CF/1988. Havendo, porém, elevação do valor do débito, exige-se a complementação da garantia do juízo. (ex-OJ nº 189 da SBDI-1 – inserida em 08.11.2000)

III – Havendo condenação solidária de duas ou mais empresas, o depósito recursal efetuado por uma delas aproveita as demais, quando a empresa que efetuou o depósito não pleiteia sua exclusão da lide. (ex-OJ nº 190 da SBDI-1 – inserida em 08.11.2000)

Nº 129. CONTRATO DE TRABALHO. GRUPO ECONÔMICO (mantida) – Res. 121/2003, DJ 19, 20 e 21.11.2003

A prestação de serviços a mais de uma empresa do mesmo grupo econômico, durante a mesma jornada de trabalho, não caracteriza a coexistência de mais de um contrato de trabalho, salvo ajuste em contrário.

Nº 132. ADICIONAL DE PERICULOSIDADE. INTEGRAÇÃO (incorporadas as Orientações Jurisprudenciais nºs 174 e 267 da SBDI-1) – Res. 129/2005, DJ 20, 22 e 25.04.2005

I – O adicional de periculosidade, pago em caráter permanente, integra o cálculo de indenização e de horas extras (ex-Prejulgado nº 3). (ex-Súmula nº 132 – RA 102/1982, DJ 11.10.1982/ DJ 15.10.1982 – e ex-OJ nº 267 da SBDI-1 – inserida em 27.09.2002)

II – Durante as horas de sobreaviso, o empregado não se encontra em condições de risco, razão pela qual é incabível a integração do adicional de periculosidade sobre as mencionadas horas. (ex-OJ nº 174 da SBDI-1 – inserida em 08.11.2000)

Nº 138. READMISSÃO (mantida) – Res. 121/2003, DJ 19, 20 e 21.11.2003

Em caso de readmissão, conta-se a favor do empregado o período de serviço anterior, encerrado com a saída espontânea (ex-Prejulgado nº 9).

Nº 139. ADICIONAL DE INSALUBRIDADE (incorporada a Orientação Jurisprudencial nº 102 da SBDI-1) – Res. 129/2005, DJ 20, 22 e 25.04.2005

Enquanto percebido, o adicional de insalubridade integra a remuneração para todos os efeitos legais. (ex-OJ nº 102 da SBDI-1 – inserida em 01.10.1997)

Nº 140. VIGIA (mantida) – Res. 121/2003, DJ 19, 20 e 21.11.2003

É assegurado ao vigia sujeito ao trabalho noturno o direito ao respectivo adicional (ex-Prejulgado nº 12).

Nº 143. SALÁRIO PROFISSIONAL (mantida) – Res. 121/2003, DJ 19, 20 e 21.11.2003

O salário profissional dos médicos e dentistas guarda proporcionalidade com as horas efetivamente trabalhadas, respeitado o mínimo de 50 (cinqüenta) horas (ex-Prejulgado nº 15).

Nº 146. TRABALHO EM DOMINGOS E FERIADOS, NÃO COMPENSADO (incorporada a Orientação Jurisprudencial nº 93 da SBDI-1) – Res. 121/2003, DJ 19, 20 e 21.11.2003

O trabalho prestado em domingos e feriados, não compensado, deve ser pago em dobro, sem prejuízo da remuneração relativa ao repouso semanal.

Nº 148. GRATIFICAÇÃO NATALINA (mantida) – Res. 121/2003, DJ 19, 20 e 21.11.2003

É computável a gratificação de Natal para efeito de cálculo de indenização (ex-Prejulgado nº 20).

Nº 149. TAREFEIRO. FÉRIAS (mantida) – Res. 121/2003, DJ 19, 20 e 21.11.2003

A remuneração das férias do tarefeiro deve ser calculada com base na média da produção do período aquisitivo, aplicando-se-lhe a tarifa da data da concessão (ex-Prejulgado nº 22).

Nº 152. GRATIFICAÇÃO. AJUSTE TÁCITO (mantida) – Res. 121/2003, DJ 19, 20 e 21.11.2003

O fato de constar do recibo de pagamento de gratificação o caráter de liberalidade não basta, por si só, para excluir a existência de ajuste tácito (ex-Prejulgado nº 25).

Nº 153. PRESCRIÇÃO (mantida) – Res. 121/2003, DJ 19, 20 e 21.11.2003

Não se conhece de prescrição não argüida na instância ordinária (ex-Prejulgado nº 27).

Nº 155. AUSÊNCIA AO SERVIÇO (mantida) – Res. 121/2003, DJ 19, 20 e 21.11.2003

As horas em que o empregado falta ao serviço para comparecimento necessário, como parte, à Justiça do Trabalho não serão descontadas de seus salários (ex-Prejulgado nº 30).

Nº 157. GRATIFICAÇÃO (mantida) – Res. 121/ 2003, DJ 19, 20 e 21.11.2003

A gratificação instituída pela Lei nº 4.090, de 13.07.1962, é devida na resilição contratual de iniciativa do empregado (ex-Prejulgado nº 32).

Nº 158. AÇÃO RESCISÓRIA (mantida) – Res. 121/ 2003, DJ 19, 20 e 21.11.2003

Da decisão de Tribunal Regional do Trabalho, em ação rescisória, é cabível recurso ordinário para o Tribunal Superior do Trabalho, em face da organização judiciária trabalhista (ex-Prejulgado nº 35).

Nº 159. SUBSTITUIÇÃO DE CARÁTER NÃO EVENTUAL E VACÂNCIA DO CARGO (incorporada a Orientação Jurisprudencial nº 112 da SBDI-1) – Res. 129/2005, DJ 20, 22 e 25.04.2005

I – Enquanto perdurar a substituição que não tenha caráter meramente eventual, inclusive nas férias, o empregado substituto fará jus ao salário contratual do substituído. (ex-Súmula nº 159 – alterada pela Res. 121/2003, DJ 21.11.2003)

II – Vago o cargo em definitivo, o empregado que passa a ocupá-lo não tem direito a salário igual ao do antecessor. (ex-OJ nº 112 da SBDI-1 – inserida em 01.10.1997)

Nº 160. APOSENTADORIA POR INVALIDEZ (mantida) – Res. 121/2003, DJ 19, 20 e 21.11.2003

Cancelada a aposentadoria por invalidez, mesmo após cinco anos, o trabalhador terá direito de retornar ao emprego, facultado, porém, ao empregador, indenizá-lo na forma da lei (ex-Prejulgado nº 37).

Nº 161. DEPÓSITO. CONDENAÇÃO A PAGAMENTO EM PECÚNIA (mantida) – Res. 121/2003, DJ 19, 20 e 21.11.2003

Se não há condenação a pagamento em pecúnia, descabe o depósito de que tratam os §§ 1º e 2º do art. 899 da CLT (ex-Prejulgado nº 39).

Nº 163. AVISO PRÉVIO. CONTRATO DE EXPERIÊNCIA (mantida) – Res. 121/2003, DJ 19, 20 e 21.11.2003

Cabe aviso prévio nas rescisões antecipadas dos contratos de experiência, na forma do art. 481 da CLT (ex--Prejulgado nº 42).

Nº 170. SOCIEDADE DE ECONOMIA MISTA. CUSTAS (mantida) – Res. 121/2003, DJ 19, 20 e 21.11.2003

Os privilégios e isenções no foro da Justiça do Trabalho não abrangem as sociedades de economia mista, ainda que gozassem desses benefícios anteriormente ao Decreto-Lei nº 779, de 21.08.1969 (ex-Prejulgado nº 50).

Nº 171. FÉRIAS PROPORCIONAIS. CONTRATO DE TRABALHO. EXTINÇÃO (republicada em razão de erro material no registro da referência legislativa), DJ 05.05.2004

Salvo na hipótese de dispensa do empregado por justa causa, a extinção do contrato de trabalho sujeita o empregador ao pagamento da remuneração das férias proporcionais, ainda que incompleto o período aquisitivo de 12 (doze) meses (art. 147 da CLT) (ex-Prejulgado nº 51).

Nº 172. REPOUSO REMUNERADO. HORAS EXTRAS. CÁLCULO (mantida) – Res. 121/2003, DJ 19, 20 e 21.11.2003

Computam-se no cálculo do repouso remunerado as horas extras habitualmente prestadas. (ex-Prejulgado nº 52).

Nº 173. SALÁRIO. EMPRESA. CESSAÇÃO DE ATIVIDADES (mantida) – Res. 121/2003, DJ 19, 20 e 21.11.2003

Extinto, automaticamente, o vínculo empregatício com a cessação das atividades da empresa, os salários só são devidos até a data da extinção (ex-Prejulgado nº 53).

Nº 178. TELEFONISTA. ART. 227, E PARÁGRAFOS, DA CLT. APLICABILIDADE (mantida) – Res. 121/ 2003, DJ 19, 20 e 21.11.2003

É aplicável à telefonista de mesa de empresa que não explora o serviço de telefonia o disposto no art. 227, e seus parágrafos, da CLT (ex-Prejulgado nº 59).

Nº 182. AVISO PRÉVIO. INDENIZAÇÃO COMPENSATÓRIA. LEI Nº 6.708, DE 30.10.1979 (mantida) – Res. 121/2003, DJ 19, 20 e 21.11.2003

O tempo do aviso prévio, mesmo indenizado, conta-se para efeito da indenização adicional prevista no art. 9º da Lei nº 6.708, de 30.10.1979.

Nº 184. EMBARGOS DECLARATÓRIOS. OMISSÃO EM RECURSO DE REVISTA. PRECLUSÃO (mantida) – Res. 121/2003, DJ 19, 20 e 21.11.2003

Ocorre preclusão se não forem opostos embargos declaratórios para suprir omissão apontada em recurso de revista ou de embargos.

Nº 186. LICENÇA-PRÊMIO. CONVERSÃO EM PECÚNIA. REGULAMENTO DA EMPRESA (nova redação) – Res. 121/2003, DJ 19, 20 e 21.11.2003

A licença-prêmio, na vigência do contrato de trabalho, não pode ser convertida em pecúnia, salvo se expressamente admitida a conversão no regulamento da empresa.

Nº 187. CORREÇÃO MONETÁRIA. INCIDÊNCIA (mantida) – Res. 121/2003, DJ 19, 20 e 21.11.2003

A correção monetária não incide sobre o débito do trabalhador reclamante.

Nº 188. CONTRATO DE TRABALHO. EXPERIÊNCIA. PRORROGAÇÃO (mantida) – Res. 121/2003, DJ 19, 20 e 21.11.2003

O contrato de experiência pode ser prorrogado, respeitado o limite máximo de 90 (noventa) dias.

Nº 189. GREVE. COMPETÊNCIA DA JUSTIÇA DO TRABALHO. ABUSIVIDADE (nova redação) – Res. 121/2003, DJ 19, 20 e 21.11.2003

A Justiça do Trabalho é competente para declarar a abusividade, ou não, da greve.

Nº 190. PODER NORMATIVO DO TST. CONDIÇÕES DE TRABALHO. INCONSTITUCIONALIDADE. DECISÕES CONTRÁRIAS AO STF (mantida) – Res. 121/2003, DJ 19, 20 e 21.11.2003

Ao julgar ou homologar ação coletiva ou acordo nela havido, o Tribunal Superior do Trabalho exerce o poder normativo constitucional, não podendo criar ou homologar condições de trabalho que o Supremo Tribunal Federal julgue iterativamente inconstitucionais.

Nº 191. ADICIONAL DE PERICULOSIDADE. INCIDÊNCIA. BASE DE CÁLCULO (cancelada a parte final da antiga redação e inseridos o itens II e III) Res. 214/2016, DEJT divulgado em 30.11.2016 e 01 e 02.12.2016. I – O adicional de periculosidade incide apenas sobre o salário básico e não sobre este acrescido de outros adicionais. II – O adicional de periculosidade do empregado eletricitário, contratado sob a égide da Lei nº 7.369/1985, deve ser calculado sobre a totalidade das parcelas de natureza salarial. Não é válida norma coletiva mediante a qual se determina a incidência do referido adicional sobre o salário básico. III – A alteração da base de cálculo do adicional de periculosidade do eletricitário promovida pela Lei nº 12.740/2012 atinge somente contrato de trabalho firmado a partir de sua vigência, de modo que, nesse caso, o cálculo será realizado exclusivamente sobre o salário básico, conforme determina o § 1º do art. 193 da CLT.

Nº 192. AÇÃO RESCISÓRIA. COMPETÊNCIA (atualizada em decorrência do CPC de 2015) – Res. 212/2016, DEJT divulgado em 20, 21 e 22.09.2016 I – Se não houver o conhecimento de recurso de revista ou de embargos, a competência para julgar ação que vise a rescindir a decisão de mérito é do Tribunal Regional do Trabalho, ressalvado o disposto no item II. II – Acórdão rescindendo do Tribunal Superior do Trabalho que não conhece de recurso de embargos ou de revista, analisando arguição de violação de dispositivo de lei material ou decidindo em consonância com súmula de direito material ou com iterativa, notória e atual jurisprudência de direito material da Seção de Dissídios Individuais (Súmula nº 333), examina o mérito da causa, cabendo ação rescisória da competência do Tribunal Superior do Trabalho. (ex-Súmula nº 192 – alterada pela Res. 121/2003, DJ 21.11.2003) III – Sob a égide do art. 512 do CPC de 1973, é juridicamente impossível o pedido explícito de desconstituição de sentença quando substituída por acórdão do Tribunal Regional ou superveniente sentença homologatória de acordo que puser fim ao litígio. IV – Na vigência do CPC de 1973, é manifesta a impossibilidade jurídica do pedido de rescisão de julgado proferido em agravo de instrumento que, limitando-se a aferir o eventual desacerto do juízo negativo de admissibilidade do recurso de revista, não substitui o acórdão regional, na forma do art. 512 do CPC. (ex-OJ nº 105 da SBDI-2 – DJ 29.04.2003) V – A decisão proferida pela SBDI, em agravo regimental, calcada na Súmula nº 333, substitui acórdão de Turma do TST, porque emite juízo de mérito, comportando, em tese, o corte rescisório. (ex-OJ nº 133 da SBDI-2 – DJ 04.05.2004).

Nº 197. PRAZO (mantida) – Res. 121/2003, DJ 19, 20 e 21.11.2003

O prazo para recurso da parte que, intimada, não comparecer à audiência em prosseguimento para a prolação da sentença conta-se de sua publicação.

Nº 199. BANCÁRIO. PRÉ-CONTRATAÇÃO DE HORAS EXTRAS (incorporadas as Orientações Jurisprudenciais nºs 48 e 63 da SBDI-1) – Res. 129/2005, DJ 20, 22 e 25.04.2005

I – A contratação do serviço suplementar, quando da admissão do trabalhador bancário, é nula. Os valores assim ajustados apenas remuneram a jornada normal, sendo devidas as horas extras com o adicional de, no mínimo, 50% (cinqüenta por cento), as quais não configuram pré-contratação, se pactuadas após a admissão do bancário. (ex-Súmula nº 199 – alterada pela Res. 41/1995, DJ 21.02.1995 – e ex-OJ nº 48 da SBDI-1 – inserida em 25.11.1996)

II – Em se tratando de horas extras pré-contratadas, opera-se a prescrição total se a ação não for ajuizada no prazo de cinco anos, a partir da data em que foram suprimidas. (ex-OJ nº 63 da SBDI-1 – inserida em 14.03.1994)

Nº 200. JUROS DE MORA. INCIDÊNCIA (mantida) – Res. 121/2003, DJ 19, 20 e 21.11.2003

Os juros de mora incidem sobre a importância da condenação já corrigida monetariamente.

Nº 201. RECURSO ORDINÁRIO EM MANDADO DE SEGURANÇA (mantida) – Res. 121/2003, DJ 19, 20 e 21.11.2003

Da decisão de Tribunal Regional do Trabalho em mandado de segurança cabe recurso ordinário, no prazo de 8 (oito) dias, para o Tribunal Superior do Trabalho, e igual dilação para o recorrido e interessados apresentarem razões de contrariedade.

Nº 202. GRATIFICAÇÃO POR TEMPO DE SERVIÇO. COMPENSAÇÃO (mantida) – Res. 121/2003, DJ 19, 20 e 21.11.2003

Existindo, ao mesmo tempo, gratificação por tempo de serviço outorgada pelo empregador e outra da mesma natureza prevista em acordo coletivo, convenção coletiva ou sentença normativa, o empregado tem direito a receber, exclusivamente, a que lhe seja mais benéfica.

Nº 203. GRATIFICAÇÃO POR TEMPO DE SERVIÇO. NATUREZA SALARIAL (mantida) – Res. 121/2003, DJ 19, 20 e 21.11.2003

A gratificação por tempo de serviço integra o salário para todos os efeitos legais.

Nº 206. FGTS. INCIDÊNCIA SOBRE PARCELAS PRESCRITAS (nova redação) – Res. 121/2003, DJ 19, 20 e 21.11.2003

A prescrição da pretensão relativa às parcelas remuneratórias alcança o respectivo recolhimento da contribuição para o FGTS.

Nº 211. JUROS DE MORA E CORREÇÃO MONETÁRIA. INDEPENDÊNCIA DO PEDIDO INICIAL E DO TÍTULO EXECUTIVO JUDICIAL (mantida) – Res. 121/2003, DJ 19, 20 e 21.11.2003

Os juros de mora e a correção monetária incluem-se na liquidação, ainda que omisso o pedido inicial ou a condenação.

Nº 212. DESPEDIMENTO. ÔNUS DA PROVA (mantida) – Res. 121/2003, DJ 19, 20 e 21.11.2003

O ônus de provar o término do contrato de trabalho, quando negados a prestação de serviço e o despedimento, é do empregador, pois o princípio da continuidade da relação de emprego constitui presunção favorável ao empregado.

Nº 214. DECISÃO INTERLOCUTÓRIA. IRRECORRIBILIDADE (nova redação) – Res. 127/2005, DJ 14, 15 e 16.03.2005

Na Justiça do Trabalho, nos termos do art. 893, § 1º, da CLT, as decisões interlocutórias não ensejam recurso imediato, salvo nas hipóteses de decisão:

a) de Tribunal Regional do Trabalho contrária à Súmula ou Orientação Jurisprudencial do Tribunal Superior do Trabalho;

b) suscetível de impugnação mediante recurso para o mesmo Tribunal;

c) que acolhe exceção de incompetência territorial, com a remessa dos autos para Tribunal Regional distinto daquele a que se vincula o juízo excepcionado, consoante o disposto no art. 799, § 2º, da CLT.

Nº 217. DEPÓSITO RECURSAL. CREDENCIAMENTO BANCÁRIO. PROVA DISPENSÁVEL (mantida) – Res. 121/2003, DJ 19, 20 e 21.11.2003.

O credenciamento dos bancos para o fim de recebimento do depósito recursal é fato notório, independendo da prova.

Nº 218. RECURSO DE REVISTA. ACÓRDÃO PROFERIDO EM AGRAVO DE INSTRUMENTO (mantida) – Res. 121/2003, DJ 19, 20 e 21.11.2003

É incabível recurso de revista interposto de acórdão regional prolatado em agravo de instrumento.

Nº 219. HONORÁRIOS ADVOCATÍCIOS. CABIMENTO. (alterada a redação do item I e acrescidos os itens IV a VI na sessão do Tribunal Pleno realizada em 15.3.2016) I – Na Justiça do Trabalho, a condenação ao pagamento de honorários advocatícios não decorre pura e simplesmente da sucumbência, devendo a parte, concomitantemente: a) estar assistida por sindicato da categoria profissional; b) comprovar a percepção de salário inferior ao dobro do salário mínimo ou encontrar-se em situação econômica que não lhe permita demandar sem prejuízo do próprio sustento ou da respectiva família (art.14, § 1º, da Lei nº 5.584/1970). (ex-OJ nº 305 da SBDI-I). II – É cabível a condenação ao pagamento de honorários advocatícios em ação rescisória no processo trabalhista. III – São devidos os honorários advocatícios nas causas em que o ente sindical figure como substituto processual e nas lides que não derivem da relação de emprego. IV – Na ação rescisória e nas lides que não derivem de relação de emprego, a responsabilidade pelo pagamento dos honorários advocatícios da sucumbência submete-se à disciplina do Código de Processo Civil (arts. 85, 86, 87 e 90).

V – Em caso de assistência judiciária sindical ou de substituição processual sindical, excetuados os processos em que a Fazenda Pública for parte, os honorários advocatícios são devidos entre o mínimo de dez e o máximo de vinte por cento sobre o valor da condenação, do proveito econômico obtido ou, não sendo possível mensurá-lo, sobre o valor atualizado da causa (CPC de 2015, art. 85, § 2º).

VI – Nas causas em que a Fazenda Pública for parte, aplicar-se-ão os percentuais específicos de honorários advocatícios contemplados no Código de Processo Civil.

Nº 221. RECURSO DE REVISTA. VIOLAÇÃO DE LEI. INDICAÇÃO DE PRECEITO (cancelado o item II e conferida nova redação na sessão do Tribunal Pleno realizada em 14.09.2012)

I – A admissibilidade do recurso de revista por violação tem como pressuposto a indicação expressa do dispositivo de lei ou da Constituição tido como violado. (ex-OJ nº 94 da SBDI-1 – inserida em 30.05.1997)

Nº 225. REPOUSO SEMANAL. CÁLCULO. GRATIFICAÇÕES POR TEMPO DE SERVIÇO E PRODUTIVIDADE (mantida) – Res. 121/2003, DJ 19, 20 e 21.11.2003

As gratificações por tempo de serviço e produtividade, pagas mensalmente, não repercutem no cálculo do repouso semanal remunerado.

Nº 226. BANCÁRIO. GRATIFICAÇÃO POR TEMPO DE SERVIÇO. INTEGRAÇÃO NO CÁLCULO DAS HORAS EXTRAS (mantida) – Res. 121/2003, DJ 19, 20 e 21.11.2003

A gratificação por tempo de serviço integra o cálculo das horas extras.

Nº 228. ADICIONAL DE INSALUBRIDADE. BASE DE CÁLCULO (redação alterada na sessão do Tribunal Pleno em 26.06.2008) – Res. 148/2008, DJ 04 e 07.07.2008 – Republicada DJ 08, 09 e 10.07.2008. SÚMULA CUJA EFICÁCIA ESTÁ SUSPENSA POR DECISÃO LIMINAR DO SUPREMO TRIBUNAL FEDERAL – Res. 185/2012, DEJT divulgado em 25, 26 e 27.09.2012

A partir de 9 de maio de 2008, data da publicação da Súmula Vinculante nº 4 do Supremo Tribunal Federal, o adicional de insalubridade será calculado sobre o salário básico, salvo critério mais vantajoso fixado em instrumento coletivo.

Nº 230. AVISO PRÉVIO. SUBSTITUIÇÃO PELO PAGAMENTO DAS HORAS REDUZIDAS DA JORNADA DE TRABALHO (mantida) – Res. 121/2003, DJ 19, 20 e 21.11.2003

É ilegal substituir o período que se reduz da jornada de trabalho, no aviso prévio, pelo pagamento das horas correspondentes.

Nº 239. BANCÁRIO. EMPREGADO DE EMPRESA DE PROCESSAMENTO DE DADOS (incorporadas as Orientações Jurisprudenciais nºs 64 e 126 da SBDI-1) – Res. 129/2005, DJ 20, 22 e 25.04.2005

É bancário o empregado de empresa de processamento de dados que presta serviço a banco integrante do mesmo grupo econômico, exceto quando a empresa de processamento de dados presta serviços a banco e a empresas não bancárias do mesmo grupo econômico ou a terceiros. (primeira parte – ex-Súmula nº 239 – Res. 15/1985, DJ 09.12.1985; segunda parte – ex-OJs nºs 64 e 126 da SBDI-1 – inseridas, respectivamente, em 13.09.1994 e 20.04.1998)

Nº 240. BANCÁRIO. GRATIFICAÇÃO DE FUNÇÃO E ADICIONAL POR TEMPO DE SERVIÇO (mantida) – Res. 121/2003, DJ 19, 20 e 21.11.2003

O adicional por tempo de serviço integra o cálculo da gratificação prevista no art. 224, § 2º, da CLT.

Nº 241. SALÁRIO-UTILIDADE. ALIMENTAÇÃO (mantida) – Res. 121/2003, DJ 19, 20 e 21.11.2003

O vale para refeição, fornecido por força do contrato de trabalho, tem caráter salarial, integrando a remuneração do empregado, para todos os efeitos legais.

Nº 242. INDENIZAÇÃO ADICIONAL. VALOR (mantida) – Res. 121/2003, DJ 19, 20 e 21.11.2003

A indenização adicional, prevista no art. 9º da Lei nº 6.708, de 30.10.1979 e no art. 9º da Lei nº 7.238, de 28.10.1984, corresponde ao salário mensal, no valor devido na data da comunicação do despedimento, integrado pelos adicionais legais ou convencionados, ligados à unidade de tempo mês, não sendo computável a gratificação natalina.

Nº 243. OPÇÃO PELO REGIME TRABALHISTA. SUPRESSÃO DAS VANTAGENS ESTATUTÁRIAS (mantida) – Res. 121/2003, DJ 19, 20 e 21.11.2003

Exceto na hipótese de previsão contratual ou legal expressa, a opção do funcionário público pelo regime trabalhista implica a renúncia dos direitos inerentes ao regime estatutário.

Nº 244. GESTANTE. ESTABILIDADE PROVISÓRIA (redação do item III alterada na sessão do Tribunal Pleno realizada em 14.09.2012) – Res. 185/2012, DEJT divulgado em 25, 26 e 27.09.2012

I – O desconhecimento do estado gravídico pelo empregador não afasta o direito ao pagamento da indenização decorrente da estabilidade (art. 10, II, "b" do ADCT). (ex-OJ nº 88 da SBDI-1 – DJ 16.04.2004 e republicada DJ 04.05.04)

II – A garantia de emprego à gestante só autoriza a reintegração se esta se der durante o período de estabilidade. Do contrário, a garantia restringe-se aos salários e demais direitos correspondentes ao período de estabilidade. (ex-Súmula nº 244 – alterada pela Res. 121/2003, DJ 21.11.2003)

III – A empregada gestante tem direito à estabilidade provisória prevista no art. 10, inciso II, alínea b, do ADCT, mesmo na hipótese de admissão mediante contrato por tempo determinado

Nº 245. DEPÓSITO RECURSAL. PRAZO (mantida) – Res. 121/2003, DJ 19, 20 e 21.11.2003

O depósito recursal deve ser feito e comprovado no prazo alusivo ao recurso. A interposição antecipada deste não prejudica a dilação legal.

Nº 246. AÇÃO DE CUMPRIMENTO. TRÂNSITO EM JULGADO DA SENTENÇA NORMATIVA (mantida) – Res. 121/2003, DJ 19, 20 e 21.11.2003

É dispensável o trânsito em julgado da sentença normativa para a propositura da ação de cumprimento.

Nº 247. QUEBRA DE CAIXA. NATUREZA JURÍDICA (mantida) – Res. 121/2003, DJ 19, 20 e 21.11.2003

A parcela paga aos bancários sob a denominação "quebra de caixa" possui natureza salarial, integrando o salário do prestador de serviços, para todos os efeitos legais.

Nº 248. ADICIONAL DE INSALUBRIDADE. DIREITO ADQUIRIDO (mantida) – Res. 121/2003, DJ 19, 20 e 21.11.2003

A reclassificação ou a descaracterização da insalubridade, por ato da autoridade competente, repercute na satisfação do respectivo adicional, sem ofensa a direito adquirido ou ao princípio da irredutibilidade salarial.

Nº 253. GRATIFICAÇÃO SEMESTRAL. REPERCUSSÕES (nova redação) – Res. 121/2003, DJ 19, 20 e 21.11.2003

A gratificação semestral não repercute no cálculo das horas extras, das férias e do aviso prévio, ainda que indenizados. Repercute, contudo, pelo seu duodécimo na indenização por antigüidade e na gratificação natalina.

Nº 254. SALÁRIO-FAMÍLIA. TERMO INICIAL DA OBRIGAÇÃO (mantida) – Res. 121/2003, DJ 19, 20 e 21.11.2003

O termo inicial do direito ao salário-família coincide com a prova da filiação. Se feita em juízo, corresponde à data de ajuizamento do pedido, salvo se comprovado que anteriormente o empregador se recusara a receber a respectiva certidão.

Nº 257. VIGILANTE (mantida) – Res. 121/2003, DJ 19, 20 e 21.11.2003

O vigilante, contratado diretamente por banco ou por intermédio de empresas especializadas, não é bancário.

Nº 258. SALÁRIO-UTILIDADE. PERCENTUAIS (nova redação) – Res. 121/2003, DJ 19, 20 e 21.11.2003

Os percentuais fixados em lei relativos ao salário "*in natura*" apenas se referem às hipóteses em que o empregado percebe salário mínimo, apurando-se, nas demais, o real valor da utilidade.

Nº 259. TERMO DE CONCILIAÇÃO. AÇÃO RESCISÓRIA (mantida) – Res. 121/2003, DJ 19, 20 e 21.11.2003

Só por ação rescisória é impugnável o termo de conciliação previsto no parágrafo único do art. 831 da CLT.

Nº 261. FÉRIAS PROPORCIONAIS. PEDIDO DE DEMISSÃO. CONTRATO VIGENTE HÁ MENOS DE UM ANO (nova redação) – Res. 121/2003, DJ 19, 20 e 21.11.2003

O empregado que se demite antes de complementar 12 (doze) meses de serviço tem direito a férias proporcionais.

Nº 262. PRAZO JUDICIAL. NOTIFICAÇÃO OU INTIMAÇÃO EM SÁBADO. RECESSO FORENSE. (redação do item II alterada na sessão do Tribunal Pleno realizada em 19.05.2014) – Res. 194/2014, DEJT divulgado em 21, 22 e 23.05.2014

I – Intimada ou notificada a parte no sábado, o início do prazo se dará no primeiro dia útil imediato e a contagem, no subsequente. (ex-Súmula nº 262 – Res. 10/1986, DJ 31.10.1986)

II – O recesso forense e as férias coletivas dos Ministros do Tribunal Superior do Trabalho suspendem os prazos recursais. (ex-OJ nº 209 da SBDI-1 – inserida em 08.11.2000)

Nº 263. PETIÇÃO INICIAL. INDEFERIMENTO. INSTRUÇÃO OBRIGATÓRIA DEFICIENTE (nova redação em decorrência do CPC de 2015) – Res. 208/2016, DEJT divulgado em 22, 25 e 26.04.2016.

Salvo nas hipóteses do art. 330 do CPC de 2015 (art. 295 do CPC de 1973), o indeferimento da petição inicial, por encontrar-se desacompanhada de documento indispensável à propositura da ação ou não preencher outro requisito legal, somente é cabível se, após intimada para suprir a irregularidade em 15 (quinze) dias, mediante indicação precisa do que deve ser corrigido ou completado, a parte não o fizer (art. 321 do CPC de 2015).

Nº 264. HORA SUPLEMENTAR. CÁLCULO (mantida) – Res. 121/2003, DJ 19, 20 e 21.11.2003

A remuneração do serviço suplementar é composta do valor da hora normal, integrado por parcelas de natureza salarial e acrescido do adicional previsto em lei, contrato, acordo, convenção coletiva ou sentença normativa.

Nº 265. ADICIONAL NOTURNO. ALTERAÇÃO DE TURNO DE TRABALHO. POSSIBILIDADE DE SUPRESSÃO (mantida) – Res. 121/2003, DJ 19, 20 e 21.11.2003

A transferência para o período diurno de trabalho implica a perda do direito ao adicional noturno.

Nº 266. RECURSO DE REVISTA. ADMISSIBILIDADE. EXECUÇÃO DE SENTENÇA (mantida) – Res. 121/2003, DJ 19, 20 e 21.11.2003

A admissibilidade do recurso de revista interposto de acórdão proferido em agravo de petição, na liquidação de sentença ou em processo incidente na execução, inclusive os embargos de terceiro, depende de demonstração inequívoca de violência direta à Constituição Federal.

Nº 268. PRESCRIÇÃO. INTERRUPÇÃO. AÇÃO TRABALHISTA ARQUIVADA (nova redação) – Res. 121/2003, DJ 19, 20 e 21.11.2003

A ação trabalhista, ainda que arquivada, interrompe a prescrição somente em relação aos pedidos idênticos.

Nº 269. DIRETOR ELEITO. CÔMPUTO DO PERÍODO COMO TEMPO DE SERVIÇO (mantida) – Res. 121/2003, DJ 19, 20 e 21.11.2003

O empregado eleito para ocupar cargo de diretor tem o respectivo contrato de trabalho suspenso, não se computando o tempo de serviço desse período, salvo se permanecer a subordinação jurídica inerente à relação de emprego.

Nº 275. PRESCRIÇÃO. DESVIO DE FUNÇÃO E REENQUADRAMENTO (incorporada a Orientação Jurisprudencial nº 144 da SBDI-1) – Res. 129/2005, DJ 20, 22 e 25.04.2005

I – Na ação que objetive corrigir desvio funcional, a prescrição só alcança as diferenças salariais vencidas no período de 5 (cinco) anos que precedeu o ajuizamento. (ex-Súmula nº 275 – alterada pela Res. 121/2003, DJ 21.11.2003)

II – Em se tratando de pedido de reenquadramento, a prescrição é total, contada da data do enquadramento do empregado. (ex-OJ nº 144 da SBDI-1 – inserida em 27.11.1998)

Nº 276. AVISO PRÉVIO. RENÚNCIA PELO EMPREGADO (mantida) – Res. 121/2003, DJ 19, 20 e 21.11.2003

O direito ao aviso prévio é irrenunciável pelo empregado. O pedido de dispensa de cumprimento não exime o empregador de pagar o respectivo valor, salvo comprovação de haver o prestador dos serviços obtido novo emprego.

Nº 277. CONVENÇÃO COLETIVA DE TRABALHO OU ACORDO COLETIVO DE TRABALHO. EFICÁCIA. ULTRATIVIDADE redação alterada na sessão do Tribunal Pleno realizada em 14.09.2012) – Res. 185/2012, DEJT divulgado em 25, 26 e 27.09.2012

As cláusulas normativas dos acordos coletivos ou convenções coletivas integram os contratos individuais de trabalho e somente poderão ser modificadas ou suprimidas mediante negociação coletiva de trabalho.

Nº 278. EMBARGOS DE DECLARAÇÃO. OMISSÃO NO JULGADO (mantida) – Res. 121/2003, DJ 19, 20 e 21.11.2003

A natureza da omissão suprida pelo julgamento de embargos declaratórios pode ocasionar efeito modificativo no julgado.

Nº 279. RECURSO CONTRA SENTENÇA NORMATIVA. EFEITO SUSPENSIVO. CASSAÇÃO (mantida) – Res. 121/2003, DJ 19, 20 e 21.11.2003

A cassação de efeito suspensivo concedido a recurso interposto de sentença normativa retroage à data do despacho que o deferiu.

Nº 282. ABONO DE FALTAS. SERVIÇO MÉDICO DA EMPRESA (mantida) – Res. 121/2003, DJ 19, 20 e 21.11.2003

Ao serviço médico da empresa ou ao mantido por esta última mediante convênio compete abonar os primeiros 15 (quinze) dias de ausência ao trabalho.

Nº 283. RECURSO ADESIVO. PERTINÊNCIA NO PROCESSO DO TRABALHO. CORRELAÇÃO DE MATÉRIAS (mantida) – Res. 121/2003, DJ 19, 20 e 21.11.2003

O recurso adesivo é compatível com o processo do trabalho e cabe, no prazo de 8 (oito) dias, nas hipóteses de interposição de recurso ordinário, de agravo de petição, de revista e de embargos, sendo desnecessário que a matéria nele veiculada esteja relacionada com a do recurso interposto pela parte contrária.

Nº 286. SINDICATO. SUBSTITUIÇÃO PROCESSUAL. CONVENÇÃO E ACORDO COLETIVOS (mantida) – Res. 121/2003, DJ 19, 20 e 21.11.2003

A legitimidade do sindicato para propor ação de cumprimento estende-se também à observância de acordo ou de convenção coletivos.

Nº 287. JORNADA DE TRABALHO. GERENTE BANCÁRIO (nova redação) – Res. 121/2003, DJ 19, 20 e 21.11.2003

A jornada de trabalho do empregado de banco gerente de agência é regida pelo art. 224, § 2º, da CLT. Quanto ao gerente-geral de agência bancária, presume-se o exercício de encargo de gestão, aplicando-se-lhe o art. 62 da CLT.

Nº 288. COMPLEMENTAÇÃO DOS PROVENTOS DA APOSENTADORIA (nova redação para o item I e acrescidos os itens III e IV em decorrência do julgamento do processo TST-E-ED-RR-235-20.2010.5.20.0006 pelo Tribunal Pleno em 12.04.2016) – Res. 207/2016, DEJT divulgado em 18, 19 e 20.04.2016 I – A complementação dos proventos de aposentadoria, instituída, regulamentada e paga diretamente pelo empregador, sem vínculo com as entidades de previdência privada fechada, é regida pelas normas em vigor na data de admissão do empregado, ressalvadas as alterações que forem mais benéficas (art. 468 da CLT). II – Na hipótese de coexistência de dois regulamentos de planos de previdência complementar, instituídos pelo empregador ou por entidade de previdência privada, a opção do beneficiário por um deles tem efeito jurídico de renúncia às regras do outro. III – Após a entrada em vigor das Leis Complementares nºs 108 e 109, de 29/05/2001, reger-se-á a complementação dos proventos de aposentadoria pelas normas vigentes na data da implementação dos requisitos para obtenção do benefício, ressalvados o direito adquirido do participante que anteriormente implementara os requisitos para o benefício e o direito acumulado do empregado que até então não preenchera tais requisitos.

IV – O entendimento da primeira parte do item III aplica-se aos processos em curso no Tribunal Superior do Trabalho em que, em 12/04/2016, ainda não haja sido proferida decisão de mérito por suas Turmas e Seções.

Nº 289. INSALUBRIDADE. ADICIONAL. FORNECIMENTO DO APARELHO DE PROTEÇÃO. EFEITO (mantida) – Res. 121/2003, DJ 19, 20 e 21.11.2003

O simples fornecimento do aparelho de proteção pelo empregador não o exime do pagamento do adicional de insalubridade. Cabe-lhe tomar as medidas que conduzam à diminuição ou eliminação da nocividade, entre as quais as relativas ao uso efetivo do equipamento pelo empregado.

Nº 291. HORAS EXTRAS. HABITUALIDADE. SUPRESSÃO. INDENIZAÇÃO. (nova redação)

A supressão total ou parcial, pelo empregador, de serviço suplementar prestado com habitualidade, durante pelo menos 1 (um) ano, assegura ao empregado o direito à indenização correspondente ao valor de 1 (um) mês das horas suprimidas, total ou parcialmente, para cada ano ou fração igual ou superior a seis meses de prestação de serviço acima da jornada normal. O cálculo observará a média das horas suplementares nos últimos 12 (doze) meses anteriores à mudança, multiplicada pelo valor da hora extra do dia da supressão.

Nº 293. ADICIONAL DE INSALUBRIDADE. CAUSA DE PEDIR. AGENTE NOCIVO DIVERSO DO APONTADO NA INICIAL (mantida) – Res. 121/2003, DJ 19, 20 e 21.11.2003

A verificação mediante perícia de prestação de serviços em condições nocivas, considerado agente insalubre diverso do apontado na inicial, não prejudica o pedido de adicional de insalubridade.

Nº 294. PRESCRIÇÃO. ALTERAÇÃO CONTRATUAL. TRABALHADOR URBANO (mantida) – Res. 121/2003, DJ 19, 20 e 21.11.2003

Tratando-se de ação que envolva pedido de prestações sucessivas decorrente de alteração do pactuado, a prescrição é total, exceto quando o direito à parcela esteja também assegurado por preceito de lei.

Nº 296. RECURSO. DIVERGÊNCIA JURISPRUDENCIAL. ESPECIFICIDADE (incorporada a Orientação Jurisprudencial nº 37 da SBDI-1) – Res. 129/2005, DJ 20, 22 e 25.04.2005

I – A divergência jurisprudencial ensejadora da admissibilidade, do prosseguimento e do conhecimento do recurso há de ser específica, revelando a existência de teses diversas na interpretação de um mesmo dispositivo legal, embora idênticos os fatos que as ensejaram. (ex-Súmula nº 296 – Res. 6/1989, DJ 19.04.1989)

II – Não ofende o art. 896 da CLT decisão de Turma que, examinando premissas concretas de especificidade da divergência colacionada no apelo revisional, conclui pelo conhecimento ou desconhecimento do recurso. (ex-OJ nº 37 da SBDI-1 – inserida em 01.02.1995)

Nº 297. PREQUESTIONAMENTO. OPORTUNIDADE. CONFIGURAÇÃO (nova redação) – Res. 121/2003, DJ 19, 20 e 21.11.2003

I – Diz-se prequestionada a matéria ou questão quando na decisão impugnada haja sido adotada, explicitamente, tese a respeito.

II – Incumbe à parte interessada, desde que a matéria haja sido invocada no recurso principal, opor embargos declaratórios objetivando o pronunciamento sobre o tema, sob pena de preclusão.

III – Considera-se prequestionada a questão jurídica invocada no recurso principal sobre a qual se omite o Tribunal de pronunciar tese, não obstante opostos embargos de declaração.

Nº 298. AÇÃO RESCISÓRIA. VIOLÊNCIA DE LEI. PREQUESTIONAMENTO (incorporadas as Orientações Jurisprudenciais nºs 36, 72, 75 e 85, parte final, da SBDI-2) – Res. 137/2005, DJ 22, 23 e 24.08.2005

I – A conclusão acerca da ocorrência de violação literal de lei pressupõe pronunciamento explícito, na sentença rescindenda, sobre a matéria veiculada. (ex-Súmula nº 298 – Res. 8/1989, DJ 14.04.1989)

II – O prequestionamento exigido em ação rescisória diz respeito à matéria e ao enfoque específico da tese debatida na ação e não, necessariamente, ao dispositivo legal tido por violado. Basta que o conteúdo da norma, reputada como violada, tenha sido abordado na decisão rescindenda para que se considere preenchido o pressuposto do prequestionamento. (ex-OJ nº 72 da SBDI-2 – inserida em 20.09.2000)

III – Para efeito de ação rescisória, considera-se prequestionada a matéria tratada na sentença quando, examinando remessa de ofício, o Tribunal simplesmente a confirma. (ex-OJ nº 75 da SBDI-2 – inserida em 20.04.2001)

IV – A sentença meramente homologatória, que silencia sobre os motivos de convencimento do juiz, não se mostra rescindível, por ausência de prequestionamento. (ex-OJ nº 85 da SBDI-2 – parte final – inserida em 13.03.2002 e alterada em 26.11.2002)

V – Não é absoluta a exigência de prequestionamento na ação rescisória. Ainda que a ação rescisória tenha por fundamento violação de dispositivo legal, é prescindível o prequestionamento quando o vício nasce no próprio julgamento, como se dá com a sentença "extra, citra e ultra petita". (ex-OJ nº 36 da SBDI-2 – inserida em 20.09.2000)

Nº 299. AÇÃO RESCISÓRIA. DECISÃO RESCINDENDA. TRÂNSITO EM JULGADO. COMPROVAÇÃO. EFEITOS (nova redação do item II em decorrência do CPC de 2015) – Res. 211/2016, DEJT divulgado em 24, 25 e 26.08.2016

I – É indispensável ao processamento da ação rescisória a prova do trânsito em julgado da decisão rescindenda. (ex-Súmula nº 299 – Res. 8/1989, DJ 14, 18 e 19.04.1989)

II – Verificando o relator que a parte interessada não juntou à inicial o documento comprobatório, abrirá prazo de 15 (quinze) dias para que o faça (art. 321 do CPC de 2015), sob pena de indeferimento. (ex-Súmula nº 299 – Res 8/1989, DJ 14, 18 e 19.04.1989)

III – A comprovação do trânsito em julgado da decisão rescindenda é pressuposto processual indispensável ao tempo do ajuizamento da ação rescisória. Eventual trânsito em julgado posterior ao ajuizamento da ação rescisória não reabilita a ação proposta, na medida em que o ordenamento jurídico não contempla a ação rescisória preventiva. (ex-OJ nº 106 da SBDI-2 – DJ 29.04.2003)

IV – O pretenso vício de intimação, posterior à decisão que se pretende rescindir, se efetivamente ocorrido, não permite a formação da coisa julgada material. Assim, a ação rescisória deve ser julgada extinta, sem julgamento do mérito, por carência de ação, por inexistir decisão transitada em julgado a ser rescindida. (ex-OJ nº 96 da SBDI-2 – inserida em 27.09.2002)

Nº 300. COMPETÊNCIA DA JUSTIÇA DO TRABALHO. CADASTRAMENTO NO PIS (mantida) – Res. 121/2003, DJ 19, 20 e 21.11.2003

Compete à Justiça do Trabalho processar e julgar ações ajuizadas por empregados em face de empregadores relativas ao cadastramento no Programa de Integração Social (PIS).

Nº 303. FAZENDA PÚBLICA. REEXAME NECESSÁRIO (nova redação em decorrência do CPC de 2015) – Res. 211/2016, DEJT divulgado em 24, 25 e 26.08.2016 I – Em dissídio individual, está sujeita ao reexame necessário, mesmo na vigência da Constituição Federal de 1988, decisão contrária à Fazenda Pública, salvo quando a condenação não ultrapassar o valor correspondente a: a) 1.000 (mil) salários mínimos para a União e as respectivas autarquias e fundações de direito público; b) 500 (quinhentos) salários mínimos para os Estados, o Distrito Federal, as respectivas autarquias e fundações de direito público e os Municípios que constituam capitais dos Estados; c) 100 (cem) salários mínimos para todos os demais Municípios e respectivas autarquias e fundações de direito público. II – Também não se sujeita ao duplo grau de jurisdição a decisão fundada em: a) súmula ou orientação jurisprudencial do Tribunal Superior do Trabalho; b) acórdão proferido pelo Supremo Tribunal Federal ou pelo Tribunal Superior do Trabalho em julgamento de recursos repetitivos; c) entendimento firmado em incidente de resolução de demandas repetitivas ou de assunção de competência; d) entendimento coincidente com orientação vinculante firmada no âmbito administrativo do próprio ente público, consolidada em manifestação, parecer ou súmula administrativa. III – Em ação rescisória, a decisão proferida pelo Tribunal Regional do Trabalho está sujeita ao duplo grau de jurisdição obrigatório quando desfavorável ao ente público, exceto nas hipóteses dos incisos anteriores. (ex-OJ nº 71 da SBDI-1 – inserida em 03.06.1996) IV – Em mandado de segurança, somente cabe reexame necessário se, na relação processual, figurar pessoa jurídica de direito público como parte prejudicada pela concessão da ordem. Tal situação não ocorre na hipótese de figurar no feito como impetrante e terceiro interessado pessoa de direito privado, ressalvada a hipótese de matéria administrativa. (ex-OJs nºs 72 e 73 da SBDI-1 – inseridas, respectivamente, em 25.11.1996 e 03.06.1996).

Nº 304. CORREÇÃO MONETÁRIA. EMPRESAS EM LIQUIDAÇÃO. ART. 46 DO ADCT/CF (mantida) – Res. 121/2003, DJ 19, 20 e 21.11.2003 e republicada DJ 25.11.2003

Os débitos trabalhistas das entidades submetidas aos regimes de intervenção ou liquidação extrajudicial estão sujeitos a correção monetária desde o respectivo vencimento até seu efetivo pagamento, sem interrupção ou suspensão, não incidindo, entretanto, sobre tais débitos, juros de mora.

Nº 305. FUNDO DE GARANTIA DO TEMPO DE SERVIÇO. INCIDÊNCIA SOBRE O AVISO PRÉVIO (mantida) – Res. 121/2003, DJ 19, 20 e 21.11.2003

O pagamento relativo ao período de aviso prévio, trabalhado ou não, está sujeito a contribuição para o FGTS.

Nº 307. JUROS. IRRETROATIVIDADE DO DECRETO-LEI Nº 2.322, DE 26.02.1987 (mantida) – Res. 121/2003, DJ 19, 20 e 21.11.2003

A fórmula de cálculo de juros prevista no Decreto-Lei nº 2.322, de 26.02.1987 somente é aplicável a partir de 27.02.1987. Quanto ao período anterior, deve-se observar a legislação então vigente.

Nº 308. PRESCRIÇÃO QÜINQÜENAL (incorporada a Orientação Jurisprudencial nº 204 da SBDI-1) – Res. 129/2005, DJ 20, 22 e 25.04.2005

I – Respeitado o biênio subseqüente à cessação contratual, a prescrição da ação trabalhista concerne às pretensões imediatamente anteriores a cinco anos, contados da data do ajuizamento da reclamação e, não, às anteriores ao qüinqüênio da data da extinção do contrato. (ex-OJ nº 204 da SBDI-1 – inserida em 08.11.2000)

II – A norma constitucional que ampliou o prazo de prescrição da ação trabalhista para 5 (cinco) anos é de aplicação imediata e não atinge pretensões já alcançadas pela prescrição bienal quando da promulgação da CF/1988. (ex-Súmula nº 308 – Res. 6/1992, DJ 05.11.1992)

Nº 309. VIGIA PORTUÁRIO. TERMINAL PRIVATIVO. NÃO OBRIGATORIEDADE DE REQUISIÇÃO (mantida) – Res. 121/2003, DJ 19, 20 e 21.11.2003

Tratando-se de terminais privativos destinados à navegação de cabotagem ou de longo curso, não é obrigatória a requisição de vigia portuário indicado por sindicato.

Nº 311. BENEFÍCIO PREVIDENCIÁRIO A DEPENDENTE DE EX-EMPREGADO. CORREÇÃO MONETÁRIA. LEGISLAÇÃO APLICÁVEL (mantida) – Res. 121/2003, DJ 19, 20 e 21.11.2003

O cálculo da correção monetária incidente sobre débitos relativos a benefícios previdenciários devidos a dependentes de ex-empregado pelo empregador, ou por entidade de previdência privada a ele vinculada, será o previsto na Lei nº 6.899, de 08.04.1981.

Nº 312. CONSTITUCIONALIDADE. ALÍNEA "B" DO ART. 896 DA CLT (mantida) – Res. 121/2003, DJ 19, 20 e 21.11.2003

É constitucional a alínea "b" do art. 896 da CLT, com a redação dada pela Lei nº 7.701, de 21.12.1988.

Nº 313. COMPLEMENTAÇÃO DE APOSENTADORIA. PROPORCIONALIDADE. BANESPA (mantida) – Res. 121/2003, DJ 19, 20 e 21.11.2003

A complementação de aposentadoria, prevista no art. 106, e seus parágrafos, do regulamento de pessoal editado em 1965, só é integral para os empregados que tenham 30 (trinta) ou mais anos de serviços prestados exclusivamente ao banco.

Nº 314. INDENIZAÇÃO ADICIONAL. VERBAS RESCISÓRIAS. SALÁRIO CORRIGIDO (mantida) – Res. 121/2003, DJ 19, 20 e 21.11.2003

Se ocorrer a rescisão contratual no período de 30 (trinta) dias que antecede à data-base, observado a Súmula nº 182 do TST, o pagamento das verbas rescisórias com o salário já corrigido não afasta o direito à indenização adicional prevista nas Leis nºs 6.708, de 30.10.1979 e 7.238, de 28.10.1984.

Nº 315. IPC DE MARÇO/1990. LEI Nº 8.030, DE 12.04.1990 (PLANO COLLOR). INEXISTÊNCIA DE DIREITO ADQUIRIDO (mantida) – Res. 121/2003, DJ 19, 20 e 21.11.2003

A partir da vigência da Medida Provisória nº 154, de 15.03.1990, convertida na Lei nº 8.030, de 12.04.1990, não se aplica o IPC de março de 1990, de 84,32% (oitenta e quatro vírgula trinta e dois por cento), para a correção dos salários, porque o direito ainda não se havia incorporado ao patrimônio jurídico dos trabalhadores, inexistindo ofensa ao inciso XXXVI do art. 5º da CF/1988.

Nº 318. DIÁRIAS. BASE DE CÁLCULO PARA SUA INTEGRAÇÃO NO SALÁRIO (mantida) – Res. 121/2003, DJ 19, 20 e 21.11.2003

Tratando-se de empregado mensalista, a integração das diárias no salário deve ser feita tomando-se por base o salário mensal por ele percebido e não o valor do dia de salário, somente sendo devida a referida integração quando o valor das diárias, no mês, for superior à metade do salário mensal.

Nº 319. REAJUSTES SALARIAIS ("GATILHOS"). APLICAÇÃO AOS SERVIDORES PÚBLICOS CONTRATADOS SOB A ÉGIDE DA LEGISLAÇÃO TRABALHISTA (mantida) – Res. 121/2003, DJ 19, 20 e 21.11.2003

Aplicam-se aos servidores públicos, contratados sob o regime da CLT, os reajustes decorrentes da correção automática dos salários pelo mecanismo denominado "gatilho", de que tratam os Decretos-Leis nºs 2.284, de 10.03.1986 e 2.302, de 21.11.1986.

Nº 320. HORAS "IN ITINERE". OBRIGATORIEDADE DE CÔMPUTO NA JORNADA DE TRABALHO (mantida) – Res. 121/2003, DJ 19, 20 e 21.11.2003

O fato de o empregador cobrar, parcialmente ou não, importância pelo transporte fornecido, para local de difícil acesso ou não servido por transporte regular, não afasta o direito à percepção das horas "in itinere".

Nº 322. DIFERENÇAS SALARIAIS. PLANOS ECONÔMICOS. LIMITE (mantida) – Res. 121/2003, DJ 19, 20 e 21.11.2003

Os reajustes salariais decorrentes dos chamados "gatilhos" e URPs, previstos legalmente como antecipação, são devidos tão-somente até a data-base de cada categoria.

Nº 326. COMPLEMENTAÇÃO DE APOSENTADORIA. PRESCRIÇÃO TOTAL. (nova redação)

A pretensão à complementação de aposentadoria jamais recebida prescreve em 2 (dois) anos contados da cessação do contrato de trabalho.

Nº 327. COMPLEMENTAÇÃO DE APOSENTADORIA. DIFERENÇAS. PRESCRIÇÃO PARCIAL. (nova redação)

A pretensão a diferenças de complementação de aposentadoria sujeita-se à prescrição parcial e quinquenal, salvo se o pretenso direito decorrer de verbas não recebidas no curso da relação de emprego e já alcançadas pela prescrição, à época da propositura da ação.

Nº 328. FÉRIAS. TERÇO CONSTITUCIONAL (mantida) – Res. 121/2003, DJ 19, 20 e 21.11.2003

O pagamento das férias, integrais ou proporcionais, gozadas ou não, na vigência da CF/1988, sujeita-se ao acréscimo do terço previsto no respectivo art. 7º, XVII.

Nº 329. HONORÁRIOS ADVOCATÍCIOS. ART. 133 DA CF/1988 (mantida) – Res. 121/2003, DJ 19, 20 e 21.11.2003

Mesmo após a promulgação da CF/1988, permanece válido o entendimento consubstanciado na Súmula nº 219 do Tribunal Superior do Trabalho.

Nº 330. QUITAÇÃO. VALIDADE (mantida) – Res. 121/2003, DJ 19, 20 e 21.11.2003

A quitação passada pelo empregado, com assistência de entidade sindical de sua categoria, ao empregador, com observância dos requisitos exigidos nos parágrafos do art. 477 da CLT, tem eficácia liberatória em relação às parcelas expressamente consignadas no recibo, salvo se oposta ressalva expressa e especificada ao valor dado à parcela ou parcelas impugnadas.

I – A quitação não abrange parcelas não consignadas no recibo de quitação e, conseqüentemente, seus reflexos em outras parcelas, ainda que estas constem desse recibo.

II – Quanto a direitos que deveriam ter sido satisfeitos durante a vigência do contrato de trabalho, a quitação é válida em relação ao período expressamente consignado no recibo de quitação.

Nº 331. CONTRATO DE PRESTAÇÃO DE SERVIÇOS. LEGALIDADE. (nova redação do item IV e inseridos os itens V e VI)

I – A contratação de trabalhadores por empresa interposta é ilegal, formando-se o vínculo diretamente com o tomador dos serviços, salvo no caso de trabalho temporário (Lei nº 6.019, de 03.01.1974).

II – A contratação irregular de trabalhador, mediante empresa interposta, não gera vínculo de emprego com os órgãos da Administração Pública direta, indireta ou fundacional (art. 37, II, da CF/1988).

III – Não forma vínculo de emprego com o tomador a contratação de serviços de vigilância (Lei nº 7.102, de 20.06.1983) e de conservação e limpeza, bem como a de serviços especializados ligados à atividade-meio do tomador, desde que inexistente a pessoalidade e a subordinação direta.

IV – O inadimplemento das obrigações trabalhistas, por parte do empregador, implica a responsabilidade subsidiária do tomador dos serviços quanto àquelas obrigações, desde que haja participado da relação processual e conste também do título executivo judicial.

V – Os entes integrantes da Administração Pública direta e indireta respondem subsidiariamente, nas mesmas condições do item IV, caso evidenciada a sua conduta culposa no cumprimento das obrigações da Lei nº 8.666, de 21.06.1993, especialmente na fiscalização do cumprimento das obrigações contratuais e legais da prestadora de serviço como empregadora. A aludida responsabilidade não decorre de mero inadimplemento das obrigações trabalhistas assumidas pela empresa regularmente contratada.

VI – A responsabilidade subsidiária do tomador de serviços abrange todas as verbas decorrentes da condenação referentes ao período da prestação laboral.

Nº 332. COMPLEMENTAÇÃO DE APOSENTADORIA. PETROBRAS. MANUAL DE PESSOAL. NORMA PROGRAMÁTICA (mantida) – Res. 121/2003, DJ 19, 20 e 21.11.2003

As normas relativas à complementação de aposentadoria, inseridas no Manual de Pessoal da Petrobras, têm caráter meramente programático, delas não resultando direito à referida complementação.

Nº 333. RECURSOS DE REVISTA. CONHECIMENTO (alterada) – Res. 155/2009, DJ 26 e 27.02.2009 e 02.03.2009

Não ensejam recurso de revista decisões superadas por iterativa, notória e atual jurisprudência do Tribunal Superior do Trabalho.

Nº 336. CONSTITUCIONALIDADE. § 2º DO ART. 9º DO DECRETO-LEI Nº 1.971, DE 30.11.1982 (mantida) – Res. 121/2003, DJ 19, 20 e 21.11.2003

É constitucional o § 2º do art. 9º do Decreto-Lei nº 1.971, de 30.11.1982, com a redação dada pelo Decreto-Lei nº 2.100, de 28.12.1983.

Nº 337. COMPROVAÇÃO DE DIVERGÊNCIA JURISPRUDENCIAL. RECURSOS DE REVISTA E DE EMBARGOS (incluído o item V) – Res. 220/2017, DEJT divulgado em 21, 22 e 25.09.2017

I – Para comprovação da divergência justificadora do recurso, é necessário que o recorrente: a) Junte certidão ou cópia autenticada do acórdão paradigma ou cite a fonte oficial ou o repositório autorizado em que foi publicado; e b) Transcreva, nas razões recursais, as ementas e/ou trechos dos acórdãos trazidos à configuração do dissídio, demonstrando o conflito de teses que justifique o conhecimento do recurso, ainda que os acórdãos já se encontrem nos autos ou venham a ser juntados com o recurso.

II – A concessão de registro de publicação como repositório autorizado de jurisprudência do TST torna válidas todas as suas edições anteriores.

III – A mera indicação da data de publicação, em fonte oficial, de aresto paradigma é inválida para comprovação de divergência jurisprudencial, nos termos do item I, “a”, desta súmula, quando a parte pretende demonstrar o conflito de teses mediante a transcrição de trechos que integram a fundamentação do acórdão divergente, uma vez que só se publicam o dispositivo e a ementa dos acórdãos;

IV – É válida para a comprovação da divergência jurisprudencial justificadora do recurso a indicação de aresto extraído de repositório oficial na internet, desde que o recorrente: a) transcreva o trecho divergente; b) aponte o sítio de onde foi extraído; e c) decline o número do processo, o órgão prolator do acórdão e a data da respectiva publicação no Diário Eletrônico da Justiça do Trabalho.

V – A existência do código de autenticidade na cópia, em formato pdf, do inteiro teor do aresto paradigma, juntada aos autos, torna-a equivalente ao documento original e também supre a ausência de indicação da fonte oficial de publicação.

Nº 338. JORNADA DE TRABALHO. REGISTRO. ÔNUS DA PROVA (incorporadas as Orientações Jurisprudenciais nºs 234 e 306 da SBDI-1) – Res. 129/2005, DJ 20, 22 e 25.04.2005

I – É ônus do empregador que conta com mais de 10 (dez) empregados o registro da jornada de trabalho na forma do art. 74, § 2º, da CLT. A não-apresentação injustificada dos controles de frequência gera presunção relativa de veracidade da jornada de trabalho, a qual pode ser elidida por prova em contrário. (ex-Súmula nº 338 – alterada pela Res. 121/2003, DJ 21.11.2003)

II – A presunção de veracidade da jornada de trabalho, ainda que prevista em instrumento normativo, pode ser elidida por prova em contrário. (ex-OJ nº 234 da SBDI-1 – inserida em 20.06.2001)

III – Os cartões de ponto que demonstram horários de entrada e saída uniformes são inválidos como meio de prova, invertendo-se o ônus da prova, relativo às horas extras, que passa a ser do empregador, prevalecendo a jornada da inicial se dele não se desincumbir. (ex-OJ nº 306 da SBDI-1 – DJ 11.08.2003)

Nº 339. CIPA. SUPLENTE. GARANTIA DE EMPREGO. CF/1988 (incorporadas as Orientações Jurisprudenciais nºs 25 e 329 da SBDI-1) – Res. 129/2005, DJ 20, 22 e 25.04.2005

I – O suplente da CIPA goza da garantia de emprego prevista no art. 10, II, "a", do ADCT a partir da promulgação da Constituição Federal de 1988. (ex-Súmula nº 339 – Res. 39/1994, DJ 22.12.1994 – e ex-OJ nº 25 da SBDI-1 – inserida em 29.03.1996)

II – A estabilidade provisória do cipeiro não constitui vantagem pessoal, mas garantia para as atividades dos membros da CIPA, que somente tem razão de ser quando em atividade a empresa. Extinto o estabelecimento, não se verifica a despedida arbitrária, sendo impossível a reintegração e indevida a indenização do período estabilitário. (ex-OJ nº 329 da SBDI-1 – DJ 09.12.2003)

Nº 340. COMISSIONISTA. HORAS EXTRAS (nova redação) – Res. 121/2003, DJ 19, 20 e 21.11.2003

O empregado, sujeito a controle de horário, remunerado à base de comissões, tem direito ao adicional de, no mínimo, 50% (cinqüenta por cento) pelo trabalho em horas extras, calculado sobre o valor-hora das comissões recebidas no mês, considerando-se como divisor o número de horas efetivamente trabalhadas.

Nº 341. HONORÁRIOS DO ASSISTENTE TÉCNICO (mantida) – Res. 121/2003, DJ 19, 20 e 21.11.2003

A indicação do perito assistente é faculdade da parte, a qual deve responder pelos respectivos honorários, ainda que vencedora no objeto da perícia.

Nº 342. DESCONTOS SALARIAIS. ART. 462 DA CLT (mantida) – Res. 121/2003, DJ 19, 20 e 21.11.2003

Descontos salariais efetuados pelo empregador, com a autorização prévia e por escrito do empregado, para ser integrado em planos de assistência odontológica, médico-hospitalar, de seguro, de previdência privada, ou de entidade cooperativa, cultural ou recreativo-associativa de seus trabalhadores, em seu benefício e de seus dependentes, não afrontam o disposto no art. 462 da CLT, salvo se ficar demonstrada a existência de coação ou de outro defeito que vicie o ato jurídico.

Nº 344. SALÁRIO-FAMÍLIA. TRABALHADOR RURAL (mantida) – Res. 121/2003, DJ 19, 20 e 21.11.2003

O salário-família é devido aos trabalhadores rurais somente após a vigência da Lei nº 8.213, de 24.07.1991.

Nº 345. BANDEPE. REGULAMENTO INTERNO DE PESSOAL NÃO CONFERE ESTABILIDADE AOS EM-

PREGADOS (mantida) – Res. 121/2003, DJ 19, 20 e 21.11.2003

O Regulamento Interno de Pessoal (RIP) do Banco do Estado de Pernambuco – BANDEPE, na parte que trata de seu regime disciplinar, não confere estabilidade aos seus empregados.

Nº 346. DIGITADOR. INTERVALOS INTRAJORNADA. APLICAÇÃO ANALÓGICA DO ART. 72 DA CLT (mantida) – Res. 121/2003, DJ 19, 20 e 21.11.2003

Os digitadores, por aplicação analógica do art. 72 da CLT, equiparam-se aos trabalhadores nos serviços de mecanografia (datilografia, escrituração ou cálculo), razão pela qual têm direito a intervalos de descanso de 10 (dez) minutos a cada 90 (noventa) de trabalho consecutivo.

Nº 347. HORAS EXTRAS HABITUAIS. APURAÇÃO. MÉDIA FÍSICA (mantida) – Res. 121/2003, DJ 19, 20 e 21.11.2003

O cálculo do valor das horas extras habituais, para efeito de reflexos em verbas trabalhistas, observará o número de horas efetivamente prestadas e a ele aplica-se o valor do salário-hora da época do pagamento daquelas verbas.

Nº 348. AVISO PRÉVIO. CONCESSÃO NA FLUÊNCIA DA GARANTIA DE EMPREGO. INVALIDADE (mantida) – Res. 121/2003, DJ 19, 20 e 21.11.2003

É inválida a concessão do aviso prévio na fluência da garantia de emprego, ante a incompatibilidade dos dois institutos.

Nº 350. PRESCRIÇÃO. TERMO INICIAL. AÇÃO DE CUMPRIMENTO. SENTENÇA NORMATIVA (mantida) – Res. 121/2003, DJ 19, 20 e 21.11.2003

O prazo de prescrição com relação à ação de cumprimento de decisão normativa flui apenas da data de seu trânsito em julgado.

Nº 351. PROFESSOR. REPOUSO SEMANAL REMUNERADO. ART. 7º, § 2º, DA LEI Nº 605, DE 05.01.1949 E ART. 320 DA CLT (mantida) – Res. 121/2003, DJ 19, 20 e 21.11.2003

O professor que recebe salário mensal à base de hora-aula tem direito ao acréscimo de 1/6 a título de repouso semanal remunerado, considerando-se para esse fim o mês de quatro semanas e meia.

Nº 352. CUSTAS – PRAZO PARA COMPROVAÇÃO (cancelamento mantido) – Res. 121/2003, DJ 19, 20 e 21.11.2003 – Referência Lei nº 10.537/2002

O prazo para comprovação do pagamento das custas, sempre a cargo da parte, é de 5 (cinco) dias contados do seu recolhimento (CLT art. 789, § 4º, – CPC art. 185).

Nº 353. EMBARGOS. AGRAVO. CABIMENTO (atualizada em decorrência do CPC de 2015) – Res. 208/2016, DEJT divulgado em 22, 25 e 26.04.2016.

Não cabem embargos para a Seção de Dissídios Individuais de decisão de Turma proferida em agravo, salvo: a) da decisão que não conhece de agravo de instrumento ou de agravo pela ausência de pressupostos extrínsecos; b) da decisão que nega provimento a agravo contra decisão monocrática do Relator, em que se proclamou a ausência de pressupostos extrínsecos de agravo de instrumento; c) para revisão dos pressupostos extrínsecos de admissibilidade do recurso de revista, cuja ausência haja sido declarada originariamente pela Turma no julgamento do agravo; d) para impugnar o conhecimento de agravo de instrumento; e) para impugnar a imposição de multas previstas nos arts. 1.021, § 4º, do CPC de 2015 ou 1.026, § 2º, do CPC de 2015 (art. 538, parágrafo único, do CPC de 1973, ou art. 557, § 2º, do CPC de 1973). f) contra decisão de Turma proferida em agravo em recurso de revista, nos termos do art. 894, II, da CLT.

Nº 354. GORJETAS. NATUREZA JURÍDICA. REPERCUSSÕES (mantida) – Res. 121/2003, DJ 19, 20 e 21.11.2003

As gorjetas, cobradas pelo empregador na nota de serviço ou oferecidas espontaneamente pelos clientes, integram a remuneração do empregado, não servindo de base de cálculo para as parcelas de aviso-prévio, adicional noturno, horas extras e repouso semanal remunerado.

Nº 355. CONAB. ESTABILIDADE. AVISO DIREH Nº 2 DE 12.12.1984 (mantida) – Res. 121/2003, DJ 19, 20 e 21.11.2003

O aviso DIREH nº 2, de 12.12.1984, que concedia estabilidade aos empregados da CONAB, não tem eficácia, porque não aprovado pelo Ministério ao qual a empresa se subordina.

Nº 356. ALÇADA RECURSAL. VINCULAÇÃO AO SALÁRIO MÍNIMO (mantida) – Res. 121/2003, DJ 19, 20 e 21.11.2003

O art. 2º, § 4º, da Lei nº 5.584, de 26.06.1970, foi recepcionado pela CF/1988, sendo lícita a fixação do valor da alçada com base no salário mínimo.

Nº 357. TESTEMUNHA. AÇÃO CONTRA A MESMA RECLAMADA. SUSPEIÇÃO (mantida) – Res. 121/2003, DJ 19, 20 e 21.11.2003

Não torna suspeita a testemunha o simples fato de estar litigando ou de ter litigado contra o mesmo empregador.

Nº 358. RADIOLOGISTA. SALÁRIO PROFISSIONAL. LEI Nº 7.394, DE 29.10.1985 (mantida) – Res. 121/2003, DJ 19, 20 e 21.11.2003

O salário profissional dos técnicos em radiologia é igual a 2 (dois) salários mínimos e não a 4 (quatro).

Nº 360. TURNOS ININTERRUPTOS DE REVEZAMENTO. INTERVALOS INTRAJORNADA E SEMANAL (mantida) – Res. 121/2003, DJ 19, 20 e 21.11.2003

A interrupção do trabalho destinada a repouso e alimentação, dentro de cada turno, ou o intervalo para repouso semanal, não descaracteriza o turno de revezamento com jornada de 6 (seis) horas previsto no art. 7º, XIV, da CF/1988.

Nº 361. ADICIONAL DE PERICULOSIDADE. ELETRICITÁRIOS. EXPOSIÇÃO INTERMITENTE (mantida) – Res. 121/2003, DJ 19, 20 e 21.11.2003

O trabalho exercido em condições perigosas, embora de forma intermitente, dá direito ao empregado a receber o adicional de periculosidade de forma integral, porque a Lei nº 7.369, de 20.09.1985, não estabeleceu nenhuma proporcionalidade em relação ao seu pagamento.

Nº 362. FGTS. PRESCRIÇÃO (redação alterada na sessão do Tribunal Pleno realizada em 09.06.2015. Resolução n. 198/2015)

I – Para os casos em que a ciência da lesão ocorreu a partir de 13.11.2014, é quinquenal a prescrição do direito de reclamar contra o não-recolhimento de contribuição para o FGTS, observado o prazo de dois anos após o término do contrato;

II – Para os casos em que o prazo prescricional já estava em curso em 13.11.2014, aplica-se o prazo prescricional que se consumar primeiro: trinta anos, contados do termo inicial, ou cinco anos, a partir de 13.11.2014 (STF-ARE-709212/DF).

Nº 363. CONTRATO NULO. EFEITOS (nova redação) – Res. 121/2003, DJ 19, 20 e 21.11.2003

A contratação de servidor público, após a CF/ 1988, sem prévia aprovação em concurso público, encontra óbice no respectivo art. 37, II e § 2º, somente lhe conferindo direito ao pagamento da contraprestação pactuada, em relação ao número de horas trabalhadas, respeitado o valor da hora do salário mínimo, e dos valores referentes aos depósitos do FGTS.

Nº 364. ADICIONAL DE PERICULOSIDADE. EXPOSIÇÃO EVENTUAL, PERMANENTE E INTERMITENTE (inserido o item II) – Res. 209/2016, DEJT divulgado em 01, 02 e 03.06.2016

I – Tem direito ao adicional de periculosidade o empregado exposto permanentemente ou que, de forma intermitente, sujeita-se a condições de risco. Indevido, apenas, quando o contato dá-se de forma eventual, assim considerado o fortuito, ou o que, sendo habitual, dá-se por tempo extremamente reduzido. (ex-Ojs da SBDI-1 nºs 05 – inserida em 14.03.1994 – e 280 – DJ 11.08.2003)

II – Não é válida a cláusula de acordo ou convenção coletiva de trabalho fixando o adicional de periculosidade em percentual inferior ao estabelecido em lei e proporcional ao tempo de exposição ao risco, pois tal parcela constitui medida de higiene, saúde e segurança do trabalho, garantida por norma de ordem pública (arts. 7º, XXII e XXIII, da CF e 193, § 1º, da CLT).

Nº 365. ALÇADA. AÇÃO RESCISÓRIA E MANDADO DE SEGURANÇA (conversão das Orientações Jurisprudenciais nºs 8 e 10 da SBDI-1) – Res. 129/2005, DJ 20, 22 e 25.04.2005

Não se aplica a alçada em ação rescisória e em mandado de segurança. (ex-OJs nºs 8 e 10 da SBDI-1 – inseridas em 01.02.1995)

Nº 366. CARTÃO DE PONTO. REGISTRO. HORAS EXTRAS. MINUTOS QUE ANTECEDEM E SUCEDEM A JORNADA DE TRABALHO (nova redação) – Res. 197/2015 – DEJT divulgado em 14, 15 e 18.05.2015.

Não serão descontadas nem computadas como jornada extraordinária as variações de horário do registro de ponto não excedentes de cinco minutos, observado o limite máximo de dez minutos diários. Se ultrapassado esse limite, será considerada como extra a totalidade do tempo que exceder a jornada normal, pois configurado tempo à disposição do empregador, não importando as atividades desenvolvidas pelo empregado ao longo do tempo residual (troca de uniforme, lanche, higiene pessoal, etc).

Nº 367. UTILIDADES "*IN NATURA*". HABITAÇÃO. ENERGIA ELÉTRICA. VEÍCULO. CIGARRO. NÃO INTEGRAÇÃO AO SALÁRIO (conversão das Orientações Jurisprudenciais nºs 24, 131 e 246 da SBDI-1) – Res. 129/2005, DJ 20, 22 e 25.04.2005

I – A habitação, a energia elétrica e veículo fornecidos pelo empregador ao empregado, quando indispensáveis para a realização do trabalho, não têm natureza salarial, ainda que, no caso de veículo, seja ele utilizado pelo empregado também em atividades particulares. (ex-Ojs da SBDI-1 nºs 131 – inserida em 20.04.1998 e ratificada pelo Tribunal Pleno em 07.12.2000 – e 246 – inserida em 20.06.2001)

II – O cigarro não se considera salário utilidade em face de sua nocividade à saúde. (ex-OJ nº 24 da SBDI-1 – inserida em 29.03.1996)

Nº 368. DESCONTOS PREVIDENCIÁRIOS. IMPOSTO DE RENDA. COMPETÊNCIA. RESPONSABILIDADE PELO RECOLHIMENTO. FORMA DE CÁLCULO. FATO GERADOR (aglutinada a parte final da Orientação Jurisprudencial nº 363 da SBDI-I à redação do item II e incluídos os itens IV, V e VI em sessão do Tribunal Pleno realizada em 26.06.2017) – Res. 219/2017, DEJT divulgado em 28, 29 e 30.06.2017.

I – A Justiça do Trabalho é competente para determinar o recolhimento das contribuições fiscais. A competência da Justiça do Trabalho, quanto à execução das contribuições previdenciárias, limita-se às sentenças condenatórias em pecúnia que proferir e aos valores, objeto de acordo homologado, que integrem o salário de contribuição. (ex-OJ nº 141 da SBDI-1 – inserida em 27.11.1998).

II – É do empregador a responsabilidade pelo recolhimento das contribuições previdenciárias e fiscais, resultantes de crédito do empregado oriundo de condenação judicial. A culpa do empregador pelo inadimplemento das verbas remuneratórias, contudo, não exime a responsabilidade do empregado pelos pagamentos do imposto de renda devido e da contribuição previdenciária que recaia sobre sua quota-parte. (ex-OJ nº 363 da SBDI-1, parte final)

III – Os descontos previdenciários relativos à contribuição do empregado, no caso de ações trabalhistas, devem ser calculados mês a mês, de conformidade com o art. 276, § 4º, do Decreto n º 3.048/1999 que regulamentou a Lei nº 8.212/1991, aplicando-se as alíquotas previstas no art. 198, observado o limite máximo do salário de contribuição (ex-OJs nºs 32 e 228 da SBDI-1 – inseridas, respectivamente, em 14.03.1994 e 20.06.2001).

IV – Considera-se fato gerador das contribuições previdenciárias decorrentes de créditos trabalhistas reconhecidos ou homologados em juízo, para os serviços prestados até 4.3.2009, inclusive, o efetivo pagamento das verbas, configurando-se a mora a partir do dia dois do mês seguinte ao da liquidação (art. 276, "caput", do Decreto nº 3.048/1999). Eficácia não retroativa da alteração legislativa promovida pela Medida Provisória nº 449/2008, posteriormente convertida na Lei nº 11.941/2009, que deu nova redação ao art. 43 da Lei nº 8.212/91.

V – Para o labor realizado a partir de 5.3.2009, considera-se fato gerador das contribuições previdenciárias decorrentes de créditos trabalhistas reconhecidos ou homologados em juízo a data da efetiva prestação dos serviços. Sobre as contribuições previdenciárias não recolhidas a partir da prestação dos serviços incidem juros de mora e, uma vez apurados os créditos previdenciários, aplica-se multa a partir do exaurimento do prazo de citação para pagamento, se descumprida a obrigação, observado o limite legal de 20% (art. 61, § 2º, da Lei nº 9.460/96).

VI – O imposto de renda decorrente de crédito do empregado recebido acumuladamente deve ser calculado sobre o montante dos rendimentos pagos, mediante a utilização de tabela progressiva resultante da multiplicação da quantidade de meses a que se refiram os rendimentos pelos valores constantes da tabela progressiva mensal correspondente ao mês do recebimento ou crédito, nos termos do art. 12-A da Lei nº 7.713, de 22/12/1988, com a redação conferida pela Lei nº 13.149/2015, observado o procedimento previsto nas Instruções Normativas da Receita Federal do Brasil.

Nº 369. DIRIGENTE SINDICAL. ESTABILIDADE PROVISÓRIA (redação do item I alterada na sessão do Tribunal Pleno realizada em 14.09.2012) – Res. 185/2012, DEJT divulgado em 25, 26 e 27.09.2012

I – É assegurada a estabilidade provisória ao empregado dirigente sindical, ainda que a comunicação do registro da candidatura ou da eleição e da posse seja realizada fora do prazo previsto no art. 543, § 5º, da CLT, desde que a ciência ao empregador, por qualquer meio, ocorra na vigência do contrato de trabalho.

II – O art. 522 da CLT foi recepcionado pela Constituição Federal de 1988. Fica limitada, assim, a estabilidade a que alude o art. 543, § 3º, da CLT a sete dirigentes sindicais e igual número de suplentes.

III – O empregado de categoria diferenciada eleito dirigente sindical só goza de estabilidade se exercer na empresa atividade pertinente à categoria profissional do sindicato para o qual foi eleito dirigente. (ex-OJ nº 145 da SBDI-1 – inserida em 27.11.1998)

IV – Havendo extinção da atividade empresarial no âmbito da base territorial do sindicato, não há razão para subsistir a estabilidade. (ex-OJ nº 86 da SBDI-1 – inserida em 28.04.1997)

V – O registro da candidatura do empregado a cargo de dirigente sindical durante o período de aviso prévio, ainda que indenizado, não lhe assegura a estabilidade, visto que inaplicável a regra do § 3º do art. 543 da Consolidação das Leis do Trabalho. (ex-OJ nº 35 da SBDI-1 – inserida em 14.03.1994)

Nº 370. MÉDICO E ENGENHEIRO. JORNADA DE TRABALHO. LEIS NºS 3.999/1961 E 4.950-A/1966 (conversão das Orientações Jurisprudenciais nºs 39 e 53 da SBDI-1) – Res. 129/2005, DJ 20, 22 e 25.04.2005

Tendo em vista que as Leis nº 3.999/1961 e 4.950-A/1966 não estipulam a jornada reduzida, mas apenas estabelecem o salário mínimo da categoria para uma jornada de 4 horas para os médicos e de 6 horas para os engenheiros, não há que se falar em horas extras, salvo as excedentes à oitava, desde que seja respeitado o salário mínimo/horário das categorias. (ex-OJs nºs 39 e 53 da SBDI-1 – inseridas, respectivamente, em 07.11.1994 e 29.04.1994)

Nº 371. AVISO PRÉVIO INDENIZADO. EFEITOS. SUPERVENIÊNCIA DE AUXÍLIO-DOENÇA NO CURSO DESTE (conversão das Orientações Jurisprudenciais nºs 40 e 135 da SBDI-1) – Res. 129/2005, DJ 20, 22 e 25.04.2005

A projeção do contrato de trabalho para o futuro, pela concessão do aviso prévio indenizado, tem efeitos limitados às vantagens econômicas obtidas no período de pré-aviso, ou seja, salários, reflexos e verbas rescisórias. No caso de concessão de auxílio-doença no curso do aviso prévio, todavia, só se concretizam os efeitos da dispensa depois de expirado o benefício previdenciário. (ex-OJs nºs 40 e 135 da SBDI-1 – inseridas, respectivamente, em 28.11.1995 e 27.11.1998)

Nº 372. GRATIFICAÇÃO DE FUNÇÃO. SUPRESSÃO OU REDUÇÃO. LIMITES (conversão das Orientações Jurisprudenciais nos 45 e 303 da SBDI-1) – Res. 129/2005, DJ 20, 22 e 25.04.2005

I – Percebida a gratificação de função por dez ou mais anos pelo empregado, se o empregador, sem justo motivo, revertê-lo a seu cargo efetivo, não poderá retirar-lhe a gratificação tendo em vista o princípio da estabilidade financeira. (ex-OJ nº 45 da SBDI-1 – inserida em 25.11.1996)

II – Mantido o empregado no exercício da função comissionada, não pode o empregador reduzir o valor da gratificação. (ex-OJ nº 303 da SBDI-1 – DJ 11.08.2003)

Nº 373. GRATIFICAÇÃO SEMESTRAL. CONGELAMENTO. PRESCRIÇÃO PARCIAL (conversão da Orientação Jurisprudencial nº 46 da SBDI-1) – Res. 129/2005, DJ 20, 22 e 25.04.2005

Tratando-se de pedido de diferença de gratificação semestral que teve seu valor congelado, a prescrição aplicável é a parcial. (ex-OJ nº 46 da SBDI-1 – inserida em 29.03.1996)

Nº 374. NORMA COLETIVA. CATEGORIA DIFERENCIADA. ABRANGÊNCIA (conversão da Orientação Jurisprudencial nº 55 da SBDI-1) – Res. 129/2005, DJ 20, 22 e 25.04.2005

Empregado integrante de categoria profissional diferenciada não tem o direito de haver de seu empregador vantagens previstas em instrumento coletivo no qual a empresa não foi representada por órgão de classe de sua categoria. (ex-OJ nº 55 da SBDI-1 – inserida em 25.11.1996)

Nº 375. REAJUSTES SALARIAIS PREVISTOS EM NORMA COLETIVA. PREVALÊNCIA DA LEGISLAÇÃO DE POLÍTICA SALARIAL (conversão da Orientação Jurisprudencial nº 69 da SBDI-1 e da Orientação Jurisprudencial nº 40 da SBDI-2) – Res. 129/2005, DJ 20, 22 e 25.04.2005

Os reajustes salariais previstos em norma coletiva de trabalho não prevalecem frente à legislação superveniente de política salarial. (ex-OJs nºs 69 da SBDI-1 – inserida em 14.03.1994 – e 40 da SBDI-2 – inserida em 20.09.2000)

Nº 376. HORAS EXTRAS. LIMITAÇÃO. ART. 59 DA CLT. REFLEXOS (conversão das Orientações Jurisprudenciais nºs 89 e 117 da SBDI-1) – Res. 129/2005, DJ 20, 22 e 25.04.2005

I – A limitação legal da jornada suplementar a duas horas diárias não exime o empregador de pagar todas as horas trabalhadas. (ex-OJ nº 117 da SBDI-1 – inserida em 20.11.1997)

II – O valor das horas extras habitualmente prestadas integra o cálculo dos haveres trabalhistas, independentemente da limitação prevista no "caput" do art. 59 da CLT. (ex-OJ nº 89 da SBDI-1 – inserida em 28.04.1997)

Nº 377. PREPOSTO. EXIGÊNCIA DA CONDIÇÃO DE EMPREGADO (nova redação) – Res. 146/2008, DJ 28.04.2008, 02 e 05.05.2008

Exceto quanto à reclamação de empregado doméstico, ou contra micro ou pequeno empresário, o preposto deve ser necessariamente empregado do reclamado. Inteligência do art. 843, § 1º, da CLT e do art. 54 da Lei Complementar nº 123, de 14 de dezembro de 2006.

Nº 378. ESTABILIDADE PROVISÓRIA. ACIDENTE DO TRABALHO. ART. 118 DA LEI Nº 8.213/1991. CONSTITUCIONALIDADE. PRESSUPOSTOS (inserido o item III). – Res. 185/2012, DEJT divulgado em 25, 26 e 27.09.2012

I – É constitucional o artigo 118 da Lei nº 8.213/1991 que assegura o direito à estabilidade provisória por período de 12 meses após a cessação do auxílio-doença ao empregado acidentado. (ex-OJ nº 105 da SBDI-1 – inserida em 01.10.1997)

II – São pressupostos para a concessão da estabilidade o afastamento superior a 15 dias e a conseqüente percepção do auxílio-doença acidentário, salvo se constatada, após a despedida, doença profissional que guarde relação de causalidade com a execução do contrato de emprego. (primeira parte – ex-OJ nº 230 da SBDI-1 – inserida em 20.06.2001)

III – O empregado submetido a contrato de trabalho por tempo determinado goza da garantia provisória de emprego, decorrente de acidente de trabalho, prevista no art. 118 da Lei no 8.213/1991

Nº 379. DIRIGENTE SINDICAL. DESPEDIDA. FALTA GRAVE. INQUÉRITO JUDICIAL. NECESSIDADE (conversão da Orientação Jurisprudencial nº 114 da SBDI-1) – Res. 129/2005, DJ 20, 22 e 25.04.2005

O dirigente sindical somente poderá ser dispensado por falta grave mediante a apuração em inquérito judicial, inteligência dos arts. 494 e 543, § 3º, da CLT. (ex-OJ nº 114 da SBDI-1 – inserida em 20.11.1997)

Nº 380. AVISO PRÉVIO. INÍCIO DA CONTAGEM. ART. 132 DO CÓDIGO CIVIL DE 2002 (conversão da Orientação Jurisprudencial nº 122 da SBDI-1) – Res. 129/2005, DJ 20, 22 e 25.04.2005

Aplica-se a regra prevista no "caput" do art. 132 do Código Civil de 2002 à contagem do prazo do aviso prévio, excluindo-se o dia do começo e incluindo o do vencimento. (ex-OJ nº 122 da SBDI-1 – inserida em 20.04.1998)

Nº 381. CORREÇÃO MONETÁRIA. SALÁRIO. ART. 459 DA CLT (conversão da Orientação Jurisprudencial nº 124 da SBDI-1) – Res. 129/2005, DJ 20, 22 e 25.04.2005

O pagamento dos salários até o 5º dia útil do mês subseqüente ao vencido não está sujeito à correção monetária. Se essa data limite for ultrapassada, incidirá o índice da correção monetária do mês subseqüente ao da prestação dos serviços, a partir do dia 1º. (ex-OJ nº 124 da SBDI-1 – inserida em 20.04.1998)

Nº 382. MUDANÇA DE REGIME CELETISTA PARA ESTATUTÁRIO. EXTINÇÃO DO CONTRATO. PRESCRIÇÃO BIENAL (conversão da Orientação Jurisprudencial nº 128 da SBDI-1) – Res. 129/2005, DJ 20, 22 e 25.04.2005

A transferência do regime jurídico de celetista para estatutário implica extinção do contrato de trabalho, fluindo o prazo da prescrição bienal a partir da mudança de regime. (ex-OJ nº 128 da SBDI-1 – inserida em 20.04.1998)

Nº 383. RECURSO. MANDATO. IRREGULARIDADE DE REPRESENTAÇÃO. CPC DE 2015, ARTS. 104 E 76, § 2º (nova redação em decorrência do CPC de 2015) – Res. 210/2016, DEJT divulgado em 30.06.2016 e 01 e 04.07.2016.

I – É inadmissível recurso firmado por advogado sem procuração juntada aos autos até o momento da sua interposição, salvo mandato tácito. Em caráter excepcional (art. 104 do CPC de 2015), admite-se que o advogado, independentemente de intimação, exiba a procuração no prazo de 5 (cinco) dias após a interposição do recurso, prorrogável por igual período mediante despacho do juiz. Caso não a exiba, considera-se ineficaz o ato praticado e não se conhece do recurso.

II – Verificada a irregularidade de representação da parte em fase recursal, em procuração ou substabelecimento já constante dos autos, o relator ou o órgão competente para julgamento do recurso designará prazo de 5 (cinco) dias para que seja sanado o vício. Descumprida a determinação, o relator não conhecerá do recurso, se a providência couber ao recorrente, ou determinará o desentranhamento das contrarrazões, se a providência couber ao recorrido (art. 76, § 2º, do CPC de 2015).

Nº 384. MULTA CONVENCIONAL. COBRANÇA (conversão das Orientações Jurisprudenciais nºs 150 e 239 da SBDI-1) – Res. 129/2005, DJ 20, 22 e 25.04.2005

I – O descumprimento de qualquer cláusula constante de instrumentos normativos diversos não submete o empregado a ajuizar várias ações, pleiteando em cada uma o pagamento da multa referente ao descumprimento de obrigações previstas nas cláusulas respectivas. (ex-OJ nº 150 da SBDI-1 – inserida em 27.11.1998)

II – É aplicável multa prevista em instrumento normativo (sentença normativa, convenção ou acordo coletivo) em caso de descumprimento de obrigação prevista em lei, mesmo que a norma coletiva seja mera repetição de texto legal. (ex-OJ nº 239 da SBDI-1 – inserida em 20.06.2001)

Nº 385. FERIADO LOCAL OU FORENSE. AUSÊNCIA DE EXPEDIENTE. PRAZO RECURSAL. PRORROGAÇÃO. COMPROVAÇÃO. NECESSIDADE. (alterada em decorrência do CPC de 2015) – Res. 220/2017, DEJT divulgado em 21, 22 e 25.09.2017

I – Incumbe à parte o ônus de provar, quando da interposição do recurso, a existência de feriado local que autorize a prorrogação do prazo recursal (art. 1.003, § 6º, do CPC de 2015). No caso de o recorrente alegar a existência de feriado local e não o comprovar no momento da interposição do recurso, cumpre ao relator conceder o prazo de 5 (cinco) dias para que seja sanado o vício (art. 932, parágrafo único, do CPC de 2015), sob pena de não conhecimento se da comprovação depender a tempestividade recursal;

II – Na hipótese de feriado forense, incumbirá à autoridade que proferir a decisão de admissibilidade certificar o expediente nos autos;

III – Admite-se a reconsideração da análise da tempestividade do recurso, mediante prova documental superveniente, em agravo de instrumento, agravo interno, agravo regimental, ou embargos de declaração, desde que, em momento anterior, não tenha havido a concessão de prazo para a comprovação da ausência de expediente forense.

Nº 386. POLICIAL MILITAR. RECONHECIMENTO DE VÍNCULO EMPREGATÍCIO COM EMPRESA PRIVADA (conversão da Orientação Jurisprudencial nº 167 da SBDI-1) – Res. 129/2005, DJ 20, 22 e 25.04.2005

Preenchidos os requisitos do art. 3º da CLT, é legítimo o reconhecimento de relação de emprego entre policial militar e empresa privada, independentemente do eventual cabimento de penalidade disciplinar prevista no Estatuto do Policial Militar. (ex-OJ nº 167 da SBDI-1 – inserida em 26.03.1999)

Nº 387. RECURSO. FAC-SÍMILE. LEI Nº 9.800/1999 (atualizada em decorrência do CPC de 2015) – Res. 208/2016, DEJT divulgado em 22, 25 e 26.04.2016

I – A Lei nº 9.800, de 26.05.1999, é aplicável somente a recursos interpostos após o início de sua vigência. (ex-OJ nº 194 da SBDI-1 – inserida em 08.11.2000) II – A contagem do quinquidio para apresentação dos originais de recurso interposto por intermédio de fac-símile começa a fluir do dia subsequente ao término do prazo recursal, nos termos do art. 2º da Lei nº 9.800, de 26.05.1999, e não do dia seguinte à interposição do recurso, se esta se deu antes do termo final do prazo. (ex-OJ nº 337 da SBDI-1 – primeira parte – DJ 04.05.2004). III – Não se tratando a juntada dos originais de ato que dependa de notificação, pois a parte, ao interpor o recurso, já tem ciência de seu ônus processual, não se aplica a regra do art. 224 do CPC de 2015 (art. 184 do CPC de 1973) quanto ao "dies a quo", podendo coincidir com sábado, domingo ou feriado. (ex-OJ nº 337 da SBDI-1 – "in fine" – DJ 04.05.2004) IV – A autorização para utilização do fac-símile, constante do art. 1º da Lei n.º 9.800, de 26.05.1999, somente alcança as hipóteses em que o documento é dirigido diretamente ao órgão jurisdicional, não se aplicando à transmissão ocorrida entre particulares.

Nº 388. MASSA FALIDA. ARTS. 467 E 477 DA CLT. INAPLICABILIDADE (conversão das Orientações Jurisprudenciais nºs 201 e 314 da SBDI-1) – Res. 129/2005, DJ 20, 22 e 25.04.2005

A Massa Falida não se sujeita à penalidade do art. 467 e nem à multa do § 8º do art. 477, ambos da CLT. (ex-Ojs da SBDI-1 nºs 201 – DJ 11.08.2003 – e 314 – DJ 08.11.2000)

Nº 389. SEGURO-DESEMPREGO. COMPETÊNCIA DA JUSTIÇA DO TRABALHO. DIREITO À INDENIZAÇÃO POR NÃO LIBERAÇÃO DE GUIAS (conversão das Orientações Jurisprudenciais nºs 210 e 211 da SBDI-1) – Res. 129/2005, DJ 20, 22 e 25.04.2005

I – Inscreve-se na competência material da Justiça do Trabalho a lide entre empregado e empregador tendo por objeto indenização pelo não-fornecimento das guias do seguro-desemprego. (ex-OJ nº 210 da SBDI-1 – inserida em 08.11.2000)

II – O não-fornecimento pelo empregador da guia necessária para o recebimento do seguro-desemprego dá origem ao direito à indenização. (ex-OJ nº 211 da SBDI-1 – inserida em 08.11.2000)

Nº 390. ESTABILIDADE. ART. 41 DA CF/1988. CELETISTA. ADMINISTRAÇÃO DIRETA, AUTÁRQUICA OU FUNDACIONAL. APLICABILIDADE. EMPREGADO DE EMPRESA PÚBLICA E SOCIEDADE DE ECONOMIA MISTA. INAPLICÁVEL (conversão das Orientações Jurisprudenciais nºs 229 e 265 da SBDI-1 e da Orientação Jurisprudencial nº 22 da SBDI-2) – Res. 129/2005, DJ 20, 22 e 25.04.2005

I – O servidor público celetista da administração direta, autárquica ou fundacional é beneficiário da estabilidade prevista no art. 41 da CF/1988. (ex-OJs nºs 265 da SBDI-1 – inserida em 27.09.2002 – e 22 da SBDI-2 – inserida em 20.09.00)

II – Ao empregado de empresa pública ou de sociedade de economia mista, ainda que admitido mediante aprovação em concurso público, não é garantida a estabilidade prevista no art. 41 da CF/1988. (ex-OJ nº 229 da SBDI-1 – inserida em 20.06.2001)

Nº 391. PETROLEIROS. LEI Nº 5.811/1972. TURNO ININTERRUPTO DE REVEZAMENTO. HORAS EXTRAS E ALTERAÇÃO DA JORNADA PARA HORÁRIO FIXO (conversão das Orientações Jurisprudenciais nºs 240 e 333 da SBDI-1) – Res. 129/2005, DJ 20, 22 e 25.04.2005

I – A Lei nº 5.811/1972 foi recepcionada pela CF/88 no que se refere à duração da jornada de trabalho em regime de revezamento dos petroleiros. (ex-OJ nº 240 da SBDI-1 – inserida em 20.06.2001)

II – A previsão contida no art. 10 da Lei nº 5.811/1972, possibilitando a mudança do regime de revezamento para horário fixo, constitui alteração lícita, não violando os arts. 468 da CLT e 7º, VI, da CF/1988. (ex-OJ nº 333 da SBDI-1 – DJ 09.12.2003)

Nº 392. DANO MORAL E MATERIAL. RELAÇÃO DE TRABALHO. COMPETÊNCIA DA JUSTIÇA DO TRABALHO (redação alterada em sessão do Tribunal Pleno realizada em 27.10.2015) – Res. 200/2015, DEJT divulgado em 29.10.2015 e 03 e 04.11.2015. Nos termos do art. 114, inc. VI, da Constituição da República, a Justiça do Trabalho é competente para processar e julgar ações de indenização por dano moral e material, decorrentes da relação de trabalho, inclusive as oriundas de acidente de trabalho e doenças a ele equiparadas, ainda que propostas pelos dependentes ou sucessores do trabalhador falecido.

Nº 393. RECURSO ORDINÁRIO. EFEITO DEVOLUTIVO EM PROFUNDIDADE. ART. 1.013, § 1º, DO CPC DE 2015. ART. 515, § 1º, DO CPC DE 1973. (nova redação em decorrência do CPC de 2015) – Res. 208/2016, DEJT divulgado em 22, 25 e 26.04.2016. I – O efeito devolutivo em profundidade do recurso ordinário, que se extrai do § 1º do art. 1.013 do CPC de 2015 (art. 515, § 1º, do CPC de 1973), transfere ao Tribunal a apreciação dos fundamentos da inicial ou da defesa, não examinados pela sentença, ainda que não renovados em contrarrazões, desde que relativos ao capítulo impugnado. II – Se o processo estiver em condições, o tribunal, ao julgar o recurso ordinário, deverá decidir desde logo o mérito da causa, nos termos do § 3º do art. 1.013 do CPC de 2015, inclusive quando constatar a omissão da sentença no exame de um dos pedidos.

Nº 394. FATO SUPERVENIENTE. ART. 493 DO CPC DE 2015. ART. 462 DO CPC DE 1973. (atualizada em decorrência do CPC de 2015) – Res. 208/2016, DEJT divulgado em 22, 25 e 26.04.2016. O art. 493 do CPC de 2015 (art. 462 do CPC de 1973), que admite a invocação de fato constitutivo, modificativo ou extintivo do direito, superveniente à propositura da ação, é aplicável de ofício aos processos em curso em qualquer instância trabalhista. Cumpre ao juiz ou tribunal ouvir as partes sobre o fato novo antes de decidir.

Nº 395. MANDATO E SUBSTABELECIMENTO. CONDIÇÕES DE VALIDADE (nova redação dos itens I e II e acrescido o item V em decorrência do CPC de 2015) – Res. 211/2016, DEJT divulgado em 24, 25 e 26.08.2016 I – Válido é o instrumento de mandato com prazo determinado que contém cláusula estabelecendo a prevalência dos poderes para atuar até o final da demanda (§ 4º do art. 105 do CPC de 2015). (ex -OJ nº 312 da SBDI-1 – DJ 11.08.2003) II – Se há previsão, no instrumento de mandato, de prazo para sua juntada, o mandato só tem validade se anexado ao processo o respectivo instrumento no aludido prazo. (ex-OJ nº 313 da SBDI-1 – DJ 11.08.2003) III – São válidos os atos praticados pelo substabelecido, ainda que não haja, no mandato, poderes expressos para substabelecer (art. 667, e parágrafos, do Código Civil de 2002). (ex-OJ nº 108 da SBDI-1 – inserida em 01.10.1997) IV – Configura-se a irregularidade de representação se o substabelecimento é anterior à outorga passada ao substabelecente. (ex-OJ nº 330 da SBDI-1 – DJ 09.12.2003) V – Verificada a irregularidade de representação nas hipóteses dos itens II e IV, deve o juiz suspender o processo e designar prazo razoável para que seja sanado o vício, ainda que em instânciarecursal (art. 76 do CPC de 2015).

Nº 396. ESTABILIDADE PROVISÓRIA. PEDIDO DE REINTEGRAÇÃO. CONCESSÃO DO SALÁRIO RELATIVO AO PERÍODO DE ESTABILIDADE JÁ EXAURIDO. INEXISTÊNCIA DE JULGAMENTO "EXTRA PETITA" (conversão das Orientações Jurisprudenciais nºs 106 e 116 da SBDI-1) – Res. 129/2005, DJ 20, 22 e 25.04.2005

I – Exaurido o período de estabilidade, são devidos ao empregado apenas os salários do período compreendido entre a data da despedida e o final do período de estabilidade, não lhe sendo assegurada a reintegração no emprego. (ex-OJ nº 116 da SBDI-1 – inserida em 01.10.1997)

II – Não há nulidade por julgamento "extra petita" da decisão que deferir salário quando o pedido for de reintegração, dados os termos do art. 496 da CLT. (ex-OJ nº 106 da SBDI-1 – inserida em 20.11.1997)

Nº 397. AÇÃO RESCISÓRIA. ART. 966, IV, do CPC de 2015 . ART. 485, IV, DO CPC de 1973. AÇÃO DE CUMPRIMENTO. OFENSA À COISA JULGADA EMANADA DE SENTENÇA NORMATIVA MODIFICADA EM GRAU DE RECURSO. INVIABILIDADE. CABIMENTO DE MANDADO DE SEGURANÇA. (atualizada em decorrência do CPC de 2015) – Res. 208/2016, DEJT divulgado em 22, 25 e 26.04.2016.

Não procede ação rescisória calcada em ofensa à coisa julgada perpetrada por decisão proferida em ação de cumprimento, em face de a sentença normativa, na qual se louvava, ter sido modificada em grau de recurso, porque em dissídio coletivo somente se consubstancia coisa julgada formal. Assim, os meios processuais aptos a atacarem a execução da cláusula reformada são a exceção de pré-executividade e o mandado de segurança, no caso de descumprimento do art. 514 do CPC de 2015 (art. 572 do CPC de 1973). (ex-OJ nº 116 da SBDI-2 – DJ 11.08.2003)

Nº 398. AÇÃO RESCISÓRIA. AUSÊNCIA DE DEFESA. INAPLICÁVEIS OS EFEITOS DA REVELIA (alterada em decorrência do CPC de 2015) – Res. 219/2017, DEJT divulgado em 28, 29 e 30.06.2017 Na ação rescisória, o que se ataca é a decisão, ato oficial do Estado, acobertado pelo manto da coisa julgada. Assim, e considerando que a coisa julgada envolve questão de ordem pública, a revelia não produz confissão na ação rescisória. (ex-OJ nº 126 da SBDI-2 – DJ 09.12.2003)

Nº 399. AÇÃO RESCISÓRIA. CABIMENTO. SENTENÇA DE MÉRITO. DECISÃO HOMOLOGATÓRIA DE ADJUDICAÇÃO, DE ARREMATAÇÃO E DE CÁLCULOS (conversão das Orientações Jurisprudenciais nºs 44, 45 e 85, primeira parte, da SBDI-2) – Res. 137/2005, DJ 22, 23 e 24.08.2005

I – É incabível ação rescisória para impugnar decisão homologatória de adjudicação ou arrematação. (ex-OJs nºs 44 e 45 da SBDI-2 – inseridas em 20.09.2000)

II – A decisão homologatória de cálculos apenas comporta rescisão quando enfrentar as questões envolvidas na elaboração da conta de liquidação, quer solvendo a controvérsia das partes quer explicitando, de ofício, os motivos pelos quais acolheu os cálculos oferecidos por uma das partes ou pelo setor de cálculos, e não contestados pela outra.

(ex-OJ nº 85 da SBDI-2 – primeira parte – inserida em 13.03.2002 e alterada em 26.11.2002).

Nº 400. AÇÃO RESCISÓRIA DE AÇÃO RESCISÓRIA. VIOLAÇÃO MANIFESTA DE NORMA JURÍDICA. INDICAÇÃO DA MESMA NORMA JURÍDICA APONTADA NA RESCISÓRIA PRIMITIVA (MESMO DISPOSITIVO DE LEI SOB O CPC DE 1973). (nova redação em decorrência do CPC de 2015) – Res. 208/2016, DEJT divulgado em 22, 25 e 26.04.2016. Em se tratando de rescisória de rescisória, o vício apontado deve nascer na decisão rescindenda, não se admitindo a rediscussão do acerto do julgamento da rescisória anterior. Assim, não procede rescisória calcada no inciso V do art. 966 do CPC de 2015 (art. 485, V, do CPC de 1973) para discussão, por má aplicação da mesma norma jurídica, tida por violada na rescisória anterior, bem como para arguição de questões inerentes à ação rescisória primitiva. (ex-OJ nº 95 da SBDI-2 – inserida em 27.09.2002 e alterada DJ 16.04.2004)

Nº 401. AÇÃO RESCISÓRIA. DESCONTOS LEGAIS. FASE DE EXECUÇÃO. SENTENÇA EXEQUENDA OMISSA. INEXISTÊNCIA DE OFENSA À COISA JULGADA (conversão da Orientação Jurisprudencial nº 81 da SBDI-2) – Res. 137/2005 – DJ 22, 23 e 24.08.2005

Os descontos previdenciários e fiscais devem ser efetuados pelo juízo executório, ainda que a sentença exequenda tenha sido omissa sobre a questão, dado o caráter de ordem pública ostentado pela norma que os disciplina. A ofensa à coisa julgada somente poderá ser caracterizada na hipótese de o título Exequendo, expressamente, afastar a dedução dos valores a título de imposto de renda e de contribuição previdenciária. (ex-OJ nº 81 da SBDI-2 – inserida em 13.03.2002)

Nº 402. AÇÃO RESCISÓRIA. PROVA NOVA. DISSÍDIO COLETIVO. SENTENÇA NORMATIVA (nova redação em decorrência do CPC de 2015) – Res. 217/2017 – DEJT divulgado em 20, 24 e 25.04.2017 I – Sob a vigência do CPC de 2015 (art. 966, inciso VII), para efeito de ação rescisória, considera-se prova nova a cronologicamente velha, já existente ao tempo do trânsito em julgado da decisão rescindenda, mas ignorada pelo interessado ou de impossível utilização, à época, no processo. II – Não é prova nova apta a viabilizar a desconstituição de julgado: a) sentença normativa proferida ou transitada em julgado posteriormente à sentença rescindenda; b) sentença normativa preexistente à sentença rescindenda, mas não exibida no processo principal, em virtude de negligência da parte, quando podia e deveria louvar-se de documento já existente e não ignorado quando emitida a decisão rescindenda. (ex-OJ nº 20 da SBDI-2 – inserida em 20.09.2000)..

Nº 403. AÇÃO RESCISÓRIA. DOLO DA PARTE VENCEDORA EM DETRIMENTO DA VENCIDA. ART. 485, III, DO CPC (conversão das Orientações Jurisprudenciais nºs 111 e 125 da SBDI-2) – Res. 137/2005, DJ 22, 23 e 24.08.2005

I – Não caracteriza dolo processual, previsto no art. 485, III, do CPC, o simples fato de a parte vencedora haver silenciado a respeito de fatos contrários a ela, porque o procedimento, por si só, não constitui ardil do qual resulte cerceamento de defesa e, em consequência, desvie o juiz de uma sentença não-condizente com a verdade. (ex-OJ nº 125 da SBDI-2 – DJ 09.12.2003)

II – Se a decisão rescindenda é homologatória de acordo, não há parte vencedora ou vencida, razão pela qual não é possível a sua desconstituição calcada no inciso III do art. 485 do CPC (dolo da parte vencedora em detrimento da vencida), pois constitui fundamento de rescindibilidade que supõe solução jurisdicional para a lide. (ex-OJ nº 111 da SBDI-2 – DJ 29.04.2003)

Nº 404. AÇÃO RESCISÓRIA. FUNDAMENTO PARA INVALIDAR CONFISSÃO. CONFISSÃO FICTA. INADEQUAÇÃO DO ENQUADRAMENTO NO ART. 485, VIII, DO CPC DE 1973 – Res. 209/2016, DEJT divulgado em 01, 02 e 03.06.2016. O art. 485, VIII, do CPC de 1973, ao tratar do fundamento para invalidar a confissão como hipótese de rescindibilidade da decisão judicial, referia-se à confissão real, fruto de erro, dolo ou coação, e não à confissão ficta resultante de revelia.

Nº 405. AÇÃO RESCISÓRIA. TUTELA PROVISÓRIA (nova redação em decorrência do CPC de 2015) – Res. 208/2016, DEJT divulgado em 22, 25 e 26.04.2016. Em face do que dispõem a MP 1.984-22/2000 e o art. 969 do CPC de 2015, é cabível o pedido de tutela provisória formulado na petição inicial de ação rescisória ou na fase recursal, visando a suspender a execução da decisão rescindenda.

Nº 406. AÇÃO RESCISÓRIA. LITISCONSÓRCIO. NECESSÁRIO NO PÓLO PASSIVO E FACULTATIVO NO ATIVO. INEXISTENTE QUANTO AOS SUBSTITUÍDOS PELO SINDICATO (conversão das Orientações Jurisprudenciais nºs 82 e 110 da SBDI-2) – Res. 137/2005, DJ 22, 23 e 24.08.2005

I – O litisconsórcio, na ação rescisória, é necessário em relação ao pólo passivo da demanda, porque supõe uma comunidade de direitos ou de obrigações que não admite solução díspar para os litisconsortes, em face da indivisibilidade do objeto. Já em relação ao pólo ativo, o litisconsórcio é facultativo, uma vez que a aglutinação de autores se faz por conveniência e não pela necessidade decorrente da natureza do litígio, pois não se pode condicionar o exercício do direito individual de um dos litigantes no processo originário à anuência dos demais para retomar a lide. (ex-OJ nº 82 da SBDI-2 – inserida em 13.03.2002)

II – O Sindicato, substituto processual e autor da reclamação trabalhista, em cujos autos fora proferida a decisão rescindenda, possui legitimidade para figurar como réu na ação rescisória, sendo descabida a exigência de citação de todos os empregados substituídos, porquanto inexistente litisconsórcio passivo necessário. (ex-OJ nº 110 da SBDI-2 – DJ 29.04.2003)

Nº 407. AÇÃO RESCISÓRIA. MINISTÉRIO PÚBLICO. LEGITIMIDADE "AD CAUSAM" PREVISTA NO ART. 967, III, "A", "B" E "C" DO CPC DE 2015. ART. 487, III, "A" E "B", DO CPC DE 1973. HIPÓTESES MERAMENTE EXEMPLIFICATIVAS (nova redação em decorrência do CPC de 2015) – Res. 208/2016, DEJT divulgado em 22, 25 e 26.04.2016. A legitimidade "ad causam" do Ministério Público para propor ação rescisória, ainda que não tenha sido parte no processo que deu origem à decisão rescindenda, não está limitada às alíneas "a", "b" e "c" do inciso III do art. 967 do CPC de 2015 (art. 487, III, "a" e "b", do CPC de 1973), uma vez que traduzem hipóteses meramente exemplificativas (ex-OJ nº 83 da SBDI-2 – inserida em 13.03.2002)

Nº 408. AÇÃO RESCISÓRIA. PETIÇÃO INICIAL. CAUSA DE PEDIR. AUSÊNCIA DE CAPITULAÇÃO OU CAPITULAÇÃO ERRÔNEA NO ART. 966 DO CPC DE 2015. ART. 485 DO CPC DE 1973. PRINCÍPIO "IURA NOVIT CURIA" (nova redação em decorrência do CPC de 2015) – Res. 208/2016, DEJT divulgado em 22, 25 e 26.04.2016. Não padece de inépcia a petição inicial de ação rescisória apenas porque omite a subsunção do fundamento de rescindibilidade no art. 966 do CPC de 2015 (art. 485 do CPC de 1973) ou o capitula erroneamente em um de seus incisos. Contanto que não se afaste dos fatos e fundamentos invocados como causa de pedir, ao Tribunal é lícito emprestar-lhes a adequada qualificação jurídica ("iura novit curia"). No entanto, fundando-se a ação rescisória no art. 966, inciso V, do CPC de 2015 (art. 485, inciso V, do CPC de 1973), é indispensável expressa indicação, na petição inicial da ação rescisória, da norma jurídica manifestamente violada (dispositivo legal violado sob o CPC de 1973), por se tratar de causa de pedir da rescisória, não se aplicando, no caso, o princípio "iura novit curia". (ex-Ojs nºs 32 e 33 da SBDI-2 – inseridas em 20.09.2000)

Nº 409. AÇÃO RESCISÓRIA. PRAZO PRESCRICIONAL. TOTAL OU PARCIAL. VIOLAÇÃO DO ART. 7º, XXIX, DA CF/1988. MATÉRIA INFRACONSTITUCIONAL (conversão da Orientação Jurisprudencial nº 119 da SBDI-2) – Res. 137/2005, DJ 22, 23 e 24.08.2005

Não procede ação rescisória calcada em violação do art. 7º, XXIX, da CF/1988 quando a questão envolve discussão sobre a espécie de prazo prescricional aplicável aos créditos trabalhistas, se total ou parcial, porque a matéria tem índole infraconstitucional, construída, na Justiça do Trabalho, no plano jurisprudencial. (ex-OJ nº 119 da SBDI-2 – DJ 11.08.2003)

Nº 410. AÇÃO RESCISÓRIA. REEXAME DE FATOS E PROVAS. INVIABILIDADE (conversão da Orientação Jurisprudencial nº 109 da SBDI-2) – Res. 137/2005 DJ 22, 23 e 24.08.2005

A ação rescisória calcada em violação de lei não admite reexame de fatos e provas do processo que originou a decisão rescindenda. (ex-OJ nº 109 da SBDI-2 – DJ 29.04.2003)

Nº 411. AÇÃO RESCISÓRIA. SENTENÇA DE MÉRITO. DECISÃO DE TRIBUNAL REGIONAL DO TRABALHO EM AGRAVO REGIMENTAL CONFIRMANDO DECISÃO MONOCRÁTICA DO RELATOR QUE, APLICANDO A SÚMULA Nº 83 DO TST, INDEFERIU A PETIÇÃO INICIAL DA AÇÃO RESCISÓRIA. CABIMENTO (conversão da Orientação Jurisprudencial nº 43 da SBDI-2) – Res. 137/2005, DJ 22, 23 e 24.08.2005

Se a decisão recorrida, em agravo regimental, aprecia a matéria na fundamentação, sob o enfoque das Súmulas nºs 83 do TST e 343 do STF, constitui sentença de mérito, ainda que haja resultado no indeferimento da petição inicial e na extinção do processo sem julgamento do mérito. Sujeita-se, assim, à reforma pelo TST, a decisão do Tribunal que, invocando controvérsia na interpretação da lei, indefere a petição inicial de ação rescisória. (ex-OJ nº 43 da SBDI-2 – inserida em 20.09.2000)

Nº 412. AÇÃO RESCISÓRIA. REGÊNCIA PELO CPC DE 1973. SENTENÇA DE MÉRITO. QUESTÃO PROCESSUAL (nova redação em decorrência do CPC de 2015) – Res. 217/2017 – DEJT divulgado em 20, 24 e 25.04.2017

Sob a égide do CPC de 1973, pode uma questão processual ser objeto de rescisão desde que consista em pressuposto de validade de uma sentença de mérito. (ex-OJ nº 46 da SBDI-2 – inserida em20.09.2000)

Nº 413. AÇÃO RESCISÓRIA. SENTENÇA DE MÉRITO. VIOLAÇÃO DO ART. 896, "A", DA CLT (nova redação em decorrência do CPC de 2015) – Res. 209/2016, DEJT divulgado em 01, 02 e 03.06.2016

É incabível ação rescisória, por violação do art. 896, "a", da CLT, contra decisão transitada em julgado sob a égide do CPC de 1973 que não conhece de recurso de revista, com base em divergência jurisprudencial, pois não se cuidava de sentença de mérito (art. 485 do CPC de 1973). (ex-OJ nº 47 da SBDI-2 – inserida em 20.09.2000)

Nº 414. MANDADO DE SEGURANÇA. TUTELA PROVISÓRIA CONCEDIDA ANTES OU NA SENTENÇA (nova redação em decorrência do CPC de 2015) – Res. 217/2017 – DEJT divulgado em 20, 24 e 25.04.2017 I – A tutela provisória concedida na sentença não comporta impugnação pela via do mandado de segurança, por ser impugnável mediante recurso ordinário. É admissível a obtenção de efeito suspensivo ao recurso ordinário mediante requerimento dirigido ao tribunal, ao relator ou ao presidente ou ao vice-presidente do tribunal recorrido, por aplicação subsidiária ao processo do trabalho do artigo 1.029, § 5º, do CPC de 2015. II – No caso de a tutela provisória haver sido concedida ou indeferida antes da sentença, cabe mandado de segurança, em face da inexistência de recurso próprio. III – A superveniência da sentença, nos autos originários, faz perder o objeto do mandado de segurança que impugnava a concessão ou o indeferimento da tutela provisória.

Nº 415. MANDADO DE SEGURANÇA. PETIÇÃO INICIAL. ART. 321 DO CPC DE 2015. ART. 284 DO CPC DE 1973. INAPLICABILIDADE.. (atualizada em decorrência do CPC de 2015) – Res. 208/2016, DEJT divulgado em 22, 25 e 26.04.2016. Exigindo o mandado de segurança prova documental pré-constituída, inaplicável o art. 321 do CPC de 2015 (art. 284 do CPC de 1973) quando verificada, na petição inicial do "mandamus", a ausência de documento indispensável ou de sua autenticação. (ex-OJ nº 52 da SBDI-2 – inserida em 20.09.2000).

Nº 416. MANDADO DE SEGURANÇA. EXECUÇÃO. LEI Nº 8.432/1992. ART. 897, § 1º, DA CLT. CABIMENTO (conversão da Orientação Jurisprudencial nº 55 da SBDI-2) – Res. 137/2005, DJ 22, 23 e 24.08.2005

Devendo o agravo de petição delimitar justificadamente a matéria e os valores objeto de discordância, não fere direito líquido e certo o prosseguimento da execução quanto aos tópicos e valores não especificados no agravo. (ex-OJ nº 55 da SBDI-2 – inserida em 20.09.2000)

Nº 417. MANDADO DE SEGURANÇA. PENHORA EM DINHEIRO (alterado o item I, atualizado o item II e cancelado o item III, modulando-se os efeitos da presente redação de forma a atingir unicamente as penhoras em dinheiro em execução provisória efetivadas a partir de 18.03.2016, data de vigência do CPC de 2015) – Res. 212/2016, DEJT divulgado em 20, 21 e 22.09.2016 I – Não fere direito líquido e certo do impetrante o ato judicial que determina penhora em dinheiro do executado para garantir crédito exequendo, pois é prioritária e obedece à gradação prevista no art. 835 do CPC de 2015 (art. 655 do CPC de 1973). II – Havendo discordância do credor, em execução definitiva, não tem o executado direito líquido e certo a que os valores penhorados em dinheiro fiquem depositados no próprio banco, ainda que atenda aos requisitos do art. 840, I, do CPC de 2015 (art. 666, I, do CPC de 1973). (ex-OJ nº 61 da SBDI-2 – inserida em 20.09.2000).

Nº 418. **SÚMULA Nº 418.** MANDADO DE SEGURANÇA VISANDO À HOMOLOGAÇÃO DE ACORDO (nova redação em decorrência do CPC de 2015) – Res. 217/2017 – DEJT divulgado em 20, 24 e 25.04.2017. A homologação de acordo constitui faculdade do juiz, inexistindo direito líquido e certo tutelável pela via do mandado de segurança.

Nº 419. COMPETÊNCIA. EMBARGOS DE TERCEIRO. EXECUÇÃO POR CARTA PRECATÓRIA. JUÍZO DEPRECADO. (alterada em decorrência do CPC de 2015) – Res. 212/2016, DEJT divulgado em 20, 21 e 22.09.2016. Na execução por carta precatória, os embargos de terceiro serão oferecidos no juízo deprecado, salvo se indicado pelo juízo deprecante o bem constrito ou se já devolvida a carta (art. 676, parágrafo único, do CPC de 2015).

Nº 420. COMPETÊNCIA FUNCIONAL. CONFLITO NEGATIVO. TRT E VARA DO TRABALHO DE IDÊNTICA REGIÃO. NÃO CONFIGURAÇÃO (conversão da Orientação Jurisprudencial nº 115 da SBDI-2) – Res. 137/2005, DJ 22, 23 e 24.08.2005

Não se configura conflito de competência entre Tribunal Regional do Trabalho e Vara do Trabalho a ele vinculada. (ex-OJ nº 115 da SBDI-2 – DJ 11.08.2003)

Nº 421. EMBARGOS de DECLARAÇÃO. CABIMENTO. DECISÃO MONOCRÁTICA DO RELATOR CALCADA NO art. 932 do cpc de 2015. ART. 557 DO CPC de 1973. (atualizada em decorrência do CPC de 2015) – Res. 208/2016, DEJT divulgado em 22, 25 e 26.04.2016. I – Cabem embargos de declaração da decisão monocrática do relator prevista no art. 932 do CPC de 2015 (art. 557 do CPC de 1973), se a parte pretende tão somente juízo integrativo retificador da decisão e, não, modificação do julgado. II – Se a parte postular a revisão no mérito da decisão monocrática, cumpre ao relator converter os embargos de declaração em agravo, em face dos princípios da fungibilidade e celeridade processual, submetendo-o ao pronunciamento do Colegiado, após a intimação do recorrente para, no prazo de 5 (cinco) dias, complementar as razões recursais, de modo a ajustá-las às exigências do art. 1.021, § 1º, do CPC de 2015.

Nº 422. RECURSO. APELO QUE NÃO ATACA OS FUNDAMENTOS DA DECISÃO RECORRIDA. NÃO CONHECIMENTO. ART. 514, II, do CPC (redação alterada, com inserção dos itens I, II e III) – Res. 199/2015, DEJT divulgado em 24, 25 e 26.06.2015. Com errata publicada no DEJT divulgado em 01.07.2015

I – Não se conhece de recurso para o Tribunal Superior do Trabalho se as razões do recorrente não impugnam os fundamentos da decisão recorrida, nos termos em que proferida.

II – O entendimento referido no item anterior não se aplica em relação à motivação secundária e impertinente, consubstanciada em despacho de admissibilidade de recurso ou em decisão monocrática.

III – Inaplicável a exigência do item I relativamente ao recurso ordinário da competência de Tribunal Regional do Trabalho, exceto em caso de recurso cuja motivação é inteiramente dissociada dos fundamentos da sentença.

Nº 423. TURNO ININTERRUPTO DE REVEZAMENTO. FIXAÇÃO DE JORNADA DE TRABALHO MEDIANTE NEGOCIAÇÃO COLETIVA. VALIDADE. (conversão da Orientação Jurisprudencial nº 169 da SBDI-1) Res. 139/2006 – DJ 10, 11 e 13.10.2006) Estabelecida jornada superior a seis horas e limitada a oito horas por meio de regular negociação coletiva, os empregados submetidos a turnos ininterruptos de revezamento não tem direito ao pagamento da 7ª e 8ª horas como extras.

Nº 424. RECURSO ADMINISTRATIVO. PRESSUPOSTO DE ADMISSIBILIDADE. DEPÓSITO PRÉVIO DA MULTA ADMINISTRATIVA. NÃO RECEPÇÃO PELA CONSTITUIÇÃO FEDERAL DO § 1º DO ART. 636 DA CLT – Res. 160/2009, DJe divulgado em 23, 24 e 25.11.2009. O § 1º do art. 636 da CLT, que estabelece a exigência de prova do depósito prévio do valor da multa cominada em razão de autuação administrativa como pressuposto de admissibilidade de recurso administrativo, não foi recepcionado pela Constituição Federal de 1988, ante a sua incompatibilidade com o inciso LV do art. 5º.

Nº 425. JUS POSTULANDI NA JUSTIÇA DO TRABALHO. ALCANCE – Res. 165/2010, DeJT divulgado em 30.04.2010 e 03 e 04.05.2010

O jus postulandi das partes, estabelecido no art. 791 da CLT, limita-se às Varas do Trabalho e aos Tribunais Regionais do Trabalho, não alcançando a ação rescisória, a ação cautelar, o mandado de segurança e os recursos de competência do Tribunal Superior do Trabalho.

Nº 426. DEPÓSITO RECURSAL. UTILIZAÇÃO DA GUIA GFIP. OBRIGATORIEDADE.

Nos dissídios individuais o depósito recursal será efetivado mediante a utilização da Guia de Recolhimento do FGTS e Informações à Previdência Social – GFIP, nos termos dos §§ 4º e 5º do art. 899 da CLT, admitido o depósito judicial, realizado na sede do juízo e à disposição deste, na hipótese de relação de trabalho não submetida ao regime do FGTS.

Nº 427. INTIMAÇÃO. PLURALIDADE DE ADVOGADOS. PUBLICAÇÃO EM NOME DE ADVOGADO DIVERSO DAQUELE EXPRESSAMENTE INDICADO. NULIDADE.

Havendo pedido expresso de que as intimações e publicações sejam realizadas exclusivamente em nome de determinado advogado, a comunicação em nome de outro profissional constituído nos autos é nula, salvo se constatada a inexistência de prejuízo.

Nº 428. SOBREAVISO. APLICAÇÃO ANALÓGICA DO ART. 244, § 2º, DA CLT (redação alterada na sessão do Tribunal Pleno realizada em 14.09.2012) – Res. 185/2012, DEJT divulgado em 25, 26 e 27.09.2012

I – O uso de instrumentos telemáticos ou informatizados fornecidos pela empresa ao empregado, por si só, não caracteriza regime de sobreaviso.

II – Considera-se em sobreaviso o empregado que, à distância e submetido a controle patronal por instrumentos telemáticos ou informatizados, permanecer em regime de plantão ou equivalente, aguardando a qualquer momento o chamado para o serviço durante o período de descanso.

Nº 429. TEMPO À DISPOSIÇÃO DO EMPREGADOR. ART. 4º DA CLT. PERÍODO DE DESLOCAMENTO ENTRE A PORTARIA E O LOCAL DE TRABALHO.

Considera-se à disposição do empregador, na forma do art. 4º da CLT, o tempo necessário ao deslocamento do trabalhador entre a portaria da empresa e o local de trabalho, desde que supere o limite de 10 (dez) minutos diários.

Nº 430. ADMINISTRAÇÃO PÚBLICA INDIRETA. CONTRATAÇÃO. AUSÊNCIA DE CONCURSO PÚBLICO. NULIDADE. ULTERIOR PRIVATIZAÇÃO. CONVALIDAÇÃO. INSUBSISTÊNCIA DO VÍCIO.

Convalidam-se os efeitos do contrato de trabalho que, considerado nulo por ausência de concurso público, quando celebrado originalmente com ente da Administração Pública Indireta, continua a existir após a sua privatização.

Nº 431. SALÁRIO-HORA. EMPREGADO SUJEITO AO REGIME GERAL DE TRABALHO (ART. 58, CAPUT, DA CLT). 40 HORAS SEMANAIS. CÁLCULO. APLICAÇÃO DO DIVISOR 200 (redação alterada na sessão do Tribunal Pleno realizada em 14.09.2012)

Para os empregados a que alude o art. 58, caput, da CLT, quando sujeitos a 40 horas semanais de trabalho, aplica-se o divisor 200 (duzentos) para o cálculo do valor do salário-hora.

Nº 432. CONTRIBUIÇÃO SINDICAL RURAL. AÇÃO DE COBRANÇA. PENALIDADE POR ATRASO NO RECOLHIMENTO. INAPLICABILIDADE DO ART. 600 DA CLT. INCIDÊNCIA DO ART. 2º DA LEI Nº 8.022/1990.

O recolhimento a destempo da contribuição sindical rural não acarreta a aplicação da multa progressiva prevista no art. 600 da CLT, em decorrência da sua revogação tácita pela Lei nº 8.022, de 12 de abril de 1990.

Nº 433. EMBARGOS. ADMISSIBILIDADE. PROCESSO EM FASE DE EXECUÇÃO. ACÓRDÃO DE TURMA PUBLICADO NA VIGÊNCIA DA LEI Nº 11.496, DE 26.06.2007. DIVERGÊNCIA DE INTERPRETAÇÃO DE DISPOSITIVO CONSTITUCIONAL. – Res. 177/2012, DEJT divulgado em 13, 14 e 15.02.2012

A admissibilidade do recurso de embargos contra acórdão de Turma em Recurso de Revista em fase de execução, publicado na vigência da Lei nº 11.496, de 26.06.2007, condiciona-se à demonstração de divergência jurisprudencial entre Turmas ou destas e a Seção Especializada em Dissídios Individuais do Tribunal Superior do Trabalho em relação à interpretação de dispositivo constitucional.

Nº 435. DECISÃO MONOCRÁTICA. RELATOR. art. 932 DO CPC DE 2015. ART. 557 DO CPC de 1973. APLICAÇÃO SUBSIDIÁRIA AO PROCESSO DO TRABALHO (atualizada em decorrência do CPC de 2015) – Res. 208/2016, DEJT divulgado em 22, 25 e 26.04.2016. Aplica-se subsidiariamente ao processo do trabalho o art. 932 do CPC de 2015 (art. 557 do CPC de 1973).

Nº 436. REPRESENTAÇÃO PROCESSUAL. PROCURADOR DA UNIÃO, ESTADOS, MUNICÍPIOS E DISTRITO FEDERAL, SUAS AUTARQUIAS E FUNDAÇÕES PÚBLICAS. JUNTADA DE INSTRUMENTO DE MANDATO (conversão da Orientação Jurisprudencial no 52 da SBDI-I e inserção do item II à redação)

I – A União, Estados, Municípios e Distrito Federal, suas autarquias e fundações públicas, quando representadas em juízo, ativa e passivamente, por seus procuradores, estão dispensadas da juntada de instrumento de mandato e de comprovação do ato de nomeação.

II – Para os efeitos do item anterior, é essencial que o signatário ao menos declare-se exercente do cargo de procurador, não bastando a indicação do número de inscrição na Ordem dos Advogados do Brasil.

Nº 437. INTERVALO INTRAJORNADA PARA REPOUSO E ALIMENTAÇÃO. APLICAÇÃO DO ART. 71 DA CLT (conversão das Orientações Jurisprudenciais nºs 307, 342, 354, 380 e 381 da SBDI-1) – Res. 185/2012, DEJT divulgado em 25, 26 e 27.09.2012

I – Após a edição da Lei no 8.923/94, a não concessão ou a concessão parcial do intervalo intrajornada mínimo, para repouso e alimentação, a empregados urbanos e rurais, implica o pagamento total do período correspondente, e não apenas daquele suprimido, com acréscimo de, no mínimo, 50% sobre o valor da remuneração da hora normal de trabalho (art. 71 da CLT), sem prejuízo do cômputo da efetiva jornada de labor para efeito de remuneração.

II – É inválida cláusula de acordo ou convenção coletiva de trabalho contemplando a supressão ou redução do intervalo intrajornada porque este constitui medida de higiene, saúde e segurança do trabalho, garantido por norma de ordem pública (art. 71 da CLT e art. 7º, XXII, da CF/1988), infenso à negociação coletiva.

III – Possui natureza salarial a parcela prevista no art. 71, § 4º, da CLT, com redação introduzida pela Lei no 8.923, de 27 de julho de 1994, quando não concedido ou reduzido pelo empregador o intervalo mínimo intrajornada para repouso e alimentação, repercutindo, assim, no cálculo de outras parcelas salariais.

IV – Ultrapassada habitualmente a jornada de seis horas de trabalho, é devido o gozo do intervalo intrajornada mínimo de uma hora, obrigando o empregador a remunerar o período para descanso e alimentação não usufruído como extra, acrescido do respectivo adicional, na forma prevista no art. 71, caput e § 4º da CLT.

Nº 438. INTERVALO PARA RECUPERAÇÃO TÉRMICA DO EMPREGADO. AMBIENTE ARTIFICIALMENTE FRIO. HORAS EXTRAS. ART. 253 DA CLT. APLICAÇÃO ANALÓGICA.

O empregado submetido a trabalho contínuo em ambiente artificialmente frio, nos termos do parágrafo único do art. 253 da CLT, ainda que não labore em câmara frigorífica, tem direito ao intervalo intrajornada previsto no caput do art. 253 da CLT.

Nº 439. DANOS MORAIS. JUROS DE MORA E ATUALIZAÇÃO MONETÁRIA. TERMO INICIAL – Res. 185/2012, DEJT divulgado em 25, 26 e 27.09.2012

Nas condenações por dano moral, a atualização monetária é devida a partir da data da decisão de arbitramento ou de alteração do valor. Os juros incidem desde o ajuizamento da ação, nos termos do art. 883 da CLT.

Nº 440. AUXÍLIO-DOENÇA ACIDENTÁRIO. APOSENTADORIA POR INVALIDEZ. SUSPENSÃO DO CONTRATO DE TRABALHO. RECONHECIMENTO DO DIREITO À MANUTENÇÃO DE PLANO DE SAÚDE OU DE ASSISTÊNCIA MÉDICA.

Assegura-se o direito à manutenção de plano de saúde ou de assistência médica oferecido pela empresa ao empregado, não obstante suspenso o contrato de trabalho em virtude de auxílio-doença acidentário ou de aposentadoria por invalidez.

Nº 441. AVISO PRÉVIO. PROPORCIONALIDADE.

O direito ao aviso prévio proporcional ao tempo de serviço somente é assegurado nas rescisões de contrato de trabalho ocorridas a partir da publicação da Lei no 12.506, em 13 de outubro de 2011.

Nº 442. PROCEDIMENTO SUMARÍSSIMO. RECURSO DE REVISTA FUNDAMENTADO EM CONTRARIEDADE A ORIENTAÇÃO JURISPRUDENCIAL. INADMISSIBILIDADE. ART. 896, § 6º, DA CLT, ACRESCENTADO PELA LEI No 9.957, DE 12.01.2000 (conversão da Orientação Jurisprudencial no 352 da SBDI-1)

Nas causas sujeitas ao procedimento sumaríssimo, a admissibilidade de recurso de revista está limitada à demonstração de violação direta a dispositivo da Constituição Federal ou contrariedade a Súmula do Tribunal

Superior do Trabalho, não se admitindo o recurso por contrariedade a Orientação Jurisprudencial deste Tribunal (Livro II, Título II, Capítulo III, do RITST), ante a ausência de previsão no art. 896, § 6º, da CLT.

Nº 443. DISPENSA DISCRIMINATÓRIA. PRESUNÇÃO. EMPREGADO PORTADOR DE DOENÇA GRAVE. ESTIGMA OU PRECONCEITO. DIREITO À REINTEGRAÇÃO Res. 185/2012, DEJT divulgado em 25, 26 e 27.09.2012 Presume-se discriminatória a despedida de empregado portador do vírus HIV ou de outra doença grave que suscite estigma ou preconceito. Inválido o ato, o empregado tem direito à reintegração no emprego.

Nº 444. JORNADA DE TRABALHO. NORMA COLETIVA. LEI. ESCALA DE 12 POR 36. VALIDADE – Res. 185/2012, DEJT divulgado em 25, 26 e27.09.2012 é válida, em caráter excepcional, a jornada de doze horas de trabalho por trinta e seis de descanso, prevista em lei ou ajustada exclusivamente mediante acordo coletivo de trabalho ou convenção coletiva de trabalho, assegurada a remuneração em dobro dos feriados trabalhados. O empregado não tem direito ao pagamento de adicional referente ao labor prestado na décima primeira e décima segunda horas.

Nº 445. INADIMPLEMENTO DE VERBAS TRABALHISTAS. FRUTOS. POSSE DE MÁ-FÉ. ART. 1.216 DO CÓDIGO CIVIL. INAPLICABILIDADE AO DIREITO DO TRABALHO – Res. 189/2013, DEJT divulgado em 13, 14 e 15.03.2013. A indenização por frutos percebidos pela posse de má-fé, prevista no art. 1.216 do Código Civil, por tratar-se de regra afeta a direitos reais, mostra-se incompatível com o Direito do Trabalho, não sendo devida no caso de inadimplemento de verbas trabalhistas.

Nº 446. MAQUINISTA FERROVIÁRIO. INTERVALO INTRAJORNADA. SUPRESSÃO PARCIAL OU TOTAL. HORAS EXTRAS DEVIDAS. COMPATIBILIDADE ENTRE OS ARTS 71, § 4º, E 238, § 5º, DA CLT. A garantia ao intervalo intrajornada, prevista no art. 71 da CLT, por constituir-se em medida de higiene, saúde e segurança do empregado, é aplicável também ao ferroviário maquinista integrante da categoria "c" (equipagem de trem em geral), não havendo incompatibilidade entre as regras inscritas nos arts. 71, § 4º, e 238, § 5º, da CLT.

Nº 447. ADICIONAL DE PERICULOSIDADE. PERMANÊNCIA A BORDO DURANTE O ABASTECIMENTO DA AERONAVE. INDEVIDO. Os tripulantes e demais empregados em serviços auxiliares de transporte aéreo que, no momento do abastecimento da aeronave, permanecem a bordo não têm direito ao adicional de periculosidade a que aludem o art. 193 da CLT e o Anexo 2, item 1, "c", da NR 16 do MTE.

Nº 448. ATIVIDADE INSALUBRE. CARACTERIZAÇÃO. PREVISÃO NA NORMA REGULAMENTADORA Nº 15 DA PORTARIA DO MINISTÉRIO DO TRABALHO Nº 3.214/78. INSTALAÇÕES SANITÁRIAS. (conversão da Orientação Jurisprudencial nº 4 da SBDI-1 com nova redação do item II) – Res. 194/2014, DEJT divulgado em 21, 22 e 23.05.2014.

I – Não basta a constatação da insalubridade por meio de laudo pericial para que o empregado tenha direito ao respectivo adicional, sendo necessária a classificação da atividade insalubre na relação oficial elaborada pelo Ministério do Trabalho.

II – A higienização de instalações sanitárias de uso público ou coletivo de grande circulação, e a respectiva coleta de lixo, por não se equiparar à limpeza em residências e escritórios, enseja o pagamento de adicional de insalubridade em grau máximo, incidindo o disposto no Anexo 14 da NR-15 da Portaria do MTE nº 3.214/78 quanto à coleta e industrialização de lixo urbano.

Nº 449. MINUTOS QUE ANTECEDEM E SUCEDEM A JORNADA DE TRABALHO. LEI Nº 10.243, DE 19.06.2001. NORMA COLETIVA. FLEXIBILIZAÇÃO. IMPOSSIBILIDADE. (conversão da Orientação Jurisprudencial nº 372 da SBDI-1) – Res. 194/2014, DEJT divulgado em 21, 22 e 23.05.2014

A partir da vigência da Lei nº 10.243, de 19.06.2001, que acrescentou o § 1º ao art. 58 da CLT, não mais prevalece cláusula prevista em convenção ou acordo coletivo que elastece o limite de 5 minutos que antecedem e sucedem a jornada de trabalho para fins de apuração das horas extras.

Nº 450. FÉRIAS. GOZO NA ÉPOCA PRÓPRIA. PAGAMENTO FORA DO PRAZO. DOBRA DEVIDA. ARTS. 137 E 145 DA CLT. (conversão da Orientação Jurisprudencial nº 386 da SBDI-1) – Res. 194/2014, DEJT divulgado em 21, 22 e 23.05.2014

É devido o pagamento em dobro da remuneração de férias, incluído o terço constitucional, com base no art. 137 da CLT, quando, ainda que gozadas na época própria, o empregador tenha descumprido o prazo previsto no art. 145 do mesmo diploma legal.

Nº 451. PARTICIPAÇÃO NOS LUCROS E RESULTADOS. RESCISÃO CONTRATUAL ANTERIOR À DATA DA DISTRIBUIÇÃO DOS LUCROS. PAGAMENTO PROPORCIONAL AOS MESES TRABALHADOS. PRINCÍPIO DA ISONOMIA. (conversão da Orientação Jurisprudencial nº 390 da SBDI-1) – Res. 194/2014, DEJT divulgado em 21, 22 e 23.05.2014

Fere o princípio da isonomia instituir vantagem mediante acordo coletivo ou norma regulamentar que condiciona a percepção da parcela participação nos lucros e resultados ao fato de estar o contrato de trabalho em vigor na data prevista para a distribuição dos lucros. Assim, inclusive na rescisão contratual antecipada, é devido o pagamento da parcela de forma proporcional aos meses trabalhados, pois o ex-empregado concorreu para os resultados positivos da empresa.

Nº 452. DIFERENÇAS SALARIAIS. PLANO DE CARGOS E SALÁRIOS. DESCUMPRIMENTO. CRITÉRIOS DE PROMOÇÃO NÃO OBSERVADOS. PRESCRIÇÃO PARCIAL. (conversão da Orientação Jurisprudencial nº 404 da SBDI-1) – Res. 194/2014, DEJT divulgado em 21, 22 e 23.05.2014

Tratando-se de pedido de pagamento de diferenças salariais decorrentes da inobservância dos critérios de promoção estabelecidos em Plano de Cargos e Salários criado pela empresa, a prescrição aplicável é a parcial, pois a lesão é sucessiva e se renova mês a mês.

Nº 453. ADICIONAL DE PERICULOSIDADE. PAGAMENTO ESPONTÂNEO. CARACTERIZAÇÃO DE FATO INCONTROVERSO. DESNECESSÁRIA A PERÍCIA DE QUE TRATA O ART. 195 DA CLT. (conversão da Orientação Jurisprudencial nº 406 da SBDI-1) – Res. 194/2014, DEJT divulgado em 21, 22 e 23.05.2014

O pagamento de adicional de periculosidade efetuado por mera liberalidade da empresa, ainda que de forma proporcional ao tempo de exposição ao risco ou em percentual inferior ao máximo legalmente previsto, dispensa a realização da prova técnica exigida pelo art. 195 da CLT, pois torna incontroversa a existência do trabalho em condições perigosas.

Nº 454. COMPETÊNCIA DA JUSTIÇA DO TRABALHO. EXECUÇÃO DE OFÍCIO. CONTRIBUIÇÃO SOCIAL REFERENTE AO SEGURO DE ACIDENTE DE TRABALHO (SAT). ARTS. 114, VIII, E 195, I, "A", DA CONSTITUIÇÃO DA REPÚBLICA. (conversão da Orientação Jurisprudencial nº 414 da SBDI-1) – Res. 194/2014, DEJT divulgado em 21, 22 e 23.05.2014

Compete à Justiça do Trabalho a execução, de ofício, da contribuição referente ao Seguro de Acidente de Trabalho (SAT), que tem natureza de contribuição para a seguridade social (arts. 114, VIII, e 195, I, "a", da CF), pois se destina ao financiamento de benefícios relativos à incapacidade do empregado decorrente de infortúnio no trabalho (arts. 11 e 22 da Lei nº 8.212/1991).

Nº 455. EQUIPARAÇÃO SALARIAL. SOCIEDADE DE ECONOMIA MISTA. ART. 37, XIII, DA CF/1988. POSSIBILIDADE. (conversão da Orientação Jurisprudencial nº 353 da SBDI-1 com nova redação) – Res. 194/2014, DEJT divulgado em 21, 22 e 23.05.2014

À sociedade de economia mista não se aplica a vedação à equiparação prevista no art. 37, XIII, da CF/1988, pois, ao admitir empregados sob o regime da CLT, equipara-se a empregador privado, conforme disposto no art. 173, § 1º, II, da CF/1988.

Nº 456. REPRESENTAÇÃO. PESSOA JURÍDICA. PROCURAÇÃO. INVALIDADE. IDENTIFICAÇÃO DO OUTORGANTE E DE SEU REPRESENTANTE. (inseridos os itens II e III em decorrência do CPC de 2015) – Res. 211/2016, DEJT divulgado em 24, 25 e 26.08.2016

I – É inválido o instrumento de mandato firmado em nome de pessoa jurídica que não contenha, pelo menos, o nome do outorgante e do signatário da procuração, pois estes dados constituem elementos que os individualizam. II – Verificada a irregularidade de representação da parte na instância originária, o juiz designará prazo de 5 (cinco) dias para que seja sanado o vício. Descumprida a determinação, extinguirá o processo, sem resolução de mérito, se a providência couber ao reclamante, ou considerará revel o reclamado, se a providência lhe couber (art. 76, § 1º, do CPC de 2015). III – Caso a irregularidade de representação da parte seja constatada em fase recursal, o relator designará prazo de 5 (cinco) dias para que seja sanado o vício. Descumprida a determinação, o relator não conhecerá do recurso, se a providência couber ao recorrente, ou determinará o desentranhamento das contrarrazões, se a providência couber ao recorrido (art. 76, § 2º, do CPC de2015).

Nº 457. HONORÁRIOS PERICIAIS. BENEFICIÁRIO DA JUSTIÇA GRATUITA. RESPONSABILIDADE DA UNIÃO PELO PAGAMENTO. RESOLUÇÃO Nº 66/2010 DO CSJT. OBSERVÂNCIA. (conversão da Orientação Jurisprudencial nº 387 da SBDI-1 com nova redação) – Res. 194/2014, DEJT divulgado em 21, 22 e 23.05.2014

A União é responsável pelo pagamento dos honorários de perito quando a parte sucumbente no objeto da perícia for beneficiária da assistência judiciária gratuita, observado o procedimento disposto nos arts. 1º, 2º e 5º da Resolução nº 66/2010 do Conselho Superior da Justiça do Trabalho – CSJT.

Nº 458. EMBARGOS. PROCEDIMENTO SUMARÍSSIMO. CONHECIMENTO. RECURSO INTERPOSTO APÓS VIGÊNCIA DA LEI Nº 11.496, DE 22.06.2007, QUE CONFERIU NOVA REDAÇÃO AO ART. 894, DA CLT. (conversão da Orientação Jurisprudencial nº 405 da SBDI-1 com nova redação) – Res. 194/2014, DEJT divulgado em 21, 22 e 23.05.2014

Em causas sujeitas ao procedimento sumaríssimo, em que pese a limitação imposta no art. 896, § 6º, da CLT à interposição de recurso de revista, admitem-se os embargos interpostos na vigência da Lei nº 11.496, de 22.06.2007, que conferiu nova redação ao art. 894 da CLT, quando demonstrada a divergência jurisprudencial entre Turmas do TST, fundada em interpretações diversas acerca da aplicação de mesmo dispositivo constitucional ou de matéria sumulada.

Nº 459. RECURSO DE REVISTA. NULIDADE POR NEGATIVA DE PRESTAÇÃO JURISDICIONAL (atualizada em decorrência do CPC de 2015) – Res. 219/2017, DEJT divulgado em 28, 29 e 30.06.2017)

O conhecimento do recurso de revista, quanto à preliminar de nulidade, por negativa de prestação jurisdicional, supõe indicação de violação do art. 832 da CLT, do art. 489 do CPC de 2015 (art. 458 do CPC de 1973) ou do art. 93, IX, da CF/1988.

Nº 460. VALE-TRANSPORTE. ÔNUS DA PROVA – Res. 209/2016, DEJT divulgado em 01, 02 e 03.06.2016

É do empregador o ônus de comprovar que o empregado não satisfaz os requisitos indispensáveis para a concessão do vale-transporte ou não pretenda fazer uso do benefício.

Nº 461. MULTA DO ART. 477, § 8º, DA CLT. INCIDÊNCIA. RECONHECIMENTO JUDICIAL DA RELAÇÃO DE EMPREGO (Republicada em razão de erro material) – DEJT divulgado em 30.06.2016

A circunstância de a relação de emprego ter sido reconhecida apenas em juízo não tem o condão de afastar a incidência da multa prevista no art. 477, § 8º, da CLT. A referida multa não será devida apenas quando, comprovadamente, o empregado der causa à mora no pagamento das verbas rescisórias.

Nº 462. MULTA DO ART. 477, § 8º, DA CLT. INCIDÊNCIA. RECONHECIMENTO JUDICIAL DA RELAÇÃO DE EMPREGO – Res. 209/2016, DEJT divulgado em 01, 02 e 03.06.2016. A circunstância de a relação de emprego ter sido reconhecido apenas em juízo não tem o condão de afastar a incidência da multa prevista no art. 477, § 8º, da CLT. A referida multa não será devida apenas quando, comprovadamente, o empregado der causa à mora no pagamento das verbas rescisórias.

Nº 463. ASSISTÊNCIA JUDICIÁRIA GRATUITA. COMPROVAÇÃO (conversão da Orientação Jurisprudencial nº 304 da SBDI-1, com alterações decorrentes do CPC de 2015) – Res. 219/2017, DEJT divulgado em 28, 29 e 30.06.2017.

I – A partir de 26.06.2017, para a concessão da assistência judiciária gratuita à pessoa natural, basta a declaração de hipossuficiência econômica firmada pela parte ou por seu advogado, desde que munido de procuração com poderes específicos para esse fim (art. 105 do CPC de 2015);

II – No caso de pessoa jurídica, não basta a mera declaração: é necessária a demonstração cabal de impossibilidade de a parte arcar com as despesas do processo.

BIBLIOGRAFIA

ALMEIDA, Ísis de. **Manual de direito processual do trabalho**. 9 ed. São Paulo: Ltr, 1998. 2 v.

BARBI, Celso Agrícola. **Comentários ao Código de Processo Civil**. 7. ed. rev. e aumentada. Rio de Janeiro: Forense, 1992. v. I, 436 p.

CAIRO JR. José. **Direito do Trabalho: relações individuais de emprego e trabalho.** Salvador: Juspodivm, 2006. 497 p.

CAIRO JR. José. **Direito do Trabalho: relações coletivas de trabalho.** Salvador: Juspodivm, 2006. 239 p.

CÂMARA, Alexandre de Freitas. **Lições de Direito Processual Civil**. 13. ed. Rio de Janeiro: Lúmen Juris, 2005. v.2, 541 p.

CASSAR, Vólia Bomfim. **Direito do Trabalho**. Niterói: Impetus, 2008. 1357 p.

CINTRA, Antônio Carlos de Araújo Cintra. et alli. **Teoria Geral do Processo.** 2. ed. amp. e atual. São Paulo: Revista dos Tribunais, 1979. 329 p.

COQUEIJO, Carlos. **Estudos de direito processual do trabalho**. Rio de Janeiro: Edições Trabalhistas, 1971. 155 p.

CRETELLA JÚNIOR, José. **Curso de direito administrativo**. 10 ed. rev. E atua. Rio de Janeiro: Forense, 1989. 640 p.

DIDIER JR., Fredie. **Curso de Direito Processual Civil**. Teoria Geral do processo e processo de conhecimento. 8. ed. Salvador: Edições Juspodivm, 2006. v.1. 561 p.

DIDIER JR, Fredie; BRAGA, Paula Sarno; e OLIVEIRA, Rafael. **Direito processual do civil**. **Curso de Direito Processual Civil**. Direito probatório, decisão judicial, cumprimento e liquidação da sentença e coisa julgada. Salvador: Edições Juspodivm, 2006. v.2. 619 p.

GIGLIO, Wagner D.; CORREIA, Cláudia Giglio Veltri. **Direito processual civil**. 15 ed. rev. e atual. São Paulo: Saraiva, 2005. 628 p.

JORGE NETO, Francisco Ferreira e CAVALCANTE, Jouberto de Quadros Pessoa. **Direito Processual do Trabalho**. 3 ed. Rio de Janeiro: Lumen Juris, 2007. II v.

LEITE, Carlos Henrique Bezerra. **Curso de direito processual do trabalho**. 8 ed. São Paulo: Ltr, 2010. 1309 p.

MALTA, Christóvão Piragibe Tostes. **Prática do processo trabalhista**. 20. ed. Rio de Janeiro: Edições Trabalhistas S/A, 1990. 659 p.

MARTINS, Sérgio Pinto. **Direito Processual do Trabalho**. 25. ed. São Paulo: Atlas, 2006. 715 p.

MELO, Raimundo Simão de. **Ação civil pública na justiça do trabalho**. 3 ed. São Paulo: Ltr, 2008. 358 P.

MOURA, Marcelo. **Consolidação das leis do trabalho.** Salvador: Juspodivm, 2011. 1340 p.

NASCIMENTO, Amauri Mascaro. **Curso de direito processual do trabalho**. 21 ed. atual. São Paulo: Saraiva, 2002. 706 p.

PASSOS, José Joaquim Calmon de. **Comentários ao Código de Processo Civil**. 6 ed. rev. e atual. Rio de Janeiro: Forense, 1991. v. III. 567 p.

PESSOA, Valton. **Manual de Processo do Trabalho**. Salvador: Juspodivm, 2007. 343 p.

PINTO, José Augusto Rodrigues Pinto. **Processo Trabalhista de Conhecimento**. 6 ed. São Paulo: LTr, 2001. 574 p.

PINTO, Raymundo Antônio Carneiro. **Súmulas do TST comentadas.** 9 ed. São Paulo: LTr, 2007. 446 p.

ROCHA, Andréa Presas. **Manual de competências da Justiça do Trabalho**. Rio de Janeiro: Elsevier, 2008. 158 p.

THEODORO JÚNIOR, Humberto. **Curso de Direito Processual Civil**. 22 ed. Rio de Janeiro: Forense. Rio de Janeiro, 1997. 3 v.

SANTOS, Moacyr Amaral. **Primeiras Linhas de Direito Processual Civil**. 12 ed. São Paulo: Saraiva, 1985.

SARAIVA, Renato. **Curso de direito processual do trabalho**. São Paulo: Método, 2007. 991 p.

SCHIAVI, Mauro. **Manual de direito processual do trabalho.** 4 ed. São Paulo: LTr, 2011. 1309 p.

SILVA, Ovídio A. Batista da. **Curso de processo civil: processo de conhecimento.** 6 ed. rev. e atual. São Paulo: Revista dos Tribunais, 2002. 541 p.

SÜSSEKIND, Arnaldo. **Direito Internacional do Trabalho**. 3 ed. atual. e com novos textos. São Paulo: LTr, 2000. 499 p.

TEIXEIRA FILHO, Manoel Antônio. As novas leis alterantes do processo civil e sua repercussão no processo do trabalho. **Revista Ltr**, nº 3, v. 70.

EDITORA JusPODIVM
www.editorajuspodivm.com.br

Pré-impressão, impressão e acabamento

GRÁFICA SANTUÁRIO

grafica@editorasantuario.com.br
www.graficasantuario.com.br
Aparecida-SP